三门峡市仰韶文化研究中心考古·研究丛书

三门峡地区考古集成·续编

李久昌　郑立超　主编

樊莉娜　祝晓东　张　静　副主编

陕西师範大學出版总社　西安

图书代号　SK24N1950

图书在版编目（CIP）数据

三门峡地区考古集成 ： 续编 ： 上下 / 李久昌，郑立超主编 ； 樊莉娜，祝晓东，张静副主编. -- 西安 ： 陕西师范大学出版总社有限公司，2024. 9. -- ISBN 978-7-5695-4674-3

Ⅰ. K872. 613

中国国家版本馆CIP数据核字第2024QN1159号

三门峡地区考古集成·续编（上、下）

SANMENXIA DIQU KAOGU JICHENG · XUBIAN

李久昌　郑立超　主编

樊莉娜　祝晓东　张　静　副主编

出 版 人　刘东风
责任编辑　徐小亮　张　姣
责任校对　王丽敏　任　宇
出版发行　陕西师范大学出版总社
（西安市长安南路199号　邮编　710062）
网　　址　http://www.snupg.com
印　　刷　陕西龙山海天艺术印务有限公司
开　　本　889 mm×1194 mm　1/16
印　　张　90
字　　数　1996千
版　　次　2024年9月第1版
印　　次　2024年9月第1次印刷
书　　号　ISBN 978-7-5695-4674-3
定　　价　698.00元

读者购书、书店添货或发现印装质量问题，请与本公司营销部联系。
电话：（029）85307864　85303635　传真：（029）85303879

编辑说明

一、本书为《三门峡地区考古集成》（上、下）的续编，2011年编辑出版的《三门峡地区考古集成》（上、下）收录了20世纪20年代至2011年有关三门峡地区的主要考古资料和学者研究成果100余篇，较全面地展示了中国现代考古学诞生以来关于三门峡地区的考古资料及成果，引起了学术界的关注和好评。本书则集中整理收录2011年至今公开发表的三门峡地区的相关考古文献，包括考古发掘报告、简报、简讯和其他报道材料等。

二、三门峡市仰韶文化研究中心是在整合原三门峡市文物考古研究所基础上成立的专业科研机构，担负着三门峡地区考古发掘、研究阐释和传承利用的职责。编辑出版《三门峡地区考古集成·续编》（上、下），既是对三门峡重要文化遗产的系统整理和研究，也是对黄河文化遗产的深入发掘和保护，旨在为学界和读者研究三门峡历史文化，进而为研究中国历史文化提供翔实的资料，以更好展示中华文明风采，弘扬中华优秀传统文化，促进三门峡考古乃至中国考古事业的进一步发展。

三、本书所收文献资料主要包括在《考古》《文物》《华夏考古》《中原文物》《考古与文物》等国家级、省级刊物及出版物公开发表的文章。收录原则是注重文章的学术性，力求资料全面，尽量将各方面的考古文献资料收录其中。凡已见专著的，如《三门峡市印染厂墓地》、《三门峡虢国墓》（第二卷）、《三门峡庙底沟》、《三门峡文物考古勘探报告集》等，不再收录。

四、本书编排延续以往的结构框架，分为古人类与旧石器考古、新石器时代考古、夏商周考古、秦汉魏晋南北朝考古、唐宋元明清考古五大部分。另设特稿，收录《习近平致仰韶文化发现和中国现代考古学诞生100周年的贺信》等。为方便查阅，所收文献资料按时代（朝代）先后为序，编入相应部分，每部分按发表的时间先后为序。包括多个时代的，按时代最早的一种文化编排。2011年前有个别应收而未收入《三门峡地区考古集成》（上、下）的文献，则按内容补充编入相应部分。

五、为保障所收论文的严肃性、科学性、系统性、真实性，保存资料原貌，本书所收论文文字、线图、图版全部照录，引文也不校不改。插图基本保持原大，个别尺寸较大或较小的则适当缩小或放大。个别插图、图号则根据具体情况做一些改动。原刊论文有明显文字错讹的做适当的校正。原刊论文中的英文摘要、关键词等统一删除，脚注也统一改为尾注，在原有信息基础上，格式稍作统一处理。论文初刊出版社及时间、刊名和刊期等信息，统一在书后注明，以示尊重。在此我们诚挚地向作者和原刊机构表示谢意。书后另附三门峡地区历史考古文化研究文献存目（2011—2024），以便查阅。

六、本书的编辑出版工作，得到了各方面的热情关怀和大力支持，得到了论文作者的慷慨支持和帮助，在此谨表谢意。由于我们水平有限，时间仓促，在大量论文中选辑本书，其中错选漏选、缺点错误以及不当之处，在所难免，敬请相关作者鉴谅指正，并请广大读者提出意见和批评。

序

◎陈星灿

三门峡地处晋陕豫交界的黄土高原东南部边缘，南面横亘着绵延不断的秦岭山脉，北面奔流着波涛汹涌的黄河，自百万年前开始，这里就是人类生息繁衍之地。裴李岗时代，人们在此筚路蓝缕，栽培作物，开启了农耕生活；仰韶时代，这里成为仰韶文化的核心地区，庙底沟文化的花瓣纹彩陶传遍大河南北、长城内外甚至远及长江流域，实现了中国史前文化的第一次大规模整合；周秦隋唐时代，这里更是长安和洛阳两京的腹心地区，既是交通要道，也是兵家必争之地，不知道在这片热土上上演了多少可歌可泣的故事。特殊的地理位置和独特的自然环境，为我们留下了丰厚的文化遗产。

三门峡也是中国科学考古学诞生的地方。1921 年仰韶文化的发现，就是在三门峡东部的渑池县仰韶村完成的；中国第一个史前文化——仰韶文化，即以首次发现之地仰韶村命名。1956—1957 年大规模发掘的陕县庙底沟遗址（现位于三门峡市区），发现了庙底沟二期文化，纠正了自 20 世纪 20 年代以来仰韶文化自西向东、龙山文化自东向西发展的中国史前文化东西二元对立学说，证明了至少在中原地区，龙山文化是由仰韶文化发展而来。这个里程碑式的重大考古发现，也是在三门峡地区完成的。2000 年开始发掘的灵宝西坡遗址，发现了仰韶文化中期的环濠聚落和大型墓地，证明从仰韶中期开始，聚落开始分化，社会开始分层，社会复杂化过程开始加速，在很大程度上改变了我们对仰韶文化社会发展水平的认识，也推动了对仰韶文化的深入研究。如果这代表仰韶文化研究的三个阶段的话，那么这三个阶段的标志性事件，都是在三门峡地区发生的。

三门峡地区考古工作取得了很大进展。仅仅 2011—2023 年的十余年间，就有如此众多的考古报告、简报、简讯和各类文章发表，涵盖了古人类与旧石器、新石器、夏商周、秦汉魏晋南北朝、唐宋金元明清等多个时代，也可以说是涵盖了百万年的人类史、万年的文化史和五千多年的文明史。以地区为单位收录历代考古资料的办法，并不始于《三门峡地区考古集成》（上、下），但能够一以贯之，持续地把三门峡地区已经发表的考古资料（见诸专书的发掘报告除外）

集中出版，不仅便于长久地保存散见于各种报刊的考古调查和发掘资料，更有助于学界对三门峡、晋陕豫交界地区乃至中国古代社会相关问题的深入研究，这是值得称道和赞许的。

是为序。

2024 年 7 月 7 日

（作者为中国历史研究院副院长、中国社会科学院考古研究所所长）

目录

上　册

特稿

习近平致仰韶文化发现和中国现代考古学诞生100周年的贺信……0003

仰韶文化发现暨中国现代考古学诞生100周年纪念大会在三门峡举行 / 王　征……0004

第三届中国考古学大会在三门峡举行 / 王　征……0006

卷一　古人类与旧石器考古

河南三门峡发现距今约100万年石制品 / 游晓鹏……0011

三门峡盆地阿舍利石器年代学研究取得新进展 / 中国科学院地球环境研究所……0013

河南三门峡水沟—会兴沟旧石器遗址的黄土地层研究 / 李兴文　林　杉　敖　红　黄慰文　侯亚梅　安芷生……0015

卢氏盆地旧石器考古调查 / 赵清坡……0026

东秦岭卢氏盆地新发现的旧石器 / 林　壹　牛雪纯　赵清坡　顾雪军　李　璇　李永涛　贺存定　战世佳　张改课　朱之勇　郑立超　史家珍　鹿化煜　王社江……0027

河南灵宝旧石器考古调查报告 / 赵清坡　马欢欢……0038

卷二　新石器时代考古

河南灵宝市晓坞遗址仰韶文化遗存的试掘 / 河南省文物考古研究所　灵宝市文物保护管理所……0051

河南三门峡市庙底沟遗址仰韶文化H9发掘简报 / 河南省文物考古研究所……0079

河南灵宝市西坡遗址庙底沟类型两座大型房址的发掘 / 中国社会科学院考古研究所河南一队　河南省文物考古研究院　三门峡市文物考古研究所……0111

河南灵宝市西坡遗址南壕沟发掘简报 / 中国社会科学院考古研究所河南一队　河南省文物考古研究院　三门峡市文物考古研究所　灵宝市文物保护管理所　北阳平遗址群管理所……0126
灵宝铸鼎原新石器时代聚落变迁的地貌背景考察 / 魏兴涛　张小虎……0144
河南灵宝三件馆藏玉钺的年代及相关问题 / 马萧林　权　鑫……0152
灵宝北阳平新石器时代遗址 / 李世伟　魏兴涛……0157
灵宝市五帝新石器时代遗址 / 李金斗　魏兴涛……0159
河南灵宝市北阳平遗址考古勘探报告 / 河南省文物考古研究院　三门峡市文物考古研究所　灵宝市铸鼎原文物保护管理所　灵宝市文物保护管理所……0160
河南灵宝市五帝遗址考古勘探报告 / 河南省文物考古研究院　三门峡市文物考古研究所　灵宝市文物保护管理所……0175
河南渑池县仰韶村遗址考古勘探报告 / 河南省文物考古研究院　三门峡市文物考古研究所　渑池县文化广电和旅游局……0188
河南灵宝市墙底遗址考古勘探报告 / 河南省文物考古研究院　三门峡市文物考古研究所　灵宝市文物保护管理所……0201
灵宝城烟遗址 / 方燕明……0211
河南灵宝城烟遗址发现仰韶文化早期聚落 / 魏兴涛　张小虎　李金斗……0213
河南灵宝市北麻庄遗址发掘简报 / 河南省文物考古研究院　三门峡市文物考古研究所　灵宝市文物保护管理所……0220
三门峡灵宝盆地史前遗址的调查收获及重要意义 / 魏兴涛　崔天兴　张小虎　李天鹤　李金斗……0237
河南三门峡市仰韶文化遗址考古勘探取得重要成果 / 魏兴涛　李世伟　李金斗　郑立超　杨海青　燕　飞……0240
河南渑池丁村仰韶文化遗址发现平纹布印痕 / 杨栓朝　李新伟……0247
灵宝城烟新石器时代及二里头文化遗址 / 张小虎　魏兴涛　李金斗……0251
渑池仰韶村新石器时代遗址 / 魏兴涛　李世伟……0253
灵宝市底董仰韶文化遗址 / 李世伟　魏兴涛……0255
灵宝市墙底庙底沟二期文化遗址 / 李金斗　魏兴涛……0257

河南三门峡庙底沟遗址庙底沟文化H408发掘简报 / 河南省文物考古研究院　三门峡市文物考古研究所　武汉大学历史学院……0258
河南三门峡庙底沟遗址西王村文化遗存发掘简报 / 河南省文物考古研究院　三门峡市文物考古研究所　武汉大学历史学院……0272
河南渑池仰韶村遗址第四次考古发掘2020年度简报 / 河南省文物考古研究院　三门峡市文物考古研究所　渑池县文化广电和旅游局……0287
三门峡庙底沟遗址庙底沟文化H770发掘简报 / 河南省文物考古研究院　三门峡市文物考古研究所　武汉大学历史学院考古系……0315
灵宝城烟仰韶文化遗址 / 李晓燕　魏兴涛……0330
渑池仰韶村新石器时代遗址 / 李世伟　魏兴涛　张　凤　张小虎　郑立超　侯建星……0331
河南渑池县关家遗址裴李岗文化遗存发掘简报 / 河南省文物考古研究院　首都师范大学历史学院……0333
河南渑池仰韶村遗址第四次考古发掘HG2简报 / 河南省文物考古研究院　三门峡市文物考古研究所　渑池县文化广电和旅游局……0351
河南三门峡小交口遗址考古收获 / 崔天兴　王　肖　姚宗禹　张小虎　郑立超……0365
河南渑池仰韶村遗址第四次考古发掘G9、G8简报 / 河南省文物考古研究院　三门峡市文物考古研究所　渑池县文化广电和旅游局……0368
河南渑池县西湾遗址发掘简报 / 河南省文物考古研究所……0381

卷三　夏商周考古

灵宝庄里商周战国汉代遗址与墓葬 / 王龙正……0399
三门峡出土铜镜赏析 / 郑立超　张　昌……0400
河南三门峡李家窑西周墓发掘简报 / 河南省文物考古研究所　三门峡市文物考古研究所……0405
三门峡李家窑遗址出土骨料研究 / 马萧林　魏兴涛　侯彦峰……0420
三门峡市李家窑遗址两周墓发掘简报 / 河南省文物考古研究院　三门峡市文物考古研究所……0431
三门峡市李家窑遗址花卉苑小区春秋墓发掘简报 / 河南省文物考古研究院　三门峡市文物考古研究所……0441

河南三门峡虢国墓地 M2009 出土麻织品检测分析 / 李清丽　刘　剑　贾丽玲　周　旸 ····0450
河南义马上石河村发现春秋墓葬群 / 杨海青　郑立超　高　鸣　贺旭辉　高　鹏 ··········0455
义马上石河春秋墓地 / 方燕明 ··········0458
灵宝市中河霸王城西周及汉代遗址 / 张小虎 ··········0460
河南义马上石河春秋墓发掘简报 / 三门峡市文物考古研究所　义马市文物保护管理所 ····0461
河南义马上石河春秋墓地 M35 出土铜鍑及相关问题 / 郑立超 ··········0479
虢都上阳城遗址发现记 / 崔松林 ··········0484
河南义马上石河墓地 M93、M94 发掘简报 / 河南省文物考古研究院　三门峡市文物考古研究所　义马市文物保护管理所 ··········0489
河南义马上石河春秋墓地 M43、M48、M66 发掘简报 / 河南省文物考古研究院　三门峡市文物考古研究所　义马市文物保护管理所 ··········0505
河南渑池鹿寺西遗址 / 王　亮 ··········0517
河南渑池发现 42 座春秋戎人墓葬 / 李贵刚 ··········0521
三门峡市陕州区春秋空首布窖藏整理简报 / 三门峡市博物馆 ··········0522
河南义马上石河墓地 M18 及祔葬马坑 MK4 发掘简报 / 河南省文物考古研究院　三门峡市文物考古研究所　义马市文物保护管理所 ··········0547
三门峡陕州区两座东周墓发掘简报 / 高　鸣 ··········0555
河南三门峡三座小型西周墓的清理 / 河南省文物考古研究院　三门峡市文物考古研究所 ··········0561
河南三门峡市刚玉砂厂四座秦人墓发掘简报 / 河南省文物考古研究院　三门峡市文物考古研究所 ··········0567
河南三门峡甘棠学校春秋墓 M568 发掘简报 / 河南省文物考古研究院　三门峡市文物考古研究所 ··········0575
河南三门峡开发区两座战国墓发掘简报 / 河南省文物考古研究院　三门峡市文物考古研究所 ··········0587
河南卢氏拐峪绿松石矿业遗址考古调查简报 / 西北大学文化遗产学院　河南省文物考古研究院　南阳市文物考古研究所　卢氏县木桐乡文化站 ··········0596
河南义马上石河墓地 M23、M33 发掘简报 / 河南省文物考古研究院　三门峡市文物考古研究所　义马市文物管理所 ··········0606

河南三门峡刚玉砂厂战国秦汉墓发掘简报 / 河南省文物考古研究院　三门峡市文物考古研究所……0617
河南义马上石河墓地 M82、M86 发掘简报 / 河南省文物考古研究院　三门峡市文物考古研究所　义马市文物管理所……0633
三门峡市博物馆藏战国“高都令戈”考 / 崔松林……0644
虢仲墓出土玉器的科技分析与相关问题 / 鲍　怡　叶晓红　辛军民　张菁华　袁　靖　郑建明　朱勤文……0649
河南三门峡虢国上阳城 / 韩鹏翔……0665
河南三门峡经一路绿地广场项目发掘收获 / 韩鹏翔　燕　飞……0669
河南义马上石河墓地 M22、M67 和 M77 发掘简报 / 河南省文物考古研究院　三门峡市文物考古研究所　义马市文物保护管理所　三门峡市博物馆……0676
河南三门峡甘棠学校东周墓 M94、M99 发掘简报 / 河南省文物考古研究院　三门峡市仰韶文化研究中心……0690

下　册

卷四　秦汉魏晋南北朝考古

河南义马市张马岭村九十号墓的发掘 / 河南省文物考古研究所　三门峡市文物考古研究所　义马市文物管理委员会……0707
“偃师邢渠孝父画像石”研究 / 胡海帆……0715
新见汉弘农郡封泥初论 / 许雄志　谷松章……0735
渑池朱城村汉代墓地 / 赵文军　马晓建……0749
浅谈河南卢氏县文管办藏三件汉代绿釉陶器 / 姚江波……0750
舒馨园小区三座汉墓的发掘 / 崔松林……0754
三门峡市电业局住宅小区 M53 发掘报告 / 崔松林……0762
河南三门峡火电厂工地发现大规模秦人墓地 / 马俊才　史智民……0774
河南三门峡大唐火电厂战国秦汉墓地 / 马俊才　李　辉　杨树刚　曹艳朋……0779
鸿庆寺石窟调查的新收获 / 李中翔……0784

一件珍贵的“五铢铜钱范” / 崔松林……0790

从三门峡出土六博俑模型谈秦汉博具 / 张延红……0791

王莽“大泉五十”铜钱范 / 周　曼……0796

新见汉代漕仓邸庾考 / 熊长云……0798

河南三门峡发掘一批北朝墓葬 / 史智民　上官荣光……0802

三门峡出土窖藏南北朝时期钱币 / 袁　林　孙　岩……0804

大英博物馆藏东汉六博釉陶俑考辨 / 李重蓉……0811

渑池火车站冶铁遗址 2016~2017 年调查简报 / 河南省文物考古研究院……0826

三门峡市印染厂秦人墓葬出土陶器文字刍论 / 衡云花……0831

河南三门峡市后川汉墓发掘简报 / 河南省文物考古研究院　三门峡市文物考古研究所……0841

三门峡地区出土的汉代铜镜 / 胡赵建　郑立超……0858

河南三门峡发现大量西汉时期墓葬 / 上官荣光……0863

河南灵宝发现大型汉墓群 / 房　琳　颜　钊　卢仙阁……0867

新莽时期“函谷关门”画像砖研究 / 李书谦……0869

河南三门峡出土鹅首曲颈青铜壶 / 李丽静……0876

鹅首曲颈青铜壶内液体是西汉古酒 / 双　瑞　李文哲……0878

西汉弘农郡封泥考略 / 焦新帅……0880

河南三门峡后川村西汉围沟墓发掘简报 / 河南省文物考古研究院　三门峡市文物考古研究所　安阳师范学院考古与文博系……0883

秦“函关钱府”封泥小考 / 曹锦炎……0901

河南三门峡后川村东汉墓 M54 发掘简报 / 河南省文物考古研究院　三门峡市文物考古研究所……0905

“琲禁丞印”补证 / 李　超……0916

河南灵宝北朝向氏家族墓发掘简报 / 河南省文物考古研究院　三门峡市文物考古研究所　灵宝市文物保护管理所……0922

河南渑池鱼池家园墓群 / 韩鹏翔……0935

渑池窖藏铁器铭文相关问题研究 / 张　凤……0938

河南三门峡后川村 M425 发掘简报 / 河南省文物考古研究院　三门峡市文物考古研究所　安阳师范学院考古与文博系……0954

河南三门峡灵宝豫灵镇发现北朝至明清墓群 / 李永涛　祝晓东　田道超　孙　辉……………0961
灵宝张湾东汉三层绿釉陶百戏楼再认识 / 尚文彬　魏兴涛……………………………………0965
河南三门峡后川村 M351 发掘简报 / 河南省文物考古研究院　三门峡市文物考古研究所
　　安阳师范学院考古与文博系……………………………………………………………………0976
三门峡后川村四座西汉墓发掘简报 / 河南省文物考古研究院　三门峡市文物考古研究所
　　三门峡庙底沟博物馆……………………………………………………………………………0982
河南三门峡后川墓地秦汉墓葬发掘简报 / 河南省文物考古研究院　三门峡市文物考古
　　研究所……………………………………………………………………………………………0995
三门峡新出土骨尺的时代问题 / 胡焕英……………………………………………………………1009
渑池窖藏铁农具的考古发现与研究 / 张　凤………………………………………………………1011
三门峡市陕州区北朝墓地发掘简报 / 河南省文物考古研究院　三门峡市文物考古研究所
　　三门峡市陕州区文物地质钻探管理站　渑池县文物钻探队………………………………1024
河南三门峡发现秦人墓 / 高　鸣……………………………………………………………………1034
河南灵宝金城大道三座汉墓发掘简报 / 河南省文物考古研究院　三门峡市仰韶文化
　　研究中心…………………………………………………………………………………………1038
三门峡向阳两座汉墓年代及墓葬形制探讨 / 贾立宝………………………………………………1061
灵宝市发现一面东汉规矩四神纹铜镜 / 陈建丽……………………………………………………1067

卷五　唐宋元明清考古

河南灵宝新出《张须陀墓志》考释 / 毛阳光………………………………………………………1071
同出一罐的 9 枚天福元宝 / 郑　盈…………………………………………………………………1076
三门峡地区遗存铁人新考 / 李书谦…………………………………………………………………1078
崤函古道石壕段遗址考古调查述略 / 三门峡市文物考古研究所…………………………………1084
河南三门峡发现元代早期墓葬 / 史智民　李宝军　张青彦………………………………………1094
北周僧渊造像碑研究 / 崔松林　王景荃……………………………………………………………1098
河南三门峡市化工厂两座金代砖雕墓发掘简报 / 三门峡市文物考古研究所……………………1105
陕县崤函古道遗址考古调查与试掘的初步收获 / 洛阳市文物考古研究院　陕县崤函
　　古道文物保护管理所……………………………………………………………………………1112

陕县崤函古道遗址考古调查与试掘 / 潘付生……1116
河南三门峡市印染厂130号唐墓清理简报 / 河南省文物考古研究院……1117
豫西地坑院土工营造尺的发现及其价值 / 杜　卓……1130
灵宝函谷关周边遗迹调查分析 / 孙　辉　郭九行……1138
河南三门峡市唐代张爽夫妇墓发掘简报 / 河南省文物考古研究院　三门峡市文物考古研究所……1146
三门峡市印染厂墓地M36出土唐代铜环检测分析 / 唐　静　衡云花　王鑫光　闫海涛……1151
河南义马狂口村金代砖雕壁画墓发掘简报 / 三门峡市文物考古研究所……1157
陕县安国寺火墙艺术 / 黄　洋……1168
隋《古宝轮禅院记》考释 / 马　啸……1175
灵宝唐《轩辕黄帝铸鼎碑》再议 / 李书谦……1179
河南三门峡商务区中学9号唐墓发掘简报 / 三门峡虢国博物馆　三门峡市文物考古研究所……1185
唐代绣岭宫遗址考古调查记 / 燕　飞　郑立超　杨海青……1197
一尊馆藏唐代石佛造像 / 杜　瑶……1207
河南三门峡唐代清河夫人吴傅氏墓发掘简报 / 河南省文物考古研究院　三门峡市文物考古研究所……1210
古代知识分子的贤良 / 常　军……1216
浅析河南三门峡出土的四枚唐宋厌胜钱 / 上官荣光……1223
河南三门峡上村佳苑唐墓M53发掘简报 / 三门峡市文物考古研究所……1227
河南灵宝唐李沟墓葬 / 高　鸣……1238
河南三门峡市陕州区大营镇金代砖墓发掘简报 / 三门峡市文物考古研究所……1241
河南义马锦铺佳园金代砖雕墓发掘简报 / 河南省文物考古研究院　三门峡市文物考古研究所　义马市文物保护管理所……1246
三门峡唐代张归香墓发掘简报 / 河南省文物考古研究院　三门峡市文物考古研究所……1262
灵宝竹林寺壁画受损数据集及其在修复中应用研究 / 苏东黎……1268
中国国家博物馆藏唐大中六年韩干儿墓出土器物 / 赵玉亮……1278
河南三门峡刚玉砂厂唐墓发掘简报 / 河南省文物考古研究院　三门峡市文物考古研究所……1295

三门峡市刚玉砂厂金代墓葬 M212 发掘简报 / 河南省文物考古研究院　三门峡市文物考古研究所 ……… 1306
中国国家博物馆藏唐代白瓷 / 张润平 ……… 1315
河南三门峡黄河嘉园工地唐代墓葬 M73 发掘简报 / 河南省文物考古研究院　三门峡市文物考古研究所 ……… 1323
河南三门峡湖滨花园明代王氏家族墓发掘简报 / 河南省文物考古研究院　三门峡市文物考古研究所 ……… 1330
河南三门峡发现宋代砖雕墓 / 韩鹏翔 ……… 1349
碑铭济众：新见河南省三门峡市出土《经幢式医方碑》初考 / 马　捷 ……… 1353
三门峡灵宝车峪唐代与明代造像遗迹 / 赵淑梅 ……… 1371
河南灵宝“大开元寺之碑”考释 / 张　静 ……… 1378
第一幅长城地图《九边图说》残卷 / 赵现海 ……… 1382

附一　本书论文初刊信息 ……… 1399
附二　三门峡地区历史考古文化研究文献存目（2011—2024）/ 李久昌 ……… 1408
后记 ……… 1419

特稿

习近平致仰韶文化发现和中国现代考古学诞生 100 周年的贺信

值此仰韶文化发现和中国现代考古学诞生 100 周年之际，我代表党中央，向全国考古工作者致以热烈的祝贺和诚挚的问候！

100 年来，几代考古人筚路蓝缕、不懈努力，取得一系列重大考古发现，展现了中华文明起源、发展脉络、灿烂成就和对世界文明的重大贡献，为更好认识源远流长、博大精深的中华文明发挥了重要作用。

希望广大考古工作者增强历史使命感和责任感，发扬严谨求实、艰苦奋斗、敬业奉献的优良传统，继续探索未知、揭示本源，努力建设中国特色、中国风格、中国气派的考古学，更好展示中华文明风采，弘扬中华优秀传统文化，为实现中华民族伟大复兴的中国梦作出新的更大贡献！

2021 年 10 月 17 日

仰韶文化发现暨中国现代考古学诞生 100 周年纪念大会在三门峡举行

◎王　征

10 月 17 日，仰韶文化发现暨中国现代考古学诞生 100 周年纪念大会在河南省三门峡市举行。大会宣读了中共中央总书记、国家主席、中央军委主席习近平贺信。

中央宣传部副部长、文化和旅游部部长胡和平，中国社会科学院院长谢伏瞻，河南省委书记楼阳生出席大会并讲话。文化和旅游部副部长、国家文物局局长李群主持会议。考古学界专家代表、中国社会科学院考古研究所所长陈星灿发言。河南省省长王凯、中国社会科学院副院长高培勇、国家文物局副局长宋新潮，河南省领导李亚、穆为民、戴柏华、何金平等出席大会。

胡和平在讲话中指出，党的十八大以来，习近平总书记高度重视考古工作，多次发表重要论述、作出重要指示批示，特别是此次专门发来贺信，为我们做好工作提供了根本遵循。要深入贯彻落实习近平总书记贺信精神和关于考古工作重要论述精神，增强工作责任感使命感，以科学可信的考古成果，塑造全民族正确历史认知、构建各民族共有精神家园；牢固树立保护历史文化遗产责任重大的观念，积极动员凝聚各方面力量，建强考古学科、考古队伍，为新时代考古事业健康可持续发展创造良好条件；推动考古成果利用，更加系统、更加生动地转化为坚定文化自信的宝贵资源，更好发挥以史育人、以文化人作用。

谢伏瞻代表中国社科院向广大考古工作者表示热烈祝贺。他说，习近平总书记的贺信立意高远，思想深邃、内涵丰富、语重心长，充分体现了习近平总书记对考古工作的高度重视，对广大考古工作者的殷切希望和重托。广大考古工作者要积极响应号召，自觉肩负起党中央赋予的崇高使命，不断开创考古工作繁荣发展新局面。

楼阳生向关心支持河南省改革发展和文物工作的中央部委、中国社科院和社会各界表示感谢。他说，习近平总书记高度重视考古和文物工作，这次专门发来贺信，体现了党中央对考古工作的高度重视、对考古工作者的亲切关怀，必将推动新时代考古工作和文化发展不断开创新局面。河南是文物大省、考古大省。以仰韶遗址发掘为起点，河南考古工作迎来重大契机，取得累累硕果。在这片沃土上，有了一系列重大考古发现，产生了考古学重要方法，建立了考古学基本时空框架，涌现出一批著名考古学家，为中国现代考古学发展打下了坚实基础、贡献了河南力量。

李群就全国文物系统贯彻落实习近平总书记重要指示精神作出部署。要求文物部门及时传达和部署学习习近平总书记贺信，切实领会、深入贯彻习近平总书记关于考古和文物工作的重要论述和重要指示批示精神，将习近平总书记的要求落实落细。加强中华文明起源发展研究，以“中华文明起源与早期发展综合研究”、“考古中国”、国家重要遗址考古等重大项目为依托，拓展考古学研究的广度和深度，探索未知、揭示本源。加强行业能力建设和人才队伍建设，支持国家级科研机构和文物大省考古机构建设发展，支持更多高校创建世界一流考古学科，推动考古事业人才辈出、健康发展。

纪念大会由中国社会科学院、国家文物局、河南省人民政府联合主办。文化和旅游部、中国社会科学院、国家文物局、河南省委省政府有关负责同志，部分省级文物部门负责同志，文博科研学术机构、高校考古专家代表，第三届中国考古学大会参会代表等参加会议。

第三届中国考古学大会在三门峡举行

◎王 征

10月18日，由中国考古学会、中国社会科学院考古研究所、河南省文物局、三门峡市人民政府主办的第三届中国考古学大会在河南省三门峡市开幕。大会认真学习贯彻习近平总书记致仰韶文化发现和中国现代考古学诞生100周年的贺信，围绕“建设中国特色、中国风格、中国气派的考古学”主题，聚焦新时代新使命，谋划考古学新发展。国家文物局副局长宋新潮、河南省人民政府副省长陈星出席开幕式并致辞。

宋新潮指出，深入学习领会习近平总书记贺信精神和关于考古工作重要论述精神，建设中国特色中国风格中国气派的考古学，要始终坚持历史唯物主义史观，坚持用马克思主义的最新理论指导考古和文物保护工作的实践，树立正确的历史观，以科学详尽的考古研究成果，丰富和发展马克思主义理论。要努力发展中国独特的考古学理论、方法与技术，积极构建中国考古学的学科体系、学术体系、话语体系。要发扬严谨扎实、实事求是的优良学风，不断探索未知、揭示本源，把握历史规律，坚定文化自信。要把中国考古学放在人类文明发展史的大背景下加以研究，中国考古学必须也应该对人类社会发展普遍规律的研究做出应有的贡献。要通过科学的方法，缜密的理论，全面、系统地揭示中国古代社会的面貌和历史演进规律，并对当今社会的发展提供中国案例与中国智慧。

宋新潮强调，国家文物局将持续推动考古机构队伍建设和人才培养，努力打造一批世界一流考古机构，实施考古人才振兴计划。持续强化考古能力建设和学科建设，坚持科技创新，驱动行业发展。加强考古成果的挖掘、整理、阐释工作，持续推进“考古中国”重大项目，聚焦重大历史问题，支持多学科、跨学科合作研究，支持交叉学科、前沿学科发展，不断拓展考古学研究的深度和广度。

国家文物局相关司室、中国社会科学院相关部门负责同志，中国考古学会、中国博物馆协会、三门峡市委市政府主要负责同志，河南省文物局相关负责同志以及全国考古文博机构、高等院校专家学者和媒体代表参加开幕式。开幕式发布“百年百大考古发现”和考古遗址保护展示优秀项目，展示《中国出土彩陶全集》《中国考古学百年史》《三门峡庙底沟》等新近出版的考古图书。

开幕式后，有关专家学者分别就中国考古学百年历程回眸、河南百年考古发现与研究、古基因组绘制中国人群遗传演化图谱、仰韶文化与中华文明起源、三星堆祭祀区考古发掘与新时代中国考古学作大会主题报告。三天大会期间，中国考古学会的 23 个专业委员会还将组织相关专家进行研讨，来自全国考古文博机构、高等院校以及港澳地区与国外的专家学者采取线上线下相结合的形式开展交流。大会还将组织面向公众的 23 场考古讲座。

卷一

古人类与旧石器考古

河南三门峡发现距今约 100 万年石制品

◎游晓鹏

三门峡地区一直被认为是古人类活动遗迹较为丰富的地区，近日这一地区的古人类研究又取得重大进展，发现了距今约 100 万年的石制品等人类活动遗存，大大提早了古人类在该地区活动的历史。

受河南省文物保护专项资金和中国科学院率先行动“百人计划”项目支持，2016 年 10 月至 11 月，河南省文物考古研究院李占扬、赵清坡，中国科学院古脊椎动物与古人类研究所李浩等联合三门峡市考古所、灵宝市文管所，同时邀请上海师范大学胡小猛教授，对豫西三门峡地区进行了大规模旧石器考古调查与试掘，共发现旧石器地点 22 处、化石地点 3 处，石制品共计 200 余件，类型有石核、石片、石器等，年代以早、中更新世（大约距今 100 万年到 20 万年）为主。

其中，灵宝朱阳镇匣里旧石器地点发现的石制品出自古土壤条带中，并发现有动物牙齿、肢骨化石。该地点石制品、动物化石的发现具有十分重要的意义，有望将古人类在豫西三门峡地区活动的时间提早到距今约 100 万年。这也是河南境内已知最早的人类活动遗存。

灵宝贾村旧石器地点发现的人工石器

三门峡地区地处秦岭与中条山之间，地貌单元包括中条山浅山地区、黄河河谷和灵宝盆地等，曾长期被古三门湖占据，有发育良好的湖相沉积地层。20世纪50年代，考古工作者为配合三门峡水库建设开展了旧石器时代考古调查，发现了一些旧石器时代石制品和动物化石地点。这次发现，更加凸显了豫西地区在古人类起源与演化方面的巨大潜力。

中国科学院古脊椎动物与古人类研究所李浩博士介绍，根据已有资料，三门峡地区和河北泥河湾盆地均分布有丰富的第四纪古湖相沉积物，是解决东亚地区早期人类起源的关键区域。通过这次调查，他们发现了大约100万年的古老地层，并在地层中发现石器和哺乳动物化石，这一发现令人振奋。

河南省文物考古研究院研究员、许昌人头骨化石发现者李占扬说，国家文物局已经批准他们这一团队的发掘项目，今年将在灵宝市朱阳镇的匣里旧石器地点进行科学发掘，期望在遗址年代、环境背景、石器技术以及人类起源等方面有所突破。

三门峡盆地阿舍利石器年代学研究取得新进展

◎中国科学院地球环境研究所

阿舍利技术是旧大陆人类技术发展史上持续时间最长、地理分布最广泛的史前文化，以两面或单面打制的手斧、薄刃斧、手镐等大型切割工具（Large Cutting Tools）为标志。阿舍利技术器物的生产过程具有标准化和规范化的特点，体现出了较高的筹划和技术能力，反映早期人类大脑和手配合的灵巧度已经达到较高的水平，是人类演化过程中技术和智力发展的新阶段。目前阿舍利石器主要分布在非洲和欧洲，在东亚发现的阿舍利石器相对较少。20 世纪 60 年代，中国科学院古脊椎与古人类研究所黄慰文研究员在三门峡市的会兴镇发现大量的旧石器，其中部分石器后来经过仔细鉴定乃典型的阿舍利石器，包括手斧、薄刃斧和手镐等（图一）。因此，确定其准确年代对认识阿舍利技术在东亚的扩散具有重要意义。

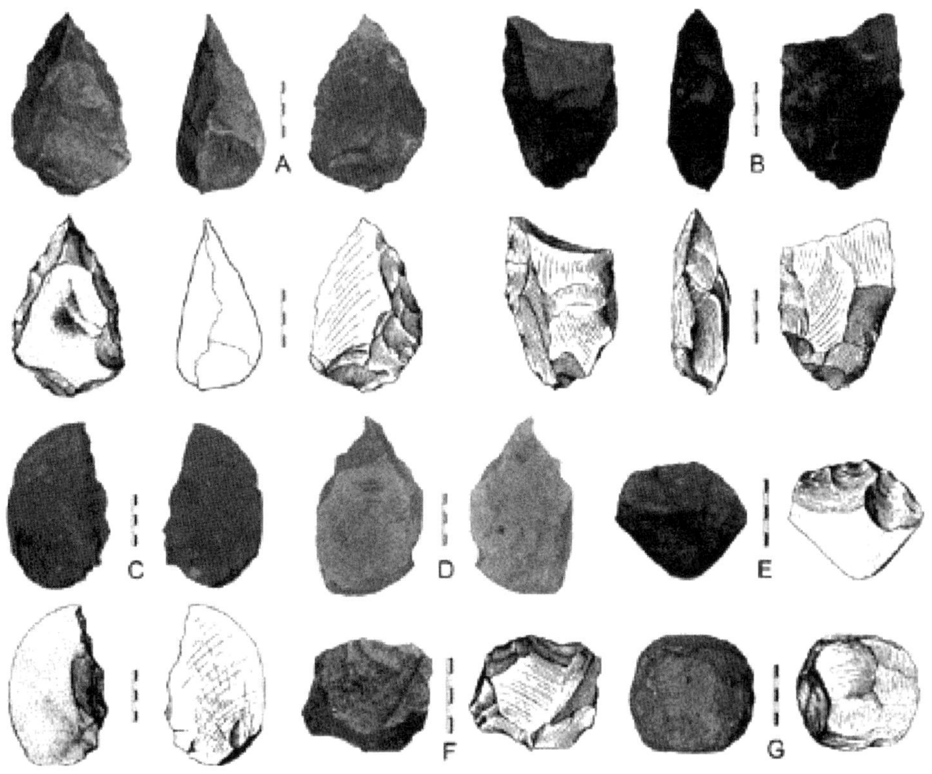

图一　三门峡盆地发现的阿舍利石器

中国科学院地球环境研究所敖红研究员联合国内外同行，对三门峡阿舍利的年代进行了详细研究。研究剖面厚 103 米，由上部的黄土序列和下部的河流相地层组成，遗址层位在剖面的 92~95 米。磁化率和岩性结果表明上部的黄土序列包括了 S_0~S_8，地层连续完整，没有缺失（图二）。古地磁结果表明该剖面记录了布容正极性时和松山负极性时上部的沉积，布容－松山极性界限位于 L8 底部，阿舍利文化层位于布容－松山极性界限以下 ~8 米的灰绿色粉砂质黏土中，年代约 0.9 Ma，对应深海氧同位素 23 阶段。因此，三门峡遗址出土的阿舍利石器比百色盆地的阿舍利石器早了约 10 万年，成为东亚中纬度地区早更新世晚期的阿舍利文化代表。这一研究对于理解中国北方旧石器文化面貌的复杂多样，探讨欧亚大陆早期人类迁徙和阿舍利技术的传播过程提供了重要参照。

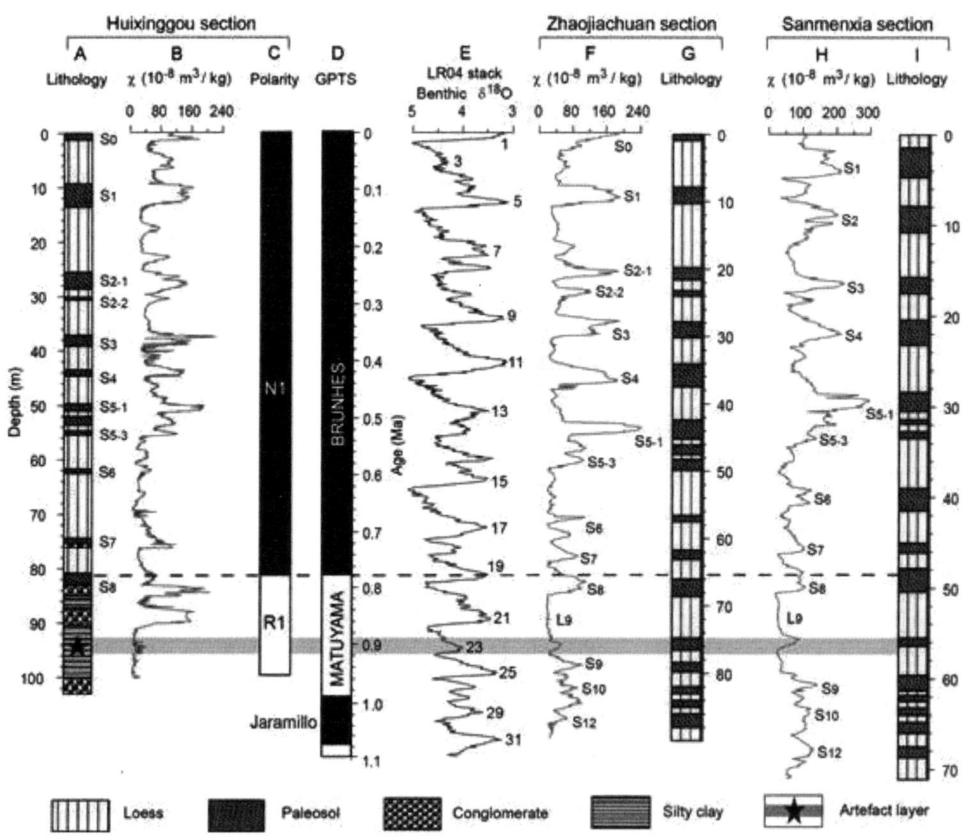

图二　水沟－会兴沟遗址的磁性地层学结果及其与 GPTS、LR04 深海氧同位素记录、西峰赵家川剖面和三门峡曹村剖面的对比

该项研究成果已经发表在国际第四纪研究的权威期刊 *Quaternary Science Reviews* 上（Li X. W. et al.,"Early Pleistocene Occurrence of Acheulian Technology in North China",*Quaternary Science Reviews*，2017，Vol. 156，pp. 12-22）。详见 http://www.sciencedirect.com/science/article/pii/S027737911630573X。

河南三门峡水沟—会兴沟旧石器遗址的黄土地层研究

◎李兴文　◎林　杉　◎敖　红
◎黄慰文　◎侯亚梅　◎安芷生

水沟—会兴沟旧石器遗址（以下简称水沟遗址）位于河南省三门峡市区东北的黄河南岸。遗址产出的石制品中有手斧、薄刃斧等西方阿舍利文化的标志性器物，这在中国北方的旧石器时代遗址中极具特色，因而受到学界的关注[1-3]。水沟遗址发现于20世纪60年代初期，由于受当时中国第四纪地质学发展程度的制约，对该遗址的地层研究不够详细，当时学术界对黄土地层的划分还普遍停留在传统黄土地层学的基础上（即红色土和黄土的划分）。原研究者根据遗址地层上部堆积着较厚的、相当于周口店期（中更新世）的“红色土”，并结合对石制品技术特征等方面的分析，将其时代划在中更新世早期。[4]后来研究表明，“红色土”这一概念相当于现代黄土地层学研究中的午城黄土和离石黄土，时代范围为2.6~0.07 Ma[5]，如此宽泛的时间跨度对于遗址的地层划分和年代确定来说显得过于粗略。

半个多世纪以来，中国黄土研究在以刘东生为代表的中外科学家共同努力下，取得了举世瞩目的成就，与深海沉积物和极地冰芯一起构成国际上古气候变化研究的三大支柱。中国黄土研究取得的一个重要进展就是根据土壤地层学的方法对黄土地层进行详细的划分，逐步建立了黄土高原完整的黄土–古土壤序列。在此基础上，利用磁化率、粒度等替代性指标，并结合磁性地层学、轨道调谐等方法，建立了黄土地层的精确时间标尺，确定了各层黄土和古土壤顶、底界的年龄，其分辨率理论上可以达到千年级。[6-11]高分辨率黄土地层序列的建立为第四纪全球性古气候变化对比研究奠定了坚实的基础，也为确定那些黄土地层中旧石器遗址的年代，进行环境背景研究和不同区域旧石器考古文化之间的横向与纵向对比提供了统一、客观和定量的时间标尺。在黄土高原地区，黄土地层研究有助于判断黄土地层中人类遗迹的年代；而对于河湖相地层中的遗址，如果上覆黄土层，也可以通过对其黄土层的研究判断遗迹年代的上限[12]。许多研究者就曾利用黄土–古土壤序列来判断黄土分布地区旧石器遗址的年代，并取得了其他测年方法所不能达到的效果[13-22]。

地层学是旧石器考古年代学的基础[23]，是检验其他方法是否可信的主要依据。考古发现的任何遗物、遗迹等，都必须借助于地层关系来确定其相对年代[24]。中国旧石器遗址年代学上存在的争论可以在地层学原则指导下，通过不同测年方法的扬长避短、综合考虑来解决[25]。磁化率指示岩石中含铁氧化物的富集状况，可视为岩石本身的一种特征，用于区别黄土和古土壤以及进行不同黄土剖面的相互对比，因此可在测定磁化率的基础上对黄土进行岩石地层学划分[26-32]。为了查清水沟遗址的地层和年代，笔者通过对遗址进行系统的野外考察、地层划分、磁化率测试及与其他剖面的对比研究，尝试探讨水沟遗址的地层和年代，以期能为今后对遗址开展地层学和年代学的深入研究，以及重建遗址形成时的古气候环境背景提供有价值的资料。

一、遗址概况及地层描述

（一）遗址概况

水沟遗址（34°47′N，111°16′E，海拔 370 m）位于黄土高原东南部黄河中游的三门峡盆地，行政区划上属河南省三门峡市湖滨区会兴镇（图一）。遗址由水沟和会兴沟两个地点组成，以前者出土的石制品占大多数。这两个地点出露的地层、石制品的埋藏情况和技术特征都相同，且相距不足 200 m。遗址文化层位于地层下部的河流相粉砂质黏土层里[33]。

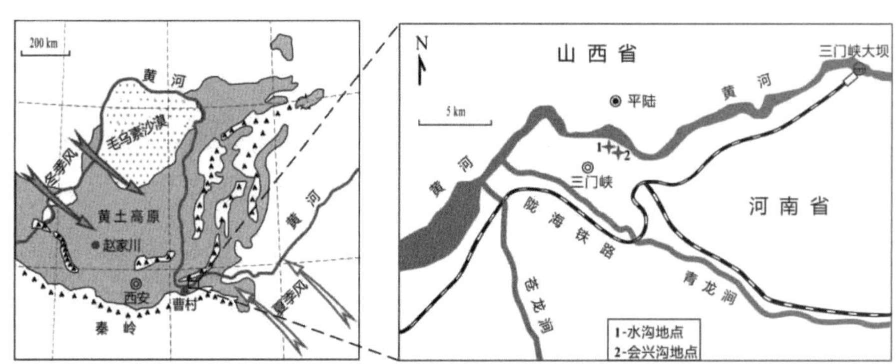

图一　三门峡水沟—会兴沟遗址地理位置图

（二）剖面地层

通过对水沟遗址的野外考察，发现会兴沟地点较水沟地点的剖面出露更完整，人工扰动更小，更适于采样。会兴沟剖面位于会兴镇褚家崖村附近，地层厚约 103 m，由上、下两部分组成（图二）：上部是黄土—古土壤序列构成的黄土地层，厚约 83 m，水平分布，未见明显的地层缺失；下部是河流相地层，厚约 20 m，由粉砂—黏土层与砂砾层交互组成，水平层理明显，未见底。

野外主要根据岩性、颜色、质地和结构等特征的不同，对剖面进行地层划分。剖面由上至下描述为：

1. 古土壤，棕褐色，粉砂质黏土层，疏松，团粒状结构；其中顶部 0.3~0.4 m 为现代耕作层，含大量植物根系，向下逐渐减少　1.2 m

2. 黄土，浅灰黄色粉砂—亚砂土，疏松多孔，块状结构，垂直节理发育 8.1 m

3. 古土壤，棕红色黏土质粉砂，由薄层古土壤复合而成，具团块状、棱柱状结构，底部有灰白色钙质结核 4.3m

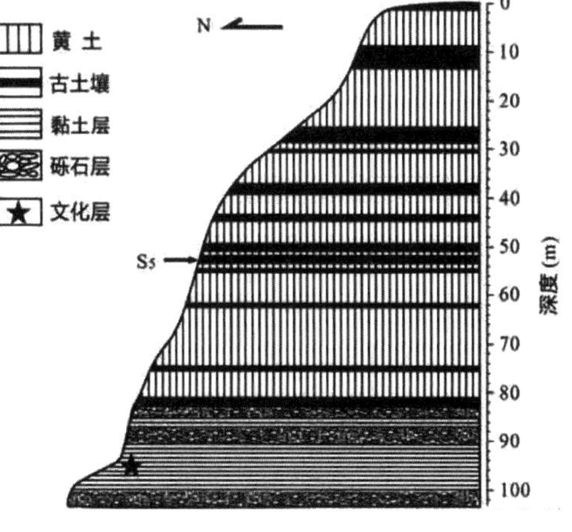

图二　会兴沟地点地层剖面图

4. 黄土，灰黄色—棕黄色粉砂质亚砂土，质地均匀，偶见白色碳酸盐和少量的钙质结核 11.9 m

5. 古土壤，由两层古土壤夹一层黄土复合而成：上层古土壤，棕红色亚黏土，团粒结构，厚约 3.1 m；中部黄土，浅棕黄色黏土质粉砂，块状结构，厚约 2.0 m；下层古土壤，浅棕褐色亚黏土，有少量黑色铁锰质膜，底部有层状分布的钙结核成层，厚约 0.5 m 5.6 m

6. 黄土，浅黄色粉砂—亚砂土，质地均匀，有少量的碳酸盐白色斑点和钙质结核 6.5 m

7. 古土壤，浅红褐色粉砂质黏土，底部钙结核稀疏分布 2.0 m

8. 黄土，淡灰黄色—灰白色黏土质粉砂层，质地均匀、疏松，下部有零星的钙结核 4.3 m

9. 古土壤，棕褐色—红棕色粉砂质黏土—亚砂土，具团粒状和棱柱状结构，底部有大量的灰白色钙结核 1.2 m

10. 黄土，浅棕黄色粉砂质黏土，上部含少量的白色菌丝和钙结核 5.1 m

11. 古土壤，由 3 层古土壤复合叠加而成，其间夹有两层风化强烈的、具有钙质结核的黄土：第一层古土壤，深红棕色黏土，具块状、棱柱状结构，节理裂隙发育，厚约 1.3 m；第二层古土壤，红褐色亚黏土，具团粒状、棱块状结构，厚约 1.6 m；第三层古土壤，红棕色黏土，棱柱状节结构，底部为成层分布的钙结核，厚约 0.8 m 5.7 m

12. 黄土，灰黄色粉砂质黏土，质地疏松，上部有少量钙结核，有少量黑色铁锰质斑点分布 6.3 m

13. 古土壤，福棕色黏土，具团粒状、棱块状构造，底部钙结核成层分布 0.8 m

14. 黄土，浅棕黄色亚黏土，致密结实，中部有一浮层的钙结核 11.9 m

15. 古土壤，浅褐红色亚黏土，块状结构，底部有块状的钙结核 1.6 m

16. 黄土，浅棕黄色黏土质粉砂，有少量的白色碳酸盐菌丝 5.2 m

17. 古土壤，棕红色亚黏土，棱块状结构，底部有钙结核 1.8 m

18. 砂砾层，由次圆状、次棱角状砾石组成，交错层理发育 2.0 m

19. 黏土层，浅灰绿色粉砂质黏土层与灰白色含钙质结核的黏土质粉砂层交互组成，有黑色铁锰质膜，具团粒状结构 2.3 m

20. 砂砾层，以次圆状砾石为主，并有次棱角状、圆状砾石组成，直径一般 3~10 cm 3.1 m

21. 黏土层，棕褐色—淡紫红色砂层与灰黄色—灰绿色泥灰质黏土层交互组成，具块状、棱块状结构，交错层理发育，遗址文化层位于中部的灰绿色泥灰质黏土里 9.6 m

22. 底砾层，磨圆度较好，次圆状、次棱角状砾石为主，一般直径 5~20 cm，最大接近 50 cm，砾石岩性较复杂，主要有火成岩、石英砂岩、硅质灰岩、石英岩等，据推测是水沟遗址古人类制作石器的原料来源 3.0 m

二、研究方法

野外在采集样品之前，先在剖面分段清理出深约 0.3~0.5 m 的探槽，以保证露出新鲜未风化的原生地层。然后由上至下标记好刻度，根据剖面不同层位的地质情况，采用与之相适应的采样方案：上部的黄土地层和下部的河流相黏土层按照 2 cm 的间距共采集 4152 个样品；下部的砂砾层按照 10 cm 的间距共采集 556 个样品。

样品的磁化率测试在中国科学院地球环境研究所环境磁学实验室进行，使用的仪器是英国制 Bartington MS2C 型双频磁化率仪，测试过程严格按照 Dearing（1999）描述的方法完成[34]。将 Bartington MS2C 型双频磁化率仪调至低频状态（0.47 kHz），选择 SI 单位，在仪器本底值稳定的条件下重复测量 3 次，取其读数的平均值（K）。质量磁化率（χ，单位为 $m^3 \cdot kg^{-1}$）等于仪器读数乘以 10^{-8}，然后乘以 10，再除以样品的质量（m，单位为 g），即：$\chi = (K \times 10^{-8}/m) \times 10$[35]。

三、黄土地层研究

（一）磁化率测试结果

会兴沟剖面黄土地层的磁化率值集中在 $40 \sim 200 \times 10^{-8}\ m^3 \cdot kg^{-1}$，平均值为 $62.5 \times 10^{-8}\ m^3 \cdot kg^{-1}$，磁化率曲线展现了明显的波峰与波谷的交替（图三），分别对应于古土壤与黄土：在暖湿的间冰期形成的古土壤具有较高的磁化率值，而在干冷的冰期堆积的黄土具有较低的磁化率值，黄土的磁化率值普遍要低于古土壤的。磁化率测试结果与野外地层划分有很好的对应关系，可据此清晰地分辨黄土和古土壤。

野外在剖面上观察到由 3 层古土壤复合而成的古土壤，为黄土高原黄土地层的标志层 S_5，俗称“红三条”[36-37]，在图三中对应于由 3 个峰值组成的磁化率高值带。以 S_5 顶部为界，可将剖面黄土地层磁化率曲线的变化趋势分为两部分：S_5 以后形成的黄土 / 古土壤对应的磁化率曲线波动幅度大，频率低；S_5 及之前形成的黄土 / 古土壤对应的磁化率变化曲线的波动幅度较小，频率较高。相比于之前的古土壤，S_5 及其后形成的所有古土壤对应磁化率具有振幅增大、波动频率降低的特点，表明夏季风气候显著增强以及冬、夏季风之间反差增大。磁化率幅度和频率的这种变化可能与中更新世气候转型以来全球冰量变化和太阳辐射的驱动有关[38]。

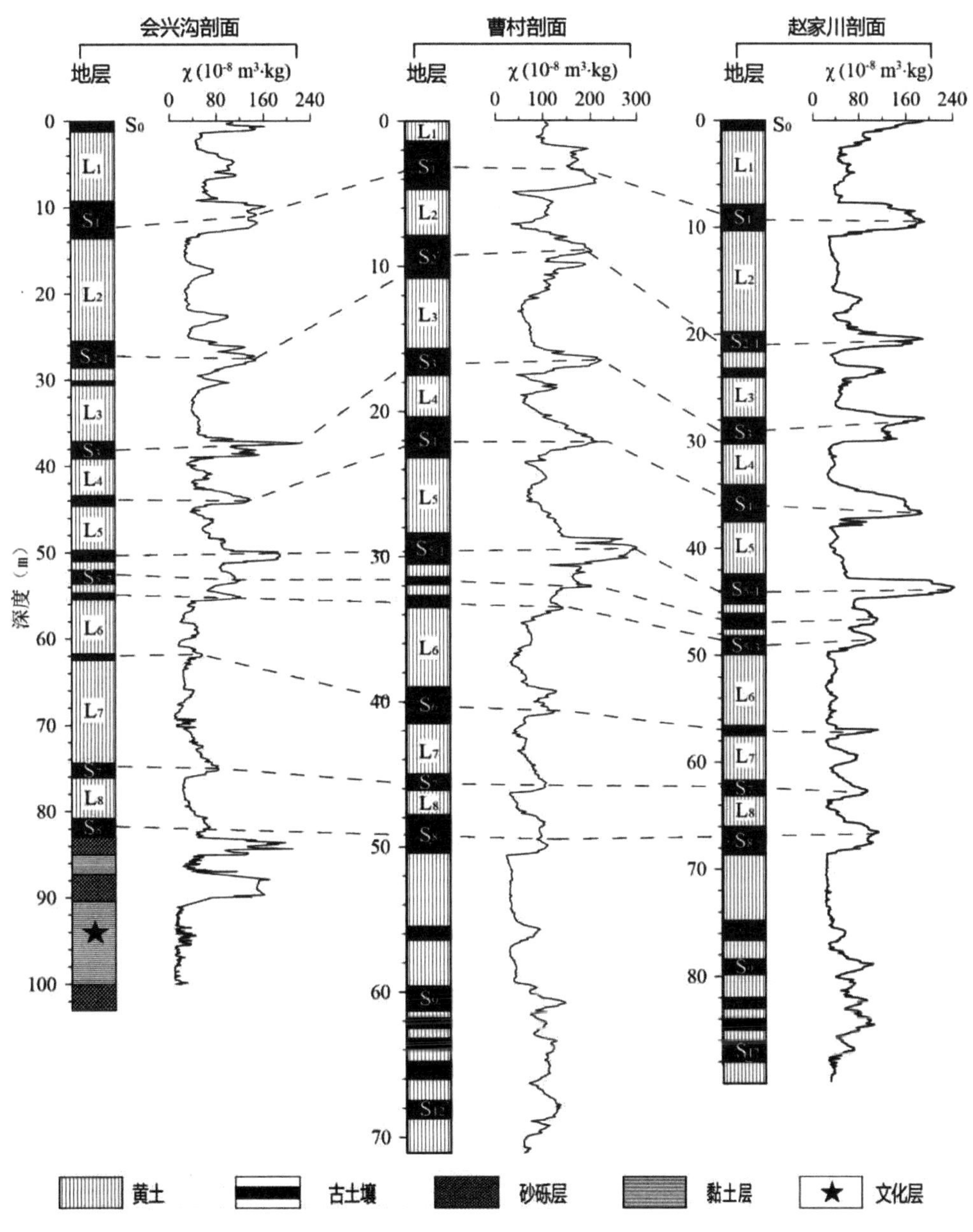

图三　会兴沟剖面的土壤地层柱和磁化率变化曲线，以及其与曹村剖面[39]和赵家川剖面[40]的对比

（二）不同剖面土壤地层和磁化率曲线的对比

为了能够准确划分会兴沟剖面黄土地层，选取了曹村黄土剖面和西峰赵家川黄土剖面进行对比研究（图三）。曹村剖面位于会兴沟剖面东南约 20 km，是三门峡地区的典型剖面，发育有 33 个黄土层（L_1~L_{33}）和 32 个古土壤层（S_1~S_{32}），其中 L_1 大部分缺失，厚度仅为 1.5 m[41]。西峰赵家川剖面位于甘肃庆阳市，是黄土高原腹地的典型剖面之一，发育有 33 个黄

土层（L_1~L_{33}）和 32 个古土壤层（S_0~S_{32}），仅 S_0 顶部有缺失[42]。剖面之间的详细对比如下：

会兴沟剖面的磁化率曲线最上部由波峰开始，展示了完整的波峰，而曹村剖面顶部缺失 S_0 和大部分 L_1，赵家川剖面顶部 S_0 磁化率曲线仅由半个波峰组成，这说明会兴沟剖面顶部较其他剖面保存更完整，仅就此层来讲，该剖面更具有代表性。会兴沟剖面第一层黄土中夹有两层弱发育的古土壤，对应了磁化率曲线的两个峰值，这是黄土高原马兰黄土 L_1 的典型特征[43-45]，也与赵家川剖面中马兰黄土 L_1 的磁化率曲线特征相似。据此，可以推定此黄土为 L_1，而覆于其上的是 S_0。但相比于赵家川剖面，会兴沟剖面 L_1 中古土壤对应的磁化率更高，波峰更明显，这主要是由于会兴沟剖面位于黄土高原东南部，受东亚季风影响显著，成土作用更强而造成的。L_1 以下的古土壤的磁化率曲线是一个由 3 个较小峰值构成的高值带，这是黄土高原 S_1 的典型特征[46-47]。此层的磁化率变化也与曹村和赵家川剖面的 S1 相符合，所以会兴沟剖面这一古土壤层可以被确定为 S_1。S_1 向下隔过一个厚约 12 m 的黄土层为 L_2；其下部的古土壤对应的磁化率曲线是由两个高值带和一个低值带组成，其中上部的高值带宽度明显大于下面的，这一特征也是黄土地层中 S_2 所特有的，也与曹村和赵家川剖面 S_2 的磁化率曲线特征相似，据此认为此古土壤为 S_2。从 S_2 往下至黄土地层中的标志层 S_5，存在的两个磁化率高值带，从深度和厚度判断分别与曹村和赵家川剖面中 S_3、S_4 的磁化率曲线呈现良好的对应关系，所以这两个高值带在会兴沟剖面中对应是 S_3、S_4。区域特征明显的标志层 S_5 对应的磁化率曲线是由 3 个磁化率峰值组成的高值带，这是黄土高原中东部黄土地层的标志层 S_5 独有的，与曹村和赵家川剖面的 S_5 也有很好的对应。标志层 S_5 以下的磁化率曲线是一个较宽阔的低值带，与曹村和赵家川剖面的 L_6 相对应。L_6 以下至河流相沉积物之间，磁化率曲线存在着 3 个高值带，则分别与曹村和赵家川剖面的 S_6、S_7、S_8 基本呈良好的对应关系。

通过上述 3 个剖面的对比，可以发现它们之间有着很好的对比性：相同层位磁化率曲线表现出基本一致的变化特征，对应的峰、谷变化在细节上几乎可以一一对应，在剖面上的演化趋势也比较一致（图三）。这印证了中国黄土分布在时间和空间上的一致性，也证明了利用磁化率对黄土地层进行划分的可靠性。此外，不同剖面相同层位的厚度各不相同，这是由于地貌位置、沉积环境、季风环流以及古气候条件的差异，使得黄土／古土壤沉积速率不同而造成的[48]。

四、研究结果与讨论

通过野外对会兴沟剖面黄土地层的划分，并结合磁化率测试结果及与不同剖面之间的对比研究，都得出了彼此近似一致的结果，从而说明了地层划分及对比结果的可靠性。会兴沟黄土剖面包含古土壤层 S_0~S_8 和黄土层 L_1~L_8，地层连续而没有间断。其中古土壤层 S_2、S_5 特征明显，均为复合古土壤层，是本剖面黄土地层中的标志层：S_2 是由 S_2SS_1 和 S_2SS_2 两层古土壤复合而成，其厚度分别为 3.1 m 和 0.5 m；S_5 是由 S_5SS_1、S_5SS_2 和 S_5SS_3 三层古土壤复合而成，其厚度分别为 1.4 m、1.6 m 和 0.8 m。由于气候变化受地球轨道参数的周期性变化控制，而轨道参数的变化历史可通过精确的天文计算获得，因此通过对地质记录中的古气候周期性变化历史进行轨道调谐，可以获得精确的地层时间标尺。轨道调谐法就是以古气候记录周期性的研究为基础，是一种独立的地层定年方法，据此建立的黄土 - 古土壤序列时间标尺得到了较广泛的应用。不同学者根据轨道调谐法确定 S_8 顶部的年龄分别为 0.807 Ma[49]、0.819 Ma[50] 和 0.825 Ma[51]。水沟遗址文化层位于 S_8 以下约 10 m 的河流相地层中，因此其年代必定早于 0.8 Ma。

在黄土高原地区，河流一旦下切形成河流阶地，河漫滩便脱离洪水淹没环境转化为宽广平坦的阶地面，在阶地面形成的同时，黄土也在阶地面上稳定堆积，因此河流阶地上覆黄土地层底部的年代，应该与河流阶地的形成年代接近或一致[52-54]。此外，气候变化对黄土高原地区河流阶地的形成起着重要作用[55-58]。在黄土堆积的冰期阶段，气候寒冷干燥，河流以沉积和旁蚀作用为主，泥质和粉砂等较细物质在河漫滩上沉积下来；当进入古土壤发育的间冰期阶段，气候变得温暖湿润，降水量增加，河流下蚀作用增强，促使阶地形成。黄土高原地区河流阶地沉积物上普遍发育一层以冲积黏土、粉砂为母质发育起来的古土壤[59]，表明河流阶地于温暖湿润的间冰期开始下切，而河流阶地沉积物则是在之前干冷的冰期中形成的[60-61]。

在会兴沟剖面中，河流相地层下部的底砾层（河床沉积物）和上覆的粉砂质黏土层（河漫滩沉积物）体现了河漫滩二元结构；二元结构以上由砂砾层与粉砂质黏土层交互组成，反映了由于河流旁蚀作用，导致河床左右迁徙，使得代表河床沉积的砂砾层和河漫滩沉积的黏土层在剖面中交替出现；在河流相地层顶部发育 S_8。如果河流沉积与上覆 S_8 存在沉积间断，那么它们之间必然还存在比 S_8 更早形成的黄土／古土壤。然而对剖面黄土地层的研究已证明 S_8 以下不存在任何黄土／古土壤，这表明黄河下切、阶地形成的时代相当于 S_8 开始发育的时期，而河流相地层则是 S_8 之前冰期阶段时河流沉积作用的产物，对应于 L_9 堆积时期。轨道调谐法确定 L_9 的形成年代分别为 0.865~0.943 Ma[62]、0.865~0.952 Ma[63] 和 0.87~0.93 Ma[64]，三者大致相近。因此位于河流相地层中的遗址文化层，其形成年代介于 0.86~0.95 Ma。当然，这一推测有待于将来可靠的绝对测年方法（如 ESR 测年法）来检验或证实。

注释：

[1] 黄慰文：《中国的手斧》，《人类学学报》1987 年第 6 卷第 1 期，第 61—68 页。

[2] 黄慰文：《东亚和东南亚旧石器初期重型工具的类型学：评 Movius 的分类体系》，《人类学学报》1993 年第 12 卷第 4 期，第 297—304 页。

[3] 林圣龙：《中国的薄刃斧》，《人类学学报》1992 年第 11 卷第 3 期，第 193—201 页。

[4] 黄慰文：《豫西三门峡地区的旧石器》，《古脊椎动物与古人类》1964 年第 8 卷第 2 期，第 162—181 页。

[5] 刘东生：《黄土与环境》，科学出版社，1985 年，第 1—481 页。

[6] Heller F., Liu T. S., "Magnetostratigraphic Dating of Loess Deposits in China", *Nature*, 1982, Vol. 300, No. 5891, pp. 431-433.

[7] Kukla G., Heller F., Liu X. M., et al., "Pleistocene Climates in China Dated by Magnetic Susceptibility", *Geology*, 1988, No. 16, pp. 811-814.

[8] Porter S. C., An Z. S., "Correlation between Climate Events in the North Atlantic and China during the Last Glaciations", *Nature*, 1995, Vol. 375, No. 6529, pp. 305-308.

[9] Heslop D., Langereis C. G., Dekkers M. J., "A New Astronomical Timescale for the Loess Deposits of Northern China", *Earthand Planetary Science Letters*, 2000, No. 184, pp. 125-139.

[10] Ding Z. L., Derbyshire E., Yang S. L., et al., "Stacked 2.6–Ma Grain Size Record from the Chinese Loess Based on Five Sections and Correlation with the Deep–sea δ18O Record", *Paleoceanography*, 2002, Vol. 17, No. 3, p, 1033.

[11] Sun Y. B., Clemens S. C., An Z. S., et al., "Astronomical Timescale and Palaeoclimatic Implication of Stacked 3. 6–Myr Monsoon Records from the Chinese Loess Plateau", *Quaternary Science Reviews*, 2006, No. 13, pp. 33-48.

[12] 吴文祥、刘东生:《泥河湾与黄土高原地层对比及其旧石器文化序列》,《地球科学进展》2002 年第 17 卷第 1 期，第 33—38 页。

[13] 夏正楷、郑公望、陈福友等:《洛阳黄土地层中发现旧石器》,《第四纪研究》1999 年第 19 卷第 3 期，第 286 页。

[14] 吴文祥、刘东生:《大荔人遗址黄土 - 古土壤序列》,《地质科学》2001 年第 36 卷第 3 期，第 364—369 页。

[15] 吴文祥、刘东生:《丁村旧石器文化遗址的黄土地层研究》,《地震地质》2002 年第 24 卷第 2 期，第 241—248 页。

[16] 吴文祥、刘东生、陈哲英:《匼河旧石器遗址 6054 和 6056 地点地层的再研究》,《地层学杂志》2001 年第 25 卷第 4 期，第 303—306 页。

[17] 刘平、Løvlie R. :《匼河遗址 6054 地点黄土 - 古土壤剖面磁性地层学的年代研究》,《地层学杂志》2007 年第 31 卷第 3 期，第 240—246 页。

[18] 朱诚、张杨阳、马春梅等:《江苏金坛和尚墩旧石器遗址地层的古地磁年代与磁化率研究》,《地层学杂志》2007 年第 31 卷第 1 期，第 35—44 页。

[19] 王艳卫、Løvlie R. :《山西襄汾敬村沟更新统剖面磁性地层学研究及其与丁村组的对比》,《地层学杂志》2008 年第 32 卷第 3 期，第 299—302 页。

[20] 霍俊杰、Løvlie R.、苏朴:《大荔遗址磁信息的地质意义》,《地层学杂志》2009 年第 33 卷第 1 期，第 69—75 页。

[21] 杜水生、杨丽荣、刘富良等:《洛阳北窑遗址年代再研究》,《第四纪研究》2011 年第 31 卷第 1 期，第 16—21 页。

[22] 鹿化煜、张红艳、孙雪峰等:《中国中部南洛河流域地貌、黄土堆积与更新世古人类生存环境》,《第四纪研究》2012 年第 32 卷第 2 期，第 167—177 页。

[23] Bordes F., *The Old Stone Age*, New York & Toronto : McGraw-HillBook Company, 1968, pp. 1-255.

[24] 张宏彦:《中国史前考古学导论》，科学出版社，2011 年，第 25—39 页。

[25] 黄慰文:《中国旧石器文化序列的地层学基础》,《人类学学报》2000 年第 19 卷第 4 期，第 269—283 页。

[26] 安芷生、王俊达、李华梅:《洛川黄土剖面的古地磁研究》,《地球化学》1977 年第 4 期，第 239—249 页。

[27] 安芷生、Kukla G.、刘东生:《洛川黄土地层学》,《第四纪研究》1989 年第 9 卷第 2 期，第 155—168 页。

[28] 刘东生:《黄土与环境》，科学出版社，1985 年，第 1—481 页。

[29] Heller F., Liu T. S., "Palaeoclimatic and Sedimentary History from Magnetic Susceptibility of Loess in China", *Geophysical Research Letters*, 1986, Vol. 13, pp. 1169-1172.

[30] Kukla G., Heller F., Liu X. M., et al., "Pleistocene Climates in China Dated by Magnetic Susceptibility", *Geology*, 1988, Vol. 16, pp. 811-814.

[31] An Z. S., Kukla G., Porter S. C., "Magnetic Susceptibility Evidence of Monsoon Variation on the Loess Plateau of Central China during the Last 130000 Years", *Quaternary Research*, 1991, Vol. 36, pp. 29-36.

[32] Heller F., Liu X. M., Liu T. S., et al., "Magnetic Susceptibility of Loess in China", *Earth and Planetary Science Letters*, 1991, Vol. 103, pp. 301-310.

[33] 黄慰文:《豫西三门峡地区的旧石器》,《古脊椎动物与古人类》1964 年第 8 卷第 2 期，第 162—181 页。

[34] Dearing J., "Magnetic Susceptibility", in Walden J., Oldfield F., Smith J. eds, *Environmental Magnetism: a Practical Guide No. 6*, London : Quaternary Research Association, 1999, pp. 35-62.

[35] 刘青松、邓成龙:《磁化率及其环境意义》,《地球物理学报》2009 年第 52 卷第 4 期，第 1041—1048 页。

[36] 安芷生、魏兰英:《离石黄土中的第五层古土壤及其古气候的意义》,《土壤学报》1980 年第 17 卷第 1 期，第 1—12 页。

[37] 刘东生:《黄土与环境》，科学出版社，1985 年，第 1—481 页。

[38] 王喜生、杨振宇、Løvlie R. 等:《黄土高原东南缘黄土 - 古土壤序列的环境磁学结果及其古气候意义》,《科学通报》2006 年第 51 卷第 13 期，第 1575—1582 页。

[39] 赵志中、吴锡浩、蒋复初等:《三门峡地区黄土与古季风》,《地质力学学报》2000 年第 6 卷第 4 期，第 19—26 页。

[40] Sun Y. B., Clemens S. C., An Z. S., et al., "Astronomical Timescale and Palaeoclimatic Implication of Stacked 3. 6-Myr Monsoon Records from the Chinese Loess Plateau", *Quaternary Science Reviews*, 2006, Vol. 13, pp. 33-48.

[41] 赵志中、吴锡浩、蒋复初等:《三门峡地区黄土与古季风》,《地质力学学报》2000 年第 6 卷第 4 期，第 19—26 页。

[42] Sun Y. B., Clemens S. C., An Z. S., et al., "Astronomical Timescale and Palaeoclimatic Implication of Stacked

3. 6–Myr Monsoon Records from the Chinese Loess Plateau", *Quaternary Science Reviews*, 2006, Vol. 13, pp. 33-48.

[43] 郭正堂、刘东生、安芷生:《渭南黄土沉积中十五万年来的古土壤及其形成时的古环境》,《第四纪研究》1994 年第 14 卷第 3 期，第 256—269 页。

[44] 李玉梅、刘东生、吴文祥等:《黄土高原马兰黄土记录的 MIS3 温湿气候》,《第四纪研究》2003 年第 23 卷第 1 期，第 69—76 页。

[45] 霍俊杰、Løvlie R.、苏朴:《大荔遗址磁信息的地质意义》,《地层学杂志》2009 年第 33 卷第 1 期，第 69—75 页。

[46] 郭正堂、刘东生、安芷生:《渭南黄土沉积中十五万年来的古土壤及其形成时的古环境》,《第四纪研究》1994 年第 14 卷第 3 期，第 256—269 页。

[47] 李玉梅、刘东生、吴文祥等:《黄土高原马兰黄土记录的 MIS3 温湿气候》,《第四纪研究》2003 年第 23 卷第 1 期，第 69—76 页。

[48] 刘东生:《黄土与环境》，科学出版社，1985 年，第 1—481 页。

[49] Heslop D., Langereis C. G., Dekkers M. J., "A New Astronomical Timescale for the Loess Deposits of Northern China", *Earthand Planetary Science Letters*, 2000, Vol. 184, pp. 125-139.

[50] Ding Z. L., Derbyshire E., Yang S. L., et al., "Stacked 2.6–Ma Grain Size Record from the Chinese Loess Based on Five Sections and Correlation with the Deep–sea δ18O Record", *Paleoceanography*, 2002, Vol. 17, No. 3, p. 1033.

[51] Sun Y. B., Clemens S. C., An Z. S., et al., "Astronomical Timescale and Palaeoclimatic Implication of Stacked 3. 6–Myr Monsoon Records from the Chinese Loess Plateau", *Quaternary Science Reviews*, 2006, Vol. 13, pp. 33-48.

[52] 鹿化煜、安芷生、王晓勇等:《最近 14 Ma 青藏高原东北缘阶段性隆升的地貌证据》,《中国科学（D 辑）》2004 年第 34 卷第 9 期，第 855—864 页。

[53] 潘保田、王均平、高红山等:《从三门峡黄河阶地的年代看黄河何时东流入海》,《自然科学进展》2005 年第 15 卷第 6 期，第 700—705 页。

[54] 雷祥义:《黄土高原河谷阶地黄土地层结构模式》,《海洋地质与第四纪地质》2006 年第 26 卷第 2 期，第 113—122 页。

[55] 袁宝印、巴特尔、崔久旭:《黄土区沟谷发育与气候变化的关系》,《地理学报》1987 年第 42 卷第 4 期，第 328—337 页。

[56] 孙建中、赵景波:《黄土高原第四纪》，科学出版社，1991 年，第 1—242 页。

[57] Porter S. C., An Z. S., Zheng H. B., "Cyclic Quaternary Alluviation and Terracing in a Nonglaciated Drainage Basin on the North Flank of the Qinling Shan, Central China", *Quaternary Research*, 1992, Vol. 38, pp. 157-169.

[58] Porter S. C., An Z. S., “Episodic Gullying and Paleomon-soon Cycles on the Chinese Loess Plateau”, *Quaternary Research*, 2005, Vol. 64, pp. 234-241.

[59] 朱照宇:《中国黄土高原及邻区水系沉积物 - 古土壤系列》,《科学通报》1989 年第 34 卷第 6 期，第 446—449 页。

[60] 潘保田、王均平、高红山等:《从三门峡黄河阶地的年代看黄河何时东流入海》,《自然科学进展》2005 年第 15 卷第 6 期，第 700—705 页。

[61] 雷祥义:《黄土高原河谷阶地黄土地层结构模式》,《海洋地质与第四纪地质》2006 年第 26 卷第 2 期，第 113—122 页。

[62] Heslop D., Langereis C. G., Dekkers M. J., “A New Astronomical Timescale for the Loess Deposits of Northern China”, *Earthand Planetary Science Letters*, 2000, Vol. 184, pp. 125-139.

[63] Ding Z. L., Derbyshire E., Yang S. L., et al., “Stacked 2.6-Ma Grain Size Record from the Chinese Loess Based on Five Sections and Correlation with the Deep-sea δ18O Record”, *Paleoceanography*, 2002, Vol. 17, No. 3, p. 1033.

[64] Sun Y. B., Clemens S. C., An Z. S., et al., “Astronomical Timescale and Palaeoclimatic Implication of Stacked 3. 6-Myr Monsoon Records from the Chinese Loess Plateau”, *Quaternary Science Reviews*, 2006, Vol. 13, pp. 33-48.

卢氏盆地旧石器考古调查

◎赵清坡

调查时间：2018年8月—9月；11月—12月

工作单位：河南省文物考古研究院

河南省文物考古研究院本年度分两次到卢氏盆地进行旧石器考古专项调查，重点沿卢氏盆地境内的索峪河、官坡河、潘河、沙河、横涧河、卜象河、文峪河、秦家河、范里河和寻峪河等河流两岸开展系统调查。

通过调查共发现旧石器地点21处，石制品127件，类型有石核、石片、刮削器、砍砸器、尖状器、断块等，原料有燧石、石英岩、脉石英等，年代为旧石器时代早、中、晚三期。其中庙沟河地点、寇家湾地点、庄子村地点、庙底村地点、黑马村地点等5处地点的石制品采自地层中，其余均为地表采集。

石制品总体特征可划分为两类，一类是以砾石为毛坯制作石器，剥片方法主要使用锤击法和砸击法，以砍砸器等大型工具为主；另一类以石片石器，以锤击法生产的石片为毛坯制作石器，类型有刮削器、尖状器等小型工具。

黑马村地点剖面S7中采集一件刮削器，为旧石器时代早期，庙底村地点一件石器采自S2古土壤条带中，为旧石器时代早期晚段，距今约20万年，十字路口村地点发现一件经过预制的小石核，初步判断可能为旧石器时代晚期，其余地点根据石器加工特点、风化程度等初步判断，可能属于旧石器时代中期。

此次调查发现的旧石器地点均为旷野。与灵宝盆地、三门峡其他地区及陕西洛南盆地的旧石器分布规律相似，几乎均为沿河流、冲沟分布，多处于河流二级阶地。

通过对卢氏盆地的旧石器遗址调查，初步判断卢氏盆地分布有较多的旧石器地点，石器数量虽然不多，但为探索中国旧石器时期南北文化之间的关系以及与环境变化的关系等课题提供了重要资料。石器尤其以旧石器时代中期为主，该地区曾发现了距今约10万年的“卢氏人”，处于现代人起源的关键时期，这些石器的发现对该地区现代人起源研究具有重要意义。

东秦岭卢氏盆地新发现的旧石器

◎林　壹　◎牛雪纯　◎赵清坡　◎顾雪军　◎李　璇
◎李永涛　◎贺存定　◎战世佳　◎张改课　◎朱之勇
◎郑立超　◎史家珍　◎鹿化煜　◎王社江

一、引言

卢氏县位于河南省西部南洛河中游地区，西临陕西省洛南县，东接河南省洛宁、栾川两县。早在20世纪70年代，卢氏盆地即发现有古人类化石[1]，其后在90年代的调查工作中，该地又首次发现旧石器地点[2-3]。本世纪初，学者们在卢氏盆地开展了大量的工作，不仅发现了较为丰富的石制品，而且初步揭示出这一地区黄土地层的年代序列及其所反映的古环境背景[4-11]。

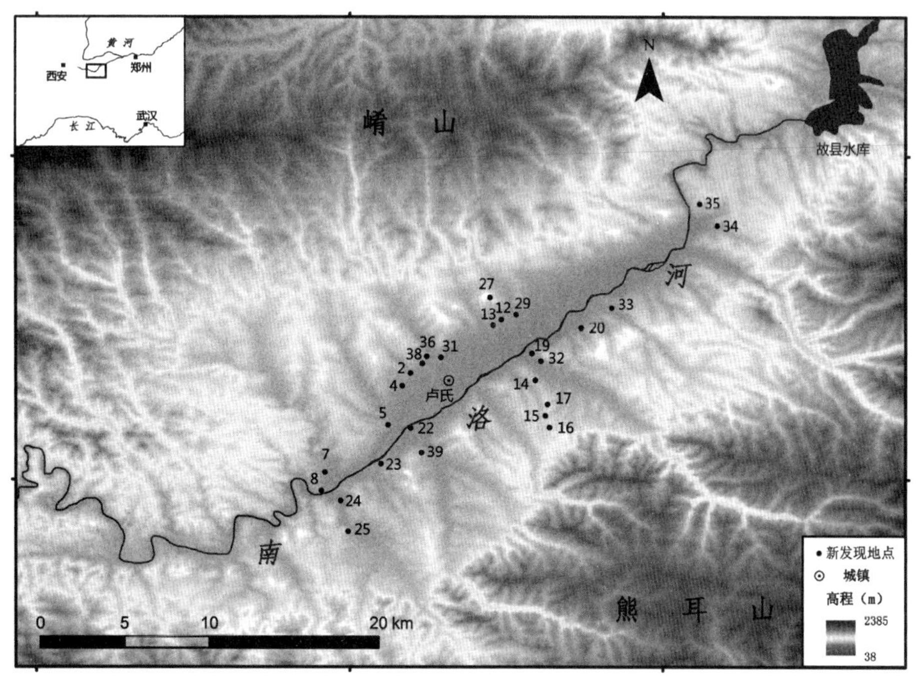

图一　卢氏新发现的旧石器地点分布图
注：地点编号（19LS）及名称见表一。

为了进一步推进秦岭地区古人类与旧石器考古研究工作的开展，从2019年5月开始，洛阳市文物考古研究院、西北大学文化遗产学院、中国科学院古脊椎动物与古人类研究所、陕西省考古研究院、河南省文物考古研究院、郑州大学历史学院、南京大学地理与海洋科学学院、三门峡市文物考古研究所等8家单位联合组队，对秦岭地区的古人类与旧石器地点展开新一轮大规模的调查。2019年6月，团队在伊洛河流域进行的前期调查中，采集到了一些石制品。2019年8月，本文前两位作者再赴卢氏盆地开展野外调查，新发现27处旷野类型的旧石器地点（图一），采集石制品123件，本文是对这批调查材料的初步研究结果。

二、调查方法与发现

（一）野外调查方法

卢氏盆地是秦岭东段的一个小型山间断陷盆地，南洛河自西南向东北贯穿盆地，县境内上下游两端处于峡谷地带。盆地南北两侧分别为熊耳山和崤山。从盆地边缘到中心地形逐渐由低山、丘陵向川塬河谷过渡。在河谷较宽处，南洛河干流两侧普遍发育至少3级阶地，阶地堆积之上覆以数米到数十米不等的风成黄土堆积。本地区既往的旧石器调查工作表明，石制品主要埋藏于这些黄土地层中，且年代和环境背景清晰[4，6–7，9，12]。

一般而言，相对较为平坦的河流阶地可为古人类活动和黄土沉积提供理想的条件。针对这一特点，参考前人田野调查经验[12–13]我们制定了详细的调查方案。首先对大比例尺的等高线图进行研判，预先标注出合适的阶地地貌部位，如南洛河及其支流两岸相对平坦、面积较大、且凸向河流的位置，针对这些有潜力的区域规划调查路线，考察过程中再随时与卫星照片、地形图和目视地层对比地貌情况，及时判断或调整需要勘察的具体位置。由于调查时节地表植被茂密，为了尽可能发现更多的地点，调查者在每一处调查点停留时间不一，以路线上遇到的公路建设断面、砖厂、窑洞前断面、田间陡坎等为重点关注对象。各地点采集石制品数量一般在1~10件之间，主要取决于剖面及其附近地表的暴露程度。受时间所限，目前所调查的区域还远未覆盖到整个盆地。

最后，在地图上标出每一个石制品采集点。距离较近（小于300 m）、且基本处于同一地貌部位的采集点，后期整理过程中归入同一地点。对于包含多个采集点、或地层分布范围较大的地点，坐标和高程均以从剖面上采集到遗物的位置为准。

（二）新发现的旧石器地点

表一为本次调查新发现旧石器地点的基本信息。在27个地点中，有17个地点共采集到34件出自地层的石制品，其余依据脱层采集品确认的地点附近也都有明确的地层线索，石制品的技术特征较清楚或者埋藏痕迹可靠（不同程度地附着钙质结核）。

表一　新发现旧石器地点统计表

地点	编号	地理坐标	海拔（m）	地貌部位	石制品数量 / 脱层数量（*n*）
黑马村东 Heimacun East	19LS2	111°01'56"E, 34°03'17"N	623	2	2/2
西黑马渠 Xiheimaqu	19LS4	111°01'40"E, 34°02'53"N	608	2	10/8
河西村 Hexicun	19LS5	111°01'13"E, 34°01'41"N	595	2	3/3
涧北村 Jianbeicun	19LS7	110°59'12"E, 34°00'13"N	606	2	2/2
黄村 Huangcun	19LS8	110°59'05"E, 33°59'39"N	601	2	9/9
火炎村西北 Huoyancun Northwest	19LS12	111°04'50"E, 34°04'56"N	601	2	9/5
胡家寨西北 Hujiazhai Northwest	19LS13	111°04'33"E, 34°04'46"N	605	2	1/1
李家坟 Lijiafen	19LS14	111°05'55"E, 34°03'04"N	716	4？	1/1
高家沟东 Gaojiagou East	19LS15	111°06'14"E, 34°01'58"N	771	4？	3/1
麻地沟东 Madigou East	19LS16	111°06'22"E, 34°01'37"N	803	4？	3/1
杨家场 Yangjiachang	19LS17	111°06'18"E, 34°02'20"N	786	4？	1/0
涧西村东北 Jianxicun Northeast	19LS19	111°05'48"E, 34°03'54"N	585	2	12/8
西寨南 Xizhai South	19LS20	111°07'22"E, 34°04'41"N	580	2	1/1
岗底 Gangdi	19LS22	111°01'56"E, 34°01'35"N	569	1	8/7
营子沟 Yingzigou	19LS23	111°00'59"E, 34°00'29"N	622	2	4/2
寇家湾东南 Koujiawan Southeast	19LS24	110°59'43"E, 33°59'20"N	607	2	1/1
西店村西北 Xidiancun Northwest	19LS25	110°59'57"E, 33°58'23"N	698	3	4/3
九寨山 Jiuzhaishan	19LS27	111°04'27"E, 34°05'38"N	826	4？	4/3
火炎村北 Huoyancun North	19LS29	111°05'18"E, 34°05'05"N	586	2	1/0

续表

地点	编号	地理坐标	海拔（m）	地貌部位	石制品数量 / 脱层数量（n）
虢台庙 Guotaimiao	19LS31	111°02'54"E, 34°03'46"N	607	2	6/5
麻家湾西北 Majiawan Northwest	19LS32	111°06'06"E, 34°03'39"N	601	2	9/5
贺家沟 Hejiagou	19LS33	111°08'20"E, 34°05'18"N	590	2	10/7
花桥西北 Huaqiao Northwest	19LS34	111°11'45"E, 34°07'51"N	613	2	3/0
西庄村南 Xizhuangcun South	19LS35	111°11'11"E, 34°08'31"N	711	4？	1/0
北石桥西北 Beishiqiao Northwest	19LS36	111°02'27"E, 34°03'48"N	619	2	3/2
北关西北 Beiguan Northwest	19LS38	111°02'19"E, 34°03'35"N	625	2	5/5
王家坡东北 Wangjiapo Northeast	19LS39	111°02'17"E, 34°00'49"N	666	3	7/7

（三）新发现旧石器地点所处的阶地位置

南洛河第一级阶地 1 处。该阶地面高出现南洛河河面不到 20 m，距河床最近，阶地面也最为平缓，多为现代城市和乡村分布区，分布有新石器—商周时期遗址。调查中能够采集到疑似旧石器，但缺乏剖面，本文仅将能够与全新世文化层中石制品相区分的岗底地点纳入统计。

南洛河及其支流第二级阶地 19 处。第二级阶地宽度约 0.5~1 km，阶地面保存较好，且较为平坦，高出南洛河河面约 30~60 m，遗址分布十分密集。阶地上黄土地层比较连续，地层情况与以往发现的乔家窑[3]、北关[4]等地点基本相同。采集石制品 95 件，其中有 2 个地点（19LS31、19LS33）的 3 件石制品出自 L1，有 4 个地点（19LS12、19LS19、19LS29、19LS32）的 8 件石制品出自 S1，有 3 个地点（19LS4、19LS23、19LS36）的 4 件石制品出自 L2，有 1 个地点（19LS4）的 1 件石制品出自 S2，还有 4 个地点（19LS12、19LS32、19LS33、19LS34）的 8 件石制品出自不晚于 L1 的河流相堆积。由于多数采集点附近的剖面并未暴露出 S3 以下的地层，推测大部分脱层石制品也应在 L1—S2 的年代范围之内。

南洛河第三级阶地地点 2 处。阶地顶部也相对平坦，高出南洛河河面约 110~150 m。这一级阶地分布面积较小，宽度一般不超过 300 m，且现代生产活动改造不多，地表植被茂盛。调查中发现剖面较少，采集的 7 件石制品均已脱层。

有 6 处地点所处地貌部位高出南洛河第三级阶地，位于盆地两侧山地向河谷倾斜的梁状台地上，高出南洛河河面约 190~260 m。其中，九寨山和西庄村南剖面因新修公路而暴露，保存有 S1 以下连续的黄土堆积，在古土壤条带中分别发现一件砍砸器和一件大型刮削器，层位分别相当于标准黄土—古土壤序列中的 S13（图三）和 S9。

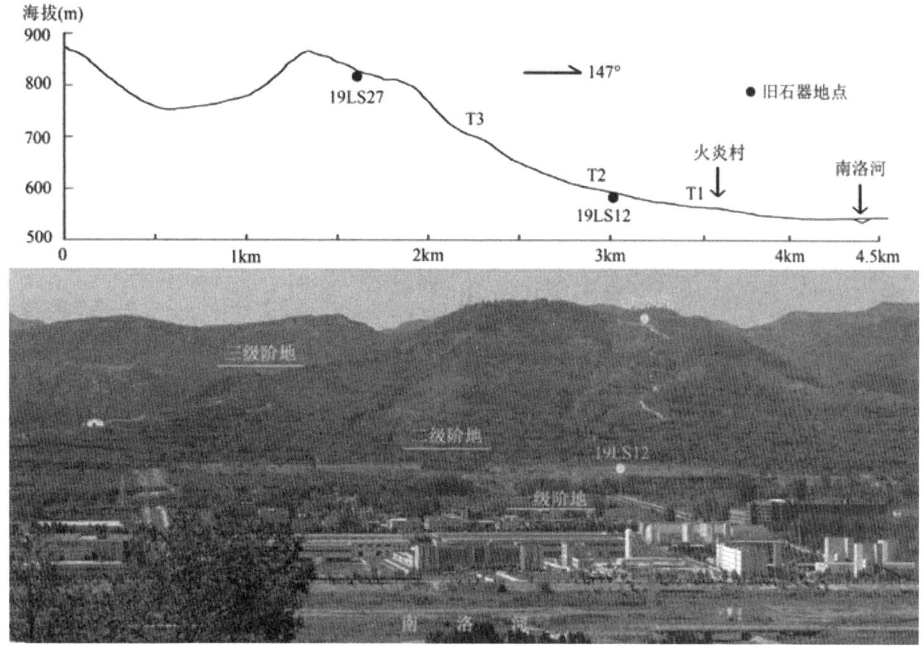

图二　九寨山 (19LS27) 和火炎村 (19LS12) 地点所处地貌位置

图三　九寨山地点砍砸器（19LS27：1）的出土层位

表二　各地点石制品类型统计表

地点	石核		石片		残片	断块	石器				数量（n）
	锤击	砸击	锤击	砸击			刮削器	砍砸器	手镐	凹缺器	
19LS2					1	1					2
19LS4					1	8	1				10
19LS5	3										3
19LS7						1	1				2
19LS8	1		1		1	6					9
19LS12			4			4			1		9
19LS13						1					1
19LS14					1						1
19LS15			1		2						3
19LS16						3					3
19LS17					1						1
19LS19	2		3		4	3					12
19LS20	1										1
19LS22	3		1		1	1	2				8
19LS23			3		1						4
19LS24	1										1
19LS25	1		2			1					4
19LS27			1		1	1		1			4
19LS29					1						1
19LS31					2	3			1		6
19LS32	2		1			5		1			9
19LS33	1	1	2	1	1	1	3				10
19LS34			2			1					3
19LS35							1				1
19LS36			2		1						3
19LS38				1		1	1		1	1	5
19LS39	3		1			1	1	1	0		7
合计	18	1	24	2	19	42	10	3	3	1	123

三、石制品

本次调查新发现地点的石制品面貌基本一致，属于简单的石核—石片—修理石片石器工业。石制品的岩性除了个别为燧石、辉绿岩外，其余均为石英、砂岩和石英岩（表三）。石制品表面凡保留自然面者均为砾石石皮，原料为来源于附近河滩或砾石层中的砾石。

表三　石制品原料统计表

岩性	石核	石片	残片	断块	石器				合计	百分比（%）
					刮削器	砍砸器	手镐	凹缺器		
石英	9	16	18	31	5			1	80	65.04
砂岩	6	5		4	4	2	1		22	17.89
石英岩	4	5	1	5	1	1	1		18	14.63
燧石				2					2	1.63
辉绿岩							1		1	0.81
合计	19	26	19	42	10	3	3	1	123	100

出土石制品主要包括石核 19 件、石片 45 件、石器 18 件。其中石器有砍砸器 3 件、手镐 3 件、刮削器 10 件和凹缺器 1 件。

石核：共 19 件。其中砸击石核 1 件，其余为锤击石核，包括单台面石核 4 件、双台面石核 8 件、多台面石核 6 件。利用率较高的石核主要以自然砾石面为台面多向剥片，至少经过一次翻转和转向，形成 2~3 个相邻的剥片面。

19LS22：1（图四，8），多台面石核，长宽厚 115.4 mm × 116.4 mm × 124.6 mm，质量 3798.5 g。石英砂岩，原型为砾石，台面角 78°~85°，片疤 17 个。

19LS24：1（图四，10），多台面石核，长宽厚 100.5 mm × 93.4 mm × 62.9 mm，质量 980.3 g。浅色石英岩，原型为砾石，台面角 81°~86°，片疤 9 个。

石片　包括 26 件完整石片（其中两件出自 L2，图四，9；图四，6）、19 件残片。其中，砸击石片 2 件。

砍砸器 3 件。原型为扁平砾石，在一侧或一端单向加工形成刃缘。19LS32：1，长宽厚 215.1 mm × 154.7 mm × 87.7 mm，质量 3444.7 g，石英砂岩，刃角 76°~90°（图四，1）。19LS27：1 出自 S13，长宽厚 144.0 mm × 116.8 mm × 58.1 mm，质量 1233.8 g；石英岩，刃角 56°~63°（图四，2）。19LS39：2，长宽厚 137.0 mm × 112.8 mm × 56.3 mm，质量 945.1 g，石英砂岩（图四，3）。

手镐 3 件。19LS31：1，长宽厚 255.1 mm × 124.2 mm × 89.5 mm，质量 3393.0 g；砂岩，在砾石一端先有一个较大的侧向剥片，然后对边缘复向加工形成舌状刃，刃缘侧视呈“S”形

（图四，7）。19LS12：6，长宽厚 163.3 mm × 87.5 mm × 90.8 mm，质量 1443.6 g；石英岩，原型为截面呈四边形的柱状砾石，单面加工成尖刃（图四，12）。19LS38：1，尖部残，长宽厚 149.7 mm × 98.9 mm × 50.1 mm，质量 1056.5 g；原型为辉绿岩扁平砾石，一侧两面加工，另一侧作陡向加工，汇聚端断面三角形（图四，5）。

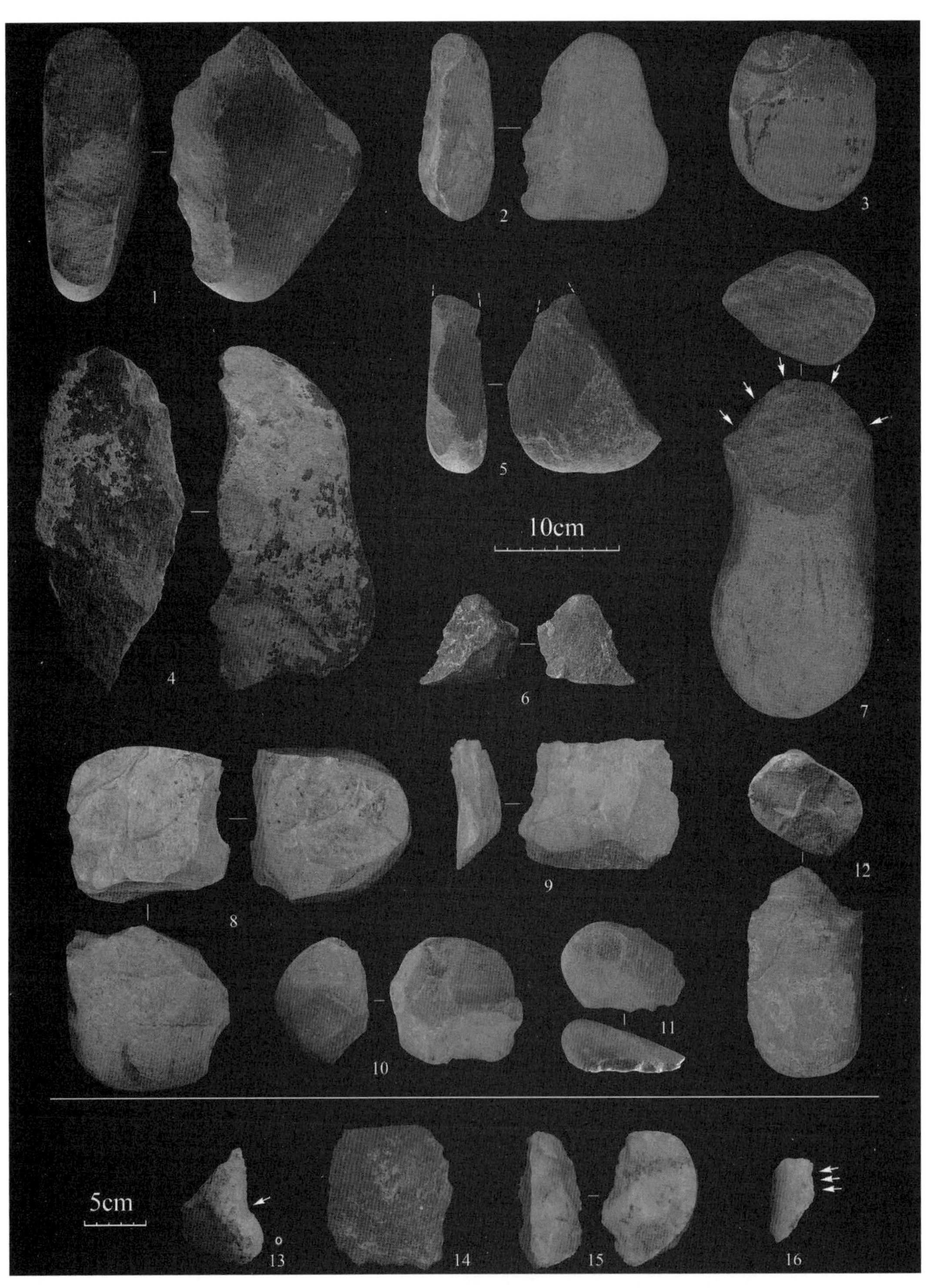

图四　采集的部分石制品

1~3. 砍砸器（LS32：1、19LS27：1、LS39：2） 4、11、14~16. 刮削器（LS35：1、LS39：5、LS22：8、LS33：2、LS38：2） 5、7、12. 手镐（LS38：1、LS31：1、LS12：6） 6、9. 石片（LS23：2、LS23：1） 8、10. 石核（LS22：1、LS24：1） 13. 凹缺器（LS38：3）

刮削器10件。毛坯均为石片，其中2件大型、4件中型、4件小型，以正向加工为主。19LS35：1，出自S9，长宽厚268.0 mm×127.6 mm×127.5 mm，质量3599.1 g；石英砂岩，原型为Ⅰ型石片，腹面较平，背面有一个突出的自然纵脊，整体横截面近三角形；修理方法是在石片远端两面加工形成一刃缘，其延伸方向与腹面基本垂直，加工长度77.1 mm，刃角77°~85°；此外右侧有连续的向腹面加工形成的片疤（图四，4）。19LS22：8，长宽厚56.5 mm×48.0 mm×14.3 mm，质量59.1 g；石英岩，原型为Ⅲ型石片，刃角60°~67°（图四，14）。19LS33：2，长宽厚51.7 mm×35.2 mm×18.8 mm，质量40.5 g；石英，原型为Ⅱ型石片，刃角66°~70°(图四，15）。19LS38：2，长宽厚30.2 mm×18.3 mm×10.6 mm，质量6.6 g；石英，原型为左裂片，刃角71°~76°（图四，16）。19LS39：5，长宽厚70.7 mm×97.3 mm×36.1 mm，质量257.2 g；石英砂岩，原型为Ⅱ型石片，刃角72°~89°（图四，11）。

凹缺器1件，19LS38：3，长宽厚38.7 mm×40.1 mm×25.7 mm，质量27.1 g；石英，原型为残片，在一侧向腹面加工出一个小凹缺，刃角81°（图四，13）。

四、结语

本次调查采集的石制品整体特征是：石制品的原料以石英、砂岩和石英岩为主，取自河滩砾石。石核为简单剥片的单台面石核和转向石核。剥片技术以锤击为主，砸击技术在石英原料中也有少量应用。石片中大石片和中小型石片共存。石器组合中既包括手镐、砍砸器等重型石器，也包括以石片为毛坯的中小型刮削器等。小型石器多以石英制作，大中型石器和剥片率较高的石核多采用优质的石英岩和石英砂岩原料。上述特征总体上与洛宁[4, 14]、灵宝[15]、洛南[16-18]、商丹盆地[19]、汉中盆地[20-21]等秦岭其他地区同时期的旷野类型地点石器工业相似。石制品出土层位显示卢氏盆地在早更新世阶段就已经有人类活动，中更新世晚期至晚更新世阶段可能是古人类活动最为繁盛的阶段。石制品在古土壤和黄土地层中均有分布，为进一步研究东秦岭地区环境变化与古人类适应提供了重要的材料。

目前在西庄村南和九寨山两个地点地层中发现的石制品虽然数量很少，但人工特征明确，是南洛河流域目前所见年代最早的石制品，展示出在南洛河流域寻找早更新世阶段古人类活动遗存的良好工作前景。

致谢："秦岭地区古人类旧石器考古研究"项目得到洛阳市文物考古研究院、西北大学文化遗产学院、中国科学院古脊椎动物与古人类研究所、陕西省考古研究院、河南省文物考古研究院、郑州大学历史学院、南京大学地理与海洋科学学院、三门峡市文物考古研究所等8家发起单位的大力支持。谨以此文深切缅怀项目主要发起人之一的西北大学文化遗产学院原院长段清波教授！

注释：

[1] 季楠、牛树森:《河南省卢氏县发现人类化石》,《人类学学报》1983年第2卷第4期，第399页。

[2] 李占扬:《卢氏县段家窑旧石器地点》，见中国考古学会:《中国考古学年鉴 1996》，文物出版社，1998年，第163页。

[3] 吕遵谔:《从巩义和洛南之行浅谈砾石石器工业》,《考古与文物》1999年第1期，第27—35页。

[4] 王社江、鹿化煜、张红艳等:《东秦岭南洛河中游地区发现的旧石器和黄土堆积》,《第四纪研究》2008年第28卷第6期，第988—999页。

[5] 杜水生、刘富良、朱世伟等:《河南卢氏发现黄土旧石器》,《第四纪研究》2008年第28卷第6期，第1000—1006页。

[6] Lu H. Y., Sun X. F., Wang S. J., et al., "Ages for Hominin Occupation in Lushi Basin, Middle of South Luo River, Central China", *Journal of Human Evolution*, 2011, Vol. 60, No 5, pp. 612-617.

[7] 鹿化煜、张红艳、孙雪峰等:《中国中部南洛河流域地貌、黄土堆积与更新世古人类生存环境》,《第四纪研究》2012年第32卷第2期，第167—177页。

[8] Zhang H. Y., Lu H. Y., Jiang S. Y., et al., "Provenance of Loess Deposits in the Eastern Qinling Mountains (Central China) and Their Implications for the Paleoenvironment", *Quaternary Science Reviews*, 2012, Vol. 43, pp. 94-102.

[9] 王社江、鹿化煜:《秦岭地区更新世黄土地层中的旧石器埋藏与环境》,《中国科学（地球科学）》2016年第46卷第7期，第881—890页。

[10] Sun X. F., Lu H. Y., Wang S. J., et al., "Hominin Distribution in Glacial-Interglacial Environmental Changes in the Qinling Mountains Range, Central China", *Quaternary Science Reviews*, 2018, Vol. 198, pp. 37-55.

[11] Lu H. Y., Zhuo H. X., Zhang W. C., et al., "Earth Surface Processes and Their Effects on Human Behavior in Monsoonal China during the Pleistocene-Holocene Epochs", *Journal of Geographical Sciences*, 2017, Vol. 27, No. 11, pp. 1311-1324.

[12] 鹿化煜、张红艳、王社江等:《东秦岭南洛河上游黄土地层年代的初步研究及其在旧石器考古中的意义》,《第四纪研究》2007年第27卷第4期，第559—567页。

[13] 丁伯涛、徐廷、赵莹等:《奥维互动地图浏览器在旧石器考古调查中的应用：以吉林省汪清县专项调查为例》,《中国文物报》2018年7月13日第7版。

[14] 杜水生、刘富良、朱世伟等:《洛宁县发现黄土石器工业》,《考古与文物》2010年第2期，第14—17页。

[15] 河南省文物研究所、灵宝县文管会:《河南灵宝营里旧石器地点调查简报》,《华夏考古》1990年第2期，第1—8页。

[16] 陕西省考古研究院、商洛地区文管会、洛南县博物馆:《花石浪（Ⅰ）：洛南盆地旷野类型旧石器地点群研究》，科学出版社，2007年，第1—248页。

[17] 邢路达、王社江、张改课等:《陕西洛南盆地夜塬地点发现的石制品》,《人类学学报》2015 年第 34 卷第 1 期，第 1—13 页。

[18] 于青瑶、王社江、Shen C. 等:《洛南盆地槐树坪地点 2013 年出土的石制品》,《人类学学报》2017 年第 36 卷第 2 期，第 154—164 页。

[19] 王社江、张小兵、鹿化煜等:《丹江上游商丹盆地新发现的旧石器及其埋藏黄土地层》,《人类学学报》2013 年第 32 卷第 4 期，第 421—431 页。

[20] 王社江、孙雪峰、鹿化煜等:《汉水上游汉中盆地新发现的旧石器及其年代》,《人类学学报》2014 年第 33 卷第 2 期，第 125—136 页。

[21] 别婧婧、王社江、夏楠等:《陕西汉中洋县金水河口旧石器遗址出土石制品研究》,《人类学学报》2019 年第 38 卷第 3 期，第 344—361 页。

河南灵宝旧石器考古调查报告

◎赵清坡　◎马欢欢

一、前言

灵宝盆地位于河南省西部三门峡地区，与陕西潼关邻接，是中国古代东西交通的要道。20世纪60年代，为配合三门峡水库建设，中国科学院古脊椎动物与古人类研究所曾在三门峡市开展旧石器考古调查，发现张家湾等旧石器和动物化石地点[1]；1963年，又在三门峡调查发现水沟—会兴沟等7处旧石器地点[2]。1989年，河南省文物考古研究所等在灵宝盆地发现了营里等地点[3]。除此之外，在三门峡卢氏也发现10余处旧石器地点[4-6]。

2016年之前，三门峡地区虽发现20余处旧石器地点，但绝大多数石制品采自地表。寻找有确切层位的旧石器时代文化遗存，是该地区旧石器考古工作的重点。2019年，卢氏盆地旧石器调查新发现了27处地点，其中17处采集到出自地层的石制品，显示出这一地区的工作潜力[7]。

2016年起，河南省文物考古研究院、中国科学院古脊椎动物与古人类研究所、山东大学文化遗产研究院等联合在河南三门峡进行多次旧石器考古调查，在灵宝窄口水库附近新发现8处旧石器地点，大部分石制品出自确切的地层中，本文是对新发现地点及石制品的初步研究。

二、旧石器地点概述

灵宝盆地是一个小型断陷盆地，盆地内发育多条河流，其中弘农涧河发源于秦岭山系的崤山西麓，上游河道弯曲，支流很多，呈羽毛状分布，河流阶地不很发育，仅在县城以北地段观察到1~2级阶地[3]。弘农涧河两岸广泛分布第四系黄土，最厚达几十米，其下为第三系红土，部分区域第四系黄土直接覆盖在基岩上，黄土堆积内含多条古土壤条带，部分区域黄土中偶见砂砾石和透镜体。本次调查发现的8处旧石器地点均分布在弘农涧河窄口水库西岸的黄土台地，部分地点的剖面因修建公路而暴露。石制品和化石主要发现于黄土堆积和河流相地层中。根据地层堆积情况，新发现地点可分为3类，第一类为黄土—古土壤堆积（n=6；XLC，BYZ1，

BYZ2，YZ1，YZ2，JC2）；第二类为黄土堆积、河流相堆积（n=1，JC1）；第三类是黄土剖面坍塌致石器散落在地表（n=1，BYZ3）（图一；表一）。下面以匣里村地点、闫庄1号地点、贾村1号地点和贾村2号地点为代表进行简要介绍。

图一　灵宝窄口水库新发现旧石器地点分布图

1. XLC，匣里村地点　2. BYZ1，北闫庄1号地点　3. BYZ2，北闫庄2号地点　4. BYZ3，北闫庄3号地点
5. YZ1，闫庄1号地点　6. YZ2，闫庄2号地点　7. JC2，贾村2号地点　8. JC1，贾村1号地点

表一　灵宝地区新发现地点信息一览表

地点	坐标	海拔 h（m）	位置	遗物（n）	黄土层	年代
匣里村 XLC	34°22′32″N，110°45′58″E	695	匣里一号隧道北入口	石制品（3）、化石	L11、S10	Q_1
北闫庄1号 BYZ1	34°22′6″N，110°45′2″E	742	闫庄大桥北 200 m	石制品（13）	堆积	Q_1
北闫庄2号 BYZ2	34°22′4″N，110°44′44″E	761	北闫庄村西北冲沟	石制品（1）	堆积	Q_1^2
北闫庄3号 BYZ3	34°21′42″N，110°45′3″E	715	闫庄大桥北路东水库边	石制品（10）	地表	
闫庄1号 YZ1	34°21′30″N，110°44′51″E	681	闫庄大桥南 200 m	石制品（6）	L9、S8	Q_1
闫庄2号 YZ2	34°21′17″N，110°44′56″E	687	闫庄大桥南 500 m	石制品（3）、化石	堆积	
贾村1号 JC1	34°21′8″N，110°44′42″E	663	贾村大桥南路	石制品（37）	L9、河流相	Q_1
贾村2号 JC2	34°21′3″N，110°44′56″E	675	贾村大桥北剖面	石制品（1）	S5	Q_2

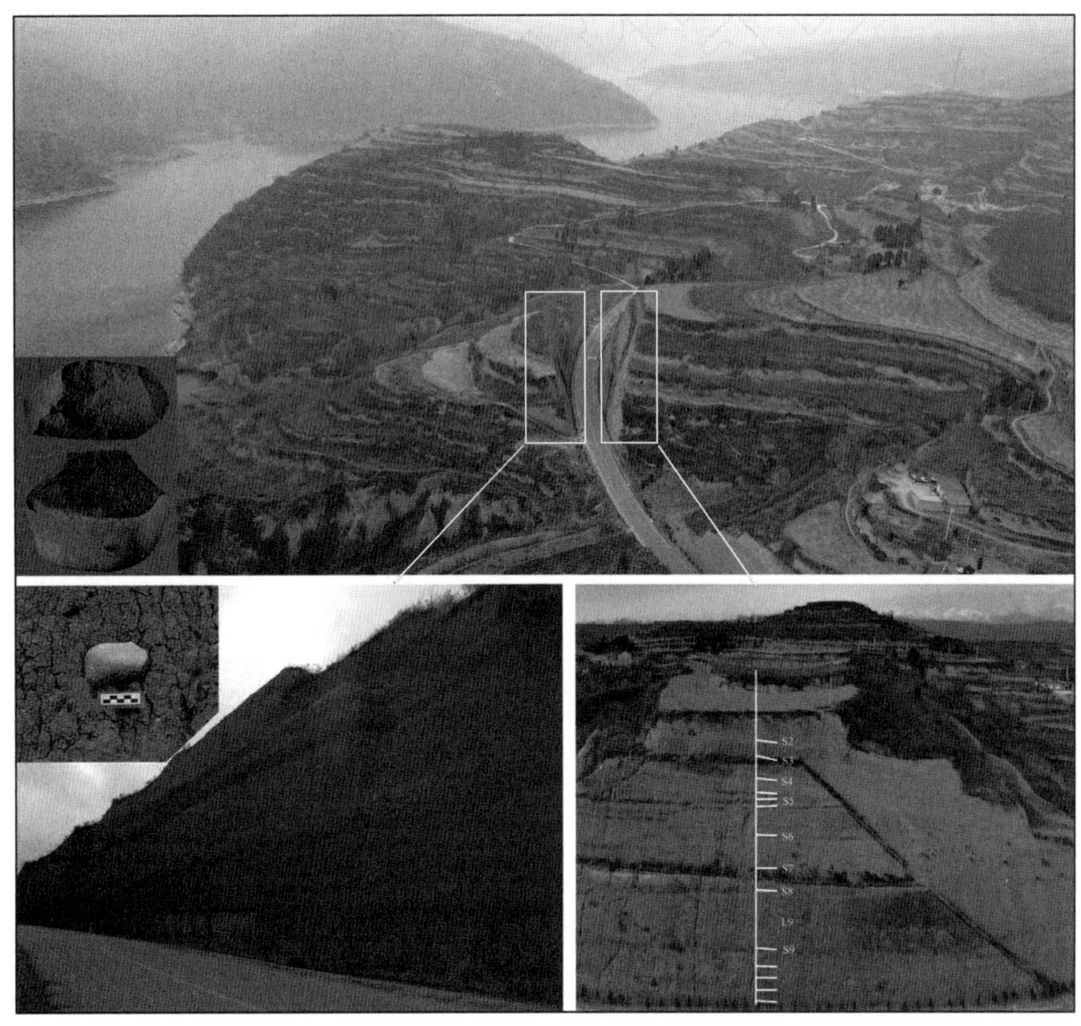

图二 匣里村地点全景及地层剖面图

表二 调查新发现石核信息一览表

编号	类型	原料	长宽厚（mm）	质量 m（g）	台面数量（n）	台面性质	台面角	剥片面数量（n）	石片疤数量（n）	自然面比
YZ1：2	单台面	石英砂岩	34×70×42	108	1	自然	80°	1	2	80%
BYZ1：9	双台面	石英砂岩	65×74×55	361	2	自然	80°~85°			50%
BYZ1：10	多台面	角岩	84×89×71	810	3	人工	80°~85°	6	＞7	30%
BYZ3：7	双台面	石英岩	39×60×47	141	1	自然	75°~90°	3	＞5	60%
BYZ3：9	双台面	脉石英	79×112×74	903	1	自然	85°~90°	1	3	70%
BYZ3：3	单台面	石英岩	97×102×66	808	1	自然	80°~85°	2	4	60%
BYZ3：1	双台面	脉石英	30×33×21	23	2	人工	70°~85°	1	2	40%
JC1：19	双台面	石英岩	52×87×29	132	2	自然	60°~65°	3	＞6	40%
JC1：15	单面盘状	石英岩	83×70×37	212	1	自然	55°~65°	2	＞6	50%
JC1：8	双台面	石英岩	82×73×45	346	3	自然/人工	65°~70°	4	＞9	25%

续表

编号	类型	原料	长宽厚（mm）	质量 m（g）	台面数量（n）	台面性质	台面角	剥片面数量（n）	石片疤数量（n）	自然面比
JC1：2	单面盘状	石英岩	42×115×110	588	1	自然	70°~85°	1	＞7	50%
JC1：1	单台面	石英岩	83×119×101	1044	1	自然	75°~90°	5	＞14	35%
BYZ1：5	单台面	脉石英	31×48×29	40	1	人工	80°			
XLC：1	单台面	火山凝灰岩	88×166×139	3300	1	自然	55°~60°	1	3	70%
JC1：31	单台面	石英岩	100×78×31	255.3	1	自然	100°	1	2	60%
JC1：20	多台面	石英岩	148×132×60	1300	3	自然/人工	50°~80°	3	＞11	30%
JC1：21	单台面	石英岩	86×70×37	229.4	1	自然	50°~60°	1	6	
BYZ1：11	双台面	石英岩	48×65×77	276.3	2	自然	80°~90°	2	5	60%
BYZ1：12	双台面	角岩	32×50×56	86.4	1	自然	85°	2	＞4	40%
BYZ1：13	单台面	石英岩	40×94×42	192.4	1	自然	60°~70°	1	3	90%
YZ2：3	单台面	石英砂岩	126×91×69	781.5	1	自然	70°	1	2	60%

表三　调查新发现的工具信息

编号	类型	原料	毛坯样式	长宽厚（mm）	质量 m（g）	修理部位	修理方式	刃缘数量（n）	刃缘长（mm）	疤间关系	刃角
BYZ3：2	似手斧	石英岩	片状	125×77×41	371	两边	正向	2	187	连续	60°~70°
JC1：6	凹缺器	石英岩	片状	126×54×30	276	一边	正向	1	20	独立	55°
JC1：12	刮削器	石英岩	块状	114×58×26	210	一边	复向	1	89	连续	45°~75°
JC1：11	砍砸器	石英岩	块状	83×51×43	271	一边	反向	1	99	连续	61°
JC2：1	锯齿刃器	石英岩	片状	88×60×22	92	一边	正向	1	69	连续	32°~55°
JC1：34	刮削器	石英岩	块状	46×34×31	72	一边	正向	1	23	连续	65°~75°
JC1：28	刮削器	石英岩	块状	62×47×26	95	一边	复向	1	48	连续	50°~65°
JC1：30	刮削器	石英岩	片状	77×47×20	81	左侧	正向	1	59	连续	60°~75°
JC1：29	刮削器	石英岩	片状	46×42×12	29	右侧	正向	1	21	连续	55°
JC1：22	砍砸器	石英岩	片状	130×90×51	552	远端	正向	1	43	连续	75°~85°
BYZ2：1	刮削器	石英岩	片状	63×70×29	181	远端	复向	1	46	连续	25°~30°

（一）匣里村地点（XLC）

该地点两侧剖面出露较好，可见多条古土壤条带发育（图二；表一）。在公路东侧剖面底部黄土层之上的古土壤条带中发现1件单台面石核（XLC：1，表二）和1件石片残片，在底部黄土层发现1件化石和1件砾石，化石经初步鉴定为披毛犀下颌骨。该剖面顶部黄土被侵蚀，通过对有特征的S5、L6、L9进行识别，确立了黄土—古土壤条带序列。该剖面S5“红三条”[8]的第一条发育最明显，L7、L10、L11中有弱发育古土壤条带，遗址文化层位于剖面底部的黄土层和其上的古土壤条带，应分别是L11和S10。

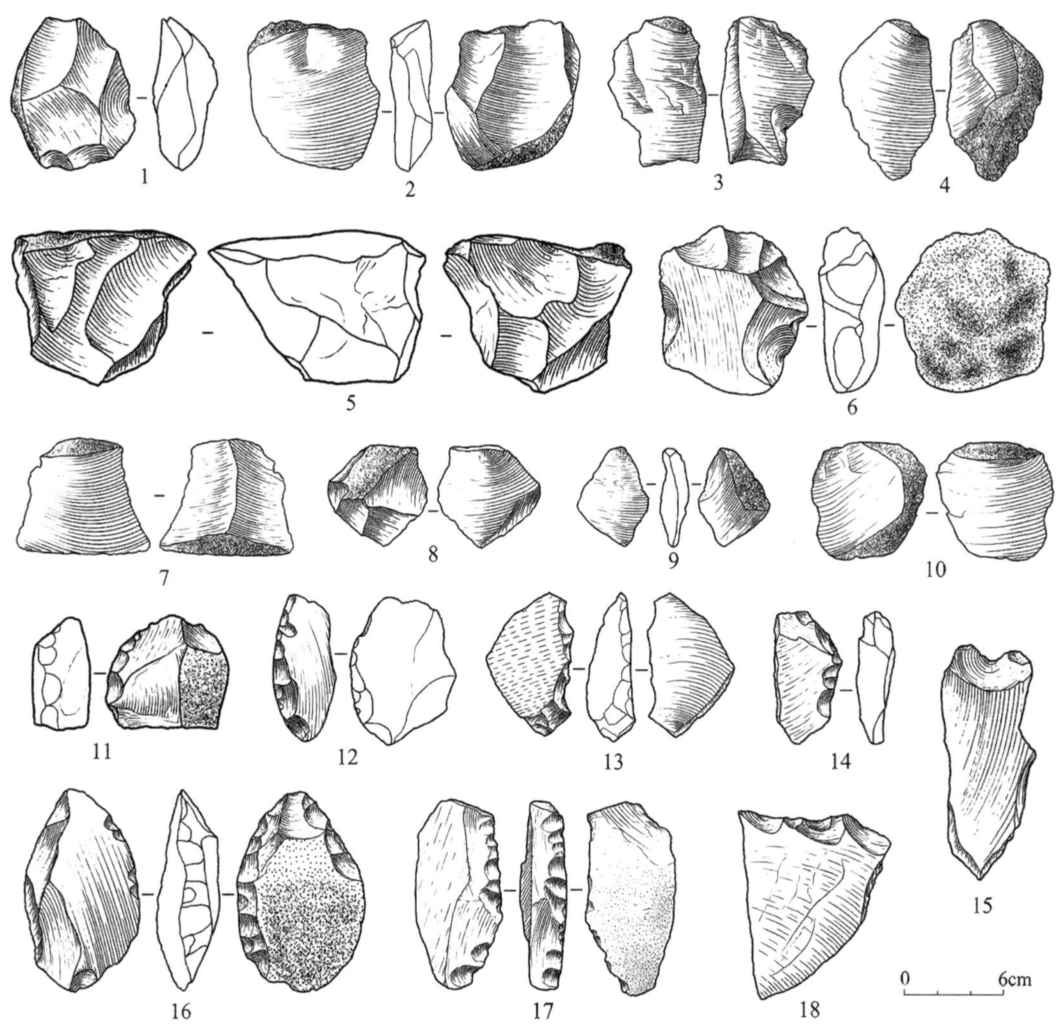

图三　调查新发现的部分石核、石片和工具

1、6. 单面盘状石核（Unifacial discoid core，JC1：15、JC1：2） 2~4、7、8、10. 锤击石片（Hard-hammer percussion flake，JC1：16、YZ1：1、BYZ1：7、BYZ1：8、JC1：7、BYZ3：8） 5. 单台面石核（Single platform core，JC1：1） 9. 砸击石片（Bipolar flake，JC1：9） 11、14、17. 刮削器（Scraper，JC1：34、JC1：30、JC1：12） 12、18. 砍砸器（Chopper，JC1：11、JC1：22） 13. 锯齿刃器（Denticulate，JC2：1） 15. 凹缺器（Notch，JC1：6） 16. 似手斧（Hand-axe-like tool，BYZ3：2）

（二）闫庄1号地点（YZ1）

该地点剖面可见11条古土壤条带，通过野外观察判断底部黄土层为L9，其上的古土壤条带为S8。L9底部有一层厚约1 m的砾石层，出露长度达10 m，砾石分选差，磨圆度较好。

S8中发现4件石制品（完整石片、断片、残片和砾石各1件），L9中发现2件石制品（1件完整石片，YZ1：1，图三，3；1件石核，YZ1：2，表二）。石制品特征显示剥片和修理均采用硬锤锤击法。

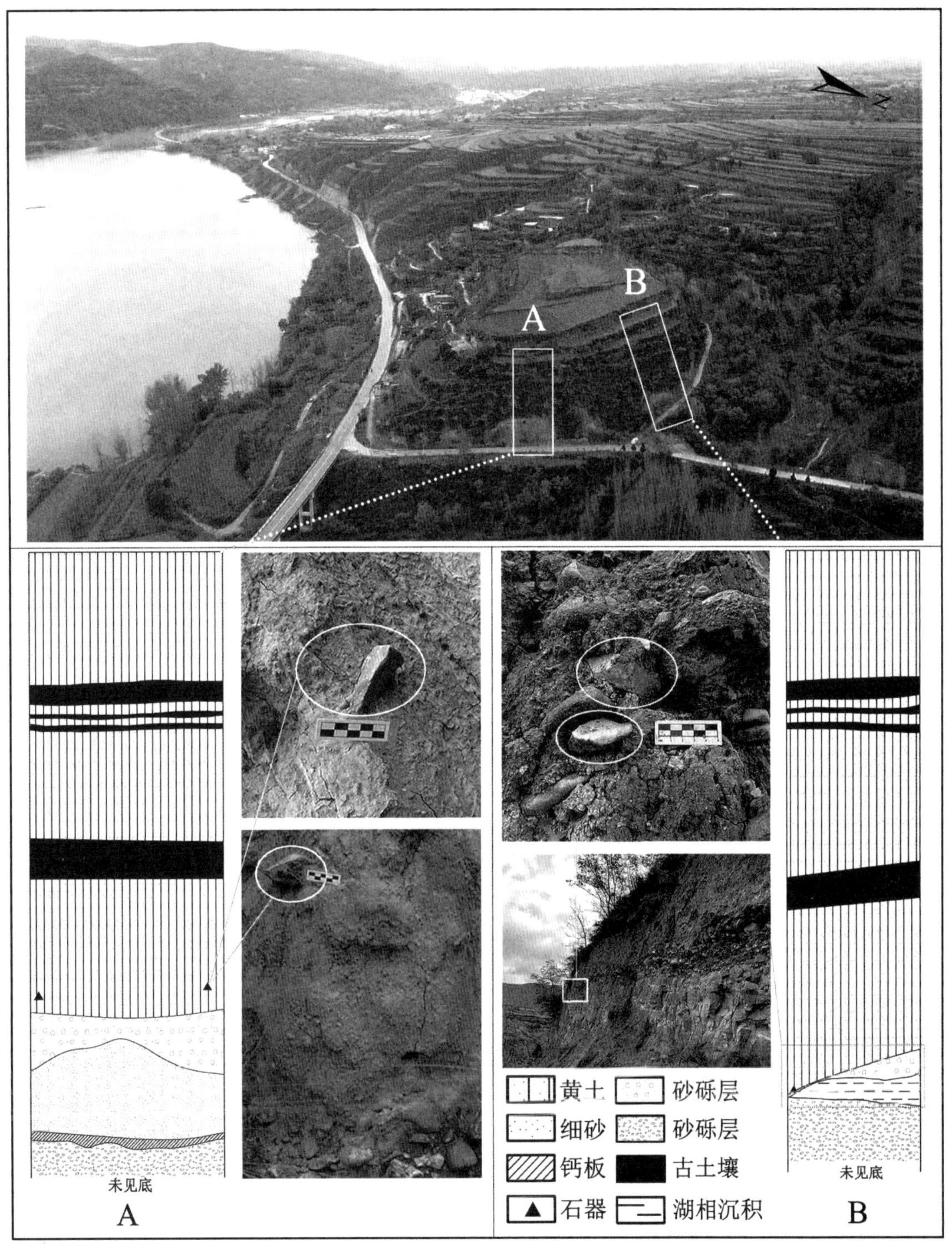

图四　贾村1号地点全景、剖面示意图和石制品出露情况

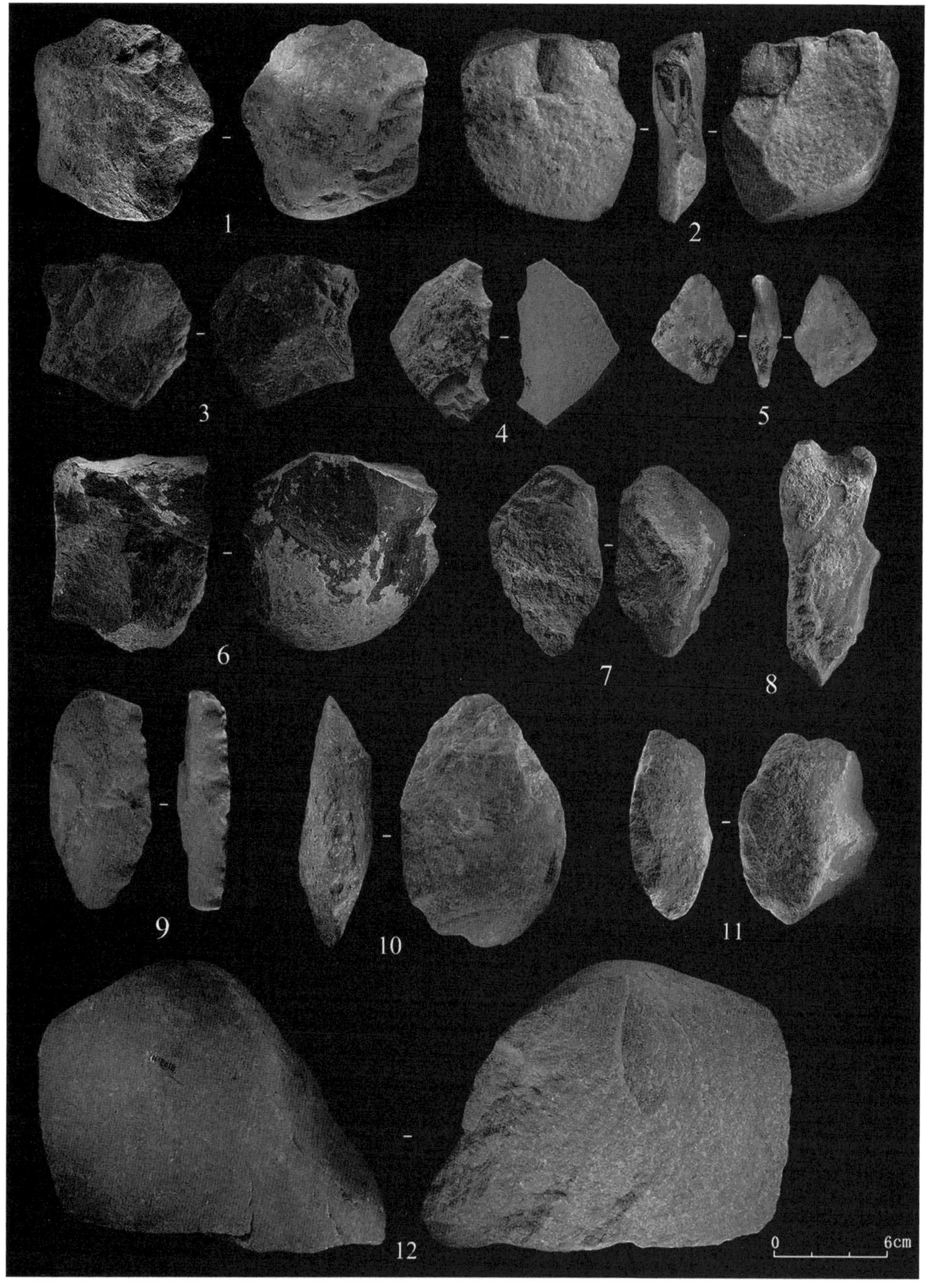

图五　调查发现的部分石核、石片和工具

1. 单面盘状石核（Discoid core with single platform，JC1：2）　2、3、7. 锤击石片（Hard-hammer percussion flakes，JC1：16、BYZ1：1、BYZ1：7）　4. 锯齿刃器（Denticulate，JC2：1）　5. 砸击石片（Bipolar flake，JC1：9）　6. 多台面石核（Multi-platform core，BYZ1：10）　8. 凹缺器（Notch，JC1：6）　9. 刮削器（Scraper，JC1：12）　10. 似手斧（Hand-axe-like tool，BYZ3：2）　11. 砍砸器（Chopper，JC1：11）　12. 摔击石片（Projectile percussion flake，BYZ3：10）

（三）贾村 1 号地点（JC1）

该地点发现的石制品最丰富。在东剖面地层中发现石制品 7 件，地表采集 12 件；北剖面地层发现石制品 17 件，地表采集 1 件。东剖面底部砾石层上，局部可见一层薄薄的钙板，钙板上为细砂层，细砂层上覆砾石层，在砾石层上的黄土中古土壤条带发育，石制品位于该层黄土底部；北剖面出露的底部为砾石层，其上为湖相沉积，再上为另一套砾石层，厚约 70 cm，在剖面东部尖灭，在砾石层与上部黄土的交界处发现大量石制品。经判断砾石层之上的黄土为 L9，古土壤条带为 S8（图四）。

石制品类型丰富，原料以石英岩为主，少量脉石英和石英砂岩等。磨蚀程度不一，大部分可见锐利的边缘。类型有石核（n=8）、石片（n=18，完整石片 14 件）、工具（n=9）和断块。石核均为锤击石核，有单台面石核（n=3；图三，5）、双台面石核（n=2）、单面盘状石核（n=2；图三，1、6）和多台面石核（n=1），部分石核表面附着较厚的钙化物。石片多为锤击石片（图五，2、3、7；图三，2~4、7、8、10），仅 2 件砸击石片（图五，5；图三，9）。工具类型有刮削器（n=6；图五，9；图三，11、14、17）、砍砸器（n=2；图五，11；图三，12、18）和凹缺器（n=1；图五，8；图三，15），单向加工为主，也有复向和反向加工。详细信息参见表二和表三。

（四）贾村 2 号地点（JC2）

在该地点剖面 S5 的第一条古土壤条带中发现 1 件修理精美的锯齿刃器，为石英岩，毛坯为右裂片，在石片的右侧经正向加工成锯齿刃，修疤均匀、较深，分布连续，背面附着较厚钙化物（图五，4；图三，13；表三）。

三、讨论与结语

新发现石制品 74 件，47 件出自地层。原料以石英岩为主，还有脉石英、石英砂岩等。石核均为锤击石核，有单台面石核、双台面石核、多台面石核和单面盘状石核，尺寸差别大，多数石核利用率偏低。单面盘状石核，显示已存在向心剥片的策略。石片以锤击石片为主，仅少量砸击石片和摔击石片，台面多为自然台面。工具以刮削器和砍砸器为主，还有似手斧、凹缺器和锯齿刃器，均为硬锤修理，片状毛坯居多，修理方式以正向加工为主，加工整体较为简单。石器工业均为简单石核—石片系统，应属旧石器时代早期遗存。

北闫庄 3 号地点地表采集一件两面加工的似手斧（图五，10；图三，16；表三）与三门峡水沟—会兴沟遗址[2, 9]的手斧相近。本次调查的地点与已报道的营里地点[3]距离较近，剥片方式相似，均有尺寸较大、疑似摔击法制成的石片（图五，12），但营里大石片比例高，且未发现营里典型的大三棱尖状器和石球等器物。此外，本次调查发现的石制品与秦岭南部南洛河流域的洛南盆地[10-11]和卢氏盆地[4, 7]等地区的遗存具有可比性。

综合遗物埋藏的地层和地貌可知，本次调查发现的匣里村地点、闫庄 1 号地点、贾村 1 号和 2 号地点的文化层均位于黄土—古土壤序列的 L11~S5 之间，根据三门峡曹村剖面[12]和会兴沟剖面[13]的古地磁测年结果推测，该地区 L11~S5 年代范围大约为 0.99~0.48 MaBP。另有三个地点（闫庄 2 号地点、北闫庄 1 号和 2 号地点）由于文化层所在的黄土剖面侵蚀严重，不见易于辨识的标志层，目前仅从石制品特征及堆积情况判断与上述四个地点性质相似。

调查成果表明，三门峡地区尤其是灵宝盆地是旧石器时代早期古人类生存演化的活跃地带，存在丰富的文化遗存，为研究距今 100 万年—50 万年中国北方的石器技术、文化特点和早期人类的适应能力提供重要材料。

致谢：本研究系河南兴文化工程文化研究专项项目阶段性成果，项目编号 2023XWH030，还受到 2017 年三门峡地区旧石器考古调查试掘项目、河南省文物保护专项基金、河南省科技厅基础业务基金的支持。三门峡地区旧石器考古调查试掘系由河南省文物局立项，项目负责人为河南省文物考古研究院李占扬（现工作单位是山东大学文化遗产研究院）；参与调查的人员有中国科学院古脊椎动物与古人类研究所李浩研究员（现工作单位是中国科学院青藏高原研究所）、美国华盛顿大学宿凯博士、雷国俊、刘汉斌等；高星研究员、李占扬教授及两位审稿人对本文提出宝贵意见，在此一并表示感谢。

注释：

[1] 贾兰坡、王择义、邱中朗:《山西旧石器》，科学出版社，1961 年，第 3—8 页。

[2] 黄慰文:《豫西三门峡地区的旧石器》，《古脊椎动物与古人类》1964 年第 8 卷第 2 期，第 162—177 页。

[3] 李占扬:《河南灵宝营里旧石器地点调查简报》，《华夏考古》1990 年第 2 期，第 1—8 页。

[4] 杜水生、刘富良、朱世伟等:《河南卢氏发现黄土旧石器》，《第四纪研究》2008 年第 28 期，第 12—18 页。

[5] 王社江、鹿化煜、张红艳等:《东秦岭南洛河中游地区发现的旧石器和黄土堆积》，《第四纪研究》2008 年第 28 期，第 988—999 页。

[6] 李占扬:《河南境内古人类及旧石器遗存的发现及其问题》，《华夏考古》2012 年第 2 期，第 14—24 页。

[7] 林壹、牛雪纯、赵清坡等:《东秦岭卢氏盆地新发现的旧石器》，《人类学学报》2022 年第 41 卷第 3 期，第 481—490 页。

[8] 安芷生、魏兰英:《离石黄土中的第五层古土壤及其古气候的意义》，《土壤学报》1980 年第 17 卷第 1 期，第 1—12 页。

[9] Li X. W., Ao H., Dekkers M. J., et al., "Early Pleistocene Occurrence of Acheulian Technology in North China", *Quaternary Science Reviews*, 2017, Vol. 156, pp. 12-22.

[10] 鹿化煜、张红艳、王社江等:《东秦岭南洛河上游黄土地层年代的初步研究及其在旧石器考古中的意义》，《第四纪研究》2007 年第 4 期，第 559—567 页。

[11] Sun X., Lu H., Wang S., et al., "Age of Newly Discovered Paleolithic Assemblages at Liuwan Site Luonan

Basin, Central China", *Quaternary International*, 2014, Vol. 347, pp. 193-199.

[12] 赵志中、吴锡浩、蒋复初等:《三门峡地区黄土与古季风》,《地质力学学报》2000年第6卷第4期,第19—26页。

[13] 李兴文、林彬、敖红等:《河南三门峡水沟—会兴沟旧石器遗址的黄土地层研究》,《地层学杂志》2017年第41卷第2期,第166—172页。

卷二

新石器时代考古

河南灵宝市晓坞遗址仰韶文化遗存的试掘

◎河南省文物考古研究所　◎灵宝市文物保护管理所

晓坞遗址位于河南省灵宝市阳店镇晓坞村南，地处弘农涧河支流朱乙河北岸的二级阶地和黄土台塬上，东、西分别有一条小河（图一）。遗址北高南低，现地表为低矮梯田，整体较平坦，现存面积约10万平方米。

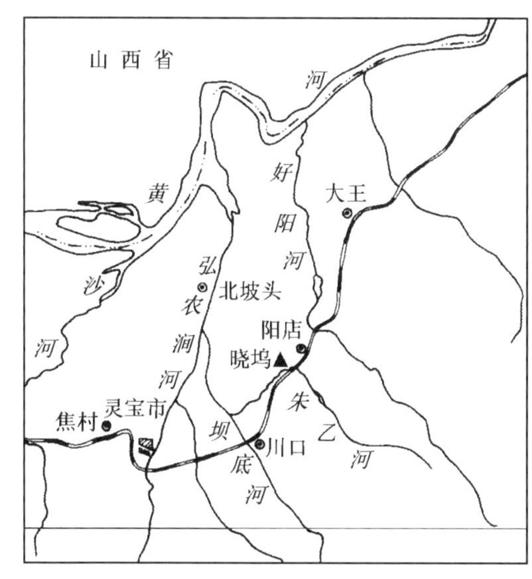

图一　遗址位置示意图

为了做好第三次全国文物普查工作，2006—2009年，河南省文物考古研究所以灵宝市为重点参与了三门峡市的文物普查工作，并于2007年4月对晓坞遗址进行了调查，初步认定这是一处包含仰韶文化早期和二里头文化遗存的遗址。调查时发现在晓坞遗址南部斜坡处暴露出成堆的人骨，西部不远的村中小路边的断崖上也显露出一层人骨。普查队意识到这很可能是两座已遭严重破坏的仰韶文化墓葬。我们立即报请有关文物管理部门，经批准后对两座墓葬（分别编号为07LXM1、07LXM2，简称M1、M2）进行了抢救性清理。

为使所获资料科学可靠，清理时我们采用了探沟法，即估定墓葬规模分别以稍大的范围布设探沟进行试掘（图二；图三），试掘面积约14.2平方米。清理完M1、M2内人骨后，为了分清墓内那些上下成层堆陈的人骨个体，我们还特地邀请体质人类学者来到发掘现场一起起取人骨并进行了合作研究。关于出土人骨的体质人类学研究、食性分析、DNA测定等成果将专门分别撰文发表，现以这两座墓为主将本次晓坞遗址的清理收获简报如下。

一、地层堆积

调查发现的墓葬和试掘区位于遗址的南部边缘，布设的探沟均呈南北向长方形，正北方向。其中M1所在的TG1位处东部，南北长3.65、东西宽2.5米。M2所在的TG2位于TG1西约 60 米，南北长 3.2、东西宽 1.6 米。

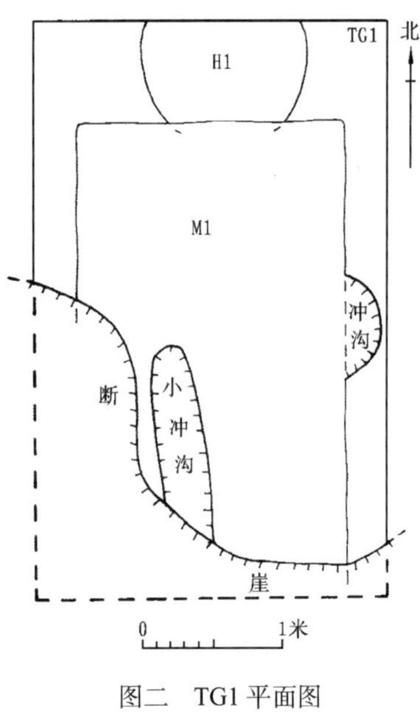

图二 TG1 平面图

遗址南部地层堆积相对较简单。TG1 东壁的地层堆积如下（图四）。

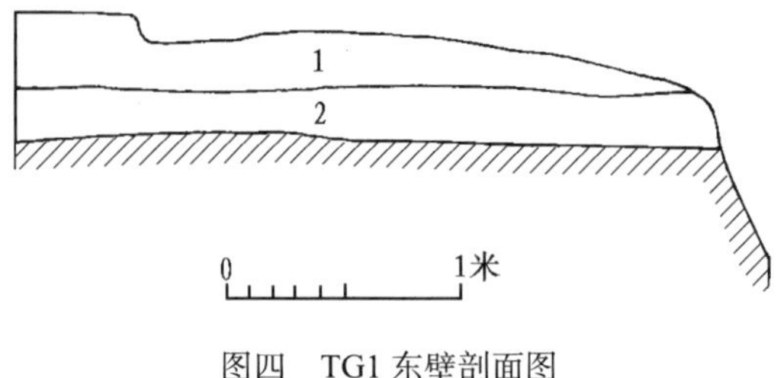

图四 TG1 东壁剖面图

1. 灰褐色土 2. 黄褐色土

第 1 层：灰褐色土。土质松散。出土有塑料块、砖块、残铁丝等。最厚 40 厘米。开口于第 1 层下的遗迹有 M1 和 H1，二者均打破第 2 层及生土，时代为仰韶文化。

第 2 层：黄褐色土。土质较硬，结构紧密，含少量烧土颗粒。无出土物。厚 25~30 厘米。时代不详。

第 2 层下为灰黄色生土。

TG2 西壁的地层堆积如下（图五）。

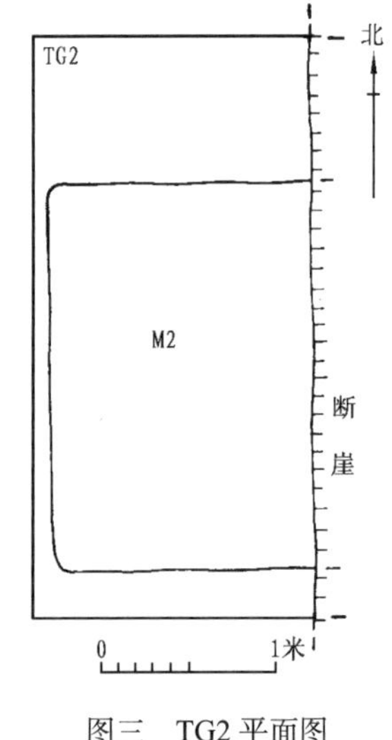

图三 TG2 平面图

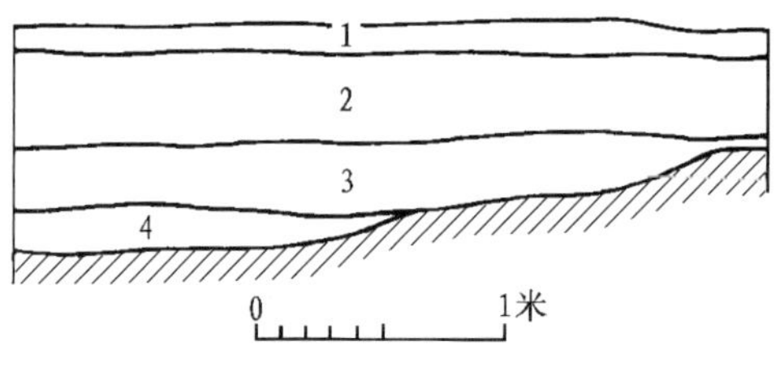

图五 TG2 西壁剖面图

1. 灰褐色土 2. 黄褐色土 3. 深黄褐色土 4. 黄灰色土

第 1 层：灰褐色土。土质疏松。出土有塑料块、砖块、玻璃碴等。厚 10~15 厘米。

第 2 层：黄褐色土。土质疏松，含少量烧土颗粒。出土少量陶片。厚 30~40 厘米。时代属仰韶文化。M2 开口于第 2 层下，打破第 3、4 层及生土。

第 3 层：较深的黄褐色土。土质疏松，含少量烧土颗粒及炭屑。出土少量陶片。厚 3~30 厘米。时代属仰韶文化。

第 4 层：黄灰色土。土质疏松，含少量烧土颗粒。出土极少量碎陶片。分布于探沟的南部，最厚 20 厘米。时代属仰韶文化。

第 4 层下为灰黄色生土。

二、M1

M1 位于 TG1 中部稍偏南，开口于第 1 层下，距地表 0.4 米，打破 H1、第 2 层及生土。长方形竖穴土坑墓，浅穴，近直壁，平底。南部被呈南北斜坡的房前道路破坏。南北残长3.1、东西宽1.89、深0.35米，残存面积约4.1平方米。墓内填灰褐色土，土质疏松，含大量烧土颗粒。出土较多陶片。

M1为多人二次葬，墓内残存部分经鉴定辨别有79具个体。人骨摆放十分密集，东西约三排，层次不甚分明，北部较薄，一般一层或两层，南部尤其是东南部则约达三层。头骨、盆骨和四肢骨、肋骨等集中在一起，其他骨骼较少。头向绝大多数向东，少量向东北、西北或东南，偶见向西、北及南者。面向以向上者为主，少量向左或右，其中向左者又显著少于向右者。经鉴定，男性约27人，女性约41人，性别不详者11人。死亡年龄除只能判断为成年期（大于15岁）外，总体上以青年期（15~23岁）和壮年期（24~35岁）为主，少量为中年期（36~55岁）和未成年期（小于14岁），未见老年期（大于56岁）。如再细分，男性以壮年期和中年期居多，青年期和只能判断为成年期者较少；而女性以青年期者和壮年期者尤其是青年期者居多，少量中年期者和只能判断为成年期者（附表一）。墓中未见随葬品（图六；图版一）。

M1填土中出土遗物均为陶器。陶片以泥质陶占绝大多数，夹砂陶较少。陶色以红陶占大宗，另有少量黄褐陶、灰陶和灰黑陶等。器表以素面为主，有少量磨光陶，纹饰有少量的凹弦纹和绳纹，偶见黑彩直边三角纹和斜线纹。器类有盆、钵、小钵和宽沿罐。

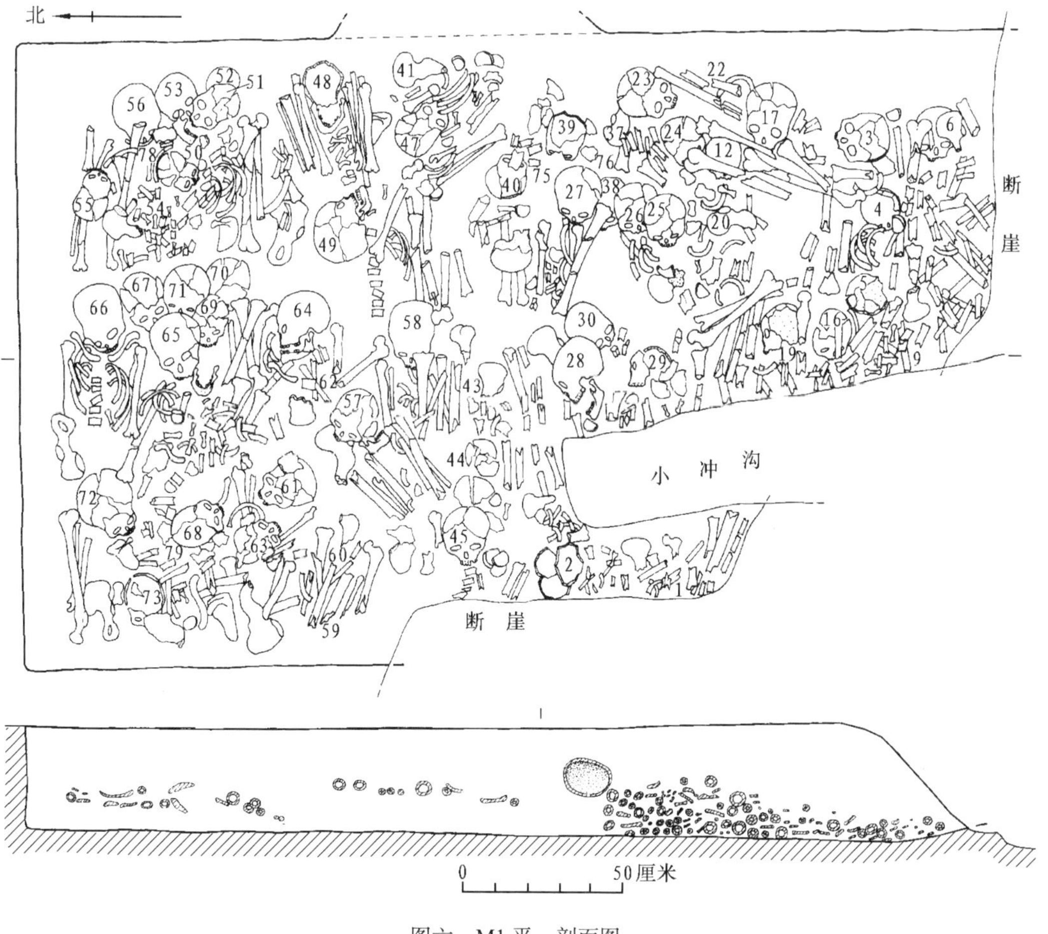

图六　M1平、剖面图

1~79. 人骨（7、8、10、11、13~15、18、21、31~36、42、46、74、77. 被叠压）

盆　2件。M1：1，泥质红陶。窄折沿，厚圆唇，微鼓腹。素面。口径约31.6、残高3.8厘米（图七，7）。M1：2，泥质，外面呈黄褐色，内面为红褐色。小卷沿，厚圆唇，腹近直。腹饰凹弦纹。口径约26、残高5厘米（图七，13）。

钵　8件。素面。M1：3，泥质红陶，顶部因叠烧呈红褐色。微敛口，圆唇，弧肩，斜腹。口径27.8、残高8.8厘米（图七，4）。M1：4，泥质红陶，顶部因叠烧呈黄褐色。微敛口，内斜方唇，弧肩。口径31、残高6.8厘米（图七，6）。M1：5，泥质，外面呈黄褐色，内面为灰色。敛口，圆唇，鼓肩。口径约30、残高3.8厘米（图七，2）。M1：6，泥质灰陶，顶部因叠烧呈黄褐色。微敛口，尖圆唇，微弧肩，斜腹。口径约32、残高9厘米（图七，1）。M1：7，泥质黄褐陶，顶部因叠烧呈黄色。近直口，尖圆唇，弧肩。口径约28、残高5.2厘米（图七，5）。M1：8，泥质黄褐陶。近直口，尖圆唇，弧肩。口径约32、残高7.5厘米（图七，8）。M1：9，泥质灰陶，外面顶部因叠烧呈红褐色。近直口，尖圆唇，微弧肩。口径约38、残高6厘米（图七，10）。M1：10，泥质灰陶，外面顶部因叠烧呈灰褐色。敛口，圆唇，弧肩，弧腹。口径约29、残高7.8厘米（图七，3）。

小钵　3件。敛口，素面。M1：11，泥质黄褐陶。圆唇，鼓肩，斜腹。口径约12、残高4厘米（图七，14）。M1：12，泥质黄褐陶。敛口，尖圆唇，鼓肩。口径约14、残高3.6厘米（图七，11）。M1：13，泥质红陶。微敛口，圆唇，弧肩。素面。口径约14.8、残高4厘米（图七，12）。

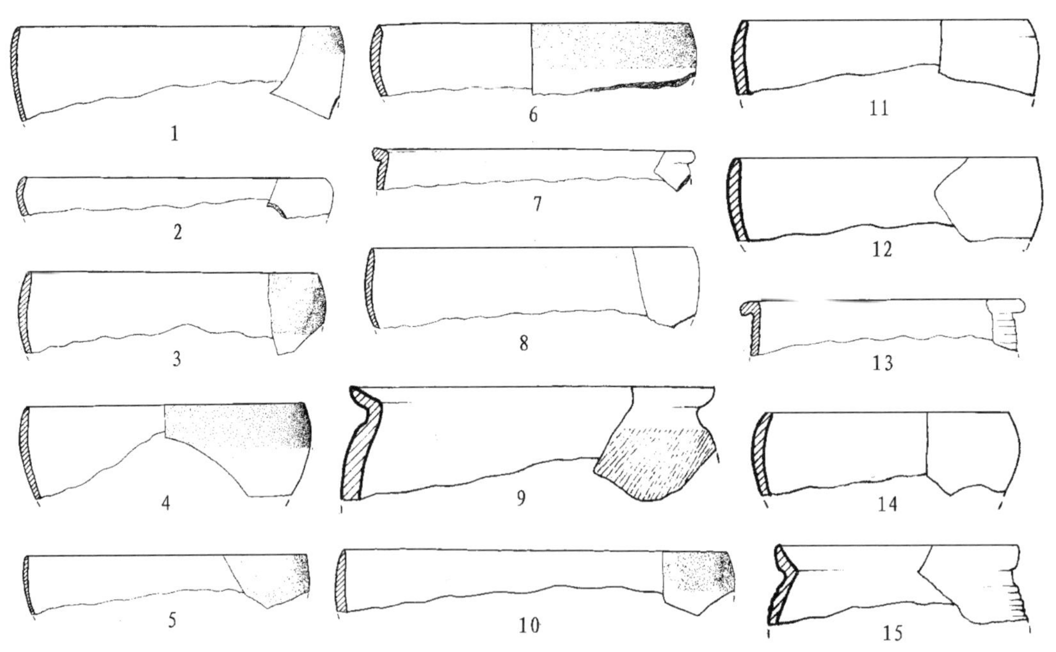

图七　M1出土陶器

1. 钵（M1：6）2. 钵（M1：5）3. 钵（M1：10）4. 钵（M1：3）5. 钵（M1：7）6. 钵（M1：4）7. 盆（M1：1）8. 钵（M1：8）9. 宽沿罐（M1：15）10. 钵（M1：9）11. 小钵（M1：12）12. 小钵（M1：13）13. 盆（M1：2）14. 小钵（M1：11）15. 宽沿罐（M1：14）（9、11、12、14、15. 约1/4，余约1/8）

宽沿罐　2件。折沿，沿面微下凹，微鼓腹。M1：14，夹砂灰陶，圆唇，腹饰凹弦纹。口径约12、残高3.6厘米（图七，15）。M1：15，夹砂灰褐陶，尖圆唇，腹饰绳纹。口径约18、残高 5.5 厘米（图七，9）。

此外，M1 还出土数件圆陶片，用泥质红陶或黄褐陶片（主要为钵）打制而成。

三、M2

M2 位于 TG2 中部稍偏南，开口于第 2 层下，距地表 0.55 米，打破第 3、4 层及生土。长方形竖穴土坑墓，浅穴，近直壁，平底。东部被南北向道路破坏。南北长 2.13、东西残宽 1.65、深 0.4 米，残存面积约 3.2 平方米。墓内填灰褐色土，土质松软，含有烧土颗粒和炭屑，出土少量陶片。

M2 也为多人二次葬，残存个体经鉴定辨别有 17 具。人骨放置相对稀疏，仅见一层，一般为盆骨和四肢等长骨，较少头骨和肋骨等。仅存的数例头骨均置于长骨之上，而更多的长骨无对应的头骨，很可能头骨处于残存墓室以东已被毁掉。保存的头骨头向有西南向、南向和东北向三种，人面均向上。经鉴定，男性约 8 人，女性约 6 人，性别不详者 3 人。死亡年龄除性别不详和只能判断为成年者外，总体上以壮年和中年为主，青年罕见。如再细分，男性均死于中年和壮年期，而女性则多死于壮年期，罕见青年期者（附表二）。墓中未见随葬品（图八；图版二）。

图八　M2 平、剖面图
1~17. 人骨

M2 填土中出土遗物均为陶器，陶片仅有 9 片泥质红褐陶、6 片泥质红陶和 2 片泥质灰黑陶等。除 1 片陶片饰凹弦纹外，其余均素面。器类有盆、钵和碗。

盆　1 件（M2：1）。泥质红陶。小卷沿，斜方唇，近直腹。上部有自外而内的残钻孔，腹饰较细密凹弦纹。口径约 28.5、残高 8 厘米（图九，6）。

钵　4 件。素面。M2：2，泥质，外面呈红褐色，内面为灰色。敛口，圆唇，鼓肩，弧腹。唇内面靠下部有一周凹槽。口径约 23、残高 12.8 厘米（图九，5）。M2：3，泥质红陶。敛口，尖圆唇，弧肩。口径约 22、残高 6.8 厘米（图九，4）。M2：4，泥质红褐陶。微敛口，圆唇，鼓肩。口径约 27、残高 5.2 厘米（图九，1）。M2：5，泥质红褐陶。近直口，尖圆唇，鼓肩。口径约 27.8、残高 4.6 厘米（图九，2）。

碗　1件（M2：6）。泥质红陶。敞口，尖圆唇。素面。口径约26、残高3.2厘米（图九，3）。

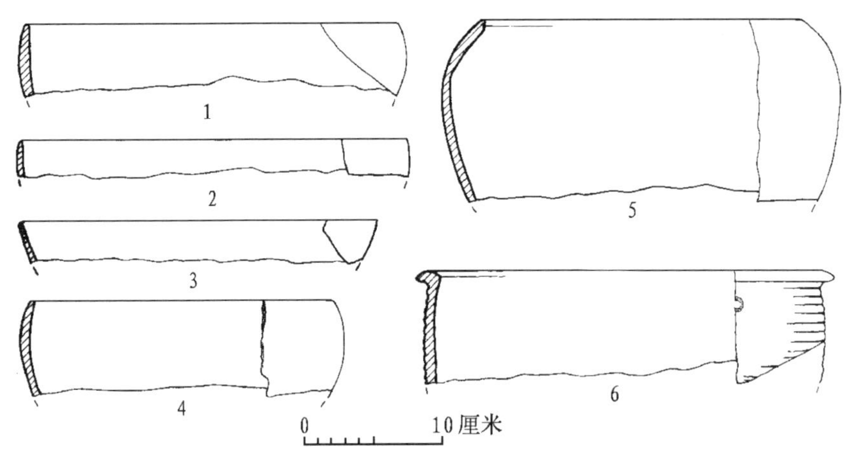

图九　M2 出土陶器

1. 钵（M2：4） 2. 钵（M2：5） 3. 碗（M2：6） 4. 钵（M2：3） 5. 钵（M2：2） 6. 盆（M2：1）

四、其他遗迹及出土遗物

除上述 2 座墓葬外，在 TG1 内还清理灰坑 1 座（H1）。H1 及 TG2 的文化层内还出土一些陶片。

（一）H1

H1 位于 TG1 北中部，向北延伸至探沟外，开口于第 1 层下，南部被 M1 打破，口部距地表 0.4 米，打破第 2 层及生土。平面呈圆形，直壁，平底。口径 1.12、深 0.55 米（图一〇）。坑内填浅灰色土，土质疏松，包含少量烧土颗粒。出土陶片较丰富。

H1 出土陶片中泥质陶较多，夹砂陶较少。陶色以红陶居多，有少量灰褐陶和灰陶等。器表绝大多数素面，纹饰有少量凹弦纹和绳纹。器类有盆、钵、碗和窄沿罐等。

盆　2 件。卷沿。H1：1，泥质红陶。宽薄沿，圆唇，上腹弧鼓，下腹微凹收，平底，底中部渐薄。上腹饰细密凹弦纹。口径 38.6、底径 13、高约 22 厘米（图一一，5）。H1：2，泥质红褐陶。卷沿，沿较窄厚，尖唇，斜弧腹。上腹饰较宽浅凹弦纹，上部凹弦纹下还饰绳纹但被旋断。口径约32、残高7.2厘米（图一一，6）。

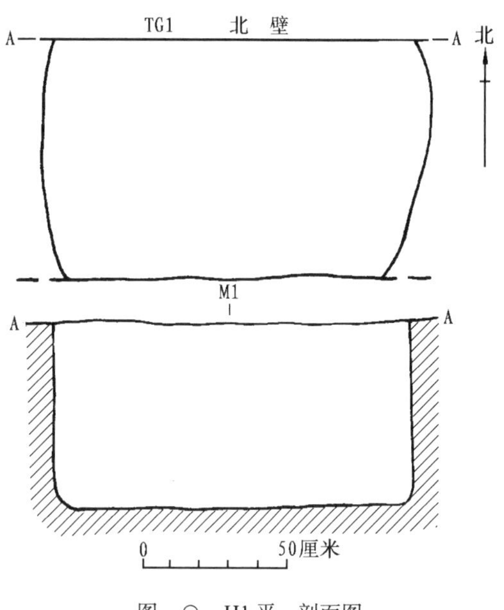

图一〇 H1平、剖面图

钵 3件。素面。H1∶3，泥质红陶。敛口，尖圆唇，鼓肩。肩部有制作时留下的清晰刮痕。口径约25.7、残高7.4厘米（图一一，2）。H1∶5，泥质红陶。微敛口，圆唇，弧肩。肩部有制作时留下的清晰刮痕。口径约30、残高5厘米（图一一，3）。H1∶6，泥质灰褐陶，外面顶部因叠烧呈红褐色。微敛口，方唇，弧肩。素面。口径约29、残高5.4厘米（图一一，4）。

碗 1件（H1∶4）。泥质灰褐陶，内、外面顶部因叠烧呈红色。敞口，尖圆唇，弧腹。素面。口径25.7、残高7.4厘米（图一一，1）。

窄沿罐 1件（H1∶7）。夹砂灰褐陶。窄平沿，沿面中部微高形成小脊棱，圆方唇，微鼓腹。素面。口径约32、残高6厘米（图一一，7）。

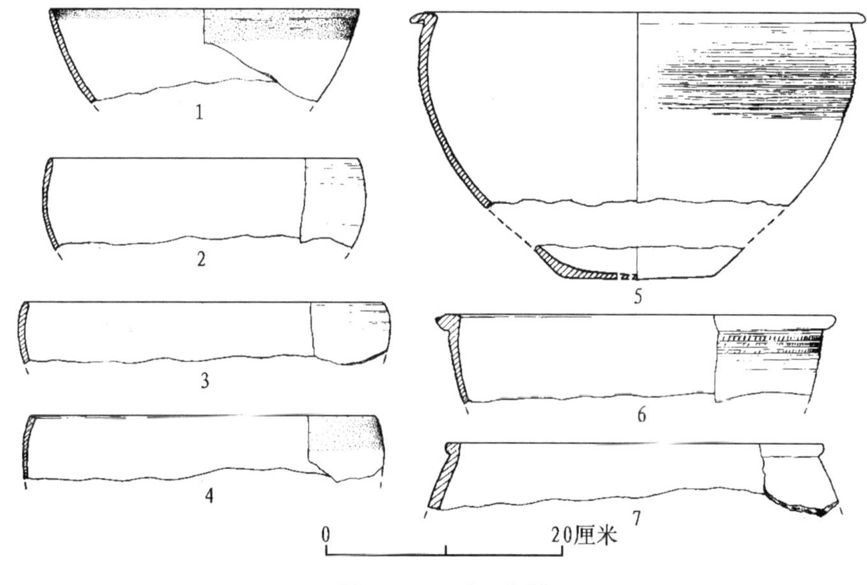

图一一 H1出土陶器

1.碗（H1∶4） 2.钵（H1∶3） 3.钵（H1∶5） 4.钵（H1∶6） 5.盆（H1∶1） 6.盆（H1∶2） 7.窄沿罐（H1∶7）

（二）其他

TG2第2层、第3层出土的少量陶片以泥质红褐陶为多，另有泥质红陶和夹砂红褐陶。器表大都素面，纹饰偶见凹弦纹等。器类有钵、宽沿罐和盆。

钵 5件。素面。TG2②∶1，泥质红褐陶，外面顶部因叠烧呈红色。微敛口，圆唇，弧肩。口径约33、残高5.6厘米（图一二，2）。TG2②∶2，泥质红陶。弧腹，圜底。底周围有一周凹弦纹状刻槽，内为糙面。残高 3 厘米（图一二，4）。TG2 ③：1，泥质红陶。敛口，圆唇，鼓肩。口径约 19、残高 3.6 厘米（图一二，5）。TG2 ③：2，泥质灰褐陶。敛口，圆唇，弧肩。口径约 19.5、残高 3.5 厘米（图一二，6）。TG2 ③：3，泥质红褐陶。敛口，尖圆唇，鼓肩。肩部有制作时留下的清晰刮痕。口径约 22.6、残高 5.6 厘米（图一二，3）。

宽沿罐　1 件（TG2 ②：3）。夹砂红褐陶。折沿较高，沿面微下凹，圆唇，鼓腹。腹饰细密凹弦纹。口径约 12.2、残高 6.6 厘米（图一二，1）。

盆　1 件（TG2 ③：4）。泥质灰褐陶。近直口，无沿，微斜方唇，弧腹，腹壁下部渐薄，平底，底面为植物碎屑状糙面。素面。口径约 12.3、底径约 9.6、高约 5.3 厘米（图一二，7）。

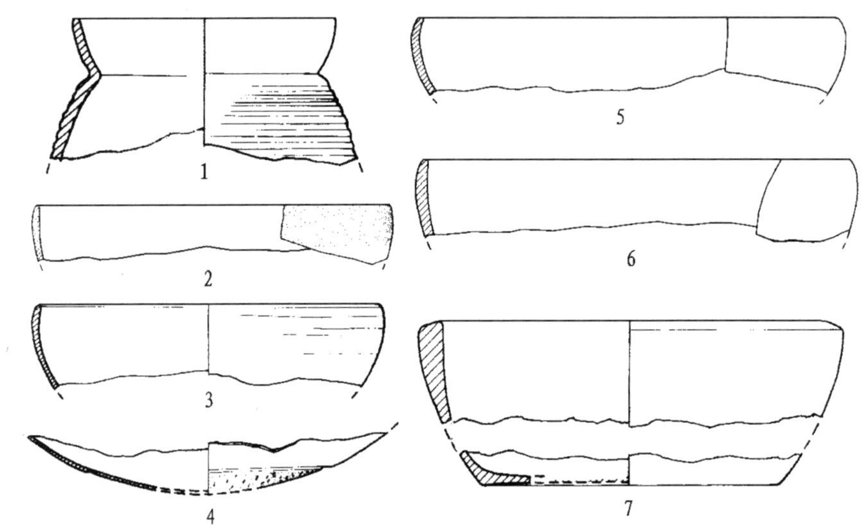

图一二　出土陶器

1. 宽沿罐（TG2 ②：3）　2. 钵（TG2 ②：1）　3. 钵（TG2 ③：3）　4. 钵（TG2 ②：2）　5. 钵（TG2 ③：1）　6. 钵（TG2 ③：2）　7. 盆（TG2 ③：4）（1、5、6. 约 1/4，2. 约 1/8，3、4. 约 1/6，7. 约 1/3）

五、结语

晓坞遗址本次试掘中，尽管在 M1、M2 内未发现随葬品，但从这两座墓葬的层位、形制、埋葬习俗和墓内填土及探沟文化层中出土的陶片特征可以判定，这批遗存的文化性质和年代应与河南三门峡市南交口遗址仰韶文化第一期[1]、山西垣曲古城东关仰韶文化第二期[2]基本相同，当同属于豫西与晋南地区仰韶早期的东庄类型[3]。

通过与南交口遗址仰韶第一期陶器的对比可知，盆（M1：2、M2：1）均为小卷沿，近直腹，腹饰凹弦纹，与南交口第Ⅱ段乙类 AaⅡ式盆（H43：18）相似。钵（M1：4、M2：2）分别与南交口第Ⅱ段 AⅢ式钵（H43：2）、BⅡ式钵（H72：7）相近。宽沿罐（M1：14、M1：15）与南交口 A 型宽沿罐相近，两器沿稍高、腹微鼓的特征与南交口第Ⅱ段 AⅡ式宽沿罐（H72：12）等相仿。可见，M1、M2 的年代约相当于南交口仰韶文化第一期第Ⅱ段，是东庄类型中、晚期阶段的遗存。如果细分，两墓葬的年代或许还略有差异，其中 M1 稍早，M2 略晚。

由于晓坞 M1、M2 位于现代村庄内，破坏严重，墓葬局部暴露于外，经过风雨侵蚀，人骨保存状况不佳。然而通过清理，我们仍对两墓的形制、埋葬习俗等有了基本的认识。两墓均为长方形竖穴土坑墓，多人二次葬，未发现随葬品。其中 M1 出土人骨多达 79 具，考虑到此墓南部已被破坏，其原本所葬人数应更多些，属一座大型多人二次葬墓，是迄今发现埋葬人数最多的仰韶文化二次葬墓之一。我们采集了全部的人骨标本，两墓中人骨都主要是头骨、盆骨和四肢骨、肋骨等，都既有男、女成人，也有未成年的儿童，但均未见老年人。两墓可鉴定性别的标本中，女性的死亡年龄皆主要集中在青年期和壮年期，男性则都集中在壮年期和中年期，可见这里女性的整体死亡年龄要低于男性。但 M1 骨骼摆放集中，除破坏者外每个个体基本都有头骨，头骨一般置于盆骨和长骨之上。而 M2 骨骼摆放较稀疏，多残留长骨，头骨很少，很可能多放置于长骨东端已被破坏。表明两墓之间还存在某些差别。

M1 和 M2 相距不远，处于遗址南部正中区域，邻近河流。据调查，村民在此建房挖地基时曾发现多处十分集中的成堆人骨。遗址南部的正中地带很可能曾是晓坞仰韶早期聚落以多人二次葬为主要埋葬形式的墓葬区，以北、以东乃至以西则属居住区。

以往豫西三门峡地区很少发现仰韶文化的二次葬墓，晓坞遗址墓葬是该地区首次发现仰韶早期的这类墓葬。同时，以往东庄类型遗存发现较少，遗迹种类相对简单，晓坞遗址墓葬的清理，结合我们在灵宝前店等遗址调查发现的仰韶早期的同类墓葬[4]，可知二次葬墓应是豫西晋南一带东庄类型基本的埋葬形制之一。就豫西晋南和关中地区来说，由于 20 世纪 50—70 年代在陕西西安半坡[5]、华县元君庙[6]、华阴横阵[7]、临潼姜寨[8]、渭南史家[9]等遗址发现有较多仰韶早期的多人二次葬墓，学术界一般认为这种葬俗存在和流行于关中地区的仰韶文化半坡类型。晓坞遗址的发掘，是数十年来仰韶早期这种墓葬的再次集中发现，并修正了相关认识。只是同是多人二次葬，半坡类型的许多墓葬有随葬品，而东庄类型则不见随葬品，表明两类型的这类墓葬之间尚有一些差别。豫西三门峡地区仰韶早期东庄类型多人二次葬墓的发现，还为同一地区南交口遗址仰韶文化第二期的多人二次葬习俗找到了更直接的渊源。

附记：参加晓坞遗址试掘的有河南省文物考古研究所魏兴涛、灵宝市文物保护管理所宁建民、西北大学文化遗产学院陈靓以及技术工人邱宏涵、朱家生等。中国社会科学院考古研究所李新伟、三门峡市文物考古研究所杨海清等曾考察试掘现场，灵宝市文物保护管理所胡小平所长给予本次工作以大力支持并提供了人骨标本存放和研究的场地，宁建民在调查和试掘工程中做了大量工作，特此致谢。本文线图由邱宏涵、贯长有、马麦桃绘制，照片由魏兴涛拍摄。

执笔：魏兴涛

注释：

[1] 河南省文物考古研究所:《三门峡南交口》，科学出版社，2009 年。

[2] 中国历史博物馆考古部、山西省考古研究所、垣曲县博物馆:《垣曲古城东关》，科学出版社，2001 年。

[3] 严文明:《仰韶文化研究》，文物出版社，1989 年。

[4] 河南省文物考古研究所、灵宝市文物保护管理所 2007 年调查资料。

[5] 中国科学院考古研究所、陕西省西安半坡博物馆:《西安半坡》，文物出版社，1963 年。

[6] 北京大学历史系考古教研室:《元君庙仰韶墓地》，文物出版社，1983 年。

[7] 中国社会科学院考古研究所陕西工作队:《陕西华阴横阵遗址发掘报告》，见《考古学集刊》第 4 集，中国社会科学出版社，1984 年。

[8] 半坡博物馆、陕西省考古研究所、临潼县博物馆:《姜寨：新石器时代遗址发掘报告》，文物出版社，1988 年。

[9] 西安半坡博物馆、渭南县文化馆:《陕西渭南史家新石器时代遗址》，《考古》1978 年第 1 期。

附表一 晓坞遗址 M1 人骨保存状况及性别、年龄统计表

编号	墓内位置	人骨保存状况	头向与面向	性别	年龄
1	西南角	头骨已损，仅有额骨和部分上颌骨；有部分肋骨；髋骨保留髂骨和部分坐骨；四肢骨残破，可见肱骨、股骨、胫骨、腓骨的残段	头向东	女	青年
2	1 号北侧	头骨残破，保存有额骨、上颌骨、鼻骨以及下颌骨；有两侧锁骨；部分肋骨；股骨、胫骨仅存残段；部分手骨和足骨	头向东，面向右	女？	15~16 岁
3	东南角	头骨保存较好，额骨、颞骨完整，下颌骨残破但可拼对；有部分脊椎骨；保留左侧肱骨残段	头向南，面向上	女	15~20 岁
4	3 号西侧	无头骨；有肩胛骨残段和部分脊椎骨、肋骨；髋骨保存髂骨和部分坐骨；股骨骨干和下端关节部分可辨识，部分两侧尺骨和胫骨、腓骨；少量足骨		男	成年
5	东南部	头骨残损，有部分额骨、顶骨、颞骨和下颌骨；有少量肋骨；各自独立的髂骨、坐骨和耻骨；肱骨、股骨、胫骨保存完好；少量足骨	头向东	不详	12~13 岁
6	东南角，3 号南侧	头骨残损，有部分额骨、颞骨、枕骨及破损的下颌骨；有肩胛骨残段和部分脊椎骨、肋骨；股骨和胫骨的残段；少量足骨	头向东，面向上	男	25 岁左右
7	6 号下	头骨保存较好，额骨、顶骨、颞骨和下颌骨基本完整；有较完整的两侧锁骨；部分脊椎骨及肋骨；保存有左侧肱骨下端和部分胫骨、腓骨；部分手骨和足骨	头向东，面向上	男	30 岁左右
8	4 号下南侧，7 号西侧	头骨基本完整，额骨、颧骨、颞骨和下颌骨保存较好；有较完整的两侧锁骨和两侧肩胛骨；部分脊椎骨和肋骨；右侧肱骨下端、左侧尺骨和股骨、胫骨残段；右侧跟骨	头向东，面向右	男	15~20 岁
9	5 号西南侧	无头骨；保存左侧髋骨大部分耻骨；部分脊椎骨；胫骨、股骨、肱骨仅存骨干部分；少量手骨和足骨		女	24~26 岁
10	9 号南侧	头骨残破，残存右侧下颌骨；髂骨、耻骨、坐骨尚为三块独立之骨；两侧锁骨和两侧肩胛骨残段；部分脊椎骨和肋骨；股骨、胫骨均存留上端及骨干部分，部分腓骨残段		不详	12~13 岁
11	10 号下	无头骨；仅存股骨上端部分		不详	14~15 岁
12	3 号北侧	无头骨；仅存完整的股骨、胫骨		男？	成年
13	8 号西侧，下层	头骨残损，有部分颞骨、枕骨以及下颌骨；有肩胛骨残段；部分脊椎骨和肋骨；桡骨、尺骨仅存残段，股骨、胫骨均两侧保存较完整，部分腓骨残段；少量手骨和足骨	头向东，面向右	女	35 岁左右
14	13 号西侧，下层	头骨已损，有部分颞骨、顶骨以及左侧下颌骨残段；少量脊椎骨；髋骨见右侧耻骨联合部，骶骨较完整；两侧胫骨保留上端和骨干部分；少量手骨和足骨	头向东，面向上	女	17~19 岁
15	14 号西侧，下层	头骨已残，只有顶骨残片以及左侧下颌骨残段；有肩胛骨残段；髋骨可见部分髂骨和坐骨；右侧股骨仅存股骨头，另有部分胫骨、腓骨和髌骨；少量手骨和足骨	头向东，面向左	男	40 岁左右

续表

编号	墓内位置	人骨保存状况	头向与面向	性别	年龄
16	15号北侧	头骨残破严重，仅有顶骨残片和下颌骨残段；有左侧锁骨；肱骨、股骨和胫骨均只保留中段	头向东，面向上	女	15~20岁
17	12号东南，3号东北	头骨较完整，下颌骨保存较好；有两侧肩胛骨；部分脊椎骨、肋骨；骶骨较完整；两侧股骨较完整；少量手骨和足骨	头向东，面向上	女	20岁左右
18	4号北，下层	头骨残损，仅存上颌骨和部分下颌骨残段；有部分脊椎骨和肋骨；髋骨保存有髂骨和部分坐骨；四肢骨基本完整；少量手骨和足骨	头向东，面向上	女	15~20岁
19	南中部，16号北	头骨破损，仅采集到少量额骨、颧骨残片和下右侧下颌支；有部分脊椎骨和肋骨；髋骨中保存有部分髂骨和坐骨残段，骶骨较完整；桡骨、尺骨、股骨和胫骨仅存残段；少量足骨	头向上，面向右	女	成年
20	19号东侧，下层	头骨残损，采集有右侧下颌骨残段；有部分脊椎骨和肋骨；两侧股骨和胫骨骨干部分；少量足骨		女?	25~30岁
21	20号东，下层	头骨残损，保留有部分颞骨和枕骨；两侧锁骨残段；部分脊椎骨和肋骨；髋骨见部分髂骨和坐骨；四肢骨大都仅存骨干部分；少量足骨	头向东，面向上	女	成年
22	东南部，17号北侧	无头骨；有两侧锁骨；部分脊椎骨和肋骨；髋骨保留部分坐骨、髂骨和耻骨；四肢骨都保留骨干部分；少量足骨		女	35~39岁
23	22号北侧	头骨残损严重，仅见部分颞骨；有肩胛骨残段；部分脊椎骨和肋骨；左侧髋骨完整；左侧肱骨和右侧尺骨以及胫骨、腓骨残段，但两侧股骨较完整	头向北，面向上	女	35~39岁
24	23号西南侧	头骨略残，完整的下颌骨；有部分脊椎骨；髂骨、耻骨、坐骨尚为三块独立之骨，残存骶骨碎块；四肢骨较完整	头向东北，面向上	不详	13~15岁
25	中东部	头骨较完整，下颌骨保存左侧残段；部分髂骨尚存；残存右侧跟骨	头向东，面向上	男	20~25岁
26	25号西北侧，下层	头骨残损，保存右侧颧骨，下颌骨可拼对修复；有左侧肩胛骨；部分椎骨和肋骨；髋骨保留部分髂骨；右侧肱骨、右侧桡骨、左侧胫骨和左侧腓骨残段；少量手骨和足骨	头向东，面向上	女	15~20岁
27	26号北侧	头骨较完整，右侧上颌骨、额骨及颞骨均较完整，下颌骨保留右侧部分；左侧肱骨下端和左侧桡骨残段，股骨保存骨干残段；少量手骨和足骨	头向东，面向上	男	20岁左右
28	中南部	头骨较完整；有部分脊椎骨和肋骨；保留部分坐骨和髋骨；四肢骨基本完整	头向东，面向右	女	25岁左右
29	28号南侧	头骨已残，保存有额骨、颞骨和右侧下颌骨；有锁骨残段；部分脊椎骨和肋骨；髋骨中有部分髂骨和坐骨；少量手骨和足骨	头向东，面向右	女	21~30岁

续表

编号	墓内位置	人骨保存状况	头向与面向	性别	年龄
30	28 号北侧，偏下部	头骨残破变形，有部分额骨、顶骨、颞骨、颧骨及上、下颌骨；有左侧锁骨；右侧肱骨、左侧桡骨和左侧尺骨残段，股骨和胫骨较完整；少量右侧足骨	头向东北，面向上	女	35 岁左右
31	29 号下	头骨残破，保存有颞骨、顶骨以及残碎的右侧下颌骨；有部分脊椎骨和肋骨；肱骨、桡骨、尺骨、股骨、胫骨、腓骨大都只保存骨干部分，有两侧髌骨；少量手骨和足骨	头向东，面向右	男	中老年
32	28 号下	头骨已残，有部分额骨、颞骨、枕骨和颧骨，下颌骨保留体部和右侧支部；有部分脊椎骨；右侧肱骨、左侧尺骨残段，而股骨、胫骨较完整	头向东，面向上	男	30 岁左右
33	24 号下	头骨残损，额骨尚存，保留左侧下颌骨残段；部分肋骨；部分尺骨、胫骨、腓骨残段，而股骨较完整；少量手骨	头向东北，面向上	女	16~17 岁
34	12 号下	头骨残损，仅存有颞骨及枕骨残片，下颌骨基本完整；有两侧锁骨和右侧肩胛骨残段；部分脊椎骨；右侧肱骨和股骨、胫骨残段；少量手骨和足骨	头向东，面向上	男	35 岁左右
35	12 号下，34 号北侧	头骨残损，仅有颞骨、颧骨、蝶骨以及左侧下颌骨残段；少量肩胛骨残段；部分脊椎骨	头向东，面向右	男？	20 岁左右
36	35 号北侧，下层	头骨残损，仅有部分额骨和上颌骨，下颌骨较完整；有部分肋骨；部分桡骨和胫骨残段；少量手骨和足骨	头向东南，面向左	女	30 岁左右
37	23 号下	头骨已残，有颞骨、颧骨和部分额骨，下颌骨较完整；有髋骨残块；部分桡骨、尺骨、股骨、胫骨、腓骨残段；少量手骨和足骨	头向西，面向左	女	30~35 岁
38	37 号西北侧、26 号东北侧，下层	头骨保存较好，下颌骨仅保留左侧残段；有部分脊椎骨和肋骨；两侧股骨上端及骨干部分；少量手骨和足骨	头向东，面向上	男	40~45 岁
39	38 号东北侧	头骨残损，有部分顶骨和颞骨；有少量肋骨；股骨保存完整，胫骨和腓骨则存残段；少量足骨	头向东，面向上	女？	成年
40	39 号西北侧	头骨残损严重，只有很少量的顶骨、额骨残片；有两侧锁骨和肩胛骨残段；保存有股骨上端及骨干部分和胫骨骨干及下端部分，有两侧髌骨；少量足骨	头向西，面向上	男？	成年
41	39 号东北侧	头骨较完整，仅下颌骨左侧髁突部分稍残；有左侧锁骨；椎骨接近齐全，部分肋骨；髋骨保存部分坐骨和髂骨；左侧肱骨、左侧桡骨和左侧尺骨残段，下肢骨较完整；少量手骨和足骨	头向东，面向上	女	15~20 岁
42	41 号下	头骨残损，保留有颞骨、颧骨和部分额骨，下颌骨完整；部分脊椎骨和肋骨；右侧肱骨仅存骨干部分；少量手骨和足骨	头向东，面向上	女？	25~30 岁
43	28 号北侧	头骨残损严重，仅有额骨残片；有左侧锁骨残段；两侧肱骨下端、右侧桡骨上端和右侧尺骨得以保存，股骨、胫骨和腓骨保存骨干残段	头向东	男	成年

续表

编号	墓内位置	人骨保存状况	头向与面向	性别	年龄
44	43号西侧	头骨较完整，有部分额骨、颞骨，下颌骨两侧下颌支略残破；少量肋骨；髋骨和骶骨残块；股骨、胫骨和腓骨较完整；少量足骨	头向东，面向上	男	35岁左右
45	2号北侧	头骨残破，有额骨、顶骨、颞骨及部分上颌骨，下颌骨完整；部分脊椎骨和肋骨；左侧肱骨和左侧尺骨残段，股骨较完整；少量足骨	头向东，面向上	女	16~17岁
46	45号下	头骨残损严重，有额骨、颞骨残片少许，下颌骨完整；有肩胛骨残段；部分脊椎骨；四肢骨较完整；少量足骨	头向东，面向上	女?	成年
47	41号西侧	头骨残损严重，有额骨、顶骨残片少许，下颌骨残破；部分脊椎骨；髋骨保存部分髂骨和坐骨；右侧肱骨残段，股骨、胫骨和腓骨保留骨干和下端关节面部分；少量足骨	头向西北，面向上	女	17~18岁
48	东北部，41号北	头骨残破，颅骨部分尚完整，面骨部分残缺，下颌骨完整；有部分脊椎骨和肋骨；四肢骨保存较完整；较多手骨和足骨	头向东，面向上	不详	12~13岁
49	48号西侧	头骨基本完整，上颌骨下端和颧骨部分残破，其余保存较好，下颌骨完整；有肩胛骨残段；部分肋骨；左侧桡骨以及股骨、胫骨、尺骨仅存残段；少量手骨和足骨	头向西北，面向左	女	20岁左右
50	东北角，48号北	头骨基本完整，有额骨、颞骨、上颌骨，左侧下颌骨残段；髋骨保留有部分髂骨和坐骨；部分脊椎骨和肋骨；两侧肱骨、两侧桡骨和两侧尺骨仅存残段，股骨、右侧胫骨和腓骨较完整；少量手骨	头向东北，面向上	女	20~25岁
51	50号东侧，多压于50号下	头骨较完整，保存有额骨、颞骨、颧骨、上颌骨和枕骨，左侧下颌骨残段；有右侧锁骨；部分脊椎骨和肋骨；髋骨保留部分髂骨；右侧股骨以及胫骨仅见骨干部分；少量足骨	头向东南，面向上	男	15~20岁
52	51号下，仅露头部	头骨基本完整，有额骨，颞骨和枕骨，下颌骨完整；部分脊椎骨和肋骨；髋骨保留有部分髂骨和耻骨，骶骨较完整；右侧肱骨、左侧股骨和左侧腓骨残段；少量手骨和足骨	头向东，面向上	女	27~28岁
53	52号北侧，压于51号下	头骨残损严重，仅有极少顶骨残片；两侧锁骨和两侧肩胛骨残段；少量脊椎骨和肋骨；髋骨较完整，骶骨近完整；右侧肱骨、两侧桡骨和两侧尺骨近完整，两侧股骨保留骨干部分，右侧胫骨较完整；少量手骨和足骨	头向东，面向上	女	17~19岁
54	50号西北侧	无头骨；髋骨保存部分髂骨；有左侧锁骨残段；部分脊椎骨；左侧尺骨和左侧胫骨完整，肱骨、股骨保留上端及骨干部分；少量手骨和足骨		男	成年
55	54号北侧	头骨残破，保留有部分额骨、顶骨，下颌骨较完整；有部分肋骨；两侧肱骨、右侧胫骨、部分腓骨残段，而右侧股骨较完整，有右侧髌骨；少量手骨	头向西北，面向上	女	30岁左右

续表

编号	墓内位置	人骨保存状况	头向与面向	性别	年龄
56	53 号北侧，55 号下	头骨较完整，下颌骨较完整；有两侧锁骨和两侧肩胛骨；部分脊椎骨和肋骨；两侧肱骨、两侧股骨、左侧尺骨较完整；少量手骨和足骨	头向东，面向右	女？	20~25 岁
57	中部，45 号东北侧	头骨较完整，有顶骨和枕骨残片，下颌骨较完整；有部分脊椎骨和肋骨；髂骨、坐骨、耻骨仍为三块独立之骨，部分骶骨；肱骨和胫骨仅存残段，而两侧股骨较完整	头向东南，面向上	不详	10~11 岁
58	中部，57 号东南	头骨较完整，保存有额骨、颞骨、颧骨及上颌骨，下颌骨较完整；部分脊椎骨和肋骨；髋骨较完整；两侧肱骨、两侧桡骨、两侧股骨、两侧尺骨残段；少量手骨和足骨	头向东，面向上	男	25 岁左右
59	45 号北侧	头骨残损，有顶骨、颞骨残片，下颌骨较完整；有部分脊椎骨和肋骨；两侧坐骨残块；两侧肱骨、胫骨、腓骨残段，而股骨较完整；少量手骨和足骨	头向东，面向上	女	35 岁左右
60	59 号下	头骨较完整，有额骨、颧骨和颞骨，下颌骨基本完整；有两侧锁骨和两侧肩胛骨残段；髋骨仅有单侧的髂骨残块；肱骨、股骨基本完整，两侧尺骨、两侧胫骨和右侧腓骨仅存残段	头向东，面向右	女	成年
61	60 号北侧	头骨较完整，仅上颌骨和颧骨略残，保留有左侧下颌骨残段；有部分脊椎骨；髋骨中可见部分髂骨和坐骨；股骨、左侧胫骨和左侧腓骨较完整；少量足骨	头向东南，面向上	女	15~20 岁
62	57 号东北侧	头骨较完整，仅缺失鼻骨和上颌骨眶内侧部分，下颌骨较完整；有部分脊椎骨和肋骨；两侧肱骨、两侧桡骨、两侧尺骨、两侧胫骨仅存残段，而两侧股骨较完整；部分手骨和足骨	头向东，面向上	男	45~50 岁
63	60 号北侧	头骨较完整，有额骨、颧骨和颞骨，下颌骨支部残；有两侧锁骨和两侧肩胛骨；部分脊椎骨和肋骨；右侧肱骨、两侧尺骨和胫骨仅存残段，右侧股骨稍残；少量足骨	头向西北，面向上	女	15~20 岁
64	62 号东侧	头骨残损，有颞骨、顶骨残片少许，保存左侧下颌骨残段；有锁骨残段；部分脊椎骨和肋骨；髋骨中见部分髂骨、坐骨和耻骨；右侧肱骨、桡骨、尺骨、股骨、右侧胫骨都保存骨干部分；少量足骨	头向东，面向右	男	30~35 岁
65	北中部，64 号北侧	头骨较完整，但略变形，有额骨、颞骨、蝶骨和枕骨，左侧下颌骨髁突残，其余完整；有两侧锁骨和肩胛骨；部分脊椎骨和肋骨；两侧髋骨残块；左侧肱骨和两侧股骨较完整，而左侧胫骨仅存残段；少量手骨和足骨	头向东，面向上	女	35 岁左右
66	65 号北侧	头骨较完整，有额骨、颞骨、顶骨、枕骨和颧骨，下颌骨完整；有两侧锁骨残段；少量脊椎骨；髋骨中有部分髂骨；右侧肱骨、两侧尺骨仅存残段，两侧股骨较完整，而两侧胫骨仅存上端；少量手骨和足骨	头向东北，面向上	男	30 岁左右
67	65 号东侧，下层	头骨残损，面骨完整，颅骨残缺；有少量脊椎骨和肋骨；左侧耻骨完整；肱骨、桡骨、尺骨、股骨、胫骨仅有骨干部分；少量足骨	头向东，面向上	男	40~44 岁

续表

编号	墓内位置	人骨保存状况	头向与面向	性别	年龄
68	西北角，63号北侧	头骨残损严重，有颞骨、顶骨残片少许；有两侧锁骨和肩胛骨；部分脊椎骨和肋骨；髋骨中有不完整的坐骨和髂骨；两侧肱骨、两侧桡骨、两侧尺骨仅存残段，而两侧股骨、两侧胫骨、两侧腓骨较完整；少量手骨和足骨	头向西北，面向上	女	成年
69	65号下	头骨残损，保留左侧下颌支及部分下颌体；髋骨中有不完整的髂骨和坐骨；右侧肱骨、左侧尺骨以及腓骨仅见残段，而两侧股骨和两侧胫骨较完整	头向东，面向上	女	成年
70	69号下	头骨基本完整，有额骨、顶骨残片，下颌骨右侧支及左侧髁突部分残破；有肩胛骨残段；少量脊椎骨；尺骨、股骨、胫骨和腓骨都保存骨干部分；少量手骨和足骨	头向东，面向左	男	30岁左右
71	70号北，65号下	头骨基本完整，有额骨、颞骨，下颌骨；有两侧锁骨和两侧肩胛骨；少量脊椎骨和肋骨；髋骨中有部分髂骨和坐骨；两侧桡骨、两侧尺骨、两侧股骨和胫骨仅存残段；少量手骨和足骨	头向东，面向上	男	25岁左右
72	西北角	头骨基本完整，保存额骨、颞骨，下颌髁突部分残；有两侧肩胛骨；少量肋骨；右侧肱骨仅存下端，右侧尺骨存有上端，而股骨、胫骨和腓骨则仅见骨干部分，发现有髌骨	头向东北，面向上	女？	20岁左右
73	72号西南侧	头骨残损较严重，有顶骨残片少许，左侧下颌骨体部残；有左侧锁骨和肩胛骨；髋骨仅见残破髂骨；肱骨、尺骨和胫骨仅见残段，而两侧股骨较完整；少量手骨和足骨	头向东，面向上	男	20岁左右
74	68号下	头骨残破，有额骨、颞骨和枕骨，下颌骨较完整；有肩胛骨残段；部分脊椎骨和肋骨；见骶骨残块；肱骨、桡骨、尺骨仅见残段，两侧股骨、两侧胫骨、右侧腓骨则较完整；少量手骨和足骨	头向东，面向上	男	25岁左右
75	39号西侧	下颌骨残破		不详	6个月
76	39号东侧	头骨残破，有额骨、顶骨、上颌骨残片，下颌骨较完整	头向东，面向上	不详	2~5岁
77	42号西侧	头骨残破，有少许顶骨残片，下颌骨完整；四肢骨保存较完整		不详	10~11岁
78	56号西侧	头骨残破，有额骨、顶骨、枕骨、颞骨、蝶骨残片	头向东，面向右	不详	2~6岁
79	68号北侧	头骨残破，有额骨、顶骨、颞骨和枕骨残片；四肢骨保存较完整	头向东，面向上	不详	18个月

说明：性别栏带“？”者表示具有倾向性，但缺乏确切依据。人骨保存状况、性别、年龄栏依陈靓博士鉴定结果，附表二亦如此。

附表二　晓坞遗址 M2 人骨保存状况及性别、年龄统计表

编号	墓内位置	人骨保存状况	头向与面向	性别	年龄
1	西北角	无头骨；髋骨保留耻骨、坐骨及部分髂骨；少量脊椎骨；股骨、胫骨、腓骨均两侧较完整，见两侧髌骨；有两侧跟骨		男	31~34 岁
2	东北角	无头骨，下颌骨保留体部；有两侧锁骨；部分脊椎骨和肋骨；髋骨中有部分髂骨，骶骨完整；两侧肱骨、两侧桡骨、两侧尺骨、两侧股骨和右侧胫骨较完整；少量手骨和足骨		男	35~39 岁
3	东北角，2 号南侧	残头骨，保存部分上颌骨残片，下颌骨完整	头向西南，面向上	不详	6~7 岁
4	东部，3 号南侧	无头骨，下颌骨支部残破；有两侧锁骨和肩胛骨；部分脊椎骨和肋骨；髋骨保存部分髂骨，有部分骶骨；两侧肱骨、两侧桡骨、两侧尺骨、左侧股骨、两侧胫骨、部分腓骨基本都保留骨干部分；少量足骨		男	25~30 岁
5	1 号南侧	无头骨；有部分脊椎骨和肋骨；耻骨完整，见部分髂骨和坐骨；左侧股骨保存骨干部分，两侧胫骨较完整，部分腓骨残段；少量足骨		男	40~44 岁
6	东中部，3 号南侧	无头骨；有部分脊椎骨和肋骨，胸骨柄完整；髋骨中缺失耻骨部分；肱骨、股骨、胫骨和尺骨均两侧都保存较完整，有两侧髌骨；少量手骨和足骨		男	成年
7	东中部，6 号南侧	无头骨；有完整骶骨；股骨、胫骨、腓骨均两侧都保存较完整；少量手骨和足骨		男？	成年
8	西中部，5 号南侧	无头骨；有部分脊椎骨和肋骨；髋骨中缺少耻骨部分，有较完整的骶骨；两侧肱骨、两侧桡骨、两侧尺骨、左侧股骨以及两侧胫骨均较完整；少量手骨和足骨		女	成年
9	7、8 号南侧	无头骨；有两侧锁骨残段；部分脊椎骨；髋骨完整，有较完整的骶骨；肱骨、两侧桡骨、两侧尺骨仅见残段，股骨保存上端和骨干部分；少量手骨和足骨		男	45~50 岁
10	7 号南侧	无头骨；有部分肋骨；髋骨中缺失耻骨部分；股骨较完整；少量手骨和足骨		男	成年
11	8 号南侧	头骨基本完整，保存额骨、部分上颌骨，下颌骨较完整；少量脊椎骨和肋骨；髂骨、耻骨、坐骨为三块独立之骨	头向东北，面向上	不详	3~5 岁
12	东南部，10 号南侧	无头骨；有部分脊椎骨和肋骨；髋骨较完整；两侧股骨较完整，有部分胫骨，有两侧髌骨；少量手骨和足骨		女	31~34 岁
13	12 号南侧	无头骨；髋骨和骶骨较完整；右侧尺骨和部分腓骨仅存残段，而两侧股骨和两侧桡骨保存完整		女	24~26 岁
14	中南部	头骨较完整，仅枕骨大孔处略残破，下颌骨基本完整；有部分脊椎骨和肋骨；两侧肱骨、右侧桡骨和左侧尺骨仅存残段，而两侧股骨和两侧胫骨较完整；少量手骨和足骨	头向南，面向上	女	30 岁左右

续表

编号	墓内位置	人骨保存状况	头向与面向	性别	年龄
15	西南部	无头骨；有部分肩胛骨残段；部分脊椎骨和肋骨；髋骨较完整；尺骨、腓骨仅见残段，而两侧股骨和两侧胫骨较完整；少量手骨和足骨		女	27~28 岁
16	15 号南侧	头骨基本完整，仅右侧额骨、顶骨部分残破，下颌骨基本完整；有部分肩胛骨残段；部分脊椎骨和肋骨；骶骨较完整；肱骨、股骨、胫骨两侧保存较完整，还有左侧桡骨下端和部分腓骨残段；少量手骨和足骨	头向西南，面向上	女	20 岁左右
17	西南角，15 号南侧	无头骨；有少量肋骨；股骨、胫骨均两侧保存较完整；有两侧足骨		不详	成年

附录

晓坞遗址仰韶文化墓葬出土人骨的鉴定与初步研究

2007年，河南省文物考古研究所对河南省灵宝市晓坞遗址两座规模较大的合葬墓M1、M2进行了发掘，两座墓葬均属仰韶文化早期东庄类型。墓葬内的人骨资料为研究豫西地区仰韶早期人群体质特征提供了难得的资料。

一、性别、年龄分析

晓坞遗址M1、M2堆积浅，墓葬破坏严重，人骨保存状况欠佳，多数个体仅保存肢骨残段。在成年个体中，从耻骨联合面磨耗程度的形态观察所估计的耻龄比根据牙齿的磨耗程度估计的齿龄大约小10岁。与齿龄相比，耻龄更接近个体的真实年龄，因此M1、M2成年个体的年龄如果是齿龄，则减去10岁作为最后的修正年龄。

M1共鉴定个体79例，其中男性27例，占总数的34.18%，女性41例，占总数的51.9%。未成年个体9例，占总数的11.39%，2例成年个体性别不明。男、女性比为0.66∶1。M2鉴定个体17例，其中男性8例，女性6例，未成年个体2例，性别不明者1例。男、女性比为1.33∶1。

在黄河中下游地区以及华北地区新石器时代人群中，男、女性别比例不均衡，同处灵宝、同为仰韶文化的西坡遗址，男、女性比为2.3∶1[1]，大汶口文化的王因遗址为2.34∶1[2]，龙山时代的姜家梁遗址为1.49∶1[3]，反映了男性在新石器时代墓地的人口构成中远多于女性。晓坞遗址M1的性别比例比较特殊，女性所占人口比例很高，可能与墓葬遭到局部破坏、部分个体的性别鉴定只针对长骨进行观察、所得结果仅为一种倾向性有关。

晓坞遗址M1中个体的平均死亡年龄为23.09岁，其中女性为24.03岁，男性为29.24岁。M2中个体的平均死亡年龄是30岁，其中女性为26.8岁，男性为37.2岁。

从死亡年龄分布情况看，女性死亡的高峰期在青年期，占总数的41.46%。男性死亡在青年期、壮年期和中年期均有，没有显示出明显的高峰期。女性死于青年期的比例是男性的2.68倍，壮年期男性的死亡率略高于女性，中年期男性的死亡比例约是女性的两倍。未成年人死亡率约占总人口数量的11%。在所有个体中，无一例个体明显表明进入老年期。

二、头骨的形态观察和测量特征

晓坞遗址M1、M2采集到可供观察的头骨15例，其中男性8例，女性7例。

从形态特征观察，晓坞组男性颅形多为卵圆形，眉弓突度显著或特别显著，额坡度中等倾斜或倾斜。枕外隆突比较显著。眶形多圆角斜方形和椭圆形。鼻根凹陷较浅，仅一例较深，部分无鼻根凹陷。梨状孔多梨形，下缘多钝形，另有一定比例的鼻前窝型。鼻棘和犬齿窝不发达，有一例犬齿窝为深级。腭型多V形和椭圆形，腭圆枕嵴状稍多。矢状嵴多显著。颧骨较宽，方折明显。下颌多方形，下颌角外翻，多数个体无下颌圆枕。女性的眉弓弱，乳突较小，枕外隆突不发达，仅一例较显著。其余特征与男性相近。

从测量特征看，男性颅型以中颅型为主，虽有一例圆颅型，但在长、高和宽、高比例上仍为高颅结合狭颅。额宽指数显示多为中额型，眶指数以中眶型为主，鼻指数反映多中鼻型，腭指数中以中腭型居多，上面指数以狭上面型为主，面突指数反映面突程度为正颌型（图一至图九）。

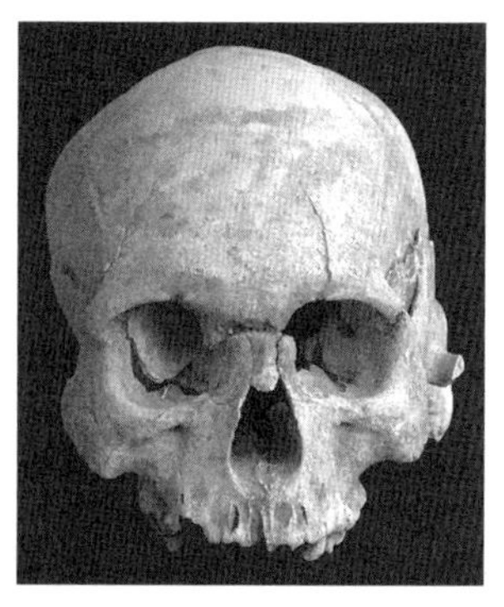
图一　头骨（M1：65）

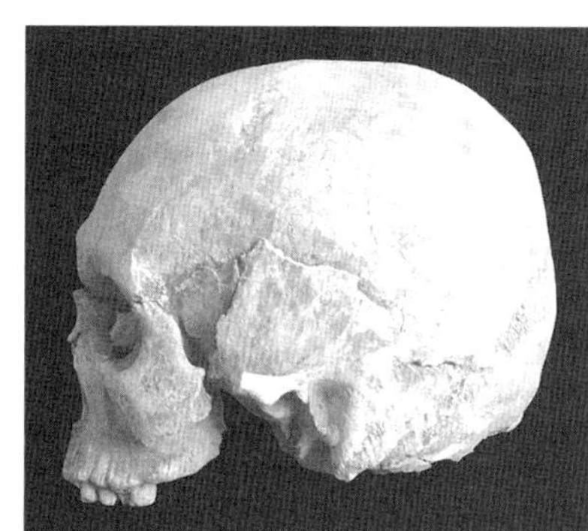
图二　头骨（M1：65）

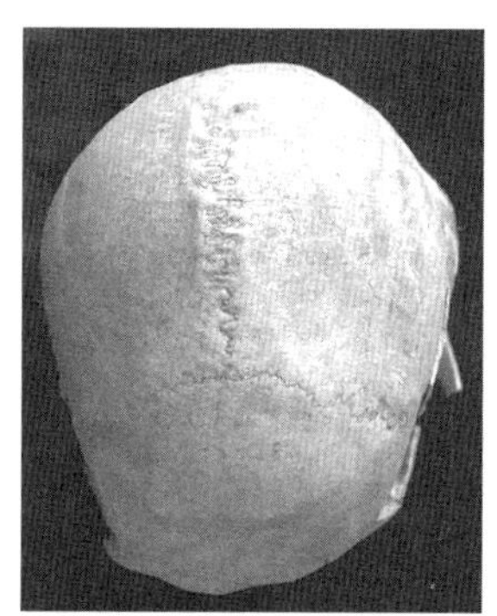
图三　头骨（M1：65）

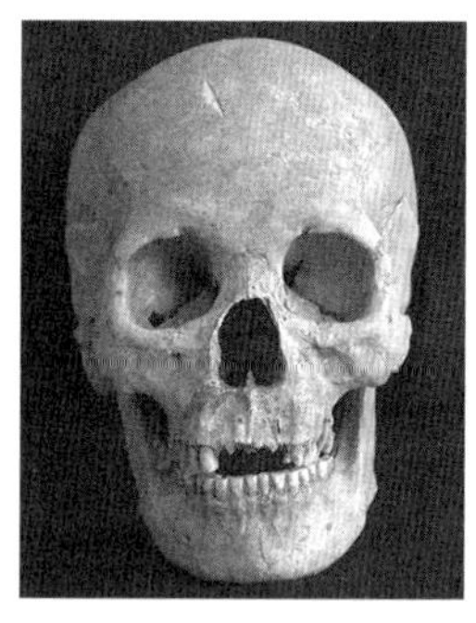
图四　头骨（M2：14）

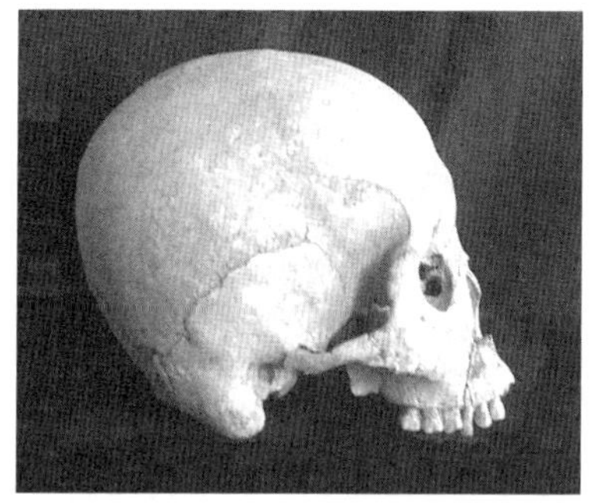
图五　头骨（M2：14）

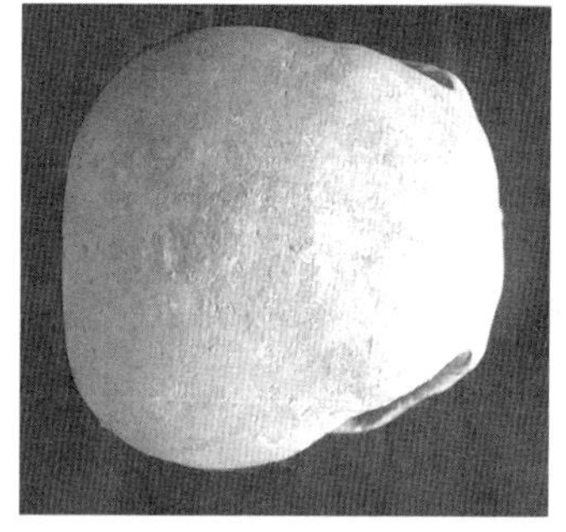
图六　头骨（M2：14）

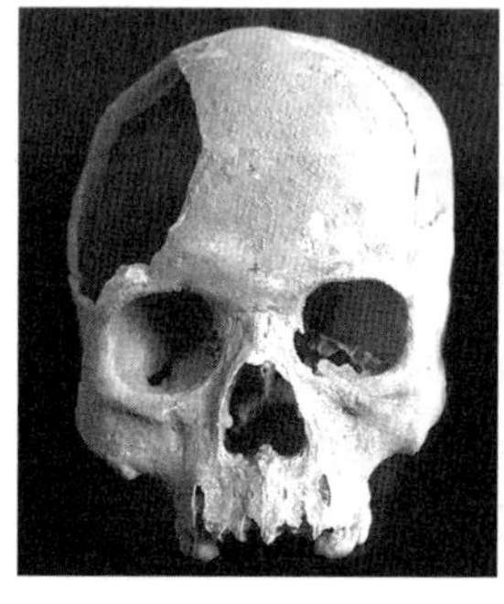
图七　头骨（M2：16）

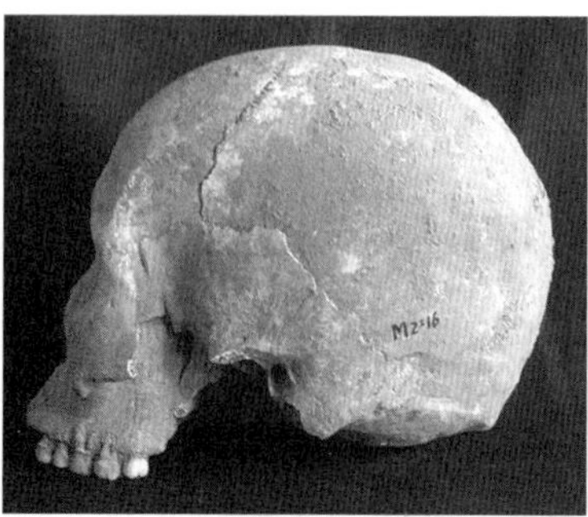

图八　头骨（M2：16）

图九　头骨（M2：16）

女性组多数特征与男性相仿，区别在于女性颅型偏短，但有一例长颅型。额型偏阔，眶型偏低。面突指数反映出的突颌程度明显。上面指数反映女性以中上面型为主。通常女性的眶型高于男性，额部也偏狭，晓坞组可能是由于所观察个体数量较少所造成的一种小样本现象。

综合以上特征，晓坞组居民的颅面部观察和测量性状反映出他们的体质特征应该归属于亚洲蒙古人种的范围。

三、头骨的种族类型

根据层位关系和采集的陶片，可以确定晓坞 M1、M2 的时代为仰韶文化早期。以下选择了 8 个新石器时代组与晓坞组进行对比研究。这 8 个组是福建闽侯昙石山组[4]、青海柳湾合并组[5]、陕西仰韶合并组[6]、桂林甑皮岩组[7]、河南庙底沟组[8]、山西陶寺组[9]、安徽尉迟寺组[10]、山东大汶口组[11]，具体数据见表一。昙石山组和甑皮岩组代表华南地区先秦时代居民，柳湾组代表黄河上游新石器时代居民，仰韶合并组和庙底沟组代表黄河中游仰韶时期的居民，陶寺组代表黄河中游早期龙山时代居民，尉迟寺组代表淮河流域新石器时代居民，大汶口组代表黄河下游大汶口文化居民。

表一　晓坞组与 8 个新石器组之间的比较（男性）（长度单位：毫米；角度：度；指数：%）

项目	晓坞组	昙石山组	柳湾合并组	仰韶合并组	甑皮岩组	庙底沟组	陶寺组	尉迟寺组	大汶口组
颅长	179.0	189.7	185.93	180.7	190.40	179.43	183.8	185.30	181.1
颅宽	141.0	139.2	136.41	142.56	138.80	143.75	139.7	137.4	145.7
颅高	147.0	141.3	139.38	142.53	140.00	143.17	142.7	144.5	142.9
颧宽	133.5	135.6	137.24	136.37	134.60	140.83	136.8	133.8	140.6
最小额宽	94.9	91	90.3	93.64	92.25	93.69	94.5	92.1	91.6
眶宽	43.3	42.2	43.87	43.41	43.13	41.00	44.8	42.6	42.8
眶高	33.2	33.8	34.27	33.48	35.80	32.42	32.8	35.3	35.1
鼻宽	25.7	29.5	27.26	27.56	27.80	27.31	27.2	27.7	27.5
鼻高	53.4	51.9	55.77	53.36	52.95	53.99	54.5	53.8	54.7
上面高	75.9	71.1	78.19	73.38	67.70	73.48	74.1	70.3	77.3
面角	87.0	81	89.21	81.39	83.50	85.75	84.9	85.8	83.6
颅指数	78.85	73.4	73.92	79.1	72.93	80.31	76.1	74.3	78.7
颅长高指数	82.01	73.8	74.74	78.62	73.53	77.64	77.4	79.2	78.2
颅宽高指数	103.16	99.5	100.96	99.41	100.86	99.47	101.2	104.8	97.5
上面指数	57.32	52.5	57.6	54.58	47.62	51.86	54.2	52.5	54.3
眶指数	76.67	80	78.46	77.18	79.38	77.71	76.3	82.8	81.9
鼻指数	48.23	57	49.09	52.08	52.50	50.15	49.5	51.5	49.5
鼻颧角	143.3	143.8	146.49	145.19	144.75	147.6	145.1	142.7	149.8

与各相关古代组比较，在颅形上，晓坞组的颅长较短，其颅长高指数和宽高指数较大，表现为偏短的中颅、高颅与狭颅相结合的特点，颅型与仰韶合并组、庙底沟组、陶寺组比较接近。

在面部形态上，晓坞组上面高略高，与上面高值较低的昙石山组、甑皮岩组和尉迟寺组差别较大，比较接近陶寺组和大汶口组。从上面指数看，晓坞组最接近面形偏长偏狭的柳湾组。鼻颧角能够反映上面部的扁平程度，晓坞组的上面部扁平度偏小，最接近尉迟寺组和昙石山组。其偏狭的中鼻型则最接近柳湾合并组、陶寺组和大汶口组。

统计学中的聚类分析手段可以更加直观地反映出各比较组之间的亲疏关系。下面利用 SPSS 11.5 统计分析软件，通过计算欧氏距离系数的结果，采用组间连接度量标准做出了晓坞组与其他 8 个新石器时代对比组的聚类图（图一〇）。这些组分为两类：仰韶合并组、陶寺组、庙底沟组、大汶口组、晓坞组和柳湾合并组为一类，昙石山组、甑皮岩组和尉迟寺组为一类。显示出晓坞组与仰韶合并组、陶寺组、庙底沟组、大汶口组人群的种系特征相对接近，与昙石山组、甑皮岩组和尉迟寺组的种系关系则相对疏远。需要说明的是，晓坞组虽然与柳湾组为一类，但是二者之间形态特征仍有显著的差异，前者偏窄的面部、偏短的颅形、偏小的水平方向面部的扁平度与柳湾组较宽的面部、较长的颅形和面部在水平方向上较大的扁平度差别明显，因此，它与柳湾组种系特征差别较大。

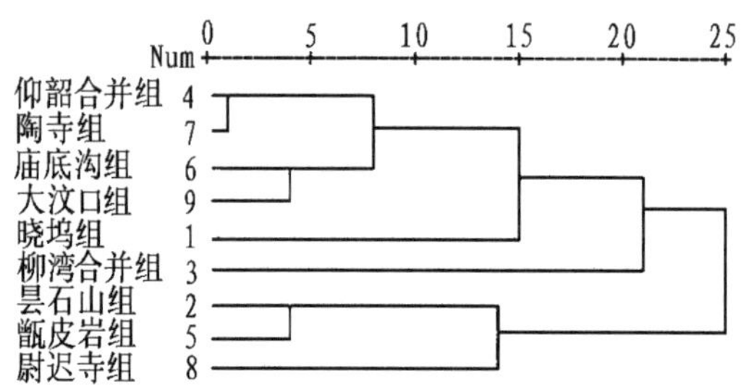

图一〇　晓坞组与 8 个新石器时代组聚类图

四、身高推测

晓坞 M1、M2 中采集的完整男性长骨有 6 例，女性长骨有 4 例。虽然资料少，但仍能对豫西地区仰韶早期居民的身高状况进行初步的了解。

本文计算男性的身高公式选择了 K · Pearson[12] 和邵象清的公式[13]，计算女性的身高公式则选用了 K · Pearson 和张继宗的公式[14]（表二；表三）。

表二　根据股骨、胫骨最大长推算的晓坞男性身高 （长度单位：厘米）

编号		股骨最大长	胫骨最大长	K · Pearson 公式		邵象清公式	
				股骨	胫骨	股骨	胫骨
M1 : 74	L	—	—	—	—	—	—
	R	43.0	35.0	162.15	161.82	163.78	163.11
M2 : 6	L	46.4	—	168.54	—	171.08	—
	R	46.0	38.6	167.79	170.38	170.74	171.82
M2 : 2	L	46.5	—	168.73	—	171.31	—

续表

编号		股骨最大长	胫骨最大长	K・Pearson 公式		邵象清公式	
				股骨	胫骨	股骨	胫骨
	R	47.0	39.0	169.67	171.33	172.46	171.92
M2：1	L	47.5	41.0	170.61	176.08	173.61	176.36
	R	47.5	—	170.61	—	174.21	—
M2：5	L	—	39.6	—	172.75	—	173.25
	R	—	39.8	—	173.23	—	174.05
M2：7	L	—	—	—	—	—	—
	R	—	38.5	—	170.14	—	171.09
两侧合计平均身高				168.35	170.82	171.03	171.66
平均身高				169.58		171.34	

表三　根据股骨、胫骨最大长推算的晓坞女性身高 （长度单位：厘米）

编号		股骨最大长	胫骨最大长	K・Pearson 公式		张继宗公式	
				股骨	胫骨	股骨	胫骨
M2：12	L	44.7	—	159.79	—	167.78	—
	R	450	—	160.37	—	169.77	—
M2：13	L	44.8	—	159.98	—	169.22	—
	R	44.5	—	159.40	—	168.39	—
M2：17	L	44.0	37.5	158.42	160.97	165.92	68.45
	R	43.6	—	157.65	—	165.92	—
Ml：53	L	—	—	—	—	—	—
	R	—	34.4	—	153.68	—	160.34
两侧合计平均身高				159.27	157.33	167.33	164.40
平均身高				158.78		166.60	

根据不同的公式计算，晓坞男性居民的平均身高在 169.58~171.34 厘米之间，女性居民的平均身高在 158.78~166.60 厘米之间。

五、口腔疾病

1. 龋齿

此次共观察了 39 例头骨标本，发现 5 例龋齿患者，占所观察标本总数的 12.82%。M1：28，下颌左侧 P_2 为龋齿，发生部位在颊侧齿颈处，齿冠大部分蚀去。属于深龋。上颌右侧 P^1 为龋齿，齿冠全部蚀去。M1：41，上颌左 M^1、M^2 为龋齿，发生部位在邻面以及齿冠咬合面上，齿颈处形成 7.3 毫米的蚀洞，为深龋。上颌右 M^2 为龋齿，龋面在远中面齿颈处，属中龋。M1：63，上颌左 M^3 为龋齿，发生部位遍及整个 M^3，齿冠几乎全部蚀去，为深龋。M2：14，下颌右 M_3 患龋齿，齿冠完全蚀去，属深龋（图一一）。M2：16，下颌左 M_1 为龋齿，齿冠几乎全部蚀去。右 M_2 为龋齿，龋面在咬合面近颊侧一端，属于中龋。

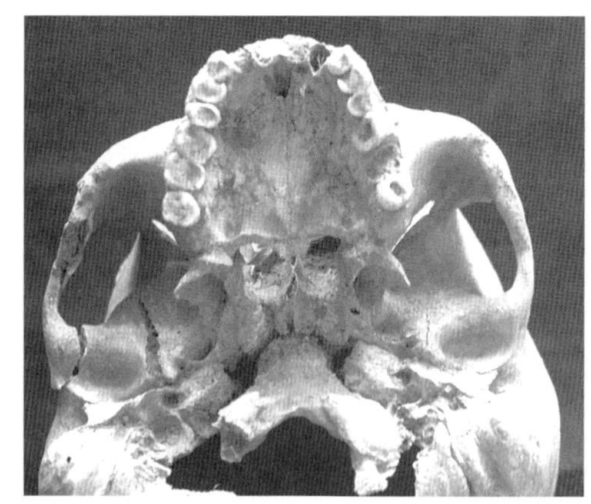

图一一　龋齿及牙周病（M2：14）

以上龋齿发生部位在颊舌侧齿颈处、近远中邻面以及齿冠咬合面上。这 5 例患者均为女性，反映出晓坞遗址女性龋齿发生率明显高于男性。

统计龋齿的发生率对于了解史前居民龋齿与经济类型的关系具有重要的参考价值。此次共观察了 104 颗恒齿，其中 9 颗恒齿患龋病，晓坞居民的龋齿发生率是 8.65%。美国体质人类学家研究统计，采集—狩猎经济的人群龋齿发生率为 0~5.3%（平均 1.3%），混合经济居民为 0.44%~10.3%（平均 4.8%），农业型经济的居民是 2.1%~26.9%（平均 8.6%）[15]。从晓坞居民的龋齿发生率看，该人群的经济类型更可能属于农业型经济。

2. 牙周病

晓坞组中，患牙周病的个体有 2 例，占所观察标本总数的 5.13%。M1：58，牙周炎部位在上颌骨上，齿根暴露于齿槽外超过二分之一。M1：60，牙周炎症主要分布在上、下颌骨上，下颌左 M_1、右 M_1、M_2 已脱落，齿槽窝完全闭合。

3. 根尖脓肿

晓坞组患根尖脓肿的个体较多，共 7 例，占所观察标本总数的 17.95%。M1：14，下颌左 P_1、P_2 患齿槽脓肿，齿槽窝内凹凸不平（图一二）。M1：30，下颌右 M_2 患根尖脓肿，在齿槽面形成一个直径 7.5 毫米的蚀洞。M1：34，上颌左 I^1 患根尖脓肿，蚀洞将上颌骨的硬腭部分穿透。M1：47，下颌左侧 P_1 患根尖脓肿，在齿槽面颊侧形成直径 8.4 毫米的蚀洞。M1：60，下颌右侧 C 患根尖脓肿，在唇面形成一个直径 7 毫米的蚀洞。M1：62，下颌左 P_2 患根尖脓肿，在颊侧成为一个圆钝的直径 8 毫米的蚀洞。M2：14，上颌左 M^1 患根尖脓肿，在齿槽面颊侧形成小的圆形蚀洞（图一一）。

图一二　根尖脓肿（M1：14）

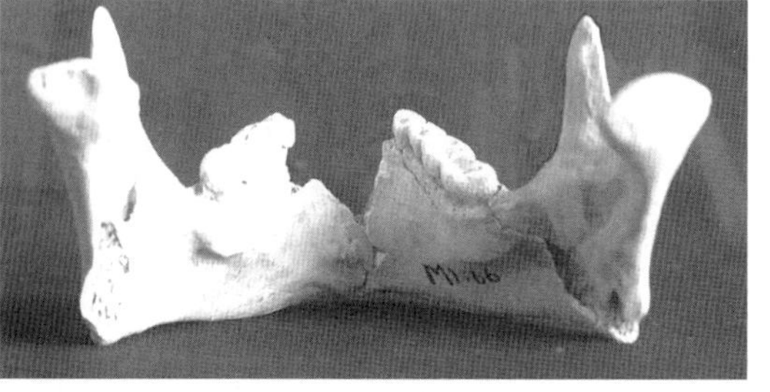

图一三　髁突关节异常（M1：66）

以上根尖脓肿患者中，有 4 例女性，3 例男性，表明牙周病罹患率性别差异不明显。

4. 原因不明的疾病

M1：66，髁突形态异常，下颌骨左侧髁突本应为光滑关节面的部分凹凸不平，有一小的凹陷（图一三）。

5. 牙齿错位、阻生

M1：52，下颌右 M_1 阻生，由颊侧向舌侧方向阻生。

六、小结

通过对晓坞遗址 M1、M2 出土的人骨进行形态观察、测量和比较，可以得出以下几点初步认识。

1. M1 可鉴定的人骨标本性别明确者 68 例，其中男性个体 27 例，女性个体 41 例。年龄段明确者 79 例，其中男性个体 22 例，女性个体 34 例，其余性别不能确定。男、女性别比为 0.659：1。M2 性别明确者 14 例，其中男性个体 8 例，女性个体 6 例，年龄段明确者男、女各有 5 例。遗址中女性死亡年龄段主要集中在青年期，男性则集中在壮年期和中年期。

2. 通过形态观察和测量分析，晓坞组颅骨的形态特征为具有偏短的中颅—高颅配合狭颅，高且偏狭的面宽，低眶型，偏狭的中鼻型，中等偏小的上面部扁平度，简单的颅顶缝，弱的犬齿窝和鼻根凹陷，很小的鼻突出度，低矮的鼻前棘，高而宽的颧骨，方折明显的颧骨上颌骨下缘转折，较显著的矢状嵴等。这些特征在亚洲蒙古人种中出现率较高。

3. 通过计算晓坞组与 8 个新石器时代组之间的欧式距离系数，可以看出晓坞组与陶寺组、仰韶合并组关系较近。

4. 用 K・Pearson、邵象清和张继宗的公式推算晓坞男性身高在 169.58~171.34 厘米之间，女性平均身高在 158.78~166.60 厘米之间，属于中等偏高的身材。

5. 该组居民中，龋齿、牙周病和根尖脓肿等口腔疾患有一定的发病率，其中龋齿的发病率处于农业型经济的范围内。

注释：

［1］王明辉：《人骨综合研究》，见《灵宝西坡墓地》，文物出版社，2010 年。

［2］王仁湘：《我国新石器时代人口性别构成再研究》，见《考古求知集》，中国社会科学出版社，1997 年。

［3］李法军：《河北阳原姜家梁新石器时代遗址人口寿命研究》，《中山大学学报（社会科学版）》2006 年第 1 期。

［4］韩康信、张振标、曾凡：《闽侯昙石山遗址的人骨》，《考古学报》1976 年第 1 期。

［5］潘其风、韩康信：《柳湾墓地的人骨研究》，见《青海柳湾：乐都柳湾原始社会墓地》，文物出版社，1984 年。

[6] a. 颜訚、吴新智、刘昌芝等:《西安半坡人骨的研究》,《考古》1960年第9期。

b. 颜訚、刘昌芝、顾玉珉:《宝鸡新石器时代人骨的研究报告》,《古脊椎动物与古人类》1960年第1期。

c. 颜訚:《华县新石器时代人骨的研究》,《考古学报》1962年第2期。

d. 考古研究所体质人类学组:《陕西华阴横阵的仰韶文化人骨》,《考古》1977年第4期。

以上四组同属仰韶文化，体质特征基本一致，所以称为仰韶合并组。

[7] 王明辉:《体质特征》，见《桂林甑皮岩》，文物出版社，2003年。

[8] 韩康信、潘其风:《陕县庙底沟二期文化墓葬人骨的研究》,《考古学报》1979年第2期。

[9] 潘其风:《我国青铜时代居民人种类型的分布和演变趋势：兼论夏商周三族的起源》，见《庆祝苏秉琦考古五十五年文集》，文物出版社，1989年。

[10] 张君、韩康信:《尉迟寺新石器时代墓地人骨的观察与鉴定》,《人类学学报》1998年第1期。

[11] 颜訚:《大汶口新石器时代人骨的研究报告》,《考古学报》1972年第1期。

[12] 张君:《河南商丘潘庙古代人骨种系研究》，见《考古求知集》，中国社会科学出版社，1997年。

[13] 邵象清:《人体测量手册》，上海辞书出版社，1985年。

[14] 张继宗:《中国汉族女性长骨推断身高的研究》,《人类学学报》2001年第4期。

[15] Barbara Li Smith, *Die, Health and Lifestyle in Neolithic North China*, Dr. Dissertation, Harvard University, 2005. 本文转引自注释1。

图版一

1. M1（西→东）

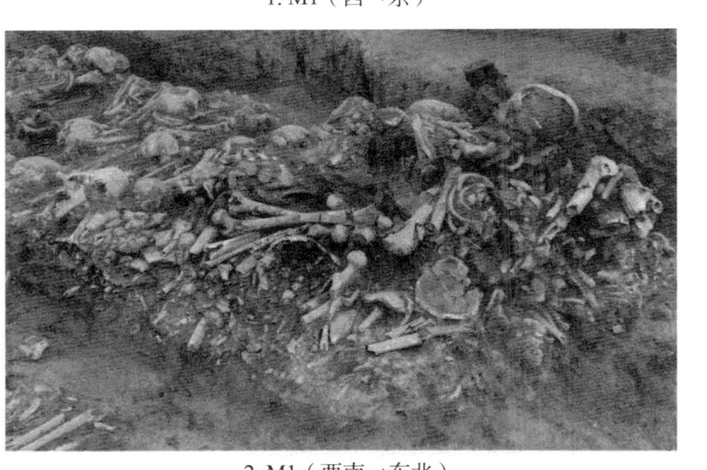

2. M1（西南→东北）

3. M1（东北→西南）

4. M1 东北角（北→南）

河南灵宝市晓坞遗址仰韶文化遗存

图版二

1. M2（西→东）

2. M2（北→南）

河南灵宝市晓坞遗址仰韶文化遗存

河南三门峡市庙底沟遗址仰韶文化 H9 发掘简报

◎河南省文物考古研究所

庙底沟遗址位于河南省三门峡市西南部的湖滨区韩庄村，2001 年被公布为全国重点文物保护单位。遗址位于流入黄河的青龙涧河和苍龙涧河之间的黄土塬上，处于青龙涧河下游左岸二级阶地的前缘（图一）。这里地势较平坦，西北距黄河仅约 1 公里。这一带分布有较多新石器时代遗址，如三里桥遗址、李家窑遗址等。

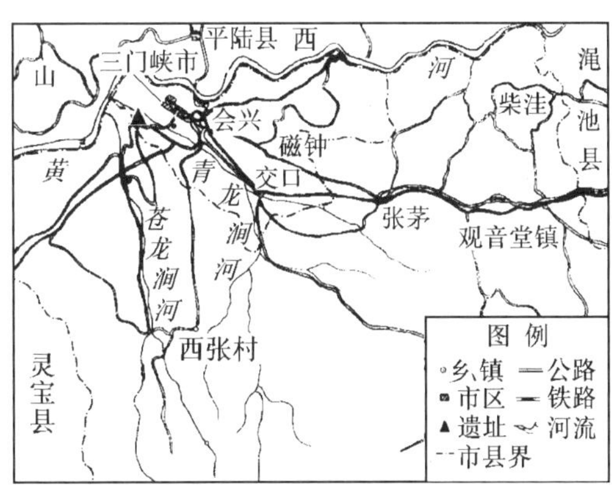

图一　遗址位置示意图

1956—1957 年，为配合黄河三门峡水利枢纽工程的建设，文化部和中国科学院考古研究所

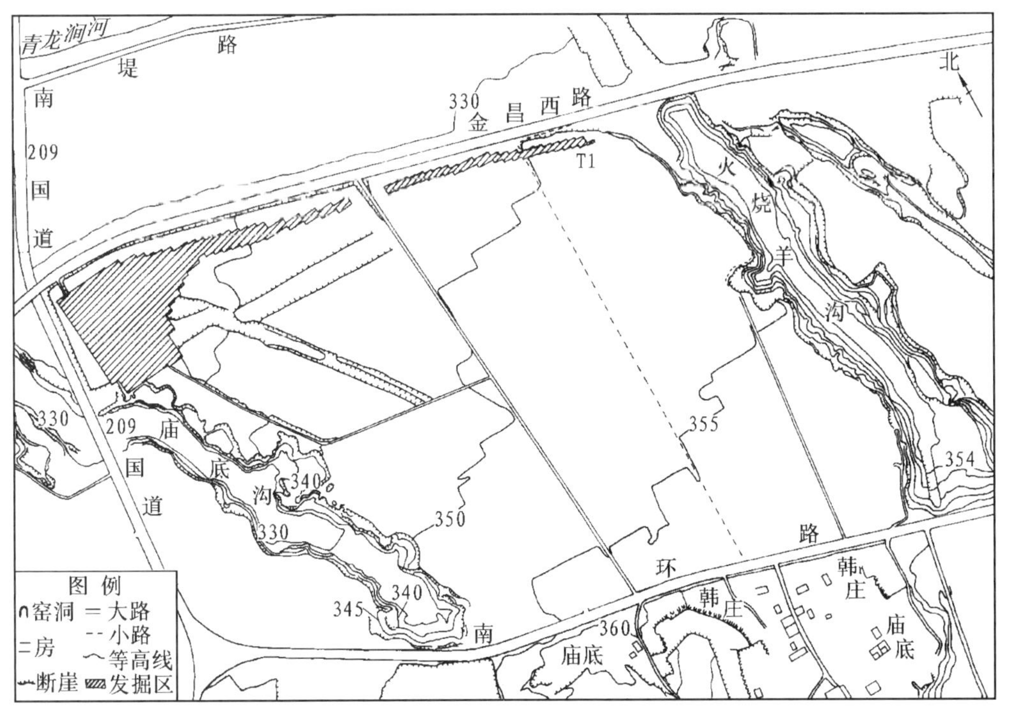

图二　遗址发掘区位置图

组成的黄河水库考古工作队，对庙底沟遗址开展了第一次大规模的发掘工作，揭露面积 4480 平方米，发现了仰韶文化庙底沟类型和庙底沟二期文化，并出版了《庙底沟与三里桥》一书。

2002 年 5 月，为配合 310 国道工程，在报请国家文物局批准后，河南省文物考古研究所会同三门峡市文物考古研究所、郑州大学考古专业等单位对庙底沟遗址进行了又一次大规模的抢救性发掘。这次发掘共开 10 米 ×10 米的探方 200 个，发掘面积 24000 平方米，发现仰韶文化庙底沟类型、西王村类型及庙底沟二期文化等时期的灰坑和窖穴 900 余座、陶窑 20 余座，保存完好的房址 10 余座、壕沟 3 条、墓葬 1 座，出土了一大批具有重要价值的实物资料。

这次发掘的探方是在道路工程的范围内布设，自西向东，由宽及窄（图二）。在 T1 内发现了 1 座仰韶文化时期的灰坑（编号为 02SHMT1H9，简称 H9）。该灰坑结构规整，出土遗物丰富，仅复原陶器就有 100 余件，其中不乏精品彩陶。现将 H9 的发掘情况介绍如下。

一、H9 概况及地层堆积

H9 位于 T1 的东北角，被近代沟和 H2 打破，打破 H11（图三）。

T1 位于这次发掘区的最东端，也是庙底沟遗址的东部边缘，向东不远就是青龙涧河的直流此龙沟。由于历年平整土地，加之发掘地带位于遗址的边缘地区，所以文化堆积破坏较严重，整个探方内没有发现早期文化层。现以 T1 东壁剖面为例介绍地层如下（图四）。

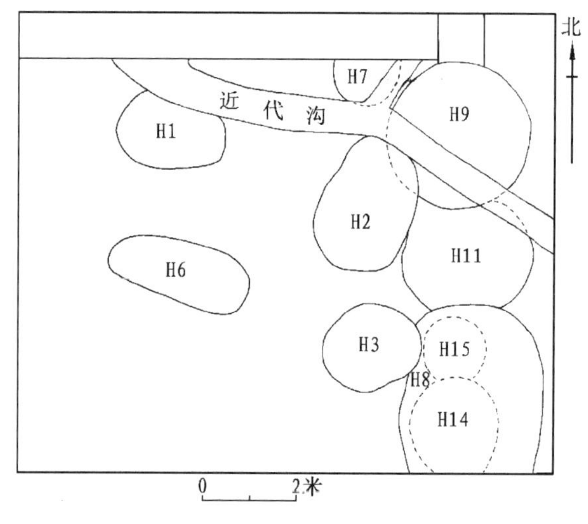

图三　T1 平面图

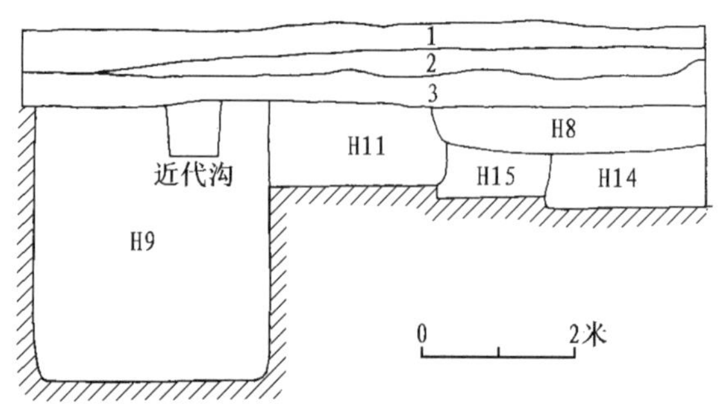

图四　T1 东壁剖面图

1. 耕土层　2. 黄灰色花土　3. 浅灰色土

第 1 层：耕土层。厚 0.3~0.5 米。深黄色土，土质细腻松散。包含物有少量石块、现代瓷片及早期瓷片。该层遍布全探方。

第 2 层：黄灰色花土。厚 0.15~0.5 米。土质松散。内含少量近代瓷片、石块及早期碎陶片。该层堆积南部较薄，西北渐厚，在探方东北部无此层堆积。

第 3 层：浅灰色土。厚 0.3~0.5 米。土质较松散。内含少量瓦片、炉渣、石灰颗粒及早期陶片。该层分布全探方，自南而北渐次呈斜坡状堆积。第 3 层下有一近代沟及仰韶文化时期 H8、H9 和 H11，H8 和 H11 之下有 H14 和 H15。

第 3 层之下为生土。

H9坑口平面呈椭圆形，直壁，平底，坑壁规整。坑口南北长径3.2、东西短径3.1、坑深3.6米。坑内填土分两层：上层填灰色土，土质较松散，内含少量红烧土颗粒、石块及大量陶片；下层亦填灰色土，但内含有小黄土粒，结构较上层更为松散。包含有红烧土块、少量石块及丰富的陶片（图五）。

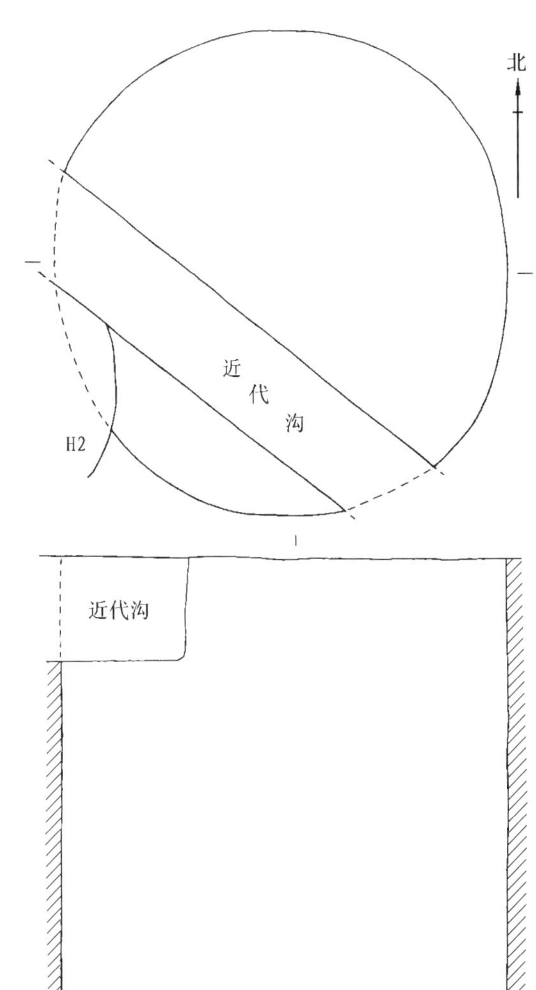

图五　H9平、剖面图

二、出土遗物

H9出土丰富的陶器，另有石器、石块、兽骨和少量骨器。

（一）陶器

陶质有泥质和夹砂两类。泥质陶又可分为一般泥质和细泥质两种，前者主要是彩陶以外的盆、钵、碗、瓮、小口瓶等，后者的陶土有所选择并经淘洗，质地十分细腻，杂质极少，烧成温度较高，主要有彩陶盆、钵等。夹砂陶也有夹粗砂和夹细砂之分，器类有瓮、灶、器盖、小杯及各种罐。

陶色有红、黄、深灰、浅灰、红褐、黑褐等，以红陶为大宗，红陶在泥质与夹砂陶中均占主导地位，且见于各种器类。红褐陶和黑褐陶次之，再次为浅灰色陶。浅灰色陶多为泥质器类。黄陶数量较少，实则为淡红陶，应为红陶脱色的变异，也常见于泥质器类，且多为彩陶。基本不见黑陶，有少量接近黑色的深灰陶。

H9出土陶器有一定数量的素面陶和磨光陶。纹饰以线纹为主，可分为泥质陶中的细线纹和夹砂陶中的粗线纹（近似绳纹），前者多见于小口瓶的器身，后者多见于夹砂罐的器表。其次为附加堆纹，另有少量的凹弦纹和篮纹，线纹和篮纹以及线纹和凹弦纹的复合纹饰也占相当大的比例。

陶器的制作以泥条盘筑法为主，部分器物的内部能看出明显的盘筑痕迹，绝大多数器物都经慢轮修整，因而器形规整，陶胎匀厚。夹砂小罐、小杯、器盖及部分器物的鋬耳、捉手等则捏塑而成。

器类较多，有彩陶盆、钵、罐、壶，泥质盆、钵、小口尖底瓶、平底瓶、甑、瓮，夹砂罐、器盖、杯、釜、灶、鼎、缸等。常见器座的器类有盆、钵、罐、小口尖底瓶、器盖等，另有陶环等饰品。

1. 泥质陶　分彩陶和素面陶两类

彩陶　数量很多，器类有钵、盆、罐等。色彩以黑彩为主，其次为褐彩，另有少量白彩、白衣彩、黄衣彩和红衣彩，还有极少量陶器通体施红陶衣。饰彩部位有器物唇部、上腹部及盆口沿，有极少量器物内部涂红彩，也见通体施彩者。彩陶图案主要有垂弧纹、窄带纹、凸弧纹、弧边三角纹、对三角纹、互字纹、圆点纹、网状纹、花瓣纹等。一种图案单独出现的很少，多复合图案，常见的为垂弧纹、弧边三角纹、窄带纹和圆点纹组成的复合图案，多见于钵上。另有圆点纹、弧边三角纹、勾叶纹、斜线纹组成的回旋勾连纹，常见于盆上。

钵　110 件。复原最多的器物。主要为红陶，其次为黄陶。这类器物的陶土多经淘洗，烧制温度较高，质地坚硬，器形规整，纹饰精美，一般通体磨光，复原器物的图案没有完全相同的。依据器物大小分两型。

A 型：15 件。器形较大，口径均在 30 厘米以上，高多超过 20 厘米。敛口，鼓腹，小平底。H9：46，浅黄陶。由于胎土细腻发白，所以通体磨光后有饰白衣之感。厚圆唇，上下腹交接处横置鸡冠状鋬，鋬面按窝内有清晰的布纹。唇部饰褐彩窄带纹一周，上腹用褐彩绘上下相对的垂弧纹和凸弧纹一周，其间有六组对顶的弧边三角纹，相邻的三角纹首尾相连且连接处以圆点纹点缀，从而使连接部位形成圆形白底图案，中间两条短平行线纹连接两边的弧边三角纹。口径 35、底径 13.8、高 19.5 厘米（图六，2；图版一，3）。H9：82，红陶，部分器表泛青灰色。方圆唇，上腹圆。上腹横置鸡冠状鋬，鋬面按窝内布纹明显。通体磨光，唇部饰一周红褐彩，口外有一周红褐彩绘的连续的窄垂弧纹，其下有几组弧边三角纹、对顶弧边三角纹和相向的侧弧纹，间以单弧线、平行弧线及圆点相连。这种大面积饰红褐彩的器物在庙底沟遗址中不多见。口径 33、底径 12.2、高 22.4 厘米（图六，1；图版三，3）。

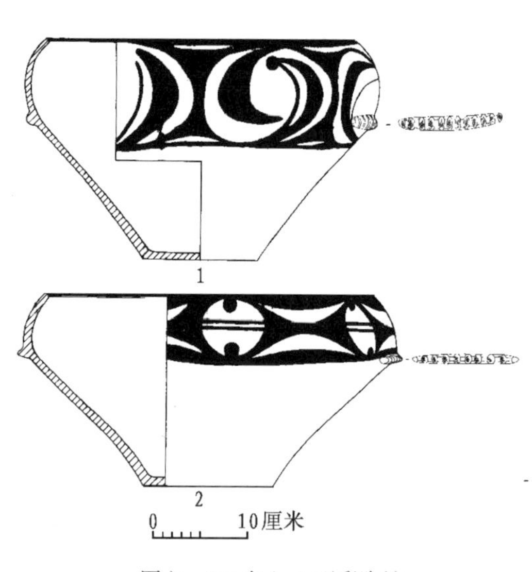

图六　H9 出土 A 型彩陶钵
1. H9：82　2. H9：46

B 型：95 件。器物较小，最大口径在 25 厘米以下，高在 10 厘米以下，胎壁较薄。依口、腹的不同分三个亚型。

Ba 型：36 件。敛口，曲腹，上、下腹转折较缓。H9：12，红陶。敛口，尖圆唇。唇部及上下腹连接处绘一周黑彩，中间饰四组垂弧纹、侧弧纹、双弧线饰及圆点构成的图案，侧弧纹较为纤细，双弧线相对细长。口径 23、底径 8.8、高 9.8 厘米（图七，4；图版六，1）。H9：30，红陶。口微敛，尖圆唇。通体施红彩衣，唇下饰一周黑彩窄带纹。口径 13.2、底径

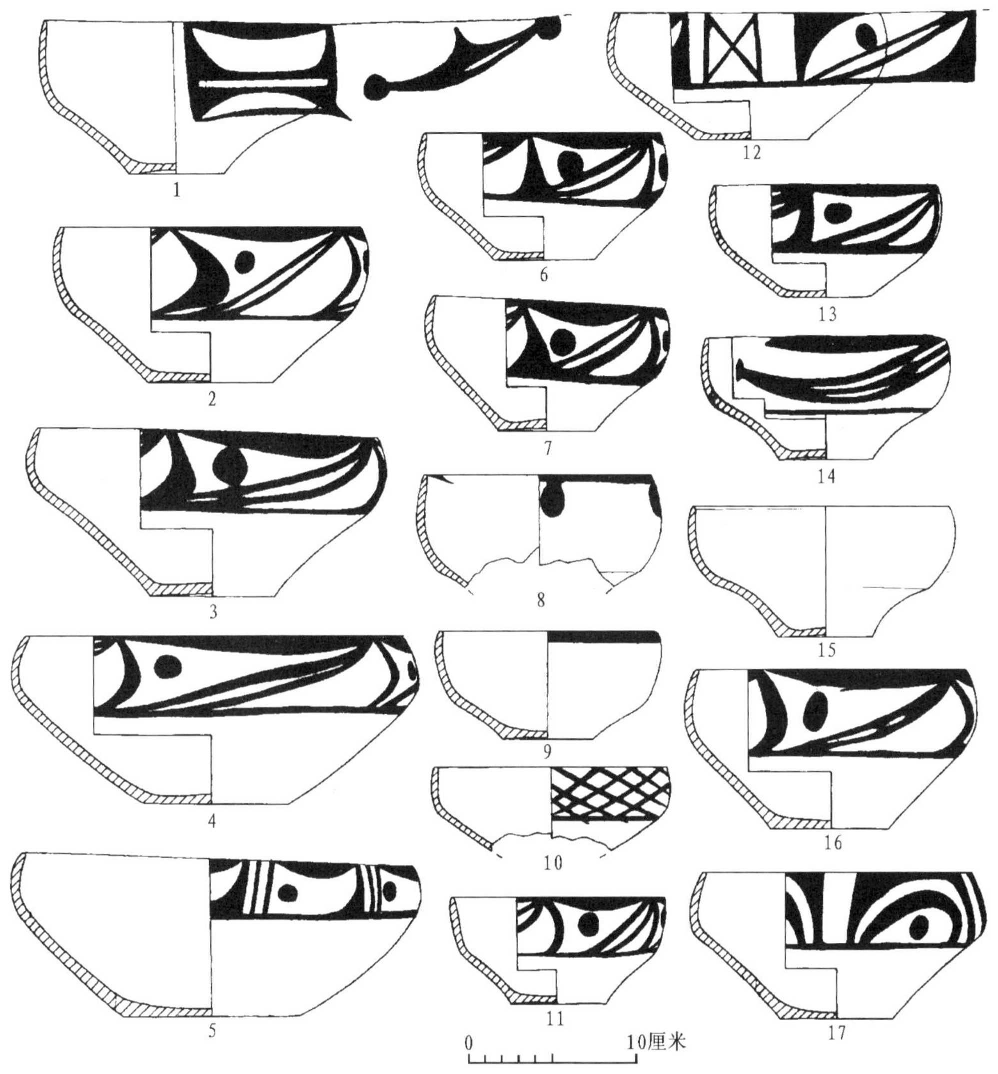

图七　H9出土陶钵

1. Bb型（H9：31） 2. Ba型（H9：86） 3. Ba型（H9：88） 4. Ba型（H9：12）
5. Ba型（H9：76） 6. Bb型（H9：19） 7. Bb型（H9：90） 8. Bb型（H9：209）
9. Ba型（H9：30） 10. Bb型（H9：177） 11. Bb型（H9：13） 12. Ba型（H9：83）
13. Ba型（H9：77） 14. Bb型（H9：14） 15. Bb型（H9：18） 16. Ba型（H9：87） 17. Ba型（H9：91）

5.5、高6.4厘米（图七，9）。H9：76，红陶。尖圆唇，曲腹较弧，形体扁矮。唇部及腹部各饰一周黑彩窄带纹，其间用黑彩绘六个单元的图案，每个单元都由中间的垂弧纹、一直角弧边三角纹和一个圆点纹组成，垂弧纹相接处饰两条短直线将各单元隔开。口径23.8、底径10.6、高9.2厘米（图七，5；图版一，4）。H9：77，红陶。尖圆唇。唇部及曲腹处各饰一周黑彩窄带纹，中间饰四组垂弧纹、侧弧纹、双弧线纹及圆点纹组成的图案。口径13.8、底径5.8、高6.6厘米（图七，13；图版三，1）。H9：83，浅黄陶。口微敛，圆唇。通体磨光，唇部及曲腹处饰红褐彩窄带纹一周，中间用红褐彩绘弧边三角纹、双弧线纹加圆点以及对顶三角纹组成的图案。口径16.4、底径6.8、高7.8厘米（图七，12；图版三，4）。H9：86，浅黄陶。尖唇，上腹较弧。唇部及唇下部以褐彩绘垂弧纹，垂弧纹连接处引出侧弧纹及双弧纹，侧弧纹外侧点缀圆点。口径18.2、底径7.6、高9.2厘米（图七，2；图版二，4）。H9：87，红陶。尖圆唇。褐彩，图案与 H9：86 基本相同，只是画法较为粗糙。口径 16.8、底径 7.4、高 9.4 厘米（图七，16）。H9：88，红陶。圆唇，口敛较甚，上腹扁鼓，下腹急收。器表通体磨光，唇部及上腹用黑彩绘垂弧纹、侧弧纹、双弧纹及圆点纹。口径 20.6、底径 7.6、高 10 厘米（图七，3；图版二，3）。H9：91，浅黄陶。尖圆唇。通体磨光，唇部及上腹各饰一周黑彩窄带纹，腹部饰五组上下两层凸弧纹构成的图案，下层凸弧纹下饰一圆点。口径 16.6、底径 6.9、高 8.7 厘米（图七，17；图版二，1）。

Bb 型：42 件。口微敛，曲腹，上下腹转折及下腹内收较明显，小平底。H9：13，红陶。口近直，尖圆唇。唇部及折腹处饰黑彩窄带纹，其间用黑彩绘垂弧纹、双弧线纹、侧弧纹及圆点纹构成的图案。口径 14.1、底径 6、高 8 厘米（图七，11；图版四，3）。H9：14，浅黄陶。圆唇。通体磨光，唇部及折腹处各有一周黑彩窄带纹，腹部用黑彩绘首尾相交的三条弧线。口径 14.9、底径 5.9、高 7.3 厘米（图七，14；图版四，2）。H9：18，红陶。尖圆唇。通体磨光并施红色彩衣，唇部饰一周红彩。口径 15.9、底径 5.8、高 7.8 厘米（图七，15；图版四，5）。H9：19，浅黄陶。尖圆唇。通体磨光并施白色彩衣，唇及折腹处饰一周褐彩窄带纹，腹部有用褐彩绘的垂弧纹、侧弧纹、双弧线纹及圆点纹组成的图案。口径 14.5、底径 10.3、高 7.5 厘米（图七，6；图版四，6）。H9：31，红陶。口近直，上腹较直，下腹急收，小底内凹。通体磨光并施红色彩衣，唇部饰一周黑彩窄带纹，其下用黑彩绘两个单元的图案，每个单元都是由两部分组成：一部分是垂弧纹下有两个弧边三角纹，另一部分是由一个弧边三角纹和一条弧线纹组成，两端各有一个圆点。口径 17.4、底径 5.8、高 9.2 厘米（图七，1；图版一，6）。H9：90，浅黄陶。尖圆唇。器表磨光，通体施白陶衣，黑彩绘饰和 H9：19 相同。口径 14.1、底径 6、高 8 厘米（图七，7；图版二，2）。H9：177，黄陶。口微敛，尖圆唇。通体磨光，唇部及折腹处饰一周褐彩窄带纹，其间绘褐彩网状纹。口径 14、残高 5 厘米（图七，10）。H9：209，浅黄陶。口微敛，尖圆唇。通体磨光，唇部及口下饰一周黑彩窄带纹，其下饰一列椭圆形圆点纹。口径 15、残高 6.8 厘米（图七，8）。H9：15，黄陶。尖唇。唇部及折腹处饰黑彩窄带纹，腹部以黑彩绘垂弧纹、双弧线纹、侧弧纹及圆点纹。口径 13.2、底径 5.2、高 7.2 厘米（图版四，1）。H9：17，浅黄陶。尖圆唇。唇部及折腹处饰褐彩窄带纹，其间用褐彩绘垂弧纹、双弧线纹、侧弧纹及圆点构成的图案。口径 15.2、底径 5.4、高 9 厘米（图版四，4）。

Bc 型：17 件。多为直口，个别口微敛，腹微鼓。H9：16，浅黄陶。口微敛，弧腹较深。通体磨光，唇及口下用褐彩绘一周宽带纹，其下有五个褐彩圆点纹。口径 16.8、底径 6.6、高 9 厘米（图八，1；图版二，5）。H9：29，红陶。口微敛，尖圆唇。通体饰红彩。口径 14.8、底径 6.8、高 7.3 厘米（图八，6）。H9：49，红陶。直口，尖圆唇，腹较深。唇部饰一周黑彩窄带纹，口下用黑彩绘四条垂弧纹，其下饰弧边三角纹，再下是两周窄带纹，窄带纹上有四个圆点纹。口径 13.8、底径 6.2、高 8.4 厘米（图八，4）。H9：50，红陶。直口，尖圆唇。通体磨光，口部饰一周黑彩窄带纹，口下用黑彩绘三组单条弧线纹和一组双条弧线纹，其下饰弧边三角纹，再下为一周黑彩窄带纹及四个圆点纹。口径 14.5、底径 5.5、高 8 厘米（图八，5；图版三，5）。H9：80，黄陶。口微敛，圆唇。器表磨光。口下用褐彩绘一列垂弧纹，其下饰弧边三角纹和一周窄带纹。口径 14.5、底径 5.7、高 8.2 厘米（图八，7）。H9：84，红陶。直口，尖圆唇。唇部饰一周黑彩窄带纹，口下用黑彩饰一列垂弧纹，两垂弧相交处饰圆点纹，其下为一周黑彩窄带纹加圆点纹。口径 15.4、底径 8.6、高 7.6 厘米（图八，3；图版三，2）。H9：85，红陶。口微敛。通体磨光，唇部饰一周黑彩，口下用黑彩饰三条垂弧纹，其下饰弧边三角纹和一周窄带纹，窄带纹下有三个圆点纹。口径 18、底径 6.2、高 8.6 厘米（图八，2；图版二，6）。

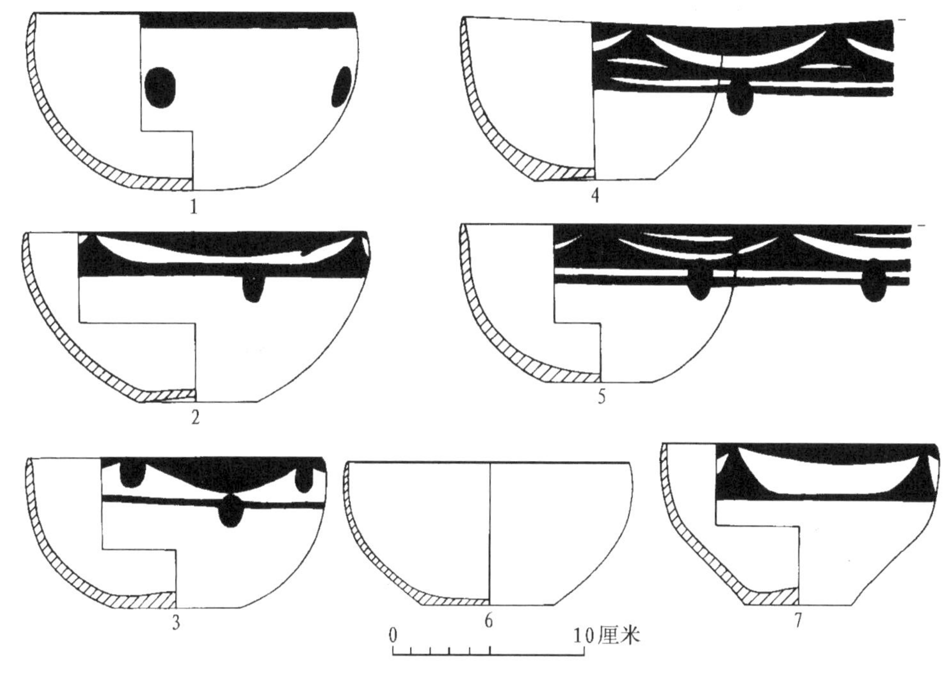

图八　H9 出土 Bc 型彩陶钵
1. H9：16　2. H9：85　3. H9：84　4. H9：49　5. H9：50　6. H9：29　7. H9：80

盆　87 件。多为红陶，其次为黄陶，另有少量黑褐陶，黄陶实际上就是浅红陶，而黑褐陶应是在烧制过程中未能完全氧化从而在陶器表面形成大面积的黑褐色。依腹部不同分三型。

A 型：35 件。侈口，斜折沿，个别平折沿，深曲腹。腹部均饰彩。依腹部不同分两亚型。

Aa 型：20 件。腹上部近直，腹径明显小于口径。H9：43，黄陶，部分器表泛青灰色。圆唇。唇部饰一周褐彩，腹部用褐彩绘上下相对的弧边三角纹，三角交汇处以圆点相连，其两侧均有侧弧纹、弧线纹和圆点纹。口径 27.6、底径 10.4、高 16.8 厘米（图九，1；图版一，5）。H9：44，红陶。厚方唇。通体磨光，唇部和沿面外侧绘褐彩窄带纹一周，腹部用褐彩绘一周由两个相同单元组成的图案，每个单元皆由两组相向的侧弧纹及两个斜交的弧边三角纹组成，中间饰由弧线相连的圆点纹。口径 33.6、底径 11.2、高 21.6 厘米（图九，2；图版三，6）。H9：47，红陶。厚圆唇。胎较厚。唇部满饰一周褐彩，腹部用褐彩绘三个相同图案的单元外加一个因饰彩时布局失误形成的图案，三个单元纹饰皆由两个相向的侧弧纹和一个“V”形弧线加圆点组成，附加的图案由一个侧弧线及两条平行弧线中间加圆点组成。口径 29.2、底径 11.6、高 16.3 厘米（图九，7；图版五，3）。H9：207，红陶。尖圆唇。器物表里均施一层浅黄泛青色的陶衣，沿面外侧及唇部满饰褐彩，腹部用黑彩绘对顶三角纹及侧弧纹加弧线纹，器内陶衣上有明显的慢轮修整痕迹并遗留有大片红彩。器内饰彩现象在庙底沟遗址彩陶中十分罕见，推测该盆应为调色盆。口径 33、残高 9.4 厘米（图九，5）。

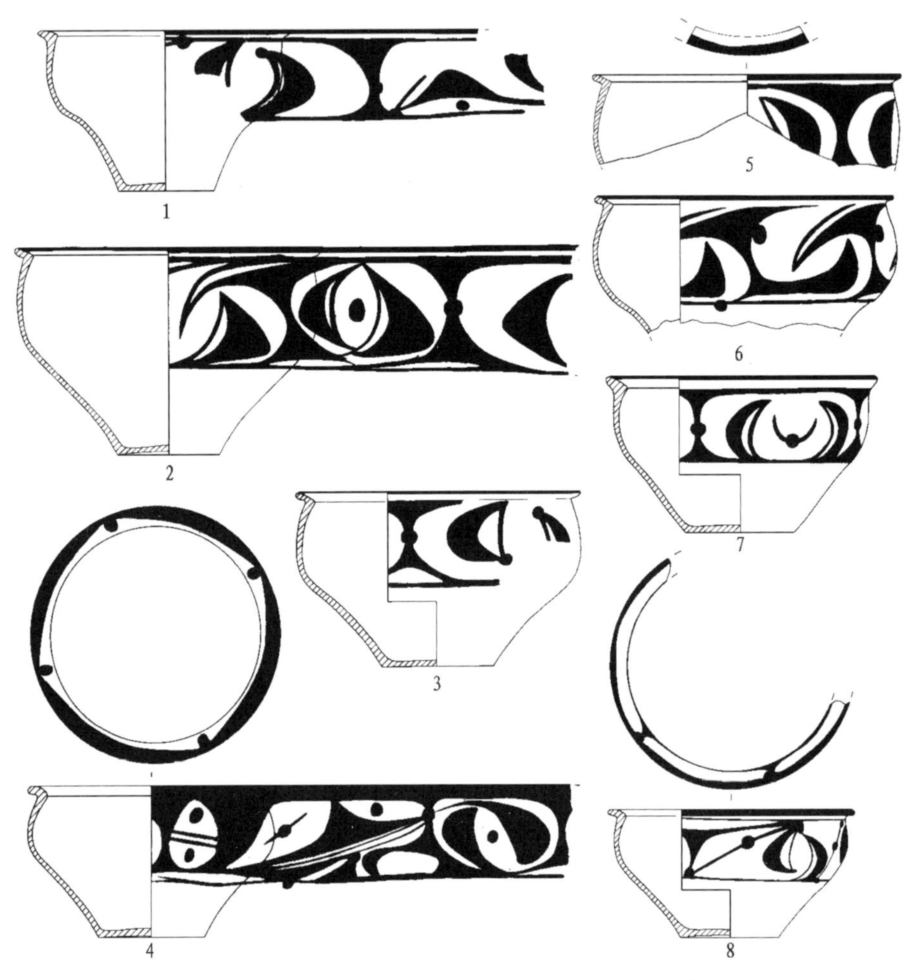

图九　H9 出土彩陶盆

1. Aa 型（H9：43） 2. Aa 型（H9：44） 3. Ab 型（H9：45） 4. Ab 型（H9：26） 5. Aa 型（H9：207） 6. Ab 型（H9：115） 7. Aa 型（H9：47） 8. Ab 型（H9：21）（4. 约 1／10，余 1／8）

Ab 型：15 件。上腹微鼓，腹径等同于或略小于口径，底稍大。H9：21，浅黄陶。尖圆唇，沿面微鼓。器表磨光。沿面内外各饰一周黑彩窄带纹，内窄外宽，其间伴有小弧线三角纹和圆点纹，腹部用黑彩绘相向的侧弧纹，弧边三角纹由纤细流畅的弧线圆点纹将各图案组合起来。口径 26.4、底径 10.4、高 13.4 厘米（图九，8；图版五，6）。H9：26，黄陶。沿面外翻，厚尖圆唇。沿面上用褐彩绘四条相连的垂弧纹，相接处有圆点纹，腹部以褐彩绘相向的侧弧纹，然后用单条和平行的弧线、圆点将几组图案结合起来，两侧有形体较大的弧边三角纹和圆点纹图案。口径 35.6、底径 15.6、高 21.1 厘米（图九，4；图版五，2）。H9：45，红陶。折沿，尖圆唇。唇饰一周黑彩，上腹用黑彩绘三组图案，其中两组相同，都是相向的侧弧线，侧弧纹内侧加一条弧线，左边侧弧纹下端有一圆点，右边侧弧纹上端饰一圆点，另一组图案为两个相向的侧弧纹。口径 30.6、底径 11.8、高 18.3 厘米（图九，3；图版五，5）。H9：115，红陶。厚圆唇。唇部口沿面外侧饰一周褐彩，上腹用褐彩绘五组相连的图案，图案都是由一对上大下小的对顶弧边三角纹加左侧一侧弧线纹组成，对顶三角纹上加一条弧线，右下边中部有一个圆点。口径 32、残高 14.4 厘米（图九，6）。

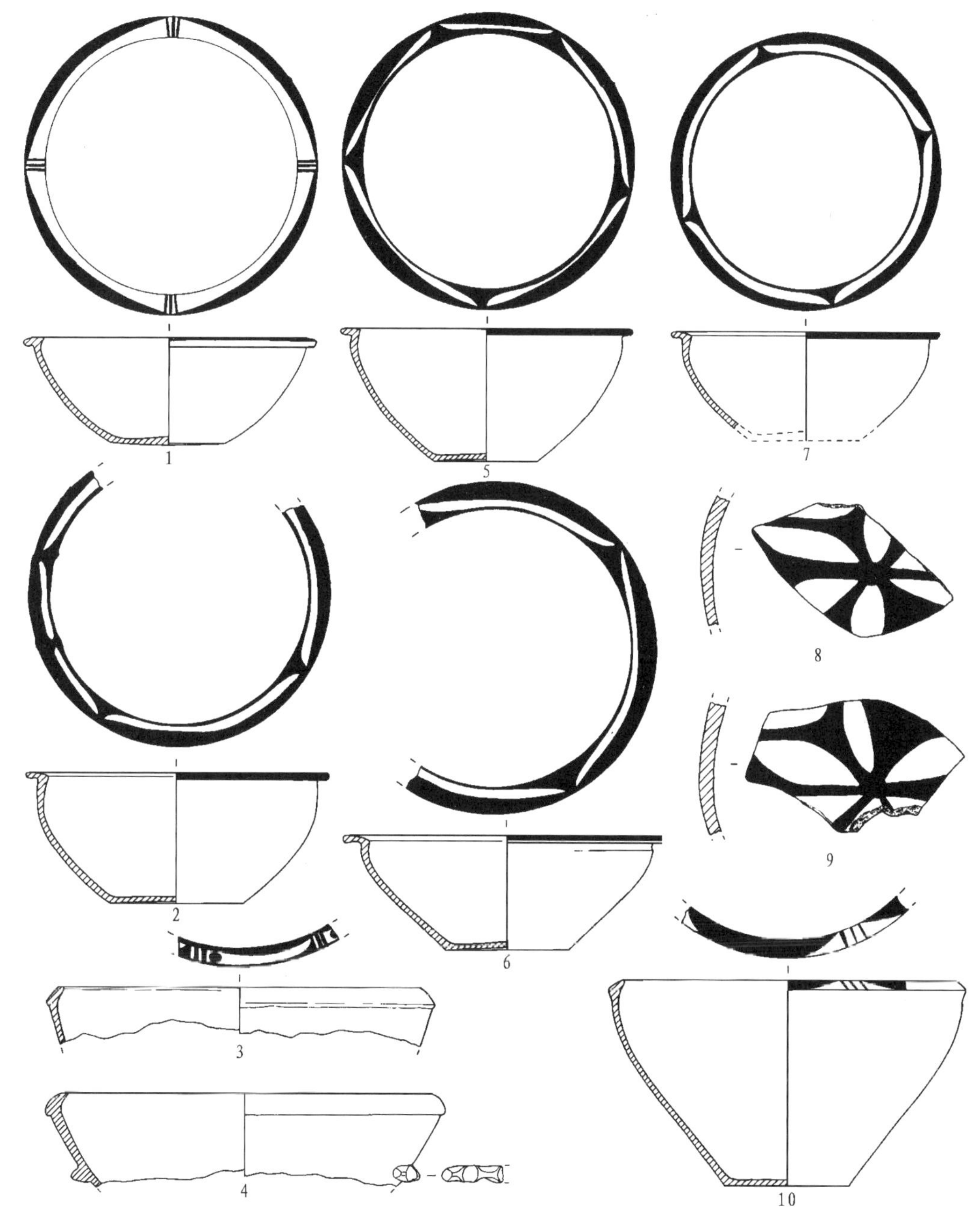

图一〇　H9 出土彩陶盆

1. B 型（H9：24）　2. B 型（H9：92）　3. C 型（H9：111）　4. C 型（H9：208）　5. B 型（H9：25）　6. B 型（H9：40）　7. B 型（H9：75）　8. 陶片（H9：187）　9. 陶片（H9：188）　10. C 型（H9：41）（8、9. 3/10，余约 1/7）

B 型：47 件。折沿近平，个别为斜折沿，敞口，浅腹，腹有浅斜腹和稍深弧腹两种。此型彩陶盆只在沿面上饰彩，腹部素面。H9：24，红陶。平折沿，内折棱凸出明显，浅斜腹。沿面磨光，唇面饰一周褐彩，沿面饰四条垂弧纹带，相交处饰三条直线。口径 28.8、底径 11.2、高

10.4 厘米（图一〇，1）。H9：25，红陶。平折沿，方圆唇，弧腹较深。沿面磨光，唇部以红彩和黑彩绘一周彩带，并用红彩和黑彩绘垂弧纹及弧边三角纹，两种纹饰的空白处用白彩勾勒出五条柳叶状的窄弧纹。口径 28.8、底径 10.2、高 12.8 厘米（图一〇，5）。H9：40，红陶。斜折沿，折棱处圆滑，厚方圆唇，斜腹较浅。器内、外壁均涂一层细黄泥浆并经磨光，唇面饰一周褐彩，沿面绘四条垂弧纹及弧边三角纹。口径 32.2、底径 12.2、高 11.2 厘米（图一〇，6）。H9：75，浅黄陶。折沿，沿面外卷，方圆唇，弧腹较浅。唇部饰一周窄带黑彩，沿面用黑彩绘垂弧纹和弧边三角纹，空白处有白彩绘的四条窄带纹。口径 26.8、底径 11.2、高 10.6 厘米（图一〇，7；图版一，1）。H9：92，浅黄陶。折沿近平，沿面微鼓，厚圆唇。唇部饰一周褐彩，沿面磨光似涂一层白衣并用褐彩绘垂弧纹及弧边三角纹。口径 30、底径 13.2、高 12.6 厘米（图一〇，2）。

C 型：5 件。敛口，唇外叠，斜腹较深。叠边部分绘彩。H9：41，黄陶。唇外叠不甚明显，尖圆唇，上腹微鼓，下腹内收。叠边上饰褐彩垂弧纹，相接处绘三条直线。口径 35.8、底径 12.6、高 20 厘米（图一〇，10）。H9：111，浅黄陶。圆唇外叠边下缘较厚，斜腹。唇及外叠沿面上有黑褐彩绘的垂弧纹及弧边三角纹，相交处饰两条直线及圆点纹。口径 38.8、残高 5.6 厘米（图一〇，3）。H9：208，红陶。尖圆唇，唇外叠，下缘较厚，斜腹。上腹横置泥条形錾，錾体按窝上有明显的手指印迹。外叠沿面上饰红、褐彩，图案不清，内壁有一层较厚的红彩，应为盛彩绘颜料的盆。口径 40、残高 9 厘米（图一〇，4）。

另有几块彩陶盆腹部残片，图案和其他陶盆不同。H9：187，红陶。器表磨光，黑褐彩绘圆点，四周为连续弧边三角纹，底纹为花瓣纹，但不是庙底沟遗址常见的五瓣花纹，而是极少见的六瓣纹（图一〇，8）。H9：188，黄陶。器表磨光，似涂一层浅黄衣，用黑彩绘出与 H9：187 一样的花瓣图案（图一〇，9）。

罐　4 件。均为红陶，饰黑彩或褐彩，口沿上都饰有一周窄带纹。依口、腹不同分三型。

A 型：1 件（H9：27）。侈口，折沿，沿面较宽且内面鼓，厚圆唇，腹较深，大平底。器表通体磨光，唇部饰一周褐彩，上腹部用褐彩绘连续的弧线三角和窄带纹，另有两组斜网状纹组成的长方形图案，其间有圆点纹。器物内部有明显的泥条盘筑痕迹。口径 22.8、底径 13.6、高 23.4 厘米（图一一，1；图版五，4）。

B 型：1 件（H9：113）。侈口，折沿，折沿处系剔掉一周内胎形成内叠形，沿面较宽，内面微凹，厚圆唇，上腹圆。唇部饰一周褐彩，口沿下饰两周褐彩带，腹部用褐彩饰一周连续的弧边三角纹，每两个相对的三角纹之间有两个上下排列的弧边三角纹，三角纹的顶部各绘一圆点，各单元间又以圆点隔开。口径 21.6、残高 13 厘米（图一一，4）。

C 型：2 件。微侈口，平折沿，沿面较窄，弧腹内收，小平底。H9：20，尖圆唇。唇部饰一周黑彩窄带纹，上腹部用黑彩绘连续的弧边三角纹，中间夹直线加圆点纹图案，共有五组，每组图案连接处以圆点相连。口径 17、底径 6.6、高 11 厘米（图一一，2；图版一，2）。

H9：180，口沿稍残，胎质极细腻。器表磨光，上腹部自口沿下以黑色窄带纹隔开，图案分两层，上层为一周排列整齐的“互”字纹，下层为网状纹、三角纹组成的图案，三角纹之间有短线，上下腹之间有一周黑彩窄带纹。残宽 8、残高 7.2 厘米（图一一，3；图版六，2）。

壶　1 件（H9：22）。黄陶。侈口，圆唇，高领，束颈，鼓腹，下腹内收，小平底。器表磨光，唇部饰一周褐彩，腹部用黑彩绘平行的窄带纹两周，其间饰成组的三角弧纹和斜线圆点纹。口径 11.4、底径 5.4、高 11.5 厘米（图一一，5；图版五，1）。

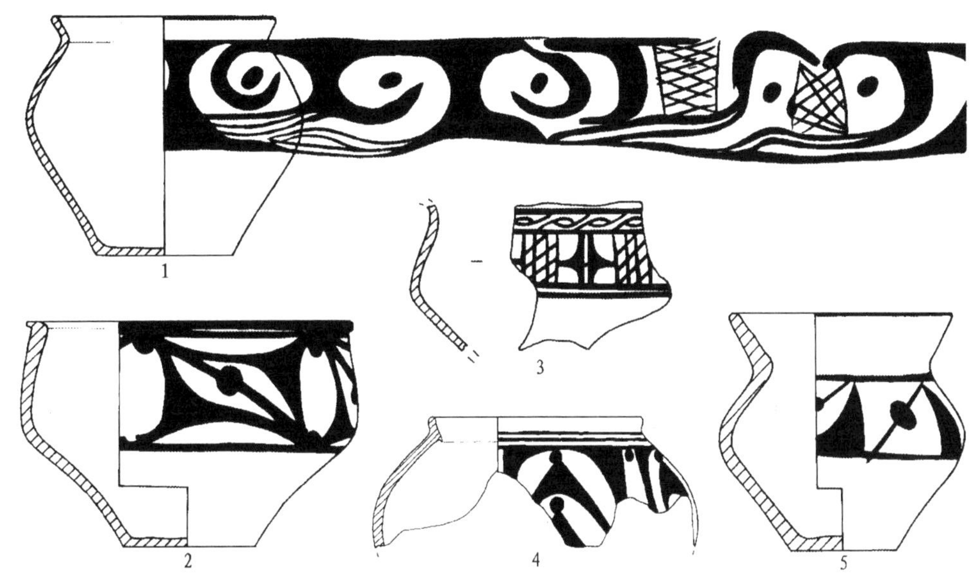

图一一　H9 出土彩陶器

1. A 型罐（H9：27） 2. C 型罐（H9：20） 3. C 型罐（H9：180）
4. B 型罐（H9：113） 5. 壶（H9：22）（1、4. 约 1/8，余约 1/4）

素面陶　器类有缸、小口瓶、盆、钵、器盖、器座、瓮、碗等。素面是与彩陶相比较而言，部分器物表面有篮纹。

小口瓶　49 件。以红陶为主，另有极少量黄陶。上下通体饰线纹，或先压印篮纹再饰线纹，不见单独饰篮纹者。有的在上腹部竖置对称的宽扁状桥形耳。皆系泥条盘筑法制成。没有复原器物，多为瓶口、器底及腹部残片，有尖底和平底两种，平底器一般较瘦，尖底器腹部鼓，体态修长。有口沿者依口部不同分三型。

A 型：39 件。环形口，束颈，鼓腹，多尖底。H9：105，红陶。圆唇，上、下环交接处无折棱但有一不太明显的凹槽，上环窄隆，下环宽平。颈以下饰左斜细线纹。口径 10、残高 10.8 厘米（图一二，10）。H9：112，黄陶。口较矮，厚圆唇，上、下环基本等宽，上环面凸起并外倾。两环面上有明显的轮旋痕迹，口部以下饰左斜线纹。口径 11.6、残高 10 厘米（图一二，7）。H9：127，红陶。厚圆唇，口部二环连为一体，交接处有一周窄凹槽，颈较长。口以下饰左斜线纹。口径 11.2、残高 12.6 厘米（图一二，11）。H9：137，红陶。口较矮，厚圆唇，口部上环窄平，下环宽斜。环面上轮旋痕迹明显，口以下饰左斜细线纹，线纹下压印有横篮纹。口径 10、残高 33.2 厘米（图一二，9）。H9：193，红陶。单环口，尖圆唇，束颈，中腹有对称的横向宽扁状桥形耳，下腹近底部残。口下饰左斜线纹。口径 3.8、残高 14 厘米（图一二，8）。H9：202，黄陶。单环口，厚圆唇，环面宽平。口下饰左斜篮纹。口径 10.4、残高 5 厘米（图一二，3）。H9：203，红陶。厚圆唇，上、下环等宽，上环凸起，下环面平，颈较长。口下饰交错线纹。口径 10.6、残高 6.6 厘米（图一二，4）。H9：230，黄陶。方圆唇，上环凸起外倾，下环窄平，直颈较长。口下饰左斜细线纹。口径 9.8、残高 7.8 厘米（图一二，6）。H9：231，红陶。厚圆唇，上、下环基本同宽，上环外倾，下环近平。口以下饰左斜线纹，并有抹痕。胎较厚。口径 10、残高 6.8 厘米（图一二，2）。H9：232，红陶。厚圆唇，上、下环连为一体，上环面宽而凸起，下环窄平。口以下饰左斜篮纹。口径 9.5、残高 7.6 厘米（图一二，5）。

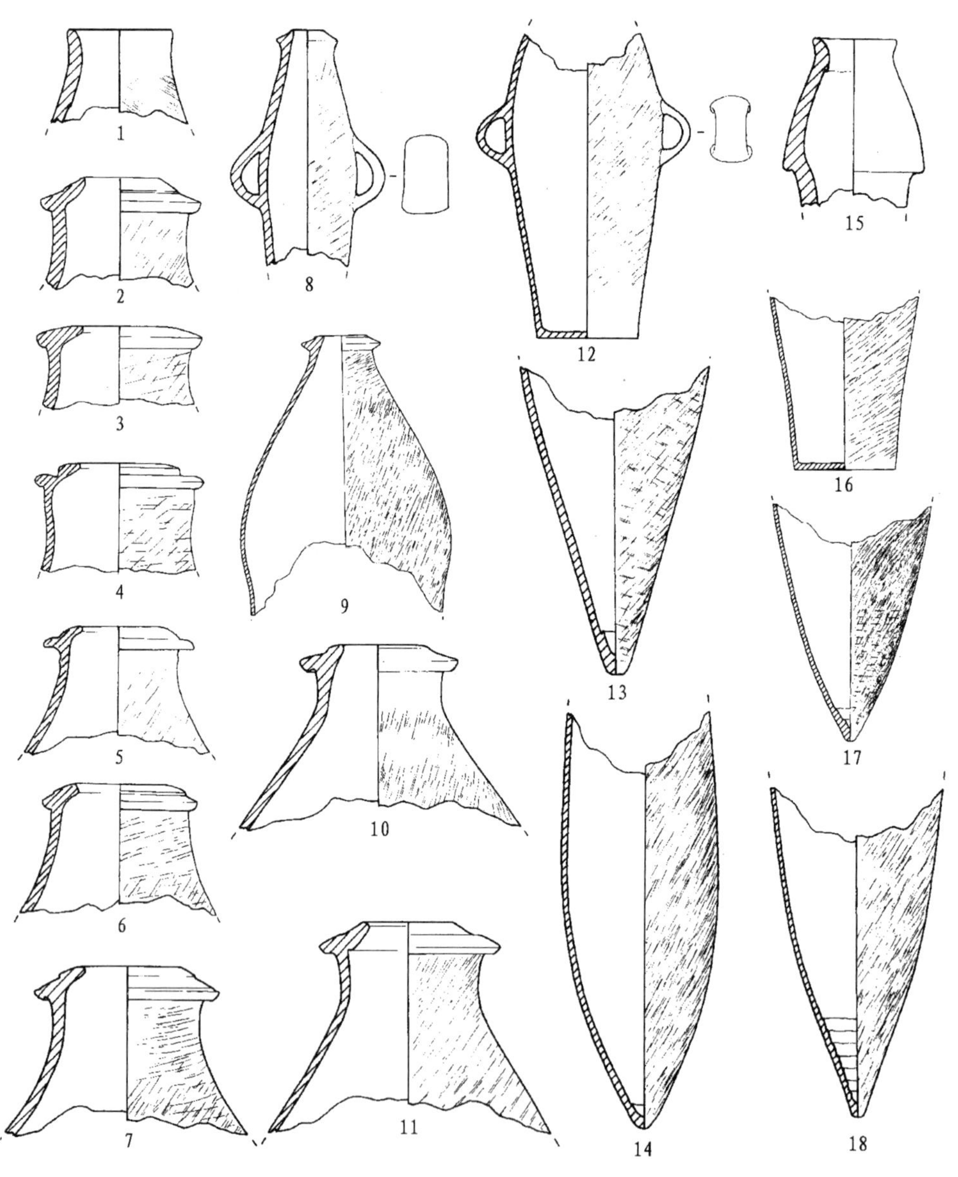

图一二　H9 出土陶小口瓶

1. C 型（H9：110）　2. A 型（H9：231）　3. A 型（H9：202）　4. A 型（H9：203）　5. A 型（H9：232）　6. A 型（H9：230）　7. A 型（H9：112）　8. A 型（H9：193）　9. A 型（H9：137）　10. A 型（H9：105）　11. A 型（H9：127）　12. 器底（H9：161）　13. 器底（H9：174）　14. 器底（H9：169）　15. B 型（H9：104）　16. 器底（H9：162）　17. 器底（H9：172）　18. 器底（H9：170）（9、12、14、16~18. 约 1/9，余约 1/4）

B 型：1 件（H9：104）。红陶。侈口，尖圆唇，口上部内凸，下部有明显的折痕，束颈，颈以下残。磨光。口径 5.2、残高 10 厘米（图一二，15）。

C 型：1 件（H9：110）。黄陶。侈口，尖圆唇，口、腹无界线。口部以下饰右斜线纹。口径 6.6、残高 5.6 厘米（图一二，1）。

另有小口瓶器底 8 件。H9：161，红陶。上腹残，腹上有对称竖向宽扁桥形耳。通体先压印左斜篮纹，然后饰左斜线纹，近底处线纹抹平。底径 12.4、残高 36.4 厘米（图一二，12）。H9：162，红陶，中腹以上残，器身饰稀疏的左斜线纹。底径 12.4、残高 20.6 厘米（图一二，16）。H9：169，红陶。上部残。腹中部有压印左斜篮纹，之下为线纹。器壁及尖底处泥条盘筑痕迹明显。残高 49.6 厘米（图一二，14）。H9：170，红陶，上部残，腹饰左斜细线纹。残高 39.2 厘米（图一二，18）。H9：172，红陶。残留下腹及尖底部分。通体饰密集的左斜细线纹，下腹近底处又饰横向及右斜线纹。残高 28.2 厘米（图一二，17）。H9：174，红陶。残留底部。饰交错线纹，左斜线纹密集，右斜线纹稀疏。残高 18.4 厘米（图一二，13）。

盆　48 件。绝大部分是红陶，有少量的黄陶、灰陶和红褐陶。依口沿及唇部不同分四型。

A 型：3 件。无沿。H9：210，红陶。口微敛，厚圆唇，斜弧腹，上腹横置鸡冠状鋬。器物表里均涂一层黄泥。口径 26、残高 11.4 厘米（图一三，4）。H9：211，灰陶。敞口，厚圆唇，上腹近直。器表磨光。口径 34、残高 6.8 厘米（图一三，16）。

B 型：10 件。卷沿。H9：212，黄陶。尖圆唇，卷沿处稍有折棱，腹微收，上腹横置鸡冠状鋬。器物表里均涂一层均匀的青黄色陶衣。口径 36、残高 11.4 厘米（图一三，5）。H9：213，黑褐陶。厚圆唇，卷沿处凸起，沿面宽斜，束颈，直腹。口径 26、残高 6.4 厘米（图一三，3）。

C 型：14 件。折沿，据口、腹部不同分两个亚型。

Ca 型：8 件。口微敞，斜弧腹，完整器腹较浅。H9：59，黄陶。厚圆唇，沿面凸起，大平底。口径 26、底径 10.8、高 8.2 厘米（图一三，8）。H9：70，灰陶。方圆唇，折沿较平。口径 28.6、底径 12.4、高 12 厘米（图一三，7）。H9：214，红褐陶。尖圆唇，沿面凸起。器表磨光。口径 32、残高 3.4 厘米（图一三，11）。

Cb 型：6 件。侈口，斜折沿，上腹较直，完整器腹较深。H9：58，红陶，厚方唇，器表磨光。口径 25.8、底径 12.4、高 16.5 厘米（图一三，1）。H9：215，红褐陶，厚方圆唇，上腹饰线纹。口径 24、残高 5.6 厘米（图一三，9）。

D 型：21 件。叠唇，据唇部不同分两个亚型。

Da 型：10 件。尖唇，唇面宽且下缘明显。H9：62，红陶。敛口，叠唇下缘起折棱，斜腹，大平底，上腹部有小鸡冠状鋬。器表有不明显的篮纹。胎体厚重。口径 36.2、底径 18.6、高 18.2 厘米（图一三，15）。H9：74，红陶。敛口，上腹稍弧。器表磨光。口径 35.2、底径 15.2、高 18.8 厘米（图一三，10）。H9：78，红陶。唇面凸起，下缘折棱处圆滑，上腹有鸡冠状鋬。

口径33.6、底径13.2、高18.1厘米（图一三，14）。H9：216，红褐陶，唇下沿折棱突出，器表磨光。口径30、残高4.8厘米（图一三，12）。

Db型：11件。唇面窄而凸起。H9：60，红陶。尖唇，弧腹，大平底，上腹有鸡冠状鋬。口径32.4、底径22、高20.3厘米（图一三，6）。H9：64，红陶。尖唇，上腹弧，下腹斜收，小平底，上腹部有鸡冠状鋬。唇面上有两周凹槽。口径29.4、底径11.8、高16厘米（图一三，2）。H9：217，灰陶，唇面凸起。口径42、残高6.2厘米（图一三，13）。

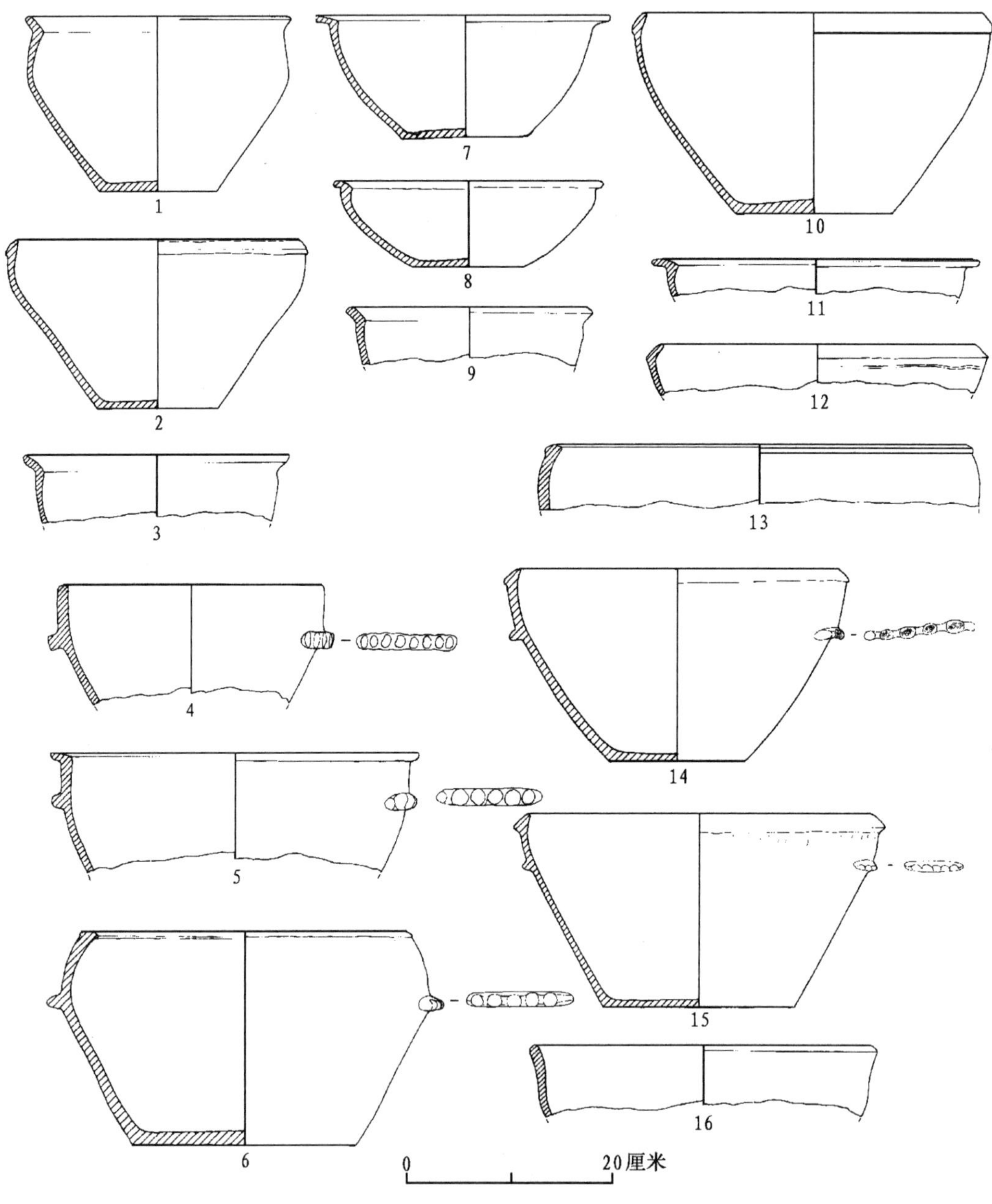

图一三　H9出土陶盆

1. Cb型（H9：58）　2. Db型（H9：64）　3. B型（H9：213）　4. A型（H9：210）
5. B型（H9：212）　6. Db型（H9：60）　7. Ca型（H9：70）　8. Ca型（H9：59）
9. Cb型（H9：215）　10. Da型（H9：74）　11. Ca型（H9：214）　12. Da型（H9：216）
13. Db型（H9：217）　14. Da型（H9：78）　15. Da型（H9：62）　16. A型（H9：211）

钵　14件。较大，制作粗糙，多为敛口。H9∶55，红陶。口微敛，尖圆唇，弧腹，腹上有一对鸡冠状鋬。口径29.4、底径13.2、高11.4厘米（图一四，5）。H9∶65，黄陶，尖唇，通体磨光。口径32.3、底径13.3、高12.2厘米（图一四，3）。H9∶66，红褐陶，尖圆唇，器表磨光。口径25.4、底径11.6、高12.7厘米（图一四，1）。H9∶67，红陶。圆唇，大平底。上腹部有一对小鸡冠状鋬。口径23.6、底径16、高11.8厘米（图一四，4）。H9∶71，红褐陶。敛口，尖圆唇，曲腹，小平底。通体磨光。口径16.4、底径6.6、高9.3厘米（图一四，15）。H9∶73，灰陶。敛口，尖圆唇，上腹较弧，下腹急收成小平底，上、下腹交接处有一对鸡冠状鋬。通体磨光。口径30.8、底径14、高20.4厘米（图一四，16）。H9∶132，灰陶。敛口，尖圆唇。器壁内部有红彩痕迹，应为调彩钵。口径26、残高9.8厘米（图一四，2）。

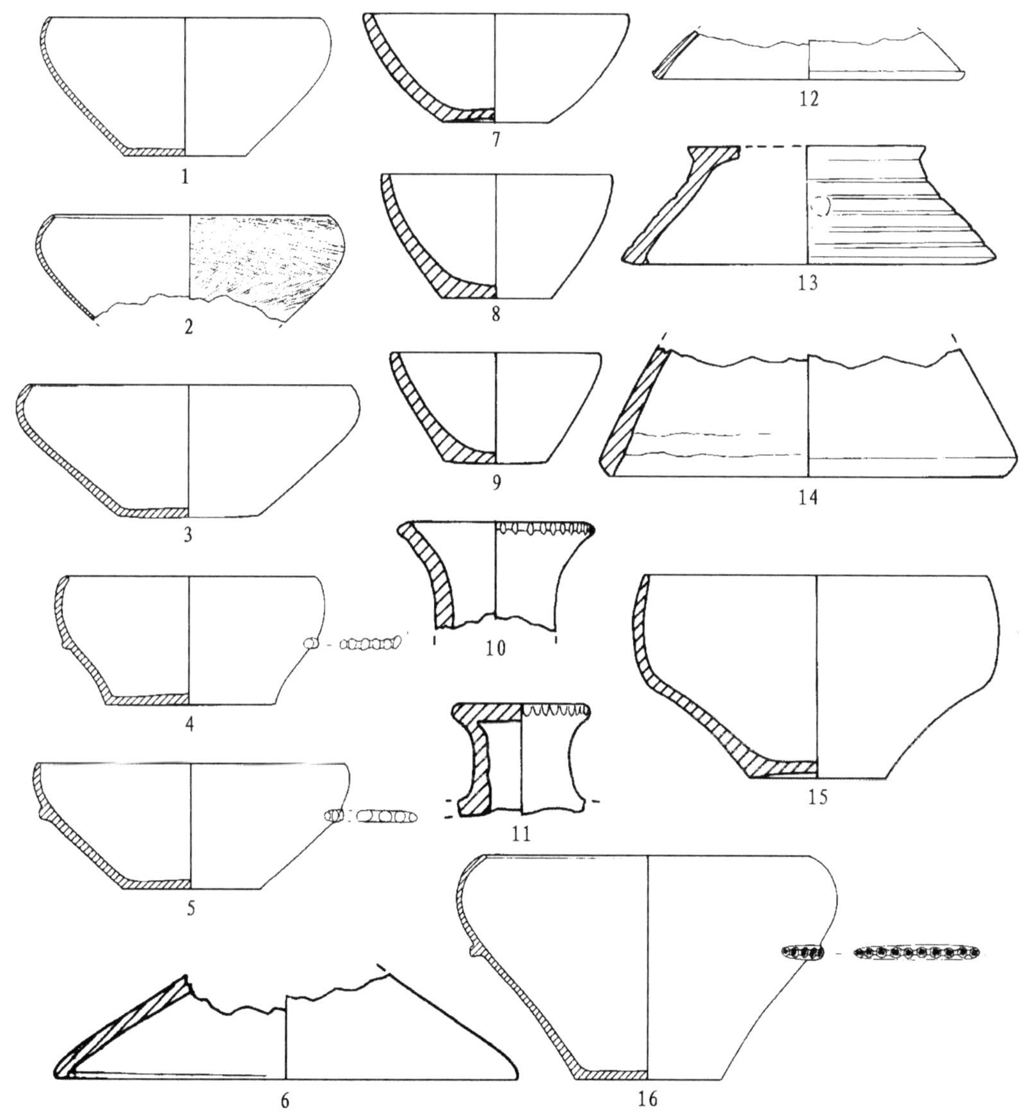

图一四　H9出土陶器

1. 钵（H9∶66）　2. 钵（H9∶132）　3. 钵（H9∶65）　4. 钵（H9∶67）　5. 钵（H9∶55）　6. 器盖（H9∶222）　7. 碗（H9∶52）　8. 碗（H9∶54）　9. 碗（H9∶53）　10. 器盖（H9∶226）　11. 器盖（H9∶225）　12. 器盖（H9∶221）　13. 器盖（H9∶224）　14. 器盖（H9∶223）　15. 钵（H9∶71）　16. 钵（H9∶73）（6~11、13~15. 约1/4，余约1/8）

碗　5件。均为弧腹，口径在15厘米以下，器高不超过10厘米。H9：52，黄陶。敞口，尖圆唇，小底略内凹。器表磨光。口径12.6、底径5、高4.9厘米（图一四，7）。H9：53，红陶。口微敛，圆唇，上腹较弧，下腹斜收，平底。器表粗糙。口径9.8、底径4.8、高5.1厘米（图一四，9）。H9：54，红陶。口微敞，圆唇，大平底。器表磨光。口径11、底径5.2、高5.7厘米（图一四，8）。

器盖　14件。以灰陶、深灰陶为主，有个别红褐陶。H9：221，深灰陶。尖圆唇，外叠边缘折棱明显，斜弧腹较浅。器表磨光。口径30、残高4.6厘米（图一四，12）。H9：222，灰陶。厚圆唇，弧腹。器表磨光。口径22、残高4.8厘米（图一四，6）。H9：223，浅灰陶。尖圆唇，唇外加厚，弧壁较高。加厚唇面上有几周细凹弦纹。口径20、残高6厘米（图一四，14）。H9：224，红褐陶。尖圆唇，唇内叠，叠边折棱突出，斜壁较浅。器表饰数周凹弦纹。口径18、高5.4厘米（图一四，13）。H9：225，灰陶。残存钮部，钮顶近平，钮颈较直，颈为空心，接盖处残。钮顶有一周指甲状窝痕。钮顶径6.6、残高5厘米（图一四，11）。H9：226，灰陶。残存钮部，钮为喇叭形，钮口有一周指甲状窝痕。钮径9.4、残高4.8厘米（图一四，10）。

缸　13件。以红陶为主，其次为灰陶和红褐陶。均为敞口，部分缸和盆的口沿较近似，我们把器形较大的称作缸，器形较小的称作盆。此类器物虽是泥质陶，但个别也含有极少的细砂，而且烧制火候不高，陶色有红褐色、黑褐色和灰褐色等。依口部不同分两型。

A型：3件。敛口，尖圆唇，唇凸起。H9：42，红陶。凸起边缘下略有折疤，上腹有一对鸡冠状鋬。器表磨光。口径36.2、底径16.2、高25.6厘米（图一五，9）。H9：72，灰陶。唇稍凸起，上腹部有等距离的三个鸡冠状鋬。凸起面上饰几周凹弦纹。口径44.4、底径17.6、高31.4厘米（图一五，2）。

B型：10件。叠唇并有叠边，依唇部不同分两个亚型。

Ba型：4件。尖圆唇，外叠唇凸起。H9：117，红陶。下腹残。制作粗糙，器内有明显的泥条盘筑痕迹，器表外涂一层黄泥，有脱落。腹部有不明显的篮纹。口径45.2、残高14厘米（图一五，6）。H9：118，灰陶，制作粗糙，下腹饰篮纹。口径28、残高8.4厘米（图一五，5）。

Bb型：6件。尖圆唇，外唇较平。H9：150，红陶。唇较宽有浅凹槽，底残，上腹有四个鸡冠状鋬。器物内壁有明显的慢轮修整痕迹。口径42、残高27.2厘米（图一五，1）。H9：160，灰陶。制作粗糙，上腹有鸡冠状鋬，器表粗糙并有不明显的篮纹。口径44、残高24厘米（图一五，3）。H9：179，浅黄陶。上腹有鸡冠状鋬，鋬按窝上有布纹。胎较薄。残宽11、残高9.6厘米（图一五，13）。

瓮　9件。均为灰陶，敛口，复原器物很少。据领的有无分两型。

A型：2件。矮领。H9：191，尖圆唇，鼓腹。器表磨光。残宽7.2、残高4.8厘米（图一五，10）。

B型：7件。无领，叠唇。H9：155，厚方圆唇，叠唇边缘下折棱明显，鼓腹。器表磨光。

口径 34、残高 4.6 厘米（图一五，7）。H9：218，厚方圆唇，外叠边不明显，斜肩。器表磨光。口径 18、残高 5 厘米（图一五，8）。H9：219，敛口，尖圆唇，外叠唇很薄，斜肩。器表磨光。口径 20、残高 3.6 厘米（图一五，4）。

椭圆形小盆　3 件。红陶，素面，器表磨光。这种器物造型别致，但用途不详。H9：33，红陶。直口，方唇，唇面宽平，唇内、外均有叠边，三面直壁，一面斜壁。口长径 21.4、短径 11.8、高 7.1 厘米（图一五，11；图版六，3）。H9：36，红陶。敛口，厚圆唇，长径两侧为直壁，短径两侧为斜壁。口长径 14.9、短径 9.2 厘米，底长径 21.5、短径 9、高 7.9 厘米（图一五，12；图版六，3）。

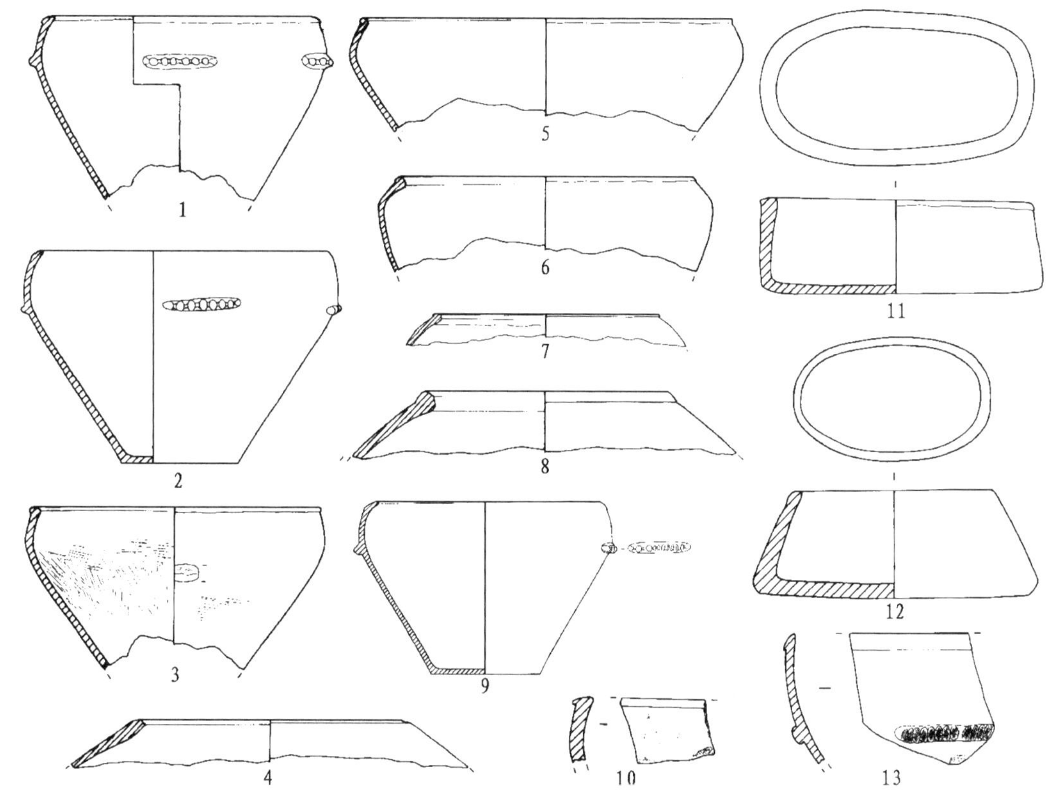

图一五　H9 出土陶器

1. Bb 型缸（H9：150） 2. A 型缸（H9：72） 3. Bb 型缸（H9：160） 4. B 型瓮（H9：219） 5. Ba 型缸（H9：118） 6. Ba 型缸（H9：117） 7. B 型瓮（H9：155） 8. B 型瓮（H9：218） 9. A 型缸（H9：42） 10. A 型瓮（H9：191） 11. 椭圆形小盆（H9：33） 12. 椭圆形小盆（H9：36） 13. Bb 型缸（H9：179）(4、5、8、10~13. 约 1 / 6，余约 1 / 12）

异形盆　1 件（H9：229）。浅灰陶。勾口近平，厚方唇，弧壁，大平底，下腹与底连接处有一切面。唇面中间有一周凹槽，器表磨光。厚胎。高 5.4 厘米（图一六，3）。可能是制作陶器的转盘。

小罐　5 件。H9：68，灰陶。侈口，尖圆唇，窄折沿，束颈，鼓腹，平底。器表磨光。口径 15.2、底径 7.2、高 10.4 厘米（图一六，1）。H9：128，灰陶。侈口，厚圆唇，斜折沿，束颈，领较高，斜腹，下腹残。器表磨光。口径 13.2、残高 5.4 厘米（图一六，11）。H9：189，红陶。侈口，厚方圆唇，斜折沿，折棱圆滑，弧腹，下腹残。颈下饰几周不甚规则的凹弦纹，还有一段残留的索状附加堆纹。胎较厚。口径 26、残高 5.4 厘米（图一六，8）。H9：190，红陶。敛口，厚圆唇，唇内叠，唇外凸起。器表涂一层细黄泥。口径 12、残高 4.8 厘米（图一六，7）。

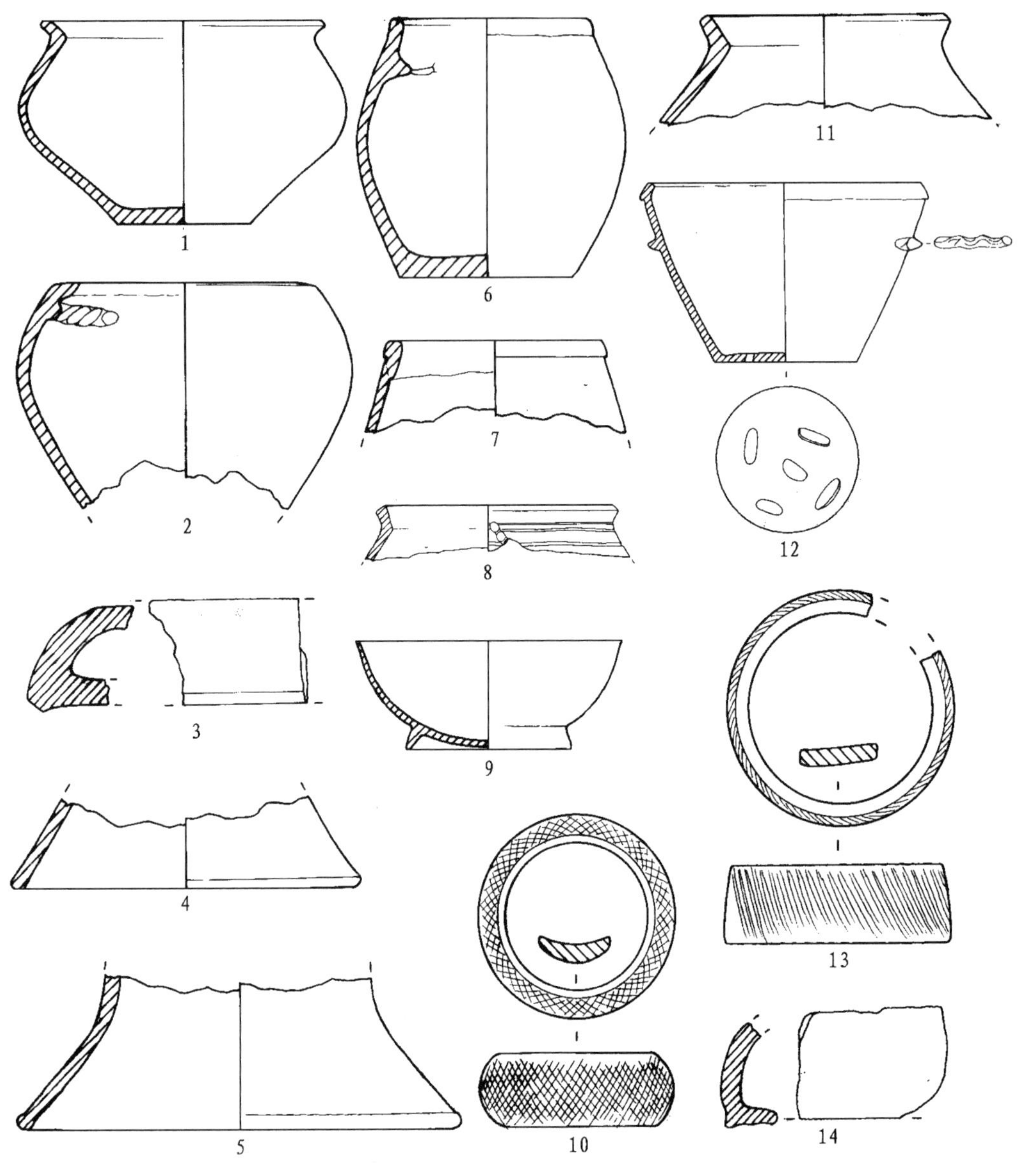

图一六　H9 出土陶器

1. 小罐（H9：68） 2. 盂（H9：152） 3. 异形盆（H9：229） 4. 器座（H9：171） 5. 器座（H9：228） 6. 盂（H9：69） 7. 小罐（H9：190） 8. 小罐（H9：189） 9. 圈足碗（H9：32） 10. 环（H9：4） 11. 小罐（H9：128） 12. 甑（H9：56） 13. 环（H9：11） 14. 器座（H9：227）（8、12. 1／8，10、13. 1／2，余 1／4）

器座　3 件。浅灰陶。只存器座的下半部。H9：171，厚圆唇，圈足外撇。器表磨光。圈足径 18.8、残高 4.8 厘米（图一六，4）。H9：227，浅灰陶。弧腹，圈足为平折沿，厚圆唇。器表磨光。圈足径 8、残高 5.7 厘米（图一六，14）。H9：228，方圆唇，器表磨光。圈足径 24、残高 8 厘米（图一六，5）。

盂　2 件。H9：69，灰陶。罐形盂，敛口，厚圆唇略外翻，鼓腹，大平底，器内壁横置一耳。素面。口径 10.8、底径 9.4、高 13.4 厘米（图一六，6）。H9：152，黄陶。尖圆唇，内平折沿，弧腹，底残，一侧有鸡冠状鋬。陶质较差，器壁有明显的泥条盘筑痕迹，器表涂细黄泥。

口径 14、残高 11.6 厘米（图一六，2）。

圈足碗　1 件（H9：32）。深灰陶。敞口，尖唇，弧腹，圈足外撇。器表磨光。胎较薄。口径 14.2、圈足径 8.8、高 5.6 厘米（图一六，9）。

甑　1 件（H9：56）。红陶。敛口，厚圆唇，外叠唇宽且凸起，边缘处折棱明显，斜腹，上腹有对称的鸡冠状錾，器底有五个椭圆形孔。錾面按窝上有手按指纹，器表磨光。口径 30.6、底径 15、高 18.4 厘米，孔长径约 3.8、短径约 1.6 厘米（图一六，12）。

环　2 件。H9：4，灰陶。环面较宽，纵剖面呈扁弧边三角形。环外面饰交错刻划纹。外径 5.2、内径 4.2 厘米（图一六，10；图版六，6）。H9：11，灰陶。环面较宽，环壁较厚，剖面呈圆角长方形。环面饰斜刻划纹。外径 6、内径 4.8 厘米（图一六，13）。

2. 夹砂陶

夹砂陶以红陶为主，另有红褐陶、黑褐陶及少量灰陶。复原器物较少。器物表面饰较粗线纹，有的在线纹上饰附加堆纹、凹弦纹等。器类主要有罐、器盖、缸、瓮、盆、釜、灶、小杯、鼎等。

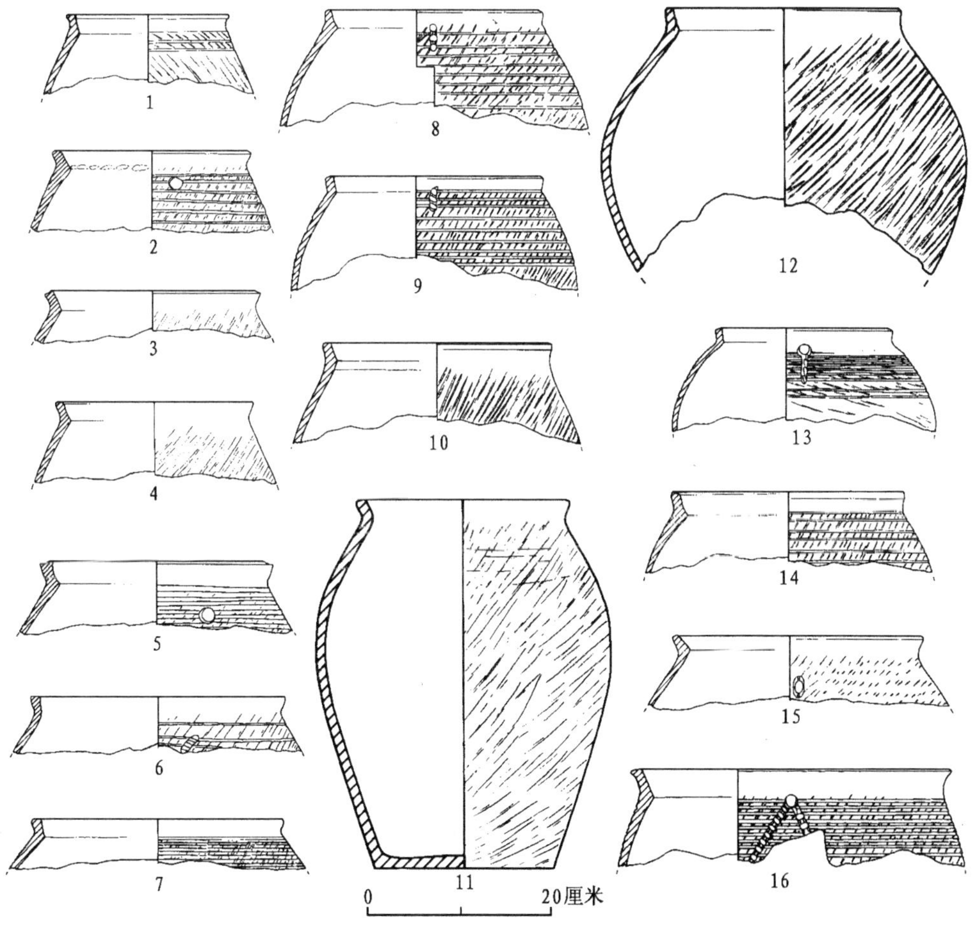

图一七　H9 出土陶罐

1. C 型（H9：147）　2. Aa 型（H9：233）　3. B 型（H9：236）　4. B 型（H9：235）　5. Ab 型（H9：234）　6. B 型（H9：237）　7. Ab 型（H9：143）　8. Aa 型（H9：121）　9. Ab 型（H9：142）　10. Aa 型（H9：141）　11. Aa 型（H9：79）　12. Ab 型（H9：192）　13. C 型（H9：126）　14. Aa 型（H9：136）　15. Ab 型（H9：122）　16. Aa 型（H9：139）

罐　269 件，依口沿不同分三型。

A 型：151 件。折沿，依腹部不同分二个亚型。

Aa 型：78 件。斜腹，腹中部稍鼓，器形瘦长。H9：79，灰褐陶。方圆唇，折沿处不甚明显，束颈，大平底。通体饰左斜线纹，肩部有数周不规则的凹弦纹。口径 23.4、底径 19.8、高 39 厘米（图一七，11）。H9：121，浅灰陶。方唇。上腹饰松散的左斜线纹，其间被数周凹弦纹抹断并饰竖向的小窄条状附加堆纹。口径 24、残高 12.4 厘米（图一七，8）。H9：136，红褐陶。厚方唇，沿内面微凹。颈下饰左斜线纹并有抹断凹弦纹数周。口径 26、残高 8.6 厘米（图一七，14）。H9：139，红褐陶。厚方唇，宽折沿，沿面内斜。胎较厚。沿下贴附小圆泥饼，泥饼下饰两条斜附加堆纹，颈下饰左斜线纹，之上被数周凹弦纹抹断。口径 36、残高 9.4 厘米（图一七，16）。H9：141，红褐陶。方唇，唇面内凹。颈下饰较密的左斜线纹。口径 25.2、残高 10.8 厘米（图一七，10）。H9：233，红陶。厚方圆唇。沿下饰左斜线纹，线纹上饰较深的凹弦纹数周并贴附一个小圆泥饼。口径 22、残高 8.8 厘米（图一七，2）。

Ab 型：73 件。鼓腹。H9：122，红陶。厚方圆唇。沿下饰左斜细线纹，上有数周浅抹断凹弦纹，上腹贴附椭圆形小泥饼。口径 28、残高 7.4 厘米（图一七，15）。H9：142，红陶。折沿较窄，方唇。沿下饰左斜粗线纹，线纹上有数周不规则的深凹弦纹，沿下横置一小段附加堆纹。口径 24、残高 12.2 厘米（图一七，9）。H9：143，红褐陶。厚方唇，折棱处不明显，沿面微凹。沿下饰松散的左斜细线纹，上有数周浅凹弦纹将细线抹得模糊不清。口径 28、残高 5.4 厘米（图一七，7）。H9：192，红褐陶，厚圆唇，颈下饰左斜线纹。口径 26.4、残高 28 厘米（图一七，12）。H9：234，红陶。厚方唇，唇面内凹，沿面微凹。沿下饰不太明显的左斜线纹，线纹上下有排列密集的宽凹弦纹，腹上贴附一个小圆泥饼。口径 26、残高 7.4 厘米（图一七，5）。

B 型：58 件，卷沿。H9：235，红陶。圆唇，斜腹。腹上饰较密集的左斜细线纹。口径 22、残高 8.6 厘米（图一七，4）。H9：236，灰陶。方唇，唇面微凹。上腹饰左斜线纹。口径 24、残高 5.6 厘米（图一七，3）。H9：237，红陶。厚方唇。口沿下有一周深凹弦纹，左斜线纹上有一窄条状附加堆纹。口径 28、残高 6.2 厘米（图一七，6）。

C 型：60 件。有领罐。H9：126，红陶。侈口，方唇，矮领。上腹饰数周凹弦纹，其上贴附一圆形泥饼，其下有一小段竖置附加堆纹。口径 20、残高 11 厘米（图一七，13）。H9：147，红陶。折沿，方唇外凸，矮领。颈下饰左斜线纹，肩部有数周浅凹弦纹。口径 18、残高 8.2 厘米（图一七，1）。

器盖　183 件，分两型。

A 型：180 件。覆钵状，器形较大。H9：81，红陶。厚方圆唇，弧壁，平顶，顶置宽扁状桥形钮。钮与盖顶交接处各贴附小圆形泥饼。口径 27.4、高 11 厘米（图一八，1）。H9：144，红褐陶。厚圆唇外叠，弧壁，顶残。口径 28、残高 5.8 厘米（图一八，2）。H9：145，浅红陶。方唇，斜壁，顶残。唇面有一周凹槽。口径 28、残高 5.2 厘米（图一八，3）。H9：242，红褐陶。厚方唇，斜壁，近顶部残。口径 34、残高 7 厘米（图一八，4）。另有几件仅有桥形钮。H9：243，红陶，宽扁状。钮宽 4.8、长 10 厘米（图一八，8）。

B 型：3 件。器形较小。H9：5，红褐陶。厚圆唇，弧壁，顶置马鞍形钮。口径 6、高 3.5 厘米（图一八，10）。H9：244，红陶。圆唇，弧壁，钮顶部残。口径 10、残高 3.5 厘米（图一八，9）。

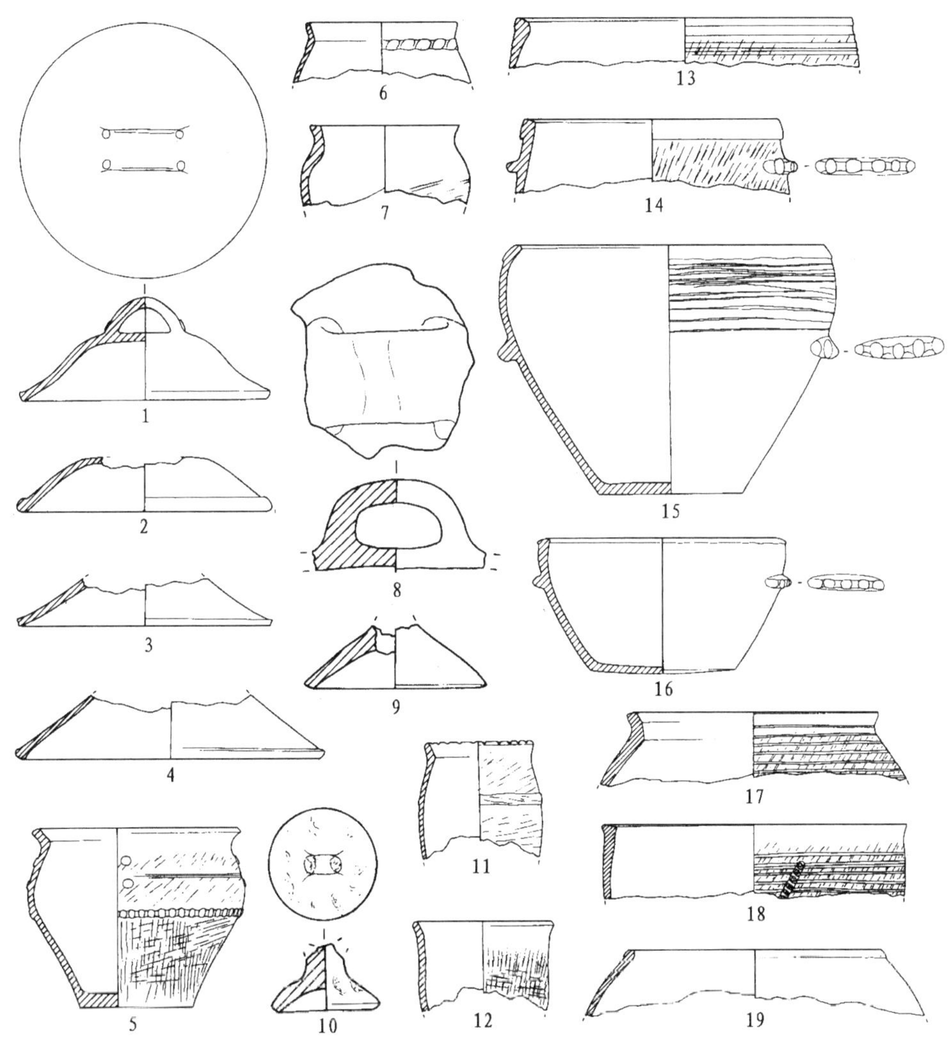

图一八　H9 出土陶器

1. A 型器盖（H9：81）　2. A 型器盖（H9：144）　3. A 型器盖（H9：145）　4. A 型器盖（H9：242）　5. 小罐（H9：89）　6. 小罐（H9：129）　7. 小罐（H9：238）　8. A 型器盖（H9：243）　9. B 型器盖（H9：244）　10. B 型器盖（H9：5）11. 小罐（H9：125）　12. 小罐（H9：130）　13. A 型缸（H9：138）　14. A 型缸（H9：123）　15. 盆（H9：63）　16. 盆（H9：57）　17. B 型缸（H9：241）　18. A 型缸（H9：140）　19. 瓮（H9：205）（7、8、10. 1/4，余 1/8）

缸　16 件。多为红陶，也有红褐陶、灰褐陶。依口沿不同分两型。

A 型：12 件。无沿。H9：123，红陶。敛口，厚方圆唇，唇面外叠。叠面上有一周凹槽，上腹饰宽深凹弦纹数周，其下有模糊的左斜线纹，腹上有一周附加堆纹。口径 29.2、残高 8 厘米（图一八，14）。H9：138，红褐陶。口微敛，厚方圆唇。口下饰几周宽凹弦纹，上腹饰左斜线纹，凹弦纹上横附一小段泥条状附加堆纹。口径 38、残高 3.4 厘米（图一八，

13）。H9：140，红褐陶。直口，厚方唇。口下饰左斜细线纹。口径 36、残高 5.2 厘米（图一八，18）。

B 型：4 件。夹粗砂。折沿，斜腹。胎较厚。H9：241，红褐陶。厚方唇，宽折沿。口下饰左斜线纹及数周宽浅凹弦纹。口径 28、残高 8 厘米（图一八，17）。

小罐　8 件。H9：89，黑褐陶。方圆唇，折沿，沿面微凹，腹微鼓，平底。口下饰稍左斜线纹，下腹有纵横交错线纹，上腹贴附等距离的四组圆形小泥饼，每组两个，上下相对，腹中部饰一周附加堆纹。口径 22.8、底径 12.4、高 19.4 厘米（图一八，5）。H9：125，灰陶。侈口，方唇，垂腹。唇面有一周压印指甲纹，腹饰左斜篮纹，腹中部饰一周宽窄不等的附加堆纹。口径 12、残高 12.4 厘米（图一八，11）。H9：129，灰陶。侈口，尖圆唇，鼓腹。颈部饰一周附加堆纹，下饰篮纹。口径 16.8、残高 9.6 厘米（图一八，6）。H9：130，红陶。敞口，圆唇，颈稍束，直腹。颈下饰纵横相错的线纹。口径 15.6、残高 9.6 厘米（图一八，12）。H9：238，红陶。器形较小，小折沿，方唇，束颈。腹饰左斜篮纹。口径 8、残高 7 厘米（图一八，7）。

瓮　3 件。H9：205，红陶。敛口，圆唇外叠，鼓腹。器表涂一层黄泥。口径 29.2、残高 7.2 厘米（图一八，19）。

盆　4 件。H9：57，红陶。厚方圆唇，唇内沿略凸，唇面外斜，斜腹，大平底，腹有对称鸡冠状鋬。口径 27.8、底径 16.2、高 14.4 厘米（图一八，16）。H9：63，红陶。敛口，厚圆唇外叠，上腹略弧，下腹斜收，腹上横置一对对称的鸡冠状鋬。器表涂一层黄泥浆，腹饰不规则的横向细凹弦纹，鋬面有明显的手捏痕迹。口径 37、底径 16.2、高 26.6 厘米（图一八，15）。

釜　3 件。H9：164，红褐陶。直口，矮领，方圆唇，沿面内凹，肩部以下残。肩饰数周较宽凹弦纹。口径 18、残高 4.6 厘米（图一九，6）。H9：168，红陶。仅残存腹肩部交接的一块，折肩处凸起上翘。肩上饰左斜线纹及凹弦纹数周。残高 3.8 厘米（图一九，3）。

灶　2 件。H9：166，红陶。敞口，折沿近平，厚尖圆唇，束颈，器壁内有贴附器耳的痕迹。唇面有两周凹槽，腹饰左斜线纹及凹弦纹数周。口径 30、残高 4.4 厘米（图一九，7）。H9：239，红陶。盆形，厚圆唇，宽斜折沿，斜腹，器壁内横置一耳。腹上饰左斜线纹及数周浅弦纹。口径 38、残高 4.4 厘米（图一九，1）。

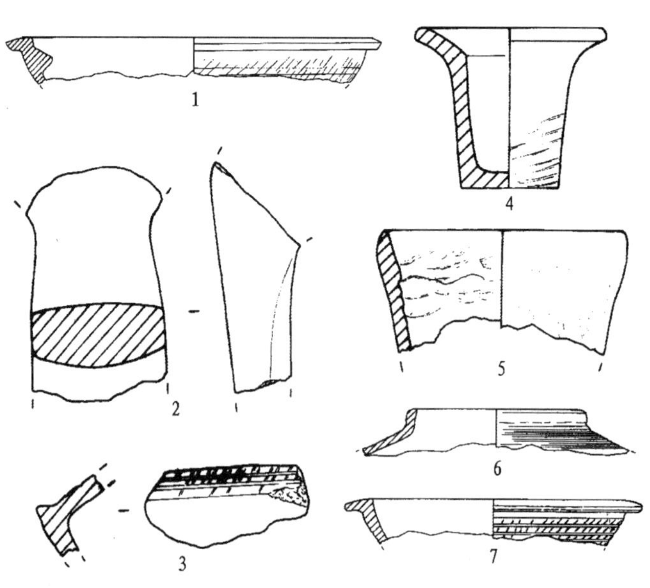

图一九　H9 出土陶器

1. 灶（H9：239） 2. 鼎足（H9：167） 3. 釜（H9：168） 4. 小杯 （H9：8） 5. 小盆（H9：206） 6. 釜（H9：164） 7. 灶（H9：166）（1、6、7. 约 1/8，2. 约 1/2，余约 1/4）

小盆　1件（H9：206）。红褐陶。敞口，尖圆唇。器表涂一层泥浆，器壁内有明显的泥条盘筑痕迹。口径12、残高6厘米（图一九，5）。

小杯　1件（H9：8）。红陶。敞口，宽折沿，方圆唇，直壁，平底。杯身近底部有左斜线纹。口径9.6、高7.8厘米（图一九，4）。

鼎足　1件（H9：167）。红褐陶。鸭嘴状扁足，内面鼓，正面有两道凹槽。残高5.6厘米（图一九，2）。

（二）骨器

共3件，有簪、镞和饰品。

簪　1件（H9：2）。残，横剖面呈椭圆形，磨制精致。残长10.2厘米（图二〇，3）。

镞　1件（H9：6）。器身呈圆角方形，一端尖。残长5厘米（图二〇，1）。

骨饰　1件（H9：9）。残，用肋骨加工而成，顶端截面平滑，其下有对钻的圆孔。磨制精致。残长3.6、孔径0.4厘米（图二〇，2）。

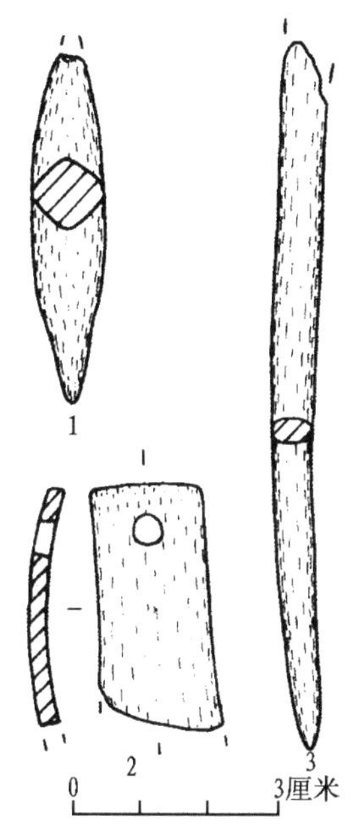

图二〇　H9出土骨器
1. 镞（H9：6）
2. 骨饰（H9：9）
3. 簪（H9：2）

（三）石器

96件，有圆饼、斧、铲、切割器、纺轮、凿、锤、砍砸器、磨棒形器、铲形器和研磨器等。

圆饼　76件。绝大多数为圆角方形，极少数为椭圆形，系用天然砾石和河卵石稍加打制而成，大部分保留原来的自然面。小的直径5厘米，大的直径11厘米。H9：94，红褐色河卵石。圆角方形，一侧保留自然面，其余三个面打制，边沿较整齐，两面较平。长7.5、宽7、厚3厘米（图二一，2）。H9：96，灰白色石英岩。平面近圆形。周边均打制，两面明显磨平。长9.4、宽8.9、厚2.2厘米（图二一，5）。H9：99，褐色河卵石。平面呈椭圆形，两面较平，基本保留原形，只在一侧略加打制。长径7.8、短径6.7、厚2.9厘米（图二一，18）。H9：100，红褐色石英岩。器形小，两面皆平。仅保留一小段自然面，其余皆打制。直径5.1、厚1.4厘米（图二一，4）。H9：181，黄白色石英岩。器形较大，一面较平，一面凹。四周均打制。长11、宽10.5、厚4.4厘米（图二一，3）。H9：182，灰白色石英岩。平面略呈圆形，一面近平，一面略弧。周边皆打制。长9.6、宽9.2、厚4厘米（图二一，1）。H9：199，灰白色石英岩。器形较小，两面平。两侧保留自然面，另两侧打制。长6.5、宽6.4、厚1.7厘米（图二一，16）。

斧　7件。H9：7，青灰色花岗岩。平面呈梯形，横截面呈椭圆形，两面弧刃。磨制精致。残长13.1、宽6.2、厚3.6厘米（图二一，13）。

铲　5件，均残。H9：101，青绿色石英岩。残留刃部，两面刃，刃部圆弧。器身磨光，一面有使用时剥落的岩面。残长9、残宽4.5厘米（图二一，15）。H9：175，黄褐色砂岩。残存刃部一侧，两面弧刃。器身抛光，铲面上有明显的细密擦痕。残长6.6、残宽2.5厘米（图二一，11）。

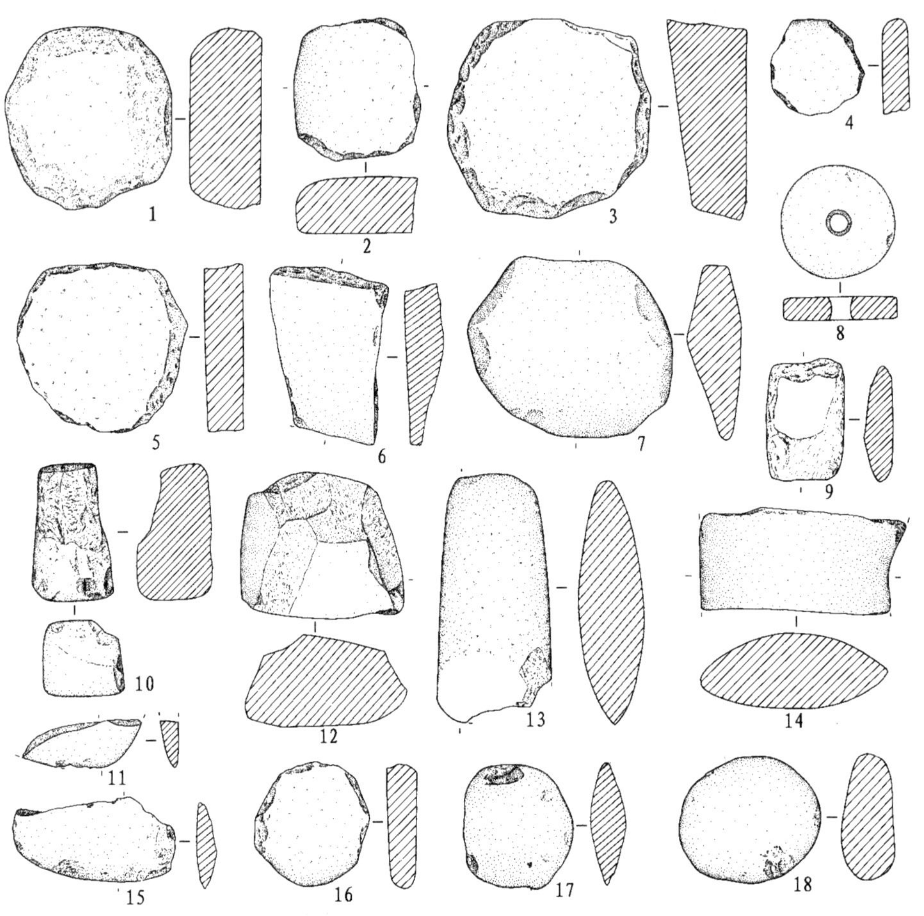

图二一　H9出土石器

1. 圆饼（H9：182） 2. 圆饼（H9：94） 3. 圆饼（H9：181） 4. 圆饼（H9：100） 5. 圆饼（H9：96） 6. 铲形器（H9：185） 7. 砍砸器（H9：95） 8. 纺轮（H9：3） 9. 凿（H9：10） 10. 研磨器（H9：195） 11. 铲（H9：175） 12. 锤（H9：93） 13. 斧（H9：7） 14. 磨棒形器（H9：183） 15. 铲（H9：101） 16. 圆饼（H9：199） 17. 切割器（H9：1） 18. 圆饼（H9：99）（10. 1/8，余1/4）

切割器　1件（H9：1）。黑褐色砂岩。扁圆形，一端打出一斜面刃。两面磨光。高6.5、宽6、厚2厘米（图二一，17）。

纺轮　1件（H9：3）。红褐色砂岩。圆形，剖面呈圆角长方形，中部有对钻圆孔。直径6.2、孔径0.9、厚1.2厘米（图二一，8；图版六，5）。

凿　1件（H9：10）。绿色石英岩。平面呈长方形，横截面呈扁圆形，顶部有一小平面，两面刃，刃部残。通体抛光。长6.4、宽4.3、厚1.6厘米（图二一，9）。

锤　1件（H9：93）。灰色花岗岩。平面略呈倒梯形，顶部有平面，下部一面较平，一面打制出一斜面，斜面上有大块崩疤。器身上皆有红色遗留物，尤以下部为甚，应为长期粉碎矿物颜料所致。残长7.8、宽9、厚4.8厘米（图二一，12）。

砍砸器　1件（H9∶95）。褐色河卵石，系用自然卵石稍加工而成。平面呈方圆形，顶面较平，稍尖一端为砍砸所用，有明显的砍砸痕迹。长11.2、宽9.4、厚3厘米（图二一，7）。

磨棒形器　1件（H9∶183）。青灰色砂岩。仅残留中部一段，横截面呈椭圆形。器表磨光，一侧有一凹槽便于持握。残高5.6、宽11.3、厚4厘米（图二一，14）。

铲形器　1件（H9∶185）。黄色粉砂岩。两侧残，顶面较平，圆钝刃。一面磨光，一面粗糙。残长9、残宽6.6厘米（图二一，6）。

研磨器　1件（H9∶195）。深红色火山岩。平面呈梯形，上部横截面呈椭圆形，下部横截面为圆角方形，顶部有一稍斜平面，底部由于长期使用形成一光滑弧面。弧面上遗留有明显的红色痕迹。上部为便于把握打出一个斜面，其他几面均经磨光。高14.6、厚8.4厘米（图二一，10；图版六，4）。

（四）动物遗存

主要为动物骨骼。经鉴定，除1块狗的左跟骨外，其余皆为家猪骨骼，主要为头骨，上、下颌骨，下颌联合处，右肩胛骨，左尺骨远端，左胫骨等。

三、结语

H9是2002年庙底沟遗址第二次大规模发掘时发现的比较重要的遗迹之一，类似的遗迹还有几个。它们的共同特点是直径大，坑壁规整，底平坦，出土遗物丰富，尤以彩陶为多，复原器物很多。从初步的整理情况来看，这几个灰坑出土遗物的种类、形制以及彩陶的纹饰图案基本相同，说明时代应大致相同。以H9为代表的这几处遗迹绝非一般意义上的灰坑，应具有窖穴性质，究竟是单纯的贮物，还是和某些特定的活动有关，尚待进一步的研究。

H9出土的陶器、石器以及彩陶都和1956年在此发掘的庙底沟“仰韶文化”所出遗物[1]相同，甚至一些特殊器形的器物，如彩陶壶（H9∶22）、泥质椭圆形小盆（H9∶33、36）、异形盆（H9∶229）等，都能找出形制基本相同的标本。另外，H9出土遗物还和三门峡南交口遗址的“仰韶文化二期”[2]、渑池仰韶遗址的“第一期”[3]以及夏县西阴村遗址的“西阴文化”[4]等的遗物十分相似。所以，H9应是典型的仰韶文化庙底沟类型时期的遗存，也即仰韶文化中期的遗存。

H9出土的遗物不仅有石锤（H9∶93）、石研磨器（H9∶195），还有陶调色盆（H9∶207），另有一些陶器的内壁遗留有明显的红色颜料痕迹，说明庙底沟遗址的大量彩陶都是在当地施彩制作的，而且所用矿物颜料也都是在本地粉碎研磨的。至于绘画的工具，虽然没有发现实物，但从施彩部位的色彩宽细幅度、明暗浓淡程度以及行笔看，推测应该是毛发、细皮一类的软料物质。

附记：我们请中国社会科学院考古研究所的张雪莲研究员对H9出土的动物骨骼做了碳

十四年代测定（实验室编号 ZK-8036），测试结果是平均碳十四年代为距今 4556±26 年，树轮校正年代有三组数据，分别是 3370BC（28.7%）3330BC，3220BC（17.9%）3180BC，3160BC（21.6%）3120BC。H9 出土的动物骨骼由河南省文物考古研究所的侯彦峰先生进行鉴定，在此特表感谢。参加本次发掘的人员有樊温泉、普康信，本文线图由姜凤玲、牛花敏绘制，照片由郭民卿拍摄。

执笔：樊温泉

注释：

[1] 中国科学院考古研究所:《庙底沟与三里桥》，科学出版社，1959 年。

[2] 河南省文物考古研究所:《三门峡南交口》，科学出版社，2009 年。

[3] 河南省文物研究所、渑池县文化馆:《渑池仰韶村 1980—1981 年发掘报告》，《史前研究》1985 年第 3 期。

[4] 山西省考古研究所、山西省考古学会:《西阴村史前遗存第二次发掘》，见《三晋考古》第 2 辑，山西人民出版社，1996 年。

1. B 型盆（119：75）

4. Ba 型钵（H9：76）

2. C 型罐（H9：20）

5. Aa 型盆（H9：43）

3. A 型钵（H9：46）

6. Bb 型钵（H9：31）

河南三门峡市庙底沟遗址仰韶文化 H9 出土彩陶器

图版二

1. Ba 型钵（H9：91）

4. Ba 型钵（H9：86）

2. Bb 型钵（H9：90）

5. Bc 型钵（H9：16）

3. Ba 型钵（H9：88）

6. Bc 型钵（H9：85）

河南三门峡市庙底沟遗址仰韶文化 H9 出土彩陶器

1. Ba 型钵（H9：77）

4. Ba 型钵（H9：83）

2. Bc 型钵（H9：84）

5. Bc 型钵（H9：50）

3. A 型钵（H9：82）

6. Aa 型盆（H9：44）

河南三门峡市庙底沟遗址仰韶文化 H9 出土彩陶器

图版四

1. Bb 型钵（H9：15）

4. Bb 型钵（H9：17）

2. Bb 型钵（H9：14）

5. Bb 型钵（H9：18）

3. Bb 型钵（H9：13）

6. Bb 型钵（H9：19）

河南三门峡市庙底沟遗址仰韶文化 H9 出土彩陶器

1. 壶（H9：22）

4. A 型罐（H9：27）

2. Ab 型盆（H9：26）

5. Ab 型盆（H9：45）

3. Aa 型盆（H9：47）

6. Ab 型盆（H9：21）

河南三门峡市庙底沟遗址仰韶文化 H9 出土彩陶器

图版六

1. Ba 型彩陶钵（H9：12）

4. 石研磨器（H9：195）

2. C 型彩陶罐（H9：180）

5. 石纺轮（H9：3）

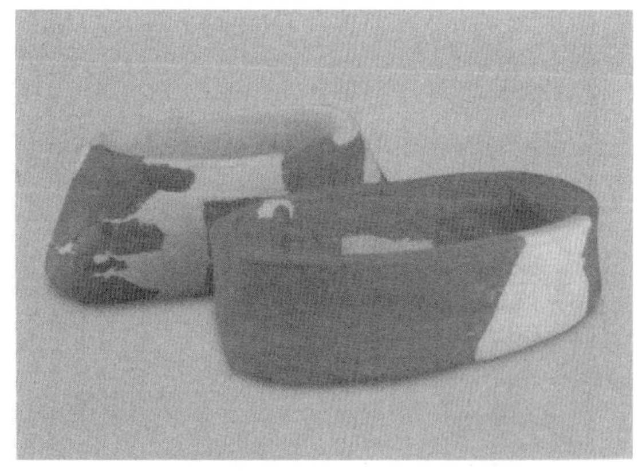

3. 陶椭圆形小盆（H9：33、36）

6. 陶环（H9：4）

河南三门峡市庙底沟遗址仰韶文化 H9 出土遗物

河南灵宝市西坡遗址庙底沟类型两座大型房址的发掘

◎中国社会科学院考古研究所河南一队　◎河南省文物考古研究院
◎三门峡市文物考古研究所

一、田野工作回顾

西坡遗址位于河南灵宝市阳平镇以东约3公里，南距秦岭约5公里，北距黄河约11公里。遗址分布千南涧村全部居住区和大部分耕地、西坡村西部部分居住区和耕地，以及北涧村南部少量耕地之下。两条发源于秦岭的小河——夫夫河和灵湖河，自南向北由遗址东、西两侧流过，在遗址以北不远处交汇、再向北汇入黄河的支流沙河。遗址东北低、西南高，海拔455~475米，与两侧现代河床的高差约10~15米。根据2004年的系统钻探，遗址南、北有两条壕沟，壕沟和东、西两侧河边断崖间的面积约40万平方米（图一），是灵宝西部铸鼎原周围地区庙底沟类观聚落群中仅次于北阳平遗址的中心性聚落。

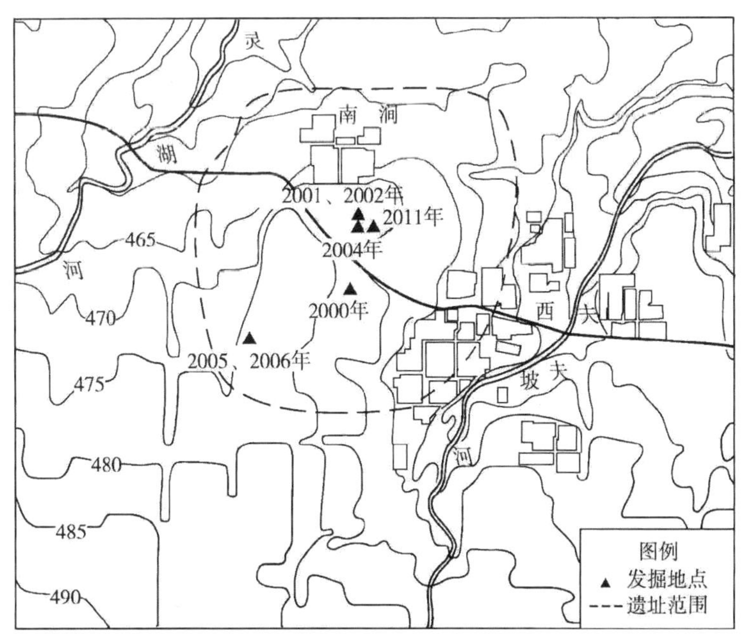

图一　遗址范围和历年发掘位置示意图

2000 年 10 月至 2001 年 1 月，中国社会科学院考古研究所与河南省文物考古研究院组成的联合考古队在遗址中部偏南区域进行了第一次发掘，发掘面积约 400 平方米，揭露了 1 座小型半地穴房址、1 个蓄水池、数十个灰坑[1]。2001 年 3—5 月，在遗址中部进行了第二次发掘，发掘面积约 550 平方米，主要目的是了解聚落核心部位的布局和房屋建筑结构，共揭露半地穴房址 3 座、蓄水池 2 个和灰坑数十个[2]。2001 年 11 月至 2002 年 1 月，在核心部位进行了第三次发掘，发掘面积约 800 平方米，揭露了占地面积达 516 平方米的特大型半地穴房址 F105，门道朝向东南[3]。2004 年 4—7 月，继续在聚落中部进行了第四次发掘，发掘面积约 800 平方米，又发现 1 座大型半地穴房址 F106，门道朝向东北[4]。2004 年 10—12 月，对整个遗址进行了全面系统的钻探，初步认定遗址中部有一个遗迹稀少的中心广场，广场四角各有 1 座大型房址，F105、F106 正是其中 2 座，门道均指向广场。同时，还发现南、北两道壕沟和南壕沟外的墓地。因墓地较为重要，我们于 2005、2006 年对其进行了发掘，并于 2010 年整理出版了发掘报告[5]。

二、发掘经过和地层关系

2011 年 9—12 月，为进一步了解聚落核心部位的布局，联合考古队在中心广场东南部进行发掘，拟揭露该部位已探知的大型房址和周围的灰坑等遗迹，验证我们对核心区大型房屋布局的推测，更深入地了解房屋建筑技术和房屋与周围遗迹的关系。发掘中共布设边长为 5 米的正方形探方 62 个，并在发掘区西南角扩方，实际发掘面积为 1566 平方米。发掘区的全站仪基点设定为 N100 米、E100 米、Z100 米，各探方编号为其西南角的全站仪 N、E 坐标（编号方式为 N–E）。共清理庙底沟类型半地穴房址 2 座、灰坑 27 个，以及西周早期灰坑 2 个、墓葬 12 座（图二；图三）。以下简要介绍庙底沟类型的 2 座房址。

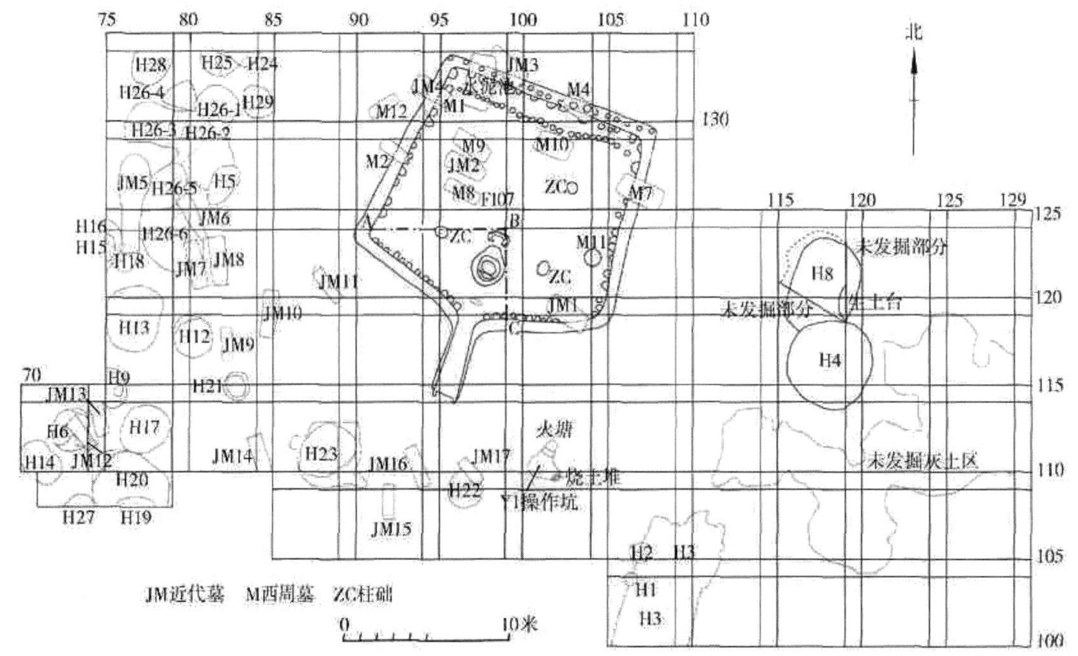

图二　2011 年发掘区总平面图

图三　发掘区全景（上为北）

2座房址的编号为F107和F108。F107是在F108上改建而成的，并将F108完全叠压。房址位于发掘区北部正中区域。

2011年10月，首先清理了上述房址范围内东部各探方的第2层土，暴露出F107半地穴墙体南墙和东墙的一部分，揭示了墙体和房内第1层填土的土色、土质特征。随后清理了房址西部各探方的第3层，F107完全暴露出来。为更准确地认定房址的范围，清除了房址范围内各探方的隔梁。最后划定了F107的轮廓线以及打破房址的近代墓和西周早期墓的轮廓线，并开始清理墓葬，以获得房址各个部位的剖面。墓葬清理完毕后清理F107的内部堆积。我们重新设立T120–90、T120–95、T120–100和T120–105的北隔梁，以及T115–95、T120–95、T125–95和T130–95的东隔梁，将F107划分为四部分，同时向下逐层清理，在半地穴墙体内侧保留厚约10厘米的堆积暂不清理。房内堆积土清理完毕后清理居住面和火塘。之后再清理房址内的隔梁以及半地穴墙体内侧保留的堆积，揭露墙体内壁。12月房址清理完毕。

房址范围内各探方的地层堆积基本一致。现以T125–90、T125–95、T125–100和T125–105四个探方的北壁剖面（图四）为例介绍如下。

第1层：耕土层。表面Z坐标为100.05~100.4米（即高于全站仪基点0.05~0.4米），为灰褐色土，土质疏松，厚0.2~0.3米，包含有少量西周及庙底沟类型陶片，少量晚近现代扰坑直接暴露在地表，少量较早的现代扰坑叠压在此层下。

第2层：明清层。表面Z坐标为100.04~100.25米（即高于全站仪基点0.04~0.25米），为浅黄色土，较硬，厚0.2~0.3米，包含少量明清瓷片及西周、庙底沟类型的陶片。此层被少M

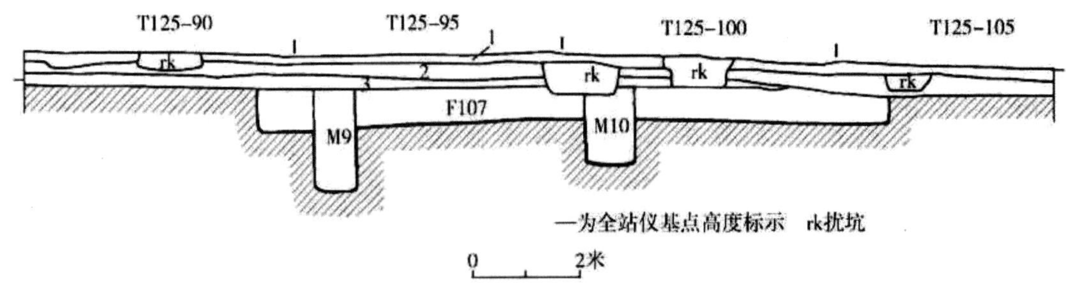

图四　T125-90~T125-105 北壁剖面图

1. 耕土层　2. 浅黄色土　3. 深褐色土

现代扰坑打破，表面有大体呈东西向的犁沟痕迹，推测在明清时曾为耕地。在东部探方中，西周早期墓葬和 F107 叠压在此层下。

第 3 层：西周层。表而 Z 坐标为 99.8~100.02 米（即高于全站仪基点 0.02~0.2 米），西北厚，向东南渐薄直至消失，厚 0~0.3 米，为深褐色土，较硬，包含有西周、庙底沟类型的陶片、石器和兽骨等。在西部各探方中，西周早期墓葬和 F107 叠压在此层下。

F107　被多个晚期遗迹打破。西壁被西周墓 M1、M2 及近代墓 JM4 打破，JM4 同时又打破 M1；北壁被西周墓 M4、近代墓 JM3 和现代水泥池打破，水泥池同时又打破 JM3；东壁被西周墓 M7 打破；门道东侧的南壁被近代墓 JM1 打破；其内部被西周墓 M8、M9、M10、M11 和近代墓 JM2 打破。

房屋内堆积可分为 6 层。现以 T120-95 北壁和东壁、T115-95 东壁和 T120-90 北壁剖面（图五）为例，介绍其堆积情况。

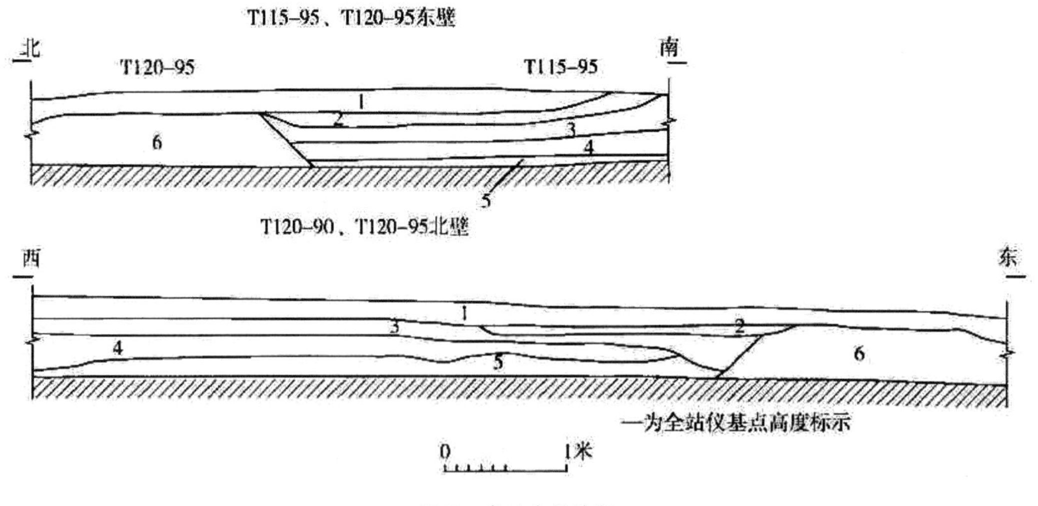

图五　房址内的堆积

1. 浅棕色土　2. 棕灰色土　3. 棕色土　4. 深棕色土　5. 棕灰色土　6. 深棕夹杂灰黑色土

第 1 层：表面 Z 坐标为 99.65~99.75 米（即低于全站仪基点 0.25~0.35 米），为浅棕色土，较软，厚 0~0.2 米，比较均匀地分布在整个房屋范围内，仅南部近门道处消失。包含有庙底沟类型的陶片、石器和兽骨等。

第 2 层：表面 Z 坐标为 99.6~99.75 米（即低于全站仪基点 0.25~0.4 米），为棕灰色土，较硬，夹杂大量料礓石颗粒，局部有料礓石硬面，厚 0~0.15 米，分布于中南部以外的全部区域。包含有庙底沟类型的陶片、石器和兽骨等。

第 3 层：表面 Z 坐标为 99.5~99.75 米（即低于全站仪基点 0.25~0.5 米），为棕色土，较硬，内夹杂青白色胶泥，厚 0~0.3 米，分布于中南部以外的大部分区域。包含有庙底沟类型的陶片、石器和兽骨等。

第 4 层：表面 Z 坐标为 99.2~99.55 米（即低于全站仪基点 0.45~0.8 米），为深棕色土，较硬，内夹杂细小烧土颗粒和炭粒，厚 0~0.3 米，分布于中南部以外的全部区域。包含有庙底沟类型的陶片、石器和兽骨等。

第 5 层：表面 Z 坐标为 99.2~99.35 米（即低于全站仪基点 0.65~0.8 米），为棕灰色土，较硬，内含大量青白胶泥，并有大面积硬面，局部与居住面很难区分，厚 0~0.15 米，分布于中南部以外的全部区域。包含有庙底沟类型的陶片、石器和兽骨等。

第 6 层：表面 Z 坐标为 99.45~99.6 米（即低于全站仪基点 0.4~0.55 米），为深棕夹杂灰黑色土，内含烧土颗粒和炭粒，厚 0~0.45 米，分布于中南部，即火塘上部，形成一小土堆。包含有庙底沟类型的陶片、石器和兽骨等。

第 2~5 层可能为房屋倒塌并经水浸形成的堆积，第 6 层则可能是房屋废弃时有意掩埋火塘形成的堆积。

三、F107

由打破半地穴坑体和墙体的墓葬的剖面分析，F107 的建筑过程大致包括在 F108 的基础上修整半地穴坑体、挖柱槽、立柱、夯打半地穴墙体、建造火塘和铺设居住面等步骤，下面依此顺序介绍各部分的具体情况（图六；图七）。

（一）半地穴坑体

F107 系在 F108 的基础上改建而成，即利用了 F108 的半地穴而未新挖地穴，只是挖掉了 F108 的半地穴墙

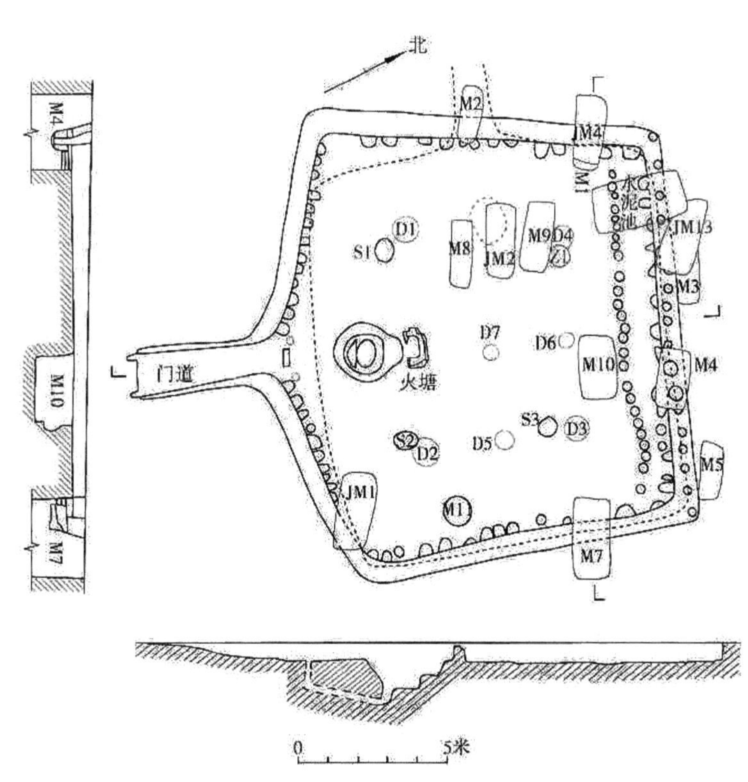

图六　F107 平面、剖视图（虚线为推测的 F108 的轮廓及其火塘）

体、修整了其半地穴坑壁的边缘、改变了其朝向、新挖了门道。其半地穴坑体呈五边形，门道朝向南偏西，方向为 198 度。门道正对的北坑壁长约 13 米，方向大体与门道垂直。东壁长约 11.5 米，与北壁夹角约 97 度，西壁长约 11.6 米，与北壁夹角约 102 度。门道东侧的南壁长约 7.2 米，与东壁夹角约 106 度，门道西侧的南壁长约 7.6 米，与西壁夹角约 98 度。门道长约 4.5、宽 1.15~1.45 米，坡度约 7 度。F107 总面积约 169 平方米。由东西向剖面观测，修整完成后，半地穴坑底（即 F108 的居住面）距离现存坑壁顶部约 0.65~0.78 米。

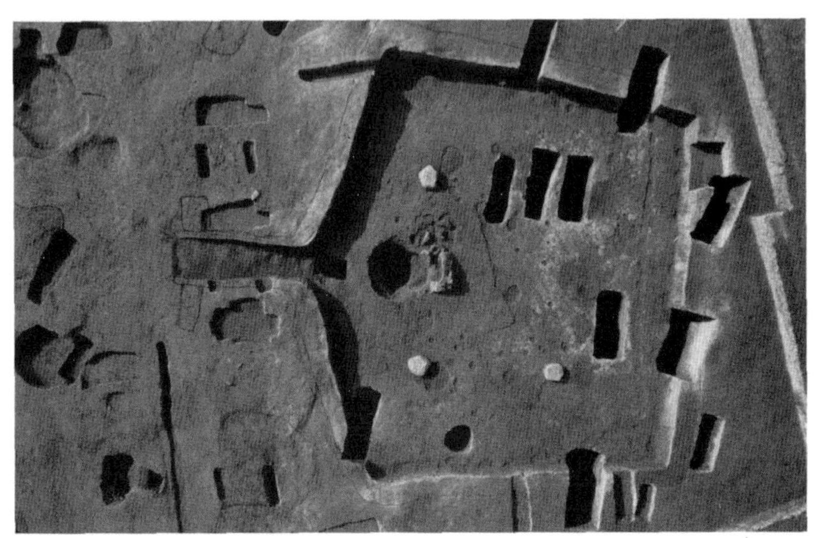

图七　F107（上为西）

（二）柱槽

F107 建造者修整出半地穴坑体轮廓后，沿着新坑体的边缘挖掘出一圈柱槽，用于立柱。JM4 和 Ml 北壁清理出的剖面显示（图八），该位置柱槽为圜底，最深处距现存半地穴墙体顶部 1.34、距半地穴坑底约 0.57 米，在下挖过程中破坏了 F108 的两层居住面铺垫层。此位置正好有一柱洞，可以观察当时立柱的情况。柱洞下有一层垫土，厚 0~0.1 米，棕色土，夹杂大量红烧土颗粒、炭粒和青色泥块，坚硬。柱洞在柱槽内部分保存较好，直壁，宽约 0.2 米，应最接近柱子的直径。在半地穴墙体内部分壁柱洞不规则，由下至上渐宽，宽度为 0.2~0.35 米。洞内填土为棕黄色土，内夹杂料礓石颗粒、碎陶片、炭粒和红烧土颗粒，不似木柱腐朽土，应是柱子被拔走后形成的堆积。柱洞在墙体内部分不规则，也应是拔柱时造成的。柱槽内柱洞周围填土厚 0.4~0.44 米，上部与半地

图八　JM4 北壁剖面

穴坑底基本平齐，为棕色土，内夹杂青色泥块，质地坚硬，可能经过夯打。

M7 北壁清理出的剖面显示，该位置柱槽的底部不规则，但整体较平，最深处距现存半地穴墙体顶部 1.2、距半地穴坑底约 0.55 米，下挖过程中也破坏了 F108 的两层居住面铺垫层。此位置未立柱。槽内填土有两层，下层厚 0.14~0.48 米，为棕色土，夹杂青色泥块，质地坚硬，似经夯打。上层厚 0.09~0.34 米，为深棕色土，夹杂红烧土颗粒、炭粒、料礓石颗粒，质地坚硬，似经夯打，上部与半地穴坑底基本齐平（图九）。

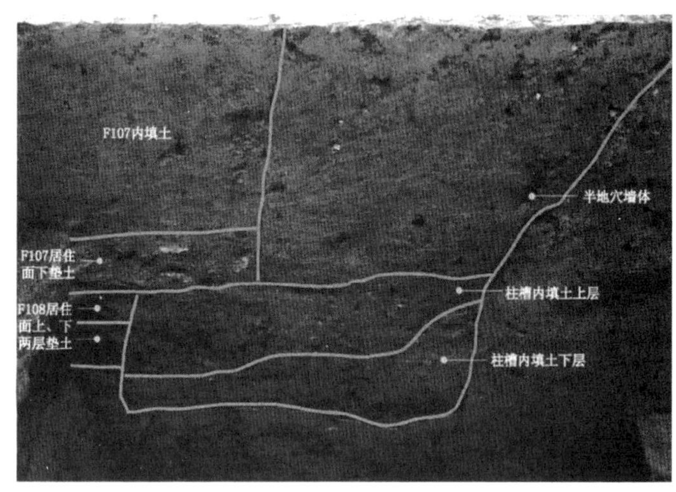

图九　M7 北壁剖面

（三）立柱痕迹

F107 内的立柱有墙内柱和室内柱两部分。

F107 半地穴墙体保存状况不佳，柱子又均被移走，在移动过程中会对周围墙体造成破坏，在墙体顶部几乎难以辨认出柱洞痕迹，墙体内壁移柱留下的痕迹也不清晰。因此，判断柱槽内立柱位置时，半地穴墙体上的痕迹只能作为参考，主要是依据打破半地穴坑壁和墙体的墓葬剖面和居住面上的空缺痕迹。F107 墙体内的柱子多为附壁柱，部分被包裹在墙体内，部分裸露在外，居住面围绕暴露在外的柱体铺设，会留下圆弧形空缺痕迹（图一〇）。据此辨认出的立柱痕迹在东墙和西墙内各有 12 处，门道以东的南墙内有 11 处，门道以西的南墙内有 13 处。如果 JM4 和 M7 各破坏了一个柱子的话，东、西两墙内原来可能各有 13 个立柱。如果 JM1 破坏了 2 个柱子，那么门道东、西两侧南墙内也各有 13 个立柱。正对门道的北壁有附壁柱痕迹 15 处。打破北壁的现代水泥池、JM3 和 M4 剖面及底部也显示出立柱痕迹 8 处，经仔细辨认，又在墙体内认定柱洞 10 处，这样，初步判断北墙墙体内有 18 个立柱。这种双排立柱的设计，表明北侧木结构可能有着重要的承重作用。

图一〇　F107 柱洞（西→东）

附壁柱在居住面上留下的半圆弧形痕迹与墙壁接触位置的宽度为0.26~0.66米，这与柱子原来的直径有关，也与移动柱子时造成居住面破损的情况有关。多数宽度在0.3米左右，可以作为立柱直径的参考。北墙内部柱洞直径也多在0.3米左右。M4底部的两个圆形立柱痕迹直径约0.47米。

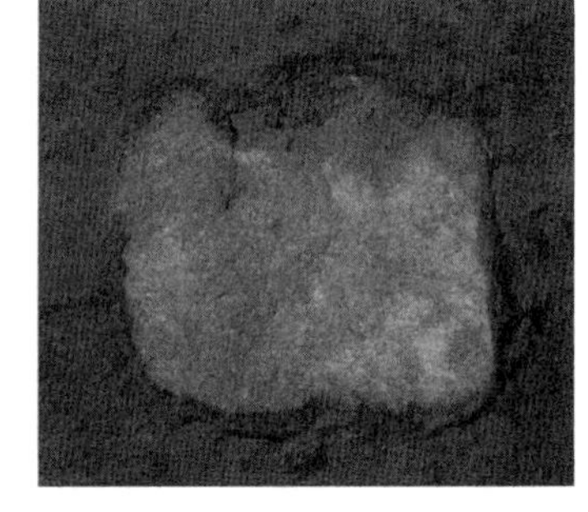

图一一　F107石柱础

F107室内中部居住面上对称放置了3块扁平的大石块，应为室内柱的柱础。西南部柱础石（编号S1），白色，近椭圆形，表面平整，长径0.79、短径0.65、厚约0.2米。东南部柱础石（编号S2），青色，略呈圆弧长方形，表面平整，长0.8、宽0.62、厚约0.2米。东北部柱础石（编号S3），青色，略呈圆角正方形，表面平整，边长0.7、厚约0.2米（图一一）。被M9打破的Z1为一个柱洞的遗迹。在居住面上有直径0.72米的近圆形痕迹，可能是移走柱子时形成的。在M9北壁上可见深约0.45、下部直径约0.16米的柱洞，洞底和下部周边都有坚硬的青灰泥层（图一二）。此柱的性质有三个可能：一它就是最初的西北角室内柱；二是原来西北角室内柱也是以在居住面上摆放础石的方式竖立的，后来改立此柱；三是此柱是在房屋使用过程中竖立的西北角有础石室内柱的辅助柱，有础石柱已经被M9破坏。无论何种可能性，都可以确定整个室内中心部位原来应有四个对称分布的立柱，标示出屋内核心空间范围。

图一二　M9北壁

在F107后部距离北墙0.75~1.22米处，有一排紧密相邻的圆形痕迹，直径均在0.2~0.3米（图一三），推测此处原来有一排密集的立柱，在F107后部形成了一个封闭的空间。此外，在正对门道的火塘通风口东、西两侧各发现1个圆形痕迹，直径均约0.27米，可能也属室内立柱痕迹，与通风口或门道设施有关。

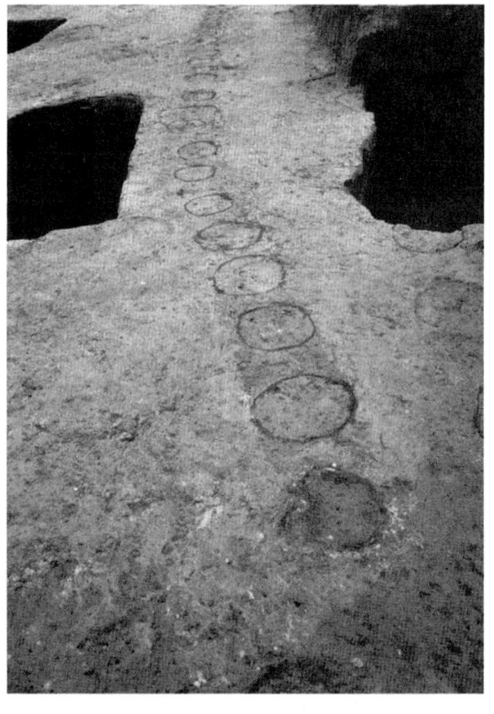

图一三　F107后排柱洞（东→西）

（四）半地穴墙体

在立柱完成、柱槽被填平后，沿半地穴坑壁夯打一圈墙体，墙体将大部分立柱的一部分包裹，使之成为一半在墙体内、一半在墙体外的附壁柱。北墙的后排立柱则被完全包裹在墙体中，墙体现存宽度 0.64~0.8 米，在东西向剖面上，西侧墙体高为 0.65 米，东侧墙体高约 0.6 米，墙体呈深棕色，内夹杂红烧土颗粒、炭粒、料礓石颗粒，质地坚硬，似经夯打。因为拔取立柱和废弃后造成的破坏，墙体保存状况不佳，与房屋内填土的自然脱离不明显，表面局部可见残存的零星白灰痕迹。

（五）火塘

图一四　F107 火塘（东→西）

F107 的火塘近瓢形，瓢身部分近椭圆形，瓢把部分近半月形，通长 2.33、宽 1.96 米（图一四）。上部近直壁，深约 0.5 米处有二层台，高约 0.4 米。瓢身部分台宽约 0.25 米，东部保存较好，西部破损；瓢把部分半径约 0.6 米。二层台内北侧有一个椭圆形灶坑，长径 0.88、短径 0.66 米；二层台内南侧为一个扇形小坑，长 0.89、宽 0.27、深约 0.6 米。其南壁底部有一宽约 0.5、高约 0.2 米的拱顶通道，推测应与通风口相连。火塘内壁表面均抹泥，已被烧成红褐色。火塘内未见灰烬，其堆积土与房屋堆积第 6 层相似，内含少量陶片和动物骨骼。

在火塘向南 1.49 米处发现一长方形居住面空缺痕迹，长 0.6、宽 0.2 米，正处于火塘和门道之间，估计是火塘的通风口。为保护房址，未做完全解剖，火塘和通风口的连接方式不明。

火塘后有泥制挡火墙，整体呈由较长的北墙和东、西短墙形成的曲尺形，北墙和东墙保存较好，西墙倒塌。北墙长约 115、宽约 0.15 米，东墙长约 0.49、宽约 0.21 米，西壁长约 0.43、宽约 0.24 米，高约 0.4 米。墙体面向火塘的内面呈褐色，坚硬，外面则保留着泥本身的灰白色，局部被烧成红色。

（六）居住面

F107 的居住面是在 F108 居住面的基础上铺设的，因此只有一层青色的泥做铺垫，上面即为石灰硬面。在 JM4 和 Ml 的北壁剖面位置，青色泥层的厚度为 0.04~0.09 米，在 M7 北壁的位置，此泥层的厚度为 0.21~0.23 米，石灰硬面的厚度均为 1 厘米左右。泥层厚度不同，可能是为了保证石灰硬面基本水平。上述两个剖面位置的石灰硬面均比全站仪基点低 1.2 米左右，水平程度很高。其他墓葬剖面显示的情况大体相同。

绝大部分石灰硬面呈青灰色，火塘附近的硬面呈红色或黑灰色，房屋西南角也有一片地面呈红黑色，似经过火烧（图一〇）。

四、F108

确认 F108 的存在及其形制的主要依据包括 JM2 南壁和北壁上的灶的剖面，以及打破房址的墓葬剖面上显示的居住面和室内柱痕迹。

F108 火塘在 JM2 南壁上，宽约 1.28、深约 0.93 米，近直壁，圜底，侧壁和底部经长期火烧形成红烧土层，厚 0.026~0.134 米，侧壁薄，底厚（图一五；图一六）。火塘内未见灰烬，有 5 层堆积。

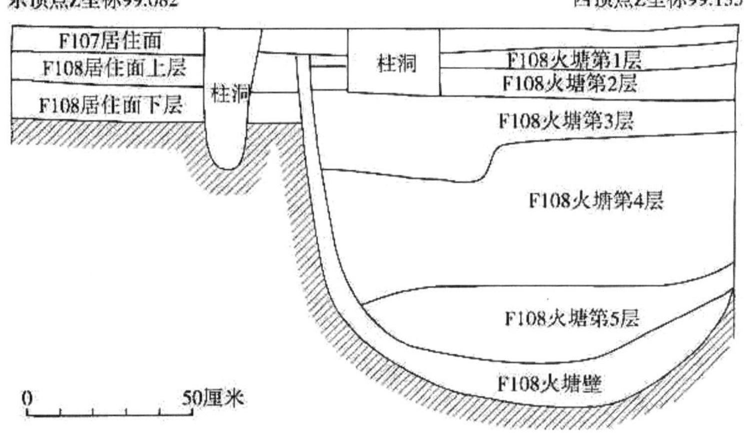

图一五　F108 灶（JM2 南壁）

图一六　F108 灶（JM2 南壁）

第 1 层：浅棕色土，夹杂青灰泥，坚硬，厚 0.034~0.068 米。

第 2 层：深棕色土，夹杂大量青灰泥和料礓石，坚硬，厚 0.085~0.101 米。

第 3 层：灰褐色土，夹杂大量青灰泥和料礓石，厚 0.095~0.25 米。

第 4 层：红烧土层，夹杂有青灰泥和料礓石，坚硬，厚 0.31~0.44 米。

第 5 层：棕色土，内夹杂青灰泥和料礓石，较坚硬，厚 0.077~0.23 米。

这 5 层坚硬的堆积很可能是 F107 的建筑者有意填充的，用以防止火塘的位置发生塌陷。

F108 火塘第 1 层上覆盖着 F107 的居住面，与其他位置相似，包括厚 0.05~0.074 米的青灰泥层和约 1 厘米的石灰硬面。在火塘以外部分，此居住面叠压着 F108 的两层居住面，下层厚 0.09~0.11 米，为青灰泥层，上层厚 0.085~0.12 米，为棕色泥加青灰泥层，其上有厚约 0.01 米的石灰硬面，灶边缘附近被烧成红色。

在 JM2 和 M1 及 M7 北壁剖面上，F107 居住面下也叠压着两层 F108 居住面。JM2 和 M1 剖面上，F108 居住面下层厚 0.09~0.1 米，为青灰泥层；上层厚 0.09~0.12 米，为青灰泥夹杂大量料礓石层。M7 剖面上，F108 居住面下层厚约 0.13 米，为青灰泥层；上层厚约 0.13 米，为棕色泥夹杂青灰色泥层。其他打破 F107 和 F108 墓葬剖面上的情况与此类似。

在 F107 居住面上，发现 7 处近圆形痕迹，四角的 D1、D2、D3 和 D4 较大，直径分别为 0.87、0.95、0.85 和 0.71 米。居中的 D5、D6 和 D7 较小，直径分别为 0.63、0.5 和 0.54 米。根据其分布及其与 F108 火塘的相对位置分析，应为 F108 的室内柱遗迹，标示出 F108 的核心空间。我们推测，在建造 F107 时拔除了 F108 的室内柱，将移柱形成的坑填埋夯实后铺设了居住面。但填土不够坚实，在废弃后的漫长时间里，坑上的居住面下沉、破损，形成了与移柱坑形状相似的痕迹。为保护 F107 的居住面，未对这些柱洞进行解剖。在 M9 的北壁上，可见 F107 柱洞 Z1 打破 D4，并可知 D4 的深度约 0.46 米（图一二）。

根据上述遗迹现象，我们可以大致复原 F108 的形状，推测其形状和面积与 F107 大体相同，但门道指向西北，方向约为 295 度，朝向中心广场。

五、遗物

F107 填土内包含有少量破碎的陶片、石器和兽骨等。陶片均难以复原成完整器。现选择若干典型标本介绍如下。

小口瓶　6 件。均为双唇，依据器形差异，可分为二式。

Ⅰ式：4 件。泥质红陶。上、下唇均较厚，下唇凸出较少，剖面近圆角三角形。F107 火塘内 –7：1，上唇顶面倾斜，略凸起。口下部饰较稀疏线纹。口径 5.6、残高 4.5 厘米（图一七，1）。F107 火塘内 –1：1，上唇顶面较平。口下部饰细线纹。口径 5.5、残高 5.9 厘米（图一七，3）。F107–4：1，上唇顶面倾斜，略凸起。口下部饰横、斜交叉的线纹。口径 6.6、残高 4.5 厘米（图一七，4）。F107–3：1，局部呈褐色。上唇顶面较平。口下部饰横线纹。口径 5、残高 4.4 厘米（图一七，2）。

Ⅱ式：2 件。下唇较薄，凸出较多，剖面扁平。F107–1：1，夹细砂红褐陶。上唇短而厚，倾斜。口下部饰斜向稀疏线纹。口径 5、残高 5.7 厘米（图一七，5）。F107–1：2，泥质红陶。上唇较薄，顶面较平。口下部残存一

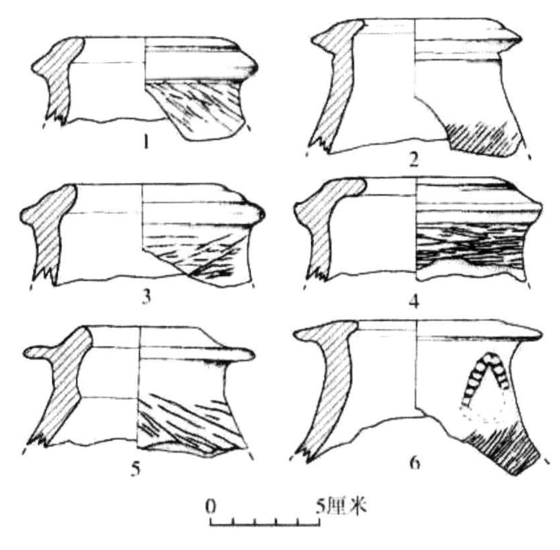

图一七　出土陶小口瓶
1~4. Ⅰ式（F107 火塘内 –7：1、F107–3：1、F107 火塘内 –1：1、F107–4：1）
5、6. Ⅱ式（F107–1：1、Ⅱ式 F107–1：2）

周附加泥条堆纹，部分已经脱落，其下饰细密线纹。口径 5.4、残高 6.3 厘米（图一七，6）。

钵　6 件。依据器形差异，可分三型。

A 型：3 件。泥质红陶。口略敞或近直口，圆唇。均饰有黑彩图案。F107–4∶2，口略敞。唇上饰一道黑彩，口外侧饰黑彩，图案为对角对应的两个直角弧线三角，中间加两道弧线。残长 6、残高 3.6 厘米（图一八，1）。F107–4∶3，口略敞。唇上饰一道黑彩，口外侧饰黑彩，图案上面为连续的直角弧线三角，下边为一道横线。残长 4.7、残高 3.9 厘米（图一八，2）。F107–5∶1，近直口。唇上饰一道黑彩，口外侧饰黑彩，图案为对角对应的两个直角弧线三角。残长 4、残高 4.3 厘米（图一八，3）。

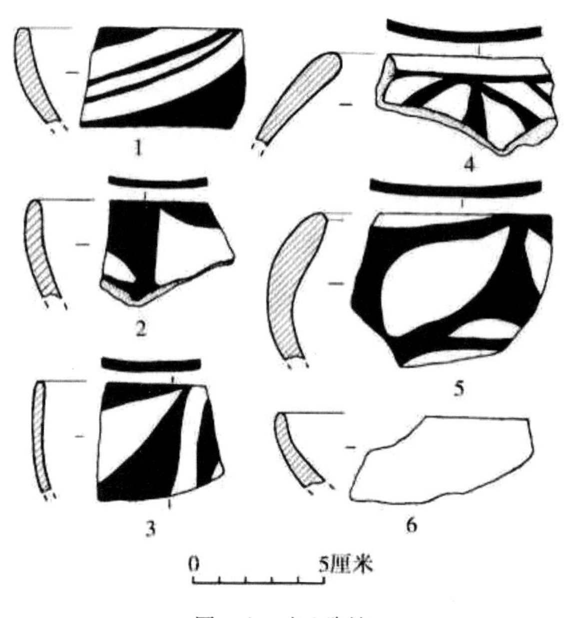

图一八　出土陶钵

1~3. A 型（F107–4∶2、F107–4∶3、F107–5∶1）
4、5. B 型（F107–1∶3、F107 门道∶1）　6. C 型（F107–4∶4）

B 型：2 件。泥质红陶。敛口。均饰有黑彩图案。F107–1∶3，尖圆唇。唇上饰一道黑彩，口外侧饰黑彩，残存图案上边为两个相连的弧线三角，下边为一道横线，中间为一弧线三角，与上边的两个弧线三角相交，形成花瓣状的空白。残长 7.1、残高 4.8 厘米（图一八，5）。F107 门道∶1，圆唇。唇上饰一道黑彩，口外侧饰黑彩，残存图案为弧线三角和弧线，空白处形如花瓣。残长 6.6、残高 3.5 厘米（图一八，4）。

C 型：1 件（F107–4∶4）。泥质红陶。敞口，尖圆唇。素面。残长 6.2、残高 3.1 厘米（图一八，6）。

鼓腹盆　3 件。泥质红陶。圆唇，口沿外折。F107–3∶2，沿面略弧起。唇部饰一道宽黑彩，鼓腹上部饰黑彩，残存两个长弧线三角纹的局部。残长 13、残高 6.5 厘米（图一九，1）。F107–2∶1，沿面较平。唇部饰一道黑彩，沿面残余黑彩为长弧线三角的一部分，鼓腹上部残存两个弧线三角的局部。残长 5.1、残高 4.2 厘米（图一九，2）。F107–1∶4，沿面略弧起。唇部饰一道宽黑彩，鼓腹上部残存横线、双弧线和弧线三角的局部。残长 10.5、残高 5.1 厘米（图一九，3）。

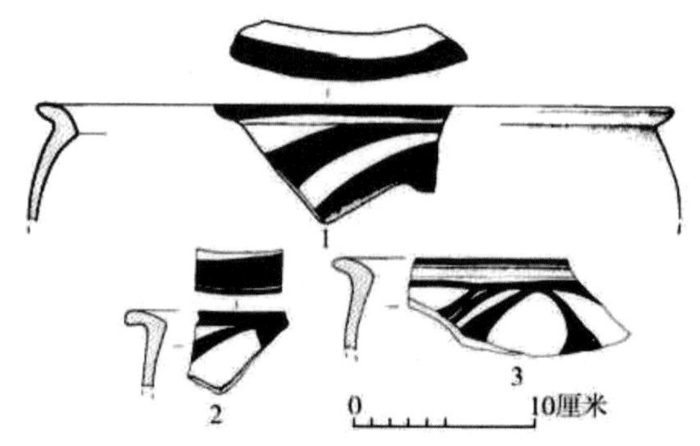

图一九　出土陶鼓腹盆

1. F107–3∶2　2. F107–2∶1　3. F107–1∶4

斜腹盆　3 件。依据器形差异，可分为两型。

A 型：2 件。泥质红陶。上腹部近直。圆唇，口沿外折，沿面略弧起。F107–4：5，沿面饰一道宽黑彩。残长 7.4、残高 4 厘米（图二〇，1）。

B 型：1 件（F107–3：4）。圆唇，口沿外折，沿面倾斜，较平，上腹部开始倾斜。素面。残长 11.8、残高 5.5 厘米（图二〇，3）。

敛口盆 2 件。F107–3：5，泥质红陶。圆唇，口沿内敛，沿外侧形成一凸棱。素面。残长 8、残高 6.2 厘米（图二〇，2）。F107–1：5，夹细砂红陶。圆唇，口沿内敛，唇外侧略凹，形成一凹弦纹，沿外侧形成一凸棱。素面。残长 15、残高 6.4 厘米（图二〇，4）。

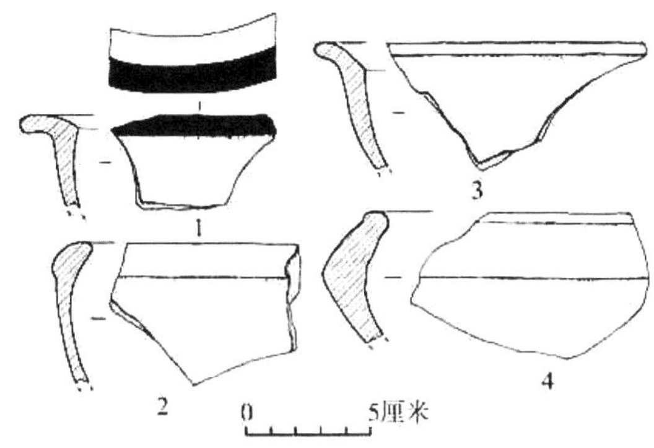

图二〇 出土陶器

1. A 型斜腹盆（F107–4：5）
2、4. 敛口盆（F107–3：5、F107–1：5）
3. B 型斜腹盆（F107–3：4）

罐 5 件。F107 火塘 –4：1，夹砂黑灰陶。方圆唇，口沿外折。口下饰凹弦纹。口径 26、残高 5.7 厘米（图二一，1）。F107–4：6，夹砂红陶。圆唇，口沿外翻。口下饰横、竖交叉的线纹。残长 6.7、残高 6.1 厘米（图二一，2）。F107–2：2，夹砂黑灰陶。方唇，唇面略凹，口沿外折。口下是横凹弦纹，残存一个有按窝的小鋬。残长 8.5、残高 4.3 厘米（图二一，3）。H07–1：6，夹砂灰褐陶。方圆唇，口沿外折，素面。口径 10、残高 4 厘米（图二一，4）。F107–1：7，夹砂褐陶。圆唇，口沿外折，沿面偏上部凸起，形成两个连续的凹弧面。口下饰横弦纹，残存半个小鋬。残长 7.6、残高 4.5 厘米（图二一，5）。

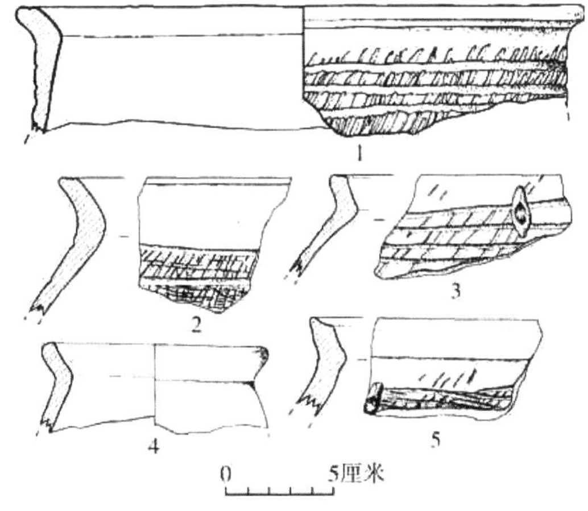

图二一 出土陶器

1. F107 火塘–4：1 2. F107–4：6
3. F107–2：2 4. F107–1：6 5. F107–1：7

六、结语

（一）两座房址的相对年代和聚落布局演变

小口瓶的口部特征一直是仰韶文化分期的重要参照。本简报中的Ⅰ式小口瓶上、下唇均较厚，双唇界限明显，下唇凸出较少，剖面近圆角三角形，一般被认为是庙底沟类型早、中期的典型式样。西坡遗址 2000 年发掘出土的 H22：102、104，2001 年发掘出土的 H104：22，以及 F105 填土中发现的 F105：1 同为此类型，均被发掘者归入西坡遗址庙底沟类型遗存的早期。尚未发表详细资料的 F106 填土中也有此类型的小口瓶口沿。本简报中的Ⅱ式小口瓶下唇较薄，凸出较多，两唇间的界限模糊，一般被认为是庙底沟偏晚时期的特征。西坡遗址 2000 年发掘出土的 H20：45、2001 年发掘出土的 H110：5 同为此类型，均被发掘者归入西坡遗址庙底沟类型遗存的晚期。因此，F107 内的第 2~6 层及火塘内堆积应属西坡遗址庙底沟类型遗存的偏早期。我们上面已经讨论过，这些堆积可能是 F107 废弃不久后形成的，其中有 F107 的倒塌堆积，因此，堆积的年代应与 F107 的使用时间相差不远。F108 被叠压在 F107 之下，年代应更早。

2001 年发现的房址 F102 被发掘者归入西坡遗址早期，对于另两座房址 F104 和 F3 的相对年代，发掘者在简报中没有述及。F104 叠压 F105，与 F107 叠压 F108 的情况相似。F3、F102 和 F104 的门道方向分别为 105 度、127 度和 210 度，均朝向西南或东南，与 F107 的方向接近，与 F105、F106 和 F108 门道朝向中心广场的布局有差异。因此，推测位于中心广场西北、西南和东南角的 F105、F106 和 F108 相对年代更早，F107 和 F3、F102 及 F104 可能大体属于同一个较晚的时期。

F105、F106 和 F108 是发掘和钻探所知聚落中规模最大的建筑，它们的门道均指向中心广场，凸显了房屋使用时期中心广场在聚落中的重要地位。这种向心式布局继承了姜寨半坡类型聚落的传统[6]。但目前在三座大型房址附近未见成组小型房址。事实上，我们在 2004 年的钻探中，只确认了半地穴房址 30 余处，对于 40 万平方米的西坡聚落来说，这些房址明显满足不了居民的基本居住需要。我们初步推测一般居民可能居住在比较简易的地穴式房屋中，在钻探中难以和灰坑区分。对于西坡聚落的布局问题，还需要更多的发掘工作才能解答。

值得关注的是，F107 和 F3、F102 及 F104 使用时期，聚落布局明显发生了改变。上述三座大型房址环绕的中心广场可能已经不是聚落的中心，或失去了特殊的重要地位。F104 和 F107 都是在原来的大型房址基础上改建的，可见早期的大型房址也已经被废弃。这些时代略晚的房址门道朝向西南或东南，很可能是考虑到了采光和避风的需要，开始更多地考虑到房屋的实用性。

（二）房屋建筑过程

在西坡遗址 2001 年发掘简报中，发掘者已经对庙底沟类型大型半地穴房址的建筑过程提出了基本正确的认识，指出此类房屋的建筑大体包括如下过程：挖成半地穴和门道；沿地穴边缘挖柱槽，填土夯实后再挖坑立柱；放置室内柱的柱础石，铺设居住面垫层；依托立柱建筑半地穴墙体；挖火塘，立室内柱；在居住面铺垫层顶部、半地穴墙壁内面和顶面、火塘内壁抹泥；烧烤抹泥面；填充半地穴墙体和半地穴坑壁间的缝隙，修筑地上部分和房顶。

从现有的资料看，F107 的建筑过程大体与此相同，包括以下步骤。其一，以 F108 的半地穴坑穴为基础，清理、修整出新的半地穴坑穴和门道，火塘很可能也是在此阶段挖成的。其二，沿地穴边缘挖柱槽，立柱后，以夯土填满柱槽，使柱子稳固。填埋后，柱槽部分与半地穴的底部齐平。未见先将柱槽填实后再挖坑立柱的迹象。同时挖槽埋立后墙前面的一排柱子。其三，依托立柱夯打出半地穴墙体，将立柱包裹在墙体中，更加牢固。其四，在半地穴底部铺垫青灰泥，然后在地表和半地穴墙壁上抹泥，形成坚硬防潮的居住面和壁面。其五，摆放室内柱的石柱础，立室内柱，搭建顶部木结构并盖顶。

（三）大型房屋的功能

F105、F106 和 F108 这些大型房屋规模宏大、建筑技术复杂，又位于聚落的中心，应该不是一般的居室。F105 外有回廊，F106 地面和墙壁均涂朱，F108 以多个室内柱标示和规划出屋内的核心空间。这些特殊的设施和装饰方式，都是此类大型房屋具有特殊功能的标志。正如很多学者推测的那样，这些房屋很可能是举行公共活动、处理公共事务的场所。

F107 火塘的特殊形制和挡火墙的设置，房屋后部由密集立柱隔离出的特殊空间，西南角居住面上的火烧痕迹均表明，这座大型房屋中很可能会举行特殊的活动。可见当时大型房屋面向中心广场的格局虽然已经改变，但大型房屋的重要性并未减弱。

总之，F107 和 F108 两座房址的清理为我们深入了解庙底沟类型大型半地穴房屋的建筑方式和功能提供了新资料。

附记：西坡遗址 2011 年的发掘是由中国社会科学院考古研究所李新伟主持，参加发掘的有三门峡市文物考古研究所杨海青，灵宝市文物保护管理所张艺苑、王勇、王彦波，北阳平遗址群保管所赵云峰、姜涛，中国社会科学院考古研究所研究生孙丹，北京联合大学研究生程鹏飞、李金涛、王月梅，郑州大学研究生李志鹏、李军强、王龙霄，河南省文物考古研究院侯延峰。

执笔：李新伟　杨海青
郭志委　侯延峰

注释：

［1］中国社会科学院考古研究所河南一队、河南省文物考古研究所、三门峡市文物工作队等：《河南灵宝市西坡遗址试掘简报》，《考古》2001 年第 11 期。

［2］河南省文物考古研究所、中国社会科学院考古研究所河南一队、三门峡市文物考古研究所等：《河南灵宝市西坡遗址 2001 年春发掘简报》，《华夏考古》2002 年第 2 期。

［3］河南省文物考古研究所、中国社会科学院考古研究所河南一队、三门峡市文物考古研究所等：《河南灵宝西坡遗址 105 号仰韶文化房址》，《文物》2003 年第 8 期。

［4］中国社会科学院考古研究所河南一队、河南省文物考古研究所、三门峡市文物考古研究所等：《河南灵宝市西坡遗址发现一座仰韶文化中期特大房址》，《考古》2005 年第 3 期。

［5］中国社会科学院考古研究所、河南省文物考古研究所：《灵宝西坡墓地》，文物出版社，2010 年。

［6］西安半坡博物馆、陕西省考古研究所、临潼县博物馆：《姜寨：新石器时代遗址发掘报告》，文物出版社，1988 年。

河南灵宝市西坡遗址南壕沟发掘简报

◎中国社会科学院考古研究所河南一队　◎河南省文物考古研究院
◎三门峡市文物考古研究所　◎灵宝市文物保护管理所
◎北阳平遗址群管理所

西坡遗址位于河南省灵宝市阳平镇西坡村西北，斜跨西坡、南涧等自然村，东距灵宝市区约 17 公里。遗址南依秦岭，北望黄河，东、西两侧有夫夫、灵湖两河自南向北注入黄河支流沙河，地势自西南向东北倾斜，海拔高度 455~475 米。2000—2011 年，中国社会科学院考古研究所会同河南省文物考古研究所及当地文物部门对该遗址进行了七次考古发掘，清理出大型房址、墓地、壕沟等重要遗迹以及大量陶、石、骨、玉器等遗物[1]，确立了西坡遗址作为仰韶文化中期核心地区大型聚落的地位，引起学术界的广泛关注。2013 年，联合考古队又在遗址南部壕沟位置进行发掘，获取了西坡遗址史前聚落延续与发展的更多信息。本文主要对此次发掘南壕沟的解剖情况及主要收获进行报道。

一、发现及发掘经过

西坡遗址南、北两道壕沟是在 2004 年冬季对整个遗址进行系统钻探时发现的，分别位于遗址南、北两侧，大致呈西北—东南走向，与东、西两侧的夫夫、灵湖两河共同组成整个聚落的外围屏障。2013 年发掘工作的主要目的是解剖南部壕沟，以进一步了解壕沟结构及其内部堆积所反映的西坡聚落形成与演变过程。本次发掘地点选择在南壕沟中部偏东，位于西坡村西约 50 米处的耕地中（图一；图二）。发掘前对此区域进行了重新钻探，并依钻

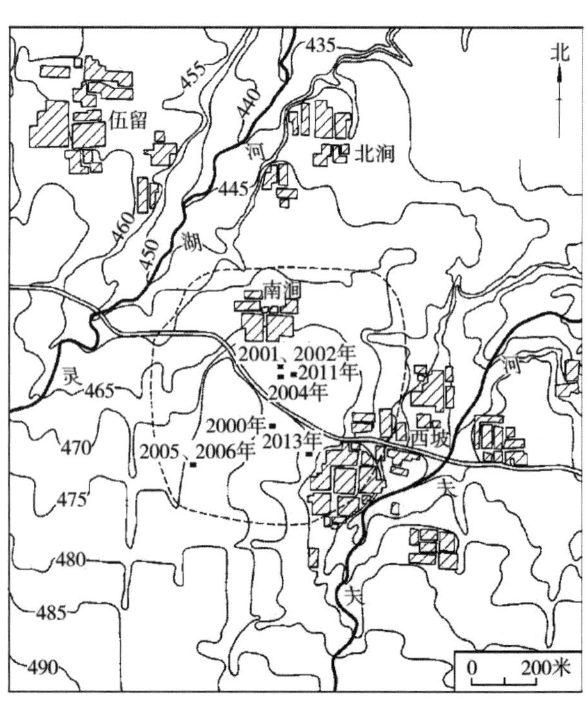

图一　遗址及发掘区位置图

探结果设立全站仪基点（设定坐标为N50，E50，Z0），布设探方8个（探方编号为其西南角的N、E坐标），揭露面积220平方米。清理出南壕沟的一段及仰韶文化时期灰坑5个（H1、H2、H3、H5、H6）、窑址1座（Y1），以及历史时期的墓葬5座（M1、M2、M3、M4、M5）和坑状堆积4处（K1、K2、K3、K4）。在南壕沟内还发现3座灰坑（NHGH1、NHGH2、NHGH3）[2]及2具完整猪骨遗存（图三）。

图二　2013年发掘区全景（上为西）

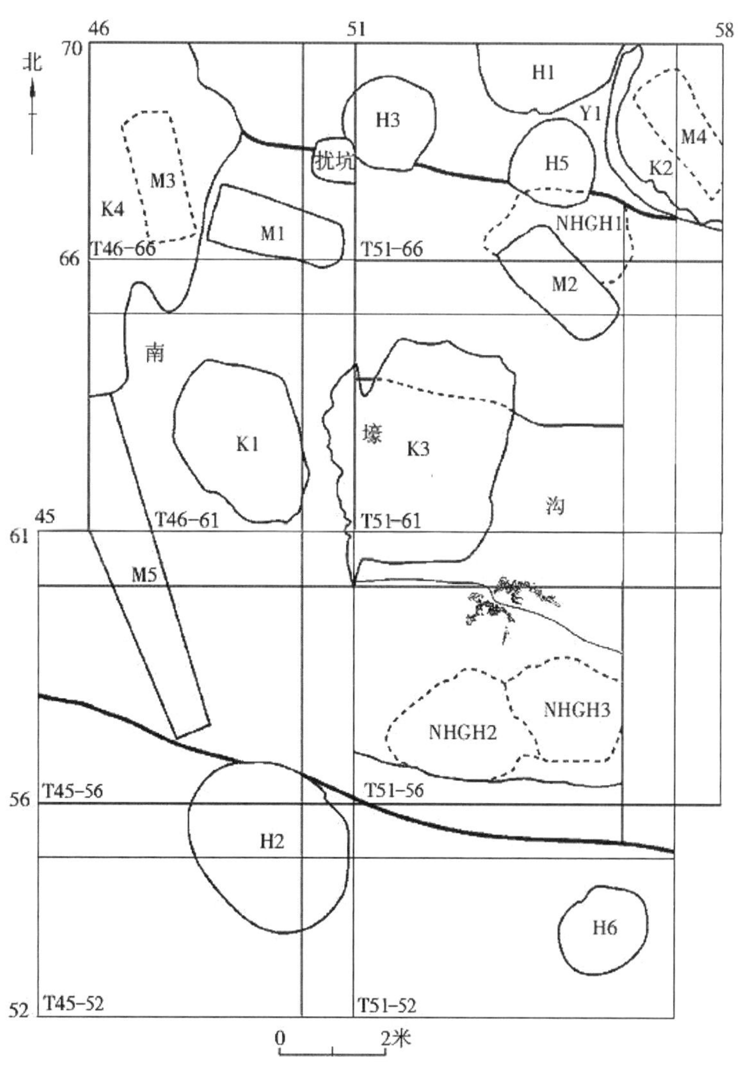

图三　2013年发掘区遗迹分布总平面图

二、遗址地层堆积

发掘区内南壕沟以上的地层堆积基本一致，大致可分为3层，现以T51–52、T51–56、T51–61、T51–66西壁剖面为例说明地层堆积情况（图四）。

第1层：表土层。遍布发掘区，大致呈水平状堆积，厚0.1~0.26米。灰黑色土，颗粒大，质地疏松，富含植物根系。此层出土有仰韶文化、龙山文化和周代的陶片，以及瓷片、残铁器和现代废弃物等。

第2层：遍布发掘区，大致呈水平状堆积，厚0.35~0.7米。黄白色土，颗粒细，质地致密而坚硬，包含少量料礓石。此层出土仰韶文化时期陶片以及历史时期的瓷片、铁器、钱币等，其下叠压晚期扰坑、K3、南壕沟及H3。

第3层：分布在发掘区南部（T45–52、T45–56、T51–52、T51–56、T46–61、T51–61），南厚北薄，呈坡状堆积，厚0~0.6米。灰黄色土，较第2层略显灰黑，颗粒细，质地致密，包含少量料礓石。此层出土仰韶文化时期陶片等，部分被K 3打破，其下叠压南壕沟。

三、壕沟形制与堆积

南壕沟在发掘区内呈西北—东南走向，方向约105度。口部宽约11~12.2米，两侧沟壁斜收，外侧坡度较陡，约为65~80度；内侧坡度稍缓，约为50~60度。壕沟外侧边缘斜收至深约3.6~3.8米处向内折收形成宽约2~2.4米的平台；内侧边缘斜收至深约5.3~5.8米处亦见小平台，不甚明显，宽约0.8~1.2米。两平台之间为锅底状沟底。壕沟口至底部深约5.6~6.4米，填满不同形状和性质的堆积，可分为15大层52小层，此外还发现少量灰坑及完整猪骨等遗迹。

（一）地层堆积

以下逐层介绍壕沟内的地层堆积情况（图四；图五；图六；图七）。

NHG第1层：分布在沟内中北部，呈坡状堆积，厚0~0.35米。灰褐色土，颗粒稍细，质地致密而坚硬，包含烧土块或颗粒。此层出土陶器（片）2424件、石器（块）23件、骨骼11块。

NHG第2a层：分布在沟内中北部，呈坡状堆积，厚0~0.58米。黑褐色土，颗粒细，质地致密而坚硬，包含烧土块或颗粒以及料礓石等。此层出土陶器（片）11201件、石器（块）118件、骨骼249块。

NHG第2b层：分布在沟内中部，呈凹面状堆积，厚0~0.51米。黑灰色土，颗粒细，质地致密且稍硬，包含部分烧土颗粒及料礓石。此层出土遗物丰富，计有陶器（片）10198件、石器（块）78件、骨骼296块。

NHG第2c层：分布在沟内中部，呈凹面状堆积，厚0~0.4米。灰黑色土，颗粒稍粗，质地稍疏松，包含较多烧土颗粒和炭屑。此层出土陶器（片）2997件、石器（块）32件、骨骼56块。

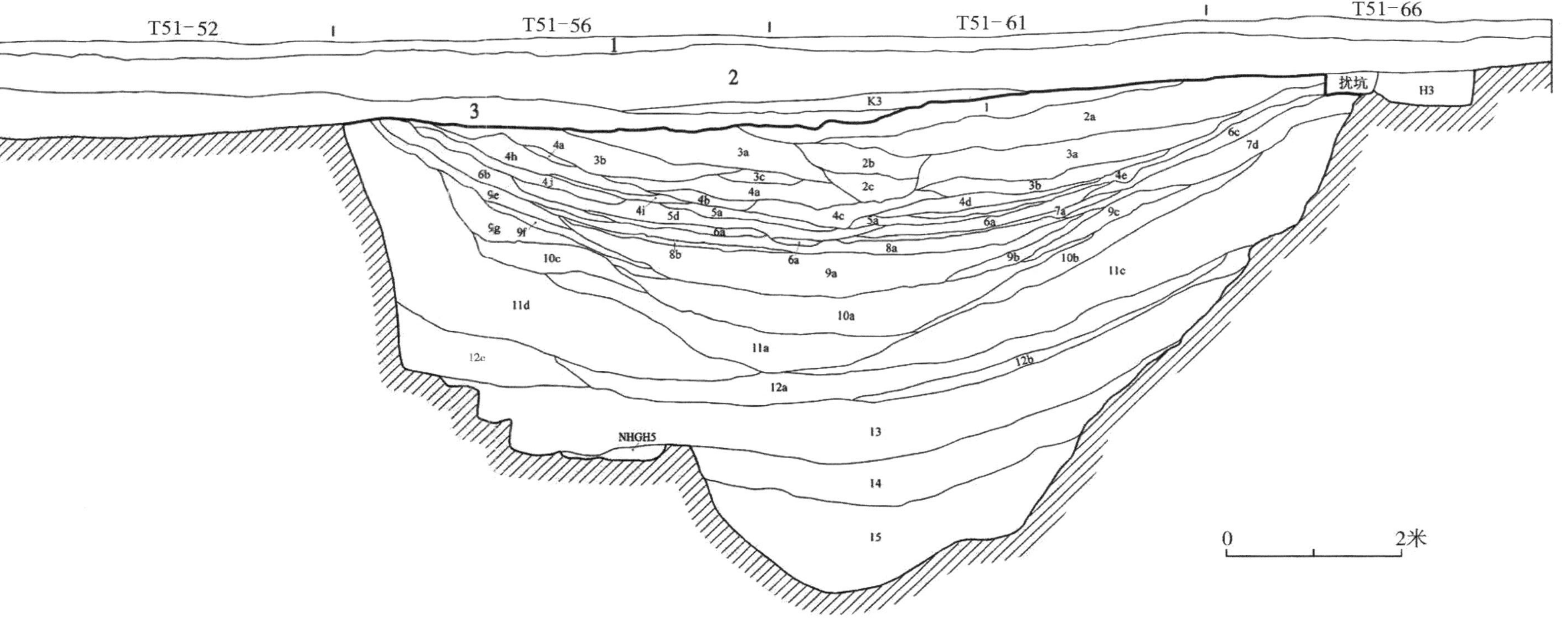

图四　T51-52、T51-56、T51-61、T51-66 及南壕沟西壁剖面图

壕沟以上地层：1. 灰黑色土　2. 黄白色土　3. 灰黄色土

壕沟内地层（编号前均省略“NHG”）：1. 灰褐色土　2a. 黑褐色土　2b. 黑灰色土　2c. 灰黑色土　3a. 灰色土　3b. 黄灰色土　3c. 灰黑色土　4a. 青灰色土　4b. 灰白色土　4c. 灰黑色土　4d. 黄灰色土　4e. 黄白色土　4g. 深灰色土　4h. 黄灰色土　4i. 黄红色土　4j. 灰黑色土　5a. 灰褐色土　5d. 灰褐色土　6a. 深灰色土　6b. 灰褐色土　6c. 黄白色土　7a. 黄白色土　7d. 黄白色土　8a. 浅灰色土　8b. 灰褐色土　9a. 灰色土　9b. 黄褐色土　9c. 黄灰色土　9e. 灰褐色土　9f. 黄褐色土　9g. 灰褐色土　10a. 黄褐色土　10b. 灰褐色土　10c. 黄褐色土　11a. 灰褐色土　11c. 黄褐色土　11d. 黄褐色土　12a. 黄褐色土　12b. 灰黑色土　12c. 黄褐色土　13. 褐色土　14. 红褐色、黄白色土　15. 褐色、白色土

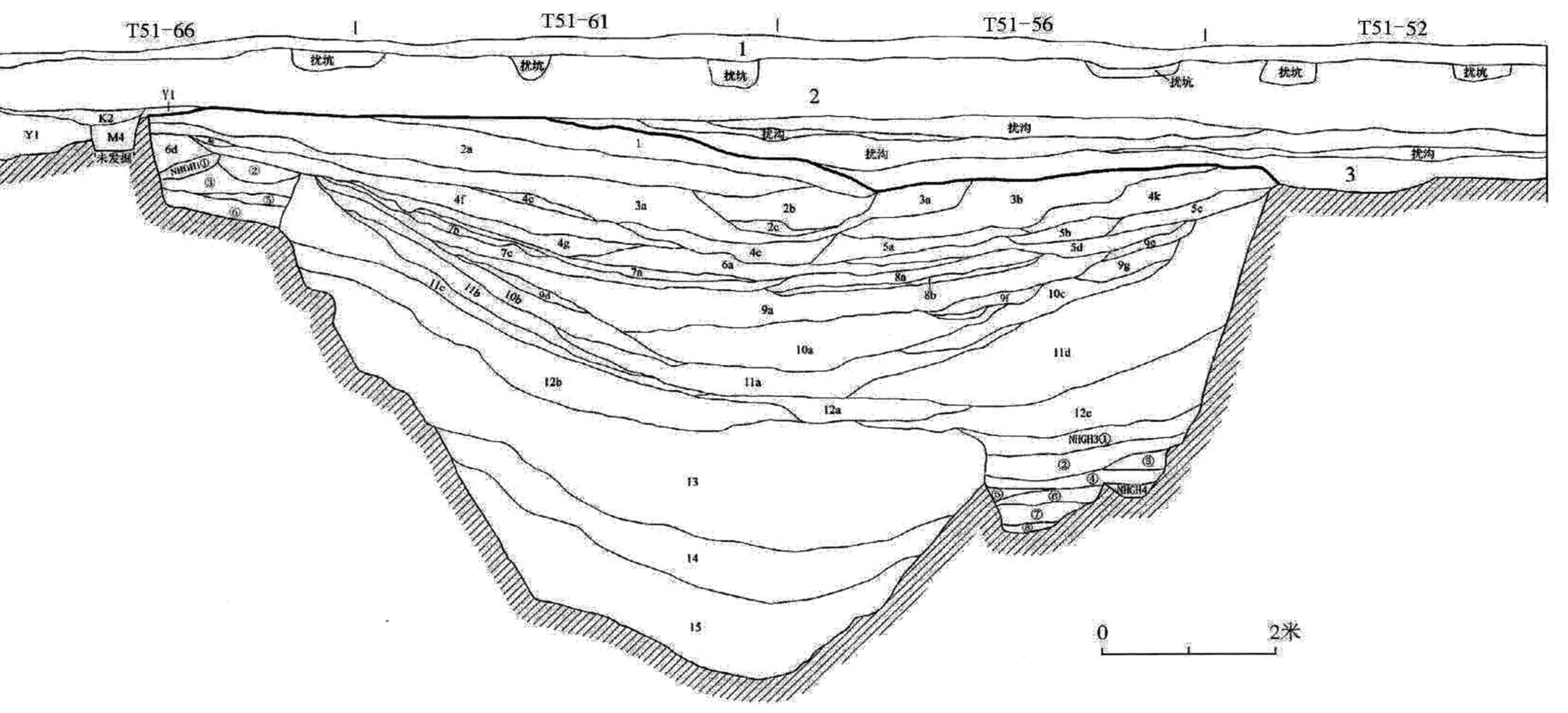

图五　T51-52、T51-56、T51-61、T51-66 及南壕沟东壁剖面图

壕沟以上地层：1. 灰黑色土　2. 黄白色土　3. 灰黄色土

壕沟内地层（编号前均省略“NHG”）：1. 灰褐色土　2a. 黑褐色土　2b. 黑灰色土　2c. 灰黑色土　3a. 灰色土　3b. 黄灰色土　4c. 灰黑色土　4e. 黄白色土　4f. 灰黑色土　4g. 深灰色土　4k. 黄灰色土　5a. 灰褐色土　5b. 褐色土　5c. 红褐色土　5d. 灰褐色土　6a. 深灰色土　6d. 灰褐色土　7a. 黄白色土　7b. 黄色土　7c. 灰色土　8a. 浅灰色土　8b. 灰褐色土　9a. 灰色土　9d. 灰褐色土　9e. 灰褐色土　9f. 黄褐色土　9g. 灰褐色土　10a. 黄褐色土　10b. 灰褐色土　10c. 黄褐色土　11a. 灰褐色土　11b. 浅灰色土　11c. 黄褐色土　11d. 黄褐色土　12a. 黄褐色土　12b. 灰黑色土　12c. 黄褐色土　13. 褐色土　14. 红褐色、黄白色土　15. 褐色、白色土

NHG 第 3a 层：分布在沟内中北部，大致呈凹面状堆积，厚 0~0.56 米。灰色土，部分略泛黄白色，颗粒细，质地较致密，局部稍显疏松，包含部分烧土颗粒及少量炭屑、料礓石。此层出土陶器（片）9037 件、石器（块）70 件、骨骼 207 块。

NHG 第 3b 层：分布在沟内南部，呈坡状堆积，厚 0~0.63 米。黄灰色土，颗粒细，质地疏松，包含部分烧土颗粒及少量炭屑、料礓石。此层出土陶器（片）1396 件、石器（块）20 件、骨骼 31 块。

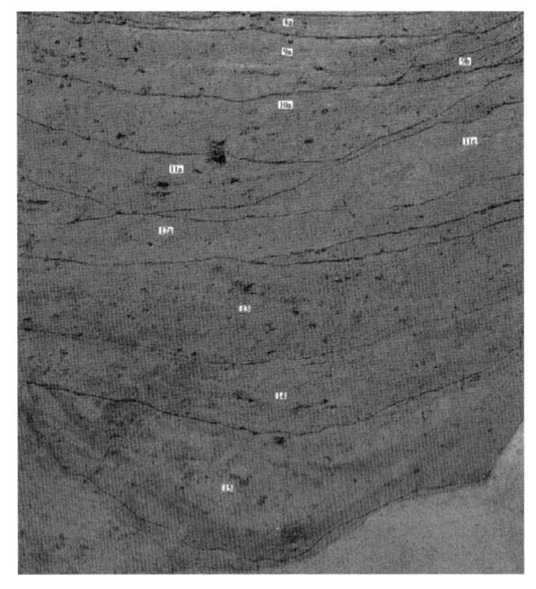

图六　南壕沟（局部）西壁剖面

NHG 第 3c 层：分布在沟内西南部，呈坡状堆积，厚 0~0.18 米。灰黑色土，颗粒细，质地疏松，包含烧土颗粒及料礓石。

NHG 第 4a 层：分布在沟内中部偏西南，呈坡状堆积，厚 0~0.38 米。青灰色土，颗粒稍粗，质地疏松，包含较多料礓石。此层出土陶器（片）12882 件、石器（块）144 件、骨骼 317 块。

NHG 第 4b 层：分布在沟内中部偏西南，呈坡状堆积，厚 0~0.17 米。灰白色土，颗粒略细，质地稍疏松，包含烧土颗粒及零星的料礓石。此层出土陶器（片）403 件。

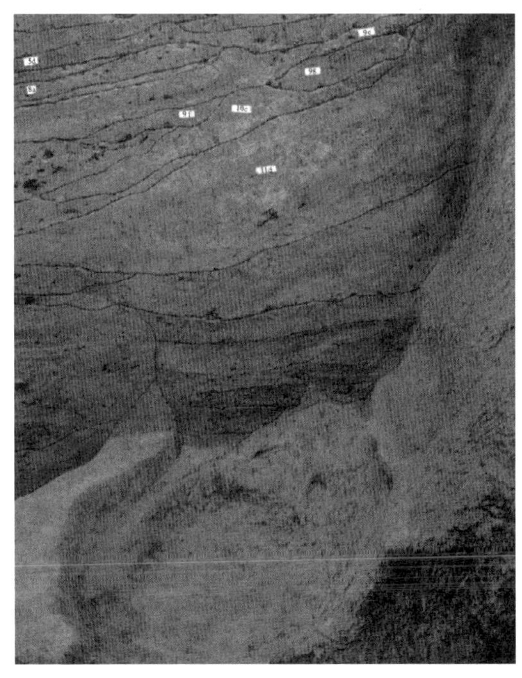

图七　南壕沟（局部）及 NHGH3、NHGH4 东壁剖面

NHG 第 4c 层：分布在沟内中部，大致呈凹面状堆积，厚 0~0.32 米。灰黑色土，颗粒略粗，质地疏松，包含少量烧土颗粒。此层出土陶器（片）6266 件、石器（块）107 件、骨骼 81 块。

NHG 第 4d 层：分布在沟内中部偏西北，呈坡状堆积，厚 0~0.21 米。黄灰色土，颗粒稍细，质地致密且较硬，包含少量烧土颗粒及料礓石。此层出土陶器（片）2690 件、石器（块）31 件、骨骼 31 块。

NHG 第 4e 层：分布在沟内中北部，呈坡状堆积，厚 0~0.2 米。黄白色土，颗粒粗，质地致密且较硬，包含大量料礓石及少量烧土颗粒。此层出土陶器（片）326 件、石器（块）5 件、骨骼 2 块。

NHG 第 4f 层：分布在沟内东北部，呈坡状堆积，厚 0~0.34 米。灰黑色土，局部偏黄，颗粒粗，质地疏松，局部包含较多料礓石。此层出土陶器（片）1067 件、石器（块）11 件、骨骼 42 块。

NHG 第 4g 层：分布在沟内中部偏东北，呈坡状堆积，厚 0~0.28 米。深灰色土，颗粒略细，质地疏松，包含部分烧土块或颗粒以及零星的料礓石。此层出土陶器（片）177 件、石器残块 2 件、骨骼 2 块。

NHG 第 4h 层：分布在沟内西南部，呈坡状堆积，厚 0~0.39 米。黄灰色土，局部泛黑色，颗粒细，质地稍疏松，包含部分烧土颗粒、炭屑及少量料礓石。此层出土陶器（片）4127 件、石器（块）37 件、骨骼 43 块。

NHG 第 4i 层：分布在沟内西南近中部，呈坡状堆积，厚 0~0.12 米。黄红色土，颗粒粗，包含较多烧土块或颗粒。此层出土陶器（片）332 件、石器残块 3 件、骨骼 1 块。

NHG 第 4j 层：分布在沟内西南部，呈坡状堆积，厚 0~0.17 米。灰黑色土，颗粒较细，质地稍疏松，包含较多烧土块或颗粒以及少量料礓石、炭屑。此层出土陶器（片）571 件、石器（块）5 件、骨骼 3 块。

NHG 第 4k 层：分布在沟内东南部，呈坡状堆积，厚 0~0.4 米。黄灰色土，颗粒细，质地致密且较硬，包含部分料礓石。此层出土陶器（片）417 件、石器残块 1 件、骨骼 3 块。

NHG 第 5a 层：分布在沟内中部偏南，呈坡状堆积，厚 0~0.38 米。灰褐色土，夹杂黄色土，颗粒稍细，质地致密且较硬，包含烧土颗粒及炭屑。此层出土陶器（片）2601 件、石器（块）37 件、骨骼 36 块。

NHG 第 5b 层：分布在沟内东南部，呈坡状堆积，厚 0~0.27 米。褐色土，颗粒稍细，质地致密且较硬，包含部分料礓石。此层出土陶器（片）1276 件、石器（块）17 件、骨骼 15 块。

NHG 第 5c 层：分布在沟内东南角，呈坡状堆积，厚 0~0.24 米。红褐色土，颗粒稍细，质地致密且较硬，包含少量烧土颗粒及料礓石。此层出土陶器（片）100 件、石器残块 2 件、骨骼 3 块。

NHG 第 5d 层：分布在沟内中部偏南，呈坡状堆积，厚 0~0.27 米。灰褐色土，颗粒细，质地稍疏松，包含少量炭屑、烧土颗粒及部分料礓石。此层出土陶器（片）2858 件、石器（块）66 件、骨骼 42 块。

NHG 第 6a 层：分布在沟内中部，大致呈凹面状堆积，厚 0~0.31 米。深灰色土，颗粒细，质地致密且较硬，包含少量烧土块或颗粒以及料礓石。此层出土陶器（片）2652 片、石器（块）81 件、骨骼 23 块。

NHG 第 6b 层：分布在沟内西南部，呈坡状堆积，厚 0~0.29 米。灰褐色土，颗粒细，质地致密且较硬，包含部分烧土颗粒、炭屑及料礓石。此层出土陶器（片）1284 件、石器（块）19 件、骨骼 20 块。

NHG 第 6c 层：分布在沟内西北部，呈坡状堆积，厚 0~0.24 米。黄白色土，颗粒细，质地致密而坚硬，包含物少，见有零星烧土颗粒。此层出土陶器（片）259 件、石器残块 2 件、骨骼 4 块。

NHG 第 6d 层：分布在沟内北部中心位置，呈坡状堆积，厚 0~0.2 米。灰褐色土，颗粒稍细，质地疏松，包含少量烧土块或颗粒以及料礓石。此层出土陶器（片）336 件、石器（块）12 件、骨骼 8 块。

NHG 第 7a 层：分布在沟内中北部，呈坡状堆积，厚 0~0.14 米。黄白色土，颗粒细，质地致密且较硬，包含物少。此层出土陶器（片）2118 件、石器（块）43 件、骨骼 15 块。

NHG 第 7b 层：分布在沟内东北部，呈坡状堆积，厚 0~0.12 米。黄色土，颗粒细，质地致密且较硬，包含物极少。此层出土陶器（片）315 件、石器残块 3 件、骨骼 1 块。

NHG 第 7c 层：分布在沟内中北部偏东，呈坡状堆积，厚 0~0.22 米。灰色土，颗粒稍细，质地略疏松，包含少量烧土颗粒及炭屑。此层出土陶器（片）793 片、石器（块）13 件、骨骼 16 块。

NHG 第 7d 层：分布在沟内西北部，厚 0~0.34 米，呈坡状堆积。黄白色土，颗粒细，质地致密而坚硬，包含少量烧土颗粒及炭屑。此层出土陶器（片）95 片、石器残块 2 件。

NHG 第 8a 层：分布在沟内中部，大致呈凹面状堆积，厚 0~0.23 米。浅灰色土，颗粒稍细，质地略疏松，包含少量烧土颗粒及炭屑等。此层出土陶器（片）3487 件、石器（块）68 件、骨骼 48 块。

NHG 第 8b 层：分布在沟内中部偏南，呈坡状堆积，厚 0~0.1 米。灰褐色土，颗粒稍细，质地致密且较硬，包含少量烧土颗粒及炭屑等。此层出土陶器（片）743 件、石器（块）17 件、骨骼 9 块。

NHG 第 9a 层：分布在沟内中部，呈凹面状堆积，厚 0~0.61 米。灰色土，颗粒细，质地致密且较硬，见有层状水淤痕迹，包含少量烧土块或颗粒以及料礓石。此层出土陶器（片）5501 件、石器（块）107 件、骨骼 52 块。

NHG 第 9b 层：分布在沟内西北近中部，呈坡状堆积，厚 0~0.18 米。黄褐色土，颗粒稍细，质地致密而坚硬，包含少量烧土颗粒及炭屑。此层出土陶器（片）851 件、石器（块）31 件、骨骼 5 块。

NHG 第 9c 层：分布在沟内西北近中部，呈坡状堆积，厚 0~0.26 米。黄灰色土，局部略泛白，颗粒细，质地致密，见有水淤痕迹，包含少量烧土颗粒及炭屑。此层出土陶器（片）57 件。

NHG 第 9d 层：分布在沟内东北近中部，呈坡状堆积，厚 0~0.15 米。灰褐色土，颗粒较细，质地致密且较硬，包含零星烧土颗粒及炭屑。

NHG 第 9e 层：分布在沟内南部，呈坡状堆积，厚 0~0.23 米。灰褐色土，颗粒细，质地致密且稍硬，包含少量炭屑、烧土颗粒及料礓石。此层出土陶器（片）397 件、石器（块）12 件、骨骼 1 块。

NHG 第 9f 层：分布在沟内南部，呈坡状堆积，厚 0~0.17 米。黄褐色土，局部颜色略深，颗粒细小，质地致密且稍硬。包含较多料礓石及少量炭屑、烧土颗粒。

NHG 第 9g 层：分布在沟内南部，呈坡状堆积，厚 0~0.58 米。灰褐色土，颗粒细，质地致密且较硬。包含较多炭屑、烧土颗粒及少量细小料礓石。此层出土陶器（片）296 件、石器（块）11 件、骨骼 7 块。

NHG 第 10a 层：分布在沟内中部，大致呈凹面状堆积，厚 0~0.63 米。黄褐色土，局部颜色较浅，颗粒细，质地致密且较硬，可见平行层状水淤痕迹，包含少量烧土块及零星炭屑。此层出土陶器（片）6753 件、石器（块）466 件、骨骼 59 块。

NHG 第 10b 层：分布在沟内北部，呈坡状堆积，厚 0~0.34 米。灰褐色土，局部颜色较浅，颗粒细，质地致密而坚硬，包含零星炭屑。此层出土陶器（片）216 件、石器（块）9 件。

NHG 第 10c 层：分布在沟内南部，呈坡状堆积，厚 0~0.4 米。黄褐色土，局部颜色略浅或深，颗粒细小，质地致密且较硬，包含少量烧土颗粒、炭屑及细小料礓石。此层出土陶器（片）258 件、石器（块）20 件、骨骼 4 块。

NHG 第 11a 层：分布在沟内中部，大致呈凹面状堆积，厚 0~0.53 米。灰褐色土，局部颜色略深或浅，颗粒细小，质地致密且较硬，可见明显的平行层状淤积痕迹，颜色深浅相间，包含少量烧土颗粒、零星炭屑及较多细小灰白土颗粒。此层出土陶器（片）1824 件、石器（块）134 件、骨骼 15 块。

NHG 第 11b 层：分布在沟内东北部，呈坡状堆积，厚 0~0.29 米。浅灰色土，颗粒较细，质地致密且稍硬，包含零星炭屑。此层出土陶器（片）87 件、骨骼 2 块。

NHG 第 11c 层：分布在沟内北部，呈坡状堆积，厚 0~1.3 米。黄褐色土，局部略泛白，颗粒细，质地较致密，包含物少，较为纯净，可能是壕沟边缘倒塌形成的堆积。此层出土陶器（片）1357 件、石器（块）24 件、骨骼 22 块。

NHG 第 11d 层：分布在沟内南部，呈坡状堆积，厚 0~2.05 米。黄褐色土，局部呈白色，颗粒细，质地致密且较硬。包含物较少，可见部分细小灰白土颗粒，可能是壕沟边缘倒塌形成的堆积。此层出土陶器（片）301 件、石器（块）32 件、骨骼 18 块。

NHG 第 12a 层：分布在沟内中部，大致呈凹面状堆积，厚 0~0.45 米。黄褐色土，局部颜色略深或浅，颗粒细小，质地致密且较硬，局部略疏松，包含部分炭屑、白灰颗粒及少量烧土颗粒。此层出土陶器（片）2742 件、石器（块）115 件、骨骼 78 块。

NHG 第 12b 层：分布在沟内北部，呈坡状堆积，厚 0~0.6 米。灰黑色土，局部颜色较浅，颗粒细，质地稍致密，包含较多炭屑、少量烧土颗粒及料礓石。此层出土陶器（片）1374 件、石器（块）41 件、骨器及骨骼 25 件。

NHG 第 12c 层：分布在沟内南部，大致呈坡状堆积，厚 0~0.82 米。黄褐色土，夹杂大块花白土，颗粒细，质地致密且较硬，包含部分细小灰白土颗粒及零星烧土颗粒，似为壕沟边缘倒塌形成的堆积。此层出土陶器（片）110 件、石器（块）15 件、骨器 1 件。

NHG 第 13 层：遍布壕沟，大致呈坡状堆积，厚 0~1.58 米。以褐色土为主，局部颜色略深或浅，颗粒细，质地致密而坚硬，可见明显的平行层状淤积痕迹，颜色深浅相间。包含较多炭屑、零星烧土块或颗粒。此层出土陶器（片）8688 件、石器（块）741 件、骨器及骨骼 185 件。

NHG 第 14 层：遍布壕沟，大致呈坡状堆积，厚 0~0.88 米。红褐色土、黄白色土混杂，以前者为主，颗粒细小，质地致密而坚硬，层状淤积痕迹明显。包含物较少，仅见细小灰白土颗粒。此层出土陶器（片）2317 件、石器（块）289 件、骨器及骨骼 50 件。

NHG 第 15 层：遍布壕沟，大致呈凹坡状堆积，厚 0~1.22 米。土色较上层浅，褐色土、白色土大致呈条状相间混杂，颗粒细小，质地致密而坚硬，层状淤积痕迹明显。包含物极少，偶见细小灰白土颗粒。此层出土陶器（片）2319 件、石器（块）462 件、骨器及骨骼 158 件。

（二）遗迹

在南壕沟内，除上述地层堆积外，还发现了几处遗迹现象，以下分别加以介绍。

NHGH1　位于壕沟内近东北角，叠压在 NHG 第 6d 层下，被 M2 打破，自身又打破多层壕沟堆积。平面呈不规则长椭圆形，坑壁近直略内收，底部斜平，口径约 1.6~2.8、底径约 1~1.8、深约 0.8 米。坑内堆积可分为 8 层。第 1 层厚 0~0.36 米，浅黄色土，质地疏松，包含少量烧土块或颗粒以及料礓石、炭屑；此层出土陶器（片）101 件、石器（块）15 件。第 2 层厚 0~0.26 米，黑灰色土，质地致密且较硬，包含少量烧土块或颗粒以及料礓石；此层出土陶器（片）79 件、石器残块 1 件、骨骼 42 块。第 3 层厚 0~0.3 米，黄灰色土，质地致密且较硬，包含少量烧土块或颗粒以及料礓石、炭屑；此层出土陶器（片）119 件、石器（块）9 件、骨骼 6 块。第 4 层厚 0~0.3 米，黄色土，质地致密且较硬，包含少量烧土颗粒；此层出土陶片 23 件、石器残块 2 件、骨骼 1 块。第 5 层厚 0~0.24 米，黄白色土，质地致密而坚硬，较为纯净；此层出土陶片 31 件、石器残块 7 件、骨骼 1 块。第 6 层厚 0~0.21 米，黄灰色土，质地致密且稍硬，较为纯净。第 7 层厚 0~0.26 米，黄色土，局部泛灰黑色，包含少量炭屑及料礓石；此层出土陶片 3 件。第 8 层厚 0~0.2 米，黄灰色土，质地致密且较硬，包含较多烧土块或颗粒；此层出土陶片 2 件（图三；图五）。

NHGH2、H3　位于南壕沟南部，叠压于 NHG 第 12c 层下，打破第 13 层及生土平台，H3 打破 H2（图三；图八）。

NHGH2　平面呈不规则长椭圆形，坑壁近直略内收，局部外凸，坑底较平，口径约 1.8~2.9、底径约 1.6~2.25、深约 1~1.25 米。坑内堆积可分为 7 层。第 1 层厚 0~0.18 米，黄色土，局部呈红褐色，质地致密且较硬，包含少量炭屑；此层出土陶片 9 件。第 2a 层厚 0~0.26 米，黄灰色土，质地致密且较硬，包含少量炭屑。第 2b 层厚 0~0.15 米，深黄色土，质地致密且较硬，较为纯净；此层出土陶片2件、石器残块1件。第3层厚0~0.28米，灰色土，局部夹杂黄土块，质地致密且较硬，局部略疏松，包含大量炭屑、黄胶泥及零星烧土块；此层出土陶器（片）22件、石器残块1件。第4层厚0~0.1米，灰褐色土，质地疏松，包含少量炭屑；此层出土陶器（片）53件、石器残块2件。第5层厚0~0.26米，深灰色土，质地致密且较硬，包含少量炭屑及黄土块；此层出土陶器（片）38件、石器残块3件、骨骼1块。第6层厚0~0.22米，灰色土，质地致密且较硬，包含少量炭屑；此层出土陶器（片）26件、石器（块）6件、骨骼1块。第7层厚0~0.8米，黄白色土，质地致密且较硬，较为纯净。

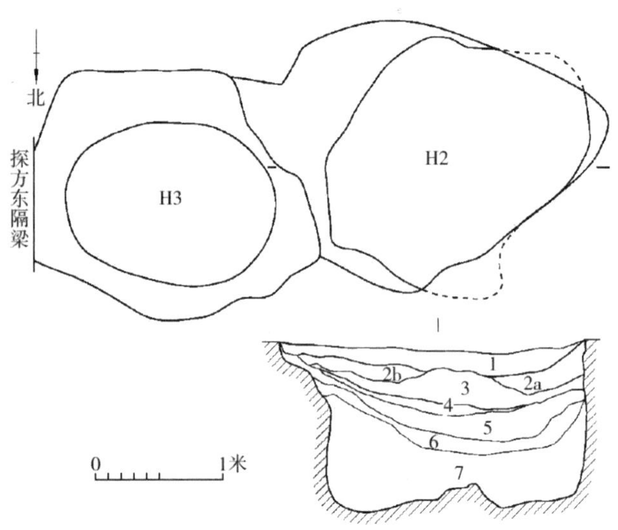

图八　NHGH2、H3平、剖面图
1. 黄色土　2a. 黄灰色土　2b. 深黄色土　3. 灰色土
4. 灰褐色土　5. 深灰色土　6. 灰色土　7. 黄白色土

NHGH3　平面呈不规则圆形，坑壁斜收，底部呈锅底状，口径约1.8~2.2、底径约1.2~1.6、深约1.3米。坑内堆积可分为8层。第1层厚0~0.18米，黄灰色土，局部颜色略深或浅，颗粒细小，质地致密且较硬，可见淤积痕迹，包含少量炭屑及零星烧土块；此层出土陶片16件、石器残块3件。第2层厚0~0.22米，灰色土，局部略泛红，颗粒细，质地稍疏松，包含较多炭屑以及零星烧土块或颗粒；此层出土陶器（片）197件、石器（块）5件、骨骼19块。第3层厚0~0.16米，黄褐色土，颗粒细，质地致密且较硬，较为纯净；此层出土陶器（片）32件、石器残块1件、动物骨骼35块。第4层厚0~0.14米，红灰色土，颗粒细腻，质地致密而坚硬，淤积痕迹明显，包含少量炭屑及烧土颗粒；此层出土陶器（片）63件、石器残块2件、骨骼4块。第5层厚0~0.08米，黄灰色土略泛红，颗粒细，质地致密而坚硬，包含少量炭屑。第6层厚0~0.16米，灰黑色土，局部颜色较深，颗粒稍粗，质地松软，包含较多炭屑及零星料礓石。第7层厚0~0.19米，黄褐色土，颗粒稍粗，质地稍疏松，包含较多炭屑。第8层厚0~0.08米，土色较上层略泛黄，颗粒细腻，质地致密且较硬，包含部分炭屑（图五；图七）。

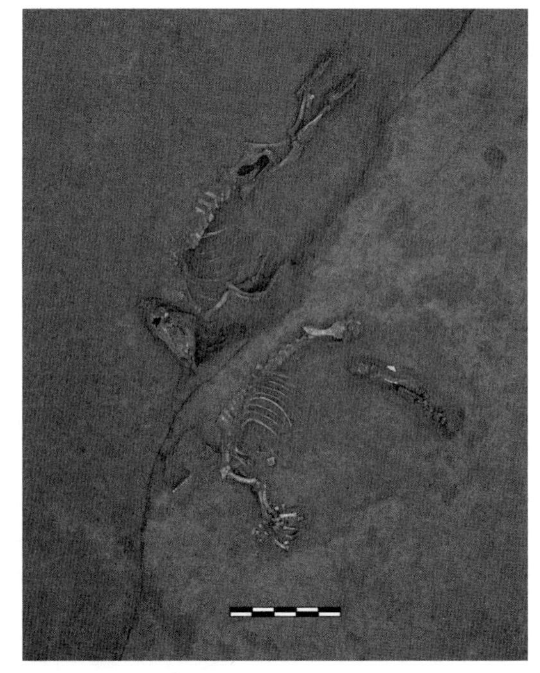
图九　南壕沟内的猪骨遗存（西→东）

值得注意的是，在NHGH2、NHGH3周围还发现两处疑似灰坑的遗迹，暴露面积均不足 0.5 平方米，暂编为 NHGH4、NHGH5。其中，NHGH4 位于 NHGH3 南部，发现于 NHGH3 第 4 层下。NHGH5 位于 NHGH2 西部，发现于 NHG 第 13 层下。这两处疑似灰坑均打破南壕沟南部的生土台，其性质应与 NHGH2、NHGH3 类似（图四；图五；图七）。

猪骨　南壕沟中清理出两具完整猪骨。第一具猪骨位于壕沟南部生土台上，靠近中北部边缘，被 NHG 第 13 层叠压。猪骨保存基本完整，侧躺状，头向西北，背向东北，四肢朝西南伸开。第二具猪骨发现于壕沟南部生土台下 NHG14 层顶部，局部略陷入 NHG14 层，与第一具猪骨紧邻，位于其东北方向，平面位置则低 5~10 厘米。猪骨亦保存完整，侧躺状，头向、背向均与第一具猪骨相同，唯四肢均伸向身体后方（图三；图九）。

四、出土遗物

如前所述，南壕沟内出土大量陶器（片）、石器（块）、骨骼等遗物。出土遗物均较残碎，完整器和可复原器较少。在对出土遗物全面整理、统计的基础上，下面选择若干典型陶器标本加以介绍，以帮助判断南壕沟内堆积的相对年代。

小口瓶　5 件。皆泥质红陶。据口部形制差异，可分二型。

A 型：4 件。环形口。据口及唇部形制差异，可分四式。

Ⅰ式：1 件（NHG ⑬：1）。通体红色。口部高，重唇，上唇叠压在下唇中部，高差明显。敛口，圆唇，颈下斜壁，下部残。口部素面，内、外壁较光滑，密布横向修抹痕。外壁颈部饰大致横向的交错线纹，腹部饰斜向线纹。内壁颈、腹部较粗糙，未经修抹。口径 5.8、残高 7.6 厘米（图一〇，3）。

Ⅱ式：1 件（NHG ⑪ d：1）。通体红色。口部高，重唇，上唇叠压在下唇近边缘部，高差较Ⅰ式降低。敛口，尖圆唇，颈下斜壁，下部残。口部素面，内、外壁光滑，密布横向修抹痕。外壁颈部及其下饰大致斜向的线纹。内壁颈、腹部较粗糙，未经修抹，可见泥条痕迹。口径 5.6、残高 5.6 厘米（图一〇，8）。

Ⅲ式：1 件（NHG ⑤ a：1）。通体红色。口部较Ⅰ、Ⅱ式降低，重唇不甚明显。敛口，圆唇，颈下斜壁，下部残。口部素面，内、外壁光滑，密布横向修抹痕。外壁颈部及其下饰大致斜向的细线纹。内壁颈、腹部亦较光滑，多处可见修抹痕迹。口径 5、残高 6 厘米（图一〇，1）。

Ⅳ式：1 件（NHG ② b：1）。通体红色。口部较Ⅲ式进一步降低，近平沿，重唇消失。敛口，尖圆唇，束颈较甚，斜壁，下部残。素面，内、外壁光滑，口部密布横向修抹痕，其余局部见到不同方向的修抹痕。口径 6.1、残高 3.6 厘米（图一〇，2）。

B 型：1 件（NHG ⑩ a：1）。通体红色。杯形口，敛口，尖圆唇略侈。颈下斜壁，鼓腹，底部残。口部素面，较光滑，自上而下有横向细密修抹痕。腹部饰密集斜向线纹。内壁较粗糙，腹部可见多层泥条盘筑痕迹。口径 4.6、残高 19 厘米（图一〇，7）。

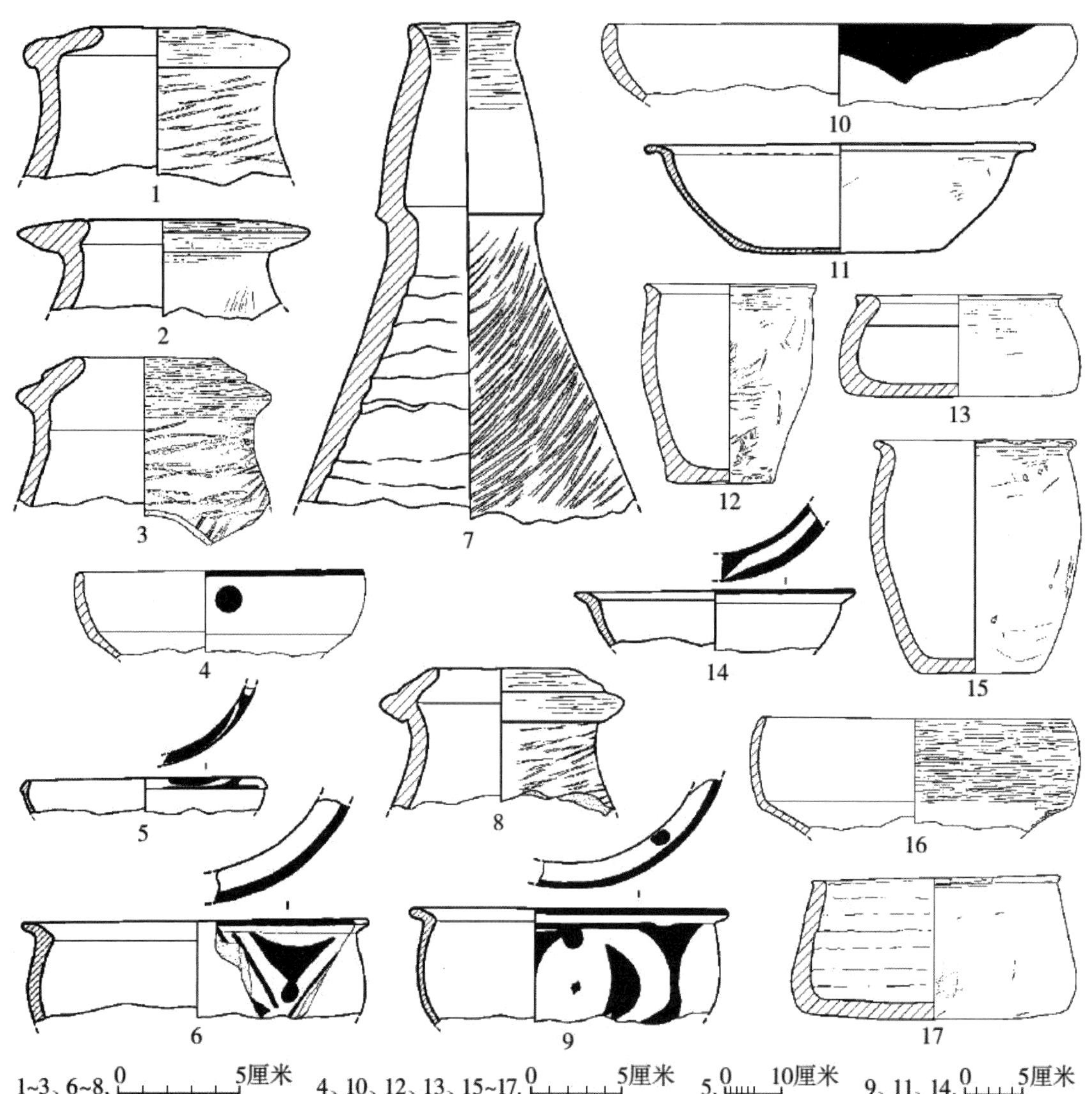

图一〇 出土陶器

1. A型Ⅲ式小口瓶（NHG⑤a：1） 2. A型Ⅳ式小口瓶（NHG②b：1） 3. A型Ⅰ式小口瓶（NHG⑬：1） 4、16. A型钵（NHG⑥b：1、NHG⑩b：1） 5. C型盆（NHG⑪d：2） 6、9. B型盆（NHG③a：1、NHG⑩b：2） 7. B型小口瓶（NHG⑩a：1） 8. A型Ⅱ式小口瓶（NHG⑪d：1） 10. B型钵（NHG⑥a：1） 11. A型Ⅰ式盆（NHG⑬：4） 12. Ⅱ式小罐（NHG②b：2） 13、17. 盂（NHG⑬：3、2） 14. A型Ⅱ式盆（NHG④c：1） 15. Ⅰ式小罐（NHG⑨a：1）

钵 3件。皆泥质红陶。据腹部形制差异，可分二型。

A型：2件。折腹。NHG⑩b：1，敛口，尖圆唇，腹上部略鼓，中部折腹后向下内收，底残。外壁施暗红色陶衣，磨光，局部可见细微的横向刮修痕。内壁稍光滑，未施陶衣，有横向细密刮划痕。复原口径16.6、残高6.3厘米（图一〇，16）。NHG⑥b：1，微敛口，方圆唇，腹上部略鼓，中部折腹后向下内收，底残。外壁施暗红色陶衣，磨光，局部有刮修痕迹；饰黑彩，唇部饰窄带纹，上腹部饰圆点纹。内壁稍光滑，未施陶衣，局部有修抹痕迹。复原口径16、残高4.5厘米（图一〇，4）。

B型：1件（NHG⑥a：1）。敛口，方圆唇，鼓肩，斜腹，底残。外壁磨光，鼓肩处可见较多条状刮痕；饰黑彩，唇部饰窄带纹，鼓肩处饰垂三角纹。内壁未磨光，见有不同方向的刮划痕。复原口径 25.2、残高 4.4 厘米（图一〇，10）。

盆　5 件。皆泥质陶。大口，平底。据口及腹部形制差异，可分三型。

A 型：2 件。敞口，浅斜弧腹。据口沿形制差异，可分二式。

Ⅰ式：1 件（NHG ⑬：4）。通体红色。宽折沿略斜，折沿角度稍小。圆唇略垂，斜弧腹，平底边缘稍翘。素面，内、外壁光滑；局部有修整痕迹，以口沿及转折处较明显，主要为横向修抹痕及条状刮痕。口径 33.7、底径 17.9、高 9.3 厘米（图一〇，11）。

Ⅱ式：1 件（NHG ④ c：1）。红陶略泛黄。口沿略向上斜，折沿角度较大，尖圆唇，斜弧腹，底残。内、外壁光滑，口沿及外壁腹部磨光，沿下有横向修抹痕。外壁饰黑彩，唇部饰窄带纹，沿面饰垂弧纹。复原口径 24.6、残高 4.5 厘米（图一〇，14）。

B 型：2 件。敛口，曲腹。NHG ⑩ b：2，黄陶。方圆唇，底残。内、外壁光滑，口沿及外壁腹部磨光，沿下及转折处有横向刮抹痕迹。外壁饰黑彩，唇部饰窄带纹，沿面饰垂弧纹并缀以圆点，腹部饰弧边三角、圆点构成的回旋勾连纹。内壁未磨光，见有不同方向的修抹痕迹。复原口径 28、残高 9.8 厘米（图一〇，9）。NHG ③ a：1，红陶。尖圆唇，底残。内、外壁较光滑。外壁饰黑彩，唇部饰窄带纹，腹部饰弧边三角、圆点及斜线纹。复原口径 28.8、残高 8 厘米（图一〇，6）。

C 型：1 件（NHG ⑪ d：2）。红陶。敛口，叠唇，斜腹内收，底残。外壁光滑，大部磨光，多处可见横向刮修痕迹，以叠唇内折处较为明显。叠唇面饰黑彩，其下沿饰一周窄带纹，上部饰垂弧纹与弧边、直边三角纹。内壁光滑，多处可见横向细密修抹痕及条状刮痕。复原口径 40.8、残高 6 厘米（图一〇，5）。

盂　2 件。皆泥质陶。敛口，斜壁，平底。NHG ⑬：2，通体红色。尖圆唇，窄平沿略外折，斜腹，近底部稍外鼓后斜收，平底中部略鼓。素面，外壁较光滑，多处可见宽窄不同的成排竖向刮抹痕。内壁可见清晰的泥条盘筑痕迹，近口、底处有较为密集的平行修抹痕迹。口径 13.6、底径 14.5、高 7.7 厘米（图一〇，17）。NHG ⑬：3，通体灰色。尖圆唇，窄平沿略外折，斜腹中部略鼓，近底部斜收，平底边缘微翘。素面，内、外壁较光滑，多处见有横向修抹痕及刮痕。口径 11.3、底径 11.8、高 5.4 厘米（图一〇，13）。

小罐　2 件。皆夹砂褐陶。微敛口，折沿，鼓腹，平底。据口及腹部形制差异，可分二式。

Ⅰ式：1 件（NHG ⑨ a：1）。陶色不均匀，外壁上腹部以红褐色为主，下腹部以黑褐色为主，内壁呈红褐色。宽沿斜折，圆唇，腹下部略斜收。素面，外壁较光滑，口沿下有横向修刮痕迹，腹部则见斜向修刮痕迹；内壁较粗糙。口径 11.1、底径 6.7、高 12.3 厘米（图一〇，15）。

Ⅱ式：1 件（NHG ② b：2）。陶色不均匀，黑褐、红褐色混杂。器形较小且不规整。口部微残，窄斜沿，尖圆唇，腹下部斜收较甚，底中部略内凹。素面，外壁较光滑，口沿下有横向细密修刮痕，腹部主要为斜向修刮痕，近底处粗糙；内壁较光滑，多处可见不同方向的细密刮修痕迹。口径 9.6、底径 5.8、高 10.6 厘米（图一〇，12）。

小杯　5件。皆夹砂陶。器形较小且不规整，应为手制。平底。据口、腹部形制差异，可分二型。

A型：3件。形体瘦长，侈口，斜直腹。据口沿差异，可分二式。

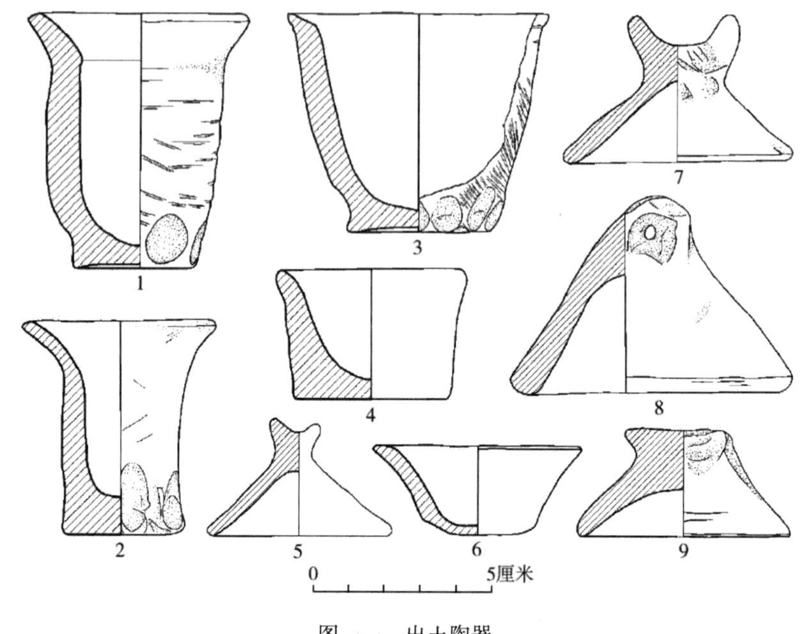

图一一　出土陶器

1、2. A型Ⅱ式小杯（NHG⑤d：1、NHG④a：1）3. A型Ⅰ式小杯（NHG⑪a：1）
4. B型Ⅰ式小杯（NHG⑩a：2）5、7. B型Ⅰ式器盖（NHG④a：2、NHG⑧a：1）
6. B型Ⅱ式小杯（NHG②b：3）8. A型器盖（NHG⑨a：2）9. B型Ⅱ式器盖（NHG③a：2）

Ⅰ式：1件（NHG⑪a：1）。外壁黑褐色，内壁红褐色。微侈口，窄折沿，尖唇，底中部略内凹。外壁口沿下饰一周浅凹弦纹，腹部饰斜向粗绳纹；近底部饰一周按窝，似从上向下戳按而成。内壁稍光滑，局部见有修抹痕迹。口径7.2、底径4.1、高5.9厘米（图一一，3）。

Ⅱ式：2件。外壁黑褐色，内壁红褐色。宽沿外翻，方圆唇。NHG⑤d：1，口部稍残，底中部略内凹。外壁腹部饰斜向线纹，近底部饰一周七个按窝。内壁稍光滑，局部见有修抹痕迹。口径6.3、底径3.5、高6.9厘米（图一一，1）。NHG④a：1，口部稍残。器表较光滑，外壁局部可见不规则的制作痕迹，底部饰一周八个按窝。内壁局部见有修抹痕迹。口径5.5、底径3.5、高5.9厘米（图一一，2）。

B型：2件。形体宽扁，敞口，斜腹。据整体器形差异，可分二式。

Ⅰ式：1件（NHG⑩a：2）。通体红褐色。尖圆唇，腹壁略内收，平底。素面，内、外壁均粗糙，局部坑洼不平。口径5.4、底径4.4、高3.5厘米（图一一，4）。

Ⅱ式：1件（NHG②b：3）。通体红色。整体较Ⅰ式更为宽扁。口、腹部稍残，尖唇，敞口较甚，腹壁内收，平底边缘上翘。素面，内、外壁较光滑，局部粗糙，多处见有不规则捏制痕迹。口径5.9、底径3.2、高2.4厘米（图一一，6）。

器盖　4件。覆钵形，弧顶。据形体大小及钮部形制差异，可分二型。

A型：1件（NHG⑨a：2）。夹砂陶，外壁红褐色，内壁灰褐色。形体稍大，桥形钮，方圆唇。素面，外壁粗糙，多处可见纵向或斜向修刮痕迹。内壁较光滑，近口部有修刮痕迹。口径 7.8、高 5.3 厘米（图一一，8）。

B 型：3 件。形体较小，马鞍形或三角形钮。据钮部形制差异，可分二式。

Ⅰ式：2 件。马鞍形钮，方圆唇。NHG⑧a：1，夹砂灰褐陶。素面，内、外壁较光滑，局部可见细密修抹痕，外壁顶部有纵向手捏痕迹。口径 6.4、高 4 厘米（图一一，7）。NHG④a：2，泥质红褐陶。素面，器壁光滑，局部见有细密修抹痕及细划痕。口径 5.2、高 3.2 厘米（图一一，5）。

Ⅱ式：1 件（NHG③a：2）。泥质红陶。三角形钮稍残，圆唇。素面，外壁略粗糙，多处可见不规则修整痕，盖顶与器钮结合处可见捏痕，口部则有横向修刮痕迹。内壁较光滑，未见明显修整痕迹。口径 5.9、高 3 厘米（图一一，9）。

五、结语

（一）南壕沟的相对年代

南壕沟内出土遗物众多，上文我们挑选了小口瓶、钵、盆、盂、罐、杯、器盖等 7 种典型陶器进行类型学研究，可以据此对南壕沟的相对年代做出基本判断。重唇小口瓶、宽折沿浅腹盆、敛口深腹盆、敛口鼓肩斜腹钵、马鞍形钮小器盖、斜直腹小杯，以及由垂弧纹、圆点纹、弧边三角纹等组成的彩陶纹样，均属仰韶文化庙底沟时期的典型器物和纹饰。在上述陶器中，A 型小口瓶的形制变化最为明显，可以分为四式。其中，A 型Ⅰ式小口瓶口部较高，上、下唇高差明显，一般认为是庙底沟类型早、中期的式样。2001 年在西坡遗址 F105 填土中发现的小口瓶（F105：1）与此形制相同，被发掘者归入西坡遗址庙底沟遗存的早期。A 型Ⅱ式、Ⅲ式小口瓶的口部逐步降低，上、下唇高差变小，一般认为是庙底沟类型偏晚时期的式样。西坡遗址过去曾发现形制相似的小口瓶，包括 2000 年出土的 H22：101、2001 年出土的 H110：5 和 2011 年出土的 F107-1：2，均被发掘者归入西坡遗址庙底沟遗存的偏晚时期。A 型Ⅳ式小口瓶的重唇消失，口部进一步降低，但仍有一定高度，其时代应未晚至仰韶文化西王村时期。由陶器的总体特征和演变趋势来看，南壕沟内堆积的延续年代应当自西坡遗址庙底沟遗存早、中期直至晚期。其中，A 型Ⅰ式小口瓶、A 型Ⅰ式盆、盂均出土于南壕沟最底部的 NHG13~15 层，代表了壕沟内堆积最早的时期。A 型Ⅳ式小口瓶、A 型Ⅱ式盆、Ⅱ式罐、B 型Ⅱ式小杯、B 型Ⅱ式器盖则多见于南壕沟最上部的 NHG1~3 层，代表了壕沟内堆积的最晚阶段。A 型Ⅱ式和Ⅲ式小口瓶、Ⅰ式罐、A 型Ⅰ式和 B 型Ⅰ式小杯、B 型Ⅰ式器盖则基本出自南壕沟中部的层位，代表了壕沟内堆积的中间时期。

（二）南壕沟的修建和演变过程

南壕沟至迟应建于西坡遗址庙底沟遗存的早期，其规模巨大，修建方式有两种可能，一种为人工开挖，另一种是利用自然沟修整加工而成。考虑到西坡遗址西南高、东北低的地势，以及大致呈南北向的河流走向，形成西北—东南向自然沟的可能性应较小。所以，推测西坡遗址发现的壕沟由人工开挖的可能性较大。人工开挖如此规模的壕沟，工程量巨大，从壕沟外侧陡直、内侧稍缓、近底部内收留出台阶、台阶中间继续下挖等迹象，可以看出西坡先民在节省人力和实现壕沟功能之间做出的平衡。不过，这一推测仍有疑问需要解释，例如开挖壕沟所产生大量土方的去向等。

南壕沟的修建应是用于防御，其使用、废弃直至被填满经历了一个较为复杂的过程。下面我们根据壕沟内堆积的不同特点，并结合相应遗迹现象试加推测。

1. 西坡遗址庙底沟遗存早期，NHG15、NHG14 层形成于沟底中部小沟内，为较厚的凹面或坡状堆积，堆土颗粒细腻，质地致密而坚硬，见有明显的平行状水淤痕迹，颜色深浅相间，应是自然水淤形成的堆积。NHG14 层顶部和小沟南岸被 NHG13 层叠压的两具猪骨保存完整，位置相邻，方向和姿势基本一致，似为一次性摆放，可能是一种仪式活动留存下来的遗迹。这一时期壕沟应还在正常使用，南侧生土台上可能发生过较多的人类活动。其后，NHG13 层越过中部小沟横贯壕沟，为厚坡状堆积，与 NHG15、NHG14 层类似，亦属淤积层。在 NHG13 层形成前后，壕沟内可能有过频繁的人类活动，如 NHGH2、NHGH3 打破 NHG13 层，NHG13 层下发现 NHGH4、NHGH5 等。这些灰坑的形成可能与清淤活动有关。这一时期，壕沟中部的小沟已经被淤平，失去其功能。

2. NHG13 层堆积之后，NHG12c、NHG12b、NHG12a、NHG11d、NHG11c 等层逐步形成。其中，NHG12c、NHG11d、NHG11c 这三层堆积从壕沟两侧边缘上部就开始出现，边缘较厚，大角度倾斜而下，近中部消失；堆土颗粒细，质地致密而坚硬，包含物较少［NHG12c 层只出土陶器（片）110 件、石器（块）15 件、骨器 1 件］。这些堆积似是壕沟边缘倒塌形成的，说明在 NHG13 层形成后，壕沟内可能发生过较大规模的沟壁坍塌，至于是人为还是自然因素所致还需进一步研究。

3. 西坡遗址庙底沟遗存中期，NHG11 至 NHG9 各层陆续形成。这些堆积主要为壕沟两侧较薄的坡状堆积和壕沟中部较厚的凹面或略呈坡状的堆积。其中，位于壕沟中部的 NHG11a、NHG10a、NHG9a 这三层厚度均匀，见有明显的层状水淤痕迹，应是有水参与形成的堆积。此时，壕沟两壁坡度趋于平缓，中部近平。推测这一时期西坡先民应已不再重视壕沟，可能任由其倒塌淤积。

4. NHG8 至 NHG4 各层主要是从壕沟两侧向中间倾斜的细碎坡状堆积，各层堆积均较薄，且形状不规则，相互混杂，似是一定时期内主要由人类活动形成的堆积。由此可见，这一时期南壕沟已被西坡先民完全废弃，壕沟附近已经有频繁的人类活动，遗址居民开始向沟内大量倾倒废弃物，壕沟周边的废弃物亦可能被风力、降水等自然力不断搬运至沟内。在 NHG6d 层下还出现了打破壕沟堆积的灰坑（NHGH1）。NHG4a 层堆积形成后，壕沟已大致被填满，形成一处洼地，最深处离口部只有约1米。

5.西坡遗址庙底沟遗存晚期，NHG3至NHG1各层堆积形成。主要为横贯壕沟的坡状或凹面状堆积，相对较厚且均匀，堆土颗粒细，质地致密且较硬，是壕沟填埋最后阶段形成的堆积。至此，壕沟被完全填平。

（三）壕沟反映的聚落演变

壕沟通常是聚落的重要组成部分，其兴建和废弃与聚落的发展演变关系密切。具体到西坡遗址，壕沟兴建和正常使用的庙底沟类型早期，正是西坡聚落的鼎盛时期。这一时期西坡聚落建有大型建筑F105、F106、F108和中心广场。随着时间的推移，至F107、F3、F102及F104使用时期，西坡聚落布局发生了明显改变。前述三座大型房址环绕的中心广场可能已经不是聚落的中心，或失去了特殊的地位[3]，这一时期南壕沟的功能也开始减弱并被逐步废弃。至于西坡壕沟与聚落演变对应关系的细节还有待于对遗址资料的全面整理与分析。

附记：本次发掘领队为李新伟，参加工作的人员还有杨海青、郭志委、张艺苑、王勇、权鑫、姜涛、赵云峰、侯彦峰，遗址航拍由任潇完成，张艺苑、叶健美绘制了插图。

执笔：郭志委　李新伟

杨海青　侯彦峰

注释：

[1] a.中国社会科学院考古研究所河南一队、河南省文物考古研究所、三门峡市文物工作队等：《河南灵宝市西坡遗址试掘简报》，《考古》2001年第11期；中国社会科学院考古研究所河南一队、河南省文物考古研究所、三门峡市文物工作队等：《河南灵宝市西坡遗址发现一座仰韶文化中期特大房址》，《考古》2005年第3期；中国社会科学院考古研究所河南一队、河南省文物考古研究所、三门峡市文物工作队等：《河南灵宝市西坡遗址2006年发现的仰韶文化中期大型墓葬》，《考古》2007年第2期；中国社会科学院考古研究所河南一队、河南省文物考古研究院、三门峡市文物考古研究所：《河南灵宝市西坡遗址庙底沟类型两座大型房址的发掘》，《考古》2015年第5期。

b.河南省文物考古研究所等：《河南灵宝市西坡遗址2001年春发掘简报》，《华夏考古》2002年第2期；河南省文物考古研究所：《河南灵宝西坡遗址105号仰韶文化房址》，《文物》2003年第8期；河南省文物考古研究所等：《河南灵宝市西坡遗址墓地2005年发掘简报》，《考古》2008年第1期。

c.中国社会科学院考古研究所、河南省文物考古研究所：《灵宝西坡墓地》，文物出版社，2010年。

[2] 南壕沟内堆积和遗迹编号前均加“NHG”。

[3] 中国社会科学院考古研究所河南一队、河南省文物考古研究院、三门峡市文物考古研究所：《河南灵宝市西坡遗址庙底沟类型两座大型房址的发掘》，《考古》2015年第5期。

灵宝铸鼎原新石器时代聚落变迁的地貌背景考察

◎魏兴涛　◎张小虎

人与自然的关系是地理学、考古学等学科所关注的基本问题之一。自然环境提供了人类赖以生存和发展的基本条件，人类活动及其文化等往往受到自然环境的显著影响。这其中，聚落就是人类文化与自然环境相互作用的产物，其分布与变迁受到了自然环境与人类文化的双重影响。在以农业为主要生业经济的新石器时代，自然环境对于聚落的分布更是具有决定性的作用。那么，新石器时代不同阶段聚落分布及其演变与自然环境及其变化的关系究竟如何呢?

灵宝市位于河南省最西部，境内河流密布，地貌类型多样，区域地理环境较为封闭，考古工作基础好，古文化序列清楚，文化发展的阶段性特征显著，适合开展小型的环境考古研究。在全国第三次文物普查工作中，河南省文物考古研究院参与了灵宝市新石器时代遗址的调查，除了对原来已发现的遗址进行复查核实外，调查又发现了不少新的遗址[1]。与此同时，2006 年 10 月—12 月，我们选择灵宝市境内古文化遗址分布密集的铸鼎原地区即阳平河、沙河流域进行环境考古调查，尤其是古遗址的地貌类型考察，以观察这一区域新石器时代不同阶段聚落分布与区域地貌的关系。

一、区域自然环境概况

灵宝市位于豫晋陕交界处，地处黄土高原东南缘，北临黄河，南依高耸的秦岭山脉，西通陕西潼关，东接洛阳盆地，境内有著名的函谷关，自古便是扼控东西交通的咽喉之地。全境地势南高北低，从南部海拔 2000 多米的秦岭山脉向北逐渐倾斜降低到海拔不足 300 米的黄河谷地。境内洪积、冲积物和坡积黄土广泛分布。地貌类型依次为基岩山地—山麓洪积冲积平原—黄土丘陵、台塬—河谷平原阶地。本文重点考察的铸鼎原位于灵宝中部，南依秦岭，北临黄河，东有沙河，西为阳平河。

黄河从灵宝北面流过，发源于小秦岭的多条小河流大致自南向北注入黄河，从西向东主要有双桥河、十二里河、枣香河、阳平河、沙河、弘农涧河、好阳河等。这些河流径流年内分配不均匀，汛期洪水比较大，具有涨落陡、洪峰高和历时短等特点，降水量大时易发生洪水灾害，少时水位跌落，河水断流，成为干河。

本区域属暖温带大陆性季风气候，四季分明，气候温和，光照充足。年均气温 13.8℃，日照 2277.9 小时，无霜期约 215 天，降水量约 600 多毫米。冬季多西北风，夏季多偏东风。

本区土壤类型具有明显的垂直分布特征，从黄河岸边到南部山地，依次分布着潮土、褐土、黄棕壤、棕壤。本区植被属于我国南暖温带落叶阔叶林地带，地带性植被为落叶栎林，南部山地分布有小面积的次生林。

二、古文化发展概况

根据已有发现与研究[2]，灵宝地区新石器时代文化发展大致经历了前仰韶文化（裴李岗文化）、仰韶文化、庙底沟二期文化、龙山时代文化四个时期，其中仰韶文化又可以分为初期、早期、中期、晚期四个阶段。据调查，铸鼎原周围共发现新石器时代遗址 55 处（目前铸鼎原周围尚未发现裴李岗文化遗址），按我们划分的一个时期（含阶段）的遗存在一个遗址上作为一处聚落统计，共有聚落 108 处。具体如下：

仰韶文化初期，本地区属于枣园类型。这些遗存发现虽晚，但近年来在本地区屡有发现。与裴李岗文化时期的空白相比，这时本地区已步入了文化快速发展的时期。目前发现这一时期聚落 12 处，其中沙河流域 9 处，阳平河流域 3 处。

仰韶文化早期，本区属于东庄类型。上承枣园类型，东庄类型文化较为发达，遗址数量较多。目前已发现本期聚落 17 处，其中沙河流域 12 处，阳平河流域 5 处。

仰韶文化中期，本区属于庙底沟类型。这一时期是仰韶文化最为繁荣鼎盛的时期，庙底沟类型的分布空间和影响所及超出整个中国新石器时代的任何一种考古学文化，在广大的范围内文化面貌相当一致，本区域作为这一类型的核心区之一经历了该类型形成、发展、繁荣和衰落的全过程。迄今发现这一时期聚落 32 处，其中沙河流域 22 处，阳平河流域 10 处。

与仰韶文化中期相比，仰韶文化晚期最显著的特点是出现了分化，文化走向衰落。本地区这一时期属于西王村类型，昔日辉煌已成过去，文化发展呈现出败落景象，是仰韶文化发展的下降期。这一时期的后期由于受到屈家岭文化、大汶口文化的强烈影响，文化中涌现出较多中原以外系统的文化因素。目前发现本期聚落 20 处，其中沙河流域 10 处，阳平河流域 10 处。

仰韶文化晚期以后，受外来文化的影响，本地区出现了许多新的文化因素，生成为庙底沟二期文化。这一时期的显著特点是出现了大量来自东方海岱地区、南方江汉地区的文化因素，还有来自豫中以及西方、北方的文化因素。目前发现这一时期聚落 16 处，其中沙河流域 8 处，阳平河流域 8 处。

进入龙山时代，本区域发展迟缓，自身缺乏鲜明的文化特征，成为受周边诸文化影响的地区。本区域先后受到了客省庄文化、陶寺文化和王湾三期文化的不同程度影响。目前发现这一时期聚落 11 处，其中沙河流域 3 处，阳平河流域 8 处。

三、区域地貌状况

由于铸鼎原地区大量的古史传说使这一区域受到了学术界的重视。周昆叔先生曾论述铸鼎原的自然环境与古遗址的分布状况[3]，使得我们对于这一区域文化发展与自然环境的关系有了一个基本了解。

在前人认识的基础上，经过较长时间的野外地貌考察，我们将铸鼎原地区的地貌类型分为河流阶地、黄土台塬、洪积扇及基岩山地等。（图一）具体如下：

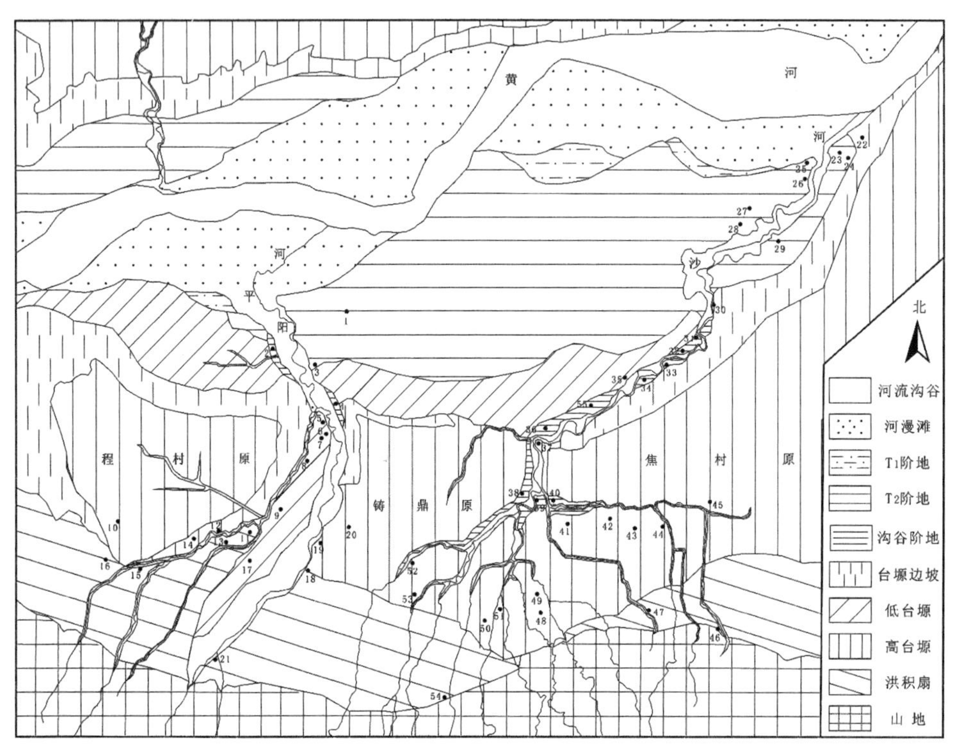

图一 灵宝铸鼎原地区地貌类型与古文化遗址分布图

阳平河流域：1. 阌东 2. 后湾 3. 磨上 4. 东横涧 5. 西横涧北 6. 西横涧 7. 西横涧南 8. 上河村 9. 北阳平 10. 程村 11. 苜蓿岭 12. 童家嘴 13. 走马岭 14. 沙嘴 15. 麻沟 16. 香神 17. 乔营 18. 白家坡 19. 阳平寨 20. 九营 21. 五坡砦

沙河流域：22. 筛子顶 23. 稠桑 24. 稠桑白疙瘩 25. 朱家寨 26. 西闫西坡 27. 肖家湾 28. 周家湾 29. 萧家寨 30. 大闫东坡 31. 南大闫 32. 水泉头 33. 野鸡岭 34. 涧南东 35. 涧南 36. 涌泉埠 37. 干头 38. 北贾寨 39. 南贾寨 40. 常卯 41. 塔底 42. 塔底堂背后 43. 西仓 44. 东仓 45. 坪村 46. 李家山 47. 寨子沟 48. 巴楼南 49. 巴楼北 50. 铁王河 51. 东常 52. 北涧 53. 西坡 54. 荆山 55. 小常

河流阶地又分为黄河河流阶地和沙河、阳平河等沟谷河流的河流阶地。其中，黄河沿岸可见有较宽广的河漫滩和两级河流阶地，二级阶地发育较好，阶地面宽阔平坦，而一级阶地发育不好，仅局部地区有分布。沙河、阳平河主要分布在程村原、铸鼎原和焦村原三个黄土台塬之间，属于黄土台塬区的沟谷河流。这两条河流分别可见有两级河流阶地，阶地规模都比较小。其中，沙河阶地比较发育，在河流两岸可见比较连续的二级阶地和一级阶地，而阳平河仅二级阶地呈断续分布。

黄土台塬，可以分为高台塬和低台塬两级。程村原、铸鼎原和焦村原属于高台塬，周围低一级的则是低台塬。无论是高台塬还是低台塬，从暴露出的断面上皆可见明显的数个古土壤条带。其中，高台塬原面较为宽广，表面略有起伏。黄土台塬的边坡地带，地表坡度较小，地势相对较低，距离河流等水源较近，也是适于人类活动的区域之一。

洪积扇，主要分布在山前地区，由于洪积扇的反复发育，接近扇顶处地形切割严重，高度起伏大，地表十分破碎，地表可见较多的河流砾石。洪积扇边缘坡度较小，地形较为平坦，多为水流汇集处，常常是适合人类生产生活的区域。

基岩山地即南部的秦岭山区，海拔高，起伏大，阳平河、沙河等皆发源于这一区域，向北流入黄河。

根据已有研究成果，早在全新世之前包括铸鼎原在内三门峡一带基本的地貌格局就已形成[4]，全新世以来地貌演化的幅度较小，地貌演化对人类活动的影响不显著，人类与地貌的关系主要是人类选择合适的地貌面进行生产生活等活动。

四、不同阶段聚落的地貌分布状况

据调查，铸鼎原地区古聚落分布的地貌类型有黄河二级阶地（T2）、沟谷阶地（包括阳平河二级阶地（T2）和沙河二级阶地（T2）、黄土台塬（包括低台塬和高台塬）、黄土台塬的边坡地带、洪积扇等（表一；表二），而一级阶地上尚未发现有史前人类居住的迹象。其中，河流阶地（包括沟谷阶地）和黄土台塬是人类居住的主要地貌类型。

表一　灵宝市阳平河流域新石器时代遗址地貌类型、各时期聚落面积一览表

遗址	地理位置	地貌类型	仰初	仰早	仰中	仰晚	庙二	龙山	海拔（米）
五坡寨	阳平镇桑园村西	洪积扇			5	5	2		655~665
程村	阳平镇程村中学西	程村原			1			1	505~615
麻沟	阳平镇麻沟村西南	洪积扇			2.5		2.5	2.5	615~628
香神	阳平镇香神村北	洪积扇					10	20	603~620
白家坡	阳平镇白家坡村东	铸鼎原					2	3	500~505
走马岭	阳平镇上沟村东南	洪积扇				3		8	540~560
苜蓿岭	阳平镇上沟村东	洪积扇				8.5			508~540
阳平寨	阳平镇阳平寨村南	铸鼎原					10	25	475~480
沙嘴	阳平镇周家湾村北	程村原边坡				0.8	0.8		490~500
童家嘴	阳平镇吴家沟村西	程村原边坡		0.5	0.5	1.2			510~525
乔营	阳平镇乔营村北	低台塬				30	6		460~490
九营	阳平镇九营村东北	铸鼎原			0.5				440~455
北阳平	阳平镇北阳平村西	低台塬			85	5	5		440~468
上河村	阳平镇上沟村东	低台塬						4.5	430
西横涧南	阳平镇西横涧村东南	低台塬			2.5	2.5			419
西横涧	阳平镇西横涧村西口	低台塬	0.2						417

续表

遗址	地理位置	地貌类型	仰初	仰早	仰中	仰晚	庙二	龙山	海拔（米）
西横涧北	阳平镇西横涧村北	低台塬		0.2	5	4			416
东横涧	阳平镇东横涧村东北	阳平河 T2	3	4	4				372~380
磨上	阳平镇磨上村北	黄河 T2						1	370
后湾	阳平镇后湾村南	阳平河 T2	3.5	3.5					340~349
阌东	阳平镇阌东村东	黄河 T2		3	3	3			354
合计面积			3	5	10	10	8	8	
			6.7	11.2	109	63	38.3	65	

注：表中“仰初”代表仰韶文化初期，“仰早”代表仰韶文化早期，“仰中”代表仰韶文化中期，“仰晚”代表仰韶文化晚期，“庙二”代表庙底沟二期文化，“龙山”代表龙山时代，下表同。面积单位：万平方米。

表二　灵宝市沙河流域新石器时代遗址地貌部位、各时期聚落面积一览表

遗址	地理位置	地貌位置	仰初	仰早	仰中	仰晚	庙二	龙山	海拔（米）
荆山	阳平镇荆山村东南	洪积扇					0.3		605~610
巴楼南	焦村乡巴楼村南	铸鼎原			5				490~520
铁王河	阳平镇东常村中南部	铸鼎原	4			4	4		415~430
东常	阳平镇东常村东	铸鼎原			12		5		415
西坡	阳平镇西坡村西	铸鼎原			40	20			455~475
北涧	阳平镇北涧村	铸鼎原	7						453~456
巴楼北	焦村乡巴楼村北	铸鼎原	4		5		3	3	440
东仓	焦村镇东仓村西	铸鼎原		5	5	5			441~450
西仓	焦村镇西仓村北	铸鼎原			8				433~437
塔底	焦村乡塔底村西	铸鼎原					6		415
塔底堂背后	焦村乡塔底村堂背后	铸鼎原		5		5			420~422
北贾村	西阎乡北贾村南	沙河 T2	2	2	2				401~404
南贾寨北	西阎乡南贾寨村北	沙河 T2		1	1				402
常卯	焦村镇常卯村东南	沙河 T2			12				405~418
干头	西阎乡干头村东	焦村原边坡			3				395~435
永泉埠	西阎永泉埠村西北	沙河 T2		3	3	3			383
小常	西阎乡小常村西	沙河 T2	4		5	4			376
涧南	西阎乡涧南村东北	低台原		0.5	0.5	0.5	0.5		402
水泉头	西阎乡水泉头村西北	沙河 T2			3	3			362~377
野鸡岭	西阎乡水泉头村东野鸡岭	焦村原坡、沙河 T2		1	2	3		2	370~385
南大阎	西阎乡南大阎村西南	沙河 T2	3	5					368~373

续表

遗址	地理位置	地貌位置	仰初	仰早	仰中	仰晚	庙二	龙山	海拔（米）
北大阎东坡	西阎乡北大阎村东南	沙河 T2					1.5		374~385
周家湾	西阎乡周家湾村南	黄河 T2	2	8					342~370
肖家湾	西阎乡肖家湾村南	黄河 T2	5	10	10				342~360
萧家寨	西阎乡东上村西北	黄河 T2		1	1				350~365
西阎西坡	西阎乡西坡村南	黄河 T2		0.3					354
朱家寨	西阎乡西坡村北	黄河 T2			10				355~360
白疙瘩	北坡头乡稠桑村白疙瘩	黄河 T2		3					379
稠桑	北坡头乡稠桑村北	黄河 T2			4				381~395
筛子顶	函谷关镇张嘴村西北	焦村原边坡						4	403~429
坪村	焦村镇坪村南	铸鼎原	0.5						460
寨子沟	焦村镇寨子沟村南	洪积扇			1				525
李家山	焦村镇李家山村西	洪积扇			1				597~603
涧南东	西阎乡涧南村东	沙河 T2				3	3		370~385
聚落总数		9	12	22	10	8	3		
合计面积		31.5	36.8	141.5	50.5	23.3	9		

注：面积单位：万平方米。

从聚落分布的地貌类型来看，我们发现，大致以仰韶文化晚期为界，铸鼎原地区新石器时代聚落分布的空间变迁可以分为较为显著的两个阶段（表三）：仰韶文化初期和早期，相对高度较低的河流阶地（包括沟谷阶地）是人类居住的主要空间，黄土台塬则是人类的另一个重要居住空间；仰韶文化中期，伴随人类的扩张，人类居住的地理空间也明显扩大，居址见于除山地外的各种地貌类型，且以相对高度较高的洪积扇、黄土台塬上分布的聚落数量超过了河流阶地上的聚落数量。

表三 铸鼎原地区古聚落分布的地貌类型统计表

时代	地貌类型						
	洪积扇	低台塬	高台塬	塬坡地带	黄河 T2	沟谷阶地	总数
仰初		1	4		2	5	12
仰早		2	2	1	5	7	17
仰中	4	4	8	2	6	8	32
仰晚	3	5	4	2	1	5	20
庙二	4	3	6	1		2	16
龙山	3	1	4	1	1	1	11
总数	14	16	28	7	15	28	108

注：本表据表一、表二做出，沟谷阶地包括阳平河二级阶地和沙河二级阶地。

从仰韶文化晚期开始，人类居住的空间重心转移到了黄土台塬、洪积扇等地貌类型上，聚落数量明显超过河流阶地，河流阶地上的聚落数量持续减少。庙底沟二期文化时期和龙山时代，聚落的空间分布仍延续了这一趋势，人类聚落完全以黄土台塬、洪积扇为主，河流阶地已不是人类居住的主要地理空间。

具体而言，不同时期沙河、阳平河流域人类居住的地理空间仍存在一定差异。（表四；表五）仰韶文化初期、早期，两个流域人类居址都以相对高度较低的黄河阶地和沟谷阶地为主，黄土台塬是人类居住的另一个地貌类型。从仰韶中期开始，两个流域人类居住的地理空间开始出现了较大差异，阳平河流域人类居住重心转移到了相对高度较高的黄土台塬区和洪积扇上，并且这个趋势一致延续到了龙山时代；而沙河流域则存在河流阶地和黄土台塬两个重心，且保持到了仰韶文化晚期。从庙底沟二期文化开始，两个流域人类居住的地理空间都转移到了相对高度较高的黄土台塬区和洪积扇上，相对高度较低的河流阶地已不是人类居住的主要地貌类型，且这一趋势延续到了龙山时代。

表四　阳平河流域古聚落分布的地貌类型统计表

时代	地貌类型						
	洪积扇	低台塬	高台塬	塬坡地带	黄河 T2	阳平河 T2	总数
仰初		1				2	3
仰早		1		1	1	2	5
仰中	2	3	2	1	1	1	10
仰晚	3	4		2	1		10
庙二	3	2	2	1			8
龙山	3	1	3		1		8
共计	11	12	7	5	4	5	44

注：据表一做出。

表五　沙河流域古聚落分布的地貌类型统计表

时代	地貌类型						
	洪积扇	低台塬	高台塬	塬坡地带	黄河 T2	沙河 T2	总数
仰初			4		2	3	9
仰早		1	2		4	5	12
仰中	2	1	6	1	5	7	22
仰晚		1	4			5	10
庙二	1	1	4			2	8
龙山			1	1		1	3
共计	3	4	21	2	11	23	64

注：据表二做出。

由河流二级阶地依次过渡到低黄土台塬、高黄土台塬、洪积扇，地势上逐级增高。从早至晚，铸鼎原区域的人类居住存在一个较为显著的向高海拔移动的趋势。

此外，通过调查我们还发现，铸鼎原地区古聚落分布明显受区域水系特征影响。一方面，不同水系对人类聚落分布的影响存在差异。本区域主要的水系有黄河以及作为黄河支流的阳平河、沙河。作为一条大河，黄河控制了区域内的地貌、水系发育，阳平河、沙河的水系变迁、河流地貌发育都受黄河的影响。由于其宽广的泛滥空间，当时黄河河流阶地并不是最适合人类开发利用的区域，很少有聚落沿黄河干流两岸分布，黄河对聚落分布影响很小，聚落大多沿沙河、阳平河等黄河小支流两岸分布。

而另一方面，沙河、阳平河不同的水系特征也是造成两个流域古聚落数量及分布形态差异的重要因素。阳平河上游呈平行状水系，少量支流，聚落较少，分布呈现沿河流沟谷两侧的线状特征。沙河上游小支流众多，呈典型的树枝状水系，而下游支流很少，呈线状水系。因此，沙河上游古聚落分布呈现出聚团的特点，围绕各个小支流分布有数量较多的聚落；而下游地区聚落则沿河流阶地两岸分布，呈线状排列。

五、小结

通过上面对区域地貌与水系的考察，可以发现，铸鼎原地区新石器时代聚落分布与变迁具有以下两个显著特征。

（一）从早至晚，人类居址分布存在一个向高海拔的地貌面移动的趋势。仰韶初期和早期，人类主要居住于较低的河流阶地上；仰韶中期，河流阶地与黄土台塬成为人类居住的两个主要地貌类型；仰韶晚期，人类居址的重心转移到了黄土台塬与洪积扇上，河流阶地上的聚落数量显著下降；庙底沟二期文化和龙山时代，人类主要居住于较高的黄土台塬与洪积扇上，而河流阶地已不是人类居住的主要空间。

（二）区域水系也是控制人类聚落数量与分布形态的一个重要因素。阳平河流域及沙河流域古聚落数量与分布形态都受到了各自水系特征的明显影响。阳平河流域聚落较少，呈线状分布；而沙河上游聚落较多，分布呈聚团特点，下游则呈线状排列。

除了人类群体扩大、人类自身能力增强等因素外，铸鼎原地区新石器时代人类居住空间的这种演变趋势背后是否与自然环境变化、社会背景、人群互动等因素有关，尚需进一步深入研究。

注释：

［1］魏兴涛、胡小平、宁建民：《灵宝新石器时代遗址的“三普”收获及其重要意义》，见《河南文物考古论集》（五），大象出版社，2014 年，第 6—15 页。

［2］a. 河南省文物考古研究所、中国社科院考古研究所河南一队、三门峡市文物工作队等：《河南灵宝铸鼎塬及其周围考古调查报告》，《华夏考古》1999 年第 3 期。

b. 中国社会科学院考古研究所河南第一工作队、河南省文物考古研究所、三门峡市文物工作队等：《河南灵宝市北阳平遗址试掘简报》，《考古》2001 年第 7 期。

c. 河南省文物考古研究所、中国社会科学院考古研究所河南一队、三门峡市文物考古研究所等：《河南灵宝市西坡遗址 2001 年春发掘简报》，《华夏考古》2002 年第 2 期。

d. 魏兴涛：《豫西晋西南地区新石器时代文化与社会》，北京大学博士学位论文，2010 年。

［3］a. 周昆叔：《铸鼎原觅古》，科学出版社，1999 年。

b. 周昆叔：《环境考古》，文物出版社，2007 年。

［4］a. 潘保田、王均平、高红山：《从三门峡黄河阶地的年代看黄河何时东流入海》，《自然科学进展》2005 年第 6 期。

b. 季军良、郑洪波、李盛华：《山西平陆黄河阶地与古三门湖消亡、黄河贯通三门峡时代问题的探讨》，《第四纪研究》2006 年第 4 期。

河南灵宝三件馆藏玉钺的年代及相关问题

◎马萧林　◎权　鑫

20世纪七八十年代，河南省灵宝市的文物工作者在灵宝境内若干新石器时代遗址采集到一些玉器。近年也相传有人在仰韶文化遗址发现玉器。在以往的认识中，黄河中游地区的仰韶文化中晚期的墓葬很少见到随葬品，更不用说玉器了，因此我们曾怀疑那些玉器很可能出自龙山文化以后的墓葬，不太可能是仰韶文化时期的器物。然而，2005年灵宝西坡仰韶文化墓地玉器的面世，不但彻底改变了我们先前的认识，而且为确定部分采集玉器的年代，探讨与玉器相关的问题，提供了重要线索。

一、三件玉钺及其年代

在灵宝市文物保管所收藏的玉器中，我们选取三件玉钺，其中两件有比较明确的采集地点，一件采集点不详。

1. 玉钺　馆藏号00281，墨绿色，局部夹杂黄色斑块。器身近长梯形，中部略厚，两侧较薄，窄弧顶，宽弧刃，顶部未打磨。长13.9厘米，宽6.6厘米，厚1.5厘米。近顶部有一穿孔，单面钻，一面穿孔稍作修正，孔径一面1.1厘米，另一面0.9厘米。这件玉钺1983年采自灵宝市西阎乡阌东遗址。（图一；图二）该遗址位于灵宝市西阎乡阌东村西北，黄河南岸的二级阶地上，是20世纪50年代普查中发现的，90年代末实地调查时，遗址上部已遭到严重破坏，文化层和灰坑等遗迹大多暴露于地表，有的遗迹已经接近底部，现存面积约3万平方米。从采集的陶片判断，遗址年代跨越仰韶文化早中晚三个时期，但以仰韶文化中期为主[1]。

2. 玉钺　馆藏号00018，墨绿色，一面有白色条状纹。器身近长梯形，中部略厚，窄平顶，宽弧刃，顶部打磨，未抛光。长16.3厘米，宽6.8厘米，厚1.2厘米。近顶部有一穿孔，单面钻，穿孔稍作修正，孔径一面1.4厘米，另一面1.0厘米。这件玉钺采自灵宝市豫灵镇寺疙瘩遗址。（图版一，1、2）该遗址位于灵宝市豫灵镇寺疙瘩村，面积约5万平方米。遗址断崖上灰坑密集，文化层厚者达3米，采集陶片均为红陶，器形主要有钵、盆、罐、灶等。根据包含器物判断，该遗址以仰韶文化中期遗存为主。

图一 玉钺（00281）正面

图二 玉钺（00281）背面

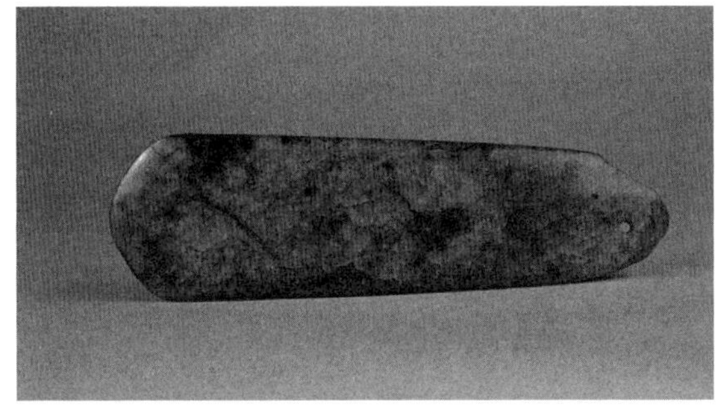

图三 玉钺（00023）正面

图四 玉钺（00023）背面

3. 玉钺 馆藏号 00023，豆青色，通体似开片纹。器身长条形，两边薄，中部厚而隆起，窄弧顶，舌形弧刃，通体磨光。长 22.9 厘米，宽 6.7 厘米，厚 1.4 厘米。近顶部有一小穿孔，两面钻，孔径一面 0.7 厘米，另一面 0.5 厘米。这件玉钺的采集地点不详。（图三；图四）

关于三件玉钺的年代，不妨从器物形态，以及相关考古学文化特征等方面进行比较分析。00281 号玉钺在形制上与西坡出土的 M11∶5 比较接近，00018 号玉钺在形制、色泽、尺寸等方面与西坡出土的 M17∶10 比较相像，00023 号玉钺在形制、尺寸等方面与西坡出土的 M8∶2 相近[2]。因此，这三件玉钺的年代应当与西坡墓地出土的玉钺年代相同或相近，可确定为仰韶文化中期或庙底沟期的最晚阶段，绝对年代大致在公元前 3300 年至前 3000 年之间。

黄河中游地区从裴李岗文化、老官台文化开始就出现了墓中随葬铲、斧、刀等石质生产工具的现象[3]，仰韶文化早期墓葬中也有随葬石质工具者[4]。但在仰韶文化核心区的豫陕晋相邻地带，尚未发现早于西坡这批玉钺的玉器随葬品。位于陕西汉水流域的南郑龙岗寺遗址，虽然在属于仰韶文化早期的半坡类型墓葬中曾出土 20 多件玉器，但包含了斧、铲、锛、凿、镞等多种形制的器物，并未像西坡墓葬这样把随葬玉器的形制基本固定在玉钺上，并赋予其特殊含义。值得注意的是，河南临汝阎村出土的彩陶缸上绘有《鹳鱼石斧图》[5]，其中的石斧与灵宝所见的玉钺相似，很可能就是具有礼仪性质的钺，其年代为仰韶文化中期[6]。因此，在黄河中游地区，玉钺的出现应不早于仰韶文化中期或庙底沟期。

在豫西地区还未对仰韶文化晚期遗址进行比较系统的考古发掘，也未发现这个时期的墓地，还不清楚墓葬是否有随葬品。然而，在洛阳地区，属于仰韶文化晚期晚段的孟津妯娌遗址，除了几座墓葬随葬象牙箍之外，其余40余座墓葬均不随葬任何器物[7]。在郑州地区，仰韶文化晚期的墓葬也很少有随葬品，比如郑州大河村遗址、荥阳青台遗址等即是如此[8]。三门峡庙底沟遗址揭露的140多座庙底沟二期阶段的墓葬，同样几乎不见任何随葬品[9]。因此，就目前所知，在豫西的仰韶文化晚期，甚至庙底沟二期阶段，墓葬基本不随葬器物。从这个角度来推测，我们也可将灵宝馆藏的三件玉钺归入仰韶文化庙底沟期。

此外，在与灵宝隔黄河相望的山西芮城清凉寺庙底沟二期文化墓地曾出土一批玉器，但多为玉环、玉璧等器物，个别玉钺在形制上也与灵宝馆藏的这三件玉钺差别较大。

二、三件玉钺及相关问题

通过对三件玉钺年代的认定，结合玉钺采集遗址的基本信息，以及灵宝西坡遗址的考古成果，可以得出以下几点认识。

1.灵宝境内仰韶文化中期遗址中的玉钺数量相当可观。玉钺不仅出自灵宝境内规模较大的遗址，也见于规模较小的遗址。例如，西坡遗址是以仰韶文化中期遗存为主的新石器时代遗址，面积约40万平方米，是灵宝铸鼎原南部的一个中心聚落。在发掘的34座墓葬中，9座墓葬出土有玉钺，占比达26.4%，即超过1/4的墓葬出土玉钺[10]。上述两件玉钺采集点阌东遗址、寺疙瘩遗址均为面积不大的遗址。此外，在灵宝考古调查时也发现，当地村民在附近遗址采集有类似西坡遗址出土的玉钺。例如，在灵宝市阳平镇程村管区南社走马岭遗址，曾有村民在遗址采集到玉钺，该遗址面积约7万平方米，也是一处以仰韶文化遗存为主的新石器时代遗址。由此推断，玉钺作为随葬品，在灵宝境内的仰韶文化中期墓葬中应当比较普遍。

2.灵宝境内仰韶文化玉器的原料产地很可能就在当地。灵宝西坡墓地出土玉器的质地，除个别为方解石外，其余均为蛇纹石岩[11]。目前我们尚未对西坡出土玉器的原料产地开展调查研究，还不清楚这批玉器的原料产地，但从上述灵宝境内玉器的较高出现频率来看，原料产地很可能就在附近山中，而非远程输入。这种情况可能与黄河对岸的芮城清凉寺出土玉器的原料来源方式相似，即大部分玉器是用本地的玉石料制作而成的[12]。

3.玉器在仰韶文化中的功能远不如在红山、良渚等考古学文化中那么重要。首先，就仰韶文化中期而言，以灵宝西坡遗址为例，出土玉钺的墓葬既有大型墓葬，也有小型墓葬，但有的大型墓并未随葬玉器；在墓葬等级指示性方面，墓葬规模及大口缸比玉器更具代表性。其次，在仰韶文化晚期墓葬中，少见随葬玉器者，也就是说，仰韶文化中期墓葬中随葬玉器的现象并未在仰韶文化晚期延续下来，呈现明显的阶段性特征。但这种随葬玉器的现象是否局限于灵宝及其附近区域，尚需今后的田野考古工作来验证。

三、结论

本文根据灵宝西坡墓地出土玉钺的特征，对灵宝市文物保管所收藏的三件玉钺的性质与年代进行了认定，并结合玉钺采集遗址的基本信息及有关考古成果，对三件玉钺的相关问题进行了探讨。三件馆藏玉钺属于仰韶文化中期或庙底沟期的遗物；灵宝一带仰韶文化中期的部分墓葬很可能或多或少都随葬这类玉钺，这种以蛇纹石岩制作的玉器原料产地很可能就在当地；相比墓葬规模及大口缸，玉器在仰韶文化中期的墓葬等级指示性方面不具较强代表性。

注释：

[1] 河南省文物考古研究所、中国社科院考古研究所河南一队、三门峡市文物工作队等:《河南灵宝铸鼎塬及其周围考古调查报告》,《华夏考古》1999 年第 3 期。

[2] 中国社会科学院考古研究所、河南省文物考古研究所:《灵宝西坡墓地》，文物出版社，2010 年。

[3] a. 开封地区文管会、新郑县文管会:《河南新郑裴李岗新石器时代遗址》,《考古》1978 年第 2 期。

b. 中国社会科学院考古研究所:《临潼白家村》，巴蜀书社，1994 年。

[4] 半坡博物馆、陕西省考古研究所、临潼县博物馆:《姜寨》，文物出版社，1988 年。

[5] 临汝县文化馆:《临汝阎村新石器时代遗址调查》,《中原文物》1981 年第 1 期。

[6] 严文明:《〈鹳鱼石斧图〉跋》,《文物》1981 年第 12 期。

[7] 河南省文物管理局:《黄河小浪底水库考古报告（二）》，中州古籍出版社，2006 年。

[8] 中国社会科学院考古研究所、河南省文物考古研究所:《灵宝西坡墓地》，文物出版社，2010 年。

[9] 郑州市文物考古研究所:《郑州大河村》，科学出版社，2001 年。

[10] 中国科学院考古研究所:《庙底沟与三里桥》，科学出版社，1959 年。

[11] 马萧林、李新伟、杨海青:《灵宝西坡仰韶文化墓地出土玉器初步研究》,《中原文物》2006 年第 2 期。

[12] 山西省考古研究所、运城市文物工作站、芮城县旅游文物局:《清凉寺史前墓地》，文物出版社，2016 年。

图版一

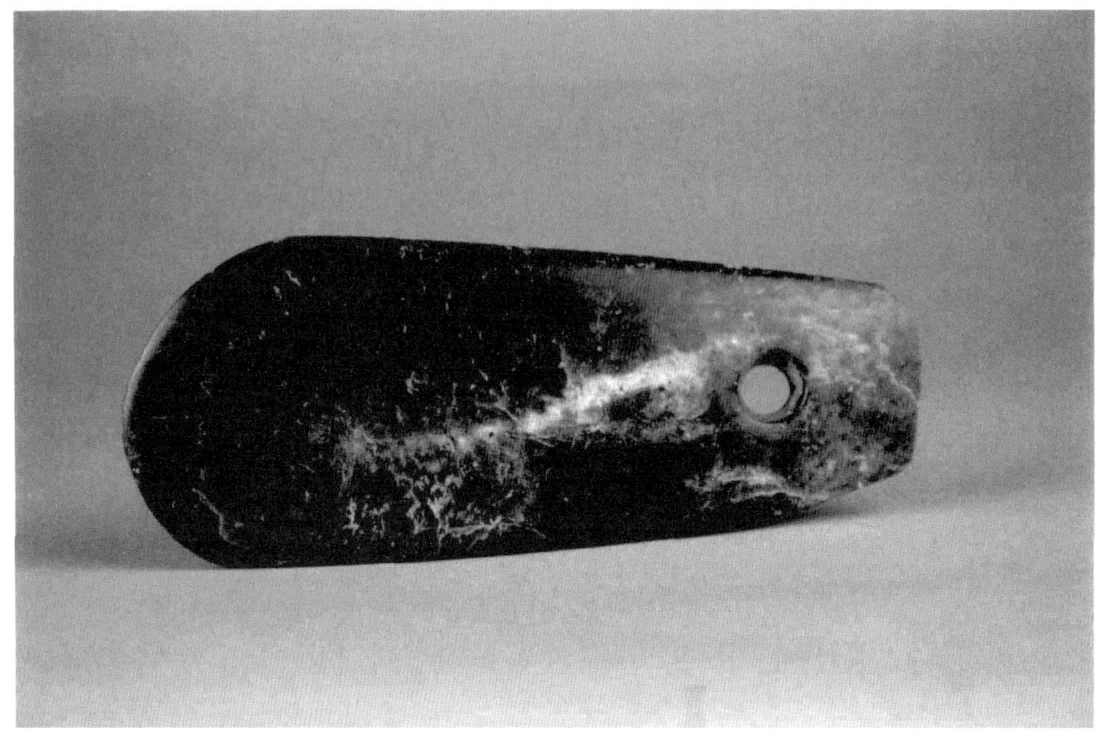

1. 玉钺（00018）正面

2. 玉钺（00018）背面

灵宝北阳平新石器时代遗址

◎李世伟　◎魏兴涛

调查和勘探时间：2018 年 3 月—4 月

工作单位：河南省文物考古研究院、三门峡市文物考古研究所、灵宝市文物保护管理所、灵宝铸鼎原文物保护管理所

北阳平遗址位于灵宝市阳平镇北阳平村西约 500 米处，西临关子沟，东为阳平河，遗址坐落在关子沟与阳平河之间狭长黄土塬上，北面边界为北部大冲沟，南至乔营村北侧洼地，一条东西向穿过遗址的乡村公路将遗址切成南、北两个部分。遗址南北长近 2000 米，东西宽 300 米~500 米，呈东北—西南走向。

为实施“考古中国·中原地区文明化进程”项目，联合考古队对灵宝北阳平遗址开展系统性的考古调查和勘探工作。

此次勘探面积约 90 万平方米，发现房址 35 座、壕沟 3 条、冲积沟 2 条、古河道 1 条、陶窑 9 座、道路 3 条、窖穴 1 座、墓葬数座以及大量灰坑等遗迹。其中仰韶文化房基 32 座，均发现有室内夯土硬面，多呈近方形（或五边形），部分房址室内火塘位置明确，基本可推定其门道朝向。面积大小不一，最小者十几平方米，最大者近 200 平方米。龙山时期房址均发现有白灰地面，面积均较小。3 条壕沟均为东西向，横向隔断遗址，宽 6 米~15 米，深 5.6 米~7.5 米，长度不等，平面形状较规整，向下内收较一致，明显为人工下挖而成，在壕沟内底部堆积中发现有灰土层和彩陶片，推测其开挖和使用年代为仰韶文化中期。古河道位于遗址的最南部，平面形状不甚规则，大致呈东北—西南走向，西端通向关子沟，东端通向阳平河，宽 70 米~110 米，最深处 12 米不底，堆积较深，多见淤沙和鹅卵石。灰坑发现数量较多，多在房址附近，部分灰坑较深，成片分布。另外发现窖穴 1 座，平面形状呈圆形，窖穴底部发现大量碳化粮食，堆积厚度约 30 厘米。

通过此次考古调查和勘探，对灵宝北阳平遗址的范围、面积、地层堆积、文化属性、遗迹

分布、聚落布局及功能分区等情况有了较为全面的了解。灵宝北阳平遗址主体文化遗存为仰韶文化庙底沟类型，面积达 70 万平方米，为灵宝铸鼎原仰韶文化遗址群中面积最大的一处遗址。灵宝北阳平遗址对研究豫西地区仰韶文化中期文化发展程度、聚落布局及社会复杂化进程等具有重要的意义。

灵宝市五帝新石器时代遗址

◎李金斗　◎魏兴涛

勘探时间：2018 年 11 月—12 月

工作单位：河南省文物考古研究院、三门峡市文物考古研究所、灵宝市文物保护管理所

五帝遗址位于灵宝市大王镇五帝村东与吉家湾村西，遗址中心地理坐标为北纬 34°39′18.5″，东经 110°59′45″，最高处海拔 410 米，最低处海拔 365 米，高差近 45 米。遗址现状多为耕地及菜地，地势较低处被村子占压，平整土地等活动对遗址破坏较为严重。

为实施“考古中国・中原地区文明化进程”项目，联合考古队对灵宝五帝遗址开展系统性的考古调查和勘探工作。本次勘探采用普探加重点勘探的作业方式，每个探孔均进行记录、拍照，并将数据上传至考古勘探管理系统。勘探工作的主要收获有以下四个方面：

1. 经过勘探，确认五帝遗址主体遗存为仰韶时代中晚期，这一时期遗存的分布面积约 75 万平方米。遗址东西两侧分别为干河及好阳河河道，两河交汇于遗址北端，遗址南部止于南壕沟，合围区域呈不规则四边形。

2. 遗址南部发现的东西向壕沟，现存长度 700 余米，宽度 16 米~20 米，沟底距地表深度 7 米~11 米不等。壕沟东端为断崖，西端止于村民房屋。壕沟与东西两侧河流分别构成遗址的边界。

3. 发现有数量较多的灰坑，另外发现 3 处房址。由于遗址经平整土地，对地貌改变较大，本次勘探发现的房址数量不多。但从地表及部分断面上暴露的陶片及灰土看，遗址原始规模及内涵应较丰富。

4. 在对遗址低处及周边进行调查后，初步判断遗址形成前该区域附近有古湖泊，后水位下降，人们在原湖泊上活动，遗址废弃后水位再次上涨，水相黄土沉积再次覆盖遗址低处。我们对典型剖面也进行了取样，相关的分析工作正在进行。

通过此次勘探及调查工作，确认了五帝遗址的规模和基本内涵，初步了解了遗址古地貌与古环境的相关信息，为以后开展相关研究工作打下了基础。从遗址的规模看，五帝遗址在仰韶中晚期应是灵宝盆地东部最大的一处遗址，可能是该区域的一处核心聚落。遗址剖面的调查及古环境样品的分析，对理解该区域早期人地关系具有重要意义。

河南灵宝市北阳平遗址考古勘探报告

◎河南省文物考古研究院　◎三门峡市文物考古研究所
◎灵宝市铸鼎原文物保护管理所　◎灵宝市文物保护管理所

为深入研究豫西地区仰韶文化社会发展状况，便于申报相关研究课题，同时为北阳平遗址总体保护规划编制等文化遗产保护工作提供科学、准确的考古资料依据，经河南省文物局批准，河南省文物考古研究院联合三门峡市文物考古研究所、灵宝市铸鼎原文物保护管理所、灵宝市文物保护管理所等单位，于2018年3月至5月，对灵宝北阳平遗址进行了系统性的考古勘探工作。

一、遗址概况

北阳平遗址位于河南省灵宝市阳平镇北阳平村西约500米处，坐落在关子沟与阳平河之间狭长的黄土小台塬即阳平小塬之上，西有关子沟与程村塬相隔，东临阳平河与铸鼎原相望。遗址南北长近2000米，东西宽300米至500米，北部边界至大冲沟，南部边界为乔营村北侧洼地，由阳平镇至程村镇东西向的灵宝市009县道将遗址分成南、北两个部分，遗址中部地理坐标为北纬34°31′09.47″，东经110°39′27.81″，遗址地表海拔430米至470米。（图一）

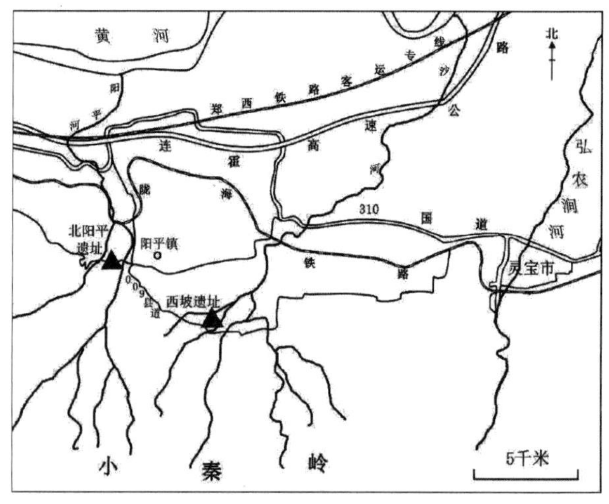

图一　河南灵宝市北阳平遗址位置图

北阳平遗址整体分布与阳平小塬走向一致，呈西南—东北向，地势为西南较高，向东北渐低，遗址主体原面最大高差约40米。遗址西侧为较陡直的断崖，高出关子沟约50余米，断崖剖面上部为黄土，下部暴露出砂砾堆积，东侧地势较缓，为原坡和局部的阳平河二级、一级阶地，现地貌多为3至5层梯田，呈阶梯状下降30余米，北部大冲沟南北长近100米，经长期流水冲刷下切 30 米至 50 米，使关子沟与阳平河相贯通，现中偏东部人工垫起约呈鱼脊形土路，可行驶农用车连通冲沟南北。

1956 年灵宝文化馆开展文物调查，在铸鼎原周围发现北阳平遗址。1982 年 9 月洛阳地区文物工作队对北阳平遗址进行了小规模发掘，揭露约 300 平方米，发现房址、墓葬及一批遗物，但资料未发表。1992 年，因当地维修黄帝陵，引起河南省文物研究所（今河南省文物考古研究院）李京华先生的极大关注，向灵宝县、阳平镇提出多项建设性意见，包括详细调查黄帝铸鼎原周围的文化遗址[1]。1999 年春河南省文物考古研究所、中国社会科学院考古研究所等单位组成联合考古队对铸鼎原周围新石器时代遗址做全面调查，确定了仰韶文化遗址的数量和面积[2]。同时联合考古队对北阳平遗址进行拉网式调查[3]。随后，联合考古队于 1999 年 11 月至 12 月对北阳平遗址进行了试掘，实际发掘面积为 320 平方米，共发现仰韶文化房基 3 座、灰坑 27 个和墓葬 5 座[4]。

北阳平遗址现地表主要为耕地，距现代村落相对较远，受人类活动影响较小，遗址本体保存相对较好。但当地村民在遗址上栽种苹果等经济树木，对遗址造成了一定程度的破坏。另外，北阳平遗址基底为质地疏松的黄土，断崖处容易受到雨水冲刷、风雪冻融等自然侵蚀，局部水土流失较为严重，对遗址本体的保护产生较大的影响。

二、工作背景、范围及方法

北阳平遗址自发现以来已进行过多次考古调查，包括一次全面的拉网式调查，通过以往考古调查，对遗址规模、文化属性等情况有了初步了解。1999 年的试掘，对遗址中部的地层堆积、文化内涵及年代等有了较为清楚的认识。但是，该遗址作为灵宝铸鼎原周边仰韶文化遗址群中面积最大的一处遗址，其确切的分布范围、基本聚落布局、主要遗迹等信息却知之甚少，这种现状长期制约学术界对该遗址的整体认识，阻碍了对铸鼎原仰韶文化遗址群的相关学术研究的深入开展。为改变这种现状，我们对北阳平遗址开展了本次系统性考古勘探。

根据以往调查材料，结合北阳平遗址及周围地形地貌，经反复实地踏查，勘探范围除了西部断崖外，我们感到应向南、向北均适当延伸，并包括向东数层台地，因此选定本次考古勘探范围北自陇海铁路、南至乔营村北之间狭长的地带，南北总长约 3000 米，东西宽 300~500 米，该范围将以往调查确定的北阳平遗址以及与其基本相连接的乔营遗址包含在内。勘探工作主要集中在阳平小原顶部高亢平坦的原面上，同时兼顾东部地势渐低的原坡及二级阶地，除去冲沟、深壑等不具备勘探条件的部分，实际有效勘探面积约 90 万平方米。（图二）

北阳平遗址系统性勘探工作按《考古勘探工作规程（试行）》[5] 和《田野考古钻探记录规范》[6] 操作，采取考古调查、普探和重点勘探相结合的方法，尤其充分运用“田野考古勘探数字化与记录管理平台”，上传管理和分析勘探数据。首先对北阳平遗址及其周边进行大范围的航拍和精确测绘，建立三维坐标系统和地理信息系统，用 RTK 在遗址上点布探孔，每个探孔据

图二　北阳平遗址勘探工作范围及遗址范围图

其平面坐标后五位数字进行统一编号。为做到既能够了解遗址堆积的基本状况又尽可能不破坏古代文化遗存，我们设定遗址整体按照5米间距统一布孔，在重点区域为避免漏掉重要遗迹现象，根据需要加密探孔至2米间距。在勘探中每个探孔均填写《北阳平遗址勘探探孔信息记录表》，全面收集每个探孔内堆积的层位、表深底深、土质土色、遗存性质、包含物、年代等信息，并对每个探孔钻探出的土柱统

图三　北阳平遗址普探探孔分布图（局部）

一有序摆放和拍照。在全面普探的同时，如遇房址、壕沟等重要遗迹现象，对其进行重点卡边勘探，搞清遗迹现象的范围、形状、性质等，进行统一编号和记录、测绘。此次普探探孔数量为36000余个，所有探孔记录信息均实现数字化，上传至“田野考古勘探数字化与记录管理平台”，便于后期管理、研究、分析和永久保存。（图三）

三、勘探主要收获

经此次系统性考古勘探，北阳平遗址被全部圈定在勘探区域之内。依据勘探所发现的文化层及各类遗迹分布情况，北阳平遗址的分布和规模得以重新确定，即北抵遗址北的大冲沟，南至乔营村北的猫屎疙瘩台地，东西分别以阳平河、关子沟为界，南北延续约2000米，东西宽300~500米，现存面积约72万平方米。（图二；图版一）

根据勘探结果并结合以往调查资料可知，北阳平遗址与阳平小原的地理环境关系密切，走向相同。据本次勘探，遗址仅局部保存有早期文化层，发现的文化遗迹主要有房址、灰坑、陶窑、道路、壕沟等（历史时期和近现代墓葬除外）。墓葬区位于遗址南部的猫屎疙瘩台地，地势相对高亢，与生活居住区之间有壕沟和冲积沟相分隔。墓葬区堆积错杂，除发现有可能系仰韶文化时期的墓葬外，还有数量众多的历史时期及近现代墓葬，叠压打破关系复杂，同时在墓葬区一带还发现有年代较晚的仰韶文化晚期和龙山时期的遗存，如壕沟、房址、窖穴、陶窑等。（图四）

现将地层堆积和各类遗迹分布情况介绍如下。

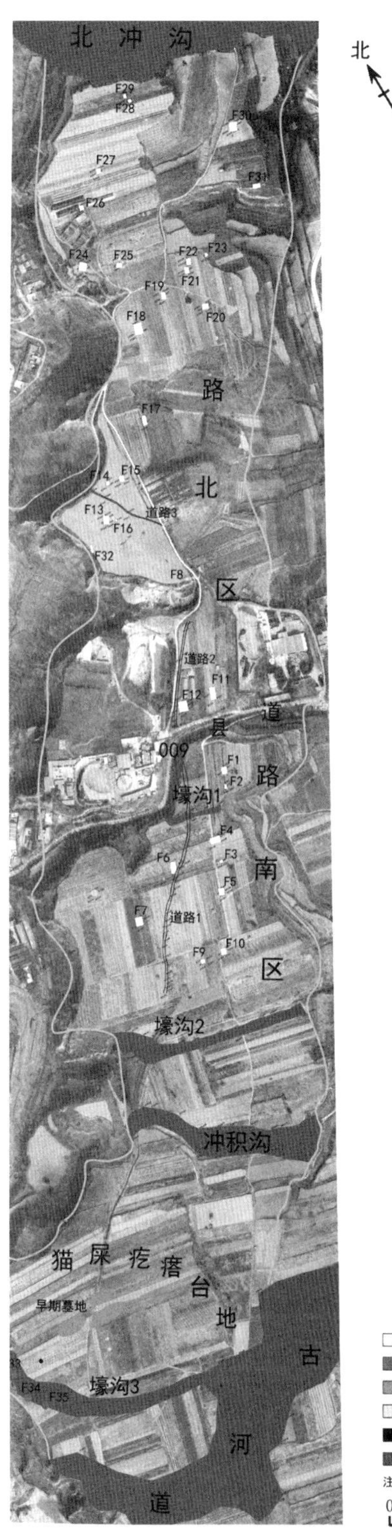

图四　北阳平遗址考古勘探主要遗迹分布图

（一）地层堆积

北阳平遗址整体地层堆积相对一致且简单，遗址中北部文化层堆积较薄，因平整土地和取土等原因破坏严重，仅在遗址中北部呈片状零散分布，普遍距地表较浅，遗迹时代相对单纯，直接开口于近代扰土层或垫土层之下；遗址南部的猫屎疙瘩台地地层因平整土地被破坏更为严重，地势较高处遗迹保存状况较差，地势较低处晚期堆积或扰土层较厚，鲜见文化层；遗址西侧关子沟边崖壁上可见文化堆积断面，东侧梯田或缓坡上文化遗存分布很不丰富，仅在较原面略低的第二、三层梯田上局部见到零星的文化遗迹。现选取 2 个具有代表性探孔介绍如下。

探孔 68350–22080，位于遗址中部偏北：

第①层为耕土层，厚约 0.30 米。

第②层为近代扰土层，厚约 0.70 米，黄灰色土，土质较软，结构较疏松，包含有少量红烧土颗粒、炭粒等，大部分仰韶文化灰坑、房址等开口于该层下。

第③层为灰坑堆积，深约 1.50 米，深灰色土，土质软，结构疏松，包括较多的炭粒和红烧土粒，见有红陶片，其年代为仰韶文化时期。

第④层为生土，浅黄色土，结构较致密，纯净。

探孔 68390–21850，位于遗址中部偏东南：

第①层为耕土层，厚约 0.25 米。

第②层为近代扰土层，厚约 0.95 米，黄灰色土，土质较软，结构较疏松，包含有少量红烧土颗粒、炭粒等。

第③层为文化层，厚约 0.40 米，灰色土，土质软，结构疏松，包含较多的炭粒和红烧土粒，见有红陶片，其年代为仰韶文化时期。

第④层为生土，浅黄色土，结构较致密，纯净。

（二）遗迹

1. 壕沟

共发现 3 条。壕沟 1 位于遗址中部偏南，大致为东西向，略呈西北—东南向，东西两端通向断崖，基本横向截断北阳平遗址，将遗址生活居住区分隔成两个区域，现存长度约 90 米，宽约 6 米，深 4 米至 4.50 米，形状较规整，下收较一致。沟内堆积可分 4 层，现以探孔 68210–21615 为例予以介绍。探孔 68210–21615 第①层为耕土层，灰黄色土，土质软，结构疏松，厚约 0.35 米；第②层为近代层，浅黄色土，土质较软，结构较疏松，厚约 0.45 米；第③层为壕沟 1 内第①层堆积，浅褐色土，土质软，结构疏松，厚约 1 米；第④层为壕沟 1 内第②层堆积，浅灰色土，土质软，结构疏松，厚约 1.30 米；第⑤层为壕沟 1 内第③层堆积，灰色土，土质软，结构疏松，厚 1.10 米；第⑥层为壕沟 1 内第④层堆积，浅黄色土，土质较软，结构较疏松，厚约 0.65 米，其下为生土。在沟内底部堆积中勘探发现有红陶片，根据包含物特征推断其年代应为仰韶文化时期。（图五）根据壕沟 1 的形状结构、走向及与周围遗迹的关系，判断其可能为北阳平遗址生活居住区内部人工下挖的小壕沟，将生活居住区分隔成不同的小区域。

壕沟 2 位于遗址生活居住区的南部，北距壕沟 1 约 300 米，大致为东西向，略呈西北—东南走向，走向与壕沟 1 近乎平行，东西两端均通向断崖，基本横向截断整个遗址，现存长度约300米，宽约11米，深5.60米至 7 米，形状较规整，下收较一致。沟内堆积可分 4 层，现以探孔 68170–21285 为例予以介绍。探孔 68170–21285 第①层为耕土层，灰黄色土，土质软，结构疏松，厚约 0.30 米；第②层为近代层，浅黄色土，土质较软，结构较疏松，厚约 0.80 米；第③层为壕沟 2 内第①层堆积，浅褐色土，土质较软，结构较疏松，厚约 1.60 米；第④层为壕沟 2 内第②层堆积，浅灰色土，土质软，结构疏松，厚约 1.50 米；第⑤层为壕沟 2 内第③层堆积，灰色土，土质软，结构疏松，厚约 1.80 米；第⑥层为壕沟 2 内第④层堆积，浅黄色土，土质较软，结构较疏松，厚约 0.50 米，其下为生土。在沟内底部堆积中勘探发现有灰土层和彩陶片，依据沟内包含物特征推断其年代应为仰韶文化时期。(图六) 根据壕沟 2 的位置、形状结构、走向及与其他遗迹的关系，判断壕沟 2 应该为北阳平遗址的南壕沟，与关子沟、阳平河相连接，共同合围北阳平遗址生活居住区。

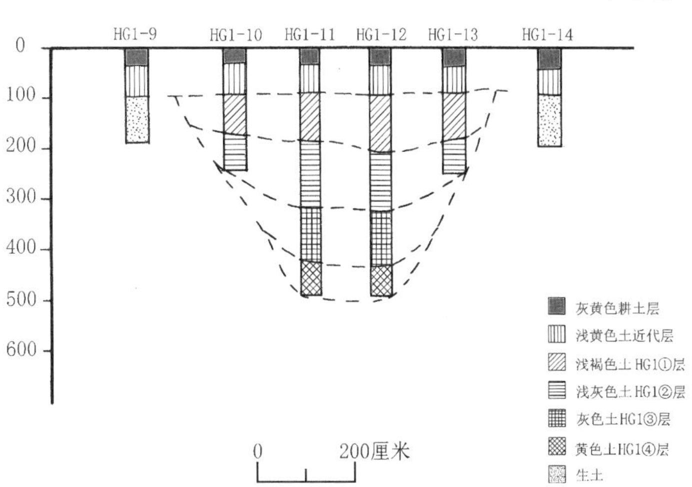

图五　北阳平遗址壕沟 1 考古勘探剖面图

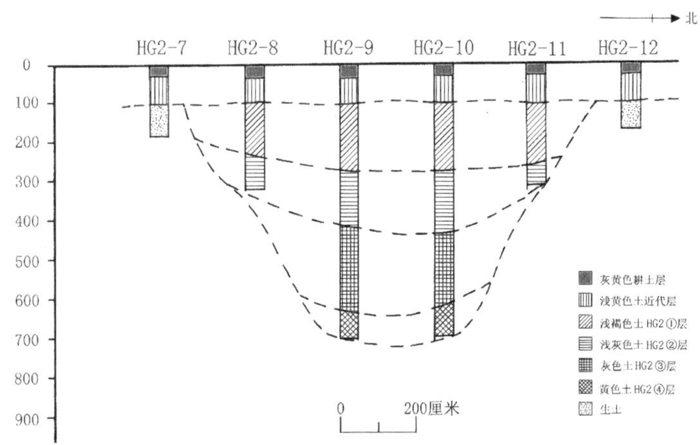

图六　北阳平遗址壕沟 2 考古勘探剖面图

壕沟 3 位于遗址南部猫屎疙瘩台地的南部边缘，大致呈圆弧状包围猫屎疙瘩台地区域，西端通向关子沟，东端与古河道连通，或有早晚关系，现存长度约 370 米，宽 10 米至 16 米，深 3.20 米至 4.50 米，沟口较宽向下内收，形制不甚规整。沟内堆积可分 3 层，第①层为浅灰色土，土质较软，结构较疏松，厚约 0.90 米；第②层为灰色土，土质软，结构疏松，厚约 1.45 米；第③层为浅黄色土，土质较软，结构较疏松，厚约 1.10 米，其下为生土。沟内勘探出土陶片有红陶、灰陶等。壕沟 3 西部被龙山文化时期“白灰面”房址叠压，其年代应不晚于龙山文化时期。依据壕沟 3 的位置、形状结构、走向、包含物特征及与周围遗迹的关系，同时考虑到猫屎疙瘩台地在仰韶文化中期时可能为北阳平遗址的墓葬区，以往调查材料显示该区域有较多仰韶文化晚期和龙山文化时期遗物，推断壕沟 3 应为北阳平遗址仰韶文化晚期聚落的壕沟。

2. 冲积沟

发现 1 条。位于壕沟 2 南侧，两者相距约 130 余米，呈西北—东南向，平面形状不甚规整，沟内深度相差较大。冲积沟中部偏西处宽约 20 米，深约 3 米，向西略变宽并通向断崖，深约 5.50 米，向东宽度增加至 40 余米，逐渐变深至 8.50 米，沟内见有淤积土，似为流水长时间冲积而成。

此外，如前所述，在遗址北侧有一现代大冲沟。大致呈西北—东南向，东西两端通向断崖，横向拦截北阳平遗址，平面形状不甚规整，沟口较宽向下内收。沟内中间偏东处宽度较窄且深度较浅，向东西两端变宽、加深，东端宽约 70 米，深约 30 米，西端宽约 140 米，深约 50 米。北冲沟南侧发现有文化层和仰韶文化房址、灰坑等遗迹，北侧则不见文化层和遗迹，冲沟南北两侧差别显著，分隔作用明显。

3. 古河道

发现 1 条。位于遗址的最南部，平面形状不规则，大致呈西南—东北走向，东、西端分别与阳平河、关子沟相通，宽 70 米至 110 米，最深处 10 米未到底。古河道内多见淤沙、鹅卵石，其年代不详。

4. 房址

共发现 35 座。其中仰韶文化房址 32 座，龙山文化时期房址 3 座。（表一）

表一　北阳平遗址考古勘探房址统计表

编号	面积（均为约值）	形状（大致）	门道朝向	保存状况	时代	备注
F1	100 平方米	方形	不明	一般	仰韶	
F2	20 平方米	长方形	不明	较差	仰韶	
F3	16 平方米	长方形	不明	较差	仰韶	
F4	90 平方米	方形	不明	较差	仰韶	
F5	90 平方米	长方形	不明	一般	仰韶	
F6	40 平方米	长方形	不明	较差	仰韶	
F7	130 平方米	方形	不明	一般	仰韶	
F8	残长 2.80 米	不明	不明	较差	仰韶	断崖暴露
F9	40 平方米	方形	不明	一般	仰韶	
F10	64 平方米	方形	不明	较好	仰韶	
F11	130 平方米	方形	不明	一般	仰韶	
F12	160 平方米	长方形	不明	一般	仰韶	
F13	140 平方米	方形	西南	一般	仰韶	
F14	40 平方米	方形	不明	一般	仰韶	

续表

编号	面积（均为约值）	形状（大致）	门道朝向	保存状况	时代	备注
F15	70 平方米	方形	不明	一般	仰韶	
F16	10 平方米	长方形	不明	较差	仰韶	
F17	80 平方米	长方形	不明	一般	仰韶	
F18	190 平方米	方形	不明	较好	仰韶	
F19	40 平方米	长方形	不明	一般	仰韶	
F20	70 平方米	方形	不明	一般	仰韶	
F21	64 平方米	长方形	不明	较差	仰韶	
F22	60 平方米	长方形	不明	较差	仰韶	
F23	20 平方米	方形	不明	一般	仰韶	
F24	130 平方米	方形	西南	较好	仰韶	
F25	90 平方米	方形	不明	一般	仰韶	
F26	残长 4.50 米	不明	不明	较差	仰韶	被民房占压
F27	25 平方米	长方形	不明	一般	仰韶	
F28	15 平方米	方形	不明	一般	仰韶	
F29	12 平方米	方形	不明	一般	仰韶	
F30	140 平方米	方形	不明	一般	仰韶	
F31	残长 7.80 米	不明	不明	不明	不明	断崖暴露
F32	残长 10.50 米	不明	不明	不明	不明	断崖暴露
F33	18 平方米	圆形	不明	一般	龙山	
F34	12 平方米	圆形	不明	一般	龙山	
F35	12 平方米	圆形	不明	一般	龙山	

注：以上表格中面积均为勘探所见房址室内夯土硬面的面积约值。

仰韶文化房址中 29 座为勘探发现，3 座在遗址边缘断崖上暴露经调查确认。灵宝市 009 县道路北区发现房址 23 座，路南区发现房址 9 座，路北区房屋建筑数量明显较多，分布较密集。

仰韶文化房址多开口于近代扰土层或耕土层之下，所有房址内均发现有人为处理过的夯土硬面，厚 0.10~0.35 米，且房址面积越大，夯土硬面越厚、分层越多。形制均为半地穴式，平面形状多大致呈方形，少部分近长方形（或因被破坏保存较差所致），少数房址室内火塘位置清晰，基本可推定其门道朝向为西南方向。

房址面积大小不一，最小者十几平方米，如 F3、F16、F28、F29 等；最大者近 200 平方米，如 F18；中大型房址数量最多，如 F7、F11、F12、F13、F24、F25、F30 等。仰韶文化房址依据房屋面积大小可初步划分为小型、中型、大型以及特大型房屋四个级别。（暂定划分标准为：

小型 0~50 平方米；中型 50~100 平方米；大型 100~150 平方米；特大型 150 平方米以上）小型房址数量最多，中型房址其次，大型房址数量较少，特大型房址数量最少，考虑到普探探孔间距为 5 米，间距较大，可能会漏掉一些小型房址，因而小型房址真实数量会更多。

F24，位于遗址北部西侧边缘，紧邻西侧关子沟，西距现断崖约 14 米，南距现断崖约 8 米，勘探发现房址内部的夯土地面，为保护房址夯土地面，探孔均未打穿。探孔 68490-22405 第①层为耕土层，灰黄色土，土质软，结构疏松，厚约 0.35 米；第②层为近代层，浅黄色土，土质较软，结构较疏松，厚约 0.85 米；第③层为房内堆积，灰褐色土，土质较软，结构疏松，厚约 0.50 米；第④层为夯土层，灰白色土，土质硬，结构致密。房址半地穴式，居住面较平整，距地表约 1.20 米，平面形状大致呈方形，长约 12 米，宽约 10.80 米，面积约 130 平方米。房址夯土地面南部发现一红烧土区域，平面形状近圆形，直径约 1.50 米，依据其位置、形状结构，推断其应为房址内部火塘。根据周边地区同时期遗址房屋建筑的形制特征，推断其门道应朝向西南。（图七）

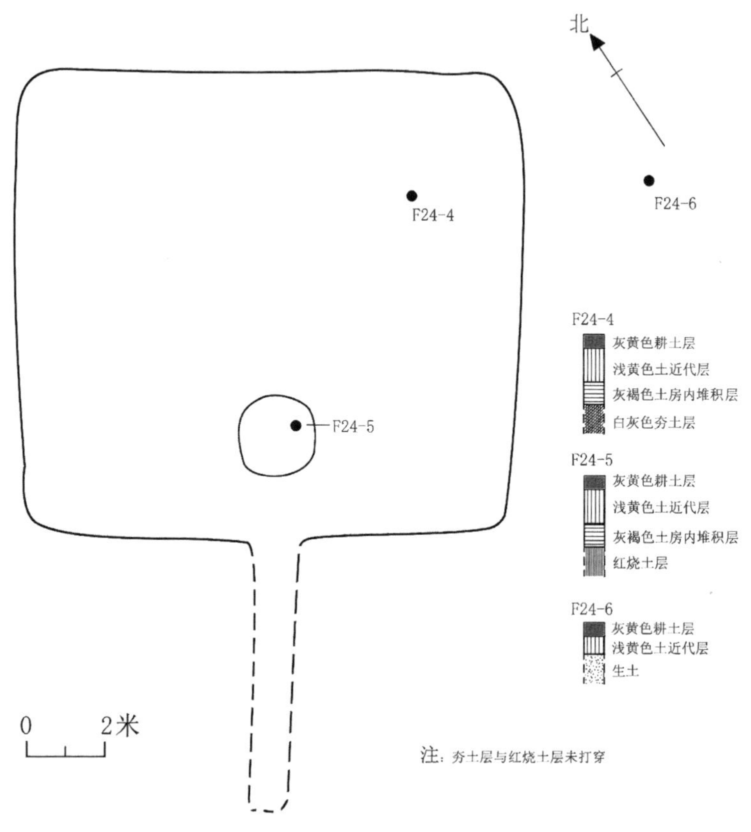

图七　北阳平遗址 F24 考古勘探平面图及探孔土柱

F10，位于遗址生活居住区南部，南距壕沟 2 约 100 米。探孔 68170-21405，第①层为耕土层，灰黄色土，土质软，结构疏松，厚约 0.35 米；第②层为近代层，浅黄色土，土质较软，结构较疏松，厚约 0.75 米；第③层为房内堆积，灰褐色土，土质较软，结构疏松，厚约 0.40 米；第④层为夯土层，灰白色土，土质硬，结构致密。其结构为半地穴式，内有夯土地面，比较平整，距地表约 1.10 米，平面形状大致呈方形，长、宽约 8 米，面积约 64 平方米，因未发现火塘，门道朝向等信息不明。

从房屋分布情况来看，仰韶文化房屋建筑整体呈东北—西南向排列分布，与遗址所在的长条形阳平小原走向一致。大型房屋周围一般有小型房屋分布；有 2 个房屋东西并列现象，如 F9 和 F10、F11 和 F12 等；有数个房屋分布较近呈组团现象，如 F13、F14、F15、F16 和 F32。值得注意的是 F10、F5、F3、F4、F2、F1 和 F11 等房屋近乎分布在一条直线上，亦与阳平小原的走向一致。这些房屋的分布充分反映出仰韶时代先民生活居住区的设置既有因地制宜因素，又有较强的人为规划。房屋建筑在形状、结构、建筑技术等方面与附近灵宝西坡遗址房屋建筑有较多共同点，表现出较强的仰韶文化中期的时代特征。

龙山文化时期房址均位于遗址路南区猫屎疙瘩台地西南部边缘，西邻关子沟，都发现有典型的龙山时期“白灰”地面，并叠压于壕沟3之上。龙山文化时期房址分布相对集中，邻近断崖，形状初步判断为近圆形，面积较小，均为十几平方米，保存状况均较差，其结构、门道朝向等不明。

5. 陶窑

共发现9座。在路南区和路北区都有发现，保存均较差，面积普遍较小，平面形状多呈近圆形，距地表约1.10米，直径1米至2米，包含大量红烧土块和烧结硬面，具体形制和结构不明。所发现陶窑多位于中小型房址附近，且与房址保持一定距离，大型和特大型房址周围一般不见，大都分布于遗址东西两侧，靠近关子沟或阳平河。在遗址南部猫屎疙瘩台地上也发现有陶窑，年代或较晚。

6. 早期墓葬

具有仰韶文化时期特征的早期墓葬主要发现于遗址南部的猫屎疙瘩台地之上。猫屎疙瘩台地南部为古河道，西邻关子沟，东边为阳平河，北距壕沟2约250米，地势高亢，该区域历代墓葬分布比较密集，叠压打破关系复杂。通过对所发现的各类墓葬的形制、填土等特征进行分析，充分运用排除法，结合西坡等遗址仰韶文化墓葬填土等特征进行对比，初步甄别出数座可能为仰韶文化时期的墓葬，依据这些线索，推测仰韶文化墓葬区应位于遗址南部地势高亢的猫屎疙瘩台地之上。鉴于勘探工作本身的局限性，早期墓葬和墓地的推断有待于以后的考古发掘验证。

7. 道路

共发现3条。道路1位于路南区，呈东北—西南向，走向与阳平小原方向一致，宽约2.50米，残长约400米，叠压于仰韶文化房址和壕沟1之上，其年代应晚于仰韶文化房址和壕沟1。

道路2位于路北区，残长约140米，走向与道路1相同，应为同一条道路，中间被009县道隔断。

道路3位于路北区，呈西北—东南走向，宽约2米，残长130米，从仰韶文化房址之间的空白区域穿过，年代尚不明确。

8. 窖穴、灰坑

窖穴确定1座。位于猫屎疙瘩台地上，西距3座龙山时期房址约50米，平面形状大致呈圆形，坑口直径约1.30米。窖穴底部发现大量炭化粮食，堆积厚约0.30米，经鉴定为粟。

灰坑发现数量众多，生活居住区分布最为密集，在房址附近周围都有发现，有些区域灰坑大面积成片分布，灰坑体量普遍较大，一些灰坑深度达3米至5米，坑内填土分层明显，所出陶片以泥质或夹砂红陶为主。此次勘探我们对所发现灰坑一类遗迹仅记录位置、填土、深度和包含物等信息，未进行详细的卡边等重探工作。

（三）文化遗物

文化遗物有探孔出土和地面采集两种。

探孔出土陶片多较碎小。按质料可分为泥质和夹砂两类，以泥质陶居多。按陶色可分为红陶、褐陶、灰陶等，以红陶最多，褐陶其次，灰陶和黑陶发现较少。器表以素面者居多，纹饰有细绳纹、旋纹等。另发现有少量彩陶片，均为红衣黑彩，纹饰有弧线、弧边三角纹等。可辨器形有钵、瓶等。

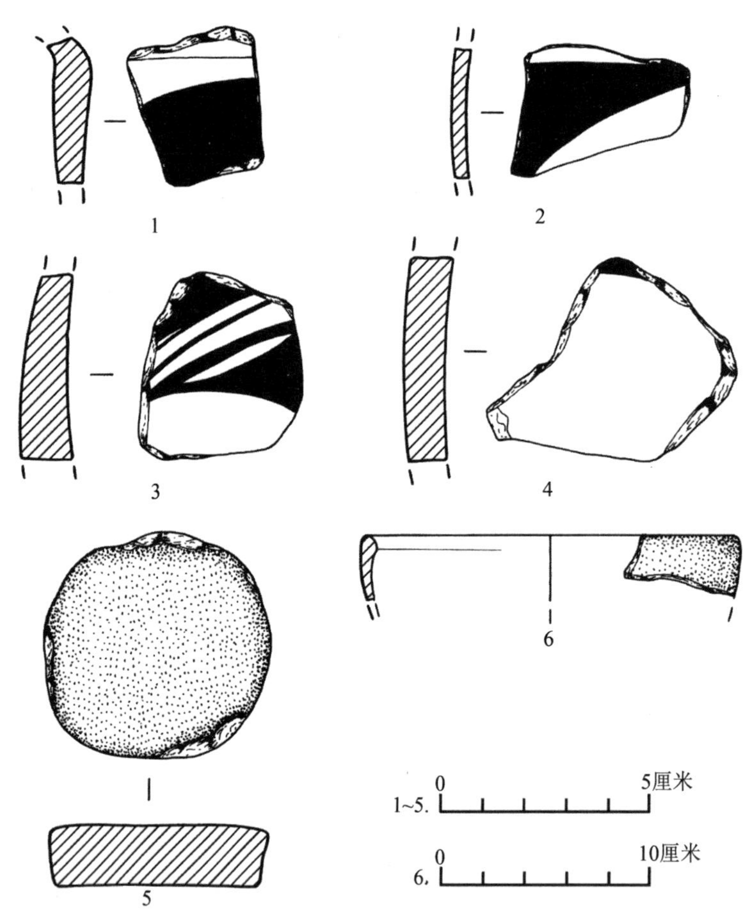

图八　北阳平遗址探孔出土陶器
1~4. 彩陶片（探：1、探：2、探：3、探：4）5. 圆饼（探：5）6. 钵（探：6）

钵　标本探：6（探孔编号 67790–21070 第③层），口部，泥质红陶，敛口，圆唇，唇部较厚，素面。口径 19.2 厘米，残高 3.1 厘米。（图八，6）

彩陶片　泥质红陶。标本探：1（探孔编号 68130–21295 第③层），器表饰弧边黑彩图案。残长 3.1 厘米。（图八，1）标本探：2（探孔编号 68225–21403 第③层），器表饰弧边黑彩图案。残长 4 厘米。（图八，2）标本探：3（探孔编号 67674–20998 第③层），胎夹灰芯，器表饰弧线纹、弧边三角纹黑彩图案。残长 3.5 厘米。（图八，3）标本探：4（探孔编号 67824–20968 第③层），

器表饰黑彩图案。残长 5.8 厘米。（图八，4）

圆饼　标本探：5（探孔编号 67774-21138 第③层），泥质黄陶，呈圆饼状，四周有打磨痕迹，素面。直径 5.3 厘米。（图八，5）

地面采集陶片以泥质红陶为主，其次为夹砂红褐陶，另外还有少量泥质灰陶等，素面陶为最多，器表磨光者较常见，纹饰有线纹、细绳纹、旋纹、附加堆纹等，彩陶占一定比例，以红衣黑彩为主，纹饰有圆点、弧线、条带、弧边三角纹等，多饰于泥质红陶盆、钵等口部和上腹部。可辨器形有钵、盆、瓶等。

盆　标本采：1，口沿，泥质红陶，口微敛，卷沿较窄，厚圆唇外凸，弧腹较直，上腹部饰数周较浅的旋纹。口径 28 厘米，残高 4.6 厘米。（图九，1）

彩陶盆　标本采：2，口沿，泥质红陶，口微敛，卷沿较矮，沿内侧有一周浅折棱，沿面上鼓，圆唇，弧腹微鼓，沿面饰垂弧纹和弧边三角纹，唇部饰窄带纹，上腹部饰弧线纹和弧边三角纹组成的黑彩图案。口径 36.4 厘米，残高 5.2 厘米。（图九，2）

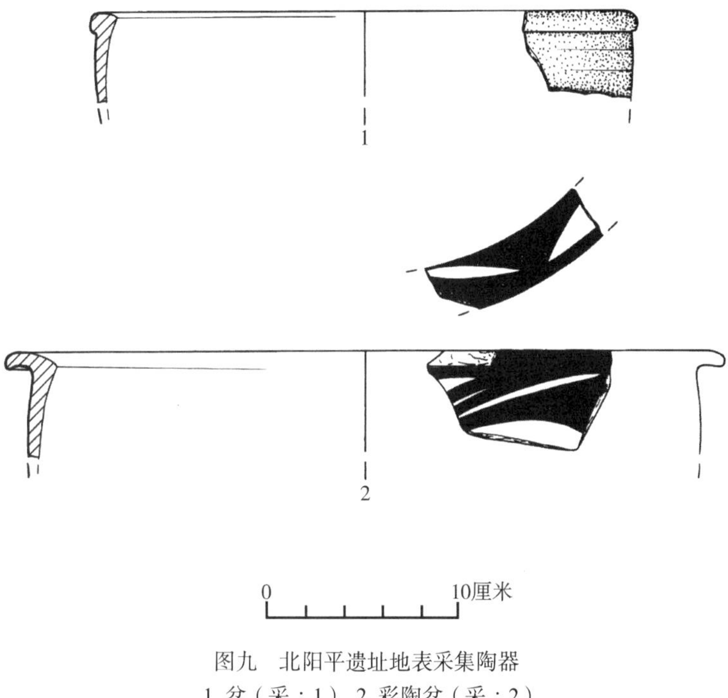

图九　北阳平遗址地表采集陶器
1. 盆（采：1）　2. 彩陶盆（采：2）

四、认识与问题

通过此次对北阳平遗址大范围系统性的考古勘探工作，我们对其范围、地层堆积、年代、遗迹种类及分布、聚落布局、功能分区与演变等有了较为全面的了解，对其整体面貌有了一个全新的认识。

北阳平遗址现存面积约 72 万平方米，整体呈长条形。仰韶文化遗存是其主体文化遗存并遍布于整个遗址。该遗址是灵宝铸鼎原区域仰韶文化遗址群中面积最大的遗址，也是目前灵宝盆地发现面积最大的仰韶文化遗址之一，主要为仰韶中期庙底沟类型文化遗存，壕沟 2 和北部冲沟之间的区域应为生活居住区，南部猫屎疙瘩台地很可能为墓葬区。

北阳平遗址仰韶文化房址发现数量较多，依据面积大小至少可划分为小型、中型、大型以及特大型房屋四个等级，突出特征是中大型房屋数量发现较多且分布密集，并有特大型房屋存在，这些都反映出北阳平遗址在仰韶文化中期时人口稠密、聚落繁盛、社会分层可能已经出现以及其在该区域内拥有核心性聚落的性质和地位。

仰韶文化房址的排列分布特点反映出既有充分的因地制宜，又有明显的人为规划。聚落南部有人工挖建的壕沟，北部不排除也有人工壕沟被现今大冲沟冲毁的可能性，如然则聚落主体由南北两条壕沟和东西两条自然河流合围而成，仰韶文化时期墓葬、墓地与生活居住区分离且位于居住区以南，房屋建筑形制、建造技术等与大约同时期的西坡遗址者高度相近，反映出以灵宝为代表的豫晋陕交汇区域仰韶文化中期核心或中心性聚落遗址在聚落布局、功能分区等方面很可能存在着一定的相似性。但同时也可看到，北阳平仰韶文化房屋建筑在排列分布以及朝向等方面与西坡遗址也应存在着明显的差异。

北阳平遗址仰韶文化晚期及龙山时期文化遗存主要集中于遗址南部猫屎疙瘩台地之上，分布区域约 10 万平方米。仰韶文化中期之后，聚落空间位置南移，面积明显缩小，反映出遗址尽管仍然有人类聚居活动，但聚落已明显衰落，不再是区域中心遗址，地位明显下降。

本次系统性勘探工作成果丰硕，但同时也存在一些不足。出于文化遗产保护的需要，普探孔距较大，首先很可能遗漏不少文化遗迹，尤其是形制较小的房址、陶窑等；其次卡边定形探孔偏少，我们勘探出了房址的大致形制，却无得到只有通过更细密的勘探才能发现的房址门道并据此了解房址的朝向、房址间的关系及布局等信息；另外囿于考古勘探工作的局限性以及各类遗迹的保存现状，许多遗迹现象无法判定精确年代，这对遗迹之间同时性及先后关系的判断造成很大的困扰，部分遗迹的具体形制、性质等有待于进一步的科学的考古发掘来验证和确定。以上问题在一定程度上会制约我们全面认识北阳平遗址的聚落形态及发展演变历程，也会使所得结论难免存在某些不确之处。

附记：本次考古勘探工作由河南省文物考古研究院组织实施，项目负责人为魏兴涛。参加考古勘探工作的主要人员有河南省文物考古研究院魏兴涛、李世伟，三门峡市文物考古研究所郑立超、杨海青、高鸣，灵宝市文化广电和旅游局马连洁、单战战，灵宝铸鼎原文管所郭九行、王勇、张连波、姜涛、赵云峰、郭新玲等，灵宝市文管所胡小平、张艺苑、权鑫等。灵宝市文化广电和旅游局在地方沟通协调等方面给予了很大的帮助，焦林林局长做了大量工作，灵宝市阳平镇政府和北阳平村委提供了积极的协助和配合。灵宝市文管所抽调日常约 20 名探工承担普探工作，来自洛阳的 8 名探工承担重点勘探工作，灵宝市职业技术专科学校安排近 20 名在校学生作为探孔记录员为此次勘探工作提供强有力的支持。在此对以上参与和支持北阳平遗址勘探工作的单位及人员一并表示衷心的感谢。

执笔：魏兴涛　李世伟

杨海青　郭九行

绘图：孙广贺

注释：

[1] 李京华:《灵宝铸鼎塬的考古调查》,《中国文物报》1992 年 11 月 1 日第 3 版。

[2] 河南省文物考古研究所、中国社科院考古研究所河南一队、三门峡市文物工作队等:《河南灵宝铸鼎塬及其周围考古调查报告》,《华夏考古》1999 年第 3 期。

[3] 中国社会科学院考古研究所河南一队、河南省文物考古研究所、三门峡市文物工作队等:《河南灵宝北阳平遗址调查》,《考古》1999 年第 12 期。

[4] 中国社会科学院考古研究所河南第一工作队、河南省文物考古研究所、三门峡市文物工作队等:《河南灵宝市北阳平遗址试掘简报》,《考古》2001 年第 7 期。

[5] 国家文物局:《考古勘探工作规程（试行）》，2017 年。

[6] 国家文物局:《中华人民共和国文物保护行业标准：田野考古钻探记录规范》，文物出版社，2017 年。

灵宝市北阳平遗址地表高程模型图

河南灵宝市五帝遗址考古勘探报告

◎河南省文物考古研究院　◎三门峡市文物考古研究所
◎灵宝市文物保护管理所

一、遗址概况

五帝遗址位于河南省灵宝市大王镇五帝村东与吉家湾村西，遗址中心地理坐标为北纬34°39′18.5″，东经110°59′45″。（图一）遗址是一处包含有仰韶文化、庙底沟二期文化遗存的大型遗址，其中仰韶中期遗存最为丰富，是该遗址的主体遗存。

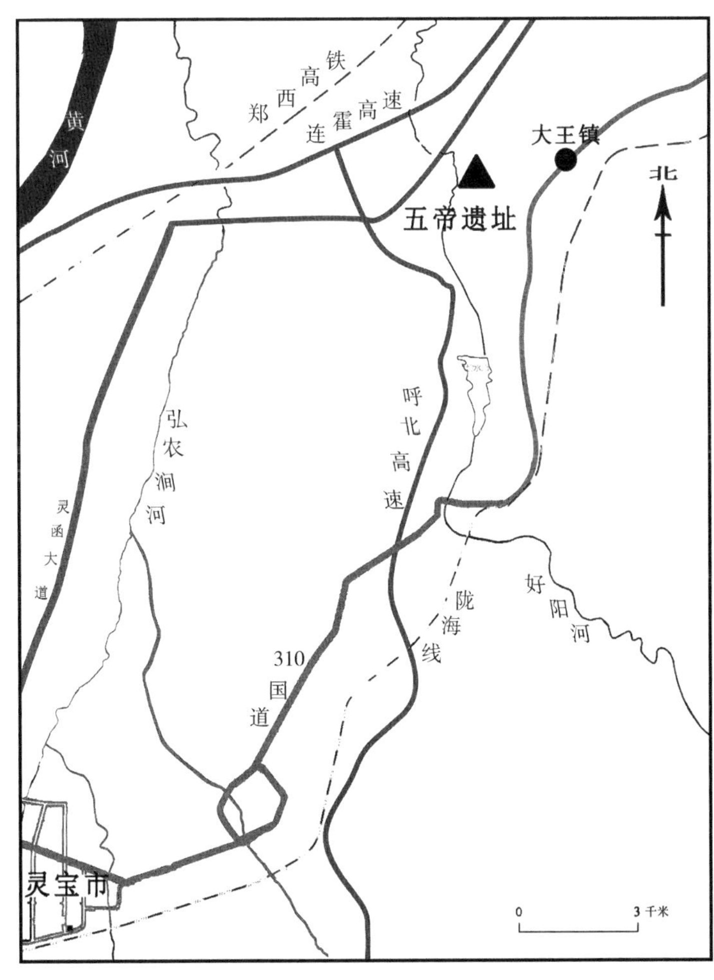

图一　河南灵宝市五帝遗址位置图

五帝遗址坐落于黄土台塬及二级阶地上，整体属丘陵地貌，中部偏东为一地势较高的台地，两侧为缓坡，其西为黄河一级支流好阳河，东为好阳河支流干河，两河交汇于遗址北端，将遗址围合成一处西、北、东三面封闭的区域。台地也可分为南、北两处区域，顶部均为较平坦的塬面，两处台地之间部分地势略低。遗存分布相对高差较大，其最高处位于北部台地，海拔为410米，最低处接近好阳河河道，海拔为365米，整体高差近45米。

遗址现状目前多为耕地、菜地，低处被村子所占压，农业耕种、平整土地等活动对遗址影响较大，遗址保存现状一般。

五帝遗址于20世纪60年代调查发现，1982年确定为县级文物保护单位，1986年公布为河南省文物保护单位。2006年河南省文物考古研究所（今河南省文物考古研究院）曾对该遗址进行过初步调查，明确该遗址为一处仰韶时期大型聚落遗址[1]。

二、工作背景、方法及内容

五帝遗址的考古勘探工作，与2018年3月至5月北阳平遗址勘探工作目的基本相近。之所以选择北阳平遗址、五帝遗址，是在以往考古调查及相关研究的基础之上开展的。从大的地貌单元看，五帝遗址、北阳平遗址均属于灵宝盆地，但两处遗址分别位于盆地内东、西。从聚落规模看，五帝遗址、北阳平遗址均是该区域体量较大的遗址，文化遗存也较丰富。结合以往对灵宝盆地聚落考古的初步研究成果，两处遗址可能分别是这一区域的核心聚落。因此，对两处遗址进行勘探，一方面可以更准确了解遗址的面积、布局以及文化内涵等信息，另一方面，也为研究该区域聚落形态、聚落等级及相互关系提供重要资料，进而为研究仰韶时期该区域乃至中原地区的文明化早期进程奠定良好基础。基于以上考虑，经河南省文物局批准，2018年11月至12月，河南省文物考古研究院联合三门峡市文物考古研究所、灵宝市文物管理所等单位对五帝遗址进行了勘探调查工作，取得了一定收获。

本次勘探工作以国家文物局《考古勘探工作规程（试行）》[2]及《田野考古钻探记录规范》[3]为指导，同时应用田野考古勘探系统进行资料的记录与分析。在前期调查基础上，对遗址及其周边5平方千米范围进行航测及三维建模，获取包括DEM、DOM等多种信息，在此基础上建立五帝遗址勘探地理信息系统。具体勘探时，使用RTK以5米孔距进行布孔[4]，每一探孔均有唯一永久大地坐标，且以该坐标命名该孔。如遇重点遗迹则孔距加密至间距2米，同时使用RTK记录加密孔坐标数据。每一探孔均对其堆积层次、土质土色、包含物、堆积性质进行详细记录并拍照，每天将当日所有资料均上传至“五帝遗址田野考古勘探数字化与记录管理平台”，实现勘探资料的电子化。

同北阳平遗址一样，五帝遗址勘探工作也是以了解遗址范围、聚落布局为主要目标，进而为研究该区域聚落形态提供重要的资料。具体工作内容方面，在对遗址进行初步查勘的基础上，大体确认了遗址文化堆积的分布范围。结合现有道路、河道等具有标志意义的分界，尤其是自然分界，确定了本次勘探的工作范围，即北至好阳河与干河所环绕的高处台地，东至吉家湾村以西，南至吉家湾村至神窝村东西向道路，西至五帝村南北向道路。（图二）除去断崖、民房及部分不适宜勘探区域外，本次勘探工作合计勘探面积约80万平方米，探孔总数17000余个。结合五帝遗址实际情况，本次工作又因地制宜开展了一些调查、测量等工作。

图二　五帝遗址勘探工作范围及遗址范围图

三、勘探主要收获

（一）遗址范围及面积

经过勘探，确认了五帝遗址仰韶时期文化堆积的分布范围，即北至好阳河与干河河道交汇处，东至吉家湾村西，南至南壕沟，西至五帝村，部分压于五帝村庄之下。整体面积近 75 万平方米。（图二）从遗址整体范围看，其北、东、西三面边界基本是以好阳河、干河所形成的自然界限，唯其南部以人工壕沟为界。根据钻探情况，壕沟以北分布着仰韶时期文化堆积，以南则基本不见，其分隔作用明显，因此确认该壕沟为遗址南部边界。

（二）地层堆积

五帝遗址整体地貌是黄土台塬，两侧为河道。文化堆积分布于遗址大部，从勘探结果看，遗址高差近 45 米，整体坡度较大，其中西侧坡度整体较东侧略缓，文化堆积也较丰富。由于遗址地貌较为复杂，因此其不同区域文化堆积情况不同，现选取 2 个具有代表性探孔对其地层堆积进行介绍。（图版一）

探孔 98755–36160，位于遗址西部低处：

0~0.40 米：灰黄色土，土质疏松，耕土层。

0.40~1.30 米：灰色土，土质疏松，近代层。

1.30~5.30 米：浅黄色土，土质较疏松，淤积层，包含物较少。

5.30~6.50 米：灰褐色土，土质疏松，文化层，包含有炭屑、陶片、烧土等。

6.50 米以下：青灰色土，土质紧密，湖相沉积层，较纯净。

探孔 99260–36450，位于遗址北部台地高处：

0~0.40 米：灰黄色土，土质疏松，耕土层。

0.40~1.20 米：黄色土，土质较疏松，近代层。

1.20~2.70 米：灰色土，土质较致密，灰坑，包含有炭屑、烧土等。

2.70 米以下：黄色土，土质较密，生土。

（三）遗迹

五帝遗址从地表及断面暴露的情况看，其原始文化堆积应相当丰富，但经勘探实际确认的遗迹数量并不多，究其原因，或许与遗址本身的保存状况有密切关系[5]。与北阳平遗址不同，五帝遗址大部分为菜地、耕地和林地，且由于该遗址高差相对较大，土地改造对遗迹破坏较大。但本次勘探仍然发现了一些重要的遗迹现象，现将其按类别进行简要介绍。

1. 壕沟

壕沟位于遗址南部，故可称为南壕沟。整体走向略呈西北—东南向，现存长约 700 米，开口宽 7~11 米，底部宽 2~3 米，沟深（指沟底距开口深度）6~9 米。

初次钻探时，我们以 5 米孔距进行作业，发现该壕沟。为更详细了解壕沟形制及堆积情况，我们又分别在壕沟不同部位共布设 5 个断面，每个断面以约 2 米孔距对其进行详细勘探。（图版一）下面以断面 2 及断面 4 为例，简要介绍壕沟形制及堆积情况。

断面 2，共有 6 孔。（图三）

NHG–9，坐标 498904.5E，3835867N：

0~0.30 米：灰黄色土，土质疏松，耕土层。

0.30~0.90 米：灰色土，土质较疏松，近代层。

0.90~2 米：暗黄色土，土质较密，次生土层。

2 米以下：浅黄色土，土质较密，生土层。

NHG-10，坐标 498905.2E，3835870.7N：

0~0.30 米：灰黄色土，土质疏松，耕土层。

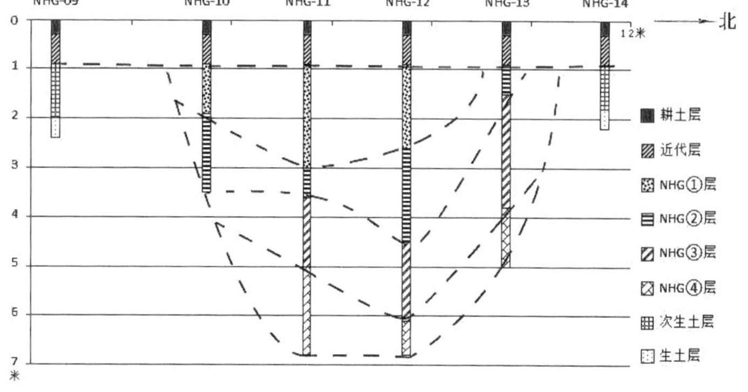

图三　五帝遗址南壕沟断面 2 堆积示意图

0.30~0.90 米：灰色土，土质较疏松，近代层。

0.90~1.90 米：褐色土，土质较密，壕沟①层。

1.90~3.50 米：浅黄色土，土质较密，壕沟②层。

3.50 米以下：浅黄色土，土质较密，生土层。

NHG-11，坐标 498905.3E，3835872.7N：

0~0.30 米：灰黄色土，土质疏松，耕土层。

0.30~0.90 米：灰色土，土质较疏松，近代层。

0.90~3 米：褐色土，土质较密，壕沟①层，包含有少量料姜石、炭屑等。

3~3.60 米：浅黄土，土质较疏松，壕沟②层，较纯净，仅包含少量硬土块。

3.60~5 米：灰褐色土，土质疏松，壕沟③层，包含有烧土、炭屑及少量陶片。

5~6.80 米：浅褐色土，土质略密，壕沟④层，较纯净，仅含少量烧土颗粒。

6.80 米以下：浅黄色土，土质较密，生土层。

NHG-12，坐标 498905.7E，3835874.7N：

0~0.30 米：灰黄色土，土质疏松，耕土层。

0.30~0.90 米：灰色土，土质较疏松，近代层。

0.90~2.60 米：褐色土，土质较密，壕沟①层，包含有少量料姜石，较纯净。

2.60~4.50 米：浅黄土，土质较疏松，壕沟②层，较纯净，含有少量红烧土颗粒。

4.50~6.10 米：灰褐色土，土质疏松，壕沟③层，包含有烧土、炭屑及少量陶片。

6.10~6.80 米：浅褐色土，土质略密，壕沟④层，包含有少量烧土及炭屑。

6.80 米以下：浅黄色土，土质较密，生土层。

NHG-13，坐标 498905.9E，3835876.8N：

0~0.30 米：灰黄色土，土质疏松，耕土层。

0.30~0.90 米：灰色土，土质较疏松，近代层。

0.90~1.50 米：浅黄土，土质较疏松，壕沟②层，少量炭屑、料姜石。

1.50~3.80 米：灰褐色土，土质疏松，壕沟③层，包含有烧土、炭屑、黑灰等。

3.80~5 米：浅褐色土，土质略密，壕沟④层，较纯净，少量炭屑。

5 米以下：浅黄色土，土质较密，生土层。

NHG–14，坐标 498906.5E，3835880.1N：

0~0.30 米：灰黄色土，土质疏松，耕土层。

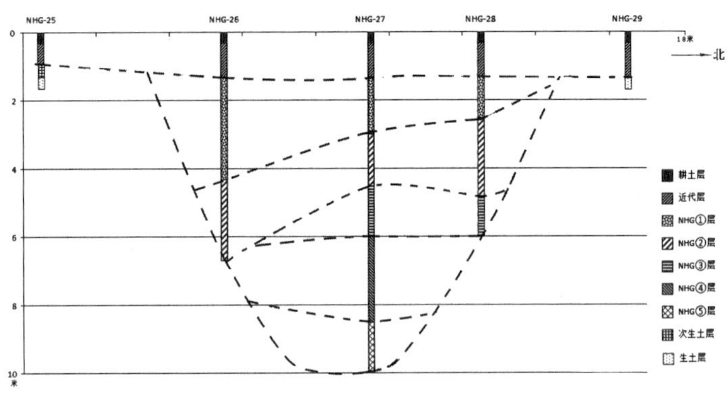

图四　五帝遗址南壕沟断面 4 堆积示意图

0.30~0.90 米：灰色土，土质较疏松，近代层。

0.90~1.80 米：暗黄色土，土质较密，次生土层。

1.80 米以下：浅黄色土，土质较密，生土层。

断面 4，共有 5 孔。（图四）

NHG–25，坐标 499351.018E，3835739.547N：

0~0.30 米：浅灰色土，土质疏松，耕土层。

0.30~0.90 米：黄色土，土质较疏松，近代层。

0.90~1.30 米：暗黄色土，土质较密，次生土层。

1.30 米以下：浅黄色土，土质较密，生土层。

NHG–26，坐标 499350.116E，3835744.242N：

0~0.30 米：浅灰色土，土质疏松，耕土层。

0.30~1.30 米：黄色土，土质较疏松，近代层。

1.30~4.30 米：浅黄色土，土质较疏松，壕沟①层，较纯净。

4.30~6.70 米：浅褐色土，土质略密，壕沟②层，少量炭屑。

6.70 米以下：浅黄色土，土质较密，生土层。

NHG–27，坐标 499348.835E，3835748.229N：

0~0.30 米：浅灰色土，土质疏松，耕土层。

0.30~1.30 米：黄色土，土质较疏松，近代层。

1.30~3 米：浅黄色土，土质较疏松，壕沟①层，包含有烧土块、炭屑等。

3~4.50 米：褐色土，土质较疏松，壕沟②层，包含有料姜石等。

4.50~6 米：浅灰色土，土质疏松，壕沟③层，包含有烧土、炭渣等。

6~8.50 米：浅黄色土，土质疏松，壕沟④层，包含有炭屑、烧土、黑灰等。

8.50~10 米：浅褐色土，土质较紧密，壕沟⑤层，包含有炭屑、生土块、青石等。

10 米以下：浅黄色土，土质较密，生土层。

NHG-28，坐标 499348.37E，3835751.703N：

0~0.30 米：浅灰色土，土质疏松，耕土层。

0.30~1.30 米：黄色土，土质较疏松，近代层。

1.30~2.50 米：浅黄色土，土质较疏松，壕沟①层，包含有少量烧土。

2.50~4.80 米：褐色土，土质疏松，壕沟②层，包含有烧土、炭屑、料姜石等。

4.80~6 米：浅灰色土，土质较紧密，壕沟③层，包含有炭屑、生土块等。

6 米以下：黄色土，土质较密，生土层。

NHG-29，坐标 499348.11E，3835755.464N：

0~0.30 米：浅灰色土，土质疏松，耕土层。

0.30~1.30 米：黄色土，土质较疏松，近代层。

1.30 米以下：浅黄色土，土质较密，生土层。

由断面可以看到遗址南壕沟不同部位形制略有差别。壕沟西段相对较浅，深约 6 米，两侧沟壁均向内斜收，底部似较宽；（图三）壕沟东段沟较深，最深处可达近 9 米，两侧壁面均较陡直，底较窄。（图四）

从沟内堆积层次而言，不同部位堆积内容也有所差别。但需要说明的是，第一，由于壕沟长近 700 米，各部位堆积情况应有所不同，这里所分层次仅代表相近区域堆积，不同断面地层堆积未必一一对应。第二，钻探所划分的堆积层次，其土质土色往往呈现出渐变特征，且部分堆积包含物较少，不像发掘一样可以对剖面做较宽视野的详细观察，分辨率相对较大，因此仅能从宏观上对壕沟堆积及使用、废弃过程有一初步认识。

从壕沟内堆积包含物来看，最下层包含物较少，为最初使用时期堆积，但并未发现有水淤迹象。随后一个时期，多个探孔发现有较多炭屑、黑灰等与人类活动密切相关的堆积物，这一时期人类活动应较丰富，但作为防御设施的壕沟内出现较多生活废弃物，也从另一方面表明对壕沟的管理可能出现问题。再往后一个时期，壕沟内基本为较为纯净的堆积，零星见有烧土、炭屑等，表明此时仍有人类活动，但规模较前一时期要少得多。最后一个时期，沟内堆积更为单纯，此时壕沟功能已基本废弃，直至被最后湮埋。当然，由于钻探发现的陶片数量较少，各层堆积年代难以准确把握，以上仅是从大的阶段对壕沟使用、废弃过程的划分。

2. 房址

五帝遗址发现的房址数量较少，共有 5 座，其中仰韶文化 4 座，庙底沟二期文化 1 座，保存状况均较差。从房址的分布情况看，多位于遗址的北部，但由于数量较少，因此暂时无法对其布局提出更多认识。但就其自身形制而言，仍可从发现的少量房址中获取一些信息。

仰韶文化房址以 F3 为例。

F3　位于遗址北端。平面形状近方形，东西长约 4 米，南北宽 3.50 米，面积约 14 平方米。

房址发现有加工较好的居住硬面，其下还发现有一层碎石铺垫。房址所在典型探孔为98820-36960孔：

0~0.40米：耕土层。

0.40~1.20米：黄色土，较疏松，近代层。

1.20~1.40米：黄灰色黏土，质地紧密。房址内堆积。

1.40~1.50米：灰色砂土，较紧密，包含有少量细碎砂石。推测为房址铺垫面。

庙底沟二期文化的房址为F5。

F5　位于遗址东北部。保存状况较差，平面形状不甚清晰，仅发现有室内白灰面，现存面积约12平方米。房址所在典型探孔为99380-36520孔：

0~0.40米：耕土层。

0.40~1.50米：黄色细砂土，质地疏松。近代层。

1.50米：白灰面。未探到底。

3. 灰坑

五帝遗址在调查及勘探过程中发现众多灰坑，内涵也甚丰富。从具体分布来看，塬面较为平坦处发现的数量较多，遗址西侧坡地也甚密集，东侧坡地则较少。这应当与保存状况有较大关系。因为在两侧坡地的断坎上，经常能看到暴露的灰坑，但同时也说明被破坏得较为严重。北部台地的灰坑密度也较南部台地更多。就形制而言，由于未对灰坑进行细致卡边，仅从断面暴露的灰坑来看，多数为内斜直壁，平底，且部分规模较大。如在遗址北部断面上发现的H4，开口于耕土层之下，虽遭破坏，但现存开口长度仍近3米，深超过3米，内部有多层堆积。（图五）

图五　五帝遗址H4断面

4. 冲沟

勘探发现2条冲沟。

冲沟1　位于遗址南端西侧，中心点坐标为498946.125E，3835965.424N。该冲沟与遗址南壕沟西段走向较为相近，东侧甚至与南壕沟相接，长约400米，宽8~18米，越接近西端开口越宽。（图版一）最早我们曾怀疑是否为壕沟的一部分，但经过钻探，此沟内堆积多为冲积土，不见或少见人工遗物，加之与南壕沟相隔甚近，其外侧仍有文化遗存分布，因此暂时判断为一早期冲沟。但其真实性质及与南壕沟关系、相对年代等问题，仅靠钻探目前尚难以确认，需以后在考古发掘中得以解决。

冲沟 2　位于遗址东南部靠近吉家湾村，规模较大，中心点坐标为 499416.026E，3835964.101N。该冲沟西部相对较窄，向东变宽，长约 265 米，宽 16~35 米。（图版一）冲沟内堆积较为单纯，多为冲积土。实际上，此区域目前地势仍较南北两侧略低，这在遗址高程图上便略有显现。

5. 湖相沉积

在五帝遗址勘探过程中，我们在好阳河东岸的断面上发现有较为明确的湖相沉积，为更好理解遗址所在区域的地貌及古环境，我们对这一湖相沉积进行了初步的调查和勘探。经过调查，这处湖相沉积大致呈不规则连续条带状，南北长约 1400 米，东西宽约 200 米，北部较窄南部渐宽，处于好阳河二级阶地偏下部，叠压于仰韶时期文化层之下，在仰韶文化层之上又叠压一层黄土淤积层。这里以这处湖相沉积偏北部一南北向的断面为例进行简要介绍。（图版一）

断面 1，坐标 3836292.404N，498700.191E：

0~0.30 米：灰黄色土，土质疏松，耕土层。

0.30~0.90 米：灰色土，土质较疏松，近代层。

0.90~2.40 米：浅黄色土，土质较疏松，较纯净，淤土层。

2.40~3.60 米：灰褐色土，土质较疏松，文化层，包含有烧土颗粒、炭屑、黑灰、陶片等。

3.60~4.30 米：浅褐色土，土质较硬，较纯净，淤土层。

4.30~5 米：青灰色土，土质紧密，纯净，湖相沉积层。

5 米之下：褐色土，土质紧密，纯净。

类似湖相沉积及上层浅黄色淤土层分布范围较广，经初步观察，距这里以南约 1100 米处好阳河上游方向的神窝村东北的断面上也有发现。以这处湖相沉积为中心的环境考古工作尚待系统开展。

（四）文化遗物

在勘探过程中也获取了部分文化遗物，均陶片，我们对其全部收集。其中仰韶文化陶片有泥质、夹砂陶两种，以泥质红陶多见，夹砂红陶、灰褐陶也占一定比例，多素面，有线纹、旋纹等纹饰，彩陶基本全为黑彩，纹样有弧边三角纹、窄带纹等，主要器形有盆、钵、罐、鼎等。

钵　标本探：1（探孔 99080-36770 第②层），口沿，泥质红陶，尖圆唇，直口微敛，口沿及上腹部饰黑彩弧边三角纹。口径约 14.2 厘米，残高 2 厘米。（图六，1）

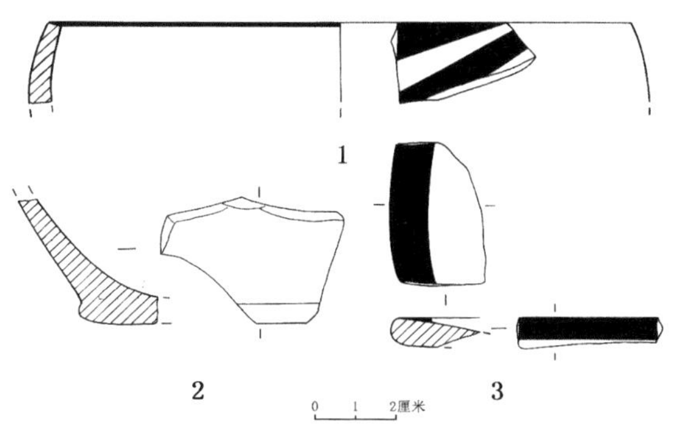

图六　五帝遗址探孔出土陶器
1. 钵（探：1） 2. 罐（探：2） 3. 盆（探：3）

盆　均口沿，有泥质和夹砂两种。标本

探：3（探孔 99210–36590 第②层），泥质橙黄陶，圆唇，微折沿，沿面及唇部饰一周黑彩窄带纹。残长 3.5 厘米。（图六，3）标本探：5（探孔 99145–36310 第②层），距地表 0.70 米。泥质红陶，圆唇，折沿，沿面较平，素面。口径约 21.5 厘米，残高 1.8 厘米。（图七，1）标本探：7（探孔 99185–36305），距地表 1.60 米。泥质红陶，圆唇折沿，沿面微凸，沿下饰几道凸棱纹。残长 4 厘米。（图七，4）标本探：15（探孔 99235–36600），距地表 0.90 米。夹砂灰陶，尖唇，宽折沿，沿面斜直，素面。口径约 25.2 厘米，残高 3.1 厘米。（图七，3）

罐　有泥质和夹砂两种。标本探：4（探孔 99250–36590 第②层），口沿，夹砂灰陶，圆唇，折沿，沿面微凹，素面。口径约 19.8 厘米，残高 3 厘米。（图七，2）标本探：2（探孔 99110–36380），罐底，夹细砂红陶，底部折棱明显，素面。残高 3.2 厘米。（图六，2）标本探：11（探孔 99165–36310），距地表 2 米。口沿，泥质红陶，圆唇，沿面磨光，素面。残长 3 厘米。

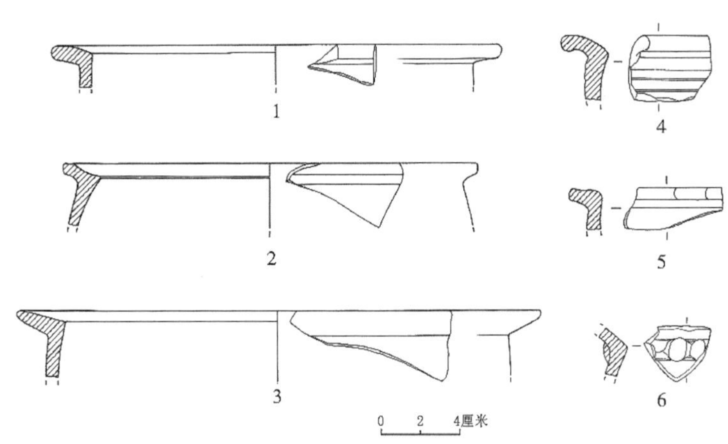

图七　五帝遗址探孔出土陶器

1. 盆（探：5）　2. 罐（探：4）　3. 盆（探：15）
4. 盆（探：7）　5. 罐（探：9）　6. 罐（探：10）

缸　标本探：6（探孔 99150–36440），距地表 0.40 米。腹片，夹粗砂灰褐陶，胎体较厚，饰斜向线纹。残高 2.5 厘米。

庙底沟二期文化陶片多泥质灰陶和夹砂褐陶，少量夹砂灰陶，多素面，纹饰常见篮纹，主要器形有罐、盆、鼎。

罐　均口沿，夹砂。标本探：9（探孔 99335–36595 第②层），褐陶，直口，圆唇，折沿，沿面较平。残长 4.6 厘米。（图七，5）标本探：10（探孔 99215–36535 第②层），灰陶，口沿外饰附加堆纹。残长 3.2 厘米。（图七，6）

鼎　标本探：8（探孔 99265–36575 第②层），口沿，泥质黑陶，尖圆唇，沿面磨光，沿下有轮旋痕迹。残长 2.3 厘米。

残片　标本探：12（探孔 99160–36310），距地表 1 米处。夹砂红褐陶，饰斜向篮纹。残高 1.8 厘米，标本探：13（探孔 99150–36390），器肩，泥质灰陶，饰篮纹。残高 2 厘米。标本探：14（探孔 99190–36295），泥质灰褐陶，胎体较厚，磨光。残长 2.2 厘米。

四、认识与问题

通过本次勘探工作，我们对五帝遗址的分布范围、文化堆积状况、遗存年代、各时期聚落规模、保存现状及所在区域的古地质地貌有了进一步的了解，深化了我们对遗址自身及其人地关系的认识，对下一步开展相关工作打下了良好的基础。

第一，五帝遗址是一处主体为仰韶文化，包含有庙底沟二期文化遗存的史前聚落遗址。仰韶文化中期遗存分布于整个遗址，面积近 75 万平方米，是灵宝盆地东部规模最大的一处仰韶文化遗址。与同时期周边其他遗址相比，无论从遗址体量还是大型遗迹如壕沟、分布于遗址西北部的大型灰坑等遗迹现象看，在仰韶时期这里应是人类活动频繁、内容丰富的聚落，以其规模我们初步判断应是一处核心聚落。庙底沟二期该遗址仍然被人类利用，但遗存分布的范围明显缩小，主要集中于遗址北部台地，面积约 6 万平方米，是一处较小型聚落。

第二，由于遗址保存状况不佳，发现的房址数量较少，聚落内部布局结构等问题在本次勘探中未得到很好的解决。但从目前仰韶文化壕沟、灰坑等遗迹的分布情况看，遗址西侧坡地及塬面是人类活动较为密集的区域，东侧坡地虽然也有遗迹分布，但明显较西侧为少。据初步环境考古调查，好阳河东岸有较宽的二级阶地，遗址西侧坡度较东侧更缓，地势相对更为平坦，遗迹更丰富，这在某种程度上应是人类对遗址自身地貌环境适应性的体现。

第三，仰韶文化南壕沟的发现和详细钻探是本次勘探工作的一项重要内容。灵宝盆地内西坡遗址南、北壕沟曾进行过解剖发掘[6]，其与五帝遗址年代相近，因此我们可以西坡遗址南壕沟为参照进行一简单比较。与西坡壕沟相比，五帝遗址壕沟口部宽度略窄，最宽处约 11 米，而西坡则为 11~12.2 米。但深度则差别较大，五帝南壕沟最深处近 9 米，而较浅处则与西坡壕沟较为接近，为 6~7 米。从整体形制看，两处遗址较为接近，但五帝遗址部分区域深度较深，两侧内收较甚，这应是其自身特点。同西坡遗址一样，五帝遗址壕沟自遗址高处一直延伸至低处，壕沟之外地势仍较高，因此应是人工有意挖成，看不出有原生沟可供利用的迹象。与西坡遗址利用两侧河流相仿，五帝遗址东、西、北三面未发现壕沟，遗址利用好阳河、干河河道天然形成的自然界限作为防御设施。这充分说明古人利用自然的能力。

第四，湖相沉积是本次勘探工作的一项重要发现。根据此类沉积的分布范围及层位，可以看出遗址西部低洼处原来曾分布有古湖泊之类水体，形成了多层淤积层的现象；在早期湖泊水体消退之后，仰韶时期的人类在此生活居住，留下了以灰坑为主的文化堆积；此后遗址低处再次被黄土沉积覆盖，这从断面上即可明显看到。并且覆盖的范围较广，结合横向剖面，此种黄土沉积基本与现今五帝村的房舍呈南北一线分布。从剖面表现的信息可知，遗址所在区域的环境曾发生过较大变化，尤其是靠近遗址低处区域更是受此影响较大，至于环境的变化对古代人群利用遗址方式是否存在影响，尚需开展更多工作。我们针对该断面的不同层位提取了测年及土壤微形态样品，尝试对该区域古代环境及地貌的变化进行复原研究，相关工作正在进行中。

当然，由于勘探工作自身的局限性，本次工作仍存在着一些不足及进一步需要解决的问题。如出于遗址保护的需要，我们本次勘探探孔间距为纵横 5 米，遗址发现房址数量较少，究竟可能与遗址后期的破坏有关，还是遗址仰韶文化本身多以较小房址为特征而较大的孔距导致了小型房址的遗漏，尚无肯定答案。再者，就聚落布局而言，除了我们判断的南部有壕沟，应当与自然河道共同构成防御系统、遗址西部较东部利用程度更高等信息以外，目前也尚缺乏对聚落内遗迹间关系更详细的了解。另外，五帝遗址整体地貌与西坡、北阳平等仰韶文化遗址有较大不同，该遗址高差较大，遗存主要分布在东、西两侧坡地，而以后二者为代表的遗址整体地形较为平坦，五帝遗址南壕沟外附近经钻探尚未发现墓地，是否表示遗址的利用方式不同，值得进一步探讨。

附记：本次考古勘探工作由河南省文物考古研究院组织实施，项目负责人为魏兴涛。参加考古勘探工作的主要人员有河南省文物考古研究院魏兴涛、李金斗，三门峡市文物考古研究所杨海青、郑立超、高鸣，灵宝市文化广电和新闻出版局马连洁、单战战，灵宝市文管所胡小平、韩红波、张艺苑，灵宝市博物馆权鑫等。河南省文物考古研究院张小虎承担五帝遗址的地质地貌调查和环境考古工作，北京大学城市与环境学院夏正楷先生指导了该遗址的环境考古工作并现场考察认定了古湖泊堆积。三门峡市文化广电和新闻出版局宁会振副局长、文物管理办公室史智民主任、灵宝市文化广电和新闻出版局焦林林局长在地方沟通协调等方面给予了很大的帮助，灵宝市大王镇政府张建科镇长和五帝村委、吉家湾村委提供了积极的协助和配合。灵宝市文管所抽调日常近20名探工承担普探工作，来自洛阳的8名探工承担重点勘探工作，灵宝市职业技术专科学校安排近20名在校学生作为探孔记录员参加了此次勘探工作。在此对以上参与和支持五帝遗址勘探工作的单位和人员一并表示衷心的感谢！

执笔：魏兴涛　李金斗　张小虎

绘图：时丽娟

注释：

[1] 魏兴涛、胡小平、宁建民：《灵宝新石器时代遗址的“三普”收获及其重要意义》，见《河南文物考古论集》（五），大象出版社，2014年。

[2] 国家文物局：《考古勘探工作规程（试行）》，2017年。

[3] 国家文物局：《中华人民共和国文物保护行业标准：田野考古钻探记录规范》，文物出版社，2017年。

[4] 如98755-36160孔指代该孔大地坐标为498755E，3836160N。为方便记录及录入，坐标各取后五位数字命名该孔。

[5] 在勘探过程中经常可以看到在同一个断坎上，接近断坎内侧的遗迹开口较浅，甚至部分暴露于地表或断面上，而靠近坎边遗迹开口则较深，部分甚至2米之下仍是晚期填土，据当地群众告知为土地改造时，将断坎内侧挖土填埋至外侧而成，因此对遗址破坏影响较大。

[6] a. 河南省文物考古研究所、中国社会科学院考古研究所河南一队、三门峡市文物考古研究所等：《河南灵宝市西坡遗址墓地2005年发掘简报》，《考古》2008年第1期。

b. 中国社会科学院考古研究所河南一队、河南省文物考古研究院、三门峡市文物考古研究所等：《河南灵宝市西坡遗址南壕沟发掘简报》，《考古》2016年第5期。

灵宝市五帝遗址主要遗迹分布图

河南渑池县仰韶村遗址考古勘探报告

◎河南省文物考古研究院　◎三门峡市文物考古研究所
◎渑池县文化广电和旅游局

为配合河南渑池县仰韶村国家考古遗址公园的建设以及推动大遗址保护工作，进一步了解仰韶村遗址的分布范围、文化内涵、聚落布局、功能分区等信息，经河南省文物局批准，河南省文物考古研究院联合三门峡市文物考古研究所、渑池县文化广电和旅游局等单位，于2019年3月至5月，对渑池仰韶村遗址进行了系统性的考古勘探工作。

一、遗址概况

仰韶村遗址位于河南省渑池县城北约5千米，中心遗址区地理坐标为东经34°48′37.9″，北纬111°46′38.4″，分布于仰韶村村南的台地上。（图一）遗址北靠韶山，东西两侧分别为东沟（饮牛河）和西沟，现沟深达50余米，汇合于南部的刘果水库并向南汇入涧河，地势北高南低，南北最大高差近50米，三面环水，土地肥沃，是古人生息繁衍的理想场所。遗址从东北到西南长约900米，从西北到东南宽约300米。（图二；图版一）

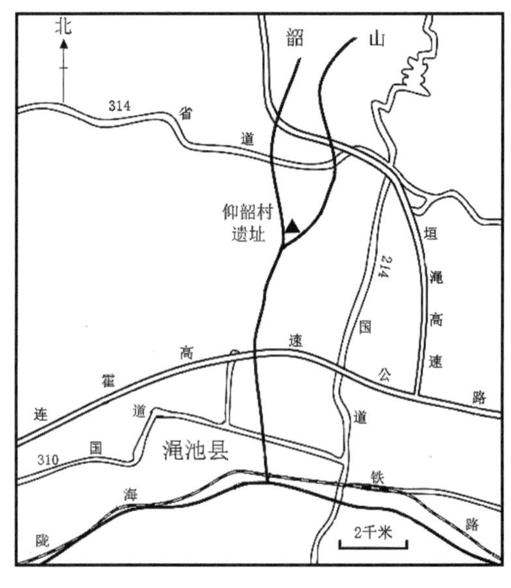

图一　河南渑池县仰韶村遗址位置图

1921年10月，受聘于北洋政府农商部担任矿政顾问的瑞典地质学家安特生和中国地质学家袁复礼等5位人员，对渑池仰韶村遗址进行了第一次发掘工作，共有发掘点17处，出土一大批陶器、石器等文物，命名了中国第一支考古学文化——仰韶文化，标志着中国近代田野考古学的诞生[1]。1951年6月，中国科学院考古研究所河南省调查团夏鼐等对该遗址进行了第二次小规模发掘，发现一些遗迹和遗物[2]。1980年10月—1981年6月，河南省文物研究所（今河南省文物考古研究院）等单位对该遗址进行了第三次考古发掘，发掘面积共200余平方米，基本搞清了遗址的文化序列[3]。

图二　仰韶村遗址卫星图

二、工作背景、范围及方法

考古勘探是田野考古工作的基本方法之一，也是认识和了解古文化遗址基本内涵信息的重要手段之一。仰韶村遗址发掘时间最早，影响力较大，在中国考古学史上占有重要地位，但近一百年来仰韶村遗址从未进行过系统性的考古勘探工作，以往对其进行的三次考古发掘，发掘面积均较小，也不是在系统性考古勘探工作基础上开展的，因而试掘性质较强，对整个遗址的遗存分布、聚落形态和演变等知之甚少。这长期制约着学术界对该遗址的深入认识，阻碍着相关学术研究工作的开展，也与其在中国考古学史上的重要地位不相符合。为全面把握该遗址，同时也为今后针对性的考古发掘工作提供坚实依据，我们对仰韶村遗址实施了此次较详细的调查和系统性考古勘探工作。

经过实地踏查，依据仰韶村遗址分布特点及周围地形地貌，结合以往的发掘材料，确定此次考古勘探工作从北向南开展，即从遗址地层堆积相对简单的外围开展，逐步向地层堆积较丰富的中心区域推进，以便更加准确地把握仰韶村遗址地层堆积变化和遗迹分布等情况。

仰韶村遗址系统性勘探工作按《考古勘探工作规程（试行）》[4]和《田野考古钻探记录规范》[5]开展，充分运用“田野考古勘探数字化与记录管理平台”，采取考古调查、考古普探和重点勘探相结合的方法。首先对仰韶村遗址进行大范围的航拍和精确测绘，建立三维坐标系统和地理信息系统。为做到既能够了解遗址堆积的基本状况又尽可能不破坏古代文化遗存，在勘探工作范围内以5米间距统一点布普探探孔，并按平面坐标后五位数字进行统一编号。每个探孔均填写《仰韶村遗址勘探探孔信息记录表》，全面收集堆积层位、表深底深、土质土色、遗存性质、包含物、年代等信息。在重点区域为避免漏掉重要遗迹现象，加密探孔至2米间距。在全面普探的同时，如遇重要遗迹现象，对其进行重点卡边勘探，搞清遗迹现象的范围、形状、性质等，并进行统一编号和记录、测绘。普探探孔数量共12000余个，所有探孔记录信息均实现数字化，便于后期管理、分析、研究和永久保存。除去冲沟、深壑等不具备勘探条件的部分，实际有效勘探面积30余万平方米，考古勘探工作区域含盖遗址的整体分布范围。

三、勘探主要收获

系统性考古勘探结果表明仰韶村遗址分布范围东以饮牛河为界，西至西沟，南至刘果水库北部，北至龙山文化时期环壕外侧，面积近30万平方米，内涵丰富，但文化堆积分布很不均匀，南部较厚，向北渐薄。遗址包含有仰韶文化和龙山文化两大时期的聚落，仰韶文化聚落和龙山文化聚落空间分布和规模均有所不同。调查和勘探发现的文化遗迹主要有环壕、壕沟、房址、陶窑、墓葬、灰坑等。（图三）

图三　仰韶村遗址考古勘探重要遗迹分布图

现将地层堆积情况和各类遗迹分布情况介绍如下。

（一）地层堆积

仰韶村遗址文化堆积普遍被后期取土、平整土地等人类活动严重破坏，文化层呈片状零散分布。地势较高的北部被破坏较甚，少见或不见文化层；地势较低的南部保存状况相对较好，文化层堆积较厚。现选取 2 个具有代表性探孔介绍如下。

探孔 71210–54075，位于遗址东北部：

第①层为耕土层，浅黄色土，厚约 0.30 米。

第②层为文化层，浅灰色土，土质较软，结构较疏松，包含较多的炭粒和红烧土粒，另有料姜石，见有灰陶、红陶片，厚约 0.40 米。其年代为龙山文化时期。

以下为生土，红褐色土，土质较硬，结构致密，包含有大量料姜石。

探孔 71185–53970，位于遗址西南部：

第①层为耕土层，浅黄色土，厚约 0.30 米。

第②层为近代扰土层，黄色土，土质较软，结构较疏松，包含有少量红烧土颗粒、炭粒等，另有料姜石，厚约 0.35 米。

第③层为文化层，浅灰色土，土质软，结构疏松，包含较多的炭粒和红烧土粒，另有料姜石，见有红陶片，厚约 0.20 米，其年代为仰韶文化时期。

第④层为灰坑堆积，灰色土，土质软，结构疏松，包含有较多的红烧土颗粒、炭粒等，见有夹砂和泥质红陶片，深约 1.10 米，其年代为仰韶文化时期。

以下为生土，红褐色土，土质较硬，结构致密，包含有大量料姜石。

（二）文化遗迹

文化遗迹发现有环壕、壕沟、房址、陶窑、墓葬、灰坑等。

1. 环壕

发现 1 条。位于遗址的北部、东部和西部，整体形状呈倒“U”形，现存长度约 700 米，环壕北到遗址的北部边缘，分别向东南和西北方向延伸至断崖，平面形状不甚规整，东部较平直，西部略有弯曲。环壕宽约 10 米至 16 米，向下内收，普遍深度为 3.50 米至 4.50 米，东部因取土、平整土地等原因地势较低，深度较浅，为 1.50 米至 2.50 米。环壕内填土多为浅褐色或灰色土，土质较软，结构疏松，与沟外红褐色土差别明显。沟内堆积大体可分 4 层。第①层为浅褐色土，土质较软，结构较疏松，厚约 1.30 米；第②层为浅灰色土，土质软，结构疏松，厚约 0.70 米；第③层为灰色土，土质软，结构疏松，厚约 0.90 米；第④层为浅褐色土，土质较软，结构较疏松，厚约 0.6 米；以下为生土。在沟内底部堆积中勘探出较多的陶片，多为灰陶和磨光黑陶，也有少量红陶片。依据沟内包含物的整体特征，推断环壕的年代应为龙山文化时期。根据环壕的形状结构、走向及与其他遗迹的位置关系，判断该环壕应是仰韶村遗址龙山文化时期聚落的环壕。

2. 壕沟

发现2条。壕沟1位于遗址的中部，略呈东南—西北向，现存长度约200米，基本横向截断整个遗址，将遗址分为南北两大部分，平面形状不甚规整，其东端现为小冲沟，直通遗址东部的饮牛河，西端通至遗址西侧小冲沟。壕沟1宽10米至20米，向下内收，深度为4米至5.50米，在东端和中部断崖上能看到其堆积断面。沟内堆积大致有4层，以探孔71200-54010为例，包括上部耕土及近代层依次为：第①层为耕土层，黄色土，土质软，结构疏松，厚约0.30米；第②层为近代层，浅黄色土，土质较软，结构较疏松，厚约0.35米；第③层为壕沟1内第①层堆积，浅褐色土，土质较软，结构较疏松，厚约1.40米；第④层为壕沟1内第②层堆积，浅灰色土，土质软，结构疏松，厚约0.80米；第⑤层为壕沟1内第③层堆积，灰色土，土质软，结构疏松，厚约1.30米；第⑥层为壕沟1内第④层堆积，浅褐色土，土质较软，结构较疏松，厚约1.10米；以下为生土。沟内堆积中勘探发现有灰陶、磨光黑陶和红陶片，在沟内底部堆积中发现有磨光黑陶片。依据沟内包含物整体特征，推断壕沟1的年代应为龙山文化时期。在壕沟1中部还发现一处宽约10米的"缺口"，深约1.80米，明显浅于东西两侧，推测该缺口可能为穿行壕沟1的通道。依据壕沟1的位置、整体走向、年代及东西两端基本能与北部环壕相连接等特征，判断壕沟1应为仰韶村遗址龙山文化时期聚落的南壕沟。（图四）

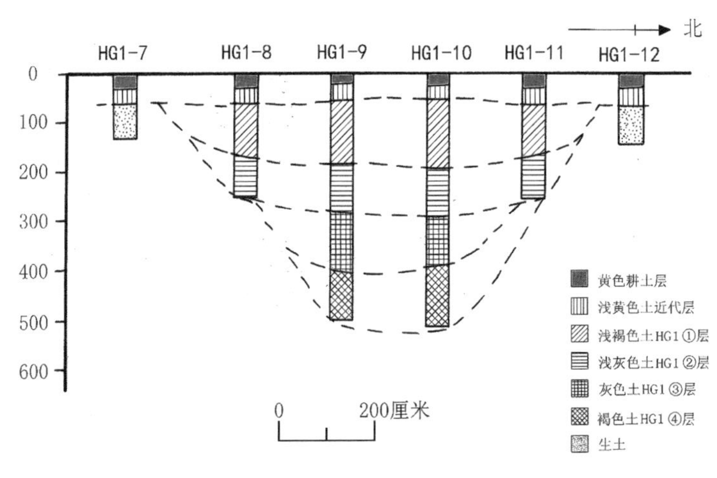

图四　仰韶村遗址壕沟1考古勘探剖面图

壕沟2位于遗址的中部，壕沟1的南侧，亦略呈东南—西北向，大致东西横向截断遗址，现存长度近200米，宽约6米。壕沟2东端为小冲沟，直通遗址东部的饮牛河，与壕沟1之间有3米至4米的间隔而分开，深2.50至3.50米。其中部与壕沟1有部分重合，在遗址中部断崖上能见到壕沟2剖面以及被壕沟1打破的层位关系，至壕沟2西部，与壕沟1几乎完全重合，难以将两者分开。沟内堆积有3层，现以探孔71195-54005为例，包括上部耕土及近代层依次为：第①层为耕土层，黄色土，土质软，结构疏松，厚约0.30米；第②层为近代层，浅黄色土，土质较软，结构较疏松，厚约0.30米；第③层为壕沟2内第①层堆积，浅褐色土，土质较软，结构较疏松，厚约1.10米；第④层为壕沟2内第②层堆积，浅灰色土，土质软，结构疏松，厚约1米；第⑤层为壕沟2内第③层堆积，浅褐色土，土质较软，结构较疏松，厚约0.50米；以下为生土。在沟内各层堆积中勘探出土陶片有红陶、灰陶等，以红陶居多，且在沟内底部堆积中出土红陶片，灰陶片多见于沟内堆积上部。依据壕沟2位置、走向、与壕沟1的关系及沟内包含物整体特征，推断壕沟2主要年代应为仰韶文化时期，结合遗址地层和遗迹整体分布等情况，判断其应为该遗址仰韶时期聚落的北壕沟。（图五）

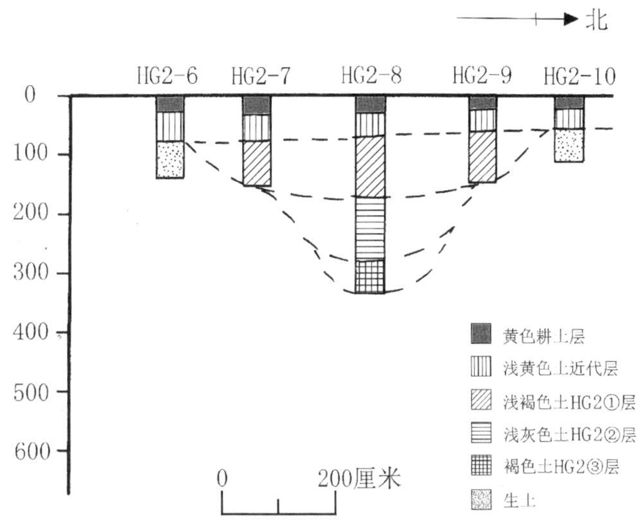

图五　仰韶村遗址壕沟2考古勘探剖面图

3. 房址

共发现12座。其中仰韶文化房址7座，龙山文化房址5座。

仰韶文化房址均为勘探发现，位于遗址南部的中心区域，呈组团状集中分布，距地表深为1米至2米，平面形状有近椭圆形、近圆角方形等，保存状况较差，多为半地穴式，大多数房内发现有经夯打处理的硬面，少部分还有红烧土硬面，房址长4米至6米，宽2.50米至4米，面积均较小，未发现大型房址。依据探孔中出土陶片的特征，判断其年代应为仰韶文化时期。仰韶文化房址均位于壕沟2以南，房址附近发现的灰坑数量较多，文化堆积亦较厚，该区域应为仰韶文化聚落的核心区域。

龙山文化房址有2座为勘探发现，3座在断崖上暴露经调查确认，均有白灰地面，距地表普遍较浅，深0.30米至0.80米，平面形状约为长方形或近方形，长3米至5米，宽2米至3.50米，保存状况均较差，面积为10平方米至20平方米。龙山文化房址绝大部分发现于龙山时期环壕聚落以内，位于环壕内部偏南部的中心区域，即壕沟1北侧，大致呈南北向排列分布；在环壕聚落的中部和北部勘探见到较为零乱的白灰地面残片，难辨形状，推测该区域原有房址已被后期人类活动严重破坏。另外在遗址南部断崖上发现有一处白灰面房址，表明龙山时期遗址南部亦有人类居住。

4. 陶窑

共发现3个。其中1个为断崖暴露经调查确认，2个为勘探发现。Y1为断崖暴露，保存状况极差，仅剩一条烟道和部分红烧土烧结面，位于壕沟2以南区域，西南距仰韶文化房址约80米，从其形状结构、位置、周围遗迹分布情况看，推测其年代应为仰韶文化时期。Y2、Y3位于壕沟1以北，龙山文化时期环壕聚落西部，邻近西侧冲沟，平面形状近椭圆形，长约1.80米，宽约1米，距地表深度约1.40米，见有比较完整的红烧土烧结面，根据探孔中出土的陶片特征判断其年代应为龙山文化时期。

5. 墓葬

共发现3座。其中1座为断崖暴露经调查确认，2座为勘探发现。M1为断崖上暴露，位于壕沟1以北，南距断崖上暴露的龙山时期房址约12米，墓葬内头骨已露出，墓葬宽约1米，距地表约0.40米。依据墓葬开口层位及与相邻遗迹的关系，推测其年代应为龙山文化时期。M2、M3位于壕沟2南侧，仰韶文化房址附近，均为竖穴土坑墓，长1.80~2米，宽约1米，距地表深约1.20米，探孔中见有人骨碎片，其下打破灰坑，依据墓葬形制和开口层位，推测其年代也应为龙山时期。

6. 灰坑

发现数量众多。部分灰坑进行重点勘探以判别是否为地穴或半地穴式房址，大多数灰坑未进行重点勘探。有些区域灰坑大面积成片分布。灰坑形制普遍较大，部分灰坑深度达3米至5米，袋状平底者常见，填土多可分层，探孔中出土有红陶、灰陶和磨光黑陶等陶片。整体上看遗址北部灰坑多集中于龙山文化时期环壕聚落内部，环壕之外灰坑明显偏少，遗址南部灰坑多集中分布于壕沟2以南区域，尤以房址附近最为密集。

（三）文化遗物

文化遗物有探孔出土和地表采集两种，主要为陶片。

探孔出土陶片普遍较碎小。仰韶文化陶片按质料可分为泥质和夹砂两类，以泥质陶居多；按陶色可分为红陶、褐陶等，以红陶最多；器表多素面，纹饰有线纹、绳纹等；另发现有少量彩陶片，均为红底黑彩，图案有窄带纹等；可辨器形有钵、小口尖底瓶等。龙山文化陶片按质料可分为泥质和夹砂两类，以泥质陶居多；按陶色可分为灰陶、黑陶等，多灰陶；器表以素面者最多，纹饰主要有篮纹、绳纹等；可辨器形有罐、钵等。

彩陶钵　泥质陶，口部。标本探：3（探孔编号71160–53895第2层），红陶，微敛口，圆唇，肩部外鼓，器表磨光，口部外侧饰黑彩窄带纹。口径14厘米，残高3.6厘米。（图六，1）

豆　标本探：4（探孔编号71075–53955第3层），灰胎黑皮陶，敞口，圆唇，斜直腹下收，腹较浅，器表磨光，素面。口径16.4厘米，残高1.8厘米。（图六，2）

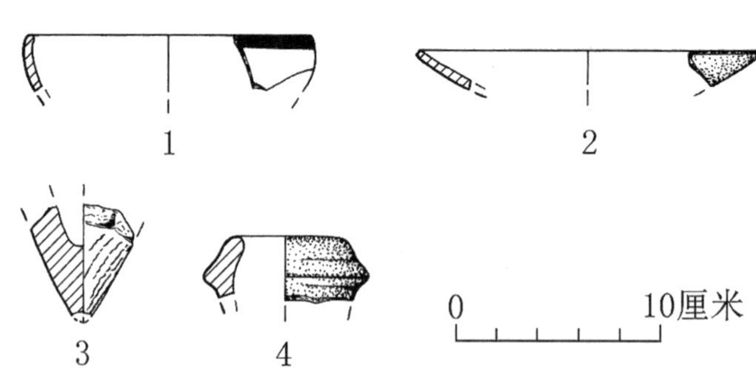

图六　仰韶村遗址探孔出土陶器

1.彩陶钵（探：3）　2.豆（探：4）　3、4.小口尖底瓶（探：2、探：1）

小口尖底瓶　泥质陶。标本探：1（探孔编号71185–54250第3层），口部，红陶，重环口，厚圆唇，口上下部“二环”之间略有界线，上部略宽于下部。口径5.2厘米，残高3厘米。（图六，4）标本探：2（探孔编号71075–53965第3层），底部，灰胎红皮陶，尖底呈锐角，器表饰左斜线纹，内部见泥条盘筑痕迹。残高6.6厘米。（图六，3）

地表采集陶片数量较多。仰韶文化陶片按陶质可分为泥质和夹砂两类，以泥质陶为主；按陶色可分为红陶、褐陶、灰陶等，以红陶居多，褐陶次之，灰陶最少；器表以素面为主，纹饰有线纹、绳纹、篮纹、附加堆纹等，彩陶占一定比例，均为红底黑彩，图案有窄带纹、宽带纹、弧边三角纹、网格纹等；器形主要有钵、盆、罐、小口尖底瓶、鼎等。龙山文化陶片按质料可分为泥质和夹砂两类，以泥质陶居多；按陶色可分为灰陶、黑陶等，以灰陶为主；器表以素面最为常见，纹饰有篮纹、绳纹、附加堆纹等，器形有罐、盆等。整体来看，仰韶文化遗物在遗址南部发现较多，北部较少，龙山文化遗物在遗址南北部都有发现，但以北部偏多，其分布特点与仰韶村遗址仰韶文化聚落和龙山文化聚落空间分布大体吻合。

钵　泥质陶，口部。标本采：3，灰胎红皮陶，敞口，圆唇，弧腹下收，器表磨光。口径23.6厘米，残高3.8厘米。（图七，1）标本采：10，灰胎红皮陶，敞口，圆唇，斜弧腹下收，口部外侧因叠烧呈“红顶”，余素面。口径31.2厘米，残高5.2厘米。（图七，10）标本采：21，红陶，敛口，圆唇，弧腹外鼓较甚，唇面和上腹部饰弧边与直边组成的三角形黑彩图案。残高

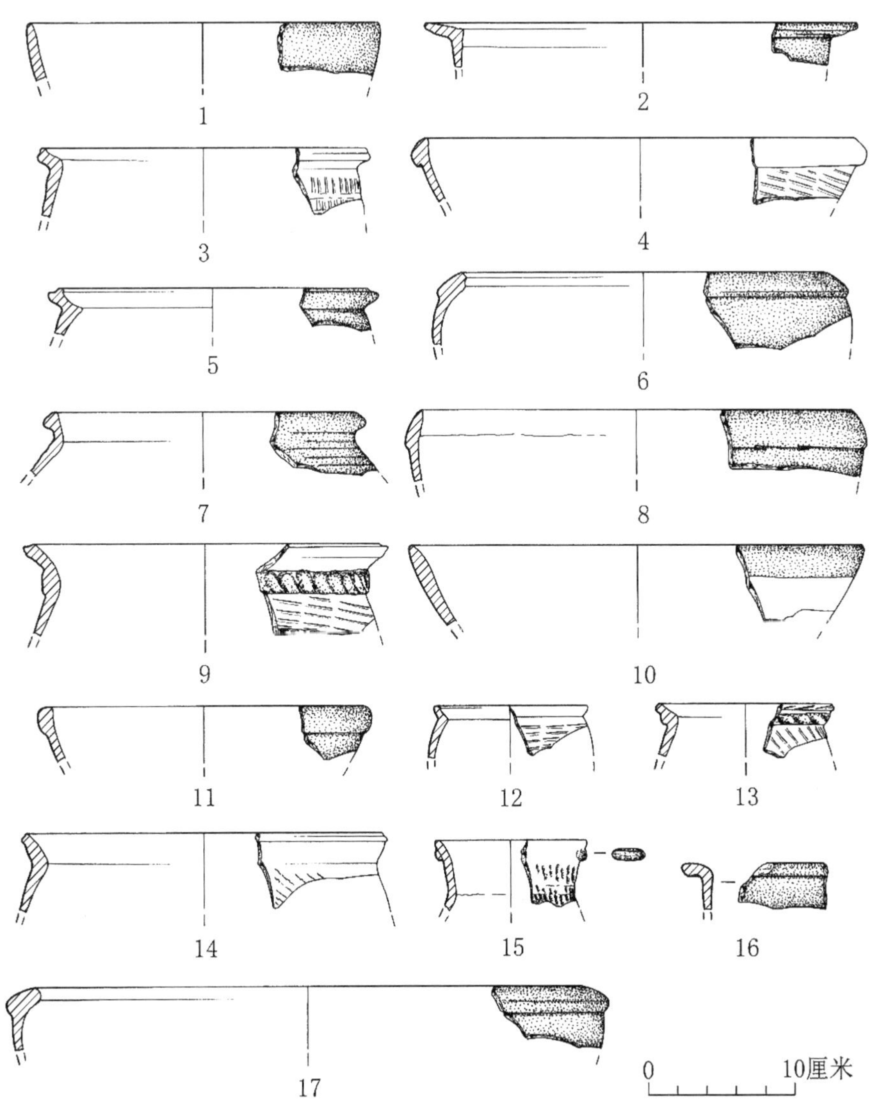

图七　仰韶村遗址地表采集陶器

1、10. 钵（采：3、采：10）2、4、6、8、11、16、17. 盆（采：34、采：31、采：19、采：1、采：28、采：11、采：6）3、5、7、9、12~15. 罐（采：12、采：35、采：4、采：36、采：33、采：16、采：2、采：20）

4.2 厘米，残宽 4.4 厘米。（图八，1）标本采：22，红陶，敛口，圆唇，弧腹，唇及上腹部饰弧边黑彩图案。残高 3.2 厘米，残宽 4.4 厘米。（图八，7）标本采：24，红陶，敛口，圆唇，上腹部饰黑彩宽带纹。残高 2.4 厘米，残宽 4 厘米。（图八，6）标本采：26，红陶，敛口，圆唇，弧腹外鼓，口部外侧饰黑彩窄带纹。残高 3 厘米，残宽 3.6 厘米。（图八，5）标本采：27，红陶，敛口，圆唇，唇及口部外侧饰黑彩窄带纹。残高 2 厘米，残宽 3.2 厘米。（图八，11）

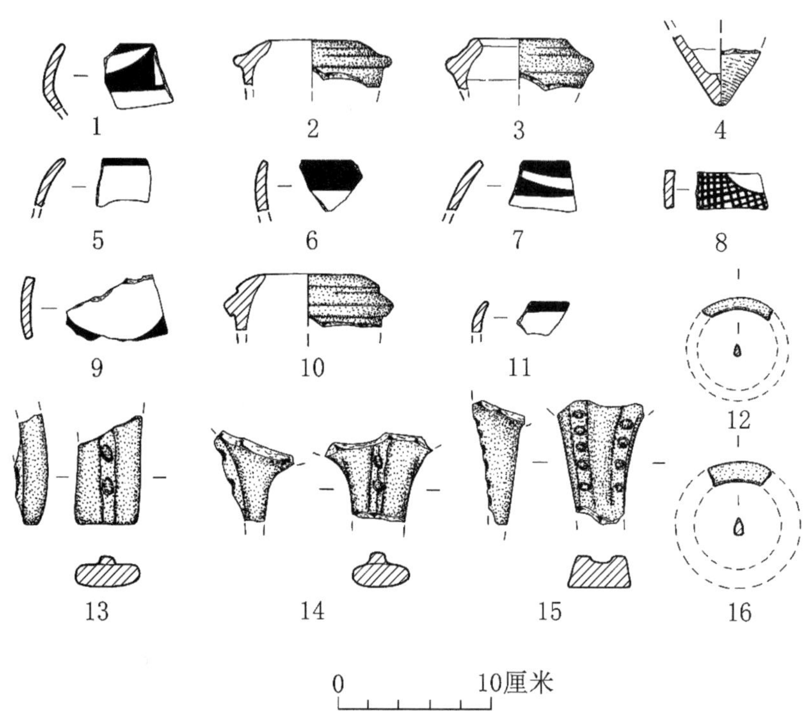

图八　仰韶村遗址地表采集陶片

1、5~7、11. 彩陶钵（采：21、采：26、采：24、采：22、采：27）
2、3、10. 小口尖底瓶（采：7、采：8、采：9） 4. 小口尖底瓶（采：5）
8、9. 彩陶片（采：23、采：25） 12、16. 环（采：30、采：29） 13~15. 鼎足（采：14、采：15、采：13）

盆　泥质陶，口沿。标本采：1，红陶，敛口，叠唇，唇面较宽，弧腹外鼓，素面。口径 29.6 厘米，残高 4.6 厘米。（图七，8）标本采：6，红陶，敛口，叠唇较厚，弧腹外鼓，素面。口径 36.8 厘米，残高 4 厘米。（图七，17）标本采：11，红陶，近直口，卷沿，圆唇，斜直腹，素面。残高 3 厘米，残宽 6 厘米。（图七，16）标本采：19，灰胎红皮陶，敛口，叠唇较宽，弧腹外鼓，素面。口径 24.8 厘米，残高 4.6 厘米。（图七，6）标本采：28，灰陶，口微敞，叠唇较圆厚外凸，弧腹下收，素面。口径 21.6 厘米，残高 3.6 厘米。（图七，11）标本采：31，红胎黑皮陶，敞口，厚圆唇外凸，斜弧腹下收，器表饰右斜抹平篮纹。口径 29.2 厘米，残高 4.2 厘米。（图七，4）标本采：34，灰陶，近直口，平折沿，圆唇，斜直腹，器表磨光，素面。口径 29.6 厘米，残高 2.8 厘米。（图七，2）

罐　夹砂陶，口沿。标本采：2，褐陶，侈口，折沿，圆方唇，唇面有一周凹槽，束颈，颈下饰右斜线纹。口径 24 厘米，残高 5 厘米。（图七，14）标本采：4，褐陶，侈口，折沿，圆方唇较厚，弧肩，素面。口径 20.4 厘米，残高 4 厘米。（图七，7）标本采：12，褐陶，侈口，折沿，圆方唇，唇面有一周凹槽，斜直腹，颈下饰被抹平的稀疏竖向划纹。口径 22 厘米，残高 4.4 厘米。（图七，3）标本采：16，灰陶，侈口，折沿，方唇，束颈，斜弧腹，唇面饰篮纹，颈部饰一周附加堆纹，颈部以下饰右斜篮纹。口径 12 厘米，残高 3.4 厘米。（图七，13）标本采：20，灰陶，敞口，圆唇，高领，束颈，口部外侧饰两个对称小錾，颈部饰抹平粗绳纹。口径 10.4 厘米，残高 4.6 厘米。（图七，15）标本采：33，灰陶，侈口，折沿，方唇，唇面内缘向内凸，中间有一周凹槽，束颈，弧腹外鼓，腹饰微左斜横向篮纹。口径 10.4 厘米，残高 3.4 厘米。（图七，12）标本采：35，灰陶，侈口，折沿，沿面下凹，圆方唇，唇面内缘向内凸，中间有一周凹槽，束颈，素面。口径 20.8 厘米，残高 2.8 厘米。（图七，5）标本采：36，灰陶，侈口，卷沿，圆方唇，唇面有一周凹槽，束颈，颈部饰一周附加堆纹，颈部以下饰微右斜横向粗篮纹。口径 23.6 厘米，残高 6 厘米。（图七，9）

小口尖底瓶　泥质陶。标本采：5，底部，姜黄陶，尖底呈锐角，内部见泥条盘筑痕迹，外饰右斜线纹。残高 4.4 厘米。（图八，4）标本采：7，口部，红陶，重环口，口上下部之间略有分界，上部窄于下部，束颈，素面。口径 6 厘米，残高 2.8 厘米。（图八，2）标本采：8，口部，红陶，重环口，口部上下之间略有分界，上部窄于下部，束颈，素面。口径 6 厘米，残高 3.2 厘米。（图八，3）标本采：9，口部，红陶，重环口，口上下部分界明显，上部略宽于下部，束颈，素面。口径 6 厘米，残高 3.6 厘米。（图八，10）

鼎　夹砂陶，足部。标本采：13，褐陶，呈上宽下窄的宽扁柱状，足正面两侧各饰一竖向带按压纹的附加堆纹，中部为一竖向凹槽。残高 8 厘米，宽 5.6 厘米。（图八，15）标本采：14，褐陶，宽扁柱状，足正面中部竖饰一带按窝的附加堆纹。残高 7 厘米，宽 4.2 厘米。（图八，13）标本采：15，灰陶，呈上宽下窄的宽扁状，足正面中部饰一竖向带按窝的附加堆纹，按压处仍残留有指纹。残高 5.6 厘米，宽 6.8 厘米。（图八，14）

环　泥质陶，横截面近三角形，外缘尖锐，器表磨光，素面。标本采：29，灰陶。外径 8 厘米，厚 0.7 厘米。（图八，16）标本采：30，灰胎黑皮陶。外径 6.8 厘米，厚 0.5 厘米。（图八，12）

彩陶片　泥质红陶。标本采：23，表面饰网格纹黑彩图案。残长 4.6 厘米，残宽 2.4 厘米。（图八，8）标本采：25，表面饰弧边黑彩图案。残长 6.8 厘米，残宽 4.2 厘米。（图八，9）

四、认识与问题

仰韶村遗址自 1921 年第一次发掘至今已近百年，通过此次系统性考古勘探工作，我们对遗址的范围、重要遗迹分布、聚落布局、功能分区和发展演变等有了较为全面的了解和全新的认识。

仰韶村遗址是豫西渑池地区目前已知面积最大的新石器时代遗址，文化内涵丰富。查阅以往发掘和研究资料，仰韶村遗址第三次发掘中发现有仰韶文化中期、晚期和龙山文化时期遗存[6]，严文明先生对仰韶村遗址第一次发掘资料进行了分析，将其分为前后延续的五期，识别出相当于王湾遗址一期一段的仰韶文化早期遗物[7]。此次考古勘探工作发现较多文化遗物，属于仰韶文化早期的有采：10等，属于仰韶文化中期的有标本探：1、标本探：2、标本探：3、标本采：1、标本采：2、标本采：3、标本采：4、标本采：5、标本采：6、标本采：7、标本采：8、标本采：9、标本采：11、标本采：19、标本采：21、标本采：22、标本采：24、标本采：25、标本采：26、标本采：27、标本采：28、标本采：33、标本采：35等，属于仰韶文化晚期的有标本采：13、标本采：14、标本采：15、标本采：16、标本采：31、标本采：36等，属于龙山文化的有标本探：4、标本采：12、标本采：20、标本采：34等，基本上可以明确仰韶村遗址文化遗存内涵主要有仰韶文化早期、中期、晚期和龙山文化时期，前后延续时间达数千年之久。

仰韶村遗址内部包含有仰韶文化和龙山文化两大不同时期聚落。仰韶文化时期是该遗址的繁盛时期，聚落主体主要位于遗址的中南部，由壕沟2和东部的饮牛河、西部的西沟共同合围而成，整体形状呈东北—西南向的近长方形，现存面积近20万平方米，聚落内部地层堆积较厚，遗迹较为丰富。其中，仰韶文化早期遗物仅零星见于遗址南部，鉴于第三次发掘没有见到仰韶文化早期遗存，推测其聚落面积较小，仅局部小范围分布。仰韶文化中期遗物比较丰富，遗址南部和北部都能见到，以遗址南部分布最为密集，考虑到豫西地区仰韶文化中期聚落发展繁盛，壕沟聚落较为普遍，推测仰韶村遗址仰韶文化时期壕沟聚落应主要为仰韶文化中期，壕沟2很可能属于这一阶段。仰韶文化晚期遗物发现相对较少，结合以往发掘情况，推测其聚落分布范围应不超过仰韶文化中期聚落范围。

龙山时期聚落主体空间布局移至遗址的中北部，由龙山文化环壕和壕沟1合围成环壕聚落，面积近7万平方米，平面形状不甚规则。考虑到遗址南部断崖发现有龙山时期房址以及第三次发掘亦发现有龙山文化遗存，推断龙山时期聚落整体分布范围要超出龙山环壕范围，面积近12万平方米，是渑池一带较重要的一处中型聚落遗址。

本次系统性考古勘探成果丰硕，但也存在着一些不足。首先，出于文化遗产保护的需要，普探孔距较大，难免会遗漏一些文化遗迹；又因卡边定形的重探探孔偏少，仅勘探出房址等的大致形制，难以详细了解房址门道、朝向及布局等信息。同时，囿于考古勘探工作本身的局限性，许多遗迹现象无法确定精确年代，这对于判断相关遗迹之间的共存及先后关系造成很大的困难。再者，该遗址仰韶文化遗存可分为仰韶早期、中期、晚期，龙山时期遗存也可以划分为两个阶段，但仅由本次勘探资料却难以厘清各更细时期聚落的规模、内涵及其变迁。另外，此次勘探发现有数座龙山文化时期墓葬，然而未发现和确认仰韶时期墓葬和墓地，仰韶文化墓地等存在与否仍需今后开展更多的田野考古工作来确定。

附记：本次考古勘探工作由河南省文物考古研究院组织实施，项目负责人为魏兴涛，参加考古勘探工作的人员有河南省文物考古研究院魏兴涛、李世伟，三门峡市文物考古研究所杨海青、郑立超、上官荣光，渑池县文化广电和旅游局贺晓鹏、康继云、侯俊杰，渑池县文管所王永峰、陈磊、张瑞、李博，渑池县勘探队李江波等。渑池县人民政府和文化广电和旅游局在地方沟通和协调等方面给予了很大的帮助，仰韶村村委提供了积极的协助和配合等，在勘探资料整理中得到渑池县文化广电和旅游局侯建星局长的大力支持，在此一并表示感谢。

执笔：李世伟　魏兴涛　郑立超

杨海青　贺晓鹏

绘图：孙广贺

注释：

[1] a. 安特生：《中华远古之文化》，《地质汇报》1923 年第 5 号。

b. 安特生：《河南史前遗址》，《远东博物馆季刊》1947 年第 19 期。

[2] 夏鼐：《河南渑池的史前遗址》，《科学通报》1951 年第 9 期。

[3] 河南省文物研究所、渑池县文化馆：《渑池仰韶遗址 1980—1981 年发掘报告》，《史前研究》1985 年第 3 期。

[4] 国家文物局：《考古勘探工作规程（试行）》，2017 年。

[5] 国家文物局：《中华人民共和国文物保护行业标准·田野考古钻探记录规范》，文物出版社，2017 年。

[3] 河南省文物研究所、渑池县文化馆：《渑池仰韶遗址 1980—1981 年发掘报告》，《史前研究》1985 年第 3 期。

[7] 严文明：《从王湾看仰韶村》，见严文明：《仰韶文化研究》，文物出版社，1989 年。

图版一

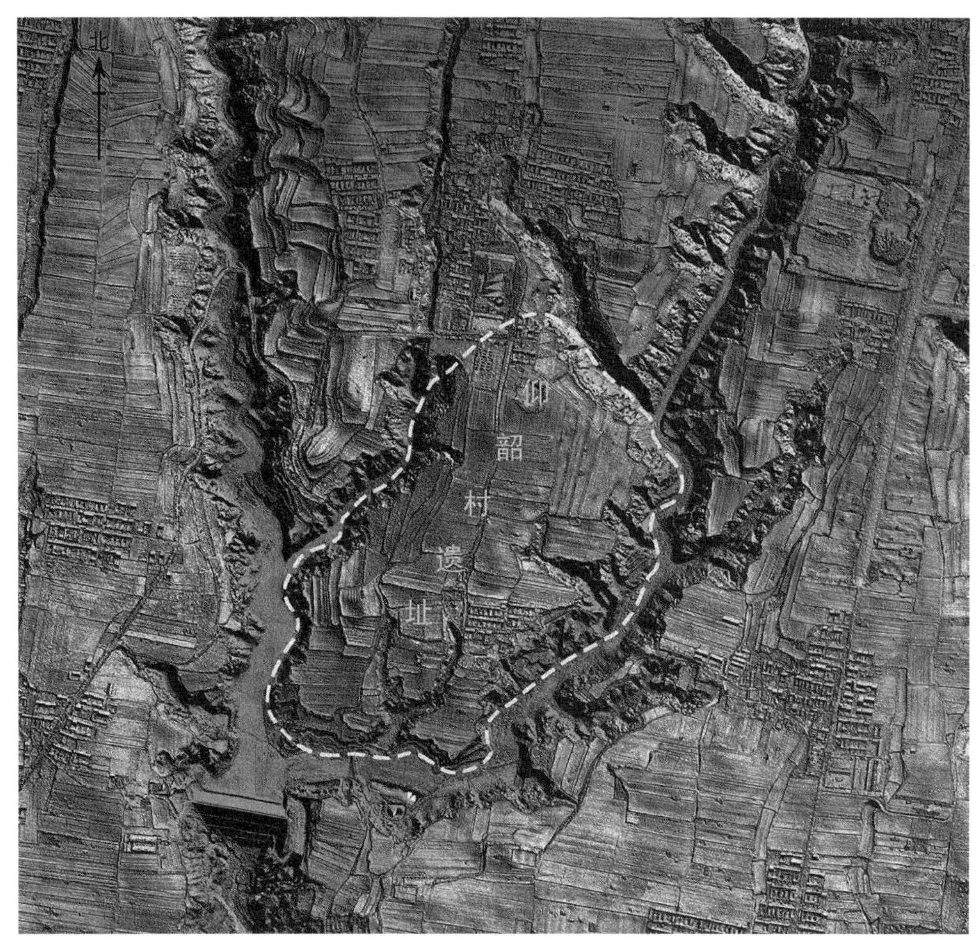

渑池县仰韶村遗址地表高程模型图

河南灵宝市墙底遗址考古勘探报告

◎河南省文物考古研究院　◎三门峡市文物考古研究所
◎灵宝市文物保护管理所

一、遗址概况

墙底遗址位于河南省三门峡市灵宝市函谷关镇墙底村，遗址中心点坐标为34°34′29″N，110°53′44.1″E，海拔376米。（图一）遗址位于弘农涧河西部的二级阶地上，东为弘农涧河河道，西依衡岭原，整体呈东西略长、南北略窄的长椭圆形。遗址现今地貌整体较为平坦，西部略高，东部逐渐降低至河道阶地边缘。根据调查及钻探，遗址主体为庙底沟二期文化遗存，地表调查还发现少量仰韶文化、二里头文化遗物，表明遗址延续时间较长。

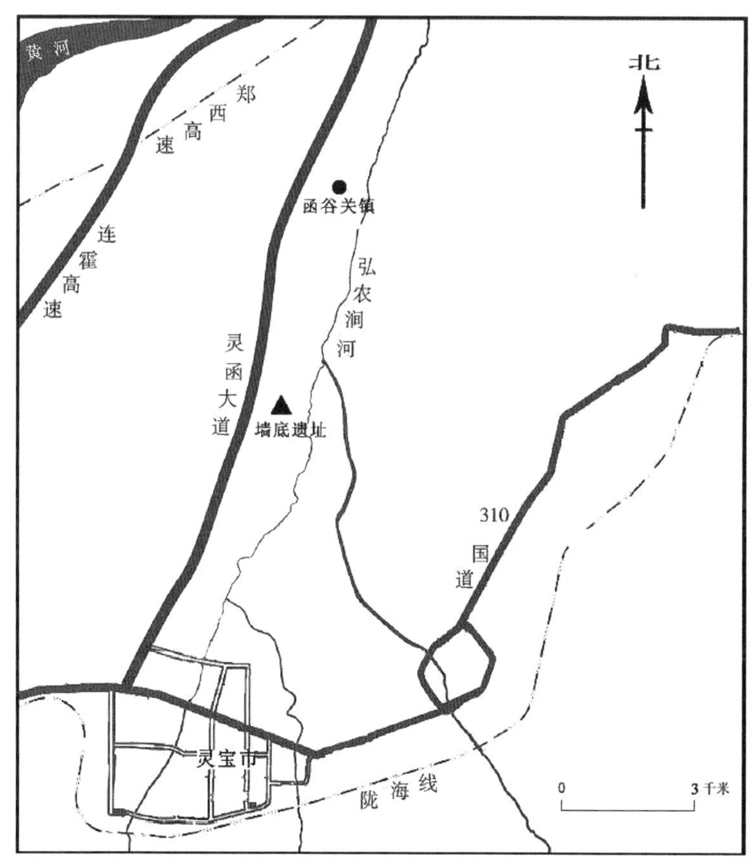

图一　河南灵宝市墙底遗址位置示意图

墙底遗址于20世纪50年代由灵宝县文物管理委员会调查发现，档案记录为龙山文化遗址，面积约20万平方米，1989年被公布为县级文物保护单位。第三次全国文物普查中，2006年对该遗址进行复查，认为主体遗存属庙底沟二期文化，面积约40万平方米[1]。

遗址北部及西部地表为耕地，保存状况较好；南部及东部大部分被村子占压破坏，保存较差。

二、工作背景、范围及方法

灵宝盆地所在的豫晋陕交界地区仰韶中期的文化发展水平较高，对外辐射范围较广，以至于有学者提出这一时期标志着“文化上早期中国的形成”[2]。但到仰韶晚期该地区文化发展低迷。庙底沟二期年代接续仰韶时期，结合以往研究成果，这一时期同时也是“融合同化和创新变革的时期”[3]，了解这一时期该区域文化面貌及社会复杂化发展程度，对于完整探究中原地区文明化早期进程具有重要意义。

豫西晋西南地区以往进行过考古发掘的同时期遗址有陕县庙底沟[4]、灵宝涧口[5]、山西古城东关[6]、垣曲宁家坡[7]等，对认识该地区这一时期的文化面貌具有重要作用。另外，在与灵宝盆地隔河相望的晋南地区，此前经过考古发掘工作的同时期重要遗址——清凉寺遗址[8]，表现出了较大程度的社会分化以及冲突。但从聚落层面对灵宝盆地内部庙底沟二期大型遗址的具体工作开展较少。结合以往调查资料，墙底遗址是该区域庙底沟二期一处面积较大的遗址，从聚落规模来看，其应是一处中心聚落，对其进行勘探有助于了解这一时期大型聚落的遗存分布及内部格局。经河南省文物局批准，2019 年 6—7 月，河南省文物考古研究院联合三门峡市文物考古研究所、灵宝市文物保护管理所对墙底遗址进行了初步钻探，取得了一定收获。

在本次勘探工作开展之前，我们首先对遗址进行了再次调查。在遗址南部被村子破坏的断面上，可以看到该遗址比较典型的堆积情况。从断面上看，庙底沟二期遗迹上层被厚达 5~6 米的黄土所覆盖，浅者也有 3 米左右，这就给全面勘探带来了很大难度。加之遗址南部破坏较甚，被村子大面积占压，全面系统开展工作的条件不充分，因此调整了工作方法和目标，本次钻探以了解遗址范围和整体堆积情况为主，对重点遗迹的了解次之，以求在有限的时间内获取更多的有效信息。工作范围以遗址北部未被破坏区域为主，方法上采取剖面勘探与重点勘探相结合的方式进行，即在遗址中部偏北和西南部各横向布设一条断面，自西而东纵向布设 4 条断面，孔距仍以 5 米进行布孔，遇重点遗迹进行卡边勘探，同时也对每一探孔进行坐标和堆积情况记录。现对本次勘探工作的主要收获介绍如下。

三、勘探主要收获

（一）遗址范围及面积

墙底遗址经过勘探，其文化堆积范围大致得以确定。同以往调查材料相比，本次勘探结果有较大差别，遗址范围和面积较之前更大。经勘探，遗址北部边界基本以墙底村与岸底村之间水渠为界，再往北原始地貌为冲沟，已基本不见遗迹现象；东部则延伸至弘农涧河二级阶地的边缘，在最靠东部台地钻探仍发现有少量文化遗存，但较为零星；南部边界西段较为清楚，以墙底村南部为界，往南为冲沟，基本不见遗迹现象，东段则由于被村子占压破坏已不可知，村南钻探没有早期文化堆积，而村内断面仍可发现遗迹现象，因此南部边界推测应在墙底村中部；西部边界与原始调查范围差别最大，在灵（宝）函（谷关）大道以西约 150 米处，仍可发现有白灰面房址等遗迹，再往西至衡岭塬坡跟，已基本无遗迹现象，因此西边以灵函大道以西 200 米左右为界。遗址总面积近 70 万平方米。（图版一）

（二）地层堆积

结合调查情况可知，遗址主体大部分遗迹开口距地表较深，且由于遗址面积较大，南北又有冲沟，因此不同区域堆积层次差别较大。下面分别选取 2 处区域典型探孔进行介绍。

探孔 55，位于遗址西北部，坐标 34°34′37.5″N，110°53′35.4″E：

0~0.40 米：耕土层。

0.40~2.50 米：浅黄色粉砂土，土质疏松，包含物较少，冲积土层。

2.50~3 米：黄褐色土，土质较疏松，包含物较少，冲积土层。

3~3.20 米：灰黑色土，土质疏松，包含物有黑灰、炭屑、骨头、烧土等，应为一灰坑，年代为庙底沟二期文化。

3.20~4.10 米：黄色土，土质较疏松，较纯净，冲积土层。

4.10 米以下：浅黄色土，土质较密，纯净，生土层。

探孔 160，位于遗址东北部，坐标 34°34′46.4″N，110°53′56.2″E：

0~0.40 米：耕土层。

0.40~4 米：浅黄色粉砂土，土质疏松，包含物较少，冲积土层。

4~4.80 米：深褐色土，土质较密，包含物少，冲积土层。

4.80~5 米：黄色土，土质较纯净，包含物少，冲积土层。

5 米以下：生土层。

（三）遗迹

如前所述，本次勘探的目标我们确定为了解遗址范围及整体堆积情况，钻探方法以拉剖面为主，如遇重点遗迹则对其进行详细勘探，了解其整体形制，因此发现的遗迹数量不多。但即便如此，本次钻探仍然发现了一些较具代表性的房址、灰坑等文化遗迹，以及冲沟等自然遗存。

1. 房址

在对遗址勘探发现一些白灰面类遗迹，多数加工较好，其性质基本可以确定为房址。但由于只是初步钻探，对遗址的整体聚落布局还不能完全掌握，从目前的发现来看，遗址西部及中部发现的房址数量较多，而东部较为零星，南部由于大部分被破坏已不可知，但据当地村民言，南部尤其是西南部原来遗迹也较为丰富，也分布有房址。整体来看，遗址房址当以西部及中部较多，东部较少，由于遗址原始地貌西部较高，东部较低，因此房址的分布应受地势影响较大。现以 F1、F2、F4、F5 为例简单介绍。

F1　位于遗址西部，中心点坐标 34°34′28.86″N，110°53′44.15″E。开口距地表 4.50 米，南北长 4 米，东西宽 2.50~3 米，面积约 12 平方米。整体为东南—西北向，近方形。其中在室内中部偏北发现有烧土，疑为火塘，烧土厚约 30 厘米。白灰面之下有垫土，深褐色，经夯打。

F2　位于遗址西北部，中心点坐标 34°34′31.08″N，110°53′49.23″E。开口距地表近 2 米，东西长 4.20 米，南北宽 3.50 米，面积约 15 平方米，近方形。整体为东西向。白灰面保存较好，白灰面之上为灰土堆积，可能为房址废弃堆积，白灰面之下为淤土。

F4　位于遗址中部偏东，中心点坐标为 34°34′39.6″N，110°53′47.6″E。方形，西南东北向，南北长 3.50 米，东西宽 3.50 米，面积近 14 平方米，门道朝东南。室内白灰面距地表 4.20 米，加工较好，白灰面之下为垫土，经夯打。（图二）

图二　墙底遗址 F4 白灰面及下部夯土

F5　位于遗址西部，中心点坐标 34°34′30.5″N，110°53′14.2″E。房址开口距地表 2.50 米。长方形，南北向，其中南北宽 3 米，东西略长，初步探明 3.50 米，东西两侧被现代砖厂破坏无法探明。房内居住面为加工较好的白灰面，其中在白灰面之下还发现有垫土层，似经夯打。

总体来看，遗址钻探发现的房址面积不大，基本均在 13~15 平方米。房址居住面的加工方式也基本一致，即先在地面铺垫一层垫土，经夯打之后再在夯面之上涂抹一层白灰面。这些房址的年代均属于庙底沟二期文化，其形状、结构及加工方式在同时期其他遗址也可见到[9]，应属于这一时期一种较为普遍的加工方式。

2. 灰坑

在对遗址进行调查时，就在一些断面上观察到数量较多的灰坑，钻探时发现尤多，分布范围几乎遍及遗址全部区域。就具体分布而言，同房址一样，遗址西部及中部发现的数量较多，其中以墙底村西部、灵函大道以东区域最为密集，灰坑普遍埋藏较深，多在地表以下 3~5 米处，部分体量较大。从出土陶片看年代为庙底沟二期。

这里以断面发现的 H5 为例进行简要介绍。

H5　位于遗址中部偏西，由于村民建房挖土，该灰坑已被破坏，完全暴露在断面上。其开口距地表约 4.70 米，耕土之下遗迹之上基本均为黄色粉砂土堆积，厚达 4 米左右。遗迹打破文化层及生土层。剖面暴露部分口部宽约 4 米，两壁向内斜收，基本为平底。坑内堆积大致可分

2层，第①层为灰黑色，土质疏松，包含有较多炭屑，厚度约0.50米；第②层为浅灰色，土质较疏松，发现有陶片、骨骼等，厚度约0.90米。（图三）

图三　墙底遗址H5堆积情况

3. 南北冲沟

在对遗址进行勘探过程中，在靠近遗址南北两侧各发现一条冲沟。

（1）南部冲沟

由于遗址东南部被破坏较甚，因此南部冲沟的钻探工作主要集中于西南部。下面以探孔88~90为例介绍该区域堆积情况。

探孔88，坐标34°34′21.9″N，110°53′28.3″E：

0~0.40米：耕土层。

0.40~3.30米：浅黄色，土质较疏松，包含物较少，冲积层。

3.30~5.10米：灰黄色，土质疏松，包含有少量烧土、炭屑、陶渣，冲积层。

5.10米以下：生土。

探孔89，坐标34°34′21.5″N，110°53′28.5″E：

0~0.40米：耕土层。

0.40~4米：浅黄色，土质较疏松，包含物较少，冲积层。

4~5.30米：灰黄色，土质疏松，包含有少量烧土，冲积层。

5.30米以下：生土层。

探孔90，坐标34°34′18.5″N，110°53′29″E：

0~0.40米：耕土层。

0.40~5米：浅黄色，土质较疏松，包含物较少，冲积层。

5~6.30米：灰黄色，土质疏松，包含有少量烧土、炭屑，冲积层。

6.30米以下：生土。

从几个探孔堆积情况可看到，该区域生土堆积逐渐加深，最早曾怀疑其是否为壕沟。但仔细分析上述钻探结果，虽然3个探孔生土层距地表深度依次加深，而3孔直线距离已近百米，如为壕沟则距离过宽。另外从整体坡度来看，其坡度甚缓，推测应非人工有意为之。除此之外，从遗址所在地貌趋势看，该冲沟往西与塬坡上现代冲沟相对应，可能与此有关。结合遗址内堆积情况，推测古人可能以此冲沟作为天然壕沟和遗址南界，堆积中包含的烧土、炭屑等可能与当时人们在附近活动有关。

（2）北部冲沟

同样，在遗址西北部勘探中发现地势逐渐降低。这里以探孔 120~122 为例介绍该区域堆积情况。

探孔 120，坐标 34°34′45.2″N，110°53′32.4″E：

0~0.40 米：耕土层。

0.40~4.70 米：浅黄色，土质疏松，较纯净，冲积层。

4.70 米以下：生土层。

探孔 121，坐标 34°34′45.3″N，110°53′32.5″E：

0~0.40 米：耕土层。

0.40~5 米：灰黄色，土质疏松，包含有少量陶渣，冲积层。

5~6.30 米：浅黄色，土质较疏松，较纯净，冲积层。

6.30 米以下：生土层。

探孔 122，坐标 34°34′45.6″N，110°53′32.6″E：

0~0.40 米：耕土层。

0.40~6.30 米：浅黄色，土质较疏松，较纯净，冲积层。

6.30 米以下：生土层。

北部冲沟情况与南部冲沟较为相似，在确认地势逐渐下降的过程中，可以明显发现坡度较小，且宽度较大，因此可以确认也系一冲沟。

结合调查，可知遗址所在地貌为弘农涧河的二级阶地，北部及南部为自然冲沟，西部为台塬，东部为弘农涧河。古人利用这些天然的地理屏障使这里成为相对封闭的区域。

（四）文化遗物

在调查及勘探过程中也发现了少量文化遗物，其中多数系地表采集，少部分为勘探所得。年代以庙底沟二期文化为主，另外还见有少量仰韶文化及二里头文化遗物。下面分述之。

盆　仰韶文化遗物仅在遗址西部发现。标本采：9，腹片，泥质红陶，外表有数道旋纹。残长 4.1 厘米。（图四，1）

庙底沟二期文化遗物发现较多，分布于整个遗址。从采集的标本来看，多数为灰陶或灰黑陶，夹砂、泥质均占一定比例，常见篮纹、绳纹，另有少量方格纹，器形有罐、盆等。

折沿罐　夹砂灰陶。标本采：2，遗址西南部，坐标 34°34′20.8″N，110°53′28.2″E。外壁呈灰黑色，内壁为褐色，方唇，折沿，敛口，唇部施花边，沿外及上腹部饰绳纹。口径约 21 厘米，残高 5.8 厘米。（图四，8）

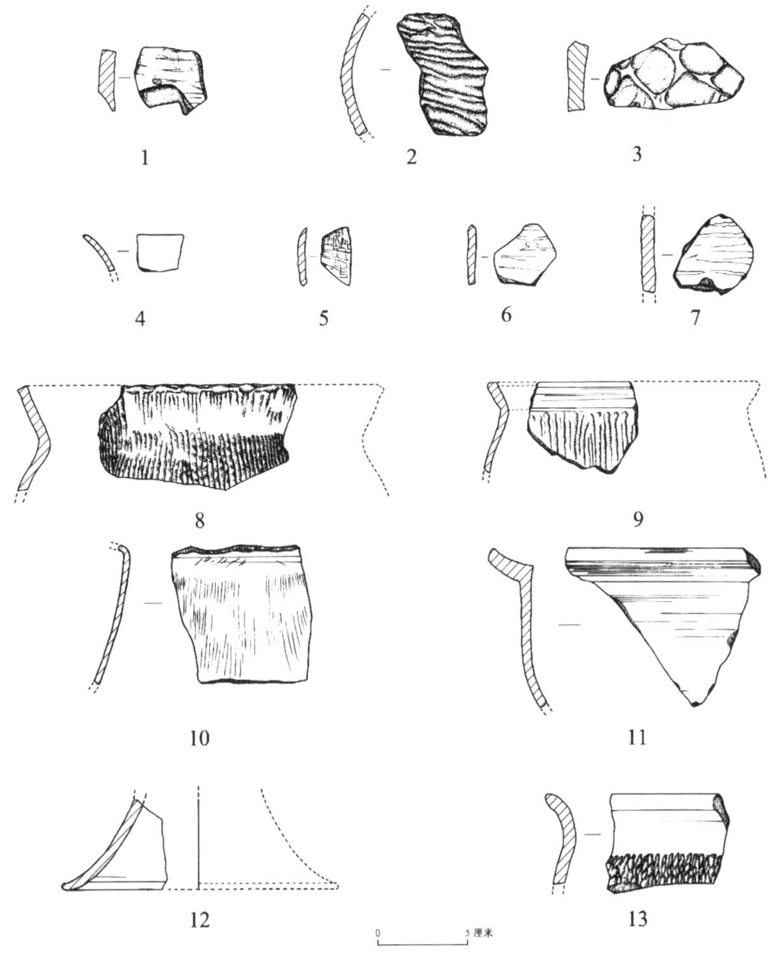

图四　墙底遗址采集及探孔出土陶器

1. 盆（采：9）2. 罐（采：7）3. 缸（采：8）4. 盆（探：1）5. 盆（探：4）6. 罐（探：2）7. 罐（探：3）8. 折沿罐（采：2）9. 罐（采：6）10. 器形不明（采：3）11. 盆（采：5）12. 豆（采：1）13. 罐（采：4）

翻沿罐　标本采：6，夹砂灰褐陶，方唇，沿面微鼓。腹部饰稀疏纵向篮纹。口径约 15.8 厘米，残高 5 厘米。（图四，9）

罐　有泥质和夹砂两种。标本探：2，遗址东北部，坐标 34°34′44.3″N，110°53′59.9″E。第③层，距地表 3.10~3.20 米。夹砂黑陶，壁较薄，饰粗疏篮纹。残长 3.5 厘米。（图四，6）标本探：3，遗址东部，坐标 34°34′35.6″N，110°53′53.6″E。第④层，距地表 4 米。夹砂灰陶，壁略厚，饰篮纹，内壁有一层白色附着物。残长 4.6 厘米。（图四，7）标本采：7，泥质灰黑陶，饰斜向粗篮纹。残高 6.5 厘米。（图四，2）

缸　标本采：8，遗址西部。夹粗砂灰陶，饰大方格纹。残长 8 厘米。（图四，3）

盆　标本采：5，泥质，方唇，折沿，沿面微凹，沿下可见横向轮旋痕迹，素面。残高 9 厘米。（图四，11）标本探：1，遗址北部，坐标 34°34′37.5″N，110°53′35.4″E。第③层，距地表 3.10 米。口沿，泥质橙黄陶，尖唇，器壁较薄。残长 2.6 厘米。（图四，4）标本探：4，遗址北部，坐标 34°34′37.4″N，110°53′37.4″E。第 4 层，距地表 4.10 米。泥质灰陶，饰小方格纹。残长 1.7 厘米。（图四，5）

不明器形　标本采：3，遗址西南部，坐标 34°34′20.8″N，110°53′28.2″E。仅存颈部，夹砂灰陶，折沿，外壁有纵向涂抹痕迹。残高 7.5 厘米。（图四，10）

二里头文化遗物发现较少，均为采集。

豆　标本采：1，圈足部分残片，泥质灰陶，素面。底径约 15.6 厘米，残高 5 厘米。（图四，12）。

盆　标本采：4，口沿，泥质灰陶。尖圆唇，翻沿，沿部有横向轮旋痕迹，颈部素面，腹部饰麦粒状绳纹。残长 6.9 厘米。（图四，13）

四、初步认识

通过对墙底遗址的初步勘探，廓清了遗址的范围和面积，确定该遗址主体为庙底沟二期文化堆积。主要遗存分布于西部及中部，东部亦有发现，但数量较少。结合调查，基本掌握了遗址整体堆积情况，取得如下初步认识。

仰韶文化时期，该遗址已有人类活动，但规模较小，集中于靠近西部台塬处，面积约 20 万平方米，年代主要为仰韶晚期。此时弘农涧河河道可能远较现在为宽，遗址东部钻探均为河漫滩相堆积。

庙底沟二期文化阶段，人类活动的范围大大扩展，原来可能为河漫滩的区域此时也发现有人类活动，但主体仍是西部及中部，这两片区域发现的遗迹数量要远远多于东部。同时，这一时期人类利用南北两侧冲沟、东侧河道、西侧台塬作为天然屏障，所围起来的区域几乎全部成为聚落范围。庙底沟二期文化聚落面积约 70 万平方米。该遗址是目前已知灵宝盆地以及整个三门峡地区面积最大的庙底沟二期聚落遗址。

二里头文化遗存也有发现，地表调查捡获部分二里头时期陶片。但在勘探过程中未曾发现，二里头时期遗存分布范围及层位暂不清楚。今后再做工作时需加以关注。

遗址废弃后，南北两侧的冲沟及遗址大部，被冲积黄土所覆盖，部分区域此类冲积黄土甚至可厚达 5 米以上。根据调查，推测这些冲积黄土应是来自遗址西侧甚高台塬的不断冲刷，近千年以来使得遗址所在区域地貌发生了巨大改变。

本次勘探发现了一定数量的庙底沟二期房址及灰坑，其中房址多数为白灰面建筑，面积 13~15 平方米，房屋结构、建筑技术与豫西晋南地区同时期其他遗址较为接近，反映了这一时期整体一致的技术水平。部分灰坑体量较大，堆积较为丰富。

三门峡地区乃至灵宝盆地发现的庙底沟二期文化遗址数量不少，但开展发掘工作的不多。在与墙底遗址隔黄河相望的晋南地区，这一时期的考古材料较为丰富。其中芮城清凉寺遗址与墙底遗址距离较近[10]。和墙底遗址不同，清凉寺遗址发掘的主要内容为墓葬，出土了大量玉器、彩绘陶器等带有“浓郁专制色彩”[11]的随葬品，使得人们对这一时期的社会内部的分化、冲突等问题有了直观的认识。探讨中原地区文明化早期进程，从仰韶文化时期到庙底沟二期是变化较为剧烈的阶段，社会分化程度以及表现形式均有较大的差别。作为黄河南岸这一时期的一处较大型聚落，应当蕴藏着文化与社会发展的丰富信息，但比较遗憾的是限于工作条件，本次勘探仅可对墙底遗址初步了解，所获材料及认识较为有限，因此对于该遗址聚落布局、社会复杂化程度及自然环境演变等信息的获取，仍需要对墙底遗址本身及所在区域开展更为深入细致的考古工作。

附记：本次考古勘探工作由河南省文物考古研究院组织实施，项目负责人为魏兴涛。参加考古勘探工作的主要人员有河南省文物考古研究院魏兴涛、李金斗，灵宝市文化广电和旅游局马连洁、单战战，灵宝市文管所胡小平、宁建民、张艺苑等。灵宝市文化广电和旅游局赵江峰局长在地方沟通协调等方面给予了大力帮助，灵宝市函谷关镇政府墙底村村委提供了积极的协助和配合。灵宝市文管所6名探工承担普探工作，李延士、武红岩作为探孔记录员参加了此次勘探工作。在此对以上参与和支持墙底遗址勘探工作的单位和人员一并表示衷心的感谢！

执笔：李金斗　魏兴涛

绘图：时丽娟

注释：

[1] 河南省文物考古研究院、灵宝市文物保护管理所灵宝盆地新石器时代遗址调查资料。

[2] 韩建业：《庙底沟时代与“早期中国”》，《考古》2012年第3期。

[3] 魏兴涛：《庙底沟二期文化再研究——以豫西晋西南地区为中心》，《考古与文物》2016年第5期。

[4] 中国科学院考古研究所：《庙底沟与三里桥》，科学出版社，1959年。

[5] 河南省文物研究所：《河南灵宝涧口遗址发掘报告》，《华夏考古》1989年第4期。

[6] 中国历史博物馆考古部、山西省考古研究所、垣曲县博物馆：《垣曲古城东关》，科学出版社，2001年。

[7] 薛新民、宋建忠：《山西垣曲县宁家坡遗址发掘纪要》，《华夏考古》2004年第2期。

[8] 山西省考古研究所、山西运城市文物局、芮城县文物旅游局：《山西芮城清凉寺史前墓地》，《考古学报》2011年第4期。

[9] a. 河南省文物研究所：《河南灵宝涧口遗址发掘报告》，《华夏考古》1989年第4期。

b. 薛新民、宋建忠：《山西垣曲县宁家坡遗址发掘纪要》，《华夏考古》2004年第2期。

c. 中国历史博物馆考古部、山西省考古研究所、垣曲县博物馆：《垣曲古城东关》，科学出版社，2001年。

[10] 两处遗址直线距离仅不到30千米，当然这其中有黄河所阻碍，实际距离当比这要远，但相信在庙底沟二期两处遗址存在某种交流与联系应该是可能的。

[11] 山西省考古研究所、山西运城市文物局、芮城县文物旅游局：《山西芮城清凉寺史前墓地》，《考古学报》2011年第4期，第558页。

图版一

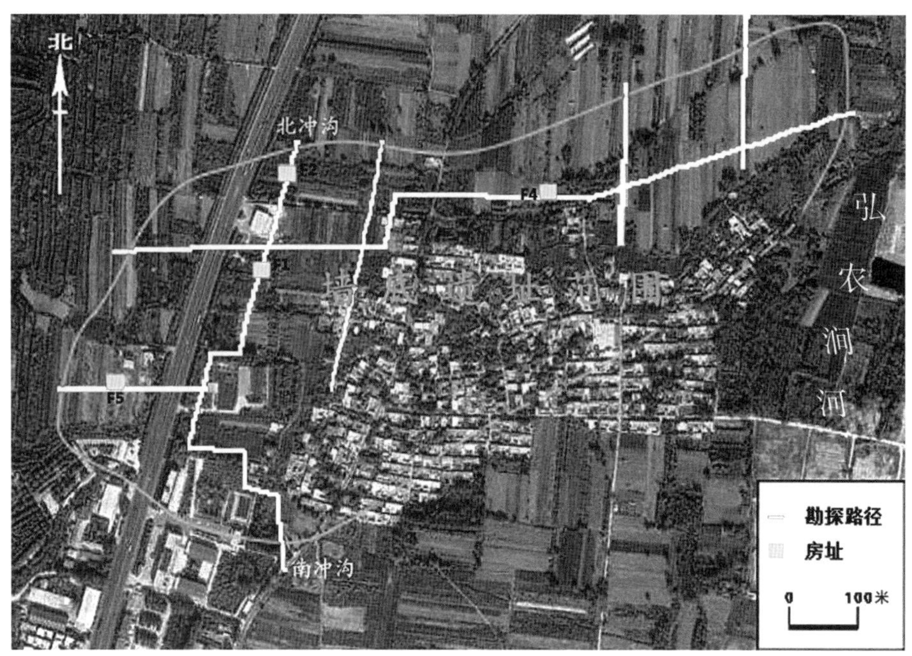

灵宝市墙底遗址范围图

灵宝城烟遗址

◎方燕明

2020 年 4 月 25 日，由河南省文物局指导，河南省文物考古学会、《华夏考古》编辑部主办的“2019 年度河南考古新发现论坛”在郑州市通过远程视频会议形式举行。经过各项目负责人汇报，由与会专家无记名投票，在 10 个汇报项目中，最终推选灵宝城烟遗址（河南省文物考古研究院、三门峡市文物考古研究所、灵宝市文物保护管理所）、淮阳平粮台城址（北京大学考古文博学院、河南省文物考古研究院、周口市文物考古管理所、淮阳平粮台管理处）、安阳辛店商代晚期铸铜遗址（河南省文物考古研究院、安阳市文物考古研究所）、济源柴庄遗址（河南省文物考古研究院、济源市文物工作队）、洛阳纱厂西路西汉墓（洛阳市文物考古研究院）五个考古发掘项目成为“2019 年度河南省五大考古新发现”。

灵宝城烟遗址

城烟遗址位于三门峡灵宝市川口乡城烟村南部。2019 年 4—12 月，为配合国家重点项目蒙华铁路建设，对城烟遗址进行发掘，发掘面积 4600 余平方米。发掘表明，城烟遗址的主体为仰韶早期遗存，仰韶早期聚落整体保存较好，在文化面貌上，这批遗存应属于仰韶文化东庄类型。还发现少量仰韶中晚期、庙底沟二期文化及二里头文化遗存。

发现仰韶早期房址近 30 座，以圆形或椭圆形半地穴式为主，另有少量面积 20 余平方米的地面式建筑，（图一，1）偶见个别方形半地穴式房址。还有少量柱列式遗迹，由柱洞或柱础围成圆形或近方形区域，面积大多不超过 1 平方米，柱洞或柱础加工十分讲究，这类遗迹可能与仓储有关。仰韶早期墓葬有一次葬和二次葬两种。其中以长方形竖穴土坑一次葬最常见，数量达 44 座，葬式多单人仰身直肢，大多无葬具，无随葬品，仅个别墓葬有用穿孔蚌饰或石珠随葬。5 座多人二次合葬墓埋葬个体数在 5~19 人，（图一，2）除个别墓葬，其余皆无葬具。此外，还发现 94 座瓮棺葬，大多单独埋葬，也有少量合葬的现象。发现仰韶早期陶窑 20 多座，但多数保存较差，仅存底部烧结面，或为地面堆烧形式。其中 1 座（Y30）为竖穴式升焰窑，操作间、火塘、窑室保存较好，窑室底部一周有 11 个圆形火眼，是迄今发现保存最好的仰韶早期陶窑。

城烟遗址的发掘，是近年来对仰韶早期遗址一次大规模的考古工作，为研究豫晋陕交界地区仰韶文化东庄类型的文化内涵提供了丰富的新资料；仰韶早期聚落内未见明显区分的居住区、墓葬区、生产区，没有集中的公共墓地，也很少有葬具、随葬品，地域特点鲜明；柱列式建筑特征鲜明，很可能属存储粮食的高仓，是存储粮食的创新方式；较多陶窑遗迹及大量烧土堆积的发现，表明仰韶早期聚落可能存在专业化的陶器生产。以往在豫西三门峡地区较少发现二里头文化遗存，而在城烟遗址发现的二里头文化遗存则比较丰富，且作为聚落要素的房址、灰坑、墓葬、陶窑等基本齐备，这为研究早期国家社会的底层小聚落提供了重要的新资料。

1. 仰韶文化房址

2. 仰韶文化合葬墓

图一　灵宝城烟遗址

河南灵宝城烟遗址发现仰韶文化早期聚落

◎魏兴涛　◎张小虎　◎李金斗

灵宝城烟遗址的周边环境（左侧高压线杆处是遗址）

灵宝城烟遗址位置图

城烟遗址位于河南省灵宝市川口乡城烟村南，地处秦岭东段山前的洪积台地上，面积约 3 万平方米。

2019 年 4 月到 11 月，为配合蒙华铁路建设，河南省文物考古研究院发掘了城烟遗址，发掘面积达 4600 余平方米，以仰韶文化早期遗存为主，另有少量仰韶中晚期和二里头文化遗存。现已清理仰韶早期房址 29 座、墓葬 48 座、瓮棺葬 96 座、灰坑 430 多座、陶窑 26 座、壕沟 3 条等，概况如下：

仰韶早期半地穴式房屋 F27

仰韶早期半地穴式房屋 F33

仰韶早期地面式房址 F35

仰韶早期圆形夯土遗迹 F21

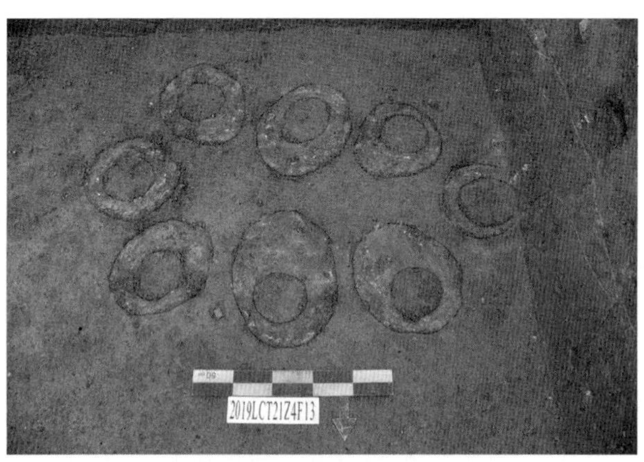

仰韶早期柱列式遗迹 F13

房址以半地穴式为主，另有少量地面式及柱列式，平面以圆形、椭圆形为主，也有个别长方形房址。房址大多保存较差且未见灶等生活设施，很少遗物。数座地面式房址面积较大，带有墙基。F27 整体为长方形半地穴式，较低的西侧为带基槽的石砌墙基，是一座地面式与半地穴式结合、土石结合的房屋，属首次发现。柱列式遗迹以密集排列的柱洞（或柱础）为鲜明特征，柱洞或柱础加工十分精致，排列规律，围成的区域面积很小且未见明显的活动面，或具特殊用途，疑为高仓类建筑基础。

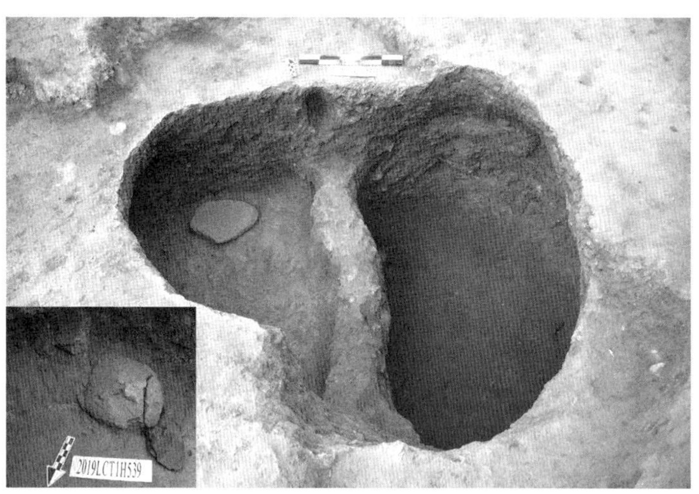

仰韶早期 H539 及坑内出土的陶泥

灰坑数量多、形制多样，有圆形、椭圆形、不规则形、方形等，口大底小的盆形坑较多见，较少袋状者。发掘区西部灰坑分布较为密集，而南部和北部灰坑较稀疏。

仰韶早期多人二次合葬墓 M21

仰韶早期多人二次合葬墓 M60

仰韶早期墓葬 M56

墓葬以长方形竖穴土坑一次葬居多，多单人仰身直肢葬，大多无随葬品。多人二次合葬墓 6 座，埋葬个体在 5~19 人之间，除 M60 外皆无葬具。

仰韶早期瓮棺葬 W5

仰韶早期瓮棺葬 W62

仰韶早期瓮棺葬 W84

瓮棺葬葬具以罐或瓮＋钵组合为主，有少量瓮＋盆组合，大多单独埋葬，也有2、3座瓮棺合葬的现象。

陶窑大多仅存底部烧结面，或为地面堆烧形式。其中1座（Y30）保存较好，为竖穴式升焰窑，操作间、火塘、窑室保存较完整，窑室底部一周有11个圆形火眼，是迄今发现保存最好的仰韶早期陶窑。发掘区北部、南部分别发现有大范围的夹杂大量红烧土块的灰土堆积，应是制陶的废弃堆积。

仰韶早期陶窑 Y30

壕沟中G7、G9位于遗址西部，平面上都略弧向西北，两者距离较近，走向、形状及规模都较接近，口部宽均约2米多，深近2米至不足1米，沟壁较为规整，向内斜收为平底。G3位于遗址中部，略呈西南—东北向，宽3米左右，深达2米多，揭露长度50余米。G7、G9时代比较接近，属仰韶早期聚落内最早的一批遗迹，而G9年代相对较晚。

在聚落布局上，仰韶早期壕沟G7、G9不排除作为聚落内居住群间分界之用。房址分布较为散乱，部分依地形基本呈东北—西南排列，略有成群组现象。墓葬分布也较分散，无统一的公共墓地，但存在小集中的情况。瓮棺葬主要围绕房屋密集分布，也有一些单独埋葬。

仰韶早期沟 G7 与 G9

陶器以泥质或夹砂红陶数量最多，较少褐陶和灰陶，纹饰以绳纹为主，有黑彩条带纹、三角纹等少量彩陶。器形常见杯形口尖底瓶、钵、盆、夹砂罐、瓮、器盖等。生产工具有石斧、锛、凿，骨锥、针、镞，陶纺轮、刀、锉等。文化面貌上，这批遗存属于仰韶文化东庄类型。

H580 出土器物

M1 出土器物

仰韶早期遗迹出土的陶器

城烟仰韶早期遗存具有以下价值和意义：

本次发掘是西安半坡、临潼姜寨遗址以来，仰韶早期遗址的又一次较大规模发掘，获取的大批遗迹遗物为进一步认识仰韶早期文化特征，尤其是以往较薄弱的豫西晋南地区东庄类型的文化内涵提供了重要的新资料。

与半坡、姜寨等不同，城烟聚落缺乏明确的内部功能分区，无专门的居住区、墓葬区、作坊区等，聚落具有一定的自身特点。

以往所见房址大都为半地穴式，这里出现了典型的地面建筑。独具特色的柱列式遗迹以前也甚为罕见，如确属高仓，则以其年代早、数量多而具重要价值。

与这一时期常见公共墓地不同，这里没有集中的墓地，墓葬分布较散乱，大多无随葬品。包括单人土坑墓、多人二次葬、瓮棺葬等多种埋葬形式的大量墓葬为研究仰韶早期聚落的葬俗、人口结构、血缘关系、婚姻关系及社会关系提供了新的重要资料。

较多的陶窑、存储陶泥的窖穴及大范围红烧土堆积或许反映出这里是一处以制陶为主的聚落，也表明当时聚落间可能已经有了一定的分工。

作为山区聚落，城烟遗址为研究不同自然条件下人类行为的差异提供了难得的新材料。

河南灵宝市北麻庄遗址发掘简报

◎河南省文物考古研究院　◎三门峡市文物考古研究所
◎灵宝市文物保护管理所

北麻庄遗址位于河南三门峡灵宝市豫灵镇北麻庄村西北，东距灵宝市区直线距离约42千米，西距豫陕界约2千米，距陕西省潼关县城约13千米。双桥河从北麻庄遗址西侧呈西南—东北向流过，汇入黄河。遗址坐落于双桥河东南侧的二级阶地之上，东部和南部被民房占压，东西长约300米，南北宽约100米，面积近3万平方米，地理坐标为北纬34°32′25"，东经110°23′28"，海拔379米。（图一）

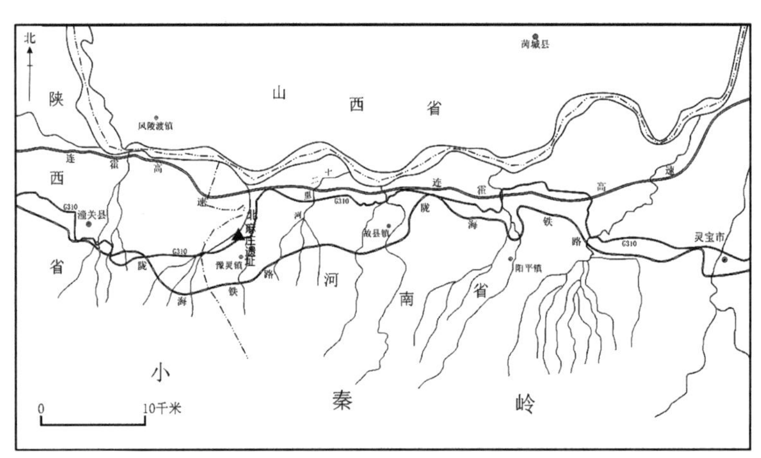

图一　灵宝北麻庄遗址位置示意图

2020年6月，为配合三门峡市国道310南移项目建设，河南省文物考古研究院联合三门峡市文物考古研究所、灵宝市文物保护管理所等单位对灵宝市北麻庄遗址进行考古发掘。发掘区位于遗址西北部边缘，依据建设项目道路占压和考古勘探情况，布设10米×10米探方和5米×20米探沟各一个，分别编号为T1和T2，发掘面积200平方米，共发现仰韶文化灰坑5座、灰沟1条，出土一批陶器、石器等遗物。现将发掘情况简报如下。

一、地层堆积和遗迹

北麻庄遗址被后期人类活动破坏严重，导致地层简单，堆积较薄，不见文化层。

第①层：黄灰色土，土质软，结构疏松，包含有植物根系、砖块、石块等，出土物以陶片为主，另有少量瓷片、砖块等，陶片可辨器形主要有钵、罐、盆、小口尖底瓶等。厚0.15米至

0.30 米。为现代耕土层。（图二）其下为浅黄色生土。

遗迹发现有仰韶文化灰坑 5 座、灰沟 1 条，均开口于第①层耕土层下。灰坑平面形状有近椭圆形和不规则形，形制以口大底小居多，坑壁以弧壁下收较常见，底部多不平。部分灰坑填土分 2 层，其中第②层出土陶片等遗物偏少。（图三）

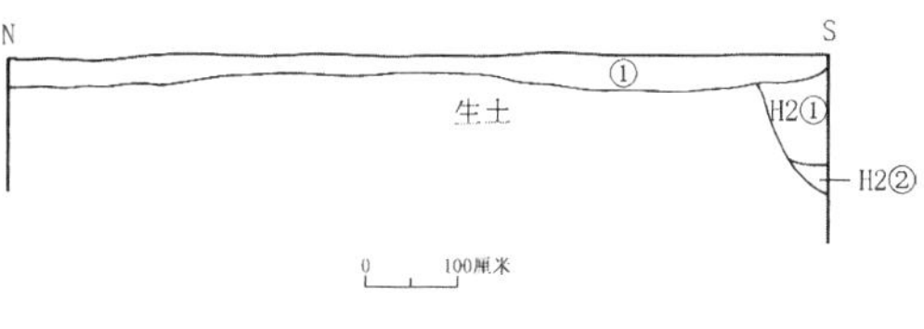

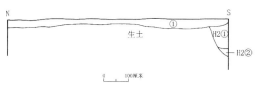

图二 T1 东壁剖面图

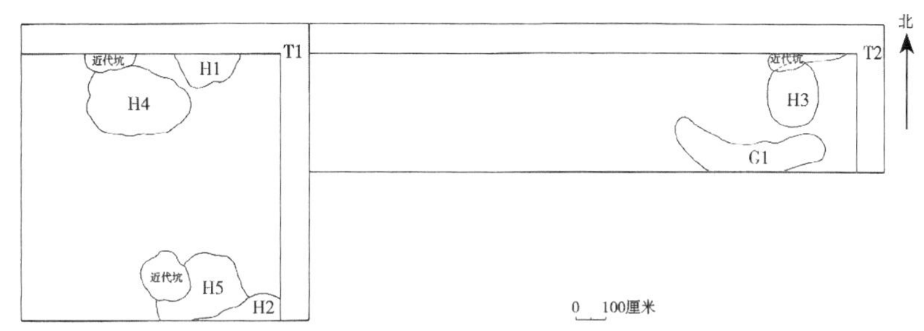

图三 T1 和 T2 遗迹分布图

H5 位于 T1 东南部，东部被 H2 打破，西部被近代坑打破，向下打破生土。平面形状呈不规则形，坑口北部略大，弧壁近直，底部不甚平整。坑口长 3.24 米，宽 2.10 米，深 0.50 米。坑内填土分 2 层，第①层为灰褐色土，土质较软，结构疏松，厚 0.41 米，包含有大量红烧土颗粒，出土有陶片、石块、兽骨等。陶片以泥质陶居多，夹砂陶次之，陶色有红陶、褐陶、灰陶等，以素面为主，纹饰有绳纹、凹弦纹等，另有少量彩陶，均为黑彩，可辨器形有钵、罐、盆等；第②层为黄灰色土，土质较软，结构较疏松，厚 0.09 米，包含有少量红烧土粒和炭粒，无陶片等遗物。（图四；表一）

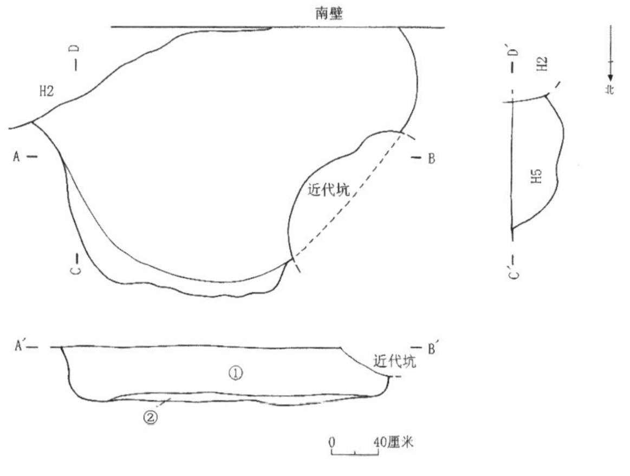

图四 H5 平、剖图

表一 北麻庄遗址 H5 陶系统计表 （单位：片）

编号	纹饰	泥质			夹砂			合计	百分比（%）
		红	褐	灰	红	褐	灰		
H5	素面	145	54	3	4	36	10	252	75.44
	绳纹	30			10	33	2	75	22.45
	凹弦纹	2				2		4	1.19
	彩陶	3						3	0.89
	合计	180	54	3	14	71	12	334	99.97

续表

编号	纹饰	泥质			夹砂			合计	百分比（%）
		红	褐	灰	红	褐	灰		
H5	百分比 %	53.89	16.16	0.89	4.19	21.25	3.59	99.97	
		70.94			29.03				

G1　位于T2东部，向下打破生土。平面形状呈弧状长条形，斜弧壁较直，底不平。沟口长5.25米，宽1.10米，深1.40米，沟底长4.18米，宽0.80米。填土不分层，为深灰色土，土质较软，结构疏松，包含有较多炭粒和红烧土粒。出土遗物有较多陶片和少量石块，陶片以泥质陶居多，夹砂陶次之，陶色有红陶、褐陶、灰陶等，器表以素面为主，纹饰有绳纹、线纹、凹弦纹等，另有少量彩陶，均为黑彩，可辨器形有钵、罐、盆、小口尖底瓶等。（图五；表二）

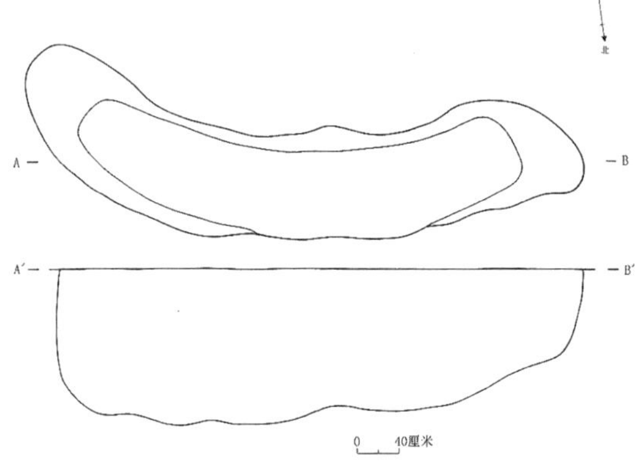

图五　G1平、剖图

表二　北麻庄遗址G1陶系统计表（单位：片）

编号	纹饰	泥质				夹砂				合计	百分比（%）
		红	褐	灰	黑	红	褐	灰	黑		
G1	素面	358	30	24	2	57	56	15	2	544	77.49
	绳纹	25	33			20	42	10		130	18.51
	凹弦纹	3				4				7	0.99
	彩陶	21								21	2.99
	合计	407	63	24	2	81	98	25	2	702	99.98
	百分比（%）	57.97	8.97	3.41	0.28	11.53	13.96	3.56	0.28	99.99	
		70.65				29.34					

二、出土遗物

出土遗物以陶器为主，另有少量石器。陶器普遍破碎，能复原者较少，但陶片数量较多，器形丰富。

（一）陶器

陶质有泥质和夹砂两种，以泥质陶居多，夹砂陶次之，少量泥质陶夹细砂，少部分夹砂陶为夹粗砂。陶色主要有红陶、褐陶、灰陶、姜黄陶、黑陶等，以红陶最多，褐陶次之，灰陶较少，姜黄陶和黑陶数量最少，另有少量灰胎红皮或褐皮陶。器表以素面为大宗，部分陶器磨光，纹饰以绳纹最为常见，凹弦纹次之，另有少量三角形锥刺纹。绳纹中以细绳纹为主，中绳纹次之，粗绳纹少见，部分细绳纹甚细，已接近线纹。彩陶占一定比例，以黑彩为主，红彩极少，图案主要有宽带纹、窄带纹、直线纹、斜线纹、直边三角纹、网格纹等，以及由前者组合而成的复杂图案，如变体鱼纹等。器形主要有钵、罐、盆、小口尖底瓶、瓮、缸、纺轮等。

钵　174件。发现数量最多，是最常见器形。均为泥质陶，以红陶为主，姜黄陶和灰陶较少，另有少量灰胎红皮或褐皮陶。器表以素面为主，相当部分磨光。彩陶占一定比例，口部因叠烧呈红褐色或姜黄色的“红顶”现象较为常见，饰彩绘图案者器表均磨光，“红顶”者部分磨光。依据口部特征不同，分为三型。

A型：91件。敞口。按口部、腹部形态差异，可分二个亚型。

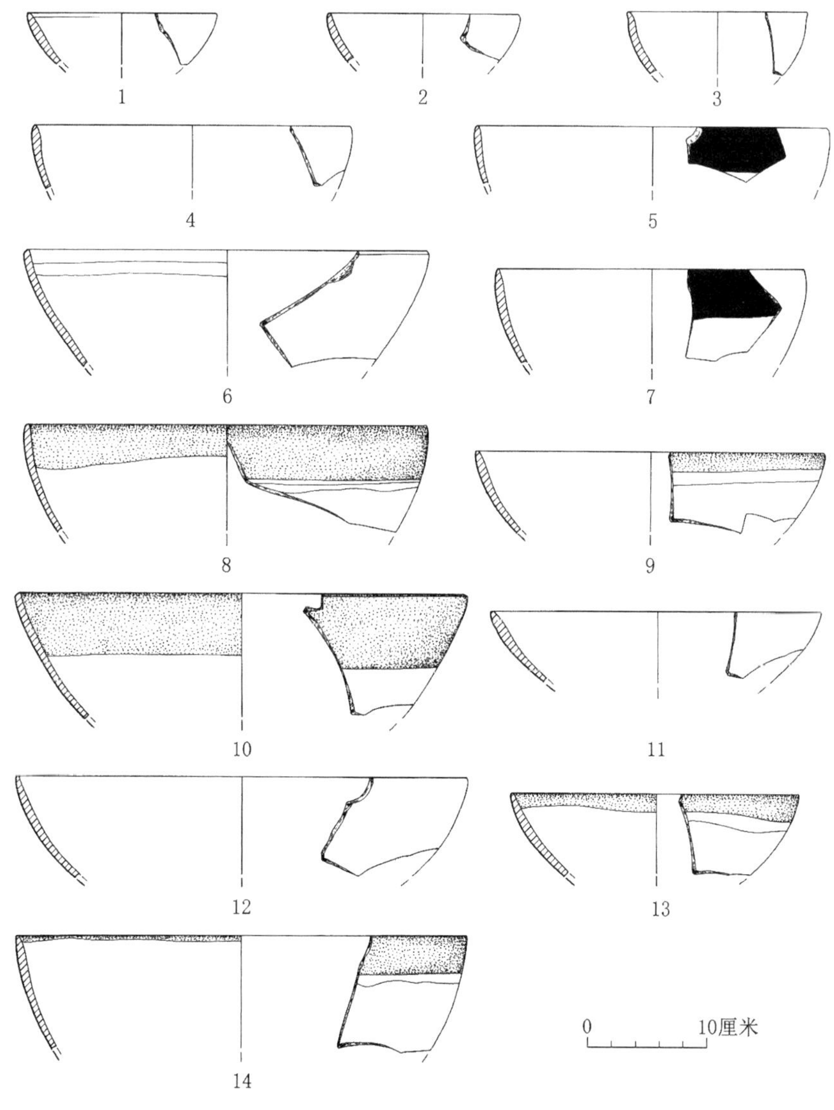

图六　陶钵

1、2、6、9~13. Aa型（H1：15、G1：61、H4：117、H4：121、T1①：7、H4：61、G1：49、H4：21）

3~5、7、8、14. Ab型（H1：10、H5：23、G1：111、H4：27、H1：3、T2①：22）

Aa 型：67 件。大敞口，腹较浅。圆唇，素面，斜弧腹下收。标本 H1：15，褐陶，器表磨光。口径 15.6 厘米，残高 4 厘米。（图六，1）标本 H4：21，灰胎红皮陶，器表颜色不均，局部泛灰，口部内外侧因叠烧呈红褐色。口径 24 厘米，残高 6.4 厘米。（图六，13）标本 H4：61，红陶。口径 27.4 厘米，残高 5.6 厘米。（图六，11）标本 H4：117，灰胎红皮陶，口部内侧因叠烧呈红褐色，器表磨光。口径 33 厘米，残高 9.2 厘米。（图六，6）标本 H4：121，红陶，口部外侧因叠烧呈褐色，器表磨光。口径 29 厘米，残高 6.4 厘米。（图六，9）标本 G1：49，红陶。口径 37.2 厘米，残高 7.8 厘米。（图六，12）标本 G1：61，红陶，器表磨光。口径 15.6 厘米，残高 3.8 厘米。（图六，2）标本 T1①：7，灰胎褐皮陶，器表颜色不均，口部内外两侧因叠烧呈红褐色。口径 36.4 厘米，残高 10 厘米。（图六，10）

Ab 型：24 件。敞口，腹较深。弧腹下收。标本 H1：3，红陶，圆唇，器表磨光，口部因叠烧外侧呈姜黄色，内侧为红褐色。口径 32.8 厘米，残高 8.6 厘米。（图六，8）标本 H1：10，红陶，圆唇，素面。口径 15.2 厘米，残高 5 厘米。（图六，3）标本 H4：27，灰胎褐皮陶，器表颜色不均，内外壁局部呈灰黑色，尖圆唇，器表磨光，口部外侧饰一周黑彩宽带纹。口径 25.6 厘米，残高 7.3 厘米。（图六，7）标本 H5：23，红陶，器表颜色不均，局部呈灰色，圆唇，素面。口径 26 厘米，残高 5 厘米。（图六，4）标本 T2①：22，红陶，圆唇，器表磨光，口部外侧因叠烧呈红褐色。口径 37.6 厘米，残高 9 厘米。（图六，14）标本 G1：111，红陶，圆唇，器表磨光，口部外侧饰一周黑彩宽带纹。口径 29.2 厘米，残高 4.6 厘米。（图六，5）

B 型：42 件。直口。红陶，肩部较直，弧腹下收，腹较深。标本 H4：33，胎略厚，圆唇，素面。口径 27.6 厘米，残高 8.4 厘米。（图七，1）标本 H4：123，尖圆唇，器表磨光，素面。口径 21.2 厘米，残高 7.4 厘米。（图七，2）标本 H4：125，圆唇，口部外侧饰有网格纹红彩图案，网格为近正方形，边长约 0.2 厘米。口径 26.4 厘米，残高 7.6 厘米。（图七，3）标本 G1：105，圆唇，器表磨光，口部及肩部饰斜线纹、直边三角纹组成的黑彩图案。口径 17.2 厘米，残高 4.2 厘米。（图七，5）标本 T1①：14，圆唇，素面，口部外侧因叠烧呈黄褐色。口径 21.6 厘米，残高 6.2 厘米。（图七，4）

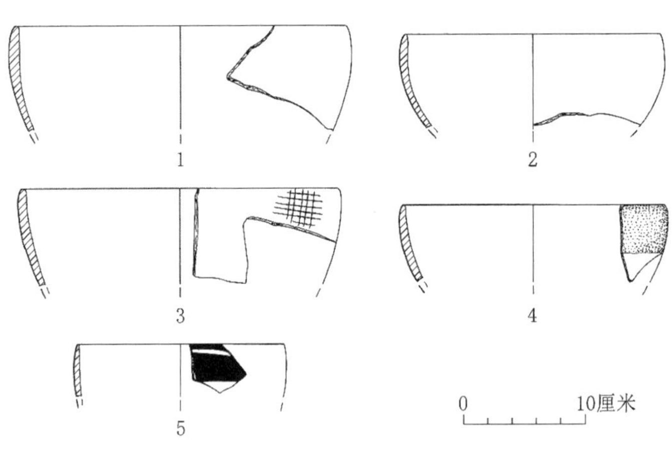

图七　陶钵

1~5. B 型（H4：33、H4：123、H4：125、T1①：14、G1：105）

C 型：41 件。敛口。依肩部、腹部形态差异，可分二个亚型。

Ca 型：39 件。弧肩或鼓肩。红陶，圆唇，弧腹外鼓。标本 H4：71，器表磨光，素面。口径 18 厘米，残高 6 厘米。（图八，1）标本 H4：17，素面。口径 17.2 厘米，残高 7.8 厘米。（图八，5）标本 H4：13，素面。口径 20.4 厘米，残高 8.8 厘米。（图八，4）标本 H3：1，器表磨光，唇及肩部饰直边三角纹和斜线纹组成的黑彩鱼纹图案。口径 37.2 厘米，残高 9.4 厘米。（图八，9）标本 H3：2，器表磨光，唇及肩部饰由两个对顶直边三角形组成的黑彩图案，共上下两周。口径 38 厘米，残高 6.6 厘米。（图八，11）标本 G1：42，素面。口径 34.8 厘米，残高 7.4 厘米。（图八，7）标本 G1：103，器表磨光，唇及肩部饰由直边三角纹和斜线纹组成的黑彩变体鱼纹图案。口径 37.68 厘米，残高 9 厘米。（图八，13）标本 G1：104，器表磨光，唇及肩部饰由直边三角纹和斜线纹组成的黑彩图案。口径 30 厘米，残高 6 厘米。（图八，8）标本 H2：1，器表磨光，肩、腹部饰上下四道直边三角纹组成的黑彩图案。残长 6 厘米，残高 7.6 厘米。（图八，3）标本 T1①：1，器表磨光，唇及肩部饰黑彩宽带纹。口径 32.6 厘米，残高 9 厘米。（图八，10）

Cb 型：2 件。肩部斜直。圆唇，腹部外鼓较甚，鼓腹处带折意，器表磨光。标本 H4：98，灰胎红皮陶，鼓腹处有浅折棱，肩部及上腹部饰由斜线纹、直线纹和等边三角纹构成的黑彩图案。口径 12 厘米，残高 7.4 厘米。（图八，6）标本 T1①：2，红陶，肩部及上腹部饰由直线纹、斜线纹和直边三角纹组成的黑彩图案。口径 12 厘米，残高 6 厘米。（图八，2）

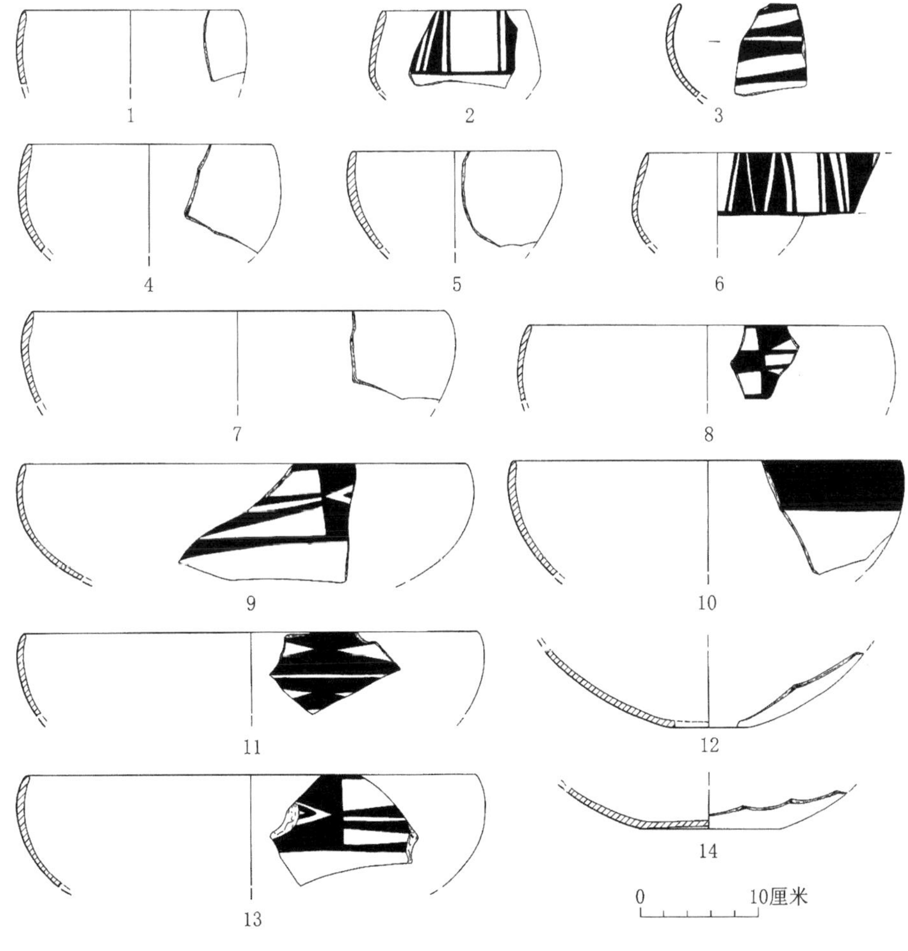

图八　陶钵

1、3、4、5、7、8、9、10、11、13. Ca 型（H4：71、H2：1、H4：13、H4：17、G1：42、G1：104、H3：1、T1①：1、H3：2、G1：103）2、6. Cb 型（T1①：2、H4：98）12、14. 钵底（G1：43、H4：40）

钵底　5件。发现数量较少，均为泥质陶，器壁较薄，以红陶为主，个别为姜黄陶，平底较常见。泥质红陶，弧腹下收，平底，素面。标本G1：43，底径7.2厘米，残高6厘米。(图八，12）标本H4：40，腹部外侧磨光，底部略上凹。底径12厘米，残高3厘米。(图八，14）

罐　73件，其中复原1件。发现数量较多，为常见器形之一。陶质有夹砂和泥质两种，以夹砂陶为主，部分夹粗砂，砂粒裸露，泥质陶较少。陶色以褐陶居多，红陶次之，灰陶较少，少量为灰胎褐皮陶。器表颜色多不均匀，局部泛灰黑，内壁多为红褐色，少量呈灰黑色。器表以素面居多，纹饰有绳纹、凹弦纹、三角形锥刺纹等，以绳纹为主，凹弦纹次之，三角形锥刺纹较少。绳纹中以细绳纹为多，中绳纹次之，粗绳纹少见，部分细绳纹甚细，已接近线纹。绳纹和线纹多斜向饰于夹砂罐腹部，凹弦纹多横饰于夹砂罐肩部，三角形锥刺纹一般横向交错饰于泥质罐肩部。多弧腹外鼓，平底。依陶质不同分二类。

甲类　3件。泥质类，均为无沿罐。按口部、唇部形态不同分二型。

A型：2件。敛口，圆唇较厚外凸。弧腹外鼓，器表磨光，素面。标本H4：102，红陶。口径17.2厘米，残高5.2厘米。(图九，1）标本H4：126，灰胎褐皮陶，器表颜色不均，内壁呈灰黑色，唇部有一周凸棱。口径17.2厘米，残高6.2厘米。(图九，5）

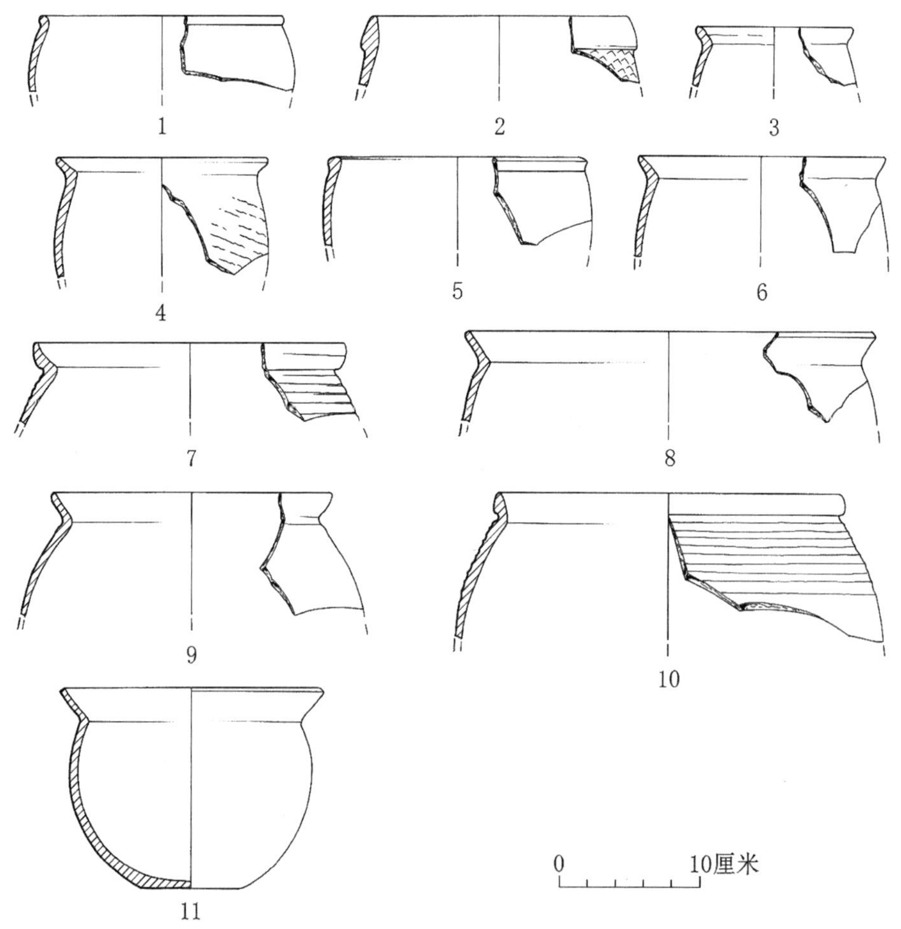

图九　陶罐

1、5. 甲类A型（H4：102、H4：126） 2. 甲类B型（H4：84） 3、4、6、8、9、11. 乙类Ab型（G1：21、G1：6、G1：9、G1：5、H1：17、H4：96） 7、10. 乙类Aa型（H5：28、G1：3）

B 型：1 件。直口，叠唇。标本 H4：84，灰陶，器表颜色不均，唇部以下错缝横饰三角形锥刺纹。口径 18.4 厘米，残高 4.8 厘米。（图九，2）

乙类　70 件。夹砂类，器形较多。按沿部形态差异，分三型。

A 型：16 件。宽沿罐。均折沿。按沿部及纹饰特征不同分二亚型。

Aa 型：3 件。沿较仰，沿面下部向下凸，肩部饰横向凹弦纹。褐陶，器表颜色不均，内壁呈灰黑色，侈口，圆唇，弧腹外鼓。标本 H5：28，沿面上部微下凹。口径 22.4 厘米，残高 5.6 厘米。（图九，7）标本 G1：3，口径 24.4 厘米，残高 10 厘米。（图九，10）

Ab 型：13 件。沿较薄宽平，素面或腹饰斜向绳纹。侈口，弧腹外鼓，器表颜色不均。标本 G1：5，褐陶，圆方唇，弧腹较斜直，素面。口径 28.8 厘米，残高 6.4 厘米。（图九，8）标本 G1：6，灰陶，器表局部近黑色，沿面微下凹，圆唇，腹饰被抹平的右斜稀疏细绳纹。口径 15.2 厘米，残高 8 厘米。（图九，4）标本 G1：9，褐陶，圆唇，素面。口径 17.6 厘米，残高 6.8 厘米。（图九，6）标本 G1：21，灰陶，圆唇，素面。口径 10.8 厘米，残高 4 厘米。（图九，3）标本 H1：17，褐陶，器表局部为灰黑色，内壁呈红色，圆唇，素面。口径 20 厘米，残高 8 厘米。（图九，9）标本 H4：96，褐陶，器表局部呈灰黑色，外壁残留被火烧过痕迹，圆方唇，小平底，素面。口径 18.4 厘米，底径 13.8 厘米，通高 7.2 厘米。（图九，11）

B 型：35 件。窄沿罐。按口沿形态差异分三亚型。

Ba 型：26 件。折沿。褐陶，侈口，沿内侧一周折棱，弧腹外鼓。标本 H5：30，沿面微上鼓，尖圆唇，弧腹较斜直，沿以下横饰稀疏凹弦纹。口径 15.2 厘米，残高 3.8 厘米。（图一〇，1）标本 H1：13，夹粗砂，沿面上部向下凹，下部向下凸，方唇，颈部抹平，腹饰左斜细绳纹。口径 20.8 厘米，残高 6 厘米。（图一〇，13）标本 H1：22，器表颜色不均，沿面上部向下凹，沿面下部向下凸，方唇，颈部抹平，腹饰左斜细绳纹。口径 23.6 厘米，残高 6.8 厘米。（图一〇，9）标本 H4：76，沿面有一周凹槽，圆唇，素面。口径 20 厘米，残高 4.8 厘米。（图一〇，6）标本 H5：26，沿面上部下凹呈一周凹槽，下部向下凸，方唇，弧腹较斜直，肩部横饰密集凹弦纹，腹壁内侧为灰色。口径 20.4 厘米，残高 3.8 厘米。（图一〇，11）标本 T1①：29，胎略厚夹灰芯，沿面下凹呈一周凹槽，尖圆唇，腹饰左斜抹平细绳纹。口径 36 厘米，残高 6.4 厘米。（图一〇，12）标本 H4：95，沿面较平，圆唇，素面。口径 22.4 厘米，残高 3.6 厘米。（图一〇，5）标本 H5：31，器表颜色不均，内壁呈灰色，圆方唇，上腹部饰左斜细绳纹。口径 21.6 厘米，残高 6.6 厘米。（图一〇，7）标本 H5：32，胎夹灰芯，沿面较平，厚圆唇，腹饰左斜细绳纹。口径 25.5 厘米，残高 7.2 厘米。（图一〇，8）

Bb 型：2 件。卷沿。褐陶，侈口，束颈，弧腹外鼓，素面。标本 H4：53，圆唇。口径 24.4 厘米，残高 3.6 厘米。（图一〇，3）标本 H4：136，圆唇下翻。口径 16 厘米，残高 4 厘米。（图一〇，2）

Bc 型：7 件。非折沿，似口部外侧贴一周泥条，沿面下凹呈沟槽，外缘低于内缘，唇部横

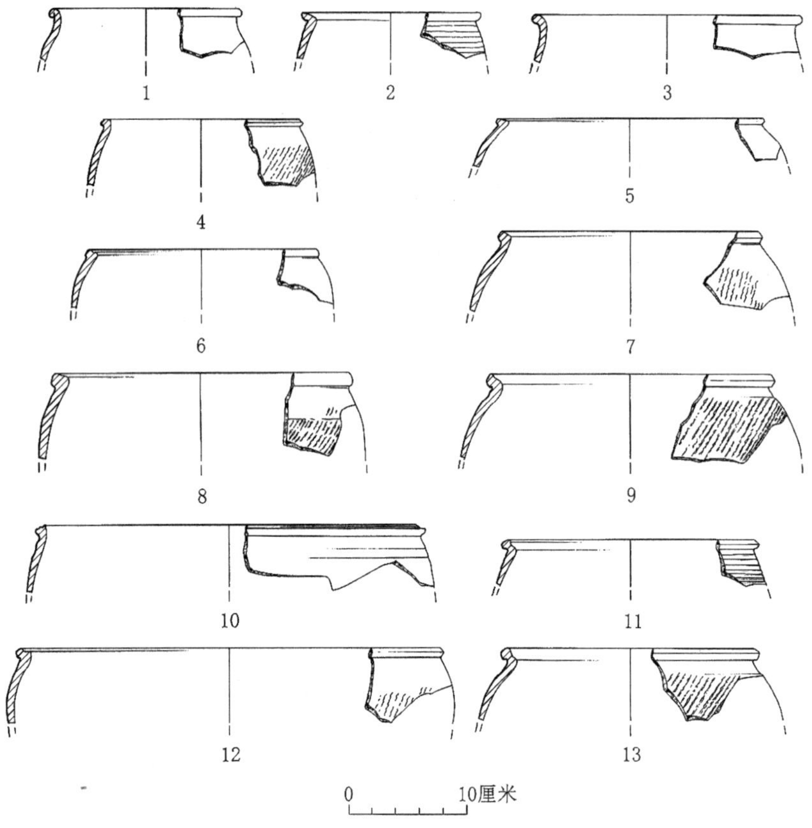

图一〇　陶罐

1、5、6、7~9、11、12、13. 乙类 Ba 型（H5：30、H4：95、H4：76、H5：31、H5：32、H1：22、H5：26、T1①：29、H1：13）2、3. 乙类 Bb 型（H4：136、H4：53）4、10. 乙类 Bc 型（T1①：28、H4：87）

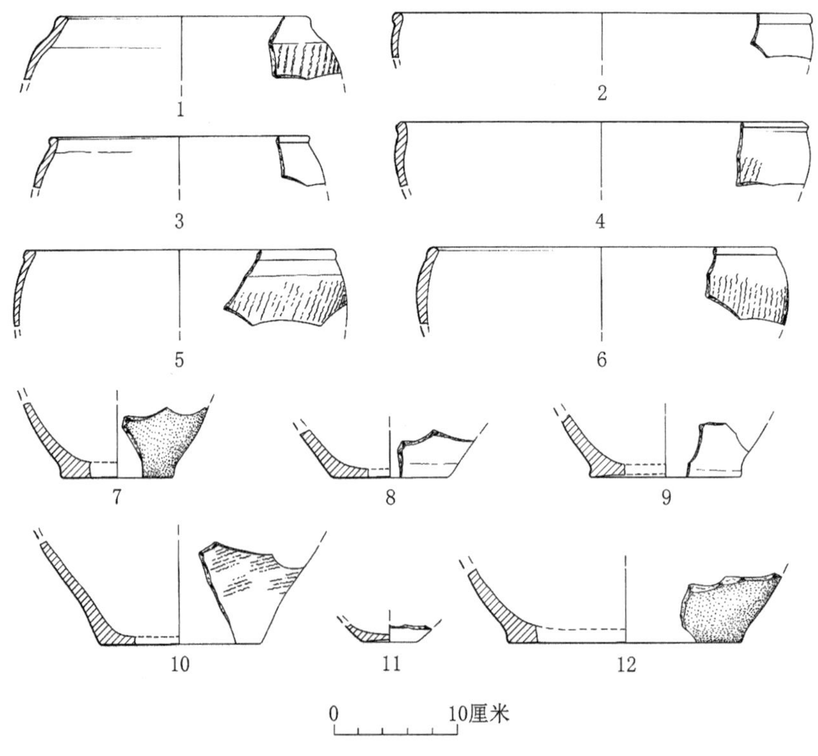

图一一　陶罐

1~6. 乙类 C 型（G1：33、H3：24、H4：42、H5：48、G1：23、H4：106）
7~12. 罐底（H4：133、G1：31、G1：35、G1：7、H5：58、G1：29）

截面近三角形。口微侈，弧腹外鼓。标本 H4：87，褐陶，沿面有两周凹槽，尖圆唇，素面。口径 32 厘米，残高 5.6 厘米。（图一〇，10）标本 T1①：28，黑陶，沿面有一周凹槽，圆方唇，腹饰左斜密集细绳纹。口径 28 厘米，残高 2.6 厘米。（图一〇，4）

C 型：19 件。无沿。褐陶，敛口，圆唇，唇部较厚外凸，弧腹外鼓。标本 G1：33，腹饰左斜绳纹。口径 20.8 厘米，残高 4 厘米。（图一一，1）标本 H3：24，器表颜色不均匀，局部发黑，素面。口径 33.2 厘米，残高 3.6 厘米。（图一一，2）标本 H4：106，器表颜色不均，腹饰抹平的竖向略左斜细绳纹。口径 27.2 厘米，残高 6 厘米。（图一一，6）标本 H5：48，器表颜色不均，唇面一周浅凸棱，腹饰左斜细绳纹。口径 32.4 厘米，残高 5 厘米。（图一一，4）标本 G1：23，器表颜色呈灰黑色，内壁为褐色，腹饰左斜细绳纹。口径 24.8 厘米，残高 6 厘米。（图一一，5）标本 H4：42，素面。口径 21 厘米，残高 3.8 厘米。（图一一，3）

罐底　44 件。数量较多。陶质以夹砂陶为主，部分夹粗砂，泥质陶较少，陶色以褐色陶居多，红陶和灰陶较少，少量灰胎褐皮陶。以平底最为常见，平底内凹者发现较少，腹壁较斜直。夹砂褐陶，平底，素面。标本 H4：133，夹粗砂，胎较厚夹灰芯。底径 9.2 厘米，残高 5.6 厘米。（图一一，7）标本 H5：58，底部上凹。底径 4.4 厘米，残高 1.2 厘米。（图一一，11）标本 G1：7，胎夹灰芯，器表颜色不均，下腹部饰抹平的稀疏左斜细绳纹。底径 13.2 厘米，残高 7.6 厘米。（图一一，10）标本 G1：29，胎较厚，器表颜色不均。底径 18.8 厘米，残高 5.4 厘米。（图一一，12）标本 G1：31，底径 9.6 厘米，残高 3.4 厘米。（图一一，8）标本 G1：35，胎较厚，底部微上凹。底径 12 厘米，残高 4.8 厘米。（图一一，9）

盆　41 件。数量较多，为常见器形之一。泥质陶占绝大部分，少量为夹砂陶，陶色以红陶为主，褐陶和姜黄陶较少，个别者为灰胎褐皮陶。器表以素面居多，纹饰以凹弦纹比较常见，彩陶占一定比例，均为黑彩，饰彩绘图案者器表往往磨光。按陶质不同，可分为甲、乙两类。

甲类　2 件。夹砂类。均为无沿盆。敛口，弧腹外鼓，素面。标本 G1：48，夹细砂，红陶，叠唇外凸，上腹部有一周浅凹槽。口径 41.2 厘米，残高 5.6 厘米。（图一二，1）标本 H1：12，夹粗砂，褐陶，圆方唇较厚外凸。口径 42 厘米，残高 5.4 厘米。（图一二，3）

乙类　39 件。泥质类。依沿部特征不同可以分为卷沿盆、折沿盆和无沿盆三种。

卷沿盆　19 件。按口沿形态差异分三型。

A 型：11 件。宽沿较平。口沿较厚，圆唇，沿内侧有一周浅棱。标本 T1①：19，略夹细砂，褐陶，器表颜色不均，敞口，沿面较平，斜直腹下收，素面。口径 28 厘米，残高 3.8 厘米。（图一二，2）标本 H4：80，红陶，直口，沿面微上鼓，弧腹下收，上腹部横饰密集的凹弦纹。口径 32 厘米，残高 11 厘米。（图一二，10）标本 T2①：12，红陶，敛口，沿面上鼓，斜弧腹下收，素面。口径 29.2 厘米，残高 5.4 厘米。（图一二，6）标本 H4：92，红陶，敛口，沿面上鼓，圆唇，弧腹微外鼓下收，上腹部横饰密集的凹弦纹。口径 36 厘米，残高 10.8 厘米。（图一二，9）标本 H3：4，红陶，敛口，沿面微上鼓，弧腹外鼓下收，上腹部饰密集的凹弦纹，余

部素面。口径 38.8 厘米，残高 11.2 厘米。（图一二，11）

B 型：4 件。窄沿较平。红陶，圆唇，沿内侧一周浅棱。标本 T2①：8，敞口，沿面微上鼓，斜直腹下收，素面。口径 34 厘米，残高 5.8 厘米。（图一二，12）标本 T2①：4，直口微敞，腹壁较斜直，沿以下饰稀疏的凹弦纹。口径 29.6 厘米，残高 5.2 厘米。（图一二，8）标本 T2①：14，敛口，沿面较平，弧腹外鼓，素面。口径 38 厘米，残高 4.2 厘米。（图一二，7）

C 型：4 件。窄沿上仰。均为彩陶。红陶，侈口，器表磨光，饰黑彩图案。标本 H2：5，尖圆唇，束颈，弧腹较斜直，唇面及沿内外侧饰黑彩窄带纹。口径 29.6 厘米，残高 3.8 厘米。（图一二，4）标本 G1：109，圆唇，束颈，唇部饰黑彩窄带纹，颈部饰黑彩直线纹。口径 34 厘米，残高 3.2 厘米。（图一二，5）标本 H3：5，敞口，圆方唇，弧腹斜收，唇面饰黑彩窄带纹，上腹部饰斜线纹和直边三角纹组成的黑彩图案。残宽 6 厘米，残高 7.8 厘米。（图一二，13）

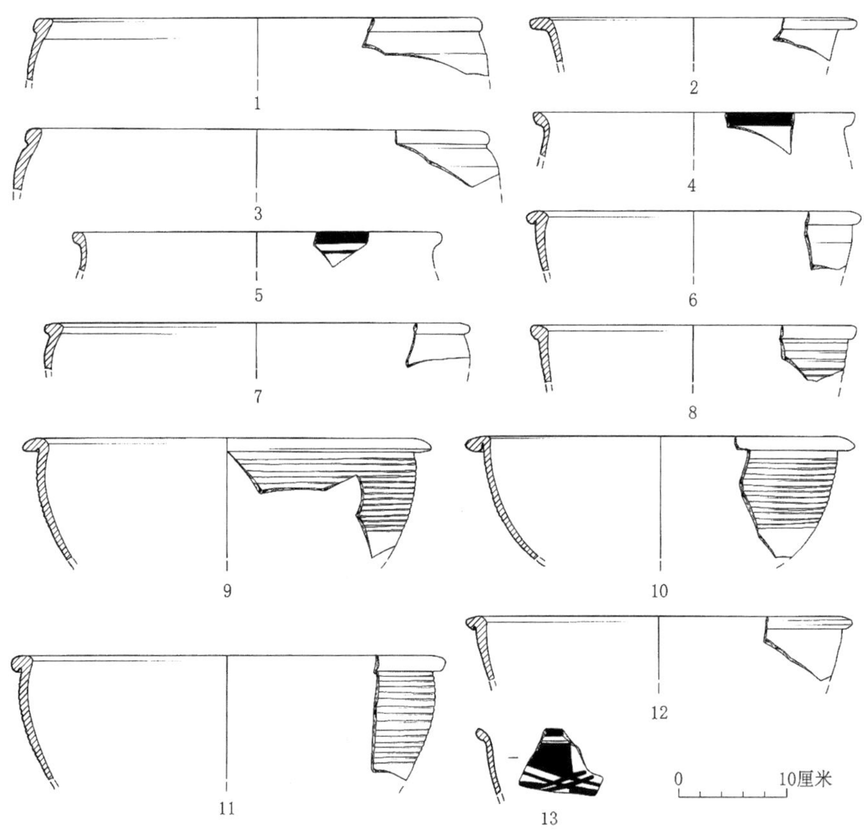

图一二　陶盆

1、3. 甲类盆（G1：48、H1：12）　2、6、9~11. 乙类 A 型卷沿盆（T1①：19、T2①：12、H4：92、H4：80、H3：4）　4、5、13. 乙类 C 型卷沿盆（H2：5、G1：109、H3：5）　7、8、12. 乙类 B 型卷沿盆（T2①：14、T2①：4、T2①：8）

折沿盆　16 件。按口沿形态差异，可分三型。

A 型：2 件。宽沿较仰。均为彩陶。红陶，口沿内侧有一周折棱，圆方唇，器表磨光，唇部饰黑彩窄带纹，沿面和上腹部饰直线纹、斜线纹与直边三角纹组成的黑彩图案。标本 H3：9，敞口，沿面微上鼓，斜直腹下收，腹较浅。口径 30.4 厘米，残高 4 厘米。（图一三，1）标本 H5：1，近直口，弧腹较斜直，腹较深。口径 40 厘米，残高 4 厘米。（图一三，2）

B 型：10 件。宽沿下垂。红陶，口沿内侧一周折棱。标本 H4：101，大敞口，沿面微鼓，厚圆唇，斜直腹下收，腹甚浅，器表磨光，素面。口径 32 厘米，残高 3.4 厘米。（图一三，5）标本 H4：85，大敞口，沿面上鼓，圆唇较厚，斜弧腹下收，腹较浅，器表磨光，素面。口径 28.8 厘米，残高 6 厘米。（图一三，8）标本 H4：115，大敞口，沿面微鼓，圆唇，弧腹较斜直下收，腹较浅，沿下方有一加固钻孔，为两面对钻，器表磨光，素面。口径 32.8 厘米，残高 7.4 厘米。（图一三，9）标本 G1：44，敞口，尖圆唇，弧腹斜收，腹较深，素面。口径 32 厘米，残高 5.6 厘米。（图一三，10）标本 H4：100，近直口，尖圆唇，沿面下凸，弧腹下收，腹较深，器表磨光，沿面饰直线纹和直边三角纹组成的黑彩图案。口径 35.6 厘米，残高 6 厘米。（图一三，6）标本 G1：77，直口微敞，尖圆唇，弧腹下收，腹较深，素面。口径 20.8 厘米，残高 2.4 厘米。（图一三，3）

C 型：4 件。窄沿较平。红陶，近直口，口沿内侧一周折棱。标本 G1：80，尖圆唇，弧腹斜收，腹较深，素面。口径 27.2 厘米，残高 4.6 厘米。（图一三，12）标本 G1：107，圆唇，弧腹下收，腹较深，沿以下饰稀疏凹弦纹。口径 57.6 厘米，残高 7.2 厘米。（图一三，13）

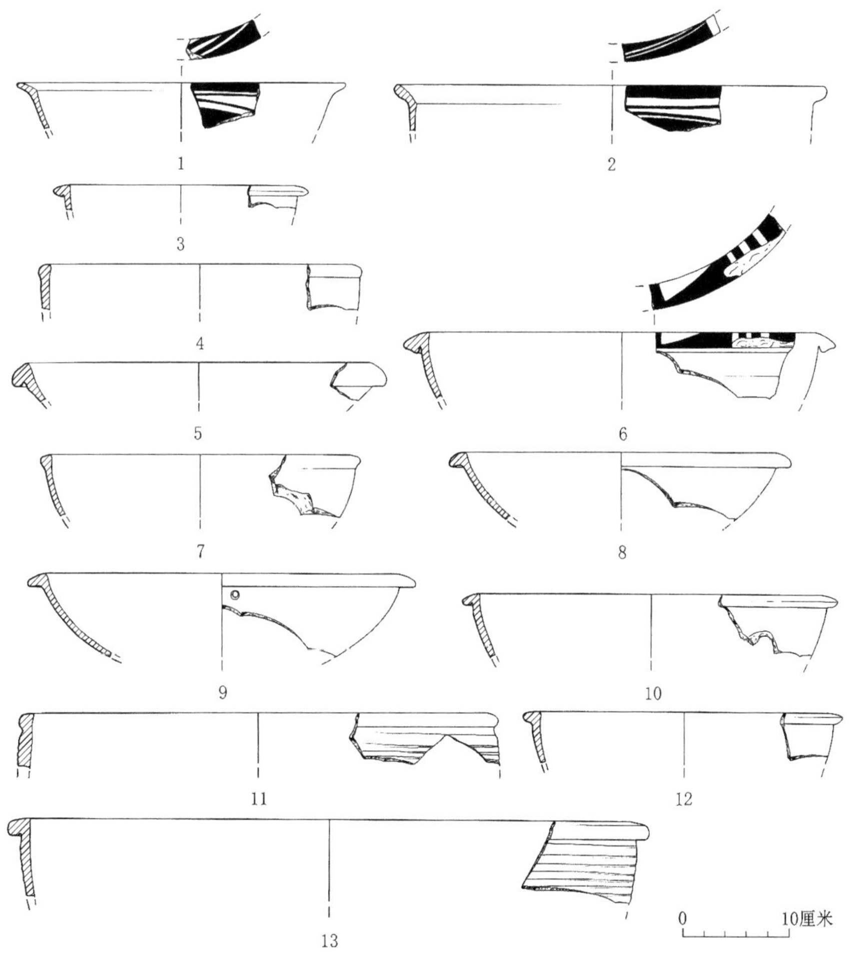

图一三　陶盆

1、2. 乙类 A 型折沿盆（H3：9、H5：1）　3、5、6、8~10. 乙类 B 型折沿盆（G1：77、H4：101、H4：100、H4：85、H4：115、G1：44）　4、7、11. 乙类无沿盆（H1：11、T1①：16、H4：64）　12、13. 乙类 C 型折沿盆（G1：80、G1：107）

无沿盆　4 件。无沿，厚圆唇外凸。标本 T1①：16，略夹细砂，红陶，敞口，弧腹下收，素面。口径 28 厘米，残高 5.6 厘米。（图一三，7）标本 H1：11，略夹细砂，红陶，近直口，腹壁斜直，素面。口径 28.4 厘米，残高 4 厘米。（图一三，4）标本 H4：64，姜黄陶，直口，弧腹较直，口部以下饰稀疏凹弦纹。口径 42 厘米，残高 4.8 厘米。（图一三，11）

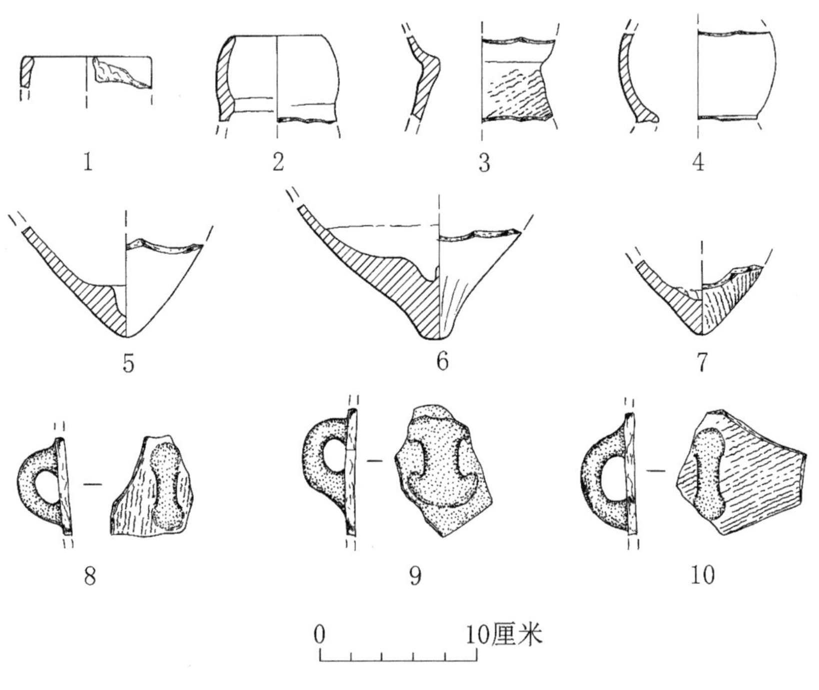

图一四　小口尖底瓶
1~4. 瓶口（G1：100、H4：72、H4：54、H4：78）5~7. 瓶底（H4：127、H4：129、T2①：7）8~10. 耳部（H3：8、H4：48、H4：58）

小口尖底瓶　15 件。为典型器类之一。泥质红陶，杯形小口，尖底夹角较大，内部见泥条盘筑痕迹，多见竖向圆柱状桥形耳，器身多饰斜向细绳纹或线纹，素面较少。标本 G1：100，杯形口壁较直，圆方唇。口径 8 厘米，残高 1.8 厘米。（图一四，1）标本 H4：54，束颈较明显，口部直径大于颈径，颈以下饰左斜线纹，内部见口颈部拼接痕迹。残高 5.4 厘米，颈径 7.5 厘米。（图一四，3）标本 H4：72，圆唇，口壁微鼓，颈微束，口部直径略大于颈部，素面。口径 5.6 厘米，残高 5.4 厘米。（图一四，2）标本 H4：78，口壁外鼓，束颈。颈径 7.5 厘米，残高 5.4 厘米。（图一四，4）标本 H4：127，素面。残高 6.6 厘米。（图一四，5）标本 H4：129，尖底下凸一实足根，素面。残高 8.2 厘米。（图一四，6）标本 T2①：7，器表饰右斜细绳纹。残高 4.6 厘米。（图一四，7）标本 H3：8，器表饰竖向线纹。残高 6.2 厘米，残宽 5.4 厘米。（图一四，8）标本 H4：48，素面。残高 8 厘米，残宽 6.2 厘米。（图一四，9）标本 H4：58，器表饰左斜细绳纹。残高 7.6 厘米，残宽 8.4 厘米。（图一四，10）

瓮　2 件。数量较少，口径较大。泥质红陶，敛口，鼓肩，素面。标本 H1：6，卷沿较窄，厚圆唇略有叠意。口径 52 厘米，残高 3.4 厘米。（图一五，1）标本 G1：1，胎略夹细砂，叠唇，唇面较宽，唇部外缘圆厚，器表粗糙。口径 61.6 厘米，残高 11.8 厘米。（图一五，2）

缸　3件。数量较少，均为残片。泥质红陶，胎较厚，器表上部饰横向密集凹弦纹，其下饰乌喙状泥突。标本H4：50，残高6.2厘米，残宽8厘米。（图一五，5）标本H4：82，残高9.2厘米，残宽9厘米。（图一五，4）

筒形器　1件。标本H2：2，夹砂红陶，筒形腹，腹壁近直，平底，底部中间为圆形中空，腹壁饰左斜线纹。底径13.2厘米，残高16.4厘米。（图一五，3）

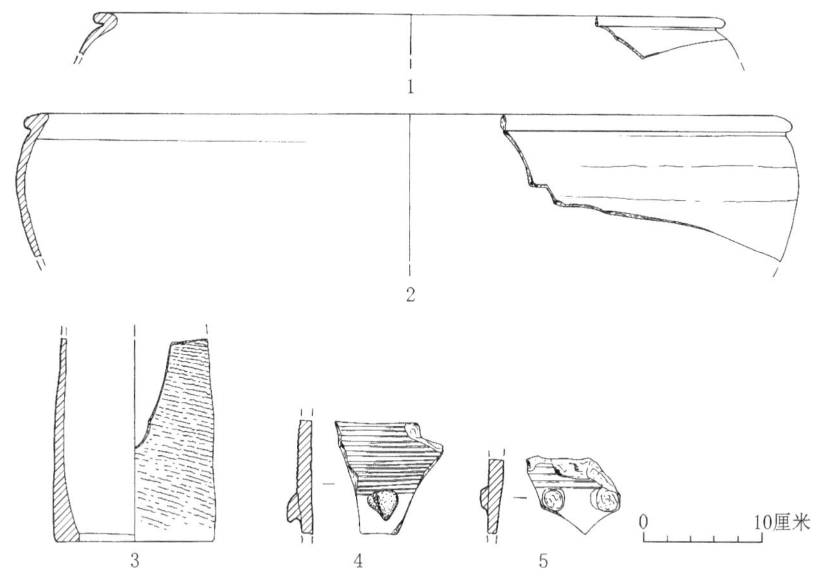

图一五　陶器
1、2. 瓮（H1：6、G1：1）3. 筒形器（H2：2）4、5. 缸（H4：82、H4：50）

纺轮　1件。标本H5：1，泥质红陶，近圆形，器表磨光，素面。中间有一圆孔，为两面对钻，系利用钵类器物残片加工而成。直径3.8厘米，厚0.4厘米。（图一六，2）

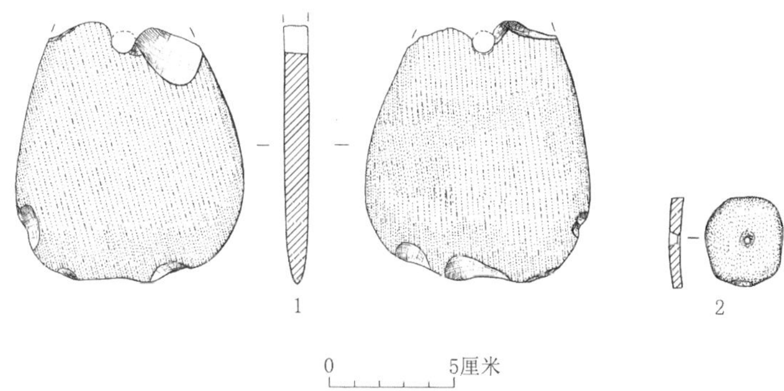

图一六　器物
1. 石铲（H4：1）2. 陶纺轮（H5：1）

（二）石器

石器发现数量较少，器类有铲等，另有少量石块。

铲　1件。标本H4：1，灰色石灰岩，宽扁状，平面略呈梯形。中部偏上有一单面管钻孔，孔以上残失。弧形刃缘，磨损严重。器表有明显摩擦痕迹。残长10.2厘米，残宽9.2厘米。（图一六，1）

三、结语

1. 遗存性质与相对年代

北麻庄遗址出土仰韶文化陶器，陶质以泥质陶为主，夹砂陶次之；陶色以红陶为主，褐陶次之，灰陶、姜黄陶和黑陶较少。器物组合主要有钵（敞口钵、直口钵、敛口钵）、罐（窄沿罐、宽沿罐、无沿罐）、盆（卷沿盆、折沿盆、无沿盆）、杯形口小口尖底瓶等。器表以素面为主，部分磨光，纹饰以细绳纹为主，线纹和凹弦纹次之；"红顶"钵较为流行；彩陶占一定比例，黑彩为主，红彩极少，均饰彩于器物外壁，彩绘图案主要有宽带纹、窄带纹、直线纹、斜线纹、直边三角纹等，以及由前者组合而成的复杂图案，如变体鱼纹等。北麻庄遗址仰韶文化遗物以上特点与芮城东庄村[1]，三门峡三里桥[2]、南交口[3]、南家庄[4]等遗址同期仰韶文化遗物特点基本一致，文化属性相同，同属仰韶文化早期东庄类型。

北麻庄遗址仰韶文化遗迹发现较少，开口层位较为一致，叠压打破现象较少，仅 H2 打破 H5 一组，且同类型器物出土数量较少。这里主要通过与周边遗址同类型器物进行对比，同时结合仰韶文化东庄类型相关研究成果[5]，以考察北麻庄遗址仰韶文化遗物的早晚特征。

具体分析，钵是北麻庄遗址数量最多的器物，其中 Aa 型钵，标本 G1：49、H4：61 与南交口仰韶一期 AⅠ式碗（T33⑤：1、T33⑤：2）、东庄Ⅰ式钵（H106：1：3）近同，标本 H4：21 与南交口仰韶一期 AⅡ式碗（H55：2）、南家庄 A 型钵（H14：31）相近，标本 H4：121、T①：7 分别与南交口仰韶一期 AⅢ式碗（H74：2）、AⅣ式碗（H75：1）近同；Ab 型钵（T2①：2、H4：27）与南家庄 B 型钵（H03：9、H14：29）相近；B 型钵（H4：123）与南家庄 C 型钵（H03：3）近似；Ca 型钵，标本 G1：103 与南交口仰韶一期 AⅢ式钵（H72：2）、南家庄 D 型钵（H13：2）相同，标本 H4：71、T1①：21 分别与灵宝晓坞（M2：3、M1：11）近同。

罐是北麻庄遗址数量较多器物，其中甲类 A 型罐（H4：102）、B 型罐（H4：84）分别与南交口仰韶一期 BⅠ式泥质罐（T33⑤：8）、敛口罐（H43：29）近同或相似；乙类 Ab 型宽沿罐，标本 G1：6 与南交口仰韶一期 AⅠ式宽沿罐（T34⑤：1）、南家庄（H03：7）、东庄Ⅲ式侈沿罐（Y203：4）相近，标本 H4：96、H1：17 分别与南交口仰韶一期 AⅡ式宽沿罐（H72：13）、AⅢ式宽沿罐（H70：4）相同；Ba 型窄沿罐，标本 H5：30 与南交口仰韶一期 B 型Ⅰ式窄沿罐（T33⑤：6）相近，标本 H5：32 与南交口仰韶一期 B 型Ⅱ式窄沿罐（H105：5）、南家庄（H03：5）相近，标本 H4：95 与南交口仰韶一期 B 型Ⅲ式窄沿罐（H105：5）、南家庄乙类 C 型瓮（H13：1）近同；Bc 型窄沿罐（H4：87、T1①：28）分别与南交口仰韶一期 AⅠ式窄沿罐（T33⑤：5）、AⅡ式窄沿罐（H74：3）近同。C 型无沿罐（G1：23、H4：106、H4：42）分别与南交口仰韶一期Ⅰ式无沿罐（T33⑤：7）、Ⅱ式无沿罐（H05：7）、Ⅲ式无沿罐（H04：1）相近。

盆是北麻庄遗址常见器物，其中乙类 A 型卷沿盆，标本 H4：80、T2①：12 与南交口仰韶一期乙类 AbⅠ式卷沿盆（T33⑤：10）近似，标本 H3：4、H4：92 与南交口仰韶一期乙类 AbⅡ式卷沿盆（H46：4）相近；乙类 B 型卷沿盆（T2①：4、T2①：14）分别与南交口仰韶一期乙类 Aa 型Ⅰ式卷沿盆（T35⑤：5）、乙类 Aa 型Ⅲ式卷沿盆（T33④：2）近同；乙类 C 型卷沿盆（H2：5）与南交口仰韶一期乙类 C 型Ⅱ式翻沿盆（H68：4）相同；乙类 B 型折沿盆（H4：115、H4：85）与南交口仰韶一期乙类 B 型Ⅰ式折沿盆（H69：3）相同。

小口尖底瓶是北麻庄遗址典型器物。标本 G1：100、H4：127 分别与南交口仰韶一期Ⅰ式小口尖底瓶（H43：25、H43：23）相近，标本 H4：72、H4：129 分别与南交口仰韶一期Ⅱ式小口尖底瓶（H44：3、H78：18）近同。

经与其他遗址比较分析，北麻庄仰韶遗存大体可分为前后相继的三段，大致与南交口仰韶一期的年代相当。但也应注意到部分器物表现出略早的特征，如乙类无沿罐（H5：48、H3：24）近直口、腹部较直，乙类 A 型卷沿盆（T1①：19）口部较敞、腹壁斜直下收，C 型卷沿盆（H3：5）口部较敞、斜弧腹下收等；有部分器物却表现出略晚的特征，如 Cb 型钵敛口更甚、腹部外鼓近折等。

2. 动植物遗存及绝对年代

对北麻庄遗址仰韶文化灰坑等遗迹土样进行水桶法浮选，所得浮选样品经过分拣鉴定，发现的植物大遗存包括炭屑和炭化植物种子、炭化果核。炭化植物种子以作物为主，种类包括粟、黍和大豆，另有少量的狗尾草种子。浮选结果表明北麻庄遗址仰韶文化时期农业经济应以种植旱地作物为主，粟、黍的出土概率较高，大豆次之。仰韶先民采集利用的植物资源还有酸枣等。浮选获得的动物骨骼，经鉴定种属有猪等。

表三　北麻庄遗址碳十四测年数据

序号	实验室编号	遗存单位	测年样品	测定年代（BP）	校正年代（BC）及置信度
1	Beta-558259	H5	碳化种子	5830—5749	3881—3800　59.6%
2	Beta-532845	H2②	骨头	6031—5925	4082—3976　63.5%
3	Beta-532847	H2②	牙齿	5996—5910	4047—3961　95.4%
4	Beta-532846	H2①	碳化种子	5765—5655	3816—3706　61.2%

北麻庄遗址仰韶文化部分灰坑中获取的测年样品委托美国贝塔分析实验室进行了碳十四测年，以便进一步了解遗存的绝对年代。（表三）其中 H2 第②层中骨头样品测定的经树轮校正的绝对年代为 4082BC—3976BC，H2 第②层中牙齿样品测定的经树轮校正的绝对年代为 4047BC—3961BC，H2 第①层中碳化种子样品测定的经树轮校正的绝对年代为 3816BC—3706BC；H5 中碳化种子样品测定的经树轮校正的绝对年代为 3881BC—3800BC。依据最早和最晚数值的中心值，结合器物类型学演变规律以及与周边同期遗存的对比情况，我们初步推断北麻庄遗址仰韶文化遗存的绝对年代应约为 4000BC—3760BC，前后延续时间 200 余年。

附记：考古发掘工作得到灵宝市文化广电和旅游局等单位的大力支持，土样浮选和植物遗存鉴定由河南省文物考古研究院蓝万里副研究员完成，动物骨骼鉴定由河南省文物考古研究院侯彦峰副研究员完成，岩性鉴定由郑州大学历史学院考古系郑龙龙完成，在此一并表示感谢。

发掘：杨海青　郑立超　李世伟

燕　飞　上官荣光

绘图：孙广贺

执笔：李世伟　郑立超　杨海青

注释：

[1] 中国科学院考古研究所山西工作队:《山西芮城东庄村和西王村遗址的发掘》,《考古学报》1973 年第 1 期。

[2] 中国科学院考古研究所:《庙底沟与三里桥》，科学出版社，1959 年。

[3] 河南省文物考古研究所:《三门峡南交口》，科学出版社，2009 年。

[4] 河南省文物考古研究所:《河南三门峡市南家庄遗址的调查与试掘》,《华夏考古》2007 年第 4 期。

[5] a. 严文明:《论半坡类型和庙底沟类型的关系》,《考古与文物》1980 年第 1 期。

b. 严文明:《略论仰韶文化的起源和发展阶段，见严文明:《仰韶文化研究》，文物出版社，1989 年。

c. 张忠培:《试论东庄村和西王村遗存的文化性质》,《考古》1979 年第 1 期。

d. 魏兴涛:《仰韶文化东庄类型研究》,《考古学报》2018 年第 3 期。

三门峡灵宝盆地史前遗址的调查收获及重要意义

◎魏兴涛　◎崔天兴　◎张小虎　◎李天鹤　◎李金斗

灵宝盆地位于豫陕晋三省交界处黄河南岸，三门峡市西部，东西长76.4公里，总面积3007.3平方公里。发源于南部小秦岭和崤山的七条河流约自南而北注入黄河，从西向东为双桥河、十二里河、枣香河、阳平河、沙河、弘农涧河、好阳河等。自1999年以来，中国社会科学院考古研究所、河南省文物考古研究院等单位联合先后开展了灵宝盆地中部铸鼎原周围考古调查，灵宝北阳平、西坡遗址发掘等工作，取得了重大学术成就，成为史前考古领域的学科前沿性成果。为了全面认识这一区域新石器时代社会结构及其变迁，2006年至2011年河南省文物考古研究院利用第三次全国文物普查之机，与灵宝市文管所协同对灵宝盆地的史前遗址进行了考古调查，2018年起联合郑州大学历史学院对遗址逐一航拍，进行了必要的复查和系统资料

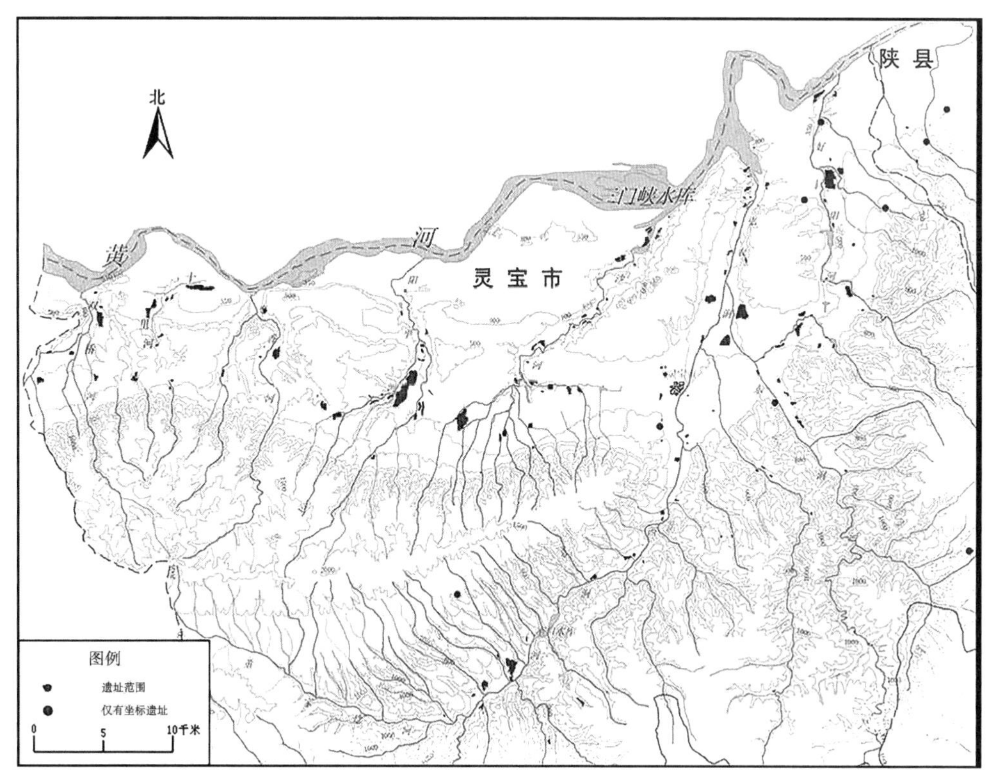

图一　灵宝盆地史前文化遗址分布图

整理，确定史前（包括二里头文化）遗址共193处（图一），该区域是中原地区史前遗址数量最多、分布最密集区域之一，取得了丰硕成果，对于深入认识中原地区史前文化和社会发展状况尤其是社会复杂化、文明化进程具有重要意义。

表一 灵宝盆地各流域史前聚落统计表

	裴李岗	仰韶初期	仰韶早期	仰韶中期	仰韶晚期	庙二	龙山	二里头	合计
双桥河			6	7	3	6	1	1	24
十二里河		1	7	4		1	2	1	16
枣香河		1	4	7	5	2	4	2	25
阳平河		2	6	11	10	9	8	1	47
沙河	1	9	13	24	10	13	3	3	76
弘农涧河	1	13	32	45	11	33	27	9	171
好阳河			6	7	5	6	2	7	33
合计	2	26	74	105	44	70	47	24	392

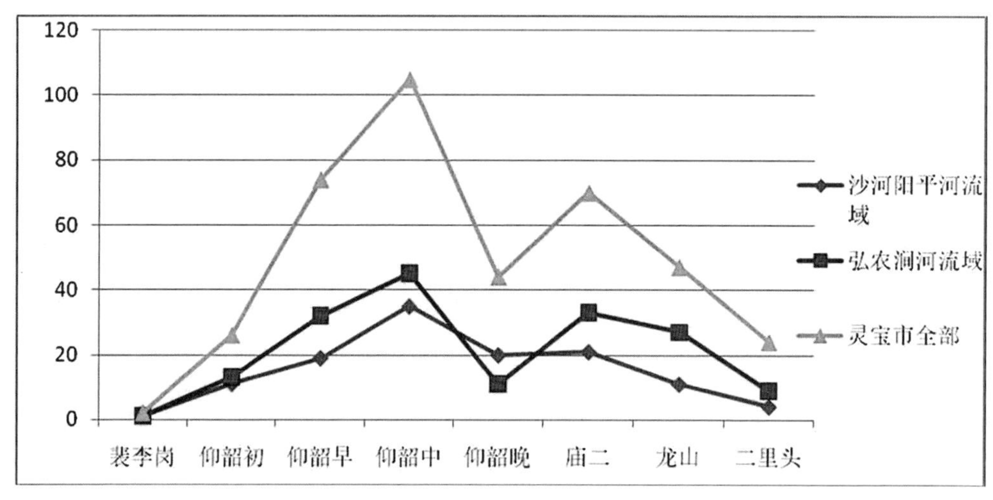

图二 灵宝盆地及一些流域史前各时期聚落数量变化

如果按照文化分期确定各时期聚落，灵宝盆地193处史前遗址则可划分为392处聚落，其中裴李岗文化2处、仰韶文化初期26处、仰韶早期72处、仰韶中期103处、仰韶晚期38处、庙底沟二期文化70处、龙山时期47处、二里头文化24处（表一；图二）。这些聚落按照＜10万平方米者、≥10万~20万平方米、≥20万~50万平方米者、≥50万平方米的标准可划分为小型、中型、大型、特大型四级。

裴李岗时期聚落少，规模甚小、不分等级，聚落和社会发展水平很低。

进入仰韶时期聚落开始了大发展，聚落分布基本覆盖整个区域，社会发展明显加速。仰韶初、早期聚落已出现中型和小型的差异，但差异较小，中型者甚少，且分布不均。仰韶初期个别大流域出现了聚落群，然中心聚落不明显，一些小流域仅零星聚落，聚落间距一般3~8公里。仰韶早期聚落数量激增近3倍于仰韶初期，各流域均有聚落群和面积较大聚落，聚落距离

2~8 公里，大的河流还可分为两群，一些群的中心聚落已初露端倪。可见，仰韶早期之前聚落间应当尚未分层，即使有也仅处于较低水平。仰韶中期庙底沟期，聚落继续大幅增加，是灵宝盆地史前聚落最多、社会最为繁荣的阶段。人类活动不断向河流上游、下游拓展，不少遗址处于山区。聚落规模差异变大，出现面积约 70 万平方米的特大型聚落，与最小仅数千平方米者形成巨大反差，特大、大型、中型、小型聚落层级齐全。以河流为基础形成聚落群，中小型聚落环绕呈“团状”聚集分布，大的流域还可划出两个聚落群，每群均有明确的中心聚落，全系大型者，甚至出现区域核心聚落。以沙河流域为例，大型中心聚落西坡与周边中型聚落间距大约 3~5 公里，中型聚落间距 1~3 公里，小型聚落（邻近）间距 1~2 公里最多。存在聚落区、聚落群、聚落组、单个聚落“金字塔”型的多层次区域聚落结构。仰韶晚期比中期聚落急剧减少。弘农涧河上游一些仰韶中期中、小型聚落几乎全部消失，聚落分布较疏散。聚落群的中心聚落规模变小，规格下降。

庙底沟二期聚落数量略有回升，聚落层级与仰韶晚期持平。以阳平河、沙河及弘农涧河三流域聚落最多，聚落群分布格局有所变化，出现多个小流域构成一个聚落群的现象。龙山时期聚落再次减少，按照流域分布的聚落群之间距离进一步变大，一些聚落群的中心聚落为大型者，区域聚落统一性有所强化，最高等级的聚落面积增大，暗示人口出现集中趋势。二里头文化聚落进一步减少且较分散。

综上，仰韶中期是灵宝盆地史前区域聚落真正出现聚落分化和聚落层级最多的时期，各流域均为多层次的聚落结构，出现密集的聚落群丛体。大型中心聚落的出现标志着社会分化的出现，在中原地区最早开启社会复杂化和文明化进程，这是在当地仰韶初、早期聚落长期发展、稳定上升基础上实现的。庙底沟二期和龙山时代较之于仰韶晚期区域聚落也有明显更高程度的发展，具有多层级聚落结构，结合文化谱系研究结果，庙底沟二期文化本身系大量吸收周边文化因素而形成，以及一河之隔黄河北岸芮城清凉寺墓地以殉人和大量玉石器随葬现象为典型特征的材料，表明包括灵宝盆地在内的豫晋陕交界一带出现了显著的社会分层，是这一区域史前社会复杂化的又一重要发展阶段，与仰韶中期一样在中原地区文明化早期进程中同样占有十分重要的历史地位。

河南三门峡市仰韶文化遗址考古勘探取得重要成果

◎魏兴涛　◎李世伟　◎李金斗　◎郑立超　◎杨海青　◎燕　飞

为深入了解豫西地区仰韶文化的发展水平、聚落形态及社会复杂化状况，为文化遗产保护工作提供科学、准确的考古资料依据，河南省文物考古研究院联合三门峡市文物考古研究所、灵宝市文管所、灵宝铸鼎原文管所、渑池县文化广电和旅游局等单位于2018—2019年在河南省三门峡市对数处仰韶文化重要遗址开展考古调查和勘探工作（图一），取得了重要成果。

图一　三门峡地区本次勘探的重要仰韶文化遗址位置示意图

一、灵宝市北阳平遗址考古勘探

北阳平遗址位于灵宝市阳平镇北阳平村西，东、西分别为阳平河和关子沟，坐落在两者之间狭长的黄土小台塬上。2018年3—5月进行系统性勘探。

勘探结果显示遗址范围北抵遗址北大冲沟，南至乔营村北“猫屎疙瘩”台地，南北延续约2000米、东西宽300~500米，现存面积约72万余平方米。遗址中北部有较薄文化层，发现的新石器时代遗迹主要有壕沟2条、房址35座、陶窑9座、数座墓葬以及大量灰坑等（图二）。

遗址主体为仰韶中期庙底沟类型遗存，覆盖整个遗址，偏南部有一人工壕沟（壕沟2），其与遗址北冲沟之间的区域应为聚落生活区，壕沟以南台地很可能为墓葬区。壕沟2略呈西北—

东南向，现存长度约300米、宽约11米、深5.6~7米，斜壁下收，形状较规整，沟内堆积可分四大层，年代应为仰韶中期。发现房址32座，均半地穴式，平面多呈近方形（应有窄长条形门道，勘探不易发现），少数室内火塘位置明确，有处理过的夯土硬面。面积大小不一，如依据＜50、50~100、100~150、＞150平方米作为标准则可划分为小型、中型、大型以及特大型四个等级，小型最多，中型其次，少量大型，个别特大型房址，突出特征是中大型房屋数量较多且分布密集，并有特大型房屋建筑。整体呈东北—西南向排列，与阳平小原走向一致，大型房屋周围一般有小型者分布，有两个东西并列和数个分布较近呈组团状的现象。房址的形状、结构、营建技术等与西坡遗址基本一致，表现出较强的仰韶中期时代特点。陶窑多位于中小型房址附近，平面近圆形，直径1~2米，包含大量红烧土块和烧结硬面，具体结构不明。在遗址南部台地上发现数座可能为仰韶时期的墓葬，特征与西坡仰韶墓葬相同。

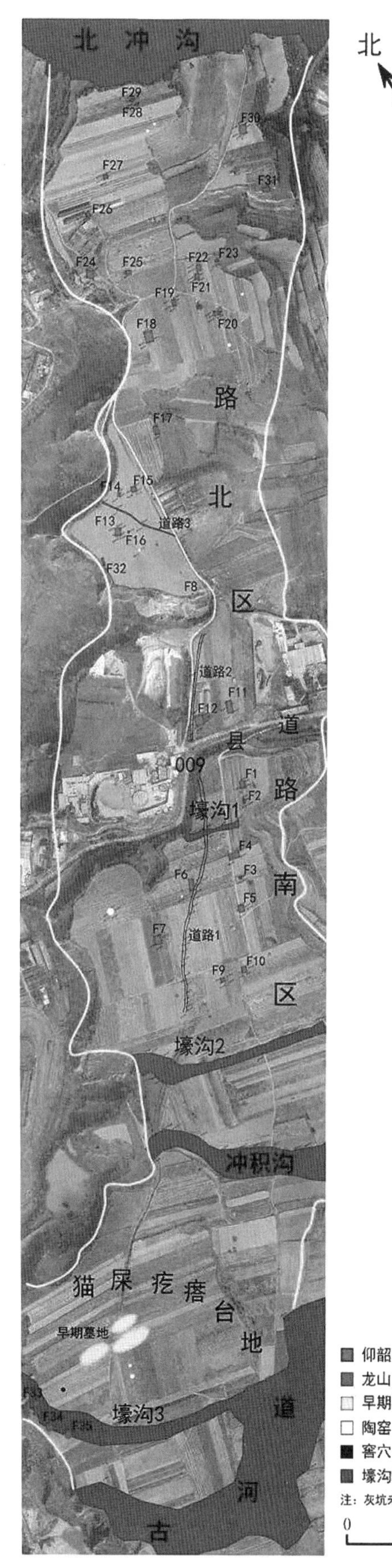

图二　灵宝北阳平遗址考古勘探主要遗迹分布图

仰韶晚期及龙山时期遗存主要集中于遗址南部台地上，面积约10万平方米，其南部边缘有一平面为圆弧状的壕沟（壕沟3），现存长约370米、宽10~16米、深3.2~4.5米，向下内收，年代可能为仰韶晚期或龙山时期。

该遗址是灵宝铸鼎原区域仰韶文化遗址群中面积最大的遗址，也是灵宝盆地最大的仰韶文化遗址之一。其规划性强，布局较明确，偏南部壕沟、北冲沟和东西河流共同构成防御体系，墓葬区在壕沟外。遗址内涵丰富，聚落规模较大，应为阳平河流域的中心聚落，甚至是灵宝盆地内区域性核心聚落。仰韶晚期和龙山时期，聚落空间位置南移，面积缩小，明显衰落，不再是中心性聚落。

二、灵宝市五帝遗址考古勘探

五帝遗址位于灵宝市大王镇五帝村东，整体地貌为黄土台塬，中东部为较平坦的塬面，塬顶及东、西两坡均有遗存分布，相对高差较大。2018 年 11—12 月进行调查勘探。

经勘探确定仰韶中期遗存分布面积约 75 万平方米。其东、西、北侧分别以干河、好阳河及二者交汇处为界，南部以南壕沟为界。发现的仰韶遗存主要有南壕沟 1 条、房址 4 座以及大量灰坑。壕沟位于遗址南部，整体略呈西北—东南向，现存长度约 700 米，开口宽 7~10 米、底宽 2~3 米、深 6~10 米。房址发现数量较少，可能与保存较差有关，面积多为 10 余平方米。灰坑在遗址各处均有发现，其中西侧坡面及塬顶较为密集，东侧稍显稀疏（图三）。

图三　灵宝五帝遗址考古勘探主要遗迹分布图

庙底沟二期文化遗存主要分布于遗址北部台地，面积约 6 万平方米。发现有一座房址及少量灰坑。

经调查在遗址西部还发现有湖相沉积，呈不规则连续条带状，南北长约 1400 米、东西宽约 200 余米，北部较窄、南部较宽，处于好阳河二级阶地偏下部，叠压于仰韶文化层之下，在仰韶文化层之上还有一层黄土淤积层。

该遗址是一处主体为仰韶文化，包含有庙底沟二期遗存的聚落遗址。仰韶中期遗存分布范围最广，是灵宝盆地东部面积最大的聚落，利用河道天然屏障，结合南壕沟作为防御设施。庙底沟二期遗存分布范围明显缩小，主要集中于遗址北部台地。湖相沉积的发现表明遗址所在区域环境地貌曾发生较大变化。

三、渑池县仰韶村遗址考古勘探

仰韶村遗址位于渑池县城北约 5 公里，分布于仰韶村南的台地上，地势北高南低，总面积近 30 万平方米。2019 年 3—5 月进行系统性勘探。

勘探表明遗址包含有仰韶文化和龙山文化两大时期的聚落，发现遗迹主要有环壕 1 条、壕沟 2 条、房址 12 座、陶窑 3 个、墓葬 3 座以及大量灰坑等（图四）。

图四　渑池仰韶村遗址考古勘探重要遗迹分布图

环壕位于遗址北部，整体呈倒“U”形，现存长约 700 米、宽约 10~16 米、深 3.5~4.5 米，向下内收，沟内堆积可分四大层，依据包含物推断年代应为龙山时期。壕沟 1 位于环壕南，大致东西向，现存长约 200 米、宽 10~20 米、深 4~5.5 米，向下内收，沟内堆积亦可分四大层，年代应为龙山时期。壕沟 2 位于壕沟 1 的南侧，两者方向近同，现存长近 200 米，东端与壕沟 1 之间有间隔，宽约 6 米、深 2.5~3.5 米，中西部渐与壕沟 1 重合（实应为被后者打破）。沟内堆积可分三大层，年代应为仰韶时期。仰韶文化房址 7 座，集中分布于遗址南部，房址面积 10 至 20 余平方米，多半地穴式，近椭圆形、圆角方形，有经夯打的硬面，个别还有红烧土面。龙山文化房址 5 座，多分布在龙山环壕内，约长方形或近方形，均有白灰地面。陶窑皆小型，两座平面近椭圆形，另一仅存烟道和部分烧结面，应分属仰韶、龙山时期。墓葬均竖穴土坑小型墓，应属龙山时期。灰坑众多，遗址北部者多集中于龙山环壕聚落内，遗址南部者多集中于壕沟 2 以南区域，房址附近最为密集。

该遗址是渑池盆地面积最大的新石器时代遗址，文化内涵丰富，延续时间长。仰韶文化聚落主要位于遗址中南部，由壕沟 2 和东、西两侧沟构成防御体系，面积近 20 万平方米。其中仰韶早期遗物仅零星见于遗址最南部；仰韶中期遗物丰富，以遗址南部最为密集，推测仰韶文化聚落主体应属仰韶中期，壕沟 2 很可能属于这一阶段；仰韶晚期遗物较少，聚落范围不超过仰韶文化中期者。

龙山文化聚落主体移至遗址中北部，由环壕和壕沟 1 合围成环壕聚落，面积近 7 万平方米。遗址南部仍有房址等遗存分布，聚落整体面积近 12 万平方米，是渑池一带较重要的一处中型聚落遗址。

四、三门峡市窑头－人马寨遗址考古勘探

窑头－人马寨遗址位于三门峡市陕州区西张村镇窑头村和人马寨村，北为火烧阳沟，西北距庙底沟遗址约 14 公里，坐落于黄土台塬上。2019 年 10—12 月进行系统性勘探。

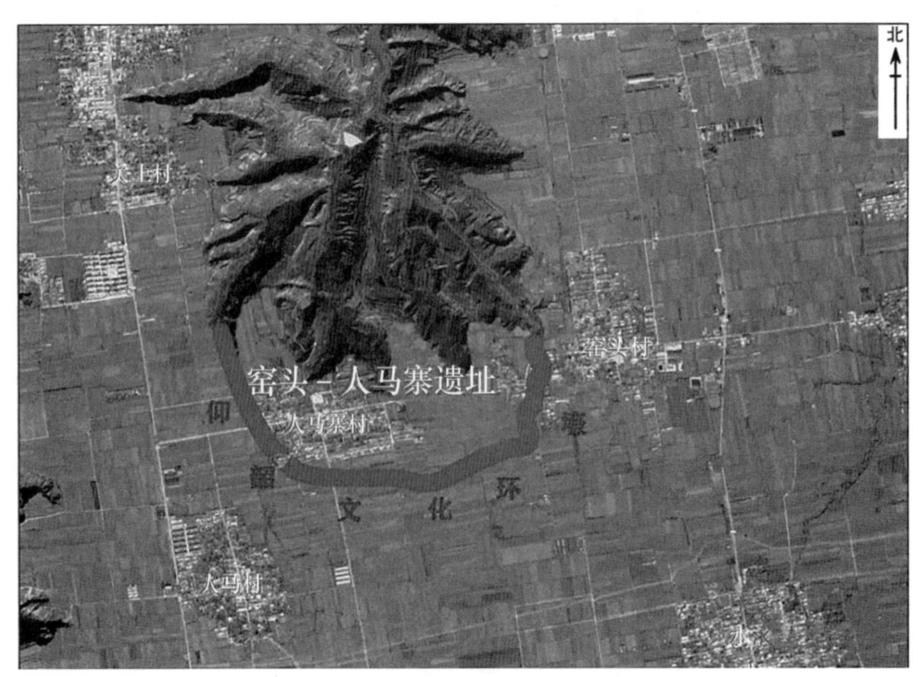

图五　三门峡窑头－人马寨遗址考古勘探环壕分布图

勘探发现遗迹主要有环壕1条、墓葬10座以及大量灰坑等。环壕是此次勘探的主要收获，全长近2000米、宽8~12米、深8~10.4米，沟内填土分7~10层不等，据包含物判断其年代应为仰韶文化时期。环壕呈半圆环形，两端通向火烧阳沟甚宽的多沟头，包围遗址形成一个闭合的环壕聚落，现存面积约70万平方米（图五）。

五、灵宝市墙底遗址考古勘探

墙底遗址位于灵宝市函谷关镇墙底村，坐落于弘农涧河西岸二级阶地上，西侧地势略高，向东地势渐降低，整体较为平坦。2019年6—7月进行了初步钻探。鉴于遗址文化遗迹普遍埋藏较深，南部破坏较严重，工作方法采取剖面勘探与重点勘探相结合方式进行。（图六）

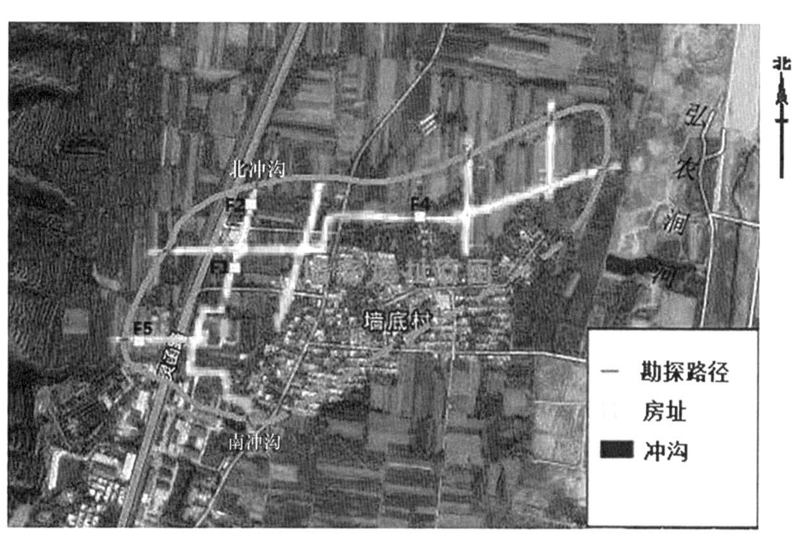

图六　灵宝墙底遗址考古勘探平面示意图

经勘探确定该遗址庙底沟二期文化遗存分布面积约70万平方米，其北界为墙底村与岸底村之间水渠，向东至河边，南抵墙底村南，西达灵函大道以西200米左右的近衡岭塬坡根处。发现遗迹主要有房址5座、冲沟2条以及大量灰坑等。房址面积不大，均13~15平方米，居住面多在夯土之上再施白灰面。遗址南北各发现一条冲沟，应是当时的聚落边界及屏障。灰坑发现较多，以遗址西、中部较密集，多在地表以下3~5米处，部分体量较大。

另外，勘探发现有仰韶文化晚期遗存，主要分布于遗址西部近塬坡处，面积约20万平方米。调查还采集有二里头文化陶片，但勘探未识别出同时期遗存，其分布范围暂不详。

六、收获及初步认识

通过系统性考古勘探，我们对三门峡地区仰韶文化数处重要遗址的规模、文化内涵、重要遗迹分布、聚落布局、功能分区以及发展演变等有了一定的了解，对各遗址整体面貌有了较全面的认识。仰韶文化中期即庙底沟期，三门峡地区出现了以北阳平、五帝、窑头－人马寨等遗址为代表，现存面积达70万平方米左右的大型区域中心性聚落。结合西坡遗址发掘材料可知，开挖大型壕沟并借助自然河流作为防御设施是重要的中心性聚落所流行的现象；生活居住区与墓葬区相分离；中心性聚落内部包含特大型、大型、中型、小型等不同规模和数量的房屋建筑，同时在形状结构和建造技术等方面有显著的近似性；聚落区位的选择及重要遗迹的分布既充分因地制宜又有较强的规划，反映出中心性聚落都经历了精心营建。

以三门峡为代表的豫晋陕交界地区处于新石器时代中原文化区的中心区域，是仰韶文化的核心分布区，遗址数量众多，尤其是仰韶中期该区域文化强盛、聚落层级明显，种种迹象表明这时的社会已出现分层，开启了社会复杂化和文明化进程，是文明起源研究的重要对象。以上遗址是该区域面积较大的几处中心聚落，对其进行勘探为豫西仰韶文化聚落研究以及今后针对性考古发掘提供了坚实的依据。当然，由于勘探工作的局限性，对于这些代表当时社会发展最高水平的中心性聚落的深入认识尚有待于考古发掘的开展和研究工作的进一步加强。

河南渑池丁村仰韶文化遗址发现平纹布印痕

◎杨栓朝　◎李新伟

近日，由中国社会科学院仰韶文化研究中心与中国丝绸博物馆联合对渑池丁村等 6 处仰韶文化遗址进行了专项科考研究，取得重要成果。研究人员通过对该遗址采集的 15 个小口尖底瓶陶片样本进行形貌分析及多光谱检测，在陶片内侧发现了平纹织物印痕，同时发现手纹（指纹或掌纹），为仰韶时代纺织技术及制陶工艺研究提供了重要物证。之前在仰韶遗址的考古发掘中，织物印痕只是零星发现于器物的底部或錾耳部，但在小口尖底瓶内侧发现平布织物印痕尚属先例。

中国社会科学院仰韶文化研究中心主任李新伟表示，从这些来自不同遗址的小口尖底瓶陶片内侧上，都发现了或多或少的平纹织物印痕和手纹，充分说明这是该时期一个成熟的技术。一是展现了仰韶时代的纺织技艺。小口尖底瓶是始终贯穿仰韶时代 2000 年不断代的器物，也是出土量最大的器物，是这个时代最大量的消耗品。制作陶器时大量使用布料，也说明该布料也是一种普通消耗品。二是揭示了该时代的手工制陶技艺，这是一个“陶拍裹布”拍打整形环节留下的痕迹。该工艺是在泥条盘筑成型后，进行拍打整形，拍打是为了保证陶壁坚固、厚薄疏密度均匀、装液体防止渗漏等功用。为了防止拍打陶体时陶泥粘连，进行必要的“陶拍裹布”处理。为了保持内侧陶壁的光滑度，在拍打整形工艺之后，又进行了刮压抹平工艺，这样凸出来的地方抹平了，而底凹处织物印痕则留了下来，我们现在看到的陶片上的印痕就是这样的工艺结果。

纺织品文物保护国家文物局重点科研基地（中国丝绸博物馆）主任周旸表示，经考古发掘和研究证实，仰韶时代已出现绞经组织的丝织品实物，而本次发现的平纹织物印痕是仰韶时代纺织考古的另一重要物证，可以直接印证当时的纺织品实物，这将极大促进我们对该时期纺织技艺的研究步伐。我们将以翔实可靠的成果向大众展现远古时期的纺织文化，为黄河流域生态保护与高质量发展战略的实施提供文化支撑！

布纹印痕图：

标本图　　多光谱图像

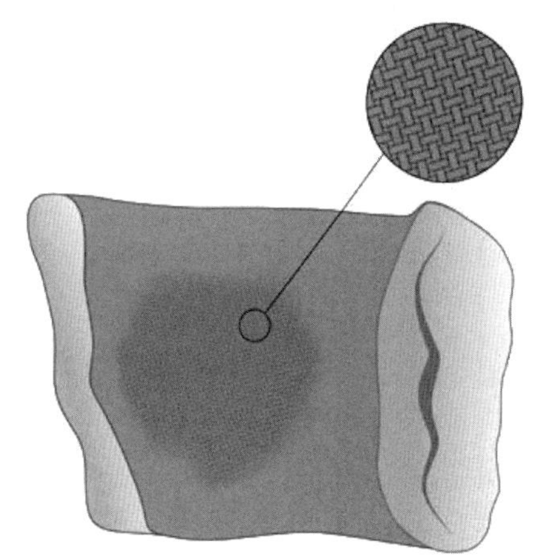

组织结构图

标本图　　标本内侧细节图

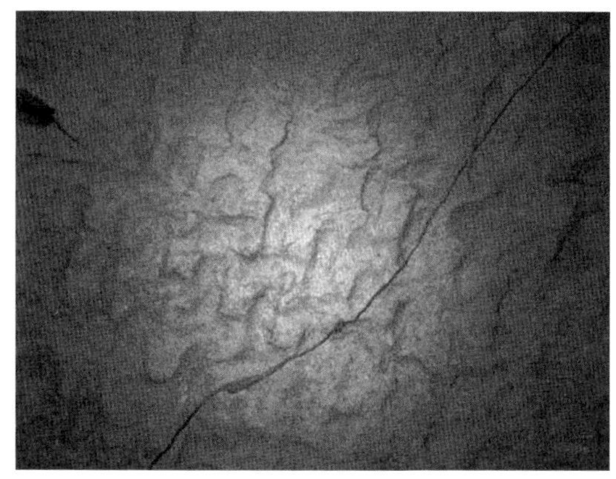

三维视频图（20X）

多光谱图像

手纹印痕图：

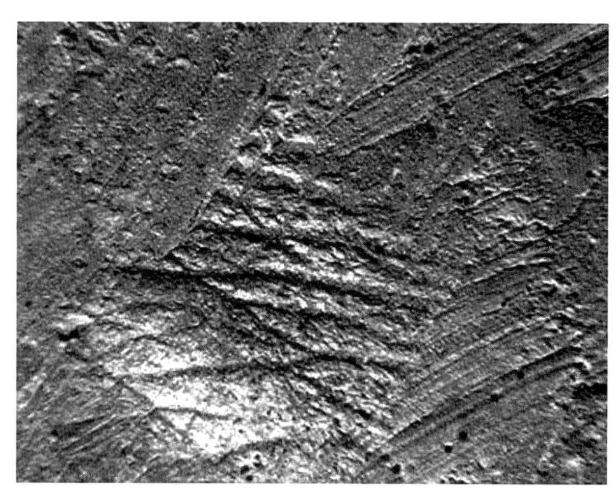

标本内侧细节图

多光谱图像

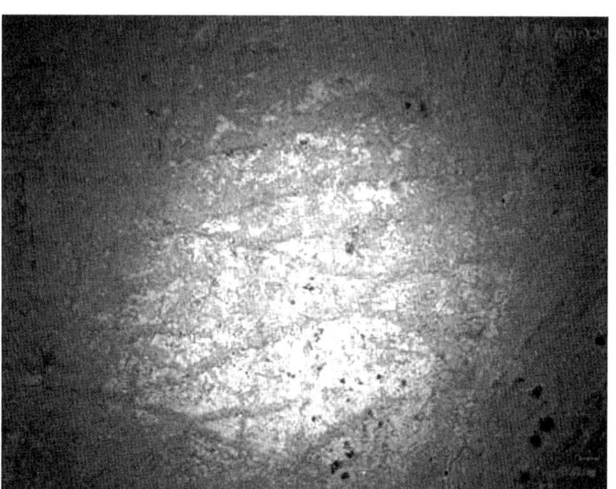

三维视频图（20X）

外侧绳纹印痕图：

标本图

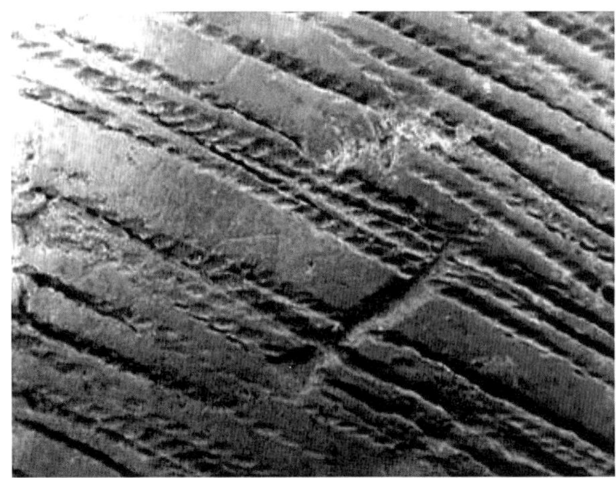

标本外侧细节图

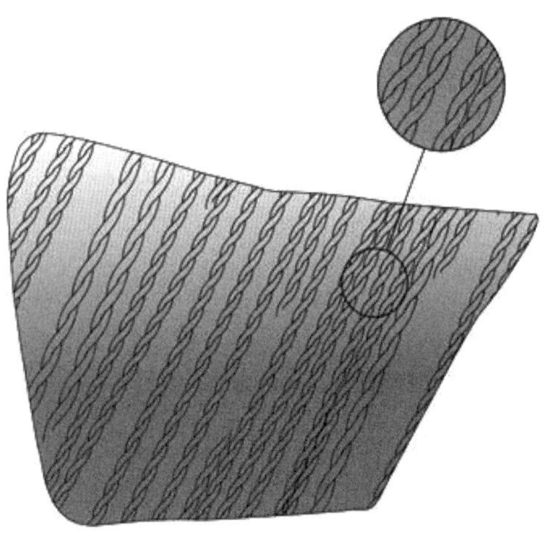

外侧痕迹示意图

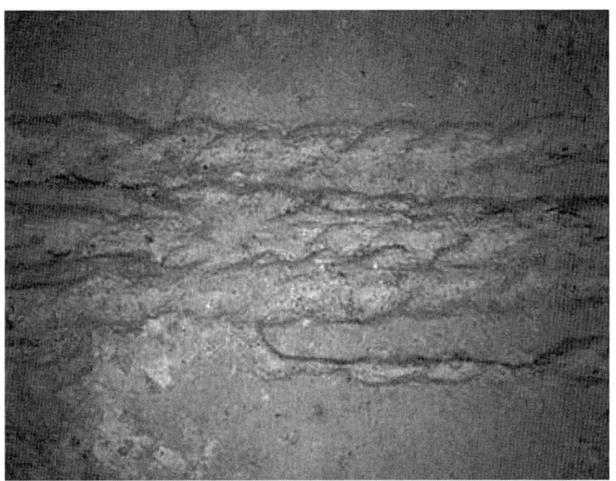

三维视频图（30X）

灵宝城烟新石器时代及二里头文化遗址

◎张小虎　◎魏兴涛　◎李金斗

发掘和时间：2019 年 4—12 月

工作单位：河南省文物考古研究院、三门峡市文物考古研究所、灵宝市文物保护管理所

为配合国家重点项目蒙华铁路建设，河南省文物考古研究院联合三门峡市文物考古研究所、灵宝市文物保护管理所发掘了灵宝城烟遗址。发掘主要在建设占地范围内进行，共完成发掘面积 4600 多平方米。发掘表明，仰韶早期遗存是城烟遗址的主体遗存，仰韶早期聚落整体保存较好，还发现少量仰韶中晚期、庙底沟二期文化及比较丰富的二里头文化遗存，共发现各时期的房址 38 处、灰坑 640 多座、墓葬 60 座（含 5 座多人二次合葬墓）、瓮棺葬 99 座、陶窑 31 座、壕沟 3 条。

仰韶早期房址发现近 30 座，以圆形或椭圆形半地穴式为主，另有少量面积较大的 20 余平方米的地面式建筑，偶见个别方形半地穴式房址。还有少量柱列式遗迹，平面上多为 6~8 个柱洞或柱础围成圆形或近方形区域，面积大多不超过 1 平方米，柱洞或柱础加工十分讲究，这类遗迹可能跟仓储有关。房址大多保存较差且未见灶等生活设施，房内出土遗物不多且比较破碎。

仰韶早期墓葬有一次葬和二次葬两种。其中以长方形竖穴土坑一次葬最常见，数量达 44 座，葬式多单人仰身直肢，大多无葬具、无随葬品，仅个别墓葬有穿孔蚌饰或石珠随葬。5 座多人二次合葬墓埋葬个体数在 5~19 人，除 M60 外皆无葬具。仰韶早期共发现 94 座瓮棺葬，其葬具以钵 + 罐 / 瓮组合为主，有少量瓮 + 盆组合，大多单独埋葬，也有两三个瓮棺合葬的现象。

仰韶早期陶窑发现 20 多座，大多保存较差，仅存底部烧结面，或为地面堆烧形式。其中 1 座（Y30）保存较好，为竖穴式升焰窑，操作间、火塘、窑室保存较好，窑室底部一周有 11 个圆形火眼，是迄今发现保存最好的仰韶早期陶窑。

仰韶早期 3 条壕沟中，G7、G9 分布于遗址西部，平面上都略向西北弧，两者走向、形状及规模都较接近，稍晚一些的 G3 呈西南—东北向，穿过遗址中部。3 条沟内填土均属于人工的文化堆积。

出土遗物以泥质红陶和夹砂红陶数量最多，有少量褐陶和灰陶，纹饰以绳纹为主，有黑彩宽带纹、三角纹等少量彩陶。器形常见杯形口尖底瓶、钵、盆、夹砂罐、瓮、器盖等。文化面貌上，这批遗存应属于仰韶文化早期东庄类型。

仰韶中晚期遗存，仅见灰坑 1 种，发现数量较少。

庙底沟二期文化遗存有灰坑和瓮棺葬两种，主要分布在发掘区西部，发现数量较少。龙山文化遗存只发现零星瓮棺葬，仅残存作为葬具的陶器残片。

城烟遗址发现的二里头文化遗存也比较丰富，主要分布在发掘区西部，有房址、灰坑、墓葬、陶窑等。灰坑数量较多，且发现有大型圆形袋状灰坑，可能属于窖穴。其中，发现的 9 座墓葬分布较为稀疏，可见有小的墓群。9 座墓葬中仅有 2 座墓葬有陶器随葬。从陶器来看，二里头时期遗存应属二里头文化二、三期。

城烟遗址的发掘，为研究豫晋陕交界地区仰韶早期东庄类型的文化内涵提供了丰富的新资料；仰韶早期聚落内未见明显的居住区、墓葬区、生产区的区分，没有集中的公共墓地，也很少有葬具、随葬品，具有鲜明的地域特点；柱列式建筑特征鲜明，很可能属存储粮食的高仓，是粮食存储方式的创新形式；较多陶窑遗迹及大量的烧土堆积的发现，表明仰韶早期聚落可能存在专业化的陶器生产。以往豫西三门峡地区二里头文化遗存发现较少，城烟二里头文化遗存发现比较丰富，且房址、灰坑、墓葬、陶窑等聚落要素基本齐备，这为研究早期国家社会的底层小聚落提供了重要的新资料。

渑池仰韶村新石器时代遗址

◎魏兴涛　◎李世伟

调查时间：2019 年 3—5 月

工作单位：河南省文物考古研究院、三门峡市文物考古研究所、渑池县文化广电和旅游局

仰韶村遗址位于渑池县城北约 5000 米，分布于仰韶村村南的台地上。遗址北靠韶山，东西两侧分别为东沟（饮牛河）和西沟，南为刘果水库，地势北高南低，三面环水，土地肥沃，是古人生息繁衍的理想场所，从东北到西南长 900 余米，从西北到东南宽 300 余米。仰韶村遗址分别于 1921 年、1951 年、1980 年先后进行了三次考古发掘。

为配合渑池县仰韶村国家考古遗址公园的建设以及推动大遗址的保护工作，进一步了解仰韶村遗址的分布范围、文化内涵、聚落布局、功能分区等信息，经河南省文物局批准，河南省文物考古研究院等单位于 2019 年 3 月至 5 月，对渑池仰韶村遗址进行了系统性的考古勘探。勘探工作充分运用“田野考古勘探数字化与记录管理平台”，采取考古调查、考古普探和重点勘探相结合的方法，实际有效勘探面积 30 余万平方米，考古勘探工作区域涵盖遗址的整个分布范围。

考古勘探结果表明仰韶村遗址分布范围东以饮牛河为界，西至西沟，南至刘果水库北部，北至仰韶村遗址博物馆大门南 90 余米，总面积近 30 万平方米，内涵丰富，文化堆积南部较厚，向北渐薄。调查和勘探发现遗迹主要有环壕 1 条、壕沟 2 条、房址 12 座、陶窑 3 座、墓葬 3 座以及大量灰坑等，遗址包含有仰韶文化和龙山文化两大时期的聚落。其中仰韶文化聚落主体位于遗址的中南部，整体形状呈东北—西南向的近长方形，由壕沟 2 和东部的饮牛河、西部的西沟共同合围而成，现存面积近 20 万平方米，聚落内地层堆积较厚，遗迹较为丰富。龙山文化聚落主体空间布局移至遗址的中北部，由龙山文化环壕和壕沟 1 合围而成，面积近 7 万平方米，平面形状不甚规则，考虑到遗址南部断崖发现有龙山时期房址以及第三次发掘亦发现有龙山文化时期遗存，推断龙山文化时期聚落整体分布范围要超出龙山环壕范围，面积近 12 万平方米。从地表采集遗物来看，仰韶村遗址文化遗存内涵主要有仰韶文化早期、中期、晚期和龙山文化时期，前后延续时间达数千年之久。

渑池仰韶村遗址自1921年第一次发掘至今已近百年，通过此次系统性考古勘探工作，我们第一次对仰韶村遗址的范围、重要遗迹分布、聚落布局、功能分区和发展演变等有了较为全面的了解。仰韶村遗址对于研究渑池盆地涧河中上游地区新石器时代考古学文化的发展和演变，揭示史前时期文化发展水平及社会复杂化进程，以及探讨该地区与涧河下游洛阳盆地、黄河以北的晋南以及豫西西部地区之间考古学文化关系等问题具有重要的学术价值。

灵宝市底董仰韶文化遗址

◎李世伟　◎魏兴涛

发掘时间：2019 年 5—11 月

工作单位：河南省文物考古研究院、三门峡市文物考古研究所、灵宝市文管所

底董遗址位于三门峡灵宝市豫灵镇底董村北，遗址东为十二里河，西至焦村公路，南至底董村中部，北至 310 国道。遗址南北长约 350 米，东西宽约 320 米，面积近 10 万平方米。2006—2007 年，为配合郑西高铁建设，河南省文物考古研究所对底董遗址进行了第一次发掘。

2019 年 5 月，为配合三门峡国道 310 南移项目的建设，河南省文物考古研究院等单位对灵宝底董遗址进行第二次考古发掘工作。

此次发掘面积 1600 平方米，发现遗迹较为丰富，主要有房址 6 座、陶窑 5 座、瓮棺葬 15 座、灰坑葬 2 座、土坑葬 2 座、灰沟 6 条、灰坑 200 余座、夯土类遗迹 3 个等。仰韶文化房址 4 座，均为柱列式房屋建筑。F4 现存 8 个柱础，平面形状呈近椭圆形，残长 3.6 米，宽 3.1 米，面积约 11 平方米，柱础内发现有夯土痕迹，部分夯窝比较明显，呈圆形，直径 3~5 厘米，为单棍圆木夯，夯土中夹杂第④层灰白色沙土。仰韶文化陶窑 3 座。Y5 保存状况较好，由窑床、烟道、出烟口、火膛和窑门等组成，窑床位于上部，平面形状呈椭圆形，长径约 1.1 米，短径约 0.8 米，烟道和火膛位于下部，为升焰式陶窑。仰韶文化瓮棺葬 9 座，多以夹砂罐上覆红陶钵或盆为葬具，一些瓮棺葬内婴幼儿骨骼保存较好。土坑墓均为长方形竖穴土坑，长 1.8~2 米，宽 0.6~0.9 米，葬式为单人仰身直肢，人骨保存相对较好，为成年个体，均无随葬品。出土器物主要有陶器、石器、骨器等，以泥质红陶和夹砂褐陶居多，器形主要有小口瓶、钵、盆、罐等，以素面为主，纹饰主要有旋纹、线纹、绳纹等。

底董遗址是灵宝盆地西部最大的仰韶文化早期聚落遗址，分属仰韶文化枣园类型和东庄类型。夯土类遗迹（包括柱础）的发现，表明中原地区先民在不晚于仰韶文化早期即已掌握了夯土技术，其夯土遗迹及夯土技术是迄今所见我国年代最早的夯土遗迹和夯土技术，为仰韶文化中晚期成熟、较发达的夯土建筑技术找到了源头，为后世夯筑高台建筑提供了技术保障。此次发掘大大加深了我们对底董遗址文化内涵和社会面貌的认识，同时对于研究豫西地区枣园类型

和东庄类型的分布、分期、年代、类型划分和发展演变，探讨该地区仰韶文化早期文化发展水平、社会文化面貌，探究该地区与晋南、关中等区域同时期考古学文化的相互关系等问题具有重要的学术意义和价值。

灵宝市墙底庙底沟二期文化遗址

◎李金斗 ◎魏兴涛

勘探时间：2019 年 6—7 月

工作单位：河南省文物考古研究院、灵宝市文物保护管理所

墙底遗址位于三门峡市灵宝市函谷关镇墙底村，遗址中心地点坐标为北纬 34°34′29″，东经 110°53′44.1″，海拔为 376 米。遗址整体位于弘农涧河西部的二级阶地上，东部为弘农涧河河道，西部为长安寨，整体为东西略宽、南北略窄的长椭圆形分布。遗址现今地貌整体较为平坦，西部略高，东部逐渐降低至河道阶地边缘。

为了更系统地掌握灵宝盆地庙底沟二期文化的分布情况，经河南省文物局批准，本年度河南省文物考古研究院联合灵宝市文物保护管理所对墙底遗址进行了初步调查与勘探，取得了一定收获。在对遗址初步调查的基础上，发现其主体堆积之上有厚达 4~5 米的黄土堆积，因此此次钻探以了解遗址范围和整体堆积情况为主，对重点遗迹的了解次之。工作采取剖面勘探与重点勘探相结合的方式进行。

此次勘探工作对墙底遗址文化堆积范围进行了修正与框定。其中北界以墙底村与岸底村间水渠为界；东界为弘农涧河二级阶地的边界；南部边界西段较为清楚，以墙底村南部为界，东段推测应在墙底村中部；西部边界与原始调查范围差别较大，以现灵函大道以西 200 米左右为界。初步估算遗址庙底沟二期面积近 70 万平方米，是该区域庙底沟二期面积最大的聚落。结合调查及勘探结果，遗址遗迹分布核心区应在西部及中部，发现有一定数量的房址、灰坑等，东部靠近弘农涧河区域则较稀疏。另外在遗址南北边界发现有两条冲沟，分别与西部自然冲沟相连。遗址还发现有少量仰韶、二里头时期文化堆积。仰韶时期堆积分布于遗址西部，分布范围约 2 万平方米。二里头时期堆积发现数量不多，范围暂不清晰。

墙底遗址是灵宝盆地庙底沟二期面积最大的聚落，与隔黄河相望的芮城清凉寺遗址相距较近。对墙底遗址的勘探工作有助于了解这一时期大型聚落的分布及布局情况，也为探讨豫西晋南地区从仰韶到龙山时期的文明化进程提供了重要的基础资料。但限于工作条件，此次工作仅是对墙底遗址的初步了解，未来仍需对其本身及所在区域开展更为详细的工作。

河南三门峡庙底沟遗址庙底沟文化 H408 发掘简报

◎河南省文物考古研究院　◎三门峡市文物考古研究所
◎武汉大学历史学院

庙底沟遗址位于河南省三门峡市湖滨区韩庄村。地处青龙涧河下游左岸二级阶地的前缘，西北距黄河 1 千米。周边为流入黄河的青龙涧河和苍龙涧河之间的黄土塬。这里地势较平坦，新石器时代遗址丰富，如三门峡三里桥遗址、李家窑遗址、南交口遗址、渑池仰韶村等。（图一）1956—1957 年，为配合黄河三门峡水利枢纽工程的建设，文化部和中国科学院考古研究所组成的黄河水库考古工作队，对庙底沟遗址开展了第一次大规模的考古发掘工作，揭露面积 4480 平方米，发现并命名了庙底沟文化和庙底沟二期文化[1]。

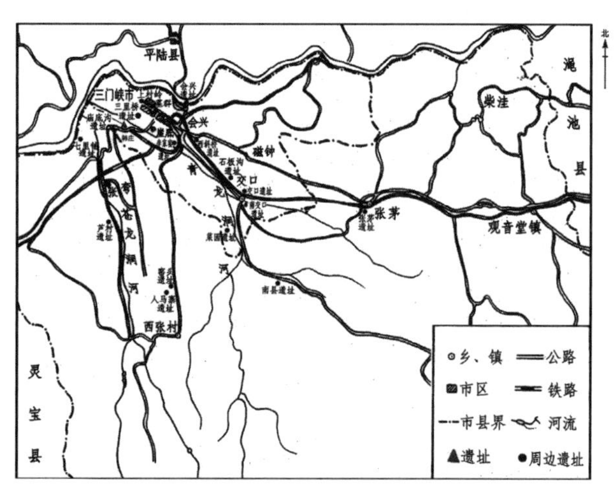

图一　河南三门峡庙底沟遗址位置示意图

2002 年 5 月，为配合国道 310 工程建设，河南省文物考古研究所（河南省文物考古研究院前身）联合三门峡市文物考古研究所等单位对庙底沟遗址进行了抢救性发掘。发掘面积 2 万多平方米，发现庙底沟文化、西王村文化及庙底沟二期文化等时期的灰坑和窖穴 900 余个、陶窑 20 余座，保存完好的房址 10 余座、壕沟 3 条，出土了一大批具有重要价值的实物资料。

此次发掘在 T38 内发现了 1 座庙底沟文化时期的灰坑（编号为 02SHMT38H408，简称 H408）。该灰坑结构规整，出土遗物丰富，其中不乏精品彩陶。现将 H408 的发掘情况介绍如下。

一、遗迹

H408　位于 T38 东北部。开口于②层下，打破生土，开口距地表 0.22 米，被 H328 打破。

平面形状为椭圆形，西部为直壁，东部为袋形，平底，坑壁及底部规整。口径 2.62~3.16 米，底径 3.20~3.60 米，深 3.10 米。填土为深灰色，土质疏松，夹杂适量红烧土颗粒。（图二）

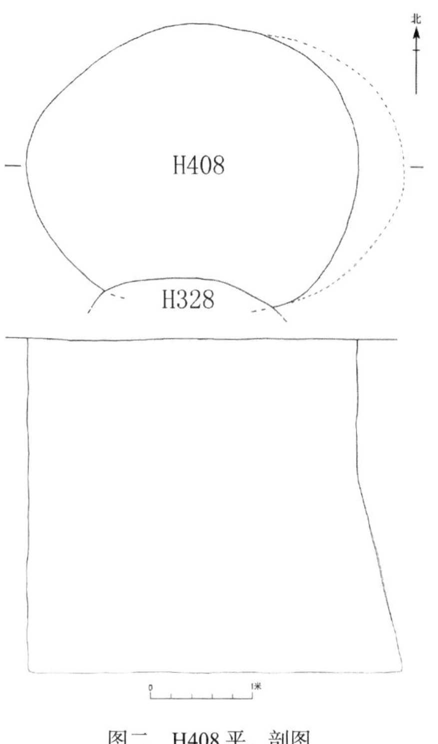

图二　H408 平、剖图

二、出土遗物

H408 出土遗物丰富，有陶器、石器、兽骨等遗物，其中以陶器为主。

（一）陶器

H408 共发现陶片 8011 件，可辨器形者 351 件。陶质有泥质（79.6%）和夹砂（20.4%）两类，以泥质为主。泥质陶又可分为一般泥质和细泥质两种，前者用于素面盆（19.9%）、素面钵（10.5%）和小口瓶（5.8%）等。后者的陶土有所选择并经淘洗，质地十分细腻，杂质极少，烧成温度较高，主要用于彩陶盆（14.4%）和彩陶钵（19.3%）。夹砂陶器类有罐（16%）、器盖（7.5%）、器座（3%）和灶（0.6%）等。陶色有黄褐色（50.9%）、红褐色（11%）、灰色（11.7%）、灰褐色（10%）、红色（9.2%）、黄色（3.9%）和黑色（3.3%），以黄褐色陶为大宗。黄陶数量较少，应为红陶脱色而形成，也常见于泥质器类，且多为彩陶。有极少黑陶，有少量接近黑色的深灰陶。

H408 出土陶器中有一定数量的素面陶（15.6%）和磨光陶。纹饰以线纹为主（19.7%），可分为泥质陶中的细线纹和夹砂陶中的粗线纹（近似绳纹），前者多见于小口瓶的器身，后者多见于夹砂罐的器表。线纹与篮纹、凹弦纹组成的复合纹饰也占相当大的比例，分别为 6.9%、6.5%。另有少量的凹弦纹（0.1%）和附加堆纹。陶器的制作以泥条盘筑为主，部分器物的内部能看出明显的盘筑痕迹，绝大多数器物都经慢轮修整，因而器形规整，陶胎匀厚。夹砂罐、器盖及部分器物的耳、鋬等捏塑后，再与器身黏合。

1. 泥制陶

分为彩陶和素面陶两类。

彩陶　数量较多，器类主要为钵和盆。色彩以黑彩为主，其次为褐彩，另有少量饰白衣或红衣。多在器物唇部、沿部和腹部饰彩，有极少量器物通体饰红彩。主要有条带纹、垂弧纹、凸弧纹、弧边三角纹、对三角纹、圆点、网格纹等图案，往往以复合形式出现，少见单一元素构图。常见的有垂弧纹、凸弧纹、弧边三角纹、圆点和窄带纹组成的复合图案饰于钵的腹部。另有圆点、弧边三角纹、勾叶纹、弧线组成的回旋勾连纹，常见于盆的上腹部。垂弧纹、弧边三角纹组成的写实花瓣纹，常见于盆的口沿。

彩陶钵　23 件。一般通体磨光，内壁近口处有慢轮修整痕迹。依据腹部形制，可分为两型。

A 型：19 件。曲腹，部分曲腹近直。依口部特征可分为两个亚型。

Aa 型：10 件。敛口。标本 H408：41，可复原。黄褐陶，胎较厚。方唇，平底微内凹。唇部及腹部各饰一周细条带纹，其间由弧边三角纹、圆点、短双直线和双连弧纹构成四个单元的二方连续花瓣纹。口径 22.6 厘米，底径 9.5 厘米，高 15.4 厘米。（图三，1）标本 H408：1，可复原。红陶。尖圆唇，平底。口部外壁饰一周粗条带纹，腹部饰四组由短斜线、圆点组成的复合图案。口径 25.5~27 厘米，底径 10.5 厘米，高 12.1~12.4 厘米。（图三，9）标本 H408：13，可复原。黄褐陶。圆唇，平底。口部外壁、腹部各饰一周条带纹，其间的区域饰数组填充网格纹的圆圈纹，圆圈纹之间饰圆点。口径 15 厘米，底径 6 厘米，高 6.2 厘米。（图三，5）标本 H408：30，可复原。黄褐陶，通体饰红衣。尖唇，平底内凹。口部外壁为一周四组垂弧纹与圆点相间排列，腹部饰两周细条带纹和五个圆点。口径 13 厘米，腹径 14.2 厘米，底径 5.4 厘米，高 7.2~7.5 厘米。（图三，3）标本 H408：37，可复原。黄褐陶。尖唇，平底。口部外壁饰一周四组垂弧纹，腹部下部饰一周细条带纹，其间区域用凸弧纹分为四个单元，其内饰由圆点和三道弧线组成的复合图案。口径 14 厘米，底径 5.4 厘米，高 7 厘米。（图三，8；图版一，1）标本 H408：38，可复原。黄褐陶。尖唇，平底微内凹。口部外壁饰一周四组垂弧纹，腹部饰两周细条带纹和五个圆点。口径 24.2 厘米，底径 10 厘米，高 11.5 厘米。（图三，7）标本 H408：39，可复原。黄褐陶。尖唇，平底内凹。口部外壁饰一周三组垂弧纹，腹部饰一周细条带纹，其间

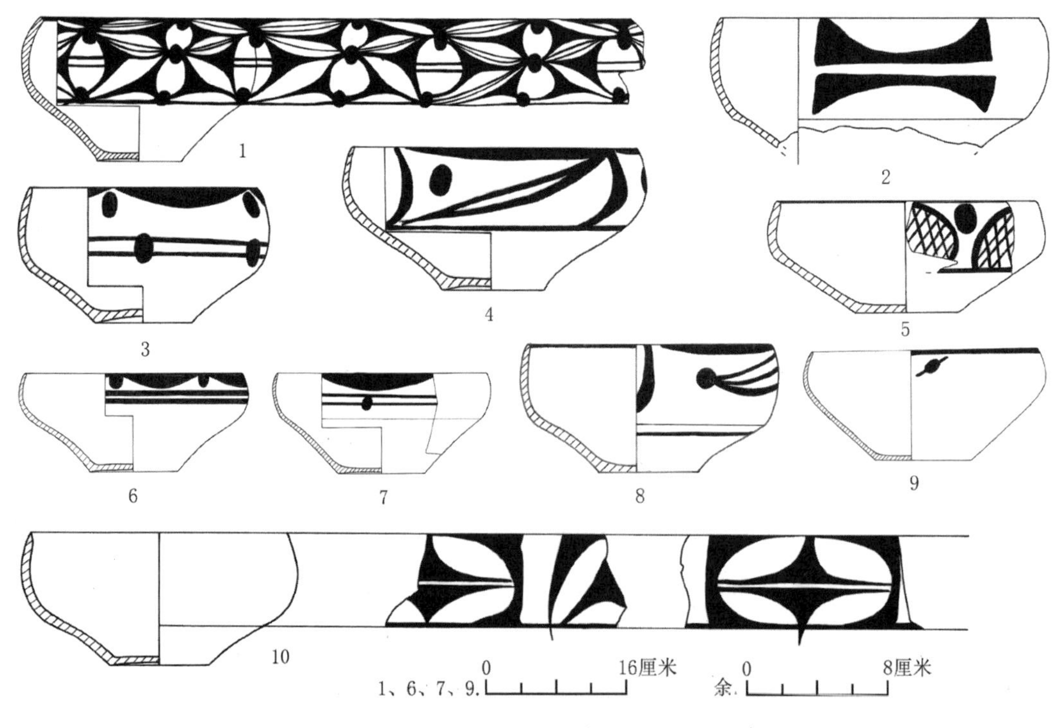

图三　Aa 型彩陶钵

1. H408：41　2. H408：101　3. H408：30　4. H408：39　5. H408：13
6. H408：40　7. H408：38　8. H408：37　9. H408：1　10. H408：42

区域用凸弧纹分为三个单元，其内饰双连弧线和圆点组成的复合图案。口径 15.9 厘米，腹径 17 厘米，底径 5.6 厘米，高 7.7 厘米。（图三，4；图版一，2）标本 H408：40，可复原。黄褐陶，通体饰白衣。尖唇，平底微内凹。口部外壁为一周六组垂弧纹和圆点相间排列，腹部饰两周粗条带纹。口径 24.2 厘米，腹径 25.8 厘米，底径 11.2 厘米，高 10.6 厘米。（图三，6；图版一，3）标本 H408：42，可复原。黄褐陶，胎土细腻发白，器表磨光后有饰白衣之感。尖唇，平底微内凹。腹部饰一周细条带纹，其上区域用两组上下对称的弧边直角形分为四个单元，其中三个单元内饰一组上下对称的弧边三角形，另一单元内饰一组弧边三角。口径 14.8 厘米，腹径 15.8 厘米，底径 5.8 厘米，高 7.2 厘米。（图三，10）标本 H408：101，腹部以下残。黄陶。圆唇。腹部上下对称饰一组对弧边直角纹。口径 18 厘米，腹径 19.2 厘米，残高 7 厘米。（图三，2）

Ab 型：9 件。直口，部分直口微敛。标本 H408：34，可复原。黄褐陶。尖唇，平底内部凸起。下腹部饰一周细条带纹，其上区域用弧边三角分为三个单元，其内饰凸弧纹和圆点。口径 17 厘米，底径 6.6 厘米，高 8.7 厘米。（图四，1；图版一，4）标本 H408：3，可复原。黄褐陶。圆唇，平底。口部外壁为一周四组垂弧纹与圆点相间排列，其下饰两道细条带纹。口径 24.5 厘米，底径 10.2 厘米，高 10.6 厘米。（图四，4）标本 H408：4，可复原。黄褐陶。尖唇，平底内凹。口部外壁饰一周垂弧纹，其下对应饰双连弧纹，下腹部饰一周细条带纹。口径 13.8 厘米，底径 5.4 厘米，高 6.7 厘米。（图四，2）标本 H408：12，可复原。黄褐陶。尖圆唇，平底。口部外壁饰一周细条带纹，其下饰四个圆点。口径 22.7 厘米，底径 9.7 厘米，高 9.8 厘米。（图四，7）

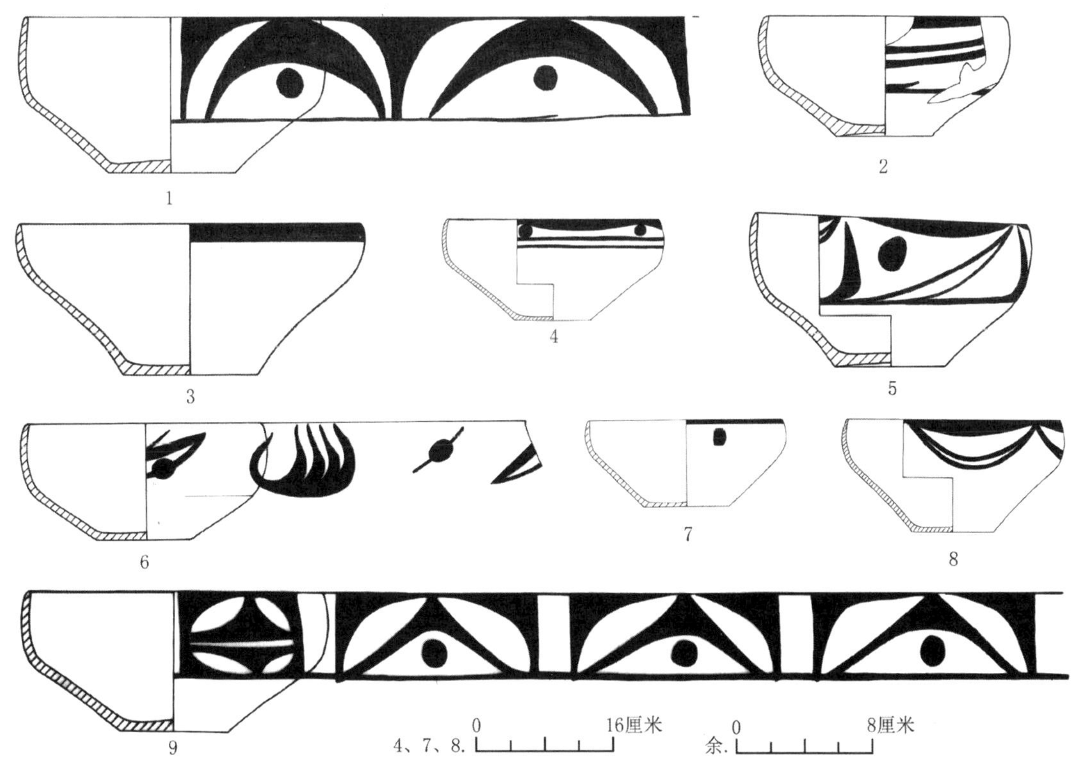

图四　Ab 型彩陶钵

1. H408：34　2. H408：4　3. H408：45　4. H408：3
5. H408：32　6. H408：36　7. H408：12　8. H408：43　9. H408：31

标本 H408：31，可复原。黄褐陶。口部变形，尖唇，平底内部微凸起。口部外壁和腹部各饰一周条带纹，其间区域用两个左右对称的弧边直角分为四个单元，其中一个单元内饰两个上下对称的弧边三角形，其余三个单元格内饰一组弧边三角形和圆点。口径 16.7~17.7 厘米，底径 5.9~6.1 厘米，高 7.8 厘米。（图四，9）标本 H408：36，可复原。黄褐陶，通体饰红衣。方唇，平底。腹部饰两组纹饰，一组为双连弧线、圆点组成的复合图案，另一组由五组凸弧纹组成的火焰纹，两组纹饰之间为一组由斜线、圆点组成的复合图案。口径 13.7 厘米，底径 5.3 厘米，高 6.2~6.4 厘米。（图四，6；图版一，5）标本 H408：43，可复原。黄褐陶。尖唇，平底。口部外壁饰一周五组垂弧纹，其下对应饰五组双连弧纹。口径 24.8 厘米，底径 9.8 厘米，高 11.8 厘米。（图四，8；图版一，6）标本 H408：45，可复原。黄褐陶。尖圆唇，平底。口部外壁饰一周粗条带纹。口径 20.1 厘米，底径 7.8 厘米，高 8.5 厘米。（图四，3）标本 H408：32，可复原。黄褐陶，器表磨光。尖唇，平底内凹。口部外壁饰一周四组垂弧纹，腹部饰一周宽 0.3 厘米的细条带纹，其间区域用凸弧纹分为四个单元，其内饰连弧线和圆点组成的复合图案。内壁有轮制痕迹。口径 15.6 厘米，底径 6.2 厘米，高 8.5 厘米。（图四，5）

B 型：4 件。弧腹，直口。标本 H408：33，可复原。黄褐陶。尖唇，平底内凹。口部外壁饰一周四组垂弧纹，腹部饰两周窄带纹。口径 13 厘米，底径 6 厘米，高 6.3 厘米。（图五，1）标本 H408：141，腹部以下残。黄陶。圆唇。口部外壁与腹部各饰一周条带纹，其间满饰网格纹。口径 13.8 厘米，残高 6 厘米。（图五，2）标本 H408：140，腹部以下残。黄陶。尖唇。口部外壁和上腹部饰五周 0.2~0.3 厘米宽的条带纹。口径 15.6 厘米，残高 6.6 厘米。（图五，3）标本 H408：35，可复原。红陶，通体饰红衣。腹部变形。尖唇，平底内凹。口部外壁饰一周五组垂弧纹，其下对应饰五组由双连弧线和圆点组成的复合图案。口径 14.6~15.1 厘米，底径 5.6 厘米，高 7.2 厘米。（图五，4；图版一，10）

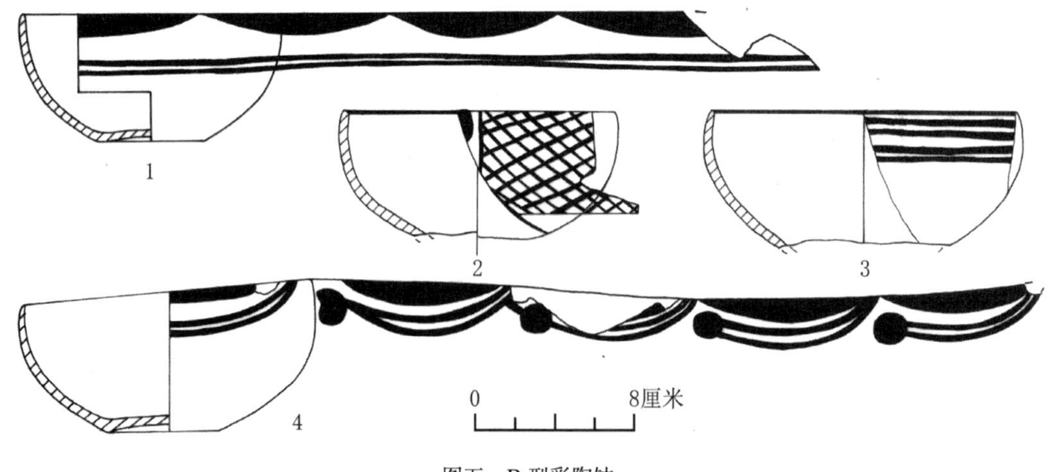

图五　B 型彩陶钵

1. H408：33　2. H408：141　3. H408：140　4. H408：35

彩陶盆　7 件。圆唇，仰折沿隆起，平底。依据口部、腹部特征，可分两型。

A 型：6 件。敛口，曲腹，部分曲腹近直。标本 H408：9，可复原。红陶。唇面、沿面及下腹部各饰一周条带纹，腹部饰三组由弧边三角、凸弧纹、圆点和弧线组成的复合图案。口径31厘米，底径11厘米，高19.5厘米。（图六，1）标本H408：2，可复原。黄褐陶。沿面及下腹部饰一周细条带纹，其间饰网格纹。口径34.8厘米，底径14厘米，高16.7厘米。（图六，2）标本H408：8，可复原。红陶。唇面及下腹部各饰一周条带纹，腹部饰三组由双连弧线、圆点、弧边三角和凸弧纹组成的复合图案。沿面及内外壁均有修整痕迹。口径31.6~32.2厘米，底径10.4~10.8厘米，高18.6厘米。（图六，3；图版一，8）标本H408：44，可复原。红陶。平底微内凹。唇面及下腹部各饰一周条带纹，腹部饰三组由弧边三角、圆点和凸弧纹组成的复合图案。口径32.3~32.7厘米，底径11.3厘米，高20.6厘米。（图六，4；图版一，9）标本H408：58，可复原。红陶，通体饰白衣。唇面及下腹部各饰一周条带纹，腹部饰两组由弧边三角、圆点、短横线、凸弧纹、双弧线和勾连纹组成的复合图案。口径34.3厘米，底径13厘米，复原高21.7厘米。（图六，6；图版一，7）标本H408：100，腹部以下残。黄陶。沿面饰一周由弧边三角、垂弧纹组成的写实花瓣纹。腹部饰圆点、凸弧纹组成的复合图案，其间绘一只蜥

图六　彩陶盆

1~6. A型（H408：9、H408：2、H408：8、H408：44、H408：100、H408：58）7. B型（H408：47）

蜴，匍匐状，圆首，屈肢，三趾分开，身体肥硕，细长尾。口径 32 厘米，腹径 31.2 厘米，残高 8.2 厘米。（图六，5；图版一，12）

B 型：1 件。直口，弧腹。标本 H408：47，可复原。红陶。沿面饰七组垂弧纹、弧边三角组成的写实花瓣纹。口径 28.6 厘米，底径 11.4 厘米，高 10.1~10.4 厘米。（图六，7）

素面陶　素面是与彩陶相较而言，部分器物表面饰篮纹等。器类有盆、小口瓶、钵、器座和陶环等。

盆　6 件。平底。素面。依据腹部，可分三型。

A 型：2 件。斜直腹。敞口。依据口沿可分两个亚型。

Aa 型：1 件。标本 H408：22，可复原。灰陶。仰折沿。圆唇。口径 18 厘米，底径 8.4 厘米，高 9.2 厘米。（图七，1）

Ab 型：1 件。标本 H408：59，可复原。黄陶。无沿。叠唇，平底。口径 21.1 厘米，底径 10.2 厘米，高 8.4 厘米。（图七，11）

B 型：2 件。弧腹。直口。依据口沿可分两个亚型。

Ba 型：1 件。标本 H408：51，可复原。黑陶。卷沿。圆唇，沿面微隆起。口径 27.5~28.4 厘米，底径 11~11.6 厘米，高 10~10.6 厘米。（图七，12）

Bb 型：1 件。标本 H408：49，可复原。灰陶。器形不规整。无沿。叠唇。上腹部对称置一对鋬手，一侧残断。口径 32.1 厘米，底径 10.7 厘米，高 15.6 厘米。（图七，17）

C 型：2 件。曲腹。敛口，叠唇，腹部对称置一对鸡冠状鋬。标本 H408：16，可复原。黄陶。口径 36.6 厘米，底径 14.7 厘米，高 21.2 厘米。（图七，10）标本 H408：17，可复原。红陶。口径 30.6 厘米，底径 14.4 厘米，高 17.7 厘米。（图七，15）

小口瓶　2 件。依据口部形态，可分两型。

A 型：1 件。标本 H408：106，颈部以下残。黄陶。葫芦形口。直口，圆唇。颈部以下饰线纹。口径 4 厘米，残高 9.4 厘米。（图七，16）

B 型：1 件。标本 H408：151，肩部以下残。黄陶。退化重唇口。敛口，弧颈。口部以下饰线纹。口径 4.8 厘米，残高 10.3 厘米。（图七，2）

尖底瓶　1 件。标本 H408：112，腹部以上残。下腹部较直，尖底。外壁饰线纹。器内底部残留有泥条盘筑和拼接痕迹。残高 10 厘米。（图七，7）

钵　4 件。平底。素面。依据器形，可分四型。

A 型：1 件。标本 H408：5，可复原。黄陶。敛口，曲腹。口部略变形，呈椭圆形。圆唇。口径 20.3~21.2 厘米，底径 11 厘米，高 9.5~9.8 厘米。（图七，6）

B 型：1 件。标本 H408：102，可复原。黑陶。直口，斜直腹。尖唇。外壁磨光，内壁抹光。内外壁有刮削痕迹。口径 16.6 厘米，底径 7 厘米，高 7.9 厘米。（图七，19）

C 型：1 件。标本 H408：20，可复原。黄陶，胎较厚。敛口，鼓腹。圆唇。器表及内壁有

明显泥条圈筑痕迹，内外壁近口部有刮削痕迹。口径 12 厘米，底径 11 厘米，高 8.5 厘米。（图七，18）

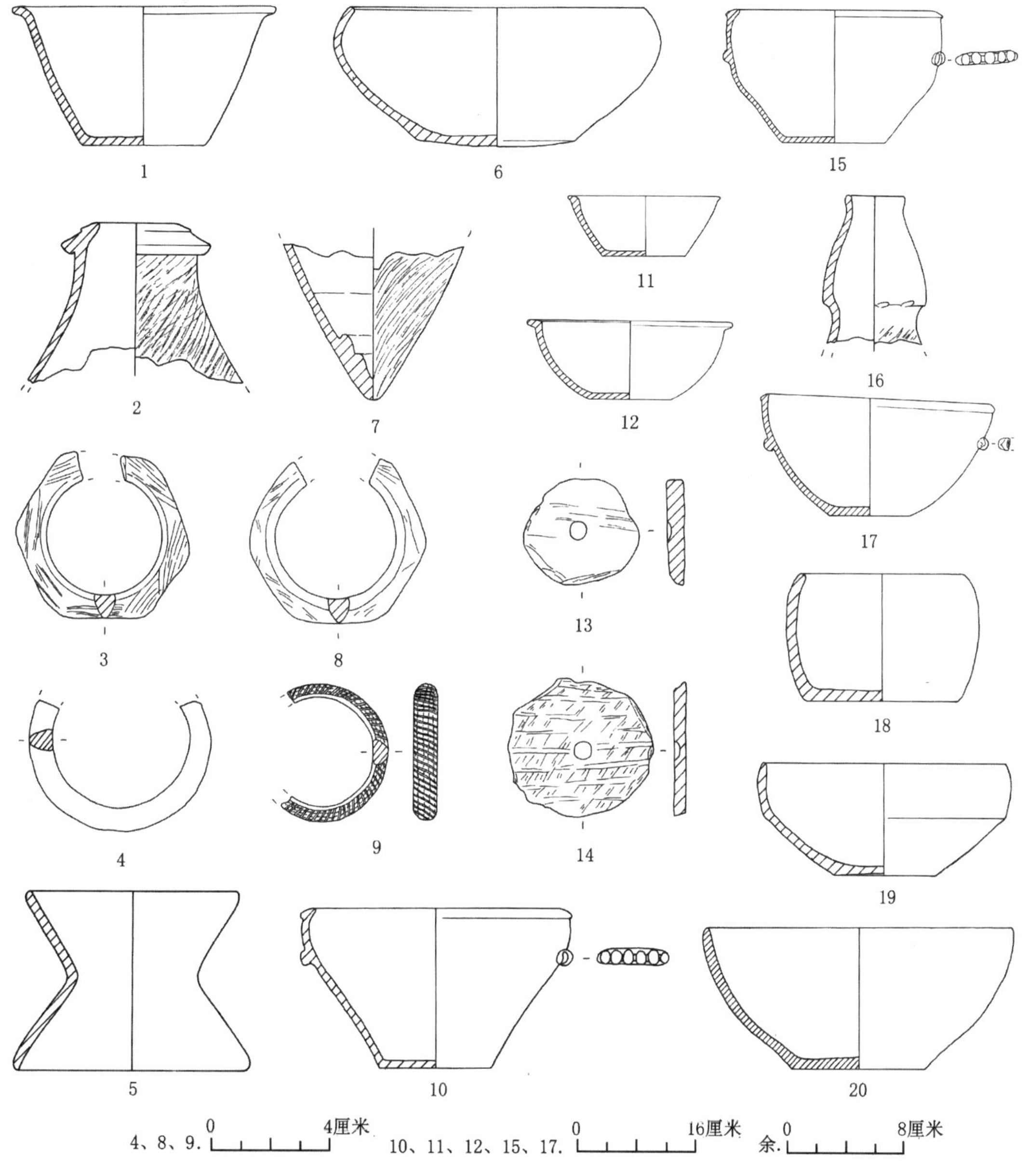

图七　素面陶器

1. Aa 型盆（H408：22） 2. B 型小口瓶（H408：151） 3、8. B 型陶环（H408：66、H408：64）
4、9. A 型陶环（H408：55、H408：61） 5. 器座（H408：52） 6. A 型钵（H408：5） 7. 尖底瓶（H408：112）
10、15. C 型盆（H408：16、H408：17） 11. Ab 型盆（H408：59） 12. Ba 型盆（H408：51）
13、14. 陶饼（H408：70、H408：71） 16. A 型小口瓶（H408：106） 17. Bb 型盆（H408：49）
18. C 型钵（H408：20） 19. B 型钵（H408：102） 20. D 型钵（H408：21）

D 型：1 件。标本 H408：21，可复原。红陶。敞口，弧腹。尖唇。外壁近口部及内壁有刮削痕迹。口径 21 厘米，底径 9 厘米，高 9.8 厘米。（图七，20）

器座　1 件。亚腰形。标本 H408：52，可复原。红陶。敞口，素面。内外壁均有刮削痕迹。口径 14.2 厘米，底径 15.6 厘米，高 11.6 厘米。（图七，5）

陶环　4 件。截面均为弧边三角形。根据平面形状，可分两型。

A 型：2 件。平面为圆形。标本 H408：55，可复原。灰陶。素面。内径 4.6 厘米，外径 6.2 厘米，厚 0.8 厘米。（图七，4）标本 H408：61，可复原。黄陶。外侧饰粗绳纹。内径 3.8 厘米，外径 4.5 厘米，厚 0.45 厘米。（图七，9）

B 型：2 件。平面为六边形。外侧饰线纹。标本 H408：64，可复原。灰陶。内径 4 厘米，外径 5.8 厘米，厚 0.8 厘米。（图七，8）标本 H408：66，可复原。灰陶。内径 7.6 厘米，外径 11.8 厘米，厚 1.6 厘米。（图七，3）

陶饼　2 件。圆形，中间有孔，系利用陶片修整而成。标本 H408：70，可复原。黄陶。直径 7~8 厘米，厚 1.2 厘米。（图七，13）标本 H408：71，可复原。黄褐陶。直径 8.9~9.6 厘米，厚 0.8 厘米。（图七，14）

2. 夹砂陶

夹砂陶以红陶为主，另有黄陶及少量灰陶。复原器物较少。器物表面饰粗线纹，有的在线纹上饰附加堆纹和凹弦纹等。器类主要有钵、盆、杯、罐、器盖和器座等。

钵　2 件。圆唇，平底。依据器形，可分两型。

A 型：1 件。标本 H408：6，可复原。灰陶。器形不规整略呈椭圆形。直腹。直口微敛。近底部饰斜向线纹。唇部及内外壁近口处有刮削痕迹。口径 15.5~15.8 厘米，底径 15.2~16.2 厘米，高 13.6 厘米。（图八，1）

B 型：1 件。标本 H408：54，可复原。黄陶，器胎较厚。弧腹。侈口，平底内凹。素面。外壁近口处及内壁有刮削痕迹，外壁近底部刮抹痕迹明显。口径 7.6 厘米，底径 4.6 厘米，高 3.5 厘米。（图八，2）

盆　1 件。标本 H408：7，可复原。红陶，变形严重。直口微敛，折沿，方唇，弧腹下部微内凹，平底。近底部有数道竖线纹。沿面及内壁有明显的刮削痕迹。口径 23.5~26.1 厘米，底径 12~12.5 厘米，高 12.2 厘米。（图八，4）

杯　1 件。标本 H408：24，可复原。黄陶。侈口，尖圆唇，曲腹，平底。素面。内外壁近口处有刮削痕迹。口径 5.2 厘米，底径 3.4~3.8 厘米，高 3.9 厘米。（图八，11）

罐　5 件。敛口，折沿，溜肩，平底。依据腹部形制，分为两型。

A 型：2 件。鼓腹。腹部最大径处饰一周附加堆纹，其上饰数周凹弦纹，其下饰左斜线纹。标本 H408：25，可复原。红陶。圆唇。上腹部饰四个右斜短附加堆纹。内外壁近口处有刮削痕迹。口径 24.4 厘米，腹径 25.8 厘米，底径 13.3 厘米，高 19 厘米。（图八，12）标本 H408：26，可复原。红陶。方唇。上腹部饰三个右斜短附加堆纹和三个附加堆纹圆点，圆点上有明显的按窝痕迹。内外壁近口处有刮削痕迹。口径 25.2 厘米，腹径 26.6 厘米，底径 12 厘米，高 20.3 厘米。（图八，8；图版一，11）

B 型：3 件。橄榄形腹。上腹部饰数周凹弦纹，其间饰短竖线纹，下腹部饰左斜细绳纹。标本 H408：72，可复原。灰陶。器形不规整呈椭圆形。方唇，唇部中间下凹成槽，下腹部略内收。口部内外侧有刮削痕迹。口径 21.5~22.5 厘米，腹径 31.5~32.5 厘米，底径 14.3~15.1 厘米，高 38.1 厘米。（图八，13）标本 H408：50，可复原。灰陶。圆唇。口径 16.9 厘米，底径 12.5 厘米，高 20.4 厘米。（图八，7）标本 H408：48，可复原。红陶。圆唇，下腹部略内收。上腹凹弦纹间饰竖短篮纹，肩部外侧饰三个附加堆纹圆点，其上有明显的按窝痕迹。口部内侧有刮削痕迹。口径 21.5 厘米，腹径 31.5 厘米，底径 15.2 厘米，高 28.7 厘米。（图八，5）

器盖　3 件。敞口，弧壁。多素面。依据器形，可分三型。

A 型：1 件。桥状纽。标本 H408：19，可复原。灰陶。方唇，唇面有一周凹槽。器盖外壁有刮削痕迹。口径 13.9 厘米，高 6.6 厘米。（图八，6）

B 型：1 件。凸起状纽。标本 H408：23，可复原。黄陶。圆唇，弧壁近直。口径 6.5 厘米，高 3.5 厘米。（图八，9）

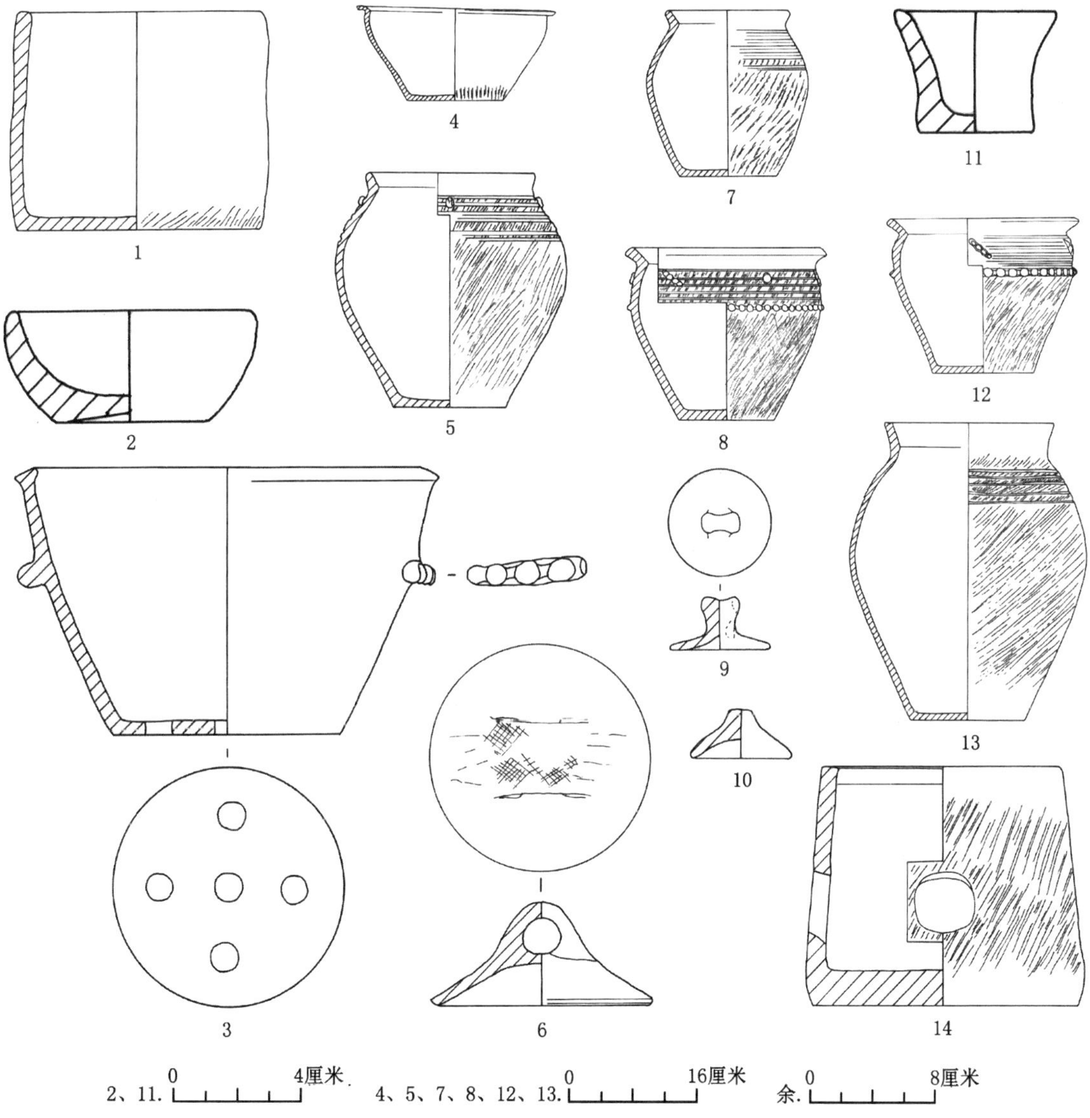

图八　夹砂陶器

1. A 型钵（H408：6） 2. B 型钵（H408：54） 3. 甑（H408：18） 4. 盆（H408：7） 5、7、13. B 型罐（H408：48、H408：50、H408：72） 6. A 型器盖（H408：19） 8、12. A 型罐（H408：26、H408：25） 9. B 型器盖（H408：23） 10. C 型器盖（H408：28） 11. 杯（H408：24） 14. 器座（H408：27）

C型：1件。柱状组。标本H408：28，可复原。红陶。圆唇。口径6.5厘米，高3厘米。（图八，10）

器座　1件。标本H408：27，可复原。黄陶。直口微敛，方唇，斜直腹，平底，腹部对称有四个圆形孔洞。腹部饰左斜细绳纹，近底部抹平。内壁有泥条盘筑痕迹，唇部及内外壁近口处有刮削痕迹。口径15.8厘米，底径17.8厘米，高15.2厘米。（图八，14）

甑　1件。标本H408：18，可复原。灰陶。直口微敛，方唇，斜直腹，平底，腹部对称置附加堆纹鋬手，底部有五个圆形箅孔。素面。唇部及内外壁近口处有刮削痕迹。口径26厘米，底径14.2厘米，高15.5厘米。（图八，3）

（二）石器

H408出土的石器类型比较单一，仅有石饼和石璧两类。多打制，少量琢制。

石饼　5件。标本H408：73，暗紫色砂岩。高磨圆度天然砾石，平面为椭圆形，扁球状。两面为微弧的平面，一平面中部集中分布少量敲琢坑点。长8.7厘米，宽7.6厘米，厚4.6厘米。（图九，1）标本H408：80，灰黄色砂岩。打制而成。平面近圆角方形，两面近平，器身周边经过打制，边棱较厚而齐整。器表风化严重。长6.1厘米，宽4.8厘米，厚3.6厘米。（图九，4）标本H408：78，暗紫色砂岩。系扁平砾石局部打制而成。平面近椭圆形，饼状，两面近平，边棱较齐整。长7.2厘米，宽6.3厘米，厚2.3厘米。（图九，3）标本H408：77，灰褐色石英砂岩。系扁平砾石局部打制而成。平面近椭圆形，饼状，两面近平，周边保留两小段砾石边棱，其余均打制，边棱较齐整。长7.1厘米，宽5.8厘米，厚2.8厘米。（图九，6）标本H408：84，暗紫色砂

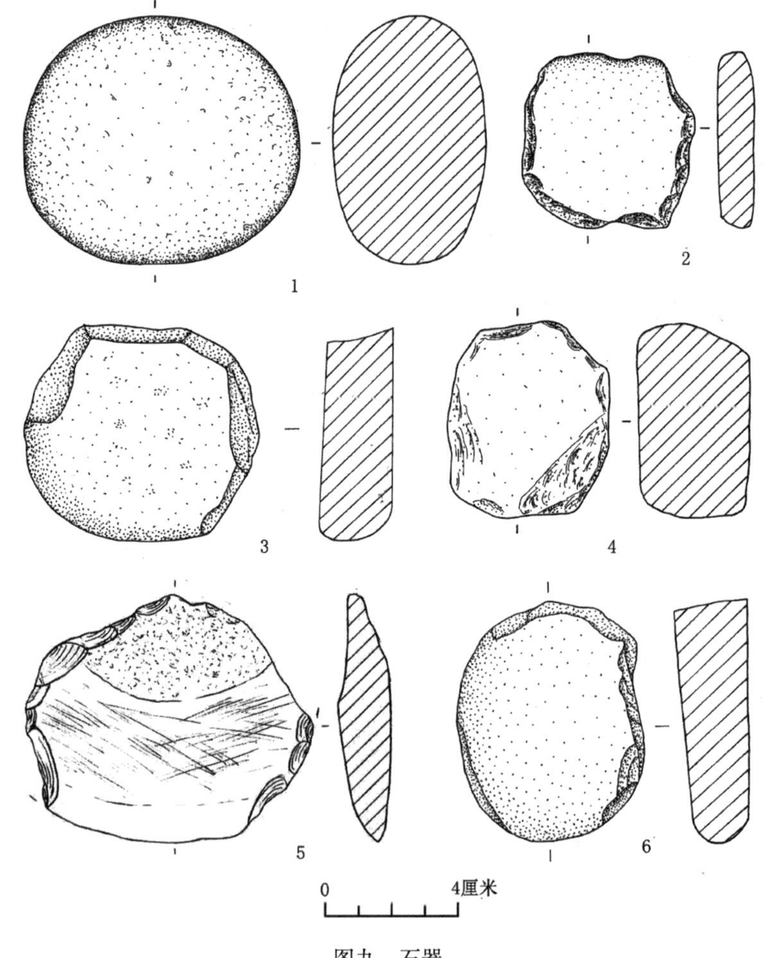

图九　石器
1~4、6. 石饼（H408：73、H408：84、H408：78、H408：80、H408：77）
5. 石璧（H408：82）

岩。系片状毛坯局部打制而成。平面近圆角方形，一面为光滑砾石面，另一面为不平滑节理面，局部残留一小段砾石边棱，其余均打制，边棱齐整。长 5.2 厘米，宽 5.1 厘米，厚 1.1 厘米。（图九，2）

石璧　1 件。标本 H408：82，可复原。褐色硅质灰岩。琢磨而成。残存形态为不规则五边形，一面近平，一面微弧，边缘呈锛刃状棱脊。两面对琢出较大凹窝，未穿孔。残长 8.7 厘米，半径 7.4 厘米，厚 1.6 厘米。（图九，5）

三、结语

H408 出土陶器以泥质陶为主，组合有彩陶钵、彩陶盆、小口尖底瓶、素面盆、素面钵、鼓腹罐、橄榄形罐、器盖和器座等。彩陶色彩以黑彩为主，构图元素有圆点、条带纹、垂弧纹、弧边三角、凸弧纹、弧边直角、勾连纹、双连弧纹等；构图方式以二方连续为主，四分者比较常见。彩陶钵通常为垂弧纹、弧边三角纹、圆点组成的复合图案，彩陶盆通常饰以弧边三角、圆点、凸弧纹组成的花卉纹。这些都是典型的庙底沟文化陶器特征。

庙底沟遗址陶盆的器型变化趋势为由矮胖变为瘦高[2]，H408 出土陶盆矮胖于 H9 同类器[3]，因此其年代早于 H9。H408 出土的彩陶盆与固镇标本 H15：10[4]、三门峡南交口标本 H2：1[5]器型相当；出土的 A 型夹砂罐与渑池仰韶村标本 T3⑤：48[6]、汾阳段家庄标本 H3：9[7]器型相当。因此，其年代与上述单位一致，当为庙底沟文化中期。通过对 H408 出土粟的测年，其绝对年代为 4450±40（半衰期为 5730），树轮校正后数据为 BC3325~BC3232（46.27%，±1σ）、BC3180~BC3157（9.9%，±1σ）、BC3108~BC3024（43.83%，±1σ）。

值得一提的是，在 H408 出土的彩陶盆（H408：100）上发现了彩绘蜥蜴纹。在庙底沟遗址第一次考古发掘中即发现了 3 件泥塑的蜥蜴[8]，蜥蜴纹在庙底沟时期应该具有特殊的含义。

经过浮选，在 H408 获得了 4 粒粟。出土动物骨骼以猪骨为主，完整度不高，较为破碎，各部位骨骼均有发现，如头骨、下颌、脊椎、前肢、后肢和末梢骨。有少量鹿科动物但部位均为鹿角。部分中型哺乳动物（可能为猪）的肢骨上有切割痕迹，所以猪应该是最主要的肉食消费对象，且多为幼年个体。猪可能是在灰坑附近被宰杀并消费的。这说明 H408 可能不是垃圾坑，其形成应该是与特殊的社会活动有关。

附记：本次发掘领队为河南省文物考古研究院樊温泉。参与发掘的有河南省文物考古研究院、郑州大学历史学院、三门峡市文物考古研究所诸多同仁。植物考古信息、测年数据由山东大学历史学院杨凡提供。动物考古信息由武汉大学历史学院刘一婷提供。石器信息由西北大学文化遗产学院贺存定提供。照相和绘图工作由河南省文物考古研究院祝贺、聂凡、姜凤玲、陈伟芳完成。在此一并感谢。

执笔：樊温泉　宋海超　苏明辰

注释:

[1] 中国科学院考古研究所:《庙底沟与三里桥》，科学出版社，1959 年。

[2] 余西云:《西阴文化——中国文明的滥觞》，科学出版社，2011 年，第 14 页。

[3] 河南省文物考古研究所:《河南三门峡市庙底沟遗址仰韶文化 H9 发掘简报》,《考古》2011 年第 12 期。

[4] 山西省考古研究所:《山西河津固镇遗址发掘简报》，见山西省考古学会、山西省考古研究所:《三晋考古》第 2 辑，山西人民出版社，1996 年，第 63—126 页。

[5] 河南省文物考古研究所:《三门峡南交口》，科学出版社，2009 年，第 209 页。

[6] 河南省文物研究所、渑池县文化馆:《渑池仰韶遗址 1980—1981 年发掘报告》,《史前研究》1985 年第 3 期。

[7] 国家文物局、陕西省文物考古研究所、吉林大学:《晋中考古》，文物出版社，1999 年，第 6—12 页。

[8] 中国科学院考古研究所:《庙底沟与三里桥》，科学出版社，1959 年，图版三八。

1. 彩陶钵（H408：37）

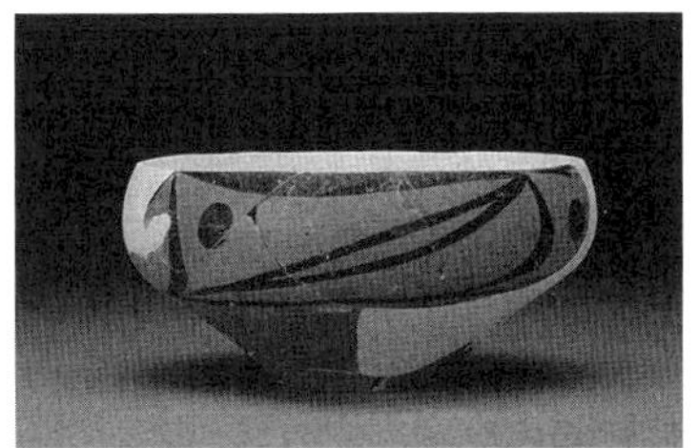

2. 彩陶钵（H408：39）

3. 彩陶钵（H408：40）

4. 彩陶钵（H408 ： 34）

5. 彩陶钵（H408 ： 36）

6. 彩陶钵（H408 ： 43）

7. 彩陶盆（H408：58）

8. 彩陶盆（H408：8）

9. 彩陶盆（H408：44）

10. 彩陶钵（H408：35）

11. 夹砂罐（H408：26）

12. 彩陶盆（H408：100）

河南三门峡庙底沟遗址庙底沟文化 H408 出土陶器

河南三门峡庙底沟遗址西王村文化遗存发掘简报

◎河南省文物考古研究院　◎三门峡市文物考古研究所
◎武汉大学历史学院

庙底沟遗址位于河南省三门峡市湖滨区韩庄村。地处青龙涧河下游左岸二级阶地的前缘，西北距黄河 1 千米。周边为流入黄河的青龙涧河和苍龙涧河之间的黄土塬。这里地势较平坦，新石器时代遗址丰富，如三门峡三里桥、李家窑、南交口，渑池仰韶村等。（图一）1956—1957 年，为配合黄河三门峡水利枢纽工程的建设，文化部和中国科学院考古研究所组成的黄河水库考古工作队，对庙底沟遗址开展了第一次大规模的考古发掘工作，揭露面积 4480 平方米，发现并命名了庙底沟文化和庙底沟二期文化[1]。

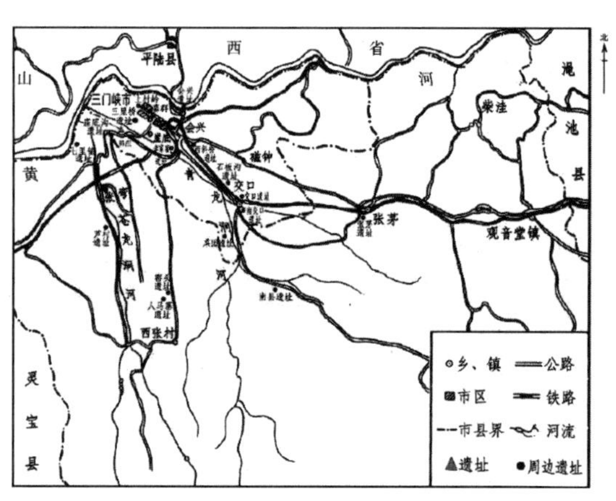

图一　河南三门峡庙底沟遗址位置图

2002 年 5 月，为配合 310 国道工程建设，河南省文物考古研究所联合三门峡市文物考古研究所等单位对庙底沟遗址进行了抢救性发掘。发掘面积 2 万多平方米，发现庙底沟文化、西王村文化及庙底沟二期文化等时期的灰坑和窖穴近 900 个、陶窑 20 余座，保存完好的房址 10 余座、壕沟 3 条，出土了一大批具有重要价值的实物资料。

庙底沟遗址西王村文化遗存发现灰坑 55 个，陶窑 1 座。地层仅在少数探方发现。出土陶片以夹砂灰陶为主，泥质灰陶、夹砂褐陶次之，泥质灰胎黑皮陶最少。纹饰以篮纹为主，素面次之，绳纹、磨光、按窝较少，附加堆纹很少单独出现，多与篮纹、线纹等组成复合纹饰。陶器的制作以泥条盘筑法为主，自喇叭口尖底瓶内部能看出明显的盘筑痕迹，绝大多数器物都经慢轮修整，因而器形规整，陶胎厚度均匀。器类以罐为主，豆、器盖、鼎次之，喇叭口尖底瓶、杯和刻槽盆等较少。下面我们以 H212、H556、H717 为例，对西王村文化的遗迹和遗物进行介绍。（表一；表二）

表一　H212、H556、H717 陶系统计

陶系 / 单位	夹砂		泥质			纹饰							
	灰	褐	灰	黑	褐	篮纹	素面	复合	线纹	绳纹	磨光	附加堆纹	按窝
H221	21	92	73	0	79	18	120	28	96	0	0	3	0
H556	423	170	233	11	2	545	146	89	26	22	11	0	0
H717	189	16	33	0	4	103	47	85	4	0	0	1	2
合计	633	278	339	11	85	666	313	202	126	22	11	4	2
比例	47.03%	20.65%	25.19%	0.82%	6.32%	49.48%	23.25%	15.01%	9.36%	1.63%	0.82%	0.30%	0.15%

表二　H212、H556、H717 器类统计

器类 / 单位	罐	豆	器盖	鼎	钵	小口尖底瓶	杯	刻槽盆
H221	72	0	9	5	1	4	1	0
H556	23	16	3	3	2	0	0	0
H717	22	1	1	1	3	1	1	1
合计	117	17	13	9	6	5	2	1
比例	68.82%	10.00%	7.65%	5.29%	3.53%	2.94%	1.18%	0.59%

一、H212

H212位于T51中西部。开口于第③层下，打破生土，被一近代墓打破，坑口距地表0.70米。平面形状呈圆形，袋状，平底。坑口径2.20米，底径2.60米，深1.60米。（图二）填土灰色，土质较硬。夹杂炭粒、红烧土等。出土陶器、石器、兽骨等。

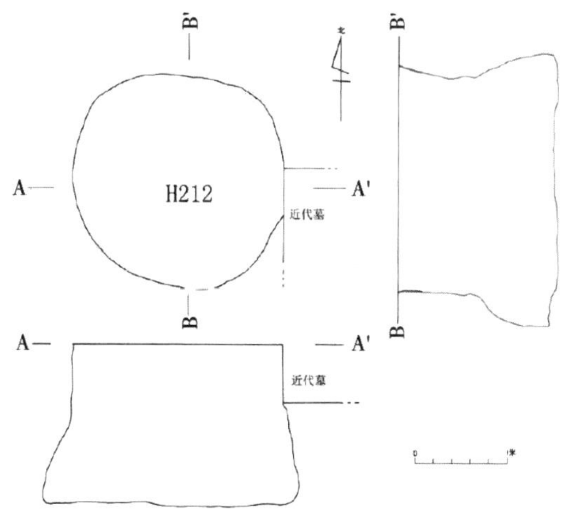

图二　H212平、剖图

H212出土陶器28件，石器8件。陶器中彩陶罐1件、钵2件、单把杯1件、豆1件、器盖2件、喇叭口尖底瓶4件、喇叭口平底瓶1件、鼎5件、鼓腹罐10件、折腹罐1件；石器有铲1件、刀1件、饼2件、球1件、璧1件、纺轮1件、石片1件。

彩陶罐　1件。标本H212：12，泥质红陶黑彩，通体饰红衣。侈口，折沿，方唇，束颈，鼓腹，下腹部近直，平底。器表磨光，内壁抹光，口沿内外侧及颈部均有修整痕迹。颈部、腹部各饰两周0.2~0.4厘米的条带纹，其间饰三道细直线组成的菱形纹。可复原。口径20.1厘米，腹径19.6厘米，底径10.8厘米，高17.3~17.5厘米。（图三，1）

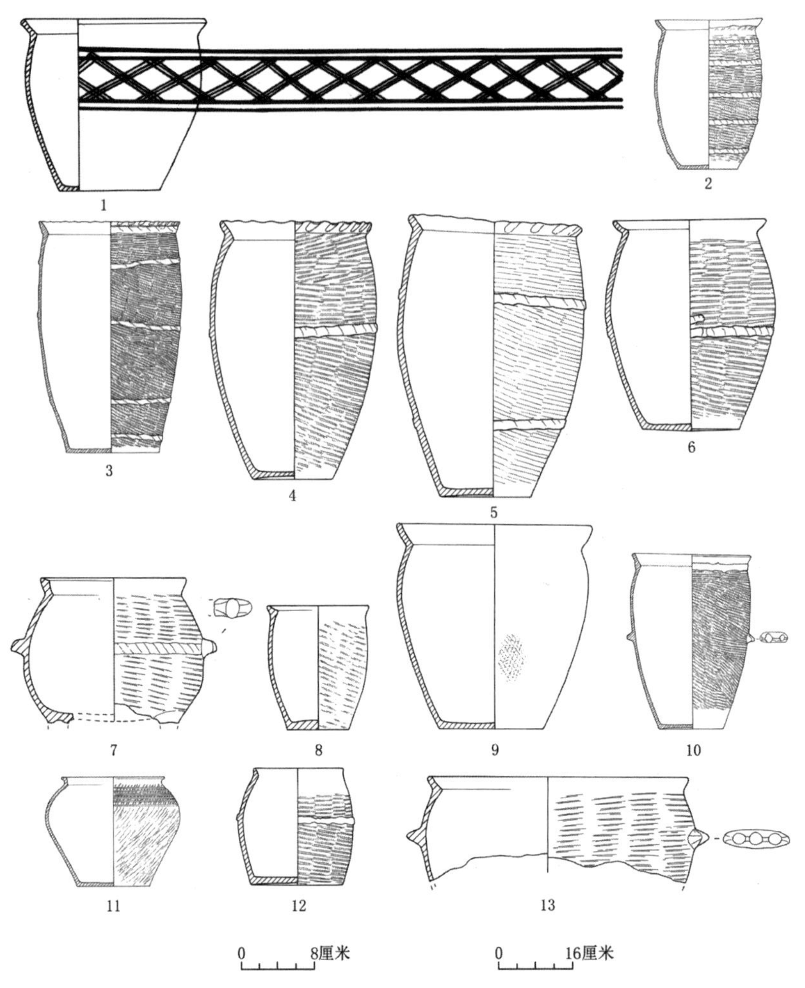

图三　H212 出土陶器

1. 彩陶罐（H212：12）2、3、4、5、6、8、9、10、11、12. 鼓腹罐（H212：15、H212：14、H212：3、H212：4、H212：25、H212：9、H212：5、H212：13、H212：20、H212：7）7、13. 鼎（H212：55、H212：52）

陶鼓腹罐　10 件。夹砂陶。折沿，鼓腹，平底。标本 H212：14，灰陶。敛口，圆唇。沿面外侧饰一周附加堆纹，口沿上有明显的手捏痕迹，腹部有四道宽窄不等的附加堆纹，其他地方通饰右斜篮纹。可复原。口径 30.5 厘米，腹径 32.8 厘米，底径 20.4 厘米，高 47.6~47.8 厘米。（图三，3；图四，1）标本 H212：3，灰陶。敛口，圆唇，底微内凹。沿面外侧按压一周花边，腹部有一周宽窄不均的附加堆纹，其余地方通饰篮纹。可复原。口径 16.6 厘米，腹径 18.4 厘米，底径 8.8 厘米，高 27 厘米。（图三，4；图四，4）标本 H212：4，灰陶。器身上腹部变形严重。敛口，圆唇，底微内凹。沿面外侧按压一周花边，腹部有两周宽窄不均的附加堆纹，其余部分通饰篮纹。可复原。口径 18.3 厘米，腹径 19.8 厘米，底径 9.8 厘米，高 28~28.9 厘米。（图三，5；图四，2）标本 H212：25，黄陶。敛口，沿面微下凹，尖唇。腹部中间有一道附加堆纹，其他部分通饰篮纹，近底部篮纹被抹平。可复原。口径 16.5 厘米，腹径 18.4 厘米，底径 10.4 厘米，高 21.9 厘米。（图三，6；图四，6）标本 H212：15，灰陶。敛口，方唇。腹部有五道宽窄不均的附加堆纹，其他部分通饰篮纹，近底处篮纹被抹平。可复原。口径 23.2 厘米，腹径 232.4 厘米，底径 12.8 厘米，高 31.6~32 厘米。（图三，2；图四，5）标本 H212：9，灰陶。敛口，沿

图四　H212 出土陶器

1. 鼓腹罐（H212：14） 2. 鼓腹罐（H212：4） 3. 鼓腹罐（H212：13）
4. 鼓腹罐（H212：3） 5. 鼓腹罐（H212：15） 6. 鼓腹罐（H212：25）
7. 喇叭口尖底瓶（H212：6） 8. 喇叭口尖底瓶（H212：19） 9. 喇叭口平底瓶（H212：2）

图五　H212 出土陶器

1. 鼓腹罐（H212：20） 2. 鼓腹罐（H212：7） 3. 钵（H212：11） 4. 钵（H212：21）
5. 鼓腹罐（H212：5） 6. 单把杯（H212：17） 7. 鼎（H212：16） 8. 鼎（H212：18）

面下凹，圆唇，底内部突起。沿面有刮削痕迹。通体饰左斜篮纹。可复原。口径 11.3 厘米，腹径 10.8 厘米，底径 6.9 厘米，高 13.1 厘米。（图三，8）标本 H212：20，红陶。直口微侈，圆唇，束颈，溜肩，下腹部内收。口部内外侧及沿面有明显的刮削痕迹。肩部饰数道凹弦纹，其间饰左斜短篮纹，腹部饰左斜篮纹。可复原。口径 22.6 厘米，腹径 29.6 厘米，底径 16.2 厘米，高 22.5 厘米。（图三，11；图五，1）标本 H212：5，灰陶。敛口，圆唇。腹部篮纹不明显。可复原。口径 21 厘米，腹径 20.6 厘米，底径 11.4 厘米，高 21.3 厘米。（图三，9；图五，5）标本 H212：13，灰陶。敛口，圆唇，底微内凹。颈部饰一周附加堆纹，腹部通饰篮纹，近底处篮纹抹平，腹部中间置一对鸡冠状錾手，錾上有手捏痕迹。可复原。口径 25.2 厘米，腹径 25.3 厘米，底径 15.6 厘米，高 35.8~36.4 厘米。（图三，10；图四，3）标本 H212：7，黄陶。敛口，圆唇，底微内凹。腹部有一周附加堆纹，其他地方通体饰横篮纹。可复原。口径 9.9 厘米，腹径 13 厘米，底径 10.2 厘米，高 12.2 厘米。（图三，12；图五，2）

陶折腹罐　1 件。标本 H212：50，侈口，方唇，斜直颈，溜肩，折腹。颈部饰横篮纹。底部残。口径 12.2 厘米，腹径 12.8 厘米，残高 10.2 厘米。（图六，1）

陶鼎　5 件。夹砂灰陶。标本 H212：18，侈口，折沿，圆唇，束颈，圆鼓腹，平底，扁平足。上腹部对称置鸡冠状錾手，錾上有手捏痕迹，腹部饰横篮纹。可复原。口径 12 厘米，腹径 14 厘米，高 15.5 厘米。（图五，8；图六，9）标本 H212：16，敛口，折沿中间下凹成槽，鼓腹，平底，扁平足。口沿处有一周花边附加堆纹，堆纹上有手捏痕迹，上、下腹部各饰一道附加堆纹，上腹部附加堆纹处对称置一对鸡冠状錾手，錾上有手捏痕迹。可复原。口径 18.5 厘米，腹径 23.6 厘米，高 17.4 厘米。（图五，7；图六，10）标本 H212：64，平底，扁平足。足外侧中间有一道附加堆纹。残存足。残高 8.8 厘米。（图六，12）标本 H212：55，折沿，方唇，鼓腹，平底。腹部通饰绳纹，中间对称置一对鸡冠状錾手，錾手两侧饰附加堆纹。足残。口径 16 厘米，腹径 19.6 厘米，残高 15.2 厘米。（图三，7）标本 H212：52，折沿，圆唇，鼓腹。腹部通饰绳纹，中间对称置一对突起状錾手。腹部以下残。口径 28 厘米，腹径 29.4 厘米，残高 11 厘米。（图三，13）

陶钵　2 件。标本 H212：11，泥质灰陶。直口微敛，圆唇，弧腹较直，平底。器表磨光，内壁抹光，内外壁近底部有泥条盘筑痕迹，内外壁近口部有刮削痕迹。素面。可复原。口径 18.8 厘米，底径 9 厘米，高 8.8~9.1 厘米。（图五，3；图六，6）标本 H212：21，夹砂黄陶。胎较厚，侈口，圆唇，弧腹较直，下腹部内收，平底微内凹。素面。可复原。口径 10.3 厘米，底径 6.5 厘米，高 4.2 厘米。（图五，4；图六，7）

陶单把杯　1 件。标本 H212：17，夹砂灰陶，器身发黑。侈口，仰折沿，尖唇，一侧置桥形把，鼓腹，平底。腹部饰右斜篮纹。可复原。口径 14.6 厘米，底径 11 厘米，高 12.4 厘米。（图五，6；图六，5）

陶喇叭口尖底瓶　4 件。夹砂灰陶。标本 H212：6，器身上部略变形。侈口，方唇，束颈，

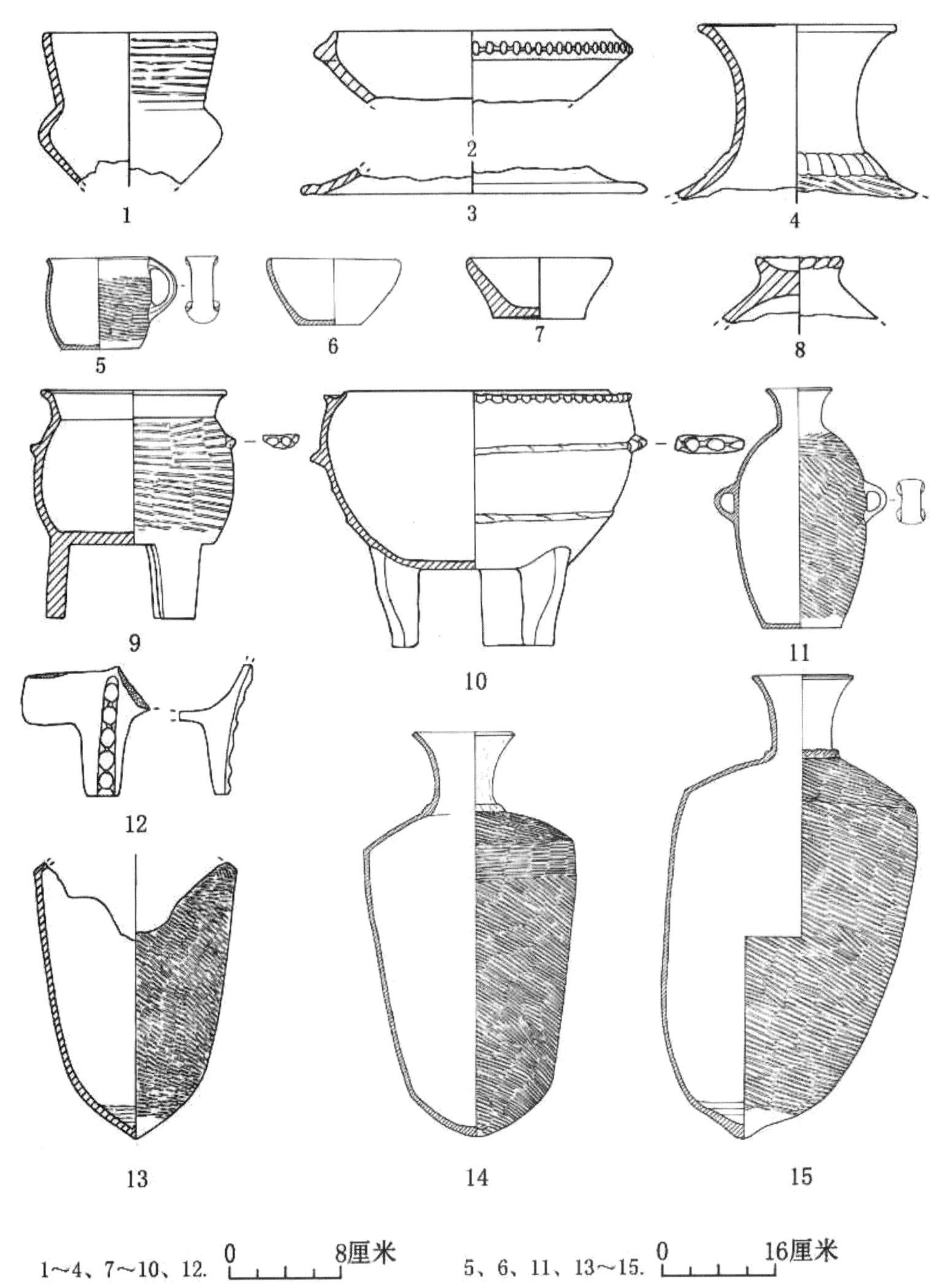

图六 H212 出土陶器

1. 折腹罐（H212：50） 2. 豆（H212：62） 3、8. 器盖（H212：48、H212：43）
4、13、14、15. 喇叭口尖底瓶（H212：32、H212：60、H212：6、H212：19） 5. 单把杯（H212：17）
6、7. 钵（H212：11、H212：21） 9、10、12. 鼎（H212：18、H212：16、H212：64） 11. 喇叭口平底瓶（H212：2）

折肩，尖底。颈部篮纹不明显，颈肩交界处饰一周粗附加绳纹，腹部饰右斜篮纹。可复原。口径 14.5 厘米，腹径 30 厘米，高 55.5 厘米。（图四，7；图六，14）标本 H212：19，器身下半部变形严重。侈口，圆唇，束颈，折肩，尖底。颈肩交界处饰一周粗附加绳纹，腹部饰右斜篮纹。底部残留有泥条盘筑痕迹。可复原。口径 14.2 厘米，腹径 35 厘米，高 63.5 厘米。（图四，8；图六，15）标本 H212：32，侈口，圆唇，束颈。颈肩交界处饰一周粗附加绳纹，其下饰右斜篮纹。肩部以下残。口径 14 厘米，残高 12 厘米。（图六，4）标本 H212：60，折肩，尖底。

肩部以下饰右斜篮纹。底部残留有泥条盘筑痕迹。肩部以上残。腹径 28.8 厘米，残高 37.6 厘米。（图六，13）

陶喇叭口平底瓶　1 件。标本 H212：2，夹砂灰陶。侈口，方唇，束颈，溜肩，弧腹，腹上部对称置竖向宽扁桥形耳，平底。腹部饰右斜篮纹。可复原。口径 9.2 厘米，腹径 18.6 厘米，底径 10.8 厘米，高 33.1 厘米。（图四，9；图六，11）

陶豆　1 件。标本 H212：62，泥质灰胎黑皮陶。直口，圆唇，折腹，下腹部斜直。上腹部有一周按窝。残存口部。口径 19.2 厘米，残高 4.8 厘米。（图六，2）

陶器盖　2 件。标本 H212：43，夹砂灰陶。弧腹，圈足状花边纽。素面。口部残。纽径 6 厘米，残高 4 厘米。（图六，8）标本 H212：48，夹砂灰陶。敞口，圆唇，喇叭状口部下凹成台。残存盖口。口径 24 厘米，残高 1.8 厘米。（图六，3）

石铲　1 件。标本 H212：1，红褐色白云岩。近梯形，残留近顶部一角，磨制弧顶，侧边平直。近顶部有两个单面钻圆形穿孔，孔径 1.6~2.1 厘米。器表磨制光滑，一面似有烟火熏烤痕迹。残长 12.4 厘米，残宽 13.6 厘米，厚 12 厘米。（图七，1）

石刀　1 件。标本 H212：24，褐色石英砂岩。平面近长方形。为锐棱斜向砸击石片打制而成，石片台面修型为刀背，略弧。远端修型为刃，刃较平直。两侧边打制出较对称两凹缺。长 8.5 厘米，宽 5.2 厘米，厚 1.1 厘米。（图七，8）

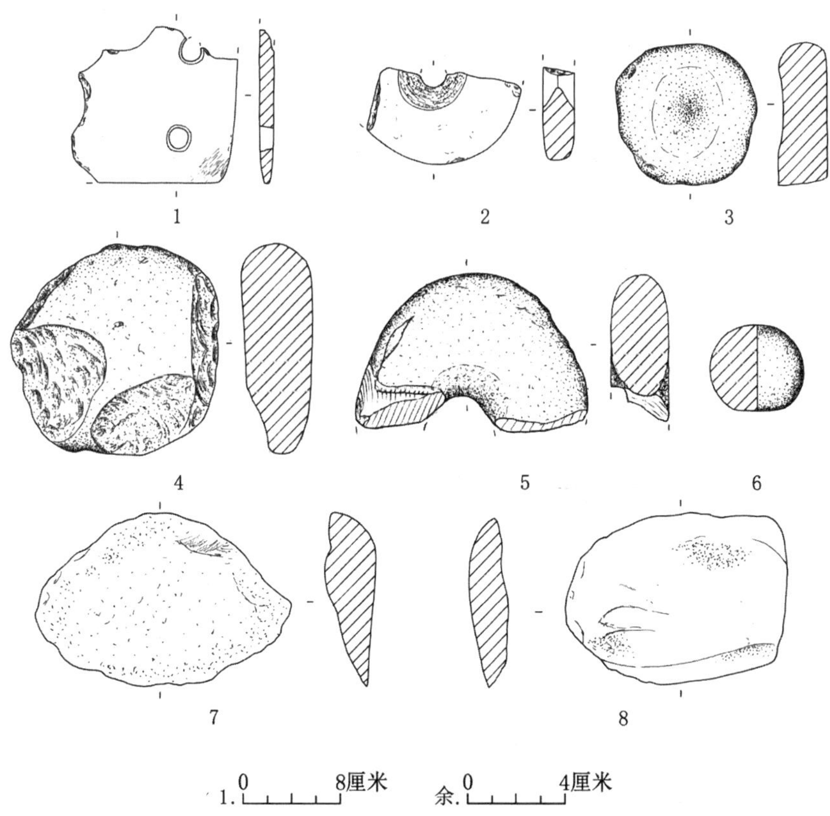

图七　H212 出土石器

1. 铲（H212：1）　2. 纺轮（H212：8）　3、4. 饼（H212：22、H212：68）
5. 璧（H212：26）　6. 球（H212：27）　7. 石片（H212：29）　8. 刀（H212：24）

石饼　2件。标本H212：22，灰褐色砂岩。平面近圆形。系扁平砾石局部打制而成，打制边棱较齐整。器身两面近平，两面有对琢凹窝。径5.8~6厘米，厚2.2厘米。（图七，3）标本H212：68，灰白色石英砂岩，平面近圆形。系扁平砾石打制而成。两面近平，均为砾石面，一面有三个较大打制片疤，另一面基本无片疤。边棱局部保留砾石自然边棱，部分打制，较齐整。径8.7~9厘米，厚2.9厘米。（图七，4）

石球　1件。标本H212：27，褐色硅质灰岩。球体，近正圆。器身遍布琢制坑点，略有磨制，器表并不十分光滑，颗粒感明显。较扁的一面正中有一小平面，较光滑。长4厘米，宽3.9厘米，厚3.5厘米。（图七，6）

石璧　1件。标本H212：26，灰白色石英砂岩。平面近半月形。天然扁平砾石打琢而成，残半，断口较齐整。利用砾石天然形态，器中央两面对琢凹窝形成穿孔，不见明显磨制痕迹。一面有较大的打制片疤。长9.5厘米，壁宽4.1~4.8厘米，厚2.4厘米。（图七，5）

石纺轮　1件。标本H212：8，灰褐色砂岩。平面近半月形。残存近半，通体磨制光滑，一面较平，一面微弧。器身中部对钻圆形穿孔，外径2.3厘米，内径1.1厘米。残长6.1厘米，壁宽3厘米，厚1.4厘米。（图七，2）

石片　1件。标本H212：29，灰白色石英岩。平面近橄榄形。锐棱斜向砸击石片，线状台面，台面处较厚，腹面略鼓，近远端有凸棱，背面微凸，全为砾石面。远端薄锐，略有残损和崩疤，疑似使用石片。长10.4厘米，宽6.6厘米，厚1.9厘米。（图七，7）

二、H556

H556位于T54中南部。开口于第③层下，打破生土，被H539打破，坑口距地表0.65米。平面形状呈圆形，袋状，平底。坑口最大径1.38米，最小径0.75米，坑底最大径1.96米，最小径1.80米，深1.40米。（图八）填土浅灰，土质松软。包含炭粒、草木灰、烧土、石块、兽骨等。

H556出土陶器17件、石器4件。其中陶器有鼎2件、器盖2件、钵2件、圈足盘2件、喇叭口尖底瓶2件、罐7件；石器有斧1件、饼1件、刀1件、凿1件。

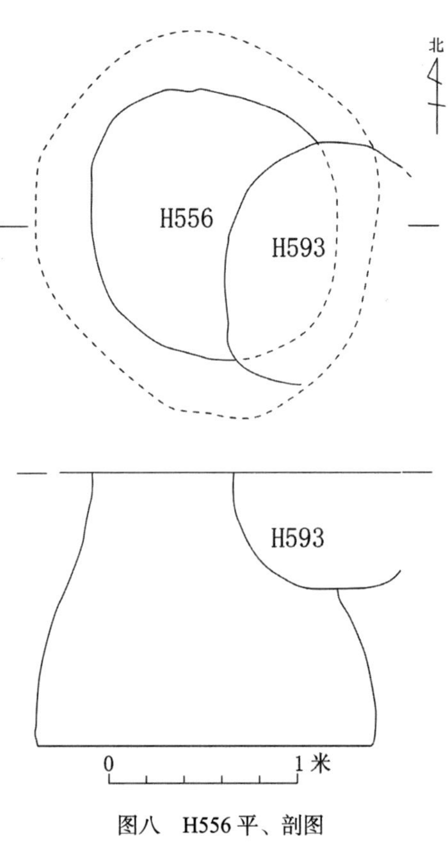

图八　H556平、剖图

陶鼎　2件。夹砂灰陶。敛口，弧腹，腹部对称饰附加凸起状双鋬，平底。标本H556：5，圆唇，子母口，凿形足。口沿外侧饰一周戳印纹，腹部饰篮纹。可复原。口径19厘米，足径11厘米，高18.5

厘米。（图九，1；图一〇，1）标本 H556：10，口部变形严重呈椭圆形。方唇中间下凹成台，扁平足中间内凹。口沿外侧饰一周花边。可复原。口径 19.4~21.2 厘米，足径 10 厘米，高 16 厘米。（图九，2；图一〇，2）

陶器盖　2 件。素面。标本 H556：6，夹砂灰陶。敞口，圆唇，唇部内侧加厚，折腹，腹部内壁内收，平底。内外壁近口部有刮削痕迹。可复原。口径 23 厘米，底径 8 厘米，高 8 厘米。（图九，9）标本 H556：11，泥质灰陶。敞口，圆唇，斜直壁，圆形纽，纽下有明显的贴附痕迹。器表有明显的刮削痕迹。可复原。口径 25.7 厘米，纽径 8 厘米，高 9.4 厘米。（图九，3；图一〇，3）

陶钵　2 件。素面。标本 H556：13，夹砂灰陶。敞口，圆唇，斜腹，平底。内外壁近口部有刮削痕迹。可复原。口径 20.4 厘米，底径 10.3 厘米，高 6.9 厘米。（图九，5；图一〇，5）标本 H556：14，泥质黑陶。敞口，尖圆唇，弧腹近直，平底。内外壁有刮削痕迹。可复原。口径 13 厘米，底径 5.4 厘米，高 5.4 厘米。（图九，6；图一〇，4）

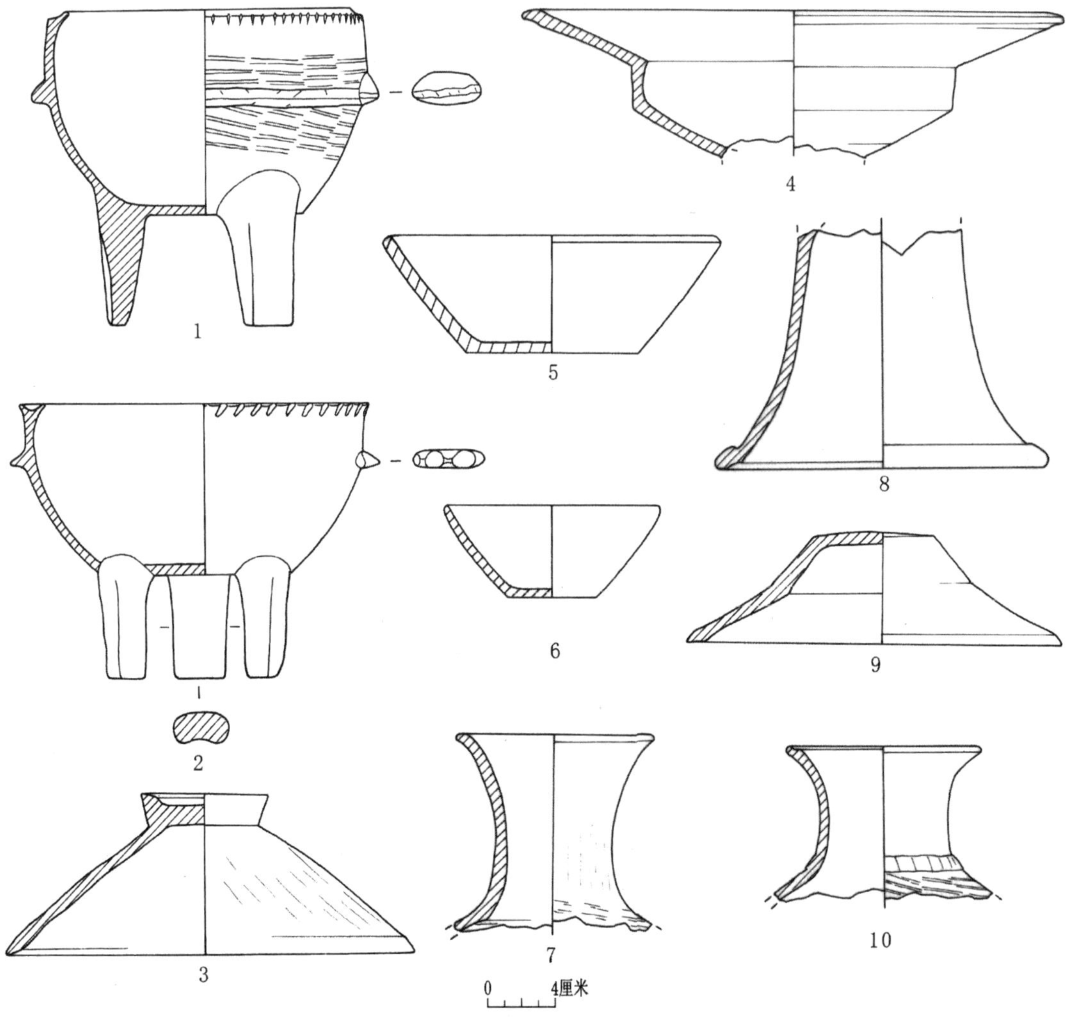

图九　H556 出土陶器

1、2. 鼎（H556：5、H556：10）3、9. 器盖（H556：11、H556：6）4、8. 圈足盘（H556：19、H556：18）5、6. 钵（H556：13、H556：14）7、10. 喇叭口尖底瓶（H556：17、H556：16）

陶圈足盘　2件。泥质磨光黑皮陶。素面。标本H556：19，敞口，尖唇，折腹。腹部以下残。口径33厘米，残高8.3厘米。（图九，4）标本H556：18，敞口，圆唇，喇叭状圈足底部起台。残存圈足。足径20.1厘米，残高14厘米。（图九，8）

图一〇　H556、H717出土陶器

1. 鼎（H556：5）2. 鼎（H556：10）3. 器盖（H556：11）4. 钵（H556：14）
5. 钵（H556：13）6. 器盖（H717：2）7. 钵（H717：3）8. 单把杯（H717：1）

陶喇叭口尖底瓶　2件。敞口，圆唇，束颈。标本H556：17，颈部饰一周附加堆纹，其下饰右斜篮纹。颈部以下残。口径12厘米，残高9厘米。（图九，10）标本H556：16，颈部以下饰右斜篮纹。颈部以下残。口径12厘米，残高11.4厘米。（图九，7）

陶罐　7件。夹砂灰陶。仰折沿，圆唇，鼓腹。标本H556：20，平底微内凹。颈部以下饰左斜细绳纹。可复原。口径29.4厘米，腹径26厘米，底径13.8厘米，高23厘米。（图一一，1）标本H556：29，沿部外壁有一周花边，颈部有一周小按窝，其下饰横篮纹，腹部有一周附加堆纹。腹部以下残。口径26厘米，残高13厘米。（图一一，2）标本H556：27，颈部饰间隔绳纹，肩部以下饰绳纹。腹部以下残。口径24厘米，残高7.4厘米。（图一一，3）标本H556：30，口部外壁有一周花边，颈部、腹部有数周附加堆纹，其余地方通饰横篮纹。腹部以下残。口径37.6厘米，残高22厘米。（图一一，4）标本H556：31，沿部外壁有一周花边，其下有一周小按窝，颈部以下饰横篮纹，腹部有一周附加堆纹。腹部以下残。口径40厘米，残高18.4厘米。（图一一，5）标本H556：28，颈部有一周麻花状附加堆纹，其下饰数周弦纹。腹部以下残。口径48厘米，残高10.4厘米。（图一一，6）标本H556：26，沿部外壁有一周花边，颈部有一周附加堆纹，其下饰左斜绳纹。腹部以下残。口径36厘米，残高16.8厘米。（图一一，7）

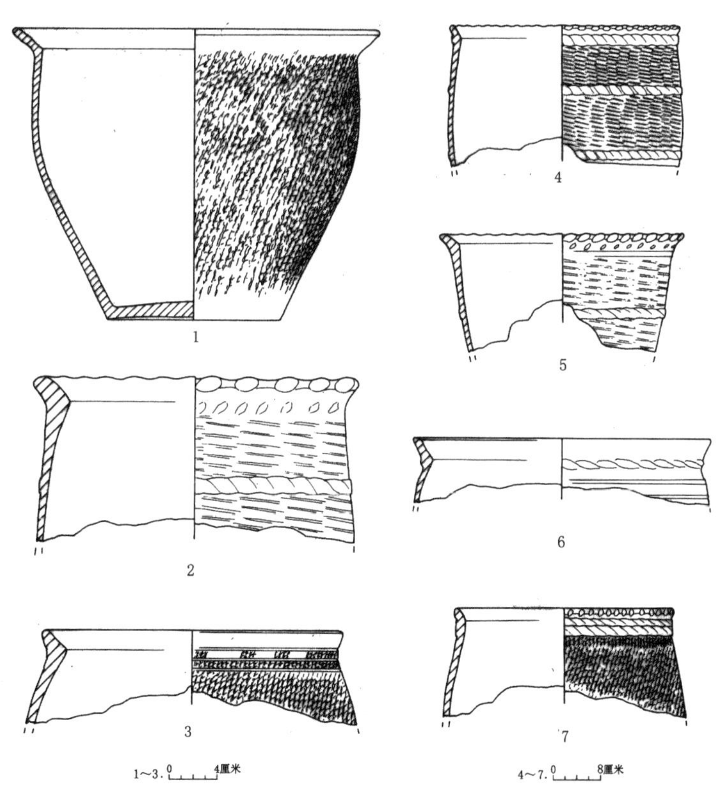

图一一　H556出土陶罐

1. H556：20　2. H556：29　3. H556：27　4. H556：30　5. H556：31　6. H556：28　7. H556：26

石斧　1件。标本H556：1，褐色硅质灰岩。平面近梯形。由大石铲近刃部残片改制，两面和刃缘均保留原石铲形态，一面保留大量斜向擦磨痕，刃缘略斜且曲折。顶端和两侧边均为截断面，较平直。长4.3厘米，宽3.3厘米，厚1.6厘米。（图一二，1）

石刀　1件。标本H556：22，灰褐色石英砂岩。平面近圆角长方形。锐棱斜向砸击石片加工，周边均有修型修理，两侧边打制处较对称两凹缺。刀背较厚，打制较平直，刃部薄锐，有使用痕迹。长8.3厘米，宽5.3厘米，厚1.5厘米。（图一二，3）

石饼　1件。标本H556：9，灰色石英砂岩。平面近圆形。两面较平，均为砾石面。器身周边均打制，边沿整齐。长6.1厘米，宽5.7厘米，厚1.8厘米。（图一二，4）

石凿　1件。标本H556：8，黑灰色玄武岩，长条形砾石打琢而成。双凿刃，两端均为双面弧形刃，刃长3.8厘米，3.6厘米，刃缘具明显使用痕迹。器身大部分为琢制，保留部分打制痕迹和天然砾石面。长14厘米，宽4.4厘米，厚2.5厘米，重0.28千克。（图一二，2）

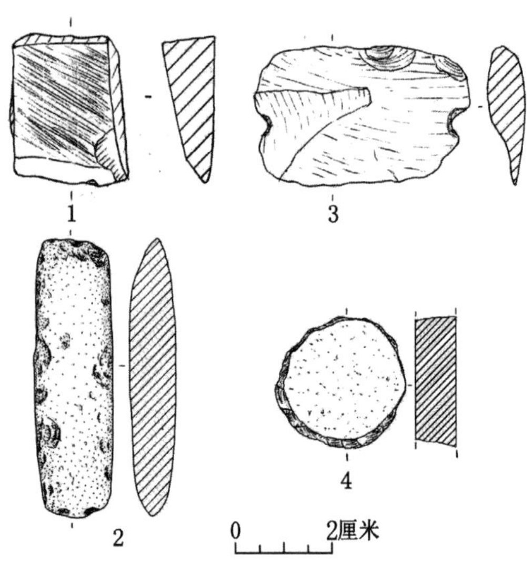

图一二　H556出土石器
1. 斧（H556：1） 2. 凿（H556：8）
3. 刀（H556：22） 4. 饼（H556：9）

三、H717

H717位于T59北部。坑口位于H643下，打破生土。开口距地表0.55米。平面形状为椭圆形，上部直壁，下部弧壁，平底，有明显加工痕迹。坑口直径最大径0.80米，最小径0.70米，坑底最大径2米，最小径2米，深1.30米。（图一三）填土浅灰，土质疏松。包含红色颗粒状烧土块、炭灰颗粒、陶片、石块、兽骨等。出土陶片以夹砂灰陶、泥质灰陶为主，泥质黄褐陶次之，另有少量彩陶；部分陶片器表磨光；纹饰有线纹、篮纹、附加堆纹等；可辨器形有盆、罐、杯、器盖等。

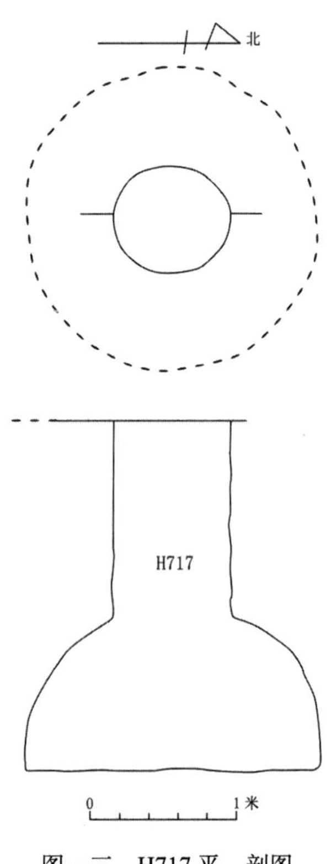

图一三　H717平、剖图

单把杯　1件。标本H717：1，泥质黑陶。直口，圆唇，直腹，平底，一侧置桥状耳。内外壁及耳部有不明显的竖直刮削痕迹。素面。可复原。口径9.6厘米，底径8.6厘米，高9.6~9.8厘米。（图一〇，8；图一四，1）

钵　1件。标本H717：3，夹砂灰陶。直口微侈，圆唇，弧腹，平底微内凹。内壁有刮削痕迹和指纹，外壁腹部饰横篮纹，底部有一周按窝。可复原。口径18.5~19厘米，底径10厘米，高9~10厘米。（图一〇，7；图一四，2）

器盖　2件。侈口，斜直腹，平顶，素面。标本H717：2，泥质灰陶。圆唇。内外壁近口

部有刮削痕迹。可复原。口径 11.2 厘米，底径 6 厘米，高 6.4 厘米。（图一〇，6；图一四，4）

标本 H717：4，夹砂黄褐陶。尖唇。内外壁均为刮削痕迹。可复原。口径 11.5 厘米，底径 4.5 厘米，高 4.2 厘米。（图一四，7）

鼎　1 件。标本 H717：9，夹砂灰陶。扁平足。素面。残存鼎足。残高 6.6 厘米。（图一四，5）

刻槽盆　1 件。标本 H717：8，夹砂灰陶。敛口，方唇中间下凹，弧腹。腹部对称置鸡冠状鋬手，其余部分通饰横篮纹，内壁有密集的刻槽。腹部以下残。口径 30 厘米，残高 7 厘米。（图一四，3）

罐　1 件。标本 H717：7，夹砂灰陶。敛口，折沿，方唇，溜肩，鼓腹，腹部有一道附加堆纹，其余部分通饰篮纹。腹部以下残。口径 23.8 厘米，腹径 28 厘米，残高 11.5 厘米。（图一四，6）

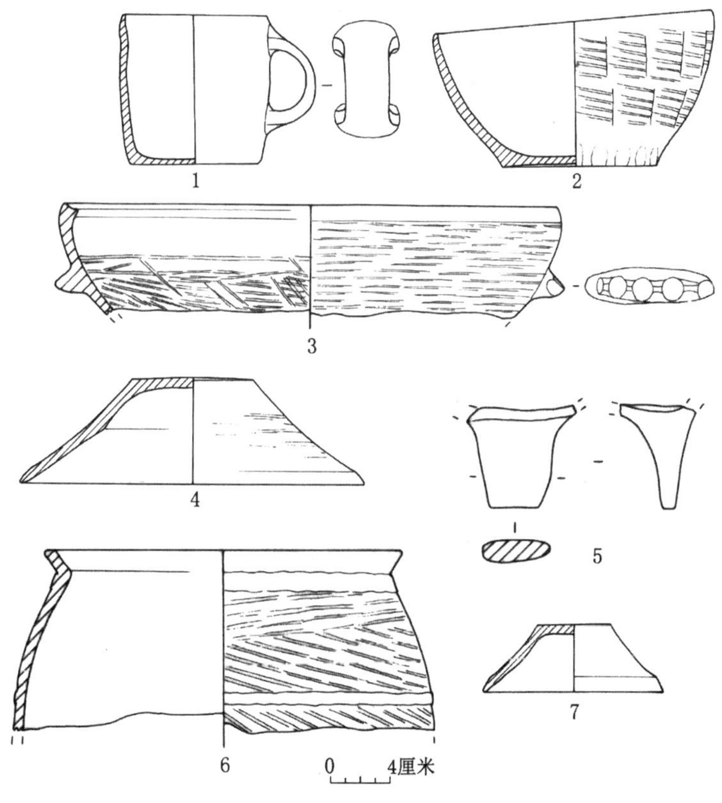

图一四　H717 出土陶器

1. 单把杯（H717：1）　2. 钵（H717：3）　3. 刻槽盆（H717：8）
4、7. 器盖（H717：2、H717：4）　5. 鼎（H717：9）　6. 罐（H717：7）

四、结语

庙底沟遗址 H212、H556、H717 出土陶器以夹砂灰陶为主，泥质灰陶、夹砂褐陶次之；器表以篮纹为主，素面次之。陶器组合以盆形鼎、鼓腹罐、喇叭口尖底瓶、豆、钵、网格纹彩陶罐为主。这 3 个单位出土的作物有粟和黍两种，以粟为主，出土动物骨骼有猪、狗和中型鹿科三种，以猪为主。这种生业结构和此前的庙底沟文化时期所呈现的面貌相差不大。

陶器特征与渑池笃忠 H95、H98[2]，垣曲上亳 H238[3]，平陆盘南 H1[4]，华县泉护村 H903[5]，商县紫荆 H124[6] 等单位同类器基本一致，因此，这 3 个灰坑所代表遗存属于典型的西王村文化。H212 的测年结果为 4185±25，树轮校正后为 BC2879—BC2859（21.35%，±1σ）、BC2806—BC2752（59.91%，±1σ）、BC2721—BC2702（19.74%，±1σ）；H556 的测年结果为 4540±25，树轮校正后为 BC3361—BC3330（37.91%，±1σ）、BC3218—BC3186、（35.35%，±1σ）、BC3153—BC3121（26.74%，±1σ）。参考三门峡庙底沟[7]、西安杨官寨[8]等遗址庙底沟文化的测年数据，H556 的绝对年代不可能早于公元前 3100 年。因此我们推测庙底沟遗址西王村文化的绝对年代在 BC3100—BC2800。

附记：发掘领队为河南省文物考古研究院樊温泉。参与发掘的有河南省文物考古研究院、郑州大学历史学院、三门峡市文物考古研究所诸多同仁。植物考古信息、测年数据由山东大学历史学院杨凡提供。动物考古信息由武汉大学历史学院刘一婷提供。石器岩性信息由西北大学文化遗产学院贺存定提供。照相和绘图由河南省文物考古研究院祝贺、聂凡、姜凤玲、陈伟芳完成。在此一并感谢。

执笔：樊温泉　宋海超　苏明辰

注释：

［1］中国科学院考古研究所：《庙底沟与三里桥》，科学出版社，1959 年。

［2］河南省文物考古研究所：《河南渑池笃忠遗址 2006 年发掘简报》，《华夏考古》2010 年第 8 页。

［3］山西省考古研究所：《垣曲上亳》，科学出版社，2010 年。

［4］黄河水库考古工作队河南分队：《山西平陆新石器时代遗址复查试掘简报》，《考古》1960 年第 8 期。

［5］北京大学考古学系：《华县泉护村》，科学出版社，2003 年。

［6］商县图书馆、西安半坡博物馆、商洛地区图书馆：《陕西商县紫荆遗址发掘简报》，《考古与文物》1981 年第 3 期。

［7］中国社会科学院考古研究所、考古科技实验研究中心碳十四实验室、中国科学院地球环境研究所西安加速器质谱测试中心：《放射性碳素测定年代报告（三六）》，《考古》2010 年第 7 期。

［8］杨利平：《试论杨官寨遗址墓地的年代》，《考古与文物》2014 年第 8 期。

河南渑池仰韶村遗址第四次考古发掘 2020 年度简报

◎河南省文物考古研究院　◎三门峡市文物考古研究所
◎渑池县文化广电和旅游局

仰韶村遗址位于河南省渑池县城北约 5 千米，中心遗址区位于东经 34°48′37.9″，北纬 111°46′38.4″，分布于仰韶村村南的台地上。遗址北靠韶山，东西两侧分别为东沟（饮牛河）和西沟，两沟现深达 50 余米，汇于南部的刘果水库后向南流入涧河。地势北高南低，南北最大高差近 50 米。遗址从东北到西南长 900 余米，从西北到东南宽 300 余米，面积 30 余万平方米。（图一）

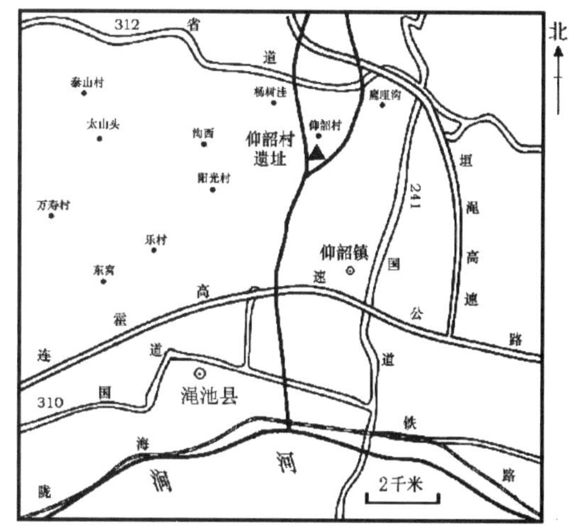

图一　河南渑池仰韶村遗址位置示意图

1921 年，瑞典地质学家安特生和中国地质学家袁复礼等人，对渑池仰韶村遗址进行了第一次发掘[1]。1951 年，中国科学院考古研究所夏鼐等对该遗址进行了第二次考古发掘[2]。1980 年 10 月—1981 年 6 月，河南省文物研究所（河南省文物考古研究院前身）等单位对该遗址进行了第三次考古发掘[3]。2019 年 3 月—5 月，河南省文物考古研究院等单位对仰韶村遗址进行了系统性的考古勘探工作[4]。2020 年 7 月，河南省文物考古研究院对仰韶村遗址寺沟组拆迁区域进行了考古勘探，探明区域内地下遗存分布的情况。

2020 年 8 月，为深入挖掘黄河文化内涵，实施“考古中国·中原地区文明化进程研究”项目，仰韶村遗址第四次考古发掘工作正式启动，包括主动性考古发掘和抢救性考古发掘两部分，本文仅对主动性考古发掘情况进行介绍。主动性考古发掘面积为 200 平方米，分为两个发掘区。Ⅰ区位于遗址南部，为生活居住区。探方布设以仰韶村遗址西南部为坐标原点，对整个遗址按照 10×10 平方米网格进行虚拟布方，实际布方 5×5 平方米探方 6 个，系于每个虚拟探方中均等分成 4 个 5×5 平方米小探方，并按直角坐标系象限分布顺序依次用 A、B、C、D 对其进行编号和区分，如 T0305A、T0305B、T0305C 和 T0305D。Ⅰ区实际发掘面积 140 平方米。Ⅱ区位于遗址中部，布设 3×20 平方米探沟一条，编号为 TG1。Ⅱ区实际发掘面积 60 平方米。本次发掘编号为 2020YS，下文省略。

一、地层堆积

仰韶村遗址文化堆积分布不均匀，总体为北薄南厚，且普遍被严重破坏，导致文化层分布零散。地势较高处被破坏较甚，少见或不见文化层；地势较低处保存状况则相对较好，文化层堆积较厚。现选取Ⅰ区西部探方 T0305A 南壁为例进行介绍。（图二）

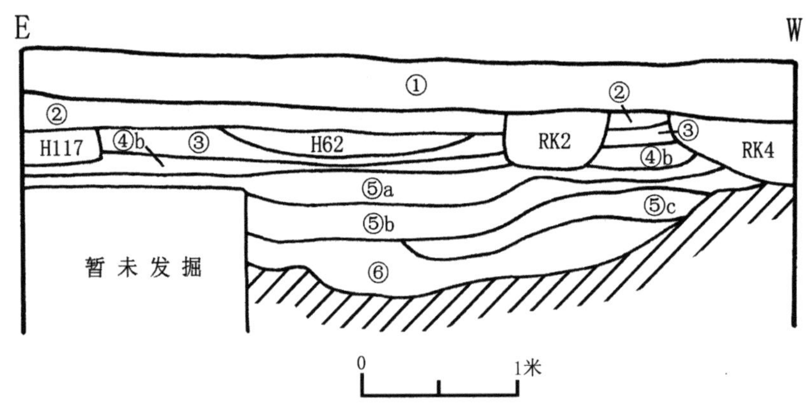

图二　T0305A 南壁地层堆积图（RK 为扰坑，下同）

第①层：全方分布，水平堆积。浅黄色土，略泛灰，土质软，结构疏松。包含植物根茎、石块、砖块和现代废弃物等。出土遗物以陶为主，另有少量彩陶片、瓷片、石器和砖瓦块等。陶片可辨器形有罐、盆和瓦等。厚 0.20~0.35 米。为现代耕土层。

第②层：分布于探方东部、中部和南部，近水平堆积。浅灰色土，土质较软，结构较疏松，包含炭粒、红烧土粒、料姜石和石块等。出土遗物以陶片为主，有少量彩陶，另有砖块、瓦片和铁片。陶片可辨器形有钵、罐和小口尖底瓶等。厚 0~0.25 米。为近代垫土层。

第③层：除探方西南角外，全方分布，坡状堆积。红色土，局部泛灰，土质较硬，结构较致密，包含炭粒、红烧土粒、石块和兽骨等。出土遗物以陶片为主，另有少量房屋建筑遗存等。陶片可辨器形有罐、盆和钵等。厚 0~0.70 米。为仰韶文化层。

第④ a 层：分布于探方东北部，坡状堆积。黄色土，土质软，结构疏松，包含红烧土粒、炭粒和石块等。出土遗物以陶片为主，可辨器形有罐、钵等。厚 0~0.20 米。为仰韶文化层。

第④ b 层：分布于探方东部及南部。灰色土，泛红，土质较硬，结构较致密，包含炭粒、红烧土粒和石块等。出土遗物以陶片为主，有少量彩陶，可辨器形有罐、钵和小口尖底瓶等。厚 0~0.25 米。为仰韶文化层。

第④ c 层：分布于探方东北部，坡状堆积。红色土，泛灰，土质较硬，结构较致密，包含炭粒、红烧土粒和石块等。出土遗物以陶片为主，有少量彩陶，可辨器形有罐、盆和小口尖底瓶等。厚0.55~0.63米。为仰韶文化层。

第⑤a层：分布于探方南部，坡状堆积。深灰色土，土质较软，结构较疏松，包含炭粒和红烧土粒等。出土遗物以陶片为主，可辨器形有罐等。厚0.06~0.30米。为仰韶文化层。

第⑤b层：分布于探方南部，坡状堆积。灰色土，泛黄，土质较硬，结构较致密，包含炭粒、红烧土粒和石块等。出土遗物以陶片为主，可辨器形有罐、钵和小口尖底瓶等。厚0~0.37米。为仰韶文化层。

第⑤c层：分布于探方南部，坡状堆积。青灰色土，土质较软，结构较疏松，包含炭粒、红烧土粒和石块等。出土遗物以陶片为主，可辨器形有罐、钵等。厚0~0.20米。为仰韶文化层。

第⑤d层：分布于探方东部，坡状堆积。灰色土，泛黄，土质较硬，结构较致密，包含炭粒和红烧土粒等。出土遗物以陶片为主，可辨器形有盆、罐等。厚0.10~0.35米。为仰韶文化层。

第⑥层：分布于探方南部，坡状堆积。灰色土，泛红，土质较硬，结构较致密，包含炭粒、红烧土粒和料姜石等。出土遗物以陶片为主，有少量彩陶，可辨器形有罐、盆和小口尖底瓶等。厚0~0.30米。为仰韶文化层。

二、遗迹与遗物

本次发掘发现了房址、壕沟、墓葬、灰坑葬、窖穴、灰坑、灰沟、道路和柱洞等遗迹，出土了陶器、玉器、石器、骨器和蚌器等遗物，以及房屋建筑遗存。现选4个灰坑和1条壕沟作为典型遗迹予以介绍。

（一）灰坑

H18　位于T0305A北部，开口于②层下，打破③层。平面形状为圆形，斜直壁略收，坑底较平。坑口直径2.36米，坑底直径2.14米，深0.64米。坑内填土分为2层。第①层为灰色土，泛黄，土质较软，结构较疏松，包含红烧土块、红烧土粒等。出土遗物以陶片为主，另有少量骨器。陶片以泥质陶居多，夹砂陶次之。陶色以灰陶为主，红陶、黑陶依次递减。器表以素面最多，磨光陶占一定比例，纹饰以篮纹最多，线纹次之，附加堆再次之，另有少量细绳纹、弦纹等。可辨器形有罐、盆、小口尖底瓶、豆和环等。第②层为灰色土，泛红，土质较软，结构较疏松，包含炭粒、红烧土粒和红烧土块等。出土遗物以陶片为主，另有少量骨器、

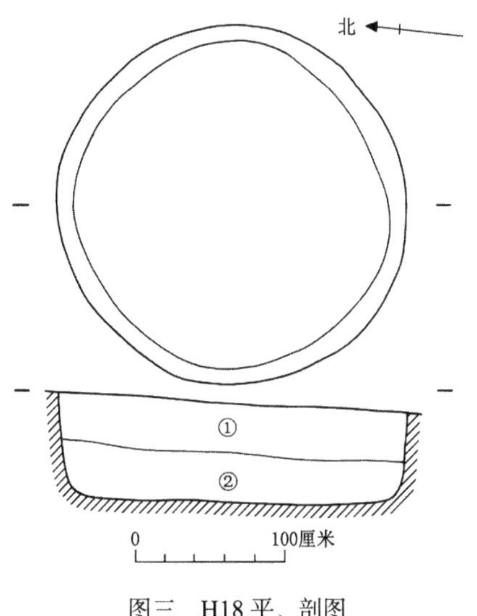

图三　H18平、剖图

房屋建筑遗存。陶片以泥质陶为主，夹砂陶次之。陶色以灰陶居多，红陶、黑陶次之。器表以素面为主，纹饰有篮纹、线纹等。可辨器形有罐、钵和环等。（图三）

夹砂罐　侈口，折沿。标本 H18①：3，灰陶，器表颜色不均，局部呈灰褐色。沿面较平，圆唇较尖，弧腹较斜直略外鼓，腹较深。颈部贴一周按压附加堆纹，余素面。口径 12.8 厘米，残高 4.6 厘米。（图四，1）标本 H18①：60，褐陶。折棱不明显，沿面较平，方唇，唇面略内凹，弧腹外鼓。颈部贴一周按压附加堆纹，腹饰略右斜横篮纹。口径 22.4 厘米，残高 7.4 厘米。（图四，2）标本 H18①：67，黑陶。折棱明显，沿面下凹，方唇，唇面内缘上凸，弧腹外鼓。素面。口径 30.4 厘米，残高 5.6 厘米。（图四，4）

罐底　夹砂陶。平底。标本 H18①：2，黑陶。弧腹下收。外壁饰略右斜横篮纹。底径 7.2 厘米，残高 5.6 厘米。（图四，3）标本 H18①：64，褐陶，器表颜色不均，局部泛灰黑。斜弧腹下收。外壁饰较宽的右斜横篮纹。底径 15.2 厘米，残高 7.4 厘米。（图四，5）

盆　泥质陶。敛口，厚圆唇外凸。器表磨光。素面。标本 H18①：62，灰胎黑皮陶。浅弧腹下收。口径 32.8 厘米，残高 7 厘米。（图四，6）标本 H18①：69，灰陶。弧腹较斜直下收，

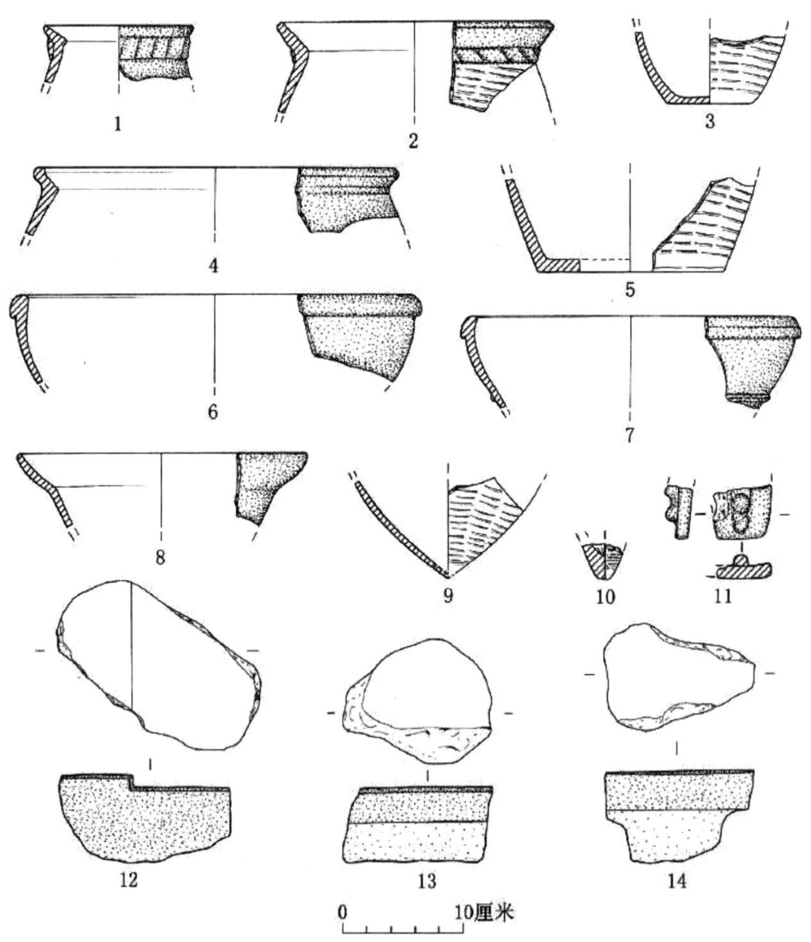

图四　H18 出土遗物

1、2、4. 夹砂罐（H18①：3、H18①：60、H18①：67）3、5. 罐底（H18①：2、H18①：64）6、7. 盆（H18①：62、H18①：69）8. 双腹豆（H18①：71）9、10. 小口尖底瓶（H18①：61、H18①：53）11. 鼎足（H18①：80）12~14. 房屋建筑遗存（H18②：1、H18②：3、H18②：4）

腹部有一周凸棱。口径 26.4 厘米，残高 7.6 厘米。（图四，7）

小口尖底瓶　泥质陶。标本 H18 ①：53，红陶。尖底呈锐角。内壁有泥条盘筑痕迹。外壁饰横向线纹。残高 2.8 厘米。（图四，10）标本 H18 ①：61，灰陶。尖底夹角呈钝角。外壁饰篮纹。残高 7.6 厘米。（图四，9）

双腹豆　标本 H18 ①：71，泥质灰陶。圆唇较尖，内折成双腹，上腹较浅略下凹，下腹弧收较深。素面。口径 24.4 厘米，残高 6 厘米。（图四，8）

鼎足　标本 H18 ①：80，夹砂褐陶。宽扁状足。足正面中部饰一竖向按压附加堆纹。残高 4.4 厘米，残宽 5 厘米。（图四，11）

房屋建筑遗存　标本 H18 ②：1，可分 2 层。第①层为浅红色细泥层，表面极为平整，致密坚硬，厚约 0.5 厘米，分成高低两个平面。第②层为浅红褐色草茎泥层，较致密坚硬，可见植物根茎，厚约 10 厘米。残长 13.8 厘米，残宽 17.2 厘米。（图四，12）标本 H18 ②：3，可分 3 层。第①层为青灰色，表面平整，极为致密坚硬，厚 0.4 厘米。第②层为青灰色“混凝土”，非常致密坚硬，包含较多陶质颗粒等，颗粒较小，厚 2.5 厘米。第③层为浅红色草茎泥，较致密坚硬，可见植物根茎，厚 5 厘米。残长 12.4 厘米，残宽 10 厘米。（图四，13；图五，1）标本 H18 ②：4，可分 3 层。第①层为青灰色，表面平整，极为致密坚硬，厚 0.3 厘米。第②层为青灰色“混凝土”，非常致密坚硬，包含较多陶质颗粒等，颗粒较小，厚 2.2 厘米。第③层为浅红色草茎泥，较为致密坚硬，可见植物根茎，厚 7 厘米。残长 12.6 厘米，残宽 8.6 厘米。（图四，14）

图五　出土遗物

1. 房屋建筑遗存（H18 ②：3）2. 房屋建筑遗存（H61 ②：6）
3. 玉环（H88 ⑤：3）4. 玉钺（H61 ②：7）

H34　位于探方的东部，开口于②层下，北部被 H18、H25 打破，向下打破生土。平面形状近圆形，斜弧壁外张，平底，口小底大呈袋状。坑口径 2.33 米，坑底径 2.72 米，深 1.76 米。坑内填土自西南向东北倾斜，共分 8 层。第①层为浅灰色土，土质较软，结构较疏松，包含少量的炭屑。出土遗物以陶片为主，另有少量骨器以及房屋建筑遗存等。陶片以泥质陶居多，夹砂陶次之。陶色以灰陶居多，红陶、黑陶、褐陶依次递减。器表以素面为主，磨光陶和黑皮陶占比较小，纹饰有篮纹、线纹、附加堆纹、弦纹和方格纹等。可辨器形有罐、环等。第②层为浅灰色土，泛黄，土质较软，结构较疏松，包含红烧土粒、炭粒等。出土遗物以陶片为主，夹砂陶稍多，泥质陶略少。陶色以灰陶为主，黑陶、红陶、褐陶依次减少。器表以素面为主，磨光陶和黑皮陶占比较小，纹饰有篮纹、附加堆纹、线纹、绳纹和弦纹等。可辨器形有罐、豆、盆和环等。第③层为灰色土，泛黄，土质较硬，结构较致密，包含红烧土粒等。出土遗物以陶片为主，多为泥质陶，夹砂陶次之。陶色以灰陶为主，红陶、黑陶、褐陶依次减少。器表以素面为主，黑皮陶和磨光陶占较小比例，纹饰有篮纹、线纹、附加堆纹、绳纹、弦纹、方格纹和刻划纹等。可辨器形有罐、小口尖底瓶和盆等。第④层为深灰色土，土质软，结构疏松，包含炭粒等。出土遗物以陶片为主，另有少量石器、蚌器。陶片以泥质陶为主，夹砂陶次之。陶色以灰陶居多，红陶、黑陶、褐陶依次减少。器表以素面为主，磨光陶和黑皮陶占比较小，纹饰有线纹、篮纹、附加堆纹和绳纹等。可辨器形有罐、钵、小口尖底瓶、高领瓮和环等。第⑤层为灰色土，略泛黄，土质较软，结构较疏松，包含红烧土粒、炭粒等。出土遗物以陶片为主，另有少量石器、房屋建筑遗存。陶片以泥质陶居多，夹砂陶次之。陶色以灰陶为主，红陶次之，黑陶、褐陶较少。器表以素面为主，另见少量磨光陶和彩陶，纹饰有篮纹、线纹和绳纹等，可辨器形有罐、盆、钵和豆等。第⑥层为深灰色土，土质较软，结构疏松，类似草木灰。出土遗物以陶片为主，另有少量石器、骨器。陶片中泥质陶略多，夹砂陶稍少。陶色以灰陶、黑陶居多，红陶、褐陶较少。器表以素面居多，磨光陶和黑陶占比较小，纹饰有篮纹、附加堆纹、线纹和方格纹等。可辨器形有罐、豆、鼎和环等。第⑦层为红褐色土，泛黄，土质较硬，结构较致密，包含红烧土粒等。出土遗物以陶片为主，另有少量石器、蚌器。陶片以泥质陶居多，夹砂陶次之。陶色以灰陶居多，红陶、黑陶、褐陶依次减少。器表以素面为主，磨光陶和黑皮陶占一定比例，纹饰有线纹、篮纹、绳纹、附加堆纹和弦纹等。可辨器形有罐、钵、豆、杯和环等。第⑧层为红褐色土，泛灰，土质较软，结构较疏松，包含炭粒等。出土遗物以陶片为主，另有少量石器、骨器。陶片以泥质陶为主，夹砂陶较少。陶色以灰陶居多，红陶次之，黑陶较少。器表以素面为主，磨光陶和黑皮陶占比较小，另见少量彩陶，纹饰有绳纹、篮纹、线纹、附加堆纹、弦纹和方格纹等。可辨器形有盆、罐、豆和环等。（图六）

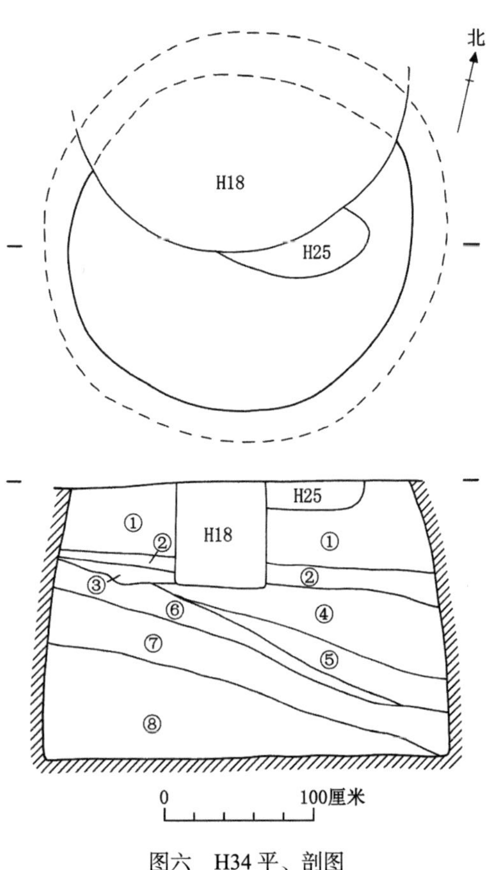

图六　H34平、剖图

夹砂罐　标本H34①:2，褐胎黑皮陶，胎夹灰芯。敛口，厚圆唇，弧腹下收。口部外侧饰一周按压索状附加堆纹。口径41.6厘米，残高6厘米。（图七，1）标本H34①：3，灰胎黑皮陶。侈口，折沿，沿面较平，圆方唇，斜弧腹。颈部饰两周按压索状附加堆纹，腹饰右斜横篮纹。口径20.4厘米，残高5厘米。（图七，13）标本H34①：4，褐胎黑皮陶。侈口，折沿，沿面下凹较甚，方唇，唇面内缘内勾，斜弧腹外鼓。肩部饰一周按压索状附加堆纹。口径15.2厘米，残高5.2厘米。（图七，3）标本H34①：10，褐胎黑皮陶。敛口，方唇，唇面有一周浅凹槽，口部外侧有一周凹槽，斜直腹下收。口腹结合处饰一周较细的压印附加堆纹，腹部饰一对鸡冠鋬，余素面。口径16.4厘米，残高5.2厘米。（图七，4）标本H34②：35，灰胎黑皮陶。侈口，折沿，尖圆唇，弧腹外鼓。素面。口径6.8厘米，残高3.2厘米。（图七，14）标本H34④：5，褐陶，器表颜色不均，内壁为黑色。侈口，折沿，方唇，唇面有一周凹槽，弧腹外鼓。素面。口径15.2厘米，残高3.8厘米。（图七，5）标本H34⑤：1，灰陶，器表颜色不均，局部泛黑褐。侈口，折沿，折棱不明显，沿面微凹，方唇，唇面内缘微上凸，弧腹外鼓。素面。口径21厘米，残高6厘米。（图七，6）标本H34⑥：3，褐胎灰皮陶，胎较厚。敛口较甚，叠唇，弧腹外鼓。唇部外缘饰一周按压纹形成花边，余素面。口径36厘米，残高5.6厘米。

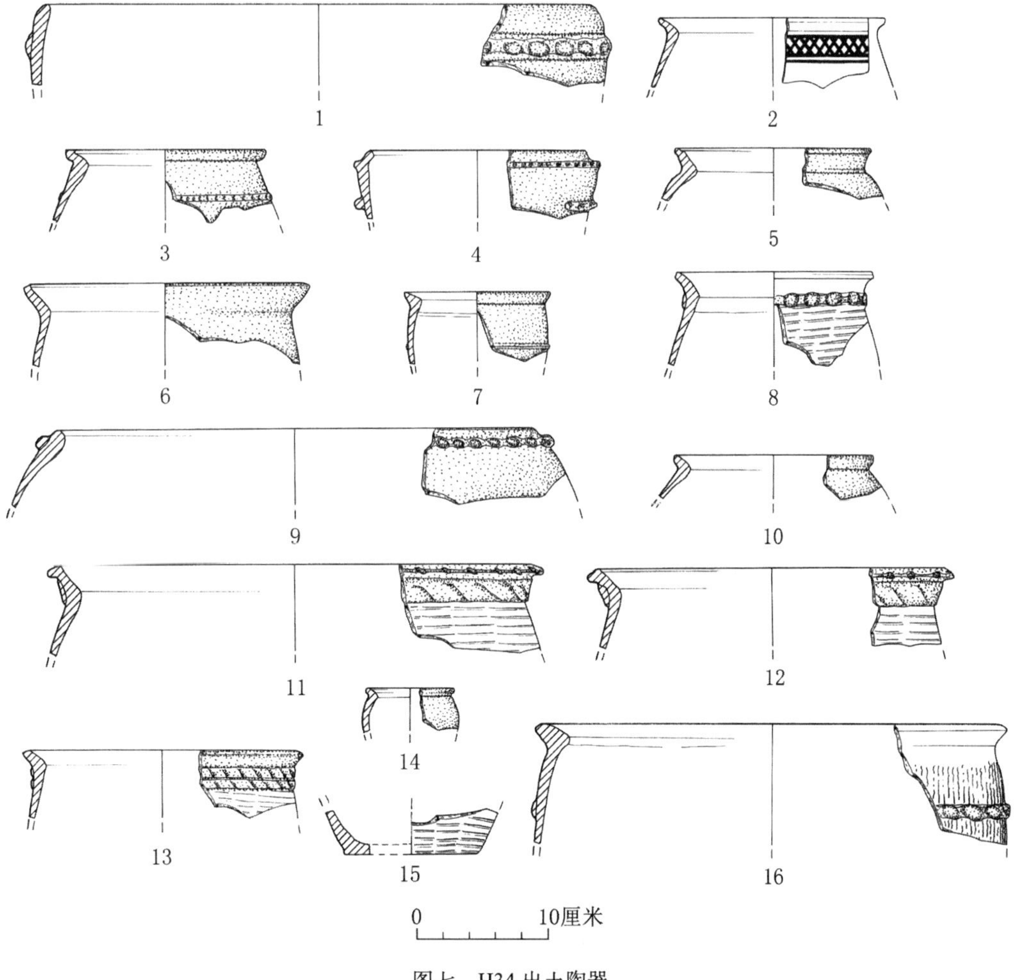

图七　H34出土陶器

1、3~6、8、9、11~14、16. 夹砂罐（H34①：2、H34①：4、H34①：10、H34④：5、H34⑤：1、H34⑦：5、H34⑥：3、H34⑦：2、H34⑥：4、H34①：3、H34②：35、H34⑧：1）2. 彩陶罐（H34⑧：3） 7、10. 泥质罐（H34⑦：15、H34⑧：33） 15. 罐底（H34①：1）

（图七，9）标本 H34⑥：4，灰陶。侈口，折沿，折棱不明显，方唇。唇面外缘饰一周按压纹形成花边，颈部饰一周按压索状附加堆纹，腹饰宽浅横篮纹。口径 26.8 厘米，残高 6 厘米。（图七，12）标本 H34⑦：2，褐陶。侈口，折沿，沿面微鼓，方唇，唇面内缘上凸，弧腹斜直外鼓。唇外侧饰一周按压纹形成花边，颈部饰一周按压索状附加堆纹，腹饰横篮纹。口径 34 厘米，残高 6.8 厘米。（图七，11）标本 H34⑦：5，黑陶，器表颜色不均，局部呈褐色。侈口，折沿，折棱明显，沿面较平，圆方唇，唇面有一周凹槽，斜弧腹。颈部饰一周按压索状附加堆纹，腹饰横篮纹。口径 15.2 厘米，残高 7 厘米。（图七，8）标本 H34⑧：1，褐陶，器表颜色不均，局部泛灰黑。侈口，折沿较平，圆方唇，弧腹略外鼓。器表饰竖向抹平细绳纹，上腹部饰一周按压索状附加堆纹。口径 35.2 厘米，残高 8.8 厘米。（图七，16）

泥质罐　侈口，折沿，圆唇，弧腹外鼓。器表磨光。标本 H34⑦：15，灰陶。沿较窄，唇较尖，腹略外鼓。腹饰一凸棱。口径 11.2 厘米，残高 5.2 厘米。（图七，7）标本 H34⑧：33，红胎灰皮陶。沿面较平，素面。口径 15.6 厘米，残高 3.2 厘米。（图七，10）

彩陶罐　标本 H34⑧：3，泥质红陶。侈口，折沿，沿面较平，圆唇较尖，腹斜直外鼓。器表磨光，肩部饰由直线纹和斜线纹组成的红彩网格纹。口径 17.6 厘米，残高 5.2 厘米。（图七，2）

罐底　标本 H34①：1，夹砂灰胎黑皮陶。斜弧腹下收，平底。腹饰横篮纹。底径 10 厘米，残高 3.2 厘米。（图七，15）

盆　弧腹下收。素面。标本 H34②：5，泥质灰陶，器表颜色不均。敛口，叠唇。器表磨光。口径 44 厘米，残高 5.2 厘米。（图八，1）标本 H34②：15，泥质灰陶。敞口，折沿较仰，沿面较平，圆唇较尖，腹较浅。口径 29.6 厘米，残高 4.4 厘米。（图八，5）标本 H34③：1，泥质灰胎黑皮陶。敛口，圆方唇较宽，内缘内勾，外缘外凸。器表磨光。口径 40 厘米，残高 5.6 厘米。（图八，3）标本 H34⑧：4，夹砂褐陶，器表颜色不均，局部泛灰。敛口，平折沿略仰，沿面较平，圆唇，腹较浅。口径 28.4 厘米，残高 4.6 厘米。（图八，8）

折盘豆　泥质灰胎黑皮陶。敛口，圆唇，外折腹，下腹斜收。器表素面，磨光。标本 H34④：1，上腹斜直，折腹处有一周凹槽。口径 20.8 厘米，残高 3.4 厘米。（图八，7）标本 H34⑧：25，胎较薄。上腹微下凹，折腹处有一周折棱。口径 20.8 厘米，残高 3.6 厘米。（图八，4）

双腹豆　标本 H34⑥：6，泥质灰陶。敞口，圆唇，腹内折成双腹，上腹较浅下凹，下腹弧收较深。腹饰横篮纹。口径 24.4 厘米，残高 4.6 厘米。（图八，10）

豆圈足　喇叭状圈足，敞口。标本 H34②：4，夹砂黑陶，器表颜色不均。圆唇较厚，圈足较矮。素面。底径 14 厘米，残高 5.6 厘米。（图八，14）标本 H34⑤：2，泥质褐胎黑皮陶，胎略夹细砂。圈足较高，圆唇较尖，唇部外凸略叠。素面。底径 12 厘米，残高 5.2 厘米。（图八，15）标本 H34⑥：9，泥质灰陶。方唇，唇面内侧有一周浅凹槽，下缘有一周凸棱。器表

饰左斜横篮纹。底径 14.8 厘米，残高 3.6 厘米。（图八，16）

小口尖底瓶　泥质陶。标本 H34 ①：61，灰胎红皮陶。重环口，敛口，尖圆唇，上环明显窄于下环，上下环之间分界明显。素面。口径 3.6 厘米，残高 2.4 厘米。（图八，6）标本 H34 ①：85，红陶。尖底呈锐角，外部下凸，内部下凹。内壁有泥条盘筑痕迹。器表饰左斜线纹。残高 3.6 厘米。（图八，11）标本 H34 ④：22，红陶。重环口，敛口，圆唇较尖，上环与下环等宽，两者分界明显，束颈。颈部饰右斜稀疏线纹。口径 5.2 厘米，残高 4.6 厘米。（图八，9）

钵　标本 H34 ⑦：1，泥质灰胎黑皮陶。敛口较甚，圆唇，鼓肩，弧腹下收。器表磨光，素面。口径 18.8 厘米，残高 6.2 厘米。（图八，13）

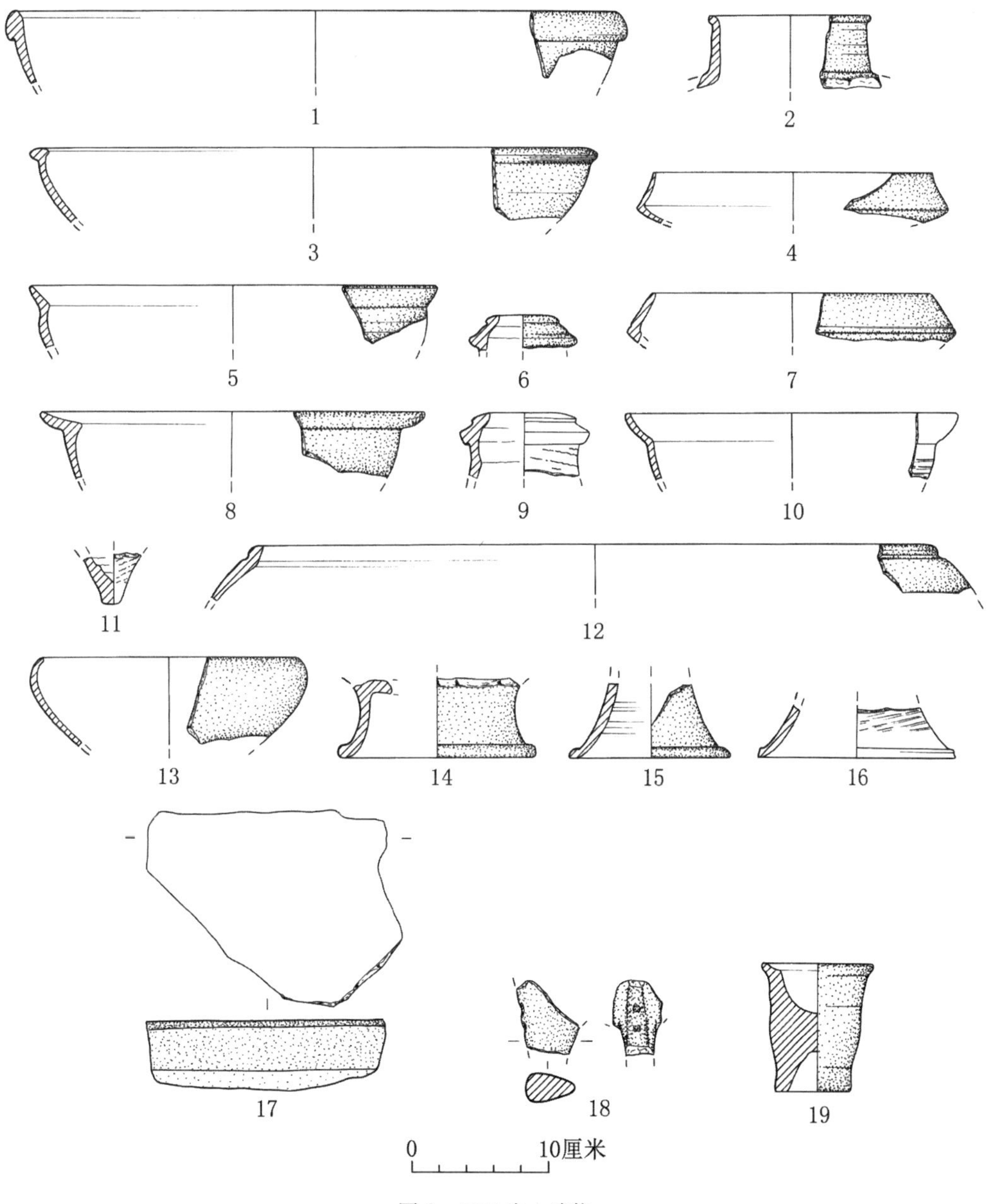

图八　H34 出土遗物

1、3、5、8. 陶盆（H34 ②：5、H34 ③：1、H34 ②：15、H34 ⑧：4）　2. 陶高领瓮（H34 ④：13）　4、7. 陶折盘豆（H34 ⑧：25、H34 ④：1）　6、9、11. 陶小口尖底瓶（H34 ①：61、H34 ④：22、H34 ①：85）　10. 陶双腹豆（H34 ⑥：6）　12. 陶敛口瓮（H34 ②：3）　13. 陶钵（H34 ⑦：1）　14、15、16. 陶豆圈足（H34 ②：4、H34 ⑤：2、H34 ⑥：9）　17. 房屋建筑遗存（H34 ⑤：14）　18. 陶鼎足（H34 ⑥：11）　19. 陶杯（H34 ⑦：4）

高领瓮　标本 H34④：13，泥质灰陶。直口微敞，圆唇，领较高。素面。口径 12 厘米，残高 5.2 厘米。（图八，2）

敛口瓮　标本 H34②：3，泥质灰陶。敛口较甚，厚圆唇上凸，唇部外侧有一周凹槽，弧腹外鼓较甚。素面。口径 49.2 厘米，残高 3.8 厘米。（图八，12）

鼎足　标本 H34⑥：11，夹砂灰陶。扁柱状足，侧面呈倒三角形。足正面饰一竖向附加堆纹。残高 5.4 厘米。（图八，18）

杯　标本 H34⑦：4，泥质灰陶。敞口，圆唇，口部外撇，内侧下凹，杯腔较浅，圈足较高。素面。口径 8.4 厘米，高 9.1 厘米，底径 5.6 厘米。（图八，19）

房屋建筑遗存　标本 H34⑤：14，分 3 层。第①层为青灰色，表面平整，极为致密坚硬，厚约 0.4 厘米。第②层为青灰色"混凝土"，非常致密坚硬，包含较多陶质颗粒等，颗粒较小，厚约 3.5 厘米。第③层为深灰色土，较致密坚硬，包含较多陶质颗粒等，颗粒较小，厚约 1.6 厘米。残长 18.8 厘米，残宽 14 厘米。（图八，17）

H61　位于 T0805B 北部，北部被北隔梁所压，开口于①层下，打破 H88，向下打破生土。平面形状近圆形，斜壁外张，底不平，口小底大呈袋状。坑口东西长 2.36 米，南北宽 2.06 米，坑底径 3.36 米，深 1.60~1.72 米。坑内填土分 4 层。第①层为褐色土，泛灰，土质较硬，结构较致密，包含红烧土粒、红烧土块、炭粒、草木灰和兽骨等。出土遗物以陶片为主，陶片以泥质陶为主，夹砂陶次之。陶色以灰陶为主，红陶、黑陶、褐陶依次减少。器表以素面为主，磨光陶占一定比例，黑皮陶相对较少，另有少量彩陶，纹饰有线纹、附加堆纹、篮纹、细绳纹和弦纹等，可辨器形有罐、盆、小口尖底瓶、瓮和环等。第②层为灰色土，土质较软，结构较疏松，包含红烧土粒、红烧土块、炭粒、兽骨和草木灰等。出土遗物以陶片为主，另有少量石器、玉器、房屋建筑遗存。陶片以泥质陶居多，夹砂陶次之。陶色以灰陶最多，黑陶、红陶次之，褐陶较少。器表以素面为主，磨光陶和黑皮陶占一定比例，另有少量彩陶，纹饰有线纹、附加堆纹和篮纹等。可辨器形有罐、盆、钵和瓮等。第③层为黄色土，泛灰，土质较软，结构较疏松，包含红烧土粒、炭粒、兽骨等。出土遗物以陶片为主，另有少量石器、骨器。陶片以夹砂陶居多，泥质陶次之。陶色以灰陶为主，红陶、黑陶、褐陶依次减少。器表以素面为主，磨光陶和黑皮陶占一定比例，另见有器表饰红色彩绘的薄胎陶片，纹饰有篮纹、线纹、附加堆纹、细绳纹、方格纹和弦纹等。可辨器形有罐、瓮和环等。第④层为

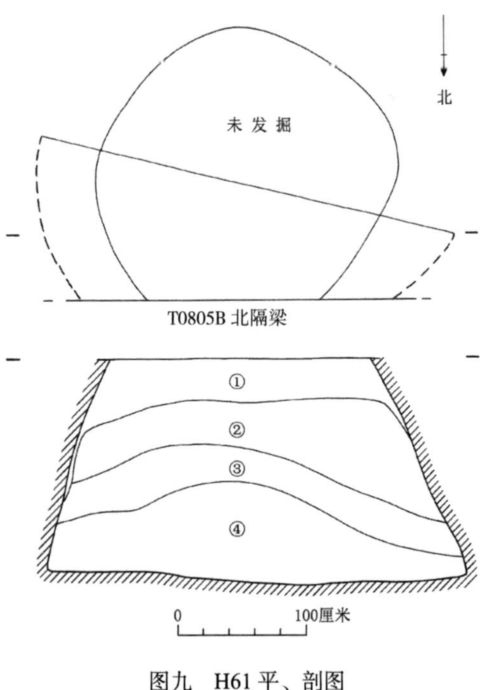

图九　H61 平、剖图

黄色土，泛灰，土质较硬，结构较致密，包含红烧土粒、炭粒和兽骨等。出土遗物以陶片为主，另有房屋建筑遗存。陶片以泥质陶居多，夹砂陶次之。陶色以灰陶居多，红陶次之，黑陶和褐陶较少。器表以素面为主，磨光陶占一定比例，纹饰有线纹、绳纹和附加堆纹等。可辨器形有盆、罐、瓮、小口尖底瓶、缸和球等。（图九）

夹砂罐　弧腹外鼓，圆唇，多为素面。标本 H61 ①：4，灰陶。侈口，平折沿，沿面较平。口径 29.6 厘米，残高 6.4 厘米。（图一〇，1）标本 H61 ②：1，灰陶，外壁颜色较深，胎较厚。敛口，圆唇较厚。唇外侧饰一周按压索状附加堆纹。口径 41.6 厘米，残高 8.6 厘米。（图一〇，3）标本 H61 ②：2，灰胎黑皮陶。侈口，折沿，圆唇较尖。口径 20.8 厘米，残高 7.8 厘米。（图

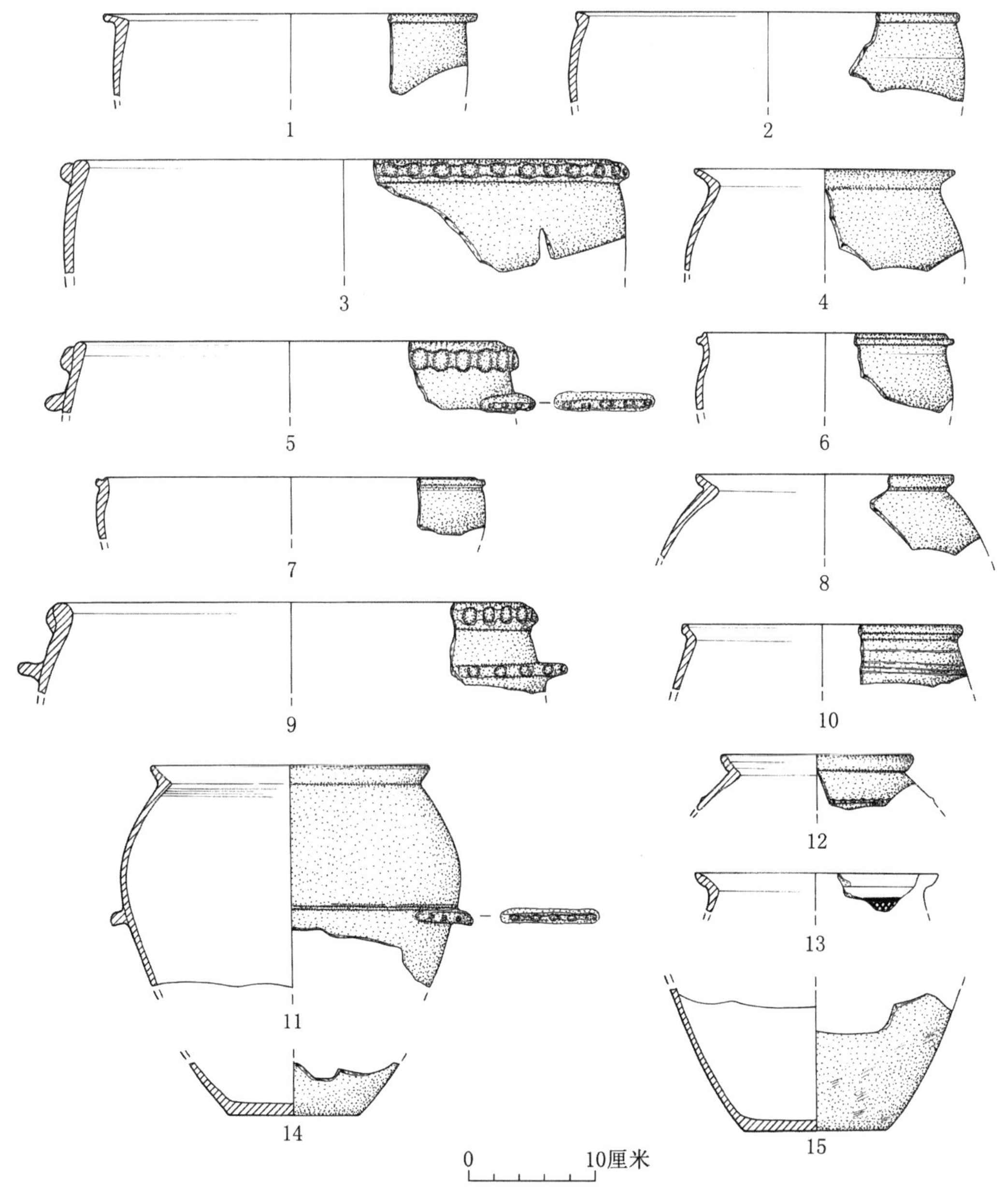

图一〇　H61 出土陶器

1~7、9、10. 夹砂罐（H61 ①：4、H61 ③：8、H61 ②：1、H61 ②：2、H61 ②：3、H61 ③：6、H61 ③：28、H61 ④：5、H61 ②：4）　8、11、12. 泥质罐（H61 ①：1、H61 ④：1、H61 ③：2）　13. 彩陶罐（H61 ②：23）　14、15. 罐底（H61 ②：5、H61 ④：2）

一〇，4）标本H61②：3，灰胎黑皮陶，胎较厚。敛口，圆唇较厚，腹较斜直。口外侧饰一周按压索状附加堆纹，其下饰一鸡冠鋬。口径32.8厘米，残高5.6厘米。（图一〇，5）标本H61②：4，夹砂灰陶，器表颜色不均，内壁呈褐色。侈口，折沿，沿面下凹，圆方唇。肩部饰数周凹弦纹。口径22.4厘米，残高5厘米。（图一〇，10）标本H61③：6，褐陶，器表颜色不均，局部泛灰。直口微侈，窄沿，似口部外侧贴一周泥条，沿面外缘低于内缘，沿面有一周凹槽，束颈。口径19.2厘米，残高5.9厘米。（图一〇，6）标本H61③：8，褐陶，器表颜色不均。敛口，窄折沿，沿面有一周浅凸棱。口径30.4厘米，残高6.8厘米。（图一〇，2）标本H61③：28，红陶。敛口，折沿甚窄，沿面一周凹槽，圆方唇。口径28.8厘米，残高4.8厘米。（图一〇，7）标本H61④：5，灰陶。敛口，厚圆唇。唇外侧贴一周按压附加堆纹形成花边，上腹饰一鸡冠鋬。口径36.4厘米，残高7厘米。（图一〇，9）

泥质罐　侈口，折沿，圆唇，弧腹外鼓。多素面。标本H61①：1，灰陶。沿面微凹。口径20.4厘米，残高6.2厘米。（图一〇，8）标本H61③：2，灰胎黑皮陶。卷折沿，折棱不明显，沿面微下凹，圆唇较尖。肩部饰一周按压索状附加堆纹，器表磨光。口径15.2厘米，残高4.2厘米。（图一〇，12）标本H61④：1，灰陶。沿面较平，圆唇较尖。腹饰一周凸棱和鸡冠鋬。口径22厘米，残高17厘米。（图一〇，11）

彩陶罐　标本H61②：23，泥质灰陶。侈口，折沿，沿面上凸，尖圆唇，弧腹外鼓。颈部以下饰由直线纹和斜线纹组成的红彩网格纹。口径19.6厘米，残高3厘米。（图一〇，13）

罐底　弧壁斜直下收，平底。素面。标本H61②：5，夹砂褐胎黑皮陶。底径10.4厘米，残高4厘米。（图一〇，14）标本H61④：2，泥质灰陶。底径11.6厘米，残高10.6厘米。（图一〇，15）

盆　标本H61④：3，泥质红陶。敛口，卷折沿，折棱不明显，沿面上鼓，厚圆唇，弧腹略鼓下收。素面。口径34厘米，残高7.8厘米。（图一一，1）

小口尖底瓶　泥质陶。标本H61①：32，灰胎黑皮陶。尖底夹角为钝角。斜弧腹下收，尖底下凸。外壁饰抹平横篮纹。残高5厘米。（图一一，8）标本H61④：60，灰胎红皮陶。尖底夹角呈锐角。内部见有泥条盘筑痕迹。外壁饰右斜线纹。残高4.4厘米。（图一一，9）

钵　泥质陶。圆唇，弧腹下收。器表磨光，素面。标本H61①：7，红陶，胎略夹灰芯。微敛口，弧肩略外鼓。口径18.8厘米，残高4.4厘米。（图一一，3）标本H61②：17，红陶。口部内外侧因叠烧呈红褐色，形成“红顶”。敞口，弧腹较斜直。口径30.8厘米，残高4.4厘米。（图一一，4）标本H61②：20，灰胎黑皮陶。敛口，弧肩。口径22厘米，残高3.4厘米。（图一一，5）

高领瓮　泥质灰陶。敞口呈喇叭状，圆唇，领较矮。标本H61①：29，肩部饰竖向抹平线纹。口径12厘米，残高5厘米。（图一一，2）标本H61②：10，素面。口径11.6厘米，残高4.4厘米。（图一一，6）标本H61③：21，素面。口径12厘米，残高4.8厘米。（图一一，7）

敛口瓮　标本 H61 ④：6，泥质灰胎黑皮陶。敛口较甚，厚圆唇，弧肩外鼓。器表磨光，口部外侧有数周凹弦纹，余素面。口径 37.6 厘米，残高 3.4 厘米。（图一一，11）

器盖　标本 H61 ③：3，夹砂黑陶。敞口，方唇较宽，唇面较平，斜直顶，花边圆形纽。素面。口径 16.4 厘米，纽径 6.8 厘米，高 5.6 厘米。（图一一，12）

缸　标本 H61 ④：7，夹砂褐胎黑皮陶。直口微敛，腹壁斜直略鼓。口部外侧压印一周花边，腹饰抹平竖向细绳纹。口径 27 厘米，残高 6 厘米。（图一一，10）

玉钺　标本 H61 ②：7，灰白色，方解石质地。平面形状近梯形，表面光滑平整，边缘较薄且圆润，器身中部存一残圆形管钻孔，两面对钻。残长 4.8 厘米，残宽 5.6 厘米。（图五，4；图一一，13）

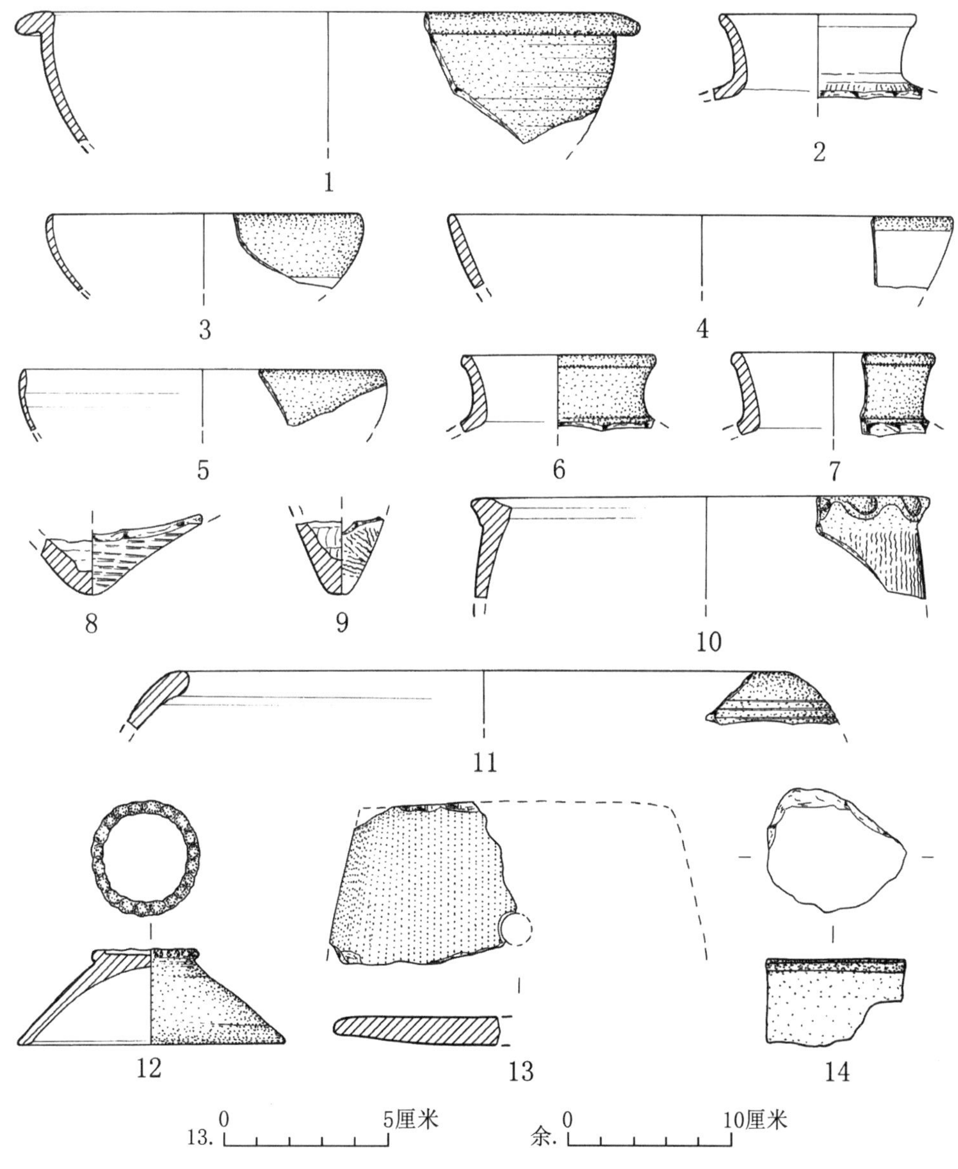

图一一　H61 出土遗物

1. 陶盆（H61 ④：3）　2、6、7. 陶高领瓮（H61 ①：29、H61 ②：10、H61 ③：21）　3、4、5. 陶钵（H61 ①：7、H61 ②：17、H61 ②：20）　8、9. 陶小口尖底瓶（H61 ①：32、H61 ④：60）　10. 陶缸（H61 ④：7）　11. 陶敛口瓮（H61 ④：6）　12. 陶器盖（H61 ③：3）　13. 玉钺（H61 ②：7）　14. 房屋建筑遗存（H61 ②：6）

房屋建筑遗存　标本H61②：6，分3层。第①层为红褐色，表面平整，似涂抹一层红色矿物染料，厚0.2厘米。第②层为黄褐色细泥，较为致密坚硬，厚0.6厘米。第③层为深褐色草茎泥，见有植物根茎，致密坚硬，厚5.3厘米。残长8.6厘米，残宽7.2厘米。（图五，2；图一一，14）

H88　位于T0805B西北部，西部延伸至未发掘区，北部被北壁所压，开口于①层下，被H61、H85打破，向下打破生土。平面形状为近椭圆形，斜弧壁略外张，底近平，口小底大呈袋状。坑口东西长2.30米，南北宽2.20米，坑底南北长2.40米，深1.36~1.40米。坑内填土分为6层。第①层为灰色土，土质较软，结构较疏松，包含红烧土粒、炭粒等。出土遗物以陶片为主，另有少量房屋建筑遗存。出土陶片以泥质陶居多，夹砂陶次之。陶色以灰陶最多，黑陶、红陶次之，褐陶较少。器表以素面为主，磨光陶和黑皮陶占一定比例，纹饰以篮纹最多，另有少量附加堆纹、线纹、细绳纹和凸弦纹等。可辨器形有罐、盆、器盖、小口尖底瓶和环等。第②层为黄色土，泛灰，土质较软，结构较疏松，包含红烧土粒、炭粒等。出土遗物以陶片为主，泥质陶稍多，夹砂陶次之。陶色以灰陶最多，黑陶、红陶、褐陶依次减少。器表以素面为主，磨光陶和黑皮陶占一定比例，纹饰有篮纹、线纹、附加堆和绳纹等。可辨器形有罐、钵和盆等。第③层为灰色土，泛黄，土质较硬，结构较致密，包含红烧土粒、炭粒等。出土遗物以陶片为主，夹砂陶稍多，泥质陶次之。陶色以灰陶最多，红陶、黑陶、褐陶依次减少。器表以素面居多，磨光陶和黑皮陶占较大比例，纹饰有篮纹、线纹、细绳纹和附加堆纹等。可辨器形有罐、盆等。第④层为褐色土，泛黄，土质较软，结构较疏松，包含红烧土粒、炭粒等。出土遗物以陶片为主，夹砂陶稍多，泥质陶次之。陶色以灰陶居多，红陶、黑陶相对较少。器表以素面较多，磨光陶占较大比例，黑皮陶较少，纹饰有篮纹、凹弦纹和附加堆纹等。可辨器形有罐、钵、盆和豆等。第⑤层为灰色土，土质较软，结构较疏松，包含红烧土粒、炭粒、草木灰等。出土遗物以陶片为主，另

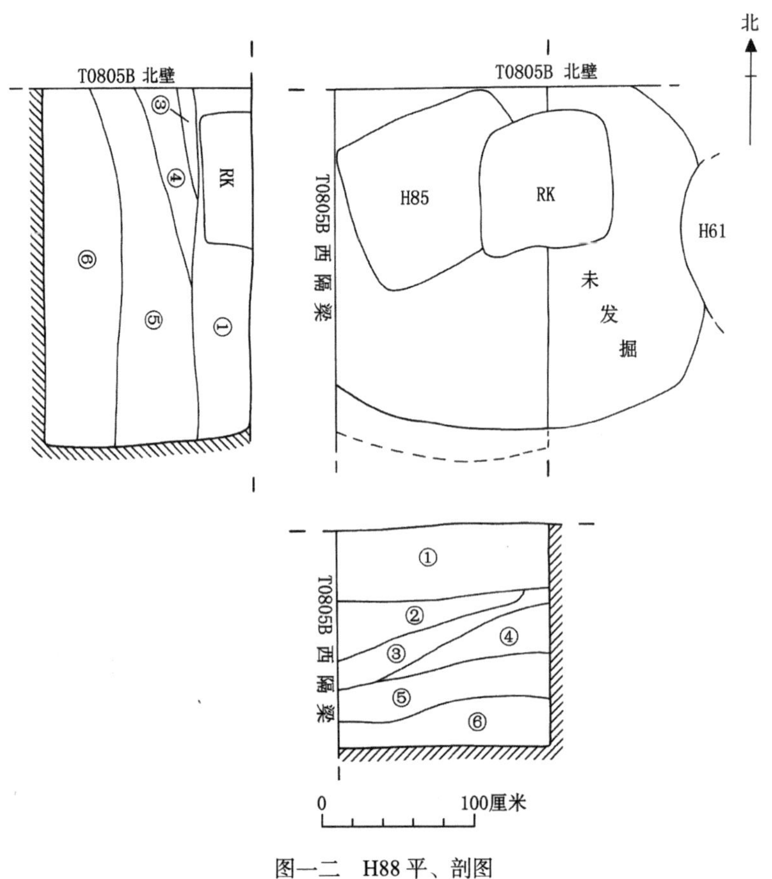

图一二　H88平、剖图

有少量玉器。陶片以夹砂陶居多，泥质陶次之。陶色以灰陶为主，红陶、黑陶次之，褐陶较少。器表以素面最多，磨光陶占一定比例，纹饰有线纹、篮纹、附加堆纹、细绳纹、凸弦纹和凹弦纹等。可辨器形有鼎、钵、罐、盆和环等。第⑥层为褐色土，泛灰，土质较硬，结构较致密，包含红烧土粒、炭粒等。出土遗物以陶片为主，有少量石器和兽牙器。陶片以泥质陶居多，夹砂陶次之。陶色以灰陶为主，红陶次之，黑陶、褐陶较少。器表以素面为主，磨光陶占一定比例，黑皮陶相对较少，另见少量彩陶，纹饰有篮纹、线纹、附加堆纹和凹弦纹等。可辨器形有罐、钵、盆、器盖、缸和环等。（图一二）

夹砂罐　弧腹外鼓。标本 H88 ①：1，褐胎黑皮陶。侈口，折沿，内侧折棱明显，沿面下凹，方唇，肩部有一周凸棱。素面。口径 28.4 厘米，残高 10 厘米。（图一三，1）标本 H88 ①：11，红陶。直口微敛，沿甚窄非折，似口部外侧贴一周泥条，厚圆唇外凸，唇部上方有一周凹槽。口径 18 厘米，残高 4.6 厘米。（图一三，3）标本 H88 ④：1，灰陶。侈口，折沿，折棱不明显，沿面微下凹，方唇。素面。口径 16 厘米，残高 6.4 厘米。（图一三，7）标本 H88 ⑤：5，灰陶。侈口，折沿，折棱明显，沿面下凹，方唇，唇面内缘上凸。上腹饰一周凸棱，腹饰抹平横篮纹。口径 18.8 厘米，残高 6.2 厘米。（图一四，1）标本 H88 ⑥：3，褐陶。

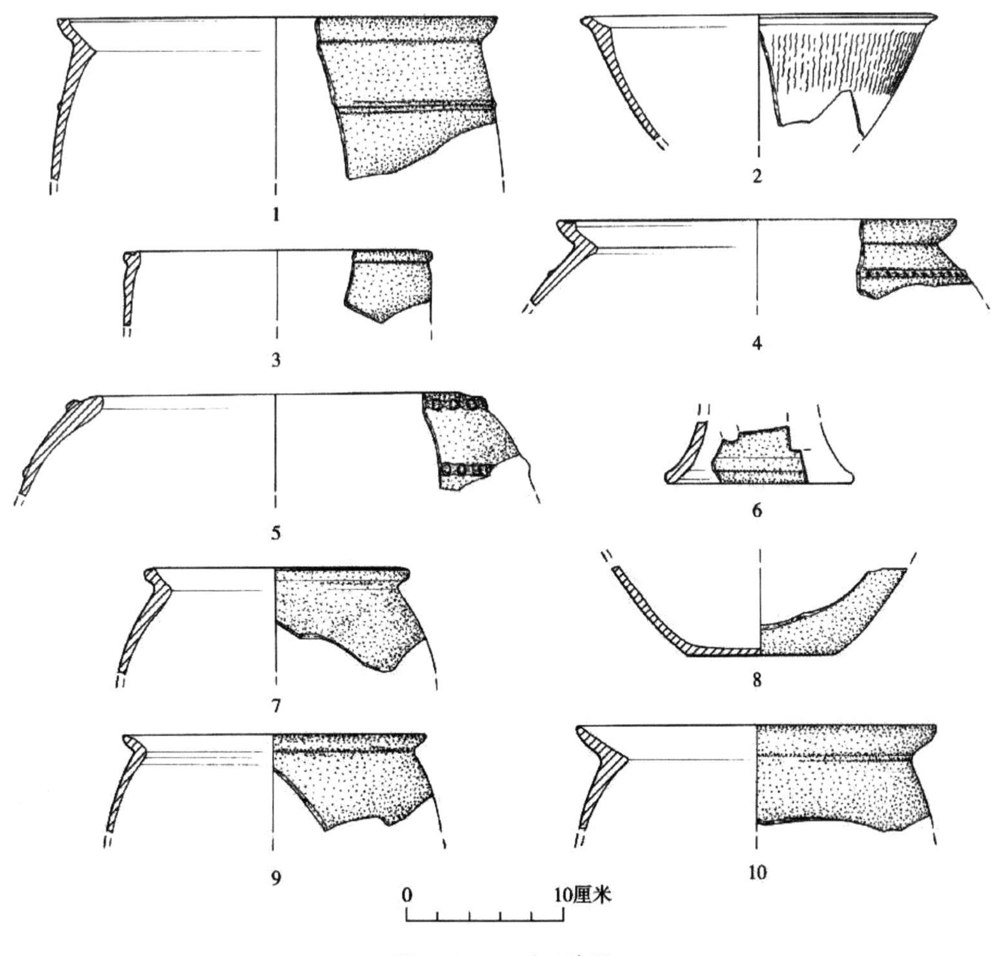

图一三　H88 出土陶器

1、3、4、5、7. 夹砂罐（H88 ①：1、H88 ①：11、H88 ⑥：10、H88 ⑥：3、H88 ④：1）
2. 盆（H88 ⑤：1）　6. 豆（H88 ④：7）　8. 罐底（H88 ④：2）　9、10. 泥质罐（H88 ⑥：1、H88 ①：2）

敛口较甚，圆唇。口部外侧及腹部各饰一周按压索状附加堆纹，余素面。口径 22.8 厘米，残高 6.2 厘米。（图一三，5）标本 H88 ⑥：10，褐胎黑皮陶。侈口，折沿，折棱明显，沿面下凹，方唇，唇面内缘上凸成棱，唇面微凹，束颈。肩部饰一周按压索状附加堆纹，余素面。口径 26 厘米，残高 5.2 厘米。（图一三，4）

泥质罐　侈口，折沿，沿面较平，圆唇，弧腹外鼓。器表磨光，素面。标本 H88 ①：2，灰陶。口径 23.6 厘米，残高 6.4 厘米。（图一三，10）标本 H88 ⑥：1，红胎褐皮陶，器表颜色不均，局部泛黑。唇较尖。口径 19.6 厘米，残高 6 厘米。（图一三，9）

罐底　标本 H88 ④：2，泥质红胎黑皮陶。斜弧腹下收，平底。素面。底径 9.6 厘米，残高 5.6 厘米。（图一三，8）

盆　标本 H88 ⑤：1，夹砂灰陶。敞口，折沿，沿面微凹，方唇，斜弧腹下收。器表饰竖向细绳纹。口径 22 厘米，残高 7.8 厘米。（图一三，2）

豆圈足　标本 H88 ④：7，泥质红陶。敞口呈喇叭状，圆唇。柄部有一圆形和直边镂孔，素面。底径 12 厘米，残高 3.8 厘米。（图一三，6）

缸　标本 H88 ⑥：15，褐陶，胎厚夹粗砂。直口，平方唇。唇部外侧贴一周按压附加堆

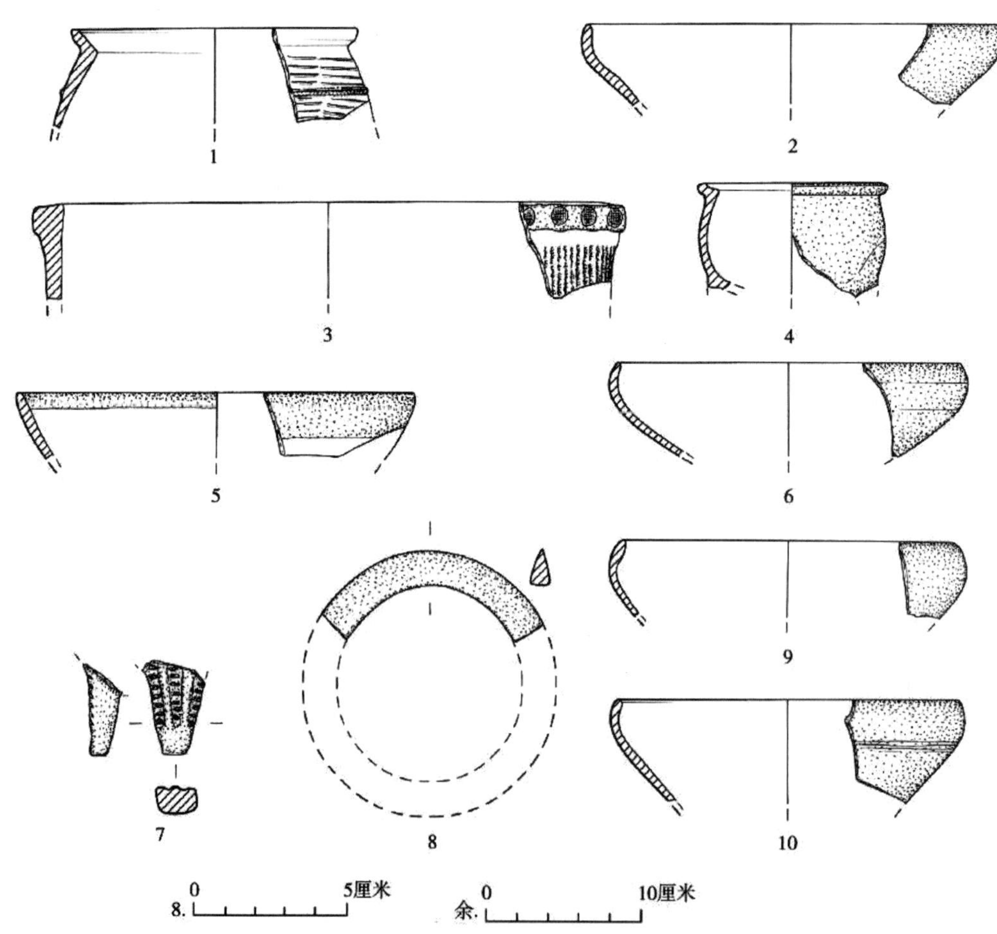

图一四　H88 出土遗物

1. 陶夹砂罐（H88 ⑤：5）2、5、6、9、10. 陶钵（H88 ⑤：8、H88 ⑥：6、H88 ④：5、H88 ⑤：13、H88 ④：3）3. 陶缸（H88 ⑥：15）4、7. 陶鼎（H88 ⑤：2、H88 ⑤：19）8. 玉环（H88 ⑤：3）

纹，其下饰竖向粗绳纹。口径 34.8 厘米，残高 6 厘米。（图一四，3）

钵 圆唇，弧腹斜直下收。多素面。标本 H88④：3，泥质灰陶。敛口，鼓肩。肩部有轮修痕迹。口径 22 厘米，残高 6.4 厘米。（图一四，10）标本 H88④：5，泥质灰陶。敛口，唇较尖，鼓肩。器表磨光。口径 22 厘米，残高 5.8 厘米。（图一四，6）标本 H88⑤：8，夹砂灰陶。微敛口，唇较尖，鼓肩。口径 26.4 厘米，残高 5 厘米。（图一四，2）标本 H88⑤：13，泥质褐胎黑皮陶。敛口，弧肩外鼓。器表磨光。口径 21.6 厘米，残高 4.8 厘米。（图一四，9）标本 H88⑥：6，泥质红陶，胎略夹灰芯。口部内外两侧因叠烧呈红褐色，形成“红顶”。大敞口，浅弧腹。器表磨光。口径 26 厘米，残高 4.2 厘米。（图一四，5）

鼎 夹砂陶。标本 H88⑤：2，灰陶，器表泛黑。侈口，折沿，折棱明显，沿面下凹，圆方唇，唇部内缘上凸，弧腹外鼓，足残。素面。口径 11.8 厘米，残高 6.8 厘米。（图一四，4）标本 H88⑤：19，灰胎褐皮陶。倒梯形扁状足。足正面两侧及中部各有一条竖向按压附加堆纹，附加堆纹之间为两道竖向凹槽。宽 5.8 厘米，残高 4 厘米。（图一四，7）

玉环 标本 H88⑤：3，浅绿色，蛇纹岩。环内侧较厚，向外渐变薄，外缘最薄，较尖锐。表面磨光。外径 8.2 厘米，内径 6 厘米，宽 1.1 厘米（图五，3；图一四，8）

（二）壕沟

HG1 横截面口大底小，斜弧壁下收，底部不平。口部宽约 10.80 米，底宽约 2.40 米，深度为 6.30 米。HG1 南壁倾斜度为 50°~60°，近底部坡度更小，北壁倾斜度为 60°~80°，局部近乎垂直。HG1 最底部堆积即 HG1㉖层下发现踩踏面痕迹，应是 HG1 开挖时留下的最早时期活动痕迹；在 HG1⑭c 层下发现一条道路，编号为 L4，在 HG1⑪b 层下发现 L3，在 HG1⑦a 层下发现 L2，在 HG1③a 层下发现 L1，L4、L3、L2、L1 的走向与 HG1 相同，且均位于 HG1 内南部，应是不同时期古人在 HG1 内活动留下的道路遗迹。在 HG1⑦g 层下发现 G3 和 G4，其方向均与 HG1 相同。另外在 HG1 内偏上部堆积中发现灰坑等遗迹，如 H87、H74 等。HG1 内最上部堆积（HG1①层）被 H43 等灰坑打破。依据 HG1 内各层堆积的土质、土色、包含物、厚度和堆积形态及与其他遗迹的叠压打破关系，可将沟内堆积分为三个大的时期，其中 HG1 第㉖层至⑯层，每层堆积厚度相对较厚，整体呈南高北低的凹镜状堆积，土色偏灰黑，土质较硬，结构致密，有明显的湖相沉积现象，应为 HG1 主要使用时期堆积；HG1 第⑮c 层至⑤a 层，每层堆积厚度较薄，土色较杂，土质较软，结构较疏松，多为倾斜状或凹镜状堆积，不见或少见湖相沉积现象，包含物较为丰富，且有道路、灰沟、灰坑等遗迹，应为 HG1 逐渐废弃时期堆积；HG1 第④层至第①层，堆积较厚，呈波状或近水平堆积，有灰坑等遗迹，并被年代较晚的 H43 打破，应为 HG1 功能丧失并填平废弃时期堆积。

因探沟解剖面积较小，HG1 内各层堆积出土遗物相对较少，以陶片为主，另有少量石器、骨器等。HG1 内上、下部堆积中均见灰陶和黑陶，红陶数量则显现从上到下明显增多的趋势。

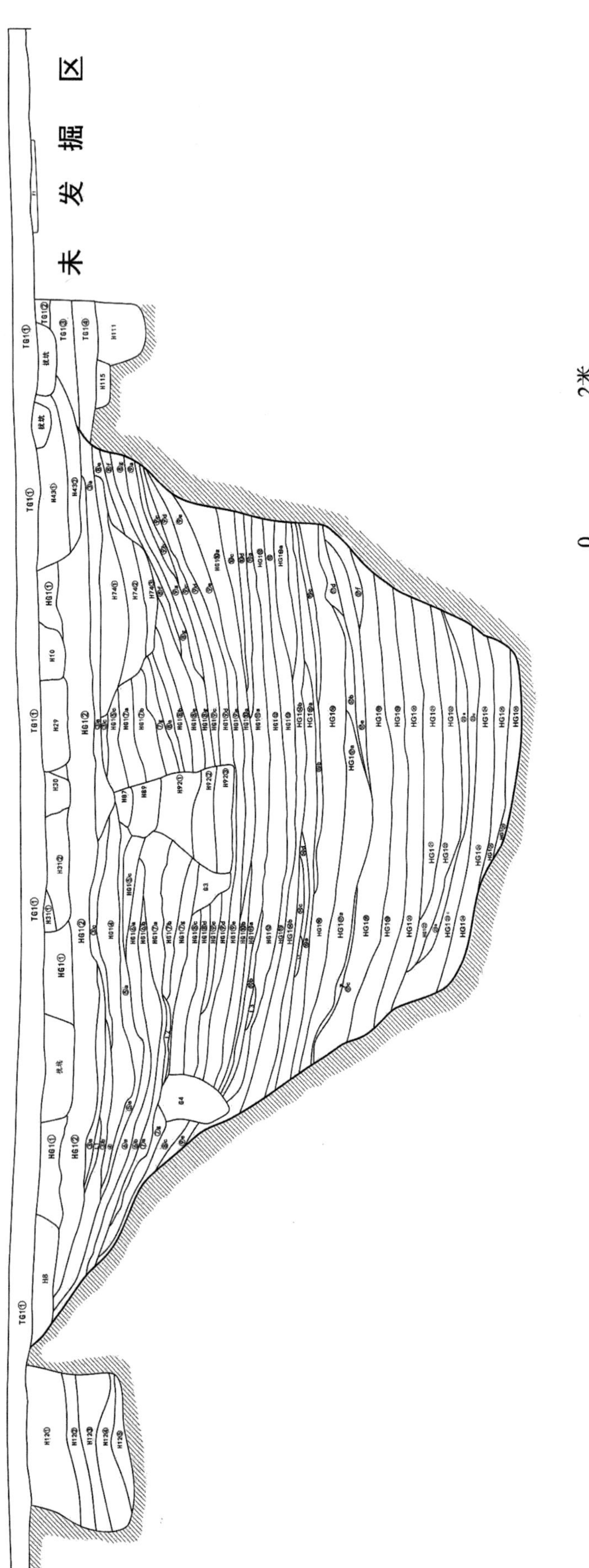

图一五　TG1 及 HG1 西壁剖面图（左南右北）

整体来看，HG1 内出土陶片中泥质陶居多，夹砂陶次之。陶色以灰陶最多，红陶、黑陶、褐陶依次减少。器表以素面为主，另见少量彩陶，纹饰有篮纹、线纹、附加堆纹、绳纹和凹弦纹等。可辨器形有罐、盆、小口瓶、高领瓮、豆、钵、器盖、鼎、碗和缸等。（图一五）

夹砂罐　弧腹外鼓。标本 HG1 ②：3，褐陶，器表颜色不均。敛口较甚，圆唇。唇部外侧饰一周按压索状附加堆纹形成花边，肩部饰一周按压索状附加堆纹，腹饰右斜抹平篮纹。口径 27.2 厘米，残高 8.8 厘米。（图一六，1）标本 HG1 ②：4，灰陶。侈口，折沿较仰，折棱不明显，沿面下凹，圆唇较厚。唇部饰按压纹形成花边，颈部饰一周按压索状附加堆纹。口径 30.8 厘米，残高 5.8 厘米。（图一六，6）标本 HG1 ③ a：5，红胎褐皮陶，器表颜色不均，局部泛灰黑。侈口，卷折沿，沿面微上凸，尖圆唇。腹饰左斜线纹。口径 15.6 厘米，残高 5.6 厘米。（图一六，12）标本 HG1 ④：11，灰陶，颜色略黑。侈口，折沿，沿面下凹，方唇，唇面

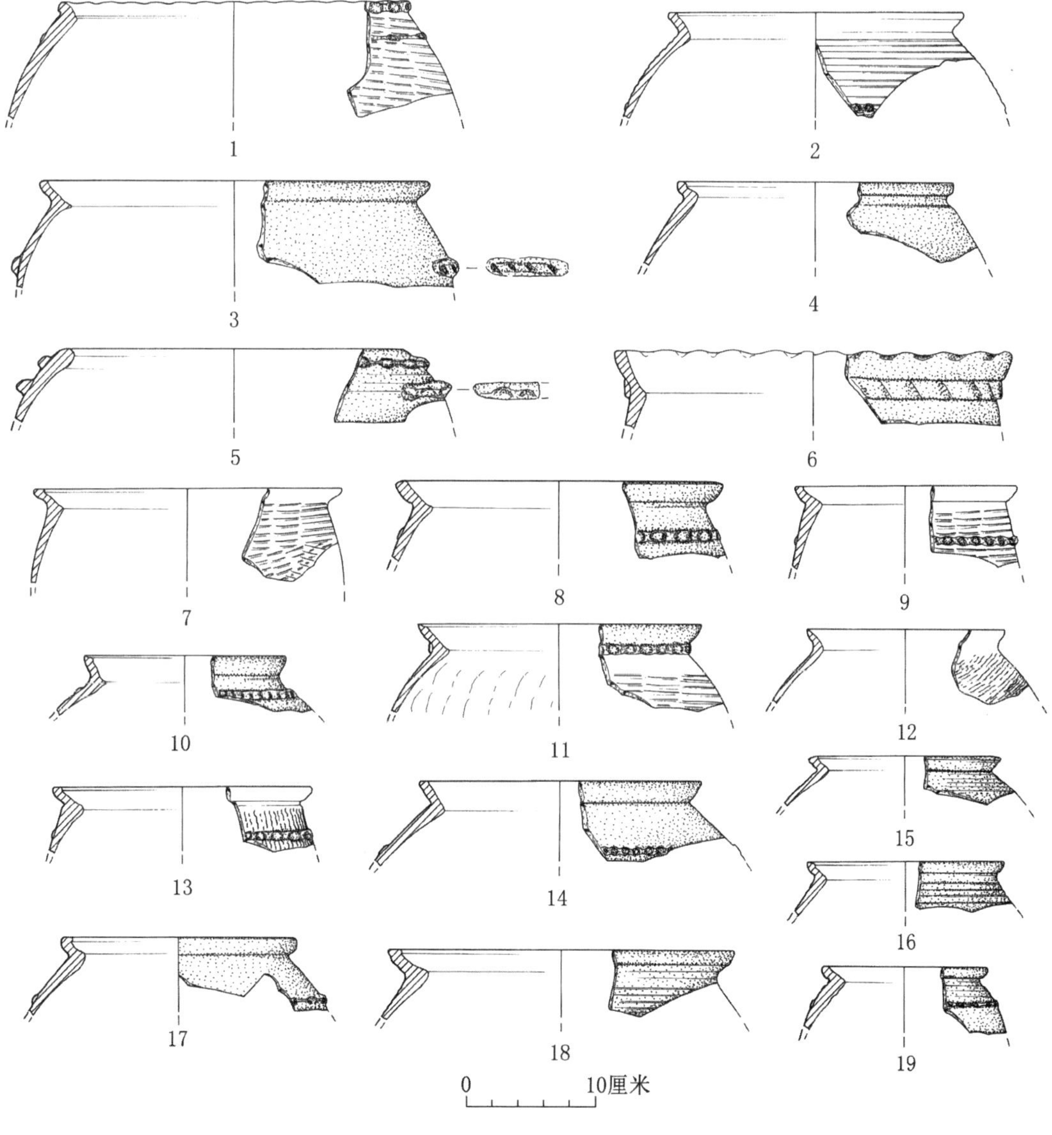

图一六　HG1 出土陶罐

1、2、4~9、11~19. 夹砂罐（HG1 ②：3、HG1 ⑦ b：5、HG1⑲：5、HG1⑰e：1、HG1 ②：4、HG1 ④：18、HG1 ⑤ a：10、HG1 ⑧ d：5、HG1 ⑦ b：9、HG1 ③ a：5、HG1 ④：11、HG1 ⑨ d：3、HG1 ⑧ d：6、HG1㉖：9、HG1⑬：1、HG1⑰a：21、HG1⑱：14）3、10. 泥质罐（HG1 ②：45、HG1 ②：37）

内缘突出，腹部以下残。颈部以下饰竖向略右斜细绳纹，肩部饰一周按压索状附加堆纹。口径20厘米，残高5厘米。（图一六，13）标本HG1④：18，灰陶。侈口，折沿，沿面微下凹，方唇，唇面内缘突出。腹饰横篮纹和交错篮纹。口径24厘米，残高7.2厘米。（图一六，7）标本HG1⑤a：10，褐胎黑皮陶。侈口，折沿，折棱明显，沿面下凹，方唇。肩部饰一周按压索状附加堆纹。口径24厘米，残高6厘米。（图一六，8）标本HG1⑦b：5，灰胎黑皮陶，器表颜色不均，局部泛褐色。侈口，折沿，折棱不明显，圆方唇，唇面内缘上凸。肩部饰数周凹弦纹和一周按压索状附加堆纹。口径23.2厘米，残高8厘米。（图一六，2）标本HG1⑦b：9，褐胎黑皮陶，器表颜色不均，局部泛褐色。侈口，折沿，折棱明显，沿面较平，方唇。颈部饰一周按压索状附加堆纹，肩部饰横篮纹。口径22厘米，残高6.6厘米。（图一六，11）标本HG1⑧d：5，灰陶。侈口，折沿，折棱明显，沿面微凹，沿面外缘有一浅棱，圆唇，弧腹较斜直。沿以下饰抹平横篮纹，肩部饰一周按压索状附加堆纹。口径17.6厘米，残高6.2厘米。（图一六，9）标本HG1⑧d：6，黑陶。侈口，折沿，折棱不明显，沿面下凹，方唇，唇面内侧上凸。沿以下饰数周凹弦纹。口径14厘米，残高3.8厘米。（图一六，15）标本HG1⑨d：3，黑陶。侈口，折沿，沿面微下凹，方唇，唇面外缘较尖锐。肩部饰一周按压索纹附加堆纹。口径22厘米，残高6.2厘米。（图一六，14）标本HG1⑬：1，褐胎灰皮陶，器表颜色不均，内壁呈黑色。侈口，折沿，沿面下凹，圆方唇。上腹部饰一周按压索状附加堆纹。口径18厘米，残高5.6厘米。（图一六，17）标本HG1⑰a：21，褐胎黑皮陶。侈口，折沿，折棱不明显，沿面下凹，方唇。肩部饰数周凹弦纹。口径26.8厘米，残高5.2厘米。（图一六，18）标本HG1⑰e：1，灰陶。敛口，厚圆唇。口部外侧饰一周按压索状附加堆纹形成花边，其下饰一鸡冠鋬。口径26厘米，残高5.6厘米。（图一六，5）标本HG1⑱：14，灰胎黑皮陶。侈口，折沿，沿面微凹，方唇，唇面内缘上凸。肩部饰一周按压索状附加堆纹。口径13.2厘米，残高4.8厘米。（图一六，19）标本HG1⑲：5，褐陶，器表颜色不均。侈口，折沿，折棱不明显，沿面下凹，圆唇。素面。口径21.6厘米，残高6.2厘米。（图一六，4）标本HG1㉖：9，灰陶，器表颜色不均，局部呈褐色。侈口，折沿，沿面下凹，圆方唇内勾，腹较斜直。肩部饰数周凹弦纹。口径15.6厘米，残高4厘米。（图一六，16）

泥质罐　灰陶。侈口，折沿，弧腹外鼓。器表磨光，素面。标本HG1②：37，沿面下凹，方唇，唇面内缘上凸，唇面有一周凹槽。肩部饰一周按压索状附加堆纹。口径15.6厘米，残高4.4厘米。（图一六，10）标本HG1②：45，沿面下凹，圆唇。肩部饰一鸡冠鋬。口径30厘米，残高8.2厘米。（图一六，3）标本HG1⑨c：3，沿面较平，圆唇，腹略鼓。口径20厘米，残高8厘米。（图一七，1）标本HG1⑫：6，沿面较平，尖圆唇。口径15.2厘米，残高4.8厘米。（图一七，8）标本HG1⑯a：1，灰胎黑皮陶。折棱不明显，沿面较平，圆唇。口径16.8厘米，残高6厘米。（图一七，3）标本HG1⑯a：33，折棱不明显，沿较宽平有三周凹槽，圆唇。口径18厘米，残高6.6厘米。（图一七，2）

罐底　平底，素面。标本 HG1 ⑦ b：1，夹砂灰陶。斜腹下收，大平底。底径 17.6 厘米，残高 10.8 厘米。（图一七，5）标本 HG1⑱：3，泥质灰胎黑皮陶。弧腹较斜直下收。器表磨光。底径 5.6 厘米，残高 2.2 厘米。（图一七，9）

小口瓶　标本 HG1 ⑤ a：5，泥质红陶。敛口，口下部外张，近似敛口杯，圆唇较尖外撇，口下部有一周折棱，束颈。口部外侧饰左斜极细线纹。口径 4.8 厘米，残高 6.6 厘米。（图一八，1）标本 HG1 ⑤ a：13，泥质红陶。重环口，敛口，口上部与下部基本等宽，上下环之间有一周凹槽，分界明显。口径 4.8 厘米，残高 3 厘米。（图一八，2）标本 HG1 ⑨ d：14，泥质灰胎红皮陶。单环口，圆唇，口部略上鼓，口颈结合部有一周凸棱，颈微束。素面。口径 5.6 厘米，残高 4.6 厘米。（图一八，3）标本 HG1⑭b：6，泥质红陶。重环口，敛口，圆唇，上环略窄，下环略宽，口颈结合部有一周凸棱，束颈。颈部饰左斜线纹。口径 4 厘米，残高 3.8 厘米。（图一八，4）标本 HG1⑯a：11，泥质灰胎红皮陶。尖底夹角呈锐角。内壁见泥条盘筑痕迹。外壁饰右斜线纹。残高 5.4 厘米。（图一八，8）标本 HG1⑲：4，泥质红陶。尖底夹角呈锐角。内见泥条盘筑痕

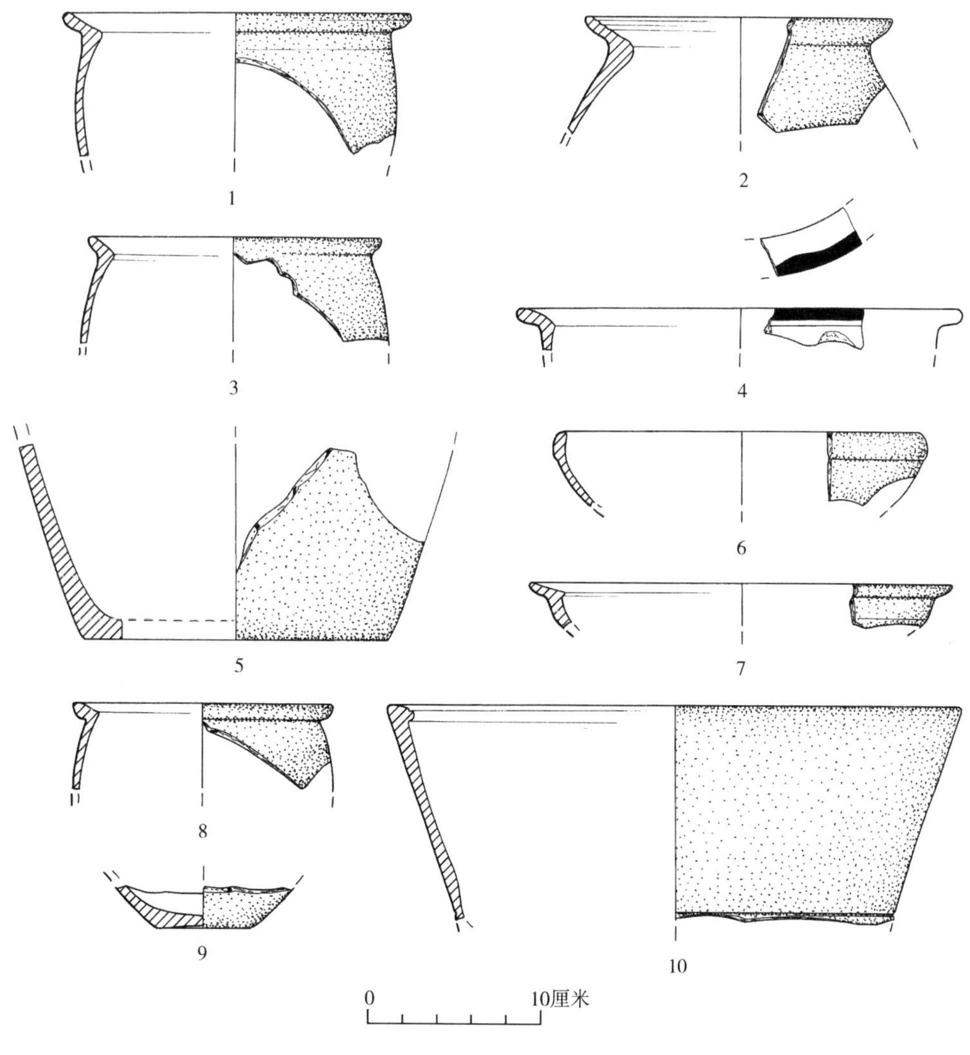

图一七　HG1 出土陶器

1~3、8. 泥质罐（HG1 ⑨ c：3、HG1⑯a：33、HG1⑯a：1、HG1⑫：6）4. 彩陶盆（HG1㉖：5）
6、7、10. 盆（HG1 ③ a：1、HG1 ②：39、HG1⑮b：1）5、9. 罐底（HG1 ⑦ b：1、HG1⑱：3）

迹。外壁饰左斜线纹。残高 4.4 厘米。（图一八，9）标本 HG1㉒：3，泥质红陶。单环口，敛口，尖圆唇，口部略高，外壁微上鼓，口颈结合处有一周外凸，束颈。口径 3.6 厘米，残高 3.6 厘米。（图一八，5）标本 HG1㉒：5，夹砂褐陶，胎较厚。尖底夹角较大呈钝角。内部下凹。外壁饰抹平细绳纹。残高 5 厘米。（图一八，10）标本 HG1㉓c：4，泥质红陶。单环口，口部较矮，圆唇，束颈。素面。口径 4 厘米，残高 3.6 厘米。（图一八，6）

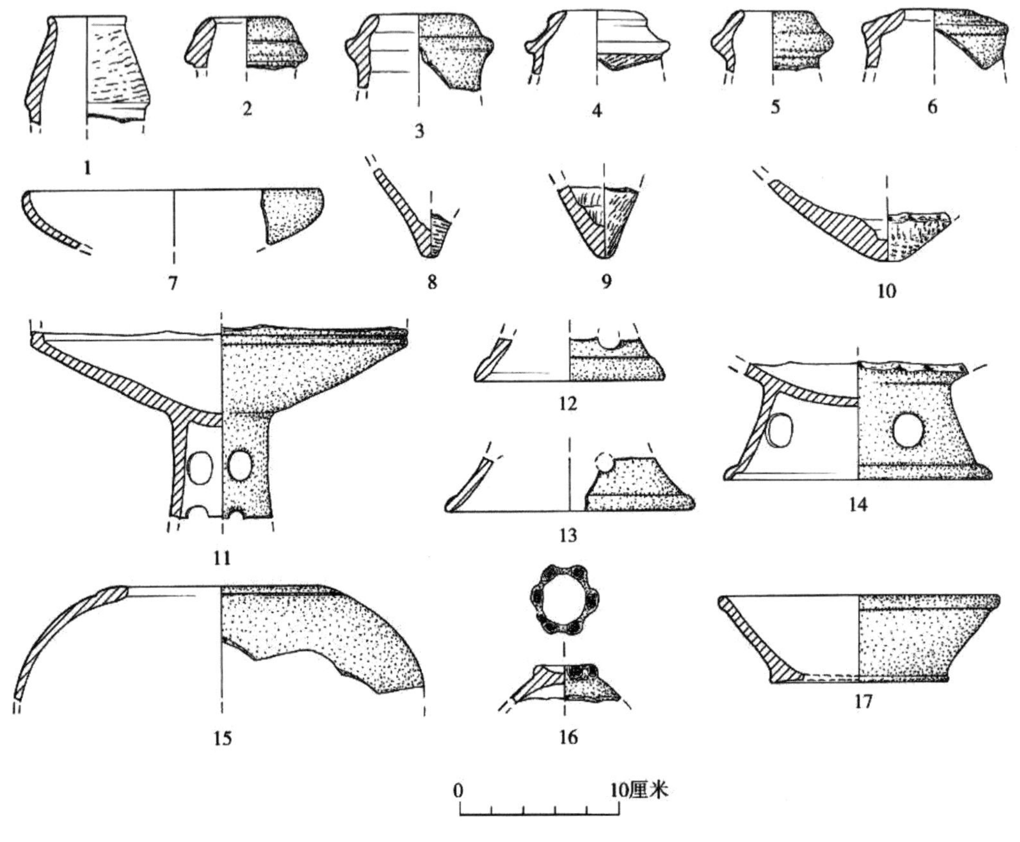

图一八　HG1 出土陶器

1~6、8-10. 小口瓶（HG1⑤a：5、HG1⑤a：13、HG1⑨d：14、HG1⑭b：6、HG1㉒：3、HG1㉓c：4、HG1⑯a：11、HG1⑲：4、HG1㉒：5）7. 钵（HG1⑱：7）11. 豆（HG1⑮a：1）12~14. 豆圈足（HG1⑫：5、HG1㉖：2、HG1㉔：1）15. 敛口瓮（HG1⑮a：2）16. 器盖（HG1⑬：9）17. 碗（HG1④：10）

盆　泥质陶。素面。标本 HG1②：39，灰陶。平折沿，沿面内缘内勾，弧腹较斜直下收，腹较浅。口径 24.8 厘米，残高 2.4 厘米。（图一七，7）标本 HG1③a：1，褐胎黑皮陶。敛口，叠唇较薄，弧腹下收。器表磨光。口径 20.8 厘米，残高 4.2 厘米。（图一七，6）标本 HG1⑮b：1，灰胎黑皮陶。敞口，圆方唇内勾，唇面内缘有一周浅凹槽，斜直腹下收，腹较深，腹部有一周凹槽。器表磨光。口径 33.6 厘米，残高 12.2 厘米。（图一七，10）

彩陶盆　标本 HG1㉖：5，红陶。直口微敛，折沿，折棱明显，沿面上凸，圆唇，弧腹较深。唇部及沿部外侧饰一周黑彩窄带纹，器表磨光。口径 25.6 厘米，残高 2.2 厘米。（图一七，4）

高领瓮　敞口呈喇叭状，领较矮，弧肩。标本 HG1②：32，泥质褐胎黑皮陶。圆唇外凸。素面。口径 11.2 厘米，残高 4.4 厘米。（图一九，1）标本 HG1④：2，夹砂褐胎黑皮陶。圆唇。肩部饰数周凸弦纹。口径 11.6 厘米，残高 6.2 厘米。（图一九，5）标本 HG1 ⑧ f：1，泥质灰胎黑皮陶，略夹细砂。圆唇较平。颈部饰一周按压附加堆纹。口径 12.8 厘米，残高 6.8 厘米。（图一九，2）标本 HG1⑮a：5，夹砂灰胎黑皮陶，内壁呈褐色。厚圆唇。素面。口径 12.8 厘米，残高 5 厘米。（图一九，9）标本 HG1⑯a：22，泥质灰陶，略夹细砂。圆唇。素面。口径 12.8 厘米，残高 5.4 厘米。（图一九，6）标本 HG1⑲：12，夹砂灰陶，内壁呈黑色。圆唇。素面。口径 11.2 厘米，残高 4.2 厘米。（图一九，3）标本 HG1⑳：3，泥质灰陶。方唇。素面。口径 12 厘米，残高 4.4 厘米。（图一九，4）标本 HG1⑳：4，泥质灰胎红皮陶。圆唇外凸。素面。口径 12 厘米，残高 4.2 厘米。（图一九，8）

敛口瓮　标本 HG1⑮a：2，泥质灰胎黑皮陶。敛口较甚，口径较小，叠唇，唇外缘有一周凹槽，圆肩，球形腹。器表磨光，素面。口径 11.6 厘米，残高 6.8 厘米。（图一八，15）

豆　标本 HG1⑮a：1，泥质褐胎黑皮陶。折盘，折盘处有一周凹槽，盘下部斜直，盘底下凹，柄较高。柄身饰上下两周圆形镂孔，每周各 4 个。器表磨光，素面。残高 11.6 厘米。（图一八，11）

豆圈足　泥质陶。喇叭状圈足。器表磨光，素面。标本 HG1⑫：5，姜黄陶，器表颜色不均，局部泛灰黑。尖圆唇，唇部外凸。柄部残存一圆形镂孔。底径 12 厘米，残高 2.6 厘米。（图一八，12）标本 HG1㉔：1，红陶。盘为圜底，下凹较甚，圈足较粗矮，口部外撇成沿，沿面下凹，方唇唇面较平。圈足中部有 3 个圆形镂孔，镂孔间距不对称。底径 16.8 厘米，残高 7.2 厘米。（图一八，14）标本 HG1㉖：2，红陶，器表呈姜黄色，内壁局部呈灰黑色。圆唇较厚，唇上部一周凹槽。柄部残存一圆形镂孔。底径 16 厘米，残高 3.2 厘米。（图一八，13）

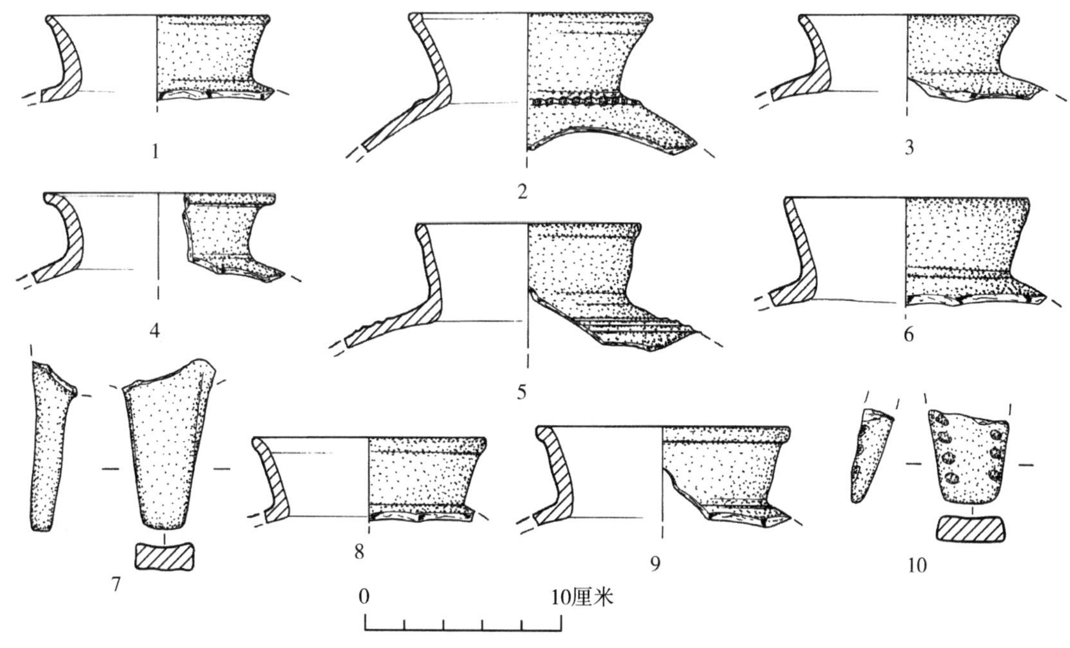

图一九　HG1 出土陶器

1~6、8、9. 高领瓮（HG1 ②：32、HG1 ⑧ f：1、HG1⑲：12、HG1⑳：3、HG1 ④：2、HG1⑯a：22、HG1⑳：4、HG1⑮a：5）7、10. 鼎足（HG1㉖：3、HG1 ③ a：11）

器盖　标本HG1⑬：9，夹砂褐胎黑皮陶。花边圆形纽。纽径4厘米，残高2.2厘米。（图一八，16）

钵　标本HG1⑱：7，泥质红陶，胎夹灰芯。微敛口，鼓肩，弧腹下收，腹较浅。素面。口径18.8厘米，残高3.4厘米。（图一八，7）

碗　标本HG1④：10，夹砂灰陶。敞口，厚圆唇外凸，斜直腹下收，腹较浅，平底，底部外缘突出。素面。口径17.6厘米，底径11.4厘米，残高5.4厘米。（图一八，17）

鼎　夹砂褐陶，器表颜色不均。宽扁状倒梯形足。标本HG1③a：11，足正面较平。两侧各饰一竖向按压附加堆纹。残宽4.6厘米，残高4.2厘米。（图一九，10）标本HG1㉖：3，足正面微下凹。素面。残高8.4厘米，宽4.8厘米。（图一九，7）

三、结语

（一）相对年代与遗存性质

1. 相对年代

本次仰韶村遗址主动性考古发掘面积较小，但发现遗迹较多，出土遗物较为丰富。从H18、H34、H61、H88和HG1等遗迹来看，其出土遗物的年代包含仰韶文化早期、中期和晚期。

仰韶文化早期遗物数量较少，见于H61、H88等灰坑中，主要有钵、窄沿罐等，其陶质、陶色、纹饰、器物形制等特征与三门峡南交口[5]、南家庄[6]、灵宝北麻庄[7]等遗址同期遗物基本相同。如钵（H88⑥：6、H61②：17）与南交口仰韶一期AⅡ式碗（H55：2）、南家庄A型钵（H14：31）近同。窄沿罐（H88①：11、H61③：6）与南交口仰韶一期AⅠ式窄沿罐（T33⑤：5）、北麻庄乙类Bc型窄沿罐（H4：87、T1①：28）相近；标本H61③：28与南交口仰韶一期BⅡ式窄沿罐（H72：15）、北麻庄乙类Ba型窄沿罐（T1①：29、H5：32）近似。其文化属性应当与后者相同，同属仰韶文化早期东庄类型。仰韶村遗址仰韶文化早期遗物在第一次考古发掘时已被发现，严文明先生对这批资料进行了分析研究，识别出相当于王湾遗址一期一段的仰韶文化早期遗物[8]。仰韶村遗址第三次发掘亦发现有零星的仰韶文化早期遗物，如钵（T1⑤：59）。仰韶文化早期遗物在第四次考古发掘中再次被发现，表明仰韶村遗址确实存在仰韶文化早期遗存，其文化序列应始于仰韶文化早期。

仰韶文化中期遗物发现数量较多，在H18、H34、H61、H88及HG1中均能见到，主要有小口瓶、罐、钵和盆等，其陶质、陶色、器物形制、纹饰及彩陶图案与三门峡庙底沟[9]、南交口、灵宝西坡[10]等遗址基本相同。小口瓶（HG1⑤a：5）与西坡2001南区（H36：17）、西坡2013B型小口瓶（NHG⑩a：1）、南交口B型小口瓶（H62：6）相同；标本H34①：61、标本HG1⑭b：6与西坡小口瓶（F105：1）、南交口AⅢ式小口瓶（G3：2）相近；标本H34④：22、标本HG1⑤a：13与西坡2013AⅠ式小口瓶（NHG⑬：1）、南交口AⅢ式小口瓶（H28：1）近同；标本HG1⑨d：14、标本HG1㉒：3与西坡2011Ⅰ式小口瓶（F107火塘内-1：1）、西坡2001A Ⅰ式小口瓶（H104：22）、西坡2013A Ⅱ式小口瓶（NHG⑪d：1）、南交口A Ⅴ式小口瓶（H2：11）近同；标本HG1㉓c：4与西坡2013A Ⅲ式小口瓶（NHG⑤a：1）、西坡2000 Ⅱ式小口瓶（H22：101）、南交口A Ⅵ式小口瓶（H8：4）相近；标本HG1⑲：4、标本H61④：60与南交口A Ⅳ式小口瓶（H62：7）近同。其文化属性应与后者相同，同属仰韶文化中期庙底沟类型。从考古调查、勘探和第四次考古发掘情况来看，仰韶村遗址仰韶中期文化遗存发现数量明显较多，分布区域较广，与仰韶早期相比有了较大的发展，文化面貌相对繁盛。

仰韶文化晚期遗物发现数量最多，是H18、H34、H61、H88及HG1等遗迹的主体文化遗存。仰韶村遗址仰韶文化晚期出土遗物以陶器为主，另有玉器、石器、骨器和蚌器等。出土陶片以泥质陶居多，夹砂陶次之。陶色以灰陶最多，黑陶次之，红陶、褐陶相对较少。器表以素面为大宗，黑皮陶和磨光陶占一定比例，纹饰常见篮纹和附加堆纹，另有少量线纹、绳纹、凹弦纹和方格纹等。彩陶发现较少，主要纹饰为由平行直线纹和斜线纹组成的网格纹，以红彩为主，另见有极少量的器表饰红色彩绘的陶片。器形种类较多，主要有夹砂罐（侈口罐、敛口罐）、泥质罐、彩陶罐、小口尖底瓶、高领瓮、敛口瓮、钵、盆、器盖、豆、鼎、缸和碗等。仰韶村遗址仰韶文化晚期遗物特征与芮城西王村[11]、古城东关[12]、灵宝涧口[13]、渑池笃忠[14]、三门峡南交口等遗址以及仰韶村遗址第一次、第三次发掘所见遗物特征基本相同。夹砂罐（H34⑦：5、H18①：60、HG1⑧d：5）与西王村Ⅰ式罐（H18：2：29）相近；标本H34⑤：1、H34①：3、HG1②：4与仰韶村第三次发掘三期Ⅰ式罐（T4H45：60）、笃忠夹砂罐（H89：10）相近；标本HG1⑲：5、标本HG1⑦b：9、标本HG1⑬：1与西王村小口罐（H29：2：14）、灵宝涧口A型Ⅱ式折沿罐（H7：19）近似；标本H61②：3、标本HG1⑰e：1与仰韶村第三次发掘三期Ⅱ式罐（T2F1：16）近同。彩陶罐（H34⑧：3、H61②：23）与仰韶村第三次发掘二期Ⅱ式罐（T8⑤：89）相同。小口尖底瓶（H18①：61）与西王村尖底瓶（H24：1：1）、灵宝涧口Ⅱ式小口瓶底（H4：11）、笃忠小口尖底瓶（H22：113）近同；标本H61①：32与西王村尖底瓶（H18：2：2）相近；标本HG1㉓：5与南交口小口尖底瓶（H01：24）相近。钵（H88⑤：13、H34⑦：1）与西王村Ⅱ式碗（H4：2：10）近同；标本H88④：3、标本H88④：5、标本H88⑤：8与仰韶村第三次发掘Ⅰ式钵（T2⑤：69）、东关A Ⅳ式圆腹钵（Ⅰ H56：22）近似；标本HG1⑱：7与东关A Ⅴ式圆腹钵（Ⅰ H261：1）相近。高领瓮（H34④：13）与仰韶村第三次发掘三期小口高领罐（T8⑤：90）相同；标本H61②：10、标本H61①：29、标本H61③：21、标本HG1⑮a：5、标本HG1⑲：12、标本HG1⑳：4与笃忠B型瓮（H77：18）近同。双腹豆（H18①：71、H34⑥：6）与仰韶村第三次发掘三期豆（T4H44：1）相近，略早于笃忠B型豆（H22：37）。折盘豆（H34⑧：25、H34④：1）与西王村豆盘（H4：2：14）相近。器盖（H61③：3、HG1⑬：9）与仰韶村第一次发掘（PSHp1.14.2）、仰韶村第三次发掘三期Ⅰ式器盖（T4H45：70）、笃忠A型器盖

（H36：27）相近。其文化属性应与后者相同，同属仰韶文化晚期西王村类型。考古调查、勘探及第四次考古发掘情况表明，该遗址仰韶文化晚期遗存最为丰富，聚落面貌有了更高程度的发展，是仰韶村遗址的鼎盛期。

2. 遗存性质

H34、H61 等遗迹平面形状呈圆形，形制规整，口小底大呈袋状，坑底经人为处理平整坚硬，推断其性质应为窖穴。有 H18 打破 H34 和 H61 打破 H88 两组打破关系，相关遗迹单位出土同类器物的形制差别不是太大，反映出其相对年代应较为接近。H18、H34、H61 和 H88 出土遗物中包含少量仰韶早期和仰韶中期遗物，但整体年代应均为仰韶文化晚期。

经勘探，HG1 呈西北—东南向截断整个遗址，与东沟和西沟一起对仰韶村遗址仰韶文化时期聚落形成合围。HG1 口大底小且较深，北壁倾斜度较南壁大，人工开挖特征明显，且 HG1 南部为聚落内部，北部为聚落外部，作为该遗址仰韶文化时期聚落的重要组成部分，其防御功能突出，应为聚落的北壕沟，同时兼有排水作用。从 HG1 各层堆积情况及出土遗物特征来看，其开挖形成年代当不晚于仰韶文化晚期，主要使用和逐渐废弃时期应为仰韶文化晚期，从打破 HG1 最上部堆积的灰坑年代可知，至庙底沟二期文化时期 HG1 已被完全填平并废弃。

（二）绝对年代与相关认识

1. 绝对年代

本次发掘清理的部分灰坑和 HG1 中提取测年样品，我们委托美国贝塔分析实验室进行了碳十四测年，均经数轮校正，结果如表一。依据最早和最晚数值的中心值，结合器物类型学演变规律以及与周边同期遗存的对比情况，我们初步推断仰韶村遗址仰韶晚期 H18、H34、H61、H88 等灰坑及 HG1 底部使用时期堆积的绝对年代在 BC3000—BC2900。

表一　仰韶村遗址部分碳十四测年数据

序号	实验室编号	遗存单位	测年样品	测定年代（BP）	校正年代（BC）及置信度
1	Beta-590078	H18 ②	木炭	4961—4839	3012—2890　95.4%
2	Beta-590079	H34 ⑦	木炭	4974—4843	3025—2894　95%
3	Beta-590079	H34 ③	木炭	4762—4690	2813—2741　45.2%
				4849—4795	2900—2846　32.2%
4	Beta-590749	HG1㉔	木炭	5052—4862	3103—2913　93.2%
5	Beta-590751	HG1㉖	木炭	4979—4852	3030—2903　89.4%

2. 相关认识

仰韶文化房屋建筑遗存中，标本 H18 ②：1、标本 H61 ②：6 为红褐色草茎泥，可能为房屋建筑墙壁；标本 H18 ②：3、标本 H18 ②：4、标本 H34 ⑤：14 为青灰色“混凝土”，可能为房屋建筑地坪。据检测分析结果：青灰色“混凝土”X 射线荧光定量分析结果为 CaO（82.3%），

SiO_2（9.21%），Al_2O_3（3.38%），Fe_2O_3（1.57%）；X 射线衍射物相分析结果为 $CaCO_3$，SiO_2 及少量的白云母；同时，该“混凝土”组分中也发现了较多的大小、分布较为均匀的陶质颗粒，其粒径多介于 3~5 毫米，这种组分结构特征及结合形式同现代混凝土基本相同。据此可以推定，仰韶时期的先民已经开始使用以烧料礓石加黏土为胶凝材料，以烧制的陶质颗粒为骨料，具备有一定水凝性的“混凝土”作为建筑材料。青灰色“混凝土”和涂朱红褐色草茎泥等房屋建筑遗存在仰韶村遗址属首次发现，为研究该遗址及豫西地区仰韶文化时期房屋建筑的类别、形制、技术等提供了新材料。仰韶文化大型人工壕沟的出现则反映出该遗址在仰韶文化时期人口众多，聚落繁盛，防御设施完备。发掘中收集的各类样品和标本，为多学科、多技术研究工作的开展提供了宝贵材料。仰韶村遗址文化内涵丰富，延续时间较长，学术研究价值较高，是渑池盆地一处极为重要的大型中心性聚落遗址。

附记：2020 年度主动性考古发掘领队为河南省文物考古研究院张凤，发掘现场负责人为李世伟，参与发掘人员有魏兴涛、李世伟、李占州、张永建、张小虎，三门峡市文物考古研究所郑立超、韩鹏翔、田道超，渑池县文化广电和旅游局侯建星、康继云、贺晓鹏，渑池县文管会马彩霞、王永峰，河南大学历史文化学院王志远、李寒冰、朱云凤，郑州大学历史学院史启蒙、王肖等。河南大学历史文化学院曹家凤、栾卿云等参与室内整理工作，器物修复为姜清福，绘图为孙广贺，房屋建筑遗存物化性能分析由河南省文物考古研究院文物保护中心陈家昌研究员完成，岩性鉴定由郑州大学历史学院考古系崔天兴副教授完成。河南省文物局给予了大力支持，渑池县委县政府、三门峡市文化广电和旅游局提供了积极配合，仰韶村村委、渑池县市政工程有限公司、仰韶文化博物馆等给予了很大帮助，在此一并表示感谢。

执笔：李世伟　魏兴涛　郑立超　侯建星

注释：

[1] a. 安特生：《中华远古之文化》，《地质汇报》1923 年第 5 号。

b. 安特生：《河南史前遗址》，《远东博物馆季刊》1947 年第 19 期。

[2] 夏鼐：《河南渑池的史前遗址》，《科学通报》1951 年第 9 期。

[3] 河南省文物研究所、渑池县文化馆：《渑池仰韶遗址 1980—1981 年发掘报告》，《史前研究》1985 年第 3 期。

[4] 河南省文物考古研究院、三门峡市文物考古研究所、渑池县文化广电和旅游局：《河南渑池县仰韶村遗址考古勘探报告》，《华夏考古》2020 年第 2 期。

[5] 河南省文物考古研究所：《三门峡南交口》，科学出版社，2009 年。下文涉及本书者，均不再注明。

[6] 河南省文物考古研究所：《河南三门峡市南家庄遗址的调查与试掘》，《华夏考古》2007 年第 4 期。

[7] 河南省文物考古研究院等:《河南灵宝市北麻庄遗址发掘简报》,《华夏考古》2020年第4期。

[8] 严文明:《从王湾看仰韶村》,见严文明:《仰韶文化研究》,文物出版社,1989年,第2—21页。

[9] a. 中国科学院考古研究所:《庙底沟与三里桥》,科学出版社,1959年。

b. 樊温泉:《2002—2003年庙底沟遗址考古发掘的新收获》,《聚落考古通讯》2018年第3期。

[10] a. 中国社会科学院考古研究所河南一队、河南省文化考古研究所、三门峡市文物工作队等:《河南灵宝市西坡遗址试掘简报》,《考古》2001年第11期。

b. 河南省文物考古研究所、中国社会科学院考古研究所河南一队、三门峡市文物考古研究所等:《河南灵宝市西坡遗址2001年春发掘简报》,《华夏考古》2002年第2期。

c. 河南省文物考古研究所、中国社会科学院考古研究所河南一队、三门峡市文物考古研究所等:《河南灵宝西坡遗址105号仰韶文化房址》,《文物》2003年第8期。

d. 中国社会科学院考古研究所河南一队、河南省文物考古研究所、三门峡市文物考古研究所等:《河南灵宝市西坡遗址发现一座仰韶文化中期特大房址》,《考古》2005年第3期。

e. 河南省文物考古研究所、中国社会科学院考古研究所河南一队、三门峡市文物考古研究所等:《河南灵宝市西坡遗址墓地2005年发掘简报》,《考古》2008年第1期。

f. 中国社会科学院考古研究所河南一队、河南省文物考古研究所、三门峡市文物考古研究所等:《河南灵宝市西坡遗址2006年发现的仰韶文化中期大型墓葬》,《考古》2007年第2期。

g. 中国社会科学院考古研究所河南一队、河南省文物考古研究院、三门峡市文物考古研究所等:《河南灵宝市西坡遗址庙底沟类型两座大型房址的发掘》,《考古》2015年第5期。

h. 中国社会科学院考古研究所河南一队、河南省文物考古研究院、三门峡市文物考古研究所等:《河南灵宝市西坡遗址南壕沟发掘简报》,《考古》2016年第5期。

[11] 中国科学院考古研究所山西工作队:《山西芮城东庄村和西王村遗址的发掘》,《考古学报》1973年第1期。

[12] 中国历史博物馆考古部、山西省考古研究所、垣曲县博物馆:《垣曲古城东关》,科学出版社,2001年。

[13] 河南省文物研究所:《河南灵宝涧口遗址发掘报告》,《华夏考古》1989年第4期。

[14] 河南省文物考古研究所:《河南渑池笃忠遗址2006年发掘简报》,《华夏考古》2010年第3期。

三门峡庙底沟遗址庙底沟文化 H770 发掘简报

◎河南省文物考古研究院　◎三门峡市文物考古研究所
◎武汉大学历史学院考古系

庙底沟遗址位于河南省三门峡市湖滨区韩庄村，地处青龙涧河下游左岸二级阶地的前缘，西北距黄河 1 公里，周边为流入黄河的青龙涧河和苍龙涧河之间的黄土塬。这里地势较平坦，新石器时代遗址丰富，如三门峡三里桥、李家窑、南交口和渑池仰韶村等遗址。（图一）1956 年—1957 年，为配合黄河三门峡水利枢纽工程的建设，文化部和中国科学院考古研究所组成的黄河水库考古工作队，对庙底沟遗址开展了第一次大规模的考古发掘工作，揭露面积 4480 平方米，发现并命名了庙底沟文化和庙底沟二期文化[1]。

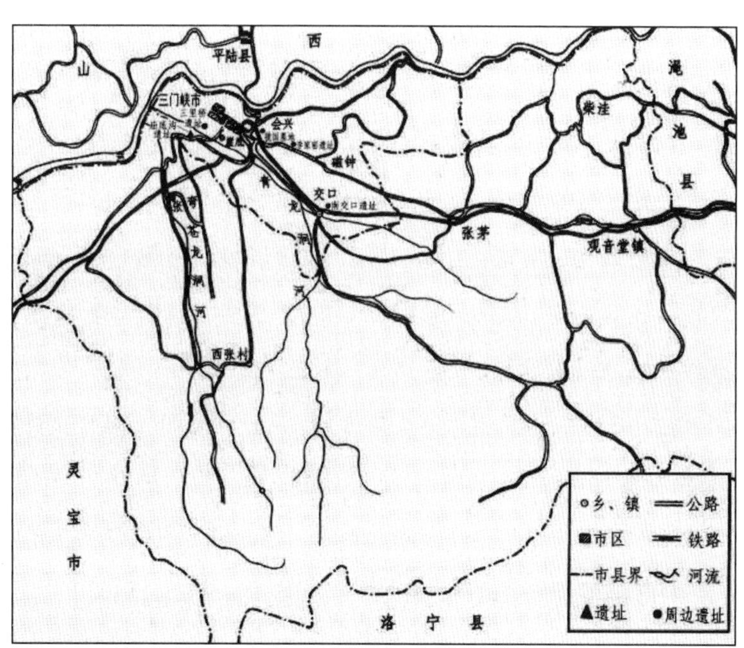

图一　庙底沟遗址位置示意图

2002 年 5 月，为配合 310 国道工程，河南省文物考古研究所联合三门峡市文物考古研究所、郑州大学历史学院等单位对庙底沟遗址进行了抢救性发掘。发掘面积 2 万多平方米，发现庙底沟文化、西王村文化及庙底沟二期文化等时期的灰坑和窖穴 800 余个，陶窑 20 余座，保存完好的房址 10 余座，壕沟 3 条，出土了一大批具有重要价值的实物资料。

在 T106 内发现了 1 个庙底沟文化时期的灰坑（编号 02SHMT106H770，简称 H770）。该灰坑结构规整，出土遗物丰富，不乏精品彩陶，且性质特殊。现将 H770 的发掘情况介绍如下。

一、灰坑形制

H770 位于 T106 东南角，部分伸入东壁、南壁。开口于第 4 层下，打破生土，被 H669、H722、H861 打破，开口距地表 160 厘米。平面形状为椭圆形，弧壁，平底。坑口最大径 586 厘米，最小径 339 厘米，深 180 厘米。填土呈灰褐色，土质疏松，夹杂少量红烧土颗粒、炭粒、草木灰。包含陶片、石器、石块、动物骨骼等。（图二）

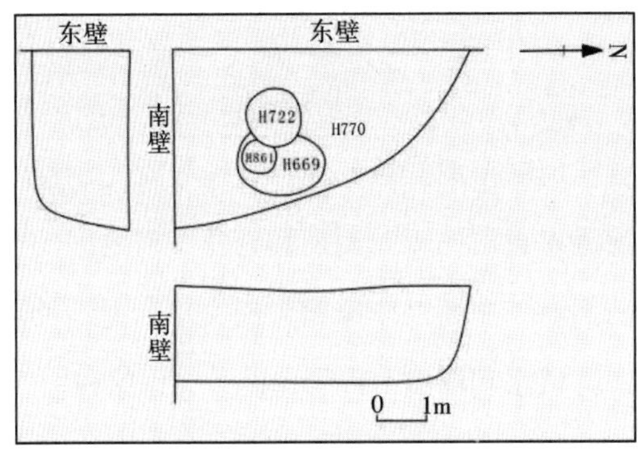

图二　H770 平面、剖视图

二、出土遗物

H770 出土陶片 1094 片，其中泥质陶 505 片，约占 46.16%，夹砂陶 589 片，约占 53.84%。泥质陶中，以黄褐陶（38.12%）为主，红陶（7.59%）次之，灰陶（0.46%）数量最少，极少数饰有红衣（0.87%）。夹砂陶中，黄褐陶（32.45%）数量最多，灰陶（12.98%）、红陶（5.67%）次之，黑褐陶（2.74%）数量最少。纹饰以彩绘（28.49%）最多，其中黑彩 26.67%、褐彩 1.82%。素面（16.8%）、线纹（15.06%）、磨光（13.16%）次之，篮纹（1.99%）、布纹（0.61%）、附加堆纹（0.69%）、凹弦纹（0.21%）、凸弦纹（0.43%）所占比例很低。复合纹饰以线纹 + 凹弦纹（15.32%）为主，篮纹 + 附加堆纹（1.21%）、线纹 + 凹弦纹 + 附加堆纹（1.56%）次之，其他组合线纹 + 篮纹、线纹 + 附加堆纹、凹弦纹 + 附加堆纹、凹弦纹 + 乳钉所占比例均低于 1%。

H770 出土陶片中可辨器形者 161 件，以罐（35.95%）、钵（27.1%）、盆（20.8%）为主，尖底瓶（4.56%）、器盖（4.29%）次之，碗（1.64%）、器座（1.46%）、瓮（1.28%）再次之，灶（0.91%）、缸（0.64%）、甑（0.55%）、平底瓶（0.46%）、杯（0.18%）、釜（0.09%）、盂（0.09%）所占比例均低于 1%。

挑选陶器标本 77 件，其中彩陶钵 41 件，素面钵 7 件，素面盆 7 件，彩陶盆 6 件，环 4 件，鼓腹罐 3 件，深腹罐 2 件，器座 2 件，杯 2 件，素面双鋬钵 1 件，素面双鋬盆 1 件，器盖 1 件。

1. 彩陶钵

41 件。泥质陶黑彩。依据腹部特征，可分两型。

A 型　31 件。曲腹或曲腹近直。标本 H770：36，黄褐陶。直口，尖唇，平底。器表磨光发白，内壁有刮削痕迹。唇面、下腹部各饰一周宽 0.2 厘米和 0.3 厘米的条带纹，其间区域用留白分为三个单元格，每个单元格内饰对弧边直角、凸弧纹组成的复合纹饰。可复原。口径 17~17.4 厘米，底径 5.8 厘米，高 8 厘米。（图版一，1；图六，20）标本 H770：37，黄褐陶。直口微敛，尖唇，平底。器表磨光，内壁有刮削痕迹。下腹部饰一周宽 0.4 厘米的条带纹，其上区域用留白分为四个单元格，每个单元格内饰对弧边直角、凸弧纹、圆点组成的复合纹饰。可复原。口径 23.7~24 厘米，底径 9~9.3 厘米，高 10.8 厘米。（图五，3）标本 H770：38，黄褐陶。直口微侈，尖唇，平底。器表磨光发白，内壁有刮削痕迹。口部外壁饰一周四个垂弧纹，其下区域对应饰四组双连弧线、圆点组成的复合纹饰。可复原。口径 14.8 厘米，底径 5.2 厘米，高 7.7 厘米。（图六，5）标本 H770：40，黄褐陶。直口，尖唇，平底。器表磨光，内壁有刮削痕迹。口部外壁饰一周宽 0.7 厘米的条带纹，其下区域饰数组双圆点。可复原。口径 26 厘米，底径 9.4 厘米，高 11 厘米。（图五，8）标本 H770：41，黄褐陶。口部变形严重，呈椭圆形。敛口，圆唇，平底微内凹。器表磨光发白，内壁近口处有刮削痕迹。唇面饰一周条带纹；口部外壁间隔饰一周六个垂弧纹、交弧纹，其下区域饰三周宽 0.3 厘米的条带纹、圆点组成的复合纹饰。可复原。口径 20.6 厘米，底径 9.6 厘米，高 10.6 厘米。（图五，7）标本 H770：42，黄褐陶。敛口，圆唇，平底。器表磨光发白，内壁近口处有刮削痕迹。口部外壁饰一周宽 0.8 厘米的条带纹，其下区域饰五组三连弧线、圆点组成的复合纹饰。可复原。口径 25.2 厘米，底径 9.6 厘米，高 11.4 厘米。（图五，6）标本 H770：43，黄褐陶。直口，圆唇，平底。器表磨光，内壁有刮削痕迹。口部外壁间隔饰一周四个垂弧纹、圆点，其下区域饰两周宽 0.3~0.4 厘米的条带纹、圆点组成的复合纹饰。可复原。口径 14.2 厘米，底径 4.8 厘米，高 7 厘米。（图六，1）标本 H770：46，黄褐陶。直口，尖唇，平底。器表磨光，内壁有刮削痕迹。口部外壁饰一组垂弧纹，其下区域饰四组双连弧线、圆点组成的复合纹饰。可复原。口径 13.6 厘米，底径 4.8 厘米，高 7 厘米。（图三，2；图六，2）标本 H770：47，黄褐陶。直口，圆唇，平底。器表磨光。腹部饰一周宽 0.3 厘米的条带纹，其上区域用圆点分为三个单元格，每个单元格内饰对弧边直角、弧边三角组成的复合纹饰。可复原。口径 16.2 厘米，底径 5.6 厘米，高 7.2 厘米。（图三，3；图六，16）标本 H770：51，黄褐陶。敛口，圆唇，平底。器表磨光，内壁近口处有刮削痕迹。口部外壁饰一周六个垂弧纹，其下区域饰凸弧纹、两周宽 0.2 厘米的条带纹、圆点组成的条带纹。可复原。口径 24.4 厘米，底径 10.4 厘米，高 10.8 厘米。（图五，9）标本 H770：52，黄褐陶。直口微侈，尖唇，平底。器表磨光，内壁近口处有刮削痕迹。口部外壁饰一周三个垂弧纹，其下区域饰凸弧纹、三周宽 0.4~0.6 厘米的条带纹组成的复合纹饰。可复原。口径 26.2 厘米，底径 9.6 厘米，高 11.4 厘米。（图五，15）标本 H770：54，黄褐陶。直口微敛，尖唇，平底。

器表磨光，内壁近口处有刮削痕迹。口部外壁饰一周五个垂弧纹，其下区域饰三周宽 0.3~0.4 厘米的条带纹。可复原。口径 26.8 厘米，底径 8.8 厘米，高 10.2 厘米。（图五，12）标本 H770：55，黄褐陶。敛口，圆唇，下腹部近直，平底。器表磨光，内壁近口处有刮削痕迹。口部外壁饰一周垂弧纹，其下区域饰三周宽 0.3 厘米的条带纹。可复原。口径 24.8 厘米，底径 12 厘米，高 11.6 厘米。（图五，11）标本 H770：56，黄褐陶。敛口，尖唇，平底。器表磨光，内壁近口处有刮削痕迹。口部外壁间隔饰一周垂弧纹、圆点，其下区域饰两周宽 0.3 厘米的条带纹。可复原。口径 24.2 厘米，底径 9.4 厘米，高 12.8 厘米。（图五，10）标本 H770：59，黄褐陶。侈口，尖唇，平底内凹。器表磨光，内壁近口处有刮削痕迹。口部外壁饰一周宽 0.8 厘米的条带纹，其下区域饰数组圆点。可复原。口径 14.2 厘米，底径 5.6 厘米，高 6.5 厘米。（图六，3）标本 H770：63，黄褐陶。直口微敛，圆唇，平底。器表磨光，内壁有刮削痕迹。口部外壁间隔饰一周垂弧纹、圆点。可复原。口径 14.4 厘米，底径 5.8 厘米，高 7.4 厘米。（图六，17）标本 H770：64，黄褐陶。敛口，尖唇，下腹部近直，平底。器表磨光，内壁近口处有刮削痕

图三　H770 出土彩陶器

1. 钵（H770：45）2. 钵（H770：46）3. 钵（H770：47）4. 钵（H770：49）
5. 钵（H770：67）6. 钵（H770：119）7. 钵（H770：125）8. 盆（H770：126）

迹。口部外壁饰一周垂弧纹，下腹部饰一周宽 0.6 厘米的条带纹，其间区域饰数个圆点、双短直线组成的复合纹饰。可复原。口径 24.4 厘米，底径 10 厘米，高 10.4 厘米。（图五，19）标本 H770：66，黄褐陶。直口微侈，圆唇，平底。器表磨光，内壁近口处有刮削痕迹。口部外壁饰一周三个垂弧纹，其下区域对应饰三组双连弧线、圆点组成的复合纹饰。可复原。口径 17 厘米，底径 6.8 厘米，高 8 厘米。（图六，18）标本 H770：67，黄褐陶。口部略不规整，呈椭圆形。直口，尖唇，平底。器表磨光，内壁近口处有刮削痕迹。口部外壁二方连续饰一周五个垂弧纹、双连弧线、圆点组成的复合纹饰。可复原。口径 23.2 厘米，底径 9.6 厘米，高 10.3 厘米。（图三，5；图五，13）标本 H770：68，黄褐陶。直口微敛，尖唇，平底内凹。器表磨光，内壁近口处有刮削痕迹。口部外壁饰一周垂弧纹，其下区域饰双连弧线。可复原。口径 22.6 厘米，底径 10 厘米，高 9.5 厘米。（图五，20）标本 H770：69，红陶。敛口，尖唇，平底。器表磨光，内壁近口处有刮削痕迹。口部外壁饰一周垂弧纹，其下区域饰四组圆点、双连弧线组成的复合纹饰。可复原。口径 23.4 厘米，底径 9.6 厘米，高 9.5 厘米。（图六，8）标本 H770：71，黄褐陶。敛口，尖圆唇，平底。器表磨光，内壁近口处有刮削痕迹。口部外壁饰一周垂弧纹，其下区域饰凸弧纹、两周宽 0.3~0.4 厘米的条带纹、圆点组成的复合纹饰。可复原。口径 23.6 厘米，底径 9.6 厘米，高 10.8 厘米。（图五，2）标本 H770：75，黄褐陶。直口，尖唇，平底。器表

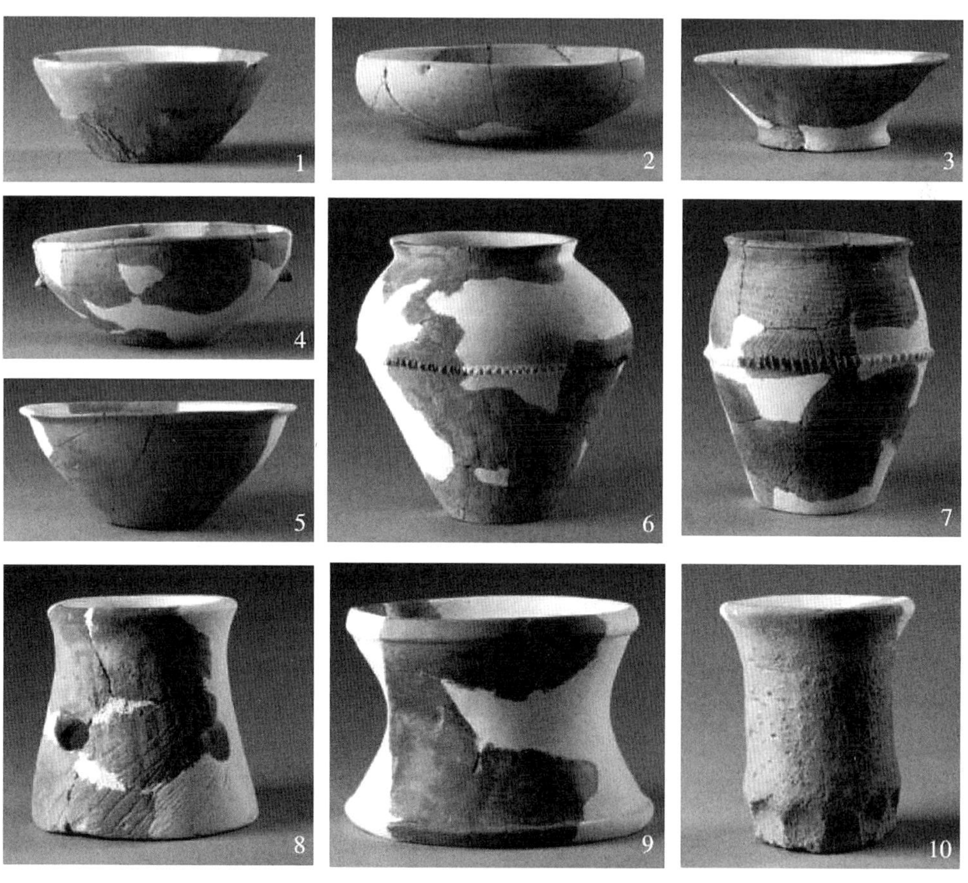

图四　H770 出土素面陶器

1. 钵（H770：29）2. 钵（H770：101）3. 盆（H770：86）4. 盆（H770：100）5. 盆（H770：114）6. 罐（H770：111）7. 罐（H770：91）8. 器座（H770：95）9. 器座（H770：110）10. 杯（H770：24）

磨光，内壁有明显刮削痕迹。口部外壁饰一周六个垂弧纹，其下区域饰三周宽 0.3 厘米的条带纹、圆点组成的复合纹饰。可复原。口径 13.6 厘米，底径 5.6 厘米，高 7.7 厘米。（图六，15）标本 H770：76，黄褐陶。敛口，尖唇，平底内凹。器表磨光，内壁近口处有刮削痕迹。口部外壁饰一周垂弧纹，其下区域饰三周宽 0.3 厘米的条带纹、圆点组成的条带纹。可复原。口径 23.6 厘米，底径 10.4 厘米，高 11.8 厘米。（图五，5）标本 H770：77，黄褐陶。口部略不规整。直口，尖圆唇，平底。器表磨光，内壁近口处有刮削痕迹。口部外壁间隔饰一周垂弧纹、圆点，其下区域饰两周宽 0.2~0.4 厘米不等的条带纹。可复原。口径 18 厘米，底径 6.8 厘米，高 9.5~9.8 厘米。（图六，13）标本 H770：78，黄褐陶。直口，尖唇，平底微内凹。器表磨光发白，内壁近口处有刮削痕迹。口部外壁间隔饰一周四个垂弧纹、圆点，其下区域饰两周宽 0.3~0.4

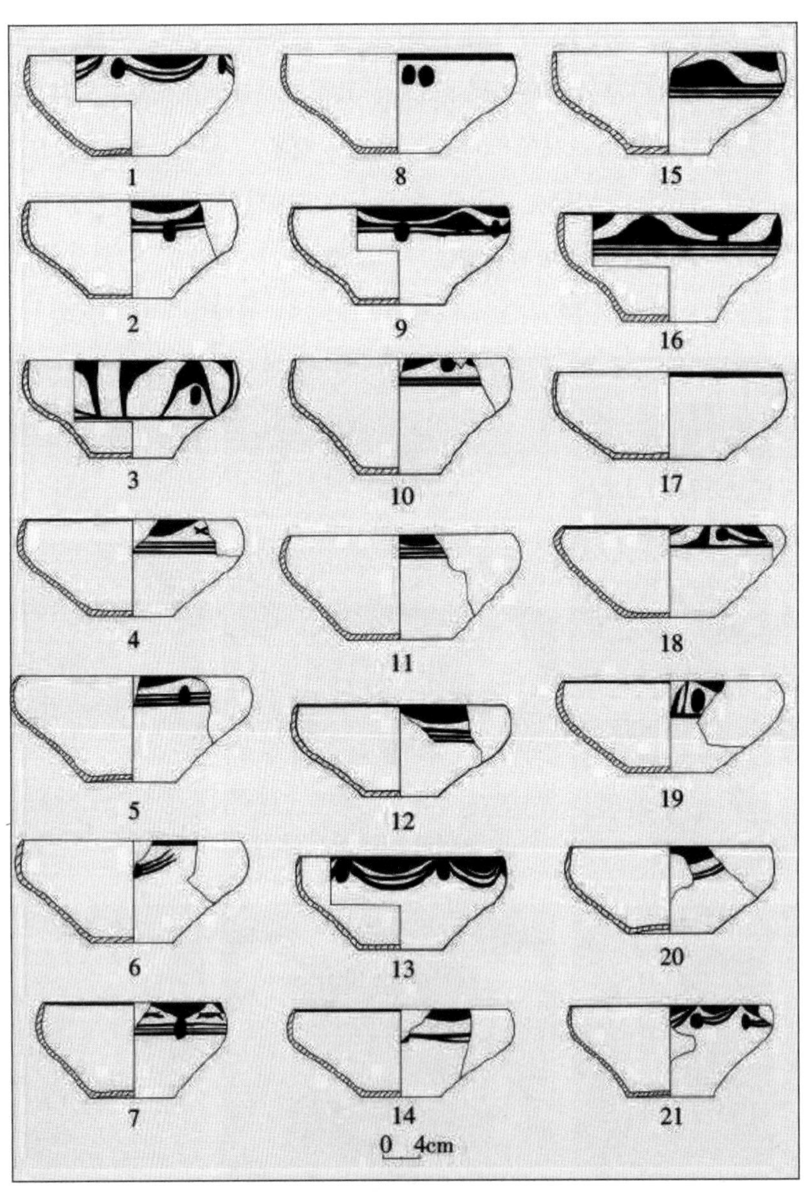

图五 H770 出土彩陶钵线图（一）

1、17~19. B 型彩陶钵（H770：65、H770：73、H770：80、H770：64） 2~16、20、21. A 型彩陶钵（H770：71、H770：37、H770：117、H770：76、H770：42、H770：41、H770：40、H770：51、H770：56、H770：55、H770：54、H770：67、H770：116、H770：52、H770：118、H770：68、H770：79）

厘米的条带纹、圆点组成的复合纹饰。可复原。口径17.6厘米，底径6.8厘米，高7.9厘米。（图六，11）标本H770：79，黄褐陶。直口微敛，尖唇，平底微内凹。器表磨光，内壁近口处有刮削痕迹。口部外壁饰一周垂弧纹，其下区域饰数组双连弧线、圆点组成的复合纹饰。可复原。口径22.8厘米，底径10厘米，高10.2厘米。（图五，21）标本H770：116，黄褐陶。敛口，圆唇，平底。器表磨光，内壁近口处有刮削痕迹。唇面饰一周条带纹，口部外壁饰一周垂弧纹，其下区域饰双连弧线、圆点组成的复合纹饰。可复原。口径24.4厘米，底径9.2厘米，高9.8厘米。（图五，14）标本H770：117，黄褐陶。敛口，尖唇，平底。器表磨光，内壁近口处有刮削痕迹。口部外壁间隔饰数组垂弧纹、交弧纹，其下区域饰三周宽0.2~0.3厘米的条带纹。可复原。口径24.4厘米，底径9.6厘米，高10.7厘米。（图五，4）标本H770：118，黄褐陶。直口

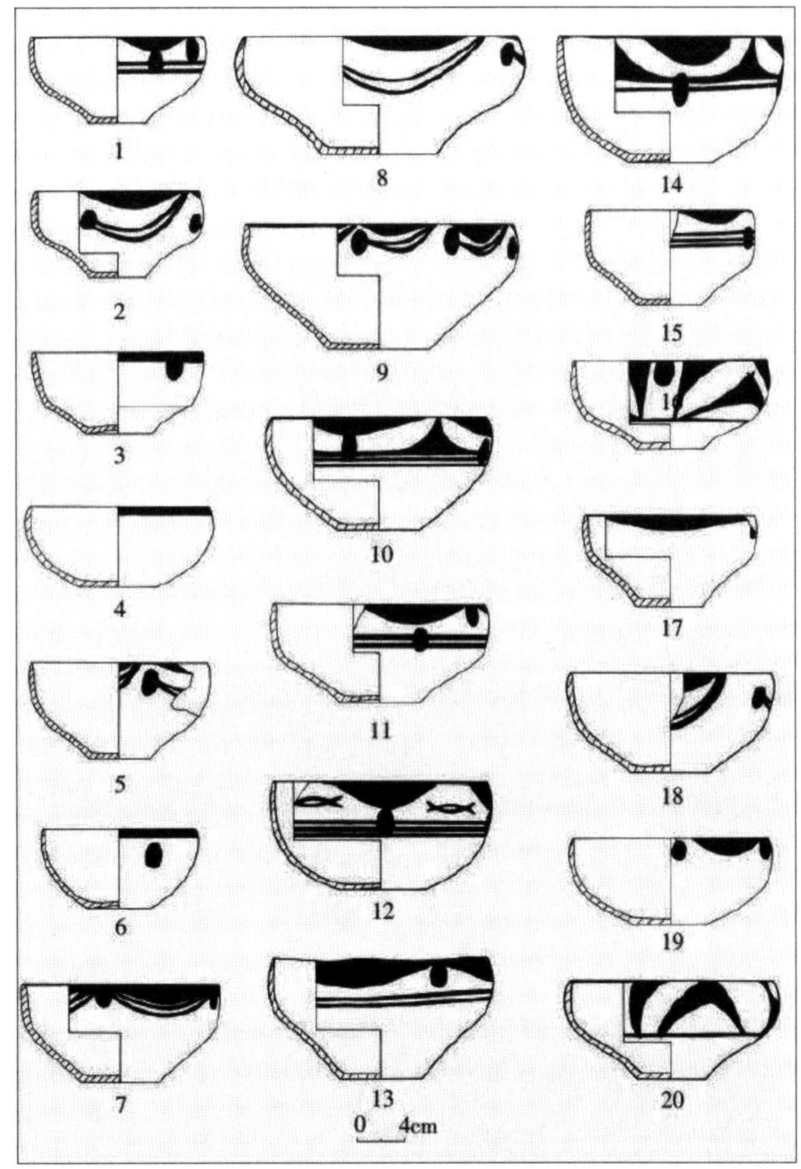

图六　H770出土彩陶钵线图（二）

1~3、5、8、9、11、13、15~18、20. A型彩陶钵（H770：43、H770：46、H770：59、H770：38、H770：69、H770：119、H770：78、H770：77、H770：75、H770：47、H770：63、H770：66、H770：36）4、6、7、10、12、14、19. B型彩陶钵（H770：72、H770：58、H770：39、H770：49、H770：45、H770：61、H770：62）

微敛，圆唇，平底。器表磨光，内壁近口处有刮削痕迹。口部外壁饰数组垂弧纹，其下区域饰凸弧纹、圆点和三周宽 0.3~0.7 厘米不等的条带纹组成的复合纹饰。可复原。口径 25 厘米，底径 10.8 厘米，高 12 厘米。（图五，16）标本 H770：119，黄褐陶。敛口，尖唇，平底内凹。器表磨光，内壁近口处有刮削痕迹。口部外壁饰一周八个垂弧纹，其下区域对应饰八组双连弧线、圆点组成的复合纹饰。可复原。口径 22.4 厘米，底径 8.6 厘米，高 10.2 厘米。（图三，6；图六，9）

B 型 10 件。弧腹或弧腹近直。标本 H770：39，黄褐陶。直口微侈，圆唇，下腹部近直，平底。器表磨光，内壁偶有刮削痕迹。口部外壁饰一周四组垂弧纹、双连弧线、圆点组成的复合纹饰。可复原。口径 15.2 厘米，底径 6.6 厘米，高 7.8 厘米。（图六，7）标本 H770：45，黄褐陶。器物略不规整，口部呈椭圆形。直口，尖唇，平底微内凹。器表磨光，内壁近口处有刮削痕迹。口部外壁间隔饰一周五个垂弧纹、交弧纹，其下区域饰三周宽 0.2~0.3 厘米的条带纹、圆点组成的复合纹饰。可复原。口径 17.8 厘米，底径 7 厘米，高 8.6 厘米。（图三，1；图六，12）标本 H770：49，红陶。直口，尖唇，平底。器表磨光，内壁有刮削痕迹。口部外壁饰一周四个垂弧纹，其下区域饰凸弧纹、三周宽 0.2~0.3 厘米的条带纹、圆点组成的复合纹饰。可复原。口径 18 厘米，底径 7 厘米，高 9.2 厘米。（图三，4；图六，10）标本 H770：58，黄褐陶。直口，尖唇，平底微内凹。器表磨光，内壁近口处有刮削痕迹。口部外壁饰一周宽 0.8 厘米的条带纹，其下区域饰数组椭圆点。可复原。口径 12.8 厘米，底径 5.2 厘米，高 6.4 厘米。（图六，6）标本 H770：65，黄褐陶。直口微敛，尖唇，平底微内凹。器表磨光，内壁近口处有刮削痕迹。口部外壁饰一周四个垂弧纹，其下区域对应饰四组双连弧线、圆点组成的复合纹饰。可复原。口径 23 厘米，底径 8.6 厘米，高 11.2 厘米。（图五，1）标本 H770：61，黄褐陶。直口微侈，尖唇，平底。器表磨光，内壁近口处有刮削痕迹。口部外壁饰一周六个垂弧纹，其下区域饰凸弧纹、两周宽 0.3~0.5 厘米的条带纹、椭圆点组成的复合纹饰。可复原。口径 18.8 厘米，底径 7.2 厘米，高 10.2 厘米。（图六，14）标本 H770：62，黄褐陶。直口微侈，圆唇，平底。器表磨光，内壁近口处有刮削痕迹。口部外壁间隔饰一周垂弧纹、圆点。可复原。口径 16.6 厘米，底径 6.4 厘米，高 6.9 厘米。（图六，19）标本 H770：72，黄褐陶。直口微敛，圆唇，平底。器表磨光，内壁近口处有刮削痕迹。口部外壁饰一周宽 0.6 厘米的条带纹。可复原。口径 15 厘米，底径 6.4 厘米，高 6.5 厘米。（图六，4）标本 H770：73，黄褐陶。敛口，尖唇，下腹部近直，平底。器表磨光，内壁抹光，有刮削痕迹。口部外壁饰一周宽 0.5 厘米的条带纹。可复原。口径 25.6 厘米，底径 12.8 厘米，高 9.6 厘米。（图五，17）标本 H770：80，黄褐陶。敛口，圆唇，下腹部近直，平底。器表磨光，内壁近口处有刮削痕迹。口部外壁饰一周垂弧纹，唇面、下腹部各饰一周宽 0.3 厘米的条带纹，其间区域用弧边三角分为若干单元格，每个单元格内饰一组双连弧线、圆点组成的复合纹饰。可复原。口径 24.4 厘米，底径 9.8~10.4 厘米，高 10.2 厘米。（图五，18）

2. 彩陶盆

6 件。泥质黄褐陶黑彩。依据腹部特征，可分两型。

A 型　2 件。深曲腹。标本 H770：53，敛口，仰折沿隆起，尖唇，平底。器表磨光发白，沿面及内壁有刮削痕迹。唇面饰一周宽 0.9 厘米的条带纹，腹部间隔饰四组交弧纹、圆点。可复原。口径 25.6 厘米，底径 11.2 厘米，高 15 厘米。（图版一，2；图七，1）标本 H770：115，敛口，仰折沿隆起，圆唇，平底。器表磨光，沿面及内外壁均有刮削痕迹。唇面、下腹部各饰一周宽 0.8 厘米和 0.5 厘米的条带纹，其间区域饰一组圆点、弧边三角、弧线和凸弧纹组成的复合纹饰。可复原。口径 35.4 厘米，底径 14.4 厘米，高 20.7 厘米。（图七，3）

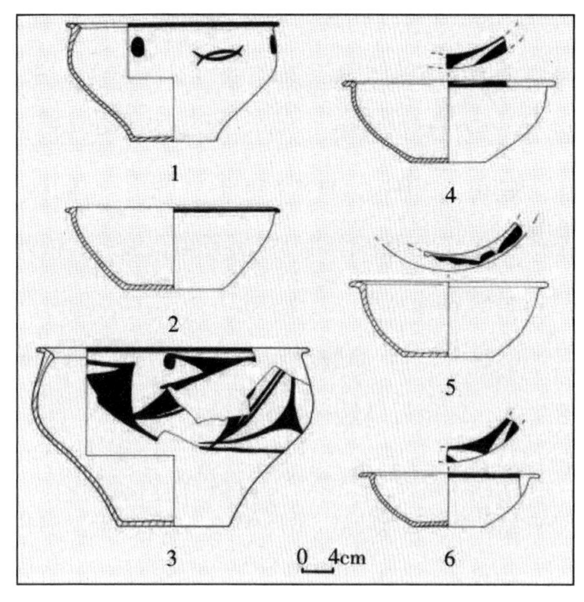

图七　H770 出土彩陶盆线图
1、3. A 型彩陶盆（H770：53、H770：115）2、4~6. B 型彩陶盆（H770：34、H770：33、H770：35、H770：32）

B 型　4 件。浅弧腹。标本 H770：32，直口，折沿微隆起，圆唇，平底微内凹。器表磨光，内壁抹光，沿面及内壁近口处有刮削痕迹。沿面饰一周四组垂弧纹、弧边三角组成的复合纹饰。可复原。口径 23.6 厘米，底径 9.2 厘米，高 6.8 厘米。（图七，6）标本 H770：33，直口，折沿隆起，圆唇，平底。器表磨光，内壁抹光，沿面及内壁近口处有刮削痕迹。沿面饰一周四组垂弧纹、弧边三角组成的复合纹饰。可复原。口径 28 厘米，底径 9.6 厘米，高 10.4 厘米。（图七，4）标本 H770：34，直口微敛，折沿外侧下斜，尖唇，平底。器表磨光，沿面及内外壁近口处有刮削痕迹。沿面饰一周宽 1 厘米的条带纹。可复原。口径 28 厘米，底径 12.8 厘米，高 10.5 厘米。（图七，2）标本 H770：35，直口，折沿微隆起，方唇，平底。器表磨光，沿面及内外壁近口处有刮削痕迹。沿面饰一周五组垂弧纹、圆点组成的复合纹饰。可复原。口径 26 厘米，底径 11.6 厘米，高 9.6 厘米。（图七，5）

3. 素面双鋬钵

1 件。标本 H770：96，夹砂黄褐陶。直口，方唇，曲腹，平底，腹部对称置附加凸起状双鋬。素面。唇面及内外壁均有刮削痕迹。可复原。口径 28 厘米，底径 17.2 厘米，高 14.6 厘米。（图八，1）

4. 素面钵

7 件。素面。依据腹部特征，可分三型。

A 型　2 件。直腹。标本 H770：29，泥质红陶。侈口，圆唇，平底。内外壁有明显的刮削痕迹。可复原。口径 8.8 厘米，底径 4 厘米，高 4.6 厘米。（图四，1；图九，3）标本

H770：113，泥质黄褐陶。口部略有变形，呈椭圆形。侈口，圆唇，平底。内壁有刮削痕迹。可复原。口径 6.8 厘米，底径 4.8 厘米，高 3.4 厘米。（图九，2）

B 型　3 件。弧腹。标本 H770：10，泥质红陶。侈口，圆唇，平底。内壁及外壁近口处有明显的刮削痕迹。可复原。口径 10.2 厘米，底径 7 厘米，高 2.7 厘米。（图九，4）标本 H770：88，夹砂红陶。敛口，圆唇，平底。内外壁近口处有刮削痕迹。可复原。口径 17.2 厘米，底径 7.2 厘米，高 7.3 厘米。（图九，15）标本 H770：101，夹细砂黄褐陶。直口，圆唇，平底。内壁近底处有明显的泥条盘筑痕迹，内外壁均有刮削痕迹。可复原。口径 20.4~21.3 厘米，底径 10.4 厘米，高 5.8 厘米。（图四，2；图九，11）

C 型　2 件。曲腹。标本 H770：82，泥质黄褐陶，通体饰红衣。侈口，圆唇，平底。器表磨光，内壁近口处有刮削痕迹。可复原。口径 14 厘米，底径 5.6 厘米，高 8.9 厘米。（图九，17）标本 H770：89，夹砂黄褐陶。直口，圆唇，平底。内外壁近口处有刮削痕迹，下腹部饰竖直拍印痕。可复原。口径 17.2~17.8 厘米，底径 9.6 厘米，高 7 厘米。（图九，18）

5. 素面双鋬盆

1 件。标本 H770：100，夹砂黄褐陶。直口微敛，叠唇，弧腹，平底。腹部对称置附加凸起状双鋬。内壁抹光，唇面及内外壁近口处有刮削痕迹。素面。可复原。口径 25.2 厘米，底径 9.2 厘米，高 10.2 厘米。（图四，4；图八，2）

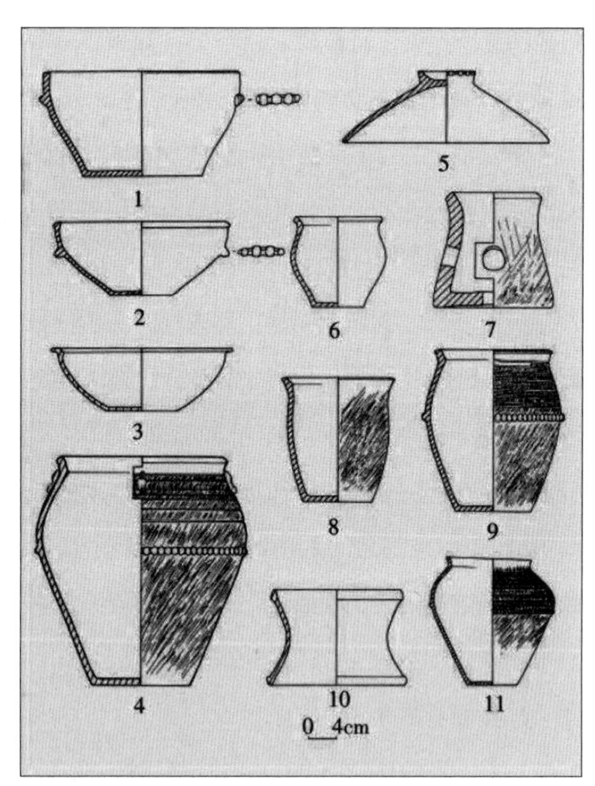

图八　H770 出土其他陶器线图（一）
1. 素面双鋬钵（H770：96）　2. 素面双鋬盆（H770：100）　3. B 型素面盆（H770：85）　4、6、11. 鼓腹罐（H770：112、H770：87、H770：111）　5. 器盖（H770：99）　7. A 型器座（H770：95）　8、9. 深腹罐（H770：93、H770：91）　10. B 型器座（H770：110）

6. 素面盆

7 件。素面。依据腹部，可分三型。

A 型　1 件。曲腹。标本 H770：104，泥质黄褐陶。敛口，仰折沿，圆唇，平底。器表磨光，内壁近口处及外壁刮削痕迹。可复原。口径 21.8 厘米，底径 12.6 厘米，高 10 厘米。（图九，9）

B 型　5 件。弧腹。标本 H770：85，夹砂红陶。直口，折沿隆起，圆唇，平底。沿面及内外壁均有刮削痕迹。可复原。口径 26 厘米，底径 10 厘米，高 8.8 厘米。（图八，3）标本 H770：97，夹砂灰陶。敞口，折沿，尖唇，平底。沿面及内外壁均有刮削痕迹。可复原。口径 20 厘米，底径 10 厘米，高 6.4 厘米。（图九，12）标本 H770：98，夹砂黄褐陶。敞口，仰折沿，圆唇，下腹部近直，平底。沿面及口部内外壁均有刮削痕迹。可复原。口径 16.6 厘米，底径 9 厘米，高 6 厘米。（图九，16）标本 H770：102，泥质黄褐陶。侈口，仰折沿隆起，圆唇，下腹部近直，平底。器表磨光，沿面及内外壁均有刮削痕迹。可复原。口径 24 厘米，底径 9.6 厘米，高 9.8 厘米。（图九，10）标本 H770：114，泥质黄褐陶。敞口，仰折沿隆起，圆唇，平底。器表磨光，沿面及内外壁均有刮削痕迹。可复原。口径 23.2 厘米，底径 8.4 厘米，高 9.8 厘米。（图四，5；图九，8）

C 型　1 件。直腹。标本 H770：86，夹砂黄褐陶。器形不规整，口部略呈椭圆形。敞口，仰折沿，圆唇，饼足。沿面及内外壁近口处有刮削痕迹。可复原。口径 18 厘米，底径 9.6 厘米，高 6.1 厘米。（图四，3；图九，14）

7. 鼓腹罐

3 件。夹砂黄褐陶。侈口，仰折沿，方唇，溜肩，鼓腹，下腹部近直，平底。标本 H770：87，口部略有变形，呈椭圆形。唇面、内外壁近口处有刮削痕迹。素面。可复原。口径 12.1~12.8 厘米，底径 6.2~7.4 厘米，高 12.6 厘米。（图八，6）标本 H770：111，沿面及口部内外壁均有刮削痕迹。通体饰竖篮纹，近底处被抹平；肩部饰七周凹弦纹，腹部饰一周附加堆纹。可复原。口径 24.4 厘米，底径 14.4 厘米，高 34.8~35.6 厘米。（图四，6；图八，11）标本 H770：112，唇面及内外壁近口处有刮削痕迹。通体饰左斜篮纹，近底处被抹平；肩部饰数周凹弦纹和四个附加堆纹，附加堆纹上各有一个按窝；腹部饰一周附加堆纹。可复原。口径 24.4 厘米，底径 14 厘米，高 31.8 厘米。（图八，4）

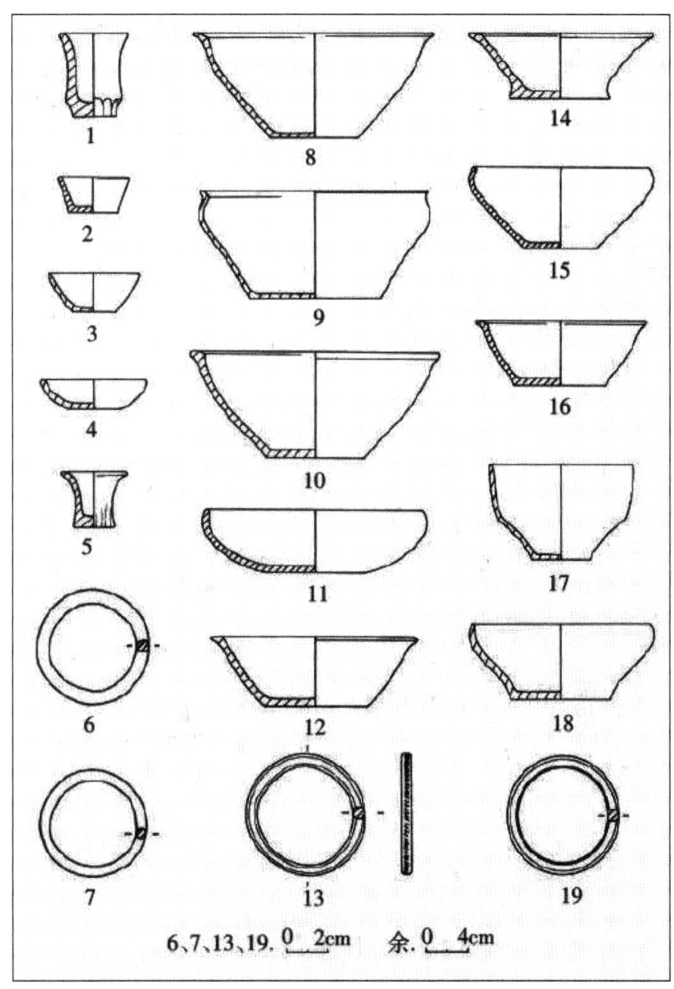

图九　H770 出土其他陶器线图（二）

1、5. 杯（H770：24、H770：27）　2、3. A 型素面钵（H770：113、H770：29）　4、11、15. B 型素面钵（H770：10、H770：101、H770：88）　17、18. C 型素面钵（H770：82、H770：89）　6、7、13、19. 环（H770：8-1、H770：8-6、H770：8-3、H770：8-5）　8、10、12、16. B 型素面盆（H770：114、H770：102、H770：97、H770：98）　9. A 型素面盆（H770：104）　14. C 型素面盆（H770：86）

8. 深腹罐

2 件。夹砂陶。侈口，仰折沿，方唇，溜肩，鼓腹，平底。通体饰左斜篮纹。标本

H770：91，黄褐陶。沿面饰一周右斜篮纹，肩部饰数周凹弦纹，腹部饰一周附加堆纹。可复原。口径 16.8 厘米，底径 10.8 厘米，高 22.6 厘米。（图四，7；图八，9）标本 H770：93，灰陶。沿面有刮削痕迹。近底处篮纹被抹平。可复原。口径 16.2 厘米，底径 9.8 厘米，高 17.3 厘米。（图八，8）

9. 器座

2 件。依据器形，可分两型。

A 型　1 件。筒形。标本 H770：95，夹砂黄褐陶，厚胎。侈口，方唇，弧腹，平底内凹，腹部对置两对圆孔，底部设一圆孔。下腹部饰左斜篮纹。可复原。口径 13.6 厘米，底径 19.2 厘米，高 16 厘米。（图四，8；图八，7）

B 型　1 件。亚腰形。标本 H770：110，泥质灰陶。侈口，方唇，上下器形对称，束腰。器表有泥条盘筑痕迹，内壁有刮削痕迹。素面。可复原。口径 18.8 厘米，底径 20 厘米，高 13.3 厘米。（图四，9；图八，10）

10. 器盖

1 件。标本 H770：99，夹砂灰陶。敞口，圆唇，弧腹，圜顶，圈足形钮。外壁有泥条盘筑痕迹，内外壁近口处有刮削痕迹，钮上饰一周按窝。可复原。口径 29.6 厘米，高 9.8 厘米。（图八，5）

11. 杯

2 件。夹砂陶，厚胎。敞口，圆唇。素面。标本 H770：24，灰陶。曲腹，饼足。口部外壁有刮削痕迹。底部饰一周十个按窝。可复原。口径 6.6 厘米，底径 4.2 厘米，高 7.7 厘米。（图四，10；图九，1）标本 H770：27，黄褐陶。器体略有歪斜。弧腹内收，口部内外壁均有刮削痕迹，器表有竖条状拍印痕迹。可复原。口径 6.4 厘米，底径 4 厘米，高 5.2 厘米。（图九，5）

12. 环

4 件。泥质灰陶。环状，截面为圆形。标本 H770：8–1，素面。可复原。外径 5.3 厘米，内径 4.1 厘米，厚 0.6 厘米。（图九，6）标本 H770：8–3，外侧饰戳印纹。可复原。外径 5.6 厘米，内径 4.5 厘米，厚 0.6 厘米。（图九，13）标本 H770：8–5，素面。可复原。外径 5.2 厘米，内径 4.2 厘米，厚 0.5 厘米。（图九，19）标本 H770：8–6，素面。可复原。外径 5.2 厘米，内径 4.2 厘米，厚 0.5 厘米。（图九，7）

三、结语

H770 出土陶器泥质与夹砂相当，纹饰以彩绘、线纹、磨光为主；陶器组合以彩陶钵、彩陶盆、素面盆、素面钵、鼓腹罐、深腹罐、器盖、器座等为主。彩陶以黄地黑彩为主，构图元素有圆点、条带纹、垂弧纹、弧边三角、凸弧纹、弧边直角、勾连纹、双连弧纹等，还有比较少见的豆荚纹和十字纹（图三，7、8）；构图方式以二方连续为主，以四分比较常见。彩陶钵通常为垂弧纹、圆点弧线纹、简化鸟纹组成的复合构图，彩陶盆通常饰弧边三角、圆点、凸弧纹组成的复合纹饰。这些都是典型的庙底沟文化陶器特征。

庙底沟遗址陶盆的器形变化趋势为由矮胖变为瘦高[2]，H770出土彩陶盆矮胖于H9[3]、H408[4]，因此其年代早于H9、H408。H770出土的A型彩陶盆与三门峡南交口H2：1[5]、西阴村H34：6[6]器形相当；B型彩陶盆与三门峡南交口H65：4[7]器形相当；B型彩陶钵与固镇H16：3器形相当[8]。因此，其年代与上述单位一致，当为庙底沟文化中期。

H770还发现有42312粒炭化种子，其中粟40581粒，黍940粒，水稻648粒，大豆31粒，杂草有狗尾草67粒，马唐7粒以及堇菜1粒。H770的11L土样中浮选出的植物种子占整个庙底沟期出土全部植物种子的69.88%，出土的农作物占整个遗址出土农作物总数的58.23%。从出土的植物种子来看，粟黍多是成熟的，粟秕和黍秕的数量很少，杂草仅见典型的旱地伴生杂草狗尾草和马唐，所以我们推测H770是一处农作物储藏坑，集中储藏经过脱粒和扬场后的带壳谷物。（图一〇至图一二）

H770共有4个测年数据，但是偏差较大。矫正后3个数据集中在2700BC左右，1个集中在3200BC左右。我们认为兽骨的测年数据还是比较可靠的。对H770这一测年结果的解读，还需要更多材料的支撑，在这里我们一并公布数据，以期同行辨别取舍。（表一）

图一〇　H770出土农作物种子
1. 黍　2. 水稻　3. 粟

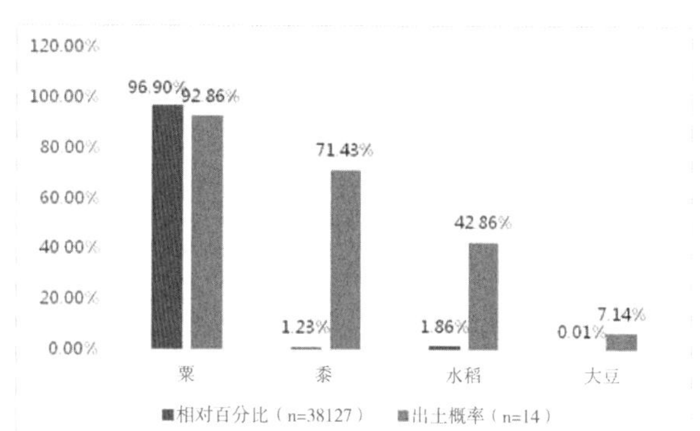

图一一　庙底沟遗址出土农作物相对百分比和出土概率

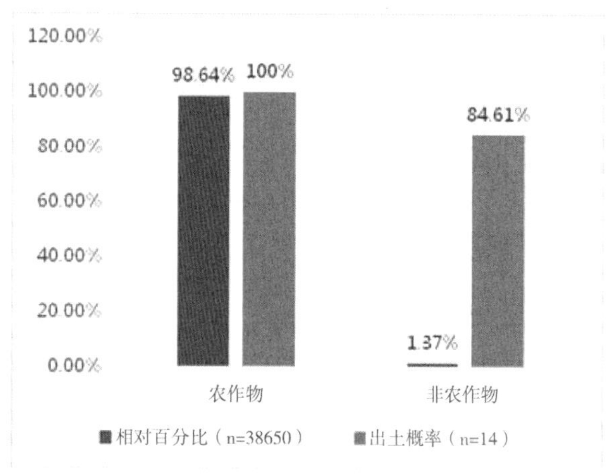

图一二　庙底沟遗址农作物、非农作物相对百分比和出土概率

表一　H770测年数据

序号	实验室编号	样品	测年数据（B.P.）	树轮矫正（±1σ）（B.C.）
1	GZ9181	水稻	4145±25	2626~2786（64.6%） 2794~2874（30.9%）
2	GZ9182	水稻	4185±25	2671~2815（73.2%） 2842~2887（22.2%）
3	GZ9183	黍	4180±20	2740~2813（48.5%） 2673~2733（26.0%） 2845~2883（20.9%）
4	ZK8049	兽骨	4548±22	3321~3369（40.1%） 3176~3236（32.5%） 3105~3161（22.9%）

附记：本次发掘领队为河南省文物考古研究院樊温泉。参与发掘的有河南省文物考古研究院、三门峡市文物考古研究所、郑州大学历史学院诸多同仁。陶器拼对修复由刘萍、杨淑慧、王刘敏、王俊卫等完成；器物摄影由祝贺、聂凡、郭亮完成；绘图由姜凤玲、陈伟芳等完成；植物考古信息、测年数据由山东大学历史学院杨凡博士提供。在此一并感谢。

执笔：樊温泉　宋海超　郭思汝　韩　越

注释：

[1] 中国科学院考古研究所:《庙底沟与三里桥》，科学出版社，1959 年。

[2] 余西云:《西阴文化——中国文明的滥觞》，科学出版社，2011 年，第 14 页。

[3] 河南省文物考古研究所:《河南三门峡市庙底沟遗址仰韶文化 H9 发掘简报》,《考古》2011 年第 12 期。

[4] 河南省文物考古研究院、三门峡市文物考古研究所、武汉大学历史学院考古系:《三门峡庙底沟遗址庙底沟文化 H408 发掘简报》,《华夏考古》2021 年第 4 期。

[5] 河南省文物考古研究所:《三门峡南交口》，科学出版社，2009 年，第 209 页。

[6] 山西省考古研究所:《西阴村史前遗存第二次发掘》，见山西省考古学会、山西省考古研究所:《三晋考古》第 2 辑，山西人民出版社，1996 年，第 1—62 页。

[7] 河南省文物考古研究所:《三门峡南交口》，科学出版社，2009 年，第 209 页。

[8] 山西省考古研究所:《山西河津固镇遗址发掘简报》，见山西省考古学会、山西省考古研究所:《三晋考古》第 2 辑，山西人民出版社，1996 年，第 63—126 页。

1. 钵（H770：36）

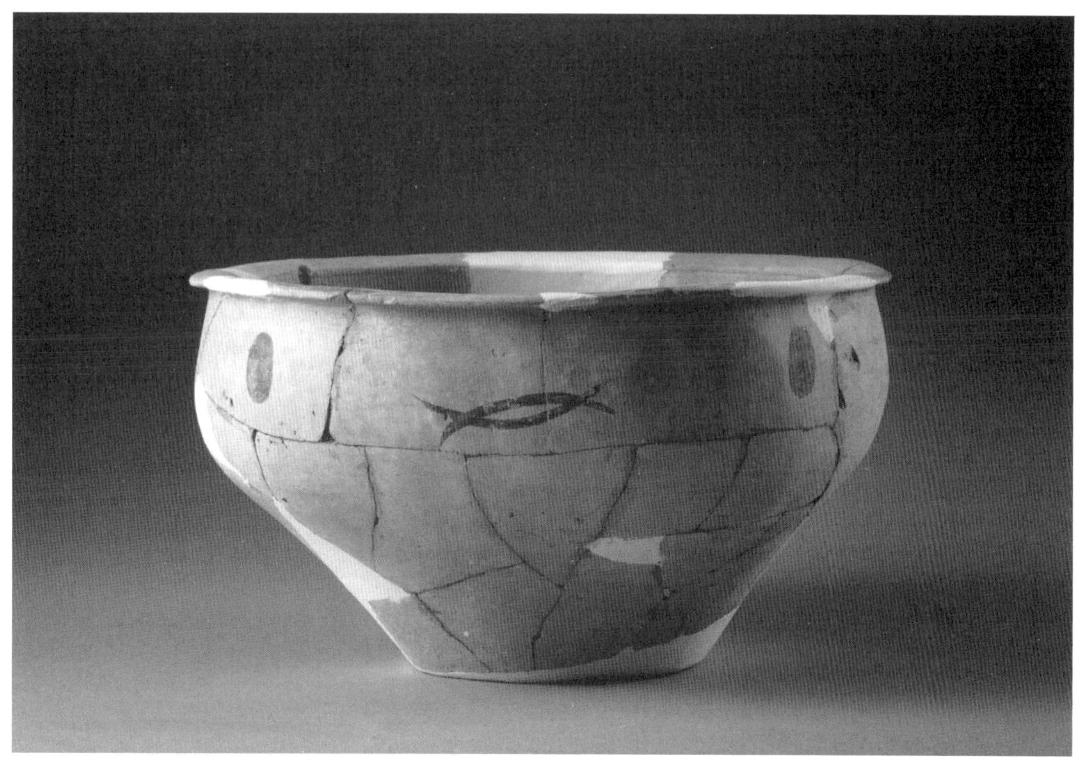

2. 盆（H770：53）

灵宝城烟仰韶文化遗址

◎李晓燕　◎魏兴涛

发掘时间：2020 年 4—12 月

工作单位：河南省文物考古研究院

城烟遗址位于灵宝市川口乡城烟村南，地处秦岭东段山前的洪积台地上，现存总面积约 3 万平方米。2019 年为配合蒙华铁路建设，河南省文物考古研究院发掘了城烟遗址。2020 年 4—12 月，在 2019 年发掘区西部进行了揭露面积约 1000 平方米的发掘，共发现各时期房址 6 座，墓葬 21 座，瓮棺 30 余座，陶窑 8 座，灰坑 300 余座，沟 5 条。以仰韶文化初期、早期遗存为主，另有少量仰韶中晚期和二里头文化遗存，遗迹遗物丰富。仰韶文化初、早期遗存概况如下。

房址有半地穴式和地面式两种，另有少量柱列式，平面以长方形和椭圆形为主。房址大多保存较差，仅残存部分烧结或踩踏硬面、柱洞和墙基。房内遗物较少。其中一处规模较大的约圆形地面式建筑 F43 墙基内较均匀排列着柱洞，墙基外围也有一圈柱洞，可能与房址有关，总面积达 170 余平方米。这种外围环绕柱洞的房址在仰韶早期属首次发现，对于研究这一时期的建筑技术具有重要价值。

陶窑中保存较好的 Y33 为瓢形窑，窑室内残存数量较多陶器残片，窑西侧为制陶场地，发现有柱洞和陶泥条痕迹。另一处 Y35 虽仅存底部烧结面，但也在窑室外发现大量的陶片堆积，包含钵、罐、小口尖底瓶等器形，陶器无使用痕迹，说明此窑当是在使用过程中突然被废弃。

墓葬以长方形竖穴土坑一次葬居多，多单人仰身直肢葬，大多无随葬品，另发现多人二次合葬墓。瓮棺葬常成片分布，每处数座，零散分布的较少，多为钵、罐组合，另有少数盆、罐组合。

灰坑数量众多、形制多样。出土陶器以泥质或夹砂红陶数量最多，较少褐陶和灰陶，纹饰以绳纹为主，有黑彩条带纹、长三角纹等少量彩陶，器形常见杯形口尖底瓶、钵、盆、夹砂罐、瓮、器盖等。生产工具有石斧、锛、凿，骨锥、针、镞，陶纺轮、刀、锉等。文化面貌上，这批遗存主要属于仰韶文化东庄类型。

渑池仰韶村新石器时代遗址

◎李世伟 ◎魏兴涛 ◎张 凤 ◎张小虎 ◎郑立超 ◎侯建星

发掘时间：2020 年 8—12 月

工作单位：河南省文物考古研究院、三门峡市文物考古研究所、渑池县文旅局、河南大学历史文化学院、河南师范大学历史文化学院、郑州大学历史学院

仰韶村遗址位于渑池县城北约 5 千米，分布于仰韶村村南的台地上。遗址北靠韶山，东西两侧分别为东沟（饮牛河）和西沟，南为刘果水库，地势北高南低，三面环水，土地肥沃，是古人生息繁衍的理想场所，从东北到西南长 900 余米，从西北到东南宽 300 余米，面积 30 余万平方米。仰韶村遗址分别于 1921 年、1951 年、1980 年先后进行了三次考古发掘。2019 年 3—5 月，经河南省文物局批准，河南省文物考古研究院等单位对渑池仰韶村遗址进行了系统性的考古勘探。

为深入挖掘黄河文化内涵，实施开展“考古中国 · 中原地区文明化进程研究”项目，进一步了解仰韶村遗址文化内涵及聚落布局、功能分区等信息，深入探究豫西地区仰韶文化时期史前社会复杂化进程，在河南省文物局的大力支持下，经国家文物局批准，河南省文物考古研究院联合多家单位对仰韶村遗址进行第四次考古发掘。

仰韶村遗址第四次考古发掘 2020 年度考古发掘工作分为两个部分，其中主动性考古发掘面积为 200 平方米，配合仰韶村遗址寺沟组民房拆迁抢救性考古发掘面积为 400 平方米。发现遗迹较为丰富，共发现房址 3 座、墓葬 2 座、灰坑葬 5 座、窑穴 8 个、灰沟 3 条、道路 2 条、灰坑 100 多座。出土文化遗物较为丰富，有陶器、玉器、石器、骨器等，遗存年代分属仰韶文化中期、仰韶文化晚期、庙底沟二期文化和龙山文化时期。另外还发现大量红烧土草拌泥，类似“水泥”混凝土墙壁地面等房屋建筑遗存。

仰韶村遗址第四次考古发掘工作对进一步深化仰韶村遗址的文化内涵、各期遗存的分期及年代，进一步完善聚落布局、功能分区、聚落形态发展演变等具有重要的意义；草拌泥（草茎泥）红烧土墙壁地面等房屋建筑遗存为首次发现，刷新了对仰韶村遗址仰韶文化时期房屋建筑类别、形制、建筑技术等方面的认识；类似“水泥”混凝土地面等房屋建筑遗存的发现，为研

究仰韶村遗址仰韶文化时期房屋建筑技术提供了新材料；“涂朱”墙壁地面等房屋建筑遗存的发现，反映出仰韶村遗址极有可能存在高等级高规格的大型房屋建筑。发掘中收集的各类样品和标本，为多学科多技术研究工作的开展提供了宝贵材料，填补了仰韶村遗址近百年来多学科研究的空白，极大地丰富了对于仰韶村遗址仰韶和龙山时期人类生存状况、人地关系等多方面的了解。同时，仰韶村遗址第四次考古发掘对于深入挖掘黄河文化的内涵和价值，探究豫西地区史前社会的复杂化和文明化进程具有重要的意义。

河南渑池县关家遗址裴李岗文化遗存发掘简报

◎河南省文物考古研究院　◎首都师范大学历史学院

关家遗址位于河南渑池县东北约70公里南村乡关家村西北的一处高土台上，地理坐标为东经111°57′08″、北纬35°04′28″，海拔254.9~266.8米（图一）。遗址东西长450、南北宽200米，面积约9万平方米。为配合黄河小浪底水利枢纽工程建设，河南省文物考古研究所自1998年10月至2000年6月对关家遗址进行了抢救性发掘。根据遗址的地形、地貌情况，将发掘区分为东、西两区，其中东区布探方24个（T1~24）和探沟2条（TG1、TG2），西区布探方75个（T1~72、T01~03）和探沟20条（TG1~20），加上扩方实际发掘面积共1.2万平方米（图二），发现裴李岗文化、仰韶文化、龙山文化、二里头文化等时期的文化遗存。其中裴李岗文化遗存主要分布于西区，共清理灰坑87个，出土遗物有陶器、石器、骨器等。现将裴李岗文化遗存的发掘情况简报如下。

图一　遗址位置示意图

一、地层堆积

关家遗址位于黄河南岸，三面环水，仅西南部、南部与河岸相连。从钻探和发掘情况来看，遗址文化堆积较薄，厚0.2~1米。分布在整个发掘区的地层基本有两层，部分探方存在局部堆积。裴李岗文化遗存未见文化层堆积，仅发现遗迹，多被仰韶文化遗存破坏。现以西区T41西壁、T70北壁和TG19东壁剖面为例进行介绍（图三；图四；图五）。

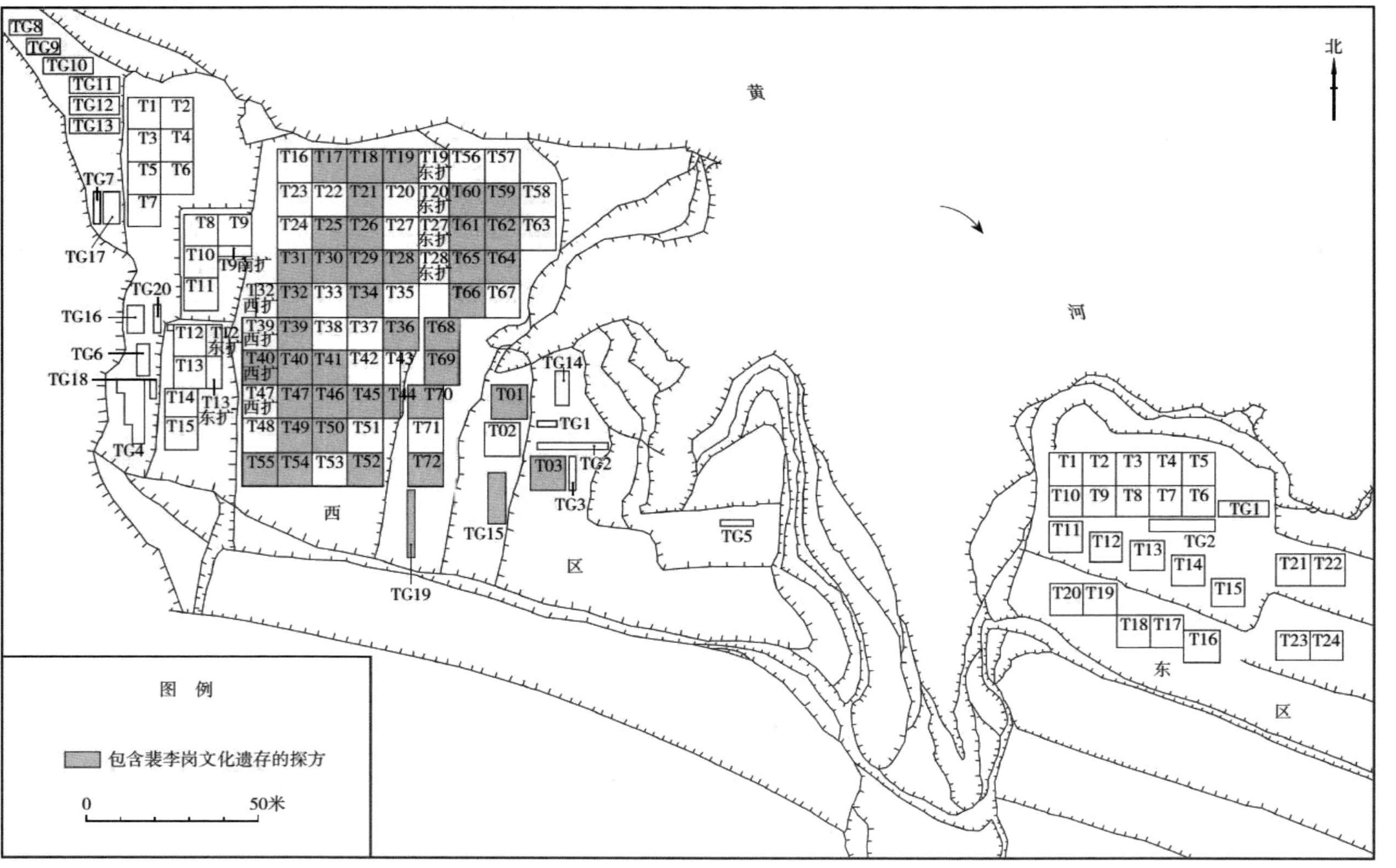

图二 遗址地形及发掘探方分布图

（一）西区 T41 西壁剖面

第 1 层：耕土层，厚 0.1~0.15 米。包含少量近现代砖瓦碎块和建筑垃圾等。

第 2 层：仰韶文化层。灰褐色土，土质较细腻，内含少量红烧土颗粒等，距地表深 0.2~0.5、厚 0.1~0.35 米。出土少量石块和仰韶文化碎陶片等。该层下叠压裴李岗文化灰坑 H291。

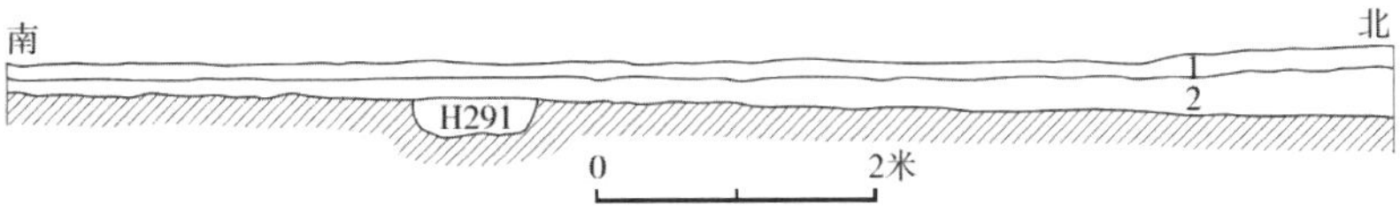

图三　西区 T41 西壁地层剖面图
1. 耕土　2. 灰褐色土

第 2 层以下为生土。

（二）西区 T70 北壁剖面

第 1 层：耕土层，土质稍硬，厚 0.1~0.15 米。包含少量近现代砖瓦碎块和建筑垃圾等。

第 2 层：仰韶文化层。浅灰褐色土，土质稍硬，内含少量红烧土颗粒、灰烬等，距地表深 0.2~0.35、厚 0.1~0.22 米。出土较多仰韶文化陶片，多为泥质红陶，有的上面施彩，可辨器形有尖底瓶、罐、钵等。该层下叠压仰韶文化灰坑 H421、H436。

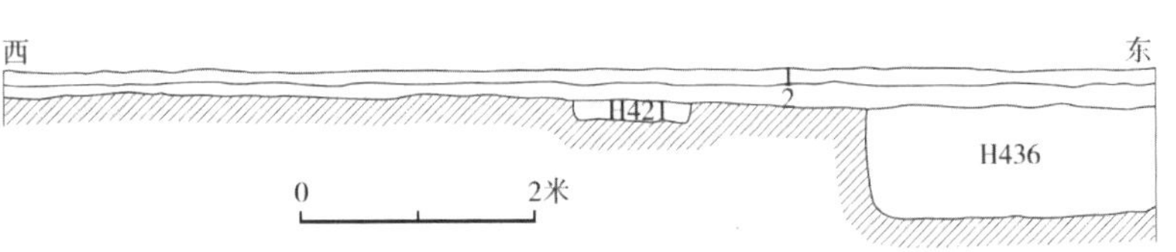

图四　西区 T70 北壁地层剖面图
1. 耕土　2. 浅灰褐色土

第 2 层以下为生土。

（三）西区 TG19 东壁剖面

第 1 层：耕土层。黄褐色土，土质较硬，厚 0.1~0.17 米。包含少量近现代砖瓦碎块和建筑垃圾等。

第 2 层：仰韶文化层。浅灰褐色土，结构较致密，距地表深 0.15~0.36、厚 0.05~0.18 米。出土少量石块和仰韶文化陶片等。该层下叠压裴李岗文化灰坑 H611。

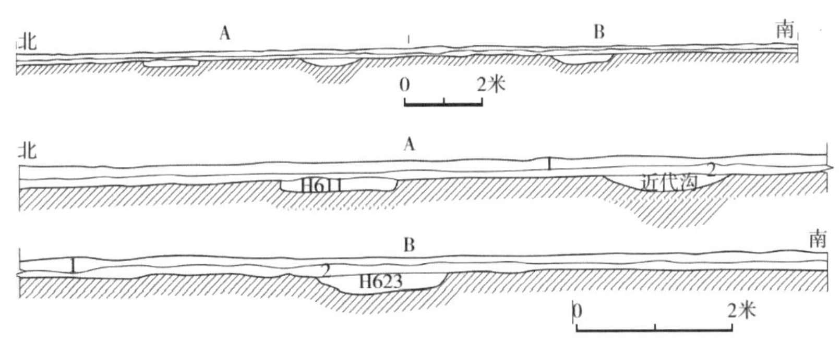

图五　西区 TG19 东壁地层剖面图
1. 黄褐色土　2. 浅灰褐色土

第 2 层下为生土。

二、遗迹

裴李岗文化遗迹均为灰坑，共 87 个[1]（图六）。均位于发掘区西区东部，因黄河的冲刷而

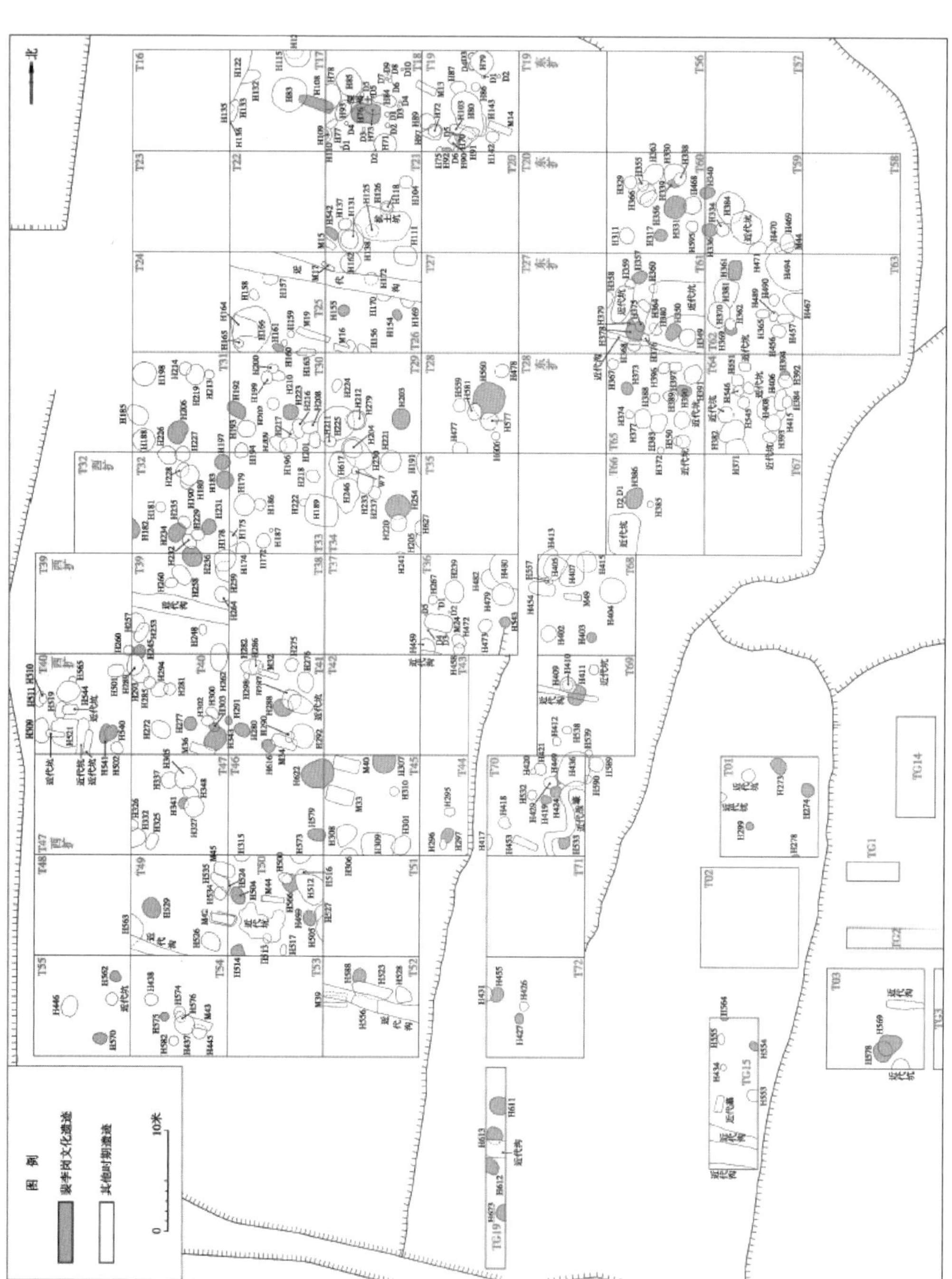

图六　发掘区西区裴李岗文化遗迹分布平面图

被分隔在若干高台地之上。基本叠压于第 2 层（仰韶文化层）下，打破同时期灰坑或直接打破生土。据平面形状可分椭圆形、圆形、圆角方形、不规则形四类。

（一）椭圆形灰坑

共 45 个。现以 H73、H192、H234、H273、H570 为例介绍如下。

H73　位于西区 T18 中部偏南。叠压于第 2 层下，打破 H76。斜壁，近平底，现存坑口长轴 1.48、短轴 0.9 米，坑底长轴 1.37、短轴 0.88 米，坑深 0.56 米。坑内填深灰色土，土质疏松。出土石料、石核、石片及少量石器、兽骨、陶片等。石器多为打制，器类有斧、镞、铲等；陶片皆破碎，以夹砂灰褐陶最多，泥质红褐陶次之，部分陶片表面饰细绳纹，可辨器形有钵、侈口罐等（图七）。

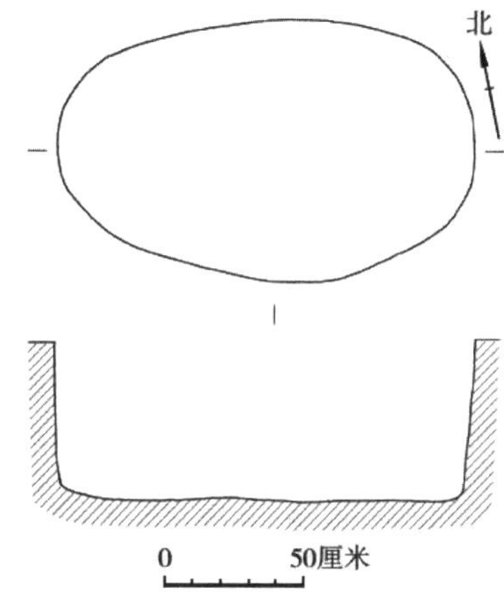

图七　H73 平、剖面图

H192　位于西区 T30 西部，部分延伸至探方西壁。叠压于第 2 层下，打破生土。弧壁，袋状，平底，现存坑口已发掘部分长 1.9、宽 1.36 米，坑底已发掘部分长 2.1、宽 1.76 米，坑深 0.55 米。坑内填浅褐色土，土质较硬，结构致密，内含红烧土颗粒。出土石块、陶片等，陶片数量较少，质地为夹砂陶和泥质陶（图八）。

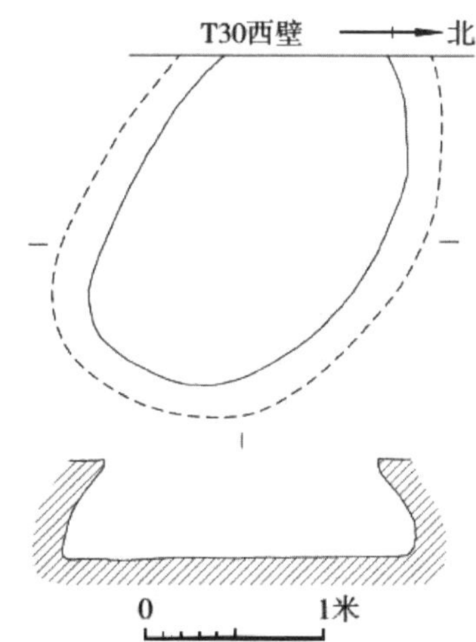

图八　H192 平、剖面图

H234　位于西区 T32 南部偏中。被 H232、H235 打破，打破生土。直壁，平底，现存坑口长轴 2、短轴 1.6 米，坑底长轴 1.97、短轴 1.55 米，坑深 0.3 米。坑内填深褐色土，土质较硬。出土少量兽骨、石块、陶片等。陶片极少，以夹砂灰褐陶为主，多素面，可辨器形有盆、侈口罐等（图九）。

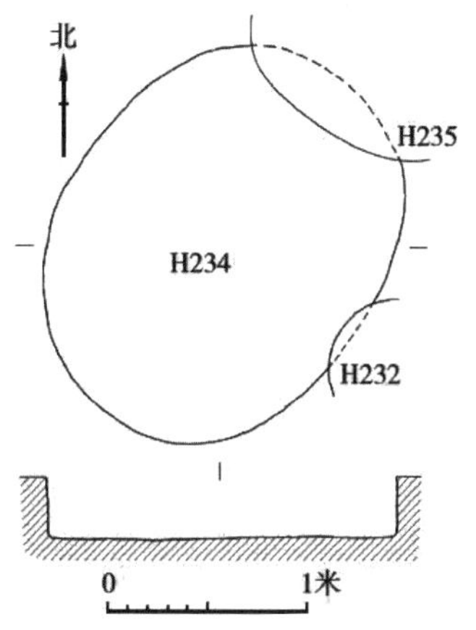

图九　H234 平、剖面图

H273　位于西区 T01 北部。叠压于第 2 层下，打破生土。直壁，坡状底，现存坑口长轴 1.9、短轴 1.4 米，坑底长轴 1.87、短轴 1.35 米，坑深 0.2~0.5 米。坑内填灰褐色土，土质稍疏松，内含少量红烧土块。出土石块、陶片等。陶片以夹砂红褐陶为主，次为泥质红陶，多素面，细绳纹亦占相当比例，可辨器形有角把罐、折沿罐、钵等（图一〇）。

H570　位于西区 T55 东南部。叠压于第 2 层下，打破生土。坑壁不规整，平底，现存坑口长轴 1.5、短轴 1.12 米，坑底长轴 1.84、短轴 1.5 米，坑深 0.8 米。坑内填浅褐色土，土质疏松。出土石块、陶片等。陶片多为夹砂红褐陶，常见细绳纹，可辨器形多为角把罐（图一一）。

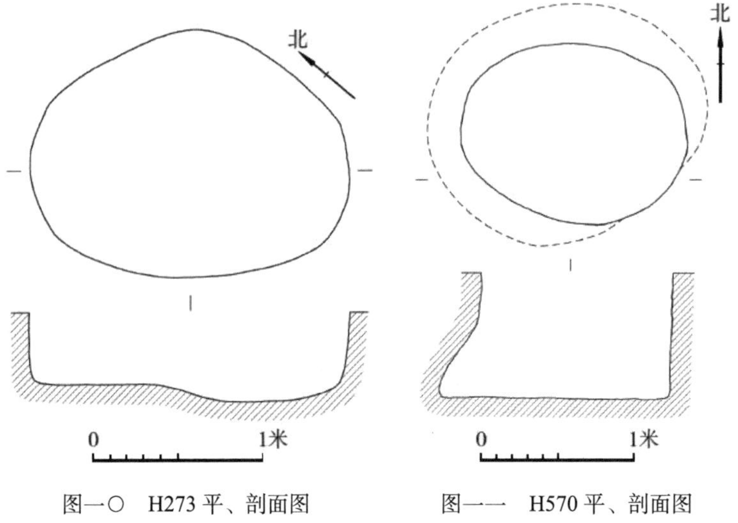

图一〇 H273平、剖面图　　图一一 H570平、剖面图

（二）圆形灰坑

共31个。现以H155、H223、H254、H331、H403为例介绍如下。

H155　位于西区T26西部。叠压于第2层下，打破生土。弧壁，袋状，平底，现存坑口径1.12、底径1.4、深1米。坑内填红褐色土，土质较致密，内含较多红烧土颗粒。出土少量陶片、石块等。陶片以夹砂灰褐陶最多，次为泥质红褐陶，可辨器形有缸、罐、盆等（图一二）。

H223　位于西区T30中东部。叠压于第2层下，打破生土。弧壁，圜底，现存坑口径1.5~1.64、深0.25米。坑内填褐色土，土质较致密，内含红烧土颗粒。出土少量石块、陶片等（图一三）。

H254　位于西区T34东部。被H220打破，打破生土。直壁，平底，现存坑口径2.3~2.5、底径2.1~2.56、深1.25米。坑内填灰褐色土，土质稍硬，内含红烧土颗粒。出土少量石块、陶片、兽骨等（图一四）。

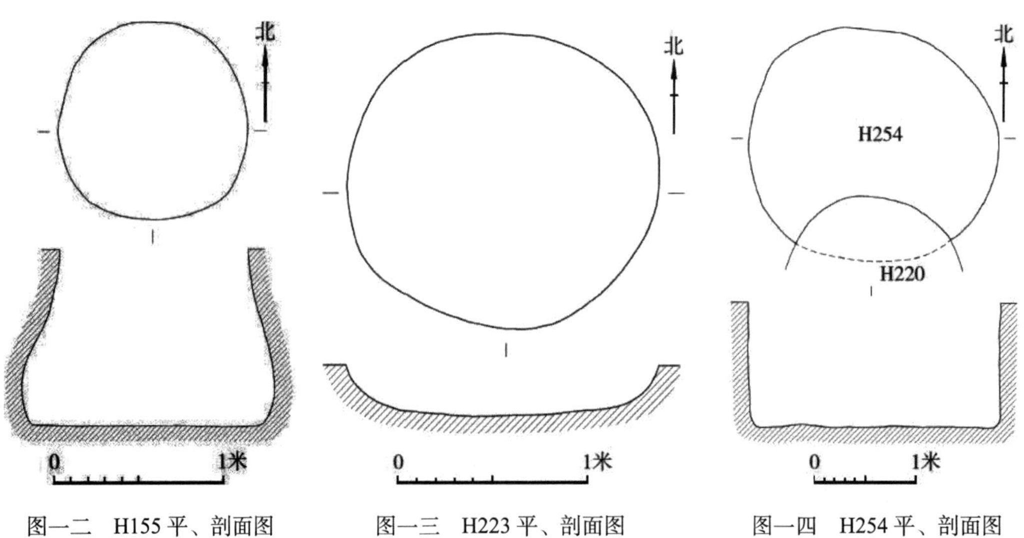

图一二 H155平、剖面图　　图一三 H223平、剖面图　　图一四 H254平、剖面图

H331　位于西区T60东部。叠压于第2层下，打破生土。斜弧壁，近平底，现存坑口径2.2~2.24、底径2.65~2.8、深0.9~0.92米。坑内填深褐色土，局部有黄土块，土质较硬，内含少量炭粒。出土石块、石器、兽骨、陶片等。陶片以夹砂灰褐陶为主，夹砂红褐陶次之，多素面，可辨器形有侈口罐等。石器仅见1件磨棒（图一五）。

H403　位于西区T68南部。叠压于第2层下，打破生土。坑壁不规整，近平底，现存坑口径1.02~1.06、底径1.28~1.32、深0.7~0.75米。坑内填深灰褐色土，土质稍硬。出土石块、陶片、兽骨等。陶片以夹砂灰褐陶为主，泥质红陶次之，多素面，可辨器形有侈口罐等（图一六）。

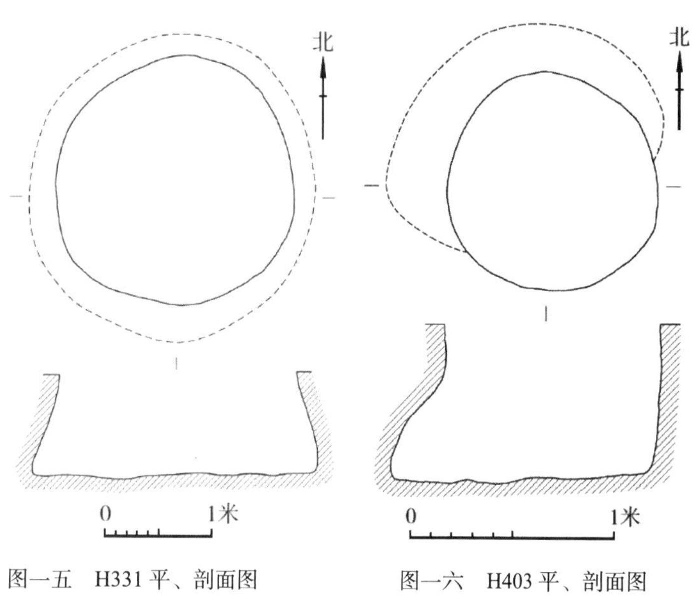

图一五　H331平、剖面图　　图一六　H403平、剖面图

（三）圆角方形灰坑

共2个。分别是H278、H361。

H278　位于西区T01东南部，部分延伸至探方南壁。叠压于第2层下，打破生土。弧壁，近平底，现存坑口长0.8、已发掘部分宽0.34米，坑底长0.56、已发掘部分宽0.26米，坑深0.7~0.85米。坑内填灰褐色土，土质稍坚硬。出土少量石块等（图一七）。

H361　位于西区T62西北部，部分延伸至探方北隔梁内。叠压于第2层下，打破生土。弧壁，坡状底，现存坑口长2.1、宽1.5米，坑底长1.9、宽1.2米，坑深0.5~0.7米。坑内填红褐色土，土质较为坚硬。出土少量陶片、石块等（图一八）。

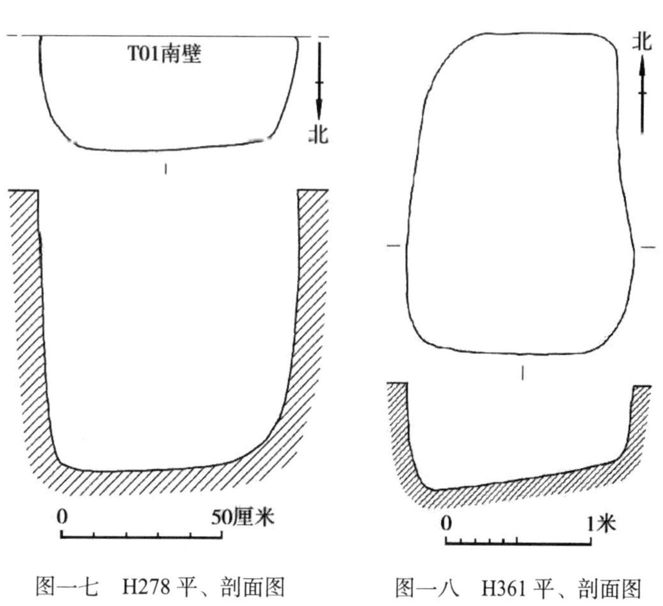

图一七　H278平、剖面图　　图一八　H361平、剖面图

（四）不规则形灰坑

共9个。现以H76、H206、H514为例介绍如下。

H76　位于西区T18中部偏南。被H73打破，打破生土。斜壁，坡状底，现存坑口长3.25、宽1.5米，坑底长3.2、宽1.32米，坑深0.1~0.24米。坑内填灰褐色土，土质较松软。出土遗物多为陶片，另有少量兽骨、石块等。陶片以夹砂灰褐陶为主，次为泥质红褐陶，可辨器形有钵、罐等（图一九）。

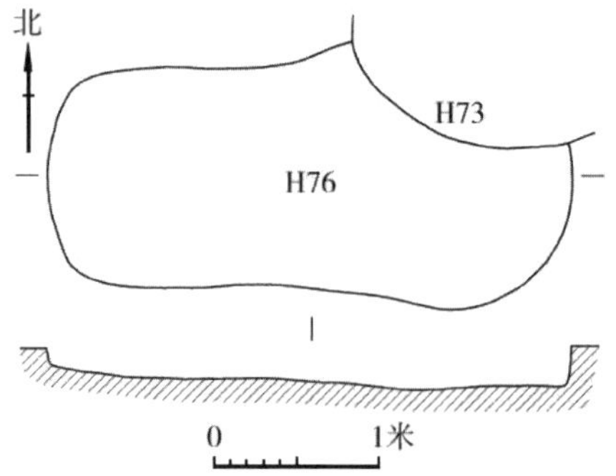

图一九　H76平、剖面图

H206　位于西区T31南部。叠压于第2层下，打破生土。弧壁，平底，现存坑口长2.3、宽1.9米，坑底长1.5、宽1.1米，坑深0.35米。坑内填浅灰褐色土，土质较紧密。出土石块、兽骨、陶片等。陶片以灰褐陶居多，红褐陶次之，多为素面，可辨器形有侈口罐、三足钵等（图二〇）。

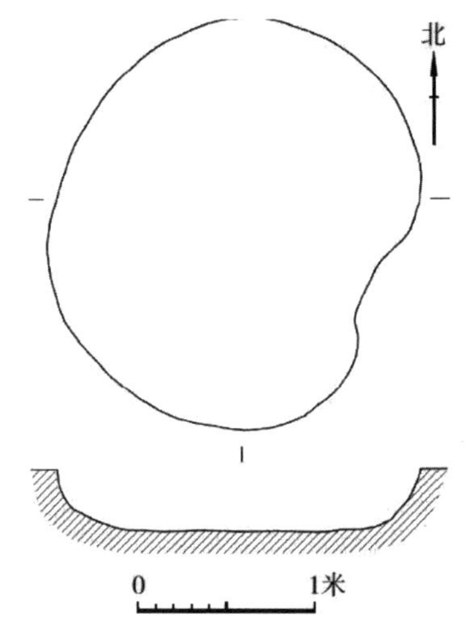

图二〇　H206平、剖面图

H514　位于西区T50西南角，部分延伸至探方南壁。叠压于第2层下，打破生土。直壁，平底，现存坑口长1.5、已发掘部分宽1.24米，坑底长1.48、已发掘部分宽1.2米，坑深0.86米。坑内填浅灰褐色土，土质较致密。出土兽骨、石块、陶片、骨镞等（图二一）。

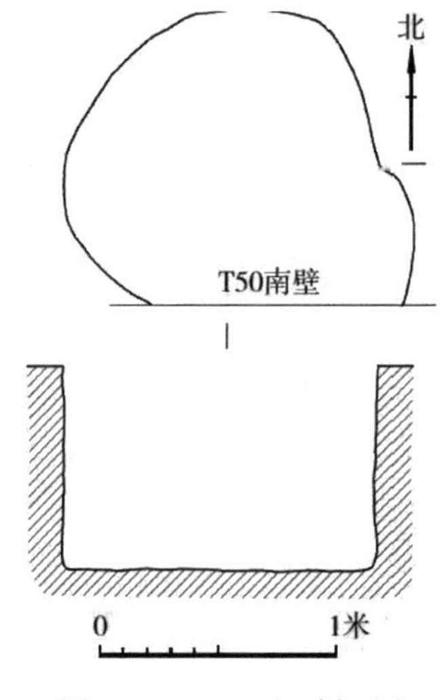

图二一　H514平、剖面图

三、出土遗物

出土裴李岗文化遗物有陶器、石器、骨器、角器、兽骨以及植物遗存等。以陶器数量最多，其次为石器，骨、角器较少。以下选择典型标本加以介绍。

（一）陶器

数量较多，分泥质、夹砂和夹蚌（云母）三种，以夹砂陶最多，次为泥质陶，夹蚌（云母）陶极少。质地粗疏，厚薄不均，一器多色现象较为普遍，总体而言，夹砂陶以灰褐陶、黄褐陶为主，泥质陶以橙黄陶、灰褐陶为主，夹蚌（云母）红褐、灰褐、黄褐陶等亦有发现，但均不多。器表绝大多数为素面，纹饰有绳纹、篦纹、线纹、指甲纹等，以各类绳纹（粗、细、交错绳纹）占比最高（图二二）。器形单一，常见角把罐、侈口罐、三足钵、平底钵、杯，以及折沿罐、圜底钵、壶、缸等。

图二二　裴李岗文化陶器纹饰拓本

1、6. 方格状篦纹（H411：6、H612：3）2. 交错绳纹（H273：6）3、5、7~9、11. 绳纹（H449：1、H540：5、H336：4、H345：1、H529：1、H411：3）4. 指甲纹（H330：22）10. 三角状篦纹（H183：4）

角把罐　器表绝大多数饰细绳纹、线纹等，无纹饰者极少。据形制特征，分二型。

A 型：夹砂红褐陶，厚胎。大口。据口、腹部特征，分二亚型。

Aa 型：近直口，腹微弧。H419：1，方圆唇，弧腹近直。腹部置对称的两个圆锥状角把，角把较大，把尖较钝。口径 31.9、残高 11.8 厘米（图二三，1）。H570：1，尖圆唇，弧腹。腹中部置两个对称的圆锥状角把，角把较小、略扁，把尖较钝。器表饰线纹。口径 29.9、残高 17 厘米（图二三，2）。H529：1，方唇，弧腹。器表饰细绳纹。口径 33.8、残高 12.2 厘米（图二三，14）。

Ab 型：侈口，深弧腹。H352：1，圆唇，小平底。腹近中部置对称的两个圆锥状角把，角把较大，一个把尖略上翘。器表饰细绳纹。口径 28.4、底径 9、高 33.6 厘米（图二三，3；图二四）。H273：2，方圆唇，小平底。腹近中部置对称的两个圆锥状角把，角把较大，把尖微上翘。器表饰细绳纹。口径 29、底径 7.6、高 29.2 厘米（图二三，4；图二五）。

B 型：小口，弧腹。据口、腹部特征，分四亚型。

Ba 型：敛口，深弧腹。H273：3，夹砂红褐陶。口微敛，圆唇，平底。腹中部置对称的两个圆锥状角把，角把较小。器表饰细绳纹。口径 18、底径 6.4、高 29.8 厘米（图二三，7；图二六）。H541：1，夹砂红褐陶。方圆唇，平底。腹近中部置对称的两个圆锥状角把，角把极小、略扁。器表饰细绳纹。口径 11.6、底径 8、高 20 厘米（图二三，25）。H616：1，夹砂灰褐陶。方唇，平底。近口部有对称的两个小孔，腹近中部置对称的两个方柱状角把，角把极小。器表饰细绳纹。口径 12.4、底径 8、高 17 厘米（图二三，26）。

Bb 型：近直口，弧腹近直。H345：1，夹砂黄褐陶。直口，方唇，唇微内敛。器表饰细绳纹。口径 22、残高 6.4 厘米（图二三，13）。H394：6，夹砂红褐陶。口微侈，圆唇。口径 17.8、残高 6.8 厘米（图二三，21）。

Bc 型：H273：4，夹砂红褐陶，厚胎。侈口，圆唇，深斜弧腹，平底。腹中部置对称的两个圆锥状角把，角把较大。器表饰细绳纹。口径 16、底径 7.4、高 17.8 厘米（图二三，9）。

Bd 型：H273：5，夹砂红褐陶。敞口，尖唇，沿微外卷，深斜弧腹，平底。口沿下置对称的两个圆锥状角把，角把较小。器表饰细绳纹。口径 20、底径 5.4、高 21 厘米（图二三，8；图二七）。

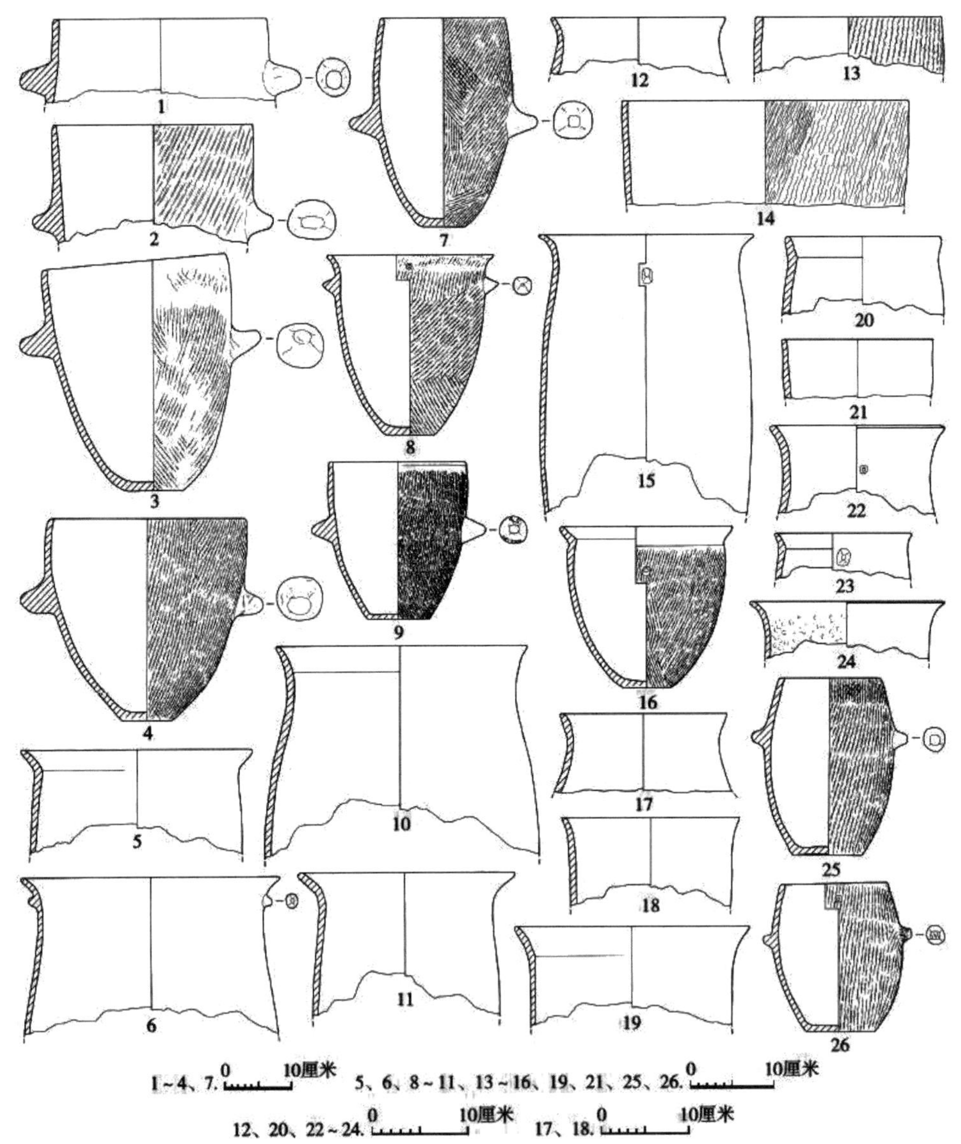

图二三　出土裴李岗文化陶器

1、2、14. Aa 型角把罐（H419：1、H570：1、H529：1）　3、4. Ab 型角把罐（H352：1、H273：2）　5、10、19. Ab 型侈口罐（H236：6、H331：3、H236：5）　6. Aa 型侈口罐（H280：11）　7、25、26. Ba 型角把罐（H273：3、H541：1、H616：1）　8. Bd 型角把罐（H273：5）　9. Bc 型角把罐（H273：4）　11、17、18、24. Bb 型侈口罐（H411：9、H73：7、H206：1、H339：5）　12、20、22. Cb 型侈口罐（H386：4、H424：2、H245：1）　13、21. Bb 型角把罐（H345：1、H394：6）　15. Ba 型侈口罐（H411：17）　16. 折沿罐（H273：1）　23. Ca 型侈口罐（H206：2）

图二四　Ab 型陶角把罐（H352：1）

图二五　Ab 型陶角把罐（H273：2）

图二六　Ba 型陶角把罐（H273 ： 3）

图二七　Bd 型陶角把罐（H273 ： 5）

侈口罐　素面。据形制特征，分三型。

A 型：大口，卷沿，弧腹。据沿下有无乳丁，分二亚型。

Aa 型：H280：11，夹云母红褐陶。尖唇，弧领。沿下有一乳丁。口径 31.2、残高 18 厘米（图二三，6）。

Ab 型：沿下无乳丁。H236：6，夹砂黄褐陶。尖唇，沿微折，微弧腹。口径 28、残高 12 厘米（图二三，5）。H331：3，夹砂灰褐陶。尖唇。口径 30、残高 24 厘米（图二三，10）。H236：5，夹砂灰褐陶。尖唇。口径 28、残高 11.4 厘米（图二三，19）。

B 型：口较大，卷沿，弧腹。据沿下有无乳丁，分二亚型。

Ba 型：H411：17，夹砂黄褐陶。尖唇，深弧腹，底残。沿下有两个小乳丁。口径 25.6、残高 32 厘米（图二三，15）。

Bb 型：沿下无乳丁。H411：9，夹砂灰褐陶。尖唇，近卷沿。口径 25.9、残高 16.4 厘米（图二三，11）。H73：7，夹砂红褐陶。尖唇。口径 19.2、残高 8.8 厘米（图二三，17）。H206：1，夹砂黄褐陶。尖唇。口径 20、残高 9.6 厘米（图二三，18）。H339：5，夹砂灰褐陶。圆唇。口径 19.9、残高 5.8 厘米（图二三，24）。

C 型：口较小，卷沿，弧腹。据沿下有无乳丁，分二亚型。

Ca 型：H206：2，夹砂灰褐陶。尖圆唇。沿下有一乳丁。口径 14、残高 4.6 厘米（图二三，23）。

Cb 型：沿下无乳丁。H386：4，夹砂灰褐陶。尖唇。口径 18、残高 5.8 厘米（图二三，12）。H424：2，夹砂黄褐陶。尖圆唇，沿微卷。口径 15.8、残高 7.8 厘米（图二三，20）。H245：1，夹砂灰褐陶。方圆唇。腹上部钻一小孔。口径 18、残高 8.8 厘米（图二三，22）。

折沿罐　H273：1，夹砂红褐陶。侈口，尖圆唇，深弧腹，小平底。腹上部有对称的两个钻孔，器表饰细绳纹。口径 20.4、底径 5.4、高 18.6 厘米（图二三，16；图二八）。

图二八　陶折沿罐（H273：1）

圜底钵　尖唇，弧腹，近圜底。素面。H347：1，泥质黄褐陶。敞口，深弧腹。口径 17.6、高 13.2 厘米（图二九，1；图三〇）。H540：2，夹砂灰褐陶。敛口。口径 11.4、高 6.6 厘米（图二九，6；图三一）。

平底钵　据口、腹部特征，分二型。

A 型：近直口，弧腹。H347：3，夹砂黄褐陶。尖圆唇。器表饰细绳纹。口径 12.6、底径 4.8、高 9.2 厘米（图二九，7）。H569：2，夹砂红褐陶。尖圆唇。素面。口径 16、底径 9.2、高 7.8 厘米（图二九，22）。

B 型：敞口或敛口，斜弧腹。H339：1，泥质灰黑陶。敞口，尖唇，腹近中部外折，小平底。素面。口径 19.8、底径 5.4、高 8.2 厘米（图二九，2；图三二）。H411：6，泥质灰褐陶。敛口，尖唇，小平底。器表饰方格状篦纹。口径 19.6、底径 5.8、高 9.4 厘米（图二九，3）。H411：7，夹砂红褐陶。口微敛，尖圆唇，小平底。腹部有五个小钻孔。口径 20、底径 6.6、高 7 厘米（图二九，4）。H623：1，夹砂红褐陶。敞口，方唇，小平底。器表饰细绳纹。口径 13.2、底径 5.4、高 5.6 厘米（图二九，8；图三三）。

三足钵　圜底，底附三足。素面。据整体形制特征，分二型。

A 型：近直口，圆弧腹。H206：4，泥质红褐陶，内壁呈灰黑色。尖唇，圆锥状三足较细长，足尖较尖。口径 18、高 12 厘米（图二九，11）。H549：1，泥质红褐陶。方唇，圆锥状三足外撇，足尖抹平。口径 17.4、高 10 厘米（图二九，16；图三四）。

B 型：敞口，斜弧腹。H288：2，泥质黄褐陶。尖唇，扁圆柱状三足较粗。口径 30.2、高 10.6 厘米（图二九，5；图三五）。H569：1，泥质红陶。尖唇，扁圆锥状三足较细长。口径

18.8、高 10.4 厘米（图二九，12）。H347：4，夹砂红褐陶。尖唇，圆锥状三足较粗且略扁。口径 23.6、高 10.2 厘米（图二九，21）。

壶　小口。据整体形制特征，分二型。

A 型：H280：18，泥质红陶。直领，溜肩。肩径 19、残高 6 厘米（图二九，10）。

B 型：弧领。据弧领程度，分二式。

Ⅰ式：H343：2，泥质黄褐陶。侈口，尖唇，微弧领，广肩。肩饰方格状篦纹。残高 5 厘米（图二九，18）。

Ⅱ式：领甚弧。H183：1，泥质灰陶。侈口，方圆唇，高弧领，广肩。肩、腹部饰方格状篦纹。口径 9.4、残高 8.66 厘米（图二九，9）。H280：16，夹砂灰褐陶。侈口，尖唇，高弧领。口径 8.8、残高 3.6 厘米（图二九，19）。

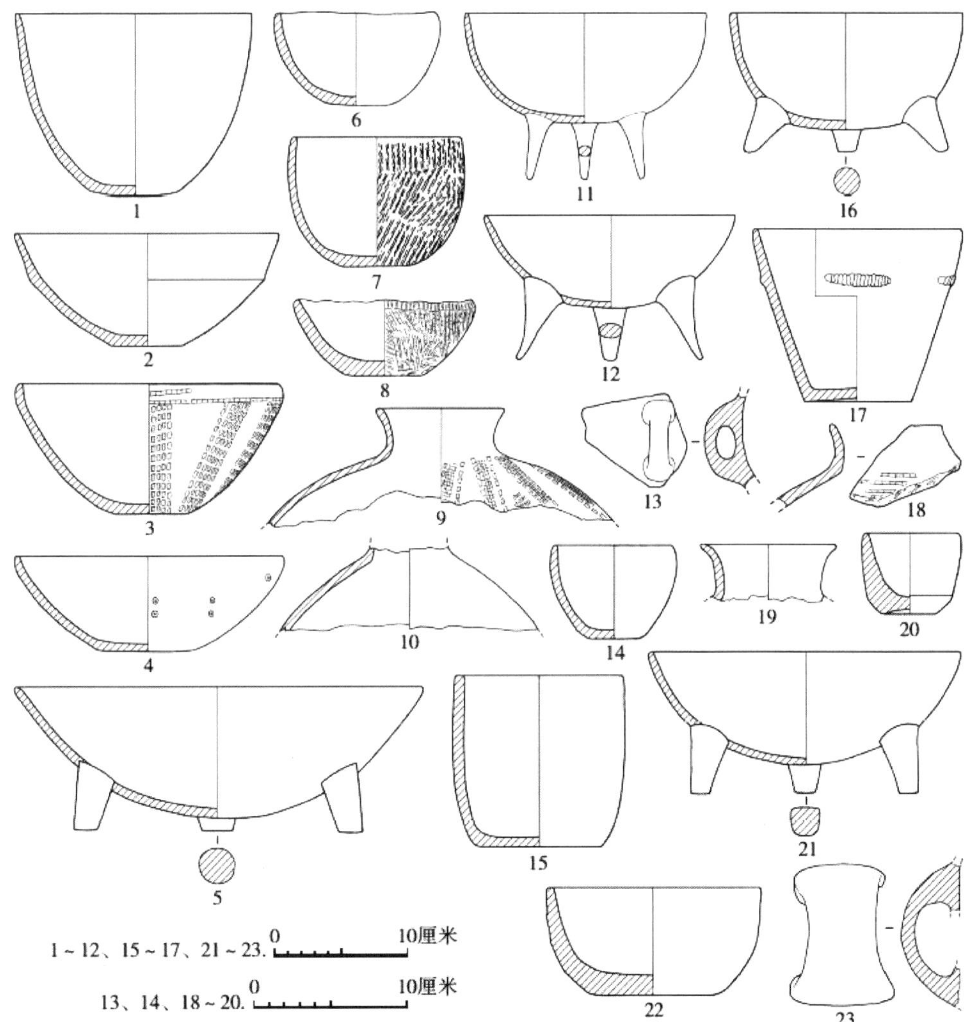

图二九　出土裴李岗文化陶器

1、6. 圜底钵（H347：1、H540：2）　2~4、8. B 型平底钵（H339：1、H411：6、H411：7、H623：1）
5、12、21. B 型三足钵（H288：2、H569：1、H347：4）　7、22. A 型平底钵（H347：3、H569：2）
9、19. B 型Ⅱ式壶（H183：1、H280：16）　10. A 型壶（H280：18）　11、16. A 型三足钵（H206：4、H549：1）
13、23. 壶耳（H403：12、H234：1）　14. Bb 型杯（H411：5）　15、20. Ba 型杯（H411：4、H540：1）
17.A 型杯（H297：1）　18. B 型Ⅰ式壶（H343：2）

图三〇　陶圜底钵（H347：1）

图三一　陶圜底钵（H540：2）

图三二　B 型陶平底钵（H339：1）

图三三　B 型陶平底钵（H623：1）

图三四　A 型陶三足钵（H549：1）

图三五　B 型陶三足钵（H288：2）

壶耳　素面。H234：1，夹砂灰陶。形制较大。桥形耳，扁带状。长 10.24、宽 7.96 厘米（图二九，23）。H403：12，夹砂灰褐陶。耳较小，与腹片相连。半月形，圆条状。耳长 5.1、宽 2.2 厘米（图二九，13）。

杯　据整体形制特征，分二型。

A 型：H297：1，夹砂红褐陶。器身略扁。敞口，尖唇，斜腹，平底。腹上部饰不连续附加堆纹。口径 15.6、底径 8.2、高 12.6 厘米（图二九，17）。

B 型：弧腹。据腹部特征，分二亚型。

Ba 型：腹近直，微弧。H411：4，夹砂红褐陶。直口，方圆唇，平底。素面。口径 12.2、底径 9.2、高 12.2 厘米（图二九，15）。H540：1，夹砂灰褐陶。敛口，尖唇，腹近底部微折，小平底。素面。口径 6.2、底径 3.6、高 5 厘米（图二九，20）。

Bb 型：H411：5，夹砂红褐陶。敛口，尖圆唇，平底。素面。口径 7.8、底径 3.3、高 5.8 厘米（图二九，14）。

（二）石器

器类主要有斧、磨棒、镞、网坠、砍伐器及石球等。

斧　H357：1，仅存上部，刃残。上窄下宽，横截面呈椭圆形。残长 11.6、宽 6.4 厘米（图三六，1）。H560：7，顶部断裂。长方形，单面弧刃。残长 7.3、宽 6.2 厘米（图三六，6）。

磨棒　H73：1，残存一半。扁圆柱状，横截面呈椭圆形。残长 10.9、宽 5.3 厘米（图三六，9）。H533：1，一端断裂。圆柱状，体略扁，横截面近圆形。残长 11.9、宽 5.1 厘米（图三六，14）。

镞　H73：2，镞尖已残，镞身横截面近三角形。残长 5.3 厘米（图三六，4）。

网坠　扁平状，侧面有两处凹坑。H560：9，不规则形。长 7.3、宽 6.4 厘米（图三六，7）。H560：4，保存较完整。椭圆形。长 9.7、宽 7.5 厘米（图三六，13）。

砍伐器　H560：6，体扁平，形状不规则。一侧磨平，另一侧留有砍击痕。长 11.3、宽 6.5 厘米（图三六，8）。

石球　H288：1，保存完好，表面附着一层钙化物。椭球状。长轴 10.8、短轴 8.2 厘米（图三六，5）。H569：3，已残。近圆球状，略扁。表面粗糙，见有烧烤痕迹。残长轴 7.8、短轴 8 厘米（图三六，10）。

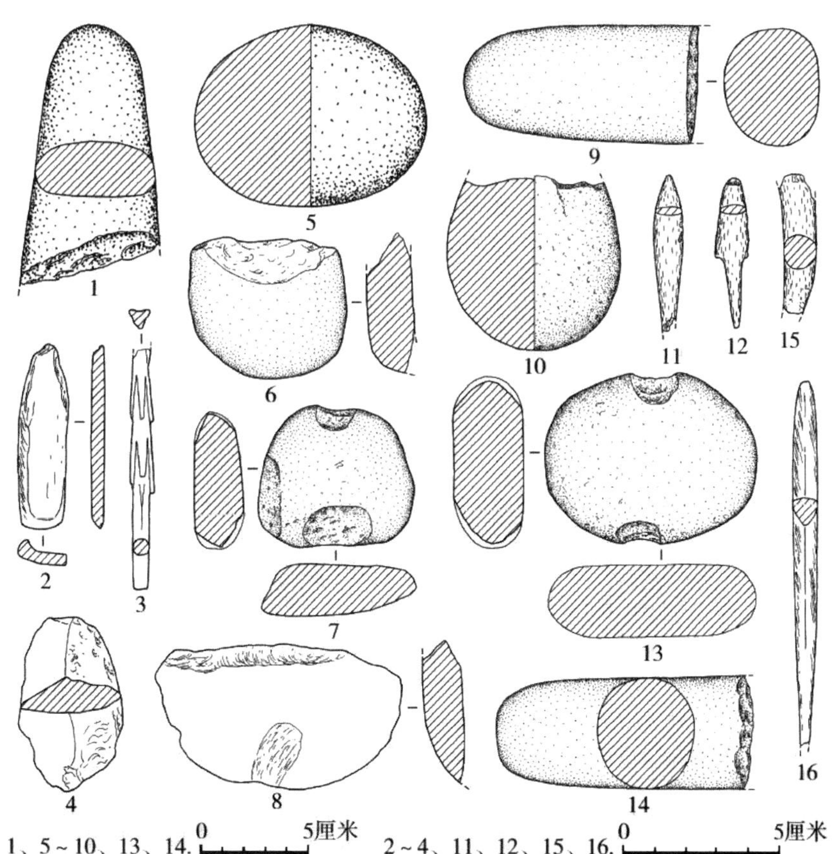

图三六　出土裴李岗文化遗物

1、6. 石斧（H357：1、H560：7）2. 骨凿（H616：2）3、11、12. 骨镞（H236：1、H236：4、H514：1）4. 石镞（H73：2）5、10. 石球（H288：1、H569：3）7、13. 石网坠（H560：9、H560：4）8. 石砍伐器（H560：6）9、14. 石磨棒（H73：1、H533：1）15. 角锥（H73：3）16. 骨锥（H411：1）

（三）骨、角器

数量较少，器类主要有骨镞、锥、凿及角锥等。

骨凿　H616：2，制作粗糙，保存完好。长方形，顶削尖，刃磨平，单面弧刃。长 5.7、宽 1.6 厘米（图三六，2）。

骨锥　H411：1，锥尖残。长条形，两端细，中间由上部至尖部渐细。残长 11.1 厘米（图三六，16）。

骨镞　H236：1，尖已残。镞身为三棱锥形，棱上有倒刺，铤部为圆柱形。残长 7.3 厘米（图三六，3）。H236：4，铤残缺。体扁平，平面呈梭形，一侧锋部有锯齿。残长 4.8 厘米（图三六，11）。H514：1，镞尖略残。镞身呈三角形，铤部呈圆锥状，较细长。长 4.5 厘米（图三六，12）。

角锥　H73：3，仅存中间一段。圆锥状，略向一侧弯曲。残长 4.3 厘米（图三六，15）。

四、结语

豫西（洛阳、三门峡）地区发现的裴李岗文化遗址较少，关家遗址属于该地区发掘规模较大、出土遗物颇丰的一处遗址，为豫西裴李岗文化的分期、年代、文化特征及与周边文化互动关系的探讨提供了重要资料。本次发掘共清理裴李岗文化灰坑 87 个，灰坑多被仰韶文化地层或遗迹破坏，彼此之间存在叠压或打破关系的有 5 组，分别是 H73 → H76，H303 → H343，H375 → H378 → H379，H540 → H541，H569 → H578。依据以上灰坑的层位关系，并结合主要器物组合、特征及形制演变规律，可将该遗址裴李岗文化遗存分为早、晚两段。

早段以 H206、H343、H541、H616、H623 等为代表，还有 H254、H424、H588 等。陶器的陶质粗疏，色泽驳杂，一器多色现象普遍。整体以夹砂灰褐陶为主，次为夹砂黄褐陶，泥质、夹蚌（云母）陶较少。器表绝大多数为素面，纹饰以细绳纹、交错绳纹为主，偶见方格状篦纹、线纹、凹弦纹、乳丁等。器形较少，主要有 Ba 型角把罐、Ab 型侈口罐、Cb 型侈口罐、B 型平底钵、A 型三足钵、B 型Ⅰ式壶等。

晚段以 H182、H183、H273、H288、H411、H540、H569、H612 等为代表，还有 H234、H303、H560、H570、H611、H613 等。此段仍以夹砂灰褐陶为主，但比例明显下降，泥质灰褐陶比例上升，泥质、夹蚌（云母）陶基本不变。器表多为素面，部分陶器经过磨光；纹饰陶中，细绳纹、粗绳纹、交错绳纹大幅增加，其他还有方格状篦纹、三角状篦纹、条带状篦纹、线纹、乳丁等，但均不多。器形更加丰富，主要有 Ab 型、Bb 型、Bc 型角把罐，Ab 型、Bb 型侈口罐，以及折沿罐、圜底钵、A 型平底钵、B 型平底钵、B 型三足钵、A 型壶、B 型Ⅱ式壶、Ba 型杯等。

早、晚段陶器在质地、色泽、纹饰、制法、器形等方面差别不大，表明它们之间衔接紧密，基本没有大的缺环。关家遗址裴李岗文化遗存特征鲜明，以椭圆形、圆形窖穴为基础生活设施，以绳纹角把罐、素面侈口罐、圜底钵、平底钵、三足钵、壶、杯等为基本陶器组合，与渑池班村[2]、新安荒坡[3]、孟津寨根[4]、济源长泉[5]等遗址发现的裴李岗文化遗存面貌一致，同属裴李岗文化班村类型。

从陶器特征看，关家遗址的角把罐、侈口罐、折沿罐、壶、三足钵等与班村、寨根、荒坡、长泉遗址同类器相同或相近，如荒坡遗址角把罐（T10H32：8）[6]与关家遗址Aa型角把罐（H419：1）形制相同，长泉遗址角把罐（H65：3）、三足钵（H49：3）[7]分别与关家遗址Bc型角把罐（H273：4）、A型三足钵（H549：1）特征相似，寨根遗址深腹罐（T17⑥：2）、折沿罐（H19：10）、壶（H8：12）、三足钵（H19：2）[8]分别与关家遗址Ab型侈口罐（H236：5）、折沿罐（H273：1）、B型Ⅱ式壶（H183：1）、A型三足钵（H549：1）形制相近；班村遗址的发掘资料虽尚未发表，但其已公布的角把罐、绳纹钵、素面钵等陶器[9]与关家遗址同类器基本一致，表明它们年代相当。

关家遗址出土的陶角把罐等典型器在伊川白土疙瘩[10]、偃师高崖[11]、汝州中山寨[12]等遗址内也有零星发现，小口弧领宽带耳陶壶与巩义瓦窑嘴遗址Ⅱ式壶及Ⅰ式罐[13]、新密莪沟北岗遗址Ⅱ式罐[14]的形制十分相似。另外，关家遗址还出土少量泥质黑陶器，其泥质黑陶钵内、外壁均磨光，十分光滑，与瓦窑嘴同类器风格相近。以上遗址散布于豫中、豫西的北汝河、伊洛河及其支流沿岸，年代上大体处于裴李岗文化的晚期阶段，这些发现对于探索裴李岗文化晚期的分布态势、文化面貌及发展演变等具有重要的学术价值。

附记：此次发掘领队为樊温泉，参加发掘及资料整理的人员有樊温泉、王胜利、王昊宇、普康信、普彬、王文强、刘萍、杨结实、杨凡、楚小龙、张小刚、周剑、何佳、张颖、樊恭昌、杨淑慧、秦存誉等，器物线图由姜凤玲、陈伟芳、秦存誉等绘制，照片由孙振卿、贯蒙丽等拍摄，陶器纹饰拓片由沈新荣制作。本文在写作过程中，得到首都师范大学历史学院袁广阔先生的指导，特此感谢！

执笔：樊温泉　秦存誉

注释：

[1] 87座灰坑中有6座（H345、H347、H351、H352、H549和H618）是在黄河小浪底水库蓄水后进行抢救性发掘的，因当时水位已上涨，为安全起见，清理后未能及时测绘，所以上述灰坑的具体位置和形制不详。

[2] 张居中：《试论河南省前仰韶时代文化》，见河南省文物考古学会：《河南文物考古论集》，河南人民出版社，1996年；《试论班村遗址前仰韶时期文化遗存》，见北京大学考古文博学院、中国国家博物馆：《俞伟

超先生纪念文集·学术卷》，文物出版社，2009 年。

[3] 河南省文物管理局、河南省文物考古研究所:《新安荒坡——黄河小浪底水库考古报告（三）》，大象出版社，2008 年。

[4] 河南省文物管理局:《黄河小浪底水库考古报告（二）》，中州古籍出版社，2006 年。

[5] 河南省文物管理局、河南省文物考古研究所:《黄河小浪底水库考古报告（一）》，中州古籍出版社，1999 年。

[6] 河南省文物管理局、河南省文物考古研究所:《新安荒坡——黄河小浪底水库考古报告（三）》，大象出版社，2008 年，第 15 页。

[7] 河南省文物管理局、河南省文物考古研究所:《黄河小浪底水库考古报告（一）》，中州古籍出版社，1999 年，第 15、16 页。

[8] 河南省文物管理局:《黄河小浪底水库考古报告（二）》，中州古籍出版社，2006 年，第 171—173 页。

[9] 张居中:《试论班村遗址前仰韶时期文化遗存》，见北京大学历史文博学院、中国国家博物馆:《俞伟超先生纪念文集·学术卷》，文物出版社，2009 年。

[10] 河南省文物考古研究所:《伊川考古报告》，大象出版社，2012 年。

[11] 洛阳市第二文物工作队、偃师县文物管理委员会:《洛阳市偃师县高崖遗址发掘报告》,《华夏考古》1996 年第 4 期。

[12] 中国社会科学院考古所河南一队:《河南汝州中山寨遗址》,《考古学报》1991 年第 1 期。

[13] a. 巩义市文物管理所:《河南巩义市瓦窑嘴新石器时代遗址试掘简报》,《考古》1996 年第 7 期。

b. 巩义市文物保护管理所:《巩义市瓦窑嘴遗址第三次发掘报告》,《中原文物》1997 年第 1 期。

[14] 河南省博物馆、密县文化馆:《河南密县莪沟北岗新石器时代遗址》，见《考古》编辑部:《考古学集刊》第 1 集，中国社会科学出版社，1981 年。

河南渑池仰韶村遗址第四次考古发掘 HG2 简报

◎河南省文物考古研究院　◎三门峡市文物考古研究所
◎渑池县文化广电和旅游局

仰韶村遗址位于河南省渑池县城北约 5 千米处，中心遗址区位于东经 34°48′37.9″，北纬 111°46′38.4″，分布于仰韶村村南的台地上。遗址北靠韶山，东、西两侧分别为东沟（饮牛河）和西沟，两沟深达 50 余米，汇于南部的刘果水库后向南流入涧河。地势北高南低，南北最大高差近 50 米。遗址从东北到西南长 900 余米，从西北到东南宽 300 余米，面积 30 余万平方米。（图一）

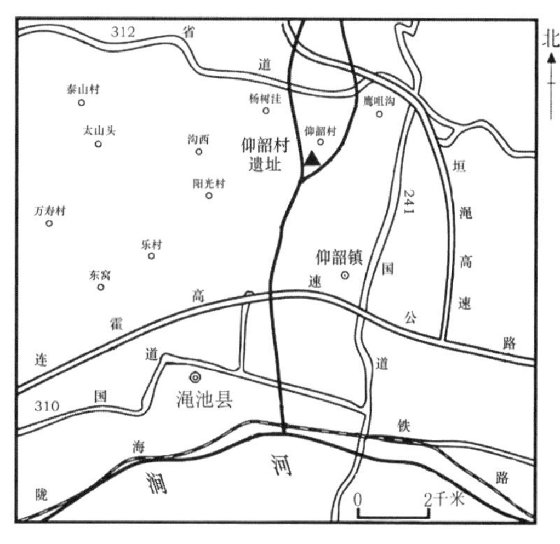

图一　河南渑池仰韶村遗址位置图

仰韶村遗址于 1921 年[1]、1951 年[2]、1980 年—1981 年[3]先后经过了三次考古发掘。2019 年进行了系统性考古勘探[4]。2020 年 8 月，河南省文物考古研究院联合三门峡市文物考古研究所、渑池县文化广电和旅游局启动仰韶村遗址第四次考古发掘，分为两个发掘区（Ⅰ区、Ⅱ区）[5]。2021 年继续对遗址区进行发掘，其中Ⅱ区新布设探沟 1 条（TG2），本文仅对 TG2 内 HG2 发掘情况进行介绍。

一、TG2 概况

TG2 位于遗址中部，为南北向长方形，系接着 2020 年发掘的 TG1 布设，长 17 米，宽 3 米，方向为 0°。探沟内地层堆积简单，第①层为耕土层，其下为生土。探沟内发现有壕沟、灰坑等遗迹，均开口于第①层下。重要遗址发现有 3 个，分别为 HG2、G9、G8。（图二）

二、HG2 及出土物

HG2 位于探沟Ⅱ南部，开口于第①层下，北部被 G8 打破，中部被 H154 等灰坑打破，向

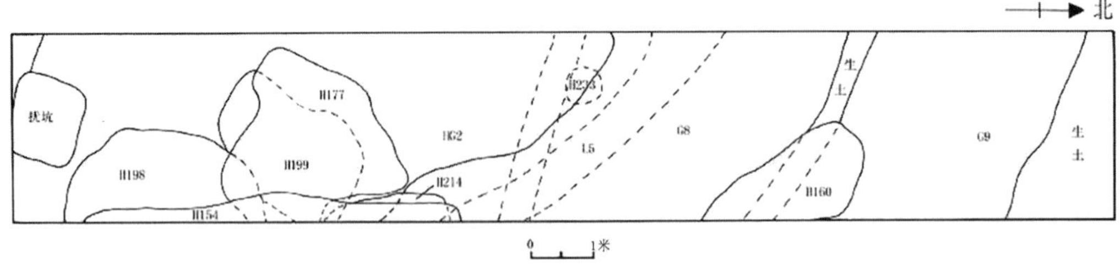

图二　探沟Ⅱ及HG2平面图

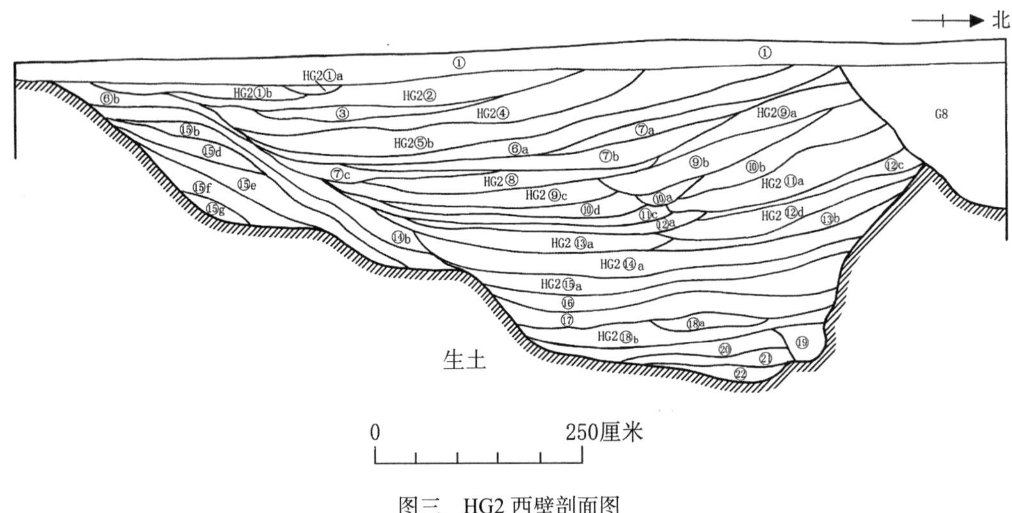

图三　HG2西壁剖面图

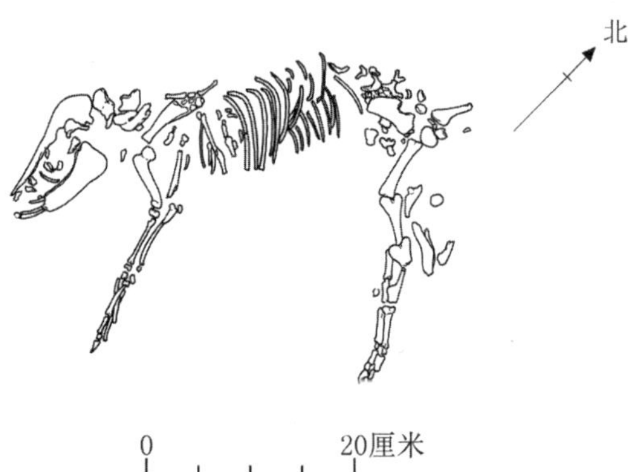

图四　HG2第⑤b层发现动物骨骼

下打破生土。平面形状为长条形，大致呈西北—东南向，方向约110°，横截面为口大底小，斜壁下收，底部不平，为南高北低。口部复原宽度约9米，底部宽约3.40米，深约3.60米。HG2北壁整体坡度较陡，上部被G8打破，倾斜度为55°~80°。南壁整体坡度较缓，上部倾斜度约48°，中部倾斜度10°~20°，有两个近似“小平台”缓坡，下部较陡倾斜度近70°。HG2内堆积可分22大层，共46小层（因篇幅限制，HG2内各层堆积情况以后公布）。（图三）在第⑤b层发现一具完整动物骨架，经鉴定种属为猪。（图四）沟北壁和南壁近底部发现多处较为明显的工具痕迹，长10~17厘米，宽2.5~3厘米，应为开挖HG2时留下的痕迹。

因探沟解剖发掘面积较小，HG2内各层堆积出土遗物相对较少，以陶片为主，另有少量石器等。整体来看HG2内出土陶片以泥质陶居多，夹砂陶次之。陶色以红陶最多，褐陶次之，黑陶、灰陶较少。器表以素面居多，磨光陶占一定比例，纹饰有线纹、绳纹、凹弦纹和附加堆纹等。另见少量彩陶，以黑彩为主，红彩极少。陶器可辨器形有钵、盆、罐、小口瓶、瓮、釜、豆、器盖、杯、鼎、甑、缸和环等。石器主要有铲等。

钵　绝大多数为泥质陶，个别为夹砂陶。按口部形态差异分三型。

A 型：敞口。红陶。尖圆唇，弧腹下收。器表磨光。标本 HG2 ⑨ c：37，唇及口部外侧饰黑彩窄带纹。口径 17.2 厘米，残高 3.8 厘米。（图五，1）标本 HG2 ⑨ c：43，唇及口部外侧饰红彩窄带纹。口径 15.6 厘米，残高 3.6 厘米。（图五，3）

B 型：直口微敛。弧肩，弧腹下收。素面。标本 HG2 ⑤ b：12，红陶。圆唇。器表磨光。口径 17.2 厘米，残高 3.2 厘米。（图五，5）标本 HG2 ⑥ a：7，红陶。尖圆唇。口径 15.6 厘米，残高 5.4 厘米。（图五，4）标本 HG2⑮c：3，灰陶。尖圆唇。口径 18 厘米，残高 4.2 厘米。（图五，2）

C 型：敛口。依肩部特征差异分三亚型。

Ca 型：弧肩。红陶。尖圆唇，弧腹外鼓。器表磨光。标本 HG2 ⑨ a：20，施红色陶衣，

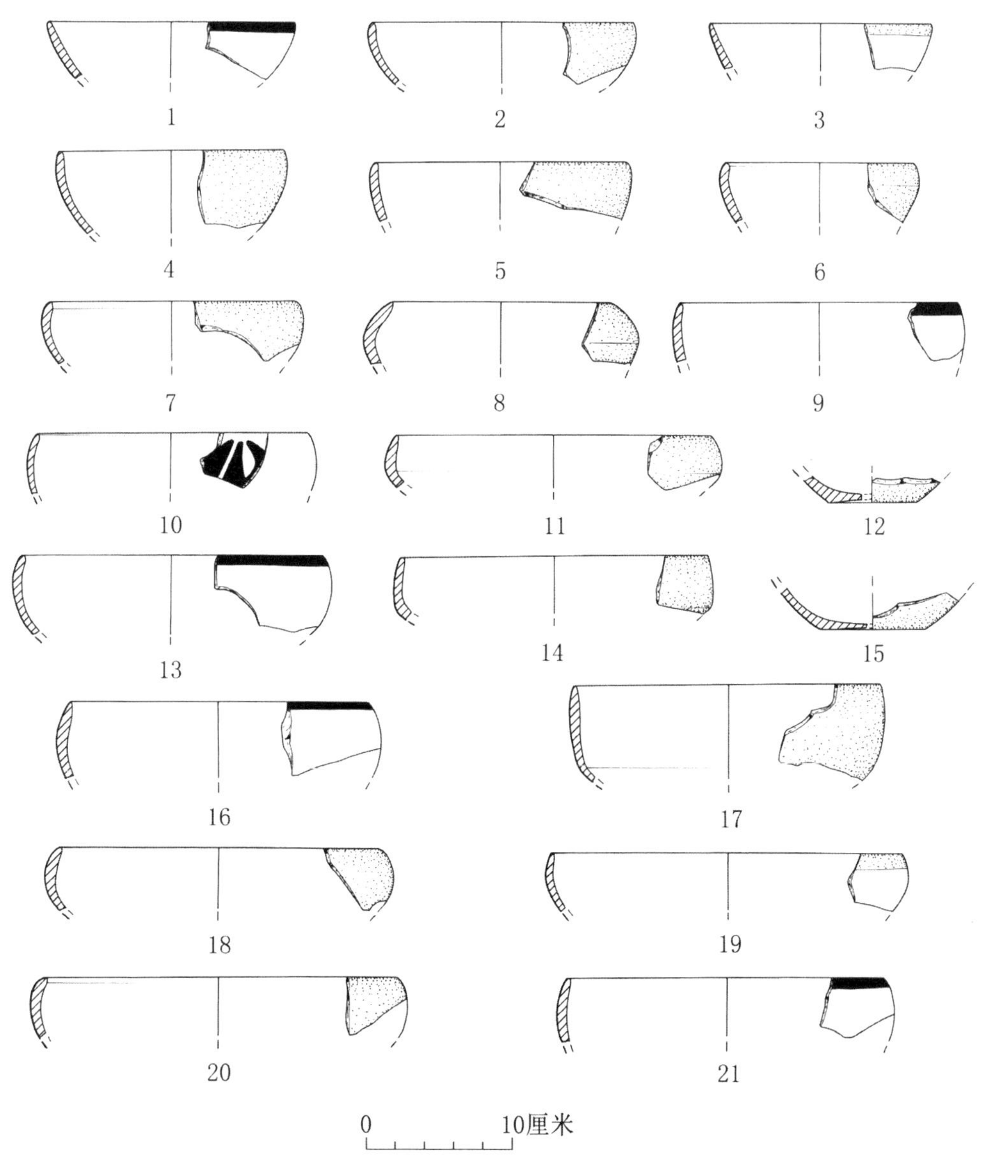

图五　HG2 出土陶钵和陶碗

1、3. A 型钵（HG2 ⑨ c：37、HG2 ⑨ c：43） 2、4、5. B 型钵（HG2⑮c：3、HG2 ⑥ a：7、HG2 ⑤ b：12） 6~8、11、18~20. Cb 型钵（HG2 ① b：29、HG2⑫a：4、HG2⑬a：40、HG2⑬a：16、HG2 ⑤ b：17、HG2⑰：95、HG2⑯a：18） 9、10、13、16、21. Ca 型钵（HG2⑫c：11、HG2⑰：97、HG2 ⑨ a：20、HG2⑰：87、HG2⑮a：46） 12、15. 钵底（HG2 ④：20、HG2⑪c：3） 14. Cc 型钵（HG2 ① b：11） 17. 碗（HG2 ① b：2）

唇及口部外侧饰黑彩窄带纹。口径20.8厘米，残高5.2厘米。（图五，13）标本HG2⑫c：11，施红色陶衣，唇及口部外侧饰黑彩窄带纹。口径19.2厘米，残高4厘米。（图五，9）标本HG2⑮a：46，唇及口部外侧饰黑彩窄带纹。口径22厘米，残高4厘米。（图五，21）标本HG2⑰：87，唇及口部外侧饰一周黑彩窄带纹。口径20.4厘米，残高5厘米。（图五，16）标本HG2⑰：97，施红色陶衣，腹饰由数个弧边三角纹组成的火焰形黑彩图案。口径18.8厘米，残高3.8厘米。（图五，10）

Cb型：鼓肩。圆唇，斜弧腹下收。素面。标本HG2①b：29，夹砂红陶。口径13.2厘米，残高4厘米。（图五，6）标本HG2⑤b：17，红陶。尖圆唇。器表磨光。口径22厘米，残高4.2厘米。（图五，18）标本HG2⑫a：4，褐胎黑皮陶。尖圆唇。器表磨光。口径16.8厘米，残高4厘米。（图五，7）标本HG2⑬a：16，褐胎黑皮陶。器表磨光。口径21.6厘米，残高3.6厘米。（图五，11）标本HG2⑬a：40，红陶。器表磨光。口径14.8厘米，残高4.2厘米。（图五，8）标本HG2⑯a：18，红陶。口径24厘米，残高4厘米。（图五，20）标本HG2⑰：95，灰陶。唇及口部外侧饰一周红彩窄带纹。口径24.4厘米，残高3.8厘米。（图五，19）

Cc型：近直肩。标本HG2①b：11，灰陶，圆唇，肩腹结合处外鼓近折，腹较浅。器表磨光。素面。口径21.2厘米，残高4厘米。（图五，14）

钵底　泥质红陶。平底微内凹，斜腹下收。素面。标本HG2④：20，底径6.8厘米，残高1.4厘米。（图五，12）标本HG2⑪c：3，器表磨光。底径7.6厘米，残高2.3厘米。（图五，15）

碗　标本HG2①b：2，泥质红陶。近直口，腹部外鼓近折，腹较深，上腹较直，下腹斜收。器表磨光。素面。口径21.2厘米，残高6.4厘米。（图五，17）

盆　均为泥质陶。按口部形态差异分四型。

A型：侈口。圆唇，卷折沿，口部内侧折棱明显，弧腹外鼓下收。器表磨光，饰黑彩图案。标本HG2⑬a：37，灰胎红皮陶。沿面及唇部饰窄带纹。口径32厘米，残高3.4厘米。（图六，1）标本HG2④：1，红陶。沿部饰凸弧纹。口径36.8厘米，残高4.8厘米。（图六，3）标本HG2⑤b：6，红陶。腹饰圆点纹。口径35.2厘米，残高7厘米。（图六，2）标本HG2⑯a：23，黑胎红皮陶。腹饰直线纹和斜线纹组成的图案。口径30.8厘米，残高4.8厘米。（图六，13）

B型：敛口。按唇部特征差异分两亚型。

Ba型：叠唇。红陶。唇部较宽，弧腹下收。标本HG2④：2，唇以下饰数周凹弦纹。口径36厘米，残高6.4厘米。（图六，8）标本HG2⑥a：11，唇部磨光。素面。口径23.6厘米，残高4.8厘米。（图六，6）标本HG2⑨a：4，素面。口径22.8厘米，残高5.4厘米。（图六，7）标本HG2⑫c：9，唇部饰黑彩窄带纹。口径29.6厘米，残高4厘米。（图六，4）标本HG2⑰：65，唇部外缘凸出。素面。口径18厘米，残高2.8厘米。（图六，5）

Bb型：厚圆唇外凸。标本HG2⑱b：5，褐陶。胎略夹细砂，唇面两周浅凹槽，弧腹外鼓

下收。腹饰右斜线纹。口径 32 厘米，残高 6.6 厘米。（图六，12）

C 型：敞口。按沿部特征差异分两亚型。

Ca 型：卷折沿上仰。标本 HG2 ⑨ a：2，褐陶。圆方唇，浅弧腹下收。器表磨光。素面。口径 26.4 厘米，残高 4.4 厘米。（图六，11）

Cb 型：无沿。标本 HG2⑫d：1，红陶。厚圆唇外翻下勾，斜弧腹下收。素面。口径 21.6 厘米，残高 6.2 厘米。（图六，9）

D 型：直口微敛。标本 HG2⑰：20，红陶。窄折沿下斜，圆唇，弧腹外鼓下收。沿部以下饰数周凹弦纹。口径 37.6 厘米，残高 5.6 厘米。（图六，10）

盆底　泥质红陶。平底，斜腹下收。器表磨光。素面。标本 HG2 ⑨ b：2，施红色陶衣。底径 12.8 厘米，残高 4.8 厘米。（图六，14）标本 HG2 ⑩ d：12，底微内凹。底径 8 厘米，残高 3.4 厘米。（图六，15）标本 HG2⑭a：5，器表颜色泛黑。内壁有竖向刮痕。底径 8.4 厘米，残高 5 厘米。（图六，16）

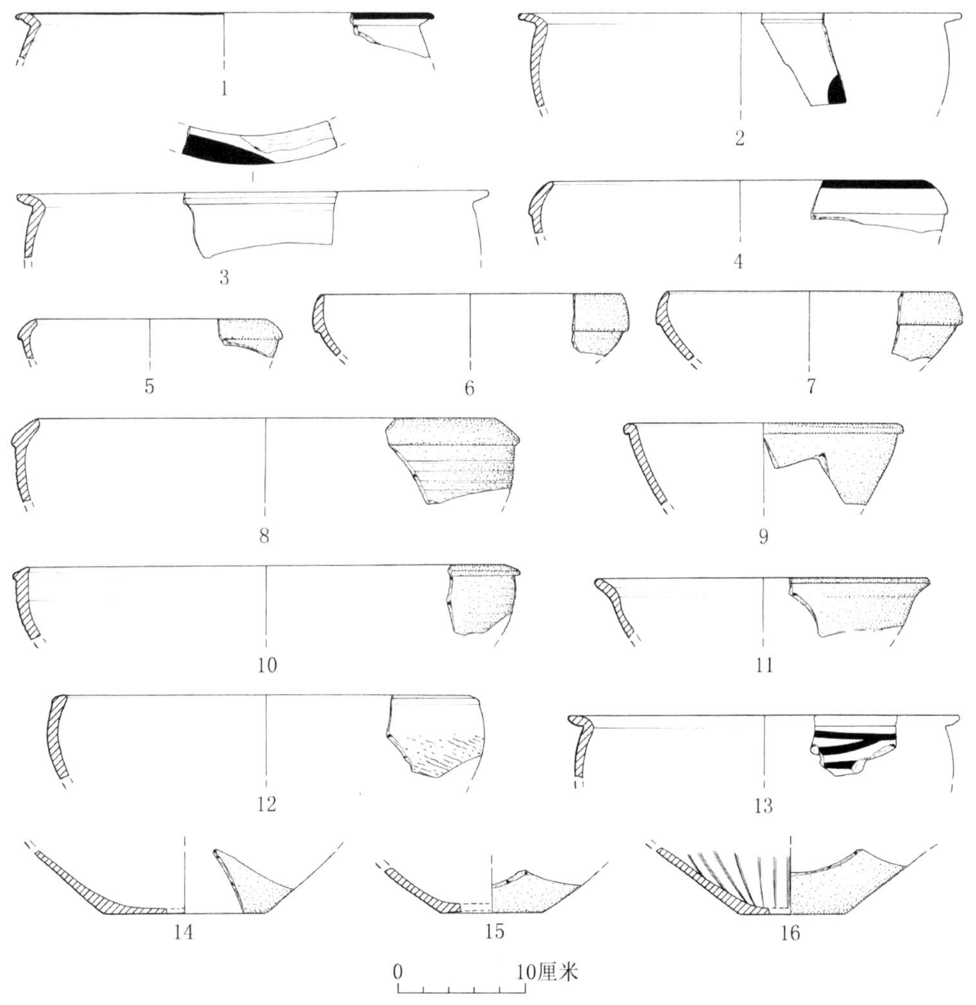

图六　HG2 出土陶盆

1~3、13. A 型盆（HG2⑬a：37、HG2 ⑤ b：6、HG2 ④：1、HG2⑯a：23）4~8. Ba 型盆（HG2⑫c：9、HG2⑰：65、HG2 ⑥ a：11、HG2 ⑨ a：4、HG2 ④：2）9. Cb 型盆（HG2⑫d：1）10. D 型盆（HG2⑰：20）11. Ca 型盆（HG2 ⑨ a：2）12. Bb 型盆（HG2⑱b：5）14~16. 盆底（HG2 ⑨ b：2、HG2 ⑩ d：12、HG2⑭a：5）

罐　按陶质不同分为泥质和夹砂两类。

甲类　泥质罐。侈口。标本 HG2⑤b：2，红陶。卷折沿，折棱明显，圆方唇，弧腹外鼓。器表磨光。素面。口径 23.6 厘米，残高 3.6 厘米。（图七，1）标本 HG2⑫c：1，灰胎红皮陶。卷沿，尖圆唇，弧腹外鼓。素面。口径 29.2 厘米，残高 6.4 厘米。（图七，6）标本 HG2⑰：8，红陶。折沿，圆唇较尖，腹外鼓近折，下腹斜收。折腹处饰一周按压索状附加堆纹。口径 16 厘米，残高 6.6 厘米。（图七，9）标本 HG2⑱：54，灰陶。折沿，圆唇，弧腹外鼓。器表磨光。素面。口径 25.6 厘米，残高 4 厘米。（图七，3）

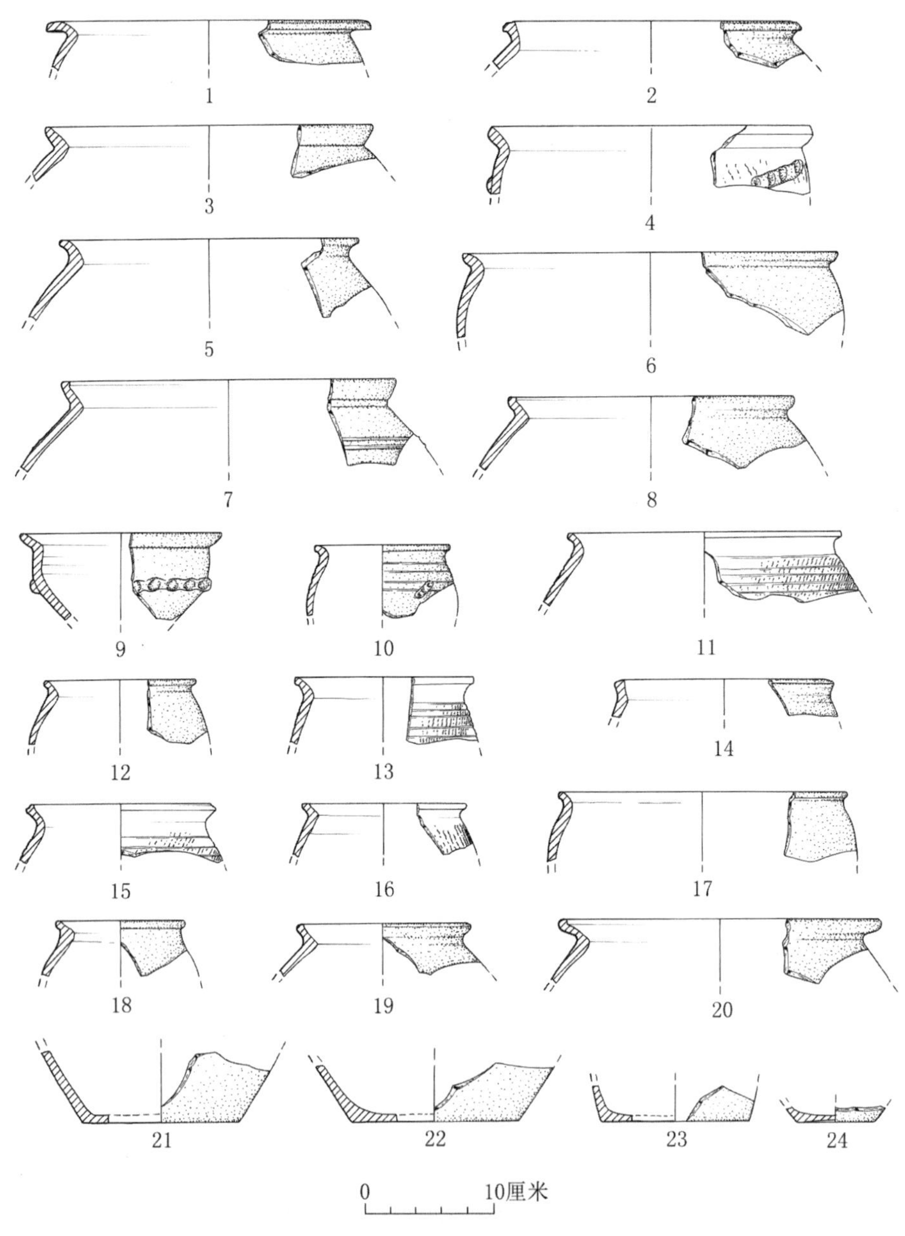

图七　HG2 出土陶罐

1、3、6、9. 甲类罐（HG2⑤b：2、HG2⑱：54、HG2⑫c：1、HG2⑰：8）2、14. 乙类 A 型罐（HG2⑦b：1、HG2⑧：14）4、15、16、18. 乙类 Bb 型罐（HG2①b：9、HG2⑫c：2、HG2⑮a：15、HG2⑫d：7）5、10~13、17. 乙类 Ba 型罐（HG2⑫b：6、HG2⑨a：9、HG2⑨a：1、HG2⑬a：12、HG2⑮c：7、HG2⑮a：27）7、8、19、20. 乙类 Bc 型罐（HG2⑮a：4、HG2⑱b：1、HG2⑩d：2、HG2⑩d：3）21~24. 罐底（HG2⑩a：13、HG2⑱b：6、HG2⑰：72、HG2⑤b：22）

乙类　夹砂罐。按口部形态差异分两型。

A 型：直口微敞。褐陶。弧腹外鼓。素面。标本 HG2 ⑦ b：1，器表颜色泛黑。圆唇外凸。口径 21.6 厘米，残高 3.6 厘米。（图七，2）标本 HG2 ⑧：14，圆方唇。口径 15.6 厘米，残高 3 厘米。（图七，14）

B 型：侈口。按沿部特征差异分三亚型。

Ba 型：卷沿。圆唇，弧腹外鼓。标本 HG2 ⑨ a：1，褐陶。沿以下饰数周凹弦纹和抹平左斜线纹。口径 21.2 厘米，残高 5.6 厘米。（图七，11）标本 HG2 ⑨ a：9，褐陶。沿较窄，沿以下饰数周凹弦纹，肩部饰一左斜泥条上有按压纹。口径 10.4 厘米，残高 5.2 厘米。（图七，10）标本 HG2⑫b：6，黑陶。唇较尖。素面。口径 23.6 厘米，残高 6 厘米。（图七，5）标本 HG2⑬a：12，红陶。素面。口径 12 厘米，残高 4.8 厘米。（图七，12）标本 HG2⑮a：27，黑胎褐皮陶。素面。口径 22.4 厘米，残高 5.2 厘米。（图七，17）标本 HG2⑮c：7，褐陶。圆方唇，腹壁较斜直。腹饰左斜线纹和数周凹弦纹。口径 14 厘米，残高 5 厘米。（图七，13）

Bb 型：折沿，沿面较平。弧腹外鼓。标本 HG2 ① b：9，灰陶。圆唇较尖，腹饰抹平右斜线纹和一斜向泥条上有按压纹。口径 24.8 厘米，残高 5.2 厘米。（图七，4）标本 HG2⑫c：2，褐陶。方唇，腹饰凹弦纹和抹平左斜线纹。口径 14 厘米，残高 4.4 厘米。（图七，15）标本 HG2⑫d：7，红陶。圆唇。素面。口径 10 厘米，残高 4.2 厘米。（图七，18）标本 HG2⑮a：15，褐陶。尖圆唇。沿以下饰略右斜线纹。口径 12.8 厘米，残高 4 厘米。（图七，16）

Bc 型：折沿，沿面下凹。弧腹外鼓，素面。标本 HG2 ⑩ d：2，灰陶。圆方唇上凸。口径 13 厘米，残高 4 厘米。（图七，19）标本 HG2 ⑩ d：3，黑陶。圆方唇上凸。口径 24.8 厘米，残高 2.8 厘米。（图七，20）标本 HG2⑮a：4，灰陶。圆方唇内勾，肩部饰两周凸弦纹。口径 26.4 厘米，残高 6.8 厘米。（图七，7）标本 HG2⑱b：1，灰陶。圆唇，唇面内缘上凸。口径 22 厘米，残高 5.6 厘米。（图七，8）

罐底　平底，斜直腹下收。素面。标本 HG2 ⑤ b：22，泥质红陶。底径 6 厘米，残高 1.2 厘米。（图七，24）标本 HG2 ⑩ a：13，夹砂褐陶。底径 12.4 厘米，残高 5.4 厘米。（图七，21）标本 HG2⑰：72，夹砂褐陶。底径 11.6 厘米，残高 2.6 厘米。（图七，23）标本 HG2⑱b：6，夹砂褐陶。底径 13.2 厘米，残高 4.2 厘米。（图七，22）

小口瓶　均为泥质陶。按口部形态差异分两型。

A 型：环形口。红陶。敛口，圆唇，口颈结合部有一周凸棱，束颈。标本 HG2 ②：11，单环口，口部较高，颈部饰略左斜线纹。口径 4.4 厘米，残高 4 厘米。（图八，1）标本 HG2 ④：11，单环口，口部较矮。素面。口径 6.2 厘米，残高 2.6 厘米。（图八，2）标本 HG2 ⑤ b：7，退化重环口，上环略高，上下环分界不明显。颈部以下饰左斜线纹。口径 5.2 厘米，残高 6 厘米。（图八，7）标本 HG2⑮c：4，重环口，上下环宽度相等且分界明显。素面。

口径 5.6 厘米，残高 3.2 厘米。（图八，3）标本 HG2⑱：16，单环口，圆唇较尖，口部较高，口部外侧有一周凹槽。素面。口径 5 厘米，残高 4 厘米。（图八，4）

B 型：敛口杯形口。标本 HG2⑨c：12，泥质褐陶。颜色泛灰，圆唇，唇部外撇，口壁斜直。素面。口径 4.8 厘米，残高 3.4 厘米。（图八，5）标本 HG2⑪c：11，泥质红陶。口壁斜直，束颈。素面。残高 6.6 厘米。（图八，6）

小口尖底瓶底　泥质红陶。尖底夹角呈锐角。内见泥条盘筑痕迹，外壁饰左斜线纹。标本 HG2⑯a：12，残高 8.8 厘米。（图八，8）标本 HG2⑯a：24，残高 6.2 厘米。（图八，9）

瓮　绝大多数为泥质陶，个别为夹砂陶。按口部形态差异分三型。

A 型：近直口。标本 HG2⑤b：24，夹砂灰陶。圆唇外撇，领较高。素面。口径 12.4 厘米，残高 4.8 厘米。（图九，1）

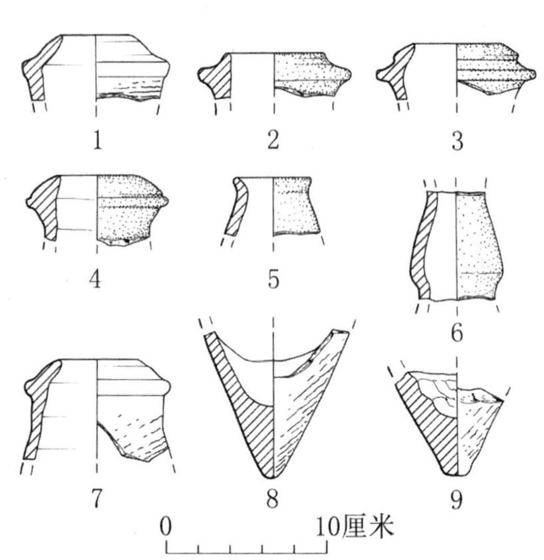

图八　HG2 出土陶小口瓶

1~4、7. A 型小口瓶（HG2②：11、HG2④：11、HG2⑮c：4、HG2⑱：16、HG2⑤b：7）
5、6. B 型小口瓶（HG2⑨c：12、HG2⑪c：11）
8、9. 小口尖底瓶底部（HG2⑯a：12、HG2⑯a：24）

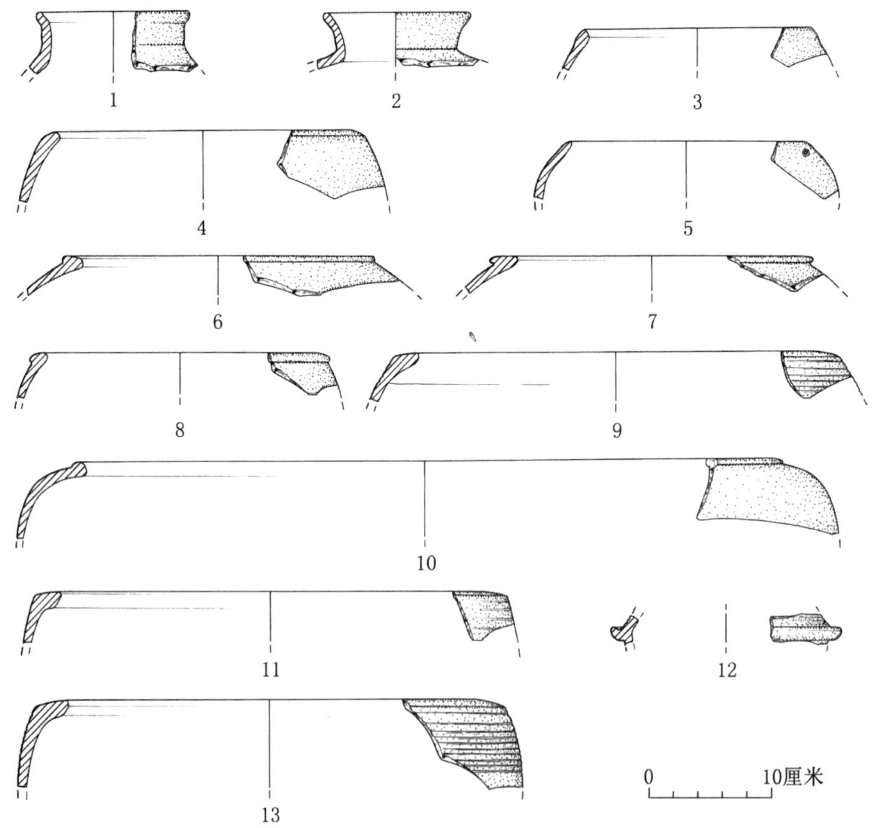

图九　HG2 出土陶瓮和陶釜

1. A 型瓮（HG2⑤b：24）2. B 型瓮（HG2⑱b：10）3~5. Ca 型瓮（HG2④：25、HG2⑬a：1、HG2⑰：25）6~8. Cb 型瓮（HG2⑥a：4、HG2⑨c：1、HG2⑫d：9）9、11、13. Cc 型瓮（HG2⑱b：22、HG2①b：6、HG2⑱b：4）10. Cd 型瓮（HG2①b：1）12. 釜（HG2⑨c：14）

B 型：侈口。标本 HG2⑱b：10，灰胎红皮陶。圆唇，领较高。素面。口径 12 厘米，残高 4.4 厘米。（图九，2）

C 型：敛口。按唇部特征差异可分四个亚型。

Ca 型：圆唇。弧腹外鼓。素面。标本 HG2④：25，红陶。口径 18.8 厘米，残高 3.2 厘米。（图九，3）标本 HG2⑬a：1，夹砂灰陶。器表局部泛黑。口径 24.8 厘米，残高 5.6 厘米。（图九，4）标本 HG2⑰：25，红陶。口径 19.2 厘米，残高 4.6 厘米。（图九，5）

Cb 型：叠唇。弧腹外鼓，素面。标本 HG2⑥a：4，灰陶。器表磨光。口径 25.6 厘米，残高 3 厘米。（图九，6）标本 HG2⑨c：1，褐胎黑皮陶。口径 24.8 厘米，残高 2.8 厘米。（图九，7）标本 HG2⑫d：9，红陶。口径 22.8 厘米，残高 3.6 厘米。（图九，8）

Cc 型：内折唇。斜弧腹外鼓，口部以下饰数周凹弦纹。标本 HG2①b：6，夹砂褐陶。口径 36 厘米，残高 4 厘米。（图九，11）标本 HG2⑱b：4，红陶，器表颜色局部泛黑。器表磨光。口径 34 厘米，残高 6.8 厘米。（图九，13）标本 HG2⑱b：22，灰胎黑皮陶。器表磨光。口径 32 厘米，残高 3.8 厘米。（图九，9）

Cd 型：厚圆唇外凸，鼓肩。标本 HG2①b：1，泥质红陶。弧腹。素面。口径 57.2 厘米，残高 6 厘米。（图九，10）

釜　标本 HG2⑨c：14，夹砂红陶。外折腹，上腹饰凹弦纹，下腹弧收，折腹处有一周凸棱。残高 2.2 厘米。（图九，12）

豆盘　泥质陶。圆唇。素面。标本 HG2⑤b：5，褐陶。近直口，平折沿甚窄，折盘，折盘处有一周凸棱，上部较弧，下部斜收。口径 22.4 厘米，残高 4.6 厘米。（图一〇，1）标本 HG2⑪c：10，灰陶。敛口，唇较尖，盘外折明显，折盘处有一周凸棱较尖锐，上部斜直，下部斜收。器表磨光。口径 18.4 厘米，残高 2.8 厘米。（图一〇，3）

豆圈足　泥质陶。喇叭形圈足，残存一圆形镂孔。素面。标本 HG2④：22，灰陶。方唇较宽。器表磨光。底径 12 厘米，残高 4 厘米。（图一〇，8）标本 HG2⑥a：19，红陶。圆唇外凸。底径 12 厘米，残高 3 厘米。（图一〇，5）标本 HG2⑯a：7，灰陶。圆唇外撇。底径 13.2 厘米，残高 4.2 厘米。（图一〇，7）

器盖　夹砂陶。素面。标本 HG2⑦a：1，褐陶。弧顶，顶部一宽扁桥形耳。残长 9.6 厘米，残高 5.6 厘米。（图一〇，14）标本 HG2⑧：8，灰陶。敞口，圆唇，顶较斜直。口径 20.8 厘米，残高 4.6 厘米。（图一〇，6）标本 HG2⑰：52，褐陶，器表颜色泛灰。敞口，厚圆唇外凸，斜弧顶。口径 17.4 厘米，残高 2.6 厘米。（图一〇，4）

杯　按陶质不同分夹砂和泥质两类。

甲类　夹砂陶，胎较厚。标本 HG2①b：18，褐陶。平底，直腹。素面。底径 4.4 厘米，残高 1.6 厘米。（图一〇，9）

乙类　泥质陶。胎较薄。底腹结合处一周凹槽，器表磨光。素面。标本 HG2⑦b：8，灰胎黑皮陶。直腹，平底。底径7.6厘米，残高1.4厘米。（图一〇，10）标本HG2⑩d：10，黑陶。腹壁略外鼓，极矮圈足。底径8厘米，残高3.6厘米。（图一〇，11）标本HG2⑰：39，灰胎黑皮陶。斜直腹，平底。底径8厘米，残高1.4厘米。（图一〇，12）

鼎足　夹砂陶。标本HG2⑨c：29，褐陶。鸭嘴形足。素面。宽2.6厘米，残高3.4厘米。（图一〇，13）标本HG2⑪b：1，红陶，局部泛灰。宽扁倒梯形足，足正面内凹，两侧上凸且各饰一竖向按压纹。残宽4.4厘米，残高5.2厘米。（图一〇，17）

甑　夹砂陶。平底，斜腹下收。素面。标本HG2⑫d：24，红陶。底部残存两个不规则形孔。底径11.6厘米，残高2.6厘米。（图一〇，15）标本HG2⑭a：17，灰陶。器表局部泛褐，底部残存两个圆形小孔。底径10.8厘米，残高3.6厘米。（图一〇，16）

缸　标本HG2④：6，泥质褐胎黑皮陶。直口微敛，叠唇外凸，斜直腹，唇部以下饰数周

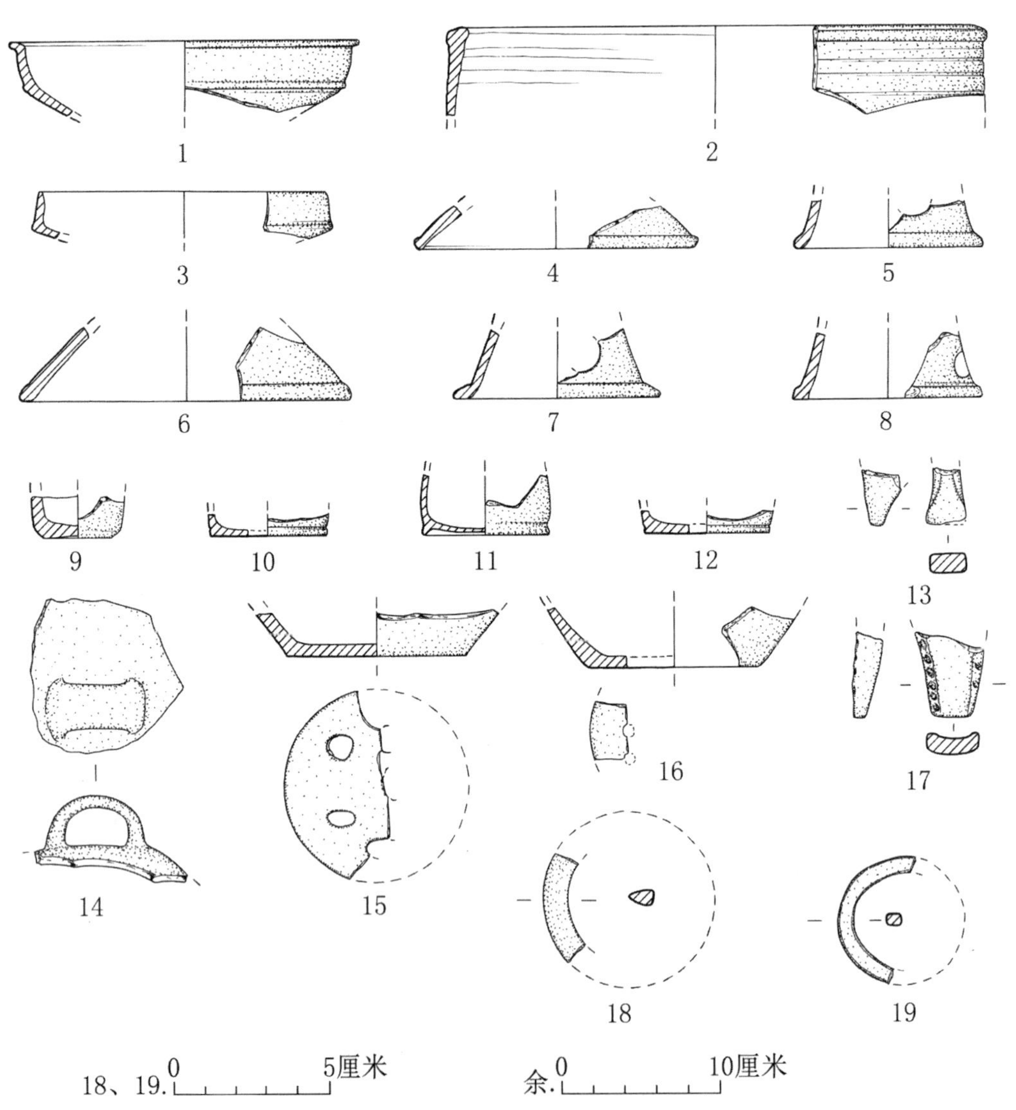

图一〇　HG2出土陶器

1、3. 豆盘（HG2⑤b：5、HG2⑪c：10）2. 缸（HG2④：6）4、6、14. 器盖（HG2⑰：52、HG2⑧：8、HG2⑦a：1）5、7、8. 豆圈足（HG2⑥a：19、HG2⑯a：7、HG2④：22）9. 甲类杯（HG2①b：18）10~12. 乙类杯（HG2⑦b：8、HG2⑩d：10、HG2⑰：39）13、17. 鼎足（HG2⑨c：29、HG2⑪b：1）15、16. 甑（HG2⑫d：24、HG2⑭a：17）18、19. 环（HG2⑮：2、HG2⑩b：1）

凹弦纹。口径 32.4 厘米，残高 5.4 厘米。（图一〇，2）

环　泥质。圆形，器表磨光。素面。标本 HG2 ⑩ b：1，褐陶。横截面呈圆角长方形。复原直径 4 厘米。（图一〇，19）标本 HG2⑮：2，黑陶。横截面呈三角形，边缘较尖锐。复原直径 5.4 厘米。（图一〇，18）

石铲　器身扁平，表面磨制光滑。标本 HG2⑰：36，顶部残块，中部较厚，边缘稍薄。（图一一，1）标本 HG2⑰：41，中部残块，规整，依据残存形态推测铲身应较宽。（图一一，2）

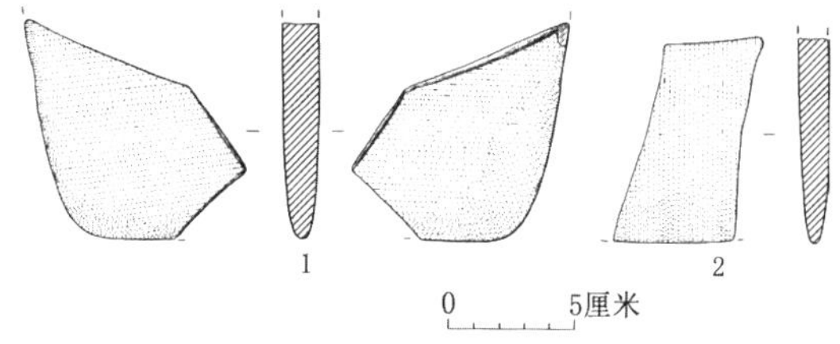

图一一　HG2 出土石铲
1. HG2⑰：36　2. HG2⑰：41

三、结语

（一）相对年代与堆积性质

从 HG2 出土遗物来看，包含有少量仰韶文化早期遗物，如 A 型钵（HG2 ⑨ c：37、HG2 ⑨ c：43）等。仰韶文化中期遗物出土数量最多，为其主体文化遗存，有小口瓶、钵、碗、盆、罐、瓮、釜、器盖和甑等，其陶质、陶色、纹饰和器物形制等特征与三门峡庙底沟[6]、南交口[7]、灵宝西坡[8]、古城东关[9]等遗址同期遗物基本相同。如：B 型小口瓶（HG2 ⑨ c：12、HG2⑪c：11）与庙底沟 2002B 型小口瓶（H9：104、H900：68）、西坡 2001B 型小口瓶（南区 H36：17）、西坡 2013B 型小口瓶（NHG ⑩ a：1）、南交口仰韶二期 B 型小口瓶（H62：6）相同；A 型小口瓶（HG2⑮c：4）与南交口仰韶二期 A Ⅲ小口瓶（H28：1）、西坡 2013A Ⅰ小口瓶（NHG⑬：1）、庙底沟 2002A 型小口瓶（H9：112）、仰韶村第三次发掘一期小口瓶（T3 ⑤：52）相同，标本 HG2 ⑤ b：7 与南交口仰韶二期 A Ⅳ小口瓶（H89：3）、西坡 2013A Ⅱ小口瓶（NHG⑪d：1）近同，标本 HG2 ②：11、HG2⑱：16 与南交口仰韶二期 A Ⅴ小口瓶（H3：1）、仰韶村第三次发掘一期小口瓶（T7 ⑦：71）相近，标本 HG2 ④：11 与南交口仰韶二期 A Ⅵ小口瓶（F2：1）、东关三期Ⅰ式尖底瓶（Ⅰ H151：15）相近。B 型钵（HG2⑮c：3）与庙底沟 2002 钵（T21 ⑨：32）近同；Ca 型钵（HG2 ⑨ a：20、HG2⑰：97）与南交口仰韶二期 A Ⅰ式钵（G2：34、G2：33）相近；Cb 型钵（HG2⑯a：18）与南交口仰韶二期 B Ⅱ钵（H6：10）、东关三期Ⅰ式圆腹钵（Ⅰ H173：1）近同，标本 HG2⑬a：40 与南交口仰韶二期 B Ⅲ钵（H3：3）相同；Cc 型钵（HG2 ① b：11）与东关三期Ⅰ式折腹钵（Ⅰ H234：8）相近。碗（HG2 ① b：2）与南交口 Ca 型碗（G2：20）、庙底沟 2002Ba 型钵（H9：77）、仰韶村第三次发掘一期Ⅲ式碗（T3 ④：42）近同。A 型盆（HG2 ⑤ b：6）与南交口仰韶二期 Ba 型Ⅰ式盆（H90：5）、仰韶村第三次发掘一期Ⅰ式盆（T3 ⑤：50）近同，标本 HG2 ④：1、HG2⑯a：23 与南交口仰韶二期 Ba 型Ⅱ式盆（G2：11）相近，标本 HG2⑬a：37 与南交口仰韶二期 Ba 型Ⅲ式盆（H6：6）近似；Ba 型盆（HG2 ④：2）与南交口仰韶二期 Ea 型Ⅰ式盆（G3：5）近同，标本

HG2⑥a：11、HG2⑨a：4与西坡2013C型盆（NHG⑪d：2）近似；Ca型盆（HG2⑨a：2）与西坡2013A型Ⅱ式盆（NHG④c：1）相近。甲类罐（HG2⑤b：2）与南交口仰韶二期A型Ⅲ式罐近似；乙类罐Ba型，标本HG2⑨a：1、HG2⑨a：9、HG2⑮c：7分别与南交口仰韶二期Ca型Ⅰ式罐（G2：42）、Ca型Ⅱ式罐（H18：3）、Ca型Ⅲ式罐（H21：21）相近；Ⅰ类Bb型罐（HG2⑫c：2）与南交口仰韶二期Aa型Ⅴ式罐（H2：30）近似。B型瓮（HG2⑱b：10）与南交口仰韶二期B型瓮（H09：10）近似，Ca型瓮（HG2⑰：25）与南交口仰韶二期C型瓮（G2：71）、庙底沟2002瓮（T17⑧：56）近似。釜（HG2⑨c：14）与南交口仰韶二期Ⅱ式釜（H6：19）近似。器盖（HG2⑦a：1）与庙底沟2002器盖（H29：54、H9：81）相近。甑（HG2⑫d：24）与庙底沟2002甑（H408：3）近同。综上，依据出土器物形制特征和演变规律判断，HG2主体文化遗存应为仰韶文化中期庙底沟类型的偏晚阶段。

HG2横截面为口大底小，且深度较深，形制较大，沟内堆积较厚，沟壁底部残留有工具痕迹，人工开挖特征明显。经勘探，HG2呈西北—东南向截断整个遗址，与东沟（饮牛河）和西沟一起对仰韶村遗址中南部形成合围，应为该遗址仰韶文化中期聚落的北壕沟。依据HG2内各层堆积的土质、土色、包含物、厚度和堆积形态等特征，可将沟内堆积分为三个大的时期。HG2第㉒层至第⑯层，整体呈北高南低的波状或近水平状，土色偏灰黑，土质较硬，结构致密，有明显的河湖相沉积现象，应为HG2主要使用时期堆积，其中第⑲层堆积位于沟内底部北壁，呈长条形沟状，走向与HG2整体走向一致，且明显外凸，其堆积成因应与HG2在主要使用时期的清淤疏浚行为有关。第⑮g层至第⑬a层，堆积形态多为南高北低坡状或北高南低凹镜状，土色泛红褐，土质较硬，结构较致密，沟南壁缓坡处亦有堆积覆盖，应为HG2逐渐废弃时期堆积。第⑫d层至第①a层，堆积形态多为北高南低的坡状，土色泛灰，土质较硬，应为HG2功能丧失并完全废弃时期。从北壁倾斜坡度明显大于南壁及周边遗迹分布等情况判断，HG2南部应为聚落内部，北部应为聚落外部，其防御功能突出，兼有排水作用。

从层位关系来看，HG2被G8等遗迹打破，向下打破生土，其年代应早于G8（G8年代另文叙述）。从各层堆积情况和出土遗物特征来看，HG2开挖形成年代当不晚于仰韶文化中期，主要使用时期为仰韶文化中期偏晚阶段。不排除HG2有在较早时期壕沟基础之上再进行开挖清淤修整的情况。HG2内偏上部堆积，即HG2壕沟功能丧失并填平废弃阶段，大都为北高南低的倾斜状，且部分堆积经过夯打土质坚硬结构致密，很可能与北部年代较晚的HG1的开挖有关。

（二）绝对年代与相关认识

我们在HG2解剖发掘中提取测年样品，委托美国贝塔分析实验室进行了碳十四测年，均经树轮校正，结果如表一。其中，HG2第⑨a层样品绝对年代约为BC3580，相对较早，或为仰韶村遗址仰韶文化中期偏早阶段遗存的绝对年代。依据最早和最晚数值的中心值，结合器物类型学演变规律以及与周边同期遗存的对比情况，初步推断HG2主要使用时期的绝对年代为

BC3300—BC3000。HG2 土样浮选样品经分拣鉴定，发现炭化种子有粟、黍和水稻等。另发现有少量炭化稗种子。

表一　仰韶村遗址 HG2 碳十四测年数据

序号	实验室编号	遗存单位	测年样品	测定年代（BP）	校正年代（BC）及置信度
1	Beta-628261	HG2㉑	木炭	4990—4860	3041（81%）2911
				5042—5000	3093（14.4%）3051
2	Beta-628262	HG2⑰	木炭	5289—5155	3340（50.6%）3206
				5148—5025	3199（35.5%）3076
3	Beta-628263	HG2⑮d	木炭	5143—4970	3194（48.5%）3021
				5285—5160	3336（46.9%）3211
4	Beta-628264	HG2⑫a	木炭	5081—4956	3132（47.9%）3007
				5280—5166	3331（32.9%）3217
5	Beta-628265	HG2 ⑨ a	木炭	5588—5474	3639（95.4%）3525
6	Beta-628266	HG2 ⑥ a	木炭	5193—5051	3244（63.8%）3102
				5313—5214	3364（32.1%）3265
7	Beta-630552	HG2㉑	炭化种子	5328—5272	3379（52.9%）3323

HG2 是继 HG1 之后，在遗址中部发现的又一条大型人工壕沟，整体走向与 HG1 大致相同，年代早于 HG1，是仰韶村遗址仰韶文化中期聚落的重要组成部分。仰韶文化中期大型人工壕沟的出现，反映出仰韶村遗址在仰韶文化中期时聚落已经有了相当程度的发展，文化面貌相对繁盛。因 HG2 位置较 HG1 更靠南，仰韶文化中期的聚落面积要小于仰韶文化晚期。目前仰韶村遗址仰韶文化早期遗存发现较少，调查勘探和发掘情况显示其主要分布于遗址南部，仰韶文化早期聚落面积应当不超出仰韶文化中期聚落的范围。仰韶文化中期和晚期大型人工壕沟（HG2、HG1）的发现，为全面了解仰韶村遗址仰韶文化不同发展阶段的聚落分布范围和布局、聚落形态的发展演变，以及仰韶文化时期社会发展面貌程度等提供了宝贵的新材料，同时对深入探索豫西地区仰韶文化时期社会复杂化和文明化进程等具有重要的学术意义。

附记：2021 年度主动性考古发掘领队为河南省文物考古研究院张凤，发掘现场负责人为李世伟，TG2 发掘人员有陈瑾、王永峰、李占州、李萌、曹家凤等，室内整理有袁保国、赵佳飞等，器物拍照为聂凡，绘图为孙广贺，器物修复为姜清福。土样浮选和植物遗存鉴定由河南省文物考古研究院蓝万里副研究员完成，动物骨骼鉴定由侯彦峰副研究员完成，石器鉴定由郑州大学历史学院郑龙龙完成。河南省文物局给予了大力支持，渑池县委县政府、三门峡市文化广电和旅游局等给予了积极协调和配合，仰韶村村委、渑池县市政工程有限公司、仰韶文化博物馆等提供了很大帮助，在此一并表示感谢。

执笔：李世伟　魏兴涛　张　凤
郑立超　侯建星　崔博非

注释：

[1] a. 安特生：《中华远古之文化》，《地质汇报》1923 年第 5 号。

b. 安特生：《河南史前遗址》，《远东博物馆季刊》1947 年第 19 期。

[2] 夏鼐：《河南渑池的史前遗址》，《科学通报》1951 年第 9 期。

[3] 河南省文物研究所、渑池县文化馆：《渑池仰韶遗址 1980—1981 年发掘报告》，《史前研究》1985 年第 3 期。

[4] 河南省文物考古研究院、三门峡市文物考古研究所、渑池县文化广电和旅游局：《河南渑池县仰韶村遗址考古勘探报告》，《华夏考古》2020 年第 2 期。

[5] 河南省文物考古研究院、三门峡市文物考古研究所、渑池县文化广电和旅游局：《河南渑池仰韶村遗址第四次考古发掘 2020 年度简报》，《华夏考古》2021 年第 4 期。

[6] a. 中国科学院考古研究所：《庙底沟与三里桥》，科学出版社，1959 年。

b. 樊温泉：《2002—2003 年庙底沟遗址考古发掘的新收获》，《聚落考古通讯》2018 年第 3 期。

c. 河南省文物考古研究所：《河南三门峡市庙底沟遗址仰韶文化 H9 发掘简报》，《考古》2011 年第 12 期。

d. 河南省文物考古研究院、三门峡市文物考古研究所、武汉大学历史学院：《河南三门峡庙底沟遗址庙底沟文化 H408 发掘简报》，《华夏考古》2021 年第 4 期。

[7] 河南省文物考古研究所：《三门峡南交口》，科学出版社，2009 年。

[8] a. 中国社会科学院考古研究所河南一队、河南省文物考古研究所、三门峡市文物工作队等：《河南灵宝市西坡遗址试掘简报》，《考古》2001 年第 11 期。

b. 河南省文物考古研究所、中国社会科学院考古研究所河南一队、三门峡市文物考古研究所等：《河南灵宝市西坡遗址 2001 年春发掘简报》，《华夏考古》2002 年第 2 期。

c. 河南省文物考古研究所、中国社会科学院考古研究所河南一队、三门峡市文物考古研究所等：《河南灵宝西坡遗址 105 号仰韶文化房址》，《文物》2003 年第 8 期。

d. 中国社会科学院考古研究所河南一队、河南省文物考古研究所、三门峡市文物考古研究所等：《河南灵宝市西坡遗址发现一座仰韶文化中期特大房址》，《考古》2005 年第 3 期。

e. 河南省文物考古研究所、中国社会科学院考古研究所河南一队、三门峡市文物考古研究所等：《河南灵宝市西坡遗址墓地 2005 年发掘简报》，《考古》2008 年第 1 期。

f. 中国社会科学院考古研究所河南一队、河南省文物考古研究所、三门峡市文物考古研究所等：《河南灵宝市西坡遗址 2006 年发现的仰韶文化中期大型墓葬》，《考古》2007 年第 2 期。

g. 中国社会科学院考古研究所河南一队、河南省文物考古研究院、三门峡市文物考古研究所等：《河南灵宝市西坡遗址庙底沟类型两座大型房址的发掘》，《考古》2015 年第 5 期。

h. 中国社会科学院考古研究所河南一队、河南省文物考古研究院、三门峡市文物考古研究所等：《河南灵宝市西坡遗址南壕沟发掘简报》，《考古》2016 年第 5 期。

[9] 中国历史博物馆考古部、山西省考古研究所、垣曲县博物馆：《垣曲古城东关》，科学出版社，2001 年。

河南三门峡小交口遗址考古收获

◎崔天兴 ◎王 肖 ◎姚宗禹 ◎张小虎 ◎郑立超

小交口遗址位于河南省三门峡市交口乡小交口村北，地处东青龙涧河北岸的黄土台塬边坡上，向南隔东青龙涧河与南交口遗址相望。2021 年 6 月至 2022 年 4 月，河南省文物考古研究院、郑州大学、三门峡市文物考古研究所联合对小交口遗址进行了抢救性发掘，并进行了系统的田野调查。本次田野发掘及调查发现了丰富的考古资料，明确了发掘区域在整个遗址中的位置，对于研究三门峡及豫西地区的龙山文化以及早期文明化进程具有重要意义。

调 查 收 获

2021 年 7 月 11 日至 24 日，受河南省文物考古研究院委托，郑州大学考古专业对该遗址进行了系统的田野调查，目标是搞清楚遗址的基本范围、209 国道占压面积以及发掘区域在遗址中的位置。本次调查共发现灰坑 80 个、白灰面房址 28 座、陶窑 2 处以及墓葬 4 座，同时采集了大量的陶器、石器以及骨器等遗物。

根据遗迹、遗物分布的地点推测该遗址面积约 124 万平方米，是豫西地区目前所发现的龙山时期遗址面积最大的，也是三门峡地区龙山时期的中心性聚落之一。

发 掘 收 获

此次发掘面积共 1000 余平方米，共布探方 6 处，探沟 4 条。共发掘房址 26 座，灰坑 44 处，陶窑 4 座，墓葬 1 座。

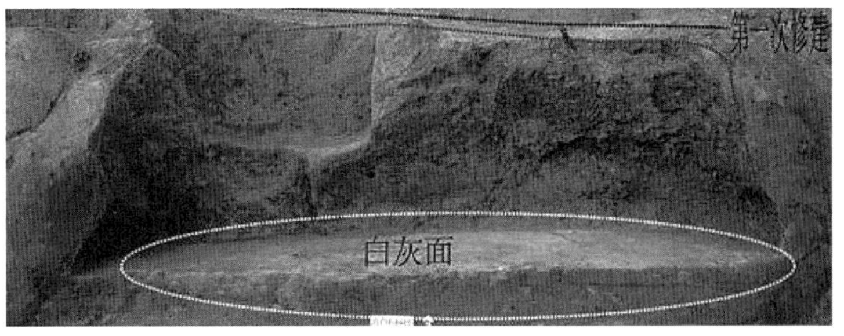

F5 剖面照片

房址 房屋结构可分为半地穴式、窑洞式、地面式三类。

此次发掘区域内，共发现窑洞式建筑 2 座，清理 1 座。仅清理 F5，F5 残高 1.5 米，底部残宽 1.3 米，长 3.9 米。现存墙壁弧度较大，从剖面形状推测应该为窑洞式房屋，地面和墙壁均经过多次修整。另与 F5 在同一高度，且剖面形状大体一致的 F3 和 F4 同样应为窑洞式房屋。

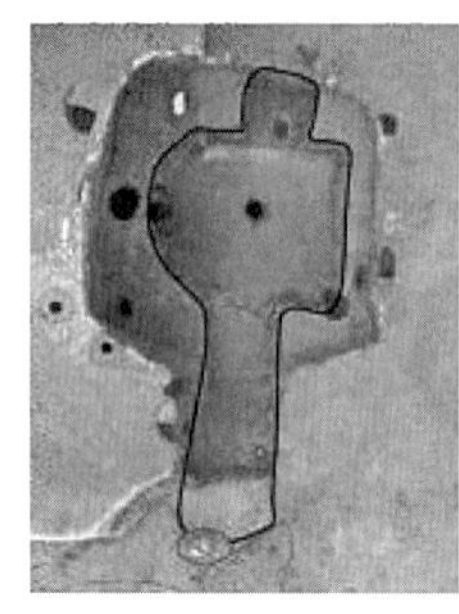
F6 平面照片

小交口遗址出土陶器

半地穴式房址 18 座，大部分在居住面涂抹有白灰。保存状况较好的仅 4 座，根据形制可分为“亞”字形 1 座、“吕”字形 4 座，“凸”字形 3 座，其余均保存较差。其中，平面呈“亞”字形的 F6 形制较为特殊，房屋内部由两层人为加工的硬面构成，且较高一层西侧含室内灶一处。另 F6 门道南部立有一石，与房址的“亞”字形布局相呼应，增强了其祭祀功能色彩。

半地穴式“吕”字形房屋共 4 座，分别为 F13、F17、F18、F19。

F13 与 F17 为“一室一厅”的前后室布局，且均在房址北部的生土二层台西侧有一室内灶。其中 F13 灶址附近摆放有较多的生活、生产工具，如鬲、罐、瓶、纺轮、石斧等。

F18 同样为前后室布局，屋内的其他组成设施包括窖穴 2 处（编号为 K3、K1）、性质不明土坑以及火塘各 1 处。K3 位于 F18 后室西南部，形制规整，内含大量动物肋骨，且其东北处遍布有小范围红烧土；K1 位于前室东北，为口小底大的袋状灰坑，内含大量陶片。另东北部发现有一个小坑，编号为 K2，坑壁经火烤，内置石斧 1 件。火塘，位于前室中部，为十分规整的圆形烧结硬面，厚约 6 厘米。

发掘区内共清理 4 座陶窑。其中 Y1、Y2、Y3 相距甚近，且处于同海拔高度的阶地上。4 座窑址形状结构较为相近，均为横穴窑，且 Y4 为双窑室结构。另 Y1、Y2、Y3 周边均有与之相关的房址、窖穴、工棚以及灰坑，共同组成了遗址内的陶窑手工业作坊区。四座陶窑中，Y3 保存得较好，主要由窑室、4 条火道以及火膛构成，另在其西南置有立石。

灰坑　发掘灰坑 44 个，包含袋状窖穴 4 个。如 H14 为口小底大的袋状灰坑，坑内堆积共分为三层，厚约 3.5 米，从其剖面推断其堆积是由中间向四周倾斜。另在 H14 内壁有涂抹草拌泥的迹象，其南部留有工具加工痕迹，根据其大小以及形状推测可能为木叉。

墓葬　发掘范围内仅发现墓葬 1 座，墓主人为未成年男性，仰身直肢葬，人骨保存情况较差。由于 M1 位于 F15 南侧，且相距甚近，推测其为 F15 的奠基人骨。

遗物　小交口遗址的田野调查及考古发掘工作，发现了较多的陶、石（玉）、骨（角、蚌）器。陶器以灰陶为主，纹饰以绳纹、篮纹居多，另含少量网格纹、方格纹、刻划纹等，大部分器物在领部及肩部施旋纹，少量素面陶磨光，另在 1 件陶盉上发现有刻划纹饰。主要器形有侈口罐、深腹罐、小口高领瓮、缸、蛋形瓮、深腹盆、折腹盆、鬲、斝、豆、鬶、盉等。发掘范围内出土较多的石制品及毛坯、废料。器形以石斧居多，另有石刀、石镞、石纺轮、石拍等；玉制品有玉璧、玉纺轮；骨制品以骨（角）锥居多；另发现蚌刀 1 件。

资源利用方面，小交口遗址发现的大植物遗存有粟、黍、水稻及杂草等，动物骨骼大体上是以家养的猪和狗为主，另有鹿、狍子、鼠等野生动物，但骨骼均较为破碎，可能显示了对动物资源的利用方式。

价值与意义

此次系统调查显示遗址范围逾 120 万平方米，是目前豫西地区面积最大的龙山时期遗址，也是该地区的区域性中心遗址。

根据发掘出土遗存来看，带白灰面的窑洞式建筑、半地穴式的“吕”字形房屋、陶窑、直口鬲、肥袋足鬲等无疑具有陶寺文化风格，对研究以陶寺遗址为代表的早期国家形成、中原地区夏文化进程具有重要意义。

发掘区域及调查发现的屋前立石、窑前立石、房屋奠基用人牲 M1、灰坑葬等祭祀现象为探讨早期祭祀传统提供了新的科学资料。同时该遗址还出土有王湾三期文化、山东龙山文化风格的折沿罐、矮足鼎、圈足盘、高柄豆、蛋壳陶等器物。这些遗存对研究龙山晚期豫西、晋南、海岱地区间的文化交流和互动具有重要意义。

河南渑池仰韶村遗址第四次考古发掘 G9、G8 简报

◎河南省文物考古研究院　◎三门峡市文物考古研究所
◎渑池县文化广电和旅游局

仰韶村遗址位于河南省渑池县城北约 5 千米处，分布于仰韶村村南的台地上。遗址北靠韶山，地势北高南低，东西两侧的东沟（饮牛河）和西沟，汇于南部的刘果水库后向南流入涧河。遗址从东北到西南长 900 余米，从西北到东南宽 300 余米，面积 30 余万平方米。仰韶村遗址于 1921 年[1]、1951 年[2]、1980—1981 年[3]先后进行了三次考古发掘。2019 年进行了系统性考古勘探[4]。

2020 年 8 月，河南省文物考古研究院联合三门峡市文物考古研究所、渑池县文化广电和旅游局启动仰韶村遗址第四次考古发掘，郑州大学历史学院、河南大学历史文化学院、河南师范大学历史文化学院等参与发掘[5]。2021 年度继续对遗址南部（Ⅰ区）和中部（Ⅱ区）进行考古发掘，在Ⅱ区新布设探沟 1 条（TG2），重要发现为 3 条沟，分别编号为 HG2[6]、G9 和 G8。本文依据整理情况，按遗迹年代早晚对 G9、G8 考古发掘情况进行介绍。（图一）

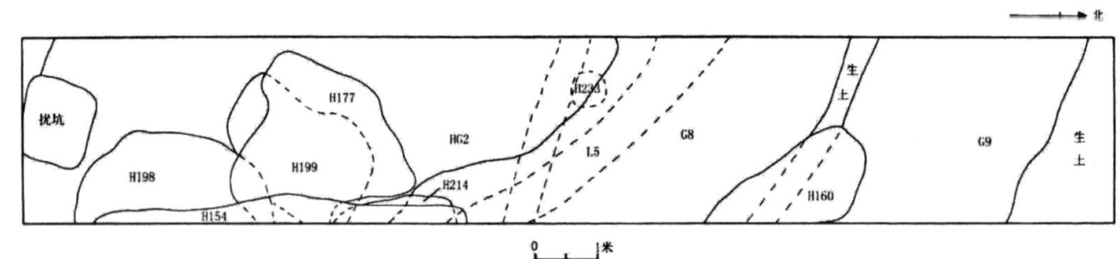

图一　TG2G9、G8 平面图

一、G9

G9 位于 TG2 北部，开口于第①层下，东南部被 H160 打破，向下打破生土。平面形状为长条形，方向约 136°，口大底小，斜壁下收，南壁较陡直，倾斜坡度约 68°，北壁上部近乎垂直，下部变缓呈斜坡状，底部不平，南部略低。口部宽约 3 米，底部宽约 2.10 米，深约 1.39 米。G9 内堆积可分 9 大层，共 14 小层（因篇幅限制，G9 各层堆积情况以后公布）。（图二）

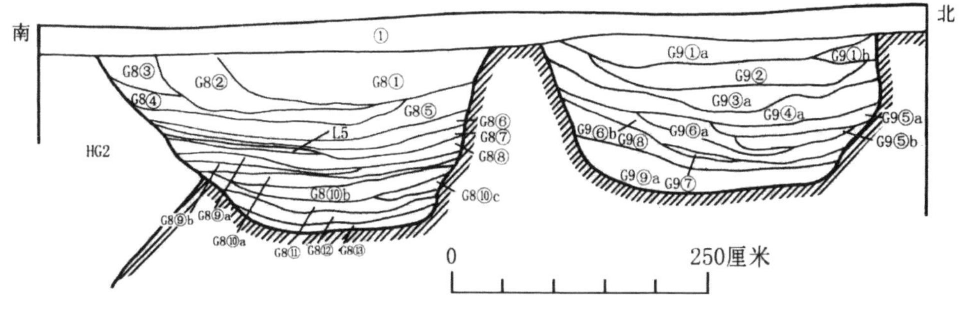

图二　TG2G9、G8 西壁剖面图

因探沟解剖发掘面积较小，G9 内各层堆积出土遗物相对较少，以陶片为主，另有少量石块等。整体来看，G9 内出土陶片以夹砂陶居多，泥质陶次之，陶色以灰陶为主，黑陶、褐陶较少。器表以素面居多，磨光陶占一定比例，纹饰以篮纹最为常见，附加堆纹、绳纹等依次渐少。可辨器形有罐、盆、斝、鼎、豆、器盖、杯、碗和环等。

罐　均为夹砂陶。按口部特征差异分两型。

A 型：侈口。按沿部特征差异分两亚型。

Aa 型：折沿。直腹。颈部饰一周按压索状附加堆纹，腹饰篮纹。标本 G9 ① a：1，褐陶。圆方唇。唇部饰一周按压纹形成花边，饰横篮纹。口径 38.4、残高 6.2 厘米。（图三，1）标本 G9 ②：17，灰陶。圆唇，腹壁略外鼓。饰抹平左斜横篮纹。口径 12.8、残高 4.4 厘米。（图三，2）标本 G9 ③ a：79，灰陶。方唇。唇部饰一周按压纹，饰横篮纹。口径 27.6、残高 5 厘米。（图三，4）标本 G9 ⑦：7，灰陶，颜色泛黑。方唇，腹壁微外鼓，唇部饰一周按压纹形成花边，饰横篮纹。口径 33.2、残高 7.8 厘米。（图三，3）

Ab 型：卷沿。标本 G9 ②：2，黑陶。圆唇，颈部较高，弧腹。腹饰竖向粗绳纹。口径 12.8、残高 5.8 厘米。（图三，10）

B 型：敛口。标本 G9 ① a：42，灰陶。圆唇，唇部外侧下凹，口腹结合处上凸，呈子母口状，斜弧腹外鼓。腹饰抹平横篮纹。口径 19.6、残高 2.6 厘米。（图三，5）

罐底　平底，斜腹下收。标本 C9 ③ a：2，泥质灰陶。腹饰竖向粗绳纹。底径 13.6、残高 5.8 厘米。（图三，15）标本 G9 ⑤ b：13，泥质灰陶。腹饰竖向刻划纹。底径 6、残高 3.6 厘米。（图三，16）标本 G9 ⑧：2，夹砂褐胎黑皮陶，胎较厚。底部微内凹。腹饰抹平右斜横篮纹。底径 12.8、残高 4 厘米。（图三，17）

盆　绝大多数为泥质陶，个别为夹砂陶。按口部形态差异分三型。

A 型：敞口。按沿部特征差异分两亚型。

Aa 型：无沿。方唇，斜直腹下收。标本 G9 ① a：36，夹砂褐胎黑皮陶。腹饰略右斜横篮纹。口径 28.4、残高 2.8 厘米。（图三，12）标本 G9 ⑥ b：12，泥质褐胎黑皮陶。唇较宽，口部外侧有一周凹槽。器表磨光，素面。口径 30.8、残高 5.6 厘米。（图三，7）标本 G9 ⑦：8，泥质灰陶。腹饰左斜横篮纹。口径 26.4、残高 4.4 厘米。（图三，11）

Ab 型：折沿较仰。标本 G9 ① a：11，泥质灰陶。方唇，唇面一周凹槽，斜弧腹下收，腹饰抹平横篮纹。口径 22、残高 4.4 厘米。（图三，8）

B 型：近直口。按沿部特征差异分两亚型。

Ba 型：卷折沿。标本 G9 ③ a：4，泥质灰陶。圆唇，折腹，上腹较直，下腹斜收。素面。口径 27.6、残高 6 厘米。（图三，14）

Bb 型：宽折沿。泥质灰陶。沿甚宽，圆唇。标本 G9 ① a：4，沿面较平磨光，沿下饰抹平篮纹。口径 40、残高 3 厘米。（图三，6）标本 G9 ④ a：16，沿面下凹。素面。口径 36、残高 2.2 厘米。（图三，13）

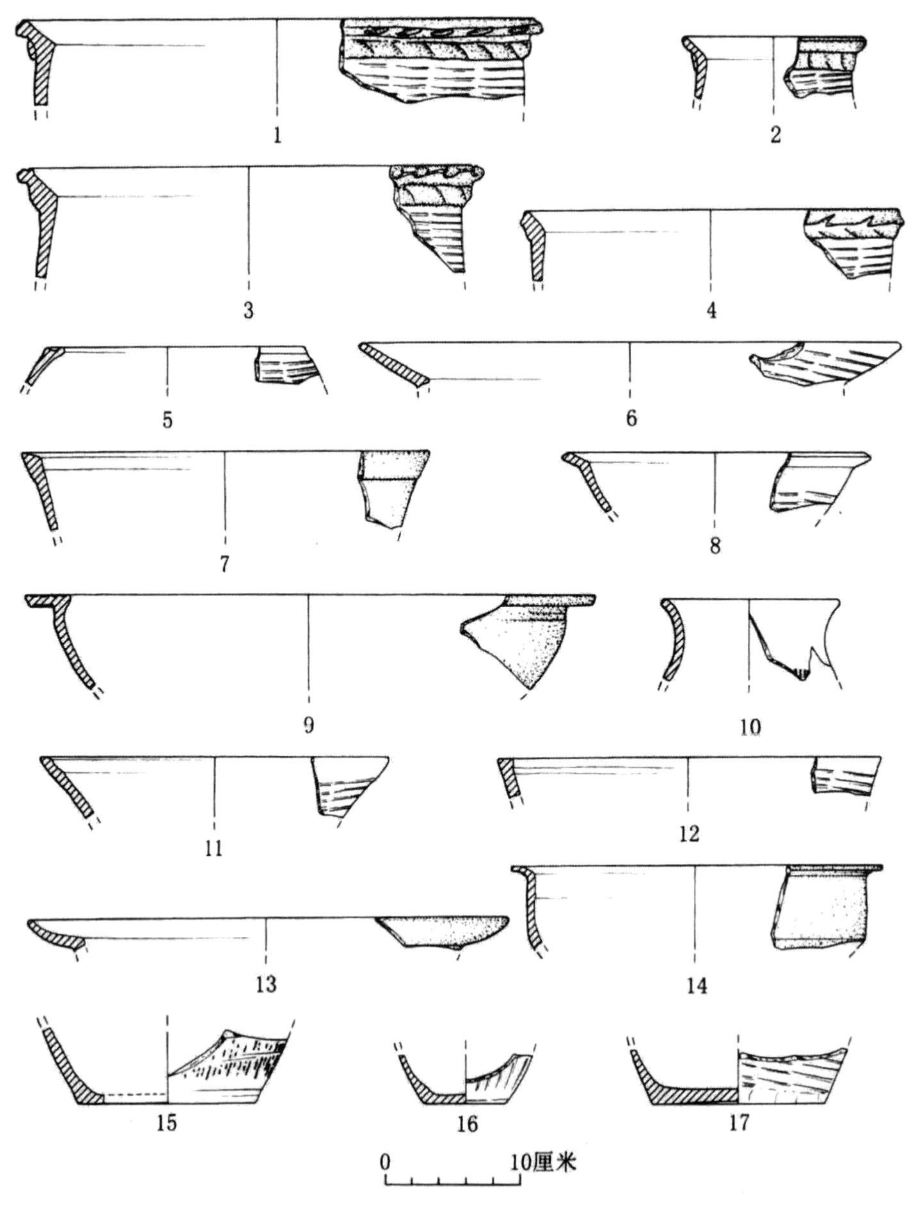

图三　G9 出土陶器

1~4. Aa 型罐（G9 ① a：1、G9 ②：17、G9 ⑦：7、G9 ③ a：79）5. B 型罐（G9 ① a：42）
6、13. Bb 型盆（G9 ① a：4、G9 ④ a：16）7、11、12. Aa 型盆（G9 ⑥ b：12、G9 ⑦：8、G9 ① a：36）
8. Ab 型盆（G9 ① a：11）9. C 型盆（G9 ⑦：3）10. Ab 型罐（G9 ②：2）14. Ba 型盆（G9 ③ a：4）
15~17. 罐底（G9 ③ a：2、G9 ⑤ b：13、G9 ⑧：2）

C 型：敛口。标本 G9 ⑦：3，夹砂灰陶，内壁呈黑色。平折沿，沿较宽，沿面有数周凹槽，方唇，浅弧腹下收。素面。口径 42.8、残高 6.8 厘米。（图三，9）

鼎　标本 G9 ③ a：8，夹砂褐胎灰皮陶。盘形鼎，口，宽方唇，唇面下凹。口径 25.6、残高 4 厘米。（图四，1）

鼎足　夹砂灰陶。标本 G9 ③ a：84，倒梯形足。足正面中部饰一竖向按压附加堆纹。高 10.8、宽 5.8 厘米。（图四，14）标本 G9 ⑤ b：19，柱状足，足正面中部较高处饰竖向按压纹。残高 6、残宽 5.8 厘米。（图四，15）

斝　标本 G9 ①：3，泥质灰陶。侈口，圆唇，束颈，颈部较高。素面。口径 20.5、残高 6.2 厘米。（图四，4）

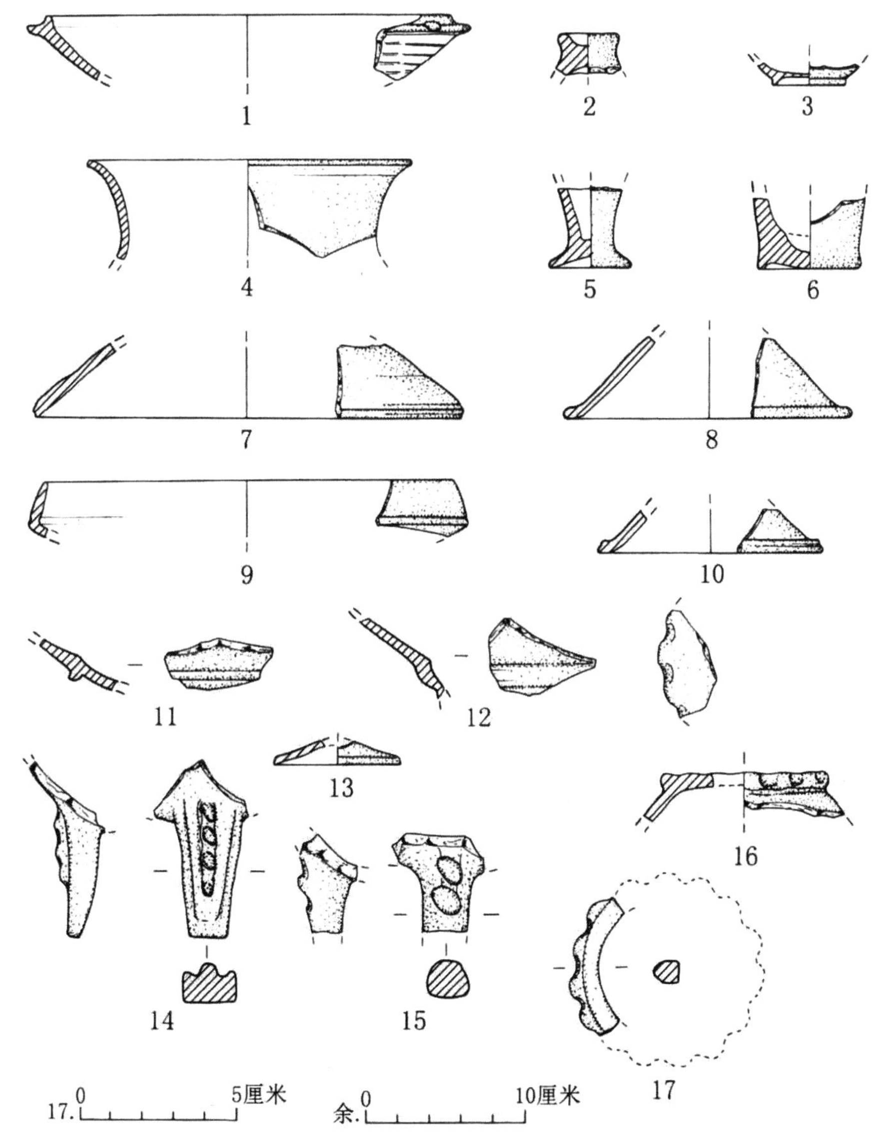

图四　G9 出土陶器

1. 鼎（G9 ③ a：8）　2、7、13、16. 器盖（G9 ①：47、G9 ④：5、G9 ⑤ a：13、G9 ⑤ a：7）
3. 碗底（G9 ⑨ a：8）　4. 斝（G9 ①：3）　5、6. 杯（G9 ③ b：14、G9 ⑥ b：21）
8、10. 豆圈足（G9 ③ a：6、G9 ⑦：23）　9. B 型豆（G9 ⑤ a：16）
11、12. A 型豆（G9 ②：23、G9 ⑤ a：14）　14、15. 鼎足（G9 ③ a：84、G9 ⑤ b：19）　17. 环（G9 ⑥ b：1）

豆盘　按盘部形态差异分两型。

A型：双腹。泥质灰陶。内折腹，上腹较宽，下腹弧收较浅。素面。标本G9②：23，折腹处外侧有一周凸棱。残高3、残宽6.8厘米。（图四，11）标本G9⑤a：14，内壁磨光。残高4.8、残宽6.8厘米。（图四，12）

B型：折腹。标本G9⑤a：16，泥质黑陶。敛口，外折盘，圆唇，折盘处有一周浅凹槽。器表磨光，素面。口径26、残高3.4厘米。（图四，9）

豆圈足　夹砂陶，喇叭形圈足。素面。标本G9③a：6，褐胎黑皮陶，胎夹细砂。圆唇外撇。底径18、残高5厘米。（图四，8）标本G9⑦：23，灰陶。方唇，唇面内凹。口径14.4、残高2.6厘米。（图四，10）

器盖　素面。标本G9①：47，泥质灰陶。圆形捉手较高。捉手直径3.6、残高2.6厘米。（图四，2）标本G9④：5，泥质灰陶，略夹细砂。敞口，圆唇较尖，斜直顶。口径27.2、残高4.6厘米。（图四，7）标本G9⑤a：7，夹砂灰陶。圆形捉手扁平，饰一周按压纹形成花边，斜顶。捉手直径10.4、残高2.8厘米。（图四，16）标本G9⑤a：13，泥质黑陶。敞口，圆方唇，斜顶较矮。口径8、残高1.5厘米。（图四，13）

杯　泥质灰陶。素面。标本G9③b：14，喇叭形矮圈足，细柄，斜直腹下收。底径5.2、残高4.8厘米。（图四，5）标本G9⑥b：21，胎较厚，器表颜色泛褐。直腹下收，圈足极矮。底径6.4、残高4.4厘米。（图四，6）

碗底　标本G9⑨a：8，泥质黑陶，胎较薄。平底，矮圈足，弧腹下收。器表磨光，素面。底径4.8、残高1.2厘米。（图四，3）

环　标本G9⑥b：1，泥质黑陶。齿轮状，横截面呈三角形，边缘较尖锐。器表磨光，素面。复原直径6.2厘米。（图四，17）

二、G8

G8位于TG2中部，开口于第①层下，东南部被H154、H214打破，东北部被H160打破，向下打破生土。平面形状为不规则长条形，略呈弧状，方向约112°，口大底小，斜弧壁下收，北壁较陡直，倾斜坡度约70°，南壁倾斜坡度约55°，局部较缓，底部不平，南部略低。口部宽约3.15、底部宽约1.35、深约1.74米。G8内堆积可分13大层，共16小层（因篇幅限制，G8各层堆积情况以后公布）。（图二）在G8第⑦层下南部发现一条道路，编号为L5，宽0.80米，呈长条形，走向与G8保持一致，应为在沟内南部行走踩踏而成。

因探沟解剖发掘面积较小，G8内各层堆积出土遗物相对较少，以陶片为主，另有少量石器等。整体来看，G8内出土陶片中泥质陶略多于夹砂陶，陶色以灰陶为主，黑陶次之，红陶、褐陶较少。器表为素面者较常见，磨光陶占一定比例，纹饰以篮纹最多，绳纹次之，方格纹和附加堆纹较少。可辨器形有罐、盆、瓮、鬲、豆、圈足盘、甑、器盖、鼎、碗、厚胎缸、纺轮以及砖形器、异形器等。石器有刀等。

罐　按陶质不同分为泥质和夹砂两类。

甲类　泥质。标本 G8 ①：35，灰胎黑皮陶。侈口，卷折沿，圆唇较尖，斜弧腹外鼓。器表磨光，素面。口径 18.4、残高 4 厘米。（图五，1）

乙类　夹砂。按口部形态差异分两型。

A 型：口。标本 G8 ⑤：82，灰陶。无沿，宽方唇，斜直腹下收。唇部饰粗绳纹，腹饰竖向右斜粗绳纹和两周凹弦纹。口径 17.6、残高 7.4 厘米。（图五，18）

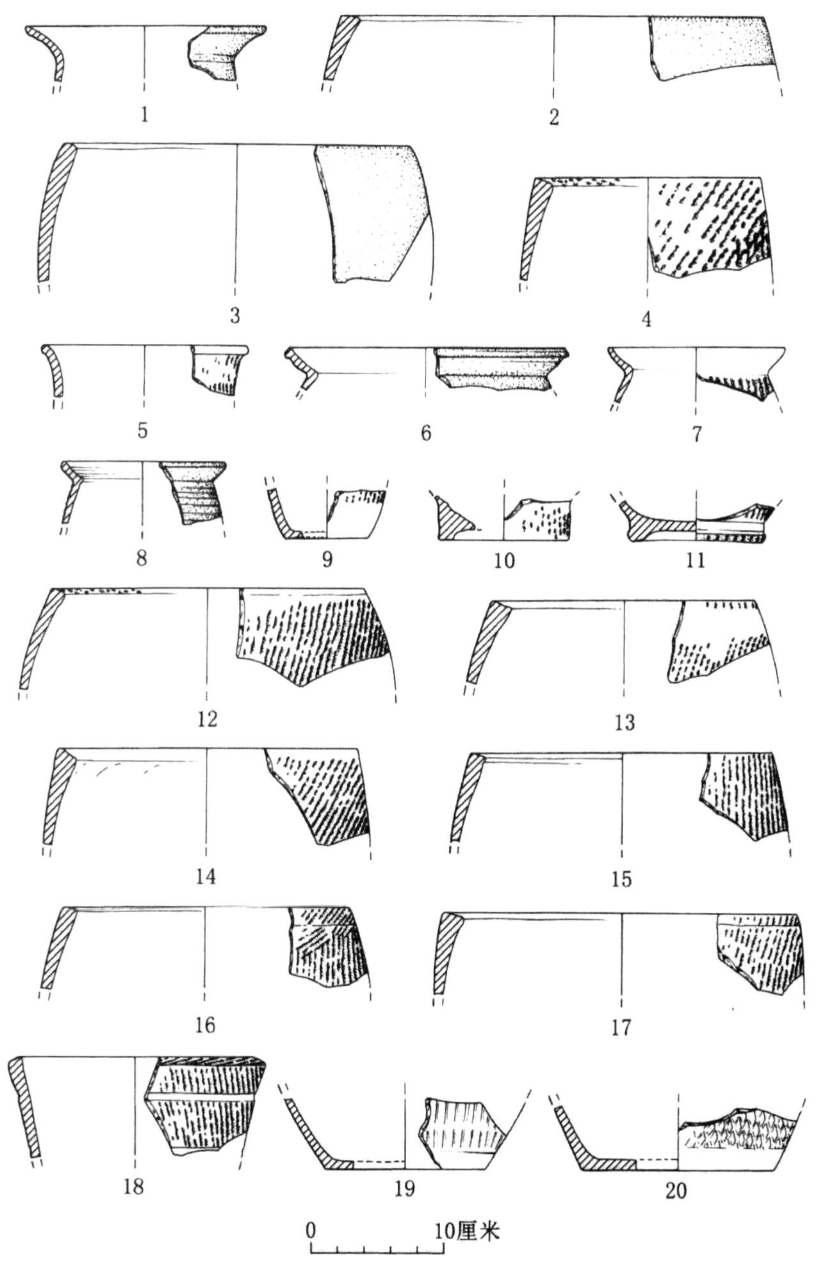

图五　G8 出土陶器

1. 甲类罐（G8 ①：35） 2、3. 甲类 A 型瓮（G8 ①：2、G8⑫：4） 4、12~17. 乙类 B 型瓮（G8 ①：16、G8 ①：30、G8 ④：4、G8 ⑤：31、G8 ⑩ b：22、G8⑫：3、G8⑫：6） 5. 乙类 Ba 型罐（G8⑫：17） 6~8. 乙类 Bb 型罐（G8 ①：11、G8 ④：32、G8 ⑤：71） 9、19、20. A 型罐底（G8 ⑩ b：3、G8 ⑨ a：2、G8⑫：1） 10、11. B 型罐底（G8 ①：52、C8⑬：8） 18. 乙类 A 型罐（G8 ⑤：82）

B 型：侈口。按沿部特征差异分两亚型。

Ba 型：卷沿。标本 G8⑫：17，黑陶。圆唇外撇，颈部较高。竖向饰抹平绳纹。口径 15.2、残高 3.8 厘米。（图五，5）

Bb 型：折沿。灰陶，胎较薄，沿面下凹，斜弧腹外鼓。标本 G8①：11，灰陶，颜色泛黑。方唇，唇面下凹。素面。口径 20.8、残高 2.8 厘米。（图五，6）标本 G8④：32，灰陶。圆唇。腹饰竖向抹平粗绳纹。口径 13.6、残高 3.8 厘米。（图五，7）标本 G8⑤：71，圆方唇。沿及腹部饰数周较密集凹弦纹。口径 12.4、残高 4.6 厘米。（图五，8）

罐底　按底部形态差异分两型。

A 型：平底。斜腹下收。标本 G8⑨a：2，夹砂灰陶。腹饰竖向抹平篮纹。底径 12、残高 5 厘米。（图五，19）标本 G8⑩b：3，夹砂灰陶。腹饰竖向绳纹。底径 6、残高 3.6 厘米。（图五，9）标本 G8⑫：1，泥质灰胎黑皮陶。腹饰菱形方格纹。底径 14.8、残高 4.6 厘米。（图五，20）

B 型：矮圈足。斜腹下收，腹饰竖向粗绳纹。标本 G8①：52，夹砂褐陶。底径 9.6、残高 3.2 厘米。（图五，10）标本 G8⑬：8，泥质灰胎黑皮陶。圈足边缘饰一周按压纹。底径 10、残高 2.8 厘米。（图五，11）

盆　以泥质陶为主。按腹部形态差异分两型。

A 型：斜腹。泥质灰陶。敞口，圆唇。标本 G8⑦：34，卷沿较窄。器表磨光，素面。口径 35.2、残高 4 厘米。（图六，1）标本 G8⑪：1，卷折沿。腹饰竖向绳纹。口径 24.8、残高 5.8 厘米。（图六，2）

B 型：外折腹。标本 G8⑤：25，泥质灰陶。上腹斜直较深，下腹弧收较浅。器表磨光，上腹饰数周凹弦纹。残高 8 厘米。（图六，6）

瓮　按陶质不同分为泥质和夹砂两类。

甲类　泥质。按口部形态差异分两型。

A 型：敛口。宽方唇。素面。标本 G8①：2，灰陶。斜弧腹外鼓。口径 32、残高 4.6 厘米。（图五，2）标本 G8⑫：4，褐陶，胎较厚。弧腹外鼓下收。口径 26、残高 10 厘米。（图五，3）

B 型：直口微敞。灰陶。矮领，平折沿甚窄，圆唇。器表磨光，素面。标本 G8⑤：2，广肩。口径 26.8、残高 4.1 厘米。（图六，4）标本 G8⑤：20，广肩。口径 22.8、残高 4.4 厘米。（图六，3）标本 G8⑦：39，沿面下凹，领部略高外凸，弧肩。口径 25.6、残高 8.2 厘米。（图六，5）

乙类　夹砂。均为敛口。按唇部特征差异分两型。

A 型：圆唇。标本 G8①：54，灰陶。唇部外侧下凹呈子母口，弧腹外鼓较甚。素面。口径 17、残高 1.6 厘米。（图六，14）

B 型：宽方唇。斜弧腹外鼓。腹饰竖向左斜粗绳纹。标本 G8①：16，灰陶。口径 17.2、残高 7.4 厘米。（图五，4）标本 G8①：30，灰陶。口径 23.6、残高 7.2 厘米。（图五，12）标本 G8④：4，灰陶。口径 20、残高 6 厘米。（图五，13）标本 G8⑤：31，灰胎黑皮陶。口径 22.8、残高 7 厘米。（图五，14）标本 G8 ⑩ b：22，灰陶。唇部内勾。口径 22.8、残高 6.4 厘米。（图五，15）标本 G8⑫：3，褐胎黑皮陶。口径 21.6、残高 5.8 厘米。（图五，16）标本 C8⑫：6，黑陶，局部颜色泛褐。口径 26.8、残高 5.8 厘米。（图五，17）

鬲足　夹砂灰陶。矮实足跟，空袋足。器表饰竖向细绳纹。标本 G8 ①：24，残高 3.6 厘米。（图六，12）标本 G8⑬：19，颜色泛黑。抹平绳纹。残高 3.4 厘米。（图六，13）

豆圈足　泥质灰陶。喇叭形圈足，圆唇。素面。标本 G8 ④：11，圈足口部外撇成沿，沿面较平。底径 16.4、残高 3.4 厘米。（图六，10）标本 G8 ⑦：12，底径 16、残高 3 厘米。（图六，11）

圈足盘　泥质陶。喇叭形圈足较粗。素面。标本 G8 ⑤：73，灰陶。平折沿甚窄，方唇。底径 17.6、残高 4.4 厘米。（图六，7）标本 G8 ⑧：4，褐胎灰皮陶。内叠唇。底径 24、残高 4.8 厘米。（图六，8）

甑　标本 G8 ⑤：51，泥质灰陶。平底，底部残存三个圆形孔，腹底结合处残存两个圆形孔。素面。底径 10、残高 3 厘米。（图六，9）

器盖　泥质陶。敞口，斜弧顶。素面。标本 G8 ①：15，灰陶，胎较厚。宽方唇，顶较高。口径 22、残高 5 厘米。（图七，1）标本 G8 ⑤：83，灰陶，胎较薄。圆方唇，顶较矮。器表磨光。口径 20、残高 4.6 厘米。（图七，2）标本 G8 ⑩ a：1，黑陶。圆唇，唇部内侧斜平，顶较矮。口径 18.8、残高 3.2 厘米。（图七，3）

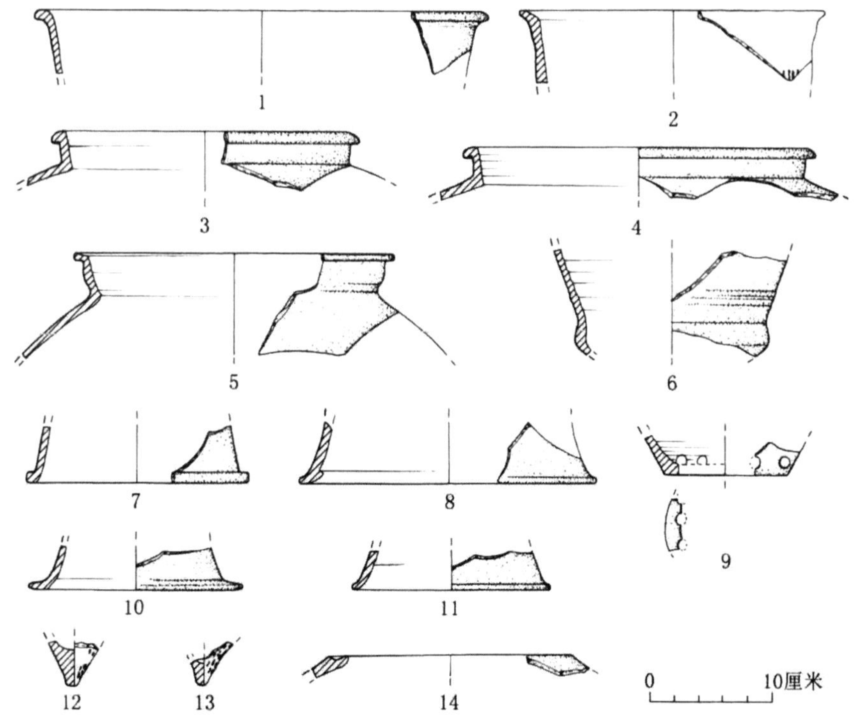

图六　G8 出土陶器

1、2. A 型盆（G8 ⑦：34、G8⑪：1）3~5. 甲类 B 型瓮（G8 ⑤：20、G8 ⑤：2、G8 ⑦：39）6. B 型盆（C8 ⑤：25）7、8. 圈足盘（G8 ⑤：73、G8 ⑧：4）9. 甑（G8 ⑤：51）10、11. 豆圈足（G8 ④：11、G8 ⑦：12）12、13. 鬲足（G8 ①：24、G8⑬：19）14. 乙类 A 型瓮（G8 ①：54）

鼎足　标本 G8①：81，夹砂褐陶。柱状足，侧面呈三角形。素面。残高 4.6、残宽 4 厘米。（图七，7）

碗底　标本 G8⑨b：15，泥质灰陶。圜底，圈足极矮。素面。底径 7.2、残高 1.4 厘米。（图七，4）

厚胎缸　标本 G8④：17，夹砂褐陶，胎甚厚。斜直腹。腹饰交错细绳纹。残高 9、残宽 11.6 厘米。（图七，5）

耳　标本 G8⑤：68，泥质灰陶。竖向宽扁桥形耳。耳素面，器腹饰左斜篮纹。残宽 7.6、残高 9.6 厘米。（图七，6）

鋬　标本 G8⑦：48，夹砂灰陶。宽扁状下垂。器表饰竖向粗绳纹和三个戳刺纹，鋬下部饰三个按压纹。残宽 8.6、残高 5.6 厘米。（图七，11）

纺轮　标本 G8⑬：1，夹砂灰陶。圆形，中部一圆形小孔，两面对钻而成。器表饰抹平篮纹。应为篮纹陶片改制磨制而成。复原直径 6.2 厘米。（图七，8）

砖形器　标本 G8⑦：1，夹砂灰陶，夹颗粒较大的粗砂，上面颜色呈灰黑色。上、下两面较平整，侧面斜直。残长 7.8、残宽 6.4、厚 3.7 厘米。（图七，9）

异形器　标本 G8⑥：1，泥质灰陶，正面颜色泛黑。刻划出一长方形框，框内分隔成两横排长方形小格，下排小方格内填满横向小刻划纹，在长方形框外的上、下外部分别有两横排竖向小刻划纹。残长 6.4、残宽 4.3 厘米。（图七，10）

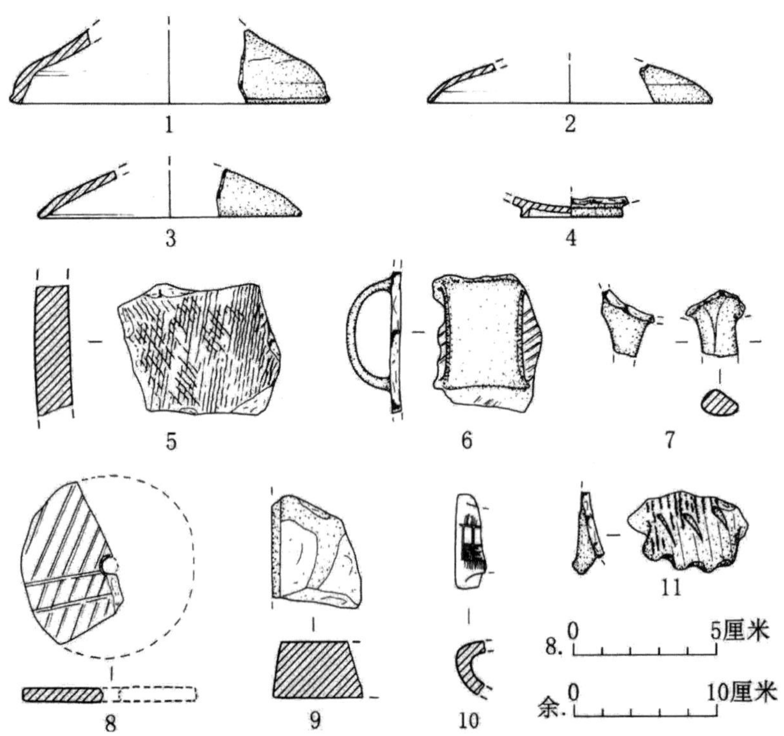

图七　G8 出土遗物

1~3. 器盖（G8①：15、G8⑤：83、G8⑩a：1）4. 碗底（G8⑨b：15）
5. 厚胎缸（G8④：17）6. 耳（G8⑤：68）7. 鼎足（G8①：81）8. 纺轮（G8⑬：1）
9. 砖形器（G8⑦：1）10. 异形器（G8⑥：1）11. 鋬（G8⑦：48）

石刀　标本 G8⑦：2，双面磨刃，刃缘近平，有片疤较钝，近刃缘处有一双面对钻而成的圆形穿孔。残长 3.7、残宽 3.8 厘米。（图八，1）

石器　标本 G8⑦：3，平面形状近半圆形，扁平状。两面磨平，边缘经修整，器身残存采用琢钻法留下的双面对钻痕迹，未钻透。长 7.2、残宽 3.8 厘米。（图八，3）

石料　标本 G8⑩a：2，平面形状近梯形。器身保留打制片疤，未磨。长 6.7、宽 4.2 厘米。（图八，2）

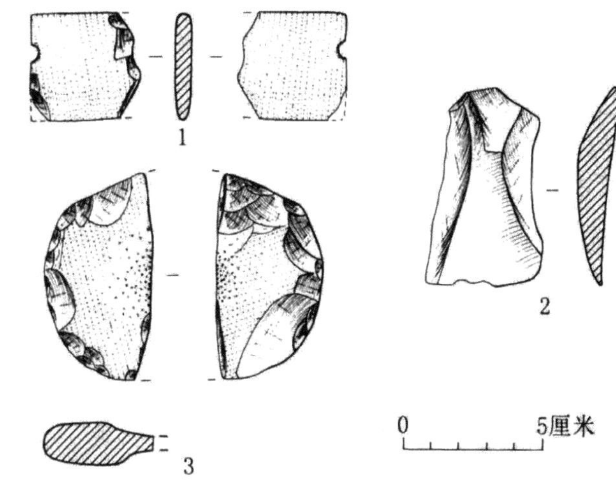

图八　G8 出土石器
1. 石刀（G8⑦：2）　2. 石料（G8⑩a：2）　3. 石器（G8⑦：3）

三、结语

（一）相对年代与堆积性质

1. G9

从 G9 出土遗物来看，除包含少量年代较早遗物外，庙底沟二期文化遗物出土数量最多，是其主体文化遗存，有斝、罐、盆、鼎、豆和器盖等，其陶质、陶色、纹饰和器物形制等特征与三门峡庙底沟[7]、灵宝涧口[8]、新安西沃[9]、古城东关[10]等遗址同时期遗物基本相同。如：Aa 型罐（G9②：17）形制与庙底沟 2002 夹砂罐（H87：12）、东关庙底沟二期文化早期 B 型Ⅲ式夹砂深腹罐（ⅢH11：34）、仰韶村第三次三期Ⅰ式罐（T7H33：17）近同；标本 G9①：1、G9③a：79 与涧口 A 型Ⅱ式大口罐（H1：17）、古城东关庙底沟二期文化早期 A 型缸（ⅠH216：24、ⅢH22：27）相近。Aa 型盆（G9⑦：8）与庙底沟 1956 仰韶文化浅腹盆（H563：45）、东关庙底沟二期文化早期 AⅡ式凹心盆（ⅢH22：41）相近；Ab 型盆（G9①：11）与西沃 C 型泥质盆（H20：3）、东关庙底沟二期文化早期 A 型Ⅰ式宽沿盆（ⅠH88：2）近似；Bb 型盆（G9①：4）与东关庙底沟二期文化早期 C 型宽沿盆（ⅢH11：64）近同。斝（G9①：3）与西沃Ⅰ式斝（H19：1）、东关庙底沟二期文化中期 BⅡ式斝（ⅠH38：8）相近。鼎（G9③a：8）与仰韶村第三次三期鼎（T7H33：8）相同。A 型豆（G9②：23、9⑤a：14）与东关庙底沟二期文化早期 C 型Ⅱ式豆（ⅢH11：35）、仰韶村第三次三期豆（T4H45：63）近同。其文化属性应与后者相同，同属庙底沟二期文化。

G9 横截面呈口大底小状，规模较大，沟壁倾斜坡度较大，人工开挖特征明显。依据 G9 内各层堆积的土质、土色、包含物、厚度和堆积形态等特征，可将沟内堆积大致分为两个大的时期，其中 G9 第⑨b 层至⑤a 层，堆积多呈南高北低的坡状，厚度较薄，土色泛灰，应为使用时期堆积；第④b 至①a 层，堆积多呈凹镜状或水平状，厚度较厚，应为废弃时期堆积。从层位关系来看，G9 被 H160 打破，向下打破生土，其年代应早于 H160（H160 年代另文发表）。从各层堆积情况和出土遗物特征来看，G9 开挖形成年代当不晚于庙底沟二期文化，主要使用时期应为庙底沟二期文化时期。G9 呈西北—东南向长条形，走向与 HG2、HG1 基本相一致，位置介于后两者之间，勘探可知 G9 东部通向断崖与东沟相连通，向西延伸与 HG2、HG1 所在位置重合，推断其为仰韶村遗址庙底沟二期文化时期聚落的一条壕沟。

2. G8

从 G8 出土遗物来看，除包含少量年代较早遗物外，三里桥文化遗物出土数量最多，是其主体文化遗存，有鬲、罐、盆、瓮、器盖、甑、圈足盘、碗和鼎等，其陶质、陶色、纹饰和形制等特征与三门峡三里桥[11]，灵宝泉鸠[12]，垣曲古城东关、龙王崖[13]，夏县东下冯[14]及芮城南礼教[15]等遗址同时期遗物基本相同。如，鬲足（G8①：24、G8⑬：19）与三里桥、东关、龙王崖、南礼教等遗址同类器型一致。甲类罐（G8①：35）与东下冯龙山晚期Ⅲ式高领罐（T202③：10）、龙王崖龙山Ⅱ式大口罐（T202：4A：091）近似；乙类 Ba 型罐（G8⑫：17）与灵宝泉鸠Ⅴ式翻沿罐（G1③：2）相近；乙类 Bb 型罐，标本 G8①：11 与东关龙山文化晚期Ⅱ式侈口折沿罐（ⅣH174：10）近同，标本 G8⑤：71 与龙王崖龙山文化夹砂折沿罐（T211：4B：033）相近。B 型盆（G8⑤：25）与三里桥 1957 龙山文化陶盆（H246：06）、东关龙山文化晚期Ⅱ式双腹盆（ⅣH111：36）、龙王崖龙山文化双腹盆（T211：3C：035）近同。甲类 B 型瓮（G8⑦：39）与东关龙山文化晚期 AⅠ式大口罐（ⅠH265：58）相近；乙类 B 型瓮，标本 G8⑫：6 与仰韶村第三次三期Ⅱ式罐（T4H30：6）、南礼教缸（H116⑫）、泉鸠 AⅢ式缸（H2：2）近同，标本 G8①：30 与仰韶村第三次四期Ⅱ式罐（T4H30：5）近似。器盖（G8①：15）与东关龙山晚期 B 型器盖（ⅠH140：99）、龙王崖龙山覆盆形器盖（H01：15）相近。甑（G8⑤：51）与三里桥 1957 龙山文化甑（H2112：15）、夏县东下冯龙山晚期甑（T206③：15）近同。厚胎缸（G8④：17）与东关龙山文化晚期坩埚（ⅠH140：10）近似。其文化属性与后者相同，同属三里桥文化。

G8 横截面呈口大底小状，规模较大，沟壁倾斜坡度较大，人工开挖特征明显。依据 G8 内各层堆积的土质、土色、包含物、厚度和堆积形态等特征，可将沟内堆积分为两个大的时期，其中 G8 第⑧层至第⑬层，堆积多呈南高北低的坡状或凹镜状，厚度较薄，土色泛灰，应为使用时期堆积；第⑦层至第①层，堆积多呈坡状或水平状，厚度较厚，应为废弃时期堆积。L5 在 G8 内出现应与后者进入废弃阶段有关。从层位关系来看，G8 被 H160 等打破，向下打破 HG2，其年代应早于 H160，而晚于 HG2。从各层堆积情况和出土遗物特征来看，G8 开挖形成年代当不晚于三里桥文化，主要使用时期为三里桥文化时期。G8 大致呈西北—东南向的略带弧状长条形，走向与 HG2、HG1、G9 大体一致，位于 HG1、G9 的南部，打破 HG2 北壁，勘探可知 G8 东部通向断崖与东沟相连通，向西延伸与 HG2、HG1 所在位置重合，推断其为仰韶村遗址三里桥文化时期聚落的一条壕沟。

（二）绝对年代与相关认识

我们在解剖发掘的 G9、G8 中提取测年样品，委托美国贝塔分析实验室进行了碳十四测年，均经树轮校正，结果如表一。G9 中第⑤ a 层样品绝对年代偏早，第⑧层和第⑨层样品绝对年代相对准确。G8 中第 ⑪ 层样品绝对年代偏早，第⑤层和第 ⑫ 层样品绝对年代较为准确。依据最早和最晚数值的中心值，结合器物类型学演变规律以及与周边同期遗存对比情况，初步推断 G9 主要使用时期的绝对年代为 BC2750—BC2600；G8 主要使用时期的绝对年代为 BC2100—BC1800。G9 土样浮选样品经分拣鉴定，发现炭化种子有粟、黍及少量水稻等。G8 土样浮选样品经分捡鉴定，发现炭化种子有粟、黍等。从目前 HG2、G9、G8 等壕沟出土炭化遗存情况来看，仰韶村遗址仰韶文化中期至三里桥文化时期应都以旱作农业为主，其中粟的种植占主要地位。在仰韶文化中期，存在相当比例的水稻种植，到庙底沟二期文化时期，稻作比例大幅度减少，至三里桥文化时期，稻作农业基本消失。

表一　仰韶村遗址 G8、G9 碳十四测年数据

序号	实验室编号	遗存单位	测年样品	测定年代（BP）	校正年代（BC）及置信度
1	Beta-628267	G8⑪	木炭	5052—4862	3103—2913　93.2%
2	Beta-628268	G8 ⑤	木炭	3834—3683	1885—1734　86.1%
3	Beta-628269	G9 ⑧	木炭	4655—4519	2706—2570　60.6%
4	Beta-628270	G9 ⑤ a	木炭	5081—4956	3132—3007　47.9%
				5280—5166	3331—3217　32.9%
5	Beta-630550	G9 ⑨	炭化种子	4824—4571	2875—2622　93.1%
6	Beta-630551	G8⑫	炭化种子	4150—3973	2201—2024　93.8%

G9 和 G8 是在遗址中部，除仰韶文化 HG1、HG2 之外，新发现的较大型人工壕沟，是该遗址庙底沟二期文化和三里桥文化时期聚落的重要组成部分，对深化仰韶村遗址庙底沟二期文化和三里桥文化时期聚落分布范围和布局、聚落形态的发展演变等具有重要学术价值。

附记：G9、G8 发掘人员有陈谨、王永峰、李萌、曹家凤等，土样浮选和植物遗存鉴定由蓝万里副研究员完成。

执笔：李世伟　张　凤　魏兴涛

郑立超　侯建星　崔博非

注释：

［1］a. 安特生：《中华远古之文化》，《地质汇报》1923 年第 5 号。

b. 安特生:《河南史前遗址》,《远东博物馆季刊》1947 年第 19 期。

[2] 夏鼎:《河南渑池的史前遗址》,《科学通报》1951 年第 9 期。

[3] 河南省文物研究所、渑池县文化馆:《渑池仰韶遗址 1980—1981 年发掘报告》,《史前研究》1985 年第 3 期。

[4] 河南省文物考古研究院、三门峡市文物考古研究所、渑池县文化广电和旅游局:《河南渑池县仰韶村遗址考古勘探报告》,《华夏考古》2020 年第 2 期。

[5] 河南省文物考古研究院、三门峡市文物考古研究所、渑池县文化广电和旅游局:《河南渑池仰韶村遗址第四次考古发掘 2020 年度简报》,《华夏考古》2021 年第 4 期。

[6] 河南省文物考古研究院、三门峡市文物考古研究所、渑池县文化广电和旅游局:《河南渑池仰韶村遗址第四次考古发掘 HG2 简报》,《华夏考古》2022 年第 5 期。

[7] a. 中国科学院考古研究所:《庙底沟与三里桥》,科学出版社,1959 年。

b. 樊温泉:《2002—2003 年庙底沟遗址考古发掘的新收获》,《聚落考古通讯》2018 年第 3 期。

[8] 河南省文物研究所:《河南灵宝涧口遗址发掘报告》,《华夏考古》1989 年第 4 期。

[9] 河南省文物考古研究所:《河南新安县西沃遗址发掘简报》,《考古》1999 年第 8 期。

[10] 中国历史博物馆考古部、山西省考古研究所、垣曲县博物馆:《垣曲古城东关》,科学出版社,2001 年。

[11] 中国科学院考古研究所:《庙底沟与三里桥》,科学出版社,1959 年。

[12] 魏兴涛:《豫西晋西南地区龙山时代文化研究》,见《古代文明》第 11 卷,文物出版社,2016 年。

[13] 中国社会科学院考古研究所山西工作队:《山西垣曲龙王崖遗址的两次发掘》,《考古》1986 年第 2 期。

[14] 中国社会科学院考古研究所、中国历史博物馆、山西省文物工作委员会等:《山西夏县东下冯龙山文化遗址》,《考古学报》1983 年第 1 期。

[15] 中国社会科学院考古研究所山西工作队:《山西芮城南礼教遗址发掘简报》,《考古》1964 年第 6 期。

河南渑池县西湾遗址发掘简报

◎河南省文物考古研究所

一、遗址与概况

西湾遗址位于河南渑池县北约60千米的南村乡西湾村北的高台地上，北距黄河0.8千米，东临涧河，南距著名的仰韶遗址约50千米。（图一）遗址西部是一条深沟，该台地犹如一座孤岛屹立于黄河南岸，高出河床60米，属黄河小浪底水库270线淹没区。这里四面环山，属崤山山系。黄河南岸一线多为黄土丘陵，西湾遗址黄土之下为沙、石等河相堆积。在其东部即涧河西岸，当地群众常年取沙、石而用之。台地南北较长，东西稍窄，顶部高低不平，很不规整。总体北部稍高，东南低洼，经多年平整，修成了不成规律且高低错落的小块梯田，干旱时农民没有收成。

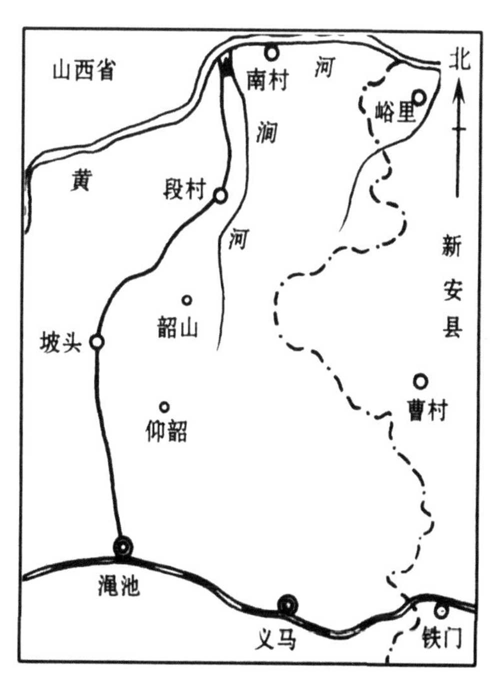

图一　河南渑池县西湾遗址位置示意图

西湾遗址是1996年在黄河小浪底水库库区进行文物调查时发现的，后又经过几次普查。遗址台面不平坦，多呈缓坡状，周围地势较低，又紧临东南部低洼地，由西北向东南形成了冲积沟，日久月长雨水将遗址冲毁一部分，遗址本身受到严重破坏。农民为了保持水土，不断对缓坡地块进行平整，致使文化层破坏殆尽，有些只残存灰坑底部。该遗址面积较小，保存极差。

在西湾遗址西北0.5千米有陵上裴李岗文化遗址，西北1.5千米有仁村仰韶文化遗址，东北1千米有班村新石器时代遗址，东北1.5千米有南村龙山文化遗址。在涧河入黄河口东西3千米的范围内，就有5处新石器时代遗址，其中有3处仰韶文化遗址，这里古文化遗址分布比较密集。

二、发掘经过与地层堆积

为配合黄河小浪底水利工程，确保文物不受损失，河南省文物考古研究所于1999年11月对西湾遗址进行了考古发掘。发掘前先进行文物普探，钻探得知在台地中部东西长约20米、南北宽不足10米的范围内残存有文化层堆积，其他仅有零星灰坑残留。在有文化层堆积的地方开10米×10米探方3个，编号为T1、T2、T3；后又在其西南部有文化层的地方分别开6米×6米探方2个，编号为T4、T5；这里共开探方5个，发掘面积约400平方米。除T1~T3有一薄层文化层外，其他均无文化层堆积，垫土层下即为灰坑和生土。这里发掘出墓葬1座，房址2座，灰坑4个。现以T1南壁剖面说明地层堆积。

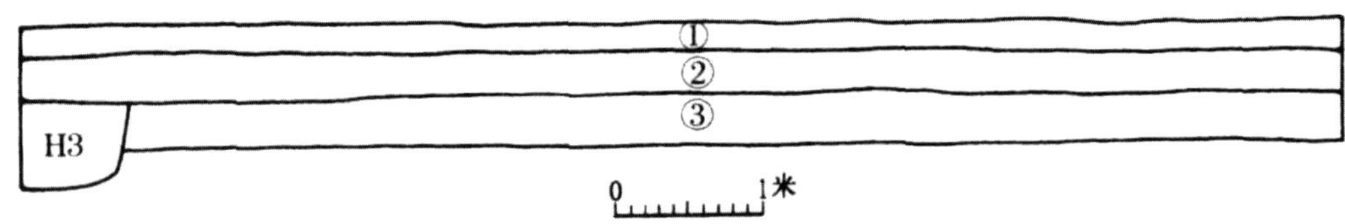

图二　西湾遗址T1南壁地层剖面图

T1南壁地层剖面。（图二）

第①层：黄褐色耕土层，厚0.20~0.25米，土质松软，较纯净，含有植物根须及少量的现代碎瓷、瓦片等。

第②层：黄沙土层，土质松软，深0.20~0.25米，厚0.25~0.30米。内含一些仰韶文化陶片和近代瓷、瓦片等，是近代垫土层。

第③层：深褐色灰土层，土质较硬，深0.48~0.52米，厚0.32~0.37米。内含有仰韶文化陶片和烧土粒、石块、碎骨和木炭屑等，为仰韶时期文化层。

第③层下即黄色生土层。

三、文化遗存

文化遗存分遗迹和遗物两部分。

（一）遗迹

有墓葬1座，房址2座，灰坑4个。

1. 墓葬

1座。M1位于T5东北部，开口耕土层下，直接打破生土。长方形竖穴土坑墓，墓口南北长1.65米，东西宽0.55米，墓深0.14米，墓口距地表深0.25米，方向50°。（图三）内填黄褐色花土。墓坑内葬有一人骨，下肢骨不太完整。仰身直肢葬，头向东北，无随葬品。

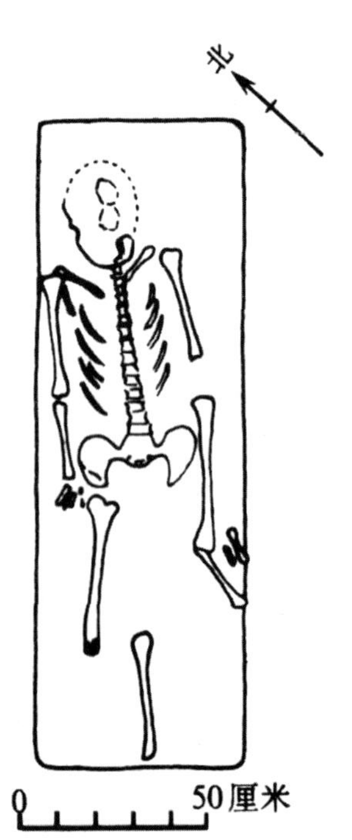

图三　西湾遗址墓葬T5M1平面图

2. 房址

2 座。

F1 为半地穴式房址，位于 T1 中部，开口第②层下，打破③层和生土。口距地表深 0.38 米。为椭圆形，口径 3.90~4.80 米，深 0.80~1.30 米。方向 257°。（图四，1）内填灰褐色土，土质坚硬，内含较多石块、烧土粒和兽骨，出土陶片有罐、钵、盆等。坑壁较直，西部呈斜坡状，底不平，中部较低。在深 0.80 米时有一层浅灰色垫土，厚 0.20~0.40 米不等，垫土较平坦，东部稍高于西部 0.15 米，比较松软。垫土下有厚 0.10 米左右的料礓石硬面，房址中部硬面已被破坏掉，但留有较多烧土块和碎陶片。在房址的北壁下，西北部和东南部各发现一个圆形柱洞，柱洞直径 0.20~0.25 米，洞深 0.20~0.30 米，圜底。这座房址因室内地面破损严重又铺垫使用，但铺垫后使用时间不长而废弃。

F2 为半地穴式房址，位于 T5 中部，开口耕土层下，直接打破生土。口距地表深 0.25 米。口平面呈不规则椭圆形，西南部有二层台阶，东部有小拐角，东西长约 5.50 米，南北宽 4.90 米，深 0.90 米。方向 225°。（图四，2）内填红褐色土，较松软，内含较多红烧土块、烧土粒和木炭灰等。出土遗物有陶罐、盆、钵、尖底瓶和兽骨。壁斜直不够规整，底南高北低，底部有厚约 5 厘米的料礓石面。房址的西南部有二层台阶式入口，是为门道。东部有镰形拐角，可能是存放火种或储藏物品的地方。在其周围和房址内未发现柱洞。

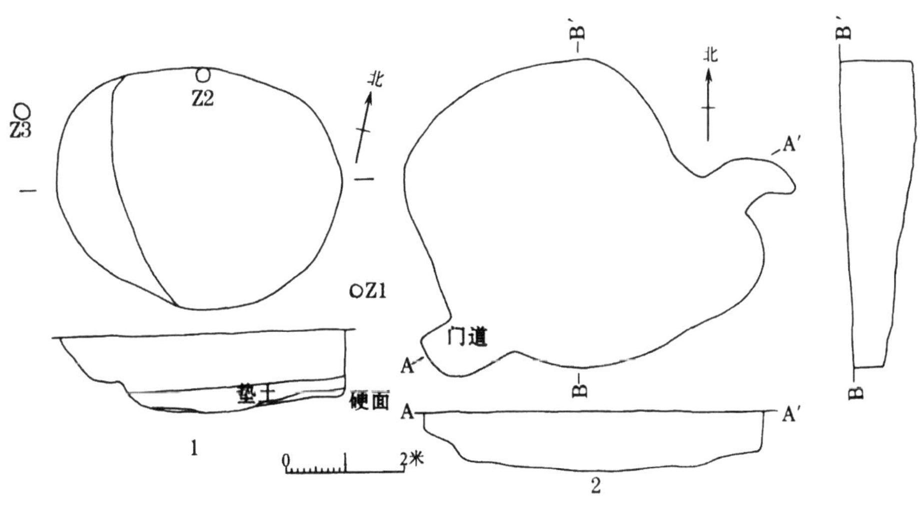

图四　西湾遗址仰韶文化房址平、剖图
1. T1F1　2. T5F2

3. 灰坑

4 个，即 H1、H3、H4 和 H5。

H5 位于 T4 东部，开口耕土层下，打破生土。坑口距地表深 0.25 米。坑口平面呈南北椭圆形，只残留西半部，东半部在断崖处已被破坏。坑口南北长 4.40 米，东西残宽 1.48 米，深 0.70 米。（图五，1）西部和南部坑壁斜坡内收，至底部在北面形成小圆形坑，小坑直径 1.20 米，深 0.35 米，壁较直，坑底平。内填灰褐土，疏松，含较多烧土粒、碎骨和陶片，陶片器形有罐、盆、钵和尖底瓶等。

H4 位于 T2 中西部，开口第②层下，打破③层和生土。坑口距地表深 0.45 米。坑口呈南北长方形，南北长 2.25 米，东西宽 0.43 米，深 0.90 米。方向 322°。（图五，2）坑壁直，底平，壁和底加工规整。内填黄褐色土，土质松软，内含有一些烧土粒和木炭灰。出土陶片较少，无可辨器形。

H1 和 H3 也都是椭圆形坑，其北半部在探方内，南半部因伸出断崖，已被破坏掉。H2 和 H6 已分别改号为 F1 和 F2，前已介绍，此略。

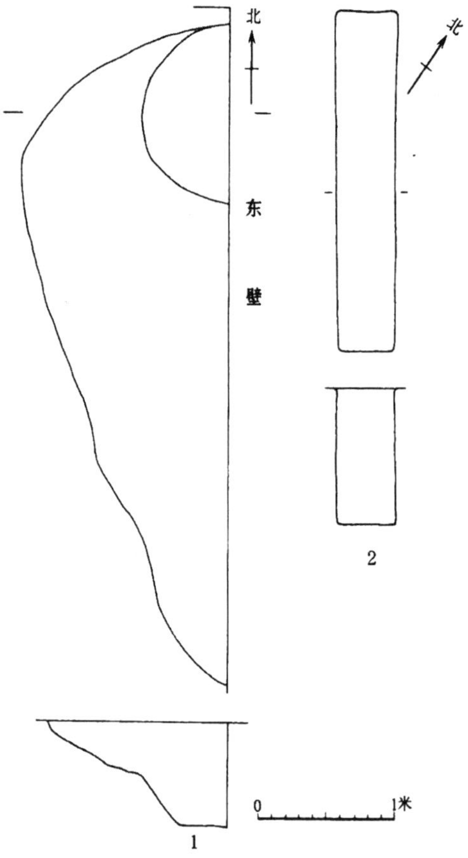

图五　西湾遗址仰韶文化灰坑平、剖图
1. T1H5　T2H4

（二）遗物

该遗址因破坏严重，出土遗物不太丰富。遗物主要是陶器，石器出土很少。

1. 陶器

器形主要有钵、盆、罐、瓮、缸、尖底瓶、器盖和器座等。

钵　232 件。可分四型。

A 型：192 件。侈口，瘦腹，有少量彩陶。标本 T5F2：7，泥质红陶，圆唇，弧腹，素面，一侧口沿下有两个圆孔曾修复过。口径 31.6 厘米，残高 14.6 厘米。（图六，1）标本 T5F2：9，泥质红陶，圆唇，弧腹，素面。口径 30 厘米，残高 9.2 厘米。（图六，2）标本 T5F2：10，泥质灰陶，圆唇，弧腹，素面。口径 21 厘米，残高 8.2 厘米。（图六，3）标本 T5F2：11，泥质红陶，圆唇，小弧腹，口沿下施一条宽黑彩带。口径 32 厘米，残高 9.6 厘米。（图六，4）标本 T5F2：12，泥质红陶，口微敛，圆唇，弧腹，口沿下有一条红彩带，素面。口径 20 厘米，残高 6.4 厘米。（图六，6）标本 T5F2：13，泥质姜黄陶，厚圆唇，弧腹，素面。口径 30 厘米，残高 8 厘米。（图六，5）

B 型：24 件。敛口，上鼓腹。标本 T5F2：14，泥质灰褐陶，直口，圆唇，弧腹，圜底，沿外施一条宽黑彩带。口径 29.4 厘米，高 15.6 厘米。（图六，7；图版一，1）标本 T5F2：15，泥质红陶，圆尖唇，弧腹，素面。口径 27 厘米，残高 12.8 厘米。（图六，8）标本 T5F2：16，泥质红陶，圆尖唇，弧腹，素面。口径 23 厘米，残高 9.2 厘米。（图六，9）标本 T1F1：1，泥质姜黄陶，口微侈，圆尖唇，弧腹，素面。口径 30 厘米，残高 15.4 厘米。（图六，10）标本 T5F2：8，泥质红陶，口微敛，圆唇，弧腹，素面。口径 24 厘米，残高 1.8 厘米。（图六，1）标本 T5F2：17，泥质红陶，圆唇，弧腹，素面。口径 24 厘米，残高 9.5 厘米。（图六，12）标

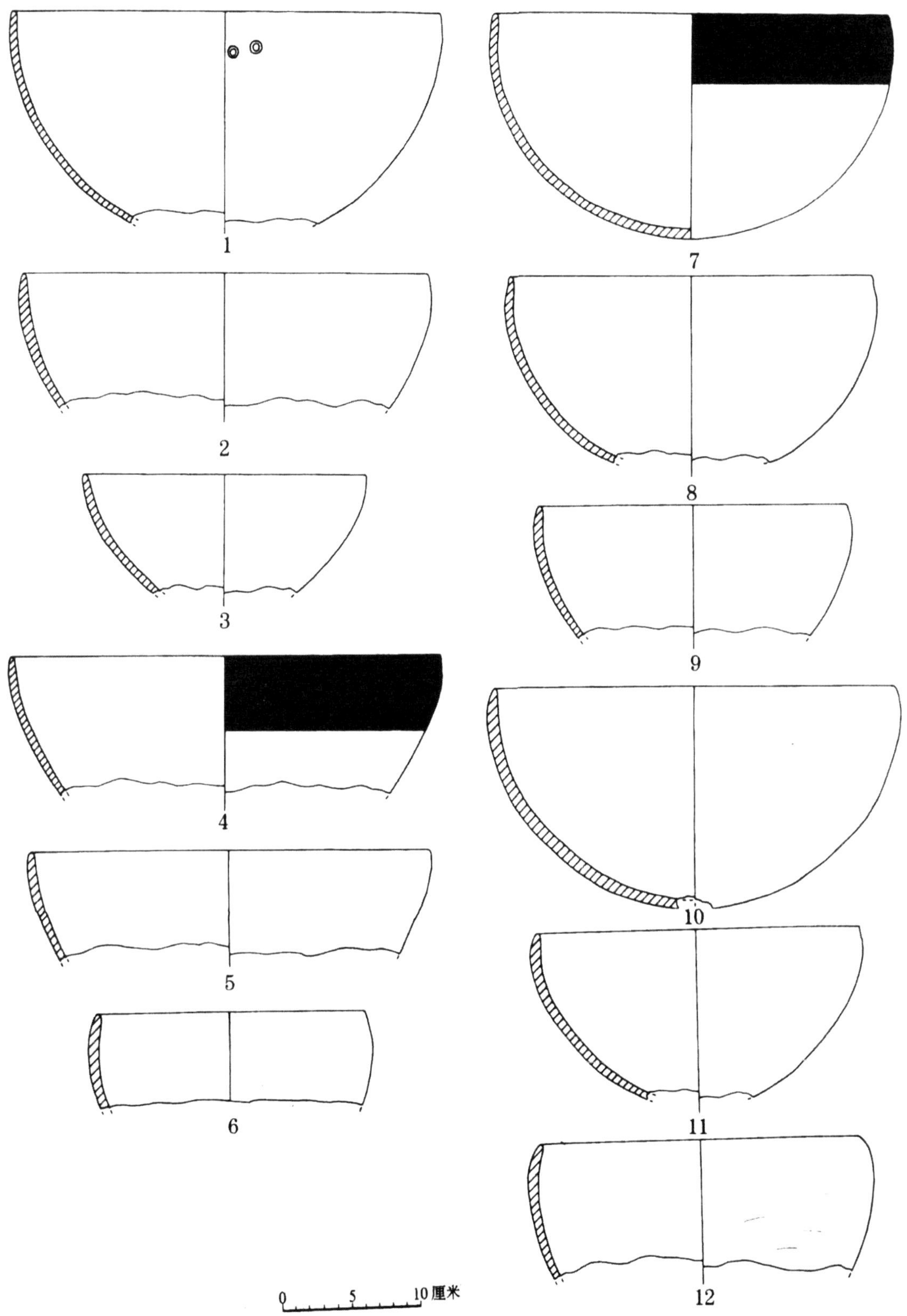

图六　西湾遗址仰韶文化陶钵

1. A 型（T5F2：7）2. A 型（T5F2：9）3. A 型（T5F2：10）4. A 型（T5F2：11）
5. A 型（T5F2：13）6. A 型（T5F2：12）7. B 型（T5F2：14）8. B 型（T5F2：15）
9. B 型（T5F2：16）10. B 型（T5F1：1）11. B 型（T5F2：8）12. B 型（T5F2：17）

本 T5F2：7，其胎质、形状同上。（图版一，2）

C 型：8 件。敛口，厚唇。标本 T1F1：2，泥质红陶，口微敛，方唇，弧腹，素面。口径 26 厘米，残高 9.4 厘米。（图七，1）标本 T5F2：18，泥质红褐陶，圆唇，弧腹，素面。口径 20 厘米，残高 5 厘米。（图七，2）标本 T5F2：19，泥质红陶，口微敛，圆唇，弧腹，素面。口径 24 厘米，残高 7.6 厘米。（图七，3）

D 型：8 件。折腹。标本 T2H5：1，泥质灰陶，敛口，圆唇，素面。口径 28 厘米，残高 6.2 厘米。（图七，4）标本 T5②：1，泥质褐陶，圆唇，斜腹微弧，口沿外施一条褐色彩带。口径 32 厘米，残高 5.6 厘米。（图七，6）标本 T1③：1，泥质红陶，圆尖唇，斜腹微弧，口沿内外均施一周红色彩带。口径 34 厘米，残高 4.4 厘米。（图七，5）

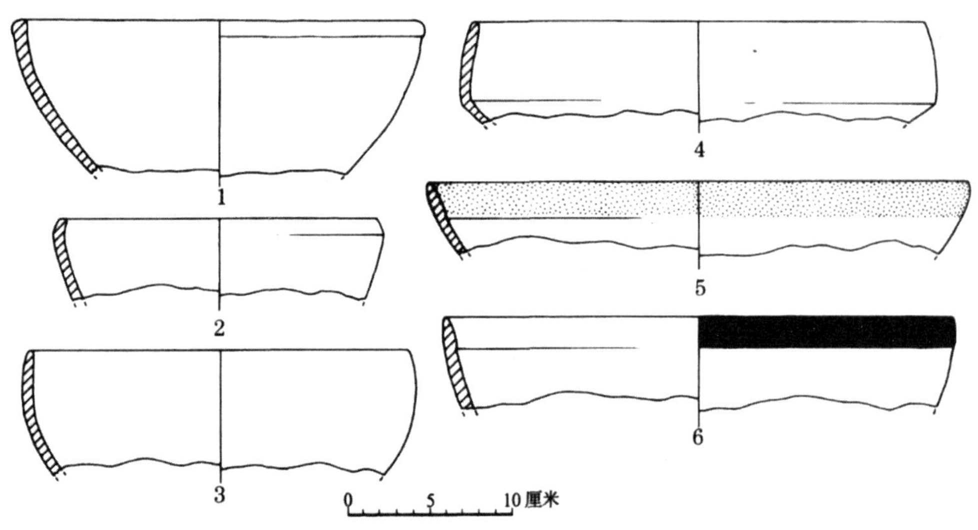

图七　西湾遗址仰韶文化陶钵

1. C 型（T1F1：2） 2. C 型（T5F2：18） 3. C 型（T5F2：19）
4. D 型（T2H5：1） 5. D 型（T1③：1） 6. D 型（T5②：1）

盆　48 件。可分四型。

A 型：24 件。平折沿。标本 T5F2：20，泥质浅红陶，圆唇，弧腹，小平底，素面。口径 37.6 厘米，底径 9.2 厘米，高 17 厘米。（图八，1；图版一，3）标本 T5F2：21，泥质红陶，圆唇，弧腹，素面。口径 32 厘米，残高 12.9 厘米。（图八，2）标本 T5②：2，泥质红陶，圆唇，弧腹，素面。口径 30 厘米，残高 6.4 厘米。（图八，3）标本 T5F2：22，泥质红陶，圆唇，弧腹，素面。口径 32 厘米，残高 7.7 厘米。（图八，4）标本 T2H3：1，泥质姜白陶，宽平折沿，圆唇，弧腹斜直，素面。口径 38 厘米，残高 4.4 厘米。（图八，5）

B 型：6 件。卷沿。标本 T5F2：23，泥质红陶，圆唇，弧腹，素面。口径 36 厘米，残高 17.7 厘米。（图八，6）标本 T5F2：24，泥质红陶，圆唇，束颈，弧腹，素面，里面上部磨光。口径 42 厘米，残高 13.6 厘米。（图八，7）标本 T2H3：2，泥质浅红陶，宽卷沿，圆唇，弧腹，素面。口径 36 厘米，残高 5.4 厘米。（图八，8）

C 型：10 件。斜折沿。标本 T1③：2，泥质红陶，圆尖唇，束颈，鼓腹，器表黑彩绘弧线三角纹和斜线纹（剥落严重）。口径 32 厘米，残高 10.4 厘米。（图八，9）标本 T1F1：3，泥质姜黄陶，圆唇，弧腹，彩绘已剥落。口径 26 厘米，残高 5.6 厘米。（图八，11）标本 T1F1：4，泥质褐陶，圆唇，弧腹，素面。口径 18 厘米，残高 3.5 厘米。（图八，12）标本 T1F1：5，泥质姜白陶，斜折沿，圆唇，弧腹，素面。口径 34 厘米，残高 4.8 厘米。（图八，10）

D 型：7 件。斜沿稍卷。标本 T5②：4，泥质红陶，圆唇，弧腹，素面。口径 37.2 厘米，残高 9.6 厘米。（图八，14）标本 T5F2：25，泥质红陶，圆唇，束颈，弧腹，素面。口径 38 厘米，

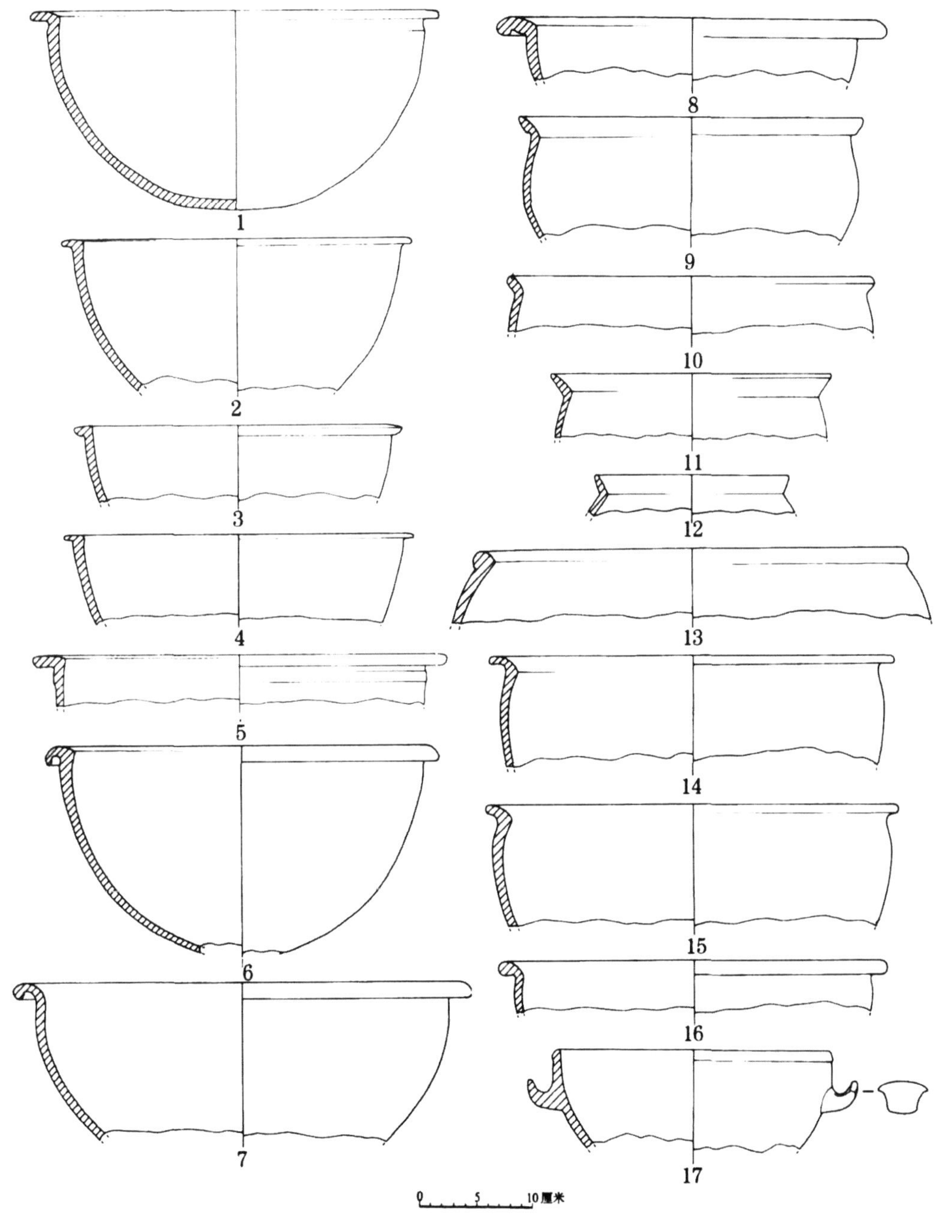

图八　西湾遗址仰韶文化陶盆

1. A 型（T5F2：20） 2. A 型（T5F2：21） 3. A 型（T5②：2） 4. A 型（T5F2：22） 5. A 型（T2H3：1） 6. B 型（T5F2：23） 7. B 型（T5F2：24） 8. B 型（T2H3：2） 9. C 型（T1③：2） 10. C 型（T1F1：5） 11. C 型（T1F1：3） 12. C 型（T1F1：4） 13. D 型（T1③：4） 14. D 型（T5②：4） 15. D 型（T5F2：25） 16. D 型（T1③：3） 17. 盆（T5F2：32）

残高 10.5 厘米。（图八，15）标本 T1 ③：4，泥质姜白陶，圆唇，束颈，鼓腹，素面。口径 40 厘米，残高 6.2 厘米。（图八，13）标本 T1 ③：3，泥质姜白陶，圆唇，束颈，弧腹，素面。口径 36 厘米，残高 4.4 厘米。（图八，16）

盆还有标本 T5F2：32，泥质红陶，圆唇，弧腹，素面，上腹部有一对钩形鋬。口径 26 厘米，残高 8.6 厘米。（图八，17）

罐　286 件。可分四型。

A 型：8 件。有领。标本 T2H5：2，泥质红陶，侈口，圆唇，斜领，束颈，大鼓腹，素面磨光。口径 22 厘米，残高 6.2 厘米。（图九，2）标本 T1F1：8，夹砂褐陶，直口，圆唇，直领，鼓腹，素面。口径 28 厘米，残高 5.6 厘米。（图九，1）标本 T5F2：28，夹砂灰褐陶，侈口，

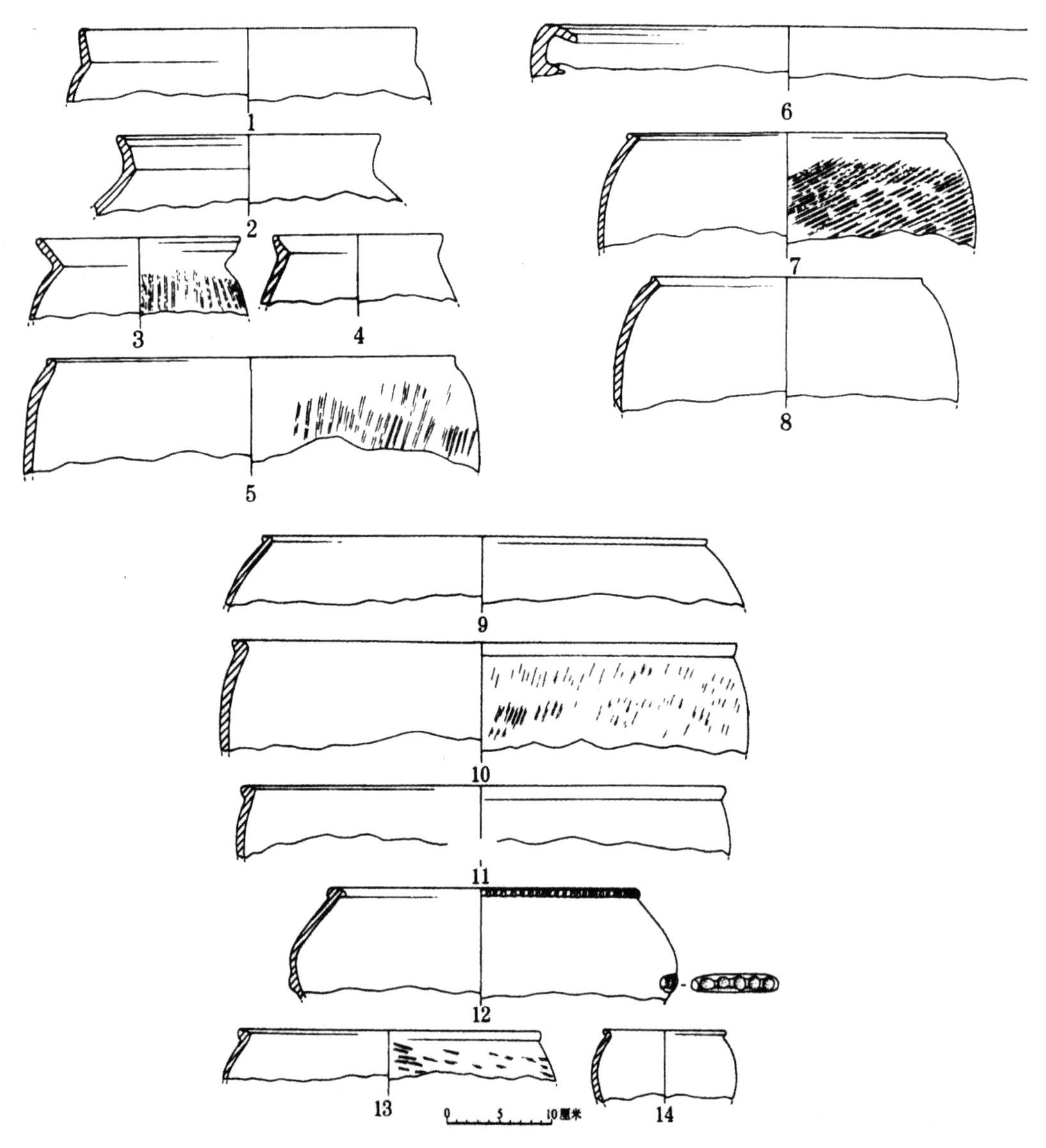

图九　西湾遗址仰韶文化陶罐、器座

1. A 型罐（T1F1：8）2. A 型罐（T2H5：2）3. A 型罐（T1F1：6）4. A 型罐（T5F2：28）5. B 型罐（T5F2：31）6. 器座（T1F1：15）7. B 型罐（T5F2：30）8. B 型罐（T5F2：29）9. B 型罐（T5F2：33）10. C 型罐（T5 ②：5）11. C 型罐（T2H3：3）12. C 型罐（T2H5：3）13. C 型罐（T1F1：9）14. C 型罐（T5F2：34）

圆唇，束颈，鼓腹，素面。口径 14 厘米，残高 5.4 厘米。（图九，4）标本 T1F1：6，夹砂褐陶，敞口，圆唇，束颈，鼓腹，腹部饰线纹。口径 17 厘米，残高 6.2 厘米。（图九，3）

B 型：220 件。束口，大鼓腹。标本 T5F2：31，夹砂灰褐陶，方唇，腹部饰斜线纹。口径 34 厘米，残高 9 厘米。（图九，5）标本 T5F2：30，夹砂褐陶，圆唇，沿面上一周凹槽，腹部饰细线纹。口径 26 厘米，残高 9.1 厘米。（图九，7）标本 T5F2：29，夹砂褐陶，圆唇，素面。口径 22 厘米，残高 10.7 厘米。（图九，8）标本 T5F2：33，夹砂褐陶，圆唇，素面。口径 44 厘米，残高 6.1 厘米。（图九，9）

C 型：15 件。敛口，鼓腹。标本 T2H5：3，夹砂褐陶，方唇，唇部一周指甲状坑点纹，圆肩，大鼓腹，中腹有鸡冠状耳，素面。口径 31 厘米，残高 9.8 厘米。（图九，12）标本 T2H3：3，夹砂褐陶，圆唇，弧腹，腹部饰斜线纹。口径 48 厘米，残高 6.3 厘米。（图九，1）标本 T5②：5，夹砂褐陶，圆唇，束颈，弧腹，腹部饰细线纹。口径 50 厘米，残高 9.7 厘米。（图九，10）标本 T1F1：9，夹砂褐陶，圆唇，小平沿上有凹弦纹，腹部饰斜线纹。口径 30 厘米，残高 4.4 厘米。（图九，13）标本 T5F2：34，夹砂褐陶，圆唇，束颈，素面。口径 12 厘米，残高 6.4 厘米。（图九，14）

D 型：43 件。斜折沿。标本 T5F2：35，夹砂灰陶，圆唇，束颈，大鼓腹，素面。口径 12 厘米，残高 5 厘米。（图一〇，1）标本 T5F2：38，夹砂灰黑陶，圆唇，束颈，弧腹，腹部饰不规整凹弦纹。口径 16 厘米，残高 6.2 厘米。（图一〇，3）标本 T5②：6，夹砂褐陶，圆唇，束颈，鼓腹，素面。口径 13 厘米，残高 3.8 厘米。（图一〇，7）标本 T5F2：36，夹砂灰陶，圆唇，束颈，鼓腹，素面。口径 18 厘米，残高 5.8 厘米。（图一〇，6）标本 T1F1：10，夹砂褐陶，圆唇，束颈，弧腹，腹部饰线纹。口径 14 厘米，残高 5.7 厘米。（图一〇，5）标本 T5F2：37，夹砂褐陶，圆唇，束颈，大鼓腹，素面。口径 30 厘米，残高 4.6 厘米。（图一〇，2）标本 T5②：7，夹砂红陶，圆唇，束颈，鼓腹，口沿面下凹，腹部饰斜线纹。口径26厘米，残高4.8厘米。（图一〇，4）

小罐　4件。标本 T5F2：40，夹砂灰黑陶，侈口，圆唇，束颈，鼓腹，素面。口径8厘米，残高 4.8 厘米。（图一〇，8）标本 T1F1：13，夹砂红褐陶，侈口，圆唇，束颈，鼓腹，素面。口径 6 厘米，残高 3.4 厘米。（图一〇，10）标本 T2H3：5，泥质红陶，小卷沿，圆唇，束颈，鼓腹，素面。口径 10 厘米，残高 4.2 厘米。（图一〇，9）

瓮　25 件。标本 T1③：6，泥质红陶，敛口，圆唇，束颈，大鼓腹，素面。口径 47.4 厘米，残高 3 厘米。（图一一，1）标本 T5F2：26，泥质红陶，圆唇，束颈，鼓腹，素面。口径 48 厘米，残高 7 厘米。（图一一，2）标本 T1③：5，泥质红陶，敛口，圆唇，束颈，鼓腹，素面。口径 46 厘米，残高 3.4 厘米。（图一一，3）标本 T5F2：41，泥质红陶，圆唇，束颈，大鼓腹，素面。口径 9 厘米，残高 4.4 厘米。（图一一，5）标本 T5F2：27，夹砂红褐陶，敛口，圆唇，束颈，鼓腹，素面。残高3.7 厘米。（图一一，6）标本 T2H5：4，泥质灰陶，直领，圆唇，

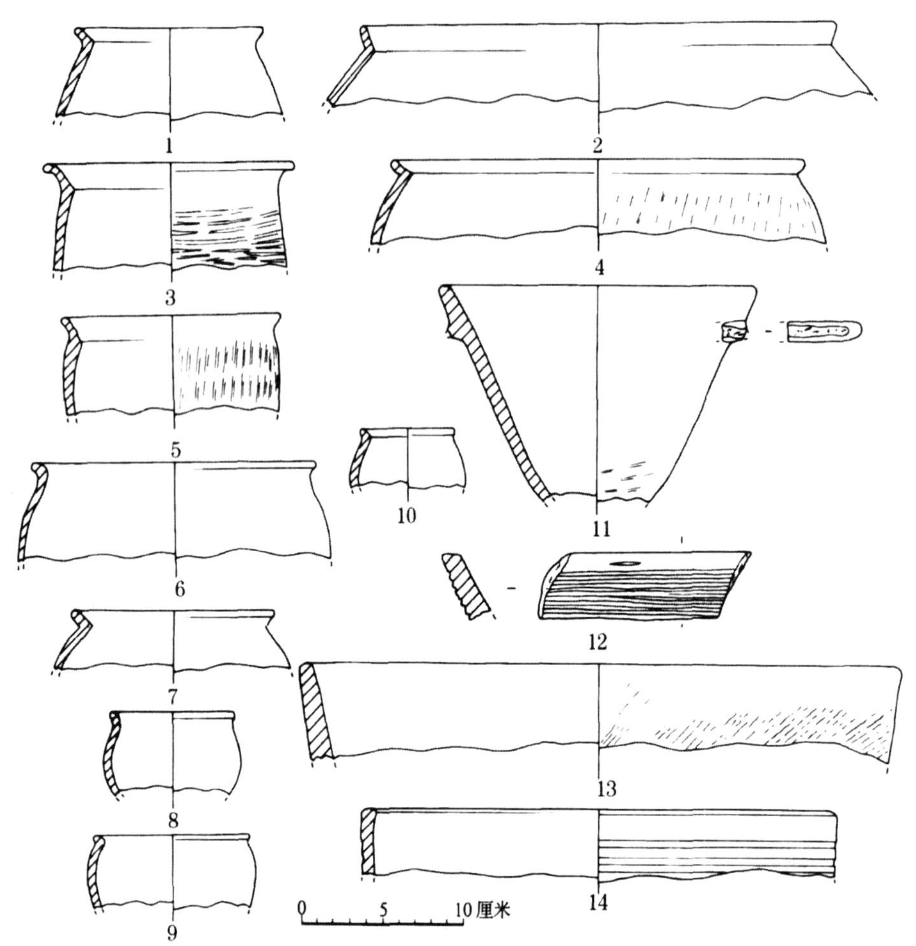

图一〇 西湾遗址仰韶文化陶罐、小罐、缸

1. D型罐（T5F2：35） 2. D型罐（T5F2：37） 3. D型罐（T5F2：38） 4. D型罐（T5②：7） 5. D型罐（T1F1：10） 6. D型罐（T5F2：36） 7. D型罐（T5②：6） 8. 小罐（T5F2：40） 9. 小罐（T2H3：5） 10. 小罐（T1F1：13） 11. 缸（T2H5：5） 12. 缸（T5②：11） 13. 缸（T5②：10） 14. 缸（T1③：7）

大鼓腹，素面。口径10.2厘米，残高5.4厘米。（图一一，4）

瓮形器 6件。标本T5F2：43，泥质红陶，敛口，圆唇，鼓腹，上腹部一条凹弦纹。口径23.6厘米，残高4.4厘米。（图一一，8）标本T5②：8，泥质红陶，敛口，圆唇，鼓腹，素面。口径14厘米，残高4厘米。（图一一，7）标本T5F2：42，夹砂红陶，小敛口，圆唇，大鼓腹，素面。口径12厘米，残高5.8厘米。（图一一，9）标本T2H3：7，泥质褐陶，敛口，圆唇，大鼓腹，素面。口径16厘米，残高4.2厘米。（图一一，10）标本T5②：9，泥质红褐陶，敛口，圆唇，鼓腹，素面。口径14厘米，残高4.4厘米。（图一一，12）标本T2H3：6，泥质褐陶，小敛口，方唇，大鼓腹，肩部有一周坑点纹。口径8厘米，残高2.8厘米。（图一一，11）

缸 8件。标本T2H5：5，夹砂褐陶，敞口，方唇，斜直腹，上腹部有鸡冠状耳（残），素面。口径20厘米，残高12.4厘米。（图一〇，11）标本T5②：10，泥质红陶，直口，方唇，筒形腹，腹部饰斜线纹。口径38厘米，残高5.6厘米。（图一〇，13）标本T5②：11，泥质红陶，敞口，方唇，斜直腹，腹部饰不规整凹弦纹。残高4厘米。（图一〇，12）标本T1③：7，泥质红陶，口微敛，圆唇，筒形腹，腹部饰凹弦纹。口径30厘米，残高3.9厘米。（图一〇，14）

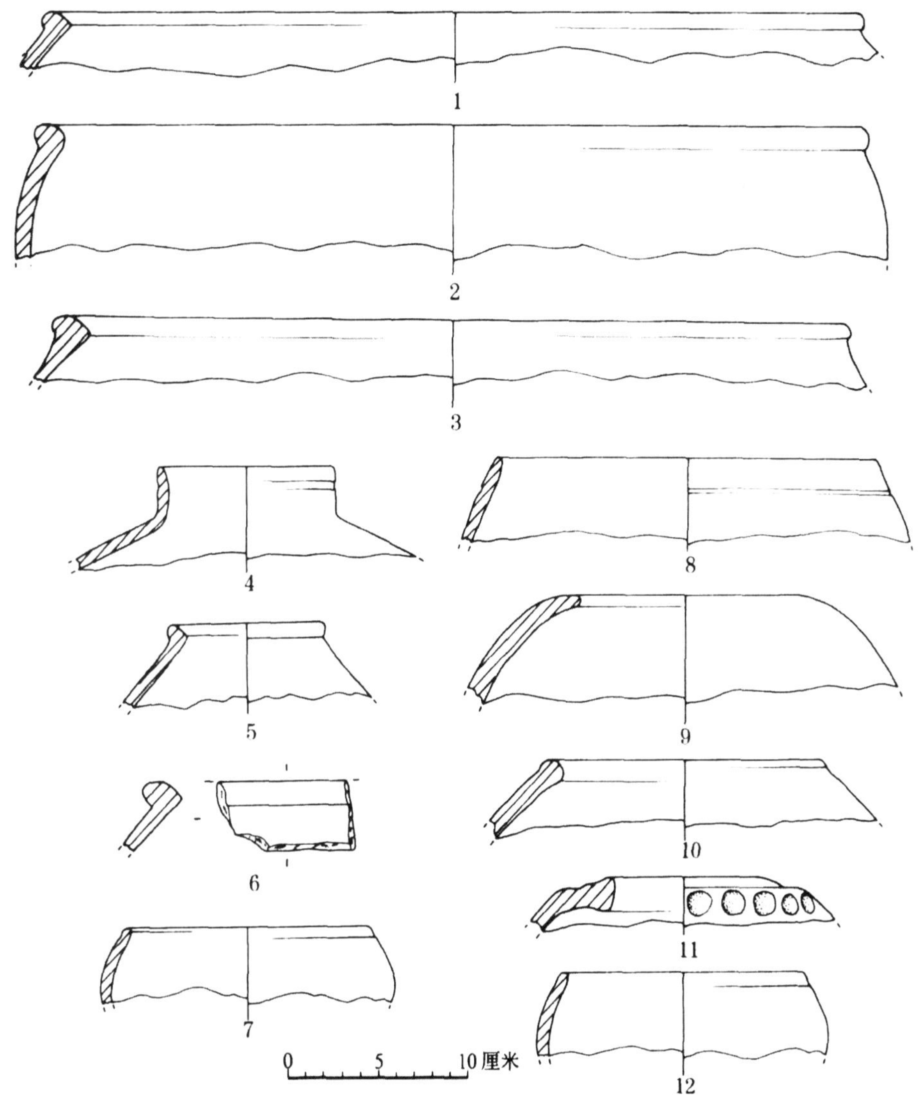

图一一　西湾遗址仰韶文化陶瓮、瓮形器

1. 瓮（T1③：6） 2. 瓮（T5F2：26） 3. 瓮（T1③：5） 4. 瓮（T2H5：4） 5. 瓮（T5F2：41） 6. 瓮（T5F2：27） 7. 瓮形器（T5②：8） 8. 瓮形器（T5F2：43） 9. 瓮形器（T5F2：42） 10. 瓮形器（T2H3：7） 1. 瓮形器（T2H3：6） 12. 瓮形器（T5②：9）

尖底瓶　3件。标本T5F2：46，泥质红陶，口与底均残，上腹部饰斜线纹，下腹线纹抹去，中腹有两个竖耳。残高52.4厘米。（图一二，1；图版一，4）标本T2H5：6，泥质红陶，束口，圆唇，颈以下残。口径5.6厘米，残高1.9厘米。（图一二，2）

瓶形器　12件。标本T5F2：47，泥质红陶，杯形小敛口，圆唇，素面。口径8厘米，残高7.3厘米。（图一二，6）标本T1F1：18，泥质红陶，敛口，圆唇，素面。口径6厘米，残高4.8厘米。（图一二，3）标本T1F1：16，泥质姜白陶，杯形小敛口，圆唇，曲颈，素面。口径8厘米，残高5.4厘米。（图一二，4）标本T1F1：19，夹砂褐陶，小口，圆唇，筒形腹，上部有锯齿状纹一周，素面，粗糙。口径2.6厘米，残高5.6厘米。（图一二，5）

器盖　15件。标本T1H1：1，夹砂褐陶，侈口，圆唇，弧腹，上部纽残，素面。口径12厘米，残高4.2厘米。（图一二，7）标本T5F2：44，夹砂褐陶，敞口，圆唇，弧腹，素面。口径 18 厘米，残高 5.5 厘米。（图一二，9）标本 T5F2：45，夹砂褐陶，敞口，方唇，弧腹，素面。口径 18 厘米，残高 4.8 厘米。（图一二，8）标本 T1F1：14，夹砂灰褐陶，大敞口，圆唇，弧腹，素面。口径 26 厘米，残高 4.2 厘米。（图一二，10）

器座　1 件。标本 T1F1：15，泥质红陶，内敛口，圆唇，弧腹，下部残，沿面上有三周凹弦纹，腹部饰斜线纹。口径 39.6 厘米，残高 4 厘米。（图九，6）

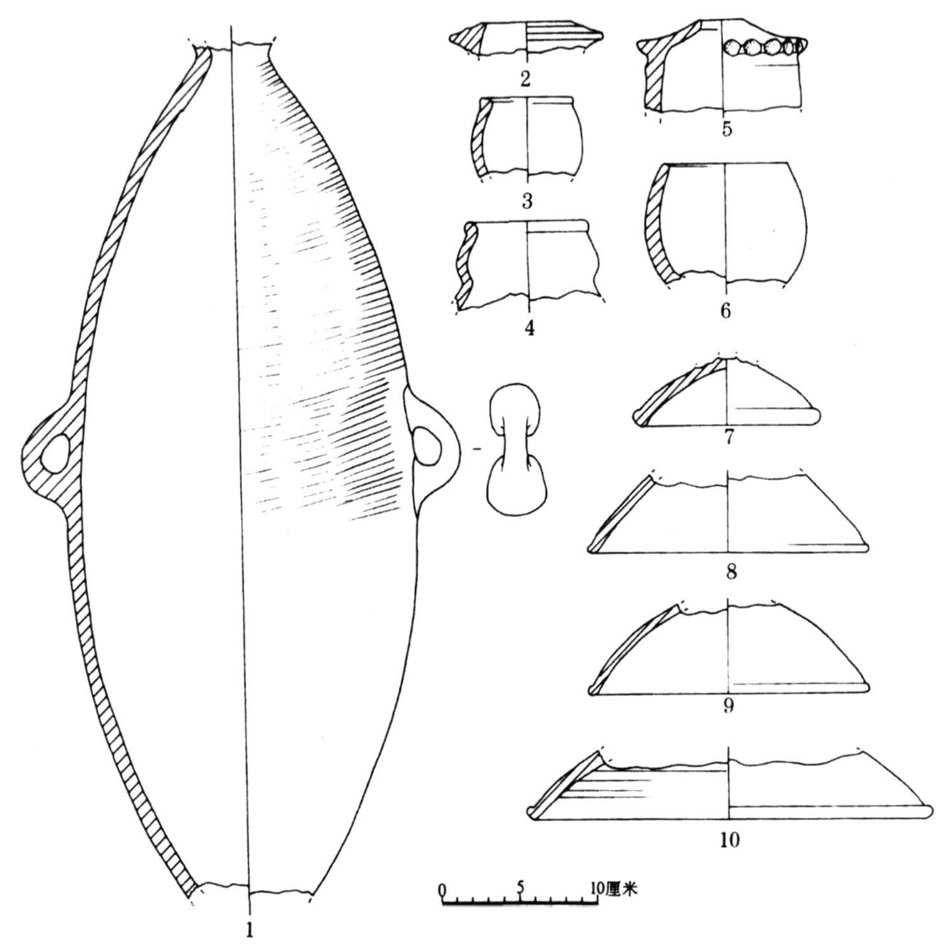

图一二　西湾遗址仰韶文化陶尖底瓶、瓶形器、器盖
1. 尖底瓶（T5F2：46） 2. 尖底瓶（T2H5：6） 3. 瓶形器（T1F1：18） 4. 瓶形器（T1F1：16） 5. 瓶形器（T1F1：19） 6. 瓶形器（T5F2：47） 7. 器盖（T1H1：1） 8. 器盖（T5F2：45） 9. 器盖（T5F2：44） 10. 器盖（T1F1：14）

2. 石器

出土很少，有斧、拍子、弹丸和饼等。

斧　5 件。均残。标本 T2H3：4，双面弧刃，上部残。残长 8.5 厘米，宽 5.8 厘米，厚 3.6 厘米。（图一三，3）标本 T5②：12，仅剩刃部，双面弧刃，磨制较好。残长 5.5 厘米，宽 8.3 厘米，厚 4.5 厘米。（图一三，2）标本 T5F2：1，长方体，两头均残。残长 1.8 厘米，宽 6.9 厘米，厚 4.4 厘米。（图一三，1）

拍子　1 件。标本 T5F2：4，两端均残，上面有长条形短柄，磨制粗糙。残长 15.3 厘米，宽 9 厘米，厚 5.6 厘米。（图一三，5）

弹丸　1件。标本T5F2：5，磨制较差，略呈球体。直径3.8厘米。

圆饼　1件。标本T5F2：6，圆饼形，磨制较差。直径9.7厘米，厚1.6厘米。（图一三，4）

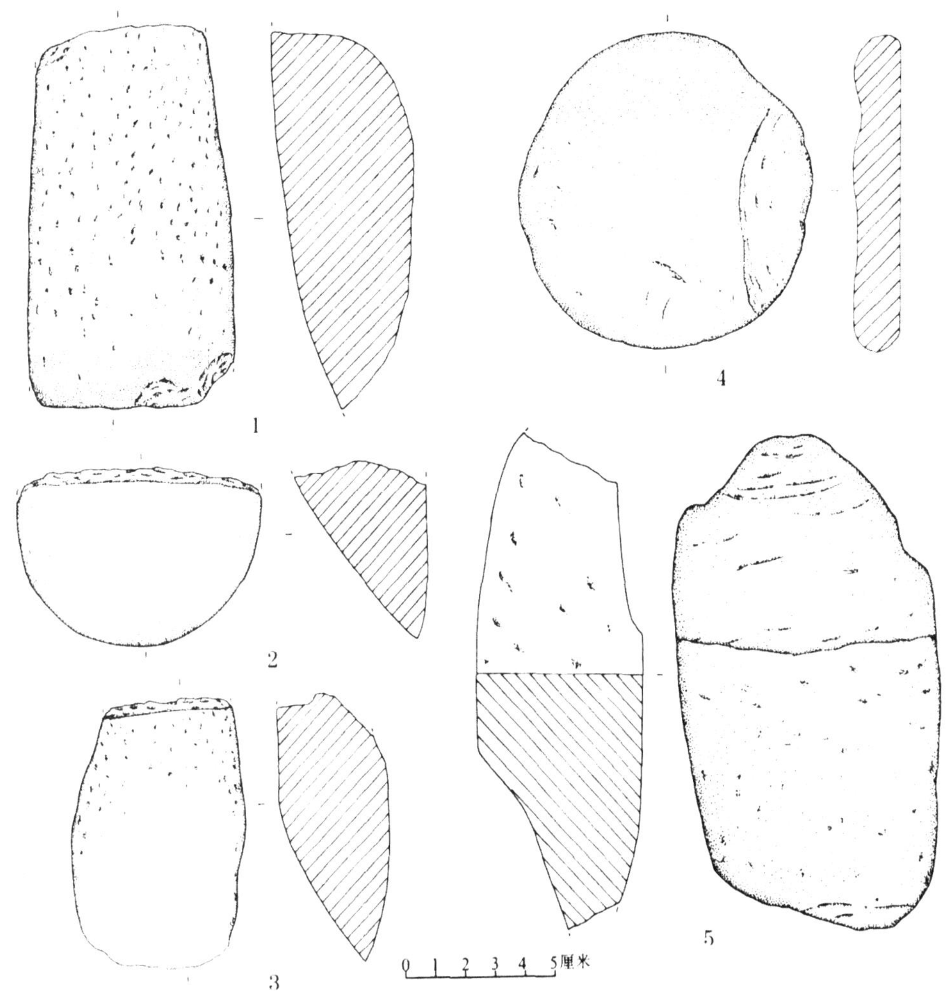

图一三　西湾遗址仰韶文化石斧、圆饼、拍子

1. 斧（T5F2：1） 2. 斧（T5②：12） 3. 斧（T2H3：4） 4. 圆饼（T5F2：6） 5. 拍子（T5F2：4）

四、结语

1. 西湾遗址发掘出的F1和F2，这2座半地穴式房基，室内没有发现柱洞和灶坑，房子结构简单，平面与周壁也不规整，这些反映了西湾仰韶文化房基的原始性。这里地势较高，又位于黄河岸边，建造半地穴式房子能够有效地防御冬季风寒，房子虽简陋，但在当时比较实用。

2. 从表一中可以看出，西湾遗址泥质陶占陶片总数的2/3，夹砂陶占1/3，其中泥质红陶最多，夹砂褐陶次之，泥质褐陶和夹砂灰陶又次之。素面陶片占绝对多数，线纹占陶片总数的1/5强，有少量的彩陶和磨光陶片，其他纹饰极少。这里出土有姜黄陶和姜白陶，姜黄陶也称橙黄陶，在仰韶文化遗址中比较常见。姜白陶情况有所不同，这里出土的姜白陶陶胎白而细腻，陶土经过淘洗，同时在烧制过程中，火候掌握的不均匀，氧化还原也不充分。西湾出土的姜白陶，既体现了陶土经过筛选和淘洗的进步性，同时又反映了烧制方面的原始性。

表一　西湾遗址仰韶文化遗迹陶系统计表

单位	泥质					夹砂			总数	素面	磨光	彩陶	线纹	弦纹	附加堆纹
	灰	褐	红	姜黄	姜白	灰	褐	红							
T1F1	58	162	639	70	48	83	373	40	1473	1021	21	177	311	3	
T5F2	30	175	952	221		232	260	102	1972	1356	88	65	460	3	
T1H1	6	6	65			3	73	5	158	120	7	7	24		
T2H3	49	129	404	63	3	56	250	55	1009	792	2	10	205		
T2H4	3		2			4	3		12	9			3		
T2H5	37	8	39			13	54	12	163	114	10		33		6
合计	183	480	2101	354	51	391	1013	214	4787	3412	128	199	1036	6	6
	3109					1618									
百分比（%）	3.82	10.03	43.89	7.4	1.07	8.17	21.16	4.47	100	77.28	2.67	4.16	21.64	0.13	0.13
	66.2					33.8									

3. 西湾遗址南距著名的仰韶遗址约50千米，其出土器物与仰韶遗址一期器物相比较，时代应与之相近或稍偏早。西湾遗址的D型盆（T1③：3）与王湾遗址一期盆（F15：8）相近似[1]，其时代也应与王湾一期一段相近。西湾遗址受自然和人为破坏严重，出土物较少，从器物特征看与王湾遗址一期和庙底沟遗址出土物都有相似之处，在时代上可能会早于庙底沟遗址而与王湾一期一段相当。西湾遗址出土有圜底钵和圜底盆，这些或许是受到半坡类型的影响。

执笔：赵　清

绘图：姜文平

摄影：王蔚波

注释：

[1] 北京大学考古文博学院：《洛阳王湾》，北京大学出版社，2002年，第37、38页。

1. B 型钵（T5F2：14）

2. B 型钵（T5F2：7）

3. A 型盆（T5F2：20）

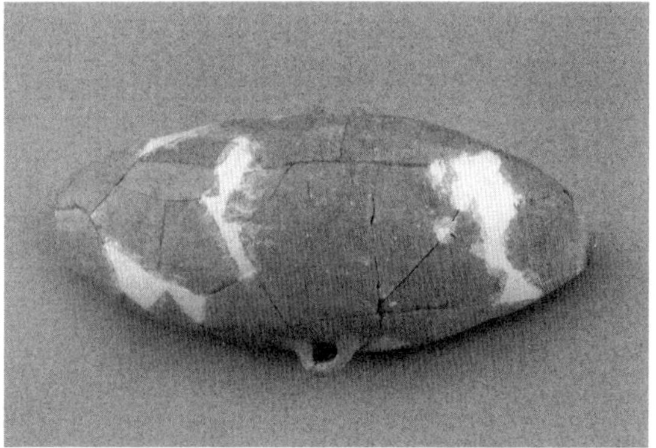

4. 尖底瓶（T5F2：46）

河南渑池县西湾遗址陶器

卷三

夏商周考古

灵宝庄里商周战国汉代遗址与墓葬

◎王龙正

发掘时间：2011 年 4 月— 6 月

工作单位：河南省文物考古研究所、三门峡市文物考古研究所、灵宝市文化局文管所

遗址和墓地位于三门峡灵宝市川口乡庄里村东地，在燕子山西麓的一处二级台地上。发掘分为商周遗址与战国至汉代墓葬两部分。

庄里遗址商周时期遗存发掘面积 600 平方米。发现遗迹 13 处，包括灰坑 11 个、灰沟 2 处。出土遗物有陶鼎、鬲、盘、碗、壶、罐等，纹饰除少量绳纹、旋纹、凹弦纹外，多为素面。

庄里墓葬计有 40 座，其中战国墓 18 座、汉墓 8 座、近代墓 14 座。战国墓均遭盗掘，皆为长方形竖穴土坑墓，其中 M34 和 M40 出土有完整成组的陶鼎、陶豆、陶壶、陶盘、陶匜等随葬品。汉墓均为带有长梯形斜坡墓道的小砖（子母砖）券顶洞室墓，设有墓门、甬道、前室、后室、耳室，其中 M3 和 M4 出土有釉陶壶、釉陶罐、釉陶灶、釉陶博山熏炉，以及五铢铜钱、铜棺饰等随葬品。

此次发掘为研究灵宝一带商周时期的文化面貌，战国、汉代墓葬形制等提供了可靠信息。

三门峡出土铜镜赏析

◎郑立超　◎张　昌

铜镜作为古人照面饰容的用具，距今已有四千多年的发展历史，它既是一件日常生活用品，更是一件艺术品，具有丰富的艺术内涵。镜背各种不同的图案和铭文装饰，展示了数千年来不同朝代古人的审美观念和艺术情趣，折射出古代工匠在艺术创作上的聪明才智，也体现着不同朝代时代所赋予的鲜明特点，从不同程度反映了当时的政治、经济、文化、科技等方面的发展水平。

近些年来，随着考古工作的不断深入，三门峡出土了为数众多的精美文物，其中也包括了大批铜镜，时代从西周、战国、汉一直到明清，造型不一，纹饰繁杂，具有鲜明的时代特征和较高的艺术欣赏价值。现将战国、汉、唐、宋等时期各选取几面精美铜镜，供大家欣赏。

战国三龙镜（图一）

2001 年出土于三门峡市国粮库工地 M198，直径 12.4 厘米，缘厚 0.25 厘米，重 140 克。圆形，三弦钮，三兽鼻形圆钮座。纹饰由地纹与主纹组合而成。地纹为双线勾连雷纹，双线内填以单排细点纹。在地纹之上三龙绕钮环列。龙头回首反顾，龙唇外卷，张口露齿，头上有角，长颈，身躯成涡形，龙尾细长，末端内卷，尾中部有一花苞状饰。从龙的臀部向左伸出一末端内卷的花枝状线条与龙尾相对称，龙的腹下有两足，一足前举，一足立于钮座外圈上素缘。镜面平整，保存完整。有褐红色锈。

图一　战国三龙镜

战国花瓣镜（图二）

1992年出土于三门峡市火电厂工地M1002，直径9.9厘米，缘厚0.2厘米，重80克。圆形，三弦钮，放射状齿轮钮座。纹饰由地纹与主纹组合而成。地纹为雷纹和圆涡纹组成的四方格，方格边框间以碎点纹。主纹为四花瓣纹，每个大花瓣由圆形花蕊和四小花瓣组成。素缘，镜面微鼓，保存完整。有绿锈。

图二 战国花瓣镜

汉代四神博局镜（图三）

1987年出土于三门峡市房屋开发公司工地，直径21.6厘米，缘厚0.7厘米，重1380克。圆形，圆钮，四叶纹钮座。座外两方格中间环列十二乳钉及十二地支铭。方格外八连弧纹乳钉及博局纹将内区分为四方八区，青龙、白虎、朱雀、玄武四神分列四方，各占一区，其间配以神兽、禽鸟。其外为一周铭文带，铭文为：尚天作竟（镜）真大好，

图三 汉代四神博局镜

上有山人不知老，渴饮玉泉饥食枣，浮游天下放四海，寿如金石，国中非胡人习作，天下力子于。之外一周短斜线纹，宽平缘上饰锯齿纹和云气纹。镜面平整，保存完整。有蓝绿锈。

汉代连弧草叶博局镜（图四）

1993 年出土于三门峡市华余包装厂工地，直径 11.6 厘米，缘厚 0.4 厘米，重 220 克。圆形，圆钮，四叶纹钮座。钮外一周凹面双线方格，方格外四角各一桃形花苞，与镜缘处伸出的双线 V 形纹相对，四边中点处向外伸出一个双线 T 形纹，与镜缘处伸出的双线 L 形纹相连。博局纹将镜背分为四方八区，每区一株二叠连弧草叶纹。L 形纹内有一桃形花苞。之外一周细弦纹与草叶纹、桃形花苞尖、V 纹内的细弦纹相交。内向十六连弧纹。镜面微鼓，保存完整。有蓝绿锈。

图四　汉代连弧草叶博局镜

唐代瑞兽葡萄镜（图五）

图五　唐代瑞兽葡萄镜

2005 年出土于三门峡市三门西路工地 M13，直径 10.6 厘米，缘厚 1.2 厘米，重 430 克。圆形，伏兽钮。一周凸棱将镜背分为内外两区。内区葡萄四枝蔓与四瑞兽相间环绕。每个瑞兽外有葡萄两串。瑞兽昂首作咆哮状，下身卧倒。外区八只姿态各异的禽鸟掩映在茂密的葡萄枝叶果实中，或飞翔，或栖息，或叼啄葡萄。重瓣花纹缘。镜面平整，保存完整。

唐代四神镜（图六）

1997 年出土于三门峡市电业局工地 M19，直径 14.5 厘米，缘厚 0.4 厘米，重 630 克。圆形，圆钮，莲花瓣钮座。座外一周连珠纹带。四方分别配置青龙、白虎、朱雀、玄武，四神间镜缘处配以折枝花。素缘，镜面平整，保存完整。有铜绿锈。

图六　唐代四神镜

唐代瑞兽花枝镜（图七）

1986年出土于三门峡市刚玉砂厂工地，直径22.2厘米，缘厚0.5厘米，重1230克。八出葵花形，圆钮。钮两侧各一麒麟状瑞兽相对而立。二兽体态丰盈，顶有双角，两耳后竖，长尾后垂。全身布满鱼鳞纹。前肢直立，后肢稍弯曲。钮上方竹林丛生，围以雕花篱栏。竹林两侧各一株花叶鲜丽的花枝。花枝上各一小鸟和蜂蝶。钮下水波荡漾，池边花枝摇曳，蜂蝶飞舞，两侧各一株花枝。镜面平整。断裂。边缘有褐绿锈。

图七　唐代瑞兽花枝镜

图八　唐代双鸾月宫盘龙镜

唐代双鸾月宫盘龙镜（图八）

1985年出土于三门峡市第二面粉厂工地，直径15.1厘米，缘厚0.4厘米，重550克。八出葵花形，圆钮。钮左右两侧各一长尾鸾鸟衔绶展翅飞翔。双鸾昂首向上，望着钮上方的月宫。月宫中桂树枝叶繁茂，树下分别为蟾蜍跳跃和玉兔捣臼。钮下一盘龙腾飞于波涛汹涌的海面上，龙头高昂，身躯上卷，四肢伸张。龙两侧各有一朵祥云。素缘，镜面平整，保存完整。有蓝绿锈。

宋代李儒起造方镜（图九）

1984年出土于三门峡市钨钢厂工地，边长12厘米，缘厚0.2厘米，重320克。方形，圆钮，连珠纹钮座。座外方形波浪纹将镜背分为内外两区。内区四方各有一双叶花苞，四角各一小金鱼。外区四方有“李儒起造”四字，四角各一大金鱼。素宽缘内有一周小乳钉。镜面平整，保存完整。有褐绿锈。

图九　宋代李儒起造方镜

宋代双鹰戏兔镜（图一〇）

1985年出土于三门峡市器材厂工地M13，边长12.5厘米，缘厚0.2厘米，重260克。方形委角，圆钮。钮外两鹰振翅疾飞，尖喙向下，伺时攻击，下部一兔惊慌失措，四足疾奔。素缘，镜面平整，保存完整。有铜绿锈。

图一〇　宋代双鹰戏兔镜

三门峡作为洛阳、长安两京之间交通的咽喉，西有函谷关，东有崤塞，既是中原与关中联系的交通要道，又是两方政治、经济交流的重要通道，更是中原文化与关中文化汇聚、碰撞、融合的枢纽地带，正因如此，三门峡地区出土的铜镜也融合了二者文化精华，对于研究两方文化交流、生产生活习俗、冶铸工艺等方面具有重要的意义。

河南三门峡李家窑西周墓发掘简报

◎河南省文物考古研究所　◎三门峡市文物考古研究所

李家窑遗址位于三门峡市区南部，南临青龙涧河，北依上村岭，地势平坦开阔（图一）。2002 年 8 月至 2004 年 1 月，河南省文物考古研究所和三门峡市文物考古研究所组成联合考古队，对位于李家窑村西的李家窑遗址进行了考古发掘。发掘总面积 5000 余平方米，清理了一批周代墓葬，其中 M34 和 M37 较为重要。现将这两座墓的发掘情况简报如下。

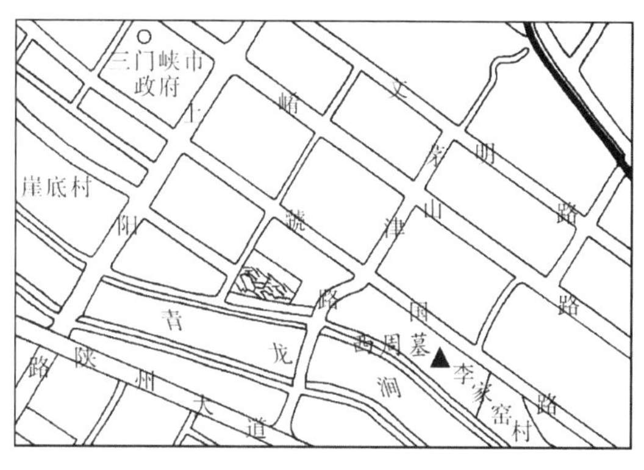

图一　墓葬位置示意图

一、M34

（一）墓葬形制

M34 为长方形竖穴土坑墓，方向 260°。墓葬开口于周代文化层下，距现地表 2 米，东西长 2.9、南北宽 1.5 米。墓底略大于墓口，长 3.3、宽 1.9 米，墓深 6.3 米。墓壁上部垂直，下部斜直外张，底部平坦。墓底四周有熟土二层台，宽 0.18~0.24、高 1.2 米。墓底中部有一长方形腰坑，东西长 0.6、南北宽 0.3、深 0.12 米。墓内填土经过夯打，较硬，夯层厚 0.22~0.25 米，夯窝不明显。

葬具已腐朽，由木质朽痕可知为单棺单椁。木椁位于墓室中部，由底板、壁板和盖板三部分组成，长 2.9、宽 1.4、高 1.2 米。椁底板是由长 3.3、宽 0.1~0.16、厚 0.04 米的木板东西纵向平铺而成，因底板较长，均伸出东西壁板之外。椁室四壁用宽 0.1~0.12、厚 0.08 米的木板相围、叠砌而成，椁盖板是用宽 0.14~0.18、厚 0.06 米的木板南北横向平铺于二层台上。木棺位于椁室中部稍偏东，长 2.04、宽 0.8、高 0.42 米，其底板和盖板因与椁板相叠压而难以分辨。棺内人骨架已朽成粉末状，据其痕迹可知，死者为单人仰身直肢葬，头向西，年龄和性别不明。

此墓未经盗扰，随葬器物因用途差异而被放置于墓室不同的位置。椁盖板上放置少量石圭

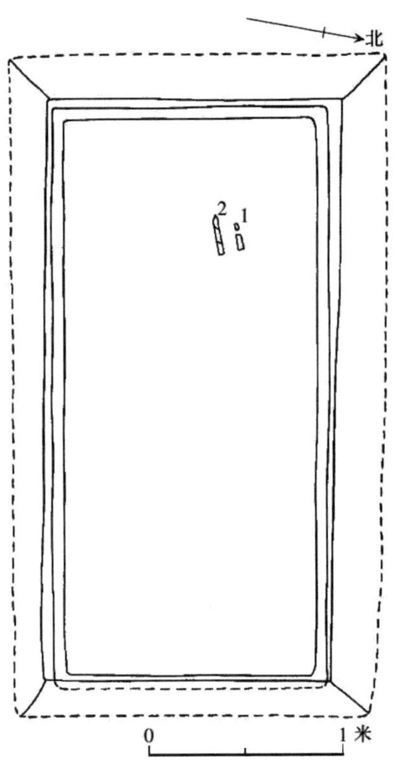

图二　M34 椁盖板上随葬器物分布图

1、2. 石圭

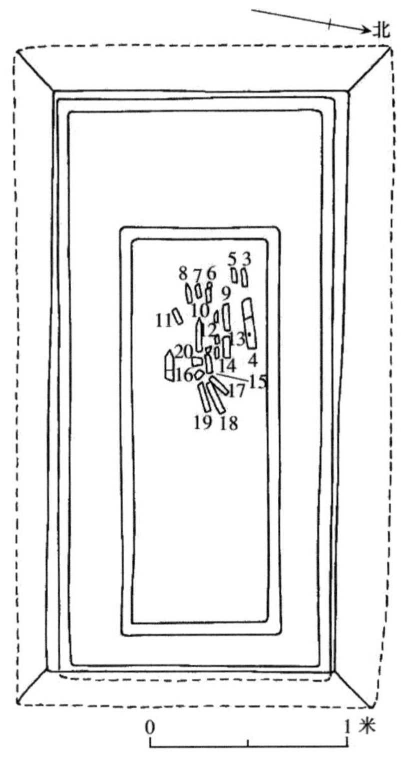

图三　M34 棺盖板上第一层随葬器物分布图

3、5~7、9、11~20. 石圭　4、8、10. 石戈

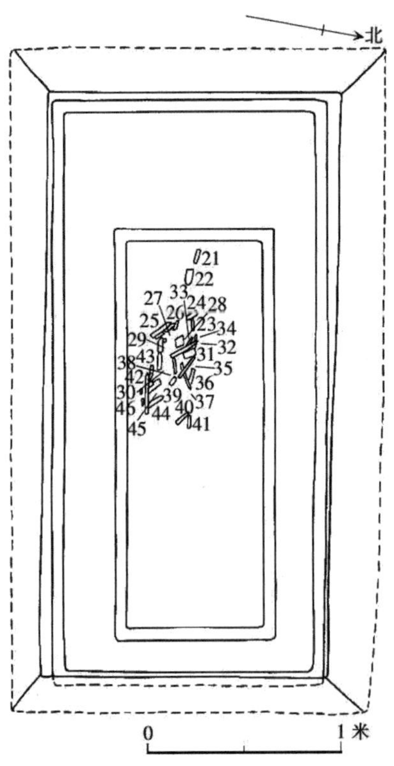

图四　M34 棺盖板上第二层随葬器物分布图

21、22、30~46. 石圭　23~29. 石戈

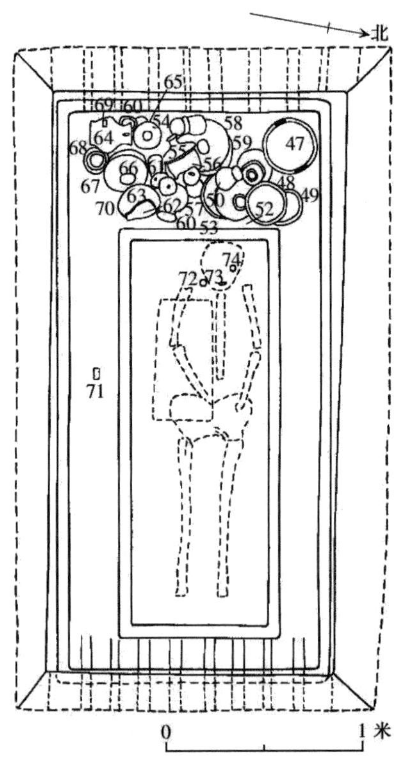

图五　M34 棺椁之间随葬器物分布图

47. 铜鼎　48、53. 陶豆　49. 陶盂盖　50、54、57、60、61、66、68. 陶罐　51、64. 陶壶（51 压于 48、50、52、53 下）　52、65. 陶器盖　55、58. 陶豆盖　56、67. 陶鬲　59. 陶盂　62. 铜匜　63. 铜盘　69、71. 骨管　70. 石贝　72、74. 玉玦　73. 玉琀

（图二），棺盖板上放置较多的石圭和石戈（图三；图四）。棺椁之间放置铜礼器、陶器、骨器和石贝，其中铜礼器和陶器集中于墓室西部，包括铜鼎、盘、匜和陶鬲、豆、壶、盂、罐、器盖等。棺内放置有玉玦和玉琀（图五）。

（二）随葬器物

此墓出土的随葬器物共 107 件。依质地分为陶、铜、玉、石、骨器五类。

1. 陶器

16 件。种类有鬲、豆、壶、盂、罐和器盖。

图六　M34 出土陶器

1. A 型罐（M34：60） 2. 豆（M34：53、55） 3. 壶（M34：64） 4. 鬲（M34：67） 5. B 型罐（M34：54） 6. 盂（M34：49、59） 7. 器盖（M34：52）（1、4、5、7 为 1/3，余为 1/6）

鬲　2件。形制、大小相同，皆为夹砂灰褐陶。直口，宽斜折沿，方唇，束颈，鼓腹，平裆，三蹄形实足。腹、底和足部饰绳纹，腹壁间隔附加竖向扉棱和圆饼纹。标本M34：67，高12.2、口径21、腹深8.3厘米（图六，4；图九）。

豆　2件。出土时器、盖分置，其中标本M34：53与M34：55合为一件，标本M34：48与M34：58合为一件。形制、大小相同，皆为泥质灰陶。盖面隆起，顶部有喇叭形握手。器身直口，方唇，浅腹，底近平，短粗柄，喇叭形圈足。盖面和圈足刻划锯齿纹，柄部饰凹弦纹。标本M34：53、55，通高20、口径20.8、圈足径13.6厘米（图六，2；图一〇）。

壶　2件。形制、大小相同，皆为泥质灰陶。盖面隆起，顶部有喇叭形握手，深子口。器身敞口，窄平折沿，尖唇，长束颈，口沿下有对称的绳索状半环形耳，鼓腹，矮圈足。盖面和腹上部刻划锯齿纹，颈部和腹中部饰凹弦纹。标本M34：64，通高27.2、口径13.2、腹径18.8、圈足径12.4厘米（图六，3；图一一）。

盂　1件（M34：49、59）。出土时器、盖分置，泥质灰陶。盖面隆起，盖缘较宽，顶部有喇叭形握手。器身直口，宽折沿，折腹，腹部有对称的绳索状半环形耳，平底。盖面和腹部刻划锯齿纹。通高19、口径24.8、底径9.6厘米（图六,6；图一二）。

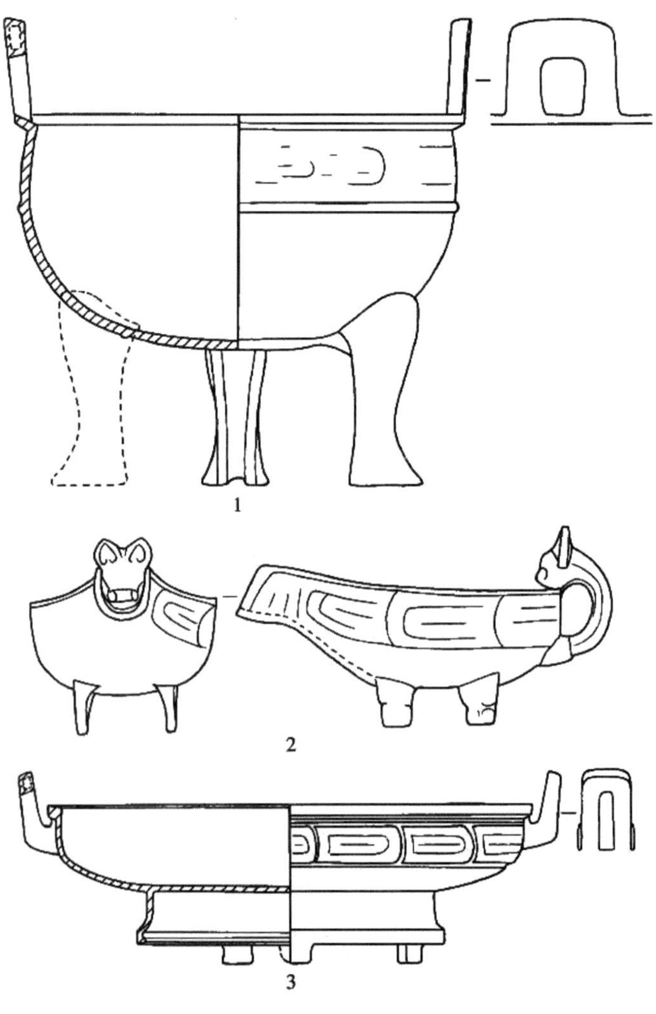

图七　M34出土铜器
1. 鼎（M34：47）　2. 匜（M34：62）　3. 盘（M34：63）（均为1/4）

罐　7件。皆为泥质灰陶。分2型。

A型　5件。形制相同，上有圆饼形盖。器身敞口，平折沿，沿面内凹，尖唇，束颈较长，溜肩，鼓腹，平底。肩部饰一周宽带凹弦纹，腹部饰细绳纹。标本M34：60，盖顶有圆锥形钮。通高16.8、口径10.6、腹径13.4、底径10.8厘米（图六，1；图一三）。标本M34：68，盖顶无钮。通高15、口径10.4、腹径13.8、底径10.8厘米。

B型　2件。形制、大小相同。圆饼形盖，盖中部有一桥形钮，钮周围有一周不规则的压印纹。器身直口，平折沿，沿面内凹，尖唇，束颈较短，斜肩，鼓腹，腹下部斜直内收成小平底。通体饰细绳纹。标本 M34：54，通高 12.4、口径 9.2、腹径 10、底径 8 厘米（图六，5；图一四）。

器盖　2 件。形制、大小相同，皆为泥质灰陶。斜折沿，盖面隆起，顶中部有喇叭形握手。盖面饰锯齿纹。标本 M34：52，高 7.7、口径 21 厘米（图六，7）。

2. 铜器

3 件。均为铜礼器，有鼎、盘、匜三种。

鼎　1 件（M34：47）。口沿略残。口微敛，立耳，斜折沿，鼓腹，圜底下附三蹄形足，足内侧有一竖向凹槽。腹上部饰一周简易无珠重环纹，中部饰一周凸弦纹。高 25.4、口径 25、腹深 12.2 厘米（图七，1；图一五）。

盘　1 件（M34：63）。直口，窄平折沿，方唇，附耳外撇，浅腹，底近平，高圈足，下附三扁支足。腹部饰一周无珠重环纹。高 10.4、口径 26.8、腹深 4.4 厘米（图七，3；图一七）。

匜　1 件（M34：62）。近直口，方唇，弧腹，圜底下附四扁体兽形足。前有窄槽状流，后有曲体龙形鋬手。口外沿饰无珠重环纹。高 10.6、宽 10.4、流口宽 3、腹深 5.4 厘米（图七，2；图一六）。

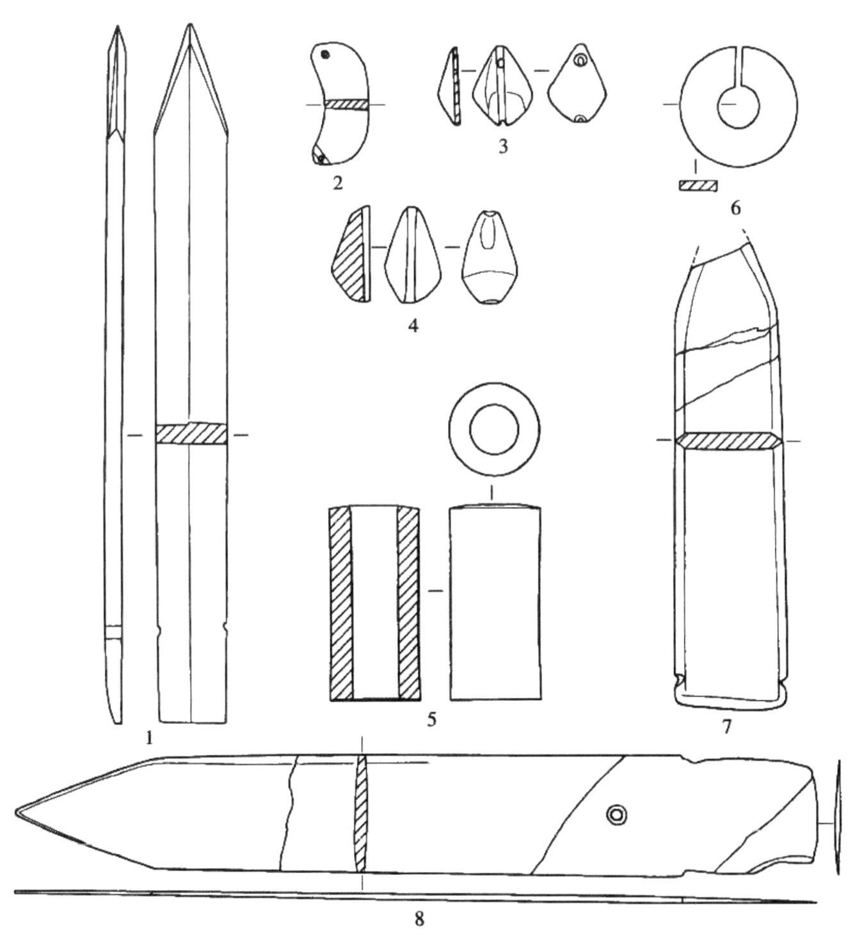

图八　M34 出土玉、石、骨器
1、7. 石圭（M34：42、12）2. 玉琀（M34：73）3、4. 石贝（M34：70-1、70-6）
5. 骨管（M34：71）6. 玉玦（M34：72）8. 石戈（M34：29）（均为 1/2）

图九　陶鬲（M34：67）

图一〇　陶豆（M34：53、55）

图一一　陶壶（M34：64）

图一二　陶盂（M34：49、59）

图一三　A 型陶罐（M34：60）

图一四　B 型陶罐（M34：54）

图一五　铜鼎（M34：47）

图一六　铜匜（M34：62）

图一七　铜盘（M34：63）

图一八　铜鼎（M37：22）

图一九　铜盘（M37：38）

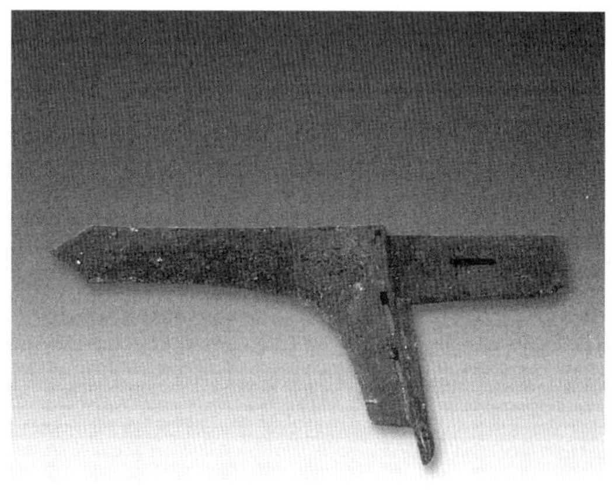
图二〇　铜戈（M37：39）

3. 玉器

3 件。有玦、琀两种。

玦　2 件。形制、大小及玉质相同，当取材自同一块玉料。青玉，玉质细腻，半透明。圆形扁平体。标本 M34：72，外径 3.3、孔径 1.1、厚 0.2 厘米（图八，6）。

琀　1 件（M34：73）。青玉，玉质细腻，微透明。体扁平，呈半月形，两端各有一个单面钻的圆穿。长 3.4、宽 1.7、厚 0.3 厘米（图八，2）。

4. 石器

83 件。种类有戈、圭、贝三种。

戈　10 件。除少数完整外，大部分已残损，制作粗糙，大小不一。标本 M34：29，青石质。锋呈等腰三角形，直援，援上下有钝刃，援后部有一圆穿。直内，内端较薄。通长 22.5、援长 18.8、援宽 3.4、厚 0.4 厘米（图八，8）。标本 M34：4，锋及援前部均残缺。近长方形内，援后部有一单面钻圆穿。残长 25.7、宽 5、厚 0.9 厘米。

圭　36 件。因石质较差，除少数完整外，大部分已残损。器作扁长条形，首端均作三角形。标本 M34：12，已断裂成三截。残长 12.8、宽 3.3、厚 0.4 厘米（图八，7）。标本 M34：42，长 19.2、宽 2、厚 0.5 厘米（图八，1）。

贝　37 件。形制相似，大小不一。仿贝形，白色，前端较尖，正面略鼓，背面中部有一竖向凹槽，个别在尖部钻有圆穿。标本 M34：70–1，尖部有圆穿。长 2.2、最宽处 1.7、厚 0.6 厘米（图八，3）。标本 M34：70–6，尖部无穿。长 2.7、最宽处 1.5、厚 1 厘米（图八，4）。

5. 骨器

管　2 件。形制、大小相同，皆呈短圆管状。标本 M34：71，长 5.4、外径 2.5、孔径 1.4 厘米（图八，5）。

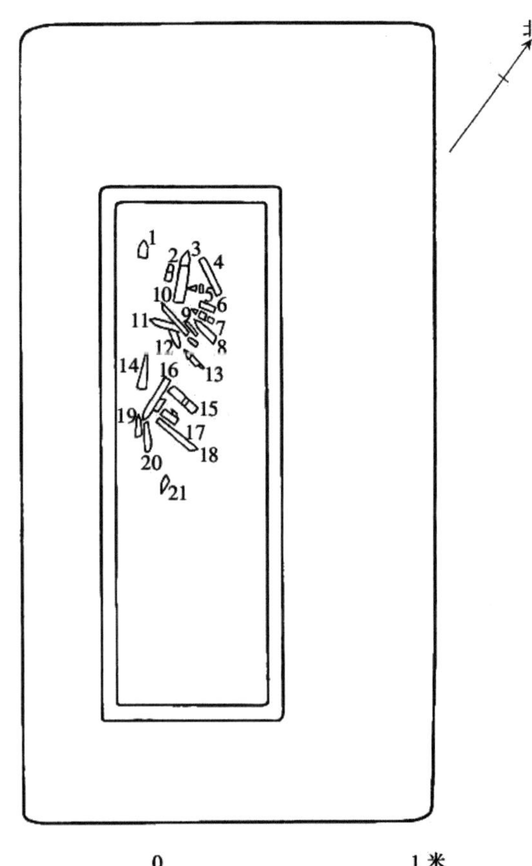

图二一　M37 棺盖板上随葬器物分布图
1~11、13~21. 石圭　12. 铜薄片饰

二、M37

（一）墓葬形制

M37 为长方形竖穴土坑墓，方向 312°。墓葬开口于周代文化层下，距现地表 1.8 米，东西长 3、南北宽 1.38 米。墓底略大于墓口，长 3.1、宽 1.66 米，墓深 6.4 米。墓壁修整平

滑，底部平坦。墓底四周有熟土二层台，宽0.12~0.16、高1.1米。墓底中部有一长方形腰坑，坑内放有兽骨。南北长0.5、东西宽0.3、深0.18米。墓内填土稍加夯打，较硬，夯窝与夯层不明显。

葬具已腐朽，从残存的木质朽痕可以看出为单棺单椁。木椁位于墓室中部，长2.86、宽1.3、高1.1米。木棺位于椁室中部偏南，长2.1、宽0.72、高0.48米。棺内人骨架已朽，从残存的几枚牙齿判断为头西足东。在棺椁之间的北部放置一些兽骨。

随葬器物分置于墓内不同地方。棺盖板上放置有石圭（图二一）。棺椁之间放置铜器和陶器，且多集中于椁室西部，其中铜器有鼎、盘、匜、戈、镞、盾钖、小环和小腰，陶器有鼎、鬲、甗、豆、壶、盂、罐和珠等。棺内放置有少量玉器，有管、蚕和环等（图二二）。

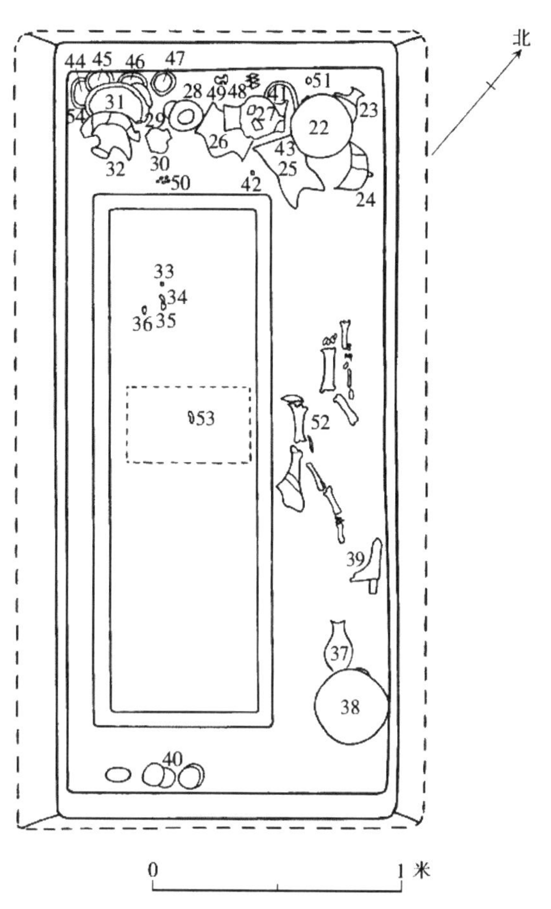

图二二　M37棺椁之间随葬器物分布图
22. 铜鼎　23、43. 陶豆　24. 陶鼎　25. 陶甗
26、27. 陶壶　28. 陶壶盖　29、30、44~47. 陶罐
31. 陶盂　32. 陶盂盖　33. 玉环　34、36. 玉蚕
35. 玉管　37. 铜匜　38. 铜盘　39. 铜戈　40. 铜盾钖
41、54. 陶鬲（54压于31下）42. 铜小环
48. 铜镞　49. 铜小腰　50. 陶珠　51~53. 兽骨

（二）随葬器物

此墓出土的随葬器物共71件。依质地分为陶、铜、玉、石器四类。

1. 陶器

20件。种类有鼎、鬲、甗、豆、壶、盂、罐、珠等。

鼎　1件（M37：24）。夹砂灰陶。口微敛，半环形立耳，罐形腹，圜底下附三蹄形足。高19.6、口径18.2、腹深14.6厘米（图二三，1；图二五）。

鬲　2件。形制、大小相同，皆为夹砂灰褐陶。侈口，斜折沿，方唇，束颈，鼓腹，联裆，锥足内空。通体饰绳纹。标本M37：41，口沿一侧略残。高20.2、口径19.2、腹深16.2厘米（图二三，2；图二六）。

甗　1件（M37：25）。夹砂灰褐陶。上甑下鬲，连体。甑为侈口，斜折沿，斜方唇，弧腹向下内收，平底中空。鬲为短束颈，鼓腹，联裆，三实心足。通体饰细绳纹。高26.6、口径23.8厘米（图二三，3；图三〇）。

豆　2件。形制、大小相同，皆为泥质灰陶。直口，平折沿，折腹，圜底，高柄，喇叭形圈足。盘腹与柄部饰凹弦纹。标本M37：43，高11.6、口径20.4、圈足径13.2厘米（图二三，7；

图二七）。

壶　2件。形制、大小相同，皆为泥质灰陶。盖面微隆起，顶部有喇叭形握手，深子口。器身侈口，束颈，口沿下有对称的绳索状半环形耳，折腹，喇叭形圈足。盖面刻划锯齿纹，盖边缘、颈部和腹中部饰凹弦纹，腹上部饰菱形网格状纹。标本M37：26，通高27.6、口径15.5、腹径20、圈足径16厘米（图二三，9；图二九）。

盂　1件（M37：31、32）。出土时器、盖分置，泥质灰陶。盖面隆起，顶部有喇叭形握手。器身敛口，宽斜折沿，方唇，折腹，腹部有对称的绳索状半环形耳，平底。盖面和腹中部刻划锯齿纹，锯齿纹两侧饰凹弦纹。通高21.4、口径25.4、底径11.4厘米（图二三，4；图二八）。

罐　6件。皆为泥质灰陶。分2型。

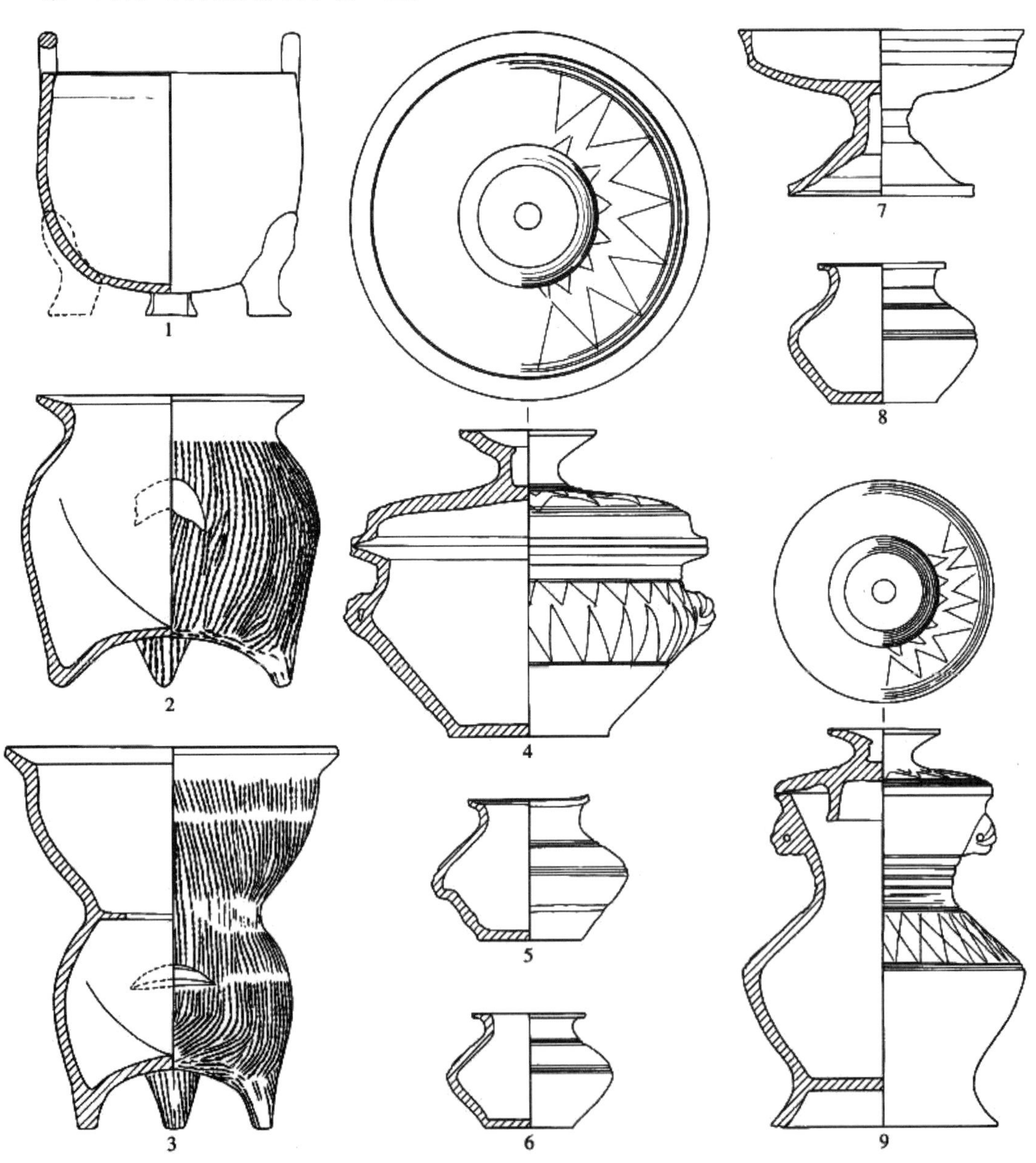

图二三　M37出土陶器

1.鼎（M37：24）2.鬲（M37：41）3.甗（M37：25）4.盂（M37：31、32）
5、6.B型罐（M37：30、44）7.豆（M37：43）8.A型罐（M37：45）9.壶（M37：26）（均为1/5）

A型　4件。形制、大小相同。侈口，折沿，沿面内凹，方唇，束颈，斜肩，鼓腹，平底。颈部、肩部和腹部饰凹弦纹。标本M37：45，高9.6、口径9、腹径13.5、底径7.5厘米（图二三，8）。

B型　2件。形制基本相同，大小略有差异。侈口，短束颈，斜肩，折腹，平底。肩部和腹部饰凹弦纹。M37：30，形体较大，斜折沿。高9.8、口径8.4、腹径14、底径7.2厘米（图二三，5）。M37：44，形体较小，平折沿内凹。高8、口径8、腹径11.8、底径6.4厘米（图二三，6）。

珠　5颗（M37：50）。泥质灰黑陶。菱形，两端较尖，中穿一圆孔。高1.1~1.6、外轮直径1.1~1.4厘米。

2. 铜器

27件。依用途不同分为礼器、兵器和其他三类。

（1）礼器

3件。有鼎、盘、匜三种。

鼎　1件（M37：22）。口沿及腹部残缺。口微敛，立耳，斜折沿，鼓腹，圜底下附三蹄形足，足内侧有一竖向凹槽。腹上部饰一周S形窃曲纹，中部饰一周凸弦纹。高25、口径26、腹深11厘米（图一八；图二四，1）。

盘　1件（M37：38）。一耳残缺。直口，窄平折沿，方唇，附耳，浅腹，圜底，高圈足。高8.2、口径26、腹深2.6厘米（图一九；图二四，3）。

匜　1件（M37：37)。流口略残。近直口，方唇，弧腹，圜底下附四扁足。前有窄槽状流，后有曲体龙形鋬手。高13、宽11.6、流口宽4、腹深5.8厘米（图二四，2）。

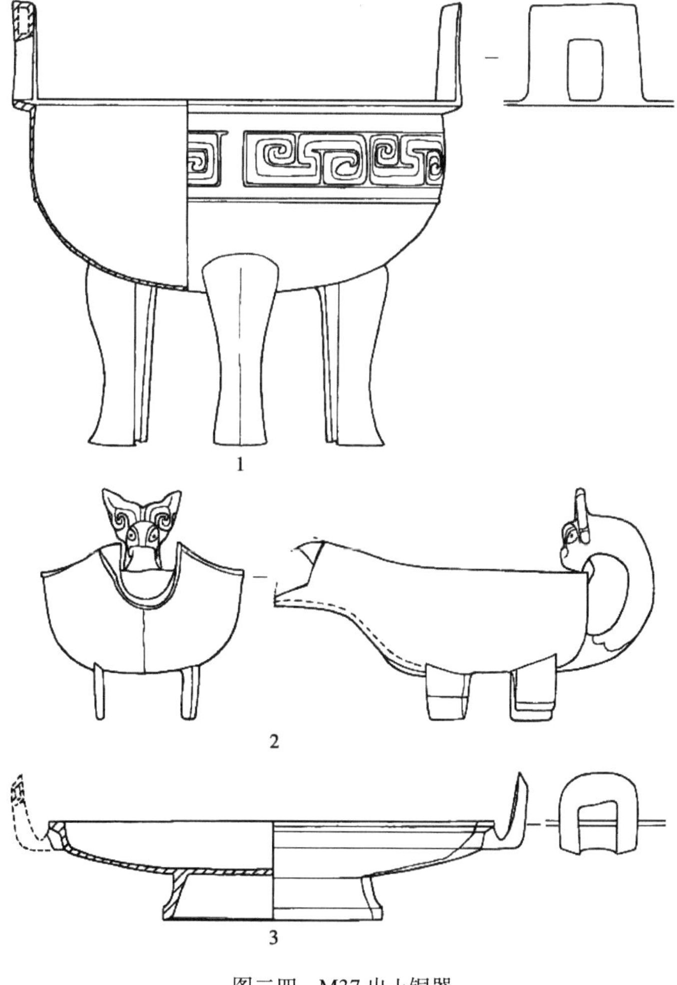

图二四　M37出土铜器
1.鼎（M37：22）2.匜（M37：37）3.盘（M37：38）（均为1/4）

（2）兵器

21件。有戈、镞、盾钖三种。

图二五　陶鼎（M37：24）

图二六　陶鬲（M37：41）

图二七　陶豆（M37：43）

图二八　陶盂（M37：31、32）

图二九　陶壶（M37：26）

图三〇　陶甗（M37 ： 25）

戈　1件（M37：39）。锋部呈等腰三角形，援部微上扬，锋与援刃锐利。长胡，直内，阑侧三穿，内上一穿，内端下角有一小缺。通长19.6、援长10.3、援宽2.6、厚0.6厘米（图二〇；图三一，3）。

镞　15件。分3型。

A型　5件。双翼内收，形制、大小相同。尖锋，双翼贴近镞身且有锐刃，高脊，圆柱状铤。标本M37：48-5，通长6.2、双翼宽1.6、铤长2.5、铤直径0.3~0.5厘米（图三一，8）。

B型　4件。双翼外张，形制与A型相似，只是双翼稍微远离镞身。标本M37：48-1，通长5.7、双翼宽2.6、铤长2.4、铤直径0.3~0.55厘米（图三一，5）。

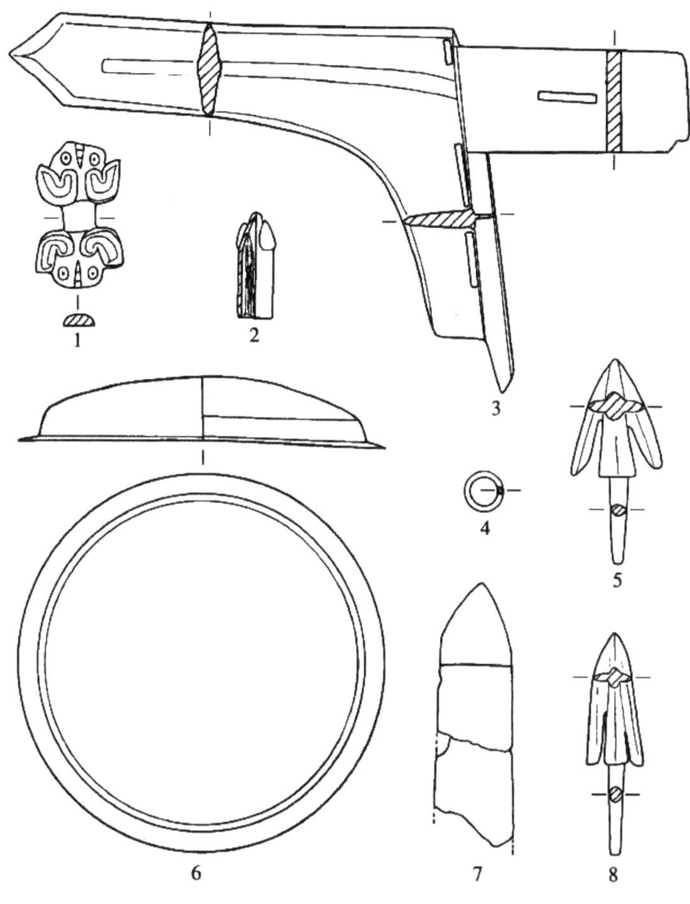

图三一　M37出土铜器

1. 小腰（M37：49）　2.C型镞（M37：48-15）　3. 戈（M37：39）　4. 小环（M37：42）　5.B型镞（M37：48-1）　6. 盾钖（M37：40-1）　7. 薄片饰（M37：12）　8.A型镞（M37：48-5）（均为1/2）

C型　6件。无翼，四叶锋。镞身前端呈立方体，四角各有一个蕉叶状锋，末端为圆形銎。标本M37：48-10，长2.7、銎孔直径1厘米。标本M37：48-15，长2.9、銎孔直径1厘米（图三一，2）。

盾钖　5件。应为盾牌上的装饰物，形制、大小基本相同。壁胎较薄，正面向上隆起，背面相应凹陷，周边有数个小孔。标本M37：40-1，高1.8、直径10.6厘米（图三一，6）。

（3）其他

3件。有小环、小腰和薄片饰三种。

小环　1件（M37：42）。断面呈圆形。外径1.2、内径0.8厘米（图三一，4）。

小腰　1件（M37：49）。器身扁薄，两端上隆，正面各呈一兽首，背面相应凹陷，中段呈扁条带状。长4.1、中部宽0.9厘米（图三一，1）。

薄片饰　1件（M37：12）。状如圭形，器身较薄。腐蚀严重，残甚。残长7.3、宽2.2厘米（图三一，7）。

3. 玉器

4件。有管、蚕和环三种。

管　1件（M37：35）。青玉，玉质细腻，微透明。短圆管状，表面刻有S形和圆角方形图案。高1.4、外径1、孔径0.4~0.5厘米（图三二，5）。

蚕　2件。均为青玉，玉质较细，微透明。体上饰五周凹弦纹。M37：34，形体较粗短。长2.1厘米（图三二，6）。M37：36，形体细长。长2.9厘米（图三二，7）。

环　1件（M37：33)。青玉，玉质细腻，半透明。圆形扁平体，断面呈长方形。外径1.2、内径0.6、厚0.3厘米（图三二，4）。

4. 石器

圭　20件。多数为青石质，呈青灰色；少数为大理石质和砂石质，呈白色和红褐色。因腐蚀严重，大部分残碎较甚。器身皆作扁长条形，首端作三角形，有的末端稍宽。标本M37：19，已断裂成三截，近末端两侧各有一个小缺口。长17.1、宽2、厚0.3~04厘米（图三二，1）。标本M37：14，首端略残，整体略呈三角形。残长13.5、末端宽3.2、厚0.7厘米（图三二，2）。标本M37：11，已断裂成两块，首端较厚，末端较薄且宽。长12.1、最宽处2.9、厚0.25~0.6厘米（图三二，3）。

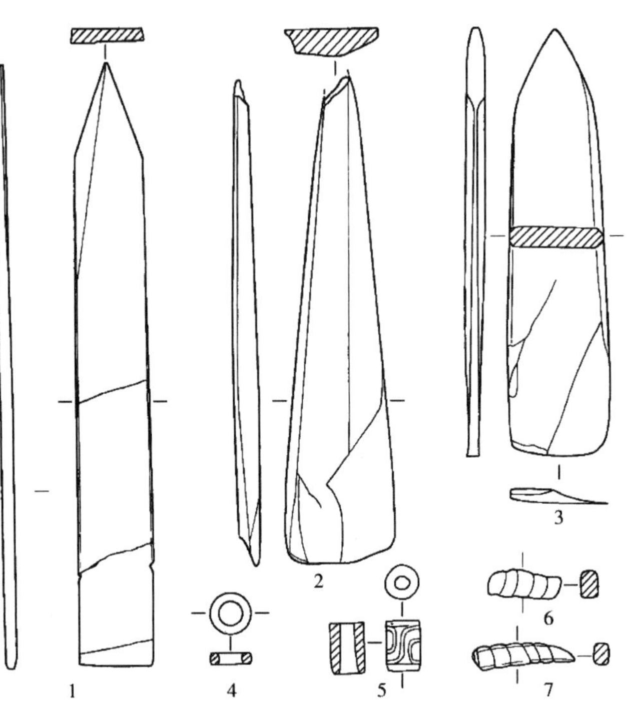

图三二　M37出土玉、石器
1~3. 石圭（M37：19、14、11）　4. 玉环（M37：33）
5. 玉管（M37：35）　6、7. 玉蚕（M37：34、36）（均为1/2）

三、结语

（一）墓葬年代

M34和M37位于李家窑遗址南部，墓葬开口于东周时期文化层下。这两座墓的形制均为口小底大的长方形竖穴土坑墓，葬具为单棺单椁，与上村岭虢国墓地小型贵族墓M2016和M2017相同[1]。在器物组合方面，铜器为鼎、盘、匜，陶器为鬲、豆、壶、盂、罐等，也与上村岭虢国墓地小型贵族墓的器物组合相同[2]。

从这两座墓出土的器物看，陶器中的鬲与李家窑M44出土的鬲形制相近[3]，豆与虢国墓地追缴的被盗遗物中的豆形制相同[4]，盂与李家窑M44出土的A型盂形制相近[5]。铜器中的鼎与虢国墓地M2017出土的鼎形制相同[6]，盘与虢国墓地M2017和M2012出土的明器盘形制相似[7]，匜与虢国墓地M2011出土的匜形制相似[8]，戈与李家窑M44出土的戈形制相同[9]。此外，两墓出土的陶器上饰有绳纹、锯齿纹，铜器上饰有重环纹、窃曲纹等，这也是西周晚期流行的纹饰。

综上所述，无论从墓葬形制、器物组合，还是从器物特征、纹饰等方面看，都表明这两座墓的时代应属西周晚期。

（二）墓主身份

M34 和 M37 均为单棺单椁。M34 随葬有一鼎、一盘、一匜等铜礼器和二鬲、二豆、二壶、一盂、七罐等陶礼器，M37 随葬有一鼎、一盘、一匜等铜礼器和一鼎、二鬲、一甗、二豆、二壶、一盂、六罐等陶礼器及铜戈等兵器。从此规格上可以看出，这两座墓的墓主应为元士一级的贵族。

（三）墓葬国别

李家窑遗址已被确认为虢国上阳城的所在地[10]，M34 和 M37 位于虢国上阳城宫殿区附近，且墓葬开口于虢国文化层下，表明这两座墓葬年代明显较早，据此推断这两座墓葬有可能是早于虢国的焦人的墓葬。

领队：姜　涛

发掘：姜　涛　杨海青

摄影：杨海青　常　军

绘图：陈素英

执笔：杨海青　李清丽

成　楠　马伟峰

注释：

[1] 河南省文物考古研究所、三门峡市文物工作队：《三门峡虢国墓》第 1 卷，文物出版社，1999 年。

[2] 中国科学院考古研究所：《上村岭虢国墓地》，科学出版社，1959 年。

[3] 三门峡市文物工作队：《三门峡市李家窑四十四号墓的发掘》，《华夏考古》2000 年第 3 期。

[4] 河南省文物考古研究所、三门峡市文物工作队：《三门峡虢国墓》第 1 卷，文物出版社，1999 年。

[5] 三门峡市文物工作队：《三门峡市李家窑四十四号墓的发掘》，《华夏考古》2000 年第 3 期。

[6] 河南省文物考古研究所、三门峡市文物工作队：《三门峡虢国墓》第 1 卷，文物出版社，1999 年。

[7] 河南省文物考古研究所、三门峡市文物工作队：《三门峡虢国墓》第 1 卷，文物出版社，1999 年。

[8] 河南省文物考古研究所、三门峡市文物工作队：《三门峡虢国墓》第 1 卷，文物出版社，1999 年。

[9] 三门峡市文物工作队：《三门峡市李家窑四十四号墓的发掘》，《华夏考古》2000 年第 3 期。

[10] 李家窑遗址考古发掘队：《三门峡发现虢都上阳城》，《中国文物报》2001 年 1 月 10 日。

三门峡李家窑遗址出土骨料研究

◎马萧林　◎魏兴涛　◎侯彦峰

商周遗址出土骨器相当普遍，制骨作坊在都邑性遗址中也屡有发现。郑州商城曾多次发现制骨作坊遗迹，并出土大量骨器成品、半成品和废骨料[1]。安阳殷墟也发现多处制骨作坊，出土数以吨计的废骨料[2]。扶风县云塘村揭露的西周制骨作坊，出土两万多斤废骨料和半成品[3]。但由于受学科发展的局限，以往对骨器和制骨作坊的研究多为定性描述，缺乏技术观察和定量分析，遗失了大量考古信息。近年来，随着考古学日益关注古代经济技术的发展脉络，骨器研究逐渐引起考古学家的重视。本文拟对河南三门峡李家窑遗址出土的骨料进行系统分析，尝试复原西周末期虢国上阳城制骨作坊从选料、截料、制坯成型到修整成器的骨器制作过程，建构西周制骨手工业技术行为模式。

一、材料与方法

2000年春，河南省文物考古研究院等单位对三门峡李家窑遗址进行了考古发掘，揭露面积1300平方米。发掘地点位于西周虢国上阳城东北部内城和外城之间（图一）。发掘过程中没有进行筛选和浮选，但对各种遗物进行了认真采集。其中，灰坑H37集中出土了一批与骨器制作有关的遗物。H37为圆形袋状，周壁规整，底较平。口径2.4、底径3.4、深1.9米。坑内填土分为6层，其中第4、5层出土一批废骨料以及少量骨器成品和坯料，另外还有一些动物骨骼和1件砺石。

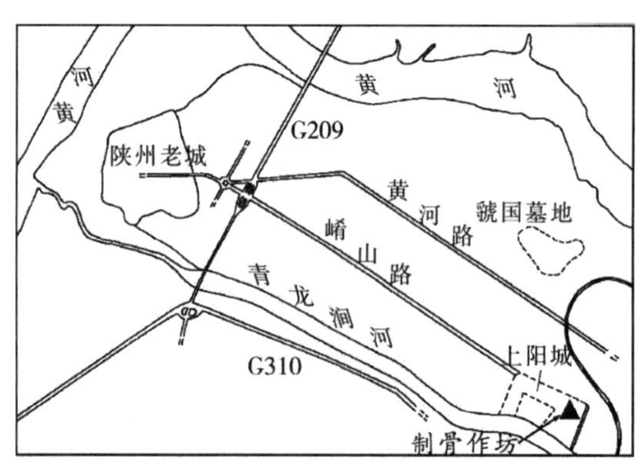

图一　李家窑遗址制骨作坊位置示意图

本文将按照以下步骤对H37出土的动物遗存进行分析：第一步，对出土动物遗存进行初步分类；第二步，对动物骨骼进行动物种属和部位鉴定；第三步，对骨器成品、坯料和废骨料进行形态描述和量化分析；第四步，对骨器制作过程进行梳理和归纳。

二、结果与讨论

根据骨骼上是否有加工痕迹，将H37出土的动物遗存分为两大类，即非骨器加工类和骨器加工类。前者多数是与肉食消费有关的动物骨骼遗存，后者是与骨器制作有关的成品、坯料和废骨料。

（一）非骨器加工类遗存

H37出土的非骨器加工类动物骨骼共计276件，重3941.8克。其中可以鉴定到种、属或科的有240件，重3724.8克。可鉴定种属有猪、牛、马、狗、羊、兔、鹿、狍和猫九种。不可鉴定的椎骨和肋骨碎片合计36件，重217克。在九种动物中，牛骨最多，猪骨次之，其他动物骨骼较少（表一）。

表一 非骨器加工类动物骨骼统计表

种属	名称	NISP	NISP%	MNI	MNI%	Wt（g）	Wt%
Sus domesticus	猪	50	20.8	8	25.8	841.1	22.6
Equus sp.	马	14	5.8	2	6.5	341.9	9.2
Bos sp.	牛	139	57.9	13	41.9	1637.6	44
Ovis/Capra	羊	6	2.5	1	3.2	61.1	1.6
Canis familiaris	狗	8	3.3	1	3.2	55.8	1.5
Cervus sp.	鹿	18	7.5	3	9.7	774.7	20.8
Capreolus pygargus	狍	1	0.4	1	3.2	3.1	0. 1
Lepus sp.	兔	3	1.3	1	3.2	7.3	0.2
Felis sp.	猫	1	0.4	1	3.2	2.2	—
合计		240	99.9	31	99.9	3724.8	100

注：NISP指可鉴定标本数，MNI指最小个体数，Wt指重量。

表二 非骨器加工类完整牛骨

骨骼		数量
腕骨	桡腕骨	6
	尺腕骨	2
	中间腕骨	7
	副腕骨	2
	第2、3腕骨	6
	第4腕骨	10
跗骨	中央、第4跗骨	20
	第2、3跗骨	11
	跟骨	4
	距骨	9
髌骨		1
合计		78

需要强调的是，在139件牛骨中，有78件完整的腕骨、跗骨和髌骨（表二；图二）；其他61件中，除1件破碎的牛角、7件游离齿外，其余53件骨骼多为破碎的长骨近端和远端，骨干极少。有趣的是，在H37中，不见牛的头骨、椎骨、肋骨、盆骨、指/趾骨等，而50件猪骨中几乎包含猪各个部位的骨骼。这些信息表明，人们对猪和牛的处理方式迥然有别，猪很可能是居住在H37附近的人们肉

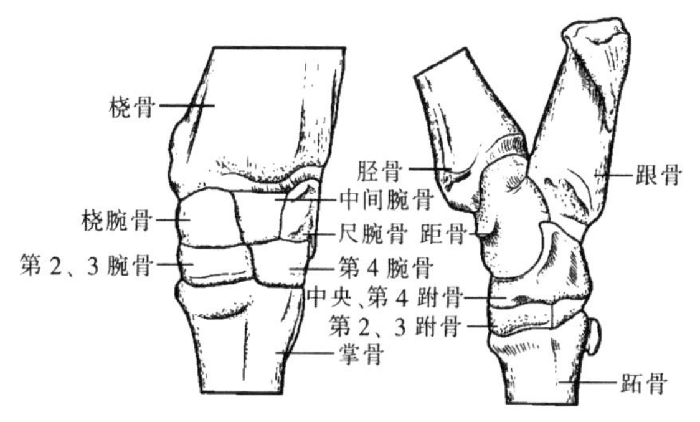

图二 牛前后肢腕骨和跗骨示意图

食消费的主要对象，牛则不然；这里的牛骨大多不是肉食消费的结果，而是骨器生产活动的产物。数量较多的腕骨和跗骨是与加工骨器的主要原料——长骨连带在一起从屠宰场运来的；与长骨相对分离的髌骨或许在屠宰场剔肉时被剥离，这是多数制骨作坊少见髌骨的主要原因。这里不见的牛指/趾骨很可能在屠宰过程中与牛皮一起被剥离掉了。

（二）骨器加工类遗存

根据不同的加工程度，可以把骨器加工类遗存分为骨器成品、坯料和废骨料三类。

1. 骨器成品

骨器成品共7件，包括骨笄[4]、骨锥两类。

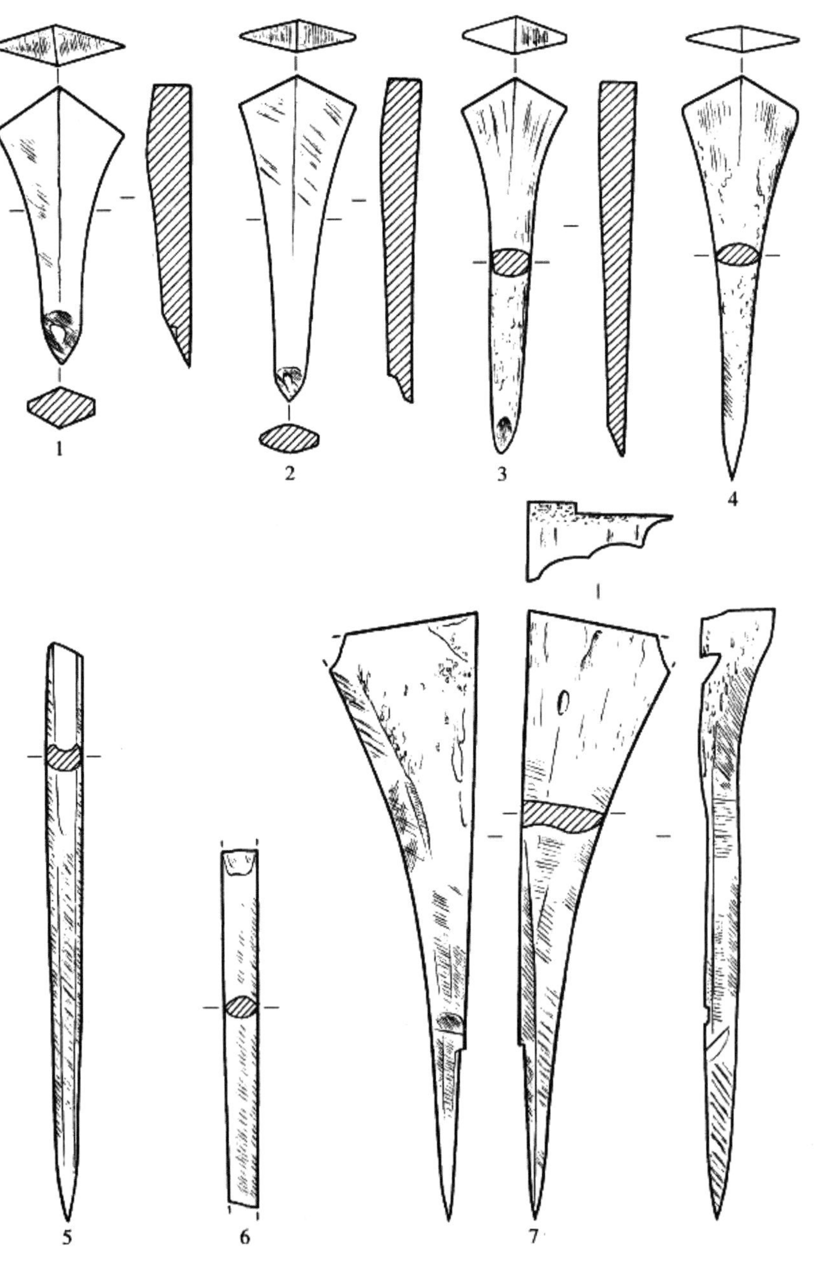

图三 骨器成品

1~4. A型笄（H37：1~4） 5、6. B型笄（H37：5、6） 7. 锥（H37：7）（均为2/3）

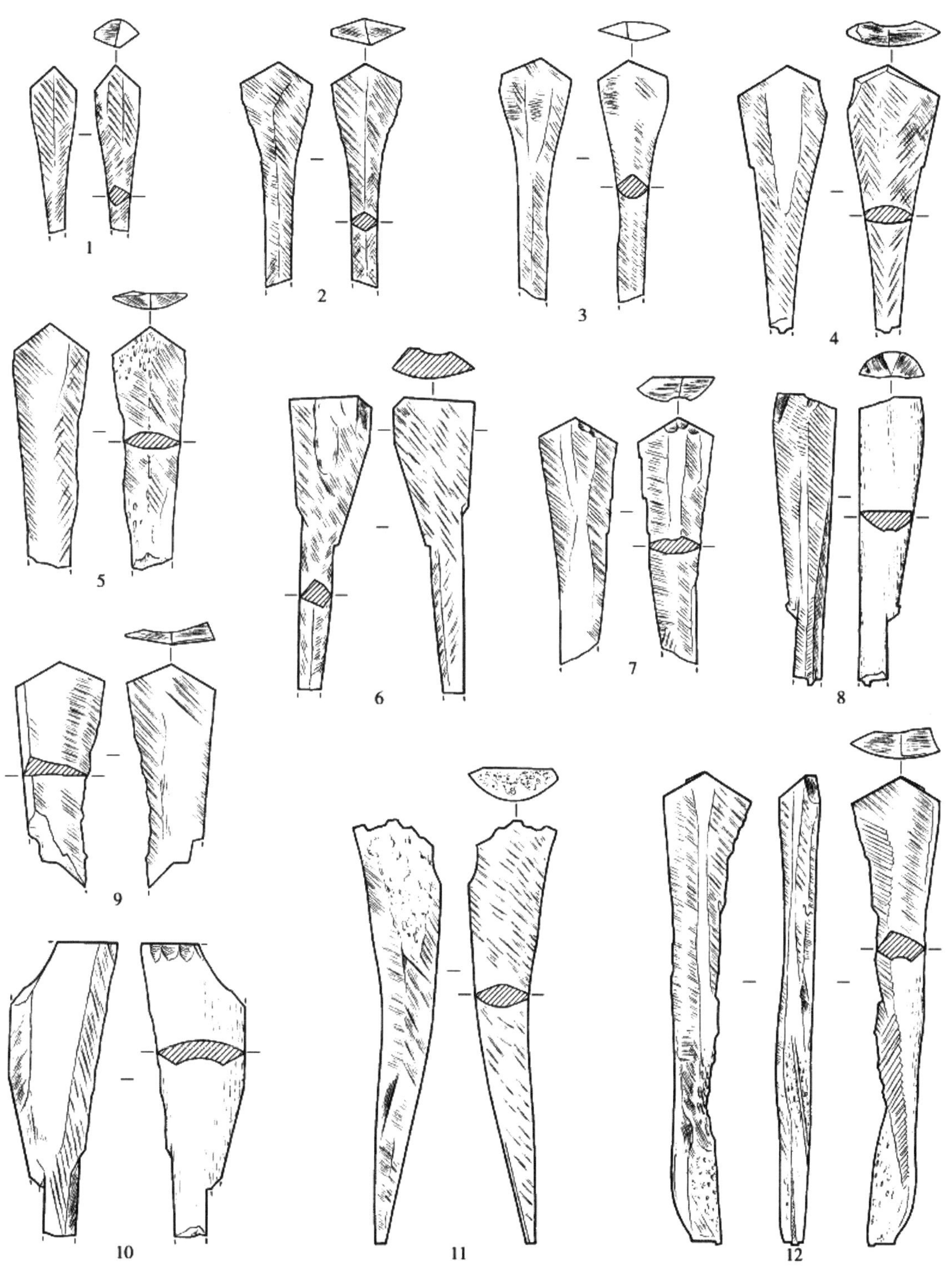

图四　A 型骨笄坯料

1. H37∶8　2. H37∶9　3. H37∶10　4. H37∶11　5. H37∶15　6. H37∶12
7. H37∶17　8. H37∶18　9. H37∶16　10. H37∶19　11. H37∶13　12.H37∶14（均为 1/2）

笄　6件。分两型。

A型　4件。磨制光滑，器身较扁，两面正中起脊，一端为三角形，截面略呈菱形，一端为尖状。标本H37：1，器身较短，略厚，两面正中脊棱清晰。长5.5、宽2.7、厚0.8厘米（图三，1）。标本H37：2，器身较短，两面正中脊棱不太清晰。长6.5、宽2.4、厚0.7厘米（图三，2）。标本H37：3，器身瘦长，两面正中脊棱不明显。表面受埋藏环境侵蚀，略显粗糙。长7.4、宽2.1、厚0.7厘米（图三，3）。标本H37：4，器身瘦长，扁平，两面正中脊棱不明显，一端尖锐。表面受埋藏环境侵蚀，比较粗糙。长8、宽2.3、厚0.6厘米（图三，4）。

B型　2件。均残，磨制光滑。器身细长略扁，截面略呈椭圆形，一端稍粗，一端尖锐。标本H37：5，器身一面有凹槽，为骨腔内壁，一端残，一端尖锐，表面可见细微斜向锉痕。残长11.5、宽0.7、厚0.4厘米（图三，5）。标本H37：6，两端均残，一端略粗，一端稍细。残长7.2、宽0.7、厚0.4厘米（图三，6）。

锥　1件（H37：7）。由骨器下脚料加工而成，顶端粗糙，器身中下部磨制光滑，锥尖锋利。长12.1、残宽3、厚1.2厘米（图三，7）。

2. 骨器坯料

骨器坯料共20件，均为骨笄类，分两型。

A型　12件。与A型骨笄形态接近，均由长条状骨片加工而成（图四）。这类器物的最大（残）长、最大宽均差异较大，最大厚则比较接近，这些特征与骨壁厚度和加工程度有关（表三）。器物表面斜向锉痕宽窄不一，绝大多数锉痕为左上右下方向，极个别器物瘦窄部位的锉痕为右上左下方向。

表三　A型骨笄坯料测量尺寸（单位：厘米）

编号	最大（残）长	最大宽	最大厚
H37：8	5.1	1.5	0.9
H37：9	7.0	2.2	0.9
H37：10	7.5	2.5	0.7
H37：11	8.4	2.8	0.8
H37：12	9.4	2.6	1.0
H37：13	13.4	2.5	1.0
H37：14	14.8	2.8	1.0
H37：15	7.6	2.2	0.7
H37：16	7.0	2.8	0.7
H37：17	7.8	2.4	0.7
H37：18	9.3	2.1	0.8
H37：19	9.2	3.1	0.8

B型　8件。与B型骨笄形态接近，均由长条状骨片加工而成（图五）。这类器物的最大（残）长差别不大，最大宽与加工程度有关，最大厚则与骨壁厚度相关（表四）。器物表面也见斜向锉痕，锉痕大多为左上右下方向，其中两件局部经磨光处理。

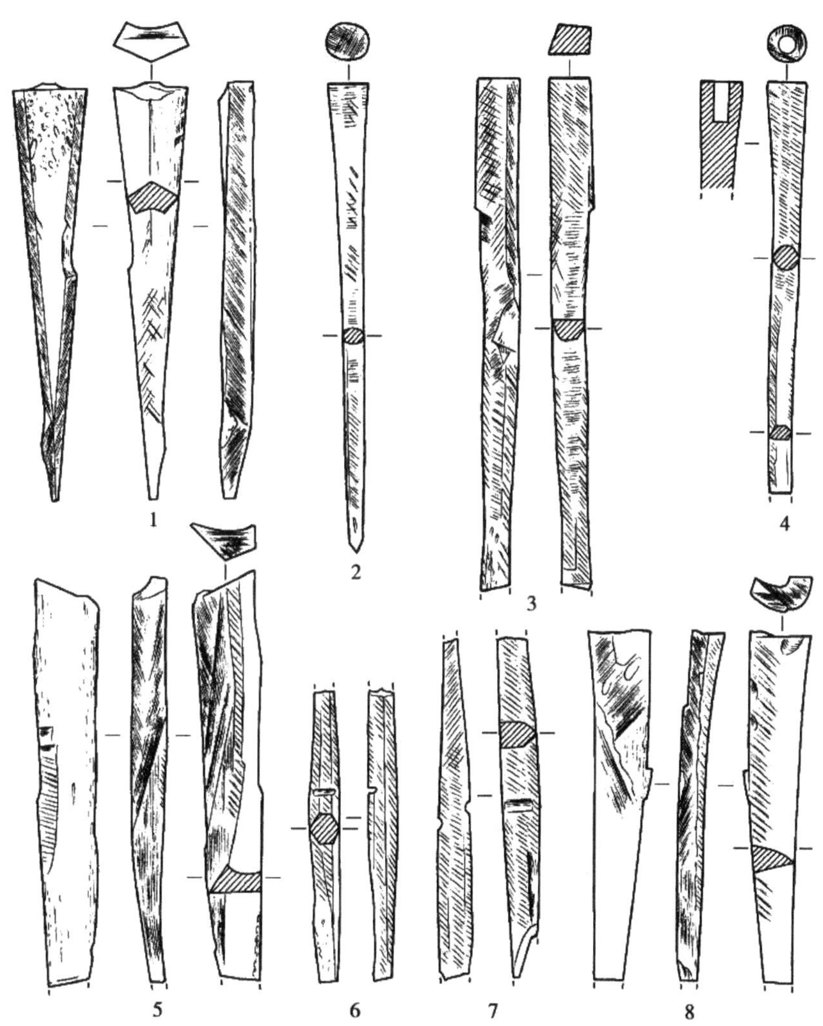

图五　B型骨笄坯料

1. H37：20　2. H37：21　3. H37：25　4. H37：22　5. H37：27　6. H37：23　7. H37：24　8. H37：26（均为1/2）

表四　B型骨笄坯料测量尺寸（单位：厘米）

编号	最大（残）长	最大宽	最大厚
H37：20	11.3	2.0	1.0
H37：21	12.7	1.2	0.9
H37：22	11.1	1.1	1.0
H37：23	8.0	0.8	0.8
H37：24	9.2	1.1	0.9
H37：25	13.9	1.3	0.8
H37：26	9.5	1.8	0.9
H37：27	11.1	1.9	1.1

3. 废骨料

H37出土的废骨料均为牛骨，合计1771件，重33040.1克。其中可确切鉴定到骨骼部位的有652件，占总数的36.8%，重25553.3克，占总重的77.3%；不可鉴定到骨骼部位的有1119件，占总数的63.2%，重7486.8克，占总重的22.7%（表五）。根据牛骨部位统计，废骨料中牛的最小个体数是26，即这批废骨料至少来源于26头牛的骨骼。

表五　可鉴定和不可鉴定废骨料数量与重量

	数量	数量%	重量（克）	重量%
可鉴定废骨料	652	36.8	25553.3	77.3
不可鉴定废骨料	1119	63.2	7486.8	22.7
合计	1771	100	33040.1	100

可鉴定废骨料包括牛前肢上的肩胛骨、肱骨、桡骨、尺骨、掌骨，以及后肢上的股骨、胫骨、跖骨，但不见头骨、椎骨、肋骨、指/趾骨等骨骼（图六）。废骨料中可鉴定牛骨标本分布情况见表六。从表六可以看出，前后肢的废骨料总数比较相近，前肢为336件，后肢为316件。但具体到骨骼部位的数量则差异很大，前肢主要是掌骨和桡骨，肩胛骨、肱骨、尺骨较少；后肢以跖骨和胫骨为主，股骨较少。这表明制作骨器的原料是有选择的，骨干较直、骨壁较厚的掌骨和跖骨是制作骨器的主要原料，桡骨和胫骨次之。

表六　废骨料中可鉴定牛骨标本分布

骨骼部位		数量*
前肢	肩胛骨远端	12
	肱骨	4+13+15=32
	桡骨	19+58（含尺骨）=77
	尺骨近端	13
	桡尺骨骨干	45
	掌骨	30+35+92=157
后肢	股骨	12+26=38
	胫骨	54+53=107
	跖骨	43+35+93=171
合计		652

*近端+远端+骨干，或近端+远端。

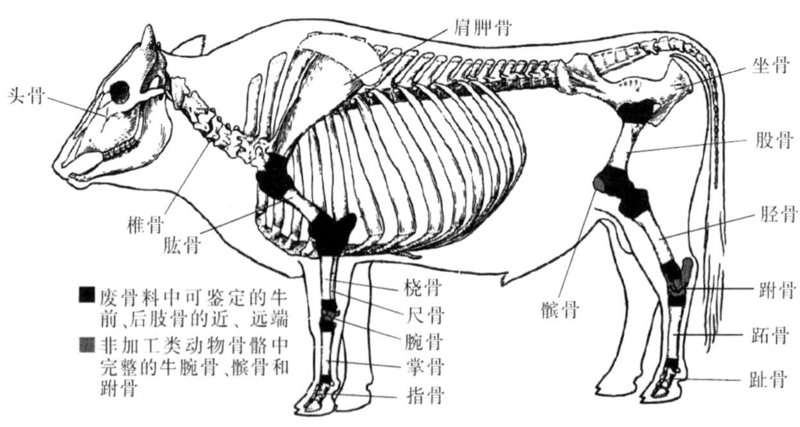

图六　牛骨废骨料分布示意图

相对于骨器成品和坯料，废骨料数量多，形态各异。但如何从凌乱的废骨料中梳理出头绪来，对于揭示废骨料形态与骨器制作工序之间的内在逻辑关系至关重要。这里以锯切面数量和废骨料形态为切入点，对废骨料进行分类和归纳。

根据锯切面数量，可将废骨料分为两类：一类是单锯面废骨料，即废骨料上只有一个平齐的锯切面（图七；图八）。这类废骨料主要是被一次性锯切下来并随即废弃的长骨两端，少数比较粗壮的骨端（例如股骨近端）是从两面对锯的，形成的锯切面因错位而不甚平齐，但锯切目的与其他被一次性锯切下来的骨端并无二致，故也可归入单锯面类。另一类是多锯面废骨料，即废骨料上显示两个以上的锯切面。此类废骨料大多是在截取骨器坯料的过程中，沿长骨纵向经多次锯切后而被丢弃的条状废料（图九）。这两类废骨料因在加工过程中脱离原材料或坯料有先有后，从而在被废弃的时间顺序上也有先后，即单锯面先被废弃，多锯面后被废弃。

多锯面废骨料的形态基本都是条状的，罕见管状、片状和柱状废骨料，此情形当与这里单纯生产条状的骨笄有关。一般来说，坯料和废骨料的形态与骨器的形态特征具有密切关系。例如，单纯制作骨笄的作坊，坯料和废骨料多为条状；制作骨笄、束发器、串饰、口含等器物的作坊，则见条状、管状、片状、柱状等形态的坯料和废骨料[5]。

有趣的是，在大多数单锯面废骨料截面上都保留一个细小的不规则形状的茬口（图八），例如在 30 件掌骨近端废骨料中 19 件有茬口，43 件跖骨近端废骨料中 39 件有茬口。这些茬口应是锯切到最后一刻骨端自动折断坠落形成的，由此推测，被废弃的骨端在锯切过程中很可能处于悬空状态。这种现象与当今木匠脚踩木料锯下废料时形成茬口的情形相似。

图七　单锯面废骨料

根据对废骨料中掌骨和跖骨近端长度的统计，掌骨近端被截取的长度多集中在 30~40 毫米之间，平均值为 37.01 毫米；而跖骨近端被截取的长度集中在 40~50 毫米之间，平均值为 43.37 毫米。跖骨近端截去的废料比掌骨近端的长，可能有两个原因：一是与上述 A 型骨笄的形状有关。此型骨笄柄端呈菱形，且柄端大小不一，其中柄端大的在掌骨上取料时需把近端去掉得更短些，所剩骨干近端的背侧面相对较平的面积就有所增大，更利于制作柄端大的骨笄。二是与掌骨和跖骨自身的解剖结构有关。掌骨的掌侧面较平，靠近近端关节面的凹窝较短，跖骨跖侧面近端的凹窝较长，骨干上的凹窝不利于制作中间凸起的菱形柄。这些信息表明，骨器生产者对牛掌骨和跖骨原材料的利用率很高。

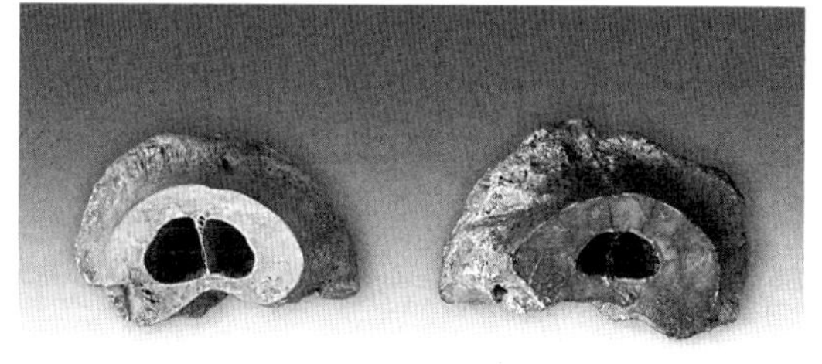

图八　单锯面废骨料锯切面

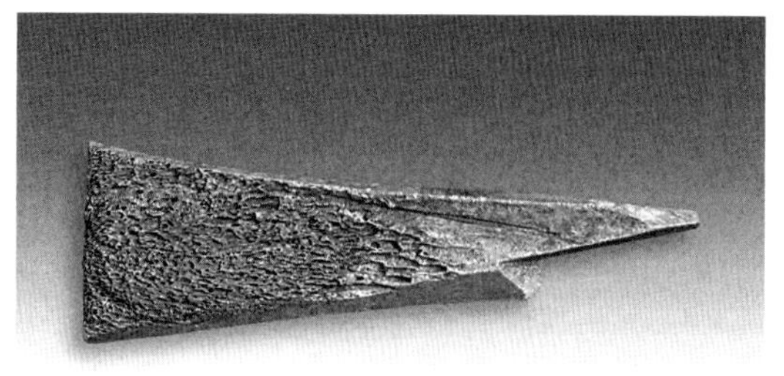

图九　多锯面废骨料

（三）骨器加工工具

H37出土一件砺石，砂岩，青灰色，平面近梯形，上下边缘有打制缺口，中部内凹，磨砺痕迹清晰。上底宽5.3、下底宽9.4、高7.5、厚2.1厘米（图一〇）。从器物表面的磨砺痕迹看，此砺石很可能是用来加工骨器的。

图一〇　砺石

在这批废骨料上，至少可见三种未锯切到底的锯槽，其锯口宽度分别是0.71、1.15、1.54毫米（图一一）。这表明在加工过程中，工匠使用了厚薄不同的锯。但由于保留锯槽的废骨料数量较少，尚无法判断不同厚度的锯在骨器加工过程中是否具有不同的使用功能，或者具有不同的加工对象。此外，发掘中没有发现金属锯，但根据显微观察（图一二；图一三），并与新郑出土的春秋时期青铜锯加工的骨料锯切面[6]比对分析，我们认为这里使用的锯应为青铜锯。

图一一　锯槽痕迹

值得注意的是，这批骨料上留有锯痕、锉痕、磨痕，但未见用刀切削的痕迹，这表明锯是这里切割骨料的唯一工具。我们曾在实验中尝试使用金属刀切削骨料，但很难切削下去，骨的硬度较大或许是骨器加工过程中没有使用刀的主要原因。

图一二　废骨料锯切面显微照片

图一三　废骨料锯切面显微照片

在坯料上，锉痕十分明显（图一四）。尽管在遗址中没有发现任何质地的锉，但根据锉痕较深、下切面较平直等形态特征判断，这种锉很可能是金属质地。有趣的是，坯料上的锉痕绝大多数呈左上右下方向，如果按照人们一手固定坯料、一手持锉的加工习惯推测，那么工匠可能是用右手拿锉加工骨器的。根据力学原理，用锉斜向加工既能方便着力、提高效率，也不易把力过分集中到一点而锉断器物。

（四）骨器制作过程

根据以上对骨器成品、坯料和废骨料的描述和分析，我们可大致勾勒出骨器从选料、截料、制坯成型到修整成器的完整制作过程（图一五）。

第一步是选料。从屠宰场把剔过肉的牛前肢骨和后肢骨（不带指 / 趾骨）运到制骨作坊，然后分别肢解前肢骨和后肢骨，剔除随肢骨连带过来但无用的腕骨、跗骨和髌骨，获得肱骨、桡骨、尺骨、掌骨、股骨、胫骨、跖骨等骨器原料。

图一四　坯料（H37：18）锉痕

第二步是截料。用锯横向截去骨的两端，得到中间骨干，获取制作骨器所需的基本材料。单锯面废骨料就是在截料过程中产生的。为便于截去骨端，截料前骨骼原料是否经过软化或脱脂处理尚待进一步研究。

第三步是制坯成型。首先沿骨干纵向截取骨器所需坯料，接着锯下坯料上的边角料，获得大致成型的骨器坯料。多锯面废骨料应当是在制坯过程中产生的。需要说明的是，在废骨料中不见细小的边角料，很可能与发掘中没有筛选遗物有关。

第四步是修整成器。对骨器坯料进行深度加工，包括精细的锯切、锉削、打磨、抛光等工序。骨器坯料大多是在修整成器过程中遗失或废弃的产物。这一加工过程很少留下废骨料，即使有细小废料，在发掘过程中也不易采集。

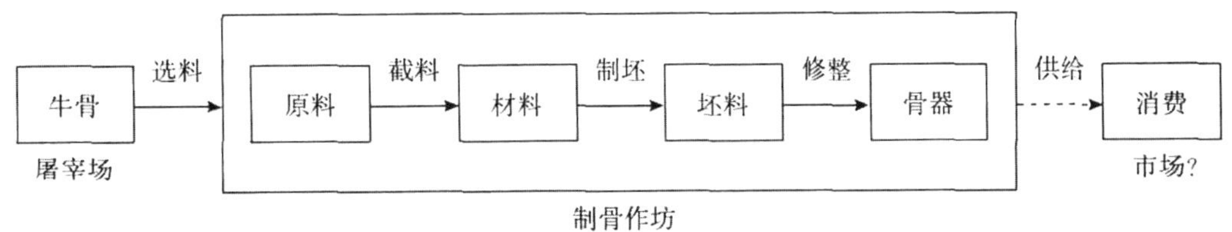

图一五　李家窑遗址骨器制作流程图

制骨作坊产出的骨器成品是最终供给了贵族，还是进入了社会消费领域，抑或二者兼而有之，我们就不得而知了。在以后的田野工作中，密切关注虢国上阳城遗址及同期墓葬出土骨笄的背景，或许能为我们了解骨器的去向提供重要线索。

三、结语

综上分析，我们可以得到如下认识。

李家窑遗址出土的骨器成品、坯料和废骨料，在骨器制作工序上具有密切的关联性，清晰地表达了从选料、截料、制坯成型到修整成器的骨器制作流程，反映了骨器生产技术的规范化和熟练化。这批骨料为认识西周时期的骨器加工技术和制骨手工业生产模式提供了重要的考古信息。

尽管在考古发掘中没有发现制骨作坊的原始堆积，但次生堆积出土的丰富遗物足以说明，这些堆积是与制骨作坊相关的废弃物。作坊选取的牛骨及其解剖学上的连带关系表明，骨器原材料是从屠宰场直接运来的，制骨作坊与屠宰场很可能保持着长期稳定的协作关系，这种关系对于维系作坊的骨器生产至关重要。

安阳殷墟、郑韩故城等发现的官营性质的制骨作坊生产规模大，产品种类多，材料浪费现象明显，生产者在经济和政治上依附于王室或贵族，从原料采办、生产组织到产品消费均为统一管理。相比之下，李家窑制骨作坊生产规模小，产品种类单一，材料利用率高，很可能是以个体生产为主的手工业作坊，与官营性质的制骨作坊有显著区别。

注释：

[1] 河南省文物考古研究所：《郑州商城——1953~1985年考古发掘报告》，文物出版社，2001年。

[2] 孟宪武、谢世平：《殷商制骨》，《殷都学刊》2006年第3期；李志鹏、何毓灵、汪雨德：《殷墟晚商制骨作坊与制骨手工业的研究回顾与再探讨》，见中国社会科学院考古研究所夏商周考古研究室：《三代考古》（四），科学出版社，2011年。

[3] 陕西周原考古队：《扶风云塘西周骨器制造作坊遗址试掘简报》，《文物》1980年第4期。

[4] 关于A型骨笄，以前没有发现过这类形制的骨器，也不清楚它的具体功能，这里我们暂且以骨笄看待。

[5] 马萧林：《关于中国骨器研究的几个问题》，《华夏考古》2010年第2期。

[6] 河南省文物考古研究院发掘资料。

三门峡市李家窑遗址两周墓发掘简报

◎河南省文物考古研究院　◎三门峡市文物考古研究所

2007年6月至10月，为配合三门峡市林业局等单位住宅小区的工程建设，河南省文物考古研究所（现河南省文物考古研究院）和三门峡市文物考古研究所联合组成考古队，对三门峡市李家窑遗址的西南部进行了实地考古发掘，清理了一批西周至春秋时期的墓葬。（图一）这些墓葬位于三门峡市区南部虢都上阳城外西南边缘，发掘前深1.50米左右的地层均遭现代机械破坏。在这些墓葬中，以M7、M8、M9和M23较为重要且具代表性，故将其相关资料简报如下。

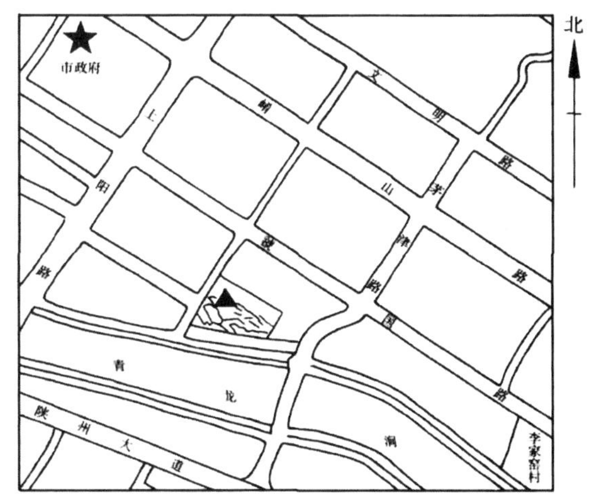

图一　李家窑遗址墓葬位置示意图

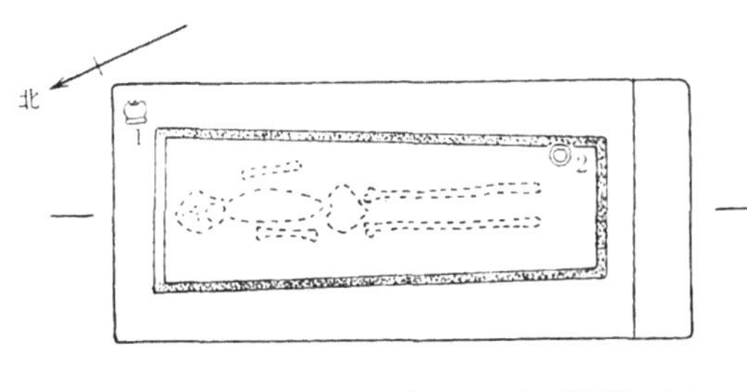

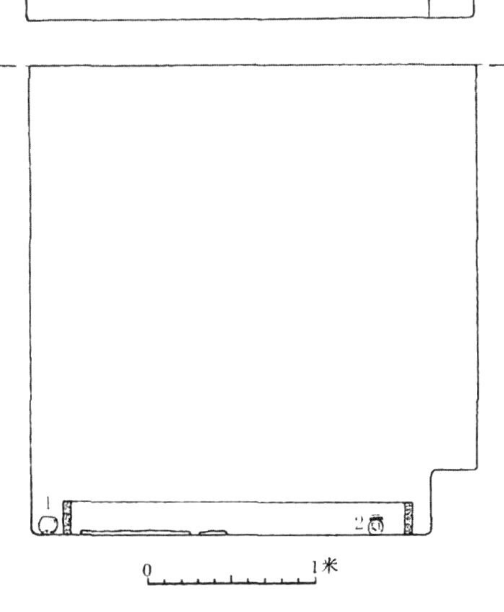

图二　M7平、剖图
1. 陶鬲　2. 陶罐

一、七号墓（M7）

（一）墓葬形制

M7是一座长方形竖穴土坑墓，位于此次发掘区的西部，方向24°。墓口距残存地表0.40米，南北长2.70米，东西宽1.24米；墓壁较直，底部平坦，墓底长、宽和墓口长、宽相等；深2.9米。在墓底南壁上有一生土二层台，长1.24米，宽0.28米，高0.40米。墓内填土疏松，未见夯打迹象，呈黄白色五花土。

墓内葬具均已腐朽，据残存的灰白色木质朽痕可知为单棺。棺痕长 2.12 米，宽 0.68~0.80 米，厚 0.04 米，残高 0.20 米。棺内人骨架一具，头北足南，为仰身直肢葬，保存状况差，性别、年龄不详。(图二)

(二)随葬器物

随葬品共 2 件，均为陶器。

陶鬲　1 件。标本 M7：1，泥质灰陶。折沿，薄方唇，短束颈，腹部呈细绳纹上下连通，平裆，圆柱足。腹与三足相对应处各有一道竖向扉棱。口径 16.5 厘米，腹深 15.2 厘米，高 11.6 厘米。(图三，1；图版一，1)

陶罐　1 件。标本 M7：2，泥质灰陶。侈口，方唇，折沿，沿面内凹，束颈，斜肩，折腹，平底。沿面一侧内凹处表面脱落，肩部和腹部均为素面。口径 10.6 厘米，腹径 12.2 厘米，底径 6.3 厘米，高 9 厘米。(图三，2；图版一，2)

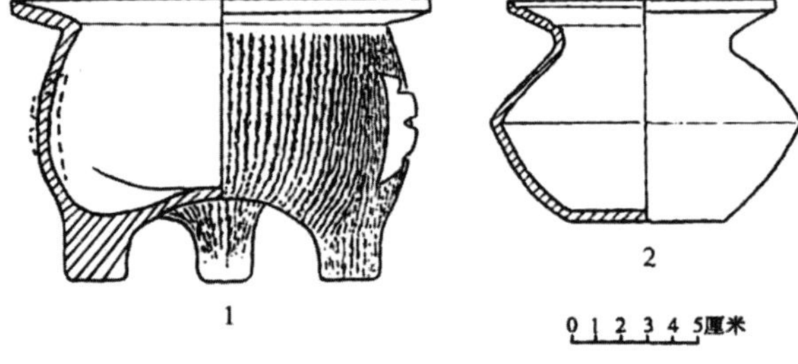

图三　M7 出土陶器
1. 鬲（M7：1）2. 罐（M7：2）

二、八号墓(M8)

(一)墓葬形制

M8 为一座长方形竖穴土坑墓，位于此次发掘区的北部，方向 30°。墓口距残存地表深 0.40 米，口长 2.50 米，宽 1.28 米，墓壁陡直，深 1.40 米，墓底平坦，其底部长、宽和口部长、宽相等。墓圹内填土松软，呈黄褐色五花土，未见其他包含物。

据残存痕迹看，墓内葬具为木质结构单棺，棺长 2.10 米，宽 0.68~0.76 米，厚 0.04 米，残高 0.20 米。棺内有骨架一具，保存状况较差，头向北，面向不清，为仰身屈肢葬。(图四)

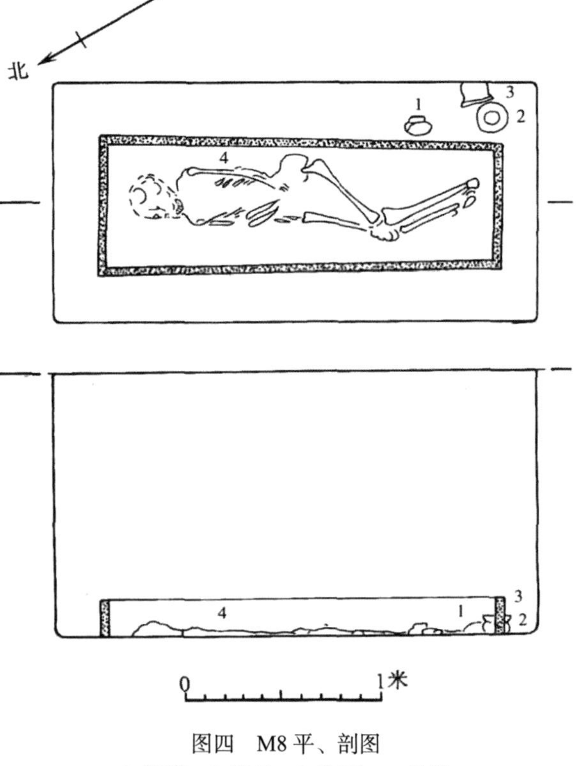

图四　M8 平、剖图
1. 陶罐　2. 陶盂　3. 陶鬲　4. 骨器

(二)随葬器物

随葬器物共 4 件，依质地可分为陶器和骨器两类，分别置于棺内墓主左侧腰部和棺外墓底东侧南部。

陶罐　1件。标本M8：1，泥质灰陶。侈口，沿外侈，圆唇，高颈，鼓腹，下腹部内收底，平底较大。肩部有两组凹弦纹。口径8.8厘米，腹径15.2厘米，底径10.5厘米，高12厘米。（图五，1；图版一，3）

陶鬲　1件。标本M8：3，泥质灰陶。口微侈，方唇，宽折沿，束颈，鼓腹且深，瘪裆，乳状空心足。通体饰绳纹。口径17.6厘米，腹径18厘米，高18厘米。（图五，2；图版一，5）

陶盂　1件。标本M8：2，泥质灰陶。宽折沿，方唇，折肩靠上，腹微鼓，下内收，平底。口径17.8厘米，腹径15.4厘米，底径8.7厘米，高10.3厘米。（图五，4；图版一，4）

骨器　1件。标本M8：4，两端均残，残体呈匕状，薄厚一致。宽端有1个椭圆形斜穿的孔。总长为12.4厘米，厚0.3厘米。（图五，3；图版二，5）

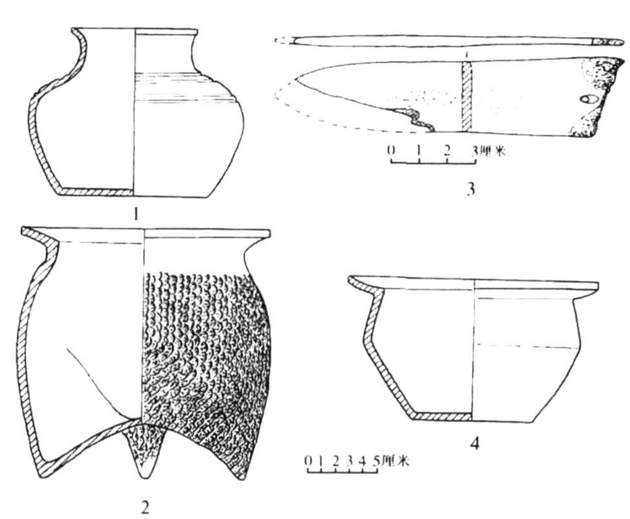

图五　M8出土器物
1. 陶罐（M8：1）　2. 陶鬲（M8：3）
3. 骨器（M8：4）　4. 陶盂（M8：2）

三、九号墓（M9）

（一）墓葬形制

M9是一座长方形竖穴土坑墓，位于此次发掘区的中部，方向40°。墓口距残存地表0.40米，口长2.30米，宽1.30米；墓壁较直，底部平坦，墓底长、宽同样和墓口长、宽一致；深1.10米。墓内填土为黄褐色五花土，土质松软，含有少许陶片、石块及植物根系等。

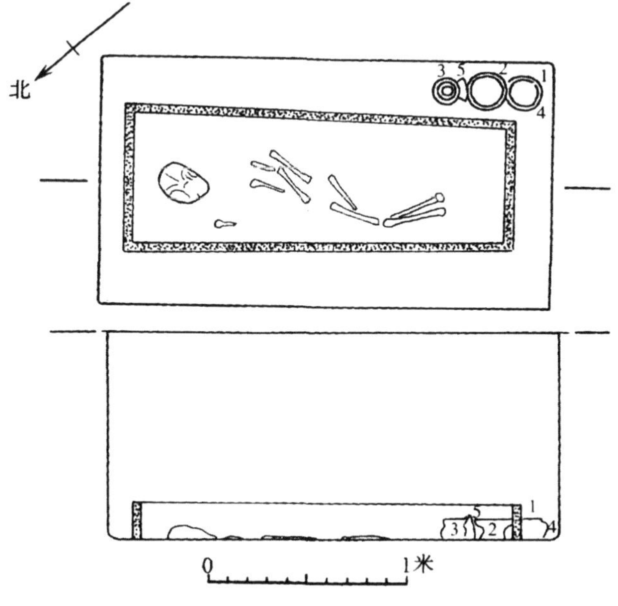

图六　M9平、剖图
1. 陶盂　2. 陶豆　3. 陶罐　4. 陶鬲　5. 陶豆

墓内葬具均已腐朽，据残存的木质朽痕可知，墓主葬具为单棺，其棺长2米，宽0.68~0.78米，厚0.04米，残高0.20米。棺内葬有一人，骨架保存状况较差，头向东北，仰身屈肢，其他不明。（图六）

（二）随葬器物

随葬器物共5件，均为陶器，置于墓室内棺外的东南角，由南向北成行排列。

陶盂　1件。标本M9：1，泥质灰陶。子母口，无盖，弧腹，最大径在上腹部，平底。口长14.8厘米，最大腹径17.5厘米，底径8厘米，通高12.4厘米。（图七，1；图版一，6）

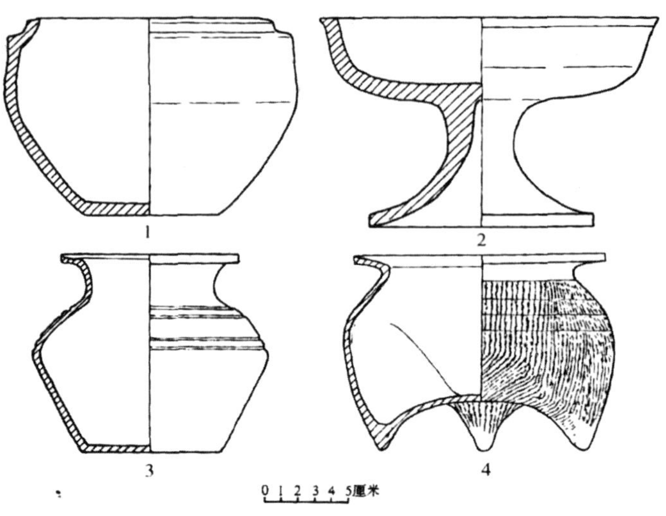

图七　M7出土陶器

1. 盂（M9：1） 2. 豆（M9：2） 3. 罐（M9：3） 4. 鬲（M9：4）

陶豆　2件。均为泥质灰陶。形制类同，大小略有差异。标本M9：2，敞口，浅腹，短粗柄，喇叭形足。口径20厘米，底径13.4厘米，高13.2厘米。（图七，2；图版一，7）标本M9：5，口径20厘米，底径12厘米，高11.2厘米。（图版二，3）

陶罐　1件。标本M9：3，泥质灰陶。侈口，方唇，平折沿，矮领，斜肩，折腹，最大径在上腹部，平底。肩上部饰两道凹弦纹。口径10.6厘米，腹径14厘米，底径8.4厘米，通高12.4厘米。（图七，3；图版二，6）

陶鬲　1件。标本M9：4，泥质灰陶。口微侈，方唇，宽折沿，束颈，鼓腹，瘪裆，锥形足内空。通体饰绳纹。口径15厘米，腹径16.8厘米，高12.3厘米。（图七，4；图版二，2）

四、二十三号墓（M23）

（一）墓葬形制

M23位于此次发掘区的西南角，方向30°。墓口距残存地表0.40米，南北长3.06米，东西宽2米；墓壁较直，墓底长、宽

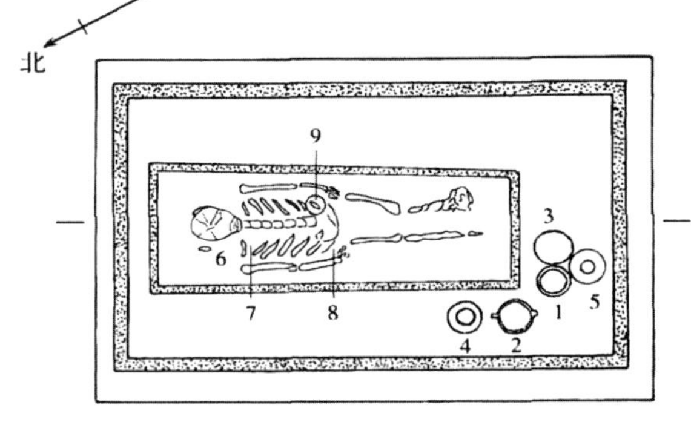

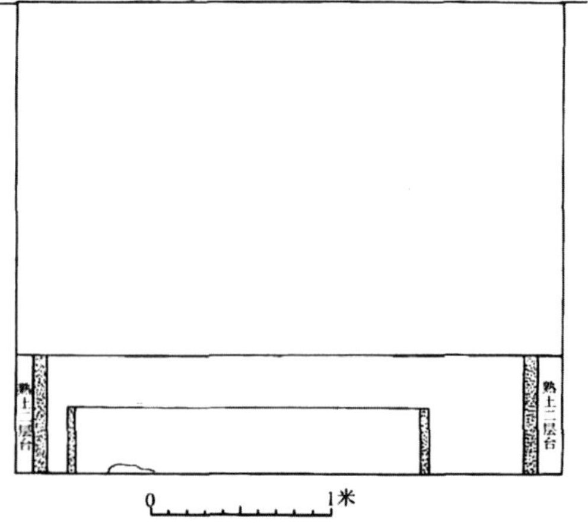

图八　M23平、剖图

1. 陶罐　2. 陶鼎　3. 陶盂　4. 陶豆　5. 陶器盖　6. 玉珠　7. 骨簪　8、9. 石圭

和墓口长、宽相同；墓深 2.80 米。底部四周有熟土二层台，二层台的宽度大致在 0.10~0.14 米之间，残高 0.70 米。墓内填土松软，大部分为黄褐色五花土，含有少许陶片、石块。

葬具为木质结构，腐朽严重，由灰白色木质朽痕可知为单棺单椁。木椁位于墓室中部，由盖板、壁板和底板三部分组成，椁长 2.82 米，宽 1.68 米，厚 0.08 米，残高 0.70 米。椁内置棺，位于椁室中部稍偏北，长 2.04 米，宽 0.68~0.76 米，厚 0.04 米，棺底板和盖板与椁板叠压一起而难以分辨。棺内置人骨架一具，为单人仰身直肢葬，头北足南，双手置于腹部，性别不明。（图八）

（二）随葬器物

此墓出土器物共 9 件，按质地可分为陶、玉、石、骨 4 类。

1. 陶器

共 5 件。器形有鼎、豆、盂、罐、盆及器盖。

陶罐　1 件。标本 23：1，泥质灰陶。敞口，平折沿，短颈，溜肩，鼓腹下内收，平底。口径 14 厘米，腹径 18 厘米，底径 9 厘米，高 14.3 厘米。（图九，1；图版二，1）

陶鼎　1 件。标本 M23：2，泥质灰陶。子母口，微敛，两耳立于子母口下，半球形腹，平底，三柱足。口径 18 厘米，腹径 20 厘米，腹深 9.6 厘米，通高 19.2 厘米。（图九，2；图版一，8）

陶豆　1 件。标本 M23：4，泥质灰陶。口微敛，圆唇，盘腹较深，盘底近圜，短柄，喇叭形圈足。口径 17.5 厘米，底径 9 厘米，高 8.2 厘米。（图九，4；图版二，8）

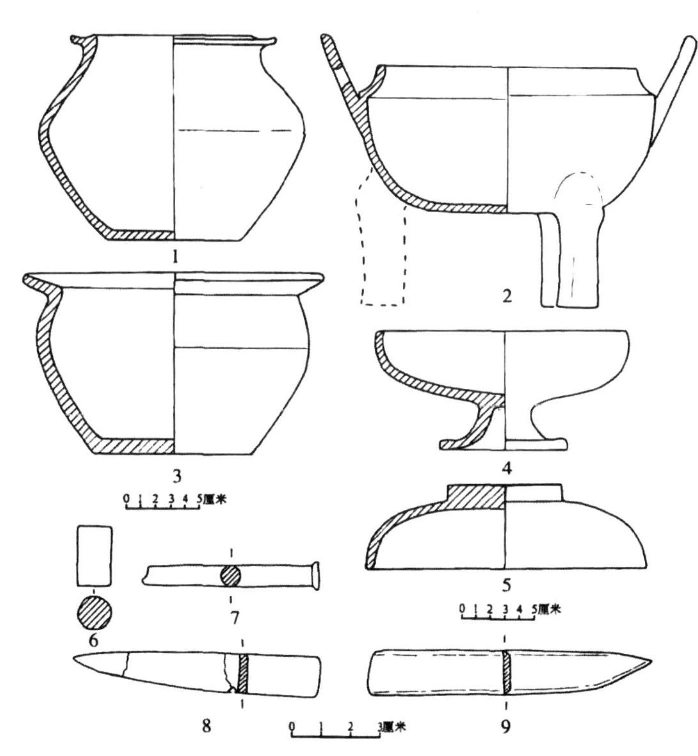

图九　M23 出土器物

1. 陶罐（M23：1） 2. 陶鼎（M23：2） 3. 陶盂（M23：3） 4. 陶豆（M23：4） 5. 器盖（M23：5） 6. 玉珠（M23：6） 7. 骨簪（M23：7） 8. 石圭（M23：8） 9. 石圭（M23：9）

陶盂　1 件。标本 M23：3，泥质灰陶。侈口，宽折沿，腹部呈弧形，平底较大。口径 20.4 厘米，腹径 18.6 厘米，底径 10.8 厘米，高 12.6 厘米。（图九，3；图版二，7）

器盖　1 件。标本 M23：5，泥质灰陶。整体呈覆钵形，捉手为圆饼形。盖口直径 19.5 厘米，捉手直径 8 厘米，高 1.2 厘米，通高 5.8 厘米。（图九，5；图版二，4）

2. 其他

玉珠　1件。标本M23：6，黄白色，玉质稍粗。整体呈圆柱形，柱身中部略细，且有横向划痕，顶部和底部直径均为1.2厘米，高2.1厘米。（图九，6）

骨簪　1件，残。标本M23：7，黄白色。整体呈钉状，末端帽状，中部横向有一道裂纹，簪前部损坏无存。整体长6.1厘米，帽的直径长1厘米。（图九，7；图版二，11）

石圭　2件。标本M23：8，已断裂为三截，呈灰黑色，整体呈扁长条状。首端作三角形，残长8.4厘米，末端宽1.4厘米，厚0.3厘米。（图九，8；图版二，9）标本23：9，器型完整，呈青灰色，整体扁平呈长条状，首端作三角形，器身两侧有钝刃，长9.8厘米，宽1.5厘米，厚0.2厘米。（图九，9；图版二，10）

五、结语

（一）墓葬的年代

此次发掘的M7、M8、M9、M23，大小不一，形制类同。器物组合既有明显的差异，又有一定的相似性，尤其是一些具有时代特征的典型器物之间存在演变迹象。

M7所出陶鬲宽折沿，方唇，圆柱足，饰粗绳纹，与山西天马－曲村晋国墓地西周晚期早段墓葬所出标本M6568：1[1]十分相似。M7的敞口折腹罐，和三门峡李家窑遗址西周晚期墓所出陶罐（M24：20）[2]较为相似，其折腹特征与新郑郑国祭祀遗址中西周晚期墓M794[3]的陶罐相似，其敞口特征也与新郑郑韩故城内西周晚期墓所出素面陶罐（热M35：3）[4]近似，所以该墓年代应为西周晚期。

M8的陶鬲器身较高，宽仰折沿，瘪裆，锥足，饰粗绳纹，与2001—2002年发掘的李家窑遗址西周晚期墓M26所出陶鬲[5]十分相似，其区别仅在于后者腹部附加三个竖向扉棱而已；也与山西上马墓地西周晚期墓所出甲种平裆类AaⅠ式、AⅡ式陶鬲相似，或介于二者之间，但就其口沿与裆部来看，更接近于AaⅠ式的陶鬲（M5010：1），尤其与西周晚期墓所出甲种瘪裆类AⅠ式的陶鬲（M5072：1）[6]更为相似。陶盂器身较高，折棱近于腹中部，宽仰折沿，沿面内凹，与1995年发掘的李家窑遗址西周晚期墓M44所出A型陶盂[7]完全相同，也与新郑郑韩故城内西周晚期墓所出素面陶盂（热M35：2）[8]相近似。因此，M8的年代应为西周晚期。

M9所出陶鬲属横宽型，宽仰折沿，腹部外鼓，与山西上马墓地春秋早期墓所出甲种瘪裆类AⅡ式（M5188：1）、AⅢ式的陶鬲（M5251：1）[9]基本相同，也与三门峡虢国墓地被盗案追缴的SG：0193、0194等春秋早期的横宽型锥足陶鬲[10]较为相似。陶豆的形制与李家窑西周晚期墓所出标本M26：12[11]十分接近。陶罐和虢国墓地被盗案追缴的春秋早期SG：0208敞口溜肩罐[12]相同。子口陶盂在以往的考古发掘中十分罕见，和张茅西崖村春秋晚期Ⅱ型Ⅰ式盂（H4：19）[13]有接近之处；虽然和新郑郑韩故城内被推定为战国中期墓所出的BⅣ式陶盂（兴弘 M46：6）[14] 近似，但从 M9 出土的陶器大都为春秋早期的情况来看，是否意味着对兴弘陶盂的断代或失之偏晚呢？鉴于春秋中晚期子母口的铜鼎与陶盖豆已经出现，其子母口特征被使用在陶盂上是完全可能的。综合诸方面考察，M9 年代应为春秋中期。

M23 陶鼎为子口，失盖，附耳鼎，属仿铜陶礼器，在器物组合中替代此前一直十分流行的陶鬲。参上马墓地相关墓葬可知，这种陶鼎一般与春秋晚期流行的盖豆共存，譬如春秋晚期墓 M1007 出土鼎、盖豆、壶，M2159 出土鼎、盖豆、罐，春秋战国之交的 M1014 出土鼎、鬲、盂、盖豆、罐、折肩壶等[15]。M23 所出陶盂为宽仰折沿，折肩，深腹，既与新郑郑韩故城内的兴弘花园西周晚期墓所出 Ab 型Ⅰ式的陶盂（M120：4）[16] 形制相同，也与虢国墓地被盗案追缴的春秋早期的 SG：0289、0290 宽沿折肩盆[17] 较为相似，但考虑到虢国灭亡的年代为公元前 655 年，已进入春秋中期之初，所以，M23 所出陶盂亦可能晚至春秋中期。陶罐为直口，短颈，沿面内凹，中深腹，与新郑郑韩故城内的春秋早期墓所出标本热 M31：4、春秋中期墓所出标本兴弘 M52：4[18] 形制基本相同或相近。考虑到该墓尚未出现盖豆，可知 M23 的年代应为春秋中期晚段或中晚期之际。

三门峡地区隔黄河与山西南部相望，自古以来受到山西古文化影响较深远，与其东边洛阳地区的文化差别较大。这次发掘墓葬所出陶鬲显然与山西南部的天马－曲村晋国墓地、上马墓地关系密切，至于陶盂、陶罐则和西周到春秋时期的郑国古文化较为接近。

（二）墓主的身份

这批墓葬位于三门峡市区南部虢都上阳城外西南侧，均为南北向小型长方形竖穴土坑墓；葬具多数为单棺，个别为单棺单椁；出土器物多为陶质实用器，未见铜器。推测这些墓主应为平民。

众所周知，虢国在三门峡立国并存续的时间主要是在春秋早期。今本《竹书纪年》记载，幽王七年，“虢人灭焦”。在此之前这里属于焦国。据《左传》记载，虢国于公元前 655 年被晋国所灭，灭亡之后的三门峡一带属于晋国。从墓葬年代看，这四座墓中的 M7、M8 为西周晚期墓，M9、M23 为春秋中期墓。所以前二座可能属于焦国时期的墓葬，后二座可能属于晋国时期的墓葬。

发掘领队：王龙正

发掘清理：王军震　娄群山

绘图：陈　英　史智民

摄影：赵小灿

执笔：王军震　杨海清

注释：

[1] 北京大学考古学系商周组、山西省考古研究所：《天马－曲村（1980—1989）》第2册，科学出版社，2000年，第640页。

[2] 河南省文物考古研究所、三门峡市文物考古研究所：《河南三门峡市李家窑遗址西周墓的清理》，《华夏考古》2008年第4期。

[3] 河南省文物考古研究所：《新郑郑国祭祀遗址》（中），文物出版社，2006年，第858页。

[4] 河南省文物考古研究所：《新郑郑韩故城兴弘花园与热电厂墓地》，文物出版社，2007年，第76、136页。

[5] 河南省文物考古研究所、三门峡市文物考古研究所：《河南三门峡市李家窑遗址西周墓的清理》，《华夏考古》2008年第4期。

[6] 李家窑银杏园M8陶鬲还与上马墓地甲种平裆类AaⅢ的M6050：1陶鬲相似，其实M6050：1归于AaⅡ较为合适。（山西省考古研究所：《上马墓地》，文物出版社，1994年，第96、113、298页。）

[7] 三门峡市文物工作队：《三门峡市李家窑四十四号墓的发掘》，《华夏考古》2000年第3期。

[8] 河南省文物考古研究所：《新郑郑韩故城兴弘花园与热电厂墓地》，文物出版社，2007年，第69、136页。

[9] 山西省考古研究所：《上马墓地》，文物出版社，1994年，第113、168、298页。

[10] 河南省文物考古研究所、三门峡市文物工作队：《三门峡虢国墓》第1卷，文物出版社，1999年，第507页。

[11] 河南省文物考古研究所、三门峡市文物考古研究所：《河南三门峡市李家窑遗址西周墓的清理》，《华夏考古》2008年第4期。

[12] 河南省文物考古研究所、三门峡市文物工作队：《三门峡虢国墓》第1卷，文物出版社，1999年，第507页。

[13] 河南省文物研究所：《陕县西崖村遗址的发掘》，《华夏考古》1989年第1期。

[14] 河南省文物考古研究所：《新郑郑韩故城兴弘花园与热电厂墓地》，文物出版社，2007年，第72页，图版二〇，5，图一〇二（一）。

[15] 山西省考古研究所：《上马墓地》，文物出版社，1994年，第113、168、298页。

[16] 河南省文物考古研究所：《新郑郑韩故城兴弘花园与热电厂墓地》，文物出版社，2007年，第136页，图一〇二（一）。

[17] 河南省文物考古研究所、三门峡市文物工作队：《三门峡虢国墓》第1卷，文物出版社，1999年，第507页。

[18] 河南省文物考古研究所：《新郑郑韩故城兴弘花园与热电厂墓地》，文物出版社，2007年，第73、76、136、137页。

1. 鬲（M7：1）

2. 罐（M7：2）

3. 罐（M8 ：1）

4. 盂（M8 ：2）

5. 鬲（M8：3）

6. 盂（M9：1）

7. 豆（M9：2）

8. 鼎（M23：2）

三门峡李家窑两周墓出土陶器

图版二

1. 陶罐（M23：1）

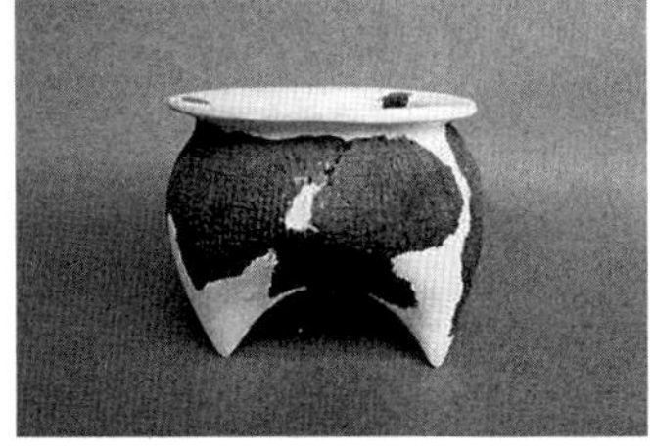
2. 陶鬲（M9：4）

3. 陶豆（M9：5）

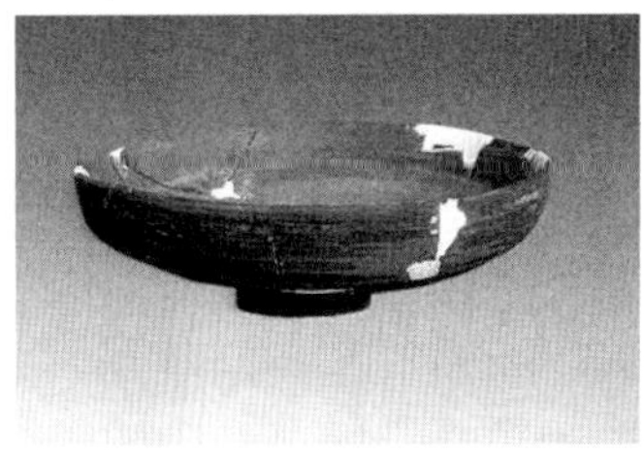
4. 陶器盖（M23：5）

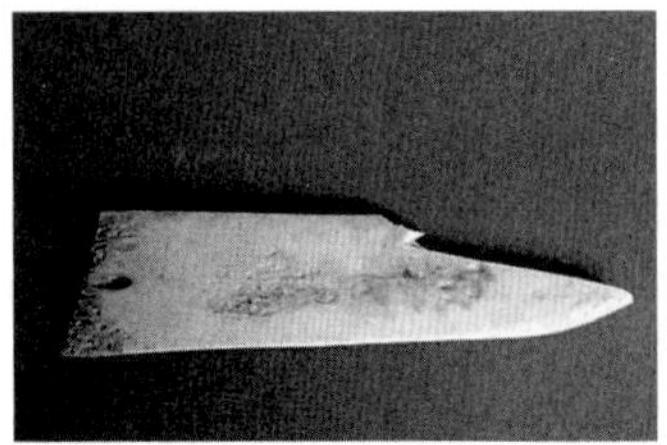
5. 骨器（M8：4）

6. 陶罐（M9：3）

7. 陶盂（M23：3）

8. 陶豆（M23：4）

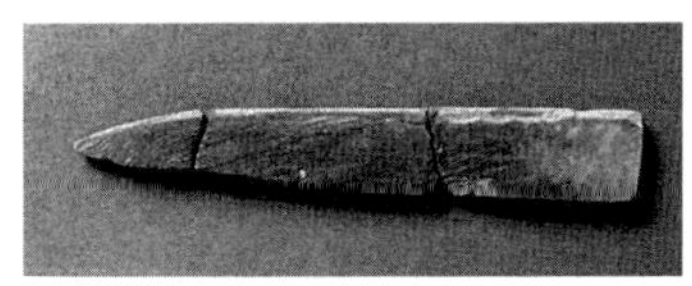
9. 石圭（M23：8）

10. 石圭（M23：9）

11. 骨簪（M23：7）

三门峡李家窑两周墓出土器物

三门峡市李家窑遗址花卉苑小区春秋墓发掘简报

◎河南省文物考古研究院　◎三门峡市文物考古研究所

2002年7月至2002年12月，为配合三门峡市海洋房地产开发公司商住楼工程建设，河南省文物考古研究所与三门峡市文物考古研究所联合组成考古队，在位于青龙涧河北岸的三门峡市区南部李家窑遗址花卉苑小区居民楼建筑工地进行考古发掘，清理一批西周至春秋时期的墓葬，出土不少陶器与少量铜器及玉器。（图一）其中以M17较为重要，现将其发掘资料简要介绍如下。

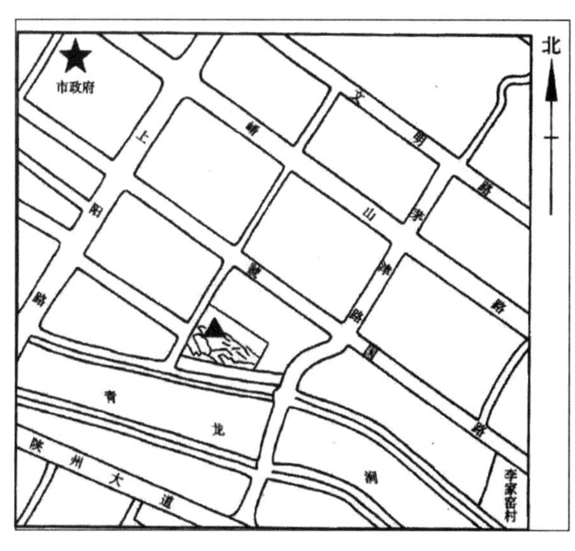

图一　墓葬位置示意图

一、墓葬形制与葬具

M17是一座长方形竖穴土坑墓，方向40°。现地表以上被取土深度2米左右；墓口距现地表深0.25米，南北长2.92米，东西宽1.7米；墓口略大于墓底，长2.75米，宽1.64米；墓深1.85米。墓壁规整，斜直下收甚微，底部平坦。墓内填土略经夯打，较硬，夯层与夯窝不明显。

墓内葬具均已腐朽，由灰白色木质朽痕可知为单棺单椁。木椁靠近墓室四壁，由盖板、壁板和底板三部分组成，长2.6米，宽1.84米，残高0.96米。椁盖板是用宽0.15~0.20米、厚约0.04米的薄木板东西横向平铺于椁壁板上；椁室四壁用厚0.06米的木板相围叠砌而成，其中东、西两侧壁板略长于南、北壁板；椁底板是用厚0.06米的薄木板南北纵向平铺而成。因壁板和底板腐朽较甚，宽度不明。木棺位于椁室中部，长2.02米，宽0.75米，板厚0.04米，残高0.8米。其底板和盖板因与椁盖板和底板叠压在一起而难以分辨。棺内有1具人骨架，仰身直肢，头北足南，因腐朽较甚，近于粉末状，尚可看出骨架轮廓痕迹，性别与年龄不明。

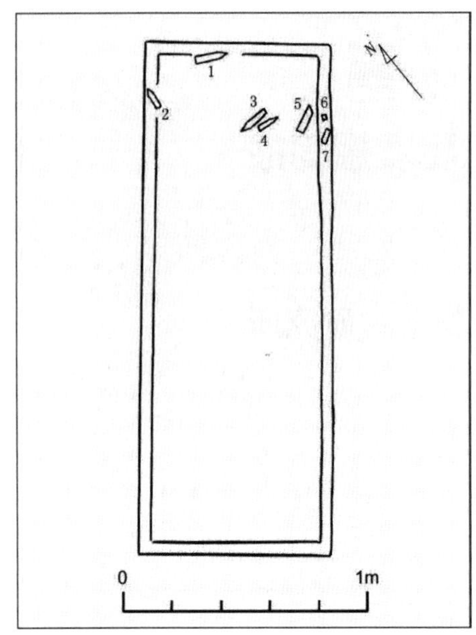

图二　M17 棺盖板上随葬器物平面图

随葬器物因用途差异而被放置在墓室内不同的位置。棺盖板上北部放有石圭 7 件（图二）；棺椁之间的北部放置有铜鼎 1 件，铜盏 1 件，陶罐 1 件和石圭 21 件；棺内墓主口内放有口琀玉片 1 件。（图三）

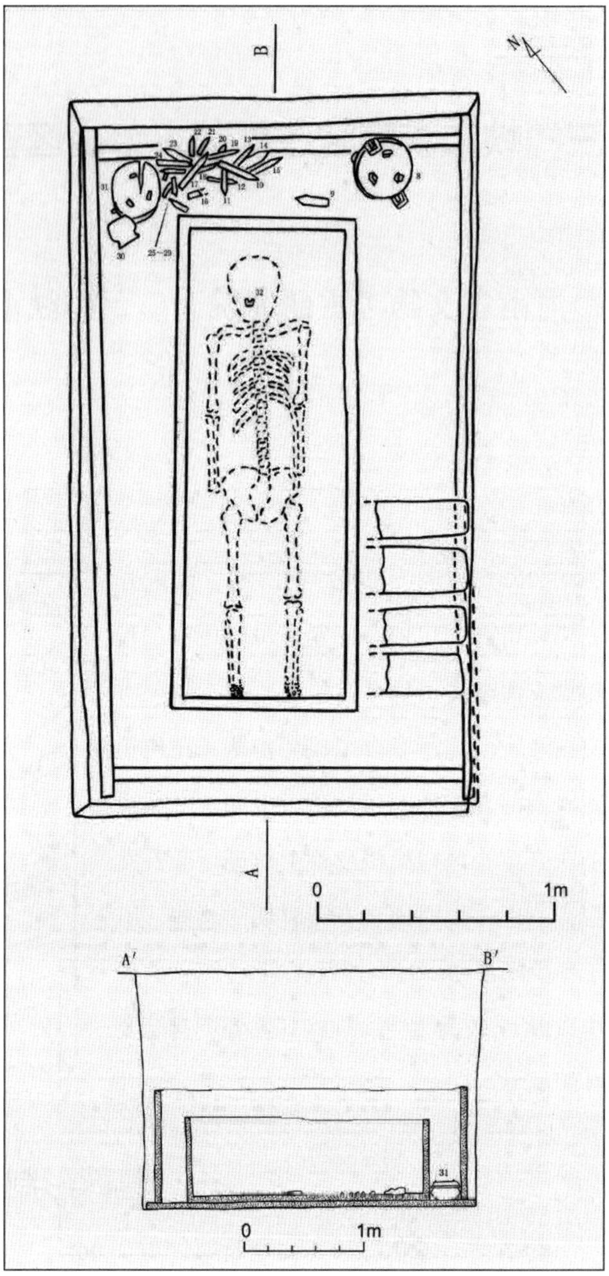

二、随葬器物

此墓出土随葬器物共计 32 件。依质地可分为铜、陶、玉和石等四类，现分述如下。

图三　M17 平、剖面图
1-7，9-29. 石圭　8. 铜鼎　30. 陶罐　31. 铜盏　32. 口琀玉

（一）铜器

2 件。计有铜鼎与铜盏二种，均属于铜礼器。依据器物类型学局部形制特点划分，此鼎属于矩尺钮平顶盖铜鼎，铜盏属于环形钮盖平底铜盏。

鼎　1 件（M17：8）。上有平顶盖，盖边缘有一周竖折壁，盖面近边缘均匀地分布一周三个侧立矩尺形扁体钮。器身为子口内敛，附耳，腹略鼓，圜底近平，三兽蹄形足，足内侧有一纵向凹槽，槽内范土未除，足端外展肥大，并有大半周浅折棱。腹中部饰一周凸弦纹，除局部绿锈之外，大部锈色呈铁红色。鼎内残留少量兽骨。通高 21.5 厘米，口径 21 厘米，腹深 10.2 厘米。（图四，1；图五，1）

盏　1 件（M17：31）。上有盖，盖面向上隆起，盖边缘有一周平折沿，盖面中部侧立三个

环形钮，边缘设一对卡扣。器身直口，窄平折沿，束颈，斜弧腹内收为平底，外底中部略向上凹，颈腹之间有对称的C形双耳。素面，青绿锈中间显出成片铁红色锈。通高15.2厘米，口径19.6厘米，底径10.9厘米，腹深8.4厘米。（图四，2；图五，2）

（二）陶器

仅有陶罐一种。1件（M17：30），泥质灰陶，口沿略残。侈口，尖唇，宽平折沿，沿面内凹，束颈甚短，广折肩近于腹中部，平底。高9.5厘米，口径8.9厘米，腹径12.8厘米，底径8.8厘米。（图四，3；图五，3）

（三）玉、石器

29件。可分为石圭、口琀玉二种。其中前者属于礼器，后者属于殓玉。

石圭

28件。除少数圭残损外，大部分完整。器作扁平长条形，首端近于平齐，或呈近圆弧形，末端均作三角形。依其宽窄、厚薄的不同，可分为宽薄型与窄厚型。

A. 宽薄型　20件。为宽长条形，器身薄而宽。

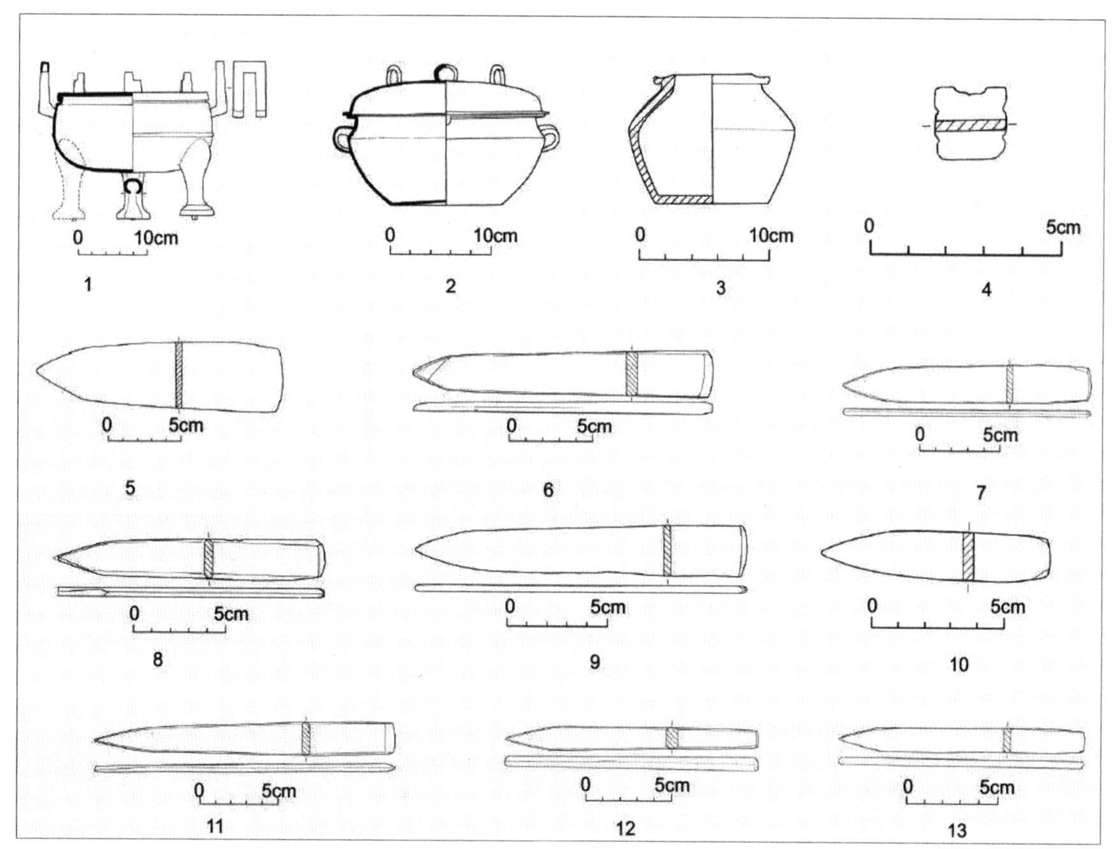

图四　M17随葬器物线图

1. 铜鼎（M17：8）2. 铜盏（M17：31）3. 陶罐（M17：30）4. 口琀玉（M17：32）5. 石圭（M17：14）6. 石圭（M17：29）7. 石圭（M17：21）8. 石圭（M17：23）9. 石圭（M17：24）10. 石圭（M17：3）11. 石圭（M17：13）12. 石圭（M17：27）13. 石圭（M17：12）

标本 M17：14，形体最大，器身较薄。长 16.9 厘米，宽 4.2 厘米，厚 0.4 厘米。（图四，5；图五，9）

标本 M17：29，形体较大，器身较厚。长 17.7 厘米，宽 2.7 厘米，厚 0.7 厘米。（图四，6；图五，7）

标本 M17：24，形体较大，器身较薄。长 16.6 厘米，宽 2.4 厘米，厚 0.4 厘米。（图四，9；图五，8）

标本 M17：21，形体较小，器身较薄，渐向末端两侧内收，末端有双面钝刃。长 15.2 厘米，宽 2.1 厘米，厚 0.45 厘米。（图四，7；图五，5）

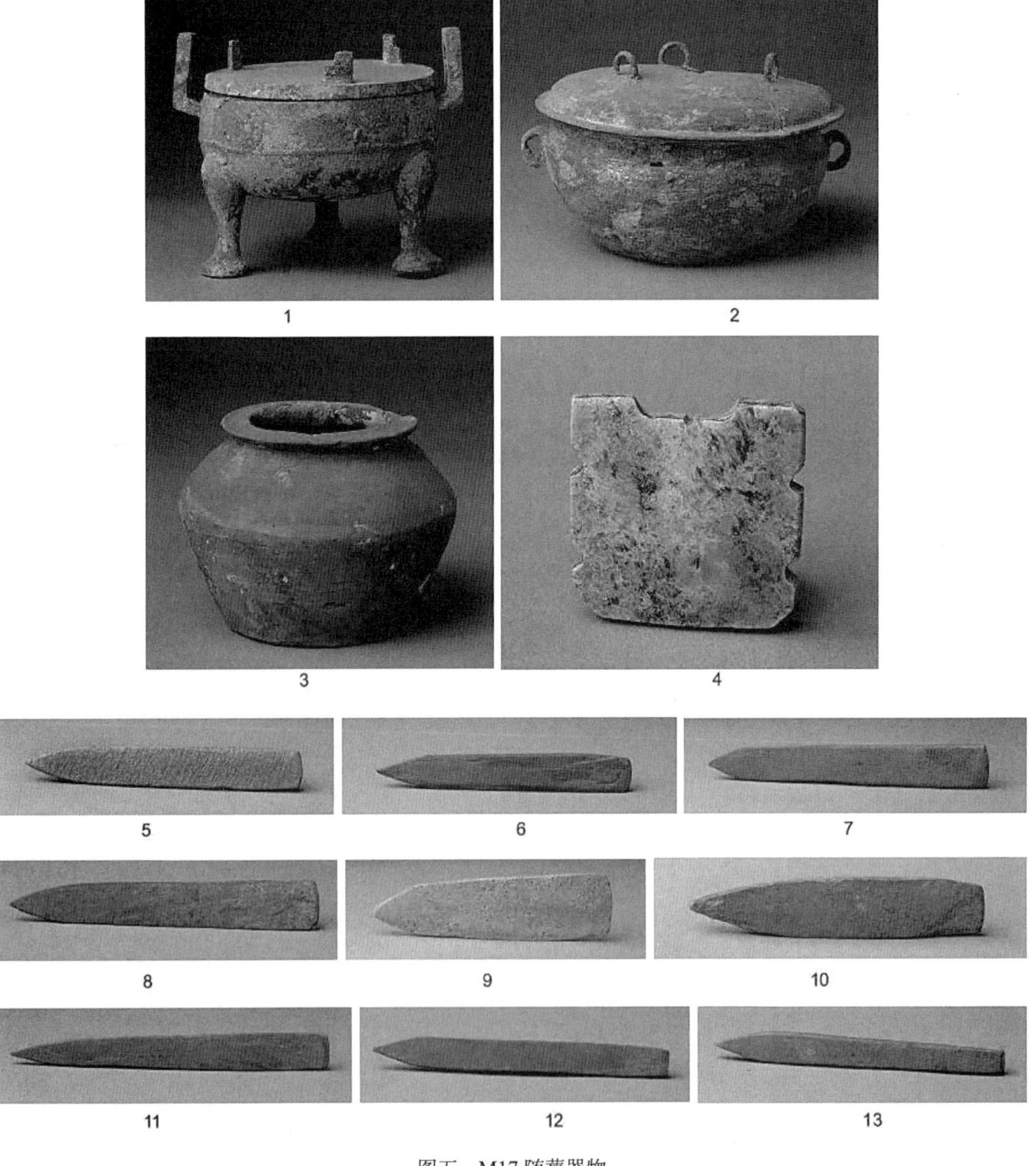

图五　M17 随葬器物

1. 铜鼎（M17：8）　2. 铜盏（M17：31）　3. 陶罐（M17：30）　4. 口琀玉（M17：32）　5. 石圭（M17：21）　6. 石圭（M17：23）　7. 石圭（M17：29）　8. 石圭（M17：24）　9. 石圭（M17：14）　10. 石圭（M17：3）　11. 石圭（M17：27）　12. 石圭（M17：12）　13. 石圭（M17：13）

标本 M17：23，尖部略残。形体较小，器身较厚，末端两侧略内收，末端有双面钝刃。长 14.3 厘米，宽 2.1 厘米，厚 0.5 厘米。（图四，8；图五，6）

标本 M17：3，形体最小，器身较厚，末端两侧略内收。长 8.6 厘米，宽 1.7 厘米，厚 0.4 厘米。（图四，10；图五，10）

B. 窄厚型　8 件。为窄长条形，器身窄而厚。

标本 M17：13，形体最长，器身较厚，末端有双面钝刃。长 19 厘米，宽 2 厘米，厚 0.5 厘米。（图四，11；图五，13）

标本 M17：27，形体较大，器身最厚，上宽下窄。长 14.7 厘米，宽 1.4 厘米，厚 0.7 厘米。（图四，12；图五，11）

标本 M17：12，形体最小，器身较薄，末端两侧略内收。长 13.2 厘米，宽 1.2 厘米，厚 0.4 厘米。（图四，13；图五，12）

口琀玉

1 件（M17：32）。青玉。玉质较细腻；浅豆青色，局部泛黄，间有黑色斑块；半透明。由较薄的正方形玉片制成。上端有梯形豁口，两侧各有两个左右相对应的小豁口，下端平齐且有双切角。素面。长 1.8 厘米，宽 1.9 厘米，厚 0.25 厘米。（图四，4；图五，4）

三、结语

此次发掘的 M17 位于李家窑遗址西南部，在虢国都城上阳城西城壕内侧不远处，也就是在上阳城城内；墓口上部因取土被破坏，现地表以上被挖掉部分厚 2 米左右；在此区域内原有的文化层堆积已不复存在。现从墓葬年代、国别、墓主人身份三个方面试作解析。

（一）墓葬年代

M17 位于虢国都城上阳城西南隅，向西距离内城西壕很近，在宫殿区附近。根据上阳城城墙位置所在，M17 应打破上阳城西城墙，因此其埋葬年代应在虢国灭亡之后。因公元前 655 年灭亡的虢国、前 648 年灭亡的黄国铜器中，均未发现平盖鼎，可见该墓出土平盖鼎，其年代必在其以后。

现从随葬器的形制特征来判断墓葬年代：首先，该墓铜鼎呈横宽形浅腹特征，尤其与山东滕县薛国故城年代为春秋中期第三阶段的 M4、M2 所出平顶盖铜鼎基本相同，稍有不同的是，后者鼎盖中央有一半环形钮，且腹部有装饰纹样而已[1]；而且与春秋中期中晚段的甘肃礼县圆顶山秦国墓地 M1：11、河南淅川下寺墓地 M7：6 平顶盖鼎较为相似，尤以三者矮而粗壮的蹄足更为相似，只是圆顶山与下寺所出铜鼎腹深而浑圆，且是圜底，盖顶中央有方形钮[2]；同时与春秋中期晚段的安徽铜陵市谢垅所出夔龙纹平顶盖鼎上半部较为相似，只是后者鼎足较高而细，且盖顶中央设有半环形钮[3]；还与春秋晚期的陕县 M2061：2 平顶盖铜鼎相似，唯后者鼎足较高而细[4]；并与春秋中期晚段的辉县琉璃阁乙墓所出平顶盖鼎较为接近，尤其是二者盖顶中央均未设置半环形立钮，只是后者鼎腹较深、足略高而细[5]；也与春秋中晚期之际的河南尉氏河东周村墓出土铜鼎较为接近[6]；还与山西侯马市上马村墓地所出春秋晚期早段的M4094：27、春秋晚期晚段的M15：29等2件被划归乙类的平顶盖铜鼎相近，唯后者腹部较深，鼎足较高而细，盖顶中央设有环形钮，尤其是年代更晚的M15：29鼎鼓腹浑圆，双耳上端已稍外撇[7]，故其年代较晚是十分正常的。

由此可见，凡与此铜鼎矮宽体形、粗壮矮足、浅腹特征相似的器物年代均为春秋中期晚段，至于春秋晚期那些局部特征相近的器物，在整体上已有较大差异，因此该铜鼎以断为春秋中期晚段为宜。

其次，铜盏在以往报告中或称为盂、盆、敦等，与陕西韩城梁带村芮国墓地春秋早期墓M27、M19所出铜盆相比，除器盖有别之外，器身部位尤其相似，唯后二者盖顶中央为圈足式握手[8]。这种器物是从西周晚期的有耳带盖陶盂（应称为盏，因为附耳小盆称为盏，无耳小盆

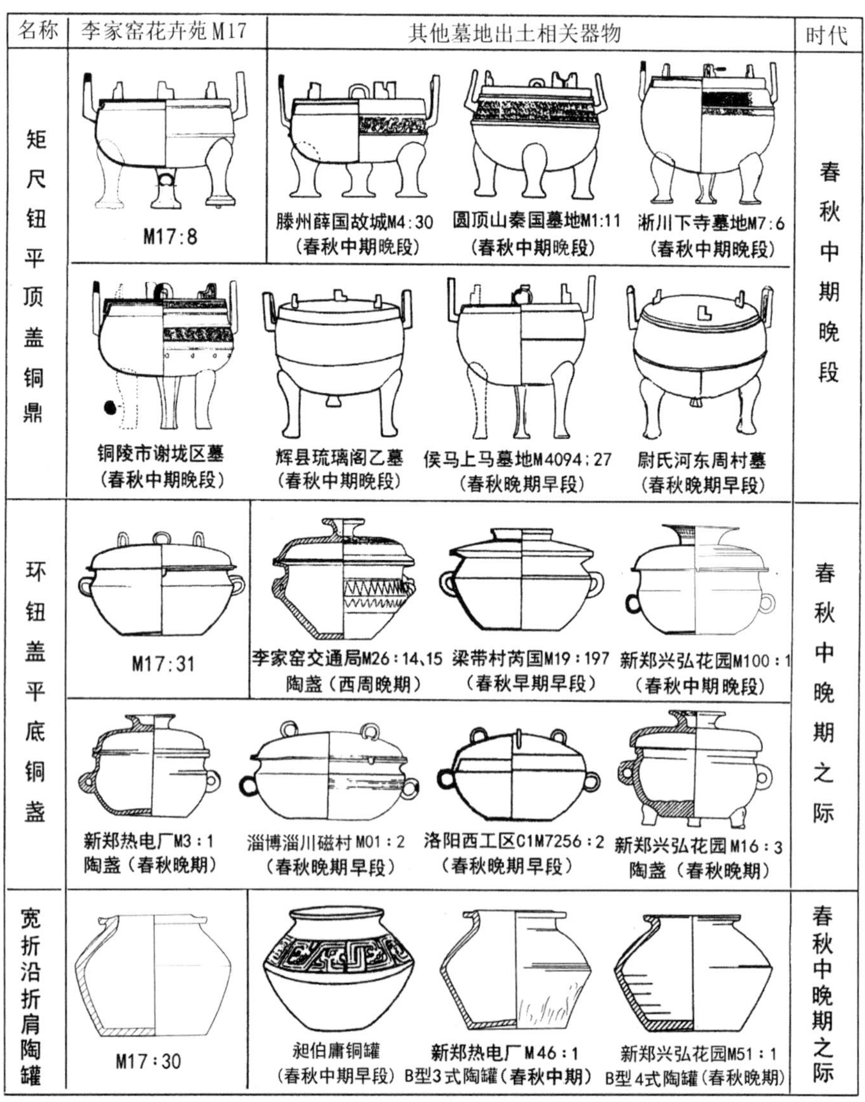

图六　李家窑遗址花卉苑小区M17随葬器物类型学比较图

称为盂）发展演变而来的[9]，西周晚期至春秋中期一直是圈足式握手盖，属双耳平底盏；春秋中期晚段铜盏、陶盏并行于世，此后附加三矮足，即为三足盏，其演变轨迹在河南新郑市兴弘花园与热电厂墓葬中表现得很清楚[10]。（图六）无论鼎还是盏，在弧顶盖面上设立三个环形钮的做法，流行于春秋晚期，但类似的环钮形盖首先见于淅川下寺墓地春秋中期墓葬 M8 出土的以邓鼎，其鼎盖表面有四个相对称的环钮[11]。因此，这件带有弧顶三环钮器盖的铜盏的年代也可以是春秋中期。直到春秋晚期早段，山东淄博市淄川磁村 M01、M02 与河南洛阳西工区 C1M7256 所出铜盏上，盖表面皆设置三个环形钮[12]。其中与淄博磁村所出最为相似，都是束颈、平底，器盖边缘设有卡扣与器身扣合，只是后者耳部为圆环形钮，年代似略晚；至于洛阳所出，器身已失去颈部且演变为子口，年代显得更晚。

由此可见，在所类比器物中，就器身而言，与之最相似者是芮国墓地所出铜盏，但其为斜折沿与斜折肩，明显早于此盏的平折沿与束颈特征；就整体来看，与淄博磁村所出最为相似，但因后者双耳为环形钮，却又略晚于此铜盏。所以此铜盏的年代应介于二者之间，考虑到三环钮形盖在春秋中期晚段尚较罕见，特将其具体年代定位于春秋中晚期之际。

其三，陶罐与春秋早期晚段的河南桐柏县月河乡左庄村墓葬所出䢵伯庸铜罐（或称铜罍）较为相近，唯后者口部为斜折沿而已[13]；也与新郑热电厂春秋中期的 M46：1 的 B 型Ⅲ式陶罐、春秋晚期的兴弘花园 M51：1 的 B 型Ⅳ式陶罐甚是相似[14]，从其颈部逐渐消失的演变趋势来看，其年代或位于二者之间。因此，陶罐的具体年代应为春秋中期晚段至晚期早段，抑或为春秋中晚期之际。

其四，在李家窑遗址西周晚期墓葬中，只有一二件玉柄形璋或匕形璋；但在虢国墓地年代当已接近于春秋中期的墓葬 M2011 太子墓中，却随葬有较多细而长的简易石戈与少量石圭[15]；侯马上马墓地春秋中晚期墓葬中常见甲类与乙类石圭，与本墓所出较为相似或基本相同[16]；春秋晚期石圭成为盟誓载书的载体。该墓随葬较多的石圭，表明其入葬年代为春秋中晚期。

其五，方形口琀玉片周边琢出多个相对称的小豁口，与春秋中期晚段的新郑兴弘花园 M100 与热电厂春秋晚期的 M48 所出长方形玉片饰均较相似[17]，也与河南淇县宋庄墓地春秋晚期墓葬所出 M4：54、M4：55 这 2 件长方形玉片饰的形制相似[18]，因而其年代亦当为春秋中晚期。

综上所述，该墓铜鼎年代最早，为春秋中期晚段，石圭和玉片饰按其最晚的流行时期为春秋晚期，铜盏与陶罐为春秋中晚期之际。按照舍其上下而取其中间的墓葬断代原则[19]，该墓的具体年代当定位于春秋中晚期之际。

（二）墓葬的族属与墓主人身份

M17 所出平顶盖铜鼎，就其特征而言，与圆顶山秦国墓地及薛国故城墓葬所出铜鼎尤其相似，而与相距较近的黄河北岸山西侯马晋国上马墓地所出却相差甚远，具有明显的秦墓特征，或表明这是一座与秦国关系密切或受秦文化影响较深的某一低级贵族的墓葬。至于和山东滕县的薛国乃至淄博的齐国墓葬所出相同，其原因当与秦国是从山东迁至甘肃、陕西一带的历史事实密切相关[20]。

该墓是一座口大底小的长方形土坑竖穴墓，葬具为单棺单椁，墓内随葬有铜礼器鼎和盏，并且有数量较多的石圭和1件方形玉片饰。凡此表明，墓主非一般平民，而是地位较低的士级贵族。

领队：王龙正

发掘：王龙正　杨海青

执笔：辛军民

摄影：翟　超

绘图：陈素英

注释：

[1] 山东济宁市文物管理局：《薛国故城勘查和墓葬发掘报告》，《考古学报》1991年第4期。

[2] 甘肃省文物考古研究所、礼县博物馆：《礼县圆顶山春秋秦墓》，《文物》2002年第2期；河南省文物研究所、河南省丹江库区考古发掘队、淅川县博物馆：《淅川下寺楚墓》，文物出版社，1991年，第28—29页。

[3] 安徽大学、安徽省文物考古研究所：《皖南商周青铜器》，文物出版社，2006年，第168—169页。

[4] 中国社会科学院考古研究所：《陕县东周秦汉墓》，科学出版社，1959年，第48、111页。

[5] 朱凤瀚：《中国青铜器综论》（下），上海古籍出版社，2009年，第1639页。我们认为，在辉县琉璃阁乙墓中，计有无盖立耳鼎、平折沿直高足鬲、双兽耳圈三足簋、无盖折壁铺（豆）、兽耳衔环方壶等器物，这是典型的春秋早期铜礼器组合形式，器物形制也十分相似，因而其年代不得晚至春秋晚期，应为春秋中期晚段。

[6] 朱凤瀚：《中国青铜器综论》（中），上海古籍出版社，2009年，第1616页。

[7] 山西省考古研究所：《上马墓地》，文物出版社，1994年，第32—34页；朱凤瀚：《中国青铜器综论》（下），上海古籍出版社，2009年，第1635页。

[8] 陕西省考古研究所、渭南市文物保护考古研究所、韩城市文物旅游局：《陕西韩城梁带村遗址M19发掘简报》，《考古与文物》2007年第2期；陕西省考古研究院、渭南市文物保护考古研究所、韩城市文物旅游局：《陕西韩城梁带村遗址M27发掘简报》，《考古与文物》2007年第6期。

[9] 河南省文物考古研究所、三门峡市文物考古研究所：《河南三门峡市李家窑遗址西周墓的清理》，《华夏考古》2008年第4期。

[10]河南省文物考古研究所:《郑韩故城兴弘花园与热电厂墓地》,文物出版社,2007年,第86、100—104页。

[11]河南省文物研究所、河南省丹江库区考古发掘队、淅川县博物馆:《淅川下寺楚墓》,文物出版社,1991年,第6、7页。

[12]朱凤瀚:《中国青铜器综论》(下),上海古籍出版社,2009年,第1617—1618、1681、1685页。

[13]河南博物院:《群雄逐鹿——两周中原列国文物瑰宝》,大象出版社,2003年,第315页。

[14]河南省文物考古研究所:《郑韩故城兴弘花园与热电厂墓地》,文物出版社,2007年,第76、77页。

[15]河南省文物考古研究所、三门峡市文物工作队:《三门峡虢国墓》第1卷,文物出版社,1999年,第366—369页。

[16]山西省考古研究所:《上马墓地》,文物出版社,1994年,第150—153页。

[17]河南省文物考古研究所:《郑韩故城兴弘花园与热电厂墓地》,文物出版社,2007年,第111、112页。

[18]河南省文物考古研究院:《河南淇县宋庄东周墓地M4发掘简报》,《华夏考古》2015年第4期。

[19]王正、孙清远:《从应国墓地发掘看应侯视工墓的年代》,见中国考古学会:《中国考古学会第十六次年会论文集》,文物出版社,2016年。

[20]林剑鸣:《秦史稿》,上海人民出版社,1982年,第14—20页。

河南三门峡虢国墓地 M2009 出土麻织品检测分析

◎李清丽　◎刘　剑　◎贾丽玲　◎周　旸

虢国墓地位于河南省三门峡市上村岭，是一处等级齐全、排列有序、独具特色且保存完好的西周晚期至春秋早期的邦国公墓[1]。在 M2009 虢国国君虢仲的大墓中，出土了一套珍贵的麻质纺织品。(图一)麻质纺织品出土时位于虢仲墓椁室的东侧中部，由一件短裤和一件短褂组成。麻布短裤出土时上部的裤腰部分已残损，裆部相连，裤腿平齐，由两层内、外不同颜色的麻布做成，外层为土黄色的粗麻布，内层为棕褐色的较细麻布。麻布短褂出土时除右侧外部的前襟保存较好外，其他部分残破为数十片，由两层内、外不同颜色的麻布做成，外层为土黄色的粗麻布，内层为浅黄褐色的细麻布[2]。这套纺织品发掘出土于 20 世纪 90 年代初，由于当时发掘及保护条件所限，只是做了简单的平整，未经过任何技术手段处理，后长期存放于河南省文物研究所三门峡工作站条件极其简陋的房子里，既没有密闭的包装设施，也没有控制温湿度的恒温恒湿设备，故对纺织品文物没能起到良好的保护作用。这套麻织服饰现藏于三门峡市虢国博物馆。

1

2

图一　虢国墓地出土的麻织品
1. 短褂前襟　2. 麻织短裤

一、纺织品病害调查

纺织品文物无论是传世品还是考古发掘，都会出现不同程度的劣化。劣化主要包括两个方面：一是纤维本身的降解，二是纤维上颜料、染料的褪色。一般而言，纤维的褪色会先于纤维本身的降解而发生。

这套麻质纺织品出土于墓室中，随着墓室的坍塌，纺织品沾染了大量尸体分解物等污染物，是微生物生长的良好培养基。加之纺织品出土之后未经彻底的清洗消毒，保管条件不善，出现了长霉现象。霉菌在生长发育的同时，分泌出多种酶类、有机酸、氨基酸、核酸及有害毒素，对纺织品文物有着强烈的腐蚀破坏作用，造成文物变黄、霉斑、糟朽等，直接改变纺织品文物的外观，降低纺织品文物的机械强度。由于这批麻织品文物长期处于自然状态，温湿度的波动和光照使织物纤维发生了极其严重的光老化和热老化，造成了纤维强度的降低。这些都给后期的保护修复带来了极大的难度和挑战。

经过调查，发现这批纺织品目前保存状况较差，存在褶皱、破裂、残缺、污染、虫蛀、微生物损害（霉斑）等多种病害，急需修复保护。

二、样品的检测分析

为了对这套珍贵的麻质纺织品进行科学有效的保护，三门峡虢国博物馆委托中国丝绸博物馆为其编制保护修复方案。检测分析是纺织品文物保护修复中不可或缺的一个步骤，为制定修复方案提供科学依据。根据纺织品文物的特性，我们对其纤维、组织结构以及污染物等进行了取样和检测分析。工作人员采用原位无损信息提取技术，对纺织品文物进行全方位信息采集，获取客观可靠的数据；采用数码相机对文物进行图像拍摄，获取形制和纹样信息；采用掌上便携式显微镜 scalar 对文物进行显微图像采集，获取组织结构、纱线、纤维和污染物的形貌信息。

（一）组织结构分析

检测仪器：三维视频显微镜（VHX-2000C，日本基恩士）。

测试条件：拍摄 20X 和 50X 的织物组织结构图像。

经测试，发现麻裤表层与内层织物的组织结构都为平纹，经纬向力学性能差异较小。此外，经纬纱捻向都为 S 捻，交织点处纤维同向相嵌，不易移动，使得织物组织结构更为稳定，组织点清晰。（图二；图三）

图二　麻裤表层织物组织结构三维视频显微图（50X）（平纹；经密：9 根 /cm；纬密：10 根 /cm）

图三　麻裤里层织物组织结构三维视频显微图（50X）（平纹；经密：12 根 /cm；纬密：9 根 /cm）

（二）纱线分析

检测仪器：三维视频显微镜（VHX-2000C，日本基恩士）。

测试条件：拍摄 50X 和 100X 的织物组织结构图像。

在显微镜下采集放大倍数 50 倍和 100 倍的照片，可以发现该批纺织品文物纱线主要为 S 捻，经纬纱线之间粗细差异较大，纬纱直径普遍大于经纱直径；都有一定的捻度。（图四）

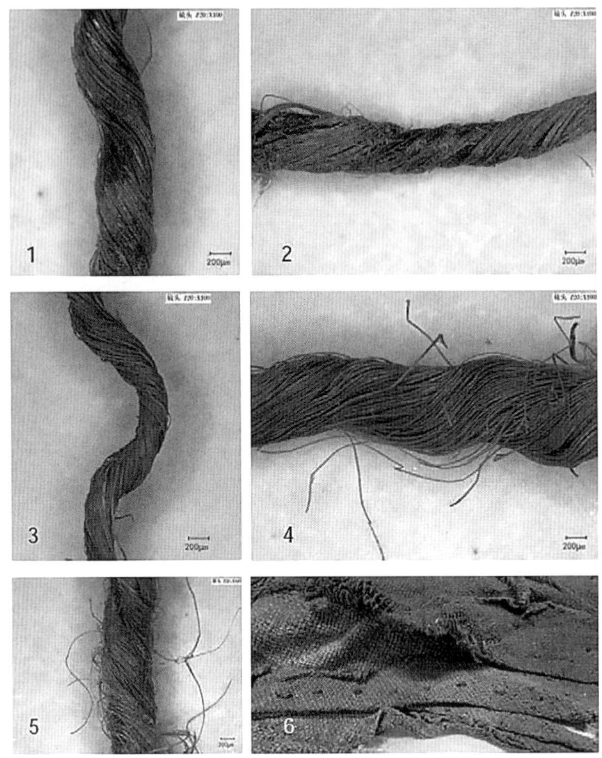

图四　麻裤中的纱线及其特征参数

1. 麻裤表层经纱纵向（100X）（纱线结构参数：经纱：S 捻，5.6 捻 /cm ；平均直径：0.35mm）　2. 麻裤表层纬纱纵向（100X）（纱线结构参数：纬纱：S 捻，6.8 捻 /cm ；平均直径：0.51mm）　3. 麻裤里层经纱纵向（100X）（纱线结构参数：经纱：S 捻，10.2 捻 /cm ；平均直径：0.43mm）　4. 麻裤里层纬纱纵向（100X）（纱线结构参数：纬纱：S 捻，3.7 捻 /cm ；平均直径：0.53mm）　5. 麻裤缝线　6. 麻裤缝线（100X）（纱线结构参数：S 捻，5.5 捻 /cm ；直径：0.48mm）

麻的纱线粗细和均匀度是衡量麻纺纱技术的一个重要指标，古代市场上也以麻缕的细度、匀度决定价格的高低，有些细而匀的高品质麻甚至比丝绢的价格还高。根据文献档案所载，商代时期，麻缕的投影宽度多在 0.5mm 以上；到了西周时期，麻纺纱技术有所改进，制得的麻缕多在 0.5mm 以下。

测试样品中，纱线的直径基本在 0.35mm~0.55mm 范围内，与文献记载相符。从三维显微镜测试结果中可以发现，单根纱线自身条干均匀度较好，但纱线与纱线之间的粗细差异较大。此外，表层织物的经纬纱粗细差异率稍大于里层织物，麻裤缝线条干均匀。（图五）

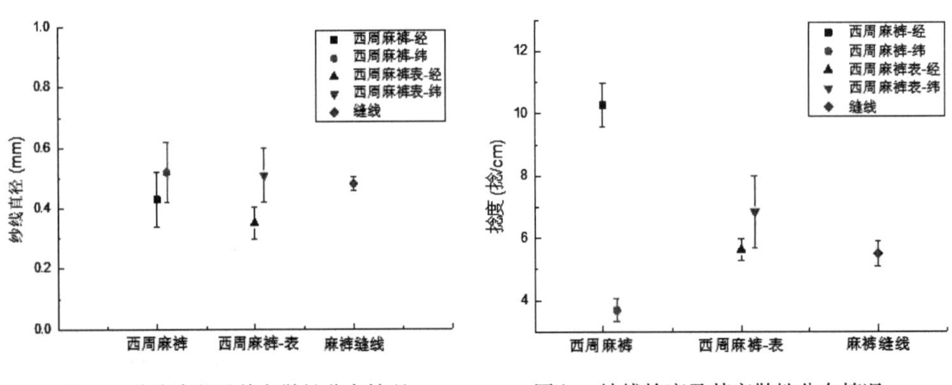

图五　纱线直径及其离散性分布情况　　图六　纱线捻度及其离散性分布情况

图六为三个样品纱线的加捻情况，测试结果表明，麻裤里层织物的经纬纱捻度差异较大，经纱捻度较大，达到 10 捻 /cm 以上，具有较好的力学强度，充分展现了西周时期成熟的加捻

技术。纬纱相对捻度较小，直径较大，呈现了更有光泽的织物风格。表层织物中的纱线捻度介于上述里层织物两者之间，经纱中呈现的捻回均匀，纬纱捻回形貌差异率相对较大。

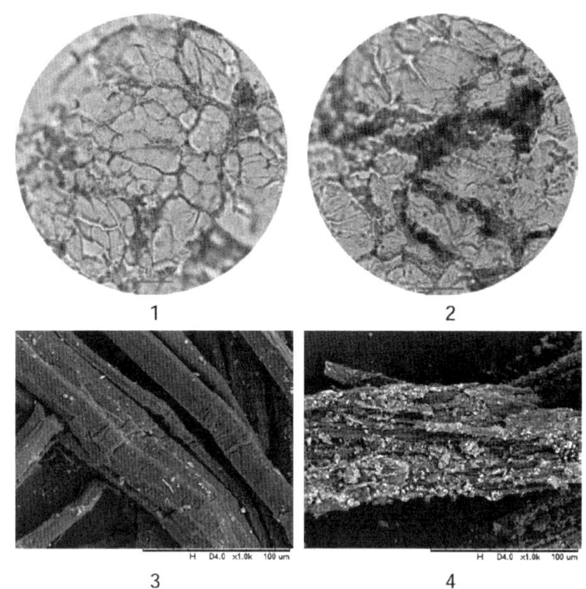

图七　麻裤表层纤维形貌图

1. 经向纤维截面（400X）　2. 纬向纤维截面（400X）
3. 经向纤维 SEM 图（1000X）　4. 纬向纤维 SEM 图（1000X）

（三）纤维分析

检测仪器：生物显微镜（Scope A1，德国 Zeiss）；扫描电子显微镜（TM3000 日本 Hitachi）。

测试条件：生物显微镜：400X 纤维横截面图像；扫描电子显微镜：1000X 和 2000X 纤维纵向图像。

在参考整体织物外观的基础上，对纤维文物的纵横向进行了形貌观察。测试结果表明，样品的纤维材料均为麻纤维，但麻裤的表层与里层所用麻纤维为不同品种。表层织物中的麻纤维，纵向粗糙，有横结，无转曲；横截面以三角形与多边形为主，外角较为尖锐，且中腔为线状，可能为大麻纤维。里层织物中的麻纤维纵向有缝隙及横向裂纹，有较多结晶物附于纤维表面，横截面呈较为丰满的腰圆形，中腔为线状，由中腔开始有多层腰圆形线状裂纹向外扩散。缝线中，单纤维截面为腰圆形，有明显中腔。（图七；图八）

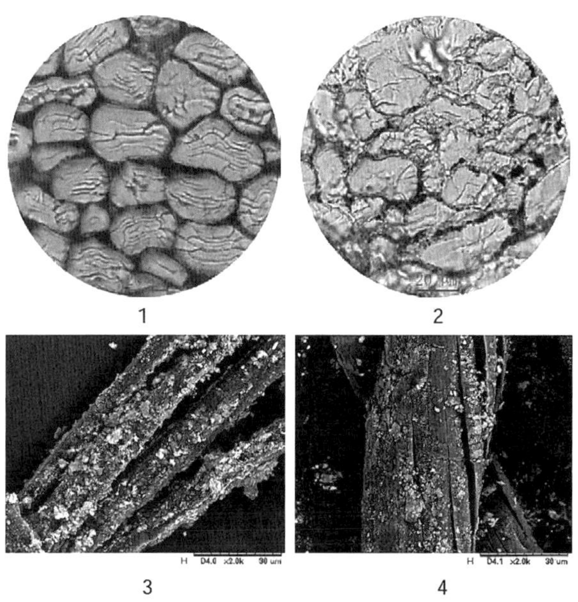

图八　麻裤里层纤维形貌图

1. 经向纤维截面（400X）　2. 纬向纤维截面（400X）
3. 经向纤维 SEM 图（2000X）　4. 纬向纤维 SEM 图（2000X）

（四）污染物分析

检测仪器：激光共焦显微拉曼光谱仪（LabRam HR Evolution，Horiba JY）。

测试条件：激发波长：532nm；分辨率：$1cm^{-1}$/ 像元；范围：$50{\sim}3000cm^{-1}$。

这批服饰在里层和外层都有不同程度的污染，外层更加明显。这些残留在文物上的污染物，有些已经渗透至纤维内部，极大程度地影响到文物的外观，这类顽固污染物难以彻底清除干净。

在显微镜下观察，可见织物表面存在一些白色结晶物，经拉曼光谱检测，白色晶体的主要成分为$CaCO_3$，这类污染物镶嵌在纤维之间会对纺织品造成一定程度的破坏，需要去除。（图九）

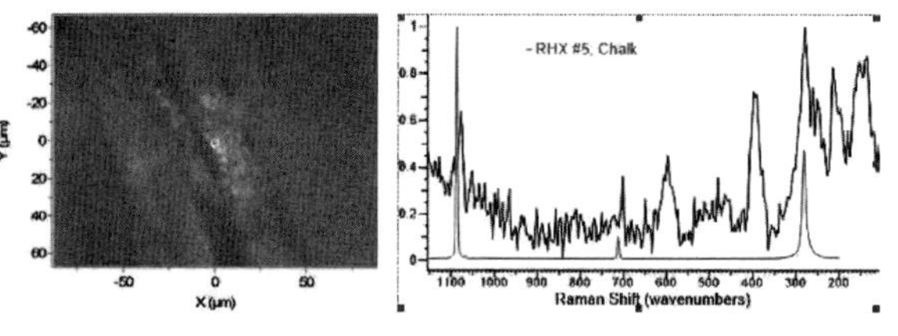

图九　白色污染物的拉曼检测结果

三、结语

通过本次检测分析，探明了这套麻质纺织品文物样品的纤维材料均为麻纤维，因为纤维的降解断裂，使得麻织品的强度明显降低。麻裤的表层与里层所用麻纤维品种不同，表层麻纤维粗糙，可能是大麻纤维；而里层织物中的麻纤维较为顺滑柔软，且有较多结晶物附于里层纤维表面，形成了麻裤外硬里软的局面，给修复造成了极大的难度。麻织品里外层均有主要成分为$CaCO_3$的污染物需要清理，有的已渗透到纤维内部，较难清除。对这套麻织品进行检测分析，为修复保护方案的制定提供强有力的科学依据，将大大有利于后期对其进行保护修复。这套麻织品是迄今我国考古发现的时代最早的麻织服饰，经过科学保护修复后，必将为研究西周社会政治、经济、文化提供重要的实物资料，也是研究纺织品发展史的有力证据。

（该研究得到了中国丝绸博物馆赵丰、周旸、刘剑、贾丽玲、杨海亮等老师的支持和指导，特此致谢！）

注释：

[1] 河南省文物考古研究所、三门峡市文物工作队：《三门峡虢国墓》第1卷，文物出版社，1999年。

[2] 河南省文物考古研究院、三门峡市文物考古研究所、三门峡市虢国博物馆：《三门峡虢国墓》第2卷，文物出版社，2023年。

河南义马上石河村发现春秋墓葬群

◎杨海青 ◎郑立超 ◎高 鸣 ◎贺旭辉 ◎高 鹏

上石河村墓地位于河南省义马市市区南部、石河西岸约 100 米处的原上石河村。2017 年 7 月，义马市文物钻探队发现了该墓地。墓地上面原为上石河村村民居住地，周围地势整体较为开阔平坦。目前已初步探明，墓地现存范围东西长约 200 米，南北宽约 150 米，总面积 3 万余平方米，墓葬分布较为密集。

2018 年 4 月至 5 月，受河南省文物考古研究院的委托，三门峡市文物考古研究所在义马市文物保护管理所配合下，对上石河村墓地南部进行了第一次较大规模的抢救性考古发掘。此次发掘共清理了长方形竖穴土坑墓葬 21 座、马坑 6 座，出土陶、铜、玉等各类文物近 500 件。发掘表明，上石河村墓地应为一处墓葬较为集中的春秋早中期中小型贵族墓地。

墓地墓葬与出土遗物

本次发掘的 21 座墓葬，其形制皆为竖穴土坑墓，墓口平面均为长方形，但墓葬规格相差较大。依墓口面积大小，可分为中型墓和小型墓两类，其中中型墓 8 座，小型墓 13 座。中型墓的墓口一般长 3.4~4.95 米、宽 2.0~3.5 米、深 1.8~2.7 米。如 M33，墓口南北长 4.08 米，东西宽 2.6~2.68 米，面积在 10.77 平方米左右。小型墓的墓口一般长在 2.0~3.0 米、宽在 1.3~1.7 米、深度在 0.6~2.5 米之间。如 M24，墓口南北长 2.68 米，东西宽 1.12~1.34 米，面积在 3.48 平方米左右。

墓葬方向除 M27 为东西向外，其余皆为南北向，且同时期墓葬间未见任何打破或叠压关系，表明该墓地具有一定的规划，且有较为严格的埋葬制度。墓地内所发掘的竖穴土坑墓，皆直壁，底部平坦，极个别的墓底中部还设有腰坑。在墓葬底部四周都设有宽窄不一的熟土二层台，中部为墓室，棺椁摆放于墓室内。如 M34，墓口南北长 3.42 米，东西宽 2.2~2.3 米，墓深 2.34 米。方向 27°。墓葬底部四周设有宽窄不一的熟土二层台，其中北侧台宽 0.18 米，东侧台宽 0.12~0.16 米，南侧台宽 0.12 米，西侧台宽 0.14 米，台残高 0.5 米。墓底中部设有一正方形腰坑，边长 0.28 米，深 0.22 米，坑底放置有细小的动物骨骼。二层台中部为墓室，南北长 3.12

米，东西宽 1.76 米。墓室内放置单椁重单棺。

墓地已发掘的 21 座墓葬中，除 M22 葬具不详外，其他 20 座墓葬的葬具均腐朽严重，依其痕迹可知皆有椁有棺。其中葬具为单椁重棺者 1 座（即 M33），单椁单棺者 19 座。从葬式上看，除有 2 座墓内未见人骨，1 座墓内人骨腐朽严重且凌乱，无法辨别葬式外，其余 18 座墓葬均为单人仰身直肢葬，墓主骨骼保存基本完整。人骨保存状况一般，多以肋骨、脊椎、手、脚等处的骨骼腐朽较为严重，有的仅能根据残存的朽痕清理出大致轮廓。

这批墓葬出土的随葬品较少，主要放置于棺盖板上、棺椁之间和棺内。除 2 座墓内不出随葬品外，其他墓葬均有为数不等的随葬品。从出土随葬品数量看，8 座中型墓的随葬品相对较多，少者出有 15 件，最多者可达 248 件；11 座小型墓的随葬品较少，最少者仅出 1 件，最多者也就出 8 件。依质地不同，可分为铜、玉、石、陶、骨、蚌与海贝等七类。其中以铜器为主要器种，次为玉器、石器和骨器，且见于大多数墓葬中。随葬的铜器有鼎、盨、盘、鍑等礼器，戈、镞、盾钖等兵器，工具铲，辖首、衔、铃、带扣、环等车马器，以及鱼和合页等；随葬的玉器有璧、璜、戈、玦、玛瑙玉佩组合串饰、鸟形佩、口琀等。其他随葬器物还有石圭、石贝、石块等石器，骨钉、骨圭、骨牛头饰、骨镳等骨器，陶鬲、陶罐、陶珠等陶器，以及鸟纹圆蚌饰、蚌壳和海贝等。

墓地陪葬马坑

这次发掘共清理出马坑 6 座，均为南北向，形制相同，规格相近，都属于小型马坑。坑口平面皆呈长方形，坑壁上下垂直，平底。坑口一般南北长约 3.5~5.5 米，东西宽 2.6~3.2 米，深度约 0.8~2.3 米。其中较大的马坑有 4 座，每座马坑底部摆放着 6 匹马；较小的马坑仅 2 座，每座马坑底部埋有 2 匹马。这些马坑内的马骨头基本向北，且都随葬 1 只狗骨架，还有两座马坑内出土少量铜马器。如 MK6，马坑的西北角被一个汉代陶窑打破。坑口南北长 5.3 米，东西宽 2.8~3.2 米，坑深 0.9 米，方向 36°。坑内埋葬 6 匹马和 1 只狗，马头向北，狗头向东。由于马坑较浅，局部被扰致使部分马骨和狗骨架较凌乱。再如 MK4，坑口南北长 3.6 米，东西宽 2.8~2.82 米，坑深 2.3 米，方向 22°。坑内北部埋葬 2 匹马，南部放置 1 只狗，马头向北，狗头向西。出土随葬品有铜衔 2 件、铜铃 1 件、铜络饰 4 件、骨镳 2 副。

学术意义

这次尽管在上石河村墓地发掘的墓葬不多，墓内出土的随葬品数量也有限，且器物组合不全，但墓葬内出土的铜鼎、铜盨、铜盘、铜匜等礼器，都具有春秋早中期典型的器物特征。从这些铜礼器的形制看，其造型均与三门峡虢国墓地出土的同类器物基本相同；从纹样上看，铜器上所装饰的窃曲纹、重环纹等是春秋早期流行的纹样。此外，墓地出土的铜戈、铜矛、铜镞、铜盾钖等兵器以及铜衔、铜带扣等马器，也与三门峡虢国墓地出土的同类器物相同。因此判定该批墓地的年代应为春秋早中期。

由于墓葬出土的铜礼器组合不全，或出 1 件，或出 2 件，故墓葬内墓主的身份和地位只能通过墓葬大小、深度和棺椁来反映，这与同时期的三门峡虢国墓地、山西晋侯墓地以及山西芮国墓地等有着明显的区别。值得注意的是，M35 出土的一件铜鍑，敞口，圆形立耳，耳上端有一乳钉饰，弧腹，圜底，喇叭形圈足。腹上部饰一周细凸弦纹。铜鍑为两周时期西北地区少数民族经常使用的器物，在中原地区春秋时期的墓葬中极为少见。这件铜鍑应是墓主人在战争中缴获的战利品。

上石河村墓地是三门峡地区继上村岭虢国墓地之后发现的又一处较大规模的春秋早中期小型贵族墓地，它的发现与发掘为研究豫西地区春秋时期的葬制和葬俗提供了珍贵的考古材料，具有十分重要的学术意义。

义马上石河春秋墓地

◎方燕明

2019年3月1日，由河南省文物局指导，河南省文物考古学会、《华夏考古》编辑部主办的“2018河南考古新发现论坛”在郑州市举行。经过各项目负责人公开报告，由与会专家无记名投票，在12个汇报项目中，最终推选栾川龙泉洞旧石器时代遗址（洛阳市文物考古研究院、栾川县文物管理所）、荥阳官庄遗址两周及汉代手工业作坊遗存（郑州大学历史学院、郑州市文物考古研究院、荥阳市文物保护管理中心）、义马上石河春秋墓地（河南省文物考古研究院、三门峡市文物考古研究院）、汉魏洛阳城北魏宫城及其周边附属遗址（中国社会科学院考古研究所汉魏故城队）、开封明代周藩永宁王府遗址（河南省文物考古研究院、开封市文物考古研究所）等五个考古项目作为“2018年度河南省五大考古新发现”。

上石河春秋墓地位于三门峡市义马市区南部的上石河村，为配合基本工程建设，对其进行考古发掘。共发现春秋时期墓葬113座，马坑7个，出土铜、陶、玉、石、骨等各类器物2700余件。该墓地墓葬形制及出土器物与三门峡上村岭虢国墓地极为相似，且从墓地所出的青铜鼎铭文“虢季氏子虎父作鼎”可知，该墓地的墓主应与三门峡虢国有关。（图一）

图一　义马上石河墓地东北区航拍照片（上为北）

根据文献记载，公元前655年，虢国被晋国灭掉后，虢国国君虢公丑向东逃亡，避难洛阳，义马则是这些人的避难栖居地。上石河春秋墓地应该就是虢国东逃的贵族及家眷和护卫随从的邦族墓地。该墓地内墓葬排列有序、保存基本完整、布局规律清晰，有着较为严格的埋葬制度，但是由于这是虢国被晋灭掉后，东迁逃难人员死后的埋葬之地，故墓地内墓葬出土的铜礼器组合极为不全。该墓地的发现与发掘，不仅可以填补崤函古道上春秋时期中小型贵族墓地发现和研究的空白，也为寻找三门峡虢国被晋灭掉后虢国贵族的最后去向提供了线索。

灵宝市中河霸王城西周及汉代遗址

◎张小虎

发掘时间：2016 年 10 月— 2017 年 8 月

工作单位：河南省文物考古研究院

灵宝中河霸王城遗址位于灵宝市阳店镇中河村沟南组西，遗址现位于南北两条冲沟之间的黄土台塬上，西面不远处即是陇海铁路。规划中的蒙华铁路从遗址东南部穿过。

2016 年 10 月，为了配合蒙华铁路建设，开始对灵宝市阳店镇中河村霸王城遗址进行考古发掘工作。考古发掘工作主要在蒙华铁路线路占压范围内进行，同时为了进一步了解遗址时代、性质，也在城内开展了全面的钻探和局部小范围试掘工作。此外，为了解城墙的结构、建筑技术及时代，还清理了部分城墙剖面。发掘面积共计 600 多平方米。同时，还调查了附近的两个同时期城址。主要收获有以下几点：

第一，考古勘探及发掘表明，城址内现存西周和汉代两个时期的遗存。由于晚期破坏严重，目前遗存少而零星。

第二，发现的西周遗存有房址和灰坑两类，其中房址为圆形或“吕”字形半地穴式建筑，灰坑有圆形和方形两类。器物组合以鬲、罐、盆、甗、簋等，未见豆。生产工具仅见石刀、石镞、陶纺轮。

第三，汉代遗存发现数量较少，仅发现灰坑 1 个，出土数量较多的板瓦、筒瓦及日常生活陶器。

第四，从建筑特点、夯土出土的包含物来看，中河霸王城城址应修建于汉代。

第五，中河霸王城遗址应与西水头城址、项城城址大致同期，这几座城址之间的关系尚待进一步探讨。

中河霸王城遗址的发掘为了解西周时期的社会状况提供了新资料，也为了解汉代考古和汉代社会历史增加了新内容。

河南义马上石河春秋墓发掘简报

◎三门峡市文物考古研究所　◎义马市文物保护管理所

上石河墓地位于河南省义马市市区南部、石河西岸约100米处的原上石河村村中，北临310国道，南接新安故城遗址，西与开祥化工有限公司老厂区隔墙相连。2017年7月，义马市文物钻探队在配合义马市开祥化工有限公司厂区向东扩建工程建设用地进行考古钻探时，发现了该墓地。该墓地原为上石河村村民居住地，周围地势整体较为开阔平坦。目前已初步探明墓地现存范围东西长约200米，南北宽约150米，总面积3万余平方米，墓葬分布较为密集。（图一）

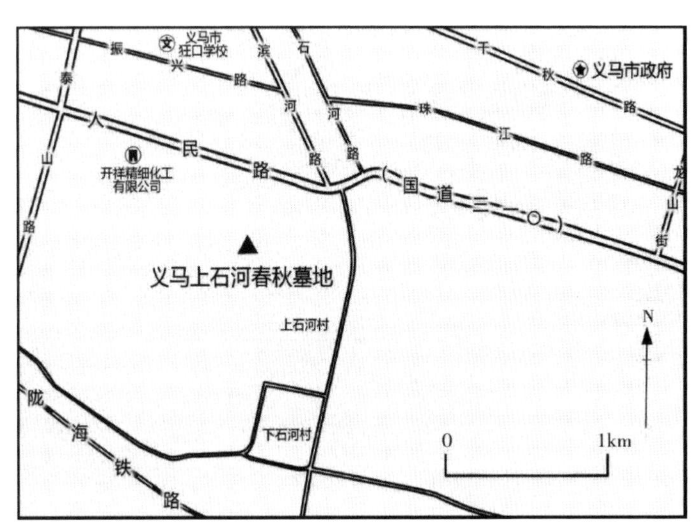

图一　义马上石河墓地位置示意图

2018年4月至5月，受河南省文物考古研究院委托，三门峡市文物考古研究所在义马市文物保护管理所配合下，对上石河墓地进行了第一次较大规模的抢救性考古发掘，清理了一批春秋时期的墓葬，其中以M29、M34和M35等3座墓葬较为重要，现简报于下。

一、M29

（一）墓葬形制与葬具

M29为南北向长方形竖穴土坑墓，方向195°。墓口距现地表0.4米，南北长4.4米，东西宽2.68~2.74米。墓口略小于墓底，墓壁修整平滑，北、东、西三壁向下斜直外张，南壁陡直，底部平坦。墓底南北长4.42米，东西宽2.82~2.96米，墓深2.48米。墓底四周设有熟土二层台，北侧台宽0.34米，东侧台宽0.23~0.37米，南侧台宽0.18~0.39米，西侧台宽0.2~0.3米，台高

0.92米。墓内填以红褐色为主的花土，略经夯打，较硬，夯层与夯窝不明显，土内含有少量的料礓石和河卵石块。

图二 M29墓葬形制与结构

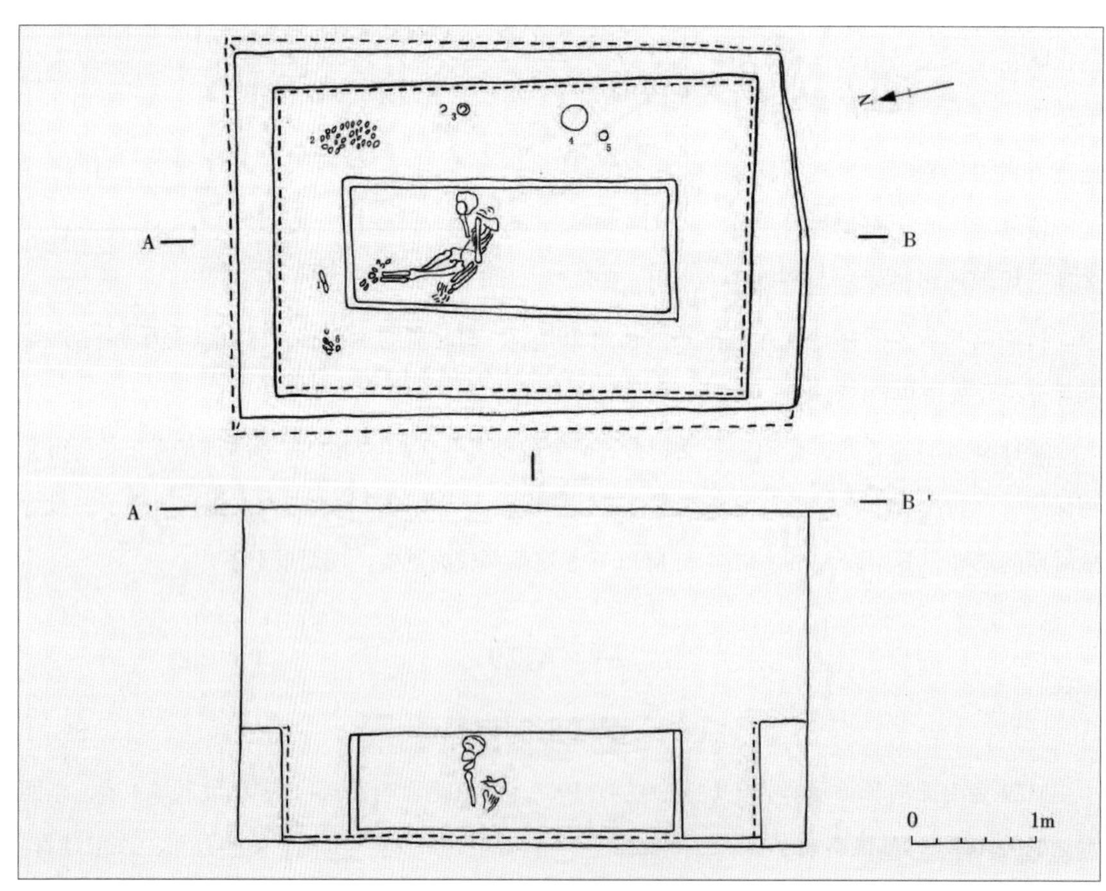

图三 M29平面、剖视图

1.石戈 2.石贝 3.铜盾钖 4.铜簋盖 5.铜环 6.骨镳

墓内葬具皆已严重腐朽，结构不清。从灰白色或灰黑色木质朽痕判断，其葬具为1棺1椁。木椁位于墓底中部，椁室四壁紧贴二层台内壁，平面近长方形，南北长3.7米，东西宽2.3~2.4米，板厚0.04米，高0.92米。木棺位于椁室中部，平面呈长方形，南北长2.56米，东西宽1米，板厚0.05米，高0.7米。棺内葬有1人，为侧身直肢葬，头向东南，足向北，骨骼保存较差。经初步鉴定为男性，年龄约35岁左右。

随葬器物分别放置于棺椁之间西北部和东部。其中在棺椁之间的西北部放置有石戈1件、骨镳2件；棺椁之间的东部则放置铜簋盖1件，铜盾钖2件，铜环1件，石贝30枚。（图二；图三）

（二）随葬器物

此墓出土的随葬器物共计37件（枚）。依质地可分为铜、石和骨3类。

1. 铜器

4件。有簋盖、环和盾钖3种。

簋盖　1件。标本M29：4，盖面上隆，弧腹，顶有喇叭形捉手。口沿上饰一周S形平面窃曲纹，上有3层瓦垄纹。高7.6厘米，口径20.6厘米，捉手直径11厘米。（图四，1；图五，1；图六）

盾钖　2件。出土时皆已破碎，但尚能看出轮廓，应为盾牌上的装饰物。形制、大小相同，壁胎极薄，作圆形上隆。厚约0.04厘米。

环　1件。标本M29：5，圆形，断面亦呈圆形。直径6.5厘米，孔径4.7厘米，断面直径0.9厘米。（图四，2；图五，2）

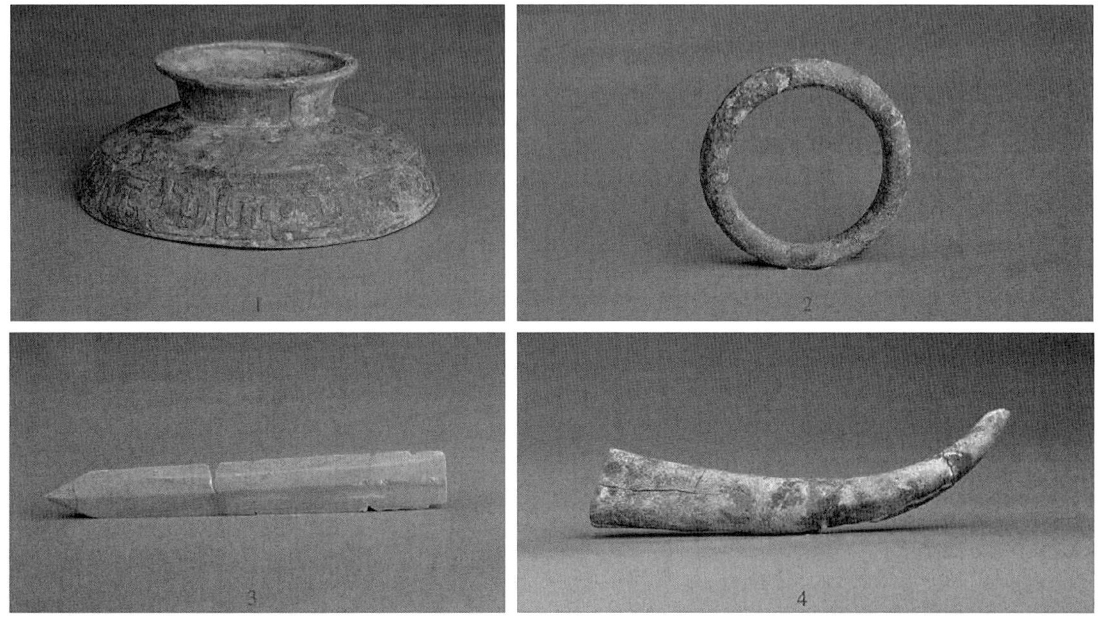

图四　M29出土遗物

1. 铜簋盖（M29：4）2. 铜环（M29：5）3. 石戈（M29：1）4. 骨镳（M29：6-1）

2. 石器

31件（枚）。有戈、贝2种。

戈　1件。标本M29：1，出土时断为三截。石质青灰色。锋呈等腰三角形，直援，有微刃，中脊明显，援与内交接处有凹槽，直内。通长16.7厘米，援宽2.3厘米，内长1.4厘米，宽2.2厘米，厚0.5厘米。（图四，3；图五，3）

贝　30枚。石质较粗，呈白色，微透明，部分半透明。因受沁蚀，表面较为粗糙或有褐色斑点。形状相同，大小略有差异。上端有尖，下端呈弧状，正面鼓起，背面为平面，背面中部纵向刻一道浅凹槽。标本M29：2–1，形体较大。长2.3厘米，宽1.8厘米，厚0.7厘米。（图五，4上）标本M29：2–2，形体较小。长1.5厘米，宽1.2厘米，厚0.7厘米。（图五，4下）

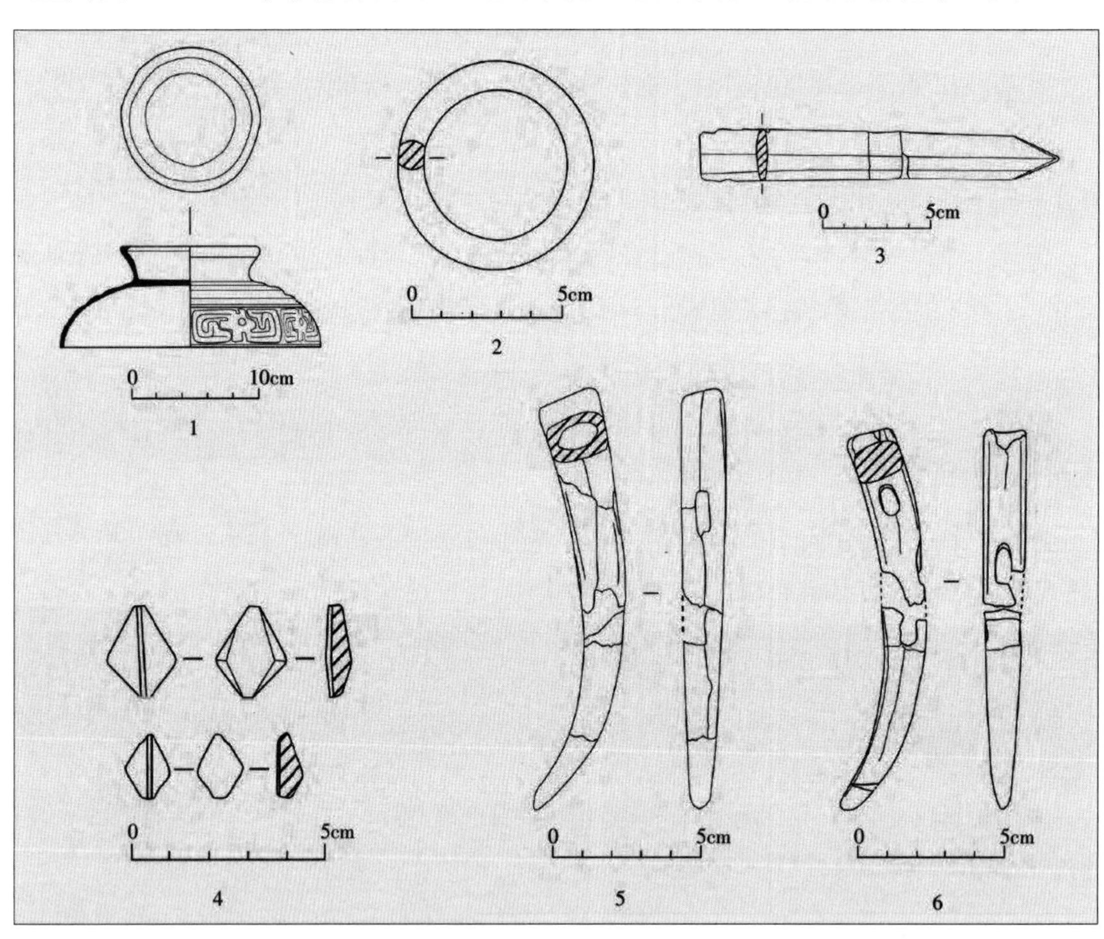

图五　M29出土遗物线图

1. 铜簋盖（M29：4）2. 铜环（M29：5）3. 石戈（M29：1）
4. 石贝（上：M29：2–1、下：M29：2–2）5. 骨镳（M29：6–1）6. 骨镳（M29：6–2）

3. 骨器

2件，仅镳1种。兽角制成。皆呈弧形弯曲，一端平齐，另一端尖细，断面呈圆角长方形。标本M29：6–1，残成多截，两扁侧有两个长方形穿孔。长13.6厘米，最大断面2.1厘米×1.4

图六　铜簋盖（M29：4）纹饰拓片

厘米。（图四，4；图五，5）标本 M29：6–2，残成多截，中部缺失，两扁侧有两个椭圆形穿孔，宽侧底部有一个椭圆形穿孔，长 12.5 厘米，最大断面 1.6 厘米 ×1.2 厘米。（图五，6）

二、M34

（一）墓葬形制与葬具

M34 也是南北向长方形竖穴土坑墓，方向 27°。墓口距现地表 0.5 米，南北长 3.42 米，东西宽 2.2~2.3 米。墓口略大于墓底，墓壁修整光滑，东西两壁向下斜直略内收，南北两壁上下垂直，平底。墓底南北长 3.42 米，东西宽 2.02~2.12 米，墓深 1.84 米。墓底四周设有熟土二层台，北侧台宽 0.18 米，东侧台宽 0.12~0.22 米，南侧台宽 0.12 米，西侧台宽 0.14 米，台高 0.5 米。墓底中部有一正方形腰坑，长、宽均为 0.28 米，深 0.22 米，坑内底部放置有细小的动物骨骼。墓内填以红褐色为主的花土，土质较硬，含有少量的料礓石和河卵石块。

墓内葬具均严重腐朽，结构不清。从残存的灰白色或灰黑色木质朽痕判断，其葬具为 1 棺 1 椁。木椁位于墓底中部，椁室四壁紧贴二层台内壁，平面呈长方形，南北长 3.12 米，东西宽 1.76 米，板厚 0.06 米，高 0.5 米。木棺位于椁室中部偏东，平面呈长方形，南北长 2.2 米，东西宽 0.87 米，板厚 0.05 米，高度不详。棺内葬有 1 人，骨骼腐朽严重，已成黄褐色粉末状，仅能清理出人骨架大体轮廓。依其痕迹可知为侧身直肢葬，头北足南，年龄、性别不详。

随葬器物分别放置于棺椁之间北部和东南角以及棺内。其中在棺椁之间的北部放置有铜鼎 1 件，铜匜 1 件和铜盘 1 件，棺椁之间的东南角放置有陶珠 30 颗；棺内放置玉璜 1 件，玉戈 1 件，长方形玉佩 1 件，玉玦 2 件，口琀玉 1 件，玛瑙珠 91 颗，石贝 2 枚，绿松石管 18 件。（图七；图八）

图七　M34 墓葬形制与结构

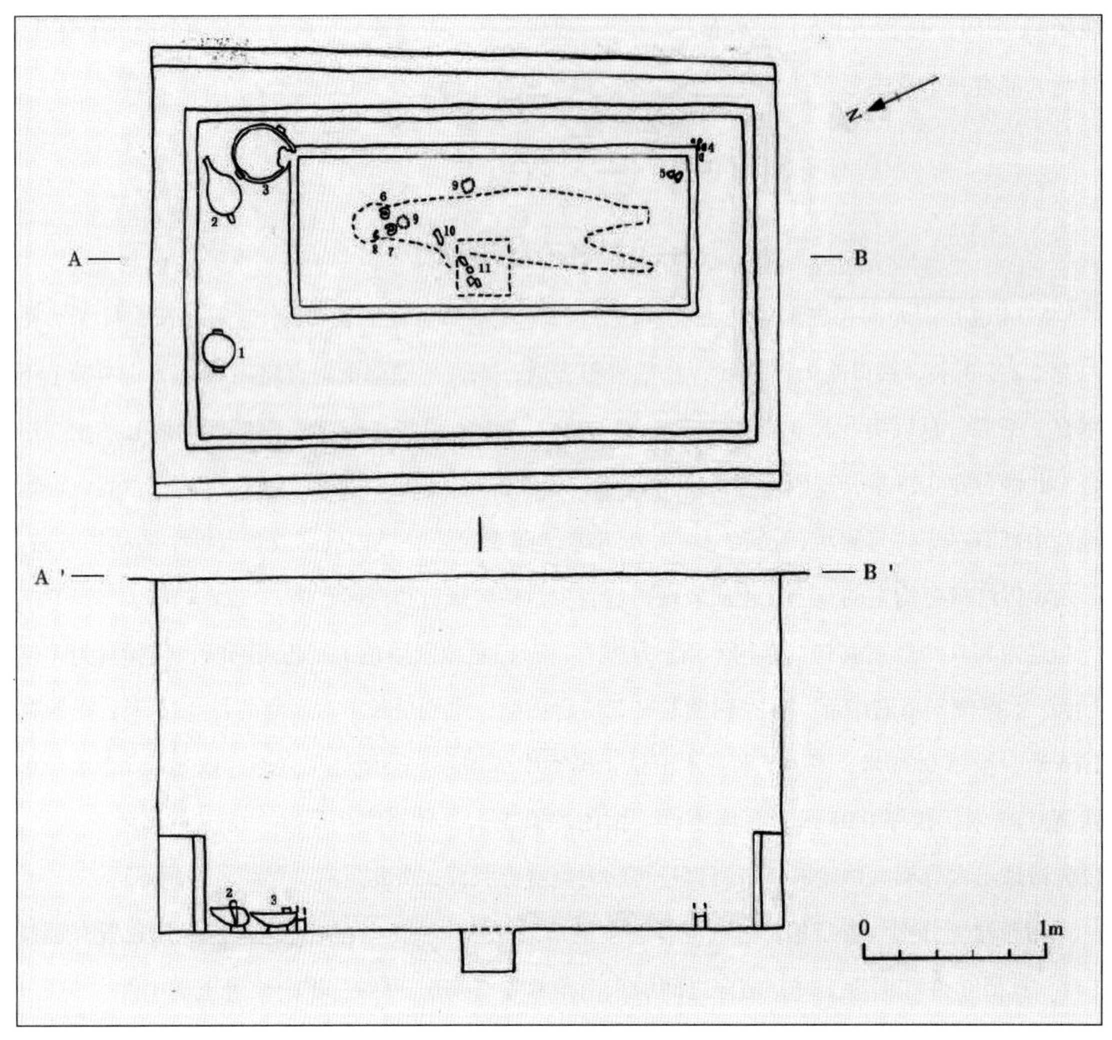

图八　M34平面、剖视图
1. 铜鼎　2. 铜匜　3. 铜盘　4. 陶珠　5. 石贝　6、7. 玉玦
8. 口琀　9. 长方形玉佩、玛瑙珠、绿松石管　10. 玉璜　11. 玉戈

（二）随葬器物

此墓出土的随葬器物共计157件（枚）。依质地可分为铜、玉、玛瑙、陶和石5类。

1. 铜器

3件。有鼎、盘和匜3种。

鼎　1件。标本M34：1，口微敛，斜方唇，窄折沿，附耳微外侈，附耳与口沿间有两个连接的小横梁，深鼓腹，圜底，三兽蹄足中空，内侧有一道竖向凹槽。口沿下饰一周C形窃曲纹，附耳内外侧饰重环纹。器壁内侧铸有竖款铭文3行13字，从右至左为：

易娟乍（作）宝

鼎，子子孙孙永

宝用享。

通高17.8厘米，口径18.8厘米，最大腹径18.4厘米，腹深9.4厘米，足高8.3厘米。（图版一，

1；图一〇；图一一，1；图一二，1、2）

盘　1件。标本M34：3，直口，斜方唇，窄折沿，附耳向上微内收，浅腹，平底，矮圈足。口沿下饰有珠重环纹，附耳饰无珠重环纹，圈足饰两周凸弦纹。通高12厘米，口径32.4厘米，腹深6厘米，圈足径25.6厘米。（图九，1；图一一，2；图一二，3）

匜　1件。标本M34：2，近直口，前有窄长槽状流，后有龙形鋬手。上腹微鼓，下腹内收，底近平，下附四兽蹄形扁足。口沿下饰一周平目重环纹，腹部饰四周瓦垄纹，鋬手上饰尖角重环纹，扁足正面的上部饰卷云纹，下部阴刻兽爪。通高16厘米，流长4厘米，宽4.2厘米，腹深8.6厘米。（图九，2；图一一，3；图一二，4~8）

2. 玉器

13件。有璜、戈、长方形佩、玦、口琀等5种。

璜　1件。标本M34：10，青玉，深冰青色，大部因受沁呈黄白色。玉质细腻，微透明。正背两面皆阴刻尖尾双龙纹，龙首分别朝向璜的两端，斜尖形尾于璜的中部交错相叠；龙首张

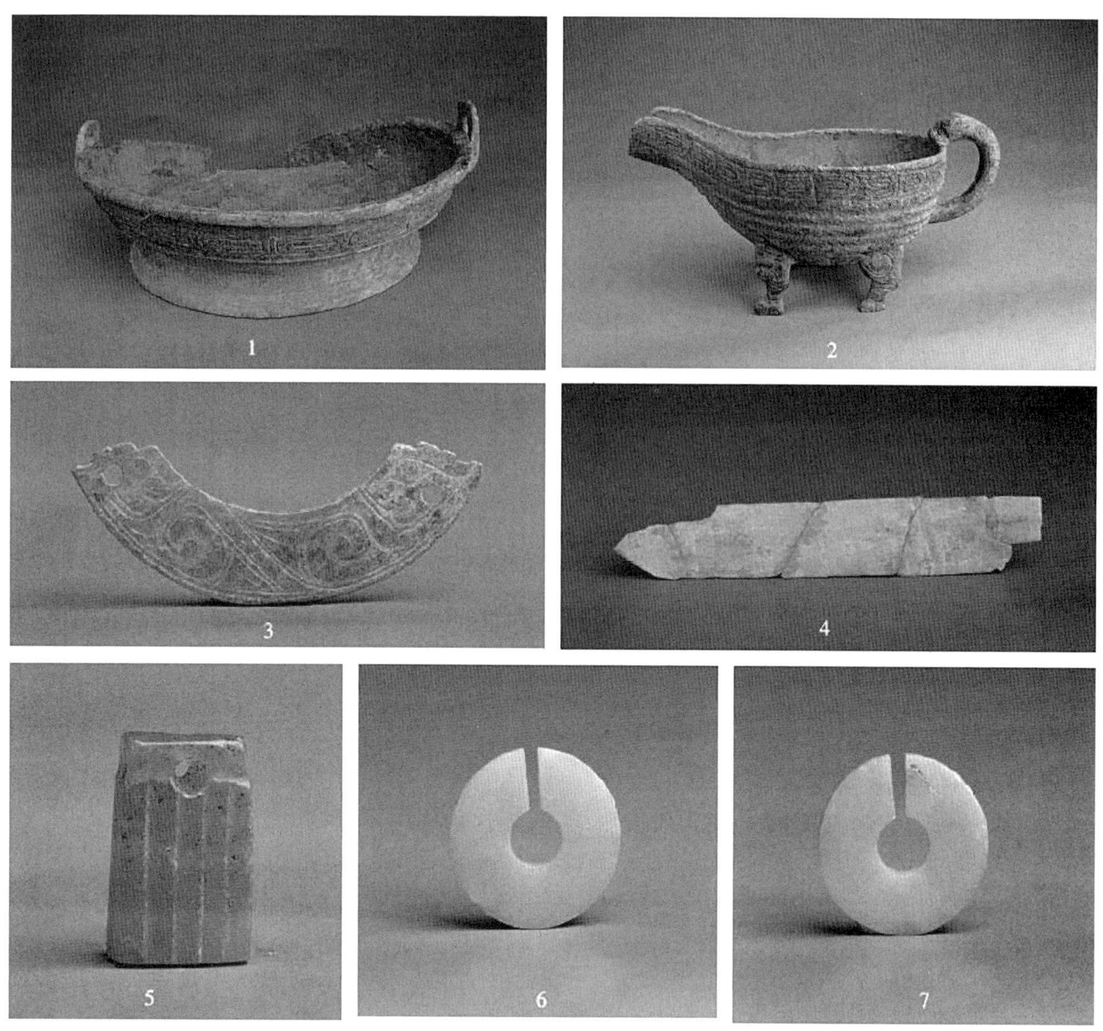

图九　M34出土遗物

1. 铜盘（M34：3）2. 铜匜（M34：2）3. 玉璜（M34：10）4. 玉戈（M34：11）
5. 长方形玉佩（M34：9–1）6. 玉玦（M34：6）7. 玉玦（M34：7）

口，臣字目，龙身饰卷云纹。两端各有一圆形单面钻穿孔。通长 5.9 厘米，宽 1.1 厘米，厚 0.3 厘米。（图九，3；图一一，4）

戈　1 件。标本 M34：11，出土时已断为多截，锋与内略残。青白玉，受沁处有黄白色斑点。玉质较细腻，微透明。锋呈等腰三角形，直援，援与锋皆有刃，直内。长 15.3 厘米，宽 2.6 厘米，厚 0.35 厘米。（图九，4；图一一，5）

长方形佩　1 件。标本 M34：9-1，青玉，冰青色，玉质细腻，半透明。正面阴刻四条竖线，背面中部有一凹槽，上部有一对钻圆穿。长 1.9 厘米，宽 1.2 厘米，厚 0.3 厘米。（图九，5；图一一，6）

玦　2 件。形制、大小、玉质及玉色相同。青白玉，因受沁有黄白色斑点。玉质较细腻，半透明。扁平体，内有裂纹，断面呈长方形。标本 M34：6，直径 4 厘米，孔径 1.2 厘米，厚 0.4 厘米。（图九，6；图一一，7）标本 M34：7，形状、尺寸与标本 M34：6 相同。（图九，7；图一一，8）

口琀　8 件。皆青白玉，因受沁有黄白色斑点。残碎，形体较小且不规则。

3. 玛瑙器

91 颗。仅珠 1 种。皆红色，半透明。体均作扁圆形。高 0.3~1.3 厘米，直径 0.3~1 厘米。标本 M34：9-5，直径 1 厘米，孔径 0.2 厘米，高 1.3 厘米。（图一一，9）标本 M34：9-8，直径 0.9 厘米，孔径 0.2 厘米，高 0.75 厘米。（图一一，10）

4. 陶器

30 颗。仅珠 1 种。形状相同，大小不一。均为泥质灰黑陶，菱形，断面为圆形，中间有一穿孔。标本 M34：4-1，为较大者，长 1.5 厘米，直径 1 厘米。（图一一，11）标本 M34：4-2，为较小者，长 1.2 厘米，直径 0.9 厘米。（图一一，12）

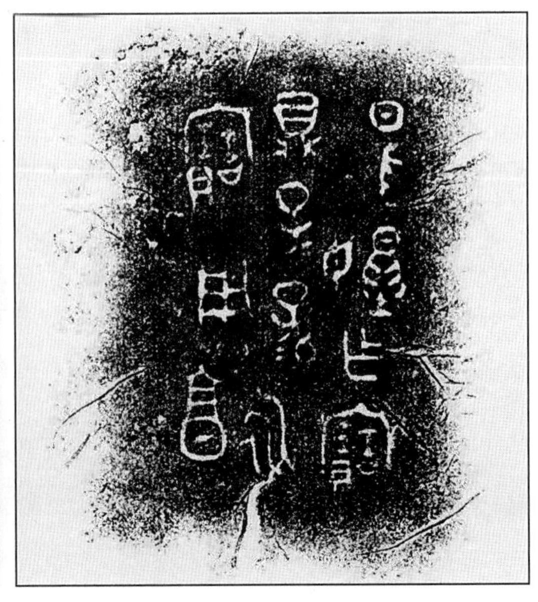

图一〇　M34 出土铜鼎（M34：1）铭文及拓片

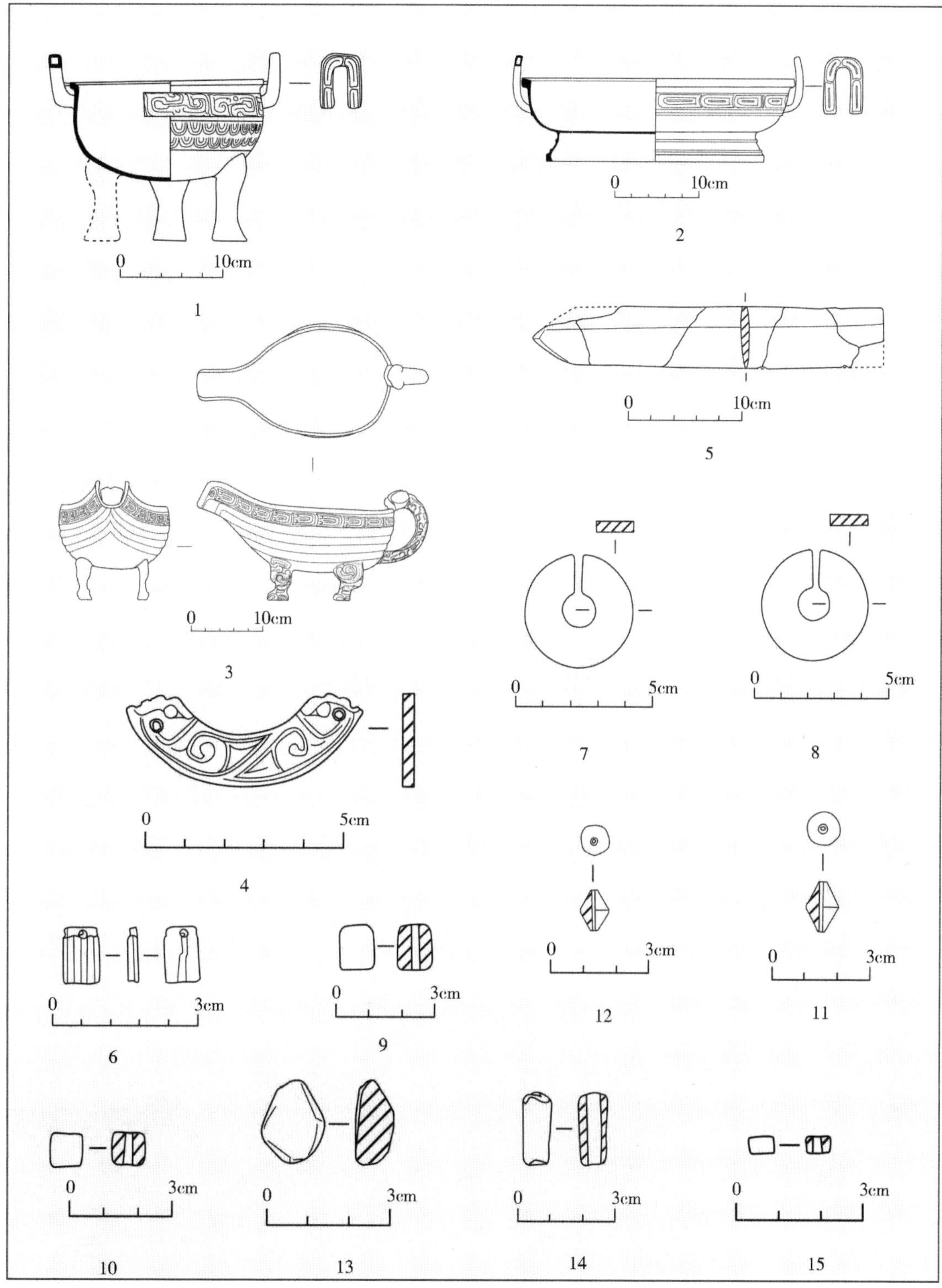

图一一　M34 出土遗物线图

1. 铜鼎（M34：1） 2. 铜盘（M34：3） 3. 铜匜（M34：2） 4. 玉璜（M34：10） 5. 玉戈（M34：11） 6. 长方形玉佩（M34：9-1） 7. 玉玦（M34：6） 8. 玉玦（M34：7） 9. 玛瑙珠（M34：9-5） 10. 玛瑙珠（M34：9-8） 11. 陶珠（M34：4-1） 12. 陶珠（M34：4-2） 13. 石贝（M34：5-1） 14. 绿松石管（M34：9-93） 15. 绿松石管（M34：9-96）

5. 石器

20件。有贝和绿松石管2种。

贝　2枚。石质较粗，呈白色，因受沁蚀表面较为粗糙。形制相同，大小略有差异。上端有尖，下端呈弧状，正面鼓起，背面为平面，背面中部纵向刻一道浅凹槽。标本M34：5-1，长2厘米，宽1.5厘米，厚0.9厘米。（图一一，13）

绿松石管　18件。青灰色，受沁后多呈灰白色，或有黄色斑点。均作圆管状，长短大小不一。标本M34：9-93，长2.1厘米，直径0.9厘米。（图一一，14）标本M34：9-96，长0.3厘米，直径0.6厘米。（图一一，15）

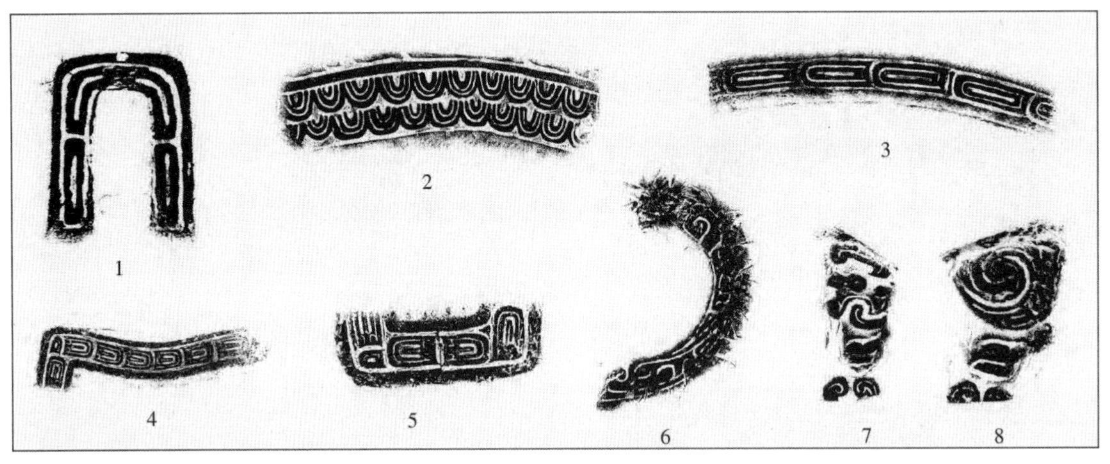

图一二　M34出土铜器纹饰拓片

1. 铜鼎（M34：1）耳部　2. 铜鼎（M34：1）腹部　3. 铜盘（M34：3）腹部　4. 铜匜（M34：2）口沿下　5. 铜匜（M34：2）流口　6. 铜匜（M34：2）鋬部　7. 铜匜（M34：2）前足　8. 铜匜（M34：2）后足

三、M35

（一）墓葬形制与葬具

图一三　M35棺盖板上出土遗物

M35也是南北向长方形竖穴土坑墓，方向21°。墓口距现地表0.64米，南北长3.54米，东西宽2.2~2.28米。墓壁上下垂直，平滑规整，底部平坦。墓底尺寸与墓口相同，墓深2.14米。墓底四周有较窄的熟土二层台，北侧台宽0.04~0.06米，东侧台宽

0.12~0.24米，南侧台宽0.04米，西侧台宽0.6米，台残高0.34米。墓内填土以红褐色花土为主，土质较硬，含有少量的料礓石和河卵石块。

墓内葬具皆腐朽严重，结构不清。从清理出的灰白色或灰黑色木质朽痕判断，其葬具为单棺单椁。木椁位于墓底中部，平面呈长方形，南北长3.45米，东西宽2.04米，板厚约0.05米，残高0.34米。木棺位于椁室中部略偏东，平面近长方形，南北长2.2米，东西宽0.92米，板厚0.04~0.06米，残高0.3米。棺内葬有1人，为侧身直肢葬，头北足南，骨骼腐朽严重，保存较差，性别与年龄不详。从墓内随葬的铜戈、铜盾钖等兵器看，墓主应为男性。

图一四　M35墓葬形制与结构

随葬器物因用途差异而被放置在墓室内不同的位置。棺盖板上放置石圭2件（图一三；图一五）；棺椁之间的东北角放置铜鍑1件，东北部散置有石贝54枚和陶珠15颗，东部放置有铜鼎1件，铜戈1件，铜盾钖7件，铜辖首2件，铜衔2件，铜铃1件，蚌壳2件；棺内放置有口琀玉3件，石块1件。（图一四；图一六）

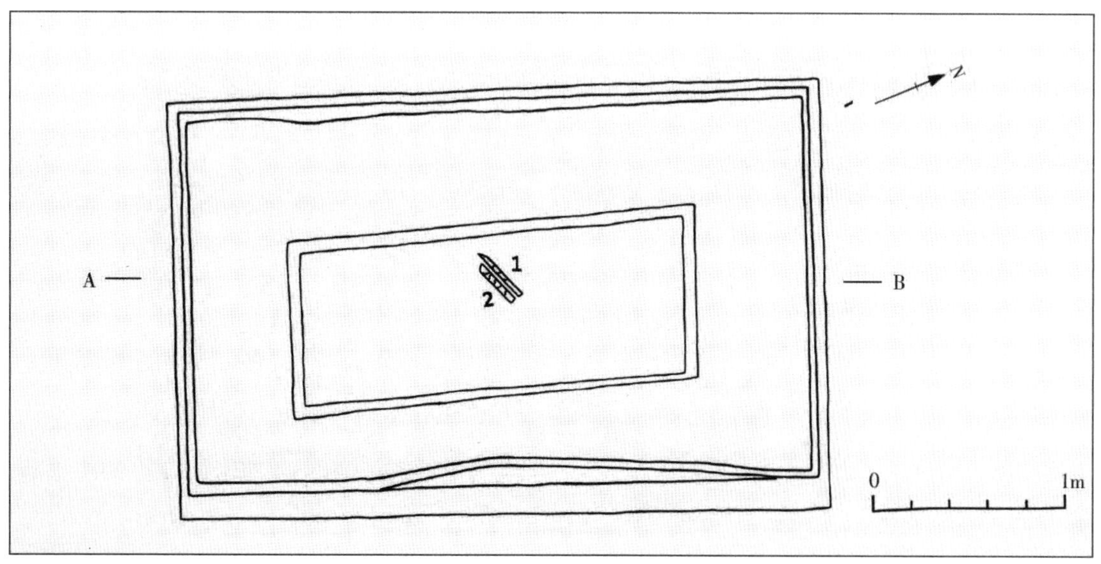

图一五　M35棺盖板上随葬遗物平面图
1. 石圭　2. 石戈

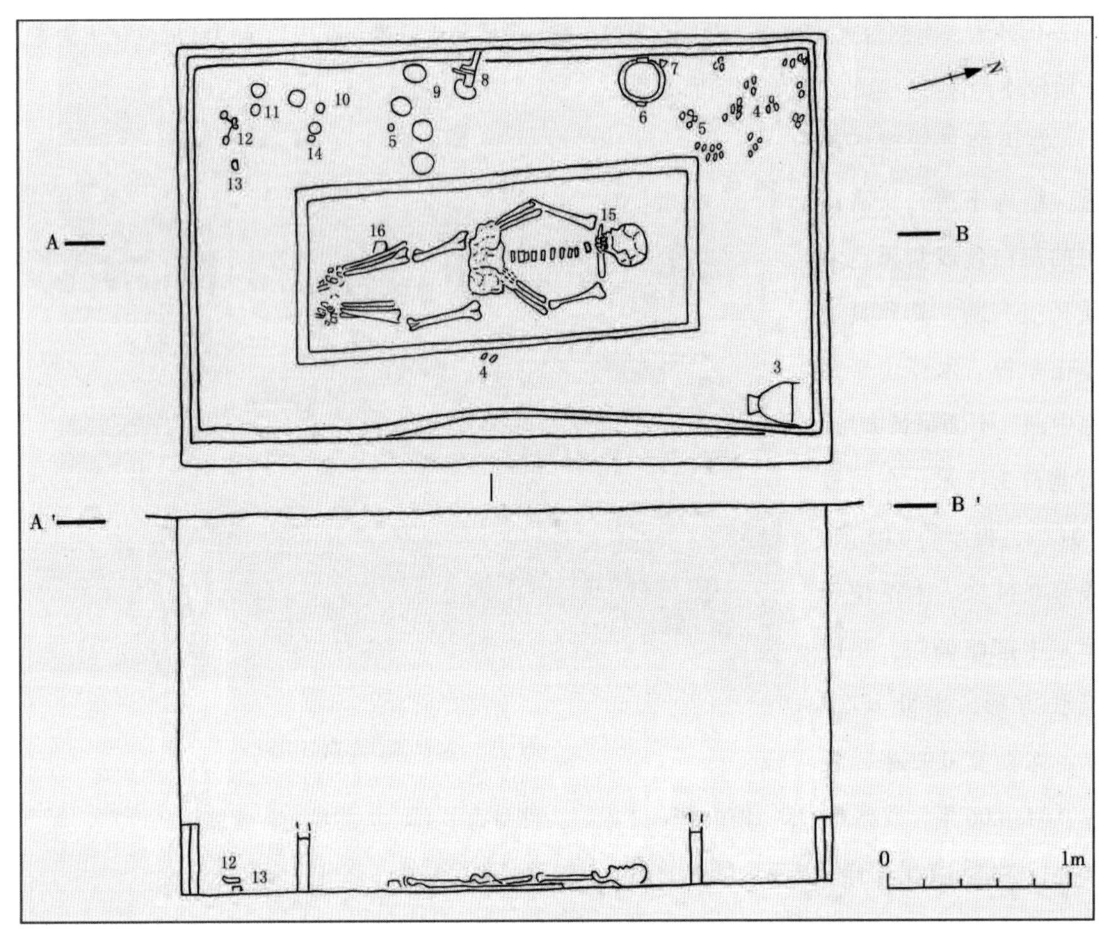

图一六　M35 平面、剖视图
3. 铜鍑　4. 石贝　5. 陶珠　6. 铜鼎　7. 蚌壳　8. 铜戈　9. 铜盾钖
10、12. 铜衔　11. 铜铃　13、14. 铜辖首　15. 口琀　16. 石块

（二）随葬器物

此墓出土的随葬器物共计 91 件（枚）。依质地可分为铜、玉、石、陶和蚌 5 类。

1. 铜器

15 件。依用途不同，可分为礼器、兵器和车马器 3 类。

（1）礼器

2 件。计有鼎和鍑 2 种。

鼎　1 件。标本 M35：6，口微敛，窄沿微上折，圆唇，立直方耳，半球状腹，粗矮蹄足。沿下饰一周勾连 S 形无目窃曲纹，腹中饰有一条凸棱，下饰一层垂鳞纹，耳外侧无纹饰，蹄足上饰简易兽面纹。足内有范土，范缝较明显，一耳有修补痕迹。通高 44 厘米，口径 24.4 厘米，腹径 24 厘米，腹深 11.2 厘米，足高 9 厘米。（图版一，2；图一八，1；图一九，1、2）

鍑　1 件。标本 M35：3，圆唇外侈，敞口，环形立耳，耳上端有一乳钉饰，深弧腹，圜底，喇叭形圈足。腹上部饰一周细凸弦纹。底部有烟熏的痕迹。通高 26.4 厘米，口径 22 厘米，圈足径 10.8 厘米，腹深 17 厘米。（图一七，1；图一八，2）

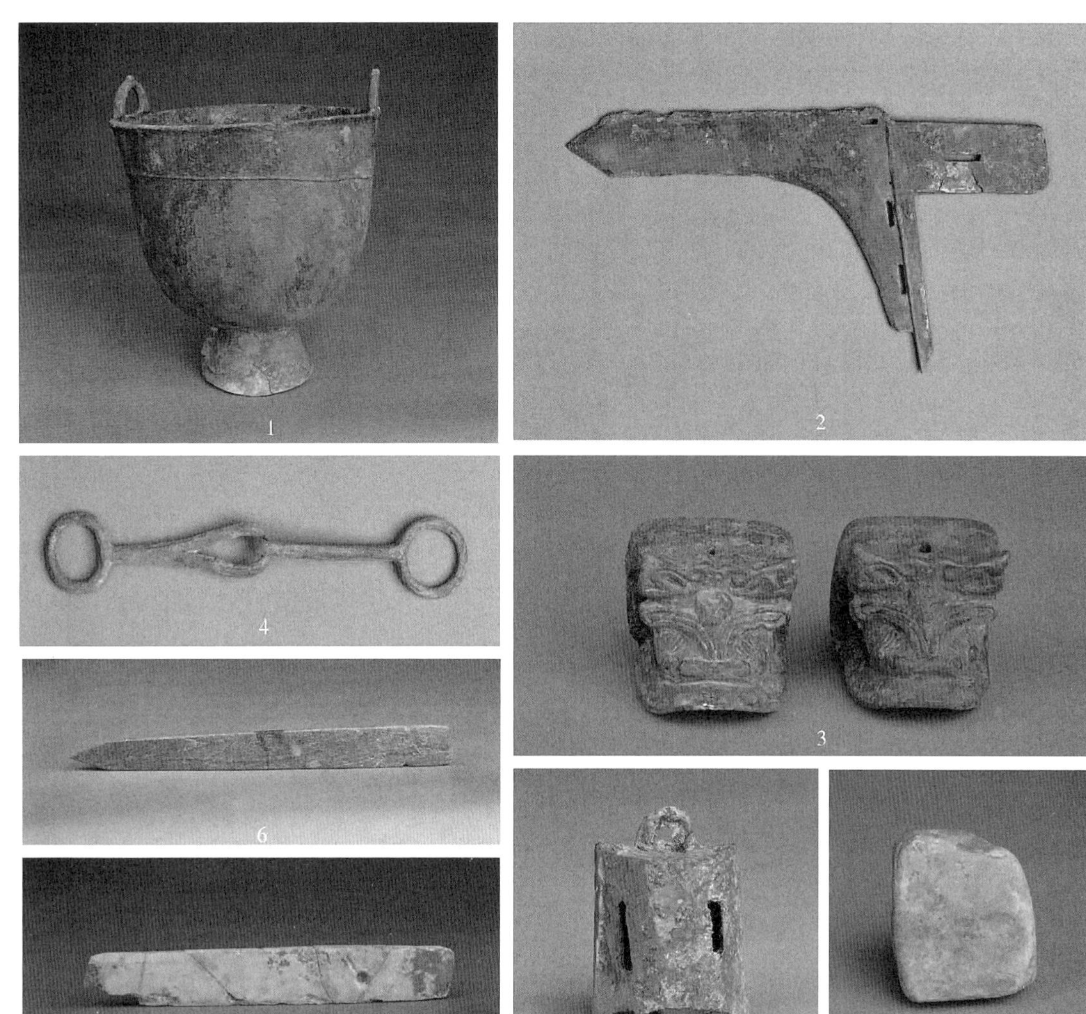

图一七　M35 出土遗物
1. 铜鍑（M35：3） 2. 铜戈（M35：8） 3. 铜辖首（左：M35：14、右：M35：15） 4. 铜衔（M35：10） 5. 铜铃（M35：11） 6. 石戈（M35：2） 7. 石圭（M35：1） 8. 石块（M35：16）

（2）兵器

8 件。有戈和盾钖 2 种。

戈　1 件。标本 M35：8，锋呈等腰三角形，直援，中部有脊，援、胡皆有刃，阑侧有三个长条形穿，上部一个为横向，下部两个为竖向，下阑较尖锐。直内，内中部有一长条形穿。通长 23.4 厘米，援宽 3 厘米，厚 0.5 厘米；内长 7.4 厘米，宽 3.5 厘米，厚 0.3 厘米。（图一七，2；图一八，3）

盾钖　7 件。因壁胎较薄，受腐蚀严重，除个别外，多已破碎不堪。形状基本相同，圆形，正面中部向上凸起呈覆盆形，中部饰有一周瓦垄纹。标本 M35：9–1，部分边缘残损，外径 7 厘米，高 2 厘米，厚 0.05 厘米。（图一八，4）

（3）车马器

5 件。有辖首、衔和铃 3 种。

辖首　2件。形制、大小相同。辖首正面为兽面形，近长方形，两侧有近方形对穿孔，背面呈马蹄形。标本M35：14，通长3.2厘米，宽4厘米，高3.4厘米，穿孔边长0.7厘米。（图一七，3左；图一八，5；图一九，3）

衔　2件。形状、大小相同。皆由两段近8字形的联环钮套接而成，端环呈圆形。标本M35：10，通长22.7厘米，端环直径4.3厘米。（图一七，4；图一八，6）

铃　1件。标本M35：11，整体上细下粗，平顶，上有半环钮，钮下顶面有一个小穿孔，铃腔内有一个槌状铃舌，一面凸起，一面为平面，舌上有一圆形穿孔，下口为内弧喇叭口，边缘向上弧起。器身正面有两个平行的细长条形穿孔，背面有一个细长条形穿孔，断面近椭圆形。通高4厘米，下口长3厘米，腔宽2.2厘米。（图一七，5；图一八，7）

2. 玉器

3件。仅口琀1种。出于墓主口中，皆为残玉碎块。形体较小，呈不规则形。

3. 石器

57件（枚）。有戈、圭、贝和石块4种。

戈　1件。标本M35：2，出土时从中部断为两截。青石，青灰色。锋呈等腰三角形，较尖锐，有微刃，援无刃无脊，内与援相接处有两个半圆形凹槽。通长19.9厘米，援宽2.1厘米，内长2.3厘米，宽2.1厘米，厚0.5厘米。（图一七，6；图一八，8）

圭　1件。标本M35：1，出土时已断为多截，且上部残缺。白石，石质较粗糙，部分受沁呈黄白色或粉化。两边有微刃，正面有脊，背面平，底端中部有一个对钻错位的圆穿。残长13.3厘米，宽2.6厘米，厚0.7厘米，穿孔直径0.8厘米。（图一七，7；图一八，9）

贝　54枚。石质较粗，呈白色，因受沁蚀表面较为粗糙或有褐色斑点。形制相同，大小略有差异。上端有尖，下端呈弧状，正面鼓起，背面平，背面中部纵向刻一道浅凹槽。标本M35：4-1，为较大者，长2.2厘米，宽1.9厘米，厚1.1厘米。（图一八，10）标本M35：4-2，为较小者，长1.7厘米，宽1.5厘米，厚1厘米。（图一八，11）标本M35：4-3，为较薄者，长2.2厘米，宽1.6厘米，厚0.5厘米。（图一八，12）

石块　1件。标本M35：16，黄褐色。近长条形，断面近长方形。通长7.2厘米，宽6.3厘米，厚4.2厘米。（图一七，8；图一八，13）

4. 陶器

15颗。仅珠1种。形状相同，大小不一。均为泥质灰黑陶，菱形，断面为圆形，中间有一穿孔。标本M35：5-1，为较大者，长1.7厘米，直径1.6厘米。（图一八，14）标本M35：5-2，为较小者，长1厘米，直径1.4厘米。（图一八，15）

5. 蚌壳

1件。标本M35：7，河蚌，白色，部分残，呈扇形，长6.3厘米，宽5.1厘米。（图一八，16）

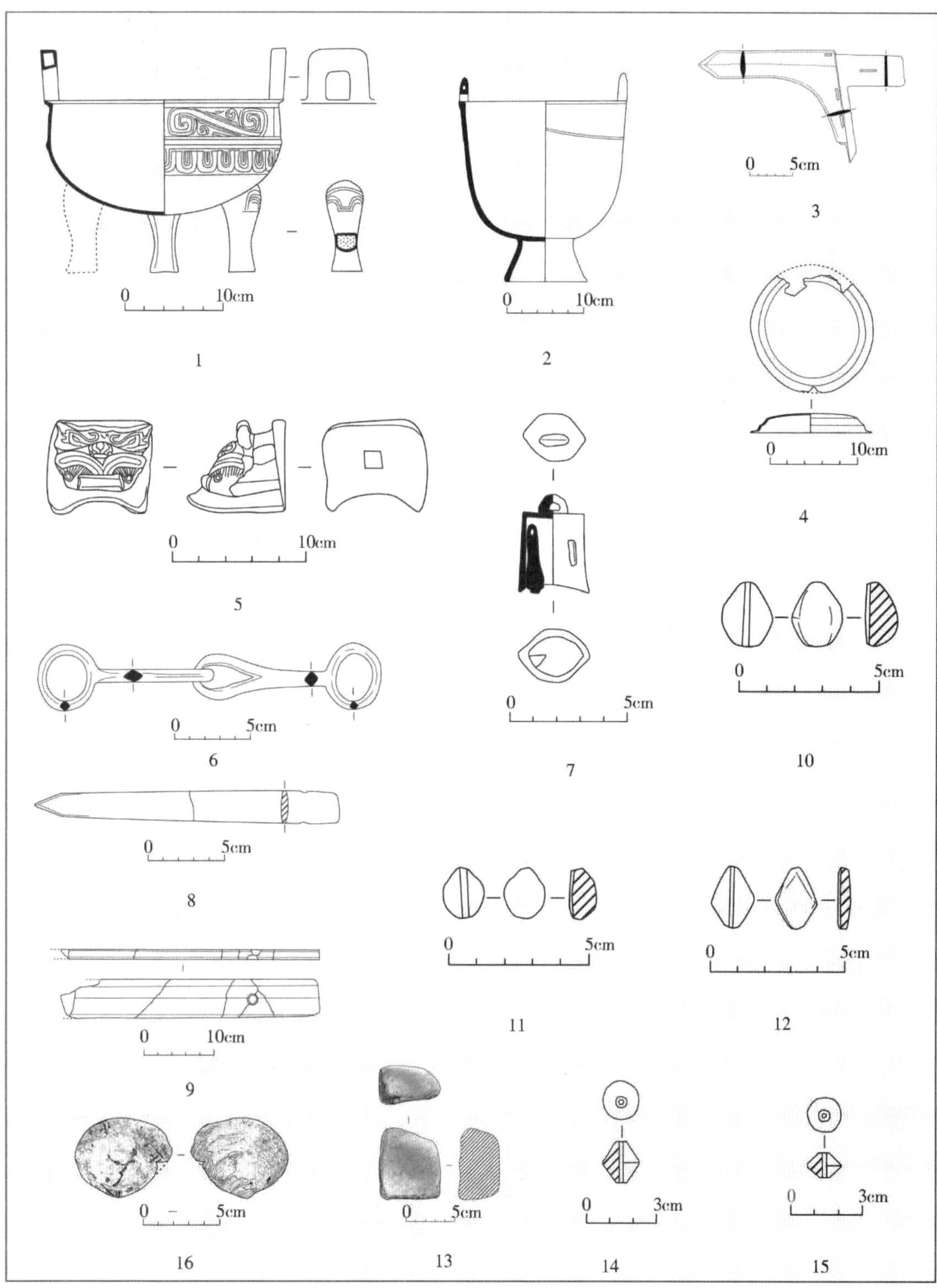

图一八　M35 出土遗物线图

1. 铜鼎（M35：6） 2. 铜鍑（M35：3） 3. 铜戈（M35：8） 4. 铜盾钖（M35：9-1）
5. 铜辖首（M35：14） 6. 铜衔（M35：10） 7. 铜铃（M35：11） 8. 石戈（M35：2）
9. 石圭（M35：1） 10. 石贝（M35：4-1） 11. 石贝（M35：4-2） 12. 石贝（M35：4-3）
13. 石块（M35：16） 14. 陶珠（M35：5-1） 15. 陶珠（M35：5-2） 16. 蚌壳（M35：7）

图一九　M35 出土铜器纹饰拓片
1. 铜鼎（M35：6）口沿下　2. 铜鼎（M35：6）腹部　3. 铜辖首（M35：14）

四、结语

（一）墓葬年代

此次在上石河墓地发掘的 M29、M34 和 M35，均为南北向长方形竖穴土坑墓，墓底周围设有熟土二层台，葬具为单棺单椁，与三门峡上村岭虢国墓地小型贵族墓葬 M2016 和 M2017 形制基本相同[1]。

从 3 座墓出土随葬器物特征看，M34 和 M35 出土的铜鼎分别与三门峡虢国墓地 M2001 出土的虢季铜鼎[2]和 M2010 出土的铜鼎形制相同[3]；M34 出土的铜盘、铜匜分别与三门峡虢国墓地 M2013 出土的铜盘和铜匜形制相同[4]；M29 出土的铜簋盖与山西襄汾陶寺北墓地 M7 出土的春秋早期铜簋盖形制相同[5]；M35 出土的铜鍑、铜戈与陕西宝鸡甘峪[6]出土的春秋早期铜鍑、山西晋侯墓地 M93 出土的铜戈[7]相似或相同。此外，3 座墓葬中出土铜器上所装饰的窃曲纹、重环纹、垂鳞纹等纹样，也是西周晚期至春秋早中期流行的装饰纹样。

综上所述，无论从墓葬形制，还是从器物特征、纹饰等方面分析，都表明这 3 座墓的时代应属春秋早期稍偏晚。

（二）墓主及其身份

M29、M34 和 M35 均单棺单椁，墓内随葬器物组合不全。M34 内随葬铜礼器有鼎、盘、匜各 1，M35 内随葬铜礼器有鼎、鍑各 1，而 M29 则仅随葬铜礼器簋盖 1 件。从此规格上可以看出，这 3 座墓的墓主并非一般庶人，但也非级别很高的贵族，生前应是士一级的没落贵族。另外，M29 内出土有铜盾钖，M35 出土有铜戈、铜盾钖等，说明两墓的墓主生前为军人或武士；M34 内出土的铜鼎铭文中有“昜嫘”2 字，“昜嫘”为器主。“昜”为通假字，通“唐”，为国名，在今湖北随州、枣阳一带；“嫘”为女性名字。此鼎应是唐国女子昜嫘生前出嫁时作为陪嫁之物带至虢国的，为媵器。其身份应为士一级的贵族夫人。

（三）墓葬族属

义马地处崤函古道，春秋时期处于虢国和周王室王畿范围之间，属虢国势力范围。这次在义马上石河村发掘的3座墓葬，不仅墓葬的形制与虢国墓地墓葬相同，而且墓内出土的铜鼎、铜簋盖、铜盘、铜匜等礼器，铜戈、铜盾钖等兵器以及铜辖首、铜衔等车马器，造型也均与三门峡虢国墓地出土的同类器物基本相同。据此推断，这3座墓葬的墓主生前应为虢国较低级的没落贵族。

（四）关于铜鍑问题

铜鍑是商周至春秋早中期草原游牧文化中常见的一种炊煮器和祭祀用具，主要流行于西北地区、内蒙古和河北一带，在这些地区的春秋墓葬中常有发现。M35出土的铜鍑，不仅在三门峡虢国墓地的墓葬中没有发现，甚至在中原地区的春秋墓中也极为少见，很可能是墓主在战争中缴获的战利品。M35出土的铜鍑，从侧面反映出春秋时期虢国与北方少数民族的战争对峙关系。

发掘：杨海青　韩红波　高　鸣
　　　高　鹏　彭　宇　李永涛
绘图：燕　飞　张雪娇
摄影：燕　飞
拓片：张雪娇
执笔：贺旭辉

注释：

[1] 河南省文物考古研究所、三门峡市文物工作队：《三门峡虢国墓》第1卷，文物出版社，1999年。

[2] 河南省文物考古研究所、三门峡市文物工作队：《三门峡虢国墓》第1卷，文物出版社，1999年。

[3] 河南省文物考古研究所、三门峡市文物工作队：《三门峡虢国墓地M2010的清理》，《文物》2000年第12期。

[4] 河南省文物考古研究所、三门峡市文物工作队：《三门峡虢国墓地M2013的发掘清理》，《文物》2000年第12期。

[5] 山西省考古研究所：《山西襄汾陶寺北两周墓地2014年发掘简报》，《中原文物》2018年第2期。

[6] 刘莉：《铜鍑考》，《考古与文物》1987年第3期。

[7] 北京大学考古系、山西省考古研究所：《天马——曲村遗址北赵晋侯墓地第五次发掘》，《文物》1995年第7期。

图版一

1. 铜鼎（M34：1）

2. 铜鼎（M35：6）

河南义马上石河春秋墓地 M35 出土铜鍑及相关问题

◎郑立超

2018 年春，三门峡市文物考古研究所对河南义马上石河墓地进行了第一次较大规模的考古发掘，共清理春秋时期墓葬 23 座，出土各类文物 500 余件（颗）。在该墓地所出土的数百件文物中，有一件铜鍑非常引人注目。关于上石河墓地出土的铜鍑来源及墓地的族属等问题，笔者做如下几点探讨，不妥之处，敬请批评指正。

一、铜鍑的形制与年代

铜鍑出土于义马市上石河墓地南部的 M35 中，为敞口，圆唇外侈，环形立耳，耳上端有一乳钉饰，深弧腹，圜底，喇叭形圈足，腹上部饰一周细凸弦纹。底部有烟熏的痕迹。通高 26.4 厘米，口径 22 厘米，圈足径 10.8 厘米，腹深 17 厘米。（图一）

图一　M35 出土铜鍑

从春秋时期铜鍑的演变轨迹看，大致可分三个时期：早期铜鍑的立耳顶端有块状突起，深腹，腹壁较直；中期的铜鍑器形较小，多为明器，形似簋；晚期至战国初期铜鍑的耳部顶端无块状突起，器身近似半球形，高圈足，形似豆。（表一）因此，这件铜鍑的年代被发掘者定为春秋早期早段[1]。

表一　春秋时期铜鍑类型学对比

分期＼地区	义马上石河墓地	其他地区
春秋早期	1	2　3　4
春秋中期		5　6
春秋晚期至战国初期		7　8

1. 义马上石河墓地出土　2. 陕西凤翔东社出土　3. 内蒙古绥远地区出土　4. 北京延庆夏家店出土　5. 陕西凤翔东指挥村出土　6. 山西侯马东周墓出土　7. 河北怀来燕国墓出土　8. 河北行唐李家庄出土

二、墓地族属与 M35 的墓主身份

发掘表明，上石河墓地应为一处春秋早中期中小型贵族墓地[2]。在墓地所出土的青铜器中，位于墓地南部的 M93 中所出“虎父”铜鼎尤为重要。该鼎为方唇，口微敛，窄折沿，直附耳，附耳与口沿间有两个连接的小横梁，深鼓腹，圜底，三兽蹄足中空，内侧有一道竖向凹槽，上有凸出的扉棱及兽面装饰。口沿下饰 S 形平目窃曲纹，其下为三层垂鳞纹，附耳内外侧饰重环纹。通高 12.5 厘米，口径 14.5 厘米，最大腹径 13.5 厘米，腹深 6.8 厘米，足高 6.2 厘米。（图二）

图二　M93 出土“虎父”铜鼎

在此鼎的内壁一侧铸有铭文 4 行 15 字（含重文 2 字），自右至左竖行排列为：“虢季氏子虎父作鼎，子子孙孙永宝用。”（图三）虢，国名；虎父，为器主。由此可知，墓主身份应与春秋时期的虢国有关。此外，上石河墓地所出土的铜鼎、铜盨、铜盘、铜匜等礼器，铜戈、铜

矛、铜镞、铜盾钖等兵器以及铜衔、铜带扣等马器，其造型均与三门峡虢国墓地出土的同类器物相同[3]。

据文献记载，公元前655年，虢国被晋国灭掉后，虢国国君虢公丑向东逃亡，避难洛阳。《左传·僖公五年》曰："八月甲午晋侯围上阳。……冬十二月丙子朔晋灭虢，虢公丑奔京师。"《史记·晋世家》亦云："晋献公二十二年，其冬晋灭虢，虢公丑奔周。"虢公丑在向东逃难时，应该跟随有许多虢国贵族、家眷及护卫随从。为安置这些被灭亡之国的逃难人员，周天子就把义马这处京畿之地与原虢国势力的交接地带作为这些人员的避难栖居地，而上石河墓地很可能是虢国东逃的贵族等人死后茔地之所在，即族墓地。

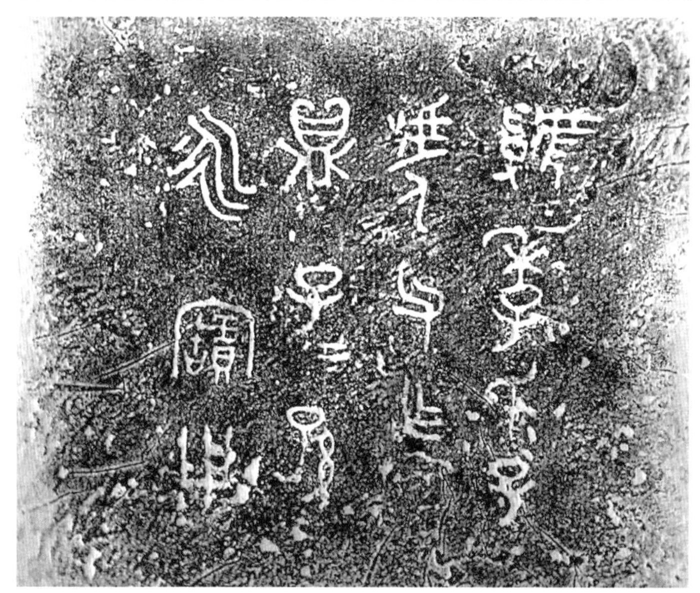

图三　M93"虎父"鼎铭文及拓片

值得注意的是，出土"虎父"铜鼎的M93是本次发掘中面积最大的墓葬，面积达17平方米。该墓为长方形竖穴土坑墓，口小底大，墓壁斜直，光滑规整，底部平坦，墓底四周设有熟土二层台。墓内葬具为单椁重棺，外棺的四角各放置一件铜翣，内棺内葬有男性墓主1人，仰身直肢。墓内出土铜、玉、石、骨、蚌等随葬品共1300余件（颗），其中铜礼器有鼎4件，簋4件，方壶2件，盉与盘各1件。依据铜礼器组合和出土铜翣推断，墓主身份应为大夫级贵族。而出土铜鍑的M35中，随葬的铜礼器并不多，仅有鼎和鍑各1件。鼎不仅是商周时期最重要的礼器之一，也是"明贵贱，别上下"等级制的标志。特别是在等级森严的周代，贵族使用鼎的数量都有着严格的规定。《公羊传·桓公二年》何休注曰："礼祭天子九鼎、诸侯七、大夫五、元士三也。"因此，出土铜鍑的M35墓主与出土"虎父铜鼎"的M93墓主相比，身份则较低，应为下士一级的最低级贵族。

三、铜鍑来源与虢国对外战争

据考证，铜鍑是商周时期至春秋早中期草原游牧文化中常见的一种炊煮器和祭祀用具，主要流行于陕西北部、内蒙古和河北北部等地区，即戎狄（我国古代北方少数民族的统称）生活居住区域。关于上石河墓地出土的铜鍑来源有两种说法：一种认为是商品交换而来；另一种认为是战争缴获而得。笔者认为第二种说法较为可信。

西周末年，周王室统治势力日益衰落，而生活于北方的戎狄则逐渐强大起来，并不断向周人发动进攻。《诗·小雅·采薇》载："靡室靡家，玁狁之故；不遑启居，玁狁之故。"说明当时玁狁（戎狄的一支）的入侵不仅给周王室统治构成了极大威胁，也是导致周王室东迁的重要原因之一。为了对抗戎狄的侵扰，周王曾命虢国国君率军对戎狄进行讨伐。

虢国是周王朝分封的一个以猛虎为族徽、崇尚武勇的诸侯国，其军事活动是虢国历史中最引人注目的内容。尤其是西周晚期至春秋时期，虢国更是频繁地参与战争，其频繁程度令人震惊。如今本《竹书纪年》："（周懿王）二十一年，虢公帅师北伐犬戎，败逋。"《后汉书·西羌传》："夷王衰弱，荒服不朝，乃命虢公率六师伐太原之戎，至于俞泉，获马千匹。"《后汉书·东夷传》："厉王无道，淮夷入侵，王命虢师征之，不克。"《左传·隐公五年》："曲沃叛王，秋，王命虢公伐曲沃而立哀侯于翼。"《左传·隐公十一年》："冬十月，郑伯以虢师伐宋。"《左传·桓公五年》："秋，王以诸侯伐郑，郑伯御之，王为中军，虢公林父将右军，蔡人卫人尾焉。"《左传·桓公八年》："冬，王命虢仲立哀侯之弟缗于晋。"杜预注："虢仲，王卿士，虢公林父。"《左传·桓公九年》："秋，虢仲、芮伯、梁伯、荀侯、贾伯伐曲沃。"《左传·庄公二十一年》："郑伯将王自圉门入，虢叔自北门入，杀王子颓及五大夫。"《左传·庄公二十六年》："秋，虢入侵晋。冬，虢人又入侵晋。"《左传·庄公三十年》："春，王命虢公讨樊皮。夏四月丙辰，虢公入樊，执樊仲皮，归于京师。"《左传·闵公二年》："春，虢公败犬戎于渭汭。"杜预注："犬戎、西戎别在中国者。"从上述文献记载可知，在虢国对外的12次战争中，针对北方戎狄族的战争就多达3次。在对北方戎狄族的战争中，虢国肯定缴获有大量的战利品，上石河墓地出土的铜鍑很可能就是众多战利品中的一件。

尽管虢国军事势力强大，但频繁地对外战争，导致了虢国国力的日渐衰弱。特别是虢国最后一代国君虢公丑更是穷兵黩武，并结仇于日益强大的晋国，终于在公元前655年被晋所灭。

四、结语

义马地处崤函古道，在春秋时期处于虢国和周王室王畿范围之间，属虢国势力范围。位于义马市区南部的上石河墓地，是三门峡地区继上村岭虢国墓地之后发现的又一处较大规模的虢人埋葬茔地。墓地内墓葬排列有序，保存基本完整，布局规律清晰，有着较为严格的埋葬制度。该墓地的发现与发掘，不仅可以填补崤函古道上春秋时期中小型贵族墓地的空白，也为寻找虢国被晋灭掉之后贵族的最后去向提供了线索。

M35 出土的铜鍑，可能是墓主生前为虢国国君征战，在战争中获得的战利品。铜鍑作为礼器与铜鼎一起随葬于墓葬中，显示其对墓主的重要程度。据统计，不仅在三门峡虢国墓地中没有发现铜鍑，甚至在中原地区的同时期墓葬中也极为罕见。这件铜鍑的出土对研究虢国对外战争和交流有着重要的参考价值，同时也对研究春秋时期中原地区与北方草原游牧民族的关系提供了新的资料。

注释：

［1］三门峡市文物考古研究所、义马市文物保护管理所:《河南义马上石河春秋墓发掘简报》,《中原文物》2019 年第 4 期。

［2］杨海青、郑立超、高鸣等:《河南义马上石河村发现春秋墓葬群》,《中国文物报》2018 年 8 月 24 日第 8 版；三门峡市文物考古研究所、义马市文物保护管理所:《河南义马上石河春秋墓发掘简报》,《中原文物》2019 年第 4 期。

［3］杨海青、郑立超、高鸣等:《河南义马上石河村发现春秋墓葬群》,《中国文物报》2018 年 8 月 24 日第 8 版；三门峡市文物考古研究所、义马市文物保护管理所:《河南义马上石河春秋墓发掘简报》,《中原文物》2019 年第 4 期。

虢都上阳城遗址发现记

◎崔松林

上阳城建于虢国东迁之际，毁于假虞灭虢之后，是西周晚期重要畿内封国虢国的都城，也是迄今为止为数不多被发现的西周时期诸侯国都城遗址之一。上阳城遗址自20世纪50年代修建三门峡水库时开始进入考古学家的视野，到2001年5月上阳城宫殿遗址得到确认，经历近半个世纪的时间。其间，老一辈考古学家做了大量的文物调查和考古发掘工作，取得了丰硕成果。

初　寻

20世纪50年代初，黄河的治理被提上国家议事日程。在周恩来总理亲自负责下，经过与苏联政府商谈，决定将根治黄河列入苏联援助的156个工程项目中。1954年2—6月，中苏专家120余人，行程1.2万余公里，进行黄河治理现场大勘察，最终选定了三门峡坝址。此项目于1955年正式立项，1957年开工兴建。为配合三门峡水库等工程的建设，中国科学院和文化部联合组成黄河水库考古队，在著名考古学家夏鼐和安志敏的率领下，分成若干小组，在豫、晋、陕、甘进行了一系列考古调查工作。1956年冬，考古队在三门峡上村岭发现一座大墓，墓中出土的2件铜戈上都有“虢太子元徒戈”铭文，经和文献对照，推测这里可能是虢国的墓地。这次共发掘了234座墓葬、3座车马坑，出土各类珍贵文物9000余件，是新中国成立后田野考古的重大收获之一。随着虢国墓地的发掘和认定，寻找“上阳城”成为学术界的一个重要课题。

1957年发掘的1727号车马坑图

之后，考古学家开始依据文献资料调查寻找上阳城遗址。

关于上阳城，史料记载较多，但都不确切并互有矛盾之处。《左传》隐公元年，杜注："弘农陕县东南有虢城。"《左传》僖公五年，杜注："上阳，虢国都，在弘农陕县东南。"《汉书·地理志》："陕，古虢国，有焦城，故虢城。"《续汉书·郡国志》："虢都上阳在县东，有虢城。"《水经注·河水》："河南即陕城也。昔周召分伯，以此城为东西之别，东城即虢邑上阳也。"《舆地广记》："陕县，故虢国所谓上阳也，故城在今县东。" 上述文献为寻找上阳城提供了可资参考的大致范围。1957—1958 年，黄河水库考古队根据以上文献记载的大致方位，在三门峡和山西平陆县做了多次调查和试掘，发现 2 处与三门峡虢国墓地年代相若的遗址。一处是山西平陆城北 3.5 公里处的盘南村遗址，一处是虢国墓地正南 2.5 公里的李家窑遗址。因盘南村过小，西周、春秋文化内涵贫乏，与历史文献记载的上阳城位置也有差距，因而排除了上阳城的可能性。而李家窑遗址不仅位于历史文献记载的方位和范围之内，而且有较丰富的考古收获，初步认定此处就是虢国的上阳城遗址。

发　掘

上阳城遗址的发掘大致可分为三个阶段。第一阶段是 1957—1958 年黄河水库考古队发现虢国墓地之后，为寻找上阳城遗址位置而进行的调查和试掘，由安志敏先生带领的黄河水库考古队进行。这次发掘由于时间紧迫，发掘面积较小，仅在遗址南部开了 3 条探沟，并根据发掘的遗存和文化内涵初步推定此处为虢都上阳城的所在地。因遗址位于李家窑村，之后被命名为"李家窑遗址"，并于 1963 年公布为河南省第一批文物保护单位。

1989 年上阳城遗址西南部发现的陶水管道　　排水管道

第二阶段是三门峡升格为地级市后，这一阶段大致为 1986—1999 年，主持这一阶段考古发掘的是三门峡市文物工作队宁景通先生。随着三门峡城市规模的日益扩大和建设速度不断加快，这一时期的考古工作主要是配合城市基本建设项目，没有条件进行有针对性的大面积发掘，但仍然对李家窑遗址及周围的考古发掘格外留意，试图找到有关上阳城的蛛丝马迹。这一阶段考古发掘与之相关的工地有十几个，主要有：1987年春，在配合崤山路建设时，在遗址的东北部发现了铸铜作坊区，发现有炼铜渣、炼炉烧土块、陶范及鼓风管；1989年秋，在遗址中部市粮食局办公楼下，清理出储粮窖穴21个；1989年冬，310国道拓宽时，在遗址西南部九孔桥北端，清理出12节陶质排水管道，总长达5米；1992年春，在遗址西部崖底村学校的教学楼下，清理出陶窑6座。

第三阶段是2000年1月到2002年5月。从2000年1月开始，河南省文物考古研究所和三门峡市文物工作队等联合在李家窑遗址进行了规模较大的考古发掘，这次发掘是在1987年以来考古发现的基础上带有针对性的寻找上阳城的发掘，发掘规模大、持续时间长、重要发现多。先是发现了残断城垣和护城壕，并在城内发现宫城遗址，之后又在宫城内发现大型宫殿基址。这次发掘搞清了城址的基本范围和大概布局，使上阳城遗址得到了完全的确认。

2001年上阳城遗址发掘现场

主要收获

上阳城遗址从配合城市建设过程中的零星发现，到城壕、城垣及宫殿遗址的大面积揭露，初步摸清了上阳城的基本轮廓和范围，大致掌握了城内布局的总体概况，为研究西周时期的城市布局、构筑特点、生产技术等提供了宝贵的实物例证。归结起来主要发现有以下几个方面：

一是铸铜作坊的发现。铸铜作坊位于城垣内东北隅，发现于1987年修建崤山路时，具体位置在崤山东路路基下及两侧和河南省探矿四队家属区。发现有大量炼铜渣、陶范残块及陶鼓风管。虽然这些发现不能算是完整的铸铜作坊，但都是铸铜作坊的必备之物，结合虢国墓地2次发掘均出土大量青铜器，这些青铜器绝不会来自他处，说明此处必有完整的铸铜作坊。

二是制陶、制骨作坊的发现。制陶作坊位于城垣西墙南端外侧，即现在的市实验小学教学楼下。当初由于时间紧迫，在4900平方米的施工面积上仅发掘了224平方米，共发掘陶窑6座，还有一些已经探明位置但尚未清理的窑址。这里陶窑不仅数量多，分布集中，而且保存较为完好，还出土有陶器成品、半成品以及烧坏的废品，陶窑附近还发现有大面积的活动面。这些发现足以证明此处是制陶作坊。制骨作坊位于宫城外东北侧，出土有数以千计的骨器成品、半成品和骨料等，并发现有铜锯、砺石等制骨工具。制陶与制骨是西周、春秋时期手工业的主要内容，制陶和制骨作坊与制铜作坊共同构成了一个完整体系。西周、春秋时期，手工业者简称百工，王室乃至诸侯国的手工业作坊统一归属于专掌土木工程和手工业的司空掌管，政府为了管理上的便利，手工业作坊大多都设置在都城之中接近宫殿的地方。

三是储粮窖仓的发现。1989 年发现于市粮食局办公楼下，共 21 个，它们大小不一，排列有序，密集分布在 30 平方米的范围内。每个窖穴的壁和底都经过防塌和防潮处理，是专门储藏粮食之用。根据西周、春秋时的“国野”制度，以国君为首的王室和贵族都居住在都城或都邑之内，再加上供养军队的需要，必须有专用的储粮之所。粮食窖穴在其他城址也有发现，如洛阳王城宫殿区以东发现许多战国粮仓，郑国故城宫殿区内有储存大批粮食的窖藏遗址。

四是发现了城垣、城壕和宫城遗迹。2000 年，河南省文物考古研究所会同三门峡市文物工作队及河南大学文博系，共同对上阳城遗址进行了大规模的发掘，终于找到了考古学者孜孜以求的上阳城城垣及宫城。发现的城垣大致呈长方形，东西长 1000~1050 米，南北宽 560~600 米，周长 3200 米以上，由城墙和两道城壕组成。城墙采用大板筑的方法填土分层夯筑而成。宫城近长方形，周长 1350 米。在宫城墙基外侧也环绕一道与宫墙基本平行的壕沟。此外，还发现有一道东西长 160 米的陶管道横贯宫城中部，管道用子母口陶管依次套接而成，应是一种供水设施。这些重要发现使虢国都城上阳城得到了确证。

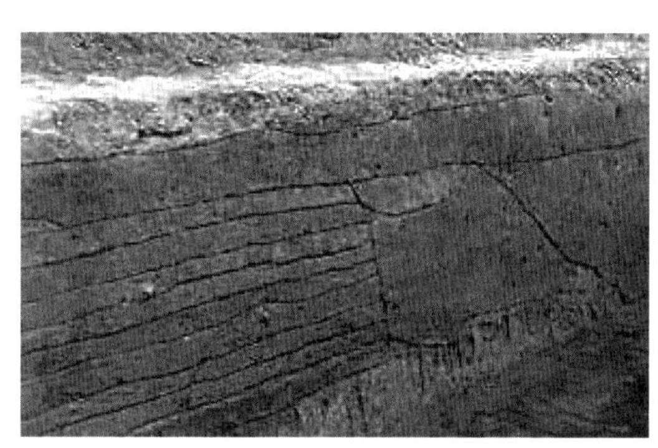

西城墙墙基剖面

2000 年发现的东城墙局部

五是发现了大型宫殿基址。2001年再次发掘时，又在宫城遗址内清理出大型宫殿基址，总面积478平方米。横贯基址中部略偏北有一条窄浅规整的沟槽遗迹，长23.2米，斜壁近平底状，内部堆积黄灰色淤沙土，极为纯净，底部有明显的水浸痕迹。此遗迹与夯土基址层位相同，恰处于基址之上，《考工记》中有“匠人建国，水地以县（悬）”的记载，因此该沟槽当属为了抄平夯土基址表面继而营建上部建筑而特意挖筑的具有“水准仪”性质的遗迹。宫殿基址的发掘使上阳城得到进一步确证，“水准仪”遗迹的发现反映出周代建筑的科技水平。

如果把上述不同时期发现的各种手工业作坊、粮食窖穴同城垣、城壕、宫城与环壕以及宫殿基址等遗迹点纳入到同一个平面空间，可以看出当时手工业作坊分布的基本情形和以城西南宫殿区为重心的布局形式，这些相对完备的配套设施已经完全满足了诸侯国都城的需要，是一个比较完整的诸侯国都城遗址。上阳城遗址的发现对研究和了解中国古代都城发展、演变的历史，具有十分重要的意义。

河南义马上石河墓地 M93、M94 发掘简报

◎河南省文物考古研究院　◎三门峡市文物考古研究所
◎义马市文物保护管理所

上石河墓地位于河南省义马市区南部、石河西岸约 100 米处的原上石河村，北临 310 国道，南接新安故城遗址，西与开祥精细化工有限公司老厂区隔墙相连。2017 年 7 月，义马市文物钻探队在配合义马市开祥精细化工有限公司厂区扩建工程时，发现了该墓地。该墓地原为上石河村村民居住地，周围地势整体较为开阔平坦。目前已初步探明，墓地现存范围东西长约 200 米，南北宽约 150 米，总面积 3 万余平方米，墓葬分布较为密集。（图一）

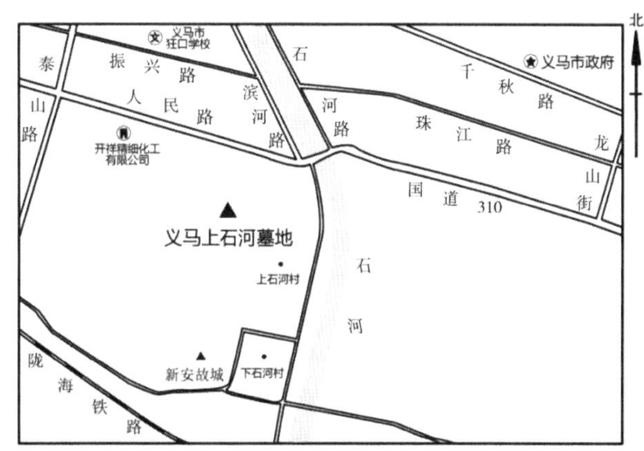

图一　河南义马上石河墓地位置示意图

2018 年 4 月至 8 月，河南省文物考古研究院联合三门峡市文物考古研究所，在义马市文物保护管理所配合下，对上石河墓地进行了抢救性考古发掘，清理了一批春秋时期墓葬，其中以 M93、M94 规格较高，现报告如下。

一、M93

（一）墓葬形制与葬具

M93 为南北向长方形竖穴土坑墓，方向 20°。墓口距现地表深 0.60 米，长 4.84 米，宽 3.22~3.60 米。墓壁规整，底部平坦，口底尺寸基本相同，深 3.70 米。墓底四周设有熟土二层台，北侧台宽 0.40~0.46 米，东侧台宽 0.30~0.50 米，南侧台宽 0.42~0.48 米，西侧台宽 0.50~0.52 米，台高 0.84 米。内填红褐色花土，略经夯打，较硬，夯层与夯窝不明显，土内含有少量的料礓石块和河卵石块。

墓内葬具腐朽严重，结构不清，从灰黑色木质朽痕判断，葬具应为单椁重棺。木椁位

于墓底中部，椁室四壁紧贴二层台内壁，平面近长方形，长 3.96 米，宽 2.42~2.56 米，板厚 0.04~0.08 米，高 0.84 米。椁盖板是薄木板，呈东西向排列，底板呈南北向平铺。外棺位于椁室中部，平面呈长方形，长 2.67 米，宽 1.06~1.08 米，板厚 0.04~0.08 米，残高 0.76 米；内棺位于外棺中部，长 2.20 米，宽 0.68~0.70 米。棺内葬有墓主 1 人，仰身直肢，头北足南，骨骼保存较差，底部铺有朱砂，经初步鉴定为成年男性。

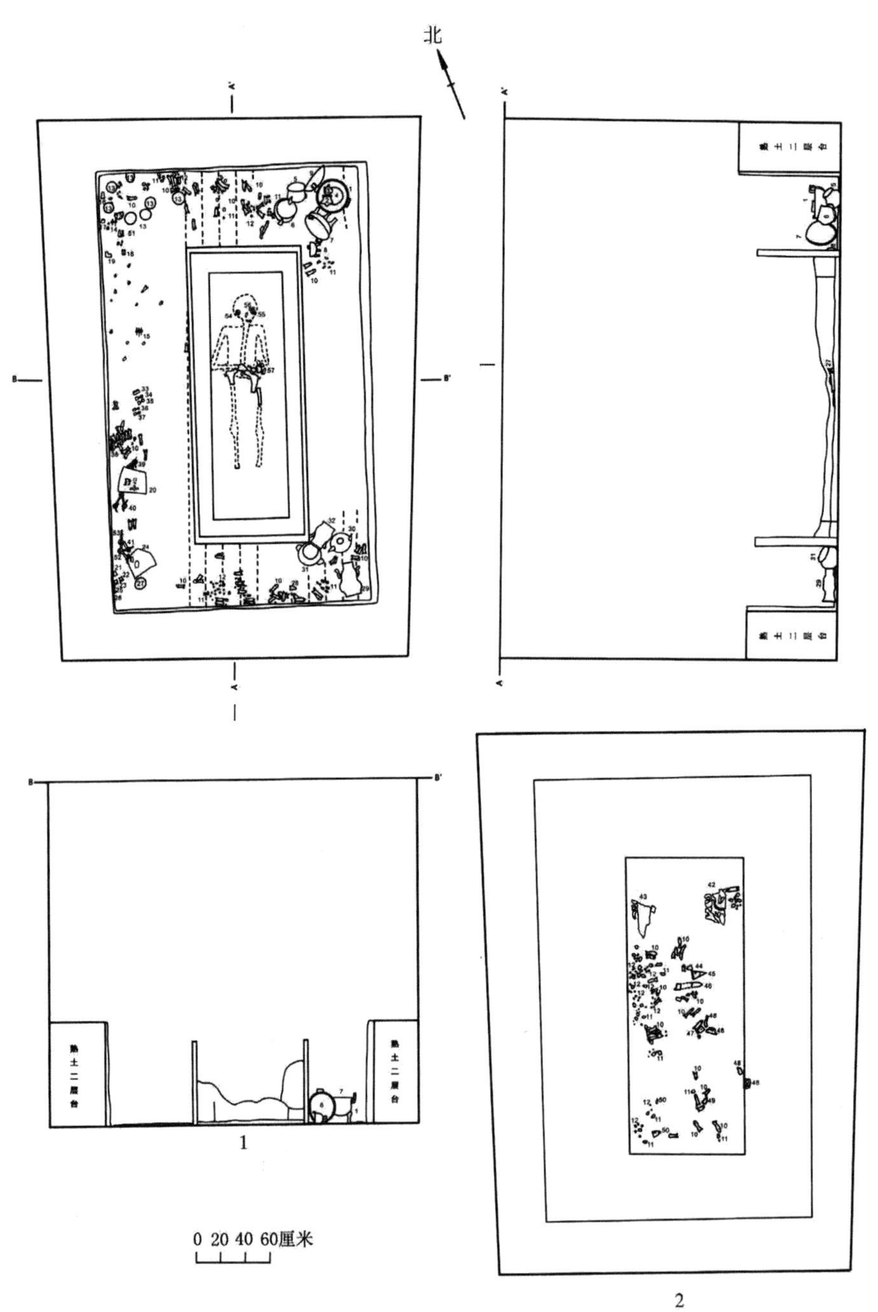

图二　M93 平、剖图及外棺盖板平面图

1. 平、剖图　2. 外棺盖板

1、7、8、9. 铜鼎　2、5、6、30、31. 铜簠　3. 铜盉　4. 铜盘　10. 铜鱼（共 246 件）　11. 石贝（共 320 枚）　12. 陶珠（共 662 枚）　13、27. 铜盾钖（共 12 件）　14、15. 铜镞（共 38 件）　16、28、44、47、49、50. 铜铃　17、25、26、51. 铜辖　18、19、33. 骨管　20、57. 铜片饰　21、22、23. 铜带钩　24、42、43、48. 铜翣　29、32. 铜方壶　34、35、37. 铜小腰　36. 骨小腰　38、39. 铜衔　40、41、52、53. 铜镳　45. 三角形铜饰　46. 石戈　54、55. 玉玦　56. 口晗玉

青铜礼器放置于棺椁之间的东北角和东南角，青铜兵器、青铜车马器和骨器均放置于椁室西侧。外棺盖板上散落有铜鱼、铜翣、铜铃、三角形铜饰、石贝、石戈和陶珠等，分布于外棺盖板的南、北、西三面，南北两端较为密集，东面不见。在铜翣附近发现有木质朽痕，推断应是附着在木质结构上。墓主人头部东西两侧各放置 1 件玉玦，下颚处放置 1 件口晗玉。（图二）

（二）随葬器物

共计 1334 件（枚）。种类有青铜器、陶器、玉石器和骨器等。

1. 铜器

339 件。可分为礼器、兵器、车马器和棺饰等。

（1）礼器

13 件。包括鼎 4 件、簋 5 件、方壶 2 件、盉 1 件、盘 1 件。

鼎　4 件。残。形制、纹饰及大小各不相同，除标本 M93：1 为实用器外，余为明器。

标本 M93：1，方唇，口微敛，斜折沿，附耳，附耳与口沿之间有两个连接的小横梁，深鼓腹，圜底，蹄足中端较细，中空，下端外展宽大，内侧有一道竖向凹槽，底部有烟炱痕。（图三，1；图版一，1）口沿下饰一周 S 形平目窃曲纹，腹部饰三周垂鳞纹，（图四，1、2）两种纹样以宽凸弦纹间隔，耳的内外侧饰有珠重环纹，（图四，5）蹄足上端饰有凸出的扉棱及兽面装饰。（图四，6）内壁有铭文四行十六字，自右至左为：“虢季氏子虎父作宝鼎子子孙孙永宝用。”（图四，4；图五，1）通高 27.2 厘米，口径 32.8 厘米，腹径 28.8 厘米，腹深 14 厘米。

标本 M93：7，斜方唇，口微敛，宽斜折沿，附耳，附耳与口沿之间连以两个小横梁，斜直腹，圜底，蹄足中端较细，下端外展宽大。口沿下部饰一周 C 形平目窃曲纹，腹部饰一周凸弦纹，耳的外侧饰有珠重环纹。（图四，7、9）通高 22.4 厘米，口径 32 厘米，腹径 29 厘米，腹深 11.8 厘米。（图三，2；图版一，2）

标本 M93：8，方唇，口微敛，窄斜折沿，立耳，半球形腹，圜底，蹄足。通高 13.2 厘米，口径 14.6 厘米，腹径 13.6 厘米，腹深 6.6 厘米。（图三，4；图版一，3）

标本 M93：9，斜方唇，口微敛，斜折沿，附耳，深鼓腹，圜底，蹄足中端较细。口沿下部饰一周无珠重环纹。（图四，3）通高 19.4 厘米，口径 23 厘米，腹径 20.4 厘米，腹深 10.7 厘米。（图三，3；图版一，4）

簋　5 件。皆为明器。形制基本相同，制作较粗糙。盖与器浑铸为一体，盖面上隆，顶部有瓶塞状握手，鼓腹两侧有对称的简易龙首形耳或上斜三角形耳，无底中空。腔内有范土。

标本 M93：5，耳作简易龙首形，圈足下附三个较矮的扁支足，腹部饰一周无珠重环纹，（图四，11）盖面与器腹各饰数周瓦垄纹。通高 18.6 厘米，腹径 22.4 厘米，底径 19.4 厘米。（图三，5；图版一，7）

标本 M93：6，耳作简易龙首形，圈足下附三个较矮的扁支足，盖面与器腹各饰数周瓦垄

纹。通高 19 厘米，腹径 20.6 厘米，底径 20.2 厘米。（图三，6；图版一，5）

标本 M93：30，耳作简易龙首形，圈足下附三个较矮的扁支足，盖缘与器外口沿交接处饰一周无珠重环纹，（图四，12）盖面与器腹各饰数周瓦垄纹。通高 18.4 厘米，腹径 20.4 厘米，底径 19.8 厘米。（图三，7；图版一，6）

标本 M93：31，耳作简易龙首形，圈足下附三个较矮的扁支足，盖缘与器外口沿交接处饰一周无珠重环纹，（图四，10）盖面与器腹各饰数周瓦垄纹。通高 19 厘米，腹径 20.6 厘米，底径 19.2 厘米。（图三，8；图版一，8）

标本 M93：2，器型偏小，耳作上斜三角形，圈足下无支足。通高 9.2 厘米，腹径 11 厘米，底径 11.4 厘米。（图三，12；图版一，9）

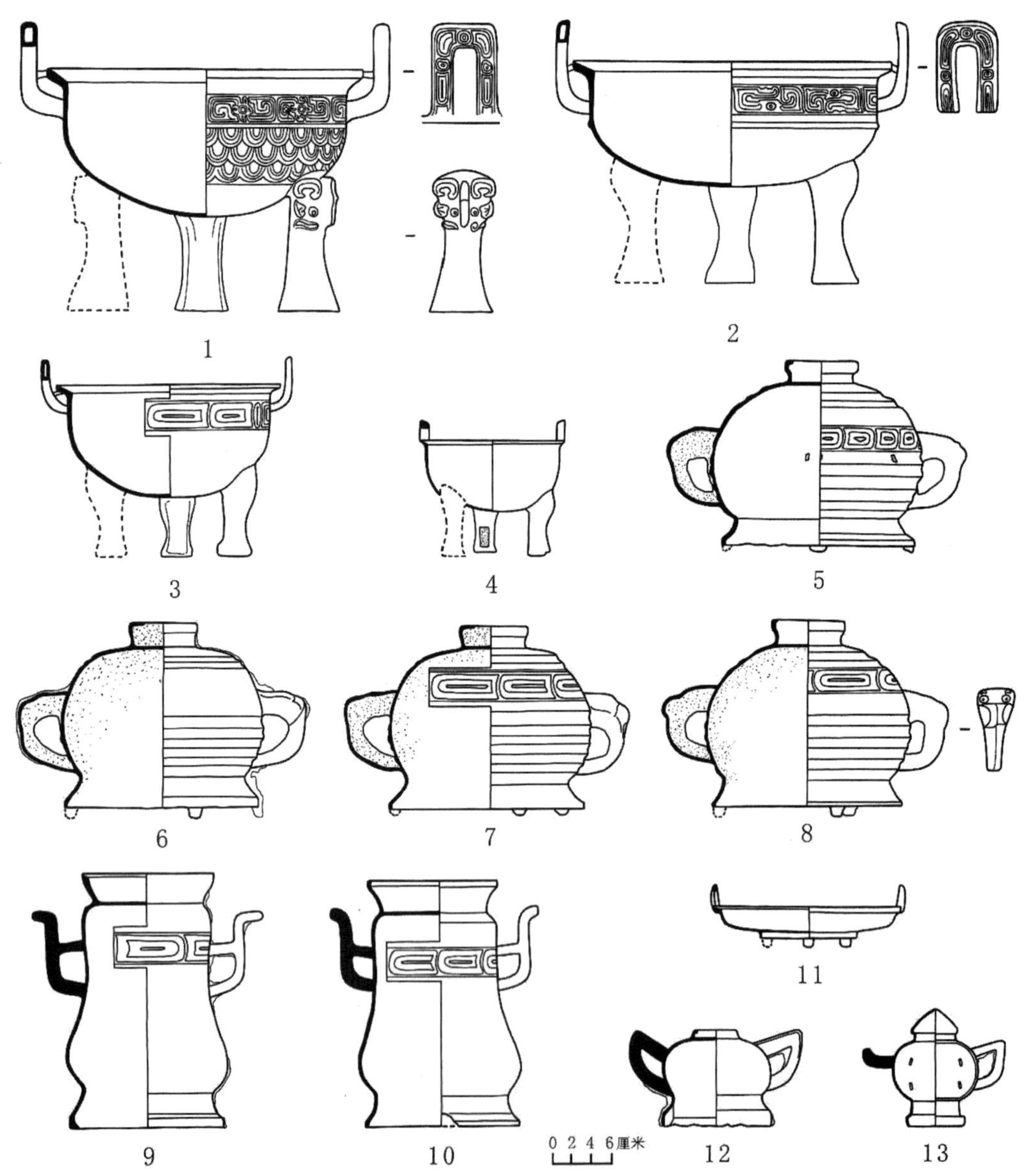

图三　铜礼器

1~4. 铜鼎（M93：1、M93：7、M93：9、M93：8）
5~8、12. 铜簋（M93：5、M93：6、M93：30、M93：31、M93：2）
9、10. 铜方壶（M93：29、M93：32）11. 铜盘（M93：4）13. 铜盉（M93：3）

方壶　2 件。皆为明器，形制、大小基本相同。整体浑铸，作工粗糙。盖顶有长方形握手，长颈两侧有对称的竖向扁钮，垂腹外鼓，无底中空，高圈足，腔内有范土。腹上部饰一周无珠重环纹。（图四，22）标本 M93：29，通高 25 厘米，腹径 16.4 厘米，底长边 15.6 厘米，短边 13.4 厘米。（图三，9；图版一，10）标本 M93：32，圈足略残。通高 24.2 厘米，腹径 16.4 厘米，底长边 15.6 厘米，短边 13 厘米。（图三，10；图版一，11）

盘　1 件。标本 M93：4，敞口，窄平折沿，方唇，浅腹，立耳，近平底，圈足下附三个较矮的扁支足。通高 6 厘米，口径 18 厘米，腹深 2.6 厘米。（图三，11；图版一，13）

盉　1 件。明器。标本 M93：3，盖体浑铸，制作粗糙，呈侧置的椭圆形，上端为一凸起的方锥体作为器盖，前有流，曲而上扬，后有上斜三角形鋬，扁体实心，无底，高圈足，腹部正、背面各有 4 个竖向长方形小孔。通高 11.4 厘米，流至鋬长 14.6 厘米。（图三，13；图版一，12）

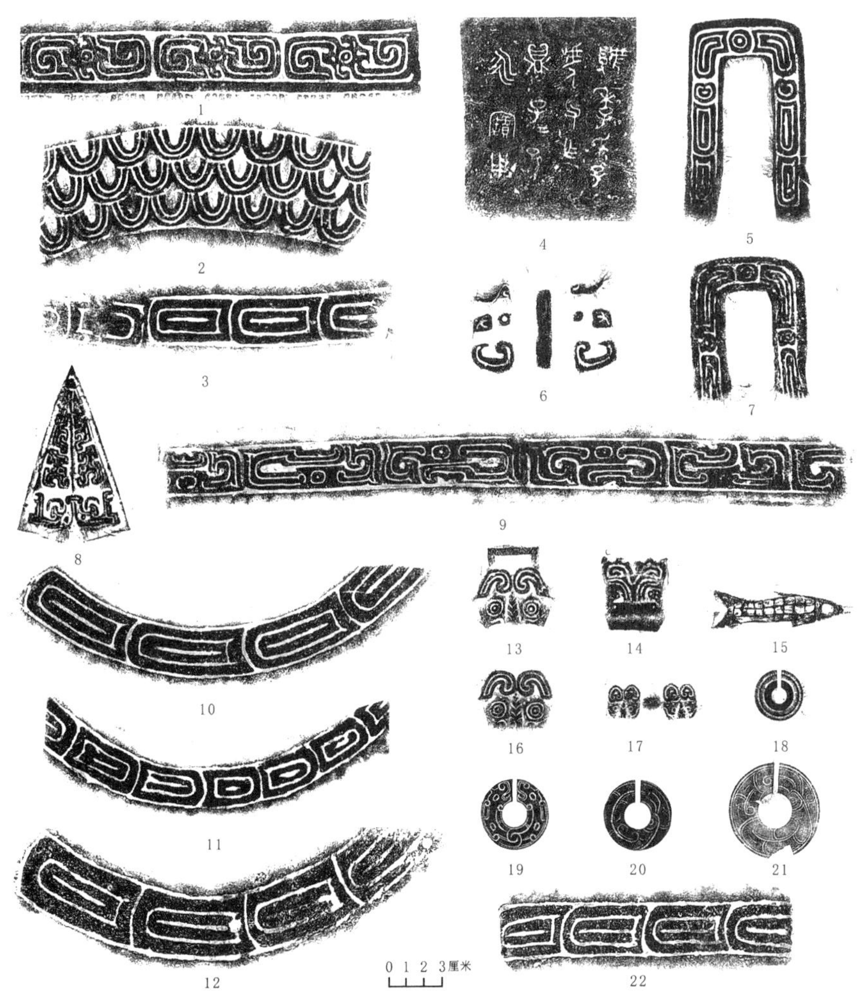

图四　器物纹饰和铭文拓片

1、2. 铜鼎腹部（M93：1）3. 铜鼎腹部（M93：9）4. 铜鼎铭文（M93：1）5. 铜鼎耳部（M93：1）6. 铜鼎足部（M93：1）7. 铜鼎耳部（M93：7）8. 三角形铜饰（M93：45）9. 铜鼎腹部（M93：7）10. 铜簋腹部（M93：31）11. 铜簋腹部（M93：5）12. 铜簋腹部（M93：30）13. 兽面形带扣（M93：21）14. 铜龙首无键辖（M93：17）15. 铜鱼（M93：10–1）16. 兽面形带扣（M93：22）17. 铜小腰（M93：34）18. 玉玦（M94：9）19. 玉玦（M93：54）20. 玉玦（M93：55）21. 口啥玉（M93：56）22. 铜方壶腹部（M93：32）

（2）兵器

50 件。有盾钖与镞两种。

盾钖　12 件。出自棺椁之间的西北角和西南角，因胎壁较薄，腐蚀严重，多已破碎不堪。盾钖的形状基本相同，正面中部向上隆起，背面相应凹陷，周边有数个小孔，可分大小两种规格。标本 M93：13，为较小者，外径 9.6 厘米，高 1.2 厘米，厚 0.05 厘米。（图六，1）标本 M93：27，为较大者，外径 15.3 厘米，高 1.9 厘米，厚 0.05 厘米。（图六，12）

铜镞　38 件。皆尖锋，双翼，锋翼呈三角形，刃锐利，后锋方折，高脊，圆柱状铤。依双翼形状，可分为双翼内收形镞与双翼外张形镞两种，其中双翼内收形镞 5 件，双翼外张形镞 33 件。标本 M93：14-1，为双翼内收形镞，双翼贴近镞身。隆脊呈折棱形。镞长 3.3 厘米，双翼宽 1.4 厘米，铤长 2.2 厘米，直径 0.3 厘米。（图六，4；图版二，1）标本 M93：15-1，为双翼外张形镞，双翼离镞身稍远。镞长 4.6 厘米，双翼宽 1.9 厘米，铤长 2.6 厘米，直径 0.4 厘米。（图五，9；图六，5）

（3）车马器

19 件。有衔、辖、镳、带扣和小腰等。

衔　2 件。形制、大小相同。皆由两个 8 字形铜环套接而成，两端环形近圆形。标本 M93：39-1，通长 20.1 厘米，环长径 3.3 厘米，短径 2.3 厘米。（图五，2；图六，2）

辖　4 件。可分龙首无键辖和素面辖两种，每种各 2 件。

龙首无键辖　2 件。形制、大小相同。辖首正面饰一龙首，龙首犄角周边有扉棱，呈丫形，双眉呈倒人字形，椭圆形目外凸，阔鼻上卷，辖首背面呈马蹄形，两侧面穿孔近长方形。标本 M93：17，高 3.2 厘米，宽 4.2 厘米，厚 3.8 厘米。（图四，14；图五，3；图六，17）

素面辖　2 件。形制、大小相同。辖首正面呈二级台阶状，背面呈方形，穿孔呈扇形；辖键呈扁长条形，皆末端为斜边。标本 M93：25，通长 10.4 厘米，辖键长 7.3 厘米，宽 0.8 厘米，厚 1.7 厘米。（图五，5；图六，21）

镳　4 件。形制、大小相同。皆作弧形弯曲状，上端稍粗，下端渐细，表面略鼓，背面有脊，背面

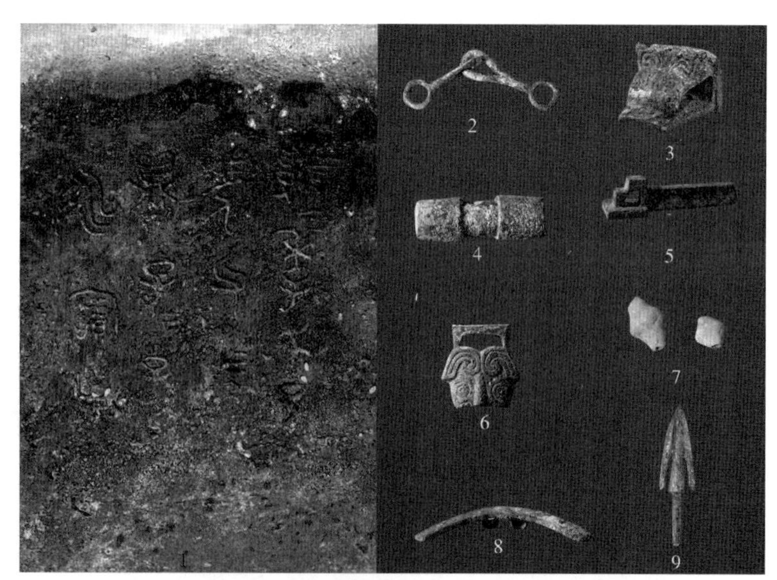

图五　铜器铭文和器物

1. 铜鼎铭文（M93：1）　2. 铜衔（M93：39-1）　3. 铜龙首无键辖（M93：17）　4. 铜小腰（M93：37）　5. 铜素面辖（M93：25）　6. 铜带扣（M93：21）　7. 陶珠（M93：12-1、M93：12-6）　8. 铜镳（M93：52）　9. 铜镞（M93：15-1）

中部有两个半环形钮，断面呈扁圆形。标本 M93：52，长 12.1 厘米，宽 1.9 厘米，厚 1.1 厘米。（图五，8；图六，22）

带扣　3 件。形制基本相同，大小有别。器身近长方形，正面呈兽面形并向上隆起，背面相应凹陷，有一薄宽带装横梁，兽面上部有下垂犄角，鼻部凸起，如虎鼻样上细下粗，圆目。标本 M93：21，兽面顶端连接一个横向长方形钮，长 4.3 厘米，中部宽 4.2 厘米，厚 1.2 厘米。（图四，13；图五，6；图六，13）标本 M93：22，长 3.5 厘米，中部宽 4.3 厘米，厚 0.8 厘米。（图四，16；图六，14；图版二，9）

小腰　3 件。器身中段细两端粗。依断面形状，可分多棱形扁小腰和兽首形扁小腰两种，其中前者 1 件，后者 2 件。

多棱形扁小腰　1 件。标本 M93：37，正面上鼓，背面平齐，两端的正面被分割 3 个平面，形成多个棱脊。长 3.8 厘米，中部宽 1.1 厘米。（图五，4；图六，11）

兽首形小腰　2 件。形制、大小相同。器身扁薄，两端近方形，正面上隆且呈一兽首，背面相应凹陷，中段呈扁条带状。兽首头顶有竖耳，椭圆形目，眼角上挑，鼻子呈上细下粗的蛹身形。标本 M93：34，长 4.1 厘米，中部宽 1.1 厘米。（图四，17；图六，15；图版二，10）

（4）棺饰

257 件。有铃、鱼、三角形饰和翣等。

铃　6 件。形制、大小相同。平顶，上有方环钮，钮下有一穿孔，下口部边缘呈凹弧形，皆有一周内折沿，腔内有槌状铃舌，器身断面呈椭圆形，上细下粗，正背面各有 2 个平行的细长条形穿孔。标本 M93：16，通高 6.1 厘米，下口长径 3.9 厘米，短径 2.9 厘米，铃舌长 3.6 厘米。（图六，23；图版二，3）

鱼　246 件。出土于棺板上及其周围，大部分散落于椁室内，形制基本相同，大小略有差别。鱼身作扁薄的长条形，背上和腹部有一鱼鳍，头端有一椭圆形穿孔，是为鱼眼，可系绳，部分有鳞，部分素面。标本 M93：10-1，长 7.7 厘米，宽 2.2 厘米，厚 0.15 厘米。（图四，15；图六，16；图版二，2）

三角形饰　1 件。标本 M93：45，器身底部呈等腰三角形，正面中部隆起，呈矮三棱锥体，背面相应凹陷，沿底部一周有外折框边，其上分布有 5 个小穿孔。器表为一组单首双身龙形，龙身有双足，口吐长舌，旁出獠牙，龙身饰变体凸目窃曲纹。锥体高 1.2 厘米，三角形底边长 6.3 厘米，高 9.4 厘米。（图四，8；图六，24；图版二，4）

翣残片　4 件。皆为薄片，出土时已破碎不堪，3 件位于外棺盖板上，1 件位于外棺和椁之间。为形状似“山”字形的薄铜片，上有细小的长方形镂孔，在其附近清理出木板朽痕，推测应贴附在木质结构上。

2. 玉石器

324 件。有玉玦、口啥玉、石戈和石贝等。

玉玦　2件。出土于墓主人头部。形制相同，大小及纹样不同。皆为白玉，乳白色，扁平圆体，有缺口，断面长方形。标本 M93：54，局部受沁有黄褐色斑。玉质细腻，半透明。正面饰阴线缠尾双龙纹。直径 3.9 厘米，孔径 1.4 厘米，厚 0.5 厘米。（图四，19；图六，19；图版二，5）标本 M93：55，局部受沁有棕黄色斑点。玉质细腻，透明度好。正面阴刻凤鸟纹。直径 4 厘米，孔径 1.3 厘米，厚 0.5 厘米。（图四，20；图六，20；图版二，6）

口唅玉　1件。略残，出土于墓主人口内。标本 M93：56，青玉，浅冰青色，局部受沁呈浅棕褐色或有灰白色斑。玉质细腻，半透明。玦形，扁平圆体，有缺口，断面呈长方形。正面阴刻变形龙纹。直径 5.4 厘米，孔径 1.9 厘米，厚 0.5 厘米。（图四，21；图六，18；图版二，7）

石戈　1件。出土于内棺盖板上部，断裂成六块。标本 M93：46，青石质，因腐蚀泛青白色，石质较细。锋呈斜三角形，锐利，援无脊，边刃锋利，援中部有一小圆穿。长方形直内。长 18.6 厘米，援宽 4.4 厘米，内长 4.3 厘米，宽 4.2 厘米，厚 0.4 厘米。（图六，3；图版二，12）

石贝　320枚。与铜鱼、陶珠同出于棺外椁内，应为棺罩上的坠饰，因棺木腐朽坍塌而散落。石质较粗，少数呈青灰色，多数呈灰白色，因受沁而表面粗糙。大小略有差异，上端有

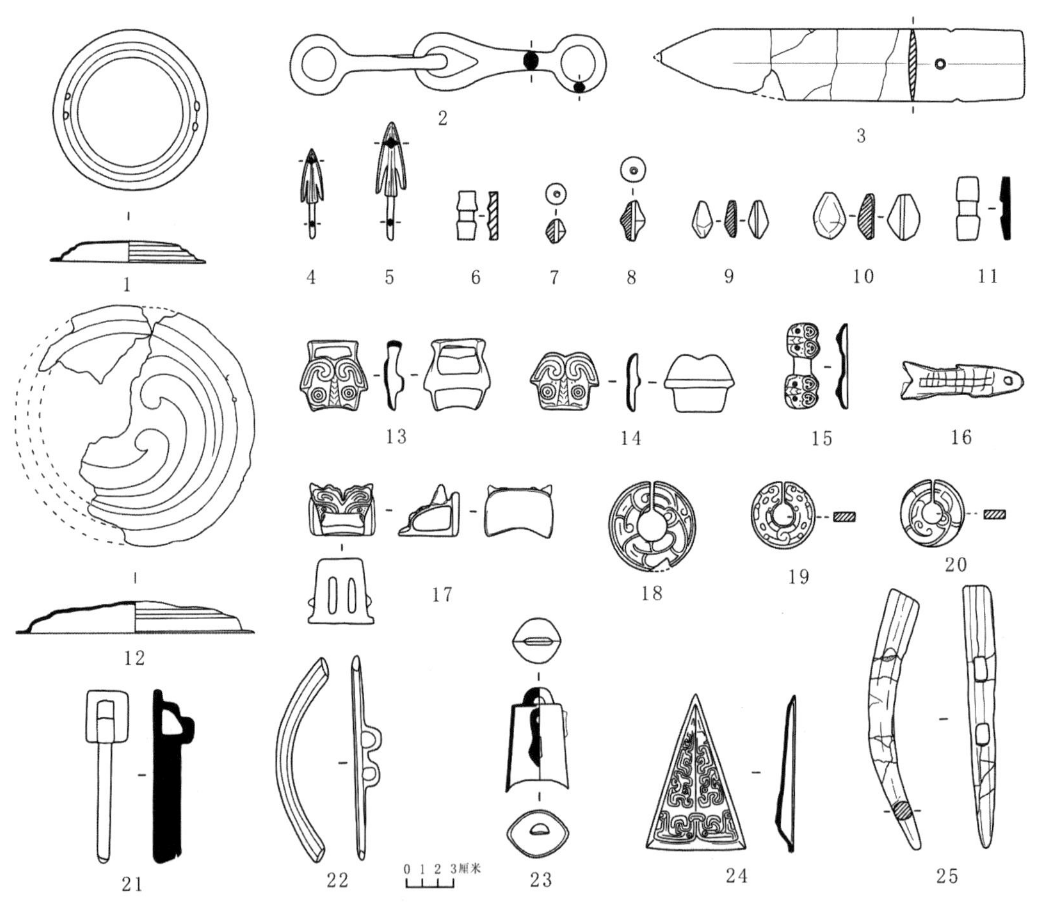

图六　铜器、玉石器、陶器和骨器

1、12. 铜盾钖（M93：13、M93：27）　2. 铜衔（M93：39–1）　3. 石戈（M93：46）　4、5. 铜镞（M93：14–1、M93：15–1）　6. 骨小腰（M93：36）　7、8. 陶珠（M93：12–6、M93：12–1）　9、10. 石贝（M93：11–4、M93：11–1）　11、15. 铜小腰（M93：37、M93：34）　13、14. 兽面形铜带扣（M93：21、M93：22）　16. 铜鱼（M93：10–1）　17. 铜龙首无键辖（M93：17）　18. 口唅玉（M93：56）　19、20. 玉玦（M93：54、M93：55）　21. 铜素面辖（M93：25）　22. 铜镳（M93：52）　23. 铜铃（M93：16）　24. 三角形铜饰（M93：45）　25. 骨镳（M93：39–2）

尖，下端呈弧状，正面鼓起，近上端有一圆形穿孔，背面为平面，中部纵向刻一浅槽。标本 M93：11-4，长 2.3 厘米，宽 1.3 厘米，厚 0.7 厘米。（图六，9；图版二，11 右）标本 M93：11-1，长 2.8 厘米，宽 2 厘米，厚 1 厘米。（图六，10；图版二，11 左）

3. 陶器

662 枚。

仅陶珠一种。出土于棺罩附近，散落于外棺和椁之间。皆作菱形，有穿孔，断面为圆形，略有大小之别。标本 M93：12-1，长 2.4 厘米，直径 1.6 厘米。（图五，7 左；图六，8）标本 M93：12-6，长 1.4 厘米，直径 1.2 厘米。（图五，7 右；图六，7）

4. 骨器

9 件。有骨镳、骨小腰与骨管等。

镳　5 件。皆残。作弧形弯曲状，一端平齐，另一端尖细，断面呈切角长方形，两侧面上透穿两个长方形孔。标本 M93：39-2，长 15.8 厘米，最大断面 2.1 厘米 ×1.8 厘米。（图六，25；图版二，14）

小腰　1 件。器身中段细两端粗，正面上鼓，背面平齐，两端呈束腰竹节形。标本 M93：36，长 3 厘米，中部宽 0.9 厘米。（图六，6；图版二，13）

管　3 件。皆为圆柱状，残损严重。

二、M94

（一）墓葬形制与葬具

M94 为南北向长方形竖穴土坑墓，方向 20°。墓葬东北角上半部被一现代活土坑打破，南部被一现代窖穴打破至生土。墓口距现地表深 0.60 米，长 4.70 米，宽 2.60~2.68 米。墓壁规整，东西两壁斜直外张，南北两壁陡直，底部平坦。墓底长 4.70 米，宽 2.70~2.86 米，深 2.84 米。墓底四周设有熟土二层台，北侧台宽 0.42~0.48 米，东侧台宽 0.06~0.10 米，南侧台宽 0.38~0.40 米，西侧台宽 0.08~0.18 米，台高 0.90 米。内填红褐色花土，略经夯打，较硬，夯层与夯窝不明显，土内含有少量的料礓石块和河卵石块。

墓内葬具为单椁重棺。木椁位于墓底中部，椁室四壁紧贴二层台内壁，平面近长方形，长 3.76 米，宽 2.60~2.70 米，板厚 0.04 米，残高 0.86 米。外棺位于椁室中部偏东，平面呈长方形，南部遭破坏，残长 1.38~1.64 米，宽 1.10~1.12 米，厚 0.06 米，残高 0.58 米；内棺位于外棺偏西位置，残长 1.26~1.30 米，宽 0.68~0.70 米，厚 0.02 米，残高 0.13 米。棺内葬有墓主 1 人，仰身直肢，头北足南，骨骼保存较差，经初步鉴定为年龄约 45 岁的女性。

随葬器物放置于椁室西北角和南部以及墓主人头部。其中在椁室西北角有石贝 84 枚、骨管 3 件，南部有铜方壶 2 件、铜鼎 1 件、铜簋 1 件、铜盉 1 件、铜盘 1 件，墓主人头部有玉玦 2 件、玉环 1 件、口晗玉 1 件、玛瑙珠 24 枚。（图七）

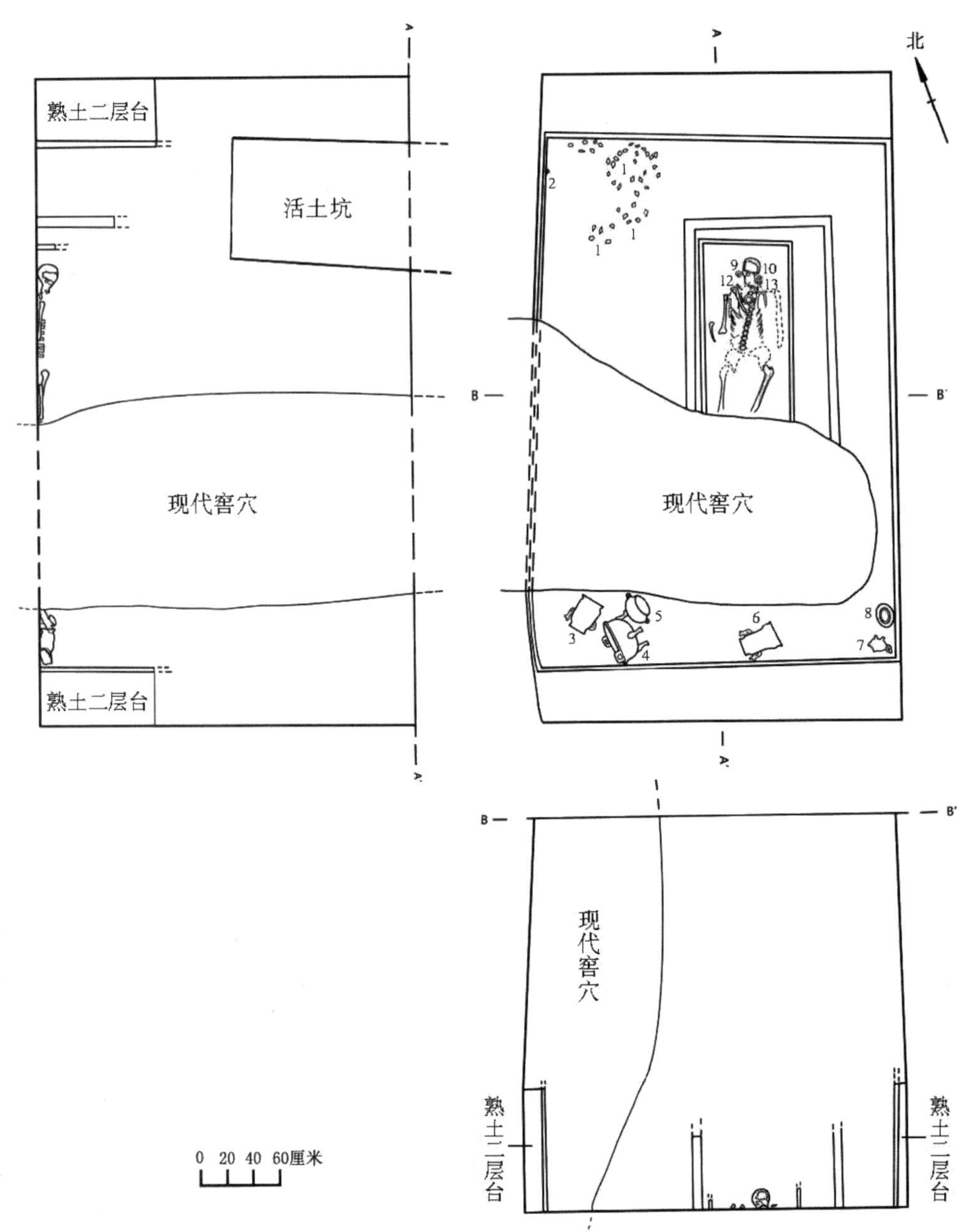

图七　M94 平、剖图

1. 石贝（84 枚） 2. 骨管（3 件） 3、6. 铜方壶 4. 铜鼎 5. 铜簋
7. 铜盉 8. 铜盘 9、10. 玉玦 11. 玉环 12. 玛瑙珠（24 枚） 13. 口唅玉

（二）随葬器物

共计 121 件（枚）。按质地可分为铜器、玉石器和骨器三类。

1. 铜器

6 件。皆为明礼器，器形有鼎、簋、方壶、盉和盘等。

鼎　1 件。残。标本 M94：4，方唇，口微敛，窄斜折沿，立耳，深腹略外鼓，圜底，三蹄足下端较大，口沿下饰一周重环纹，耳外侧饰“n”形凹弦纹。通高 27.4 厘米，口径 27.4 厘米，腹径 26.1 厘米，腹深 14 厘米。（图八，1；图九，1）

篡　1件。标本M94：5，铸造较粗糙，盖与器浑铸为一体，盖面上隆，顶部有瓶塞状握手，鼓腹两侧有一对称的简易龙首形耳，无底中空，圈足。器外口沿饰一周无珠重环纹，盖面与器腹各饰数周瓦垄纹。腔内有范土。通高17厘米，腹径21厘米。（图八，9；图九，5）

方壶　2件。残。明器。形制基本相同，大小略有差异。整体浑铸，制作粗糙。盖顶有长方形握手，长颈两侧有对称的竖向扁钮，垂腹外鼓，无底中空，椭方形高圈足，腔内有范土。标本M94：3，颈部饰一周无珠重环纹。口径11.1厘米，通高24.8厘米。（图八，2；图九，4）标本M94：6，颈部分别饰一周无珠重环纹和一周直线、勾云纹。口径11.6厘米，通高25厘米。（图八，3；图九，6）

盘　1件。标本M94：8，方唇，窄斜折沿，直口，立耳，浅腹略弧，平底，矮圈足。通高11.2厘米，口径26.5厘米，腹深4.8厘米。（图八，11；图九，2）

盉　1件。残。标本M94：7，整体浑铸，制作粗糙，呈倒置的扁椭圆体，顶部有笠帽状盖，一侧无孔实心流残缺，另一侧为上斜三角形鋬耳，无底，矮圈足下有四方形足，腹腔内有范土。通高8.8厘米，腹径7.4厘米。（图八，10；图九，3）

2. 玉石器

112件（枚）。有玉玦、玉环、口晗玉、玛瑙珠和石贝等。

玉玦　2件。形制、大小及纹样相同。皆为青白玉，白中泛青。玉质细腻，微透明。扁平圆体，有缺口，断面长方形。正面饰凹弦纹。标本M94：9，外径5.4厘米，内径1.8厘米，厚0.4厘米。（图四，18；图八，6；图版二，17）

玉环　1件。标本M94：11，青玉，浅冰青色，受沁处呈棕褐色。玉质细腻，半透明。圆形，断面呈长方形。外径6.8厘米，孔径3.9厘米，厚0.5厘米。（图八，8；图版二，15）

口晗玉　1件。标本M94：13，青玉，深冰青色，受沁处呈棕褐色。玉质细腻，半透明。出土时断裂为三块，黏对后为玦形。扁平圆体，有缺口，断面长方形。正面饰弧线和勾云纹。外径5.2厘米，孔径1.6厘米，厚0.7厘米。（图八，4；图版二，16）

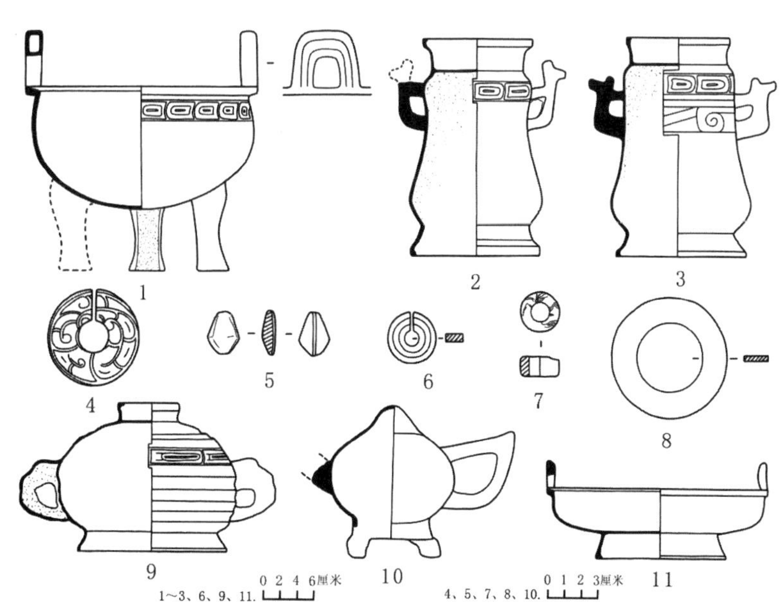

图八　铜器、玉器和骨器

1. 铜鼎（M94：4）　2、3. 铜方壶（M94：3、M94：6）　4. 口晗玉（M94：13）　5. 石贝（M94：1）　6. 玉玦（M94：9）　7. 骨管（M94：2）　8. 玉环（M94：11）　9. 铜簋（M94：5）　10. 铜盉（M94：7）　11. 铜盘（M94：8）

玛瑙珠　24颗。大小不等，呈红色或橘红色。皆为圆鼓形，中部透钻一小穿。高0.4~0.6厘米，直径0.4~1.2厘米。

石贝　84枚。形制、大小基本相同。皆为仿贝形，白色，前端较尖，正面上鼓，尖部有圆形小穿孔，多数背面有竖向凹槽。标本M94：1，高2.5厘米，宽1.8厘米，最厚处1.2厘米。（图八，5；图版二，8）

图九　M94出土铜礼器
1. 铜鼎（M94：4）2. 铜盘（M94：8）3. 铜盉（M94：7）
4、6. 铜方壶（M94：3、M94：6）5. 铜簋（M94：5）

3. 骨器

3件。仅管一种。形制、大小基本相同。皆为圆管形。标本M94：2，长2.3厘米，外径2.3厘米，孔径1.1厘米。（图八，7）

三、结语

（一）墓葬的年代

从墓葬形制来看，此次发掘的M93、M94，均为南北向长方形竖穴土坑墓，墓底周围设有熟土二层台，葬具为单椁重棺。这与三门峡上村岭虢国墓地贵族墓葬M2010形制基本相同[1]。

从两座墓内随葬铜礼器的特征看，M93出土的虢季氏子虎父鼎和窃曲纹鼎分别与河南南阳鄂国墓地M1出土的A型铜鼎[2]、本墓地M34出土的铜鼎[3]形制相同或相近，M94出土的重环纹鼎与三门峡虢国墓地M2010出土的铜鼎[4]形制相同；M93和M94出土的瓦垄纹簋均与三门峡虢国墓地M2012出土的瓦垄纹铜簋[5]（M2012：41）形制相同；M93、M94出土的盘分别与河南南阳鄂国墓地M16出土的铜盘[6]、三门峡虢国墓地M2013出土的铜盘[7]形制相近；M93和M94出土的盉均与三门峡虢国墓地M2001出土的重环纹铜盉[8]（M2001：117）形制相同。此外，两座墓葬中出土铜器上所装饰的窃曲纹、重环纹、垂鳞纹、瓦垄纹等纹样，也是西周晚期至春秋早、中期流行的主要装饰纹样。

综上所述，无论从墓葬形制，还是从器物特征、纹饰等方面分析，都表明这两座墓的时代应属春秋早期稍偏晚，应与虢国墓地同时期或略晚。

（二）墓主的身份

M93 和 M94 墓内出土铜礼器组合皆不全，其中 M93 随葬铜礼器有鼎 4 件、簋 5 件、方壶 2 件、盘与盉各 1 件，M94 随葬铜礼器有鼎 1 件、簋 1 件、方壶 2 件、盘 1 件、盉 1 件。据史料记载，周代鼎制规定：大夫一级贵族能用五鼎，士一级贵族只能用 3 件或 1 件铜鼎。从此规格上可以看出，M93 墓主生前应是中等级贵族；M94 的墓主身份相应较低，当为士一级的贵族。

然而从墓主使用的葬具来看，M93、M94 的葬具皆使用单椁重棺。关于棺椁结构的等级标准，周代的棺椁制度也有着明确的规定。据《庄子·杂篇·天下》记载："天子棺椁七重，诸侯五重，大夫三重，士再重。"[9]《荀子·礼论》亦云："天子棺椁七重，诸侯五重，大夫三重，士再重。"[10]这里的"大夫三重"，通常理解为一椁双棺。依棺椁结构的等级标准看，M93、M94 的墓主身份又应为大夫一级的贵族。M93 内出土的铜鼎铭文中有"虢季氏子虎父"等字，虢，国名；虎父，器主。由此可知，墓主身份应是春秋时期虢国虢季氏一族的后人。此外，在 M93 的外棺上还发现有 4 件铜翣，依《礼记·礼器》记载："天子崩，七月而葬，五重八翣；诸侯五月而葬，三重六翣；大夫三月而葬，再重四翣。"[11]这也表明 M93 墓主"虎父"生前身份为大夫级高级贵族。

（三）M93 与 M94 的关系

从已发表的材料看，西周至春秋时期男性贵族墓中多随葬有兵器，女性墓中则不见兵器。M93 内出土有镞、盾钖等兵器，说明墓主虎父为男性贵族；M94 内不仅未见兵器，而且墓主还佩戴有玛瑙珠项饰，墓主身份应为女性贵族。从墓葬位置关系看，M93 与 M94 排列紧密，方向一致，东西相距不超过 3 米。M93 墓主身份不仅略高于 M94 墓主身份，而且其周围附近也没有其他女性贵族墓葬。据此可推测，M93、M94 为夫妻异穴合葬墓。

附记：本次发掘领队为杨海青，参与发掘者有燕飞、李永涛、高鸣、高鹏、韩红波、彭宇，绘图者为张雪娇、陈英，拓片者为张雪娇，摄影者为赵昂。

执笔：郑立超

注释：

[1] 河南省文物考古研究所、三门峡市文物工作队：《三门峡虢国墓地 M2010 的清理》，《文物》2000 年第 12 期。

[2] 河南省文物局南水北调办公室、南阳市文物考古研究所：《河南南阳夏饷铺鄂国墓地 M1 发掘简报》，《江汉考古》2019 年第 4 期。

[3] 三门峡市文物考古研究所、义马市文物保护管理所:《河南义马上石河春秋墓发掘简报》,《中原文物》2019年第4期。

[4] 河南省文物考古研究所、三门峡市文物工作队:《三门峡虢国墓地M2010的清理》,《文物》2000年第12期。

[5] 河南省文物考古研究所、三门峡市文物工作队:《三门峡虢国墓》第1卷,文物出版社,1999年,第612页。

[6] 河南省文物局南水北调办公室、南阳市文物考古研究所:《河南南阳夏饷铺鄂国墓地M7、M16发掘简报》,《江汉考古》2019年第4期。

[7] 河南省文物考古研究所、三门峡市文物工作队:《三门峡虢国墓地M2013的发掘清理》,《文物》2000年第12期。

[8] 河南省文物考古研究所、三门峡市文物工作队:《三门峡虢国墓》第1卷,文物出版社,1999年,第331页。

[9] 方勇:《庄子》,商务印书馆,2018年,第612页。

[10] 方达:《荀子》,商务印书馆,2016年,第331页。

[11] 戴圣:《礼记精华》,傅春晓译注,辽宁人民出版社,2018年,第133页。

1. 鼎（M93：1） 2. 鼎（M93：7） 3. 鼎（M93：8） 4. 鼎（M93：9） 5. 簋（M93：6） 6. 簋（M93：30） 7. 簋（M93：5） 8. 簋（M93：31） 9. 簋（M93：2） 10. 方壶（M93：29） 11. 方壶（M93：32） 12. 盉（M93：3） 13. 盘（M93：4）

河南义马上石河墓地出土铜礼器

图版二

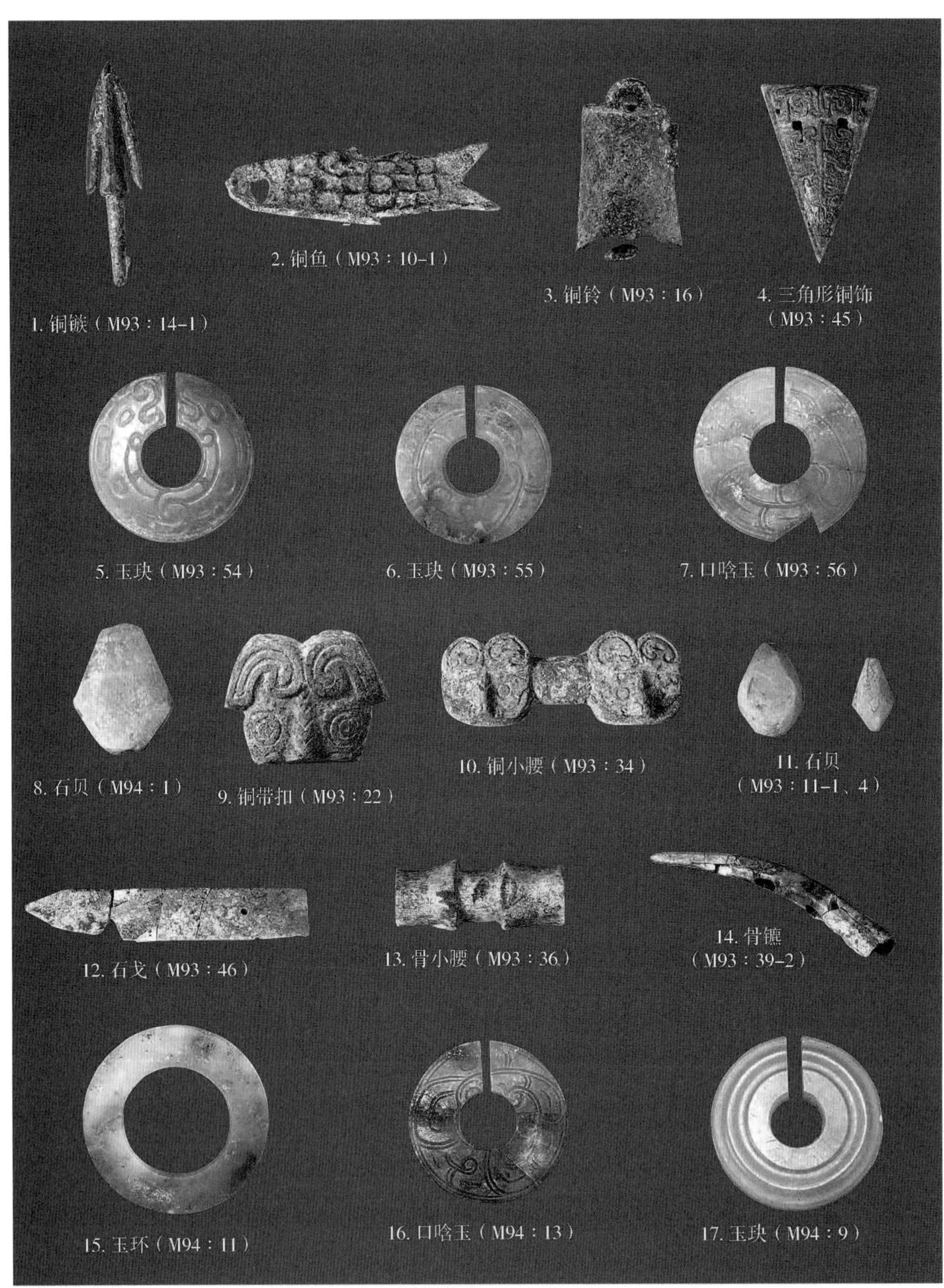
1. 铜镞（M93：14-1）
2. 铜鱼（M93：10-1）
3. 铜铃（M93：16）
4. 三角形铜饰（M93：45）
5. 玉玦（M93：54）
6. 玉玦（M93：55）
7. 口晗玉（M93：56）
8. 石贝（M94：1）
9. 铜带扣（M93：22）
10. 铜小腰（M93：34）
11. 石贝（M93：11-1、4）
12. 石戈（M93：46）
13. 骨小腰（M93：36）
14. 骨镳（M93：39-2）
15. 玉环（M94：11）
16. 口晗玉（M94：13）
17. 玉玦（M94：9）

河南义马上石河墓地出土器物

河南义马上石河春秋墓地 M43、M48、M66 发掘简报

◎河南省文物考古研究院 ◎三门峡市文物考古研究所
◎义马市文物保护管理所

上石河墓地位于河南省义马市区南部、石河西岸约 100 米处的原上石河村，北临 310 国道，南接新安故城遗址，西与开祥化工有限公司老厂区隔墙相连。2017 年 7 月，义马市文物钻探队在配合该公司厂区扩建工程时，发现了该墓地。该墓地原为上石河村村民居住地，周围地势整体较为开阔平坦。目前已初步探明，墓地现存范围东西长约 200 米，南北宽约 150 米，总面积 3 万余平方米，墓葬分布较为密集（图一）。

图一 上石河春秋墓地位置示意图

2018 年 4 至 8 月，河南省文物考古研究院联合三门峡市文物考古研究所，在义马市文物保护管理所配合下，对上石河墓地进行了抢救性考古发掘，清理了一批春秋时期的墓葬。现先将其中的 M43、M48、M66 初步简报如下。

一、关于墓葬 M43

（一）墓葬形制与葬具

M43 是一座南北向长方形竖穴土坑墓，方向 10°。墓口距现地表深 0.4 米，南北长 3.6、东西宽 2.3~2.4 米。墓壁加工规整，墓底平坦，口底尺寸基本相同，深 2.8 米。墓底四周设有熟土二层台，北侧台宽 0.2~0.3、东侧台宽 0.1~0.12、南侧台宽 0.14~0.2、西侧台宽 0.1~0.16、台高 0.72 米。墓内填红褐色花土，土质较硬，土内含有少量的料礓石块。

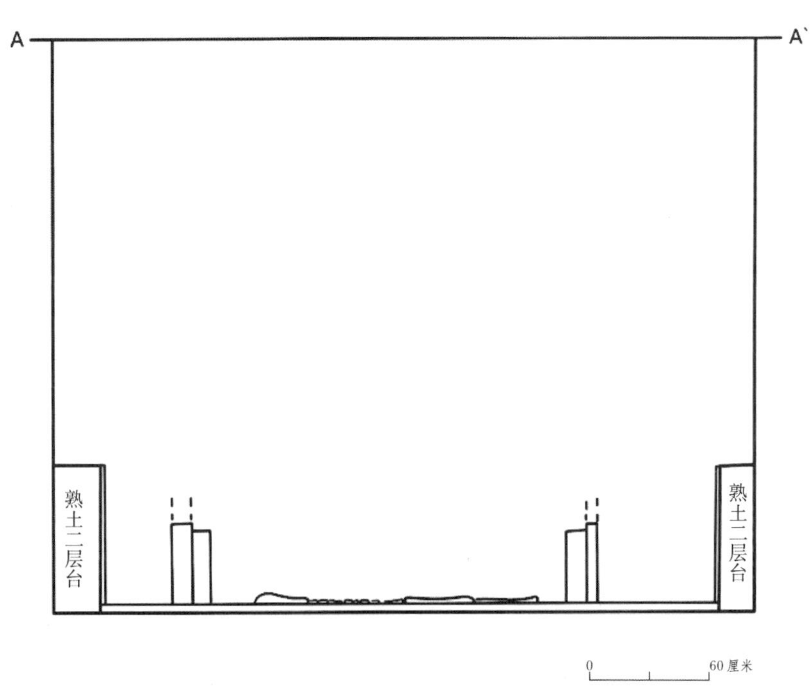

图二　M43 墓葬平、剖面图

1. 陶鬲　2. 蚌器　3. 玉玦　4. 玉璧　5. 石匕　6. 石戈　7. 缀饰　8. 口琀玉

墓内葬具腐朽严重，从灰黑色木质朽痕判断，其葬具应为单椁重棺。木椁位于墓底中部，椁室四壁紧贴二层台内壁，平面呈近长方形，南北长 3.2、东西宽 2.08~2.18、板厚 0.04、残高 0.66~0.72 米。木棺位于椁室中部，平面呈长方形，其中外棺长 2.2、宽 0.92~0.96、板厚 0.06~0.1、残高 0.4 米；内棺长 2、宽 0.84、板厚 0.06~0.1、残高 0.36 米。棺内葬有墓主 1 人，仰身直肢葬，头北足南，腿部略弯曲，骨骼保存较差，经初步鉴定为女性，年龄不详。

出土器物除陶鬲放置于棺椁之间的西南部，其余皆放置于棺内，有玉玦、玉璧、口唅玉、石匕等（图二）。

（二）随葬器物

该墓出土随葬品共计 32 件（枚）。依质地分为陶器、玉器、石器、蚌器、骨器等。

1. 陶器

1 件，为陶鬲。标本 M43：1，夹砂灰黑陶。尖唇，口沿外侈，短束颈，腹部外鼓，联裆，乳状足。通体饰粗绳纹。通高 12.5、口径 16.1 厘米（图三，1；图四）。

2. 玉器

4 件。有玦、璧、口唅玉三种。

玦　1 件。标本 M43：3，青白玉，青白色，局部受沁呈灰白色，玉质细腻，半透明，扁平圆体，有缺口，断面长方形。直径 2.3、孔径 0.8、厚 0.4 厘米（图三，4；图五）。

璧　1 件。标本 M43：4，青玉质，青白色，局部受沁呈灰白色，玉质细腻，半透明，扁平圆体。双面阴刻一尖尾龙纹。直径 5.6、孔径 1.2、厚 0.3 厘米（图三，2、3；图六）。

口唅玉　2 件。形制、大小相同。皆呈玦形。青玉，冰青色，玉质细腻，半透明。扁平圆体，有缺口，断面长方形。标本 M43：8-1，直径 1.8、孔径 0.4、厚 0.3 厘米（图三，5；图七）。

3. 石器

2 件。有匕和戈二种。

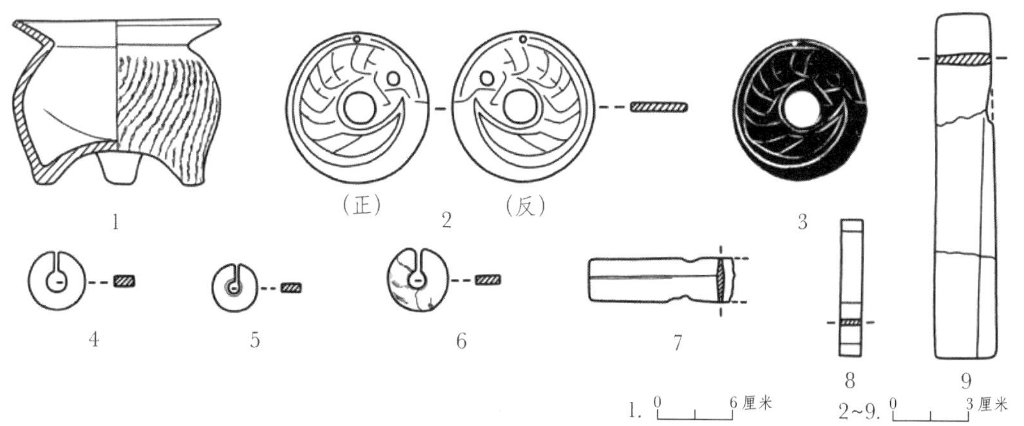

图三　M43 出土器物线图及拓片

1. 陶鬲（M43：1）　2. 玉璧（M43：4）　3. 玉璧（M43：4）拓片　4. 玉玦（M43：3）　5. 口唅玉（M43：8-1）　6. 蚌玦（M43：2-1）　7. 石戈（M43：6）　8. 骨坠饰（M43：7-11）　9. 石匕（M43：5）

匕　1件。标本M43：5，出土时已断裂。白石质，质地粗糙。近似长方形，上窄下宽，断面近似长方形。残长13.1、宽2.1~2.5、厚0.4厘米（图三，9；图八）。

图四　陶鬲（M43：1）

图五　玉玦（M43：3）

图六　玉璧（M43：4）

图七　口啥玉（M43：8-1）

图八　石匕（M43：5）

图九　石戈（M43：6）

图一〇　缀饰（M43：7）

戈　1件。标本M43：6，出土时援前半部残缺，青石质，因腐蚀泛青白色，石质较粗，无锋，直援，无刃，援内分界不明显。残长5.7、宽1.6、厚0.3厘米（图三，7；图九）。

4. 蚌器

2件，为蚌玦。残损严重，形制、大小相同，为蚌壳磨制而成。扁圆体，有缺口，断面呈长方形。标本M43：2-1，直径2.3、孔径0.6、厚0.3厘米（图三，6）。

5. 骨器

1组共23件，为坠饰。形制基本相同，部分断裂。断面呈方形。标本M43：7-11，长5.3、宽0.8厘米（图三，8；图一〇）。

二、关于墓葬M48

（一）墓葬形制与葬具

M48是一座南北向长方形竖穴土坑墓，方向17°。墓口距现地表深0.5米，南北长3.68、东西宽1.92~1.96米。墓壁加工规整，底部平坦，墓底尺寸与口相当，深2.46米。墓底四周设

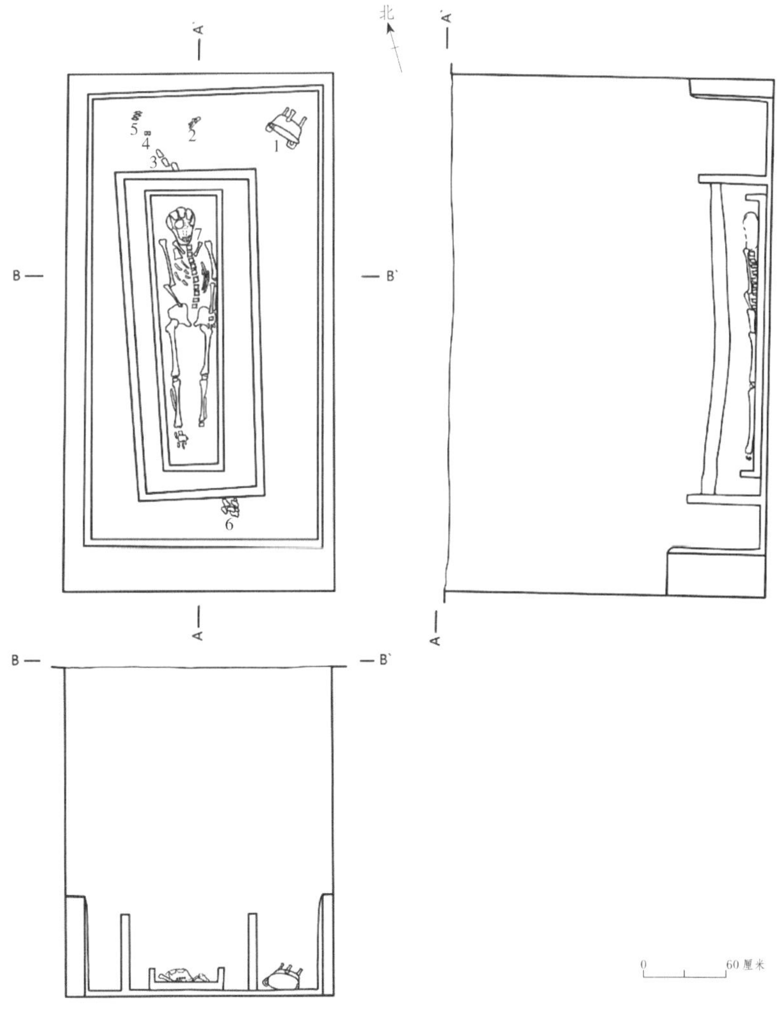

图一一　M48墓葬平、剖面图

1. 铜鼎　2. 铜辖　3. 石戈　4. 骨小腰　5. 铜镞　6. 陶鬲　7. 石口晗

有熟土二层台，北侧和西侧台宽 0.08~0.14、东侧台宽 0.06~0.08、南侧台宽 0.32、台高 0.72 米。内填红褐色花土，略经夯打，较硬，夯层与夯窝不明显，土内含有少量的料礓和河卵石块。

墓内葬具为单椁重棺。木椁平面近长方形，长 3.24、宽 1.66~1.74、板厚 0.04 米。外棺位于椁室中部，平面呈长方形，外棺长 2.34、宽 0.92~1.02、板厚 0.06、残高 0.58 米；内棺位于外棺中部，长 2、宽 0.44~0.56 米。棺内葬有墓主 1 人，仰身直肢，头北足南，骨骼保存较差，下铺朱砂，经初步鉴定为年龄约 40 岁成年男性。

图一二　M48 墓葬俯视图

随葬器物多放置于椁室北部以及墓主人头部。其中在椁室北部铜鼎 1 件、铜辖 2 件、石戈 1 件、骨小腰 1 件、铜镞 3 枚，椁室南部有陶鬲 1 件，墓主人头部有石口啥 1 件（图一一；图一二）。

（二）随葬器物

随葬器物共 10 件（枚），依质地可分铜器、陶器、石器和骨器。

1. 铜器

6 件。有鼎、辖、镞等三种。

鼎　1 件。标本 M48：1，出土时略残损。口微敛，宽斜折沿，方唇，立耳，深腹略外鼓，圜底，三蹄足下端较大。口沿下饰一周重环纹，腹部饰一周波曲纹。通高 12、口径 11、腹径 10.5 厘米（图一三，1；图一四）。

辖　2 件。形制、大小基本相同。辖首正面呈二级台阶状，体宽长，两侧面有对穿孔，辖键呈扁长条形，末端为斜边。标本 M48：2–1，通长 10.2、辖键长 7.4、宽 2.5、厚 3 厘米（图一三，2；图一五）。

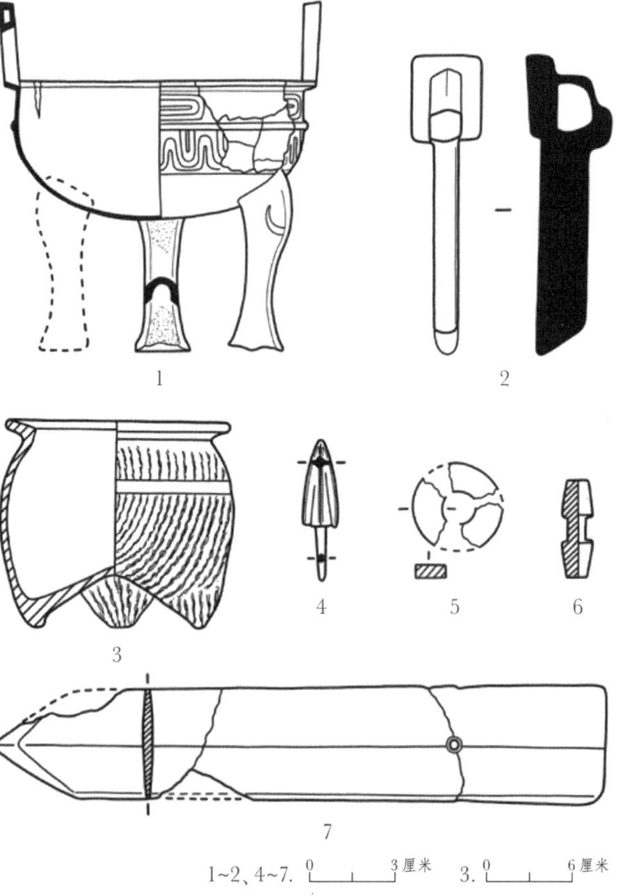

图一三　M48 出土器物线图

1. 铜鼎（M48：1）2. 铜辖（M48：2–1）
3. 陶鬲（M48：6）4. 铜镞（M48：5–3）
5. 石口啥（M48：7）6. 骨小腰（M48：4）7. 石戈（M48：3）

图一四　铜鼎（M48：1）

图一五　铜辖（M48：2–1）

图一六　铜镞（M48：5–3）

图一七　陶鬲（M48：6）

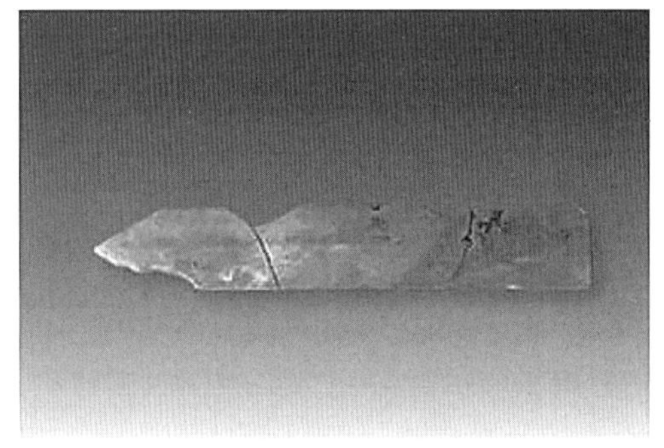

图一八　石戈（M48：3）

图一九　骨小腰（M48：4）

镞　3件。形制、大小基本相同，一件完整，两件略残损。锋尖利，两翼紧贴镞，上有薄刃，有棱脊，圆锥形铤。标本M48：5–3，通长4.8、翼长3、宽1.2、铤长1.8厘米（图一三，4；图一六）。

2. 陶器

1件，为陶鬲。标本M48：6，口沿残损严重。夹砂灰黑陶。方唇，宽折沿，短束颈，腹部外鼓，分裆，乳状袋足。器表饰粗绳纹，腹中部饰一周凹弦纹。通高14.2、口径15.8、腹径16.4厘米（图一三，3；图一七）。

3. 石器

2件。有戈和口啥二种。

戈　1件。标本M48：3，出土时锋部和援部略残。青石质，呈三角形锋，直援，有脊，援两侧有钝刃，长方形直内略宽于援，援中部有一圆孔。通长21.8、援长16.5、援宽4、内长5.3、内宽4.2厘米（图一三，7；图一八）。

口啥　1件。标本M48：7，残甚，青石质，圆形。外径3.2、孔径1、厚0.5厘米（图一三，5）。

骨器　1件，为小腰。标本M48：4，两端呈束腰竹节形，中段为细圆柱状，长3.4、两端直径0.8厘米（图一三，6；图一九）。

三、关于墓葬M66

（一）墓葬形制与葬具

M66也是一座南北向长方形竖穴土坑墓，方向15°，其上部被一汉代灰坑打破。墓口距现地表深0.5米，南北长3.8、东西宽2.3米。墓壁加工规整，底部平坦，口底尺寸基本相同，深3米。墓底四周设有熟土二层台，北侧台宽0.24、东侧台宽0.1、南侧台宽0.22、西侧台宽0.14、

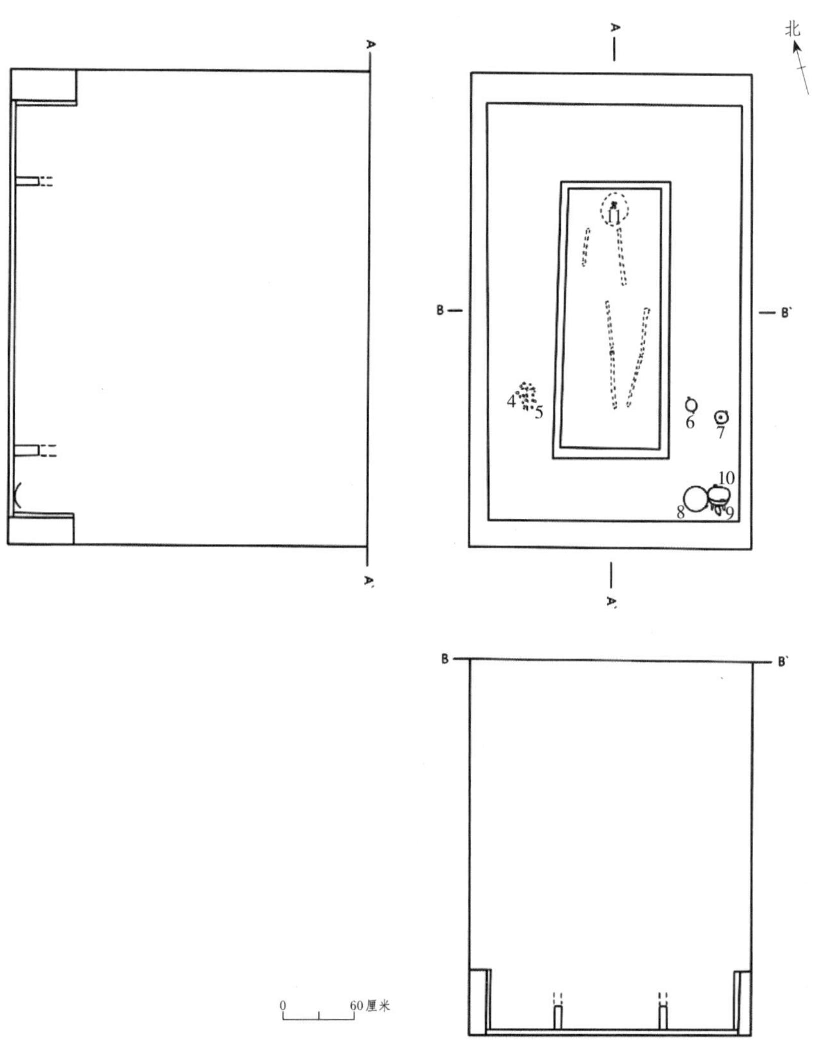

图二〇　M66墓葬平、剖面图

4. 石贝　5. 陶珠　6~7. 铜簋　8. 铜盘　9. 铜盉　10. 铜鼎
11. 口啥玉（1. 铜戈、2~3. 铜镞，在墓葬填土内发现，具体位置不确定）

台高 0.52 米。墓内填红褐色花土，土质较硬，土内含有少量的料礓石块。

墓内葬具腐朽严重，应为单椁单棺。木椁位于墓室中部，椁室四壁紧贴二层台内壁，平面近长方形，长 3.32、宽 2.06~2.1、板厚 0.04、残高 0.48 米。木棺位于椁室中部，近长方形，长 2.2、宽 0.9~0.94、板厚 0.06、残高 0.2 米。棺内葬有墓主 1 人，仰身直肢，头北足南，骨骼保存较差。

图二一　M66 墓葬俯视图

出土器物多放置于椁室东南角，有铜鼎、铜簋、铜盘、铜盉，椁室西侧发现有陶珠和石贝，墓主人口中发现有口啥玉，另外铜戈和铜镞在墓葬填土内发现（图二〇；图二一）。

（二）随葬器物

该墓内出土随葬品共计 115 件（枚）。依质地可分为铜器、玉石器和陶器。

1. 铜器

16 件。有鼎、簋、盘、盉、戈、镞等六种，其中鼎、簋、盘、盉等铜礼器皆为明器。

鼎　1 件。标本 M66：10，方唇，口微敛，窄斜折沿，立耳，半球形腹，圜底，蹄足下部肥大，内侧有一竖向凹槽。通高 14.6、口径 14.8、腹径 15 厘米（图二二，1；图二三）。

簋　2 件。形制基本相同。盖身浑铸，制作粗糙，顶部有瓶塞状握手，鼓腹两侧有一对称的半环形耳，无底，圈足下附三矮支足，腹腔内残留范土。标本 M66：6，通高 9、腹径 12.6

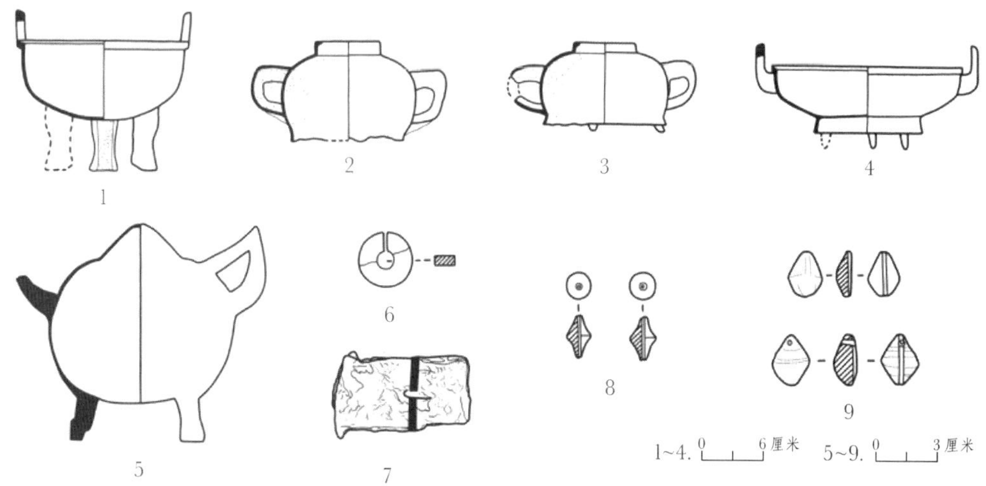

图二二　M66 出土器物线图

1. 铜鼎（M66：10）2. 铜簋（M66：6）3. 铜簋（M66：7）4. 铜盘（M66：8）5. 铜盉（M66：9）6. 口啥玉（M66：11-1）7. 铜戈（M66：1）8. 陶珠（M66：5-3、M66：5-4）9. 石贝（M66：4-1、M66：4-4）

厘米（图二二，2；图二四）。标本 M66：7，通高 8、腹径 12.3 厘米（图二二，3；图二五）。

图二三　铜鼎（M66：10）

盘　1 件。标本 M66：8，方唇，宽斜折沿，口微敞，附耳，弧腹较深，近平底，圈足下附三个扁形矮支足。通高 9.6、口径 18.3 厘米（图二二，4；图二六）。

盉　1 件。标本 M66：9，整体浑铸，造型粗糙。呈倒置的扁椭圆体，顶部有方锥形盖，一侧无孔实心流，另一侧为斜角三角形鋬耳，无底，有四方形柱状足，腹腔内有范土。通高 10.3、腹长 8.4、宽 6.4、厚 3.2 厘米（图二二，5；图二七）。

戈　1 件。标本 M66：1，锈蚀严重，仅存内部，内呈长方形，中部有一长方形穿孔，长 6.4、宽 3.5、厚 0.4 厘米（图二二，7；图二八）。

镞　编号为 M66：2 和 M66：3，共 10 枚。均锈蚀严重，未修复。

2. 玉石器

60 件（枚）。有口唅玉和石贝等。

口唅玉　2 件，均为玦形，大小、形制相同。青玉，冰青色，受沁呈灰白色。扁圆体，有缺口，断面呈长方形。标本 M66：11-1，外径 2.6、内径 0.8、厚 0.4 厘米（图二二，6；图二九）。

石贝　58 枚。形制基本相同。皆为仿贝形，白色，前端较尖，正面上鼓，尖部有圆形小穿孔，大多数背面有竖向凹槽。标本 M66：4-1，高 2.3、厚 1.1、宽 1.8 厘米。标本 M66：4-4，

图二四　铜簋（M66：6）

图二五　铜簋（M66：7）

图二六　铜盘（M66：8）

图二七　铜盉（M66：9）

高 1.7、厚 0.9、宽 1.2 厘米（图二二，9；图三〇）。

3. 陶器

39 枚，为料珠。皆泥质灰黑陶，菱形，两端较尖，中部有凸起尖锐的外轮，中间有一细空，大小有别。标本 M66：5-3，高 1.6、外轮直径 1.4 厘米。标本 M66：5-4，高 1.6、外轮直径 1 厘米（图二二，8；图三一）。

图二八　铜戈（M66：1）

图二九　口啥玉（M66：11-1）

图三〇　石贝（M66：4-1、M66：4-4）

图三一　陶珠（M66：5-3、M66：5-4）

四、结语

（一）墓葬年代

此次在上石河墓地发掘的 M43、M48、M66，均为南北向长方形竖穴土坑墓，墓底周围设有熟土二层台，M43、M48 为单椁重棺，M66 为单椁单棺。这种形式与三门峡上村岭虢国墓地的中、小型贵族墓葬形制基本相同[1]。

从三座墓随葬的器物特征看，M43、M48 出土的陶鬲与三门峡虢国墓地 M2016 出土的陶鬲[2]形制基本相同；M48、M66 出土铜鼎与三门峡虢国墓地 M2010[3]和本墓地 M35 出土的铜鼎形制相同[4]；M66 出土的铜簋与三门峡虢国墓地 M2012 出土的素面铜簋（M2012：71）形制相近[5]；M66 出土的铜盘与河南南阳夏饷铺鄂国墓地 M16 出土的铜盘形制相近[6]；M66 出土的铜盉与三门峡虢国墓地 M2001 出土的重环纹铜盉（M2001：117）[7]形制相同。

综上所述，无论从墓葬形制，还是从器物特征、纹饰等方面分析，都表明这三座墓的时代应属春秋早期稍偏晚，应与虢国墓地同时期或略晚。

（二）墓主及其身份

这三座墓葬随葬的礼器组合都不全。M43 仅随葬陶鬲 1 件；M48 随葬有铜鼎、陶鬲各 1 件；而 M66 随葬的礼器组合相对较全，有铜鼎、铜簋、铜盘、铜盉等。从此规格上看，似乎 M66 的规格相对比前两者稍高。然而从使用的棺椁数量上看，M43、M48 均为单椁双棺，M66 为单椁单棺。据《庄子・杂篇・天下》记载："天子棺椁七重，诸侯五重，大夫三重，士再重。"《荀子・礼论》亦云："天子棺椁七重，诸侯五重，大夫三重，士再重"。这里的"大夫三重"，通常理解为一椁双棺。依棺椁结构的等级标准看，M43、M48 的墓主身份又高于 M66 墓主，应为大夫一级的贵族，M66 则为士一级的贵族。义马上石河墓地被确认为是一处春秋早期的虢人埋葬茔地[8]，墓地的埋葬者应是虢国被晋灭掉后东逃定居于此的虢国贵族或其后人。因此推断，M43、M48 墓主生前应为虢国没落的下大夫一级贵族，M66 墓主为士一级贵族。此外，M48 内出土有铜镞，说明该墓的墓主生前为军人或武士。

考古发掘领队：杨海青。参与发掘：三门峡市文物考古研究所郑立超、燕飞、高鸣、李永涛、彭宇，义马市文物保护管理所高鹏，灵宝市文物管理委员会韩红波等。修复、绘图和拓片：陈英、张雪娇、李冰洁、赵薇、上官荣光。摄影：三门峡市虢国博物馆赵昂。执笔：郑立超。

注释：

[1] 河南省文物考古研究所、三门峡市文物工作队：《三门峡虢国墓》第 1 卷，文物出版社，1999 年，第 384 页。

[2] 河南省文物考古研究所、三门峡市文物工作队：《三门峡虢国墓》第 1 卷，文物出版社，1999 年，第 400 页。

[3] 河南省文物考古研究所、三门峡市文物工作队：《三门峡虢国墓地 M2010 的清理》，《文物》2000 年第 12 期。

[4] 三门峡市文物考古研究所、义马市文物保护管理所：《河南义马上石河春秋墓发掘简报》，《中原文物》2019 年第 4 期。

[5] 河南省文物考古研究所、三门峡市文物工作队：《三门峡虢国墓》第 1 卷，文物出版社，1999 年，第 248 页。

[6] 河南省文物局南水北调办公室、南阳市文物考古研究所：《河南南阳夏饷铺鄂国墓地 M7、M16 发掘简报》，《江汉考古》2019 年第 4 期。

[7] 河南省文物考古研究所、三门峡市文物工作队：《三门峡虢国墓》第 1 卷，文物出版社，1999 年，第 67 页。

[8] 郑立超：《河南义马上石河春秋墓地 M35 出土铜鍑及相关问题》，《中原文物》2019 第 4 期。

河南渑池鹿寺西遗址

◎王　亮

西周墓葬 M16

鹿寺西遗址位于河南渑池县天池镇鹿寺村西的台地之上，地势北高南低，东邻鹿寺水库，南邻陆坪沟。为配合渑淅高速公路的建设，2020 年 7—12 月，受河南省文物考古研究院的委托，三门峡市文物考古研究所对遗址进行了抢救性发掘。共清理墓葬 123 座、灰坑 197 个。其中西周时期墓葬 57 座、春秋时期墓葬 42 座，出土器物共计 430 件（套），以陶器为主，还有少量的骨器、石器、铜器。

西周时期墓葬均为长方形竖穴土坑墓，墓向多为东西向，葬式绝大多数为仰身直肢葬，头向西，为一棺一椁、单椁或单棺结构，大部分带有二层台及腰坑。在较大墓葬的填土中发现有动物殉牲现象，多数为殉狗，狗头向东。随葬陶器多放置在墓主头部，是以鬲、簋、罐为主的组合。由于这类墓葬均被严重盗扰，仅发现少量的铜器、铅器。根据墓葬带有腰坑、二层台、填土中发现的殉牲情况，以及出土陶器判断，这批墓葬为西周时期的殷遗民墓葬，为讨论殷遗民的迁移问题、周人对于殷遗民的控制管理等提供了新材料。

西周时期灰坑多为圆形，由于上部取土被破坏，坑口无存，深浅不一，部分为袋状坑，相互之间少有打破关系，直径多为 1.1~1.5 米。部分坑内发现殉人和殉牲。根据坑内的包含物和形制判断这批灰坑有窖穴储藏和祭祀的功能。

西周墓葬陶器组合

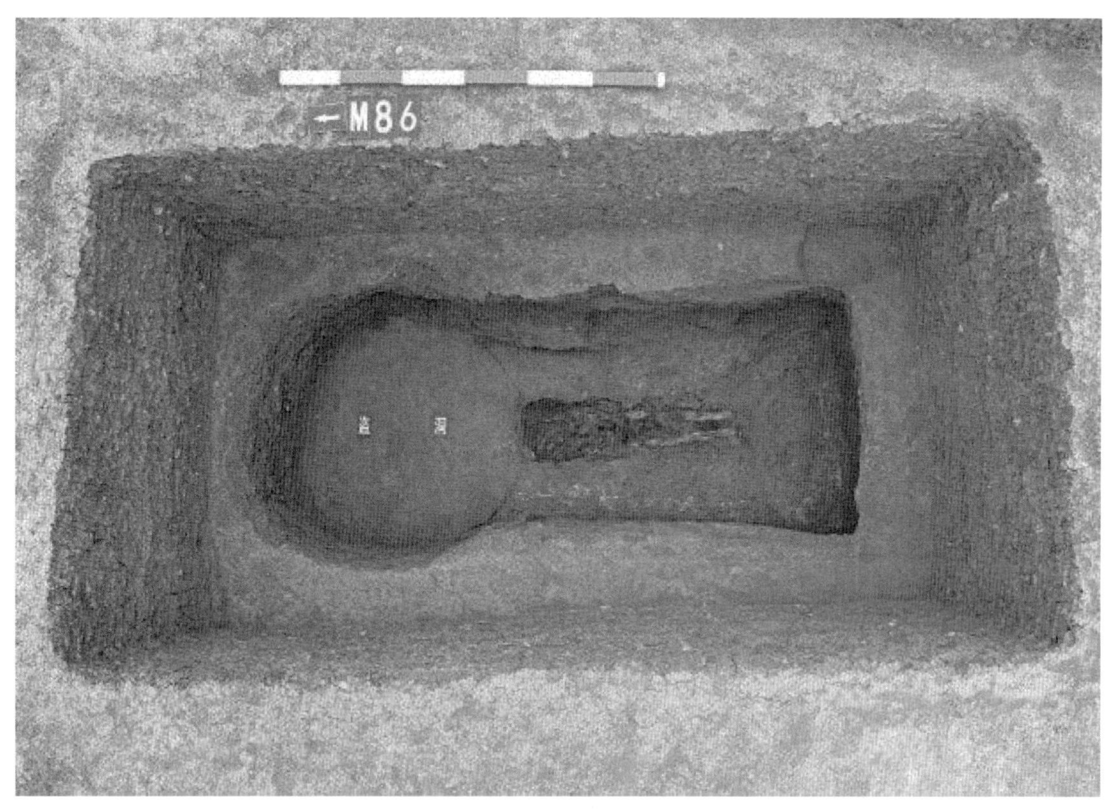

西周墓葬 M86

春秋时期墓葬均为长方形竖穴土坑墓，墓向多为南北向，为一棺一椁或单棺结构，部分墓葬带有壁龛，葬式有仰身直肢葬和屈肢葬两种。随葬陶器多放置在棺椁之间或壁龛内，以陶单耳罐、陶盆、陶罐组合为主。在单耳罐内均发现有猪骨或羊骨。其以单耳罐、盆、罐为主的组合，与洛阳地区徐阳墓地小型墓葬中的陶器组合相似。据此我们判断这批墓葬应为春秋时期的戎人墓葬，这是中原地区继徐阳墓地后的又一处戎人墓地，再次印证了春秋时期戎人内迁的史实。

春秋时期墓葬陶器组合

春秋墓葬 M81

春秋墓葬 M58

鹿寺西遗址距离崤函古道南线较近，崤函古道是两周时期连接成周和宗周的重要通道。遗址发现的西周殷遗民墓葬与春秋戎人墓葬，以及西周早期的窖穴与祭祀坑，为研究两周时期豫西地区的政治格局以及文化面貌和社会变迁提供了重要资料。

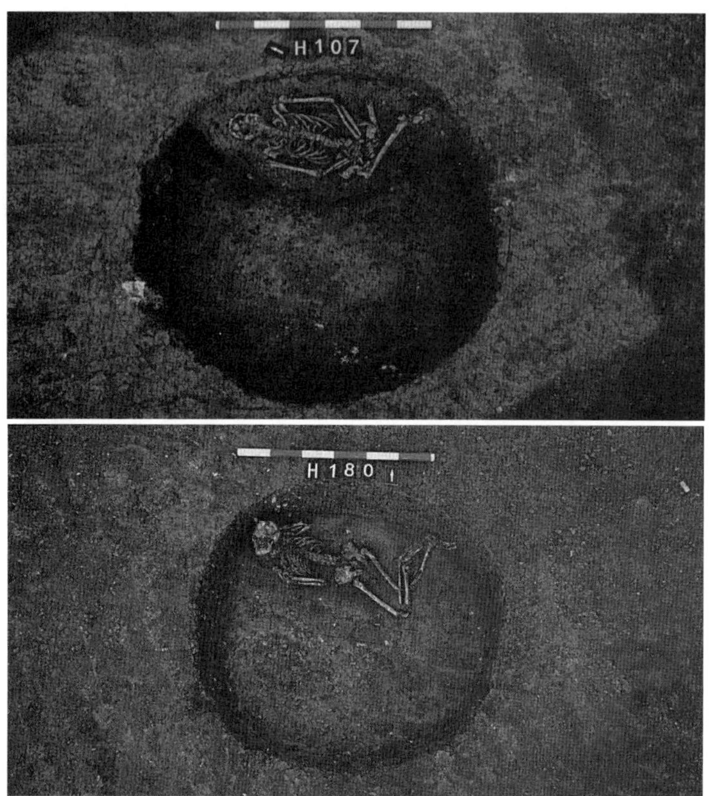

殉人祭祀坑

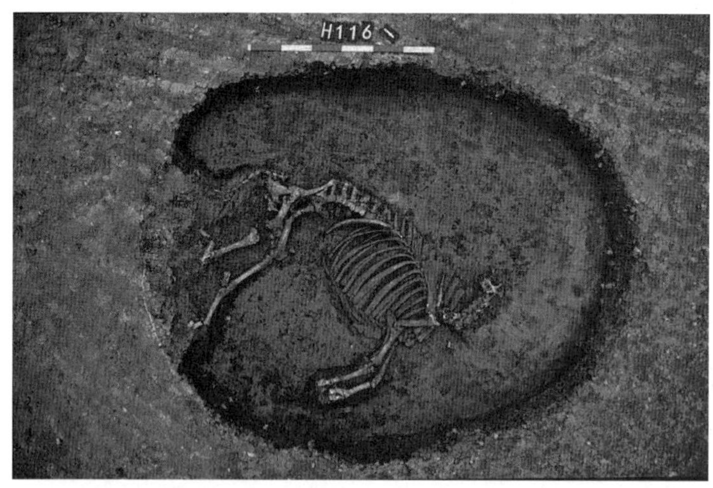

殉马祭祀坑

河南渑池发现42座春秋戎人墓葬

◎李贵刚

21日从河南省文物考古研究院获悉，渑池鹿寺西遗址考古发掘出42座春秋时期墓葬，其中墓葬的器物组合和形制与洛阳徐阳墓地的中小型墓葬基本一致。考古队据此判断应为春秋时期的戎人墓葬。

该遗址位于河南省三门峡市渑池县天池镇鹿寺村。2020年7月至12月，河南文物部门对鹿寺西遗址进行了考古发掘。本次发掘共清理墓葬123座，灰坑197个，二里头时期凌阴1个。

通报称，墓葬是本次发掘的重点，其中春秋时期墓葬42座，西周时期墓葬57座，出土器物共计430件套，以陶器为主，另有卜骨、骨器、铅器、石器、铜器等。

三门峡市文物考古研究所介绍称，春秋时期墓葬均为长方形竖穴土坑墓，墓向多为南北向，部分墓葬带有壁龛，葬式有仰身直肢葬和屈肢葬两种。随葬陶器多放置棺椁之间或放置在壁龛内，陶器组合较为固定，为单耳罐、盆、罐组合，且在单耳罐内均发现有猪骨或羊骨。

2020年，河南洛阳徐阳墓地发现了备受关注的陆浑戎王族大墓。

“这批墓葬的器物组合和墓葬形制与洛阳徐阳墓地的中小型墓葬基本一致。这批陶器多为手制，制作工艺粗糙，且墓主骨骼较为粗壮。”三门峡市文物考古研究所介绍称，“据此我们判断这批墓葬应为春秋时期的戎人墓葬，这是中原地区继徐阳墓地后的又一处戎人墓地，再次印证了春秋时期戎人内迁的历史史实，同时也对春秋时期对内迁戎人的分布情况，探讨戎人文化内涵提供了新材料。”

通报称，西周时期墓葬排列整齐，葬俗较统一，均为长方形竖穴土坑墓，墓向多为东西向，墓主绝大多数为仰身直肢葬，头向西。考古队根据葬俗特征推断认为，这批墓葬应为西周时期的殷遗民墓葬，这是三门峡地区首次发现殷遗民墓葬，也是近年来罕见的规模较大、族属单纯的殷遗民墓地。

三门峡市陕州区春秋空首布窖藏整理简报

◎三门峡市博物馆

2018年7月，三门峡市陕州区在一处水利项目施工时发现一处空首布窖藏，出土空首布币504枚。现将这批空首布整理简报如下。

一、空首布窖藏出土情况

该窖藏位于三门峡市陕州区西张村镇丰阳村，在距离现地面最高处向下约2米的台地平面上挖到一个陶鬲，空首布币被放置于陶鬲内。随后，这批空首布被移交到三门峡市博物馆。在接收这批空首布后，我们会同考古人员对施工现场及工地周边进行了考古调查，未发现其他遗物和遗迹，结合这批空首布币的埋藏方式，初步认定为窖藏性质。

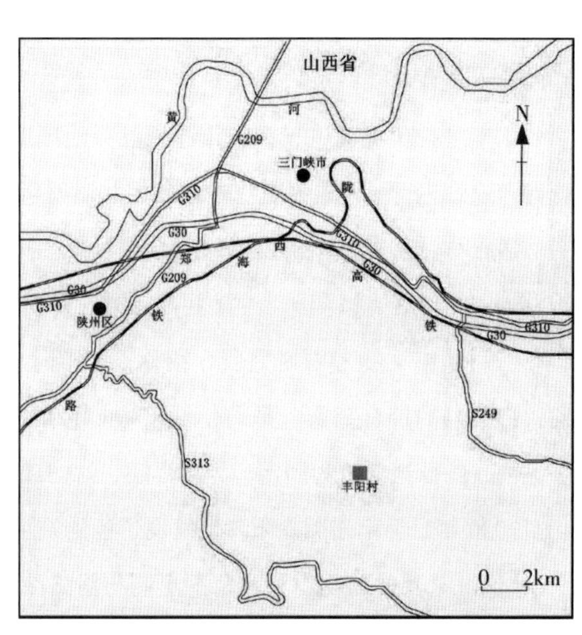

图一　窖藏位置示意图

据现场勘查数据，窖藏地理坐标为东经111.24°，北纬34.65°，海拔653米。（图一）窖藏所处台地平面上有一4平方米左右的房屋基址面，放置空首布币的陶鬲即位于基址面中部向下约20厘米的土坑内。陶鬲为夹砂灰陶，侈口，方唇，束颈，鼓腹，短实足，裆部近平，通体饰粗绳纹。通高35.6厘米，口径22~25厘米，肩径31.5~33厘米。（图二）由于空首布放在陶鬲内，未直接与泥土接触，除自然形成的铜锈外，没有泥土锈蚀，保存状况较好，绝大多数币文清晰可辨。

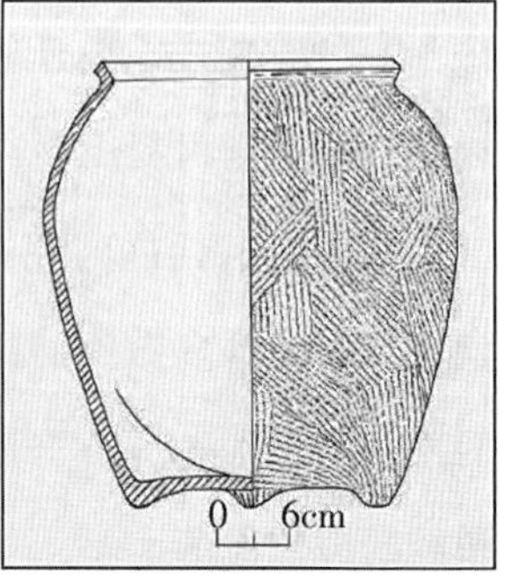

图二　陶鬲

二、空首布的特征及类型

该窖藏共出土空首布504枚，其中完整币434枚，残币70枚。这批空首布数量多，铜质精细，铸造规整，币形一致，币体较大，属大型平肩弧足空首布。币身均为平肩，长銎，弧裆，尖足。銎部正面大都带有一个三角形突起，两面都有一个相应的不规则形穿孔，銎内均带范土。币身四周有郭，币的正、背面均有三道凸起的平行竖纹。竖纹分两种；一种为三条竖纹基本等长，中间竖纹上端延至銎部，下端显得稍短；另一种中间竖纹大致为两侧竖纹长度的一半。币身大小差别不大，通长9~10厘米。

此批空首布币文丰富，类型多样。据统计，504枚空首布中，铸有币文的达452枚，约占总数的90%，币文多达91种。其中已识别的有68种，未识待考的有23种。这些币文分为记数字、记干支、记地名和记名物等类，下面按币文分类予以简介。

（一）记数字类

6种，共33枚。

“二”字布　1枚。标本50–1，币文位于币面右上侧。通长9.7厘米，身长5.8厘米，肩宽4.8厘米，足宽5厘米，重29.4克。（图三，1；图四，1）

“五”字布　3枚。标本56–1，币文位于币面左侧中部，左侧币足稍残。通长9.2厘米，身长5.9厘米，肩宽4厘米，足宽4.4厘米，重21.7克。（图三，2；图四，2）

“六”字布　13枚。标本9–1，币文位于币面左侧中部。通长9.8厘米，身长5.5厘米，肩宽4.3厘米，足宽4.6厘米，重23.7克。（图三，3；图四，3）

图三　记数字类空首布

1. 50–1　2. 56–1　3. 9–1　4. 69–2　5. 28–2

“七”字布　3枚。币文位置和字形略有不同。标本69–2，币文位于币面右上侧，字形较大。通长9.5厘米，身长5.7厘米，肩宽4.7厘米，足宽4.9厘米，重26.6克。（图三，4；图四，4）标本51–1，币文位于币面右侧中部。通长9厘米，身长5.5厘米，肩宽4.4厘米，足宽4.7厘米，重25.3克。（图四，11）标本69–1，币文位于币面右上侧，字形较小。通长9.7厘米，身长6厘米，肩宽5厘米，足宽4.9厘米，重34.7克。（图四，12）

"八"字布　7枚。币文位置和字形略有不同。标本28–2，币文位于币面左侧中部，字形较大。通长9.2厘米，身长5.5厘米，肩宽5厘米，足宽5.5厘米，重29.4克。（图三，5；图四，5）标本28–1，币文位于币面左侧中部，字形较小。通长9.6厘米，身长6厘米，肩宽5厘米，足宽5.1厘米，重25.6克。（图四，9）标本28–3，币文位于币面左侧上部，币身整体较小，是这批币中通长小于9厘米的三枚之一，币左肩稍残。通长8.9厘米，身长5.2厘米，肩宽4.1厘米，足宽4.5厘米，重21.2克。（图四，10）

"十"字布　6枚。币文位置和字形略有不同。标本13–1，币文位于币面左侧中部，字形类今"十"字。通长9.5厘米，身长5.6厘米，肩宽4.4厘米，足宽4.8厘米，重22.4克。（图版一，1；图四，6）标本13–2，币文位于币面右侧中部，字形接近今"十"字。通长9.6厘米，身长5.8厘米，肩宽4.7厘米，足宽5厘米，重28克。（图四，7）标本13–3，币文位于币面左侧中部，字形不甚清晰，币右侧足尖稍残。通长8.9厘米，身长5.2厘米，肩宽4.1厘米，足宽4.5厘米，重25.6克。（图四，8）

（二）记干支类

6种，共23枚。

"戊"字布　6枚。标本6–5，币文位于币面左侧中部。通长9.5厘米，身长5.8厘米，肩宽4.9厘米，足宽5.1厘米，重29.1克。（图五，1；图六，1）

"壬"字布　8枚。字形略有不同。标本12–2，币文位于币面右侧中部，字形较小。通长9.5厘米，身长6.1厘米，肩宽4.9厘米，足宽5.1厘米，重29.4克。（图五，2；图六，2）标本12–3，币文位于币面右侧中部，字形瘦长。通长9.7厘米，身长5.6厘米，肩宽5厘米，足宽5.2厘米，重27克。（图六，7）

"丙"字布　2枚。字形略有不同。标本18–1，币文位于币面左上侧。通长9.8厘米，身长6厘米，肩宽5厘米，足宽5.2厘米，重36.2克。（图五，3；图六，3）标本18–2，币文位于币面左上侧，字形较长。通长9.5厘米，身长5.9厘米，肩宽5厘米，足宽5.1厘米，重31.7克。（图六，8）

"己"字布　2枚。币文位置和字形略有不同。标本22–1，币文位于币面右侧中部，字形类今之"己"字。通长9.8厘米，身长5.8厘米，肩宽5厘米，足宽5.2厘米，重33.5克。（图五，4；图六，4）标本22–2，币文位于币面左侧中部，字形为"己"之反写。通长9.7厘米，身长6厘米，肩宽4.9厘米，足宽5.1厘米，重33.7克。（图六，9）

"丑"字布　1枚。标本30–1，币文位于币面右侧中部。通长9.7厘米，身长6厘米，肩宽4.9厘米，足宽5.1厘米，重31.2克。（图五，5；图六，5）

"午"字布　4枚。标本43–1，币文位于币面左侧上部。通长9.6厘米，身长5.9厘米，肩宽4.9厘米，足宽5厘米，重27.7克。（图版一，2；图六，6）

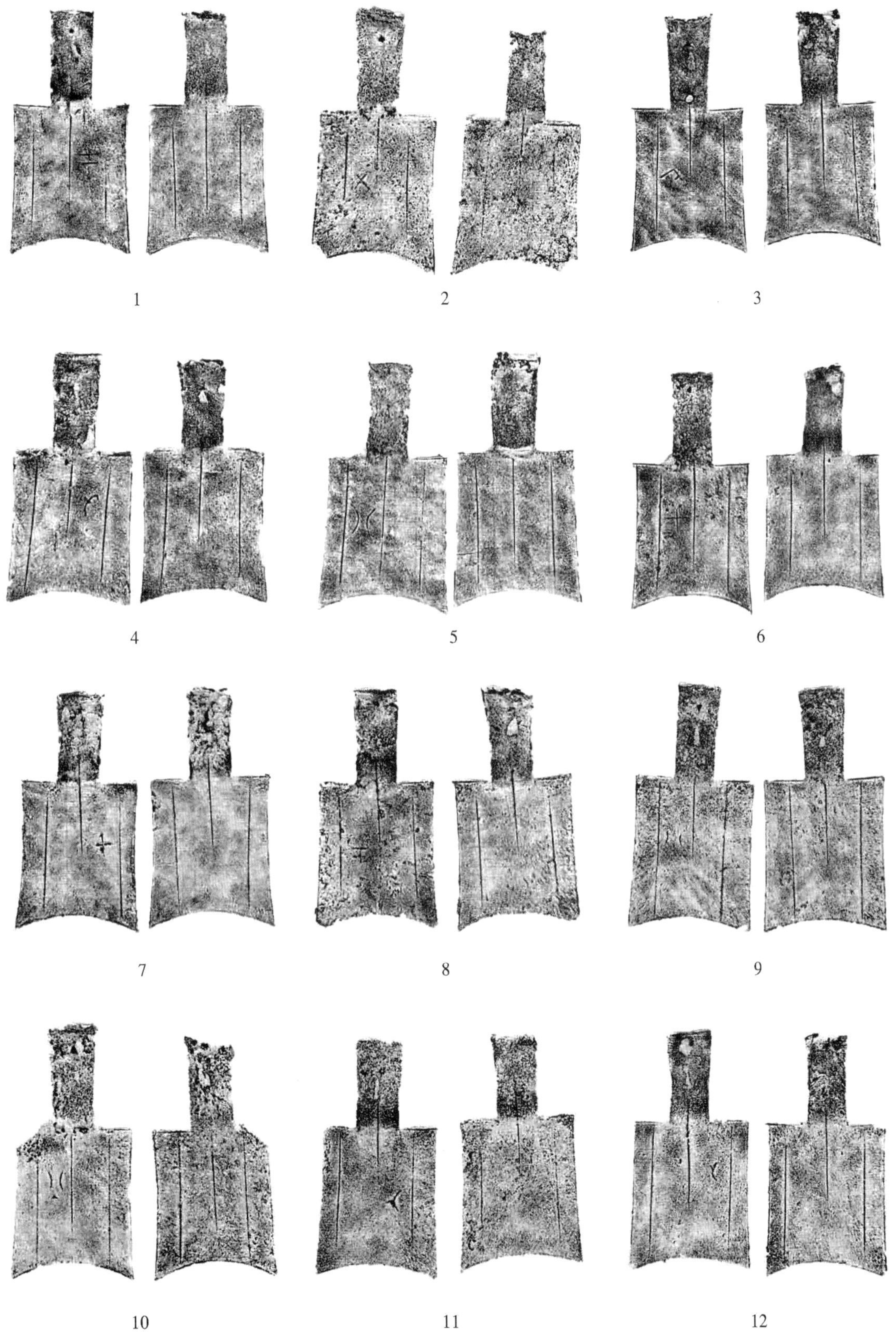

图四　记数字类空首布拓片

1. 50-1　2. 56-1　3. 9-1　4. 69-2　5. 28-2　6. 13-1　7. 13-2　8. 13-3　9. 28-1　10. 28-3　11. 51-1　12. 69-1

图五　记干支类空首布

1. 6–5　2. 12–2　3. 18–1　4. 22–1　5. 30–1

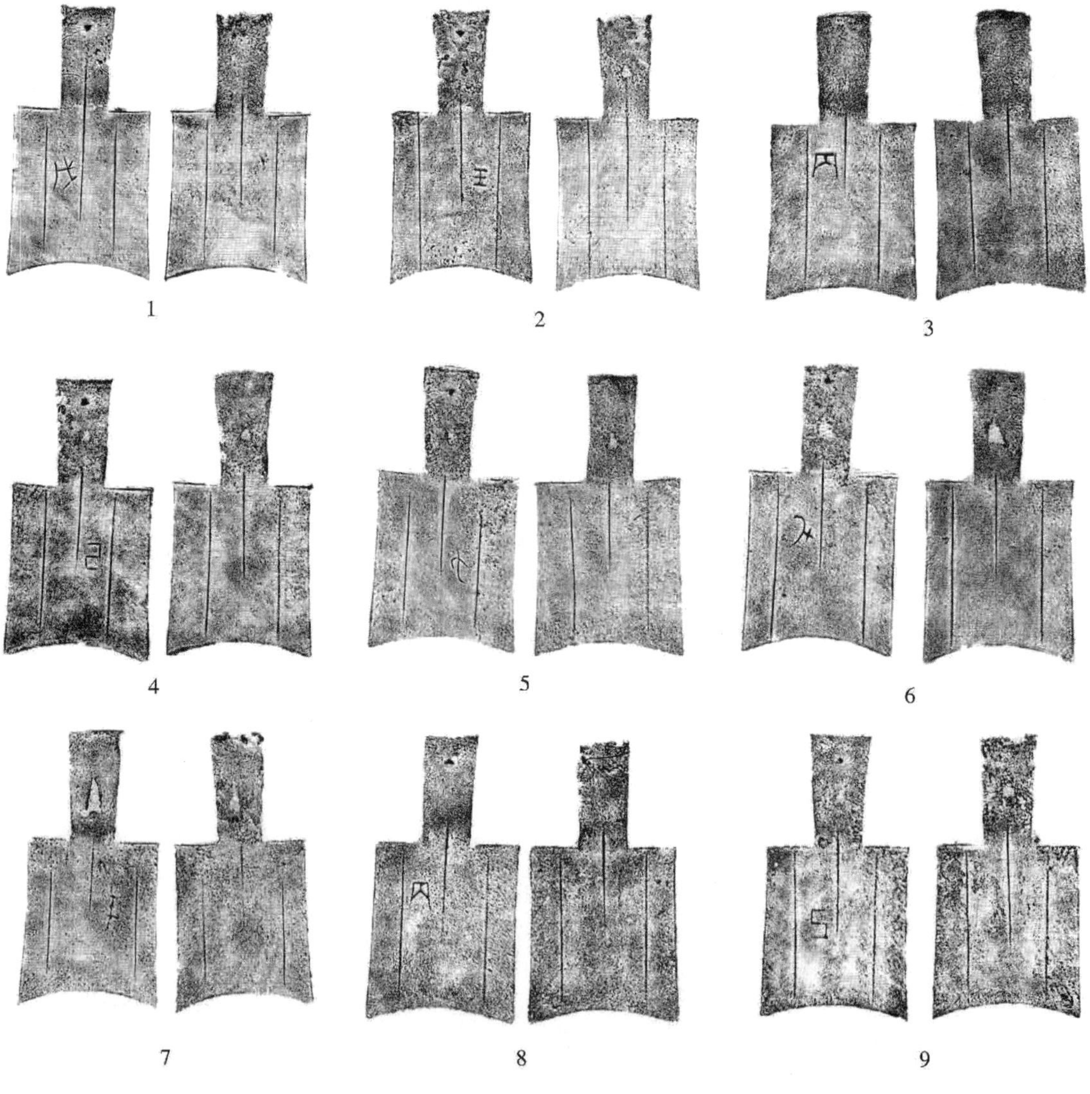

图六　记干支类空首布拓片

1. 6–5　2. 12–2　3. 18–1　4. 22–1　5. 30–1　6. 43–1　7. 12–3　8. 18–2　9. 22–2

（三）记地名类

27 种，共 233 枚。

“土”字布　土为地名，即践土，郑邑，在今河南荥阳境内[1]。土字布是这批布币中数量和类型最多的一种，共 95 枚，约占总数的五分之一，币文位置和字形略有不同。标本 1–1，币文位于币面右侧中部，土字两横笔平行，竖笔较长。通长 9.5 厘米，身长 5.9 厘米，肩宽 4.8 厘米，足宽 5.1 厘米，重 32.3 克。（图七，1；图八，1）标本 1–2，币文位于币面左侧中部，字形和 1–1 相类。通长 9.5 厘米，身长 5.9 厘米，肩宽 5 厘米，足宽 5.1 厘米，重 27.7 克。（图八，28）标本 1–3，币文位于币面右侧中部，土字两横笔等长，竖笔稍短。通长 9.4 厘米，身长 5.8 厘米，肩宽 4.8 厘米，足宽 5 厘米，重 27.8 克。（图八，29）标本 1–4，币文位于币面右侧

图七　记地名类空首布

1. 1–1　2. 2–1　3. 3–2　4. 4–1　5. 5–2　6. 6–6　7. 7–1　8. 8–1　9. 11–1　10. 15–1
11. 17–1　12. 20–1　13. 21–2　14. 23–1　15. 23–2　16. 25–1　17. 26–1　18. 29–1
19. 33–1　20. 39–3　21. 41–1　22. 46–3　23. 47–1　24. 49–1　25. 60–1　26. 70–1

上部，字体与1–3相同，字形略小。通长9.7厘米，身长6厘米，肩宽5厘米，足宽5.2厘米，重32.7克。（图八，30）标本1–5，币文位于币面左侧中部，字形较小。通长9.6厘米，身长6厘米，肩宽5厘米，足宽5.1厘米，重36.5克。（图八，31）标本1–6，币文位于币面左侧中部，土字下笔稍短，两横笔距离较宽。通长9厘米，身长5.1厘米，肩宽4.6厘米，足宽4.8厘米，重23.2克。（图八，32）标本1–7，币文位于币面左侧上部，土字下笔稍短，两横笔距离较宽。通长9.7厘米，身长5.8厘米，肩宽4.7厘米，足宽5厘米，重26.3克。（图九，1）标本1–8，币文位于币面右侧上部，土字为倒写式，竖笔略短。通长9.6厘米，身长6厘米，肩宽5厘米，足宽5.1厘米，重36.5克。（图九，2）标本1–9，币文位于币面左侧中部，土为倒写式，两横笔距离较宽，竖笔较长。通长9.2厘米，身长5厘米，肩宽4.5厘米，足宽4.7厘米，重22克。（图九，3）标本1–10，币文位于币面左侧上部，土字竖笔略穿出。通长9.5厘米，身长5.2厘米，肩宽4.7厘米，足宽5厘米，重24.4克。（图九，4）标本1–11，币文位于币面左侧中部，土字竖笔穿出。通长9厘米，身长5.1厘米，肩宽4.4厘米，足宽4.7厘米，重21.9克。（图九，5）

“智”字布　17枚。智，晋邑，在今山西临猗县和永济县之间[2]。币文位置和字形略有不同。标本2–1，币文位于币面左上侧。通长9.9厘米，身长5.9厘米，肩宽4.9厘米，足宽5厘米，重34.7克。（图七，2；图八，2）标本2–2，币文位于币面左侧中部，十一画。通长9.5厘米，身长6厘米，肩宽4.9厘米，足宽5.1厘米，重29.4克。（图九，6）标本2–3，币文位于币面左侧中部，九画。通长9.9厘米，身长6厘米，肩宽4.9厘米，足宽5.1厘米，重32.9克。（图九，7）标本31–1，币文位于币面右侧上部，十一画。通长9.3厘米，身长5.7厘米，肩宽4.7厘米，足宽4.8厘米，重26.7克。（图九，24）

“羊”字布　8枚。羊即羊角，卫邑，在今河南范县南[3]。币文位置和字形略有不同。标本3–2，币文位于币面右侧上部，字形较长。通长9.6厘米，身长6厘米，肩宽5.1厘米，足宽5.2厘米，重32.8克。（图七，3；图八，3）标本3–1，币文位于币面右侧中部，字形上大下小。通长9.5厘米，身长5.8厘米，肩宽4.9厘米，足宽5.1厘米，重28.9克。（图九，8）标本3–3，币文位于币面左侧中部，字形稍长。通长9.2厘米，身长5.8厘米，肩宽4.7厘米，足宽5厘米，重24克。（图九，9）

“高”字布　11枚。高，即高氏，郑邑，在今河南禹州市西南[4]。币文位置和字形略有不同。标本4–1，币文位于币面左侧中部，高字上部接近菱形。通长9.7厘米，身长6厘米，肩宽5厘米，足宽5.2厘米，重32.7克。（图七，4；图八，4）标本4–2，币文位于币面左侧上部，高字上部接近“介”字。通长9.4厘米，身长5.8厘米，肩宽4.8厘米，足宽5厘米，重28克。（图九，10）标本4–3，币文位于币面右侧中部。通长9.7厘米，身长6厘米，肩宽4.6厘米，足宽5厘米，重25.6克。（图九，11）标本26–2，币文位于币面右侧中部，字迹不甚清晰。通长9.6厘米，身长5.9厘米，肩宽4.9厘米，足宽5.2厘米，重31.9克。（图九，23）

“古”字布　11枚。古为姑之省文，即姑莸，周邑[5]。币文位置和字形略有不同。标本

图八　记地名类空首布拓片（一）

1. 1-1　2. 2-1　3. 3-2　4. 4-1　5. 5-2　6. 6-6　7. 7-1　8. 8-1　9. 11-1　10. 15-1　11. 17-1　12. 20-1　13. 21-2　14. 23-1　15. 23-2　16. 25-1

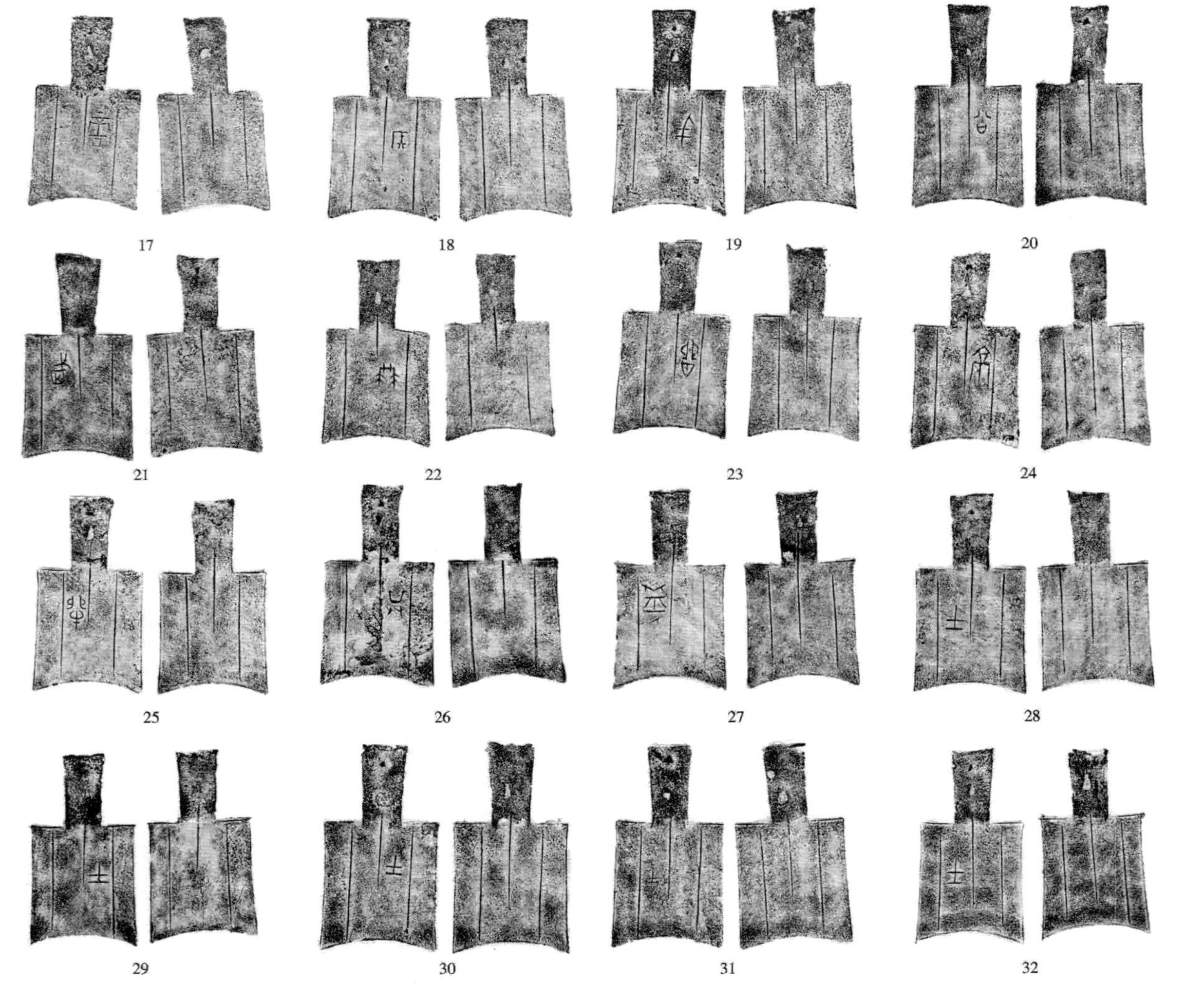

图八　记地名类空首布拓片（一）

17. 26–1　18. 29–1　19. 33–1　20. 39–3　21. 41–1　22. 46–3　23. 47–1　24. 49–1　25. 60–1　26. 70–1　27. 79–1　28. 1–2　29. 1–3　30. 1–4　31. 1–5　32. 1–6

图九　记地名类空首布拓片（二）

1. 1–7　2. 1–8　3. 1–9　4. 1–10　5. 1–11　6. 2–2　7. 2–3　8. 3–1　9. 3–3　10. 4–2　11. 4–3　12. 5–3　13. 7–2　14. 8–2　15. 8–3　16. 11–2

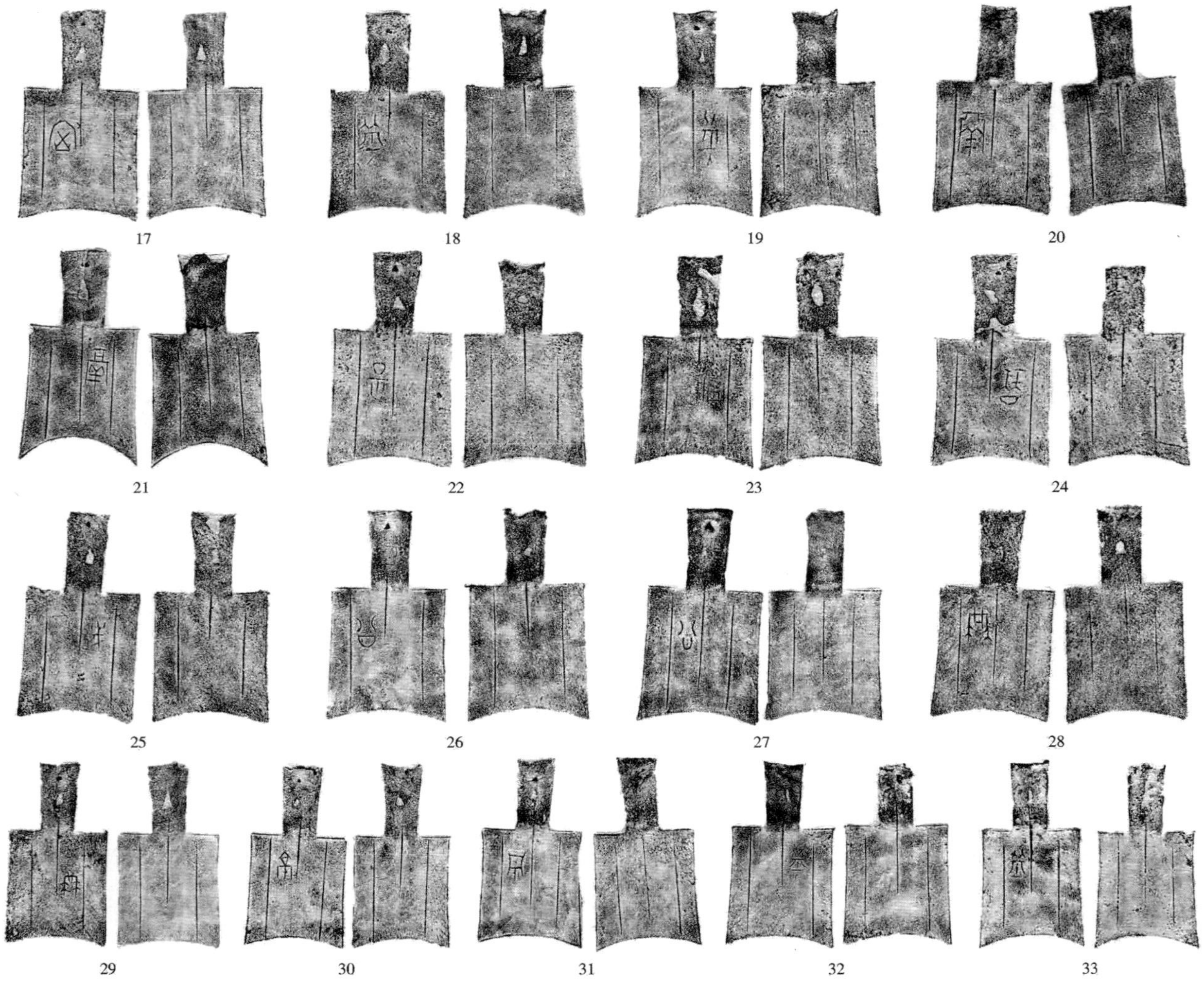

17　18　19　20

21　22　23　24

25　26　27　28

29　30　31　32　33

图九　记地名类空首布拓片（二）

17. 11-3　18. 15-2　19. 15-3　20. 21-1　21. 21-3　22. 25-2　23. 26-2　24. 31-1　25. 33-2　26. 39-1　27. 39-2　28. 46-1　29. 46-2　30. 49-2　31. 72-1　32. 79-2　33. 79-3

5-2，币文位于币面左侧中部。通长 9.5 厘米，身长 5.9 厘米，肩宽 4.7 厘米，足宽 5.2 厘米，重 32 克。（图七，5；图八，5）标本 5-3，币文位于币面右侧中部。通长 9.1 厘米，身长 5.5 厘米，肩宽 4.7 厘米，足宽 4.8 厘米，重 22 克。（图九，12）

“我”字布　1 枚。我即鄂，周邑，在今河南沁阳[6]。标本 6-6，币文位于币面左上中部。通长 9.7 厘米，身长 5.9 厘米，肩宽 5 厘米，足宽 5.1 厘米，重 35.3 克。（图七，6；图八，6）

“贞”字布　10 枚。贞，国名，具体位置不明[7]。币文字形略有不同。标本 7-1，币文位于币面右侧中部，字形较长。通长 9 厘米，身长 5.6 厘米，肩宽 4.7 厘米，足宽 5 厘米，重 25.7 克。（图七，7；图八，7）标本 7-2，币文位于币面右侧中部，字形较长。通长 9.5 厘米，身长 5.9 厘米，肩宽 4.9 厘米，足宽 5.1 厘米，重 26.3 克。（图九，13）

“成”字布　13 枚。成，地名，周邑，在今河南偃师西南部[8]。币文位置和字形略有不同。标本 8-1，币文位于币面左侧中部。通长 9.8 厘米，身长 5.7 厘米，肩宽 4.8 厘米，足宽 5 厘米，重 26.7 克。（图七，8；图八，8）标本 8-2，币文位于币面左侧中部。通长 9.7 厘米，身长 6 厘米，肩宽 4.9 厘米，足宽 5 厘米，重 29 克。（图九，14）标本 8-3，币文位于币面右侧中部，字迹不甚清晰。通长 9.6 厘米，身长 5.7 厘米，肩宽 4.6 厘米，足宽 4.8 厘米，重 27.1 克。（图九，15）标本 72-1，币文位于币面左侧上部。通长 9.6 厘米，身长 5.9 厘米，肩宽 4.8 厘米，足宽 5.1 厘米，重 27 克。（图九，31）

“室”字布　7 枚。室即太室，周室[9]。币文位置和字形略有不同。标本 11-1，币文位于币面右侧中部。通长 9.7 厘米，身长 5.9 厘米，肩宽 5 厘米，足宽 5.1 厘米，重 37 克。（图七，9；图八，9）标本 11-2，币文位于币面左侧上部，字形略大。通长 9.7 厘米，身长 6 厘米，肩宽 4.9 厘米，足宽 5.1 厘米，重 32.3 克。（图九，16）标本 11-3，币文位于币面左侧上部，字形稍大。通长 9.6 厘米，身长 5.7 厘米，肩宽 4.6 厘米，足宽 4.8 厘米，重 26.8 克。（图九，17）

“羔”字布　3 枚。羔为羹之省文，即不羹。春秋时期有二不羹，东不羹在今河南舞阳西北，西不羹在今河南襄城县东南[10]。币文位置和字形略有不同。标本 15-1，币文位于币面右侧上部。通长 9.7 厘米，身长 5.9 厘米，肩宽 4.6 厘米，足宽 5 厘米，重 26.5 克。（图七，10；图八，10）标本 15-2，币文位于币面左侧上部，字形竖长。通长 9.6 厘米，身长 6 厘米，肩宽 4.9 厘米，足宽 5.2 厘米，重 28.3 克。（图九，18）标本 15-3，币文位于币面右侧上部，字形竖长。通长 9.6 厘米，身长 6 厘米，肩宽 4.9 厘米，足宽 5 厘米，重 27.5 克。（图九，19）

“宋”字布　4 枚。宋，宋邑，在今河南商丘境[11]。标本 17-1，币文位于币面右侧上部。通长 9.5 厘米，身长 6.1 厘米，肩宽 4.6 厘米，足宽 5.2 厘米，重 24.9 克。（图七，11；图八，11）

“安阳”字布　3 枚。安阳，地名，春秋时先属齐后属晋，在今河南安阳县境内[12]。标本 20-1，币文位于币面右侧上部，上安下阳。通长 9.2 厘米，身长 5.6 厘米，肩宽 4.6 厘米，足宽 4.8 厘米，重 24.9 克。（图七，12；图八，12）

“鬲”字布　12 枚。鬲，地名，齐邑，在今山东临县境内[13]。币文位置和字形略有不同。

标本21-2，币文位于币面左侧上部。通长9.7厘米，身长6厘米，肩宽5厘米，足宽5.2厘米，重33.3克。（图七，13；图八，13）标本21-1，币文位于币面左侧上部，字形规整。通长9.4厘米，身长5.8厘米，肩宽5厘米，足宽5.1厘米，重28.4克。（图九，20）标本21-3，币文位于币面右侧上部，字形规整。通长9.5厘米，身长6厘米，肩宽4.5厘米，足宽5厘米，重27.2克。（图九，21）

"来"字布　2枚。来，地名，在今河南温县西北[14]。标本23-1，币文位于币面左侧上部。通长9.5厘米，身长5.8厘米，肩宽4.8厘米，足宽5厘米，重28.1克。（图七，14；图八，14）

"朿"字布　3枚。朿即棘，地名，在今河南延津或长葛[15]。标本23-2，币文位于币面左侧上部。通长9.7厘米，身长5.9厘米，肩宽5厘米，足宽5.2厘米，重32.3克。（图七，15；图八，15）

"是"字布　5枚。是为堤之省文，即堤上，周邑，在今洛阳西南[16]。币文字形略有不同。标本25-1，币文位于币面左侧上部。通长9.7厘米，身长6厘米，肩宽4.9厘米，足宽5.2厘米，重32.4克。（图七，16；图八，16）标本25-2，币文位于币面左侧上部。通长9.5厘米，身长5.8厘米，肩宽4.9厘米，足宽5.1厘米，重29.8克。（图九，22）

"商"字布　3枚。商，地名，商丘，春秋时宋都，在今河南商丘县[17]。标本26-1，币文位于币面右侧上部。通长9.5厘米，身长5.8厘米，肩宽4.9厘米，足宽5.1厘米，重29.8克。（图七，17；图八，17）

"侯"字布　1枚。侯，即侯氏，地名，属周室[18]。标本29-1，币文位于币面右侧上部。通长9.6厘米，身长5.9厘米，肩宽5厘米，足宽5.2厘米，重33克。（图七，18；图八，18）

"戈"字布　1枚。戈，国名，在郑宋之间[19]。字形略有不同。标本33-1，币文位于币面右侧上部。通长9.9厘米，身长6厘米，肩宽4.9厘米，足宽5.2厘米，重33.3克。（图七，19；图八，19）标本33-2，币文位于币面右侧上部。通长9.3厘米，身长5.8厘米，肩宽4.8厘米，足宽4.9厘米，重27.4克。（图九，25）

"公"字布　4枚。公，周邑，在今河南沁阳境内[20]。币文位置和字形略有不同。标本39-3，币文位于币面右侧上部。通长10厘米，身长5.9厘米，肩宽4.8厘米，足宽5.1厘米，重34.5克。（图七，20；图八，20）标本39-1，币文位于币面左侧上部。通长9.2厘米，身长6厘米，肩宽4.9厘米，足宽5.1厘米，重26.5克。（图九，26）标本39-2，币文位于币面左侧上部。通长9.6厘米，身长5.9厘米，肩宽4.9厘米，足宽5.2厘米，重35.1克。（图九，27）

"武"字布　1枚。武，即武父，郑邑，在今山东东明县西南[21]。标本41-1，币文位于币面左侧上部。通长9.8厘米，身长5.9厘米，肩宽5厘米，足宽5.2厘米，重35.6克。（图七，21；图八，21）

"嗌"字布　5枚。嗌，即隘，晋邑，在今山西曲沃西南或灵丘东南[22]。币文位置和字形略有不同。标本46-3，币文位于币面右侧中部。通长9.2厘米，身长5.7厘米，肩宽4.7厘米，足宽5厘米，重31克。（图七，22；图八，22）标本46-1，币文位于币面左侧上部。通长9.6厘米，身长5.9厘米，肩宽4.9厘米，足宽5厘米，重30.8克。（图九，28）标本46-2，币文位于币面右侧中部。通长9.3厘米，身长5.8厘米，肩宽4.9厘米，足宽5.1厘米，重33.3克。（图九，29）

“留”字布　3枚。留，即刘，周邑，位于今河南偃师缑氏镇东南[23]。标本47-1，币文位于币面右侧上部。通长9.2厘米，身长6.1厘米，肩宽5厘米，足宽5.2厘米，重31克。（图七，23；图八，23）

“京”字布　2枚。京，周邑，在今河南伊川县北境[24]。币文位置和字形略有不同。标本49-1，币文位于币面右侧上部。通长9.8厘米，身长6厘米，肩宽5厘米，足宽5.1厘米，重33.4克。（图七，24；图八，24）标本49-2，币文位于币面左侧上部。通长9.9厘米，身长6厘米，肩宽4.9厘米，足宽5.1厘米，重36.2克。（图九，30）

“柳”字布　2枚。柳，地名，周邑，在今洛阳市一带[25]。标本60-1，币文位于币面左侧上部。通长9.6厘米，身长6厘米，肩宽4.9厘米，足宽5厘米，重30.2克。（图七，25；图八，25）

“共”字布　1枚。共，地名，卫邑，位于今河南辉县境内[26]。标本70-1，币文位于币面右侧上部。通长9.9厘米，身长6厘米，肩宽4.9厘米，足宽5.1厘米，重31.7克。（图七，26；图八，26）

“丘”字布　4枚。丘，地名，周邑[27]。币文位置和字形略有不同。标本79-1，币文位于币面左侧上部，字形较大。通长9.2厘米，身长5.9厘米，肩宽4.9厘米，足宽5厘米，重25.5克。（图版一，3，图八，27）标本79-2，币文位于币面右侧上部，字形较小。通长9.3厘米，身长5.8厘米，肩宽4.8厘米，足宽5厘米，重22.8克。（图九，32）标本79-3，币文位于币面左侧上部，范土面有“一”字形纹。通长9.8厘米，身长5.8厘米，肩宽4.5厘米，足宽5厘米，重24.3克。（图九，33）

（四）记名物类

29种，共113枚。

“吉”字布　4枚。标本5-1，币文位于币面右侧上部。通长9.2厘米，身长5.5厘米，肩宽4.6厘米，足宽4.9厘米，重25克。（图一〇，1；图一一，1）

“由”字布　1枚。标本5-4，币文位于币面右侧中部。通长9.9厘米，身长6.1厘米，肩宽4.9厘米，足宽5.2厘米，重32.8克。（图一〇，2；图一一，2）

“伐”字布　9枚。币文位置和字形略有不同。标本6-3，币文位于币面右侧中部。通长9.5厘米，身长5.9厘米，肩宽4.9厘米，足宽5.1厘米，重26.3克。（图一〇，3；图一一，3）标本6-2，币文位于币面右侧中部，“伐”字为反写。通长9厘米，身长5.6厘米，肩宽4.7厘米，足宽5厘米，重25.7克。（图一二，8）标本6-4，币文位于币面左侧中部，“伐”字为反写。

通长 9 厘米，身长 5.7 厘米，肩宽 4.8 厘米，足宽 5 厘米，重 26.8 克。（图一二，9）标本 6–9，币文位于币面左侧上部。通长 9 厘米，身长 5.6 厘米，肩宽 4.6 厘米，足宽 4.9 厘米，重 23.8 克。（图一二，10）

“非”字布　22 枚。标本 10–1，币文位于币面左侧上部。通长 9.8 厘米，身长 5.9 厘米，肩宽 4.9 厘米，足宽 5.1 厘米，重 32.8 克。（图一〇，4；图一一，4）

“北”字布　4 枚。标本 10–2，币文位于币面左侧中部。通长 9.2 厘米，身长 5.8 厘米，肩宽 4.5 厘米，足宽 4.7 厘米，重 24 克。（图一〇，5；图一一，5）

“王”字布　3 枚。标本 12–1，币文位于币面右侧中部，字形较长。通长 9.5 厘米，身长 5.9 厘米，肩宽 4.8 厘米，足宽 5 厘米，重 28.8 克。（图一〇，6；图一一，6）

图一〇　记名物类空首布

1. 5–1　2. 5–4　3. 6–3　4. 10–1　5. 10–2　6. 12–1　7. 16–2　8. 19–1　9. 24–1　10. 27–1　11. 32–1　12. 34–1　13. 35–1　14. 36–1　15. 37–1　16. 38–1　17. 40–1　18. 42–1　19. 44–1　20. 45–1　21. 57–1　22. 58–1　23. 59–1　24. 64–1　25. 71–1　26. 残 1–1　27. 残 2–1　28. 残 3–1

"居"字布　8枚。币文位置和字形略有不同。标本16-2，币文位于币面右侧上部。通长9.5厘米，身长5.8厘米，肩宽4.8厘米，足宽5厘米，重30.9克。（图一〇，7；图一一，7）标本16-1，币文位于币面右侧中部。通长9.6厘米，身长6厘米，肩宽4.9厘米，足宽5.1厘米，重28.5克。（图一二，12）标本16-3，币文位于币面右侧上部。通长9.6厘米，身长5.9厘米，肩宽4.8厘米，足宽5.1厘米，重30.2克。（图一二，13）

"朋"字布　9枚。币文位置和字形略有不同。标本19-1，币文位于币面左侧上部，字形较大。通长9.2厘米，身长5.5厘米，肩宽4.5厘米，足宽4.8厘米，重24.1克。（图一〇，8；图一一，8）标本19-2，币文位于币面左侧中部，字形略小。通长9厘米，身长5.6厘米，肩宽4.6厘米，足宽5厘米，重21.3克。（图一二，14）标本19-3，币文位于币面右侧中部。通长9.3厘米，身长5.6厘米，肩宽4.5厘米，足宽4.8厘米，重24.5克。（图一二，15）

"松"字布　7枚。币文位置和字形略有不同。标本24-1，币文位于币面右侧中部。通长9.8厘米，身长5.9厘米，肩宽5厘米，足宽5.1厘米，重31.2克。（图一〇，9；图一一，9）标本24-2，币文位于币面右侧上部，字的左右结构与24-1相反。通长9.5厘米，身长5.9厘米，肩宽5厘米，足宽5.1厘米，重31.8克。（图一二，16）标本24-3，币文位于币面右侧中部，字的结构与24-2相同，右半部较小。通长9.6厘米，身长6厘米，肩宽5.1厘米，足宽5.2厘米，重30.4克。（图一二，17）标本24-4，币文位于币面右侧上部，结构与24-2相同，右半部极小。通长9.3厘米，身长5.9厘米，肩宽5厘米，足宽5厘米，重28.8克。（图一二，18）

"化"字布　2枚。标本27-1，币文位于币面左侧中部。通长9.5厘米，身长5.8厘米，肩宽4.8厘米，足宽5厘米，重28.3克。（图一〇，10；图一一，10）

"工"字布　4枚。标本32-1，币文位于币面右侧中部。通长9厘米，身长5.6厘米，肩宽4.5厘米，足宽4.7厘米，重21.9克。（图一〇，11；图一一，11）

"匀"字布　2枚。标本34-1，币文位于币面左侧中部。通长9.6厘米，身长5.8厘米，肩宽5厘米，足宽5厘米，重31.9克。（图一〇，12；图一一，12）

"室"字布　1枚。标本35-1，币文位于币面左侧中部。通长9.5厘米，身长5.8厘米，肩宽4.9厘米，足宽5厘米，重30.2克。（图一〇，13；图一一，13）

"大"字布　1枚。标本36-1，币文位于币面右侧中部。通长9.3厘米，身长5.6厘米，肩宽4.1厘米，足宽4.6厘米，重21.1克。（图一〇，14；图一一，14）

"昇"字布　2枚。标本37-1，币文位于币面右侧上部。通长9.8厘米，身长6厘米，肩宽4.9厘米，足宽5.1厘米，重28.2克。（图一〇，15；图一一，15）

"宗"字布　5枚。标本38-1，币文位于币面右侧上部。通长9厘米，身长5.6厘米，肩宽4.7厘米，足宽5厘米，重26.5克。（图一〇，16；图一一，16）

"冶"字布　1枚。标本40-1，币文位于币面右侧中部。通长9.3厘米，身长5.9厘米，肩宽4.7厘米，足宽5厘米，重24.2克。（图一〇，17；图一一，17）

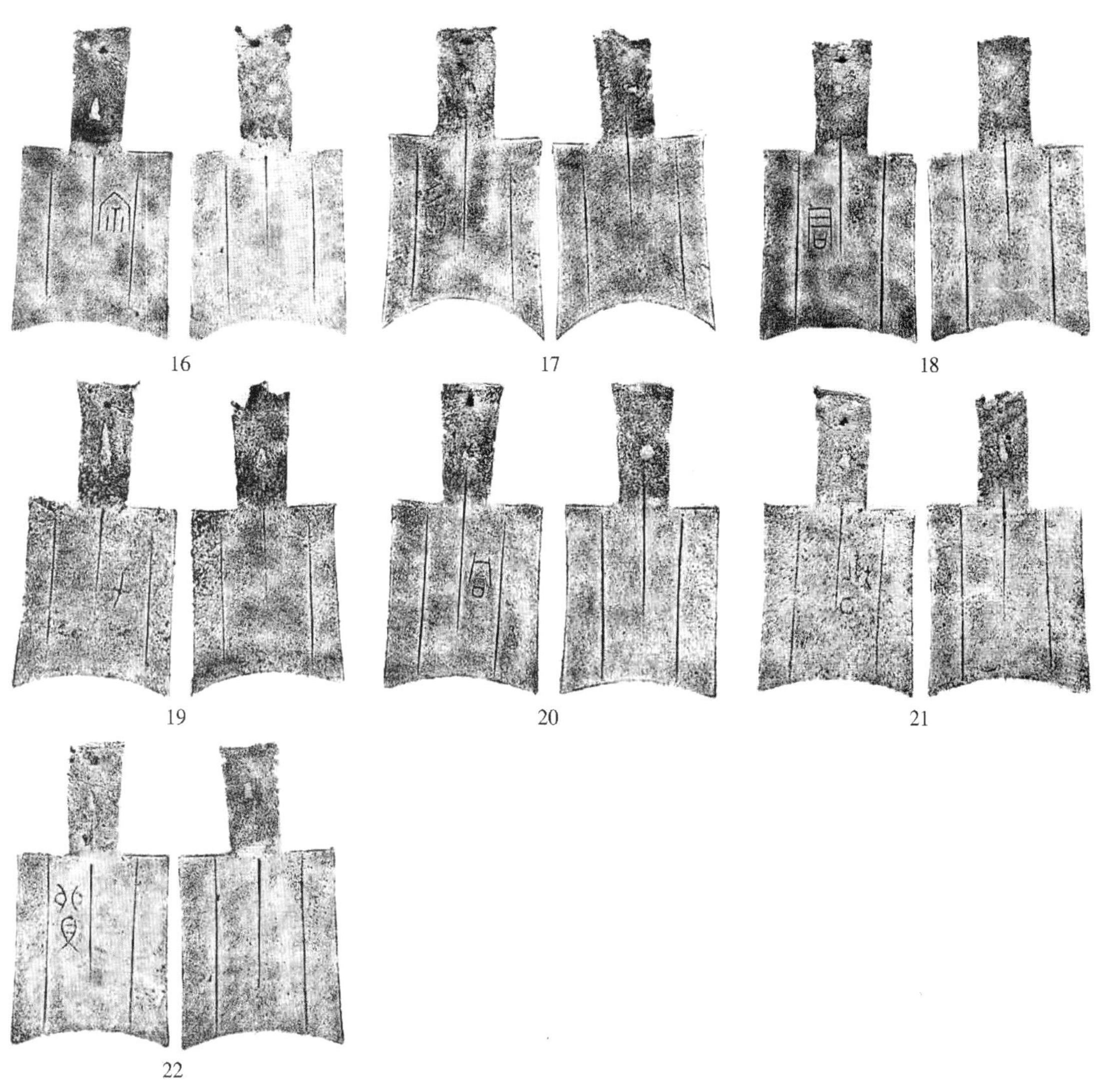

16　17　18　19　20　21　22

图一一　记名物类空首布拓片（一）

1. 5–1　2. 5–4　3. 6–3　4. 10–1　5. 10–2　6. 12–1　7. 16–2　8. 19–1　9. 24–1　10. 27–1　11. 32–1　12. 34–1　13. 35–1　14. 36–1　15. 37–1　16. 38–1　17. 40–1　18. 42–1　19. 44–1　20. 45–1　21. 57–1　22. 58–1

“君”字布　7 枚。币文位置和字形略有不同。标本 42–1，币文位于币面左侧中部，通长 9.6 厘米，身长 5.8 厘米，肩宽 5 厘米，足宽 5.1 厘米，重 32.8 克。（图一〇，18；图一一，18）标本 42–2，币文位于币面左侧上部。通长 9.8 厘米，身长 6 厘米，肩宽 5 厘米，足宽 5.2 厘米，重 34.4 克。（图一二，19）

“于”字布　1 枚。标本 44–1，币文位于币面右侧中部。通长 9.7 厘米，身长 5.7 厘米，肩宽 4.6 厘米，足宽 5 厘米，重 27.5 克。（图一〇，19；图一一，19）

“同”字布　3 枚。标本 45–1，币文位于币面右侧中部。通长 9.9 厘米，身长 6 厘米，肩宽 5 厘米，足宽 5 厘米，重 32.6 克。（图一〇，20；图一一，20）

“文”字布　3 枚。标本 57–1，币文位于币面右侧上部，字迹不甚清晰。通长 9.6 厘米，身长 5.9 厘米，肩宽 5 厘米，足宽 5.1 厘米，重 30.3 克。（图一〇，21；图一一，21）

“贸”字布　3 枚。币文位置和字形略有不同。标本 58–1，币文位于币面左侧上部，字形

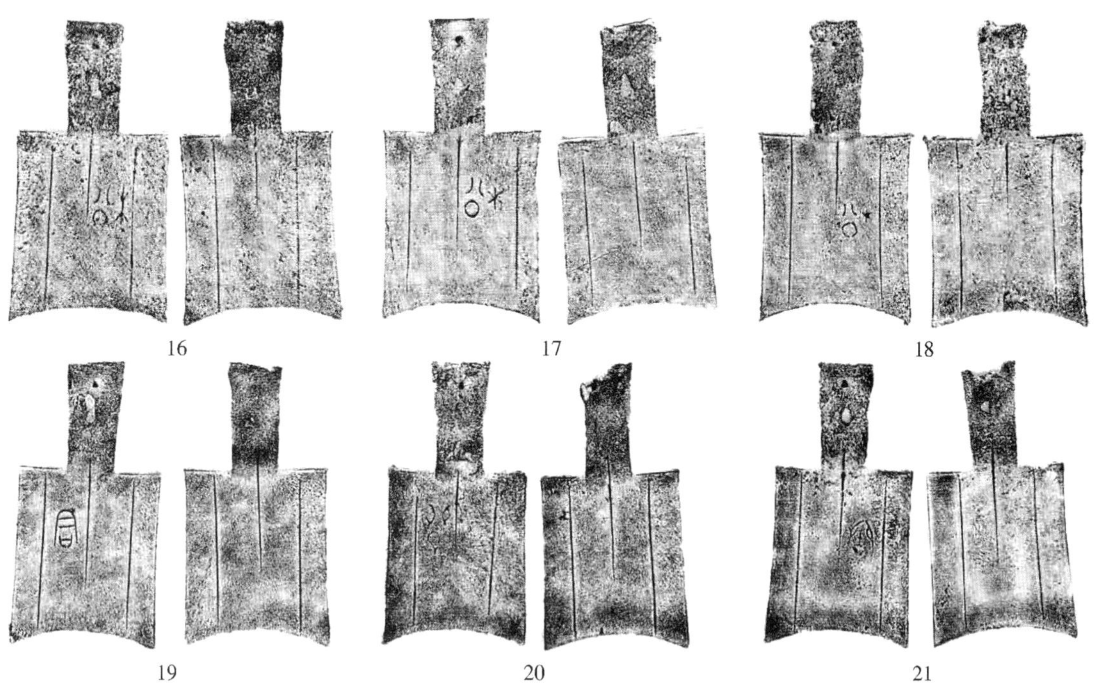

图一二　记名物类空首布拓片（二）

1. 59–1　2. 64–1　3. 71–1　4. 73–1　5. 残 1–1　6. 残 2–1　7. 残 3–1　8. 6–2　9. 6–4　10. 6–9　11. 12–4　12. 16–1　13. 16–3　14. 19–2　15. 19–3　16. 24–2　17. 24–3　18. 24–4　19. 42–2　20. 58–2　21. 59–2

较大。通长 9.6 厘米，身长 6 厘米，肩宽 4.9 厘米，足宽 5.1 厘米，重 31 克。（图一〇，22；图一一，22）标本 58–2，币文位于币面左侧中部，字形略小，字迹不甚清晰。通长 10 厘米，身长 6.1 厘米，肩宽 4.9 厘米，足宽 5.2 厘米，重 32.5 克。（图一二，20）

“宝”字布　2 枚。币文位置和字形略有不同。标本 59–1，币文位于币面右侧上部。通长 9.7 厘米，身长 6 厘米，肩宽 5 厘米，足宽 5.2 厘米，重 34.4 克。（图一〇，23；图一二，1）标本 59–2，币文位于币面左侧中部，字迹不甚清晰。通长 9.9 厘米，身长 6 厘米，肩宽 4.9 厘米，足宽 5.2 厘米，重 30.7 克。（图一二，21）

“市”字布　1 枚。标本 64–1，币文位于币面右侧上部。通长 9.5 厘米，身长 5.7 厘米，肩宽 4.4 厘米，足宽 4.9 厘米，重 27.4 克。（图一〇，24；图一二，2）

“雨”字布　1 枚。标本 71–1，币文位于币面左侧上部。通长 9.6 厘米，身长 5.8 厘米，肩宽 5 厘米，足宽 5.1 厘米，重 33.8 克。（图一〇，25；图一二，3）

“城”字布　2 枚。币文位置和字形略有不同。标本 73–1，币文位于币面左侧中部。通长 9.7 厘米，身长 5.8 厘米，肩宽 4.7 厘米，足宽 5 厘米，重 27.7 克。（图版一，4；图一二，4）标本 12–4，币文位于币面右侧上部，字迹不甚清晰。通长 9.7 厘米，身长 5.8 厘米，肩宽 4.7 厘米，足宽 5.1 厘米，重 29.2 克。（图一二，11）

“示”字布　2 枚。标本残 1–1，币文位于币面右上侧。身长 6.2 厘米，肩宽 4.5 厘米，残重 26.4 克。（图一〇，26；图一二，5）

“余”字布　1 枚。标本残 2–1，币文位于币面左侧中部，残缺较甚。身长 5.6 厘米，肩宽

1 2 3 4 5 6 7 8 9 10 11 12 13 14 15

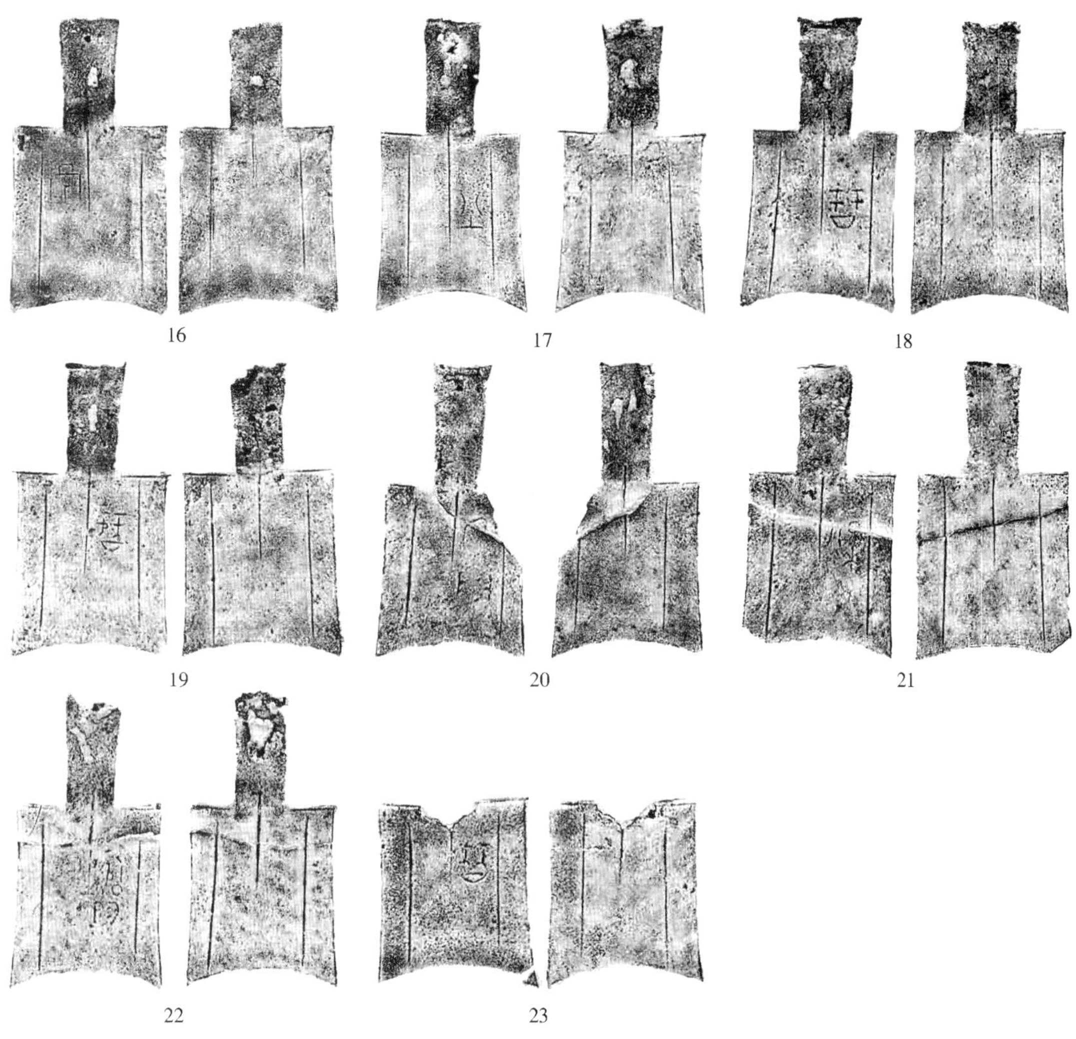

图一三　未识待考类空首布拓片

1. 6-1　2. 10-3　3. 10-4　4. 14-1　5. 14-3　6. 48-1　7. 53-1　8. 54-1　9. 57-1
10. 61-1　11. 62-1　12. 63-1　13. 65-1　14. 66-1　15. 67-1　16. 68-1　17. 74-1
18. 75-1　19. 76-1　20. 残 4-1　21. 残 5-1　22. 残 6-1　23. 残 11-1

4.5 厘米，残重 8.5 克。（图一〇，27；图一二，6）

“人”字布　1 枚。标本残 3-1，币文位于币面左侧中部，銎部略有残缺。通长 9.2 厘米，身长 5.6 厘米，肩宽 4.4 厘米，足宽 4.8 厘米，残重 23.3 克。（图一〇，28；图一二，7）

（五）未识待考

23 种，共 50 枚。币文多为较难识别的甲骨文或金文，且为单字，缺乏一般铭文中的上下文语境考量，更加大了辨识难度。（表一；图一三）

表一　未识待考空首布统计表

序号	标本号	通长（厘米）	身长（厘米）	肩宽（厘米）	足宽（厘米）	重量（克）	备注
1	6-1	9.5	5	4.7	5.1	25.4	
2	10-3	9.1	5.5	4.5	4.9	23	

续表

序号	标本号	通长（厘米）	身长（厘米）	肩宽（厘米）	足宽（厘米）	重量（克）	备注
3	10–4	9.2	5.7	4.5	4.9	25.4	
4	14–1	8.9	5.5	4.5	4.7	22.8	
5	14–3	8.8	5.5	4.5	4.7	21	
6	48–1	9.3	5.7	4.8	4.9	26.4	
7	53–1	9	5.6	4.6	4.9	24.8	
8	54–1	9.1	5.4	4.2	4.6	23	
9	57–1	9.6	5.9	5	5.1	30.3	
10	61–1	9.1	5.6	4.6	5	24.1	
11	62–1	9.7	5.6	4.5	4.8	31.6	
12	63–1	9.2	5.4	4.1	4.5	24.4	
13	65–1	9.4	5.7	4.7	5	25.9	
14	66–1	9.6	6	4.9	5.1	31.9	
15	67–1	9	6	4.8	5	28.6	
16	68–1	9.5	6	4.9	5.2	29.2	
17	74–1	9.5	5.6	4.4	4.8	25.6	
18	75–1	9.7	5.9	4.7	5.1	29.5	
19	76–1	9.2	5.6	4.7	5	24.8	
20	残 4–1	9.4	4.5		4.8	26.4	残
21	残 5–1	9.3	5.7	4.6		25	残
22	残 6–1	9.5	5.7	4.5	4.8	25.8	残
23	残 11–1		5.5	4.4	4.8	8.7	残

三、空首布的年代、属性和国别

这批空首布与宜阳千百岭[28]、临汝县岭头村[29]、洛阳聂湾[30]出土的空首布形制相同，大小相仿，币文重合度较高，当属同一时期铸造。一般认为大型空首布是春秋中期前后出现的铸币形态[31]，这批空首布也应铸造于这一时期。放置空首布的陶鬲具有春秋晚期的器形特征，据此推测空首布的埋藏时间应在春秋晚期。

这批空首布币文丰富，涉及地名较多，从已释读出的地名看，除周王畿铸造的之外，还有晋、郑、韩、齐、卫、宋、贞、戈等国铸造。可能是铸造时代相近，又是效仿周王畿铸币的原因，这批空首布形制相同，制作工艺相类，大小也几无差别。

四、结语

空首布是先秦时期货币的主要形态之一，主要铸造流通于中原地区，其中洛阳周边地区出土较多。出土空首布数量如此之多的窖藏在三门峡地区尚属首次。周、晋、郑、韩、卫、宋等国货币同出于一个窖藏，可能是商人经商汇集各国货币的结果，也是中原地区经济繁荣，商业发达的反映。这处窖藏所在的西张村镇丰阳村位于当地称为“桃山沟”的便道旁，这条便道东北与“南崤道”的菜园交汇，西南与古运城往南阳商道的“上戈古道”交汇，是春秋战国时期中原地区两条重要古道的交汇地带，其中“上戈古道”是春秋时期西安往洛阳、南阳的交通要道，也是一条重要的商贸通道。因此，我们推测这处窖藏的主人可能在经商途经此处时遇到了意外情况，而选择把货币埋藏于此，以便之后能够取回，而最终未能如愿而遗留于此；也有可能是贵族或富商为躲避战乱在逃难途中不得已暂埋藏在此处，以期来日取回而未果。总之，这批空首布数量多，制作精良，币文丰富，是大型平肩空首布中难得的精品。这一发现，为研究春秋时期平肩空首布的铸行流通区域、货币制度、货币文字和商业贸易等诸多问题提供了珍贵的实物资料。

整理：李书谦　张帅峰　贾　鹏
狄欣怡　刘　恒
摄影：赵　昂
执笔：崔松林　李书谦
绘图：胡焕英　陈轶峰

注释：

[1][2][3][4][5][10][13][16][17][18][19][21][29]任常中、赵新来:《河南临汝出土一批空首布》，《中原文物》1982年第2期。

[6][7][9][11][12][14][15][20][22][26][27]黄锡全:《先秦货币研究》，中华书局，2001年。

[8][23][24][25][28]蔡运章、余扶危:《空首布初探》，见中国钱币学会:《中国钱币论文集》，中国金融出版社，1985年。

[30]邢建洛、梁锋:《洛阳聂湾发现东周空首布》，《考古与文物》1999年第3期。

[31]朱活:《试论我国古代货币的起源》，《文物参考资料》1958年第6期。

图版一

1.“十”字布（13–1）

2.“午”字布（43–1）

3.“丘”字布（79–1）

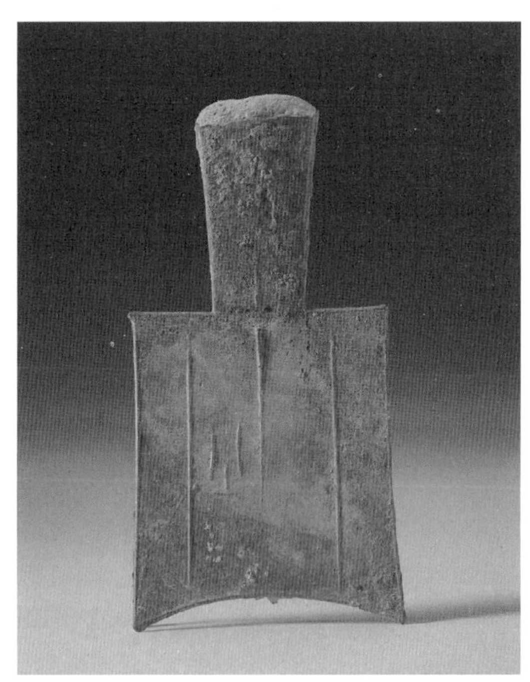
4.“城”字布（73–1）

河南义马上石河墓地 M18 及祔葬马坑 MK4 发掘简报

◎河南省文物考古研究院　◎三门峡市文物考古研究所

◎义马市文物保护管理所

2018 年 4—8 月，受河南省文物考古研究院的委派，三门峡市文物考古研究所与义马市文物保护管理所联合组队，对义马市区南部石河西岸约 100 米处的上石河墓地进行了首次较大规模的抢救性考古发掘，清理了一批春秋早期的墓葬和祔葬马坑（图一）。现对其中的 M18 及其祔葬马坑 MK4 报告于下。

图一　义马上石河墓地位置示意图

一、M18

（一）墓葬形制与葬具

M18 为南北向长方形竖穴土坑墓，方向 15°。因该墓地上部原为上石河村村民居住地，故村民建房挖地基时，墓上地层被完全破坏。墓口距现地表深 1.6、南北长 4.33、东西宽 3 米。四壁修整光滑，上下垂直，底部平坦，墓底与墓口大小相同，墓深 2.1 米。墓底四周有熟土二层台，北侧宽 0.18~0.24、东侧宽 0.12~0.24、南侧宽 0.16~0.2、西侧宽 0.06~0.1 米，高 0.78 米（图二；图三）。墓内填土是以红褐色为主的花土，略经夯打，较硬，夯层与夯窝不明显，土内含有少量的小料姜石块和小河卵石块。

图二　M18 形制与结构（东→西）

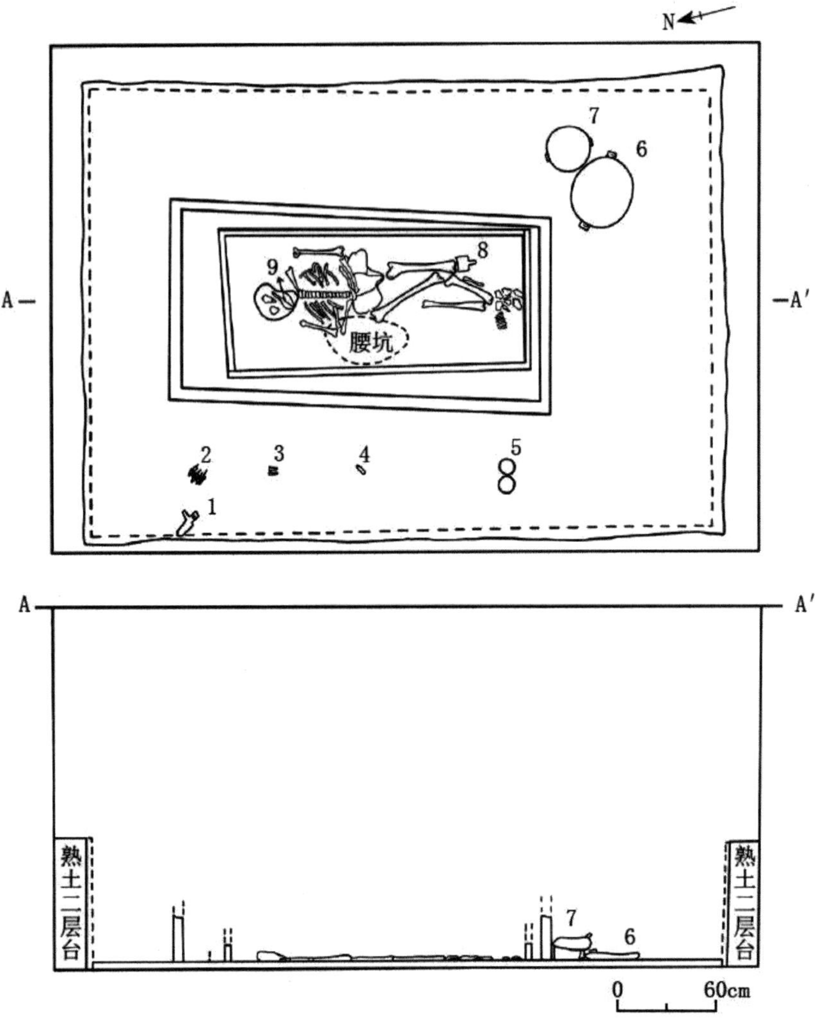

图三　M18 平、剖面图

1. 铜戈　2. 铜镞　3. 铜小腰　4. 铜铃　5. 铜盾钖　6. 铜盘　7. 铜鼎　8. 铜铲　9. 玉口琀

墓内葬具腐朽严重，结构不清。从灰白色或灰黑色木质朽痕判断，葬具为单椁重棺。木椁位于墓底中部，平面近长方形，南北长 3.8、东西宽 2.64、板厚 0.04、高 0.74 米。椁室四壁紧贴二层台内壁。从二层台上残存的椁盖板痕迹来看，椁盖板呈东西向放置，每块板宽在 0.12~0.25 米之间；椁底板呈南北纵向平铺于墓底，每块板宽约 0.15 米。外棺位于椁室中部略偏北，平面近长方形，南北长 2.32、东西宽 1.18 米，板厚 0.06、残高 0.26 米；内棺位于外棺中部，平面近长方形，南北长 1.84~1.9、东西宽 0.86、板厚 0.04 米，高度不明。

内棺中葬有 1 人，仰身直肢，头北足南，骨骼保存较差。经初步鉴定为男性，臼齿磨损程度为Ⅴ级，推测年龄约 50 岁。墓主身下中部东侧有一椭圆形腰坑，腰坑长径 0.55、短径 0.3、深 0.16 米。

随葬器物分别放置于棺椁之间的西部、东南部、内棺中及墓主口中。其中在棺椁之间的西部放置有铜戈 1、铜镞 4、铜小腰 2、铜铃 1、铜盾钖 2 件；棺椁之间的东南角放置铜盘 1、铜鼎 1 件；内棺中东南角仅放置铜铲 1 件。墓主口内有玉口琀 1 件。

（二）随葬器物

此墓出土的随葬器物共计 14 件。可分为铜和玉两类。

1. 铜器

13 件。有鼎、盘、铲、戈、镞、盾钖、铃和小腰等。

鼎　1 件。标本 M18：7，斜方唇，口微敛，窄沿斜折，立耳，半球形腹，圜底，三兽蹄足中空，内侧有一道竖向凹槽。口沿下饰一周无珠重环纹，纹样不甚清晰。通高 22.4、口径 25.8、最大腹径 24、腹深 10、足高 10 厘米（图四，11；图五）。

盘　1 件。标本 M18：6，破碎较甚。斜方唇，敞口，宽沿斜折，附耳向上微内收，浅弧腹，平底，高圈足。口沿下饰一周 S 形窃曲纹。通高 5.4、口径 18.4、腹深 2.4、圈足径 10.6 厘米（图四，5）。

铲　1 件。标本 M18：8，近方形，下端有刃，上端中间有用以装柄长方形銎，銎正面有一竖向长条形穿孔。通长 12.4、銎口长 3.8、宽 1.9、刃宽 9.2 厘米（图四，12；图六）。

戈　1 件。标本 M18：1，锋呈等腰三角形，锐利，无脊直援，上下边有锐刃，内、援之间有凸棱形栏，胡较长，栏侧有三个长条形穿和一个圆形穿。近长方形直内，内中部有一横条形穿孔。通长 19.7、援宽 2.9、内长 6.7、宽 3、厚 0.25 厘米（图四，2；图七）。

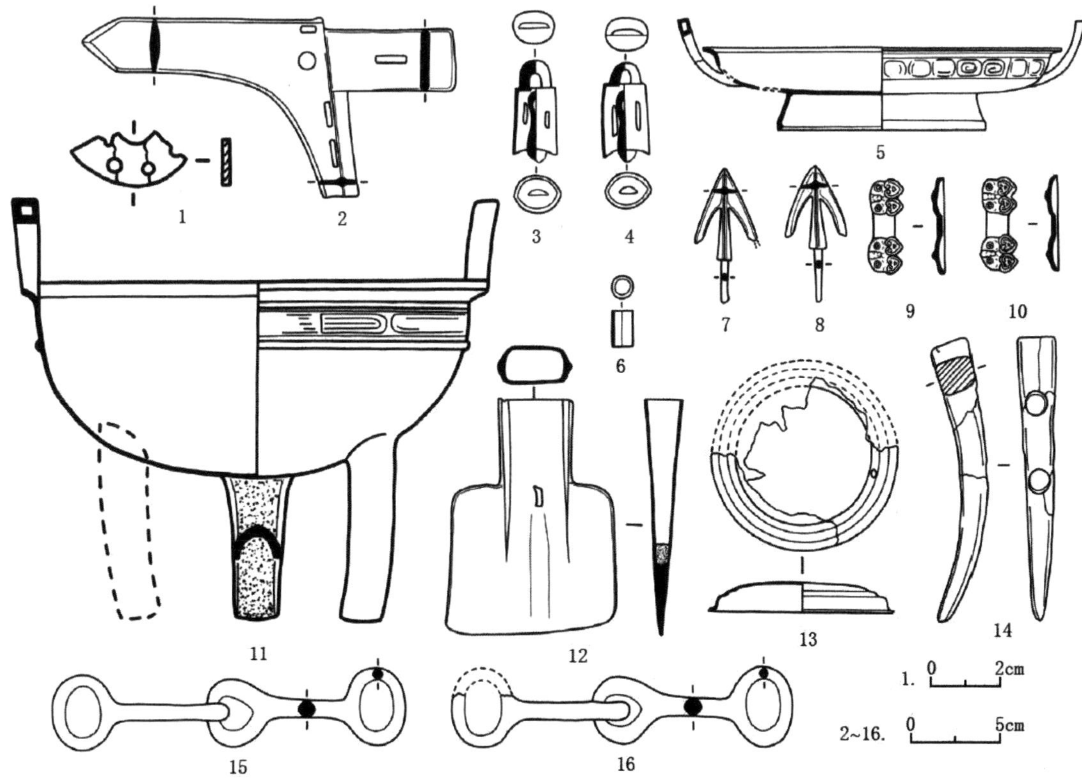

图四　M18、MK4 出土器物

1. 玉口琀（M18：9）　2. 铜戈（M18：1）　3、4. 铜铃（M18：4、MK4：3）　5. 铜盘（M18：6）　6. 铜络饰（MK4：4-1）　7、8. 铜簇（M18：2-1、2）　9、10. 铜小腰（M18：3-1、2）　11. 铜鼎（M18：7）　12. 铜铲（M18：8）　13. 铜盾钖（M18：5-1）　14. 骨镳（MK4：6-1）　15、16. 铜马衔（MK4：1、5）

图五　铜鼎（M18：7）

图六　铜铲（M18：8）

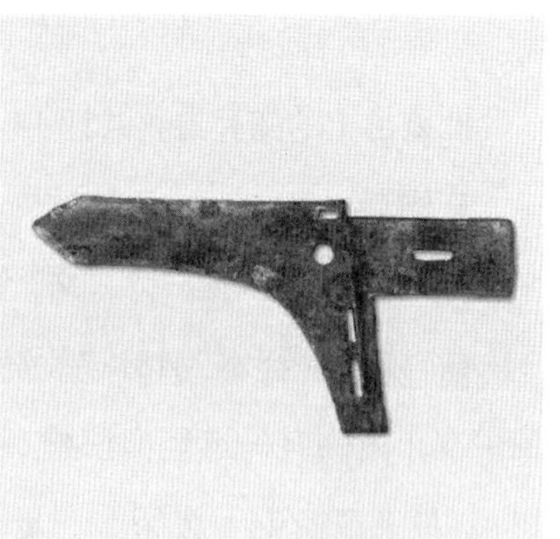

图七　铜戈（M18：1）

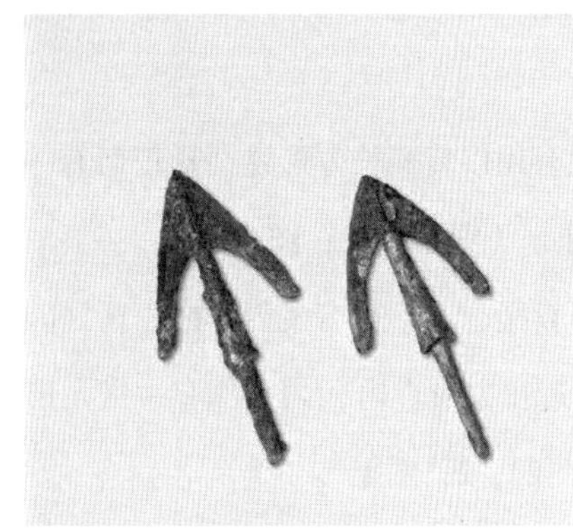

图八　铜镞（M18：2-1、2）

图九　铜铃（M18：4）

图一〇　铜小腰（M18：3-1、2）

镞　4件。形状、大小基本相同。皆尖锋，双翼远离镞身且有锐刃，高脊，铤呈圆柱状或圆锥状。标本M18：2-1，铤呈圆柱状。镞长7.1、双翼宽3.4、铤长2.3、直径0.2厘米（图四，7；图八，左）。标本M18：2-2，铤略呈圆锥状。镞长7.1、双翼宽3.4、铤长2.7、直径0.2厘米（图四，8；图八，右）。

盾钖　2件。出土时皆已破碎，但尚能看出轮廓，应为盾牌上的装饰物。形制、大小相同，壁胎极薄，作圆形上隆。标本M18：5-1，高1.5、直径10、厚约0.04厘米（图四，13）。

铃　1件。标本M18：4，整体上端稍细，下端略粗，平顶，上有半环钮，钮下有小穿孔与腹腔贯通，铃腔内有一个槌状铃舌，一面凸，一面平，舌上有一圆形穿孔，下为内弧喇叭口，边缘向上弧起。器身正面有两个相平行的细长条形穿孔，断面近椭圆形。通高4.7、下口长2.3、腔宽1.8厘米（图四，3；图九）。

小腰　2件。形状、大小相同。器身扁薄，两端近方形且正面隆起各呈一兽首，背面相应凹陷，中段呈扁条带状。兽首头顶有竖耳，椭圆形目，眼角上挑，鼻子作上细下粗的蛹身形。标本M18：3-1，长4.8、中部宽1.2厘米（图四，9；图一〇，上）；标本18：3-2，长4.8、中部宽1.2厘米（图四，10；图一〇，下）。

2. 玉器

口琀　1件。标本M18：9，出土时断裂三块且一端残缺。青玉，冰青色，玉质细腻，半透明。近似璜形，体较薄，断面呈长方形，中部有三个圆形穿孔。长 2.5、宽 0.9、厚 0.15 厘米（图四，1）。

二、MK4

（一）马坑形制

MK4 钻探时误判为墓葬（原编号 M19），经实际发掘确认为马坑，方向 22°。坑口距现地表深 1.12~1.22 米，平面呈长方形，南北长 3.6、东西宽 2.8~2.82 米。四壁较直，东壁下部稍向外张，底部平坦。坑底南北长 3.58、东西宽 2.8~2.86、坑深 0.98~1.08 米。坑内填土是以红褐色为主的花土，土质较硬，含有少量的小料姜石块（图一一；图一二）。

图一一 MK4 形制与结构（东→西）

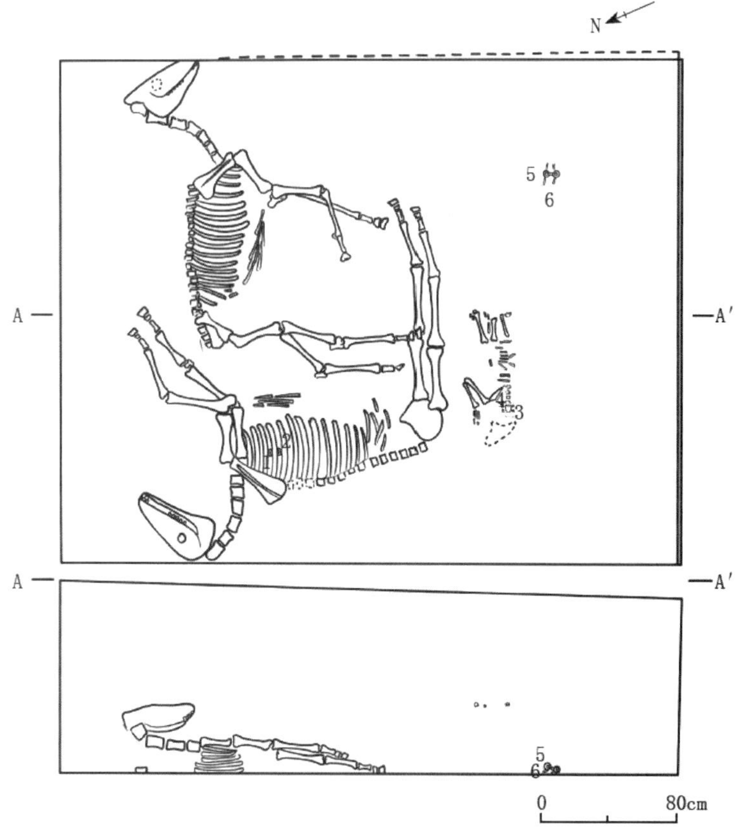

图一二 MK4 平、剖面图
1、5. 铜衔 2、6. 骨镳 3. 铜器 4. 铜络饰

坑内共清理出 2 匹马和 1 只狗。其中 2 匹马埋葬于坑底的北部，马均为侧卧，四肢直伸，随意摆放，头向不一，应是被处死后放入坑内。坑内东北部埋葬的马，头向东，四足朝南；西北部埋葬的马则头向北，四足朝东。狗埋葬于马坑南部，距坑底高 0.4 米处。狗呈侧卧状，头向西且呈粉状，四肢蜷曲，保存较差。

MK4 内共清理出器物 11 件，其中在坑内东南部与西北侧马的前腹部各出土铜衔1和骨镳2件，狗颈部出土铜铃1和铜络饰4件。

（二）出土器物

共计11件。依质地可分为铜和骨两类。

1. 铜器

7件。有衔、铃和络饰。

衔　2件。形状、大小相同。皆由两个近8字形的联环钮套接而成，端环呈椭圆形。标本MK4：1，一端环略残。通长18.8、环外长径4、短径3.2厘米（图四，15；图一三，上）；标本MK4：5，通长18.8、环外长径4、短径3厘米（图四，16；图一三，下）。

铃　1件。标本MK4：3，铃体上、下端粗细大体相等，平顶，上有半环钮，钮下有小穿孔与腹腔贯通，铃腔内有一个槌状铃舌，一面凸，一面平，舌上有一圆形穿孔，下为内弧喇叭口，边缘向上弧起。器身正面有两个相平行的细长条形穿孔，断面近椭圆形。通高4.8、下口长2.2、腔宽1.6厘米（图四，4）。

络饰　4件。形状、大小相同，皆为短圆形管状。标本MK4：4–1，长1.7、管径1厘米（图四，6；图一四）。

2. 骨器

骨镳　4件。其中3件残。形状、大小相同。器身略呈弧形弯曲状，一端平齐，另一端尖细，断面为切角长方形。器身上有两个圆形孔贯穿侧面。标本MK4：6–1，长15、最大断面2.1厘米×1.8厘米（图四，14；图一五）。

图一三　铜马衔（MK4：1、5）

图一四　铜络饰（MK4：4–1）

图一五　骨镳（MK4：6–1）

三、结语

（一）年代推断

首先，M18形制与三门峡上村岭虢国墓地贵族墓葬M2010的形制基本相同[1]。

其次，此墓出土铜鼎分别与三门峡虢国墓地M2010[2]和本墓地M35出土的铜鼎形制相同[3]；盘与三门峡虢国墓地M2013出土的铜盘形制相同[4]；戈与山西晋侯墓地M93出土的铜戈基本相同[5]；铃、盾钖分别与本墓地M35出土的铜铃和铜盾钖形制基本相同[6]；小腰与三门峡虢国墓地 M2010 出土的铜小腰形制相同[7]。

此外，M18 出土铜器上装饰的窃曲纹、重环纹，也是西周晚期至春秋早中期流行的主要装饰纹样。

综上，从墓葬形制、器物特征及纹饰等方面分析，M18 时代应属春秋早期稍偏晚。

（二）墓主身份推断

M18 墓内出土随葬器物组合不全，仅有铜鼎和铜盘各 1 件。据史料记载，周代鼎制规定：大夫一级贵族能用 5 鼎，士一级贵族只能用 3 件或 1 件铜鼎。据此判断，M18 的墓主身份不高，当为士一级贵族。据《庄子・杂篇・天下》记载："天子棺椁七重，诸侯五重，大夫三重，士再重。"《荀子・礼论》亦云："天子棺椁七重，诸侯五重，大夫三重，士再重。"这里的"大夫三重"，通常理解为一椁双棺。M18 为单椁重棺，依棺椁结构的等级标准看，墓主身份应为大夫一级的贵族。义马上石河墓地被确认为一处春秋早期的虢人埋葬茔地，墓地的埋葬者应是虢国被晋灭掉后东逃定居于此的虢国贵族或其后人[8]。因此我们推断，M18 墓主生前应为虢国下大夫一级的没落贵族。

（三）关于 MK4 与 M18 的关系及年代

MK4 位于上石河墓地南部。从位置上看，与 M18 距离最近，西与 M18 相距不足 2 米，周围未发现其他同时期墓葬。从规模看，其规模较小且坑内仅埋两匹马。M18 仅出土一件铜鼎，墓主生前为虢国下大夫一级贵族。因此，我们认为 MK4 与 M18 规格相符，应是 M18 的祔葬马坑，时代应与 M18 相同，当属春秋早期。

发掘领队：杨海青

参加发掘：高 鸣 彭 宇

高 鹏 李永涛

绘图：张雪娇

摄影：赵 昂

执笔：杨海青

注释：

［1］河南省文物考古研究所、三门峡市文物工作队：《三门峡虢国墓地 M2010 的清理》，《文物》2000 年第 12 期。

[2] 河南省文物考古研究所、三门峡市文物工作队:《三门峡虢国墓地 M2010 的清理》,《文物》2000 年第 12 期。

[3] 三门峡市文物考古研究所、义马市文物保护管理所:《河南义马上石河春秋墓发掘简报》,《中原文物》2019 年第 4 期。

[4] 河南省文物考古研究所、三门峡市文物工作队:《三门峡虢国墓地 M2013 的发掘清理》,《文物》2000 年第 12 期。

[5] 北京大学考古系、山西省考古研究所:《天马——曲村遗址北赵晋侯墓地第五次发掘》,《文物》1995 年第 7 期。

[6] 三门峡市文物考古研究所、义马市文物保护管理所:《河南义马上石河春秋墓发掘简报》,《中原文物》2019 年第 4 期。

[7] 河南省文物考古研究所、三门峡市文物工作队:《三门峡虢国墓地 M2010 的清理》,《文物》2000 年第 12 期。

[8] 郑立超:《河南义马上石河春秋墓地 M35 出土铜鍑及相关问题》,《中原文物》2019 年第 4 期。

三门峡陕州区两座东周墓发掘简报

◎高　鸣

2020 年 10 月至 2021 年 1 月，为了配合三门峡陕州区张湾乡棚户区改造项目（甘棠嘉园中区）的工程建设，三门峡市文物考古研究所对其施工范围内的古墓葬进行了抢救性考古发掘。该工程项目区北临仰韶大道，东临三门峡市陕州区苍龙东路，南临连霍高速，西侧紧靠蒙华铁路。中心区域地理坐标为北纬 34°45′，东经 111°8′。海拔 430 米。（图一）

图一　发掘位置示意图

此次发掘范围呈长条状，地势南高北低，南北长约 500 米，东西宽约 150 米，共发掘墓葬 75 座。现将保存较好的 M3、M10 两座东周墓发掘情况简报如下。

一、M3

（一）墓葬形制

M3 为长方形竖穴土坑墓，方向 62°。东西长 3.3 米，南北宽 2.2 米，墓口被一些杂草和现代建筑垃圾堆土叠压，距现地表约 0.9 米。墓壁竖直，较规整，墓底距现墓口 2.9 米。椁室的四周有熟土二层台，二层台台面距墓口 2.4 米，北侧二层台宽 0.24~0.28 米，东侧二层台宽 0.22 米，南侧二层台宽 0.24 米，西侧二层台宽 0.30 米。

墓内填土为黄褐色五花夯土，葬具为一棺一椁。墓室棺椁腐朽严重，仅残留一些灰黑色痕迹。椁室平面呈长方形，东西长 2.78 米，南北宽 1.66 米。棺长 2.1 米，宽 1.16 米，残高 0.3 米。棺内人骨保存一般，头向东，仰身直肢。棺的东北侧有陶罐、陶鬲、陶豆 3 件随葬器物，棺椁之间的西南侧有石圭随葬。（图二；图三）

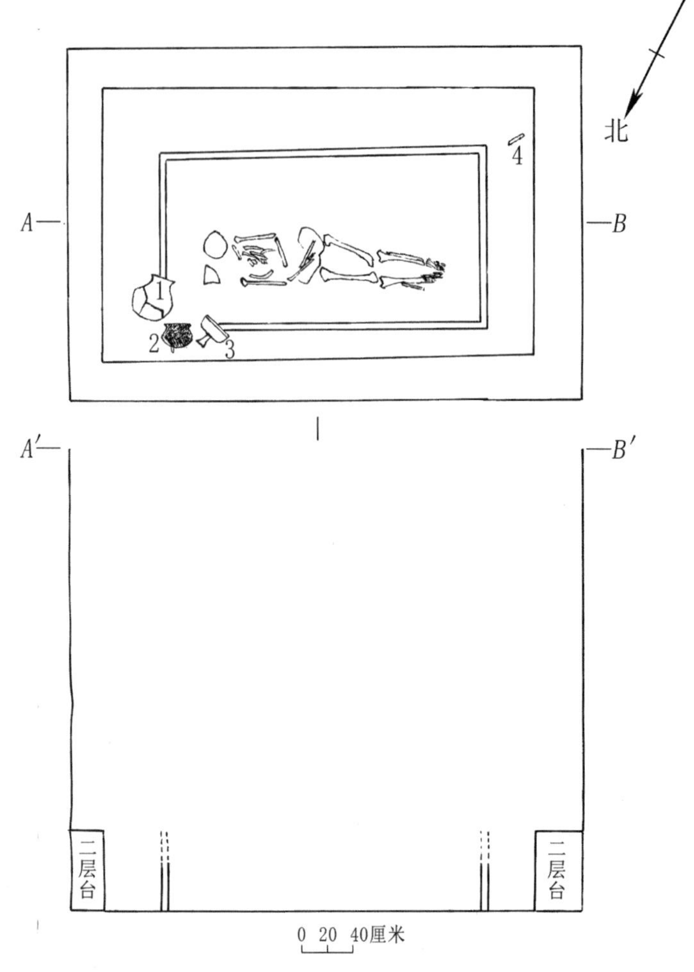

图二　M3 平、剖面图
1. 陶罐　2. 陶鬲　3. 陶豆　4. 石圭

（二）随葬器物

M3 共有随葬器物 5 件。

陶鬲　1 件。标本 M3：2，砂质棕灰陶，方唇，口沿外侈，束颈，折肩，腹部斜直，最大径在肩部，弧形裆近平，有乳头形袋足。颈部饰竖行绳纹，腹部饰斜行绳纹。口径 15.4 厘米，腹径 20.1 厘米，通高 16.4 厘米，裆高 2.5 厘米。（图四，1；图五，1）在发掘的过程中发现陶鬲内部有 1 块牛骨，应为下葬时在陶鬲内部放的牛肉，经过长时间的腐化后仅剩牛骨。

图三　M3 发掘现场

陶豆　1 件。标本 M3：3，泥质灰陶，形体较高，子母口，无盖，盘较深，盘壁圆折，盘壁外饰有弦纹，细柄，喇叭口形圈足。口径 16.8 厘米，足径 11.4 厘米，柄高 7 厘米，盘深 8 厘

米，通高 15 厘米。（图四，2；图五，2）

陶罐　1 件。标本 M3：1，泥质灰陶，方唇，卷沿，侈口，束颈，圆鼓腹，平底，通体饰绳纹。破损较为严重，无法修复。

石圭　2 件。均为砂石质，磨制。标本 M3：4–1，稍残，长条形，呈青灰色，两面有磨制痕迹，扁体，尖首，下部残，一端呈三角形，另一端近平。残长 12.4 厘米，宽 1.6 厘米，厚 0.1 厘米。（图四，3；图五，3）标本 M3：4–2，残，长条形，呈黄灰色，扁体，两端近平，一端较窄，另一端较宽。残长 12.5 厘米，最宽处 2 厘米，厚 0.2 厘米。（图四，4；图五，4）

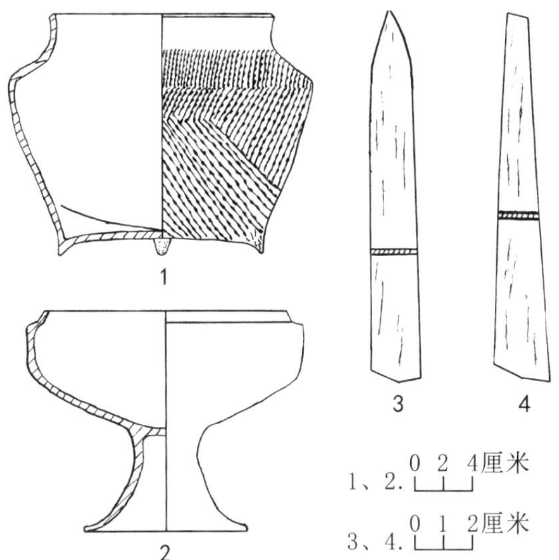

图四　M3 出土器物
1. 陶鬲（M3：2）2. 陶豆（M3：3）
3、4. 石圭（M3：4–1、M3：4–2）

1. 陶鬲（M3：2）

2. 陶豆（M3：3）

3. 石圭（M3：4–1）

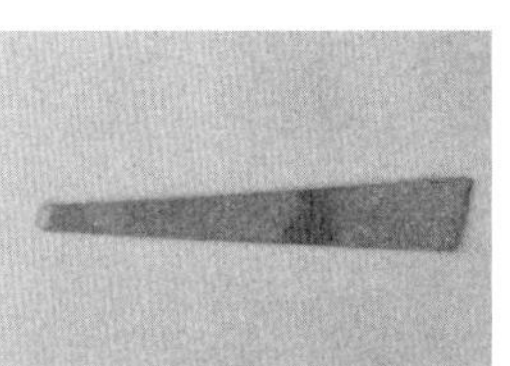

4. 石圭（M3：4–2）

图五　M3 出土器物

二、M10

（一）墓葬形制

M10 位于 M3 南侧 10 米处，为长方形竖穴土坑墓，方向 300°。东西长 3.5 米，南北宽 2.2 米，墓口被一些杂草和现代建筑垃圾堆土叠压，距现地表约 1.2 米。墓壁竖直，较规整，墓底距现墓口 4.25 米。椁室的四周有熟土二层台，二层台台面距墓口 3.75 米，台高 0.5 米。北侧二层台宽 0.16 米，东侧二层台宽 0.20 米，南侧二层台宽 0.14 米，西侧二层台宽 0.30 米。

墓内填土为黄褐色五花夯土，葬具为一棺一椁。墓室棺椁腐朽严重，仅残留一些灰黑色痕迹。椁室平面呈长方形，东西长 3 米，南北宽 1.9 米。棺长 2.26 米，宽 1.28 米，残高 0.2 米。棺内人骨保存状态一般，头向西，仰身直肢，头骨西侧随葬有 1 件骨簪。其余随葬器物主要分布于棺椁之间的西部，有陶罐、陶鼎、陶豆等。（图六；图七）

（二）随葬器物

M10 共有随葬器物 9 件。

陶盘　1件。标本M10：1，残，为泥质灰陶，素面，方唇，侈口，带圈足。口径23.4厘米，底径12.2厘米，圈足高1厘米，通高6.2厘米。（图八，1；图九，1）

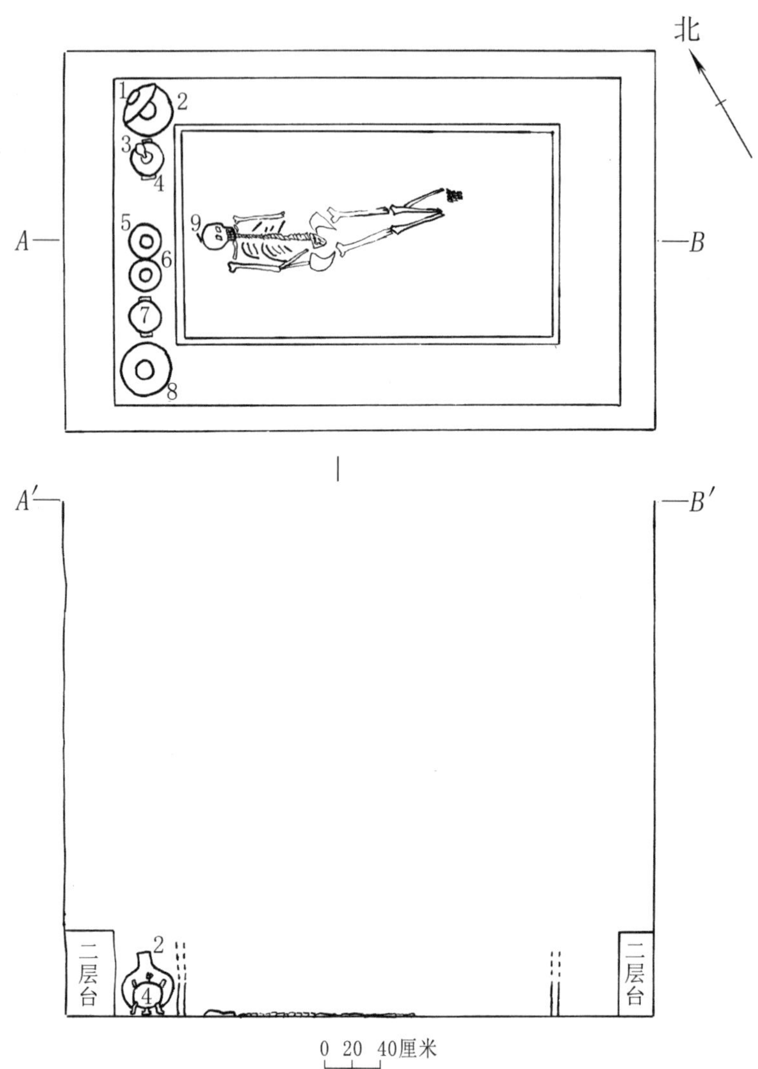

图六　M10平、剖面图
1.陶盘　2、8.陶壶　3.陶匜　4、7.陶鼎　5、6.陶盖豆　9.骨簪

图七　M10发掘现场

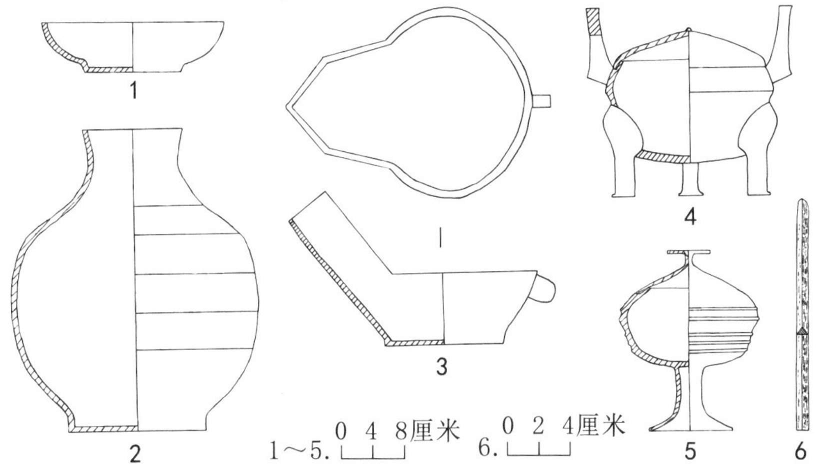

图八　M10 出土器物

1. 陶盘（M10：1） 2. 陶壶（M10：2） 3. 陶匜（M10：3）
4. 陶鼎（M10：4） 5. 陶盖豆（M10：5） 6. 骨簪（M10：9）

1. 陶盘（M10：1）　2. 陶匜（M10：3）　3. 骨簪（M10：9）
4. 陶壶（M10：2）　5. 陶鼎（M10 ：4）　6. 陶盖豆（M10：5）

图九　M10 出土器物

陶壶　2 件。形制基本相同。泥质黑皮陶，方唇，侈口，束颈，溜肩，圆鼓腹，矮圈足，壶体四周饰五道凸弦纹。标本 M10：2，口径 12.8 厘米，腹径 32 厘米，底径 17.6 厘米，通高 37.8 厘米。（图八，2；图九，4）标本 M10：8，口径 12.8 厘米，腹径 32 厘米，底径 17.6 厘米，通高 37.8 厘米。

陶匜　1 件。标本 M10：3，器口平视呈瓢形，口沿微侈，方唇，一侧有槽状流，流较宽，流偏向一边且上翘，另一侧有环耳，平底。底径 15 厘米，通高 19 厘米，流长 13.4 厘米，流宽 12~16 厘米。（图八，3；图九，2）

陶鼎　2 件。形制基本相同。器盖圆隆，盖顶素面，盖顶部有一环纽。口沿下折内敛成母口，器身子口内敛，下腹圆鼓内收，底部近平，腹部有一道凸弦纹，下腹部有三个蹄状足，上腹部有两微外撇方形耳。标本 M10：4，口径 18 厘米，通高 23.6 厘米。（图八，4；图九，5）

标本 M10：7，破损严重，口径 16 厘米，通高 22 厘米。

陶盖豆　2 件。形制基本相同。泥质灰陶，器盖呈圆弧形，上附喇叭形捉手。盘子口内敛，平沿，方唇，深弧腹，圆底。喇叭形柄，盖面、器身均饰浅凹弦纹。标本 M10：5，口径 14 厘米，足径 11 厘米，盘深 8.4 厘米，通高 22.6 厘米。（图八，5；图九，6）标本 M10：6，口径 15 厘米，足径 11 厘米，盘深 9 厘米，通高 23 厘米。

骨簪　1 件。标本 M10：9，三棱状，横截面呈三角形，残长 14.5 厘米，宽 0.8 厘米，高 0.5 厘米。（图八，6；图九，3）

三、结语

根据 M3 和 M10 的墓葬形制和随葬器物大致判断时代为春秋战国时期，根据叶小燕先生在《中原地区战国墓初探》[1]一文中的墓葬分期标准："春秋晚期的陶器组合是鼎、豆、罐。入战国时，即以壶代罐，组成新的组合。鼎、豆、壶的形制明显地仿自同时期的铜器。在一些地方如陕县、侯马、安阳，组合中常出鬲，保留了过去用鬲的习俗。这组墓的时间应是最早的，大约相当于战国早期。"我们推断，M3 中鬲、豆、罐的组合，时代应为春秋晚期或战国早期。M10 中鼎、豆、壶、盘、匜的组合形式，与《中原地区战国墓初探》中对陶器进行排比分析中的第二组一样，因此 M10 的时代应该为战国中期。

从墓葬形制来看，这两座墓均为一棺一椁的竖穴土坑墓。春秋中晚期以后，西周的礼乐制度已经遭到破坏，名存实亡，出现了越来越多的平民僭越士礼的现象。另外，部分旧的贵族势力财力日渐衰微，也开始使用陶礼器代替铜礼器随葬。根据以上线索分析判断，墓主人有可能是僭越使用礼器的平民，也有可能是家族没落的贵族。

注释：

[1] 叶小燕：《中原地区战国墓初探》，《考古》1985 年第 2 期，第 161—172 页。

河南三门峡三座小型西周墓的清理

◎河南省文物考古研究院　◎三门峡市文物考古研究所

2008年3—6月，为配合三门峡市中兴量仪有限公司项目建设，河南省文物考古研究所（现河南省文物考古研究院）联合三门峡市文物考古研究所对该项目内56座古墓葬进行了抢救性考古发掘。项目地址位于三门峡市开发区北环路以西、三门路以北，西南距三门峡陕州公园（原陕州城）约1.5公里（图一）。该地原为三门峡市后川村耕地，表面平坦。现将其中3座小型西周墓葬简报如下：

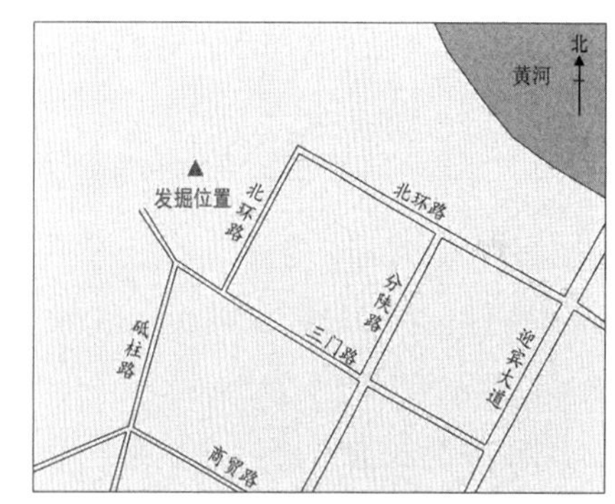

图一　发掘位置示意图

一、M6

（一）墓葬形制

M6为长方形竖穴土坑墓，开口于扰土层下，距地表0.40米，方向70°。墓口长2.2米、宽0.9~1.1米；底长2.4米、宽0.9~1.1米，距墓口2.12米。在距墓口1.8米处发现生土二层台，台东宽0.18米、西宽0.1米、南宽0.16米、北宽0.2米，残高0.32米。墓室东西两壁微下斜，南北两壁较为平直，壁面加工粗糙，室底较平。墓内填红褐色五花土，质地疏松。葬具为木质单棺，腐朽，仅见灰白色棺痕。棺呈近长方形，长2.04米，宽0.52~0.6米，厚0.04米，高度不详。棺内有人骨架一具，基本保存完整，仰身直肢葬，头西脚东，头部腐朽，面向不详，性别年龄不详。（图二）

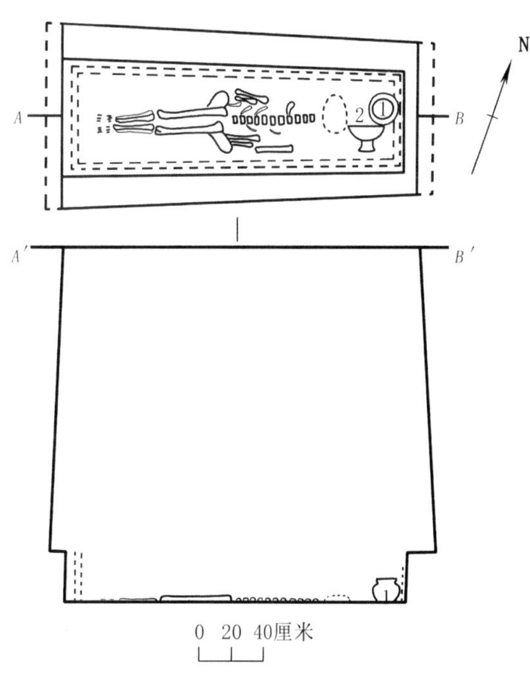

图二　M6平、剖面图
1. 陶罐　2. 陶簋

（二）随葬器物

该墓出土随葬器物为2件陶器，陶质为泥质灰陶，器形分别为罐、簋。器物均放置于棺内墓主头部附近。

罐　1件。标本M6：1，斜折沿，斜方唇，侈口，短束颈，鼓肩，斜腹下收，最大腹径在上部，平底。口沿残存朱砂划痕，肩部饰两道凹弦纹。口径11.2厘米，最大腹径17.2厘米，底径7.5厘米，通高15.6厘米。（图三，1；图版一，1）

簋　1件。标本M6：2，尖圆唇，敞口，斜弧腹，高圈足外撇。腹上部和底部各有一圈细绳纹，局部残存有烟炱。口径24.2厘米，底径13厘米，通高15.2厘米。（图三，2；图版一，2）

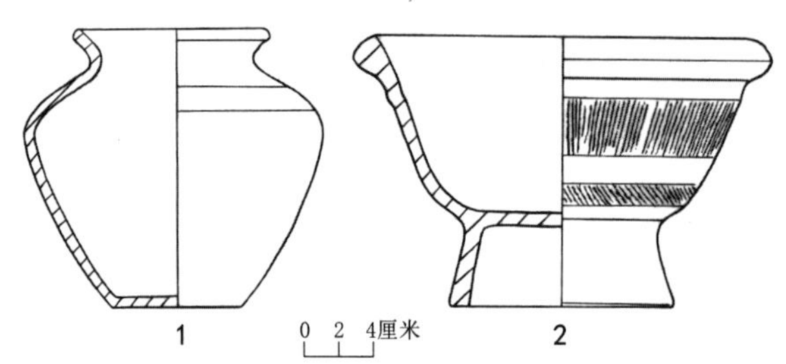

图三　M6出土器物
1. 陶罐（M6：1）　2. 陶簋（M6：2）

二、M10

（一）墓葬形制

M10为长方形竖穴土坑墓，开口于扰土层下，距地表0.75米，方向95°。墓口长2.3米，宽0.88~0.98米；底长2.34米，宽0.92~1.04米，距墓口1.66米。在距墓口1.5米处发现生土二层台，二层台壁面内收，台东宽0.3米、西宽0.04米、南宽0.12~0.18米、北宽0.14~0.22米，残高0.16米。在墓室东壁下发现壁龛，龛底平面呈长方形，长0.54米，高0.4米，进深0.16米。墓室四壁微斜，壁面不光滑，室底较平。墓内填土为红褐色五花土，质地疏松。葬具为木质单棺，基本腐朽，仅见灰白色棺痕。棺呈长方形，长1.88米，宽0.54米，高度厚度不详。棺内有人骨架一具，基本保存完整，仰身直肢葬，头东脚西，面向南，上身微向南侧，右臂弯曲，手放置于肩部，性别、年龄不详。（图四）

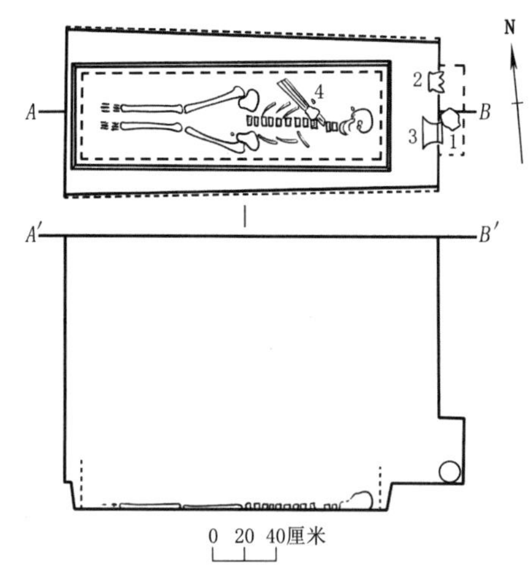

图四　M10平、剖面图
1. 陶罐　2. 陶鬲　3. 陶簋　4. 贝币

（二）随葬器物

该墓共出土随葬器物4件（套），分为陶器和贝币两类。其中陶器3件放置于壁龛内及壁龛口处，贝币1套4枚，放置于棺内。现介绍如下：

陶罐　1件。标本M10：1，泥质灰陶，斜折沿，方唇，侈口，束颈，鼓肩，斜腹下收，平底。肩部饰两道凹弦纹。口径 11.2 厘米，腹径 15.8 厘米，底径 8.4 厘米，通高 12.5 厘米。（图五，1；图版一，3）

陶鬲　1 件。标本 M10：2，泥质灰陶，口部大部残缺，从残存的部分看为平折沿，方唇，侈口，束颈，鼓腹，弧形档，3 个锥形足，实足根较短。颈部以下器身饰篮纹，裆部横饰篮纹。口径 12 厘米，最大腹径 13 厘米，通高 10.4 厘米。（图五，2；图版一，4）

陶簋　1 件。标本 M10：3，泥质灰陶，方唇，敞口，垂腹，上腹微弧，下腹内敛，圜底，圈足外撇。腹上部饰两圈凹弦纹，腹下部饰一圈凹弦纹，在腹部弦纹之间饰 24 组竖雷纹（图五，5），竖雷纹之间装饰 3 个扉棱。圈足中部饰两周凹弦纹。口径 22.4 厘米，底径 14.2 厘米，通高 15 厘米。（图五，4；图版一，5）

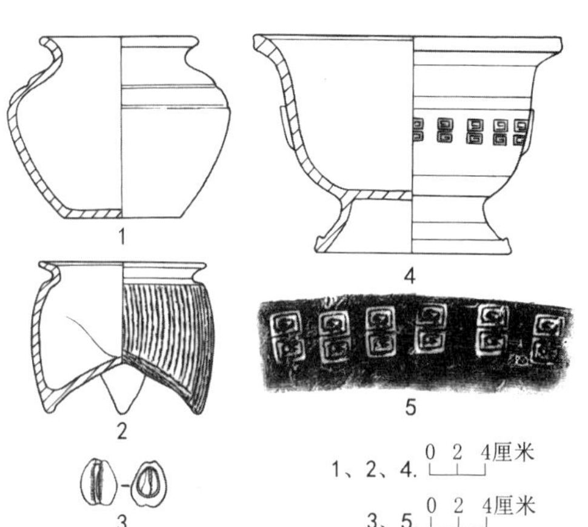

图五　M10 出土器物及陶簋竖雷纹拓片
1. 陶罐（M10：1）　2. 陶鬲（M10：2）
3. 贝币（M10：4）　4. 陶簋（M10：3）
5. 陶簋竖雷纹拓片

贝币　1 套 4 枚。样式相同，仅大小略有差异。白色，略呈椭圆形，正面微拱，中间刻有一浅槽，槽两侧刻平行短画，背面有一近椭圆形小孔。标本 M10：4，长径 1.6 厘米，短径 0.6 厘米，孔径 0.9 厘米。（图五，3）

三、M12

（一）墓葬形制

M12 为长方形竖穴土坑墓，开口于扰土层下，距地表 0.4 米，方向 275°。墓口长 1.86 米，宽 0.52~0.56 米；底长 1.90 米，宽 0.52~0.56 米，距墓口 1 米。墓室四壁微斜，壁面不光滑，室底较平。墓内填土为红褐色五花土，质地疏松。墓内有人骨架 1 具，基本保存完整，仰身直肢葬，头西脚东，面向南，双手交叉置于腹部。性别、年龄不详。未发现葬具。（图六）

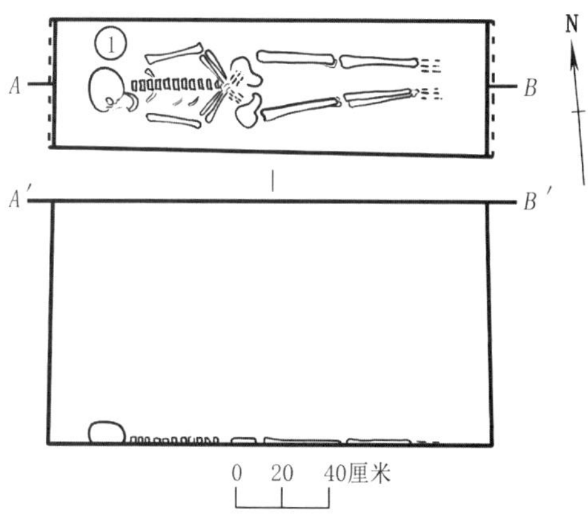

图六　M12 平、剖面图
1. 陶鬲

（二）随葬器物

该墓共出土随葬器物 1 件，为陶鬲，放置于墓室西部，墓主头部附近。

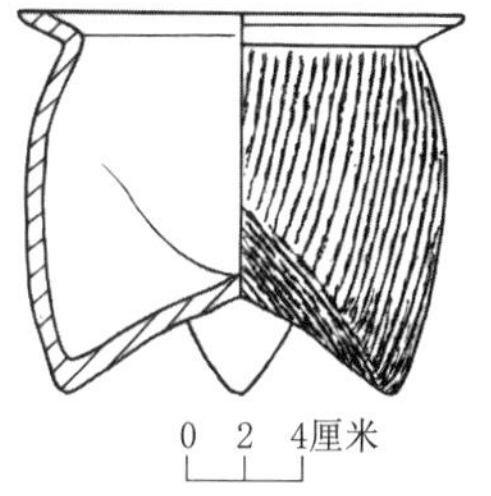

图七　陶鬲（M12：1）

鬲　1 件。标本 M12：1，泥质黑陶，尖唇，敛口，口沿微残，折沿微斜，沿略残，束颈，腹部微鼓，锥形足。口沿饰一周宽凹弦纹，颈部以下器身饰篮纹，裆部横饰篮纹。口径15.6厘米，最大腹径15.2厘米，通高12.8厘米。（图七；图版一，6）

四、结语

（一）墓葬年代

本篇简报的3座墓葬，开口均处于扰土层下。在墓葬形制上，均为口小底大、东宽西窄的长方形竖穴土坑墓。葬式均为仰身直肢葬。葬具主要为木质单棺。出土器物多为陶器，主要为罐、簋、鬲等。这种墓葬形制、葬式和器物组合主要流行于西周时期。

在出土器物上，M6陶罐（M6：1）、M10陶罐（M10：1）分别与张家坡M201：3 Ⅵ式罐、K132：4陶罐相似[1]；M6陶簋（M6：2）与张家坡M178：2陶簋相似[2]。因此M6、M10年代当在西周早期，大致为成王和康王时期。M12陶鬲（M12：1）与琉璃河西周燕国墓地M51：1 Ⅴ式弧裆鬲相似[3]，因此M12年代当为西周中期。

综上所述，本篇简报的三座墓葬年代为西周早中期。

（二）墓主身份

三座小型西周墓中均未出土铜器，基本都有木质葬具，且有随葬品，少则1件（M12），多则4件（M10），因此墓主身份当为平民。

（三）墓葬国别

三门峡原为陕，两周时期先后为焦、虢二国所辖。《史记·周本纪》记载："武王追思先圣王，乃褒封神农之后于焦……"《汉书·地理志上》记载："陕，故虢国。有焦城，故焦国。"《春秋左传·襄公二十九年》："虞、虢、焦、滑、霍、杨、韩、魏，皆姬姓也。"杜预注曰："焦在陕县。"西周晚期（公元前775年）焦国被虢国所灭，《今本竹书纪年》记载："（幽王）七年，虢人灭焦。"

从地理位置上看，3座墓葬距焦城不远。《水经注·河水》"……东则咸阳涧水注之，水出北虞山南，至陕津注河，河南即陕城也。……其大城中有小城，故焦国也。"《史记·秦本纪》正义引《括地志》："焦城在陕州城内东北百步，因焦水为名，周同姓所封。"2007年，三门峡市文物考古研究所在与中兴量仪有限公司相距不远的开发区工业园润德实业有限公司工地曾清理出12座焦国墓[4]，二者在墓葬形制、葬具葬式和出土器物组合上极其相似，推测该墓区周围可能存在焦国公墓。

综合以上，这三座墓葬为焦国墓。

本篇简报的三座墓葬，属于西周早中期的焦国。目前焦国墓葬发现比较少，相关研究还不深入，本篇简报期望对研究焦国墓葬的葬制、葬俗等起到推动作用。

领队：杨海青

工地负责：胡小龙

发掘：祝晓东

绘图：上官荣光　张雪娇

摄影：上官荣光　张雪娇

拓片：上官荣光　张雪娇

执笔：祝晓东

注释：

［1］中国科学院考古研究所：《沣西发掘报告：1955—1957 年陕西长安县沣西乡考古发掘资料》，文物出版社，1963 年，第 129—130 页。

［2］中国科学院考古研究所：《沣西发掘报告：1955—1957 年陕西长安县沣西乡考古发掘资料》，文物出版社，1963 年，第 129—130 页。

［3］北京市文物研究所：《琉璃河西周燕国墓地：1973—1977》，文物出版社，1995 年，第 58 页。

［4］《河南三门峡市发现焦国时期古墓葬》，2007 年 11 月 18 日，http ://hn.cnr.cn/xwzx/tp/200711/t20071118_504631549.html。

图版一

1. 陶罐（M6：1）

2. 陶簋（M6：2）

3. 陶罐（M10：1）

4. 陶鬲（M10：2）

5. 陶簋（M10：3）

6. 陶鬲（M12：1）

河南三门峡西周墓出土器物

河南三门峡市刚玉砂厂四座秦人墓发掘简报

◎河南省文物考古研究院　◎三门峡市文物考古研究所

三门峡市刚玉砂厂位于三门峡市西北部湖滨区黄河路西段，甘棠北路（规划道路）以东，八一路以南，上官北路（规划道路）以西，黄河西路以北，北距黄河约 1000 米。（图一）为配合三门峡市刚玉砂厂周边棚户区改造项目（黄河花园）工程建设的实施，河南省文物考古研究院联合三门峡市文物考古研究所于 2020 年 10 月至 2021 年 3 月对项目用地进行了考古勘探和发掘。本次共发掘墓葬 294 座，时代跨战国、秦代、西汉、北魏、唐代、宋金、明清等时期，其中 M70、M94、M110、M114 这四座秦人墓葬具有典型的秦文化特征。现将发掘情况简报如下。

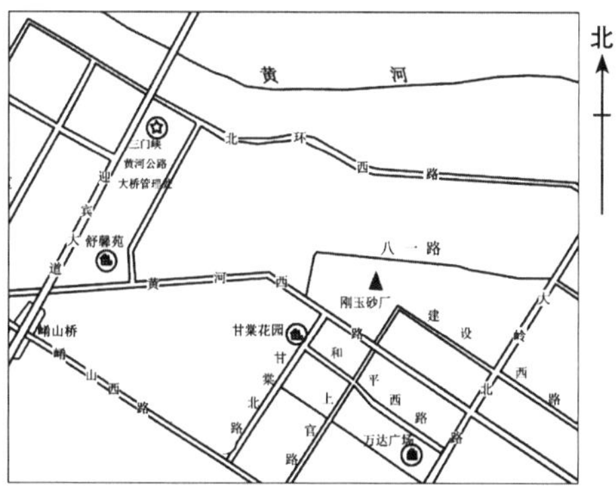

图一　河南三门峡市刚玉砂厂墓地位置示意图

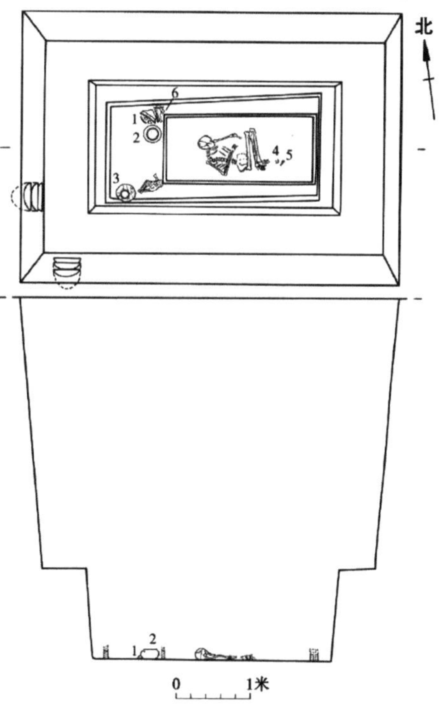

图二　M70 平、剖图
1. 陶盆　2. 铁釜　3. 陶罐　4. 铜铃
5. 铜带钩　6. 陶盆　7. 陶釜（填土出）

一、M70

（一）墓葬形制

该墓位于发掘区东南部，开口于扰土层下，向下打破生土。墓口距现地表深 0.50 米。方向 276°。长方形竖穴土坑墓，口大底小，斜直壁，底部内收。墓口长 5.14 米，宽 3.60 米；墓底长 3.24 米，宽 1.60 米，墓葬深 4.80 米。（图二）墓室西壁和南壁各有 3 个脚窝，脚窝平面呈圆角三角形，长 0.36 米，高 0.25 米，进深 0.15 米；底部四周设有生土二层台，台高 1.22 米，二层台斜直壁，底部近平，西高东低；

西侧台宽0.60米，长1.74米；东侧台宽0.48米，长1.76米；南、北两侧台宽0.40米，长3.44米。墓葬填土是以红褐色为主的花土，土质较疏松。葬具为一棺一椁，已腐朽，朽痕呈灰褐色，置于墓室中部，木棺置于木椁中东部。木椁长2.92米，宽1.32~1.40米，厚0.06米；木棺长2.08米，宽0.92米，厚0.04米，残高0.10米。棺内有一具人骨，头西足东，面向东北，仰身屈肢，双手交叉置于腹部位置，人骨保存状况较差，为男性，年龄不详。共有7件随葬品，出土于西部棺椁之间及墓主人足部东侧，分别为陶盆2件、陶罐1件、铁釜1件、铜带钩1件及铜铃1件，另于填土中发现1件陶釜。

（二）随葬器物

陶罐　1件。标本M70：3，泥质灰陶。侈口，折沿，方唇，束颈，圆肩，鼓腹，最大腹径近中部，平底。肩腹部饰有六周旋断细绳纹，下腹有轮制痕迹。口径9.6厘米，底径13厘米，最大腹径25.6厘米，通高25.6厘米。（图三，1）

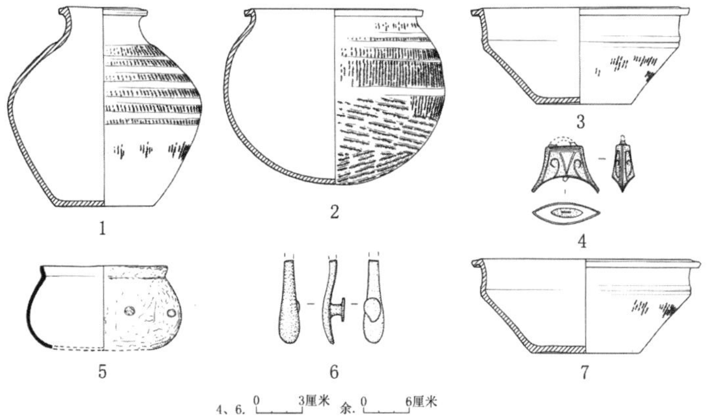

图三　M70出土器物

1. 陶罐（M70：3）2. 陶釜（M70：7）3. 陶盆（M70：1）4. 铜铃（M70：4）5. 铁釜（M70：2）6. 铜带钩（M70：5）7. 陶盆（M70：6）

陶釜　1件。标本M70：7，夹砂灰陶。侈口，折沿，沿面有凹槽，方唇，束颈，溜肩，鼓腹，圜底。上腹部饰四周旋断细绳纹，下腹及底部饰交错粗绳纹。口径21.4厘米，通高22.4厘米。（图三，2）

陶盆　2件。均为泥质灰陶。敞口，折沿，沿面微凹，折腹，平底。标本M70：1，折沿下垂，方唇，折腹，上腹近直，下腹斜收。折腹部有一周凹槽，下腹饰有浅绳纹。口径25.6厘米，底径12.4厘米，高12.4厘米。（图三，3）标本M70：6，斜方唇，折腹，上腹稍弧，下腹斜收。折腹部有一周凹槽，下腹部有轮制痕迹，局部有细绳纹。口径27.2厘米，底径14厘米，高12厘米。（图三，7）

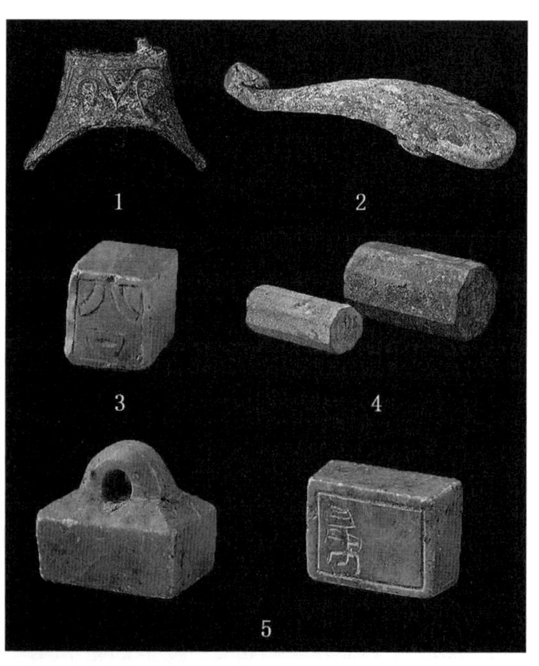

图四　铜、玉石器

1. 铜铃（M70：4）2. 铜带钩（M114：1）3. 玉印章（M94：7）4. 料塞（M94：6）5. 玉印章（M114：4）

铁釜　1件。标本M70：2，锈蚀严重。侈口，圆唇，束颈，溜肩，扁鼓腹下垂，近平底。肩部有对称双耳，已残，间饰圆形乳丁。口

径 16.8 厘米，残高 10.6 厘米。（图三，5）

铜带钩　1 件。标本 M70：5，体呈琵琶形，钩首残缺，形制不详，颈部较细。钩钮面呈椭圆形，钩尾呈扁圆形。钩残长 5.3 厘米，宽 1.4 厘米。（图三，6）

铜铃　1 件。标本 M70：4，呈上窄下宽的扁箫形，顶有半圆钮，已残。下部弯口，两端外张而稍尖，截面呈弧形，铃舌下端呈三角形。铃身饰单线阳文勾成的兽面。通高 3.2 厘米，口宽 4.4 厘米。（图三，4；图四，1）

二、M94

（一）墓葬形制

该墓位于发掘区南部，西邻 M95。开口于扰土层下，向下打破生土，墓口距现地表深 1.55 米，方向 268°。长方形竖穴墓道土洞墓，由墓道、墓室组成。墓道位于墓室西侧，口部平面呈长方形，东西长 3.40 米，南北宽 2.40 米；口大底小，墓壁斜直，平底，深 2.65 米。墓道内留有生土二层台，台宽 0.48~0.98 米，台高 1.05 米。墓室为土洞室，弧形顶，墓室壁近直，加工一般。底部近长方形，底长 2.10 米，宽 1.20~1.28 米，墓室高 1.35~1.45 米。（图五）墓道填土为黄褐色五花土，较疏松。墓室内为黄褐色淤土，较松软。葬具为木棺，已腐朽，残存棺灰。人骨一具，仰身屈肢，头向西，面向南，保存状况较好，性别、年龄不详。共有 7 件随葬品，其中位于墓室东北部的有陶釜、茧形壶与盆各 1 件，铜带钩和铜印位于墓室东侧，料塞和玉印章分别位于墓室人骨足首处。

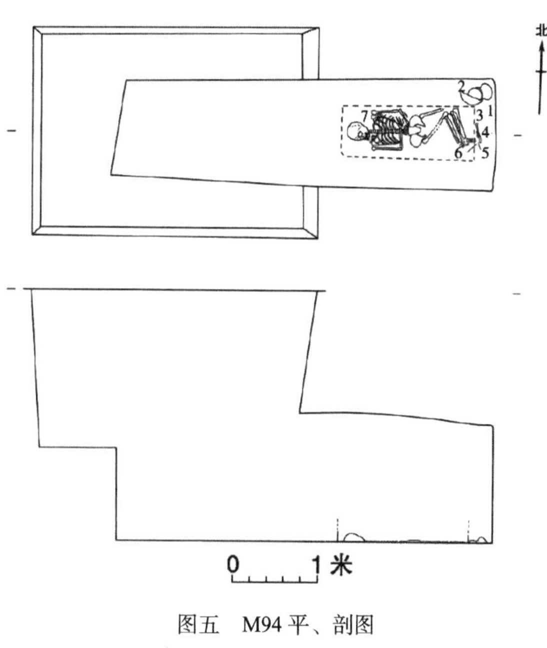

图五　M94 平、剖图
1. 陶釜　2. 陶茧形壶　3. 陶盆
4. 铜带钩　5. 铜印章　6. 料塞　7. 玉印章

（二）随葬器物

陶茧形壶　1 件。标本 M94：2，泥质灰陶。侈口，折沿，方唇，束颈，横椭圆形腹，圜底。腹部饰有纵向七周等距横向细绳纹。口径 8 厘米，通高 18.8 厘米。（图六，1）

陶釜　1 件。标本 M94：1，夹砂灰陶。微侈口，折沿，尖圆唇，束颈，溜肩，鼓腹，圜形底。上腹饰竖向细绳纹，下腹及底部饰交错绳纹。口径 18 厘米，通高 16.2 厘米。（图六，2）

陶盆　1 件。标本 M94：3，泥质灰陶。敞口，折沿，方唇，弧腹，平底。腹部有三周凹槽。口径 22.8 厘米，底径 13 厘米，高 10.4 厘米。（图六，3）

铜带钩　1件。标本M94：4，长条形，钩身断面呈圆形，钩首为蛇形，颈部稍细，背部圆形柱钮。通长22.8厘米，宽1.6厘米。（图六，7）

铜印章　1件。标本M94：5，方形，桥形钮，锈蚀严重，镌刻阳文，文字不详。边长1.1厘米，高0.9厘米。（图六，5）

料塞　1件。标本M94：6，共2枚，呈八棱柱状。一大一小，大者宽1.4厘米，高2.4厘米；小者宽0.8厘米，高2厘米。（图四，4；图六，6）

玉印章　1件。标本M94：7，青玉质。长方形，桥形钮，镌刻阳文“台”。长1厘米，宽0.9厘米，高1.9厘米。（图四，3；图六，4）

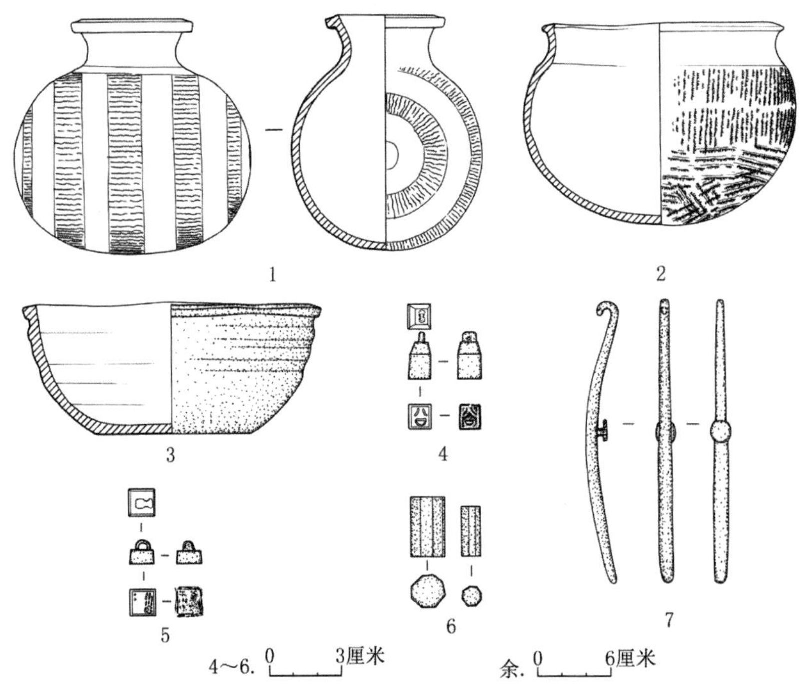

图六　M94出土器物

1. 陶茧形壶（M94：2）2. 陶釜（M94：1）3. 陶盆（M94：3）
4. 玉印章（M94：7）5. 铜印章（M94：5）6. 料塞（M94：6）7. 铜带钩（M94：4）

三、M110

（一）墓葬形制

该墓位于发掘区中南部，开口于扰土层下，向下打破生土，口部距现地表深2米，方向262°。长方形竖穴墓道土洞墓，由墓道、墓室组成。墓道位于墓室西侧，墓口平面呈长方形，长4.30米，宽3.20米；口大底小，壁斜直，加工较好，平底，深4米。墓道西壁上有脚窝，西壁1个，南壁2个。墓室为土洞室，弧形顶，墓室壁近直，加工一般，底部近长方形，底长2.48米，宽1.24米，墓室高1.27~1.60米。（图七）墓道填土为黄褐色五花土，较疏松。墓室内为黄褐色淤土，较松软。葬具为木棺，已腐朽，残存棺灰痕迹，南北宽0.76米，东西长1.42米。人骨一具，仰身屈肢，头向西，面向上，保存状况较好，性别、年龄不详。共出土7件随葬品，其中位于墓室北侧壁龛内的有陶罐、陶釜、陶盆、陶甑各1件，铜带钩位于墓主腿骨处，料塞位于右手附近，铁器位于墓室西部。

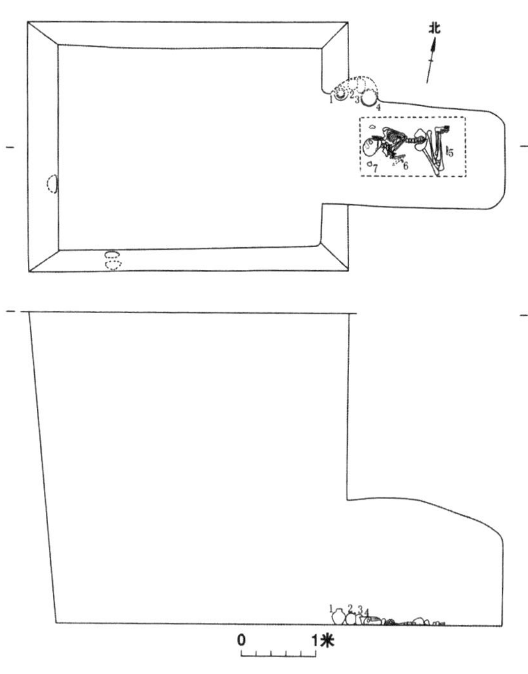

图七 M110平、剖图
1. 陶罐 2. 陶釜 3. 陶盆
4. 陶甑 5. 铜带钩 6. 料塞 7. 铁器

（二）随葬器物

陶罐 1件。标本M110：1，泥质灰陶。侈口，卷沿，方唇，束颈，圆肩，鼓腹，平底。肩腹部饰五周旋断细绳纹。口径9.6厘米，底径12.6厘米，高22.4厘米。（图八，1）

陶釜 1件。标本M110：2，夹砂灰陶。侈口，折沿上扬，沿面微凹，尖唇，短束颈，鼓肩，弧腹，圜底。肩部有一周凹弦纹，上腹部饰有三周旋断细绳纹，下腹及底部饰交错的长方形按压纹。口径15.2厘米，高15.2厘米。（图八，2）

陶盆 1件。标本M110：3，泥质灰陶。敞口，折沿，方唇，弧腹，近平底内凹。腹部有四周凸弦纹。口径22厘米，底径8.2厘米，高9.4厘米。（图八，3）

陶甑 1件。标本M110：4，泥质灰陶。敞口，折沿，方唇，弧腹，近平底内凹，底部中央有一圆孔。腹部有三周凸弦纹。口径22.4厘米，底径9厘米，高10厘米。（图八，4）

铜带钩 1件。标本M110：5，蛇形，钩首残，颈部细长，背部有圆形柱钮，钩尾呈蛇首状。钩体近柱钮处有两道凹弦纹。残长11.4厘米，宽1.2厘米。（图八，5）

料塞 1件。标本M110：6，

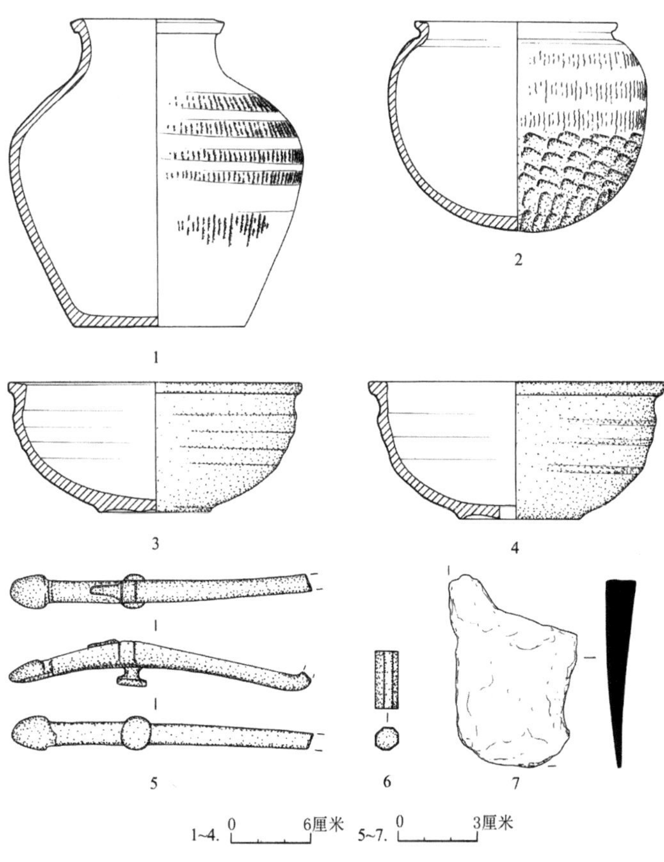

图八 M110出土器物
1. 陶罐（M110：1） 2. 陶釜（M110：2） 3. 陶盆（M110：3）
4. 陶甑（M110：4） 5. 铜带钩（M110：5） 6. 料塞（M110：6）
7. 铁器（M110：7）

器表有涂层，内为紫蓝色，整体呈八棱柱形。长 2.1 厘米，宽 0.9 厘米。（图八，6）

铁器　1 件。标本 M110：7，锈蚀严重，残断成数块，为不规则形，一端较薄应为刃部，一端较厚。疑似铁铲之类的工具。残长 7 厘米，宽 4.9 厘米。（图八，7）

四、M114

（一）墓葬形制

该墓位于发掘区西部，北邻 M115，开口于扰土层下，打破生土，墓口距现地表深 1.90 米，方向 270°。长方形竖穴墓道土洞墓，由墓道、墓室组成。墓道位于墓室西侧，平面呈不规则四边形，口部长 4.40 米，宽 3 米。墓道口大底小，底长 3.10 米，宽 1.55 米，深 5.90 米。墓道内有生土二层台，西宽 1.30 米，北宽 0.74 米，南宽 0.70 米。墓道西壁和南壁发现有脚窝，西壁 2 个，南壁 1 个。土洞墓室结构，弧形顶，平面近长方形，墓室壁较直，加工一般。底近平，长 2.40 米，宽 1.50 米。（图九）墓道填土为黄褐色五花土，土质较硬。墓室内为黄褐色淤土，较松软。葬具不详，人骨下有草木灰，灰痕长 1.60 米，宽 0.77 米。人骨一具，保存状况较差，屈肢葬，头向西，面向不明，性别、年龄不详。共出土 4 件随葬品，其中位于墓室西南角的有陶釜、陶罐各 1 件，玉印章位于人骨东侧，铜带钩位于墓室西部。

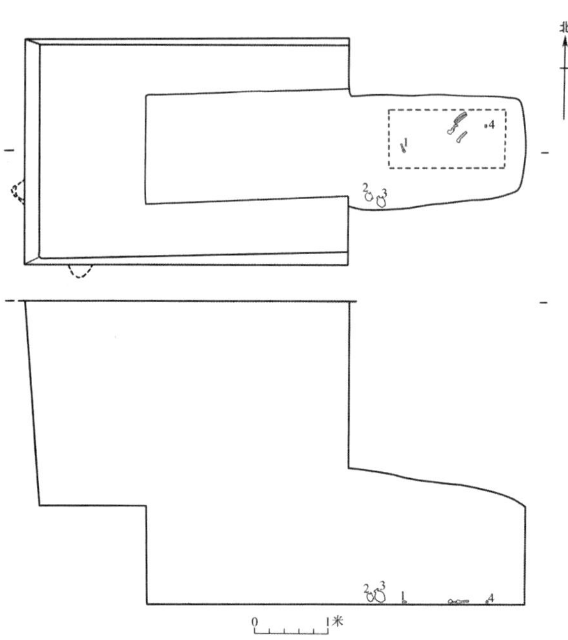

图九　M114 平、剖图
1. 铜带钩　2. 陶釜　3. 陶罐　4. 玉印章

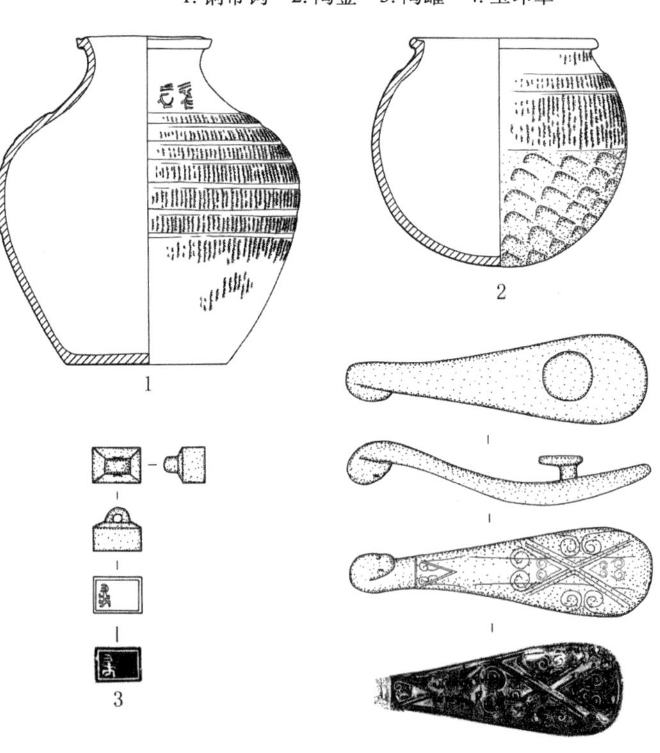

图一〇　M114 出土器物
1. 陶罐（M114：3）　2. 陶釜（M114：2）
3. 玉印章（M114：4）　4. 铜带钩（M114：1）

（二）随葬器物

陶罐　1 件。标本 M114：3，泥质灰陶。侈口，折沿，沿面微凹，方唇，束颈，圆肩，鼓腹，平底。颈肩部绳纹不明显，肩部有戳印文字“陕永”；腹部饰七周旋断细绳纹。口径 9.4 厘米，底径 12.8 厘米，高 25.3 厘米。（图一〇，1）

陶釜　1 件。标本 M114：2，夹砂灰陶。侈口，卷沿，沿面微凹，圆唇，束颈，溜肩，圆腹，圜底。肩、腹交接明显，上腹饰弦断细绳纹，下腹饰较深的不规则形按压纹。口径 14.4 厘米，高 17.6 厘米。（图一〇，2）

铜带钩　1 件。标本 M114：1，琵琶形。钩首呈蛇形，背部有圆形柱钮，钩尾呈琵琶形，钩面上有两道凸棱，并饰几何形纹和卷云纹，纹饰之间为错金银装饰。钩长 12.1 厘米，宽 3.5 厘米。（图四，2；图一〇，4）

玉印章　1 件。标本 M114：4，青玉质。长方形，桥形钮。印章一侧阴线刻“帚”字，四周有阴线刻的方框。长 1.9 厘米，宽 1.4 厘米，高 1.7 厘米。（图四，5；图一〇，3）

五、结语

三门峡地处关中至关东的交通要道上，战国时期属于秦、韩、魏三家必争之地。战国晚期，为秦所辖，据文献记载，秦曾“县陕”“围陕”“取陕”，又迁大批秦民于此，使秦文化在这一地区得到发展[1]。通过目前三门峡市发现的战国秦汉墓来看，具有浓厚秦文化因素的墓葬数量十分丰富，如三门峡后川村、司法局、刚玉砂厂、火电厂、铁路区等地均发现有数量较多的秦人墓葬。本次发掘的这四座墓葬同样具有浓厚的秦文化因素，如墓葬方向以西向为主，墓葬形制主要是竖穴墓道土洞墓，墓道宽于墓室，个别墓道还保留有二层台。葬式均为屈肢葬，随葬器物主要是陶釜、陶罐、陶盆、陶甑、铜带钩和印章等日常生活用器。

M70 出土的陶釜（M70：7）、陶罐（M70：3）分别与三门峡印染厂 M23 出土的 Ab Ⅰ式陶釜（M23：3）、Bb 型陶罐（M23：1）的形制相似，后者的年代为战国晚期至秦统一[2]。出土的陶盆（M70：1、6）分别与塔尔坡秦墓出土的 AaⅢ式陶盆（27063：10）、AbⅢ式陶盆（25086：3）形制相同，后者时代均属于战国晚期[3]。M94 出土的陶茧形壶（M94：2）为圜底，形制特征与三门峡司法局战国晚期 M178 出土的茧形壶[4]（M178：4）较为相似，但腹部更扁；也与塔尔坡秦墓出土的Ⅳ式茧形壶（33018：4）形制相同，该墓年代为战国晚期后段[5]；出土的陶釜（M94：1）分别与西安南郊潘家庄秦墓出土的 Bb Ⅰ式鍪[6]（M153：5）及三门峡印染厂 M49 出土的陶釜[7]（M49：4）形制相似，两者时代属于战国晚期至秦统一时期。M110 出土的陶釜（M110：2）、陶盆（M110：3）、陶甑（M110：4）分别与西安南郊茅坡邮电学院秦墓出土的 AⅢ式溜肩夹砂陶釜（M48：2）、AbⅣ式陶钵（M54：3）、Ab Ⅱ式钵形甑（M54：4）形制相同，茅坡邮电学院秦墓的年代为战国晚期至秦统一时期[8]；陶罐（M110：1）与三门峡火电厂秦人墓出土的Ⅰ式罐（CM09102：4）形制相近，但其下腹斜直，该墓的年代为秦末汉初时期[9]。M114 出土的铜带钩为琵琶形，体较宽，具有战国时期的形制特征[10]；出土的陶罐（M114：3）与陕县东周秦汉墓出土的Ⅱ型Ⅰ式陶罐（铁 4046：1）形制相似，该墓的年代为战国晚期至秦统一时期[11]。综合上述特征判断，这四座墓葬的年代应为战国晚期至秦统一时期，但其年代也有一定的早晚之分，M70 稍早，M94 和 M114 年代相近，M110 年代稍晚。

根据刚玉砂厂这四座秦人墓的墓葬形制和随葬器物组合推测，其墓主应属于平民阶层。刚玉砂厂位置距离后川村墓地较近，二者北邻黄河，西距陕州故城约 1.50 千米，或同属一个较大范围的公共墓地。后川墓地秦人墓的墓葬形制以竖穴墓道土洞墓为主，多随葬有陶鼎、甗、缶、壶、罐和盆等器物[12]，而刚玉砂厂秦人墓的墓葬形制有竖穴土坑墓和竖穴墓道土洞墓，墓内留二层台的现象较为常见，随葬器物以陶釜、陶盆、陶罐等生活用器为主。综合来看，刚玉砂厂墓地的秦人墓年代稍早于后川墓地。本次发掘的刚玉砂厂秦人墓为研究三门峡地区秦人墓的葬俗提供了翔实的实物资料，同时为进一步认识战国晚期秦人墓、秦代墓和西汉时期秦人墓之间的差别提供了一些线索。

附记：本次发掘领队为许海星，器物绘图为孙广贺，器物修复及拓片为张雪娇和李冰洁，器物摄影赵昂，印章文字由史智民先生释读，在此表示感谢。

执笔：胡继忠

注释：

[1] 中国社会科学院考古研究所:《陕县东周秦汉墓》，科学出版社，1994 年，第 202 页。

[2] 河南省文物考古研究院:《三门峡市印染厂墓地》，中州古籍出版社，2017 年，第 14 页。

[3] 咸阳市文物考古研究所:《塔尔坡秦墓》，三秦出版社，1998 年，第 117 页。

[4] 三门峡市文物工作队:《三门峡市司法局、刚玉砂厂秦人墓发掘简报》,《华夏考古》1993 年第 4 期。

[5] 咸阳市文物考古研究所:《塔尔坡秦墓》，三秦出版社，1998 年，第 104 页。

[6] 西安市文物保护考古所:《西安南郊秦墓》，陕西人民出版社，2004 年，第 675 页。

[7] 河南省文物考古研究院:《三门峡市印染厂墓地》，中州古籍出版社，2017 年，第 38 页。

[8] 西安市文物保护考古所:《西安南郊秦墓》，陕西人民出版社，2004 年，第 311、316、321 页。

[9] 三门峡市文物工作队:《三门峡市火电厂秦人墓发掘简报》,《华夏考古》1993 年第 4 期。

[10] 王仁湘:《带钩概论》,《考古学报》1985 年第 3 期。

[11] 中国社会科学院考古研究所:《陕县东周秦汉墓》，科学出版社，1994 年，第 124 页。

[12] 三门峡市文物考古研究所资料。

河南三门峡甘棠学校春秋墓 M568 发掘简报

◎河南省文物考古研究院　◎三门峡市文物考古研究所

三门峡经济技术开发区甘棠学校地处三门峡市区西部，商贸路以南，北环西路以西，北邻外国语高中，西邻陕州故城（图一）。为配合三门峡市甘棠学校新址工地建设，受河南省文物考古研究院委派，三门峡市文物考古研究所牵头与郑州大学历史学院等单位组成联合考古队，于 2021 年 12 月 30 日至 2022 年 1 月 13 日对该工地范围内的古墓葬进行了抢救性发掘。共发掘墓葬 400 多座，其中东周墓葬 70 余座。东周墓中的 M568 保存完好，出土一批重要文物，现将该墓资料简报如下。

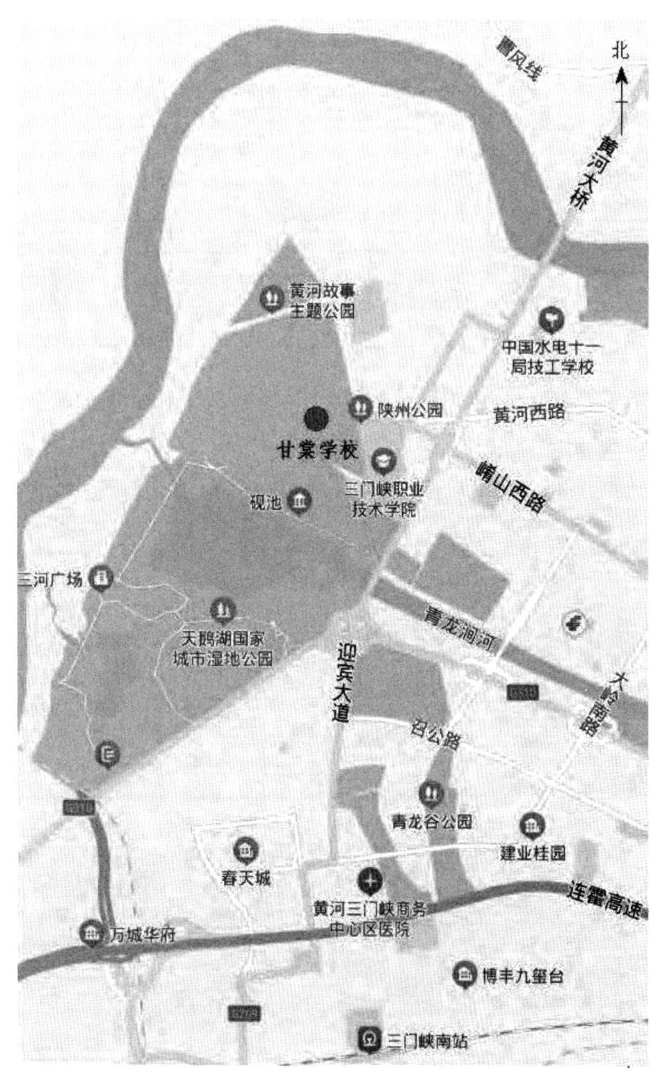

图一　三门峡市甘棠学校工地位置图

一、墓葬形制及葬具

M568 位于甘棠学校工地西北部，西邻 M541，南邻 M571。开口于扰土层下，打破生土。方向 186°，墓口距地表 4 米，南北长 3.85 米，东西宽 2.56 米，深 8.86 米。墓壁从距墓口 2.1 米处以下略向外倾，形成口小底大的竖穴式土坑墓（图二）。墓壁较规整，未见加工痕迹。

墓室距墓口 4 米处，发现大量灰白色木朽。经对填土进行清理，可知除北侧二层台稍宽为0.1米外，其余三侧均为0.08米。葬具为一椁重棺。椁长3.67、宽2.4、厚0.06米。椁室中部发现棺木朽痕，为双重棺，外棺长2.2、东西宽1.0~1.02、残高0.4、厚0.06米，内棺长1.88、东西宽0.7~0.72、残高0.26、厚0.06米。棺椁间距除东壁和北壁略窄分别为0.48、0.55米外，余二壁为0.8米。墓底平坦。填土呈黄褐色，土质较硬，似经夯打。

内棺有人骨1具，头向北，仰身直肢葬。骨骼保存状况较差，根据对残存骨骼的鉴定，判断为一男性，年龄约在28~36岁之间。

随葬品中的铜礼器鼎、敦置于棺椁之间的西南部，陶罐也位于附近，盘、舟置于棺椁之间西侧中部稍偏南，铜车马器、骨器置于棺椁之间西侧中部略偏北，另外2件陶罐置于棺椁之间的北部偏西，玉、石器类等出土于棺内墓主身体周围。

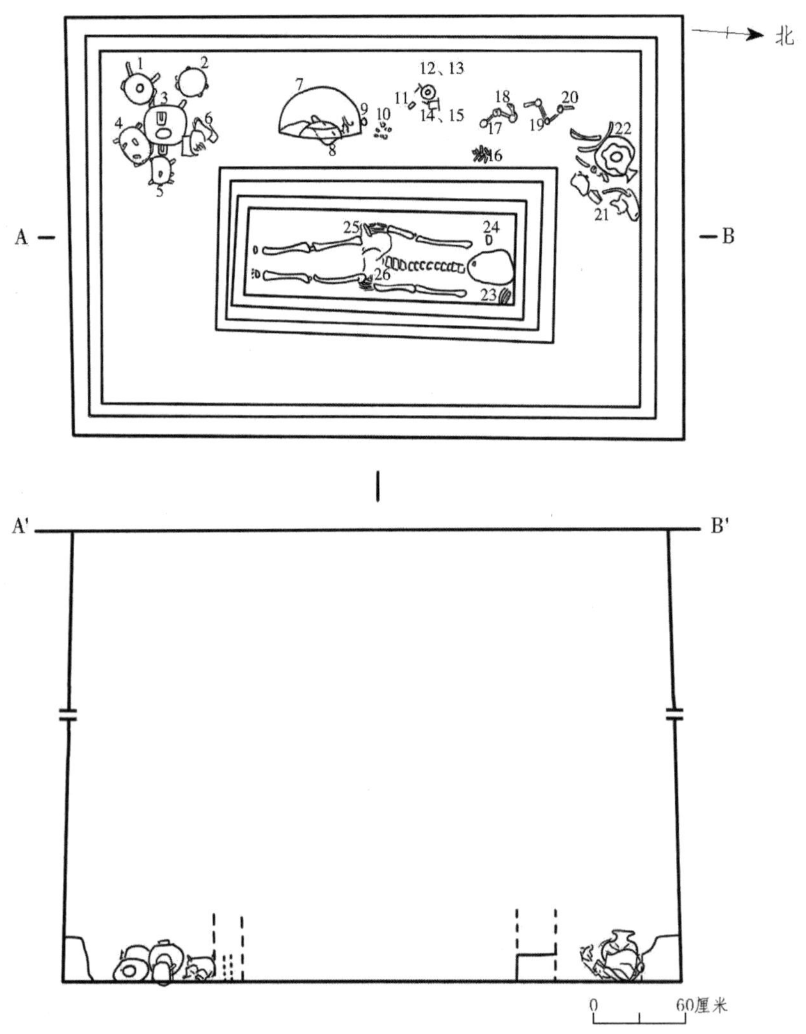

图二　M568平、剖面图

1、3、4. 铜鼎　2、5. 铜敦　6、21、22. 陶罐　7. 铜盘　8. 铜舟　9、11. 圆形玉柱　10. 铜盖弓帽　12、14. 车軎　13、15. 铜辖　16. 圭片　17、19. 铜衔　18、20. 骨镳　23. 蚌壳　24. 玉面饰　25、26. 石匕　27. 玉含

二、出土器物

M568共出土器物29件（组），按质地可分为陶、铜、玉、骨、石、蚌等。

1. 陶器

陶罐 3 件。分两型。

A 型　2 件。均破损修复。泥质灰陶。小口，宽沿外折，直颈，圆肩，小平底。M568：21，沿面外侧有一周旋纹，肩面有两道凸弦纹，腹下部有一道凸弦纹。口径 10.5、底径 13、高 36 厘米（图三，2；图四）。M568：22，颈略高，素面。口径 9.2、底径 11、高 27.8 厘米（图三，3；图五）。

B 型　1 件。M568：6，略有残缺。夹砂灰陶，呈褐色。小口微侈，窄沿外折，束颈，平底。腹下部饰绳纹。口径 12.5、底径 11、高 18 厘米（图三，1；图六）。罐内有兽骨，经鉴定为鸡骨（图七）。

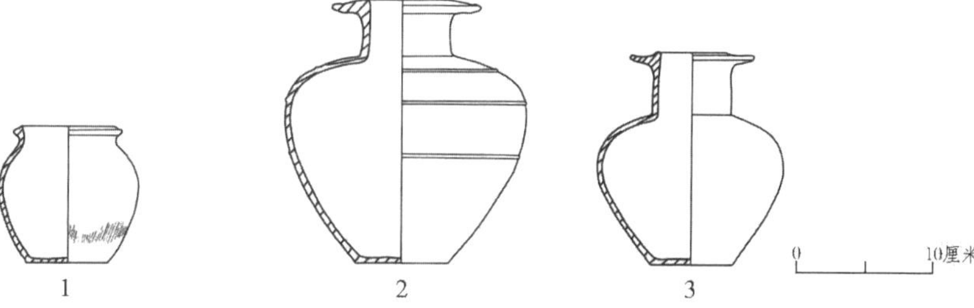

图三　M568 出土陶罐

1. M568：6　2. M568：21　3. M568：22

图四　陶罐（M568：21）

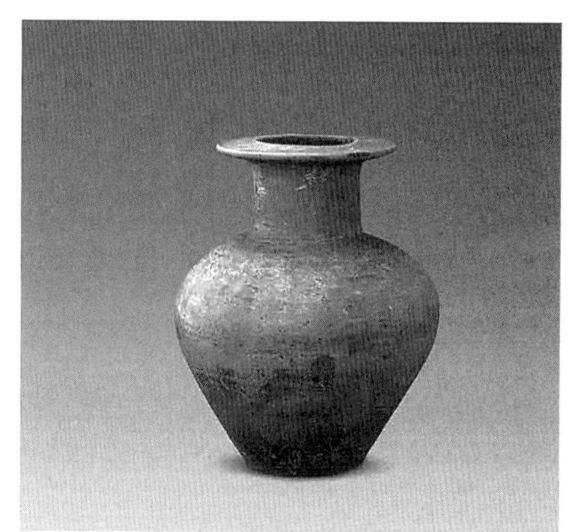

图五　陶罐（M568：22）

图六　陶罐（M568：6）

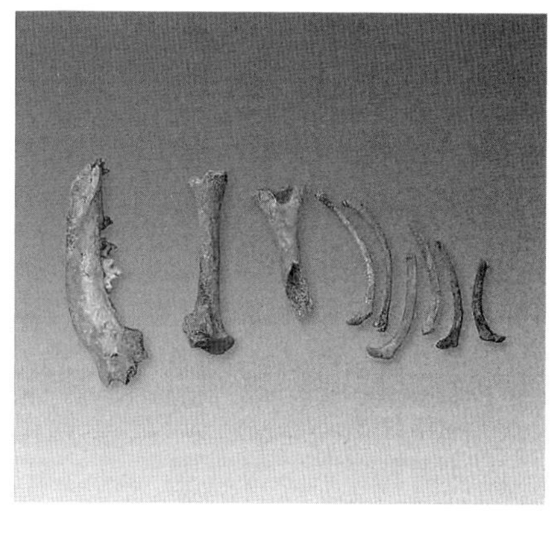

图七　陶罐（M568：6）内鸡骨

2. 铜器

14 件。器类有鼎、敦、盘、舟、盖弓帽、軎、辖、衔。

鼎　3 件。置于棺椁之间的西南部。

M568：1，三足附耳圆鼎。盖作弧形隆起，盖顶中部有环形捉手，下有五个弧形钮支撑，并与盖顶的五个长条形镂孔相间。子口微敛，两侧各有一长方形附耳，深腹，底部缓平，三蹄足较高。除腹中部有一道凸棱外，余均素面。器底及三足遍布烟炱。口径 17.5、腹径 19.5、通高 22.5 厘米（图八；图九）。

图八　铜鼎（M568：1）

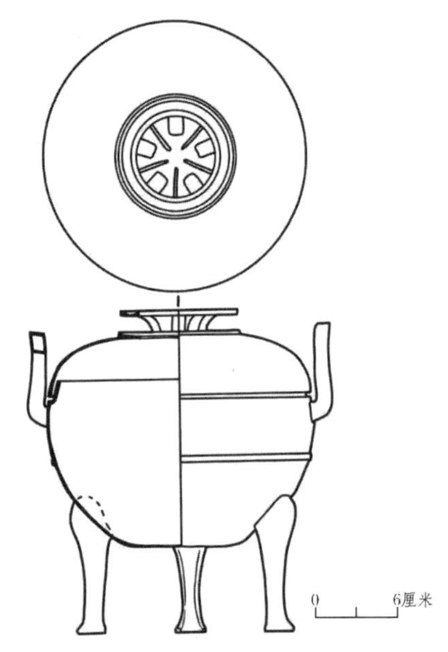

图九　铜鼎（M568：1）线图

M568：3，三足附耳圆鼎。盖作弧形隆起，盖顶中部有高 2、直径 5 厘米的圆形捉手，鼎身子口，口沿两侧有附耳，深腹、圜底，三蹄足。器身满布纹饰。捉手内的盖面顶部饰两周莲瓣纹，捉手外翻部分饰点纹衬地的横向“S”形缠绕虺纹；鼎耳内外均饰整齐排列的“S”形雷纹；盖面和鼎腹中部分别有一道素面带和凸棱，将纹饰各分为两组，四组纹饰均为蟠螭纹。捉手直径 10、口径 24、腹径 26、通高 31 厘米（图一〇至图一四）。出土时鼎内存有兽骨，经鉴定为羊骨（图一五）。

图一〇　铜鼎（M568：3）

图一一　铜鼎（M568：3）盖面

M568：4，三足附耳圆鼎。盖面微隆，盖沿下折，盖面偏外侧有三个等距分布的环形钮。鼎身子口，两侧有两附耳，球形腹，底近平，三瘦高蹄足。除腹中部有一道凸棱外，余均素面。底部似有烟炱。口径 19.5、腹径 21、通高 23.5 厘米（图一六；图一七）。

图一二　铜鼎（M568：3）耳部

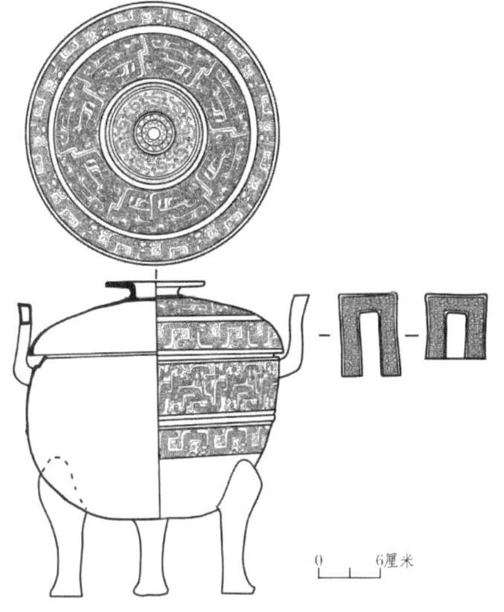

图一三　铜鼎（M568：3）线图

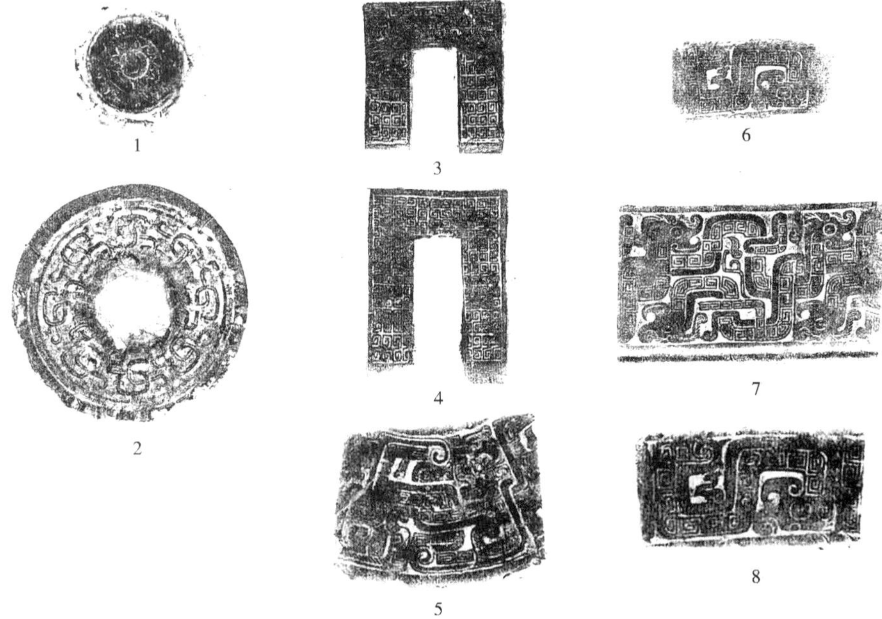

图一四　铜鼎（M568：3）拓片
1、2、5、6. 盖面　3、4. 耳部　7、8. 腹部

图一五　铜鼎（M568：3）内羊骨

图一六　铜鼎（M568：4）

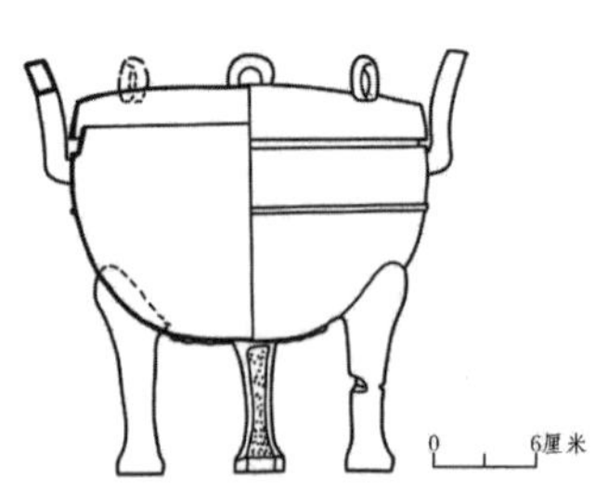
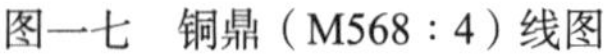

图一七　铜鼎（M568：4）线图

图一八　铜敦（M568：2）

敦　2 件。出土于棺椁之间西南部。形制、纹饰基本相同。三足扁圆形敦。扁圆形盖，盖面以四周素面带区隔为三周宽窄不一的纹饰带，纹饰带内为排列整齐的蟠虺纹，盖面偏外侧的素面带上等距分布三个环形钮。器身子口，扁圆腹，三矮蹄足，口沿两侧各有一环钮，口沿下饰一周较宽的纹饰带，纹饰与盖面相同。M568：2，口径 16.5、腹径 18、通高 12.5 厘米（图一八至图二〇）；M568：5，口径 15.5、腹径 16.5、通高 13.5 厘米（图二一至图二三）。

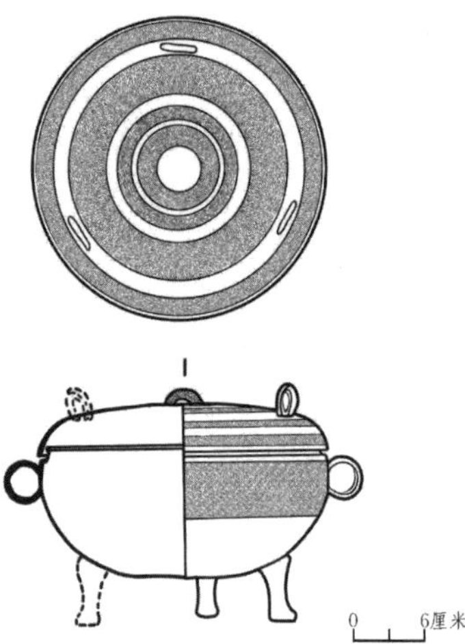

图一九　铜敦（M568：2）线图

盘　1 件。M568：7，残甚，器壁较薄，未能修复。敞口，浅弧腹，大平底。口沿外侧等距分布四个小环钮，其中两个套接有环形耳。素面（图二四）。

1

2　3

图二〇　铜敦（M568：2）拓片

1. 盖面　2. 环钮　3. 腹部

图二一　铜敦（M568：5）

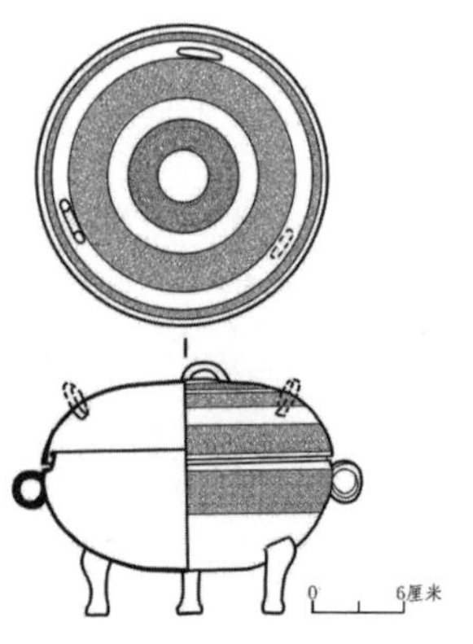

图二二　铜敦（M568：5）线图

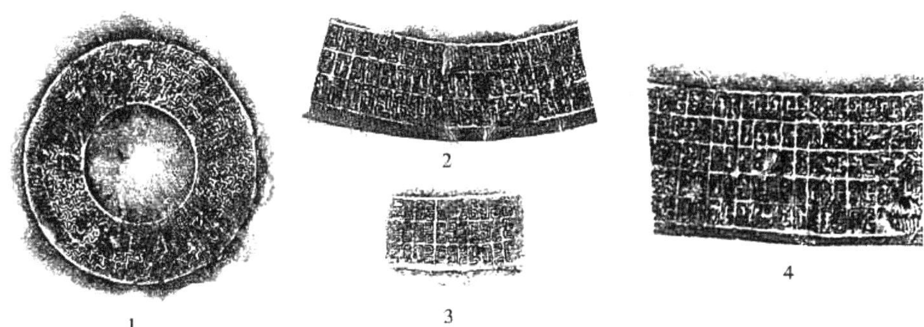

图二三　铜敦（M568：5）拓片
1~3. 盖面　4. 腹部

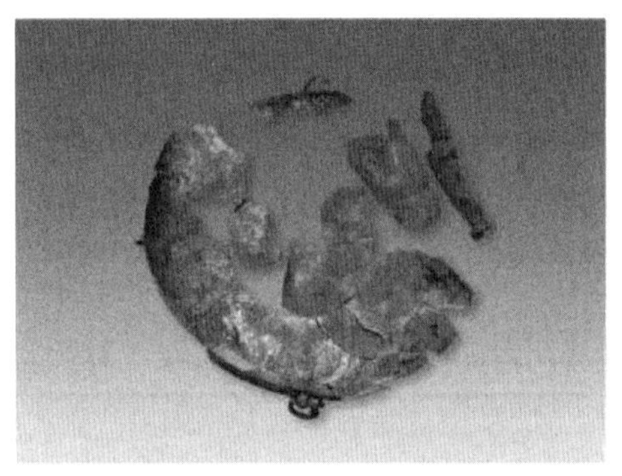

图二四　铜盘（M568：7）

图二五　铜舟（M568：8）

舟　1件。M568：8。器呈椭圆形，卷沿，束颈，平底，长腹一侧有一环耳，素面。口部残，宽14、通高8厘米（图二五；图二六）。

盖弓帽　若干，均编号为M568：10。器身略呈管状，横断面作马蹄形。末端封闭并略有收分，器身平侧附一竖环钮，銎内存有泥芯。长2.4、开口端宽1.2、末端宽1厘米（图二七；图二八）。

车軎　2件，分别编号为M568：12和M568：14。形制、纹饰近同。軎身粗短，内端有宽折沿，外端不封口。

图二六　铜舟（M568：8）线图

图二七　铜盖弓帽（M568：10）

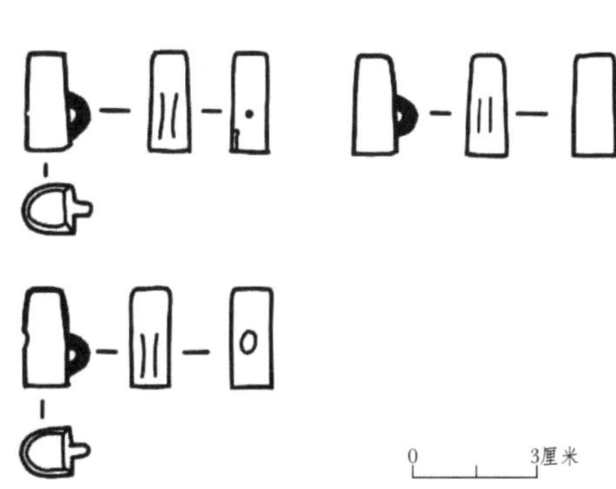

图二八　铜盖弓帽（M568：10）线图

軎身近折沿处有长方形穿以纳辖。軎身外端有两周凸棱，其余部分饰以点纹衬地的“S”形缠绕虺纹。通长 4.6、里端径 8.1、末端径 5 厘米（图二九至图三二）。

辖　2 件，分别编号为 M568：13 和 M568：15。形制近同。兽首状辖首，兽首两侧有贯通的穿孔，长条形辖键，辖键末端有长方形销孔。通长 7.8 厘米（图二九至图三二）。

图二九　铜车軎、车辖（M568：12、13）

图三〇　铜车軎、车辖（M568：14、15）

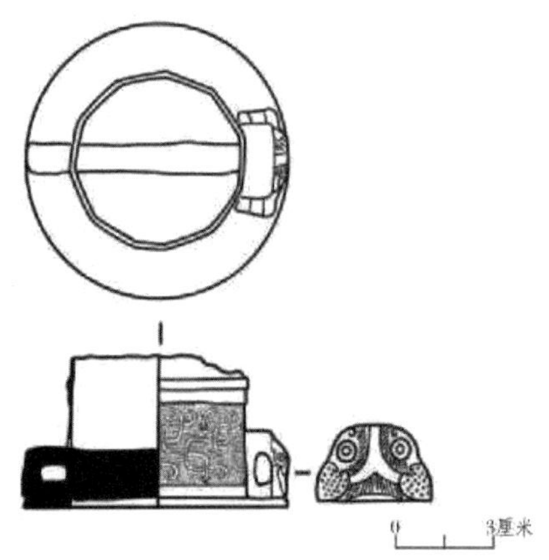

图三一　铜车軎、车辖（M568：12、13）线图

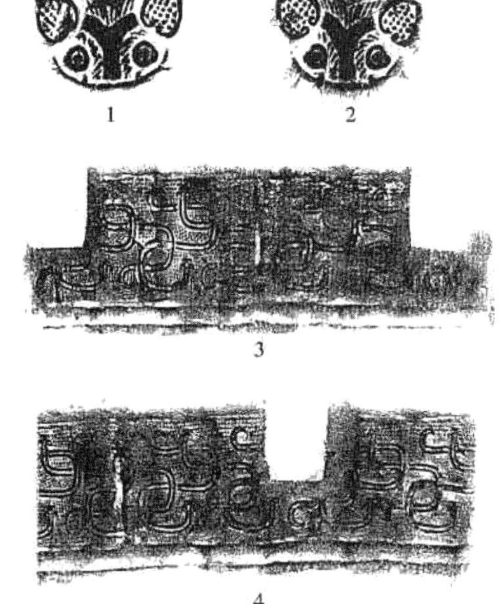

图三二　铜车軎、车辖拓片
1、2. 铜车辖（M568：13、M568：15）
3、4. 铜车軎（M568：12、M568：14）

衔　2 件，分别编号为 M568：17 和 M568：19。形制近同。两节式，节间以小环相衔，两端以椭圆形环贯镳。素面。通长 22.3 厘米（图三三至图三六）。

3. 骨器

3 件。均为骨镳，分别编号为 M568：18（残断）和 M568：20（2 件）。形制近同。由鹿角制成，形如羊角，截面呈八棱形，侧穿纵列二长方形孔，镳的中部或下部饰绿色，略有褪色。M568：18，残长 4.7 厘米；M568：20，通长 15.5 厘米（图三五；图三七）。

4. 玉器

5 件。包括圆柱形器、面形饰、玉含。

图三三　铜马衔（M568：17）

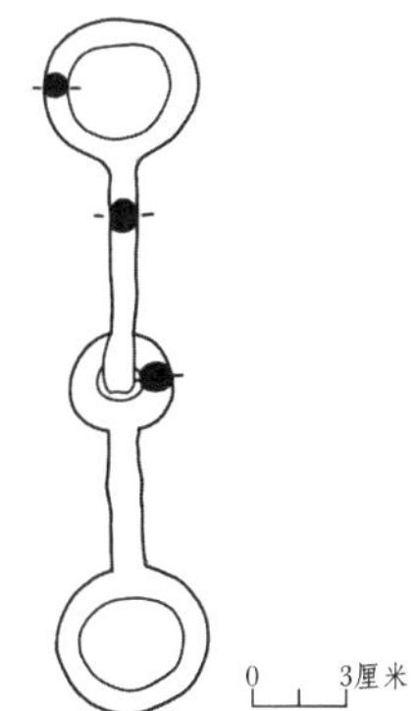

图三四　铜马衔（M568：17）线图

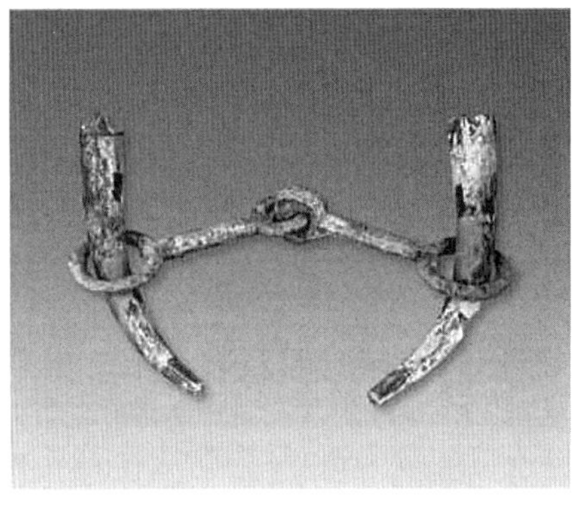

图三五　铜马衔、骨马镳（M568：19、20）

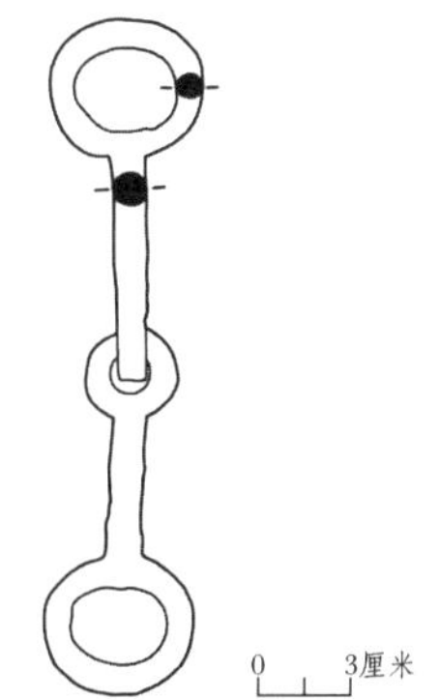

图三六　铜马衔（M568：19）线图

圆柱形器　2件。分别编号为M568：9和M568：11，形状、尺寸相同。淡黄色，圆柱状，中有一穿。直径2.4、高2.8、孔径0.6厘米（图三八；图三九）。

面形饰　1件。M568：24，出土于墓主头骨右侧。碧绿色，薄片状，正面雕琢对称浅浮雕鸟头饰，组成面形，中部偏上有两个对称穿孔，背面光素无纹。从二孔相通看，应是缀挂在某种织物上的一种较简单的幎目。高2.4、宽2.6、厚0.4、孔径0.2厘米（图四〇至图四二）。

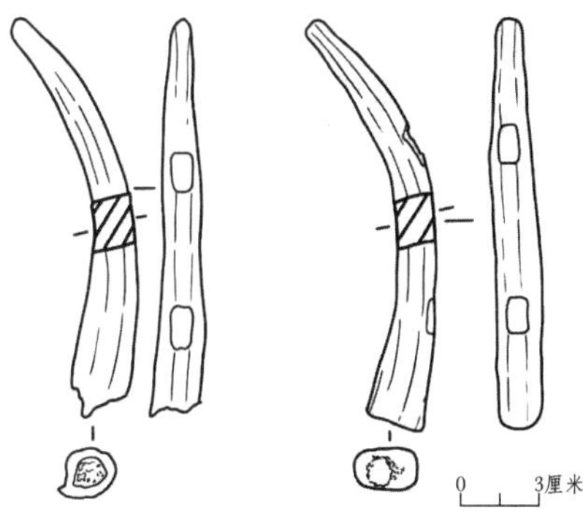

图三七　骨马镳（M568：20）线图

图三八　圆柱形玉器（M568：9）

图三九　圆柱形玉器（M568：11）

图四〇　玉面形饰（M568：24）正面

图四三　玉含（M568：27）

图四一　玉面形饰（M568：24）背面

图四二　玉面形饰（M568：24）拓片

图四四　石圭片（M568：16）

图四五　石匕（M568：25）

图四六　蚌器（M568：23）

玉含　2件。均编号为M568：27，玉质，残碎，形状不规则。出土于墓主头骨上颚附近（图四三）。

5. 石器、蚌器

石器3件。包括石匕、圭片。

圭片　若干，均编号为M568：16。多数残断。细砂岩质，圭首射尖小于45度，两侧平直，近底部或微敛。长约5.5、厚约0.4厘米（图四四）。

匕　2件。均残破，无法复原。M568：25，器扁薄，上有一圆孔，直径0.2厘米（图四五）。M568：26，残碎成小块状，形状难辨。

蚌器　1件。M568：23，出土于墓主头骨附近。残破，天然蚌壳，未见加工痕迹。长6、厚0.4厘米（图四六）。

三、结论

M568：1素面捉手盖鼎，形制与临猗程村M0019：7鼎[1]相近；M568：3蟠螭纹捉手盖顶形制近于程村M0021：3鼎[2]；M568：4素面平盖鼎，形制近似于陕县后川M2061：2[3]、洛阳木材公司C1M3529：10[4]；M568出土的两件铜敦，形制、纹饰与临猗程村M0019：9敦[5]、M0021：4敦[6]，河北唐县钓鱼台积石墓出土的铜敦基本相同[7]；M568的两组带辖车軎，形制、纹饰近于洛阳木材公司C1M3529：16带辖车軎[8]，两墓所出铜马衔的形制亦相近。

上举临猗程村M0019、M0021，陕县后川M2061，洛阳木材公司C1M3529，钓鱼台积石墓等墓，年代均属于春秋晚期，因此甘棠学校M568的时代也应为春秋晚期。

甘棠学校M568墓葬规模中等，使用一椁重棺，随葬品以铜器为主，三鼎二敦的食器数量在整个发掘区亦属少见。该墓的发掘，为三门峡地区春秋晚期的墓葬制度、风俗习惯提供了新的实物资料。

项目负责人燕飞，发掘刘国宝、李永涛、王亮，绘图张雪娇、赵薇，拍摄赵昂，执笔王军震。

注释：

[1] 中国社会科学院考古研究所、山西省考古研究所、运城市文物局等：《临猗程村墓地》，科学出版社，2003年，图版42，4。

[2] 中国社会科学院考古研究所、山西省考古研究所、运城市文物局等：《临猗程村墓地》，科学出版社，2003年，图版42，2。

[3] 中国社会科学院考古研究所：《陕县东周秦汉墓》，科学出版社，1994年，图版二七，5。

[4] 洛阳市文物工作队：《洛阳市木材公司春秋墓》图三，1、图六，《中国国家博物馆馆刊》2011年第8期。

[5] 中国社会科学院考古研究所、山西省考古研究所、运城市文物局等：《临猗程村墓地》，科学出版社，2003

年，图版 46，4。

[6] 中国社会科学院考古研究所、山西省考古研究所、运城市文物局等:《临猗程村墓地》，科学出版社，2003 年，图版 46，5。

[7] 胡金华、冀艳坤:《河北唐县钓鱼台积石墓出土文物整理简报》图三、图四,《中原文物》2007 年第 6 期。

[8] 洛阳市文物工作队:《洛阳市木材公司春秋墓》图四，4,《中国国家博物馆馆刊》2011 年第 8 期。

河南三门峡开发区两座战国墓发掘简报

◎河南省文物考古研究院　◎三门峡市文物考古研究所

2022 年 1—2 月，为了配合三门峡开发区甘棠幼儿园项目的工程建设，河南省文物考古研究院联合三门峡市文物考古研究所对其所占区域内的古墓葬进行抢救性考古发掘。该项目地处三门峡市区西北部，位于焦国路以东、商贸路以北。中心区域地理坐标为北纬 34°47′54.60″，东经 111°9′50.50″（图一）。该发掘区域内原堆放有大量的渣土，文物勘探之前建设单位已对其进行了清理，向下清理深度在 1~2.5 米之间。此次发掘共清理战国至明清墓葬 53 座。其中编号为 M39 及 M54 的两座战国墓葬形制保存完整，随葬品丰富，出土有陶器、铜器、石器等，共计 16 件（套），现简报如下。

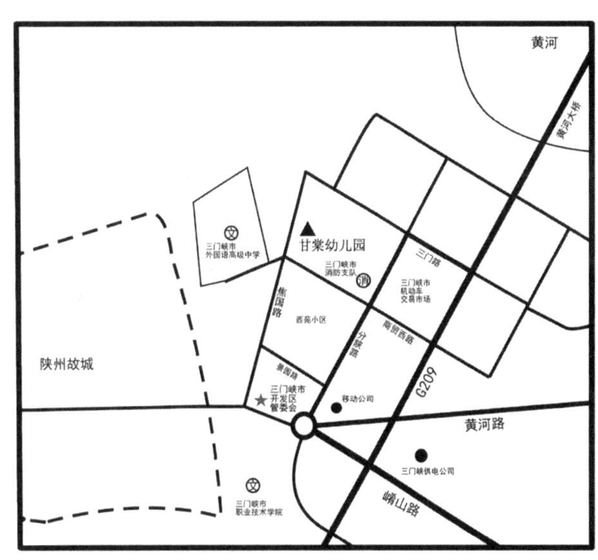

图一　三门峡开发区甘棠幼儿园项目位置示意图

一、M39

（一）墓葬形制

M39 位于此次发掘工地的西部，为南北向长方形竖穴土坑墓，方向 31°。墓口距现地表 1 米，墓葬开口南北长 2.54 米，东西宽 1.80~1.90 米。口略大于底，墓壁修整平滑，向下斜直略内收，底部平坦。墓底南北长 2.44 米，东西宽 1.68~1.78 米，墓深 2.18 米。

墓内填以黄褐色为主的花土，略经夯打，较硬，夯层与夯窝不明显，土内含有少量的料姜石。

墓葬熟土二层台台面距墓口 1.82 米，北侧二层台宽 0.12~0.14 米，东侧二层台宽 0.2~0.24 米，南侧二层台宽 0.11~0.13 米，西侧二层台宽 0.28~0.3 米，台高 0.36 米。

墓内葬具皆已严重腐朽，结构不清。从灰白色及灰黑色木质朽痕判断，其葬具为一棺一椁，椁室四壁紧贴二层台内壁。椁室平面呈长方形，南北长 2.18~2.2 米，东西宽 1.16~1.2 米，板厚 0.06~0.08 米，残高 0.36 米。木棺位于椁室中部偏西，平面近长方形，南北长 1.76 米，东西宽 0.7 米，板厚 0.06 米，残高 0.02 米。

墓主为单人仰身直肢葬，头北足南，面向西，骨骼保存一般。经初步鉴定为男性，年龄为 31~35 岁。

随葬器物分别放置于椁室东部和棺内。其中在棺椁之间放置有陶盖豆 1 件，陶器盖 1 件，陶鼎 1 件，陶杯 1 件，陶壶 2 件，陶匜 1 件；棺内南侧则放置铜带钩 1 件（图二；图版一）。

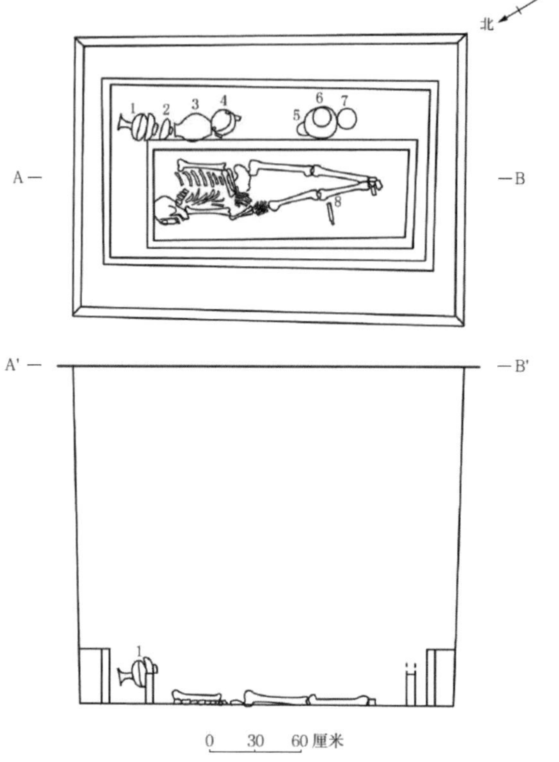

图二　M39 平、剖面图
1. 陶盖豆　2. 陶器盖　3. 陶壶　4. 陶鼎
5. 陶杯　6. 陶壶　7. 陶匜　8. 铜带钩

（二）随葬器物

墓室内共发现 8 件（套）随葬品，分为陶器和铜器两类，以陶器为主。

1. 陶器

7 件。均为泥质灰陶。器形有盖豆、器盖、壶、鼎、杯、匜等。

盖豆　1 件（M39∶1）。泥质灰陶，子母口，有盖，盖作弧面形，顶部抓手呈喇叭口形。豆盘子口微敛，深腹，盘壁圆折，细柄，喇叭口形圈足。素面。通高 19.6 厘米，盘深 7.3 厘米，口径 15 厘米，底径 10.2 厘米，柄高 5.8 厘米（图三，5；图四）。

器盖　1 件（M39∶2）。泥质灰陶，盖面上隆，作弧面形，顶部抓手呈喇叭口形。素面。高 6.6 厘米，

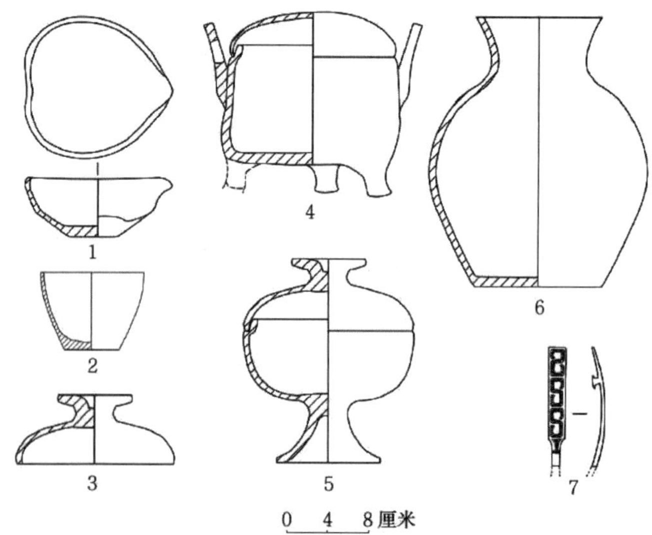

图三　M39 出土器物
1. 陶匜（M39∶7）2. 陶杯（M39∶5）3. 陶器盖（M39∶2）
4. 陶鼎（M39∶4）5. 陶盖豆（M39∶1）6. 陶壶（M39∶3）
7. 铜带钩（M39∶8）

图四　陶盖豆（M39：1）

图五　陶器盖（M39：2）

图六　陶壶（M39：3）

图七　陶鼎（M39：4）

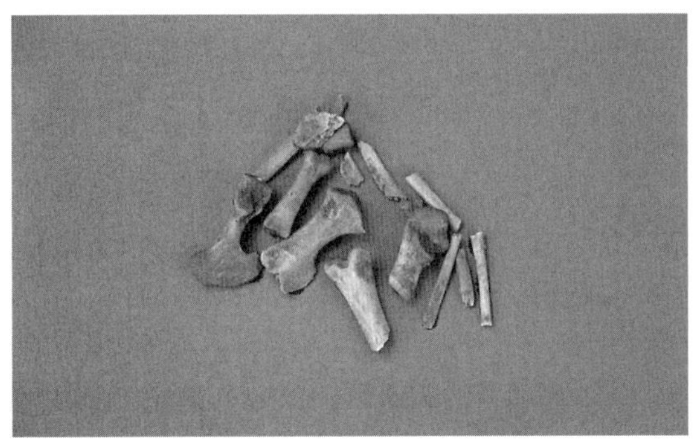

图八　陶鼎（M39：4）内兽骨

图九　陶杯（M39：5）

图一〇　陶匜（M39：7）

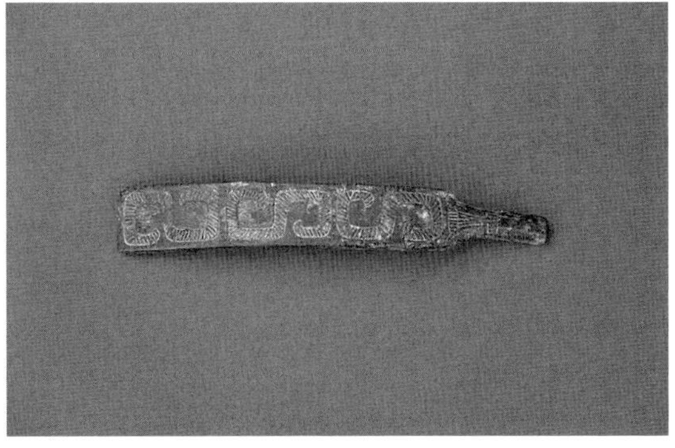

图一一　铜带钩（M39：8）

口径 15.6 厘米，抓手直径 7.2 厘米（图三，3；图五）。

壶　2 件。形制基本相同，泥质灰陶，侈口，束颈，溜肩，圆鼓腹，平底，壶颈饰有较浅凹弦纹，但痕迹并不明显。标本 M39∶3，口径 12.4 厘米，腹径 21.8 厘米，底径 12.6 厘米，通高 25.8 厘米（图三，6；图六）。标本 M39∶6，口径 12.4 厘米，腹径 22 厘米，底径 13 厘米，通高 25.3 厘米。

鼎　1 件（M39∶4）。泥质灰陶，子母口，有盖，盖面上隆，作弧面形，口微敛，深腹，近平底。柱状矮实足，足部有折棱，鼎底有绳纹被抹去的痕迹。通高 17.8 厘米，口径 14.6 厘米（图三，4；图七）。在陶鼎内发现少量兽骨，应为下葬时放置的肉类，肉质腐化后仅剩骨头（图八）。

杯　1 件（M39∶5）。泥质灰陶，敞口，深腹，腹壁缓收至底，底部较平，素面。通高 7.4 厘米，口径 10.2 厘米，底径 5.4 厘米（图三，2；图九）。

匜　1 件（M39∶7）。泥质灰陶，口微敛，小短流，流的对侧口沿略内凹，口部平面似桃形，平底，素面。通高 5.6 厘米，口径 14.4 厘米，底径 5 厘米（图三，1；图一〇）。

2. 铜器

带钩　1 件（M39∶8）。扁平长条形，背微隆起，颈部较长，颈、钩已残，小圆钮。背部饰三组阴线虫纹，颈部处则为三角形和长方形组合图案，内饰线纹。残长 11.5 厘米，宽 1.8 厘米（图三，7；图一一）。

二、M54

（一）墓葬形制

M54 位于此次发掘工地的西南部，为东西向长方形竖穴土坑墓，方向 92°。墓口距现地表 0.4 米，墓葬开口东西长 2.44、南北宽 1.48 米。口略大于底，墓壁修整平滑，向下斜直略内收，底部平坦。墓底东西长 2.36、南北宽 1.4、墓深 0.8 米。

墓内填以黄褐色为主的花土，略经夯打，较硬，夯层与夯窝不明显，土内含有少量的料姜石。

墓内葬具皆已严重腐朽，结构不清。从灰白色和灰黑色木质朽痕判断，其葬具为一棺一椁。木椁位于墓底中

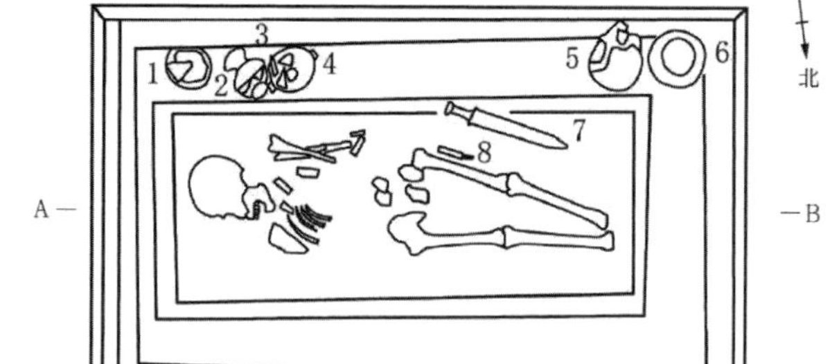

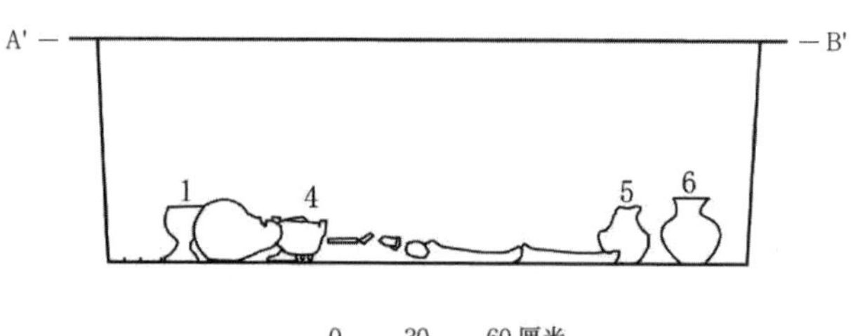

图一二　M54 平、剖面图
1、2. 陶盖豆　3. 石圭　4. 陶鼎
5、6. 陶壶　7. 铜剑　8. 铜带钩

部，椁室西、南两壁紧贴墓壁，东、北两壁略有距离，椁室平面近长方形，东西长2.34~2.32米，南北宽1.43~1.46米，板厚0.06~0.1米，高度不详。木棺位于椁室中部偏东，平面呈近长方形，东西长1.82~1.86米，南北宽0.8米，板厚0.06~0.08米，高度不详。

图一三　M54全景

墓主为单人仰身直肢葬，头东足西，面向北，骨骼保存较差。经初步鉴定为男性，年龄为28~36岁。

随葬器物分别放置于椁室南部和棺内南部。其中在棺椁之间放置有陶盖豆2件，陶鼎1件，石圭1件，陶壶2件；棺内南侧则放置铜剑1把和铜带钩1件（图一二；图一三）。

（二）随葬器物

墓室内共发现8件（套）随葬品，分为陶器、铜器和石器三类，以陶器为主。

1. 陶器

5件。均为泥质灰陶。器形有盖豆、鼎、罐等。

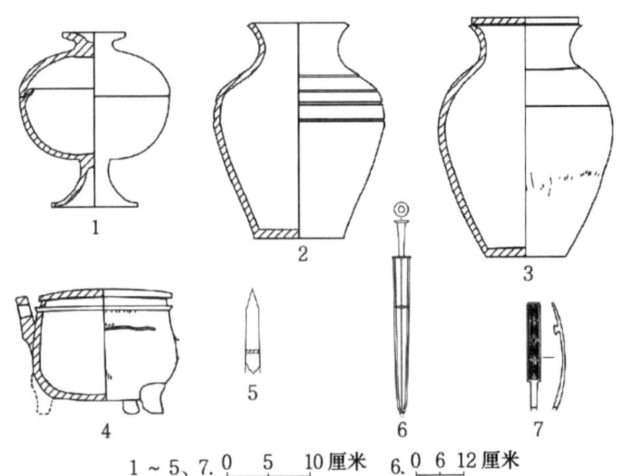

图一四　M54出土器物

1. 陶盖豆（M54：2）　2、3. 陶罐（M54：5、M54：6）　4. 陶鼎（M54：4）　5. 石圭（M54：3）　6. 铜剑（M54：7）　7. 铜带钩（M54 ：8）

盖豆　2件。形制基本相同，泥质灰陶，子母口，有盖，盖作弧面形，顶部抓手呈喇叭口形。豆盘子口微敛，深腹，盘壁圆折，细柄，喇叭口形圈足。素面。标本M54：2，通高20.3厘米，盘深7.6厘米，口径15.4厘米，底径10.4厘米，柄高5.5厘米（图一四，1；图一五）。

鼎　1件（M54：4）。器盖石质，圆形，直径16厘米。鼎身泥质灰陶，口微敛，深腹，近平底。柱状矮实足粘在底部外沿，身饰一周凹弦纹，另有绳纹被抹去的痕迹。通高14.6厘米，口径14.9厘米（图一四，4；图一六）。

罐　2件。标本M54：5，泥质灰陶，侈口，束颈，溜肩，圆鼓腹，平底，罐身饰四周凹弦纹。口径12.4厘米，腹径20.8厘米，底径11厘米，通高25厘米（图一四，2；图一七）。标本M54：6，器盖石质，圆形，罐身泥质灰陶，侈口，束颈，溜肩，圆鼓腹，平底，罐身饰两周凹弦纹，罐腹有少量斜线纹。口径13.6厘米，腹径21厘米，底径9.6厘米，通高27.8厘米（图一四，3；图一八）。

2. 铜器

2件。器形为铜剑和带钩。

铜剑　1件（M54：7）。剑身微残，圆形剑首，顶端内凹，茎圆柱形。剑格横断面呈菱形，平面作狭长方形，茎上普遍有麻缑朽迹。通长44.8厘米，身长36厘米，宽4.5厘米（图一四，6；图一九）。

带钩　1件。标本M54：8，扁平长条形，背微隆起，颈部较长，钩部已残，小圆钮。背部饰三角纹、云雷纹以及圆点纹，花纹对称且细密繁缛。残长12.2厘米，身宽1.6厘米（图一四，7；图二〇）。

3. 石器

石圭　1件（M54：3）。为砂石质，磨制。稍残，长条形，呈青灰色，两面有磨制痕迹，扁体，尖首，下部残，一端呈三角形，另一端已残。残长10厘米，宽1.67厘米，厚0.13厘米（图一四，5；图二一）。

图一五　陶盖豆（M54：2）

图一六　陶鼎（M54：4）

图一七　陶罐（M54：5）

图一八　陶罐（M54：6）

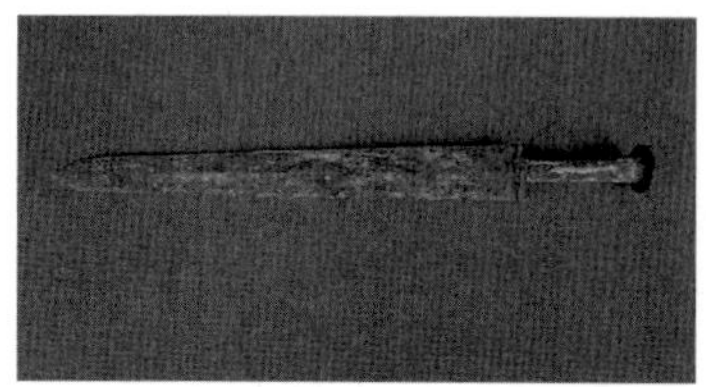

图一九　铜剑（M54：7）

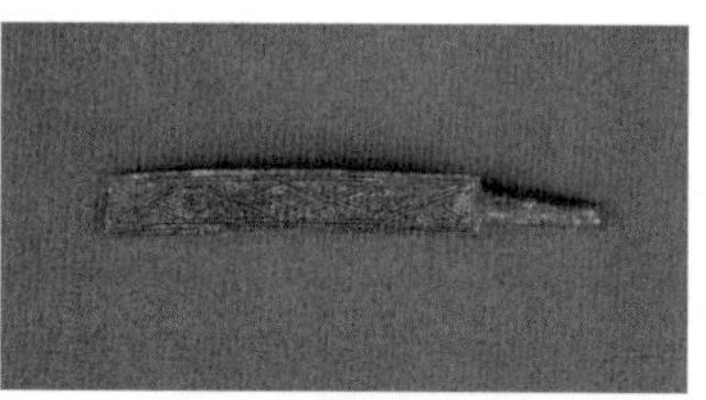

图二〇　铜带钩（M54：8）

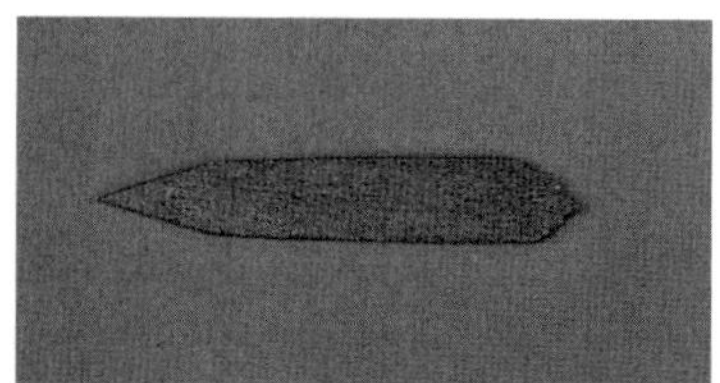

图二一　石圭（M54：3）

三、结语

（一）墓葬年代

此次在三门峡市开发区甘棠幼儿园项目所发掘的M39和M54，均为长方形竖穴土坑墓，口大底小，葬具为一棺一椁，葬式为仰身直肢葬，随葬器物以陶器为主，组合为鼎、豆、壶或鼎、豆、罐。叶小燕先生在《中原地区战国墓初探》一文中对于墓葬分期时指出："春秋晚期的陶器组合是鼎、豆、罐。入战国时，即以壶代罐，组成新的组合。"[1]这与本次发掘的墓葬情况相互吻合，因此我们推断，M39和M54属于战国或春秋时期。另外M39和M54中出土的陶豆均与陕县东周秦汉墓中的M3510：3Ⅰ型陶豆相似[2]，M39出土的陶鼎和M2529：5Ⅰ型陶鼎类似[3]，M39出土铜带钩和M2526：11Ⅵ型带钩基本相同[4]，M54出土的铜剑和陕县东周秦汉墓M2071：25Ⅱ型铜剑相同[5]，这些器物年代大多为战国早期或稍偏晚。

综上所述，无论从墓葬形制，还是从器物特征、纹饰等方面分析，都表明这两座墓的时代应属战国早期或稍偏晚。

（二）墓主及其身份

M39和M54均为单棺单椁，墓内随葬器物多为陶器，且组合明确为鼎、豆、壶等陶礼器。春秋中晚期以后，西周的礼乐制度已经遭到破坏，名存实亡，出现了越来越多的平民僭越士礼的现象。部分旧的贵族势力财力日渐衰微，也开始使用陶礼器代替铜礼器随葬。根据以上线索分析判断，墓主人有可能是僭越使用礼器的平民，也有可能是家族没落的贵族。另外，在M54内出土有铜剑，推测墓主生前可能为军人或武士。

（三）墓葬族属

三门峡地处崤函古道，古称之为"陕"，地势险要，是历代兵家必争之地。《读史方舆纪要》（卷四十八）云：陕地"内屏关中，外维河洛，履崤坂而戴华山，负大河而肘函谷"。其"盖据关河之肘腋，扼四方之襟要，先得者强，后至者散，自古及今，不能易也"。战国时期陕县地理位置优越，是魏、韩、秦争夺之地，战事频繁。据钟凤年先生在《战国疆域变迁考》考证[6]，战国早期陕地为魏、韩共有，韩据陕之东端，魏据陕之西端；战国中期，韩国在陕地的势力范围为魏国所夺取。另外M39和M54墓葬形制和随葬器物都具三晋作风，与洛阳、辉县、汲县、长治、侯马诸地战国墓比较一致。因此，推测甘棠幼儿园项目M39和M54之死者生前当为魏民。

领队：郑立超

发掘：韩鹏翔　周锐铜

李　琼

绘图：韩鹏翔

摄影：韩鹏翔

执笔：韩鹏翔

注释：

[1] 叶小燕：《中原地区战国墓初探》，《考古》1985年第2期。

[2] 中国社会科学院考古研究所：《陕县东周秦汉墓》，科学出版社，1994年，第34页。

[3] 中国社会科学院考古研究所：《陕县东周秦汉墓》，科学出版社，1994年，第30页。

[4] 中国社会科学院考古研究所：《陕县东周秦汉墓》，科学出版社，1994年，第88页。

[5] 中国社会科学院考古研究所：《陕县东周秦汉墓》，科学出版社，1994年，第72页。

[6] 钟凤年：《战国疆域变迁考》，《禹贡》1937年第10期。

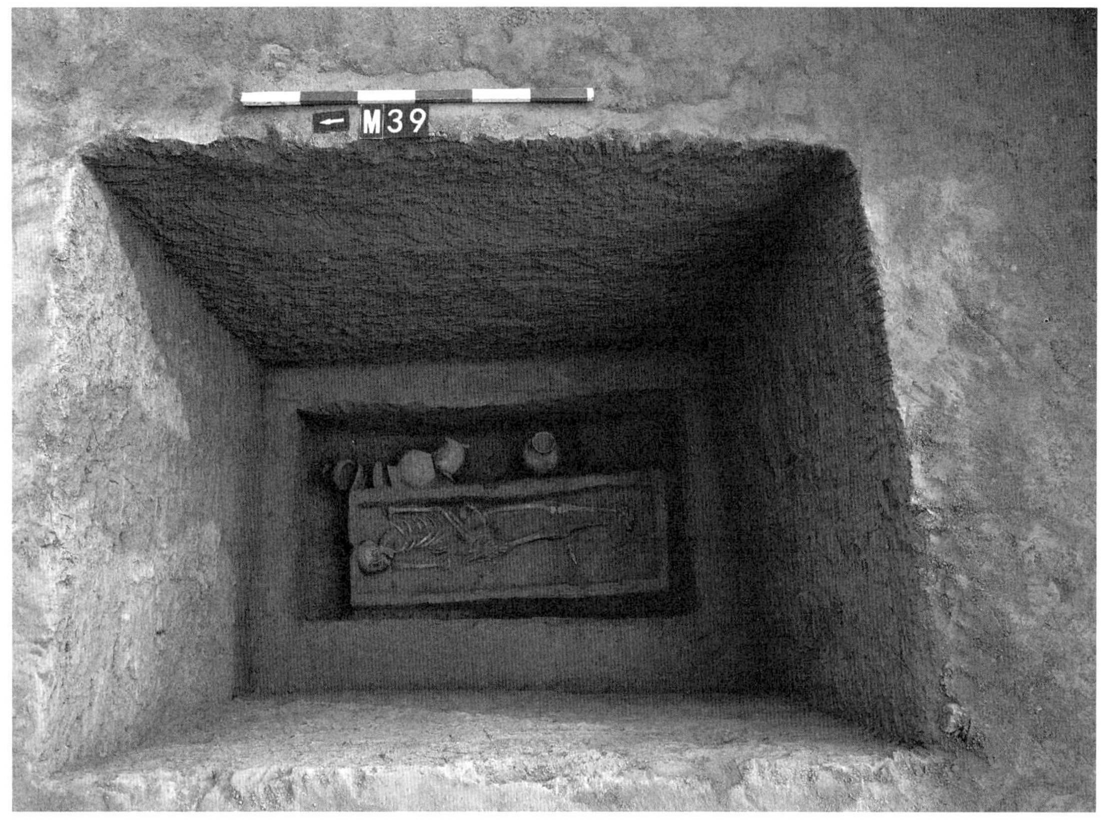

河南三门峡战国墓 M39

河南卢氏拐峪绿松石矿业遗址考古调查简报

◎西北大学文化遗产学院　◎河南省文物考古研究院
◎南阳市文物考古研究所　◎卢氏县木桐乡文化站

卢氏县位于河南省三门峡市，豫陕两省交界处，横跨黄河、长江两大水系，其西、南部同陕西的洛南、丹凤及商南县交界。拐峪遗址地处卢氏县木桐乡以西10公里的拐峪村竹园沟，坐落在洛河支流，索峪河北岸的一处山梁上。（图一）2018—2020年，西北大学联合北京科技大学与河南省文物考古研究院对该遗址开展了三次调查，在海拔1000米的山脊上，发现12处大小不一，并呈规则排列的矿洞，采集到一批石锤和陶器残片，通过整理研究，现将调查情况报告如下。

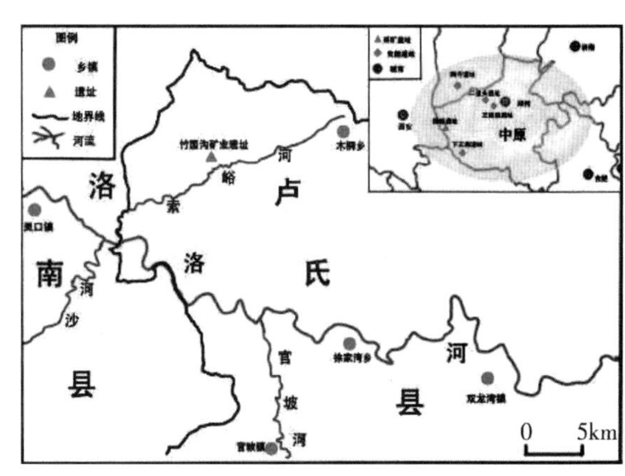

图一　竹园沟古矿位置示意图

一、拐峪遗址古矿概况

拐峪遗址的绿松石矿脉赋存于灰黑色硅质板岩中，地层时代属5亿年前的寒武纪[1]。遗址涉及的12处古代矿洞，均为小型，形制略有差异。依照调查顺序和矿洞的分布位置，将4个具有代表性的矿洞分别记录为D1、D2、D3、D4。

4个矿洞中D1与D2、D3与D4相距较近，直线距离不足百米。矿洞口皆大致北向，除D1外其他洞的内部空间较小。按空间结构不同，拐峪遗址古矿洞大致可分为两类：一类剖面呈长方形，并且洞内壁多发现有阶梯状凿刻痕迹；另一类剖面则呈不规则圆形，具体介绍如下。

（一）长方形矿洞

1. D1

地理坐标为东经110°65′38″，北纬34°7′59″，海拔1021米。洞口朝北，被杂草覆盖（图二），洞口长 5~6 米，高 1.2 米，大致呈长方形，可测量进深 1.6~1.7 米。洞内顶部较平整似修整过，洞尾部亦呈长方形，洞内地表散落大量剥落岩石。（图三）

图二　D1 洞口

图三　D1 洞内

2. D3

地理坐标为东经 110°65′45″，北纬 34°7′53″，海拔 1057 米。洞口朝北，长 1 米，高 0.6 米，大致呈长方形，可测量进深 2.7~3 米，洞顶呈阶梯状，从洞口到洞底三层收分，壁面较平整，矿洞已被淤泥填平，深度不可知。（图四）

3. D4

地理坐标为东经 110°65′50″，北纬 34°7′50″，海拔 1064 米。洞口朝北，长 1.4 米，高 0.35 米，大致呈长方形，可测量进深 1.8 米，洞顶呈阶梯状，从洞口至洞底三层收分，壁面较为平整，矿洞已被淤泥填平，深度不可知。（图五）

图四　D3 洞口

图五　D4 洞口

（二）不规则圆形矿洞

D2，地理坐标为东经 110°65′38″，北纬 24°7′57″，海拔 1021 米。洞口朝北，被杂草覆盖，呈不规则圆形，矿洞宽 1 米，可测量进深 0.8 米，为露天洞，矿洞已被淤泥填平，深度不可知。（图六）

图六　D2 洞口

二、遗物

调查采集的遗物主要包括绿松石矿料、陶片、采矿石器、骨制品、炭粒等，大致分布于各矿洞及其周边。

（一）绿松石矿料

根据矿料的形成结构不同，将古矿洞附近采集绿松石分成片状与结核状两类。

片状绿松石又分薄片状和板片状。薄片状绿松石，结构较为松散，颜色以绿色为主，少量黄绿色，呈蜡状，光泽暗淡，多数生长在黑色围岩中，如 ZYG–3、ZYG–4、ZYG–6、ZYG–7、ZYG–8、ZYG–9。（图七，3、4、6~9）板片状绿松石，数量较少，结构较为紧密，呈蓝色，具有玻璃光泽，一面有黄褐色围岩，如 ZYG–2。（图七，2）

结核状绿松石较少，结构较为松散，颜色有绿色和黄绿色，呈蜡状，光泽暗淡，多数生长在黑色围岩中，如 ZYG–1 与 ZYG–5。（图七，1、5）

采用硬度测试笔测试，采集绿松石样品的摩氏硬度在 5~6 之间；选择合适的部位经过简单抛光后进行折射率测试，用点测法测得折射率在 1.61~1.65 之间；剥取样品中仅绿松石的部分进行静水称重实验，绿松石样品的相对密度为 2.6~2.73g/cm^3。

图七　绿松石矿料

1. ZYG–1　2. ZYG–2　3. ZYG–3　4. ZYG–4　5. ZYG–5　6. ZYG–6
7. ZYG–7　8. ZYG–8　9. ZYG–9　10. ZYG–10　11. ZYG–11

（二）陶器（片）

调查采集陶器标本包括器耳（鋬）、口沿、器足、肩腹部等。陶质以夹砂为主，少量泥质陶，夹砂可分夹细砂和夹粗砂两类，又以夹细砂为主；陶色主要有灰色和红褐色两类，有少许黑陶存在；陶器纹饰主要有绳纹、少量附加堆纹和线纹等，另有少量素面陶；制作方式多为手制，部分陶片存在慢轮修整的痕迹。可辨器形包括罐、鬲。

1. 罐

多仅余口沿和肩部，有泥质和夹砂两种，其中口沿夹砂较多，肩部则泥质居多。口沿有灰陶、黑陶和黑皮红陶，分侈口和直口，圆唇为主，少量方唇，多采用泥条盘筑辅以慢轮修整的方式制作。口沿标本 2018ZYGC：1，夹细砂灰陶，侈口，圆唇，折沿，素面，颈部微收，肩部饰一圈凹弦纹，肩部以上略厚，内壁有慢轮修整痕迹。残长 6.2 厘米，残宽 8.1 厘米，壁厚 0.7~0.9 厘米。（图八，1）标本 2018ZYGC：2，黑皮夹粗砂红陶，素面，直口，方唇，颈部微收，口沿外部有明显泥条盘筑痕迹，肩部外撇，且有慢轮修整痕迹，断面可见大砂砾，残长 5.4 厘米，残宽 10.7 厘米，壁厚 1.1 厘米。（图八，2）标本 2018ZYGC：3，夹粗砂黑陶，侈口，圆唇，口沿下饰细绳纹，颈部饰一抹痕，器身内外壁均饰粗绳纹，断面见白色石英颗粒。残高 7.3 厘米，残宽 8.3 厘米，壁厚 0.4~0.8 厘米。（图八，3）肩部标本 2018ZYGC：4，泥质灰陶，饰附加堆纹，附加堆纹上有密集指甲戳痕，宽度约 0.6~0.7 厘米，肩上部为素面，肩下部饰粗绳纹，残高 5.6 厘米，残宽 11.2 厘米，壁厚 0.5~1.2 厘米，肩部略厚。（图八，4）标本 2018ZYGC：5，夹粗砂红陶，绳纹上贴塑附加堆纹，附加堆纹上有宽度约 1 厘米的指甲戳痕，残长 6.5 厘米，残宽 5 厘米，壁厚约 1.1 厘米。（图八，5）标本 2018ZYGC：6，泥质灰陶，肩上为素面，肩下部饰细绳纹，残长 5.3 厘米，残宽 9.8 厘米，壁厚 0.4~0.7 厘米，肩部略厚。（图八，6）

2. 鬲

鬲足标本 2018ZYGC：9，实心足，夹细砂灰陶，足尖部断裂，大体呈羊角形，通体饰粗绳纹，残高约 3 厘米，宽 3.5 厘米，壁厚 1 厘米。（图八，9）标本 2018ZYGC：10，实心尖底足，夹细砂灰陶，呈羊角形，通体饰粗绳纹，内有压窝，断面处可见器足贴塑在器身的痕迹，足部一侧略有破损，足高 2.8 厘米，宽 3.4 厘米，壁厚 1.2 厘米。（图八，10）标本 2018ZYGC：11，实心足，夹砂褐陶，近柱状足，足底平，足内有凹槽，通体饰绳纹，残高 7.5 厘米，宽 6.6 厘米，壁厚 0.83 厘米。（图八，11）

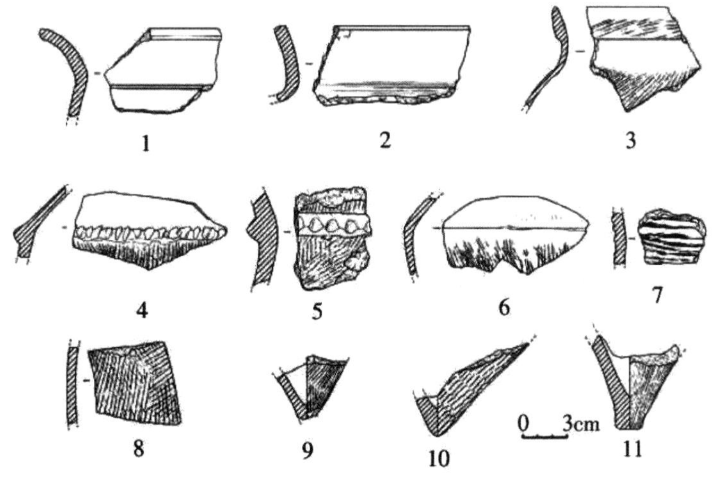

图八　调查采集陶器标本

1~3. 罐口沿（2018ZYGC：1、2、3） 4~6. 罐肩部（2018ZYGC：4、5、6）
7、8. 其他（2018ZYGC：7、8） 9~11. 鬲足（2018ZGYC：9、10、11）

3. 其他

标本2018ZYGC：7，夹砂黑衣红陶，饰篮纹，残长0.4厘米，残宽4.7厘米，壁厚0.8厘米。（图八，7）标本2018ZYGC：8，泥质灰陶，饰交错细绳纹，残长5厘米，残宽4.8厘米，壁厚0.63厘米。（图八，8）

（三）石锤

采集石锤共20件，其中2件明显大于其他石锤，其余18件石锤根据器身有无横向带状凹槽的亚腰将其分为A型（有亚腰）和B型（无亚腰）两类。

1. 大石锤

33号石锤，残，竖长椭圆形。上端近椭圆形，下端刃部已断裂，中部凿制亚腰，腰部平缓并磨光，呈青黑色块状，较圆滑，残长28.5厘米，亚腰宽5厘米，亚腰长13.4厘米，亚腰周长39.5厘米。（图九）50号石锤，残，仅余上端，下端刃部残缺，呈扁平方形，凿制亚腰，腰部平缓并磨光，残长14.5厘米，亚腰宽4~6厘米，亚腰长22厘米，亚腰周长56厘米。（图一〇）

图九　33号石锤

图一〇　50号石锤

2. 小石锤

A型　根据亚腰的形状分为亚腰侧视面较平缓（Aa型）和亚腰侧视面明显内凹（Ab型）。

Aa型　1号石锤，残，刃部缺失，通体修整圆滑，呈扁体状，残长16厘米，亚腰宽3.5~4.5厘米，亚腰长9.5~10厘米，亚腰周长23厘米。（图一一，1）2号石锤，通体修整圆滑，呈椭圆形，刃部略微倾斜形成侧刃，刃部一侧有打击痕迹，长15.5厘米，亚腰宽3.5~4厘米，亚腰长6.5~8厘米，亚腰周长21厘米。（图一一，2）17号石锤，呈竖长条状，刃部居中，且一侧有打击痕迹，露出自然面，长17.5厘米，亚腰宽2~2.5厘米，亚腰长6.5~7.5厘米，亚腰周长21厘米。（图一一，5）48号石锤，残，刃部缺失露出自然面，器身扁平呈竖长条状，上端有打击痕迹，残长20厘米，亚腰宽3.5~4厘米，亚腰长7.5~8.5厘米，亚腰周长23厘米。（图一一，9）

Ab型　3号石锤，残，刃部缺失，呈竖长条状，通体修整较圆滑，上端有打击面和疤痕，残长 17.5 厘米，亚腰宽 2.5~4.5 厘米，亚腰长 7.5~8.5 厘米，亚腰周长 25.5 厘米。（图一一，7）15 号石锤，残，刃部略有缺失，刃部居中，两面有大量打击疤痕，上端亦有大量打击疤痕，残长 21.5 厘米，亚腰宽 4~5 厘米，亚腰长 8~8.5 厘米，亚腰周长 25 厘米。（图一一，3）43 号石锤，呈长椭圆形，刃部居中，刃部四周有打击疤痕，上端部分缺失露出自然面，残长 15 厘米，亚腰宽 3.5~4 厘米，亚腰长 7.5~8.5 厘米，亚腰周长 23.5 厘米。（图一一，8）47 号石锤，残，刃部缺失，通体修整较圆滑，呈长椭圆形，残长 17 厘米，亚腰宽 3.5~4 厘米，亚腰长 7~9 厘米，亚腰周长 22 厘米。（图一一，10）

B 型　根据刃部位置可分两式，偏刃式为 Ba 型，刃居中为 Bb 型。

Ba 型　18 号石锤，残，仅余下半部分，腰部一侧较平整似打磨过，刃部尖锐，两侧有明显砸击痕迹留下的密集小凹槽。残长 13.5 厘米。（图一一，6）

Bb 型　34 号石锤，呈梭状，两端尖中部鼓起，器身打磨平整，两端均匀使用痕迹，留有打击疤痕。长 21 厘米，宽 7 厘米。（图一一，4）

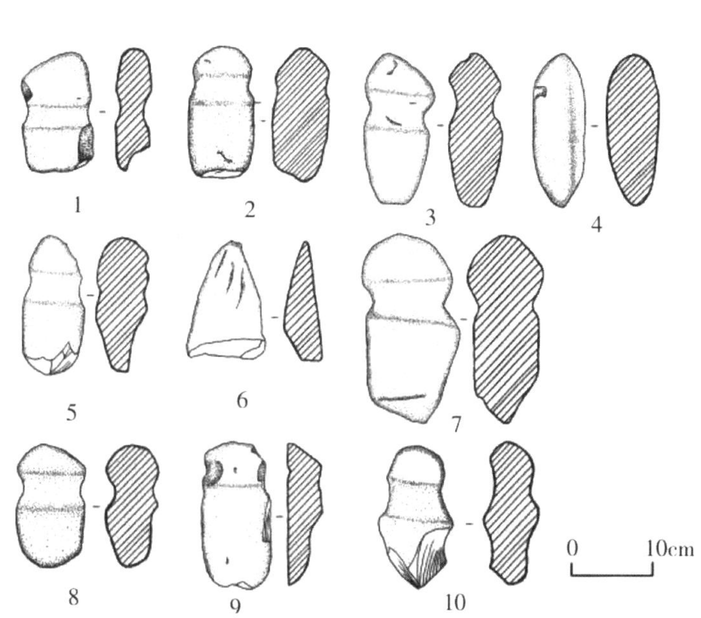

图一一　采集石锤标本

1. 1 号石锤　2. 2 号石锤　3. 15 号石锤　4. 34 号石锤　5. 17 号石锤　6. 18 号石锤　7. 3 号石锤　8. 43 号石锤　9. 48 号石锤　10. 47 号石锤

三、结语

（一）矿洞内采集矿石的定性检测及产状分析

自然界内还存在与绿松石外观相似的蓝绿色系宝玉石品种，例如磷铝石、天河石等，为科学研判该矿业遗址出产矿石的矿物种属，特对采集蓝绿色矿石开展科学鉴定工作，给出准确的矿物名称。

通过对拐峪遗址采集矿石样品进行显微观察和 XRD 晶体衍射，了解

图一二　样品 ZYG–5 偏光显微镜观察

矿石的微观结构和矿种。在偏光显微镜下观察样品 ZYG-5，可以观察到黑色硅质板岩包裹着结核状的晶体，呈浅绿色，圆形或椭圆形，隐晶质—显微晶质的非均质集合体。（图一二）XRD 晶体分析结果显示，拐峪遗址采集矿石样品与谱库中的绿松石标准图谱具有较好的一致性。（图一三）

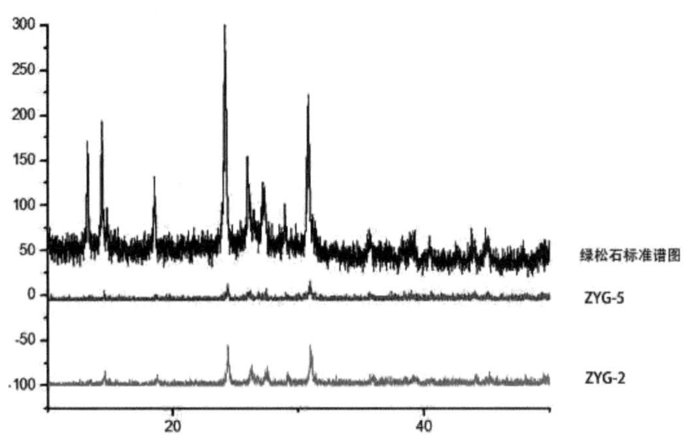

图一三　绿松石对比竹园沟样品的 XRD 衍射谱图

结合偏光显微镜观察的矿物学特征以及 XRD 晶体衍射结果来看，拐峪遗址采集的矿石样品应为绿松石矿料，由此推断该遗址系古代开采绿松石的矿业遗址。

（二）石锤的功能推测

卢氏拐峪遗址发现的大量石锤工具，在形态上与河北承德寿王坟古铜矿遗址[2]、安徽铜陵古铜矿[3]和陕西洛南河口绿松石矿业遗址[4]出土石锤以及黑山岭绿松石矿业遗址[5]的部分石锤较为相似，都具有显著的亚腰形凹槽，是一种特殊的采矿工具。（图一四至图一六）调查过程中采集的石锤有大型和小型两类，该遗址石锤类型与洛南鸡眼窑矿业遗址较为类似[6]。结合前人对洛南鸡眼窑矿业遗址的石锤分析来看，拐峪遗址采集的大型石锤周长都大于 35 厘米，重量大，破夯力强，可以有效对矿石进行开采，是矿洞内用于原料开采的工具；小型石锤则多具有体型纤细呈扁长状的特征，有别于铜矿遗址石锤，为方便开采、剥离绿松石而特殊制造，属加工工具。

图一四　承德寿王坟古铜矿遗址石锤

图一五　安徽铜陵古铜矿石锤

图一六　洛南辣子崖绿松石矿业遗址石锤

（三）拐峪遗址年代判定

从矿洞的形制特征来看，拐峪遗址发现的古矿洞规模均属于小型浅矿洞，古矿洞的开口形状分为长方形和不规则圆形两种。该遗址古矿洞的整体特征与陕西洛南河口绿松石矿业遗址西峪河北岸发现的四处古矿洞较为类似。两处绿松石采矿遗址都属于中原文化区，且直线距离不足 50 公里。拐峪遗址年代可能与河口绿松石矿业遗址类似，基本可以认定为先秦时期。

拐峪遗址出土的石锤在形制上与洛南河口绿松石矿业遗址和黑山岭绿松石矿业遗址出土石锤相似，都具有亚腰形结构，方便捆绑固定木柄。汉代以后，冶铁技术快速发展，诸多古铜矿遗址的采矿工具也转变为铁锤，而拐峪遗址采集的采矿工具以石锤为主，因此该遗址的时代应处于先秦时期，可早至新石器时代晚期。

从采集的陶片来看，拐峪遗址出土的陶器分夹砂陶和泥质陶，陶色以灰色和褐色为主及少量黑色。器口多为折沿圆唇或少量方唇，纹饰则以绳纹和弦纹为主，部分在肩部饰附加堆纹，少量饰交叉绳纹和篮纹。采集陶片特征与河南安阳北徐家桥村北遗址[7]、山西陶寺北两周墓地[8]和绛县西吴壁遗址[9]等中原地区商周时期遗址出土陶器类似。且河南淅川龙山岗遗址[10]和下王岗遗址[11]的两周遗存以及三门峡李家窑西周墓遗址[12]都出现饰绳纹的短锥状鬲足，山西陶寺北两周墓地和陕西虫坪塬遗址[13]两处中原周边遗址亦发现了饰绳纹的实心锥状鬲足，与拐峪遗址采集鬲足 2018ZYGC：9 和 2018ZYGC：10 相类似。（图一七；图一八）同时期的安阳西高平遗址[14]和信阳小胡庄遗址[15]中亦发现了与拐峪遗址近柱状鬲足相似的遗存（图一九；图二〇）

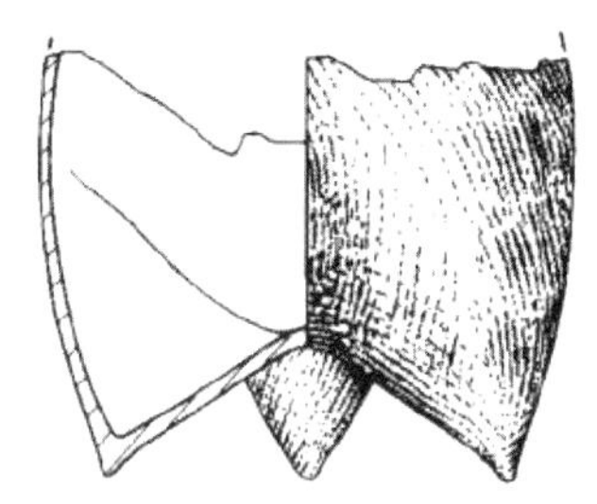

图一七　淅川下王岗遗址西周陶鬲　图一八　三门峡李家窑两周墓地陶鬲

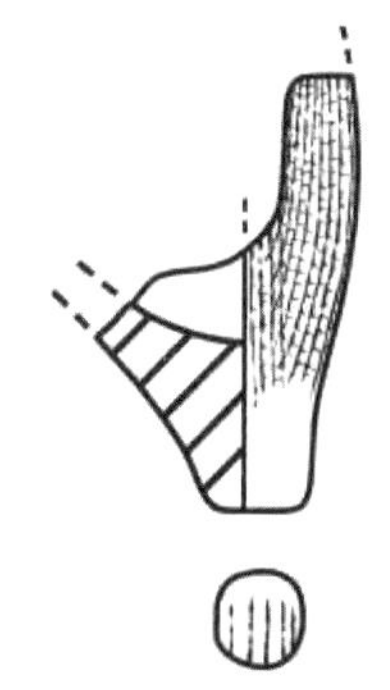

图一九　安阳西高平遗址鬲足

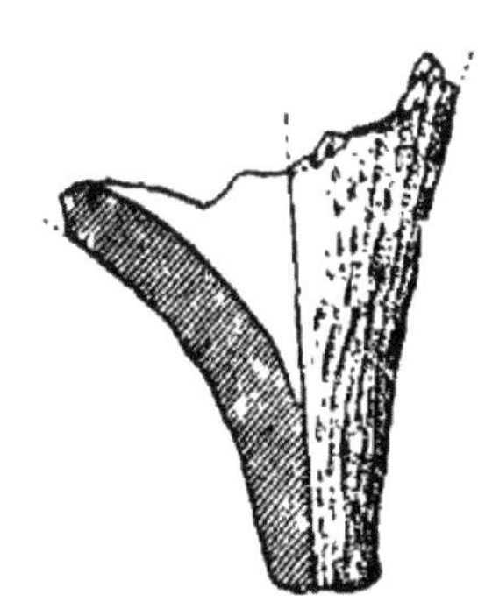

图二〇　信阳小胡庄遗址春秋鬲足

综上推测，拐峪遗址的年代基本可以认定为先秦时期，而其最早也不排除开采于新石器时代晚期，采集陶器的下限处于春秋时期，推测其开采时间跨度较长，具体的开采年代则需

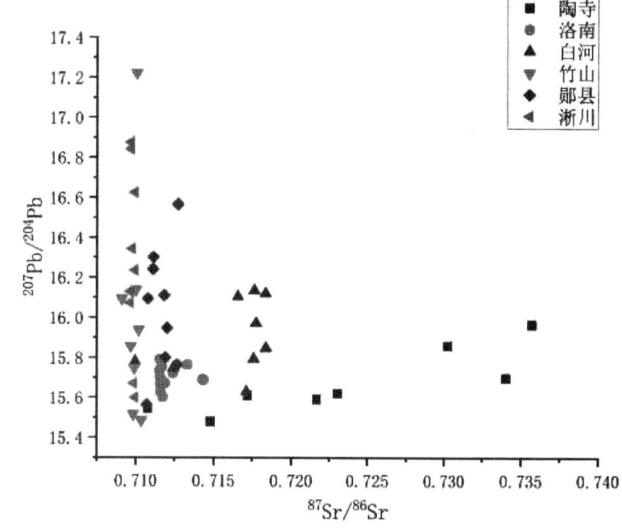

图二一　陶寺绿松石与周边矿区锶同位素分析图

要进一步深入工作才能解决。

绿松石是我国四大名玉之一，早在8000多年中原地区的贾湖遗址[16]就已经发现有绿松石的使用，并且在二里头遗址[17]发现有专门的绿松石作坊，但是关于早期中原地区绿松石的来源问题并未探明。虽然已经有学者采用地球化学法对陶寺遗址[18]、二里头遗址[19]等重要的中原早期遗址出土绿松石与我国不同产地绿松石进行比较分析，并发现二里头和陶寺等遗址的样品有一部分来源于陕西洛南辣子崖遗址、湖北竹山喇嘛山矿区，但仍有许多样品的测量数据与现有矿区数据不产生重叠效应，例如陶寺遗址出土的大部分绿松石样品未能找到矿源。（图二一）

拐峪遗址采集的陶片与陶寺遗址具有一定程度的一致性，并且已有学者指出河南、陕西等地出土绿松石可能沿汾河谷地、太行山西路北上传播[20]。拐峪遗址可能也是周边诸多先秦遗址出土绿松石饰品的矿料来源之一，但进一步确定则需要结合成分分析和同位素分析等科技手段综合判定。竹园沟古代绿松石矿业遗址是目前中原地区发现为数不多的几处早期绿松石矿业遗址之一，其位于洛河沿岸的特殊地理位置，也为其向中原各地输送绿松石原料提供便利条件。此次调查不仅对于进一步探寻中原地区早期绿松石来源具有重要意义，更是对研究古代绿松石资源产业链以及当时的社会复杂化和管理制度提供重要参考资料。

调查：先怡衡　王　英　罗书学　谭宇辰
包伟柯　朱争争　郭静雯
执笔：先怡衡　水维喜　王　英
包伟柯　王　巍　于　春

注释：

[1] 涂怀奎：《陕鄂相邻地区绿松石矿地质特征》，《陕西地质》1996年第2期。

[2] 李延祥、杨巍、王峰：《河北承德寿王坟古铜矿冶遗址考察》，《有色金属》2007年第3期。

[3] 刘平生：《安徽南陵大工山古代铜矿遗址发现和研究》，《东南文化》1988年第6期。

[4] 北京科技大学冶金与材料史研究所、陕西省考古研究院：《陕西洛南河口绿松石矿遗址调查报告》，《考古与文物》2016年第3期。

[5] 西北大学文化遗产学院、北京科技大学科技史与文化遗产研究院、新疆文物考古研究所：《新疆若羌黑山岭古代绿松石矿业遗址调查简报》，《文物》2020年第8期。

[6] 先怡衡、李延祥、杨岐黄：《洛南鸡眼窑绿松石矿业遗址的石锤》，《人类学学报》2016年第4期。

[7] 安阳市文物考古研究所：《2002年安阳北徐家桥村北商代遗址发掘简报》，《中原文物》2017年第4期。

[8] 山西省考古研究所、临汾市旅游发展委员会、襄汾县文化局:《山西襄汾陶寺北墓地2014年Ⅰ区M7发掘简报》,《文物》2018年第9期。

[9] 中国国家博物馆考古院、山西省考古研究院、运城市文物保护研究所:《山西绛县西吴壁遗址2018~2019年发掘简报》,《考古》2020年第7期。

[10] 河南省文物考古研究院、河南省文物局南水北调文物保护办公室:《河南淅川龙山岗遗址西周遗存发掘简报》,《中国国家博物馆馆刊》2015年第7期。

[11] 中国社会科学院考古研究所山西队、河南省文物局南水北调办公室:《河南淅川县下王岗遗址西周遗存发掘简报》,《考古》2010年第7期。

[12] 河南省文物考古研究院、三门峡市文物考古研究所:《三门峡市李家窑遗址两周墓发掘简报》,《华夏考古》2016年第4期。

[13] 陕西省考古研究院、宜川县博物馆:《陕西宜川县虫坪塬春秋遗址发掘简报》,《考古与文物》2018年第2期。

[14] 河南省文物考古研究所:《安阳市西高平遗址商周遗存发掘报告》,《华夏考古》2006年第4期。

[15] 黄士斌:《河南信阳小胡庄春秋遗址》,《考古》1964年第5期。

[16] 中国科学技术大学科技史与科技考古系、河南省文物考古研究所、舞阳县博物馆:《河南舞阳贾湖遗址2001年春发掘简报》,《华夏考古》2002年第2期。

[17] 中国社会科学院考古研究所二里头工作队:《河南偃师市二里头遗址墙垣和道路2012~2013年发掘简报》,《考古》2015年第1期。

[18] 先怡衡:《陕西洛南辣子崖矿业遗址及周边绿松石产源特征研究》,北京科技大学博士学位论文,2016年。

[19] 李延祥、张登毅、何驽等:《山西三处先秦遗址出土绿松石制品产源特征探索》,《文物》2018年第2期。

[20] 张登毅:《中原先秦绿松石制品产源探索》,北京科技大学博士学位论文,2016年;庞小霞,高江涛:《试论二里头文化时期洛阳盆地和江汉平原的交流通道》,《南方文物》2020年第2期。

河南义马上石河墓地 M23、M33 发掘简报

◎河南省文物考古研究院　◎三门峡市文物考古研究所
◎义马市文物管理所

2018 年 4—8 月，为配合河南义马市开祥化工有限公司厂区扩建工程，受河南省文物考古研究院委托，三门峡市文物考古研究所与义马市文物管理所联合对上石河墓地进行了抢救性考古发掘，清理了一批春秋时期墓葬。该墓地位于义马市市区南部、石河西岸约 100 米处的原上石河村村中，北临人民路（310 国道），南接新安故城遗址，西与义马市开祥化工有限公司老厂区隔墙相连。（图一）其中 M23、M33 保存较完整，随葬品较丰富。现将其发掘情况简报于下。

图一　河南义马上石河墓地位置示意图

一、M23

（一）墓葬形制

M23 是一座南北向长方形竖穴土坑墓，方向 25°，墓口距现地表深 0.60 米。墓壁光滑竖直，底部平坦。墓穴南北长 4.20、东西宽 2.76~2.86、墓深 2.44 米。墓底四周设有熟土二层台，北侧台宽 0.38~0.42、东侧台宽 0.38、南侧台宽 0.36、西侧台宽 0.18~0.40、台高 1 米。墓内填以红褐色为主的花土，土质较硬，含有少量的小料姜石和小河卵石。

墓内葬具腐朽较严重，从残存的灰白色木质痕迹判断，其葬具为单椁单棺。木椁位于墓底中部，椁室四壁紧贴二层台内壁，平面呈长方形，南北长 3.40、东西宽 2.06~2.20 米。椁盖板是用东西横向的薄木板平铺于二层台上，壁板是用宽约 0.20 米的木板相围而成，底板是用宽约 0.15~0.22 米的木板南北纵向平铺于墓室底部。椁盖板与壁板厚度不详，底板厚 0.05 米，壁

板高1米。木棺位于室中部，平面呈长方形，南北长2.32、东西宽0.78~0.80米；壁板厚0.04、高0.56米。棺内葬有1人，骨骼呈黄褐色，腐朽严重。墓主仰身，头北足南，腿部微屈。经初步鉴定为一男性，年龄40岁左右。

随葬器物分别放置于椁室内、棺盖板上及棺内。其中在棺盖板上放置石戈1件、海贝1枚；椁室的东北角仅放置石贝29枚，东南角放置有铜鼎1件、铜簋1件、铜盘1件、铜盉1件及石贝40枚；棺内的墓主头部两侧放置玉玦2件，口内放置玉口琀4件。（图二）

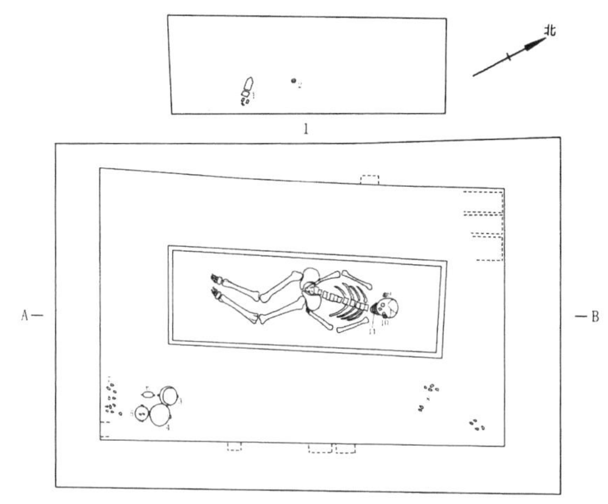

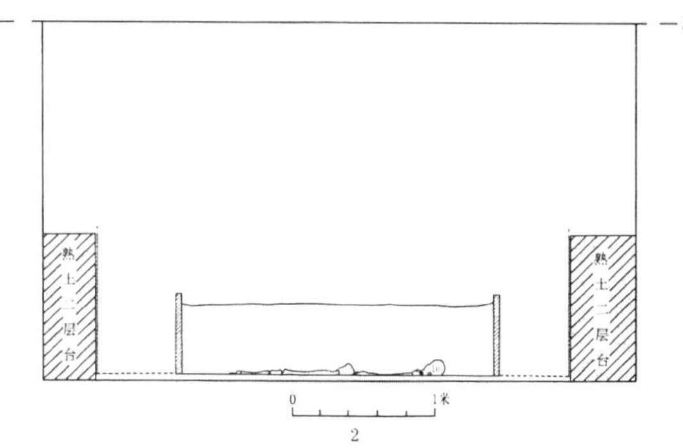

图二　M23

1. M23棺盖板上随葬器物平面图（1. 石戈　2. 海贝）
2. M23平、剖图（3. 铜簋　4. 铜盘　5. 铜鼎　6. 铜盉　7、8. 石贝　9、10. 玉玦　11. 玉口琀）

（二）随葬器物

该墓出土的随葬器物共计81件（枚）。依质地可分为铜、玉、石和海贝四类。

1. 铜器

4件。计有鼎、簋、盘和盉四种。

鼎　1件。标本M23：5，口微敞，窄折沿上斜，斜方唇，立耳微外撇，斜弧腹，圜底近平，三矮蹄足内侧有一道竖向凹槽。素面。通高11.1、口径13.4、最大腹径12.2、腹深5.1厘米。（图三，1；图版一，1）

簋　1件。标本M23：3，器型较小，盖身浑铸，制作粗糙。盖面上隆，顶部有圆形捉手，腹一侧为半环形耳，另一侧耳铸造粗糙未经打磨近方形，无底，喇叭形圈足。腹腔内残留范土。腹上部饰一周重环纹，下部饰四周瓦垅纹。通高15.2、腹径16.5、圈足径13.2厘米。（图三，3、4；图版一，2）

盘　1件。标本M23：4，敞口，窄折沿上斜，斜方唇，附耳较直，浅弧腹，平底，喇叭形高圈足。通高7.2、口径17.5、腹深3、圈足径11.9厘米。（图三，2；图版一，3）

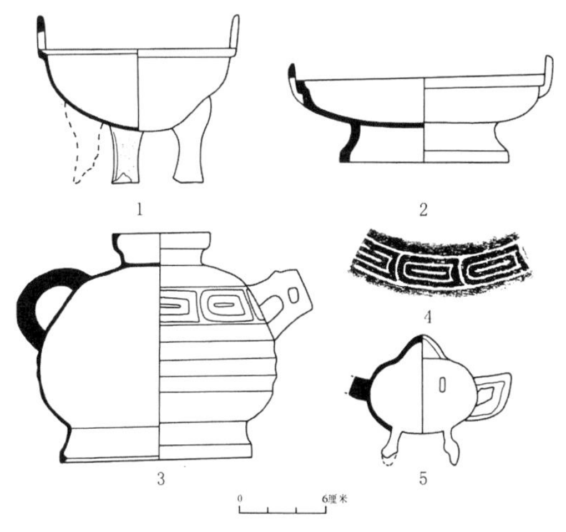

图三　M23出土铜器

1. 鼎（M23：5）2. 盘（M23：4）3. 簋（M23：3）4. 簋纹饰拓片（M23：3）5. 盉（M23：6）

盉　1件。标本M23：6，流残。浑铸，粗糙。整体呈扁椭圆形，顶部有方锥形盖，一侧有无孔实心管状流，另一侧为斜三角形鋬，腹部背面有两个平行的竖向长方形孔，无底中空，下有四个简易蹄足。腹腔内有范土。通高9、残长11.6、腹腔长径7.2、短径5.2、腔体厚3.2厘米。（图三，5；图版一，4）

2. 玉器

6件。计有玦与口琀二种。

玦　2件。形制、大小基本相同。平面圆形，横截面呈长方形。标本M23：9，白玉，乳白色，局部受沁有黄褐斑。玉质细腻，半透明。正面饰一曲体龙纹，头上有角，臣字目，龙身饰重环纹。外径2.9、内径0.9、厚0.35厘米。（图四，1、2；图版二，1左）标本M23：10，青玉，冰青色，局部受沁呈黄褐色或有黄白斑。玉质细腻，微透明。正面饰双简易龙纹，张口，椭圆形目。外径2.9、内径0.9、厚0.35厘米。（图四，3、4；图版二，1右）

口琀　4件。皆系旧器之残块。标本M23：11-1，青玉，浅冰青色。玉质细腻，半透明。平面近梯形，纵截面呈长方形。正、背面饰平行线纹。长1.8、宽1.2、厚0.3厘米。（图四，5）标本M23：11-2，白玉，乳白色。玉质细腻，透明度好。平面呈等腰三角形，纵截面呈长方

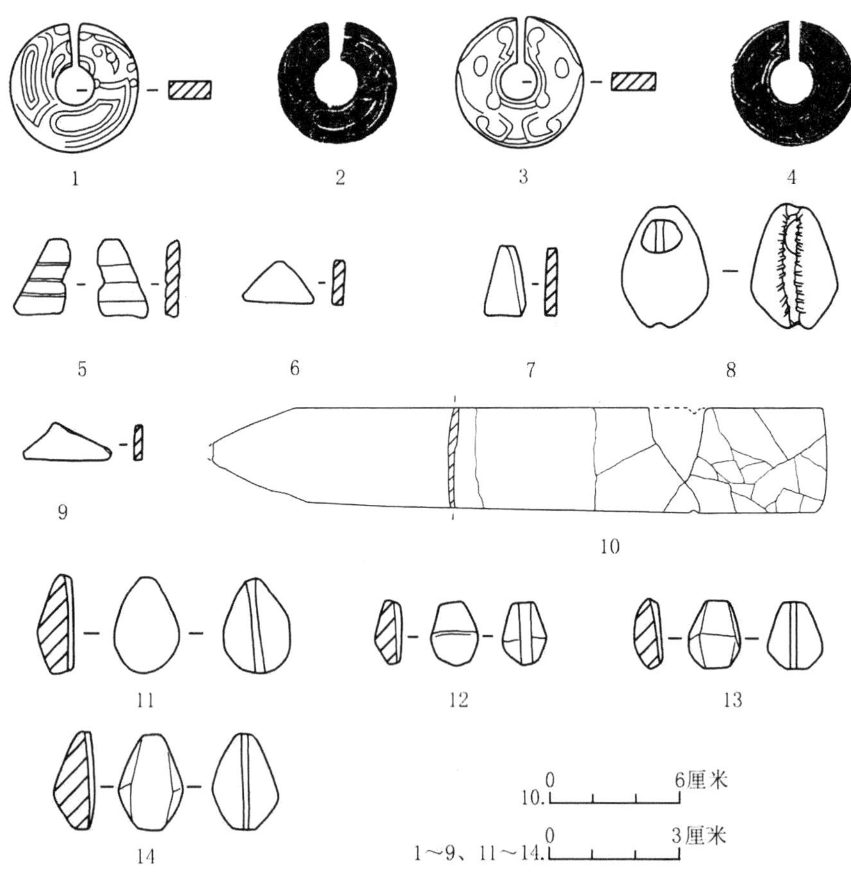

图四　M23出土器物

1. 玉玦（M23：9）2. 玉玦拓片（M23：9）3. 玉玦（M23：10）4. 玉玦拓片（M23：10）5. 玉口琀（M23：11-1）6. 玉口琀（M23：11-2）7. 玉口琀（M23：11-3）8. 海贝（M23：2）9. 玉口琀（M23：11-4）10. 石戈（M23：1）11. 石贝（M23：7-1）12. 石贝（M23：7-2）13. 石贝（M23：8-2）14. 石贝（M23：8-1）

形。长 1.6、宽 0.8、厚 0.3 厘米。（图四，6）标本 M23：11–3，青玉，浅冰青色。玉质细腻，半透明。平面呈三角形，纵截面呈长方形。长 1.0、宽 0.9、厚 0.3 厘米。（图四，7）标本 M23：11–4，青玉，浅冰青色。玉质细腻，半透明。平面近三角形，纵截面呈长方形。长 2、宽 0.8、厚 0.2 厘米。（图四，9）

3. 石器

70 件（枚）。计有戈和贝二种。

戈　1 件。标本 M23：1，出土时已破碎成数十块，且锋部和援部有残缺。青石质，青灰色。锋呈三角形，直援，正面略鼓，背面平且有一道纵向切割痕，援两侧有钝刃，长方形直内，内末端略弧。残长 28.2、援残长 22.2、援宽 4.5、内长 6、内宽 4.5 厘米。（图四，10；图版二，4）

贝　69 枚。分两处放置。其中 M23：7 为 40 枚，M23：8 为 29 枚。（图版二，3）皆石英岩质，白色。形制相同，大小略有差异。上端较尖，下端呈弧状，正面鼓起，背面为平面，背面中部纵向刻一道浅槽。标本 M23：7–1，体较大。长 2.1、宽 1.55、厚 0.85 厘米。（图四，11）标本 M23：7–2，体较小。长 1.4、宽 1、厚 0.6 厘米。（图四，12）标本 M23：8–1，体较大。长 2.1、宽 1.5、厚 0.95 厘米。（图四，14）标本 M23：8–2，体较小。长 1.5、宽 1.2、厚 0.6 厘米。（图四，13）

4. 海贝

1 枚。标本 M23：2，白色。上端有尖，下端呈弧状，正面鼓起，背面稍平且有一道浅槽，槽两侧有锯齿牙。长 2.75、宽 1.95、厚 1.2 厘米。（图四，8）

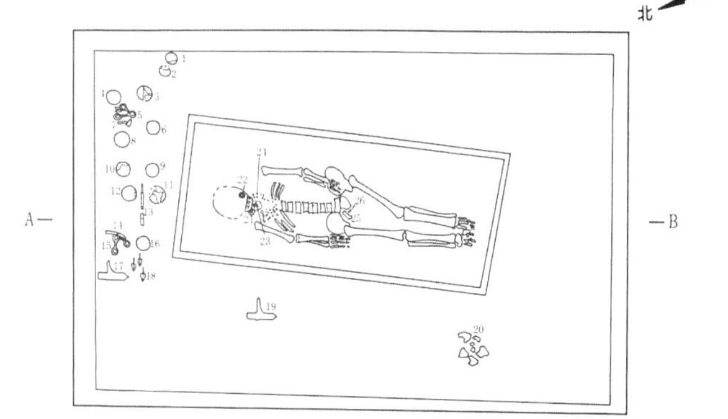

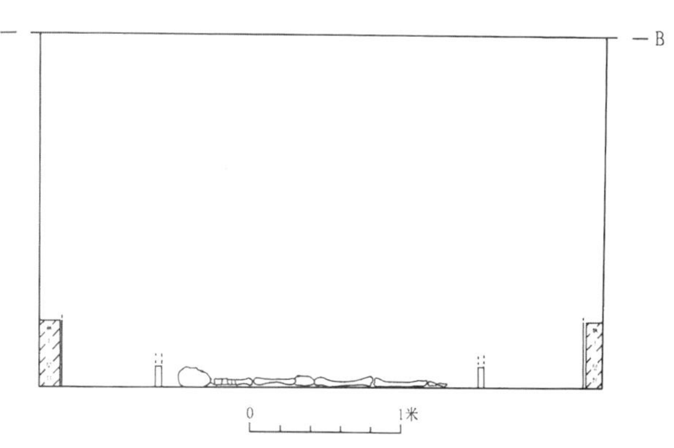

图五　M33 平、剖图

1~4、6、8~12、16. 铜盾钖　5、15. 铜马衔　7、14. 骨镳　13. 铜刻刀　17、19. 铜戈　18. 铜镞　20. 陶鬲　21、22. 玉玦　23. 石口琀　24. 组玉佩　25. 鸟形玉佩　26. 长方形骨饰

二、M33

（一）墓葬形制

M33 是一座南北向长方形竖穴土坑墓，方向 20°，墓口距现地表深 0.45 米。墓壁竖直，经修整光滑规整，墓底平坦。墓穴南北长 3.74、东西宽 2.32~2.36、深 2.14 米。墓底四周设有熟土二层台，北侧台宽 0.14、东侧台宽 0.12、南侧台宽 0.10、西侧台宽

0.05~0.10、台高 0.40 米。墓内填土为红褐色花土，土质较硬，含有少量料姜石。

葬具腐朽较严重，从灰白色或灰黑色木质痕迹可知，其葬具为单椁单棺。木椁位于墓底中部，椁室四壁紧贴二层台内壁，平面呈长方形，南北长 3.50、东西宽 2.10~2.14 米，椁板厚度不详，残高 0.40 米。木棺位于椁室中部，因腐朽且受填土挤压变形，平面近长方形，南北长 2.16、东西宽 0.89、板厚 0.04、残高 0.12 米。棺内葬有 1 人，为侧身直肢，头北足南，骨骼保存较差。经初步鉴定为一男性，年龄约 35 岁。

墓内随葬器物分别放置于椁室和棺内。其中在椁室的北部放置有铜戈 1 件、铜镞 3 件、铜盾钖 11 件、铜马衔 2 件、铜刻刀 2 件、骨镳 2 件，西部则放置铜戈 1 件、陶鬲 1 件；棺内的墓主头部放置玉玦 2 件，颈部放置组玉佩 1 组 152 件颗，口内放置石口琀 2 件，盆骨处放置玉鸟形佩 1 件、长方形骨饰 1 件。（图五）

（二）随葬器物

随葬器物共计 181 件（枚）。依质地可分为铜、玉、陶、石和骨五类。

1. 铜器

20 件。计有戈、镞、盾钖、马衔和刻刀五种。

戈　2 件。形制、大小基本相同。等腰三角形锋较锐利，直援有脊，上、下刃较锐利，内、援之间有凸棱形栏，胡较长，栏侧有两个长条形穿和一个横长方形穿。标本 M33：17，援本部饰一镂空漩涡纹。内中部有一圆形穿孔。通长 19.8、援长 13.4、援宽 2.6、内长 6.4、宽 3.2、厚 0.25 厘米。（图六，1；图版一，5）标本 M33：19，援本部有一圆形钻芯镂空。内中部有一长方形穿孔。通长 19.8、援长 12.5、援宽 2.6、内长 7.3、宽 3.2、厚 0.25 厘米。（图六，2；图版一，6）

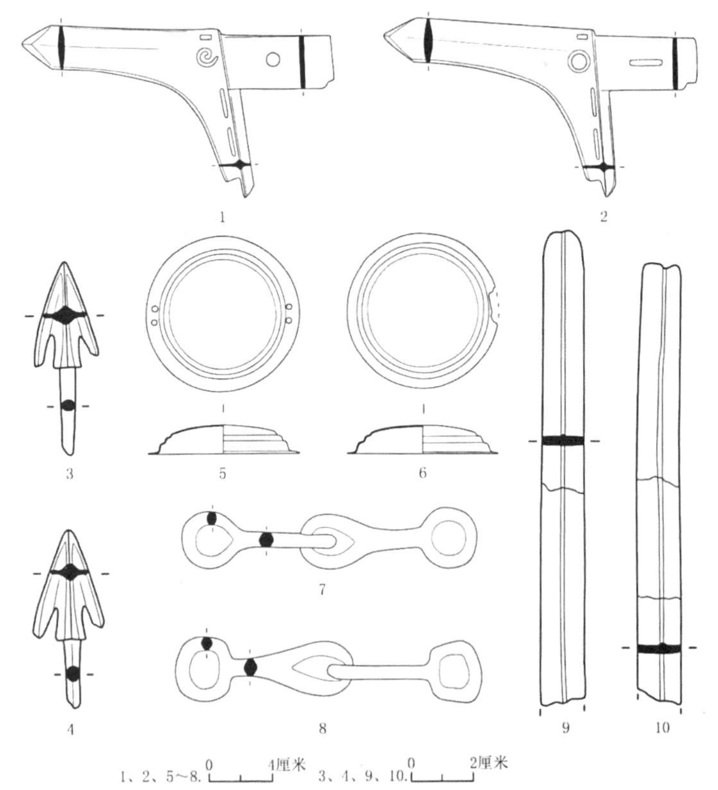

图六　M33 出土铜器

1. 戈（M33：17） 2. 戈（M33：19） 3. 镞（M33：18-1） 4. 镞（M33：18-2） 5. 盾钖（M33：4） 6. 盾钖（M33：6） 7. 马衔（M33：5） 8. 马衔（M33：15） 9. 刻刀（M33：13-1） 10. 刻刀（M33：13-2）

镞　3 件。形状、大小基本相同。皆尖锋，双翼张开且有锐刃，高脊，铤呈圆柱状或圆锥状。标本 M33：18-1，铤呈圆锥状。长 6、双翼宽 2、铤长 2.6、直径 0.2 厘米。（图六，3）标本 M33：18-2，铤略呈圆柱状。镞长 5.5、双翼宽 2、铤长 2.2、直径 0.2 厘米。（图六，4；图版一，7）

盾钖　111 件。出土时大多已破碎。形制、大小相同，较薄。圆形，正面中部向上隆起，背面相应凹陷，有的周边有数个细小的钉孔。标本 M33：4，周边有 4 个细小的钉孔。外径 9.5、高 1.8、厚 0.04 厘米。（图六，5；图版一，8）标本 M33：6，边缘略残。周边无钉孔。外径 9.6、高 1.7、厚 0.04 厘米。（图六，6）

马衔　2 件。形制、大小相同。由两个 8 字形铜环套接而成。标本 M33：5，通长 18.7、环径 3.5 厘米。（图六，7；图版一，10 上）标本 M33：15，通长 19.5、环长径 3.8、短径 3.4 厘米。（图六，8；图版一，10 下）

刻刀　2 件。出土时器身锈蚀严重且残断。器身均作扁平长条状，横截面近长方形，背面有一道竖向细凸棱。标本 M33：13-1，残长 14.5、宽 1.2~1.4、厚 0.2 厘米。（图六，9；图版一，9 左）标本 M33：13-2，残长 13.6、正面宽 1.2~1.4、厚 02 厘米。（图六，10；图版一，9 右）

2. 玉器

155 件（颗）。计有组玉佩、鸟形佩、块与口琀四种。

组玉佩　1 组。标本 M33：24，由 1 件玉璜、1 件玉管和 150 颗大小不等的红色或橘红色玛瑙珠单行相间串联而成。（图七，1；图版二，7）用以串系的各器分别介绍如下：

璜　1 件。标本 M33：24-1，出土时残碎较甚。青玉，浅冰青色，局部受沁呈黄白色。玉质细腻，微透明。平面弧形，横截面长方形，两端中部均有一单钻圆孔。素面。长 8、宽 2、厚 0.25 厘米。（图七，2）

管　1 件。标本 M33：24-2，白玉，乳白色，受沁处呈黄褐色。玉质细腻，微透明。整体呈扁六棱柱状，中部有一圆形贯通孔，横截面呈六边形。通身饰阴线刻

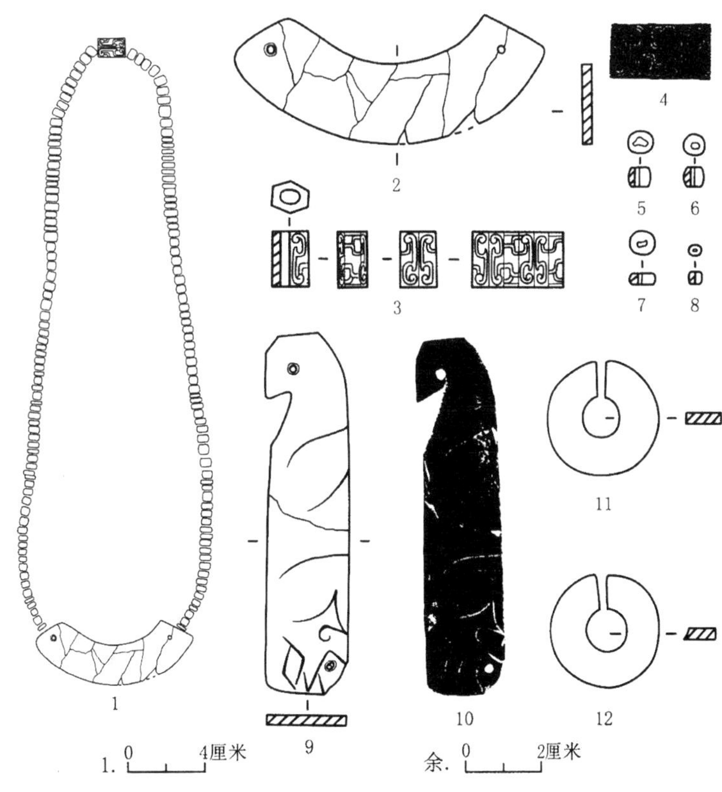

图七　M33 出土玉器

1. 组玉佩（M33：24-1~152）2. 玉璜（M33：24-1）3. 玉管（M33：24-2）4. 玉管拓片（M33：24-2）5. 玛瑙珠（M33：24-28）6. 玛瑙珠（M33：24-8）7. 玛瑙珠（M33：24-27）8. 玛瑙珠（M33：24-76）9. 鸟形佩（M33：25）10. 鸟形佩拓片（M33：25）11. 玉玦（M33：22）12. 玉玦（M33：21）

连体S形纹。长1.4、宽0.9、孔径0.4~0.5厘米。（图七，3、4）

玛瑙珠　150颗。长短、粗细不尽相同。呈半透明红色或橘红色。皆呈短圆鼓形，中部透钻一小穿。珠子长0.2~0.6、直径0.4~0.7厘米。标本M33：24–28，较大。高0.5、直径0.6厘米。（图七，5）标本M33：24–8，较大。高0.5、直径0.5厘米。（图七，6）标本M33：24–27，较薄。高0.3、直径0.7厘米。（图七，7）标本M33：24–76，较小。高0.3、直径0.3厘米。（图七，8）

鸟形佩　1件。标本M33：25，出土时已断裂成两截。青玉，浅豆青色，局部受沁呈黄白色或有黄褐色斑。玉质细腻，微透明。片雕。正、背面纹样相同。鸟尖喙，头部一单钻圆孔作目，羽翅及爪以阴线雕刻，末端一侧单钻一圆形小孔。高9、宽2.1、厚0.25厘米。（图七，9、10；图版二，5）

玦　2件。形制相同，大小略有差异。皆作圆形扁平体，断面长方形。素面。标本M33：21，青玉，冰青色，局部受沁有黄白色斑线。玉质细腻，透明度好。外径2.6、内径1、厚0.3厘米。（图七，12；图版二，2右）标本M33：22，青玉，豆青色。玉质细腻，半透明。外径2.8、内径0.95、厚0.3厘米。（图七，11；图版二，2左）

3. 陶器

陶鬲　11件。标本M33：20，已修复。夹砂灰黑陶。宽折沿微上斜，方唇，侈口，短束颈，鼓腹，瘪裆，裆较高，空袋足内收。口沿内外各饰一周凹弦纹，通体饰粗绳纹，腹上部饰三周凹弦纹。通高13.7、口径18.2、腹径18.6、腹深9.4厘米。（图八，1）

4. 石器

口琀　2件。残。石英岩质。标本M33：23–1，白色。三角形。长2、宽1.4、厚0.4厘米。（图八，2）标本M33：23–2，灰白色。不规则形。长1.6、宽1.2、厚0.9厘米。（图八，3）

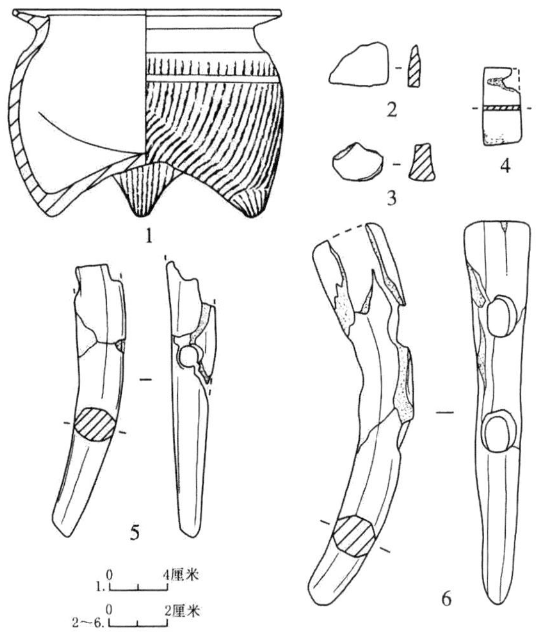

图八　M33出土器物
1. 陶鬲（M33：20）2. 石口琀（M33：23–1）
3. 石口琀（M33：23–2）4. 长方形骨饰（M33：26）
5. 骨镳（M33：7）6. 骨镳（M33：14）

5. 骨器

镳　2件。兽角制成。皆呈弧形弯曲，一端平齐，另一端尖细，横截面呈圆角长方形，中部有横向穿孔。标本M33：7，残成多截。残长9、最大断面1.65厘米×1.4厘米。（图八，5；图版二，6左）标本M33：14，残成多截，中部缺失。长12.5、最大断面2.1厘米×2.3厘米。（图八，6；图版二，6右）

长方形骨饰　1件。标本M33：26，系兽骨磨制而成。极薄，长方体，断面呈长方形。长2.6、宽1.3、厚0.1厘米。（图八，4）

三、结语

（一）墓葬年代

此次在上石河墓地发掘的M23和M33，均为南北向长方形竖穴土坑墓，墓底周围都设有熟土二层台，葬具均为单椁单棺。墓葬形制与三门峡上村岭虢国墓地的小型贵族墓[1]基本相同。

从两座墓随葬的器物特征看，M23出土铜鼎与三门峡虢国墓地M2010[2]及本墓地M35出土的铜鼎[3]形制相同；M23出土的铜簋与三门峡虢国墓地M2012出土的素面铜簋（M2012：71）[4]形制相近；M23出土的铜盘与河南南阳夏饷铺鄂国墓地M16出土的铜盘[5]形制相近；M23出土的铜盉与三门峡虢国墓地M2001出土的重环纹铜盉（M2001：117）[6]形制相同；M33出土的陶鬲与三门峡虢国墓地M2016出土的陶鬲[7]形制基本相同。

综上所述，无论是墓葬形制，还是器物特征、纹饰等，都表明这两座墓的时代应属春秋早期稍偏晚，应与虢国墓地同时期或略晚。

（二）墓主及其身份

从两座墓葬随葬的器物组合看，M23随葬的礼器组合相对完整，有鼎、簋、盘、盉各1件。尽管该墓出土的铜器为明器，但仍属于一鼎墓。而M33仅随葬陶鬲1件，未见铜礼器，但墓中出土有铜戈、铜镞、铜盾钖及铜马衔等。因此，推测这两座墓的墓主非一般庶人，但也非级别较高的贵族，生前应为最低的元士级没落贵族。

义马上石河墓地被确认为是一处春秋早期的虢人埋葬茔地[8]，墓地的埋葬者应是虢国被晋灭掉后东逃定居于此的虢国贵族或其后人。因此推断，M23和M33的墓主生前应为虢国没落的士一级贵族。M33内出土有铜戈、铜镞和铜盾钖，说明该墓的墓主生前为军人或武士。

附记：领队杨海青，发掘人员有杨海青、高鸣、高鹏，绘图为张雪娇，摄影燕飞。

执笔：张青彦　杨海青

注释：

[1] 河南省文物考古研究所、三门峡市文物工作队：《三门峡虢国墓》第1卷，文物出版社，1999年，第383—387页。

[2] 河南省文物考古研究所、三门峡市文物工作队：《三门峡虢国墓地M2010的清理》，《文物》2000年第12期。

[3] 三门峡市文物考古研究所、义马市文物保护管理所：《河南义马上石河春秋墓发掘简报》，《中原文物》2019年第4期。

[4]河南省文物考古研究所、三门峡市文物工作队:《三门峡虢国墓》第1卷，文物出版社，1999年，第251页。

[5] 河南省文物局南水北调办公室、南阳市文物考古研究所:《河南南阳夏饷铺鄂国墓地 M7、M16 发掘简报》,《江汉考古》2019 年第 4 期。

[6] 河南省文物考古研究所、三门峡市文物工作队:《三门峡虢国墓》第1卷，文物出版社，1999年，第69页。

[7] 河南省文物考古研究所、三门峡市文物工作队:《三门峡虢国墓》第 1 卷，文物出版社，1999 年，第 401 页。

[8] 郑立超:《河南义马上石河春秋墓地 M35 出土铜鍑及相关问题》,《中原文物》2019 年第 4 期。

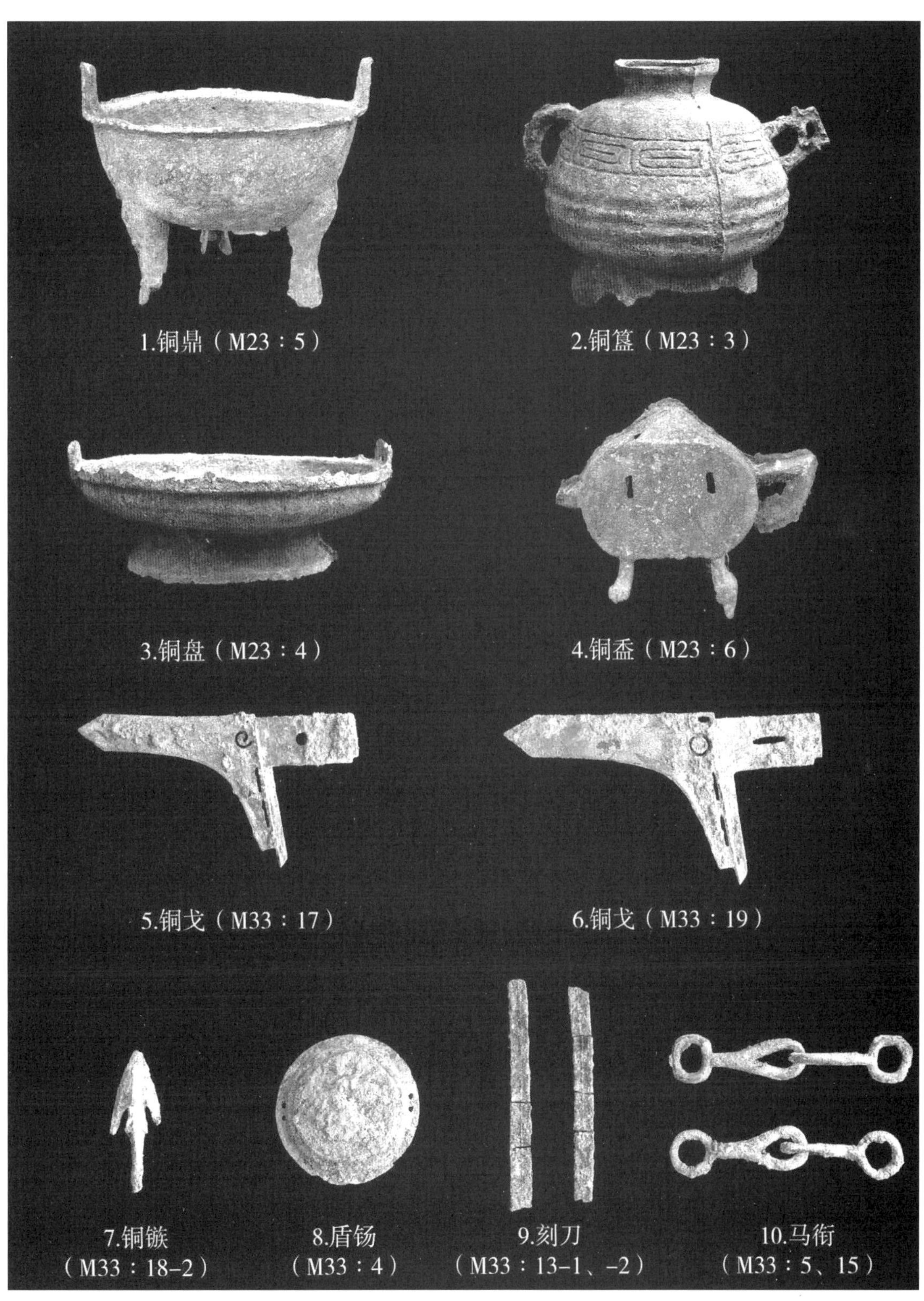

河南义马上石河墓地出土青铜器

图版二

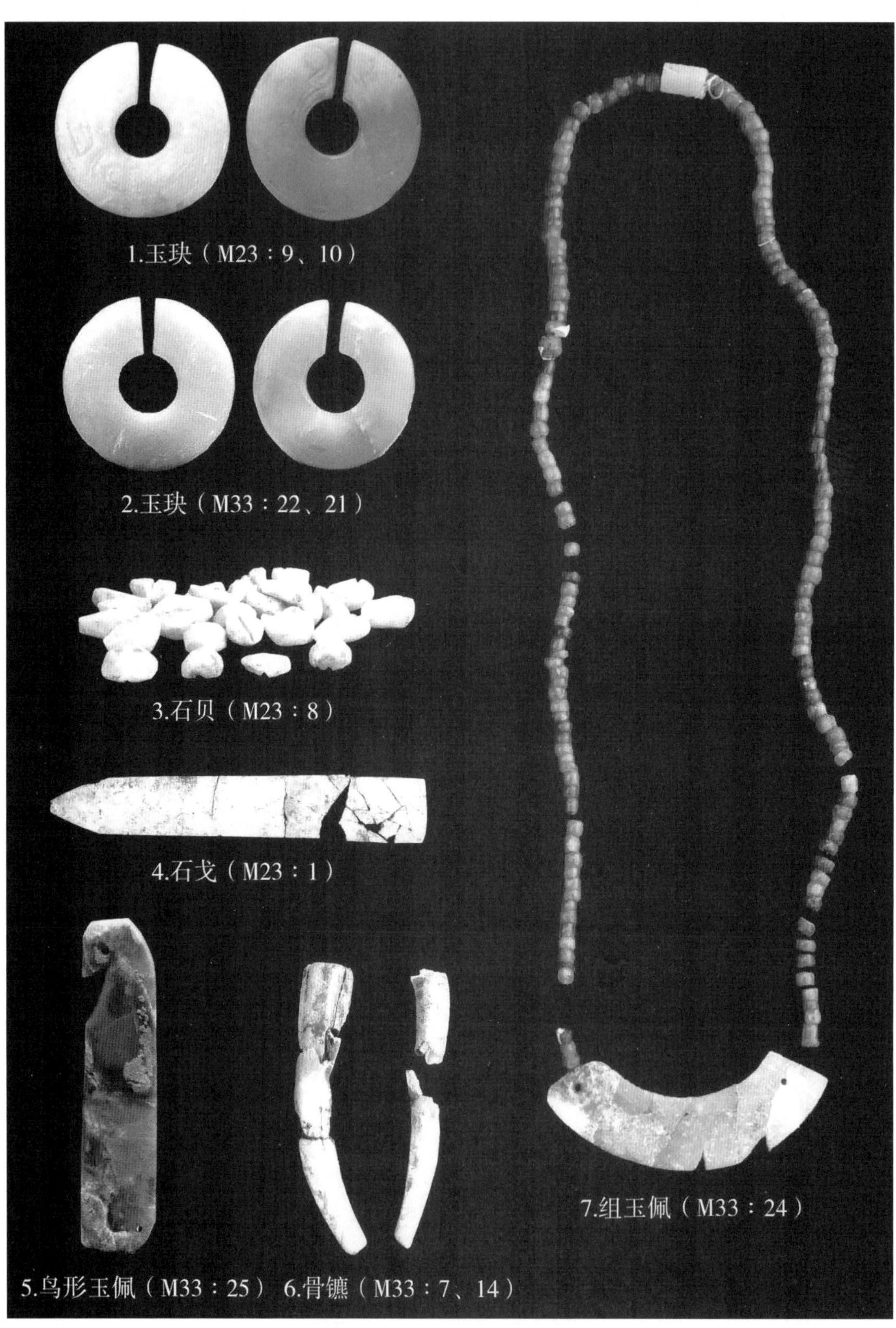

河南义马上石河墓地出土玉、石、骨器

河南三门峡刚玉砂厂战国秦汉墓发掘简报

◎河南省文物考古研究院　◎三门峡市文物考古研究所

三门峡市刚玉砂厂位于三门峡市湖滨区甘棠北路以东，八一路以南，上官北路以西，黄河西路以北，北距黄河约一千米（图一）。1985 年冬，三门峡市文物工作队在此发掘了 22 座西汉初期的秦人墓[1]。2020 年 10 月至 2021 年 3 月，为配合周边棚户区改造项目（黄河花园）工程建设，河南省文物考古研究院联合三门峡市文物考古研究所对该项目用地进行了考古勘探和发掘。此次发掘共清理战国、秦、西汉、北魏、唐、宋金及明清等时期墓葬 281 座，其中以战国秦汉墓葬居多，有 161 座。现将战国秦汉墓葬情况简报如下。

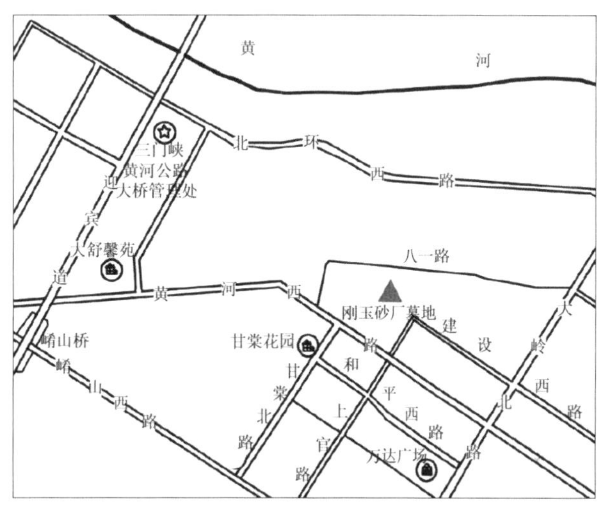

图一　三门峡刚玉砂厂墓地地理位置示意图

一、墓葬形制

刚玉砂厂墓地战国秦汉墓墓葬形制有竖穴土坑墓和竖穴土洞墓两种，其中竖穴土洞墓数量居多，绝大多数墓葬未发现葬具，少数墓内残留有木棺痕迹，一般为单棺，个别墓葬为一棺一椁。墓内多葬有一人，其中 M176 在墓道和墓室内各发现一具人骨。葬式以屈肢葬占主流，直肢葬较少，其中仰身屈肢葬有 66 座，侧身屈肢葬有 27 座，仰身直肢葬 6 座。随葬品多放置在墓室或壁龛内，数量一般为 2~3 件，最多有 10 余件。

1. 竖穴土坑墓

22 座。根据有无二层台分二型。

A 型　带有二层台，21 座。

M126　开口于表土层下，向下打破生土，墓口距现地表深 0.5 米。方向 298°。墓葬平面

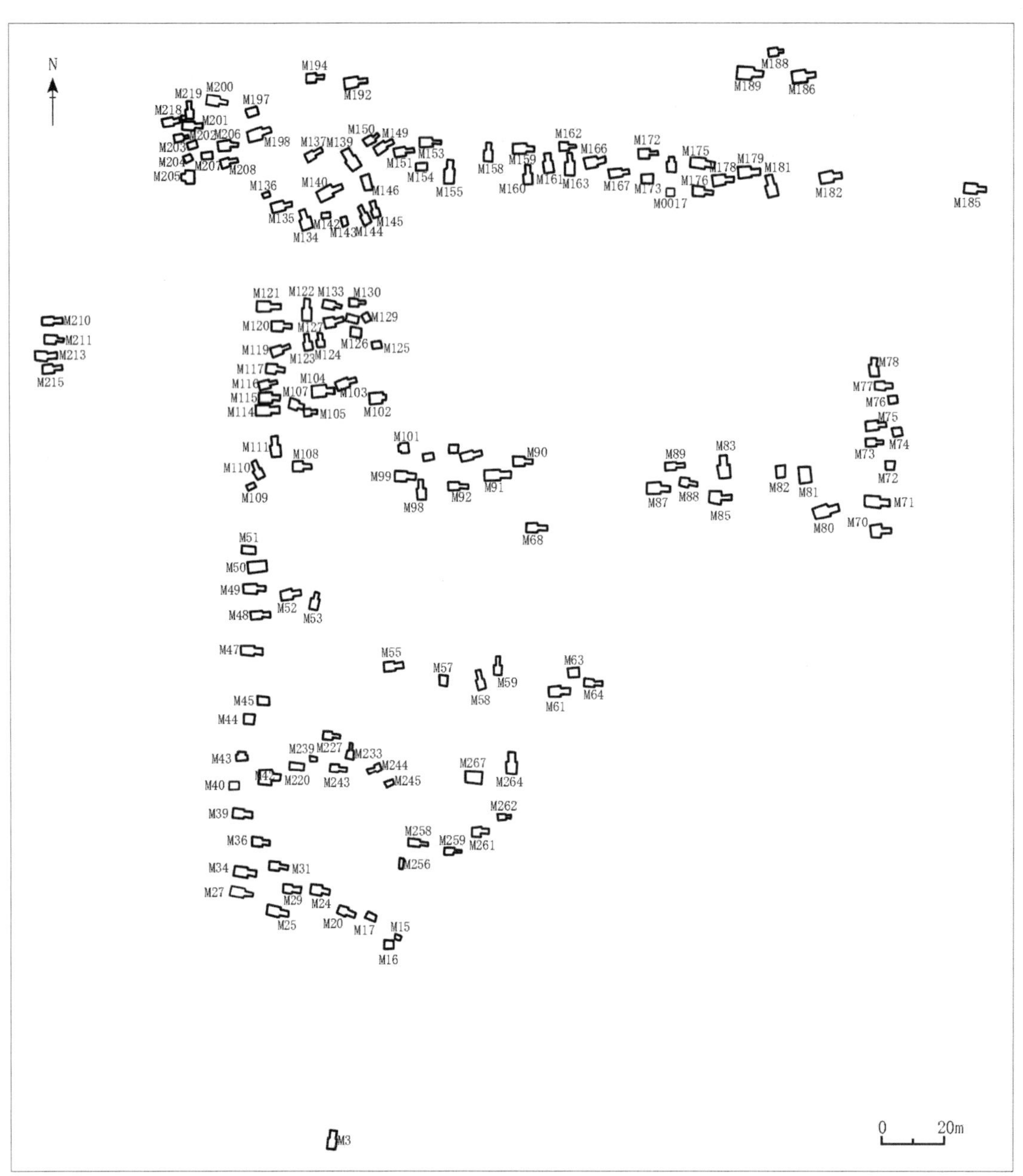

图二 刚玉砂厂墓地战国秦汉墓葬分布图

长方形，墓壁近直。墓口长3.5、宽2.9、深3米。墓室四周有生土二层台，西宽0.6、南宽0.84~0.9、东宽0.74、北宽0.76~0.82、高0.9米。墓底东壁有一壁龛，长0.6、高0.5、进深0.3米。墓内填黄褐色五花土，较疏松。葬具为木棺，已朽。长1.36、宽0.56、高0.03米，厚度不详。人骨一具，头西面上，侧身屈肢葬，男性，年龄不详。3件随葬品均出于壁龛，分别为陶釜1、陶罐1、陶盒1（图三）。

B型　无二层台，1座。

M256　开口于表土层下，向下打破生土，墓口距现地表深0.5米。方向15°。墓葬平面长方形，墓壁较直，平底。墓口长1.9、宽1、深0.6米。墓底北壁有一壁龛，长0.8、宽0.6、高0.4米。墓内填黄褐色五花土，质地松软。葬具不详。人骨一具，侧身屈肢，头北面西，性别、年龄不详。4 件随葬品均出于壁龛内，分别为陶釜 1、陶罐 1、陶盆 2（图四）。

2. 竖穴土洞墓

93 座。墓道宽于墓室，按照墓室与墓道相对位置分为二型。

A 型　91 座。墓室开凿于墓道短边，据墓道有无二层台分为二亚型。

Aa 型　无生土二层台，45 座。M48，开口于表土层下，墓口距现地表 0.7 米，向下打破生土，方向 268°。由墓道、墓室和壁龛三部分组成。墓道位于墓室西侧，墓口平面呈长方形，口底同大，墓壁较直，平底。墓道长 3.4、宽 2.4、深 3.8 米。土洞墓室位于墓道东侧，底部近长方形，弧顶，墓壁近直。墓室长 1.96、宽 1.34~1.4、高 1.4、墓门高 1.4 米。壁龛位于墓室北壁，底长 0.66、高 0.4、进深 0.24 米。墓道填土为黄褐色五花土，土质较硬；墓室填土为浅褐色淤土，土质较硬。葬具为单棺，已腐朽，仅存棺灰痕迹，长 1.5、宽 0.8、厚 0.06、残高 0.05 米。人骨一具，头西面上，仰身屈肢，性别、年龄不详。共出土 6 件随葬品，分别位于墓室和壁龛内，有玻璃珠 1、陶盆 2、陶釜 1、铜带钩 1、玻璃塞 1（图五）。

Ab 型　墓道有二层台，46 座。M85，开口于表土层下，向下打破生土，口部距现地表 1.8 米。方向

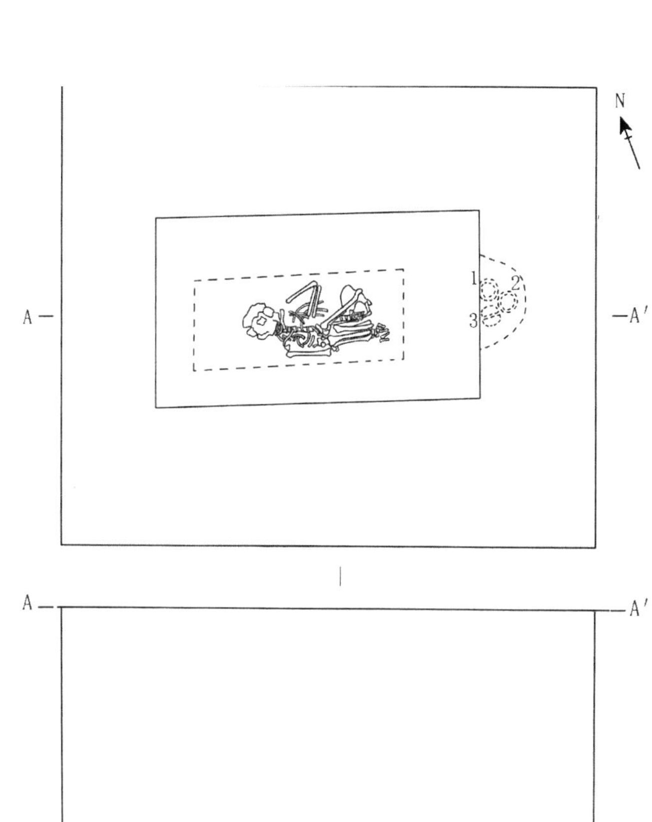

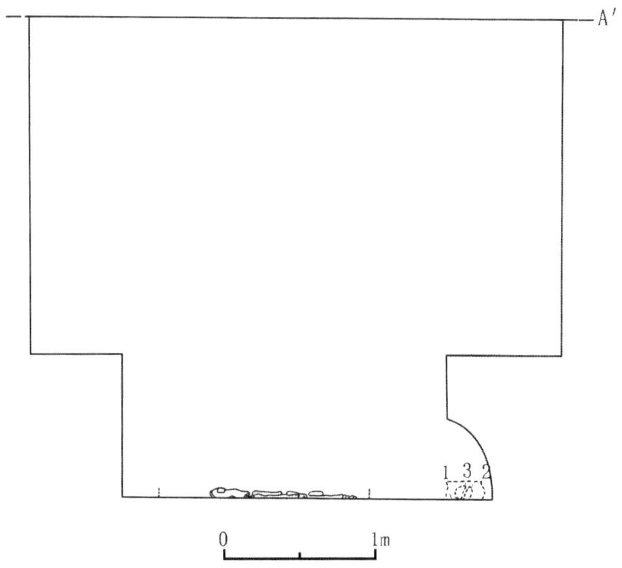

图三　M126 平、剖面图
1. 陶釜　2. 陶罐　3. 陶盒

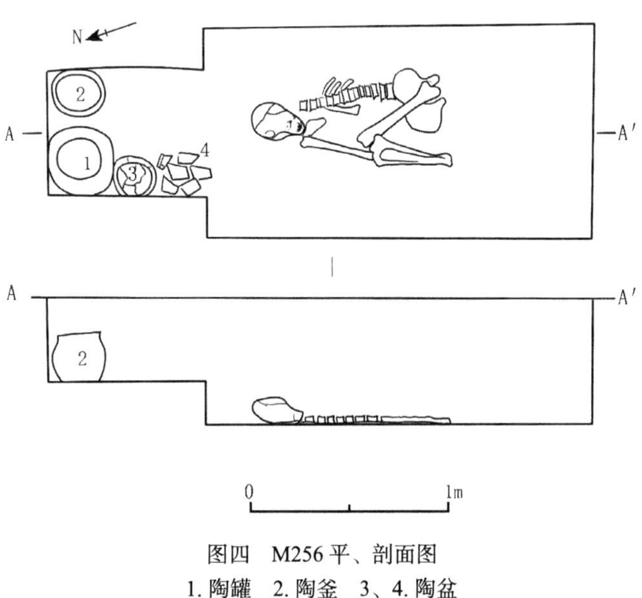

图四　M256 平、剖面图
1. 陶罐　2. 陶釜　3、4. 陶盆

270°。由墓道、墓室组成。墓道位于墓室西侧，口大底小，墓壁斜直，平底。西壁有3个三角形的脚窝，南壁有2个三角形的脚窝，脚窝宽0.22~0.32、进深0.12米。墓道深3.5米处留有生土二层台，北宽0.8、西宽2.04、南宽0.74、台高1.4米。墓道口长5.3、宽3.68、墓道底长2.92、宽1.56、深4.9米。土洞墓室，墓壁较直，弧顶，底部近长方形，加工一般。墓室底长2.84、宽2.14、高1.3~1.8米。墓道填土为黄褐色五花土，较疏松；距墓口0.8~3.5米深时发现有夯土，夯窝圆形，直径约5厘米，较分散，夯层不明显。墓室填黄褐色淤土，较松软。葬具为木棺，已腐朽，残留棺痕。长2.14、宽0.98、厚0.03、残高0.12米。人骨一具，仰身屈肢，头西面北，保存状况较差，性别、年龄不详。共出土6件随葬品，位于墓室东北角，分别为陶盆2、陶釜1、陶罐1、陶壶1、铜饰件1（图六）。

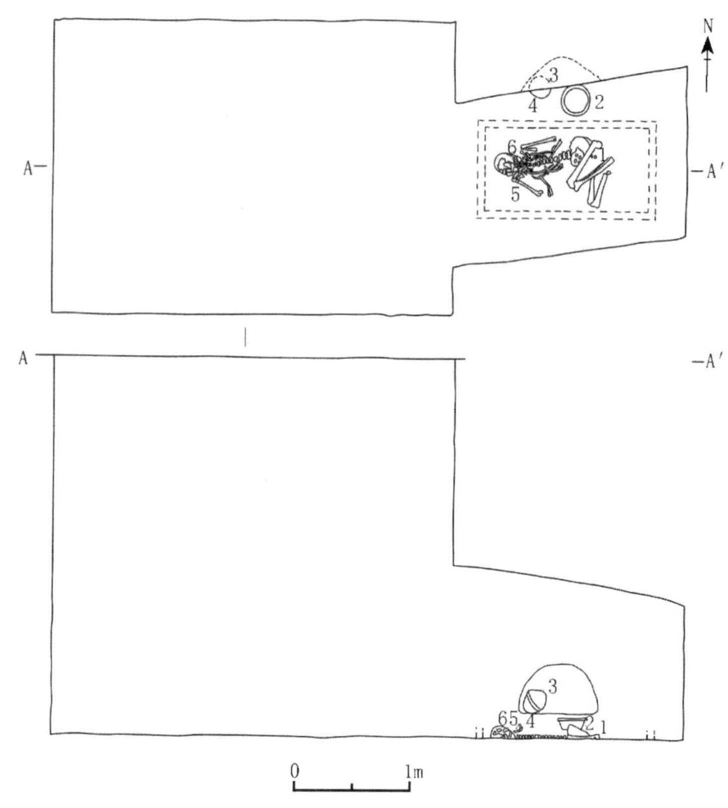

图五　M48平、剖面图

1. 玻璃珠　2、3. 陶盆　4. 陶釜　5. 铜带钩　6. 玻璃塞

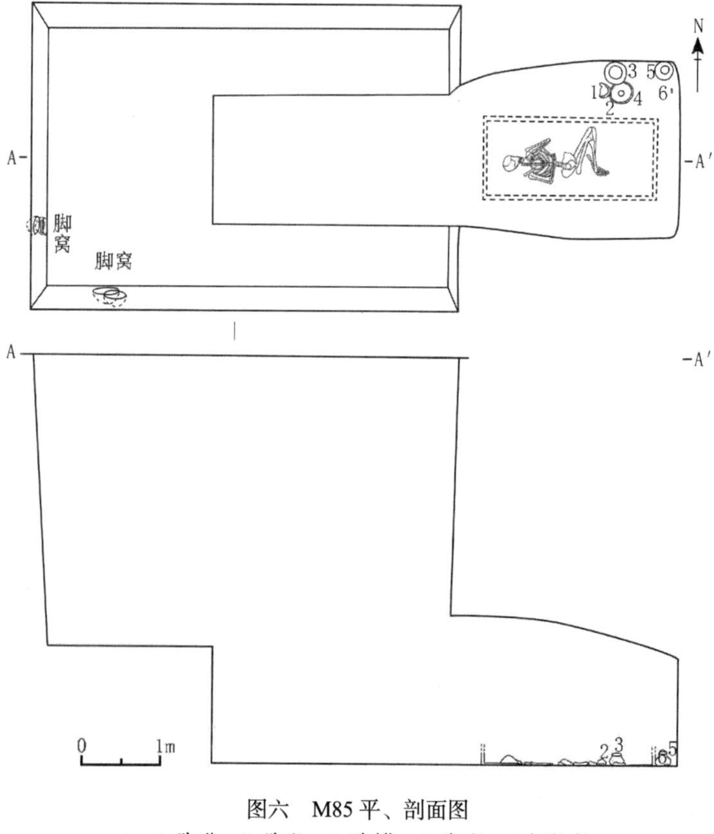

图六　M85平、剖面图

1、4. 陶盆　2. 陶釜　3. 陶罐　5. 陶壶　6. 铜饰件

B型　2座。墓室开凿于墓道长边，即偏洞室墓。

M134　开口于地表土层下，向下打破生土，口部距现地表深0.8米。方向150°。由墓道、墓室组成。墓道位于墓室南侧，东壁被M0012打破。

口大底小，斜直壁，有二层台，二层台西宽 0.7、南宽 0.8 米。墓道口长 3.46~3.56、宽 2.86、墓道底长 2、宽 2.04、深 2.46 米。土洞墓室底部近长方形，弧顶，墓壁较直，平底。长 2.2、宽 1.1 米。墓道填黄褐色五花土。墓室填黄褐色淤土，土质较硬。葬具不详。人骨一具，侧身屈肢，头西面北，保存状况较差，性别、年龄不详。墓室西北角出土了 3 件随葬品，分别为铁器 1、陶罐 1、陶釜 1（图七）。

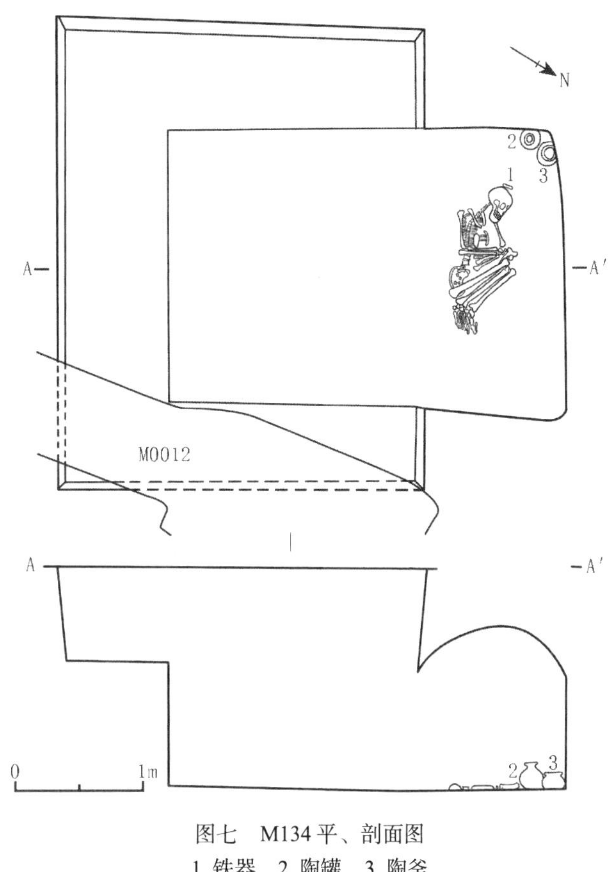

图七　M134 平、剖面图
1. 铁器　2. 陶罐　3. 陶釜

二、随葬器物

刚玉砂厂墓地 115 座墓葬出土随葬品，质地有陶、铜、铁、骨、玉、漆等，数量近 300 件。陶器有缶、罐、壶、茧形壶、蒜头壶、甑、甗、釜、釜灶、盒、盆、钵、碗和盘等。铜器有带钩、镜、壶、勺、矛、环、铃、镞和印章等。铁器有釜、臿、带钩、锥和刀等。另还有玉器、骨器、玻璃器和贝币等。漆盒 2 件腐朽严重，无法提取。

（一）陶器

1. 陶缶

1 件。标本 M3∶5，泥质灰陶。侈口，卷沿，方唇，唇面内凹，束颈，广肩，弧腹，平底。肩腹部饰有十八周弦断细绳纹。口径 11、底径 16.4、高 30.2 厘米（图八，1）。

2. 陶罐

30 件。根据器形差异分为三型。

A 型　束颈高领罐，20 件。分为二亚型。

Aa 型　卷沿，9 件。据腹部变化分二式。

Ⅰ式　腹部较鼓，4 件。标本 M194∶2，夹砂灰陶。侈口，卷沿，圆唇，束颈，溜肩，鼓腹，平底。腹部有两周凹弦纹及绳纹。口径 8.4、底径 8.2、高 15.8 厘米（图八，3）。

Ⅱ式　鼓腹，最大径偏上，5 件。标本 M42∶2，泥质灰陶。侈口，卷沿，方唇，束颈，溜肩，鼓腹，平底。素面。口径 9.2、底径 7.6、高 16.8 厘米（图八，4）。

Ab 型　折沿，11 件。分两式。

Ⅰ式　束颈较长，鼓腹，8 件。标本 M71：1，泥质灰陶。侈口，折沿外翻，沿面有凹槽，方唇，束颈，溜肩，鼓腹，平底。肩腹部饰九周抹断细绳纹。口径 8.8、底径 12、高 26.8 厘米（图八，5）。

Ⅱ式　束颈较短，圆腹，3 件。标本 M175：3，泥质灰陶。侈口，折沿，方唇，束颈，圆肩，鼓腹，平底。肩腹部饰六周弦断细绳纹。口径 9.6、底径 11.8、高 24.4 厘米（图八，6）。

B 型　矮领罐，9 件。标本 M85：3，泥质灰陶。微侈口，卷沿，方唇，沿面有一周凹槽，矮领，广肩，鼓腹，平底。肩上饰十二周暗弦纹，腹部饰六周抹断细绳纹。口径 16.2、底径 16、高 23.6 厘米（图八，2）。

C 型　筒形罐，1 件。标本 M34：1，泥质灰陶。侈口，折沿，沿面上扬，圆唇，束颈，深筒腹，圜底。颈肩部有一周凸棱，上腹饰细绳纹，下腹及底部饰五周抹断细绳纹。口径 10.5、高 21.6 厘米（图八，7）。

3. 陶壶

6 件。分为二型。

A 型　平底，盘口，3 件。标本 M103：2，夹砂灰陶。浅盘口，平折沿，束颈，溜肩，鼓腹，平底。素面。口径 9.4、底径 6.4、高 19.8 厘米（图八，10）。

B 型　侈口，平底内凹，3 件。标本 M189：3，泥质灰陶。侈口，卷沿，方唇内凸，束颈，

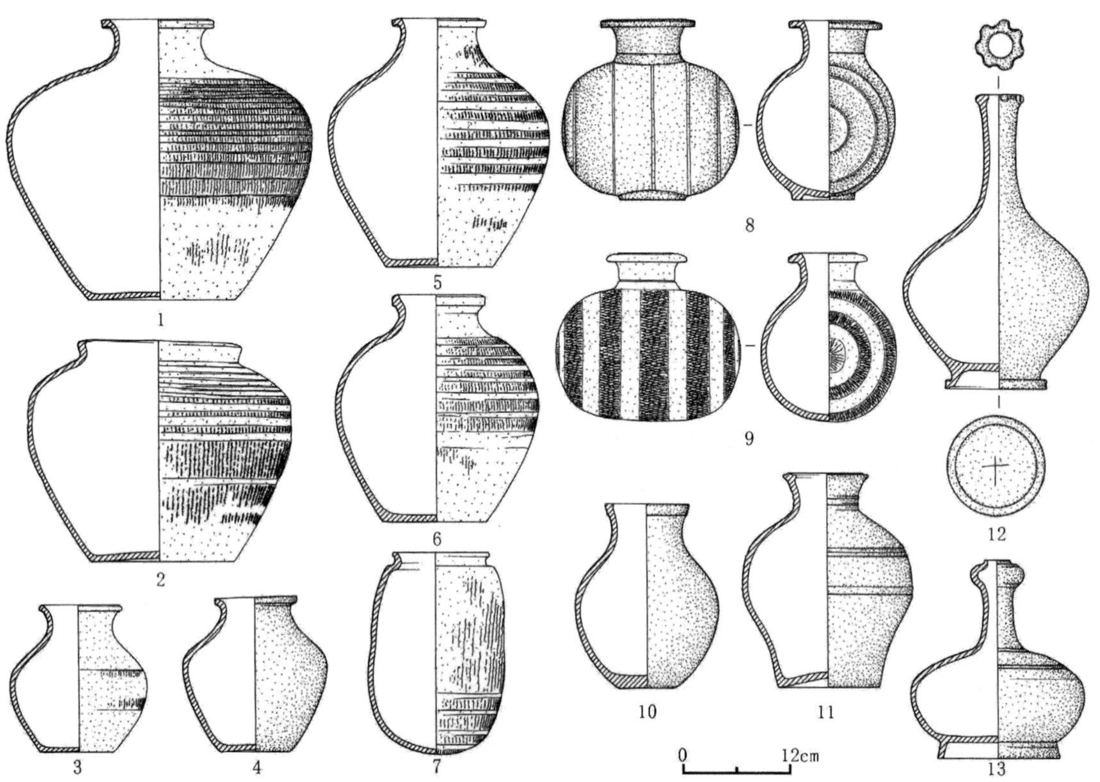

图八　墓地出土陶缶、罐、壶

1. 陶缶（M3：5）　2. B 型陶罐（M85：3）　3. Aa Ⅰ式陶罐（M194：2）　4. Aa Ⅱ式陶罐（M42：2）　5. Ab Ⅰ式陶罐（M71：1）　6. Ab Ⅱ式陶罐（M175：3）　7. C 型陶罐（M34：1）　8. A 型茧形壶（M261：2）　9. B 型茧形壶（M82：3）　10. A 型壶（M103：2）　11. B 型壶（M189：3）　12. A 型蒜头壶（M42：4）　13. B 型蒜头壶（M3：3）

圆肩，鼓腹，平底，假圈足。唇面有两周凹弦纹，颈部饰两周凸弦纹，腹部饰两组四周凹弦纹。口径 8.6、底径 11.2、高 23 厘米（图八，11）。

4. 陶茧形壶

5 件。分二型。

A 型　圈足，2 件。标本 M261：2，泥质灰陶。器身磨光，侈口，平折沿，沿面近口部有一周凹槽，方唇，束颈，横椭圆形腹，圜底，矮圈足。颈部饰一周凹弦纹，腹部饰七周纵向凸弦纹。口径 7.8、圈足径 7.2、高 19.4 厘米（图八，8）。

B 型　圜底，3 件。标本 M82：3，泥质灰陶。小直口，折沿，沿面有一周凹槽，圆唇下垂，束颈，横椭圆形腹，圜底。颈部有一周凹弦纹，腹部饰有七周纵向细绳纹带。口径 6.2、高 18 厘米（图八，9）。

5. 陶蒜头壶

2 件。可分为二型。

A 型　标本 M42：4，泥质灰陶。小直口，口部呈花瓣形，细长颈，溜肩，鼓腹，平底微凹，浅盘状圈足。器身有轮制痕迹，圈足上有一周凹弦纹，圈足底微凹，底部刻划有“十”字。口径 2.4、圈足径 11.2、高 31.6 厘米（图八，12）。

B 型　标本 M3：3，泥质灰陶。小口，尖圆唇，头部呈扁圆状，细长颈，广肩，扁鼓腹，平底，圈足。肩部饰有四周凹弦纹。口径 3、圈足径 13.4、高 21.4 厘米（图八，13）。

6. 陶甗

1 组 2 件。标本 M3：1、M3：2，泥质灰陶，由甑和鼎组成。鼎为子母口，圆唇，深弧腹，平底，近中腹部接三兽蹄形足。腹部饰有一周凹弦纹和两周弦断细绳纹。口径 11.6、高 11.6 厘米。甑为敞口，卷沿，方唇，唇面微凹，上腹近直内凹，下腹斜收，平底，喇叭形圈足。腹部饰有三周凹弦纹，底部有 10 个圆孔，内底有戳印的文字，字体无法辨识。口径 24、足径 16、高 13.8 厘米（图九，2）。

7. 陶甑

6 件。分为二型。

A 型　折腹，3 件。标本 M82：2，泥质灰陶。敞口，折沿上扬，沿面微凹，方唇，折腹，上腹近直，下腹斜收，平底。器身饰有红彩，下腹饰有细绳纹，局部有修整痕迹。口径 31、底径 16、高 13 厘米（图九，1）。

B 型　弧腹，3 件。标本 M117：4，泥质灰陶。直口，折沿，方唇，弧腹，近平底微内凹。底部有一不规则形孔。腹部内外各有四周凹槽。口径 21.2、底径 8.6、高 10.4 厘米（图九，3）。

8. 陶釜

74 件，按整体形态差异分为三型。

A 型　折肩釜，60 件。据颈肩部分三式。

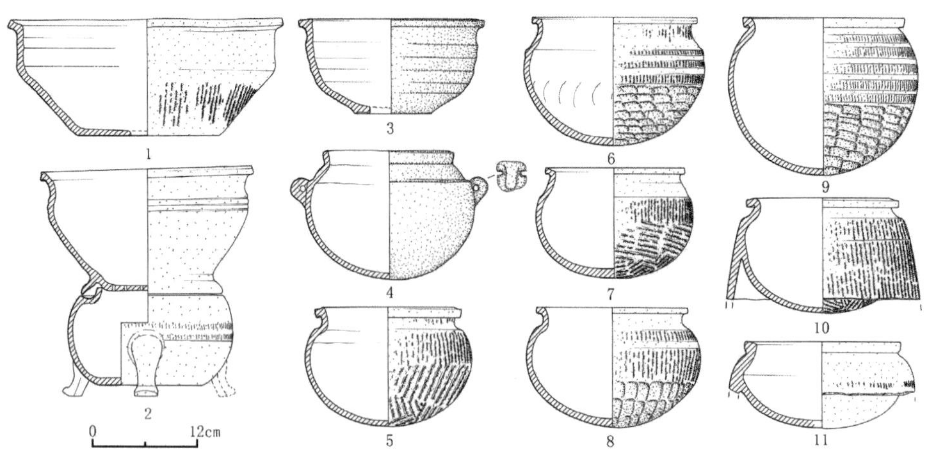

图九　墓地出土陶甗、甑、釜、釜灶

1. A 型甑（M82：2）2. 甗（M3：1、M3：2）3. B 型甑（M117：4）4. C 型陶釜（M31：1）
5. AⅠ式陶釜（M76：3）6. AⅡ式陶釜（M52：4）7. AⅢ式陶釜（M42：1）8. BⅠ式陶釜（M51：3）
9. BⅡ式陶釜（M49：2）10. A 型釜灶（M24：2）11. B 型釜灶（M172：2）

Ⅰ式　短颈，折肩明显，5 件。标本 M76：3，夹砂灰陶。微侈口，卷沿外翻，沿面有一周凹槽，方唇，束颈，鼓腹，圜底。上腹部饰竖向细绳纹，下腹及底部饰竖向粗绳纹。腹部残留烟熏痕迹。口径 15、高 13 厘米（图九，5）。

Ⅱ式　颈部变长，折肩稍明显，31 件。标本 M52：4，夹砂灰陶。侈口，斜折沿，沿面内凹，方唇，微束颈，折肩，鼓腹，圜底。颈部饰一周细绳纹，上腹部饰弦断竖向细绳纹，下腹部和底部饰交错指压纹，纹饰较深。器内壁不平整，有一周指压痕迹。口径 18.4、高 14 厘米（图九，6）。

Ⅲ式　颈部较长，折肩不明显，24 件。标本 M42：1，夹砂灰陶。侈口，折沿，方唇，束颈，溜肩，鼓腹，圜底。肩腹交接不明显，有一周凸弦纹。上腹部饰竖向细绳纹，下腹及底部饰斜向交错粗绳纹。口径 15.2、高 12 厘米（图九，7）。

B 型　圆肩釜，12 件。据腹部变化分二式。

Ⅰ式　腹部较扁，4 件。标本 M51：3，夹砂黑陶。侈口，卷沿，圆唇，扁鼓腹，圜底。上腹部饰竖向弦断细绳纹，下腹部和底部饰交错的指压纹。口径 16.8、高 13 厘米（图九，8）。

Ⅱ式　腹部较深，8 件。标本 M49：2，夹砂灰陶。侈口，卷沿，方唇，圆肩，深圆腹，圜底。上腹部饰弦断细绳纹，纹饰较浅。下腹部和底部饰横向交错的指压纹。内壁有修整抹光痕迹。口径 18、高 17.2 厘米（图九，9）。

C 型　双耳釜，2 件。标本 M31：1，夹砂褐陶。直口，尖圆唇，矮领，斜肩，深弧腹，圜底。肩腹交接处明显，有一周凸棱。肩腹部饰有对称双耳。器身有烟熏痕迹。口径 14、高 14 厘米（图九，4）。

9. 釜灶

4 件。分为二型。

A 型　3 件，折肩，深弧腹。标本 M24：2，夹砂灰陶。侈口，卷沿，沿面外翻，方唇，束颈，折肩，弧腹，圜底。肩腹交接明显，腹部饰竖向细绳纹，底部饰交错细绳纹。底部有烟熏痕迹。口径 15.2、高 12.6 厘米（图九，10）。

B 型　1 件，溜肩，扁鼓腹。标本 M172：2，夹砂灰陶。敛口，厚方唇，矮领，折腹，圜底。上腹部与底交错相接。口径 17.4、高 9.4 厘米（图九，11）。

10. 陶盆

37 件，根据腹部不同分三型。

A 型　折腹，9 件。根据沿部变化分为二式。

Ⅰ式　卷沿，3 件。标本 M256：4，泥质灰陶。敞口，卷沿，圆唇，折腹，上腹内凹，下腹斜收，平底。素面。口径 20、底径 10.2、高 10.2 厘米（图一〇，3）。

Ⅱ式　折沿，6 件。标本 M85：1，夹砂灰陶。敞口，折沿外翻，圆唇，折腹，上腹近直，下腹斜收，平底。上腹饰有模糊细绳纹。口径 27.4、底径 12.2、高 11.6 厘米（图一〇，1）。标本 M125：1，泥质灰陶。敞口，折沿，方唇，斜直腹，平底。局部有浅绳纹。口径 25.6、底径 12、高 11 厘米（图一〇，2）。

B 型　弧腹，折沿，28 件。标本 M24：3，微敛口，折沿，方唇，唇下有一周凹槽，弧腹，平底内凹。腹部饰五周凸弦纹。口径 19.2、底径 8.4、高 10.8 厘米（图一〇，4）。

11. 陶钵

1 件。标本 M43：2，泥质灰陶。敞口，方唇，弧腹，平底。素面。口径 14.2、底径 6、高 6.4 厘米（图一〇，8）。

12. 陶碗

5 件，形制相同。标本 M16：2，泥质灰陶。敞口，卷沿，方唇，折腹，上腹近直，下腹缓斜收，底部近平，矮圈足，器身留有轮制痕迹。口径 15、底径 5.4、高 6.4 厘米（图一〇，9）。

13. 陶盒

6 件。分二型。

A 型　5 件。标本 M42：3，泥质灰陶。盒身子母口，尖圆唇，深弧腹，上部近直，下腹斜收，平底，矮圈足。口部饰有波折纹，腹部有三周凸弦纹，内壁饰有数周凹弦纹。盒盖矮圈足，弧腹，近直口，方唇。圈足内饰有凹弦纹和波折纹，圈足外有曲线纹。盒身口径 19.6、圈足径 9.2、高 10.3、盖口径 23.6、底径 10.6、高 7 厘米（图一〇，5）。

B 型　1 件。标本 M127：1，夹砂灰陶。整体呈扁圆形。盒身敛口，方唇，鼓腹，平底。腹部饰三周凸弦纹。盖近直口，折沿，沿面微凹，圆唇，折腹，上腹近直，下腹斜收，平顶。口径 15、底径 10、高 7.8、盖口径 17、底径 8.8、高 6.6 厘米（图一〇，6）。

14. 陶盘

1 件。标本 M0017：2，泥质灰陶。敞口，平沿，沿面上有两周凹槽，浅腹，近平底，矮圈足。素面。口径 18.4、圈足径 8.4、高 5 厘米（图一〇，7）。

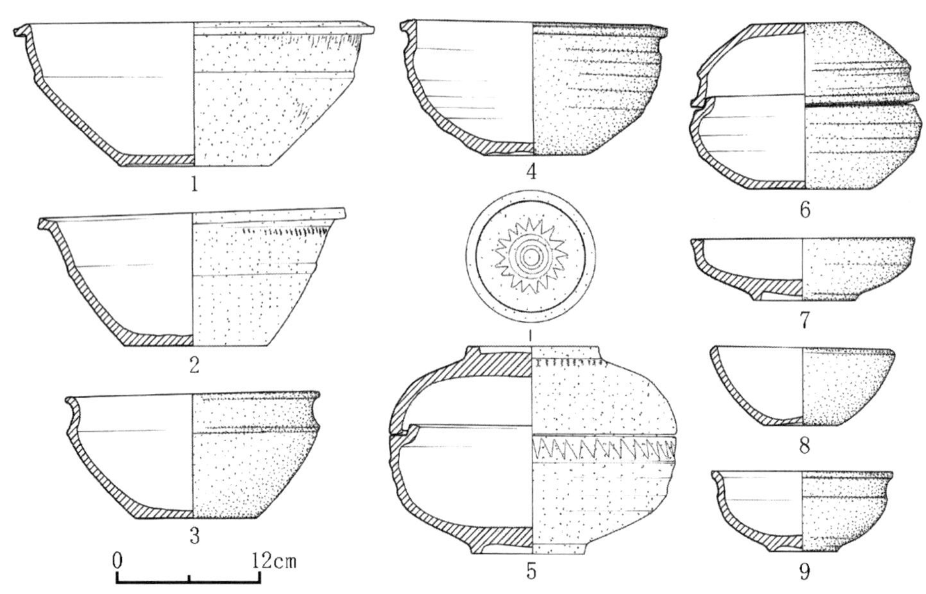

图一〇　墓地出土陶盆、盒、钵、碗

1、2. AⅡ式盆（M85：1、M125：1） 3. AⅠ式盆（M256：4） 4. B型盆（M24：3） 5. A型盒（M42：3） 6. B型盒（M127：1） 7. 盘（M0017：2） 8. 钵（M43：2） 9. 碗（M16：2）

（二）铜器

1. 铜带钩

27件。分为五型。

A型　曲棒形，19件。钩首多呈蛇首状。标本M48：5，蛇首，颈部较细长，钩体弧形，圆形柱钮，钩尾稍宽。长11.4、宽1.4厘米（图一一，3）。

B型　琵琶形，2件。标本M91：3，钩首残，体扁宽，背弧，圆形柱钮，钩尾有两道凸棱。长14.3、宽2.2厘米（图一一，1）。

C型　耜形，1件。标本M121：2，钩首残，钩尾呈半圆形，有肩，仿农具耜，圆形柱钮。残长5.4、宽2.8厘米（图一一，4）。

D型　小带钩，3件。标本M104：4，禽形钩首，颈部较细，钩尾呈椭圆形，圆形柱钮。长4.3、宽1.6厘米（图一一，5）。

E型　兽形，2件。标本M120：4，钩首呈禽状，钩尾为兽形，上刻图案，近圆形柱钮。长8.4、宽4.1厘米（图一一，2）。

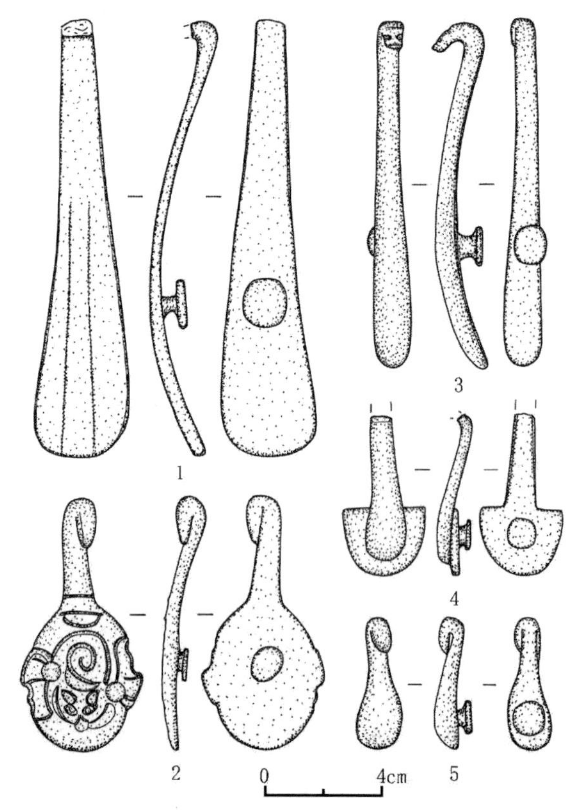

图一一　墓地出土铜带钩

1. B型（M91：3） 2. E型（M120：4） 3. A型（M48：5） 4. C型（M121：2） 5. D型（M104：4）

2. 铜镜

5件。据镜背纹饰分二型。

A型　弦纹镜，4件。形制相同。标本M103：4，三弦钮，镜背饰有两周凸弦纹。直径10.4厘米（图一二，1）。

B型　羽状地四叶纹镜，1件。标本M91：1，圆形，方形钮座，三弦钮。钮座四边中间各伸出一单片桃形叶纹，满铺羽状地纹，方缘。直径9厘米（图一二，2）。

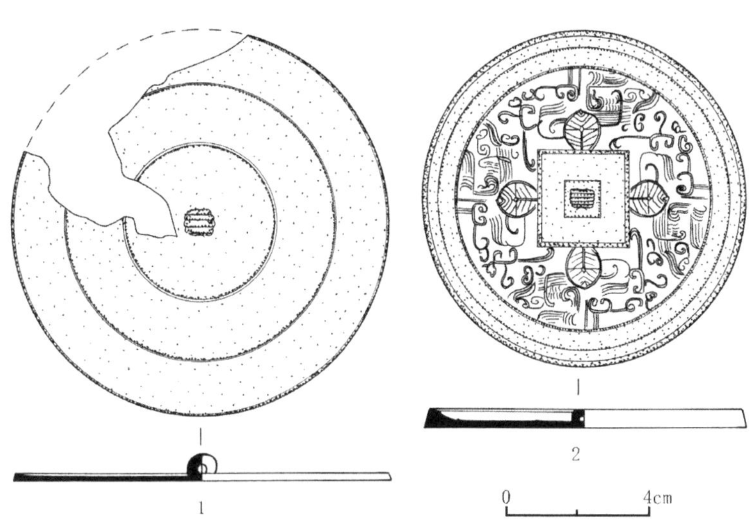

图一二　墓地出土铜镜
1. 弦纹镜（M103：4）　2. 四叶纹镜（M91：1）

3. 铜壶

1件。标本M91：7，侈口，束颈，溜肩，鼓腹，平底，高圈足微外撇。上腹部附有一对兽面铺首，环已缺，肩腹部有三周凸棱。口径9.4、圈足径12.4、高27.2厘米（图一三，1）。

4. 铜勺

1件。标本M104：3，勺体椭圆形，浅腹，柄中空、上端残。残长7.6、宽4.6、高3.7厘米（图一三，2）。

5. 铜矛

1件。标本M49：4，柳叶式。矛脊截面呈菱形，叶部较窄，刃部平直，前

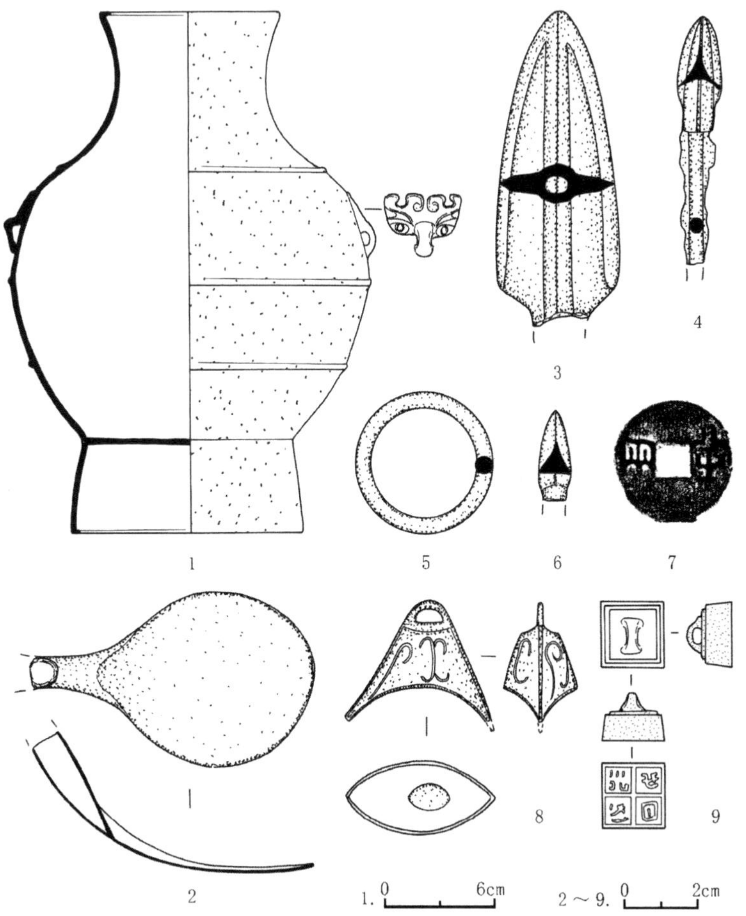

图一三　墓地出土铜器
1. 铜壶（M91：7）　2. 铜勺（M104：3）　3. 铜矛（M49：4）
4. A型铜镞（M117：1）　5. 铜环（M20：2）　6. B型铜镞（M24：1）
7. 半两铜钱（M176：1）　8. 铜铃（M52：3）　9. 铜印章（M173：2）

端收聚成锋，有血槽。骹延伸到矛叶中部。残长 8.3、宽 3.4 厘米（图一三，3）。

6. 铜环

2 件。圆环状。标本 M20：2，直径 3.6 厘米（图一三，5）。

7. 铜铃

2 件。形制相同。标本 M52：3，呈上窄下宽的扁筩形，顶有半圆钮，下部弯口，两端外张而稍尖，截面呈弧形，铃舌下端呈三角形，铃身上有单线阳文勾成“X”“S”形符号。高 3.1、宽 4 厘米（图一三，8；图一五）。

8. 铜镞

4 件。分二型。

A 型　三翼状，3 件。标本 M117：1，三刃向前相聚成锋，横截面呈内凹的三角形。圆铤带叶。残长 6.5 厘米（图一三，4）。

B 型　三棱柱形，1 件。标本 M24：1，尖首，铤部残。残长 2.3、宽 0.9 厘米（图一三，6）。

9. 铜印章

1 件，标本 M173：2，方形，桥形钮，篆书四字阳文，印文为“日敬毋治（怠）”，外加方栏。通高 1.3、边长 1.7 厘米（图一三，9）。

10. 铜钱

1 件。标本 M176：1，1 组 5 枚，钱文“半两”，“两”字上短横不明显，“人”字出头较长，无郭。钱径 3.1 厘米（图一三，7）。

（三）铁器

1. 铁釜

3 件。形制相同。标本 M91：8，锈蚀严重。侈口，折沿，尖唇，束颈，溜肩，鼓腹，圜底。肩腹部有一对称环耳，已残断。口径 17、高 16.6 厘米。带有陶器盖，呈覆钵形，近直口，方唇，折腹，上腹近直，下腹斜收，近平顶内凹，腹部饰有一周凸棱。顶径 11.2、口径 20.4、高 5.4 厘米（图一四，1）。

2. 铁臿

2 件。标本 M159：1，锈蚀严重，整体呈长方形，直刃，顶部有长方形銎。宽 13.6、高 6 厘米（图

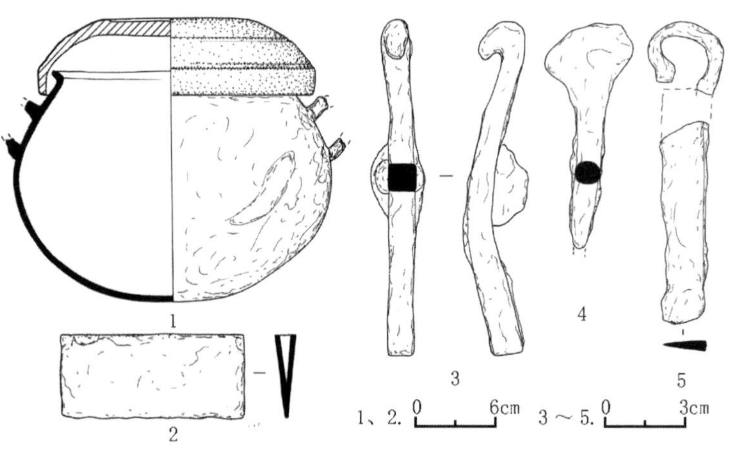

图一四　墓地出土铁器
1. 铁釜（M91：8）2. 铁臿（M159：1）
3. 铁带钩（M40：1）4. 铁锥（M45：3）5. 铁刀（M99：5）

一四，2）。

3. 铁带钩

9件。形制相近，均呈曲棒形。标本M40∶1，锈蚀严重。扁圆形钩首，钩尾端齐平，圆钮，长12、宽2厘米（图一四，3）。

4. 铁锥

1件。标本M45∶3，锈蚀严重。环首，圆锥状体。长8、椎体直径3.3厘米（图一四，4）。

5. 铁刀

4件。形制相近，锈蚀严重。标本M99∶5，环首，刀身残断，单面刃。残长10.8、宽2.8厘米（图一四，5）。

另有8件铁器锈蚀严重，不辨器形。

图一五　铜铃（M52∶3）

图一六　玻璃珠（M48∶1）

图一七　玉环（M122∶3）

（四）其他

1. 玉剑饰

1件。标本M189∶4，青白玉，两端平，平面呈叶形，上端正中有一圆孔，未穿透，其两侧各有一斜向小孔。长4.7、宽2、高2厘米（图一八，2）。

2. 玉环

3件。标本M115∶3，青白玉。横截面呈长方形。直径2.1厘米（图一八，3）。标本M122∶3，青白玉。半透明状，横截面近三角形。直径4.6厘米（图一七；图一八，1）。

3. 玻璃珠

5件。其中蜻蜓眼4件。标本

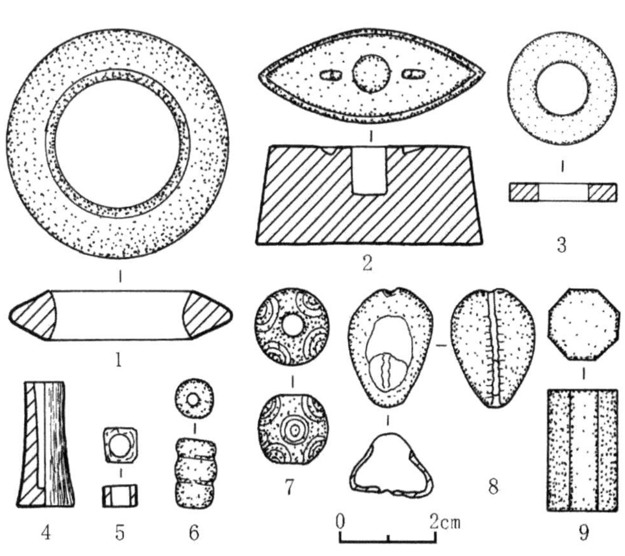

图一八　墓地出土其他器物

1、3. 玉环（M122∶3、M115∶3）　2. 玉剑饰（M189∶4）
4. 骨塞（M188∶3）　5、6. 玻璃串珠（M137∶1、M178∶3）
7. 玻璃珠（M48∶1）　8. 贝币（M120∶3）　9. 玻璃塞（M48∶6）

M48：1，淡黄色，近圆形。表面饰三排共12个大小略同、形似蜻蜓眼的涡纹，两侧有穿孔。直径1.4厘米（图一六；图一八，7）。

4. 玻璃串珠

8件。方形珠，标本M137：1，浅蓝色，呈方形，中部为一圆孔。长0.7、宽0.7厘米（图一八，5）。标本M178：3，共7枚，大小不一，呈圆环状。直径0.8、高1.4厘米（图一八，6）。

5. 玻璃塞

3件。形制相同。标本M48：6，八棱柱状，两端平。器表涂一层细黄泥浆并磨光，内部呈紫色。最大径1.5、高2.4厘米（图一八，9）。

6. 骨塞

3件。形制相同。标本M188：3，近圆柱状，一端小，一端大。小的一端钻有圆孔未透。长2.5厘米（图一八，4）。

7. 贝币

1件。标本M120：3，顶端有一近圆形孔，有火烧痕迹。长2.4、宽1.8厘米（图一八，8）。

三、结语

（一）分期与时代

三门峡市刚玉砂厂墓地中出土随葬品的战国秦汉墓葬有115座，随葬陶器组合常见釜、盆、罐；釜、盆；釜、罐；釜、盆、壶等，均为日常生活用器。除M103、M91、M176等少数墓葬出土有弦纹镜、四叶纹镜、半两钱外，绝大多数墓葬出土器物是以陶釜、陶盆为主。墓葬形制多为带二层台的竖穴土坑墓和带或不带二层台的竖穴墓道土洞墓。结合墓葬形制、器物组合以及典型器物型式的演变，可将该墓地战国秦汉墓葬分为两组。第一组，以M51、M126、M76、M194、M256等墓葬为代表，墓葬形制为竖穴土坑墓、Ab型土洞墓，随葬器物有釜、盆、罐；釜、盆、壶；釜、盆、罐、茧形壶等。第二组，以M3、M42、M71、M80、M85、M185等墓葬为代表，墓葬形制为A型土洞墓，随葬器物有釜、甗、蒜头壶、缶；釜、罐、盒、蒜头壶；釜、罐等。从器物组合上看，这两组墓葬时代上应较为接近，根据分组情况可以大致分为两期。

第一期：第一组。出土陶器中的AaⅠ式罐（M194：2）、AⅠ式釜（M76：3）、AⅡ式釜（M52：4）、BⅠ式釜（M51：3）等与三门峡印染厂墓地第二期墓葬出土的AaⅠ式罐（M85：7）、AbⅢ式釜（M109：2）、BaⅢ式釜（M75：5）、BaⅠ式釜（M123：1）形制相同，其年代为战国晚期至秦统一时期[2]。故将该期墓葬定为战国晚期至秦代。

第二期：第二组。出土陶器中的AⅢ式釜（M42：1）、BⅡ式釜（M49：2）、AⅡ式盆（M85：1）等与三门峡印染厂墓地第三期墓葬出土同类器物形制相同，其年代为西汉早期[3]。AaⅡ式罐（M42：2）与三门峡火电厂秦人墓出土的Ⅰ式罐（CM09102：4）形制相同，其时代为秦末汉初[4]。出土的AbⅡ式罐（M175：3）与三门峡三里桥秦人墓出土的Ⅴ式坛（M96：12）形制相同，时代为西汉早期[5]。出土的甗（M3：1、M3：2）、蒜头壶（M42：4）、缶（M3：5）等器物与刚玉砂厂西汉早期秦人墓出土的同类器物形制相近[6]。该期墓葬应为西汉早期。

（二）墓地性质

三门峡地区地处陕、豫、晋交界处，地势险要，战国时期为秦、韩、魏战略要地。秦人在战国晚期就已占据该地，如《史记·六国年表》载："秦惠公十年，……县陕。"又《秦本纪》载："孝公元年，……乃分兵，东围陕城。""（秦惠文君）十三年，……相张仪将兵取陕。"故最迟在公元前325年，三门峡地区已纳入了秦的势力范围，秦人在此留下了丰富的文化遗存。

刚玉砂厂墓地战国秦汉墓墓葬形制有长方形竖穴土坑墓和竖穴墓道土洞墓两种，以竖穴墓道土洞墓居多，墓葬方向也以西向居多。其中较多墓带二层台，延续了战国墓葬的传统。葬具发现有木棺痕，一般为单棺。葬式有侧身屈肢、仰身屈肢、仰身直肢等，以前两者较为常见。随葬品以陶釜、盆、罐等生活用器为主，不见中原地区战国晚期的鼎、豆、盒、壶等仿铜陶礼器组合，这些特征均具有明显的秦人墓葬特征。刚玉砂厂墓地西距后川墓地[7]直线距离约500米，地势相比后川墓地要高、规格较大，但出土器物较少，后川墓地战国秦汉墓出土器物较多。两处墓地之间可能具有一定的联系，推测应属于战国秦汉时期陕州故城内及其附近居民的公共墓地。

领队：许海星

发掘：胡赵建　张　凤　郑立超　杨海清
李幸辉　魏唯一　金海旺　周要港
代纪闯等

整理：胡赵建　张　凤　郑立超　金海旺等

器物绘图：孙广贺

修复拓片：张雪娇　李冰洁

器物摄影：赵　昂

执笔：张　凤　胡赵建

注释：

[1] 三门峡市文物工作队：《三门峡市司法局、刚玉砂厂秦人墓发掘简报》，《华夏考古》1993年第4期。

[2] 河南省文物考古研究院：《三门峡市印染厂墓地》，中州古籍出版社，2017年，第146、150、153页。

[3] 河南省文物考古研究院:《三门峡市印染厂墓地》，中州古籍出版社，2017 年，第 146、150、153 页。

[4] 三门峡市文物工作队:《三门峡市火电厂秦人墓发掘简报》,《华夏考古》1993 年第 4 期。

[5] 三门峡市文物工作队:《三门峡市三里桥秦人墓发掘简报》,《华夏考古》1993 年第 4 期。

[6] 三门峡市文物工作队:《三门峡市司法局、刚玉砂厂秦人墓发掘简报》,《华夏考古》1993 年第 4 期。

[7] 中国社会科学院考古研究所:《陕县东周秦汉墓》，科学出版社，1994 年，第 201 页。

河南义马上石河墓地 M82、M86 发掘简报

◎河南省文物考古研究院　◎三门峡市文物考古研究所
◎义马市文物管理所

上石河墓地位于河南省义马市市区南部、石河西岸约 100 米处的原上石河村村中。墓地北临人民路（310 国道），南接新安故城遗址，西与开祥精细化工有限公司老厂区隔墙相连。墓地中心地理坐标为东经 111°51′37″，北纬 34°44′22″，海拔约 450 米。（图一）墓地现存范围东西长约 200 米，南北宽约 150 米，总面积 3 万余平方米，墓葬分布较为密集。2018 年 4—8 月，河南省文物考古研究院联合三门峡市文物考古研究所和义马市文物保护管理所对该墓地进行了抢救性考古发掘，清理了一批春秋时期墓葬。其中 M82、M86 保存较完整，随葬品较丰富，现将其发掘情况简报于下。

图一　河南义马上石河春秋墓地位置示意图

一、M82

（一）墓葬形制

M82 位于墓地东北区的西南部，为南北向长方形竖穴土坑墓，方向 18°。墓葬开口于扰土层下，距现地表深 1 米。墓口平面呈长方形，南北长 4.54、东西宽 3.10~3.22 米。墓底略大于墓口，墓壁加工较规整，北、东两壁上下垂直，南、西两壁向下斜直略外张，墓底平坦。墓底南北长 4.68、东西宽 3.20~3.24、墓深 2.80 米。墓底四周设有熟土二层台，台面宽窄不一。其中北侧台宽 0.68~0.72、东侧台宽 0.40~0.42、南侧台宽 0.44~0.60、西侧台宽 0.32~0.50、台高 0.78 米。在墓底靠近墓坑的南、北两端各设有一道东西向的浅沟槽，用以放置承托椁室的枕木。其中北端的沟槽与墓坑北壁相距 0.82 米，长 2.54、宽 0.12、深 0.08 米；南端的沟槽与南端墓圹相距 0.86 米，长 2.66、宽 0.12、深 0.10 米。墓底中部设有一个腰坑，平面呈长方形，坑直壁，

平底。南北长 0.30、东西宽 0.22、深 0.24 米。墓内填土是以红褐色为主的花土，略经夯打，土质较硬，夯窝与夯层不明显，土内含有少量的小料姜石块。（图二）

墓内葬具均已严重腐朽，结构不明。从残存的灰白色或灰黑色木质痕迹可判断，其葬具为单椁重棺。木椁位于墓底中部略偏南，椁室的四壁紧贴二层台内壁，因受填土挤压变形，平面呈梯形，南端稍宽于北端，椁盖板塌陷于椁室内。木椁南北长 3.50、东西宽 2.30~2.54、残高 0.78 米，盖板、挡板厚约 0.05 米，底板厚度不详。在椁室的四面中部均发现有大小不一、多少不等的河卵石块，以固定椁挡板之用。外棺位于椁室中部，受挤压变形，平面近长方形，南北长 2.34、东西宽 0.96~1.04、残高 0.23 米，挡板厚约 0.03 米，盖板与底板厚度不详。内棺位于外棺中部，平面呈长方形，南北长 1.86、东西宽 0.46、残高 0.06、挡板厚 0.02 米，盖板与底板厚度不详。此外，在椁室底部与内棺内的许多地方都铺有朱砂痕迹。内棺内葬有 1 人，骨骼保存极差。葬式为仰身屈肢葬，头朝北，面向上。经初步鉴定墓主为女性，年龄 35 岁左右。

随葬器物分别放置于椁室北部、椁室东南部、椁室西部、椁室西南部和内棺内。其中椁室的北部放置铜鼎 1 件、石贝 5 枚，东南部放置铜鼎 1 件，西部放置铜簋 2 件、铜盘 1 件，西南部放置铜盉 1 件、铜盘 1 件、铜匜 1 件、铜簋 1 件。内棺内的墓主头部两侧放置玉玦 2 件，口内放置玉琀 2 件。（图二）

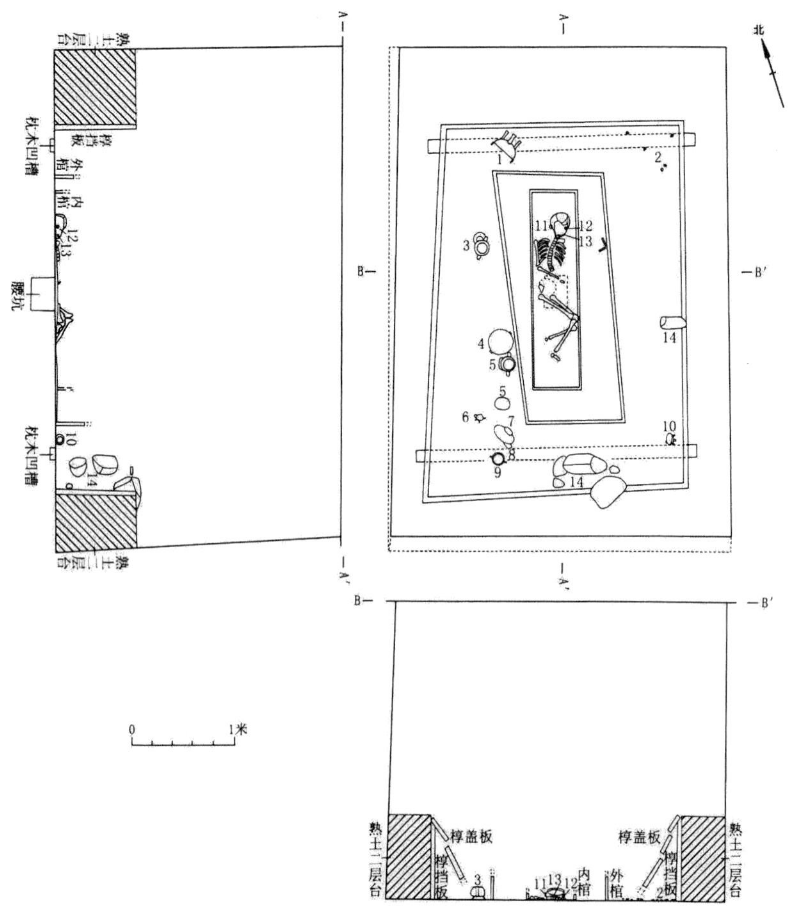

图二 M82 平、剖图

1、10. 铜鼎 2. 石贝 3、5、9. 铜簋 4、7. 铜盘 6. 铜盉 8. 铜匜 11、12. 玉玦 13. 玉琀 14. 石块

（二）随葬器物

随葬器物共18件（枚）。依质地可分为铜、玉和石三类。

1. 铜器

99件。包括鼎、盒、盘、匜和盉。

鼎　2件。形制基本相同，大小、纹样不同。窄斜折沿，方唇，口微侈，立耳，深腹略外鼓，圜底，三蹄足下端较大。标本M82：1，口沿下饰一周C形平目窃曲纹，腹部饰两周垂鳞纹，耳外侧饰一周无珠重环纹。（图三，1、2）通高23、口径23.1、腹径21.6、腹深10.6厘米。（图四，1；图版一，1）标本M82：10，明器。素面。通高8.8、口径11.4、腹径10.4、腹深4.8厘米。（图四，2；图版一，2）

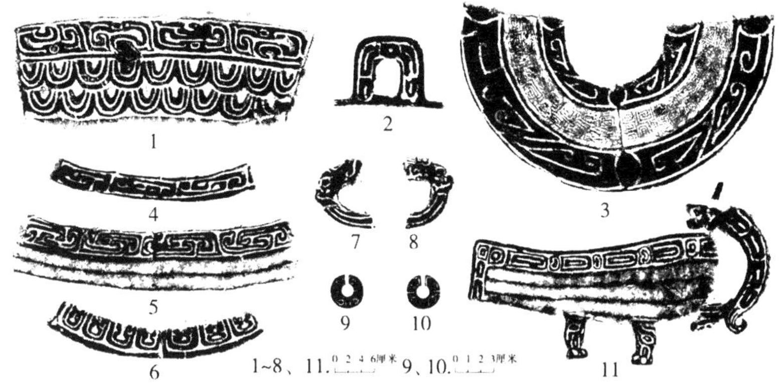

图三　M82器物纹饰拓片

1. 铜鼎腹部（M82：1）2. 铜鼎耳部（M82：1）3. 铜盘腹部（M82：7）4. 铜簋盖（M82：5）5. 铜簋上腹（M82：5）6. 铜簋圈足（M82：5）7、8. 铜簋耳部（M82：5）9、10. 玉玦（M82：11、M82：12）11. 铜匜（M82：8）

簋　3件。标本M82：3和标本M82：5为实用器，出土时器、盖均分置，标本M82：9为明器。标本M82：5，上有盖，盖面上隆，顶有喇叭形握手。器身子口微敛，鼓腹略下垂，近

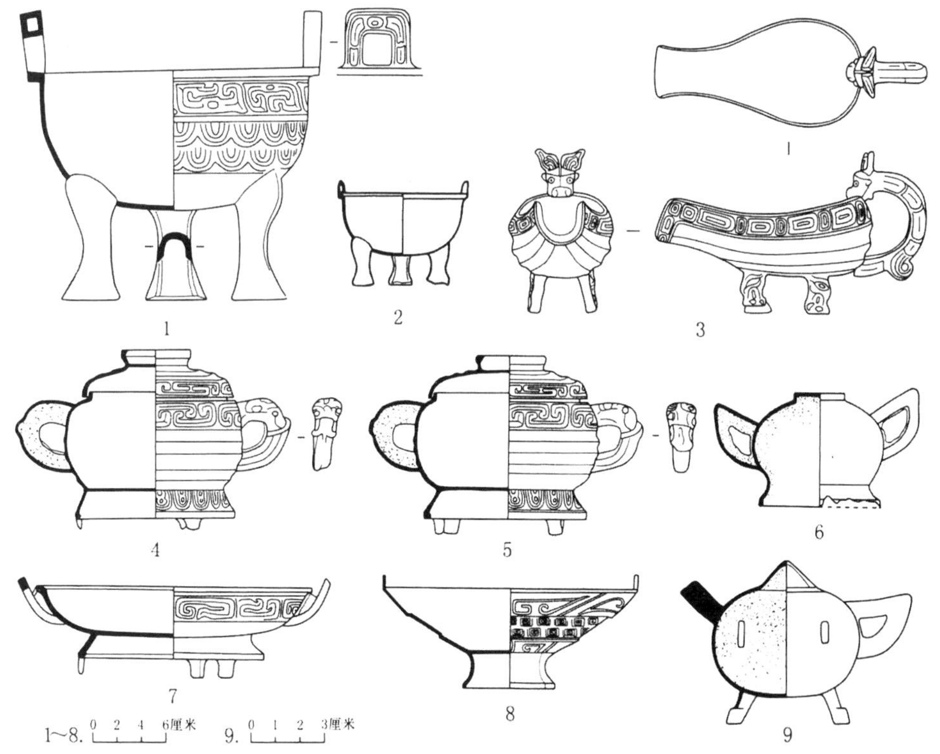

图四　M82铜器

1、2. 铜鼎（M82：1、M82：10）3. 铜匜（M82：8）4~6. 铜簋（M82：3、M82：5、M82：9）7、8. 铜盘（M82：4、M82：7）9. 铜盉（M82：6）

平底，腹两侧附简易的龙首形耳，龙长舌向下内弯曲成半环形，圈足下附4个矮支足。盖缘与外口沿各饰一周S形无目窃曲纹，盖面与器腹各饰数周瓦垅纹，圈足饰垂鳞纹。（图三，4~8）通高14.2、口径11.4、腹径15、腹深7.4厘米。（图四，5；图版一，6）标本M82：3，形制、纹样与标本M82：5基本相同，不同的是在圈足下附有3个矮支足。通高14.2、口径11.4、腹径14.6、腹深7.6厘米。（图四，4；图版一，5）标本M82：9，盖与器浑铸为一体，造型较粗糙。盖面上隆，顶部有瓶塞状握手，鼓腹两侧有对称的斜角三角形耳，无底中空。腔内有范土。通高9.4、腹径10.8、底径9.8厘米。（图四，6；图版一，7）

盘 2件。标本M82：4，窄平折沿，斜方唇，敞口，附耳微外撇，浅弧腹，底近平，圈足下附3个矮扁支足。外口沿下饰一周C形无目窃曲纹。通高8、口径22.6、腹深3.6、圈足径14.2厘米。（图四，7；图版一，9）标本M82：7，方唇，敞口，斜直腹，扁实体立耳，小平底，喇叭形高圈足。外口沿下与腹下部各饰一周三组斜角勾云纹，每组纹样之间以椭圆形珠间隔；腹部饰两周S形窃曲纹。（图三，3）通高9、口径21、腹深5、圈足径7.4厘米。（图四，8；图版一，10）

匜 1件。标本M82：8，口微敛，方唇，前有短窄槽流，后有龙形鋬，腹略鼓，圜底，下具四扁足。口沿下饰一周有珠重环纹，腹部饰瓦垅纹，鋬上饰无珠重环纹，四扁足上饰各式简易兽面纹。（图三，11）通高12.5、通长4、流口宽4、口宽8.6、腹深6厘米。（图四，3；图版一，3）

盉 1件。标本M82：6，器与盖浑铸，造型粗糙。呈侧置的椭圆形，上端为一凸起的方锥体作为器盖，前有扁体实心流，曲而上扬，后有斜角三角形鋬，无底中空，下有4个方形支足。腹部正、背面各有2个竖向长条形孔。腔内实范土。通高6.5、通长9.6、腹腔长径6.1、短径4.2、腔体厚1.8厘米。（图四，9；图版一，8）

2. 玉器

4件。

玦 2件。玉质、玉色及形制基本相同，大小及纹样略有差异。皆白玉，乳白色。玉质细腻，半透明。均作圆形扁平体，有缺口，断面呈长方形。标本M82：11，正面饰龙首纹，臣字目，圆睛。（图三，9）直径2.7、孔径0.8、厚0.3厘米。（图五，1；图版一，11）标本M82：12，正面饰一兽面纹，臣字目，圆睛，眼角带勾。（图三，10）直径2.6、孔径0.8、厚0.25厘米。（图五，2；图版一，12）

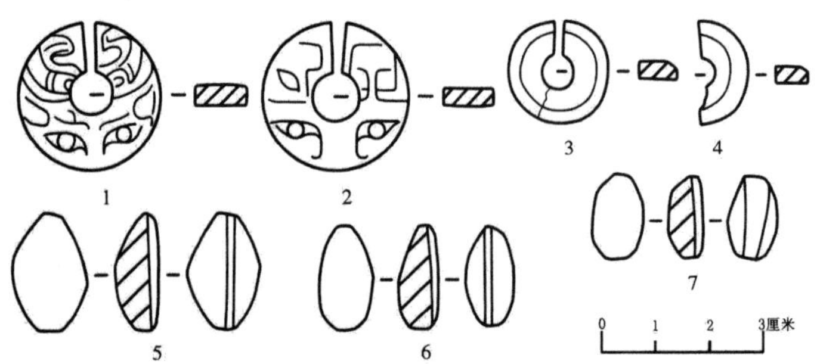

图五　M82玉、石器
1、2. 玉玦（M82：11、M82：12） 3、4. 玉琀（M82：13-1、M82：13-2） 5~7. 石贝（M82：2-1、M82：2-2、M82：2-3）

琀 2件。玉质、玉色相同。

皆青白玉，青白色。玉质细腻，半透明。标本 M82：13-1，出土时断裂为两块。玦形，作圆形扁平体，有缺口，断面呈五边形。直径 1.7、孔径 0.6、厚 0.3 厘米。（图五，3；图版一，13）标本 M82：13-2，出土时残存一半。残玦，近半圆形，断面呈五边形。直径 1.8、厚 0.3 厘米。（图五，4）

3. 石器

仅贝一种。5 枚。石质较粗，白色。形制相同，大小略有差异。上端有尖，下端呈弧状，正面鼓起，背面为平面，中部纵向刻一浅槽。标本 M82：2-1，体较大。长 2.15、宽 1.35、厚 0.8 厘米。（图五，5；图版一，4 左）标本 M82：2-2，体较小。长 1.8、宽 1、厚 0.7 厘米。（图五，6）标本 M82：2-3，体较小。长 1.5、宽 0.9、厚 0.7 厘米。（图五，7；图版一，4 右）

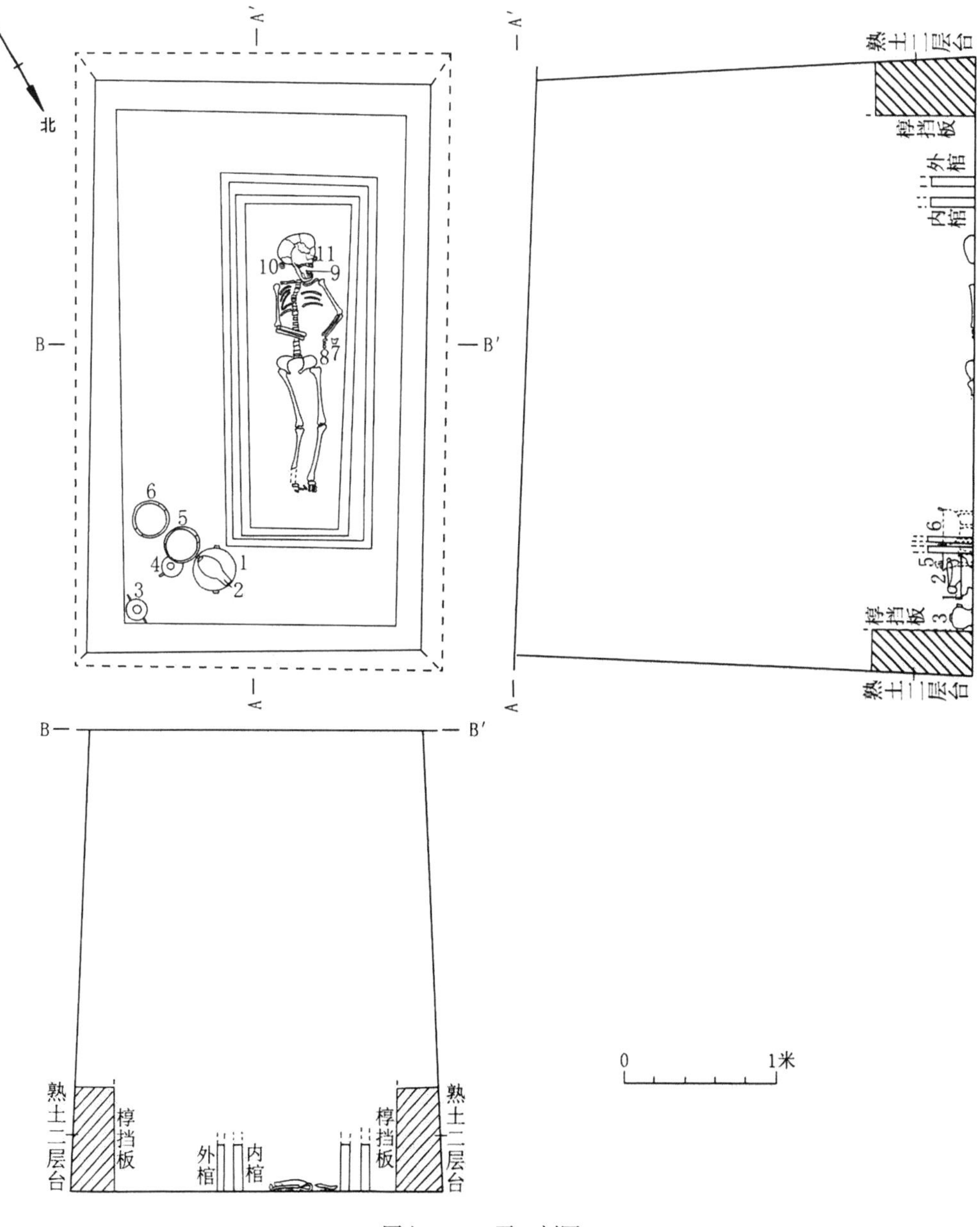

图六　M86 平、剖图

1. 铜盘　2. 铜匜　3、4. 铜簋　5、6. 铜鼎　7. 兽面纹玉佩　8. 玉管　9. 玉琀　10、11. 玉玦

二、M86

（一）墓葬形制

M86位于墓地东北区的南部，为南北向长方形竖穴土坑墓，方向212°。墓葬开口于扰土层下，距现地表深0.50米。墓口北高南低，平面呈长方形，南北长3.62~3.68、东西宽2.10米。墓底大于墓口，墓壁自墓口向下斜直外张，修整光滑，墓底平坦。墓底南北长3.96、东西宽2.44~2.48，墓深2.90~3.04米。墓底四周设有熟土二层台，其中北侧台宽0.28、东侧台宽0.26~0.30、南侧台宽0.38、西侧台宽0.26~0.29、台高0.66米。墓内填土是以红褐色为主的花土，土质较疏松，土内含有少量的小料姜石块。

墓内葬具皆严重腐朽，结构不清。从灰白色和灰黑色木质朽痕判断，葬具为单椁重棺。木椁位于墓底中部，椁室四壁紧贴二层台内壁。木椁平面近长方形，南北长3.28、东西宽1.80~1.90、高0.66米，椁板厚度不详。外棺位于椁室中部略偏西，平面近长方形，南北长2.38、东西宽0.96~1.04、残高0.30、挡板厚0.06米，盖板与底板厚度不详。内棺位于外棺中部，平面也为近长方形，南北长2.20、东西宽0.70~0.82、残高0.30、挡板厚0.04~0.06米，盖板与底板厚度不详。内棺内葬有1人，骨骼保存较差。葬式为仰身直肢葬，头朝南，面朝西，双臂向内弯曲。经初步鉴定墓主年龄40岁左右，性别不详。

随葬器物分别放置于椁室东北部和内棺内。其中椁室的东北部放置铜鼎2件、铜簠2件、铜盘1件和铜匜1件。内棺内的中西部放置兽面纹玉佩1件、玉管1件，墓主头部两侧各放置玉玦1件，墓主口中放置玉琀1件。（图六）

（二）随葬器物

随葬器物共11件。依质地可分为铜和玉两类。

1. 铜器

6件。包括鼎、簠、盘和匜。

鼎　2件。形制、大小及纹样相同，大小略有差异。皆窄斜折沿，尖唇，口微侈，立耳，半球形腹，圜底，三兽蹄足中空，内侧有一道竖向凹槽。腹上部饰一周无珠重环纹，中部饰一周凸弦纹，下部饰一周垂鳞纹，足跟处饰简易兽面纹。标本M86：5，通高26.2、口径25、腹径23.8、腹深12厘米。（图七，1；图版二，1）标本M86：6，通高25、口径24.8、腹径23.2、腹深11.1厘米。（图七，2；图版二，2）

簠　2件。形制、大小基本相同。器与盖浑铸，制作粗糙。顶部有直口握手，鼓腹两侧有一对称的斜角三角形耳，无底中空，矮圈足。腹腔内残留范土。盖缘饰一周无珠重环纹，盖面与器腹部饰瓦垅纹。标本M86：3，通高13.7、腹径15.4、底径13.2厘米。（图七，3；图版二，6）标本M86：4，通高13.2、腹径15、底径13.2厘米。（图七，5；图版二，9）

盘　1件。标本M86：1，窄斜折沿，方唇，敞口，附耳，浅弧腹，底近平，高圈足。口沿

下饰一周无珠重环纹。通高 10.6、口径 26.6、腹深 4.8、圈足径 16.8 厘米。（图七，4；图版二，3）

匜 1 件。标本 M86：2，近直口，前有窄长槽状流，后有龙形鋬手。上腹微鼓，下腹内收，底近平，下附四兽蹄形扁支足。口沿下饰一周无珠重环纹，腹部饰四周瓦垅纹，足跟处饰卷云纹。通高 15.5、通长 2.9、流口宽 6、腹深 7 厘米。（图七，6；图版二，10）

2. 玉器

5 件。有兽面纹佩、玦、管和琀四种。

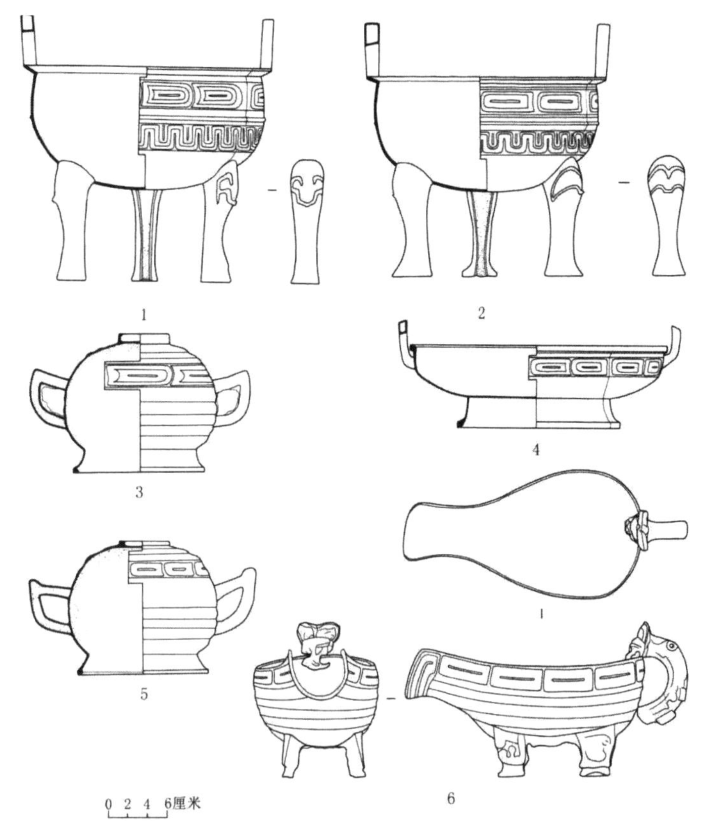

图七　M86 铜器
1、2. 铜鼎（M86：5、M86：6） 3、5. 铜簋（M86：3、M86：4）
4. 铜盘（M86：1） 6. 铜匜（M86：2）

兽面纹佩　1 件。标本 M86：7，青玉，豆青色。玉质细腻，半透明，局部受沁有黄褐斑或黄白斑。整体呈倒梯形，正面略鼓，背面平，断面近半圆形，中部有一单面钻小圆穿。正面饰兽面纹，上端有 2 个突出的犄角，两侧有单线阴刻的半圆形目。高 2、宽 1.9、厚 0.5 厘米。（图八，1、2；图版二，4）

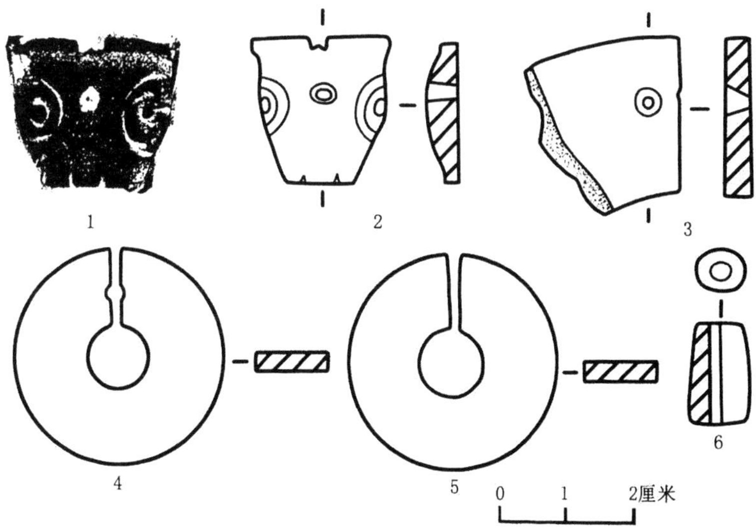

图八　M86 玉器
1. 兽面纹佩拓片（M86：7） 2. 兽面纹佩（M86：7） 3. 琀（M86：9）
4、5. 玦（M86：10、M86：11） 6. 管（M86：8）

玦　2件。玉质、玉色及形状、大小基本相同。皆青白玉，青白色。均为圆形扁平体，有缺口，断面呈长方形。素面。标本 M86：10，局部受沁有深褐色。玦的缺口两侧各有 1 个半圆形孔。直径 3、孔径 0.9、厚 0.3 厘米。（图八，4；图版二，5）标本 M86：11，局部受沁有黄白斑。直径 3、孔径 0.9、厚 0.3 厘米。（图八，5；图版二，11）

管　1 件。标本 M86：8，青玉，翠绿色。玉质细腻，微透明。呈短圆管状，断面近椭圆形。长 1.4、细端长径 0.6、短径 0.5、粗端长径 0.8、短径 0.65、孔径 0.2 厘米。（图八，6；图版二，8）

琀　1 件。标本 M86：9，系旧玉之残器。白玉，乳白色。玉质细腻，半透明。近梯形，一侧正中有一单钻圆孔，断面近长方形。残长 2.1、宽 2.1、厚 0.4 厘米。（图八，3；图版二，7）

三、结语

（一）墓葬年代

此次在上石河墓地发掘的 M82、M86 均为南北向长方形竖穴土坑墓，墓底周围设有熟土二层台，葬具为单椁重棺。这种形式与三门峡上村岭虢国墓地[1]的中、小型贵族墓葬形制基本相同。

从这两座墓的随葬器物特征看，M82 出土的铜鼎与三门峡虢国墓地 M2012 重环纹鼎[2]形制相同；铜簋与上村岭虢国墓地 M1052 铜簋[3]形制相同；铜匜与上村岭虢国墓地 M1602 铜匜[4]形制相似。M86 出土铜鼎与三门峡虢国墓地无珠重环纹鼎（SG：020）[5]形制相似；铜盘与三门峡虢国墓地 M2012 重环纹盘[6]形制相同。

综上所述，无论从墓葬形制，还是从器物特征、纹饰等方面分析，都表明这 2 座墓的时代应属春秋早期稍偏晚，应与虢国墓地同时期或略晚。

（二）墓葬性质

M82 随葬器物组合相对较全，有鼎、簋、盘、匜和盉，M86 随葬器物组合缺失较多，两者都使用较多明器随葬。两者均为一椁重棺。据《庄子·杂篇·天下》记载："天于椁棺七重，诸侯五重，大夫三重，士再重。"[7]《荀子·礼论》亦云："天子椁棺七重，诸侯五重，大夫三重，士再重。"[8]这里的"大夫三重"，通常理解为一椁重棺。依棺椁结构的等级标准看，M82、M86 应为大夫一级贵族。根据本墓地 M95 所出铭文显示，义马上石河墓地被确认为是一处春秋早期的虢人埋葬茔地，或为虢国季氏一族后人[9]。因此推断，M82、M86 墓主生前应为虢国没落的下大夫一级贵族。

附记：本次考古发掘领队杨海青，发掘人员包括杨海青、燕飞和高鹏，绘图张雪娇，摄影燕飞。

执笔：燕　飞

注释：

[1] 河南省文物考古研究所、三门峡市文物工作队:《三门峡虢国墓》第1卷，文物出版社，1999年，第384页。

[2] 河南省文物考古研究所、三门峡市文物工作队:《三门峡虢国墓》第1卷，文物出版社，1999年，第242页。

[3] 中国科学院考古研究所:《上村岭虢国墓地》，科学出版社，1959年，第16页。

[4] 中国科学院考古研究所:《上村岭虢国墓地》，科学出版社，1959年，第18页。

[5] 河南省文物考古研究所、三门峡市文物工作队:《三门峡虢国墓》第1卷，文物出版社，1999年，第466页。

[6] 河南省文物考古研究所、三门峡市文物工作队:《三门峡虢国墓》第1卷，文物出版社，1999年，第253页。

[7] 方勇:《庄子》，商务印书馆，2018年，第612页。

[8] 方达:《荀子》，商务印书馆，2016年，第331页。

[9] 河南省文物考古研究院、三门峡市文物考古研究所、义马市文物保护管理所:《河南义马上石河墓地M93、M94发掘简报》,《华夏考古》2021年第2期。

图版一

河南义马上石河墓地 M82 出土青铜器、玉器和骨器

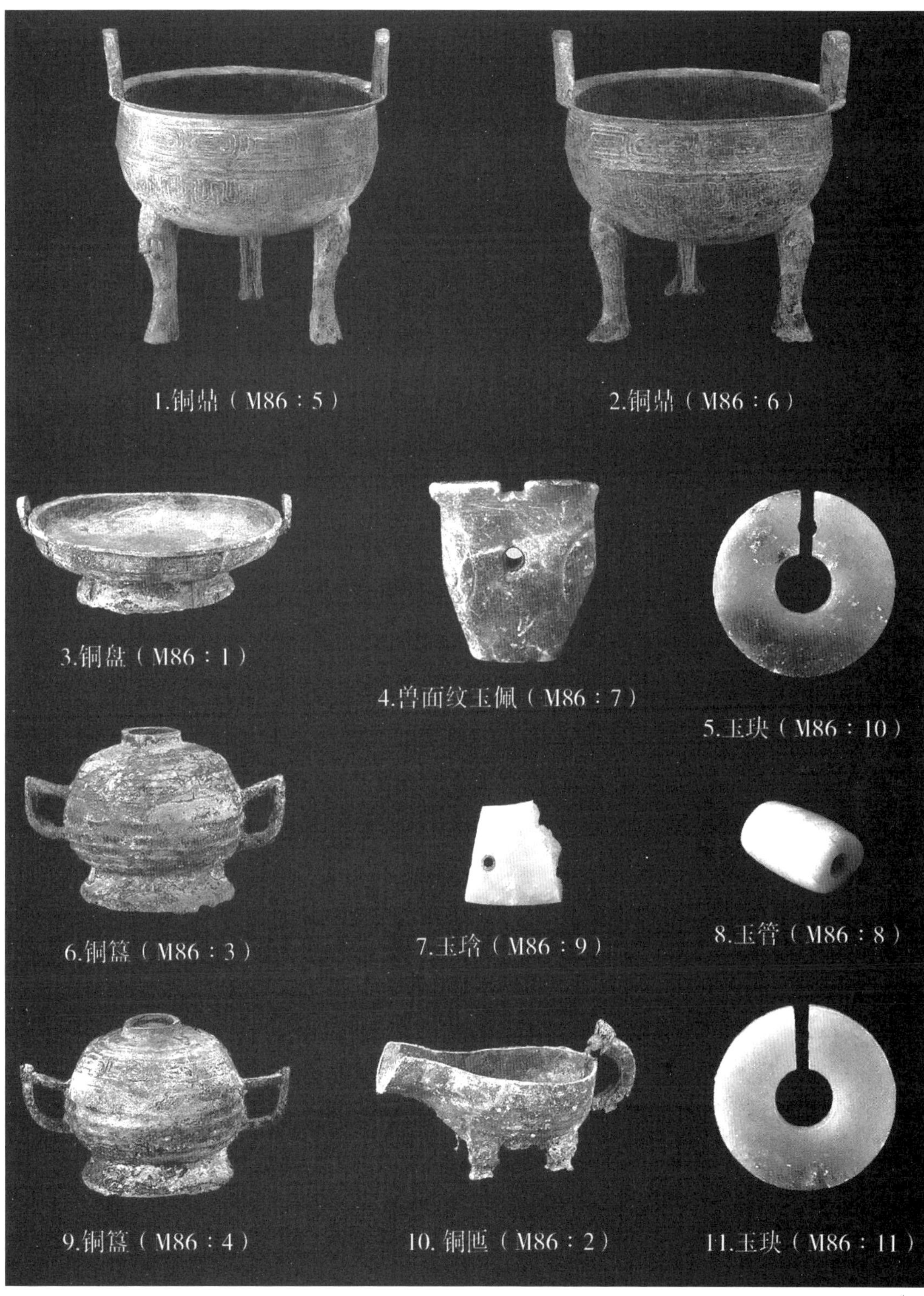

河南义马上石河墓地 M86 出土青铜器、玉器

三门峡市博物馆藏战国“高都令戈”考

◎崔松林

三门峡市博物馆藏有一件带铭铜戈，是三门峡地区近年来已发掘的3000余座秦人墓中仅见的带铭兵器，具有重要的研究价值。

一、戈的来源与形制

1984年，原洛阳地区文物工作队在三门峡市粮食局第二面粉厂工地发掘了一批秦人墓，其中编号为M318的墓葬中出土一件带铭铜戈，现藏三门峡市博物馆。（图一）这座墓葬位于墓地的东部，南侧紧邻通往三门峡大坝的支线铁路，是这批墓葬中规模较大的一座。M318为东西向的竖穴土洞式墓葬，特点是大方坑墓道，小洞穴墓室。墓道底部有高约0.8米的生土二层台，二层台延伸到墓室内成为椁室。葬具为一棺一椁，椁为木板搭建，较为简陋，葬式为秦人墓中少见的直肢葬。随葬器物有铜戈和铜带钩，戈置于墓主头部左侧，带钩位于右下肢右侧。墓葬带有宽0.5~0.8米、深0.7~0.9米的围墓沟，围墓沟距地表较浅损毁严重，南部约三分之一被铁路路基打断。此墓是这个墓地中唯一带有围墓沟的墓葬，表明其规格和墓主人身份较高。戈的形制为长胡三穿式，整体具有战国晚期特征。戈身保存相对完整，通体有锈，援、胡交接处有一弧形裂纹。通长21.9厘米，援长14厘米，胡长12厘米，内长7.7102厘米。长援略上扬，中脊微隆，断面呈菱形，上下刃相交成尖锋，锋刃锐利。中长

图一 “高都令戈”
1. 正面 2. 背面

胡，胡部阑侧有三梯形穿，阑上下均突出。长方形内，内中部略靠前端有一长条形穿，内上刻铭3行23字，其中“司马”“工师”为合文写法。“高都”后的“令”及“库工师”四字不太清晰，系依据残留笔画、上下文承接关系及同时期辞铭格式辨识出来。（图二）铭文释为：

六年高都令□□

司寇司马徒右库工师

侯伐冶令造戈刃

图二　铭文及摹本

二、辞铭释读

“高都令戈”辞铭可断句为：六年，高都令□□，司寇司马徒，右库工师侯伐，冶令，造戈刃。

六年，系戈的铸造年代，意为某王六年。战国时期兵器辞铭多在年号前省去“王”字，也有少数在铭前冠以王字，如“王二年郑令戈”“王三年郑令韩熙戈”[1]。此处的“六年”为韩桓惠王六年（前267年）。高都，地名。战国时期有两个高都，一为韩地，在今河南伊川县东北，原为周邑，后割让给韩。《史记·周本纪》苏代语东周君曰：“臣能使韩毋征甲与粟于周，又能为君得高都。”《水经注·伊水注》引《竹书纪年》：“梁惠成王十七年东周与郑高都。”《史记正义》引《括地志》云：“高都故城，又名部都城，在洛州伊阙县北三十五里。”一为魏地，在今山西晋城。《史记·秦本纪》：庄襄王“三年，蒙骜攻高都汲拔之”。除文献记载外，高都地名还见于兵器铭文和钱币面文。见于兵器铭文的有《殷周金文集成修订增补本》（下文简称《集成》）中11302、11303战国铜戈和11652战国铜剑，三器的铭文相同，均为“二十九年高都令陈愈工师冶胜”，黄盛璋考其为战国魏地[2]。见于钱币面文的有《货币·先秦卷》著录的15枚“高都方足布”[3]，该书《释文表》注“高都”为地名，属战国魏地。令，县令，战国时期实行郡县制，郡官为“守”，县官为“令”。这里的“令”指高都县令，也是此器的督造者。令字下因锈蚀严重无法辨识的两个字当为高都令的名字。

司寇，职官名，金文中常见。这里的“寇”作“𢇛”，“寇”字的“宀”作“厂”，“元”作“亻”，“攴”作“戈”，为三晋兵器铭文的特有写法。司寇一职出现于商代，中央设司寇，管刑狱，捕审盗贼。春秋战国时期三晋、燕、楚等国中央和地方均设司寇，主管刑狱。古时候兵刑不分，司寇也主管兵器制造，这里的司寇为该戈的监造者。另据《墨子》记载，当时官府手工业中有刑徒和奴隶参加劳动，而刑徒归司寇管理，这可能是兵器铭文中把司寇列为兵器监造者的原因。“司马”作“𤔔”，是“司马”的合文。合文是指一体两字，读两个字的音，是先秦时期特有的文字现象，在郑韩故地发现的兵器铭文中“司马”还作□、□、□。郝本性认为兵器铭文中的姓名文字有其特点，复姓或惯用的名字喜欢用合文形式[4]。此处的司马为司寇的姓氏。徒，从辵，土声，写作“□”，本意为步行，这里当为司寇的名字，即司寇司马徒，从已发现的辞铭看，司寇后均缀名字。

右库，战国时期的库为兵器的铸造、存放和管理场所，兵器辞铭中常见上、下、左、右、武、生等库名。“工师”二字系合文，因锈蚀不太清晰。“工师”作合文多见于战国时期三晋兵器铭文，是三晋文字写法的一个特点。工师为库的管理者之一，是兵器铸造的主持者，也是铸造的监工。《礼记·月令》云：“命工师令百工，审五库之量……百工咸理，毋悖于时，毋作淫巧以荡上心。”又谓：“命工师效功……必工致为上，物勒工名，以考其诚，功有不当，必行其罪，以穷其情。”先秦时期的工师乃百工之长，各行工师均在本行主管的领导下主持生产劳动。侯伐，工师的姓名，同高都、司寇之后缀以名字的格式相同。

“冶”字常出现于三晋兵器铭文，多铸刻于铭文末尾，指铸造兵器的工匠。《说文》：“冶，销也，从仌，台声。”“冶”为熔炼金属之意，也指从事冶炼、铸造的工匠。“冶”的字形丰富，字体组合较多，一般有“二”“刀”“刃”“火”“土”“口”等部首或字组合而成，多数“冶”是由以上几个部首和字中的几个加以组合而成。本戈的“□”是“刀”“口”“二”组合，与“十二年少曲令戈”及“七年宅阳令矛”的“冶”写法相同。郝本性认为“冶”为当时铸造兵器的工匠，掌握着兵器合金比例[5]，《考工记》也有“冶氏执上剂”的记载。令作“□”，三晋兵器铭文中的“令”多用“命”字替代，直接用“令”的较为少见，金文中“令”“命”为一字。《说文》：“令，发号也，从亼从卩。”“令”是战国郡县制的产物，含有“令”字的器物一般出现在战国时期。此处的“令”不同于“高都令”的令，当是冶工的名，也可能是以“冶令”代替“冶工”。

造字作“□”，从“攴”“曹”声，是造的异体字。造字多见于韩晚期兵器铭文，从韩桓惠王三十三年开始在冶工后赘“造”字，直到韩王安八年的郑令戈均是如此[6]。造字下面为戈字，与其下的“□”连读为“造戈刃”。这种格式称为“自名器”，多见于韩国兵器铭文，是韩器的辞铭特点，郑韩故城出土韩国兵器中有多件自名“戈刃”和“戟刃”者[7]。

三、国别与年代

我们试从戈的形制、地名归属、辞铭格式及字形特征四个方面来判断此戈的国别与年代。

就戈的形制来说，纪年铭文戈流行于战国中晚期，而这一时期的铜戈已处于成熟和鼎盛期，形制已经完全固定下来，已无明显变化。较之前期，战国中晚期的戈援身趋于短窄，内部逐渐加长。与“高都令戈”形制相近的有“十七年彘令戈”（《集成》11382），黄盛璋考订此戈属韩国，苏辉根据辞铭进一步考订此戈铸造于“韩惠王十七年”即前256年。另有一件“十一年皋落戈”，1986年出土于伊川南府店砖瓦厂，原报告考证此戈属韩国韩襄王十一年，此戈的形制特点具有战国晚期的特征。

地名是判断国别最重要的依据。据“高都令戈”铭可知，此器铸造于高都，而此时的高都有二，分为韩、魏。之前发现的“二十九年高都令戈”，为“令＋工师＋冶”的魏系辞铭格式，黄盛璋判定为魏器。“六年高都令戈”的“令＋司寇＋工师＋冶”辞铭格式则是公认的韩器判定依据。此外，一些字的独有用法和特殊写法亦可作为判定国属的依据，如在辞末缀“造”为韩器所独有，不见于赵、魏[8]。苏辉认为，战国时期兵器铭文的“冶”字写法非常繁杂，三晋写法就达 92 种，仅韩国一国就有 44 种，但这种“刀”“口”“二”组合的“[illegible]”则为韩器特有，魏器仅见一例[9]。故“六年高都令戈”为韩器无疑。

戈的年代推定。1971 年，郑韩故城的一个兵器窖藏出土 180 余件韩国兵器，是迄今发现数量最多的一次。郝本性、黄盛璋等对这批兵器研究后认为，令＋司寇＋工师＋冶的四级监造模式出现于战国晚期，具体辞铭最早出现在“九年郑令戈”上，其后无一例外。这一论断成为韩系兵器判定年代的重要依据。后来发现的“七年宅阳令矛”“八年阳城令戈”则把此格式出现的时间提早到韩桓惠王七年。如果据此推断，“高都令戈”只能为韩王安六年，即前 233 年，而此时的高都已为秦国占据多年。从韩高都的归属变迁看，高都原属周，前 353 年割让于韩，前 262 年前后被秦侵占。据文献记载，秦从前 391 年开始攻打韩的宜阳，之后不断东侵韩国。前 256 年秦拔阳城、负黍；前 249 年取成皋、荥阳，置三川郡。由于秦对韩的攻伐都是由西向东逐步推进的，从高都、阳城和负黍的位置推测，高都的丢失不会晚于阳城、负黍。另据吴良宝先生研究，韩桓惠王十一年时韩国的三川地区多已丢失，其西部疆土保持在缑氏、纶氏、负黍一线。至韩王安即位时，都城新郑北面已无成皋、巩、荥阳，西面已无阳城、负黍[10]。也就是说，韩王安即位时，高都已不存在。因此这里的“六年”只能是韩桓惠王六年，即前 267 年。

四、相关问题讨论

“高都令戈”为韩高都铸造兵器之首见。截至目前，高都铸造兵器仅见于《集成》收录的 11302、11303 铜戈和 11652 铜剑，此三器为同期同次铸造，黄盛璋考其为战国魏地高都，时间为魏安厘王二十九年（前 248 年）[11]。六年高都令戈的“令＋司寇”是典型的韩晚期辞铭格式，应为韩高都铸造。战国时期韩国因兵器铸造精良而著名，但韩国兵器多为都城“郑”地所造，地方铸造兵器并不多见，这一发现说明韩国地方也有冶铸作坊。文献关于韩高都的记载远多于魏高都，但从未发现与之相关的实物或遗迹，“六年高都令戈”的发现填补了这一空白，验证了相关文献记载。

“高都令戈”的发现提供了韩兵器断代的新依据。之前，郝本性、黄盛璋等对郑韩故城出土兵器进行了整理研究，指出韩国兵器铭文中在“令”后加“司寇”为监造者的时间不早于韩桓惠王九年，这一观点得到检验和认可，并在韩国兵器断代研究中发挥了重要作用。之后，随着新资料不断出现，吴良宝把“令”加“司寇”韩器分为中央组和地方组，并依据新发现的“七年阳翟令矛”和“八年阳城令戈”进一步推断出韩国都城新郑以“令”加“司寇”的兵器出现时间不早于韩桓惠王九年，而地方此类兵器出现的时间不早于韩桓惠王七年[12]。“六年高都令戈”的出现表明这一格式兵器的出现时间可能不晚于韩桓惠王六年。

陕地秦人墓出土韩国兵器“高都令戈”说明四个问题：一是秦韩之间有战争；二是此戈为秦韩争战中秦人缴获的战利品；三是表明此时的陕地已为秦所有；四是为判定此处秦人墓地的年代提供了可靠依据。韩虽为战国七雄之一，但其实力远逊于邻国秦、魏和赵，韩、赵、魏三家分晋时，韩的疆域最小，实力最弱。初期的韩为了改变弱势地位，强力扩张，于前375年灭郑国并迁都于郑的都城新郑。之后，秦韩之间不断争战，终在前230年为秦所吞并。“六年高都令戈”当为“秦人”在某次伐韩战争中缴获的战利品，死后用于殉葬。戈铭的明确纪年也为此处秦人墓地年代判定提供了依据。

陕地原属虢国，前655年假虞灭虢后归晋，前353年三家分晋后属魏，东部的一部分属韩。此后，秦与魏、韩之间争战不休。前390年，秦惠公十年，秦在陕置县，与魏战于武城，后陕复归魏。前361年，秦再次出兵围攻陕城。前325年彻底占领陕地，并迁秦人于此定居，之后以此为基地，不断东侵韩国。至前249年置三川郡时，陕地已成为秦国的腹地。在陕地发现有大量秦人墓，从20世纪70年代到2012年，发现的秦人墓就达3000余座，主要分为三个片区，台上区的上村岭西侧、陕州区故“曲沃城”和灵宝的阌乡村一带。秦人墓一般规模小，随葬品贫乏，多随葬釜、盆、罐等陶器，部分墓葬出现铜戈、镞等兵器，说明墓地埋葬的相当一部分是军人。

注释：

[1] 郝本性：《新郑“郑韩故城”发现一批战国铜兵器》，《文物》1972年第10期。

[2] 黄盛璋：《试论三晋兵器的国别年代和相关问题》，《考古学报》1974年第1期。

[3] 汪庆正：《中国历史货币大系·先秦卷》，上海人民出版社，1988年，第1102页。

[4] 郝本性：《新郑出土战国铜器部分铭文考释》，见中国古文字研究会、中华书局编辑部：《古文字研究》第19辑，中华书局，1992年，第115页。

[5] 郝本性：《新郑“郑韩故城”发现一批战国铜兵器》，《文物》1972年第10期。

[6] 苏辉：《秦三晋纪年兵器研究》，中国社会科学院研究生院硕士学位论文，2002年。

[7] 秦晓华：《战国三晋兵器辞铭格式特点研究》，《中山大学学报》2015年第3期。

[8] 苏辉：《秦三晋纪年兵器研究》，中国社会科学院研究生院硕士学位论文，2002年。

[9] 苏辉：《秦三晋纪年兵器研究》，中国社会科学院研究生院硕士学位论文，2002年。

[10] 吴良宝：《战国晚期韩国疆域变迁新考》，《中国历史地理论丛》2012年第1辑。

[11] 黄盛璋：《试论三晋兵器的国别年代和相关问题》，《考古学报》1974年第1期。

[12] 吴良宝：《谈韩兵器监造者“司寇”的出现时间》，见中国古文字研究会、中华书局编辑部：《古文字研究》第28辑，中华书局，2010年，第348、349页。

虢仲墓出土玉器的科技分析与相关问题

◎鲍　怡　◎叶晓红　◎辛军民　◎张菁华
◎袁　靖　◎郑建明　◎朱勤文

一、概况

1956年，虢国墓发现于河南省三门峡市上村岭，历经20世纪50年代和90年代两次大规模发掘，共清理墓葬250多座，出土了33000余件（套）珍贵文物[1]，是一处规模宏大、等级齐全、排列有序、保存完好的西周晚期至春秋早期虢国国君及贵族墓地。其中M2001虢季墓和M2009虢仲墓为国君墓，先后被评为1990、1991年度全国十大考古新发现之一。

1990年，河南省文物考古研究所和三门峡市文物工作队发掘了西周高等级贵族墓葬M2009，是虢国墓已清理墓葬中形制最大、规格最高、随葬品数量最多的一座，出土文物达6000多件（套）[2]。

M2009有上百件大型青铜礼器，多铸有铭文“虢仲作器”，且大部分为实用器。据此可断定M2009的墓主应为虢仲。出土编钟铭文显示墓主生前曾辅佐周天子治理天下管理臣民，并“受天子禄”，说明虢仲地位可配比天子，其身份地位与两周之交扶植周携王的虢公翰相符。虢仲应为虢公翰。虢公翰平王初年扶植携王余臣，其在携王被杀后东迁到三门峡一带，但实力犹存，故墓葬等级很高。M2001墓主虢季为虢公忌父，应为M2009墓主虢仲之子[3]。

虢国墓出土千余件玉器，品种丰富，质地优良，工艺精湛，深受学界关注。20世纪90年代，栾秉璈等对虢国墓出土玉器的玉质进行了材质鉴定和器物定名[4]。2000年，员雪梅等对虢国墓出土玉器的玉质进行了鉴定与研究，初步探讨了虢国墓玉料的来源[5]。2012年，鲍怡等对国君夫人墓（M2012）[6]、太子墓（M2011）[7]出土玉器的材质和沁色进行了研究。本文主要研究M2009出土玉器。

二、样品与方法

肉眼观察需区分玉料和沁色特征，分为玉料和沁色两部分，玉料观察研究主要关注其颜色、光泽、透明度和结构特征。沁色观察研究还需关注沁色的分布特征[8]。结合样品的具体情况，选择合适仪器设备对出土玉器进行全面的分析研究。分析数据并建立全面的出土玉器基础资料。

三、材质与沁色

M2009共出土454件（组）玉器，其中组合发饰13件，六璜联珠组玉佩258件（颗），玛瑙、料珠与玉佩组合串饰62件（颗），玛瑙、料珠、贝壳、玉佩组合串饰166件（颗），玉覆面26件，琀玉24件，脚趾夹玉8件，玉缀饰38件，玉嵌饰20件，共1060件（颗）。

（一）材质

本次研究共分析测试395件（组）玉器。其中软玉378件（组），孔雀石8件，大理岩7件，云母玉1件，玛瑙1件，3组包含玛瑙、绿松石和料珠，1组包含贝壳。

1. 软玉

软玉是以透闪石和阳起石为主要矿物的岩石，其中透闪石和阳起石为角闪石族的两个端元矿物，化学式为$Ca_2(Mg, Fe)_5Si_8O_{22}(OH)_2$。这两种矿物是Fe–Mg完全类质同象矿物，根据铁镁比定名，f=Mg/（Mg+Fe）≥0.9为透闪石，0.9＞f≥0.5为阳起石。软玉按颜色可分为白玉、青白玉、青玉、碧玉、黄玉、糖玉、墨玉七个品种。

M2009出土玉器绝大部分为软玉，包括白玉、青白玉、青玉、墨玉四个品种。本次测试的378件（组）中有110件（组）白玉，230件（组）青白玉，27件青玉，2件墨玉（1组串饰中2件），有10件因受沁无法分辨品种。

拉曼光谱（图一）是软玉的典型图谱，表明5件玉器为软玉。

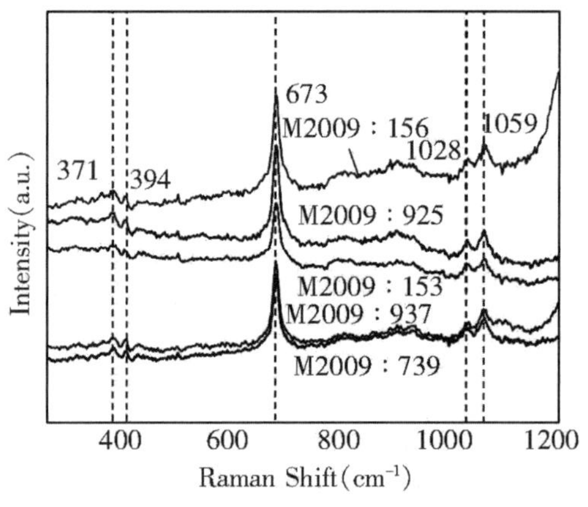

图一　M2009出土闪石玉质玉器拉曼光谱

（1）白玉

M2009出土白玉器数量较多，大多数玉质细腻，内部干净，油脂光泽，微透明—半透明。部分玉器表面有黄色皮，如M2009：156（图二）底部有黄褐色玉皮。M2009：213有榫龙形玉佩（图三）、M2009：156冠纹方管状玉柄形器、M2009：925人形玉佩（图四）均为白玉，玉质温润细腻。

M2009出土少量白玉器内有黑色点状物。此类白玉数量较少，且器形较小，多雕成鸟形和蝉形。M2009：837（图五）和M2009：766（图六）鸟形玉佩黑色点状物数量较少，不规律分布。M2009：857蝉形玉佩（图七）黑色点状物数量较多近墨玉。

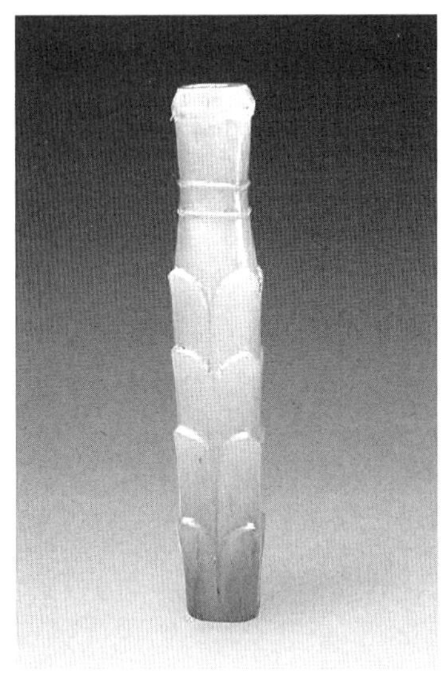

图二　方管玉柄形器（M2009：156）

图三　龙形玉佩（M2009：213）

图四　人形玉佩（M2009：925）

图五　鸟形玉佩（M2009：837）

图六　鸟形玉佩（M2009：766）

图七　蝉形玉佩（M2009：857）

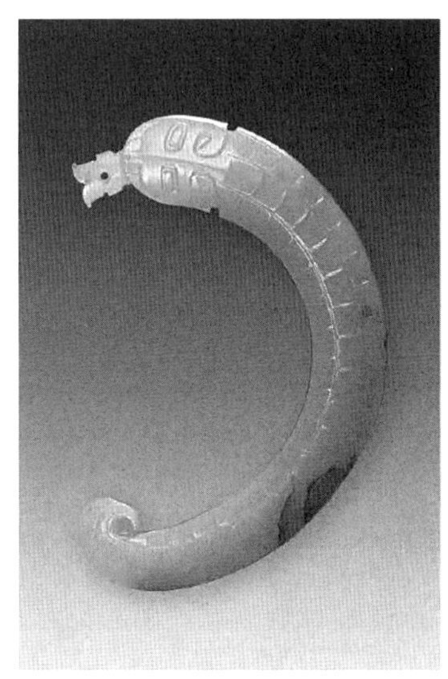

图八　蛇形玉佩（M2009：230）

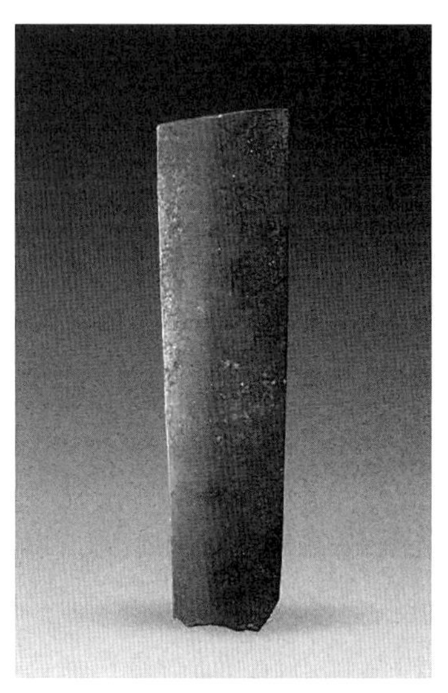

图九　玉匕（M2009：82）

（2）青白玉

M2009 出土玉器青白玉品种最多，不同器物的颜色和质地差异很大。按照颜色可以分为三种类型：偏白色、偏绿色和偏黄色。M2009：230 蛇形玉佩（图八）为偏白色的青白玉，玉质细腻，有少量裂隙，裂隙内有褐色浸染。M2009：82 墨书玉匕（图九）偏绿色，玉质较细腻，内有杂质和裂隙。M2009：810 玉猪龙（图一〇）偏黄色，玉质细腻，有少量裂隙。

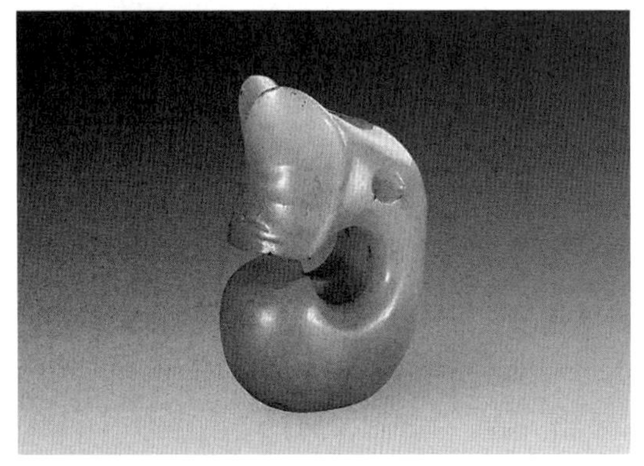

图一〇 玉猪龙（M2009：810）

（3）青玉

M2009 出土少量青玉，玉料质量良莠不齐。器形较大的器物，玉质多粗糙，且多有杂质矿物和裂隙，同时受沁较严重。M2009：85 墨书彩印玉戈（图一一）青玉，玉质较均匀，内有黑色点状物质呈脉状分布。M2009 出土 7 件完整玉琮，其中 2 件白玉、3 件青白玉、2 件青玉。白玉和青白玉玉琮器形较小，两件青玉玉琮器形较大。M2009：934 玉琮（图一二）为青玉，玉质较均匀，内有许多裂纹。M2009 出土 4 件玉器上有刻铭，其中玉琮 1 件、玉管 1 件、玉璧 2 件。M2009：793 玉管（图一三）青玉，玉质较细腻，致密均匀，上刻“王白”两字。

图一一 墨书印彩玉戈（M2009：85）

图一二 玉琮（M2009：934）

图一三 玉管（M2009：793）

（4）墨玉

M2009 出土墨玉仅两件，M2009：738 串饰（图一四）两件均为玉鱼，玉质较粗糙，内有大量黑色杂质矿物。

图一四　串饰（M2009：738）

2. 其他材质

（1）云母玉

云母是云母族矿物的统称，是钾、铝、镁、铁、锂等金属的铝硅酸盐。常见云母矿有白云母、黑云母、金云母、绢云母等，有绿色、棕色、黄色、粉红色、白色、黑色等颜色，层状结构，莫氏硬度为 2~3。M2009 出土 1 件云母玉玉器。M2009：191 玉环（图一五）云母玉，绿色，微透明，结构致密。

图一五　玉环（M2009：191）

图一六　大理岩饰件（M2009：4–1）

（2）大理岩

大理岩是以方解石为主要矿物的岩石。方解石（$CaCO_3$）是碳酸盐矿物，色彩丰富，常见无色、白色、浅黄等。大理岩为粒状或纤维状结构，常见各种花纹和颜色。M2009：4-1（图一六）和M2009：1-2（图一七）的拉曼光谱图（图一八）是方解石的典型拉曼光谱。M2009出土7件斧形玉片，中间穿孔，器形较小，均为白色和绿色，上有自然纹理。

图一七　大理岩饰件（M2009：1-2）

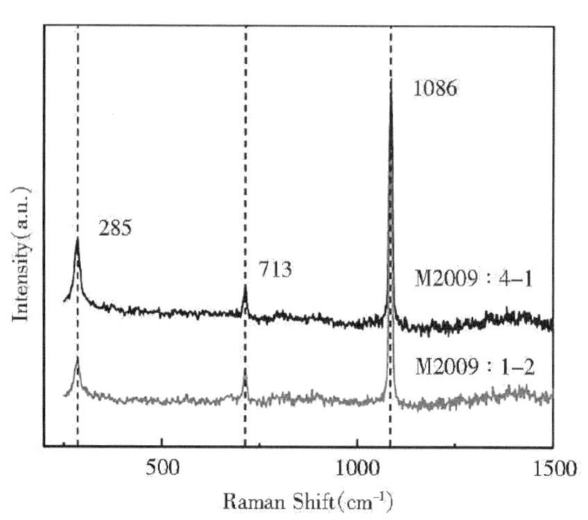

图一八　M2009出土大理岩饰件拉曼光谱

图一　九孔雀石饰件（M2009：180）

（3）孔雀石

孔雀石是一种单矿物岩石，主要组成矿物为孔雀石。孔雀石（Cu_2CO_3［OH］$_2$）是含铜的碳酸盐矿物，常呈纤维集合体，通常具有条纹状、放射状、同心环带状条纹。M2009出土孔雀石材质玉器数量较少，多制成玉环，仅有两件制成饰品。M2008：180（图一九）上有孔雀石典型纹理。

（4）其他

M2009中出土玛瑙、绿松石、料珠、贝

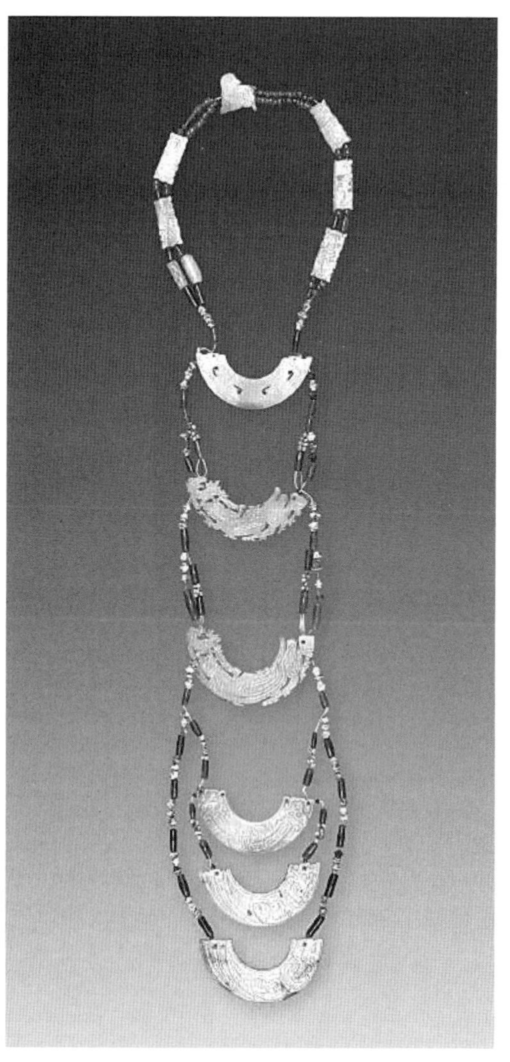

图二〇　串饰（M2009：980、970）

壳等材质文物，多作为配珠出现在串饰中。M2009：980、970 六璜联珠组玉佩（图二〇）有软玉、玛瑙、绿松石和料珠。M2009：738 玛瑙、料珠、玉佩组合串饰（图一四）中玉佩采用白玉、青白玉、青玉和墨玉。M2009：740 玛瑙、料珠、贝壳、玉佩组合串饰（图二一）中玉佩使用白玉、青白玉和青玉，贝壳保持原生形态。

图二一　串饰（M2009：740）

（二）沁色

M2009 出土玉器沁色有四种类型：白色沁、黄褐色沁、黑色沁和红色沁。

1. 白色沁

M2009 出土玉器的主要沁色为白色沁，大部分玉器有不同程度的白色沁。白色沁多呈体

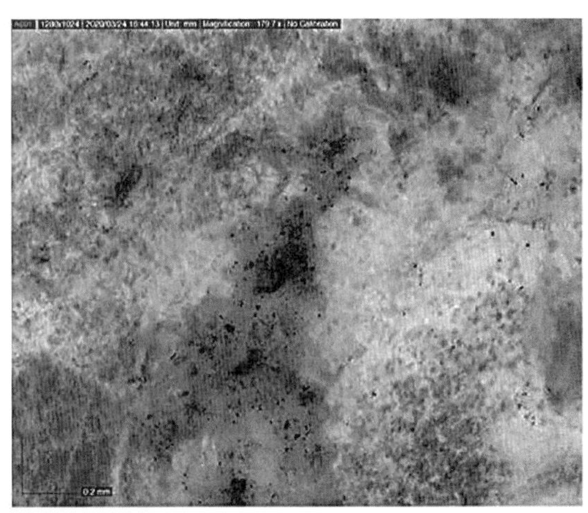

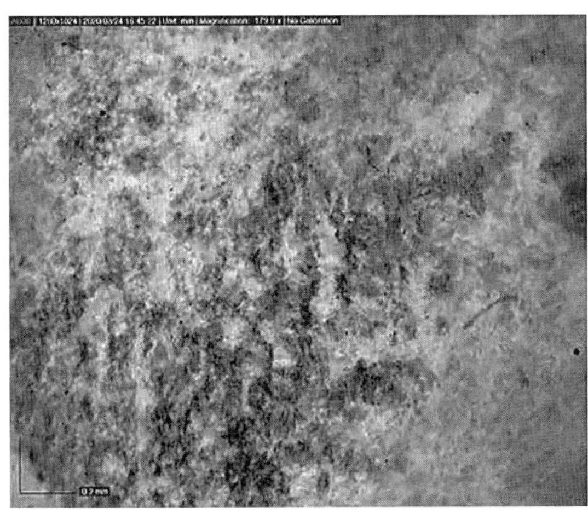

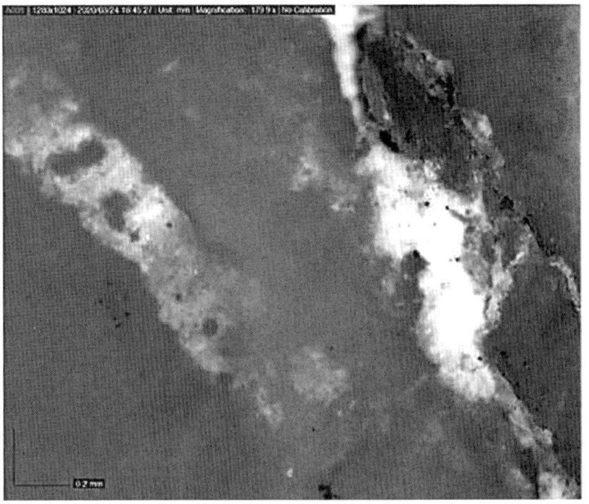

图二二　“小臣”系璧（M2009：1011）

状和面状分布。M2009：1011“小臣”系璧（图二二）青白玉，油脂光泽，微透明，玉质致密较均匀，中度受沁，白色沁呈面状、体状、脉状分布。

2. 黄褐色沁

黄褐色沁是M2009出土玉器的重要沁色之一。黄褐色沁常呈体状、面状、片状或沿裂隙分布。M2009：141凤形玉佩（图二三）青白玉，重度受沁，褐黄色沁呈体状和面状分布。

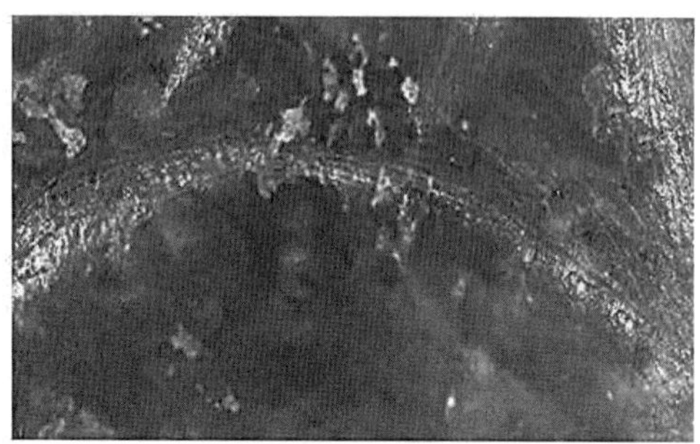
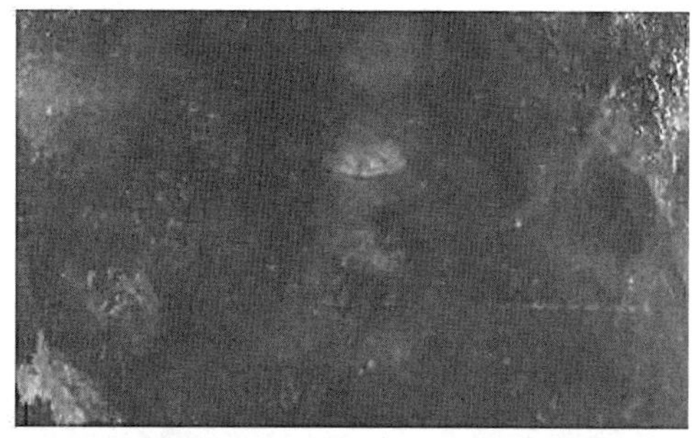
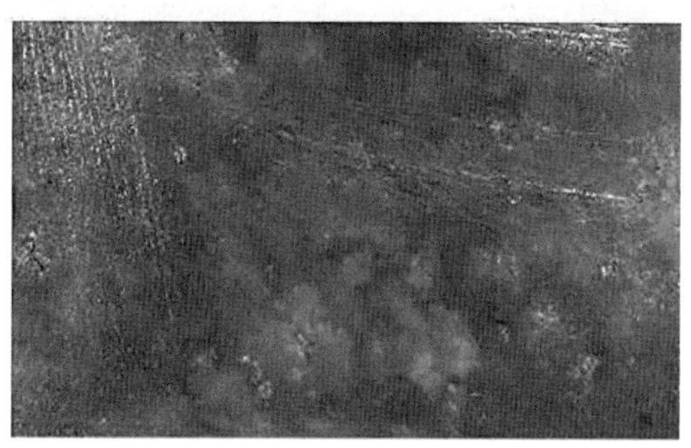

图二三　凤形玉佩（M2009：141）

3. 黑色沁

M2009中有黑色沁的玉器比较少，黑色沁多在玉器表面呈面状和点状分布。M2009：153人龙合纹玉璋（图二四）青白玉，重度受沁，有褐色沁、黑色沁、白色沁和红色沁，褐黄色沁呈体状分布和面状分布，白色沁和红色沁呈脉状分布，黑色沁呈团块状分布。

4. 红色沁

M2009少量出土玉器表面有红色沁。红色沁在玉器表面呈片状分布。M2009：161鹿形玉佩（图二五）青白玉，结构致密均匀，重度受沁，黄褐色沁呈体状分布，红色沁在表面呈片状分布，红色沁为朱砂。

图二四　人龙合纹玉璋（M2009：153）

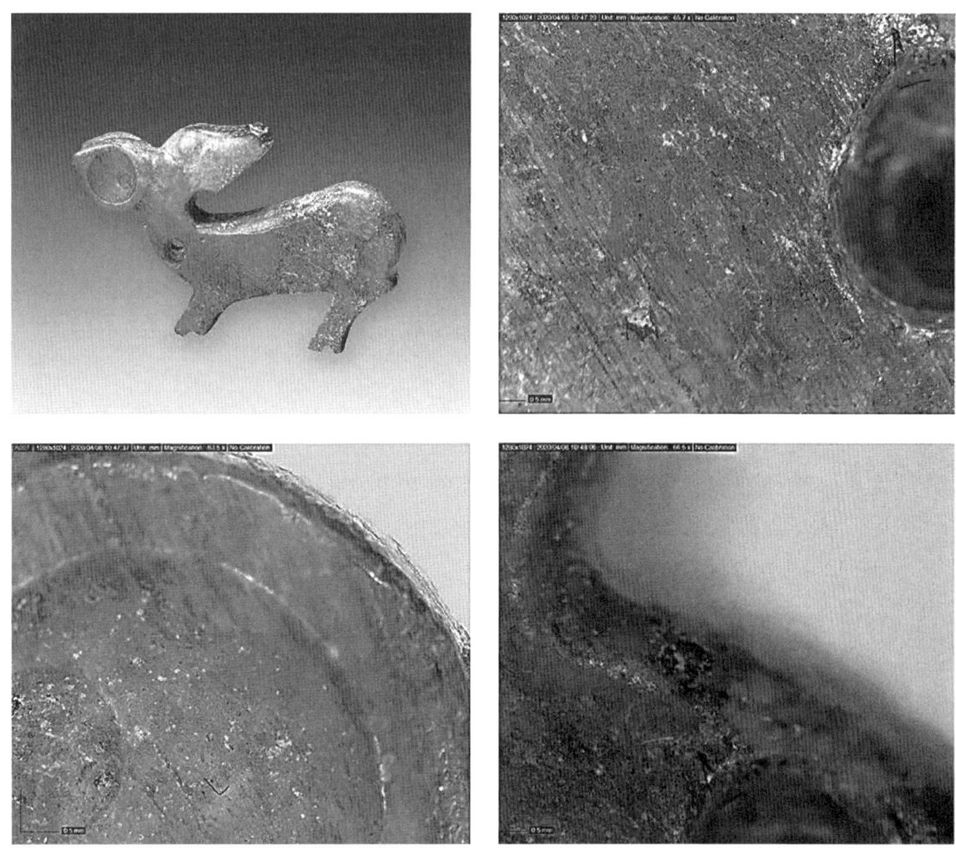

图二五　鹿形玉佩（M2009：161）

四、使用与选材

（一）服饰用玉

《礼记·玉藻》云“古之君子必佩玉”[9]。服饰用玉是两周贵族的必备之物，彰显主人的身份地位。M2009 出土大量服饰用玉。

1. 发饰

发饰泛指用于束发和饰发的器物。M2009 出土发饰较多，此处主要讨论组合发饰和玉笄。M2009 出土一套组合发饰（图二六）由 13 件软玉组成，其中 10 件白玉，3 件青白玉。玉器有鸟、龙、人鱼合纹、人龙合纹和树枝五种造型。龙形包含龙纹、C 形龙、尖尾双龙、缠尾双龙和人龙合纹五种。

图二六　M2009 出土组合发饰

M2009 出土 5 件玉笄（图二七）均为软玉。M2009：800（图二七，右 1）为白玉，其余 4 件为青白玉。

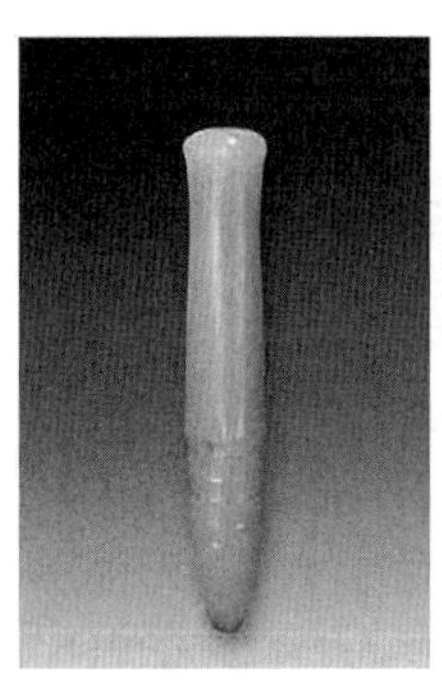
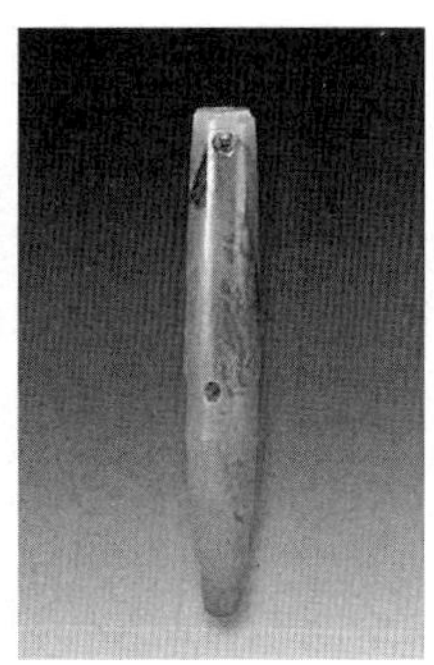
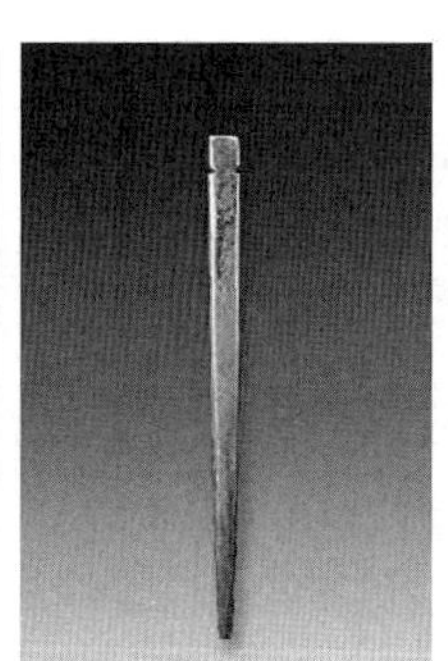
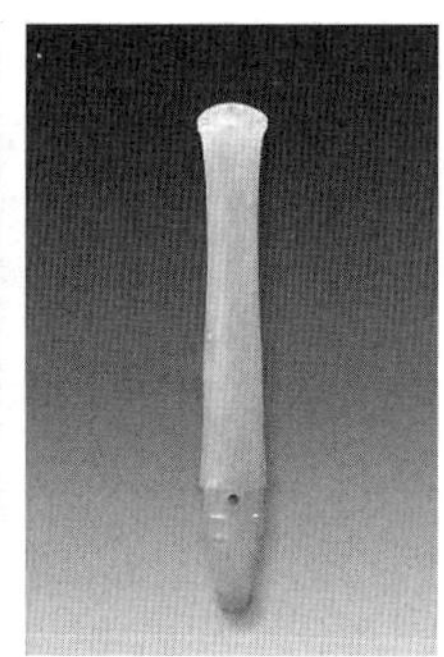
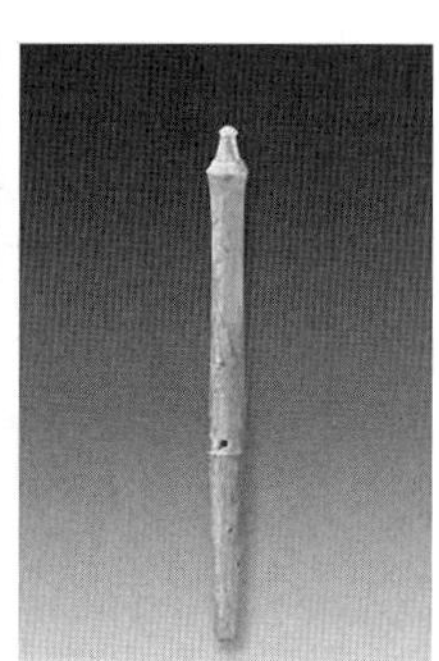

图二七　M2009 出土玉笄

2. 耳饰玦

M2009 有一组缠尾双龙纹耳饰玦，M2009：966（图二八）和 M2009：975（图二九）。两件玉玦为白玉，玉质温润细腻，上饰缠尾双龙纹。

3. 项饰

M2009：738 组合串饰（图一四）中玉佩使用白玉、青白玉、青玉和墨玉，由玛瑙和料珠间隔。M2009：740 组合串饰（图二一）中玉佩使用白玉、青白玉和青玉，由料珠、玛瑙和贝壳串联。

4. 组玉佩

组玉佩是周代贵族的常备之物。《卫风·竹竿》：“巧笑之瑳，佩玉之傩。”[10]《周礼·天官·玉府》郑玄注引《诗传》:“佩玉，上有葱衡，下有双璜、冲牙，嫔珠以纳其间。”[11]六璜联珠组玉佩(图二〇)都选用白玉，玉质温润细腻，中间以玛瑙、绿松石和料珠串联。

图二八　缠尾双龙纹玉玦(M2009：966)

图二九　缠尾双龙纹玉玦(M2009：975)

5. 小结

M2009出土服饰用玉主要有发饰、耳饰玦、项饰和组玉佩。组合发饰、耳饰玦和组玉佩主要使用白玉，器形较大，玉料温润细腻。玉笄主要使用青白玉，仅1件白玉。项饰使用白玉、青白玉、青玉和墨玉，品质一般，器形较小。

(二)瑞玉

综合文献和考古资料，周代的礼仪用玉以璋、圭和璧为主。

1. 玉璋

M2009出土两件玉璋，即M2009：153人龙合纹玉璋(图二四)和M2009：97玉璋(图三〇)。M2009：153器形大，通长33.3厘米，重610克；选用青白玉，玉质较好，温润细腻。M2009：97青白玉，玉质较好，通体素面，上有墨书。

2. 玉圭

《诗·大雅·崧高》:“锡尔介圭，以作尔宝。”[12]《国语·吴语》:“夫命圭有命，固曰吴伯，不曰吴王。”韦昭注云:“命圭，受锡圭之策命。”[13]《左传》:“天王使召武公、内史过赐晋侯命，受玉惰。”杜预注:“诸侯即位，天子赐之命圭为瑞。”[14]可见周代的瑞圭是受封者的符信，也是受封者本人的身份标志。孙庆伟认为周代的“戈”作为瑞玉，为了区分日常用器以示珍重，被赋予新名“圭”，所以圭和戈合为一类分析[15]。M2009出土29件玉戈和2件玉圭。31件中仅两件白玉，其余都为青白玉。其中3件有墨书和彩印，分别为M2009：85墨书印彩玉戈(图一一)、M2009：102墨书玉戈(图三一)和M2009：136“南中”玉戈(图三二)。

3. 玉璧

M2009出土38件玉璧，其中25件软玉，8件孔雀石，1件云母玉，4件破损严重无法分辨材质。软玉中包含白玉和青白玉，以青白玉为主，颜色品质差异比较大。孔雀石和云母玉都为绿色。软玉玉璧的直径多大于10厘米，孔雀石和云母玉制品的直径都在5厘米以下。M2009：826（图三三）选用白玉，润白细腻。M2009：191（图一五）采用云母玉，M2009：195（图三四）用孔雀石。三件玉器都饰双阴刻线龙纹。

图三〇　玉璋（M2009：97）

图三一　玉戈（M2009：102）

图三二　玉戈（M2009：136）

图三三　玉璧（M2009：826）

图三四　玉璧（M2009：195）

4. 小结

瑞玉玉料的选用与墓主身份有关。M2009出土瑞玉璋、圭和璧主要采用青白玉制作。第一，与材料稀缺程度有关。青白玉原料比较丰富，使用相对较多；白玉是比较稀缺和贵重的材料，使用相对较少。第二，与墓主身份有关。虢仲为诸侯，白玉质瑞玉可能主要供周朝君王使用，诸侯使用青白玉。第三，与器物使用功能有关。从数量上看，圭和璧数量比较多，而玉璋仅两件。玉璋虽然数量少，但都是比较重要的器物。M2009：153人龙合纹玉璋器形非常大，制作精美，M2009：97玉璋上有墨书。推测玉璋是虢仲身份的重要象征。在瑞玉中，3件玉圭和1件玉璋上有墨书，玉圭和玉璋可能是祭祀仪式中的重要器物。

（三）丧葬用玉

狭义丧葬用玉主要有棺饰用玉、玉石覆面、琀玉、敛尸玉璧、握玉、足端敛玉及祭祀用玉等[16]。M2009出土丧葬用玉包括玉覆面、琀玉、握玉和足端敛玉，棺饰用玉、敛尸玉璧和祭祀用玉暂不讨论。

1. 玉覆面

《仪礼·士丧礼》："商祝掩、瑱、设幎目……"郑玄注：掩乃以布裹首，瑱是以物塞耳，而幎目则是一块黑面红里且中间充以丝絮的织物覆盖在死者的脸部[17]。周代常见用玉石器缝缀在丝织物上，组合成脸部五官的玉石覆面。M2009出土1套玉覆面共26件，均为软玉，其中左眼、右眼、鼻、左耳、右耳、口、下颚7件为白玉，左胡、左眉、右眉、右胡、额和须发19件为青白玉。五官部位使用白玉，可见五官玉器是玉覆面最重要的部分。同时说明，白玉品种是软玉中最重要的类型，也是周王室最为推崇的品种。西周晚期玉覆面逐渐形成了完善的制度，主要出现在周王室成员贵族墓葬中，是礼乐制度维护统治的重要体现。

2. 琀玉

《周礼·春官·典瑞》："大丧，共饭玉，含玉，赠玉。"郑玄注："饭玉，碎玉以杂米也。含玉，柱左右齻及在口中者。"[18]《说文·玉部》解释"琀"为"送死者口中玉也"[19]。《公羊传》何休注："含，天子以珠，诸侯以玉，大夫以碧，士以贝，春秋之制也。"周代，死者身份地位不同，其琀玉的材质不同[20]。M2009出土1组琀玉M2009：983共24件，其中7件贝壳形，2件圆形，15件圆形珠。贝壳形和圆形为青白色，圆形珠为红褐色。琀玉中贝壳形组件使用成色较好的青白玉，颜色偏白，与贝壳的颜色相近。

3. 握玉

《释名·释丧制》："握，以物著尸手中，使握之也。"[21]《士丧礼》："握手，用玄，里；长尺二寸，广五寸，牢中半寸；著，组系。"[22]周代墓葬握手常见玉石握手，称握玉。M2009：997龙纹握玉和M2009：1002蝉纹握玉差异较大。第一，玉料颜色不同，两件都是青白玉，但M2009：997偏黄色，M2009：1002偏白色。第二，器形不同，M2009：997近圆柱形，饰龙纹；M2009：1002近方柱形，饰蝉纹。第三，尺寸不同，M2009：997通长11厘米，重110克；M2009：1002通长12.3厘米，重150克。两件握玉均温润细腻，为上等品质。

4. 足端敛玉

周代足端敛玉较少出土。M2009出土足端敛玉包含脚趾夹玉和踏玉。M2009出土8件鱼形脚趾夹玉，均为青白玉，品质一般。左右脚均有1件大鱼和3件小鱼，造型简单，鱼眼处穿孔。

M2009出土两件踏玉。均为青白玉，品质一般，素面无纹，尺寸一致。

5. 小结

M2009的丧葬用玉种类齐全。从玉料品种看，均选用软玉，但不同类别玉器使用的品种不同，品质也有一定差异。从玉料颜色看，玉覆面五官采用白玉，其余丧葬用玉为青白玉。从玉料品质看，玉覆面和握玉的品质最佳，琀玉次之，足端玉较差。古人认为玉可以沟通神灵，人的精气汇聚在面部，所以玉覆面盖在面部可以沟通神灵。五官是与外界沟通的重要桥梁，是葬玉中最重要的部位，所以使用最好品种和品质的玉料。握玉象征权力，使用玉料品质好，两件分别饰龙纹和蝉纹，也是力量和权力的象征。琀玉的材质较好，虽为青白玉，但颜色偏白，制作成贝壳的造型。虢国地处中原，远离海洋，贝壳代表丰衣足食，象征财富。足端敛玉在两周都比较少见，M2009 出土了脚趾夹玉和踏玉，但品质相对较差。脚趾夹玉做成鱼的造型，象征财富。西周晚期，丧葬用玉主要由高等级贵族使用，象征着主人的身份、权力和财富，在玉料的使用和造型的选择上有一定之规。这说明西周用玉制度比较严格，玉被等级化和政治化。

五、用玉与制度

虢国已发掘墓葬中有四座第一等级墓葬，分别为 M2001 国君虢季墓（男性）、M2009 国君虢仲墓（男性）、M2011 太子墓（男性）和 M2012 国君夫人梁姬墓（女性）。

（一）服饰用玉

M2009、M2001 两座国君墓的发饰更丰富，数量更多，结构更复杂。耳饰玦有零组、一组和两组，可见耳饰玦没有固定的使用形制。M2009 采用白玉，其余采用青白玉。四座墓葬都出土项饰，形式多变，玉璜主要采用青白玉和青玉，玛瑙、孔雀石、料珠等为配珠。M2009（图二〇）、M2001 和 M2012 出土组玉佩，分别为六璜、七璜和五璜。M2009 六璜组玉佩使用白玉，其余两套使用青玉和青白玉。总体来看，四座墓葬的服饰用玉没有严格的形制，主要用于装饰。梁姬为虢季的夫人，其组玉佩玉璜数量少于虢季，也说明组玉佩虽为装饰品，但其使用也需要符合身份。同时期其他诸侯国出土服饰用玉也具有此类特征。

（二）瑞玉

各墓中玉璋出土数量最少，玉圭和玉璧较多。M2009、M2001 出土玉璋，M2011、M2012 未见。M2009、M2001 有纹饰玉璋均只有 1 件，M2009：153 青白玉上饰人龙合纹（图二四）与 M2001：685 青玉上饰人凤合纹。M2009、M2001 的墓主均为虢国的国君，有纹饰的玉璋只在国君墓各出 1 件，且纹饰分别为人龙合纹和人凤合纹，意义非凡。推测有纹饰的玉璋可能是西周时期诸侯显示身份地位的重要器物。

（三）丧葬用玉

虢国的丧葬用玉包括玉覆面、琀玉、握玉和足端敛玉，其中足端敛玉包括脚趾夹玉和踏玉。两座国君墓配备齐全，太子墓缺少玉覆面、脚趾夹玉和踏玉，梁姬墓缺少玉覆面和脚趾夹玉。琀玉的使用没有特殊的规律，采用青白玉和青玉。与《公羊传》何休注："含，天子以珠，诸侯以玉，大夫以碧，士以贝，春秋之制也"[23]一致。握玉均采用玉管形式，使用青白玉和青玉，两座国君墓的握玉有纹饰，其余为素面。脚趾夹玉和踏玉都采用青白玉，M2009 脚趾夹玉为鱼形，M2001 为弧形，踏玉都为玉板形制。M2009 出土玉覆面五官采用白玉，其余采用青白玉；M2001 出土玉覆面均采用青白玉和青玉。两件玉覆面形制相似，都有五官和须发，M2001 多两件腮部玉器。从玉料看，M2009 玉料更好，区分五官，采用更好的白玉，工艺更精湛。西周时期玉覆面主要出土在姬姓周人或其配偶墓中，或为姬姓周人的丧葬习俗。

六、结语

M2009 是虢国国君虢仲的墓葬，属于高等级墓葬，共出土 454 件（组）玉器。本研究共分析测试 395 件（组）玉器，其中软玉 378 件（组），孔雀石 8 件，大理岩 7 件，云母玉 1 件，玛瑙 1 件。孔雀石和云母玉制成单独的器物，玛瑙、绿松石、料珠和贝壳主要以串珠出现在串饰中。

M2009 出土软玉包括白玉、青白玉、青玉、墨玉四个品种。本次测试的 378 件（组）中有 110 件（组）白玉，230 件（组）青白玉，27 件青玉，2 件墨玉（1 组串饰中 2 件），有 10 件因受沁无法分辨品种。根据软玉各品种的颜色特征、杂质矿物特征和结构特征等，判断其玉料产地是多元的。根据部分玉料带皮的特征推测其产地为新疆，根据部分玉料颜色偏黄推测其产地为辽宁。但在系统可普遍应用的软玉产地溯源方法出现前，对于古代玉器的产地研究还只能是推测。软玉质玉器的受沁特征相对比较统一，主要为白色沁和褐黄色沁，少量玉器有黑色沁和红色沁。白色沁和黄褐色沁与玉器自然风化和火烧有关，黑色沁和红色沁主要为外来物质沾染。红色沁主要为朱砂，与葬俗和染料有关。

M2009 的服饰用玉中，发饰、耳饰玦和组玉佩都采用品质上好的白玉，项饰采用品质一般、尺寸较小的软玉、料珠、玛瑙和贝壳。在瑞玉中，除玉璧和玉圭各有 2 件白玉，其余均为青白玉。在丧葬用玉中，玉覆面的五官用玉采用白玉，握玉和琀玉采用品质上好的青白玉，足端玉采用品质一般的青白玉。由此可见，在瑞玉中白玉的使用非常严格，虢仲为诸侯国虢国的国君主要使用青白玉。在服饰用玉和丧葬用玉中，白玉的使用相对宽松，但仍以青白玉为主。说明西周时期白玉是所有软玉中最重要的品种，是身份等级的象征，它的使用被严格限制，尤其是在瑞玉中的使用。总体来看，软玉是西周最重要的玉石材料，其中白玉最为尊贵，然后是青白玉。此外，孔雀石也有使用，主要制作成玉环；云母玉制品仅一件，也制作成玉环；绿松石和玛瑙主要作为配珠出现在组玉佩和项饰中。这一现象也与《礼记・玉藻》中“天子佩白玉而玄组绶，公侯佩山玄玉而朱组绶，大夫佩水苍玉而纯组绶，世子佩瑜玉而綦组绶，士佩瓀玟而缊组绶”一致[24]。

虢国墓已发掘的四座第一等级墓葬玉材的使用比较统一，主要使用软玉的青白玉和青玉，白玉的使用比较少，其他材质为佩饰。服饰用玉主要起装饰作用，组玉佩的玉璜数量能够反映主人身份地位。瑞玉中玉璋更为贵重，仅国君墓中有带纹饰的玉璋出土，且每座墓仅出 1 件。丧葬用玉中玉覆面只在国君墓出土，造型复杂，形制相对统一。整体而言，国君墓玉器的数量更多，形制更复杂，工艺更精湛。西周晚期的用玉制度已比较完善，但在使用中还保留一定的个性化。已发表的同时期同等级墓葬出土玉器材质的科技考古研究成果比较有限，尚无法进行详细的对比研究。但开展比较研究的重要性不言而喻，是系统阐述周代用玉制度的重要内容。

注释：

[1] 中国科学院考古研究所:《上村岭虢国墓地》，科学出版社，1959年；河南省文物考古研究所:《三门峡虢国墓》，文物出版社，1999年。

[2] 侯俊杰、王建明:《三门峡虢国墓地M2009号墓获重大考古成果》,《光明日报》1999年11月2日。

[3] 唐英杰、李发:《三门峡虢国墓M2009墓主虢仲考》,《中国国家博物馆馆刊》2019年第10期。

[4] 栾秉璈、李秀萍、姜涛:《虢国墓出土玉器玉质的初步鉴定》，见河南省文物考古研究所、三门峡市文物工作队:《三门峡虢国墓》第1卷，文物出版社，1999年。

[5] 员雪梅:《三门峡市虢国墓地出土玉器考释》，中国地质大学（北京）硕士学位论文，2002年。

[6] 鲍怡、朱勤文、辛军民等:《三门峡虢国墓地M2012墓玉器材质研究》,《中原文物》2015年第1期。

[7] 鲍怡、朱勤文、辛军民等:《三门峡虢国墓地M2011太子墓出土玉器玉质研究》,《宝石与宝石学》2013年第4期。

[8] 鲍怡:《豫西周虢国墓与鄂博馆藏战国玉器材料及沁的研究》，中国地质大学（武汉）硕士学位论文，2015年；鲍怡:《出土玉器沁色的材料科学研究》，复旦大学博士学位论文，2019年。

[9] 孙希旦:《礼记集解》，中华书局，2007年，第820页。

[10] 程俊英、蒋见元:《诗经注析》，中华书局，1999年，第180页。

[11] 孙诒让:《周礼正义》，中华书局，2015年，第548页。

[12] 程俊英、蒋见元:《诗经注析》，中华书局，1999年，第892页。

[13] 左丘明:《国语》，上海古籍出版社，2015年，第412页。

[14] 左丘明:《左传》，上海古籍出版社，2015年，第175页。

[15] 孙庆伟:《周代用玉制度研究》，上海古籍出版社，2008年。

[16] 孙庆伟:《周代用玉制度研究》，上海古籍出版社，2008年。

[17] 胡培翚:《仪礼正义》，广西师范大学出版社，2018年，第2252页。

[18] 孙诒让:《周礼正义》，中华书局，2015年，第1932页。

[19] 许慎:《说文解字注》，上海书店，1992年，第19页。

[20] 黄铭、曾亦:《春秋公羊传》，中华书局，2017年，第354页。

[21] 王先谦:《释名疏证补》，上海古籍出版社，1984年，第414页。

[22] 胡培翚:《仪礼正义》，广西师范大学出版社，2018年，第2217页。

[23] 黄铭、曾亦:《春秋公羊传》，中华书局，2017年，第354页。

[24] 孙希旦:《礼记集解》，中华书局，2007年，第822、823页。

河南三门峡虢国上阳城

◎韩鹏翔

M2

三门峡经一路绿地广场项目南距李家窑遗址不足百米，地势呈缓坡状，北高南低，2022年9—11月，经国家文物局批准，河南省文物考古研究院委托三门峡市文物考古研究所对该项目工程占地范围内的古遗迹进行抢救性考古发掘。发掘布设探方19个，发掘区原为建筑用地，因拆迁地表已遭到不同程度的破坏，文化层堆积普遍较薄，一般厚0.3~1.5米。

此次共清理墓葬20座、灰坑102个、道路2条、陶窑1座、灰沟1条，另有探明位置但无法清理的陶窑1座。大多数灰坑为近圆形坑，墓葬为长方形竖穴土坑墓和竖井墓道土洞墓，墓葬之间没有打破关系。发掘出土有完整的陶瓷器、玉器、铜器等，另有较多陶片、玉石料、骨料等，年代为西周晚期至明清时期，主体遗迹属于两周，文化属性属于虢国。

发掘区向南不足百米即上阳城宫城遗址范围，北部为 1987 年发掘铸铜作坊遗址。此次考古发掘深化了对虢国遗存的认识，进一步了解了上阳城的功能布局，也为本区域手工业作坊区研究提供了重要材料。

M2~M6

M6

M13

M6 陶鬲　　M6 陶罐　　M6 陶豆

M13 器物组合

H24

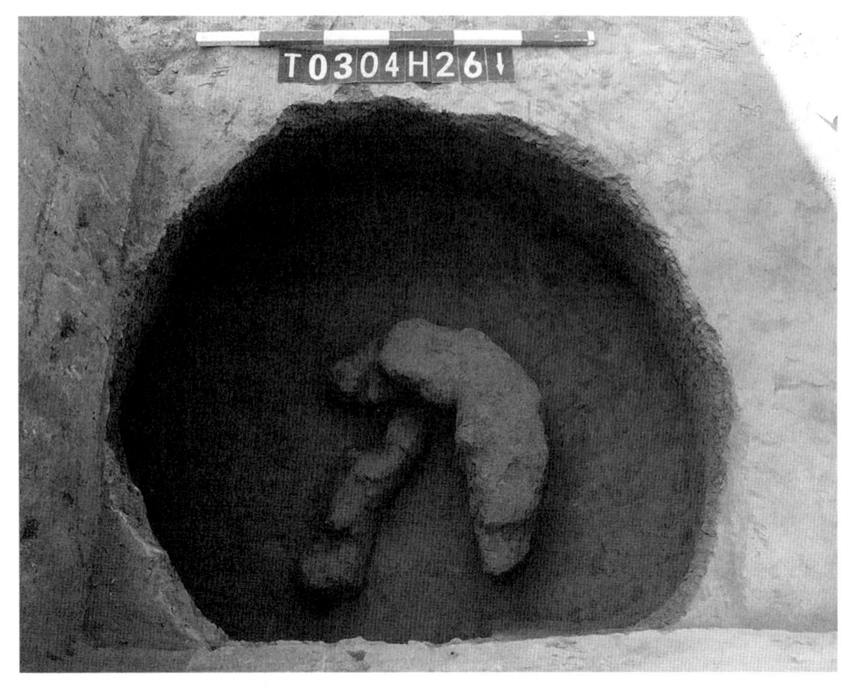

H26

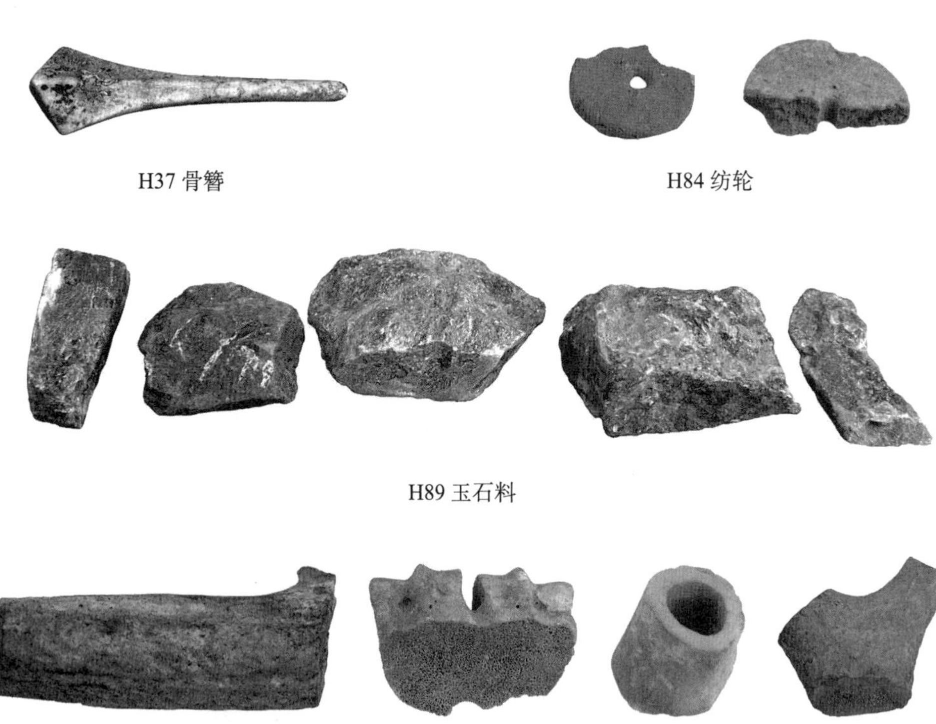

H37 骨簪

H84 纺轮

H89 玉石料

H84 骨料

河南三门峡经一路绿地广场项目发掘收获

◎韩鹏翔　◎燕　飞

为配合三门峡市城市建设投资开发有限公司拟建的经一路绿地广场暨单建式人防工程项目建设（东、西地块），保护好工程占地范围内的文物安全，2022 年 9 月至 2022 年 11 月，经国家文物局批准，河南省文物考古研究院委托三门峡市文物考古研究所对该项目工程占地范围内的古遗迹进行抢救性考古发掘。该项目地处三门峡市湖滨区东部，具体位于崤山路以北，经一路东西两侧，南距上阳城遗址不足百米，地势呈缓坡状，北高南低。此次发掘采取四象限布方法，共布设探方 19 个。发掘区原来为建筑用地，文化层堆积普遍较薄，一般在 0.3~1.5 米。

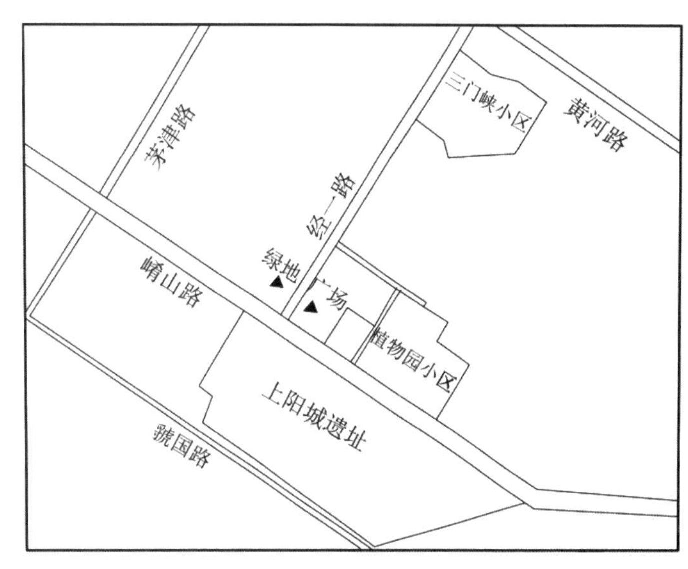

经一路绿地广场项目位置示意图

一、地层堆积

遗址地层堆积北部较厚、南部较薄，主体堆积分布于发掘区西北部，可划分为 4 层：第①层为黄灰色土，土质较硬，结构较致密。杂有少量陶瓷片、石块及建筑垃圾，时代为现代层。第②层为黄褐色土，土质较软，结构较疏松。出土有少量陶片、石块、兽骨等，陶片可辨器形有盆、罐、壶以及砖瓦残块，时代为汉代。第③层为红褐色土，土质较硬，结构较致密，出土有少量陶片、石块、兽骨等，陶片可辨器形有盆、罐、豆、鬲等，时代为两周之际。第④层为深褐色土，土质较硬，结构较致密，出土少量泥陶片、石块、兽骨等，陶片可辨器形有鼎、豆、罐、鬲、盆、盂等，时代为两周之际。此次考古发掘所出遗物，时代以两周之际为主。

二、主要收获

此次经一路绿地广场项目包括东、西两个地块。布设探方19个，清理墓葬20座，灰坑102个，道路2条，陶窑1座，灰沟1条，另有探明位置无法清理陶窑1座。其中绝大多数灰坑为近圆形坑，口小底大，整体为袋状，坑壁加工规整。墓葬有长方形竖穴土坑墓和竖井墓道土洞墓之分，墓葬之间没有打破关系。此次发掘出土有完整的陶瓷器、玉器、铜器等，另有较多陶片、玉石料、骨料等，时代包括西周晚期至明清之际，其中主体遗迹属于两周之际，文化属性属于虢国。

现选取典型遗迹简述如下：

M2~M6 墓葬航拍图

M2为一座东北—西南的长形竖穴土坑墓，方向38°。墓口平面呈长方形，墓壁加工一般，道壁规整，上下垂直，口底同大，平底。墓室内填土为黄褐色花土，质地稍软。葬具为一棺一椁，椁痕平面呈长方形，位于墓室底部正中，现存椁高约0.12米。棺木位于椁室的中间位置，现存棺高约0.12米。棺内发现人骨一具，保存一般，葬式为仰身直肢葬，头北足南，面向西。南部棺椁之间发现3件泥坯器物。头部发现玉玦2件，石圭、玉口琀各1件。根据该墓的墓葬形制及随葬器物分析判断，该墓年代为两周之际。

M2 棺椁痕迹

M2 墓葬

M6是一座东北—西南向的竖穴土坑墓，方向20°。墓口平面呈长方形，墓壁加工一般，道壁规整，上下垂直，口底同大，平底。在墓室南壁发现一处壁龛。墓室内填土为黄褐色花土，质地稍软。葬具为一棺一椁，椁痕平面为近长方形，位于墓室底中部，椁内偏北部有木棺一具，平面呈长方形，现存高约 0.26 米。棺内发现人骨一具，头北足南，面向朝东，葬式为仰身屈肢葬。经过初步鉴定 M6 人骨高大粗壮，为一中年男性，并且有脊柱粘连现象，生前应该从事过度体力劳动，手部也有粘连现象，可能和长期扛运物品有关。随葬品为 5 件，均为陶器，出土于南部壁龛中，自西向东分别为陶罐、陶豆、陶豆、陶罐、陶鬲。根据该墓的墓葬形制及随葬器物分析判断，该墓年代为两周之际。

M13 是一座东北—西南向的长方形土坑竖穴墓，方向 44°。墓口平面呈长方形，墓底距墓口 0.92 米。墓壁加工一般，道壁规整，上下垂直，口底同大，平底。墓室内填土为黄褐色花土，质地稍软。葬具为单棺，棺内发现人骨一具，保存一般，人骨头北足南、面向西、葬式为仰身直肢葬。经过初步鉴定为一未成年男性，墓室北侧发现随葬品共 3 件，分别为陶豆、陶鬲、玉玦（口琀）。根据该墓的墓葬形制及随葬器物分析判断，该墓年代为两周之际。

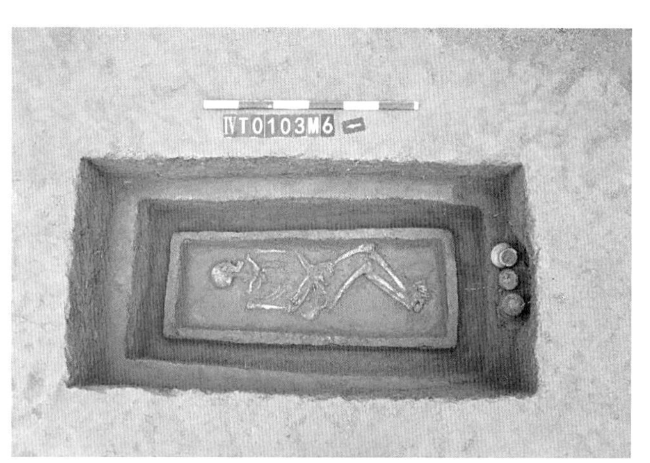

M6 墓葬

M6 部分器物

M6 部分器物

M6 部分器物

M6 部分器物

M13 墓葬及器物组合

M13 墓葬及器物组合

H24

H24 坑口平面呈近圆形，斜壁外扩，口小底大，平底，整体为袋状。坑壁和坑底加工状况较好，坑底距坑口 1.3 米。灰坑填土可分 3 层：第①层为红褐色土，土质较硬，结构较致密。包含物有陶片、石块、兽骨等。陶片以泥质灰陶居多，夹砂灰陶次之。纹饰以素面居多。可辨器形有罐、鬲、豆等，另有圆陶片、骨料等。第②层为灰褐色土，土色较深，土质较软，结构较疏松。包含物有陶片、石块、红烧土粒、碳粒、兽骨等。陶片以泥质灰陶居多，夹砂灰陶次之。纹饰以绳纹为主。可辨器形有罐、鬲、豆等，另有部分圆陶片、骨料。第③层为黄褐色土，土质软，结构疏松。包含有陶片、石块等。陶片以泥质灰陶居多，夹砂灰陶次之。纹饰以素面居多，可辨器形有罐、鬲等。发现人骨一具，头北足南，面向东，侧身直肢，骨骼较细小。

H24 照片

H75

H75 坑口平面呈不规则形，在灰坑南部发现类似于台阶状的生土台，坑底有一东西向隔梁，灰坑口小底大，底部发现较多半圆形壁龛，坑壁和坑底加工状况一般。灰坑填土可

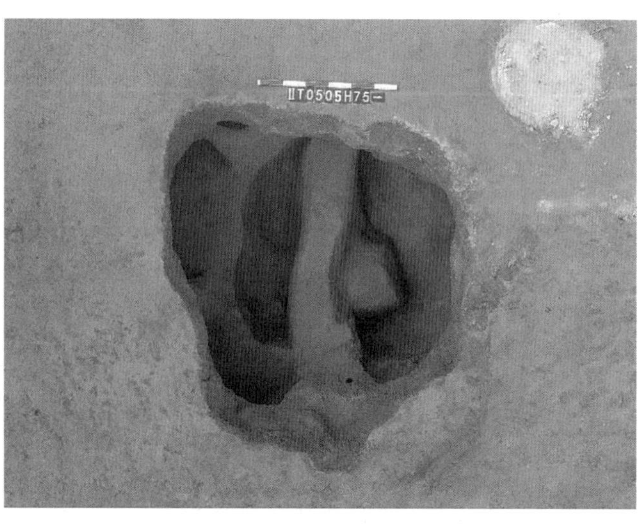

H75

分3层：第①层为黑灰色土，土质较软，结构较疏松。包含物有碳粒、烧土、石块、陶片、兽骨等。陶片以泥质灰陶为主，纹饰以绳纹为主，可辨器型为鬲、罐等。第②层为黄灰色土，土质较软，结构较疏松。包含物有碳粒、烧土、陶片。陶片以泥质灰陶为主，纹饰以绳纹为主，可辨器型为鬲、罐等，另有骨簪、圆陶片、铜渣等。第③层呈黄褐色土，土质较软，结构较疏松。包含有碳粒、烧土、陶片。陶片以泥质灰陶为主，纹饰以绳纹为主，可辨器型为鬲、盆、鬲等。

H75 圆陶片及铜渣

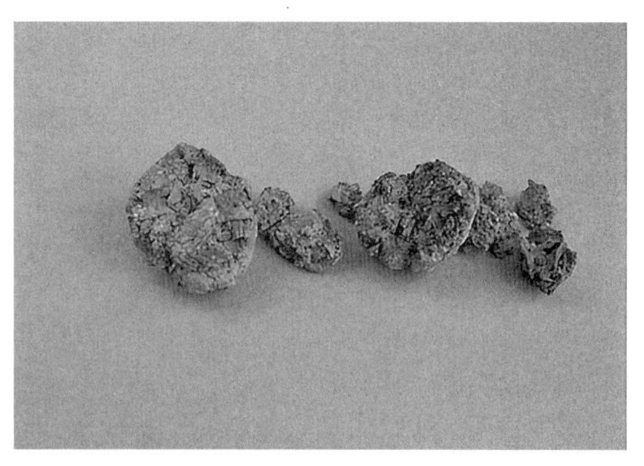

H75 圆陶片及铜渣

H84

H84坑口平面呈近圆形，斜壁外扩，口小底大，平底，整体为袋状。坑壁和坑底加工状况一般。其填土可分为2层：第①层为灰褐色土，土质较软，结构较疏松。包含有碳粒、烧土、石块、陶片、兽骨等。陶片以泥质灰陶为主，纹饰以绳纹为主，可辨器型为鬲、罐等。第②层为黄褐色土，土质较软，结构较疏松。包含有碳粒、烧土、陶片。陶片以泥质灰陶为主，纹饰以绳纹为主，可辨器型为鬲、罐等。另有骨料、陶纺轮等。

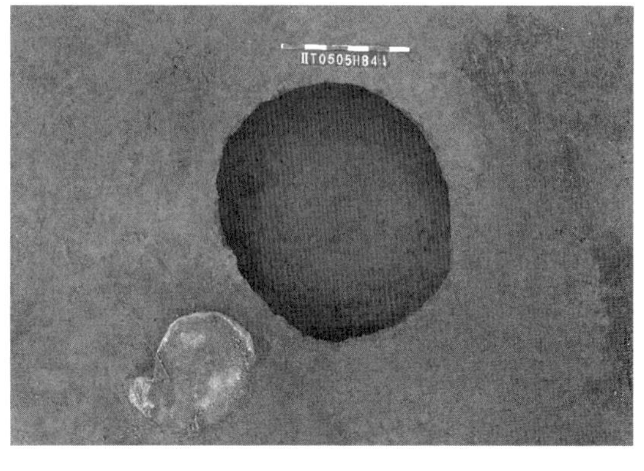

H84

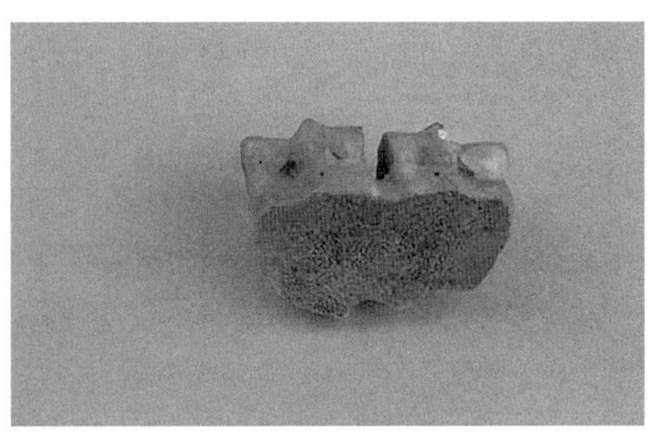

H84 出土部分骨料

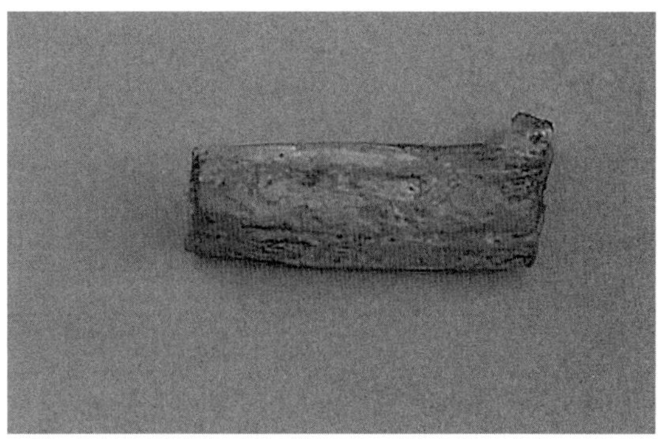

H84 出土部分骨料

H84 出土部分骨料

H84 出土部分骨料

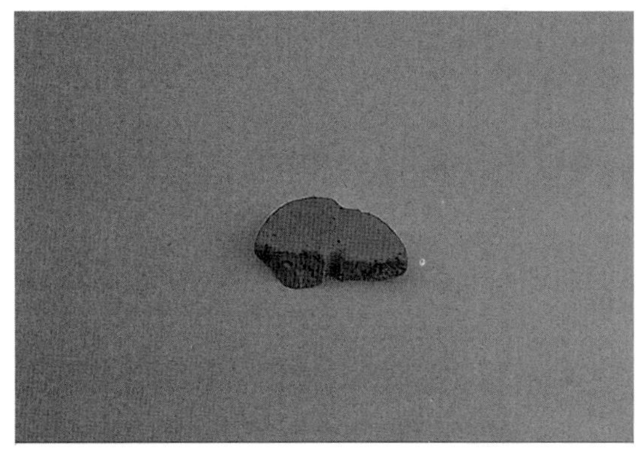

H84 陶纺轮

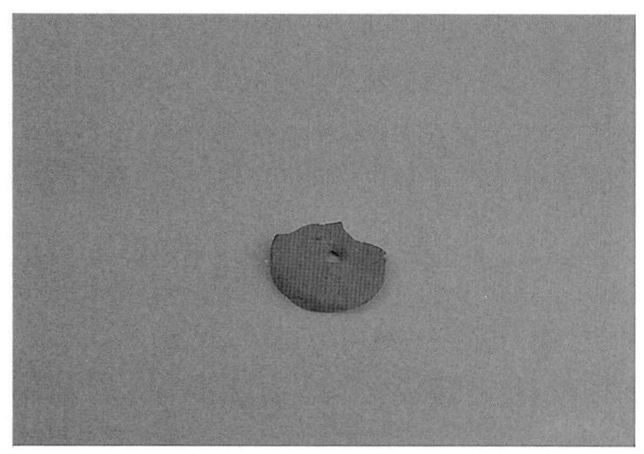

H84 陶纺轮

Y1

Y1 主要由操作间、火门、火膛、窑床、烟道组成。窑室平面呈梯形，保存基本完整。Y1 整体为西北—东南向，火门在窑室南侧，烟道在其北侧。窑室平面为梯形，窑顶已被破坏。窑室打破生土，窑室上宽下窄，填土分为 3 层：第①层土色为灰褐色，土质较软，结构较疏松。含有炭块、烧土块及疑似篦子的陶块。第②层土色为黄褐色，土质较疏松。第③层土色为黄褐色，土质较软，结构较疏松。出土有少量的陶块。

Y1 航拍

烟道位于窑室北侧后壁外，进烟口与火门相对，烟道断面近方形。窑壁经火烧烤成青灰色硬壳面，窑床为长方形平台，窑床北高南低，椭圆形火膛位于窑床南侧，膛内堆积有部分草木灰。火门在火膛南侧，其形状为椭圆形，火门西侧为一长方形操作间。操作间填土分为 3 层：第①层土色为灰褐色，土质较软，结构较疏松。出土有炭块、烧流的陶块。第②层土色为黄褐色，土质较软，结构较疏松。出土少量陶片。第③层土色为灰褐色，土质较软，结构较疏松。出土少量灰陶片。Y1 的年代当为两周之际。

三、挖掘认识

本次发掘区向南不足百米即为上阳城宫城遗址范围，其北部为 1987 年发掘铸铜作坊遗址[1]。此次发掘灰坑分布较普遍，平面形状以圆形为主，口小底大，斜壁、平底，整体为袋状，坑壁加工规整。坑内出土遗物较少，主要为陶片，另有少量兽骨、石块，陶片几无可复原者。灰坑出土陶片以泥质和夹砂灰陶为主，纹饰多为绳纹，可辨有鬲、豆、罐、盆、盂等，年代为两周之际。另外部分袋状坑出土有骨料、玉石料、烧土块、窑壁、铜渣，可能和手工业作坊有关。大部分圆形灰坑开口于③层下，并且发现有打破道路的现象，可能和虢国发展时期城市功能布局变化有关。

此次发掘的两周之际墓葬均为长方形竖穴土坑墓，墓葬之间没有打破关系，填土为黄褐花土，部分墓葬填土经过夯打，夯窝和夯层不明显。墓葬方向以东北—西南向为主，另有少量东西方向。葬具多为单棺，另有少量为一棺一椁，棺椁四周有二层台，墓内埋有一人，多为仰身直肢，另有少量仰身屈肢葬。随葬品多寡不均，有 1~6 件，以陶器为主，器物组合为鬲、豆、罐，另有墓葬在人骨侧发现玉玦、玉柄形器、石圭等，部分墓葬出土有少量泥坯器物。此次发掘墓葬大多零散分布，只有 M2~M6 分布集中，时代相同，方向相近，并且距离陶窑较近，墓葬内发现有泥坯器物，墓主可能属于匠人墓葬，这种遗迹分布情况亦是先秦手工业作坊居葬合一的体现。此次考古发掘深化了对虢国遗存的认识，进一步了解上阳城的功能布局，也为本区域手工业作坊区研究提供了重要材料。

注释：

[1] 崔松林:《虢都上阳城遗址发现记》,《大众考古》2022 年第 4 期。

河南义马上石河墓地 M22、M67 和 M77 发掘简报

◎河南省文物考古研究院　◎三门峡市文物考古研究所
◎义马市文物保护管理所　◎三门峡市博物馆

2017 年 7 月至 2018 年 9 月，受河南省文物考古研究院的委派，三门峡市文物考古研究所与义马市文物保护管理所联合，对位于河南省义马市区南部石河西岸约 100 米处的上石河墓地进行了首次较大规模的抢救性考古发掘，清理了一大批春秋时期的墓葬和马坑。（图一）现将其中的 M22、M67 和 M77 三座墓葬简报于下。

图一　义马上石河墓地位置示意图

一、M22

（一）墓葬形制与葬具

M22 为长方形竖穴土坑墓，方向 24°。墓口开于扰土层下，距现地表 0.4 米。墓口平面呈长方形，南北长 4.08 米，东西宽 2.6~2.64 米。墓底略大于墓口，墓壁规整，均向下斜直略外张，墓底平坦。墓底南北长 4.16~4.22 米，东西宽 2.62~2.74 米，墓深 2.68 米。墓底四周有熟土二层台，其中北侧台与东侧台各宽 0.14~0.2 米，南侧台宽 0.22 米，西侧台宽 0.16~0.24 米，台高 0.84 米。墓内填以红褐色为主的花土，土质较硬，含有少量的小料礓石块。

葬具皆为木质，腐朽严重，结构不清。从残存的灰褐色木质朽痕判断，墓内葬具为单椁重棺。木椁位于墓底中部，椁室的四壁紧贴二层台内壁，平面呈长方形，南北长 3.8 米，东西宽 2.28~2.36 米，高 0.84 米，壁板、挡板及底板厚 0.04 米，盖板厚度不详。外棺位于椁室中部，平面近长方形，南北长 2.55 米，东西宽 0.98~1.06 米，高 0.56 米，壁板、挡板与底板厚 0.06 米，盖板厚度不详。内棺位于外棺中部略偏西，平面呈梯形，南北长 2.47 米，东西宽 0.74~0.82 米，高 0.44 米，壁板与挡板厚 0.04 米，盖板与底板厚度不详。

在内棺内葬有墓主1人，骨骼腐朽严重，已成黄褐色粉末状。依其骨骼轮廓痕迹，可知为单人侧身直肢葬，头北足南，年龄、性别不详。

随葬器物分别放置于椁盖板上、椁室内和内棺内。其中在椁盖板上散置陶珠61颗、石贝98枚和铜鱼8件，铜鱼是每两件放在一处且头向一致。椁室的东北角放置铜盨1件，东中部放置铜盨和残石戈各1件，西南角则放置陶鬲1件。内棺内放置残铜片1件，墓主的颈部放置组合项饰1组133件（颗），头部放置玉玦1件，口内放置玉口琀3件。（图二；图三）

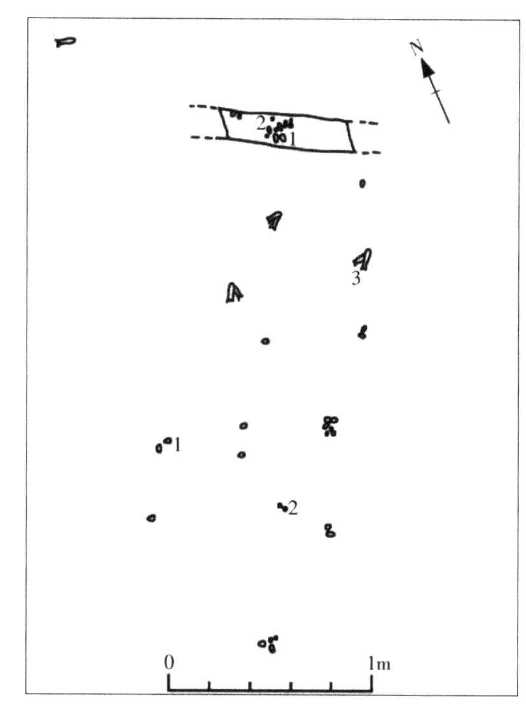

图二　M22椁盖板上随葬器物平面图
1. 石贝　2. 陶珠　3. 铜鱼

（二）随葬器物

共309件（颗/枚）。依质地可分为铜、玉、陶和石四类。

1. 铜器

11件。有盨、鱼和薄残片三种。

盨　2件。形制、纹样相同，大小略有差异。皆有盖，盖口呈椭长方形，盖面向上隆起，顶部有四个扁体支钮。器身子口内敛，方唇，腹壁略外鼓，两侧有一对龙首耳，龙舌向下向内弯曲作半环形，耳与器身以榫卯销式铸接而成，器底近平，矮圈足微侈，圈足的四周中部各有一个圆角梯形豁口。盖顶中部饰S形平目窃曲纹，支钮正面各饰一卷云纹，盖缘与器口沿各饰一周无珠重环纹，盖面与器腹部各饰三周瓦垅纹，

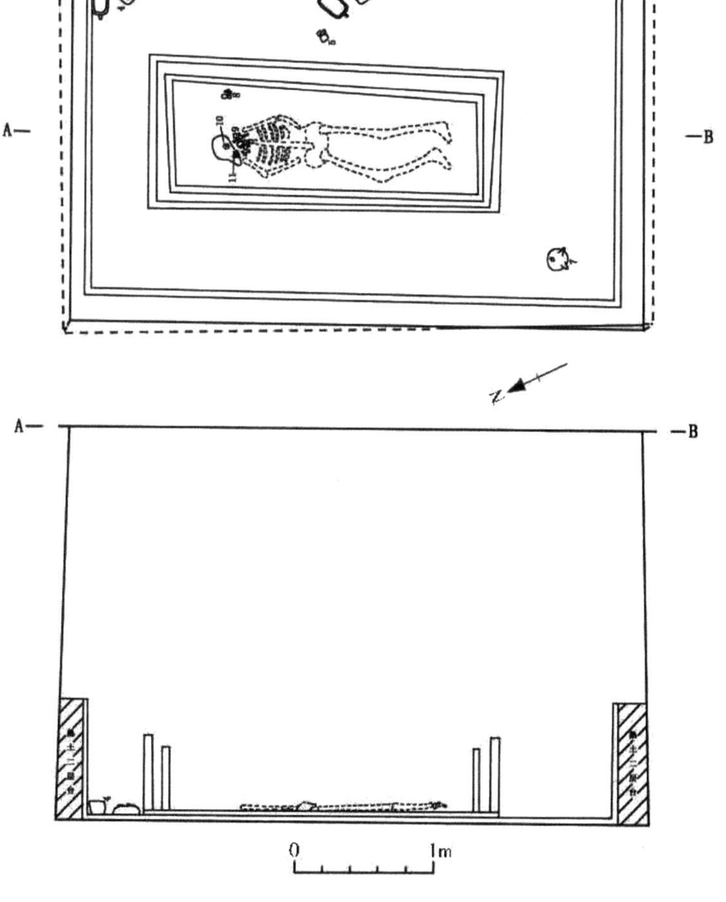

图三　M22平面、剖视图
4、6. 铜盨　5. 残石戈　7. 陶鬲　8. 残铜片　9. 组合项饰　10. 玉玦　11. 玉口琀

圈足上饰一周垂鳞纹。标本 M22：4，通高 14.4 厘米，口长 22.3 厘米，口宽 13 厘米，腹深 6.2 厘米，圈足长 17.6 厘米，宽 9.5 厘米。（图版一，1；图四）标本 M22：6，通高 14.4 厘米，口长 22 厘米，口宽 12.9 厘米，腹深 6 厘米，圈足长 17.6 厘米，宽 9.4 厘米。（图版一，2；图五）

鱼　8 件。出土时每两件铜鱼为一组。形状相同，大小略有差异。鱼身均作扁薄长条形，背上有一鳍，腹、臀各有一鳍，眼部为一个椭圆形或不规则形的小穿孔，可系缀。正面饰有鱼鳞纹，背面为素面，部分周边有范缝毛刺。标本 M22：3-1，长 7.9 厘米，身宽 2.3 厘米，厚 0.15 厘米。（图六，1；图七，1）标本 M22：3-2，长 8 厘米，身宽 2.4 厘米，厚 0.2 厘米。（图六，2；图七，2）标本 M22：3-3，尾部略残。残长 7.7 厘米，身宽 2.3 厘米，厚 0.2 厘米。（图六，3；图七，3）

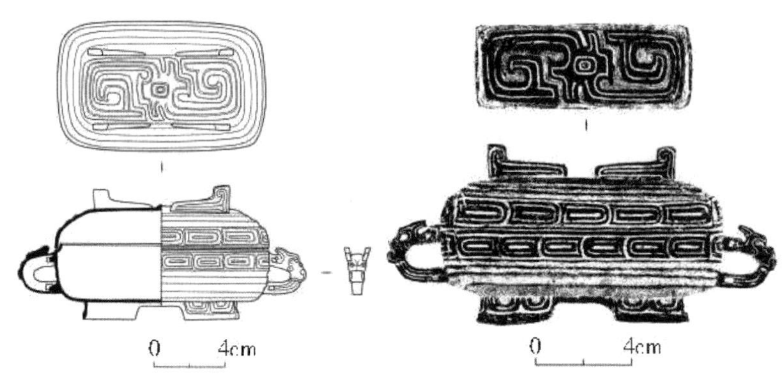

图四　铜盨（M22：4）线图及纹饰拓片

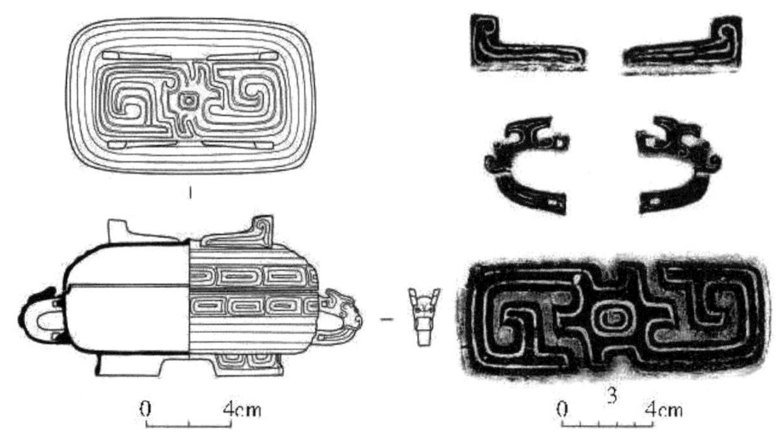

图五　铜盨（M22：6）线图及局部纹饰拓片

薄残片　1 件。标本 M22：8，出土时残甚。片饰极薄，形状不明。

2. 玉器

137 件（颗）。有组合项饰、玦和玉口琀三种。

组合项饰　1 组 133 件（颗）。出土于墓主的颈部，为玉佩与玛瑙珠组合项饰。标本 M22：9，由 1 件鸟纹佩、6 件马蹄形佩、126 颗红色或橘红色玛瑙珠相间串联而成。经整理

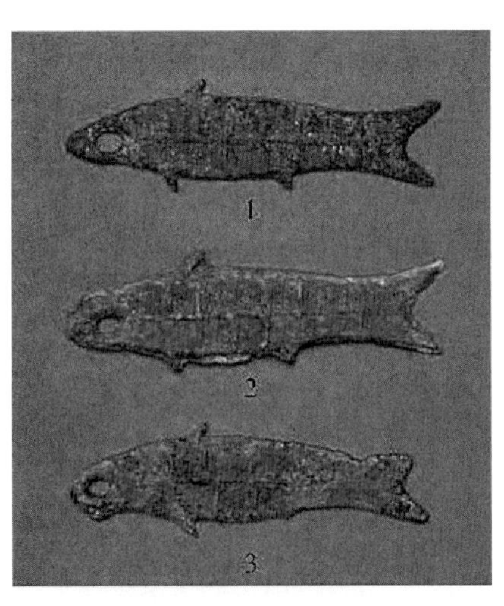

图六　铜鱼（M22：3）
1. M22：3-1　2. M22：3-2
3. M22：3-3

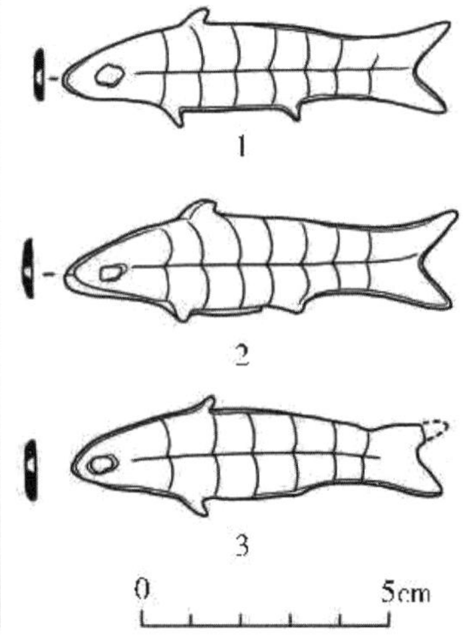

图七　铜鱼（M22：3）线图
1. M22：3-1　2. M22：3-2
3. M22：3-3

复原，联缀方式为以 1 件鸟纹佩为结合部，6 件马蹄形佩之间以双行玛瑙珠相间。每行玛瑙珠均为 9 颗。（图版一，3；图八）用以串系的各器分别介绍如下。

鸟纹佩 1 件。标本 M22：9–1，青玉，豆青色。玉质细腻，半透明。整体作圆角方形，断面呈长方形，器身正中部有一小圆穿。器表正面饰阴线首尾相接的团身鸟纹，头上有冠，尖喙微勾，圆睛。背面为素面。长 2.5 厘米，宽 2.4 厘米，厚 0.4 厘米。（图九，1、2）

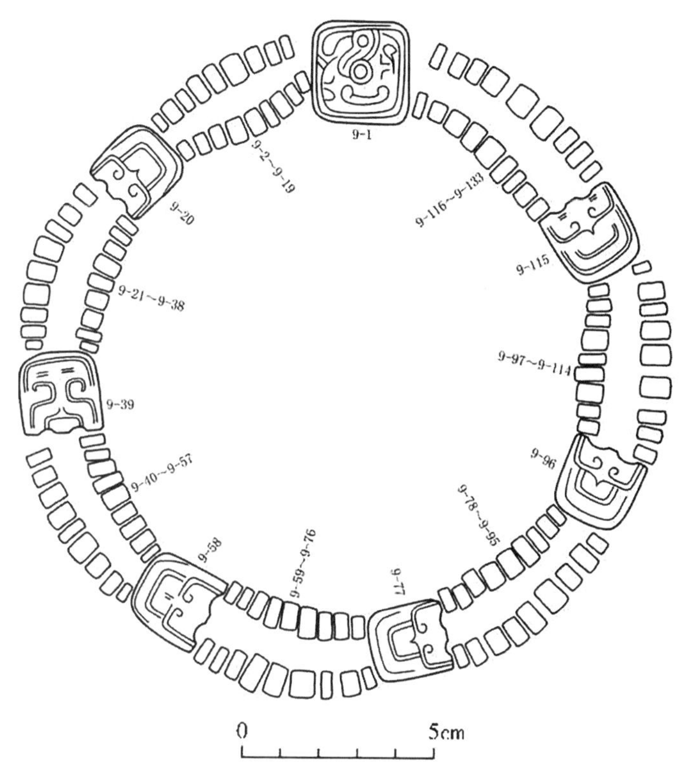

图八　组合项饰 M22：9 复原图
9–1. 鸟形玉佩　9–20、9–39、9–58、9–77、9–96、9–115. 马蹄形玉佩　9–2~9–19、9–21~9–38、9–40~9–57、9–59~9–76、9–78~9–95、9–97~9–114、9–116~9–113. 玛瑙珠

马蹄形佩 6 件。玉质、形制及纹样大体相同，大小略有不同，制作时可能是取材于同一块玉料。皆青白玉，青白色。玉质细腻，晶莹润泽，半透明。6 件玉佩均作马蹄状。表面饰简易兽面纹，背面平齐或有一纵向的宽凹槽，背面上、下两端各有二个斜向小穿孔。标本 M22：9–20，背面平齐。长 1.9 厘米，宽 1.8 厘米，厚 0.3 厘米。（图九，3）标本 M22：9–39，背面有一纵向的宽凹槽。长 2 厘米，宽 2 厘米，厚 0.25 厘米。（图九，4、5）标本 M22：9–58，受沁处有黄褐斑。背面有一纵向的宽凹槽。长 1.95 厘米，宽 1.95 厘米，厚 0.3 厘米。（图九，6）标本 M22：9–77，背面平齐。长 1.9 厘米，宽 1.8 厘米，厚 0.3 厘米。（图九，7）标本 M22：9–96，受沁处有黄褐斑。背面有一纵向的宽凹槽。长 1.8 厘米，宽 1.9 厘米，厚 0.3 厘米。（图九，8）标本 M22：9–115，背面有一纵向的宽凹槽。长 2 厘米，宽 2 厘米，厚 0.2 厘米。（图九，9、10）

玛瑙珠 7 组，126 颗。分为双行七组，每组 18 颗。呈红色或橘红色，半透明。形制基本相同，大小不一。皆作圆鼓形，中部透钻一小穿。长度在 0.2~0.6 厘米之间，直径在 0.4~0.8 厘米之间。标本 M22：9–129，体较大。高 0.6 厘米，直径 0.7 厘米。（图九，11）标本 M22：9–19，体较小。高 0.2 厘米，直径 0.4 厘米。（图九，12）

玦　1 件。标本 M22：10，青玉，冰青色。玉质细腻，半透明。作圆形扁平体，有缺口，断面呈长方形。素面。外径 2.25 厘米，内径 0.8 厘米，厚 0.4 厘米。（图版一，4；图一一，1）

口琀　3 件。形状大致相同。仿海贝形或贝形，上端较尖，下端呈弧状，正面鼓起，背面为平面，背面中部纵向刻一道浅凹槽，上端中部有一单面钻小圆穿。标本 M22：11–1，青玉，

冰青色，局部受沁有黄白斑。玉质细腻，微透明。体较大，仿海贝形，凹槽两侧有锯齿牙。长1.8厘米，宽1.3厘米，厚0.4厘米。（图一〇，1；图一一，2）标本M22：11-2，青白玉，青白色，受沁处有黄褐斑。体较小，仿贝形。长1.3厘米，宽1.1厘米，厚0.6厘米。（图一〇，3；图一一，3）标本M22：11-3，青玉，浅豆青色。体较小，仿贝形。长1.25厘米，宽1厘米，厚0.3厘米。（图一〇，2；图一一，4）

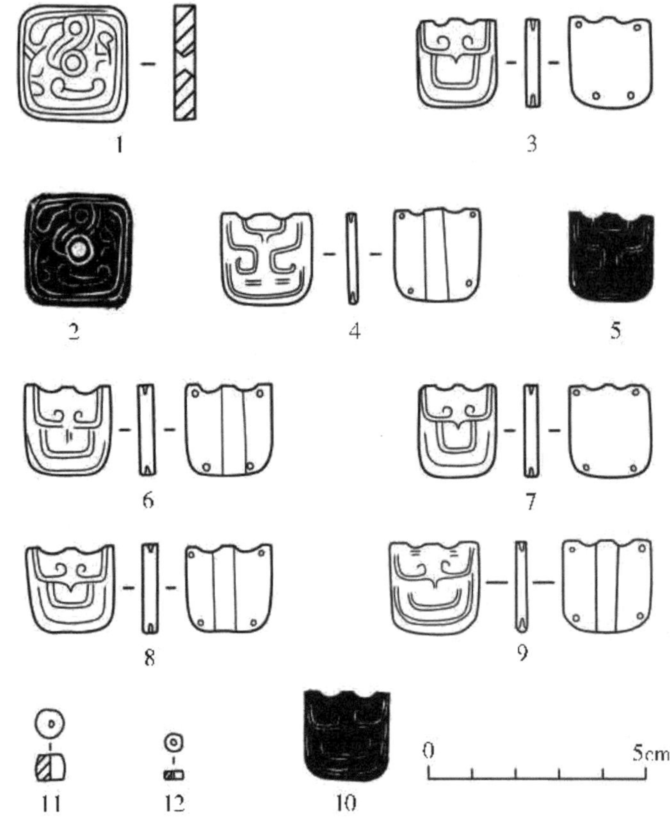

图九　组合项饰M22：9中的玉佩与玛瑙珠

1. 鸟形玉佩（M22：9-1）　2. M22：9-1纹样拓片　3、4、6~9. 马蹄形玉佩（M22：9-20、M22：9-39、M22：9-58、M22：9-77、M22：9-96、M22：9-115）　5. M22：9-39纹样拓片　10. M22：9-115纹样拓片　11、12. 玛瑙珠（M22：9-129、M22：9-19）

3. 陶器

62件（颗）。有鬲与珠二种。

鬲　1件。标本M22：7，足略残。夹砂灰陶。宽折沿上斜，斜方唇，侈口，近口部较平，束颈，鼓肩，瘪裆较高，袋足中空，实足根较直。口沿内外各饰一周凹弦纹，颈部饰数周凹弦纹，通体饰粗绳纹。通高13.2厘米，口径16.6厘米，腹径16.6厘米，腹深8.75厘米。（图一二；图一三，1）

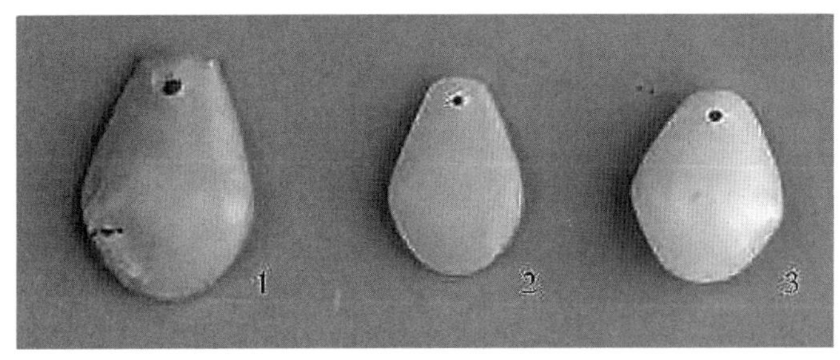

图一〇　玉口琀M22：11

1. M22：11-1　2. M22：11-3　3. M22：11-2

珠　61颗。形状相同，大小不一。均为泥质灰黑陶，菱形，两端较尖，中部有凸起的外轮，中间有一穿孔，断面为圆形。标本M22：2-1，体较大，短胖。长1.6厘米，直径1.6厘米。（图一三，2）标本M22：2-2，体较小，短胖。长1厘米，直径1.2厘米。（图一三，3）标本M22：2-3，体较小，短胖。长1厘米，直径1厘米。（图一三，4）标本M22：2-4，体较大，瘦长。长1.5厘米，直径1.2厘米。（图一三，5）

4. 石器

99件（枚）。有戈与贝二种。

戈　1件。标本M22：5，出土时仅残存内部。石灰岩质，灰白色。粉化严重。内近长方

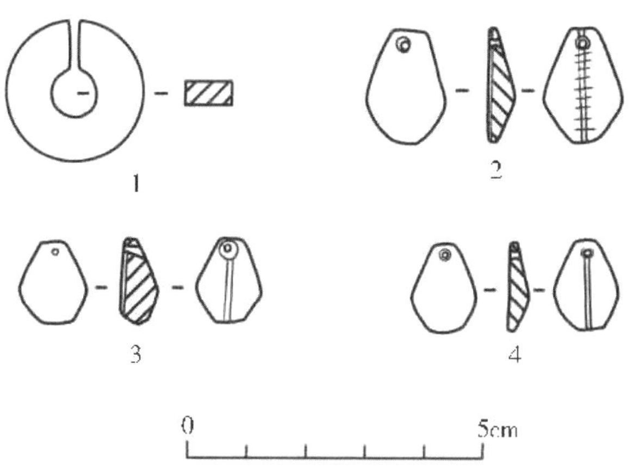

图一一　玉玦（M22：10）和玉口琀（M22：11）线图
1. 玉玦（M22：10）　2~4. 玉口琀（M22：11-1、M22：11-2、M22：11-3）

图一二　陶鬲（M22：7）

形，正、背面中部有脊。残长 6.3 厘米，宽 5 厘米，厚 0.55 厘米。（图一四，1）

贝　98 枚。石英岩质，灰白色，少数腐蚀严重。形状基本相同，大小不一。上端较尖，下端呈弧状，正面鼓起，背面为平面，背面中部纵向刻一道浅凹槽。标本 M22：1-1，体较大。长 2.4 厘米，宽 1.9 厘米，厚 1 厘米。（图一四，2）标本 M22：1-2，体较大。长 2.35 厘米，宽 1.9 厘米，厚 1.1 厘米。（图一四，3）标本 M22：1-3，体较小。长 1.8 厘米，宽 1 厘米，厚 0.6 厘米。（图一四，4）标本 M22：1-4，体较小。长 1.6 厘米，宽 1.1 厘米，厚 0.6 厘米。（图一四，5）

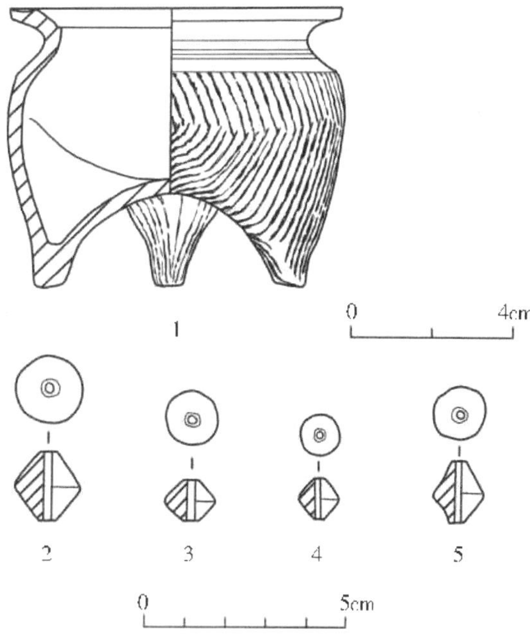

图一三　陶鬲（M22：7）和陶珠（M22：2）线图
1. 陶鬲（M22：7）　2~5. 陶珠（M22：2-1、M22：2-2、M22：2-3、M22：2-4）

二、M67

（一）墓葬形制与葬具

M67 为长方形竖穴土坑墓，方向 40°。墓口开于扰土层下，距现地表 0.64 米。墓口平面呈长方形，南北长 3.7 米，东西宽 2.16~2.2 米。墓底略大于墓口，墓壁加工较规整，四壁自墓口向下斜直外张，墓底平坦。墓底南北长 3.96 米，东西宽 2.48~2.52 米，墓深 3.4 米。墓底四周设有熟土二层台，其中北侧台

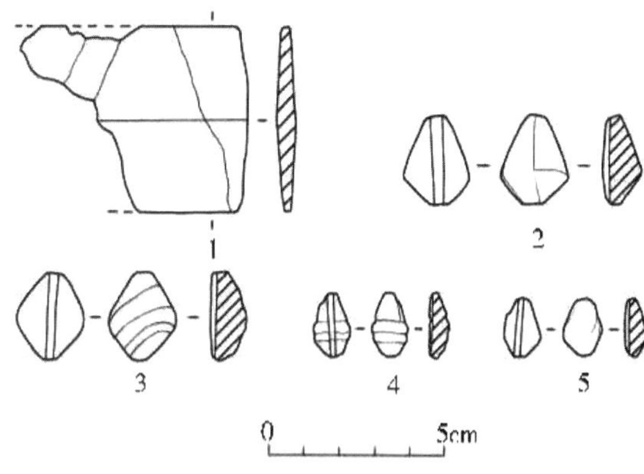

图一四　M22 出土部分石器线图
1. 残石戈（M22：5）　2~5. 石贝（M22：1-1、M22：1-2、M22：1-3、M22：1-4）

宽 0.29~0.4 米，东侧台宽 0.12~0.2 米，南侧台宽 0.3 米，西侧台宽 0.24~0.28 米，台高 0.84 米。墓内填土是以红褐色为主的花土，上部填土较疏松，下部填土略经夯打，较硬，夯层与夯窝不明显。土内含有少量的小料礓石块和小河卵石块。

葬具皆腐朽严重，结构不清。从灰白色木质朽痕判断，其葬具为单椁重棺。木椁位于墓底中部，椁室四壁紧贴二层台内壁。木椁平面近长方形，南北长 3.24~3.36 米，东西宽 2~2.12 米，高 0.84 米，壁板与挡板厚 0.04 米，盖板与底板厚度不详。外棺位于椁室中部，平面近长方形，南北长 2.4 米，东西宽 1.12 米，残高 0.44 米，壁板与挡板厚 0.06 米，盖板与底板厚度不详。内棺位于外棺中部，平面也为长方形，南北长 2.14 米，东西宽 0.78~0.84 米，残高 0.2 米，壁板与挡板厚 0.04 米，盖板与底板厚度不详。

在内棺内葬有墓主 1 人，骨骼保存较差。墓主为仰身直肢葬，头北足南，双手置于腹下部。经初步鉴定墓主为成年女性。

随葬器物分别放置于椁室内和内棺内。其中在椁室内的北中部放置铜盘 1 件、铜盉 1 件；内棺内的墓主头部两侧各放置玉玦 1 件，口内放置玉口琀 2 件。（图一五）

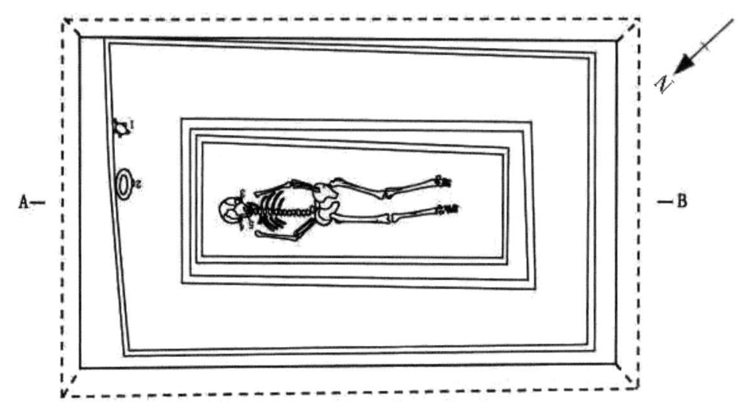

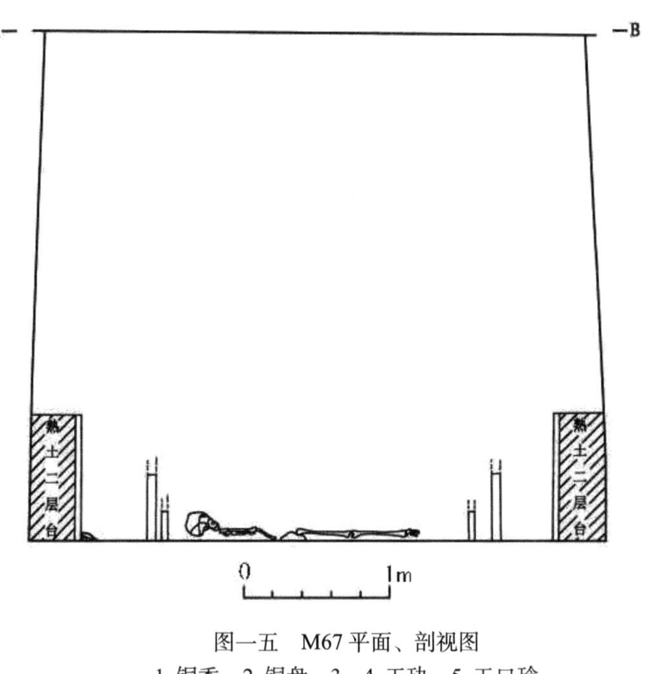

图一五　M67 平面、剖视图

1. 铜盉　2. 铜盘　3、4. 玉玦　5. 玉口琀

（二）随葬器物

共 6 件。依质地可分为铜和玉两类。

1. 铜器

2 件。有盘与盉二种。

盘　1 件。标本 M67：2，窄折沿微上斜，方唇，敞口，立耳微外侈，浅弧腹内收，底近

平，矮圈足下附三支足。素面。通高 7 厘米，口径 21.8 厘米，腹深 2.4 厘米。（图一六，1；图一七，1）

图一六　M67 出土铜器
1. 盘（M67：2）　2. 盉（M67：1）

盉　1 件。标本 M67：1，器与盖浑铸，造型粗糙。整体呈侧置的椭圆扁鼓形，顶部有方锥形盖，一侧有扁体无孔实心流，曲而上扬，另一侧为斜三角形鋬，短束颈，无底中空，下有四个简易蹄足。腹腔内有范土。通高 10.1 厘米，通长 14.2 厘米，腹腔长径 8.1 厘米，短径 5.6 厘米，腔体厚 3.3 厘米。（图一六，2；图一七，2）

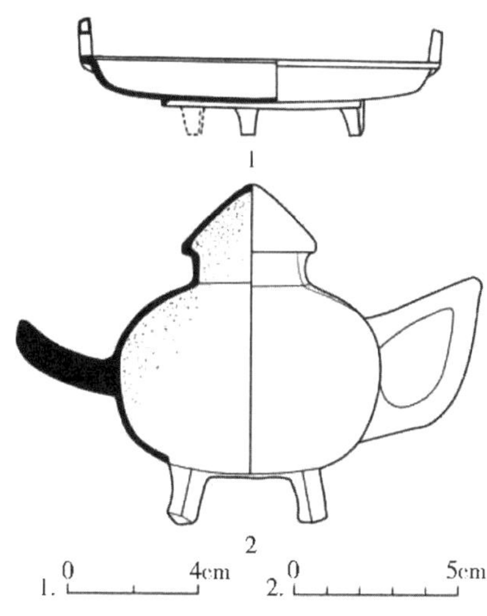

图一七　M67 出土铜器线图
1. 盘（M67：2）　2. 盉（M67：1）

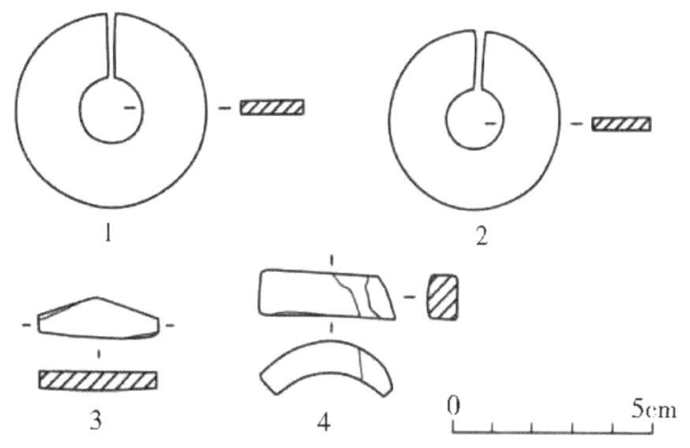

图一八　M67 出土玉器
1、2. 玦（M67：3、M67：4）　3、4. 口琀（M67：5-1、M67：5-2）

2. 玉器

4 件。有玦与口琀二种。

玦　2 件。形制相同，大小各异。皆作圆形扁平体，有缺口，断面呈长方形。素面。标本 M67：3，青玉，浅冰青色，受沁处有黄褐色斑点。玉质细腻，半透明。外径 4.7 厘米，内径 1.6 厘米，厚 0.25 厘米。（图一八，

图一九　M67 出土玉器线图
1、2. 玦（M67：3、M67：4）　3、4. 口琀（M67：5-1、M67：5-2）

1；图一九，1）标本 M67：4，青玉，深冰青色，局部受沁处有黄褐斑。玉质细腻，微透明。外径 4.2 厘米，内径 1.4 厘米，厚 0.3 厘米。（图一八，2；图一九，2）

口琀　2 件。标本 M67：5-1，青玉，深冰青色。玉质细腻，微透明。长扁平体，作曲折形。上有折角，下为直边，断面呈长方形。长 2.9 厘米，宽 0.9 厘米，厚 0.4 厘米。（图一八，3；图一九，3）标本 M67：5-2，系旧玉之残器。青玉，深冰青色。玉质细腻，微透明。近圆弧形，断面呈长方形。高 1 厘米，残长 3.4 厘米，宽 0.7 厘米。（图一八，4；图一九，4）

三、M77

（一）墓葬形制与葬具

M77 为长方形竖穴土坑墓，方向 12°。墓口开于扰土层下，距现地表 0.8 米。墓口北窄南宽，平面近长方形，南北长 3.9 米，东西宽 2.52~2.68 米。墓底略大于墓口，墓壁自墓口向下斜直外张。在西壁距墓口深 2.44 米处留有一级生土台阶，台阶宽 0.14~0.28 米。墓壁加工较规整，墓底平坦。墓底南北长 3.88 米，东西宽 2.44~2.56 米，墓深 3.9 米。墓底的北、东、西三面设有熟土二层台，南面则留有生土二层台。北侧二层台宽 0.24 米，东侧二层台宽 0.24~0.3 米，南

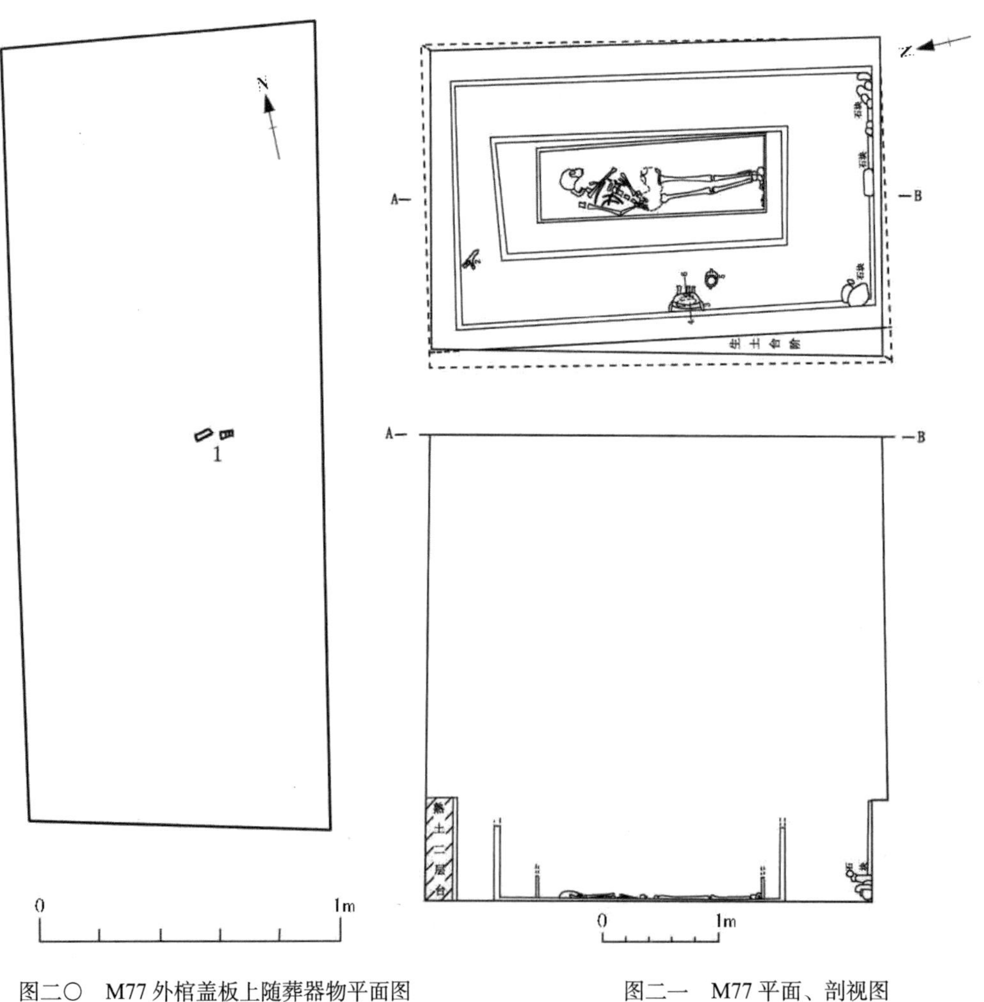

图二〇　M77 外椁盖板上随葬器物平面图
1. 石戈

图二一　M77 平面、剖视图
2. 铜戈　3. 铜鼎　4. 铜盘　5. 铜簋　6. 铜盉

侧二层台宽0.09~0.12米，西侧二层台宽0.18米，台高0.86米。墓内填以红褐色为主的花土，填土略经夯打，较硬，夯窝与夯层不明显，土内含有少量的小料礓石块。

葬具皆严重腐朽，结构不清。从灰白色和灰黑色木质朽痕判断，葬具为单椁重棺。木椁位于墓底中部，椁室四壁紧贴二层台内壁，北端稍宽，平面近长方形，南北长3.64米，东西宽2~2.1米，高0.86米，壁板与挡板厚0.04米，盖板与底板厚度不详。在椁室南端发现有许多较大的河卵石块，应为固定椁挡板所用。外棺位于椁室中部，北端略宽，平面近长方形，南北长2.46~2.58米，东西宽1~1.04米，残高0.62米，壁板与挡板厚约0.04米，底板厚约0.02米，盖板厚度不详。内棺位于外棺中部偏东，平面也近长方形，南北长1.98米，东西宽0.62~0.68米，残高0.18米，壁板与挡板厚约0.02米，盖板与底板厚度不详。

在内棺内葬有墓主1人，部分骨骼较散乱。墓主为仰身直肢葬，头北足南，面朝东，双手交叉置于腹部右侧。经初步鉴定墓主为男性，年龄50~55岁。

随葬器物分别放置于外棺盖板上和椁室内。其中在外棺盖板上放置石戈1件；椁室的西北部放置铜戈1件，西中部放置铜鼎、铜簋、铜盘、铜盉各1件。（图二〇；图二一）

（二）随葬器物

共6件。依质地可分为铜和石两类。

1. 铜器

5件。有鼎、簋、盘、盉和戈五种。

鼎　1件。标本M77：3，出土时因受压变形严重。窄折沿上斜，斜方唇，口微敛，附耳微外撇，深鼓腹略偏下，腹较深，圜底，三矮蹄足。腹部饰一周S形无目窃曲纹。通高21.4厘米，口径28.8厘米，腹径24厘米，腹深11.9厘米。（图二二，1；图二三）

图二二　M77出土铜器

1.鼎（M77：3）2.簋（M77：5）3.盘（M77：4）4.盉（M77：6）5.戈（M77：2）

簋　1件。标本M77∶5，器型小，器盖浑铸，制作极粗糙。顶部有圆形捉手，鼓腹，腹两侧有一对称的斜三角形耳，无底中空，喇叭形圈足下附三矮支足。腹腔内残留范土。盖缘饰一周无珠重环纹。通高10.6厘米，腹径12.4厘米，圈足径10.8厘米。（图二二，2；图二四）

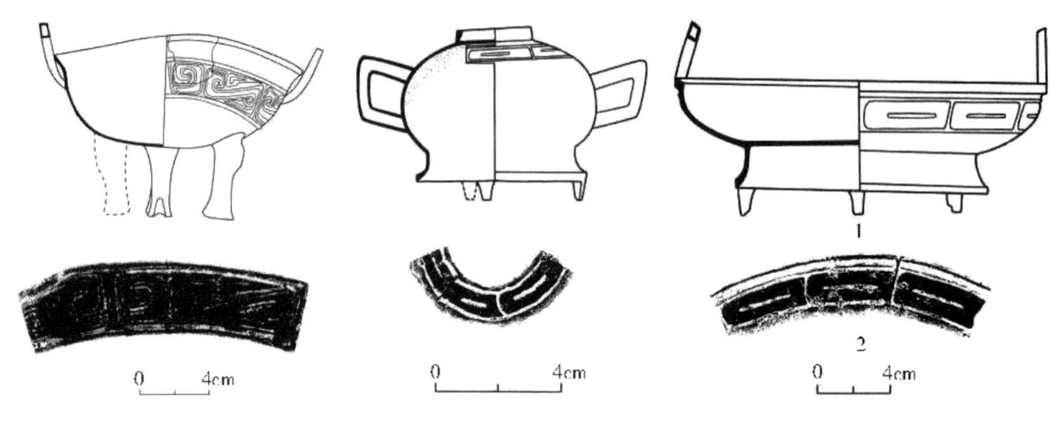

图二三　铜鼎（M77∶3）线图及腹部纹样拓片　　图二四　铜簋（M77∶5）线图及盖缘纹样拓片　　图二五　铜盘（M77∶4）线图及腹部纹样拓片

盘　1件。标本M77∶4，窄折沿上斜，斜方唇，敞口，立耳微内收，浅弧腹，平底，喇叭形矮圈足下附三矮支足。腹部饰一周无珠重环纹。通高10.2厘米，口径20.2厘米，腹深2.9厘米，圈足径13.6厘米。（图二二，3；图二五）

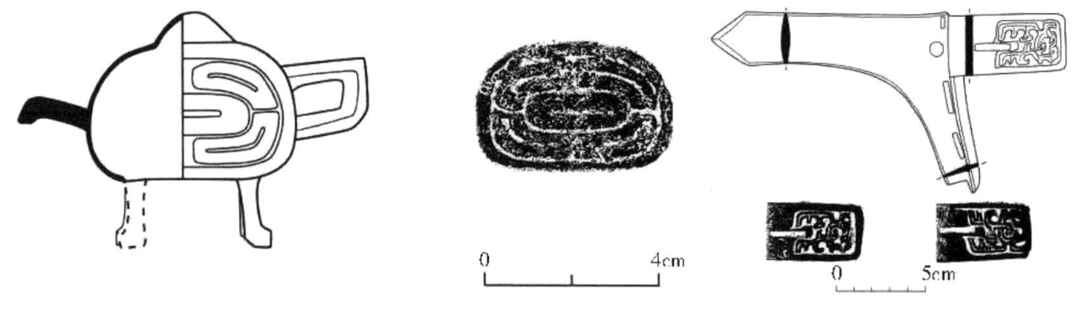

图二六　铜盉（M77∶6）线图及腹部纹样拓片　　图二七　铜戈（M77∶2）线图及内部纹样拓片

盉　1件。标本M77∶6，整体浑铸，造型粗糙。整体呈侧置的椭圆扁鼓形，顶部有方锥形盖，一侧有无孔实心状流，流口向下弯曲，另一侧为斜三角形鋬，无底中空，下有四个简易蹄足。腹腔内有范土。正、背面各饰一周无珠重环纹。通高10.4厘米，通长16.2厘米，腹腔长径9.6厘米，短径5.8厘米，腔体厚3.6厘米。（图二二，4；图二六）

戈　1件。标本M77∶2，锋呈等腰三角形，锐利，直援，上下边有锐刃，内、援之间有凸棱形栏，胡较长，栏侧有三个长条形穿和一个圆形穿；

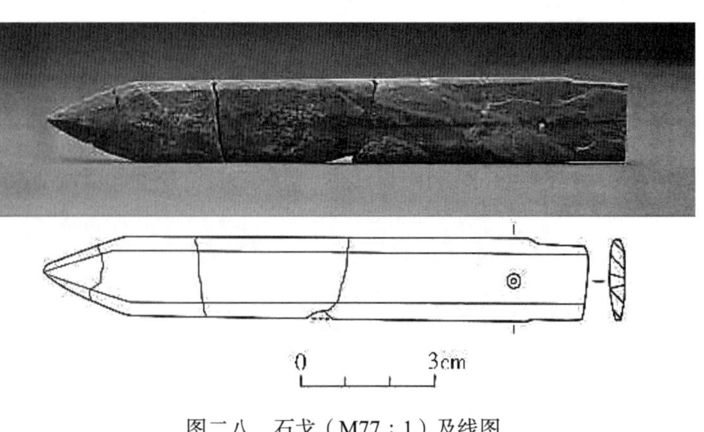

图二八　石戈（M77∶1）及线图

近长方形直内，内中部有一横条形穿孔。内部正、背面饰变体龙纹。通长 19.9 厘米，援长 13.2 厘米，援宽 3.2 厘米，内长 6.6 厘米，宽 3.1 厘米，厚 0.35 厘米。（图二二，5；图二七）

2. 石器

1 件。戈。标本 M77：1，出土时已断裂为四块。青石质，青灰色。锋呈三角形，直援，援两侧有钝刃，长方形直内略窄于援，援末端中部有一单面钻圆穿。通长 12 厘米，援长 10.8 厘米，援宽 1.8 厘米，内长 1.2 厘米，内宽 1.6 厘米。（图二八）

四、结语

（一）墓葬年代

此次在上石河墓地发掘的 M22、M67 和 M77 均为南北向长方形竖穴土坑墓，墓底周围都设有熟土二层台，葬具均为单椁重棺。这种形式与三门峡上村岭虢国墓地的中小型贵族墓葬形制基本相同[1]。

从墓葬随葬的器物特征看，M22 出土的铜盨与河南三门峡虢国墓地 M2006 出土的孟姞铜盨（M2006：55）[2]基本相同，M22 出土的陶鬲与山西上马墓地 M3207 出土的 Aa 型Ⅴ式陶鬲相似[3]；M67 出土的铜盘与山西上马墓地 M1287 出土的 A 型Ⅱ式铜盘（M1287：42）[4]相近，M67 出土的铜盉与河南三门峡虢国墓地 M2001 出土的重环纹铜盉（M2001：117）近似[5]；M77 出土铜鼎与河南三门峡虢国墓地 M2001 出土的虢季铜鼎（M2001：390）相同[6]，M77 出土铜簋与河南三门峡虢国墓地 M2008 出土的重环纹铜簋（M2008：7）[7]相同，M77 出土铜盘与河南三门峡虢国墓地 M2008 出土的重环纹铜盘（M2008：8）[8]相近，M77 出土铜盉与河南三门峡上村岭虢国墓地 M1810 出土的Ⅰ式铜盉（M1810：16）[9]相同。此外，在 M22 中还随葬有少量的铜鱼，这种葬俗在张家坡西周墓地的晚期墓葬中已开始出现[10]，在两周之际至春秋早期的较大型墓葬中普遍流行，如三门峡虢国墓地 M1820 中就发现大量铜鱼[11]。

综上所述，无论从墓葬形制、葬俗，还是从器物特征、纹饰等方面分析，都表明这三座墓的时代应属春秋早期，应与虢国墓地同时期或略晚。

（二）墓主及其身份

从器物组合形式上看，这三座墓随葬的礼器组合都不全。M22 随葬有铜盨 2 件，陶鬲 1 件；M67 随葬有铜盘、铜盉各 1 件；而 M77 随葬的礼器组合相对较全，有鼎、簋、盘、盉各一件。尽管该墓出土的铜器为明器，但仍属于一鼎墓。从此规格上看，三座墓的墓主身份都不高。然而从使用的棺椁数量上看，这三座墓均为单椁重棺。《庄子·杂篇·天下》记载：“天子棺椁七重，诸侯五重，大夫三重，士再重。”《荀子·礼论》亦云：“天子棺椁七重，诸侯五重，大夫三重，士再重。”这里的“大夫三重”，通常理解为一椁重棺。依棺椁结构的等级标准看，三座墓的墓主身份应为大夫一级的贵族。此外，在 M22 的墓中还随葬有铜鱼 8 件，而墓中随葬铜鱼只有在西周晚期到春秋早期较大型贵族墓葬才会出现。义马上石河墓地已被确认为是一处春秋早期的虢人埋葬茔地[12]，墓地的埋葬者应是虢国被晋灭掉后东逃定居于此的虢国贵族或其后人。因此推断，三座墓的墓主生前应为虢国没落的下大夫一级贵族或贵族夫人。

领队：杨海青

发掘：李永涛　彭　宇

　　　韩红波　高　鹏

执笔：贾　丽　杨海青

绘图：张雪娇

拓片：张雪娇

摄影：燕　飞

注释：

[1] 河南省文物考古研究所、三门峡市文物工作队：《三门峡虢国墓》第1卷，文物出版社，1999年。

[2] 河南省文物考古研究所、三门峡市文物工作队：《上村岭虢国墓地M2006的清理》，《文物》1995年第1期。

[3] 山西省考古研究所：《上马墓地》，文物出版社，1994年。

[4] 山西省考古研究所：《上马墓地》，文物出版社，1994年。

[5] 河南省文物考古研究所、三门峡市文物工作队：《三门峡虢国墓》第1卷，文物出版社，1999年。

[6] 河南省文物考古研究所、三门峡市文物工作队：《三门峡虢国墓》第1卷，文物出版社，1999年。

[7] 河南省文物考古研究所、三门峡市文物考古研究所：《河南三门峡虢国墓地M2008发掘简报》，《文物》2009年第2期。

[8] 河南省文物考古研究所、三门峡市文物考古研究所：《河南三门峡虢国墓地M2008发掘简报》，《文物》2009年第2期。

[9] 中国科学院考古研究所：《上村岭虢国墓地》，科学出版社，1959年。

[10] 中国社会科学院考古研究所：《张家坡西周墓地》，中国大百科全书出版社，1999年。

[11] 中国科学院考古研究所：《上村岭虢国墓地》，科学出版社，1959年。

[12] 郑立超：《河南义马上石河春秋墓地M35出土铜鍑及相关问题》，《中原文物》2019年第4期。

1. 铜盨（M22：4）

2. 铜盨（M22：6）

3. 组合项饰（M22：9）

4. 玉玦（M22：10）

河南三门峡甘棠学校东周墓 M94、M99 发掘简报

◎河南省文物考古研究院　◎三门峡市仰韶文化研究中心

2021 年底至 2022 年秋，河南省文物考古研究院联合三门峡市文物考古研究所（现三门峡市仰韶文化研究中心），对三门峡市经济技术开发区甘棠学校工地进行了考古发掘，发现了大量东周时期墓葬。（图一）其中两座相邻约 2 米的墓葬 M94 和 M99，保存基本完好，且随葬成套铜礼器，（图二）现将两墓发掘情况简报如下。

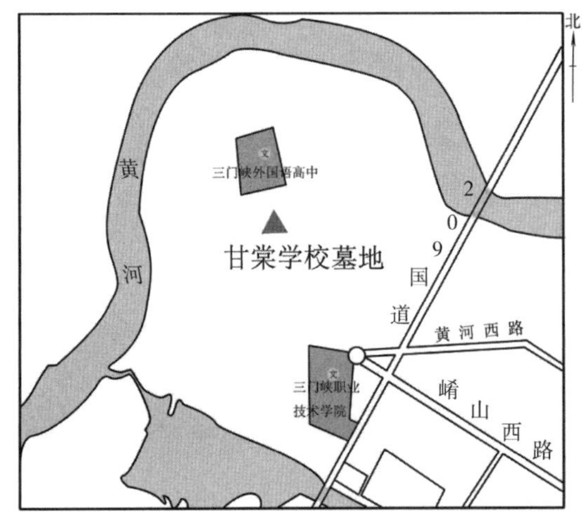

图一　河南三门峡甘棠学校东周墓地位置示意图

一、M94

（一）墓葬形制

M94 位于 M99 西侧，为竖穴式土坑墓，开口于扰土层下，向下打破生土，方向 0°。

图二　三门峡甘棠学校东周墓 M94、M99（上为北）

墓口平面呈长方形，距地表深 5 米，南北残长 4.06、东西宽 2.68、深 2.86 米。墓葬南部被 M547 打破，深度 1.64 米。口底基本同大，直壁，墓壁加工规整，墓底平坦，四壁熟土二层台宽 0.06~0.15、高 0.67 米。墓内填五花土，填土经过夯打，夯层厚 0.20~0.30 米，夯窝呈圆形或椭圆形，直径 0.04~0.08 米。

墓底放置葬具一椁重棺，椁壁紧贴熟土二层台，南北长 3.82~3.88、东西宽 2.50~2.56 米，椁板厚 0.06~0.10、残高 0.67 米。椁室中部发现棺木朽痕，为双重棺，外棺呈梯形，长 2.46、宽 1.14~1.48、残高 0.12、棺板厚 0.07 米；内棺略呈长方形，长 2.26、宽 0.72~0.88、残高 0.12、棺板厚 0.07 米。在墓室底发现椁室底板朽痕，厚约 0.05 米，长度和椁室基本等宽，东西向横铺。

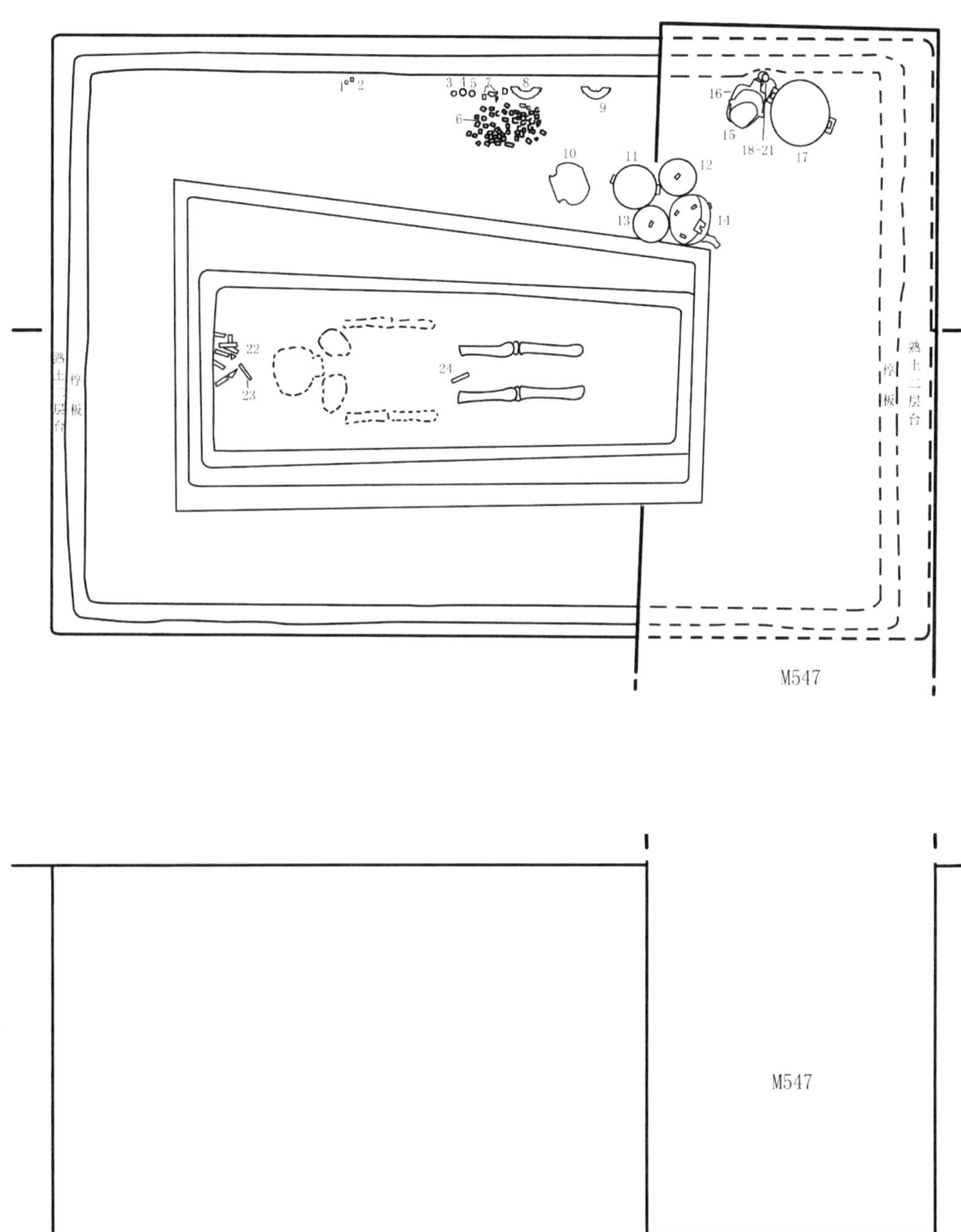

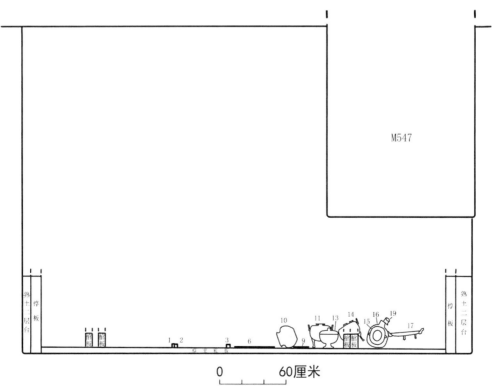

图三 M94平、剖图

1、2. 骨管 3、4、5. 玉圆柱形器 6. 玉片饰 7、8、9. 玉璜 10. 陶罐 11、14. 铜鼎 12、13. 铜豆 15. 铜舟 16. 铜匜 17. 铜盘 18、20. 铜车辖 19、21. 铜车軎 22. 石圭片 23. 骨簪 24. 长方形石片

内棺发现人骨1具，保存较差，残留下肢骨，头骨、胸骨、上肢骨等仅剩朽痕，根据残留人骨判断头向北，仰身直肢葬，无法推断性别及年龄。（图三）

（二）随葬器物

共出土随葬器物24件（套），铜鼎、铜豆、铜盘、铜匜、陶罐、玉圆柱形器和玉璜等主要放置在椁室的东南部，石圭片、骨簪放置在墓主头部北侧。随葬器物依质地分为陶、铜、玉、石和骨五类，现分类介绍如下。

1. 铜器

共11件（套），器形有鼎、豆、盘、匜、舟、辖和軎。

鼎　2件（套），均带盖，器身形制基本相同，器盖的形制、纹饰不同。器身均为子口微

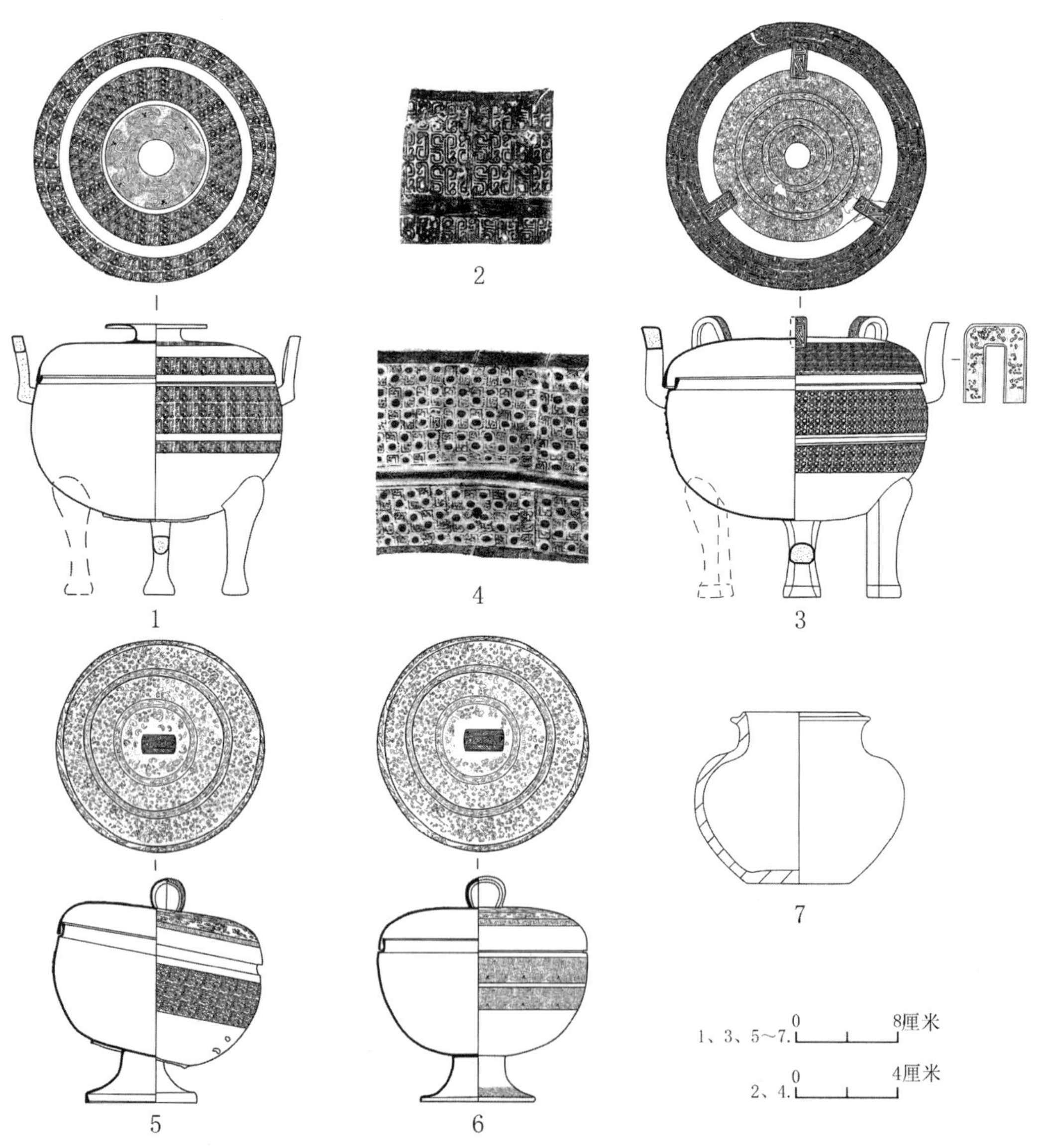

图四　M94出土铜器及陶罐

1. 铜鼎（M94：11） 2. 铜鼎腹部纹样（M94：11） 3. 铜鼎（M94：14） 4. 铜鼎腹部纹样（M94：14）
5. 铜豆（M94：12） 6. 铜豆（M94：13） 7. 陶罐（M94：10）

内敛，深腹，圜底，底均匀附三蹄足，腹上对称饰双方耳，外撇，腹中部饰一周凸棱。标本M94：11，腹上部饰四周有目窃曲纹。子口承盖，盖呈弧形隆起，盖顶中部有环形捉手。捉手上饰缠绕蟠虺纹，盖上内侧和外侧分别饰三周和两周“S”形蟠虺纹。盖口径17、捉手直径8厘米；器身口径18、腹径19.8、带盖通高20.4厘米。（图四，1、2；图版一，1）标本M94：14，腹上部饰六周有目窃曲纹。子口承盖，盖呈弧形隆起，盖顶均匀分布三桥形钮。钮上饰三角形纹，器盖上外、内侧分别饰三周缠绕蟠虺纹和三周蒲纹，蒲纹间以两周斜角云纹隔开。盖口径23.6、器身口径21.8、腹径23.8、带盖通高25厘米。（图四，3、4；图版一，2）

豆　2件（套）。均带盖，器形基本相同，器身纹饰不同。子口竖直，深腹，圜底，喇叭形豆柄，柄中空。盖呈弧形隆起，盖顶中部有一环形钮。钮上饰三角形纹，器盖上饰两组相间纹饰，分别为三周斜角云纹和三周虺纹。标本M94：12，器物变形。腹上部饰三周蟠虺纹。盖口径16.4、器身口径15.6、底径8.5、带盖通高17.2厘米。（图四，5；图版一，4）标本M94：13，腹上部饰两周缠绕蟠虺纹，柄下部饰一周缠绕蟠虺纹。盖口径16.4、器身口径14.8、底径9.2、带盖通高17厘米。（图四，6；图版一，5）

盘　1件。标本M94：17，敞口，沿外折，浅腹，底部略平，下附三足，腹上对称附双方耳，耳外撇。素面。口径28.2、深2.6、通高8.2厘米。（图五，1；图版一，8）

匜　1件。标本M94：16，口呈圆角长方形，腹较深，平底，圈足，口部窄侧伸出一流。流上饰兽面纹。口宽12、底径6.7~8.8、通长20、通高10.2厘米。（图五，2；图版一，7）

舟　1件。标本M94：15，口呈椭圆形，弧腹，平底，腹部长侧边各饰一环形耳。素面。口长13.8、宽11.6、高6厘米。（图五，4）

辖和軎　共2件（套）。辖，2件。器形一致，纹饰不同。均呈长条形，辖首呈兽形，兽首两侧有贯通的穿孔，辖键末端有一长方形孔。标本M94：18，辖首饰兽面纹。通长8厘米。（图五，6）标本M94：20，辖首素面。軎，2件。器形一致，编号分别为M94：19和M94：21。

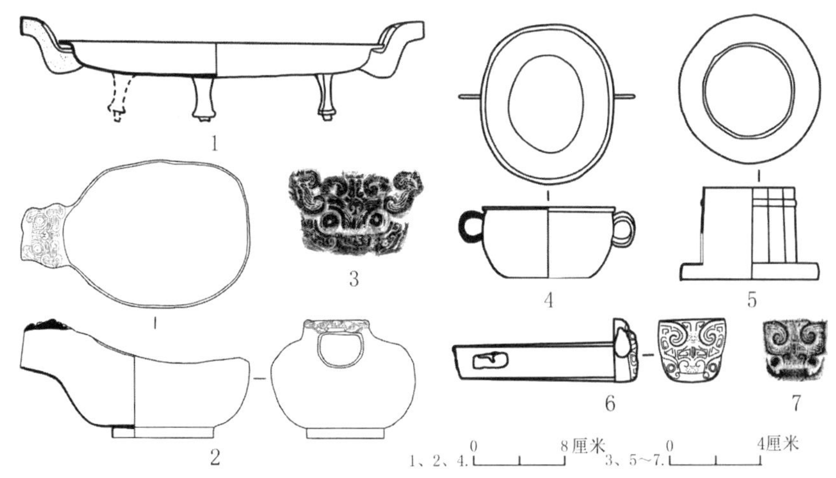

图五　M94出土铜器

1. 铜盘（M94：17）2. 铜匜（M94：16）3. 铜匜流部纹样（M94：16）4. 铜舟（M94：15）
5. 铜车軎（M94：19）6. 铜车辖（M94：18）7. 铜车辖兽首纹样（M94：18）

筒身粗短，接毂端有宽折沿，沿上有贯通的穿孔以纳辖，器表呈多面形。筒身末端饰一周凸棱。标本 M94：19，折沿径 6.2、末端径 4.4、通长 4 厘米。（图五，5）

2. 玉石器

9 件套。器形有玉璜、玉片饰、玉圆柱形器、石圭片和长方形石片。

玉璜　3 件。器形一致，编号分别为 M94：7、M94：8 和 M94：9。均呈拱形薄片状，两端均有缺口，中部有一穿孔。标本 M94：9，长 10.6、宽 2.4、厚 0.3 厘米。（图六，1；图版二，1）

玉圆柱形器　3 件。形制基本一致，编号分别为 M94：3、M94：4 和 M94：5。均呈圆柱状，中部有孔，孔未穿，器表残留朱砂。其中 M94：3 和 M94：4，一端打孔。标本 M94：5，两端对打孔，直径 2、高 2.4 厘米。（图六，3；图版二，8）

玉片饰　1 组。标本 M94：6，共有 72 片，大多完整，少数残缺，长方形或梯形薄片，四周有缺口，器身有 1~4 个圆形穿孔，部分片饰器表残留朱砂。长 2.7~3.1、宽 2~2.2 厘米。（图六，4、5）

石圭片　1 组。标本 M94：22，数量若干，大多残断，砂岩磨制而成，长短不一，圭首磨尖，两侧平直，近底部略内收。长 6~9、宽 1.5~1.8 厘米。（图六，7）

长方形石片　1 片。标本 M94：24，呈长方形薄片状，通体磨光。长 10.8、宽 1.8 厘米。（图六，2；图版二，10）

3. 其他

陶罐　1 件。标本 M94：10，泥质灰陶。口微侈，窄沿，束颈，圆肩，平底。素面。口径 9、底径 8、高 13.2 厘米。（图四，7）

骨管　共 2 件。标本 M94：1，呈圆柱状，中部有穿孔。器表残留有“S”形、三角形纹饰。

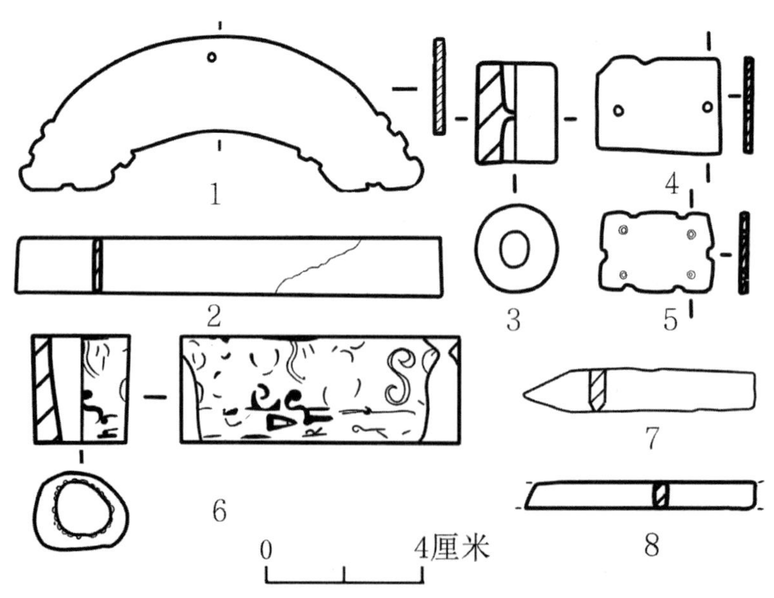

图六　M94 出土器物

1. 玉璜（M94：9）2. 长方形石片（M94：24）3. 玉圆柱形器（M94：5）4、5. 玉片饰（M94：6-1、6-2）6. 骨管（M94：1）7. 石圭片（M94：22）8. 骨簪（M94：23）

直径 2.5、高 2.6 厘米。（图六，6；图版二，2）标本 M94：2，残缺，仅剩约四分之一，纹饰和标本 M94：1 近似。

骨簪　1 件。标本 M94：23，残断。呈细长条形。表面磨光。长 5.8、宽 0.7 厘米。（图六，8）

二、M99

（一）墓葬形制

M99 位于 M94 东侧，为竖穴土坑墓，开口于扰土层下，向下打破生土，方向 20°。

墓口平面呈长方形，距地表深 5 米，南北长 4.20、东西宽 2.86、深 3.36 米。墓口略大于墓底，墓底南北长 4.08、东西宽 2.78 米，墓壁加工规整，墓底平坦，四壁熟土二层台高 0.80、宽 0.20 米。墓内填五花土，填土经过夯打，夯层厚 0.20~0.30 米，夯窝呈圆形或椭圆形，直径 0.04~0.08 米。

墓底放置葬具一椁二棺，椁壁紧贴熟土二层台，南北长 3.70、东西宽 2.50 米、残高 0.80、椁板厚 0.10~0.13 米。椁室中部发现棺木朽痕，为双重棺，外棺呈长方形，长 2.50、宽 1.20、残高 0.13、棺板厚 0.06 米；内棺呈长方形，长 2.06、宽 0.74、残高 0.13、棺板厚 0.06 米。在墓室底发现椁室底板朽痕，厚约 0.06 米，长度和椁室基本等宽，东西向横铺。

内棺放置人骨 1 具，保存较差，基本腐朽为粉末，根据朽痕判断头向北，仰身直肢葬，无法推断性别及年龄。（图七）

（二）随葬器物

共出土随葬器物 45 件（套），铜鼎、铜豆、铜车辖、铜车軎等放置在椁室的东南部，铜盘、铜匜、铜舟、铜马衔、铜戈、骨贝等放置在椁室的西南部，玉圆柱形器、玉璜、玉片饰、盖弓帽等放置在椁室的西壁下，骨贝、陶双系壶、骨簪放置在椁室的东壁下，陶折肩壶、石圭片放置在椁室的北壁下，铜削、铜带钩、铜带扣和绿松石分别放置在墓主左臂处和头西侧。随葬器物依质地分为陶、铜、玉、石和骨五类，现分类介绍如下：

1. 铜器

共 28 件（套）。器形有鼎、豆、盘、匜、舟、辖、軎、马衔、盖弓帽、戈、镞、削、带钩和带扣。

鼎　2 件（套）。均带盖，器形基本相同，纹饰、大小不同。器身均为子口微内敛，深腹，圜底，底附三蹄足，腹上附对称双方耳，耳外撇。腹中部饰一周凸棱。子口承盖，盖呈弧形隆起，盖顶附三枚环形钮。标本 M99：13，腹上部饰六周卷云纹，卷云纹下饰柿蒂状兽面纹；器耳上饰有目窃曲纹，耳侧边饰索辫纹；盖钮上饰三角形纹，器盖内侧饰两组蒲纹，蒲纹间以一周斜角云纹隔开，外侧饰两周卷云纹。盖口径 25.2 厘米，器身口径 23.2、腹径 26.2、带盖通高

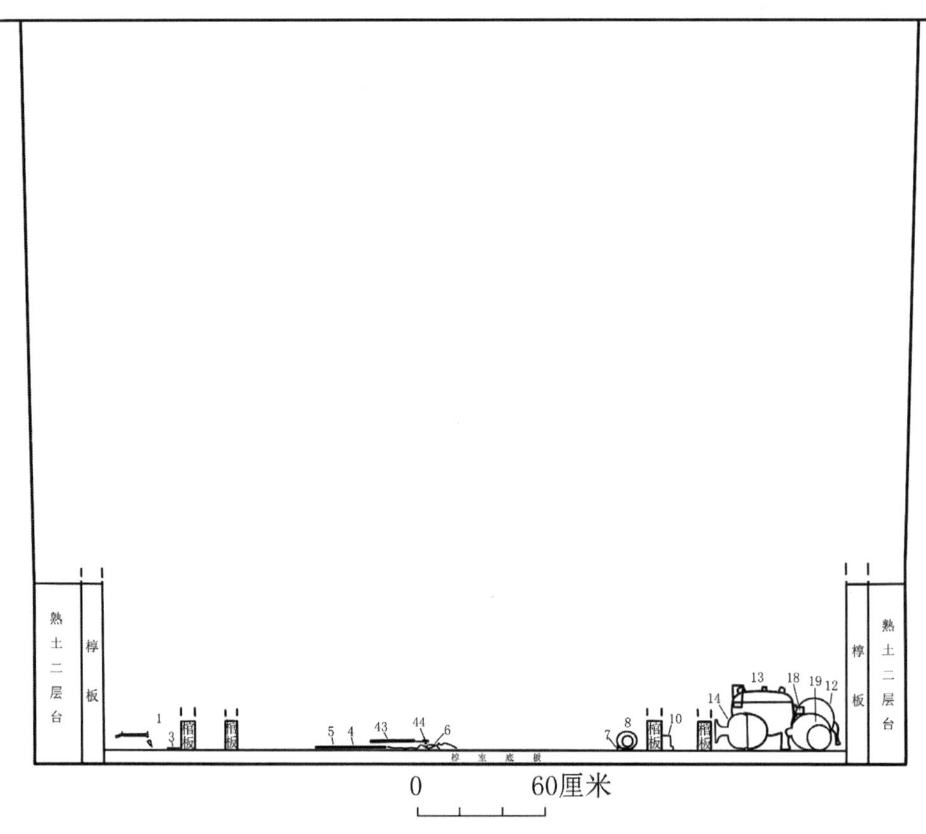

图七 M99平、剖图

1、2. 陶折肩壶 3. 石圭片 4. 骨簪 5、11、20、22. 骨贝 6. 陶双系壶 7、9、15、17. 铜车辖 8、10、16、18. 铜车軎 12、13. 铜鼎 14、19. 铜豆 21、31. 铜戈 23、24、29、30. 铜马衔 25. 铜匜 26. 铜镞 27. 铜盘 28. 铜舟 32、33、34. 玉圆柱形器 35、37、39. 铜盖弓帽 36、40. 玉璜 38、41. 玉片饰 42. 绿松石 43. 铜削 44. 铜带扣 45. 铜带钩

26 厘米。（图八，1；图版一，3）标本 M99：12，口部变形。腹部饰六周有目窃曲纹，耳上饰雷纹，盖钮上饰缠绕雷纹，盖上最内侧饰缠绕蟠虺纹，缠绕蟠虺纹外饰四周雷纹，外侧饰三周有目窃曲纹。盖口径 23.2、器身口径 18.8、腹径 22.5、通耳高 24 厘米。（图八，2）

豆　2 件（套）。均带盖，器形一致，编号分别为 M99：14 和 M99：19。均为子口微侈，深腹，圜底，喇叭形豆柄，柄中空，腹上部附两环形耳。盖呈弧形隆起，盖顶中部有一环形钮。钮上饰两周“S”形弦纹。标本 M99：14，盖口径 16.2 厘米，器身口径 14、底径 10、带盖通高 18 厘米。（图八，5；图版一，6）

盘　1 件。标本 M99：27，器物变形。敞口，沿外折，浅腹，底部变形弯折，下附三足，腹上对称附双方耳，耳外撇下垂，器壁较薄。素面。口径 28、盘深 2.8、通高 6.8 厘米。（图八，3、4；图版一，9）

匜　1 件。标本 M99：25，口略呈椭圆形，腹较深，平底，底附四足，口部窄侧伸出一流，流上饰兽面纹。宽侧一端附一小环形鋬，器身饰一周绹索纹和两周蟠虺纹。口通长 20.2、宽 12、通高 9.2 厘米。（图八，6、7；图版一，10）

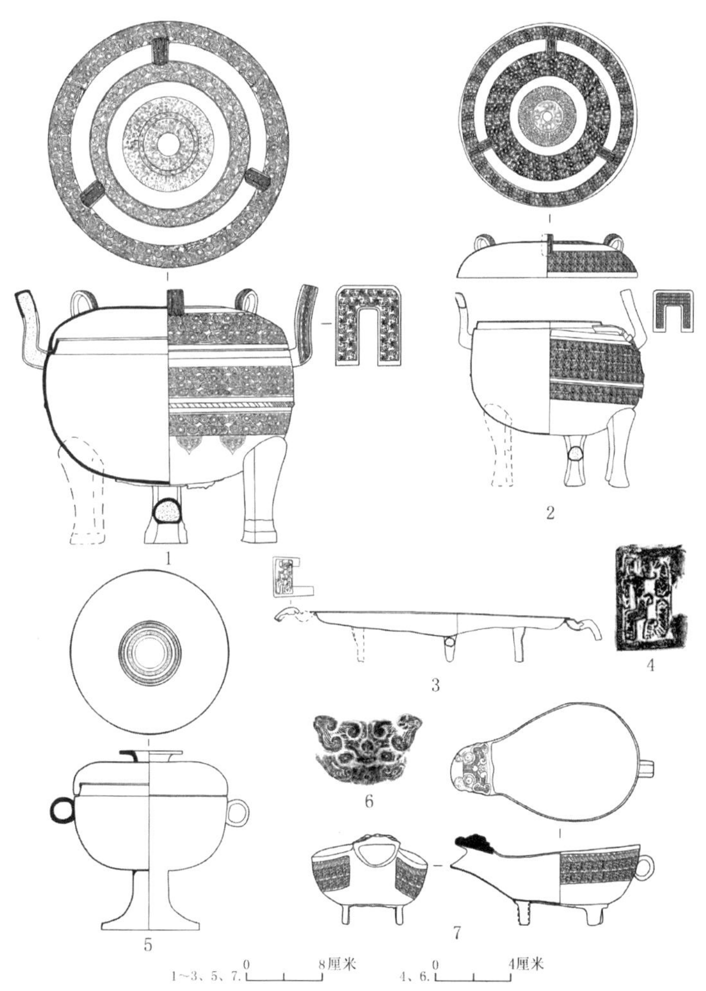

图八　M99 出土铜器

1. 铜鼎（M99：13）2. 铜鼎（M99：12）3. 铜盘（M99：27）4. 铜盘耳部纹饰（M99：27）5. 铜豆（M99：14）6. 铜匜流部纹样（M99：25）7. 铜匜（M99：25）

舟　1件。标本M99：28，口呈椭圆形，弧腹，平底，腹部长侧各饰一环形耳。器表饰六周有目窃曲纹。口长30、宽23.5、通高13.6厘米。（图九，1；图版二，3）

辖和軎　8件4套。辖，器形一致，纹饰、大小不同。均呈长条形，辖首两侧有贯通的穿孔，辖键末端有一长方形孔。标本M99：7和标本M99：9一致，辖首素面，标本M99：15和标本M99：17，辖首饰兽面纹。标本M99：15，通长8.6厘米。（图九，7）軎，器形基本一致，编号分别为M99：8、M99：10、M99：16和M99：18。筒身粗短，接毂端有宽折沿，沿上有贯通的穿孔以纳辖，器表呈多棱形。素面。标本M99：8，筒身末端略内收。折沿径7.2、末端径4.6、通长4.5厘米。（图九，6；图版二，11）

马衔　4件。形制相同，编号分别为M99：23、M99：24、M99：29和M99：30。两节式，节间以小环相连，两端为椭圆形环。素面。标本M99：23，长20.1厘米。（图九，9；图版二，12）

盖弓帽　3件（套）。形制相同，编号分别为M99：35、M99：37、M99：39，每件（套）3~6个。器身呈方管状，末端封闭略内收，器身平侧附一环形耳，銎内残留泥芯。标本M99：35，长1.8、銎口径1.1、末端径0.8厘米。（图九，4、5）

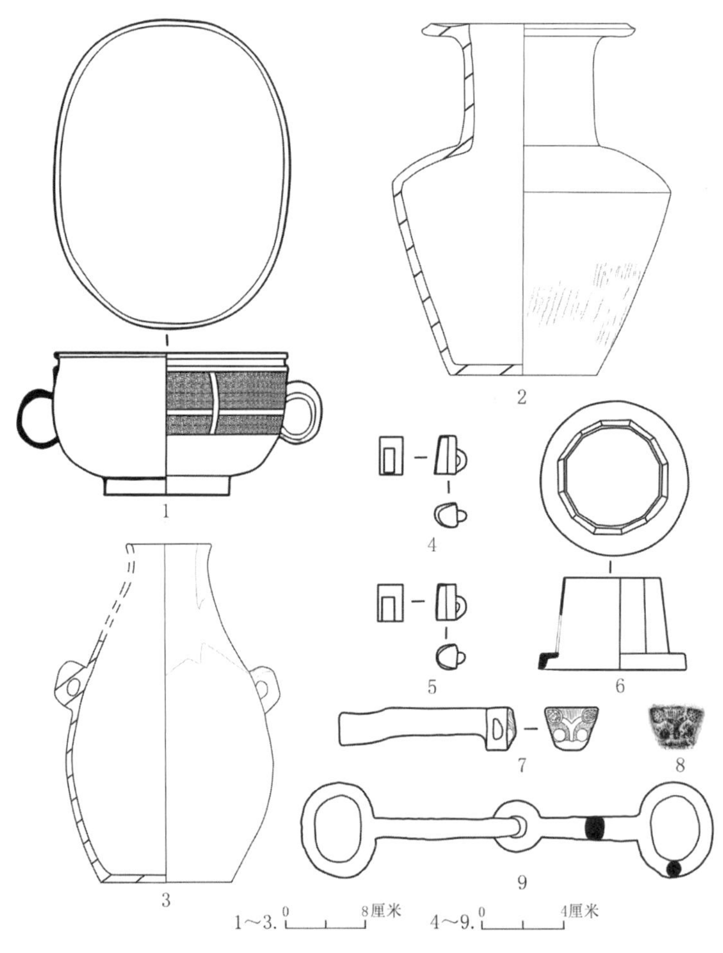

图九　M99出土铜器及陶器

1. 铜舟（M99：28） 2. 陶折肩壶（M99：2） 3. 陶双系壶（M99：6） 4、5. 铜盖弓帽（M99：35） 6. 铜车軎（M99：8） 7. 铜车辖（M99：15） 8. 铜车辖兽首纹饰（M99：15） 9. 铜马衔（M99：23）

戈　2件。形制基本相同，内角、阑长不同。均为直内，内上有一长方形穿，胡上二穿，援基一穿。标本M99：21，内的后下端抹角，阑长于胡。通长20.4、援长12.4厘米。（图一〇，1）标本M99：31，阑与胡基本等长。通长17、援长10.4厘米。（图一〇，2；图版二，6）

镞　1组2枚。标本M99：26，双翼形，前端收聚成锋，中线起脊，长铤，铤横截面呈圆形。长3.3~4、宽0.9厘米。（图一〇，3、4）

削　1件。标本M99：43，环首，刀身较弯，细柄弧曲，刀刃有多处缺口。通长20.2、宽2.2厘米。（图一〇，5；图版二，9）

带钩　1件。标本M99：45，身近圆柱形，背部微隆起，钩首残，圆钮。钩背饰兽面纹，钮上饰卷云纹。残长5.6厘米。（图一〇，7）

带扣　1件。标本M99：44，呈长方形环状，在长侧边伸出一钎，钎呈鹅首状。和带钩伴出，应是配合使用。通长2.2、宽2厘米。（图一〇，6）

2. 玉石器

共9件（套）。器形有玉圆柱形器、玉片饰、玉璜、绿松石和石圭片。

玉圆柱形器　3件。形制基本一致，编号分别为M99：32、M99：33和M99：34。均呈圆柱状，中部有孔，淡白色，玉质一般。其中标本M99：32和标本M99：34横截面略呈梯形，孔未打穿。标本M99：33，中部孔打穿。直径3、高2.6厘米。（图一〇，8；图版二，5）

玉片饰　2组。形制一致，大多完整，少数残缺，编号分别为M99：38和M99：41，各有30余片。均呈长方形薄片状，四周有缺口，器身有1~4个圆形穿孔，部分片饰器表残留朱砂。

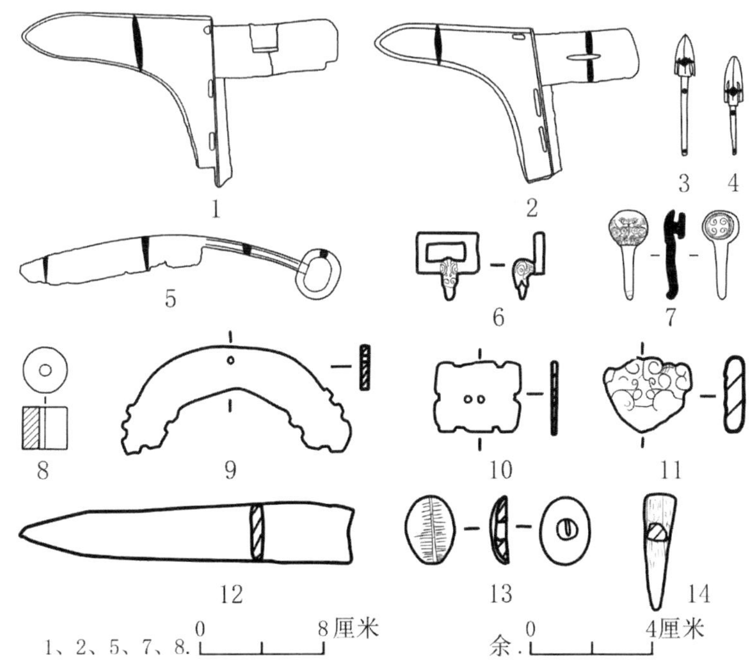

图一〇　M99出土器物

1. 铜戈（M99：21）2. 铜戈（M99：31）3、4. 铜镞（M99：26-1、-2）5. 铜削（M99：43）6. 铜带扣（M99：44）7. 铜带钩（M99：45）8. 玉圆柱形器（M99：33）9. 玉璜（M99：40）10. 玉片饰（M99：38）11. 绿松石（M99：42）12. 石圭片（M99：3）13. 骨贝（M99：22）14. 骨簪（M99：4）

标本 M99：38，长 2.4~2.9、宽 2~2.3 厘米。（图一〇，10；图版二，7）

玉璜　2 组。器形一致，编号分别为 M99：36 和 M99：40，各有 2 片。均呈薄片状，半圆拱形，两端各作缺口，中上方有一穿孔。标本 M99：40，长 7.5、宽 1.4、厚 0.3 厘米。（图一〇，9；图版二，4）

绿松石　1 组 2 件。标本 M99：42，一大一小，淡绿色，均呈不规则状。大者上残留阴刻卷云纹。大者长 2.9、宽 2.5 厘米；（图一〇，11）小者长 2.4、宽 2.1 厘米。

石圭片　1 组，若干件。标本 M99：3，砂岩磨制而成，长短不一。圭首磨尖，两侧平直，近底部略内敛。长 7.5~10.8、宽 1.2~2 厘米。（图一〇，12）

3. 其他

陶折肩壶　2 件。泥质灰陶。器形相同，编号分别为 M99：1 和 M99：2。均为口微侈，窄沿外折，高领，宽折肩微鼓，斜直腹，平底。腹下部饰绳纹。标本 M99：2，口径 21、底径 14.2、通高 33.8 厘米。（图九，2）

陶双系壶　1 件。标本 M99：6，泥质灰陶。口部残缺，口微侈，束颈，鼓腹，平底，肩部附对称双系。素面。口径 8.4、底径 13、高 32 厘米。（图九，3）

骨贝　4 组。器形近似，编号分别为 M99：5、M99：11、M99：20 和 M99：22，每组 36~244 枚，大多完整，少数残缺。形似海贝，略呈椭圆形，背微拱，正面较平，刻出一浅槽，槽两侧刻平行的短刻线，背部有 1~2 个小孔。标本 M99：11，长 2.1~2.7 厘米。（图一〇，13）

骨簪　1 组，若干件。标本 M99：4，保存较差，大多残断，大小不一，呈不规则锥体状。表面磨光。长 2.5~3.6 厘米。（图一〇，14）

三、结语

（一）墓葬年代

1956—1958 年，中国社会科学院考古研究所曾在甘棠学校附近进行过发掘，结合当时的考古发掘成果，推断此次发掘的东周墓与社科院考古所发掘的陕县东周秦汉墓存在时间上的补充和延续[1]。

此次发掘的 M94 和 M99，墓葬开口均距现地表约 5 米，相距约 2 米，形制一致，均为南北向长方形竖穴土坑墓，墓底周围均设有熟土二层台，葬具均为一椁重棺。两墓出土铜礼器组合一致，均为 2 件鼎、2 件豆、1 件盘、1 件匜、1 件舟，器形也大多近似。因此，两墓应属一个时期。

两墓的墓葬形制与陕县东周秦汉墓的部分东周墓葬[2]、临猗县程村东周墓[3]墓葬形制基本相同，而且该墓地的此种墓葬形制主要流行于东周时期。

从随葬器物上看，铜鼎（M94：11）与临猗程村铜鼎（M1056：6）[4]器形相近。铜鼎（M99：11）与山西长子县东周墓 2 号墓 2 号铜鼎形制基本相同[5]。铜舟（M99：28）与侯马上马墓地铜舟 B Ⅰ式（M1026：7）[6]较为接近。铜戈（M99：21、31）与侯马上马墓地Ⅱ式铜戈（M1010：4）[7]基本一致。折肩壶（M99：1）与侯马上马墓地Ⅱ式高领壶（M2213：3）[8]相同。上举临猗程村、山西长子县、侯马上马的器物年代集中在春秋晚期至春秋战国之交。并且两墓所出土器物在器形、纹饰等方面也与上述三地近似，有明显的晋系风格。另外，M94 和 M99 两墓出土铜礼器组合鼎、豆、盘、匜、舟与洛阳中州路 M2729、侯马上马 M15 一致。洛阳中州路 M2729 为春秋晚期典型墓，侯马上马 M15 年代为春秋战国之交。

综合以上，M94 和 M99 的年代定在春秋战国之交为宜。

（二）墓主及其身份

两墓葬具均为一椁二棺，根据《荀子・天下》中记载“天子棺椁七重、诸侯五重、大夫三重、士再重”。“大夫三重”通常理解为一椁二棺，以此推测两墓墓主应为大夫级别贵族，但此时棺椁制度并不严格，也存在平民使用一椁二棺的现象[9]，因此不能完全依靠棺椁重数来推测身份。两墓出土成套铜礼器组合鼎、豆、盘、匜、舟，鼎和豆都是 2 件。据《公羊传・桓公二年》中记载“天子九鼎、诸侯七鼎、大夫五鼎、元士三鼎或一鼎”。所以，综合两墓葬具、成套铜礼器、铜鼎数量来看，两墓墓主应为士一级贵族。

两墓人骨架保存极差，难以辨别性别和年龄。根据 M99 随葬铜戈、铜镞，推测墓主为男性，生前可能为军人或武士。而 M94 内出土器物较 M99 少，推测 M94 墓主为女性。两墓采用的是夫妻并穴合葬。

本次发掘的两墓时代在春秋战国之交，出土成套铜礼器组合，器物精美，做工精细，为研究当时丧葬习俗和墓葬演变都提供了宝贵的考古学材料。

附记：发掘领队为郑立超。发掘人员有燕飞、赵玉峰、师毅、张青彦。绘图为赵薇、张雪娇、上官荣光。摄影为上官荣光、张青彦。

执笔：郑立超　张青彦

注释：

［1］中国社会科学院考古研究所：《陕县东周秦汉墓》，科学出版社，1994 年。

［2］中国社会科学院考古研究所：《陕县东周秦汉墓》，科学出版社，1994 年。

［3］张童心、张崇宁：《临猗县程村东周墓发掘简报》，《文物季刊》1993 年第 3 期。

［4］张童心、张崇宁：《临猗县程村东周墓发掘简报》，《文物季刊》1993 年第 3 期。

［5］山西省考古研究所：《山西长子县东周墓》，《考古学报》1984 年第 4 期。

［6］山西省考古研究所:《上马墓地》，文物出版社，1994 年，第 58—61 页。

［7］山西省考古研究所:《上马墓地》，文物出版社，1994 年，第 80、81 页。

［8］山西省考古研究所:《上马墓地》，文物出版社，1994 年，第 141、142 页。

［9］宋玲平:《晋系墓葬棺椁多重制度的考察》,《考古与文物》2008 年第 3 期。

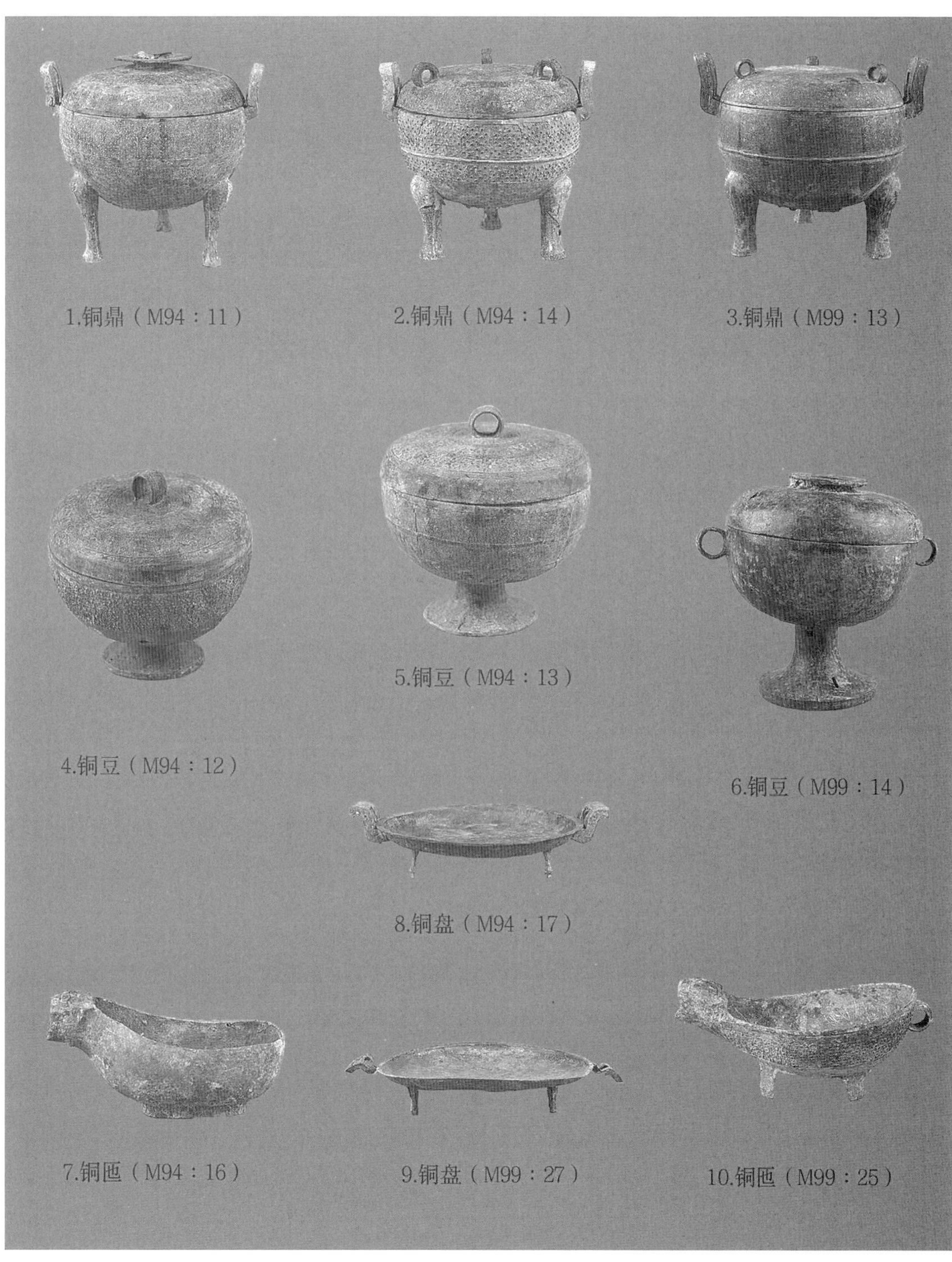

河南三门峡甘棠学校东周墓M94、M99铜器

图版二

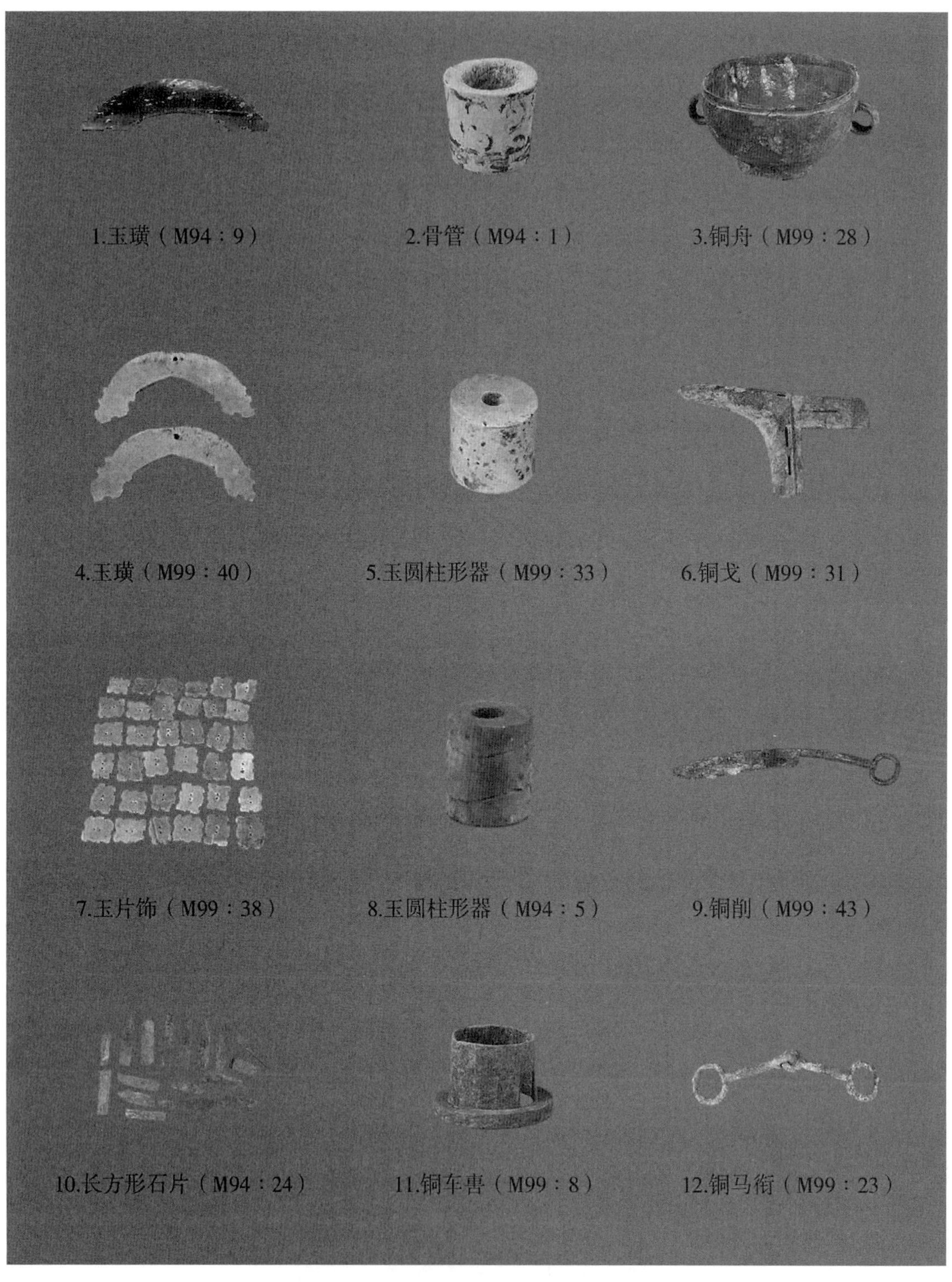

河南三门峡甘棠学校东周墓 M94、M99 器物

三门峡市仰韶文化研究中心考古·研究丛书

三门峡地区考古集成·续编

李久昌　郑立超　主编

樊莉娜　祝晓东　张　静　副主编

陕西师范大学出版总社　西安

卷四

秦汉魏晋南北朝考古

河南义马市张马岭村九十号墓的发掘

◎河南省文物考古研究所　◎三门峡市文物考古研究所
◎义马市文物管理委员会

1996年7—11月，为配合河南省重点工程——义马煤气化项目建设，经钻探在义马市张马岭村南发现有大批古代墓葬。河南省文物考古研究所、三门峡市文物考古研究所和义马市文物管理委员会联合对这批古代墓葬进行了抢救性发掘，现将其中比较特殊的M90的发掘情况介绍如下。

一、地理位置

义马煤气化工地位于义马市西工区张马岭村南约300米的丘岭上，该丘岭东西走向，南北两侧均较低，整个厂区北临310国道，南临陇海铁路，东侧、西侧均为一条简易公路。M90位于整个工地的中部略偏南。（图一）

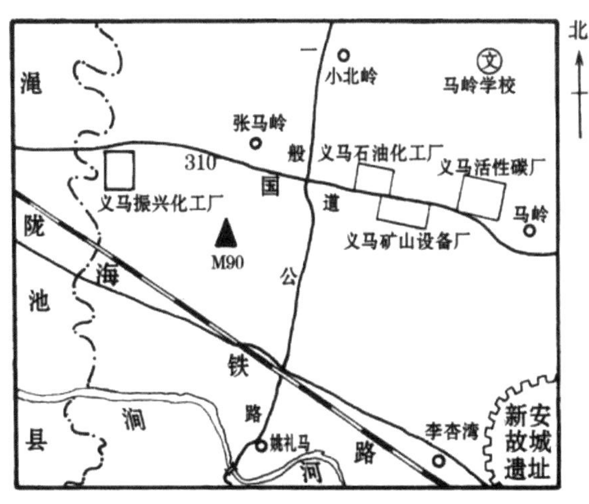

图一　义马市张马岭村M90位置示意图

二、墓葬形制

M90为一座由长方形竖井墓道和长方形墓室所组成的土洞墓，坐东向西，方向286°，总深3.70米。墓道口开口于农耕土下，打破②层红褐色土。口长2.90米，口宽1.80米，墓道内填以红褐色油性土和黄白沙性土组成较疏软的五花土，填土略经夯筑，但夯层不清。墓壁规整，未发现有工具痕迹。在墓道的北壁西侧和西壁北侧分别发现有脚窝，其断面皆近似于三角形，每壁4个，上下相错。北壁上一个脚窝的上边距墓口0.49米，其西边距西壁0.60米，北壁最下一个脚窝的下边距墓底0.50米，其西边距西壁0.67米，间距0.48~0.58米，宽0.26~0.28米，高0.20~0.23米，进深0.09~0.14米。西壁上一个脚窝的上边距墓口0.4米，其北边距北壁

0.56 米，西壁最下一个脚窝的下边距墓底 0.40 米，其北边距北壁 0.60 米，间距 0.54~0.58 米，宽 0.24~0.29 米，高 0.22~0.26 米，进深 0.1~0.13 米。墓道底长 2.82 米，宽 1.72 米，距地表深 3.40 米。

在墓道底的南北两侧发现有生土二层台，其长度与墓道底相同，上部稍窄为 0.26 米，下部略宽为 0.30 米，台高 1.20 米。

在墓室外西侧南北两边的二层台上及墓室外墓道底分别发现有凹槽痕迹。两侧凹槽皆上宽下窄，为 0.22~0.26 米，其高与二层台相同，其底已超过墓底下凹 0.08 米。凹槽内亦填五花土，填土内且有灰白色朽木痕迹，应为封堵墓门遗存。

墓室设在墓道的东端，平面呈长方形，直立壁，平顶，室底与墓道底在同一平面上，室宽与门宽相同，均为 1.20 米。墓室长 3.50 米，高 1.20 米，门口残高 1.62 米。（图二）

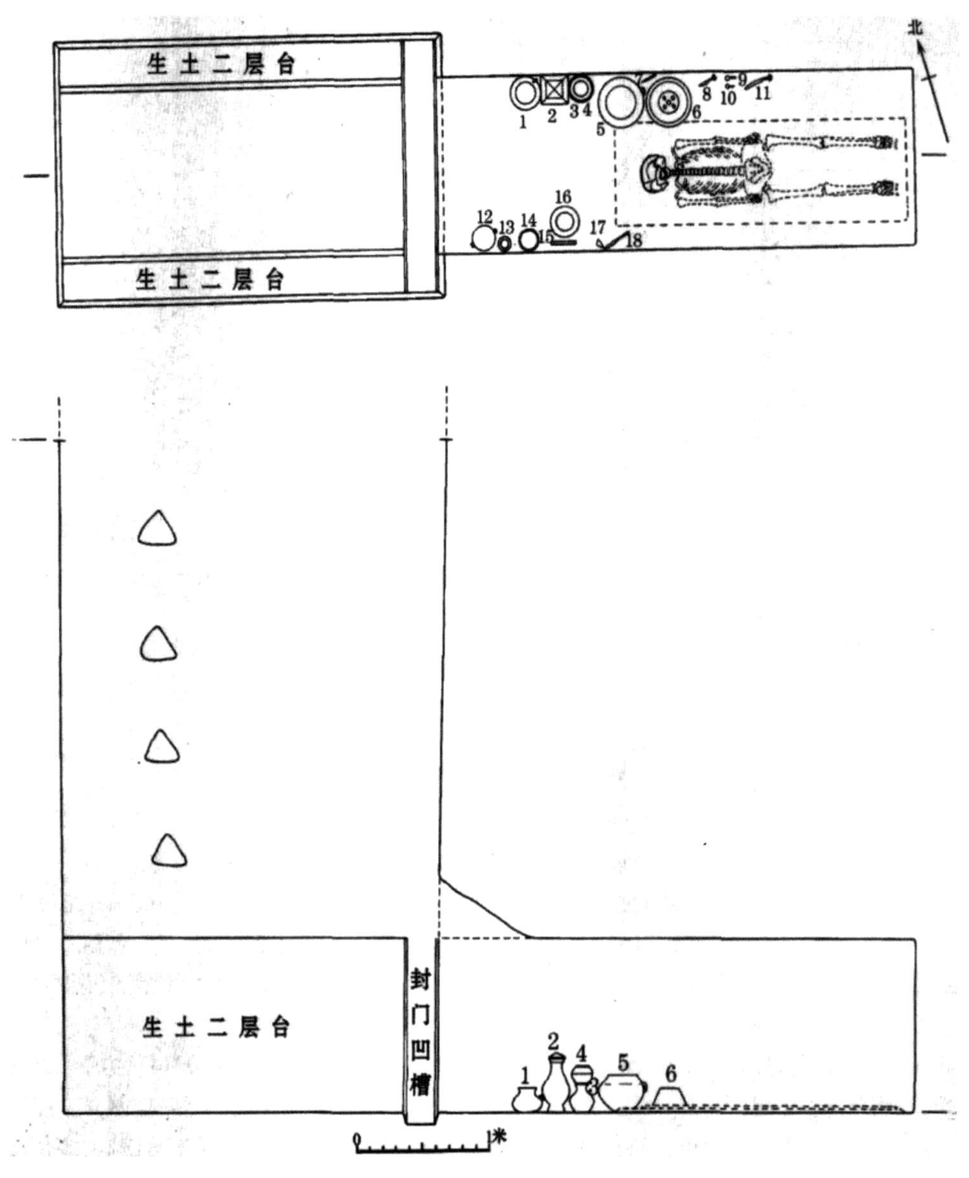

图二　M90 平、剖图

1. 铁釜　2. 陶钫　3. 陶罐　4. 陶盒　5. 铁釜　6. 陶甑　7. 铜锥　8. 铜削　9. 铜撮　10. 铜撮　11. 铜刀　12. 陶鼎　13. 小陶壶　14. 铁臼　15. 铁杵　16. 陶罐　17. 铁铲　18. 铁器残柄

三、葬具及墓主

在墓室后中部的淤土内发现有棺木痕迹，由于年代久远，腐朽严重，其高度、厚度皆已无法详考，仅可看出棺长为2.16米，宽0.70米。另外，棺底铺有0.03米厚的草木灰。

在棺迹内发现有人骨一具，仅存朽痕，依据朽痕仅可知墓主头西足东，仰身直肢，两手顺置于盆骨两侧，从随葬器物的组合来看，该墓主为一男性的可能性较大。

四、随葬器物

该墓随葬器物相对比较丰富，分别放于墓室南北两侧偏西处，计有陶、铜、铁器三大类18件，现分类介绍如下：

（一）陶器

7件。均为泥质灰陶。

钫　1件。标本M90：2，方唇，侈口，束颈，鼓腹，高圈足底，上有顶盖。通身饰黑底，盖上及器物颈部、腹部均绘白色云气纹，腹部纹饰多已脱落不清。口径11厘米，底径12厘米，腹径19厘米，通高40.5厘米。（图三，1；图版一，1）

鼎　1件。标本M90：12，子口，圜底，腹外有两个方形耳，下有三个蹄形足，上承弧形盖。腹有四周凹弦纹，腹部还饰有简单的白色云点纹图案，口、耳和足部均涂白色颜料，盖上饰满白色云气纹图案。口径13.5厘米，腹径17厘米，足距11厘米，通高15厘米。（图三，7；图版一，2）

罐　2件。标本M90：3，尖唇，斜沿，侈口，束颈，鼓腹，平底。腹部偏下饰一周凹弦

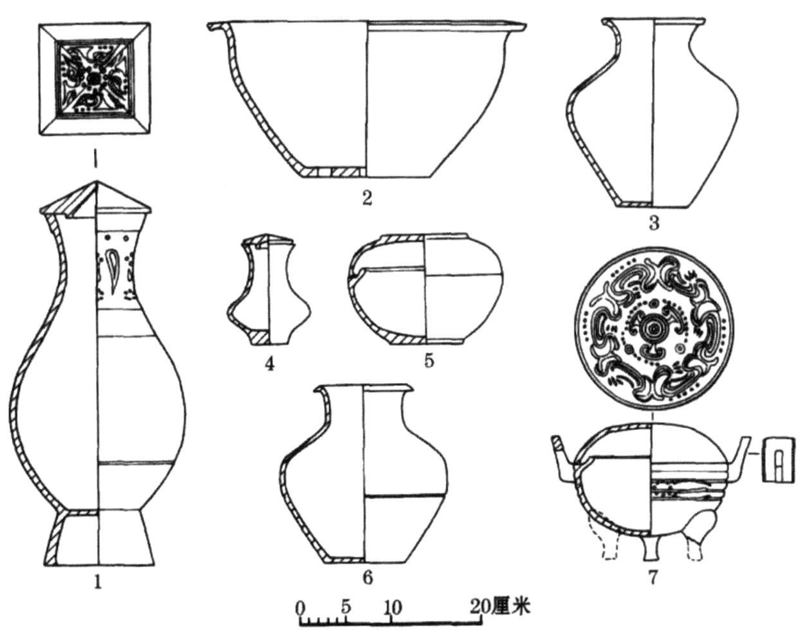

图三　M90出土陶器

1. 钫（M90：2）　2. 甑（M90：6）　3. 罐（M90：16）
4. 小壶（M90：13）　5. 盒（M90：4）　6. 罐（M90：3）　7. 鼎（M90：12）

纹。口径 11 厘米，腹径 18.4 厘米，底径 9 厘米，高 19.5 厘米。（图三，6；图版一，3）标本 M90：16，方唇，侈口，束颈，鼓腹，小平底。腹部偏下饰一周凹弦纹。口径 11.5 厘米，腹径 19 厘米，底径 8 厘米，高 20.5 厘米。（图三，3；图版一，5）

盒　1 件。标本 M90：4，整体为扁圆形，子母口，鼓圆腹，假矮圈足底。器身饰有白色云气纹，腹部纹饰多已脱落。口径 14 厘米，腹径 17 厘米，底径 8 厘米，高 12 厘米。（图三，5；图版一，7）

小壶　1 件。标本 M90：13，平唇，侈口，束颈，扁鼓腹，假圈足底，上承盖。盖上及器身饰白色带状云气纹。口径 6 厘米，腹径 9 厘米，底径 4 厘米，高 12 厘米。（图三，4；图版一，4）

甑　1 件。标本 M90：6，方唇，折沿，斜深腹，平底，底部有五个规整的孔洞。应与标本 M90：5 铁釜配套使用。口径 35 厘米，底径 14 厘米，高 17 厘米。（图三，2；图版一，6）

（二）铜器

5 件。

刀　1 件。标本 M90：11，柄端有椭圆形环，整体略呈弧形，刃斜尖，柄断面为三角形。刃长 14.5 厘米，刃宽 1.8 厘米，背厚 0.5 厘米，通长 22.1 厘米。（图四，1；图版二，1）

削　1 件。标本 M90：8，通体呈片状，前半部断面呈三角形，单面刃，尖稍残，柄端施椭圆形环，手柄部分占整个器身的一半。刃长 5.9 厘米，刃宽 0.85 厘米，背厚 0.2 厘米，通体残长 12.65 厘米。（图四，7；图版二，2）

撮　2 件。标本 M90：9，器体上大下小，整体呈圆锥体，侈口，斜壁，平底，口沿一侧伸一琵琶形长柄，柄后中部有一小穿孔。口径 2.8 厘米，底径 1.5 厘米，深 1.5 厘米，柄长 5.3 厘米，柄宽 0.5~1.25 厘米，柄厚 0.25~0.8 厘米。（图四，3；图版二，3）标本 M90：10，器形同标本 M90：9，但稍小，侈口，斜壁，平底，口沿一侧外伸一琵琶形长柄，柄后中部有一小穿孔。口径 1.6 厘米，底径 0.6 厘米，深 1 厘米，柄长 4.95 厘米，柄宽 0.6~1.05 厘米，柄厚 0.25~0.5 厘米。（图四，4）

锥　1 件。标本 M90：7，整体为棒形，前端少许断面为梯形，后部稍细。长 11.2 厘米，径 0.35 厘米。（图四，2）

（三）铁器

6 件。均锈蚀较重，有的已有破损。

釜　2 件。标本 M90：5，口部略残，形制较大，方唇，敛口，鼓腹，小平底，腹对称饰有鼻状穿钮，其中一侧钮已残失。底及通身有浇铸缝，应与陶甑（M90：6）为一体。口径 22.5 厘米，腹径 34 厘米，底径 10 厘米，高 26 厘米。（图四，8；图版二，6）标本 M90：1，器形略小，器壁较厚，尖唇，侈口，束颈，鼓腹，圜底，腹部一侧有环形鋬。腹饰一凸弦纹。口径 14.5 厘米，腹径 21.5 厘米，高 17.5 厘米。（图四，11；图版二，7）

臼　1件。标本M90：14，方唇，直口，深腹，喇叭状平实底，器壁较厚。腹部饰两周凸弦纹，底及通身有浇铸缝。口径13.5厘米，底径9.5厘米，通高16.5厘米。（图四，10；图版二，5）

杵　1件。标本M90：15，为棒形八棱状，两端皆向外突起略呈弧状，应为长期使用所致。长17.5厘米，口径2厘米。（图四，9；图版二，5）

铁器残柄　标本M90：18，前端略宽，呈扁条状，已残，后端为扁圆形略上翘。残长18.6厘米，宽0.8~1.2厘米，厚0.2~0.4厘米。（图四，6）

铲　1件。标本M90：17，锈蚀严重，前后均残，整体近似“S”形，前部为扁圆形铲状，后部为圆形棒状。前宽3.8厘米，残长9.6厘米。（图四，5；图版二，4）

另外，在棺外西南侧发现有零星兽骨，经辨认为猪的骨骼。

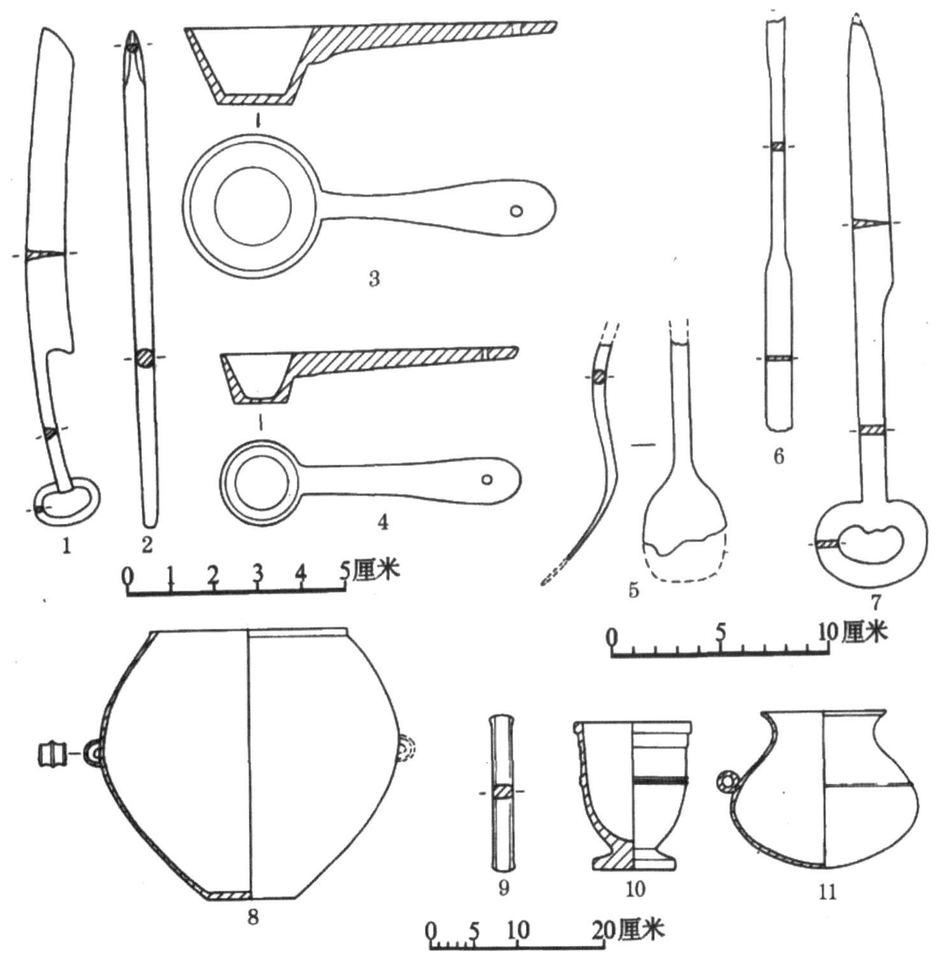

图四　M90出土铜、铁器

1. 铜刀（M90：11）2. 铜锥（M90：7）3. 铜撮（M90：9）4. 铜撮（M90：10）
5. 铁铲（M90：17）6. 铁器残柄（M90：18）7. 铜削（M90：8）8. 铁釜（M90：5）
9. 铁杵（M90：15）10. 铁臼（M90：14）11. 铁釜（M90：1）

五、结语

从该墓的规模看，在本工地同类墓葬中属于中等，而随葬器物的数量则是比较丰富的。其形制与三门峡市刚玉砂厂B型墓葬相近[1]。从随葬器物的组合看，该墓出土的陶罐、陶钫、陶鼎、陶盒与河南新乡五陵村两汉墓出土的陶器组合基本类同[2]。该墓出土器物的形制也与周边所见同类器相同或相似。陶罐（M90：16）与陕县秦至汉初第二组陶器（M3002：21）Ⅲ型二式罐相近[3]，与新乡五陵村两汉墓陶罐（M29：2）相近[4]，铁釜（M90：1）与陕县秦至汉初第二组铜器Ⅰ型铜鍪（M3411：7）和Ⅱ型铜鍪（M2011：5）相近[5]，陶盒（M90：4）与新乡五陵村两汉墓Ⅰ式陶盒（M14：4）相同[6]，与山西朔县西汉前期出的Ⅰ式陶盒（M96：7）相近[7]，陶鼎（M90：12）与陕县西汉至东汉第一组陶器陶鼎（M3003：2）相近[8]，与新乡五陵村Ⅴ式陶鼎（M13：7）相近[9]，陶钫（M90：2）与新乡五陵村墓地出土的陶钫（M14：3）雷同[10]，小陶壶（M90：13）与新乡五陵村所见Ⅰ式小陶壶（M14：2）相同[11]，陶甑（M90：6）则与三门峡市三里桥出土的Ⅲ式甑（M04：3）相近[12]，铜撮（M90：9、10）与陕县秦汉墓地西汉中期至东汉晚期第一组铜器（M3003：76、77）铜量器相近[13]。根据该墓的形制、器物组合和器形特点对比分析，此墓的时代应为西汉早期。

该墓出土的18件随葬器物有以下三个特点：一是一大一小两件铜撮，它应是一套量具，经测算标本M90：9容量为22.44毫升，标本M90：10的容量为4.06毫升，大小相差5.52倍，显然是调配中草药用的；二是铁臼（M90：14）和铁杵（M90：15），应为粉碎中草药加工用具，这样的用具在现今城乡的一些中药铺里仍在使用，其形制与当今使用者几乎完全一样；三是铜削、铜刀、铜锥和铁铲，均是实用之物，亦应为中草药粉碎加工用具和医疗器械。据此可以断定本墓主应是郎中。该墓这些器具的出土，无论是在豫西地区，还是在全国的汉代考古发掘中都是极为少见的，它为我们进一步研究中国古代医药医疗技术的发明与发展提供了十分宝贵的资料。

发掘：雷树威　胡小龙　邱洪文

执笔：胡小龙　景润刚

绘图：胡小龙　雷树威　陈素英

照相：任留政

[1] 宁景通：《三门峡市司法局刚玉砂厂秦人墓发掘简报》，《华夏考古》1993年第4期。

[2][4][6][9][10][11] 赵争鸣：《河南新乡五陵村战国两汉墓》，《考古学报》1990年第1期。

[3][5][8][13] 中国社会科学院考古研究所：《陕县东周秦汉墓》，科学出版社，1994年。

[7] 信立祥、雷云贯、屈盛瑞：《山西朔县秦汉墓发掘简报》，《文物》1987年第6期。

[12] 汤立明、宁景通、杨海青：《三门峡市三里桥秦人墓发掘简报》，《华夏考古》1993年第4期。

1.钫（M90：2）

2.鼎（M90：12）

3.罐（M90：3）

4.小壶（M90：13）

5.罐（M90：16）

6.甑（M90：6）

7.盒（M90：4）

河南义马市张马岭村 M90 出土陶器

图版二

1.铜刀（M90：11）

2.铜削（M90：8）

3.铜撮（M90：9）

4.铁铲（M90：17）

5.铁臼、杵（M90：14、15）

6.铁釜（M90：5）

7.铁釜（M90：1）

河南义马市张马岭村M90出土铜、铁器

“偃师邢渠孝父画像石”研究

◎胡海帆

一座汉代关楼及出行、狩猎图，五则民间孝行故事，十六条题榜，多样的题材、精美生动的画像、别致的草隶，如此丰富的内容汇集在一块画像石上，十分少见。这块珍贵的画像石就是光绪末年出土、后流失海外，现藏美国波士顿美术馆（Boston Museum of Fine Arts）的东汉“偃师邢渠孝父画像石”。

一、邢渠画像石概况及所属时代

“偃师邢渠孝父画像石”（简称邢渠画像石）因首条题榜“偃师刑渠至孝其父”而得名。又名“函谷关东门画像石”“开封白沙东汉画像石”，源自石上函谷关东门画像和石出“河南开封白沙镇”的记载。

从原石照片可知，此石为青石质，但石质不纯，间有浅色杂质混杂。石呈长方形，拓片纵85厘米、横143.5厘米，石厚度不详。主体画面共三层。上层和中层左半边刻五组古代孝行故事；中层右半和下层刻函谷关东门楼与出行图。孝行故事和关楼图伴刻有隶书题榜，共十六榜，73字。主体画面上方窄边，有线刻狩猎图。狩猎者中，一人骑马，拉弓射箭，三人徒步，手持叉枪，正追赶牡鹿、野兔，随猎还有二条猎犬和一只猎鹰。主体画面右边，竖刻菱形花纹，画面左边对称处留出空白，但未刻菱形纹。石下边可见凿石粗痕（图一）。

此画像石采用了两种雕刻方式：主体画面为减地平面线刻，这是东汉中后期常见的画像石制作手法[1]。而狩猎图和菱形纹为阴线刻。画像线条为单刀划写，极浅细，减地仅去掉薄薄一层，铲痕方向很乱。题榜字同样浅细，画像、文字线条风格一致，出自一人之手。从构图手法来看，画像中人物、车马采用斜侧面构图，函谷关门楼建筑、木像座等具有鸟瞰透视关系。

邢渠画像石上未题镌刻时间，但此石具备了东汉中晚期画像石的特征。画像既有汉代孝子故事及汉代人物籍贯、生活等文字内容，也有描绘细部结构的汉关城门建筑图，其题榜书体是典型、成熟的汉代民间草隶。无论图像还是文字都具有浓郁、生动的汉代气息和神韵。画像有题记“此上人马皆食大仓”，此语出现在公元1世纪后期，大量使用在东汉中晚期[2]。从上述几点来看，此石当属东汉中晚期之物。

是石为东汉刻，其实早已为考古学前辈所认可，并作为衡量山东沂南北寨村画像石墓时代的参照之一。邢渠画像石与沂南北寨村画像石风格十分相近，而后者在考古发掘报告中，被确认“是东汉晚期画像石墓兴盛时的代表性佳作”。“墓的建造年代，大致在东汉末年灵献之际，但当在献帝初平四年（193）鲁南地方还未遭受曹操攻陶谦的兵祸以前”[3]。

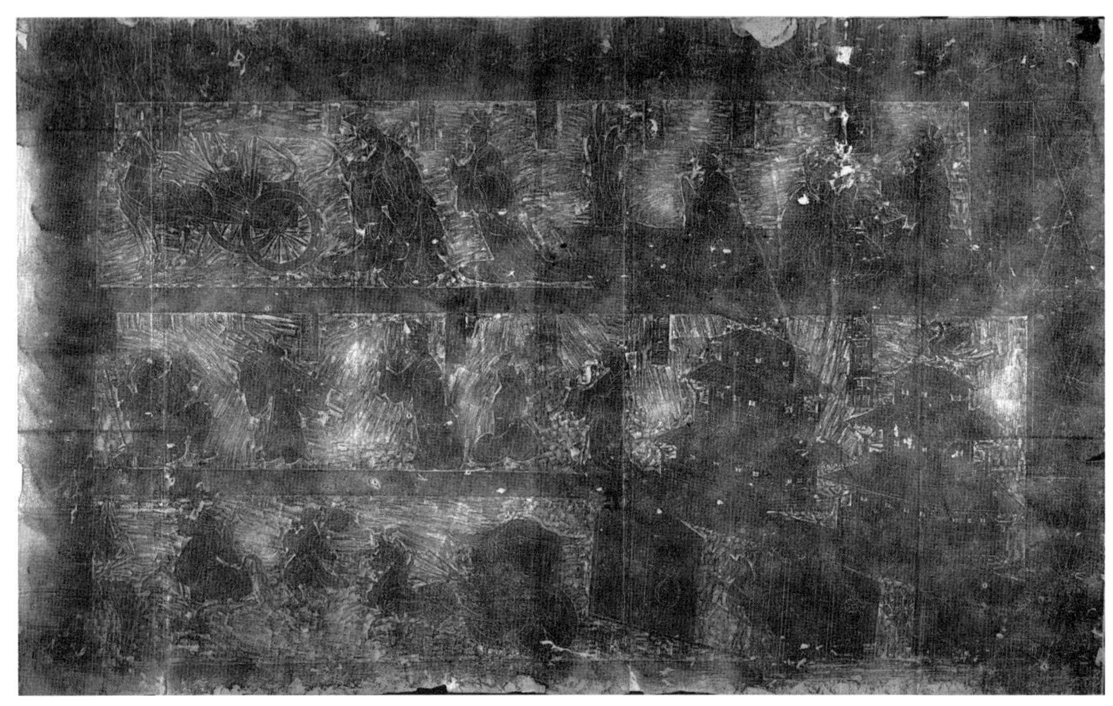

图一　偃师邢渠孝父画像石拓片（北京大学图书馆藏本）

此画像石画面精美，人物形象生动，充满了动感。然从刻划来看，却显得有些匆忙潦草，主体画面左侧空白处漏刻了本应与右边对称的菱形饰纹，狩猎图线条也断断续续。明显带有匆忙赶刻的痕迹，这与沂南画像石题榜空白未刻榜文，而表现出的草草完工迹象颇相似。

二、关于邢渠画像石的记载和下落

关于此石的著录很少，盖因石出不久即流失国外，国内留存拓片及过目人极少所致。就笔者所知，国内见过此石原物或拓片的记述仅数种：

其一，1916年上海广仓学窘出版的《艺术类征》，是国内刊布此石拓片图像最早者[4]，以珂罗版影印，因画像浅细而印制模糊，没有说明文字。

其二，1934年6月出版的《中国营造学社汇刊》第五卷第二期，鲍鼎、刘敦桢、梁思成撰文《汉代建筑式样与装饰》云：“门楼……画像石中所刻的汉函谷关城东门，并列两座式样相同的木造四层建筑于一处。这（画像）石在中国绘画史中，是我们所知道最古的一幅透视画。在中国建筑史中，是我们所知道最忠实、最准确的一幅汉代建筑图，实在是最可贵重的史料。”[5]

其三，罗振玉《石交录》卷一：“河南省城之白沙镇，廿余年前出汉画像题字，凡十六榜，雕刻甚浅，然颇工致完好。其题字曰‘偃师刑渠至孝其父’，曰‘此上人马皆食大仓急如律令’，曰‘减谷关东门’，曰‘□□父身’，曰‘墅王丁兰’，曰‘木人为像’，曰‘伯臾母’，曰‘后母身’，曰‘伯臾身’，曰‘原谷亲父’，曰‘孝孙原谷’，曰‘原谷泰父’，曰‘敏子愆父’，曰‘敏子愆’，曰‘后母子御’，曰‘子愆车马’。文多别字，刑渠即邢渠，减谷关即函谷关，墅王即野王，敏子愆即闵子骞。此石出土未久，即入贾客手，随市舶售之法京。予箧中墨本，乃出土时所拓，恐无第二本矣。”[6]《石交录》序尾署“已卯春，岁寒退叟书于七经堪”。此已卯值1939年。《石交录》的记载，是石出开封白沙一说的源头。陈直考证“此上人马，皆食大仓”一词时，便例举了《石交录》“河南白沙闵子愆等汉画像题字”等例，并云“则写此两句者，皆为东汉后期之作风”[7]。

其四，1944年梁思成著《中国建筑史》，插图上摹绘了此石“函谷关东门图”，并披露石藏美国波士顿美术馆[8]。

其五，清人方若、近人王壮弘著《增补校碑随笔》，王氏增补部分云：“此偃师画像石，光绪末年，在开封发现。……字画极浅细。原石民国间流出国外，为西人马龙氏携至法京。今在美国。”[9]

其六，近人张彦生《善本碑帖录》：“隶书，‘偃师邢渠来至孝其父臧公关东门此上人马皆食太仓急如律令’二行共廿六字，又画签题字十二条，石约民国廿年（1931）出河南偃师。”[10]

其七，1984年香港梁披云主编《中国书法大辞典》，有二条目涉此，一是“减谷东门等字画像题字……旧在河南开封白沙镇，民国间流出国外，今在法国”。二是“偃师刑渠等字画像题字……清光绪三十四年（1908）河南开封发现。民国间为西人马龙氏携至法国巴黎，今在美国”。辞条由王壮弘撰写，两条目均指邢渠画像石，但未作互见[11]。

从上述记载看，此石出土时间和出土地，文献记载互有抵牾，而实际情况也有出入，留待本文最后考订。

邢渠画像石传世拓本，虽不至罗振玉所云的那样“恐无第二本矣”，但确实罕见，笔者撰写本文，依据是民国张仁蠡柳风堂旧藏拓本。此本1946年归北京大学文科研究所，现庋藏北大图书馆。除此之外，笔者迄今未闻他处藏有此石拓本。

关于邢渠画像石的流失和下落，笔者曾间接咨询于美国波士顿美术馆，证实此石藏于该馆。据该馆中国部Ellen Takata女士调查后告知：这块画像石可能先由法国人Paul Mallot（马龙氏）带到法国，经过艺术品商人Vignier之手卖给了美国人Denman W. Ross。Ross早于1913年就把它借给了波士顿美术馆。该博物馆于1917年最终购得了这块石头。这段经历证实了罗振玉、梁思成、王壮弘等人的记载。

Ellen Takata女士还向笔者提供了J. E. L.的文章《中国雕刻收藏品介绍》（“Introduction to the collection of Chinese sculpture”），它载于1915年8月《（波士顿）美术馆学报》（*Museum of Fine Arts Bulletin*）上[12]。该文对波士顿美术馆藏数块中国汉唐石雕作了介绍和研究，并刊出四块汉画像石照片（包括邢渠画像石在内，另三石为阴线雕，与邢渠石非同一墓葬）。J.E.L. 在文中称它们是“山东墓石雕刻”（Shantung tomb-sculptures）。作者认为几块汉画像石都来自山东，但文中没有提供进一步的证据。

三、五组孝行故事的解读

历史人物孝行故事是邢渠画像石上最主要的内容，倡导孝行是此石制作者所宣扬的核心。从榜题知，画像故事共五组内容，逐一解读如下：

第一组画像“邢渠哺父”（图二）。位于上层右边。图中二人，右边跪地持箸喂食者为邢渠，像右有二榜题，右一“偃师刑渠至孝其父”是情节说明；右二“此上人马皆食大仓，急如律令”题记，与孝父故事无直接关系。左边坐地待哺者为邢渠父亲，榜题“刑渠父身”。

此故事讲述了孝子邢渠因老父齿落不能食而哺之，悉心照料至百余岁而终的孝行。事见于文献记载。宋李昉等撰《太平御览》引今已失传的晋萧广济《孝子传》云：“邢渠失母，与父仲居。性至孝，贫无子，佣以给父。父老齿落不能食，渠常自哺之，专专然，代其喘息。仲遂康休，齿落更生，百余岁乃卒也。”[13]

邢渠孝父榜题有两点值得注意。第一，邢渠籍贯是偃师，这在以往记载中未出现过。偃师县，西汉置，治所在今河南洛阳偃师东。这说明邢渠孝父事发生时间是在西汉至东汉间，地点在洛阳偃师一带。第二，邢写作刑，是民间讹写的别字。此画像石异体别字甚多，是值得研究的汉代民间文字现象。

图二　偃师邢渠孝父画像石局部之一：邢渠哺父

此石五个历史故事，未按时代先后排序，发生较晚的邢渠孝父故事排在首位。这种设计并非偶然，巫鸿在解释武梁祠画像将梁高行故事作为烈女部分之首的原因时指出，“儒家经典的首章通常被认为具有特殊的意义，概括了一部著作的主要观点和思想倾向”[14]。邢渠孝父故事放在第一，也是这种指导思想下的结果，是制作者有意为之。可能从雕造者看来，这五个故事中，邢渠孝父故事是最完美的，也是最具备现实孝行意义的代表。

第二组画像“丁兰刻木”（图三）。位于上层中间，描绘丁兰跪侍双亲木像的情景。图中右边跪地者为丁兰，头戴进贤冠，榜题“野壬丁兰”。丁兰前面是插于台座上的树桩像，榜题“木人为像”。

图三　偃师邢渠孝父画像石局部之二：丁兰刻木

丁兰籍贯墅壬，是野王讹写。野王县，西汉置，治所即今河南沁阳县。因野王县属河内郡，故史籍也有记丁兰为河内人。故事讲丁兰少年丧双亲，既长，因思念父母而用木头刻双亲像，事之如生。在汉以后的流传过程中，丁兰故事产生了多种版本，木刻也有了父像、母像之别。

传说来自汉刘向、南朝宋郑缉之《孝子传》，即较早的一种说法是：“丁兰，河内野王人也。年十五丧母，刻木做母，事之供养如生。兰妻夜火灼母面，母面发疮。经二日，妻头发自落……使妻从服，三年拜伏。……邻人所假借，母颜和即与，不和即不与。……邻人曰：枯木何知？遂用刀斫木，母流血。兰还悲号，造服行丧。廷尉以木减死，宣帝嘉之，拜太中大夫也。”[15]在这个说法中，丁兰生活在西汉宣帝时代。

《太平御览》引晋孙盛《逸人传》云：“丁兰者，河内人也，少丧考妣，不及供养，乃刻木为人，仿佛亲形，事之若生，朝夕定省。后邻人张叔妻从兰妻借物，看兰妻跪拜木人，木人不悦，不以借之。叔醉酣来，骂木人，以杖敲其头。兰还，见木人色不怿，问其妻。具以告之，即奋剑杀张叔。吏捕兰，兰辞木人去，木人见兰，为之垂泪。郡县嘉其至孝通于神明，图其形像于云台也。”[16]这是稍晚一些的说法。云台是东汉时期宫内置功臣图像的台阁，明帝时曾绘中兴功臣三十二人于云台。按此说法，丁兰为东汉人。至于今本《二十四孝》，还有丁兰因其妻对木像不恭，以针刺木像手指而休妻的说法，与早期故事已差之甚远，想是流传中不断衍生所至。

现存孝行题材的汉画像石中，嘉祥武梁祠及其他武氏祠刻画最为丰富，孝行故事画像多达十余则。对研究此石有参照意义。邢渠画像石与武氏画像石比较，无论画像还是题榜，二者风格特点和工匠技艺都有显著差异，前者形象表情灵动，文字随意，后者图文则凝重拙朴。武梁祠丁兰故事榜题有故事情节："丁兰二亲终殁，立木为父，邻人假物，报乃借与。"邢渠与武氏画像石都只有丁兰跪侍木像，没有报仇的场面，说明最初汉代故事情节也许是比较简单的，流传中增加了复杂情节。此外，在邢渠画像石中，木人像只是树桩，与武梁祠画像刻作人形不同。这提供了木像传说的另一种汉代版本，即历史上丁兰仅以树桩为像，并未刻人像。

第三组画像描绘"闵子骞失棰"故事（图四）。位于上层左边。有四人一车马，中间父亲搂子像，榜题有二"敏子愆父""敏子愆"；右为继母，榜题"后母身"，左为子骞同父异母弟驾御马车，榜题二"后母子御""子愆车马"。

图四　偃师邢渠孝父画像石局部之三：闵子骞失棰

此榜题中，闵子骞竟讹作敏子愆，民间讹写之甚可见一斑。亦知民间故事口耳相传，名讳用字不太严格。

闵子骞（前515—？），讳损，字子骞，春秋鲁国人，《史记》有传。史载闵子骞为孔子首批弟子，德行与颜渊并称，孝行被广为传播。《太平御览》引南朝宋师觉授《孝子传》曰："闵损，字子骞，鲁人，孔子弟子也，以德行称。早失母，后母遇之甚酷，损事之弥谨，损衣皆槁枲为絮，其子则绵纩重厚。父使损御，冬寒失辔，后母子御则不然，父怒诘之，损默然而已。后视二子衣，乃知其故，将欲遣妻。损谏曰：'大人有一寒子，犹尚垂心，若遣母，有二寒子也。'父感其言乃止。"[17]

闵子骞孝行故事也有多个版本，大同小异，都是讲后母待他不好，冬衣亲子用棉絮，子骞衣则絮芦花，子骞御车时因寒而数失辔。父亲得知子骞受虐真相后欲休后妻，闵子骞求父宽恕继母，以"母在一子寒，母去三子单"胸怀诠释之。使父亲因子骞如此知礼，打掉休妻念头，继母也非常感动，痛改前非，"遂以三子均平，衣食如一，得成慈母，从此孝子闻于天下"。

此故事邢渠画像石与武梁祠画像人数、位置和方向都不同。后者父亲坐在马车上，转身手放在跪地的闵子骞肩上。榜题有故事梗概："闵子骞：与假母居，爱有偏移，子骞衣寒，御（车）

失棰。”

第四组画像为“伯俞伤亲”（图五）。位于中层中间。图中二人，右持杖立者伯俞母亲，榜题“伯臾母”。左跪地以袖掩脸拭泪者是伯俞，榜题“伯臾身”。这也是一则汉代孝行故事。韩伯俞常因小过而被严厉的母亲杖之，后因母笞之不痛，知母亲已年老力衰而悲泣，足见其孝。此石题榜中，伯俞写作伯臾。其他资料中还可见“伯榆”“伯瑜”“伯游”等写法，皆为谐音。

图五　偃师邢渠孝父画像石局部之四：伯俞伤亲

韩俞，字伯俞，西汉梁县人。梁县，秦置，治所在今河南临汝西南。伯俞性至孝，汉刘向《说苑》云：“伯俞有过，其母笞之，泣，其母曰：‘他日笞子未尝见泣，今日泣何也？’对曰：‘他日俞得罪笞尝痛，今母之力不能使痛，是以泣。’”[18]

武梁祠画像“伯俞伤亲”榜题：“柏榆伤亲年老，气力稍衰，苔之不痛，心怀楚悲”。情节言之甚明。武氏祠前石室亦刻此故事，伯俞题作“伯游”。

第五组画像描绘“孝孙原穀”故事（图六）。位于中层左边。图中三个人物，右为原穀父亲，正在摆手，榜题“原穀亲父”；中为原穀，手执“舆”，扭头与父言语状，榜题“孝孙原穀”；左跪坐在地上的是祖父，榜题“原穀泰父”。这则故事讲述，原穀目睹父母嫌弃祖父年高而用“舆”推至山野欲弃之，劝阻未果，遂将“舆”捡回，并告诉其父，将来也会以此物用于父身。原穀的告诫使父亲愧惧感悟，终将祖父接回家中侍养。

图六　偃师邢渠孝父画像石局部之五：孝孙原穀

见《太平御览》引师觉授《孝子传》曰："原穀者，不知何许人。祖年老，父母厌患之，意欲弃之。穀年十五，涕泣苦谏。父母不从，乃作舆，舁弃之。穀乃随收舆归。父谓之曰：'尔焉用此凶具？'穀乃曰：'恐后父老，不能更作，是以取之尔。'父感悟愧惧，乃载祖归侍养，克己自责，更成纯孝，穀为纯孝孙。"[19]

在五则故事中，只有这则故事子不孝，由孝孙警醒之。借事训诫不孝子的意味很浓。放到了最后，足见制作者对五则故事编排的先后是很有用心的。

在汉代，儒家思想占据了社会思潮的主流地位，为巩固封建统治的秩序，统治阶级大力倡导以忠孝为核心的儒家学说，把孝义提升到一种极高的、受到社会推崇的位置。在这种社会风气影响下，在"举孝廉"将"孝悌"列为选拔、任用官吏重要标准这一制度的直接促进下，不断攀比的厚葬风气在汉代社会日益盛行。由此产生的画像石墓、画像石祠堂得到迅速发展，历史与当代的孝行故事也成为画像的常见题材，在东汉中晚期达到极盛。邢渠画像石正是这种社会背景下的产物，是汉代社会孝文化发达的具体体现。

汉画像石题材广泛，墓室或祠堂绘画究竟选择何种题材，虽与工匠设计有关，但主要还取决于墓主及家人的需求或授意，因为画像石墓及石祠堂是商品。这种关系从画像中能会体现出来，我们从不同墓葬所刻画像内容中，往往可以体味出墓主人的身份地位、文化素养和观念旨趣。譬如著名的武梁祠画像，便反映出了武梁生前的处世思想。

邢渠画像石内容不同于一般画像石的题材，专以孝行内容为主，一方面表现出当时社会思潮和环境的影响。另一方面与墓主个人家庭的好尚、生活背景有直接关系。此石题材反映出，墓主人可能是子孙众多、重视孝道的家族。孝行故事占据了大部分画面，表明了制作者宣扬的主旨和教育鉴戒后代的意图。

以图文记述当朝民间孝行事迹，是邢渠画像石重要价值之一，由于是当时所记，其可靠性、准确性较高。往往反映出那些事迹的最初面貌。

四、汉函谷关东门画像的特殊意义

邢渠画像石右下刻有函谷关东门关楼。画面中，函谷关东门朝左前方。关楼是一对建筑形式相同、连体的四阿顶（即庑殿顶）四层木结构双楼，一层为门关，双楼各开一门洞，每洞双扇门，门上有铺首。二楼至四楼上小下大，楼壁开小方窗，二楼、三楼环绕有走廊，双楼顶脊上对称雕二只丹凤（图七）。

双楼画像之间榜题："函谷关东门"。函字刻成减字，谷字也很难识，以致《善本碑帖录》误释为"臧公关东门"。此画像石俗误字较多，但绘画构图有较强的表现力，随手刻划的草隶榜文，也别致成趣，表明工匠（或画工）文化程度不高，却有一定艺术天赋。

画像石下层左半是一组人物、车马出行图。函谷关东门大敞，过关的人物、车马鱼贯而出，皆沿大道左行。出行队伍由二骑吏、一手持便面的伍佰和一辆軿车组成，軿车上有二人，前为驭手、后为车主。另有一马、一手持便面扛棍挑包的行人，各走一门，正在出关。画面十分生动（图八）。

图七　偃师邢渠孝父画像石局部之六：函谷关东门关楼

汉画像石上绘刻函谷关是迄今所见之孤例，它保存了一幅两千年前完整关楼的图像。函谷关门楼早毁，其样式史无记载。所以此图对研究汉关建筑结构具有重要的标本意义。此关楼的绘制，大到整体式样比例，小到具体细微结构，描绘得十分清楚，给后人了解汉关形式提供了直观帮助，这在早期古建筑史料的留存中是不多见的，因此极其珍贵。

图八　偃师邢渠孝父画像石局部之七：出行图

早在20世纪，此画像石的价值就引起在美国留学的梁思成的重视。他在1944年出版的《中国建筑史》中指出："波士顿美术馆所藏函谷关东门画像石，画式样相同之四层木构建筑两座并列，楼下为双扇门，上以斗拱承檐，二三层壁上均开小方窗，周以走廊，以斗拱承檐。第四层庑廊，上覆四阿顶，脊上饰以凤凰（图九）。其所予人对于当时建筑之印象，实数明器及其他画像石均忠实准确也。"[20]称其为

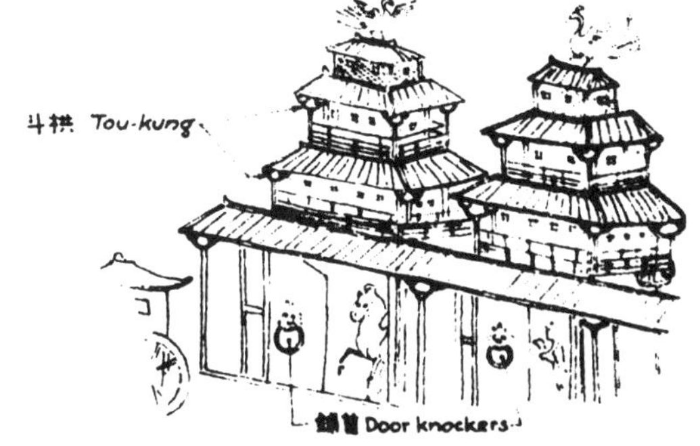

图九　梁思成摹绘函谷关东门图（采自《中国建筑史》）

“最忠实、最准确的一幅汉代建筑图，实在是最可贵重的史料”。

曾任梁思成助手，后成为建筑史学家的张驭寰，在《函谷关东门式样》一文中更是极细致地描述了门楼结构[21]。因为有了邢渠画像石，一座重要的汉代关楼历史原貌得以保存，可谓历史的幸事。

函谷关是我国古代建置最早，也是最著名的关塞之一。历史上的函谷关有三处：一是秦函谷关（即古函谷关），二是汉函谷关，三是魏函谷关。邢渠画像石所绘为汉关。

古函谷关始建于春秋战国时期，秦代始著称于世。根据考古发现，其旧址位于今河南灵宝市北约 15 公里的王垛村。古函谷关毁灭最早，如今地面只存遗址。

汉函谷关是楼船将军杨仆捐资，于西汉武帝元鼎三年（前 114）所建。关址在今河南新安县城东，西距秦函谷关三百余华里。宋程大昌《雍录》载：“汉函谷关在唐河南府新安县之东一里，盖汉世杨仆移秦函谷关而立之于此也，以比秦旧则移东三百七十八里。杨仆者宜阳人也，汉武帝时数立大功，以其家居宜阳，宜阳者灵宝县东，其地即在秦函关之外矣，仆耻其家不在关内，乞移秦关而东之，使关反在外，武帝允焉，仆自以其家僮筑立关隘，是为汉世函关。”[22]东汉定都洛阳，丝绸之路起点由长安东移至洛阳，汉函谷关便成了丝绸之路必经之关。若从画像石上所绘的东门出关，距京城洛阳只有几十华里。史载此关建筑非常壮观，为汉洛阳八关之首。汉关建筑早已无存，新安现残存函谷关城关为后世重建。1998 年于函谷关仓库遗址发现的一批“关”字瓦当及西汉“永始二年造”空心砖[23]，是为汉关建筑材料遗存。

魏函谷关位于今河南灵宝市东北 20 公里孟村以北，三国魏正始元年（240）建。历史上魏关也兴废重建不断，最终毁于抗日战争时期。

随着岁月流逝，上述三处函谷关原关楼均已无存。现今秦关旧址上的函谷关新关楼是 1992 年重建的，其建筑依据，据称是“参照四川青羊山汉墓出土的画像砖上函谷关东门图案修建的”。亦有云“依四川成都青羊宫汉墓出土的砖雕重建”[24]。然而从函谷关古文化旅游区管理处函谷关网站公布的“画像砖上的函谷关东门”摹本图像来看，依据就是此邢渠画像石，误作四川汉画像砖。

新建函谷关关楼在秦函谷关遗址西 30 米处，坐西向东。仿建的双门楼四层建筑，高 28 米，南北长 76 米，东西宽 14 米。楼顶各饰丹凤一只。与邢渠画像石图像相比，新楼结构上有改动，最大不同是在两侧增加了配楼（图一〇）。但主体建筑仍保持了原汉关的基本面貌。

图一〇　1992 年新建函谷关关楼
（采自函谷关古文化旅游区管理处“函谷关网站”）

三关之中，古函谷关历史最久，影

响最大，选其址重现函谷关胜景是件好事，然而从时地来讲，此楼并非历史再现，因为汉代东门关楼是在新安，不在灵宝，新安汉关与灵宝秦关在建筑原貌上是有差别的。

五、邢渠画像石性质及图像与人物关系的探讨

邢渠画像石非考古发掘品，对于其用途、性质和装配位置，只能作一些分析和推测。

汉代使用画像石的场合粗略划分，主要有三个方面：墓地祠堂（亦称石堂、食堂）、地下墓室和石阙画像。很显然，邢渠画像石不是石阙构件，而是地面用于祭祀的墓地石祠堂或地下墓室的画像石。根据其内容、形式和尺寸来看，它作为石祠堂画像石的可能性比较大，装配位置很可能是祠堂或小祠堂后壁的背景画像石。我们可从三个方面来试作解释：

第一，此石主要内容为孝行故事，主要用于孝义教化。墓室祠堂是祭祀先人的场合，在此用儒家提倡的孝义行为教育后人，符合社会及墓主家族的要求。有研究指出："一些说教的内容多刻在人们可以经常观瞻的祠堂内，例如嘉祥武氏祠和宋山出土的小祠堂，而墓葬中却鲜见，相反，墓葬中常见的四神、鬼异，祠堂中也较少见。"[25]"孝道和孝悌是祠堂画像最看重的题材，而且大都被安置在祠堂后壁，也就是最醒目、最重要的地方。孝道题材中第一所选择的是对父母双亲的孝。"[26]这与邢渠画像石的内涵特点相合。

第二，此石与祠堂后壁画像石常见模式（上方为祠主受祭图、下方为出行图）有异曲同工之处。一般而言，上方为"祠主受祭图"，是一种比较规范的模式，在山东地区画像石上常见。这种"刻着楼阁人物的祠主受拜图，都位于祠堂后壁的中央或小龛后壁的位置。其前有石案以陈享祭品。"[27]但规范的模式之外，也可能会有目前未知的其他表现形式。邢渠画像石用受到社会尊敬的孝子图取代祠主受祭图，墓主改在下方出行图中出现，也许就是一种不循规范的变通。祭祀时，因为面对集中展示的孝行故事，接受孝行教育的效果会更好，而这正是墓主家族所希望得到的。虽然这样的先例以前尚未见到过，但也不能排除有过这种祠堂后壁的可能。

在程序化的祠堂后壁画里，受祭图下方是出行图。信立祥认为这个位置的出行图是有特定含义的：出行车上坐的是受祭祀主人，下层出行车马是墓主从地下赶赴祠堂[28]。邢渠画像石的构图可以支持这种解释。

第三，邢渠画像石为扁方形，与一般墓地祠堂、小祠堂后壁石形制、尺寸都比较吻合。

下表（表一）列举若干山东地区发现的东汉初至汉末祠堂、小祠堂后壁画像石，其内容、特征对理解上述各点或有帮助。

表一　山东部分东汉祠堂、小祠堂后壁

序号	名称	年代	出土地	尺寸（cm）	雕刻类型	画像层数 / 主要内容	文字记述
1	肥城西里村汉祠堂后壁	东汉永平十一年（68）	山东肥城桃园区西里村	86×72 残存	阴线刻	图 3 层 / 战争场面、伏羲、人物、诏车	《幽明两界：纪年汉代画像石研究》页38

续表

序号	名称	年代	出土地	尺寸（cm）	雕刻类型	画像层数 / 主要内容	文字记述
2	肥城西里村汉祠堂后壁	东汉永平十六年（73）	山东肥城桃园区西里村	73 × 134	阴线刻	有 3 层楼（可视为图 3 层）/ 上、中层圣人、主人、宾客；下层车马出行	《幽明两界：纪年汉代画像石研究》页 39
3	孝堂山石祠后壁	东汉章帝时期（76—88）	山东长清孝堂山	150 × 382	阴线刻	图 4 层 /4 层车马出行；3 层楼房，上主人、下宾客；2 层老子、孔子及其弟子；1 层车马出行	《中国画像石全集》1/44
4	肥城栾镇村张文思为父造祠堂后壁	东汉建初八年（83）	山东王庄栾镇村	78 × 149	阴线刻	图 3 层 / 战争场面、狩猎、车骑，楼上伏羲女娲，楼下主人、宾客	《幽明两界：纪年汉代画像石研究》页 41
5	微山两城桓孨祠堂后壁	东汉永和六年（141）	山东微山两城	67 × 104	凹面线刻	图 1 层 / 厅堂及男女主人、侍者	《幽明两界：纪年汉代画像石研究》页 51
6	武梁祠后壁	东汉晚期（141 年以后）	山东嘉祥	162 × 241	减地平面线刻	图 4 层 / 上二层烈女、孝义故事（有题榜）；下二层主、宾、侍者，车马出行	《中国画像石全集》1/51
7	武氏祠前石室后壁小龛后壁	东汉晚期（141 年以后）	山东嘉祥	70 × 169	减地平面线刻	图 3 层（有楼，可视为两层）/ 上层女主、宾、侍者；中层男主、宾、侍者；下层车马出行	《中国画像石全集》1/66
8	武氏祠左石室后壁小龛后壁	东汉晚期（141 年以后）	山东嘉祥	72 × 165	减地平面线刻	同上	《中国画像石全集》1/84
9	宋山小石祠堂（甲）后壁	东汉晚期（与武氏祠时代相近）	山东嘉祥	75 × 141	减地平面线刻	图 3 层（有楼，可视为两层）/ 上层女主、宾、侍者；中层男主、宾、侍者；下层车马出行	蒋英炬：《汉代小祠堂：嘉祥宋山汉画像石的建筑复原》，载于《考古》1983 年第 8 期；《中国画像石全集》1/92
10	宋山小石祠堂（乙）后壁	东汉晚期（与武氏祠时代相近）	山东嘉祥	74 × 120	减地平面线刻	同上	蒋英炬文（同上）；《中国画像石全集》2/103
11	宋山小石祠堂（丙）后壁	东汉晚期（与武氏祠时代相近）	山东嘉祥	70 × 136	减地平面线刻	同上	蒋英炬文（同上）；《中国画像石全集》2/105
12	宋山小石祠堂（丁）后壁	东汉晚期（与武氏祠时代相近）	山东嘉祥	71 × 120	减地平面线刻	同上	蒋英炬文（同上）；《中国画像石全集》2/104
13	邢渠画像石	东汉无年月		85 × 143.5	减地平面线刻	图 3 层 / 上、中层孝行故事（有题榜）、城关建筑；下层车马出行	

祠堂后壁画像石不会孤立存在，两侧（东、西两壁）应配置其他内容的画像石，上面还有屋顶，下有基座。此画像出自民间，仅存一石，其他石情况不详。

关于墓主身份、墓主和制作工匠与函谷关关楼及出行图的关系，也是值得关注的问题。画像石下层人马出行图，为我们探讨墓主人身份提供了线索。由前述可知，在祠主受祭图下方出行图所绘出行车上，坐的应是受祭祀的墓主。邢渠画像石出行图中仅有一部主车，从该车轮中轴线前部有一段屏蔽来看，这辆马车显然是軿车而非辎车[29]。軿车是较为高级的妇人所乘之车，东汉刘熙《释名·释车》云“軿车，四面屏蔽，妇人所乘”。此车之前还有骑吏、伍佰侍行，说明此画像石墓主人是官宦人家的一位女性。所绘车厢露出的半个脑袋也是女人模样。祠堂后壁没有绘部属、门下叩拜的祠主受祭图（一般只有官员和男性才能享受这些），而以孝行故事装饰祠堂背景似可佐证这一点，同时还说明此妇人家庭十分注重孝道。

根据需求或授意设计的画像石内容，反映着墓主生活背景。在此石画像中，除了孝行内容与墓主有关外，函谷关关楼及出行图也与墓主有联系。我们知道，汉画像石中经常见到绘制门阙楼阁等建筑，但很多是配合画面虚构的，而此石出行图背景表现了真实的关隘建筑并辅以榜题说明，恐怕不仅为了烘托背景的繁华，更可能是借函谷关关楼表达某些喻意。也许想表明墓主原籍是关内人，后出嫁或随夫君出关；抑或暗示墓主人从地下赶赴祠堂接受亲友祭祀，车马需要过函谷关，表示路途遥远，也表明祠堂在关外等。当然，这只是猜测，若此石为考古发掘，保存有更多的材料，真相或许可以被揭开。

函谷关画像还反映了工匠或画师的人生经历。具规模、有讲究的墓室和祠堂绘画设计，必由高水平的工匠担当，画像内容往往反映出设计者的才识与经历。此石能够准确绘制关楼及人物、车马，不仅证实设计工匠有较高的绘画技巧，也表明工匠与函谷关有过某种关联，譬如，可能参与过函谷关的修缮；或曾经过关并仔细观察了关楼，准确描绘过建筑结构细节等。唯有如此，一座真实准确的城关建筑才能跃然石上。

六、画像石出土时间和出土地考

此石出土时间，《善本碑帖录》作于民国廿年（1931），《增补校碑随笔》作于光绪三十四年（1908）。由于画像石 1913 年以前已流失海外，民国廿年出土说显然有误。罗振玉《石交录》载：“河南省城之白沙镇，廿余年前出汉画像题字。”《石交录》书成于己卯春（1939），但罗氏书稿是断续写成的，这段文字可能几年前已写好。廿余年再加上书稿搁置几年，统计下来，时间大致就是光绪末年。因此，光绪末年出土说较为可信。

从前述波士顿美术馆所获信息可知，此石 1913 年以前已从法国渡海来到美国，之前则是从中国辗转运至法国。从时间上推算，该石流失海外年代，大约是在清宣统元年至民国元年（1909—1912）期间。

邢渠画像石出土地，据前引诸书有“出于偃师”“在开封发现”“河南省城之白沙镇廿余年前出”或“旧在河南开封白沙镇”之说。

首先，分析“出于偃师”。笔者认为此说应与题榜中“偃师邢渠”有关，但显见此处偃师是邢渠籍贯，而不是出土地，此说可弃。其次，笔者以为"在开封"与"河南省城之白沙镇"二说，没有本质差别。上世纪初，开封是河南省会，白沙镇东距开封三十余公里，清末属开封府辖。开封是大的地名概念，可指开封市，也可指开封府辖区，而开封府涵盖了白沙镇。所以从大处讲，开封出土就包括了开封白沙出土。最后，关于石出白沙镇的可靠性。白沙镇即今白沙乡，位于今河南省中牟县城西，是古乡镇，清代属开封府辖。经调查得知，地方文献中虽没有白沙镇历史上出土汉画像石的记载，但白沙附近确有汉代遗迹。在白沙乡后潘庄村东，有汉"潘庄墓群"，总面积近两千平方米，封冢保存最好的，冢堆高 10 米，据称为大型汉画像石墓，现为县文保单位[30]。然而，邢渠画像石不是考古发掘品，仅凭罗振玉的记载和此地有汉墓这两点就可以断言出于此地吗？显然不够，还需要更有说服力的证据，譬如铭文内容、画像地域风格和形制特征这种客观事实来支持。白沙及附近一带相当大的范围内，并非历史上汉代画像石集中分布的地域，没什么具有代表性的画像石可以拿出来比较，换言之，没有地域风格特征可比。那末确定由此地出土，还需要进一步的证据。

众所周知，任何古物都不会孤立存在，总会与周边发生千丝万缕的联系，从而留下种种痕迹和特征。这种痕迹特征可成为人们解开疑团的钥匙。在比较各地考古材料后，笔者认为邢渠画像石出土地，更可能是在山东南部。

就近代考古发现所知，东汉画像石集中分布的区域主要有四：山东中南部和紧邻的苏北及皖北地区、河南南阳地区、陕北和四川地区。其中石祠堂类画像石主要分布在鲁南及附近地区。在长期发展中，受各种因素影响，每个地区都逐步形成了自己的地域特色，并影响到周边。拿邢渠画像石与上述各地画像石比较，其类别、内容和风格与南阳、陕北和四川画像石明显不同。而与山东南部画像石却比较接近。这表现在以下方面：

第一，邢渠画像石具有明显的鲁南画像石的地域特色。风格上最接近 1954 年发掘的山东沂南北寨村东汉画像石[31]。二者图像特征、雕刻手法极其相像。如，均为减地平面加以极浅细线刻的画像。线条柔软流畅，人物戴冠著服，面部表情等方面均相似（图一一），这种雷同应与地域风格等影响有关。当年撰写沂南考古报告的学者已注意到二者的相似性，曾在建筑结构、门窗方面加以比较，如沂南北寨村汉画像石上所见的"五脊重层庙宇"、"斜方格窗棂"、"栏杆"都与汉函谷关东门类似物品"最为接近"[32]。

第二，从沂南以外的山东中南部范围来看，能找到一批构图类似的例子，可参见表一。不难发现，邢渠画像石三层主画面、两边菱形装饰纹、上方框外狩猎图的整体构图与山东长清孝堂山祠堂后壁画像极相似，只是缩小画面和改动部分内容而已[33]。与山东平阴出土的三块画像石[34]、东平县后卫雪出土的画像石也多有相似[35]。这几处画像石从内容、形式及尺寸来看，也应当是散落的祠堂后壁石。山东以外，海宁发现的画像石墓[36]也与邢渠画像石、沂南画像石画像风格相似，而这件浙江北部仅有的东汉画像石墓之风格，专家把它归结于受山东影响的结果[37]。

图一一　沂南北寨村汉画像石墓画像局部（采自《沂南古画像石墓发掘报告》拓片第 42 幅）

第三，孝行题材故事并有题榜的画像石主要集中在山东地区。如嘉祥武氏祠、沂南北寨村画像石墓、泰安大汶口画像石墓[38]、嘉祥宋山小祠堂画像石[39]等。这与地方传统长期影响有关，山东地区地处孔孟之乡，尤为重视礼仪、提倡孝道。

此外，东汉中晚期专门为母亲建造的祠堂（食堂）画像石题记也多出自山东及附近地区。如：1986 年山东枣庄市中区齐村镇出土的《延光二年朱作纪母画像石并题记》[40]；1998 年 5 月山东微山县两城乡陈庄出土的《永和元年王成母食堂画像石并题记》[41]；1998 年江苏徐州贾汪附近出土的《永建三年朱叔升母墓画像石并题记》[42]等等。表明这个地区注重对母亲的孝道，是有地域传统的。

第四，现存大、小祠堂类画像石均以山东居多。与此石形制相似的现存墓地小祠堂，主要集中在山东南部。嘉祥宋山四座小祠堂画像石可谓代表。

第五，从画像石题榜用语看，也属该地区的特色。此石榜文有“此上人马皆食大仓，急如律令”句。“此上人马皆食大仓”是一种吉语性质的题记。大仓即国家储粮的太仓（也有作天仓，即天国粮仓），此话意为，逝去的墓主及画中所有人马动物，都有太仓无限供给，可以永远过着安乐无虞的生活。正如陈直所说“比拟死者禄食不尽之意”[43]。“急如律令”是袭用汉代公文“如律令”“急急如律令”的结尾，意即上述吉语如同官府律令，要立即按律令执行。

汉代“此上人马皆食大仓”或类似语主要分布于山东中南部及相邻的苏北、淮北地区的画像石题刻上，详见表二，其他地区只有个别发现，而且不是刻在画像石上[44]。可见，在画像石上镌刻此语是一种地域性很强的、流行于鲁南及周边地区的地方习俗。

表二　山东及周边地区“人马皆食太仓”汉石刻题记

序号	名称	年代	出土地	部分题记内容	文字记述
1	南武阳功曹阙题铭	东汉章和元年（87）	原在山东费县平邑镇八埠顶	“此上□□皆食□仓”	《汉代石刻集成》23；《汉碑全集》160
2	济宁永元五年画像石题记	东汉永元五年（93）	山东济宁出土	“此中人马皆食大仓”	《幽明两界：纪年汉代画像石研究》页44
3	朱作纪母画像石题记	东汉延光二年（123）	1986年山东枣庄市中区齐村镇出土	“此中人马有甘者皆食□□”	《中国画像石全集》2/141；《中国新发现的书迹》页86；《幽明两界：纪年汉代画像石研究》页47
4	永建三年朱叔升母墓画像石题记	东汉永建三年（128）	1998年江苏徐州贾汪附近出土	“□此人马皆食大仓”	《书法丛刊》1998年第3期;《日本金石书学》第5期
5	泗水星村镇南陈村画像石题记	东汉汉安元年（142）	1984年山东泗水县星村镇南陈村出土	“汉安元年泰岁在午，使师弟伯天□作寿石堂室，人马虎大鱼皆食大仓，长生久寿，不复老□。”	《考古》1995年第5期;《幽明两界：纪年汉代画像石研究》页51
6	芗他君祠堂题记	东汉永兴二年（154）	1934年山东东阿县铁头山出土	“此上人马皆食大仓”	《故宫院刊》1960/1；《中国书法全集》73；《汉碑全集》735
7	安国祠堂画像石题记	东汉永寿三年（157）	1980年山东嘉祥县满洞乡宋山村出土	“阳遂富贵，此中人马，皆食大仓，饮其江海。”	《文物》1982年第5期;《中国书法全集》79；《汉碑全集》852；《济宁全汉碑》页12
8	曲阜徐家村藏堂画像石题记	东汉延熹元年（158）	1968年山东曲阜徐家村出土	“〔延〕熹元年十月三日始作此臧堂，……此臧中车马延□，龙蛇虎牛皆食大仓。”	《中国书法全集》84；《汉碑研究》页356；《济宁全汉碑》页15
9	胡元壬祠堂画像石题记	东汉建宁四年（171）	1956年安徽宿县褚兰镇墓山孜发现	“……上人马皆食大仓”	《中原文物》1991年第3期;《考古学报》1993年第4期;《中国新发现的书迹》页92；《幽明两界：纪年汉代画像石研究》页62
10	邓季皇祠堂画像石题记	东汉熹平三年（174）	1990年安徽宿县褚兰镇褚北乡宝光寺出土	“……上人马皆食大仓”	《中国新发现的书迹》页93；《中国画像石全集》4/172；《幽明两界：纪年汉代画像石研究》页63
11	梁山柏松村画像石题记	东汉无年月	1955年山东东平县斑鸠店镇柏松山村百墓山	“此中人马皆食大仓”	《汉碑研究》页356
12	铜山大庙镇画像石题记	东汉无年月	1994年江苏徐州铜山县大庙镇出土	“此□室中人马皆食大仓。”“起石室立坟值万二千，孝经曰：卜其宅兆而安厝之，为家庙以鬼神飨之。”	《书法丛刊》1998.3；《汉碑全集》549；《文物》2003年第4期
13	安丘王封村画像石题记	东汉无年月	1954年山东省安丘县王封村出土	“此上人马皆上食于天仓”	《汉碑研究》页356；《中国画像石全集》3/147

续表

序号	名称	年代	出土地	部分题记内容	文字记述
14	五里堡画像石题记	东汉无年月	1995年山东临沂市五里堡出土	“人马禽守（兽）百鸟皆食太仓饮于河梁之下。”	《中国新发现的书迹》页262；《临沂汉画像石》图71
15	偃师邢渠孝父画像石	东汉无年月	清光绪末年出土	“此上人马皆食大仓，急如律令”	见本文所引

总之，就目前所知，虽不能彻底断言此石出土地，但就其内容与风格来看，出自山东南部的可能性最大，至少是受该地区画像石风格强烈影响的工匠作品。

本文完稿后，又从《(波士顿)美术馆学报》所载《中国雕刻收藏品介绍》一文中，获得了此石来自山东的信息。它佐证了本文出土地的结论。由于该文没有提供具体证据，所以出自山东的说法，可能确有出处，也可能是作者 J.E.L. 观察比较得出的见解。

最后，谈一下此石何以出现在开封及如何解释“出自开封白沙镇”的记载。

首先，画像石是他处运来的。分析开封与鲁南的地域关系，便能了解其中缘由。清末民初，中国积贫积弱，文物盗卖流失严重，很多石刻文物从原地盗运至大城市出售。由此流失海外的例子也很多，如山东临淄出土的《君车画像石》便是从上海盗卖至法国。中原地区文物众多，上世纪初，古都开封是这类买卖的汇聚地之一。开封位于豫东北，紧挨鲁南，距山东汉画像石集中的地区最近处不过二三百公里，是当时距鲁南最近的省会大都市。因此山东南部文物流至开封并不奇怪。

其次，出自开封白沙镇的记载，有可能是碑贾误导所致。近代古董商人为独揽赚钱渠道，常常隐瞒文物的真实来源，欺骗买主。例如，清末偃师出土数百块东汉刑徒砖，罗振玉曾购得拓片，并于民国四年至六年刊刻《恒农冢墓遗文》《恒农专录》二书。取名恒农就是因他听信了古董商人刑徒砖出河南灵宝的谎话，灵宝在汉代属弘农郡，罗振玉为避清讳（弘历）改用北魏时的地名“恒农”。那么罗振玉从古董商处得到此画像石出自白沙镇的解释，也会有这种可能。

附记：笔者曾请胡学东先生向美国波士顿美术馆咨询邢渠画像石下落，得到了该馆中国部主任盛昊先生（Hao Sheng）和 Ellen Takata 女士的认真答复。Ellen Takata 女士不仅调查、告知此石流失经过，还提供了 J.E.L. 文章和画像石现况照片，对笔者研究帮助很大。特向 Ellen Takata 女士和盛昊先生表示衷心感谢。同时也感谢胡学东先生的帮助。

注释：

[1] 李发林:《汉画考释和研究》，中国文联出版社，2000年，第88页；信立祥:《汉代画像石综合研究》，文物出版社，2000年，第33页。

[2] 杨爱国:《“此上人马皆食太仓”解》，见中国社会科学考古研究所、陕西省考古研究院、西安市文物保护考古所:《汉长安城考古与汉文化：汉长安城与汉文化——纪念汉长安城考古五十周年国际学术研讨会论文集》，科学出版社，2008 年，第 565 页。

[3] 南京博物院、山东省文物管理处编著:《沂南古画像石墓发掘报告》，文化部文物管理局出版，1956 年，第 68 页。

[4] 邹安辑:《艺术类征》(姬佛陀辑《广仓学窘丛书》乙类之一)，民国五年(1916)上海广仓学窘影印本。邢渠画像石收在第 4 册(第四集)“艺类石”中。

[5] 鲍鼎、刘敦桢、梁思成:《汉代建筑式样与装饰》,《中国营造学社汇刊》1934 年第 5 卷第 2 期。

[6] 罗振玉:《石交录》卷一，见罗振玉:《雪堂类稿》(新世纪万有文库第 6 辑)，辽宁教育出版社，2003 年，第 175 页。甲册笔记汇刊。

[7] 陈直:《望都汉墓壁画题字通释》,《考古》1962 年第 3 期。

[8] 梁思成:《中国建筑史》，百花文艺出版社，2005 年，第 45 页。

[9] 方若著，王壮弘增补:《增补校碑随笔》，上海书画出版社，1981 年，第 157 页。

[10] 张彦生:《善本碑帖录》，中华书局，1984 年，第 36 页。

[11] 梁披云:《中国书法大辞典》，香港书谱出版社，1984 年，第 1098 页。笔者按:“函谷关东门等字画像石题字”、“偃师刑渠等字画像石题字”均指邢渠画像石。但因未作互见，易误作二种石刻。笔者所编《秦汉刻石要目》(见何应辉:《中国书法全集·秦汉卷》，荣宝斋，1992 年)时，便误为二种。

[12] J. E. L.,“Introduction to the Collection of Chinese Sculpture”, *Museum of Fine Arts Bulletin*, Vol. 30, No. 78, pp. 50-60.

[13] 李昉等:《太平御览》卷四一一,《文渊阁四库全书》电子版，上海人民出版社，迪志文化出版有限公司，1999 年(以下简称为“《文渊阁四库全书》电子版”)。

[14] 巫鸿:《武梁祠：中国古代画像艺术的思想性》，柳杨、岑河译，生活·读书·新知三联书店，2006 年，第 194 页。

[15] 释道世:《法苑珠林》卷六二,《文渊阁四库全书》电子版。

[16] 李昉等:《太平御览》卷四一四,《文渊阁四库全书》电子版。

[17] 李昉等:《太平御览》卷四一三,《文渊阁四库全书》电子版。

[18] 刘向:《说苑》卷三,《文渊阁四库全书》电子版。

[19] 李昉等:《太平御览》卷五一九,《文渊阁四库全书》电子版。

[20] 梁思成:《中国建筑史》，百花文艺出版社，2005 年，第 45 页。

[21] 张驭寰:《函谷关东门式样》，插图重摹梁思成《中国建筑史》“函谷关东门图”。载《中国建设报》(网络版，2005 年 11 月 21 日旧报回顾 7 版)，中国建设报社主办。网址：http：//www.chinajsb.cn。又见张驭寰:《张驭寰文集》第十卷第一编“城池”，中国文史出版社，2008 年，第 7 页。笔者按：张驭寰这段文字漏误较多，需二者参考合阅。

[22] 程大昌:《雍录》卷六,《文渊阁四库全书》电子版。

[23] 洛阳市第二文物工作队:《黄河小浪底盐东村汉函谷关仓库建筑遗址发掘报告》,《文物》2000 年第 10 期。并见王木铎:《汉函谷关“关”字瓦当略说》,《书法丛刊》2002 年第 4 期。

[24] 第一种说法“参照四川青羊山汉墓出土的画像砖上的函谷关东门(关楼)图案修建的”。见“函谷关网站”,函谷关古文化旅游区管理处主办,网址:http://www.zghgg.com(采于 2008 年 4 月);第二种说法“依四川成都青羊宫汉墓出土的砖雕重建”。见“三门峡市人民政府网站”,网址:http://www.smx.gov.cn(采于 2009 年 12 月)。

[25] 赖非:《济宁、枣庄地区汉画像石概论》,见中国画像石全集编辑委员会:《中国画像石全集 2 · 山东汉画像石》,河南美术出版社,2000 年,第 19 页。

[26] 张从军:《黄河下游的汉画像石艺术》,齐鲁书社,2004 年,第 389 页。

[27] 蒋英炬、吴文祺:《山东的汉画像石艺术——概述山东汉代石阙、祠堂、墓室的代表性画像》,见中国画像石全集编辑委员会:《中国画像石全集 1 · 山东汉画像石》,河南美术出版社,2000 年,第 39 页。

[28] 信立祥:《汉代画像石综合研究》,文物出版社,2000 年,第 118 页。

[29] 軿车与辎车外形相似,区别二者大体以车轮中轴线为界,四面屏蔽,车侧屏蔽超出车轮中轴线前伸(即中轴线前部仍有一段屏蔽)的是軿车,主要为妇女乘坐;车舆后半三面屏蔽、前敞(即中轴线前部无屏蔽)的是辎车,主要为男性乘坐。见赵化成:《汉画所见汉代车名考辨》,《文物》1989 年第 3 期。

[30] 国家文物局主编,河南文物局编制:《中国文物地图集(河南分册)》,中国地图出版社,1991 年。

[31] 南京博物院、山东省文物管理处:《沂南古画像石墓发掘报告》,文化部文物管理局,1956 年。

[32] 南京博物院、山东省文物管理处:《沂南古画像石墓发掘报告》,文化部文物管理局,1956 年,第 54 页。

[33] 山东长清孝堂山汉祠堂后壁画像,见中国画像石全集编辑委员会:《中国画像石全集 1 · 山东汉画像石》,河南美术出版社,2000 年,图 44。

[34] 山东平阴出土的三块画像石,见中国画像石全集编辑委员会:《中国画像石全集 3 · 山东汉画像石》,河南美术出版社,2000 年,图 203、图 204、图 205。

[35] 东平县后卫雪出土的画像石,见中国画像石全集编辑委员会:《中国画像石全集 3 · 山东汉画像石》,河南美术出版社,2000 年,图 221。

[36] 嘉兴地区文管会、海宁县博物馆:《浙江海宁东汉画像石墓发掘报告》,《文物》1983 年第 5 期;黄雅峰:《海宁汉画像石墓研究》,浙江大学出版社,2009 年。

[37] “长江下游的浙江海宁长安镇还发现过一座砖石混合结构的画像石墓,其墓门和前室的部位有减地平面加以极浅线刻的许多画像,风格极似沂南画像石,则当是受到山东一带的影响而出现的。”俞伟超:《中国画像石概论》,见中国画像石全集编辑委员会:《中国画像石全集 1 · 山东汉画像石》,河南美术出版社,2000 年。

[38] 程继林:《泰安大汶口画像石墓》,《文物》1989 年第 1 期。

[39] 蒋英炬:《汉代小祠堂——嘉祥宋山汉画像石的建筑复原》,《考古》1983 年第 8 期。

[40]《朱作纪母画像石并题记》。东汉延光二年（123）十一月廿五日葬，1986年山东枣庄市中区齐村镇出土，枣庄市博物馆藏。著录:《中国画像石全集2·山东汉画像石》，第141页;《中国新发现的书迹》，第86页（图101）;《幽明》，第47页。

[41]《王成母食堂画像石并题记》。东汉永和元年（136）十二月廿六日。1998年5月山东微山县两城乡陈庄出土，微山县文物管理所藏。著录:《汉碑全集》，第430页;《微山汉画像石选集》;《幽明》，第49页。

[42]《朱叔升母墓画像石并题记》。东汉永建三年（128）二月廿六日。1998年江苏徐州贾汪附近出土。著录:《书法丛刊》1998年第3期;《日本金石书学》第5期。

[43] 陈直:《望都汉墓壁画题字通释》,《考古》1962年第3期。

[44] 杨爱国:《"此上人马皆食太仓"解》，见中国社会科学院考古研究所、陕西省考古研究院、西安市文物保护考古所:《汉长安城考古与汉文化：汉长安城与汉文化——纪念汉长安城考古五十周年国际学术研讨会论文集》，科学出版社，2008年，第565页。

新见汉弘农郡封泥初论

◎许雄志　◎谷松章

封泥是研究古代历史、地理、官职、印章制度、文字的重要资料，也是篆刻、书法借鉴的重要对象，有着学术、艺术双重价值。从晚清以来，对封泥的著录研究一直持续，近年更是如火如荼。特别是20年来，地不爱宝，封泥的大宗发现此起彼伏，河南新蔡战国楚封泥，陕西西安相家巷、六村堡和高陵县秦封泥，焦家村西汉封泥，山东临淄刘家寨西汉封泥，西安卢家口新莽封泥，江苏徐州土山西汉封泥，河南平舆古城村秦汉封泥群等的发现，极大地丰富了战国秦汉封泥的实物积淀，也提供了新鲜而丰富的学术资料，与之相伴生的著述与研究也成果不断涌现，封泥研究呈现出空前的热度。

近期在河南灵宝函谷关发现的两汉弘农郡封泥，无疑又是一次具有重要意义的封泥新发现。

一、关于弘农郡

弘农郡是中国汉朝至唐朝的一个郡置，其大致范围历代有一定变化，以西汉为最大，包括今天河南省西部的三门峡市、南阳市西部，以及陕西省东南部的商洛市。由于其地处长安、洛阳之间的黄河南岸，一直是历代军事政治要地。

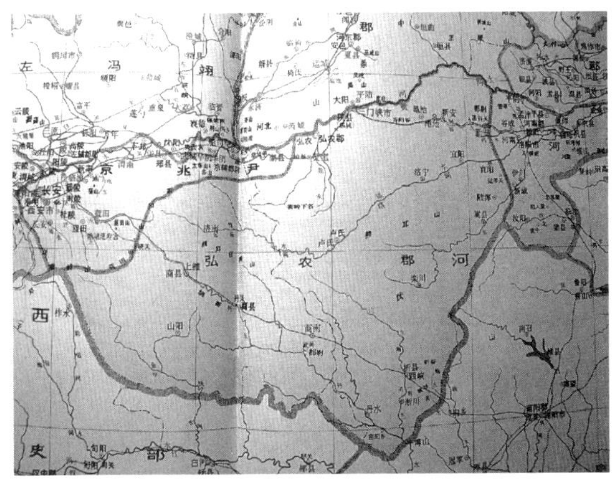

西汉弘农郡地图

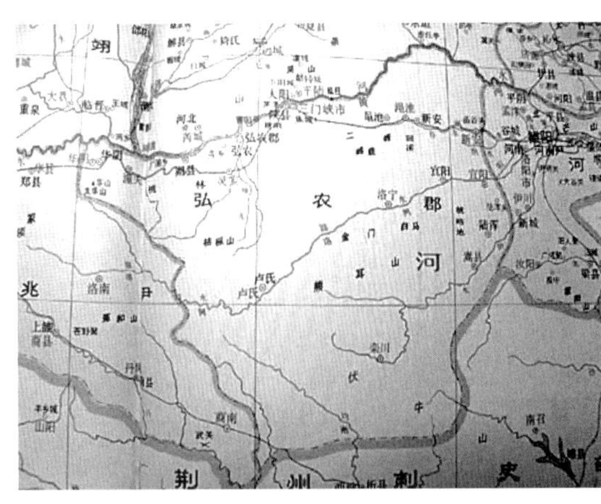

东汉弘农郡地图

根据《汉书·地理志》的记载，西汉元鼎四年（公元前 113 年），汉武帝设立弘农郡，郡治设在秦国名关函谷关边，辖弘农、卢氏、陕、宜阳、黾池、丹水、新安、商、析、陆浑、上雒共 11 县，118911 户，475954 人。

远眺函谷关，可见人工湖湖岸正在施工

《汉书·地理志》对弘农郡的记述原文如下：

弘农郡，武帝元鼎四年置。莽曰右队。户十一万八千九十一，口四十七万五千九百五十四。有铁官，在黾池。

县十一：

弘农，故秦函谷关。衙山领下谷，烛水所出，北入河。

卢氏，熊耳山在东。伊水出，东北入雒，过郡一，行四百五十里。又有育水，南至顺阳入沔。又有淯水，东南至鲁阳，亦入沔。皆过郡二，行六百里。莽曰昌富。

陕，故虢国。有焦城，故焦国。北虢在大阳，东虢在荥阳，西虢在雍州。莽曰黄眉。

宜阳，在黾池有铁官也。

黾池，高帝八年复黾池中乡民。景帝中二年初城，徙万家为县。穀水出穀阳谷，东北至穀城入雒。莽曰陕亭。

丹水，水出上雒冢领山，东至析入钧。密阳乡，故商密也。

新安，《禹贡》涧水在东，南入雒。

商，秦相卫鞅邑也。

析，黄水出黄谷，鞠水出析谷，俱东至郦入湍水。莽曰君亭。

陆浑，春秋迁陆浑戎于此。有关。

上雒，《禹贡》雒水出冢领山，东北至巩入河，过郡二，行千七十里，豫州川。又有甲水，出秦领山，东南至钖入沔，过郡三，行五百七十里。熊耳、获舆山在东北。

东汉弘农郡沿西汉置，但东汉光武帝刘秀在位时弘农郡辖区有两次大的调整：一是建武二年（公元 26 年）划丹水、析属南阳郡；二是建武十五年（公元 39 年）划商、上雒归京兆尹（原右内史），将京兆尹的湖县、华阴划归弘农郡。此时弘农郡有 46815 户，199113 人，领弘农、陕、黾池、新安、宜阳、陆浑、卢氏、湖、华阴九县。

《后汉书·郡国志》对弘农郡的记述原文如下：

弘农郡

武帝置。其二县，建武十五年属。雒阳西南四百五十里。九城，户四万六千八百一十五，口十九万九千一百一十三。

弘农，故秦函谷关，烛水出。有枯枞山。有桃丘聚，故桃林。有务乡。有曹阳亭。

陕，本虢仲国。有焦城。有陕陌。

黾池，穀水出。有二崤。

新安，涧水出。

宜阳。

陆浑，西有虢略地。

卢氏，有熊耳山，伊水、清水出。

湖，故属京兆。有閿乡。

华阴，故属京兆。有太华山。

以上《汉书》《后汉书》关于弘农郡的记述，是我们今天考察弘农郡在汉代地望的主要资料。而弘农郡封泥的发现，也为考证《汉书》《后汉书》关于弘农郡的记载提供了新鲜而珍贵的资料。

汉代以后，弘农郡逐渐缩小。西晋时，郡南部析置上洛郡，其区域缩小到黄河流域今三门峡市范围。南北朝时，为避北魏献文帝拓跋弘讳曾改弘农郡为“恒农郡”，隋朝恢复弘农，但郡治弘农向西南迁到了今灵宝市中心，且失去了黄河沿岸的辖地。唐朝时，弘农郡分为陕州、虢州，结束了其历史。

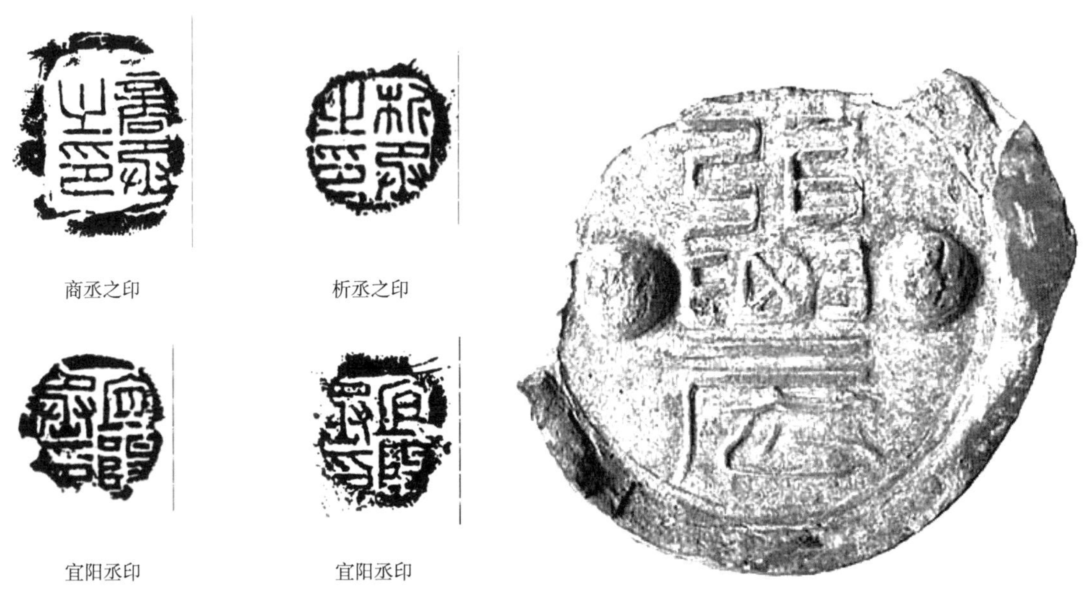

商丞之印　析丞之印

宜阳丞印　宜阳丞印

早期封泥著录中收录的弘农郡封泥

弘农郡遗址发现的“弘农”瓦当

二、关于封泥的出土地函谷关

函谷关是中国古代著名的关隘，是中国历史上建制最早的军事要塞之一。因关在谷中，深险如函，故称函谷关。

函谷关始设于周代，始为桃林塞。后为秦国所有，秦初设函谷关地，据此险要之所以拒六国之兵，并建立防御城池。它背依衡岭高塬，东临弘农绝涧，北濒黄河，南傍秦岭，是秦汉时期连通洛阳、长安，连京都、接帝畿的军事要冲。周慎靓王三年，楚怀王举六国之师伐秦，秦依函谷天险，使六国军队“伏尸百万，流血漂橹”。秦始皇六年，楚、赵、卫等五国军队犯秦，“至函谷，皆败走”。秦国正是依托函谷关之险抗衡六国，最终出关扫灭六国统一华夏。由于函谷关易守难攻，秦朝末年各地起义抗秦后，新立的楚怀王为尽快平息战乱，宣告谁先入关中，得为关中王，此处所指的关亦是函谷关。可见在秦汉之际函谷关的重要意义！

西汉武帝元鼎三年（公元前 114 年），迁函谷关于新安，在故关地置弘农县（因弘农涧而得名）。元鼎四年（公元前 113 年），置弘农郡，与弘农县合治，郡治就设在秦国名关函谷关边。

而闻名遐迩的老子出关的故事，使得函谷关成为《道德经》的著述地和道教的圣地，更增加了函谷关的神秘色彩。

今天，函谷关成为 AAAA 级景区，吸引着四面八方的游客来寻古探幽。

三、弘农郡封泥的发现

2012 年初，西安、洛阳、三门峡的古玩市场以及藏家手中陆续出现一些带有汉代弘农郡地望的封泥。本来，封泥作为古代封缄的证据，随简牍文书发向四面八方，具有较强的流动性，个别发现并不能说明什么问题。以前，弘农郡两汉封泥也有零星发现，散见于早期的封泥著录，比如吴式芬、陈介祺《封泥考略》著录的“商丞之印”“析丞之印”，陈宝琛《澂秋馆藏古封泥》著录的“宜阳丞印”，周明泰《续封泥考略》著录的“宜阳丞印”。但是，封泥的出土地域性、批次性很强，如果一个地域的封泥集中出现，则肯定是有了重要的新发现，河南新蔡战国楚封泥，陕西西安相家巷、六村堡和高陵县秦封泥，焦家村西汉封泥，山东临淄刘家寨汉封泥，西安卢家口新莽封泥，河南平舆古城村秦汉封泥群等的发现无不如此。特别令人记忆犹新的是，2004 年开始，一些带有汉代汝南郡地望的封泥开始出现，随后经追溯出土地，确定为河南平舆古城村，前后发现的秦汉封泥有数千枚。其中东汉封泥居多——这是首次大规模出土的东汉封泥，而且经对封泥印文地名、官称的统计，与《后汉书·郡国志》对校，书中所载汝南郡下 37 县均有相应的封泥。而这一次汉弘农郡封泥的陆续面世，与河南平舆古城村汉汝南郡封泥群的出土有着极为相似的地域化特点，加上数量不断增多，这不由得引起了我们的很大兴趣。经多方收集整理，并实地考察，大致对汉弘农郡封泥的发现情况有了初步的了解。

汉弘农郡封泥的出土地位于河南灵宝市函谷关镇王垛村东约 500 米，今函谷关景区中，位于函谷关城楼的东南方 150 米的土崖下。函谷关既是秦汉时期的军事要冲，又是汉武帝设立弘农郡后的郡治所在，至今保留有大量的秦汉文化堆积层，多处沟岸断层可见有大量的陶片、砖瓦残片，其中历年陆续出土有不同版别的“弘农”“中侯”等内容的瓦当和钤盖有“弘农”印记的陶质筒瓦。近年景区扩建修缮，修建花坛移植花木，多从近处土崖下取土，员工给花木浇水后，土中经常冲出一些碎瓦残砖和带字的硬泥块，弘农郡封泥由此而发现。今夏，笔者到现场实地察勘，这面土崖高约 3 米，崖壁下有人工挖掘的痕迹，满地都是汉代的绳纹、云纹等砖瓦残片。据当地民工讲，封泥即出土于土崖底部的堆积层夹杂有砖瓦残片的土里。

弘农郡遗址发现的“中侯”瓦当

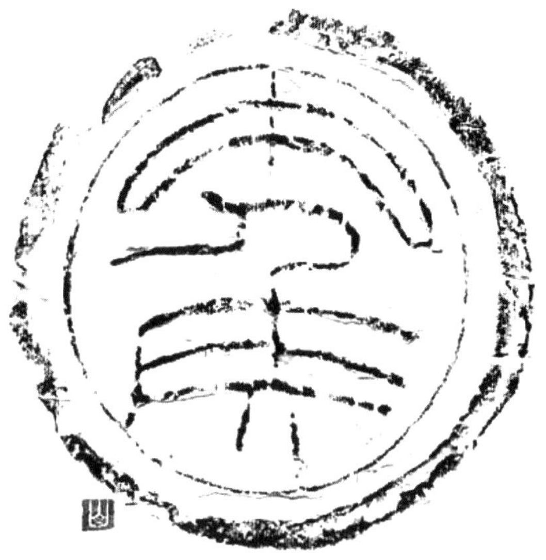

弘农郡遗址发现的另一种“中侯”瓦当拓本

经过与学者和藏家的资料交流，目前我们已经搜集到汉弘农郡封泥资料数十种,《汉书・地理志》记载的弘农郡下辖弘农、卢氏、陕、宜阳、黾池、丹水、新安、商、析、陆浑、上雒等11县，对应的封泥已经全部发现。另外还发现了东汉光武帝建武十五年（公元39年）由京兆尹划归弘农郡的湖县的封泥“湖令之印”。

四、汉弘农郡封泥的品种

目前，发现和披露的汉弘农郡封泥数量还比较有限，很难像对河南平舆古城村汉汝南郡封泥那样进行系统的研究。仅就鉴印山房所藏，将目前的封泥品种初作归类。

一类为汉弘农郡封泥，包括弘农郡治以及治下11县，与《汉书・地理志》关于弘农郡的记载对照列表如下（见下表）。

《汉书・地理志》与弘农郡封泥对照表

《汉书・地理志》所载弘农郡下辖11县	对应的封泥品种
弘农郡治及弘农县	弘农太守章、弘农都尉章、弘农铁丞、弘农铁长、弘农狱丞、弘农左尉、弘农守丞
卢氏	卢氏丞印
陕	陕丞之印、陕令之印
宜阳	宜阳令印、宜阳丞印、宜阳长印
黾池	黾池厩丞、黾池右尉、黾池令印、黾池丞印
丹水	丹水丞印
新安	新安令印、新安右尉、新安置丞
商	商长之印、商丞之印、商左尉印

续表

《汉书·地理志》所载弘农郡下辖 11 县	对应的封泥品种
析	析长之印、析丞之印（析侯国丞）
陆浑	陆浑丞印、陆浑长印、陆浑左尉
上雒	上雒长印

第二类为中央以及其他各郡的官署封泥，均为品秩较高者。主要有位列汉代九卿之首的“太常之印章”，其他郡守的“河南太守章”“汝阴太守章”“颍川太守章”“江夏太守章”“广平太守章”。

另有“东平内史章”。

五、汉弘农郡封泥的年代

关于汉弘农郡封泥的年代，我们注意到以下几点：

1.“弘农都尉章”“弘农太守章”封泥的发现，为确定汉弘农郡封泥的年代上限提供了直接的证据。根据《汉书·地理志》的明确记载，西汉元鼎四年（公元前 113 年），汉武帝设立弘农郡，这就可以初步确定这批弘农郡封泥的上限为汉武帝元鼎四年之后。更值得注意的是，“弘农都尉章”“弘农太守章”封泥五字印的特殊形式，据《汉书·武帝纪》载：“太初元年……夏五月，正历，以正月为岁首，色上黄，数用五，定官名，协音律。”注引张晏曰：“汉据土德，土数五，故用五，谓印文也。若丞相曰‘丞相之印章’，诸卿及守相印文不足五字者，以‘之’足之。”按汉制，诸卿及守相是秩级二千石以上官吏的绝大部分。“弘农都尉章”“弘农太守章”封泥足以证明它们的绝对上限在汉武帝太初元年（公元前 104 年）官印改制之后，属西汉中期。一个有力的旁证是，这批封泥中凡是弘农郡地望之外的封泥均为级别较高的官署封泥，“太常之印章”“河南太守章”“汝阴太守章”“颍川太守章”“江夏太守章”“广平太守章”“东平内史章”，也均为同样的五字印形制！

筒瓦“弘农”印记（宽 8 cm，高 12 cm）

2.“湖令之印”封泥可以大致确定封泥的下限在东汉初期之后。如前所述，东汉光武帝刘秀在位时弘农郡辖区有两次大的调整：一是建武二年（公元 26 年）划丹水、析属南阳郡；二是建武十五年（公元 39 年）划商、上雒归京兆尹（原右内史），将京兆尹的湖县、华阴划归弘农郡。《后汉书·郡国志》中“弘农郡。武帝置。其二县，建武十五年属”就是指的湖县、华阴划归弘农郡。“湖令之印”封泥的发现，可以确定这批封泥的下限在东汉早期的光武帝建武十五年（公元 39 年）之后。另外，“湖令之印”封泥的两侧有封泥匣缝隙所致的钤盖时软泥溢出两个“橛形”外突物，这个特点是东汉封泥的特征。“湖令之印”封泥的文字风格亦为明显的东汉作风。

这方封泥为目前仅见，而且还没有发现同时由京兆尹划归弘农郡的华阴县的封泥，这方“湖令之印”不能完全排除是建武十五年前湖县归京兆尹管辖时随简牍公文寄来的——尽管这种可能很小。孤证不立，还需要更多的证据来认定，但是即使是湖县归京兆尹管辖时随简牍公文寄来的，其明显的东汉作风足以证明这批封泥的下限在东汉。另外，这方“湖令之印”封泥背面不是像其他封泥背后常见的竹木绳检纹形状，而是丝织物的痕迹。这点，这枚封泥向我们传达了一个以前未知的信息。

我们倾向于暂时确定这批弘农郡封泥的上限在汉武帝太初元年（公元前104年），下限在东汉早期的光武帝建武十五年（公元39年）之后。当然，这只是就我们所见这批封泥的推论，随着将来资料的发现补充，或者有新的结论。

许雄志考察封泥出土地

封泥出土地人工取土形成的崖壁

六、关于“析侯国丞”封泥

这批封泥里面有一方“析侯国丞”，是这批封泥中目前唯一一方侯国封泥，弥足珍贵。《汉书》中未见“析”的侯国记载。《后汉书》中有两处：

1.《后汉书·宦者列传·孙程传》中记载，在东汉顺帝登基的过程中发生叛乱，以孙程为主的一大批人因为拥立汉顺帝有功皆封侯，其中有一个叫赵封，《后汉书》原文“赵封为析县侯”。此时为汉安帝末年即延光四年（公元125年）。但是仅仅4年后，赵封就“早卒”，其后语焉不详。

2.另一则在《后汉书·方术列传·折像传》：“折像字伯式，广汉雒人也。其先张江者，封折侯，曾孙国为郁林太守，徙广汉，因封氏焉。国生像……”多种古籍可证，这里的“折”应该是“析”的讹误。对于析侯张江，在关于出土“马踏飞燕”青铜器的甘肃武威雷台汉墓墓主考证中对他有比较详细的研究，推论他生于公元1年左右，封侯当在东汉初年，卒于东汉明帝时期（公元58—76年）。此点可参看相关文献。《华阳国志》记载：析像，字伯式，雒人也。

其先张江，为武威太守，“封南阳析侯”。“封南阳析侯”则说明其分封在东汉建武二年（公元26年）析划归南阳郡之后。

此外，《后汉书·冯岑贾列传》中还有一条建武十一年（公元35年）封冯䜣为析乡侯的记载。

“析侯国丞”目前还不能肯定属于上述哪个的遗物，但是它的记载仅见于东汉。我们期待“析侯国丞”能为解开析侯国的神秘面纱提供一个契机。

封泥出土地点就在崖壁下层

七、总论

近期在河南灵宝函谷关新发现的汉弘农郡封泥，是一次具有重要意义的汉代郡县封泥新发现。另外，还出土了相当数量的私印封泥（另文论述）。

地上到处是汉砖瓦残片

汉弘农郡封泥的性质是汉元鼎四年（公元前113年），汉武帝设立弘农郡后直到东汉初期，弘农郡守在治所处理日常公务中的简牍公文往来时拆阅后所遗弃或集中填埋。其出土地就是弘农郡郡守的官署遗址。弘农郡封泥的年代上限为汉武帝太初元年（公元前104年），下限在东汉早期的光武帝建武十五年（公元39年）之后。其品种主要为弘农郡治辖下各县的官印封泥，以及中央和其他各郡高级别的官印封泥。这是继河南平舆古城村汝南郡秦汉封泥群发现后又一次郡县封泥的集中发现，对研究汉代弘农郡的官制、地理提供了相对完整而系统

出土地砖瓦中的汉回文砖残片

的信息，具有很高的史料价值。同时，也为汉代印章制度和篆刻艺术提供了新鲜的研究素材。

最后要说明的是，这只是就我们所见这批数量有限的封泥的推论，以函谷关、弘农郡在秦汉的重要位置，其封泥内涵或远不止于此，只能寄希望于将来不断发现以补充，或者得出新的结论。

图版一

弘农都尉章

弘农太守章

弘农左尉

弘农铁丞

弘农狱丞

新见汉弘农郡封泥（鉴印山房藏）

卢氏丞印

陕令之印

宜阳令印

宜阳令印

黾池厩丞

新见汉弘农郡封泥（鉴印山房藏）

图版三

黾池令印

丹水丞印

新安右尉

新安置丞

商长之印

新见汉弘农郡封泥（鉴印山房藏）

析长之印

析丞之印

陆浑丞印

上雒长印

湖令之印（背面放大）

新见汉弘农郡封泥（鉴印山房藏）

图版五

析侯国丞

太常之印章

河南太守章

东平内史章

新见汉弘农郡封泥（鉴印山房藏）

渑池朱城村汉代墓地

◎赵文军　◎马晓建

发掘时间：2011 年 4 月—9 月

工作单位：河南省文物考古研究所

墓群分布于朱城遗址的西南岗地上，发掘两汉时期墓葬 22 座，均为洞室墓，其中空心砖券洞室墓 3 座，墓葬方向在 110°~195°。共出土文物 208 件，其中铜器 30 件、铁器 21 件、玉器 2 件、石器 1 件、陶器 154 件。

墓葬 M17 和 M22 出土文物最为丰富，两座均为空心砖券墓室，M17 南北长 6.26、东西宽 1.5 米，共清理出土文物 20 件，其中铜蒜头壶、铜盆、铜釜保存完整，其他陶器的组合齐全。M22 南北长 6.4、东西宽 2.3 米。墓道东西两侧各有一侧室，墓室的东侧有壁龛，共出土文物 26 件。

浅谈河南卢氏县文管办藏三件汉代绿釉陶器

◎姚江波

河南卢氏县属河南省三门峡市，笔者曾在卢氏县文物管理办公室见过该办所藏的三件汉代绿釉陶器，因其特殊的造型引起笔者极大的兴趣，现介绍如下，并对这三件绿釉陶器寓示的功用作一粗浅的探讨。

三件汉代釉陶器中的一件，是1974年在卢氏县范里乡东寨村一汉墓中出土。该器为釜、炉相连，上为釜，釜内有一勺，粘附在釜内一侧，下为炉，釜和炉口沿的三支钉粘合在一起。釜为敛口，平沿，微鼓腹，圜底，釜壁较厚。口径16.8、高5.4厘米；釜内勺外形类似于现在的勺子，侈口，深弧腹，圜底，短柄，尖头。勺长7.5、勺斗宽4.3厘米；炉为盘口，口沿部有三个如獠牙形的支钉，用于支撑釜的腹部，浅折腹，高圈足，高圈足中空，一侧有一半圆形孔，平底稍厚。口径7、高4.5厘米。器通体施深绿色釉，多剥落。通高10.2、口径13.7、底径11.4厘米（图版一）。另外两件均出自1986年12月在卢氏县东明镇蒋渠村西坡发现的一座汉代砖室墓中。两件器物均为釜、炉相连，上为釜，下为炉，釜和炉的三支钉粘合在一起，釉呈深绿色，多处剥落。其中一件釜为敞口，方唇，弧腹，釜壁较厚。口径14、高5厘米；釜内有一勺，粘合在釜内一侧，外形亦似现在的勺子，葫芦瓢形，侈口，深弧腹，圜底，直柄较长，超出釜口沿部，并搭于口沿之上，尖头。勺长9.9、勺斗宽5厘米；炉的形制完全同于上述釉陶器。该器通高12、口径13、底径11.5厘米。另一件形制基本同于上述两件器物，只是釜内无勺，炉为束腰平底，炉内有炭篦子。通高11、口径11.5、底径10.5厘米。

三件釉陶器均为砖红色胎体，杂夹有较多砂质颗粒，陶质较疏松。轮制，有较明显的轮制痕迹。用支钉烧造，并且残留有支钉痕。以上特征均符合东汉时期豫西地区烧造绿釉陶器的特点，而且范里乡东寨村汉墓出土的釜炉结合釉陶器中的陶勺与河南洛阳李屯东汉墓出土的陶勺形制完全相同，勺长同为7.5厘米，该墓为纪年墓，墓中出土神瓶文字记载了墓葬的准确年代为元嘉二年，元嘉是汉桓帝的年号[1]。因此这三件器物的具体年代应为东汉时期。器物从质地、釉色判断属于低温釉陶，胎土淘洗不甚精细，烧制较粗糙，可能为墓葬中的随葬明器，而非实用器。

汉代特别是东汉时期墓葬中釜和炉的器物造型已较常见，但通常情况下釜和炉都是分开的，而且很多釜里没有勺子。河南卢氏县文管会的这三件器物，从器形看釜和炉在烧造时就固定在一起，而且其中两件釜内还粘附有一勺，这种造型比较特别。汉代是一个黄老哲学盛行的时代，人们相信人的逝去不过是像搬家一样，从一个世界搬到另外一个世界里去生活，所以，汉代明器相当盛行，大到房屋建筑，小到日常生活用品，包括猪圈、陶井等都要制作成模型明器，用于随葬。卢氏县文管办所藏的这三件绿釉陶器显然也是墓主人生前所用之物的模型。

三件釉陶器寓示的功用不是很清楚。单从整个器形看，类似于今天的火锅，上为盛放食物的锅，下为烹煮的火炉，釜内的勺用于盛食物，据此，可初步推测这三件器物的前身应该是一个如同今天火锅一样的炊煮器具。不过，我们在仔细对比了这几件器物的细小差异后，再结合河南地区考古出土的汉代墓葬材料，以及东汉时期当地的社会状况、生活习俗，不排除它们也兼及其它功用。

河南洛阳金谷园西汉墓曾出土了一件铜炉，“铜炉放置在长形的托盘内，……口部向外平折成宽沿，口沿两侧中部有缺口，炉腹四壁竖直向内微收，每面一各有三至四道竖直镂孔。炉底平坦，可以盛放点燃的木炭，左右两侧各有五道对称的横镂孔，以便排除炉内的碳灰。……托盘、铜炉和耳杯共重 1.65 公斤”[2]，该墓的发掘报告将其定名为铜温酒炉，也就是温酒器具。1983 年与卢氏县毗邻的灵宝市文管所也收藏一件釜炉绿釉结合器，该器主要特征与上述三件绿釉陶器基本相同，但是后者釜内没有勺，关键还在于后者釜炉中间没有支钉而是直接烧结在一起。釜炉直接烧结在一起，这样的器皿炉和釜之间没有空隙，其作为火锅类的炊煮功能的可能性就比较小了，因为火锅是需要大火，而没有用大支钉支撑所形成的釜炉之间的较大空隙，火是不可能很大的，因此这件釉陶明器也可能表示的是现实生活中温酒器。

卢氏县文管办收藏的这三件釜炉结合器寓示的功能除了类似今天火锅外，是否也寓示有温酒的功能呢？我们认为有可能，因为如果是代表火锅一样的炊煮器具，那么同一个墓葬当中随葬一件就可以了，卢氏县东明镇蒋渠村西坡发现的这座汉代砖室墓出土了两件这样的器物，而且其中的一件釜内勺子较细长，勺斗较宽，勺柄超出釜口沿部，直接搭于口沿之上，显然这样的勺子更适合盛酒之用。

另外，河南三门峡地区东汉墓葬中出土了相当数量的绿釉陶仓，这些陶仓根据所盛放的内容刻有铭文，一般多为表示盛放粮食的粮仓，如其上刻有铭文“黄粱米千石”“黍米千石”“饼口千石”“黄米粟千石”“乡稻米千石”“小麦面百石”“金豆百石”“白米粟千石”等等。汉代三门峡地区中医盛行，中药材业较发达，因此在这些陶仓上也发现刻有中药材名称的，陕县文管办库房中藏有书写着中药材名的陶仓就达数十件。卢氏县和陕县相距只有七八十公里，其时两地的社会经济与民间生活习俗应大体相同。从卢氏县这几件釜炉绿釉结合器的造型来看，我们是否可以大胆推测其寓示有药用器皿的功用。如上为盛放中药材的锅，下为烹煮的火炉，火的大小可以自由调节，慢慢地温煎中药，釜内的勺用于搅拌和盛添熬好的中药，即三件器物类似于今天煎药的药锅。同时，我们根据豫西地区一直盛行药熏的习俗，也可推测这三件器物可能兼有药熏的功用，将一些特殊配方的中药材放入釜中进行煎煮，散发出来的中药气味可以预防一些疾病。

查找河南西部诸县市馆藏文物数据库可以发现绿釉釜炉直接粘合在一起的器物并不多，河南西部地区的三门峡市、义马市、陕县、渑池县等一、二、三级馆藏文物数据库内均没有发现，只有卢氏县文管办和灵宝市的文管所内有见，而且数量仅为几件，显然这与东汉末期统治者对于厚葬的限制有关，同时战争使得民财耗尽，人民生活极其困苦，再也不能支撑厚葬，绿釉釜炉结合器自然随葬很少了，以至于使我们不能看到当时炉釜结合器的具体发展脉络，对这种器物在当时现实生活中的具体用途更不能有一个明确的了解。因此，我们只能根据现有的考古材料和该地区当今的一些生活习俗，对其可能寓示的功用进行初步的推测和探讨，这种绿釉釜炉结合器专有功能的可能性不大，或许同时具备火锅、温酒、煎药以及药熏等多种功能。

注释：

［1］洛阳市文物工作队：《洛阳李屯东汉元嘉二年墓发掘简报》，《考古与文物》1997年第2期，第1页。

［2］洛阳市第二文物工作队：《洛阳金谷园西汉墓发掘简报》，《中原文物》1987年第3期，第28—29页。

卢氏县文管办藏汉代绿釉陶器（范里乡东寨村汉墓出土）

舒馨园小区三座汉墓的发掘

◎崔松林

三门峡市文物考古研究所于2000年夏，在配合市电业局舒馨园住宅小区基建工程时，发掘了一批汉代墓葬，现将其中三座西汉墓葬的发掘情况简报如下：

一、M122的清理

（一）墓葬形制

M122坐南向北，长方形竖井墓道、拱顶土洞墓室两部分组成，方向360°，总深7.4米。

墓口距地表2.5米，出现于红褐土层，平面近似长方形，长2.4、宽1.0米（图一）。内填五花土，质地松软，道壁整齐，上下垂直，深4.9米，底部平坦，口底相当。东西两侧壁近北端清理出有上下两行12个脚窝，东壁6个，西壁6个；脚窝距北壁约0.6米，东壁最下面的一个脚窝距底0.62米。脚窝间距0.56~0.6米，上尖下平，近似呈等腰三角形，宽0.24~0.28、高0.18~0.24、进深0.15~0.18米。

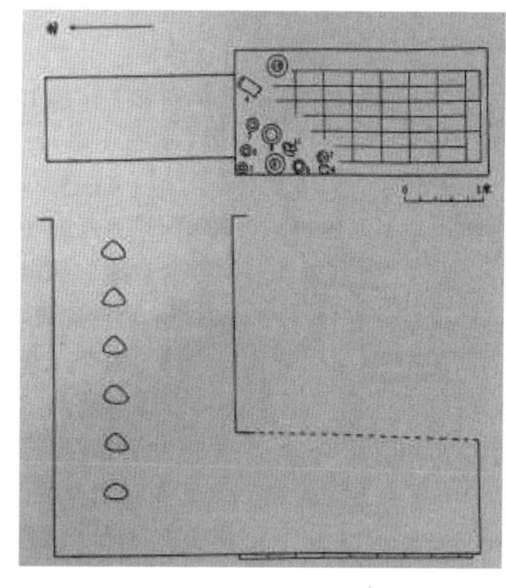

图一　M122平、剖面图

墓门开在墓道南壁下底部，顶为拱形，高1.5米，宽度与墓道相同，封门采用青灰砖横向叠砌垒堵，砖的规格为0.360.17×0.06（单位：米）。

墓室位于墓道的南端，为一拱顶土洞，前高后低，室内积满淤土。室底平面近似长方形，长3.2、宽1.3、后壁高1.4米。底用青灰砖平铺与墓道底在同一平面上，铺地砖的宽度与墓道的宽度相同，铺砌方法是先在近后壁处横向平铺三块，然后顺向并排平铺6块为一行，至墓门口共计8行。随葬品皆放置在近门口处，计有陶仓4件，陶瓿1件，陶壶1件，室后部砖铺底上发现有长方形草木灰痕，人骨架即放置于其上，因腐朽成粉末，性别、年龄无法判断，只可看出轮廓葬式为头北足南，仰身直肢，葬具不清楚（图一）。

（二）随葬器物

共计 11 件。其中陶器 10 件，钱币 1 包。

1. 陶器 10 件

皆为泥质灰陶，轮制。器型有仓 4 件，瓿 3 件，壶 3 件。瓿 3 件。根据肩腹部有无折棱可分出 A、B 两型，其中 AⅡ式 2 件，BⅡ式 1 件。

AⅡ式瓿2件。（标本M122：7）方唇、短领、小直口，斜肩，鼓腹，平底。肩、腹部有一周明显的折棱。口径 11、腹径 18、底径 10、高 16 厘米（图二，1；图三，4）。（标本 M122：5）圆唇、短领、小直口，斜肩，鼓腹，平底。肩、腹部有一周明显的折棱。口径 11、腹径 18.6、底径 10、高 14.2 厘米（图二，2；图三，5）。

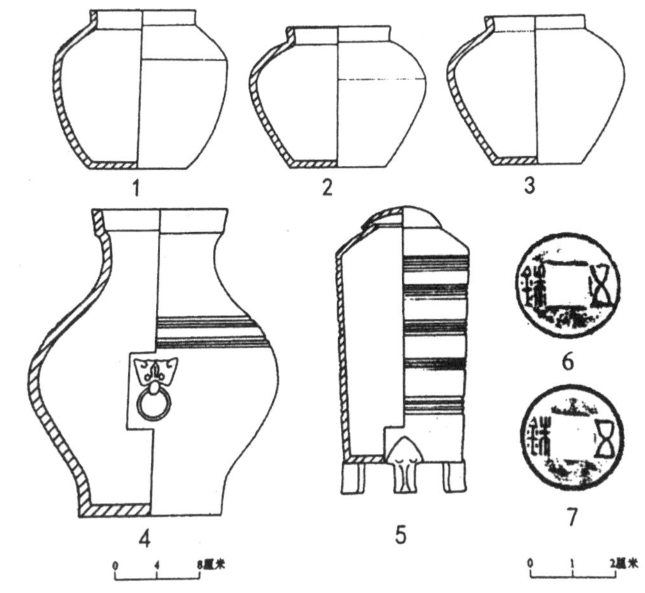

图二　M122 出土陶器及铜钱

1、2. AⅡ式陶瓿（M122：7、M122：5）3. BⅡ式陶瓿（M122：6）
4. Ⅰ式陶壶（M122：8）5. BⅠ式陶仓（M122：3）
6. Ⅱ式五铢（M122：10）7. Ⅲ式（M122：10）

图三　M122 出土陶器

1. 陶壶（M122：8）2. 陶仓（M122：3）3、4、5. 陶瓿（M122：6、M122：7、M122：5）

B Ⅱ式瓿 1 件（编号 M122：6）。圆唇、短领、小直口，圆肩，鼓腹，平底。肩、腹部饰有暗旋纹。口径 10.4、腹径 18、底径 9、高 15.2 厘米（图二，3；图三，3）。

Ⅰ式壶 3 件。形制、大小相同。（标本 M122：8）盘口，束颈，鼓腹，假圈足。肩部饰两组双凹弦纹，腹饰对称的模印铺首衔环。口沿部有残缺。口径 14、腹径 25、底径 14、高 25 厘米（图二，4；图三，1）。

B Ⅰ式仓 4 件。形制、大小相同。（标本 M122：3）小圆口内敛，斜肩，筒形腹，平底，下附三熊足。器身上下均匀饰五组三周凹弦纹。口上有盖，盖顶上隆。口径 6、肩颈 13.6、底径 12、高 27 厘米（图二，5；图三，2）。

2. 钱币 1 包

为铜钱。

铜钱 12 枚（编号 M122：10）。皆为“五铢”，分二式。

Ⅰ式五铢 7 枚。钱文“五”字瘦长，两股交笔稍弯曲，末端有收分，“铢”字“朱”头方折，“金”旁头呈三角痕，低于“朱”字。直径 2.5、肉厚 0.1、穿 1.0 厘米（图二，6）。Ⅱ式铢 5 枚。钱文“五”字交股弯曲，左右几乎平行，“铢”字“金”头较小，呈箭簇形等腰三角形，“朱”字头方折，“金”旁较“朱”字略低。直径 2.6、肉厚 0.1、穿 1.0 厘米（图二，7）。

（三）小结

该墓的形制与《洛阳烧沟汉墓》Ⅱ型Ⅰ式和《考古学报》1990 年第 1 期“河南型”Ⅲ式相同[1]。随葬器物陶器的组合为瓿、壶、仓，其中 M122：7A Ⅱ式瓿与《陕县东周秦汉墓》第二部分“秦至汉初墓葬”Ⅰ型瓿相似；M122：6B Ⅱ式瓿与《陕县东周秦汉墓》第二部分“秦至汉初墓葬”Ⅱ型瓿相似[2]；M122：81 式壶与《考古学报》1990 年第 1 期“河南新乡五陵村战国两汉墓”M1：3 Ⅱ式壶相似[3]；M122：3B Ⅰ式仓与《陕县东周秦汉墓》M3115 乙：81 式仓相同。铜钱有昭帝五铢 7 枚，宣帝五铢 5 枚。结合《新中国的考古发现和研究》第四章第三（二）部分“洛阳汉墓的发掘和编年”[4]，M122 属第三期（烧沟报告第三期前期），时代相当于西汉晚期。

根据该墓的位置西距陕州城不远，当与汉陕县城有关，故该墓的发掘对研究汉代陕县的社会状况、历史文化等提供了宝贵的实物资料。

二、M36 的清理

（一）墓葬形制

M36 坐东朝西，由长方形竖井墓道、拱顶土洞室两部分组成，方向 270°，总深 8.5 米。

墓口距地表 2.5 米，出现于红褐土层，平面近似长方形，长 2.4、宽 0.28~1.0 米（图四）。内填五花土，质地松软，墓道四壁保存基本完好，上下垂直，深 6.0 米。道底前低后高，呈缓坡状。西端南北两侧壁后端清出有造墓时上下用的脚窝两行，每壁 9 个，形状近似上尖下平的等腰三角形，宽 0.22~0.26、高 0.8~0.20、进深 0.12~0.16 米，脚窝距后壁约 0.5 米。北壁最下面的一个脚窝距底 0.66 米，脚窝间距 0.5~0.6 米。

墓门开在墓道东壁下的底部，顶为拱形，宽度等同墓道，高 1.1 米。封门是用 0.36 × 0.17 × 0.08（单位：米）的青砖垒砌。封堵方法自上而下为第一层顺平卧砖，第二、三层顺侧立砖，第四层顺平卧砖，第五、六层顺侧立砖，六层以上为横平卧砖。

墓室位于墓道底部的东端，为一拱顶土洞，平面近似长方形，前端稍窄，长 3.34、宽 1.16~1.46 米。室内积满淤土，高 1.1 米。室底呈缓坡状，前高后低与墓道相连通。人骨架发现于墓室后部，随葬器物置于室前部的西侧。因基内进水，人骨架漂浮于淤土中，比较散乱，清理后发现有人骨架两具，并排分置于室内后部两侧，无葬具，均为头西足东，仰身直肢，经鉴定北侧的一具人骨架为男性，南侧的为女性，年龄皆在 30~35 岁之间（图四）。

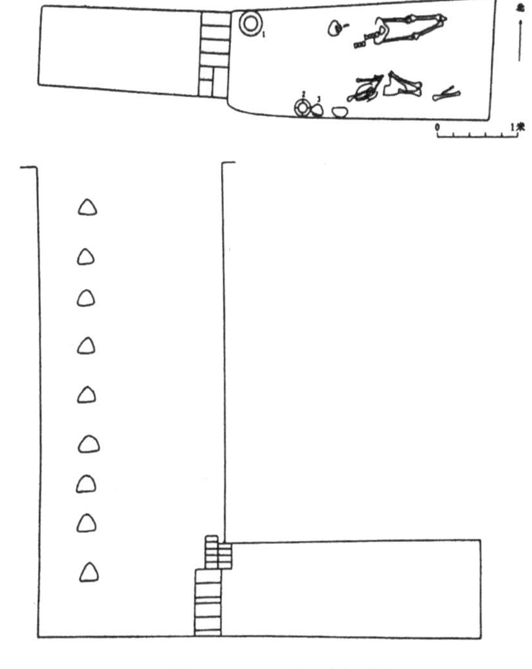
图四　M36 平、剖面图

（二）随葬器物

共计 5 件。均泥质灰陶，轮制而成。器型计有瓿 2 件，壶 1 件，小壶 1 件，仓 1 件。

AⅢ式瓿 2 件。形制、大小基本相同。（标本 M36：4）方唇、小直口、短领，斜折肩，鼓腹，平底。肩、腹处有一周折棱。口径 10.8、腹径 18、底径 10.6、高 14 厘米（图五，1）

Ⅱ式壶 1 件（编号 M36：1）。盘口，束颈，圆鼓腹，假圈足，底略内凹。腹两侧饰对称的二模印铺首衔环。口径 19.4、腹径 28.2、底径 17、高 32.8 厘米（图五，3）。Ⅱ式小壶 1 件（编号 M36：5）。小盘口，细束颈，圆鼓腹，平底。肩、腹部饰两周凹弦纹。口径 7.6、腹径

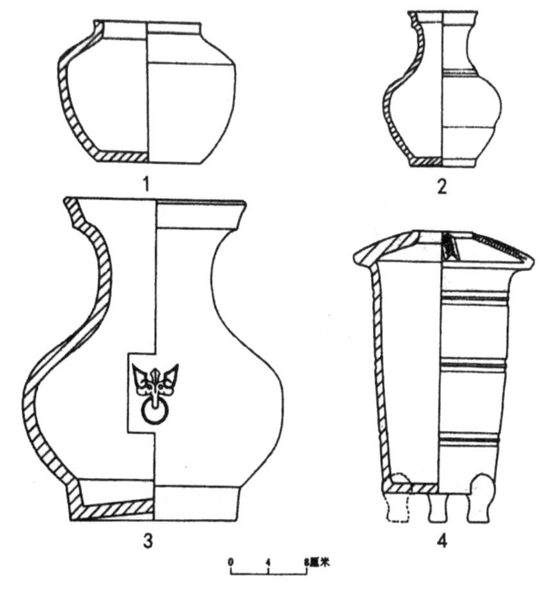

图五　M36 出土陶器
1. AⅢ式陶瓿（M36：4）2. Ⅱ式陶壶（M36：5）
3. Ⅱ式陶壶（M36：1）4. BⅢ式陶仓（M36：2）

12.8、底径 7、高 15.8 厘米（图五，2）。

B Ⅲ式仓 1 件（编号 M36：2）。方唇、短领、小直口，斜肩外出檐，形似房顶。圆筒形腹，下端略细，平底，下附三蹄足。肩上对称饰四道瓦垄纹，体饰三组双凹弦纹。口径 6.5、肩颈 19.5、底径 14.5、足高 3、通高 30.5 厘米（图五，4）。

（三）小结

该墓的形制与《考古学报》1990年第1期“河南新乡五陵村战国两汉墓”的B型Ⅲ式相同[5]，属《洛阳烧沟汉墓》Ⅱ型 1 式，《陕县东周秦汉墓》Ⅱ型 3 式，墓室宽于墓道[6]。随葬陶器组合为瓿、壶、仓。其中 A Ⅲ式瓿与《河南陕县刘家渠汉墓》Ⅱ型方唇罐相似；Ⅱ式壶与《河南陕县刘家渠汉墓》Ⅱ型壶相同[7]；B Ⅲ式仓与《陕县东周秦汉墓》Ⅱ型仓相同[8]。结合《新中国的考古发现和研究》第四章第三（二）部分“洛阳汉墓的发掘和编年”，M36 属第三期墓葬。由于Ⅲ式瓿、Ⅲ式仓与王莽时期墓葬的器型相同，故该墓的时代应为西汉末。

根据该墓西距陕州城约 500 米，当是汉时陕县城内居民，故该墓的发掘对研究汉代的历史文化、社会状况及陕县附近的风俗习惯等都提供了宝贵的实物资料。

三、M85 的清理

（一）墓葬形制

M85 坐北朝南，由长方形竖井墓道、拱顶土洞室两部分组成，方向 183°，总深 7.8 米。

墓口距地表 25 米，出现于红褐土层，平面近似长方形，长 2.5、宽 0.86~0.92 米（图六）。内填五花土，质地松软，四壁规整，上下垂直，深 5.3 米。墓道底部前低后高，略呈缓坡状。墓道近南端的东西两侧壁清出有两行 18 个脚窝，距南壁均在 0.4~0.5 米之间，脚窝上尖下平，近似呈等腰三角形，宽 0.24~0.28、高 0.18~0.22、进深 0.12~0.18 米。脚窝间距 0.5~0.6 米，西壁最下面的一个脚窝距底 0.62 米。

墓门开在墓道北壁下底部，顶为拱形，高 1.38 米，宽度 0.92 米。封门是用 0.36×0.18×0.08（单位：米）的青砖叠砌堆垒而成。封堵方法是在墓道内紧贴墓门自下而上垒砌，第 1 至第 13 层为横砖错缝叠砌，

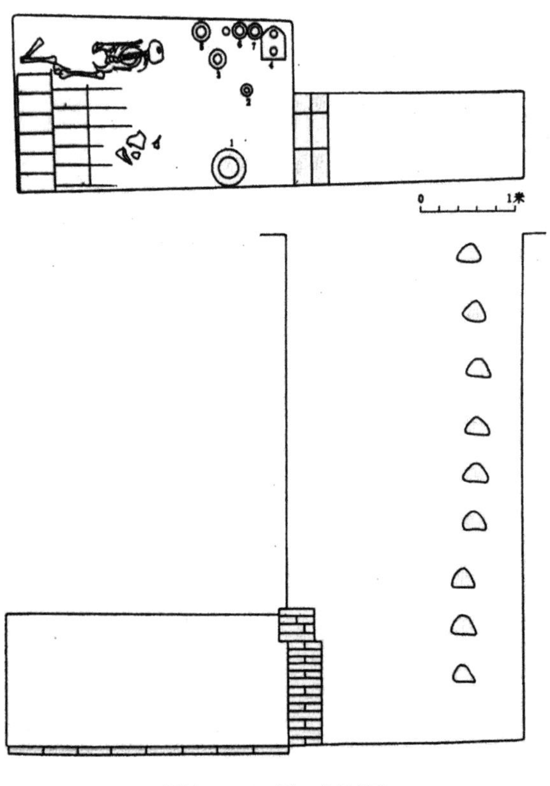

图六　M85 平、剖面图

其上第 14 层至第 17 层向墓室内平移 0.08 米，然后用顺卧砖叠砌至顶。墓室位于墓道的北端，为一拱顶土洞，平面近似长方形，南窄北宽。长 3.0、宽 1.63~1.72 米。室内积满淤土，底部用顺卧砖并排平铺。清理时，发现人骨和器物多已漂浮，失去原来位置。器物大致放在墓室前部，均为陶器，计有陶壶 1 件，小陶壶 1 件，陶瓿 4 件，陶灶 1 套 5 件。两具人骨放置于墓室的后部，东侧一具相对完整，头南足北，仰身直肢，为一男性，骨架下清除有厚 0.02~0.03 米的草木灰，未发现葬具；西侧一具比较散乱，腐朽也较严重，葬式不明，疑为二次葬，据残留部分骨架分析，当为一女性，年龄不详。

（二）随葬器物

共计 7 件。均为泥质灰陶，其中瓶 4 件，壶 1 件，小壶 1 件，灶 1 件。

A Ⅲ式瓿 4 件。形制大小相近，轮制而成。（标本 M85：3）2 件。方唇、小直口、短领，斜肩，鼓腹，平底。肩、腹部有一周折棱。口径 10、腹径 17、底径 7.6、高 15 厘米（图七，1）。（标本 M85：5）1 件。口径 9.8、腹径 17.2、底径 7.6、高 14 厘米（图七，2）。（标本 M85：6）1 件。口径 11、腹径 18、底径 9、高 14.2 厘米（图七，3）。

Ⅱ式壶 1 件（编号 M85：1）。盘口，束颈，扁圆腹，假圈足。肩、腹部各饰一组双凹弦纹，腹部对称附贴有二模印铺首衔环。口径 21.7、腹径 36、底径 22、高 40 厘米（图七，5）。

Ⅱ式小壶 1 件（编号 M85：2）。小盘口，细束颈，圆鼓腹，假圈足。肩、腹部饰两组双凹弦纹，口沿有残缺。口径 7.6、腹径 13、底径 6.4、高 15.4 厘米（图七，4）。

Ⅱ式灶 1 套 5 件（编号 M85：4）。由灶台 1，釜 2，甑 1，盆 1 组成。灶台前方后圆，火门开在方头灶壁上，不通地。灶面大于灶身，四周出檐，后端有出烟孔，面设大小相同的两个火口，其中一个火口上置釜、甑，一个火口上置釜、盆。灶面上饰两组方块状交叉对角线条带划线纹。釜 2 件，形状、大小相同，素面，敛口，斜折腹，尖底。口径 5.2、腹径 8、高 4.4 厘米。甑 1 件，敞口，平折沿，弧腹，圜底。底部自内向外钻 5 个小孔，中心 1 孔，周围 4 孔。口径 9.6、高 4.1 厘米。盆 1 件，圆口微内敛，弧腹，平底。口径 10.2、底径 6.8、高 4.2 厘米。灶面长 31.1、宽 26.8、灶身高 12.2、通高 19 厘米（图七，6）。

（三）结语

该墓的形制与《考古学报》1990年第1期“河南新乡五陵村战国两汉墓”B型Ⅲ式相同[9]，墓室宽于墓道，属《洛阳烧沟汉墓》Ⅱ型 1 式，《陕县东周秦汉墓》Ⅱ型 3 式，无甬道类墓葬。随葬器物陶器组合为瓿、壶、灶等。其中 AⅢ式瓿与《河南陕县刘家渠汉墓》Ⅱ型方唇罐相似[10]，但器底明显变小；Ⅱ式壶与《陕县东周秦汉墓》Ⅱ型 2 式壶相同[11]；Ⅱ式灶与《河南陕县刘家渠汉墓》Ⅱ型灶相似。结合《新中国的考古发现和研究》第四章第三（二）部分“洛阳汉墓的发掘和编年”，M85 属第三期墓葬[12]。由于 M85、M86 并列同向，M86 出土有樽、明器釜等，

M85出土有Ⅲ式瓿、Ⅲ式仓、Ⅱ式壶等，与王莽时期墓葬的陶器组合、器型相近。故该墓的时代应为西汉末。

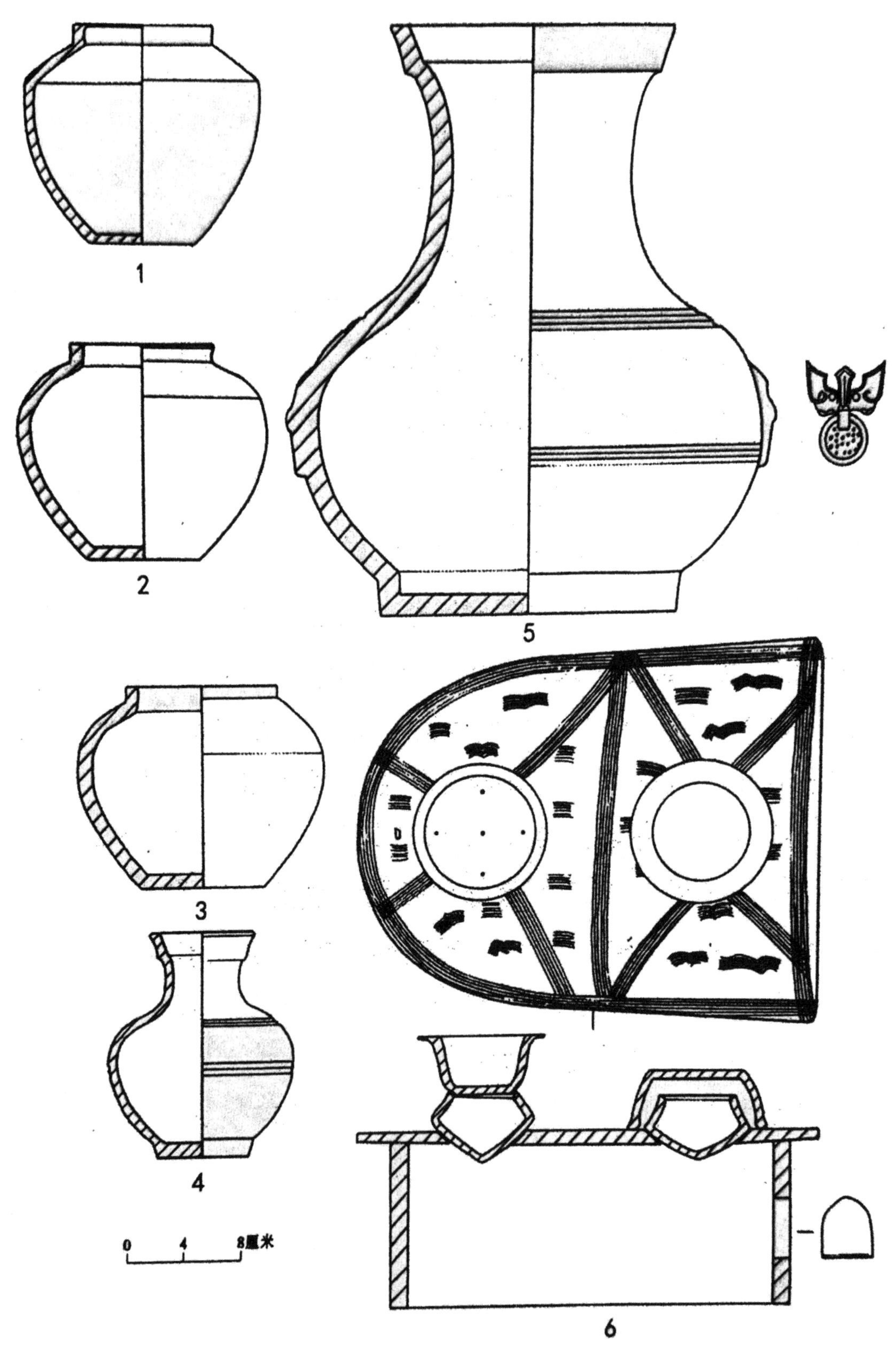

图七 M85出土陶器

1、2、3. AⅢ式陶瓿（M85：3、M85：5、M85：6） 4. Ⅱ式陶壶（M85：2）
5. Ⅱ式陶壶（M85：1） 6. Ⅱ式陶灶（M85：4）

根据该墓西距陕州城约500米，当是汉时陕县城内的人，故该墓的发掘对研究汉代陕县的历史文化、社会状况及地方风俗等都提供了宝贵的实物资料。

发掘：黄新峰　赵小光

绘图：任孝生

执笔：崔松林

摄影：李先增

拓片：胡焕英

注释：

[1][6] 中国社会科学院考古研究所:《洛阳烧沟汉墓》，科学出版社，1959年。

[2][8] 中国社会科学院考古研究所:《陕县东周秦汉墓》，科学出版社，1994年。

[3][5][9] 赵争鸣:《河南新乡五陵村战国两汉墓》,《考古学报》1999年第1期。

[4][12] 中国社会科学院考古研究所:《新中国的考古发现和研究》，文物出版社，1984年。

[7][10][11] 叶小燕:《陕县刘家渠汉墓》,《考古学报》1965年第1期。

三门峡市电业局住宅小区 M53 发掘报告

◎崔松林

三门峡市文物考古研究所于 2000 年夏，在配合市电业局住宅小区基建工程时，发掘了一批汉代墓葬，其中一座编号为 M53 的汉墓形制较大，出土遗物丰富，现将该墓的发掘情况简报如下：

一、墓葬形制

M53 坐西朝东，由长条形斜坡墓道、甬道、天井、主墓室和左、右耳室六部分组成，平面呈“十”字形，方向 80°，总深 9.1 米。

墓口距地表 2.7 米，出现于红褐土层，平面呈长条形，长 18.4、宽 1.3 米。内填五花土，质地松软，壁面平直光滑，底部呈斜坡状，坡长为 21 米。

甬道开在墓道西壁下底部，顶呈拱形，高 2.0 米；宽度同于墓道，长 1.16 米，底呈斜坡状，与墓道斜坡相连，坡度相同。

墓门位于甬道西端，高宽同于甬道，西连天井，底部高于天井底 0.28 米。

天井位于甬道的西端，口距地表 2.7 米，平面近似呈长方形，东西长 2.7、南北宽 2.12 米。内填五花土，经夯打实，深 6.4 米。

墓室位于天井底部的西端，开在天井西壁下的底部，为一拱顶土洞室，高 2.4 米，底平面近似长方形，长 4.9~5.04、宽 2.28~2.32 米。在其洞室前部的南北各开有一拱顶土洞耳室，其中南耳室顶高 2.4 米，底平面呈长方形，南北长 3.66、东西宽 1.86 米。东南西三壁用 0.36 × 0.18 × 0.08（单位：米）的青灰砖顺向平卧砌起 23 层，高度为 1.84 米，无券顶。北耳室顶高 2 米，底平面近似长方形，南北长 3.9、东西宽 2.14 米。

清理时，室内积满淤土，主墓室底部发现有一椁二棺，椁基本上紧贴墓壁构筑，平面近似长方形，长 4.62、宽 2.3、厚 0.12 米。棺皆置于墓室的后部，并排放置，人骨架均为头东足西，仰身直肢，北部棺内的人骨架保存完整，为一男性，年龄约 45 岁，棺长 2.3、宽 0.88、厚 0.06 米；在其人骨架头部的右上方清出一圆形漆奁，奁盖上置一铜镜，奁外有条带状银皮包裹装饰夯内有清晰可辨的粉质颜料。人骨上置一铁剑，有剑鞘，两手抱置，剑格用玉装饰，剑身上有一玉剑璏，玉质晶莹剔透，浮雕云龙纹非常美观精致。南部棺内的人骨架腐朽严重，在人骨右侧胯下有铁刀 1 件，足端清出成串铜钱 280 枚，为一女性，年龄约 40 岁；在其人骨身上清出一铁剑，短身长柄，类矛等用器；人头左侧置一铜镜，骨架下清理出铜钱 30 枚。棺前端清出羊骨、鸡骨，可能是当时祭奠的肉类；还有许多铜饰件，有棺饰、车马饰、箱盒饰等。

南耳室底部横向平铺长条砖一层，随葬器物大多放置其内，在其门口的底部清出有铜盆 2 件，铜甗 1 套，铁刀 1 件，在其室后端的南壁下清出有铜洗、铜甗、铜鼎、铜扁壶、铜卣、铜灯等 10 多件铜器和陶壶、陶瓿等 20 多件陶器等。

北部耳室内底部也发现有椁木痕迹，但已散乱，无棺，只在其耳室前部清出有破碎的陶壶 3 件和陶瓿 2 件（图一）。

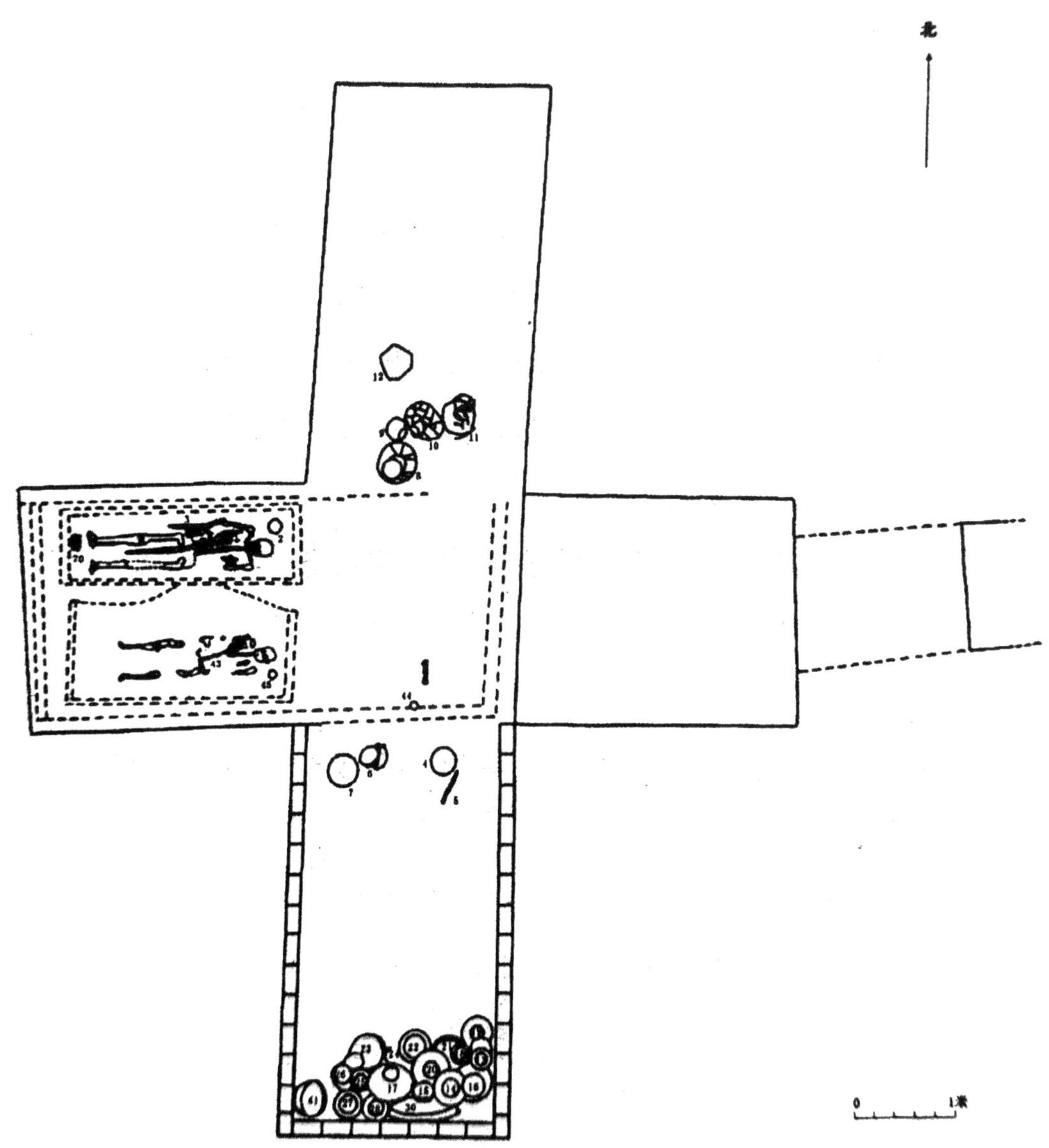

图一 M5 平面图

1、23. 铁剑 2. 铜镜 3、5. 铁刀 4. 铜盘 6、41. 铜 7. 铜盆 8、10~12、16、26、27、33. 陶壶 9、3、14、17~20、22~25、28、29、31、32、34、38. 陶瓿 42. 玉剑璏 70. 铜钱

二、随葬器物

共计114件。其中陶器27件，铜器79件，铁器5件，玉饰1件，银饰1件，铜钱1包。

1. 陶器

27件。其中瓿17件，壶10件。

A Ⅳ式瓿 17件。根据大小不同或装饰的不一样等，下面按标本分述于后。

（标本M53：20）3件。圆唇，短领微束，口稍侈，上置一覆盘形盖，斜肩，鼓腹，平底略内凹。肩腹部饰有多周旋转压光暗纹。口径16、腹径30.8、底径16、盖径19.6、通高31厘米（图二，1）（标本M53：17）3件。方唇，短领微束，口稍侈，上置一覆盘形盖，斜肩上隆，鼓腹，平底略内凹。肩腹部饰有多周压光暗纹，腹下部有磨光绳纹痕。口径17.2、腹径32.8、底径17、盖径22.8、通高34.4厘米（图三，1）。

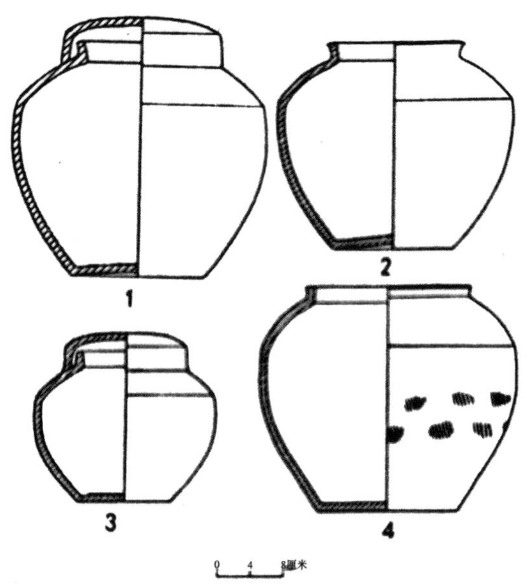

图二　M53出土陶器
1、2、3、4. A Ⅳ陶瓿（M53：20、M53：9、M53：25、M53：22）

（标本M53：25）4件。方唇，短领微束，口稍侈，上置一覆盘形盖，斜肩上隆，鼓腹，平底。肩腹部饰有多周压光暗纹。口径12、腹径19.8、底径11.2、盖径15.2、通高20厘米（图二，3）。（标本M53：9）1件。方唇，短领微束，口稍侈，斜肩上隆，鼓腹，平底略内凹。素面。口径16.4、腹径28.2、底径14.4、高24.2厘米（图二，2）。（标本M53：22）1件。方唇，短领，直口，斜肩上隆，鼓腹，平底。肩腹部饰有多周压光暗纹，腹下部有片状磨光绳纹痕。口径20.4、腹径31.6、底径17.2、高26厘米（图二，4）。（标本M53：29）2件。敛口，卷唇，短束颈，斜肩，鼓腹，平底。肩饰多周压光暗纹。口径12.4、腹径21、底径12、高16.6厘米（图三，2）。（标本M53：13）2件。圆唇，短领，直口，圆鼓腹，平底。肩饰多周压光暗纹。口径11.7、腹径18.4、底径

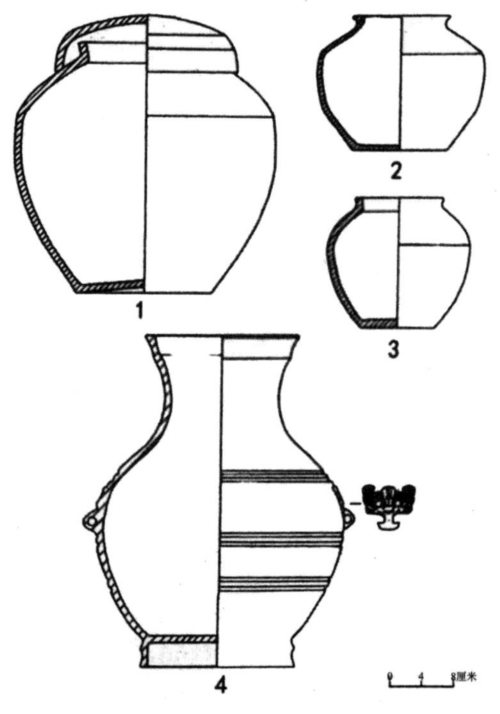

图三　M53出土陶器
1、2、3. A Ⅳ陶瓿（M53：17、M53：29、M53：13）
4. Ⅲ式陶壶（M53：26）

9.6、高 16.1 厘米（图三，3）。

Ⅲ式壶 10 件。形制相似，其中 2 件圈足底，8 件假圈足底。（标本 M53：26）2 件。盘口，束颈，圆鼓腹，圈足底。肩腹部饰三组双凹弦纹，腹两侧对称贴附二铺首钮，圈足上饰一周凸棱。口径 20、腹径 31、底径 20、圈足高 3.2、通高 41.2 厘米（图三，4）。（标本 M53：33）4 件。盘口，束颈，圆鼓腹，假圈足底。肩腹部饰三组双凹弦纹，腹两侧对称贴附二铺首钮。口径 16.2、腹径 26.2、底径 15、高 31.6 厘米（图四，2）。（标本 M53：8）4 件。盘口，束颈，圆鼓腹较深，假圈足底。肩腹部饰三组双凹弦纹，腹两侧对称贴附二铺首钮。口径 17.4、腹径 34.8、底径 18.6、高 41.4 厘米（图四，1）。

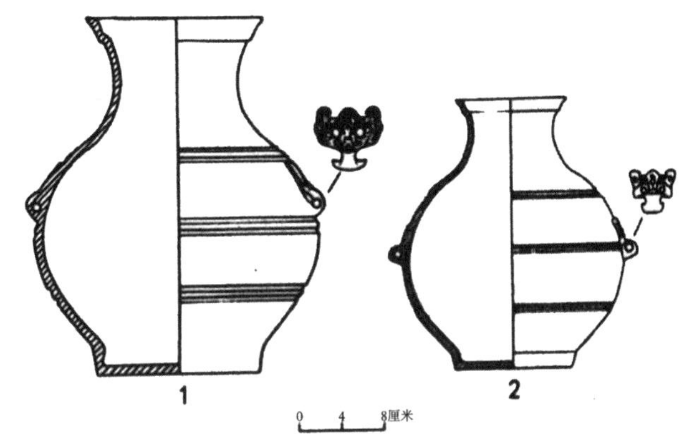

图四　M53 出土陶器

1、2. Ⅲ式陶壶（M53：8、M53：33）

2. 铜器

79 件。

器型计有鼎 1 件，卣 1 件，扁壶 1 件，甗 2 套，銷 2 件，盆 1 件，盘 1 件，洗 1 件，灯 1 件，镜 2 件，带钩 1 件，薰炉构件 2 件，车马饰 1 包 56 件，箱盒饰 1 包 6 件，棺饰 1 包。

鼎 1 件（编号 M53：21）。敛口，沿内折作子口，浅腹，圜底，下附三细高蹄足。长方形双耳微外侈附于腹侧，盖隆起成弧形，上立三鸟形钮。腹中部有一周窄沿圈带。腹径 25、通高 24 厘米（图五，1）。

提梁卣 1 件（编号 M53：36）。器身作圆筒形，有外罩式盖，子母口，盖隆起成弧形，中心有一扁钮，钮底部有一小孔，腹两侧有对称环钮，上连活络式提梁，平底下附三矮蹄足。器腹中部饰一周宽带纹。腹径 12.4、器高 19、足高 1.5、通高 20.5 厘米（图五，2）。

提梁扁壶 1 件（编号 M53：37）。侈口，束颈，扁腹外鼓，圆角长方形喇叭式圈足底。内插式盖，盖上隆成弧形，上饰四组龙云纹，中心为二龙戏珠形纹，钮呈桥形，上饰圆珠，孔套接链环于提梁口。器肩上对称置二桥形

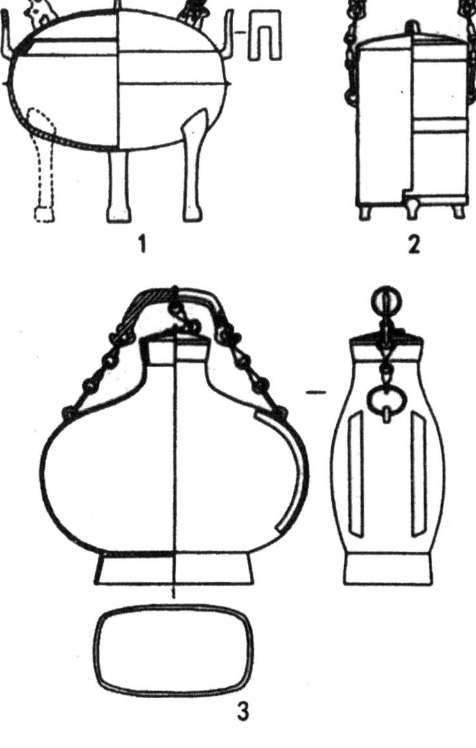

图五　M53 出土铜器

1. 铜鼎（M53：21） 2. 铜提梁卤（M53：36）

3. 铜提梁扁壶（M53：37）

钮，上连活络式提梁。腹侧饰二竖向宽带纹。壶颈两侧均刻有“周”字。口径 7.7、腹径 28.4、厚 11.6、通高 26.8、圈足高 3.2 厘米（图五，3）。

鋗 2 件。形制相似，大小有别。

（标本 M53：39）敞口，斜折沿，弧腹，平底，下有矮圈足。沿下饰一周素面宽带纹，腹上部饰有对称铺首衔环。口径 28.1、底径 14.4、圈足高 0.2、通高 13.4 厘米（图六，4）。

（标本 M53：40）敞口，平折沿，弧腹，平底，下有矮圈足。腹上饰有对称铺首衔环。口径 18、底径 8.9、圈足高 0.1、通高 8.5 厘米（图六，1）。

甗 2 套。形制相似，大小不同。

（标本 M53：41）上甑下釜。甑口微敛，平折沿，鼓腹，下有圈足，平底作箅，作“十”字形四分向外排列。腹上部对称饰二铺首衔环，沿下一周素面宽带纹。釜小口直领，甑足套其外，折肩，圜底。肩上对称饰二铺首衔环，腹中部出一周环状沿。沿有铁锈痕，釜底应是铁三足架支撑的。甑口径 28.2、圈足径 14.6、高 15.4 厘米。釜口径 12.8、腹径 29.2、高 15 厘米。器通高 29.2 厘米（图六，3）。

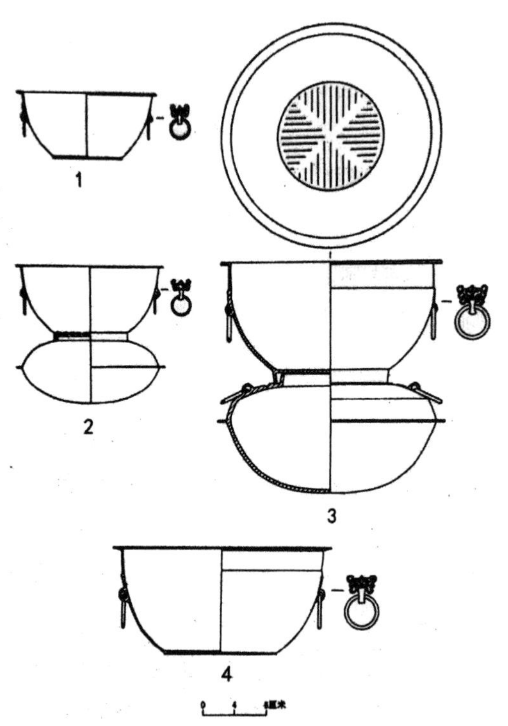

图六　M53 出土铜器
1、4. 铜鋗（M53：40、M53：39）
2、3. 铜甗（M53：6、M53：41）

（标本 M53：6）上甑下釜。甑敞口，平折沿，弧腹，下附圈足，平底作箅，条形孔分“十”字形向外排列。腹部对称饰二铺首衔环。釜小口直领，甑足套其外，隆肩，鼓腹，圜底。甑口径 18.2、圈足径 9、高 9.1 厘米。釜口径 8.4、腹径 18.4、高 8.2 厘米。器通高 16.8 厘米（图六，2）。

盆 1 件（编号 M53：7）。敞口，外折沿，弧腹，平底，下附矮圈足。素面。口径 24、底径 11.4、圈足高 0.2、通高 7.4 厘米（图七，1）。

盘 1 件，残（编号 M53：4）。敛口，斜折沿，直壁折腹，平底。素面。口径 27.2、腹径 25.8、底径 10.5、高 9.8 厘米（图七，2）。

洗 1 件（编号 M53：30）。敛口，平折沿，直壁折腹，圜底。素面。口径 68、腹径 58、高 14 厘米（图七，5）。

灯 1 件（编号 M53：44）。浅盘敞口，直壁，平底。竹节状立柱柄，喇叭形底座。盘口径 10、座底径 8、高 12.9 厘米（图七，4）。

镜 2 件。一大一小，背部纹饰也不相同。（标本 M53：2）圆形，连峰钮，圆钮座。座外一周凹弦纹带及一周内向八连弧纹圈带。其外两周短斜线纹带之间有铭文："内清质以昭明光辉象夫日月心忽扬而愿忠然雍塞不泄"。素宽缘。直径 13.4 厘米。（标本 M53：45）圆形，圆钮，圆钮座。座与其外的一周内向八连弧纹圈带之间有四组短线纹和四单线短纹。再其外与一周短线纹之间铭文："见日之光长毋相忘"。每字之间饰一涡纹。素缘。直径 7.6 厘米。

带钩 1 件（编号 M53：47）。身为琵琶形，一端趋细弯曲作钩，腹下有一圆钮，背部有两条凸棱。长 6.6 厘米（图七，6）。

薰炉构件（编号 M53：46）。有承盘和薰炉盖 2 件。

承盘（编号 M53：46–1）。折沿，折腹，平底。底上有两个小圆孔，应为鸟足上的铆钉预留。圆盘径 19.8、高 2 厘米（图七，3）。

薰炉盖（编号 M53：46–2）。为鸟背形，前接鸟颈，后连鸟尾，下部呈弧线形，似鸟翅。长 10.9、宽 7.4、高 3.6 厘米（图七，3）。

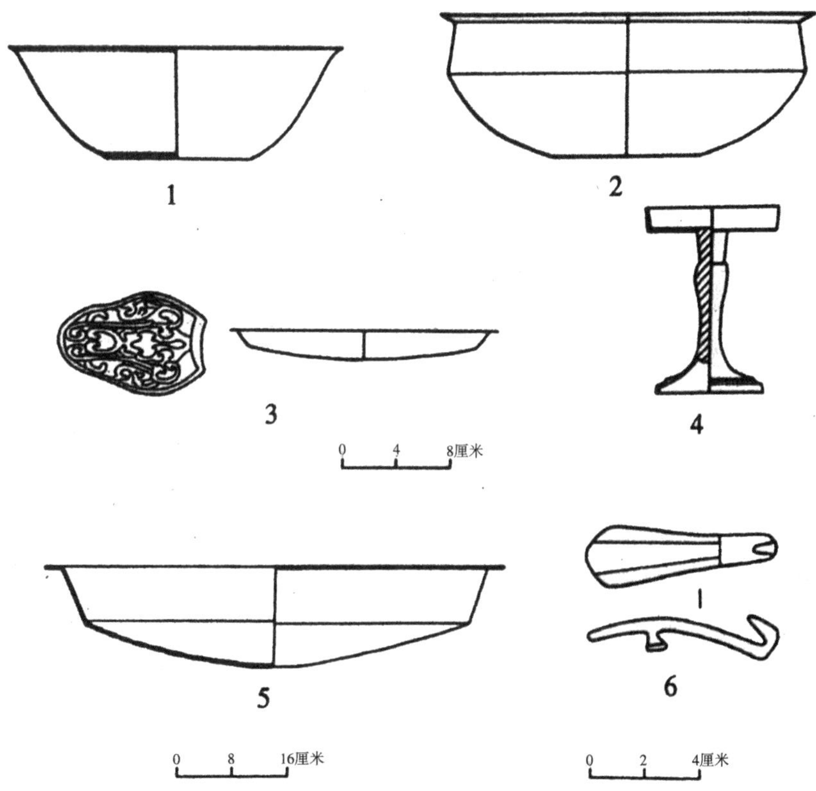

图七　M53 出土铜器

1. 铜盆（M53：7） 2. 铜盘（M53：4） 3. 铜薰炉构件（M53：46–1、M53：46–2）
4. 铜灯（M53：44） 5. 铜洗（M53：30） 6. 铜带钩（M53：47）

车马饰 1 包 56 件。计有镳衔 6 副，轴饰 3 件，圆环 1 件，环状拉手 1 件，兽面饰 1 件，辕饰 1 件，轙饰 2 件，带扣 2 件，节约 2 件，当卢 2 件，輢饰 5 件，盖弓帽 26 件，衡末饰 2 件，桅首饰 1 件，片状饰 1 件。

镳衔 6 副。多已残碎。有三种类型，现分述如下。（标本 M53：48–1）1 副。镳呈"S"形，身上有两孔，两端作鸡冠状镂花。衔为三节式，每节两端为环，相互套接，其中间一节较短。

镳长 12.8、衔长 10.8 厘米（图八，1）。（标本 M53：48–2）1 副。镳作哑铃形，两端为圆形，中部鼓起一乳钉，侧面有二小孔。衔作二首式，小环相衔，两端各以椭圆形环贯镳。镳长 7.8、衔长 9.3 厘米（图八，2）。（标本 M53：48–3）4 副。镳呈“S”形，两端若桨叶，侧有二小孔。衔作二节式，以小环相衔，两端各以椭圆形环贯镳。镳长 9.3、衔长 8.9 厘米（图八，3）。

轴饰 3 件。圆筒形，箍中朽木尚存。中部有凸箍一道，近两端各有一圈宽带凸弦纹或凸棱一道。（标本 M53：51–1）长 10.2、径 1.6 厘米（图八，4）。（标本 M53：51–2）长 11、径 1.5 厘米（图八，5）。（标本 M53：51–3）长 11.3、径 1.6 厘米（图八，6）。

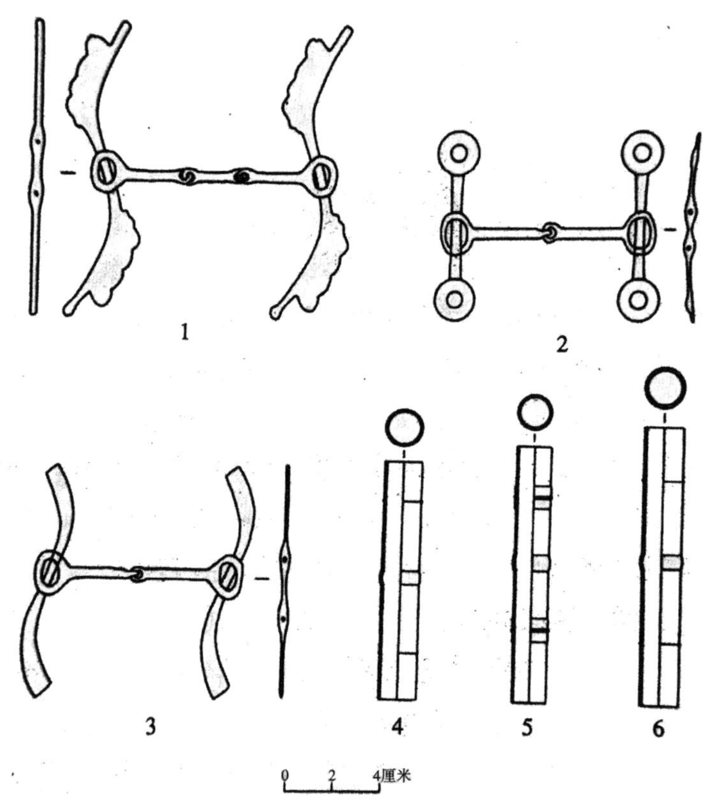

图八　M53 出土铜车马饰

1、2、3. 铜衔镳（M53：48–1、M53：48–2、M53：48–3）

4、5、6. 铜车轴饰（M53：51–1、M53：5–2、M53：51–3）

圆环 1 件（编号 M53：61）。断面呈圆形，直径 1.9 厘米（图九，1）。

环状拉手 1 件（编号 M53：63）。断面呈椭圆形，一侧出二鼻，上有小孔。直径 1.9 厘米（图九，2）。

兽面饰 1 件（编号 M53：58）。凸字形扁片，宽端凸起，另一面下凹，凸起端饰兽面纹。长 2.8、宽 2.3 厘米（图九，3）。

辕饰 1 件（编号 M53：55）。弯曲方柱体，中空，顶端饰一兽头形。长 2.4、宽 0.9 厘米（图九，4）。

轙饰 2 件（编号 M53：54）。半圆形，两端细尖，中部断面为圆形。长 2.2、宽 2.3 厘米（图九，5）。

带扣2件（编号M53：57）。马蹄形，中间作一横梁，上有鼻钮安一活动杆。长1.9、宽1.5、高0.5厘米（图九，1）。

节约2件（编号M53：62）。圆形，背有一长方形钮。径1.5、高0.9厘米（图九，7）。

当卢2件（编号M53：53）。形制、大小相同。扁片状，形似正视马头，中部镂空，背面有两个半环形钮。长9.1、宽2.5厘米（图九，8）。

輢饰5件（编号M53：52）。形制、大小相同。扒钉状，断面为圆形。长5.9、宽2.3厘米（图九，9）。

盖弓帽26件（编号M53：50）。形制、大小相同，圆筒形，中空成銎，口缘处略大，上端稍细小，有方形花边底座，器中部往下挑起一钩，钩与座之间饰有一凸棱。銎径0.6、高3.6厘米（图九，10）。

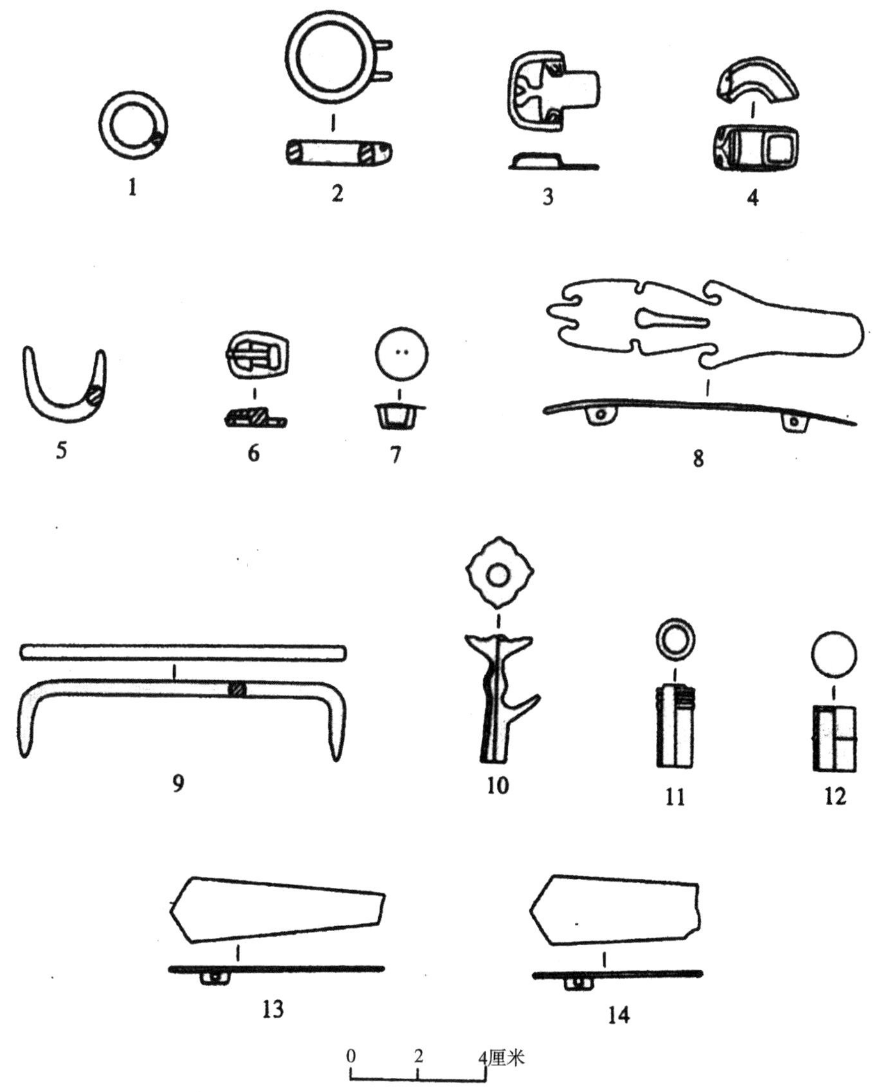

图九　M53出土铜车马饰

1. 铜圆环（M53：61） 2. 铜环状拉手（M53：63） 3. 铜兽面饰（M53：58） 4. 铜辕饰（M53：55） 5. 铜轙饰（M53：54） 6. 铜带扣（M53：57） 7. 铜节约（M53：62） 8. 铜当卢（M53：53） 9. 铜輢饰（M53：52） 10. 铜盖弓帽（M53：50） 11. 铜衡末饰（M53：56） 12. 铜槐首饰（M53：60） 13、14. 铜片状饰（M53：66-1、M53：66-2）

衡末饰2件（编号M53：56）。形制、大小相同。圆筒形，末端有收分，并排饰三道凸弦纹。径1.0、长2.3厘米（图九，11）。

桅首饰1件（编号M53：60）。圆筒形，末端有收分，中腰有凸弦纹一道，銎内有朽木痕。径1.2、长1.8厘米（图九，12）。

片状饰件2件（编号M53：66）。条形，一端稍光呈三角形，一端渐窄，残。背部有一长方形钮。长4.9~6.1厘米（图九，13）。

箱盒饰6件。计有铺首1件，鼻钮饰4件，片饰1件。

铺首1件（编号M53：59）。兽面形，背部出一插鼻，上有一小孔，兽鼻上隆弯曲成桥形，可以衔环。高3.1、宽4.2厘米（图一〇，1）。

鼻钮饰4件（编号M53：64）。3件圆形，1件桃形，中间皆有一条形孔和插钮。（标本M53：64-1）直径3.8厘米（图一〇，2）。（标本M53：64-2）直径3.0厘米（图一〇，3）。（标本M53：64-3）高4.2、宽3.8厘米（图一〇，4）。

片饰1件（编号M53：65）。玉坠形，两端各有一小孔。长3.75、宽2厘米（图一〇，5）。

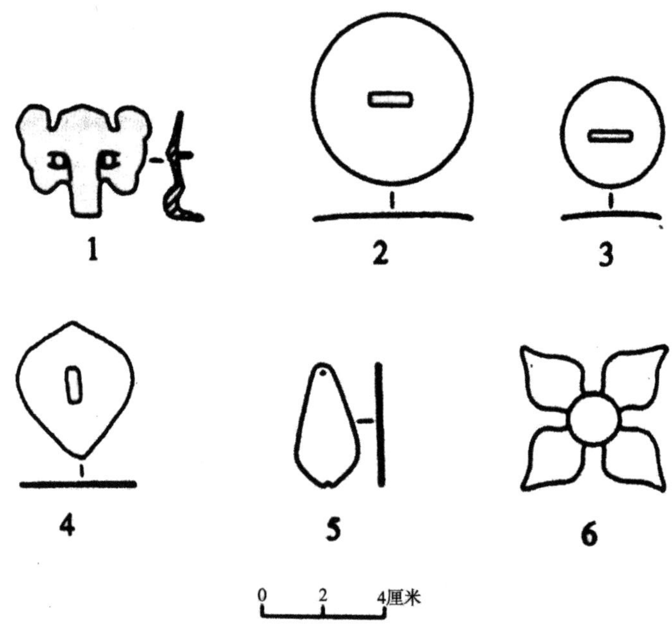

图一〇 M53铜箱盒饰、棺饰
1. 铜铺首（M53：59） 2、3、4. 铜鼻钮饰（M53：64-1、M53：64-2、M53：64-3） 5. 铜片饰（M53：65） 6. 铜四叶蒂形饰（M53：49）

棺饰1包。皆为四叶蒂形饰，多已残碎。

四叶蒂形饰（编号M53：49）。四叶，内接一圆，呈薄片状，在其中心插入一泡钉。叶径6.2、泡钉径1.6厘米（图一〇，6）。

3. 铁器

6件。器型计有釜1件，剑2件，削刀2件，扒钉1包。

釜1件。残破（编号M53：69）。侈口，微束径，球形腹。口径20、腹径22、高20厘米（图一一，1）。

剑2件。分出于两个墓主人的身上，形制不同。（标本M53：1）剑身修长，两面微起脊，断面呈扁菱形，扁茎。身茎间有玉格，格两面隆起成脊，其上浮雕青龙形纹，横断面呈椭圆形。通长101.4、身长78.4、宽3.0厘米（图一二，1）。（标本M53：43）剑身稍短，扁茎较长，两面起脊，断面呈扁菱形。身茎间有铜格，格两面起脊，横断面呈菱形。通长81.5、身长46、

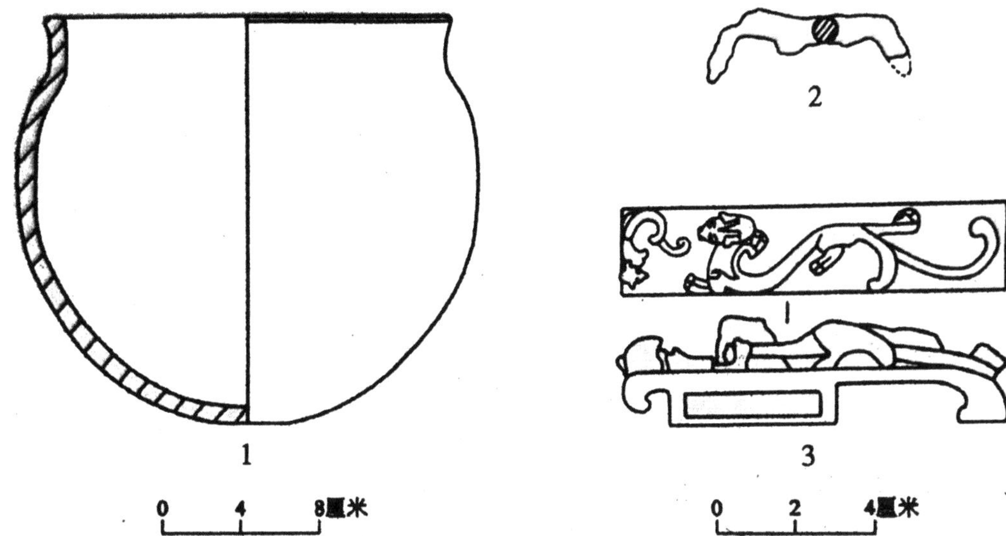

图一一　M53出土铁器、玉器
1. 铁釜（M53：69） 2. 铁扒钉（M53：67） 3. 玉剑璏（M53：42）

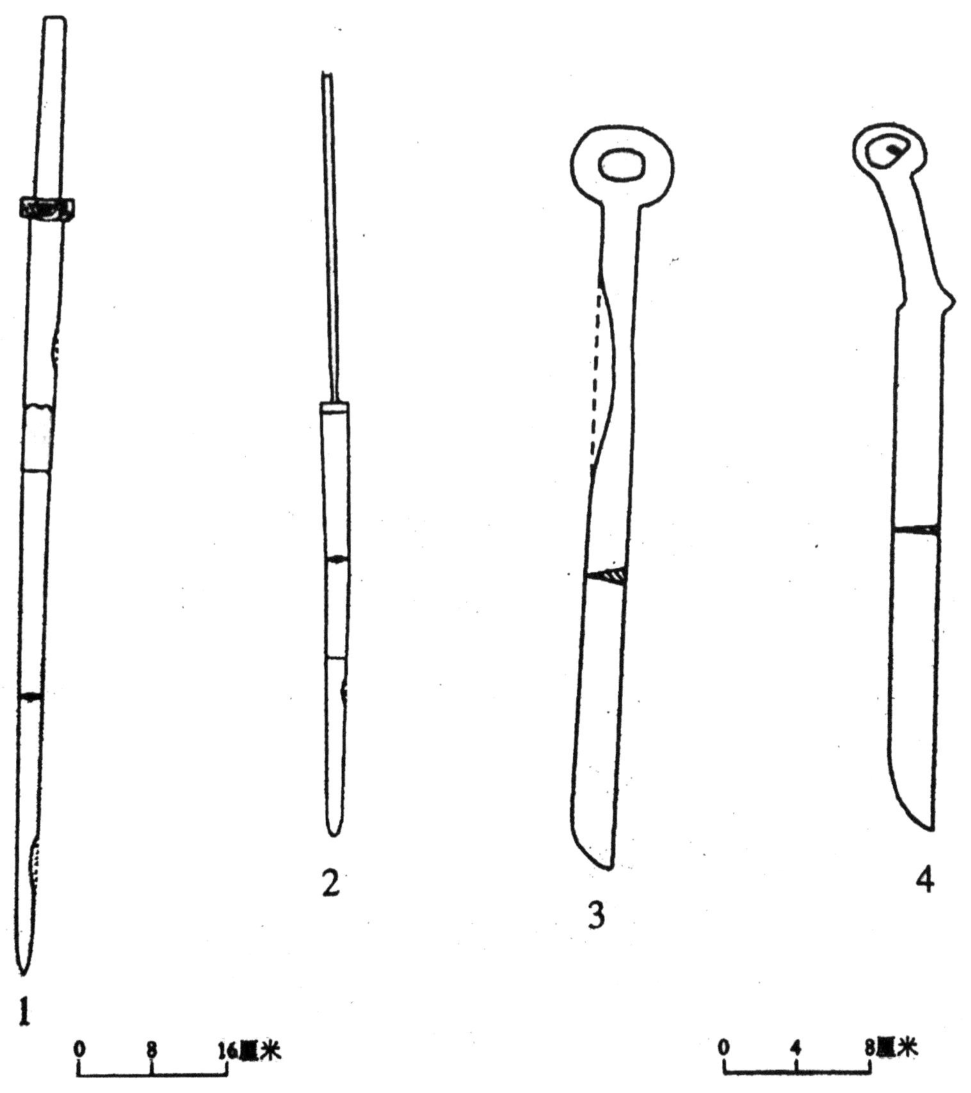

图一二　M53出土铁器
1、2. 铁剑（M53：1、M53：43） 3、4. 铁削刀（M53：3、M53：5）

宽 2.4 厘米（图一二，2）。

削刀 2 件。一件出于南耳室门口（编号 M53：5），一件出于男主人左侧身下（编号 M53：3）。形制不同。（标本 M53：3）环手直背，单面刃，刀前部曲斜成尖。通长 40、宽 2.3 厘米（图一二，3）。（标本 M53：5）环手曲柄，刀身直背，单面刃，刀前部曲斜成尖。通长 38、宽 2.6 厘米（图一二，4）。

扒钉 1 包 3 件（编号 M53：67）。断面为圆形。长 5、宽 1.5 厘米（图一一，2）。

4. 玉器

1 件。为玉剑璏。

璏 1 件（编号 M53：42）。长方形，弧面，有长方形穿孔，表面饰云龙纹。长 9.4、宽 2.2 厘米（图一一，3）。

5. 银器

1 包。为条带饰。

（编号 M53：68）皆残断。窄条形薄片，出于漆奁附近，为奁上装饰条。宽 1.1 厘米。

6. 钱币

1 包。为铜钱。

铜钱 287 枚。皆为五铢，分四式。

Ⅰ式五铢 79 枚。钱文“五铢”二字修长秀丽，“五”字交股笔缓曲，上下与两横笔交接处略向内收；“铢”字“金”头三角形，四点方形较短；“朱”字头方折，下垂笔基本圆折，头和尾与“金”字旁平齐，笔画粗细一致。直径 2.5、肉厚 0.1、穿 1.0 厘米（图一三，1）。

Ⅱ式五铢 84 枚。钱文字形瘦长，“五”字两腹交笔已渐变弯曲，两股末端有收文外廓较窄。直径 2.5、肉厚 0.1、穿 1.0 厘米（图一三，2）。

Ⅲ式五铢 62 枚。钱文“五”字交股弯曲甚大，左右几乎平行，上下两横多出头接于内廓或外廓；“铁”字“金”呈三角形，“朱”字头方折，“金”旁较“朱”字略低。直径 2.5，肉厚 0.1，穿 1.0 厘米。（图一三，3）

Ⅴ式五铢 63 枚。钱文“五铢”二字宽肥圆柔，笔画较粗且浅，“五”字交股弯曲，上下两横不出头；“金”字头呈三角形，四点较长，“朱”旁上横圆折，上下对应，中间直笔较长，两头较细弱。直径 2.5、肉厚 0.1、穿 1.0 厘米（图一三，4）。

0 1 2厘米

图一三　M53 出土铜钱

1. Ⅰ式五铢　2. Ⅱ式五铢　3. Ⅲ式五铢　4. Ⅴ式五铢

三、结语

该墓的形制与《洛阳烧沟汉墓》Ⅲ型2式接近，只是竖井墓道变成了天井，长阶梯墓道变成了长斜坡墓道。随葬器物陶器组合为瓿和壶，铜器的组合为鼎、卣、扁壶、甗、鋗、盆、盘、洗、灯、薰炉构件、镜、带钩、车马饰、箱盒饰、棺饰等，铁器有釜、刀、剑等。其中AⅣ式瓿与《河南陕县刘家渠汉墓》Ⅳ型方唇罐相同[1]，与《文物》1987年第6期“山西朔县秦汉墓发掘简报”西汉末至东汉初期Ⅳ型4式罐相同[2]；Ⅲ式壶与《山西朔县秦汉墓发掘简报》西汉末至东汉初期Ⅳ型6式壶接近；铜器鼎、卣、扁壶、甗、绢、盆、盘、洗、灯等与《陕县东周秦汉墓》第二部分“秦至汉初墓葬”的铜器相仿[3]，与《山西朔县秦汉墓发掘简报》西汉中期的铜器相仿[4]；铜镜属《中国铜镜图典》连弧铭带镜，是西汉晚期至王莽时期流行的铜镜。铜钱287枚，其中最晚的为东汉建武五铢，故该墓的时代为东汉前期。

根据该墓铜扁壶颈部两侧均有“周”字分析，该墓主可能姓周。它西距陕州城不远，应是汉时陕县城内的住户，故该墓的发掘对研究汉代的历史文化、社会状况及汉陕县城的情况等都提供了宝贵的实物资料。

发掘：宋忠万

绘图：赵小灿　任孝生

执笔：崔松林

摄影：李先增

拓片：胡焕英

注释：

[1] 叶小燕：《陕县刘家渠汉墓》，《考古学报》1965年第1期。

[2] 信立祥：《山西朔县秦汉墓发掘简报》，《文物》1987年第6期。

[3] 中国社科院考古研究所：《陕县东周秦汉墓》（黄河水库考古报告之五），科学出版社，1994年。

[4] 孔祥星：《中国古代铜镜》，文物出版社，1992年。

河南三门峡火电厂工地发现大规模秦人墓地

◎马俊才　◎史智民

发掘区北中部航拍

三门峡大唐火电厂墓地位于河南省三门峡市陕县与灵宝县交界处，西距战国与秦时的函谷关遗址约15公里，原为东西向的缓坡岗地，现地表较平。火电厂一、二期基建时曾进行了大规模发掘，发掘墓葬2000余座，证实为一处以战国秦汉墓葬为主的大型墓地。

2014年3月至10月，河南省文物考古研究院和三门峡市文物考古研究所组成考古队，对基建区内的古墓葬进行了多学科大规模抢救性发掘，共发掘古代墓葬802座。

秦　人　墓

共751座，占绝大多数，是最重要的发现。这些秦人墓数量众多，保存很好，分布密集、排列有序，几乎没有打破现象，时代从战国晚期至西汉早期不间断。墓葬绝大多数为竖井墓道侧向或顺向洞室墓，少数为长方形竖穴土坑墓，个别为成年瓮棺葬。墓道多为西向，少数为东向，个别为南北向。墓主头向多与墓道方向相同。葬具有长方形或“工”字形已朽成灰痕的木质单棺单椁、单椁，一些墓没有葬具，个别为瓮棺葬。侧向洞室墓和长方形竖穴土坑墓多为战国晚期，顺向洞室墓多为秦代和西汉早期。一条东西向宽7米左右的条形空白区将整个秦人墓区分为南北两个大区。

北区秦人墓：

是战国小型秦墓区，排列十分密集，大多数为长方形竖井墓道侧向洞室墓，少数为长方形竖井墓道顺向洞室墓和长方形竖穴土坑墓。人殉的现象多在此区墓葬中。

侧向洞室墓的洞室开在墓道一侧长边的下部，较小，长不超过墓道，顶多为拱顶，少数为平顶。顺向洞室墓的洞室开在墓道一侧短边的底部，墓室较小，拱顶或平顶。墓道填土为一次性，个别为夯土。较深的墓道一角开挖有供上下的壁龛。多数有葬具。少数无葬具的人骸下铺有较厚的草木灰。葬式几乎全为程度不同的屈下肢葬，墓主性别以男性为多，有的人骨上还嵌有铜镞，有的人骨有骨折愈合痕。个别墓主为女性。少数墓在洞室一侧挖有拱形的小壁龛，还有少数在棺下挖有小腰坑。随葬品很少，个别人骨上发现铜带钩、铜镜、铜殳、铁带钩、缶、盆、甑等，少量陶器多放在壁龛或腰坑中，一墓的壁龛中还放铜鍪1件，甚为罕见。在许多洞室口都发现了封门的木板痕。以M98为例，为侧向洞室墓，墓道长3.42米、宽1.7米、深3.2米；墓室长2.4米、宽0.9米、高1.7米，木棺已朽，侧身屈肢葬，角龛中随葬陶釜一件。

长方形竖穴土坑墓多为南北向小型墓，多有生土二层台结构，一般有长方形单棺，少数无葬具。葬式多为仰身直肢，个别为屈下肢葬。有的墓底发现有掘墓时防雨搭棚的柱洞。随葬品很少，种类同北区洞室墓。

殉人墓有3座，均在墓道填土中发现，其中2座墓各殉3人，1座殉1人。M355的墓道近东北角口处殉1女性和2儿童，十分凄惨。

推测北区可能为战国晚期秦军人墓地，但成年女性墓排列其中值得探究。

南区秦人墓：

是秦代和西汉初的秦人墓，大多数为长方形竖井墓道顺向洞室墓，个别为长方形竖穴土坑墓。排列整齐、间隔较大，越向南分布越宽松，时代越晚。南区既有较大单棺单椁的围沟墓和大中型墓，形制特殊的积石墓，也有无葬具的小长方形竖穴土坑墓，还有奇特的瓮棺葬。洞室墓形制类同，洞室较长大，许多发现朽成灰痕的木板门，门外墓道一角多发现有牛马羊肢解或整体祭祀现象，以1头4蹄象征整牲祭祀最多。

围沟墓4座，其中两座墓的围沟被起土破坏。均为中型偏大的顺向洞室墓。围沟呈长方形环状，内底有淤土，沟内中间为墓葬和墓室区域，说明围沟是防雨水的设施。围沟墓本身形制大小等同于大中型的顺向洞室墓。M26是最大的围沟墓，围沟已失，墓道口外残存柱洞，可能为防雨临时建筑，墓道长6.26米、宽4.12米、深5.3米，单棺单椁，有26件铜、陶、铁随葬品。围沟墓M675的围沟区长9.7米、宽7米、沟宽1.1米、残深1.5米；墓道长3.5米、宽2.2米、深5.9米，洞室长3.6米、宽1.54米、高2.1米，单棺单椁，随葬17件铜陶铁器。

大中型顺向洞室墓葬具多为长方形单棺单椁或单棺，小型墓多为单棺，个别无葬具。小型墓的葬式多为屈下肢葬，大中型墓多为直肢葬。以陶、铁、漆、铜为主的随葬品多放在棺外。陶器主要有缶、罐、盆、甑、盘、蒜头壶等；铁器主要为釜和鍪；铜器主要有蒜头壶、鍪、鼎、甑、圆壶、扁壶等；漆器胎已朽成灰痕，形状尚在，主要有耳杯、盘、盒等。许多漆盘陶盘内或陶器旁还发现肢解或完整的猪、牛、鸟、兽骨，当是随葬的肉食器。陶容器内也多有粮食朽痕。棺内个别墓葬有铁剑、铜钱、铜铁带勾、铜戈等。一些小型墓没有随葬品。中型墓M527是一座棺椁下铺有积石的特殊墓葬，墓道长3.76米、宽3米、深4.4米；墓室长3.64米、宽1.94米、高2.2米，单棺单椁，随葬品有铜陶铁器等9件。

瓮棺葬只发现2座，以顺向洞室瓮棺葬M437最为奇特，大瓮葬具周围还有4件陶罐瓮随葬。

特殊形制小墓：一些小型顺向洞室墓的墓道内，还发现挖有U字形半环状小沟，内有淤土，也是防水设施。

东汉墓

16座，均为大中型单墓道洞室砖券墓，多数被盗严重，分布零散无规律。小的只有顺向的前后室，大的前室、中室、后室、侧室、耳室完备，是多人葬的墓葬。各室多有封门砖，最多的墓葬有7人以上，多为一次葬，少数为二次葬，当为一个家族共葬一墓现象。残存的随葬品较丰富，有陶塑、陶器、铁器、铜钱、铜镜、铜印章等，均体现了该地区东汉墓葬的特点。

唐墓

3座，均为小型单墓道单洞室单人墓，分布在南区中南部。M780是南向长方形阶梯状墓道单洞室墓，墓室长3.3米、宽2.04米、残高1.6米，长方形单棺内有仰身直肢葬人骨1具，共出土石质墓志铭、瓷粉盒、瓷碗、陶罐、器座、铁锁、铜钱等18件。从墓志铭上可知，这是一座中唐时期孟氏夫人墓。墓志中提到葬地名称等重要内容，是一座十分重要的唐代纪年墓。

宋墓

2座，均为小型单墓道洞室墓，被盗严重。

明清墓

13座，均为小型单墓室墓，多为夫妻异棺合葬墓，个别为单人棺墓，随葬品主要为瓷罐和铜钱。

时代不明墓

17座，其中大多数当为秦人墓。

这批秦人墓数量众多，保存很好，类型丰富，大小有别，体现了当地秦人墓葬的等级差别和时代特征，许多墓葬有完整的随葬品组合，是不可多得的秦文化重要材料。

揭示了中小等级秦人墓地平面布局特点和规划理念。东西向的空档区罕见，推测原为墓地主道路，决定了墓地的整体布局。墓葬排列密集有序，几乎没有打破关系，推测当经过详细规划，并有专人严格管理，是研究秦墓分布规律与规划方式的重要资料。

南北两区秦人墓差别明显，时代上前后衔接，分布井然，在已发现的秦人墓地中也是少见的。

本次发掘揭示了本地秦人洞室墓掘墓、埋棺、放物、封木门、墓道祭祀、封埋等完整流程。其中用木板封门后再用象征整牲的牛、马、羊肢骨和头举行祭祀的现象十分独特。

证实了围沟主要是作为防雨用的，或许有“兆域”沟的用途。不同于常见的围沟内埋夫妇2座墓，沟内只埋葬1个墓主。其它小墓还有搭临时建筑和在二层台上挖半环沟防雨的现象。

特殊瓮棺葬和墓道殉人也是少见的发现。

极其丰富的人骨、随葬器等标本，为体质人类学、古人食性、DNA测序、动物考古、金属文物保护与研究等提供了坚实物质基础，甚至对汉民族形成等重要课题意义也十分重大。如从现场的观察就发现这批人骨上基本未发现同时代在郑州地区人骨上常见的蹲踞面，推测其坐卧

秦汉围沟墓 M663 墓室

棺木上漂的秦汉 M807 墓室与随葬品

习惯和生活方式当有别于郑州及其周边地区。男性墓主的颅骨和面部多呈现女性化特征，或许属于秦人的一个人种特点。

这批中小型秦文化洞室墓墓主多为程度不同的屈肢葬，大型墓和长方形竖穴土坑墓则多为直肢葬，揭示了秦人可能存在裹尸归葬的习俗。

东汉、唐、宋等朝古墓也为研究同期墓葬文化提供了实物材料。

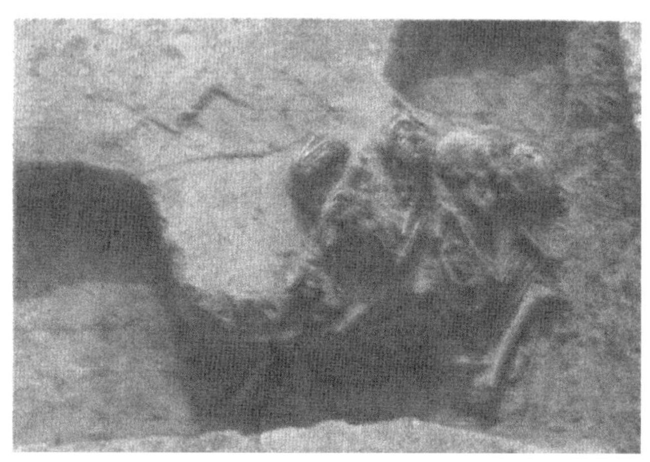

战国 M355 墓道填土中的殉人

有顶门杠痕的战国秦墓 M115

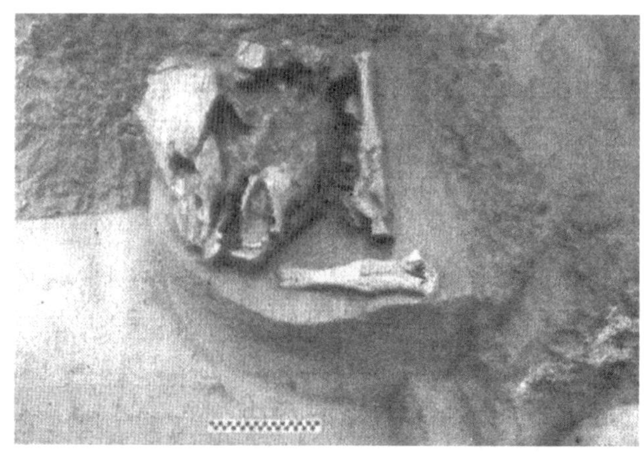

秦汉 M618 墓道角放置的 2 具牛头及肢骨

河南三门峡大唐火电厂战国秦汉墓地

◎马俊才　◎李　辉　◎杨树刚　◎曹艳朋

三门峡大唐火电厂位于河南省三门峡市以西陕县与灵宝县交界处，西距函谷关遗址约15公里，原为东西向的缓坡岗地，现地表较平。火电厂一、二期基建时曾进行大规模发掘，清理墓葬2000余座，证实此处岗岭为一处以战国秦汉墓葬为主的大型墓地。为了配合火电厂三期扩建工程基本建设，2014年3—10月，河南省文物考古研究院和三门峡市文物考古研究所联合对基建内的古墓葬进行抢救性发掘，共发掘古墓葬802座。

本次发掘最重要的发现是清理了战国晚期至西汉早期的秦人墓751座。墓地分为南北两区，两区中间的空档区宽约7米，东西走向，疑为神道，极为罕见。由于疑似神道的上部地层已被破坏，故无法确知神道表面的具体情况。南北两区秦人墓差别明显，时代前后衔接。北区为战国小型秦墓区，排列十分密集，大多数为侧向洞室墓，少数为顺向洞室和长方形竖穴土坑墓。侧向洞室墓的洞室开在墓道一侧长边的下部，较小，长不超过墓道，多为拱顶，少数为平顶。顺向洞室墓的洞室开在墓道一侧短边的底部，墓室校小，拱顶或平顶。墓道填土为一次性，个别为夯土。较深的墓道一角开挖有供上下的壁龛。多数有长方形朽成灰痕的木质葬具，人骨下铺有较厚的草木灰。葬式几乎全为程度不同的屈下肢葬，墓主以男性居多，少量墓主为女性。个别人骨上嵌有铜镞，有的人骨有骨折愈合痕。随葬品很少，个别人骨上发现铜带钩、铜镜、铜殳、铁带钩，缶、盆、甑等少量陶器多放在壁龛或腰坑中，一墓的壁龛中还放铜鍪1件。M98为侧向洞室墓，墓道长3.42、宽1.7、深3.2米，墓室长2.4、宽0.9、高1.7米，木棺已朽，侧身屈肢葬，角龛中随葬陶釜一件。长方形竖穴土坑墓多为南北向小型墓，多有生土二层台结构，一般有长方形单棺，多为仰身直肢，个别为屈下肢葬。有的墓底发现有建造时防雨搭棚的柱洞。3座墓的墓道中发现有殉人，其中1座殉葬1人，另2座墓各殉3人。M355的墓道近东北角口处殉1个成年女性和2个儿童。推测北区可能为战国晚期秦军人墓地，但成年女性墓排列其中值得探究。

南区是秦代和西汉初的秦人墓，排列整齐、间隔较大，越向南分布越宽松，时代越晚。墓葬形制见顺向洞室墓、单棺单椁的围沟墓、大中型积石墓、无葬具的小长方形竖穴土坑墓以及

战国墓 M98

战国墓 M355 墓道中的殉人

战国墓 M115

瓮棺葬。洞室墓形制类同，洞室较大，许多发现有朽成灰痕的木板门，门外墓道一角多发现有牛、马、羊肢解或整体祭祀现象，以 1 头 4 蹄象征整牲祭祀最多。围沟墓 4 座，其中两座墓的围沟被破坏，均为中型偏大的顺向洞室墓。围沟呈长方形环状，内有淤土，沟内中间为墓葬和墓室区域，说明围沟是防雨水的设施。围沟墓本身形制大小等同于大中型的顺向洞室墓。M26 是最大的围沟墓，围沟已失，墓道口外残存柱洞，可能为临时防雨建筑，墓道长 6.26、宽 4.12、深 5.3 米，单棺单椁，随葬品 26 件。大中型顺向洞室墓多为长方形单棺单椁或单棺，小型墓多为单棺，个别无葬具。小型墓的葬式多为屈下肢葬，大中型墓多为直肢葬。以陶器、铁器、漆器、铜器为主的随葬品多放在棺外，陶器主要有缶、罐、盆、甑、盘、蒜头壶等，铁器主要为釜和鍪，铜器主要有蒜头壶、鍪、鼎、甑、圆壶、扁壶等，漆器胎已朽成灰痕形状尚在，主要有耳杯、盘、盒等。许多漆盘、陶盘内或陶器旁发现有肢解或完整的猪、牛、鸟、兽骨骼，当是随葬的肉食。陶容器内也多有粮食朽痕。个别墓葬棺内有铁剑、铜钱、铜铁带勾、铜戈等。中型墓 M527 是一座棺椁下铺有积石的特殊墓葬，墓道长 3.76、宽 3、深 4.4 米，墓室长 3.64、宽 1.94、高 2.2 米，单棺单椁，随葬品 9 件。瓮棺葬 2 座，以顺向洞室瓮棺葬 M437 最为奇特，大瓮葬具周围还有 4 陶罐瓮随葬。

本次发掘的秦人墓时代从战国晚期延续至西汉早期，数量众多，保存较好，墓葬中完整的随葬品组合，为秦文化研究提供了重要材料。墓葬类型丰富，大小有别，排列紧密，应经过了详细规划，并有专人严格管理，体现了墓葬的等级差别和时代特征，对研究秦人葬俗具有重要意义。

此外，还发现东汉墓 16 座、唐墓 3 座、宋墓 2 座、明清墓 13 座、时代不明墓葬 17 座，

秦汉墓 M663

秦汉墓 M26 墓道外的柱洞

秦汉墓 M527

瓮棺葬 M437 葬具

秦汉墓 M807

秦汉墓 M542 出土鹅首形洞圆壶

秦汉墓 M618 墓道放置的牛头及肢骨

唐墓 M780

西汉墓 M608

东汉墓 M709

出土陶器 2500 余件、铜器 450 余件、铁器 107 件，还有少量瓷器和大量铜钱。东汉墓均为大中型单墓道洞室砖券墓，多数被盗严重，分布零散无规律。大型墓为多人合葬墓，最多葬有 7 人以上，多为一次葬，少数为二次葬，当为一个家族共葬一墓现象。M709，东向窄长斜坡墓道长 5.38、宽 1.06、深 2.1 米，墓室分前室，南、北耳室，后室，总长近 6、宽 7.3、残高 2.1 米。在耳室和后室残单棺痕 4 个，内有人骨 4 具，出土陶、铁、铜、玉各种遗物 37 件以及大量铜钱。唐墓均为小型单墓道单洞单人墓，分布在南区中南部。M780 是南向长方形阶梯状墓道单洞室墓，墓室长 3.3、宽 2.04、残高 1.6 米，长方形单棺内有仰身直肢葬人骨 1 具，出土石质墓志铭、瓷粉盒、瓷碗、陶罐、器座、铁锁、铜钱等 18 件。从墓志铭可知该墓为一座中唐时期孟氏夫人墓。

除传统的科学发掘清理外，同时进行了体质人类学、DNA、古人寄生物、古人食性、动物考古、金属文物保护、漆木器灰痕保护等多学科及时采样与现场鉴定，获取了相关标本，为研究秦文化内涵和汉民族形成等重要课题提供了物质基础。

M15 出土铁足铜鼎

M512 出土铜盉

M663 出土铜鍪

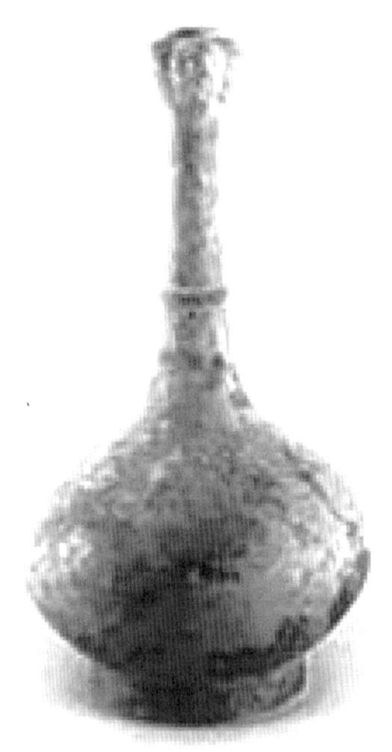

M527 出土铜蒜头壶

M841 出土铜鼎

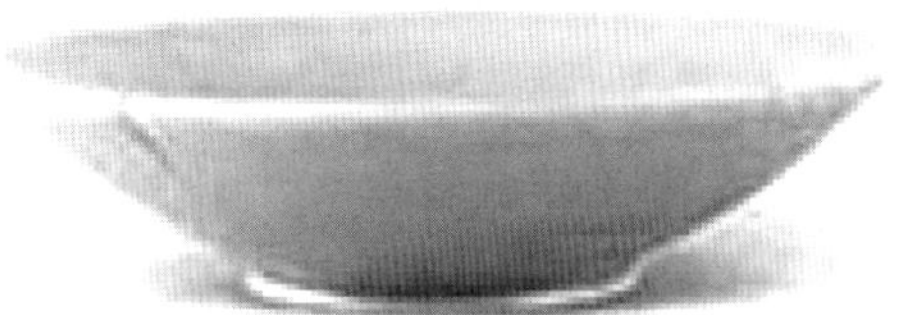

唐墓出土瓷碗

鸿庆寺石窟调查的新收获

◎李中翔

鸿庆寺石窟位于河南省西部的义马市辖区，这里是黄河大转弯后直奔向东的中游，茫茫秦岭蜿蜒东西，巍巍崤山群峰点点。石窟东临洛阳，西望长安，南面天池，北依韶峰，正当著名的崤函古道，古老的谷水在其脚下流过。谷水即今涧河远古时的称谓，石窟凿于涧水呈“几”字形转弯处的北岸白鹿山崖壁上。白鹿山东西延绵，涧河南钟岭、青牛两峰侍立，乃中原一佛刹胜境。鸿庆寺石窟为全国重点文物保护单位。

石窟很早即为学界所关注，有许多学者和专业人士做过调查，但因该石窟严重崩塌淤积和各种条件的限制，一直存在许多含混不清的问题和错误的认识。笔者对该石窟作了较全面的现场清理和系统调查，取得了显著的新成果，出版的《鸿庆寺石窟》一书，是对石窟多方面的论述。本文专门整理分析取得的新材料，对于石窟的规模、布局、形制和年代一系列的新发现新认识作以集中的报告。

鸿庆寺石窟窟群开凿于呈“L”形的山崖间，北侧崖段被建筑遮挡现无遗存，洞窟所在的西侧山崖大致南北走向。以往均称有六窟，两窟毁，存四窟。实则发现现存洞窟八座，清理出的第五、七、八窟尚有较丰富的遗存，崖壁上方还雕刻小龛群（图一）。总计现存和有遗迹的大小佛龛 106 个，佛像 120 尊，佛传故事五幅。另散存石刻造像七件，一造像碑和八通碑刻及石雕建筑构件。

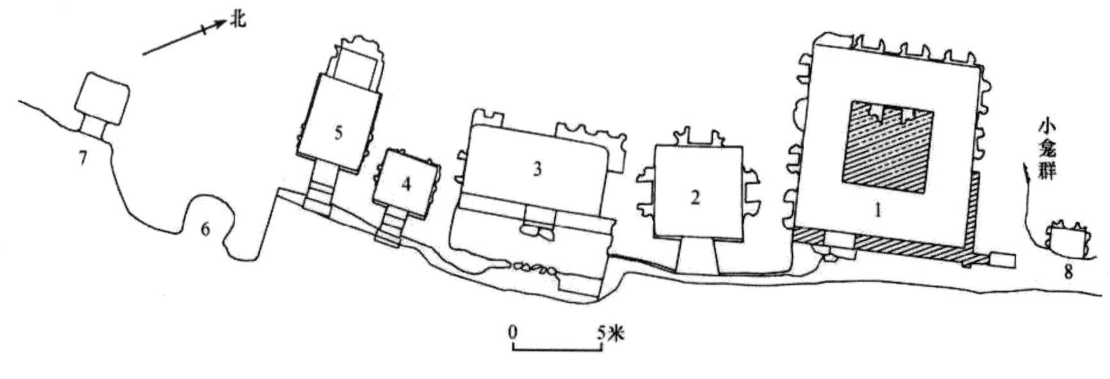

图一　窟群平面实测图

第一窟严重坍塌，笔者经过探坑清理，发现了原始前壁、窟底和下部立壁遗迹。原始洞窟底面被淹没61~65厘米，之上是碎砖石、白灰与杂土；下部立壁出台，台宽约5厘米；原前壁在现存砖砌前壁之外（图二）。洞窟朝向北偏东120°，平面方形，深6.5米，宽6.1米，高6.1米，凿方柱，平顶。方柱不是位于洞窟平面中心，而是靠后0.8米，形成前敞后狭的状况。窟顶大部分崩塌、剥蚀，发现尚存格框痕迹，可知上雕平棋。南壁下部残存的四个尖拱形大龛，以往记录含混。调查发现，自内向外之第一、三、四龛均高135厘米，宽110厘米，造三尊像。第二龛形制特别，高98厘米，宽110厘米，龛基下方雕博山炉和供养人，龛内右侧浮雕一跏趺坐佛，再往外分三排浮雕八身人像。人像上排三人，高发髻，内侧两人相向私语，龛边沿的一人面向龛中心；中排两人，无发髻，坐姿，下排三人，亦坐姿。龛内左侧尚存与右侧对应的小像四身，顶部遗存菩提树浮雕残迹。该龛内容可能是释迦多宝或佛传故事（图三）。在南壁中部清理泥土发现遗存的歌舞伎乐画面，现存九身人像。第一组人物相向跪坐于大莲花两侧，右侧者花冠，耸左肩，右手臂弯曲持物于腭下，可能是在吹笙。第二组余一人，高发髻，跪姿。第三组两人躬身相向，一人右臂弯曲左臂前伸作敬献物品状，一人跪姿，双臂弯曲上举，托物敬献。第四组余花卉和一人残像。第五组余一人，跪坐，躬身俯首，双臂前伸，双手抚物，可能是在弹琴。第六组两人，一人曲体站立，高发髻，左手臂下伸，右臂弯曲手置左肩前；一人躬身曲体，扭腰突腚，双臂伸展，整体作舞状，姿态优美（图四）。

图二　第一窟原始窟底与北壁下部

图三　第一窟南壁第二龛

图四　第一窟南壁伎乐组像

第二窟平面方形，朝向北偏东125°，覆斗顶。窟顶只完成前坡，南壁龛柱仅做出顶端，前壁小龛未凿成，可见洞窟辍工之急促。

第三窟之前认识混乱，现存壁面、窟顶和造像布局，确是奇异。洞窟于前部崩塌近半，经实验确定，岩石的红色是黄色砂岩经过火烧所致，说明窟内经历了大火焚烧。洞窟平面就现状测量，宽 5.4 米，深 3.7 米，若由前部坍塌遗迹量度，深为 4.7 米。经探测，现地面之下 1.1 米深处才是洞窟原始底面，宽 4.8 米，深 4.25 米。窟顶距现地面高 3.9 米，实际高约 5 米。洞窟朝向北偏东 123°。正壁特别不对称、造像无规则，为一佛、一弟子、二菩萨四尊像。主尊距北壁 338 厘米，距南壁 202 厘米，距右菩萨仅 30 厘米，以往说右弟子“无存”，实则很难有其存在的空间[1]。北壁亦很不对称，主尊距后壁 155 厘米，距离前壁 270 厘米，五尊像之右菩萨雕于正壁。南壁自内向外并列开凿三龛，雕刻古朴精美，较正壁、北壁显然是不同的布局与风格。窟顶似为穹隆形，又像横券形。调查发现，在南壁帷幕大龛上方显出覆斗顶的南坡形制，遗存鳞纹、锯齿纹和系珠纹饰，南坡、南壁交接处刻垂幔。窟顶南坡与西坡的交接处，亦有类似的雕刻遗存（图五）。

图五　第三窟覆斗顶坡面遗迹

由迹象分析，南壁是原始洞窟壁面；正壁有所改动，原来可能是一铺三尊像，本来没有右弟子，后有补作；北壁应该是洞窟遭破坏后又续补开凿的。如此，正壁和北壁经过了改造，是在毁坏程度不一的原始壁面上开出宝坛，宝坛上连同原始造像与补作，为一铺五尊像。因原始洞窟的各种限制，空间局促，形成造像极不对称、无规则的现状。原始窟顶，即为南壁、正壁上方残存的那样，是四坡面式的覆斗顶，不是穹隆顶、横券顶。

第四窟底平面呈正方形，覆斗顶，洞窟朝向北偏东 135°。

第五窟坍塌淹没多年，清理时发现该窟现存前后室。前室长方形，底面宽 2.1 米，深 2.61 米，中部宽 2.5 米，深 3 米。窟顶大部是后补作的纵向圆拱顶，顶高 2.75 米。后室现亦为长方形，宽 1.55 米，深 1.5 米，亦是后补作的纵向圆拱顶，顶高 1.75 米。洞窟朝向北偏东 135°。前室北壁靠外侧开凿一尖拱形大龛，高 110 厘米，宽 105 厘米，深 20 厘米，龛基高 75 厘米。龛内造一佛、二菩萨三尊像。主尊跏趺坐于方座，左菩萨仅余痕迹，右菩萨身躯修长、左臂下垂，右臂屈肘手置胸前（图六）。靠后室处凿一尖拱形小龛，龛高 50 厘米，宽 28 厘米，雕一跏趺坐佛，手施禅定印，上部毁。其余壁面剥蚀殆尽。南壁亦于外侧开一尖拱形大龛，大部残毁，残高 105 厘米，宽 90 厘米，龛基高 75 厘米，龛内造一佛、二菩萨三尊像，其余为后砌石壁。后室遗迹为穹隆顶，后壁面凹圆球状，侧壁多为后补，三壁设宝坛造七尊像。主尊居中，仅在壁面上遗存重层莲瓣舟形身光。左弟子仅余下部轮廓；右弟子余膝之下，跣足立于圆形莲花束腰座上。左菩萨、力士仅存火焰宝珠头光和圆形头光；右菩萨余下部残迹和圆形莲花束腰座，右力士存膝以下赤足立于宝坛。从形制、造像布局、圆形莲花束腰座、力士形象观察，后室与第八窟类似，都具有唐代风格（图七）。从现存遗迹观察，该窟前室顶部外侧还保持着完整的坡面、拐角，显然是覆斗形顶；内侧被塌洞破坏，补砌新石的边沿大致是后坡的转角线；两侧壁遗迹的长度，大致也是原始方形洞窟所要求的尺度。可知，该窟原始为覆斗顶的方形洞窟，后部坍塌，又于唐代续凿后室加深了洞室平面（图八）。

图六　第五窟前室北壁佛龛

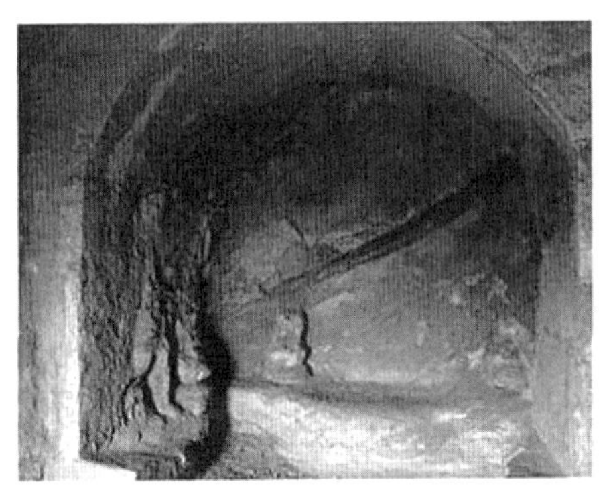

图七　第五窟后室

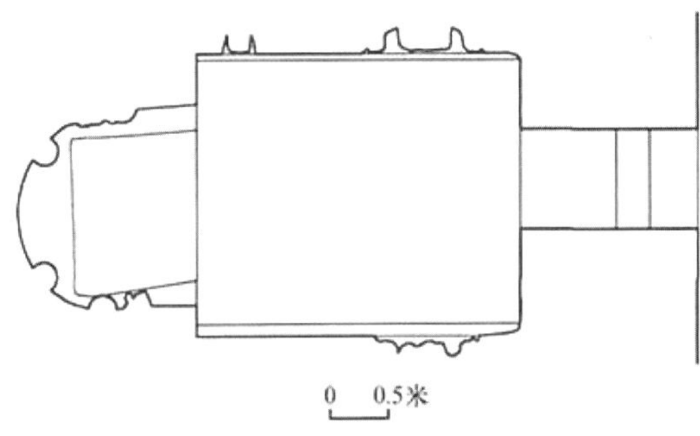

图八　第五窟平面实测图

第六窟全部坍塌淹没于黄土中。第七窟进行了清理测绘，朝向北偏东 129°，穹隆顶，门、前壁和南壁上部坍塌，室顶遗迹不足一半。平面呈方形、圆角，宽 158 厘米，深 125 厘米；中部宽 183 厘米，深 147 厘米；顶残高 105 厘米（图九）。这两窟位于第五窟南侧，均无雕饰，为禅窟。

第八窟位于第一窟北侧坍塌崖壁的上方，朝向北偏东 122°，前部坍塌，平面为方形，宽 150 厘米，残深 120 厘米，穹隆顶高 133 厘米。三壁设宝坛，坛高 12 厘米，宽 15~27 厘米，造一佛、四菩萨、二天王、二力士九尊像，皆风化剥蚀严重，具有唐代风格。主佛居中，残高 55 厘米，头毁，双手置足上，作禅定印，结跏趺坐，下部衣裾覆于座前，圆形束腰莲花座宽 48

厘米，高 33 厘米。四菩萨均立于圆形束腰莲花座上，内侧左菩萨头残，双手合十；内侧右菩萨左臂下垂，右臂弯曲手置腹侧，身躯修长，曲体前挺，姿态优美；外侧左菩萨仅余残躯和腿部轮廓，右菩萨余莲花座。左天王、力士毁坏，余造像根部痕迹。右天王头残，肩以下高 49 厘米，下踏夜叉，右足踏夜叉膝盖，左足踏夜叉背部，左手臂不存，右臂弯曲手置腰间，形象威武。夜叉丰满稳健，高 12 厘米，左腿弯屈平置，右腿抬起，膝盖向上，脚跟蹬地，双臂岔开手作支撑。右力士已毁，仅余根部痕迹（图一〇；图一一）。

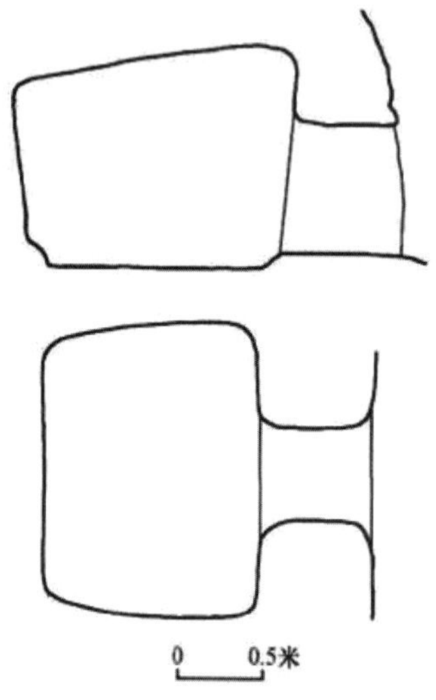

图九　第七窟纵剖面、平面实测图

图一〇　第八窟立面、平面实测图

图一一　第八窟全景

第一窟坍塌的崖壁上方还发现小龛群，现存四个尖拱形小龛，仅余轮廓，与第五窟前室内侧的小龛类似，应是唐代开凿。

调查中还在石窟前不同处发现两截造像残碑，合为一整碑。碑为圆首、梯形，上宽 58 厘米，下宽 70 厘米，高 120 厘米，厚 18 厘米。侧面粗糙，无雕刻。背面有线刻，已不可识。正面高浮雕七佛像。莲花盘根错节，并列生长七条粗壮的主枝，枝头开出七朵硕大的莲花，圆形莲蓬上各雕一佛，均为跏趺坐。下方的五尊露右足，禅定印；上方的两尊，左者双手置膝作禅定印，右者左手置腿上、右手举胸前，作说法印。上方的两佛像外侧，各有一支莲花自下部伸出，莲蓬上雕菩萨。左菩萨左手残，右臂弯曲手托物，右菩萨右手残，左臂弯曲手拿桃形物。两菩萨手臂纤细、身躯修长，着长裙，帔帛于膝上呈环形，跣足立于莲台。两佛中间，从下方又伸出一枝盛开的莲花，莲蓬上雕二力士，力士跪姿，各出一手抱持一物，另一手臂与肩配合持一塔。塔单层，有台座，屋形，雕出屋脊、檐角和瓦垄。塔正面凿一圆拱龛，龛内造一跏趺坐佛。塔两侧各浮雕正面飞天一身，下为流云，帔帛绕肘呈环形飘于头上方，长带在后方飘扬。该幅画面还浮雕七孩童。众莲枝根部又生长七莲枝，均盛开莲花，莲蓬上各雕一孩童。下方的五身孩童，中间者正面，左手持莲蕾，右手举莲花，跳跃状；两边内侧者，一手舞足蹈，一右腿即将跳出莲蓬；两外侧者，一单腿站立休闲姿势，一马步用力状。上方的两身孩童，一举臂立势，一盘腿打坐。碑根部浮雕上下两排人物，每排九人，共十八人，均双手持莲花、莲蕾等物，躬身面向中间，跪姿。造像碑面积仅 0.7 平方米，雕刻了八尊佛像、二身菩萨、二身飞天、二身力士、七身孩童、十八身供养人计三十九个人物，还雕一塔、一龛、流云和十八朵莲花，而画面布局合理、井井有条，有动有静，肃穆中透出活波的气氛（图一二）。从雕刻内容与风格观察，应是唐代晚期作品。

图一二　造像碑

鸿庆寺石窟所在的山崖长达百米，有两禅窟、六造像窟和小龛群，还应有坍塌、淹没的窟龛，第一、三窟尺度达 5.4 米，6.5 米，远不是以往认识的窟龛数量和尺度，其原始及现存规模相当可观。窟龛结构及形制多样，平面虽均为方形，而第三、六、七窟横向长，第一、五窟纵向长，第二、四窟是正方形；第一窟有中心柱、平顶，第二至五窟均为覆斗顶；第六、七为小禅窟。实测发现，第一窟地势较高，第五至七三窟底面大致在同一水平面上。第二窟底面高出第三窟 3.24 米、高出同地势的第一窟 1.08 米，与两邻窟的壁厚仅 30 厘米。第四窟底面高出第三、五窟 104 厘米，与邻窟亦太为靠近。可见，第二、四窟应不是在窟群最初规划布局之中，而是在邻窟建成之后，随着山崖崩塌、崖前地面淤积抬高后才开凿。调查分析，第五窟的后室、第八窟和山崖小龛群最晚，开凿于唐代；第二窟可能辍工于北魏正光末年（525 年）之“关陇纷乱”，第四窟稍早；第一、三、五窟的开凿不晚于宣武景明年间，第六、七两禅窟时代更早。鸿庆寺石窟是北魏中原地区开凿年代较早的主流石窟之一。

注释：

［1］“右侧阿难无存”。［李文生：《渑池鸿庆寺石窟》，见龙门文物保管所、北京大学考古系：《龙门石窟》（一），文物出版社，1991 年，第 259 页］“右侧弟子像已脱落”。（河南省古代建筑保护研究所：《鸿庆寺石窟》，《中原文物》1987 年第 4 期）

一件珍贵的“五铢铜钱范”

◎崔松林

1973 年，河南省三门峡市陕县文物工作者在本县进行文物调查时，于宜村收集到一件珍贵的五铢钱范。该范为铜质，其形似长铲，上端作“銎”状，范身为长方形，下端为小方形委角。范身设五铢钱母两排，每排六个，共 12 个阴文反书五铢钱模。钱文系篆书，五铢的“五”字交笔曲缓，“铢”的金字头呈三角形，朱字上笔方折。穿口凸起与范面平，中心有圆规定位的圆状凹点。范上端有喇叭形浇铸口与主浇道相连，浇道两侧分别有十二道支槽通向钱模，范肩两边和范面底部分别有定位孔。此范为直浇道式铜子范，使用时涂上模剂，配上背范便可直接浇铸。该钱范铜色浑厚匀称，篆文工整严谨，端庄俊秀，钱形极为规整精美。从其形制、文字上分析，为郡国初铸“五铢”时所制铜子范，是研究西汉铸币工艺的宝贵实物。

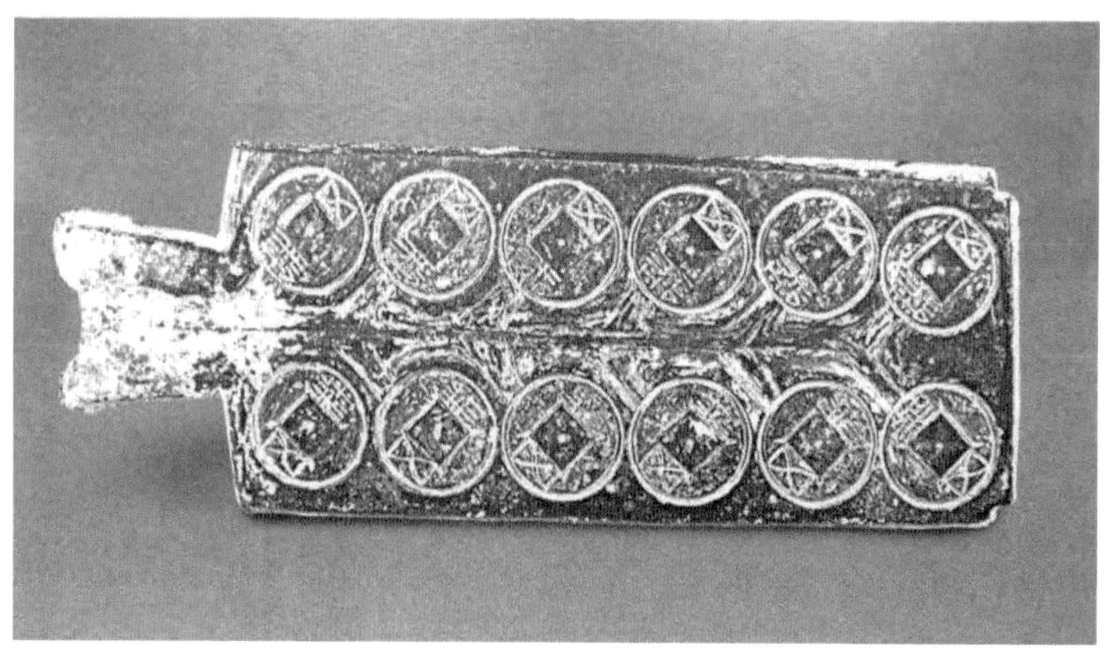

图一　五铢铜钱范

从三门峡出土六博俑模型谈秦汉博具

◎张延红

博戏是古代借助骰子以对博的娱乐项目的统称，六博是其中比较典型的一种。东汉许慎在《说文·竹部》中载："古者乌曹作博"。乌曹是古代传说中的人物，其生活的具体年代已不可考，但知博的发明很早。《史记·殷本纪》中载"帝武乙无道，为偶人，谓之天神，与之博，令人为行，天神不胜，乃僇辱之"，虽博戏起源的具体年代已不可考，但可知博的出现最迟不会晚于商代。从《战国策·齐策》"临淄甚富而实，其民无不吹竽鼓瑟……陆博蹴鞠者"和《史记·滑稽列传》"若乃州闾之会，男女杂坐，行酒稽留，六博投壶，相引为曹，握手无罚，目眙不禁"等史料的记载中可以看出，博戏在这一时期的繁盛程度。秦汉时期是博戏发展的最盛的时期，是天子、百官，乃至普通百姓都喜爱娱乐游戏之一。

一、三门峡出土六博俑模型

1972年，考古工作者在河南省三门峡市灵宝县张湾发掘了四座汉代墓葬，出土了一批精致的陶明器。其中有一套六博俑模型因制作精致、造型生动，引起了人们的关注。该模型全长28厘米，宽19厘米，通高24厘米。构成这套六博俑模型的坐榻、博局和两名博者俑均为陶质，外施绿釉。整器描绘了两名男子跽坐于一方形坐榻之上博弈的场景。一张近方形坐榻正中置一长方形平盘，盘的一边为六支长条形箸；另一边有一个方形棋盘，棋盘两端各置六枚棋子，棋子为长方形，棋盘中间有两枚圆形的筦，从而构成了一套完整的博局。博局两边，坐榻之上各跽坐一陶俑，两俑皆着头戴平巾帻，身着长袍，其中一陶俑双手上举，另一陶俑双手前伸，似正在投箸行棋，进行对博，形象逼真，造型生动[1]。（图一至图三）

图一　河南省灵宝县张湾出土的六博俑模型

《楚辞·招魂》中载"菎蔽象棋，有六簙些"，王逸注："投六箸，行六棊，故为六薄也"，簙即博。鲍宏《博经》中曰："用十二棊，六棊白，六棊黑”。东汉许慎在《说文》上说：“博，局戏。六箸十二棋也。”宋代洪兴祖在《楚辞·招魂》补注中引用古《博经》说：“博法，二人相对，坐向局。局分十二道，两头当中名为水，用棋十二枚，六白六黑，又有鱼二枚置于水中。……二人互掷采行棋，棋行到处即竖之，名为骁棋，即入水食鱼，亦名牵鱼。每牵一鱼，获二筹，翻一鱼，获二筹。”这些文献的记载与河南省灵宝县张湾3号汉墓中出土的二俑对博的情况对照，基本相符。墓中出土的六博俑模型箸、棋均完备，较为罕见，为研究汉代的娱乐项目具有深刻的意义。

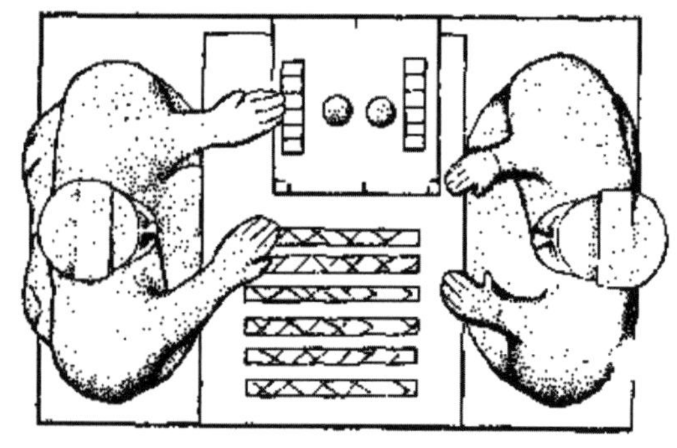

图二　河南省灵宝县张湾出土六博俑模型俯视图

图三　河南省灵宝县张湾出土六博俑模型侧视图

二、秦汉时期的博具

至秦汉时期，博戏更加流行，文献记载汉代文帝、景帝、武帝、昭帝、宣帝都喜爱博戏，同时也受到了臣子，乃至普通百姓的热烈追捧。据《说苑·正谏篇》记载：秦始皇的生母赵姬所宠幸的宫人嫪毐在嬴政行冠礼的宴会上与侍中左右贵臣“俱博”，博戏中与人发生争执后来被满门抄斩；《汉书·文帝纪》颜注引如淳所言薄昭与文帝博而杀侍郎而后又被杀之事；《史记·吴王濞列传》中载：“孝文时，吴太子入见，得侍皇太子饮博”，因与其无理争道而为皇太子所杀之事。

史料的记载在众多的考古发现中也有印证，考古发掘出土的博具实物大多出自秦汉墓中。秦汉时期的博具主要由局、棋、箸或茕组成。六博局是用一块方形或长方形的石板或木板制成，一般边长30~45厘米，髹漆，多数有底足。博局上面中间刻10厘米见方的正方形，周围或朱绘，或阴刻，或用象牙条镶嵌出十二个“T”“厂”形专供行棋用的曲道和方框。“曲道”，简称“曲”，是专供行棋用的。有的博局四个侧面彩绘几何纹、火焰状云气纹、花草纹等图案，间饰羽人及麒麟、青龙、白虎、朱雀等，甚至有的博局的四周沿镶有铜框或象牙框子。（图四；图五）

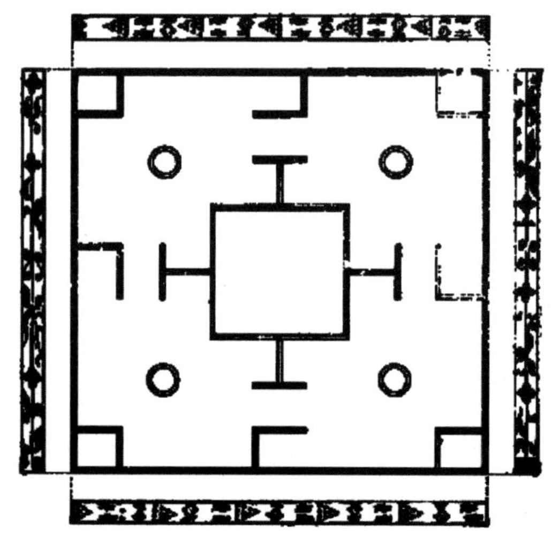

图四　湖北省云梦县大坟头出土的六博棋局[2]

六博棋子一般为十二颗，大小在2~5厘米之间。形制大致分为三种。一种是形制大小完全相同的十二颗棋子，或是棋子的材质不同，或者棋子的颜色有别，均分为二组，如曲阜鲁国故城遗址乙组3号墓和52号墓各出土的12枚棋子即属于通过材质的不同来区分棋子的[4]。另一种是用形状不同来区别，通常一组为方形棋子，另一组为长方形棋子，每组六颗棋子，如湖北云梦睡地虎11号秦墓出土的十二颗骨棋子均髹黑漆。其中六颗为长方形，长1.4厘米，宽1厘米，高2.4厘米；六颗为方形，边长1.4厘米，高2.4厘米。第三种是十二颗棋子分两组，每组六颗一大五小，且大棋与小棋的颜色也不同。大棋称为“枭棋”，小棋称为“散棋”，大棋和小棋在博戏中所起的作用不同。湖北云梦睡地虎13号秦墓出土的棋子一大五小六颗骨质棋子。大棋子髹红漆，长3厘米，宽1.4厘米，高2厘米。小的髹黑漆，长2.5厘米，宽1.2厘米，高1.7厘米。

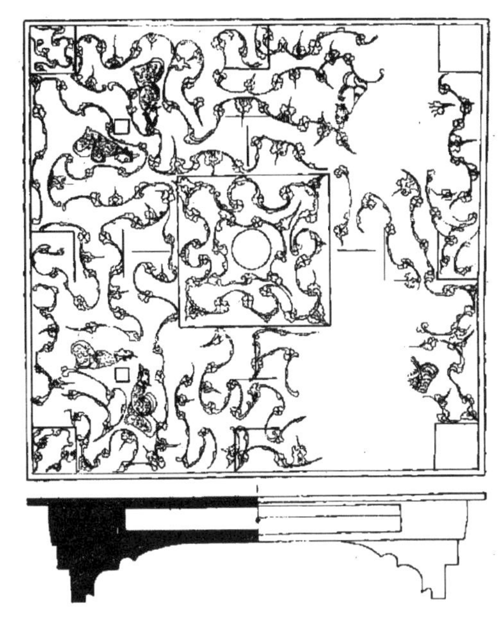

图五　安徽天长县三角圩战国西汉墓出土的六博盘[3]

从出土实物看，棋子除由象牙制成，还有青玉和水晶制成的棋子。从北京大葆台西汉墓出土的象牙六博棋子（图六）上面雕刻有龙、虎、鸟兽纹饰，可以看出当时贵族阶层使用的棋子是特别讲究的。

图六　北京大葆台出土的象牙六博棋子[5]

箸和煢。博箸，出土实物表明，箸系将小圆竹劈开，中空，填以金属粉、铜丝或以其它物质加固而成，外髹漆，其断面呈新月形。箸长一般为棋长之十倍。箸的数量一般为六根。对博的双方各有六枚棋子，对博时要先投箸，根据投的结果决定行棋，将对方的枭棋子杀掉的一方获胜。但对于六博的具体下法，目前仍是个谜。《说文·竹部》中载：“簙，局戏也，六箸十二棋也。”但也有用二箸和八箸的。有的博具没有箸，但有煢。煢与箸的作用相同。煢通常为直径5厘米

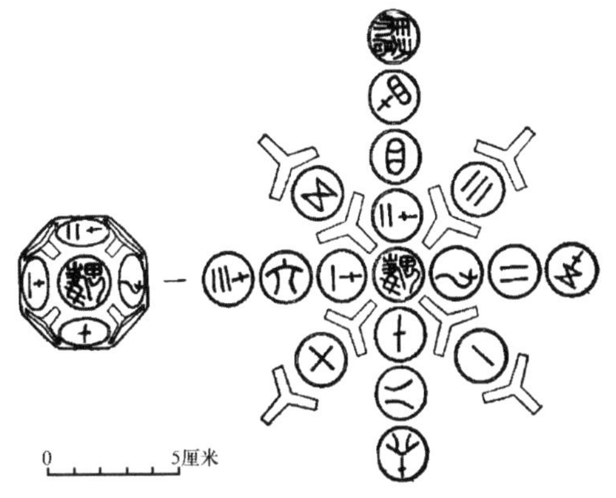

图七　西汉齐王墓随葬物坑出土的煢[6]

左右的十八面球体，每面阴刻文字，除从一至十六的数字外，其他两面，一面刻“骄”字一个，相对的一面刻“䴵”字。（图七）

秦汉时期的博分为投箸的博和投茕的博两大类。此外还有博的变种——格五（亦叫塞）。投箸的博分为三种，即投二箸的博、投六箸的博和投八箸的博。但普遍流行的是投六箸的博，即六博，又叫大博，是由局、六箸和十二棋组成的。《说文·竹部》：“簙，局戏也，六箸十二棋也。”曹植《仙人篇》：“仙人投六箸，对博太山隅。”六博有两种，一种六颗棋子是一大五小，或叫一枭五散；另一种是六颗棋子完全一样，或全白，或全黑，或全为方形，或全为长方形。投茕的博分为两种，即投一茕的博和投二茕的博。

三、秦汉博戏的特点

博戏从萌芽期、发展期、鼎盛期乃至最终消亡，经历了多个历史阶段，留下了断断续续的历史信息。但众多的考古发现表明，出土的博具实物多集中于秦汉时期的墓葬，秦代以前的博具实物鲜有出土。不同时期的博具，其特点也不尽相同，对秦汉时期墓葬出土的博具进行考察和分析，比较同期及其前期博具间的雷同与差别，有助于理清博戏的发展脉络。

相对于先秦时期的博具，考古发掘出土的秦汉时期的博具实物数量多，但博具的形制相对较为单一，博局的形制多与云梦山大坟头汉墓出土的博具图案雷同。棋盘多为木质，并且棋盘周围有繁缛的花纹装饰。秦汉时期的棋子一般是 12 颗，平均分为两组，两组之间通过颜色或是形状来区分。

带有的博戏图案的器物数量多、品类广。幽灵世界是现实世界的再现或模拟，汉墓中博的随葬品，正是汉代博戏盛行的证据。汉代的墓葬中，不仅有整套或是部分的博具实物出土，并且在山东、河南、四川、陕西、江苏的墓葬中还发现带有博戏纹的画像石、画像砖。在这些画像砖、画像石中还有神人对博的图案。

由于受到六博的影响，在人们日常生活使用的铜镜上，无论是墓葬出土还是传世的汉代的铜镜上，绘制有许多仿六博棋盘而设计的曲道，学界把此类的铜镜称为“博局纹铜镜”。如博局蟠螭纹镜、博局四虺纹镜、博局四神纹镜、博局草叶纹镜、博局几何纹镜以及变形的博局纹镜，等等，不一而足，品类多，数量大。

局、棋箸或茕是博局的主要组成部分，但博席、博囊、博盒、博镇、削刀、刮刀等与博戏相配套的辅助工具也随之产生，并在秦汉时期的墓葬中有所发现。

不仅有博具的实物出土，并且有关于博戏的模型出土。考古发掘出土的陶质六博俑模型并不多见，但同样也可看出当时人们对于博戏的喜爱与留恋。除河南灵宝张湾东汉墓出土的六博俑模型外，还有河南陕县刘家渠 73 号墓出土的陶楼阁中塑有陶俑对博的形象、甘肃武威磨咀子 48 号西汉墓中还有木质的六博俑模型，同样反映的都是六博的场景，但两者的博局和博具并不尽同，为更清晰地了解博戏的发展提供好的证据。

注释：

[1] 河南省博物馆:《灵宝张湾汉墓》,《文物》1975 年第 11 期，第 75—93 页。

[2] 湖北省博物馆:《云梦大坟头一号汉墓》，见文物编辑委员会:《文物资料丛刊》，文物出版社，1981 年，第 1—28 页。

[3] 安徽省文物考古研究所、天长县文物管理所:《安徽天长县三角圩战国西汉墓出土文物》,《文物》1993 年第 9 期，第 1—31 页。

[4] 崔乐泉:《中国古代六博研究》(上),《体育文化导刊》2006 年第 4 期，第 85—87 页。

[5] 北京市古墓发掘办公室:《大葆台西汉木椁墓发掘简报》,《文物》1977 年第 6 期，第 23—29 页。

[6] 贾振国:《西汉齐王墓随葬物坑》,《考古学报》1985 年第 2 期，第 223—266 页。

王莽“大泉五十”铜钱范

◎周　曼

1985年河南三门峡市废品回收公司收购废品时发现一件王莽“大泉五十”铜钱范，以38元废铜价买回并交文管会收藏。2000年移交三门峡市博物馆收藏。该钱范系青铜铸造，通长435毫米，宽204毫米，厚14毫米（图一）。范体上部有一浇铸口，范面中部有一直浇槽，两侧各有7个支槽，每个支槽各有3枚“大泉五十”正面阴文钱模。其范体下端中部为三角形豁口，背面正中有两个桥形把手。

新莽时期是铸币工艺的集大成时期，王莽多次推行币制改革，铸币种类繁多。这一时期的钱范有泥陶范、铜质范、石质范和铁质范四种。新莽泥陶钱范出土最多，西安曾出土过大量的新莽“大泉五十”“小泉直一”货泉以及布币、刀币等泥陶范；另外在河南邓县、南阳，辽宁黑城古城等地也曾出土过不少新莽时期泥陶钱范。新莽铜质钱范在各地也多有发现，如在陕西临潼、户县和宁夏银川等地发现有“大泉五十”、货泉、货布、一刀平五千铜质钱范。新莽石质钱范，如在河南孟津、临颍等地发现有“契刀五百”石范，铁质钱范如在陕西兴平出土有“大泉五十”铁范。就性质而论，这些钱范仍有阴文原范、子范和阳文母范之分，和前期没有什么差异。从形制上看，新莽钱范大致有铲式条范和盘形盒范两种。铲式条范具有形制大、钱数多、浇铸主槽宽、支槽略下斜的特征，与汉武帝以后同类钱范形制相同，不同的是范面下部出现两尖足，背部上下有平足，这种设置便于搬动平放。盘形盒范均系榫卯凸凹相错，范内钱模一般不多，且正背相错排列，与西汉同类钱范相似，但范面及钱形制作更为规整、精细。

图一　王莽“大泉五十”铜钱范

此期钱范题铭数量增加，内容范围扩大。如辽宁黑城古城王莽钱范作坊遗址出土的陶范上的题铭，多反书在浇铸口上部两侧，内容有纪年、制造者职称与姓名，数量达110多件。从各地发现的新莽钱范和铸钱遗址来看，如河南邓县“大泉五十”铸钱遗址、西安北郊新莽铸钱遗址、辽宁黑城古城新莽铸钱遗址、河南南阳环城乡新莽铸钱遗址等，这些都是王莽时期在中央统一管理下分别在各地铸钱的反映，而铸币权仍属中央朝廷。除西安及其附近外，各地发现的新莽钱范多为“大泉五十”等常见品种，而其他品种如刀币、布币以及布泉、货泉、货布均少有发现。

这些新莽时期钱范的发现，为我们研究新莽钱币铸造工艺以及探讨其版式、鉴别其真伪等提供了不可多得的实物资料。

新见汉代漕仓郎庾考

——兼《说文》段注辨误一则

◎熊长云

图一　汉“弘农郎庾丞印”封泥及拓本图（北京文雅堂藏）

汉代弘农郡官署所瘗埋的封泥，近年始发现于河南灵宝县，并陆续公布于世，有关研究亦相继发表，如许雄志、谷松章《新见汉弘农郡封泥初论》[1]，率称完备。新见“弘农郎庾丞印”封泥，现藏北京文雅堂，以封泥印文来看，亦属汉弘农郡界内出土封泥，而为许、谷《初论》所失收。因向所未见，宜加珍视。

封泥长约3.14厘米，宽2.96厘米，印面约2.1厘米见方。泥面六字，铭文为“弘农郎庾丞印”。此泥所涉官职前所未见，弘农郡设于武帝元鼎四年（前114），则此封泥中的“弘农郎庾丞”，当不早于此时。

封泥中的“郎”，即郎津，为黄河中游的重要津渡之一，在今河南灵宝西北，处在函谷关内[2]。《三国志·魏书·杜畿传》所载建安十年（205）杜畿“遂诡道从郎津度”[3]，《水经注·河水四》所记《穆天子传》之“洹津”，以及《汉武故事》之“窦津”，皆即此处[4]。所谓“庾”，本属仓之一种，特指为储存水陆转运粮食的漕仓。《汉书·文帝纪》：“发仓庾以振民。”应劭曰：“水漕仓曰庾。”[5]《说文·广部》：“庾，水漕仓也。”段玉裁注：“谓水转谷至而仓之。”[6]郎庾，则是设于黄河郎津附近之漕仓[7]。

关于两汉漕仓及漕运线路，一直是史家关注之重点。此泥所示“郖庾”，两汉史籍皆失收。张晓东曾统计目前所知的秦汉漕仓，共22仓，亦无郖庾[8]。唯《说文·邑部》载“郖，弘农县庾地”[9]，适可印证。然而，稍有区别的是，《说文》并未直接点出“郖庾”之名，只是分别提到“郖”与“庾”，因此长期以来学者均对郖庾一无所知。此封泥之意义，则在于作为新发现的出土文献，可与传世文献互证，从而揭示郖庾之存在。

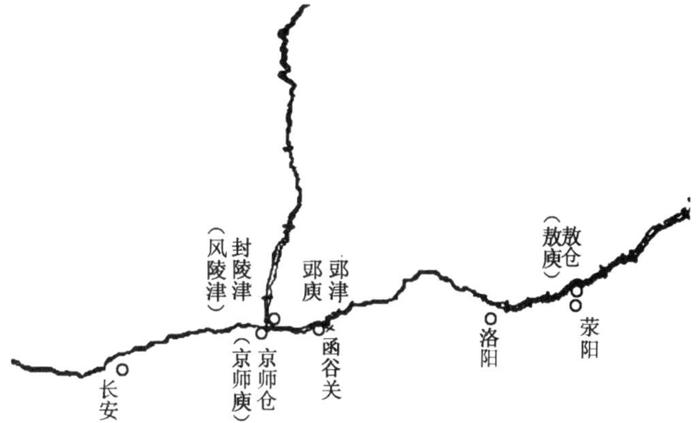

图二　郖津、函谷关、敖仓、京师仓等地位置示意图

郖津处在黄河之上，临近函谷关，作为水漕仓，当可满足关东漕粮由黄河抵达弘农郡之后，继续向关中转运粮食之需要。因此，郖庾也属于黄河漕运系统之一部分。

封泥曰“弘农郖庾丞”，证明了郖庾置有官署。不过，郖庾虽在弘农，但因属于漕仓，西汉时可能直属大司农所辖。

《汉书》卷一九上《百官公卿表上》载：

> 治粟内史，秦官，掌谷货，有两丞。景帝后元年更名大农令，武帝太初元年更名大司农。属官有太仓、均输、平准、都内、籍田五令丞，斡官、铁市两长丞。又郡国诸仓、农监、都水六十五官长丞皆属焉。[10]

庾本为仓之一种，故“弘农郖庾”在西汉时实际属于“郡国诸仓”，是国有的地方粮仓，并不能由弘农郡地方官署随意调度，实际由大司农掌管。

郖庾的最初设立，也不完全由郡一级官吏决定，而可能包含有国家军事战略布局的需要。

顾视郖庾之设置，亦沿袭了于水陆要道设置粮仓的做法。郖庾近于京兆尹、河东与弘农三地之交界，又距离函谷关极近，此处既有防御保障，又有黄河郖津作为交通枢纽，可攻可守，为极具军事战略价值的扼要之地。从具体位置看，郖庾处于函谷关内。因此，一旦发生战争，关内将士可就郖庾食，粮草既有保障，也提高了函谷关乃至整个关中的守御能力。

牢固控制山河险要之地的漕仓，保障粮草安稳，为汉代军事家之共识。郦食其在成皋之战中，曾极力建议刘邦夺取敖仓：“楚人拔荥阳，不坚守敖仓，乃引而东，令适卒分守成皋，此乃天所以资汉。”“愿足下急复进兵，收取荥阳，据敖庾之粟，……以示诸侯形制之势，则天下知所归矣。”[11]《史记·三王世家》褚先生补述汉武帝刘彻所言：“雒阳有武库敖仓，天下冲厄，汉国之大都也。先帝以来，无子王于雒阳者。去雒阳，余尽可。”[12]在《史记·滑稽列传》中，褚先生补述汉武所言则记作“洛阳有武库、敖仓，当关口，天下咽喉。自先帝以来，传不为置王”[13]。敖仓在楚汉战争及之后的吴楚之乱中，正屡屡体现了其作为“决胜之本”的军事意义。王子今认为，“敖仓地位之形成，离不开‘天下冲厄’，‘天下咽喉’的交通条件”[14]。除去储粮众多的因素，也实因敖仓当关中与山东之冲，形势险要，是以秦汉时一直视为兵家必争之地。郖庾的最初设置，可能正蕴含了敖仓所包含的军事战略经验。

敖仓之外，另一可供参考的漕仓是位于华阴、处于黄河与关中漕渠之重要节点的京师仓。在对京师仓的考古发掘中，并见有“京师仓当”与“京师庾当”瓦当，可证京师仓亦庾无疑[15]。更始军破长安之战中，王莽曾派“九虎”中之“三虎”重兵守卫京师仓[16]，其军事意义不言而喻；而考古所揭示的京师仓位置，三面临崖，仓区之外尚有坚固的仓城墙[17]，又可见建仓时于军事防御上的考虑与设置。汉时对于京师仓军事战略地位之重视，也由此可旁窥一斑。

从这一角度考虑，郖庾之设置若包含军事因素，绝非偶然。郖庾的考古遗址虽然尚未发现，但分析择取位置，显然并非一般郡国漕仓，而尤为体现了漕仓军事功能属性。因此，郖庾的设置，也实际上包含管控战略要地之周密考虑。

当然，单一漕仓的军事意义之外，漕运线整体设置中所体现的军事布局也值得注意。张晓东认为，“一旦发生战争，漕运系统即可转入战时使用状态，漕运线转化为军事交通运输线使用，漕仓储备功能的军事意义也立刻凸显出来”。“在战时，交通地理条件和军事交通地理特性的一致性体现出来，漕仓甚至可转化为军事要塞，成为各方军事力量争夺的目标”[18]。联系郖庾、敖仓、京师庾等之设置，从关东延伸至关中，两汉诸庾在漕运系统运作中，实际呈现出“点—线—网”的状态。漕运线的最主要目的虽是保障各地的粮食转运和供给，但从战略角度出发，亦使各战略要地之间可借由水路关联互通，加强了中央政府军备调遣的灵活性与安全性，实现了更为有效的管控和监督，可在战时发挥关键性作用。郖庾的发现，正从细节上补充了对这一线路的理解。

许慎在阐释“郖”字时特意注明“庾地”，而忽视郖津本身作为津渡之存在，这一解释，是极为有趣的，其中可能便包含了对于此地意义之总体判断。总之，此泥之重要性，不仅在于解明《说文》“郖，弘农县庾地”的记载，证实了郖庾的存在；另一方面，也推进了对于汉代关东向关中漕运线路之细节认知，故而对研究秦汉漕仓及黄河漕运系统亦具有重要价值。

汉“弘农郖庾丞印”封泥之发现，尚可纠正一处《说文》段注之误。

郖津有庾，见于许慎《说文·邑部》：“郖，弘农县庾地。”然而，段玉裁注：“二《志》弘农郡首弘农县，郡县同名。故但言弘农县也。庾当作渡，字之误也。”[19]段玉裁认为“庾当作渡，字之误也”，怀疑《说文》“郖庾”之释有误。

将封泥中“郖庾”的“庾”字，与《汉印文字征》中之[illegible]、[illegible]诸字形比对[20]，释为庾字，当无异议。故段玉裁之注，显然与事实不符，盖出于臆断。

推测段玉裁误认为的“庾当作渡”的原因，可能是“郖津”较“郖庾”更为著名，且在文献中较多出现。由于“津”“渡”本可互训，而“度”“渡”又可通假，故段氏误认为有“郖渡”而无“郖庾”，进而认为“庾当作渡”。由新发现封泥可知，《说文》“郖，弘农县庾地”之释，殆无疑义，段氏注不确。

附记：本文承穆荷怡、汪华龙二君及匿名审稿人指正，特此致谢。

注释：

[1] 许雄志、谷松章：《新见汉弘农郡封泥初论》，《青少年书法》2012 年第 10 期，第 10 页以下。

[2] 武帝时广关，徙函谷关于新安，但灵宝函谷关未废。为方便叙述，本文之函谷关，均指灵宝之函谷关。

[3] 陈寿：《三国志》卷一六《魏书·杜畿传》，中华书局，1982 年，第 495 页。

[4] 郦道元撰，陈桥驿校证：《水经注校证》，中华书局，2007 年，第 112—113 页。

[5] 班固：《汉书》卷四《文帝纪》，中华书局，1962 年，第 131 页。

[6] 许慎撰，段玉裁注：《说文解字注》，上海古籍出版社，1988 年，第 444 页。

[7] 此外，亦有“在野曰庾”的说法。王念孙《广雅疏证》中释云：“《小雅·楚茨篇》‘我庾维亿”，毛《传》云：‘露积曰庾。’《周语》：‘野有庾积。’应劭注《汉书·文帝纪》，引《汉官解诂》云：‘在邑曰仓，在野曰庾。’是仓无屋谓之庾也。”（王念孙：《广雅疏证》卷七《释宫》，中华书局，2004 年，第 210 页）辛德勇认为秦南郡之内的武庾、宜民庾等均在都邑之外，且并不濒临水上航道，应属于在野之庾，为各郡保障转运物资而特设的停宿设施。（辛德勇：《北京大学藏秦水陆里程简册初步研究》，见李学勤：《出土文献》第 4 辑，中西书局，2013 年。又收入氏著《石室剩言》，中华书局，2014 年，第 187—188 页）考虑邔津在黄河之上，故邔庾应属《说文·广部》所云“庾，水漕仓也”，设于黄河邔津附近。

[8] 张晓东：《秦汉漕运的军事功能研究——以秦汉时期的漕仓为中心》，《社会科学》2009 年第 9 期，第 137 页。

[9] 许慎撰，段玉裁注：《说文解字注》，上海古籍出版社，1988 年，第 287 页。

[10] 班固：《汉书》卷一九上《百官公卿表上》，中华书局，1962 年，第 731 页。中华点校本作“郡国诸仓农监、都水”，但诸仓、农监、都水分属三职，郡国均置，故当断开。

[11] 班固：《汉书》卷四三《郦食其传》，中华书局，1962 年，第 2108 页。

[12] 司马迁：《史记》卷六〇《三王世家》，中华书局，1959 年，第 2115 页。

[13] 司马迁：《史记》卷一二六《滑稽列传》，中华书局，1959 年，第 3209 页。

[14] 王子今：《秦汉交通史稿（增订版）》，中国人民大学出版社，2013 年，第 319 页。

[15] 陕西省考古研究所：《西汉京师仓》，文物出版社，1990 年，第 39 页。

[16] 班固：《汉书》卷九九下《王莽传下》，中华书局，1962 年，第 4188—4189 页。

[17] 陕西省考古研究所：《西汉京师仓》，文物出版社，1990 年，第 1、5 页。

[18] 张晓东：《秦汉漕运的军事功能研究——以秦汉时期的漕仓为中心》，《社会科学》2009年第9期，第 144 页。

[19] 许慎撰，段玉裁注：《说文解字注》，上海古籍出版社，1988 年，第 287 页。

[20] 罗福颐：《增订汉印文字征》，故宫出版社，2010 年，第 421 页。

河南三门峡发掘一批北朝墓葬

◎史智民　◎上官荣光

2016年3月—2016年6月，三门峡市文物考古研究所为配合城市基本建设，受河南省文物考古研究院的委托，对位于三门峡市区大岭北路东侧的上村佳苑项目进行了抢救性考古发掘，共清理了46座古墓葬。其中北朝墓葬16座、唐墓7座、晚清及近代墓23座，出土器物共计190件套，以陶器为主（陶俑居多），少量瓷器、铜器、玉器、铜钱及铁器等。其中北朝墓葬出土器物共计122件套，以陶俑为主，铜钱次之，少量瓷器、铜器、铁器等。

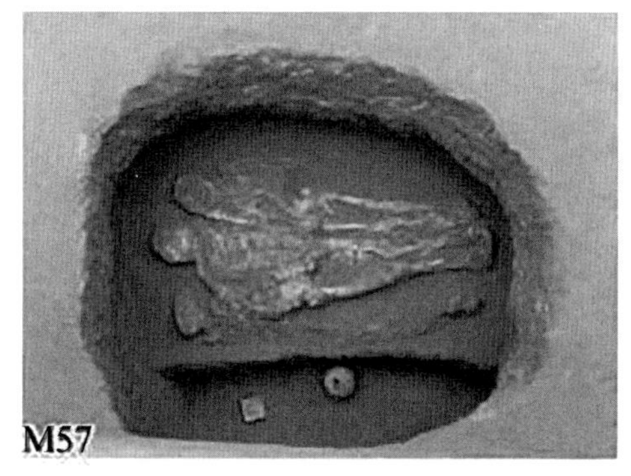
M57

该项目用地原来为上村居民宅基地，因被拆迁，地表已遭不同程度破坏，现存墓口距地表在0.3~1.0米之间，墓葬打破灰黄色和灰褐色生土。

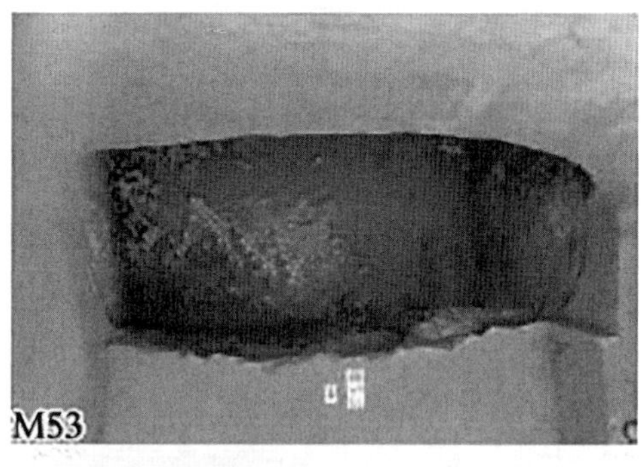
M53

北朝墓葬皆坐北朝南，方向在170°~190°之间。形制大体上可分为两大类：第一类为斜坡墓道拱顶土洞室墓，墓葬有M53、M54、M55、M56、M57、M59、M60、M75、M76等14座。结构主要由墓道、甬道、墓室三部分组成，墓道平面呈长条形，内填五花土，质地稀疏，相对松软，壁面笔直规整；墓门开在前壁底部，顶部拱形，有甬道与墓室相连；墓室平面呈近似椭圆形，其内因年久进水已塞满淤土。通过清理发现，在墓室北端大多有生土棺床，墓主多安置其上，人骨基本上都是两个以上，最多者达到六人，且常有儿童遗骸。骨架大多保存较好，大多东西向放置头向朝西，少量南北向放置头

M90

盘口瓷壶

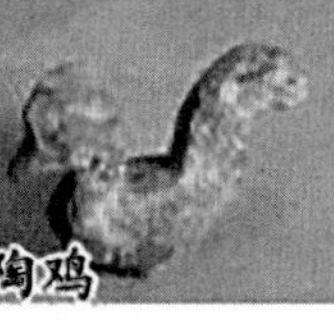
陶鸡

“永安”铜钱

向朝北，葬式为仰身直肢；未发现有葬具；绝大多数墓葬随葬品比较贫乏，其中大多都葬有铜钱，钱文为“五铢”和“永安五铢”两种，偶尔亦会见陶器、瓷器、铜镜、铁器等；M53 出土陶俑 90 件套，为本批北朝墓葬出土器物最多墓葬。第二类为斜坡墓道砖券拱顶室墓，墓葬有 M89、M90 两座。结构亦是由墓道、甬道、墓室三部分组成，墓道平面呈长条形，内填五花土，质地稀疏，相对松软，壁面笔直规整；墓门开在前壁底部，顶部拱形，封门采用条砖平铺错缝叠砌垒堵；有甬道与墓室相连；墓室平面呈长方形，内有大量淤土。墓室结构采取先挖土洞后，再在土圹周边错缝叠压平砌出墓室壁，墓顶仍为土质拱形，墓底砖错缝平铺。清理后发现，在墓室北端有砖砌棺床，但因都被盗扰，未发现有人骨架和随葬品，比较遗憾。

唐代墓葬皆坐北朝南，形制主要为台阶式墓道拱顶土洞室墓。结构由墓道、甬道、墓室三部分组成，墓道平面呈梯形，前窄后宽，内填五花土；两侧壁前部下张，底部前后等宽；前壁斜直内收，墓门开在前壁斜直面底部，顶部拱形；有甬道与墓室相连，墓室平面大多为长方形，与墓道呈“瓦刀”状。多单人葬，仰身直肢，头向朝北；葬具为木棺，皆已腐朽。随葬品多置于墓主头部北端或墓室后部，器物有陶瓶、塔形罐、铜镜、铜钗、铜钱、铁剪等。

晚清墓葬大多为坐东朝西，形制均为竖井墓道土洞室。墓道平面近长方形，前部略宽，内填五花土，稀疏松软，四壁陡直规整，墓门开在前壁底部，墓室宽于墓道，为一拱顶土洞，平面呈长方形。多单人葬，仰身直肢，葬具为木棺，皆已腐朽；随葬品有瓷罐、瓷碗、铜钱、铁灯等。

本次考古发掘的 46 座古墓葬，以清理的 16 座北朝墓较为重要，也是近年来三门峡首次成批发现这个时期的墓葬，其分布集中，排列有序，应该属于一家族墓地。虽未发现大型墓葬和有价值的墓志类资料信息，但“永安五铢”铜钱、陶罐、瓷罐的出土及北朝陶俑的发现，也为以后三门峡市特别是豫西地区北朝时期的考古积累了宝贵资料。

三门峡出土窖藏南北朝时期钱币

◎袁　林　◎孙　岩

2016年初，河南省三门峡市卢氏县五里川镇国道209沿线工地施工时，发现一个近100kg钱币窖藏。2017年4月，西安方圆钱币文化公司组织人员清理，发现是一个南北朝时期窖藏，所藏钱币上自西汉四铢半两，下至北魏太和年间的太和五铢。

卢氏县，历史悠久，古有卢氏国得名，春秋时期有“卢氏”空首布等铸造。西汉元鼎四年（前113年）建县至今，从未改名。出土地北距三门峡市区（过去的陕县）145公里，南接西峡，直通荆襄，是自古以来的交通要道，秦岭余脉伏牛山横亘东西。

该窖藏去土后重77.16kg，经清理主要品种如下：1. 西汉四铢半两0.32kg，135枚，占0.41%；2. 各代五铢8.32kg，3128枚，占10.78%；3. 新莽货泉0.78kg，占1.01%；4. 新莽大泉五十0.08kg，28枚，占0.10%；5. 环五铢15.02kg，7853枚，占19.47%；6. 剪边五铢21.28kg，22641枚，占27.58%；7. 带裂口及半成品綖环3.96kg，2360枚，占5.13%；8. 三国南北朝钱币1.96kg，1579枚，占2.54%；9. 不识钱25.44kg，16199枚，占32.97%；合计77.16kg。现选有代表性的介绍如下：

一、汉代半两、五铢

1. 半两传形：（1）直径21.29，厚1.4mm，重2.61g（图一，1）；（2）直径21.04，厚1.02mm，重1.5g（图一，2）。

2. 西汉五铢传形：直径26，厚1.1mm，重3g（图一，3）。

3. 西汉五铢背上星：直径25，厚1.6mm，重3g（图一，4）。

4. 西汉四出五铢：直径26.1，厚1.3mm，重3g（图一，5）。

5. 东汉五铢背字疑似“水”：直径26.09，厚1.55mm，重3.45g（图一，6）。

6. 五铢合背：直径26.2，厚2.4mm，重5.46g，东汉型制（图一，11）。

二、新莽时期钱币

1. 货泉饼钱：直径25.47，厚2.9mm，重8.34g，字肥硕（图一，7）。

2. 货泉传形：（1）直径 22.44，厚 1mm，重 1.2g，钱文弱，且细，泉中竖笔直下不断，广穿，从风格上看不似莽泉，应后代民间仿铸，时间应在西晋后至北魏这一段时间即公元 316—385 年的北方（图一，8）。（2）直径 20.6，厚 1.1mm，重 1.55g（图一，9）。

3. 泉泉：（1）直径 22，厚 1.3mm，重 2.1g，钱文弱背四决，泉字中竖均断，广穿（图一，10）。（2）直径 20.3，厚 1.18mm，重 1.61g，钱文更弱漫漶不清，但泉泉二字能辨，广穿、背四决（图一，12）。

三、三国时期钱币

1. 曹魏五铢：直径 23.21，厚 1.66mm，重 3.27g，五铢二字被外部压了一部分，压金压五五铢，标准的曹魏五铢类型（图一，13）。

2. 东吴大泉五百：直径 27.6，厚 1.54mm，重 4.53g，广穿，文字厚重（图一，14）。

3. 东吴大泉当千：直径 26.85，厚 1.7mm，重 3.98g，大字第一笔点与第二笔不连，有特点（图一，15）。

4. 蜀汉直百五铢：直径 25.5，厚 1.35mm，重 3g，广穿。钱背左有一条阴刻鱼纹（图一，16）。

5. 蜀汉直百五铢背“为”：直径 25.47，厚 1.38mm，重 4g，背右“为”字，为铸字，字极漫漶（图一，17）。

6. 蜀汉直百：直径 18.23，厚 1.02mm，重 1.36g（图一，18）。

7. 蜀五铢：（1）直径 21.92，厚 1.31mm，重 2.54g，钱背左侧阴刻“二”（图一，19）。（2）直径 21.63，厚 1.3mm，重 2.11g，钱背右侧阴刻“廿一”（图一，20）。（3）直径 21.37，厚 1.4mm，重 2.48g，钱背左侧阴刻“十”（图一，21）。（4）直径 21.97，厚 1.3mm，重 2.06g，钱背左侧“十三”（图一，22）。

四、南北朝时期钱币

1. 汉兴：直径 17.86，厚 0.87mm，重 0.94g，钱币磨损严重，漫漶不清，仅发现一枚（图一，23）。

2. 太平百钱大型：（1）直径 24.76，厚 1.6mm，重 3.4g，文字汉隶浓重，字深清晰（图一，24）。

3. 太平百钱小型：（1）直径 18.98，厚 0.74mm，重 1.07g，薄小字浅，字体漫漶（图一，25）。（2）直径 17.14，厚 1.07mm，重 1.05g，四字变小，大字二、三笔上挑（图一，26）。

4. 定平一百：直径 16.72，厚 0.98mm，重 1.03g，汉隶风浓，与太平百钱似，近年多出川北、陕南汉中、甘肃陇南，怀疑系氐族杨氏安平国或阴平国所铸（图一，27）。

5. 四柱五铢：直径 23.12，厚 1.35mm，重 2.27g，钱币正面穿上下各有一星，钱背左右各有一星（图一，28）。

6. 沈郎五铢：直径 22，厚 0.9mm，重 1.58g（图一，29）。

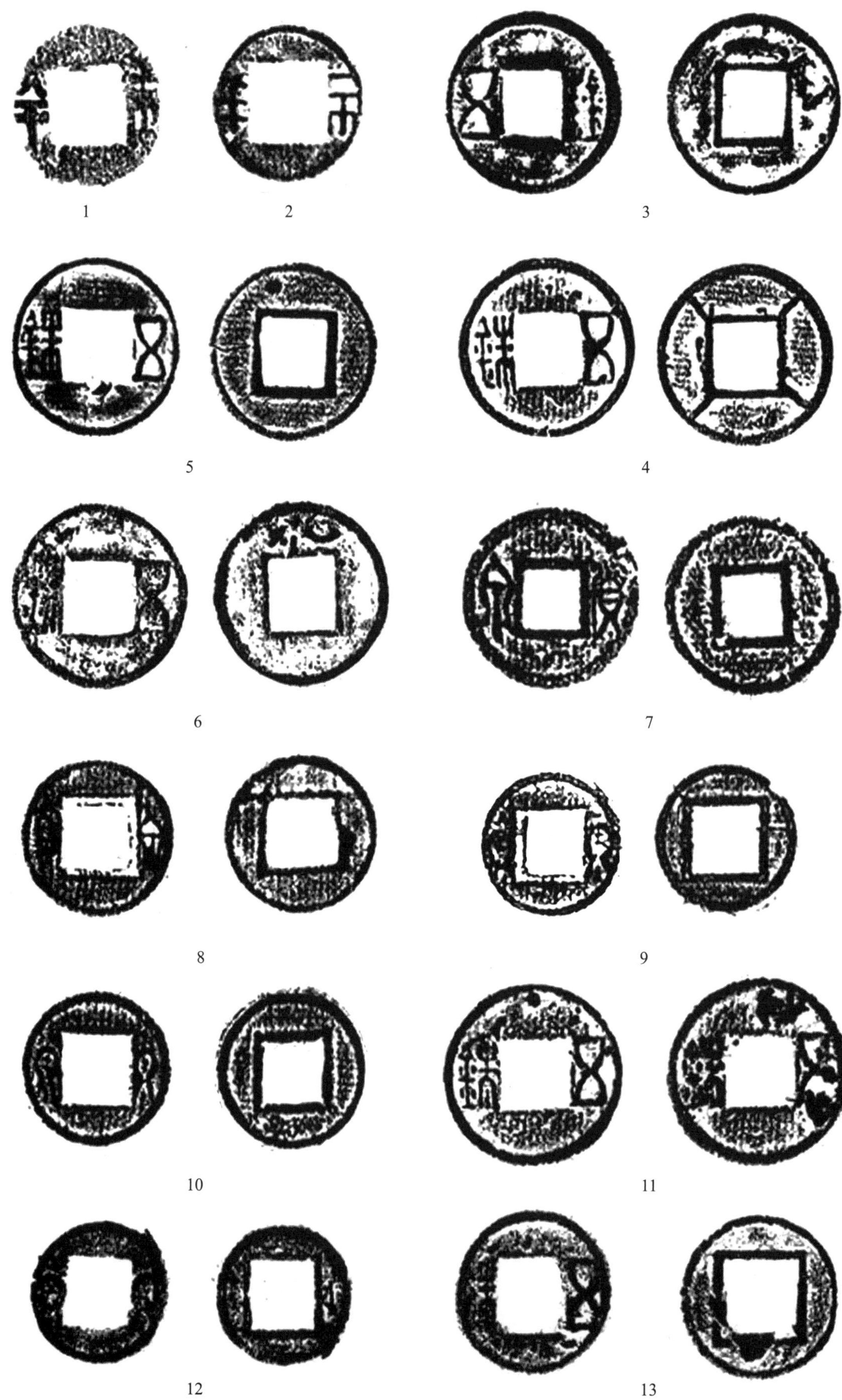

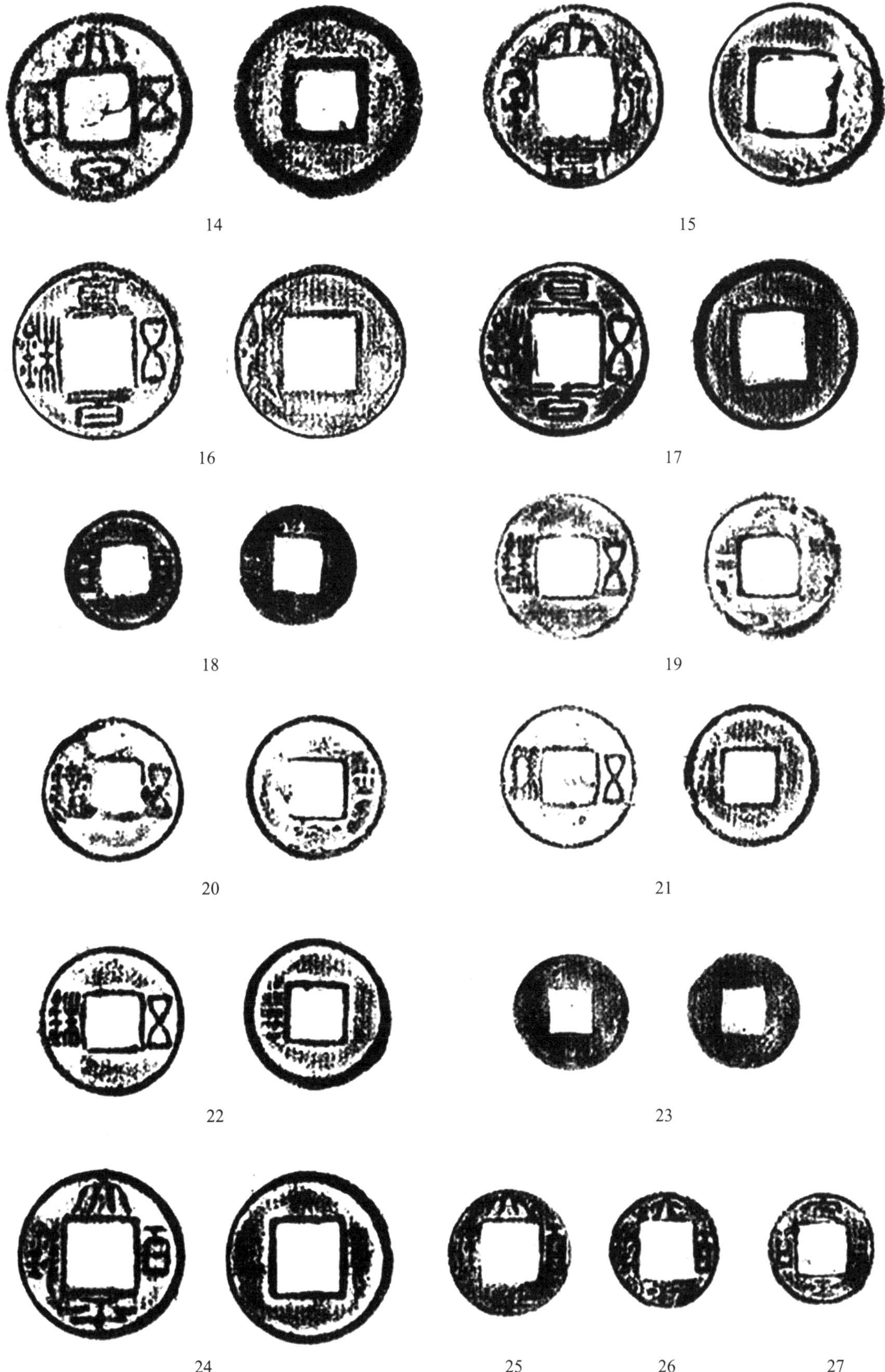

14 15

16 17

18 19

20 21

22 23

24 25 26 27

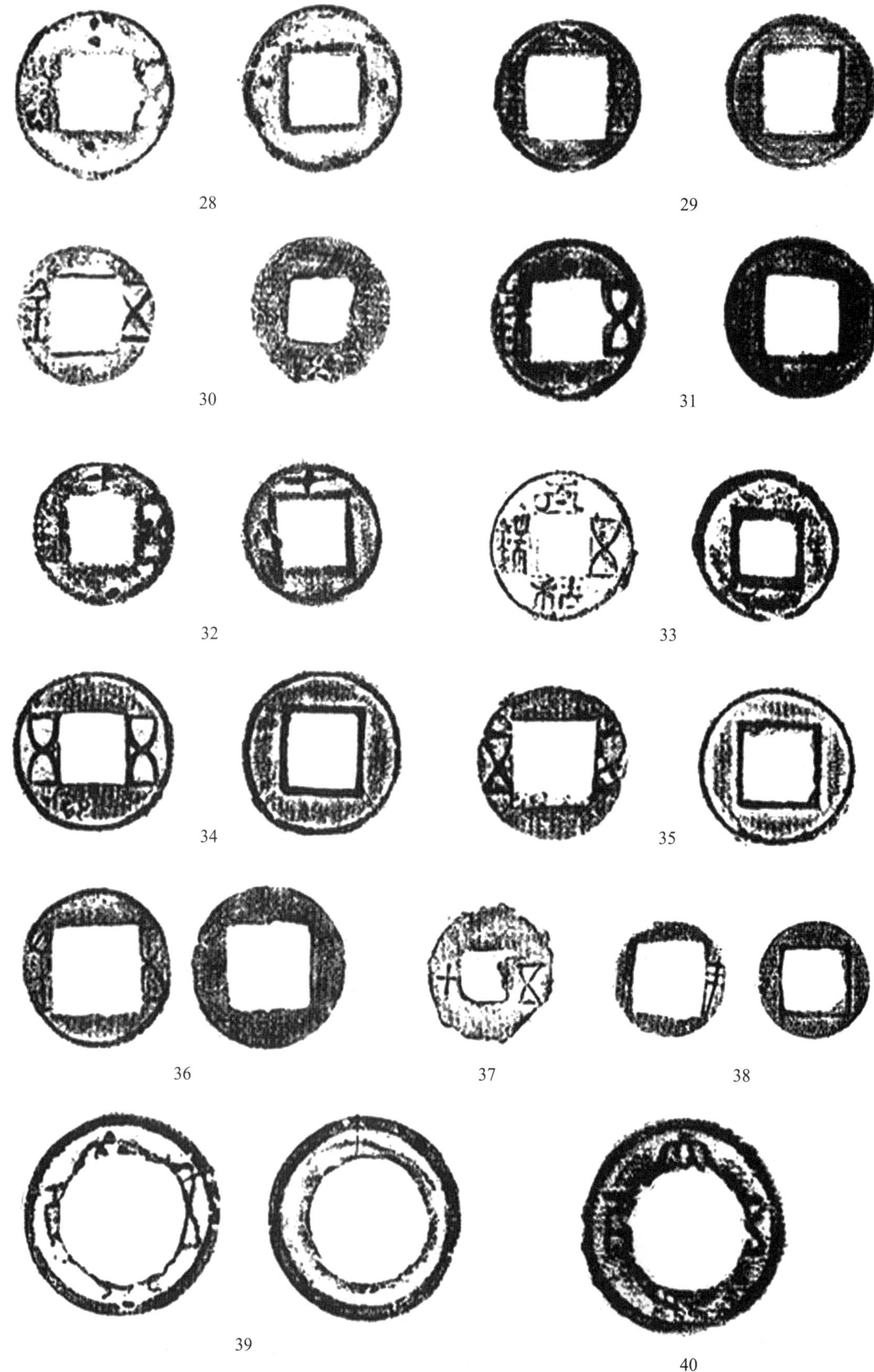
28
29
30
31
32
33
34
35
36
37
38
39
40

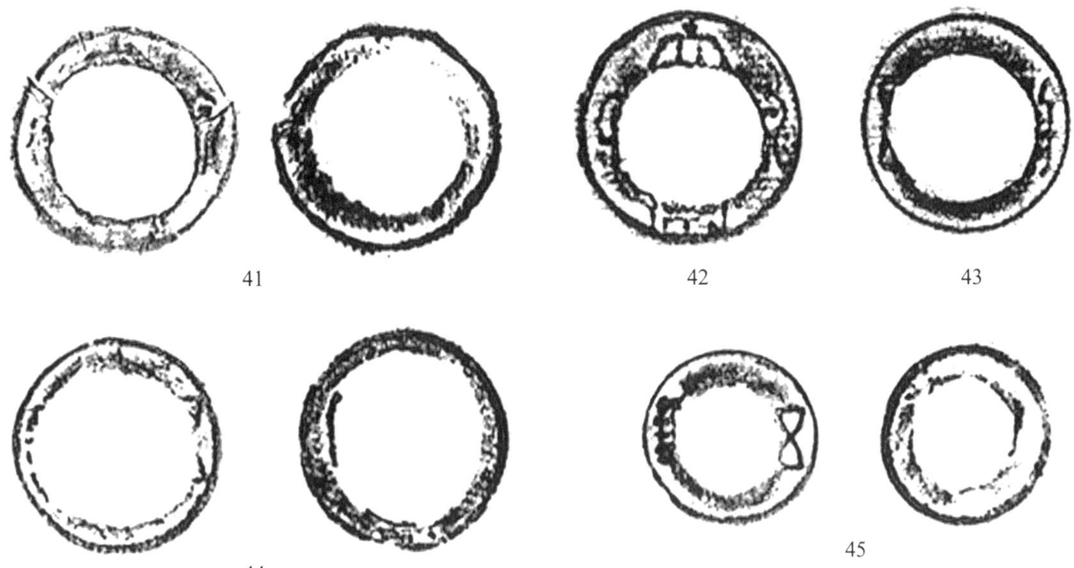

图一

7. 五金：直径 20，厚 1.2mm，重 1.68g（图一，30）。

8. 双柱五铢：直径 23.21，厚 1.14mm，重 2.5g。正面穿上下巨星似柱（图一，31）。

9. 面“十”背“七”五铢：直径 21.82，厚 1.5mm，重 2.58g，正面穿上“十”，钱背穿上“七”（图一，32）。

10. 太和五铢：直径 21.98，厚 1.38mm，重 2.36g。系本次发现钱币中最晚者（图一，33）。

11. 五五：（1）直径 23.8，厚 1.45mm，重 3.21g（图一，34）。（2）直径 22.66，厚 1.44mm，重 2.5g（图一，35）。

12. 五金：直径 22.03，厚 0.78mm，重 1.62g（图一，36）。

13. 五十：直径 18，厚 1.86mm，重 1.66g（图一，37）。

14. 朱朱：直径 17.11，厚 0.73mm，重 0.78g（图一，38）。

五、綖环和剪边钱

这次出土较多，以五铢为主，特别是半成品綖环和剪边，綖环带残缺口特别多，兹选择有特点的如下：

1. 大泉五百：（1）直径 29.98，厚 2.64mm，重 7.38g（图一，39）。（2）直径 30.42，厚 1.83mm，重 4.85g（图一，40）。

2. 大泉当千：（1）直径 27.05，厚 1.52mm，重 2.73g（图一，41）。（2）直径 27.1，厚 1.36mm，重 2.58g（图一，42）。

3. 五铢传形：直径 25.6，厚 1.3mm，重 2.39g（图一，43）。

4. 五铢：直径 25.44，厚 1.16mm，重 1.49g（图一，44）。

5. 蜀五铢：直径 21.65，厚 1.24mm，重 1.78g。这次共出土几十枚（图一，45）。

六、几个问题的思考

半成品剪边钱多，该处应当是一个民间加工的场所，时间当在北魏太和年间铸太和五铢之前，也就是公元 495 年之前。

一些钱币名称为莽泉的钱，如图一，8、9、10，图一，12 泉泉等，应是晋亡至十六国时期民间铸造。

直百五铢背阴刻鱼纹应是吉祥之意。

蜀五铢上的阴刻数字在蜀汉钱中出土较多，原因值得研究。

南北朝时期货币流通遭极大破坏，特别是北朝尤甚，故民间也多出现了以前代钱币命名的仿铸钱币，像泉泉、五十、五金、五五等等，证明了当时货币铸造与流通的混乱。

大英博物馆藏东汉六博釉陶俑考辨

◎李重蓉

六博是我国古代一种掷采行棋的博弈游戏。相传起源于夏，在《史记》《汉书》《后汉书》等历史文献中也有一些相关记载。六博盛行于两汉时期，近几十年来学界对于汉代六博的研究，主要集中在以下五个方面：

一是通过对传世文献的梳理，探讨六博的基本形制、规则、发展流变及其文化内涵等，主要有劳榦[1]、杨宽[2]、崔乐泉[3]等学者的研究成果。二是在近年新出土文献的基础上，进一步考证六博的博局占术和博戏方法等，比较有代表性的是曾蓝莹[4]、陈侃理[5]、杨军[6]等学者的相关论述。三是借助于对出土实物的研究，深入分析六博的形制、种类及其所蕴含的文化思想意义等，较为突出的成果包括傅举有[7]、李零[8]、孙机[9]等学者的论文。四是对汉画中六博图像的探讨，其思路是通过解读六博图像来研究汉代艺术史以及思想文化史，主要有陈成军[10]、姜生[11]、王煜[12]、唐宇[13]等学者的论文。五是针对六博俑实物进行具体研究，论文数量较少，有两篇考古发掘简报对东汉墓出土的六博俑做了简要考证[14]，论文仅见张延红撰写的两篇[15]。

从以上对六博研究学术史的梳理来看，有关六博俑的探索较为薄弱，对于流失海外的六博俑资料，中国学者更是甚少给予关注。今以英国大英博物馆藏东汉六博釉陶俑（以下简称“大英六博俑”）为例，做一个案剖析，以期从六博俑的视角，进一步丰富和深化对六博的研究。

一、大英博物馆藏六博俑年代与出土时地分析

（一）大英博物馆六博俑基本概况

大英博物馆藏东汉六博俑，1933 年由大英博物馆之友捐赠入藏（图一）[16]。其质地为绿釉陶质，红胎。由一张长方形合榻、两个对坐于榻上的陶俑和它们中间的一件博枰及其上的博具组成（图二；图三）。合榻中空，内壁未施釉，长 29、宽 22.5、高 6.8 厘米。

两个人物俑面对面分别坐于陶榻两端，正在进行六博对弈。其中一个高 19、宽 13.5、厚 11 厘米；另一个则高 19、宽 15.5 厘米。两俑皆头戴武弁大冠，身着宽袖长袍。其背部挺直，略

呈等腰三角形，增加了人物俑的稳定性。而它们身后露在长袍外的两只脚掌内勾，由此可看出其跽坐姿势（图四；图五）。从它们的服饰来看，两个陶俑是以武官为原型。其五官清晰，甚至连表情都栩栩如生。但见一人双手手肘弯曲，前臂抬起高举在面前，两个掌心向内，眼睛微眯，嘴角似带着微笑，仿佛在为赢棋而振臂欢呼，其右手大拇指残缺。另一人则抬起左臂，左手掌立至颌前，右肘则朝内弯曲，右手掌平摊在胸前；其表情则显然不如对手欢快，甚至可能是因为输棋而显得有些无奈。

图一　大英博物馆藏东汉六博釉陶俑

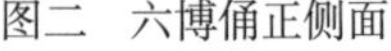

图二　六博俑正侧面

图三　六博俑俯视

两个陶俑之间，横置一件长方形博枰，底部四角各有一圆足。博枰分为两个部分，其中一半纵向排列六根长条形箸。另一半则在靠近两个陶俑身前的博枰边缘上，各有一排六枚整齐排

图四　左侧釉陶俑背面

图五　右侧釉陶俑背面

列的长方形棋子，在两排棋子之间、博枰中部，还有两枚乳突状物凸起（图六）。

图六　博枰与博具特写

根据傅举有先生所述，秦汉时期的博具，主要由局、棋、箸或茕组成。局即博局，为方形或长方形木板，上有12道TVL状曲道，是用以走棋的棋盘；棋子一般是12枚。箸，则是细长的半边竹管，中空，其断面呈新月形，一般是6根，即“六箸”，是为“六博”之得名，亦称为“大博”。另有两箸或者八箸的出土实物。博具中不包含箸的，则有茕，一般是二茕，称为“小博”，也有一茕的。箸的出现时间早于茕[17]。而李零先生则认为，有茕并不意味着一定没有箸，根据汉代的出土实物，一套博具可能兼有博和茕[18]。这一组大英六博俑正是李零先生观点的实物佐证。在博枰上，两排棋子中间的两枚圆状凸起物，应该正是“二茕”，说明在汉代的六博游戏中，既有六箸，也可以有二茕。

大英六博俑中的合榻、博枰及陶俑均施绿釉，合榻通体和博枰的一部分为深绿色，两个人物俑则为浅绿色。由于施釉不匀，埋藏于地下时日过久，导致人物俑绿釉层有脱落、露胎现象。特别是左手在上、右手在下的人物俑，其冠上釉局部脱落，露出红胎（图七）。左侧身下接近袍底边处，可能因烧制工艺所致，呈现出一些小气泡。

图七　右侧釉陶俑俯视

（二）大英博物馆六博俑相对年代的确立

因为大英六博俑属于传世品，诸多历史信息早已缺失，该馆学者只能将其年代笼统地定为公元 1—2 世纪的东汉，但具体属于东汉的哪一时期，却无法知晓。值得庆幸的是，可以从另外一组与其形制相似、题材相同的考古发掘品上，尝试着做一些推论，这就是 1972 年河南省灵宝县张湾汉墓 M3 出土的六博釉陶俑（图八；图九，以下简称“灵宝六博俑”）[19]，现藏河南博物院。将灵宝六博俑与大英六博俑进行比较的目的，就是要用考古发掘品作为标准器，来建立大英博物馆藏传世品的时空坐标，这是关于大英藏品研究的基本问题。

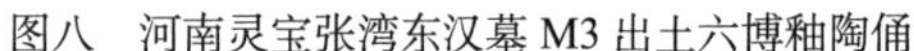

图八　河南灵宝张湾东汉墓 M3 出土六博釉陶俑

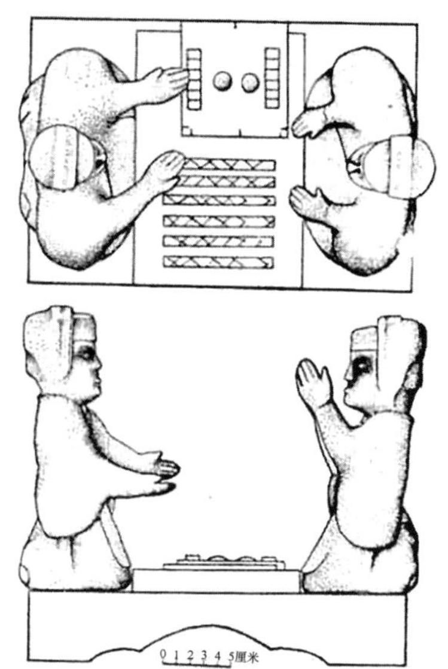

图九　张湾 M3 六博俑俯视与侧视图

灵宝六博俑亦为绿釉陶质，红胎，由合榻、两个跽坐对弈的陶俑和中间的博具组成。合榻长 28、宽 19、高 5 厘米，坐俑高 19 厘米。以下对灵宝六博俑和大英六博俑做一细致的对比。

首先，两张六博俑所坐的合榻形制、长宽尺寸相近。其形制均为长方体，无底，四周立面中央各有一弧形，状若壶门。唯一不同之处在于，灵宝六博俑的合榻，四周的弧形是三连弧，即中间为一段长弧，两侧各有一段短弧；而大英六博俑的合榻，则四周的弧形均为单弧。

两张合榻的大小尺寸相近。灵宝榻长 28 厘米，大英榻长 29 厘米，长度相差 1 厘米。宽度则一为 19 厘米，一为 22.5 厘米，相差不到 4 厘米。在高度上，灵宝榻高 5 厘米，大英榻 6.8 厘米，差距不到 2 厘米。

其次，仔细对比两组对坐于合榻上的陶俑，可知人物的服饰、坐姿、体态相似，高度相同。两组陶俑均头戴武弁大冠，身着宽袖长袍。陶俑的坐姿为跽坐。和大英六博俑一样，灵宝六博俑中的一个陶俑也是双手手肘弯曲，前臂抬起高举，左右掌心向内相对，一脸微笑。与大英六博俑另一个陶俑不同的是，灵宝的另一个陶俑，双手伸出平摊，似乎在表示输棋的无奈。

再次，两套博具大体相同，仅略有差别。细微的差别在于，大英六博俑中间只有一件博枰，一半放六箸，另一半放十二枚棋子和二茕；而灵宝六博俑中间虽然同样有一件长方形盘，却是一半放置六箸，而另一半上面平放着一个小方盘，小方盘上靠近人俑的两侧各自排着一列六枚棋子，小方盘中间也有二茕。孙机先生认为：讲究的博具中既有席又有枰，席铺在枰上；但当只有枰时，就在枰上投箸；反之只有席时，则在席上投箸[20]。李零先生提出：专门放博（即箸）的是"筭"席[21]，而棋子、茕则和棋局（博局）配套[22]。因此，若照两位先生这样的说法，灵宝六博俑放置棋子和二茕的小方盘，应该是博局；至于下面放六箸的长方形盘，是博枰还是"筭"席，笔者认为应该谨慎对待。因为根据四川新津出土东汉画像残石上的图像（图一〇）[23]以及其他地区东汉画像石上雕刻的六博画像[24]，可以看到博局和博枰是分开而非重叠的两件方盘。

图一〇　四川新津出土东汉画像残石上的仙人六博图

通过以上三方面对灵宝六博俑和大英六博俑进行细节比较，可知两者的形制极为相似，大小尺寸相近，其制作年代应基本相同。关于灵宝张湾汉墓年代的问题，这批汉墓的发掘、整理者认为："这四座墓的结构相似，方向基本相同。随葬品中都有一批绿釉陶，其中包括有同形制的家畜、家禽和人形灯；四座墓均出有一些东汉五铢钱。由此可以看出它们的时代相近，都为东汉后期。……四座墓的相对年代以墓 2 较早，墓 3 次之，墓 4 和墓 5 较晚。"[25]

2002 年，张勇先生在前人探索的基础上，以墓中出土陶质建筑模型为研究重点，将这 4 座汉墓年代大体推测为东汉中晚期[26]。2003 年，又进一步将张湾汉墓与河南有纪年的东汉中期及其以后墓葬出土的同类器物进行了细致比较，考证出比上述论断更为精确的时间段："灵宝张湾 4 号、5 号汉墓的年代当在东汉晚期偏早的桓、灵之时（或献帝初年）。如果对这一推测不存异议的话，那么，比它早的 3 号墓的年代应在东汉中期偏晚的桓、灵之前；2 号墓又早于 3 号墓，年代应为东汉中期或中期稍晚。"[27]

根据目前秦汉考古最新的文化分期，东汉中期为汉殇帝延平元年至灵帝中平六年，即公元 106 至 189 年[28]。结合张勇先生的推论，大致可将张湾 3 号墓的年代上限定在 106 年以后，下限应在东汉桓、灵之前，即公元 147 年之前，属于东汉中期墓葬。通过认真、细致的比较，大英六博俑与灵宝六博俑的组合要素、形制、釉色相似，其年代应该相近，基本上也可定在东汉中期，约在公元 2 世纪上半叶。

（三）大英博物馆藏东汉六博俑的出土地点与时间

1. 大英博物馆六博俑的出土地点

笔者认为，大英博物馆六博俑具有明显的"弘农作风"，可以由此来推测大英六博俑的出土地点。弘农郡为西汉武帝元鼎四年（前 113 年）设置，管辖 11 个县。《汉书・地理志八上》记载："弘农郡，户十一万八千九十一，口四十七万五千九百五十四。县十一。"[29]汉弘农郡在今天的大致范围，包括陕西、河南两省的一些县市，东至河南新安县函谷关遗址，南至河南栾川所在的伏牛山脉，西至陕西华阴，北至黄河一线[30]。所谓“弘农作风”，是指在汉弘农郡范围内发现的一些汉墓，其形制、器物反映出的某些共同特点较为显著，与相邻地区相比有一些差异。这一观点先后由俞伟超、叶小燕两位先生提出。

1957 年，俞伟超先生首次对陕县刘家渠汉墓做了简要报道，并指出：“陕县的汉墓基本上接近长安系统，亦偶有同洛阳者（如墓 102），而碓房、水阁等物又可看作是弘农的特征。这种交错现象正和陕州地处长安与洛阳之间的情况相合。”[31]

1965 年，叶小燕先生整理、发表了陕县刘家渠汉墓发掘报告，并在俞先生观点的基础上明确提出“弘农作风”这一概念：“陕城地处洛阳和长安之间，近洛阳而远长安。但这批墓葬，在作风上是近西安远洛阳的。它与潼关吊桥杨氏墓的作风基本相同。陕县、潼关汉时同属弘农郡，或许可称之为弘农作风吧（见《简报》)。这种弘农作风却是接近长安而不同于洛阳，尤其是在西汉和东汉前期，东汉后期才逐渐与洛阳作风接近，而实际上那时长安和洛阳的风格也逐渐在接近，同异的感觉也就不那么明显了。”[32]

除了以上俞、叶两位先生的论述之外，若将陕西潼关吊桥杨氏家族墓地、河南陕县刘家渠 45 座汉墓、灵宝张湾 4 座汉墓以及后来三门峡地区零星发掘的汉墓资料，统一纳入到汉弘农郡的视野范围内来考察，笔者还总结出“弘农作风”的其他一些特点。这些带有规律性的特点较为重要，对于判断丧失了出土时间、地点等信息的传世品来说，具有一定的学术意义。主要概括为以下几点：

第一，在这一地区的部分东汉墓中，大量使用绿釉陶器作为随葬品。火候较高，质地坚硬，以泥质红胎为主，泥质白胎较少。釉色分为浅绿釉、深绿釉两种。

第二，在出土的绿釉陶器中，不仅有一般的生活器皿，还有相当数量仿照现实生活中建筑、家具制作的各类明器。包括楼阁（图一一）[33]、水榭、仓房、磨房、作坊、牲畜圈、井等建筑明器，橱柜、方柜、桌子等家具明器。

图一一　灵宝张湾东汉墓 M3 出土绿釉陶望楼

第三，绿釉陶器大多出土于砖室墓，而灰陶器一般见于土圹墓，反映出随葬绿釉陶器的墓主人身份、等级较高。俞伟超先生将陕县刘家渠汉墓分为两组：“一组墓室用砖砌，随葬陶器大都为绿釉陶；另一组墓室为土圹，随葬陶器大都为灰陶，例外者仅四见。二组的墓型和陶器型式的演变规律，每每相同。这种在同一时代、同一地点中，砖墓出绿釉陶器而土圹墓出灰陶器的情况，除作墓主奢华程度不同之解外，别无它释。”[34]这在灵宝张湾六博俑上也可以得到印证，据发掘、整理者称，1972 年出土六博俑的汉墓属于东汉弘农杨姓豪强地主的墓葬[35]。另有清代《灵宝县志》记载：“五侯冢，在县东南十里西窝村之北，杨氏五侯葬此。”[36]张湾恰好位于灵宝县东南，可以初步判断灵宝张湾六博俑的墓主人身份，有可能是杨氏五侯之一。

此外，从汉代釉陶器的出土分布范围来看，长安地区出土铅釉陶器的器类比较多。西汉中晚期出现人物俑，东汉晚期亦有。西汉早期的胎釉主要是褐色、红褐色或酱黄色，西汉中期开始出现青绿色、绿色、墨绿色的胎釉，到西汉晚期及其偏晚阶段，褐色、红褐色以及酱黄色的胎釉基本消失，主要流行起来的是绿色釉。洛阳地区东汉墓发现有酱釉陶俑，较少见到绿釉陶俑及釉陶器[37]。位于长安与洛阳之间的弘农郡范围内，东汉墓则出土大量绿釉陶器皿、建筑、家具明器以及少量绿釉陶俑，应是继承了西汉晚期以来长安的施釉传统。

根据上述总结出具有“弘农作风”的一些器物特点以及目前汉代釉陶器的出土分布范围，可以基本判定大英藏绿釉陶六博俑的出土地点应在汉弘农郡范围内，有可能作为豪强地主的陪葬品随葬墓中。

2. 大英博物馆六博俑出土时间蠡测

大英六博俑的发现时间，似与清末民国时期洛潼铁路（即洛阳至潼关，后来属于陇海铁路中的一段）的修筑有密切关系。据洛阳方志资料显示，由于当时铁路建设资金的匮乏以及时局动荡等客观原因，导致洛潼铁路的修建只能分段完成，并几度中断，大致可分为以下几个阶段：一是洛阳至铁门段，1910 年 8 月 9 日至 1912 年 10 月修筑完成；二是铁门至观音堂段，1913 年 5 月至 1915 年修筑完成，1916 年 1 月正式通车；三是观音堂至陕州段，1920 至 1924 年；四是陕州至灵宝段，1924 至 1926 年；五是灵宝至潼关段，于 1930 至 1931 年修筑完成并通车[38]。

在 1925 年之前的洛潼铁路建设过程中，曾经挖出了古墓，并出土了一批文物，英国工程师报告说得到了一些唐代明器，包括人物俑、动物俑及器物，共计 57 件，现藏大英博物馆[39]。而本文所讨论的东汉六博俑入藏大英博物馆的时间是在 1933 年。如果大英六博俑出土地点属于汉弘农郡范围内这一推测能够成立的话，那么它也就有可能是在 1913 至 1931 年修筑洛潼铁路时挖出的汉墓随葬品，后来辗转到了英国，最终入藏大英博物馆。

（四）一幅六博俑图片辨正

图一二 《中华五千年文物集刊·古俑篇》收录的博俑图片

笔者在一本书中发现一幅与大英六博俑完全相同的图片（图一二）[40]，但该书正文及图版文字说明均说这组文物为广西西林普驮铜鼓墓葬出土，是西汉早期的文物。在此作一点辨析，否则，笔者上述考证的大英六博俑相对年代、出土地点，与该书的图片文字说明有着无法调和的矛盾。

根据书中提供的出土信息，笔者按图索骥，查到了该墓葬的考古简报[41]。但是，在该墓的出土文物中只有4件跽坐铜俑和1件铜博局盘（图一三；图一四）[42]，并没有该书收录的六博釉陶俑。同时，将该书图片与大英博物馆藏品图片进行细致比对，可以发现两者当中的陶俑，从上到下的脱釉、露红胎之处完全一致。两件长方形博枰及其上的棋子和二茕，它们的脱釉之处也完全相同。特别是两者各自的六箸中，位于最边缘的一根均未施绿釉，露红胎，而且放置棋子的一侧博枰一角，均略有残损。此外，在该书的文字说明中，还提到"坐俑高二〇公分……台长二十八.八公分"[43]等具体数据，这和大英六博俑的数据仅相差0.2~1厘米。最为重要的证据是，笔者在大英博物馆官方网站上找到了与此书收录图片构图相同的一幅图片，除了背景为黄色之外，其他画面内容完全相同。

图一三　广西西林普驮粮站铜鼓墓出土跽坐铜俑

图一四　广西西林普驮粮站铜鼓墓出土铜博局盘

由此可以证实，此书收录的六博俑实际上就是大英博物馆收藏的六博釉陶俑，其年代属于东汉中期，并非出土于广西西林普驮西汉早期铜鼓墓。此外，需要指出的是，这幅图片中站立着持物绿釉人物俑，与河南灵宝张湾东汉墓M3中出土的持臿釉陶俑形制相似，从一侧面反映出同时入藏大英博物馆的文物并非只有六博俑，至少还应包括这件绿釉陶立俑。

二、六博俑在东汉墓葬中出现的原因

（一）六博发展历程与博戏俑的类型

六博在春秋战国时期发展起来，秦汉是兴盛时期。先秦时期，博戏仅限于男子之间进行，到了汉代女子才可以参与。而魏晋是博戏的一个变化期，其变化主要是：大博（即博戏时投掷六根竹箸，是为"六箸"，又称作"六博""大博"）改箸为琼，有六琼、五琼（五木），形制虽变但其名称不变，唐代仍保留"六博"之称；而小博（即博戏时采用代替箸的二茕）则改名为"双陆"，形制也发生了变化，唐代仍然流行"双陆"。

北齐《颜氏家训·杂艺》云："古为大博则六箸，小博则二茕，今无晓者。比世所行，一茕十二棋，数术浅短，不足可玩。"[44]说明最迟到5世纪末，大博和小博皆已不存，当时流行投一茕的博。有人认为宋代六博已经失传[45]。至于六博衰落的原因，除了自身形制的发展和演变，也与时代需求的变化、又有新游戏（如樗蒲）的兴起有关。

目前考古发掘出战国至秦汉时期的博戏视觉形象资料，主要包括六博博具、图像和博戏俑等。其中六博图像主要在壁画、画像石、画像砖、石棺、铜镜及其他器物上有所表现。博戏俑分为博局俑与六博俑两种类型（表一）。博局俑的构成要素仅含两俑或四俑、博局盘，有铜质、木质各一组。铜俑是广西西林普驮西汉早期铜鼓墓出土的 4 件铜跽坐俑及 1 件铜博局盘，坐俑高 9~10 厘米，博局盘高 9 厘米，两者高度基本相当[46]。木俑为 1972 年甘肃武威磨咀子西汉晚期墓 M48 出土的彩绘博局木俑，有两俑及博局盘（图一五）[47]。

表一　汉代博戏俑资料一览

类型	质地	出土时间	地点	组合	年代	收藏地点	本文注释
博局俑	铜质	1972	广西西林普驮铜鼓墓	四俑一盘	西汉早期	广西博物馆	[41]
	木质	1972	甘肃武威磨咀子M48	两俑一盘	西汉晚期	甘肃省博物馆	[47]b
六博俑	陶	1956	河南陕县刘家渠M73	四俑两盘	东汉前期	中国国家博物馆	[48]
		不详	不详	两俑一盘	汉	美国纽约莉莲·斯卡露丝	[51]
	釉陶	民国	不详	两俑一盘	东汉中期	大英博物馆	[16]
		1972	河南灵宝张湾 M3	两俑两盘	东汉中期	河南博物院	[19]
		2003	河南济源	两俑一盘	汉	济源市博物馆	[50]
		不详	不详	四俑一盘	东汉	民间	[51]

六博俑仅见陶质和釉陶质，其组合中的基本要素包括两俑或四俑、博枰、六箸、二茕、十二枚棋子。陶俑与釉陶俑发现数量相对较多，分为考古发掘品与传世品。考古发掘品有三组，分别为：1956 年河南陕县刘家渠东汉前期墓 M73 出土绿釉陶楼阁二层中进行六博对弈的四俑两盘（图一六；图一七）[48]；1972 年，河南灵宝张湾东汉中期墓 M3 清理出的六博俑[49]；2003 年，河南济源沁北电厂西窑头工地发掘汉墓 M10，出土一组六博黄绿釉陶俑（图一八）[50]。传世品则发现三组，即北京民间收藏的一组东汉六博俑[51]、美国纽约莉莲·斯卡露丝收藏的汉代六博陶俑（图

图一五　甘肃武威磨咀子西汉晚期墓 M48 出土彩绘博局木俑

一九）[52]、大英博物馆藏东汉六博俑。从考古发掘品来看，目前出土六博釉陶俑的核心地区在河南西部一带。所见博具齐备，既有六箸，也有二茕、十二枚棋子。

图一六　河南刘家渠东汉墓 M73 出土绿釉陶望楼

图一七　河南刘家渠东汉墓 M73 出土绿釉陶望楼二层内的博戏场景

图一八　河南济源汉墓 M10 出土六博黄绿釉陶俑

图一九　美国纽约莉莲·斯卡露丝藏汉六博陶俑

在汉墓中，出现博戏俑的最早时间为西汉早期，以广西西林普驮铜鼓墓出土博局铜俑为代表。西汉晚期的例子，有甘肃武威磨咀子汉墓所出博局木俑。东汉前期，出现六博陶俑，见于河南陕县刘家渠汉墓 M73。东汉中期，又有了六博绿釉陶俑，出土于河南灵宝张湾汉墓 M3。后面两例，均发现于汉弘农郡的范围内。

通过梳理目前发现的六博视觉形象资料，可以得出这样的结论：战国至西汉早中期出土的六博实物，大多为博具，可将其归为六博的具体形态；而西汉中晚期以后，尤其是东汉时期的出土实物，六博则大多以图像形式被表现在画像石、画像砖、石棺、铜镜等器物上，同时也有放置于陶楼内或者独立存在的六博俑，这些可视为六博这种娱乐形式在冥间文物中的完善。为什么六博会在冥间文物中以各种形式不断完善？为什么六博俑大多见于东汉？这是本文试图要回答的问题。

（二）东汉六博俑出现的原因

笔者认为，六博俑目前仅见于东汉墓葬中，除了东汉制陶业较为发达等生产技术方面的条件之外，还有社会生活及文化信仰层面的原因。具体来说，主要有以下三个方面。

第一，六博俑在东汉墓中出现，是因为在东汉时期的现实生活中，六博的形制逐渐完善并定型，这种游戏盛行至极，成为社会各阶层普遍接受的娱乐形式。《后汉书·梁统传》中记载东汉中后期的权臣梁冀："少为贵戚，逸游自恣，性嗜酒，能挽满、弹棋、格五、六博、蹴鞠、意钱之戏。"[53]《后汉书·张衡传》描述张衡同人辩论时说："咸以得人为枭，失士为尤。"注云："枭犹胜也，犹六博得枭则胜。"[54]由此可知，六博是在社会上广为普及的游戏，并不存在因身份、地位之别而出现隔膜的情况。

第二，由于汉代"事死如事生"丧葬观念的影响，现实生活的某些方面往往会折射到丧葬仪式中去，所以墓中随葬的六博俑应是阳世间真实生活的曲折反映。所谓"事死如事生"观念，是指汉代人相信一个人在去世以后，逝去的只是其肉身，而魂灵是不灭的，在墓冢中他能够延续生前的生活。因此，在墓中陪葬了大量墓主人生前用过的器具以及模仿现实生活的明器。《论衡·薄葬》说的情形就是这种观念的具体反映："谓死如生。闵死独葬，魂孤无副，丘墓闭藏，谷物乏匮，故作偶人，以侍尸柩；多藏食物，以歆精魂。"[55]

西汉中后期，随着社会经济的发展，出现了诸多大地主、大商人，后有东汉豪强地主阶层逐渐兴起，这些均为厚葬提供了经济基础。所以汉墓中除了出土大量动物形象、庄园明器、镇墓俑等，还有各种人物俑，如用于服务墓主人起居、保卫、劳作、庖厨等各类奴仆形象俑，目的是希望墓主人在死后能继续享受生前所拥有的一切。《潜夫论·浮侈》描写的就是汉代京城贵戚、地方豪强在操办丧事过程中的厚葬之风："今京师贵戚，郡县豪家，生不极养，死乃崇丧。或至刻金镂玉，檽梓楩柟，良田造茔，黄壤致藏，多埋珍宝偶人车马。"[56]六博俑作为随葬品而出现，应该也是受到这种事死如生观念的影响。当然六博俑较之于具体的博具，少了直接让墓主人"使用"的意味，但它可能是墓主人生前娱乐情景的再现，仍然具有娱乐功能。

第三，汉墓中的六博俑不仅仅是作为一种明器存在，还反映了汉代人的精神信仰，可能和当时社会流行的神仙信仰有关。神仙信仰源自战国的燕齐之地，兴盛于秦汉时期，孙家洲先生指出："战国至秦汉时期，方仙道（方士与'神仙家'的合称）崛起，在其宣传鼓动之下，以蓬莱为代表的'仙山'传说，深入人心，成为上自帝王、下及平民的普遍信仰。"[57]当时的人们相信，只要通过修炼，就有升仙的可能，因此升仙是神仙信仰的一大主题。另一主题是长生不死，避免死亡的恐惧劫难。《汉书·五行志》云：哀帝建平四年（前3年），"其夏，京师郡国民聚会里巷仟（阡）陌，设（祭）张博具，歌舞祠西王母。又传书曰：'母告百姓，佩此书者不死。不信我言，视门枢下，当有白发。'"[58]可知在汉代人看来，六博能够用于祭神的仪式中，以沟通神人之间的联系，向神传达人意。

总之，因为六博俑是在上述思想文化的背景下出现在汉代墓葬中，那么它应该超越了具体博具乃至人俑的物质性娱乐或服务功能，或许还暗含了一种形而上的精神信仰，正如李零先生对于六博的评价：六博本身的设计源自历术宇宙观，并且作为博弈游戏，具有不确定的神秘性[59]。其设计来源和特性，使之有可能被寄予了通神和预言的信仰色彩。

三、结语

大英博物馆藏东汉六博釉陶俑的学术与艺术价值，主要体现在以下三点：

其一，为了解六博形制的发展演变增添了实物资料，对于探讨六博在汉代社会生活史中的作用具有一定的意义。如前所述，大英六博俑之间的博枰上，同时摆放着六箸和二茕，为李零先生关于一套完整博具中可能同时出现箸和茕的观点给出了实物佐证。六博盛行于汉代，无论在社会各阶层均成为风靡一时的娱乐形式。东汉墓中出土的六博俑，成为人们探究汉代社会生活直观、鲜活的标本，还可以通过它来了解汉代人的思想观念。

其二，为研究来源不详的传世品提供了一定的研究方法。如本文通过将灵宝六博俑与大英六博俑从题材、形制上进行比较，并以考古发掘品作为标准器，来建立传世品的时空坐标，这种研究方法的尝试对今后有关馆藏传世品的探讨，具有借鉴作用。"弘农作风"特点的总结，揭示出规律性的认识，为寻找传世东汉绿釉陶器的出土地点提供了线索。

其三，为进一步考察汉代雕塑史呈现了较为生动的艺术作品。从雕塑的角度来看，大英六博俑应属于圆雕。六博俑通过再现富有戏剧性的对博场景，营造了一个超越于现实生活的艺术时空。采用了写实与写意相结合的手法，模拟了当时社会上的武官形象，抓住了两个人物在对博胜负分晓的一刹那各自不同的表情姿态加以塑造，反映了瞬间即逝、最为精彩的动态美。与六博图像平面感相比，六博俑以三维空间的立体展示，更加形象地再现了汉代人生活中的六博场景，这是一种来源生活却超越于生活的艺术表现。这一再现由于六博本身所具有的精神信仰内涵，使得纯粹的艺术手段又被赋予了思想文化的含义。

附记：本文图一大英博物馆藏东汉六博釉陶俑由大英博物馆提供。六博铅釉陶俑的制作时间下限大约为公元2世纪上半叶，出土地点应是在中国河南省三门峡市至陕西省潼关县所辖范围内。图片版权©归大英博物馆董事会所有。

注释：

[1] 劳榦：《六博及博局的演变》，见蒲慕州：《生活与文化》，中国大百科全书出版社，2005年，第129—145页。

[2] 杨宽:《杨宽古史论文选集》，上海人民出版社，2003 年，第 441—446、447—448 页。

[3] 崔乐泉:《中国古代六博研究》(上、中、下),《体育文化导刊》2006 年第 4、5、6 期。

[4] 曾蓝莹:《尹湾汉墓〈博局占〉木牍试解》,《文物》1999 年第 8 期。

[5] 陈侃理:《北大汉简数术类〈六博〉、〈荆决〉等篇略述》,《文物》2011 年第 6 期。

[6] 江西省文物考古研究所等:《南昌市西汉海昏侯墓》,《考古》2016 年第 7 期。

[7] [17] 傅举有:《论秦汉时期的博具、博戏兼及博局纹镜》,《考古学报》1986 年第 1 期。此文首次详细归纳了新中国成立后到 80 年代出土的六博实物，总结秦汉六博的形制、种类、用法、起源流变、博戏、博纹镜等，具有一定的代表性。

[8] [59] a. 李零:《"式" 与中国古代的宇宙模式》,《中国文化》1991 年第 1 期。此文探讨了六博的基本形制，提出了六博模仿式和式法的观点。

b. 李零:《跋中山王墓出土的六博棋局——与尹湾〈博局占〉的设计比较》,《中国历史文物》2002 年第 1 期。此文分析了战国中山王墓地 M3 出土的两件石雕六博局的花纹、棋局设计，并将之与尹湾汉墓出土的木牍博局占进行了比较后，在"补记"中修改了上一文中式盘为博局之源的观点，而认为日晷是六博局的来源，六博的博、棋、棋道设计都反映了它是模仿历术的游戏。

[9] [20] 孙机:《汉代物质文化资料图说》(增订本)，上海古籍出版社，2011 年，第 452—454 页。

[10] 陈成军:《试谈汉代画像砖、石上的六博图像》,《文物天地》2000 年第 5 期。此文将汉代画像砖、画像石上的六博图像分作"单一的仙人六博图像"、"与其它神仙内容组合在一起的仙人六博图像"以及"与仙禽神兽组合在一起的六博图像"等三类，认为六博除了娱乐功能以外，还是占卜以及通神的工具。将石棺上的六博图与当时人的长生思想联系在一起，具有合理性。

[11] 姜生:《六博图与汉墓之仙境隐喻》,《史学集刊》2015 年第 2 期。此文认为汉墓画像中的六博图是"葬仪中用以对墓室进行时空仙化定性的符号，象征着墓室的另类时空属性；六博图之所在即仙界之所在"，六博图是能够加速死者生命转换功能，即由死亡转换为升仙的信仰符号之一。从六博图所代表的时空观出发，解读图像背后所蕴含的升仙信仰，具有启发性。

[12] 王煜:《四川汉墓画像中"钩绳"博局与仙人六博》,《四川文物》2011 年第 2 期。此文提出四川汉墓画像中"仙人六博"有一独特的博局形制("钩绳"博局)，它"直接体现了时人观念中最基本的宇宙模式。当时的蜀人专为仙人设计了一种博局，仙人六博于其上，直接体现了以阴阳六爻运行宇宙的哲学和宗教含义，表达了与天地同化、与造化同游的神仙和升仙思想。"

[13] 唐宇:《汉代六博图像研究——以墓葬材料为中心》，中央美术学院硕士学位论文，2013 年。

[14] a. 黄河水库考古工作队:《河南陕县刘家渠汉墓》,《考古学报》1965 年第 1 期；

b. 河南省博物馆:《灵宝张湾汉墓》,《文物》1975 年第 11 期。

[15] 张延红:《六博俑模型》，见河南博物院:《中原藏珍品鉴》第 2 卷，中州古籍出版社，2014 年，第 247—255 页;《从三门峡出土六博俑模型谈秦汉博具》,《中原文物》2015 年第 5 期。

[16] 图一由大英博物馆提供。为了弥补大英六博俑图片观察角度的不足，本文又补充了图二至图七，共计 6

幅六博俑图片，均由霍宏伟先生于 2017 年 3 月在国博北 10 展厅中拍摄。

[18][22] 李零:《“式”与中国古代的宇宙模式》,《中国文化》1991 年第 1 期。

[19] 河南省博物馆:《灵宝张湾汉墓》,《文物》1975 年第 11 期。图八采自河南博物院:《中原古代文明之光》,科学出版社，2011 年，第 229 页；图九采自河南省博物馆:《灵宝张湾汉墓》,《文物》1973 年第 11 期，第 81 页，图五。

[21] 李零先生认为，“博”是北方的叫法，而在吴楚，博被称作“箄”。但此说法存在争议，如浦朝府认为，箸不等于箄。见李零:《六博之箸、箄研究》,《神州》2012 年第 18 期。

[23] 图一〇采自闻宥集撰:《四川汉代画象选集》，中国古典艺术出版社，1956 年，第三五图。

[24] 杨絮飞:《中国汉画造型艺术图典·人物》，大象出版社，2014 年，第 535—544 页；唐宇:《汉代六博图像研究——以墓葬材料为中心》，中央美术学院硕士学位论文，2013 年，第 32 页。

[25][35][49] 河南省博物馆:《灵宝张湾汉墓》,《文物》1975 年第 11 期。

[26] 张勇:《河南汉代建筑明器类型学与年代学研究》，见河南博物院:《河南出土汉代建筑明器》，大象出版社，2002 年，第 262 页。

[27] 张勇:《豫西汉代陶水榭》,《中原文物》2003 年第 3 期。

[28] 刘庆柱、白云翔:《中国考古学·秦汉卷》，中国社会科学出版社，2010 年，第 18 页。

[29] 班固:《汉书》卷二八上《地理志》，中华书局，1962 年，第 1548—1549 页。

[30] 谭其骧:《中国历史地图集》第 2 册《秦、西汉、东汉时期》，中国地图出版社，1996 年，第 42—43 页。

[31][34] 黄河水库考古工作队:《一九五六年河南陕县刘家渠汉唐墓葬发掘简报》,《考古通讯》1957 年第 4 期。

[32] 黄河水库考古工作队:《河南陕县刘家渠汉墓》,《考古学报》1965 年第 1 期。

[33] 图一一采自张文军:《河南博物院》，长征出版社，2009 年，第 69 页。

[36] 周淦:《灵宝县志》卷三《陵墓》，清光绪二年(1876 年)刊本。

[37] 唐丽雅:《汉代两京地区出土铅釉陶器研究》，郑州大学硕士学位论文，2011 年，第 42—44 页；洛阳地区出土东汉釉陶俑的特点，承蒙洛阳市文物考古研究院程永建先生相告。

[38] 洛阳市地方史志编纂委员会:《洛阳市志》第 3 卷《城市建设·交通·邮电志》，中州古籍出版社，1997 年，第 403—405 页。

[39] 转引自郑德坤、沈维钧:《中国明器》，哈佛燕京学社，1933 年，上海文艺出版社影印本，1992 年，第 59—60 页;Hobson，R. L.，*Chinese Pottery and Porcelain*，London，1925，pp.26–27。唐代明器共计 57 件，其中人物俑 29 件，包括骑马女子 1、女子 8、僧形男子 2、衣冠男子 3、从者男子 11(内一外国人)、甲胄男子 4；动物俑 12 件，分别为魌头 2、鞍马 2、双峰驼 2、豚 2、羊 2、狗 1、凫 1；器物 16 件，有椭圆盖附壶 6(淡黄绿色釉，白地，质坚致)、两手附壶 1(蛇头两耳)、圆形盆 1(小型方壶 1，浅杯 7 附)。

[40] 图一二采自徐纯:《中华五千年文物集刊·古俑篇》，中华五千年文物集刊编辑委员会，1988 年，第 118 页。

[41] 广西壮族自治区文物工作队:《广西西林县普驮铜鼓墓葬》,《文物》1978 年第 9 期。

[42] 图一三、图一四分别采自中国国家博物馆、广西壮族自治区博物馆:《瓯骆遗粹:广西百越文化文物精品集》,中国社会科学出版社,2006 年,第 109、108 页。

[43] 徐纯:《中华五千年文物集刊·古俑篇》,中华五千年文物集刊编辑委员会,第 118 页。

[44] 颜之推撰,王利器集解:《颜氏家训集解》(增补本)卷七《杂艺第十九》,中华书局,1993 年,第 591 页。

[45] 程志娟:《汉代规矩镜与六博》,《东南文化》1997 年第 4 期。

[46] 广西壮族自治区文物工作队:《广西西林县普驮铜鼓墓葬》,《文物》1978 年第 9 期。关于该墓出土的铜坐俑,孙机先生认为是人物形镇。参见孙机:《从历史中醒来:孙机谈中国古文物》,生活·读书·新知三联书店,2016 年,第 385、391 页,注释[17]。据此,笔者认为,与博局同出的,应属于博局俑。仅有人物俑,未见博局的,应是人物形镇。

[47] a. 图一五采自甘肃省文物局:《甘肃文物菁华》,文物出版社,2006 年,第 169 页。

b. 甘肃省博物馆:《武威磨咀子三座汉墓发掘简报》,《文物》1972 年第 12 期。

[48] 黄河水库考古工作队:《河南陕县刘家渠汉墓》,《考古学报》1965 年第 1 期;图一六、图一七分别采自黄河水库考古工作队:《河南陕县刘家渠汉墓》,《考古学报》1965 年第 1 期,图版伍,3、4。

[50] 胡成芳:《河南济源出土的几件釉陶俑》,《考古与文物》2007 年第 1 期。图一八由陈良军先生提供。

[51] 王青路:《陶俑掇英》,人民美术出版社,2006 年,第 92—93 页。

[52] 图一九采自崔乐泉《中国古代体育文物图录》,中华书局,2000 年,第 163 页。

[53] 范晔:《后汉书》卷三四《梁统传》,中华书局,1965 年,第 1178 页。

[54] 范晔:《后汉书》卷五九《张衡传》,中华书局,1965 年,第 1904—1905 页。

[55] 王充:《论衡》卷二三《薄葬》,上海古籍出版社,1992 年,第 272 页。

[56] 王符撰,汪继培笺,彭铎校正:《潜夫论笺校正》第十二《浮侈》篇,中华书局,1985 年,第 137 页。

[57] 孙家洲:《中国古代思想史·秦汉卷》,广西人民出版社,2006 年,第 293 页。

[58] 班固:《汉书》卷二七下之上《五行志》,中华书局,1962 年,第 1476 页。

渑池火车站冶铁遗址 2016~2017 年调查简报

◎河南省文物考古研究院

渑池火车站冶铁遗址位于河南省三门峡市渑池县东南城关镇一里河村火车铁路南侧渑池火车站东南方向，遗址中心距火车站直线距离约 520 米。渑池县基本属于丘陵山地，北部是以东崤山为主的山区，南部是以西崤山（又称南大岭）为主体的丘陵地区，中部是涧河盆地。遗址南邻涧河，东邻五里河，五里河现已干枯。涧河南侧的吕祖庙山（又名龟山），山高 550 米。由于 20 世纪 50 年代平整土地，遗址现存地貌呈两级阶梯状分布，地表植被主要为小麦和玉米等农作物。遗址主要分布在涧河北岸第一级阶地。遗址中心地理坐标为北纬 34°45′02.52″，东经 111°46′96.33″，海拔 482 米。（图一）遗址东南方向的台地上曾出土大量陶器，当地村民称之为“砂锅岭”。

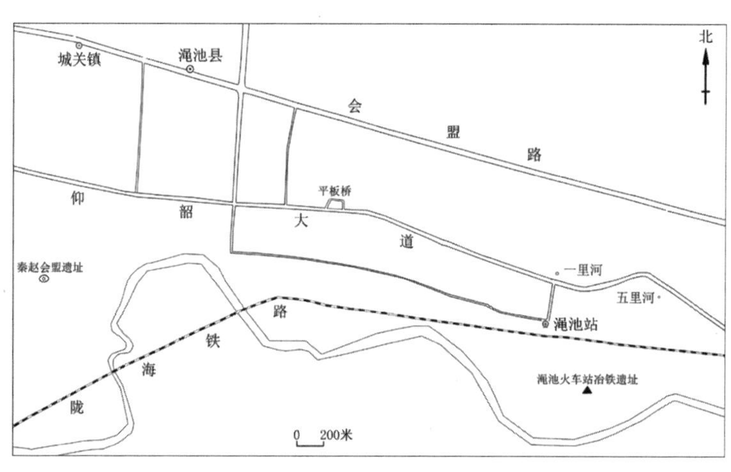

图一　渑池火车站冶铁遗址位置示意图

1974 年 4 月，因渑池火车站扩宽站台，一个铁器窖藏坑被发现、发掘，共出土汉魏时期的铁器 4000 多件，器形有 60 多种；经过调查勘探，考古工作人员认为在窖藏坑南侧存在一处铸铁作坊遗址，并对遗址范围、年代、内涵做了初步判断[1]。1978 年该遗址被定为县级文保单位[2]，2006 年 11 月第三次全国文物普查进行了复查。目前保存状况较好。

窖藏铁器被发掘之后，相关学者与单位主要对其进行了金相检测分析及冶金技术的研究[3]，在此批铁器中首次发现了“铸铁脱碳钢和类似现代球墨铸铁的球墨组织”，对研究我国古代冶金技术具有重要意义。但是，由于至今未能得到考古发掘，遗址的具体性质、时代及与窖藏坑铁器的关系等诸多问题不能得到很好的解决。鉴于此，河南省文物考古研究院于 2016

年7月和2017年3月，对该遗址进行调查、勘探、测绘，并对采集遗物进行检测分析，现将调查及检测结果简报如下。

一、遗址面积及堆积情况

勘探采用"十字"交叉探法，南北向和东西向各布孔3排，其中南北向单排布孔150个，东西向单排布孔300个，孔距2米。

经勘探，北部地层基本可分为3层：第①层为耕土层，灰色土，结构疏松，质地较软，厚约0.25~0.30米；第②层，褐色土，夹杂卵石块，结构致密，质地较硬，夹杂少量灰陶片，厚约0.50~0.60米；第③层，灰色土，结构较疏松，质地较软，夹杂有炉渣和陶片，厚约0.70~1.50米。

南部地层大体可分为2层：第①层为耕土层，灰色土，结构疏松，质地软，厚约0.25~0.30米；第②层，灰色土，夹杂大量炉渣、红烧土块，个别探孔发现有炼炉炉壁，厚约1~2.50米。

图二　渑池火车站冶铁遗址范围及遗迹分布图
1. 窖藏坑　2. 生铁块　3. 炼炉　4. 炉壁集中分布区　5、6. 炉渣集中分布区

经过调查、勘探，基本确认现存遗址沿涧河河岸分布，北部边缘不甚明显，大体呈不规则状的圆形，东西最长480米，南北最宽360米，现存面积约13万平方米。文化层基本为北高

南低的坡状堆积，冶铁遗存在北部埋藏较深，文化堆积较薄，遗迹、遗物相对较少；而在南部埋藏较浅，耕土层下即是，文化堆积相对较厚，遗迹、遗物较为丰富。炼炉、陶窑、废渣堆砌区等主要遗存沿涧河河岸分布，其中遗址南部断崖处还发现大型积铁块一块，遗址东南部发现有青灰色炉壁和大量的炉渣遗存。（图二；图三）

1

2

图三
1. 地表炉渣　2. 遗址断崖处炼炉遗迹

二、主要收获与存在问题

（一）主要收获

1. 冶炼地点的选择

从自然条件来讲，该遗址位于涧河盆地，临近水源，地形相对平坦，水陆交通皆便利，且有丰富的矿源与燃料。渑池县铁矿矿藏，主要分布在沿黄河一线，储量在3000万吨以上，含铁量在34%左右的铁矿主要分布在岱嵋寨、曹窑等地[4]。这几处矿产地距离冶铁遗址从30多千米到10千米不等。古代冶铁选址离矿产地远近不一，近者几百米，采取就地冶炼，这一类多是因水、陆交通不便利；远者几千米至几十千米不等，这一类是受水、陆交通便利之益[5]。而渑池火车站冶铁遗址应属于后者。至于燃料，据目前发掘的几处大的冶铁遗址，基本上都是以优质木炭为燃料，如郑州古荥汉代冶铁遗址、鹤壁冶铁遗址、南阳瓦房庄冶铁遗址等[6]。而渑池县位于豫西浅山区，用材植被较多[7]，可为冶铁提供充足的木材燃料。

古铁器冶铸工场除了位于矿源地，更多地分布于城市郊区或城内[8]。本遗址即在汉、魏渑池县、郡治的附近，西距汉、魏县治所约12.5千米[9]。

2. 基本确定了遗址范围面积及堆积情况

与之前的调查、普查相比，此次调查勘探发现遗址区范围稍大，且主要靠近南部的涧河，而不是靠近北部的铁路线；并基本明确了文化堆积情况，主要冶铁遗迹分布情况，为进一步的发掘研究工作提供了参考；弄清了铁器作坊几处布局：窑藏区、冶炼区和废渣区等。

3. 铁渣采集品金相分析

在遗址南部采集炉渣（经农耕翻土而暴露于地面）5件，由北京大学考古文博学院检测分析，经打磨、抛光、2%硝酸酒精溶液浸蚀后，于LAICA D4000显微镜下观察。金相显微组织检测结果显示其中4件为硅钙系玻璃态炉渣，渣铁分离度高，夹杂较多球形铁颗粒。铁颗粒较大者为灰口铁组织，较小者有铁素组织、珠光体组织等，普遍存在磷共晶现象，为典型的生铁冶炼炉渣。通过调查、检测分析，可知此次采集的炉渣与之前该遗址北部发现的窖藏坑铁器及炉渣的金相分析结果较为一致。

（二）存在问题

经过检测分析，所采集的炉渣为典型的生铁冶炼遗物，这表明，该遗址至少存在生铁冶炼炉。根据以往研究统计，巩县铁生沟炼炉炉基复原尺寸在 1.30~2 米，鹤壁冶铁遗址炼炉宽 2.20~2.40 米，古荥镇冶铁遗址较小的 2 号炉，炉基南北长 9.20 米，北宽 2.60 米，南宽 3.75 米。另熔炉、退火脱碳炉、炒钢炉等冶铸设施的直径或边长也均在 1 米左右[10]。此次钻探探孔分布为“十字”交叉，每排内孔距为 2 米，而排与排之间间距较大，只有个别探孔发现炼炉炉壁。由以上可获知，该遗址炼炉数量可能非常有限。而其他诸如熔炉之类的冶铸设施在此次钻探过程中未能得到确认。

通过调查、检测分析，我们大体可了解到，该遗址应该存在生铁冶炼遗存，还可能会存在铸造遗存。至于该遗址的其他功能，遗址内部是否存在功能分区，还需考古工作的进一步开展。

附记：渑池县文管办康继云主任对遗址的调查与勘探工作给予了大力支持与帮助。北京大学考古文博学院陈建立教授与张周瑜同学对窖藏铁器及遗址采集铁渣样品进行了检测分析。在此一并致谢。调查航拍任潇，测绘聂凡，绘图、摄影孙凯、张凤。

执笔：张　凤　孙　凯

注释：

［1］渑池县文化馆、河南省博物馆：《渑池县发现的古代窖藏铁器》，《文物》1976 年第 8 期。

［2］也称为“一里河冶铁遗址”。此次简报，因循 1974 年窖藏坑发掘的命名，仍称为渑池火车冶铁遗址。

［3］a. 李京华：《河南汉魏时期球墨铸铁的重大发现》，《河南文博通讯》1979 年第 2 期。

b. 李众：《从渑池铁器看我国古代冶金技术的成就》，《文物》1976 年第 8 期。

c. 北京钢铁学院金属材料系中心化验室：《河南渑池窖藏铁器检验报告》，《文物》1976 年第 8 期。

［4］渑池县志编纂委员会：《渑池县志》，汉语大词典出版社，1991 年，第 80、81 页。

［5］李京华、陈长山：《南阳汉代冶铁》，中州古籍出版社，1995 年，第 5 页。

［6］a. 河南省文化局文物工作队：《河南鹤壁市汉代冶铁遗址》，《考古》1963 年第 10 期。

b. 河南省博物馆、石景山钢铁公司炼铁厂、《中国冶金史》编写组：《河南汉代冶铁技术初探》，《考古学报》

1978年第1期。

c. 郑州市博物馆:《郑州古荥镇汉代冶铁遗址发掘简报》,《文物》1978年第2期。

d. 河南省博物馆、石景山钢铁公司炼铁厂、《中国冶金史》编写组:《河南汉代冶铁技术初探》,《考古学报》1978年第1期。

e. 钟华邦:《河南确山汉代朗陵古城冶铁遗址的新发现》,《考古与文物》1987年第5期。

f. 陈建立、洪启燕、秦臻等:《鲁山望城岗冶铁遗址的冶炼技术初步研究》,《华夏考古》2011年第3期。

[7] 渑池县志编纂委员会:《渑池县志》,汉语大词典出版社,1991年,第84页。

[8] 白云翔:《先秦两汉铁器的考古学研究》,科学出版社,2005年,第340页。

[9] a. 中国历史地图集编辑组:《中国历史地图集(二)》,中华地图学社,1975年,第5、6页。

b. 中国历史地图集编辑组:《中国历史地图集(四)》,中华地图学社,1975年,第7、8页。

[10] 李京华:《巩县铁生沟汉代冶铸遗址再探讨》,见李京华:《中原古代冶金技术研究》,中州古籍出版社,1994年,第77—100页。

三门峡市印染厂秦人墓葬出土陶器文字刍论

◎衡云花

1965年，河南省文化局文物工作队（现河南省文物考古研究院）在配合三门峡市的基本建设工作中，发掘了一批墓葬，在三门峡市印染厂墓地发掘，年代有战国晚期至秦、汉、唐、宋等，共有152座，其中秦人墓葬共63座，编号为M14、M15、M18、M23、M29、M34、M35、M37、M39、M40、M41、M42、M43、M45、M47、M49、M50、M53、M55、M56、M58、M59、M62、M63、M64、M65、M69、M73、M74、M75、M76、M77、M78、M80、M81、M85、M86、M88、M90、M91、M92、M93、M99、M100、M101、M102、M107、M109、M110、M120、M122、M123、M124、M125、M126、M128、M129、M132、M136、M139、M142、M146、M147。63座秦人墓葬中，出土陶器155件，器形有罐、缶、盆、甑、釜、瓿、甗、鼎、壶、瓮、盘、盒、锥状物等13类。这些陶器中，带有陶文的出于14座墓葬，有陶文的陶器器形9类，器物23件（组），陶文共26处。本文试对此进行分析、探讨。

一、陶器陶文

三门峡市印染厂发掘的63座秦人墓葬中出土有陶文的共计14座，编号为M14、M29、M43、M53、M55、M56、M64、M69、M74、M81、M110、M124、M139、M147。带陶文的陶器器形有：罐、缶、盆、甑、釜、瓿、甗（甑、鼎套件）、壶、盒，共9类。陶文有戳印和刻画两种，字体均为篆书，笔画多粗壮有力，分布位置多在肩、腹内壁、底内壁等较为明显的地方。

陶罐　3件。标本M55：3，陶文戳印在肩部，排字形状为竖排长方形，篆字字体粗壮，陶文为阴文“陕亭”（图一；图版一）；标本M110：3，戳印在肩部，排字形状为横排长方形，篆字字体稍纤细，陶文为阴文“陕市”（图二）；标本M124：4，刻画在肩部，排字形状为长方形，篆字字体粗壮，陶文为阴文“市亭”（图三；图版二）。

陶缶　9件。标本M29：3，刻画在肩部，排字形状为横排，篆字字体粗壮，陶文为阴文“市亭”（图四；图版三）；标本M53：2，戳印在肩部，排字形状为长方形，篆字字体粗壮，陶

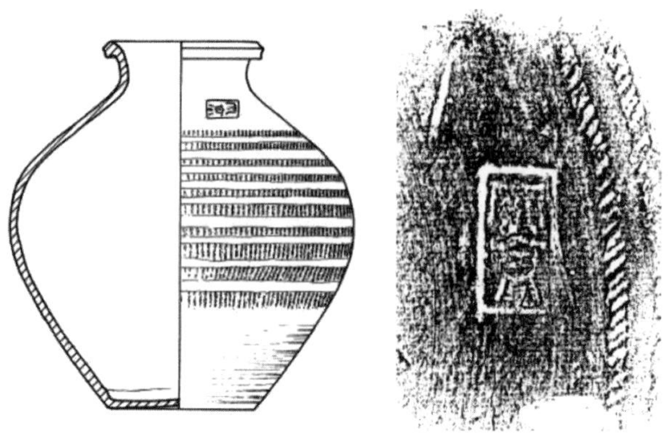

图一 M55：3 陶文位置及拓片

图版一 M55：3 陶文照片

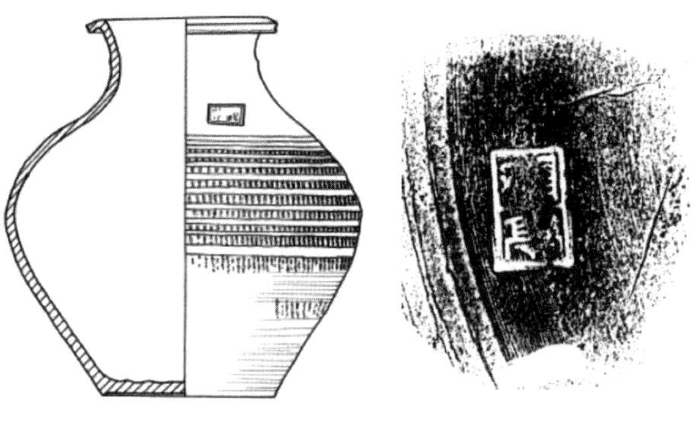

图二 M110：3 陶文位置及拓片

图版二 M124：4 陶文照片

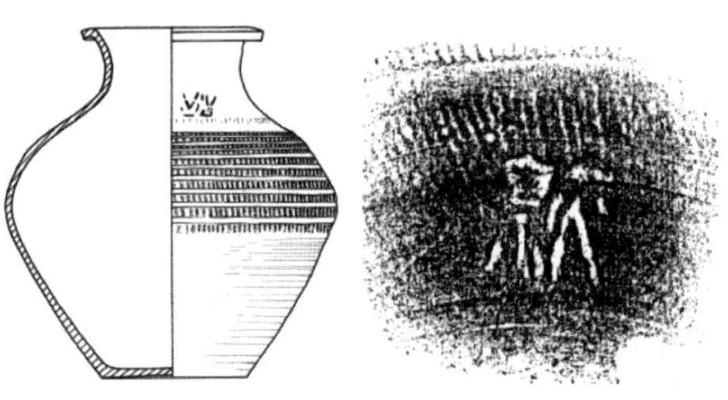

图三 M124：4 陶文位置及拓片

图版三，1 M29：3

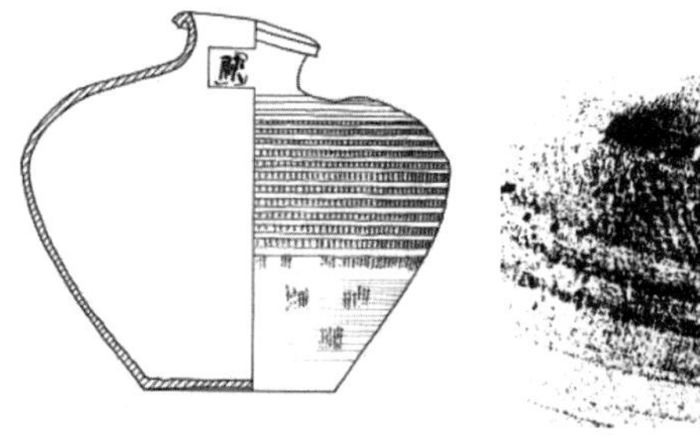

图四 M29：3 陶文位置及拓片

图版三，2 M29：3 陶文照片

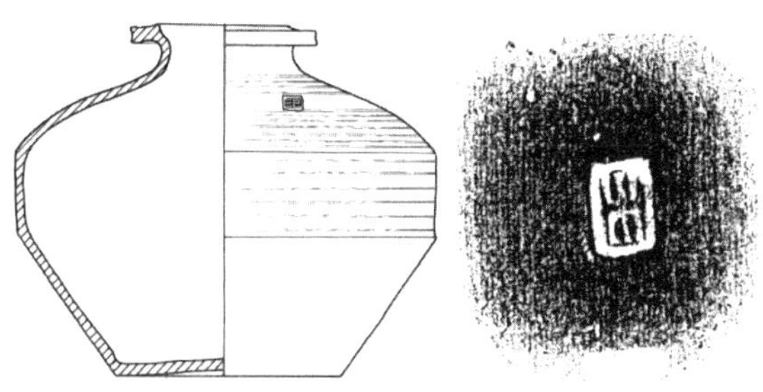

图五　M53：2 陶文位置及拓片

图版四，1　M53：2

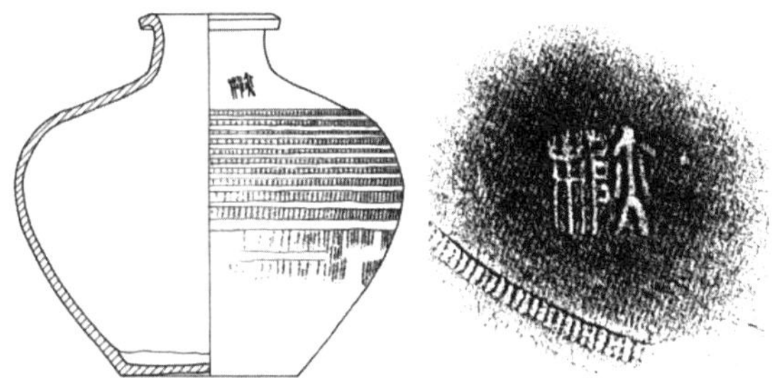

图六　M64：2 陶文位置及拓片

图版四，2　M53：2 陶文照片

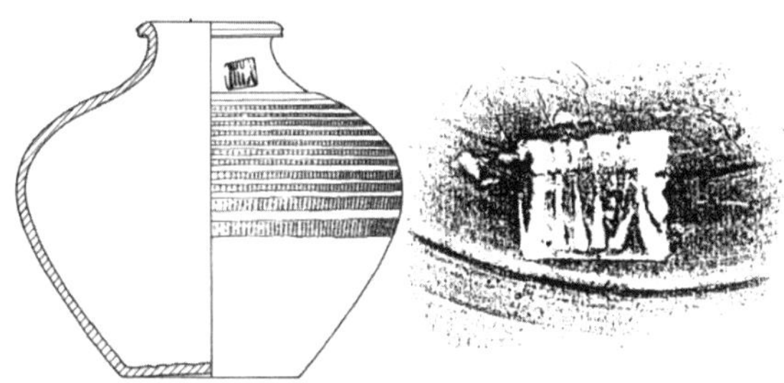

图七　M64：3 陶文位置及拓片

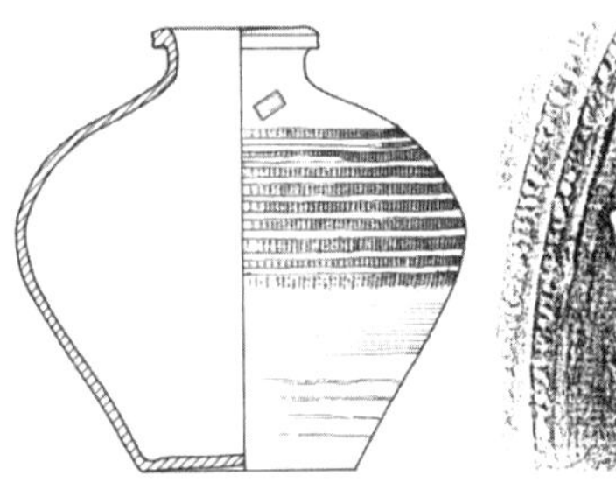

图八　M69：1 陶文位置及拓片

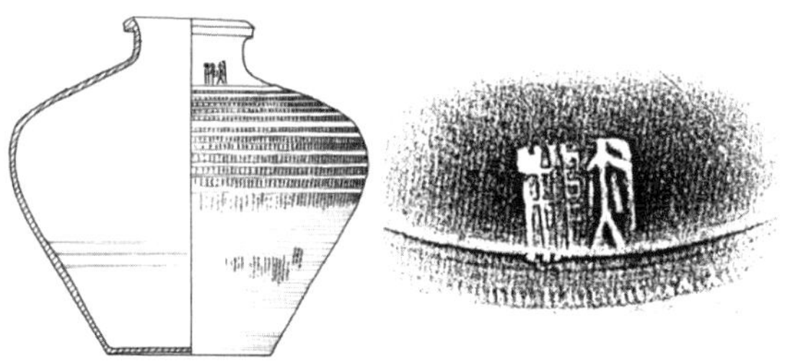

图九　M74：2 陶文位置及拓片

图版五，1　M74：2

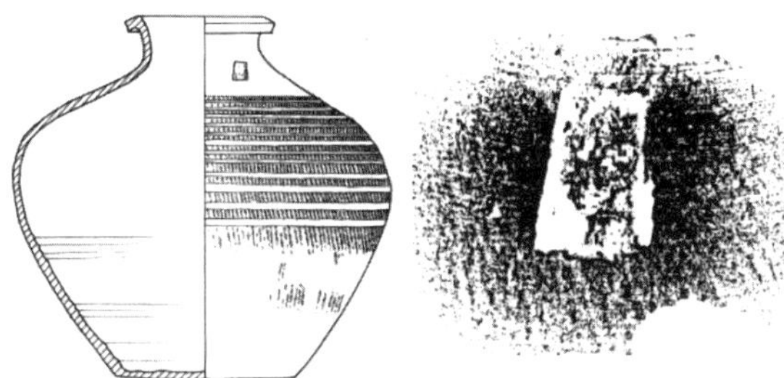

图一〇　M81：2 陶文位置及拓片

图版五，2　M74：2 陶文

图一一　M139：1 陶文位置及拓片

图一二　M139：3 陶文拓片

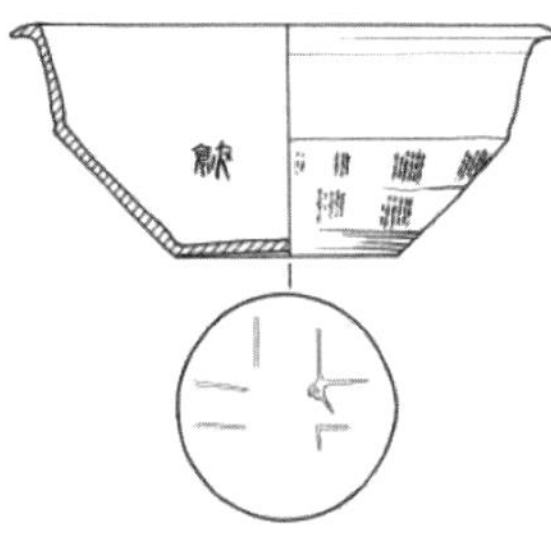

图一三　M29：1 陶文位置及拓片

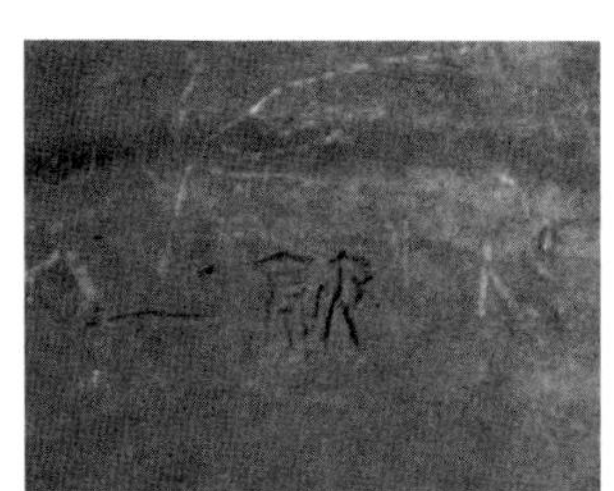

图版六　M29：1 陶文

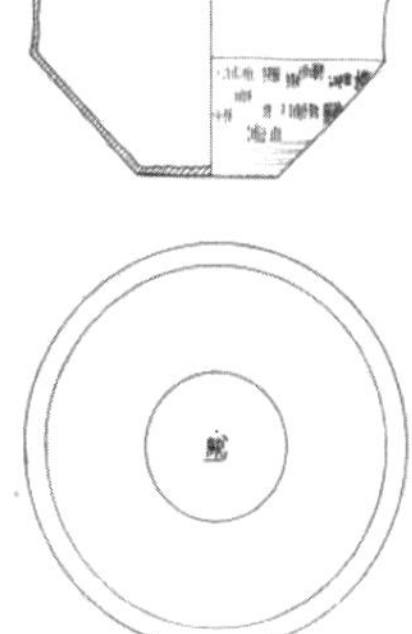
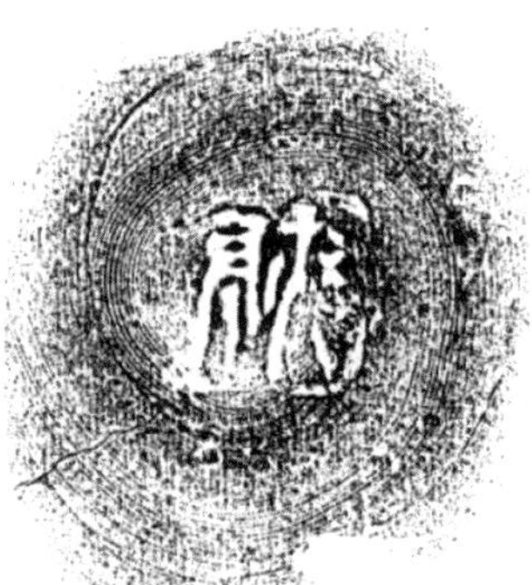

图一四　M29：5 陶文位置及拓片

图版七　M29：5

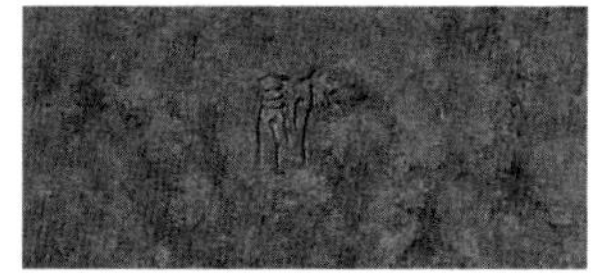

图版八　M29：5 陶文

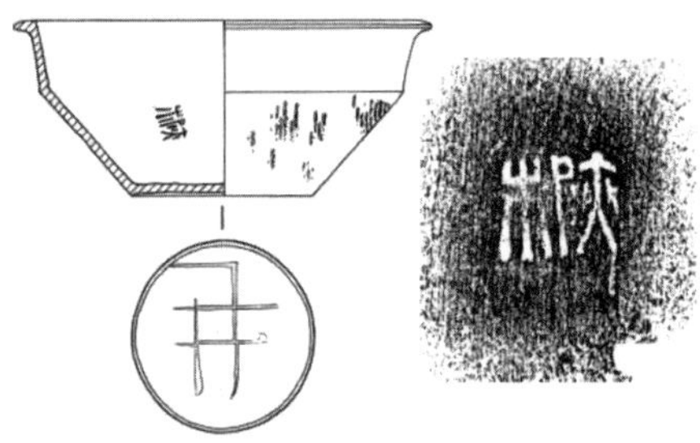

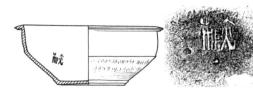

图一五　M43：4 陶文位置及拓片

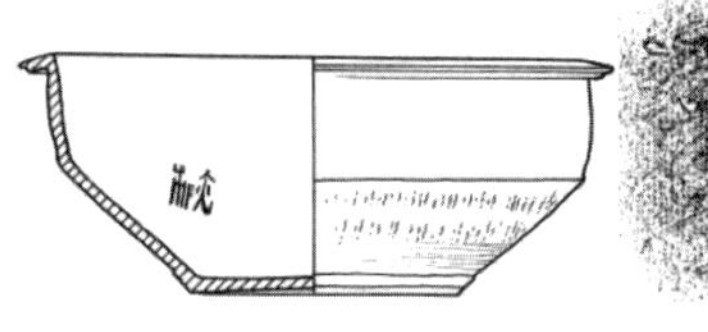

图一六　M64：4 陶文位置及拓片

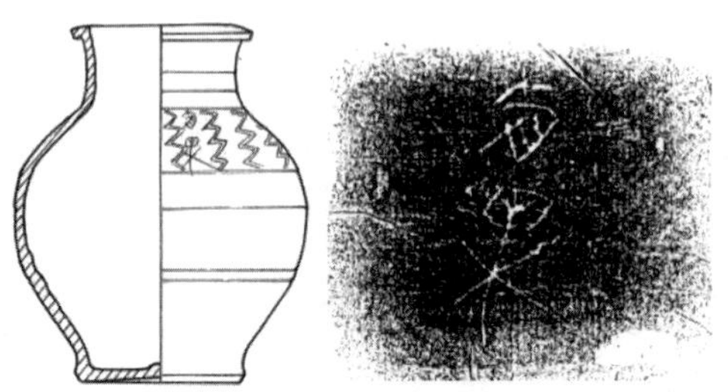

图一七　M14：1 陶文位置及拓片

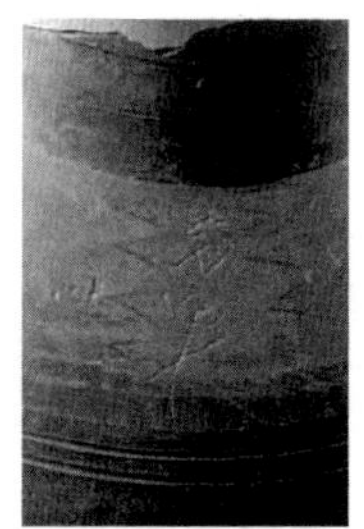

图版九　M14：1 陶文

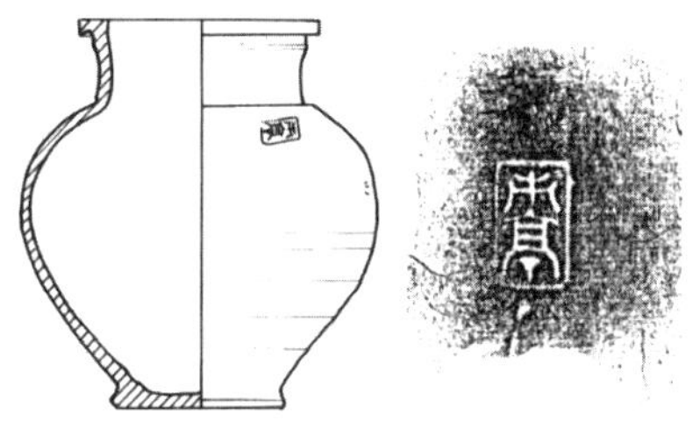

图一八　M56：4 陶文位置及拓片

图版一〇　M56：4 陶文

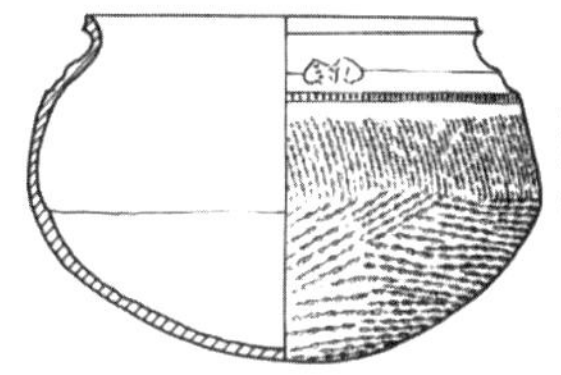
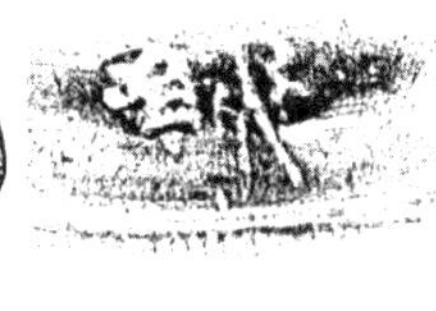

图一九　M124：3 陶文位置及拓片

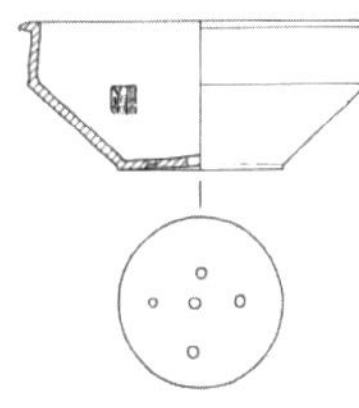

图二〇　M64：6 陶文位置及拓片

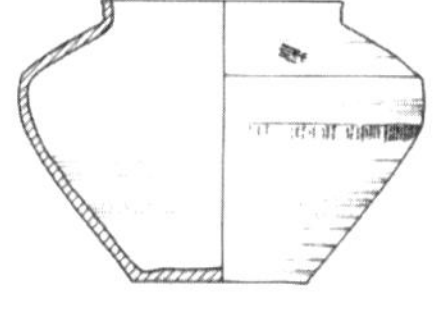
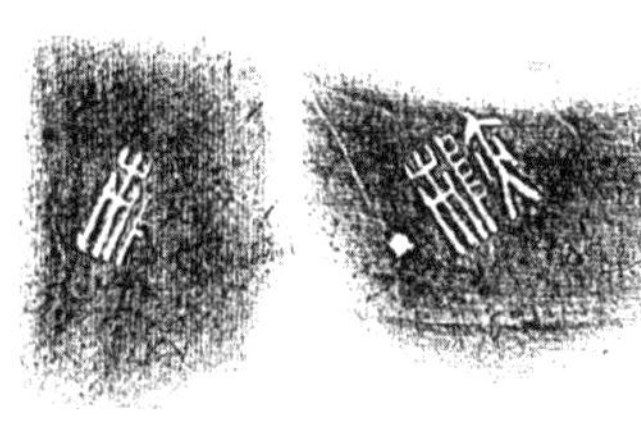
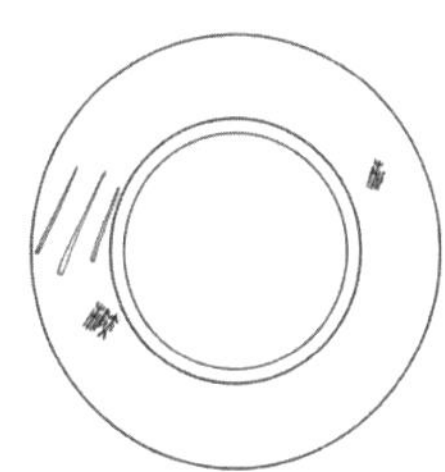
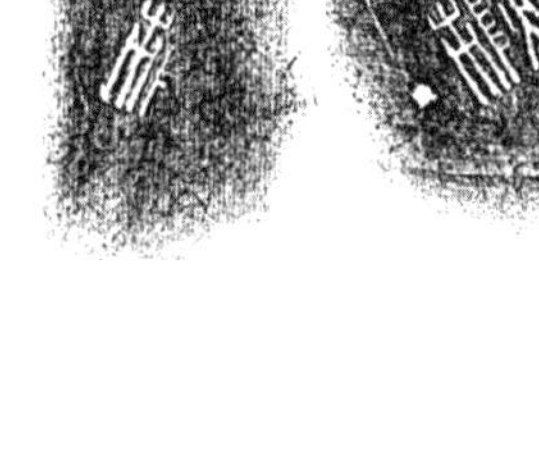

图二一　M64：5 陶文位置及拓片

图版一一　M64：5

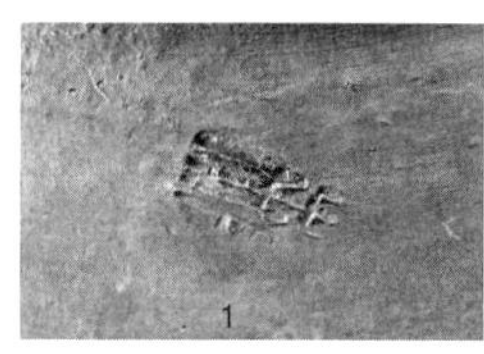

图版一一　M64：5 陶文

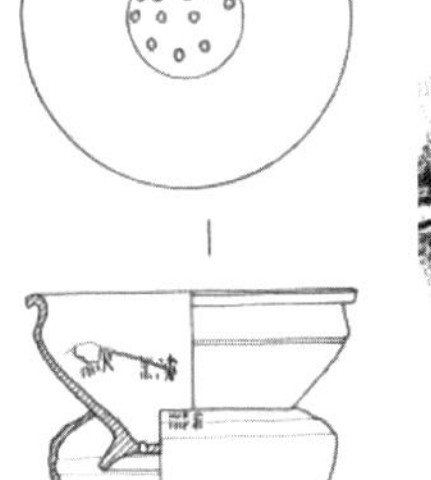

图二二　M139：2 陶文位置及拓片

图版一二　M139：2

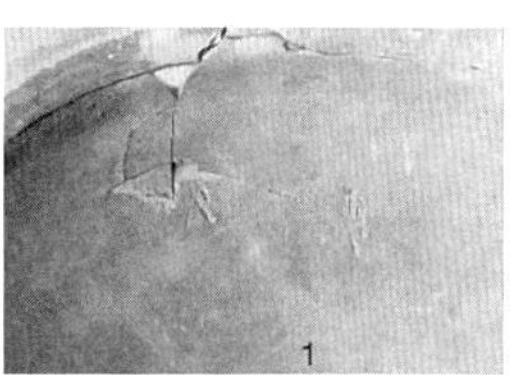
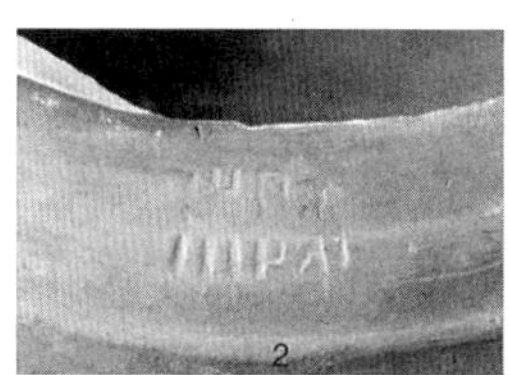

图版一二　M139：2 陶文

文为阴文“王”，此陶文应是作坊记号或陶工姓号（图五；图版四）；标本 M64：2，戳印在肩部（两处），排字形状为横排，篆字字体粗壮，陶文为阴文“陕市”（图六）；标本 M64：3，戳印在肩部，排字形状为横排，篆字字体粗壮，陶文为阴文“陕市”（图七）；标本 M69：1，戳印在肩部，排字形状为横排长方形，字体粗壮，陶文模糊不清，无法辨认（图八）；标本 M74：2，戳印在肩部，排字形状为横排，篆字字体粗壮，陶文为阴文“陕市”（图九；图版五）；标本 M81：2，戳印在肩部，排字形状为竖排长方形，篆字字体粗壮，陶文字迹模糊不清，无法辨读（图一〇）；标本 M139：1，戳印在肩部，排字形状为横排，篆字字体粗壮，陶文为阴文“陕市”（图一一）；标本 M139：3，刻画在肩部，排字形状为横排，篆字字体粗壮，陶文为阴文“市亭”（图一二）。

陶盆　4 件。标本 M29：1，刻画在下腹内壁，排字形状为横排，篆字字体粗壮，陶文为阴文“市亭”（图十三、图版六）；标本 M29：5，刻画在底部内壁，排字形状为横排，篆字字体粗壮，陶文为阴文“市亭”（图一四；图版七；图版八）；标本 M43：4，戳印在下腹内壁，排字形状为横排，篆字字体粗壮，陶文为阴文“陕市”（图一五）；标本 M64：4，戳印在下腹内壁，排字形状为横排，篆字字体粗壮，陶文为阴文“陕市”（图一六）。

陶壶　2 件。标本 M14：1，阴线刻画在肩部，排字形状为竖排，篆书字体纤细，陶文为“肖果”（图一七；图版九），“肖”通“趙”；标本 M56：4，戳印在肩部，排字形状为竖排长方形，篆字字体纤细，陶文为阴文“市亭”（图一八；图版一〇）。

陶釜　1 件。标本 M124：3，刻画在肩部，排字形状为横排，篆字字体粗壮，陶文为阴文“陕市”（图一九）。

陶甑　1 件。标本 M64：6，戳印在下腹内壁，排字形状为横排，篆字字体粗壮，陶文为阴文“陕市”（图二〇）。

陶瓿　1 件。标本 M64：5，戳印在肩部（两处），排字形状为横排，篆字字体纤细，陶文为阴文“陕市”和“陕”（图二一；图版一一）。

陶甗　1 件。标本 M139：2，陶甗由陶鼎（标本 M139：2-1）和陶甑（标本 M139：2-2）组成。陶鼎戳印在肩部，排字形状为横排，篆字字体粗壮，陶文为阴文“陕市”；陶甑戳印在下腹内壁，排字形状为横排，篆字字体稍纤细，陶文为阴文“陕市”（图二二；图版一二）。

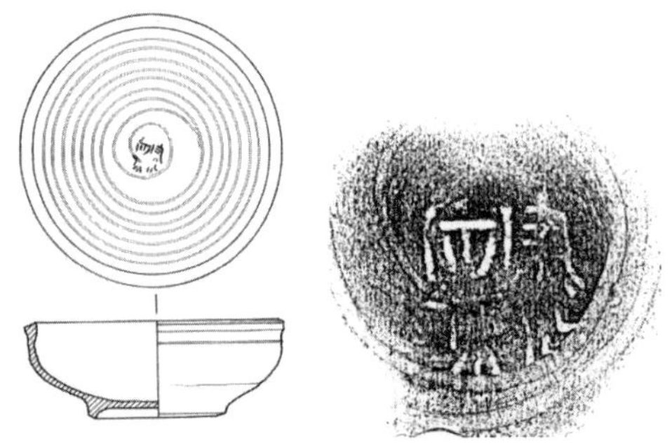
图二三　M147：1 陶文位置及拓片

图版一三　M147：1 陶文

陶盒盖　1件。标本M147：1，戳印在盒盖内顶部，排字形状为横排，篆字字体粗壮，陶文为阴文，模糊不清，无法释读（图二三；图版一三）。

综上所述，戳印陶文“陕”的器物有2件2处，戳印陶文“陕亭”的陶器有1件1处，戳印陶文“陕市”的器物有11件（组）12处，戳印陶文“市亭”的陶器有5件5处（表一）。

表一　三门峡市印染厂秦人墓葬出土陶器陶文统计表

序号	器物名称	器物编号	陶文	戳印		刻画		字体	笔画	排字形状	位置	备注
				阴文	阳文	阴文	阳文					
1	陶壶	M14：1	肖果			√		篆体	纤细	竖排	颈部	
2	陶盆	M29：1	市亭			√		篆体	粗壮	横排	下腹	内壁
3	陶盆	M29：5	市亭			√		篆体	粗壮	横排	底部	内壁
4	陶缶	M29：3	市亭			√		篆体	粗壮	横排	颈部	
5	陶盆	M43：4	陕市	√				篆体	粗壮	横排	下腹	内壁
6	陶缶	M53：2	王	√				篆体	粗壮		肩部	长方形
7	陶罐	M55：3	陕亭	√				篆体	粗壮	竖排	肩部	
8	陶壶	M56：4	市亭	√				篆体	纤细	竖排	肩部	
9	陶缶	M64：2	陕市	√				篆体	粗壮	横排	肩部	两处
10	陶缶	M64：3	陕市	√				篆体	粗壮	横排	颈部	
11	陶盆	M64：4	陕市	√				篆体	粗壮	横排	下腹	内壁
12	陶瓿	M64：5	陕、陕市	√				篆体	纤细	横排	肩部	
13	陶甑	M64：6	陕市	√				篆体	粗壮	横排	下腹	内壁
14	陶缶	M69：1	不清	√					粗壮	横排	肩部	长方形
15	陶缶	M74：2	陕市	√				篆体	粗壮	横排	颈部	
16	陶缶	M81：2	不清	√				篆体	粗壮	竖排	肩部	
17	陶罐	M110：3	陕市	√				篆体	稍细	横排	肩部	长方形
18	陶釜	M124：3	陕市			√		篆体	粗壮	横排	肩部	
19	陶罐	M124：4	市亭			√		篆体	粗壮	横排	肩部	
20	陶缶	M139：3	市亭			√		篆体	粗壮	横排	肩部	
21	陶甗	陶鼎 M139：2-1	陕市	√				篆体	粗壮	横排	肩部	
		陶甑 M139：2-2	陕市	√				篆体	稍纤细	横排	下腹	内壁两处
22	陶缶	M139：1	陕市	√				篆体	粗壮	横排	肩部	
23	陶盒盖	M147：1	模糊不清	√				篆体	粗壮	横排	顶部内壁	

二、陶文“陕”“陕亭”“陕市”“市亭”考辨

三门峡市印染厂秦人墓葬出土的陶器陶文，主要是“陕”“陕市”“陕亭”“市亭”，这在以往三门峡地区的考古发掘中也有所发现。

1957年，黄河水库考古工作队在后川发掘的西汉初墓葬，出土的陶罐印有“陕”“陕市”等字样[1]。1985年，三门峡市文物工作队在三门峡市刚玉砂厂发掘清理的22座秦人墓中，6座（M10、M20、M24、M35、M43、M48）墓葬出土遗物中的9件陶器上戳印有“陕亭”“陕市”陶文[2]，其中1件为“陕市”陶文，其余为“陕亭”陶文。

带有某“市”、某“亭”、“市亭”陶文戳印的陶器，在其他地区和省份也多有出土。洛阳汉河南县城遗址发现戳印有“河市”“河亭”陶文的陶片[3]，洛阳市西郊辛店乡于家营村秦墓出土的3件陶罐的肩部戳印有“河亭”“河市”陶文[4]，河北省邯郸市武安县午汲古城的陶窑出土的陶片戳印有“邯亭”陶文[5]，安徽省亳县城外涡河桥边出土带有“谯市”戳记的陶盆片，陕西省秦都咸阳遗址出土的陶釜肩上戳印有“杜亭”陶文[6]，陕西秦始皇陵园出土的陶器上戳印有“栎亭”“丽亭”“焦亭”等陶文，湖北省孝感市云梦睡虎地14号秦墓出土的三件小口陶瓮的肩上戳印有“安陆市亭”陶文等[7]。

“陕”，早在西周时期，周武王伐纣，周灭商朝之时，就封邦建国，封焦国、西虢国于境内。《春秋公羊传·隐公五年》记载:“自陕以东，周公主之；自陕以西，召公主之。”这就是说，周、召分陕而治。那么，“陕”的出现就不会晚于西周初年，但在陕置县，即“陕县”作为行政区域的地名产生，却较晚一些。周安王十二年（公元前390年），强秦行兼并之势，远交近攻，东进占领后始置陕县，时间很短。公元前376年，韩、赵、魏三家分晋，陕归属魏国。公元前361年，秦孝公继位后，欲东伐六国，出兵围陕城，陕地归属秦。其后，陕地多次易主，时而属秦，时而归魏。公元前314年，秦攻魏焦，陕地重归秦国。公元前249年，秦置三川郡，陕地归属三川郡管辖，但尚未置县。《史记·魏世家》记载:“王假三年（公元前225年），秦灌大梁虏王假，遂灭魏以为郡县。”从此，“陕县”开始永久性登上历史舞台，成为秦国设立郡县制中的地域专用名称或符号。秦统一后，陕地的郡县制度就在全国推广开来，逐渐形成了完善的行政机构。这批秦人墓出土的陶器戳印陶文“陕”，应该就是指这一时期或之后的“陕县”或“陕地”，三门峡市在秦王朝归属陕县所辖。

关于“陕亭”“陕市”，俞伟超先生认为:“大凡地名为二字者，大抵省略一字，如河南的‘亭’‘市’便省作‘河亭’，‘河市’，邯郸的‘亭’便省作‘邯亭’……地名本为一字者，无法再加省略，故陕地的‘亭’‘市’便作‘陕亭’‘陕市’……”[8]笔者同意此论断。

秦汉时期的“亭”分为街亭、门亭、旗亭。街亭是设于街上的亭，门亭是设于城门及其附近的亭。旗亭又称市楼，实际上是“市亭”。张守节《史记正义》:“《西京赋》曰:‘旗亭五重’，薛综曰:‘旗亭，市楼也，立旗于上，故取名焉。’”旗亭就是市楼，立旗于楼上，作为开市之标志。举旗当市的制度，东汉时已经改为击鼓。“旗亭约为西汉的古词，或可上溯到战国”[9]。

在陶器上加盖戳印陶文，主要目的是记录陶器的出处，作为交易的取信凭证。《礼记・月令》："必功致为上，物勒工名，以考其诚。"陶器出处不同，其加盖的戳印也不同。按陶器的出处不同，其戳记可以分为三类：其一，中央官署监制的器物，加盖官署名，如"左司空""右司空"等；其二，民营制陶作坊制造的器物，加盖戳记多为籍贯名加陶工名，如"咸卜里戎""咸广里高"，"咸"为咸阳，"卜里""广里"为陶工的籍贯，"戎""高"为陶工名；其三，地方官府监制的器物，加盖戳记多为"某市""某亭""某市亭"等。三门峡市印染厂墓地秦人墓葬的这批戳印"陕市""陕亭""市亭"陶文的陶器应是陕县地方官府监制的产品，其戳记应是陕县市井官府制陶作坊或陕县近畿市井官府制陶作坊的戳记。

三、陶文与三门峡市印染厂秦人墓的断代

三门峡市印染厂发掘的63座秦人墓葬中出土有陶文的14座中，1座（M56）为双洞室墓，1座（M43）为竖穴土坑瓮棺葬小孩墓，其余12座为单洞室墓。双洞室墓（M56）出土陶器的陶文为"市亭"，竖穴土坑瓮棺葬小孩墓（M43）出土陶器的陶文为"陕市"，墓葬期属均为第Ⅲ期，墓葬年代推断为秦末至西汉初。12座单洞室墓葬的形制：3座（M14、M124、M147）墓葬形制为墓道长于墓室而墓室较为狭长的单室土洞墓，墓道底长与墓室底长比例值为1.1~1.5；2座（M53、M110）墓葬形制为墓道底与墓室底等长或相当的单室土洞墓，墓道底长与墓室底长比例值为1.0~1.02；7座（M29、M55、M64、M69、M74、M81、M139）墓葬形制为墓道短于墓室的单室土洞墓，墓道底长与墓室底长比例值为0.75~0.98。12座单洞室墓葬的期属和年代：2座（M14、M147）墓葬的期属为第Ⅱ期，年代为战国晚期至秦统一，其出土陶器陶文非在"陕""陕市""陕亭""市亭"之列；其余10座墓葬的期属均为第Ⅲ期，年代为秦末至西汉初，出土陶器陶文除了有1座（M53）为戳印"王"、有2座（M69、M110）字迹不清外，余均为"陕""陕市""陕亭"或"市亭"。

由以上资料可知，出土陶器的陶文为戳印或刻画篆体"陕""陕市""陕亭""市亭"的墓葬集中在第Ⅲ期，年代为秦末至西汉初。

"陕市""陕亭"如是陕地的"市""亭"，那么，应该先有"陕（陕县）"，而后才有"陕市""陕亭"。《史记・魏世家》记载："王假三年（公元前240年），秦灌大梁虏王假，遂灭魏以为郡县。""秦统一（公元前221年）后，在全国推行的郡县制应是在陕地郡县制度的基础上加以推广，并形成了较为完善的行政机构。"[10]这就是说，"陕市""陕亭"出现的时间，应该晚于"陕县"出现的时间，当在秦统一（公元前221年）至以后的时段。由此可以推断：出现"陕市""陕亭""市亭"陶文的三门峡市印染厂第Ⅲ期秦人墓葬的年代，早不过秦统一时期。

袁仲一先生在《"牦亭"及"霸陵过氏瓴"陶文的诠释》一文中写道："'某亭'的印记基本上流行于战国晚期至秦王朝。到汉代'某市'印取代了亭字印的地位，从汉代中期开始，市印的陶文基本消失。"[11]因此，出现"陕市""陕亭""市亭"陶文的三门峡市印染厂第Ⅲ期秦人

墓年代晚不过西汉中期。

综上，出现戳印篆体“陕市”“陕亭”“市亭”陶文的秦人墓的年代，当在秦统一之后至西汉初年。这批陶文，为三门峡市印染厂秦人墓的断代提供了可资依靠的实证。

四、余论

近年来，随着制度史研究的进一步深化，秦汉时期市井官府制度引起越来越多的学者的关注，特别是对“亭”“市”的研究。

关于秦汉“亭”的设置，一般都认为是“十里一亭，十亭一乡”，但这只是一种理想制度而已，不论行政区划还是职官建制都不可能模式化。我们这里不讨论“亭”的布局和职能如何，仅从出土有秦汉时期的陶文“亭”的角度看，“十里一亭，十亭一乡”的制度，肯定是实际存在的。

“市”与“亭”的性质一样，器物上加盖这些印文，说明它们是官府制陶作坊的产品。“陕市”“陕亭”“市亭”三者不同，并非时代的区别，可能是管理层次上有所不同。

从考古发掘出土陶文情况来看，和“陕市”“陕亭”同类的县级陶文，多属于战国晚期至西汉初年，多出自秦地，可见县邑市井官府制度在秦国得到了发展和完善。

注释：

[1] 黄河水库考古工作队:《1957年河南陕县发掘简报》,《考古通讯》1958年第11期。

[2] 三门峡市文物工作队:《三门峡市司法局、刚玉砂厂秦人墓发掘简报》,《华夏考古》1993年第4期。

[3] 中国社会科学院考古研究院:《洛阳中州路》，科学出版社，1959年。

[4] 洛阳市第二文物工作队:《洛阳于家营秦墓发掘简报》,《文物》1998年第12期。

[5] 河北省文物管理委员会:《河北武安县午汲古城中的陶窑》,《考古》1959年第7期。

[6] 吴梓林:《秦都咸阳遗址发掘出土的陶文》,《文物》1964年第7期。

[7] 湖北孝感地区第十二期亦工亦农文物考古训练班:《湖北云梦睡虎地十一座秦墓发掘简报》,《文物》1976年第9期。

[8] 俞伟超:《汉代的“亭”“市”陶文》,《文物》1963年第2期。

[9] 俞伟超:《汉代的“亭”“市”陶文》,《文物》1963年第2期。

[10] 张怀银:《谈“陕”与陕县》,《华夏考古》1998年第1期。

[11] 袁仲一:《“牦亭”及“霸陵过氏瓴”陶文的诠释》，见梁安和、徐卫民:《秦汉研究》第8辑，陕西人民出版社，2014年。

河南三门峡市后川汉墓发掘简报

◎河南省文物考古研究院　◎三门峡市文物考古研究所

2009年7月至9月，为配合河南三门峡市金石房地产开发公司商住楼的工程建设，河南省文物考古研究院与三门峡市文物考古研究所在三门峡市区西北部后川村西发掘清理了一批古墓葬，其中有汉代墓葬6座（图一）。现将这批汉墓简报于下。

图一　后川汉墓地理位置示意图

一、M2

（一）墓葬形制

该墓为一座南北向的土洞室墓，方向180°。由墓道、墓室和壁龛三部分组成。

墓道为长方形竖穴土圹，四壁规整，垂直光滑，平底。口距现地表5米，南北长2.6、东西宽0.8、深3米。

墓室位于墓道的北端，为土洞室，平面呈长方形，顶近平，南端略高于北部，平底。南北长2.3、东西宽0.8、南端高1.05、北端高1米。在墓室的南端西侧设有一个平面长方形壁龛，平顶平底，底部与室底相平。壁龛宽0.67、高0.55、进深0.4米。

墓室内葬具不明，未见人骨架。

随葬器物共出土10件（枚），集中于壁龛内及其附近。其中陶器5件，计有甗1件、罐3件、缶1件；铜钱5枚（图二）。

（二）随葬器物

1. 陶器

5件。

甗　1件。标本M2：1，上为甑，下为鼎，甑圈足套于鼎的子口上。甑为敞口，圆唇，折

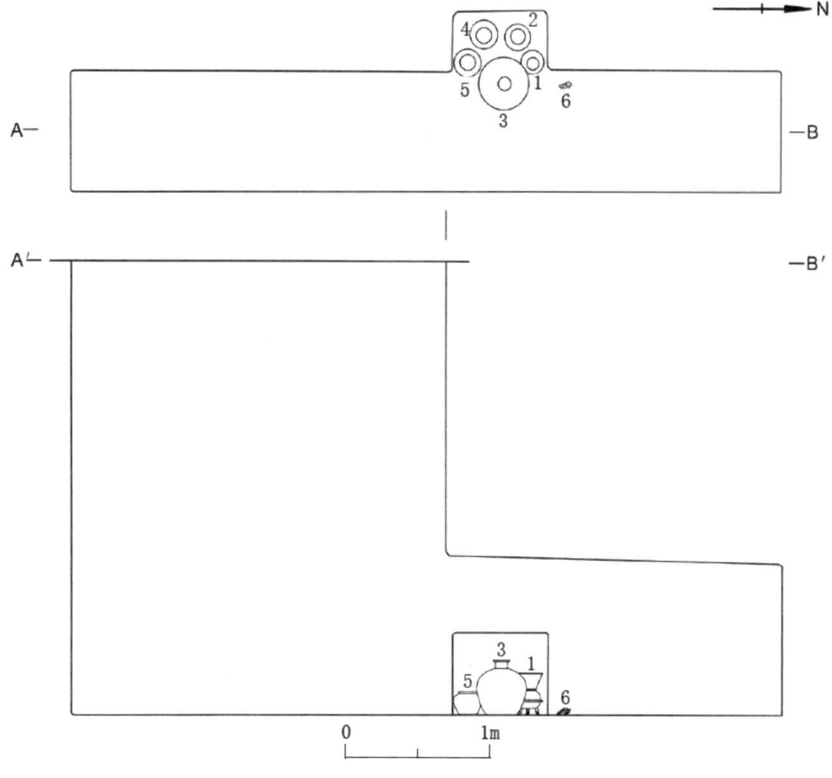

图二　M2 平、剖面图

1. 陶甗　2、4、5. 陶罐　3. 陶缶　6. 铜钱

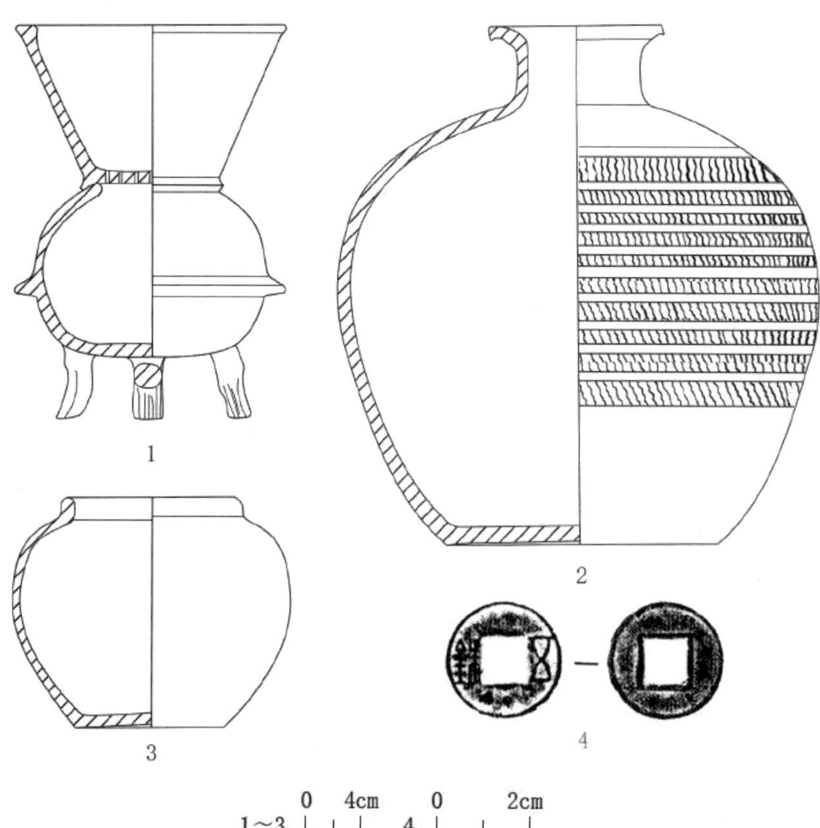

图三　M2 出土器物

1. 陶甗（M2：1）2. 陶缶（M2：3）3. 陶罐（M2：4）4. 铜钱（M2：6-1）

沿，斜直腹，平底，矮圈足。底部分布着22个小圆孔。腹部饰凹弦纹。鼎为子口内敛，球形腹，平底，下附三蹄足。腹部有一周扁平突棱，足下部饰竖绳纹。甑口径20、通高28厘米（图三，1；图二〇）。

缶　1件。标本M2：3，方唇，口微侈，斜肩，鼓腹，平底。肩部和腹部饰凹弦纹间细绳纹。口径12.6、腹径35、底径20、高37厘米（图三，2）。

罐　3件。形制、大小相同。圆唇，直口，广肩微折，鼓腹，平底微内凹。标本M2：4，口径13.4、腹径20.6、底径11.2、高16.4厘米（图三，3）。

2. 铜钱

5枚。

形状、大小相同。背面有郭。穿的左右有篆文“五铢”两字，“铢”字金字头为三角形，四点较短，朱字头为方折，“五”字中间交叉两笔较直。标本M2：6-1，直径2.5、穿边长0.9厘米（图三，4）。

二、M5

（一）墓葬形制

该墓为一座南北向的土洞室墓，方向180°。由墓道、墓室和壁龛三部分组成（图四）。

墓道为长方形竖穴土坑式，墓道周壁规整，垂直光滑，平底。口距现地表深5米，南北长2.2、东西宽0.76、深3米。

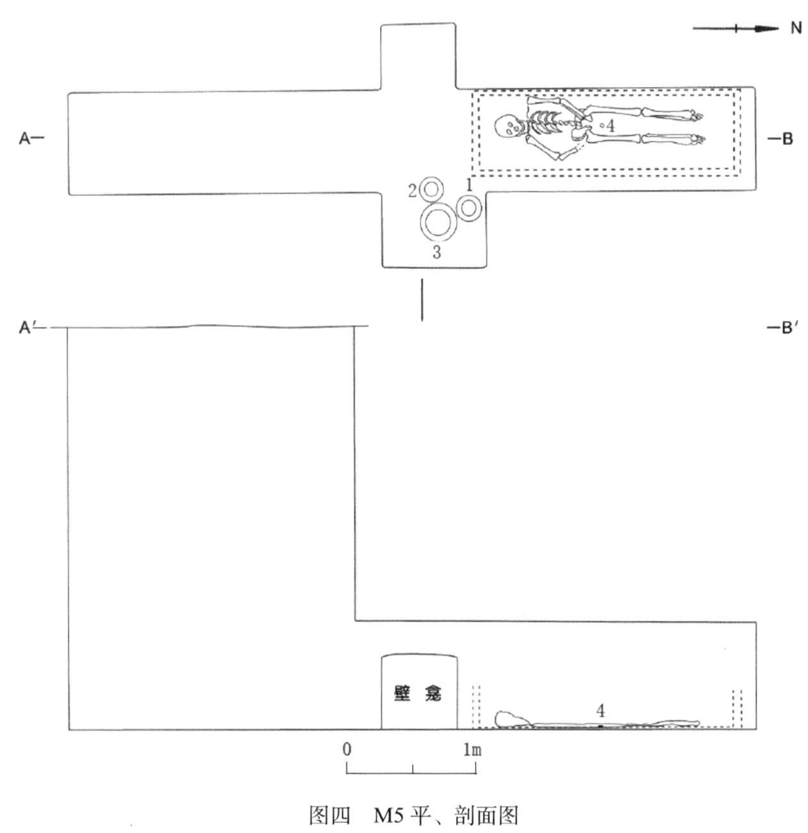

图四　M5平、剖面图
1~3. 陶罐　4. 铜钱

墓门高 0.8、宽 0.76 米，封门情况不详。

墓室位于墓道的北端，为洞室，平面呈长方形，平顶，室壁规整，底部平坦。东西长 3.1、南北宽 0.78、高 0.8 米。

在墓室南端的东、西两侧各设有一个长方形壁龛，底部与室底相平。其中东侧壁龛宽 0.8、高 0.55、进深 0.53 米；西侧壁龛宽 0.48、高 0.55、进深 0.56 米。

墓室内葬具腐朽严重，已成灰白色粉末状朽痕。依据其痕迹可为单棺，棺长 2.08、宽 0.64、棺板厚 0.05、残高 0.3 米。在棺内底部铺有一层厚约 0.02 米的草木灰。棺内葬有一人，仰身直肢，头南足北，面向上，双手置于下腹部。经初步鉴定为一中年男性。

随葬器物共出土 4 件（枚），分别放置于墓室东侧的壁龛内和棺内。其中陶罐 3 件，铜钱 1 枚（图五）。

图五　M5 墓室清理后情况（西—东）

（二）随葬器物

1. 陶罐

3 件。

2 件。形制相同，大小略有差异。平沿，直口尖唇，折肩，鼓腹，平底。标本 M5：1，口径 14.9、腹径 20、底径 12、高 14.8 厘米（图六，1）。标本 M5：2，肩部折棱明显。口径 12.8、腹径 20、底径 11.6、高 15 厘米（图六，2）。标本 M5：3，敛口圆唇，短颈，圆肩，鼓腹，大平底微内凹。口径 18.4、腹径

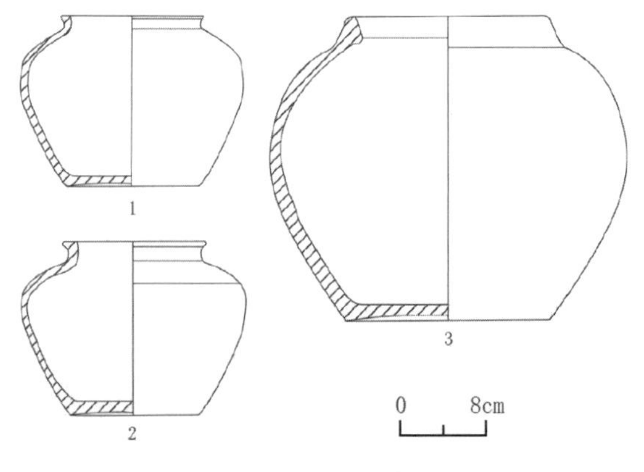

图六　M5 出土陶罐

1. M5：1　2. M5：2　3. M5：3

32、底径 18.5、高 26.4 厘米（图六，3）。

2. 铜钱

1 枚。标本 M5：4，与 M2 所出形制、大小相同，穿的左右有篆文“五铢”两字，“铢”字金字头为三角形，四点较短，朱字头为方折，“五”字中间交叉两笔较直。直径 2.5、穿边长 0.9 厘米。

三、M6

（一）墓葬形制

该墓为一座南北向的土洞室墓，方向 180°。由墓道、墓室和壁龛三部分组成。

墓道为长方形竖穴土坑式，四壁上下垂直，光滑规整，平底。口距现地表深 5 米，南北长 2.3、东西宽 0.8、深 3.2 米。

墓室位于墓道的北端，为土洞室，平面呈长方形，弧形顶，平底。南北长 3、东西宽 0.8、南端高 1.2、北端高 1 米。在墓室的南端东侧设有一长方形壁龛，平顶平底，底部与墓室底在同一平面。龛宽 0.7、高 0.7、进深 1.1 米。

墓室内葬具已腐朽。依据其木质朽痕可知为长方形单棺，棺长 2、宽 0.6、棺板厚 0.05、残高 0.2 米。在棺内葬有一人，为仰身直肢，头南足北，面向上，经初步鉴定为一中年男性。

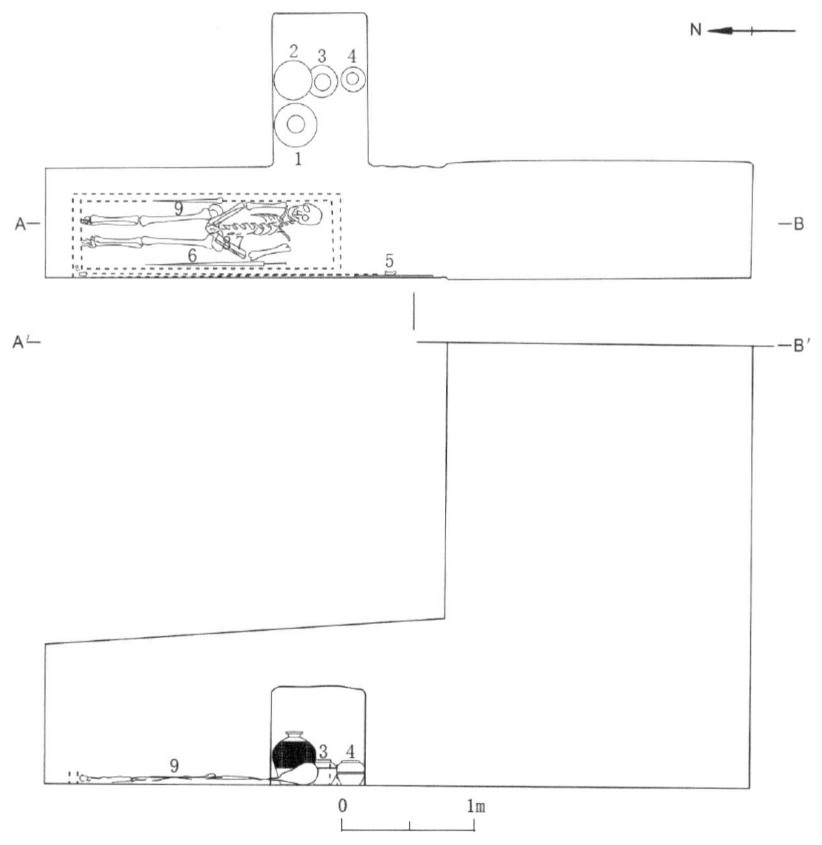

图七 M6 平、剖面图

1. 陶缶 2. 铜甗 3、4. 陶罐 5. 铁戟 6. 铁剑 7. 铜带钩 8. 铜钱 9. 铁刀 10. 铜秘帽

随葬器物共出土 14 件（枚），分别放置于的壁龛内、棺外和棺内。依质地可分为陶、铜、铁三类，其中陶器 3 件，计有缶 1 件、罐 2 件；铜器 3 件，计有甗 1 件、带钩 1 件、柲帽 1 件，另有铜钱 5 枚；铁器 3 件，计有戟 1 件、剑 1 件、刀 1 件（图七）。

（二）随葬器物

1. 陶器

3 件。

缶　1 件。标本 M6：1，方唇，口微侈，短束颈，圆肩，鼓腹，平底。肩、腹部饰凹弦纹间竖绳纹。口径 14、腹径 35、底径 23、高 38.2 厘米（图八，1）。

罐　2 件。形制相同，制作较粗糙，纹样、大小略有差异。直口方唇，鼓肩，弧腹，平底。标本 M6：3，肩部饰一周宽凹弦纹。口径 13.6、腹径 22、底径 12.8、高 17.8 厘米（图八，4）。标本 M6：4，腹部饰二周凹弦纹。口径 13.8、腹径 22、底径 13.6、高 17.6 厘米（图八，5）。

2. 铜器

3 件。

甗　1 件。标本 M6：2，上为甑，下为鼎，表面有烟灰炱痕。甑为敞口，窄折沿，斜弧腹，平底，底有 12 个圆形箅孔；鼎为子口内敛，附耳稍外撇，球形腹，圜底，下附三蹄足，足内

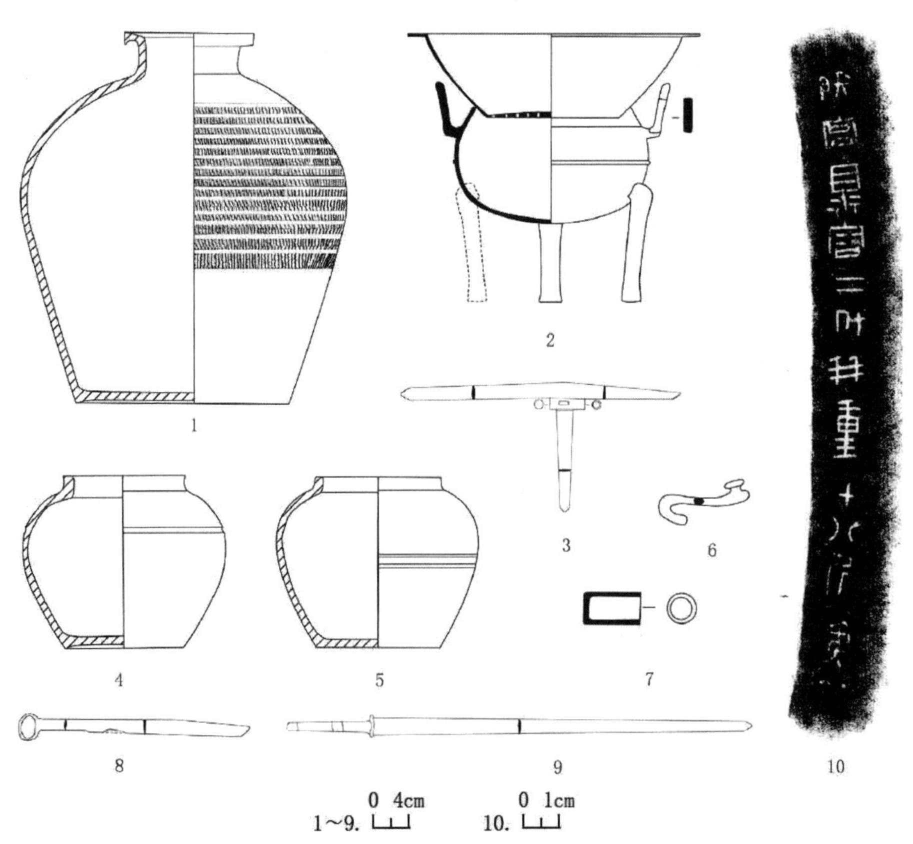

图八　M6 出土器物

1. 陶缶（M6：1）　2、10. 铜甗及甗身铭文（M6：2）　3. 铁戟（M6：5）　4、5. 陶罐（M6：3、M6：4）　6. 铜带钩（M6：7）　7. 铜柲帽（M6：10）　8. 铁刀（M6：9）　9. 铁剑（M6：6）

侧平。腹部饰一周凸弦纹。在鼎的肩部一侧自右至左铸有铭文 13 字，隶书，可释为：“陕宫鼎，容二斗，并重十八斤。第一。”甑口径 30.8、通高 28 厘米（图八，2、10；图二一）。

柲帽　1 件。标本 M6：10，呈圆管状，一端有挡，另一端无挡，内有朽木痕迹。从出土的位置和方位推测，该器应为铁戟（M6：5）木柄末端之柲帽。直径 3.3、高 6 厘米（图八，7）。

带钩　1 件。标本 M6：7，身呈琵琶形，一端趋细弯曲作钩，背有钉盖形钮。长 4.7 厘米（图八，6）。

3. 铜钱

5 枚。与 M2、M5 所出形状、大小相同。背面有郭。穿的左右有篆文“五铢”两字，“铢”字金字头为三角形，四点较短，朱字头为方折，“五”字中间交叉两笔较直。字体笔划细致，字迹清晰。标本 M6：8–1，直径 2.5、穿边长 0.9 厘米。

4. 铁器

3 件。均为兵器，但锈蚀严重。

戟　1 件。标本 M6：5，呈卜字形，戟身扁平，前端为尖锐修长的双面刃直刺，后端一侧有刃且微钝；在戟身中部横出一窄尖的直援戈，戈的援内端套有一圆管状的铅龠，以作柲帽首。卜字铁戟系汉代一实用兵器。残长 60、侧端长 26.6、厚 0.6 厘米（图八，3）。

刀　1 件。标本 M6：9，出土时刃部略残。扁环首，直背，直刃，刀端斜尖，刀柄部略窄且外缠粗绳，刀身外有木鞘痕迹。通长 50、宽 3、厚 0.2 ~ 0.4 厘米（图八，8）。

剑　1 件。标本 M6：6，剑首已失，扁茎断为四截。剑身和扁茎两面微起脊，断面呈菱形，剑身和扁茎间饰素面的铜格，为汉代最普遍的形式。剑身外有木质剑鞘痕迹。残长 100 厘米，剑身长 81.3、宽 3.6、厚 0.4 厘米（图八，9）。

四、M13

（一）墓葬形制

该墓为一座南北向的土洞室墓，方向 180°。由墓道、墓室和壁龛三部分组成（图九）。

在墓室南端的东、西两侧各设有一个长方形浅壁龛，平顶平底，底部与墓室底相平。东侧壁龛宽 1.02、高 0.6、进深 0.44 米；西侧壁龛宽 0.92、高 0.6、进深 0.36 米。

墓室内葬具不明，未见人骨架。

随葬器物共出土 5 件，放置于壁龛内。依质地可分为陶、铜两类，其中陶器 5 件，计有甗 1、罐 2、缶 1 件；铜弩机 1 件（图一〇）。

（二）随葬器物

1. 陶器

4 件。

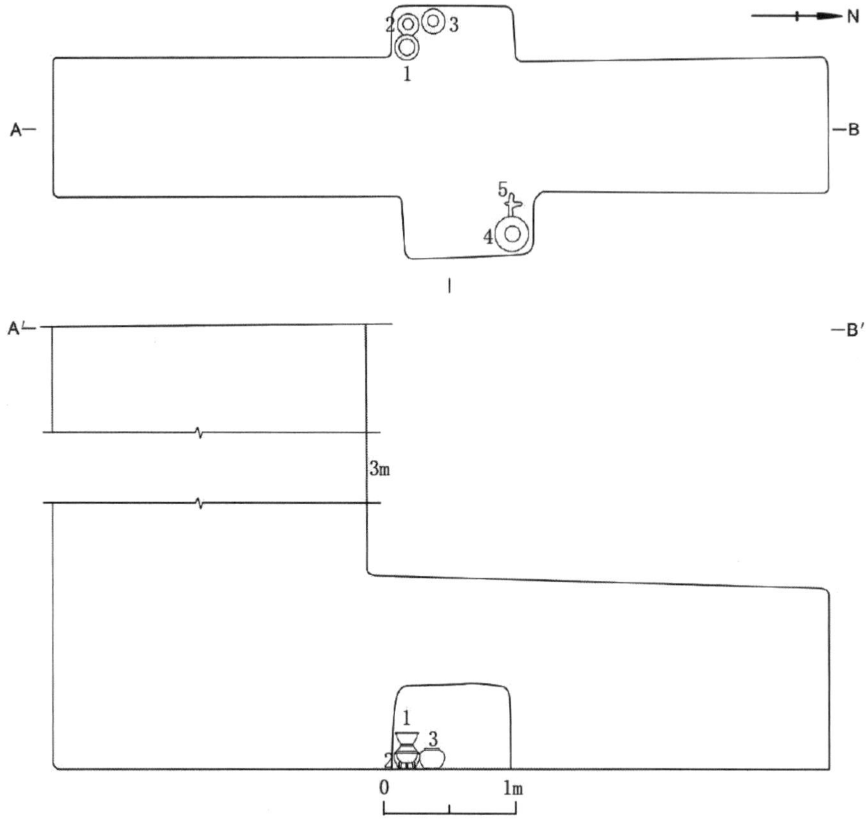

图九　M13平、剖面图
1. 陶甗　2、3. 陶罐　4. 陶缶　5. 铜弩机

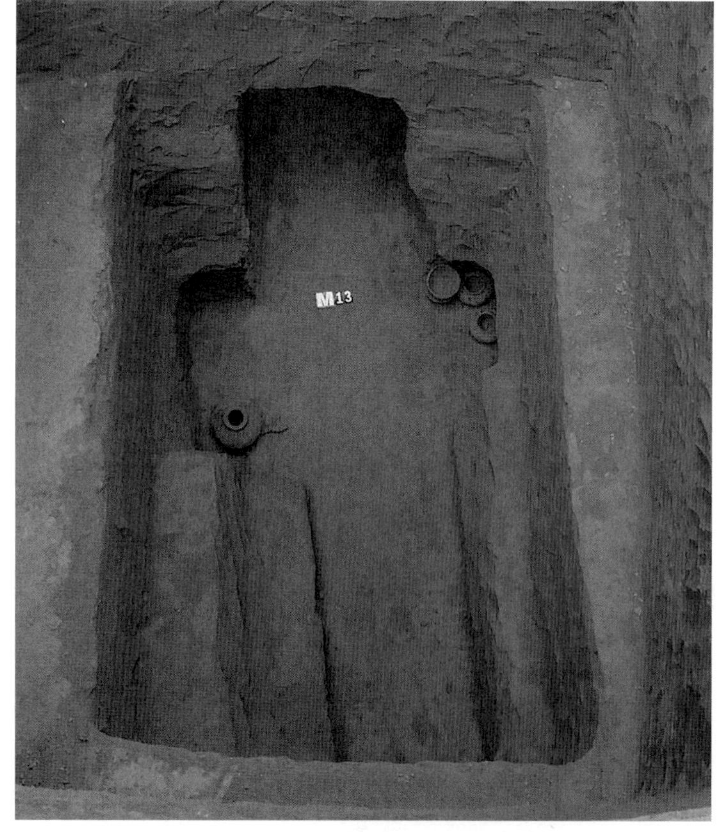

图一〇　M13墓室清理后情况（北—南）

甗　1件。标本M13∶1，上为甑，下为鼎，甑圈足套于鼎的子口上。甑为敞口，方唇，折沿，斜弧腹，平底，矮圈足。底部分布着17个箅孔。鼎口内敛，球形腹，平底，下附三蹄足。腹部有一周扁平突棱，足下部饰竖绳纹。甗壁身用红、白彩饰彩绘图案，脱落较严重。甑口径18.7、通高25.8厘米（图一一，2；图二二）。

缶　1件。标本M13∶4，方唇，口微侈，束颈，斜肩，鼓腹，平底略内凹。腹部饰凹弦纹间细绳纹。口径13.2、腹径28、底径14.8、高30.6厘米（图一一，1）。

罐　2件。形制基本相同。皆敛口，短颈，圆肩，鼓腹，平底略内凹。器表面用红、白彩饰彩绘图案，彩绘脱落严重。标本M13∶2，方唇，圆肩微折。口径11.8、腹径20、底径12、高14.5厘米（图一一，3）。标本M13∶3，尖唇。口径11.8、腹径20、底径12、高14.5厘米（图一一，4）。

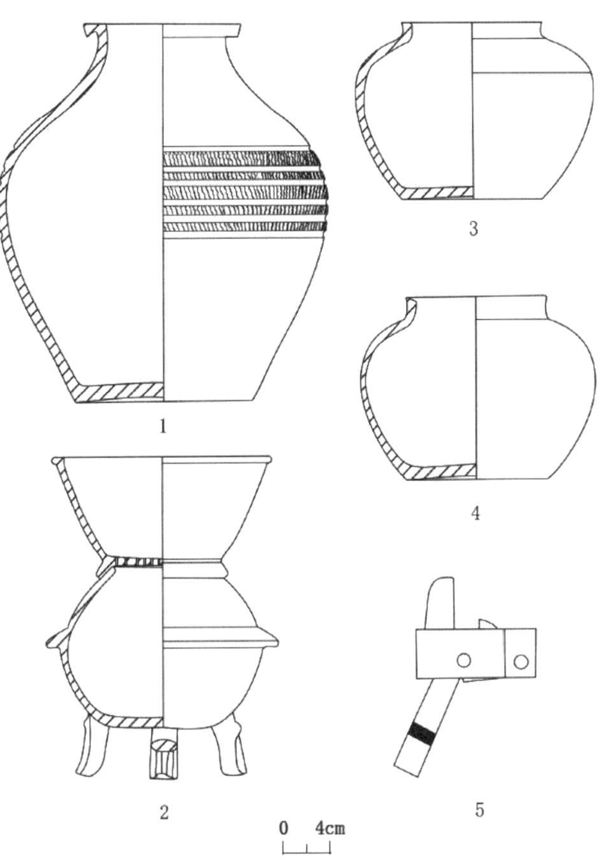

图一一　M13出土器物

1. 陶缶（M13∶4）2. 陶甗（M13∶1）3. 陶罐（M13∶2）4. 陶罐（M13∶3）5. 铜弩机（M13∶5）

2. 铜弩机

1件。标本M13∶5，郭、牙、悬刀、键俱在。郭身前端较窄，面刻箭槽；键一端作方冒状，一端为圆头，固定牙和悬刀于郭上；牙的望尺有五道刻度，当作瞄准之用。郭长10、宽4、通高16.2厘米（图一一，5；图一二）。

图一二　铜弩机（M13∶5）

五、M21

（一）墓葬形制

该墓为一座东西向的土洞室墓，方向270°。由墓道和墓室两部分组成。

墓道为长方形竖穴土坑式，四壁垂直光滑规整，平底。口距现地表深3、东西长2.8、南北宽2.1、深7.3米。

墓门上部坍塌，残高2.2、宽1.68米。封门情况不详。

墓室位于墓道的东端，为土洞室，平面呈长方形，拱形顶，坍塌严重，西高东低，平底。南北长 4.7、东西宽 1.68、西端高 2.2、东端 1.9 米。

墓室内葬具已腐朽。依据其木质朽痕可知为长方形单棺，棺长 2.4、宽 0.8 米，棺板厚 0.04 米，高度不详。棺内未见人骨架。

随葬器物共出土 42 件（枚），分别放置于墓室的南部和棺内西侧。依质地可分为陶、铜两类，其中陶器 6 件，计有缶 4、罐 2 件；铜器 5 件，计有鼎 2、蒜头壶 1、釜 1、勺 1 件；另有铜钱 31 枚（图一三）。

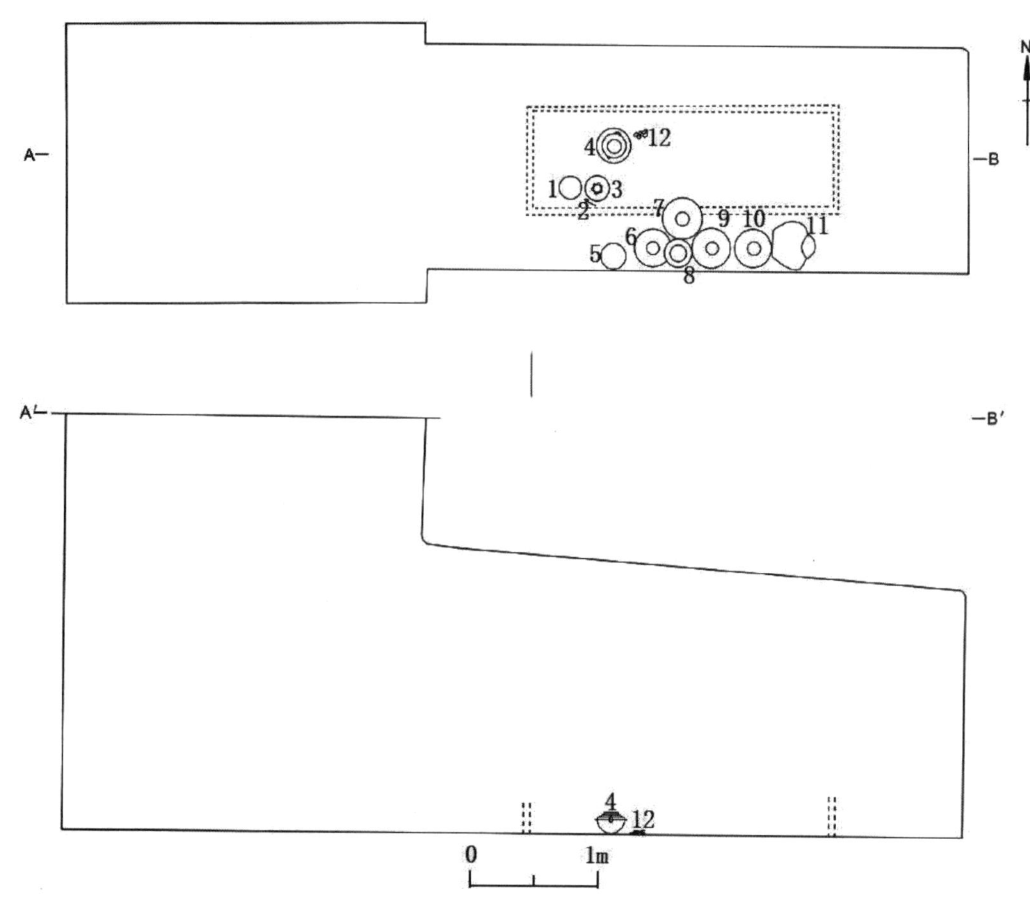

图一三　M21 平、剖面图

1、5. 铜鼎　2. 铜勺　3. 铜蒜头壶　4. 铜釜　6、7、9、10. 陶缶　8、11. 陶罐　12. 铜钱

（二）随葬器物

1. 陶器

6 件。

缶　4 件。形制相同、纹样、大小基本相同。方唇，窄平折沿，侈口，短束颈，溜肩，鼓腹，平底或平底微内凹。肩部和腹部饰凹弦纹间细绳纹。标本 M21：6，平底较大。口径 12.7、腹径 32.8、底径 18.1、高 28 厘米（图一四，2）。标本 M21：7，平底微内凹，底部中心有一环状纹。口径 11.8、腹径 32.4、底径 15.4、高 27.4 厘米（图一四，1）。

罐　2件。形制基本相同。方唇，直口，广折肩，弧腹，平底或平底微内凹。标本M21：8，平底较大，腹部饰竖粗绳纹。口径15.6、腹径24.8、底径14.4、高17.6厘米（图一四，4）。M21：11，平底微内凹，底部中心有一环状纹。肩部和腹部饰竖细绳纹。口径15.4、腹径26.8、底径13.2、高19.4厘米（图一四，3）。

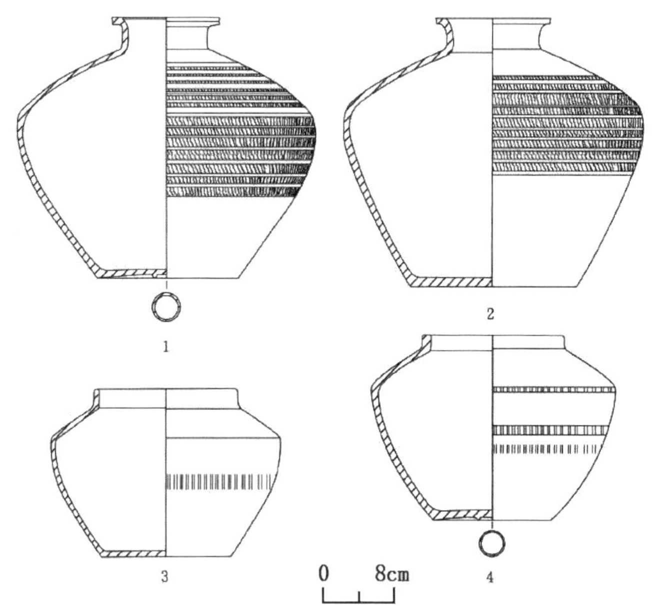

图一四　M21出土陶器
1、2. 陶缶（M21：7、M21：6）3、4. 陶罐（M21：11、M21：8）

2. 铜器

鼎　2件。形制基本相同。子口承盖，盖为半球形，盖顶等距离分布三个钮。附耳稍外撇，腹微鼓，圜底，下附三蹄足。标本M21：1，盖顶钮呈鸟形，侧面有一个小圆孔。口径14、腹径18、通高16.6厘米（图一五，1）。标本M21：5，盖顶钮呈环形，钮上各有一个乳状饰。腹部饰一周凸弦纹。口径15.2、腹径19、通高16.5厘米（图一五，2；图二三）。

蒜头壶　1件。标本M21：3，蒜头状小直口，细长颈，扁圆腹，圈足较高。素面。口径5.6、腹径23、圈足径11.6、高38厘米（图一五，3；图二四）。

釜　1件。标本M21：4，方唇，直口，斜折肩，肩部有一对对称的衔环铺首，弧腹，圜底。腹上部有一周扁平突棱。口径12.4、腹径22.2、高15.6厘米（图一五，4；图二五）。

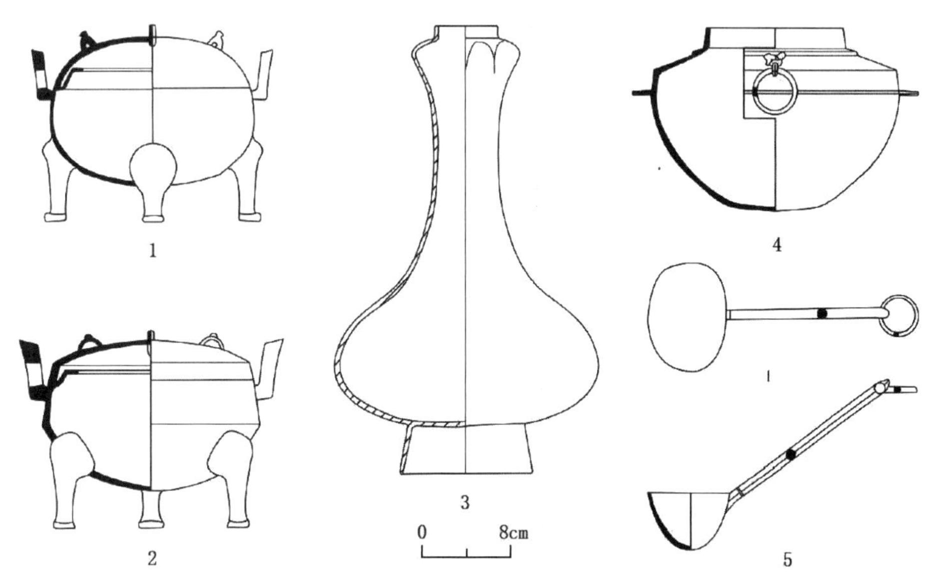

图一五　M21出土铜器
1、2. 铜鼎（M21：1、M21：5）3. 铜蒜头壶（M21：3）4. 铜釜（M21：4）5. 铜勺（M21：2）

勺　1件。标本M21：2，扁圆长柄，柄端套一小圆环，椭圆形斗，圜底。勺口长径8.4、短径7、通长20.8、环直径2.6厘米（图一五，5）。

3. 铜钱

31枚。系方穿圆形半两钱，两面均无内外郭，周边不甚规整。穿的左右“半两”二字为篆文，有的字体不很清楚。可分5式。

Ⅰ式　2枚。大小相同。钱体厚重且较大，小方穿。钱径为3.2、穿径0.8~0.9厘米。标本M21：8-1，钱径为3.2、穿径0.9厘米（图一六，1）。

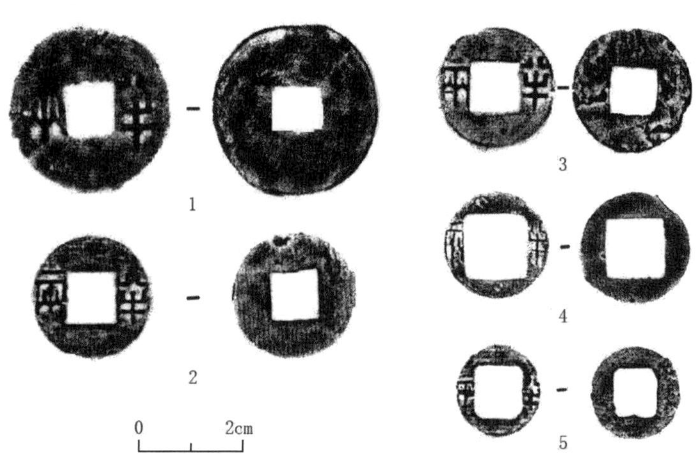

图一六　M21出土铜钱
1. M21：8-1　2. M21：8-3　3. M21：8-12
4. M21：8-21　5. M21：8-27

Ⅱ式　9枚。钱体较薄，小方穿。钱径为2.4~2.7、穿径0.7~0.9厘米。标本M21：8-3，钱径为2.5、穿径0.8厘米（图一六，2）。

Ⅲ式　9枚。钱体甚薄，方穿相对较大。钱径为2.1~2.4、穿径0.9厘米。标本M21：8-12，钱径为2.1、穿径0.9厘米（图一六，3）。

Ⅳ式　7枚。钱体很薄，大方穿。钱径为2~2.4、穿径1~1.2厘米。标本M21：8-21，钱径为2.2、穿径1.1厘米（图一六，4）。

Ⅴ式　6枚。钱体薄小，为榆荚钱。两面无内外郭，大方穿。钱径为1.4~1.7、穿径1厘米。标本M21：8-27，钱径为1.4、穿径1厘米（图一六，5）。

六、M31

（一）墓葬形制

该墓为一座东西向的土洞室墓，方向280°。由墓道和墓室两部分组成（图一七）。

墓道为长方形竖穴土坑式，墓道四壁陡直规整，平底。口距现地表深2.2、东西长2.8、南北宽1.8、深8.5米。

墓门高1.9、宽1.54米，封门情况不详。

墓室位于墓道的东侧，为土洞室，平面呈长方形，拱形顶，室壁规整，西高东低，底部平坦。东西长3.5、南北宽1.54、西部高1.7、东部高1.5米。

墓室内葬具已腐朽。依据其木质朽痕可知为长方形单棺，棺长2.36、宽0.68米，棺板厚度与高度不详。棺内未见人骨架。

随葬器物共出土11件，分别放置于棺的西端及南、北两侧。依质地可分为陶、铜两类，其中陶器8件，计有鼎1、缶5、茧形壶1、釜1件；铜器2件，计有盆1、鍪1件；另有铜钱1枚。

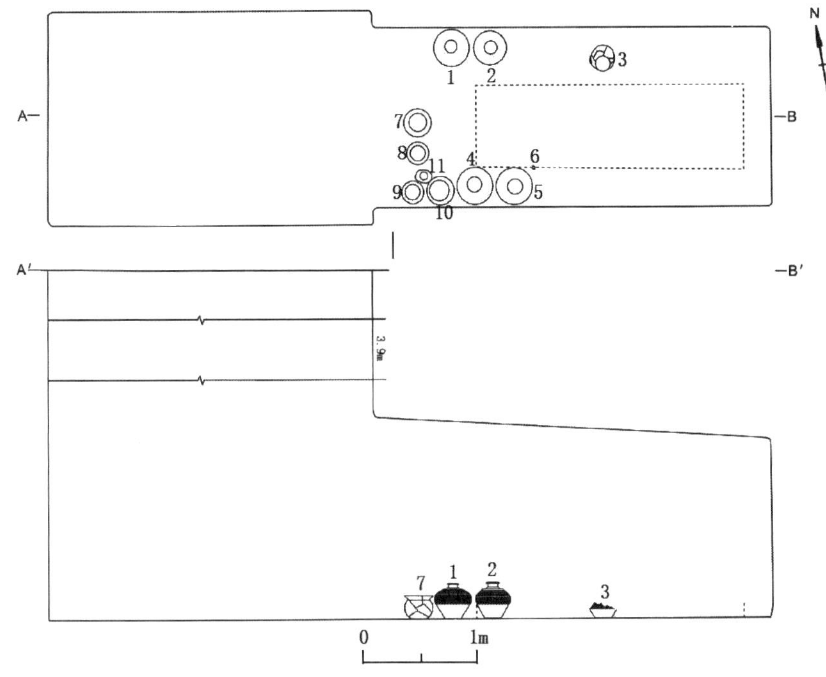

图一七　M31平、剖面图

1~5.陶缶　6.铜钱　7.陶釜　8.铜鍪　9.铜盆　10.陶鼎　11.陶茧形壶

（二）随葬器物

1.陶器

8件。

鼎　1件。标本M31：10，残缺一耳和盖顶的三钮。子母微口，鼓腹，小平底，腹上部附有对称的立耳，下部附三蹄足。盖为弧形。盖、腹及耳均用红彩绘有图案。口径15.2、腹径21.5、通高22.2厘米（图一八，7；图二六）。

缶　5件。形制相同、纹样基本相同，大小不同。方唇，侈口，短束颈，溜肩或圆肩，鼓腹，平底或平底微内凹。肩部和腹部饰凹弦纹间细绳纹。标本M31：1，卷沿，溜肩，平底。口径11.4、腹径33.4、底径15.2、高29.2厘米（图一八，1）。标本M31：2，卷沿，溜肩，大平底。口径13.4、腹径35、底径17.4、高30.2厘米（图一八，2）。标本M31：3，卷沿，溜肩，平底微内凹。口径12.3、腹径31.6、底径16、高28厘米（图一八，3）。标本M31：4，卷沿，溜肩，大平底微内凹。口径12、腹径33.6、底径19.4、高29.4厘米（图一八，4）。标本M31：5，窄平沿，圆肩，近平底。口径11、腹径33、底径16、高27.6厘米（图一八，5）。

茧形壶　1件。标本M31：11，侈口，尖唇，束颈，椭圆形扁腹，圜底，圈足。颈部和圈足上各饰一周凸弦纹，腹部饰7组凹弦纹。口径5.5、腹径10.6×7.6、底径4.6、高11厘米（图一八，6；图二七）。

釜　1件。标本M31∶7，夹砂褐陶，破损严重，无法修复。

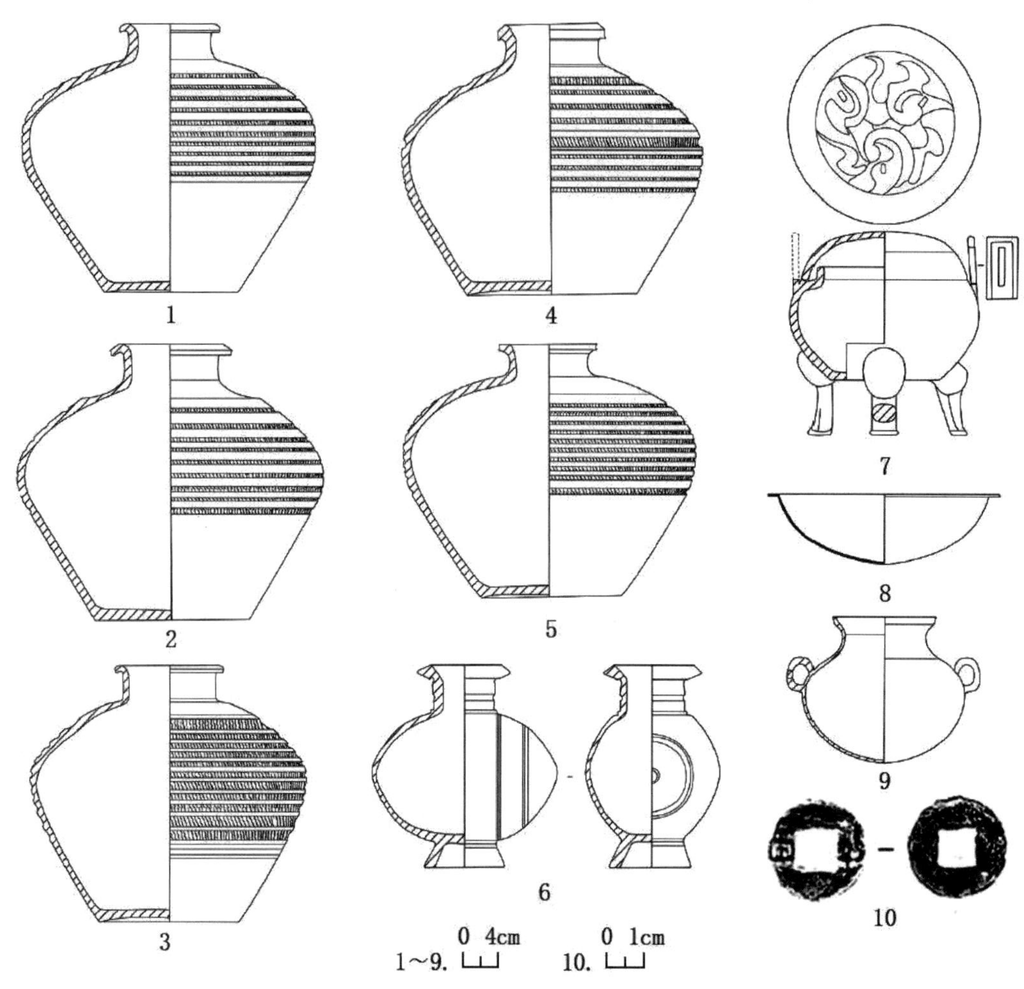

图一八　M31出土器物

1~5. 陶缶（M31∶1、M31∶2、M31∶3、M31∶4、M31∶5）　6. 陶茧形壶（M31∶11）　7. 陶鼎（M31∶10）　8. 铜盆（M31∶9）　9. 铜鍪（M31∶8）　10. 铜钱（M31∶6）

2. 铜器

鍪　1件。标本M31∶8，尖唇，侈口，束颈，肩部有一对对称的环形耳，鼓圆腹，圜底。底、腹部有烟熏痕。口径11.8、腹径18.2、高16厘米（图一八，9；图二八）。

盆　1件。标本M31∶9，器壁较薄，已残破。方唇，宽平折沿，弧腹，圜底。口径26、高7.5厘米（图一八，8）。

3. 铜钱

1枚。标本M31∶6，系方穿圆形半两钱，两面均无内外郭，周边不甚规整。穿的左右“半两”二字为篆文。钱径为2.3、穿径0.9厘米（图一八，10）。

七、结语

三门峡后川村发掘的这6座墓葬皆为土洞墓，从其墓葬形制、随葬品组合及器物特征综合判断，可分为两组。

第一组：包括M21和M31。墓向均朝西，墓道宽于墓室；随葬品组合铜器以盖鼎、蒜头壶、釜、鍪、盆为主，陶器组合有小口广肩缶、大口罐（有的称为瓮）、茧形壶、盖鼎等；均出土半两钱。其中蒜头壶、茧形壶、小口广肩缶是秦文化墓葬的典型器物。而盖鼎则是融合延续了东周列国的铜礼器或仿铜陶礼器的文化因素。

图一九　M31墓葬清理后情况（西—东）

这种宽墓道式洞室墓与之前发掘的后川村墓葬Ⅰ相同，且无壁龛；M31出土的茧形壶为喇叭状圈足，这种特征出现在西汉初年的墓葬中[1]。另外，陶器基本组合为缶、罐或鼎、缶、茧形壶，与三门峡三里桥秦人墓地中西汉初期[2]、陕西常兴汉墓早期[3]等墓葬出土的器物组合相同，且器物特征也相似。M21出土的铜鼎、铜蒜头壶分别与陕县东周秦汉墓出土的Ⅳ型铜鼎（M2011：1）和铜蒜头壶（M3410：15）[4]相似；M31出土的铜鍪与三门峡三里桥秦人墓地Ⅱ式铜鍪（M52：9）[5]相近，其年代均为西汉早期。这两座墓葬出土的半两钱大小、厚薄不一，边缘不规整，其中M21还出土有“榆荚”钱，因此该组的墓葬的年代应不早于西汉早期。

第二组：包括M2、M5、M6和M13。墓葬均南向，墓道与墓室等宽，墓室两侧有一个或两个壁龛（有的报告称为耳室）；随葬品陶器组合以大口罐、小口广肩缶及甑、鼎组合的甗为主，铜器主要是兵器；均出土有五铢钱。这种墓葬形制与三门峡向阳村四组综合楼汉墓M13[6]相似。出土陶器的缶、罐与三门峡向阳村四组综合楼汉墓M13出土的同类器物相近；甗与陕县东周秦汉墓出土的Ⅰ型3式甗（M3124：9）[7]相似，其年代为西汉初年。除了M13，其余几座墓中都出土了五铢钱，“五”字两笔交叉较直，几乎没有弧度，“铢”字金字旁三角较长，上角角度小，朱字上面一笔方折，这与烧沟Ⅰ型五珠相类，年代属于汉武帝时期[8]。综合以上推测，该组墓葬年代应不早于西汉中期。另，后川村M6还出土了1件带铭文的铜甗，“陕宫鼎，容二斗，并重十八斤。第一。”主要记述了鼎的容量及重量，没有显示出制造者的信息。根据汉代出土类似带铭青铜器“某宫”的含义，“陕宫”二字，显示的应该是使用者信息。秦汉时期，该地是为“陕县”，而“陕宫”是否是前朝某代在此设置宫殿的名称，还有待进一步研究。

三门峡地区，地势险要，自古是兵家必争之地，《史记·六国年表》记载：“秦惠公十年，……县陕。”又《秦本纪》：“孝公元年，……乃分兵，东围陕城。”春秋时期是虢国上阳城所在地，战国时被晋所灭。20世纪50年代在后川村及其附近发掘的一批东周秦汉墓[9]与此次发掘6座墓，一同见证了该地区政治文化历史的更替演变。

图二〇　陶甗（M2：1）

图二一　铜甗（M6：2）

图二二　陶甗（M13：1）

图二三　铜鼎（M21：5）

图二四　铜蒜头壶（M21：3）

图二五　铜釜（M21：4）

图二六　陶鼎（M31：10）

图二七　陶茧形壶（M31：11）

图二八　铜鍪（M31：8）

此次发掘的几座汉代墓葬，虽然数量不多，但却是秦文化在此地逐渐削弱，汉文化渐强的典型的考古学证明。东周时期，列国纷争，考古学文化也呈现出多样性。秦王朝建立统一六国，秦文化因素也强力渗透在广阔的疆域里。秦朝短暂，汉代秦，用了六七十年的时间，将秦文化及各地的列国文化再度融合，加上自身的一些新的文化因素，在西汉中期之后最终形成了汉文化。

总之，本次发掘不仅丰富了豫西地区西汉早、中期墓葬内容，而且对于研究先秦至汉代中国考古学文化演进历程与面貌也具有一定的学术价值。

发掘：杨海青　赵小灿　郑立超

摄影：赵　昂

绘图：燕　飞　赵小灿

执笔：胡赵建　郑立超　杨海青

注释：

[1] 中国社会科学院考古研究所：《陕县东周秦汉墓》，科学出版社，1994年，第158、172页。

[2] 三门峡市文物工作队：《三门峡市三里桥秦人墓发掘简报》，《华夏考古》1993年第4期。

[3] 陕西省考古研究所宝鸡工作站：《陕西眉县常兴汉墓发掘报告》，《文博》1989年第1期。

[4] 中国社会科学院考古研究所：《陕县东周秦汉墓》，科学出版社，1994年，第136页，图一〇七；第132页，图一〇四。

[5] 三门峡市文物工作队：《三门峡市三里桥秦人墓发掘简报》，《华夏考古》1993年第4期。

[6] 三门峡市文物考古研究所：《三门峡向阳村两座汉墓发掘简报》，见三门峡市文物考古研究所：《三门峡文物考古与研究》，北京燕山出版社，2003年，第46页，图二。

[7] 中国社会科学院考古研究所：《陕县东周秦汉墓》，科学出版社，1994年，第172页，图一三三。

[8] 洛阳区考古发掘队：《洛阳烧沟汉墓》，科学出版社，1959年，第217、218、224页。

[9] 中国社会科学院考古研究所：《陕县东周秦汉墓》，科学出版社，1994年，第158、172页。

三门峡地区出土的汉代铜镜

◎胡赵建　◎郑立超

中国铜镜有着悠久的历史。根据考古发现，中国铜镜最早是在黄河上游甘青地区的齐家文化中出现的（甘肃齐家坪、青海贵南）。据碳 –14 测定，齐家文化出土的铜镜年代在公元前 2000 年左右，距今约 4000 年[1]。由此肇始，中国铜镜的发展历程走过了夏、商、周三代早期发展期，流行于春秋战国，鼎盛于两汉，度过三国两晋南北朝的低谷，最终在唐代达到极致的繁荣，五代及至宋金，逐渐走向衰落，到了明代，随着玻璃镜的盛行，铜镜逐渐退出了历史舞台。

三门峡古称陕州，东有崤陵古道险关，西有曲沃之塞，南有干山屏障，北有黄河天险。纳汇青龙涧、苍龙涧两条河流，沿岸土地肥沃，自史前时期便是文明发祥地，历经后世各代，文化积淀丰厚，而铜镜作为物质文明与精神文明的综合性载体，蕴含了大量的历史信息。

自 20 世纪 50 年代，在三门峡地区田野考古中发掘出土了数以千计的铜镜。其中年代较早是 1956 年在上村岭虢国墓地出土的虺龙纹镜，其时代大致在西周末年到春秋初期[2]。三门峡出土的这些铜镜多收集在三门峡市及辖区的各文博机构，部分收藏在社科院考古所等科研机构。仅三门峡市文物考古研究所藏铜镜数量就达 500 余面（以下文中所涉及材料均藏于三门峡市文物考古研究所，且未经过公布），下面主要介绍一下两汉时期的铜镜。

随着农耕经济的发展，汉代手工业和制造业的规模和水平都有了长足进步，铜镜的生产制造也得到突飞猛进的发展，这一时期墓葬中出土的铜镜较以前相比数量大为增加。在三门峡地区出土的铜镜中，汉代铜镜占到了总量的四分之一。

西汉初期，由于经济尚未恢复，铜镜发展仍沿袭战国晚期风格。形制多为圆形，镜钮也多为三弦钮，镜体较薄。纹饰多地纹和主纹的组合纹饰，就三门峡出土的西汉早期铜镜来看，蟠虺纹和圈带纹的组合纹饰较为常见。蟠虺纹多呈“S”或“C”状，有些圈带之上带有乳钉，呈对称分布。2005 年三门峡电业局 M28：1，圈带叠压蟠虺镜，圆形。三弦钮。宽素卷缘。直径 12.6 厘米，缘厚 0.3 厘米，重 140 克。（图一）

西汉中期，“文景之治”之后，国力增强，铜镜制造业也有大的发展。铜镜的形制和纹饰都出现许多新的变化，制作工艺也不断提高。镜面较以前有所加大，厚度也有所增加，使得硬度也超过以前，多数铜镜出土时基本完好。三弦钮逐渐消失，取而代之的是半圆钮和连峰钮。镜背纹饰由原来的蟠虺纹、饕餮纹逐渐被星云纹、草叶纹、连珠纹、神兽纹等代替。这一时期另一个显著变化，是出现了条带式铭文镜，铭文和纹饰结合在一起，使得镜背图文并茂。星云纹是由蟠螭纹演变而来，因乳钉甚多，星云纹镜又称百乳镜。1994 年 9 月 5 日三门峡供电局 M1：9，星云镜，圆形。连峰钮，圆钮座。座内有四月牙纹和竖线纹。其外一周内向十六连弧纹，之外两周短斜线纹带形成主纹带，四枚圆座乳钉间各有四枚小乳，每枚小乳有长短不同的弧线相连。内向十六连弧纹缘。直径 10 厘米，缘厚 0.4 厘米，重 160 克。（图二）

图一　圈带叠压蟠虺镜

图二　星云镜

草叶镜的钮座为方形，四周饰以对称的草叶，有的像花瓣，有的像叶片，外缘用十六个内向连弧纹作边缘。这类铜镜因流行时间长，在汉镜中占有重要的地位。2011 年在三门峡嘉和广场 M11：9，草叶铭文镜，圆形，圆钮，四叶纹钮座。钮外两凹面方格内有环列铭文“日有熹、宜酒食、长富贵、乐毋事”，外饰乳钉和草叶纹。直径 14 厘米，缘厚 1.4 厘米，重 325 克。（图三）

图三 “日有熹”草叶镜

西汉末期及至新莽，又到东汉初期，博局镜和四神镜大量流行。博局纹又称规矩纹，它的布局十分有规律。在钮座外方框的每边正中各有一“T”形符号，与其相对的是“L”形符号，方框四角对着“V”形符号，将镜背分为四方八区，四角饰以草叶纹、神兽纹或者鸟兽纹。1993年4月11日华余包装厂M24：7，草叶博局镜，圆形。圆钮，四叶纹钮座。钮外一周凹线方格，框外饰博局纹，四角两侧饰草叶纹。十六内向连弧纹缘。直径11.6厘米，缘厚0.4厘米，重220克。（图四）1987年在三门峡房屋开发公司工地M29：1，禽鸟博局镜，圆形。圆钮，四叶纹钮座。座外单线方框和一个凹面纹方格间有十二圆座乳钉及十二地支铭。方格外八乳及博局纹将镜背分为四方八区，外围八内向连弧纹，中间配以白虎、朱雀、禽鸟等。之外为铭文带，为“尚方作竟真大好，上有山人不知老，渴饮玉泉饥食枣，浮游天下敖四海，寿如金石国中保，胡人贺之，天下力于行”。其外一周栉齿纹。宽平缘上饰锯齿纹及云气纹。直径21.5厘米，缘厚0.7厘米，重1365克。（图五）

进入东汉，经济进一步发展，对外交流更为广泛，铜镜制造也融汇了很多外来元素。铜镜种类及装饰技法均更为多样化，有神兽镜、变形四叶镜、君宜高官镜、长宜子孙镜、龙虎镜

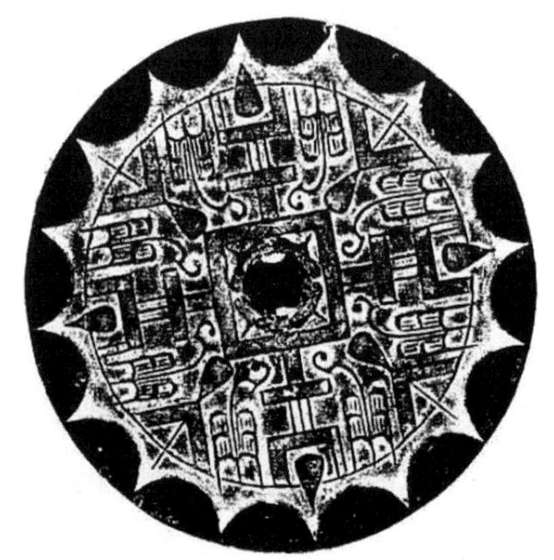

图四 草叶博局镜

图五　禽鸟博局镜

图六　龙虎神兽镜

图七　变形四叶纹镜

等。特别是神兽镜的表现手法由线条式变为圆雕、高浮雕式，观感更具立体化，使禽兽的形态活灵活现，羽人、仙人的出现充满了神话色彩，体现了对仙界的向往。神兽镜中，以“四神”是汉镜中使用最多，且影响最深远的图纹，从西汉一直到隋唐时期都比较流行。2006 年三门峡梁家渠农民公寓 M2：19，圆形。圆钮，圆钮座。两周弦纹将镜背分为内中外三区，内区为四只龙虎两两相对，中区六枚圆座乳钉之间饰以鹿、白虎、朱雀、青龙等瑞兽，外区为铭文带“宋氏作竟真大巧，上有山人不知老，渴饮玉泉”，之外一周栉齿纹。缘上两周锯齿纹之间为双线波折纹。卷缘。直径 16.5 厘米，缘厚 0.60 厘米，重 565 克。（图六）1985 年 11 月 26 日陕县医药公司 M1：5，变形四叶纹镜，圆形。圆钮，四叶纹钮座。叶间篆文“君宜高官”，外饰八内向连弧纹。宽平素缘。直径 10.5 厘米，缘厚 0.2 厘米，重 160 克。（图七）

纵观汉代铜镜的历史，可知汉代铜镜是历史上的一个鼎盛期，这一时期图纹丰富，内涵深刻，在许多方面奠定了中国铜镜发展的基础，充分反映出汉代的社会现实及人们的思想和信仰。到了魏晋南北朝时期，由于社会动乱，经济萧条，铜镜的发展进入一个低谷，类型和主题纹饰基本沿袭了汉代铜镜的样式和特点，神兽镜和夔凤镜较为常见。

注释：

[1] 游学华：《中国早期铜镜资料》，《考古与文物》1982 年第 3 期。

[2] 中国社会科学院考古研究所：《上村岭虢国墓地》，科学出版社，1959 年。

河南三门峡发现大量西汉时期墓葬

◎上官荣光

河南三门峡黄河嘉园工地位于河南省三门峡市湖滨区后川村，西距陕州旧城（汉代陕州故城所在地）约 1200 米，北距黄河约 300 米，地势北低南高。该项目用地早期因后川村民下挖土地，建筑房屋，原始地表已被破坏，现因棚改拆迁，黄河嘉园项目施工方平整土地，揭掉距现地表深 1.5~2 米的土层，施工机械在此基础上碾压，形成厚 0.3~0.5 米极坚硬的扰土层，墓葬都被打破，墓道开口于扰土层下。

河南省文物考古研究院联合三门峡市文物考古研究所、安阳师范学院历史与文博学院考古系，共同对后川村黄河嘉园项目古墓葬群进行考古发掘。受拆迁进度影响，于 2017 年 12 月—2018 年 3 月和 2018 年 8 月—11 月分两次共发掘西汉初期至近代各时期墓葬 280 多座。现将各时期墓葬情况介绍如下：

西汉墓 117 座：是这个墓地最重要的发现。这批墓数量众多、分布集中、排列有序，相互之间几乎没有叠压打破现象，而且绝大多数没有被盗，随葬器物保存较完整，时代当为西汉初期和早期。

M266 墓主侧身屈肢葬

墓葬形制均为长方形竖井墓道土洞单室墓，其中 5 座墓道内设生土二层台，墓道内设生土二层台的墓葬当早于无二层台的墓葬。此外，还发现 2 座墓葬被一近方形的围沟环绕，即通常所称的围沟墓。

墓道多数朝西，少数朝南或西南，墓道平面均为长方形，开口一般略大于底部，坑壁陡直规整，脚窝多设于近墓道西南角的两壁，墓道底部平坦。墓道口长 1.8~5.3 米、宽在 1.4~3.9 米之间，底长 1.8~4.3 米、宽在 1.4~3.8 米之间，墓道底距墓口深在 0.8~6.0 米之间。墓道内大多为一次性填土，极个别为夯土。

墓门大多坍塌，近半墓葬发现有木板封堵墓门痕迹；其中一些发现有明显的封门槽。少数墓葬用土坯封堵墓门。

墓室开在长方形墓道的短边，即均为顺向土洞单室墓，墓道宽度均大于墓室宽度，俗称为"大墓道小墓室"。墓室平面呈长方形或近长方形，直壁，平顶或弧形顶近平，平底。仅发现一座墓葬在室壁南端开一壁龛，内放器物。墓室长在 1.8~3.9 米、宽在 1.1~2.0 米、高在 1.2~2.0 米之间。墓室与墓道基本持平或墓室高于墓道 0.1~0.2 米。

墓葬内均为单人葬，葬式多为仰身直肢，少数仰身屈肢，极少数为二次葬、侧身屈肢，墓主头均朝向墓道，面部大多向上，人骨架保存较差，接近一半已经腐朽成灰，无法提取。

葬具均已腐朽，根据朽痕，推测大多为长方形木质单棺，个别单棺单椁，还有一些墓无葬具，墓主身下多铺有 1~5 厘米厚的草木灰。一小部分墓葬在草木灰底发现有两条平行的长条形枕木朽痕，推测应为下葬棺椁所用。

随葬器物多寡不一，多者达 20 余件，寡者 1~3 件，一般随葬 6~10 件器物。大多放置在近墓门口处的棺外两侧。以陶器为主，铜器次之，铁器、漆器和其它质地器物较少。陶器主要有釜、盆、甑、罐、缶、茧形壶、蒜头壶、锜等。铜器主要有鼎、鍪、釜、盆、甑、蒜头壶、圆壶、扁壶、勺等。铁器主要有釜、鍪、刀等；根据漆器的朽痕形状，推测主要有耳杯、

西汉墓内出土的部分铜器

盘、盒等。另外个别墓葬内还出土有铜印章、铜镜、铜钱（钱文几乎均为“半两”）、铜带钩、铁剑、骨器等器物。

一些墓葬在墓道一角或墓室内发现牛、马、狗或鸡等动物的部分骨头，动物骨头大多被肢解，推测应是下葬墓主时祭祀所用。另外在一些鼎、釜或漆器朽痕内也发现有动物骨头，推测可能是在饮食器内放置肉食的习俗。极个别墓葬发现随葬器物但没有人骨，应是墓主被迁葬后，器物依然留在原处，推测可能是当时迁葬的一种习俗。个别陶釜肩部、陶盆（甑）内壁、陶缶（罐）肩颈部等处发现有“陕亭”或“陕市”印戳，证实此地当时属陕州。

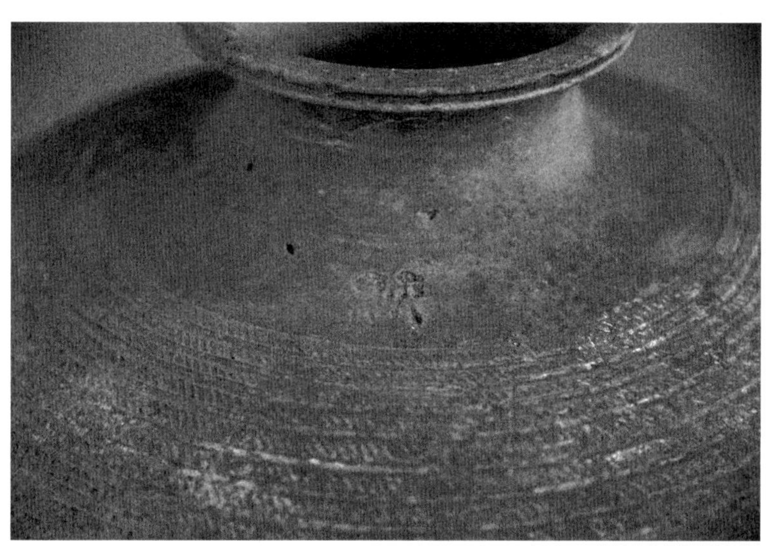

“陕亭”印戳

“陕市”印戳

东汉墓5座：形制均为长斜坡墓道多室墓，由墓道、甬道、前室、后室和耳室组成，方向朝向东西南北各有。除1座未被盗掘外，其余4座墓均被严重盗扰和毁坏。墓室内均未见人骨架和葬具。因被盗严重，出土器物很少。出土器物主要为陶器和铜器，陶器一般有壶、罐、盘、耳杯、勺、奁、案、甑、井、碓房、炉以及各种动物俑等；铜器有盆、尺子、环、镜等以及铜钱。

北朝墓 7 座：形制均为斜坡墓道拱顶土洞单室墓，由墓道、甬道、墓室三部分组成，方向均朝南。墓室平面呈近似椭圆形，在墓室北端大多有生土棺床，墓主多安置其上，墓内安葬 1 人以上，葬式均为仰身直肢，未发现葬具。随葬品比较贫乏，其中大多都葬有铜钱，偶见陶器、铁器。

唐墓 65 座：形制均为竖井墓道土洞单室墓，一般由墓道和墓室组成，方向大多数朝南。墓道口平面呈梯形，底部一般有斜坡和少量台阶；墓室为土洞室，平面呈长方形，拱顶，平底；室内一般葬墓主 1 人，有的葬 2 人（即夫妇合葬），葬式为仰身直肢，葬具均为木棺；随葬器物一般为陶塔形罐、陶瓶及陶罐，少部分有铜镜、铜簪、铜钱、铁剪刀和瓷盒等。

宋金墓 13 座：形制均为竖井墓道土洞单室墓，由墓道和墓室组成，方向大多数朝南，规模较小。墓道口平面呈梯形，道壁上下基本垂直，平底。墓室土洞室，平面呈长方形，拱顶，平底。出土器物较少，主要有瓷碗、瓷罐等。

晚清及近代墓 73 座：形制均为竖井墓道土洞单室墓，一般由墓道和墓室组成，方向朝向东西南北各有。墓道口平面呈梯形，一端稍宽，另一端较窄，底部略呈斜坡状；墓室平面近长方形，直壁，拱顶，平底。墓葬大多埋葬 2 人，少数 1 人，葬式均为仰身直肢，葬具为木棺，随葬品一般有黑釉瓷罐、瓷碗和铜钱等。

时代不明墓葬 3 座，不见人骨架和随葬品。

本次发掘的 117 座西汉墓，分布集中、特点鲜明、随葬品丰富，具有明显的时代特征，形制上均为竖井墓道土洞单室墓，墓道普遍大于墓室，还是处于“大墓道小墓室”阶段；墓葬内均为单人葬，夫妻合葬仍然采取“异穴合葬”的形式；葬式多为仰身直肢，少数仰身屈肢（屈下肢），极少数为侧身屈肢，可能是由秦人的屈肢葬向汉代较普遍的仰身直肢葬转化；墓葬内发现的动物被肢解的骨头，封门的木板等迹象，揭示出西汉时期下葬墓主时杀生祭祀、封土填埋的埋葬习俗；随葬器物青铜器类器物减少，而陶器类的釜、盆、甑、罐、缶等生活化器具增多；这些现象揭示了三门峡地区西汉初期和早期墓葬的特色。自 20 世纪 50 年代至今，在三门峡市区、灵宝及陕县等地，发掘大量的秦人墓和西汉墓葬，而本次的发现应当处于秦人墓向汉墓过渡的阶段，为三门峡地区墓葬演变提供了十分宝贵的资料。

同时，本次发掘的东汉、北朝、唐、宋等时期墓葬也为研究同期墓葬文化提供了材料。

河南灵宝发现大型汉墓群

◎房　琳　◎颜　钊　◎卢仙阁

从三门峡市文物考古研究所获悉，2019 年灵宝金城大道东延工程中发现大型汉墓群，2019 年 4 月份，该所专业人士进驻工地开始进行文物挖掘，9 月 3 日，此处工地发掘工作正式结束，共发掘古墓葬 76 座，出土文物 720 余件。一处墓葬中发掘出墓主人印章，实属罕见。

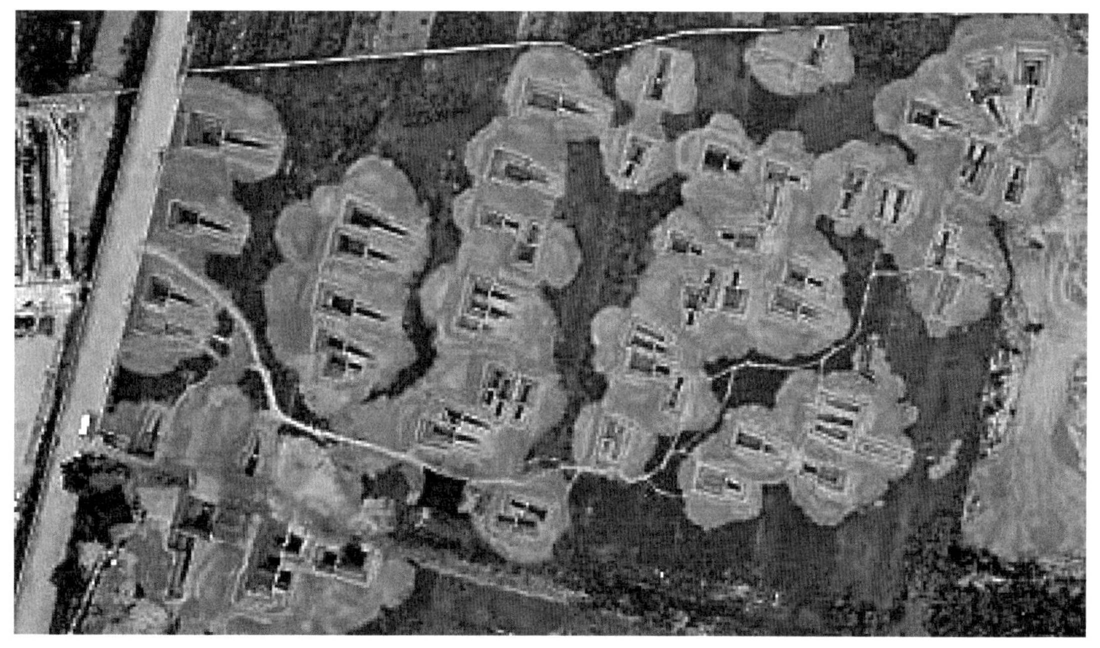

灵宝发现的大型汉墓群

据该所相关负责人介绍，这批墓葬中，最大的一座古墓为东汉初期墓葬，其墓道长度达 10 余米，分为前室、后室、甬道，仅这一座墓葬的发掘时间便达到一个多月。

此次发掘的墓葬群为西汉晚期至东汉初期，距今 2000 年，发掘的古墓葬大多为汉代砖室墓。墓葬形制呈多样性，其中有西汉平顶空心砖室、小砖并列券拱顶洞室、子母砖并列券拱顶洞室、单砖平卧拱顶洞室、平顶土洞室和拱顶土洞室墓等。特大的墓葬有长斜坡墓道、甬道、前室、过洞和后室组成，墓室均为穹隆顶。此次发掘的墓葬多为砖墓，基本上没有发现墓葬遗骸，因为砖墓的特性，遗骸基本上不会留存下来，而土墓则较为适合保存墓主人遗骸。

该汉墓群中发掘出的铜钱

“其中一座古墓中出现了墓主人的印章，这在古墓发掘历史上非常少见。”该负责人介绍，经过鉴定墓主人的名字为“郭家定”，墓葬中出土了大量的铜器、铁剑、铁刀等，这充分证明了墓主人的身份在当时较为显赫，很可能是当时的地方官吏或者名门望族。

此外，在此次文物发掘方面，包含铜鼎、铜釜、铜盆、铜甗、铜熏炉、铜提梁卣、铜灯、铜封泥桶等；陶器有绿釉陶鼎、绿釉陶壶、绿釉陶罐、陶甑、陶盆、陶仓等；铁器有铁剑、铁刀、铁矛、铁锛。其中绿釉陶鼎象征着墓主人的身份。

该负责人表示，此次挖出的汉代古墓中，一些墓葬文物数量较多、陪葬品多，就意味着厚葬了。这次大型汉墓群发掘，在三门峡市灵宝境内的考古史上取得了重大突破，从墓葬分布和出土器物分析，整个墓地为汉代多个家族墓的集聚地，从东至西是由早到晚排列，时代是西汉晚期到东汉初的墓葬，发掘规模和出土文物均是历年来收获之最，且汉陕州城距灵宝境不远，无疑与汉陕州有关，这对研究和探讨三门峡、灵宝乃至豫西地区的汉代政治、文化和经济奠定了坚实基础。

新莽时期“函谷关门”画像砖研究

◎李书谦

2018年初，在策划三门峡市博物馆基本陈列时，基于将要展示的“函谷雄关”单元资料有限，遂从多种渠道搜集素材，偶然在民间人士处发现一块新莽时期的“函谷关门”画像砖，虽已于近中部折为两段，但正面图案大多清晰可见，品相颇好（图一）。

经查阅，仅有的早期实物资料为现藏美国波士顿美术馆的东汉中晚期“偃师邢渠孝父画像石”，其上刻“函谷关东门楼”字样。[1]此次发现的“函谷关门”画像砖的时代处于两汉之际，是目前所见再现古代函谷关风貌的最早图像资料，实属难得，为进一步探究函谷关的建筑风格、军事状况、交通发展等提供了珍贵的佐证材料。现将其基本情况做一些简要概述，并对涉及的相关问题进行初步分析和探讨。

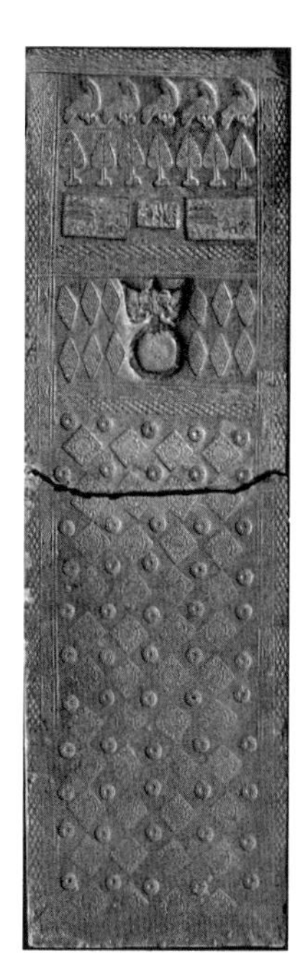

图一　新莽时期“函谷关门”画像砖

一、“函谷关门”画像砖基本概况

该画像砖纵长118厘米、横长36.5厘米、厚12厘米，为模制而成，瑞兽铺首衔环为贴塑，其他图案应为二次压膜制成。其正面左右两侧及上端边框处有装饰带，为网状纹和菱形几何纹组合而成，排列有序，图案清晰。左右两侧边框装饰带中的网状纹和菱形纹宽度相同，均为2厘米。上端边框装饰带的菱形纹宽2厘米，网状纹宽1厘米。画像砖正面自上而下分别被一组2厘米宽的网状纹和2厘米宽的菱形纹组成的装饰带，以及另一组2厘米宽的菱形纹和2厘米宽的网状纹组成的装饰带分隔为三个部分。

上部横长27.5厘米，纵长22厘米，并分布有3排图案：第一排是5只仙鹤，高6厘米，最宽5厘米，均为曲颈侧身做奔跑状，羽毛刻画生动，造型动感十足，姿态优雅；第二排是7株常青树，高7.4厘米，最宽处为3.8厘米，枝繁叶茂，根系发达；第三排是3个印模图案，中间是一组“羽人引凤”图，两侧各有一幅“函谷关门”图。“羽人引凤”印模较小，长 5.7 厘米，宽 3.5 厘米。画面从右至左为：一个羽人形象生动，好像在作法术。他平举着双手，拿着一件不知名物的法器，身旁有一只小凤鸟，似在配合主人的指令而引颈向左观望，在羽人上肢下还有一株比小凤鸟略高的常青树。其左有一只造型抽象的雁足式熏炉，袅袅香烟从炉顶飘出，使画面氛围显得更加神秘。最左边是一只体型硕大的凤鸟口衔巨珠，面向羽人舞动，身姿十分传神。“函谷关门”印模十分清晰，立体感强，长 9.4 厘米，宽 5.8 厘米（图二）。居左是巍峨壮观的函谷关城门正面图，气势宏伟。关楼为重檐式建筑风格，近圆形的脊刹位于正脊中部，构图较为模糊，看不出为何物。两只灵动的朱雀分别栖息在两边垂脊上。执戟门吏和执盾门吏分别挺立在关门两侧，戎装整齐，守卫着函谷关门。右上部的“函谷关门”四字为隶书阳文，其结体方正饱满，笔画瘦劲挺拔，风格简率自然；下部为一辆轺车，上有一名御人和一名乘者。

图二 “函谷关门”印模

中部横长 27.5 厘米，纵长 13.5 厘米，由瑞兽铺首衔环与菱形几何纹共同组合而成。其中瑞兽铺首衔环居中，最宽 9 厘米、最高 12.8 厘米，造型夸张，具有许多兽类的特征，圆环饱满粗壮，兽与环组合协调，在其两侧还分布着 6 个菱形图案，排列有序。瑞兽铺首衔环是由盛行于商周时期青铜器上的饕餮纹逐渐演化而来的，因饕餮具有凶恶和贪婪的天性，所以古人让其衔环并作为大门上的铺首，用以镇宅驱邪和保护主人康宁，它是汉代石刻和画像砖中十分常见的一种造型，从而推断出这是一块门扉画像砖，其使用功能问题迎刃而解。

下部横长 27.5 厘米，纵长 68 厘米，由璧纹和内置“大泉五十”钱文的菱形图案组合而成（图三）。菱形图案边长为 4 厘米，“大泉五十”钱文的直径均为 2.5 厘米；共 11 排，每排 4 个。璧纹直径 2.3 厘米，共 11 排，每排 5 个，点缀在菱形图案之间的空隙处，错落有致，布局规范。

图三 “函谷关门”下部图案

画像砖背面制作工艺与正面相比较为粗糙，上半部图案清晰，下半部图案部分模糊不清。四周边框装饰和正面相同，边框内为“大泉五十”钱文的菱形图案，每排 4 个，上部 11 排布局规则，图案清晰可见，其余部分制作工艺显得有点粗糙。

二、“函谷关门”画像砖纹饰内容解读

根据考古发掘资料，画像砖墓多分布在河南的南阳、许昌、郑州和洛阳等地，陕西的咸阳及山西的襄汾、闻喜等地也有大量分布。到战国晚期，出现了使用画像砖构筑墓葬的习俗，用以砌筑椁室，代替之前的木质椁室，但画像砖的图案较为简单。[2]两汉时期，是用画像砖建造墓葬的高峰时期，其制作方法有两种：一是翻模制作法[3-4]，二是四片粘合法和支撑法制作技艺。[5]画像砖的装饰题材是由多种不同元素或相同元素组成，根据这些元素题材又可分为画像和装饰性图案两个类别。[6]大多数画像砖的装饰花纹都由边框装饰和主体装饰两部分组成，这些内容与当时的政治、经济、文化及社会状况等都有十分密切的内在联系。

中国古代先民笃信灵魂不灭的观念，至少在旧石器时代晚期就出现了灵魂意识。距今约3万年前的“山顶洞人”，在死者身旁放置有赤铁矿粉粒，随葬燧石、石器等生活用具和石珠、穿孔兽牙等装饰品，这些随葬品都是供死者灵魂使用。到了仰韶文化时期，葬俗进一步复杂化。《西安半坡》[7]报告中记述，半坡遗址发现墓葬250座，其中成人墓葬174座，幼童墓葬76座，而幼童瓮棺葬达73座之多，有的葬具底部钻有小孔，考古工作者认为是供死者灵魂出入之用。商周时期有诸多关于灵魂观念的记载，如《礼记·表记》记载：“殷人尊神，率民以事神，先鬼而后礼。”[8]西周时期著名的“天亡簋”铭文也有类似记述：“王祀于天室，降。天亡又（佑）王，衣（殷）祀于王。”[9]《左传·昭公七年》记载有“人生始化曰魄，既生魄，阳曰魂。用物精多，则魂魄强”的观点。先秦及两汉时期，人们普遍认为灵魂存在于人的躯体之中，人的生命和思想都由灵魂来主宰，它不会随着人们肉体的死亡而消失。曾经盛行的厚葬之风和隆重的祭祀活动，都是灵魂不灭观念的具体反映，后世的鬼神信仰也是灵魂不死观念的世俗化表现。[10]因此，追求生命的永恒存在，期望人逝后灵魂不朽等诸多不符合事物发展规律的现象，都成为汉代丧葬文化的重要内容，这在当时的壁画、画像砖和画像石中得到了充分体现。

“函谷关门”画像砖涉及的纹饰相当丰富，有瑞兽铺首衔环浮雕、璧纹、几何图案、“大泉五十”钱文，以及朱雀、仙鹤、羽人引凤、常青树和“函谷关门”图案等，反映的信息量很大。仙鹤是中国古代神话中经常出现的题材，《诗经·小雅》中有“鹤鸣于九皋，声闻于野”的描述。传说鹤是由仙人骑乘和饲养的一种祥瑞仙禽，得道之士骑鹤往返，修道之士以鹤为伴，并赋予其高洁情志的内涵，成为名士高情远志的象征物。同时，仙鹤也是长寿的象征。模印图案中的5只仙鹤昂首引颈，做展翅飞翔状，预示着墓主人与鹤为伴的乐趣与享受，其造型与山西闻喜西官庄汉墓出土画像砖的仙鹤图像相近。[11]

我国古代天之四灵为青龙、白虎、朱雀、玄武，而朱雀是主南方的一种神鸟。《礼记·曲礼上》记载，行军布阵时，朱雀为前锋，玄武为后卫，青龙为左翼，白虎为右翼，由中军来指挥调度。左右各有军阵，并且各军阵自有统管。[12]朱雀在这里的职能是四方星宿之一。但是，朱雀还有其他重要作用，如当升天时它又是另外一番情景。贾谊在《惜誓》中有“飞朱鸟使先

驱兮，驾太一之象舆”的描述。《三辅皇图》曰：“苍龙、白虎、朱雀、玄武，天之四灵，以正四方。”由此表明，朱雀还肩负着庇佑生者和逝者平安的使命。

常青树有多种叫法，如不死树、甘木和寿木等，是汉代画像砖中十分常见的一个题材。关于它的神奇之处，《山海经·海内西经》《山海经·大荒南经》等都有详细著录，在此不再赘述。该砖面上有7株常青树图像，制作规范，比例适中，排列整齐，造型与山西闻喜西官庄汉墓出土画像砖的常青树图像相近。[11]

羽人，又名飞仙，基本造型是人与鸟的组合，贯穿于汉代艺术的始终。屈原《楚辞·远游》：“仍羽人于丹丘兮，留不死之旧乡。”汉代羽人除具备仙的一般特性外，还有重要的作用与功能，譬如接引升仙、行气导引、助长寿等。作为飞仙，羽人可以自由出没于阴阳两界，这样既能关照生者安危，又可以慰藉死者亡灵，充当引导众生亡魂飞升仙界的使者。

画像砖中最有价值的为“函谷关门”图案，其建筑形制为两柱重檐四阿顶式木构建筑，筒板瓦屋面，两侧连接有小板瓦顶城墙。该图案再现了函谷关作为天下雄关的伟岸风貌，这应该是截至目前能领略到的关于当时的建筑形式、军事防卫、交通状况等信息的最直观资料，也是研究灵宝秦函谷关和新安汉函谷关的最早珍贵资料。函谷关门旁有一辆疾驰而来的轺车，刻画生动。轺车由伞盖、车舆、车轮和车轴等组成，一马御车，车上一前一后乘坐两人，前者为御者，图像清晰，动作形象有力，一手握双缰，一手执马鞭；后者应为吏，但人物形象较为模糊，可能是到函谷关的奉使者或朝廷急命宣召者。《释名·释车》云：“轺，遥也；轺，远也。四向远望之车也。”即为由一匹马牵引的四面敞露之轻便车。《汉书·食货志》颜注：“轺，小车也。”《说文·车部》：“轺，小车也，汉车也。”《晋书·舆服志》载：“坐乘者谓之安车，倚乘者谓之立车，亦谓之高车。”轺车源于先秦时期的战车，而战车皆为立乘，又名“高车”。汉代的轺车多为坐乘，这样就增加了乘者的安全性和舒适度，故又称为“安车”。《释名·释车》又云：“安车，盖车，坐乘，今吏所乘小车也。”该画像砖上轺车的乘者就是坐乘。

根据汉代车舆制度，当时官吏乘坐车的车型和驾车马匹数量等都有非常严格的等级。《后汉书·舆服志》：“诸车之文：乘舆，倚龙伏虎，〈木虡〉文画辀，龙首鸾衡，重牙班轮，升龙飞軨。皇太子、诸侯王，倚虎伏鹿，〈木虡〉文画辀轓，吉阳筩，朱班轮，鹿文飞軨，旂旗九斿降龙。公、列侯，倚鹿伏熊，黑轓，朱班轮，鹿文飞軨，九斿降龙。卿，朱两轓，五斿降龙。二千石以下各从科品。诸轓车以上，轭皆有吉阳筩。”轺车是供一般官吏使用的，三公九卿以下的百官僚属，只能拥有一马车驾。因此可以推测“函谷关门”图案中乘者为一般官吏。

“大泉五十”钱文图案为推断这块画像砖的具体年代提供了直接信息。西汉末年王莽摄政，代行皇权之事。居摄二年（7）五月，王莽令改铸货币，以错刀一枚值五千钱，契刀一枚值五百钱，大钱（即“大泉五十”）一枚值五十钱，与五铢钱同时流通。大钱发行后，破坏了货币表现为一般等价物的基本属性，致使民间私铸成风，屡禁不止，社会矛盾进一步激化。王莽建立的新朝遂于地皇四年、更始元年（23）灭亡，新莽铸币的闹剧随之告别了历史舞台，曾经喧闹一时的“大泉五十”也完成了其短暂使命。由此可以推断出该画像砖的使用时间，其上限为公元 7 年，即居摄二年；下限为公元 23 年，即地皇四年、更始元年。

三、“函谷关门”画像砖的学术价值

函谷关是我国古代最著名的雄关要塞之一，历史上有三处函谷关，即河南三门峡灵宝的秦函谷关和魏函谷关，河南洛阳新安的汉函谷关。尽管它们的建造时代不同，但在不同历史时期都发挥了十分重要的政治、经济、文化和军事等作用。秦函谷关位于今灵宝市北 15 千米的王垛村，建于春秋晚期，为东去洛阳、西达长安的咽喉要地，因关在峡谷之中，深险如函而得名，为兵家必争之地，这里发生过多次战争和重大历史事件，甚至影响到中国历史的发展进程。如老子在函谷关的太初宫著述《道德经》，成为道家之源。紫气东来、鸡鸣狗盗、公孙白马、玄宗改元等成为千古绝唱。狼烟烽火更是不可胜数，如公元前 318 年，楚怀王率领六国军队讨伐秦国，而秦国依托函谷关要塞，大败联军。公元前 241 年，楚、卫、赵等五国盟军进攻秦国，秦军依然坚守函谷关，寻找时机击败联军。公元前 206 年，刘邦乘机攻取武关而灭秦，随即派兵驻守函谷关赢得地利条件，使项羽军队陷于被动地位。汉武帝之后，随着国家政治中心不断东移，函谷关的军事地位有所减弱，但崤函天险仍然肩负着无法替代的重任。这里不仅是一处战略要地，也是古代中原地区与西北地区政治往来、文化交流、经济贸易的重要节点。

汉函谷关初置于汉武帝时期。《汉书・武帝纪》中明确记载：汉元鼎三年，即公元前 114 年冬天，“徙函谷关于新安，以故关为弘农县”。关于在新安置关的缘由，学术界则有不同说法，笔者赞同辛德勇《汉武帝“广关”与西汉前期地域控制的变迁》[13]及曾谦《论西汉时期的函谷关东迁》[14]提出的观点，他们认为函谷关东迁是由当时的历史时代背景决定的，也是汉王朝扩大中央集权的必然发展结果。众所周知，新安汉函谷关的地貌不具备崤函天险的地理优势，更没有桃林要塞的天然军事屏障，而是一座攻击型的关隘。但这里距洛阳只有 20 千米~25 千米，可见它承担的政治使命要远远大于其军事功能。东汉时期定都洛阳，汉函谷关成为拱卫帝都的重要屏障。汉函谷关于正始元年，即公元 240 年废关。

魏函谷关位于今灵宝市函谷关镇的孟村境内，距秦函谷关约 5 千米。据光绪二年《灵宝县志》卷三：“函谷关，在邑西南里许。曹操西征张鲁时开粮道于此。后遂置关。基址久湮。前令江蘩重建，去周置旧关十余里。”这条道路从孟村北辗转而上，崎岖难行，到今函谷关镇西寨村与周秦古道会合，之后进入稠桑原。公元 240 年，即正始元年，弘农太守孟康为了进一步强化其功能，就在运粮道入口处因势筑建关城，号“大崤关”，即魏函谷关，由此其成为继秦函谷关之后的又一条东至洛阳、西抵长安的重要交通路线。抗日战争时期，魏函谷关城楼毁于兵火，三门峡大坝建成后，其城址被淤积的泥沙掩埋。

四、结语

综上所述，“函谷关门”画像砖系传世之物，辗转易手流传至今日实属不易，其具体出土地点无从考证，今只能据其个别图案和风格特征等有限信息加以推测。前文已述及，仙鹤和常青树的造型与山西闻喜西官庄汉墓画像砖上的图像相近，此物很可能出自晋南一带。而“函谷关门”图案显然再现的只能是灵宝的秦函谷关或新安的汉函谷关，而不可能是魏函谷关。秦函谷关和汉函谷关建筑物早已不存，函谷关门的建筑式样没有留下任何史料，而“函谷关门”较为完整地再现了两千多年前关楼的图像，这对研究早期关隘建筑结构、军事防御等具有重要的标本意义。究竟是哪一个关呢？我们知道，秦函谷关建于春秋晚期，汉函谷关置于汉武帝元鼎三年（前114），前文已从画像砖“大泉五十”图案，推断出其使用时间为公元7年至公元23年间。此时，秦函谷关已经在历史的长河中湮灭了至少一百二十多年，而当时汉函谷关是存在的，并发挥着重要作用。人们可以很直观地看到这座雄关的伟岸身姿，工匠只能依据这个蓝本进行创作，以写实和抽象相结合的方式将汉函谷关描绘出来。因此，“函谷关门”图案反映的是西汉时期函谷关的面貌。同时，墓主人生前是否跟汉函谷关有一定的关系，他是守关的官吏吗？这些问题都有待进一步研究。无论如何，有一点是不容置疑的，他对函谷关有很深的情结，否则也不会将其置于门扉之上在另一个世界永久陪伴，这对进一步探讨墓主人的身份地位会有一些启发和帮助。

从“函谷关门”建筑的名字看，此建筑为函谷关的城门，是早期城垣门阙演化成城门楼的一种过渡形式，也是后期城门楼上“楼”的雏形，标志着我国城门从阙门到城门楼建筑形式变革的重大转折期；另一方面，此建筑二层重檐升高以后，又演化出了我国院落的两层门楼形式，就是我们通常说的“高门楼”。这一实例在我国“门阿之制”的演化过程中具有重要的意义。

“偃师邢渠孝父画像石”中的“函谷关东门”关楼，是一座两个建筑风格相同且为连体庑殿顶的四层结构双楼，第一层是关楼，双楼上都开着一个门洞，每一个洞都是两扇门，门上装饰铺首。二楼至四楼开有小窗，二楼和三楼外有回廊，双楼顶脊上有两只丹凤。[1]图像均为线刻，关门大开，过关的有各色人等，还有骑吏和軿车，画面形象生动。

从二者的关楼建筑形式和关门前的场面看，“函谷关门”显得有些简洁，而“偃师邢渠孝父画像石”中“函谷关东门”表现得较为具体，尤其是细节刻画更为生动，这充分反映了我国建筑风格从早期“简”发展到晚期“繁”的过程。“函谷关门”画像砖的发现为进一步研究函谷关的历史演变过程、不同时期建筑风格的差异、军事建制的发展变化、文化交通的盛衰以及汉代人们灵魂不灭观念等提供了极为难得的新材料。

注释：

[1] 胡海帆：《"偃师邢渠孝父画像石"研究》，《故宫博物院院刊》2012年第2期，第113—132页。

[2] 河南省文化局文物工作队：《郑州二里岗》，科学出版社，1959年。

[3] 王仲殊：《空心砖汉墓》，《文物参考资料》1953年，第95—107页。

[4] 蒋英炬、杨爱国：《汉代画像石与画像砖》，文物出版社，2001年，第177页。

[5] 南阳文物研究所：《南阳汉代画像砖》，文物出版社，1990年，第35页。

[6] 梁英梅：《汉代空心砖画像初步研究》，四川大学硕士学位论文，2004年。

[7] 西安半坡博物馆：《西安半坡》，文物出版社，1982年。

[8] 郑玄注：《礼记》，中华书局，1998年，第203页。

[9] 冯时：《天亡簋铭文补论》，见清华大学出土文献研究与保护中心：《出土文献》，中西书局，2010年。

[10] 刘兰芝：《洛阳汉代墓室壁画研究》，中州古籍出版社，2010年，第41页。

[11] 王寄生：《闻喜西官庄汉代空心砖墓清理简报》，《考古通讯》1955年第4期，第46—48页。

[12] 陈澔：《礼记集说》，上海古籍出版社，1987年，第13页。

[13] 辛德勇：《汉武帝"广关"与西汉前期地域控制的变迁》，《中国历史地理论丛》2008年第2期，第76—82页。

[14] 曾谦：《论西汉时期的函谷关东迁》，《洛阳师范学院学报》2009年第6期，第27—30页。

河南三门峡出土鹅首曲颈青铜壶

◎李丽静

新华社郑州5月23日电　河南省三门峡市文物考古研究所的考古工作者近日在当地一个发掘现场，发现一个鹅首曲颈青铜壶。顶部的鹅首造型姿态优美，壶中还存有不明液体逾3000 ml。

发掘出土的鹅首曲颈青铜壶

三门峡市文物考古研究所的相关负责人祝晓东介绍说，鹅首曲颈青铜壶是他们在配合三门峡市开发区后川棚户区改造工程时，在一座古墓中发掘出土的。根据墓葬的形式初步判断，墓葬时代为秦末汉初，墓葬主人可能是当时带有爵位的一个低等级官吏。除了鹅首曲颈青铜壶，墓内还出土了铜鍪、铜盆、铁剑、玉剑具等。

发掘出土的铁剑与玉器等

发掘出土的铜鍪与铜勺

祝晓东说，当时的青铜壶壶首多为蒜头造型，以天鹅、大雁、鸭子等动物造型为壶首的也有，但较少。鹅首曲颈青铜壶鹅首、曲颈、垂腹、圈足，顶部有一小孔，造型独特。“从目前出土的鹅首曲颈青铜壶，我们可以大胆估测，在秦末汉初时段，三门峡当地可能已经有天鹅出现，实属难得。”他说。

壶中不明液体呈黄褐色，有较多杂质沉淀，具体成分正在检测中。

鹅首曲颈青铜壶内液体是西汉古酒

◎双　瑞　◎李文哲

新华社郑州9月17日电　今年5月一则新闻刷屏：一尊罕见的鹅首曲颈青铜壶现身河南三门峡，姿态优美的鹅壶惊艳到人们，壶中6斤多重的神秘液体更是留下悬念。现在实锤了，是酒！

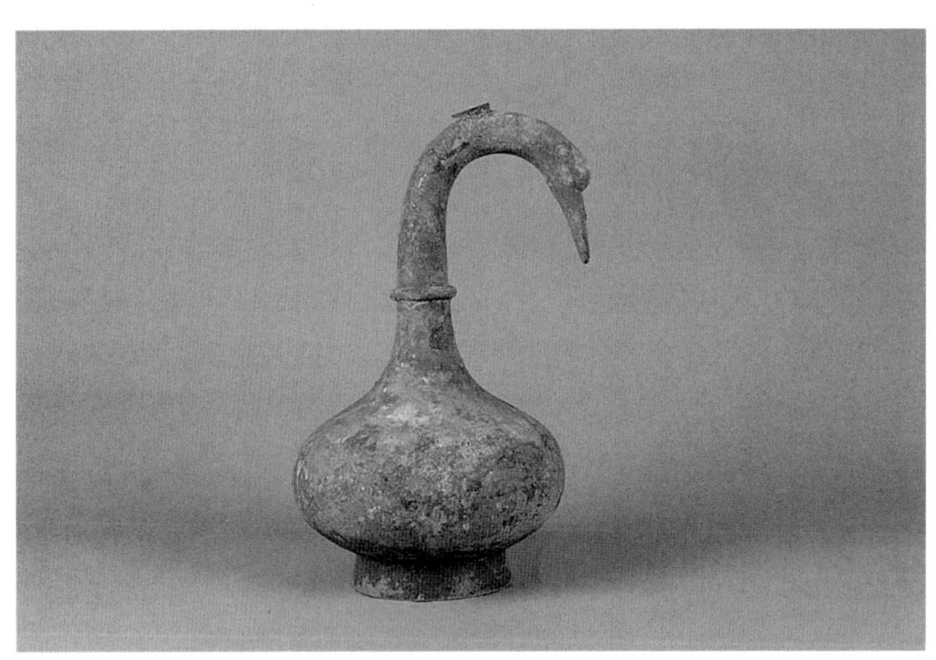

鹅首曲颈青铜壶

记者从三门峡市文物考古研究所获悉，经中国科学院大学研究人员取样检测，鹅首曲颈青铜壶内的液体为西汉早期的古酒，并与湖南长沙马王堆汉墓出土的医学方书《五十二病方》中的相关记载颇为相符，是可以止血消炎的药酒。

“我们正在对液体继续开展碳氮同位素、植物微体化石、蛋白质组学等分析，以期获取更多的原料、制作工艺和功用信息。”中国科学院大学考古学与人类学系教授杨益民说。

这个青铜壶鹅首微颔、曲颈优雅，低垂的腹部巧妙化作壶身，静卧于圈足之上。“当时的壶首多呈蒜头状，鹅首曲颈造型颇具个性，实属罕见。根据液体的检测报告，此壶应该是酒器，可从壶顶小孔倒出美酒。”三门峡市文物考古研究所所长郑立超说。

鹅首曲颈青铜壶出自三门峡后川村古墓群。经考古人员实测，其所在的古墓年代为西汉初年，墓主人应是位身高 1.8 米左右的男子。男子墓葬还出土铜器、玉器、陶器、铁器等。其中，铜器有铜镜、铜印、铜盆、铜饰品等，铁剑配有由 4 块玉饰物组成的玉剑具。“有宝剑，说明是武士。有铜镜、铜饰品，说明爱美。加之鹅壶内盛有美酒，墓主人应该是位追求生活品质的‘优质男’。”郑立超说。

为配合棚户区改造，2017 年以来，三门峡市文物考古研究所对后川村古墓群进行考古勘探发掘，发现自战国至近代各时期墓葬 600 多座。“结合出土陶器上戳印的陶文‘陕亭’‘陕市’，以及部分墓志中的文字记载，我们推断这里应为历代陕州城的集中墓葬区。”郑立超说。

三门峡被誉为“天鹅之城”，每年都有近万只白天鹅自西伯利亚迁徙到当地的黄河湿地过冬。鹅首曲颈青铜壶的出土，为这一美名增添了文化底蕴。

西汉弘农郡封泥考略

◎焦新帅

封泥又称“泥封”，为古人用于封缄简牍囊笥等物品，起到保密凭信等作用。封泥区别于古代玺印，然和古代玺印又紧密相连，它充当了古代玺印的实用遗存，是古代玺印最直接的表现形式，是玺印钤盖在泥团之上而保留下来的珍贵实物。其中包含着官制地理、历史沿革、文字演变等重要信息。

封泥研究至今有近两百年的岁月。近二十年来随着祖国大地的开发建设，尽是一片山川呈瑞献宝之景，封泥的大宗出土更是此起彼伏，驻马店新蔡战国封泥，西安相家巷秦封泥，临淄西汉封泥，西安卢家口新莽封泥，徐州土山西汉封泥，西安未央宫西汉封泥，驻马店平舆东汉封泥等封泥群的发现，为学术界和篆刻界提供了新鲜丰厚的宝贵资料，也成为近现代金石学研究的重要组成部分。

此文所载封泥为2012年初发现于河南灵宝函谷关遗址附近的西汉封泥，去岁得于市肆。传封泥所出具体位置为函谷关景区内，即函谷关城楼东南方100余米的土崖之下，为农民旧时所掘窑洞之下，所出数量庞大，不乏精整完备之品。笔者去岁曾踏寻此处，至今仍可见到窑洞遗存，土崖之下可见人工挖掘留下的痕迹，土崖可见清晰的夯层，每层约10厘米左右，为古人修筑关隘时所夯筑的城墙遗迹。土崖层中夹杂有大量绳纹板瓦与残砖，通过瓦背留下的布纹痕迹不难看出皆为汉时之物。

弘农郡，西汉元鼎四年（前113），汉武帝所置，设郡治在秦国名关函谷关（今三门峡灵宝）。《汉书·地理志》载：弘农郡，西汉武帝元鼎四年置。莽曰“右队”。户十一万八千九十一，口四十七万五千九百五十四。有铁官，在黾池。县十一：弘农，卢氏，陕，宜阳，黾池，丹水，新安，商，析，陆浑，上雒。

弘农郡历西汉至唐代，其范围历代有所变革，所辖面积以西汉为最广，辖境约相当今河南黄河以南、宜阳以西的洛、伊、淅川等流域和陕西洛水、社川河上游、丹江流域。由于其地处长安、洛阳之间的黄河南岸，一直为历代政治军事之要地。

函谷关位于灵宝市函谷关镇王垛村，该关东临绝涧，西据高原，南接秦岭，北塞黄河，为中国历史上建置最早的雄关要塞之一。因其地处两京古道，紧据黄河沿岸，关在谷中，深险如函，故称函谷关。战国时秦孝公从魏国手中夺取崤函之地，设函谷关，古道仅容一车通行，素有“一夫当关，万夫莫开”之说，为千百年来烽烟际会、兵家必争之要塞。周慎靓王三年（前315），楚怀王举六国之师伐秦，秦依函谷天险，使六国军队伏尸百万，流血漂橹。秦始皇六年（前241），楚、赵、卫等五国攻秦，至函谷皆败走。刘邦守关以拒项羽等都是发生于此地。闻名遐迩的老子作《道德经》五千言出关的故事，也使函谷关成为道教圣地，增加了函谷关的人文与神秘色彩。

1.“弘农太守章”（图一），弘农太守即弘农郡郡守，为一郡的最高行政长官。《汉书·百官公卿表》载：“郡守，秦官，掌治其郡，秩二千石。有丞，边郡又有长史，掌兵马，秩皆六百石。景帝中二年更名太守。”从中可见太守之称为景帝中元二年始（前148），也可得知此封泥的上限时间即公元前148年。

2.“弘农丞印”（图二），即弘农郡职掌兵马，为辅助郡守的主要官吏。

3.“弘农狱丞”（图三），狱丞，汉代以县设此官，掌狱讼，管囚徒。

4.“卢氏长印”（图四），卢氏即指弘农郡所辖卢氏县。《汉书·地理志》载：卢氏，熊耳山在东。伊水出，东北入雒，过郡一，行四百五十里。又有育水，南至顺阳入沔。又有洱水，东南至鲁阳，亦入沔。皆过郡二，行六百里。莽曰昌富。

县设令、长，掌治其县，《汉书·百官公卿表》载：“万户以上为令，秩千石至六百石。减万户为长，秩五百石至三百石。”此封泥即为卢氏县的最高行政长官所出。

5.“陕令之印”（图五），陕，故虢国。有焦城，故焦国。北虢在大阳，东虢在荥阳，西虢在雍州。莽曰“黄眉”。

6.“宜阳丞印”（图六），宜阳，在黾池有铁官。《汉书·百官公卿表》载：“县令、长……皆有丞、尉，秩四百石至两百石，是为长史。”丞，主理其县内也。

7.“黾池丞印”（图七），黾池，高帝八年（前199）复黾池中乡民。景帝中元二年（前148）初城，徙万家为县。谷水出谷阳谷，东北至谷城入雒。莽曰“陕亭”。

8.“丹水丞印”（图八），丹水，水出上雒冢领山，东至析入钧。密阳乡，故商密也。

9.“新安令印”（图九），新安，《禹贡》：涧水在东，南入雒。

10.“商丞之印”（图一〇），商，秦相卫鞅邑也。

11.“析长之印”（图一一），析，黄水出黄谷，鞠水出析谷，俱东至郦入湍水。莽曰“君亭”。

12.“陆浑长印”（图一二），陆浑，春秋迁陆浑戎于此。得名与此有关。

此群封泥结合出土地与内容可知为弘农郡守治所的官署遗址，为弘农郡守处理日常往来简牍公文等，在拆阅后集中遗弃掩埋或焚烧处理的灰坑。封泥品种主要为弘农郡治所辖各县的官印封泥，官职与郡所辖县较为完备，另有少量中央和其他郡的官印封泥，还有数量可观、极其精美可人的私印封泥，本文录有五枚（图一三“张曼方印”、图一四“李左印”、图一五“赵福私印”、图一六“张宗私印”、图一七“成广昌印”）。

西汉弘农郡封泥的出土不仅为研究西汉官制以补史乘之佚、辨史书记载之漏略、考西汉之地理沿革等提供了珍贵材料，也为金石学与古代印学考古发微，为篆刻学者带来了新鲜可借鉴的创作源泉。

图一　弘农太守章　图二　弘农丞印　图三　弘农狱丞　图四　卢氏长印

图五　陕令之印　图六　宜阳丞印　图七　黾池丞印　图八　丹水丞印

图九　新安令印　图一〇　商丞之印　图一一　析长之印　图一二　陆浑长印

图一三　张曼方印　图一四　李左印　图一五　赵福私印　图一六　张宗私印　图一七　成广昌印

河南三门峡后川村西汉围沟墓发掘简报

◎河南省文物考古研究院　◎三门峡市文物考古研究所
◎安阳师范学院考古与文博系

2018年8—11月，为配合城市基本建设，河南省文物考古研究院联合三门峡市文物考古研究所和安阳师范学院考古与文博系，对三门峡市后川村黄河嘉园项目进行了配合性考古发掘，在工地南端发现两座墓葬（M243和M247）被一近方形的围沟环绕，即围沟墓。现将该围沟墓发掘情况简报如下。

一、墓地及围沟形制

后川村围沟墓，位于三门峡市湖滨区向川路东约100米，南邻舒馨苑小区，北距黄河约600米（图一）。黄河嘉园项目用地此前为后川村村民宅基地，村民大多垫土建筑房屋，现在由于棚改拆迁平整土地，施工机械铲除距现地表深约2米的土层，机械在此基础上碾压，形成厚约0.5米极坚硬的扰土层。围沟和墓葬（M243和M247）均被打破，原始开口已不可知，现开口于扰土层下，并向下打破灰黄色生土。

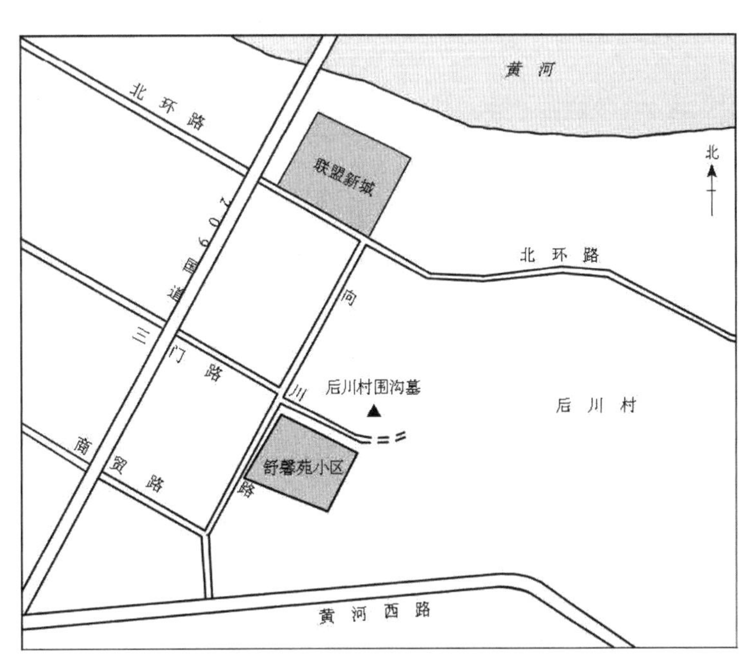

图一　后川村围沟墓位置示意图

围沟平面呈近方形，断面呈梯形，上宽下窄，周长为52.92米，沟内上部残留少许淤土，下部为五花土，质地松软。其中围沟北段残长13.14米，口宽1.06~1.20米，底宽0.82~0.98米，深0.85~0.92米，其西端被M242打破。围沟东段被 M249、M251 和 M271 三座墓葬打破，现残长 13.44 米，口宽 1.14~1.32 米，底宽 0.85~1.02 米，深 0.88~0.9 米。围沟南段被 M246、M244 两座墓葬打破，残长 13.88 米，口宽 1.08~1.16 米，底宽 0.82~1.02 米，深 0.65~0.95 米，且 M246 同时打破 M247。围沟西段被 M242 打破，现残长 12.46 米，口宽 1.12~1.28 米，底宽 0.82~1.1 米，深 0.82~0.90 米（图二；图三）。

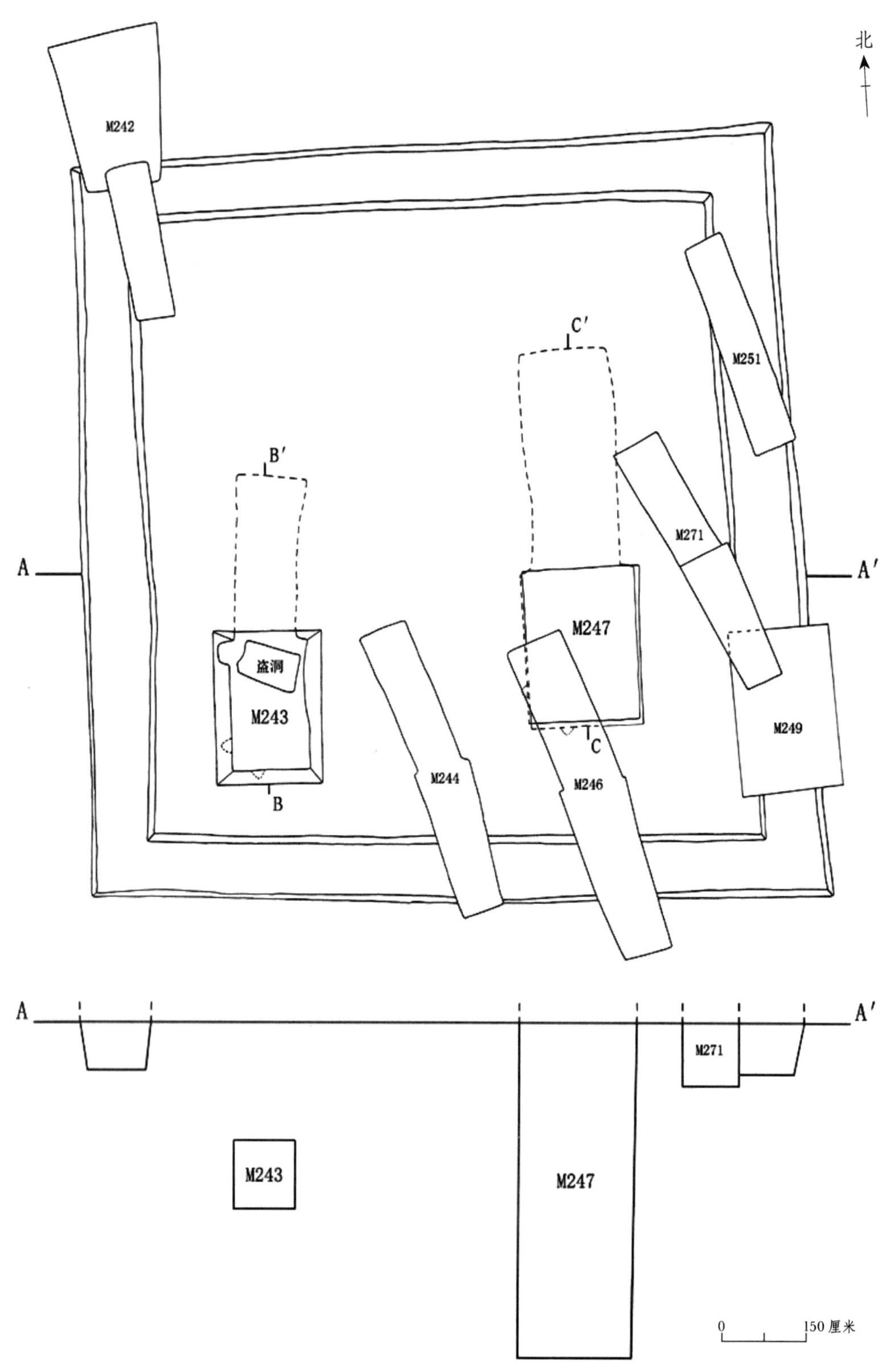

图二　围沟墓 M243、M247 平、剖面线图

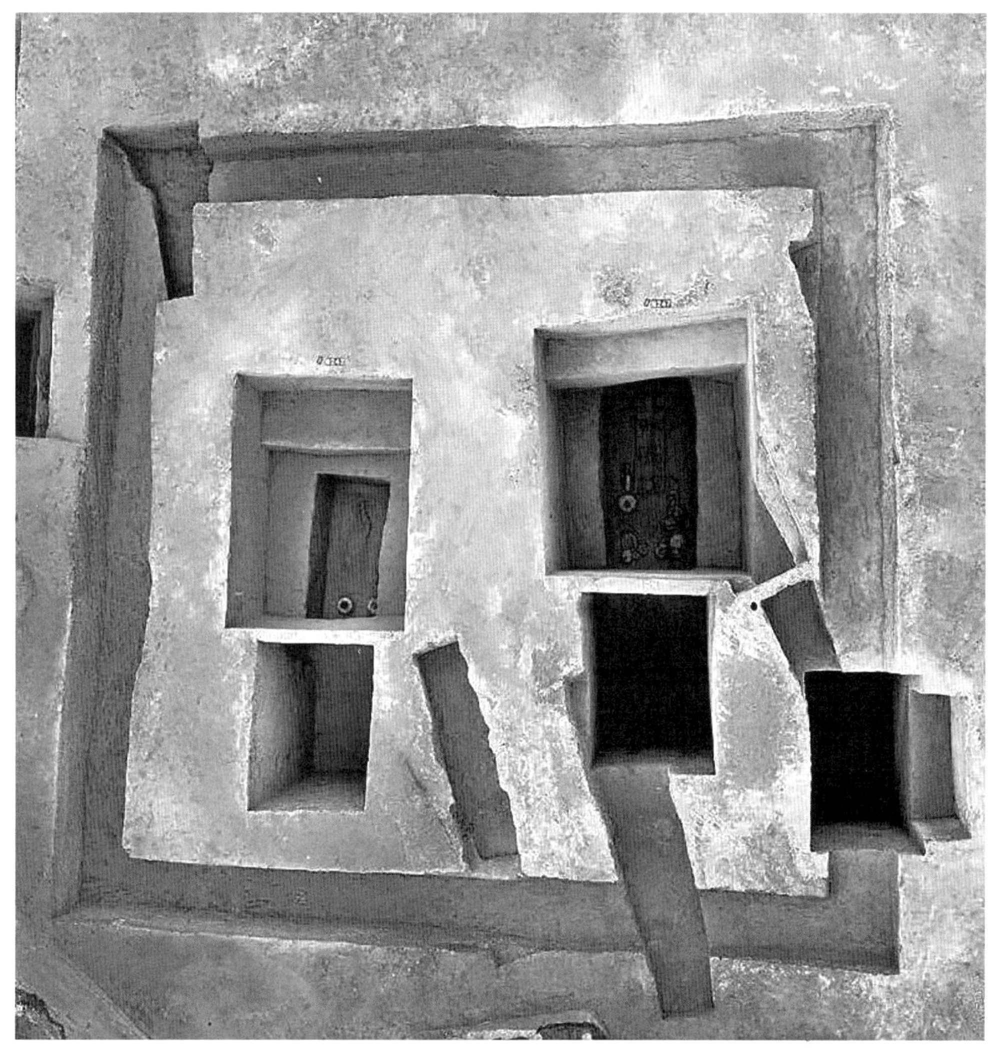

图三　围沟墓 M243、M247 航拍全景图

二、墓葬情况

围沟内东西并列两座墓葬，分别为 M243（西）和 M247（东），两墓方向基本一致，均为竖井墓道土洞单室墓，现分别介绍如下。

（一）M243

1. 墓葬形制

位于围沟内西侧，坐北朝南，方向 182°，由墓道和墓室两部分组成（图四；图五；图六）。

墓道　位于墓室南端，为平面呈长方形的竖井墓道，道口距现地表深约为 2.5 米，口大底小，口南北残长 2.60~2.62、东西宽 1.90~1.95 米；底南北长 2.05、东西宽 1.40~1.62 米；深 3.10~3.20 米。道底由南向北倾斜，四壁内收加工规整，道内填五花土，质地稀疏。墓道西南角的西壁和南壁现各发现 3 个脚窝，横截面呈近三角形，一般高 0.2~0.22、宽 0.22~0.24、进深 0.16~0.20 米，脚窝有明显踩踏痕迹。在墓道西壁北端有一高 1.58、宽 0.4、深 0.2~0.35 米的土

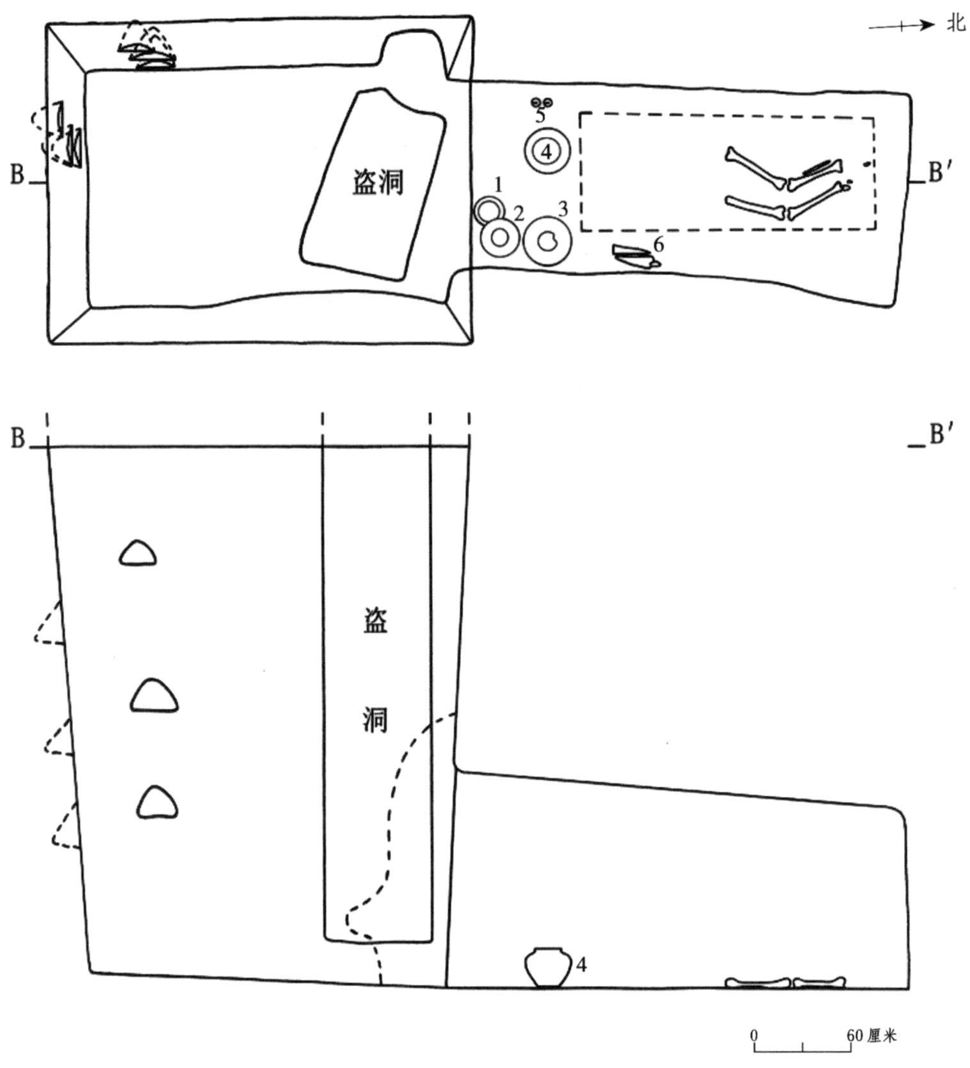

图四　M243平、剖面图
1. 铁釜　2、3. 陶缶　4. 陶罐　5. 铜环　6. 陶甑

图五　M243墓葬全景图

槽，不甚规整，推测为残留的封门槽，但在土槽内未见土坯或木板朽痕。在墓道偏北处有一盗洞，大致呈长方形，呈西北—东南走向，长 1.08、宽 0.60~0.66 米，盗洞在距道底 0.25 米处停止盗掘，盗洞内填满垃圾，呈灰黑色，质地稀疏。

墓门　设在墓道北壁底部中央，平顶，与墓室南端基本等宽，高 1.28、宽 1.14 米。

墓室　位于墓道北端，为平顶土洞单室，墓底平面呈近长方形，长 2.78 米，宽 1.14~1.26 米；室顶高 1.06~1.28 米，南高北低；室底平坦，与墓道北端底部持平；室壁加工规整，室内充满淤土。

图六　M243 墓室俯视图

2. 葬式及葬具

墓主骨架保存极差，头骨和上身骨均已腐朽不存，仅腿骨保存尚好，向东侧弯曲，推测墓主应是头朝南足朝北，已无法判断其年龄及性别。墓主骨架朽痕外发现棺木朽痕，长 1.80、宽 0.66~0.69 米，棺木底部存厚约 1 厘米的草木灰。

3. 随葬器物

该墓共出土随葬器物 6 件，主要放置在墓室东南角，分为陶器、铜器、铁器三类，现分类介绍如下。

（1）陶器，共 4 件，均为泥质灰陶，器形为缶、罐、甑。

缶，2 件。形制相同，口部和纹饰略有不同。均为口微侈，束颈，鼓肩，平底。标本 M243∶2，尖唇，颈部偏上处饰一周凸棱，肩部竖向饰细绳纹，后在其上又横向饰三周凹弦纹；口径 9、肩径 27.6、底径 13.6、高 25.8 厘米（图七；图八）。标本 M243∶3，口沿外卷，肩、腹部竖向饰细绳纹，后在其上又横向饰十数周凹弦纹，底部中央饰一圆环；口径 11.2、肩径 31.6、底径 13、高 27.8 厘米（图九；图一〇）。

罐，1 件。标本 M243∶4，口微外侈，方唇，鼓肩，平底，肩部饰数周细弦纹，腹部竖向

图七　M243∶2 陶缶线图

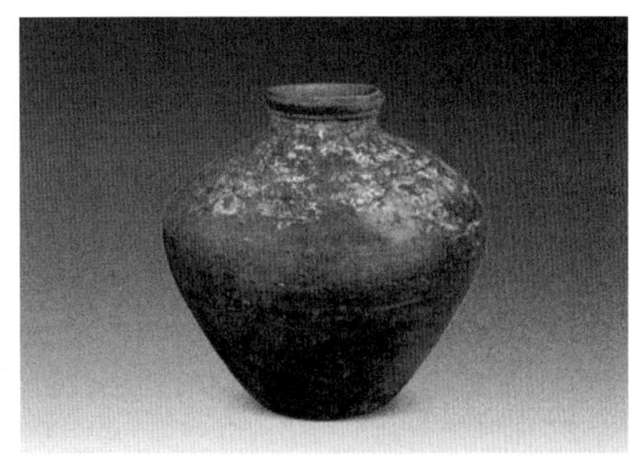
图八　M243∶2 陶缶

饰细绳纹，后在其上又横向饰数周凹弦纹；口径 16.6、肩径 28、底径 13、高 21.2 厘米（图一一；图一二）。

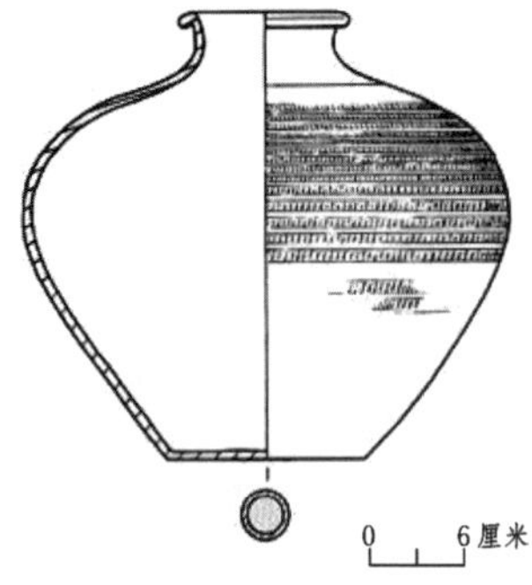

图九 M243：3 陶缶线图

图一〇 M243：3 陶缶

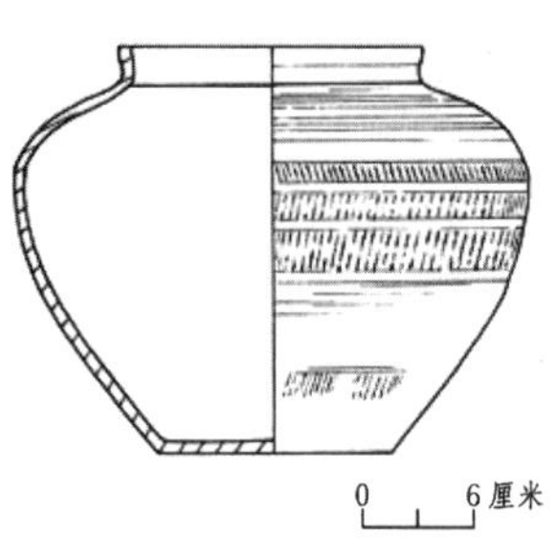

图一一 M243：4 陶罐线图

图一二 M243：4 陶罐

甑，1 件。标本 M243：6，尖唇，平沿，折腹，平底，折腹处微起一周凸棱，腹底均匀分布 12 个圆形箅孔，箅孔周围陶胎卷起；口径 27.6、肩径 24.4、底径 13、高 11.7 厘米（图一三；图一四；图一五）。

（2）铜器

铜环，1 对。标本 M243：5，两只大小基本一致，呈圆环状，实心，素面，环上有一长方形把手，把手可顺铜环移动。铜环外径 4.3、内径 3 厘米；把手长 2.6、宽 1.1 厘米（图一六；图一七）。

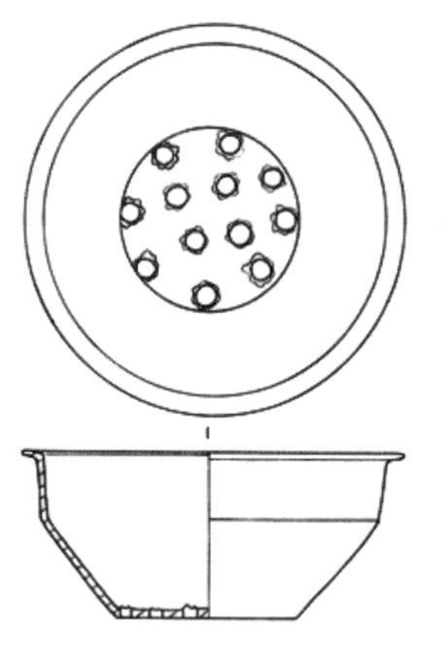

图一三 M243：6 陶甑线图

图一四 M243：6 陶甑

图一五 M243：6 陶甑腹底

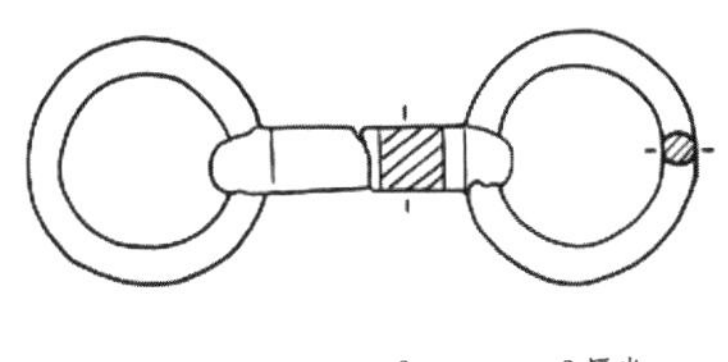

图一六　M243：5 铜环线图

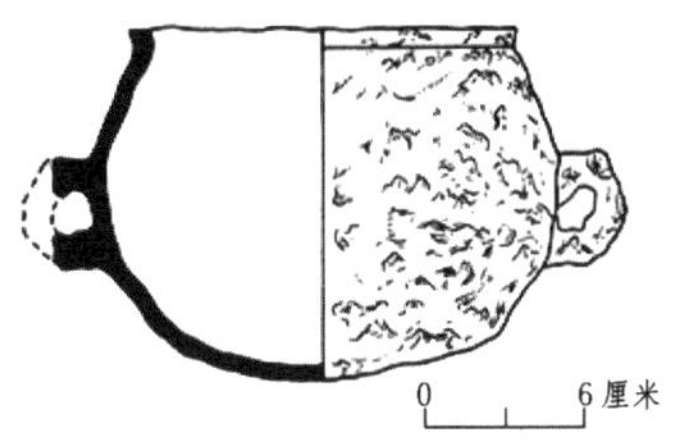

图一八　M243：1 铁釜线图

图一七　M243：5 铜环

图一九　M243：1 铁釜

（3）铁器

釜，1 件。标本 M243：1，锈蚀严重，侈口，沿微卷，颈微束，鼓腹，圜底，腹部对称饰椭圆形耳，一耳已残。口径 14.3、腹径 17.2、高 12.4 厘米（图一八；图一九）。

（二）M247

1. 墓葬形制

位于围沟内东侧，坐北朝南，方向 179°，由墓道和墓室两部分组成（图二〇；图二一；图二二）。

墓道　位于墓室南端，为平面呈长方形的竖井墓道，道口距现地表深约为 2.50 米，口部略大于底部，口南北残长 2.72、东西宽 1.98~2.08 米；底南北长 2.6、宽 1.94~1.98 米；深 5.72~5.74 米。四壁加工规整，道内填五花土，质地稀疏。墓道西南角的西壁和南壁现各发现 6 个脚窝，横截面呈近三角形，一般高 0.20~0.22、宽 0.22~0.24、进深 0.12~0.18 米。墓道西南部被唐墓 M246 打破。

墓门　设在墓道北壁底部中央，平顶，与墓室南端基本等宽，高 1.86、宽 1.52 米。

墓室　位于墓道北端，为平顶土洞单室，墓底平面呈近长方形，长 3.76、宽 1.52~1.68 米；室顶南高北低，高 1.50~1.86 米；室底平坦，与墓道北端底部持平；室壁加工规整，室内充满淤土。

2. 葬式及葬具

墓主骨架保存极差，已腐朽不存，仅能看出轮廓，推测墓主应是头朝南足朝北，已无法判

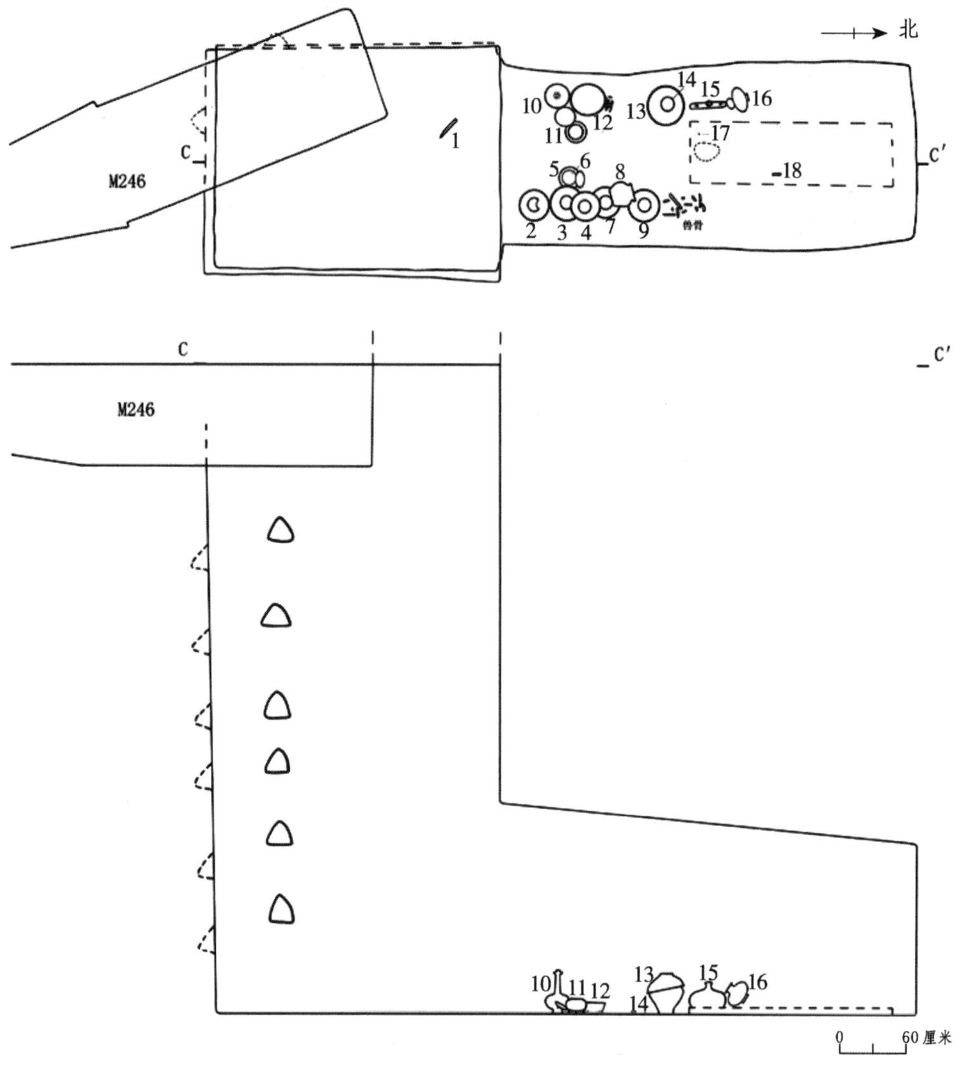

图二〇 M247平、剖面图

1. 铁凿 2、3、7、9、13. 陶缶 4. 铜甗 5. 铜鍪 6. 铜勺 8. 陶罐 10. 铜蒜头壶 11. 铜鼎 12. 铜盆A型 14. 铜盆B型 15. 铜扁壶 16. 陶茧形壶 17. 耳珰 18. 铜车軎

图二一 M247墓葬全景图

断其年龄及性别。墓主骨架朽痕外发现棺木痕迹，长 1.84、宽 0.54~0.56 米，棺内底部见厚 1~2 厘米的草木灰。

图二二　M247 墓室俯视图

3. 随葬器物

共出土随葬器物 18 件（套），主要放置在墓室的东南角和西南角，分为陶器、铜器、铁器、料器、兽骨五类，现分类介绍如下。

（1）陶器，共 7 件，均为泥质灰陶，器形为缶、罐、茧形壶。

缶，5 件。形制相同，大小、口部、纹饰略有不同。均为口微侈，方唇，束颈，鼓肩，平底。标本 M247：2，平沿，肩、腹部竖向饰细绳纹，后在其上又横向饰十数周凹弦纹，底部中央饰一圆环；口径 12.4、肩径 29.2、底径 16、高 28.8 厘米（图二三；图二四）。标本 M247：3，厚方唇，平沿，溜肩，腹部竖向饰细绳纹，后在其上又横向饰十数周凹弦纹；口径 12.2、肩径 34.8、底径 16.4、高 36.6 厘米（图二五；图二六）。标本 M247：7 与 M247：3 相同，口径 12.2、肩径 35、底径 14.8、高 32.2 厘米（图二七；图二八）。标本 M247：9，

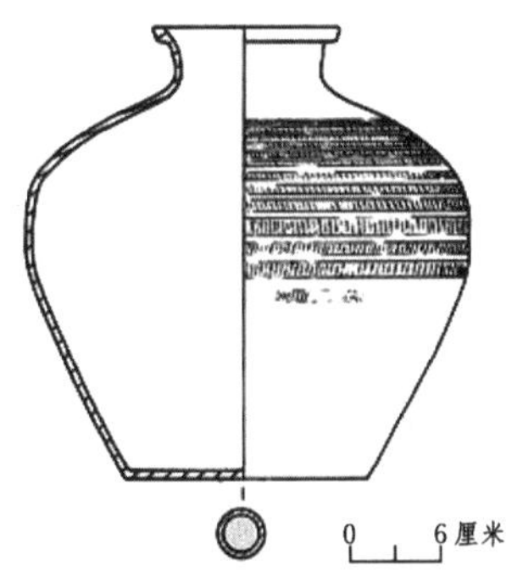

图二三　M247：2 陶缶线图

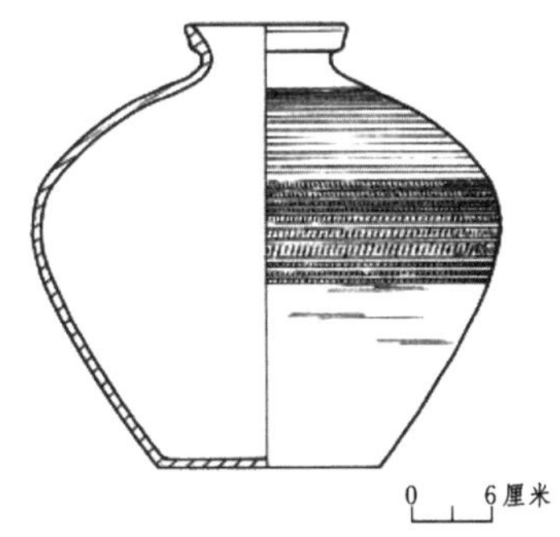

图二五　M247：3 陶缶线图

图二四　M247：2 陶缶

图二六　M247：3 陶缶

唇微尖，溜肩，腹部斜向饰细绳纹，后在其上又横向饰五周凹弦纹；口径 12、肩径 32、底径 15、高 35.6 厘米（图二九；图三〇）。标本 M247：13，唇微尖，腹部斜向饰细绳纹，后在其上又横向饰四周凹弦纹；口径 13.2、肩径 31.8、底径 17.4、高 29.6 厘米（图三一；图三二）。

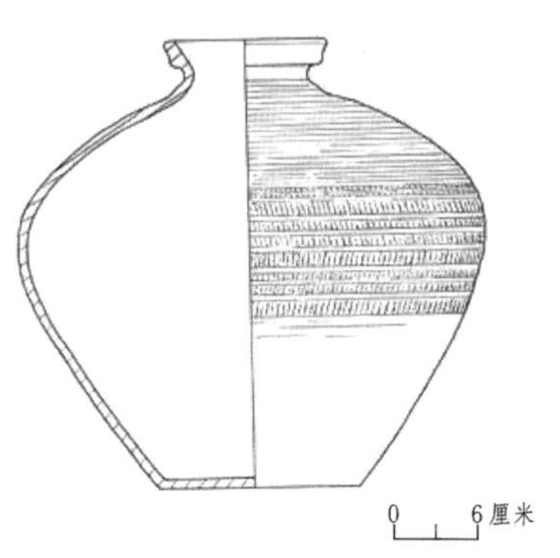

图二七　M247：7 陶缶线图

图二八　M247：7 陶缶

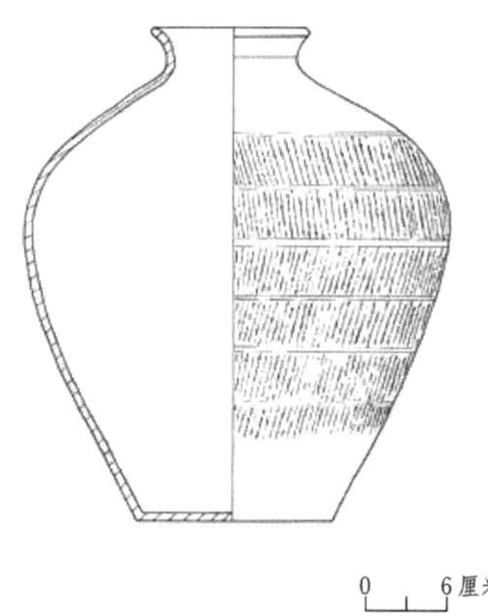

图二九　M247：9 陶缶线图

图三〇　M247：9 陶缶

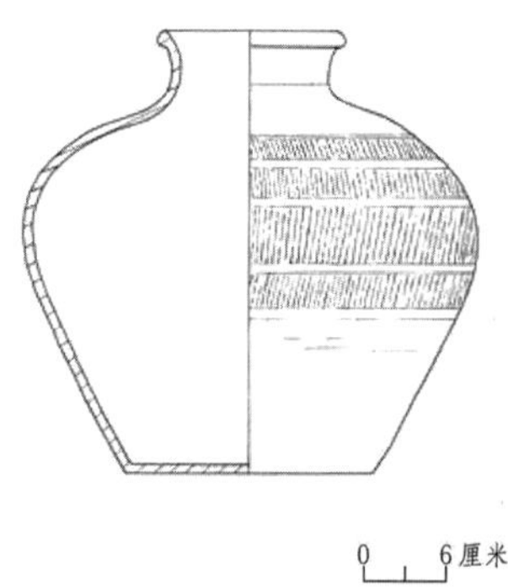

图三一　M247：13 陶缶线图

图三二　M247：13 陶缶

罐，1 件。标本 M247：8，与 M243 陶罐不同。口微侈，唇微尖，束颈，鼓肩，平底，素面。口径 17.4、肩径 27.8、底径 16.2、高 21.4 厘米（图三三；图三四）。

茧形壶，1 件。标本 M247：16，侈口，方唇，沿外卷，束颈，椭圆形扁腹，圜底，矮圈足。颈部饰三周凸棱，腹部竖向饰 11 组弦纹，圈足饰二周弦纹。口径 10、腹径 21、底径 7.6、高

19.2 厘米（图三五；图三六）。

（2）铜器，共 9 件，器形为鼎、甗、蒜头壶、扁壶、鍪、勺、盆、軎。

鼎，1 件套。标本 M247：11，带盖。器身为子口微内敛，鼓腹，圜底，底均匀附三蹄足，足内侧平，腹上对称饰双耳，耳外撇，方角，耳中间为方孔，素面。子口承盖，盖为半球形，盖顶上均匀分布三个“S”形钮，钮上有圆孔。盖口径 17 厘米，器身口径 15、腹径 18.4 厘米，带盖通高 16.4 厘米（图三七；图三八）。

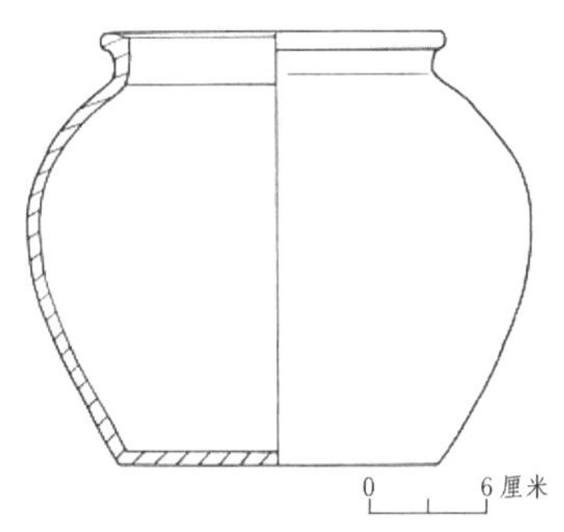

图三三　M247：8 陶罐线图

图三四　M247：8 陶罐

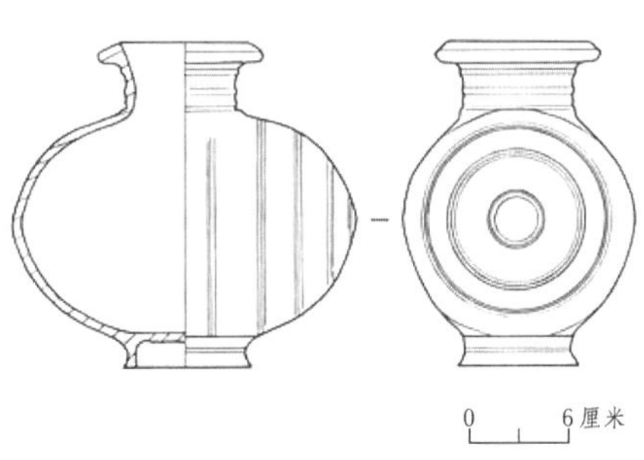

图三五　M247：16 陶茧形壶线图

图三六　M247：16 陶茧形壶

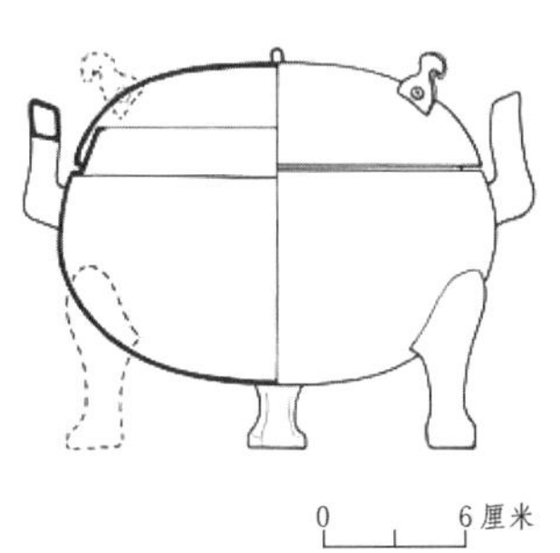

图三七　M247：11 铜鼎线图

图三八　M247：11 铜鼎

甗，1 件套。标本 M247：4，上甑下釜（出土时甑倒扣在釜上），甑的圈足可套在釜口上。甑口微敛，宽平折沿，方唇，深腹，圈足，腹上对称饰两铺首衔环（环为实心），腹底布满长方形箅孔，呈十字形并向四周外向排列。釜为直口，方唇，鼓肩略折，圜底，肩上对称饰两铺首衔环（环为实心），腹部饰一周扁平凸棱。甑口径 29.6、底径 12.8 厘米，釜口径 11.8、腹径 29.4 厘米，甗连体通高 31.4 厘米（图三九；图四〇；图四一；图四二；图四三）。

蒜头壶，1 件。标本 M247：10，小直口，近口处鼓大为蒜头状，分为六瓣，细长颈，扁鼓腹，圈足，素面。口径 2.8、腹径 22.4、底径 10.8、高 36.2 厘米（图四四；图四五）。

扁壶，1 件。标本 M247：15，小直口，近口处鼓大为蒜头状，分为六瓣，短束颈，鼓肩，扁直腹，长方形圈足，圈足底饰一小穿，肩上对称饰两铺首衔环（环为实心），素面。口径 4.2、腹径 30.4、底径 17.6、高 30 厘米（图四六；图四七；图四八；图四九）。

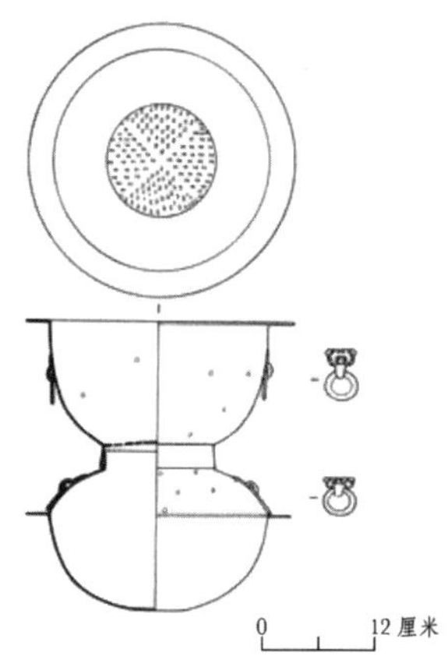

图三九　M247：4 铜甗线图

图四〇　M247：4 铜甗釜上铺首拓片

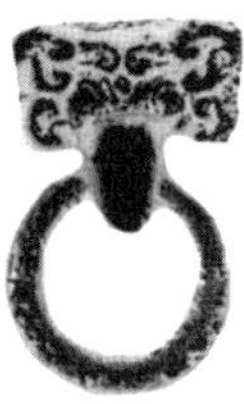
图四一　M247：4 铜甗甑上铺首拓片

图四二　M247：4 铜甗

图四三　M247：4 铜甗侧面

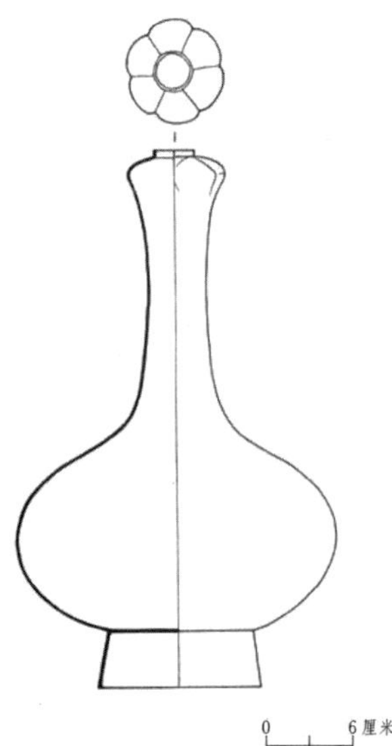

图四四　M247：10 铜蒜头壶线图

图四五　M247：10 铜蒜头壶

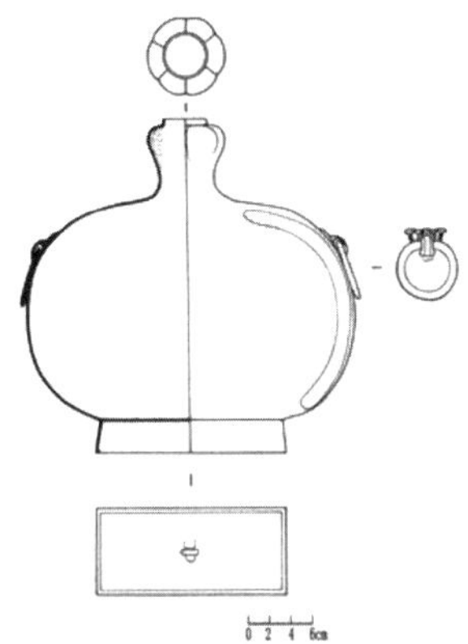

图四六　M247：15 铜扁壶线图

图四八　M247：15 铜扁壶

图四七　M247：15 铜扁壶铺首拓片

图四九　M247：15 铜扁壶侧面

鋬，1 件。标本 M247：5，子母口，带盖。器身为子口竖直，颈略束，肩略折，鼓腹，底四周略圜中间近平，肩上一侧饰环形单耳，另一侧疑似残留焊接痕迹，素面，底、腹部有烟炱痕，应为实用器。子口承盖，盖为口内敛，顶部中央饰一小钮，钮内穿一圆环（环为实心）。盖口径 14.4 厘米，器身口径 13.6、腹径 24.4 厘米，带盖通高 25.2 厘米（图五〇；图五一）。

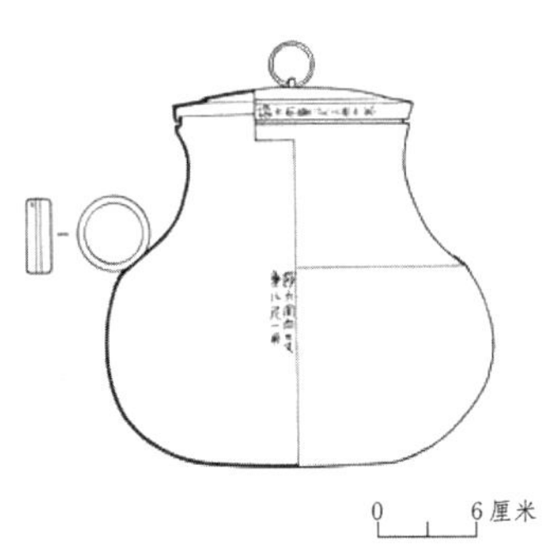

图五〇　M247：5 铜鋬线图

图五一　M247：5 铜鋬

该鋬腹部中间和盖子边缘分别錾刻篆体铭文。腹部中间錾刻两列铭文共 11 字，释为"赵大官容三斗，重八斤一两"（图五二；图五三），"容三斗"记述鋬的容积，经测量可容细沙 5748 毫升，以此折算"一斗"约合现在 1916 毫升；"重八斤一两"记述鋬的重量，经测量现重 1905 克，折算"一斤"约合现在 236.3 克。盖子边缘錾刻一行铭文共 10 字，释为"赵大官重一斤三两六朱（铢）”（图五四；图五五），“重一斤三两六朱（铢）”记述盖子的重量，经测量现重295克，则“一斤”约合现在245.2克，与器身的“一斤”略有差异。铭文“赵大官”的“赵”推测是西汉时期的封国赵国，“大官”即太官，是秦汉时期掌管宫中膳食的官职[1]。

图五二　M247：5铜鍪器身铭文拓本

图五三　M247：5铜鍪器身铭文

图五四　M247：5铜鍪盖子铭文拓片

图五五　M247：5铜鍪盖子铭文

勺，1件。标本M247：6，较残，出土时放在铜鍪（M247：5）内，应是和鍪配套使用。椭圆形口，斜弧壁，圜底，细长柄斜出，柄首有銎，銎内残留一段朽木，素面。口径7.4~8.6、柄长13.4、銎端直径1.3厘米（图五六；图五七）。

盆，2件，根据整体器形不同，分为二型。

A型，1件。标本M247：12，底部残缺，无法修复。敞口，窄平折沿，腹略鼓，素面。口径31.2厘米（图五八；图五九）。在该盆的北侧出有一堆铁片，锈蚀较为严重，无法修复，推测应为支架，用以承盆。

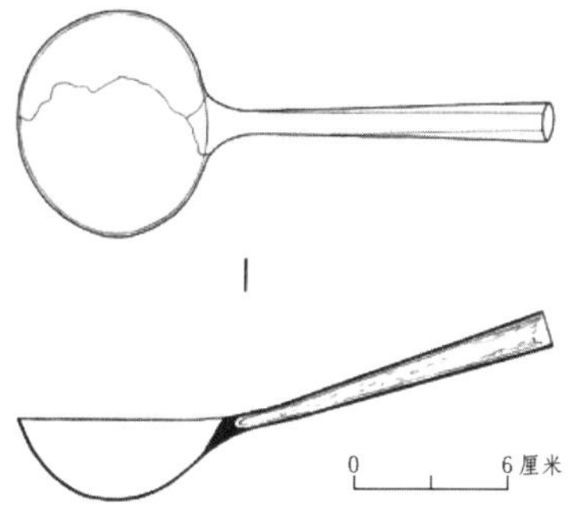

图五六　M247：6 铜勺线图

图五七　M247：6 铜勺

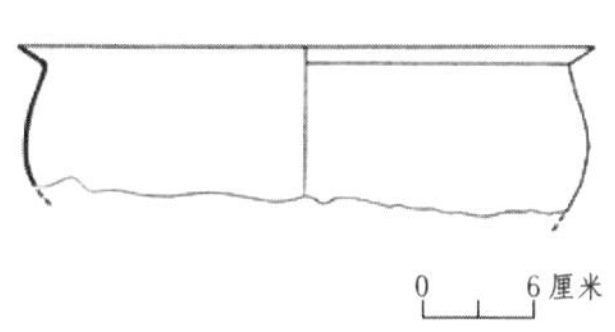

图五八　M247：12 铜盆 A 型线图

图五九　M247：12 铜盆 A 型

B 型，1 件。标本 M247：14，出土时扣于陶缶（M247：13）之上，底中间残缺。敞口，宽平折沿，折腹，圜底，素面。口径 29.6、高 5.8 厘米（图六〇；图六一）。

軎，1 件。标本 M247：18，横截面呈圆角多棱形，筒状，一端粗，一端略细，细端顶部

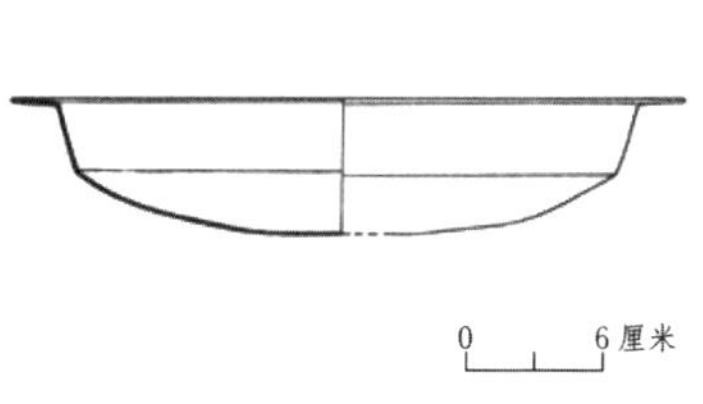

图六〇　M247：14 铜盆 B 型线图

图六一　M247：14 铜盆 B 型

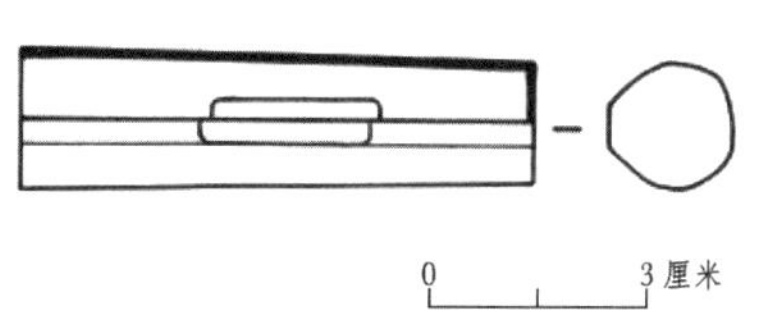

图六二　M247：18 铜軎线图

图六三　M247：18 铜軎

有挡，中部对称分布两长方形孔，素面。长 7.2、粗端口径 1.9、细端 1.6 厘米（图六二；图六三）。

（3）铁器。

凿，1 件。标本 M247：1，锈蚀严重，出土于墓道内，应是修筑墓葬的工具。平面呈长三角形，刃部一侧较弧，柄端平齐，内有方形銎，銎内残留有木痕。现长 21.4、柄端宽 3.6 厘米（图六四；图六五）

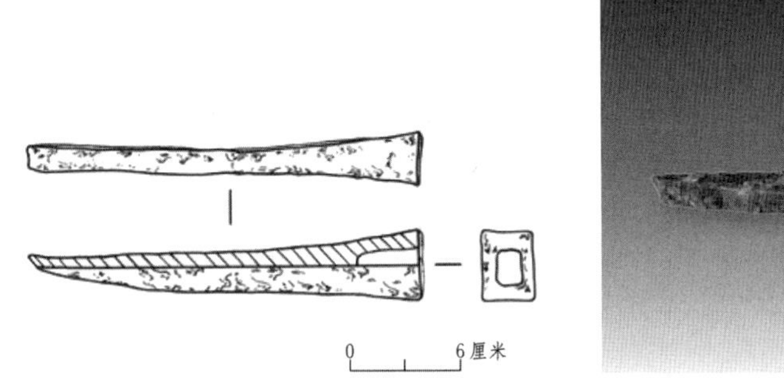

图六四　M247：1 铁凿线图

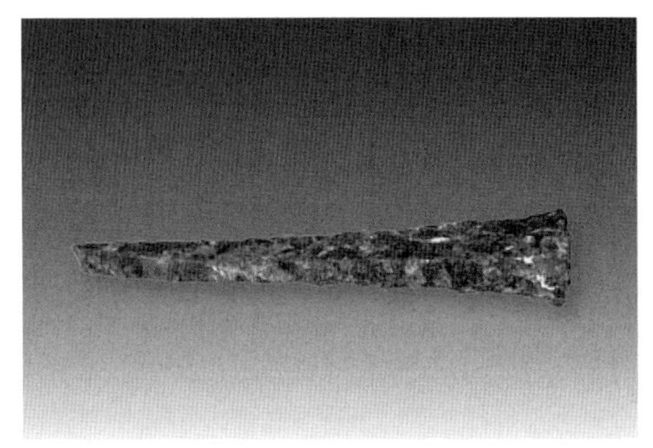

图六五　M247：1 铁凿

（4）料器。

耳珰，1 件。标本 M247：17，宽端残缺，出土于墓主头骨西侧。一端窄而圆润，一端较为宽大，呈喇叭口状，通体绿色，长 1.6 厘米（图六六；图六七）。

图六六　M247：17 耳珰线图

图六七　M247：17 耳珰

（5）兽骨。

狗骨，放置在陶缶（M247：9）北侧，被肢解，见有不完整的腿骨和部分脊椎骨、肋骨，不见头骨。

四、结语

围沟墓这一墓葬形制，之前在豫西和晋南的考古发掘中也有发现，但数量不多。

本次发掘的 M243 和 M247 在一座围沟内，两墓当同属一个时期。在墓葬形制上，均为顺向土洞室墓，墓道宽度大于墓室宽度，与三门峡市三里桥秦人洞室墓 A 型Ⅱ式[2]，三门峡市司法局、刚玉砂厂洞室墓 C 型[3]，三门峡市大岭粮库围墓沟墓形制相同[4]，时代在西汉初期。在出土器物上，铜甗（M247：4）和铜勺（M247：6）分别与陕县东周秦汉墓铜甗Ⅳ型（3123：3）、铜勺Ⅳ型（3402：13）相同或相近[5]，铜鼎（M247：11）和铜蒜头壶（M247：10）分别与三门峡市火电厂西汉墓铜鼎（M21：4）、铜蒜头壶（M25：8）相同[6]，铜盆 B 型（M247：14）与三门峡市火电厂秦人墓铜盆（CM09102：10）相同[7]，陶缶（M247：2、M243：3）分别与三门峡市大岭粮库围墓沟墓陶缶Ⅰ、Ⅱ式相同[8]，陶茧形壶（M247：16）与陕县东周秦汉墓茧形壶（3101：2）近似[9]，时代集中在秦汉之际到西汉初期。综合以上，围沟墓 M243 和 M247 时代不早于西汉初期。

围沟内填土上部为少许淤土，下部为五花土，说明围沟主要作用是为墓葬防雨防水，同时也起到界定墓葬范围作用。两墓均坐北朝南，东西并列，形制相同，方向基本一致，人骨架虽然均腐朽严重，但仍能推测是夫妻异穴合葬。M247 内出土一定数量铜器，器形有鼎、壶、盆、鍪等，表明墓主生前有较高社会地位。墓内随葬不完整的狗骨，揭示了当时肢解动物杀牲祭祀的埋葬习俗。铜鍪上的“赵大官”“容三斗”“重八斤一两”等铭文，为“大官”类铭文研究以及秦汉时期量制的研究提供了新材料，至于该铜鍪为何出现在三门峡还有待进一步探讨。

本次发掘的围沟墓形制较特殊，M247 墓内出土蒜头壶、茧形壶、缶等秦人典型器物，对研究西汉时期豫西地区秦文化对中原文化的影响以及两者的融合发展，提供了十分宝贵的考古学材料。

考古发掘领队：杨海青、史智民。执行领队和摄影：上官荣光。参与发掘：三门峡市文物考古研究所上官荣光、郑立超，安阳师范学院考古与文博系贯立宝等。修复：上官荣光、曹成云、李中奎。绘图和拓片：陈英、张雪娇、上官荣光。

执笔：上官荣光

注释：

[1] 索德浩：《汉代“大官”铭文考——从邛崃羊安汉墓 M36 出土“大官”漆器谈起》，见《南方民族考古》，科学出版社，2013 年，第 149—171 页。

[2] 三门峡市文物工作队：《三门峡市三里桥秦人墓发掘简报》，《华夏考古》1993 年第 4 期。

[3] 三门峡市文物工作队：《三门峡市司法局、刚玉砂厂秦人墓发掘简报》，《华夏考古》1993 年第 4 期。

[4] 三门峡市文物考古研究所：《三门峡市大岭粮库围墓沟墓发掘简报》，《中原文物》2004 年第 6 期。

[5] 中国社会科学院考古研究所：《陕县东周秦汉墓》，科学出版社，1994 年，第 137、139 页。

[6] 三门峡市文物工作队：《三门峡市火电厂西汉墓》，《考古》1996 年第 6 期。

[7] 三门峡市文物工作队:《三门峡市火电厂秦人墓发掘简报》,《华夏考古》1993 年第 4 期。

[8] 三门峡市文物考古研究所:《三门峡市大岭粮库围墓沟墓发掘简报》,《中原文物》2004 年第 6 期。

[9] 中国社会科学院考古研究所:《陕县东周秦汉墓》,科学出版社,1994 年,第 122 页。

秦“函关钱府”封泥小考

◎曹锦炎

鉴印山房收藏的古代封泥中，有下揭一品四字封泥（图一），未曾见著录，传系近年弘农郡故址出土。从其形制及文字风格，结合出土地点判断，应属战国晚期的秦国。承藏家厚意，提供图片并允于发表。兹作小考，以申谢意。

此方封泥下部虽有残缺，但仍可辨出全部文字。印文作：“圅（函）闗（关）钱府”。

图一 “圅（函）闗（关）钱府”封泥

首字作“圅”，即“函”之本字。《说文解字·乃部》：“圅，舌也，象形。”邵瑛《群经正字》谓：“今经典作‘函’。”《正字通·凵部》：“圅，函本字。”按“函”是“圅”字隶变后的写法，今典籍通作“函”。《说文》分析字形有误，从古文字看，“圅”字甲骨文作[甲骨文字形]（《甲骨文合集》28068），金文作[金文字形]（毛公鼎），王国维指出象“盛矢之器”，即纳箭镞的皮囊。《孟子·公孙丑》：“矢人岂不仁于函人哉？矢人唯恐不伤人，函人唯恐伤人。”“函”字即用其本义。《集韵·覃韵》：“函，容也。”《诗经·周颂·载芟》：“播厥百谷，实函斯活。”郑玄笺：“函，含也。”《汉书·叙传上》：“函之如海，养之如春。”颜师古注：“函，容也。读与含同。”“函”训为“容纳”“包含”，是其引申之义。又，“函”也可引申为“陷入”义，如《国语·楚语上》：“若合而函吾中，吾上下必败其左右。”韦昭注：“函，入也。”“函”字尚有“匣”“封套”等义，例多不备引。此封泥印文中的“函”则是地名（详下）。

印文第二字作“闗”，构形从“门”从“䜌”，用为“关”。这种写法的“关”字旧未曾见于历代字书，出土文字资料也是首见。2019年10月新公布的安徽大学藏战国楚简《诗经》中，

《国风·周南·关雎》中首句“关关雎鸠”的“关”字也写作“𨳿”[1]（图二），构形同于封泥。可以证明，这是战国文字中“关”字的另一种写法。按“关”字，楚文字一般作“闗”（上博楚简《孔子诗论》），三晋文字作“閞”（《古玺汇编》0340），秦文字作“关”（图三）。所以写成“𨳿”的这种关字究竟出于战国何系文字，尚待追索。至于“关”“闗”“閞”“𨳿”四字，既可视作异体字，也可看作通借字，其音通、用法相同，则是可以认定的。

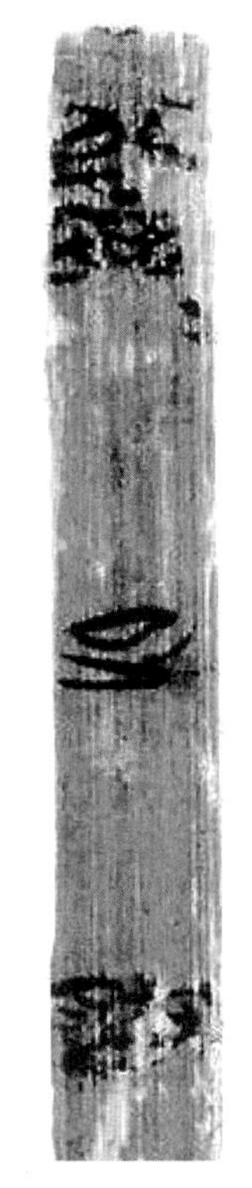
图二　战国楚简《诗经》（局部）安徽大学藏

作为地名的“函（函）”，见于典籍记载，贾毅《过秦论》：“秦孝公据殽、函之固，拥雍州之地，君臣固守以窥周室，有席卷天下，包举宇内，囊括四海之意，并吞八荒之心。”“殽、函之固”，《战国策·秦策一》作：“大王之国，东有肴、函之固。”韦昭注：“函，函关也。”《史记·项羽本纪》：“秦二世三年，沛公入咸阳，守函谷关。”司马贞《索隐》：“山形如函，故称函关。”可见函谷关确可省称为“函”[2]。因此，印文“函（函）𨳿（关）”毫无疑问就是“函谷关”。

贾谊《新书·壹通》指出：“所为建武关、函谷、临晋关者，大抵为备山东诸侯也。”是“函”或称“函谷”。值得注意的是，文中“武关”“临晋关”地名后皆缀“关”字，而“函谷”却无，似乎给人以“函谷”之称等同于“函关”而其名出现较晚的感觉。但岳麓书院新入藏的秦简中已出现“函谷关”之名[3]（图三），则《新书》所记，不知出于何故。

图三　岳麓书院藏秦简（局部）

秦之函谷关是秦与三晋交汇的战略要塞，也是中原入秦的必经之路，位于今豫、陕、晋三省交界的河南省灵宝市境内。其西据高原，东临绝涧，南接秦岭，北塞黄河，是中国历史上建置最早的雄关要塞之一，因关在谷中，深险如函，故称函谷关。汉朝初期曾置关都尉守之，汉武帝废秦函谷关，迁徙今河南省新安境内重新建立新关（此函谷关被称为“汉关”），以故关为弘农县。

“钱府”，官府财政机构名。楚国设有“三钱之府”，见《史记·越王勾践世家》。按“钱”字本义为农具，作为“钱币”义的“钱”，先秦典籍作“泉”。因此，《周礼》之官名“泉府”，亦即“钱府”，为“地官”的属官。据《周礼》记载，“泉府”职掌收购市上滞销物资及借贷收息等，与市场交易事务有关。《汉书·食货志》载王莽复古，“东市称京，西市称畿，洛阳称中，余四都各用东、西、南、北为称，皆置交易丞五人，钱府丞一人。工商能采金、银、铜、连、锡，登龟，取贝者，皆自占司市、钱府，顺时气而取之”。也可参考。

《周礼·地官》：“泉府：掌以市之征布敛市之不售货之滞于民用者，

以其贾买之，物楬而书之，以待不时而买者。买者各从其抵，都鄙从其主，国人、郊人从其有司，然后予之。”郑司农注：“‘物楬而书之’，物物为揃书，书其贾，楬着其物也。……‘然后予之’，为封符信，然后予之。”规定有关货物必须挂有写明价格之签牌并用玺印封缄，因此钱府有专门之印。

封泥印文标明函谷关专设有“钱府”机构，凸显其于秦国地理位置上的重要性。另外，旧以为“泉府”改称“钱府”之名始自汉代，“函关钱府”封泥的发现，证明战国晚期的秦国，早已出现“钱府”之名。

附带提及，2019 年 10 月 12 日某拍卖市场曾刊布一方秦半通印，印文二字（图四）。拍卖说明介绍谓：“鼻钮半通私印‘闉玺’。……第一字从门，或为‘闉’字，在此为人名；‘玺’，自名。”

按首字释读及将其视作“私玺”，皆误。其实这方秦国的半通印也是函谷关的专门用印。印文作“閪玺”，首字构形作从“门”从“函”，其中“函”字写法已呈现由篆向隶的变化。从“函”字秦简作，汉简作（《居延汉简甲编》25），汉印作（《汉印文字征》7.8），不难释出印文首字所从为“函”（字形再进一步隶变，就成，见西汉刘骄墓出土木札，即“函”）。上已指出，“函”单独作地名即指“函关”，亦就是“函谷关”。因此，印文首字有两种释读，一是以战国文字作国名、地名、姓氏用字时往往赘增“邑”旁之例，“閪”是函谷关之门关的专用字，即“函”字赘增“门”旁，门指门关，故其字构形从“门”；二是“閪”是“函门”二字的合文，但省略了合文符号。从目前此门关专用字尚是首见的情况考虑，合文的可能性最大。函谷关本来就是隘口门关，所以其有专门的机构用印。此非私玺，为秦低阶官印，是可以认定的。

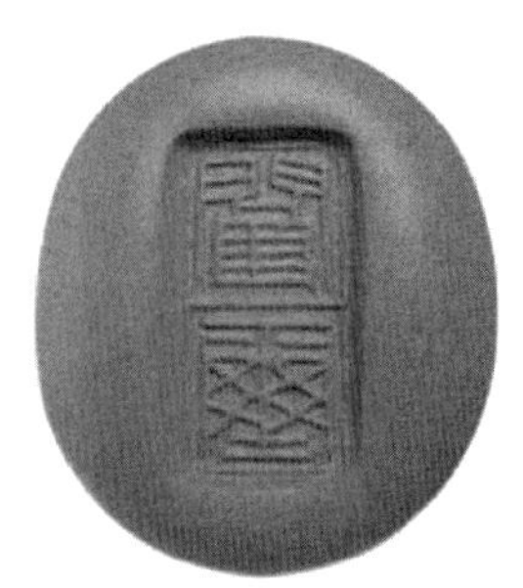

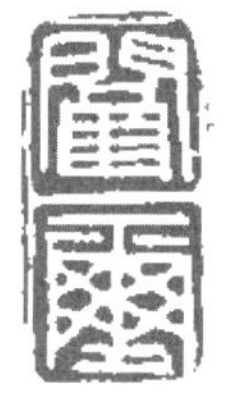

图四 閪玺

古代于关、门、市分别征收商税，《周礼・地官・司门》：“掌授管键，以启闭国门。几出入不物者，正其货贿。”郑玄注：“正，读为‘征’。征，税也。”关设征见《周礼・地官・司关》：“掌其治禁与其征廛。”《司关》又谓：“国凶札，则无关、门之征。”谓有灾害，关征、门征俱免，可见其是分别征税。玺文“函门”即函谷关门，相当于秦的国门，此玺应与征收商业税有关。当然，此玺或用如一般的通行凭证，相当于《周礼・司徒・掌节》中“门关用符节”的符节，也有可能。其实，从玺印的使用功能而言，两者并不矛盾。

注释：

[1] 黄德宽、徐在国:《安徽大学藏战国竹简》(一)，中西书局，2019年。

[2] 贾谊撰，阎振益、钟夏校注:《新书校注·过秦上》，中华书局，2000年，第4页。

[3] 陈松长:《岳麓书院藏秦简(肆)》，简53正，上海辞书出版社，2015年，第56页。

河南三门峡后川村东汉墓 M54 发掘简报

◎河南省文物考古研究院　◎三门峡市文物考古研究所

2017 年 8—11 月，为配合城市基本建设，河南省文物考古研究院联合三门峡市文物考古研究所，对三门峡市后川村黄河嘉园项目进行了考古发掘。项目位于三门峡市湖滨区向川路东约 100 米，南邻舒馨苑小区，北距黄河约 600 米。在项目施工区域东端发现了 M54，该墓虽被盗扰，但仍出土了大量器物，兹简报于下。（图一）

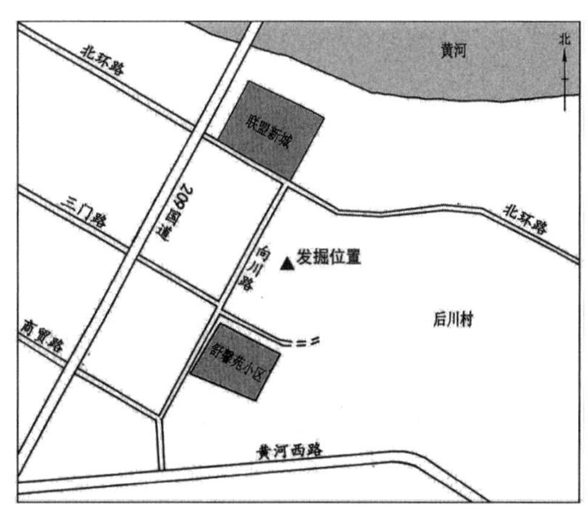

图一　后川村东汉墓 M54 位置示意图

一、墓葬形制

M54 为长斜坡墓道砖券多室墓，坐西朝东，方向 90°，由墓道、封门砖、甬道、前室、后室和耳室组成。由于黄河嘉园项目施工方拆迁平整土地，施工机械铲除距现地表深约 2 米的土层。M54 上部被破坏，墓道原始开口已不可知。（图二；图版一，1）

墓道　平面呈长方形。现存口长 8.42 米，宽 1.2~1.34 米，深 3.03 米，坡度约为 21°。内填五花土，偶见小石块。

封门砖　残存 20 层，略呈弧形，错缝平铺。高 1.34 米，宽 1.34 米。

甬道　位于墓道西，拱顶，西部顶砖缺失，壁砖错缝平铺。长 0.8 米，宽 1.2~1.25 米，高 1.26 米。墓道底高出甬道底约 0.07 米。

前室　位于甬道西，近方形，原为穹隆顶，由于盗扰已塌。四壁错缝平铺，北壁耳室极小，南壁耳室较大。铺地砖大部分横向错缝平铺。长 3.12 米，宽 3.06 米，残高 1.4 米。东北角、东南角放置陶器较为集中，前者放有罐、壶、盆、碗、案、水榭等，后者放有罐、魁、灯、灶、案、水榭等。中西部放置有铁剑、铜牌饰，可能受扰乱影响至此。

后室　位于前室西侧，长方形，顶部坍塌。壁砖错缝平铺，铺地砖为横向错缝平铺。长 3

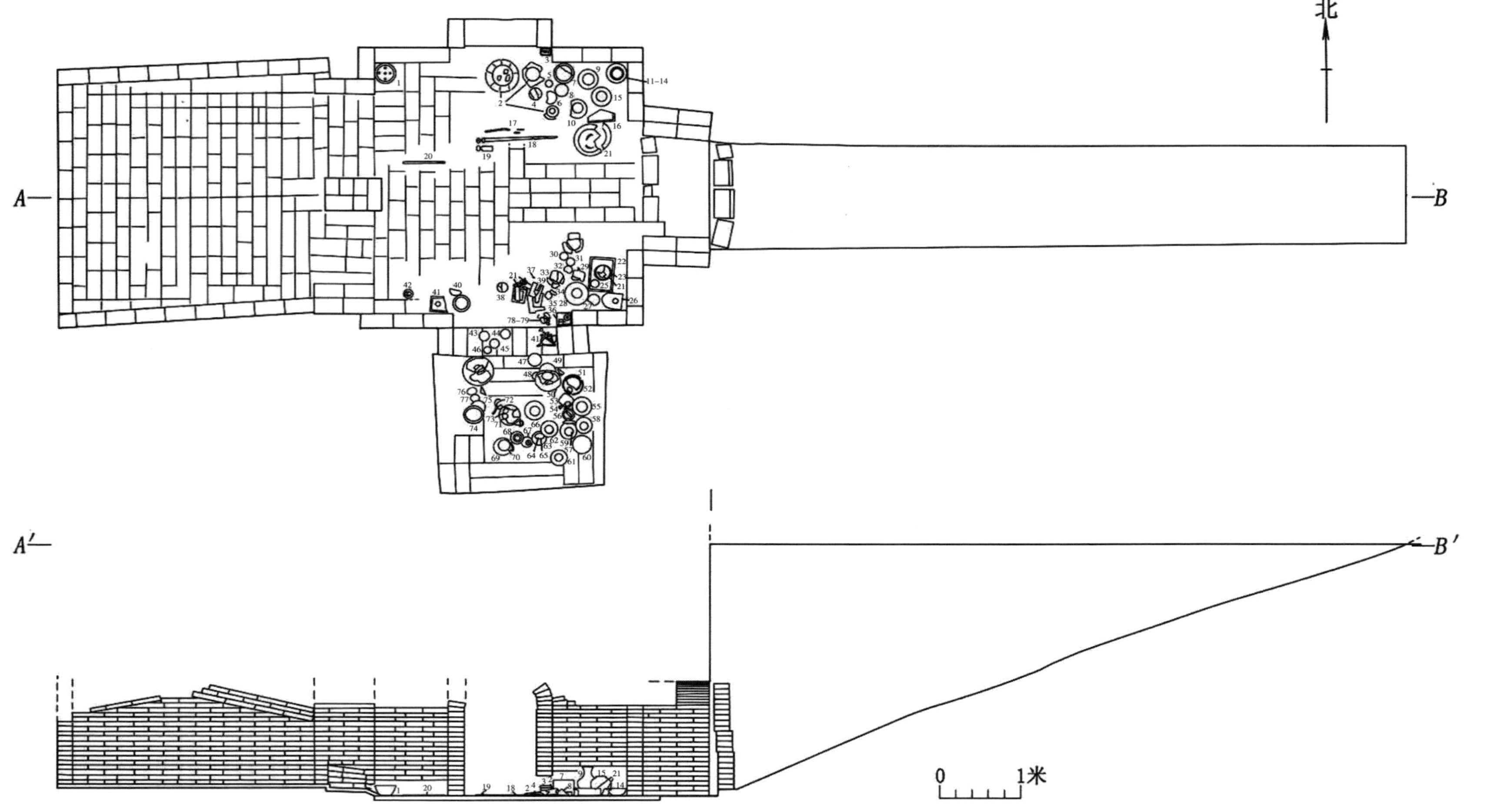

图二　M54平、剖面

1、67. 陶甑　2、15、28、55. 陶罐　3. 陶羊圈　4、11、23、40、75. 陶盆　5、25、38、43~46、57、76、77. 陶器盖　6、8、27、47~50. 陶博山炉盖　7、60. 陶樽　9、10、61. 陶壶　12~14、24、39、51、71. 陶碗　16、22. 陶案　17、18. 铁剑　19. 铜牌饰　20. 铜刀　21. 陶水榭　26. 陶灶　29、53. 陶魁　30~32. 陶灯　33、52、63、69. 陶盘　34、35、64、65、73、78. 陶耳杯　36. 陶碓房　37. 铜环　41. 陶水榭构件　42. 石砚　54、72、79. 陶勺　56. 陶井　58、59、62、66. 陶瓮　68. 陶博山炉　70. 陶炉　74. 铜釜

米，宽 2.47 米，残高 1.24 米。后室与前室间有过洞，过洞中部原有砖柱，残留三层，将过洞分成两个过洞，可知后室原放有两棺。过洞底高出前室底约 0.15 米。

耳室　南耳室为土洞，长方形，有铺地砖。宽 2.1 米，进深 1.82 米。耳室与前室间有过洞。过洞长 1.16 米，宽 0.55 米。耳室内器物未被扰动，有罐、壶、盘、炉、博山炉、甑、井、铜釜等。北耳室为砖券，但由于未能完工，后壁未用砖。南宽 1 米，北宽 0.73 米，进深 0.46 米。

由于墓葬被盗严重，发掘清理过程中未见人骨和葬具，故葬式及葬具不明。（图三）

图三　M54 墓室发掘现场

二、随葬器物

经修复，墓葬共出土器物 79 件，质地分陶、铜、铁、石 4 类。依次介绍。

1. 陶器　72 件。泥质，多数为红胎绿釉陶，少量为灰陶。器形有罐、瓮壶、盆、案、盘、碗、耳杯、魁、勺、灶、井、碓房、羊圈、樽、灯、炉、甑、博山炉、水榭、器盖等。

罐　4 件。根据颈部、腹部特征分为两型。

A 型　3 件。形制相同，大小略有不同，均为红胎绿釉陶。口微侈，卷沿，圆唇，束颈，弧肩，鼓腹，平底。沿上留有 3 个支钉痕。标本 M54：15，口径 13.5 厘米，底径 15.8 厘米，高 26.3 厘米。（图四，1；图八，1）

B 型　1 件。标本 M54：2，灰陶。侈口，翻卷沿，短束颈，鼓肩，鼓腹，平底。口径 14.5 厘米，底径 21 厘米，高 25.8 厘米。（图四，2；图八，2）

瓮　4 件。形制相同，大小略有不同。均为红胎绿釉陶。近直口，微出圆唇，极短束颈，鼓腹，平底。肩部有一周竖线纹饰及月牙纹。标本 M54：58，口径 11.6 厘米，底径 11.1 厘米，高 21 厘米。（图四，3；图八，3）

壶　3 件。均为红胎绿釉陶，根据颈、腹特征，分为两型。

A 型　2 件。形制相同，大小略有不同。均为盘口，圆唇，长束颈，弧肩，鼓腹，假圈足。颈、肩部饰 3 周凹弦纹。沿面有膨起的釉泡，底部残留 3 个支钉痕。标本 M54：9，口径 14.2 厘米，底径 17.1 厘米，通高 40 厘米。（图四，4；图版一，5）

B 型　1 件。标本 M54：61，敛口，微出尖圆唇，长束颈，鼓腹，假圈足。口径 11.8 厘米，底径 15.8 厘米，通高 29 厘米。（图四，5；图八，4）

盆　5 件。形制相同，大小略有不同。均为红胎绿釉陶。敞口，平沿，方圆唇，弧腹，小平底。标本 M54：4，口径 14.5 厘米，底径 5.3 厘米，高 4.9 厘米。（图四，6，图版二，1）

案　2件。形制相同，大小略有不同。均为红胎绿釉陶。长方形，浅腹，平底。标本M54：16，长46厘米，宽32厘米，厚2厘米。（图四，7；图八，5）

盘　4件。均为红胎绿釉陶。根据口沿特征，分为二式。

Ⅰ式　2件。敞口，平折沿，圆唇，浅腹，假圈足。标本M54：52，口径22厘米，底径10.4厘米，高5厘米。（图四，8；图版二，2）

Ⅱ式　2件。敞口，圆唇，浅腹，极矮圈足。标本M54：63，口径18厘米，底径9.5厘米，高4厘米。（图四，9；图版二，3）

碗　7件。形制相同，大小略有不同。均为红胎绿釉陶。敞口，窄折沿，圆唇，略见束颈，深腹，假圈足。沿下饰一周凹弦纹。标本M54：51，口径23厘米，底径11.5厘米，高8.6厘米。（图四，11；图八，6）标本M54：71，口径22.2厘米，底径11厘米，高8.6厘米。（图四，12；图八，7）

耳杯　6件。形制相同，大小略有不同。均为红胎绿釉陶。椭圆形，浅腹，平底，口两侧饰半月形双耳，耳略上翘。标本M54：34，长径10厘米，短径5.7厘米，高3.1厘米，耳长6厘米，宽1.5厘米。（图四，10；图版二，4）

魁　2件。形制相同，大小略有不同。均为红胎绿釉陶。圆角长方形。侈口，边中部略内凹，深腹，圜底。一侧设有短柄，柄首下垂。标本M54：53，长17.2厘米，宽13.6厘米，高7厘米。柄部长6.6厘米，宽2.4厘米，高3.2

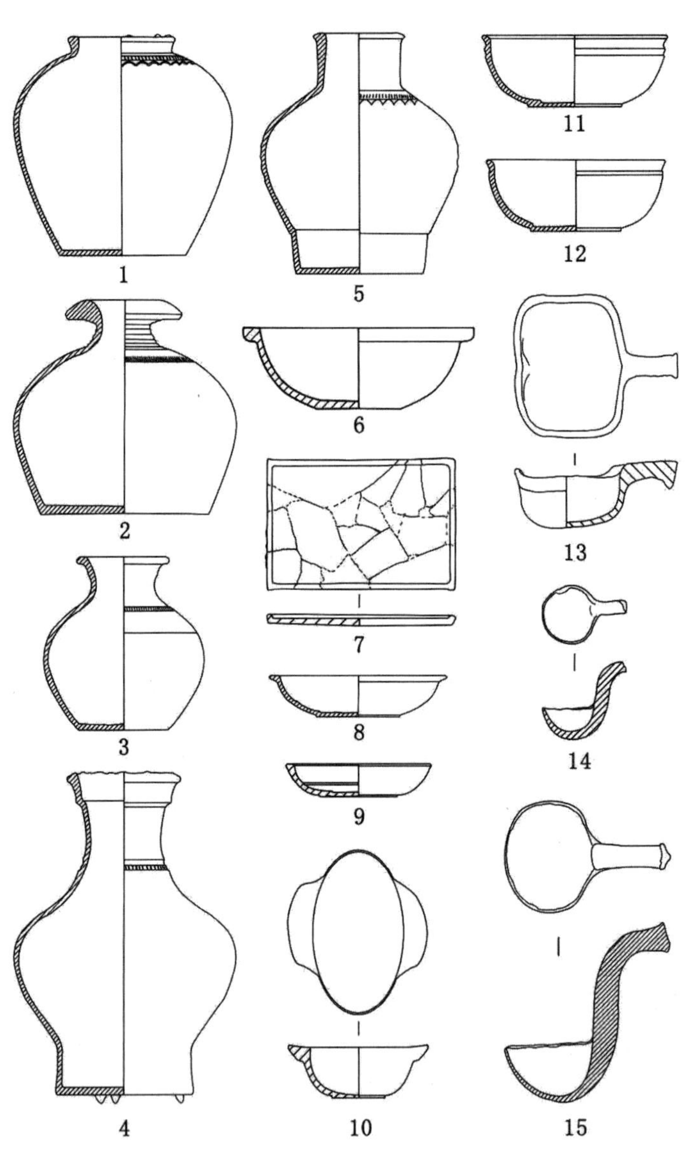

图四　M54出土陶器

1. A型罐（M54：15）　2. B型罐（M54：2）　3. 瓮（M54：58）　4. A型壶（M54：9）　5. B型壶（M54：61）　6. 盆（M54：4）　7. 案（M54：16）　8. Ⅰ式盘（M54：52）　9. Ⅱ式盘（M54：63）　10. 耳杯（M54：34）　11、12. 碗（M54：51、M54：71）　13. 魁（M54：53）　14、15. 勺（M54：72、M54：54）

厘米。（图四，13；图版二，7）

勺　3 件，均为红胎绿釉陶。根据口形及柄，可分两型。

A 型　2 件，形制相同，大小略有不同。呈椭圆形，圜底。柄呈“S”形上翘。标本 M54：54，口部长径 13.6 厘米，短径 10.6 厘米，高 7.1 厘米。（图四，15；图版二，5）

B 型　1 件。标本 M54：72，勺近圆形，圜底。短柄上翘。口部长径 7 厘米，短径 6.3 厘米，高 4 厘米。（图四，14；图版二，6）

炉　1 件。标本 M54：70，红胎绿釉陶。敛口，平折沿，微出唇，沿上有 3 个支钉用以支撑釜，浅腹，圜底残，喇叭形座。座下部留一半圆形火门。口径 13 厘米，底径 11 厘米，通高 10.2 厘米。（图五，1；图八，8）

灶　1 件。标本 M54：26，红胎绿釉陶。马蹄形。前面有半圆形火门，灶面前部连铸一陶釜，釜周转模印案、耳杯、盘、勺、瓢、匜、刀、鱼等图案。长 24.7 厘米，宽 22.4 厘米，高 12 厘米。（图五，5；图版二，8）

甑　2 件。均为灰陶，根据沿、底特征，分为两型。

A 型　1 件。标本 M54：1，敞口，窄折沿，方唇，深弧腹，平底。底部有 4 个甑孔，其中 1 个居于中心，另 3 个大致呈三角状分布于周围。口径 24.5 厘米，底径 13.2 厘米，高 12 厘米。（图五，2；图八，9）

B 型　1 件。标本 M54：67，敞口，平折沿，方圆唇，深弧腹，平底。底部有 5 个小坑以示甑孔。口径 14 厘米，底径 5.4 厘米，高 6.8 厘米。（图五，4；图八，10）

博山炉　1 件。标本 M54：68，红胎绿釉陶。子口，平肩，鼓腹，短柄下连炉盘。炉盘平折沿，圆唇，折腹，平底。炉盘底残留三支钉，柄中空，直达盘底。口径 8 厘米，底径 9.6 厘米，高 12.1 厘米。（图五，7；图八，11）

博山炉盖　7 件。形制相同，大小略有不同。均为红胎绿釉陶。标本 M54：8，盖沿平直，圆唇，盖顶峰峦突起。沿上饰两周凸弦纹。直径 17.6 厘米，高 7 厘米。（图五，8；图八，12）

樽　2 件。形制相同，大小略有不同。均为红胎绿釉陶。圆筒状。直口，方唇，直壁，平底，下附三熊足。上腹饰两周凸弦纹。标本 M54：7，口径 25.2 厘米，底径 25.6 厘米，通高 18.6 厘米。（图五，6；图版二，9）

灯　3 件。形制相同，大小略有不同。均为红胎绿釉陶。豆形，侈口，平沿微出唇，浅腹，圜平底，实柄足。标本 M54：31，口径 10 厘米，底径 7.1 厘米，高 6.5 厘米。（图五，10；图八，13）

器盖　10 件。形制相同，大小略有不同。均为红胎绿釉陶。窄平沿，斜方唇，弧顶，顶中心为纽，纽周分布四花瓣，瓣外缠枝花叶。标本 M54：46，口径 8.8 厘米，高 2.3 厘米。（图五，11；图八，14）

井　1 件。标本 M54：56，红胎绿釉陶。井栏呈筒形，斜折沿，方唇，束颈，鼓腹，平底。

井栏上直立两根对称的支架，支架上安装有滑轮，架顶为单脊四阿式井亭，井栏上固定一取水桶。底径15厘米，通高30.8厘米。（图五，9；图版一，6）

碓房　1件。标本M54：36，红胎绿釉陶。平面呈长方形，两面起墙，其中一面起墙不及半。房内放碓和磨盘。碓由方形碓架与圆臼组成。磨由上、下扇组成，上扇中部凸起为储粮处，中有一隔墙，扇的侧面安有插柄的孔。长18.8厘米，宽15.4厘米，高9.8厘米。（图五，13；图版一，2）

羊圈　1件。标本M54：3，红胎绿釉陶。平面呈长方形，四面起墙，前墙中部开长方形门，门四周刻弦纹，圈后部起悬山屋顶，两面坡，有脊、瓦垄。圈内有4只羊，2卧2立。进深11.2厘米，宽16.6厘米，通高13.6厘米。（图五，3；图版一，3）

水榭　1件。标本M54：21，红胎绿釉陶，残缺。由底部的盆式水池和3层楼阁组成。水池直口，宽平沿，方唇，平底。池沿站立骑马俑、胡人俑，池内残留2只鹅，池中央矗立3层楼

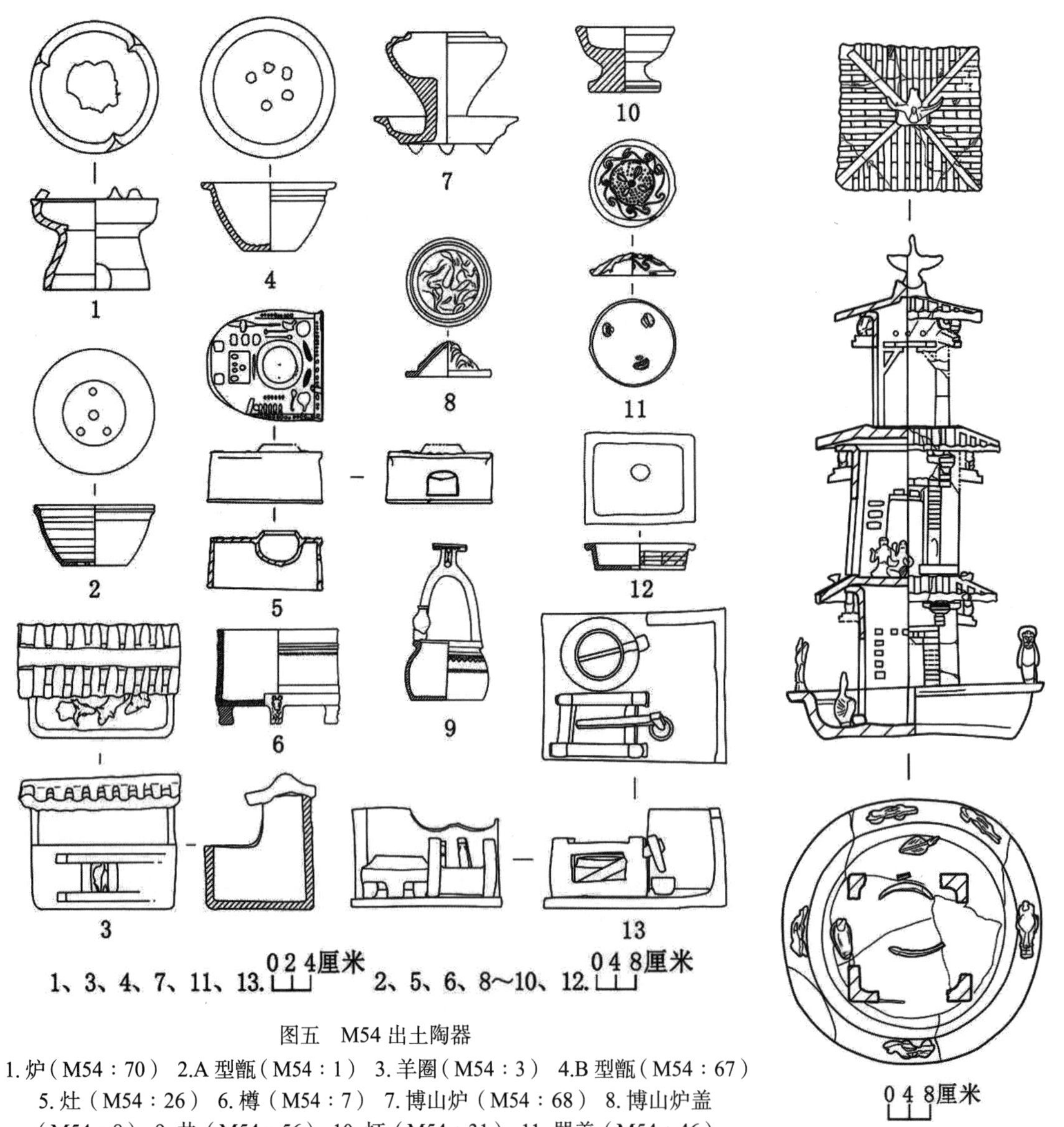

图五　M54出土陶器

1.炉（M54：70）　2.A型甑（M54：1）　3.羊圈（M54：3）　4.B型甑（M54：67）　5.灶（M54：26）　6.樽（M54：7）　7.博山炉（M54：68）　8.博山炉盖（M54：8）　9.井（M54：56）　10.灯（M54：31）　11.器盖（M54：46）　12.水榭构件（M54：41）　13.碓房（M54：36）

图六　陶水榭（M54：21）

阁。亭榭为四角立柱，柱上端出昂与斗栱，其上为四面坡房檐，有瓦垄。顶脊上立一硕大的展翅鸽子。水池口径49厘米，底径36厘米。水榭通高92厘米。（图六；图版一，7）

水榭构件　1件。标本M54：41，红胎绿釉陶。长方形。侈口，宽平沿外侧下倾，平底。底部中部有一圆孔，四壁镂空4个长方孔。长22.8厘米，宽18.4厘米，高5.1厘米。（图五，12；图版一，4）

2. 铜器　4件。有牌饰、刀、圆环、釜等。

釜　1件。标本M54：74，敞口，斜折沿，圆唇，深腹，圜底。腹、底部布满烟炱，为实用器。根据釜底尺寸，此釜可能置于陶炉之上。口径23厘米，高8.3厘米。（图七，2；图版二，10）

刀　1件。标本M54：20，长条形，两端残，一端细。单面刃，刀背方正，相对一侧为双面刃。长37厘米，宽2~2.5厘米。（图七，1）

牌饰　1件。标本M54：19，牌首呈椭圆形，中部镂空。长方形柄，两面饰带翼天马。牌身长方形，中间为镂空成简体龙纹，两面均布满突起的尖钉，用途可能为脚错[1]。长16厘米，宽5厘米，厚0.5厘米。（图七，3；图版二，11）

圆环　3件一套。形制相同，大小略有不同。标本M54：37-1，环状，横截面为圆形或半圆形。外径3.4厘米，内径2厘米。（图七，4；图版二，12）

3. 铁器　2件。

剑　2件。标本M54：17，仅余剑身，锈蚀严重，断成3截，最长一段残长15厘米。（图七，5）标本M54：18，剑首铜制，剑柄残断，玉剑格，剑身较长，锈蚀严重。剑鞘仅余朽木痕迹，鞘尾铜制。通长96厘米，宽3.4厘米。玉剑格，剑柄穿过，青玉，正背两面均饰兽面纹，截面为菱形。鞘尾，平面略呈方形，内中空成銎，素面。（图七，6；图八，15）

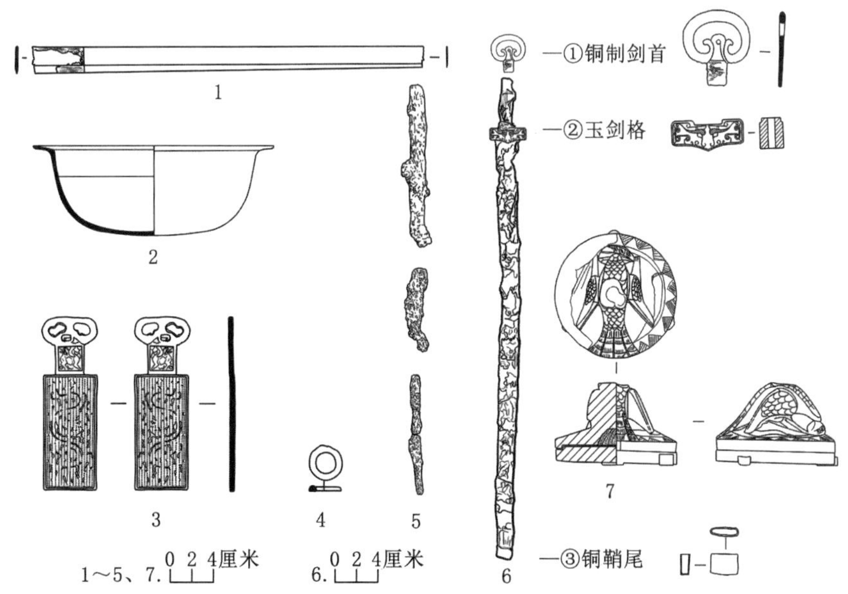

图七　M54出土器物

1. 铜刀（M54：20）2. 铜釜（M54：74）3. 铜牌饰（M54：19）
4. 铜圆环（M54：37-1）5、6. 铁剑（M54：17、M54：18）7. 石砚（M54：42）

4. 石器　1件。

石砚　1件。标本M54：42，由盖与砚组成，青石制成。砚圆形，砚堂磨光，高于砚缘，砚堂残留墨迹，直壁，平底，下附3短足。盖一侧缺，顶部中央雕刻一展翅燕子，盖缘饰锯齿纹。直径11.8厘米，通高7.6厘米。（图七，7）

三、结语

1. 年代

M54内未发现纪年器物，年代只能从墓葬形制、出土器物来推断。

M54为前室穹隆顶、后室拱顶的双室墓，这种墓早在新莽时就已出现，如1992—1993年发掘的洛阳五女冢新莽墓IM461[2]，但IM461的墓道为竖井墓道。斜坡墓道一般在东汉中晚期才出现，如2001年发掘的巩义新华小区汉墓二号墓[3]、1992年发掘的洛阳南昌路92CM1151[4]。从墓葬形制来看，M54兼具新莽穹隆顶、拱顶墓形与东汉中晚期斜坡墓道这两种特点。

图八　M54出土器物

从出土器物来看，M54出土的B型罐、瓮、铜刀分别与洛阳元嘉二年（公元152年）墓[5]出土的同类器近同，A、B型壶分别与洛阳南昌路92CM1151[4]出土的A型壶、B型罐相同，樽、豆形灯、羊圈与三门峡南交口汉墓[6]同类器近同。这几座墓均为东汉晚期墓。然而，由于M54出土的陶壶并非公元179年王当墓[7]所见的八棱圈足壶，加上M54还使用穹隆顶前室，综合考虑，它的年代有可能为东汉中期晚段。

2. 器物特征

墓葬出土72件陶器，其中69件为釉陶器，另有7件铜、铁、石器，此墓釉陶器比例之高，为东汉墓中罕见，这可能和墓主的身份有很大的关系。从釉陶器中所见壶、罐、碓房、羊圈、水榭、井、灶、炉、博山炉来看，不仅器形规整，而且施釉讲究，基本表面都施满釉，釉色晶莹剔透，显示出陶工纯熟的工艺，为东汉釉陶器中的精品。墓中所见铜刀、铜首玉格铁剑，可能表明墓主曾经的身份，且墓主很会享受生活。该墓所出器物为我们提供了东汉中期三门峡地区富庶的地主庄园经济情况，也为研究东汉时期的墓葬形制、丧葬制度等提供了宝贵的实物资料。

领队：杨海青　史智民

修复：梁峰锦

摄影：上官荣光

绘图：上官荣光　张雪娇

李冰洁　赵　薇

执笔：张青彦

注释：

[1] 苏奎：《汉代龙首方身铜器的类型与用途》，《华夏考古》2017年第4期，第93—103页。

[2] 洛阳市第二文物工作队：《洛阳五女冢新莽墓发掘简报》，《文物》1995年第11期，第4—19页。

[3] 郑州市文物考古研究所、巩义市文物保护管理所：《河南巩义市新华小区二号墓发掘简报》，《华夏考古》2003年第3期，第25—32页。

[4] 洛阳市文物工作队：《洛阳市南昌路东汉墓发掘简报》，《中原文物》1995年第4期，第17—24页。

[5] 洛阳市文物工作队：《洛阳李屯东汉元嘉二年墓发掘简报》，《考古与文物》1992年第2期，第1—7页。

[6] 河南省文物考古研究所：《河南省三门峡南交口汉墓（M17）发掘简报》，《文物》2009年第3期，第4—18页。

[7] 洛阳博物馆：《洛阳东汉光和二年王当墓发掘简报》，《文物》1980年第6期，第52—55页。

1. 发掘现场

2. 陶碓房（M54：36）

3. 陶羊圈（M54：3）

4. 陶水榭构件（M54：41）

5. A 型陶壶（M54：9）

6. 陶井（M54：56）

7. 陶水榭（M54：21）

河南三门峡后川村东汉墓 M54 出土器物

1. 陶盆（M54：4）

2. Ⅰ式陶盘（M54：52）

3. Ⅱ式陶盘（M54：63）

4. 陶耳杯（M54：34）

5. A 型陶勺（M54：54）

6. B 型陶勺（M54：72）

7. 陶魁（M54：53）

8. 陶灶（M54：26）

9. 陶樽（M54：7）

10. 铜釜（M54：74）

11. 铜牌饰（M54：19）

12. 铜环（M54：37）

河南三门峡后川村东汉墓 M54 出土器物

“琟禁丞印”补证

◎李　超

《秦封泥汇考》中收录一枚秦封泥（图一），对第一字释读及考证，大致有如下观点：

1. 傅嘉仪先生：“坼禁丞印，书博三品。”[1]

2. 王辉先生：“坼禁丞印，‘坼’疑读为斥。……封泥之‘坼’应即《尔雅》之‘斥山’，与成山或荣成山近。秦始皇出游，曾两次到过成山。”[2]

图一　琟禁丞印

3. 周晓陆先生：“琟禁丞印，此泥记载了一处未见记载的禁苑。‘琟’或‘厓’字《玉篇·厂部》：‘厓，周邑也’。……琟当为渑池境内一处秦之禁苑。”又《二十世纪出土玺印集成》收录：“琟禁丞印”[3]。

4. 杨广泰先生释：“琟禁丞印”[4]。

5. 王伟先生：“琟禁，首字或可隶作琟，文献失载。或将首字隶作坼，读为斥，谓即《尔雅·释地》‘斥山’，《隋书·地理志》东莱郡文登县有‘斥山’，亦即秦始皇曾登临的‘成山’。或在今山东荣成市境。”[5]

6. 刘瑞先生新出《秦封泥集存》：“坼禁丞印”[6]。

图二　琟禁丞印“王”部

同文封泥现存四枚，均出土于西安北郊相家巷村。在已公布的“禁”类封泥中，属于数量较多的类型，说明“琟禁”与秦中央联系频繁，突显存在价值和重要性。

有鉴于此，有必要对封泥重新释读，探索其受重视原因。

封泥印文清楚，左半为“王”部（图二），与“土”部无关，右部为篆书“厂”+“丰”字组合，封泥中“丰”字写法，如“酆丞”、“属邦工室”[7]、“安丰丞印”[8]等作“丰”形，上两横均作篆书“一”字，两头微微上翘，最后一横作“一”字处理，与此相同，可佐证。释为“琒”字无疑。此字的正确释读，对理解封泥含义大有裨益。

一、玤宫位置考

“琒”含义，《集韵·讲韵》：“玤，琒，《说文》石之次玉者以为系璧，或作琒。”[9]《广韵·肿韵》：“玤，周邑地名，又珠，次玉。”[10]东汉许慎时，已无此字，代之以“玤”字：“玤，石之次玉者，以为系璧。”[11]明代人认为：“琒，玤字之讹，六书有玤无琒。”[12]已将“琒”字视为“玤”的错讹字体了。封泥证实，“琒”为正体，汉代时才以“玤”字替代。

“琒”即“玤”字，为周时地名。《左传·庄公》：“二十一年，春，胥命于弭。夏，同伐王城。郑伯将王自圉门入，虢叔自北门入。杀王子颓及五大夫。郑伯享王于阙西辟，乐备。王与之武公之略，自虎牢以东。原伯曰：‘郑伯效尤，其亦将有咎。’五月，郑厉公卒。王巡虢守，虢公为王宫于玤，王与之酒泉。”[13]周惠王在郑厉公和虢公丑帮助下复位，其巡视虢国时，虢公丑在“玤”地建造“玤宫”作为周惠王离宫，为表感谢，周惠王将“酒泉”赏赐给他。这是“玤”地出现的明确记载。

“玤宫”具体位置，学者观点基本一致。陈梦家先生认为：“虢地除上下阳外，《左传》庄廿一‘虢公为王宫于玤（渑池县境），王与之酒泉’、僖二‘虢公败戎于桑田’（阌乡县东三十里）皆是。”[14]《春秋左传注·庄公》注：“玤音棒，虢地，当在今河南省渑池县境。”[15]《中国历史地名大辞典》：“玤，春秋虢邑。在今河南渑池县西南三十里。”[16]谭其骧先生《中国历史地图集·春秋·郑宋卫》亦将“蚌”标注于今渑池西十余公里处[17]，将其释作“蚌”与“玤”地不符。“玤地”在渑池的具体位置，《渑池县志》记录详尽：“渑池出现最早的城邑是夏帝皋的都城（具体位置待考）和春秋时的蚌（今英豪王都）。”[18]综合以上可以确定，“玤宫”地在今渑池县西十余公里处的英豪镇王都村，属渑池界。

“玤宫”在渑池的具体位置，以渑池考证为前提。《汉书·地理志上》：“黾池，高帝八年复黾池中乡民。景帝中二年初城，徙万家为县。”[19]对此记载，史念海先生认为：“郦氏《水经·穀水注》即引此文，似渑池之为县，自景帝时始也。上文已言渑池中乡，则渑池固已为县矣。景帝之时，城中乡之地，而移渑池于其处，非其时始置县也。段玉裁曰：‘地志之复渑池，当作复宜阳，初复宜阳之中乡民，后乃城中乡，又徙他民足万家，而为渑池县，宜阳始分为二县也。’案：宜阳、渑池本为二县，不必由宜阳分出，段（玉裁）说非是。”[20]根据史先生推断，秦时已设有渑池县。高祖八年仍外出征战，消灭韩信旧部，途径洛阳时发布一条免除徭役的诏令。《汉书·高帝纪下》：“（八年）春三月，行如洛阳。令吏卒从军至平城及守城邑者，皆复终身勿事。”[21]说明汉高祖此年曾到过渑池，高兴之余，免除渑池中乡民的徭役。史先生判断依据“渑池中乡”为“渑池县中乡”，十分准确，有史料可佐：“春，至汲新中乡，得吕嘉首，以为获嘉县。”颜师古注：“汲，河内县。新中，其乡名。”[22]说明县乡可同时连称，渑池在秦时为县无疑。高祖免除中乡民的徭役，说明中乡重要。这种重要性，正是因为“玤宫”存在，作为周王室的离宫，地位特殊。故中乡应是“玤宫”所在地。

二、“琣禁”功能与兴衰

“禁苑”一词，秦简中多见，二者似乎没有分别，为苑囿统称。《周礼·地官·囿人》：“囿人掌囿游之禁，牧百兽。”郑玄注：“禁者，其蕃卫也。”贾公彦疏：“‘禁者，其蕃卫也’者，谓囿游皆有藩离为禁卫，使内兽不得奔逸，外人亦不得私入。”[23]《管子·五行》：“天子出令，命祝宗选禽兽之禁……”[24]“禁”本义为畜养禽兽的地方，同时又有宫禁、禁止意，用于苑囿职官，当是防止无关人员进入禁苑，故有“蕃卫”职能，负有管理禁苑内动物及人员出入的职责。蔡邕《独断》：“禁中者，门户有禁，非侍御者不得入，故曰禁中。”[25]汉代的“禁”，依然担负出入宫门安全的职责。用在苑囿职官中，具有掌管苑囿安全的职责。苑的内容包含林木和动物两大类。《说文解字·艸部》：“苑，所以养禽兽也。”[26]“苑囿，《三仓》：养马牛林木曰苑。”[27]

禁和苑都有畜养禽兽、植树林木，故秦时称之为“禁苑”。二者虽然可合并称呼，但封泥中有禁、苑类封泥所示的多种职官，职责应有区分。“禁”有守卫禁苑安全，在内防止畜养禽兽逃出，在外防止外人进入禁苑的职责。“玤宫”为周王离宫，“离宫，天子出游之宫也”[28]。具备出宫游玩的基本功能。设置禁苑以供周天子出游狩猎，达到娱乐目的，故春秋时修建“玤宫”应具备苑囿的功能，“玤禁”与“玤宫”联系不言而喻。

“禁”的范围，《云梦龙岗秦简》：“诸禁苑为耎，去苑卌里禁，毋敢取耎中兽，取者□罪盗禁中□☒。（274）”[29]后出《龙岗秦简》断句更为：“诸禁苑为耎（壖），去苑卌里，禁毋敢取耎（壖中兽，取者其罪与盗禁中【同】☒。”[30]从文意看，“毋敢取耎中兽”，不能在壖的区域内捕杀动物，有限制、禁止之意，在前面再加“禁”字，明显重复。因此说，之前版本断句正确。“去苑卌里禁”，壖的范围以苑囿为中心，以苑囿墙垣为界，向外扩展四十里地划为禁区，相当于禁苑缓冲地带。又秦简有：“诸禁苑有耎者□，去耎廿里毋〔敢〕每，〔敢〕每杀□☒。”[31]对于有壖的禁苑，还要在四十里“壖”基础上再扩展二十里，这二十里范围，也不能随意狩猎杀戮。照此，苑囿范围除了围墙之内，还包括外围的壖，甚至是再扩大二十里范围内。前两者实现较正常，后者是前两者具备基础上的附加规定。禁苑律文规定，决定了“禁丞”管辖范围比较广泛。

渑池域内具备建立苑囿的植被和动物等条件。《风俗通义·山泽》注：“崤山上不得鸣鼓角，鸣则风雨总至。自东崤至西崤三十里，东崤长阪数里，峻阜绝涧，车不得方轨。西崤全是石阪，十二里，险绝不异东崤。”[32]渑池地域有大量野生动物。《后汉书·梁统列传》:“(梁冀)又广开园囿，采土筑山，十里九坂，以像二崤，深林绝涧，有若自然，奇禽驯兽，飞走其间。”[33]梁冀开辟的苑囿以崤山作模板，二崤之间山林、野兽当是非常丰富的。又《后汉书·儒林列传》:“先是崤、黾驿道多虎灾，行旅不通。”[34]东汉时期，渑池地区老虎泛滥，说明气候适合动物繁衍。时至今日，渑池地区野生动物品类依然较多，“据调查统计兽类有：豹、狼、山猪(即野猪)、狐狸、狸(即狸猫)、獾、猥、香獐(即香子、雄性产麝香)、野兔、松鼠、田鼠、家鼠、黄鼠狼、花毛脸、鹿、羚羊。”[35]由此，渑池之地设立苑囿是可行的。“琲禁丞印”是本地曾存在过苑囿的证据。

因有琲宫存在，周围有苑囿，“琲禁”应是负责“琲宫”和苑囿安全的职官。“琲禁丞”应该管理琲宫及周围苑囿的广大区域，行使对区域内动物进出、人员出入等管辖权。作为周王临时“离宫”，秦昭襄王和赵惠文王选择将“琲地”作为相会地，无疑是想利用周王室的正统地位，达到与周王平等的境地，从而在名义上达到作为独立王国的目的。秦国在此设“琲禁丞印”，除了保证苑囿安全职能外，主要是保持周王室“琲宫”的存在，享受周王同等待遇，在宫室和苑囿内狩猎游玩，以高于其他诸侯国的姿态占有此地。因此说，“琲禁”是作为秦王意识领域不可磨灭的象征，故而会沿用。四枚封泥存在，说明此地有多次向秦中央汇报情况的文书送达，而其汇报的内容，必然涉及苑囿事务，比如苑囿墙垣损毁状况、动物数量增减或苑囿内职官变化等等，相比而言，其他苑囿的汇报则没有如此频繁，说明此苑囿的重要性。“琲宫”作为周王离宫，象征权力正统，在这个区域内从事活动，无疑达到了与周王平起平坐的程度，而秦国在战国晚期的实力确实已经达到了这个阶段。可以说，四枚封泥是秦王朝对琲宫和苑囿重视的证据。封泥字体规整，界格平分，符合统一之后秦小篆的特点，“琲禁”在秦的存在，应是一直延续至秦亡。

另有一件秦宜阳鼎[36]:“鼎腹近口沿处横刻3行34字:‘临晋厨鼎一合，容一斗四升。盖/重一斤十四两，下重十斤八两，并/重十二斤六两。名卌(四十)九。’腹左与上条铭文首字相接竖刻4行9字:‘宜阳/咸/一斗四升/一上。’腹部稍远刻2字:‘黾(黽)/仓。’耳旁刻2字:‘临晋。’盖内靠近口沿处刻3字，极细浅，不易辨认，似为‘北里八’。”[37]“咸一斗四升一上”与“宜阳”的关系，前者铭文刻字较浅，后者较深，宜阳为生产地，咸阳为使用地。“因此，笔者认为，这是韩的宜阳并入秦国之后，秦人在宜阳制造的秦器，故署‘宜阳’。”[38]这一结论有远见卓识。“咸”与“黾”，据两处铭文所处正中位置判断，此鼎可能由咸阳直接流转至渑池。渑池曾为使用地，秦赵渑池相会以及琲宫禁苑存在，正说明其地位。“琲宫”和禁苑的重要性，主要在于其为周王室离宫，虽然王室衰微，其正统性却是有目共睹，故有高于其他六国的象征意义。秦王入驻此地苑囿狩猎游玩，无疑是期望享受周王待遇，提升自身优越感和满足感。至统一后，由于战国末期多位秦王的重视，必然会继续沿用。

到了汉朝，大一统国家的正统地位无需依靠此来体现，其存在意义就减弱乃至消失了。汉高祖八年曾经到过渑池并有免除“渑池中乡民”徭役的举动，说明此时“玤宫”和苑囿仍是存在的。由于汉对此宫殿或苑囿的重视程度下降，此处渐渐失去了宫殿和苑囿的地位。“(二年)诸故秦苑囿园池，皆令人得田之。”[39]高祖初年曾将秦苑囿废除为田地，故而“琲禁”慢慢转换为“玤”，乃至于最后忽略不用了。后来将“琲”视为讹字，应是汉代之后逐渐形成的。

西安博物院收藏一件西汉时“上林铜量”(图三)，铭文中有“渑池宫”的记载：“外壁口沿下有铭文2行36字：第一行有‘上林共府初元三年受弘农郡’12字。第二行为‘黾池宫铜升，重一斤二两，五凤元年，工常务造，守□顺临，第六。’”[40]“黾”通“渑”字，渑池宫是在渑池所建立的宫殿，专为渑池宫所用的铜升量器。汉时渑池宫，应是在秦“玤禁”或“玤宫”基础上更名所得，应不是在此地重建的一个宫殿。

图三　上林铜量

春秋时周王的“玤宫”及附近苑囿，一直延续至秦时。四枚“琲禁丞印”封泥，证实其与秦中央联系频繁，突显其存在的重要价值和象征意义。汉代时，“玤宫”或“玤禁”苑囿的功能被彻底削弱乃至不存，所以连其本身的名字“琲宫”，都已经不被人提起了。秦汉史料对此毫无记载，这与秦史料的缺失原因是一致的。封泥的存在，正是将这段尘封的历史告知世人。

注释：

[1] 傅嘉仪:《秦封泥汇考》，上海书店出版社，2001年，第129—130页；傅嘉仪:《历代印陶封泥印风》，重庆出版社，1999年，第158页。

[2] 王辉:《西安中国书法艺术博物馆藏秦封泥选释》,《文物》2001年第12期，第66—70页。

[3] 周晓陆、陈晓捷:《新见秦封泥中的中央职官印》，见秦始皇兵马俑博物馆、秦文化论丛编委会:《秦文化论丛》第9辑，西北大学出版社，2002年，第267页；周晓陆:《二十世纪出土玺印集成》，中华书局，2010年，第436页。

[4] 杨广泰:《新出封泥汇编》，西泠印社出版社，2010年，第6页。

[5] 王伟:《秦玺印封泥职官地理研究》，中国社会科学出版社，2014年，第328页。

[6] 刘瑞:《秦封泥集存》，中国社会科学出版社，2020年，第527—528页。

[7] 周晓陆、路东之:《秦封泥集》，三秦出版社，2000年，第181、284页。

[8] 傅嘉仪:《秦封泥汇考》，上海书店出版社，2007年，第234页。

[9] 赵振铎:《集韵校本》，上海辞书出版社，2012年，第641页。

[10] 周祖谟:《广韵校本》，中华书局，2011年，第242页。

[11] 许慎:《说文解字（附检字）》，中华书局，1963年，第12页。

[12] 张自烈:《正字通》，中国工人出版社，1996年，第673页。

[13] 洪亮吉:《春秋左传诂》，中华书局，1987年，第251页。

[14] 陈梦家:《虢国考》，见王斌:《虢国墓地的发现与研究》，社会科学文献出版社，2000年，第36页。

[15] 杨伯峻:《春秋左传注》，中华书局，1981年，第218页。

[16] 史为乐:《中国历史地名大辞典》，中国社会科学出版社，2005年，第1419页。

[17] 谭其骧:《中国历史地图集》第1册，中国地图出版社，1982年，第24—25页。

[18] 渑池县志编纂委员会:《渑池县志》，汉语大词典出版社，1991年，第741页。

[19]《汉书》卷二八上《地理志上》，见班固:《汉书》第6册，中华书局，1962年，第1549页。

[20] 史念海:《秦县考》，《禹贡半月刊》1937年第6、7期合刊，第271—318页。

[21]《汉书》卷一下《高帝纪下》，见班固:《汉书》第1册，中华书局，1962年，第65页。

[22]《汉书》卷六《武帝纪》，见班固:《汉书》第1册，中华书局，1962年，第188页。

[23] 孙怡让:《周礼正义》，中华书局，1987年，第1220—1221页。

[24] 房玄龄:《管子》，上海古籍出版社，2015年，第301页。

[25] 叔孙通:《汉礼器制度》，中华书局，1985年，第3页。

[26] 许慎:《说文解字（附检字）》，中华书局，1963年，第23页。

[27] 王华权、刘景云:《一切经音义三种校本合刊索引》，上海古籍出版社，2010年，第110页。

[28] 陈直:《三辅黄图校证》，陕西人民出版社，1980年，第150页。

[29] 刘信芳、梁柱:《云梦龙岗秦简》，科学出版社，1997年，第29页。

[30] 中国文物研究所、湖北省文物考古研究所:《龙岗秦简》，中华书局，2001年，第82页。

[31] 刘信芳、梁柱:《云梦龙岗秦简》，科学出版社，1997年，第30页。

[32] 应劭:《风俗通义校注》，中华书局，1981年，第467页。

[33]《后汉书》卷三四《梁统列传》，见范晔:《后汉书》第5册，中华书局，1981年，第1182页。

[34]《后汉书》卷七九上《儒林列传》，见范晔:《后汉书》第9册，中华书局，1981年，第2550页。

[35] 渑池县志编纂委员会:《渑池县志》，汉语大词典出版社，1991年，第81页。

[36] 史党社:《宜阳鼎跋》，《文博》2007年第3期，第16—17页；田静:《附：宜阳铜鼎回归记》，《文博》2007年第3期，第18—20页。

[37] 王辉:《新见秦宜阳鼎跋》，《收藏》2007年第9期，第118—119页。

[38] 蒋文孝、刘占成:《秦宜阳鼎铭文释录与考辨》，《中国历史文物》2008年第3期，第76—83页。

[39]《史记》卷八《高祖本纪》，见司马迁:《史记》第2册，中华书局，1959年，第369页。

[40] 西安市文物保护考古所:《西安文物精华·青铜器》，世界图书出版西安公司，2005年，第167页。

河南灵宝北朝向氏家族墓发掘简报

◎河南省文物考古研究院　◎三门峡市文物考古研究所
◎灵宝市文物保护管理所

一、墓地概况

2021 年 1~4 月，河南省文物考古研究院委派三门峡市文物考古研究所联合灵宝市文物管理所，为配合灵宝市大王镇移民综合体项目的建设，对所占用地进行了发掘。该工地位于灵宝市大王镇北路井社区，南临好阳路，东临国道 209（图一）。共发掘墓葬 29 座，10 座为明清时期墓葬，19 座为北朝时期墓葬，均为长斜坡墓道土洞墓，墓向一致，排列有序（图二）。现将保存较好的 M1、M2、M3、M7、M10、M11、M15、M21 简报如下。

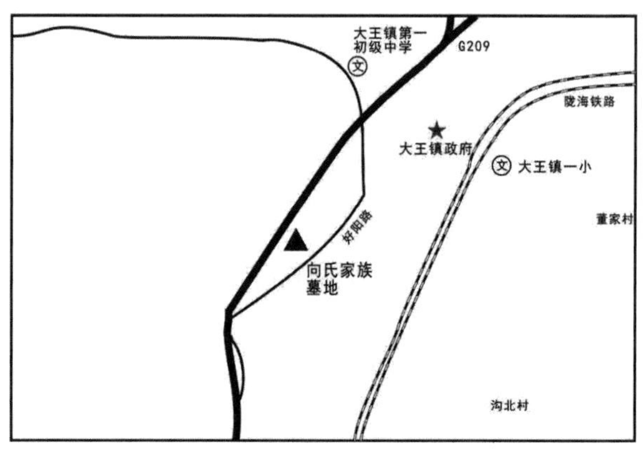

图一　灵宝大王镇北朝向氏家族墓地位置示意图

二、墓葬形制及出土遗物

（一）M1

1. 墓葬形制

该墓开口距地表 1.5 米，为带天井的长斜坡墓道土洞墓，坐北朝南，方向 175°。由墓道、过洞、天井、墓室组成（图三）。

墓道　位于过洞南侧，平面呈长条形，南北宽度一致，底为长斜坡，墓道口长 10.08、宽 0.8 米，斜坡长 14.2 米。

过洞　位于墓道北侧，底部为长斜坡，顶部由南向北倾斜，长 2.54、宽 0.8 米，南口高 1.38、北口高 2.2 米。

天井　位于过洞北侧，与墓道开口在一个层面上，平面呈梯形，南宽北窄，口长 1.48、宽 0.6~0.66 米，距开口深 4.88 米。

封门　位于天井北端。青砖封门，仅残存 21 层，厚 0.34、高 1.12 米。

墓室　位于天井北端，为土洞单室，墓底平面略呈长方形，长 3.15、宽 1.77~1.09 米，室顶为弧形顶，高 1.16~1.65 米，室底较为平坦，四壁加工规整。

葬具　木棺，长 1.84、南端宽 0.5、北端宽 0.26、残高 0.3 米。

人骨较为散乱，保存极差，葬式不明。

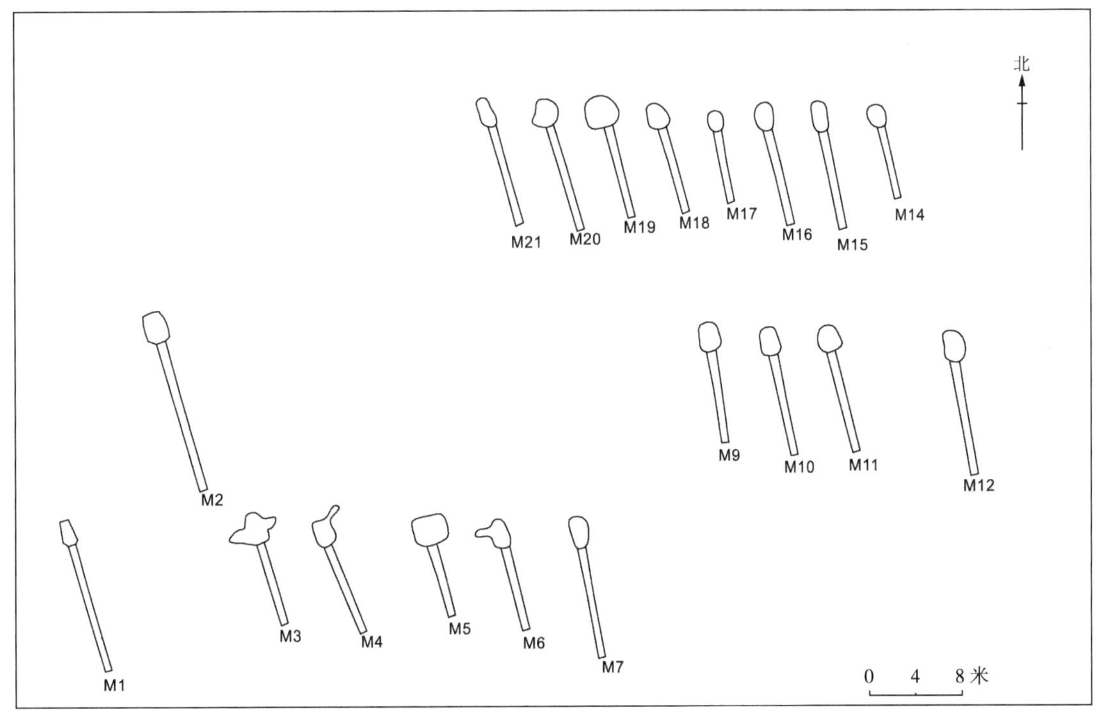

图二　灵宝大王镇北朝向氏家族墓地布局图

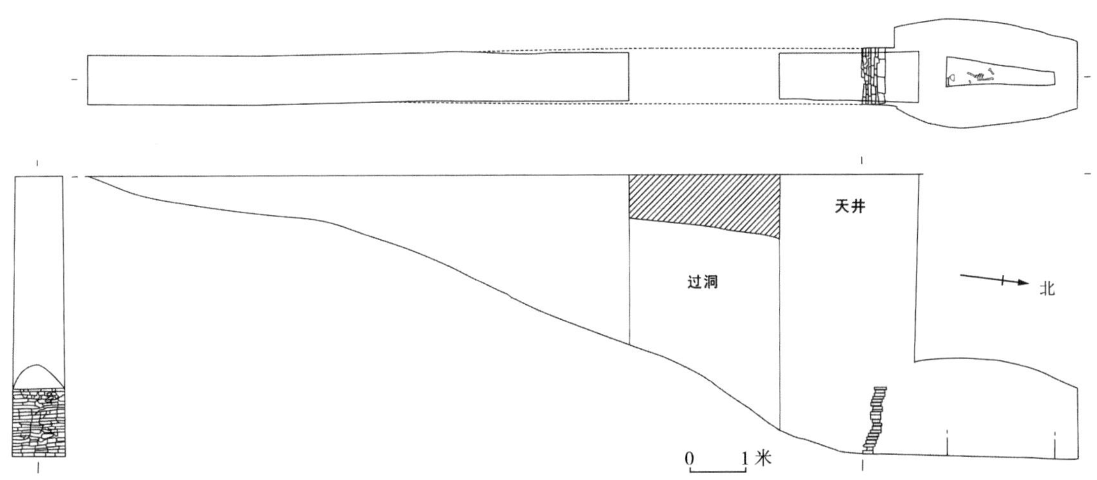

图三　M1 平、剖面图
1. 铜簪

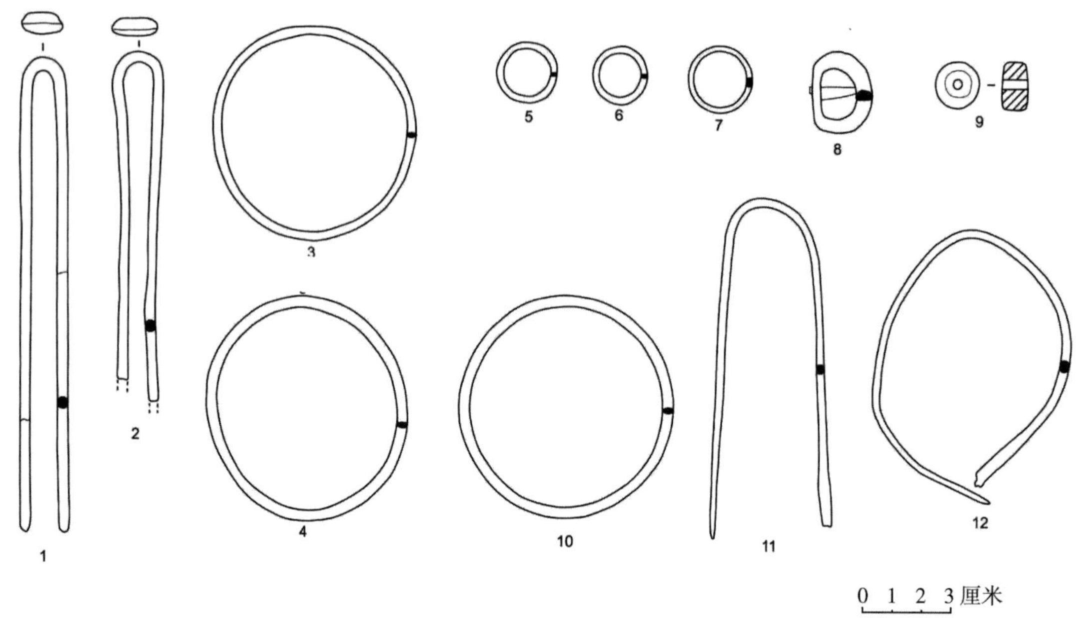

图四　向氏家族墓地出土遗物

1、2、11. 铜簪（M1：1、M2：2、M7：2）　3、4、10. 铜镯（M3：1–1、M11：1、M11：2–1）
5、6、7. 铜戒（M3：2–1、M10：1–1、M11：3–1）　8. 铜扣（M7：3）　9. 水晶珠（M7：1）　12. 铜丝（M7：4）

2. 出土遗物

铜簪　1件（M1：1）。整体呈"U"形，由一根铜丝弯曲而成，通长15.4、宽1.6厘米，簪体横截面为圆形，直径0.4厘米（图四，1）。

（二）M2

1. 墓葬形制

该墓开口距地表1.6米，为长斜坡墓道土洞墓，坐北朝南，方向170°。由墓道、墓室两部分组成（图五）。

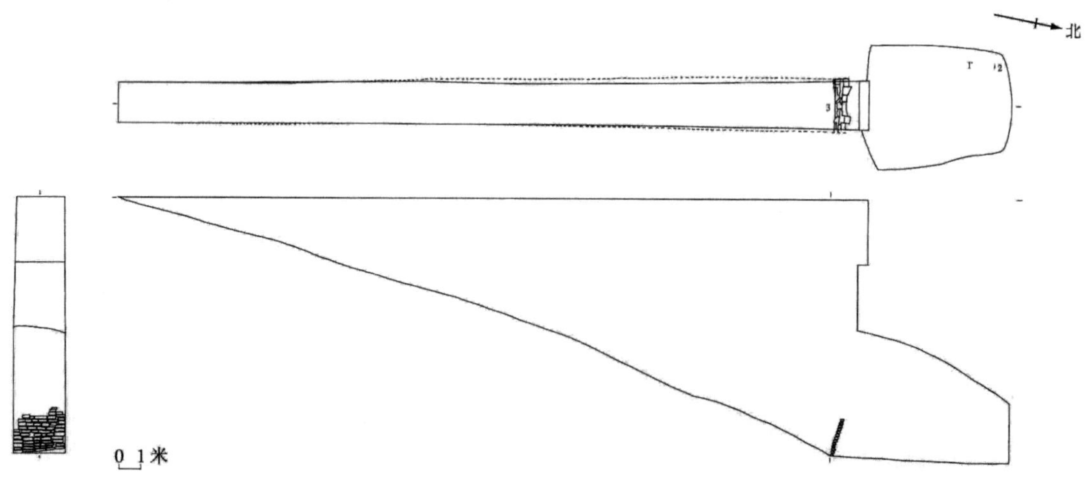

图五　M2平、剖面图

1. 铜钱　2. 铜簪　3. 刻铭砖

墓道　位于墓室南侧，平面呈长条形，底部为长斜坡，上窄下宽。长16.4、口宽0.85~1.03、底宽1.18、深5.45米，斜坡长16.6米。北壁有一级台阶，高2.73、宽0.4米。封门位于墓道北端。青砖封门，仅残存14层，厚0.34、高0.8米。

墓室　位于墓道北侧。单室，平面近长方形，弧形顶。墓室长3.5、宽2.6、高1.25米。

未发现葬具及人骨。

2. 出土遗物

铜钱　1枚（M2：1）。面文“五铢”。“五”字交笔弯曲，呈子弹对尖形态，“铢”字“朱”部上部圆折。直径2.3、穿宽0.9厘米，重2.1克（图六，1）。

铜簪　1件（M2：2）。整体呈“U”形，由一根铜丝弯曲而成，残长11.3、宽1.7厘米，簪体横截面为圆形，直径0.4厘米（图四，2）。

刻铭砖　1块（M2：3）。残，出土于封门处。阴刻“向洁度铭”四字，残长27.3、宽14.5、厚5.5厘米（图七，3；图八）。

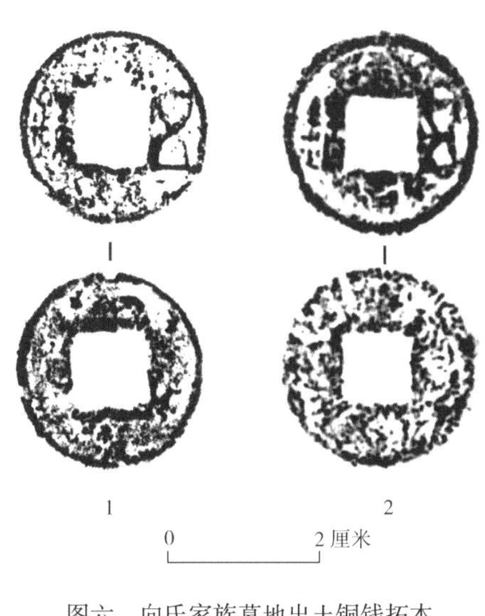

图六　向氏家族墓地出土铜钱拓本
1. M2：1　2. M3：3-1

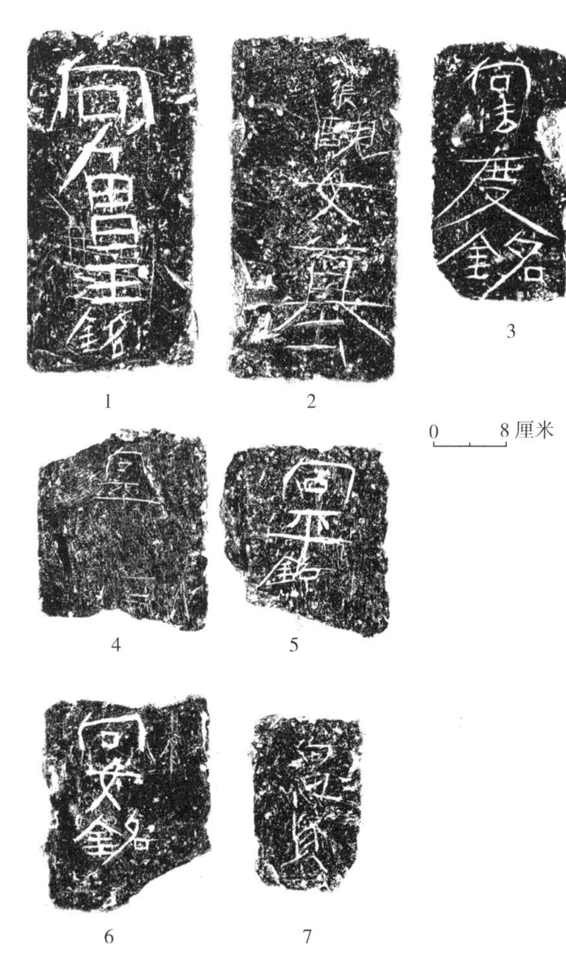

图七　刻铭砖拓本
1.“向鲁王铭”（M10：2正面）　2.“张丑女墓”（M10：2反面）
3.“向洁度铭”（M2：3）　4.“向二”（M15：2）
5.“向平铭”（M15：1）　6.“向女铭”（M21：1）
7.“向□贤”（M3：4）

图八　刻铭砖（M2：3）

（三）M3

1. 墓葬形制

该墓开口距地表 1.5 米，为长斜坡墓道土洞墓，坐北朝南，方向 167° 。由墓道、墓室两部分组成（图九）。

墓道　位于墓室南侧，平面呈长条形，底部为长斜坡，上窄下宽。长 9.1、口宽 0.8~0.88、底宽 0.8~1.11、深 3.35 米，斜坡长 9.3 米。

封门　位于墓道北端。青砖封门，仅残存 13 层。封门厚 0.45、高 1 米。

墓室　位于墓道北侧。多室，平面近十字形，东西两侧各有一个耳室，弧形顶。墓室长 3.57、宽 5.51、高 1.27~1.94 米。东侧耳室长 1.4、宽 0.7、高 1.1 米。西侧耳室长 1.8、宽 1、高 1.2 米。

人骨棺具已朽，清理时在主室和东西两耳室内均发现有骨渣。推测应为多人合葬。

2. 出土遗物

铜镯　2 件。形制相同，大小一致，素面，圆环状，横截面为椭圆形。标本 M3：1–1，直径 7、厚 0.3 厘米（图四，3）。

铜戒　2 件。形制相同，大小一致，素面，圆环状，横截面为方形。标本 M3：2–1，直径 2、厚 0.1 厘米（图四，5）。

铜钱　3 枚。面文均为“五铢”。标本 M3：3–1，钱体较为轻薄，“五”字交笔较弯曲，“铢”字“朱”部上部方折，直径 2.3、穿宽 0.9 厘米，重 2.1 克（图六，2）。

刻铭砖　1 块（M3：4）。残，出土于封门处。阴刻“向□贤”三字，残长 18、宽 12、厚 6 厘米（图七，7）。

（四）M7

1. 墓葬形制

该墓开口距地表 1.5 米，为长斜坡墓道土洞墓，坐北朝南，方向 174°。由墓道、墓室两部分组成（图一〇；图一一）。

墓道　位于墓室南侧，平面呈长条形，底部为长斜坡，上窄下宽。长 12.38、口宽 0.8~0.96、底宽 0.84~1.06、深 4.32 米，斜坡长 12.6 米。

封门　位于墓道北端。青砖封门，仅残存 8 层。封门厚 0.18、高 0.6 米。

墓室　位于墓道北侧。单室，平面呈纺锤形，弧顶。墓室长 4、宽 1~2、高 1~1.8 米。

葬具　木棺，长 2.8、宽 0.6~0.8 米。内有人骨 1 具，较为散乱，头向南，葬式不明。

2. 出土遗物

水晶珠　1 件（M7：1）。呈圆柱状，中心有一穿孔。直径 1.5、厚 0.8、孔径 0.3 厘米（图四，9；图一二）。

铜簪　1件（M7：2）。呈“U”形，由一根一端为扁头一端为尖头的铜丝弯曲而成，通长11、宽4.2厘米，簪体横截面为圆形，直径0.3厘米（图四，11；图一三）。

铜扣　1件（M7：3）。为一个“D”形铜环，一侧残留有铁质扣针，长2.6、宽2厘米（图四，8）。

铜丝　1件（M7：4）。为一根一端粗一端细的铜丝，长22、最粗直径为0.3厘米（图四，12）。

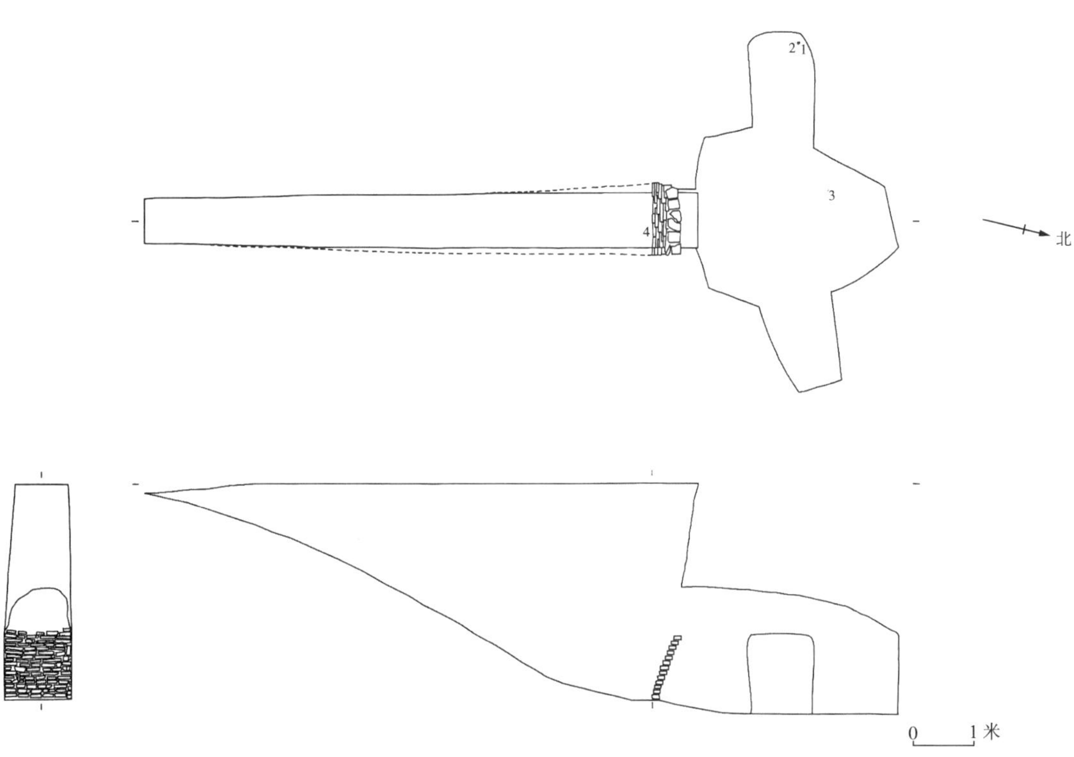

图九　M3平、剖面图
1. 铜镯　2. 铜戒　3. 铜钱　4. 刻铭砖

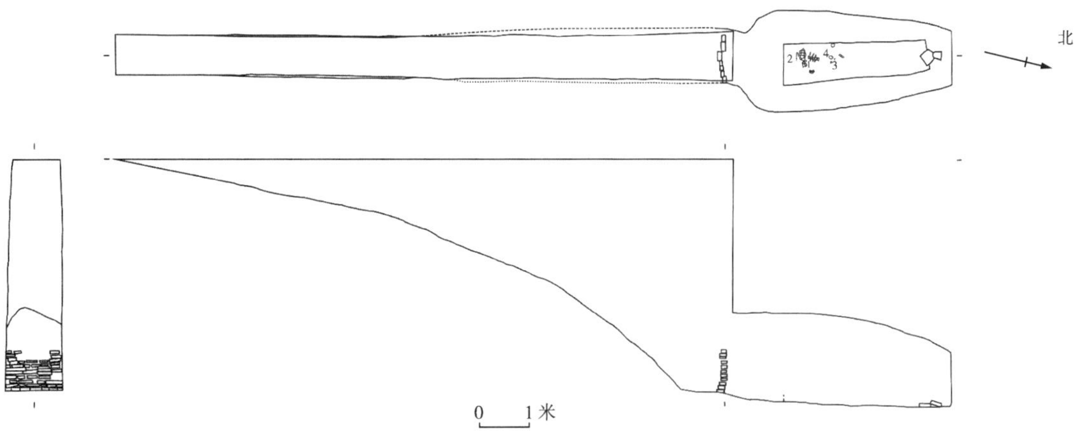

图一〇　M7平、剖面图
1. 水晶珠　2. 铜簪　3. 铜扣　4. 铜丝

图一一　M7 全景图

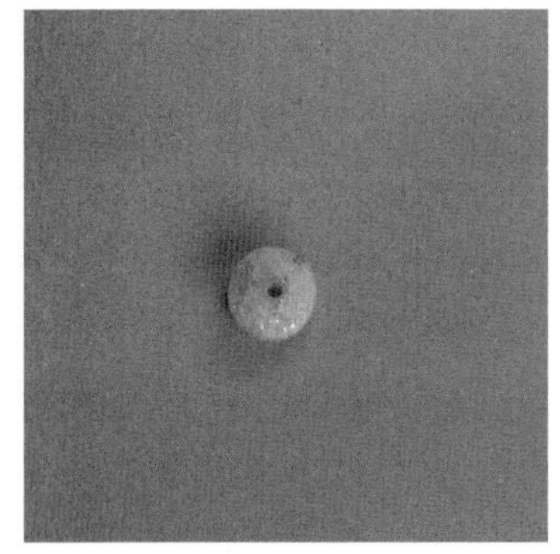

图一二　水晶珠（M7：1）

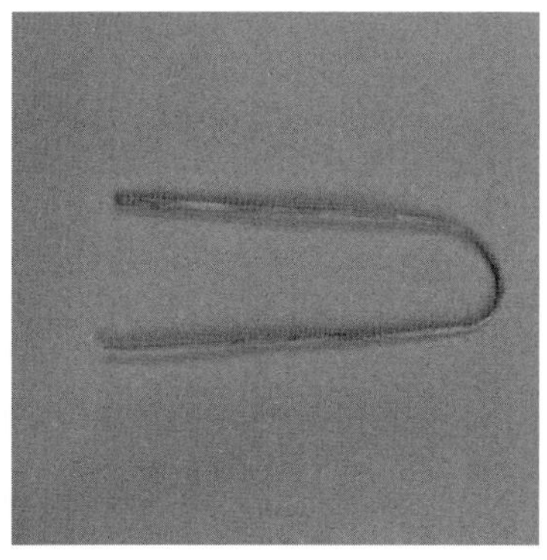

图一三　铜簪（M7：2）

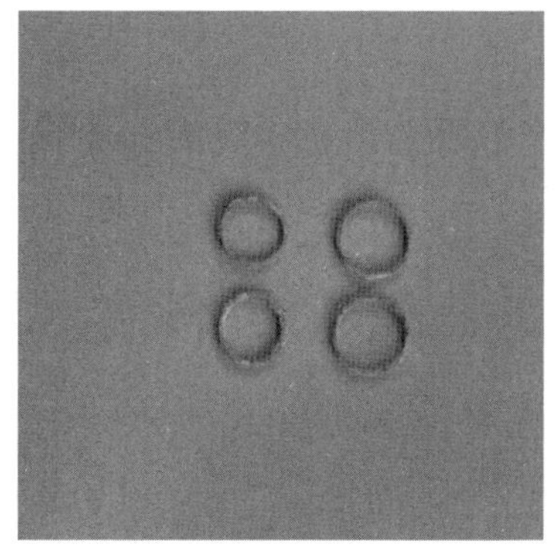

图一四　铜戒（M10：1）

（五）M10

1. 墓葬形制

该墓开口距地表 1.5 米，为长斜坡墓道土洞墓，坐北朝南，方向 170°。由墓道、墓室两部分组成（图一五；图版一）。

墓道　位于墓室南侧，平面呈长条形，底部为长斜坡，上宽下窄。长 10.34、口宽 0.8~1、底宽 0.8~0.94、深 4.48 米，斜坡长 10.1 米。

封门　位于墓道北端。卵石封门，仅残存 5 层。封门厚 0.8、高 0.8 米。

墓室　位于墓道北侧。单室，平面呈长方形，弧顶。主墓室长 2.84、宽 1.7~2、高 0.8~2 米。人骨棺具已朽。

2. 出土遗物

铜戒　4件。形制相同，均为素面，圆环状，横截面为方形，大小一致。标本M10：1-1，直径2.1、厚0.2厘米（图四，6；图一四）。

刻铭砖　1块（M10：2）。出土于封门处。一面阴刻“向鲁王铭”四字，一面阴刻“张丑女墓”四字。长35.8、宽17.5、厚6厘米（图七，1、2；图一八；图一九）。

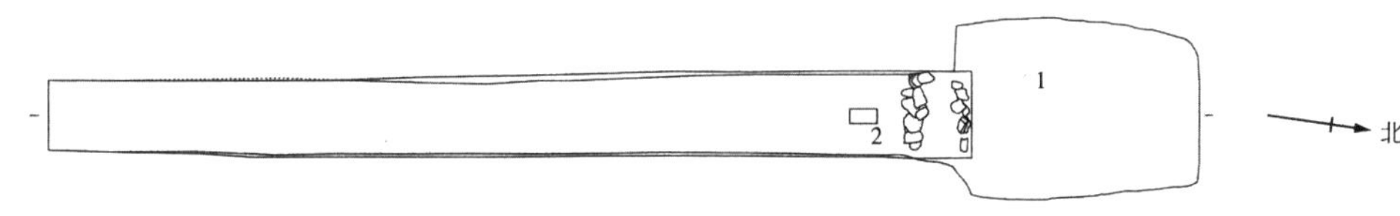

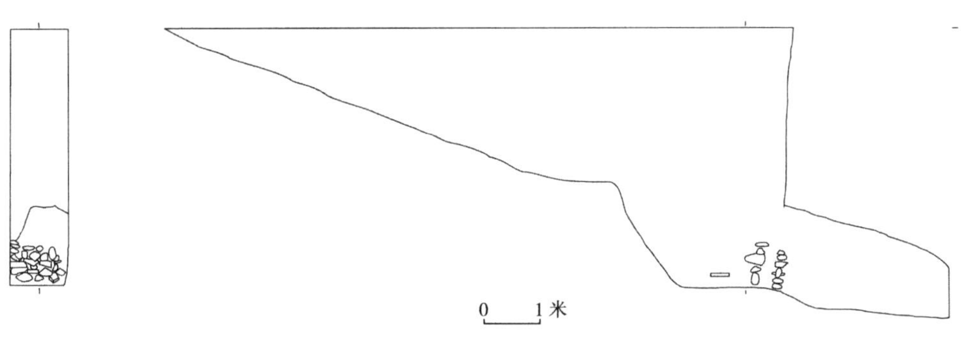

图一五　M10平、剖面图
1. 铜戒　2. 刻铭砖

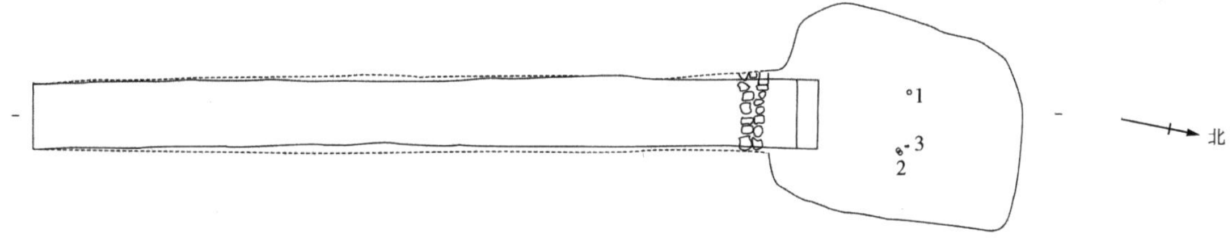

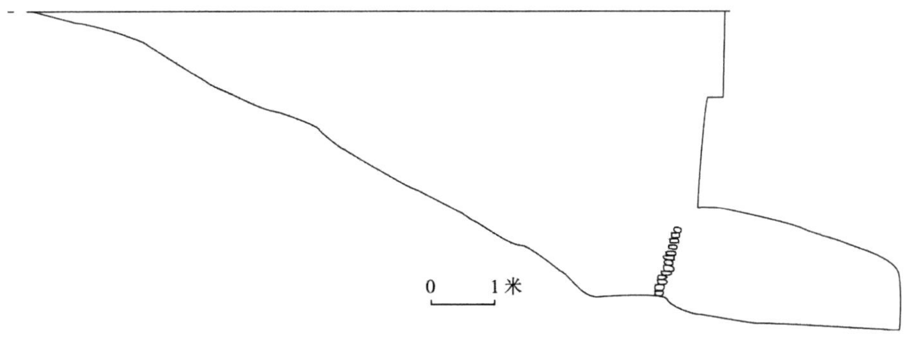

图一六　M11平、剖面图
1、2. 铜镯　3. 铜戒

（六）M11

1. 墓葬形制

该墓开口距地表 1.5 米，为长斜坡墓道土洞墓，坐北朝南，方向 170°。由墓道、墓室两部分组成（图一六）。

墓道　位于墓室南侧，平面呈长条形，底部为长斜坡，上宽下窄。长 11.22、口宽 0.87~0.95、底宽 0.87~1.1、深 4.2 米，斜坡长 11.1 米。北壁有一级台阶，高 1.27、宽 0.24 米。

封门　位于墓道北端。青砖封门，仅残存 13 层。封门厚 0.4、高 1 米（图一七）。

墓室　位于墓道北侧。单室，平面近方形，弧顶。主墓室长 3.44、宽 2.42~2.88、高 0.86~1.8 米。

人骨棺具已朽无痕迹。

2. 出土遗物

共出土 5 件器物，均在墓室填土内发现。

铜镯　3 件。标本 M11：1，素面，呈圆环状，横截面为椭圆形，直径 7.2、厚 0.4 厘米（图四，4）。标本 M11：2-1、2，形制相同，均为素面，圆环状，横截面为圆形。大小一致，直径 7、厚 0.4 厘米（图四，10）。

铜戒　2 件。形制相同，均为素面，圆环状，大小一致。标本 M11：3-1，直径 1.8、厚 0.2 厘米（图四，7）。

图一七　M11 墓门照

图一八　刻铭砖正面（M10：2）

图一九　刻铭砖反面（M10：2）

图二〇　刻铭砖（M15：1）

图二一　刻铭砖（M15：2）

（七）M15

1. 墓葬形制

该墓开口距地表 1.5 米，为长斜坡墓道土洞墓，坐北朝南，方向 172°。由墓道、墓室两部分组成（图二二；图二三）。

墓道　位于墓室南侧，平面呈长条形，底部为长斜坡，上窄下宽。长 11、口宽 0.9~1.02、底宽 0.9~1.24、深 3.8 米，斜坡长 11.1 米。

封门　位于墓道北端。碎砖封门，仅残存 4 层。封门厚 0.23、高 0.3 米。

墓室　位于墓道北侧。单室，平面呈长方形，弧顶。主墓室长 3.04、宽 1.51、高 0.56~2 米。

葬具　墓室中央有木棺 1 具，长 1.82、宽 0.36~0.6、残高 0.56 米。其内有人骨 1 具，骨骼保存较好，仰身直肢葬，头向南，面向东。

图二二　M15 全景照

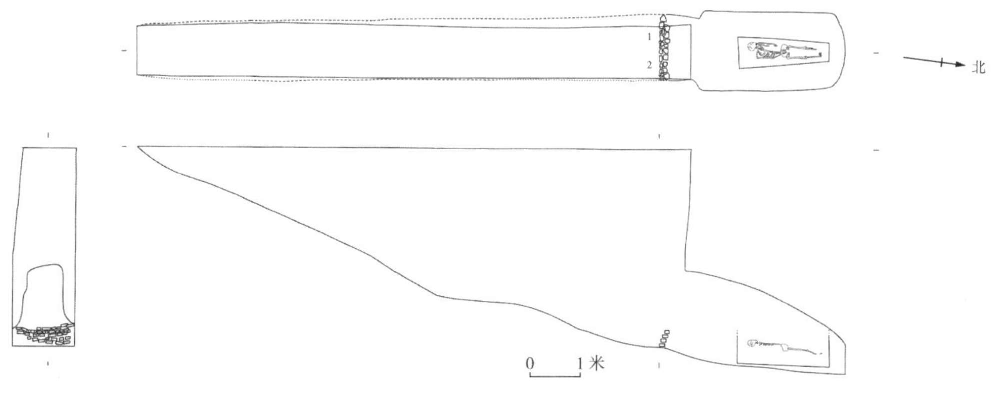

图二三　M15 平、剖面图
1、2. 刻铭砖

2. 出土遗物

刻铭砖　2块。标本M15：1，残，出土于封门处。阴刻“向平铭”三字，残长20、宽18、厚5.5厘米（图七，5；图二〇）。标本M15：2，残，出土于封门处。阴刻“向二”二字，残长21.5、宽18、厚5.5厘米（图七，4；图二一）。

（八）M21

1. 墓葬形制

该墓开口距地表1.5米，为长斜坡墓道土洞墓，坐北朝南，方向170°。由墓道、墓室两部分组成（图二四）。

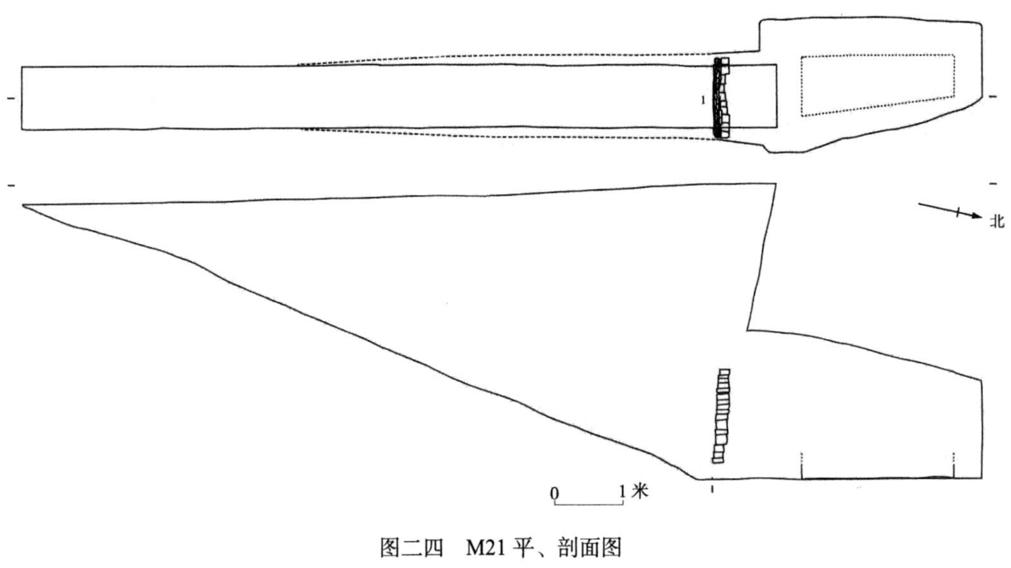

图二四　M21平、剖面图
1. 刻铭砖

墓道位于墓室南侧，平面呈长条形，底部为长斜坡，上窄下宽。长10.8、口宽0.88~0.9、底宽0.88~1.2、深4.14米，斜坡长10.54米。

封门　位于墓道北端。青砖封门，仅残存17层。封门厚0.23、高1.58米。

墓室　位于墓道北侧。单室，平面近梯形，弧顶。主墓室长3.24、宽1~1.92、高1.36~2米。在墓室东部发现有棺痕，长2.2、宽0.6~0.84米。人骨已朽。

2. 出土遗物

刻铭砖　1块（M21：1）。残，出土于封门处。阴刻“向女铭”三字，残长22、宽17.5、厚6.5厘米（图七，6）。

三、结语

这19座墓葬形制相近，排列有序。方向在167°~175°之间。通过观察可以分为三组，第一组为M1、M2、M7等。第二组为M10、M11等。第三组为M15、M21等。这批墓葬形制均为长斜坡墓道洞室墓，墓道形制基本相似，平面呈长条形，开口宽度在0.78~1.2米之间，口略宽于底，剖面呈梯形；墓室则表现得较为随意，平面形状较为多样，其中 M3、M4、M6 带有耳室。除带有耳室的墓葬，其余墓葬形制与大同南郊北朝墓中的长斜坡底墓道土洞墓形制相似[1]，也与太原南坪头北朝墓葬形制较为相似[2]。部分墓葬发现有木棺痕迹，平面均呈梯形，墓主人头向与墓道朝向相同，这也与大同南郊北魏墓的葬俗一致[3]。

虽然本次发现的墓葬数量较多，但是出土随葬品极少。铜手镯、铜戒指、铜发钗这类金属饰品占比很大，多数是成对出现的，形制与大同南郊北朝墓和西安市江村北魏王氏家族墓地出土的铜手镯、铜戒指、铜发钗相似[4]。共发现了 4 枚铜钱，面文均为“五铢”，根据字体和钱体形制判断为东汉五铢。

M2、M3、M10、M15、M21 中出土的刻铭墓砖，与三门峡市氧化铝厂和三门峡市职业技术学校北朝墓中出土的刻铭墓砖风格相似，字体接近，出土位置均在墓门处或封门砖处[5]。铭文内容均为“向 ×× 墓”或是“向 ×× 铭”，可见该墓地为向氏家族墓地。

综上所述，该墓地年代应为北朝时期。三门峡市北朝时期墓葬发现较少，本次发现的北朝向氏家族墓地，不仅填补了本地区北朝家族墓地的空白，也为研究北朝平民墓葬和家族墓地提供了宝贵资料。

领队：杨海青

发掘：王　亮　韩红波　孙　辉

于雅婷　郭　嘉　田曼诗

拍照：陈红梅　周伟娇

绘图：张雪娇

执笔：王　亮　燕　飞

注释：

[1] 山西大学历史文化学院、山西省考古研究所、大同市博物馆：《大同南郊北魏墓群》，科学出版社，2006 年。

[2] 太原市文物考古研究所、山西省彩塑壁画保护研究中心：《太原南坪头北朝墓葬发掘简报》，《文物鉴定与鉴赏》2019 年第 14 期。

[3] 山西大学历史文化学院、山西省考古研究所、大同市博物馆：《大同南郊北魏墓群》，科学出版社，2006 年。

[4] 西安市文物保护考古研究院、北京联合大学：《西安市灞桥区江村北魏王氏家族墓地发掘简报》，《文博》2019 年第 1 期。

[5] 三门峡市文物考古研究所：《河南三门峡市北朝和隋代墓葬清理简报》，《华夏考古》2009 年第 4 期。

河南灵宝北朝向氏家族墓 M10

河南渑池鱼池家园墓群

◎韩鹏翔

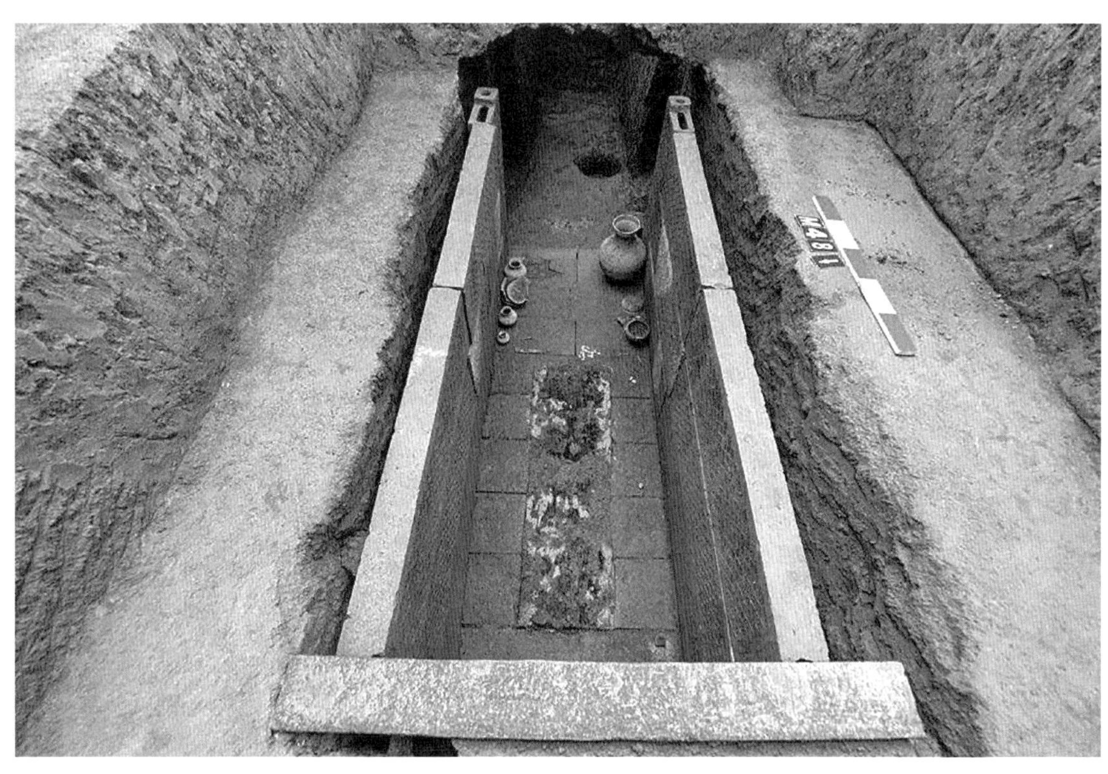

M48 墓室

渑池鱼池家园工地位于渑池县黄花村会盟路以南、韶峰路以西，地势北高南低，呈缓坡状。为了配合陈村乡鱼池村及周边棚户区改造项目的地下车库和幼儿园工程，保护好工程占地范围内的文物安全，受河南省文物考古研究院委托，三门峡市文物考古研究所于 2021 年 5 月开始对该项目工程占地范围内的古墓葬进行抢救性考古发掘，到 8 月结束，历时 3 个月。

本次考古发掘共清理出不同时期墓葬 52 座，出土各类器物 466 件（套）。其中陶器 323 件，包括罐、壶、仓、灶、盆、碗、盒、鼎、缶、茧型壶、俑头等；铜器 106 件，包括铜钱、铜镜、带钩、铜饰、铜矛、铜錾等；铁器 22 件，包括铁刀、铁剑、铁挂钩、铁带钩、铁釜等；瓷器 6 件，包括瓷罐、瓷碗等；骨器 4 件为方形骨饰、六博棋子等；玉石器 5 件，有玉剑彘、方形石器等。根据墓葬形制和出土器物等方面判断，汉代墓葬45座、明清墓葬6座、年代不详墓葬1座。其中45座汉代墓葬是本次发掘的重点，这些汉代墓葬以竖井墓道土洞墓为主，少数在土洞中使用砖形成墓室，砖墓又可分为空心砖墓和小砖墓两种。

M48出土器物

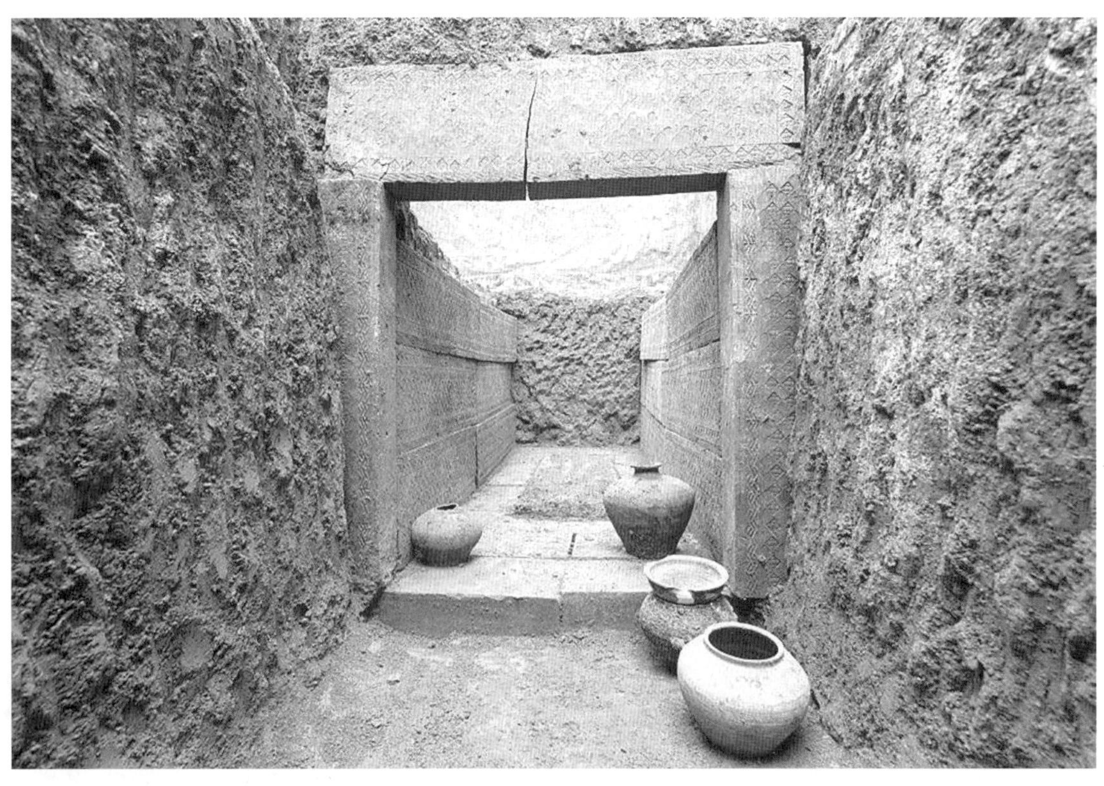

M3门柱、门楣

本次发掘的汉代墓葬多数在墓道底部有生土二层台，其上有木板灰痕迹，在墓门外两侧各挖一道凹槽，也有板灰痕迹，很可能将墓道作为一个封闭的空间使用。这批汉墓多用草木灰作为葬具，少数使用木棺，其上放置人骨。墓葬出土有较多彩绘陶器，其中彩绘茧形壶在本地区汉墓中较为罕见。这些汉墓，部分墓葬方向一致，形制相同，年代相近，可能为家族墓葬。这些墓葬没有经过扰乱，保存较好，器物组合明确。这些为我们探讨三门峡东部地区的汉墓发展演变提供了新材料。

渑池窖藏铁器铭文相关问题研究

◎张　凤

渑池窖藏铁器发现于1974年，窖藏坑位于河南省三门峡市渑池县城关镇一里河村陇海铁路南侧，距现渑池县政府约5千米，共出土汉魏时期铁器4000多件，有铭铁器200多件，铭文种类30多种，基本内容已于20世纪70年代刊布[1]。最近在报告整理过程中，我们对铁器铭文重新作了统计与分析，对相关问题进行了再思考，现将一些认识与想法梳理出来，以求教于方家。

一、铭文内容

渑池窖藏铁器现有铭铁器共229件，铭文均为铸造阳文。很多铭文已因锈层脱落而漫漶不清，以致所见铭文种类繁多杂乱，所以在综合考量下，尽量将相近、相似的内容归在一起，以便讨论分析。在这种情况下统计的铭文内容有：黾、黾左、黾右、黾池军左（黾池或完整或缺1字）、黾池军右（黾池军或完整或缺字）、黾池军（仅存或有1字不全）、黾军（仅存）、军（仅存）、军右（仅存）、右（仅存）、黾左［木］、匠［人/大］……［周？］阳、新安、夏阳、阳成、绛邑、绛邑冶左、绛邑冶右、绛邑左、□邑左、□左、津右、山、［周］冶、周左、周右、周、津及津左张王等30多种。以上铭文内容又可大致分为五类：第一类：纯地名，如新安、黾、夏阳、阳成、绛邑；第二类：地名+左/右或姓氏，如黾左、黾右、绛邑左/右、周左/右、津左/右、津左张王等；第三类：地名+军或军左/右，如黾池军左、黾池军右、黾池军、黾军等；第四类：地名+冶或冶左/右，如周冶、绛邑冶左/右；第五类：个别铭文，如匠［人/大］……［周］阳[2]。

二、铭文字体的时代特征

渑池窖藏铁器铭文的字体特征总体处于隶书向楷书演进的过渡阶段。隶书发端于西汉之前，在东汉时期达到顶峰。楷书在汉代即已萌芽，魏晋南北朝是其蓬勃发展期，隋唐是其成熟期。我国历史上文字字体在发展演变过程中的时代特征相对还是比较明显的，就隶书而言：典型隶书多宽扁，横长而竖短，曹魏时期，汉隶遗风较浓，字形还较扁方；西晋时期，字形总体较前期方正一些，宽扁特征已没那么明显；与西晋相比，东晋时字体已经明显楷体化，北魏时期楷体进一步成熟，最终成就了“唐楷”的鼎盛[3]。

为了更加准确判断渑池窖藏铁器铭文字体的时代特征，本文参考了大量汉晋南北朝时期的碑刻、墓志、楬等资料（主要为刻写文字，而非软笔墨迹），但鉴于图片占幅过大，故从中选取一些与渑池窖藏铁器铭文相同或相近且时代特征明显的字进行对比说明。（表一）

渑池窖藏铁器铭文中出现数量最多的字是“黾”（黾），从字源上讲，该字是从篆体向楷体转变过程中的一种字形，是隶书“黽”的简化体，黽–黽–黽–黾所示分别是其小篆、隶书、楷书及楷书简体四个阶段的字形。而“澠（渑）池”的“澠”（渑），在汉及之前，并无三点水，《说文解字》中只有“黽”字[4]。且目前所见出土文字资料，如西汉宣帝时“黾池宫铜升”、东汉灵帝《李翕颂碑》[5]中的“黽”字皆没有三点水。晚清卷影印本《渑池县志》在渑池县历代疆域沿革表中，对于“渑”字的写法有两种：西汉、东汉与西晋时期用“黽”，曹魏及其他时期皆用“渑”[6]。《渑池县志（1986—2000）》在建制沿革中提出“三国魏时，始将县名更为渑池，沿用至今”[7]。两个版本的县志对“渑池”历史时期字形的认识并不统一，但二者的共同点是曹魏时皆用“渑池”二字，这一认识的产生似与曹魏五行属水德有关。宋毛晃《禹贡指南·卷二·洛水》引《魏略》“魏于行次为土，土、水之牡也，水得土而乃流，土得水而柔”，因此改“雒”为“洛”。但该篇并没有言及“渑”；同时《禹贡指南·卷二·瀍水》篇则多处涉及“渑池”，并言（宋）“渑池，属西京，亦作黾”[8]，却未对“黾”何时何故改写为“渑”做解释。因此，若以为曹魏因笃信五行而比“洛”，将“黾”加三点水，则显得证据不确。谭其骧主编的历史地图集自北魏始用三点水的“渑池”[9]。清代成蓉镜撰《禹贡班义述·瀍水》[10]，涉及“渑池”多处，其在引述汉代著作《汉书·地理志》《水经·瀔水篇》时，用字为“黽池”，引述北魏郦道元注《山海经》时用字为“澠池”，可见其用字谨慎，应是抄录原文献用字。由此可推知北魏时，三点水之“澠池”已被时人使用。宋代字书《广韵》中均同时收录了“黽”与“澠”，二者虽可通用，但“黽”第一释义为“黽池县”，而“澠”第一释义为水名。可见直到宋朝，二字仍互用[11]。

渑池窖藏铁铭中的“黾”字，根据出现其较多的锛冠与斧上“黾”的下部“电”末笔尾部特征，大致可分为四种。锛冠上的为：㇏、㇄、㇏、㇙，其中第三种是第一种的镜像字；铁斧与锛冠基本相同，“黾”也可分为四种：㇏、㇄、㇏、㇙，不同的是第三种是第二种的镜像字。

出土或传世的文字资料中，“黾”字非常少，故本文参考了一些字形结构相近的字。如西汉末尹湾汉墓M6出土的物疏中有“绳杆一”[12]，其“黾”末笔略弯，大致与本文“黾”第四种类似。西汉宣帝时“黾池宫铜升”中“黾”字整体方扁，末笔尾部平折[13]，与本文“黾”第二种类似。东汉《李翕颂碑》碑阳右侧刻有“君昔在黾池，治崤嵚之道，德治精通，致黄龙、白鹿之瑞，故图画其像”铭[14]。《李翕颂碑》刻于东汉灵帝建宁四年（171年）六月，它是隶书

表一 渑池窖藏铁器铭文字体对比表

渑池窖藏铁铭				汉		曹魏	西晋	东晋	北魏
黾	第一种	 MZH1：2-312	 MZH1：2-306			 曹操高陵（M2：303）	 徐美人墓志  石尠墓志		 鄯乾墓志  元龙墓志
	第二种	 MZH1：3-305		 西汉黾池宫铜升	 东汉李翕颂碑				
	第三种	 MZH1：2-340	 MZH1：3-301						
	第四种	 MZH1：3-317		 西汉尹湾简（YM6D13正）	 西汉尹湾简（YM6D9正）				
黾池军左/右	 MZH1：3-304  MZH1：3-318		池	 古荥铁铲（T8：12）		 王基碑	 石定墓志  石尠墓志  徐美人墓志		 元龙墓志
			军	 东汉邯郸“蜀西工”造酒樽		 王基墓碑	 韩寿墓表	 荀岳墓碑	 穆亮墓志

续表

渑池窖藏铁铭				汉		曹魏	西晋	东晋	北魏
新安	MZH1：1-84	MZH1：2-352		西汉尹湾汉简（YM6D3反.3）	东汉安乐肥君（致）碑 东汉熹平石经	王基墓碑	石尠墓志	荀岳墓志	元龙墓志
夏阳	MZH1：2-354			东汉晚瓦房庄钉模（T21A：1）			石尠墓志		
绛邑	MZH1：4-59					西朱村石楬（M1：414）	石尠墓志		穆亮墓志

成熟时代的作品，其“黾”没有“黾池宫铜升”中“黾”那么扁，略显方正，亦与渑池窖藏铁器“黾”字第二种相类，末笔几乎平折。曹操高陵出土有“木绳叉一”石牌[15]，其“绳”的末笔拐折向下，与渑池铁铭“黾”第一种大致相似。西晋《石尠墓志》[16]、《徐美人墓志》[17]中“奄”字末笔下斜明显，写法类渑池铁铭“黾”第一种。而北魏《鄯乾墓志》[18]中“奄”、《元龙墓志》中的“黾”[19]末笔又显平折，字体已近楷体。依以上几例字末笔的三种写法，按早晚顺序分别对应渑池铁铭“黾”的第四、二、一种，即分别为西汉、东汉晚、魏晋时的书写风格。渑池铁铭中“黾”第二种写法最多（50处，斧多于铧冠），第一种写法略次之（47处，铧冠多于斧），第四种写法最少（7处）。由上，根据字体书写特征，渑池这批“黾”铭窖藏铁器应属于魏晋时期，只是早期书写风格在该时期依然存在。

渑池铁铭中的“池”，三点水已具雏形，脱离了典型汉隶的三横形态，但第三笔还未形成楷体的上提。如汉代冶铁遗址中出土的铁铭“河”“淮”等字，三点水都还是短横，其中古荥冶铁遗址年代为西汉中晚期至东汉晚期[20]。“也”字，汉晋时期该字左上角常见有一撇，如《王基碑》、《石尠墓志》[21]；但有的也没有，如西晋《石定墓志》[22]、《徐美人墓志》等，并且西晋时墓志中的“也”末笔弯钩部分也有下斜的特点，而北魏该字已为较成熟楷体。由此，渑池窖藏“池”铭特征与西晋时较为接近。

渑池窖藏铁铭的“窖”字，特点是第一笔与第二笔末笔还是短竖的形式，尚未呈现出楷体的左点与横勾，且"車"的中竖笔未出头。东汉时隶书"軍"字第一笔与第二笔末笔短竖较长，如邯郸"蜀西工"造酒樽铭[23]。曹魏及西晋时期的"軍"，第一笔与第二笔末尾都是短竖的形式。东晋《荀岳墓碑》中"軍"的第一笔与第二笔末尾已接近左点与横勾，且"車"既有竖笔出头的也有未出头的。北魏时的"軍"已是比较成熟的楷体，第一笔与第二笔末笔已是点与勾[24]。所以渑池"軍"铭应晚于东汉、早于北魏。

渑池铁铭之"安"字，宝盖第二笔与第三笔都是短竖的形式，而自曹魏时期起，"安"的这两笔都已经是点与勾了。渑池铁铭"安"下"女"字第一、二笔上部不交叉。尹湾汉简"安"下"女"字第一、二笔上部不交叉，东汉《安乐肥君（致）碑》《熹平石经》的"女"字第一笔与第二笔中间仍没有相交[25]，而魏晋时期的"女"字第一笔与第二笔均是相交的。因此综合考察，"安"字更接近汉代的写法。

渑池铁铭之"陽"，右边的"易"字，"日"字底部不封口，与下面的"勿"中间有一横，汉晋时期"日"流行底部不封口的写法。南阳瓦房庄东汉晚期地层1A层出土的六角釭泥模上的"陽"字[26]，"日"字底部封口，与下面的"勿"中间也有一横，且双耳旁还是方形，这是篆体[27]的遗留。所以渑池铁铭之"夏阳"二字书写年代应晚于东汉，更接近魏晋时期特征。

渑池铁铭之"绛邑"的"绛"，绞丝旁已脱离了篆体的缠绕形式，虽然还未到北魏时期绞丝开口的楷体形态，但大体已具魏晋时期的特征，如西朱村曹魏墓出土石楬上的"縑"、《石尠墓志》中"約"字绞丝旁的写法[28]。

另外，渑池窖藏铁器铭文中还有一些异体字。所谓异体是"音同义同而形体不同的字"，即"俗体、古体、或体、帖体之类"[29]。如"夏""陽"均存在少笔的现象，"阳成"的"成"缺少提土旁，"軍"字竖笔不出头等现象。这种书写过程中少笔、多笔的写法与书写者的习惯及审美有一定的关系，与中国历史上几次字体的更替也有关系，是一种常见现象。

综上所述，渑池窖藏铁器铭文字体，非东汉时期典型的隶书书写特征，也非较成熟的楷书，属于隶书向楷书的过渡阶段，是流行于东汉—西晋时期的书写风格，而渑池窖藏铁器铭文的主体年代应为魏晋时期。

三、有铭铁器类型

渑池窖藏铁器中有铭铁器最多的是铧冠与斧。有铭铧冠占有铭铁器的31.4%，且铭文主要是"黾"，与所有带"黾"铁器比，占比86.8%。有铭铁斧占有铭铁器的45.9%，且铭文全部含"黾"和"军"字，渑池窖藏铁器中"军"字铭文也全部出现在铁斧上。因此铧冠与斧较具有统计学意义，故以铧冠和斧为例探讨铁器类型与铭文特征的关系。

渑池窖藏铧冠分为A、B两型。A型根据是否有磨损痕迹又可分为两亚型：Aa型是没有磨损痕迹的，Ab是有磨损痕迹的。而B型全部有磨损痕迹。除A、B型外，还有一些残缺较甚、只余少量翼部以致无法判断类型的，这些残甚器有铭文的较多，且全部为"黾"字。根据上文，

“黾”字根据末笔特征可分为四种，且在锌冠上出现的位置也有所不同，有左翼、右翼之分。总的来说，“黾”在锌冠各类型上出现的多寡顺序为：Aa ＞残甚器＞ B ＞ Ab。所有锌冠类型中“黾”在右翼出现的较多，几乎是左翼的 2 倍。“黾”字第一种写法在 A、B 型及残甚的锌冠均有出现，A 型与残甚器多于 B 型，Aa 型又多于 Ab 型，且绝大多数出现在右翼；第二种写法在 A、B 型及残甚的锌冠也均出现，B 型上出现次数略多，在左、右翼出现的频次相当；第三种镜像字仅出现在 Aa 型及残甚器上，且全部出现在左翼；第四种仅有 2 例，分别出现在 Aa 型和 B 型上，均出现在右翼。（表二）此外，第二种写法的“黾”字还有字体侧置和倒置的现象，这两种现象分别有 1、2 例，均出现在 Aa 型锌冠左翼。

表二　锌冠与“黾”字类型统计表（单位：次）

锌冠类型										总计
A 型	Aa	12		2		7		1		22
		左 2	右 10	左 2	右 0	左 7	右 0	左 0	右 1	
	Ab	2		0		0		0		2
		左 0	右 2	左 0	右 0	左 0	右 0	左 0	右 0	
B 型		5		5		0		1		11
		左 0	右 5	左 3	右 2	左 0	右 0	左 0	右 1	
残甚		13		2		2		0		17
		左 1	右 12	左 0	右 2	左 2	右 0	左 0	右 0	
总计		32		9		9		2		
		左 3	右 29	左 5	右 4	左 9	右 0	左 0	右 2	

由上，锌冠上“黾”字第一种写法出现得最多，有 32 处，如果算上 9 处镜像字，共有 41 处；第二种写法有 9 处；第四种写法只有 2 处。并且“黾”字第一种写法在锌冠的几个类型中占比均是最高的。那么可以认为在相近的时期内，“黾池”铁器作坊生产的锌冠形制是多样的，即锌冠的 A、B 型及残甚器属同一时期——魏晋时期，也即渑池窖藏不同形制的锌冠同属于魏晋时期，且可认为有“黾”字第一种写法的铁器是该批锌冠的主体生产年代。“黾”第二种写法虽然在东汉时期比较流行，而在魏晋时期仍然存在，只是使用已不普遍，所以出现数量较少。

Aa 型锌冠除了“黾”铭，还有“阳（成）”“绛邑”铭。Aa 型是没有开锋和磨损痕迹的铁器，即没有经过流通使用，但几乎都是残器，为何来自三个不同地区（作坊）的、未经使用的残器汇集一处，是为旧器回收？B 型除了“黾”铭，还有“黾左”“黾右”“夏阳”。B 型几乎都是完整器，但都是开过锋、锋刃部有磨损的，即是经过流通使用的，这来自两个地区四个作坊的使用过的完整器集中于一处，难道与 Aa 型的用意一样——均为旧器回收重铸？Aa 型的“新”器就被回收，其缘由除了质量问题，应是未及使用便被损坏。渑池窖藏铁器曾经过科技检测分析[30]，应不存在因质量不合格而不能投入使用的问题，故后者的可能更大。并且，不论是黾池产，还是外地产，铧冠具有同一形制类型，说明当时不同铁器作坊的生产已经统一规格模范，以便于铁器的广泛流通和使用。同时也说明这些来自不同产地的铁器，虽然新旧不一，但前后年代差别应不是很大。

渑池窖藏铁斧分为竖銎有箍和横銎无箍两大类。竖銎斧占绝大多数，“黾”字铭文均出现在A型竖銎斧上。A型竖銎斧又可分为Aa、Ab、Ac三亚型，Aa型占绝大多数，铭文数量也最多。横銎斧上有“周”“周左”“周右”铭。“黾”字书写特征与铧冠基本相同，也可分为以下四种：㇏、㇄、亅、乚，第三种为第二种的镜像。其中第一种写法有6处；第二种写法有39处，第三种有2处，二、三两种共41处；第四种5处。与铧冠“黾”字写法对比，铁斧第二种写法多于第一种，而铧冠是第一种多于第二种。按上文，“黾”字第一种写法流行于魏晋时期，第二种流行于东汉，但第二种写法在魏晋时期依然存在。铁斧上第二种写法出现比例较铧冠高，可能是因为铁斧铭与铧冠铭主笔人的书写风格不同，更偏向早期书写风格。渑池窖藏竖銎斧几乎没有使用痕迹，且其铭集中为“黾”“军”，此类铭文占有铭铁斧的73%，可见这批“黾”“军”铭竖銎斧是在黾池军事性质作坊内集中生产的一批铁器，用途可能较为特殊。横銎斧形制与竖銎斧不同，且铭文也不一样，这应与不同作坊的分工相异有关。

四、铁器产地及产品类型

渑池窖藏铁器铭文内容中，地名是主体。根据已有考古发现与研究，铁铭中的地名代表的是器物的产地和作坊。

渑池铁器铭文按照不同产地或作坊可分为：1. 黾、黾左、黾右、黾池军左、黾池军右；2. 山；3. 新安；4. 绛邑、绛邑左、绛邑冶左、绛邑冶右；5. 周、周左、周右、周冶；6. 夏阳；7. 津、津右、津左张王；8. 阳成。该顺序是按照铭文出现次数的递减排列的。（表三）

表三　渑池窖藏铁器产地统计表（单位：次）

<table>
<tr><th colspan="2">产地</th><th>板材</th><th>斧</th><th>斧范</th><th>铧冠</th><th>铧冠外范</th><th>铲</th><th>犁镜</th><th>耧铧</th><th>双柄犁范</th><th>方盘</th><th>合计</th></tr>
<tr><td rowspan="5">黾</td><td>黾</td><td></td><td>1</td><td></td><td>59</td><td></td><td>5</td><td>1</td><td></td><td>1</td><td></td><td>67</td></tr>
<tr><td>黾左</td><td></td><td>4</td><td></td><td></td><td></td><td></td><td></td><td></td><td></td><td></td><td>4</td></tr>
<tr><td>黾右</td><td></td><td>2</td><td>2</td><td></td><td></td><td></td><td></td><td></td><td></td><td></td><td>4</td></tr>
<tr><td>黾池军左</td><td></td><td>29</td><td></td><td></td><td></td><td></td><td></td><td></td><td></td><td></td><td>29</td></tr>
<tr><td>黾池军右</td><td></td><td>23</td><td></td><td></td><td></td><td></td><td></td><td></td><td></td><td></td><td>23</td></tr>
<tr><td>新安</td><td>新安</td><td>3</td><td>1</td><td></td><td>1</td><td></td><td>2</td><td></td><td></td><td></td><td></td><td>7</td></tr>
<tr><td rowspan="4">周</td><td>周</td><td></td><td>2</td><td>2</td><td></td><td></td><td></td><td></td><td></td><td></td><td></td><td>4</td></tr>
<tr><td>周左</td><td></td><td rowspan="2">1</td><td></td><td></td><td></td><td></td><td></td><td></td><td></td><td></td><td rowspan="2">1</td></tr>
<tr><td>周右</td><td></td><td></td><td></td><td></td><td></td><td></td><td></td><td></td><td></td></tr>
<tr><td>周冶</td><td></td><td></td><td></td><td>1</td><td></td><td></td><td></td><td></td><td></td><td></td><td>1</td></tr>
</table>

续表

产地		板材	斧	斧范	铧冠	铧冠外范	铲	犁镜	耧铧	双柄犁范	方盘	合计
绛邑	绛邑				1							1
	绛邑左、绛邑冶左						4					4
	绛邑冶右								1			1
夏阳	夏阳				4							4
津	津			1								1
	津右						1					1
	津左张王										1	1
阳成	阳成				3	1						4
山							14					14

所有产地铭文中“黾”铭是最多的，约占可辨产地铭文总数的74%，其余产地占比均不超过8%，屈指可数。（图一）可见渑池窖藏这批铁器应是在“黾池”当地生产的。“黾”铭又可分为黾、黾左、黾右、黾池军左和黾池军右等5种，其中单字“黾”最多，约占所有“黾”铭的53%，且有86.76%出现在铧冠上，可见铧冠是以单字“黾”为标识的铁器作坊的重要产品。除了铧冠，犁镜、双柄犁范和铲等铁器上也零星见有“黾”铭。由此，“黾”作坊应以农具及土作工具为主要产品。黾池军左、黾池军右，数量也较多，共约占所有“黾”铭的41%，“左”“右”铭的比例相当，且这类铭文全部出现在铁斧上。另外黾左、黾右（各占比约3%），也出现在铁斧及铁斧范上。由此铁斧应是“黾池军”作坊的主要产品，且分左、右作坊共同生产这批铁器，左、右作坊的产品类型及形制几乎相同，可见二者分工并没有明显差别，且渑池窖藏这4000多件铁器，只有斧出现“军”字，这应表明斧在当时与“军”具有密切关系。

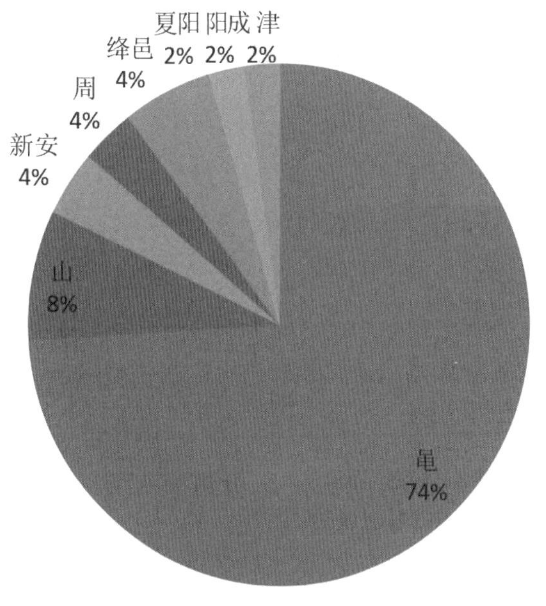

图一　渑池窖藏铁器产地占比图

作坊分左、右的还有“绛邑”“周”“津”三地。绛邑、绛邑左、绛邑冶左和绛邑冶右，分别出现在铧冠、铲和耧铧上，可见“绛邑”铁器作坊也分左、右，农具及土作工具是其主要产品，且向外地流通。周、周左、周右出现在斧及斧范上，由此，斧是“周”及其左、右作坊的重要产品。“周”地的斧为横銎斧，与“黾”地的竖銎斧形制差别较大，这可能与不同地区铁器作坊的分工不同有关。津、津右与津左张王，分别出现在斧范、铲及方盘上，可见除了土木工具，生活用具也是“津”地作坊的产品之一。“新安”作坊的产品有板材、斧、铧冠和铲，除了农、土、木工具，还有板材这种半成品材料。新安有丰富的铁矿，是汉代弘农郡的第二号作坊所在[31]，赖其丰富的铁矿向周边地区输送铸铁材料也理所当然。另外，夏阳、阳成、山等三处铁器作坊的产品为铧冠和铲，也主要是农具及土作工具。

以上八处铁器产地的铁产品种类主要为农具、土作工具及生活用具，且在不同地区之间进行流通。除了“黾池”和“周”生产铁斧外，其他六地几乎不产铁斧，且“黾池”和“周”生产的铁斧形制不同。由此，“黾池”竖銎斧可能是与军事作战有关的武器，而“周”地的横銎斧应主要为普通的木作砍伐工具。另外，渑池窖藏铁器铭文主要出现在农、土和木工具上，并不是所有铁器都有铭文，有铭与无铭的意义应有所不同。

黾（渑）池、新安、绛邑、夏阳和阳成等五地名在汉晋南北朝时期均可考，是县名或郡名。为了进一步考察渑池窖藏铁器所属时代，我们通过查阅文献及历史地图集，梳理了这五地在西汉至北朝时期的变迁：“黾池”县，西汉景帝置，两汉时期属弘农郡，县治均在今渑池县城稍西位置，东汉末建安中南迁至蠡城（今洛宁），三国魏时黾池仍在蠡城。西晋时弘农郡黾池县治位置同曹魏时期，在今洛宁附近。北魏时改弘农郡为恒农郡，郡治恒农，北魏孝文帝太和十一年（487 年），置渑池郡，郡治渑池，称北渑池，位置大致同汉代黾池位置；东魏兴和年间，置南渑池，属宜阳郡，即曹魏及西晋时的黾池县。今渑池窖藏在其所属历史时期之属地应是“黾池”，而非“北渑池”或“南渑池”，所以，这批“黾”铭窖藏铁器不大可能是北朝时的产品。“绛邑”是东汉、三国魏及西晋时的县名，西汉时称为“绛”，北魏时称为“北绛”，由此可推测渑池窖藏铁器“绛邑”铭的铁器应不属于西汉及北魏。而“夏阳”，除了在三国曹魏统治期间不在其统辖范围内，其他几个时期，虽然所属州郡不同，但其名称及地理位置变化不大，所以“夏阳”铭铁器属于曹魏的可能性不大。“新安”“阳成”在以上各时期均为县名，变化不大。由上述铁器产地历史沿革的变迁大概可以推测，渑池窖藏铁器主体年代早不过东汉、晚不至北朝。

渑池窖藏铁器所涉产地中除了上文五处，另外还有山、津、周三处。检索汉晋南北朝地理志、郡国志等相关文献，发现含有“山”的有东汉时期河内郡的“山阳邑”“泰山郡”。据李京华先生研究[32]，汉代有“山阳”大铁官，产品标识为“山阳”而非“山”；另泰山郡也有大铁官，简称“大山”（即太山）[33]，也非“山”。因此渑池窖藏铁器铭文的“山”应不是汉代的“山阳”或“泰山”。另外含有“山”的还有曹魏兖州“山阳郡”、沛国“山桑县”及西晋会稽郡的“山阳县”，这几处是否曾设有铁官或铁冶，文献均不可考，目前也没有考古发现。同样，含有“津”“周”的几县也存在相似问题。包含“津”字的有东汉安平国“观津”，西晋义兴郡的“临津”；包含“周”的有东汉西河郡的“平周”。汉晋南北朝时期县邑有几千个，这一时期政权更迭频繁，郡县名称治所辖域的变迁也时有发生，文献未载其详情有可原。

不过山、津和周三地也可能不是郡县名，而是取自地理名称，或因需要而新设的铁冶。据《宋书·百官志》及《晋书·职官志》记载西晋有“梅根”“冶塘”“新兴”“马头”诸冶。而“梅根”，取自自然地理名——梅埂，因梅埂河入口处产铁，故设立铁冶，“冶塘”如此，刘宋“东冶”也类此。“东冶”冶名并非固有郡县名，而是因冶铁新建城池，且东、西晋时城池位置还有更迁，以取冶铸之便[34]。

五、汉晋铁官制度与物勒工名

（一）铁官制度

自铁器被广泛应用，铁器冶铸作为重要的手工业生产，很多时期都具有严格的管理制度，从中央到地方有逐层管理机构，每层机构都有相应的官员。汉代设置“铁官”，是为明确的铁器生产组织管理机构名称，汉代的铁官之制应源于秦朝[35]。秦朝中央设立“左采铁”“右采铁”，是铁矿开采主管机构，隶属少府[36]；“右冶铁官”，主管铁的冶炼[37]（推测还有“左冶铁官”）；“铁市”负责铁器的销售流通；另还有专门负责铁兵器生产的“铁兵工”机构[38]。由此可以看出，秦朝不但设置有铁官，且其门类繁多，涉及铁矿开采、冶炼与铁器生产、销售等各个环节，以及专门铁器（兵器）的生产，这不但与秦帝国的统一管理有关，更是铁器生产使用普及化的表现。随着铁器工业突飞猛进的发展，西汉中—东汉早期有严格的盐铁官营制度[39]。汉武帝确立铁官制度，有“铁官”“铁市”，归大司农管理[40]。西汉时期，铁官由中央设置并管理，设置大、小铁官，大铁官管辖的铁工厂（作坊）有多处，小铁官设置在不产铁的地方，以回收废旧铁器重铸为主，铁官的职官有令、长、丞等。东汉时期虽然仍有盐铁官营，但时断时续，制度相对松弛，且东汉的“官营”管理与西汉不同，其不属于中央大司农直接管辖，而是属于郡国管理，并且只收取铁税，不再设置铁官直接管理铁器的生产和销售[41]。

曹魏时期铁器管理制度始建于东汉末建安年间，曹操设置司金中郎将、监冶谒者和司金都尉等职官管理冶铁事务，其中司金中郎将是其最高长官，此外应还有“司金丞”。《曹真碑》中“司金丞”曾是曹真属官，曹真官至大司马，多次率军对蜀汉作战，应为武将[42]。但是目前对于曹魏铁官的具体机构设置并不十分清楚。曹魏虽对冶铁生产实行官营，但铁器加工与贩卖却由私人经营[43]，这一点与东汉时期的盐铁“官营”十分相像，政府只对冶铁进行监管，并不直接参与生产与经营。蜀汉的冶铁管理机构与曹魏基本相同，亦设有司金中郎将等职，主要监造农战之器。孙吴的冶铁管理机构及名称是另外一种类型，即在产铁之地设置某冶管理机构，职官为冶令或丞，但铁冶的隶属关系不详。值得注意的是孙吴的这种铁官形式后来成为魏晋南北朝时期铁冶管理的通制，只是隶属关系略有变动而已[44]。

两晋的冶铁管理机构承袭孙吴，即在铁产地设置冶令或丞。西晋时，有三十九冶令及南北东西督冶掾，诸冶皆在江北，江南只有二冶——梅根冶及冶塘冶，属扬州郡管理，不属中央。《晋书·职官志》：“卫尉，统武库、公车、卫士、诸冶等令，左右都侯，南北东西督冶掾。”[45]又《宋书·百官志》记载：“汉有铁官，晋置令，掌工徒鼓铸，隶卫尉。”又有卫尉“掌冶铸，领冶令三十九，户五千三百五十。冶皆在江北，而江南唯有梅根及冶塘二冶，皆属扬州，不属卫尉”[46]。西晋诸冶掌管铜铁冶铸之事，且诸冶设有官库，以便收藏铜铁。《唐六典·少府监》“诸冶监：监各一人，正七品下”条注《晋令》：“诸冶官库各置都监一人。”可见西晋的铁冶管理机构职官有冶令、丞、督冶掾和官库都监等[47]。

西晋诸冶、掾属中央机构——卫尉管理。卫尉在秦汉时期本是京城禁卫军，但其职能于魏晋时期发生大变，晋卫尉主要职掌武器与铜铁冶铸，与汉不同[48]。东晋铁冶设置与西晋相仿，只是诸冶不属卫尉。东晋政权南移，北方冶铸业较为萧条，盐铁官营无常制，文献可考北赵设置“丰国、渑池”二冶，南燕“立冶于商山”[49]，但都寥寥无几，不成系统。

南朝刘宋中央设置有东、南冶令、丞，在郡、县也设置冶令或丞。《宋书·百官志上》：“东冶令，一人。丞，一人。南冶令，一人。丞，一人。……冶隶少府如故。江南诸郡县有者或置冶令，或置丞，多是吴所置。”[50]其中“隶少府如故”的“故”应指东晋。

北朝时，北魏统治时期最长，经济得到一定的恢复与发展，但似乎没有专门设置铁官。虽然北魏之初道武帝拓跋珪天赐元年（404年）始“置山东诸冶，发州郡徒谪造兵甲”，但是这种官营并没有坚持下去，金银铜铁私铸非常严重。如《魏书·食货志》记载北魏孝明帝延昌三年（514年），“有司奏长安骊山有银矿，二石得银七两。其年秋，恒州又上言，白登山有银矿，八石得银七两，锡三百余斤，其色洁白，有逾上品。诏并置银官，常令采铸。又汉中旧有金户千余家，常于汉水沙淘金，年终总输。后临淮王彧为梁州刺史，奏罢之。其铸铁为农器、兵刃，在所有之，然以相州牵口冶为工，故常炼锻为刀，送于武库”[51]。并且因为朝廷对铁器的冶铸没有统一管辖调配，以致有些州郡的铁器需要仰赖其他地区，便有官员上书请复铁官。北魏孝文帝太和十九年（495年），光州刺史崔挺面奏皇帝：“先是，州内少铁，器用皆求之他境。挺表复铁官，公私有赖。”[52]

由上，综合考察汉晋南北朝时期的铁器冶铸管理系统的隶属关系、职能及铁官机构名称，可将其分为三个时期：西汉、东汉—曹魏蜀汉与两晋南北朝。西汉时期，铁官隶属中央大司农，大司农掌管全国财政大权，主管农、工、商的均输、平准和税收，可见西汉时期，冶铸体现更多的是与国家财、农的关系。东汉时期，中央不常设专职的铁官机构，这一点被曹魏、蜀汉沿袭，曹魏、蜀汉设置司金中郎将等职官，管理、监督冶铸之事，以“盐铁之利，足赡军国之用”，体现了其与军战的关系。农、战是历史时期的国之大事，而社会动荡时期，军战显得更为重要。西晋及北魏时更以制度的形式加强铁与兵的紧密联系，这应与魏晋南北朝持续动荡不安的政权更迭有直接关系。西晋，冶铸隶属卫尉，西晋卫尉主要职掌武器与铜铁冶铸，冶铸不仅以财税形式更以铁兵器的形式成为政府的重要支柱。东晋—北魏，冶铸虽然改隶少府（北魏孝文帝太和年间改太府），但少府在该时期的职能也与汉代不同，主要掌管全国兵器制造，兵器制造需要铜铁，故与各冶隶属同一机构。汉、晋、南北朝各时期冶铸管理结构名称也有所不同，汉代设置铁官，而从东吴起，冶铸管理机构名称改为某冶，西晋时还有负责监察的监冶（南安监冶）[53]，这种铁冶制度形式为后代所沿用。

（二）物勒工名

物勒工名制度较早见于《礼记·月令》：（孟冬之月）“是月也，命工师效功，陈祭器，案度程，毋或作为淫巧，以荡上心，必功致为上。物勒工名，以考其诚，功有不当，必行其罪，以穷其情。”[54]“物勒工名，以考其诚”是物勒工名制度的核心，本意是将器物制造者的名字刻在器物上，以便管理者检验产品质量和考察工匠的绩效。“物勒工名”制度形成于战国中期的三晋地区，最早出现在兵器的刻铭上[55]，在秦代得到进一步发展[56]。汉承秦制，汉代在秦制的基础上使“物勒工名”制度达到成熟并走向全盛与繁荣。汉代“物勒工名”的内容一般包括制作日期、生产机构、官员名、工匠名、数量及编号等[57]。汉代铁器铭文所体现的勒名形式与内容较铜器、漆器等要简单得多，目前所见最多的铁铭体现的一般是铁官与生产作坊，如弘一、弘二、河一、河三、阳一、阳二、内一、内二和山阳二等[58]，是以郡名或简称＋数字编号的形式呈现的。郡名体现的是“铁官”，即生产主管机构，而郡名＋数字便是生产机构，如弘一、河一，分别是弘农郡、河南郡铁官负责的第一号生产作坊，编号还有二、三……，代表某郡铁官下主管的多个铁器作坊。这种铁器勒名形式所体现的铁器生产管理模式主要集中在西汉中期—东汉早期[59]。东汉时期，盐铁官营政策和形式都有所改变，官营时兴时废，管理相当松弛，并且即使“官营”，管理形式也与西汉中后期有所不同，从西汉时期的各地铁官由中央直接任命、官府管理生产，转变成各地铁器生产由郡县管辖，且不直接参与生产，只行使收税权[60]。如此，铁官、铁器作坊及铁铭形式内容都应会有相应变化。虽然考古发现一些西汉时期的铁器作坊在东汉时期还在继续生产，但是目前还没有两汉铁官铭文的明确区分，但东汉也应该不会像西汉那样由中央在全国范围内设置铁官，以郡为名，统一命名、统一管理。而魏晋南北朝时期，目前还未发现其他可参考的铁铭形式。

渑池窖藏铁器铭文可大致分为五类，以地名（县名）为主，地名体现的是铁器产地，也是铁器生产作坊，还应有管理机构。

第一类：纯地名，黾、新安、夏阳、阳成、绛邑等五处地名是为县名，冶铸作坊和管理机构是以县名命名。第二类：地（县）名＋左/右，黾左/右、周左/右等，有县名及其他地名，左、右是各地（县）冶铸作坊的分支。这种命名方式在战国与秦朝已经存在，如秦的左、右采铁，而后代东晋也有左、右冶的设置[61]。经前文分析，渑池窖藏铁铭中的左、右作坊分工大致相同，其分左、右应是因规模，而非分工所需。第三类：县名＋军或军左/右，这类全部出现在黾池生产的铁斧上，左、右含义如上，且左、右作坊生产的铁斧形制也较统一；而“军”铭在其他作坊铁器中不见，“军”应与军事、军队等作战行为密切相关。如上文所述，魏晋时期，无论从隶属关系上还是冶名形式上，冶铸之事突显与军、战的紧密关系。曹魏与蜀汉，司金中郎将之“中郎将”是武官常设职官，两晋时期诸冶的隶属机构——卫尉主管兵藏与冶铸。再向前溯，秦朝曾设置负责铁兵器生产的“铁兵工”机构。因此，推测“黾军”也应与秦的“铁兵工”机构类似，主要负责军兵器的生产管理。且“黾军”规模较大，分设左、右，这一点也类秦。

第四类：地（县）名＋冶或冶左/右，如绛邑冶左/右，这类铭文体现的铁器生产场所或管理机构的命名方式与汉代明显不同，这种命名方式源于东吴，西晋及之后被沿用，再结合上文所论“绛邑”县所属时代应为东汉—西晋，所以“绛邑冶”可能属于文献所记载的西晋时期诸冶的其中之一，且其也分左、右，可见规模也较大。第五类：匠［人/大］……［周］阳，铭文原字可能有多个，而现在仅能确认一二，推测可能包含有工匠名或管理者，该类铭文在渑池窖藏铁铭中仅为个例。

如果按照“物勒工名”常见内容归纳，渑池窖藏铁铭体现的主要是以县命名的生产机构或者管理机构，如黾，即黾池县的铁器冶铸作坊或管理机构。再如黾池军左/右，即黾池县的军事性质管理的铁器冶铸作坊或管理机构，主要负责军兵器的生产，而“左”“右”是“黾池军”的分支作坊或机构，左、右作坊的分工并没有明显差别，产品类型较为一致。绛邑冶、周冶是以县（或地名）命名的铁冶场所或机构，是区别于汉代的、时代特征明显的铁器勒名形式。

六、结语

本文通过对渑池窖藏铁器铭文种类、铭文字体的时代特征、铭文种类与铁器类型的关系、铭文所反映的铁器产地以及汉晋时期铁官制度与物勒工名等问题进行统计、分析、梳理和归纳，认为渑池窖藏铁器铭文总体属于东汉—西晋时期的书写风格，有铭铁器的年代应为魏晋时期。该批铁器主要来自黾池、绛邑、新安等八地至少十几个作坊，以铧冠上的“黾”铭分析为例，发现不同形制的铧冠属于同一时期，且不论是黾池本地生产，还是外地所产，形制都相同，说明当时不同铁器作坊的产品源自统一规格模范，便于铁器的广泛流通和使用。铁器的物勒工名形式与汉代明显不同，体现的是西晋时期军事性质浓郁的铁冶制度下的铁器冶铸管理形式。渑池窖藏铁器是研究汉晋时期铁器冶铸生产与管理的重要资料。

附记：渑池窖藏铁器距最初发现已半个世纪，所幸报告即将出版。近年来的报告整理工作得到了单位领导的大力支持，以及诸多同事、师友的鼎力相助，在此深表谢忱。

注释：

［1］a. 渑池县文化馆、河南省博物馆：《渑池县发现的古代窖藏铁器》，《文物》1976年第8期。

b. 河南省文物考古研究院：《渑池火车站冶铁遗址2016~2017年调查简报》，《华夏考古》2017年第4期。

［2］□表示因锈蚀缺失者；□内的字表示缺失处推测的字；［ ］内表示难以辨识推测的字；……表示可能缺字，字数不详；/表示或；( )内为说明性文字。另，本文铭文释读字用现行简体字，论及文字字体、字形或源流时，用当时字体；在论及历史时期的“渑池”时，用时字，其他时候皆用现在通用字。

［3］a. 李慧：《两晋墓志书法》，山西大学硕士学位论文，2020年，第35页。

b. 王广瑞：《三国两晋真书研究》，吉林大学硕士学位论文，2012年，第5页。

[4] 许慎撰，段玉裁注:《说文解字注》，上海古籍出版社，1981 年，第 285 页。

[5] a. 邱隆、丘光明、顾茂森等:《中国古代度量衡图集》，文物出版社，1984 年，第 73 页，图版一一四。

b. 王子今:《论李翕黾池五瑞画及“修崤嵚之道”题刻》,《文博》2018 年第 1 期。

[6] 中共三门峡市委党史地方史志办公室:《崤函古县志辑汇：渑池县志》，晚清（附民国卷）影印本，中州古籍出版社，2010 年，第 14 页。

[7] 渑池县地方史志编纂委员会:《渑池县志（1986—2000）》，方志出版社，2006 年，第 1 页。

[8] 毛晃:《禹贡指南》，中华书局，1985 年，第 26 页。

[9] 谭其骧:《中国历史地图集：北朝魏司、豫、荆、洛等州》，中国地图出版社，1982 年。

[10] 成蓉镜:《禹贡班义述：卷中》，光绪十四年广雅书局刻本，第 11 页。

[11] 张玉书等:《康熙字典》，上海书店，1985 年，第 718、1701 页。

[12] 周群丽:《尹湾汉墓简牍整理研究》，西南大学硕士学位论文，2007 年，第 56、66、271、274 页。

[13] 邱隆、丘光明、顾茂森等:《中国古代度量衡图集》，文物出版社，1984 年，第 73 页，图版一一四。

[14] 王子今:《论李翕黾池五瑞画及“修崤嵚之道”题刻》,《文博》2018 年第 1 期。

[15] 河南省文物考古研究院:《曹操高陵》，中国社会科学出版社，2016 年，第 365 页。

[16] 赵万里:《汉魏南北朝墓志集释》，台北鼎文书局，1972 年，第 292 页，图版一五。

[17] 罗宗真:《魏晋南北朝考古》，文物出版社，2001 年，第 115、116 页，图二三。

[18] 罗宗真:《魏晋南北朝考古》，文物出版社，2001 年，第 148 页，图三二。

[19] 洛阳市文物局编:《洛阳出土北魏墓志选编》，科学出版社，2001 年，第 228 页。

[20] 郑州市博物馆:《郑州古荥镇汉代冶铁遗址发掘简报》,《文物》1978 年第 2 期。

[21] a. 王基墓碑，见黄明兰、朱亮:《洛阳名碑集释》，朝华出版社，2003 年，第 34 页。

b. 石尠墓志，见赵万里:《汉魏南北朝墓志集释》，台北鼎文书局，1972 年，第 292 页，图版一五。

[22] 王玉来:《故宫博物院藏西晋石尠、石定墓志的出土时地与流传》,《中国国家博物馆馆刊》2015 年第 10 期。

[23] 郝良真:《邯郸出土的“蜀西工”造酒樽》,《文物》1995 年第 10 期。

[24] a. 王基墓碑，见黄明兰、朱亮，前揭书，第 34 页。

b. 韩寿墓表，见黄明兰、朱亮，前揭书，第 57 页。

c. 荀岳墓碑，见黄明兰、朱亮，前揭书，第 64 页。

d. 穆亮墓志，见洛阳市文物局，前揭书，第 225 页。

[25] a. 尹湾，见周群丽:《尹湾汉墓简牍整理研究》，西南大学硕士学位论文，2007 年，第 195 页。

b. 安乐肥君（致）墓碑，见黄明兰、朱亮，前揭书，第 18 页。

c. 熹平石经，见黄明兰、朱亮，前揭书，第 28 页。

d. 王基墓碑，见黄明兰、朱亮，前揭书，第 34 页。

e. 石尠墓志，见赵万里:《汉魏南北朝墓志集释》，台北鼎文书局，1972 年，第 292 页，图版一五。

f. 荀岳墓志，赵万里编，前揭书，图版一四。

[26] 河南省文物研究所:《南阳北关瓦房庄汉代冶铁遗址发掘报告》,《华夏考古》1991 年第 1 期。

[27]《说文》中“阳”字的篆体为陽。见许慎撰，段玉裁注。前揭书第 285、304 页。

[28] a. 西朱村石楬，见王咸秋:《洛阳西朱村曹魏墓石楬的发现与分类研究》,《中国书法》2022 年第 3 期。

b. 石尠墓志，见赵万里：前揭书，第 292 页，图版一五。

[29] 陶小军:《从汉代碑刻看异体字与书法表现的关系》,《艺术百家》2008 年第 6 期。

[30] 北京钢铁学院金属材料系中心化验室:《河南渑池窖藏铁器检验报告》,《文物》1976 年第 8 期。

[31] 李京华:《汉代大铁官管理职官的再研究》,《中原文物》2000 年第 4 期。

[32] 李京华:《汉代大铁官管理职官的再研究》,《中原文物》2000 年第 4 期。

[33] 白云翔:《先秦两汉铁器的考古学研究》，科学出版社，2005 年，第 344 页。

[34] a. 裘士京:《“梅根冶”考辩》,《东南文化》1990 年第 1、2 期合刊。

b. 黄学超:《冶塘考》,《自然科学史研究》2012 年第 4 期。

[35] 戴卫红:《出土文字资料所见秦铁官》，见《湖南省博物馆馆刊》(八)，岳麓书社，2011 年，第 296—299 页。

[36] 睡虎地秦墓竹简整理小组:《睡虎地秦墓竹简》，文物出版社，1978 年，第 138 页。

[37] 周晓陆、路东之:《秦封泥集》，三秦出版社，2000 年，第 128 页。

[38] 在《秦封泥集》中，出现了“铁兵工丞”印，但此官职性质不明，从名称推测，当与铁兵器的锻造有关。参见戴卫红:《出土文字资料所见秦铁官》，见《湖南省博物馆馆刊》(八)，岳麓书社，2011 年，第 296—299 页。

[39] 白云翔:《先秦两汉铁器的考古学研究》，科学出版社，2005 年，第 339—347 页。

[40] 班固:《汉书：百官公卿表》，中华书局，1962 年，第 339—347 页。

[41] 高敏:《东汉盐铁官制度辨疑》,《中州学刊》1984 年第 4 期。

[42] 故宫博物院馆藏铭刻曹真碑，见 https：//www.dpm.org.cn/collection/impres/230147.html。

[43] 马志冰:《魏晋南北朝盐铁管理制度述论》,《史学月刊》1992 年第 1 期。

[44] 刘潇:《魏晋南北朝九卿研究》，华东师范大学，2010 年，第 56 页。

[45] 房玄龄等:《晋书·职官志》，中华书局，1974 年，第 736 页。

[46] 沈约:《宋书·百官志上》，中华书局，1974 年，第 1230 页。

[47] 李林甫等:《唐六典·少府监》，陈仲夫点校，中华书局，1992 年，第 577 页。

《通典》卷二七《职官九·少府监》:“秦及汉郡国有铁官。诸郡国出铁者，置铁官长、丞。晋冶令掌工徒鼓铸，隶卫尉。江左以来省卫尉，始隶少府。宋有东冶、南冶，各置令、丞，东冶令、丞各一人，南冶令、丞各一人。而属少府。齐因之。江南诸郡县有铁者，或置冶令，或置冶丞，多是吴所置。梁、陈有东、西冶。东冶重，西冶轻。其西冶即宋、齐之南冶。北齐诸冶属太府。后周有冶工、铁工中士。隋有掌冶署令、丞。大唐于京师置冶署，有令、丞各一人，掌造铸金银铜铁，涂饰琉璃玉作等事。”

[48] 刘潇:《魏晋南北朝九卿研究》，华东师范大学博士学位论文，2010年，第56页。

[49]《晋书·石季龙载记上》:“前以丰国、渑池二冶初建，徙刑徒配之，权救时务。而主者循为恒法，致起怨声。自今罪犯流徒，皆当申奏，不得辄配也。京狱见囚，非手杀人，一皆原遣。”《晋书·慕容德载记》:“立冶于商山，置盐官于乌常泽，以广军国之用。”参见房玄龄等，前揭书，第2771、3169页。

[50] 沈约，前揭书，第1230页。

[51] 魏收:《魏书·食货志》，中华书局，1974年，第2857页。

[52] 魏收：前揭书，第1265页。

[53]《晋书·高祖宣帝纪》:“于是表徙冀州农夫佃上邽，兴京兆、天水、南安监冶。”参见房玄龄等，前揭书，第7页。

[54] 孙希旦:《礼记集解：中》，沈啸寰、王星贤点校，中华书局，1995年，第489页。

[55] 黄盛璋:《试论三晋兵器的国别和年代及其相关问题》,《考古学报》1974年第1期。

[56] 梁安和:《论秦的物勒工名制度》,《咸阳师范学院学报》2002年第3期。

[57] 雷晓伟:《汉代“物勒工名”制度的考古学研究》，郑州大学硕士学位论文，2010年，第1页。

[58] 李京华:《汉代大铁官管理职官的再研究》,《中原文物》2000年第4期。

[59] 白云翔:《先秦两汉铁器的考古学研究》，科学出版社，2005年，第344页。

[60] 高敏:《东汉盐铁官制度辨疑》,《中州学刊》1984年第4期。

[61] 卢海鸣:《六朝时期的钢铁冶炼技术》,《科技与经济》2000年第1期。

河南三门峡后川村 M425 发掘简报

◎河南省文物考古研究院　◎三门峡市文物考古研究所
◎安阳师范学院考古与文博系

2019 年 9—12 月，河南省文物考古研究院联合三门峡市文物考古研究所、安阳师范学院考古与文博系，对三门峡市后川村棚改拆迁项目黄河嘉园工地二期进行了配合性考古发掘，该工地位于三门峡市湖滨区向川路东约 100 米，南邻舒馨苑小区，北距黄河约 600 米。（图一）在工地西端发现墓葬 M425，现将该墓发掘情况简报如下。

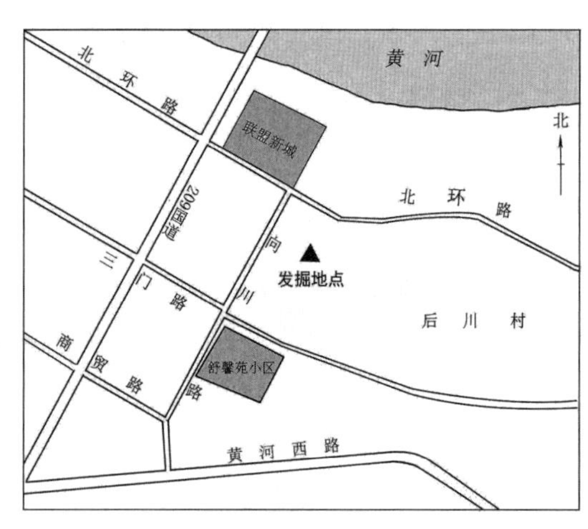

图一　墓葬位置示意图

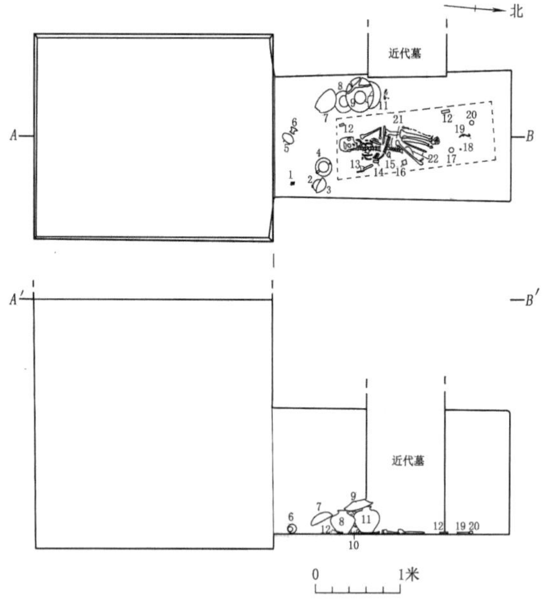

图二　M425 平、剖面图

1. 骨器　2. 铜鼎　3. 铜釜　4. 铜鍪　5. 铜附件　6. 铜器座　7. 铜盘　8、11. 陶缶　9. 陶盆　10. 陶罐　12. 铜殳　13. 铁剑　14. 玉璏　15. 铁器　16. 玉珌　17. 铜环　18. 铜印章　19. 铜带钩　20. 陶纺轮　21. 铜剑首　22. 圆陶片

一、墓葬形制

M425 坐北朝南，方向 175°，由墓道和墓室两部分组成。（图二）由于黄河嘉园工地二期棚改拆迁平整土地，取走距现地表深约 2 米的土层，墓葬原始开口层位已不可知。

墓道　位于墓室南端，为平面呈长方形的竖井墓道，口大底小，口南北长 2.8 米、东西长 2.2 米，底南北长 2.78 米、东西长 2.14 米，深 2.7 米，底部平坦。道壁内收加工规整，道内填五花土，质地疏松。

墓门　设在墓道北壁底部中央，平顶，高1.36米，宽1.3米。

墓室　位于墓道北端，为平顶土洞单室，墓底平面呈近长方形，长2.76米，宽1.3~1.4米，室后壁高1.32米。室底高出墓道0.15米。墓主葬于墓室中部偏后，室壁加工规整，室内充满淤土。（图三）墓室中部边缘被一近代墓打破，未伤及人骨和器物。

图三　M425墓室发掘现场

二、葬式及葬具

人骨一具，保存较好，仰身屈肢葬，头南脚北，面略向西，双臂放于腹部，下肢骨蜷曲到腹部。经鉴定，推测墓主为中年男性。在墓主骨架外围发现大致呈长方形的棕褐土色，长1.82~1.84米，宽0.62~0.64米，疑似棺木痕迹。

三、随葬器物

共出土随葬器物22件（套），铜鼎、铜釜、铜鍪、骨器、铜附件、铜器座等放置在墓室前端，铜盘、陶缶、陶盆、陶罐等放置在墓室西壁下，铜殳、玉璏、玉珌、铁剑、铜带钩、陶纺轮、铜环、铜印章等放置在棺木内。依质地随葬器物分为陶、铜、铁、骨、玉5类，现分类叙述于后。

（一）陶器

6件，均为泥质灰陶，器形为缶、罐、盆、纺轮和圆陶片。

缶　2件。形制相同，大小、口沿、纹饰略有不同。均为口微侈，束颈，平底。标本M425：8，方唇，溜肩，上腹部竖向饰细绳纹，后在其上又横向饰两周凹弦纹，下腹部饰细绳纹。口径11.6厘米，底径11.8厘米，高25.8厘米。（图四，1；图版一，1）标本M425：11，尖唇，鼓肩，腹部竖向饰细绳纹，后在其上又横向饰数周凹弦纹，下腹部饰弦纹和细绳纹。口径11.6厘米，底径12.5厘米，高27.2厘米。（图四，3；图版一，2）

罐　1件。标本M425：10，残破，直口，方唇，斜直肩，平底，肩、腹部零星饰竖向细绳纹，下腹部断断续续饰弦纹，肩部有篆体印文“□亭”。口径 17 厘米，底径 14.2 厘米，高 15 厘米。（图四，4；图版一，4、5）

盆　1 件。标本 M425：9，残破，平沿略下垂，折腹，平底，素面。口径 33.4 厘米，高 13 厘米。（图四，6；图版一，3）

纺轮　1 件。标本 M425：20，圆形，底部中间微凸，背部隆起，层层变小，上饰数周弦纹。最大直径 6.5 厘米，厚 3 厘米。（图四，2）

圆陶片　1 件。标本 M425：22，圆形，四周磨光，一面有绳纹。直径 3.8~3.9 厘米，厚 0.7 厘米。（图四，5）

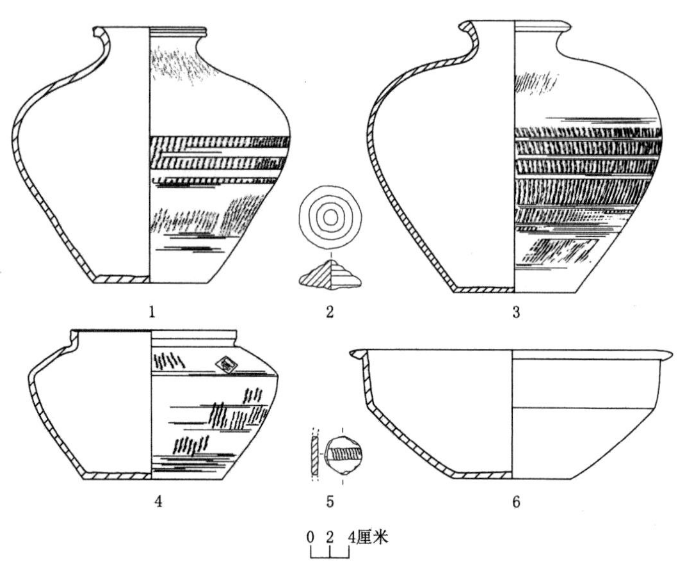

图四　M425 出土陶器

1、3. 缶（M425：8、M425：11）　2. 纺轮（M425：20）
4. 罐（M425：10）　5. 圆陶片（M425：22）　6. 盆（M425：9）

（二）铜器

11 件，器形为鼎、釜、鍪、附件（三足底、鍪、纽）、器座、盘、殳、环、印章、带钩和剑首。

鼎　1 件。标本 M425：2，子口内敛，鼓腹，圜底，底均匀附三蹄形足，腹上对称饰双耳，耳外撇，方角，耳中间为方孔，腹中部饰一周凸棱。口径 14.8 厘米，通高 16.6 厘米。（图五，1；图版一，7）

釜　1 件。标本 M425：3，近一半残缺，敞口，尖唇，颈微束，圆鼓腹，圜底，底部被利器扎出五道裂口，出土时覆在铜鼎之上，疑似当甑使用。口径 18.4 厘米，通高 8.4 厘米。（图五，2）

鍪　1 件。标本 M425：4，敞

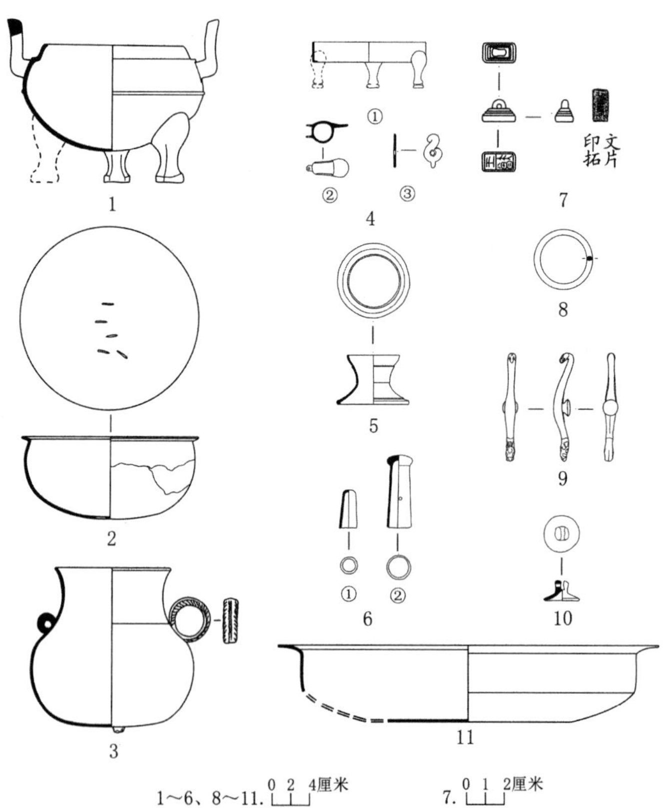

图五　M425 出土铜器

1. 鼎（M425：2）　2. 釜（M425：3）　3. 鍪（M425：4）
4. 附件（M425：5）　5. 器座（M425：6）　6. 殳（M425：12）
7. 印章（M425：18）　8. 环（M425：17）　9. 带钩（M425：19）
10. 剑首（M425：21）　11. 盘（M425：7）

口，弧颈，圆鼓腹，底四周略圜中间近平，底部近中处残留一外凸铜疙瘩，肩上对称饰一大一小两环形耳，大耳上饰索辫纹，素面，器表有烟炱痕，应为实用器。口径 12.2 厘米，通高 16.2 厘米。（图五，3；图版一，8）

附件　1 套。标本 M425：5，由三足底、鋬、纽组成，推测为木卮类器形上的铜附件。三足底呈圆环状，下附三蹄形足，口径 11.6 厘米，高 4 厘米。（图五，4①）鋬呈环形，鋬柄尾部略向外翘出，长 4.4 厘米，环径 2.4 厘米。（图五，4②）纽呈倒“S”状，上有圆孔，高 3.3 厘米。（图五，4③）

器座　1 件。标本 M425：6，呈亚腰状，口微敛，喇叭状底，素面。口径 5.5 厘米，底径 7.5 厘米，高 5 厘米。（图五，5）

盘　1 件。标本 M425：7，残缺，变形，敞口，平沿，颈微束，折腹。口径 40 厘米，残高 7.8 厘米。（图五，11）

殳　1 套。标本 M425：12，中部木质柄已腐朽不存，残留两段金属管，该殳属于无刃殳[1]。一端金属管呈圆筒形，横截面呈梯形，銎部口径 1.8 厘米、通高 3.9 厘米。（图五，6①）另一端金属管呈菌状，中部有圆孔，銎部口径 2.6 厘米、通高 7.5 厘米。（图五，6②）根据该殳两段金属管位置，推测其总长 1.32 米。

环　1 件。标本 M425：17，环状，实心，外径 6.2 厘米，内径 4.8 厘米。（图五，8）

印章　1 件。标本 M425：18，印面呈长方形，背呈宝塔式，上饰鼻形纽，印文阴刻篆书“王嫸”二字。长 1.8 厘米，宽 1 厘米，高 1.1 厘米。（图五，7）

带钩　1 件。标本 M425：19，曲棒形，钩首呈蛇首，钩尾饰兽面纹，中部有纽，纽呈圆形。长 11 厘米，高 1.7 厘米，纽直径 1.6 厘米。（图五，9）

剑首　1 件。标本 M425：21，出土于墓主骨架下，疑似为剑首。呈圆形，一侧内凹呈喇叭状，另一侧残留短茎，茎上中部为凹槽。直径 3.7 厘米，高 2 厘米。（图五，10）

（三）铁器

2 件，器形为剑和铁器。

剑　1 件。标本 M425：13，锈蚀严重，残断为数节。现残长 38.5 厘米。（图六，1）

铁器　1 件。标本 M425：15，锈蚀严重，横截面呈橄榄形。残长 5.3 厘米，宽 2.8 厘米。（图六，2）

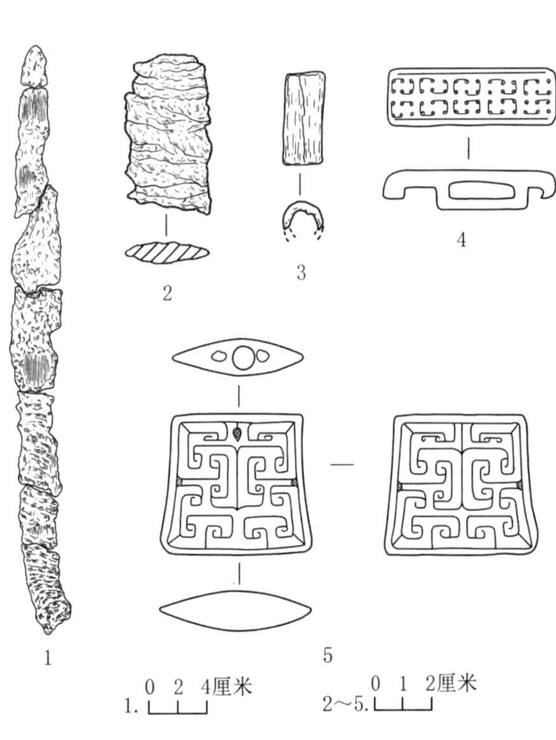

图六　M425 出土铁、骨、玉器
1. 铁剑（M425：13） 2. 铁器（M425：15） 3. 骨器（M425：1） 4. 玉璏（M425：14） 5. 玉珌（M425：16）

（四）骨器

1 件，标本 M425：1，呈半筒状，中部开裂，表面磨光。长 3 厘米，直径 1.3 厘米。（图六，3）

（五）玉器

2 件，器形为璏和珌。

璏　1 件。标本 M425：14，青玉，呈长方形，器面饰浅浮雕的乳钉纹，器背面有一矩形带孔，制作精细。长 5.8 厘米，宽 2 厘米，厚 1.3 厘米。（图六，4；图版一，6）

珌　1 件。标本 M425：16，青玉，呈梯形，中部略弧，上端略窄，下端略宽，横截面为椭圆形，器面饰排列有序的勾连纹。在窄端有 3 个孔，中间孔大，两侧孔小。长 4.6 厘米，宽 4.4~5.2 厘米。（图六，5；图版一，9）

四、结语

M425 没被盗掘，墓葬完整，出土器物丰富，可推断墓葬年代及墓主身份。

1. 墓葬年代。在墓葬形制上，M425 为顺向土洞室墓，道宽大于室宽，与三门峡市三里桥秦人洞室墓 A 型Ⅱ式[2]，三门峡市司法局、刚玉砂厂洞室墓 C 型[3]形制相类似，这些墓葬时代在秦末至西汉初期，而 M425 墓道宽度相对墓室宽度较窄，年代要稍晚一些。在出土器物方面，铜鼎（M425：2）与三门峡市火电厂秦人墓铜鼎（CM08179：9）相似[4]。铜鍪具有一大一小两个耳，且有索辫纹，根据吴小平《汉代铜鍪研究》，此种形制为秦末汉初时期[5]。铜印章与三门峡市刚玉砂厂铜印章（M30：7）形制相同[3]。陶缶、陶罐与三门峡市大岭粮库围墓沟墓同类器相似[6]。这些器物年代集中在秦末到西汉初期。综合墓葬形制和出土器物的年代，我们推测 M425 的年代定在西汉初期较稳妥。

2. 墓主及其身份。根据出土铜印章，可知墓主名为“王熷”。葬式为仰身屈肢葬，并出土有一大一小两耳的秦式铜鍪[7]，推测该墓主是秦人。该墓出土规格较高的铜鼎、铜鍪和仅剩铜附件的木器，并且有铁剑以及玉剑具璏、珌。表明墓主生前社会地位较高，较为富有。

本次发掘的 M425，墓主王熷，仰身屈肢葬，随葬陶缶、铜鍪等秦人典型器物，推测墓主为秦人。该墓的发掘对研究西汉初期秦人墓的发展演变，提供了十分宝贵的考古学材料。

领队：杨海青　史智民

发掘、摄影：杨唯芹　上官荣光

修复、绘图：上官荣光　张雪娇　赵　薇

执笔：上官荣光

注释：

[1] 杨琳：《兵器殳的历史演变》，《南方文物》2014年第4期，第163—165页。

[2] 三门峡市文物工作队：《三门峡市三里桥秦人墓发掘简报》，《华夏考古》1993年第4期，第35—53页。

[3] 三门峡市文物工作队：《三门峡市司法局、刚玉砂厂秦人墓发掘简报》，《华夏考古》1993年第4期，第12—34页。

[4] 三门峡市文物工作队：《三门峡市火电厂秦人墓发掘简报》，《华夏考古》1993年第4期，第54—67页、34页。

[5] 吴小平：《汉代铜鍪研究》，《东南文化》2003年第11期，第63—67页。

[6] 三门峡市文物考古研究所：《三门峡大岭粮库围墓沟墓发掘简报》，《中原文物》2004年第6期，第4—8页、14页。

[7] 刘弘：《巴蜀铜鍪与巴蜀之师》，《四川文物》1994年第6期，第16—19页。

图版一

1. 陶缶（M425：8）　2. 陶缶（M425：11）　3. 陶盆（M425：9）

4. 陶罐（M425：10）　5. 陶罐上印文（M425：10）　6. 玉璏（M425：14）

7. 铜鼎（M425：2）　8. 铜鍪（M425：4）　9. 玉珌（M425：16）

河南三门峡后川村 M425 出土物

河南三门峡灵宝豫灵镇发现北朝至明清墓群

◎李永涛　◎祝晓东　◎田道超　◎孙　辉

该墓群位于河南省三门峡市灵宝市豫灵镇，钻探总面积85000平方米，共钻探发现墓葬60座，时代多为明清古墓葬，此外还有少量的汉代及唐、宋代墓葬。2022年5月中旬至6月下旬，受河南省文物考古研究院委托，三门峡市文物考古研究所联合灵宝市文物保护管理所组成联合考古队对项目占地范围内的豫灵明清墓葬群进行抢救性考古发掘。

共清理北朝至明清墓葬64座，其中北朝墓葬4座、唐宋墓葬2座、明清墓葬58座。共出土随葬品246件（枚），种类主要有陶瓷器、墓志、墓砖、铜器及少量的铁器、石器、蚌器及银器等。

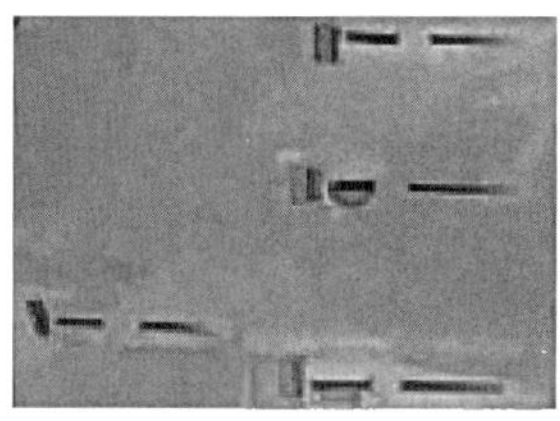

北朝墓葬航拍图

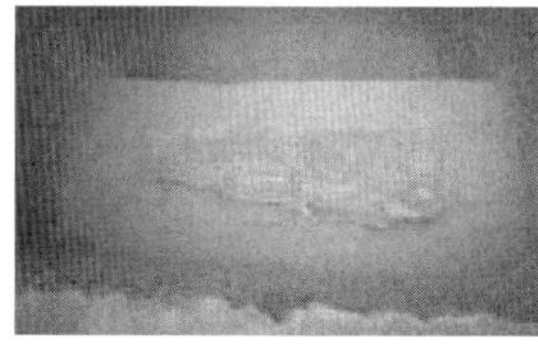

北朝墓棺床

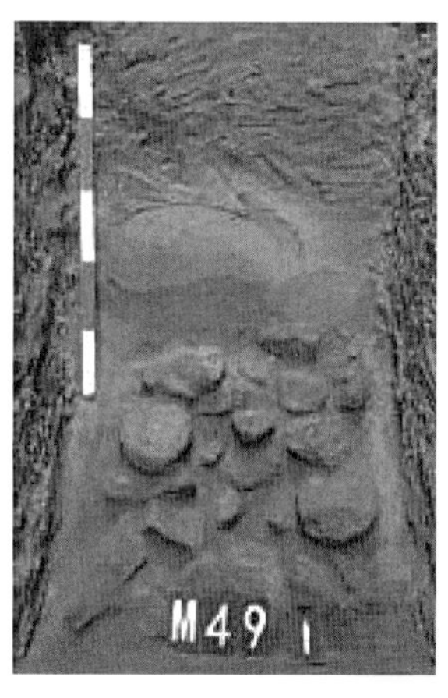

M49过洞处石头封门

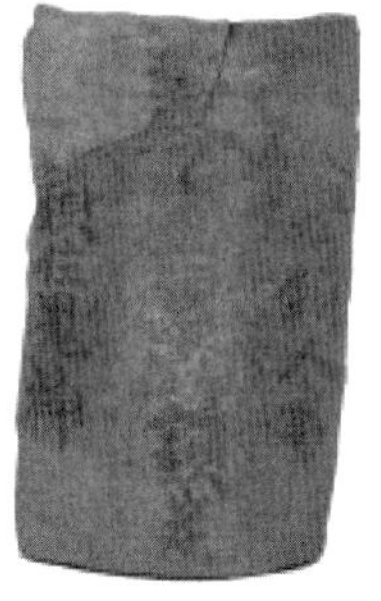

板瓦

御赏耆民银牌

遗　迹

墓葬64座。此次发掘的明清墓葬均为梯形竖井墓道洞室墓，墓道底部以斜坡为多，西部及东中部区域墓葬多坐南朝北，东西向并列分布，有的墓道东西两壁有脚窝分布；墓葬以单人合葬为主，还有少量的夫妻双人葬，葬式均为仰身直肢葬，年代主要为明清墓，其中唐宋墓2座，疑似北朝墓葬4座。其中随葬品以瓷器为主，还有少量的陶器、铁器及石块等，器物组合以瓷罐、墨书板瓦、墨书或朱书墓砖、铜钱等，此外部分墓葬出土有墓志，随葬品随葬数量不等。宋代墓葬以台阶式为主，墓室东西向横室，出土器物较少，仅见陶瓶；此外在发掘区东北部有4座东西向排列分布的北朝墓葬，形制为带天井的长斜坡墓道，墓室后部设有棺床，未发现出土随葬品。现择取各个时期典型墓葬简述如下。

M57为一座南北向长方形斜坡墓道土洞墓。由墓道、过洞、天井、墓门、墓室五部分组成，方向188°。墓道位于墓室南侧，墓道开口平面呈长方形，口小底大，斜坡底，斜直壁，底部外扩。墓道北壁底部向南收，北壁底部有过洞门，拱形顶。壁面加工较一般，填土为黄褐色花土，土质较软，结构疏松。过洞平面呈长方形，位于墓道北边，连接墓道和天井，过洞底部呈斜坡状，坡度11°。天井位于墓室南侧，开口平面呈长方形，斜直壁。墓门位于墓室南侧，拱形顶，高2.14米，宽0.98米。墓室为土洞，平面呈圆角方形，长3.10米，宽0.98~2.78米，高2.14~2.60米。拱形顶，弧壁，斜坡底。墓室后部设有棺床。平面呈东西向长方形，有人骨两具，保存较差，头向西，面向不详，葬式为仰身直肢葬，年龄性别不详，皆头西脚东。墓内未出土随葬物品。根据该墓的墓葬形制判定该墓为北朝。

M36为一坐北朝南的阶梯式墓道土洞墓，由墓道、墓室、墓门三部分组成，方向189°。墓道位于墓室南部，为阶梯式墓道。墓道平面呈南北向长方形，南北长3.70、东西宽0.52米；墓口北端距墓道底2.26米，道底计有4阶由南向北、自上而下递降组成，每个台阶宽约0.10~0.20米，高约0.16~0.62米；阶梯底部至墓门呈缓坡状，地势南高北低，道壁斜直，口小底大，墓道底部宽0.52~0.81米，墓道壁面加工一般；墓道内填土为褐色五花土，土质疏松，包含有植物根系。墓室为洞室，墓室底部平面呈横向长方形，底部平整，墓室壁加工一般，室壁底部呈弧形，弧形顶。室内积满红褐色淤土。墓室高0.84~1.18米，东西长1.60米，南北宽0.82~0.97米。墓门位于墓室南侧，开在墓道北壁下部，顶为弧形，高1.18米。未发现葬具、人骨架、随葬品。根据M36的墓葬形制，该墓葬的时代应为唐代。

M27为一座南北向长方形竖井墓道土洞墓，方向358°。由墓室、墓道两部分组成。墓道为长方形竖井墓道，位于墓室北部，墓道长3.00米，宽0.84~1.04米，深2.90~3.24米，墓道开口平面呈梯形，底部呈梯形，口小底大，斜坡底，墓道壁较规整，填土为黄褐色花土，土质较软，结构疏松。墓室为土洞，平面开口呈近长方形，长3.16米，宽1.40~1.52米，高0.90~1.10米，拱形顶，近平底，墓室壁面较规整，墓室内填土为黄褐色淤土，土质较软，结构疏松，无包含物。葬具为单棺，位于墓室中部，平面呈梯形，南北长1.96米，东西宽0.50~0.60米，棺厚0.04米，棺残高0.18米。内葬人骨架1具，保存状况较差，头向南，面向上，葬式为仰身直肢葬，年龄不详，性别不详。墓内出土随葬品5件，墓志砖1件，整；墨书板瓦1件，残；铜钱3枚，残。根据该墓的墓葬形制及随葬器物分析判断，该墓年代为明朝嘉靖时期。

M22为一坐南北向的梯形斜坡台阶墓道洞室墓。由墓道、墓室、墓门三部分组成，方向5°。墓道位于墓室北部，为梯形斜坡台阶墓道。墓道开口距离现地表1.55米，平面呈梯形，南北长5.10米，东西宽0.72米~1.24米；道壁近直壁，壁面较为规整；底部斜坡台阶状，地势北高南低，坡长 5.10 米，下端宽 0.72~1.24 米，深 2.55~4.07 米。填土为黄褐色花土，土质较软，结构较疏松，包含物有植物根系等。墓室为拱顶土洞，墓室底部平面呈南北向长方形，墓室壁加工较为规整，室壁底部呈弧形，弧形顶，墓室整体偏东。室内积满褐色淤土。墓室高 1.60~1.70 米，南北长 3.94 米，东西宽 1.35~1.50 米。墓门位于墓室北侧，顶为拱形，高 1.5 米，宽 1.24 米。葬具为双棺，位于墓室南部位置，呈南北向梯形，已朽呈深褐色，西边棺南北长 2.26 米，东西宽 0.6~0.7 米，板厚 0.08 米，棺高 0.1 米。东边棺南北长 2.02 米，东西宽 0.42~0.56 米，板厚 0.04 米，棺高 0.06 米。两棺内各葬人骨架一具，西侧棺内人骨头南足北，面朝上，骨架保存较好，葬式为仰身直肢。东侧人骨头南足北，面朝东，骨架保存较差，葬式为仰身直肢葬。推测该墓为夫妻合葬墓，年龄不详。墓内出土随葬器物共 2 件，分别位于墓室南部，计有：墓志 1、铁器 1。根据 M22 的墓葬形制、随葬器物的组合及器物特征判断，该墓葬的时代应为明朝嘉靖时期。

M03 为一座南北向长方形竖井墓道土洞墓，方向 356°，由墓室、墓道、墓门三部分组成，墓道位于墓室北侧，长 2.44 米，宽 1.08~1.30 米，深 2.76~3.18 米，墓道平面开口呈长方形，近直壁，斜坡底，北高南低，壁面加工一般，填土为黄褐色花土。墓室为土洞，平面开口呈长方形，长 3.06 米，宽 1.10~1.44 米，高 1.00~1.10 米。墓门位于墓室北侧。葬具为单棺，位于墓室中部，平面呈长方形，南北长 2.10 米，东西宽 0.70~0.72 米。内葬人骨 1 具，保存状况较差，头向南，面朝上，葬式为侧身屈肢葬，性别不详，年龄不详。墓内出土随葬品 6 件，计有：黑釉瓷碗 1 件，残；黑釉瓷罐 1 件，整；墓志砖 1 块，整；铜钱 2 枚，残；板瓦 1 块，整。根据该墓的墓葬形制及随葬器物分析判断，该墓年代为清代乾隆时期。

各时代墓葬特点

北朝墓葬位于工地东北部位置，均为带天井的长斜坡墓道，墓室后部设有棺床，部分棺床上铺地砖，以多人合葬为主，其中一座三人合葬，出土物品较少；从墓葬排列来看均坐北朝南、东西向并排，推测为家族墓葬。

宋代墓葬为阶梯式墓道，墓室前部进入墓道内，墓室为东西向，前后较短，墓主人东西向放置于墓室中部，其中一座为双人合葬墓，出土有铜钱、陶瓶等随葬品。

明清墓葬为本次发掘的主要部分，经发掘，明清时期墓葬分区域，墓葬排列较为规整，彼此之间没有打破关系，大部分为坐南朝北，随葬品具有一致性，以墨书板瓦、朱书墓志砖、黑釉瓷罐为常见组合，并且推测该处为郭氏家族墓地。

考古发掘收获

根据墓葬出土随葬品推测，该地区墓葬群为郭氏家族墓葬，出土的墓志砖、墓志等为研究郭氏家族提供了重要的实物资料；值得注意的是，M30 出土有辛丑年御赐的“御赏耆民”银牌饰，青金石顶珠揭示该墓主人身份为官绅；带天井的斜坡墓道规模较大，在豫西地区此类形制的墓葬尚属稀有。

明清墓葬分布相对分散，从分布上看主要分为4片，每块区域墓葬分布较为规整，相互之间无打破关系，为家族墓葬。

墓葬内随葬品较为特殊，随葬品有明显的道教因素，例如在板瓦上书写“五雷敕令”“雨霆令”等道教符号，有的板瓦两侧写有“遇鬼擒拿，逢妖寸斩”“镇定鬼神，安镇人吉”等内容，对于研究豫西三门峡地区道教丧葬信仰有一定的价值，为我们研究古人的社会生活提供了重要的考古资料。

相关认识

墓葬群以明清墓葬为主，主要分布在发掘区西中部、东南部，并且彼此之间没有打破关系，说明该区域墓葬有专门的家族管理。

墓葬中出土的墓志、墓砖、符箓板瓦、石块等随葬品具有明显的道教因素，墓志在结语处有道教符号，符箓板瓦则在板瓦中部从上而下墨书写诸如“敕令”“奉敕令”“五雷号令”“雨霆令”等道教字样，下朱书道家符号，后接“镇之”字样；此外还有“五星七曜”星神在墓葬中出现：石块上墨书“太白星”“岁星”等道教神星君以及“山水田土”等字样，他们一般置于墓室东、西两侧的中部位置，代表死后有星君保佑，抵挡鬼神入侵墓主人“驻地”，使墓主人依旧拥有自己的山水领地。

板瓦与墓砖的组合方式是此次发掘发现的另一个丧葬现象。这种组合方式分为两种：板瓦、紧密结合，前为瓦后为砖，共同立于棺具前挡中央；另一种放置方式为在棺具前挡板立板瓦，后挡板立墓砖。板瓦、墓砖上均墨书与道教相关的内容，板瓦两边墨书：“镇定鬼神，安镇人吉”“遇鬼擒拿，逢妖寸斩”等字样。墓中出现“雨霆令”“五雷号令”等符号多有震慑鬼怪保护逝者的作用。道教符号多为“煞鬼”等字符组成，有的符号两侧朱书墓主人名讳及下葬日期等信息。

灵宝张湾东汉三层绿釉陶百戏楼再认识

◎尚文彬　◎魏兴涛

楼阁是中国古代建筑中巍峨峻拔、雄伟高大的一种建筑类型，是古代建筑技术最高水平的代表之一。它们气势如虹、蔚为壮观，有琼楼玉宇之美誉。同时因其飞檐凌空、掩天蔽月，表现了人们登高望远、向往高空的通天欲望，让人产生可上九天揽月之遐想。但木构的古代楼阁不易保存，因此考察考古发现的墓葬随葬品陶楼阁明器便成为研究这一重要建筑类型的有效途径。1972 年在河南灵宝张湾墓地发现了多座形制较大、结构复杂的汉代贵族墓葬，出土一批陶明器、朱书陶罐等罕见随葬品[1]。随葬品中的一件三层绿釉陶百戏楼明器（原文为Ⅱ型陶楼，以下简称陶楼）形体高大（图一），建造逼真，制作精巧，不仅直观地体现了汉代阁楼的建筑风格和特点，也反映了汉代陶器精湛的制作技术与工艺特征，尽管历经了整整半个世纪，但仍颇显重要，是这批材料的代表性器物之一。发掘简报已对此件陶楼进行了文字介绍且刊发图像，但囿于简报篇幅的限制，对其描述尚显粗略。该陶楼现存于河南省文物考古研究院，在文物库藏位置调整搬运中，原拼对黏结的器物因年久而开裂散架，出于文物保护的需要，我们对其重新清理和拼接修复。在这一过程中，我们能够详细观察这件器物。本文拟更为全面地对其做一描述，并对其制作技术和所反映的文化内涵试做简要讨论。不妥之处，请方家指正。

图一　灵宝张湾汉墓出土三层绿釉陶百戏楼

一、陶楼形制

陶楼　标本编号 M5：48，红陶，绿釉，三层，通高 89 厘米。陶楼可自由拆卸为三部分，包括连接为一整体的一二层、三层以及楼顶。陶楼底面为长方形，长 36 厘米、宽 31 厘米，前有长方形平台，平台外侧及两边略微突起成低矮围墙。平台部分处于悬空的状态，可能由于其没有起到承重的作用，在烧造时未受力而产生变形。平台上置 4 个乐舞陶俑，陶俑为单独制作，并被固定在表演平台上，根据与平台黏结痕可知陶俑的表演位置，基本未占用陶楼门口。一层与二层在烧制之前被拼接为一体。其中一层的形制尺寸为长 36 厘米、宽 20.5 厘米、高 24 厘米。一层面阔两间，左侧一门洞开。在一层的上部为四阿式腰檐，长 52 厘米，腰檐只有正面与左右侧面有檐，背面没有出檐，在该位置露出陶楼内部的 6 块楼板。在腰檐的垂脊前端有柿蒂形装饰。二层尺寸与一层相当，在其正面和左右侧面，共有四扇镂孔菱形格子窗。二层上部同为四阿式腰檐，长度较一层稍短，为 49 厘米。腰檐垂脊前端为柿蒂形瓦饰。三层尺寸较下面两层略小，长 28.5 厘米、宽 18 厘米、高 20 厘米，在其四面共发现 4 扇窗子以及一个长方形开口。三层上方为与庑殿式顶，长为 32 厘米、宽为 30 厘米，在垂脊前端和正脊两端均有柿蒂形瓦饰。

除上述主要结构外，该陶楼的诸多细部构造值得观察，对理解该器物的文化内涵以及制作工艺有一定的启示作用。

屋顶　陶楼的屋顶为庑殿顶，单独建造置于楼体上方，作为整个器物的重要组成部分之一。庑殿顶主要由 1 条正脊和 4 条垂脊组成，因其构造形成了四面斜坡，故又称四阿顶。在汉代陶楼的屋顶式样中有庑殿、歇山、悬山、硬山与攒尖 5 种，不同的屋顶样式蕴涵着不同等级的政治、伦理意义。其中最显贵的屋顶即为庑殿式，从现实中汉代楼屋形制分析，庑殿顶主要用于官署礼制建筑以及贵族庭院建筑，往往施建为厅堂的顶部。由此来看，该陶楼所体现的规格应该较高。

窗户　陶楼的窗户共有 8 扇。二层 4 扇，其正面 2 扇、两侧面各 1 扇；三层有 4 扇，其四面各有 1 扇。所有窗户均为固定扇，尺寸皆相同，其中窗框内木格呈菱形，长 9.5 厘米、宽 6.5 厘米，窗框长 11.5 厘米、宽 8.5 厘米。从窗户与陶楼的黏结看，窗户为独立制作成型，然后用黏土将窗户粘在陶楼预留的窗洞上。值得注意的是，三层正面在窗户右侧还留有一长方形开口，长 9 厘米、宽 6 厘米，原发掘简报称其“窗子被打开”。虽然不完全排除其作为窗户的可能，但从外部看，在其下部安有一横阶，与其他窗户外部显著不同；由内看，陶楼内部整体空旷并无装饰，然而在此开口下以及二楼正面窗户下两处向内延展出一个长方形平台，宽约 6.5 厘米。故推测这一开口应为带有内部平台的一处登高看台。

楼门　陶楼开有一处楼门，位于一层正面左侧（按楼门方向为准，下同），呈敞开状，门宽 12 厘米、高 12.5 厘米。楼门由两扇门板组成，左侧门板宽 7 厘米，右侧门板宽 5 厘米。这里值得注意的有两点：首先，左、右门扇并不相若，其尺寸大小有别；其次，尽管门板作敞开状，但通过测量发现两扇门板的总宽度与门框的宽度是一致的，这从侧面反映了陶楼在制作时十分注重求真和细节的把握。

楼体内部装饰　陶楼内部并没有进行特别的装饰，但一些细节还是值得注意的。如窗子内部下端所置的长方形平台以及一层与二层之间在内部用刻画线的形式将两层楼体明确分开，这些细节体现出陶楼的部分造物理念，即陶楼对现实楼阁的强烈映射。虽是随葬明器，制作空间有限，不能将所有现实的建筑要素体现全面，但该楼在制作时尽可能地用象征性的手法表现出一座真实楼阁的基本情况。

陶俑　共4个，排列于一层的外部平台。通过观察陶俑底部与所置平台的黏结痕迹，可以对每个陶俑的原始位置做出还原。乐俑并排表演，从左至右依次观察。第1个俑，双手执箫，左手在上，右手在下，吹奏时乐器斜置于腹部右侧，头微扬起；乐俑颈部没有刻画服饰线条，手腕处有两道服饰线条；踞坐，鼓腹，露脐。第2个俑，双臂平置胸前，双手执排箫，头微低，口部呈张开状；颈部与手腕处刻画有两道服饰线条；踞坐，鼓腹，露脐。第3个俑，头向左转，左手抱头、右手抚膝；颈部、胸前与手腕刻画有服饰线条，头戴尖顶帽；踞坐，鼓腹，露脐。第4个俑，双手高扬击掌，头向右转，口部大张；头戴尖顶帽，手腕处刻画有两道服饰线条，但上身赤裸，双乳露出；踞坐，鼓腹，露脐。4个陶俑尺寸较为一致，高度皆为9厘米左右。（图二）

图二　陶俑

汉代的表演陶俑主要可分为乐俑、舞俑以及百戏俑。其中，乐俑包括奏乐俑、聆听俑、击掌俑和歌唱俑等类型[2]。4个陶俑中，左边二俑为奏乐俑无疑，右边二俑皆口部呈张开状，并一人击掌、一人似作聆听状，二者可能在聆听与击掌的同时进行演唱，由此可知4个陶俑共同构成一个完整的乐俑表演团体。此外，该陶楼乐俑的设置，应该是此器物制作的重点所在。首先可以观察到陶楼较为封闭且呈现简约的风格，这说明其制作的意图并未放在陶楼细部的精雕细琢，而更专注于乐俑表演，这一布局可谓画龙点睛，让陶楼充满灵动。其次，乐俑的设置，也使得陶楼在满足墓主人死后继续寓居高楼琼阁、安享美好生活的同时，平添了笙歌不绝的仙幻佳境。

纹饰　陶楼主要的装饰纹样为柿蒂纹，整个建筑共发现有12处饰有柿蒂纹装饰。其中一层腰檐正面垂脊前端2个，二层腰檐四周垂脊各1个，庑殿顶垂脊饰有4个，正脊饰有2个。所有柿蒂纹形制尺寸相同，直径皆为6厘米。柿蒂纹脊饰是汉代陶楼屋顶常见的一种装饰符号，同时也是铜镜、画像石中常见的纹饰，主要为四叶花瓣向四方展开的形象。我国古代文献中记载柿蒂为“木中根固柿为最”[3]，李零在阐述其寓意时指出战国秦汉流行的柿蒂纹花瓣指向四方大地，是宇宙图式中的天穹之花[4]。若如其所述，该纹饰随葬于墓中便有了通四方、贯天地的美好寓意，被当作沟通天与地的中介。这件随葬陶楼的意义主要为对墓主亡故后美好世界的构建，而陶楼上多处的柿蒂纹装饰，应该是为了更好地加强这种象征寓意。

二、制作工艺

陶楼在制作过程中采用了多种方法，进行了多道工序，下面从拼接痕以及施釉痕迹等细节观察，对其成型手法以及工序进行探讨。

塑模　塑模即在器物施釉及烧造前塑好模型，该陶楼主要可被拆分为3部分，即一二层楼体、二层腰檐加三层楼体和楼顶。每组模型的完成主要运用了拼接与贴塑两种方法，其中拼接的方法塑造了模型的主体框架，贴塑主要是对整个陶楼进行装饰，其贴塑样本大量采用了模具制成。第一组模型即一、二层，主要由底面、正面、侧面及后面4块陶板拼接而成，陶板应在拼接之前留出门窗等开口部位，陶板厚度为0.6~1厘米。4块陶板组合好后从内部用陶泥将其固定成型，从内部可见到陶泥自下而上均匀涂抹于陶板拼接处的痕迹。腰檐单独制作成型后拼接于一、二层的中部。从陶俑的底部釉面与平台的黏结痕迹来看，其是单独制作成型后置于平台上与楼体一同烧造。第二部分如法炮制，主要成型方法同第一组模型。第三部分为庑殿式顶，其主要是由4块陶板共同拼接为顶部的4个面。除拼接外，贴塑的手法对整个楼体的细节部位进行了装饰，包括门板、表演平台的低矮围墙、窗户、腰檐及楼顶上装饰的筒瓦、瓦当、柿蒂纹等，需要注意的是腰檐上的筒瓦是由半圆柱体的泥条贴制的，并在其前端另装饰有单独成型的小圆瓦当，除二层背面的腰檐外，其余筒瓦前端皆接贴有瓦当。通过测量发现柿蒂纹、窗子、瓦当等部件的尺寸与样式分别是一致的，而且形制稍显复杂，不易手制，因此在其成型时应该都分别使用了专门的模具。

釉面　陶楼外表通体施绿釉，内部以及底面不施釉。从施釉手法来看，应该是采用刷釉的手法上釉，从窗户上可以看出，釉从窗户的小孔穿过滴到内部平台。现存釉面磨损较严重，釉面脱落部分呈现银色，在腰檐及顶盖上最为明显。相关研究表明，汉代墓葬中出土的低温铅绿釉陶器的釉层表面常会失去原有强烈光泽，出现银白色痕迹，因此这种釉面也常被人们称为“银釉”。所谓“银釉”，实际上是铅釉的一层沉积物，其形成原因主要是汉代低温铅釉长期处于潮湿的环境中，经化学反应在器物表面遗留下富含氧化铅的物质，由于光线的干涉作用，产生了银白色光泽[5]。

烧制工艺　陶楼主要拆分为3个部分进行烧造，分别为前文所述的楼顶、三层楼体、一二层组合楼体。楼顶内部显示有烧造时残留下的痕迹，具体表现为顶盖内部四角分别有一个整齐的凹印，这些印记并不是由于置放于楼体上部磕出的，因此极有可能是在烧造时下面垫有支钉以避免粘连。同时在楼顶表面的垂脊偏中部位置发现了其他器物遗留的黏结痕迹，这有可能是出于提高效率的目的在烧造时叠置了其他器物。

三、历史内涵考察

陶楼的历史内涵及其所蕴含的文化意义需要将其置于相关时空背景之下进行观察。

（一）陶楼的时代特征

陶楼作为明器的出现，多是对现实世界的映射，因此，其出现离不开现实社会中楼阁的发展。我国古代楼阁经历了较长时间的演变。据河南郑州小双桥遗址最新考古材料，发现了以夯土为基芯、具有复杂柱网的三层大型土木结构的高台建筑基址，从而表明至迟在商代中期就已经出现高台楼阁形制的建筑。当然以往较普遍的认识是，楼阁的出现始于春秋战国之时，成熟于秦汉之际，并在东汉时期走向世俗化[6]。春秋时期的多层建筑多为高台式，即人们堆叠土层以筑高台，然后将建筑建造于很高的土台之上，同时各层土台的周边也建有一层层的檐屋，使整座建筑呈层楼状，故有“九层之台，起于累土”之说。当时的高台建筑主要是凭借垒土来造势，体现其高大、威严以及接天通神之感，这也是后代楼阁出现的造物理念。当然楼阁的兴起也与军事性质的活动相关，《墨子》一书中即有多处有关城楼、望楼等军事防御设施的叙述。文献中出现了对于民间楼阁的记载，《史记・平原君虞卿列传》云：“平原君家楼临民家，民家有躄者，槃散行汲，平原君美人居楼上，临见，大笑之。”这表明战国时期楼阁已发展于民间。秦至西汉时期，多层木结构建筑得到了很大的发展，独立的重屋式建筑开始大量出现。东汉时期我国多层木结构建筑开始被广泛应用，如《后汉书》记载，当时的官宦之家“皆竞起第宅，楼观壮丽”“高楼池苑，堂阁相望”。这说明楼阁从建筑技术、形制种类以及分布数量各方面均发展至新的高度。孙机将东汉时期的楼分为供居住的楼、城门上的谯楼、市场中的市楼、仓储的仓楼、瞭望的望楼等[7]。

从上述楼阁发展历史来看，到东汉时期“楼”这一建筑才正式世俗化、多样化，这也为这一时期用陶楼作为随葬明器的流行性葬俗提供了可资参考的历史背景。据相关统计，陶楼作为随葬明器的葬俗始于西汉晚期而盛行于东汉[8]。在随葬陶楼的形制方面，多位学者也大都从功能出发对陶楼进行了分类。如有研究者将建筑明器分为单体建筑、群体建筑。单体建筑有亭榭、仓房、楼阁、阙观、坞堡等；群体建筑有一进四合院或三合院，多进或多进多路的院落等[9]。也有研究者将陶楼分为仓楼、望楼、台榭、楼院、百戏楼等 5 类。[10]由此来看作为随葬明器的陶楼无论从流行时间还是从形制种类，都与现实的发展应是同步的。此外，东汉时期厚葬成风，至东汉晚期更盛，这一时期墓葬形制种类多样，地方豪强与官吏的墓室规模往往较大，多使用带长斜坡墓道的多室砖券墓，等级高者有前、中、后三室，且开有多个侧室[11]，这也进一步促使了陶楼这种彰显煊赫地位的明器的盛行。张湾出土陶楼年代为东汉晚期，墓主人应属当地的豪强望族，这一现象正体现了现实楼阁以及陶楼明器发展的时代性，成为东汉时期楼阁世俗化、多样化发展以及事死如事生、厚葬成风习俗的缩影。

（二）陶楼的空间特点

为更好地考察其空间特点，我们将其置于该遗物埋藏的时空背景下，与其周围地区两汉时期陶楼进行对比。此件陶楼出土于今河南省西部的灵宝市，该地在两汉时期属弘农郡所辖，为两汉时期经济与政治的核心区域，该区域内的墓葬风俗与文化面貌较为统一。因此，我们以两汉时期弘农郡及其邻近地区出土陶楼为主要的比较对象。

通过对两汉时期弘农郡及其周围地区考古出土的陶楼进行整理归纳后，我们按陶楼形制及功能大致可将其划分为A、B、C、D4种类型。

A型陶楼　应为亭榭或是水榭，显著特征是楼体作大量镂空，下部一般有盘状容器拟水池，陶楼或是其下部水池多置有人物或动物俑。此类陶楼数量较多，且出现时间较早，以汉代弘农郡所辖区域（现河南三门峡及周边地区）为集中分布区。东汉中晚期同类型陶楼分布至南部的河南淅川县以及东南部的淮阳县。根据楼体与下部水池的比例不同，A型陶楼又可分为Aa与Ab两亚型，前者楼体高大、水池相对较小，后者水池部分相对较大而楼体低矮。（表一）

表一　A型陶楼

年代	汉代弘农郡所辖区域	其他区域
东汉早期或早中期	 1. Aa型 　2. Ab型 　3. Aa型	
东汉晚期或中晚期	 4. Ab型 　5. Aa型 　6. Aa型 　7. Aa型  8. Aa型 　9. Aa型 　10. Aa型 　11. Aa型	 12. Aa型 　13. Ab型 　14. Ab型

出土或采集地点：1. 河南灵宝三圣湾采集；2. 河南灵宝出土；3. 河南陕县刘家渠73号墓出土；4. 河南灵宝张湾2号墓出土；5. 河南灵宝张湾3号墓出土；6. 河南三门峡白马峪村采集；7. 河南陕县刘家渠4号墓出土；8. 河南陕县刘家渠8号墓出土；9. 河南陕县刘家渠3号墓出土；10. 河南三门峡出土；11. 河南卢氏蒋渠出土；12. 河南淮阳九女冢村采集；13. 河南淅川出土；14. 河南淅川宋湾河林场出土

注：表内所有河南区域陶楼图片均来源于河南博物院编著的《河南出土汉代建筑明器》（大象出版社，2002年）一书。后表与此同。

B 型陶楼　应为仓楼，显著特征是楼体皆开有多个通风窗口，大部分带有院落。根据陶楼结构，B 型陶楼又可分为 Ba、Bb 与 Bc 三亚型，其中 Ba 型单体带院落，Bb 型为带通道的复合型，Bc 型单体无院落。Ba 与 Bb 型陶楼出土数量虽然较多，但分布区域较为集中，主要在汉代河内郡所辖区域（现焦作及其周邻地区），Bc 型陶楼扩展至南阳，但不管形制还是数量皆有较大的差别。（表二）

表二　B 型陶楼

年代	汉代河内郡所辖区域	其他区域
东汉早期	 1. Ba 型　2. Bc 型　3. Ba 型　4. Ba 型	 12. Bc 型
东汉中期	 5. Ba 型　6. Bb 型　7. Bb 型	
东汉中晚期	 8. Ba 型　9. Ba 型　10. Ba 型　11. Bb 型	

出土或采集地点：1. 河南焦作河南轮胎厂 13 号墓出土；2. 河南焦作河南轮胎厂出土；3. 河南焦作白庄 41 号墓出土；4. 河南武陟杨庄 94 号墓出土；5. 河南焦作马作村出土；6. 河南焦作白庄 6 号墓出土；7. 河南焦作墙南村出土；8. 河南焦作西郊出土；9. 河南焦作机床厂南地出土；10. 河南焦作马作村出土；11. 河南焦作马作村出土；12. 河南南阳王寨画像石墓出土

C 型陶楼　应为望楼，显著特征是为一结构完整的多层陶楼，陶楼上往往有驻足望远的陶俑。C 型陶楼据其是否带有院落，又可分为 Ca 和 Cb 两亚型，Ca 型下部带有一院落，Cb 型无院落。C 型陶楼分布范围较广，但其装饰风格在不同地区略有差异。例如：属于两汉时期弘农郡治下的河南灵宝、陕县以及陕西潼关[12]三地出土陶楼皆为 Ca 型，其中陕县与潼关出土陶楼在楼檐的纹饰方面体现了强烈的相同风格特点；河南东北部的南乐县及与其邻近的河北沙河[13]出土的皆为 Cb 型，两地陶楼外观与窗饰风格极为相似；另外河南博物院征集的一件陶楼与河南内乡县出土的一件Ca型陶楼极为相似，包括底层院落的设计以及窗饰风格都较为一致，按其风格类型我们可以初步推测该陶楼的原始出土地点极有可能在内乡县及其邻近地区。（表三）

表三　C型陶楼

年代	汉代弘农郡所辖区域	其他区域
东汉晚期	 1. Ca型 　2. Ca型 　3. Ca型	 4. Cb型 　5. Cb型 　6. Ca型  7. Ca型 　8. Cb型

出土或采集地点：1. 河南灵宝出土；2. 河南陕县出土；3. 陕西华阴杨氏墓群5号墓出土；4. 河南南乐宋耿洛村1号墓出土；5. 河南桐柏出土；6. 河南内乡茨园村窑厂采集；7. 河南博物院征集；8. 河北沙河兴固汉墓出土

表四　D型陶楼

年代	汉代弘农郡所辖区域	其他区域
东汉中晚期	 1. Da型	 2. Db型 　3. Da型 　4. Db型  5. Db型 　6. Db型

出土或采集地点：1. 河南灵宝张湾5号墓出土；2~4. 河南项城老城邮电所院出土；5. 河南淅川李官桥东堂村出土；6. 河南西平寺后张东南出土

D 型陶楼　应为百戏楼，与陶楼相伴随的是有表演的陶俑放置其中。依据表演陶俑的演出位置可分为 Da 和 Db 两亚型，其中，Da 型的表演陶俑置于一楼，Db 型的表演陶俑置于二楼。本文所述张湾陶楼便属于 Da 型楼，与 D 型其他陶楼相比更显庄重、气派，无论装饰风格还是演奏陶俑也皆有明显区别。（表四）

由以上类型学分析可以得到以下基本认识：其一，在时间上陶楼作为高等级墓葬中随葬明器的习俗主要集中出现于东汉中晚期；其二，从形制特征看陶楼种类多样且制作精美；其三，陶楼的类型多以地理空间为界限展现出强烈的区域风格特征。

本文所观察汉代陶楼的空间区域为两汉时期的政治核心区域，尽管该地区内丧葬习俗及文化面貌较为一致，但从上述 4 种主要类型陶楼的出土情况看，陶楼作为一种高等级随葬品虽然广泛发现于汉代贵族墓葬中，但在不同的区域内陶楼风格迥异，即每一地区存在侧重以某种类型的陶楼进行随葬的习俗。例如 A 型陶楼主要以汉代弘农郡治下发现最为集中，其中今河南三门峡地区出土的所有 A 型陶水榭又体现了强烈的相似风格，与淅川等地出土的陶水榭形成明显差异。B 型陶楼主要以汉代河内郡治下出土最为丰富，其中又以焦作占比最大，邻近的武陟则受其明显的影响，而距其较远的南阳虽然出土有同类型者，但风格也明显不同。C 型陶楼分布多地，然而可以观察到汉代弘农郡治下的区域内所出皆为 Ca 型，且无论陶楼院落的布局还是腰檐的装饰都体现了极高的相似性。

此外，上述认识还可以从其他地区出土的陶楼情况得到进一步说明。如在南阳地区出土有一种二层陶楼，该种陶楼形制较为统一，即在楼前往往带有圈墙围起的院落（表五），有研究称其为“楼院”[9]。这种陶楼形制虽然也如 B 型陶楼一般是一座楼体带有一个院落，但显然无论从楼体层数、顶楼位置等结构还是窗户数量等细节皆表现出明显的差异性。据目前所见材料来看，这种东汉早中期“楼院”的分布区域主要为南阳地区，区域风格极其鲜明。

表五　陶楼院

年代	南阳地区
东汉早中期	 1　2　3　4

出土或采集地点：1. 河南南阳市沼气公司出土；2. 河南南阳市电梯厂出土；3. 河南南阳市汽车厂 2 号墓出土；4. 河南南阳出土

从上述汉代陶楼的随葬空间分布特点出发，可以对张湾陶楼有进一步认识。首先，该陶楼尽管属于陶百戏楼的一种，但在具体的装饰风格与布局方面同其他乐舞百戏楼存在显著差别。

从陶俑的表演形式来看，该陶楼的乐俑数量较多且于室外进行演奏，而其他陶楼的表演则列陈于楼内。从陶楼的装饰风格来看，该陶楼的装饰多集中于楼体的外部，而其余陶楼则在内部做出较多镂空及装饰设计。其次，结合不同区域形制各异的陶楼可以看出，无论是百戏楼、水榭、仓楼还是望楼，其作为随葬明器的主要意图是表现墓主人尊贵的地位以及对极乐世界歌舞升平美好愿望的寄托，而具体的形制风格或是乐舞表演的形式则没有较为刻板的统一标准。

四、结语

对考古发掘出土遗物研究的目的之一是全面再现古代社会生活图景，这就需要更多地去发掘出遗物本身的历史文化信息。因此本文在重新认识这件三层绿釉陶百戏楼的过程中对形制、制作工艺与文化内涵三方面进行了论述。

首先，利用测量数据对陶楼形制尺寸做了细节的描述，并通过对陶楼“门”“窗”“楼板”等构件的观察得出该件陶楼在建造时符合现实中陶楼的造物观念，对其尺寸与结构都有更准确的把握，可以对研究汉代社会中现实楼阁的结构提供有意义的参考。其次，通过陶楼的拆分组合与黏结痕迹，我们初步再现了该陶楼的制作工艺，揭示了其塑模、拼接、施釉等成型工艺，有意识地将审视陶楼的视角从单纯的艺术品转向手工业生产等方面。

对其文化内涵的解读主要从时代特征与空间分布两方面展开。首先在时代特征方面，通过梳理陶楼发展的时间轴线解读出东汉晚期绿釉陶器工艺的成熟、豪强地主庄园的发展、乐舞表演的流行、厚葬之风和升仙理念的盛行以及现实楼阁的大发展等诸多因素，是其产生的时代背景。此件陶楼的制作工艺、纹饰寓意、乐俑形态等也无不映射着这一时代特征，并深刻地再现了一定的社会风貌，是汉代随葬陶楼中的代表性器物之一。在对此件陶楼的地理分布进行分析时，本文以陶楼的类型与风格特征作为分类依据，将各地出土陶楼联系起来，通过梳理，我们认为相似风格的陶楼往往较为集中地分布于某一区域，形成各地区的显著风格特征。如大型连体式的仓楼多集中分布于焦作地区，带有盆形水池的陶水榭则主要分布于三门峡及其周边地区，而本文所述的这件陶楼与其他陶百戏楼的显著差异也体现了这一特点。这也从侧面反映了汉代文化中统一性与多样性的结合，其中广泛使用陶楼作为随葬明器的葬俗以及普遍出现乐舞等内容表现的是汉代文化中的统一性，体现了汉代社会上层中乐舞表演的广泛盛行；而不同地区陶楼形制特征的差异反映的则是汉代文化中的多样性，陶楼的种类繁多，形成了各具特色的地区风格，展现出东汉时期各地文化的繁荣发展。

注释：

[1] 河南省博物馆：《灵宝张湾汉墓》，《文物》1975 年第 11 期，第 75—93 页。

[2] 徐世云：《汉代洛阳乐舞百戏俑艺术研究》，上海大学硕士学位论文，2015 年，第 23—28 页。

[3] 段成式:《酉阳杂俎》，齐鲁书社，2007 年，第 210 页。

[4] 李零:《说云纹瓦当：兼论战国秦汉铜镜上的四瓣花》,《上海文博论丛》2004 年第 4 期，第 63—68 页。

[5] 中国硅酸盐学会:《中国陶瓷史》，文物出版社，2006 年，第 115—116 页。

[6] 覃力:《说楼》，山东画报出版社，2004 年，第 12—18 页。

[7] 孙机:《汉代物质文化资料图说》，上海古籍出版社，2013 年，第 186—189 页。

[8] 兰芳:《汉代陶楼的造物研究》，江南大学博士学位论文，2018 年，第 93—97 页。

[9] 周学鹰、宋远茹:《汉代“建筑明器”的性质与分类》,《华夏考古》2010 年第 4 期，第 114—121 页。

[10] 张勇:《河南汉代建筑明器定名与分类》，见河南博物院:《河南出土建筑明器》，大象出版社，2002 年，第 199—224 页。

[11] 中国社会科学院考古研究所:《中国考古学・秦汉卷》，中国社会科学出版社，2010 年，第 382 页。

[12] 陕西省文物管理委员会:《潼关吊桥汉代杨氏墓群发掘简记》,《文物》1961 年第 1 期，第 56—66 页。

[13] 河北省文物研究所、邢台地区文物管理所:《河北沙河兴固汉墓》,《文物》1992 年第 9 期，第 12—21 页。

河南三门峡后川村 M351 发掘简报

◎河南省文物考古研究院　◎三门峡市文物考古研究所

◎安阳师范学院考古与文博系

2019 年 9—12 月，河南省文物考古研究院联合三门峡市文物考古研究所、安阳师范学院考古与文博系，对三门峡市后川村棚改拆迁项目黄河嘉园工地二期进行了配合性考古发掘，该工地位于三门峡市湖滨区向川路东约 100 米，南邻舒馨苑小区，北距黄河约 600 米。（图一）在工地西端发现汉墓 M351，现将该墓发掘情况简报如下。

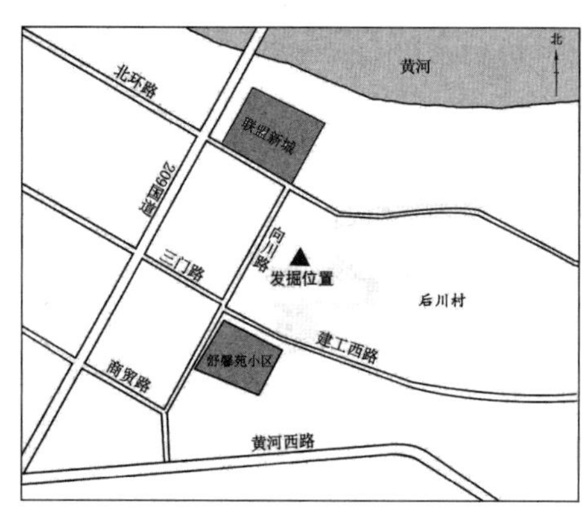

图一　M351 位置示意图

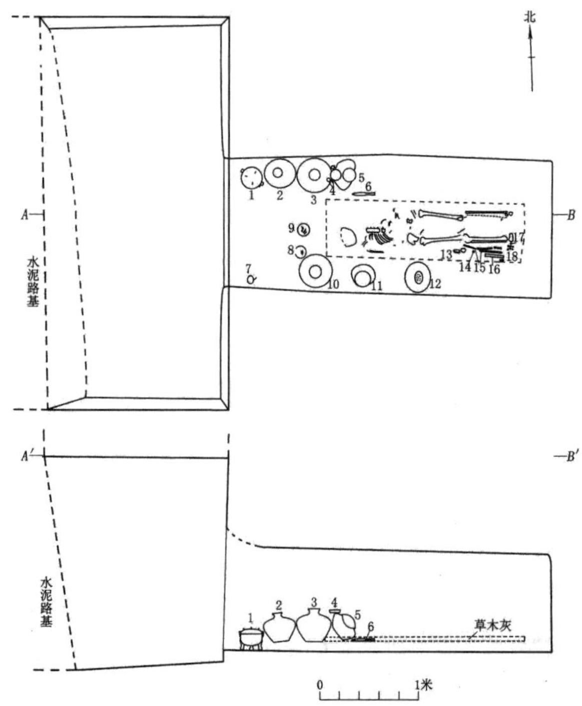

图二　M351 平剖面图

1. 铜鼎　2、3、10. 陶缶　4. 铜附件（口沿、铺首）　5. 陶罐　6. 铜矛　7. 铜勺　8、9. 铜附件（三足底、鋬、纽）　11. 陶釜　12. 陶甑　13. 研磨器　14. 铜环　15. 铁器　16. 长方体石器　17. 铜珠　18. 泥球

一、墓葬形制

M351 坐东朝西，方向 272°，由墓道和墓室两部分组成。（图二）由于黄河嘉园工地二期棚改拆迁平整土地，取走距现地表深约 2 米的土层，墓葬原始开口层位已不可知。

墓道　位于墓室西端，为长方形竖井式，由于墓道西部为现代水泥路基，故没有发掘。从现发掘墓道东端部分看，推测墓口呈长方形，口部略大于底部，现口南北长 3.8 米、东西宽 1.88 米，底南北长

3.62米、东西宽1.34~1.68米，底由东向西倾斜，深1.98~2.08米。道壁加工规整，道内填五花土，质地疏松。

墓门　设在墓道东壁底部中央，顶部坍塌。现高1.22米，宽1.18米。

墓室　位于墓道东端，为平顶土洞单室。墓底平面呈近长方形，长3.32米，宽1.24~1.32米，室后壁高0.92米。室底高出墓道0.12米。墓主葬于墓室中部偏后，室壁加工规整，室内充满淤土。（图三）

图三　M351墓室发掘现场

二、葬式及葬具

人骨一具，保存状况一般，头骨和部分上肢骨、肋骨已腐朽不存，根据残留人骨推测为仰身直肢葬，骨架下残留有1~2厘米厚的草木灰，骨架高出墓底约10厘米，推测为棺木受地下水影响上浮所致。经鉴定，推测墓主为中年男性。在墓主骨架朽痕外发现棺木痕迹，长2.0米，宽0.52~0.56米。

三、随葬器物

共出土随葬器物18件（套），铜鼎、陶缶、陶釜、陶罐、陶甑等放置在墓室南、北壁下，研磨器、铁器、铜环、铜珠、泥球等放置在墓主腿骨处，残留的铜附件（可能附于木卮类器物上）放置在棺木前方。依质地随葬器物分为陶、铜、铁、石、泥5类，现分类叙述如下：

1. 陶器。6件。均为泥质灰陶，器形为缶、罐、釜和甑。

缶　3件。形制相同，大小、口部、纹饰略有不同。均为口微侈，方唇，束颈，溜肩，平底。标本M351：2，平沿，肩、腹部竖向饰细绳纹，后在其上又横向饰十数周凹弦纹，口径13.2厘米、底径14.6厘米、高28.6厘米。（图四，1；

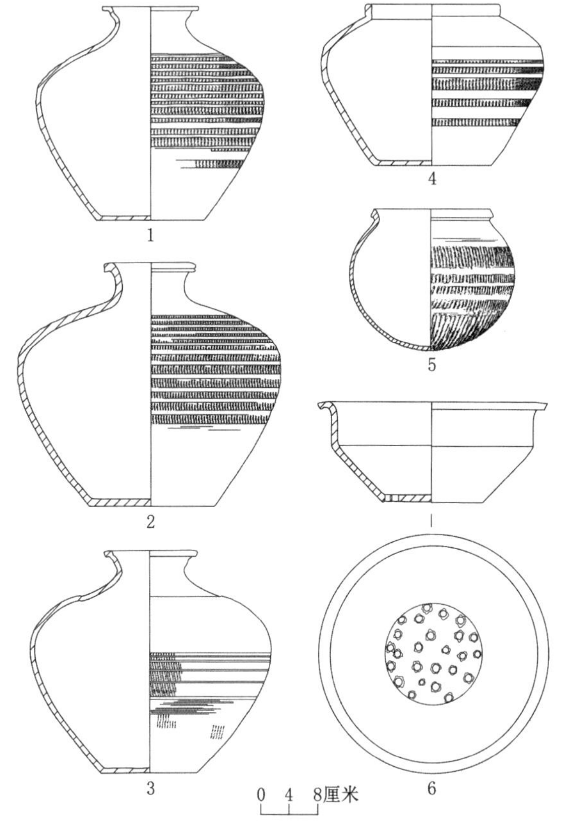

图四　M351出土陶器
1~3. 陶缶（M351：2、M351：3、M351：10）4. 陶罐（M351：5）5. 陶釜（M351：11）6. 陶甑（M351：12）

图五，1）标本 M351：3，方唇，肩、腹部竖向饰细绳纹，后在其上又横向饰十数周凹弦纹，口径 12.6 厘米、底径 17 厘米、高 32.2 厘米。（图四，2）标本 M351：10，平沿，腹下部竖向饰细绳纹，后在其上又横向饰数周凹弦纹，口径 12.8 厘米、底径 13.2 厘米、高 29.4 厘米。（图四，3；图五，2）

罐　1 件。标本 M351：5，直口，方唇，鼓肩，平底，肩、腹部竖向饰细绳纹，后在其上又横向饰数周凹弦纹，弦纹由上至下逐渐变宽。口径 19 厘米、底径 16.2 厘米、高 21.6 厘米。（图四，4；图五，3）

釜　1 件。标本 M351：11，口微侈，尖唇，短束颈，半球形腹，圜底，腹部竖向饰细绳纹，后在其上又横向饰数周凹弦纹，底部饰粗绳纹。口径 16 厘米、高 19 厘米。（图四，5；图五，4）

甑　1 件。标本 M351：12，平沿略下垂，折腹，平底，素面，腹底有 20 余个圆形箅孔，箅孔周围陶胎卷起。口径 31.6 厘米、底径 13.8 厘米、高 13.4 厘米。（图四，6；图五，5）

1. 陶缶(M351:2)　2. 陶缶(M351:10)　3. 陶罐(M351:5)　4. 陶釜(M351:11)　5. 陶甑(M351:12)

图五　M351 出土陶器

2. 铜器。8 件。器形为鼎、附件（口沿、铺首）、附件（三足底、鋬、纽）、矛、勺、环和珠。

鼎　1 件（套）。标本 M351：1，带盖。器身为子口，微内敛，鼓腹，圜底，底均匀附三蹄形足，腹上对称饰双耳，耳外撇，方角，耳中间为方孔，素面。子口承盖，盖呈弧形顶，盖顶上均匀分布三个桥形纽。盖口径 18 厘米，器身口径 15.6 厘米，带盖通高 18.4 厘米。（图六，1；图七，1）

附件（口沿、铺首）1 件（套）。标本 M351：4，仅剩口沿和两个铺首，推测为木壶类器物上的铜附件。口沿呈圆环形，子母口外撇，上口径 12.6 厘米、下口径 11.4 厘米。铺首一对，造型一致，均为兽面下衔一环，兽面双目圆睁，卷耳上翘，鼻呈环状，鼻下接一环（环为实

心），环可转动，宽 4.9 厘米、高 4.2 厘米、环径 4.8 厘米。（图六，2；图七，2）

附件（三足底、錾、纽） 2 件（套）。标本 M351：8，由三足底、錾、纽组成，推测为木卮类器物上的铜附件。三足底呈圆环状，下附三蹄形足，口径 12 厘米、高 4.7 厘米。錾呈环形，錾柄尾部略向外翘出，长 4.4 厘米、环径 2.4 厘米。纽呈“S”状，上有圆孔，高 3.4 厘米。（图六，3；图七，3）标本 M351：9，由三足底、錾组成，器形、大小与标本 M351：8 基本一致。

矛　1 件。标本 M351：6，矛身中线起脊，两侧开刃，銎部横截面略呈椭圆形，素面，銎内残留一段朽木。长 22.6 厘米、銎长 9.3 厘米。（图六，4；图七，4）

勺　1 件。标本 M351：7，柄部残断，椭圆形口，斜弧壁，圜底，细长柄斜出，柄首有銎，銎内残留一段朽木，素面。口径 8.6 厘米、柄长 16.4 厘米。（图六，7；图七，5）

环　1 件。标本 M351：14，环状，实心，外径 2.5 厘米、内径 0.9 厘米。（图六，5）

珠　1 件。标本 M351：17，一对，器形、大小基本一致。圆形，内有长方形孔。外径 2.3 厘米、孔长 1.2 厘米、宽 0.6 厘米。（图六，6；图七，6）

3. 铁器。1 件。标本 M351：15，锈蚀严重，残断为 4 截，推测为刀，现残长 33 厘米。（图六，8）

4. 石器。2 件。器形为研磨器和长方体石器。

研磨器　1 件（套），标本 M351：13，为一大一小 2 件。大者呈黄褐色，略呈八边形，上下面磨光，面上有研磨朱砂残留的痕迹，长 9.8 厘米、宽 9.7 厘米、高 3.6 厘米。小者呈棕褐色，略呈六边形，上下面磨光，长 8.5 厘米、宽 8.2 厘米、高 1.9 厘米。（图六，9）

长方体石器　1 件，类似镇席。标本 M351：16，一端残断，另一端略有磨损，其余四面磨光，长 18.6 厘米、宽 2.5 厘米、高 3 厘米。（图六，10）

5. 泥球。1 件（套）。标本 M351：18，共发现 10 颗，球状，泥质。直径 1.6 厘米。（图六，11）

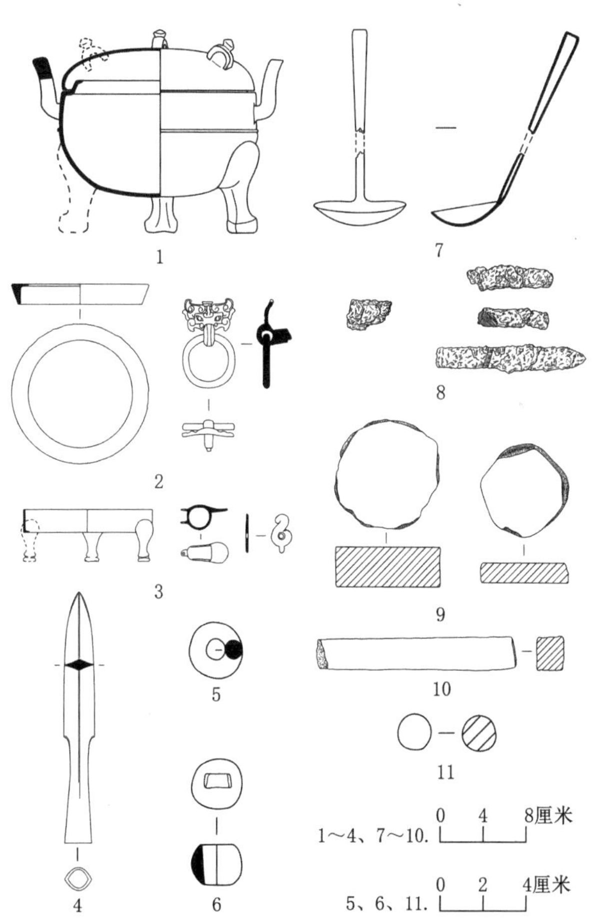

图六　M351 出土物

1. 铜鼎（M351：1） 2. 铜附件（口沿、铺首）（M351：4） 3. 铜附件（三足底、錾、纽）（M351：8） 4. 铜矛（M351：6） 5. 铜环（M351：14） 6. 铜珠（M351：17） 7. 铜勺（M351：7） 8. 铁器（M351：15） 9. 研磨器（M351：13） 10. 长方体石器（M351：16） 11. 泥球（M351：18）

四、结语

M351虽未完全发掘，但该墓墓室完整，根据墓葬形制和出土器物，可推断年代及墓主身份。

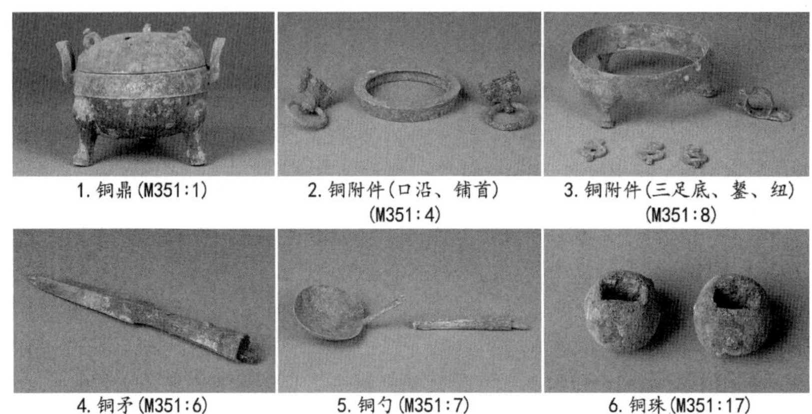
1. 铜鼎（M351:1）　2. 铜附件（口沿、铺首）（M351:4）　3. 铜附件（三足底、鋬、纽）（M351:8）　4. 铜矛（M351:6）　5. 铜勺（M351:7）　6. 铜珠（M351:17）

图七　M351出土铜器

1. 墓葬年代。在墓葬形制上，M351为顺向土洞室墓，道宽大于室宽，与三门峡市司法局、刚玉砂厂洞室墓C型[1]，三门峡市三里桥秦人洞室墓A型Ⅱ式[2]，三门峡市后川村西汉围沟墓[3]形制类似，这些墓葬年代集中在秦末至西汉初期。

在出土器物方面，陶器为釜、甑、缶、罐的组合，年代跨度在秦末至西汉初期。在具体器形上，铜鼎（M351：1）与三门峡市火电厂秦人墓[4]铜鼎（CM08179：9）相同，年代为秦末汉初。陶缶与三门峡市大岭粮库围墓沟墓[5]陶缶Ⅰ式、Ⅱ式类似，年代为西汉初期。

综合墓葬形制和出土器物的年代，我们推测M351的年代应在西汉初期偏早阶段。

2. 墓主身份。该墓出土规格较高的铜鼎、铜矛和仅剩铜附件的木器，表明墓主生前具有一定社会地位。并且该墓出土带有朱砂的研磨器，推测墓主生前可能从事文职类工作。另外，后川村黄河嘉园项目自2017年开始发掘至今，共发现汉代墓葬近300座，这些墓葬排列有序，相互之间很少有打破现象，推测该墓群为当时陕州城外的一处公共墓地[6]。

结合以上信息，推测M351墓主生前可能是西汉初期陕州城内从事文职类工作的一位官吏。

本次简报的M351，是后川村众多汉墓之一，它比较典型，出土了铜鼎、铜矛和研磨石器等文物，推断墓主可能是西汉初期的一位文官，为研究当时官吏的墓葬制度和埋葬习俗提供了新的考古学材料。

领队：史智民　杨海青

发掘、摄影：贾润道　上官荣光

修复、绘图：上官荣光　张青彦　赵　薇

执笔：张青彦

注释：

[1] 三门峡市文物工作队：《三门峡市司法局、刚玉砂厂秦人墓发掘简报》，《华夏考古》1993年第4期，第12—34页。

[2] 三门峡市文物工作队：《三门峡市三里桥秦人墓发掘简报》，《华夏考古》1993年第4期，第35—53页。

[3] 河南省文物考古研究院、三门峡市文物考古研究所、安阳师范学院考古与文博系：《河南三门峡后川村西汉围沟墓发掘简报》，《中国国家博物馆馆刊》2021年第3期，第68—86页。

[4] 三门峡市文物工作队：《三门峡市火电厂秦人墓发掘简报》，《华夏考古》1993年第4期，第54—67页。

[5] 三门峡市文物考古研究所：《三门峡大岭粮库围墓沟墓发掘简报》，《中原文物》2004年第6期，第4—8页。

[6] 上官荣光：《河南三门峡市发现大量西汉时期墓葬》，《中国文物报》2019年9月6日第7版。

三门峡后川村四座西汉墓发掘简报

◎河南省文物考古研究院　◎三门峡市文物考古研究所
◎三门峡庙底沟博物馆

2017年12月至2018年11月为配合河南三门峡黄河嘉园住宅区工程建设，受河南省文物考古研究院委托，三门峡市文物考古研究所在三门峡市开发区后川村拆迁区域内西部发掘清理了一大批古墓葬。（图一）这批墓葬以西汉时期居多，其中又以M23、M24、M26和M27四座墓葬较为重要且具代表性。现将这四座墓葬的发掘情况简报如下。

图一　西汉墓地位置示意图

一、M23

（一）墓葬形制

该墓为一坐东朝西的土洞室墓，由墓道和墓室两部分组成，方向275°。

墓道为长方形竖穴土坑式，口部略大于底，四壁斜直较规整，底部平坦。墓道口距现地表1.1米，东西长4.3米，南北宽3.9米；底部东西长3.5米，南北宽2.9米，墓道深4.9米。在墓道近西南角的南壁和西壁上分别有5个和4个脚窝，脚窝断面呈三角形，下宽0.3米，高0.28米，进深0.1米。

墓门位于墓道的东端下部，高于墓道底0.2米，与洞室相连。墓门宽1.86米，高1.3米，封门情况不详。墓室为土洞室，平面呈长方形，顶近平，室壁规整，西端略高于东部，底部平坦。东西长3.7米，宽1.77~1.86米。

葬具位于室内中部，腐朽严重已成灰白色朽痕，依据痕迹可知为单木棺。木棺平面呈梯形，长2.07米，西端宽0.82米，东端宽0.7米，板厚0.06米。棺内有人骨架一具，仰身直肢，头西足东，面向上，经初步鉴定为一成年男性。

墓内出土各类随葬器物共 20 件，分别放置于墓室的南、北两侧及棺内。其中陶器 8 件，计有缶 2 件、罐 2 件、甑 1 件、虎子 1 件、盆 1 件、碗 1 件；铜器 8 件，计有鼎 1 件、壶 1 件、洗 1 件、钵 1 件、勺 1 件、三足支架 2 件、带钩 1 件；残玉柄形器 1 件；骨管 1 件；铁器 2 件，计有鼎 1 件、釜 1 件。（图二）

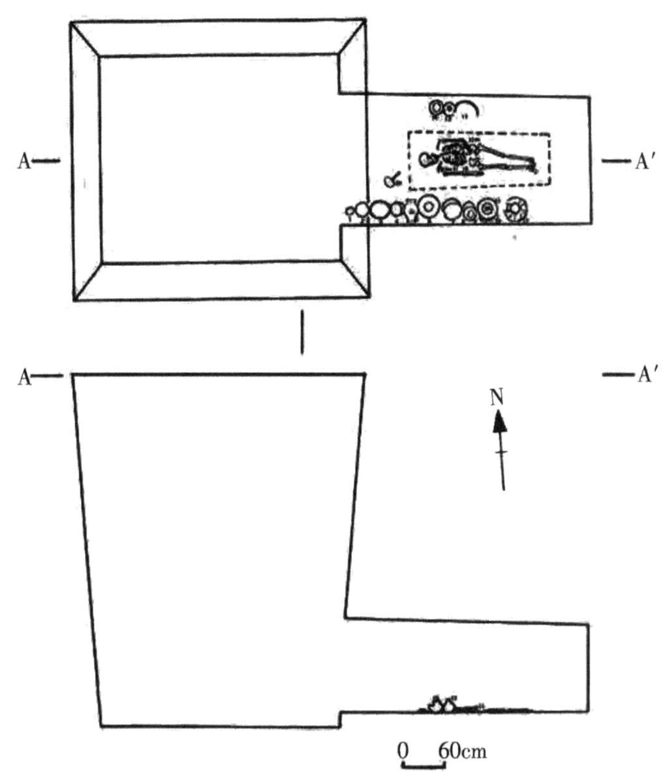

图二 M23 平面、剖视图

1. 铜三足支架 2. 铜钵 3. 铜洗 4. 铜鼎 5. 铜壶 6、12. 陶缶 7. 铁鼎 8. 陶盆 9、11. 陶罐 10. 陶碗 13. 陶虎子 14. 陶甑 15. 骨管 16. 铜勺 17. 铜带钩 18. 残玉柄形器 19. 铁釜

（二）随葬器物

1. 陶器 8 件。均泥质灰陶。

缶 2 件。形制基本相同，皆侈口，短束颈，广肩或溜肩，平底。标本 M23：6，尖唇，束颈较短，广肩，弧腹下内收。肩部有多周细凹弦纹，腹部饰细绳纹并间以细凹弦纹。口径 13 厘米，腹径 38 厘米，底径 14 厘米，高 32 厘米。（图三，9；图四，1）标本 M23：12，方唇，束颈稍长，溜肩，鼓腹，肩颈之间有一印戳“陕市”二字。肩部与腹部均饰细绳纹并间以细凹弦纹。口径 12 厘米，腹径 34.5 厘米，底径 15 厘米，高 31.5 厘米。（图三，7、8；图四，2）

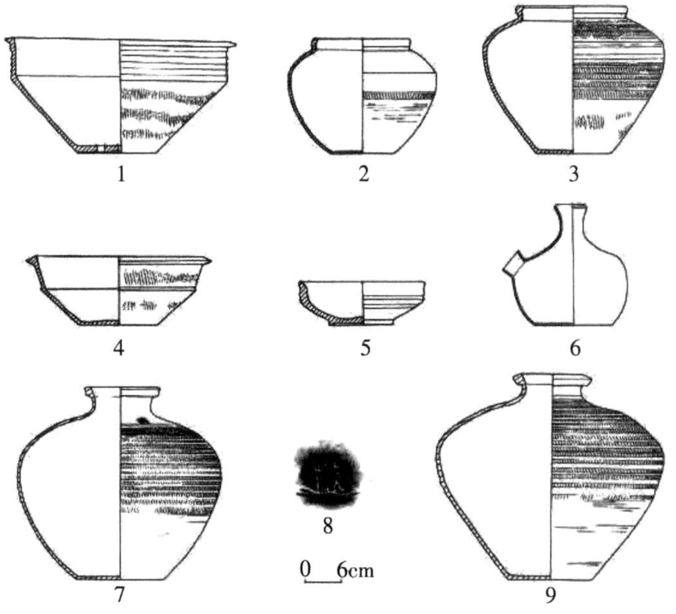

图三 M23 出土陶器线图

1. 陶甑（M23：14） 2. 陶罐（M23：11） 3. 陶罐（M23：9） 4. 陶盆（M23：8） 5. 陶碗（M23：10） 6. 陶虎子（M23：13） 7. 陶缶（M23：12） 8. 陶缶拓片（M23：12） 9. 陶缶（M23 ：6）

罐 2 件。形制大体相同，口微敛，短束颈，鼓肩或溜肩，肩腹相交处为一折棱，平底。标本 M23：9，圆唇，鼓肩，弧腹

下内收。肩部饰网格状纹，腹上部饰细凹弦纹，腹下部饰细绳纹并间以凹弦纹。口径 18 厘米，腹径 30 厘米，底径 12.5 厘米，高 23.5 厘米。（图三，3；图四，3）标本 M23：11，溜肩，鼓腹，平底。腹下部饰细绳纹并间以凹弦纹。口径 16.5 厘米，腹径 24.4 厘米，底径 10.5 厘米，高 18.5 厘米。（图三，2）

图四　M23 出土陶器

1. 陶缶（M23：6）2. 陶缶（M23：12）3. 陶罐（M23：9）4. 陶甑（M23：14）5. 陶虎子（M23：13）6. 陶碗（M23：10）

甑　1 件。标本 M23：14，直口，平沿，尖唇，折腹，平底，底部有多个圆形箅孔。腹上部饰五周宽凹凸弦纹，腹下部饰细绳纹。口径 37.5 厘米，腹径 36 厘米，底径 13 厘米，高 7 厘米。（图三，1；图四，4）

虎子　1 件。标本 M23：13，顶部微鼓且平封，束颈较长，扁圆腹，大平底，肩部一侧斜伸出一圆筒形流，流口微侈。流口径 4 厘米，腹径 19.5 厘米，底径 13 厘米，高 20 厘米。（图三，6；图四，5）

盆　1 件。标本 M23：8，敞口，斜折沿，尖唇，折腹，腹外侧有一周凸棱，下腹斜直内收，平底。口径 30 厘米，腹径 25 厘米，底径 12 厘米，高 11 厘米。（图三，4）

碗　1 件。标本 M23：10，敞口，圆唇，浅弧腹，近平底，矮圈足。腹部饰三周凹弦纹。口径 21 厘米，底径 10.5 厘米，高 6 厘米。（图三，5；图四，6）

2. 铜器　8 件。

鼎　1 件。标本 M23：4，子口承盖，盖为半球形，盖腹等距离分布 3 个环形钮，钮上各饰一个钉状饰。附耳稍外撇，腹微鼓，圜底，三蹄足。腹部饰一周凸弦纹。口径 14.5 厘米，腹径 18 厘米，足距 14 厘米，通高 16 厘米。（图五，2；图六，1）

壶　1 件。标本 M23：5，侈口，平唇，束颈，斜肩，圆鼓腹，肩部两侧饰一对称的铺首衔环，圈足上有折棱。颈上部饰一周锯齿纹，颈下部、肩、腹共饰三周圈带纹。口径 11.5 厘米，腹径 22.5 厘米，底径 13 厘米，高 30 厘米。（图五，1；图六，2）

洗　1 件。标本 M23：3，敞口，方唇，宽平沿，浅折腹，圜底。口径 33.5 厘米，腹径 29 厘米，高 8 厘米。（图五，5；图六，3）

钵　1 件。标本 M23：2，口微敛，尖唇，斜折沿，鼓腹，圜底。口径 18.5 厘米，腹径 17.5 厘米，高 9 厘米。（图五，7；图六，4）

勺　1 件。标本 M23：16，勺体较薄，椭圆形口，斜弧壁，圜底，圆形细长柄微上翘。勺口长径 11.2 厘米，短径 8.3 厘米，柄长 11 厘米，柄末端銎径 1.4 厘米。（图五，6；图六，5）

三足支架　2件。形制、大小相同。皆矮圆体，中空，底部均匀地分布着三个蹄形足。标本M23：1-1，直径11厘米，高3.5厘米。（图五，3；图六，6）

带钩　1件。标本M23：17，出土时钩部残缺。整体呈长条形，正面略鼓，背面稍平且中部有一钉盖形钮。长14.5厘米，宽1厘米，钮盖直径1.3厘米。（图五，4；图六，7）

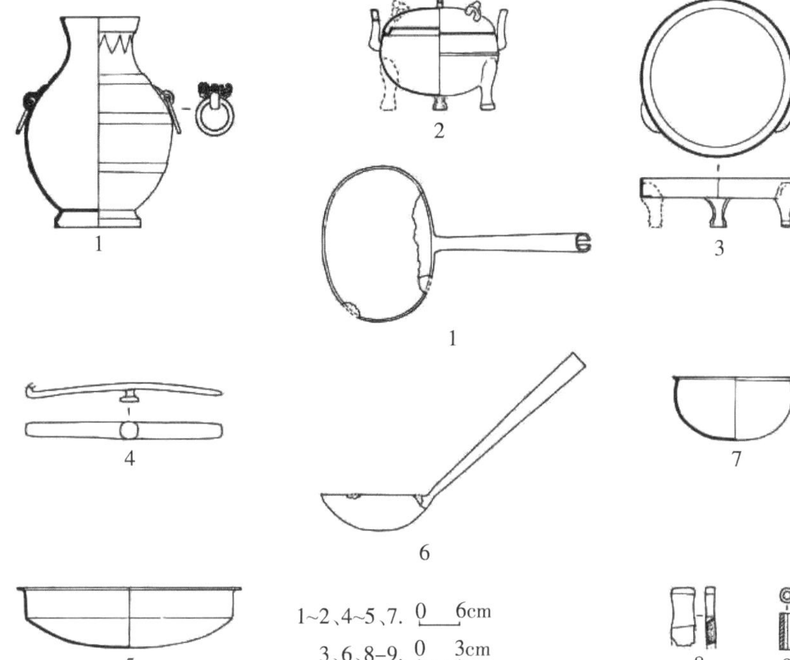

图五　M23出土器物线图

1. 铜壶（M23：5） 2. 铜鼎（M23：4） 3. 铜三足支架（M23：1-1） 4. 铜带钩（M23：17） 5. 铜洗（M23：3） 6. 铜勺（M23：16） 7. 铜钵（M23：2） 8. 玉柄形器（M23：18） 9. 骨管（M23：15）

3. 玉柄形器　1件。标本M23：18，出土时仅残存柄部。青玉，浅冰青色，局部受沁有黄褐色或灰白色斑点。玉质致密，微透明。扁长条形，平顶，柄两侧边略内束，柄部阴刻二周平行凸线纹。长4厘米，宽1.6厘米。（图五，8；图六，8）

4. 骨管　1件。标本M23：15，呈圆柱体，中空，断面呈圆形。长2.7厘米，直径1.1厘米，孔径0.6厘米。（图五，9）

5. 铁器　2件。皆锈蚀严重，残甚。

图六　M23出土器物

1. 铜鼎（M23：4） 2. 铜壶（M23：5） 3. 铜洗（M23：3） 4. 铜钵（M23：2） 5. 铜勺（M23：16） 6. 铜三足支架（M23：1-1） 7. 铜带钩（M23：17） 8. 玉柄形器（M23：18）

二、M24

（一）墓葬形制

M24是一坐东朝西的土洞室墓，由墓道和墓室两部分组成，方向270°。

墓道为竖穴土坑式，平面略呈梯形，口部稍大于底，西端略窄于东端，四壁光滑规整，向下斜直，底部平坦。墓道口距现地表1.5米，东西长3.72米，西端宽2.82米，东端宽2.62米；底部东西长3.6米，南北宽2.52~2.72米，墓道深4.3米。

墓室位于墓道的东侧，为土洞室，平面略呈长方形，拱形顶，室壁规整，平底，底部高于墓道底0.3米。东西长3.78米，南北宽1.52~1.94米，高1.3米。

室内葬具腐朽严重，已成灰黑色痕迹。依据残痕可知为一木棺，东西长2.1米，南北宽0.84米，板厚0.06米。木棺内铺有一层较薄的草木灰。棺内有人骨架一具，骨骼腐朽较甚。

墓内出土随葬器物共15件，分别放置于墓室的门口处及棺内。其中陶器7件，计有缶3件、罐2件、盆1件、甑1件；铜器6件，计有鼎1件、壶1件、勺1件、镜1件、饰件2件；骨管1件；铁釜1件。（图七）

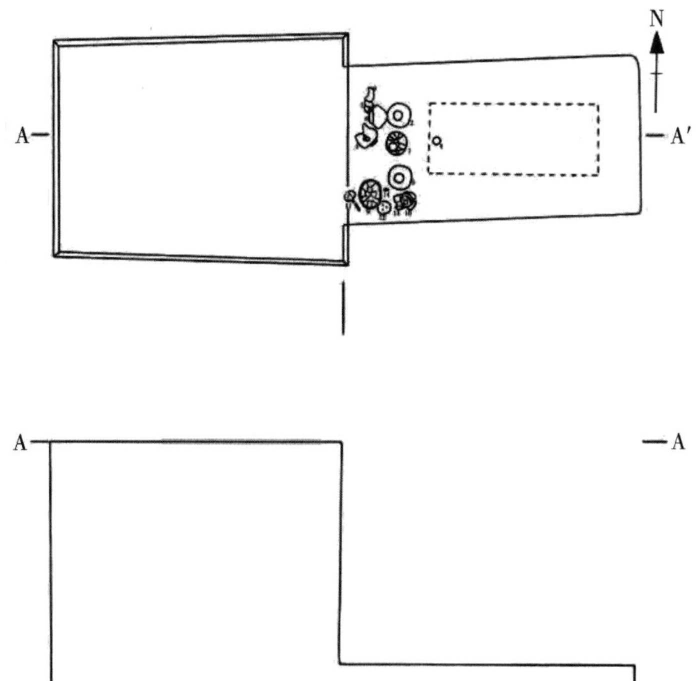

图七 M24平面、剖视图

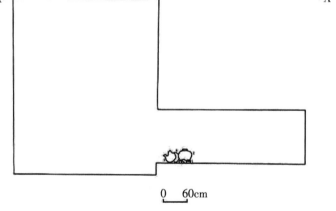

1、2、5. 陶缶 3. 铜方壶 4. 铜镜 6. 铁釜 7、8. 陶罐 9. 陶盆 10. 陶甑 11. 铜勺 12. 铜鼎 13-1~2. 铜饰件 14. 骨管

（二）随葬器物

1. 陶器 7件。

缶 3件。形制、纹样基本相同，大小略有差异。侈口，方唇，溜肩或圆肩，短束颈，鼓腹，平底。肩部及腹部饰细绳纹并间以凹弦纹。标本M24：1，卷沿，圆肩。口径12厘米，腹径34厘米，底径15.5厘米，高32厘米。（图八，1；图九，1）标本M24：2，斜平沿，溜肩，肩部个别地方绳纹和凹弦纹不甚明显。口径12.5厘米，腹径33.5厘米，底径15.5厘米，高30厘米。（图八，2）标本M24：5，卷沿，溜肩。口径11厘米，腹径34.5厘米，底径17.5厘米，

高 29.5 厘米。（图八，3）

罐　2 件。形制、大小略有差异。标本 M24：8，直口微敛，鼓肩，弧腹，腹上部较直，下部内收，肩腹部有一周折棱，平底。腹部饰细绳纹。口径 16 厘米，腹径 27.5 厘米，底径 11.5 厘米，高 20 厘米。（图八，4；图九，2）标本 M24：7，直口，平沿，方唇，短束颈，溜肩，鼓腹，平底。肩部饰细凹弦纹，腹下部饰细绳纹，但纹饰均模糊不清。口径 14 厘米，腹径 25.5 厘米，底径 14 厘米，高 18 厘米。（图八，7）

盆　1 件。标本 M24：9，敞口，外折沿，折腹，腹外侧有一周凸棱，平底。腹部饰有模糊不清的细绳纹。口径 34.5 厘米，腹径 32 厘米，底径 11.5 厘米，高 14 厘米。（图八，5；图九，3）

甑　1 件。标本 M24：10，出土时甑上部残缺。折腹，下腹斜直内收成小平底，底部有多个圆形箅孔。腹径 30 厘米，底径 12.5 厘米，残高 17 厘米。（图八，6）

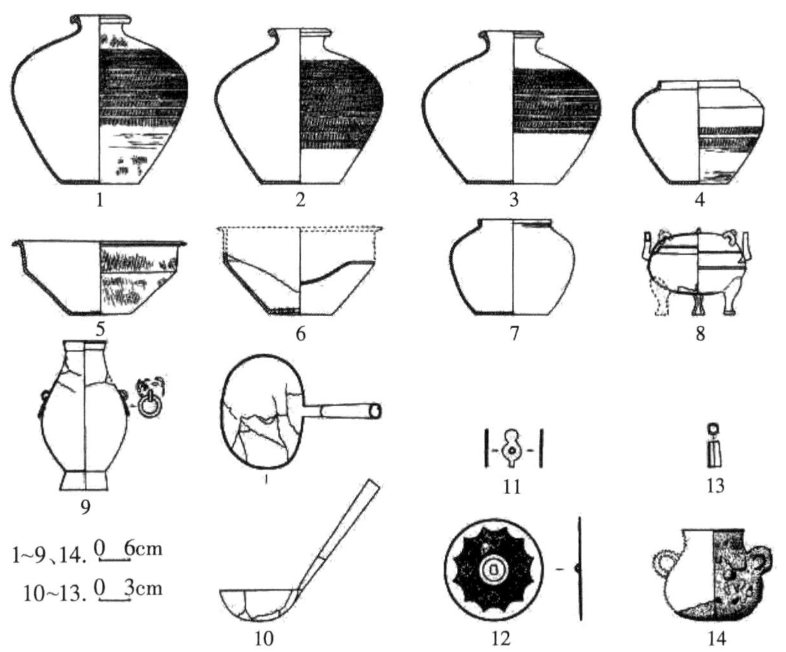

图八　M24 出土器物线图

1. 陶缶（M24：1） 2. 陶缶（M24：2） 3. 陶缶（M24：5） 4. 陶罐（M24：8） 5. 陶盆（M24：9） 6. 陶甑（M24：10） 7. 陶罐（M24：7） 8. 铜鼎（M24：12） 9. 铜方壶（M24：3） 10. 铜勺（M24：11） 11. 铜饰件（M24：13–1） 12. 铜镜（M24：4） 13. 骨管（M24：14） 14. 铁釜（M24：6）

2. 铜器　6 件。

鼎　1 件。标本 M24：12，子口承盖，盖为半球形，盖腹等距离分布三个环形钮，钮上各饰一个钉状饰。附耳外撇，腹微鼓，圜底，三蹄足，底部略残。腹部饰一周凸弦纹。口径 14 厘米，腹径 17.5 厘米，通高 16 厘米。（图八，8；图九，4）

方壶　1 件。标本 M24：3，出土时壶颈部残甚。方口略外敞，方唇，长颈，腹上部两侧附一对称的衔环铺首，腹四壁外鼓，方圈足。口边长 8.6 厘米，腹边长 16.8 厘米，底边长 9.5 厘米，高 28.5 厘米。（图八，9）

勺　1 件。标本 M24：11，出土时勺体残碎较甚。勺体较薄，椭圆形口，斜弧壁，圜底，圆形细长柄微上翘。勺口长径 11 厘米，短径 8.2 厘米，柄长 12.6 厘米，柄末端銎径 1.2 厘米。（图八，10）

镜　1 件。标本 M24：4，圆形，圆钮，钮座外一圈带上压四花瓣，四花为桃形瓣组成，内向十六连弧纹缘，缘内区均饰一周三角纹并涡纹。直径 9.7 厘米，厚 0.2 厘米。（图八，12；图九，5）

饰件　2 件。形制、大小相同。整体近扁平的葫芦状，中部有圆形孔，末端有长方形榫。标本 M24：13-1，长 4.9 厘米，宽 2.1 厘米，厚 0.1 厘米。（图八，11）

3. 骨管　1 件。标本 M24：14，近圆柱体，中空，顶端稍细，末端较粗，断面呈圆形。长 2.5 厘米，直径 1.2~1.4 厘米，孔径 0.8 厘米。（图八，13；图九，6）

4. 铁釜　1 件。标本 M24：6，出土时锈蚀严重，且部分残缺。敞口，方唇，束颈，肩部有一对称的环状耳，鼓腹，圜底。口径 12.5 厘米，腹径 20.4 厘米，高 17.5 厘米。（图八，14）

图九　M24 出土器物

1. 陶缶（M24：1）2. 陶罐（M24：8）3. 陶盆（M24：9）
4. 铜鼎（M24：12）5. 铜镜（M24：4）6. 骨管（M24：14）

三、M26

（一）墓葬形制

该墓是一坐东朝西的土洞室墓，由墓道和墓室两部分组成，方向 270°。

墓道为竖穴土坑式，平面呈长方形，口部略大于底，四壁斜直较规整，底部平坦。墓道口距地表 1.2 米，东西长 4.32 米，南北宽 3.6 米；底部东西长 3.8 米，南北宽 3.28~3.34 米，墓深 4.3 米。在墓道近西南角的西壁和南壁上各设有 5 个断面呈三角形的脚窝，脚窝间距 0.5~0.9 米之间。脚窝宽 0.28~0.3 米，高 0.24~0.28 米，进深 0.1~0.13 米之间。

墓门位于墓道东端下部，近平顶。宽 1.89 米，高 1.89 米，进深 0.6 米。封门情况不详。

墓室为土洞室，平面近呈长方形，底部平坦。东西长 3.56 米，南北宽 2.04~2.20 米。墓室内葬有一人，骨骼腐朽严重，仅清理出大致轮廓。墓主为仰身直肢，头东足西。墓主身下铺有一层草木灰，其范围东西长 2.6 米，南北宽 0.36 米，厚约 0.03 米。墓主头部东侧发现有腐朽的木箱痕迹，南北长 0.38 米，东西宽 0.36 米。墓室门口处随葬一匹保存较完好的马骨，马头向南，足向东，头部和腿部皆有朱砂。

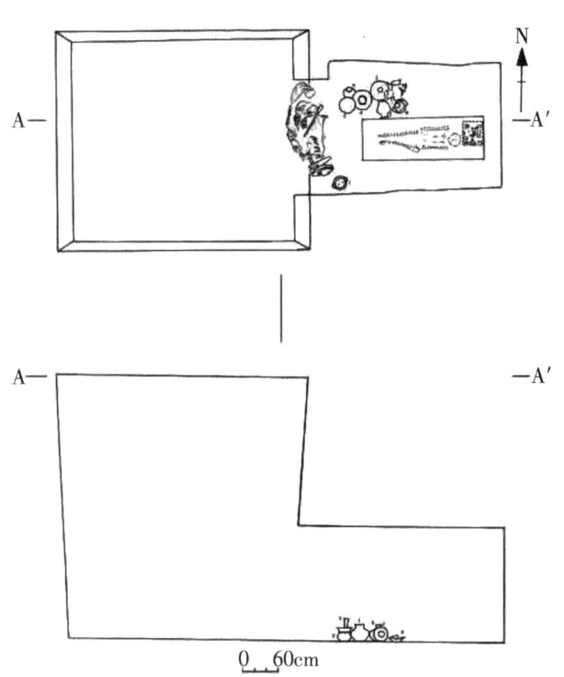

图一〇 M26 平面、剖视图
1. 铜鼎 2. 铜甗 3. 铜长颈壶 4、5、8. 陶缶 6、7. 陶罐 9. 铜镜 10、12、16. 铜铃 11. 铜匕 13. 铜勺 14、15. 铜柲帽 17. 八棱形石柱 18. 铁残器

墓内出土各类随葬器物共 19 件，分别放置于墓室内的北侧和墓主头部的木箱内。其中陶器 5 件，计有缶 3 件、罐 2 件；铜器 11 件，计有鼎 1 件、甗 1 件、长颈壶 1 件、勺 1 件、匕 1 件、残镜 1 件、柲帽 2 件、铃 3 件；八棱形石柱 2 件；铁器 1 件。（图一〇）

（二）随葬器物

1. 陶器 5 件。

缶 3 件。形制、纹样相同，大小略有差异。侈口，方唇，溜肩，束颈，鼓腹，平底。肩部与腹部均饰细绳纹并间以凹弦纹。标本 M26：4，口径 14 厘米，腹径 32 厘米，底径 14 厘米，高 28 厘米。（图一一，2；图一二，1）标本 M26：8，口径 14 厘米，腹径 31.5 厘米，底径 13 厘米，高 29 厘米。（图一一，1）标本 M26：5，口部残缺。腹径 32 厘米，底径 14 厘米，残高 26.5 厘米。（图一一，3）

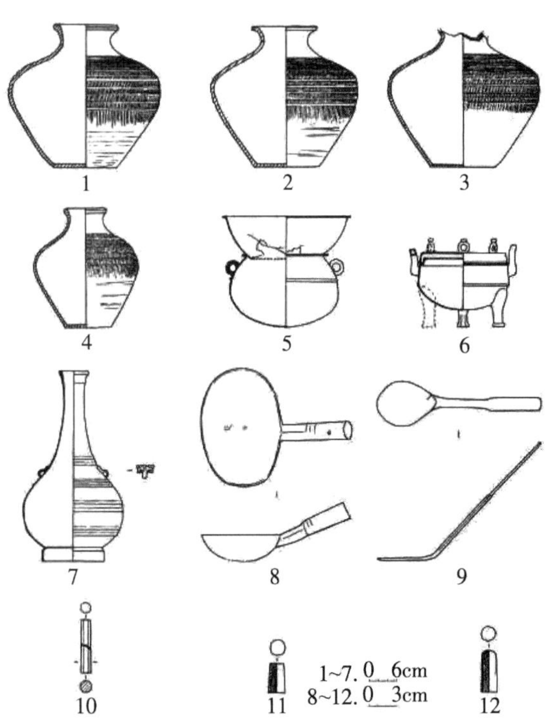

图一一 M26 出土器物线图
1. 陶缶（M26：8） 2. 陶缶（M26：4） 3. 陶缶（M26：5） 4. 陶罐（M26：7） 5. 铜甗（M26：2） 6. 铜鼎（M26：1） 7. 铜长颈壶（M26：3） 8. 铜勺（M26：13） 9. 铜匕（M26：11） 10. 八棱形石柱（M26：17–1） 11. 铜柲帽（M26：14） 12. 铜柲帽（M26：15）

罐 2 件。其中 1 件（标本 M26：6）残损过甚，无法修复。标本 M26：7，侈口，方唇，束颈，鼓腹，平底。肩部与腹部均饰细绳纹并间以凹弦纹。口径 11 厘米，腹径 25.5 厘米，底径 12

厘米，高 23.5 厘米。（图一一，4；图一二，2）

2. 铜器　10 件。

鼎　1 件。标本 M26：1，子口承盖，盖顶部近平微鼓，盖顶等距离分布三个环形钮，钮上各有一个乳状饰。附耳外撇，腹微鼓，圜底，三蹄足。腹部饰一周凸弦纹。口径 16.5 厘米，腹径 19.5 厘米，足距 14 厘米，通高 17.5 厘米。（图一一，6；图一二，3）

甗　1 件。标本 M26：2，上甑下釜组合。甑为敞口，窄平折沿，圆唇，斜弧腹，平底，底部有镂空；釜为敛口，卷沿，圆鼓腹，腹部两侧有一对称的环形耳，圜底。腹部饰一周凸弦纹。通高 22.4 厘米；甑口径 26 厘米，腹径 22 厘米，高 8.5 厘米；釜口径 18 厘米，腹径 22 厘米，高 15 厘米。（图一一，5；图一二，4）

长颈壶　1 件。标本 M26：3，侈口，细长颈，斜肩，肩部两侧有对称的铺首，鼓腹下垂，矮圈足。肩及腹部饰四组凸弦纹。口径 6.2 厘米，腹径 22 厘米，底径 13 厘米，高 38 厘米。（图一一，7；图一二，5）

勺　1 件。标本 M26：13，勺体较薄，椭圆形口，斜弧壁，圜底，圆形短柄，柄一端有一小圆形钉孔。通长 30.5 厘米，勺口长径 17 厘米，短径 15 厘米，柄长 15.7 厘米，柄端銎孔径 1.3 厘米。（图一一，8；图一二，6）

匕　1件。标本M26：11，似椭圆形叶状身，扁平长柄上翘，柄的末端略宽。通长21厘米，宽 4.5 厘米。（图一一，9；图一二，7）

柲帽　2 件。形状基本相同。器身呈圆筒状，开口端较粗，末端封闭较细，横断面呈椭圆形。銎内朽木断于口内。标本 M26：14，末端顶部为平顶。口径 3 厘米，底径 1.5 厘米，高 1.8 厘米。（图一一，11）标本 M26：15，末端顶部为半球形。口径 1.7 厘米，高 4.2 厘米。（图一一，12；图一二，8）

另有 1 件铜镜和 3 件铜铃，均残损严重，无法修复。

3. 八棱形石柱　2 件。质地、形制、大小相同，皆为白色石质，外表涂有一层蓝色染料。

图一二　M26 出土器物

1. 陶缶（M26：4） 2. 陶罐（M26：7） 3. 铜鼎（M26：1） 4. 铜甗（M26：2） 5. 铜长颈壶（M26：3） 6. 铜勺（M26：13） 7. 铜匕（M26：11） 8. 铜柲帽（M26：14 左）、（M26：15 右） 9. 八棱形石柱（M26：17-1）

八棱形柱状体，两端面平齐。标本 M26：17–1，出土时断为二截。长 5.3 厘米，径 1.1 厘米。（图一一，10；图一二，9）

4. 铁器 1 件。标本 M26：18，薄残片，锈蚀严重，且残损过甚。

四、M27

（一）墓葬形制

M27 是一坐东朝西的土洞室墓，由墓道和墓室两部分组成，方向 270°。

墓道为长方形竖穴土坑式，四壁光滑规整。墓道口距地表 1.12 米，东西长 3.6 米，南北宽 3.17 米，墓深 5.54 米。在墓道近西南角的南壁和西壁各发现 5 个断面呈三角形的脚窝，间距在 0.64~0.80 米之间，每个脚窝宽约 0.34 米，高 0.17 米，进深 0.1 米。

墓门开在墓道东壁下部，与洞室相连，近平顶。宽 2.08 米，高 1.54 米，进深 0.6~0.8 米。封门情况不详。

墓室为土洞室，高于墓道底部 0.2 米。室内因多次进水导致墓室南北两壁坍塌。东西长 4.04 米，宽 2.58~3.08 米，高 1.54 米。

室内葬具腐朽严重，依其痕迹可知为木棺一具。木棺平面呈长方形，东西长 2.1 米，宽 0.72 米。棺内有一人，仰身直肢，头西足东，面朝上，骨骼保存较差。墓主身下铺有一层较薄的草木灰。

墓室内出土各类随葬器物共 14 件，分别放置于墓室内的北侧，东南部及棺内。其中陶器 5 件，计有缶 3 件、虎子 1 件、盆 1 件；铜器 6 件，计有鼎 1 件、蒜头壶 1 件、釜 1 件、洗 1 件、带钩 1 件、残片 1 件；铁器 3 件，均锈蚀残碎较甚，计有勺 1 件、刀 1 件、剑 1 件。（图一三）

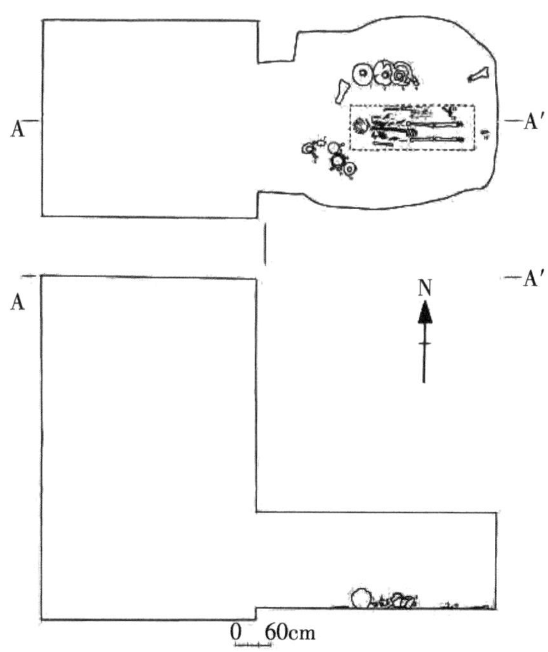

图一三　M27 平面、剖视图
1~3. 陶缶　4. 陶盆　5. 铁勺　6. 铜鼎　7. 残铜片
8. 铜蒜头壶　9. 铜釜　10. 铜洗　11. 陶虎子
12. 铜带钩　13. 铁刀　14. 铁剑

（二）随葬器物

1. 陶器　6 件。

缶　3 件。形制、大小、纹样基本相同，皆侈口，窄平沿，方唇或尖唇，短束颈，溜肩，鼓腹，平底。肩部及腹部均饰细绳纹并间以凹弦纹。标本 M27：1，方唇。口径 13.5 厘米，腹径 37 厘米，底径 15.5 厘米，高 34 厘米。（图一四，7）标本 M27：2，尖唇，底部略残。口径

12.5 厘米，腹径 32 厘米，底径 13 厘米，高 28 厘米。（图一四，9；图一五，1）标本 M27：3，尖唇。口径 13 厘米，腹径 32.5 厘米，底径 13 厘米，高 30 厘米。（图一四，8）

盆　1 件。标本 M27：4，敞口，尖唇，平折沿，折腹，腹外侧有一周凸棱，平底。口径 32.5 厘米，腹径 30.5 厘米，底径 14 厘米，高 12.5 厘米。（图一四，1；图一五，2）

虎子　1 件。标本 M27：11，顶部平封，束颈较粗，鼓腹，大平底，肩部一侧斜伸出一圆形流，流口呈喇叭形。流口径 6 厘米，腹径 20 厘米，底径 13.5 厘米，高 22.5 厘米。（图一四，3；图一五，3）

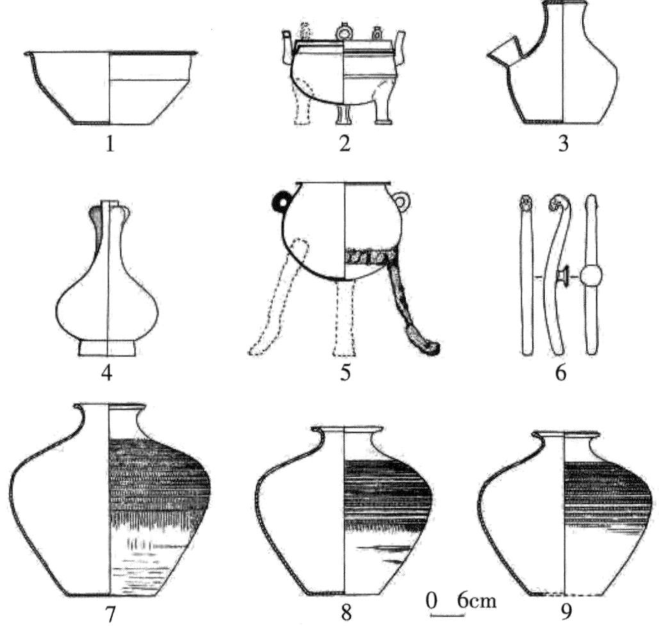

图一四　M27 出土器物线图

1. 陶盆（M27：4）2. 铜鼎（M27：6）3. 陶虎子（M27：11）4. 铜蒜头壶（M27：8）5. 铜釜（M27：9）6. 铜带钩（M27：12）7. 陶缶（M27：1）8. 陶缶（M27：3）9. 陶缶（M27：2）

2. 铜器　6 件。

鼎　1 件。标本 M27：6，子口承盖，盖顶部近平微鼓，盖顶等距离分布三个环形钮，钮上各有一个乳状饰。附耳外撇，腹微鼓，圜底，三蹄足。腹部饰一周凸弦纹。口径 16.5 厘米，腹径 20 厘米，足距 14 厘米，通高 17.5 厘米。（图一四，2；图一五，4）

蒜头壶　1 件。标本 M27：8，蒜头小直口，方唇，长束颈，扁鼓腹，圈足。口径 3 厘米，腹径 19 厘米，底径 10.5 厘米，高 27.5 厘米。（图一四，4；图一五，5）

图一五　M27 出土器物

1. 陶缶（M27：2）2. 陶盆（M27：4）3. 陶虎子（M27：11）4. 铜鼎（M27：6）5. 铜蒜头壶（M27：8）6. 铜釜（M27：9）7. 铜带钩（M27：12）

釜　1 件。标本 M27：9，敛口，方唇，卷沿，圆鼓腹，腹上部两侧有一对称环形耳，圜底，底部残留有铁三足支架痕迹。口径 17 厘米，腹径 21.5 厘米，高 15 厘米。（图一四，5；图一五，6）

洗　1 件。标本 M27：10，体薄，残甚，无法修复。

带钩　1 件。标本 M27：12，形似棒状，蛇头形钩，背有蘑菇状钮，断面近圆形。长 14 厘米。（图一四，6；图一五，7）

残片　1 件。标本 M27：7，薄残片，残甚。

3. 铁器　3 件。计铁刀、铁勺、铁剑各 1 件，皆锈蚀严重且残甚，无法修复。

五、结语

三门峡开发区后川村清理的 M23、M24、M26、M27 四座墓，皆为坐东朝西土洞室墓，墓道均为竖穴土坑式，且宽于墓室，每两座墓葬呈南北向并列分布。随葬品组合中铜器以盖鼎、壶、甗、洗、鍪、釜、勺等为主，陶器则以小口广肩缶、罐、盆、甑为主。其中铜蒜头壶、小口广肩陶缶是秦文化墓葬的典型器物，铜盖鼎和铜圆（方）壶则是融合延续了东周列国铜礼器文化的因素。

这四座宽墓道土洞室墓与三门峡三里桥秦人墓地中西汉初期[1]、三门峡市后川西汉早期[2]等墓葬形制相同。陶器基本组合缶、罐、甑、盆或缶、罐等，也与两处墓地中西汉早期墓葬出土的器物组合相同，且器物特征雷同或相似。四座墓中出土的铜盖鼎与陕县东周秦汉墓出土的Ⅳ型铜鼎（M2011：1）[3]、三门峡市火电厂秦人墓地中西汉墓出土的铜盖鼎（CM08179：9）[4]、三门峡市后川汉墓出土的铜盖鼎（M21：1）[5]相同。M23 出土的铜壶与三门峡市火电厂秦人墓地出土的Ⅱ式铜壶（AM02047：3）[6]相同。M27 出土的铜蒜头壶、铜釜分别与三门峡市后川汉墓出土的铜蒜头壶（M21：3）[7]陕县东周、秦汉墓出土的铜蒜头壶（M3410：15）[8]以及三门峡三里桥秦人墓地Ⅱ式铜釜（M52：9）[9]相同或相近。M26 出土的铜甗与三门峡市火电厂秦人墓地中出土的Ⅰ式铜甗（CM09102：8）[10]近似。因此，我们认为三门峡市开发区后川村清理的 M23、M24、M2 和 M27 四座墓的时代应为西汉早期。这四座墓葬不仅位置相距很近，而且墓葬形制和时代大体相同，应为属于同一时期的家族墓葬。此外，M23、M24 和 M26、M27 分为两组，均两两并排，呈南北向分布，应为夫妻并穴合葬墓。这种组合规律在三门峡地区西汉墓中较为常见，它代表着当地流行的一种丧葬习俗。

秦汉时期，此地是为“陕县”。因此随葬的器物陶缶肩上印“陕”字戳印，代表着该器物作坊属地和产地标志。M26 墓门口处随葬有完整的马骨，可能该墓墓主生前喜马，死后依然由马陪伴。结合墓内随葬有精美铜礼器，说明墓主生前非常富有，其身份当属汉初中小地主阶层。

三门峡地区地理位置险要，自古以来是兵家必争之地。春秋时期是虢国上阳城所在地，秦时在此设三川郡。这里是秦出关统一六国占据最早的地域之一，受秦文化影响较深，其地域文化既有中原地区文化的特性，也有关中地区浓厚的秦风。这两种东西文化的渐趋融合现象，在三门峡地区近年来发掘的大量秦汉墓中得到佐证。

发掘：宁文阁　杨海青

绘图：陈　英　张雪娇

摄影：燕　飞

执笔：李　敏　王军震　杨海青

注释：

[1][9] 三门峡市文物工作队：《三门峡市三里桥秦人墓发掘简报》，《华夏考古》1993 年第 4 期。

[2][5][7] 河南省文物考古研究院、三门峡市文物考古研究所：《河南三门峡后川汉墓发掘简报》，《考古与文物》2018 年第 2 期。

[3][8] 中国社会科学院考古研究所：《陕县东周秦汉墓》，科学出版社，1994 年。

[4][6][10] 三门峡市文物工作队：《三门峡市火电厂秦人墓发掘简报》，《华夏考古》1993 年第 4 期。

河南三门峡后川墓地秦汉墓葬发掘简报

◎河南省文物考古研究院　◎三门峡市文物考古研究所

后川墓地位于三门峡市湖滨区后川村西，南邻黄河西路，西为向川路，北距黄河约0.5千米（图一）。为配合三门峡市黄河嘉园二期项目（后川村棚户区改造工程），经国家文物局批准，河南省文物考古研究院联合三门峡市文物考古研究所于2019年7月对该处工地的古墓葬群进行考古发掘，共清理墓葬229座，时代跨秦、西汉、唐、宋、明清等时期。其中编号为M494、M497、M500、M502、M503、M506、M508、M509、M511、M512、M515、M519、M521的这13座墓葬分布较为集中（图二），其年代应为秦至西汉早期。

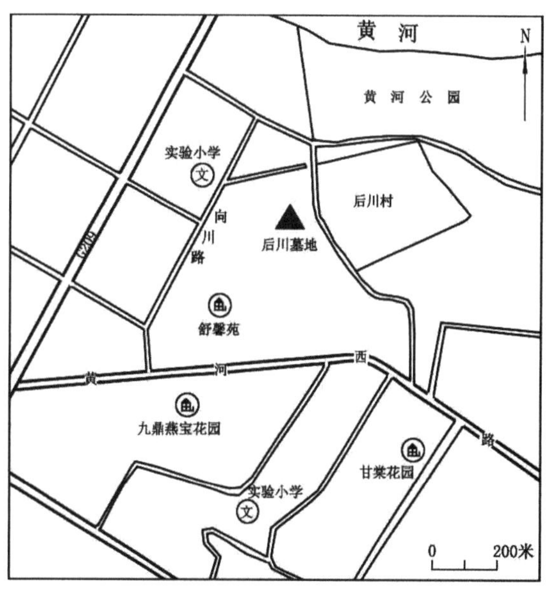

图一　后川墓地位置示意图

一、墓葬形制

均为长方形竖穴墓道土洞墓。由墓道和墓室组成，墓道朝西。墓道一般宽于墓室，底部与墓室底平或略低于墓室。墓道壁较规整，部分墓道的西壁和南壁上有三角形脚窝；部分墓葬的墓道填土经过局部夯打，有明显的夯窝和夯层。墓室均为长方形的土洞，平顶，墓室壁较规整，平底。均为单人葬，葬式有仰身屈肢、仰身直肢和侧身屈肢。下面以M506、M511为例进行介绍。

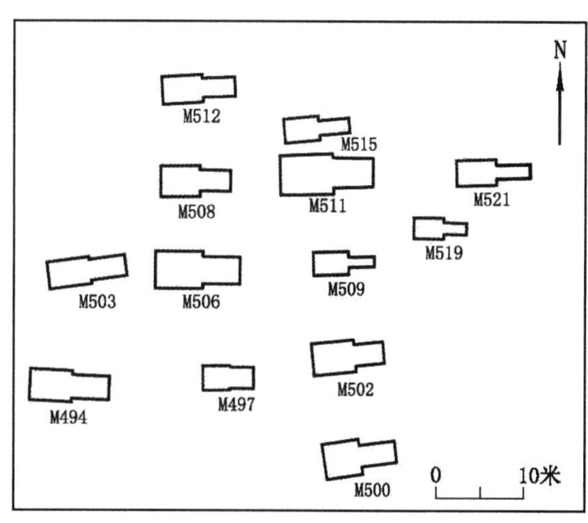

图二　后川墓地秦汉墓葬分布图

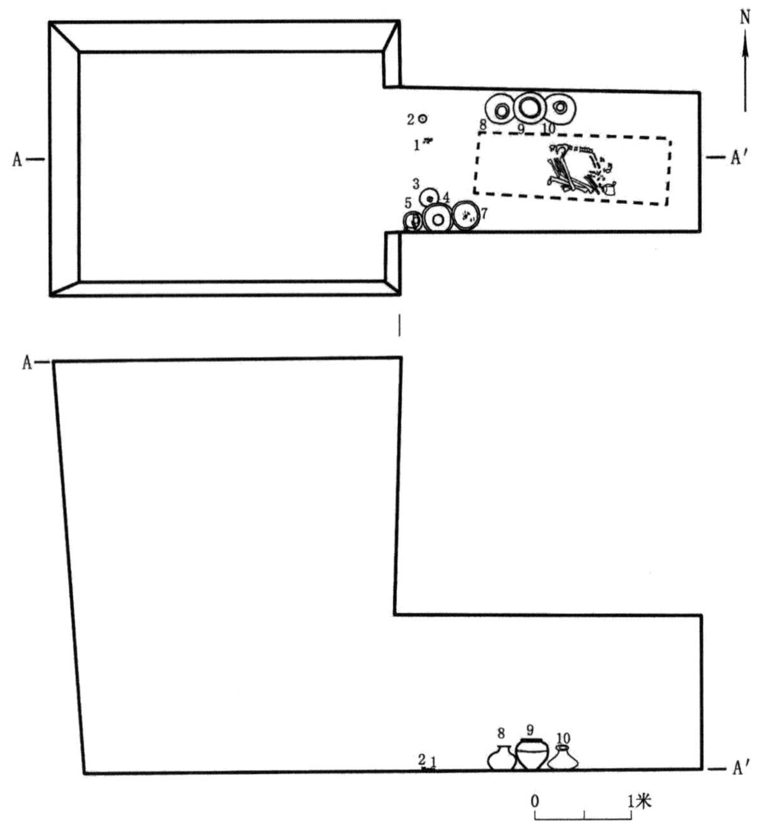

图三　后川墓地秦汉墓葬 M506 平面、剖视图

1. 六博棋子　2. 铜镜　3. 铜蒜头壶　4. 陶盆　5. 铜鍪　6. 铜勺　7. 陶甗　8、10. 陶缶　9. 陶罐

M506　位于发掘区北部，南邻 M497，北为 M508，西邻 M503，东邻 M509，方向 276°，全长 6.76 米（图三）。墓道位于墓室西侧，平面呈长方形，口大底小，斜直壁，平底；上口长 3.58、宽 2.68~2.7、底长 3.12、宽 2.28~2.31、深 4.23 米；填土为棕红色五花土，质地较疏松。墓室平面近长方形，平顶，直壁，平底，长 3.18、宽 1.37~1.43、高 1.5 米。墓室内的浅红褐色淤土中包含少量红褐色土块，质地疏松。葬具已朽，朽痕长 1.96、宽 0.62、厚 0.05 米，应为木棺。人骨位于墓室中部，葬式为侧身屈肢葬，头向东，面向南，为一老年男性。出土器物 10 件，分别位于墓室西部及两侧，为铜蒜头壶、铜鍪、铜勺、陶盆、陶甗、陶罐、六博棋子、铜镜各 1 件，陶缶 2 件。

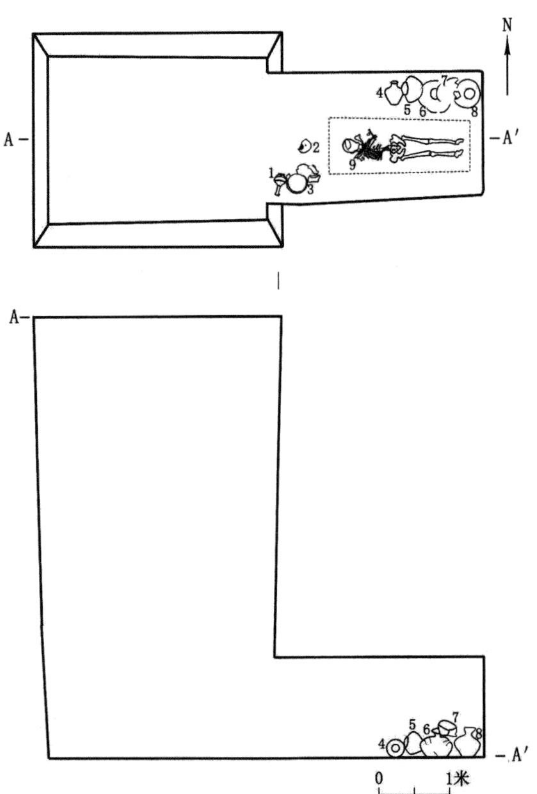

图四　后川墓地秦汉墓葬 M511 平面、剖视图

1. 铜蒜头壶　2. 铜鍪　3. 彩绘陶甗　4、5. 陶罐　6、8. 陶缶　7. 陶盆　9. 骨哈

M511 位于发掘区北部，北邻M515，西邻M508，东邻M521，南邻M509，方向270°，全长6.5米（图四）。墓道位于墓室西侧，口大底小，斜壁，墓壁较规整；上口长3.5、宽2.92、底部长3、宽2.24、深6.5米；填土为五花土，土质较硬；在墓道西侧距开口0.6~1米处发现夯土层，夯层厚10~20厘米；夯窝排列有序，直径6~10厘米。墓室平面呈长方形，平顶，墓室壁较规整，平底。长3、宽1.7、高约1.28米。墓室可见较疏松的褐色淤土。墓室内发现人骨一具，仰身直肢，头向西，面向上，为中年男性。葬具已朽，朽痕长约2、宽0.8~0.7、厚0.01~0.02米，为单木棺。出土器物9件，分别置于墓室西部和北侧偏东，为铜蒜头壶、铜鍪、彩绘陶甗、陶盆、骨唅各1件，陶缶、罐各2件。

二、出土器物

13座墓葬共出土器物70件（套），按材质可分为陶器、铜器、骨器及铁器。

（一）陶器

57件（套）。有蒜头壶、缶、甗（鼎和甑组合）、釜、罐、盆、壶、甑等。

蒜头壶 5件。均为泥质灰陶。根据整体形制不同分为两型。

A型 细长颈，圈足，平肩，扁鼓腹。4件（M521：4、M508：5、M503：1、M512：5）。标本M521：4，小直口，圆唇，头部较扁，细长颈，扁鼓腹，平底，高圈足，颈部有一周凸棱，腹部饰两周凹槽。口径3.2、底径11.4、腹径18、高24厘米（图五，1）。标本M508：5，小直口，圆唇，头部扁圆，细长颈，扁鼓腹，凹圜底，圈足，器底有两周凸棱和一个乳丁，腹部模印有“陕市”二字。口径3.2、底径11.5、腹径21.2、高27.4厘米（图五，2；图版二，6）。标本M503：1，敛口，方唇，头部扁圆，长颈，扁鼓腹，平底，矮圈足。口径2.7、底径14.6、腹径18.7、高23.4厘米（图五，3）。

B型 颈较短，鼓肩，弧腹，平底。1件（M500：2）。敛口，圆唇，头部较扁，矮颈较短，鼓腹，平底。口径5.2、底径10.6、腹径22.2、高24厘米（图五，4；图版二，3）。

小口罐 6件。均为泥质灰陶。根据腹部特征分为两式。

Ⅰ式 弧腹。1件（M497：3）。侈口，折沿，方唇，束颈，溜肩，弧腹，平底，肩部饰一周弦断绳纹，腹部饰有三周凹弦纹。口径10.4、腹径20.2、底径10.4、高27厘米（图五，7）。

Ⅱ式 鼓腹。5件（M521：3、M511：4、M508：2、M508：6、M512：6）。标本M521：3，侈口，折沿，方唇，唇面微凹，束颈，溜肩，鼓腹，腹最大径居上，平底，肩部模印“陕亭”二字，肩及腹部饰弦断绳纹。口径12.4、最大腹径24、底径10.4、高23.6厘米（图五，5）。标本M511：4，侈口，折沿，方唇，唇面微凹，束颈，溜肩，腹较鼓，平底，肩部近口沿处戳印“陕亭”二字，肩及腹部饰有弦断绳纹。口径11.4、最大腹径23、底径10.2、高25.6厘米（图五，6；图版一，2）。

大口罐　5件（M511：5、M512：2、M508：3、M506：9、M494：1）。均为泥质灰陶。大口，立领，折肩，弧腹。标本M511：5，口微侈，折沿，方唇，矮领，折肩，鼓腹，平底，肩腹分界明显，腹部饰有两周弦断绳纹。口径17.2、底径15.2、高20.8厘米（图五，11）。标本M512：2，方唇，矮领，广肩，弧腹，平底，肩腹分界明显，肩部模印“陕市”二字，腹部饰有弦断绳纹。口径17.6、腹径31.8、底径13.6、高24.8厘米（图五，12）。标本M508：3，方唇，矮领，折肩，鼓腹，平底，肩腹部分界明显，肩部饰有“陕市”两字，下腹饰有一周竖向绳纹及数周弦纹。口径18、最大腹径28、底径13.6、高18厘米（图五，13；图版二，1）。标本M506：9，方唇，矮领，折肩，鼓腹，肩部和腹部分界明显，领部饰绳纹，腹部饰有弦断细绳纹，平底。口径19.4、最大腹径32、底径15.6、高24.8厘米（图五，14）。

缶　16件（M508：4、M521：1、M494：2、M494：3、M515：1、M497：5、M500：1、

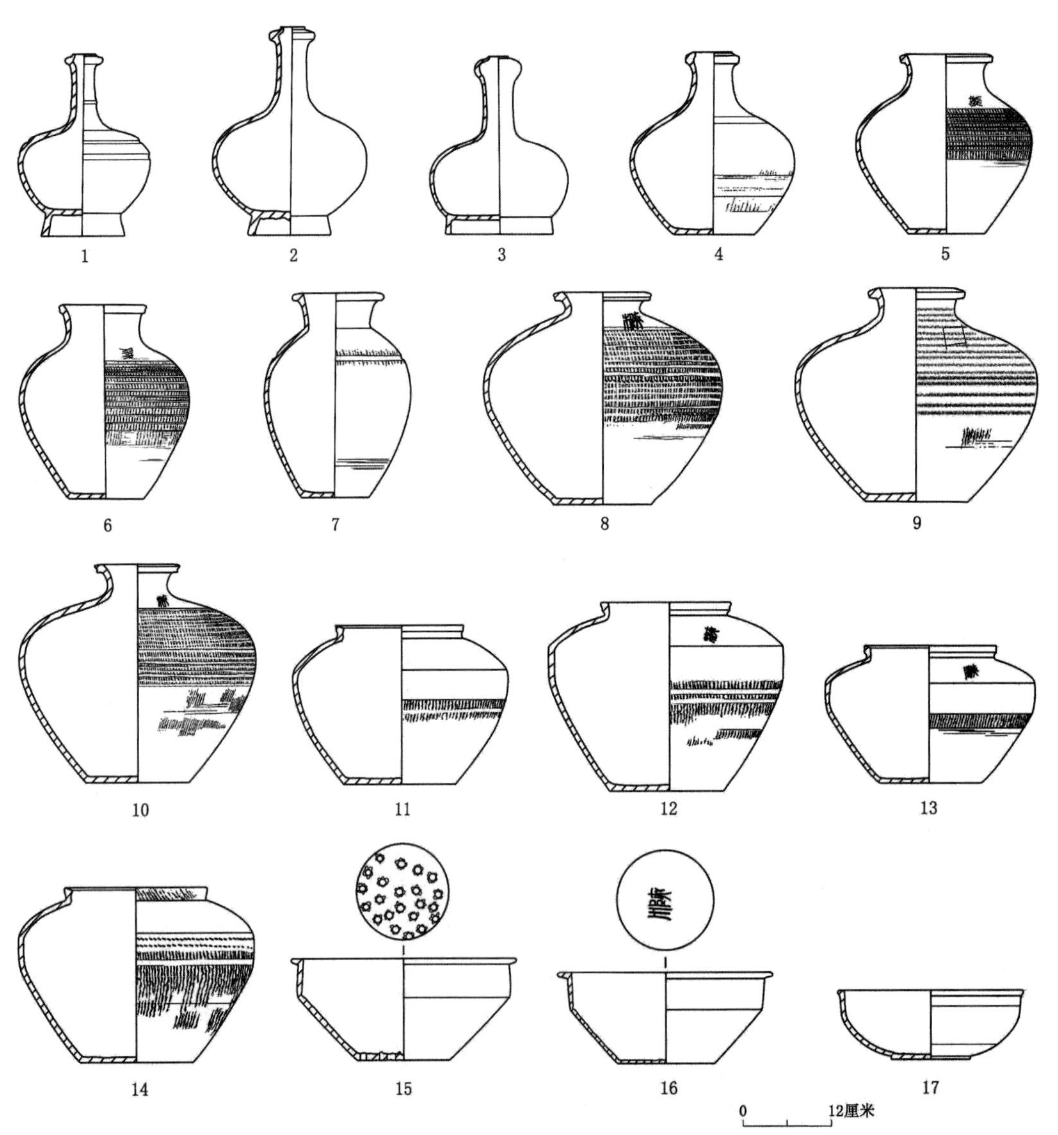

图五　后川墓地秦汉墓葬出土陶器

1~3. A型蒜头壶（M521：4、M508：5、M503：1）　4. B型蒜头壶（M500：2）　5、6. Ⅱ式小口罐（M521：3、M511：4）　7. Ⅰ式小口罐（M497：3）　8~10. 陶缶（M508：4、M521：1、M494：2）　11~14. 大口罐（M511：5、M512：2、M508：3、M506：9）　15. 陶甑（M502：3）　16. A型陶盆（M508：7）　17. B型陶盆（M500：5）

M502：1、M503：2、M506：8、M506：10、M511：6、M511：8、M519：1、M512：3、M512：4）。均为泥质灰陶。小口，广肩，平底。标本M508：4，侈口，折沿，方唇，唇面有一周凹槽，束颈，广肩，鼓腹，平底。肩部模印“陕市”二字，肩及腹部饰有弦断绳纹。口径12、最大腹径32、底径13.2、高29厘米（图五，8；图版二，5）。标本M521：1，侈口，折沿，方唇，束颈，广肩，鼓腹，平底。肩部饰有数周抹痕，肩部刻有一个“□”。口径12.6、腹径32.5、底径13.6、高27.8厘米（图五，9；图版一，6）。标本M494：2，侈口，折沿，方唇，唇面有一周凹槽，束颈，广肩，鼓腹，平底。肩部模印“陕市”二字，肩及腹部饰有弦断绳纹。口径11.8、腹径33、底径13.6、高28.6厘米（图五，10；图版二，2）。

甑　1件（M502：3）。泥质灰陶，敞口，折沿，尖唇，折腹，上腹较直，下腹斜收，平底，底部有22个箅孔。口径31、腹径29.2、底径12.4、高13.4厘米（图五，15）。

盆　10件。均为泥质灰陶。根据口沿及腹部不同分为两型。

A型　折沿，折腹。8件（M508：7、M497：1、M502：4、M506：4、M494：5、M509：2、M511：7、M512：8）。标本M508：7，敞口，平折沿，圆唇，折腹，上腹较直，下腹斜收，平底，下腹部有轮制痕，内底模印有“陕市”两字。口径29.2、腹径26.4、底径13、高12厘米（图五，16）。

B型　弧腹。2件（M500：5、M509：3）。标本M500：5，敞口近直，卷沿，下腹弧，饼形底。口径25.4、最大24.4、底径10.6、高9.2厘米（图五，17）。

釜　4件。根据腹部变化分为两式。

Ⅰ式　深圆腹。3件（M509：1、M494：6、M502：2）。标本M509：1，泥质灰陶，侈口，卷沿，尖唇，圆腹，圜底，上腹饰竖向细绳纹，下腹及底饰横向粗绳纹。口径20.2、腹径24.6、高16.8厘米（图六，1）。标本M494：6，夹砂灰陶，侈口，卷沿，方唇，圆腹，圜底，肩部模印“陕亭”二字，上腹部饰有弦断绳纹，下腹部饰有粗绳纹。口径17.2、腹径20.5、高14.8厘米（图六，2）。

Ⅱ式　浅鼓腹。1件（M521：5）。泥质灰陶，侈口，卷沿，方唇，唇面微凹，束颈，鼓腹，圜底，上腹饰有弦断细绳纹，下腹部饰有交错绳纹。口径18.2、腹径22.2、高13厘米（图六，3；图版一，4）。

甗　10件。由陶鼎和陶甑组合而成，少数饰有彩绘。根据鼎腹部差异分为两式。

Ⅰ式　鼎腹圆弧。4件（M511：3、M494：4、M494：7、M497：2、M497：4、M500：3、M500：4）。标本M511：3，彩绘陶甗，泥质灰陶。甑直口，折沿，方唇，弧腹，平底，矮圈足，底部戳印箅孔，器表及口沿内侧饰有彩绘，图案有云气纹、三角形锯齿纹。鼎子口，圆唇，圆腹，平底，腹部接三蹄状足，鼎腹及足部饰有卷云纹。口径13.2、底径12.5、腹径19.7、足高6、高12.6厘米（图六，7；图版一，3）。标本M494：7，泥质灰陶。甑，敞口，卷沿，方唇，唇面微凹，折腹，平底，矮圈足，底部有二十四个箅孔，腹部饰有两周凹弦纹，内壁近底处模印“陕亭”二字。口径 25.6、底径 16.8、高 14 厘米。鼎子口，圆唇，圆腹，近平底，三蹄状足，腹部饰有两周凹弦纹。口径 11.4、底径 10.4、足高 5.6、高 10 厘米（图六，8；图版一，5）。

Ⅱ式　鼎为鼓腹。6 件（M508：1、M506：7、M503：3、M503：4、M512：7、M515：2、M521：2）。标本 M508：1，泥质灰陶。甑敞口，折沿，方唇，唇面有一周凹槽，折腹，上腹较直，下腹斜收，平底，矮圈足，腹部饰有两周凹弦纹，内壁近底处模印“陕市”二字。鼎子口，圆唇，鼓腹，平底，上腹部模印“陕市”二字，三蹄状足。口径 10.4、底径 10、通高 28.8 厘米（图六，9）。标本 M506：7，泥质灰陶。甑，直口，折沿，圆唇，折腹，上腹较直，下腹斜收，平底，矮圈足，底部有十八个箅孔，腹部饰有四周弦纹，器表饰有红色彩绘。口径 29.2、底径 18、高 15.6 厘米。鼎，子口，圆唇，深鼓腹，小平底，腹部接三蹄状足，腹及足部饰有红色彩绘。口径 14、底径 8.4、最大腹径 22、足高 6.4、高 14 厘米（图六，10；图版二，4）。

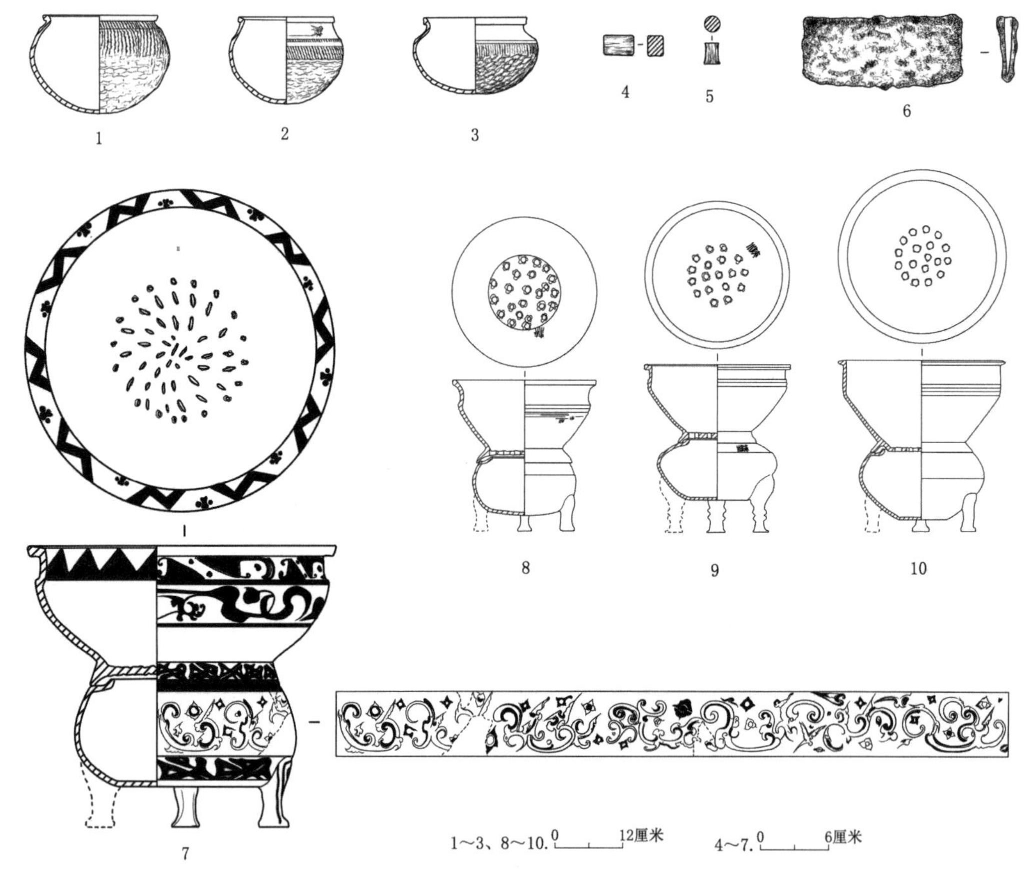

图六　后川墓地秦汉墓葬出土器物

1、2. Ⅰ式陶釜（M509：1、M494：6）3. Ⅱ式陶釜（M521：5）4. 六博棋子（M506：1）5. 骨唅（M511：9）6. 铁臿（M508：8）7、8. Ⅰ式陶甗（M511：3、M494：7）9、10. Ⅱ式陶甗（M508：1、M506：7）

（二）铜器

8 件。有蒜头壶、鍪、勺、镞、支架和镜。

蒜头壶　2 件（M511：1、M506：3）。标本 M511：1，蒜头状小口，细长颈，圆弧腹，平底，矮圈足，腹部饰有六周凸棱，颈与腹部交接明显，有一周凸棱。口径 2.7、底径 11、腹径 16.8、高 37.2 厘米（图七，7）。标本 M506：3，小直口，方唇，头部呈蒜瓣状，细长颈，扁鼓腹，平底，圈足，颈部有一周凸棱，底部有一半圆形钮。口径 3.4、底径 12.4、腹径 19.6、高 36 厘米（图七，8）。

鍪　2 件（M506：5、M511：2）。形制相同，侈口，卷沿，束颈，溜肩，鼓腹，近平底，肩部饰有一大一小环形耳，器底有烟熏痕。标本 M506：5，方唇，器内盛有兽骨。口径 11.6、腹径 17.6、高 14.8 厘米（图七，5）。标本 M511：2，尖唇。口径 10.8、腹径 16.6、高 15.2 厘米（图七，6）。

勺　1 件（M506：6）。勺体呈椭圆形，圜底。圆形长柄，中空。勺口长径 9、短径 6.8、通长 18.5 厘米（图七，1）。

镞　1 件（M515：3）。三棱状，圆柱状铤，残长 3.6 厘米（图七，2）。

支架　1 件（套）（M521：6）。平面呈圆形，中空，三蹄状足（图七，3）。

镜　1 件（M506：2）。圆形，三弦钮，镜背纹饰为两周弦纹，直径 7.3 厘米（图七，4）。

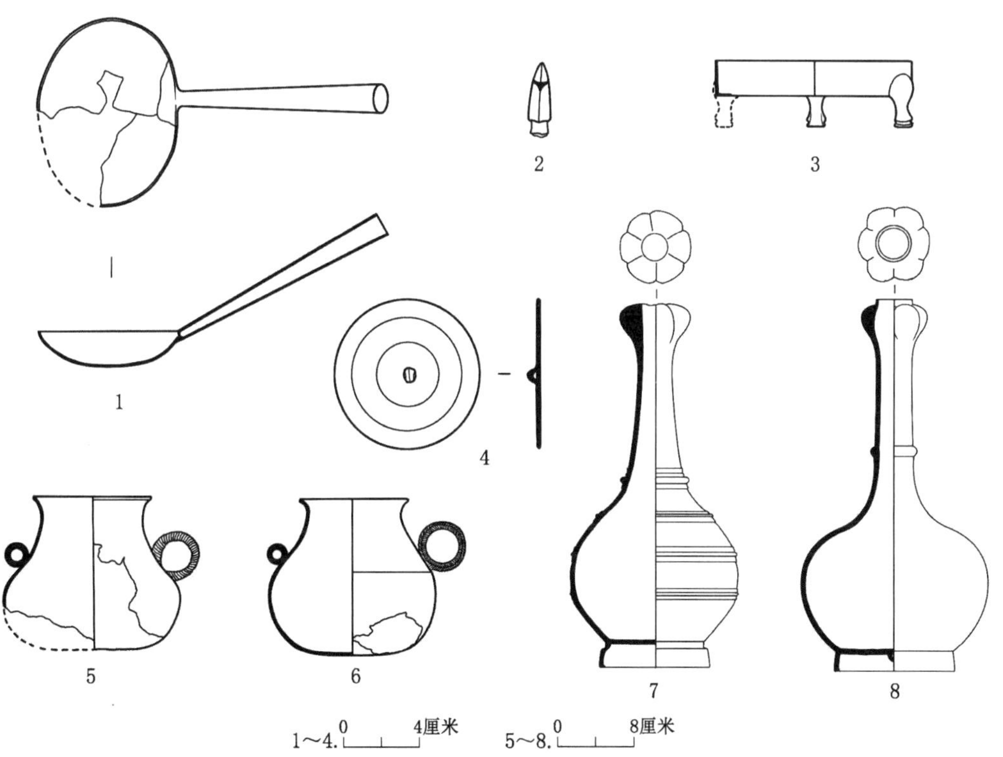

图七　后川墓地秦汉墓葬出土铜器

1. 勺（M506：6）2. 镞（M515：3）3. 支架（M521：6）4. 镜（M506：2）
5、6. 鍪（M506：5、M511：2）7、8. 蒜头壶（M511：1、M506：3）

（三）铁器

3 件。为臿和犁铧。

臿　2 件（M508：8、M502：5）。形制相同，平面均为长方形，双面刃，纵截面呈“V”

字形。标本 M508：8，长 13.8、宽 6、厚 1.8 厘米（图六，6）。

犁铧　1 件（M512：1）。呈“V”字形，残损严重。

（四）骨器

2 件。包括骨质六博棋子和口唅各 1 件（1 组）。

六博棋子　1 组 6 枚（M506：1）。长方体，长 2.6、宽 1.6、高 1.2 厘米（图六，4）。

口唅　1 件（M511：9）。圆柱状，中部略弧，上端直径 1.2、下端直径 1.4、高 1.8 厘米（图六，5）。

三、墓葬分期与年代

此次发掘的 13 座墓葬分布集中，形制较为一致，随葬品时代特征鲜明。墓葬方向（墓道方向）均西向，为 260°~273°，头向基本朝西，面向上或南或北。形制上均为竖穴墓道土洞墓，墓室位于墓道短边一侧，墓道普遍宽于墓室，墓道与墓室宽度之比大多为 1.5~2，墓道与墓室长度比在 1 左右。墓葬内均为单人葬，有单木棺痕迹或者人骨下铺草木灰，未见夫妻合葬墓。仰身屈肢葬式最多，有 6 座（屈下肢），仰身直肢葬式有 5 座，侧身屈肢葬有 2 座。

根据学者对关中与三门峡地区洞室墓的研究，本文洞室墓形制与胡永庆先生划分的 Bb 型洞室墓一致。其文又将 Bb 型洞室墓分为三式，Ⅰ年代为秦末汉初，Ⅱ式年代为西汉初期，Ⅲ为西汉早中期；墓室长度由短变狭长，后期直肢葬多于屈肢葬，出现蒜头壶[1]。滕铭予先生对关中地区洞室墓也进行了专文研究，其中的 B 型洞室墓与本墓地的洞室墓一致，其文又将 B 型洞室墓分为两式，BⅠ式墓道与墓室宽度比 >1，BⅡ墓道与墓室宽度比≤ 1[2]。本次发掘的墓道与墓室宽度之比大多为 1.5~2，与关中 BⅠ洞室墓形制更为接近。同时，滕铭予先生还认为 BⅠ屈肢葬多于直肢葬，BⅡ直肢葬多于屈肢葬，据此，本次发掘也与其 BⅠ式洞室墓相符，其 BⅠ式洞式墓年代为战国晚至秦。因此，综合各方面因素，本次发掘的洞室墓从墓葬形制及葬式上看应在西汉初年前后。

随葬品组合有盆、缶、甗（上甑下鼎）、罐（大口罐、小口罐）、釜、蒜头壶及鍪（铁臿和犁铧出土于墓道中，应为建造或回填墓葬时的工具而被遗弃，故不计入随葬品）。按照随葬品形制组合，可将这 13 座墓葬可分为两组。

第一组：以 M494、M502、M509 和 M519 为代表，共 7 座。仰身屈肢葬多于仰身直肢葬，屈肢葬有 5 座，直肢葬 2 座。随葬品组合为盆、缶、甗（上甑下鼎）、罐（大口罐、小口罐）及釜。

Ⅰ式小口罐（M497：3）与陕县东周秦汉墓Ⅰ型（铁墓 4032：2）[3]及司法局Ⅰ式罐（司 M16：3）[4]近似，属于陕县东周秦汉墓第一组，年代为战国晚期至秦；司法局墓葬年代为战国晚期。陶缶（M494：2、M508：4、M512：3）与陕县东周秦汉墓Ⅳ型Ⅰ式罐（3002：1）[5]

（应称为缶）形制相近，属于陕县东周秦汉墓第二组，年代为西汉初期。B 型盆与三里桥Ⅰ式盆（M80：5）[6] 近似，属于三里桥二期，年代为西汉初期。Ⅰ式釜（M494：6）与陕县东周秦汉墓Ⅰ型釜（铁墓 2022：2）[7] 相似，属于陕县东周秦汉墓第一组，年代为战国晚至秦。Ⅰ式釜（M509：1）与三里桥Ⅰ式釜（M77：3）[8] 近似，属于三里桥二期，年代为西汉初期。Ⅰ式甗（M494：7）与陕县东周秦汉墓Ⅰ型Ⅱ式甗（3407：3）[9] 形制近似，属于陕县东周秦汉墓第一组，年代为战国晚至秦。

第二组：以 M506、M508、M511、M512 为代表，共 6 座。仰身直肢葬有 3 座，仰身屈肢有 1 座，侧身屈肢有 2 座。随葬品组合为盆、缶、甗（上甑下鼎）、罐（大口罐、小口罐）、蒜头壶及鍪。该组与第一组的区别在于陶釜几乎不见，出现铜或陶质的蒜头壶和鍪。

铜鍪与陕县东周秦汉墓中Ⅱ型铜鍪（2011：5）[10] 相似；铜支架与陕县东周秦汉墓 2001：21 较为一致，具有陕县东周秦汉墓第二组器物特征，年代为西汉初年。A 型陶蒜头壶（M521：4）与三门峡三里桥秦人墓 M75：1[11] 形制接近，B 型陶蒜头壶与三里桥秦人墓 M24：2[12] 相似，均属于三里桥三期器物，年代为西汉早中期；A 型陶蒜头壶还与三门峡刚玉砂厂秦人墓 M48：4[13] 相似，年代为西汉初年。Ⅱ式小口罐（M521：3、M511：4）与陕县东周秦汉墓Ⅲ型Ⅰ式罐（铁墓 4004：1）[14] 近似，陕县东周秦汉墓第一、二组均出土有该类型罐，年代从战国晚期至西汉初期均有。大口罐与陕县东周秦汉墓Ⅰ型瓿（3411：4）[15] 形制近似，属于陕县东周秦汉墓第二段，年代为西汉初期；并与三里桥 BⅠ罐（M10：3）[16] 相似，属于三里桥第三期，年代为西汉早中期。A 型盆与陕县东周秦汉墓Ⅰ型盆（铁墓 4015：1）[17] 近似，不过此型盆在陕县东周秦汉墓第一、二组均有出现，年代从战国晚至西汉初均有。Ⅱ式釜（M521：5）与三里桥Ⅱ式釜（M80：3）[18] 近似，属于二里桥二期，年代为西汉初期。

第一组、第二组器物组合中，盆、缶、甗、罐、釜等几种器形均有，只是个别形制有差异。盆在第一、二组均有，只是第二组多了 B 型盆。缶，形制近似，在第一组、第二组均有。Ⅰ式甗出现在第一组，第二组同时存在Ⅰ、Ⅱ式甗。Ⅰ式小口罐出现在第一组，Ⅱ式小口罐出现在第二组。大口罐只在第二组出现。Ⅰ式釜出现在第一组，Ⅱ式釜出现在第二组。铜、陶蒜头壶与铜鍪只出现在第二组（表一）。

表一　器物组合及葬式分类统计表

器物 / 葬式 组别	盆	缶	甗	小口罐	大口罐	釜	蒜头壶		铜鍪	葬式	
							铜	陶		屈肢葬（座）	直肢葬（座）
第一组	A	√	Ⅰ	Ⅰ		Ⅰ				5	2
第二组	AB	√	Ⅰ Ⅱ	Ⅱ	√	Ⅱ	√	√	√	1（直屈） 2（侧屈）	3

综合以上随葬品的组合形制特征来看，第一组的年代应不早于战国晚至秦，第二组的年代不早于西汉初期。

本次发掘在一些陶器的器表还发现了戳印文字，主要出现在缶、罐、釜、鼎的肩颈部及盆的底部，内容有两种："陕亭"与"陕市"，其中"陕亭"有3例，"陕市"有6例。"陕亭"所在陶器属于第一组和第二组的各有1例，"陕市"属于第一组和第二组的分别有2例和5例（表二）。从统计表看，"陕市"多于"陕亭"，且第二组出现的较多。这种戳记是制成陶坯烧造前打上的，当为某地之"亭""市"制品的标志，同时也显示了秦汉市府对制陶手工业的监管。

表二　陶文统计表

陶文	出现位置	所属组别	
		一组	二组
陕亭	小口罐肩部（M521：3、M511：4）　陶釜颈部（M494：6）	1例	2例
陕市	缶肩部（M508：4、M494：2）　大口罐肩部（M512：2、M508：3） 盆底部（M508：7）　甗下鼎肩部（M508：1）	1例	5例

此次发现的"陕亭""陕市"戳印陶文在三门峡地区以往发掘的秦汉墓中也多有发现。如1957年发掘的陕县后川西汉初期墓葬陶器上有"陕亭"（M4011：11、M4011：4）和"陕市"（M4003：2）陶文[19]，刚玉砂厂秦人墓也发现有"陕亭"和"陕市"陶文（分别为M10：1和M43：4，原简报误释为"陕亭"），刚玉砂厂墓地年代为西汉初期[20]。三门峡大岭粮库围墓沟墓也发现"陕亭""陕市"陶文，该墓葬除了围沟，墓葬形制、陶器组合与形制（缶、大口罐、盆、甑）均与此次后川墓葬一致，年代为西汉早期[21]。关于秦汉陶文有专文研究[22]，但是通过考古发掘资料的综合考察，我们认为"陕亭""陕市"的陶文出现年代不仅限于秦代，较为赞同俞伟超先生的认识，"这些陶文的地名和年代，可以认为本是秦器所专用，后来伴随着秦国统一六国的过程，才在东方六国故地出现"[23]。俞先生还认为"带'亭''市'或其他市署名称的戳记，只见于战国至西汉。现有资料表明'亭'字戳记出现较早，大约到秦代时，'亭''市'两种戳记开始并用，西汉后，慢慢变为主要用"市"字，东汉以后，则皆已绝迹"[24]。此次后川墓地发现的"陕市"多于"陕亭"，且第二组的"陕市"更多。依此看，此次发掘的墓葬年代应该已进入西汉时期。

综合以上墓葬形制、随葬品组合特征以及陶器上的戳印陶文等方面的信息，我们认为第一组墓葬的年代应为秦末汉初，第二组墓葬的年代应为西汉早期。

这13座墓葬排列较为整齐，墓葬高度一致，头向基本西向，墓葬之间无打破关系。第一组墓葬集中分布在南部，第二组墓葬集中分布在北部。因此，推测该墓地可能为秦至西汉早期的一处普通家族墓地。

此次发掘的13座墓葬内涵统一、特点鲜明，具有浓厚的秦文化特征，为进一步研究三门峡地区秦汉时期文化以及社会生产生活增添了丰富的实物资料。

附记：项目负责人史智民。发掘与整理人员有河南省文物考古研究院胡赵建和张凤、三门峡市文物考古研究所郑立超和上官荣光以及安阳师范学院金海旺等。绘图为张雪娇，摄影为上官荣光与贾润道。

执笔：张　凤　胡赵建

注释：

[1] 胡永庆：《论三门峡秦人洞室墓的年代》，《中原文物》2001年第3期，第37—40页。

[2] 滕铭予：《论关中秦墓中洞室墓的年代》，《华夏考古》1993年第2期，第90—97页。

[3] 中国社会科学院考古研究所：《陕县东周秦汉墓》，科学出版社，1994年，图九八，9。

[4] 三门峡市文物工作队：《三门峡市司法局、刚玉砂厂秦人墓发掘简报》，《华夏考古》1993年第4期，第12—34页。

[5] 中国社会科学院考古研究所：《陕县东周秦汉墓》，科学出版社，1994年，图九八，7。

[6] 三门峡市文物工作队：《三门峡市三里桥秦人墓发掘简报》，《华夏考古》1993年第4期，第35—53页。

[7] 中国社会科学院考古研究所：《陕县东周秦汉墓》，科学出版社，1994年，图九九，2。

[8] 三门峡市文物工作队：《三门峡市三里桥秦人墓发掘简报》，《华夏考古》1993年第4期，第35—53页。

[9] 中国社会科学院考古研究所：《陕县东周秦汉墓》，科学出版社，1994年，图一〇〇，3。

[10] 中国社会科学院考古研究所：《陕县东周秦汉墓》，科学出版社，1994年，图一〇四，7。

[11] 三门峡市文物工作队：《三门峡市三里桥秦人墓发掘简报》，《华夏考古》1993年第4期，第35—53页。

[12] 三门峡市文物工作队：《三门峡市三里桥秦人墓发掘简报》，《华夏考古》1993年第4期，第35—53页。

[13] 三门峡市文物工作队：《三门峡市司法局、刚玉砂厂秦人墓发掘简报》，《华夏考古》1993年第4期，第12—34页。

[14] 中国社会科学院考古研究所：《陕县东周秦汉墓》，科学出版社，1994年，图九八，3。

[15] 中国社会科学院考古研究所：《陕县东周秦汉墓》，科学出版社，1994年，图九九，6。

[16] 三门峡市文物工作队：《三门峡市三里桥秦人墓发掘简报》，《华夏考古》1993年第4期，第35—53页。

[17] 中国社会科学院考古研究所：《陕县东周秦汉墓》，科学出版社，1994年，图一〇一，2。

[18] 三门峡市文物工作队：《三门峡市三里桥秦人墓发掘简报》，《华夏考古》1993年第4期，第35—53页。

[19] 黄河水库考古工作队：《1957年河南陕县发掘简报》，《考古通讯》1958年第11期，第67—79页。

[20] 三门峡市文物工作队：《三门峡市司法局、刚玉砂厂秦人墓发掘简报》，《华夏考古》1993年第4期，第12—34页。

[21] 三门峡文物考古研究所：《三门峡大岭粮库围墓沟墓发掘简报》，《中原文物》2004年第6期，第4—8、14页。

［22］俞伟超:《秦汉的“亭”、“市”陶文》，见俞伟超:《先秦两汉考古学论集》，文物出版社，1984 年，第 132—145 页；后晓荣:《秦市亭陶文性质的新认识》,《考古学报》2019 年第 3 期，第 359—382 页。

［23］俞伟超:《秦汉的“亭”、“市”陶文》，见俞伟超:《先秦两汉考古学论集》，文物出版社，1984 年，第 139 页。

［24］俞伟超:《秦汉的“亭”、“市”陶文》，见俞伟超:《先秦两汉考古学论集》，文物出版社，1984 年，第 141 页。

1. 陶缶（M511：8）

2. 小口罐（M511：4）

3. 陶甗（M511：3）

4. 陶釜（M521：5）

5. 陶甗（M494：7）

6. 陶缶（M521：1）

河南三门峡后川墓地秦汉墓葬出土陶器

图版二

1. 陶罐（M508：3）

2. 陶缶（M494：2）

3. 蒜头壶（M500 ： 2）

4. 陶甗（M506：7）

5. 陶缶（M508：4）

6. 蒜头壶（M508 ： 5）

河南三门峡后川墓地秦汉墓葬出土陶器

三门峡新出土骨尺的时代问题

◎胡焕英

2017年3月在河南省三门峡陕州区中欧物流工地M19墓葬出土一件骨尺。骨尺长23厘米，宽1.4~1.5厘米，厚0.4厘米，重24克。寸与寸之间距离不等，为2.15~2.45厘米。一端有孔，孔径0.2厘米，以便穿系。骨质淡黄色，整个尺面两头微翘，中间略有弯曲。正反相同墨色纹饰，尺面绘有边框，边框内绘主体花纹，有孔一端纹饰漫漶不清，无孔一端先是一组锯齿纹，第二组是一组菱形网纹，第三组是一组云纹。尺的表面和两侧用墨线刻出十等分线，整个骨尺小巧玲珑，纹饰精美。

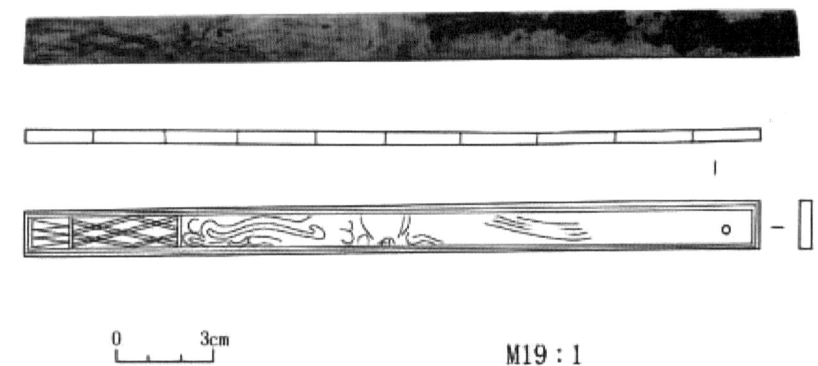

M19：1

尺是人们必备的生活工具，原始人布指为寸，布掌为尺，舒肘为丈。就尺度来说，自商代出现之后，经过两周时期的发展，从"布手知尺"到"累黍定尺"，从东周列国的各不相同到秦统一度量衡，到汉代承用秦制，尺度已经相当成熟并形成了一套完备的制度，广泛应用于社会生产和社会生活。《汉书·律历志》记载："度者，分、寸、尺、丈、引也，所以度长短也。本起黄钟之长。以子谷秬黍中者，一黍之广，度之九十分，黄钟之长也……一分一分，十分为寸，十寸为尺，十尺为丈，十丈为引，而五度审矣。其法用铜，高一寸，广二寸，长一丈，而分寸尺丈存焉……"汉乐府诗《孔雀东南飞》云："左手持刀尺，右手执绫罗，朝成绣夹裙，晚成单罗衫。"刀尺已成为古代妇女时刻不能离身的日用品。

汉代的尺度，经过历代学者的考证与研究取得了重要进展，并随着考古新发现的不断增多，逐步得到深化。1937年，吴承洛的《中国度量衡史》已经注意到古代度量衡研究需史籍与实物相结合，并得出结论：西汉一尺合27.5厘米，新莽一尺合23.04厘米或23.75厘米。1964年，曾武秀根据文献记载并结合实物资料对汉尺进行概括认为：西汉一尺为23~23.1厘米，新莽一尺为23.1厘米，东汉一尺为24厘米。1975年，天石根据考古出土的度量衡器、度量衡铭文，总结汉代尺度的数值：西汉前期（文、景、武帝）一尺合今22.5~23.5厘米，后期（昭、宣帝及以后）一尺合今23.5~23.75厘米，新莽一尺合今23~23.1厘米，东汉一尺合今23~23.8厘米。

1992年丘光明出版了《中国历代度量衡》，该书收录了1990年以前各地出土和各级博物馆的汉代尺度实物98件，研究者得出认识：西汉尺度长为23.1厘米，新莽尺长23.1厘米，东汉尺长23~24厘米。进而指出：纵观两汉400余年，西汉和新莽每尺平均长为23.1厘米，而东汉尺的实际长度略有增长，平均每尺长23.5厘米。上述结论作为汉代尺度研究的重要成果，已经为学术界广泛采用。2014年白云翔《汉代尺度的考古发现及相关问题》从新发现的78件尺度实物资料研究得知，汉代日常生活中一尺的实际长度，西汉和新莽时期一般是23厘米，东汉尺比西汉尺有所加长，标准值定为23.4厘米较为合适。

此次发掘的三门峡陕州物流工地69座墓葬中，其中两汉墓葬64座，北朝墓3座，五代墓1座，清墓1座。整个工地墓葬东西分布，发掘次序从西到东，主要以西汉东汉墓为主，西边多为平顶或拱顶洞室墓葬，东边为砖券室大型东汉墓葬。M19墓葬位于西北部，为土洞式结构，灰砖竖铺墓底，砖尺寸为32厘米 ×14厘米 ×6.5厘米。方向170°，由墓道和墓室两部分组成。墓道位于墓室的南侧，平面呈梯形，长1.6米，宽0.76~0.98米，深5.8米，墓口距地面距离1.2米。墓室平面为长方形，长3.28米、宽1.0米、高1.2米，墓室内被盗扰，无骨架，仅从北部灰砖第一排最西边的灰砖下面出土一件骨尺。墓葬结构基本上与《三门峡向阳汉墓》的M122、M76–1、M76–2、M41、M10的墓葬形制相同，为西汉晚期墓葬。骨尺与《汉代尺度的考古发现及相关研究》中的纳林套海3号墓骨尺和纳林套海20号墓骨尺相似，为西汉晚期或新莽时期。综合分析，这件骨尺的年代可定为西汉晚期较为合适，该尺的发现对研究当时的度量衡制度和当时人们的生活状况提供了珍贵的实物资料。

渑池窖藏铁农具的考古发现与研究

◎张　凤

渑池窖藏铁器发现于1974年，窖藏位于河南省三门峡市渑池县城关镇一里河村陇海铁路南侧，共有铁器4000多件，基本信息已于20世纪70年代公布[1]。但由于种种原因，整理报告至今未能出版，故现将该批铁器中数量较多的农具详细情况介绍如下，并对相关问题进行探讨。

一、类型分析

渑池窖藏铁农具有10种，分别是犁铧冠、犁铧、犁镜、耧铧、锸、馒、铲、锄、双柄犁和镰刀，共792件。另外还有农具铁范48件。

1. 犁铧冠　364件（套）。绝大多数平面呈三角形，銎口截面∠形。根据两翼的弧度与前锋的尖锐程度，可分为三型。

A型：154件。平面呈三角形，两翼较直，前锋尖锐。锋部有前、后脊，前脊较高且窄，后脊长约为前脊的一半。其中开锋与未开锋的情况并存。根据刃部是否开锋分为两亚型。

Aa型：109件。未开锋，锋刃角度基本为94°。器表铸铭的有27件。标本MZH1：2–5，左翼正面有残损。犁尖略变形。翼长19.90、两翼外径20.50、内径16.50、翼宽4.30厘米；正面脊长7.50厘米；脊高1.23、背面脊长3厘米；銎深2.96厘米。重0.51千克。（图一，1~3）标本MZH1：2–301，基本完整，锋刃角度不辨。右翼正面有一铭文“黾”字，字已不清。翼长19.40、两翼外径26.20、内径16.60、翼宽5.04厘米；正面脊长7.47、高0.70、背面脊长3.08厘米；銎深2.25厘米。重0.44千克。（图一，4~6）

Ab：45件。已开锋，前锋略有磨损。标本MZH1：2–137，右翼背面残一角，两翼顶端各有一个非铸造孔。锈斑较多。翼长18、两翼外径25.20、内径16.80、翼宽4.75厘米；正面脊长6.18、脊高0.80、背面脊长2.07厘米；銎深2.46厘米。重0.40千克。（图一，7~9）标本MZH1：2–138，左翼背面残一角，保存状况一般。翼长17.80、两翼外径25.20、内径16.60、左翼宽4.80、右翼宽4.40厘米；正面脊长5.32、高0.91、背面脊长2.34厘米；銎深2.58厘米。重0.39千克。（图一，10~12）

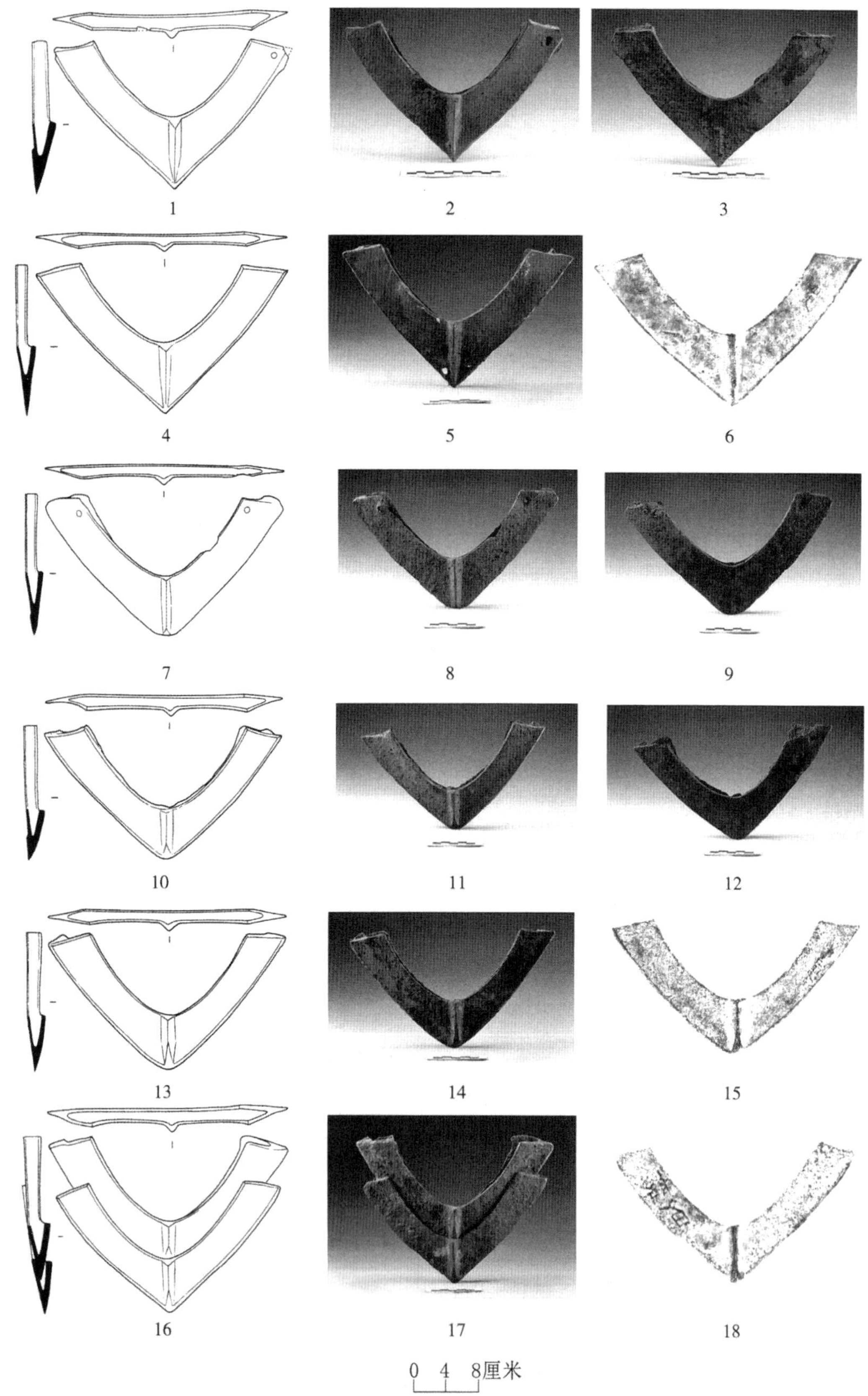

0 4 8厘米

图一 犁铧冠

1~3. Aa 型（MZH1：2-5） 4~6. Aa 型（MZH1：2-301） 7~9. Ab 型（MZH1：2-137）
10~12. Ab 型（MZH1：2-138） 13~15. B 型（MZH1：2-291）
16~18. B 型（16、17. MZH1：2-348，18. MZH1：2-348a）

B型：191件（套），其中38套出土时是2或3件叠套在一起，已锈黏不易分离，共79件。平面呈三角形，两翼较弧，锋刃部磨圆，磨损程度不一，无法测量锋角度数。前脊较低且宽，个别有后脊。标本MZH1：2-291，基本完整。锈蚀较轻。右翼正面近顶端有铭“黾”。翼长18、两翼外径25、内径16.20、翼宽4.30~4.50厘米；正面脊长6、脊高0.86厘米；銎深3厘米。重0.38千克。（图一，13~15）标本MZH1：2-348，2件套叠。标本MZH1：2-348a，基本完整。锈蚀十分严重。左翼正面有铭“夏阳”。翼长16.50、两翼外径23.30、内径16.50、翼宽3.95厘米；正面脊长5.55、高0.73厘米。（图一，16下、17下、18）标本MZH1：2-348b，左翼背面有裂纹。锈蚀十分严重。两翼外径25.40、内径16.30、翼宽5.05厘米；正面脊长5.40、高0.85厘米；銎深3.80厘米。总重0.68千克。（图一，16上、17上）

C型：1件。标本MZH1：94-1，残余约半。锈蚀非常严重，土锈较厚，断面可见深褐色铁质。平面近V形，前锋较圆弧，銎口截面呈扁圆形。残长19.83、翼后端残宽7.11、銎口残高6.83厘米。重0.68千克。（图二，1）

铧冠除A、B和C型外，另还有18件仅余半翼，难以辨别类型，其中有铭17件。不再详述。

2. 犁铧　25件。平面形状近舌形。根据整体形制、大小可分为两型。

A型：18件。规格较大，整体呈长舌形，銎口截面三角形。大多数残缺不全。根据正面是否有脊分为两亚型。

Aa型：8件。宽脊。标本MZH1：16-1，前锋及底部有残缺。锈蚀严重。銎口宽25.80、高9.65厘米；翼残长30.80厘米；脊长28.80、宽0.89~3.56、高1.78厘米。重6.66千克。（图二，4、5）

Ab型：10件。无脊。标本MZH1：16-19，与MZH1：16-14可拼合。锈蚀严重。鉴口内有一个木楔，木楔外似被一层铁包裹。口残宽26.90、高8.50厘米；翼残长32.60厘米。重6.70千克。（图二，11）

B型：4件。规格较小，整体呈短舌形，銎口截面呈菱形，宽脊。均残。标本MZH1：19-1，右侧缺失。锈蚀严重。銎口高6.77、边长9.88厘米；翼长15.58厘米；脊长8.79、宽1.40、高0.46厘米。重0.63千克。（图二，10、13）

另有3件因残损较甚，不辨其型。

3. 束腰䦆铧　7件。前锋平面近V形，两侧中部内弧，銎口截面呈扁圆形。根据两侧内弧程度分两型。

A型：6件。两侧内弧较甚，呈束腰状。前锋呈桃形，前、后脊均较高。标本MZH1：18-1，锋侧略残。锈蚀严重。束腰中间有圆形穿孔。锋刃长9.40、脊高0.50、脊长7.32厘米；束腰宽8.70、孔径0.60厘米；銎口长径13.80、短径6.21厘米；通高15.65厘米。重1.16千克。（图二，2、3）标本MZH1：18-2，背面大部分缺失。锈蚀严重。背面前锋处有铭文，可辨“绛邑（冶）右”。锋刃长8.78、脊高0.52、脊长6.88厘米；束腰宽8.44厘米；銎口长径13.12厘米；通高14.68厘米。重0.85千克。（图二，6、7）

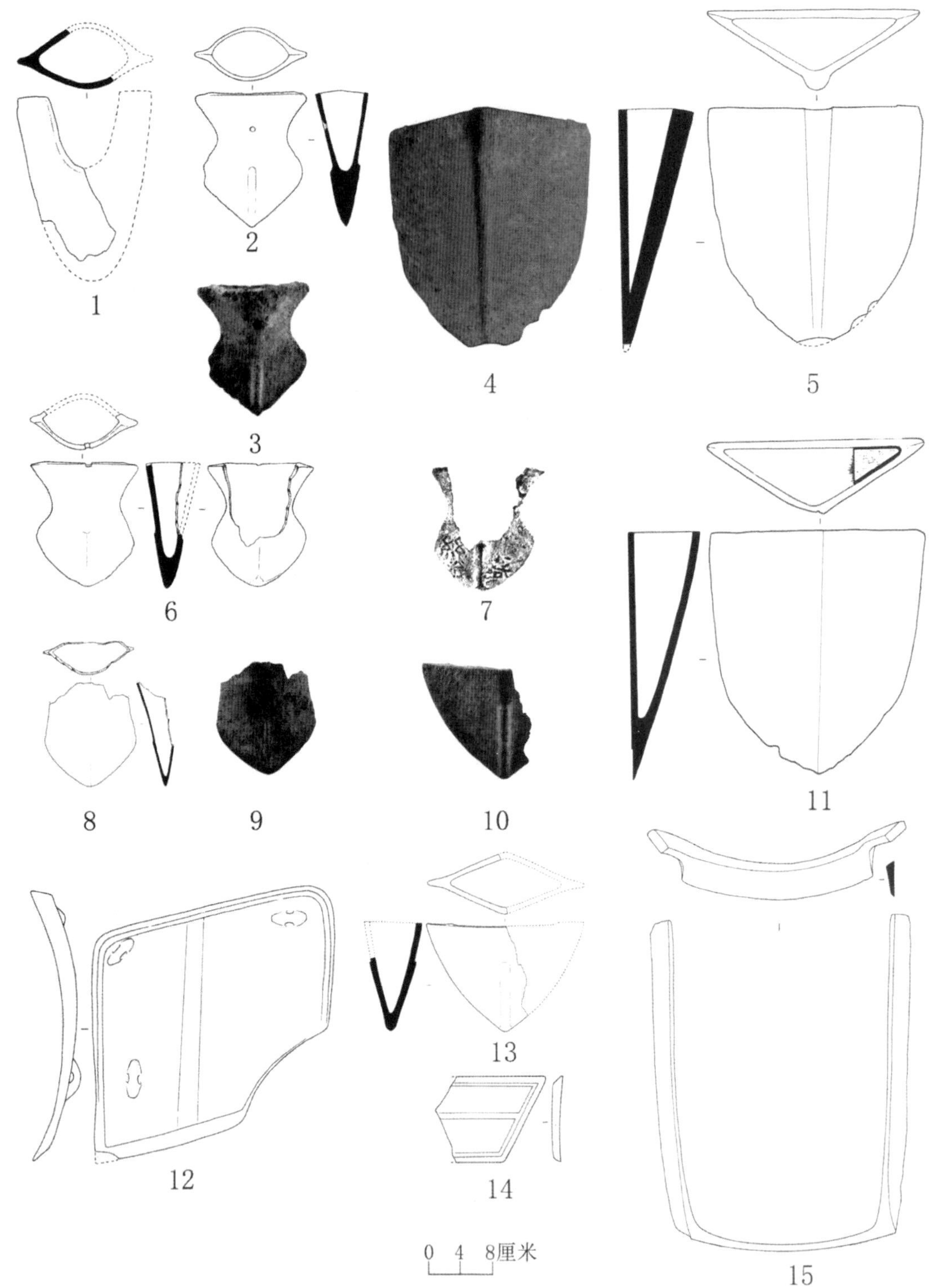

图二　犁铧冠、犁铧、耧铧、犁镜、双柄犁

1. C 型犁铧冠（MZH1：94–1） 2、3. A 型耧铧（MZH1：18–1） 4、5. Aa 型犁铧（MZH1：16–1） 6、7. A 型耧铧（MZH1：18–2） 8、9. B 型耧铧（MZH1：20–1） 10、13. B 型犁铧 (MZH1 ：19–1) 11. Ab 型犁铧（MZH1：16–19） 12. A 型犁镜（MZH1：17–1） 14. B 型犁镜（MZH1：17–89） 15. 双柄犁（MZH1：22–1）

B 型：1 件。标本 MZH1：20–1，銎部残。锈蚀严重。两侧略内弧，束腰不明显。前后均有脊，脊不明显。锋刃长 8.09、脊长 5.95、高 0.10 厘米；束腰宽 9.90 厘米；通高 12.20 厘米。重 0.33 千克。（图二，8、9）

4. 犁镜　94 件。大部分残缺。按整体形制可分为两型。

A 型：93 件。平面形状为缺角近菱形，正面凹弧，背面有边棱，中部有一道凸脊，3 个或 4 个桥形钮分布在凸脊两侧，方向不一。标本 MZH1：17-1，基本完整，有一角略残。锈蚀严重。有 3 个钮。四边长分别为 27.50、25.80（残）、19.10（残）、17.20 厘米，缺角部分直线距离长 14.90 厘米；钮长 4.10、宽 1.75 厘米；凸脊长 25、宽 2.59、高 1 厘米。重 3.13 千克。（图二，12）

B 型：1 件。马鞍形犁镜，因形如侧视马鞍状故名。标本 MZH1：17-89，仅存一翼。锈蚀严重。翼边长 11.70、宽 10.50 厘米。重 0.41 千克。（图二，14）

5. 双柄犁　1 件。标本 MZH1：22-1，基本完整。锈蚀严重。前锋呈 V 形，两翼前薄后厚。两柄由两翼末端折向上延伸，呈长方形扁条状。翼厚 0.50~1、宽 4.38、左翼长 13.89、右翼长 11.15 厘米；柄长 37、宽 2.75、厚 1.20 厘米。重 1.99 千克。（图二，15）

6. 锸　25 件。平面形状均呈“凹”字形。根据刃部形状分为三型。

A 型：15 件。弧刃。根据刃的长短又可分为两亚型。

Aa 型：7 件。短刃。标本 MZH1：14-1，刃部及侧翼有部分缺失。锈蚀严重。两翼外径 13.40、翼宽 2.70 厘米；刃部宽 12.80、长 4.45 厘米；銎深 1.15 厘米；通高 9.28 厘米。重 0.26 千克。（图三，1、5）

Ab 型：8 件。长刃。标本 MZH1：14-8，刃部及侧翼有部分缺失。锈蚀严重。两翼外径 13.72、翼宽 2.90 厘米；刃宽 13.50、长 6.15 厘米；銎深 1.92 厘米；通高 10.60 厘米。重 0.33 千克。（图三，2、6）

B 型：3 件。尖刃，刃部呈 V 形。标本 MZH1：14-16，变形严重，刃部及侧翼部分缺失。锈蚀严重。两翼外径 13、翼宽 2.50 厘米；刃宽 12.70、长 7.82 厘米；銎深 1.19 厘米；通高 10.40 厘米。重 0.33 千克。（图三，3、7）

C 型：7 件。弧刃，两刃角外撇。标本 MZH1：14-25，基本完整。有铸造残缺，锈蚀严重。两翼外径 7.80、翼宽 1.70 厘米；刃宽 9.10、长 3.57 厘米；銎深 1.15 厘米；通高 8.82 厘米。重 0.26 千克。（图三，4、8）

7. 铁镬　35 件。根据整体形制可分为三型。

A 型：28 件。马蹄形横銎镬。器身近长方形，刃部略宽，銎口为上圆下方的马蹄形。有大小之分，各有 14 件。标本 MZH1：6-1，较大。刃部有少量缺失。锈蚀严重。弧刃。銎部有范线及毛刺。銎口长 8.80、宽 5.90、深 5.70 厘米；刃宽 7.50 厘米；器身通高 25.70 厘米。重 2.14 千克。（图三，9）标本 MZH1：6-10，较小。基本完整。锈蚀一般。刃部较宽，弧刃。銎口不见毛刺及范线。銎部长 7.60、宽 5.10、深 4.50 厘米；刃部宽 7.10 厘米；器身通高 20.20 厘米。重 1.37 千克。（图三，10）

B 型：6 件。方形横銎镬。仅存銎部及少量器身。銎口为长方形，整体较 A 型轻、小、薄。

銎部与器身连接处较窄。标本 MZH1：58–1，锈蚀严重。器身宽 4.30、残长 8.40 厘米；銎口长 2.20、宽 1.50、深 1.80~3.60 厘米。重 0.25 千克。（图三，11）标本 MZH1：58–2，器身宽 4.30、残长 8.30 厘米；銎口长 2.20、宽 1.60、深 1.80~3.60 厘米。重 0.18 千克。（图三，12）

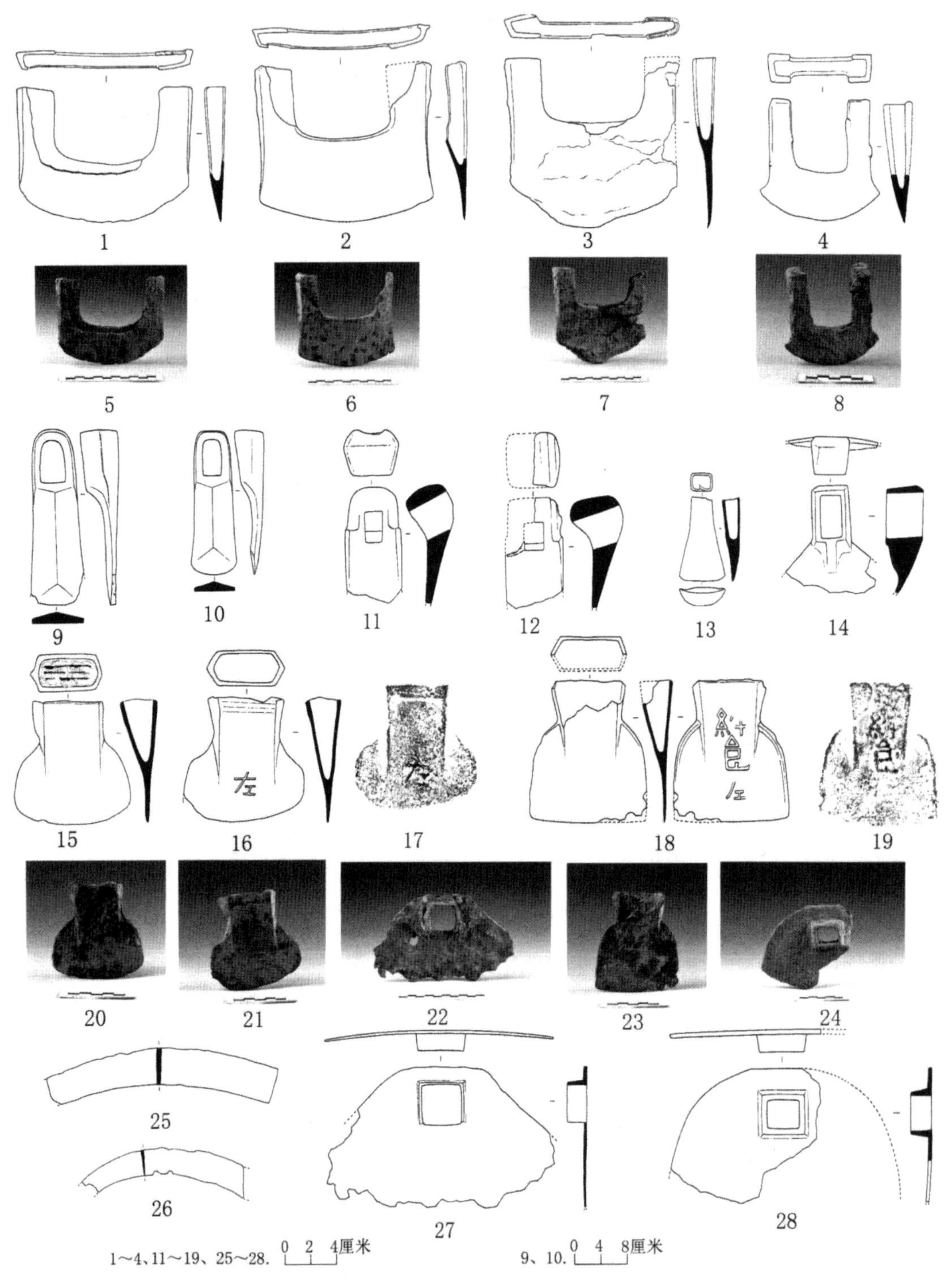

图三　锸、镘、镰、铲和锄

1、5. Aa 型锸（MZH1：14–1） 2、6. Ab 型锸（MZH1：14–8） 3、7. B 型锸（MZH1：14–16） 4、8. C 型锸（MZH1：14–25） 9、10. A 型镘（MZH1：6–1、MZH1：6–10） 11、12. B 型镘（MZH1：58–1、MZH1：58–2） 13. C 型镘（MZH1：93–1） 14. C 型锄（MZH1：21–2） 15、20. A 型铲（MZH1：4–26） 16、17、21. A 型铲（MZH1：4–30） 18、19、23. B 型铲（MZH1：4–59） 22、27. A 型锄（MZH1：21–1） 24、28. B 型锄（MZH1：21–3） 25. A 型镰（MZH1：40–2） 26. B 型镰（MZH1：40–3）

C 型：1 件。竖銎宽体镬。标本 MZH1：93–1，残。锈蚀严重。平面近梯形，銎口平面长方形，宽刃。已开锋。銎口长 1.28、宽 0.82、深 2.14 厘米；刃部宽 3.46；通高 6.10 厘米。重 0.06 千克。（图三，13）

8. 铁铲　232 件。竖銎，銎口平面呈六边形，宽体。根据平面形状分为两型。

A 型：53 件。短体铲。圆肩，弧刃。銎口几乎无毛刺，大部分难以判定是否开锋，有 2 件刃部开锋。标本 MZH1：4–26，基本完整。锈蚀严重。因锈蚀，箍匝数不辨。内有铁块。口长 5.50、宽 2.50 厘米；刃部宽 8.70 厘米；通高 8.70 厘米。重 0.25 千克。（图三，15、20）标本 MZH1：4–30，基本完整。锈蚀一般。已开锋。范缝较清晰。3 匝箍。铲的背面有铭文“左”。銎口长 6、宽 2.50、深 5.47 厘米；刃部宽 9.20 厘米；通高 9.10 厘米。重 0.19 千克。（图三，16、17、21）

B 型：152 件。长体铲。圆肩，平刃。銎口无毛刺，大部分刃部难以判定是否开锋。标本 MZH1：4–59，銎背面及刃部有残缺。锈蚀严重，銎内有锈蚀物。箍锈蚀，不辨匝数。背面有铭文“绛邑左”。銎口长 5.60、深 4.80 厘米；通高 10.60 厘米。重 0.17 千克。（图三，18、19、23）

因残损严重，另有 27 件无法判断类型。

9. 锄　4 件。根据整体形制可分为三型。

A 型：1 件。六角形。标本 MZH1：21–1，因锈蚀严重导致刃部边缘不齐。横銎，銎口近方形，边框凸出。锄板较薄。銎口长 3.60、宽 3.60、边框凸起高 1.85 厘米；刃部残宽 17.60 厘米；残高 10.35 厘米。重 0.22 千克。（图三，22、27）

B 型：1 件。半圆形锄。标本 MZH1：21–3，仅残余左半部。横銎，銎口近方形，边框凸出。銎口长 3.61、宽 3.14、边框凸起高 1.14 厘米；残宽 9.95、残高 10 厘米。重 0.18 千克。（图三，24、28）

C 型：2 件。三角形锄。长方形横銎，銎部较厚。标本 MZH1：21–2，仅存銎口和小部分锄面。锈蚀严重。銎口长 4.15、宽 2.60、深 3 厘米；残宽 7、残高 8 厘米。重 0.17 千克。（图三，14）

10. 镰刀　4 件。均残。据平面形状可分两型。

A 型：2 件。宽度变化不大，前后几乎等宽。标本 MZH1：40–2，锈蚀严重。未开锋。残长 17.63、宽 2.80、厚 0.55 厘米。重 0.098 千克。（图三，25）

B 型：2 件。宽度前窄后宽，略有变化。标本 MZH1：40–3，锈蚀严重。未开锋。残长 12.30、宽 1.44~2.10、厚 0.29 厘米。重 0.025 千克。（图三，26）

11. 铁范　渑池铁器窖藏还出土农具铁范 48 件，其中犁铧冠范芯 20 件、犁铧冠外范 6 件、镰范 11 件、铲范 4 件、锸范 4 件、双柄犁范 1 件和镬范芯 2 件。从各范的范腔形制可以看出与窖藏所出铁农具类型的关系：铧冠外范与窖藏所出 A 型铧冠的形制是对应的，其中铧冠外范

（MZH1：28-3）还有阴文反字“阳成”；（图四，1、2）锸范与窖藏所出B型锸形制一致，其中范（MZH1：26-1）有阴文反字“津左”；（图四，5）镰范与A型镰形制类似，只是有大小之分。（图四，6~10）

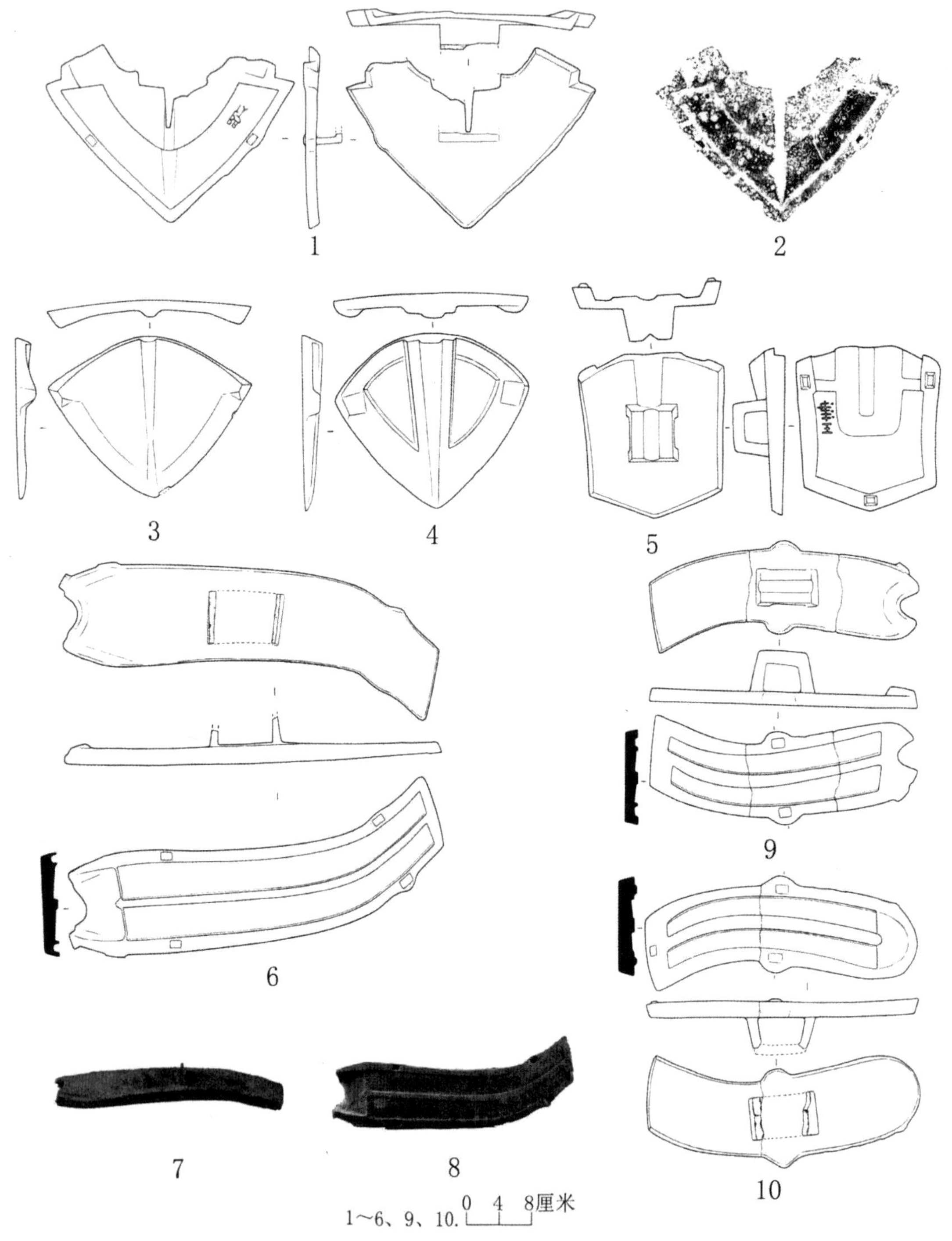

图四　农具铁范

1、2. 犁铧冠外范（MZH1：28-3）3. A型犁铧冠范芯（MZH1：27-1）4. B型犁铧冠范芯（MZH1：27-20）5. 锸范（MZH1：26-1）6. 镰上范（MZH1：24-1）7. 镰上范外面（MZH1：24-1）8. 镰上范内腔面（MZH1：24-1）9. 镰上范（MZH1：24-2）10. 镰下范（MZH1：24-2）

二、年代分析

（一）形制分析

铧冠，顾名思义是冠于犁铧头上以其锋利更便于入土起土之用，同时还起到减少犁头受损的作用，起初应该是安装在木犁头上，与铁镭的功能相当，所以铁铧冠较铁犁铧出现得要早。渑池窖藏A、B型铧冠，平面均呈三角形，两翼较窄，背面平，横截面呈∠形。作为较早出现的铁农具类型，铁铧冠从战国到秦汉基本形制变化不大，隋唐时期杏园唐墓[2]及稍后的太原晋祠后晋墓[3]所见铧冠总体形制呈V形，且两翼较宽，横截面呈<形，与之前时期有异。所以，渑池窖藏铧冠特征与隋唐之前的较为吻合，其下限应不晚于北魏。

三角形或舌形大型铁犁铧较多出现在秦汉时期，秦汉至南北朝是其流行期。渑池窖藏Aa型长舌形大犁铧见于满城汉墓[4]及陇县高楼村[5]，Ab型长舌形大犁铧见于长安韦兆村[6]及荥阳官庄[7]；B型短舌形铧见于陕西礼泉[8]，一般与马鞍形犁镜配合使用，其使用没有A型广泛。三角形大犁铧在北魏时期依然存在[9]，而隋唐时期这种舌形或三角形大铧基本上不见。

犁镜出现在汉代，类型也较多，基本与三角形或舌形大铧配合使用，存续时期也大致相当[10]。渑池窖藏A型犁镜见于长安韦兆村、荥阳官庄，B型犁镜见于荥阳刘庄[11]荥阳官庄等汉代遗址。A型犁镜在河南登封市魏晋南北朝的遗址[12]中还曾发现。

耧铧最早应出现在汉代，枣庄[13]、富平[14]等遗址中的耧铧为三角形，蓝田鹿原寨[15]的耧铧为近圆筒形。而渑池窖藏铁农具中只有束腰形耧铧，束腰形耧铧见于渭南田市镇[16]与蒲城重泉村[17]。

A型六角形锄与B型半圆形锄出现都较早，战国时期燕下都[18]与登封阳城铸铁遗址[19]均有发现，秦汉时期仍被使用[20]，但B型锄在秦汉时已较为少见。而C型三角形锄，汉代才出现，山东枣庄台儿庄张山子所见者为此型锄[21]。三角形锄的锄柄銎口与锄板之间的构造应是向后代以长銎口安装锄柄的形态过渡。

镭在春秋战国至秦汉时期大量存在，也是出现较早的铁农具之一，其主要用作耒、耜铲等土作工具的铁刃，有着广泛的土作功用。Aa型镭于秦汉时出现[22]，Ab、B型于战国—秦汉时期均有使用[23]，C型镭在春秋时期即已出现[24]，战国、秦汉仍流行[25]这几型镭在湖南桑植官田汉晋遗址[26]中均还存在，但是北魏至隋唐时期的遗址中就较为少见了。

铁镬在春秋战国时期以竖銎镶居多，横銎主要为多齿镬。单体横銎镬出现于秦汉时期，且与竖銎镬并存。渑池窖藏铁镬基本为横銎，A型镬见于南阳瓦房庄[27]及巩县铁生沟遗址[28]，B型镬见于渭南田市镇及长武丁家遗址。北魏[29]及隋唐时期[30]，A型镬依然存在，这一时期，几乎不见竖銎镬。可见从秦汉到魏晋、再到隋唐，A型横銎镬一直被使用，只是秦汉之后，A型镬较为流行。

双柄犁，目前发现有三处：渭南田市镇、沂水县铁器窖藏[31]以及渑池。前两者的材料公布者认为其年代是汉代，但是沂水铁器窖藏内同出的立耳三足平底鼎与鸭首形柄三足平底镌斗的流行年代应为魏晋至隋唐，所以其年代还有待进一步探讨[32]。

通过以上对铁农具形制类型的出现及流行年代分析，大致可以判断，渑池窖藏铁农具的总体特征与汉晋南北朝时期较为吻合，具体还需其他证据辅助说明。

（二）铭文分析

渑池铁器中有不少铸有铭文，有铭铁农具及铁范共有106件，种类有锛冠、铲、犁镜、耧铧，以及锛冠外范、双柄犁范和镢范。（表一）铭文涉及产地或作坊有：“黾”“新安”“绛邑”“夏阳”“阳城”“山”“津”“周”。

表一　渑池窖藏铁农具类型与铭文统计表　（单位：件）

铭文种类	铁器类型											
	锛冠				犁镜	耧铧	铲			锛冠外范	双柄犁范	镢范
	A型		B型	残甚	A	A	A	B	残甚			
	Aa	Ab										
黾	24	3	18	17	1	1	1	3	2		1	
（新）安	1							2				
绛邑（冶）右						1						
绛邑（冶）左	1							4				
夏阳			4									
津右								1				
阳（城）	2		1							1		
山							1	9	4			
周（冶）								2				
津左												1

铭文中又以“黾”最多，说明该批铁器多产自渑池当地，根据“黾”字体书写风格，可大致推测，这批“黾”名铁器属于魏晋时期[33]。并且“黾”字的同一种书写方式在不同类型铁器中（以锛冠最为典型）均存在，这其中有未经使用的“新”器（Aa型锛冠，有的为残器），也有经过使用的旧器（Ab、B型锛冠），说明这批窖藏铁器虽然完、残、新、旧器藏在一起，但其生产年代应大致相当。

除了“黾”铭，锛冠、耧铧、铲等铁器上还有“绛邑冶”“新安”“阳城”等字样。“绛邑冶”是西晋时期铁器生产（管理）机构，不同于两汉—三国时期的铁器冶铸管理形式[34]。所以，根据铭文分析推测，渑池窖藏铁农具的生产年代应为西晋时期。

综上，通过对渑池窖藏铁农具形制与铭文的综合分析，我们认为其主体生产年代应在西晋时期，其埋藏年代应在西晋或稍后时。

三、流通与使用

通过对铁器铭文的分析我们可以看出，渑池铁农具的产地有多处：渑池、新安、绛邑、夏阳和阳城等地，其中农具均是这几处冶铁作坊的重要产品[35]。新安等地的铁器同时出现在渑池冶铁作坊内，除了用于旧铁回收重铸，也反映了铁器在当时流通的普遍性。当时不同铁器作坊生产的铁器在形制、规格上具有统一性，这从技术上保障了农业生产技术的普及和推广。

从渑池窖藏所出犁铧（MZH1：16–19）内残存的木头来看，魏晋时期铁犁铧仍是安装在木犁床上使用的。从铁铲（MZH1：4–99）的刃部残存有铁锸来看，铁锸仍是作为铲、䦆等起土工具的铁刃口。渑池铁铲（MZH1：4–143）銎部残留有铁丝，以此推测铁铲与木柄固定时或用铁丝缠绕固定。

按照农具在农业生产过程中的主要用途，可将这批农具分为整地农具（犁铧、犁镜、锸、䦆、铲）、播种农具（耧铧）、中耕农具（六角形锄、双柄犁）和收割农具（镰刀）。

魏晋南北朝时期虽然政治动乱，给社会经济造成了严重的破坏，但是农业生产工具与技术并没有因此衰退，表现为农具种类增加、形制创新及生产工具配套的完善。据北魏贾思勰的《齐民要术》，该时期的土壤耕作涉及的铁农具有：长辕犁、蔚犁、一脚耧、二脚耧、三脚耧、锋、耩及铁齿耙等[36]。

"蔚犁"是北魏时期出现的较轻便的犁，不同于汉代以来的长辕犁。《齐民要术·耕田》："今济州以西，犹用长辕犁、两脚耧。长耕平地尚可，于山涧之间则不能用。且回转至难，费力，未若齐人蔚犁之柔便也。"[37]这种"蔚型"可能是唐代曲辕犁的雏形[38]。从甘肃嘉峪关魏晋时期农耕壁画可知，犁的牵引方式已由二牛抬杠式向一牛牵引式逐渐发展，并且适应一牛牵引的曲轭逐渐代替了二牛抬杠用的肩轭，畜力耙与耱的牵引方式变化与犁相一致[39]。而渑池窖藏大型铁犁铧、犁镜与汉代的大铁犁还属于同一类耕作技术下的产物，在使用与耕作技术上没有革新与突破，这或许与区域间技术不平衡有关。

魏晋南北朝时期的播种工具主要有耧车和窍瓠。耧车在汉代已经出现，文献和考古资料显示为三脚耧。而南北朝时期，耧的使用更加普遍，形制也较多样化，不但有三脚耧，还有一脚和二脚耧。渑池窖藏中的束腰耧铧是魏晋时期较常见的耧铧形制，也可能是一脚耧或二脚耧的耧铧。

锋、耩等中耕农具，有的在汉代应当已具雏形。锋与耩类似，又有所不同，锋是一种有尖锐犁镵而没有犁镜的农具，用牛牵引，起土浅，不覆土、壅土，拉力轻；耩的犁镵中脊隆起，可起沟壅土[40]。锋与耩应该都是小铁铧，虽然在渑池窖藏农具中没有出现，但是其C型三角形铁锄应是当时较为常见的中耕工具。

双柄犁，应为中耕除草的"耘犁""[41]或"铁铲犁"[42]，即作中耕除草耘田之用，功能同锄，可以牛牵引，也可将双辕改作绳套，改用人力。虽然没有明确的文献记载，但从考古发现看，此种形制的"耘犁"是魏晋时期出现的一种新农具。

四、结语

目前能够明确年代的魏晋南北朝时期的铁器考古发现屈指可数，渑池窖藏铁器是一批可贵的铸铁产品，充分体现了魏晋时期我国冶铁业的发展水平，尤其大量铁农具的发现更为该时期的农业生产技术与农业经济水平的研究提供了可贵资料。魏晋南北朝时期，政权更迭频繁，社会动荡不安，农业生产受到了很大影响，但是并没有阻挡生产技术的革新与进步，而渑池窖藏铁农具的发现为这一时期农业生产水平提供了实证。

附记：渑池窖藏铁器的发现距今已有半个世纪，所幸报告即将出版。近年来的报告整理工作得到了单位领导的大力支持，以及诸多同事、师友的鼎力相助，在此深表谢忱。

注释：

[1] a. 渑池县文化馆、河南省博物馆：《渑池县发现的古代窖藏铁器》，《文物》1976年第8期。

b. 北京钢铁学院金属材料系中心化验室：《河南渑池窖藏铁器检验报告》，《文物》1976年第8期。

[2] 中国社会科学院考古研究所：《偃师杏园唐墓》，科学出版社，2001年，第145页。

[3] 太原市文物考古研究所：《山西太原晋祠后晋墓发掘简报》，《文物》2018年第2期。

[4] 中国社会科学院考古研究所、河北省文物管理处：《满城汉墓发掘报告》，文物出版社，1980年，第281页。

[5] 陕西省博物馆、陕西省文物管理委员会：《陕西省发现的汉代铁铧和鐴土》，《文物》1966年第1期。

[6] 陕西省博物馆、陕西省文物管理委员会：《陕西省发现的汉代铁铧和鐴土》，《文物》1966年第1期。

[7] 郑州大学历史学院、郑州市文物考古研究院、荥阳市文物保护管理中心：《河南荥阳官庄汉代窖藏》，《中国国家博物馆馆刊》2020年第4期。

[8] 陕西省博物馆、陕西省文物管理委员会：《陕西省发现的汉代铁铧和鐴土》，《文物》1966年第1期。

[9] 内蒙古自治区乌兰察布盟文物工作站：《内蒙古商都县发现北魏窖藏》，《文物》1989年第12期。

[10] 张凤：《黄河中下游地区汉代农业的考古学观察》，郑州大学博士学位论文，2012年，第18—35页。

[11] 郑州市博物馆：《郑州近年发现的窖藏铜》，见铁器《考古》编辑部：《考古学集刊》(1)，中国社会科学出版社，1981年，第177—189、211页。

[12] 李佑华、耿建北：《河南登封市出土的铁犁镜与石磨》，《华夏考古》1997年第4期。

[13] 石敬东：《山东枣庄出土的铁农具》，《农业考古》1996年第1期。

[14] 陕西省博物馆、陕西省文物管理委员会：《陕西省发现的汉代铁铧和鐴土》，《文物》1966年第1期。

[15] 陕西省博物馆、陕西省文物管理委员会：《陕西省发现的汉代铁铧和鐴土》，《文物》1966年第1期。

[16] 郭德发：《渭南市田市镇出土汉代铁器》，《考古与文物》1986年第3期。

[17] 陕西省博物馆、陕西省文物管理委员会：《陕西省发现的汉代铁铧和鐴土》，《文物》1966年第1期。

[18] 河北省文物研究所：《燕下都》，文物出版社，1996年，第89页。

[19] 中国历史博物馆考古调查组、河南省博物馆登封工作站、河南省登封县文物保管所:《河南登封阳城遗址的调查与铸铁遗址的试掘》,《文物》1977年第12期。

[20] 刘庆柱:《陕西长武出土汉代铁器》,《考古与文物》1982年第1期。

[21] 石敬东:《山东枣庄出土的铁农具》,《农业考古》1996年第1期。

[22] 河南省文物研究所:《密县后士郭汉画像石墓发掘报告》,《华夏考古》1987年第2期。

[23] 湖北省博物馆:《宜昌前坪战国秦汉墓》,《考古学报》1976年第2期。

[24] 国务院三峡工程建设委员会办公室、国家文物局:《秭归柳林溪》,科学出版社,2003年。

[25] 洛阳区考古发掘队:《洛阳烧沟汉墓》,科学出版社,1959年,第188页。

[26] 湖南省文物考古研究院:《武陵炉光:湖南桑植官田遗址》,湖南考古微信公众号,2023年3月21日。

[27] 河南省文物研究所:《南阳北关瓦房庄汉代冶铁遗址发掘报告》,《华夏考古》1991年第1期。

[28] 河南省文化局文物工作队:《巩县铁生沟》,文物出版社,1962年,第31、32页。

[29] 大同市考古研究所:《山西大同七里村北魏墓群发掘简报》,《文物》2006年第10期。

[30] 中国社会科学院考古研究所:《隋唐洛阳城:1959~2001年考古发掘报告》,文物出版社,2014年,第102页。

[31] 沂水县文物管理站:《山东沂水县发现汉代铁器窖藏》,《考古》1988年第6期。

[32] 详见《魏晋南北朝时期铁农具与农业一兼论几处铁器遗址的年代》,待刊。

[33] 张凤:《渑池窖藏铁器铭文相关问题研究》,《华夏考古》2022年第6期。

[34] 张凤:《渑池窖藏铁器铭文相关问题研究》,《华夏考古》2022年第6期。

[35] 张凤:《渑池窖藏铁器铭文相关问题研究》,《华夏考古》2022年第6期。

[36] 贾思勰著,缪启愉校释:《齐民要术校释》,农业出版社,1982年。

[37] 贾思勰著,缪启愉校释:《齐民要术校释》,农业出版社,1982年。

[38] 陈文华:《中国古代农业科技史图谱》,农业出版社,1991年,第255页。

[39] 甘肃省文物工作队:《嘉峪关壁画墓发掘报告》,文物出版社,1985年,图版四一、四二。

[40] 贾思勰著,缪启愉校释:《齐民要术校释》,农业出版社,1982年。

[41] 李京华:《河南古代铁农具》,《农业考古》1985年第1期。

[42] 王静如:《论中国古代耕犁和田亩的发展》,《农业考古》1983年第1期。

三门峡市陕州区北朝墓地发掘简报

◎河南省文物考古研究院　◎三门峡市文物考古研究所
◎三门峡市陕州区文物地质钻探管理站　◎渑池县文物钻探队

2021年8月至9月，为配合三门峡市陕州区12万吨刚玉生产线项目工程建设，受河南省文物考古研究院委托，三门峡市文物考古研究所联合三门峡市陕州区文物地质钻探管理站、渑池县文物钻探队对工程区域内的古墓葬进行了抢救性考古发掘。发掘区位于三门峡市陕州区西南，上官村东北约450米处，东南距209高速路340米，中心地理坐标为34°40′46″N，东经111°2′57″E（图一）。

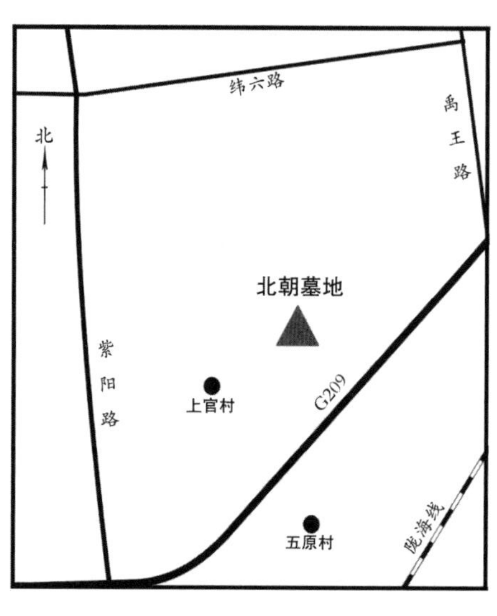

图一　三门峡市陕州区北朝墓地位置示意图

该发掘区域地层堆积可分为2层：第①层为表土层，为疏松的浅黄色土，厚0~0.5米，内含少量植物根系、石块及现代垃圾；第②层为扰土层，距地表0.5~2米，为疏松的灰色土，厚1.5米，内含少量石块、料礓石、青砖瓦砾等；②层下为生土，为较硬且纯净的黄褐色土，内含少量料礓石。

此次发掘共清理两汉至明清时期墓葬32座，均位于②层下，部分墓葬顶部被破坏。其中北朝时期墓葬有19座，分别是位于墓地北部的M1、M2、M4~M8、M14~M20，西南的M9~M11以及位于墓地东南的M12、M13（图二）。本文仅对19座北朝墓葬作报告。

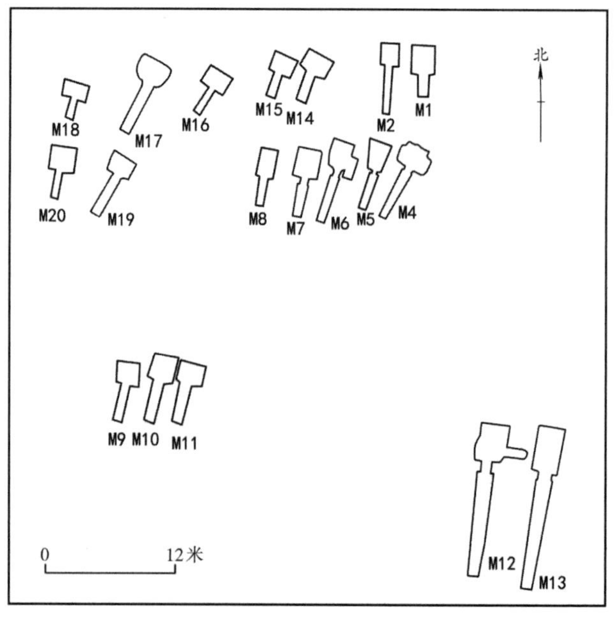

图二　三门峡市陕州区北朝墓地布局图

一、墓葬形制

19座北朝墓葬均为单室土洞墓，坐北朝南。根据墓道形制可分为阶梯墓道土洞墓和长斜坡墓道土洞墓两类。

（一）阶梯墓道土洞墓

共15座，分别为M1、M4~M6、M8~M11、M14~M20，其中M4、M5、M6、M17、M19保存较好。

1. M6　位于墓地北部，M5、M7之间，东距M5约0.8米，西距M7约0.4米，西北距M14约5.9米。开口距现地表1.8米，方向198°，由墓道、甬道和墓室3部分组成。

墓道　略朝西南，平面呈长条形，北宽南窄，长3.38米，宽0.6~0.7米。直壁，南部有3级台阶，深0.24~1.3米。

甬道　平面呈喇叭形，长0.64米，宽0.44米，高0.68~1.3米。

墓室　平面呈不规则形，长1.92米，宽1.64~2.18米，残高1.3米。顶部已坍塌，推测为拱顶，直壁，加工较规整。北部、东部各有一座长方形棺床，其上均存有部分人骨，推测分别为1个个体，腐朽严重，性别、年龄均不详：北部棺床长1.52米，宽0.76米，高0.38米，东部出土1件铜簪；东侧棺床南北向，长1.6米，宽0.72米，高0.28米，北部出土1枚铜钱和1件铜簪（图三）。

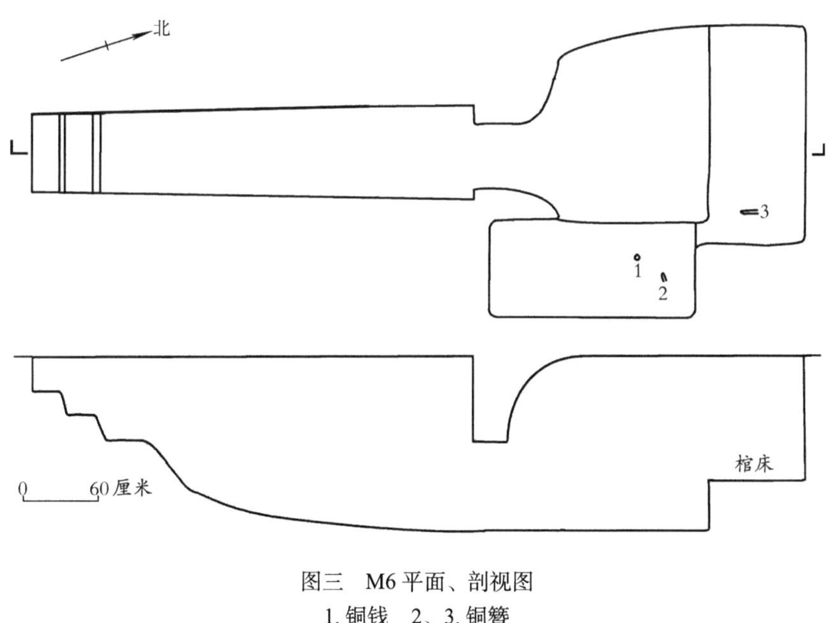

图三　M6平面、剖视图
1. 铜钱　2、3. 铜簪

2. M19　位于墓地西北部，北距M17约2.7米，东距M8约12米，西距M20约2.7米。开口距现地表1.2米，方向221°，由墓道、甬道、墓室3部分组成。

墓道　略朝西南，平面呈长条形，长2.78米，宽0.68米。直壁，南部有2级台阶，深0.32~0.94米。封门位于北端，在略经夯打的黄土堆积上用残砖堆砌而成。夯土厚0.22米，高

0.4 米；砖砌部分宽 0.68 米，厚 0.24 米，高 0.26 米。砌砖中发现刻纹砖 1 块。

甬道　位于封门以内，通往墓室，长 0.22 米，宽 0.64 米，高 0.84 米。

墓室　位于甬道以北，平面呈梯形，长 1.8 米，宽 1.3 米，残高 0.94 米。顶部已被破坏，推测为拱顶，底部较平坦。北部有一高 0.25 米、宽 0.82 米的生土棺床，其上存有少量人骨，保存较差，仅剩部分头骨、肢骨，其余呈黄褐色粉末状，推测为 2 个个体，均仰身直肢，头向东，性别、年龄均不详。墓室西南角发现铜钱 4 枚，东南角有一残陶器底，其内盛放若干泥丸。棺床上发现铜戒指、铜簪、玉饰、板瓦各 1 件，板瓦上亦盛放若干泥丸（图四；图五）。

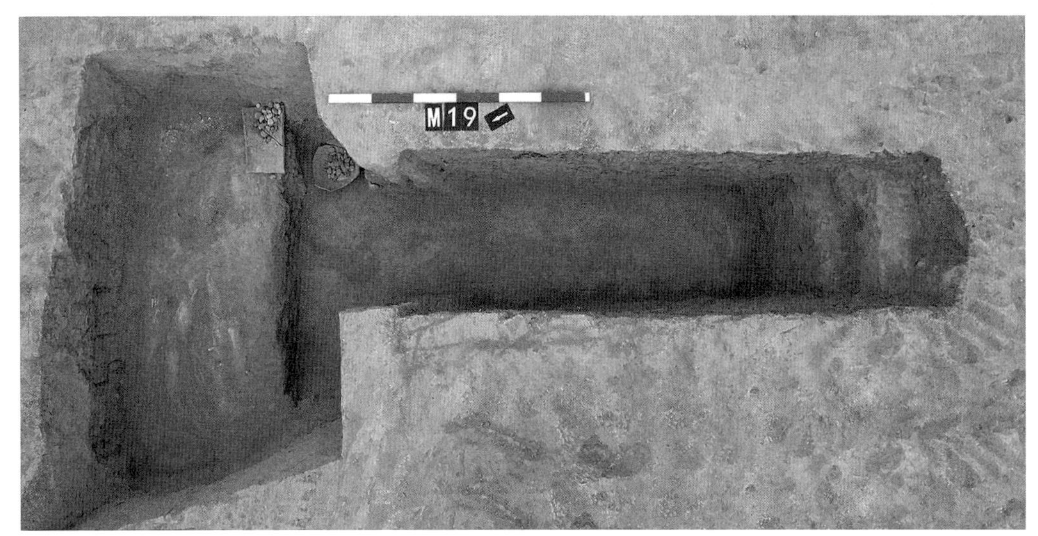

图四　M19

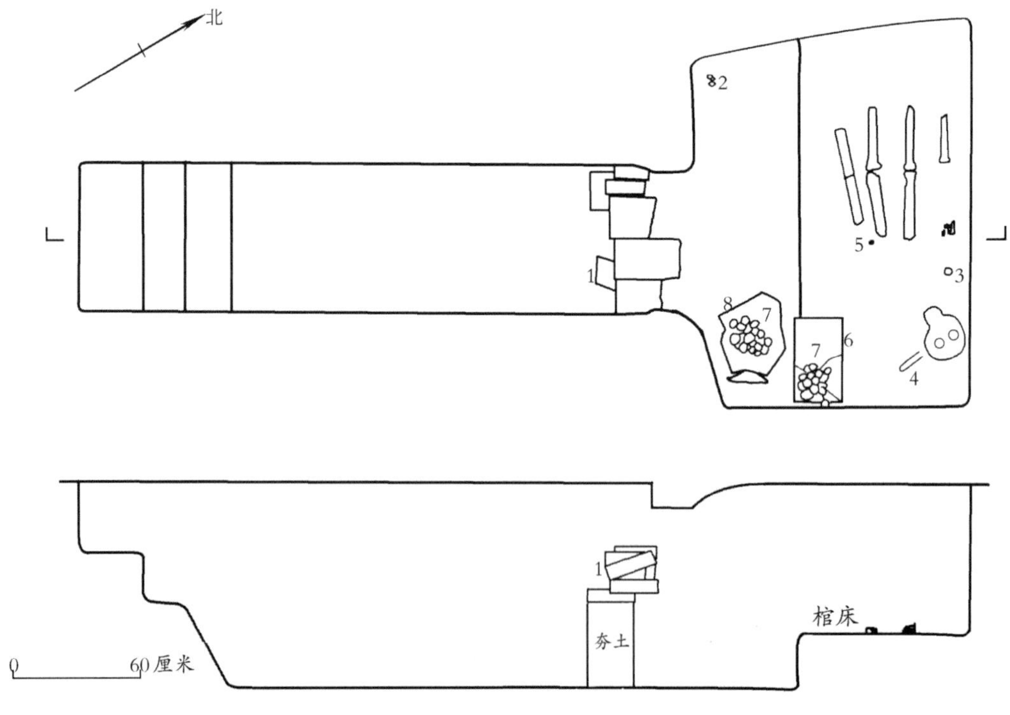

图五　M19 平、剖面图

1. 刻纹砖　2. 铜钱　3. 铜戒指　4. 铜簪　5. 玉饰件　6. 板瓦　7. 泥丸　8. 陶器底

（二）长斜坡墓道土洞墓

共4座，分别为M2、M7、M12、M13，其中M7、M12、M13保存较好。

1. M7　位于墓地北部，北距M14约3.7米，东距M6约0.4米，西距M8约1.5米。开口距现地表2米，方向192°，由墓道、甬道和墓室3部分组成。

墓道　略朝西南，平面呈长条形，北宽南窄，长2.3米，宽0.6~0.8米。直壁，斜底，北深南浅，深0.3~0.7米。

甬道　长0.5米，宽0.56米，高0.7米。

墓室　位于墓道以北，为单室土洞。平面近方形，长2.1米，宽1.8米，残高0.7米。顶部已被破坏，推测为拱顶，底部较平坦。北部有一"L"形棺床，与墓室同长，宽1.1米，高0.3米，淤土中发现少量人骨，推测为1个个体，腐朽严重，性别、年龄不详。西南近甬道处发现陶瓶1件（图六）。

图六　M7

2. M12　位于墓地东南部，西北距M4约21.4米，东距M13约0.9米，西北距M11约27.6米。开口距现地表2.3米，方向187°。由墓道、甬道、墓室、耳室4部分组成。

墓道　略朝南，平面呈长条形，北宽南窄，长7.9米，宽0.82~1.24米。直壁，底为长斜坡，与口基本同宽，长8.36米，深0.4~3.2米。中部有一长2.54米、宽0.94~1.08米、高0.96~1.4米的过洞。过洞以北有一天井，开口与墓道在同一层位，平面呈梯形，北宽南窄，长2.82米，宽1.08~1.22米，深0.28~0.84米。墓道北端用椭圆形青石垒成高1.62米、厚0.3~0.5米的封门。

甬道　连接墓道与墓室。长0.84米，宽0.76~0.84米，高1.32~1.92米。

墓室　位于墓葬北端，平面略呈长方形，直壁，拱顶，四壁加工规整，底较平坦。长2.84米，宽2.22~2.52米，高2.12米。北侧有一高0.68米、宽1.04米的生土棺床，其上有木棺一具，腐朽严重，仅存灰白色及灰黑色棺痕，长1.7米，宽0.66~0.68米。棺内葬一具人骨，仰身直肢，腐朽严重，初步鉴定为一成年人，性别不详。头骨附近发现铜簪1件。

耳室　位于墓室东壁，呈长方形。东西长约 1.69 米，宽 0.72 米，高 0.88 米。西北角出土陶壶 1 件（图七）。

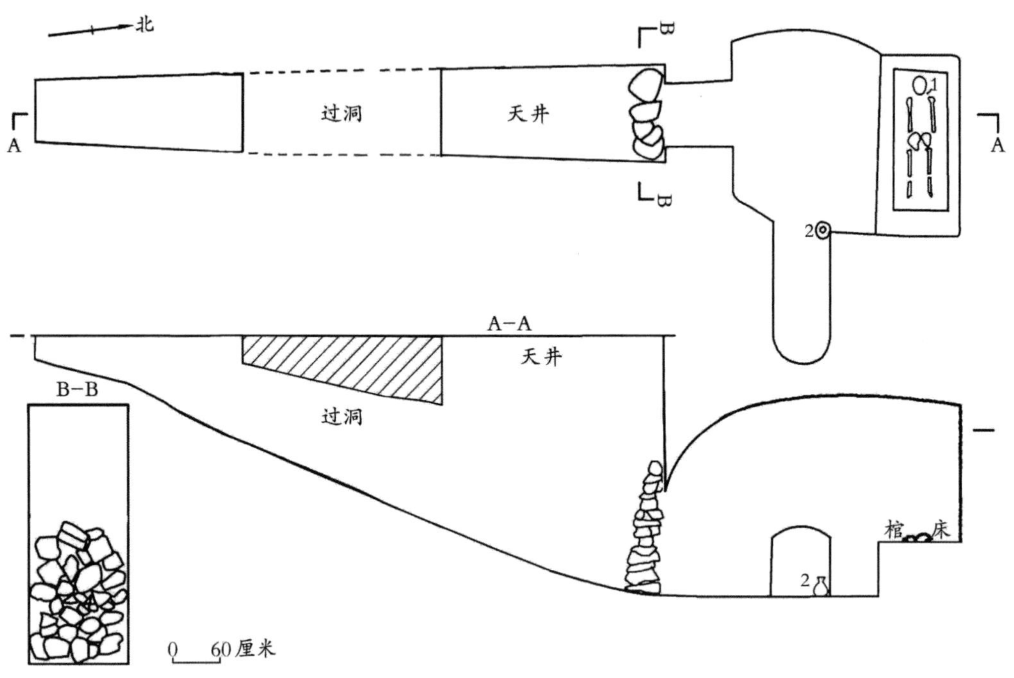

图七　M12 平面、剖视图
1. 铜簪　2. 陶瓶

二、出土遗物

保存较好的 8 座墓葬共出土遗物 24 件（套），分为陶器、玉器、金属器 3 类。

（一）陶器　共 7 件（套）。

1. 壶　1 件。M12：2，泥质灰陶。侈口，平沿，方唇，细颈，溜肩，弧腹下收，平底微内凹。肩部和中腹各饰一周斜线纹，上腹饰一周弧形纹。器身表面原有一层青色附着物，可能为彩绘。口径 7.6 厘米，腹径 16 厘米，底径 8.8 厘米，高 20.7 厘米（图八，1；图九，1）。

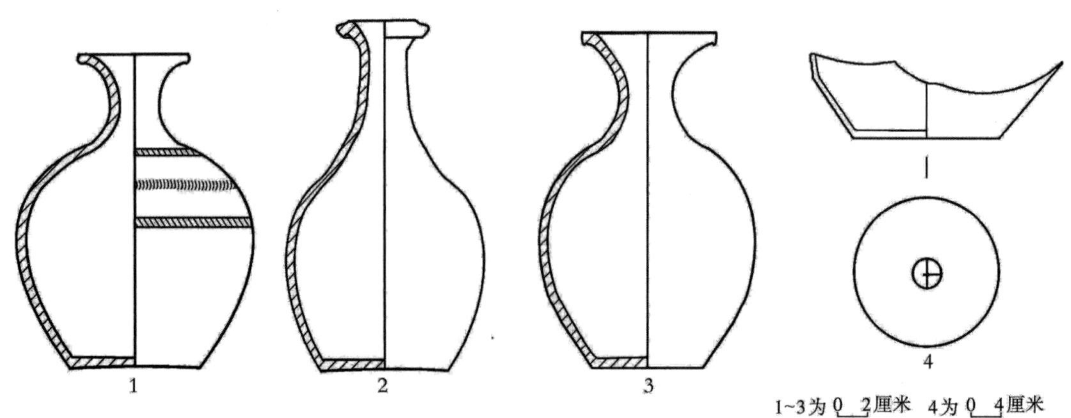

图八　出土陶器线图
1. 壶（M12：2）　2、3. 瓶（M7：1、M5：1）　4. 器底（M19：8）

2.瓶　2件。均为泥质灰陶，侈口，细颈，溜肩，弧腹，平底，素面。M7：1，卷沿，圆唇，底微内凹。口径4.6厘米，腹径13.8厘米，底径8.7厘米，高23厘米（图八，2；图九，2）。M5：1，平沿，方唇，腹下收。口径9厘米，腹径14.6厘米，底径7.4厘米，高22.1厘米（图八，3；图九，3）。

3.器底　1件。M19：8，腹部及以上残，斜壁内收，平底。底部有一直径4厘米的圆形纹饰，圆内饰“十”字纹。残高11.2厘米，底径19.8厘米（图八，4；图九，5）。

4.刻纹砖　1件。M19：1，为半块青砖，正面刻划5×5棋盘状方格，背面刻“十”字形状。残长16.4厘米，宽14厘米，厚5.8厘米（图九，4；图一〇，1）。

5.板瓦　1件。M19：6，平面呈长方形，横截面为弧形，瓦外素面，内印有细布纹。长37厘米，宽22.6厘米，厚1.4厘米（图九，6）。

6.泥丸　1套共52件，编号为M19：7。均近椭圆体，分两种规格：大者长5.1厘米，宽5厘米，厚1.6厘米；小者长3.6厘米，宽2.9厘米，厚1.1厘米（图九，5、6）。

图九　出土陶器

1.壶（M12：2）　2、3.瓶（M7：1、M5：1）　4.刻纹砖（M19：1）
5、6.器底、板瓦及泥丸（M19：8、M19：6、M19：7）

（二）玉器　1件。

玉饰M19：5，近正方体，青绿色，器身有磨制痕迹，中部有一圆形穿孔。边长0.86厘米，孔径0.1厘米，重1.5克（图一一，6）。

（三）金属器　共11件，除1件铁铲外，其余均为铜质。

1.铜戒指2件，M19：3、M19：4。均为圆环状，横截面近圆形，素面，尺寸相同。直径1.9厘米，截面直径0.1厘米（图一〇，7；图一一，10）。

2.铜簪　4件。均呈U形，由一根两端为尖头的铜丝弯折而成，簪体横截面为圆形，直径0.3~0.4厘米。M6：2，残长6.6厘米，宽1.6厘米（图一〇，4；图一一，11）。M6：3，长15厘米，宽1.8厘米（图一〇，5；图一一，9）。M12：1，残破较为严重，仅剩一股保存较好，残长10厘米（图一〇，3）。M19：4保存较好，长10厘米（图一〇，6）。

3. 铜镯　1件。M13：2，呈圆环状，横截面近椭圆形，素面。直径6.8厘米，厚0.4厘米（图一〇，8；图一一，12）。

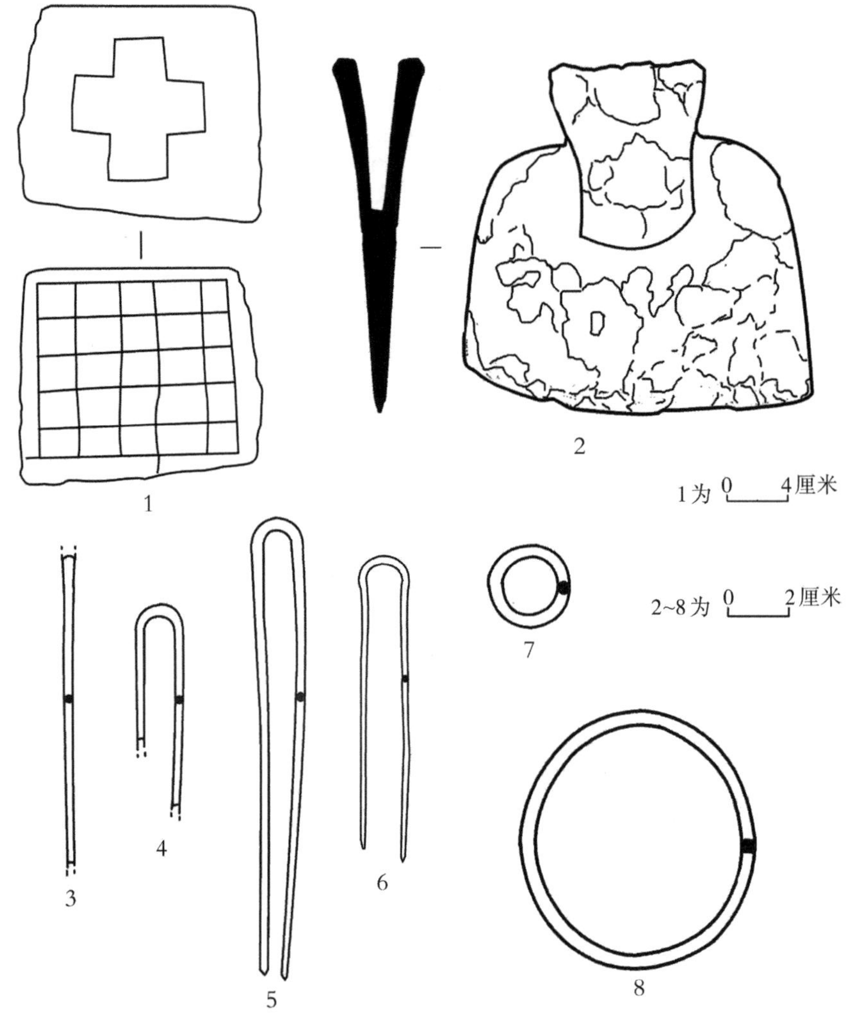

图一〇　出土器物线图

1. 刻纹砖（M19：1） 2. 铁铲（M13：1） 3~6. 铜簪（M12：1、M6：2、M6：3、M19：4）
7. 铜戒指（M19：3） 8. 铜镯（M13 ：2）

4. 铜带饰　分为带扣和带銙两部分。

M17：1，带扣，前部扣环扁平，呈C形，扣针呈T形，针头为鸭舌形，下端呈管状，管内为一铁轴通过两环形铜片中部的环孔插入扣环两端的辖孔中。铁轴锈蚀严重，出土时扣环和扣针仅靠铁锈相连，铜片由销钉固定。带扣后部由两铜片通过销钉组合而成。总长5.1厘米，宽3厘米，厚1.6厘米（图一一，7）。

M17：2，带銙，共2件。均近方形，由两铜片组合而成，正面比背板略大，由4枚销钉固定（图一一，8）。M17：2-1，正面镂空纹饰，长2厘米，宽1.9厘米，厚0.6厘米。M17：2-2，素面，长2.1厘米，宽1.9厘米，厚0.65厘米。

5. 铁铲　1件。M13：1，整体呈梯形，宽11.6厘米，高11.4厘米。圆肩，两侧有外凸的棱脊，刃部宽平锐利。銎口呈长方形，长6.2厘米，宽1.5厘米（图一〇，2）。

（四）铜钱　5 枚，分为蚁鼻钱和圆形方孔钱两类。

蚁鼻钱　1 枚。M19：2–1，呈椭圆形，正面凸起，有六道凹弦纹，背面磨平，顶部有一圆形穿孔。长 2 厘米，宽 1.1 厘米，厚 0.34 厘米，重 3.2 克（图一一，1）。

圆形方孔钱　4 枚。M6：1，正背面均有郭。正面钱文可辨“永安五铢”四字，锈蚀严重，通体绿锈。“永安”二字接廓，“永”字下笔和“安”字宝盖与穿廓连为一线。背部四角有斜线四条。直径 2.4 厘米，穿径 0.78 厘米，厚 0.13 厘米，重 3.5 克（图一一，5）。M19：2–2、3、4，剪轮五铢钱，钱体较为轻薄，正背面均有郭，锈蚀严重（图一一，2~4）。M19：2–2 正面依稀可辨“朱”字。直径 1.67 厘米，穿径 0.56 厘米，厚 0.12 厘米，重 0.7 克。

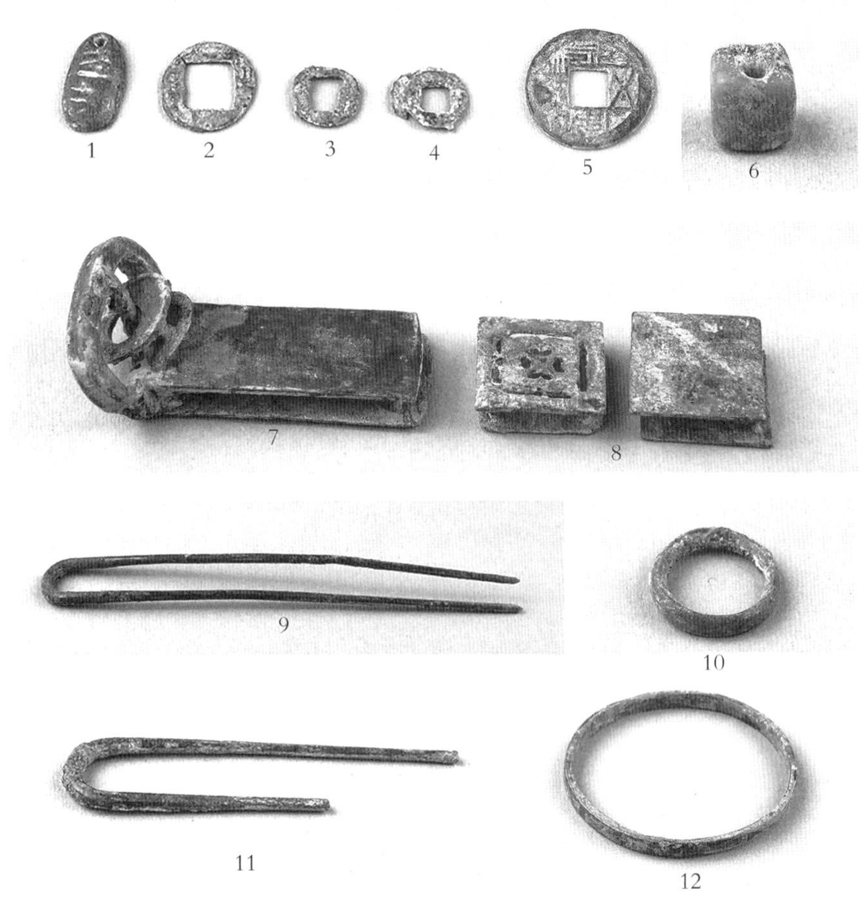

图一一　出土器物

1. 蚁鼻钱（M19：2–1）　2~4. 剪轮五铢（M19：2–2、3、4）　5. 永安五铢（M6：1）　6. 玉饰（M19：5）　7. 铜带扣（M17：1）　8. 铜带（M17：2–1、2）　9、11. 铜簪（M6：3、M6：2）　10. 铜戒指（M19：3）　12. 铜镯（M13：2）

三、结语

这 19 座墓葬形制相近，可分为阶梯墓道土洞墓和斜坡墓道土洞墓两种，且大多数墓室均用生土台作为棺床使用，这与河南三门峡市灵宝豫灵镇发现的北朝墓葬[1-2]形制相近。出土的铜手镯、铜戒指、铜发簪等金属饰品形制与山西大同南郊北朝墓[3]、陕西西安江村北魏王氏家族墓地[4]、河南灵宝北朝向氏家族墓[5]所出形制相似。M12 所出陶壶 M12：2 形制与山西大同南郊北魏墓群出土陶壶 M18：2[3]14、沙岭新村北魏墓地出土陶壶 M21：3[6]相近，M5 所出陶瓶 M5：1 与大同七里村北魏墓群出土陶瓶 M29：1 接近[7]。综上所述，该墓地年代应为北朝时期。另外，在 M6 中出土永安五铢背四出 1 枚，根据《魏书·食货志》[8]，该钱始铸于东魏孝静帝兴和年间（539—542），因此 M6 可能不早于兴和年间，即北朝晚期。

此外，这些墓葬方向均为近南北走向，分布密集、排列有序，显然是经过规划和设计的，自北向南可分为 4 排：第一排 7 座，分别为 M1、M2、M14~M18；第二排 7 座，分别为 M4~M8、M19、M20；第三排 3 座，分别为 M9、M10、M11；第四排仅 2 座，分别为 M12、M13。这批墓葬虽然数量较多，但随葬品较少，多为铜簪、铜钱以及少量陶器等普通器物，未见高等级随葬品，再结合墓葬规模可以推测，应为北朝时期的普通平民墓葬。其中第一、第二排分布相对集中，可能属于同一家族人群，且可能又分为若干小家庭单位。而第三、第四排距离第一、二排相对较远，分布相对独立，可能属于另外两个家族人群。另外在 M1、M9、M17、M19 中各发现 2 具人骨，在 M4 中发现 3 具人骨，这种双人甚至三人合葬的现象，也是汉魏以来重视氏族亲缘而采用家族祔葬习俗的体现。第四排两座墓葬的规模较大，推测墓主可能为具有一定社会地位的富裕平民或低层官吏。

三门峡地区北朝时期墓葬发现较少，本次发现的北朝家族墓地为研究北朝平民墓葬和家族墓地规划设计理念增添了新的资料。

参与发掘人员：韩鹏翔　段海波　赵玉峰、
焦小建　孙　宁　孙伯韬、
师　毅
摄影、绘图：韩鹏翔
执笔：韩鹏翔　赵玉峰　王　亮

注释：

[1] 三门峡市文物考古研究所：《河南三门峡市北朝和隋代墓葬清理简报》，《华夏考古》2009 年第 4 期。

[2] 李永涛：《三门峡灵宝豫灵镇发现北朝至明清墓群》，《中国文物报》2022 年 12 月 23 日第 8 版。

[3] 山西大学历史文化学院、山西省考古研究所、大同市博物馆：《大同南郊北魏墓群》，科学出版社，2006 年。

[4] 西安市文物保护考古研究院、北京联合大学：《西安市灞桥区江村北魏王氏家族墓地发掘简报》，《文博》2019 年第 1 期。

[5] 河南省文物考古研究院、三门峡市文物考古研究所、灵宝市文物保护管理所：《河南灵宝北朝向氏家族墓发掘简报》，《洛阳考古》2022 年第 2 期。

[6] 大同市考古研究所:《山西大同沙岭新村北魏墓地发掘简报》,《文物》2014 年第 4 期。

[7] 大同市考古研究所:《山西大同七里村北魏墓群发掘简报》,《文物》2006 年第 10 期。

[8] 许嘉璐:《二十四史全译 · 魏书》，汉语大词典出版社，2004 年，第 2341 页。

河南三门峡发现秦人墓

◎高　鸣

2022 年 12 月至 2023 年 1 月，为配合河南省三门峡市刚玉砂厂周边棚户区改造项目（黄河花园）配套幼儿园项目的建设，三门峡市文物考古研究所对该项目占地范围内的古墓葬进行考古发掘，发掘面积 7000 余平方米，共发掘墓葬 80 座，其中秦人墓占多数，并夹杂少量的唐墓、明清墓。该考古工地共出土文物 159 件（枚），主要为陶器、铜钱和少量的石器。

该考古工地所发现的秦人墓大多为大墓道小墓室的洞室墓，个别为竖穴土坑墓。墓葬的方向有的为东西向，有的为南北向。葬式多为屈肢葬。下面具体介绍几座具有代表性的秦人墓。

M58 位于工地的西部，为一座南北向的洞室墓。方向 180 度。由墓道、墓门和墓室三部分组成。墓道较大，墓室较小，为大墓道小墓室。墓道在墓室的南部，为口大底小，墓道口长 4.70 米，宽 2.96 米。自墓道口向下 3.56 米深处，东、南、西三面设有生土二层台，东二层台

M58 器物组合

M58 铜带钩

宽0.66米，南二层台宽1.40米，西二层台宽0.54米，二层台高0.96米。墓道底部平坦，长2.6米，宽1.10米。墓道近西南角的西、南壁上有脚窝，脚窝近三角形，宽约0.28米，高0.20米，进深0.10米，脚窝之间间隔约0.60米。墓门位于墓道北壁下部，高1.52米。墓室开在墓道短壁的下部，在墓道的北部，墓室平面为长方形，宽1.10~1.28米，进深2.16米，墓室底部高于墓道0.16米。墓室内有人骨1具，仰身直肢，头向南，腐朽较甚。在墓室后方的东部和西部随葬有陶罐2件、陶釜1件、陶盆1件，人头骨西侧以及腿骨东侧各随葬有铜带钩1件。其中1件铜带钩十分精美，长12.1厘米，厚0.5~1.1厘米。钮圆形，直径1.2厘米。钮柄高0.6厘米，背面素面，正面前部为狼头纹饰，后部有凸棱。

M74位于工地的西部，为一座南北向的洞室墓，方向180度。南部相邻M58。由墓道、墓门和墓室三部分组成。墓道较大，墓室较小，为大墓道小墓室。墓道在墓室的南部，为口大底小，墓道口长4.24米，宽3.00米。自墓道口向下2.66米深处，东、南、西三面设有生土二层台，东二层台宽0.80~0.88米，南二层台宽1.44~1.50米，西二层台宽0.76~0.86米，二层台高1.24米。墓道底部平坦，长2.50米，宽1.16米。墓道近西南角的西、南壁上有脚窝，脚窝近三角形，宽约0.24米，高0.26米，进深0.10米，脚窝之间间隔约0.60米。墓门位于墓道北壁下部，高1.64米。墓室开在墓道短壁的下部，在墓道的北部，墓室平面为长方形，宽1.14~1.20米，进深2.32米，墓室底部高于墓道0.20米。墓室内有人骨1具，腐朽较甚。墓室由于进水，人骨上浮较高，人骨西侧的1件陶釜和1件陶盆低于人骨，埋藏于墓室淤土中。墓室北侧随葬有陶盆1件，人头骨南侧随葬有石器1件。陶釜内含兽骨，夹砂灰陶，口径17厘米，高14.7厘米，圆底，底部含砂砾极多，侈口外翻，束颈，鼓腹。腹部饰竖绳纹。陶盆1件为泥质灰陶，

M74及器物组合

口径 25 厘米，高 11.7 厘米，底径 11 厘米，侈口，宽折沿，斜腹，平底，腹部上部有三周凸棱，腹部下部饰有细的凹弦纹，底部亦饰有细的凹弦纹。陶盆 1 件为泥质灰陶，黄褐色，侈口，宽折沿，折腹斜收，平底。腹部有一周折棱，腹部下部饰有竖绳纹，高 12 厘米，口径 30.5 厘米，底径 13 厘米。

M75 位于工地的西部，为一座东西向的洞室墓，方向 270 度。南部相邻 M74。由墓道、墓门和墓室三部分组成。墓道较大，墓室较小，为大墓道小墓室。墓道在墓室的西部，为口大底小，墓道口长 5.60 米，宽 4.00 米。墓道底部长 5.00 米，宽 3.28 米。墓道深 4.3 米。墓道近西南角的西、南壁上有脚窝，脚窝近三角形，宽约 0.30 米，高 0.25 米，进深 0.12 米，脚窝之间间隔约 0.90 米。墓门位于墓道东壁下部，高 1.30 米。墓室开在墓道短壁的下部，在墓道的东部，墓室平面为长方形，宽 1.12~1.24 米，进深 2.60 米，墓室底部与墓道底部平齐。墓室内有人骨 1 具，骨架散乱，保存一般。人骨底部铺有草木灰，在人头骨的西侧随葬有陶罐 1 件、陶釜 1 件、兽骨，在人骨的南侧随葬有铜带钩 1 件。陶罐是夹砂灰陶，肩部、腹部有凹弦纹，口径 9.5 厘米，肩径 20 厘米，底径 12 厘米，高 19.5 厘米。侈口，圆肩，斜腹，平底。陶釜是褐色夹砂陶，口径 16.5 厘米，高 12 厘米，圜鼓腹，圜底，侈口，口沿外翻，肩部、腹部、底部饰粗绳纹。

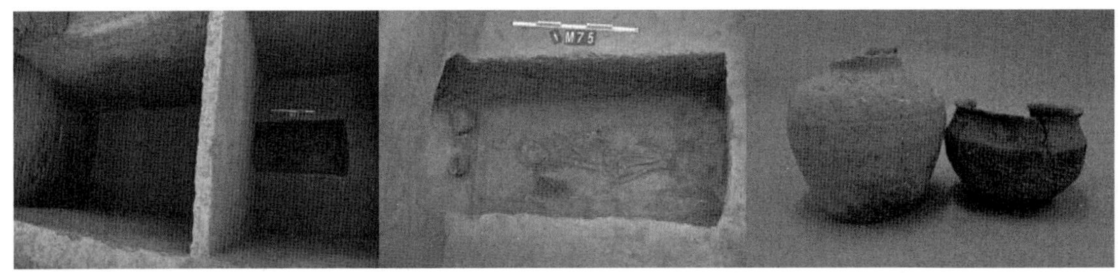

M75 及器物组合

M28 及器物组合

M28 位于工地的东部，为一座竖穴土坑墓。方向 278 度。墓口长 3.30 米，宽 2.52 米，墓室四壁陡直向下，自墓口向下 2.30 米深处，北、西、南三面设有生土二层台，北侧台宽 0.76 米，西侧台宽 1.10 米，南侧台宽 0.60 米，台高 1.10 米。墓室底部长 2.20 米，宽 1.20 米。墓室底部有人骨一具，保存一般，头向西，屈肢葬，屈肢较甚。在墓室底部的最东部，随葬有陶甑 1 件，陶釜 1 件。陶甑是泥质灰陶，口径 15.4 厘米，底径 5.3 厘米，高 6.6 厘米，侈口，斜腹。

底部有一穿孔，直径 1.8 厘米。陶釜是夹砂灰陶，侈口，鼓腹，圜底。口径 23 厘米，高 16.5 厘米。腹部及底部饰粗绳纹，底部有烟炱痕迹，应为实用器。

M12 位于工地的中部，为一座东西向的洞室墓，方向 260 度。由墓道、墓门和墓室三部分组成。墓道较大，墓室较小，为大墓道小墓室，墓道在墓室的西部，墓道长 3.06 米，宽 2.20 米，深 2.4 米。墓门位于墓道东壁下部，高 1.20 米。墓室开在墓道短壁的下部，在墓道的东部，墓室平面为长方形，宽 0.96~1.16 米，进深 1.94 米，墓室底部与墓道底部平齐。墓室内有人骨 1 具，头向西，屈肢葬，在墓室的北部靠近墓门处有一壁龛，宽 0.70 米，进深 0.40 米，内随葬陶釜 1 件，陶罐 1 件，陶盒 1 件。陶罐是灰绿色，夹砂。残高 19 厘米，腹径 18.5 厘米，底径 9 厘米。颈部、腹部饰数周凸弦纹，鼓腹，凹底。陶釜是灰黑色，夹砂。口径 17 厘米，腹径 19.8 厘米，高 12 厘米。圜底。上腹部饰竖绳纹与一周凹弦纹，下腹部凹凸不平，应为增加触火面积，有利于加热。陶盒是泥质灰陶，子母口，口径 14.6 厘米，底径 8.3 厘米，高 12.1 厘米。盖上有捉手，盖子饰波浪形暗弦纹与凹弦纹。盒体相间饰凹弦纹与凸弦纹。带圈足。

M12 及器物组合

根据 M28 的墓葬形制与随葬器物判断，M28 的时代应该属于战国晚期。根据 M74、M58 的墓葬形制与随葬器物判断，他们的时代应该属于战国晚期至秦统一时期，根据 M75、M12 的墓葬形制与随葬器物判断，他们的时代应该属于秦末汉初时期。根据三门峡黄河花园幼儿园这 5 座秦人墓的墓葬形制和随葬器物组合推测，其墓主应该属于平民阶层。

河南灵宝金城大道三座汉墓发掘简报

◎河南省文物考古研究院　◎三门峡市仰韶文化研究中心

2019年4月至9月，三门峡市仰韶文化研究中心受河南省文物考古研究院委派，对灵宝市金城大道东线延伸工程工地进行了考古发掘。该工地位于灵宝市长安路东部南侧（图一），分为东、西两区，其中西区墓葬较少，东区墓葬较多，共清理古墓葬70余座。西区M5和东区M50、M51（图二），三墓虽遭盗扰，但仍出土大量器物，现将发掘情况简报如下。

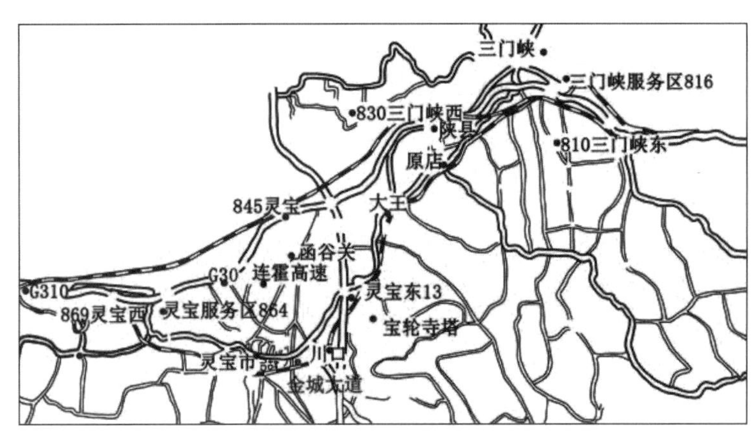

图一　灵宝金城大道发掘工地位置示意图

图二　灵宝金城大道发掘工地东区航拍图

一、M5

（一）墓葬形制

M5位于工地西区东部，是一座坐北朝南的砖室墓，由墓道、墓门、甬道、前室、过洞和后室六部分组成，方向185°，曾被盗（图三；图四）。

墓道　位于墓门南侧。长方形斜坡式，道口距地表1.3、南北长12.1、东西宽1.24、坡长10.6、道深4.84米。道壁加工规整，口、底基本等宽，道内填五花土。

墓门　位于甬道南侧。单券拱顶式，高0.98、宽1.14米。用青砖错缝叠砌封堵，共22层，砖长36、宽18、厚6厘米（图五）。

甬道　介于墓门与前室之间。宽1.14、进深1.32米。直壁砌砖15层，高0.98米。青砖券出拱顶，南北券砖共4排，每券青砖30块，券高0.5米，底部未铺砖。

图三　M5全景

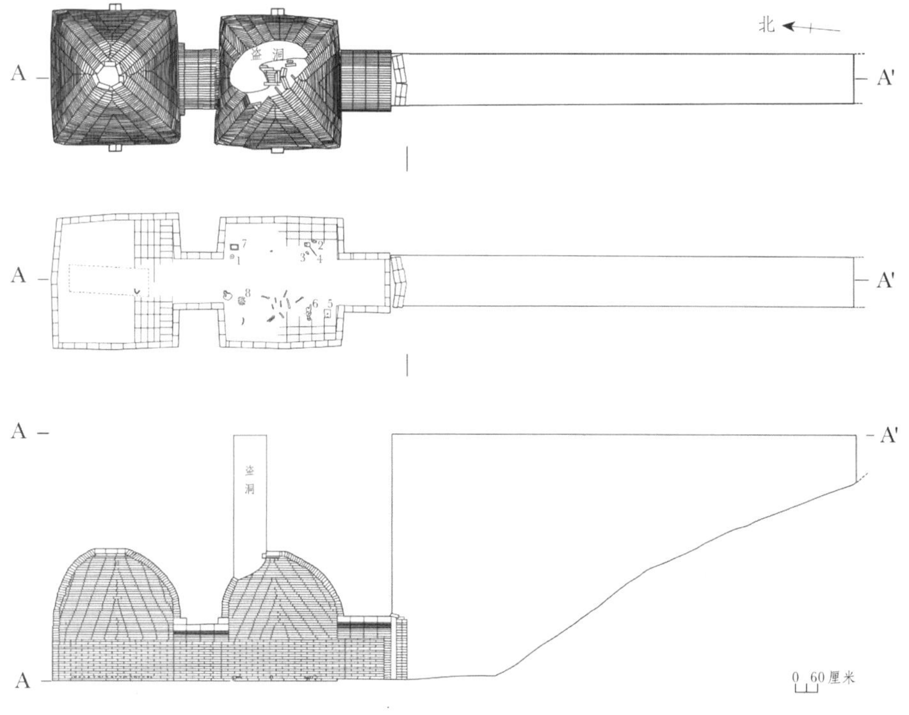

图四　M5平剖面图

1. 陶磨　2. 陶井　3. 陶仓房　4. 陶猪　5. 陶灶　6. 陶人俑　7. 石砚　8. 铜钱

前室　位于甬道北侧。平面呈方形，室长、宽均为3.24米。东西两直壁砖16层，高0.96米，南、北两壁分别由甬道和过洞组成，砖券穹窿顶，室顶由四壁分别起券的“四面结顶”，在对角上形成明显的接缝线，高1.78米。青砖铺底，以西向东横砖8排，每排18块，东部有南北向顺砖两排，每排9块。前室顶部坍塌，被盗洞打破，盗洞形状不规则，长2.1、宽0.6米（图六）。

图五　M5墓门封堵剖面图

过洞　即前、后室中间过道。高1.32、宽1.23、进深1.44米。直壁砖14层，高0.84米。顶部为南北4排双层叠压式券顶，底层券砖每排28块，上层券砖33块。砖铺底，由南向北一排为顺转7块，2~7排为横砖铺至洞口北端。

后室　位于过洞北端。保存完整，呈正方形，结构和前室一样，长、宽仍为3.24米，东西两直壁砖砌层数及室高和前室相同，室顶仍为四面起券、四角结顶之穹窿顶。青砖铺底，两横两顺交替至后室北壁。在后室正中偏西有一棺痕，呈南北向放置，因腐朽严重，结构不明，棺痕长2.06、宽0.68米。棺痕内发现有部分人架和骨肢，头骨在过洞口南侧放置，大部分人骨架在前室中部偏西散置，经细致观察和与其他骨骼配合辨认，判断为一男性。但墓主的头向、面向，葬式已无法确定。在棺痕周围发现残留大量灰白色草木灰，棺迹旁还有一片红色痕迹，呈不规则形状，可能为墓主埋葬时置放的漆器，清理时，扰乱花土和室内淤土十分混乱，土质土色较杂，结构致密。

图六　M5前室

（二）随葬器物

共出土器物 7 件。其中陶器 6 件、石器 1 件，另有铜钱 125 枚，均散置于前室，分类介绍于后。

1. 陶器

6 件，均为泥质灰陶，器形有磨、井、仓房、猪、灶、人俑等。

磨　1 件。M5：1（图七，1；图八），由磨扇与底座组成，磨扇上部正中有一圆形凹座，中隔一梁，两侧为进粮孔，顶面和底面均为放射状磨齿，底座和磨扇大小一致。扇、座径均 9.2、通高 6 厘米。

井　1 件。M5：2（图七，2；图九），井身作圆筒形，略显上小下大，在平折沿口上立井架，整体饰绿釉。口径 14、底径 16、高 20 厘米。

仓房　1 件。M5：3（图七，3；图一〇），呈长方形，悬山式顶，上有小房一间，门口朝向空池，顶有纵横瓦垄，长条脊，脊两端翘起。长 17、宽 12.3、高 17.7 厘米。

猪　1 件。M5：4（图七，4；图一一），呈卧姿，拱嘴，双目平视，四肢卷曲。长 10、宽 4、高 4 厘米。

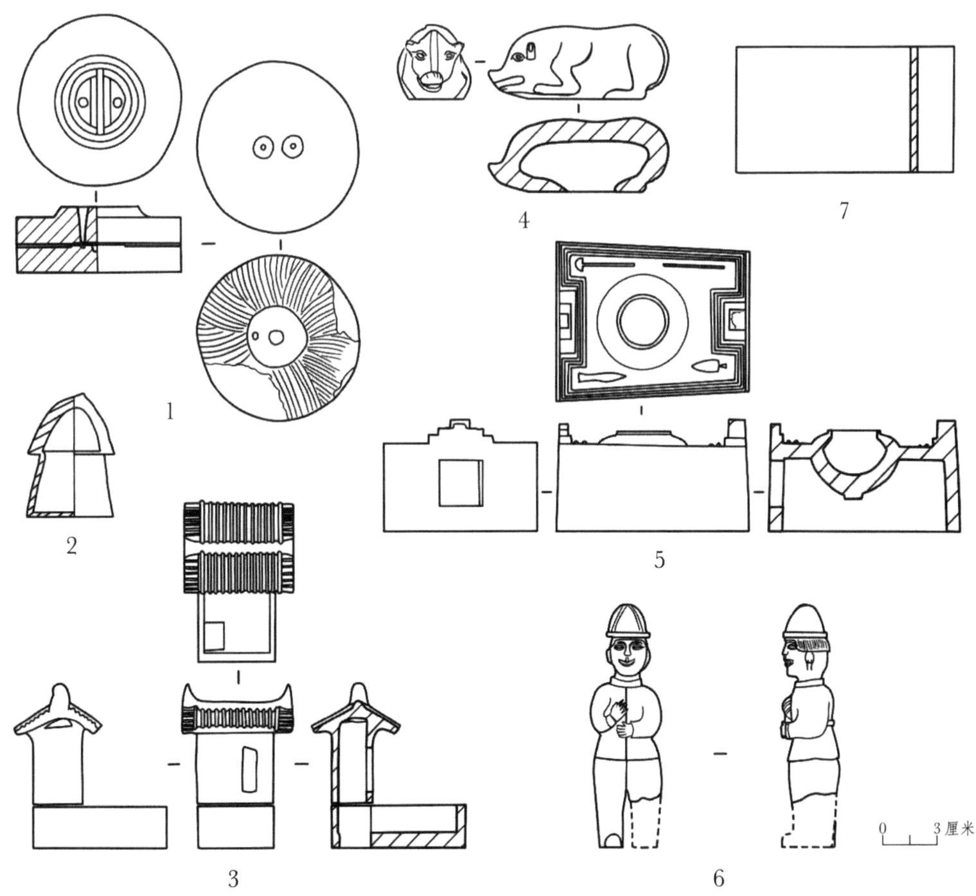

图七　M5 出土器物线图

1. 陶磨（M5：1）　2. 陶井（M5：2）　3. 陶仓房（M5：3）　4. 陶猪（M5：4）　5. 陶灶（M5：5）　6. 陶人俑（M5：6）　7. 石砚（M5：7）

图八　陶磨（M5：1）

图九　陶井（M5：2）

图一〇　陶仓房（M5：3）

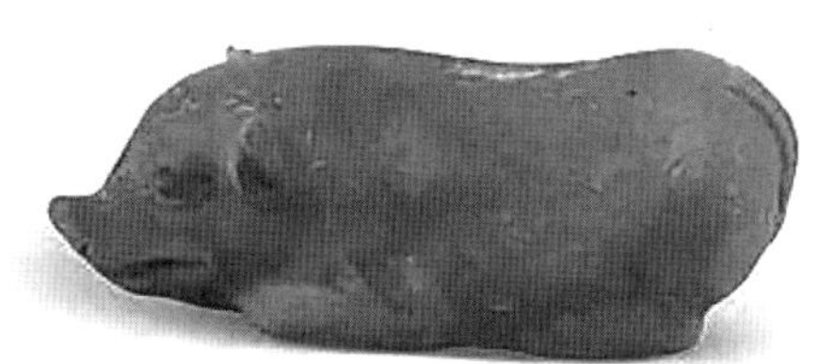

图一一　陶猪（M5：4）

图一二　陶灶（M5：5）

图一三　陶人俑（M5：6）

灶　1件。M5：5（图七，5；图一二），略呈长方形，灶台前部有挡烟墙，墙宽度层层变窄，方形火门，灶面中部为一灶眼，上固定一釜，釜呈小直口，溜肩，鼓腹，圜底。灶面后端为烟囱，造型与挡烟墙类似。灶面上饰钩、铲、鱼等形，灶面边缘饰三周凸线纹。长21.3、前宽17、后宽15、高11.6厘米。

人俑　1件。M5：6（图七，6；图一三），男性，呈立式，头戴盔帽，左右手上下附于胸前，高靴，通身黑色，左腿膝下折损，相貌及着装似胡人。高26、宽8厘米。

2. 石器

1件。石砚M5：7（图七，7；图一四）。长方形，两面磨光，面平整中部微凹。长24.3、高13.5、厚1厘米。

图一四　石砚（M5：7）

3. 铜钱

共125枚，出土于前室西北角，多数保存不好，锈蚀严重。钱文均为“五铢”，可分5种，分述于后。

标本M5：8-1（图一五，1-1、2-1），五铢，32枚。圆形方孔，穿背面有郭，穿之两侧有篆文“五铢”二字，字体较瘦，“五”字两股交笔稍弯曲，“铢”字“金”字头呈三角形而锐尖，略低于方折的“朱”字头。直径2.5、穿宽1.0厘米。

标本M5：8-2（图一五，1-2、2-2），五铢，30枚。圆形方孔，穿背面有郭，穿之两侧有篆文“五铢”二字，“五”字较宽，弯曲甚大，两股末端有明显收分。“铢”字“金”头较小，呈箭镞形等腰三角形，“朱”字头方折，“朱”字头、尾与“金”旁平齐。直径2.4、穿宽1.0厘米。

标本M5：8-3（图一五，1-3、2-3），为大剪轮五铢，20枚。圆形方孔，钱体稍轻，“五”字交股略直，左边“铢”字模糊不清。直径2.25、穿径1.0厘米。

标本M5：8-4（图一五，1-4、2-4），为剪轮五铢，也称“磨郭五铢”或“剪郭五铢”。25枚。圆形方孔，钱体轻薄，“五”字模糊，“铢”字不清。直径2.0、穿径0.9厘米。

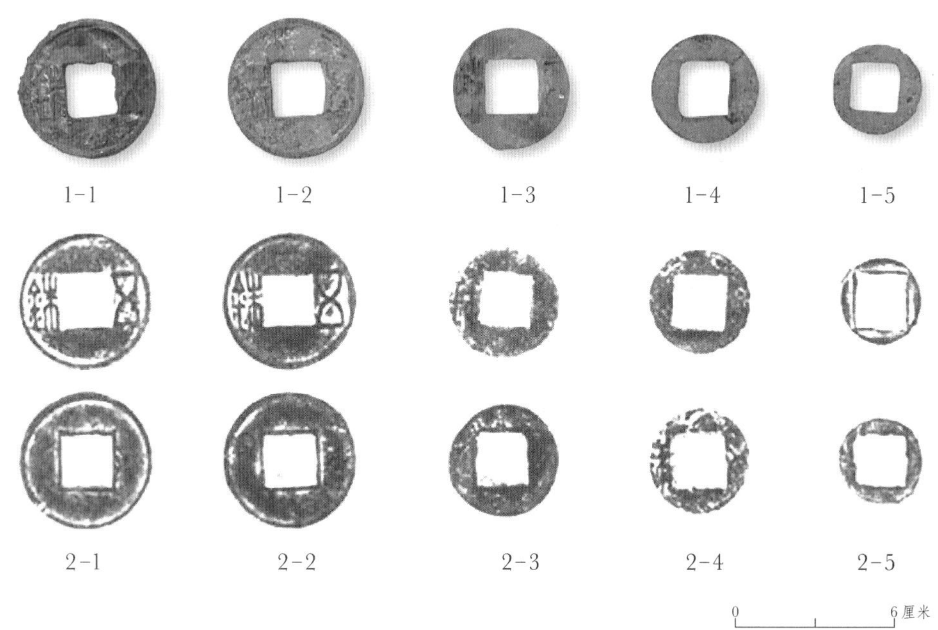

图一五　铜钱（M5：8）
1. 照片（M5：8-1~5）　2. 拓片（M5：8-1~5）

标本 M5∶8–5（图一五，1–5、2–5），为小剪轮五铢，18 枚。圆形方孔，轻巧、质薄。直径 1.7、穿径 0.8 厘米。

二、M50

（一）墓葬形制

M50 位于工地东区东部，因原地表向下取土 5 米左右，使现遗迹深度变浅。该墓开口于扰土层下，为一座坐西朝东的斜坡墓道土洞墓，由墓道与墓室两部分组成，方向 90°（图一六）。在墓门口处有一圆形盗洞，由地表直通墓门口底部。

墓道　位于墓室东部，为长方形斜坡式。道口距现地表深 0.95 米，长 5.5、宽 1.4、深 2.81 米。底坡长 5.79 米。道壁陡直规整，填土为黄褐色五花土，土质较硬，未经夯打。

墓室　位于墓道西部。平面呈长方形，室壁较规整，顶部塌陷，结构不清。底长 4.12、宽 1.64、高 1.42 米。清理墓室时，在墓室四壁见有朽木痕迹，室底见有不规则状草木灰痕迹。疑似有椁室存在。

该墓被盗扰，室内未见墓主骨骼。

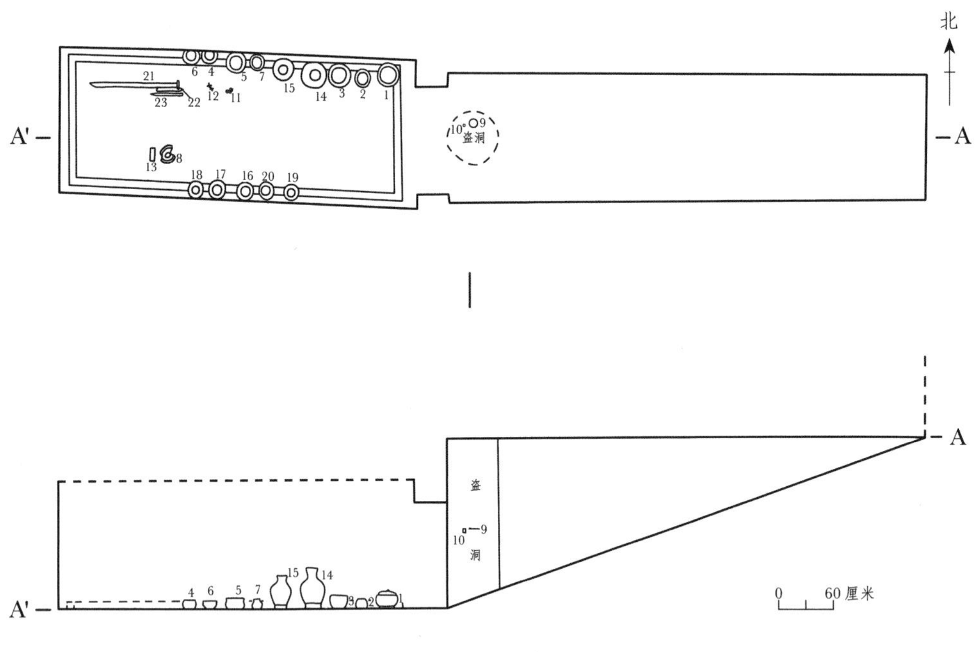

图一六　M50 平剖面图

1. 铜鼎　2. 铜釜　3. 铜洗　4~6. 陶盆　7~8. 残铜器　9. 铜镜　10. 铜印章　11. 铜钱　12. 铜饰　13. 铜封泥筒　14~17. 陶壶　18~20. 陶罐　21. 铁剑　22. 铁刀　23. 铁矛

（二）随葬器物

共出土器物 23 件，以铜器居多，铜镜、铜印章在盗洞填土内发现，其余出于墓室北端。陶器大多放置于墓室南部，铁剑、铁刀放置在墓室西侧。依质地分为陶、铜及铁三类，现分类介绍于后。

1．陶器

7件，均为泥质灰陶。器形有壶、罐等。

壶　4件，分两式。

Ⅰ式　共2件。杯形口稍外侈，圆唇，盘口，束颈，圆肩，鼓腹，圈足。标本M50∶14（图一七，1；图一八），肩部饰一周带状模印。口径14.6、腹径34、底径20.4、高40.6厘米。标本M50∶15（图一七，2；图一九），口径12.4、腹径28.8、底径16.6、高33.6厘米。

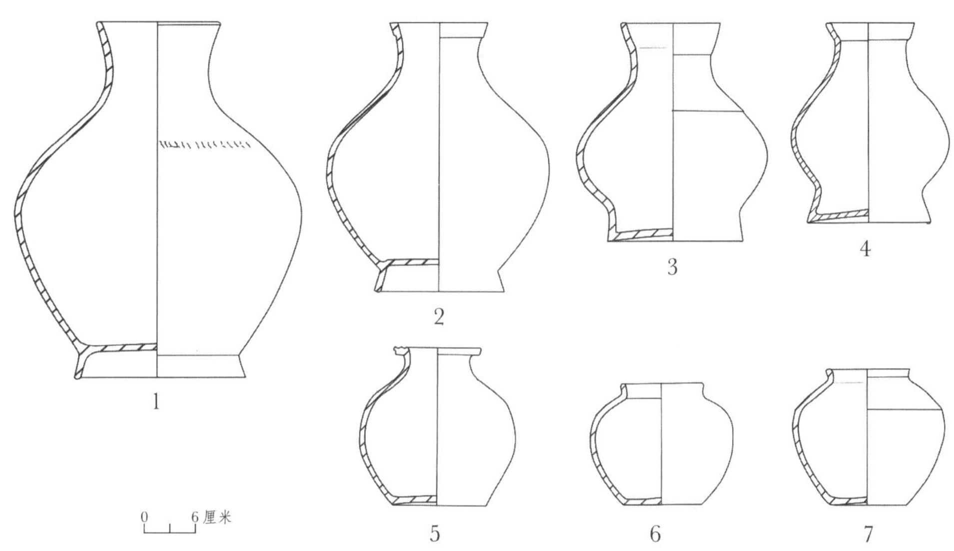

图一七　M50出土陶器线图
1~4. 陶壶（M50∶14–17）　5~7. 陶罐（M50∶18–20）

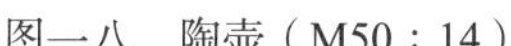

图一八　陶壶（M50∶14）　　图一九　陶壶（M50∶15）

Ⅱ式　共2件。小口，细颈，外卷沿，斜肩腹下收，圈足。标本M50∶16（图一七，3；图二〇），口径11.6、腹径20.8、底径16.2、高25厘米。标本M50∶17（图一七，4；图二一），口径11.8、腹径22.6、底径16.2、高25厘米。

罐　3件分两式。

Ⅰ式　1件。M50：18（图一七，5；图二二），敞口，平折沿，方唇，束颈，圆肩，鼓腹，平底，肩腹部饰多道弦纹。口径11.2、腹径20、高19.6厘米。

Ⅱ式　共2件。直口略外侈，方唇，斜肩，弧腹略折，平底。标本M50：19（图一七，6；图二三），口径10.6、腹径18.6、底径10、高15.2厘米。标本M50：20（图一七，7；图二四），口径10.8、腹径20、底径10、高17厘米。

图二〇　陶壶（M50：16）　图二一　陶壶（M50：17）　图二二　陶罐（M50：18）

图二三　陶罐（M50：19）　图二四　陶罐（M50：20）

2. 铜器

13件，器形有鼎、釜、洗、盆、残件、镜、印章、铜钱、柿蒂形饰、封泥筒等。

鼎　1件。M50：1（图二五，1；图二六），带盖，器身为子口稍外撇，圆腹，圜底，底附三蹄足，腹部饰一周凸弦纹，腹侧附两长方形耳。子口承盖，盖作弧面形，盖顶等距离分布3个环形钮，钮上各饰兽头。口径28.8、腹径25.2、通高21.5厘米。

釜　1件。M50：2（图二五，2；图二七），敛口，外折沿，弧腹，圜底。口径18.8、腹径18.4、高11厘米。

洗　1件。M50：3（图二五，3；图二八），敞口，平沿外折，深腹，腹中部饰条带，带上再饰凸弦纹一周，腹两侧有铺首衔环，矮圈足。口径25、底径12、高13.8厘米。

盆　3件，其中M50：4（图二五，4），残破过甚，无法修复。其余两件M50：5和M50：6

形制不同。标本 M50：5（图二五，5；图二九），敞口，窄沿，尖唇，一边口沿及腹部折损，下部斜收至平底。口径 19.2、底径 6.2、高 9.8 厘米。标本 M50：6（图二五，6；图三〇），口残，尖圆唇，斜腹，腹两侧及口沿折损，有对称铺首衔环。口径 17、底径 7.6、高 10.9 厘米。

残件　2 件，标本 M50：7（图二五，7；图三一），直口内敛，溜肩，弧腹，内中空，口部残缺，与山西晋侯赵鞅墓出土铜灶上附件类似，口径 8.4、底径 16、高 8.5 厘米。标本 M50：8 残甚，无法修复。

镜　1 件。M50：9（图三二），昭明镜，圆形，圆钮，十二联珠纹钮座。座外为凸面宽带，八内向连弧纹，连弧间饰以简单纹饰，其外两周栉齿纹之间为铭文“内清质以昭明，光辉象夫日月，心忽穆而愿忠，然雍而不泄”。窄平素缘。直径 12.4、缘厚 0.8 厘米。

印章　1 件。M50：10（图三三），方形，印文篆刻，共 3 字，释为“郭定家”，“郭”字为阳铸，“定家”二字阴刻。印面长 1.3、宽 1.3、通高 2 厘米。

钱　20 枚，钱文均为五铢，圆形方孔，有内外廓。可分两种，分述于后。

标本 M50：11-1（图三四，1-1、2-1），15 枚，钱文“五”字交股弯曲甚大，左右几乎平行，上下两横多出头接于内廓或外廓，“铢”字“金”头较小，呈箭镞形等腰三角形，“朱”字头方折，“金”旁较“朱”字略低。钱径 2.5、穿径 1.0、郭宽 0.14 厘米。

标本 M50：11-2（图三四：1-2、2-2），5 枚，钱文“五”字交股略弯曲，“铢”字略显瘦长，

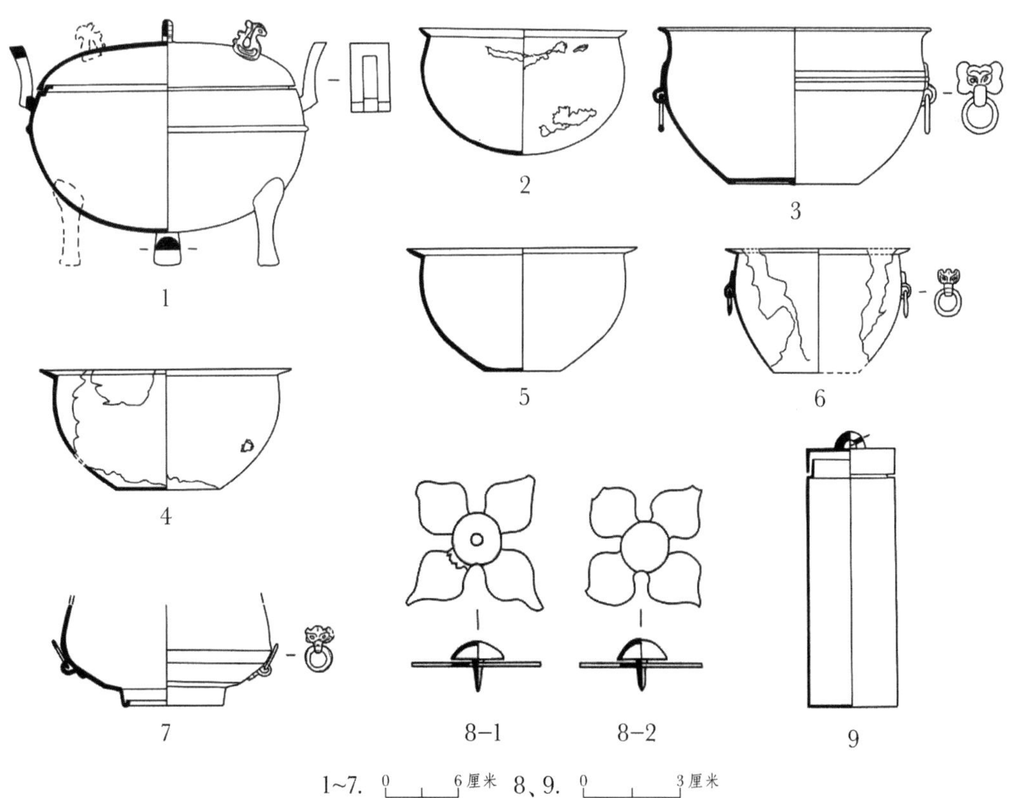

图二五　M50 出土铜器线图

1. 铜鼎（M50：1）2. 铜釜（M50：2）3. 铜洗（M50：3）4. 残铜盆（M50：4）5、6. 铜盆（M50：5、6）7. 残铜器（M50：7）8. 柿蒂形铜饰（M50：12-1、2）9. 铜封泥筒（M50：13）

左右两旁齐整。钱径 2.5、穿径 1.0、廓宽 0.16 厘米。

柿蒂形饰　2 件。形制略有差异。均为四叶状，中央穿一圆孔，孔上插入一冒钉，冒钉圆形作球面凸起，下有插钉。标本 M50：12–1（图二五，8–1；图三五，1），叶片略长，叶径 6 厘米。标本 M50：12–2（图二五，8–2；图三五，2），叶片略短，叶径 5.4、冒钉径 1.7 厘米。

图二六　铜鼎（M50：1）

图二七　铜釜（M50：2）

图二八　铜洗（M50：3）

图二九　铜盆（M50：5）

图三〇　铜盆（M50：6）

图三一　残铜器（M50：7）

1

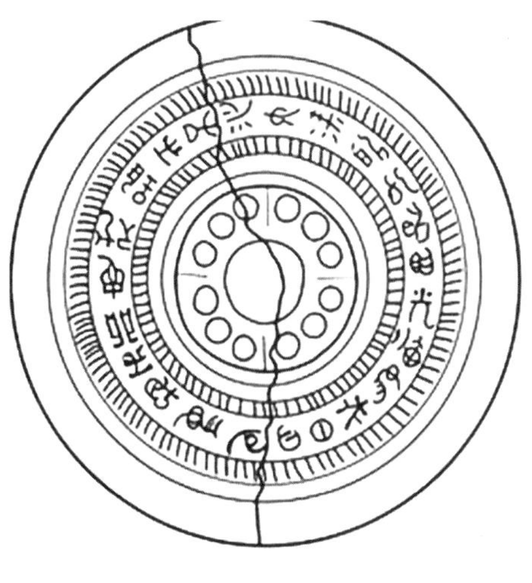

2

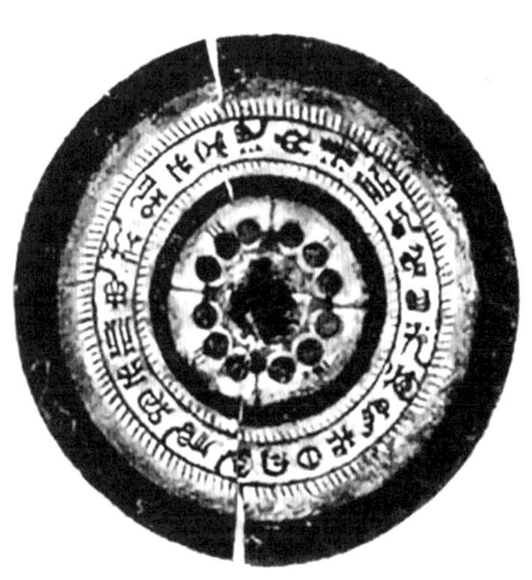

3

图三二　铜镜（M50：9）
1. 照片　2. 线图　3. 拓片

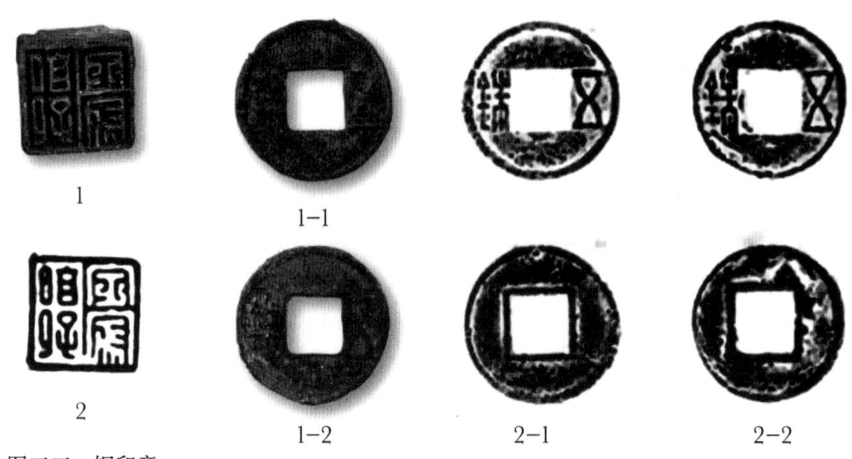

图三三　铜印章（M50：10）
1. 照片　2. 拓片

图三四　铜钱（M50：11）
1. 照片（M50：11-1、2）　2. 拓片（M50：11-1、2）

图三五　柿蒂形铜饰
1. M50：12-1　2. M50：12-2

图三六　铜封泥筒（M50：13）

封泥筒　1件。M50：13（图二五，9；图三六），带盖，器身为圆筒形，子母口，直壁，平底。盖为平顶，顶上中央有一钮。高11、直径3.8厘米。

3. 铁器

3件，器形有剑、刀、矛等。

剑　1件。M50：21（图三七，1；图三八），剑身修长，中线微起脊，断面呈扁棱形，扁条茎，身、茎间有格，格两面隆起成箍，横断面成棱形。通长109.7、身长94.5、宽3.3厘米。

刀　1件。M50：22（图三七，2；图三九），环首，刀体较直，锈蚀严重。残长28.5、身宽1.7~4.7厘米。

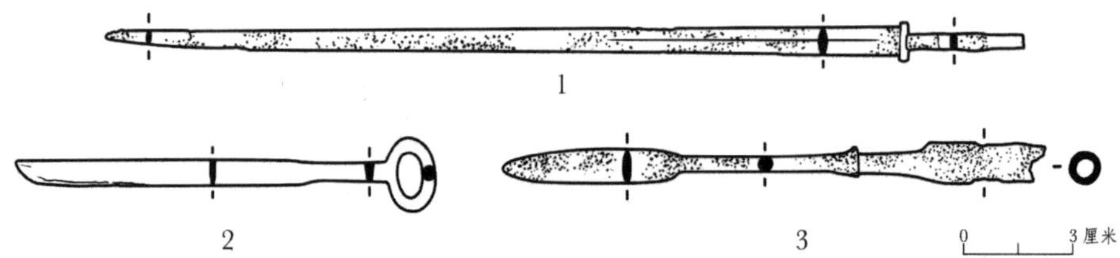

图三七　M50出土铁器线图
1. 铁剑（M50：21）　2. 铁刀（M50：22）　3. 铁矛（M50：23）

矛　1件。M50：23（图三七，3；图四〇），矛头略呈柳叶状，已锈蚀，中部为圆柱状，末端装柄处中空成銎。残长34.5、宽1~2.5厘米。

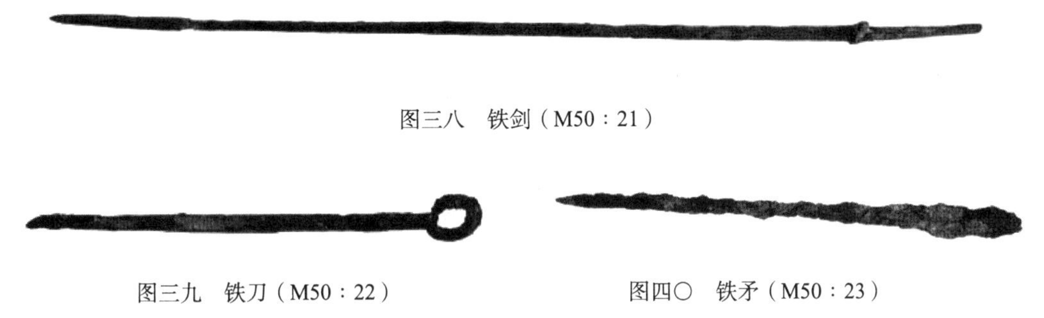

图三八　铁剑（M50：21）

图三九　铁刀（M50：22）

图四〇　铁矛（M50：23）

三、M51

（一）墓葬形制

该墓位于工地东区东南部，是一座坐西朝东的斜坡墓道土洞墓，由墓道和墓室两部分组成，方向104°（图四一；图四二）。在墓门口北侧墓道壁上有一个直径约0.7米的方形盗洞，从地表直通墓底。

墓道　位于墓室东部。呈长方形斜坡式。道口距地表0.7、东西长4.2、南北宽1.08~1.1、深2.1米。道壁规整，道内填黄褐色五花土，土质较硬。

墓室　位于墓道西部，平面呈长方形，室壁陡直光滑，室顶塌陷，结构不清，长4.94、宽1.8米。见有大量朽木痕迹，形状规整且遍及墓室四壁，推测有椁室存在，依朽木痕迹，椁长4.6、宽1.8、厚0.06~0.08米。因该墓被盗，未发现墓主骨骼。

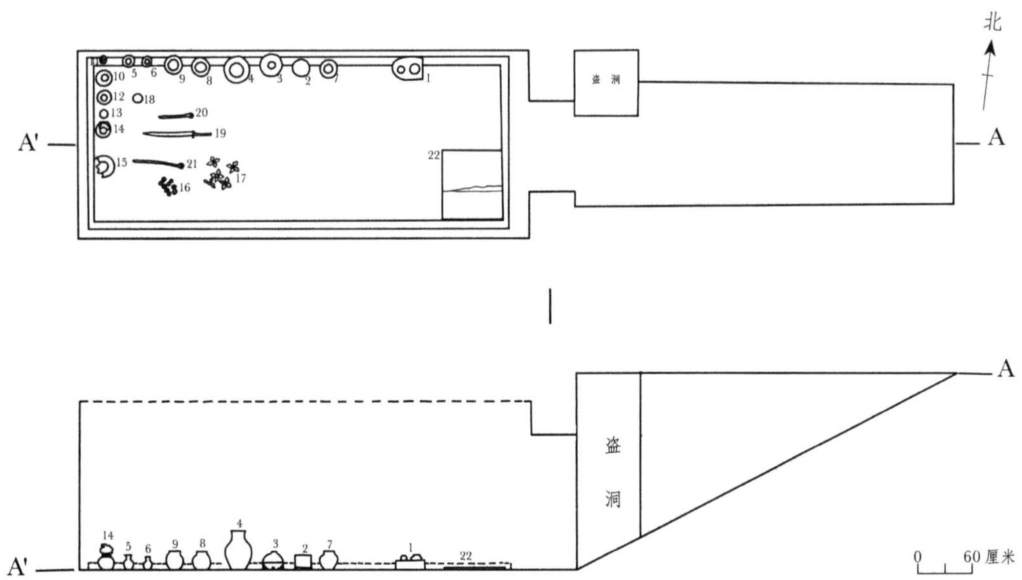

图四一　M51平剖面图

1. 陶灶　2. 陶奁　3. 陶鼎　4~6. 陶壶　7~10. 陶罐　11. 陶俑　12. 铜熏炉　13. 铜灯　14. 铜提梁壶　15. 残铜盆　16. 铜钱　17. 铜饰　18. 铜镜　19. 铁剑　20、21. 铁刀　22. 石案

图四二　M51 全景

（二）随葬器物

共出土器物 22 件套。依质地分为陶、铜、铁、石 4 类，现分类介绍于后。

1. 陶器

共 11 件。均为泥质灰陶，器形有灶、奁、鼎、壶、罐、俑等。

灶　1 件。M51∶1（图四三，1；图四四），略呈椭圆形，分体式。长方形火门不通地，灶面上一大一小火眼，分置前后，均为真孔。两火眼上置釜，釜为敛口，折腹，圜底。灶面后端有圆形出烟囱。长 32.8、宽 23、高 11 厘米。

奁　1 件。M51∶2（图四三，2；图四五），矮圆筒形，直壁，平底，底附三蹄足，腹部对称饰铺首衔环。口径 21.2、底径 19.6、高 17 厘米。

鼎　1 件。M51∶3（图四三，3；图四六），小直口，扁鼓腹，圜底，下附三蹄足，腹中部饰一周宽沿凸棱。最大腹径 23.6、高 17.4 厘米。

壶　3 件，分 3 式。

Ⅰ式　1 件。M51∶4（图四三，4；图四七），盘口，束颈，溜肩，两肩对称有铺首衔环，鼓腹，腹部饰多条横弦纹，圈足。口径 16.2、腹径 30、底径 20.8、高 41.2 厘米。

Ⅱ式　1 件。M51∶5（图四三，5；图四八），侈口，圆唇，束颈，溜肩，鼓腹，圈足。口径 7、腹径 16、底径 12、高 14 厘米。

Ⅲ式　1 件。M51∶6（图四三，6；图四九），盘口，尖唇略下翻，束颈，鼓腹，圈足略外撇。口径 4、腹径 8.4、底径 4.8、高 8.4 厘米。

罐　4件。器型相似，大小有别。均方唇，短领，直口，鼓肩，鼓腹，平底。标本M51：7（图四三，7；图五〇），口径12、腹径23、底径12、高19.3厘米。标本M51：8（图四三，8；图五一），口径13、腹径22.8、底径10.8、高19.4厘米。标本M51：9（图四三，9；图五二），

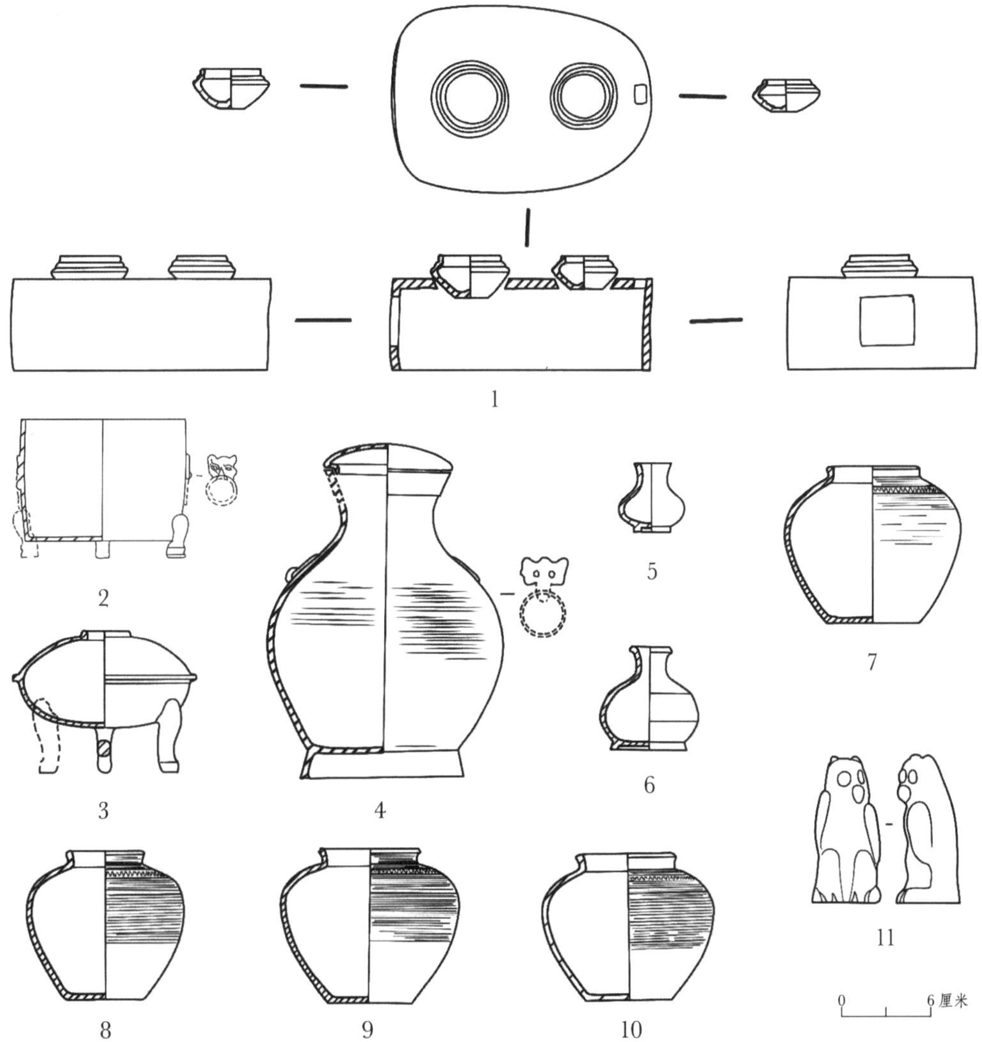

图四三　M51出土陶器线图

1. 陶灶（M51：1）2. 陶奁（M51：2）3. 陶鼎（M51：3）4~6. 陶壶（M51：4–6）
7~10. 陶罐 （M51：7–10）11. 陶俑（M51：11）

图四四　陶灶（M51：1）

图四五　陶奁（M51：2）

口径 12.8、腹径 22、底径 11、高 18.4 厘米。标本 M51：10（图四三，10；图五三），口径 10、腹径 20.4、底径 10、高 18.4 厘米。

俑 1 件。M51：11（图四三，11；图五四），形似鸮，两眼圆睁，双耳竖直，呈蹲卧状。高 18 厘米，宽 8.6 厘米。

图四六 陶鼎（M51：3）

图四七 陶壶（M51：4）

图四八 陶壶（M51：5）

图四九 陶壶（M51：6）

图五〇 陶罐（M51：7）

图五一 陶罐（M51：8）

图五二　陶罐（M51：9）

图五三　陶罐（M51：10）

图五四　陶俑（M51：11）

2. 铜器

共 7 件，有熏炉、灯、提梁壶、盆、铜钱、柿蒂形饰、镜等。

熏炉　1 件。M51：12（图五五），带盖，炉身为子口，圆腹，下接喇叭形柄，柄内中空，柄下为圆盘，盘为平沿，折腹，平底。盖为半球形，上作镂孔。盘径 22.4、高 17 厘米。

灯　1 件。M51：13（图五六，1；图五七），豆形，盘口，柱状颈分两部，上端呈倒梯形，下端呈亚腰形，喇叭形底座。口径 8.6、底座径 9.4、高 13 厘米。

提梁壶　1 件。M51：14（图五六，2；图五八），口微侈，颈部略内收，颈肩部有折痕，圆鼓腹，腹对称两侧有环，并以套索和弧形提梁相接。高 21.6、宽 15.6 厘米。

盆　1 件。M51：15（图五六，3），锈蚀严重，无法修复，大致为窄折沿略上翘，折腹，平底。

铜钱　共 50 枚，均为五铢，圆形方孔，有内外廓，可分两种，分述于后。

标本 M51：16–1（图五九，1–1、2–1），32 枚。五铢“五”字交股略弯曲，

“铢”的“朱”字头上下清秀方正。“金”字头相平。径 2.4、穿径 1、廓宽 0.15、厚 0.25 厘米。

标本 M51：16–2（图五九，1–2、2–2），18 枚。五铢的“五”字交股弯曲大，铢字的“朱”字瘦长，“金”字头的三角形略低于“朱”字旁。径 2.4、穿径 1、廓宽 0.15、厚 0.25 厘米。

柿蒂形饰　5 件。M51：17（图五六，4；图六〇），四叶状，中有一圆孔，叶似桃形。叶径 5.7~5.8、穿孔径长 0.25、冒钉径 1.65 厘米。

镜　1 件。M51：18（图六一），圆形，圆钮。圆钮座之外一周圈带纹和八内向连弧纹，两周栉齿纹之间为铭文带“内□清□□昭□光而象（？）夫（？）日月……”。铭文不清，为昭明镜格套，但似有错乱。宽平缘。径 10.7、缘厚 0.3 厘米。

3. 铁器

3 件，器形有剑、刀。

剑　1 件。M51：19（图六二，1；图六三）。剑身有鞘痕，把上有木质朽迹，柄身相交处有铜剑格。通长 84.7、把长 10.9、宽 2.1~3.7 厘米。

图五五　铜熏炉（M51∶12）
1. 照片　2. 线图　3. 盘底拓片　4. 底座拓片　5. 盖子拓片

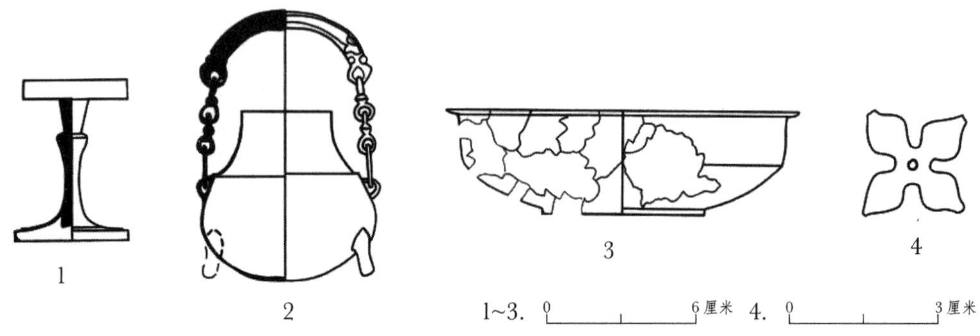

图五六　M51 出土铜器线图
1. 铜灯（M51∶13）　2. 铜提梁壶（M51∶14）　3. 铜盆（M51∶15）　4. 柿蒂形铜饰（M51∶17）

图五七　铜灯（M51：13）

图五八　铜提梁壶（M51：14）

1-1

1-2

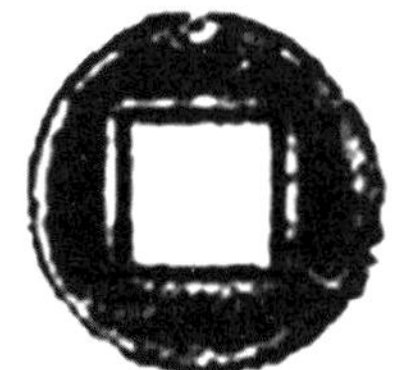

2-1

2-2

图五九　铜钱（M51：16）
1. 照片（M51：16-1、2）2. 拓片（M51：16-1、2）

图六〇　柿蒂形铜饰（M51：17）

图六一　铜镜（M51：18）

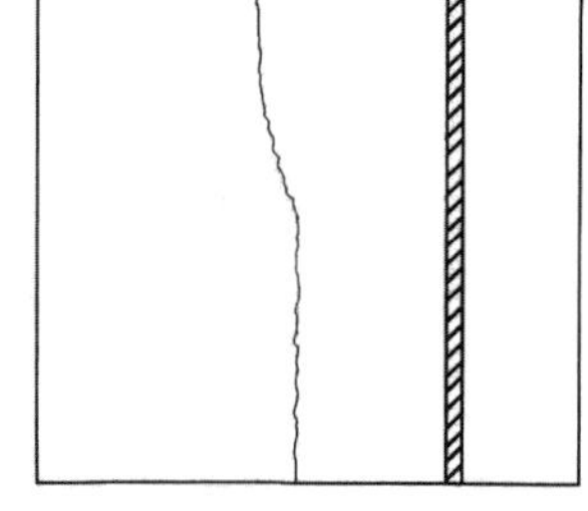
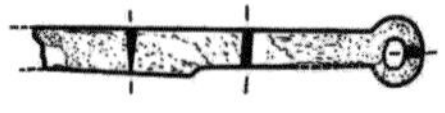

图六二　M51出土铁器及石器线图
1. 铁剑（M51：19） 2、3. 铁刀（M51：20、21） 4. 石案（M51：22）

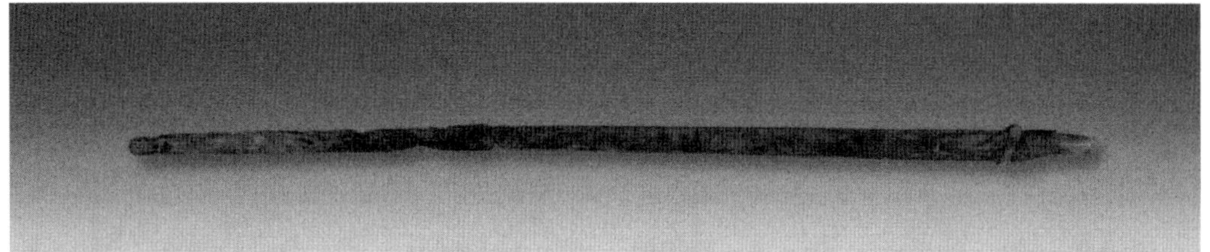

图六三　铁剑（M51：19）

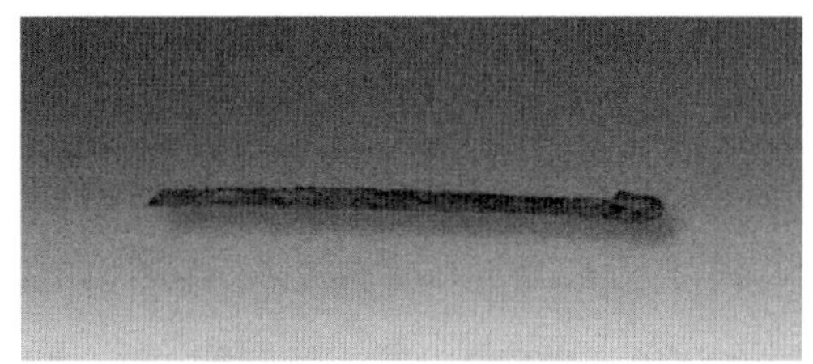

图六四　铁刀（M51：20）

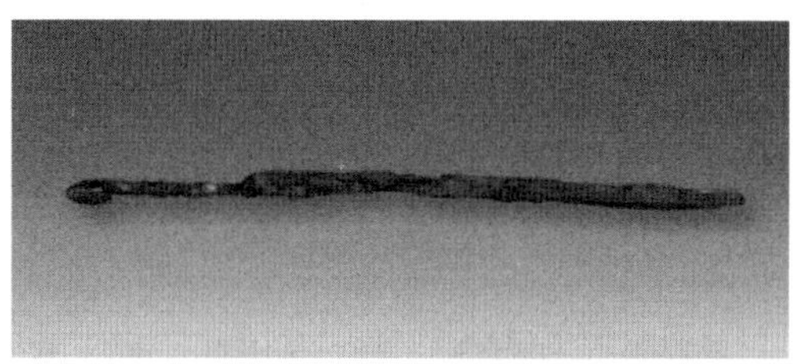

图六五　铁刀（M51：21）

刀　2件。标本M51：20（图六二，2；图六四），环首，身残，直背。通长16、宽1.4~1.8厘米。标本M51：21（图六二，3；图六五），环首，柄身相接处残，直背，直刃。通长29.7、宽1.5~1.8厘米。

4. 石器

1件。

图六六　石案（M51：22）

案　标本M51：22（图六二，4；图六六）。断裂，案板平整，面部分微凹，中部有一裂缝。长74、高65.4、厚1.5厘米。

四、结语

M5位于发掘工地的西区，规模宏大，保存大体完好。出土的陶灶呈长方形，火门呈方形，皆不通地，灶面有2个火眼，大小相次，灶面有简单纹饰，灶面两边有围挡，与三门峡市刘家渠汉墓M3出土的陶灶相似[1]。出土的陶磨分上下两扇，上扇中间有一突起圆形凹座，中一隔梁，两侧为进粮孔，与陕县刘家渠汉墓M8、M9出土的陶磨形制一致[2]。陶猪与新乡市凤泉区玉门墓地M31：23出土的陶猪相似[3]。陶立俑，头戴盔帽，严肃直立，高靴黑衣，似一位守卫的武士，这与新乡卫辉市大司马墓地M20：21陶立俑相似[4]。该墓出土器物大多集中在东汉晚期，虽然陶俑与西晋陶俑近似，但综合墓葬形制、出土器物等分析，该墓时代定为东汉晚期较宜，墓主可能为地方豪强或官僚。

M50和M51是工地东区发掘的两座相邻墓葬，方向、形制和出土器物大体一致，两墓应属同一时期。两墓出土的陶罐及陶壶，均与三门峡向阳汉墓M15：2出土的陶罐[5]和移动公司综合楼M24：3出土的陶壶[6]形制相似。M51出土的日光镜和河南新安铁门镇的西汉墓M10[7]出土的镜相似。M50出土的铜鼎和三门峡火电厂西汉墓CM08179：9出土的铜鼎[8]形制一致。M51出土的陶奁和三门峡市华余包装公司M16：3出土的奁[9]形制一致。以上器物年代集中在西汉中晚期，推测两墓年代也为西汉中晚期。

M50、M51周边墓葬排列整齐、墓向一致，且M50墓主为郭定家，推测此处或为郭氏家族的茔地。从墓葬形制和出土器物来看，西区的M5明显晚于东区M50和M51这两座西汉墓。另从工地东、西区汉墓分布来看，推测该工地的汉代墓葬呈现从东往西，由早向晚逐渐延伸的状态。

史智民、杨海青领队，王军震执行领队，贺旭辉、高鸣、宁文阁、景润刚、韩红波、郭九行、焦小建、刘国保发掘，上官荣光、贺旭辉整理，陈英、张雪娇绘图，高鸣摄影，贺旭辉执笔。

注释：

[1] 三门峡市文物工作队：《三门峡市刘家渠汉墓的发掘》，《华夏考古》1994年第1期。

[2] 黄河水库考古工作队：《河南陕县刘家渠汉墓》，《考古学报》1965年第1期。

[3] 河南省文物局：《南水北调工程考古发掘出土文物集萃》（一），文物出版社，2009年。

[4] 河南省文物局：《南水北调工程考古发掘出土文物集萃》（一），文物出版社，2009年。

[5] 三门峡市文物考古研究所：《三门峡向阳汉墓》，北京燕山出版社，2007年。

[6] 任留政、赵小灿：《三门峡移动通讯公司综合楼汉墓发掘简报》，见许海星、李书谦：《三门峡文物考古与研究》，北京燕山出版社，2003年。

[7] 河南省文化局文物工作队:《河南新安铁门镇西汉墓葬发掘报告》,《考古学报》1959年第2期。

[8] 三门峡市文物工作队:《河南三门峡市火电厂西汉墓》,《考古》1996年第6期。

[9] 三门峡市文物工作队:《三门峡市华余包装公司16号汉墓发掘简报》,《华夏考古》1993年第4期。

三门峡向阳两座汉墓年代及墓葬形制探讨

◎贾立宝

三门峡位于河南省西部，晋、豫、陕三省交界处，南依秦岭及其余脉，北临黄河，形势险要，两汉时期是连接长安、洛阳的重要通道。在整理研究三门峡地区汉墓的过程中，发现向阳汉墓 M53、M58 与该地区同时代其他汉墓相比，出土铜容器较多，墓葬规模较大，形制较为特殊[1]。但是对这两座墓葬年代的判定存在一些问题，而特殊的墓葬形制是干扰年代推断的重要原因。因此，有必要对这两座墓葬的年代和墓葬形制进行一些探讨。

一、年代分析

向阳汉墓位于三门峡市区西北部，M53 和 M58 位于发掘区中部，与其他墓葬存在一定的距离，属于一个相对独立的单元。两座墓葬的关系比较密切，M53 的墓道打破 M58 的墓道，大体呈"十"字交叉状，M53 居西，墓向坐西向东，M58 居东，墓向坐南向北[2]。两墓形制基本相同，均为斜坡墓道土洞墓，由墓道、过洞、天井、墓室和左、右耳室组成（图一），随葬品

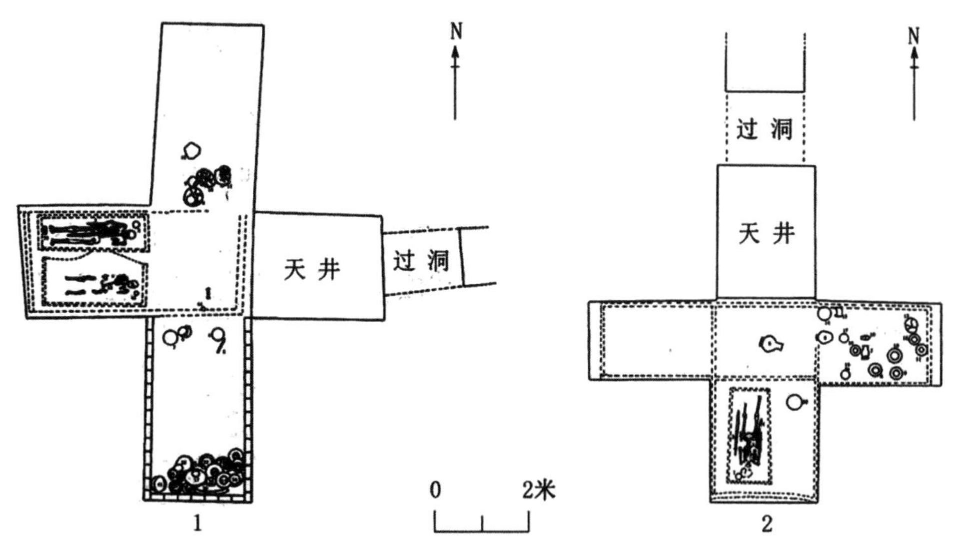

图一　向阳 M53、M58 平面图

1. 向阳 M53 平面图　2. 向阳 M58 平面图

（采自三门峡市文物考古研究所：《三门峡向阳汉墓》，北京燕山出版社，2007 年，第 177、184 页。）

也都较为丰富，除出土大量陶器外，还出土较多铜容器以及铜镜、铜钱等，报告作者定这两座墓葬的年代为东汉前期[3]。但无论是陶器，还是铜容器、铜镜和铜钱，年代均与东汉前期不符。

向阳 M58 出土遗物中，铜钫（图二，2）与陕西陇县原子头 M18[4]、山西朔县 3M167 出土铜钫形制相近[5]，这两座墓葬的年代均为西汉中期。铜壶（图二，1）、釜甑（图二，3）与陕县后川 M3003[6]向阳 M121 出土同类器物近似[7]，向阳 M119 出土的铜鼎与陕县后川 M3003 的基本相同[8]。向阳 M58 出土的陶矮领罐（图二，4、6）、缶（图二，5）形制与向阳 M119、M121 基本相同[9]。陕县后川 M3003 年代为西汉中期或稍后，向阳 M119 年代为西汉中期偏晚，向阳 M121 年代为西汉中期，这三座墓葬的年代可以相互比较验证。M58 还出土星云纹镜一面，星云纹镜出现于汉武帝时期，流行于昭宣时期[10]。综合上述情况，将向阳M58的年代定在西汉中期偏晚阶段是比较适宜的。

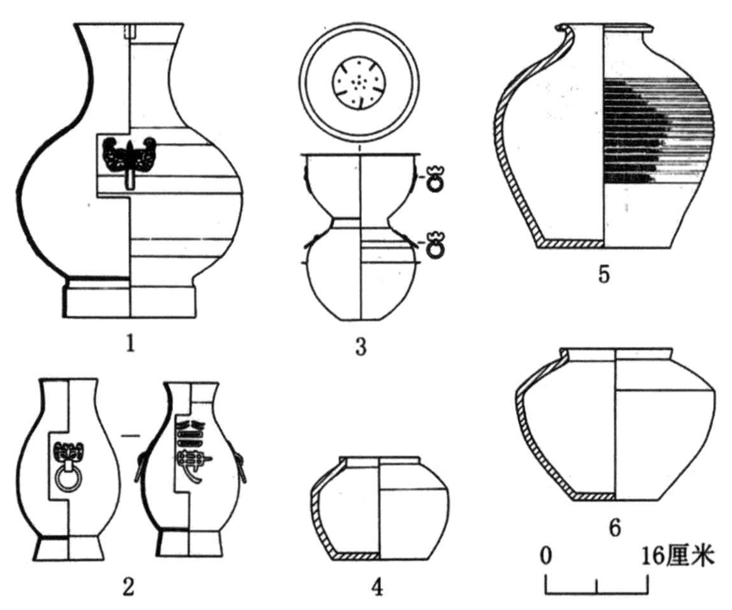

图二　向阳 M58 部分出土遗物

1. 铜壶（M58：5）　2. 铜钫（M58：7）　3. 铜釜甑（M58：16）
4、6. 陶罐（M58：12，M58：13）　5. 陶缶（M58：6）
（采自三门峡市文物考古研究所:《三门峡向阳汉墓》，北京燕山出版社，2007 年，第 178—180 页。）

向阳 M53 出土遗物的形制与西汉晚期同类器物基本相同或相近。其中铜鼎（图三，1）与三门峡向阳 M10[11]、陕西咸阳马泉西汉墓[12]、山西襄汾吴兴庄汉墓出土铜鼎形制相似[13]，铜釜甑（图三，2、3）与西安三爻村 M5、M6 出土铜釜甑相同或相近[14]，铜樽（图三，5）与内蒙古呼和浩特格尔图汉墓[15]、广西合浦文昌塔汉墓出土铜樽基本相同[16]，铜鋞（图三，4）与西安汉长安城西汉窖藏 H1[17]、山东莱西岱墅 M2 出土铜鋞相同[18]。上述墓葬的年代均为西汉晚期。向阳 M53 出土的陶矮领罐（图三，7、9）与向阳汉墓西汉晚期同类器物形制相同，但 M53 出土陶壶（图三，6、8）颈部较粗短，腹部较浑圆，与向阳汉墓西汉晚期陶壶存在一定差异，而与陕县后川西汉中期或稍晚的 M3003 出土陶壶形制相近[19]。向阳 M53 出土日光镜、昭明镜各一面，日光镜铭文字体与《长安汉镜》“日光镜铭文字体演变关系表”中第二列西汉晚期铭文字体

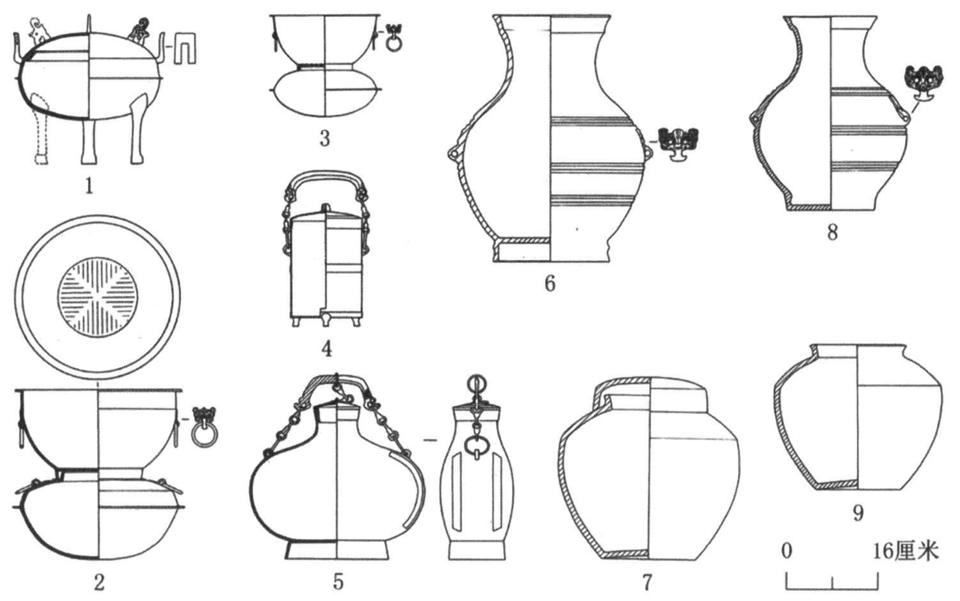

图三　向阳 M53 部分出土遗物

1. 铜鼎（M53：21） 2、3. 铜釜甑（M53：41，M53：6） 4. 铜鋞（M53：36）
5. 铜椑（M53：37） 6、8. 陶壶（M53：26，M53：8） 7、9. 陶罐（M53：20，M53：9）
（采自三门峡市文物考古研究所：《三门峡向阳汉墓》，北京燕山出版社，2007 年，第 186—191 页。）

近似[20]，昭明镜铭文字体与《长安汉镜》“昭明镜铭文字体演变关系表”中第一列西汉晚期第三行铭文字体近似[21]。向阳 M53 还出土铜五铢钱 287 枚[22]，从钱文风格来看均为西汉五铢，M53：70－1、M53：70－2（图四，1、2）钱文应为武帝时期五铢的特征，与西安出土的“官一”钱范文字特征相同或近似[23]，M53：70－3（图四，3）钱文特征与昭帝“元凤四年（前 77）”钱范、宣帝“地节二年（前 68）”钱范文字特征近似，M53：70－4（图四，4）与西汉晚期五铢钱文相似[24]。综合上述情况，基本可以将向阳 M53 的年代定为西汉晚期，如果考虑到陶壶具有年代偏早的一些特征，或可将向阳 M53 的年代进一步定为西汉晚期偏早阶段。

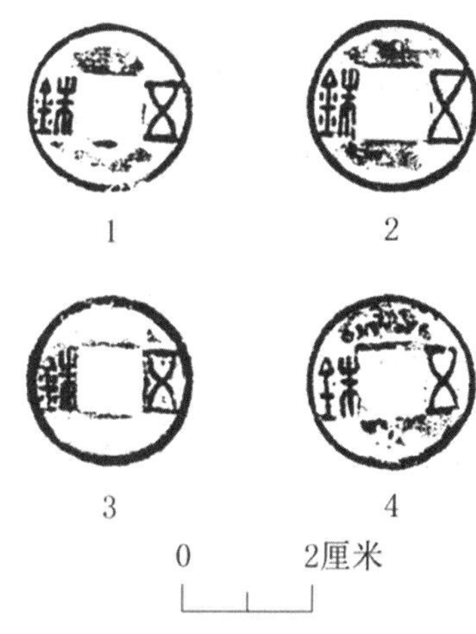

图四　向阳 M53 出土钱币

1. M53：70–1　2. M53：70–2
3. M53：70–3　4. M53：70–4
（采自三门峡市文物考古研究所：《三门峡向阳汉墓》，北京燕山出版社，2007 年，第 199 页。）

通过上述比较分析，基本可以将向阳 M53、M58 的年代分别更定为西汉中期晚段和西汉晚期早段。

二、墓葬形制探讨

就墓葬形制和葬具而言，向阳 M53、M58 与三门峡地区西汉中期和西汉晚期墓葬相比区别较大。主要有两点特别之处，一是斜坡墓道与土洞墓室之间出现一个过洞、一个天井的结构，二是紧贴墓壁用木板构筑椁室的作法。经过细致梳理，三门峡地区只有陕县刘家渠 M19 在斜坡墓道与墓室之间有一个过洞、一个天井的结构，但此墓为券顶单室砖墓，未见木构椁室，且年代要晚至东汉前期[25]，向阳M53、M58斜坡墓道与过洞、天井相结合的结构及紧贴墓壁构筑椁室的作法当另有来源。

目前发现最早的斜坡墓道与天井相结合的洞室墓为陕西临潼秦始皇陵东侧上焦村的六座秦代墓葬[26]。上焦村M11、M18等六座墓葬形制均为斜坡墓道单室土洞墓，斜坡墓道与洞室之间为纵向长方形天井，天井尺寸宽大，四壁斜收，与同墓地M12、M17的竖穴土圹墓室极为相似。可以看出上焦村M11、M18等墓的天井极有可能是从竖穴土圹墓室发展而来，即在竖穴土圹墓室内与斜坡墓道相对的一边掏挖土洞墓室，从而使原来的竖穴土圹墓室成为天井，这应该是斜坡墓道竖穴土圹墓与土洞墓相结合而出现的一种新的墓葬形制。

西汉早期开始斜坡墓道与天井之间出现过洞结构，比较典型的墓例如西安西北医疗设备厂M170[27]。该墓为斜坡墓道单室土洞墓，斜坡墓道下接过洞，过洞与墓室之间为天井，天井平面纵向长方形，四壁竖直，宽度与墓室基本相等而大于墓道和过洞，土洞墓室内紧贴墓壁构筑椁室。西汉中期这种形制的墓例开始增多，如西安白鹿原的三座墓葬[28]、西北医疗设备厂M169[29]、陕西省交通学校M246等[30]，均为斜坡墓道单室土洞墓，斜坡墓道与墓室之间为天井、过洞结构，且均在墓室内紧贴墓壁构筑椁室。西汉中晚期至新莽时期的墓例也较多，如西安市方新村开发公司的两座墓葬[31]、雅荷城市花园M17[32]、陕西省交通学校M224等[33]，除陕西省交通学校M224仍紧贴墓壁构筑椁室外，其他三墓均在洞室内砌筑砖室取代木构椁室。

从上述情况来看，关中地区早在秦代就已出现斜坡墓道下接天井的作法，西汉早期出现斜坡墓道、过洞和天井相结合的结构，并且在墓室内紧贴墓壁构筑椁室，西汉中期以后采用这种结构的墓葬开始增多，西汉晚期开始木构椁室逐渐被砖室取代。向阳M53、M58与上述西汉时期墓葬的斜坡墓道、过洞、天井结构以及木构椁室的作法几乎完全相同，这也从墓葬形制上验证了上述对向阳M53、M58为西汉时期墓葬的推断。

三、余论

三门峡与西安地区地理上相距较近，为文化和风俗的交流提供了交通上的便利。墓主生前很可能在长安游历或生活过，为规模宏大的京城所吸引，仰慕长安的文化和风俗，这应该是当时一种比较普遍的社会心态。采用都城长安地区较为常见的葬俗还有可能是墓主及其家庭为了彰显身份地位的需要。向阳M53、M58墓葬规模较大，出土铜容器较多，墓主身份与经济实力当不一般，应与西安白鹿原第二类墓葬的墓主身份大体相当，具有秦汉军功爵第九级五大夫爵位，或为官秩六百石至一千石的官员[34]。以上几点也许就是向阳M53、M58采用西安地区西汉时期较为常见的墓葬形制和构筑椁室作法的原因。

注释：

[1] 三门峡市文物考古研究所:《三门峡向阳汉墓》，北京燕山出版社，2007年，第176—199页。

[2] 三门峡市文物考古研究所:《三门峡向阳汉墓》，北京燕山出版社，2007年，第12页，图三。

[3] 三门峡市文物考古研究所:《三门峡向阳汉墓》，北京燕山出版社，2007年，第200—202页。

[4] 宝鸡市考古工作队:《陕西陇县原子头汉墓发掘简报》,《文博》2002年第2期。

[5] 平朔考古队:《山西朔县秦汉墓发掘简报》,《文物》1987年第6期。

[6] 中国社会科学院考古研究所:《陕县东周秦汉墓》，科学出版社，1994年，第181页，图一四〇，4；第182页，图一四一，5。

[7] 三门峡市文物考古研究所:《三门峡向阳汉墓》，北京燕山出版社，2007年，第24页，图一一，1。

[8] a. 三门峡市文物考古研究所:《三门峡向阳汉墓》，北京燕山出版社，2007年，第18页，图六，3。

b. 中国社会科学院考古研究所:《陕县东周秦汉墓》，科学出版社，1994年，第181页，图一四〇，1。

[9] a. 三门峡市文物考古研究所:《三门峡向阳汉墓》，北京燕山出版社，2007年，第17页，图五，2。

b. 三门峡市文物考古研究所:《三门峡向阳汉墓》，北京燕山出版社，2007年，第23页，图一〇，1、2。

[10] 程林泉、韩国河:《长安汉镜》，陕西人民出版社，2002年，第76页。

[11] 三门峡市文物考古研究所:《三门峡向阳汉墓》，北京燕山出版社，2007年，第73页，图四二，1。

[12] 咸阳市博物馆:《陕西咸阳马泉西汉墓》,《考古》1979年第2期。

[13] 李学文:《山西襄汾县吴兴庄汉墓出土铜器》,《考古》1989年第11期。

[14] 陕西省考古研究所:《西安南郊三爻村汉唐墓葬清理发掘简报》,《考古与文物》2001年第3期。

[15] 内蒙古博物馆:《内蒙古呼和浩特市郊格尔图汉墓》,《文物》1997年第4期。

[16] 蒋廷瑜:《汉代錾刻花纹铜器研究》,《考古学报》2002年第3期。

[17] 中国社会科学院考古研究所汉长安城工作队:《汉长安城发现西汉窖藏铜器》,《考古》1985年第5期。

[18] 烟台地区文物管理组、莱西县文化馆:《山东莱西县岱墅西汉木椁墓》,《文物》1980年第12期。

[19] 中国社会科学院考古研究所:《陕县东周秦汉墓》，科学出版社，1994年，第167页，图一二九，2、4。

[20] 程林泉、韩国河:《长安汉镜》，陕西人民出版社，2002年，第104—105页：日光镜铭文字体演变关系表。

[21] 程林泉、韩国河:《长安汉镜》，陕西人民出版社，2002年，第116—117页：昭明镜铭文字体演变关系表。

[22]《三门峡向阳汉墓》公布了M53出土钱币中4枚铜五铢钱的拓片，编号M53：70，为方便叙述，现依《三门峡向阳汉墓》第199页图一三五从左到右的顺序，将这4枚铜五铢钱分别编号为M53：70-1、M53：70-2、M53：70-3、M53：70-4。

[23] 陈直:《西汉陶范纪年著录表》,《西北大学学报》1957年第1期。

[24] 将若是:《秦汉货币研究》，中华书局，1997年，第101—114页。

[25] 黄河水库考古工作队:《河南陕县刘家渠汉墓》,《考古学报》1965年第1期。

[26] 秦俑考古队:《临潼上焦村秦墓清理简报》,《考古与文物》1980年第2期。

[27] 西安市文物保护考古所:《西安龙首原汉墓》，西北大学出版社，1999年，第166—178页。

[28] 这 3 座墓葬为西安白鹿原五 M1、绕 M14、绕 M36。陕西省考古研究所:《白鹿原汉墓》，三秦出版社，2003 年，第 44—49 页。

[29] 西安市文物保护考古所、郑州大学考古专业:《长安汉墓》，陕西人民出版社，2004 年，第 90—93 页。

[30] 西安市文物保护考古所、郑州大学考古专业:《长安汉墓》，陕西人民出版社，2004 年，第 542—551 页。

[31] 这 2 座墓葬为西安市方新村开发公司 2000M2、2000M14。西安市文物保护考古所、郑州大学考古专业:《长安汉墓》，陕西人民出版社，2004 年，第 185—188、200—203 页。

[32] 西安市文物保护考古所、郑州大学考古专业:《长安汉墓》，陕西人民出版社，2004 年，第 256—258 页。

[33] 西安市文物保护考古所、郑州大学考古专业:《长安汉墓》，陕西人民出版社，2004 年，第 537—541 页。

[34] 陕西省考古研究所:《白鹿原汉墓》，三秦出版社，2003 年，第 249—251 页。

灵宝市发现一面东汉规矩四神纹铜镜

◎陈建丽

2007年1月26日，灵宝市程村乡派出所侦破一起盗掘古墓案件。灵宝市文物保护管理所受三门峡市文物鉴定小组委托，于28日对灵宝市程村乡姚王村张建波等人所盗古墓进行了清理。该墓共发现了八件文物，除一件铜镜外，其余七件均为陶器，现将这件铜镜介绍如下：

镜作圆形，圆钮，圆钮座。直径14厘米，厚0.5厘米。座外双弦纹方框，框内有十二地支铭“子丑寅卯辰巳午未申酉戌亥”。其间以十二枚乳丁纹相隔，框外环以八枚乳丁纹，其间饰规矩纹，再外饰规矩纹，间饰四神纹。近缘处饰栉齿纹一周。镜缘上饰锯齿纹和流云纹各一周。该镜制作精美，纹饰清晰，很少锈蚀。从保存现状可知，该铜镜在制作时采用水银沁工艺技法，技艺高超，虽已历经近两千年，但镜表仍然锃光发亮。根据该镜的形制和特征及出土的其他七件陶器特征，证明该镜应为东汉时期规矩四神镜。此镜现存灵宝市文物保护管理所。

东汉规矩四神纹铜镜

卷五

唐宋元明清考古

河南灵宝新出《张须陀墓志》考释

◎毛阳光

隋末名将张须陀，能征善战，在隋末大厦将倾之际东征西讨，为隋朝统治者镇压各地起义军立下汗马功劳。后在荥阳与李密、翟让起义军激战中被李密伏兵伏击而战殁。其人《隋书》卷七一《诚节传》[1]以及《北史》卷八五《节义传》[2]有传，二传内容差异不大，只是《北史·张须陀传》较为简略，因李延寿《北史》晚出，当是参考了《隋书·张须陀传》的内容。然两书张须陀之传记主要记载其在炀帝时征战四方之武功，对于其家世、仕宦以及身后事涉及甚少。近来张须陀墓志出土于河南灵宝，之后该志石被洛阳收藏家购得，笔者有幸得到该墓志拓片一纸。研读墓志拓片，发现其内容较多涉及其家世、仕宦、婚姻以及身后事，于史书记载颇有裨益，故略作考释以阐发其价值。

图一　张须陀墓志盖

该墓志为正方形，青石质，长宽均为58厘米。有志盖，其文楷书：大隋故齐郡通守南阳张府君墓志之铭。四煞装饰卷草纹。墓志铭文30行，满行30字，书法为行楷。墓志全文如下：

隋故开府仪同三司使持节齐郡通守河南道讨捕黜陟大使赠金紫光禄大夫荥阳郡守张府君墓志铭并序

君讳须陀，字果，南阳西鄂人也。后汉司空太尉温十三代孙也。粤若上玄构极，横紫霄而绚彩；中丘命邑，亘赤野而摛英。其有卿士承家，周宣王钦其孝友；留侯奉国，汉高帝杖以□谋。盛业鸿勋，郁乎缃简，陆离簪黻，代载其人。曾祖庆，齐竟陵郡丞、散骑常侍。后承运迁恒农郡守，遂居于阌乡。公彤闱入侍，道光于七叶，金章出枚，政洽于六条。祖思，后魏中书舍人，魏鼎迁周，授陕州刺史、三崤镇守大使、南阳郡开国公。操履端雅，文峰峻逸，禁闱掌诰，才学称难。惟君处之，绰有余裕。虽五运更王，而一心逾洁。三崤重镇，二南遗服。临轩授钺，非公莫可，茅土斯享，棠阴不坠，后魏史详焉。父□，周冠军、清流二县令。才惟代出，学乃家传。绾墨□垧，仁超桑翟。腰铜楚服，德冠槐鸾。声动霜台，俄登露冕。有制擢授汝州刺史。冰镜朝悬，遥清楚服，情田内朗，积鉴王畿，惠浃悬鱼，仁符去兽。公门承钟鼎，行惟忠孝。睿才天纵，公干谢其升堂；茂德神资，子泉惭其入室。解褐任蜀王府库真都督，制授仪同三司、蜀王府司法行参军事，寻迁蜀王亲信、二开府长史。桂山望重，必在于猗人；梧宫盛赏，允招于逸客。昔宋玉词丽，侍雄风于南楚；陈琳笔健，奉明月于西园，以公比之，彼多惭德。加朝散大夫、行安州司马，迁齐郡赞治。下车成务，不待期月。寻加使持节齐郡通守、河南道一十二州讨捕黜陟大使。建旟作守，肫鱼是恤。凭轼观风，吏人怀惠。彰善瘅恶，激浊扬清。寔五百之英贤，谅一人之心膂，故得丹青家国，龟镜人伦，芳映宝图，勋荣瑶册。以隋末于荥阳战，

图二　张须陀墓志铭文

时之不利，马遂蹶倒，陷于凶手，春秋五十有一。炀帝伤悼，同盟奄泣。有制追赠金紫光禄大夫、荥阳郡守。锡兹宠命，被于泉壤，玺书褒洽，存殁知归。夫人河东薛氏，泗州刺史文□之息女。行为内则，贞为母师，智越闻弦，才高观雪。灾缠郄甸，奄丧齐封。继夫人库狄氏，义以扬名，慈以御下，未终中馈，俄归夜台。孙知止、知玄等痛深尊祖，情切承宗。追白日之难再，庶幽灵之有托。即以大唐景云二年岁次辛亥二月景子朔廿七日壬寅合葬于阌乡县桃林乡之原，礼也。杨风夕吹，徒有望于荒阡；薤露晨晞，终结痛于空陇。敬（疑有缺字）曩烈，乃作铭云：

轩丘锡胤，弧星主祀。代袭忠臣，家承孝子。二京称妙，三朝受祉。焕烂门风，昭彰国史。恒农述职，陕服驰声。桑田是赖，棠路流名。猗欤汝颍，志朗神清。仁沾动植，惠及鳏茕。粤惟光禄，蝉联茂族。志行遥闻，天波下木。荣高八使，位隆三独。既赖分茅，终期戬国。适登□□，遽梦琼瓌。梁木斯坏，泰山其颓。佳城无日，昆池有灰。□遗芳于幽隧，庶不朽于泉台。

墓志记载张须陀字果，《隋书》本传失载，可补史书之阙。墓志又记载其为南阳西鄂人，而《隋书》记载其为“弘农阌乡人也”，到底哪个正确呢？之后墓志记载张须陀曾祖张庆，曾任齐竟陵郡丞、散骑常侍，可见张庆本在南朝齐任职。此后，张庆投靠了北魏，做到了恒农郡守的职务，恒农即弘农，当时避孝文帝元弘讳而更名。此后张氏就定居在阌乡。这实际上交代了《隋书·张须陀传》“弘农阌乡人”的来历。因此，《隋书·张须陀传》记载的“弘农阌乡”是张氏家族的祖籍地，即籍贯，而墓志记载应该是张氏郡望，南阳张氏本身就是汉魏隋唐时期张姓郡望之一。宋代邓名世《古今姓氏书辩证》卷一三引《元和姓纂》“唐有安定、范阳、太原、南阳、燉煌、修武、上谷、沛国、梁国、荥阳、平原、京兆等四十三望”[3]。敦煌文书中的《唐贞观八年条举氏族事件》残卷记载南阳郡十姓中为首的就是张姓[4]。从以往出土的北朝隋唐墓志来看，许多张姓墓志记载也都出自南阳西鄂或白水。

墓志记载，张须陀是“后汉司空太尉温十三代孙也”。张温是东汉末年大臣，汉灵帝中平元年任司空，之后还曾任车骑将军和太尉[5]。另据《后汉书》卷六九《窦武传》注引《汉官仪》记载“温字伯慎，穰人也，封互乡侯”。张温生活在公元2世纪下半叶，张须陀生活在北周后期、隋朝，按照三十年为一世的惯例来推算，二人生活的时代能够对应起来。另外，东汉穰也属南阳郡。这样看来，张须陀为张温十三世孙是有可能的。而张温之后到张须陀的曾祖张庆之间的家族世系，墓志没有记载。张庆之后，张须陀的祖父张思在西魏任中书舍人，北周建立后改任陕州刺史、三崤镇守大使，封爵是南阳郡开国公。张须陀之父张某北周时先后担任冠军、清流二县令，之后还曾任汝州刺史。由此可见，张须陀出身于北朝较为显赫的官僚世家，因此，墓志用大量笔墨来溢美其先辈，并称其“门承钟鼎”。其家世以及先辈在北朝的仕宦情况《隋书·张须陀传》俱失载，可补。

根据墓志记载，张须陀解褐任蜀王府库真都督，制授仪同三司、蜀王府司法行参军事，寻迁蜀王亲信、二开府长史。之后还曾任安州司马，又迁齐郡赞治。关于张须陀这一时期的仕宦经历，《隋书·张须陀传》大多失载，仅仅记载“弱冠，从史万岁讨西爨，以功授仪同，赐物三百段。炀帝嗣位，汉王谅作乱并州，从杨素击平之，加开府。大业中，为齐郡丞”[6]。二者相参稽，可见张须陀最初任蜀王府库真都督，之后随名将史万岁讨伐西爨，根据《隋书·高祖纪下》的记载，史万岁征讨是在开皇十七年（597 年）二月，之后张须陀因功授仪同三司、蜀王府司法行参军事。很快又升迁蜀王亲信、二开府长史。蜀王是隋文帝第四子杨秀，仁寿二年（602 年）被废为庶人。因此，张须陀担任此职务当在仁寿二年前。此后，他又任二开府长史，二开府即左翊二开府，据《隋书》卷二八《百官志下》记载，隋朝左右卫下有左翊二开府，置长史一人[7]。仁寿四年（604 年），汉王杨谅起兵反对新即位的隋炀帝杨广，张须陀因随杨素平乱有功，加开府仪同三司。之后，他又担任过安州司马，此时应该是大业初年。之后他又担任了齐郡赞治，即齐郡丞。据《隋书·张须陀传》记载，大业八年（612 年），张须陀在齐郡开仓赈济饥民，之后又先后镇压王薄、裴长才、左孝友等起义军。因功勋显赫，升迁使持节齐郡通守、河南道一十二州讨捕黜陟大使。有趣的是，《隋书·张须陀传》记载张须陀“性刚烈，有勇略”之后，极力描述张须陀在隋末东征西讨的赫赫战功。而墓志记载则用大量笔墨渲染他的才情，如“睿才天纵，公干谢其升堂；茂德神资，子泉惭其入室”。“昔宋玉词丽，侍雄风于南楚；陈琳笔健，奉明月于西园，以公比之，彼多惭德。”公干指三国时期曹魏文学家刘祯，子泉当指东汉文学家王褒，而宋玉和陈琳也都是先秦和三国曹魏著名文学家，颂扬张须陀的文采一点不逊色于他们。同时还称赞他在文治方面“凭轼观风，吏人怀惠，彰善瘅恶，激浊扬清”。从前述正史中的记载来看，墓志铭并非溢美之词。最后墓志还称颂他的人格和功勋，“丹青家国，龟镜人伦，芳映宝图，勋荣瑶册”。与正史记载中赳赳武夫的形象相比，墓志铭的记载勾勒给我们的是一位文笔出众、精明强干的地方长官，体现出这位隋末名将的另一面。

关于张须陀大业十二年（616 年）在荥阳与李密、翟让激战战殁，《隋书·张须陀传》记载非常详细：“密与让合军围之，须陀溃围辄出，左右不能尽出，须陀跃马入救之。来往数四，众皆败散，乃仰天曰：‘兵败如此，何面见天子乎？’乃下马战死。”[8]墓志记载则很简略：“以隋末于荥阳战时之不利，马遂蹶倒，陷于凶手。”“马遂蹶倒”与《隋书》记载基本吻合。其卒年，《隋书·张须陀传》记载 52 岁，而墓志记载 51 岁。尽管该墓志铭撰写时已经是唐睿宗景云年间，时过境迁，但迁葬者毕竟是张须陀之孙，因此，其卒年还应当以墓志为准。古人卒年常用虚岁，以此推算，张须陀生于北周天和元年（566 年）。另外，张须陀死后，《隋书·张须陀传》仅记载炀帝命其子张元备“总父兵”。根据墓志记载，隋炀帝对于他的战死非常悲痛，追赠他金紫光禄大夫、荥阳郡守，这也可补正史之阙。

墓志还记载张须陀有两位夫人，第一位薛夫人是泗州刺史薛某的女儿，墓志记载她“奄丧齐封”，应该是在张须陀齐郡任上去世。之后张须陀又续弦库狄夫人，库狄氏是北朝时期的胡姓，源出自高车的库狄部，因而此库狄夫人是一位北朝胡人的后裔[9]。从墓志“未终中馈，俄归夜台”的记载来看，库狄氏也先于张须陀去世。隋末张须陀战死之后，无法和他的夫人合葬在一起，直到景云二年（711 年）二月，其孙张知止、张知玄才将其夫妇合葬在阌乡县的桃林乡原，这里应该是张氏家族的祖茔所在。其时，二孙之父亦早已亡故，因此墓志未载张须陀子嗣。另《隋书·张须陀传》记载张须陀有子张元备，不知二人是否是张元备之子。从墓志的书写来看，墓志书法较为潦草，由于事前谋篇布局考虑不周，致使墓志铭写到最后已经没有足够空间，因此墓志铭最后一行非常局促。可见，睿宗时期张须陀的迁葬是非常仓促的，这似乎体现出这个北朝时期颇为显赫的家族入唐后已经走向没落。

注释：

[1] 魏征、令狐德棻:《隋书》卷七一《诚节传》，中华书局，1973 年，第 1645—1647 页。

[2] 李延寿:《北史》卷八五，中华书局，1974 年，第 2853—2854 页。

[3]《古今姓氏书辩证》卷一三，《文渊阁四库全书》本。

[4] 唐耕耦、陆宏基:《敦煌社会经济文献真迹释录》第 1 辑，书目文献出版社，1986 年，第 85 页。

[5] 范晔:《后汉书》卷八《孝灵帝纪》，中华书局，1965 年，第 348 页、352 页。

[6] 魏征、令狐德棻:《隋书》卷七一《诚节传》，中华书局，1973 年，第 1645—1647 页。

[7] 魏征等:《隋书》卷二八《百官志下》，中华书局，1973 年，第 778 页。

[8] 魏征、令狐德棻:《隋书》卷七一《诚节传》，中华书局，1973 年，第 1645—1647 页。

[9] 姚薇元:《北朝胡姓考》，中华书局，2007 年，第 200 页。

同出一罐的 9 枚天福元宝

◎郑 盈

笔者 1990 年于河南省灵宝县北函谷关西北数里之西营村，一次得到后晋天福元宝钱 9 枚，据发现者说为同出于一罐中，可惜容器已破损无存。现以图简介如下（图一至九），供众泉家研究。

关于五代天福钱，过去多有述及。“后晋高祖天福元宝钱，旧五代史，天福三年十一月，许天下私铸钱，以天福元宝为文，十二月，诏天下无问公私，应有铜欲铸钱者，一任取便酌量轻重铸造。天福四年，诏先令公私铸钱近多铜锡相兼，缺薄小弱，有违条制，今后私铸钱，禁依旧制。”（《古钱大辞典》下册 112 页，丁福保引“钱略”）由于诏示许天下私铸，故天福钱的版别众多，书体不规范当属常理。仅以此 9 枚天福钱为例即可见一斑。但何为官铸，何为私造，恐就不易轻下断言了。即便后世钱学大家也如此，只好挑选厚重而钱体大者才慎而又慎地开金口断定。如袁寒云

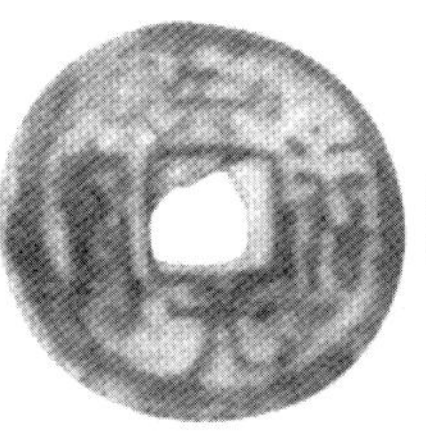

图一　径 22.8 毫米，穿 6.5 毫米，厚 1.1 毫米，重 3.2 克。特征：青铜质，宽缘，“福”字右半下部因受钱缘限制而铸缺失

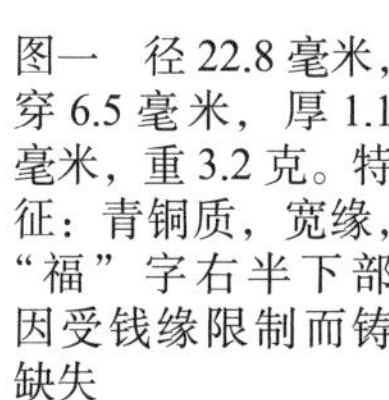

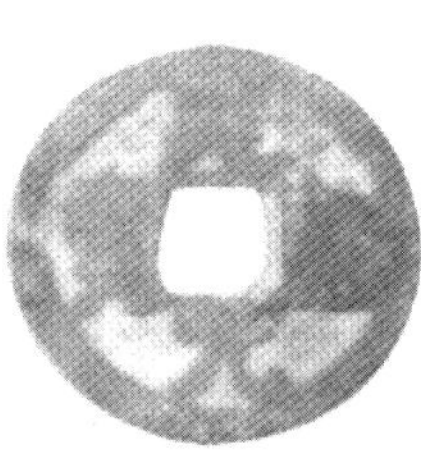

图二　径 23.1 毫米，穿 5.2 毫米，厚 1.0 毫米，重 2.3 克。特征：背穿上一星，宽缘，青铜质

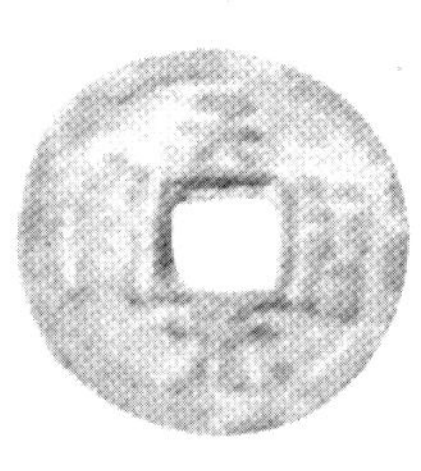

图三　径 22.1 毫米，穿 5.4 毫米，厚 1.3 毫米，重 2.7 克。特征：“福”字书体近似图一

图四　径 20.1 毫米，穿 6.1 毫米，厚 1.0 毫米，重 2.3 克。特征：背无郭，宽缘，青铜质

图五　径 20.0 毫米，穿 6.0 毫米，厚 1.2 毫米，重 2.5 克。特征：细缘，“元”字左挑。铁质。未见著录

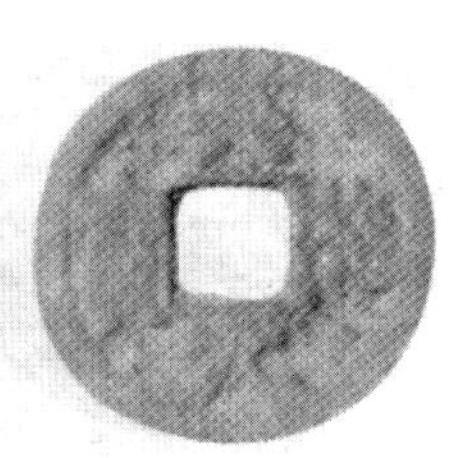

图六　径 22.0 毫米，穿 5.3 毫米，厚 1.1 毫米，重 2.4 克。特征：宽缘，“福”字体虽小，但书写完整正规

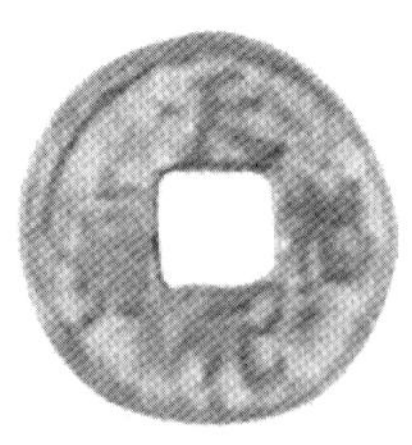

图七　径 20.0 毫米，穿 5.8 毫米，厚 1.1 毫米，重 2.1 克。特征：面细缘，背宽缘，“元”字右挑，“福”字书写近似图 7。青铜质

图八　径 19.0 毫米，穿 6.0 毫米，厚 1.1 毫米，重 2.1 克。特征：细缘，孔狭长。元档内一星，福字书写工整标准

图九　径 20.0 毫米，穿 6.2 毫米，厚 0.9 毫米，重 1.7 克。特征：字体平夷，说明此钱流通较频繁，对钱面磨损较重。白铜质

言:“天福三年，除铸泉令，无问公私并许铸泉。四年，以私铸者铅锡相参，薄弱不可久行，遂复禁铸。今所见及载于谱者多色白质薄小于平泉，盖咸私铸者也。厥品（指《古钱大辞典》第200页之大天福钱）黄铜，厚重如平泉大，文字浑劲，制作平整，出于官铸，仅见此一枚。”（见《古钱大辞典》113页）对于所举前一枚，大家敢下定语外，而对于那些“色白质薄小于平泉，盖咸私铸者也”，而正是这里的一个“咸”字，便引起了后人将不如“厥品”者都定为私铸品的言论。（见陕西省钱币学会《钱币研究》1994年第2期第7页，王保兴《天福钱与天福年号》的论点与袁文论点相近，只是在左或右的读法上有不同认知，即只有最大与厚重者才为官铸钱。其他皆私铸。）关于天福元宝钱的官铸与私铸的认知问题，不妨更深入地进行探讨。看一枚钱是否官私所铸应从厚薄、大小、质地、工艺等项来分析，也要从其时代背景来理解。从我所藏的9枚钱看，图示的前4枚钱径皆较大，且均为宽缘，虽“福”字简书，但重量皆较重。这从私铸者的目的来审视是不划算的，既获小利，何以为之？至于图九钱，我认为它是私铸钱，而其他几枚钱文书体正规之钱，本人实难下结论。

此9枚钱出土地五代时属河南道虢州，距天福三年十一月诏建钱炉之地滦川，直线距离仅百余公里，此批钱又呈多种多样规格，其中哪些钱币当归属公铸，恳请方家高论指教。

三门峡地区遗存铁人新考

◎李书谦

三门峡市文物陈列馆珍藏着两尊铁人造像，为生铁铸造而成，锈蚀较轻，保存较完好，身高均为1.35米。据《陕县志》[1]卷二十记载，民国初年，铁人拱立在陕州老城鼓楼下两旁，当地人称其为铁和尚。但长期以来人们对其来历、作用等众说纷纭，莫衷一是，笔者就此做一些探讨。

一、关于遗存铁人的年代

由于岁月的变迁，两尊铁人造像的一些细部特征已无法辨识。但从目前保存的现状看，铁人面部表情谦恭，站姿相似，身着相同服饰，形象十分干练。皆戴暖帽，浓眉突现，深目高鼻，颧骨突起，嘴巴微上翘，两耳大而有轮。双手抱拳拱立，身穿圆领宽袖袍服，衣褶清晰。腰束宽带，腰带左后方佩挂匕悬囊，脚蹬及膝长靴（图一）。

图一　三门峡遗存铁人像

这两尊铁人身上没有任何文字纪年，要想搞清楚其铸造时代，只能依据他们的服饰特征进行探讨。服饰的最初基本功能比较单一，它是实用性和伦理观念相结合的产物。《释名·释衣服》中说："上曰衣，衣，依也，庇寒暑也；下曰裳，裳，障也，所以自障闭也。"在中国历史发展过程中，不同时期的服饰都有各自的特点，不同地域、不同民族的服饰逐渐与居住的地理环境，以及人们的审美意识、宗教信仰等密切联系在一起，反映了一个时代的社会风貌，进而发展为特殊的文化元素符号，使服饰文化成为社会文化生活的重要组成部分。

为了寻找到铁人所穿服饰的时代风格，我们只有从其冠帽、袍服、裤装和鞋靴等入手进行讨论。从感官上看，铁人的冠帽质地较为厚实，为翻檐尖顶式样，这与山西省博物馆的一件元代骑马俑的冠帽式样十分接近。[2]元代时期，冠帽是蒙古族的传统习惯，这与他们在漠北草原的生存条件和游牧生活生产方式密切相关。他们的冠服为冬帽而夏笠，男子冠帽主要有暖帽、钹笠帽、瓦楞帽等。三门峡遗存铁人戴的帽子应该是冬天戴的一种暖帽。当时，这种帽子通常以质地厚实的锦罽或兽皮为原料，制作成款式多样的帽子，主要有无檐的桶帽、翻檐的貂皮帽和毡帽，以及垂裙的风帽、搭耳帽等。[3]由此可以推测，两尊铁人戴的暖帽极有可能是毡帽。但没有办法识辨其发式。

袍服是一种款式较长的衣服，其中有一层棉絮。它出现的时间比较早，在先秦时期就有这方面的文字记载。《诗·秦·无衣》:“岂曰无衣，与子同袍，岂曰无衣，与子同泽。”它最初只是一种内衣，后来才演变为外衣。据尚秉和先生的《历代社会风俗事物考·身服》记载:“袍之见于经者，皆为里衣。《丧大记》:‘袍必有表。’”又《释名·释衣服》中有这样的记述:“袍，丈夫著，下至跗者也。袍，苞也，苞内衣也。”可见，至迟在东汉时期袍服的作用已经发生了根本变化，从内衣变为外衣。而铁人穿的是圆领宽袖袍服，款式较少见，他的衣前长及膝盖，衣后长及足。腰间束宽带，腹前打着长结。腰部左后方佩挂匕悬囊（图二）。这种身着圆领袍服的人物形象在关中地区曾多次发现，如陕西洞耳村元代壁画墓中的“行别献酒图”，其中一个人穿着圆领红袍，还扎着腰带，佩挂悬囊。[4]

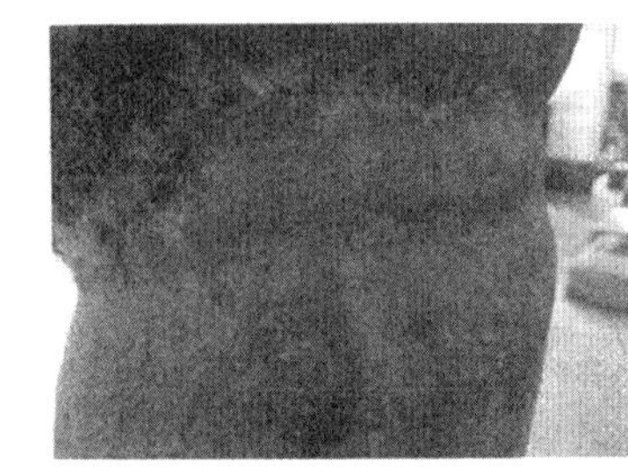
图二　铁人腰部左后方佩挂匕悬囊

人们为了实现对美的情趣追求，在着装时往往佩戴相应的饰物，这些佩饰在具备实用功能的同时，更兼具装饰作用。

如妇女的发饰、耳饰和男子的带饰。带饰是服饰的重要组成部分，它包括各种质地的束腰带子和佩挂饰品。当时的腰带主要有革带、丝带或布带等，其中的革带是用皮革原料制成，外层用丝绢包裹，并用銙、扣等饰品点缀其间，而丝绸的色彩和带銙的质地是区分不同等级身份的依据。[3]丝带或布带是用丝、罗、绸等制成，并且在腰前打着不同的装饰结，也有在腰后打结的。这种腰带饰在关中地区考古发现的元代胡人俑身上较为常见。[5]从铁人腰带的打结方式，可以说明这是当时丝带或布带的表现形式，也是当时着装习俗的一个缩影。铁人的袍服内有裤装，及膝的长靴看起来极为夸张。其中一个人穿尖头靴，另一个人则穿着圆头靴。从铁人的整体着装看，它与陕西洞耳村元代壁画墓中男主人及仆役的装束接近，从而进一步印证了元代蒙古族男子的着装习惯，即身着袍服、腰挂匕悬囊、脚穿长靴的传统习俗。

经过上述讨论，铁人为元代已成为定论，其典型的面部形象与三门峡地区出土的胡人俑十分相似。[6]因此，这两尊铁人造像为元代胡人无容置疑。

二、关于遗存铁人性质的讨论

两个制作工艺较为考究的元代铁人，其用途和性质历来说法颇多，一直没有让人信服的定论。《陕县志》[1]中提出了翁仲说和镇河说，笔者综合相关资料提出侍者新说。为了搞清其性质问题，在此进行相关讨论。

（一）翁仲说的探讨

《陕县志》卷十九之《古迹》，引用了郦道元《水经注》中有关"铜翁仲"的记载。文曰："陕城南倚山原，北临黄河。西北带河涌起数十丈，有物居水中。父老云：铜翁仲所没处。"讲的是陕州城南面为莽莽的山原，北临滔滔东去的黄河。有一天，人们看到陕州城西北方的黄河水波浪翻滚，突然卷起数十丈高的水注，正在大家惊恐之时，看到波涛之中有什么东西。感到非常诧异，就询问当地的老人，他们说那是铜翁仲淹没的地方。由于后人无法解释陕州铁人的来历，就将其说成是翁仲的化身。

在中国历史上，翁仲原本是匈奴人的祭天神像，大约在秦朝时期被汉人作为宫殿使用的装饰物。最初用铜制成，被称作"金人""铜人""金狄""长狄""遐狄"，但后来它的职能作用发生了一定变化。秦汉以后，皇帝、皇族等社会地位显赫的特殊群体在视死如生、灵魂不灭观念的支配下，不但要构筑安逸的埋葬之所，还在陵墓前铺设规模宏大的神道。同时，在陵墓前和神道两侧放置数目不等的文武官员形象的石翁仲，以及象、狮、麒麟、獬豸、骆、虎、羊、马等石兽，按照一定的次序在特定的方向排列，作为驱邪镇墓，表彰逝者生前功绩的一种葬俗，历经了中国历史上两千多年的岁月。

在不同历史时期的典章中，都或多或少地提及到一些关于陵墓前石雕的种类和数量等情况。譬如《唐六典》[7]、《宋史》[8]、《明史》[9]、《清史稿》[10]。对于元代统治者来说，"从一些迹象看，蒙古族或许没有采用汉人荣耀死者的葬俗，不过元朝至少对于族属契丹、女真或汉的大臣，仍许依其族的传统，以石雕装饰墓道，用以显扬死者"[11]。说明元代时汉臣仍然沿用前朝的葬俗，在墓前建造神道，使用石翁仲和石兽。但不管是哪个朝代，人物形象的翁仲再现的都是文官或武官，质地一般为石质。而铁人的风格既与文官的形象不符，也不是武官的形象。同时，它的质地也不是石质而是生铁。所以，元代铁人造像与翁仲可谓风马牛而不相及，显然翁仲说不能成立。

（二）镇河说的探讨

欧阳珍在《陕县志》的《元铁人铭》有这样一段记述："是未知古圣贤之所以平五行，以裁成天地者也。夫铁金属，土其母，水其子也。……牛利涉，故镇于河；人为物灵，故镇于岸。水得金而不横，土得金而益壮。水火或互质焉，使子母相顾，无奔决溃溢之患，以定千万。"

从一些文献史料和考古资料中很容易觅到有关镇物的影子，这与中华民族长期形成的习俗有着密切关系。人们认为镇物可以用来趋吉避凶，转祸为福。其历史渊源很悠久，一种传说与大禹治水有关。据五代马缟的《中华古今注》记载："陕州有铁牛庙，牛头在河南，尾在河北。

禹以镇河患，贾至有《铁牛颂》。”另一传说则因战国时期李冰治水而产生，说他曾以牛为化身征服江神，终于完成了都江堰水利工程。该说源于宋代李昉等著的《太平御览》，引《风俗通》：“(李冰)拔剑忽然不见。良久，有两苍牛斗于岸。有倾，冰还谓官属令相助曰：‘南向要中正白是我绶也’。还复斗，主簿刺杀其北面者，江神死，后无复患。”这两种传说在时间上存在较大差异，但巧合的是，它们都发生在南北两条大河流上，一条是黄河，一条是长江上游的岷江，而黄河和长江都是中华民族的重要发祥地。同时，传说又存在着共同之处，即都是为了治理严重的水患，其中以神牛镇压泛滥的洪水是重要应对措施之一。

传说终归是传说，在中国历史上究竟是什么时候使用铁牛来镇水呢？这要从文献资料和考古发掘资料中去寻找。关于陕州镇河铁牛的最早文字记载，源于唐代陆长源的《辩疑志》。[1]在白居易之《送陕州王司马建赴任》一诗中，有“自有铁牛无咏者，料君投刃必应虚”之语。他在《送陕府王夫人》诗中：“金马门前回剑珮，铁牛城下拥旌旗。”由此可见，陕州城在唐代就有镇水铁牛无容置疑。1989年8月发现了山西省永济市蒲津渡遗址，出土唐代时期的四尊铁牛、四个铁人，以及两座铁山、一组七星铁柱(图三)。

图三　蒲津渡遗存铁牛铁人像

铁牛头西尾东，面河横向排列，呈负重状，形象逼真。高1.5米，长3.3米。牛尾部均有一根横向铁轴，长2.33米，用于拴连桥索。铁牛一侧各有一个作牵引状的胡人，形态不一，但给人以威猛和震撼的感觉。据推算，每只铁牛重约30吨，加上底盘和铁柱，总重约40吨；铁人重约20吨。[12]这一重大考古成果，与《蒲州府志》“开元十二年(724)唐明皇下诏命兵部尚书张说主持改建蒲津浮桥，铸镇河铁牛”的记载相符。其后的宋、元、明、清，虽朝代更替，但用铁牛镇河的习俗经久不衰。[13]全国各地，不乏实例，如唐徕渠铁牛(唐代)、安庆天柱山铁牛(宋代)、湘潭易俗河铁牛(明代)、徐州铁牛(明、清)、荥阳铁牛(清代)、漯河铁牛(清代)等。

这种现象与牛的形象及铁的属性有关。牛是人类的好朋友，不仅善解人意，体魄健壮，而且韧性十足，力大无比，且水性极好。同时，它又是十二生肖之一，即丑牛。按照我国古代五行文化之说，认为世界万物都是阴阳不断分化并转变而成的，促进即相生，约束即相克。丑属土，金生水，土克水。而铁属于金的范畴，故铁牛既能生水，又能克水，符合五行之说，用它作镇水之物，成了最理想的选择。

在众多考古发现中，出现铁人的现象极少，目前仅见于蒲津渡遗址。它与三门峡遗存铁人巧合的是两者都是胡人形象，但它充当着牵引镇河铁牛的角色，体型庞大，面相透出几分严肃和冷酷，动作的力度感极强，给人留下望而生畏的强烈视觉效果。这跟三门峡遗存铁人在大小、表情、动作等方面进行比较，明显存在着极大的反差。两者虽然在时间跨度上相差约500年，但如果它们的功能相同，应该有很多相似之处。而两个元代铁人最突出的特点是表情谦恭，抱拳拱立。试想，面对滔滔的黄河巨流，人物的表情却是如此温和，这在桀骜不驯的洪水面前显得也太苍白无力了吧？综合各方面的因素，作为镇河说显然是站不住脚的。

（三）侍者说的探讨

截至目前，三门峡地区遗留下来的元代人物造像和考古发现的此类资料太少，所以要探讨这两个铁人的性质，必须借助周边地区的实物资料。其北面仅一河之隔就是晋南地区，这个地方的蒙元文化特征都比较明显。由于地理位置的因素，自古以来，三门峡地区与晋南地区的文化交流比较密切，在风土人情等方面也存在很多相同或相似之处。因此，以这个地方的相关考古发掘资料加以比对和分析，得出的结论应该具有可靠性和合理性。

晋南地区发现了许多元代侍者人物像，但出现侍女的现象较多，而发现的男侍者相对较少；与三门峡元代铁人形象接近的则更少见，从中遴选出了三个作参考。如 1960 年文水县发现一座元代石室墓，墓室北壁绘着墓主的对坐图，左右各有男女侍者。[14]其中的男主人的身前站着一个袖手而立的男侍者，面露和悦之色，形象谦恭。1978 年，在新绛吴岭庄发掘的一座元代砖室墓，由前室、后室和左右耳室组成。在墓壁上绘着六幅图像，第一幅的前面是一张桌子，一对夫妇端坐桌后，在夫妇二人身后及桌子两边都有男侍与女婢，恭顺侍候着主人。[15]1995 年，侯马市农业生产资料公司发掘的 2 号元墓中，在墓室北壁的基座之上，装饰着门、窗、侍童、伎乐等。[16]其中的侍童为拱手侍立状。

从这三座元代墓葬中的男侍形象，我们可以发现一些共同点。在肢体动作上，双手一般为拱手而立，或者袖手而立；双腿都为站立。面部表情或面带微笑，或温和可亲。我们知道，侍者是随侍主人左右而随时听候使唤的人，做好服务工作是其基本职责，他的表情和肢体语言等都非常重要。反过头来，我们再审视铁人造像：目视前方，似在向前面的贤者或途经此过的人施礼，其表情和站姿显得非常谦恭，但又不卑不亢，完全符合侍者的角色。

而这两尊胡人侍者铁造像出现在陕州故城也在常理之中。我们知道，陕州故城的历史可以追溯到公元前 113 年的汉武帝元鼎四年，距今已 2100 多年。其三面环水，有崤陵之固，地理位置异常险要，为崤函古道上的重镇，也是连接关中与中原地区的重要纽带。这里的人文资源丰富，名胜古迹遍布城区，始建于唐代的跨街而建鼓楼就是著名景观之一。中华民国二十五年时，这两尊铁人仍放置在陕州城北大街鼓楼拱洞的北门两侧，其北面不远处就是令世人代代敬仰的召公祠，还有儒家鼻祖孔子的庙宇，以及行政办公场所等等。这么重要的地方，两尊铁人不可能被贸然放在那里。至于是何时被放在拱洞北门，目前已无从考究了。也许是铸成之后就一直放在那里了，作为迎来送往的侍者。

三、遗存铁人所反映的当时三门峡地区的社会情况

三门峡地区处在丝绸之路的必经之地，著名的崤函古道穿境而过。它是一条东起洛阳、西

至长安的古代官道，也是中原通关中、达西域的咽喉要道，又是欧亚大陆桥的必经之路。古道蜿蜒数百里，存在数千年。现存的三门峡石壕古道遗迹是崤函古道东段的一部分，因车轮长期碾轧，在路面上形成了两条深深的车辙印迹，就是古代丝绸之路历经沧桑的有力见证。

元朝大一统格局的形成，使各民族间的联系和交往不断增强，促进了民族地区社会经济的发展和繁荣。民族迁徙随之出现，蒙古等族人民向内地迁移，汉族人也涌向边疆，契丹、女真等与汉族人民杂居相处，互通婚姻，逐渐融合。许多信仰伊斯兰教的阿拉伯人、波斯人相继来到中国，进行商品贸易活动。同时，元朝建立以后，重新开启了丝绸之路，恢复了中原与西域的联系。元王朝虽然历时短暂，其控制中原的时间也只有六十多年，却有力地促进了生产力的发展。在民族大融合的历史背景下，民族迁徙、商贸往来是当时社会发展的潮流。

两个元代铁人侍者是各民族友好往来的见证，也是汉文化与少数民族文化相互影响的结果，体现了陕州淳厚朴实的民风，反映了中国传统文化中仁义礼智信的精髓之所在。同时有力地证明了，陕州城在元代的民族融合、文化交流、商品贸易过程中，所发挥的一系列重要作用。

注释：

[1] 欧阳珍:《陕县志》，中华民国二十五年版本。

[2] 周锡保:《中国古代服饰史》，中国戏剧出版社，1986 年，第 376 页。

[3] 周汛、高春明:《中国衣冠服饰大字典》，上海辞书出版社，1996 年，第 68 页。

[4] 陕西省考古研究所:《陕西蒲城洞耳村元代壁画墓》，《考古与文物》2000 年第 1 期。

[5] 马志军、高明韬:《西安市曲江乡孟村元墓清理简报》，《考古与文物》2006 年第 2 期。

[6] 胡国强:《河南三门峡地区胡人灯俑》，《中原文物》2008 年第 4 期。

[7] 李林甫:《唐六典》卷四，台湾商务印书馆，1976 年。

[8] 脱脱:《宋史》，中华书局，1977 年。

[9] 张廷玉:《明史》，中华书局，1977 年。

[10] 赵尔巽:《清史稿》，中华书局，1977 年。

[11] 许进雄:《元代墓道上的石翁仲：加拿大安大略省博物馆藏品》，《北方文物》1987 年第 2 期。

[12] 刘永生:《古城古渡古桥：永济黄河蒲津渡遗址考古琐记》，《文物世界》2000 年第 4 期。

[13] 王蔚波:《河南古代镇河铁犀牛考略》，《文博》2009 年第 3 期。

[14] 山西省文管会:《山西文水北峪口的一座古墓》，《考古》1961 年第 3 期。

[15] 山西省考古研究所:《山西新绛南范庄、吴岭庄金元墓发掘简报》，《文物》1983 年第 1 期。

[16] 山西省考古研究所侯马工作站:《侯马市区元代墓葬发掘简报》，《文物》1996 年第 3 期。

崤函古道石壕段遗址考古调查述略

◎三门峡市文物考古研究所

丝绸之路是指起始于古代中国，连接亚洲、非洲和欧洲的古代商业贸易路线。有陆上丝绸之路和海上丝绸之路之分。海上丝绸之路以中国东南沿海为起点，经东南亚、南亚、非洲，最后到达欧洲。而陆上丝绸之路以古代中国洛阳、长安（今西安）为起点，穿过河西走廊，通过玉门关和阳关，抵达新疆，经中亚、西亚和北非，最终抵达非洲和欧洲。丝绸之路不仅仅是一条商业路线，更是东方与西方各文明之间经济、政治、文化进行交流的主要道路。

陆上丝绸之路东端起点是洛阳、长安（今西安），而沟通洛阳和长安的就是崤函古道。崤函古道主要在今三门峡境内，随着岁月的侵蚀，古道大部分已经湮没在历史的尘埃里，仅遗留下来陕县崤函古道石壕段遗址，它是古代东西方文明交流的见证，该段遗址于2007年被列入“丝绸之路”申遗名单，目前崤函古道（石壕段遗址）正在积极申请加入世界文化遗产。

以往对崤函古道（石壕段遗址）进行过调查和发掘（2007年三门峡文物考古研究所发掘），今夏初我们对该古道的“石壕段遗址”进行了实地踏查，以期将石壕段遗址的情况更加翔实地展现给大家。根据踏查结果并结合有关文献及调查资料，现将崤函古道的有关情况概述如下。

一、三门峡崤函古道基本概况

崤函古道的名称是由崤山和函谷关合称而来。崤山，是指今陕西潼关以东，河南陕县嵚崟山（金银山）以西的山脉地段。函谷关，在今河南灵宝市北约15公里处的王垛村。古代从函谷关向西至潼关的道路皆处于狭谷之中，其深险如函，因名函谷。后来，西汉元鼎四年（前113），武帝徙函谷关于新安（又称汉函谷关，亦为本次丝绸之路申遗点）。崤函古道以古陕州（在今三门峡市风景区内）为界点可分为东西两段，西段出陕州城经今灵宝老城后分经稠桑驿、虢州至函谷关，再历阌乡达潼关。东段线路分为南北两线：南线又称南崤道，由陕州沿青龙涧河东南行，经交口，越雁翎关，沿洛河支流永昌河南下，到今宫前乡后一分为二：其一，沿永昌河东行，经安国寺出陕县，东南行经宜阳至洛阳；其二，沿太子沟折上硖石，过北陵（即崤山主峰金银山下的文王避风雨台）与北崤道重合。北线即北崤道，东出陕州后过磁钟、张茅、硖石、渑池、新安，出汉函谷关达洛阳（图一）。

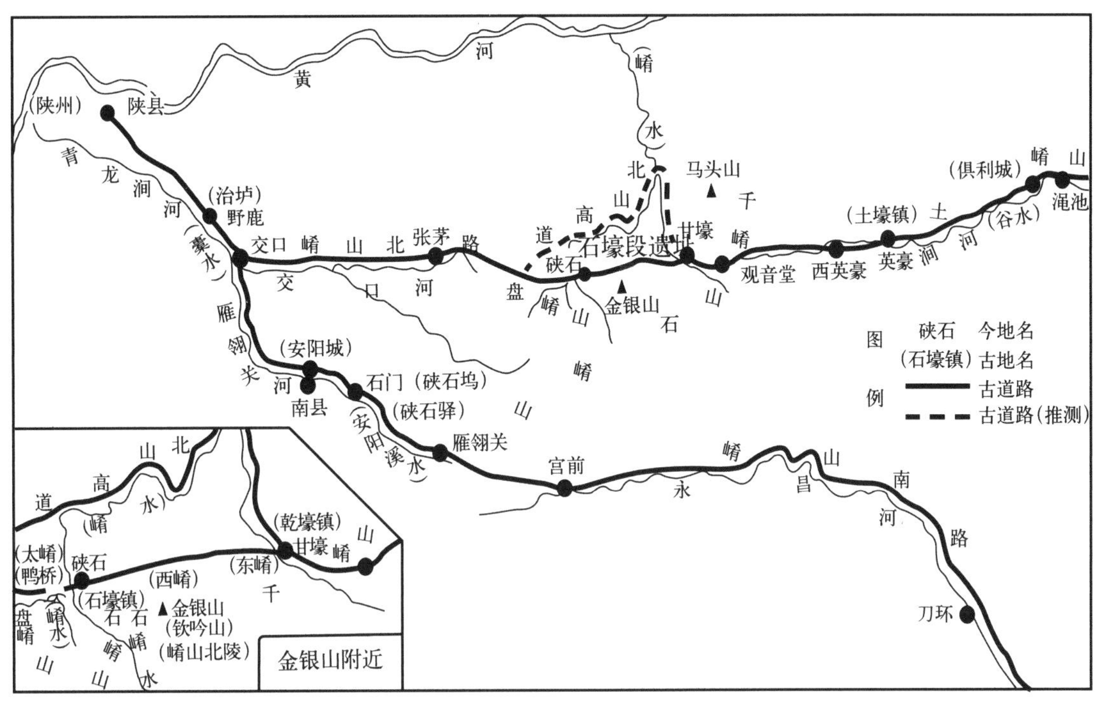

图一　石壕段遗址位置示意图

以上两条陆路通道透迤穿行于黄河南岸的山谷中，构成了崤函古道的主体，除此外，黄河漕运古道亦算是广义崤函古道的一条线路，该道西起三门峡谷，东出渑池到新安县八里胡同峡，两岸现存有栈道及摩崖题刻[1]。

由于历史久远，崤函古道大部已湮没在历史的尘埃中，仅部分地点尚遗留有遗迹。崤函古道西段所经区域除函谷关附近外，经过历代建设，目前已难寻古道踪迹。但函谷关内尚有古道遗存，2007 年秋考古工作者对灵宝函谷关内的古路基进行了发掘，发现古道年代最早可到东周，其中唐宋路土层中清理出保存完好的路面和车轮碾压轨迹，有两条东西向车辙，间距为 1.6 米，车轮碾压轨迹厚约 0.3~0.4 米，汉代至春秋战国路土层中亦发现有两条车辙轨迹，间隔为 1.6~1.8 米[2]。函谷关内发掘的古道路应是崤函古道西段的一部分，这条线路出函谷关后西经潼关达西安，东历陕州至洛阳。

二、崤函古道石壕段遗址调查

石壕段石壕古道是崤函古道东段的一部分，路面为石灰岩质，因车轮长期碾轧，在路面上形成两条较深的车辙壕沟而得名。

（一）石壕段遗址地理位置

石壕段遗址位于三门峡市区东约 36 公里的陕县硖石乡石壕村西南约 2 公里处。东距陕县观音堂镇 4 公里，西距硖石乡 2.5 公里，北距硖石乡李家坑村约 700 米。在 310 国道 843 号界碑东侧约300米处的山坡上。地理坐标：北纬34°43′7.5″，东经110°30′34.3″，最高处海拔676.8米。北坡下最低处海拔669米（图二）。古道北端与1920年前后修筑的洛潼公路相重合，一部分被洛潼公路或破坏或叠压[3]。

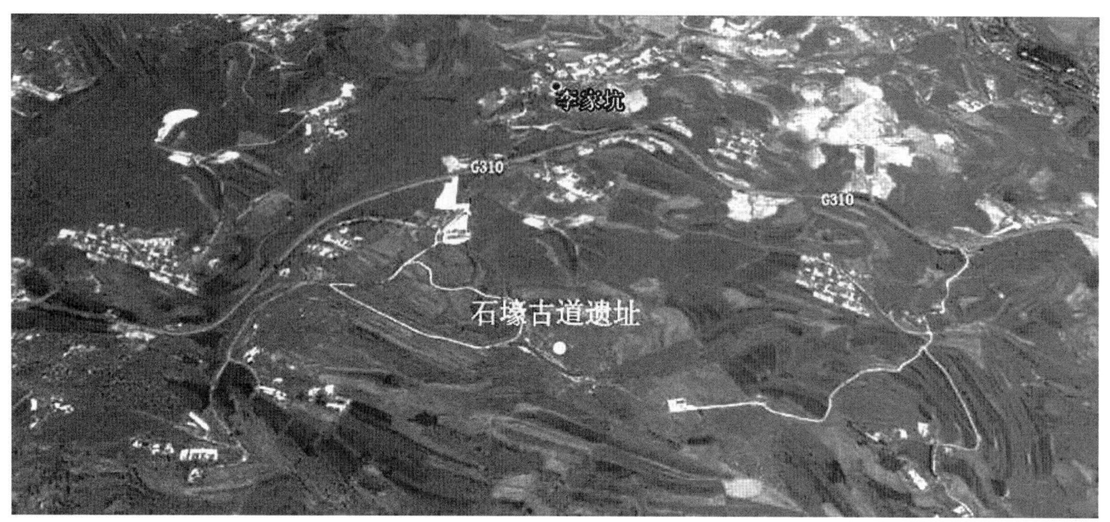

图二　石壕遗迹地形图

（二）石壕段遗址现状概述

崤函古道石壕段遗址自西北向东南大致呈“∿”形，大致呈西北—东南走向，南部高北部低，中部偏南最高。因车轮长期碾轧，遗留在古道上的车辙印迹十分清晰。现存地表遗迹长约230米。车辙痕迹深浅不一，最浅处仅有数厘米，最深可达0.41米，两道车辙印迹外沿相距一般在1.32米，最宽可达1.56米，两道车辙印迹

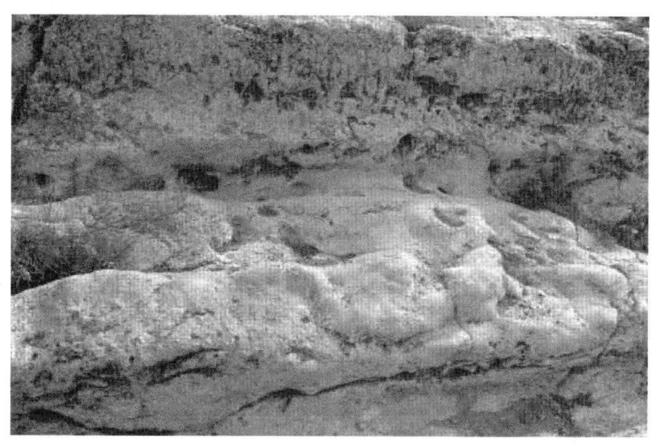

图三　石壕古道遗址车辙遗迹

图四　石壕段遗址各部分示意图

中心线相距 1.15 米（两车轮间距即轨距），由于古道崎岖，车辆行驶时不能保持水平，故辙痕边缘相应的出现一侧较缓则另一侧陡立的现象（图三）。石壕段遗址可明显的分为三部分（图四）。

第一部分：北段，大致呈东西走向。其西端与老洛潼公路相连，东至北坡下蓄水池（见图四标注），长约 30、宽约 5.5 米，较为平坦，该段碾压于石灰岩上，两道车辙痕迹十分明显（图五）。

第二部分：中段，该段是石壕段遗址的主体部分，略呈东南、西北走向，走势先上坡后下坡。其北端自北坡下蓄水池处起，向南逐渐上坡，越过坡顶至南坡下坡处，长约 170 米。其中

图五　北段

图六　中段壕沟

图七　中段北坡

图八　石壕古道中段古道最宽处

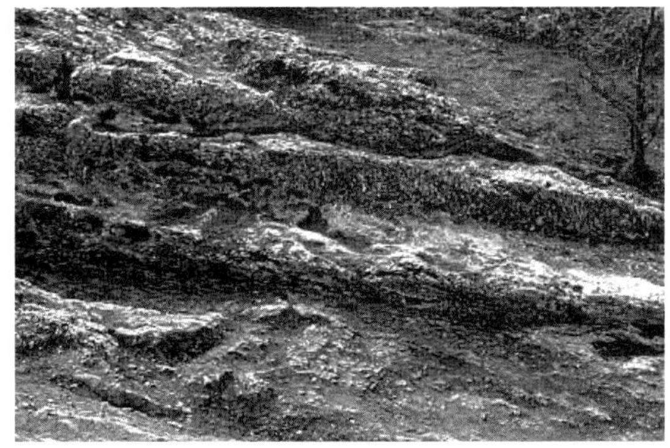

图九　人工刻凿台阶形断崖

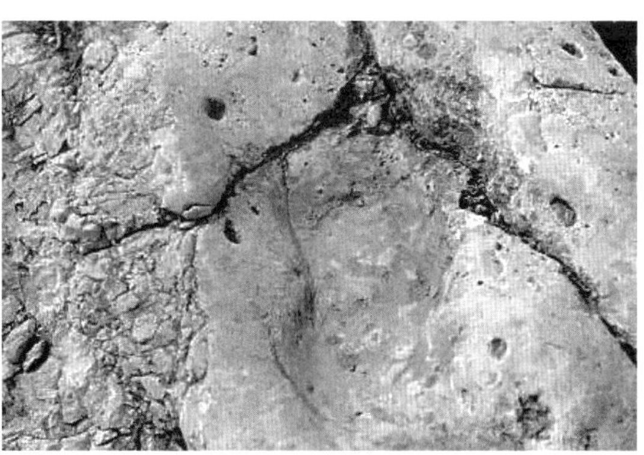

图一〇　脚印踏痕

北坡约 150 米为上坡，坡度较大，南坡约 20 米，坡度略平缓。该段南部由于风化严重，在路基上碎石块较多（图六；图七）。

石壕段遗址中段的道路宽窄变化幅度较大，在北坡下蓄水池以南约 20 米长为古道最宽处，宽 8.8 米（图八），最窄处为一车道。北坡中部古道两侧，各有一处人工刻凿的痕迹，西侧有三个不同时期刻凿的台阶形断壁（图九），以求道路两边与中间相平，每个台阶高 0.5 米左右。在中段北坡上两条车辙中部突出的岩石路面上，发现有人畜长期踩踏形成的印迹，其中脚印踏痕长约 26、最宽约 11、深约 6 厘米（图一〇）。牲畜踏痕有两处：一处平面近似圆形，长约 25、宽约 22、深约 10 厘米（图一一）；另一处平面呈椭圆形，长约 20、宽约 17、深约 5 厘米（图一二）。坡顶一般是两车道，中间一条主车道，道侧间有会车道。在山坡顶部南段，有一段为三车道，中间有一主车道，主车道两侧各有一条会车道（共有 6 条车辙印迹）。山坡顶部古道，修筑于一条长约 40、深 2~3 米的壕沟内。壕沟是人们以自然形成的山坡为基础，加之人工刻凿、自然风化和长期的车轮碾压而形成。壕沟上部最宽处约 13 米，一般在 8 米左右。壕沟下部宽窄是依据道路的宽窄而定，最窄处 1.65 米（一车道），一般宽度 3.9 米（二车道），最宽处 5.7 米（三车道）。在中段坡顶处西侧的断壁上至今仍保留有人工使用钢钎刻凿的痕迹，痕迹现存两段：北段残长 0.8、残高 0.4 米（图一三）；南段残长 2.1、高 0.4 米（图一四）；两凿痕平均间距约 0.03 米。由于岩石风化崩落，凿痕上部均有不同程度的破坏，原始高度不明。

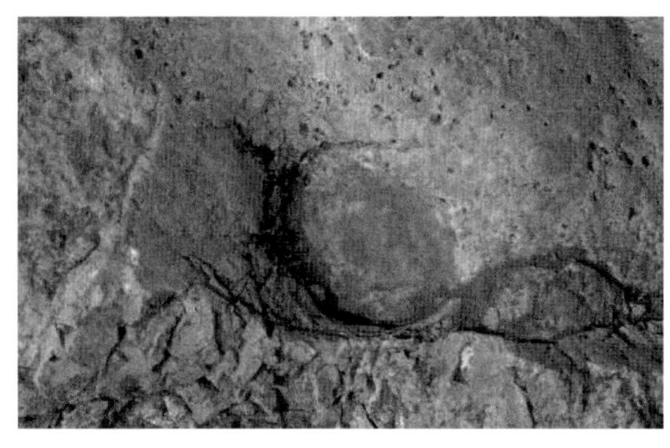

图一一　近圆形牲畜踩踏痕迹

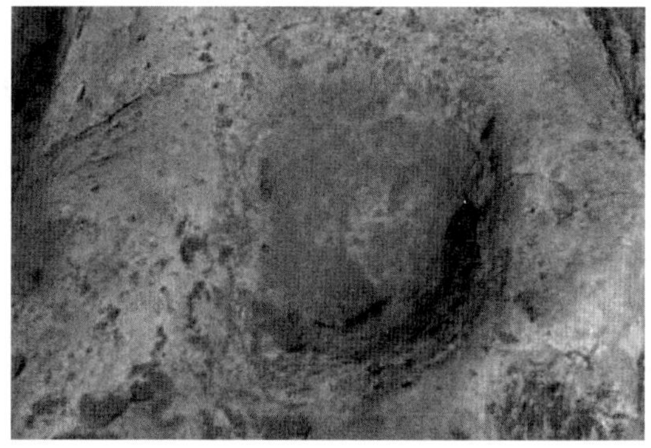

图一二　椭圆形牲畜踩踏痕迹

图一三　中段偏北凿痕

图一四　中段偏南凿痕

第三部分：南段，略呈东西走向。该段由中段南北向折而向东，到东端一山沟处止，路基覆盖有一层红褐色沙土，车辙不显。长约 30 米。

在石壕段遗址上共有两处蓄水池。

中段道路北坡下蓄水池：位于石壕古道北坡下东北角，古道北段与中段交接点的拐角处，距古道距离为4.5米，坑口平面为椭圆形，圜底，长径约9、短径约7、最深约1.3米（2007年三门峡市文物考古研究所发掘：该坑坑口直径约5、深1.4米，坑壁规整，底部较平）。坑内淤土为红褐色，土质纯净、坚硬（图一五）。据当地村民讲，该水池从人们记事起就已存在，是个古池。

图一五　北坡底蓄水池

中段道路坡顶蓄水池：位于坡顶古道壕沟东侧3.78米处，为自然石坑加之人工刻凿而成，有池体与排水沟两部分组成。池体为一座口略大于底部，近似椭圆形袋状的坑。坑壁及坑底均为石灰岩质，底部较平。口部东西长2.65、南北宽1.2米；底长3.05、宽1.4、深1.2米（图一六）。排水沟口设于蓄水池西壁口部向下0.6米处，再由排水沟口向下延伸至路壕底部古道东侧一个近长方形的接水池内。排水沟长4.36、宽0.4、深0.9米。接水池东西长2、南北宽1.5、池深0.2米（图一七）。排水道的作用是，当天降大雨时，为了蓄存更多的水，就通过排水道将溢出的水，借助高差排入古道东侧接水池内，这样不仅可有效蓄水，且便于行人及牲畜饮用[4]。

图一六　坡顶蓄水池

图一七　坡顶蓄水池接水池

（三）石壕段遗址出土物[5]

石壕段遗址古道内的出土物主要集中在中段道路，有大小铁马掌11个；长17厘米圆帽铁栓1个；蘑菇状残铁钉1个；长5厘米、四面等宽（每面0.07厘米）铁质长方体车轴配件1个。另外出土粗砂胎、厚壁、黑釉大缸残片16块，湖南省造光绪当十铜元1枚（图一八至图二二）。

图一八　铁钉、车轴配件

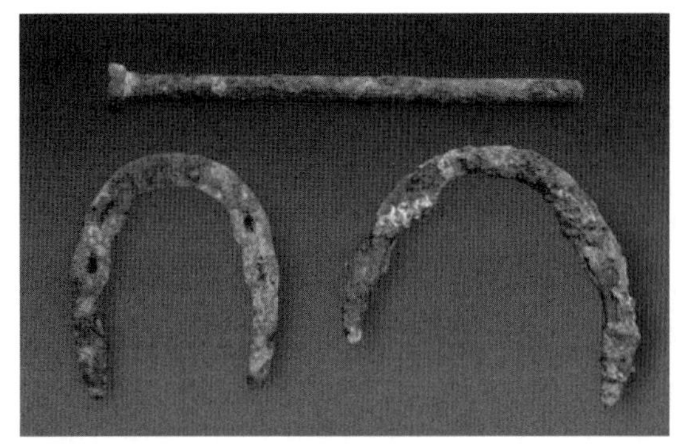

图一九　铁钉、马掌

图二〇　黑釉大缸残片

图二一　铜元正面

图二二　铜元背面

图二三　铜铃

北坡下蓄水池内，出土铁马掌 2 个，残铜铃 1 个，黄釉瓷瓶残片 2 块及 1965 年 2 分硬币一枚（图二三；图二四）。

坡顶蓄水池内，出土有大口瓷缸残片数块，褐釉瓷碗残片 3 块以及一小块青花瓷片（图二五）。

中段坡顶路壕东侧有一个清代石灰岩质龟形碑座，近圆形，长 0.93、头宽 0.32、高 0.35 米，座中有一残长 0.82、宽 0.3 米的长方形石条，石条中间为一长 0.31、宽 0.2、深 0.18 米的凹槽，凹槽内原先应插立的碑身已佚失，按其所在位置，碑文内容当与古道修凿有关（图二六）。

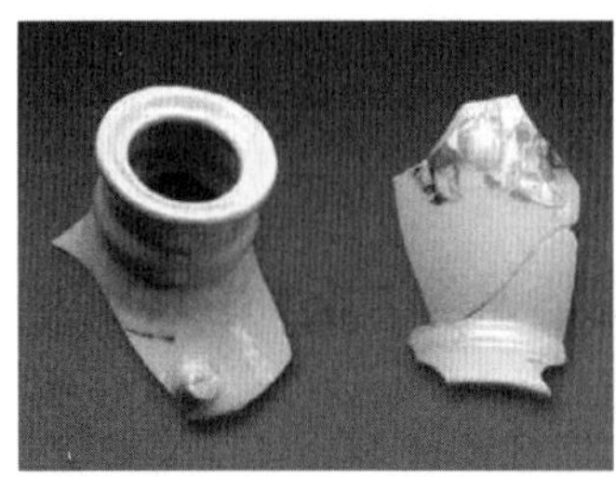

图二四　黄釉瓷片

图二五　瓷片

图二六　龟形石碑座

从这些出土遗物看，除坡顶蓄水池内出土的褐釉瓷碗残片及一块青花瓷片为清代遗物外，绝大多数为民国中、晚期遗物，有的则晚至 20 世纪 50—70 年代。重要的是古道内出土一枚湖南省造光绪当十铜元，该铜元的出土为古道使用的下限提供了实物证据，从而证明古道使用时间一直延续到近代。

三、崤函古道沿线及石壕段遗址周围人文遗迹

作为古代沟通两京的交通要道，崤函古道沿线留下了很多文化遗迹，下面简单列举几例：

（一）石壕村与《石壕吏》

石壕段遗址东 2 公里处有石壕村，公元 759 年诗人杜甫在赴任华州途中暮投石壕村，结果目睹了吏卒深夜抓丁夫，痛感统治者之腐败、官吏之残酷、百姓之无奈，因此写下了流传千古的《石壕吏》，石壕村也因而得名（石壕村原名干壕、甘壕或兴隆镇[6]）。石壕村及石壕段遗址也因此而闻名千年。

（二）陕州古城

古陕州城亦称陕县故城，即今三门峡风景区。据《直隶陕州志》载，城为西汉武帝元鼎四年（前 113）所建，弃于 1959 年三门峡水库蓄水。《春秋公羊传·隐公五年》有“自陕而东，周公主之，自陕而西，召公主之”的记载，陕地成了古代中国东西方之间的人为分界。三门峡考古发掘出土过很多压印有“陕”“陕市”“陕亭”印记的陶器。

（三）夏后皋墓

位于陕县菜园乡与宫前乡交界处，雁翎关村东南，是崤山南路上一个重要关隘，当地人称其崤陵关，夏后皋墓在关西北附近一山巅上，墓呈圆丘形，高约 1.5 米。土石冢、墓旁有栎树数棵，附近草木茂盛，益显古冢庄严肃穆。相传夏朝第十四代王夏后皋在此关附近战死后葬于此[7]。

（四）董达桥

原桥位于三门峡陕县张茅乡张茅村东，距三门峡市约 19 公里，为五代时期董达所建，宋元明清代有修葺，毁于 20 世纪 60 年代公路改建时，沿用 1000 余年。为崤函古道北道必经之香油河（据《水经注》所述，似为崖水）上建筑物[8]。董达桥西的张茅，亦为崤函北道一重要村镇，唐相姚崇及其父唐初名将姚懿，祖居并受封于此地。张茅地名即裂土封茅而张大之意。

（五）周文王避风雨台

位于陕县硖石村东街北，面临古淆水，距今三门峡市约 27 公里，为一长 50 余米，高度约 8 米的石槛，原有柏树、庙宇、八卦琉璃井、石刻碑碣等，1965 年前后被毁[9]。《左传·僖公三十二年》：崤有二陵焉……其北陵，文王之所避风雨也，指此。据《括地志》记载，崤山又名嵚岑山，文王所避风雨即东崤山也，俗亦号文王山。嵚岑山即今陇海铁路南侧群众称为金银山者。周文王姬昌，在商为西伯，与殷纣王政见不合，受召入觐，被拘羑里，过此地躲避

风雨。

崤函古道穿行于山谷中，山岭峻拔险绝，修凿殊为不易。明代王以悟所撰《硖石山修路记》碑铭记述了该次修路历时3年而成，清张天德撰《硖石山修路记》碑有“伐山取薪火灼之，继以锥凿，自硖石至甘壕计二十里，仅周岁而抵平步”之语，及元泰定三年（1326）的《创修古崤陵便民路碑记》都记载了修凿古道时的艰辛。

四、结语

崤函古道具有极高的历史文化、经济和科研价值。崤函古道由于地理原因，历来是兵家必争之地，素有“一夫当关，万夫莫克”的俗语，更甚者有“一丸泥以封函谷”的说法，发生于此地段的战争不计其数。被尊为道教师祖的李聃（老子），途经崤函古道西行，在函谷关（今灵宝）被关令尹喜慧眼识人，写下了著名的《道德经》五千言，阐述了天、地、自然与人的辩证关系及清静无为的守成思想。佛教自东汉明帝以白马驮经安置在白马寺后，佛教逐年兴盛，古道沿线的空相寺，与白马寺、相国寺、少林寺齐名，为中州四大名寺。崤函古道修凿和利用栈道、开凿牛鼻孔、穿绳索供纤夫把扶，其中涉及营造、建筑、力学等多个学科，许多做法不仅至今尚为沿用，也具有深入研究和开发利用的价值。

崤函古道自古至今为古丝绸之路，中原通往关中、达西域的咽喉要道，是欧亚大陆桥的必经之路，属于丝绸之路申报类型中的“交通系统遗迹”。石壕段遗址则是丝绸之路申遗名单中唯一一处“路”的遗迹。文物本体保护完好，古道上的车辙壕沟系古代木轮和铁轮车长期在石头上碾轧所致，没有被现代交通形式所改造，为现代社会提供古代东西方文明交流的独特见证，是“历史信息的宝贵记载”，是我国丝绸之路的一处“实物标本”，应该得到更好的保护和更高的关注度，为申请世界文化遗产及今后的研究、保护工作做好充分准备。

执笔：李宝军　上官荣光

注释：

[1] a. 辛德勇：《崤函古道琐证》，见《古代交通与地理文献研究》，中华书局，1996年。

b. 李久昌：《崤函古道研究》，三秦出版社，2009年，第115页。

[2] a. 胡小平、郭九行：《灵宝函谷关发现的古道遗迹》，《三门峡职业技术学院学报》2009年第3期。

b. 李久昌：《崤函古道研究》，三秦出版社，2009年，第265—266页。

[3] 资料由陕县文物局曹铁刚提供。

[4] 资料由陕县文物局崤函古道石壕段遗址文物保护管理所提供。

[5] 出土物图片为陕县文物局曹铁刚提供。

[6] 李久昌:《崤函古道交通线路的形成与变迁》，见李久昌:《崤函古道研究》，三秦出版社，2009 年，第 160 页。

[7] 李久昌:《崤函古道交通线路的形成与变迁》，见李久昌:《崤函古道研究》，三秦出版社，2009 年，第 156 页。

[8] 李久昌:《崤函古道交通线路的形成与变迁》，见李久昌:《崤函古道研究》，三秦出版社，2009 年，第 158 页。

[9] 李久昌:《崤函古道交通线路的形成与变迁》，见李久昌:《崤函古道研究》，三秦出版社，2009 年。

河南三门峡发现元代早期墓葬

◎史智民　◎李宝军　◎张青彦

M38 墓道　M36 墓室　M38 墓室　M36 全景　合同券

2013 年 8 月到 9 月，三门峡市文物考古研究所为配合市区房地产项目工地建设，对所涉区域进行了抢救性发掘，发掘墓葬以唐宋墓为主，在所发掘墓葬中有两座元代早期墓形制较为特殊，现将两墓介绍如下。

M38

墓道由南北向长墓道和东西向短墓道相交而成 L 形。两条墓道平面均呈梯形，东宽西窄，其中东西向短墓道长 2.86 米、宽 0.44~0.48 米，墓道内填红褐色花土，土质松软，无包含物。东部被活土坑打破，从墓道底部残留情况推测墓道内原应有台阶，因破坏严重，具体情况不详，仅于墓道底部西端发现一台阶，台阶长 0.48 米，宽 0.28 米，高 0.2 米，墓道为直壁，底部距现地表最深约 3.1 米。

南北向长墓道长 3.5 米，宽 0.48~0.64 米，口小底大，底部北端宽 0.72 米，墓道内填红褐色花土，土质较硬，无包含物。墓道内有台阶 8 级，其中第 1 级台阶与东西向墓道的最后一级相连为一体，台阶长约 0.47~0.54 米，宽约 0.14~0.26 米，高约 0.22~0.36 米，第 3 级台阶至第 8 级台阶两侧有类似扶手的存在，宽约 0.03~0.04 米，第 8 级台阶之下为一水平长 0.56 米的斜坡，斜坡之下为一水平长约 1.4 米的缓坡，缓坡直抵墓门下。南北向墓道方向 180° ，底部距现地表深 3.1~5.46 米（南—北）。

墓门位于墓道北端，平顶，高 1.9 米，宽 0.62 米，未见封门。甬道位于墓门与墓室之间，平面为长方形，长 0.12 米、宽 0.62 米，高出墓道底部北端约 30 厘米。

墓室位于甬道以北，平面近方形，室顶为平顶，室底近平，东西长 2.24~2.16 米，南北宽 2.2~2.46 米，深 1.6 米。墓室南壁西端有一灯龛，龛近方形，高约 0.18 米、长约 0.26 米、进深约 0.15 米，龛内放一黑釉瓷碗。墓室内发现有木棺一具，东西向横置，已朽，仅余痕迹，长 1.6 米，头端宽 0.74 米、脚端宽 0.54 米，厚约 0.05 米，棺底铺有一层木炭，棺内有人骨架两具，保存较好，均为仰身直肢葬，头向西；北侧人骨为男性，面向东，南侧人骨为女性，头骨漂起，面向下。

M36

墓道形制同于 M38。东西向短墓道平面呈梯形，东宽西窄，长 1.96 米，宽 0.44~0.38 米，墓道内填红褐色花土，土质松软，无包含物。墓道内共有台阶 8 级，台阶长 0.44~0.38 米，宽 0.32~0.12 米，高 0.48~0.24 米，墓道为直壁，底部距现地表深 0.7~2.5 米（东—西）。

南北向长墓道平面呈梯形，北宽南窄，口大底小，长 3.5 米，宽 0.44~0.62 米，底部宽 0.43~0.58 米。墓道内填红褐色花土，土质较硬，无包含物。墓道内有台阶 11 级，其中第 1 级台阶与东西向墓道的第 8 级相连为一体，台阶长约 0.43~0.49 米，宽约 0.3~0.12 米，高约 0.3~0.2 米，第 11 级台阶之下为一水平长 1.3 米的斜坡，坡度和缓，斜坡直抵墓门下。墓道底部斜坡东壁下发现一壁龛，壁龛北距墓门水平距离为 0.3 米，龛为长方形，长 0.38 米、高 0.56 米、进深 0.5 米。龛门用五块长 0.33 米、宽 0.2 米、厚 0.07 米的土坯竖砌封堵，五块土坯之下又横置一块长 0.33 米、宽 0.1 米、厚 0.07 米的土坯以作支撑。五块土坯之上南端用三块断坯封堵，北端则未封堵。龛内出土有一层碳化粮食，品种不明。

南北向墓道为斜直壁，方向 180°，底部距现地表深 2.5~6.1 米（南—北）。

墓门位于墓道北端，平顶，高 2 米，宽 0.64 米，进深 0.24 米，两侧门框宽约 0.06 米。墓门底部用两层土坯封门，土坯尺寸同于壁龛封堵土坯，最下层为十块土坯竖砌，土坯两端紧贴墓壁，上层为八块土坯斜砌，土坯两端紧贴门框。

墓室位于墓门以北，平面近梯形，室顶为拱顶近平，室壁竖直，西、北、东三壁上留有开凿工具痕迹，尤以北壁最为集中。工具痕分为两种，一种平面为长方形，长约 20 厘米，宽约 3.5 厘米，最大进深约 2 厘米，另一种为细长条弧线，宽约 1 厘米、深约 2 厘米，推测当时所用的修墓工具可能为两种或是一种，但两端均可使用。

墓室西壁南端有一灯龛，龛近方形，高约18厘米、长约24厘米、进深约18厘米，龛内放一酱釉瓷碗，出土时碗内尚残存有灯油。龛底距墓室底部约1.4米。墓室底部为平底，长2.74~1.68米（北—南），宽2.23米，深1.8米，室底高出墓道底部北端约20厘米。墓室内发现有木棺一具，已倒坍，材质为柏木，棺板残长1.8米、宽0.2米、厚0.04米，表面刷有一层黑漆。棺板下未发现人骨架，棺底铺有一层木炭。从倒坍的棺木推断木棺应为东西向横置。

墓室底部西北角处斜靠一块合同券，合同券后有一黑色卵石，墓室东北角有一青色卵石，东南角有一红色卵石，西南角有一白色卵石，北部偏中有一黄色卵石。

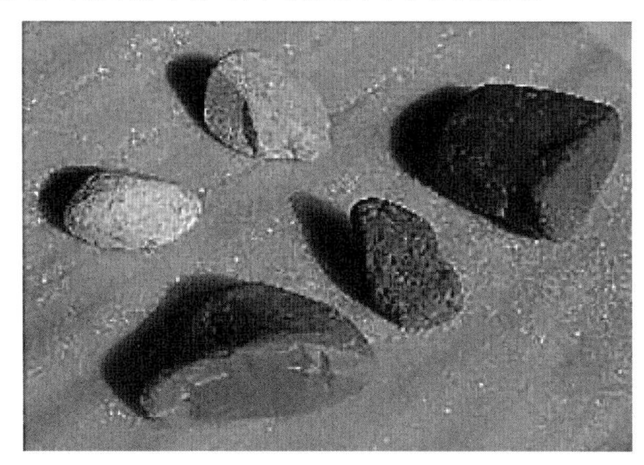

五色镇墓石

合同券质地为灰砖，方形，长30厘米、厚5厘米，背面正中模印一右手手印，券文乃朱砂书写，一侧书有半字“合同券”，录文如下：

维大朝岁次戊午六月己卯朔二十五日癸卯南□□□／陕县第一乡涧南社居住孝子尹平同弟尹濡尹／智信伏为殁故祖父尹不记名祖母曹氏伯父尹一母／王氏父一尹兴母石氏叔父尹直婶母马氏叔尹四婶母／张氏兄尹望喜嫂张氏兄尹原嫂解氏弟尹黑则尹□□／赛哥弟新妇皇甫氏姪新妇常氏次于七月初二日己酉□□／龟筮协从相地袭吉宜于本县第二乡嘉王庄西原安厝／宅兆谨用钱九万九千九百九十九贯文□五綵信币买地／一段东西阔一十二步五分南北长十三步三分六厘东至青龙西／至白虎南至朱雀北至玄武内方勾陈分掌四域丘丞墓／伯封部界畔道路将军齐整阡陌千秋万岁永无殃灾／若辄干犯诃禁者将军亭长收付河伯今以牲牢酒□／百味香新共为信契财地交相分付工匠修营安厝之后／永保休吉知见人岁月主保人今日直符故气邪精不／得忏□先有居者永避万里若违此约地府主吏自当其／祸主人内外存亡悉皆安吉，急急如／五帝使者女青律令

券文中的“大朝”乃成吉思汗建立蒙古汗国时的国号，因此时不设年号故以干支纪年，相同的事例尚见于《冠山寂照通悟禅师徽公塔铭并引》铭末署“大朝丙午年四月初十日”，《□□神清宫记》中也作“大朝岁次戊午十月望日”。戊午年乃元宪宗蒙哥八年，即公元1258年。M38虽未出土纪年文物，但其墓葬形制基本同于M36，且两墓所出瓷碗形制一致，故两墓的时代应相近，亦为蒙元早期墓葬，两墓东西排列，相距约11米，似应为家族墓地。

墓室内摆放五色镇墓石，在三门峡地区并非首次发现。1983年原洛阳地区文化局在三门峡上村岭就曾发掘过一座元墓。该墓墓室棺床中间斜靠一块陶质买地券，买地券前和墓室四角各放有一块卵石，东北角为绿色，东南角为红色，西北角为黑色，西南角为白色，买地券为浅灰色，唯中间的卵石为浅灰色与M36不合。《重新校正地理新书》卷一四载：“镇墓古法有以竹为六尺弓度之者，亦有用尺量者。今但以五色石镇之于冢堂内，东北角安青石，东南角安赤石，

西南角安白石，西北角安黑石，中央安黄石，皆须完净，大小等，不限轻重。”正与 M36 墓室内五色石的摆放相吻合，但五石大小却并不相同。

上村岭元墓出土买地券反面边沿有一竖行文字，每字只余半截，难以辨识，今据新出合同券推断，似亦应为“合同券”三个半字，只不过书写位置不同而已。

关于 L 形墓道，三门峡地区曾发现过一座相同墓道形制的金墓，该墓的年代不早于金章宗泰和元年，为金末元初。券文中的陕县元代属河南府路陕州，《元史》卷二《太宗纪》载：（四年）“遂下商、虢、嵩、汝、陕、洛、许、郑、陈、亳、颍、寿、睢、永等州”，则陕州属元自 1232 年始，M36 下葬的时间应为 1258 年，中间相差不过 26 年，此时去金未远，故两墓 L 形墓道形制应是承袭金墓。但金墓墓室为仿木结构砖砌建筑，M36、M38 却为土洞墓，这可能是由于财力或时局动荡等原因造成的。

M36、M38 两墓墓道均作 L 形，此种墓道形制的元墓在三门峡地区尚属首次发现，在全国目前已发掘的元墓中亦属罕见，该墓道形制承袭金墓，对于研究三门峡地区的元墓及金元变革具有重要意义。

北周僧渊造像碑研究

◎崔松林 ◎王景荃

僧渊造像碑，现存河南省三门峡车马坑博物馆，北周天和三年（568 年）造，石灰岩质，碑体为竖长方体，碑首、碑趺已失。现存碑身保存基本完好，高 72 厘米，宽 44 厘米，厚 24~28 厘米。四面凿龛造像，雕刻精美，是北周时期难得的佛教造像。该造像早年由陕县文化馆于老陕州城宝轮寺收集，1961 年归三门峡市文化馆收藏，1966 年“文化大革命”开始后，将其运至市人民公园内埋藏，1983 年挖出存放于市人民文化宫，1985 年运至三门峡市文物陈列馆收藏至今，其间无人对其进行研究和对外公布。鉴于此，笔者对其雕刻内容、造像题材以及艺术风格进行考察和研究，抛砖引玉，以期方家指正。

一、造像形式及雕刻内容

图一 僧渊造像碑正面

僧渊造像碑，碑身四面环雕佛龛，除表面稍有剥蚀和龛内造像头部残损外，保存基本完好。正面雕一帐形龛，龛高 22 厘米，宽 22 厘米，深 6 厘米。龛楣饰帷幔，帷幔上饰垂鳞纹和三角形纹饰，幔顶饰宝相花和三花焦叶。龛两侧饰龛柱，下有覆莲柱础，莲瓣饱满和谧。龛内雕一佛二弟子二菩萨，主尊高肉髻，面部残损，着双领下垂袈裟，手施无畏与愿印，手指残损，结跏趺坐于束腰须弥座上，裙裾覆搭座前。二弟子头面部皆有残损，着僧衣立于佛之左右。左侧年老者双手合十于胸前，当为弟子迦叶，右侧年青者，一手置于胸前，一手下垂者当为弟子阿难。二菩萨头戴宝冠，头面部残损较甚。颈戴桃形项饰，着菩萨装，上身赤袒，下着长裙，帔帛绕肩在胸前及膝部横贯两道后穿肘下垂。右侧菩萨双手置于胸前，左侧菩萨右手屈肘置于胸前，左手下垂握善锁，均跣足侧身立于束腰仰覆莲座上。龛下方正中刻一荷叶装饰的博山炉，炉座饰一周覆莲瓣。(图一)

造像背面刻帐形龛，高31厘米，宽32厘米，深6厘米。龛形及龛楣装饰与正面佛龛相同。龛内雕一佛二弟子二菩萨，头面部多残损。主尊高肉髻，面部残损不清，着圆领袈裟总覆两臂，衣纹呈“U”形排列。手施无畏与愿印，结跏趺坐于方形台座上，厚重的裙裾覆搭座前。二弟子着僧衣立于佛之左右，左侧迦叶保存完好，右侧阿难面部残损不清。二菩萨着菩萨装侧立于左右两侧，头戴宝冠，宝缯下垂，面部残损不清，上身赤袒，颈戴桃形项饰，帔帛绕肩穿肘下垂，下着长裙，裙腰外翻，跣足而立。左侧菩萨右手执物上举，左手下垂持净瓶，当为观世音菩萨；右侧菩萨右手屈肘于胸前，左手下垂握帛带，当为大势至菩萨。由此可看出，此龛内的主尊当为阿弥陀佛。(图二)龛下刻造像记一方，正书21行，满行9字，书体方正，纯朴秀美，略具魏碑笔意。(图三)录文于后：

图二　造像背面

夫灵智极尊，迨衰无二，赴感随因，悲拔苦一。是以比丘僧僧渊，既蒙福资，少游玄观，馀福不弘，身常瘦弱，夙睿□腊。自非慈父安能兴救者哉！遂即发心采访璞山之岫，得碑石一枚，石匠延功雕陋，出赀营造石塔，七佛徒众集在其中，宝帐供养之具无不□。又愿国祚永隆，万化同一，旷劫师僧、七世父母、因缘眷属及以四生，去有绝尘，融归本理。还趣导首，证升觉位。兴愿表心，略题云尔。

周天和三年岁次戊子十二月十四日造讫

施缘石塔主傅□□像主傅……

图三　拓片

左侧面雕两龛，上下排列，上龛为帐形龛，龛形与龛楣装饰同正面龛。龛高16.5厘米，宽13厘米，深3厘米，保存完好。龛内雕一主尊及二菩萨，主尊为倚坐弥勒像，弥勒面相长方，两颊饱满。头戴宝冠，宝缯垂肩，颈戴桃形项饰。上身内着僧祇支，帔帛绕肩在腹前交叉穿环后上扬穿肘下垂。手施无畏与愿印，两腿下垂倚坐于方形台座上，足下踩莲花。二菩萨头戴宝冠，宝缯垂肩，面相与主尊同。上身赤袒，帔帛绕肩沿体侧下垂，下着长裙，裙腰外翻，双手握莲蕾于胸前，侧身跣足立于莲花座上。龛左侧有榜题“弥勒像主任善享”。下龛为尖拱形龛，龛高 16 厘米，宽 14 厘米，深 3 厘米。龛内雕释迦多宝二佛并坐像，左边佛像头部残损，右边佛像保存完好。佛像高肉髻，面相长方饱满，着圆领袈裟，下着长裙，身前衣纹呈“U”形排列有序。手施无畏与愿印，结跏趺坐于方形束腰须弥座上，裙裾覆搭座之上层，座最下层施覆莲瓣一周。龛外左侧有榜题“释迦多宝主任僧保”字样。（图四）

右侧面雕两龛，上下排列，上龛为帐形龛，高 17.5 厘米，宽 13 厘米，深 3 厘米。龛形及龛楣装饰与左侧上龛同。龛内雕一佛二菩萨，头部均残损。主尊着圆领袈裟，衣纹呈“U”形排列，手施无畏与愿印，结跏趺坐于方形束腰须弥座上，裙裾覆搭座前，座下层施莲瓣一周。二菩萨均赤袒上身，帔帛绕肩沿体侧下垂，下着长裙，裙腰外翻。一手屈肘上举，一手下垂握帛带，跣足立于莲花座上。龛外左侧原有榜题已残缺不存。下龛为尖拱龛，高 18.5 厘米，宽 14 厘米，深 3 厘米。龛内雕一立佛二菩萨，主尊高肉髻，面部残损，着圆领通肩袈裟，下着长裙，跣足立于覆莲座上。右手屈肘于胸施无畏印，左手下垂，手指残损。二菩萨形象与服饰与上龛相同，除左侧菩萨面部有残泐外，保存完好。龛外左边刻榜题“定光像主王季绪”。（图五）

图四　左侧面

图五　右侧面

二、造像题材及艺术风格

从僧渊造像的雕刻内容可知，造像题材比较丰富，既有以释迦牟尼、阿弥陀佛为主尊的一佛二弟子二菩萨构成的一铺五身式造像，也有以弥勒佛、释迦多宝、定光佛等为主尊的一佛二菩萨构成的一铺三身式造像。释迦是北周崇奉的主要对象，造像大多造此题材，这可能是对北魏传统佛教思想的继承。另外，北周时期的涅槃学说十分流行，也对民众的佛教信仰产生很大影响。蒲州仁寿寺的释僧妙终生以讲涅槃为业，受到周武帝的特加尊敬。而其弟子昙延早年听僧妙讲涅槃，深悟经旨，认为佛性妙理为涅槃宗极，足为心神之游玩也。周武帝时昙延被任命为国统，有权对整个北周的僧尼大众进行导化。他还撰《涅槃经义疏》十五卷，流传于世。当时的名僧释道安，也是崇尚涅槃。在这些高僧涅槃学说的直接弘扬下，对民众的信奉对象产生很大影响，这或许是释迦造像题材在北周继续流行的重要因素[1]。阿弥陀佛是西方极乐世界的教主，他与左胁侍观世音菩萨和右胁侍大势至菩萨合称“西方三圣”。阿弥陀信仰在东汉时期已经传到了中国，从东晋开始在社会上流行，早期同弥勒信仰并重，但后来弥勒信仰日渐衰落，阿弥陀信仰日益兴盛，唐代以信仰西方净土创立了净土宗，其影响深入民间，在社会上广泛流行，至今依然不衰。最早的“西方三圣”造像，是甘肃炳灵寺石窟 169 窟保存的西秦时塑造的一坐佛二立菩萨，像旁墨书题写“无量寿佛”（即阿弥陀佛）、“观世音菩萨”、“大势至菩萨”[2]。在石窟和寺院中，阿弥陀佛的形象很常见，有些作为三世佛出现，也有的供一阿弥陀立像，作为“接引佛”出现，因为阿弥陀佛能接引众生往生西方极乐世界。而他的左胁侍观世音菩萨以大慈大悲，救众生于苦难危急之中，并为众生宣讲佛法，使他们得到解脱。中国民间观世音信仰非常盛行，其形象也很多样，成为历代佛教造像中的重要题材。弥勒菩萨是兜率天净土的本尊。据佛经记载，弥勒上生兜率天宫为人间决疑，是位登十地的正觉菩萨。弥勒还是释迦灭度后下生人世的未来佛，历代常被农民起义作为建立“新世界”的号召，北魏延昌四年（515 年）冀州僧人法庆率众起义，标榜为“新佛出世，除去众魔”，唐代武则天为其登基作舆论准备，伪造《大云经》，以弥勒自谓，预言武周新朝的建立。因此，每当朝代更替时，弥勒信仰就更加兴盛。多宝佛是东方宝净世界的教主，多宝佛入灭后，以本愿力成全身舍利，每当释迦佛宣讲《法华经》时，必从地中涌出，现于诸佛之前，为《法华经》之真实而作证明。多宝佛与释迦牟尼佛并坐于七宝塔中，显示了诸佛为成就度化众生之大事而示现于世间。《法华经·见宝塔品》不仅宣扬了大乘佛教不可思议的无量功德，而且也表现了“一佛出世，万佛护佑”的宏大场面。因此，《法华经》译出后，影响越来越大，法华信仰颇为流行。释迦、多宝二如来分座说法的故事也流传开来。这一题材在北魏至隋唐的石窟及石刻造像中较多出现，往往表现为二佛并坐，或雕一宝塔，内坐二佛。定光佛题材在北朝晚期的石窟及造像中较多见，“定光佛”又称“燃灯古佛”，属于“过去六佛之一”。据佛经记载，燃灯“生时，一切身边如灯，故名燃灯太子。作佛亦名燃灯”。燃灯佛于释迦牟尼过去世为其授记，说：“善男子，汝于来世，当得作佛，号释迦牟尼。”根据“劫世”理论，燃灯应生在过去世“庄严劫”，并预言九十一劫后的贤劫，释迦牟尼成佛。关于定光佛造像，其形象不一，主要有以下几种：一种是一立佛与三童子，如沁阳兴隆寺北齐四面造像碑，榜题“定光佛”；河北邯郸水浴寺北齐石窟后壁左边龛内也雕有相同的造像，榜题“定光佛与三童子”，此种造像是将定光佛授记与阿育王施土演化为一的形象。还有一种是定光佛与释迦牟尼二佛并立，其中一佛旁有三童子，如河南博物院藏隋开皇三年（583年）“邴法敬造像碑”。而此造像中的定光佛，却为一立佛及二菩萨，在其他石窟及造像中较少见，由此可看出定光佛造像的演变过程以及地域特征。

关于北周时期的造像题材，从现存的单体造像来看，各地尊奉的对象也是有差别的。长安地区释迦造像十分流行，宁夏南部、陇东地区造像题材繁杂：释迦多宝佛、弥勒菩萨、弥勒和释迦、释迦定光佛等题材多有出现。而该造像上的释迦、阿弥陀佛、弥勒、释迦多宝和定光佛题材，在中原地区的石窟及造像碑上多有出现，说明豫西地区北周时期的佛教造像受北魏至北齐时期西北及中原佛教造像的影响至深。

在造像风格上，佛像肉髻略高，面形长圆，服饰呈两种样式，一种是内着偏衫，外穿双领下垂式袈裟，右侧衣襟自腹前绕搭左小臂后下垂，佛装下摆呈八字形下垂，衣裾做二三层堆叠于座前。另一种着圆领通肩式袈裟，下摆呈三片式下垂，衣裾做二三层堆叠于座前，服饰质感厚重。菩萨头戴宝冠，宝缯垂肩，面形长圆，上身赤袒，帔帛绕肩沿体侧下垂，下着长裙，裙腰外翻，双手握莲蕾于胸前，侧身跣足立于莲花座上。体态修长，婀娜多姿。总之，北周造像上承北魏迁都洛阳以来形成的“秀骨清像”之余韵，下启隋唐造像“丰腴圆润”之先河。总的看来，造像神态端庄恬静，形体敦厚挺拔，服饰简洁流畅，具有一种珠圆玉润的美感，带有鲜明的时代特征。

佛龛样式上，主要是帐形龛和尖楣圆拱龛两种，前者龛楣上方正中及两角各饰一组山花焦叶，其间等距饰莲蕾和半圆形莲花，龛楣下方有两层垂饰，一层呈半圆形，一层为交错式三角形，其下是两层折叠式垂幔，垂幔呈四片扎束式，两端分别沿龛边缘下垂。有的垂幔表层饰有华绳，使龛楣更具装饰性。而另一种尖楣圆拱形龛，龛楣几无装饰，只在龛楣两端各饰一朵卷云纹。这种龛楣在北齐以后的造像中成为主流，由此可看出龛楣装饰由繁趋简的演化过程。尽管帐形龛是北周造像的代表性龛式，但并非北周独创和仅有。早在北魏时帐形龛已经开始出现，特别是在北魏后期开凿的巩县石窟中，帐形龛的使用尤为显著。从北魏、西魏再到北周，都有帐形龛的出现，这表明北周的帐形龛并非受外部影响，而是延续了原有传统，只是北周将这种具有典型中原文化特色的帐形龛作为佛教造像的代表样式而加以广泛使用，以致成为自己造像样式的典型特征之一[3]。这种以帐或龛为背景的佛教图像，不仅广泛见于北魏以来的各种佛教造像碑中，在石窟寺中也大量采用，体现出北朝时期艺术家创作佛教图像的基本样式和构图风格。

三、僧渊造像的社会背景及相关问题

北周是一个短暂而强大的王朝，佛教社会基础雄厚。根据记载，北周历代皇帝、后妃多信奉佛教。立国之初的宇文护对佛教更是敬奉有加，兴隆佛教，创制仁祠。虽然经过北周武帝宇文邕于建德三年（574年）大举灭佛，北方寺像几乎扫地悉尽，使北周佛教遭到严重打击。但明帝继位后，继续宣扬佛教，先后建起大陟岵、陟屺二寺，每年大度僧尼。北周贵族崇佛活动也频见于各种文献记载，他们或建寺起塔，或写经造像，或供养僧侣，或捐宅为寺，以各种形式对佛教的发展起到重要作用。北周民间的佛事活动也非常兴盛。据统计，当时北周境内所辖人口大约九百多万，而僧尼就有一百多万，占全国人口的十分之一强，再加上众多的在家信众，佛教信仰的社会基础由此可见一斑。各个社会阶层共同构成了北周佛教兴盛的社会基础，国都长安成为这种佛教信仰潮流的集中体现之地，涌现出大量精美的佛教艺术品。河南三门峡地区，是北周的政治领地，西近长安，东接洛阳，受两地佛教中心的影响，民间佛教盛行，信众雕造佛像，宣传教义，僧渊造像就是北周佛教盛行时期的实物见证。从造像题记中可知，僧渊造像目的是"愿国祚永隆，万化同一，旷劫师僧、七世父母、因缘眷属及以四生，去有绝尘，融归本理。还趣导首，证升觉位"。这充分反映了当时人们对美好幸福生活的向往和祝愿。然而，该造像碑雕造于北周武帝宇文邕建德三年（574 年）灭佛前，建德法难，为期虽短，而政令至为严酷。北方寺像，扫地悉尽。僧徒流离颠沛，困难莫可名状。或以身殉法，或隐迹尘俗。《续高僧传》载：北周之费长房、昙崇、法纯、静端、道宗、法详、僧渊、智藏，北齐之法上、灵裕、昙荣，均外还俗，而内守道。或遁匿山林，或入通道观。而终南、太白尤为周末僧人聚居之所，至隋唐而为佛教重镇，华严宗由斯托始。此碑也当在此次灭佛运动中被毁，以至碑首、碑座不存。庆幸的是碑身保存基本完好，可说是北周武帝灭佛运动的实物见证。

该碑的最早发现地———宝轮寺，是古代陕州（今三门峡市陕县）的重要寺院，始建年代不详，据《陕县志》卷十九"宝轮寺塔"载，"寺在县东南，唐僧道秀建，金僧智秀复建砖塔焉"。寺院现存宝轮寺塔，始为唐僧道秀所建，金大定十七年（1177 年）僧人智秀重建。寺院始建年代应早于塔，今寺已早毁，唯塔独存。此碑是否是宝轮寺供奉之物尚难断定，史料及造像记均未记述。该碑的造像主僧渊，题记中未记其何许人也，《续高僧传》卷十八《僧渊传》载：僧渊，广汉人，俗姓李。出家住康兴寺（后名福缘寺）。与同寺之毅法师相善。后入京从僧实受学禅定，逢北周武帝建德三年（574 年）毁佛，遂还康兴寺。聚徒修学，屡有神异。与毅法师精勤于佛法，晨夕无怠。仁寿二年，毅法师示寂，师闻之，于次二日亦随之示寂，世寿八十四。由于僧渊曾于武帝灭佛前在北周京城长安受学禅定，有可能在长安或附近寺院雕造过佛像，因此，该造像碑有可能是长安寺院或京城附近寺院供奉之物，毁于建德之难后，碑身流传于陕州宝轮寺。

四、结语

单体的佛教造像是北周佛教艺术不可或缺的组成部分，北周单体造像具有十分明显的特点，不论从造像形式、造像内容上，与其他时期有所不同，既有北魏以来的传统，又有吸收北齐造像特点而产生的新内容、新样式，对此认识可以帮助我们全面地了解北周佛教艺术的面貌。由于西魏—北周政权以勤俭持国不事雕造之故，致使北周佛教造像的数量相对于南朝和东魏至北齐而言本就显得不多，再加上武帝宇文邕的灭佛之举，这就更使北周佛教造像艺术面貌显得扑朔迷离。幸运的是在长安地区和豫西地区陆续发现的北周民间石刻造像，为我们了解北周佛教造像特征及风格渊源提供了丰富的资料。

注释：

[1] 崔峰:《论北周时期的民间佛教组织及其造像》,《世界宗教研究》2011 年第 2 期。

[2] 丁明夷、邢军:《佛教艺术百问》，中国建设出版社，1989 年。

[3] 王敏庆:《北周长安佛教造像风格渊源》,《中国文化画报》2011 年第 11 期。

河南三门峡市化工厂两座金代砖雕墓发掘简报

◎三门峡市文物考古研究所

2012年5月至6月，三门峡市文物考古研究所在配合市区大岭路南段化工厂整体改造工程时清理发掘了两座金代砖室墓，编号分别为M18和M04。（图一）其中M18未经盗扰，保存完好，各种雕砖和刻文清晰可见。M04破坏严重，整体形制尚存留。并残留了较大部分的砖雕。现将这两座金代砖雕墓的发掘情况分述如下。

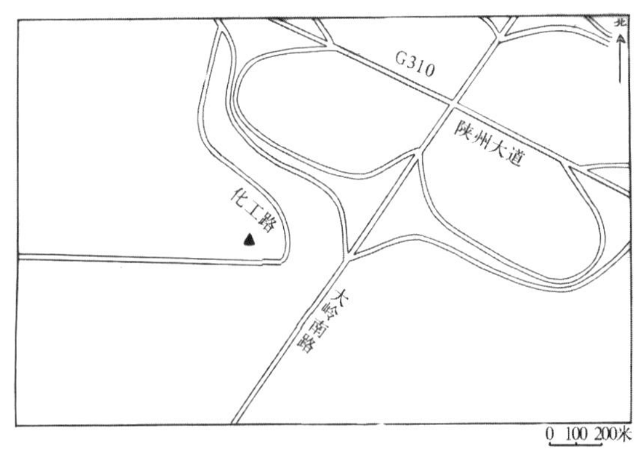

图一 三门峡市化工厂金墓位置图

一、M18

1. 墓葬形制

该墓位于发掘区的东南部，墓葬为南北向，方向180°。分墓道、甬道和砖砌墓室三个部分。（图二）

墓道：位于墓室的南部，墓道口平面近长方形，口距地表0.4米，南北长1.92米，南宽0.6米，北宽0.64米，深3.8米。在墓道东西两壁上有对称的三角形脚窝5个，脚窝宽0.18~0.21米，高0.14~0.17米，进深0.12米。墓道填土为黄褐色五花土，质松软。

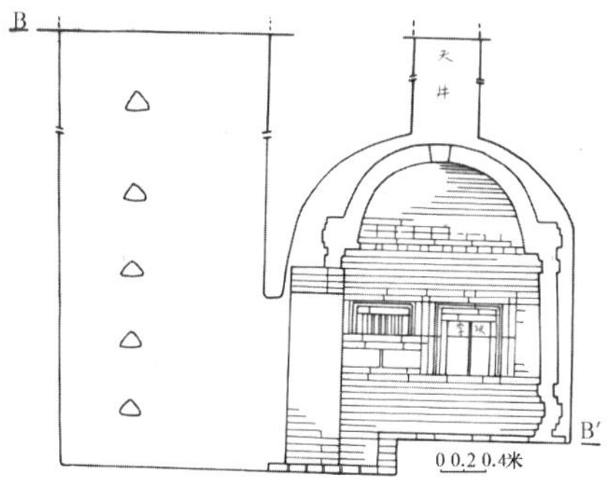

图二 M18纵剖面图

甬道：介于墓道与墓室之间，平面呈长方形，平顶。高1.5米，宽0.64米，进深0.52米。甬道门用青砖侧立平砌封堵。

墓室：顶上部有一东西向长方形天井，长1.7米，宽0.6米，深0.92米。墓室平面呈横长方形，东西长2.53米，南北宽1.75米。室顶外部呈穹窿形，内为长方形四角攒尖式券顶。（图三）室内底部呈“凹”字状与甬道相连，北部为棺床，高出墓底0.36米，用砖砌成须弥座式。

棺床上置一木棺，棺已腐朽成灰白色和灰黑色痕迹，长 1.8 米，宽 0.8 米，高度不明。棺内葬有两具人骨架，均头西足东，仰身直肢。其中北侧为一男性，头骨朽蚀成粉末状，上下肢体保存一般；南侧为一女性，面向上，头骨枕于瓷枕上。二者应为合葬的一对夫妇。在室内顶部饰彩绘壁画，因脱落过甚，内容不清。（图四）墓内四壁除南壁外，均砌有门窗、雕花等。

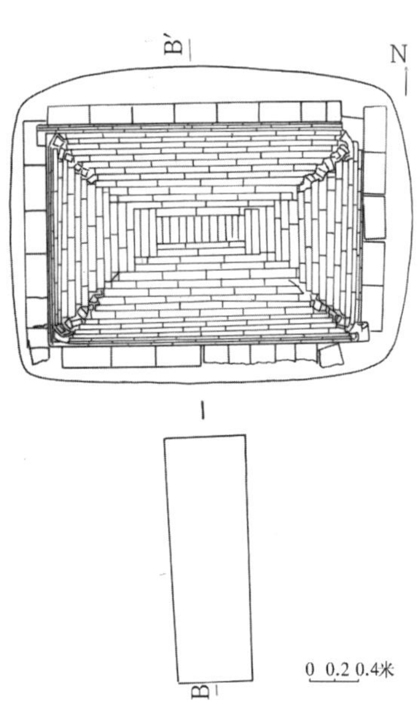

图三　M18 墓顶平面图

东、西两壁：对称装饰，底砌须弥座，其上均砌一门一窗，门居北侧，窗为南侧，顶部相平。门为对称两扇。东壁的门宽 0.32 米，高 0.49 米。在该壁的左右两扇门上，皆有竖向排列刀刻字样。右扇门上有一行字为："陕州县司李"；左扇门上有三行字，自右向左为：第一行字为"见男李庆二男祥"，第二行字为"贞佑二年十月十五"，最后一行字为"孙百僧二孙瘦"。（图五）西壁的门宽 0.38 米，高 0.46 米，在左右两扇门的上部有横向"李陕"二字，疑似用黑漆自左向右涂写。东西两壁门的上部与南、北壁结构相同。（图六）

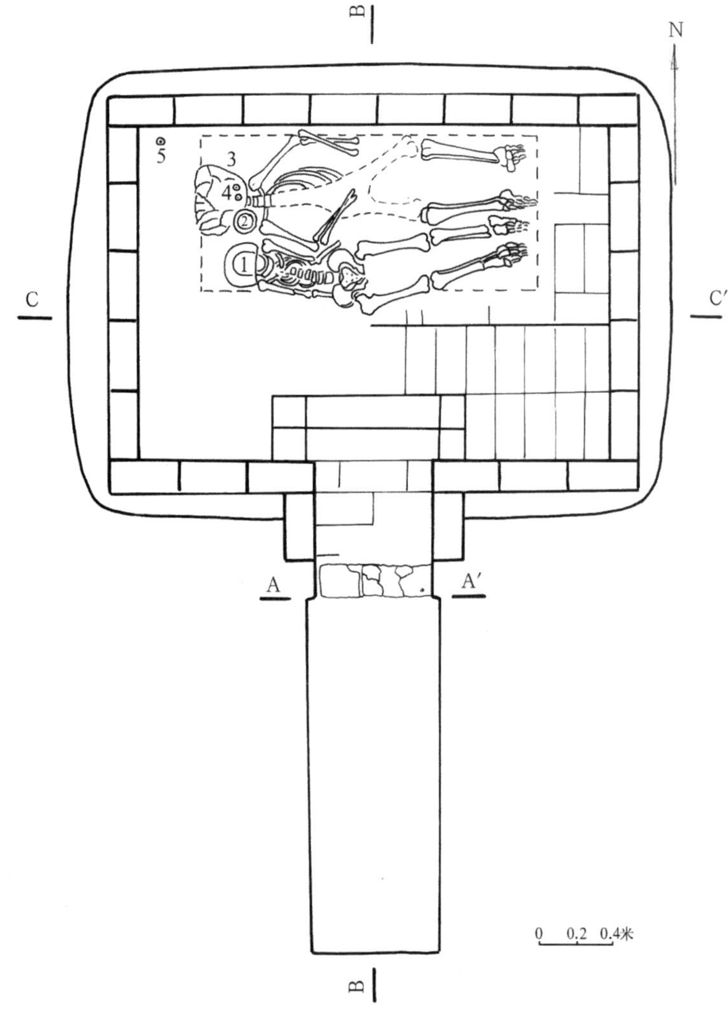

图四　M18 墓底随葬器物平面图

1. 瓷枕　2. 瓷罐　3. 瓷碗　4. 铜钱　5. 玉璧

南壁：正中下部为墓门，顶饰弧尖四拱对称砖雕，均用青砖平铺错缝砌起至房檐。（图七）

北壁：与墓门相对应。棺床以上 0.42 米高砌成须弥座，再上 1 米高砌成作坊屋三间，每间各有立柱相隔，饰门两扇，共 6 扇。三间房门的上部方格形式各异，下部有六盆雕花，中间两盆为牡丹，东侧两盆为菊花，西侧菊花、牡丹各一。其上部同南壁。（图八）

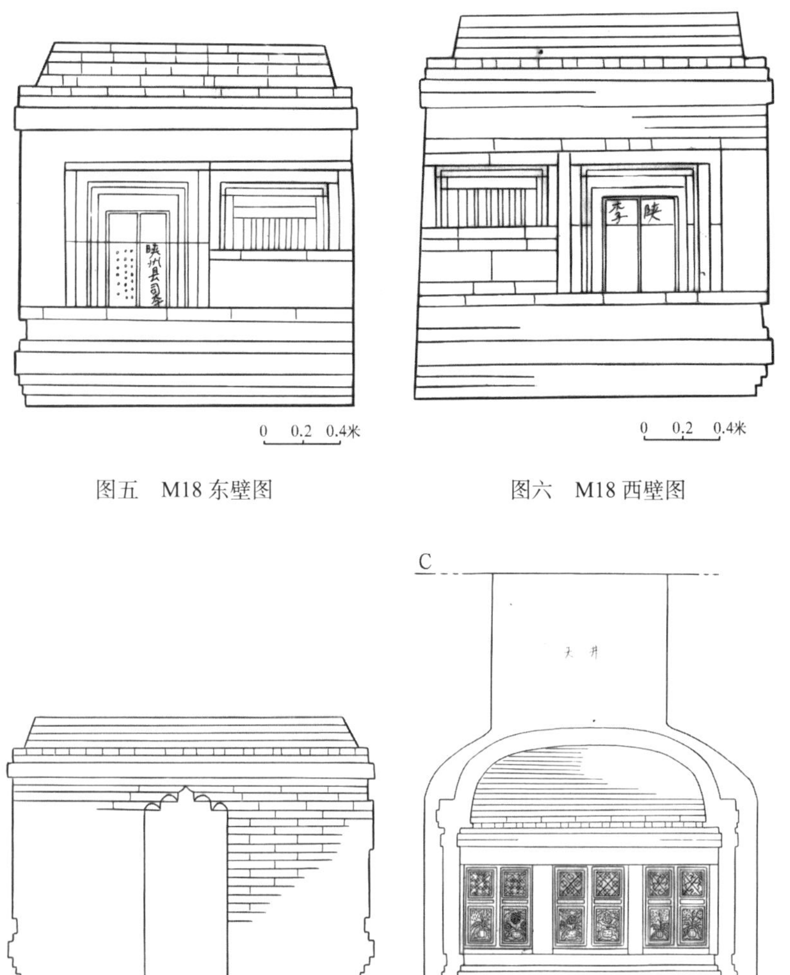

图五　M18 东壁图　　图六　M18 西壁图

图七　M18 南壁图　　图八　M18 北壁图

2. 出土遗物

此墓共清理出瓷枕、瓷罐、瓷碗、玉璧各一件，铜钱 4 枚。除玉璧置于墓内西北角外，其余几件随葬品均置于棺内墓主头骨附近。依质地可分为瓷、玉、铜三类。（图九）

瓷枕：1 件。M18：1，枕面圆角长方形，外饰白釉，前低后高，左右翘起，呈凹状，平底，中空。正面外围饰两条弦纹，中部有阴刻楷体文字，自右向左，共 10 行，每行 2~6 字不等，正文为："资财金玉积如山晓夜尚犹贪妻子好穿罗绮儿女爱腥膻＝福谢后你咱看也须檐福来同受祸至谁分独自当先诉衷情"。长 31 厘米，宽 21.6 厘米，高 10 厘米。（图九，1；图版一，1）

瓷罐：1 件。M18：2，直口，圆唇，斜肩，最大腹径在肩部，一侧口腹部有一扁平桥形系，下腹弧收至底，平底，圆空足，整体素面呈土黄色。口径 8.2 厘米，腹径 12.4 厘米，底径 6.1 厘米，高 10.8 厘米。（图九，2；图版一，2）

瓷碗：1 件。M18：3，敞口，圆唇，弧腹，矮圈足，内外上部饰褐釉，内外下部大面积饰毫状黑色釉，外腹下及底露胎。内有烟迹，当属盏用。口径 13.9 厘米，底径 4.6 厘米，高 6 厘米。（图九，3；图版一，3）

铜钱：4 枚。M18：4，均圆形方孔，有内外廓。两枚为“正隆元宝”，另两枚锈蚀严重，字迹不清。径 2.4 厘米，穿径 0.65 厘米，廓宽 0.2 厘米，厚 0.15 厘米。（图九，4）

玉璧：1 件。M18：5，青玉，薄形圆璧，外环一周凹弦纹，一侧边缘有穿孔，中心呈圆空，空外饰方格纹，方格纹内为阴刻“*”字纹，背面为素面。外径 3 厘米，内径 0.8 厘米，厚 0.4 厘米。（图九，5）

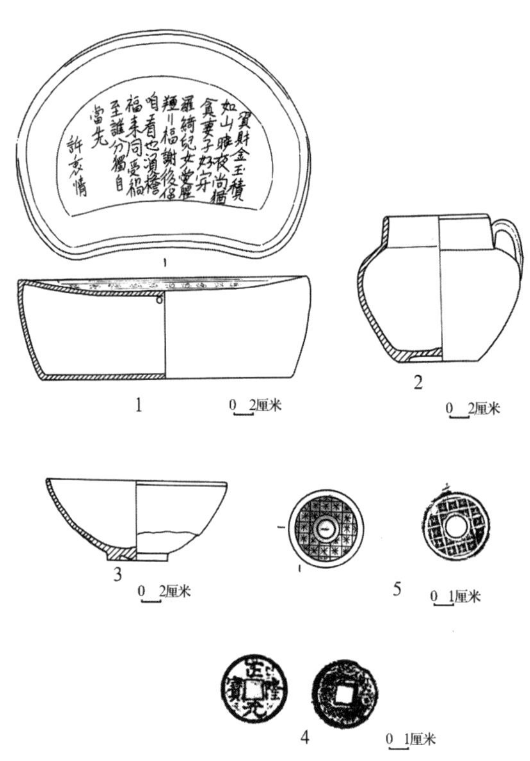

图九 M18 随葬器物图
1. 瓷枕（M18：1） 2. 瓷罐（M18：2） 3. 瓷碗（M18：3） 4. 铜钱（M18：4） 5. 玉璧（M18：5）

二、M04

1. 墓葬形制

M04 位于 M18 东侧，相距约 6 米，坐北向南，方向 180°。由墓道、甬道和砖砌墓室三部分组成。

墓道：开口于耕土层下，打破生土，墓口距地表 0.7 米，南北长 1.92 米，南宽 0.52 米，北宽 0.86 米，深 3.8 米。内填以黄褐色为主的五花土，土质松软。（图一〇）

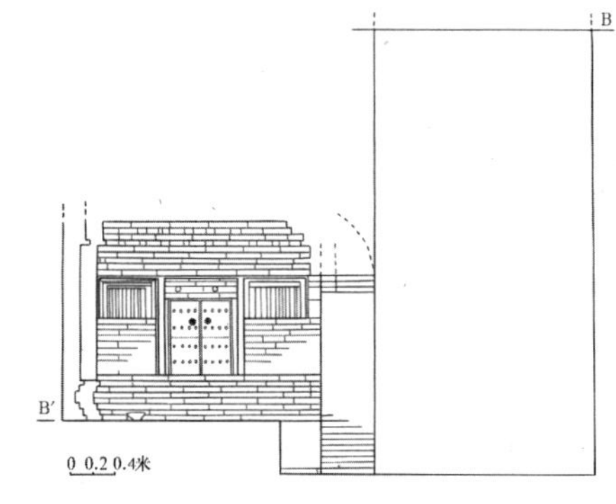

图一〇 M04 纵剖面图

甬道：均用灰条砖砌成，平顶，高 1.45 米，宽 0.58 米，进深 0.46 米。甬道口南端有一砖封墓门，用条砖侧立平砌封堵。

墓室：位于墓道北端，发掘时，从地表以下至室底均为大量活土及碎砖块，室顶结构毁坏，疑似早年盗扰。残存的墓室平面呈横长方形，东西长 2.66 米，宽 2 米。室底仍呈“凹”字状与甬道相连，北部为棺床，高出墓底 0.4 米，用砖砌成须弥座式，其上平铺一层方砖或条砖，墓内棺床上未见棺迹，也没有墓主骨架。（图一一）

东壁：须弥座以上中部砌有护门，门上乳钉及铺首排列同北壁，门的南北两侧均砌一棂窗，其高度相等，宽度分别为 0.52 米、0.55 米。（图一二）

西壁：底部为须弥座残基，以上均为土墙。

南壁：较完整，正中下部为甬道北门，顶饰弧尖砖雕和甬道相连，均用条砖平铺错缝砌成直壁墙。（图一三）

北壁：是墓室的正面，棺床以上 0.3 米高砌成须弥座，其上正中砌有两扇护门，每扇门上有四排对称乳钉，每排四个呈横向排列，共计 32 个，门高 0.64 米，宽 0.53 米。门的上方均砌有两个对称铺首。护门两侧上部各砌一棂窗，东部棂窗高 0.36 米，宽 0.64 米。西部残塌。（图一四）

2. 出土遗物

此墓仅出土一件瓷器，置于墓内东北角。

瓷碗：1 件。M04：1，敞口，尖圆唇，斜腹，圈足，足内中心乳突，内外上部及口沿饰黄白釉，内外下部大面积饰黑釉，圈足无釉。口径 15 厘米，底径 4.6 厘米，高 6 厘米。（图一五；图版一，4）

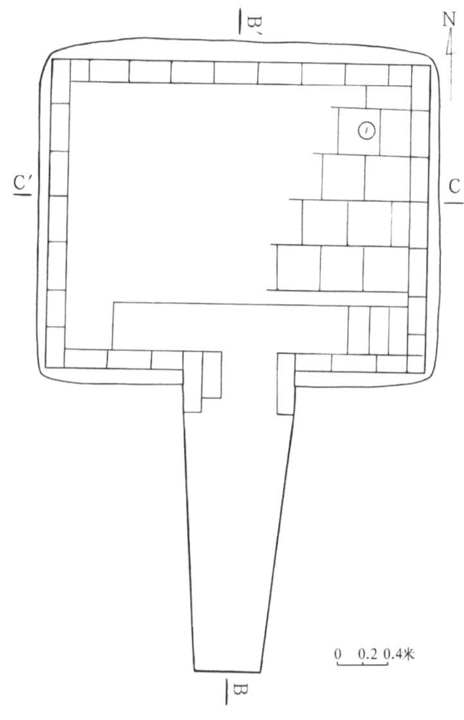

图一一 M04 墓底随葬器物平面图

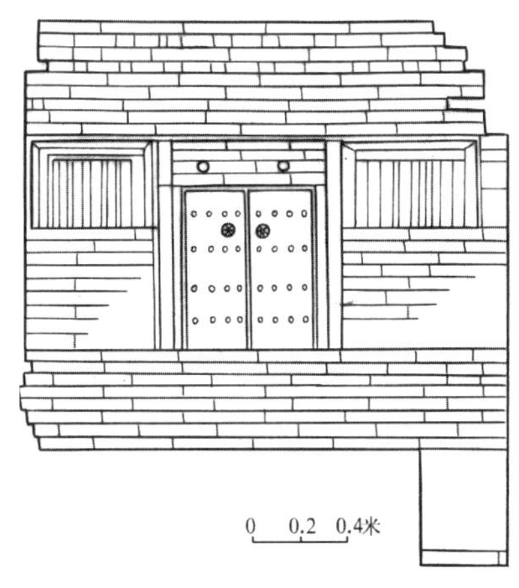

图一二 M04 东壁图

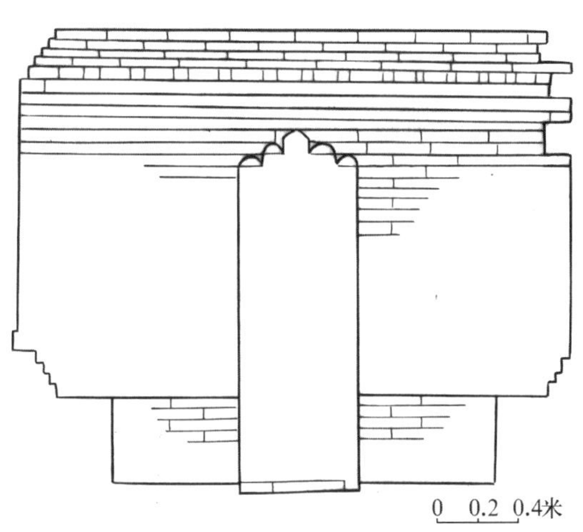

图一三 M04 南壁图

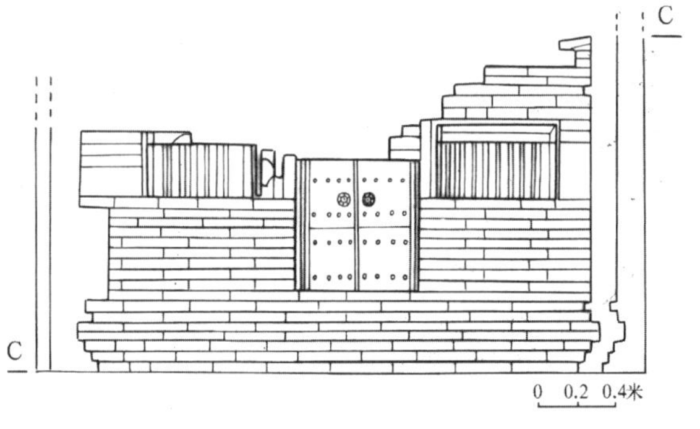

图一四 M04 北壁图

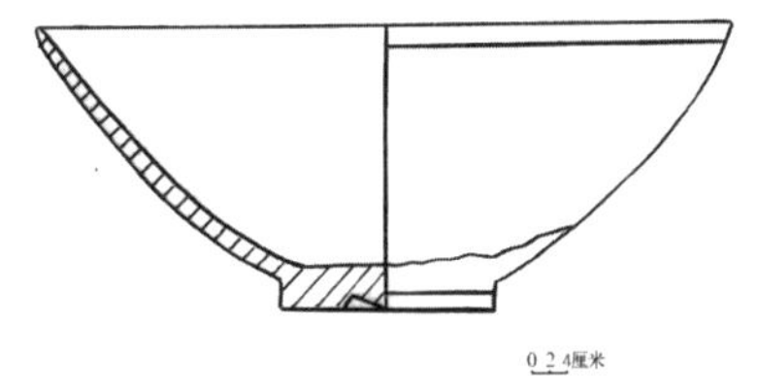

图一五 瓷碗（M04：1）

三、结语

根据M18墓室东、西壁护门刻纹分析，墓主姓李，生前可能为金代陕州县司部级官职[1]，于金贞佑二年（1214年）十月十五日葬埋，为金宣宗贞佑二年时期的一座夫妇合葬墓。M18与M04分布相距6米，且方向和建筑形制一致，可断定这两座金代砖雕墓当属同一时期的家族墓。另据两座金墓出土的瓷碗对比，可能M04墓主[2]葬埋时间略早于M18。

随葬品瓷枕正面刻文为："资财金玉积如山，晓夜尚犹贪，妻子好穿罗绮，儿女爱腥膻＝福谢后，你咱看，也须檐，福来同受，祸至谁分，独自当先。"从简要的文字内涵分析：妻子先死于丈夫，丈夫为缅怀妻子倾诉情感。前半部分主要怀念妻子生前和儿女们的团聚幸福生活；后半部分表露死后，福分终结，有福同享，有祸谁担，唯我当先。

墓葬中的仿木结构无疑代表当时地面房屋建筑形式，墓室门窗结构均类似于四合院房屋模式[3-4]，这种形制的墓室是宋金时期较为流行的一种墓葬形制，这种建筑结构寓意人死后到阴间仍能像生活在人间一样。墓室北壁棂窗下的砖雕牡丹花[5]寓意富贵吉祥，菊花表示长寿长久、傲然不屈的精神。这种做工精美、栩栩如生的砖雕墓葬建筑，体现了当时工匠的高超技艺，表现了金末元初的社会状况和人们对美好生活的向往，这两座金代砖雕纪年墓的发掘，对研究豫西地区金元时期的社会政治、经济、文化、雕塑艺术、建筑风格、埋葬习俗及观念提供了宝贵的资料。

发掘：王军震　崔松林
执笔：王军震　景润刚
绘图：陈　英　胡小龙
摄影：赵小灿

注释：

[1] 翟继才、侯旭：《陕县唐代姚懿墓发掘报告》，《华夏考古》1987年第2期。

[2] 宁京通：《三门峡市两座唐墓发掘简报》，《华夏考古》1989年第3期。

[3] 史智民、贾永寿、宁文阁：《三门峡市技工学校三座金墓发掘简报》，见《三门峡文物考古与研究》，北京燕山出版社，2003年，第115—122页。

[4] 王光有、宁文阁：《三门峡上阳路金墓发掘简报》，见《三门峡文物考古与研究》，北京燕山出版社，2003年，第111—114页。

[5] 宁会振、李慧：《义马市金代砖雕墓发掘简报》，《华夏考古》1993年第4期。

1. 瓷枕（M18：1）

2. 瓷罐（M18：2）

3. 瓷碗（M18：3）

4. 瓷碗（M04：1）

河南三门峡市化工厂两座金代砖雕墓出土遗物

陕县崤函古道遗址考古调查与试掘的初步收获

◎洛阳市文物考古研究院　◎陕县崤函古道文物保护管理所

2014年12月16日至2015年1月20日，洛阳市文物考古研究院联合陕县崤函古道文物保护管理所对硖石至观音堂段的烽火台遗迹及古代道路遗址进行了小范围的实地踏查、钻探与试掘，取得了一定的成果（图一）。现将主要收获介绍如下。

一、烽火台遗址

我们调查了原来认定的十几处烽火台遗址，并最终确认了6处。这6处烽火台遗址保存都较差，更有两处破坏严重；半坡村东南的烽火台遗址是此次调查的最新成果。这些烽火台都建于山丘顶部或古道两旁视野开阔的地带，其底部多略呈圆形，顶部基本上是平顶，个别顶部稍尖，横剖面基本上呈正梯形。6座烽火台均采用土加碎石垒砌，由于没有经过发掘，其主体是否经过夯打处理不是很清楚。通过调查，我们发现半坡村东北的三号烽火台遗址上有大量的人类活动遗物。其上板瓦发现较多，最早的板瓦片可以追溯至汉代，最晚可到近现代。据当地人传说，半坡村三号烽火台遗址南部的台地上原来还有兵营。由于时代久远，烽火台本身保存较差，与之相关的附属设施——围院、基台、阶梯、建筑等在没有正式发掘之前还无法弄清。根据崤函古道的形成和使用年代以及所获遗物，我们推测，这些烽火台最早可能兴建于汉代，到明清时期依然使用。

下面重点介绍车壕村东烽火台和半坡村东南烽火台。

（一）车壕村东烽火台（FS1）

位于车壕村东约300米，地理坐标为北纬34°43′06.7″，东经111°29′51.4″，海拔743米。FS1底部东西长15、南北宽14.5米，顶部南北长4.5、东西残宽3.2米，残存高度约6米（图二）。

（二）半坡村东南烽火台（FS2）

位于半坡村东南约500米，地理坐标为北纬34°43′05.1″，东经111°30′56.4″，海拔673米。

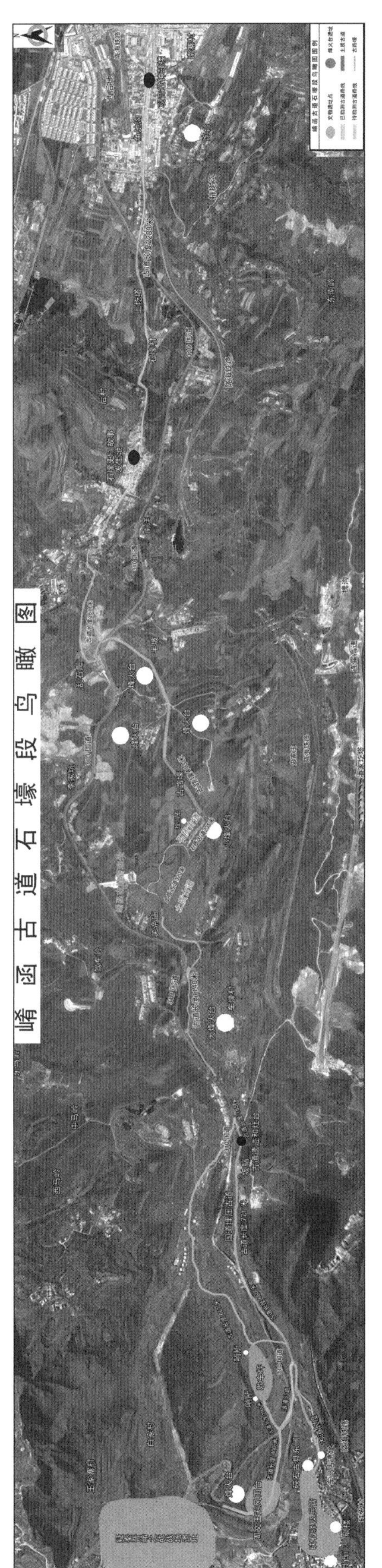

图一　崤函古道硖石至观音堂段的古道遗存及烽火台遗存位置示意图

图二　车壕村东烽火台（FS1）

图三　半坡村东南烽火台（FS2）

图四　观音堂村南的炮台遗址

FS2底部东西长10.5、南北宽10米，顶部东西残长6.9、南北宽5.9米，残存高度约4米（图三）。

对于原来认为的观音堂村南的烽火台遗址，我们也做了调查并走访了当地民众，最后认定这两座烽火台应为炮台（图四）。这两座炮台遗存位于观音堂镇最南部，呈东西对称排列。据当地人讲，这两座炮台新中国成立前还在使用，主要是防范土匪、刀客对观音堂镇的袭击。两座炮台上面及周围发现了大量的近现代的板瓦、青砖等遗物，也证明了这两座炮台的时代和性质。

二、道路遗址

我们主要对硖石至观音堂的道路遗址进行了调查和钻探，确认了该区域的古代路网结构。我们还对歇车坪石质道路和土质道路进行了小范围的试掘。

图五 歇车坪石质道路

该区域的路网结构相对比较复杂，古道和近现代道路有部分重合。古道从陕县方向进入硖石现周文王避风雨台南部，然后向东至歇车坪遗址。在歇车坪遗址道路分为三路，其中两路向东行经过崤函古道石壕段再向东过观音堂往洛阳方向，这就是所说的崤函北道；另外一路从歇车坪经乱石爬石质古道到达硖石驿，然后进入崤函南道。

图六 歇车坪土质道路

歇车坪遗址范围大约有3000平方米，我们在这里发现的遗物较多，有绳纹板瓦、布纹板瓦、白瓷片、酱釉瓷片等，这些遗物最早可追溯到汉代，最晚到近现代。我们还在这里古道附近的石头上发现有人工开凿的石槽痕迹，这些石槽可能与当时人们在此避风遮雨有关。

歇车坪石质道路，长约140米，呈西北－东南走向（图五）。石质道路上遗留有很深的车辙痕迹，辙痕宽12厘米，轮距约1.2米，部分路段保留有并排两组车辙痕迹。

图七 乱石爬石质道路人工开凿长方形槽

歇车坪土质道路，经钻探，保存较好的一段长度约150米，位于石质道路之西并与石质道路相连。我们布5×10平方米探方一个，对该段道路进行了试掘，从试掘情况来看，道路开口于②层（清代层）下；道路堆积可分二层，每层厚约10厘米，在上层堆积表面，我们还清理出了几道车辙痕迹。根据道路内出土的遗物，我们基本上可以把道路分为唐、宋两期（图六）。

乱石爬石质道路遗迹，保存较差，道路时断时续，不过车辙痕迹明显。部分石头还残存有人工刻槽痕迹（图七）。

三、建筑基址遗迹

图八 周文王避风雨台 T1 建筑基址

我们在周文王避风雨台上、下两个二层台上都发现有建筑基址的残存。我们在下面二层台上布 5 × 15 平方米的探方一个，经初步发掘发现有南、北两组建筑基址。这两组建筑基址都开口于①层下，根据出土遗物判断这两组建筑的时代最晚应到清代。这两组建筑之下还有白灰颗粒、板瓦等与建筑相关的遗物遗迹现象，故这两组建筑不是该区域最早的建筑基址。该处地层堆积简单，地表层下即是建筑基址的分布，但由于发掘面积的限制，对这两组建筑基址的具体情况还有待于进一步的发掘。

该遗址南部边缘地带有一建筑垃圾堆积，我们在此发现了大量的板瓦、滴水等建筑材料，这些建筑材料大部分为清代遗物。另外，我们在建筑材料堆积下还发现一眼古井，再往下的台地上发现一块 1 米左右见方的石质碑座。

小 结

图九 建筑材料

通过这次调查，我们在歇车坪遗址和周文王避风雨台遗址发现了较多的遗物。歇车坪遗址发现有板瓦残片、瓷片、铜钱等遗物。周文王避风雨台遗址则发现了瓷片、三彩片、板瓦、筒瓦、瓦当及大量的建筑构件等遗物（图九）。这些遗物年代最早的可到汉代，下至唐、宋、元、明、清等时期，说明这些地方一直都有人类活动。通过对硖石至观音堂段的古道调查、钻探，我们基本确认了该段古丝绸之路的路网结构；对歇车坪土质道路的试掘，我们确认了该段土质古道使用年代由唐代延续到清代甚至部分道路直到近现代还在使用；而歇车坪石质古道，由试掘情况来看，其使用年代可能更加久远。另外，古道两旁 6 处烽火台遗存的确认也是这次调查的重大收获。

参与人员：张 辉 潘付生 刘孟孟

执笔：潘付生

陕县崤函古道遗址考古调查与试掘

◎潘付生

发掘时间：2014 年 12 月—2015 年 1 月

工作单位：洛阳市文物考古研究院、陕县崤函古道文物保护管理所

烽火台遗址，此次共调查确认两处四个，其中三个保存较好，一个破坏较严重。车壕村东烽火台一个和半坡村烽火台三个。

对早先认定的观音堂村南的烽火台遗址，此次也做了调查并走访了当地民众。我们最后认定这两座烽火台遗址应是过去的炮台。

古代道路遗址，通过调查、钻探、试掘，最终确认了歇车坪石质道路和土质道路遗址及乱石爬石质道路遗址。歇车坪石质道路，长约 140 米。石质道路上遗留有很深的车辙痕迹，其轮距约 1.2 米，部分路段保留有并排两组车辙痕迹。歇车坪土质道路，经钻探保存较好的一段长度约 120 米，位于石质道路之西并与石质道路相连。土质道路经过试掘发现路面上有车辙痕迹。根据道路内出土的遗物我们基本上可以把道路分为唐、宋两期。

建筑基址遗迹，我们在周文王避风雨台上、下两个二层台上都发现有建筑基址的残存。经初步发掘发现有南、北两组建筑基址，其时代应在清代。

总之，通过这次实地踏查和发掘，我们确认了烽火台遗址两处四个；道路遗址两处及周文王避风雨台建筑遗址一处。上述遗址发现的遗物最早可以追溯至汉代，而唐、宋、元、明、清等时期的遗物也都有发现，调查表明这些遗址延续使用时间很长。

河南三门峡市印染厂130号唐墓清理简报

◎河南省文物考古研究院

1965年，河南省文化局文物工作队（河南省文物考古研究院前身）在配合三门峡市印染厂的基建工作中，发掘了一批墓葬，年代涵盖战国、秦、汉、唐、宋等时期，共计152座。（图一）现将其中位于T12区编号为M130的唐代墓葬清理简报如下。

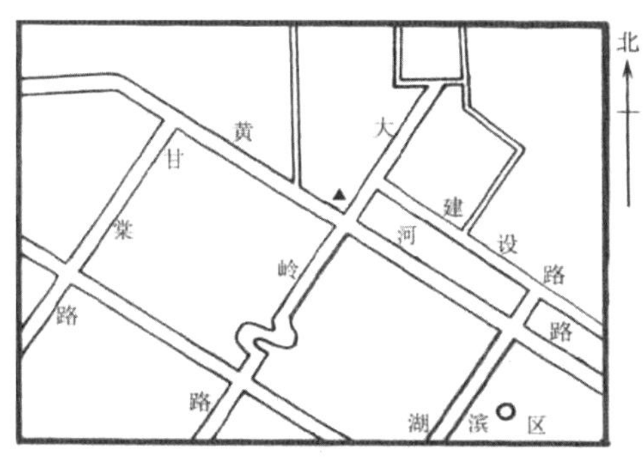

图一　三门峡市印染厂M130位置示意图

一、墓葬形制

该墓为土洞室墓，方向180°。由墓道和墓室两部分组成。

墓道　未经发掘，据钻探资料显示为竖井斜坡式，墓道口开在墓室南壁偏东处。

墓室　呈长方形且宽于墓道。室顶坍塌，形状不明。墓室四壁较直，修筑整齐。南壁稍窄于北壁。墓室底长3.05米，南宽3.33米，北宽3.42米，距地表深9.10米。用土坯封门，倾倒于墓室内，详情不明。室内积满淤土。墓门宽0.88米。

人骨架　2具。在靠近墓室的西壁并列放置，保存完好。头向北。东侧的面向西，西侧的面向东，为仰身直肢。人骨架下铺青灰少许，范围不明。葬具为木棺。西侧人骨架应为迁葬过来，与东侧人骨架在一棺内。东侧为男性，西侧为女性。

随葬品有釉陶俑、釉陶动物、釉陶用具、釉陶圈房、陶轿车、铁地券及铁锁等，自南向北放置于墓室中心线上。（图二）

二、随葬器物

随葬器物原有39件/组，但其中的铁饰、铁地券、铁棺钉以及当时一些器物残片在经历了50年间的数次搬挪，或严重锈蚀，或残缺不堪，已无法复原。剩余的25件/组保存甚好，分为陶器、铁器两类，下面分别叙述。

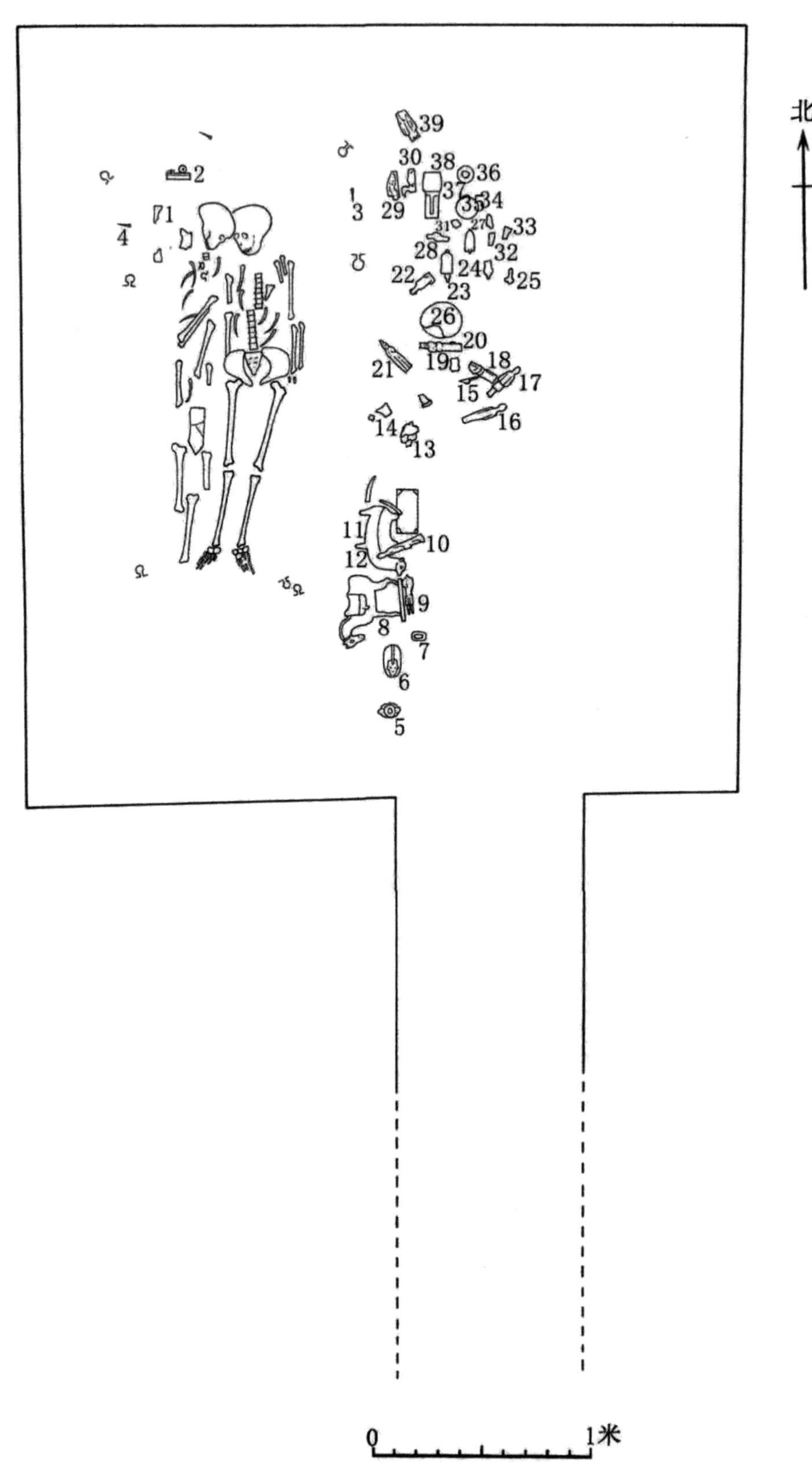

图二　三门峡市印染厂 M130 平面图

1. 铁地券　2. 铁锁　3. 铁棺钉　4. 铁棺钉　5. 釉陶武士俑　6. 釉陶镇墓兽　7. 釉陶风帽俑　8. 釉陶马　9. 釉陶幞头俑　10. 釉陶幞头俑　11. 釉陶骆驼　12. 釉陶风帽俑　13. 釉陶器　14. 釉陶俑　15. 陶器　16. 袖陶幞头俑　17. 釉陶幞头俑　18. 釉陶幞头胡俑　19. 袖陶俑　20. 釉陶女俑　21. 釉陶文官俑　22. 釉陶狗　23. 釉陶牛　24. 釉陶俑　25. 釉陶器　26. 红陶钵　27. 釉陶羊　28. 釉陶鸡　29. 釉陶猪　30. 釉陶狗　31. 釉陶器　32. 釉陶器　33. 釉陶器　34. 釉陶俑　35. 釉陶盆　36. 釉陶磨　37. 釉陶器　38. 釉陶仓　39. 釉陶文官俑

1. 陶器　23 件。分为红陶和釉陶两种。

（1）红陶　1 件。为钵。标本 M130：26，残。泥质红陶。口微敞，圆唇，斜腹，平底。口沿外及底部各有两周凹弦纹，下腹部有三周凹弦纹。口至下腹一侧有规则的长方形缺口。下腹及底部外壁因在烧制过程中因受热不均而呈青灰色。器表、器内皆遗留有使用后的渍垢。口径 19 厘米，底径 7 厘米，高 11.5 厘米。（图三，1；图版一，1、2）

（2）釉陶　22 件。胎均为白色，釉色白泛黄或泛青，釉层较薄。器形有盆、磨、仓、镇墓兽、人俑及动物俑等。磨、仓和动物俑皆为模制。镇墓兽、人俑、动物俑等均加彩绘，制作精美。

盆　1 件。标本 M130：35，圆唇，敞口，窄平沿外折，斜腹下收，平底。口沿及器内壁施青釉。形体较小，应是明器。口径 10.1 厘米，底径 4.9 厘米，高 5.2 厘米。（图三，4）

磨　1 件。标本 M130：36，圆柱体，上径小于下径。圆形磨盘，台座下部外侈，中空。磨扇有两眼。磨盘面上阴刻七组斜线和七组竖线，斜线与竖线相互间隔。斜线有两组由 5 条组成，五组由 6 条组成，两组 5 条斜线的两组相对分布于外圆面上，并刻有弯月形凸棱于磨盘面至台壁上。磨扇及盘施青白釉，釉脱落殆尽。形体较小，应是明器。盘径 8.2 厘米，通高 3.3 厘米。（图三，2）

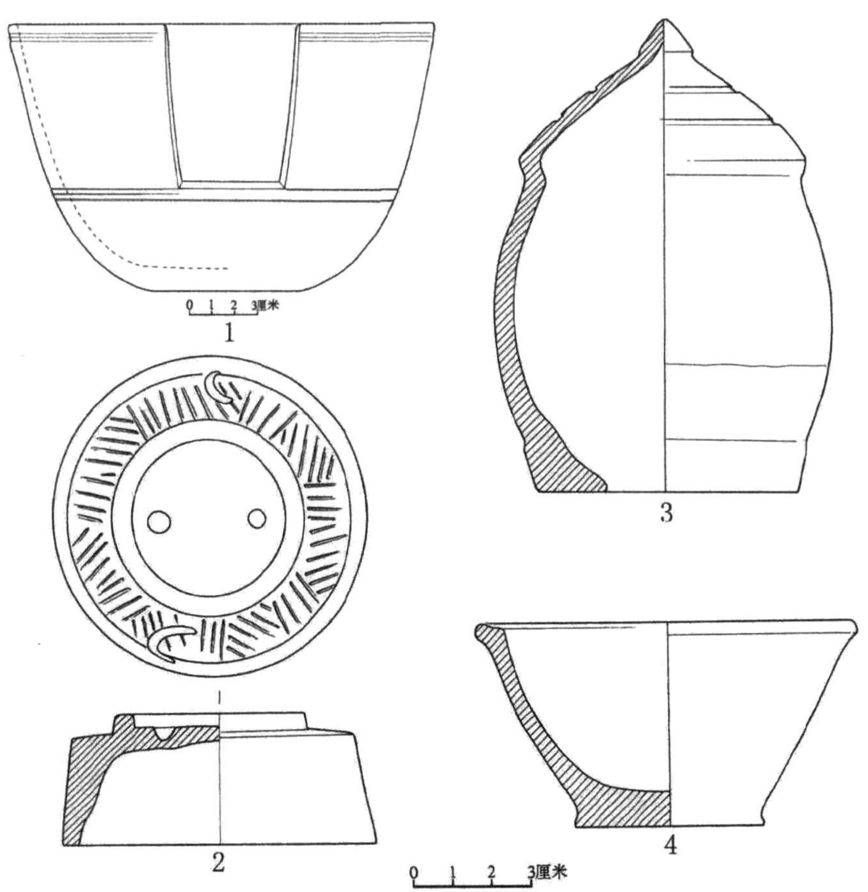

图三　三门峡市印染厂 M130 出土陶器
1. 红陶钵（M130：26）2. 釉陶磨（M130：36）3. 釉陶仓（M130：38）4. 釉陶盆（M130：35）

仓　1件。标本M130：38，盖、仓连体。盖呈斗笠形，宝盖形纽。仓为圆柱体，束口，鼓腹，平底，底部有一不规则形孔，仓中空。仓盖有两周凹弦纹。外施姜黄色釉，外釉不及底。形体较小，应是明器。腹径9厘米，底径7厘米，高11.9厘米。（图三，3）

马　1件。标本M130：8，耳、尾残。勾首，平背，尾紧贴臀部下垂，四肢直立站在长方形底板上，体中空。头部有皮带璎珞，嘴含马嚼，两鼻孔为水滴形，两眼凸鼓俯视，额前有桃形缨，两耳直竖前倾，颈上部鬃毛整齐高耸，背置鞍鞯，鞍上无镫。黑鞯，红袱，垂至腹中部，攀胸、鞦有黑色革带，鞦上有踆尘。体长32.5厘米，通高31.4厘米。底板长19.5厘米，宽10.8厘米，厚0.1厘米。（图四，1；图版一，5、6）

骆驼　1件。标本M130：11，尾残。举颈昂首，两驼峰高耸，垂尾，四肢直立于长方形底板上，体内中空。口阔，两眼凸鼓前视，额前、颈上部有桃形缨，两小耳竖立，颈下部垂胡齐整下垂，背置椭圆形毯。毯边缘涂红色条带，口、鼻、额前缨及前驼峰涂红彩，鬃涂黑彩和红彩，颈部饰黑色条纹。体长32.5厘米，通高35.2厘米。底板长23.2厘米，宽19.8厘米，厚1厘米。（图四，2；图版一，3、4）

图四　三门峡市印染厂M130出土釉陶俑
1.马（M130：8）2.骆驼（M130：11）3.牛（M130：23）
4.狗（M130：30）5.羊（M130：27）6.镇墓兽（M130：6）7.狗（M130：22）

狗　2件。一蹲坐，一俯卧。皆凝目若有所思。标本M130：22，蹲坐状。昂首，抿嘴，二目略鼓平视，两耳呈三角形贴首下垂，前肢直立，尾上翘贴于右侧，体中空。颈部用两条凹弦纹表示项圈。通高11厘米。（图四，7）标本M130：30，俯卧状。头略上仰，抿嘴，二目略鼓平视，两耳呈树叶形贴首下垂，尾贴臀部下垂，体中空。颈上部有半周凸棱。体长10厘米，通高6.4厘米。（图四，4）

牛　1件。标本M130：23，两犄角及一耳残。呈卧伏状。头微上仰，抿嘴，闭目，耳角横立，扬颈，直背，腹部较圆鼓，尾垂于臀，四脚前伸着地，体中空。颈部用凹槽曲线勾勒出垂胡，垂胡较大。体长15厘米，通高8.4厘米。（图四，3）

羊　1件。标本M130：27，跪卧状。平首，两眼前望，抿嘴，弯角环耳前曲，背微拱，腹部鼓起，短尾紧贴臀部下垂，体中空。表釉几乎脱落殆尽。体长11厘米，通高6.8厘米。（图四，5）

猪　1件。标本M130：29，俯卧状。肩高臀低。阔嘴闭合，双目平视，两小耳贴面下垂，四肢弯曲俯卧，短小尾巴贴紧臀部，尾尖弯垂。腹上部两侧刻划凹槽。口部涂朱红色。体长12厘米，高6厘米。

镇墓兽　1件。标本M130：6，人面。头顶扁形短角，弯钩状。方脸，前额中部凸起，眉棱高凸，眉梢上卷，两眼圆瞪，阔鼻大嘴，嘴角深陷，八字胡须，半月形阔耳外展。阴线刻划两翼，填以朱彩。背部有三个半月形脊突，呈波浪形相连，四蹄足。前两肢细长直立，后两肢弯曲呈蹲坐状。短尾紧贴身体上翘。额头涂黑，眼、胡以黑线画出，大嘴涂红，胸毛以红黑彩描绘，腿纹用黑彩绘出。体表满施釉，釉为青黄色，胎白色，体内中空。高30.3厘米。（图四，6）

武士俑　1件。标本M130：5，剑眉倒竖，虎目圆睁，高鼻梁，抿嘴，腹部圆鼓，右手握拳置于腹上，左臂下垂紧贴于胯部，握拳，两腿并拢直立于台座之上。头带尖顶护颈盔，肩披护膊，上身明光甲，下着战裙至膝，腰系带后挽下垂，阔腿长裤至足面，尖头靴。盔、披膊为红边饰黑条纹，胸索正面为红线，背部为黑线，腰索黑线，腰护红线网格纹，战裙饰黑线条彩，内衬为朱色，足涂黑彩。右手有一两端通透圆形小孔，原应插有物件。体表满施釉，釉为白泛黄色，胎白色，体内中空。通高36.2厘米。（图五，1；图版二，1、2）

文官俑　2件。一整一残，从衣着看应该是形制相同。头微前倾，五官清秀，双手拢袖拱于胸前，腆腹呈静立状。头带一梁进贤冠，内着窄袖襦，外着交领右衽广袖曳地长裙，胸前飘带长至膝下，足着翘头履。阴线刻划飘带，凹槽刻划衣褶。冠饰黑彩，长裙饰红彩，翘头履饰黑彩。体表满施釉，釉为白泛黄色，胎白色，体内中空。标本M130：21，完整。通高20.8厘米。（图五，5；图版三，1、2）标本M130：39，头残。残高16厘米。（图五，6；图版三，3）

女俑　1件。标本M130：20，头梳反绾髻。柳眉，细眼，小鼻，樱桃小嘴微抿。略低头，拢手于袖中置腹前。额前上方蝴蝶结，内着圆领窄袖衫，外加半臂，下着长裙，胸前系带，腰系巾挽做蝴蝶结，足尖微露。胸带、腰巾涂红彩，足尖、发髻涂黑彩。周身用凹槽刻划出衣褶。体表满施釉，釉为白泛黄色，胎白色，体内中空。通高 17.7 厘米。（图五，2；图版三，4、5）

风帽俑　2 件。形制、尺寸皆相同。头戴风帽，顶有束带。长方脸，宽额阔鼻，细眼平视，抿嘴，拱手于胸前，腆肚双腿并拢侍立，拱手中间有一圆形穿孔，似手中执物。内着团领前襟对折窄袖中长袍，腰束带，外披翻领衣，下着分裆拖地阔腿长裤，脚着尖头靴，仅露足尖。头部背面用阴线刻划流苏，内着团领袖袍饰红彩，脚尖饰黑彩。体表满施釉，釉为白泛黄色，胎白色，体内中空。标本 M130：7，完整。通高 19.6 厘米。（图五，4；图版二，6）标本 M130：12，两脚尖残缺。通高 19.5 厘米。（图五，3；图版二，3）

幞头俑　4 件。形制、尺寸皆相同。长方脸，细眼，高长鼻，抿嘴，八字胡，右臂弯曲微微上抬，右手握拳于胸前，左臂下垂，左手微握拳，腆肚，两脚并拢呈站立状。头戴宽扁顶幞

图五　三门峡市印染厂 M130 出土釉陶俑
1. 武士俑（M130：5）2. 女俑（M130：20）3. 风帽俑（M130：12）
4. 风帽俑（M130：7）5. 文官俑（M130：21）6. 文官俑（M130：39）

头帽，内着团领衣，外着翻领中长袍，腰系带，下着分裆长裤，脚着尖头靴。后脑勺靠下端有一圆形穿孔。右手扶腹有一圆形穿孔，似执物。用阴线凹槽表现衣褶。全身分别用黑红两色装饰。体表满施釉，釉为白泛黄色，胎白色，体内中空。标本 M130：10，完整。高 21.8 厘米。（图六，1；图版二，4、5）标本 M130：9，颈部断，黑彩画出八字胡，唇部涂红彩。高 21.8 厘米。（图六，5；图版四，1）标本 M130：16，腹部稍残，黑彩画出八字胡，唇部涂红彩。高 22.1 厘米。（图六，2；图版四，2）标本 M130：17，一足残缺。高 21.4 厘米。（图六，3；图版四，3）

幞头胡俑　1 件。标本 M130：18，头戴幞头，幞头巾子抬离额顶，略前倾，束带于脑后下垂。小眼微眯，颧骨突出，抿嘴，下巴微翘，拢手置于胸前，腰微弯，腆肚撅臀侍立。身着团领窄袖折襟拖地长袍，腰束带。口唇涂红，腰带绘黑彩。神态谦恭。体表满施釉，釉为白泛黄色，胎白色，体内中空。高 18.5 厘米。（图六，4；图版四，4、5）

图六　三门峡市印染厂 M130 出土釉陶俑

1. 幞头俑（M130：10）2. 幞头俑（M130：16）
3. 幞头俑（M130：17）4. 幞头胡俑（M130：18）5. 幞头俑（M130：9）

2. 铁器 2 件 / 组。

铁锁 1 件。标本 M130：2，残。锈蚀严重。长 12.5 厘米。（图七，1）

铁钉 1 组 25 枚。两种形制。一种为圆帽下直钉，尾已残。标本 M130：4–1，钉帽、钉尾残。钉帽径 1.5 厘米，通高 7 厘米。（图七，3）标本 M130：4–6 和标本 M130：4–5 为两端长方形的扒钉。标本 M130：4–6，一端残，残长 8.3 厘米。（图七，2）

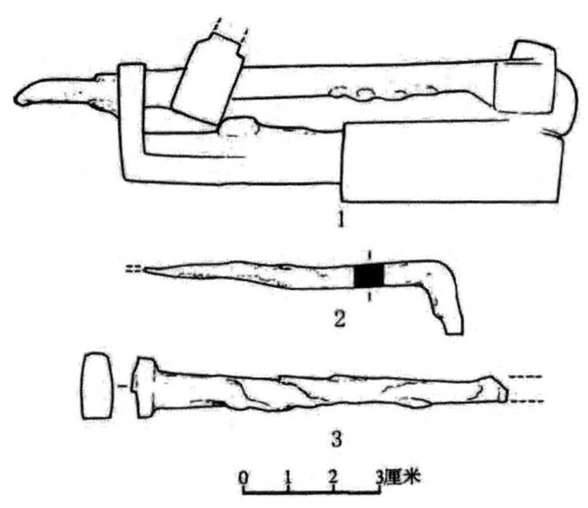

图七 三门峡市印染厂 M130 出土铁器
1. 锁（M130：2） 2. 钉（M130：4–6） 3. 钉（M130：4–1）

三、结语

三门峡市印染厂 M130 未出土纪年遗物，但墓葬形制、随葬遗物很有时代特征，可以作为判断墓葬年代的佐证。

该墓形制结构是由墓道和墓室组成的洞室墓，墓道呈较长的竖井斜坡状，墓室为横置长方形土洞，墓道开口在墓室南壁偏东处，葬具靠近墓室西壁放置。这些特点都是隋至初唐时期墓葬形制的典型特征。

所出随葬器物 25 件 / 组，囊括了镇墓神器类（镇墓兽、武士俑、文官俑）、出行类（马、骆驼、风帽俑）、家居类（女俑、男俑、幞头俑）以及庭院类（狗、牛、羊、猪、磨、仓、钵、盆）四大组，器物组合比较齐全。随葬器四大类组合为自北齐至隋流传下来的随葬品组合的习俗。白胎，稀薄青白或青黄釉陶器的造型和烧造工艺有隋至初唐期的风格，特别是隋风较浓。

神器类镇墓兽（M130：6），独弯角，小耳，背有三波浪半月形脊突，蹄足，下无托板，与河南巩义夹津口隋唐墓出土的镇墓兽（标本 0436）相似[1]，河南巩义夹津口隋唐墓时代为隋代。

骆驼、马的造型，以及女侍俑低髻、垂眉、拢手，这些特征均和安阳市第二制药厂 M1 出土的骆驼俑、马俑以及低髻俑相似[2]，而 M1 出土墓志记载的年代为显庆元年（656 年）。

武士俑（M130：5）与河南偃师柳凯墓出土的 109、116 号武士俑相同[3]，柳凯墓出土墓志为麟德元年（664 年）。

综合以上，将三门峡市印染厂 M130 的年代定为 650—670 年间。

三门峡市印染厂唐墓（M130），随葬品的规格较高，除 1 件红陶钵（M130：26）外，其余均为釉陶器，器形规整，釉层均匀，镇墓兽、俑类均有彩绘，色彩亮丽，制作精美。由此可见墓主人的身份和经济实力非同一般。随葬器物组合完整，为研究初唐时期的社会风貌、墓葬形制、丧葬习俗等提供了珍贵的实物资料。

发掘：郭建邦　杨育彬

杨肇清　张长森

绘图：曹　宇

拍摄：曹　宇

执笔：衡云花

注释：

[1] 巩义市博物馆：《河南巩义市夹津口隋唐墓清理简报》，《华夏考古》2005年第1期。

[2] 安阳市博物馆：《安阳市第二制药厂唐墓发掘简报》，《中原文物》1986年第3期。

[3] 安阳市第二文物工作队、偃师县文物管理委员会：《河南偃师唐柳凯墓》，《文物》1992年第12期。

图版一

1. 陶钵（M130：26）

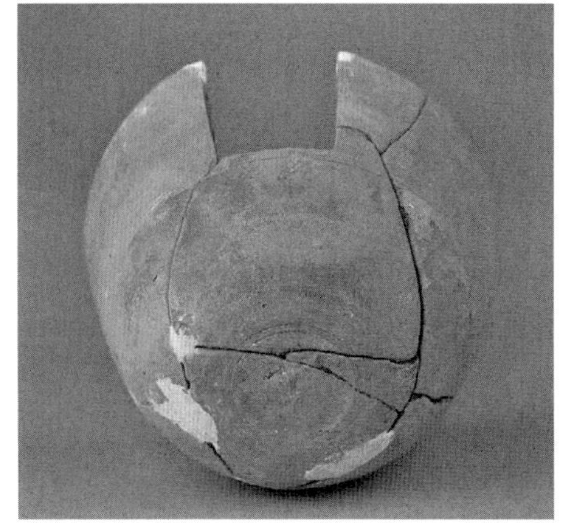

2. 陶钵底部（M130：26）

3. 骆驼俑（M130：11）

4. 骆驼俑另侧（M130：11）

5. 马俑（M130：8）

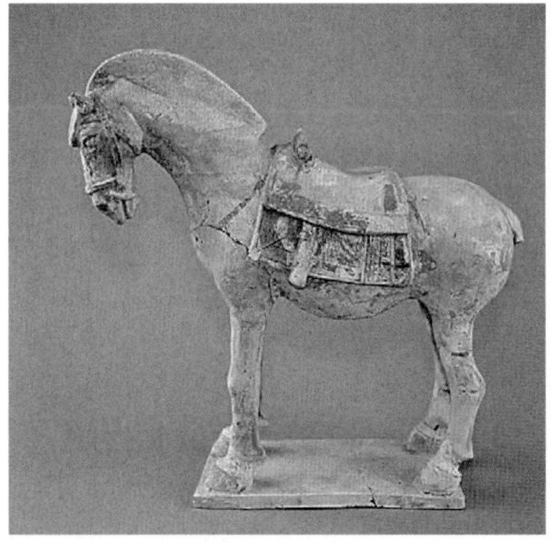

6. 马俑另侧（M130：8）

河南三门峡市印染厂 130 号唐墓出土随葬品

1. 武士俑（M130：5）

2. 武士俑背面（M130：5）

3. 风帽俑（M130：12）

4. 幞头俑（M130：10）

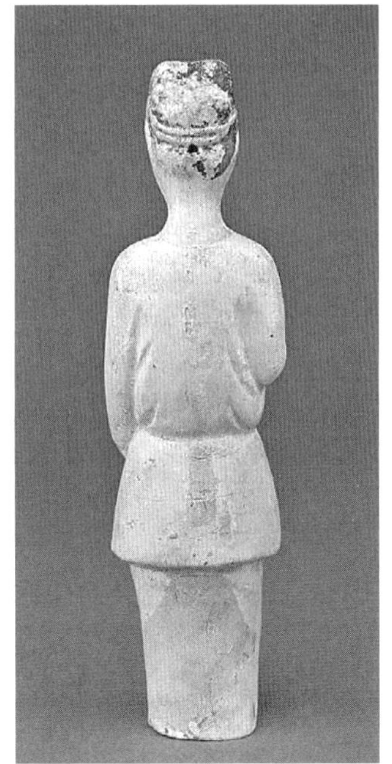
5. 幞头俑背面（M130：10）

6. 风帽俑（M130：7）

河南三门峡市印染厂 130 号唐墓出土陶俑

图版三

1. 文官俑（M130：21）

2. 文官俑背面（M130：21）

3. 文官俑（M130：39）

4. 女俑（M130：20）

5. 女俑背面（M130：20）

河南三门峡市印染厂130号唐墓出土陶俑

1. 幞头俑（M130 ： 9）　2. 幞头俑（M130 ： 16）　3. 幞头俑（M130 ： 17）

4. 幞头胡俑（M130 ： 18）　5. 幞头胡俑背面（M130 ： 18）

河南三门峡市印染厂 130 号唐墓出土陶俑

豫西地坑院土工营造尺的发现及其价值

◎杜　卓

中国的生土建筑即俗称“窑洞”的历史早于木结构建筑，二者成为中国古代建筑类型的主流，以至于至今仍盛行“土木建筑”一词并一直影响着中国建筑学科机构的命名。以三门峡市陕县地坑院为代表的豫西地坑院是中国窑洞的重要类型，被称为中国北方的“地下四合院”。作为一种古老而神奇的民居形式，地坑院蕴藏着丰富的历史和科学信息，是古代劳动人民智慧的结晶。地坑院的平面和空间核心是一个10米见方，深度6米左右的方形（或矩形）大坑，在坑的四面垂壁上挖出水平状的窑洞和斜坡状的坡道（或台阶）入口。坑口的四周通常设置低矮的挡墙（当地称作拦马墙）防止雨水倒灌和人物坠落。坑口的周围地面（窑洞顶部）需要经常碾压平实，进行找坡排水，对地坑院起到保护作用。地坑院根据使用要求与封建伦理制度，设有8至12孔窑洞，分别作为主窑（长辈居住）、下主窑（客人居住）、侧窑、角窑、门洞窑、茅厕窑、牲口窑。院落作为生活使用的主体，周边环以甬道。中间院心可种树、栽花、种菜，并设有渗井排放雨水和生活污水。门洞窑中常设有吃水井。外部设有住宅外门和联系地面层的坡道或台阶。每个地坑院占地约1亩，设施齐备，满足日常起居需要。由诸多地坑院构成的村庄形成了“见树不见村，进村不见人”的地坑院群落奇观。

地坑院的记载在中国古籍中早已有之，但因中国木结构建筑类型的遮掩，一直不被人重视。二战时期，德国人包·鲁道夫斯基（Rudofsky Bernal）发现豫西地坑院并出版《没有建筑师的建筑》，引起了业界的研究风潮，被誉为“人类古老居住建筑形态的活化石”，其保护工作遂逐渐提上日程。2011年11月，国务院将三门峡市陕县的“地坑院营造技艺”列入第三批国家级非物质文化遗产扩展项目名录；2013年，陕县庙上村地坑窑院被国务院公布为第七批全国重点文物保护单位。

2008年始，笔者参加了中国非遗中心委托的《河南豫西地坑院营造技艺》课题，主要负责建筑测绘与建筑3D模型制作工作。该课题的开展为豫西地坑院申报省级、国家级非物质文化遗产及全国重点文物保护单位奠定了理论基础，其中的一个重要成果，就是土工营造尺的发现，由此揭开了中国更早时期的建筑类型——窑洞即生土建筑的营造模数的面纱，引起了学界的重要关注。今将资料及认识整理于后，乞望指正。

一、土工尺的构造

该土工营造尺系陕县西张村镇马寨村国家级非物质文化遗产“地坑院营造技艺”传承人王国仓家的传家宝，据传至少为祖辈六代之前物，即成于清代。尺断面矩形，长条状，背部有水槽。国槐木所制，基本不变形，表面所髹红漆脱落殆尽，木质有风化，棱角与端部有磨损。除两端面外，其余四面分别刻有寸、半尺、整尺、一尺半等多种刻度单位，用于建造地坑院时现场设计、测量各部尺度，并可用于测水平或找坡。

尺长 166 厘米，高 4 厘米，宽 3 厘米。将该尺的六个面分为上平面、底平面、侧立面 A、侧立面 B、侧立面 C、侧立面 D 分别描述，除 C、D 面外，其刻度内容分别为（图一）：

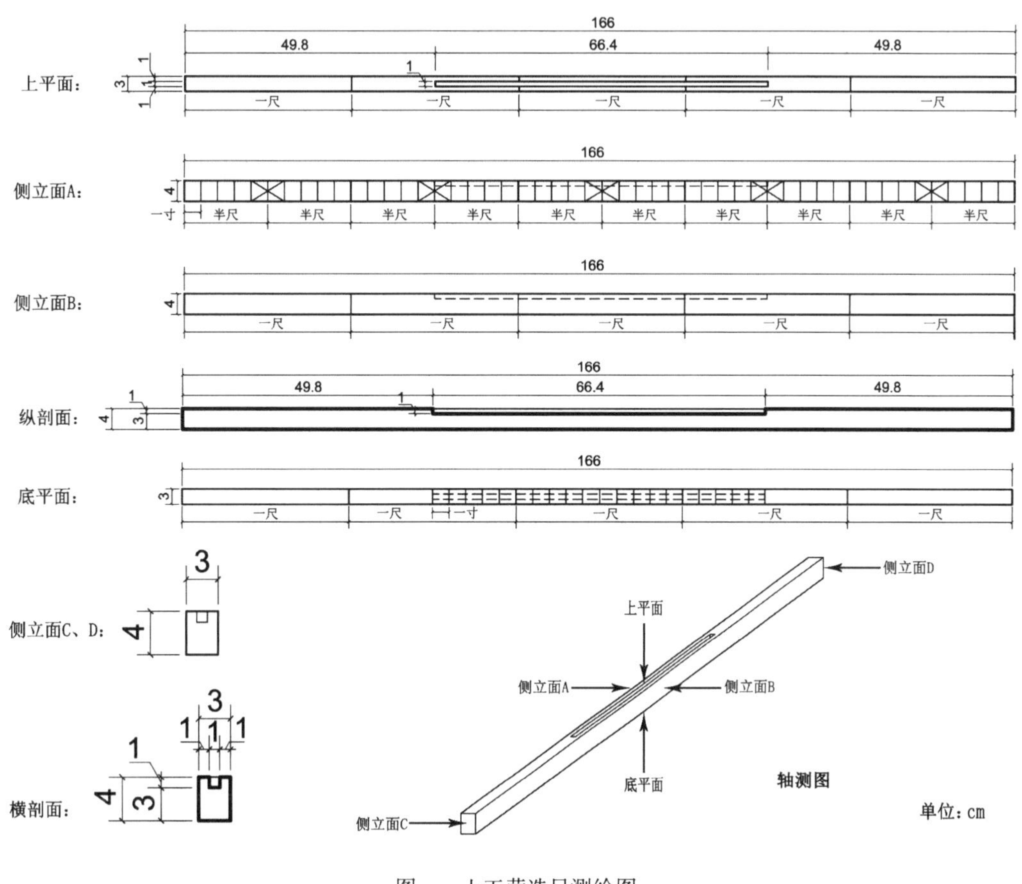

图一 土工营造尺测绘图

上平面：刻有 4 根线，将尺子分为 5 个单位，持有人称为“五尺杆”，由是知道每单位为一尺，该土工尺通长为 5 尺，并对应知道了其余相关面刻度的单位。上平面正中刻断面为方形的水槽，水槽长 66.4 厘米，宽深各 1 厘米，对应营造尺，长约 2 尺，宽、深各约 3 分，灌水后可兼作水准尺或找坡使用。（图二，1）

底平面：尺两端被刻线各分出一尺，再内分出 2 个半尺，之间对应上平面水槽长度以短线分出 20 个单位即二十寸。这样，使用时，底平面的尺度单位又可方便地分为一寸、半尺、一尺、一尺半、二尺等 5 种。（图二，2）

侧立面 A：为使用者的主要看面，以刻线分为 50 个单位即五十寸，自两端向内五寸处起，每十寸即一尺处刻“×”，又将中部分为4个单位即四尺。这样，使用时，侧立面A的尺度单位又可方便地分为一寸、半尺、一尺、一尺半4种。（图二，3）

侧立面B：与上平面相同，以短线将尺子分为5个单位即每单位一尺。（图二，4）

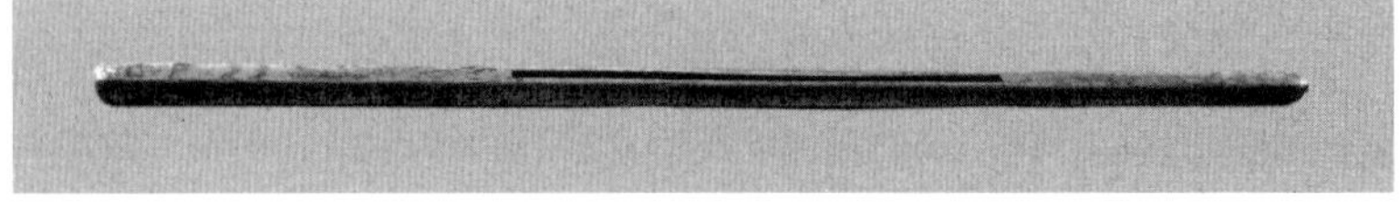

图二，1　土工尺上平面

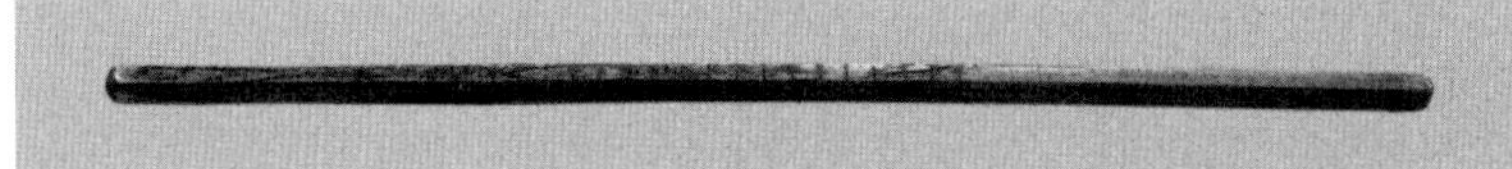

图二，2　土工尺底平面

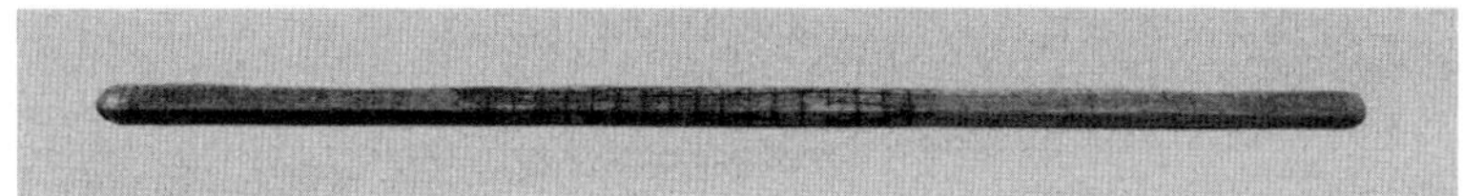

图二，3　土工尺侧立面A

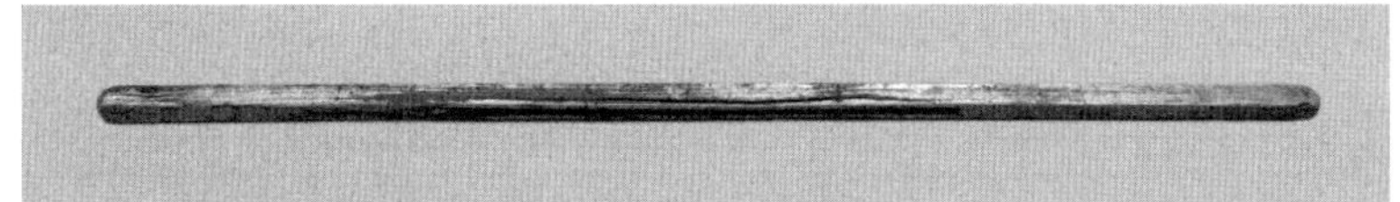

图二，4　土工尺侧立面B

二、土工尺的使用方法

地坑院的营建以土工为主，配以泥工、瓦工、木工等，还有堪舆师的参与。在地坑院的营造过程尤其是在定向放线、建筑构造尺度的确定、建筑建造、排水系统梳理等重要环节中，土工尺都起着极其重要的作用。基本依照建筑程序举例简述如下。

1. 定向、放线

在根据家庭需要结合地形地势确定地坑院类型、基地中心点，用罗盘定向并确定地坑院南北、东西两方向轴线后，以两条轴线交叉点（即罗盘所在位置）为起点，分别在四个方向上，沿着固定好的轴线线绳，用土工尺量出并确定所营建地坑院的平面尺度，之后，依据放线形状，自院落开始，动工开挖。

2. 确定天井院地面坡度、渗井口高程

当天井院挖至设计深度（约两丈多）时，开始初整地坪，并确定天井院地面的坡度。主要是用土工尺杆上的水准槽找平，找坡。步骤为：将土工尺杆平置地上，一端对着设计的渗井方向，往尺杆上的水准槽内注水，观察水面与水准槽面的差别，确定需要的坡度，根据坡度，整理出地坑院院落地面。

为了天井院遇到大雨时能够及时排水，在院心某角设计有渗井。其一般设在厕所窑前，比院心地坪低近二寸，其汇水方向是院内的阴位。渗井直径约三尺，深度一般与天井院深度相等。挖好后，井口盖上磨盘或石板或铁脚车轮，中间留孔，供排水用。盖沿厚约三寸，一半露出地坑院内地坪，以阻挡泥沙流入渗井。在夏天雨大时可掀开盖子，加快雨水流入。这些细微的院内导水坡度及院内地坪与渗井口的高差尺度，全凭土工尺的水准构造与水准尺功能及尺子的刻度测量并计算出。

3. 确定窑洞各部构造尺度

地坑院窑洞功能使用排布依照传统伦理秩序：主窑居中，最为高大敞亮，供院中的最高长辈居住。其他人员，按辈分和长幼，以主窑为中心，按左上右下即古代昭穆制度规定依次排定。厕所窑、牲口窑（也称五鬼窑）设在距主窑最远的对角方位。在地坑院内窑洞的组合与每孔窑洞的设计、施工过程中，土工尺起着尺度确定与设计、测量定线、整理导引与检验的核心作用。

每个窑洞开挖前，要用土工尺在挖好的地坑院崖面上找出其中间位置，并测量出窑的高度、宽度，用镢头在崖面上画出大致轮廓，刻出窑形，依型向深处挖掘。窑洞的尺度有着严格的等级划分，主窑一般是九五窑（高九尺五寸，宽九尺），其他都是八五窑（高八尺五寸，宽八尺），入口高度略低于上主窑。窑洞内应呈现前高后低，一般落差半尺左右，利于出烟；窑洞内地面从窑洞尽头也向口部微倾，以利排水。窑腿宽度一般在五尺左右，转角窑高宽和其他窑一样。所有这些数列秩序均由土工尺进行设计与测量、用尺杆上的水准槽找坡并确定下来。

4. 确定各部排水构造细节尺度

地坑院位于地下，黄土的湿陷性又很强，因此排水体系特别重要。除了上述院内总体坡度的确定与窑洞内地面测量找坡外，地坑院以下各部排水构造细节的设计与实施也全靠土工尺的测量与找坡：

（1）确定入口、坡道、门洞地面排水构造与坡度

地坑院入口、坡道必须露天，故防水害至为关键。坡道宽度四至六尺，有护壁、根脚，平面有曲尺和曲线形，旋转而下。但地面排水构造处理一般都分为以下几个细节：

入口处坡道起点（与崖上地面交接处）常有翻边，比窑顶地面略高，防止雨水倒灌。

坡道多见中间设台阶，两侧为坡面。也有整个都为坡面的处理。一般在一侧有排水沟（明沟或暗沟），将露天坡道的水汇集流向院内渗井。坡道无论是台阶或坡面构造，在每一步高程上都必须向排水沟处略倾斜，以利分散排水，以免汇流过猛冲击窑院。

门洞内地面坡道坡度一般比露天部分的小，中间不做台阶，水井的对面一侧有排水沟。

（2）确定院内环行通道地面排水倾斜坡度

院内环形通道主要用于交通，沿各窑洞口绕行一周。一般宽约五尺，有坡度，坡向院心。坡度一般为 2% 左右。环行通道与入口坡道排水沟相交之处一般处理成暗沟，若用明沟，则沟

宽三寸，沟底低于环行通道地面。

（3）确定地坑院院心地面高程与坡度

地坑院院心地面比院内环行通道地面约低三寸左右。地坑院院心素土夯实或翻虚用于种植，并坡向渗井。院心有时设十字形砖铺小道，便于对面通行，其各部坡度数据都要交圈。

5. 确定窑顶排水系统与散水坡度

根据古代堪舆理论，由风水先生指挥，以土工尺为测量与找坡工具，调整窑顶地面地形，如主窑地势比其他窑地势要高一些。窑顶地坪上从拦马墙向四周找排水坡度，坡度一般为 2% 左右。四周做排水沟，将崖顶落雨排向周边空地或耕地，并与整个村庄排水系统相连。调整好排水坡度后，在拦马墙外侧用青砖铺砌散水。为防止崖顶雨水向地坑院汇聚，保护拦马墙，散水坡度尽量做的大一些，约 15%，尽量宽一些，约一尺半。

三、土工尺与地坑院建筑模数及与人体尺度之间的关系

1. 土工尺与地坑院建筑模数

该土工尺的长度单位及其几种刻度与当地地坑院的总体与分部尺度有着密切的关联性。如平面数据：中心院落方三丈，为土工尺长度的 6 倍；主窑宽九尺，进深二丈三尺五寸，其余窑洞宽八尺五寸，深二丈一尺五寸；窑洞之间的窑腿厚度均为五尺五寸；入口通道宽七尺五寸。再如窑洞立面数据：主窑里端通高九尺，外端窑腿高五尺五寸，券矢高四尺二寸，其余窑洞里端通高八尺，外端窑腿高四尺八寸或四尺，券矢高四尺或三尺五寸。檐部与屋坡高三尺，脊部较院落内壁外扩一尺半；入口通道通高七尺五寸，之间门高六尺五寸；拦马墙外散水宽一尺半；等等。从中不难看出这些蕴含着丈、五尺、二尺、一尺半、一尺、半尺、寸为单位的数据与土工尺通长及其几种刻度之间的密切关系。（图三）

可以认为，豫西地坑院的建筑基本模数为土工营造尺中的尺，而丈为扩大模数，寸为分模数。按照黑格尔的美学论述，当一座建筑各部均以一个基本数字为单元组合而成时，和谐与美就产生了，这就是豫西地坑院建筑形式美的奥妙所在。

2. 土工尺与人体尺度的关系

建筑是供人居住的，尤其是民居类建筑，从大的空间格局，到建筑各部构造，均与人体尺度及行为造成的尺度变化关系密切，即营造尺源于人体工程学。

《大戴礼记·王言》："布指知寸，布手知尺，舒肘知寻。"这段话道出古代寸、尺、寻的长度是根据人的指、手和肘确定的。该土工尺取通长五尺，与中国北方人体平均身高相同；基本单位为一尺，即人手一拃（大拇指与中指伸开长度）加食指与中指长之和，是至今工匠仍使用的基本便捷的测量法；一尺半，约为人的肩宽，是通道空间的基本度量单位；二尺，约当上臂长；半尺，约当人一虎口（大拇指与食指伸开长度）；而一寸，是尺的细化，在早期为拇指的宽度。可以看出，该土工尺的刻度与人体尺度有着密切的关系。

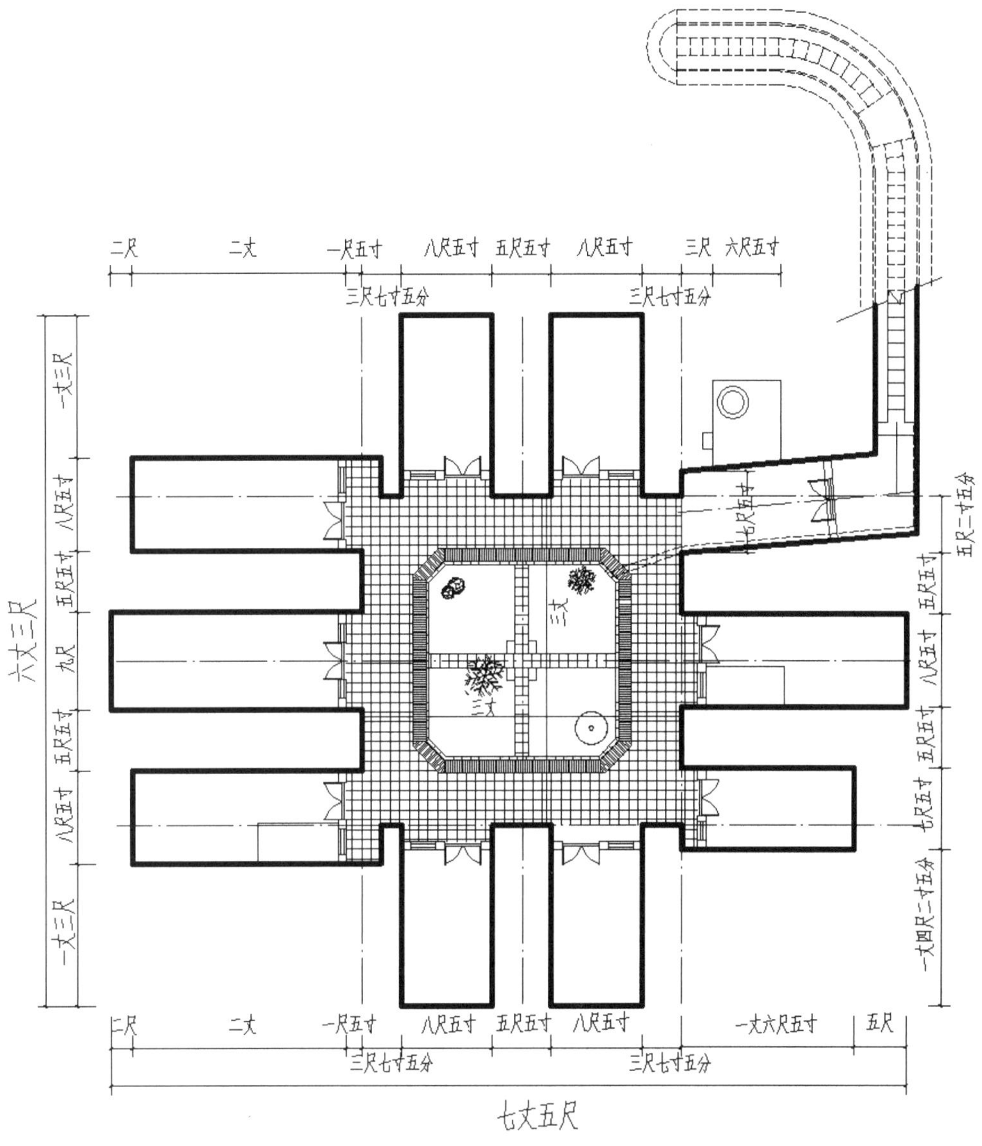

图三　地坑院与土工尺尺度关系图

如上所述，既然地坑院建筑与土工尺刻度之间存在密切关系，即等于地坑院建筑与人体尺度之间存在密切关系。所谓的地坑院建筑模数实质上建立在人体模数基础上，是古代科技以人为本的经典之作。

四、土工尺历史探源及其价值

1. 历史探源

中国传统民居建筑与官式建筑有着根本的区别，这不仅体现在用材、用料、用工、形制、尺度、做法、营建组织等方面，还表现在它长期处于官方体系和正统文化视野之外。从逻辑关系讲，地坑院的历史，就是土工尺的历史。笔者结合史籍与遗迹，尝试探讨豫西地坑院的历史渊源。

黄河中游是中国古代先民的重要栖息地。河南省陕县庙底沟遗址发现的半穴居的房基遗址，以及挖土、铲土等工具，说明公元前4000年居住在这里的先民就利用黄土高原特有的自然环境，创造了生土建筑的原型。这种穴居建筑与地坑院建筑类型应有建筑基因关系。

商代中期在古陕州出现的一位历史名人——傅说，与地坑院有着密不可分的关系。《水经注》记述："河水又东，沙涧水注之。水北出虞山，东南径傅岩，历傅说隐室前，俗名之为'圣人窟'。"唐代地理著作《括地志》云："傅险即傅说版筑之处，所隐之处窟名'圣人窟'。"窟，即窑洞。这是记述傅说在成为商王的宰相之前，作为奴隶住在傅岩山的窑洞内。今在古陕州河北县北七里（已划归山西平陆县）的傅相祠遗址旁，存有元代"傅岩"、明清时期的"傅说故里"、"殷中兴贤相傅公版筑处"等碑刻。"圣人窟"即傅说窑洞遗迹在傅岩山山体背后的深涧边，因缺乏维护，20世纪50年代初就已塌方，但仍可见其轮廓。准确地说，中国古代建筑始终具有土、木两大结构体系，商代的传说、春秋末期到战国初期的鲁班分别是中国生土建筑、木结构建筑的祖师。

对地坑院文字记载最早、最详细的资料当属南宋绍兴九年（1139年），朝廷秘书少监郑刚中写的《西征道里记》一书，记述了他去河南、陕西一带安抚时路上的所见所闻。书中记载："自荥阳以西，皆土山，人多穴居。"并表述了当时挖窑洞的方法："初若掘井，深三丈，即旁穿之。"又说，在窑洞中"系牛马，置碾磨，积粟凿井，无不可者"。"初若掘井"就是开始时像挖井一样挖出院心，"深三丈"，只是个大约数字，和地坑院的6~7米深，较为接近。"即旁穿之"，就是从旁边向院内挖的上下甬道（门洞）。这些简洁的文字勾勒出当时地坑院的形状和施工过程，与现在我们所看到的别无二致。在后关村，一座8孔窑的古地坑院上方西北角入口处，屹立着一株传说种于西汉时期的"千年古槐"。该树高约14米，胸围6米，树形奇特，挺拔苍劲，群众称其为"龙头凤尾"。这株在地坑院修建之初作为标识和庇护物的槐树，是引领他们辨识深埋于黄土之下家园的路标，它们的存在反过来又印证南宋郑刚中在《西征道里记》中记载的真实性，说明陕县地坑院早在宋代之前就已存在。

笔者走访了一些地方，如陕县西张村镇后关村、庙上村、人马寨村；宜村乡宜村；张湾乡官宅头村；东凡乡尚庄等，还有至少是清代保留下来的16、14和12孔窑的大型地坑院5处。散落于院内的古砖，旁边清代保留下来的火神庙，都印证了地坑院存在的历史。历史上在地坑院存留较为集中的陕县三大塬区：张汴塬、张村塬、东凡塬等三个乡镇，发现共有地坑院村庄近百个，地坑窑院数千座。现存最早、目前还住人的院子已有二百余年的历史，已住过六代人以上。

另一种有说服力的遗存是族谱。河南陕县张村塬上的地坑院出现的最早记载，则见于窑头村曹氏族谱："洪武年间，避大元之乱，由山西省洪洞县曹家川，迁移至陕县南原窑头村。"而窑头村是黄土塬上靠中间的村庄，地面平坦，没有条件建造"靠崖窑"，只能挖地坑院。据此证明窑头村的地坑窑院已有七八百年的历史了。这套族谱显示出地坑院的存在年代，再结合宋代的文献记载和后关村古地坑院入口处的千年古槐，可以确信，陕县一带是地坑院较早的发源地和持续流传地区。

我们发现的这把土工尺，虽传约成于清代，但在此地区目前尚未发现第二把，其独特的构造、丰富而复杂的刻度，集测量、水准为一体的功能，尤其是与人体尺度的紧密结合及由此产生的窑洞建筑营造模数，证明之前必然有一个与地坑院共生的漫长的发展过程，其历史渊源定久远。

2. 土工尺的价值

（1）以“人类古老居住建筑形态的活化石”陕县地坑院为代表的豫西窑洞建筑有着悠久的历史，在中国建筑史上，地坑院民居及其营建技艺是一种十分独特的、原生的建筑和技术类型，以往研究很少。古土工尺的发现，填补了学术界的一项空白。发现的这把土工营造尺的构造与刻度的复杂程度和使用方法中透露的丰富信息，是该地区地坑院营建技术发展相当完善的又一具体见证，印证了地坑院营建技术在这里传承的连续性和有效性，对研究中国古代黄河中游文明的发展历史以及中国生土建筑营造史有着重要的意义。

（2）土工营造尺与人体尺度、地坑院建筑各部空间与构造模数的完美结合，营造出了和谐、宜人、优美的建筑形象，与包括黄土塬、地方植物在内的地方特色环境的结合，营造出了和谐、淳朴、美丽的黄土高原建筑艺术效果。

（3）土工营造尺尺度源于人体尺度，由此设计的地坑院建筑宜人而实用。该尺集测量工具与水准仪为一体的构造，多个单元的复杂刻度，融入了对豫西黄土塬黄土物理性能与生土建筑构造模数的认识，其科技含量远高于中国古代的木工营造尺，是中华民族智慧的象征。该尺一尺多用，功能完善，看似简单，实则精妙，其在设计放线、建造过程中所展现出的灵活性、多样性、适应性、实用性和高效率，所流露出的源自生活本身的奇工异巧，所蕴含的经验与技术，凝结着劳动者无限的智慧，蕴含着丰富的科技信息，说明地坑院的营建技艺是一个完整和丰富的系统，文化底蕴十分独特丰富，需要并值得我们去认真探源。

灵宝函谷关周边遗迹调查分析

◎孙　辉　◎郭九行

函谷关是我国建置最早的雄关要塞之一，是崤函古道中的咽喉，因深险如函而得名。这里自春秋时期建关以来，直到汉代，不仅是军事上的战略要地，而且是政治、经济、文化的交流中心。灵宝函谷关故城位于河南省灵宝市城北 15 公里的函谷关镇北王垛村。《大明一统志·河南府》卷二九记载："函谷旧关在灵宝县南十一里，老聃西度、田文东出皆此关，左右有望气台，鸡鸣台遗址。"[1]《太平寰宇记》中记载："其城北带河，南依山，周五里余四十步，高二丈。"[2]与调查关城情况基本一致。除此之外，在关城东门南侧发现竖井式箭库一个，在关门北侧发现汉时铸钱的陶钱范、冶炼遗址。另外在关内还发现铜箭镞、瓦当、铜剑、封泥等重要文物，证实了这里的确是周秦时期的函谷关城。

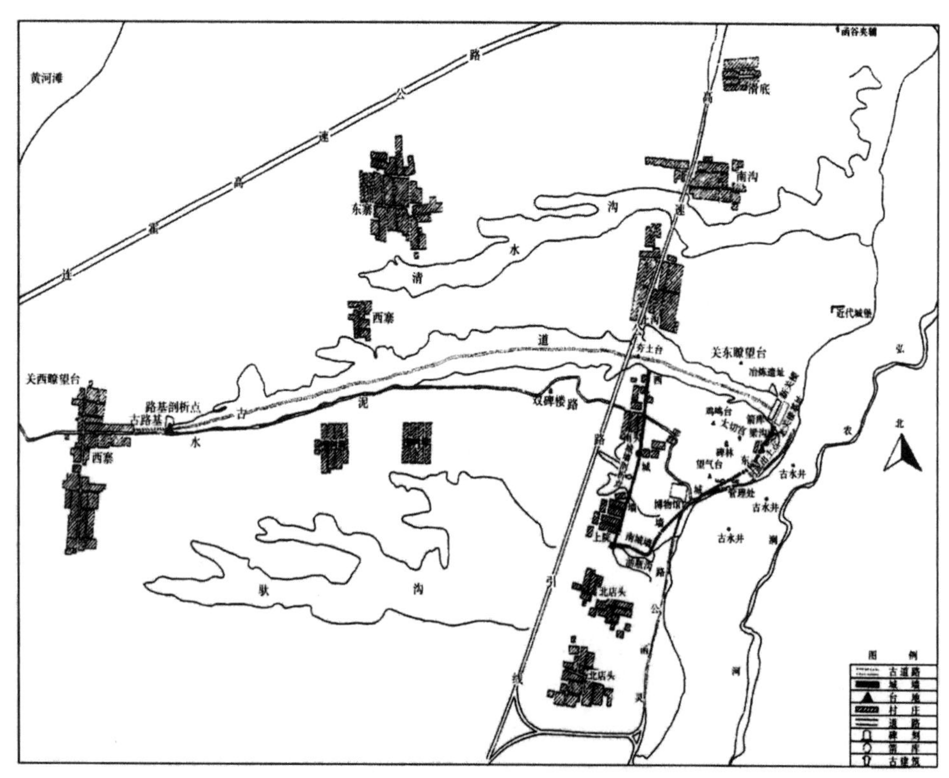

图一　灵宝函谷关文物分布平面示意图

2007 年年中至 2008 年，经省、市文物主管部门同意，由三门峡市文物考古研究所、灵宝市文物保护管理所联合组织技术人员，对函谷关附近的地上、地下文物再次进行细致调查，还对函谷关故城城墙开挖探沟，进行地层情况的揭露和剖析（图一）。

一、对古关楼基址的调查

函谷关古关楼在《太平寰宇记》等历史文献中都曾有记载，特别是 1981 年《文物》杂志介绍的“四川青羊宫发现函谷关东城门的画像砖”上的图案，为修建函谷关东城楼提供了参考模式。函谷关古关楼基址是这次考古调查工作的重中之重。在调查中，工作组访问了张好顺、黄卯利等十多名土生土长并熟悉情况的居民，但都没有了解到古关楼基址具体位置的新线索，可见古关楼基址被淹埋或遭破坏的年代已很久远，现在已没有人能够说清。古关楼基址的位置应与函关故城东城墙向北的延长线和古道路的交叉点相差不会太远，所以一直把新关楼外距新关楼 30~40 米之间作为探寻古关楼基址的重点范围，并在这里进行粗略的地下钻探，但没有发现任何所要找的对象。由于这里的地面已做全部硬化，不便于进行普探和试掘，对寻找古关楼基址的任务还需今后再做更多更细的工作。

在实地勘查中，工作组对古道沟出口处断崖上的地层中的包含物进行了仔细观察和分析。这里的地层中，包含有大量的古代砖瓦碎片，有的活土坑几乎全被砖瓦碎片填满。在断崖下一个长 1.5 米、宽 0.5~0.6 米未被扰动过的活土坑内，清理出砖瓦碎片 500 多块。出土的瓦片主要是战国和汉代时期的板瓦和筒瓦，其中战国时期的瓦片不但数量多，而且形式多样，显然不是出自同一个窑口。在该活土坑内，还出土有瓦当、花纹方砖、陶质排水管道残片和封泥等。另外还有群众反映 20 世纪 60、70 年代，在函谷关附近的地里干活，大块的板瓦、筒瓦及瓦当随处都可以捡到。1991 年 6 月，北京国家农业展览馆张玉通、贾文忠等人到函谷关参观，看到地里有许多古代大瓦片信手可得，找来大纸箱，装了满满两箱，还捡到了几个完好的汉代瓦当。这些成堆成层的瓦片，多分布在古关楼基址附近，这些建筑构件很可能是属古关楼的遗物。从宽大而厚重的板瓦、直径为 16 厘米的圆形瓦当可以想象，古关楼的建筑规模应是宏伟壮观的。形式多样的板瓦、筒瓦，说明了古关楼在沿用历程中已经过多次修复。

在西城墙北端向西 25 米的沟下半腰处，有一由南侧向沟内突出的土台，台顶至沟底通高 14 米。土台顶部筑有 1.5 米厚的夯土，夯土下为 6 米厚的淤土层，淤土层下为原生土。土台东西长 10 米，宽 4.5 米。土台上野草丛生，还栽有树木，夯土层风化严重，质地松散。由于土台顶部面积很小，土层又薄，不便于进行剖析，对夯土的结构、夯层、夯窝及包含物等都不能搞清。因此，对该夯土台的年代和用途还不能确定。因为该土台伸向沟内，位置突出，与西城墙的北端基本相对应，台顶之上又筑有夯土，所以人们都把这座土台看做函谷关西关楼基址。由于与该土台对应的古道北侧壁面比较陡峭，看不出任何迹象，这里夯土的年代还未能确定，所以对该土台是否是西关楼基址，还有待今后更多的考证发现来证明。

二、对古道路基的调查

灵宝函谷古道位于一处沟深坡陡而且距离较长的大峡谷谷底，东自关楼开始，西至古道沟接近西端的第二级断崖处，东西总长2800多米，两侧多为悬崖峭壁。据粗略测算，在峡谷中部的沟面宽为95~130米，底宽2~5米，垂直深度50~70米。峡谷东端出口处沟面较中部宽，两壁的坡度地略有减缓。当年的函谷古道就是在这峡谷之中。从这里的地形可以看出，每年雨季这里的水土流失非常严重，沟底被洪水冲刷继续加深或被淤泥淹埋，每年都在不断变化，沟内多处由淤土形成的台地和断崖。

在古道沟的西段北侧有一“裤裆沟”，壁陡而深险，过去曾有不少人认为函谷古道可能是经过此沟走出关的。工作组特意对裤裆沟内进行了钻探和调查，但没有发现古道路的踪迹。

古道沟最西端西寨村东145米处，在东西相距只有25米的间距中，前后形成了两道横向断崖，阻断了古道沟向西的延伸。第一道断崖距西寨村170米，崖壁相对较高，崖壁面积不整齐。就在这处平时极不引人注意的壁面上，发现了被深埋在地下两千多年的函谷古道路基。[3]这里崖面宽30米，高10米，崖壁上沿距地表深2.5米。路土层出现在崖壁中部偏南的位置，厚1米，宽3米，北距沟边11米，南距沟边5.5米，上距崖壁上沿3.5米，下距沟底6.5米。为了解地下路基的情况和去向，工作组对西寨村东的空地进行了钻探，发现地下路基一直向西延伸，与南侧的一条乡间水泥路基本平行。压在路基上的土层自东向西逐渐加深，由东面断崖边的深6米延伸到西寨村边深为7米多(图二)。

图二　函谷古道路基

三、对函谷关故城遗址的调查

函谷关故城位于函谷古道的南侧，西依上院和南头自然村，东临由函谷关通往灵宝的公路，南至油瓶沟沟边。城内地势西高东低，呈半陡坡状。除了城址北边临古道沟边未设城墙外，在东、南、西三面都分别筑有夯土墙。城墙多是依地形地势而筑，城址北宽南窄，呈楔形。[4]东城墙因紧临公路和居民住宅区，受破坏严重，除在北、南两端还残存有少量夯土墙基外，其他地段已无迹可寻。东城墙的北端暴露在关楼东南部的断崖上，可清楚看出古城墙与现在地面的层位关系。夯土向南被压在居民的宅院下，经钻探了解，这里残存的墙基长20米，宽6米，夯土层厚1.5米。城墙南端现仅剩下一段高出地表的小夯土台，位置在油瓶沟出口向北45米处。土台南北长19米，宽4米，高2.7米，夯土筑在生土台上。下部生土台高1.5米，上部夯土共9层，每层厚0.08~0.11米，夯土总厚度为1.2米，东城墙总长约780米。南城墙主要是沿油瓶沟北沿东西筑成，东起油瓶沟口向西延伸总长约200米，西端向北拐角处略有残损，残损长度不得而知。南城墙保存较好的有东、西两段，这两段夯土墙基都是叠压在原生土上，夯土底层都高出地平面，形成两处高土台。东面土台距墙基东端向北拐角处 27 米，东西长 15 米，宽 5 米，高 2.6 米。夯土总厚度 1.4 米，共四层，每层厚 0.08~0.1 米。西面土台在城墙的最西端，东西长 65 米，宽 6~9 米，土台高 4.4 米。这里夯土也是叠压在生土之上，底层夯土已在地面之上。夯土和生土紧密地连在一起，略受侵蚀和风化，保存较好。从土台北侧的一个小窑洞内可以清楚看出夯土的层次和结构。还可以看出布满夯窝的夯土层面。夯土共有 17 层，总厚度 1.4 米，每层厚 0.08~0.11 米。夯土中包含有少量的仰韶时期的碎陶片。

西城墙的北端在古道南侧的沟边，东距东城墙北端约 600 米，西距高速公路引线 90 米。墙基由此向南穿过南头村和上院村，再向南延伸，与南城墙衔接，总长 775 米，间隔有 175 米，这里的墙基全被破坏。上院村到南城墙间的 170 多米地段，因群众建民房导致墙基被破坏。保存较好的墙基主要在地势略高而且比较平缓的上院村和南头村下，这里的夯土墙基全部被湮埋在地下。经钻探发现，此处墙基宽 11 米，夯土总厚度为 0.75 米。函谷关故城夯土墙基的特点是：城北面没有墙基，西面墙基全被湮埋在地下，南面墙基全部暴露在地面之上，东面的墙基北端被埋在地下，南端暴露在地面之上。

调查发现，函谷关故城内，东侧和中部，特别是靠近关楼附近，地层堆积比较复杂，南部和西北部较为简单。一般文化层厚为 1~3 米，其中含有大量的砖瓦碎片，生活器皿的陶片较少。

在鸡鸣台和望气台附近，钻探出面积较大的夯土建筑基址。夯土面积东西宽 10 米，南北长 17.5 米，夯土层总厚 1.7 米。夯土中包含有零星的烧土和碎陶片，还在地层中采集到剪边铜钱一枚。望气台西侧 20 米处，发现夯土基址，夯土面积南北长 16 米，东西宽 3.5 米，夯土厚度为 1.6 米。

排水管道和铸钱币遗址的探寻位置，都是按照熟悉情况的人所指定的地点去勘查和钻探的，但既没有找到排水管道，也没有发现炼铜渣层，这里的文化层可能都已受到破坏。在寻找排水管道的过程中，从附近一个活土坑内，清理出陶质排水管道残片一块，纹饰和质地都和早期出土的排水管道相同，这也进一步证明这里原来铺设的排水管道已不复存在。铸钱币遗址的炼渣层虽未找到，但也小有收获。据调查了解，王垛村村民李明生，1996 年在函谷关附近干活时挖到一块铜锭，大约长 30 厘米，宽 18 厘米，厚 5 厘米，重 14.6 斤。他说，铜块应属生铜，铸造很粗糙，外表锈迹斑斑，内有许多蜂窝状细孔，还缺损一个角，如果完整无损，至少有 16 斤重。南头村村民张建祥说，2004 年，他在函谷关附近干活时，亲眼看见推土机推出许多汉代五铢钱，钱币出土时都是成串成串连在一起，没有散乱。这里出土的铜锭和铜钱都是与铸钱币遗址有密切关系的珍贵文物。

封泥的发现地点位于函谷关箭库东南方 100 多米的土崖下。封泥是古代用印的遗迹，用胶质黏土封缄于竹木简牍文书、进贡物品的包装之上，然后在封缄之黏土上盖上印章，以防泄密，备检核。接收人割断绳索后开封并保存封泥，最后作废处理。函谷关既是秦汉时期的军事要冲，又是汉武帝设立弘农郡后的郡治所在，因此至今保存有大量的秦汉文化堆积层，多处沟岸断层可见有大量的陶片、砖瓦残片，封泥即发现于土崖底部的堆积层夹杂有砖瓦残片的土层里。函谷关封泥的发现，对研究汉代弘农郡的官制和行政设置、中国秦汉时期的书法和篆刻提供了重要线索和实物证据，具有很高的史料价值。

四、对函谷关古水井的调查

灵宝函谷关景区管理处在弘农涧河滩湖面拦截施工中，发现古砖等文物。其中，古水井位于故城东城墙东部，大部分在弘农涧河河滩里，通过调查发现比较完整的古井有十余口。下面介绍几种典型水井筑砌方法及水井中出土器物残片。

第一类型：1# 井，位于函谷关景区山门通往河滩临时道路河道段西部北侧。该井平面近圆形，井上部已破坏，下部用弧形大板瓦和蓝砖筑砌而成。其砌法为：在井外边沿用弧形大板瓦筑砌一周，井底部再用小板瓦在内部筑砌一周，两层板瓦之间用黄土、碎陶片、黑炭灰、小石子混合填充，井壁坚固异常。该井出土陶器残片较多，有陶缸和陶盆，陶罐居多。罐均为素面、卷沿、细径、鼓腹；缸、盆为平沿直壁（图三）。

第二类型：3# 井，该井是本次调查中发现最深的井，井东部及上部已破坏，但还是能看清井平面为圆形。筑砌法为：井上部用蓝砖侧卧横砌一周，下层用同样的方法错缝筑砌，虽然仅用一砖厚筑砌，但井壁比较坚固，井下部靠水位高 0.7 米用弧形大板瓦筑砌一周（图四）。

第三类型：7# 井，位于 1# 井北部，该井平面呈圆形，上部已破坏。筑砌法：井壁用蓝砖竖向筑砌错缝叠压呈圆形井，靠近水位再用蓝砖筑砌内外双层井壁，井底为凹形（图五）。

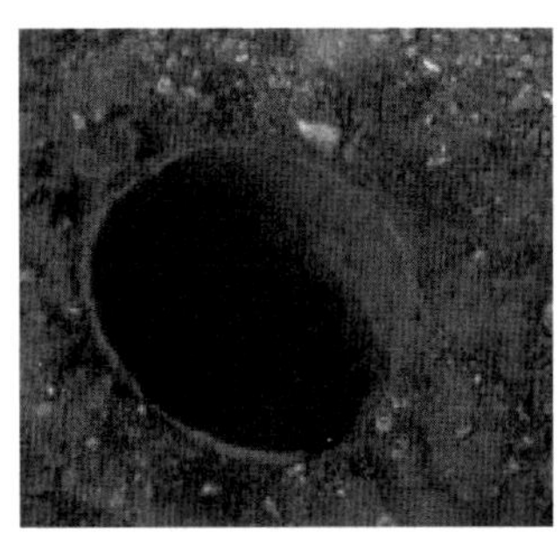

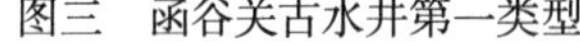

图三　函谷关古水井第一类型

图四　函谷关古水井第二类型

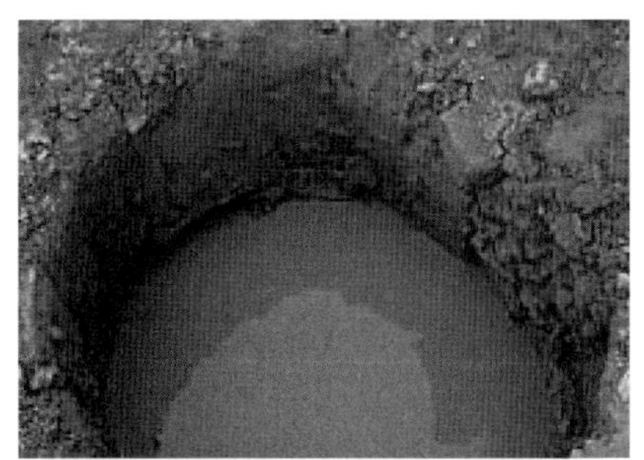

图五　函谷关古水井第三类型

第四类型：9# 井，该井以方木构筑成平面呈长方形水池井，深 0.5 米，木质保存比较完好，在清理该井时，出土有大量灰陶罐、大口缸、红陶罐以及白釉瓷，白瓷片为碗，已残，底部完整，在底部上用墨写一“杨”字（图六）。

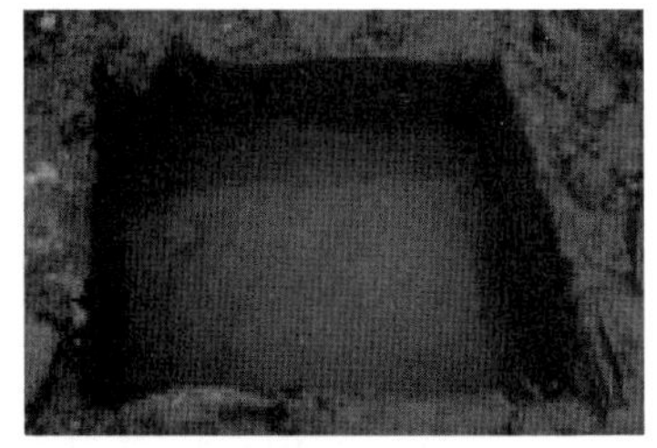

图六　函谷关古水井第四类型

根据以上几口井类型，笔者认为这些井最少可以追溯至汉代或者更早，第一、二类型为早期使用，从井中使用的大板瓦（应该是专门设计）特征及出土陶器残片可以看出。第三类型从井结构及蓝砖尺寸看最少为康熙时期，江繁重修时所修建的井，《灵宝县志》记的比较清楚。第四类型明显为近代井，根据出土遗物和筑井的方式及材料，最早是同治十二年周淦重修函谷关时所修。通过这次调查函谷关河滩发现的众多水井，证明函谷关在我国历史上不同时期，均为人口众多和外来流动人员较多的战略要地及重要城镇之一，反映出当时函谷关社会进步、文化先进、经济繁荣的现状，也为研究函谷关历史提供了可靠翔实的资料。

五、对函谷关故城城墙地层情况的揭露和剖析

对函谷关故城的西城墙北段开挖探沟，进行地层情况揭露和剖析。探沟的位置在南头村南31米处的打麦场内，北距函谷关古道沟南沟沿279米。探沟西面紧临断崖边，断崖下有已经坍塌而被废弃的土窑洞，从窑洞顶部尚能看到暴露的夯土层。探沟的面积为2米 ×9米，方向正东西，与西城墙的走向基本相垂直。这里地层堆积非常简单，耕土层下就是城墙夯土。上层夯土除被三个树窝打破外，其他地方都保存尚好。城墙总宽（厚）8.45~8.6米。墙体分主墙和附加墙两部分组成（图七；图八）。

主体墙在西（外）侧，厚6.4米，上下共有12层夯土，现存高度1.9米。其中基槽以上有夯土6层，残高1.1米，夯层厚0.1~0.2米。基槽深0.8米，槽内填夯土6层，夯层厚0.1~0.15米，最底层夯土厚0.3米。主墙体最上部有5层夯土，土色是以红、黄二色为主，土质比较疏松，夯层分界也不很明显。下部7层夯土颜色比较单纯，为灰褐色，夯层厚薄均匀，层次分明，而且非常坚实，在局部夯面上还能看到有零星的夯窝，夯窝直径为0.05~0.06米。夯土中含有大量的砖、瓦碎片，其中大部分为战国时期的瓦片。

图七　城墙探沟全景

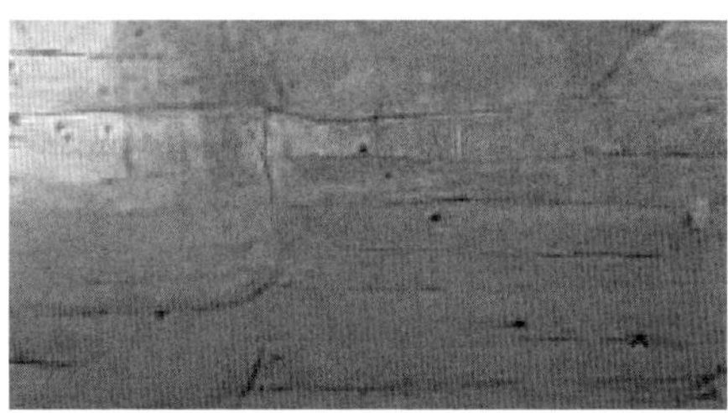

图八　城墙文化层

图九　出土陶罐

附加墙体在主墙体的东侧，是后来修复城墙时另外加宽的部分。墙体宽2.05~2.2米，残高1.25~1.45米，夯土上下共12层，其中地下基槽深0.45米，槽内填夯土两层，最下层夯土层0.35米。地上墙体残高0.8~1.0米，夯土有10层，每层厚0.06~0.14米。夯土为浅灰色，非常坚实，夯面平整光洁无夯窝。夯土中含有大量的汉代砖瓦碎片。值得一提的是，在附加墙体东侧的地基旁边，清出陶罐一件。陶罐端放，罐口上扣盖一个略微残损的筒瓦。陶罐为宽平沿、细颈、广肩、大平底。罐的肩部以下和底部都涂抹有朱砂，并写有墨色文字。腹部的文字为竖行，共29行，每行有9个字。底部的文字是由外向内旋转书写。文字共4周，最外一周文字为篆体，字体较大，向内均为楷书，字体逐渐缩小。由于陶罐表面结有土锈，也有部分墨色脱落，许多字迹已模糊不清，无法通畅识读，所以对文字的内容还未全部搞清，但根据陶罐放置的位置和

书写文字中的部分字句推测，该陶罐应为修复城墙举行奠基或祭祀典礼所用之物。陶罐的器形特征属东汉晚期，因此这也应是附加墙体的筑造年代（图九）。

该城墙分主墙体和附加墙体两部分组成。附加墙体为后期重修所筑，可反映出该城墙沿用的年代比较久远，后经重修又第二次施用。筑城墙夯土中含杂质较多，不仅含有砂粒、铁片、兽骨等，还出有许多大的石头和砖瓦碎片。城墙的基槽都开挖在含有大量战国时期瓦片的文化层中，说明了早在筑城墙之前这里就已经有不少人生活居住，并且已有瓦房建筑。因此推断，主体墙的筑造年代应为西汉早、中期。附加墙体，根据出土陶罐的特征判断应为东汉晚期。

六、对古瞭望台遗址的调查

函谷关是我国古代由中原通往关中、西域的唯一主要通道，也是一处重要的军事要塞。对古关楼基址、古道路、古城址进行调查的同时，还对与函谷关有重要关系的两处古瞭望台遗址进行了调查。

关东瞭望台是用夯筑起的一座土台，位置在东关楼西北215米处的高岗上，这里是附近岭坡的制高点，而且夯土是筑在生土台上，站在台上可以对弘农涧河的东开阔地带一览无余，是函谷关东大门唯一的重要哨所。夯土台底座近似方形，围长约30米，顶部有小平台，根据附近发现有大量的陶片判断，该土台上原来应有建筑设施。夯土表面风化比较严重，土台的时代应为汉代（图一〇）。

图一〇 关东瞭望台

关西瞭望台的位置在函谷关西西寨村的西北部210米的高地上。瞭望台系夯土筑成，台体略呈圆锥状，顶高5.5米，底部周长25米，合体四周损坏比较严重，夯土中含杂质较多，质地不甚坚实。夯土层厚0.08~0.1米，台体周围遗有较多的背部饰有绳纹的板瓦碎片，根据包含器物特征判断，土台应为汉代所筑。该土台的位置在函谷关古道向西出关后的转弯处，这里地形复杂，道路曲折。土台设在这里的制高点上，视野开阔，黄河两岸及转折后的曲折路段尽收眼底。因此这座瞭望台应是函谷关西端的前沿哨所（图一一）。

图一一 西瞭望台

通过这次调查，对函谷关故城的历史年代、关楼附近的文化层堆积和文物分布情况等都有了更进一步的了解，为研究函谷关提供了翔实资料。

注释:

[1] 李贤、彭时:《大明一统志·河南府》卷二九,三秦出版社,1990年。

[2] 乐史:《太平寰宇记》卷六,中华书局,2007年。

[3] 胡小平、郭九行:《灵宝函谷关发现古道遗迹》,《三门峡职业技术学院学报》2009年第3期。

[4] 胡小平、宁建民:《灵宝市文物志》卷七,内部刊物,005。

河南三门峡市唐代张爽夫妇墓发掘简报

◎河南省文物考古研究院　◎三门峡市文物考古研究所

2009年3—4月，为配合城市基本建设，三门峡市文物考古研究所对经济开发区天一化工有限公司施工区进行了抢救性考古发掘，清理一批战国及唐晚期墓葬。（图一）其中M18为唐末五代时期张爽夫妇合葬墓，现将其墓葬概述如下。

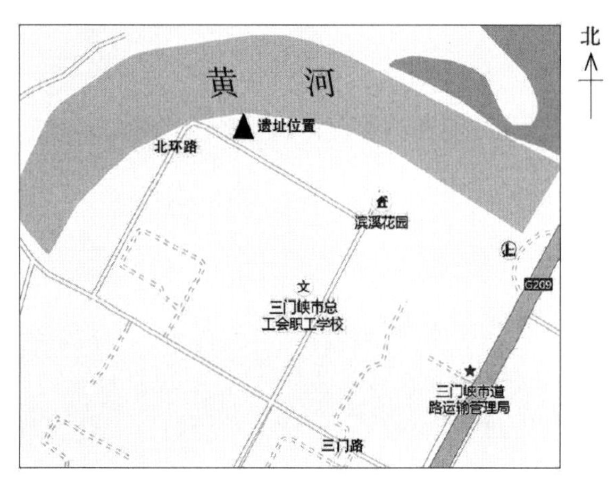

图一　墓地位置示意图

一、墓葬形制

M18为竖井墓道土洞墓，由长方形竖井墓道和土洞墓室两部分组成，方向185°。

墓道口距地表1.10米，平面呈梯形，直壁，底部平坦。长2.60米，南端宽0.60米，北端宽1.10米，深6.40米。墓道内填土为黄褐色五花土，土质较硬。从墓道中部至底填有石头，形体较大，大者直径达0.50米。

洞室以砖封门，墓门长0.37米，宽1.10米，高1.80米。封门砖共计13层，其中第6、10、11、12、13层为平铺，其余为侧立，砖的规格为36厘米×16厘米×4厘米。

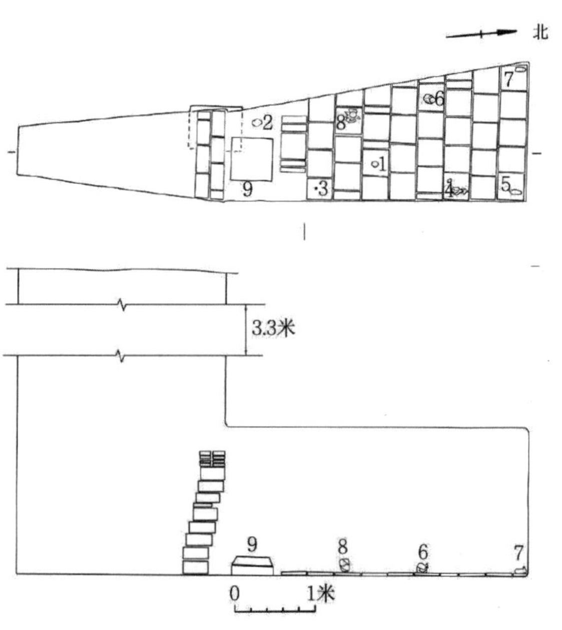

图二　M18平、剖图

1. 瓷瓶　2. 铁六方　3. 铜钱　4. 塔式罐（残）　5. 铁牛　6. 瓷瓶（残）　7. 铁猪　8. 瓷瓶（残）　9. 墓志

在墓门与墓室结合处，有一长方形盗洞，南北长约0.70米、东西宽约0.60米，开口在地表层，底部在墓门稍偏上位置，深度距离地表约 5 米。

墓室为拱顶土洞结构，平面近梯形，长 3.80 米，宽 1.10~1.70 米，高 1.80 米。墓室内部棺和骨架腐朽严重，位于墓室中部偏东，已辨不清长宽尺寸。墓室后部以方砖铺地，砖边长 36 厘米，厚 4 厘米。墓室前部靠近墓门处，发现墓志一合和铁六方 1 件，东壁附近发现有铜钱 1 包、瓷瓶和塔式罐各 1 件，西壁有残碎瓷瓶 2 件，东北角有铁牛 1 件，西北角有铁猪 1 件。（图二）

二、随葬器物

该墓出土随葬器物共 10 件，包括陶器 1 件、瓷器 3 件、铁器 4 件、铜钱 1 包（共 9 枚）和石墓志 1 合。

塔式罐　1 件。标本 M18：4，泥质灰陶，残。由盖、罐体和底座三部分组成。盖上有笠帽状实心纽。罐口为圆唇，微外卷，鼓腹，最大腹径在罐体上部，平底。底座束腰状。罐身彩绘已脱落，仅见部分红彩。口径 11.8 厘米，最大腹径 22 厘米，底径 13.2 厘米，通高 39.6 厘米。（图三，1；图四，2）

瓷瓶　3 件，大小形制基本相同。标本 M18：1，盘口，口部有叠烧痕迹，细短颈，圆鼓腹，平底。口部釉呈黄褐色，以下施酱褐色釉，釉不及底。口径 8.4 厘米，腹径 21.4 厘米，底径 12 厘米，通高 31 厘米。（图三，2；图四，1）

铜钱　1 包 9 枚，均为开元通宝铜钱。正面为钱文，背面饰星月纹，圆廓方孔。直径 2.5 厘米，孔径 0.7 厘米，单枚重 3.5 克。（图三，3；图四，4）

铁六方　2 件，形制相同，大小不一。标本 M18：2，外部呈正六边形，内部呈圆形。边长为 6.5 厘米，内部圆径 10.3 厘米，重 1800 克。（图三，4；图四，3）

铁牛　1 件。标本 M18：5，呈卧状，头微上昂。长 21.1 厘米，高 7.1 厘米，重 3570 克。（图三，5；图四，5）

铁猪　1 件。标本 M18：7，呈卧状，头微前伸。长 19.5 厘米，高 7.3 厘米，重 3300 克。（图三，6；图四，6）

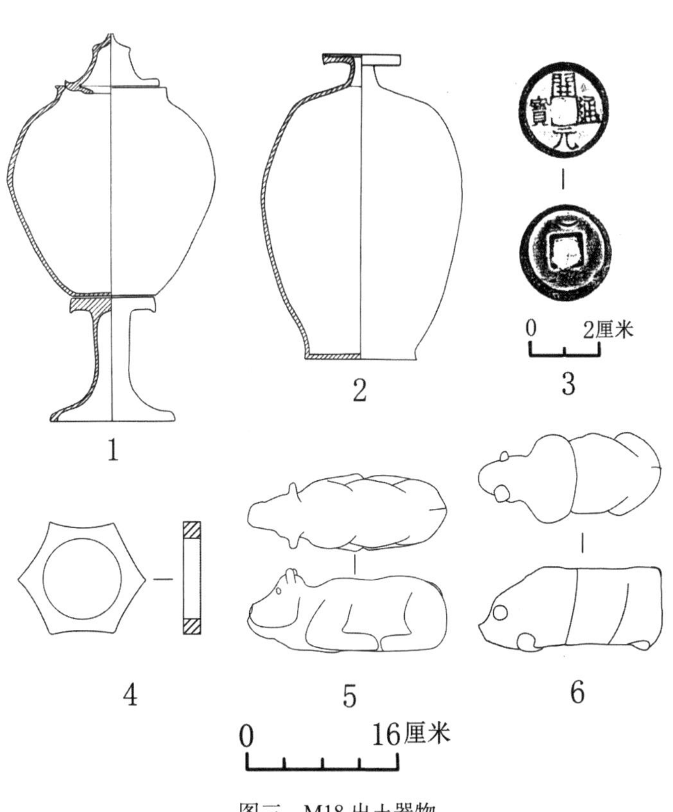

图三　M18 出土器物

1. 塔形罐（M18：4） 2. 瓷瓶（M18：1） 3. 铜钱拓片（M18：3） 4. 铁六方（M18：2） 5. 铁牛（M18：5） 6. 铁猪（M18：7）

石墓志　1合。标本M18：9，青石质，方形，盖身合为一体，置于墓室前部靠东侧。志盖作盝顶形，底边长48厘米，顶边长26厘米，厚9厘米。阴刻篆书“清河郡故张尚书志铭”，四刹阴刻青龙、白虎、朱雀、玄武四神造型，上部玄武蛇首龟身，两侧各有祥云一朵，下部朱雀双翅伸展，足踏莲花，头顶霞光四射，两侧有缠枝花纹，左右两侧青龙、白虎形态相似，均足踏祥云，前有一高髻丰满侍女持灯引路。（图五）墓志边长均为47厘米，厚10厘米，志文楷书，共22行，490字。（图六）

1

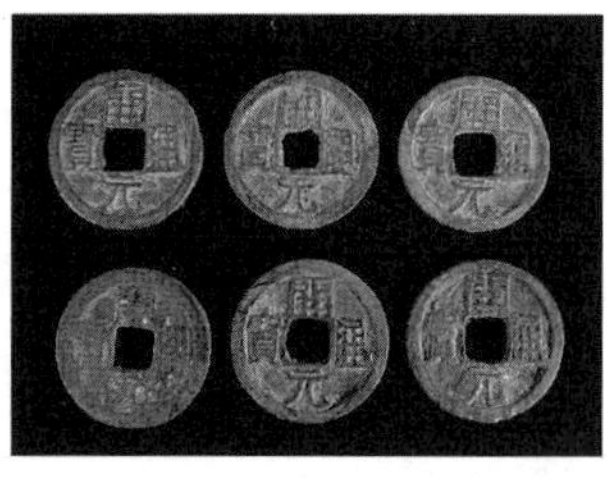

4

2

5

3

6

图四　M18出土器物

1. 瓷瓶（M18：1）2. 塔形罐（M18：4）
3. 铁六方（M18：2）4. 铜钱（M18：3）
5. 铁牛（M18：5）6. 铁猪（M18：7）

附录如下：

故护国军节度押衙检校兵部尚书张公墓志铭并序

公讳爽字居明清河密郡人也厥先不仕靡可称焉公早/因旨甘致干名位虽讬身官路谈皆有阙于趋庭而投迹和门劳/逸无疑于汗马既怀坚志果遇/良知备审韬钤益加宠顾而又征伐未顺寻俾鏖兵暨/领师徒付同挟纩况久披铠甲常挂弯弧功劳既高心常轻/于乐毅智谋兼远荣未许于田单以至勋业声雄名能誉/广有貔鼓钟之响无同击柝之鸣公遂天复三年十一月廿/五日迁拜节度押衙之职开平四年二月十五日/奏授兵部尚书丈夫修身不是不达身公奄知止足遽/薄浮荣未能退藏且希清散寻亦/蒲主太师遣绾旧地别业即甘棠第一之胜境非殊金谷冈异武/陵既豁冲襟深怡潇洒奈何五味失节六疾兼生神道不仁药石无/验以乾化元年十月十一日卒于陕府城之私第春秋百龄之半公先/娶夫人弘农杨氏遘疾早终再娶陇西李氏夫人俱其礼也有三/女三儿女贤齐德耀二妃儿孝等田荆陆橘呜呼今则发杨氏/夫人与公合祔乾化二年正月卅日葬于陕府东北赵庄之薨/里茔域创构窀穸备全道衢感伤亲族垂涕生荣殁盛难细/述哉聊

图五　墓志盖拓片

刻贞珉式光幽隧其铭曰凋金呈姿断玉显质宝既成器/公堪倚疋武有七德能入能出文有五车何须何必功勋既就/名官兼律尽自箭头非因刀笔奈何纤寿俄变枯骨灵柩哀哀/佳城鬱鬱永诀此际重观无日抉恳代情万不尽一（文中/表示转行）

图六　墓志拓片

三、结语

1. 墓主人及墓葬年代

据墓志记载，墓主人为张爽夫妇合葬墓。张爽，字居明，河北清河县人，早先进入仕途，后又投身军营，智勇双全，战功赫赫，于唐昭宗天复三年（公元 903 年）被授予节度押衙之职，又于开平四年（公元 910 年），被后梁太祖朱温授予兵部尚书，由于战乱频仍，辞去官职，避乱于陕州城，公元 911 年 10 月病故于家中，终年五十岁。三个月后，与其早卒的原配夫人杨氏合葬于陕州城东北。

该墓是近年三门峡地区发现的有明确纪年的墓葬之一。墓志记载:“乾化二年正月卅日葬于陕府东北。”可见该墓的埋葬年代为唐末五代时期后梁乾化二年，即公元912年。

2. 墓葬形制及墓志的价值

五代时期墓葬在豫西地区发现较少，其墓葬形制时代特征不甚明显，塔式罐与三门峡庙底沟唐代墓葬的Ⅳ式塔式罐（M130：2）[1]基本相同，总体来说，还是承袭了唐代晚期的墓葬特征，属于唐墓的第四期[2]。由此可见，当时虽已朝代变迁，进入五代后梁时期，而唐以来所形成的葬俗文化仍未改变，并沿袭下来。

张爽官居节度押衙和兵部尚书，身份较高。墓道中有大量积石，且形体较大，推测应为防盗而设，唐代积石墓在三门峡地区较少发现，由此看出墓主人身份应不同于一般平民。但从墓葬形制及规模看，却较为简单，随葬器物也较少，这可能受当时战乱影响，与当时流行的薄葬风俗相一致。此外，墓志中提及的一些郡县名称、官职以及墓志铭文的书法等也为研究唐末时期的地望、职官以及书法刻绘艺术等提供了实物参考资料。

附记：领队杨海青，发掘郑立超、闫军，照相赵小灿，绘图陈英、燕飞，拓片胡焕英、陈英。

执笔：郑立超　胡赵建　燕　飞

注释：

[1] 河南省文物考古研究所:《三门峡庙底沟唐宋墓葬》，大象出版社，2006年，第58页。

[2] 中国社会科学院考古所:《新中国的考古发现和研究》，文物出版社，1984年，第583页。

三门峡市印染厂墓地 M36 出土唐代铜环检测分析

◎唐　静　◎衡云花　◎王鑫光　◎闫海涛

一、引言

1965 年，河南省文化局文物工作队（现河南省文物考古研究院）在三门峡市第一印染厂发现一处墓地。该墓地墓葬分布密集，保存较好，共发掘清理 81 座墓葬，时代从战国晚期至汉、唐、宋。在唐墓 M36 中出土了一对铜环，编号分别为 M36：20 和 M36：6。它们形制相同，M36：20 较完整，M36：6 残断，均为圆环形，有接口，环体为半圆形的外环和直弧形的内壁相扣而成，两处相交重叠处宽约 1 毫米，中空，胎体轻薄，素面无饰，表面有纤维缠绕[1]。本文以 M36：6 铜环为研究对象，利用多种分析仪器对其进行检测分析。

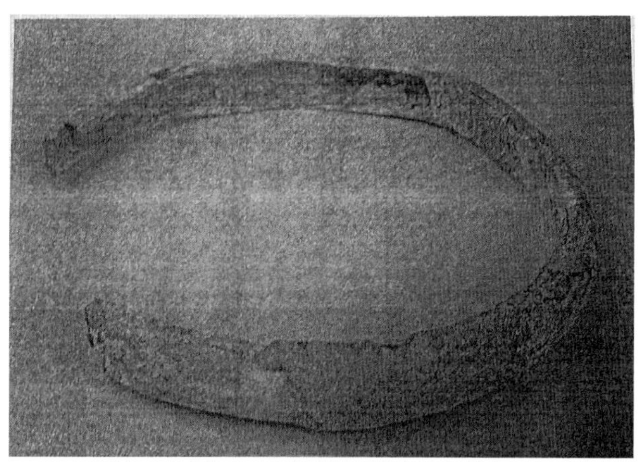

图一　M36：6 铜环

M36：6 铜环外直径 10.8 厘米，内壁高 1 厘米，厚 1 厘米。铜环内壁残缺严重，整体比较脆弱，锈蚀严重（图一）。铜环一部分被纤维缠绕数圈（图二），部分纤维已经和锈蚀物、泥缠绕土粘在一起，质地脆弱，用镊子稍加碰触就会碎掉，其余部分纤维不存，只留有痕迹（图三），推断原通体缠绕纤维。针对铜环的现状，我们利用红外光

图二　M36：6 铜环上缠绕的纤维

谱法对铜环上的纤维进行了分析，利用X射线衍射对铜环上的锈蚀物进行了物相分析，利用扫描电镜、能谱仪和金相显微镜对铜环和焊料进行了观察与分析检测。

图三　M36：6 铜环上的锈蚀及遗留的纤维痕迹

二、检测仪器与样品制备

1. 检测仪器

傅里叶变换红外光谱仪 TENSOR 27：德国布鲁克；光谱范围：8000~350 cm^{-1}；分辨率优于 0.25 cm^{-1}；吸收精度：0.07%T；实验条件：波数 4000~400 cm^{-1}，扫描 10 次，溴化钾压片法。

环境扫描电子显微镜 Quanta 650：美国 FEI；实验条件：高真空；加速电压 20 KV，工作距离 10 毫米，同时配备能谱仪进行无标样合金元素测定。

X 射线衍射仪 D8 ADVANCE：德国布鲁克；实验条件：阳极 Cu 靶，管压和管流分别为 40 KV 和 40 mA，扫描范围 2θ 为 5°~70°，扫描步长 0.010°。

金相显微镜 DM4000M：德国 Leica。

2. 纤维样品制备

用尖头镊子小心镊取纤维，放入干净的烧杯中，用浓度为 1% 的稀硝酸溶液浸泡 10 分钟，除去表面的锈蚀，再用蒸馏水反复浸泡 3 遍，然后将纤维放在表面皿上，放入干燥箱内烘干。

取适量的纤维和溴化钾在玛瑙研钵中充分研磨，混合均匀后，将混合物移至压片机进行压片。

3. 金相样品制备

将铜环的残片按照常规的金相样品制备方法处理，经镶样、磨光、抛光达到制备要求，然后用 $FeCl_3$ 酒精侵蚀液（C_2H_5OH 120 ml+HCl 30 ml+$FeCl_3$ 10 g）进行侵蚀，侵蚀时间 3 秒左右。

三、检测结果与分析

1. 纤维的红外检测分析

将压片好的纤维样品用红外光谱法对其进行检测分析，其红外图谱如图四所示。铜环上的纤维红外图谱主要吸收谱带为 3346 cm^{-1}，特征谱带为 2916 cm^{-1}、1737 cm^{-1}、1638 cm^{-1}、1422 cm^{-1}、1374 cm^{-1}、1161~1033 cm^{-1}、560 cm^{-1}，与文献中亚麻纤维的红外特征峰[2]相匹配。

亚麻属于植物纤维，主要成分为纤维素、半纤维素和木质素，这些成分含有大量的氧氢键，具有纤维素纤维的红外特征峰。图四中，3346 cm^{-1} 的宽峰应归属为纤维素 -OH 的伸缩振动峰；2916 cm^{-1} 为 C–H 伸缩振动，1374 cm^{-1} 和 1317 cm^{-1} 为纤维素和半纤维素的 C–H 伸缩振动；1161 cm^{-1}、1112 cm^{-1}、1059 cm^{-1} 和 1033 cm^{-1} 指纹区为环状 C–O–C 不对称伸缩振动和 C–O

伸缩振动峰。棉纤维和亚麻纤维的红外图谱非常相似，但由于棉纤维只含有纤维素，而亚麻纤维不仅含有纤维素，还有半纤维素及木质素等成分，体现在红外图谱上，亚麻纤维在 1730 cm^{-1} 和 1430 cm^{-1} 附近有红外吸收[2]，而棉纤维无明显吸收，因此判断 M36：6 铜环上缠绕的纤维应该为亚麻纤维。

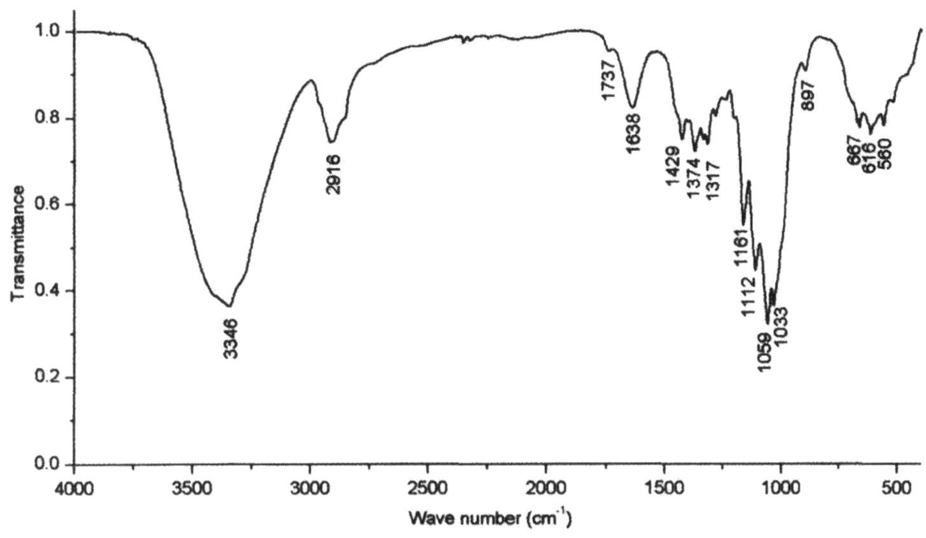

图四　铜环缠绕纤维的红外光谱图

2. 铜环金相及能谱分析

利用金相显微镜对铜环的金相样品进行观察。根据金相照片（图五）分析，铜环为红铜热锻组织，呈 α 固溶体再结晶晶粒及孪晶形态，晶内有不均匀分布的椭球状硫化亚铜夹杂，局部夹杂物沿加工方向拉长变形，证明铜环为锻打而成，但是加工程度相对较轻。

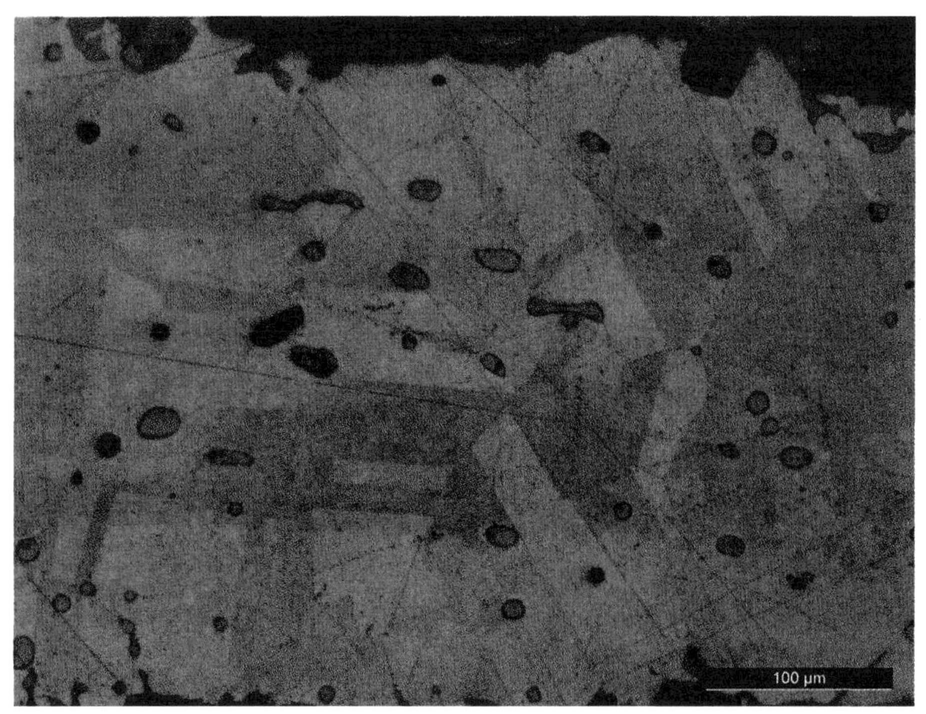

图五　M36：6 铜环金相组织图

用扫描电镜在背散射模式下对铜环的横截面进行观察，结果如图六所示。可见铜环从外至内分为矿化层、部分腐蚀层和金属基体三层，基体约 0.36 毫米。

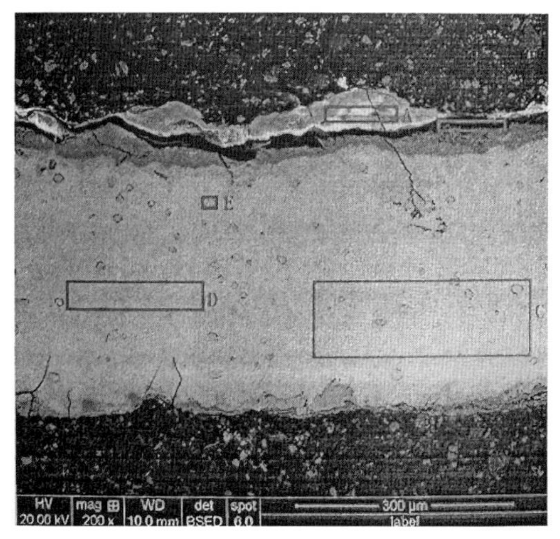

图六　M36：6 铜环检测区域背散射图

利用能谱仪对图六中做标注的位置进行检测，结果如表一所示。C、D、E 三处为铜环的金属基体，Cu 含量为 98.3%，为纯铜基体，基体中间夹杂的不规则椭球状暗区 S 元素含量较高，应为 Cu_2S 的夹杂物。在矿化层（A）与腐蚀层（B）检测到 Cl，可能会存在有害锈，而基体中并无 Cl 存在，表明 Cl 是从外界侵入；其中的 Ca 因具有可溶性，应为随土壤中的水分渗入沉积所致。

表一　M36：6 铜环检测区域能谱分析结果

位置	区域	元素含量（Wt%）						
		C	O	Cu	Ca	P	Cl	S
A	铜环矿化层	13.63	45.77	33.16	1.64	1.98	3.82	
B	铜环部分腐蚀层	13.49	31.27	46.15	0.74	2.34	5.31	0.70
C	铜环基体		1.30	98.30				0.40
D	铜环基体明区		1.14	98.86				
E	铜环基体暗区			87.62				12.38

3. 铜环焊料能谱分析

铜环是由外环与内壁相扣合而成，两处相交重叠处宽约 1 毫米，结合比较紧密，为了证实铜环以何种方式连接，取铜环包边处的残片进行镶样抛光处理，用扫描电镜在背散射模式下对图七中标注阿拉伯数字的几个位置进行观察。结果显示区域 1 和区域 5 的明暗程度相同，为铜环的外环与内壁层，区域 2 的元素组成明显有别于区域 1 和区域 5，为中间焊料层。各层的能谱分析结果见表二。焊料层主要含 Cu 与 Ag，明区 Ag 含量较高，暗区 Cu 含量较高；从总体分析焊料层 Cu 含量为 62.24%，Ag 含量为 36.46%，接近于“铜六银四”的焊料配方。

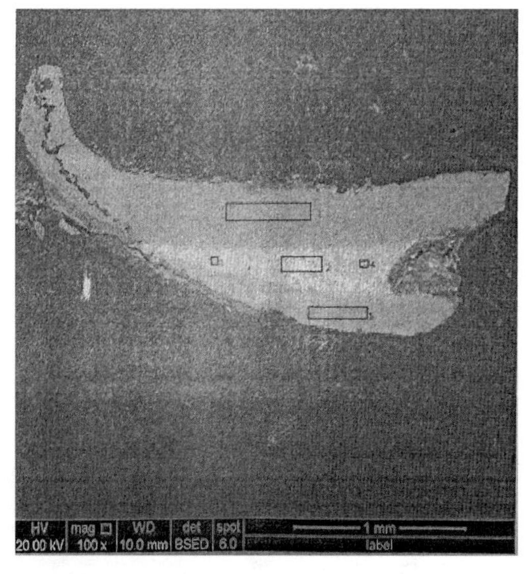

图七　M36：6 铜环焊料处检测区域背散射图

表二　M36：6 铜环焊料处检测区域能谱分析结果

位置	区域	元素含量（Wt%）			
		O	Cu	Ag	S
1	铜环外环	1.86	97.54		0.60
2	焊料基体		62.24	37.76	
3	焊料明区	2.02	15.07	82.91	
4	焊料暗区	0.65	82.71	16.64	
5	铜环内壁	1.09	98.68		0.23

4. 铜环上的铜锈 X 射线衍射分析

用手术刀刮取铜环表面的绿色锈蚀物适量，置于玛瑙研钵中研成粉末状，放入样品池内压平，进行 X 射线衍射检测，图谱如图八所示。其物相结果显示绿色锈蚀物为 $Cu_2(OH)_2CO_3$、Cu_2O 和 SiO_2。

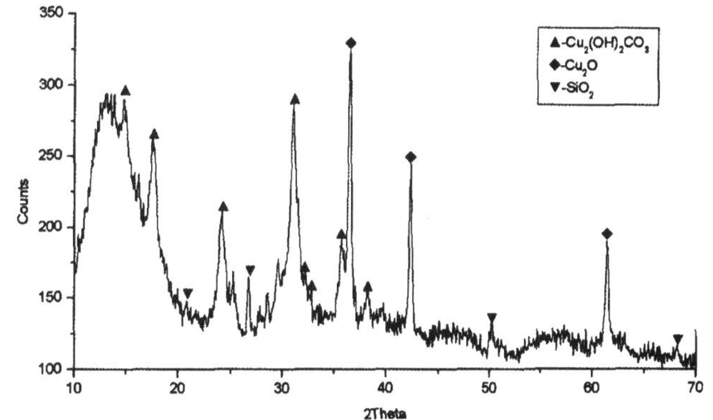

图八　绿色锈蚀 X 射线衍射谱图

可知，在铜环的埋藏土壤环境中，Cu 基体先与土壤中的 O_2 发生反应，生成 Cu_2O，Cu_2O 在 CO_2 及水存在的条件下发生电化学腐蚀，生成淡绿色的 $Cu_2(OH)_2CO_3$。反应如下：

$4Cu+O_2=2Cu_2O$

$2Cu_2O+O_2+2CO_2+2H_2O=2Cu_2(OH)_2CO_3$

其中 SiO_2 应该是铜环在长期埋藏过程中由环境中的泥土渗入所致。

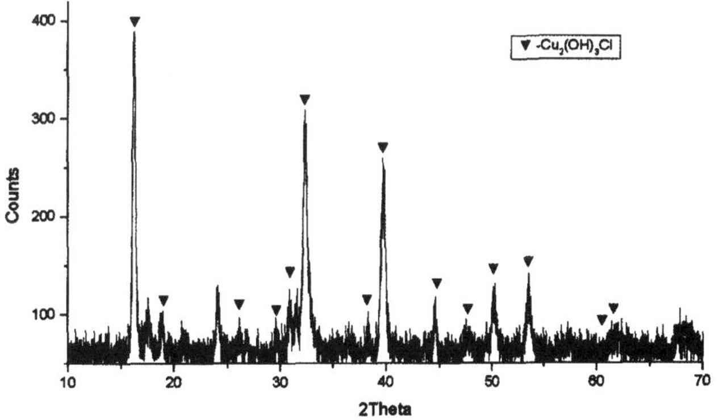

图九　白绿色锈蚀 X 射线衍射谱图

铜环局部存在一些白绿色粉状锈蚀物，其 X 射线衍射谱图（图九）显示，此锈蚀为 $Cu_2(OH)_3Cl$，属于青铜锈蚀物中的有害锈，这与能谱在铜环的矿化层及腐蚀层检测出 Cl 元素，推断可能存在有害锈可相互印证。

铜环在漫长的埋藏环境中，Cu 和 Cl 生成 CuCl，CuCl 遇水又生成 $Cu_2(OH)_3Cl$。反应如下：

$Cu+Cl=CuCl$

$4CuCl+O_2+4H_2O=2Cu_2(OH)_3Cl+2HCl$

四、总结

1. 经检测，M36 : 6 铜环上缠绕的纤维为亚麻纤维，距今已经一千多年，是非常珍贵的文物遗存，为研究唐代纺织业和丧葬文化提供了弥足珍贵的实物资料。但是如此大直径的铜环作何用途，为何还要缠绕一圈纤维，需要进一步研究。

2. 金相分析显示，M36 : 6 铜环的材质为红铜，热锻加工而成，金相观察呈 α 固溶体再结晶晶粒及孪晶形态。在新石器时代人类就开始锤击天然红铜来制造小件饰品和工具，进入青铜时代后，范铸成型在中国成为青铜器的主要制作方式[3]，因而热锻成型的青铜器出土数量较少，且多为素面器。铜经过热锻后成分会更加均匀，组织发生再结晶变化，晶粒细碎均匀，致密度增加，具有结构致密、重量相对较轻、机械强度大、韧性较好的特点。此铜环基体很薄，厚度仅有 0.36 毫米，环体流畅，体现了较好的锻打工艺，为研究唐代锻造加工技术提供了宝贵资料。

3. 经检测，M36 : 6 铜环的外环与内壁连接部位为铜银焊料。我国古代焊接技术约始于西周晚期，战国时期开始广泛使用。从成分来看，中国古代焊料大体可分为铅锡焊、铜焊、银焊三种[4]，其中优良的银焊料为“银四铜六”的合金。清朝郑复光《镜镜诊痴》卷四“附钟表焊”载:“钟表焊药，以银焊为良方。用莱花铜六分，纹银四分，则老嫩恰好。”[5]《清代匠作则例》中，广储司磁器库铜作在谈到焊接时也谈到了“铜六银四”的焊料:“造红铜钮头号至二号，每百个用四六银焊药一钱二分，硼砂二钱四分，乌梅四两。三号至七号每百个四六银焊药一钱，硼砂二钱，乌梅三两五钱。”[6]就现有考古资料来看，青铜器上发现铅锡焊料较多，铜银焊料鲜有报道，因此 M36 : 6 铜环上的铜银焊料对于研究中国古代焊料及冶金技术有着重要的意义。

4. M36 : 6 铜环环体上的白绿色锈蚀检测出有害锈 $Cu_2(OH)_3Cl$，虽然附着范围不大，但是鉴于有害锈的蔓延特性，还是需要对铜环进行及时的保护处理。

注释:

[1] 河南省文物考古研究所:《河南三门峡市印染厂唐墓清理简报》,《华夏考古》2002 年第 1 期。

[2] 南普恒、金普军:《古墓葬出土纺织纤维化学结构分析》,《中国文物科学研究》2010 年第 4 期。

[3] 张治国、马清林:《甘肃崇信于家湾西周墓出土青铜器的金相与成分分析》,《文物保护与考古科学》2008 年第 1 期。

[4] 何堂坤、靳枫毅:《中国古代焊接技术初步研究》,《华夏考古》2000 年第 1 期。

[5] 郑复光:《镜镜诊痴》，李磊译，上海古籍出版社，2015 年。

[6] 王世襄:《清代匠作则例汇编》，中国书店出版社，2008 年。

河南义马狂口村金代砖雕壁画墓发掘简报

◎三门峡市文物考古研究所

1995年5月，河南省义马市因基础设施建设在市区千秋西路北侧狂口村发现一座砖雕壁画墓（编号M1）。墓葬东距滨河路500米，南距310国道约600米，坐落在南低北高的岭坡顶上（图一）。三门峡市文物考古研究所与义马市文管会对其进行了抢救性发掘，现将发掘情况简报如下。

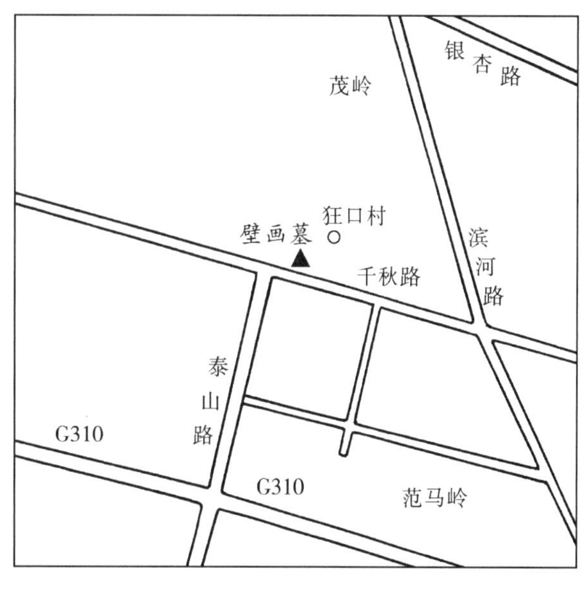

图一　墓葬位置示意图

一、墓葬形制

M1为一座砖砌仿木结构墓葬，由墓道、天井、甬道、墓室四部分组成，坐北朝南，方向13°。墓道平面呈长方形，因距房屋太近未能发掘，长度不详，宽0.6米。墓口距地表0.3米。天井平面呈梯形，南宽北窄，长1.82、宽0.56~0.74、深3.09~3.39米，内填红褐色五花土，质疏松，底部北高南低，呈缓坡状，北壁底部有过洞与墓道相连，南壁底部为通向墓门的甬道。甬道长0.39、宽0.6米，墓门开在墓室北壁底部中间，高1.35米。封门砖侧立，以“人”字形砌堵，砖规格为30厘米×14.5厘米×4.5厘米。

墓室平面呈横向长方形，东西长2.55、南北宽1.65米，室顶坍塌，残高2.82米。地面用纵横相间的平卧砖铺设，室内依墓门的方向砌出“凹”字形须弥座式棺床，床高0.39米。床面亦用纵横相间的平砖铺设。墓室四壁皆为仿木结构屋檐。棺床上东、南、西三壁砌基座，高0.52米。基座为须弥座式，束腰处砌有单抄铺作，铺作之间为华板，雕刻彩绘花卉、瑞兽图案。北壁清水砖平直砌起与基座同高。各壁在基座上方共砌四方抹角立柱十根，其中四角和东、西壁中间各一根，南、北壁中间各两根，立柱之间装饰砖雕人物、仿木门窗及壁画等。立柱上砌普拍枋，枋上砌重拱四铺作。铺作之间砌拱眼壁，铺作上砌一层单砖作替木，替木上砌撩风槫，其上砌出一周菱角牙子作滴水房檐，再向上四角内收成穹隆顶（图二）。

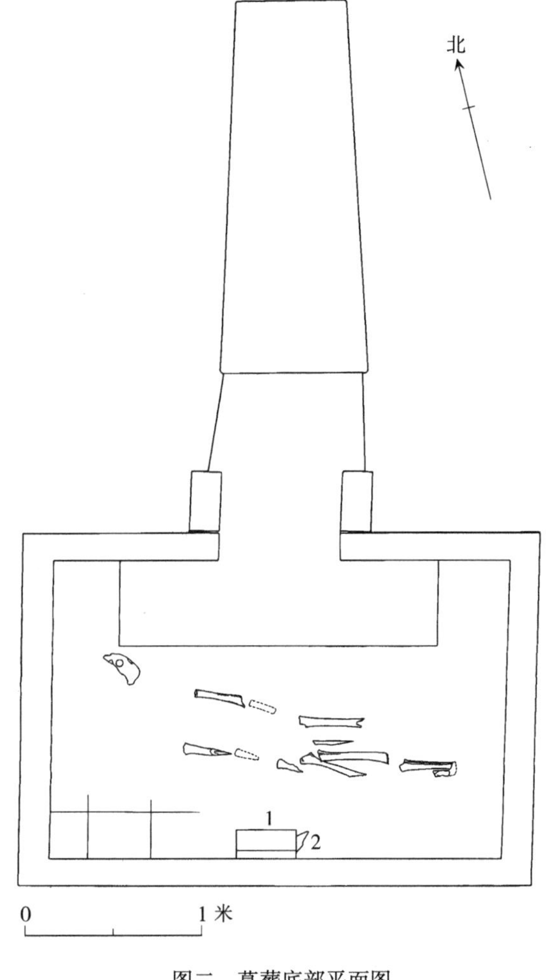

图二　墓葬底部平面图
1. 墓志砖　2. 铁犁铧

二、墓室壁画与砖雕

墓室内的四壁与顶部普施一层白颜料，墙壁上的砖雕人物、仿木构件等均按用途不同，用红、黄、黑三种颜料描绘分层设色。如普拍枋、房内墙壁用白色，枋下吊幛部分用黄色，门边、窗棂、桌椅等用红色，房角、窗边、吊幛、绶带用黑色。

棺床上须弥座部分因进水侵蚀，颜色已基本脱落，华板上的图案只留下砖雕部分的荷花、鹿等，东、西壁基座北部各有两块华板，内容不详。立柱间的普拍枋表面均绘有红色花朵，每组外框用墨线勾勒。

东壁的立柱之间有两部分，主要砖雕装束不同的戏曲表演者，其中北半部有两人，南半部有三人（图三），以下自北向南依次介绍。

持杖人　头戴黑色无脚幞头，身穿圆领窄袖长袍，腰束红色阔带，着靴，双手握杖于胸前（图七）。

持板人　头戴黑色无脚幞头，身穿圆领窄袖长袍，腰系黑带，着靴，左手执板，右手抬起作指点状（图八）。

叉手人　头束软巾，上留髻，右侧插花，身穿圆领窄袖长袍，腰束软带，着黑靴，左手握右手于胸前，双腿略向前屈（图九）。

持扇人　头戴直脚幞头，身穿圆领长袍，腰束软带，着靴，双手举至胸前，右手持扇（图一〇）。

持笏人　头戴无脚幞头，身穿圆领宽袖长袍，双手持笏，向前躬身（图一一）。

南壁的立柱之间可分为三部分。中间雕“妇人启门”主题。两扇板门各有门钉五路，右扇门有门环。门外砌立颊、转柱，上置门额。门额上雕出两枚门簪。东、西装饰格子门，门下华板雕刻盛开的牡丹与荷花（图四；图一二至一六）。

西壁的立柱之间可分为两部分。南半部为墓主人夫妇对坐于桌旁，男主人头戴黑色软帽，身着对襟青衣，双手合抄（图版一，2）；女主人束髻，身着背子与花裙，双手合抄（图版一，1）；

图三　墓室东壁示意图

图四　墓室南壁示意图

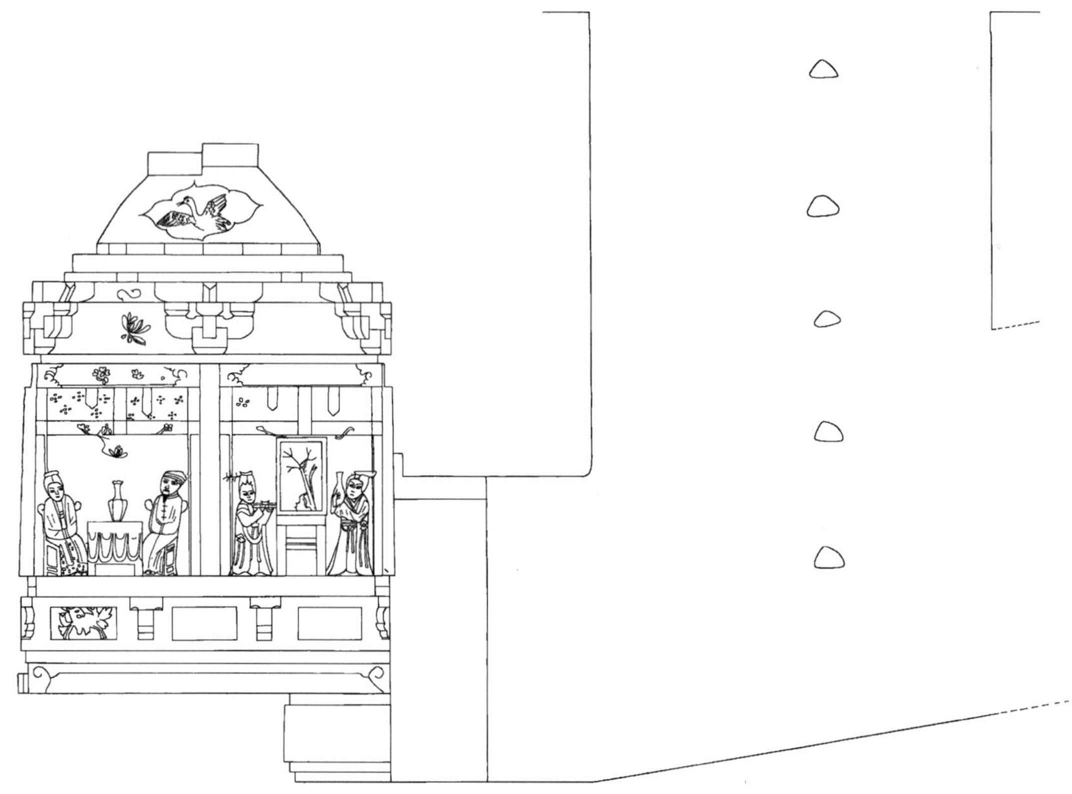

图五　墓室西壁示意图

图六　墓室北壁示意图

图七　持杖人砖雕

图八　持板人砖雕

图九　叉手人砖雕

图一〇　持扇人砖雕

图一一　持笏人砖雕

图一二　妇人启门砖雕

图一三　荷花砖雕

图一四　牡丹砖雕

图一五　格子门砖雕

图一六　格子门砖雕

图一七　墓室西壁南部

图一八　“田真兄弟哭活紫槿树”故事壁画

图一九　墓室西北角铺作

图二〇　墓室北壁铺作

桌上铺台布，置一瓜棱瓶。北半部为二侍女分立桌旁。南侧侍女发髻右侧插花，着袍披裳，双手托元宝方盘（图版一，3）。北侧侍女束髻，穿长袍，腰束软带，双手捧细长颈瓶（图版一，4）；桌后墙壁有一幅画（图五；图一七）。

北壁的立柱之间可分为三部分。中间为墓门，周边彩绘花草图案，门楣上方绘梅花。东、西分设破子棂窗。东窗上方用墨线绘制“王褒闻雷泣墓”故事图案，在其右上角有一小壁龛。西窗上方绘“田真兄弟哭活紫槿树”故事（图六；图一八）。

普拍枋上的重拱四铺作皆以墨线勾勒边框，红颜料设心，中间填以黄色。拱眼壁白地红花，拱间罗汉枋绘红色如意勾云图案。墓室顶因坍塌只残留有北部和西部，其上用墨线绘制仙鹤飞翔图案三组，每组轮廓外施红颜料填充边角（图一九；图二〇）。

三、出土器物

墓室南壁底部的中间斜放着一块方形墓志砖，砖下有铁犁铧残段 1 件，北壁上东北角壁龛内放黑釉瓷碗 1 件。

墓志砖　1 件（M1：1）。正面磨光，朱砂竖行文。因受水浸蚀，志文已模糊不清，仅可依稀辨出“大安元年八月”等字。长 30、宽 30、厚 4.5 厘米。

铁犁铧　1 件（M1：2）。条形，一侧有刃，另一侧有凹槽。长 10、宽 2.8、厚 1.5 厘米。

黑釉瓷碗　1 件（M1：3）。圆唇、敞口，弧腹，圈足，内外施黑釉，底部漏白胎。口径 13.6、底径 5.2、通高 4.9 厘米（图二一）。

图二一　黑釉瓷碗（M1：3）

四、结语

墓室棺床上有人骨架两具，因早年进水已被冲乱，从残存情况可看出为仰身直肢葬，据此判断，此墓应为一座夫妻合葬墓。从墓志上的“大安元年八月”推测，墓葬年代应为金卫绍王完颜永济大安元年（1209 年）。据文献，宋制非官不用墓志，金承宋制，墓主人应为官吏或士大夫阶层。

墓室内彩绘砖雕壁画等保存基本完好，题材包括戏曲表演、墓主夫妇对坐、妇人启门、孝子故事等，并有丰富的装饰图案，其风格造型与河南义马矿务局机修厂金墓相似[1]。此墓的发掘为研究豫西地区金代建筑、雕刻、服饰、绘画以及戏曲发展提供了新的实物资料。

绘图：史智民

执笔：胡焕英

注释：

[1] 会振:《义马市金代砖雕墓发掘简报》,《华夏考古》1993 年第 4 期。

1. 女墓主

2. 男墓主

3. 侍女

4. 侍女

河南义马狂口村金代砖雕壁画墓

陕县安国寺火墙艺术

◎黄　洋

陕县安国寺位于河南三门峡市陕州区（原陕县）西李村乡元上村西 700 米处，俗称琉璃寺，又名兴国万寿寺。《陕县志·古迹》载："安国寺，俗名琉璃寺，因殿宇以琉璃瓦构成故名，据现存碑序，系创自隋时，唐宋元明清各有修葺。楹柱（正殿檐廊的四根石柱）皆青石造成，作八面形，多刻名士题咏于其上，在五区（陕县民国时的行政区划）昌河之北元上村附近。"

安国寺整个建筑群落依山而建，坐北朝南，由一条中轴线贯穿寺院主体建筑，院落由南至北逐级递升，以寺内火墙为界，可将安国寺分为南北两所院落。南院由山门、前殿、中殿、后殿穿压中轴，东西还分布有四重配殿，挖置莲花池两方，南院东南角修筑有钟楼一重，前殿西侧修筑有前西殿一重。北院现存正殿一重，火墙一座，均穿压中轴。寺院东北部还分布有火神殿、方丈院、和尚院各一重（均残破）。

安国寺占地面积约 5000 平方米，现存建筑以明清时期为主，个别建筑可见金元时期特征。整个建筑群布局严谨，保存较为完好，是豫西地区宗教建筑的代表。全寺大量分布保存较为完整的砖雕、木雕，有极高的历史、艺术和科学价值，因此陕县安国寺于 2013 年 5 月被国务院公布为第七批全国重点文物保护单位。

大型砖雕仿木建筑

火墙由门楼和东西两侧一字影壁构成，为砖质仿木结构建筑，门楼及影壁顶均覆有青灰色筒瓦，各脊均饰有脊兽。整个火墙修筑于 1 米高的台基之上，台基为条石砌筑，总长达 24 米。火墙距北院正殿台基南边缘 12 米，距南院后殿北墙仅 3.3 米，十分局促。

门楼形制为重檐歇山，中部开拱圈砖门洞，二层北部中间开小窗，除二层南、东、西侧的极少部分面积无饰外，其余通身饰有砖雕。一层檐下有砖质仿木清式三踩带垂莲花柱平身科斗拱十攒，清式三踩带垂花柱昂翘角科斗拱四攒，斗拱下施有垂莲花柱，柱间饰有卷草纹雀替；二层檐下有砖质仿木清式一斗二升交麻叶平身科斗拱八攒，清式一斗二升交麻叶昂翘角科斗拱四攒；拱圈门洞南面东西两侧各施一座六层全雕刻须弥座，北面东西两侧各施一座四层全雕刻须弥座。

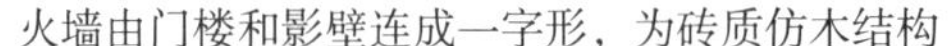

火墙由门楼和影壁连成一字形，为砖质仿木结构

火墙门楼开拱形门洞，通身饰砖雕

影壁为单檐悬山顶一字形，檐下均施有垂莲花柱，柱间饰有卷草纹骑马雀替，形成挂落。挂落下共饰有四组大幅砖雕，几乎横跨整座影壁。东侧南部大幅砖雕下饰有六层无饰仿须弥座，西侧南部砖雕下、北部两幅砖雕下均饰有六层束腰雕刻仿须弥座。

拱圈门洞内东侧墙壁嵌有明隆庆四年（1570）“重修瑞云山安国禅寺火墙诗记”石碣一块。主要内容是从佛教角度劝人向善，布施功德，并记录了隆庆年间重修火墙的资助者、主持重修者、石匠等信息。

西侧影壁北面嵌有清乾隆九年（1744）“重修安国寺火墙序二”石碣一块。主要内容为乾隆年间寺院住持认为火墙已破败不堪，有湮灭、倾覆的危险，于是重修火墙，同时记录了重修参与者，并以志于石希望参与者永垂不朽等信息。

明隆庆四年“重修瑞云山安国禅寺火墙诗记”

清乾隆九年“重修安国寺火墙序二”

建筑功能

防火功能

安国寺火墙为纯砖质建筑，如果发生火灾，可以起到阻断火势蔓延，杜绝发生“火烧连营”的作用。火墙修筑位置北距正殿 12 米以上，南距南院后殿仅有 3 米，充分拉开了正殿的防火距离，隔绝了可能侵扰正殿的火源，相比之下，对南院后殿的防火考虑就不如正殿了。

分隔空间功能

虽名为火墙，但也具备一般围墙所具有的分隔空间功能。火墙位置牺牲了南院后殿的布局美感，但为北院留下了较为合理美观的布局空间，如此布局实现了南院对外开放，北院用于参禅、藏经、会客、住宿等使用目的。

藏物功能

火墙门楼二层空间为中空，从拱圈门洞之上有一处向二层的入口，入口处有一根安装在砖砌中的横木，且发现有卯榫接口，应是安装入口门板所用的构件。二层空间内部砖缝间亦发现有被人工开凿的圆形痕迹，疑似是古人为安装搭设木架等储物之物所开。二层北面开有窗口，上部也残留有一段横木，应为原有的木质小窗所属。开窗口的主要目的是为了采光、通风防潮。种种构造形制和残留的构件、遗迹都证明，火墙具备藏储物品的功能，将物品存放在如此安全私密，且具备防火、防潮等功能的火墙门楼内，所藏物品应较为珍贵，猜测为重要经书或其他高价值财物。

建造年代

火墙的修筑位置充分照顾到了正殿的空间布局，与后殿间距过于狭小，因此，火墙应为安国寺的计划外建筑，且主要保护对象是正殿，其修筑年代应晚于或稍晚于正殿。由火墙上年代较早的石碣可知，有文字记载的较早的重修年代为明晚期，因此，火墙的始筑年代保守估计为明早中期。

唐宋时期，类似安国寺规模的禅宗寺院，最北端的建筑通常会修筑法堂、禅堂或方丈室，用于参禅讲道、会客。金元后，随着建造技艺的日趋成熟，禅宗寺院最北端开始流行修筑高大的复层阁式建筑，通常取名藏经阁（毗卢殿），用于藏储经书，参禅讲经和会客。安国寺现存正殿为面阔五间、进深三间的带前檐廊硬

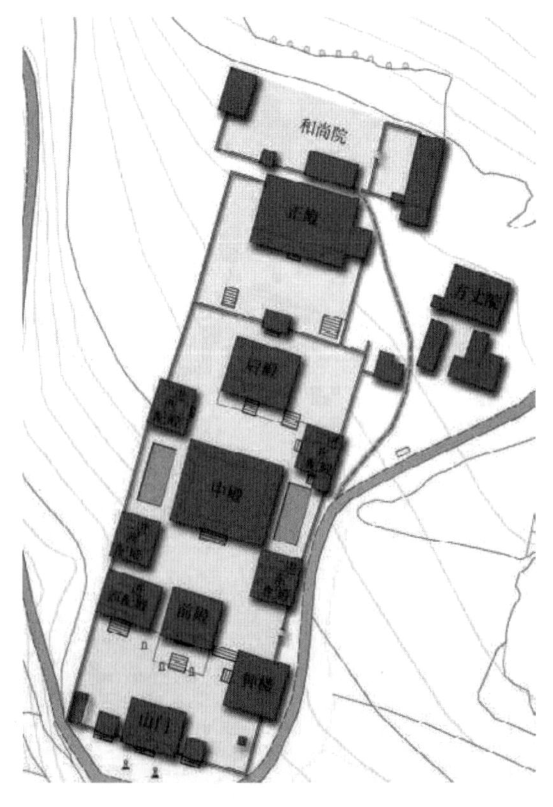

安国寺院落布局示意图

山式建筑，从檐下斗拱形制、比例及枋下透雕的挂落来看，具备典型清式建筑风格。正殿跨度较大，修筑在1.15米高的台基之上，台基长宽为17米和9.5米，如此大跨度的台基却修建了一座级别很低的硬山式建筑，且建筑仅施有装饰作用大于实际承力作用的檐外斗拱，屋面的承重几乎是由墙体和柱来承担的，并无檐内斗拱，与如此体量十分不协调，推断正殿台基的原有建筑很可能是金元时禅宗寺院流行的复层藏经阁。据少林寺保存的元大德三年（1299）“宣授少林提举兴福照藏云大师山公庵主塔铭并序”记载，大德年间的安国寺便已是少林寺13座下院之一，当时是有相当的知名度和影响力的，因此，修筑复层的藏经阁对安国寺来说应不是难事。藏经阁或因在历史上被火灾侵扰或焚毁，随后为了保护正殿，僧人便在寺院布局的计划外修筑了火墙。据此可推断，火墙的修筑年代或许能够上溯至元末明初，甚至更早。之后的正殿可能在财力等制约因素的影响下，无法重修为先前的复层阁式建筑了。当然，要想搞清楚火墙以及其他寺内建筑的较为准确的修筑年代，需要依赖专门的考古发掘，才能较为科学的掌握。

火墙门洞通向二层的入口

现存正殿

砖雕艺术

安国寺火墙集中了寺院最为精美繁缛的砖雕，雕刻手法以浅浮雕为主，明清时期特征明显。砖雕作品能够在火墙上得以集中体现，主要有两个原因。其一，从火墙功能的角度考虑，作为北院的门楼和隔墙，是北院的“门脸”，装饰一番理所当然；且门楼内部可以存放重要经书等贵重物品，很可能是安国寺佛法思想的精髓所在，僧人和工匠定是倾尽所能对火墙进行装饰。其二，火墙拥有如此丰富的砖雕有其必然性。寺院中除了几重配殿，其他重要建筑的外墙上几乎都饰有纷繁复杂、大小不同的砖雕，说明安国寺在建设过程中十分偏重砖雕的应用。火墙跨度巨大的墙面也为大幅砖雕题材的顺利展开提供了良好条件。

火墙门楼上除二层东、西、南三处极小面积为砖砌面外，其余均饰有砖雕，面积虽都不大，但十分繁缛、精美。拱圈门北面顶饰有二龙戏珠；圈顶东西岔角均饰祥云，岔角东西两侧各饰有一长须仙人形象，一为骑青牛，一为骑凤鸟引鹿，辅以祥云、团花等，似为道教仙人题材，说明了装饰砖雕时，三教融合程度已然较高，十分和谐统一；仙人砖雕顶部及各自外沿各饰有六块横竖小格，小格内饰有瑞兽、祥云、花草、宝瓶等。拱圈门中层东西两侧均饰有圆形团兽，已模糊不清，隐约可见龙形兽、海浪等。拱圈门最下部东西两侧为四层全雕刻须弥座，束腰部分饰有缠枝牡丹，上下混面仰覆莲瓣组成长条边饰，圭角饰为祥云。门楼二层北面小窗东西两侧饰有两竖小格，小格中饰有宝瓶及花草；小格外侧各有一幅砖雕，靠近小格处均露出宫阙一角浮于祥云之上，宫阙外伴有仙女形象，再向外延展是手抬肩扛有器皿的男女形象，似为信徒、香客。祥云及宫阙一角应瑞云山安国寺之名，砖雕表现了男女信徒、香客云集于此，祈愿安康的场景。

门楼北面一层砖雕有二龙戏珠、仙人、瑞兽等

门楼北面二层砖雕有香客信徒等

门楼南面砖雕有降龙、伏虎罗汉和瑞兽等

拱圈门南面顶饰有卷草纹；圈顶

东西两侧分别饰以降龙、伏虎罗汉，辅以祥云、山石、花草等，为典型的佛教故事题材；降龙、伏虎罗汉下各饰有两横小格，界分下部砖雕，小格中分别饰有两祥云、两羊。拱圈门东西两侧均饰有圆形团兽，各饰瑞兽五只，一大四小，四小兽似为大兽幼崽，或围坐或跟随大兽身边，辅以祥云、海浪、山石、荷叶、花草等。拱圈门下部东西两侧为六层全雕刻须弥座，束腰分别饰有跑兽（已不可辨）和青牛，辅以山石、海浪、祥云等，束柱已模糊不清，但疑似有兽，上下混面仰覆莲瓣组成长条边饰，圭角饰以祥云。

影壁北面西侧大型瑞兽砖雕及清代石碑

影壁北面东侧大型瑞兽砖雕

影壁南面西侧大型瑞兽砖雕

影壁南面东侧瑞兽砖雕形象有别于其他三幅

影壁北面东西两侧装饰有头冲门楼方向的大幅瑞兽砖雕，壁心长 5 米，高 1.5 米。雕刻的是两只头有角、嘴有须、身有麟、狮尾、牛蹄的巨型瑞兽，辅以山石、松、竹、芭蕉、荷叶、祥云等，壁心上部及东西两侧界分为 22 个横竖小格，雕饰有宝瓶、花草、祥云、瑞兽等图案，壁心下方饰有六层束腰雕刻仿须弥座，束腰饰有卷草纹，上下混面仰覆莲瓣组成长条边饰。

影壁南面东西两侧大幅影壁较为特殊，西侧影壁瑞兽的形象及尺寸与北面影壁类似，是一只头有角、嘴有须、身有麟、狮尾、四指龙爪的巨型瑞兽，辅以山石、海浪、柳、芭蕉、祥云等，壁心上部及东西两侧亦饰有与影壁北面两幅砖雕相类似的界分小格。东侧影壁砖雕则与其他三幅大不相同，壁心由中部方形瑞兽砖雕（长 1.2 米，高 1.5 米）和四角角花砖雕构成，其余为人字纹砖墙。瑞兽为嘴有须、身无鳞、狮尾、兽爪呈蜷缩状的龙形瑞兽。怪兽前爪牵有一飘带，飘带上系有铜钱一枚，辅以山石、祥云等。上部两朵角花为蝙蝠形象，下部两朵角花为祥云，壁心下方砌有六层无饰仿须弥座。从雕刻手法和题材来看，该大幅砖雕具有明代特征，构图朴实、素雅，相较而言瑞兽体量虽小，但却不失凶猛，雕刻深度也较浅，与清代砖雕画面繁缛宏大、瑞兽形象威武但不凶猛、雕刻追求更深刻划有着较为明显的区别，火墙其余砖雕普遍具有清代特征。

安国寺火墙具有极高的历史、科学、艺术价值，对其进行必要的考证，将对安国寺的历史沿革、院落布局、建筑功能等研究起到积极的促进作用。

隋《古宝轮禅院记》考释

◎马　啸

宝轮寺位于河南省三门峡市陕州故城东南隅，因寺已毁，以塔闻名于世。宝轮寺塔为第五批全国重点文物保护单位，中国四大回音建筑之一。根据塔身第二层镶嵌的石刻塔铭，知该塔名为“三圣舍利宝塔”，建成于金大定十七年（1177）（图一）。对于宝轮寺的建寺时间、舍利塔的演变，长期以来一直依据清乾隆时期《重修直隶陕州志》的记载，其载该寺为唐僧道秀所建，金僧智秀复建砖塔。除此之外，并无其他文献资料予以解释说明。笔者近期有幸查阅到有关宝轮寺的隋朝碑拓一篇，名为《古宝轮禅院记》，对宝轮寺早期历史具有重要裨益，现将碑拓考释如下。

图一　金大定十七年（1177）所修宝轮寺砖塔

一、碑刻介绍

《古宝轮禅院记》全文 17 行，正文满行 18 字，最少行 11 字，共计 253 字。据已出版的《隋代碑志百品》载该碑“石纵 56 厘米，横 79 厘米，文四周刻有花边纹饰。石现在河南灵宝”。可惜笔者尚未查访到原石所在。但该碑拓片北京国家图书馆、台北傅斯年图书馆均有收藏，国外日本京都大学也藏有两拓。图二为国家图书馆所藏拓片，高 56 厘米，宽 79 厘米。

图二　国家图书馆藏《古宝轮禅院记》拓片

二、碑文内容

碑文内容如下：“大隋武元皇帝收得无畏三藏进到舍利五十九粒，肉髻珠三分得一分。仁寿元年，昙延国师、神尼智仙法汝。道秀起塔八座，道胜起塔五十一座。下基起木塔，甘棠起木塔。善法寺见光四度、八沙罗树二度，五色云，一卧佛、二菩萨、一神尼。函内见鸟，三支金花，自然幡盖异香，云成轮相。仁寿元年三月二十三日，善法寺、阐业寺、大兴国寺、开法寺。二十八日卯时，司马张备，镢下得鸟，黄色大如鹑，驯至二十八日，大都督侯进筑基掘地。阌乡县玉山乡杜化。奉奏至四月初五日酉时，神尼道秀送舍利，变成轮相，大如车轮，白云覆其轮，红紫色青云从宝塔内出现。文林郎韦范、僧昙畅并见光起其塔，高一百八十尺，殿宇一百余间，藏得禅师建道秀之坛。古宝轮禅院记。”

三、碑文考释

“大隋武元皇帝”即隋朝开国皇帝隋文帝杨坚之父杨忠。杨忠（507—568），弘农华阴（今陕西华阴东）人，南北朝时期历仕西魏、北周两朝，是西魏十二大将军之一，赐姓普六茹氏。北周时官至柱国大将军，并受封为隋国公。其子杨坚建立隋朝后，追谥杨忠为武元皇帝，庙号太祖。杨忠“收得无畏三藏进到舍利五十九粒”之事，文献并无记载，佛教典籍多记载的是隋文帝得舍利之事。唐《续高僧传》称“仁寿元年，帝及后宫同感舍利，并放光明”。隋文帝召集一些佛教高僧商议后，决定在全国分舍利建塔。建塔活动前后持续三次，均在隋文帝晚年仁寿年间（601—604），故称仁寿建塔，这是继印度阿育王之后又一次推动佛教发展的重要活动，在中国佛教史上空前绝后。第一次是仁寿元年（601），在全国三十州建塔供养舍利；第二次建塔在仁寿二年（602），在全国五十余州造舍利塔；第三次在仁寿四年（604），造塔范围小于前两次，接近二十州。虽然杨忠得舍利之事，尚属孤证，但与杨坚家族崇佛之事一脉相承，为隋朝侫佛事迹增补一说。

“昙延国师”是生活在南北朝末至隋初开皇年间的一位高僧。唐《续高僧传》卷八《隋京师延兴寺释昙延传》中记载：俗姓王氏，蒲州桑泉人。十六岁时出家，因讲佛教通俗易懂，受到当世推崇。曾为周太祖讲经说法，被授职为僧统，统监全国僧尼事务。隋文帝杨坚以他的名字建立延兴寺，并以他的名字把京城东西城门命名为延兴门和延平门。昙延于隋朝开皇八年（588）八月十三日在延兴寺去世，隋文帝杨坚下令满朝王公大臣前往吊唁。有关昙延法师的神异事迹在《续高僧传》中记载众多，莫高窟壁画中也选绘有昙延法师神异事迹的故事。

关于“神尼智仙”与隋文帝的关系，《隋书》与《续高僧传》均记载隋文帝生于佛寺冯翊般若寺，从小由一神尼抚养长大。《续高僧传》卷二十八《释道密传》叙述更为详尽，记载这一神尼为河东蒲坂刘氏女，法名智仙，自小出家，且精研戒行，曾抚养隋文帝杨坚多年。杨坚称帝后，为报答她的养育之恩大兴佛法，敕令史官王劭为神尼作传，并将般若寺改名为大兴国寺，将舍利分送各州郡建塔供养，塔下皆图绘智仙神尼之像。

碑文出现的地名有“甘棠”和“阌乡县”，甘棠代指陕州城。西周初年，周公、召公分陕而治。陕地为召公辖区，召公为政勤勉，传说曾在甘棠树下处理政务。陕州故城内曾有召公祠，祠内有甘棠树。“甘棠起木塔”意为神尼道秀送舍利至陕州城并起木塔，与清乾隆《重修直隶陕州志》认为唐僧道秀建宝轮寺的观点有异。据此碑文，道秀并非唐朝人，而是隋朝，是尼非僧。但碑刻中“道秀起塔八座，道胜起塔五十一座”，佛教典籍中并无记载，有夸张之嫌。阌乡县即三门峡市古县名，初置于北周明帝二年（558），后世沿用。1954年，灵宝、阌乡两县合并，阌乡县不再存在。

碑文中记述了司马张备、大都督侯进、文林郎韦范等陕州地方官员士绅，参与此次迎接舍利起塔的佛事活动。隋文帝仁寿建塔时，要求地方官员“总管刺史以下，县尉以上”，让其“息军机停常务”专心负责，碑文印证了这段史料记载。

碑刻所述舍利到陕州后出现的种种祥瑞，或是与自然现象偶然巧合，或是地方蓄意夸大其词，甚至凭空捏造，多荒诞不经，与佛教文献记载各地分舍利建塔种种情况类似，可以窥见隋文帝时，在皇室的推动下整个国家对于佛教信仰的狂热情绪。

四、结语

碑文记录了隋仁寿元年神尼道秀分送舍利到陕州并起塔供奉之事，印证了隋朝皇室成员崇信佛教的文献记载。从隋文帝之父杨忠（追封为武元皇帝）到隋炀帝之子齐王暕，祖孙四代都有积极崇佛的史迹，尤以开国皇帝隋文帝杨坚仁寿三次建塔为最。宝轮寺塔的初建即是这一事件的产物。据道宣另一著作《广弘明集》收录的王邵《舍利感应记》记载，三次建塔时，均有撰文刻石。从已发现的青州、岐州等地的铭文来看，其文字除地名等稍有不同外，基本相同，应是奉制敕文。而《古宝轮禅院记》与这些敕文格式颇为有异，不见撰写者姓名，自述曾师承高僧昙延国师以及抚养隋文帝长大的神尼智仙之事，行文晦涩，佶屈聱牙，文字疑似有所脱漏，应是寺僧所记。

据此碑文，宝轮寺最早建塔时间为隋文帝仁寿元年，即公元601年。塔体为木塔，塔高一百八十尺。建塔同时并修建了殿宇一百余间。建塔缘由为供养隋文帝之父杨忠得到的舍利子。送舍利建塔者为尼姑道秀，所载司马张备、大都督侯进、文林郎韦范等地方官员姓名官阶，方志中均无记载，可补方志中缺失。碑刻书写延续了魏碑特点，用笔任意挥洒，结体因势赋形，不受拘束，宕逸神隽，晚清金石学家郑文焯在其《草隶辨》中评论该碑为草情隶韵的代表作之一。因此，无论从史学研究角度还是书法艺术角度，此碑都有重要的价值。

注释：

[1] 龚松林:《重修直隶陕州志》，清乾隆二十一年（1756）刻本。

[2] 北京图书馆金石组:《北京图书馆藏中国历代石刻拓本汇编》第9册，中州古籍出版社，1989年。

[3] 隋代碑志编选组:《隋代碑志百品》，新时代出版社，2002年。

[4] 道宣:《续高僧传》卷二八，郭绍林点校，中华书局，2014年。

[5] 魏征等:《隋书》卷一，中华书局，1982 年。

[6] 杜斗城、孔令梅:《隋文帝分舍利建塔有关问题的再探讨》,《兰州大学学报(社会科学版)》2011 年第 3 期。

[7] 游自勇:《隋文帝仁寿颁天下舍利考》,《世界宗教研究》2003 年第 1 期。

灵宝唐《轩辕黄帝铸鼎碑》再议

◎李书谦

河南灵宝市文物部门1978年文物普查时，在灵宝西闫乡大字营村（旧称达紫营）发现一通唐代轩辕黄帝铸鼎碑，时此碑已断为三块，仅存碑身，后被灵宝市文物保护管理所收藏。1995年，移至北阳平轩辕黄帝铸鼎原，次年建亭保护，后又移至始祖殿保存。

碑为青石质，质地细腻，仅有碑身，呈长方形，高2.5米，宽0.96米，厚0.28米。额为半圆形，已残，阳面剥落严重；两侧分别镌刻龙首浮雕；中部为长方形额铭，阴刻篆书“轩辕黄帝铸鼎碑铭”。碑阳为篆书，字迹大多清晰。碑阴为楷书，上部和碑阳刻文内容相同，下部是王颜的《进黄帝玉佩表》，字迹多已模糊不清。（图一；图二）此碑是研究黄帝文化和探寻黄帝铸鼎原聚落遗址群性质的重要参考资料。但以往对碑文的释读存在一些歧义，甚至出现谬误。现根据民国二十一年《新修阌乡县志》卷一九的记载，笔者对照碑文和拓片逐一解读，并结合相关文献加以考证抛砖引玉，以期方家指正。

图一　灵宝唐《轩辕黄帝铸鼎碑》

一、县志记载碑文情况

《新修阌乡县志》中著录了碑阳刻文内容，由于为篆书，再兼自然因素导致个别字迹模糊，因此在碑文辨识过程中容易出现失误。笔者发现县志收录的碑文存在空缺字且个别字与碑刻文字不符的现象。现予以探讨。县志记载碑文为：

轩辕黄帝铸（缺“鼎”字，笔者加）原碑铭并序：惟天为大，惟地尧则之；惟道为大，惟黄帝得之。《南华经》曰：道，神鬼神帝，生天生地。黄帝守一，气衍三坟，以治人之性命。乃铸鼎兹原，鼎成上升，得神帝之道。原有为谷之变，铭纪铸鼎之神。铭曰：道能神帝，帝在于人，大哉上古，轩辕为君，化人以道，铸鼎自神，汉武秦皇，仙冀徒勤。去道日远，失德及仁，恭惟道原，玄德为邻，方始昌运，皇天所亲，唐兴（正文是兴字，颇分明，而碑阴释为与字，恐有误）兹原，名常鼎新。铭并序一百三十七字。虢州刺史泰原王颜撰，华州刺史兼御史中丞陈郡袁滋籀书，唐贞元十七年岁次辛（缺“巳”字，笔者加）正月九日癸卯书。

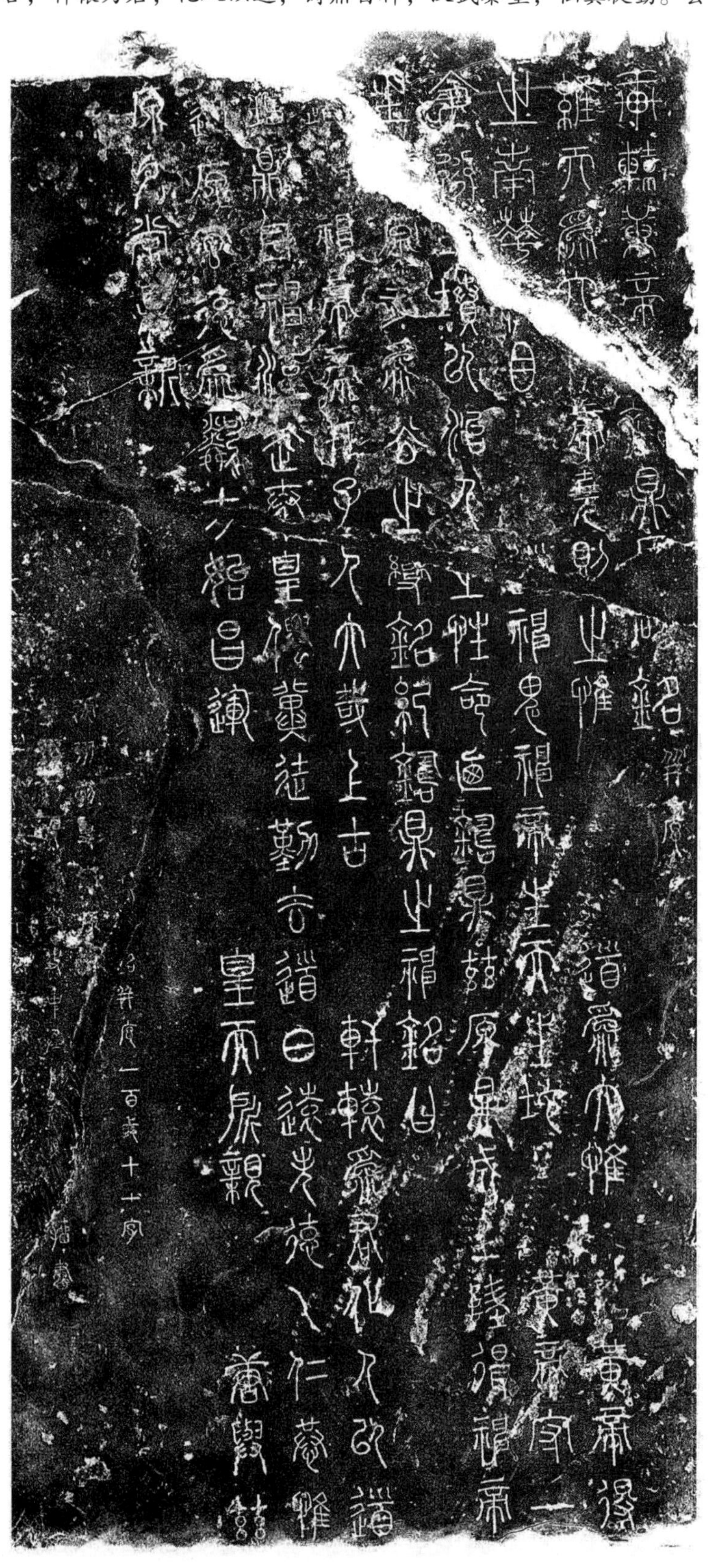

图二 灵宝唐《轩辕黄帝铸鼎碑》拓片

1. 空缺字

县志载文中有两处各空缺一个字。其一，文中首句“轩辕黄帝铸□原碑铭并序”中，缺一个“鼎”字，显然为笔误。其二，为文末“唐贞元十七年岁次辛□正月九日癸卯书”，空处应为“巳”字，唐德宗贞元十七年为801年，即辛巳年。

2. 释读错误

（1）“惟地尧则之”的“地”应为“帝”。刻石中该字为帝，即“帝”。而“地”的篆书为地。二者在书体上有天壤之别，很可能是著录者出现的笔误，拓本中此字很容易辨认。

（2）“帝在于人”中的“于”应为“子”。文中该字为[illegible]，这是“子”的篆书体。而“于”的篆书体为[illegible]或[illegible]，“于”和“子”两字的书写方式相差甚远。《说文解字》[1]卷一四之“子部”：“[illegible]。十一月，阳气动，万物滋，人以为称。”子为象形，属十二地支之一，还代表十一月。故原来的“帝在于人”应为“帝在子人”。

（3）“失德及仁”应为“先德乙仁”，碑文中两字分别为[illegible]和[illegible]。《说文解字》[2]卷八之“先部”载：“[illegible]，前进也。从儿从之。凡先之属皆从先。”“失”的篆书体为[illegible]。[illegible]与[illegible]字的下半部虽同，但两者的上半部差异较大。“[illegible]”《说文》解释为：“象春草木冤曲而出，阴气尚疆，其出乙乙也。“及”的篆书体为[illegible]，仅从书体上看[illegible]和[illegible]就风马牛而不相及。

（4）“唐兴（正文是兴字，颇分明，而碑阴释为与字，恐有误）兹原”，这是县志中的原文。县志上记载“正文是兴字，颇分明，而碑阴释为与字”，从而推断“恐有误”。拓本中该字为[illegible]。《说文》[3]“勺部”对该字是这样解释：“赐予也。一勺为与。此与舆同。余吕切。”即应是“与”无疑；而“兴”的篆书体为[illegible]。两者有很大相似处，但上半部有些许不同，这可能是导致释读错误的主要原因。

二、碑阳有后世补刊之疑

石碑在传承过程中会石质风化或剥落，出现局部或个别文字消失及模糊不清现象，后人会采取一些补救措施。这就会难免出现一些差错，因为有的书丹者对某些字的书体可能似懂非懂，而大多石匠不懂书法，刊石容易出错。

1. 碑阳有三处为后世补刊

（1）结尾处的“铭并序一百三十七字”非原文内容，应为后人补刻。其一，不符合碑文体裁。碑文体裁一般包括文、铭和序。碑的种类繁多，碑文种类各具特色。《轩辕黄帝铸鼎碑》则是功德碑，它由标题、正文和落款三部分组成。而在正文和落款之间出现“铭并序一百三十七字”，显然与前后文没有任何联系，更有画蛇添足之嫌。撰文者王颜身为虢州刺史，又出自文人世家，对如此重要的碑刻，下笔时应该万分慎重，不可能会犯这样的错误。其二，书体与原碑文存在一定差异。碑文篆书出自当时的大家袁滋之手，而这九个字和原文中的篆书体比较，虽貌似而神离，显然书法功力不及，但仍保留着一些晚唐篆书遗风。因此，推测这九个字为后世人留下的。

（2）碑额及碑体右上角文字

由于原碑额及碑体右上角表层被剥离，从碑的侧面可以明显看出来，剥离层厚约 2 厘米。这两处文字处在一个平面上，应是将剥离层重新打磨后又补刻上。碑额有八字“轩辕黄帝铸鼎碑铭”。碑体右上角共 14 个字，自右向左为“轩辕黄帝 / 惟（原碑刻为‘维’）天为大 / 之南华 / 气衍 / 之（原碑刻为‘生’）”。其中有三个字出现刊石错误，即“惟”误为“维”，“气”误刻之字无法识别，“之”误为“生”。而且这两处文字书体一致，笔画显得十分纤细，又有工巧之韵，给人们视觉带来一定的装饰感，但又显出几分呆板气息，且“轩、帝、鼎、铭”四字与原碑文迥异，这种书体风格与明代前期书法习惯十分相似。明代篆书以小篆为主流，朝廷在铨选官员时还特意把篆书作为必备条件之一。因此，从坊间布衣到出仕官员习篆书之风十分盛行。明中期以前的篆书，大多是在唐李阳冰“铁线篆”的基础上，规范整饬、笔画纤细、典雅工巧，具有较强的装饰性，但略嫌板滞，艺术水平不高，与袁滋研习古籀的篆书风格相去甚远。

（3）碑体左上角碑文

自右向左为“曰（碑刻为‘目’）/ 坟以 / 原有为 / 道能神帝 / 铸鼎自神 / 道原玄德 / 原名常鼎”，共22个字。这些字多数乱象环生，显得十分随意，能看出刊石者书法功底和艺术修养较差，与袁滋的篆书体实有天渊之别，明显存在近现代书体痕迹。

2. 补刊出现的错误

在这通碑上共发现四处错误。

（1）“惟（碑刻为‘维’）天为大”中的“惟”字，篆书为惟，在碑文中曾出现了四次。唯独将此句中刊为維，即“维”，但“维”用在句首不合乎语法规定。

（2）“《南华经》曰（碑刻为‘目’）”中的“曰”字，篆书应该为曰，而碑文中被刊为目，即“目”字，将二者混淆。《说文》卷五“曰部”解：“曰，词也。从口乙声。亦象口气出也。”《说文》卷四“目部”释：“目，人眼。象形。重童子也。”但县志中没有受其影响，仍释为“曰”。

（3）“气衍三坟”中“气”的篆书体为气。《说文》卷一“气部”释道：“气，云气也。象形。”而碑文中该字较为模糊，但不是气，显然是刊石谬误。

（4）“得神帝之（碑刻为‘生’）道”中的“之”字，篆书体为之。《说文》卷六“之部”释：“之，出也。象草过草，枝茎益大，有所之。”但石碑上将之字下多一笔，与生字相近，这样就变成了“生”字。《说文》卷六“生部”释：“进也。象草木生出土上。”之与生虽一笔之差，但大相径庭，寓意截然不同，可谓谬之千里。

经过上述对碑阳文作了一番甄别考证之后，碑文内容理解起来似乎更容易些，应该将其解读为：

轩辕黄帝铸鼎碑铭

轩辕黄帝铸鼎原碑铭并序

惟天为大，惟帝尧则之；惟道为大，惟黄帝得之。《南华经》曰：道，神鬼神帝，生天生地。黄帝守一，气衍三坟，以治人之性命。乃铸鼎兹原，鼎成上升，得神帝之道。原有为谷之变，铭纪铸鼎之神。铭曰：

道能神帝，帝在子人。大哉上古，轩辕为君。化人以道，铸鼎自神。汉武秦皇，仙冀徒勤。去道日远，先德乙仁。恭惟道原，玄德为邻。方始昌运，皇天所亲。唐与兹原，名常鼎新。

铭并序一百三十七字

虢州刺史泰原王颜撰

华州刺史兼御史中丞陈郡袁滋籀书

唐贞元十七年岁次辛巳正月九日癸卯书

三、碑阴内容

碑阴内容有两部分，上部为与碑阳内容相同的楷书文字，下部是王颜《进黄帝玉佩表》。该表收录于《全唐文》第六部卷五四五，文如下：

进黄帝玉佩表

臣颜言：国家虔奉道源，天下久安圣化，伏见能事必举，善迹必旌。臣所部湖城县界，有铸鼎原，是轩辕黄帝鼎成上仙之所，（疑缺一字为“具”，笔者加，下同）详史册。县右升仙宫寺，具见图经，独此（疑缺一字为“道”或“鼎”）原，曾无表记。微臣愚见，是千古所遗，历代因循，以至（疑缺一字为“今”）日，只有铸鼎原名，莫知陈迹所在。臣今（缺一字，疑为欲字）于原最高处，刻石表之，当石直下，更须穿地（疑缺一字）实。去月二十八日，本县令房朝静、县镇遏将常宪、专知官军将杜晏等，同于原上，选地对窟，穿深四尺，得玉石（疑缺二字）是（“是”在此处无解，疑无此字）一片。穿时为土工所折，今作四段，有悬佩孔子二。其日县令所由等状送到州，臣送观察使，使牒却令州司自进。臣以此处合有碑记，千古所无，臣辄云为，自疑妄动，今幸得此佩，伏喜不妄。微臣测度，恐是黄帝上升之时，小臣遗坠之物。臣检算《历帝记》，黄帝去今六千四百三十年。伏以天下有道，地不藏珍，今千尺荒原，一穿得宝，且得轩辕坠物，应见圣明之代。微臣不胜惊喜庆忭之至。其玉佩谨以函盛，差朝请郎行司兵参军畅赏随表奉进。伏望颁示朝廷，宣付史馆。臣颜无任诚惶诚恐，顿首顿首。谨言。

从王颜进表可知，他对轩辕黄帝铸鼎原进行过一番研究，应该还做过实地考察，并且想探究黄帝铸鼎升天的具体位置。此时湖城县令房朝静等在原上巧得玉佩，认为是祥瑞之兆，于是王颜不敢怠慢，将所见所闻上奏德宗皇帝，祈请立碑以示纪念。虽未见到圣谕资料，但从事情发展的结果看，应该是得到了唐皇的许可。于是这通碑刻得以问世，从而留下了见证当时历史的碑刻资料。

四、对《轩辕黄帝铸鼎碑》之认识

1. 关于碑的称谓

涉足此碑研究的专家学者及史学爱好者众多，但对这通功德碑的称谓还不一致，有称《轩辕黄帝铸鼎原碑》，也有叫《轩辕黄帝铸鼎碑铭》，还有称《轩辕黄帝铸鼎碑》等。笔者认为从碑的标题探讨较为妥当。碑的标题为《轩辕黄帝铸鼎碑铭》，“铭”在《说文》卷一四之“金部”：

"记也。从金名声。莫经切。"《现代汉语词典》[4]注释"铭":"在器物、碑碣等上面记述事实、功德等的文字(大多铸成或刻成)。"因此，碑额文字意义不言而喻。即记述轩辕黄帝建立功业后铸鼎庆贺的事实，以及歌颂始祖功德的碑文。所以，称其为《轩辕黄帝铸鼎碑》较为妥当。

2. 撰文者王颜和籀文者袁滋

王颜出身官宦世家，山西太原望族，为唐代大诗人王维、宰相王缙的侄子，入仕后分别出任大理少卿、拜御史中丞，并担任虢州刺史，"颜，太原人，第进士。贞元中累官大理少卿，拜御史中丞，出为虢州刺史"[5]。

"(袁滋)字德深，陈郡汝南人。弱岁强学，以外兄道州刺史元结有重名，往来依焉。……出为华州刺史、兼御史中丞、潼关防御使、镇国军使。……滋工篆籀书，雅有古法。"[6]袁滋传世作品极少，故轩辕黄帝铸鼎碑是研究其书法的珍贵资料。

虢州与华州毗邻，又处在丝绸之路重要节点，其政治经济地位相当重要。王颜和袁滋又是同僚，一个以擅文扬名，一个以籀书名世，可以称得上是志同道合的朋友。公元801年，时任虢州刺史的王颜怀着对始祖黄帝的敬仰之心，把胸中感慨诉诸笔端，并诚邀华州刺史兼御史中丞、书法家袁滋籀书，可谓珠联璧合。这段文字被刻于精心挑选的石碑之上，寄托了笔者的永久纪念之情怀，为后人留下了弥足珍贵的史料和不可多得的书法珍品，成为迄今为止全国发现最早的记载黄帝铸鼎升天的碑刻。

注释:

[1] 许慎:《说文解字》卷一四，中华书局，1963年。

[2] 许慎:《说文解字》卷八，中华书局，1963年。

[3] 许慎:《说文解字》卷一四，中华书局，1963年。

[4] 中国社会科学院语言研究所词典编辑部:《现代汉语词典》，商务印书馆，2002年，第891页。

[5] 董浩等:《全唐文》卷五四五，中华书局影印嘉庆本，1983年，第5527页。

[6] 刘昫等:《旧唐书》卷一八五，中华书局，1975年，第4830—4831页。

河南三门峡商务区中学 9 号唐墓发掘简报

◎三门峡虢国博物馆　◎三门峡市文物考古研究所

2017 年 7 月，为配合城市基本建设，三门峡市文物考古研究所受河南省文物考古研究院的委托，对位于三门峡市商务区的中学项目进行了抢救性考古发掘，在工地西北角发掘了一座唐代墓葬，编号为 M9。（图一）此墓虽经盗扰，但仍出土大量釉陶俑，现将发掘情况简报如下。

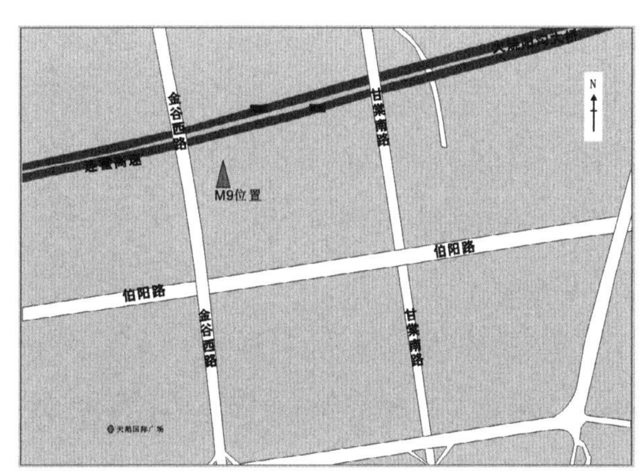

图一　M9 墓葬示意图

一、墓葬形制

M9 为土洞单室墓，由墓道、甬道和墓室三部分组成，方向 185°。

墓道　在墓室和甬道南端，为带台阶的竖井长斜坡式，内填五花土，质地疏松。墓道口长

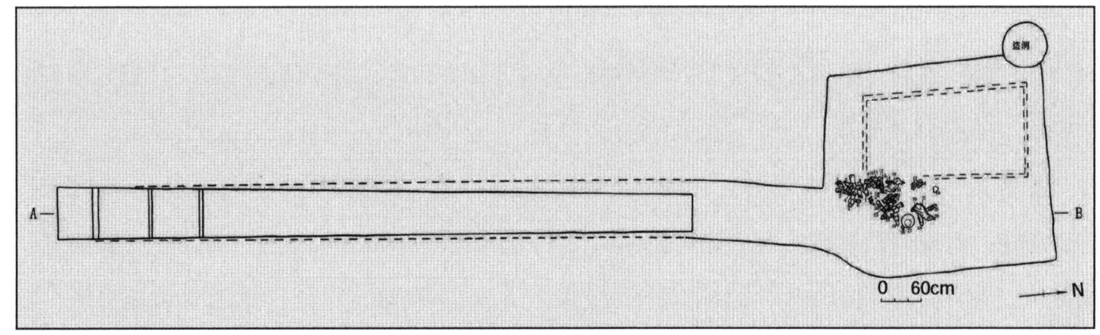

图二　M9 平面图

1. 陶鹅　2. 陶鸭　3. 釉陶女侍俑　4. 釉陶狗　5. 釉陶幞头俑 A 型　6. 釉陶侏儒俑　7. 釉陶文官俑 A 型　8. 陶猪　9. 釉陶幞头俑 A 型　10. 釉陶幞头俑 A 型　11. 釉陶文官俑 B 型　12. 釉陶风帽俑 A 型　13. 釉陶幞头俑 B 型　14. 釉陶女侍俑　15. 釉陶马俑　16. 釉陶文官俑 A 型（在 15 釉陶马俑之下）　17. 釉陶风帽俑 A 型　18. 釉陶幞头俑 A 型　19. 釉陶仓　20. 釉陶幞头俑 A 型　21. 釉陶女侍俑　22. 釉陶猪　23. 釉陶幞头俑 A 型　24. 釉陶武士俑　25. 釉陶幞头俑 B 型　26. 釉陶幞头俑 A 型　27. 釉陶罐　28. 釉陶女侍俑　29. 釉陶镇墓兽　30. 釉陶文官俑 B 型　31. 釉陶风帽俑 B 型（在 29 釉陶镇墓兽之下）　32. 釉陶风帽俑 A 型（在 29 釉陶镇墓兽之下）

9.3 米，宽 0.52~0.74 米，距现地表深约 1.1 米。墓道底宽 0.74~0.82 米，距墓口深 5.5 米。墓道南端有三个台阶，以下为斜坡。

甬道　在墓道和墓室之间，为过洞式，内填五花土，质地疏松，长 1.94 米，宽 0.82~0.85 米，高 1.80 米。

墓室　位于墓道和甬道北端，东壁南端略成弧形和甬道相连，北端略宽，顶部已坍塌，直壁，平底，墓室内填满淤土。墓室底长 3.36 米，北端宽 2.92 米，南端宽 2.46 米，残高 2.30 米。墓室西北角有一直径 0.6~0.7 米的盗洞。

由于被盗扰，墓室淤土内偶见残碎人骨，未见完整人骨架，故葬式不明。在墓室中部偏西处残留棺痕，棺痕南北残长 2.42 米，东西残宽 1.08~1.32 米，葬具推测为木棺。

随葬品位于墓室南部偏东处，有釉陶俑、釉陶罐、釉陶仓和陶俑等。（图二）

二、随葬器物

M9 墓室内出土器物 32 件，均为陶器，其中釉陶俑 27 件，釉陶罐 1 件，釉陶仓 1 件，陶俑 3 件，现分类介绍如下。

1. 釉陶俑

27 件。种类包括武士俑、女侍俑、文官俑、风帽俑、幞头俑、侏儒俑、镇墓兽、马俑和动物俑。均为高岭土烧制，素烧后施釉，再进行二次烧制，釉层较薄，釉色为浅黄或浅青色，俑足部大多未施釉，露白色胎，头部、足部及身体上大多施红、黑色彩绘，部分彩绘已脱落，做工细致，造型优美。

武士俑：1 件，标本 M9：24，完整。呈站立状，头戴护颈圆钮盔帽，护耳垂至肩部，浓眉怒目，大鼻，鼻下及嘴巴周围胡须向外翘，面相凶猛。身穿明光铠甲，胸前左右各有一圆护，肩部披覆膊，腰间束带，右手虚握于胸前，左手握拳于腰间，下着阔腿长裤，双腿并立，足部仅露靴尖，体内中空。体表施浅黄色釉，小腿以下未施釉，露出白色胎。眉、须及腰带以黑彩画出，口部施红彩，覆膊及盔甲上以黑彩画出横向条纹，后背、圆护满施红彩，背部红彩少部分脱落。通高 36.4 厘米。（图三，1；图版一，1）

女侍俑：4 件，形制、尺寸皆相同，皆残。呈站立状，头梳高髻，柳眉细眼，小鼻抿嘴，神情端庄。身着圆领垂地长裙，胸前系飘带，飘带垂至腿部，双臂挽披肩，双手抱于腹前，双脚并拢，靴尖微露，体内中空。体表施浅黄色釉，足部以下露白色胎，头发和靴尖施黑彩，唇部、披肩和飘带施红彩。标本 M9：3，残，右耳处有裂缝，足尖残缺，部分彩绘脱落，通高 21 厘米。（图三，2；图五，1）标本 M9：14，残，脖断，彩绘脱落殆尽，通高 21 厘米。（图三，3；图五，2）标本 M9：21，残，脖断，额前头发残留两处贴金，通高 21 厘米。（图三，4；图五，3、4）标本 M9：28，残，脖断，额前头发残留两处贴金，通高 21 厘米。（图三，5；图五，5）

文官俑：4 件，依大小分两型。

A型　2件，形制、尺寸基本一致，皆残。呈站立状，头微前倾，戴小平冠，面部圆润，

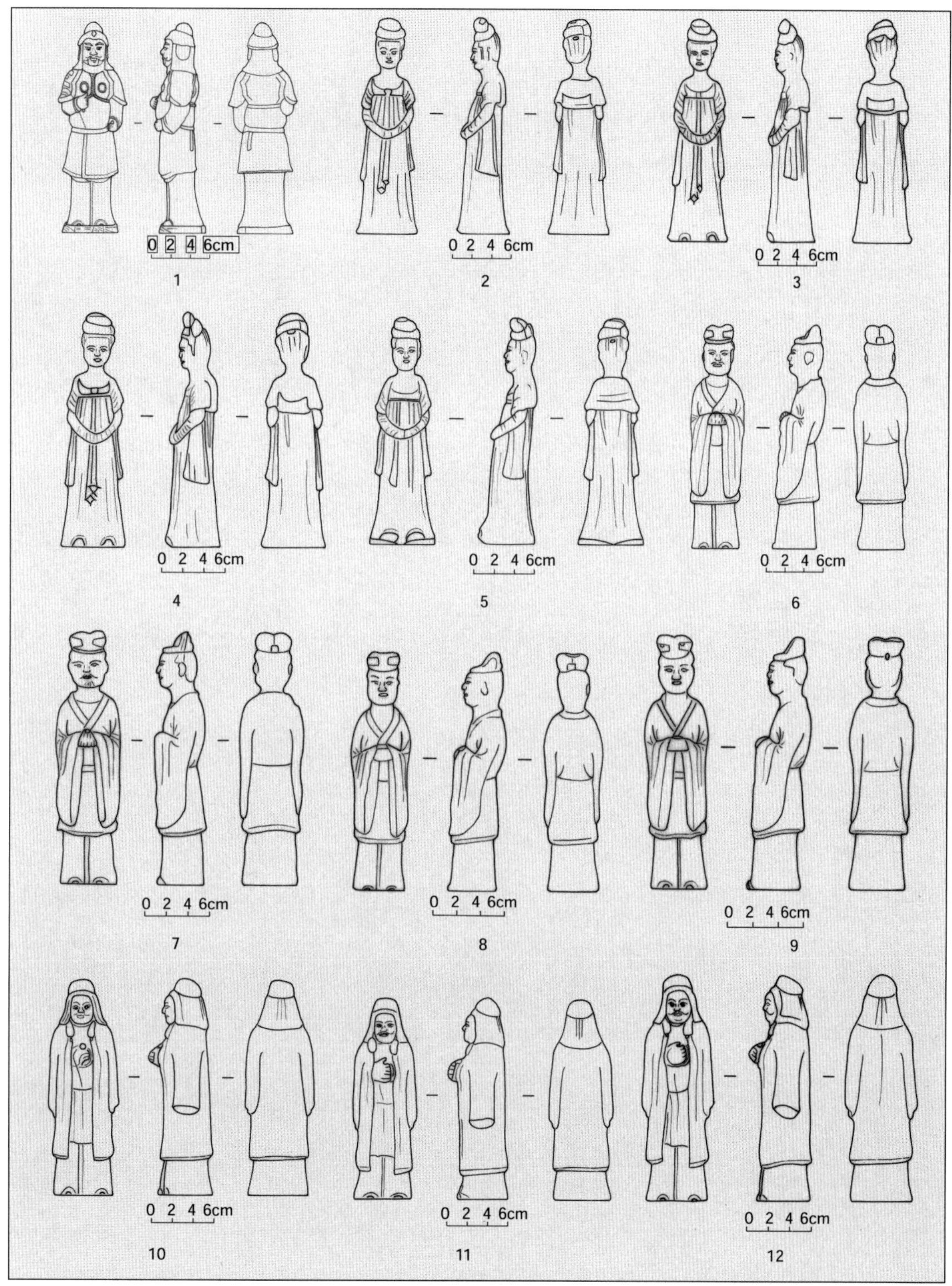

图三　M9出土釉陶俑线图

1. 釉陶武士俑（M9：24） 2. 釉陶女侍俑（M9：3） 3. 釉陶女侍俑（M9：14） 4. 釉陶女侍俑（M9：21） 5. 釉陶女侍俑（M9：28） 6. 釉陶文官俑（M9：7） 7. 釉陶文官俑（M9：16） 8. 釉陶文官俑（M9：11） 9. 釉陶文官俑（M9：30） 10. 釉陶风帽俑（M9：12） 11. 釉陶风帽俑（M9：17） 12. 釉陶风帽俑（M9：32）

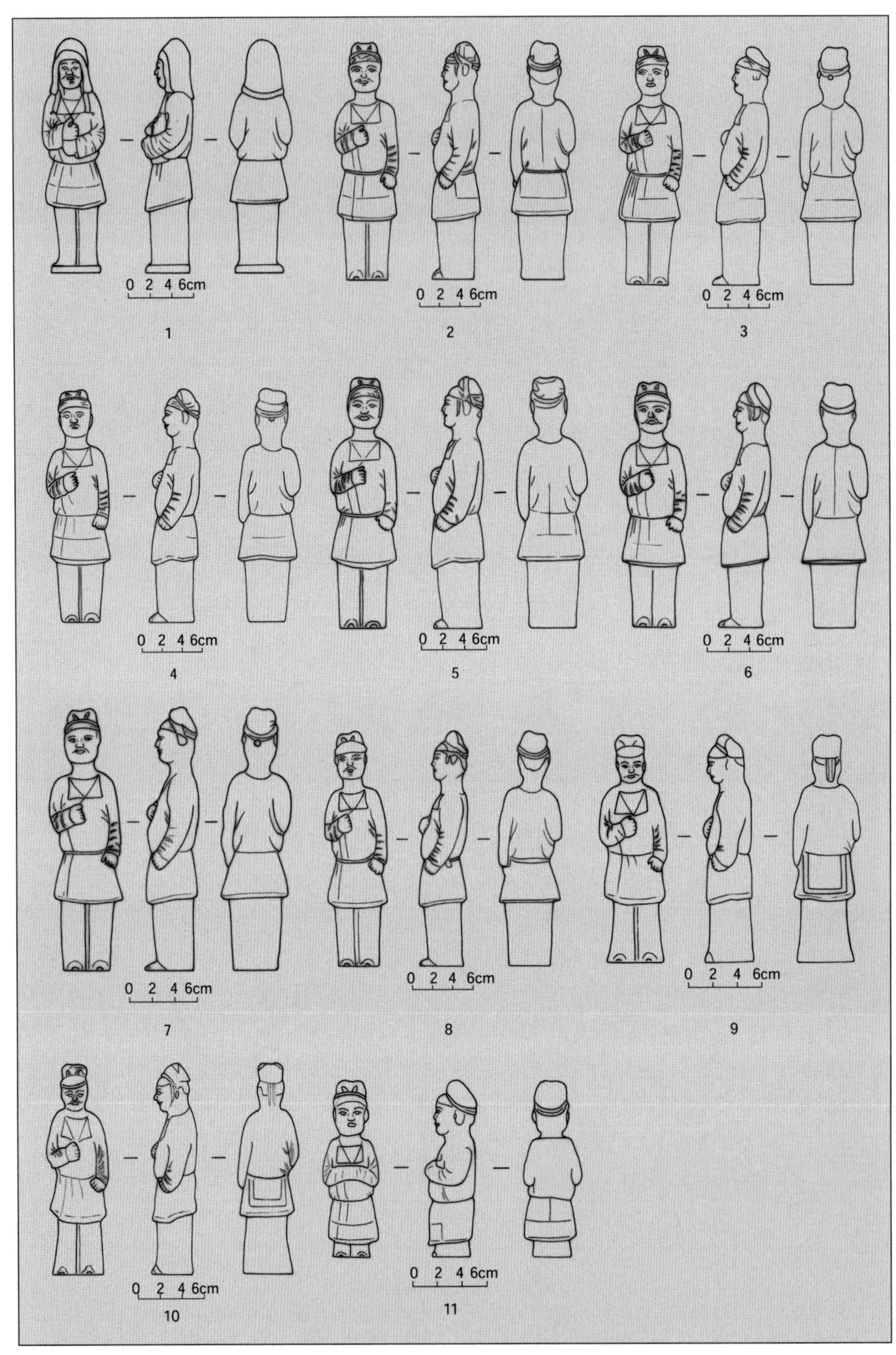

图四　M9出土釉陶俑线图

1. 釉陶风帽俑（M9：31） 2. 釉陶幞头俑（M9：5） 3. 釉陶幞头俑（M9：9） 4. 釉陶幞头俑（M9：10） 5. 釉陶幞头俑（M9：18） 6. 釉陶幞头俑（M9：20） 7. 釉陶幞头俑（M9：23） 8. 釉陶幞头俑（M9：26） 9. 釉陶幞头俑（M9：13） 10. 釉陶幞头俑（M9：25） 11. 釉陶侏儒俑（M9：6）

图五　M9 出土釉陶俑图片

1. 釉陶女侍俑（M9：3）　2. 釉陶女侍俑（M9：14）　3. 釉陶女侍俑（M9：21）　4. 釉陶女侍俑头部贴金处（M9：21）　5. 釉陶女侍俑（M9：28）　6. 釉陶文官俑（M9：7）　7. 釉陶文官俑（M9：16）　8. 釉陶文官俑（M9：11）

弯眉细眼，神态安详，双臂弯曲，拱手于胸前。内穿圆领衣，外穿交领右衽宽袖长衣，下穿阔腿长裤，双腿并立，足部仅露靴尖，体内中空。体表施浅黄色釉，小腿以下未施釉，露出白色胎，小平冠和靴尖施黑彩，圆领衣和手部施红彩。标本 M9：7，残，脖断，通高 22.2 厘米。（图三，6；图五，6）标本 M9：16，残，脖断，脱釉，通高 22.3 厘米。（图三，7；图五，7）

B 型　2 件，形制、尺寸基本一致，皆残，与 A 型形制、服饰一致，仅比 A 型略小。标本 M9：11，残，脖断，拱手处有裂缝，彩绘脱落殆尽，通高 19.5 厘米。（图三，8；图五，8）标本 M9：30，残，脖断，右脸残缺，彩绘脱落殆尽，通高 19.5 厘米。（图三，9；图六：1）

风帽俑：4 件，依服饰、形态分两型。

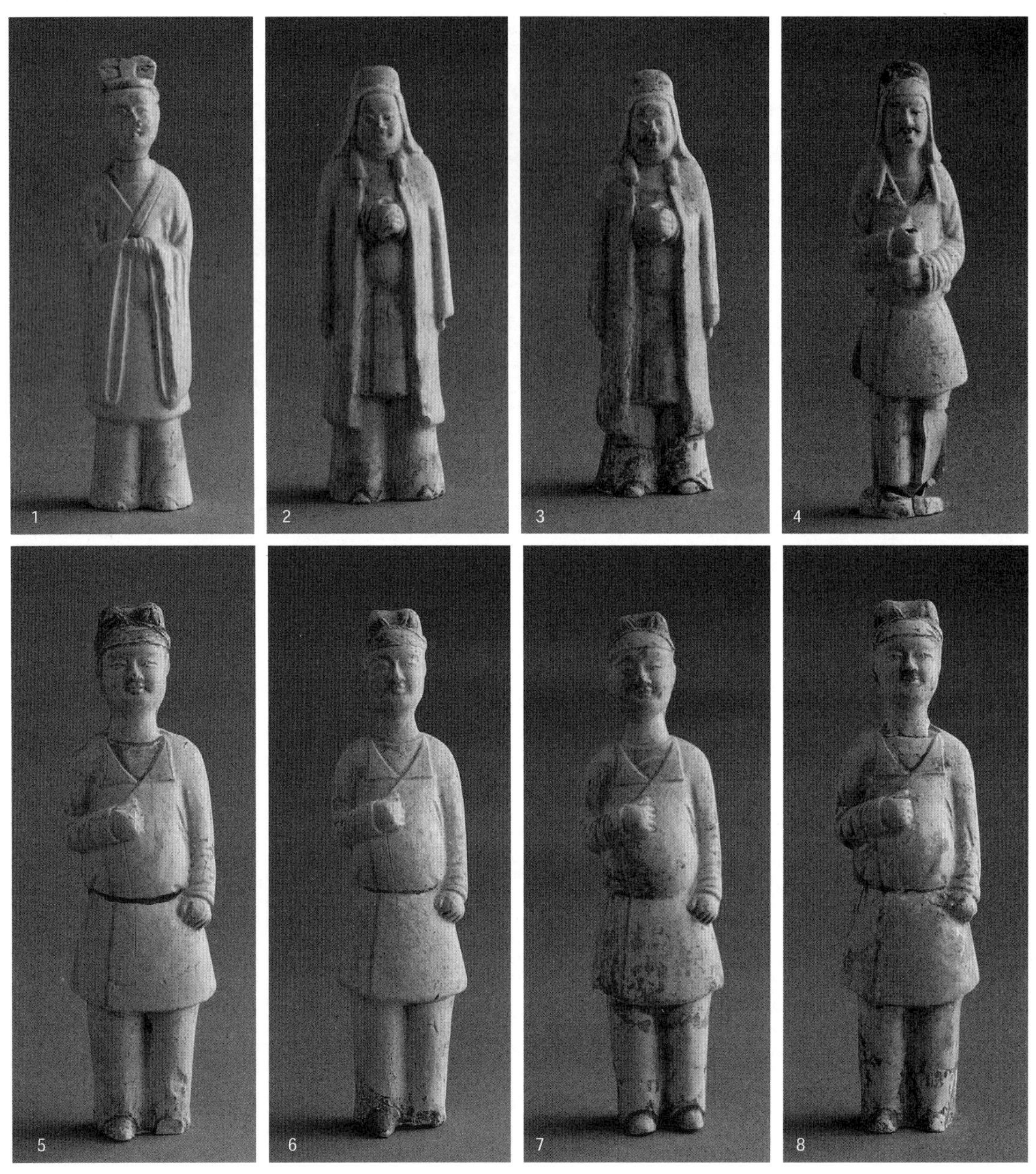

图六　M9出土釉陶俑图片
1. 釉陶文官俑（M9：30） 2. 釉陶风帽俑（M9：12） 3. 釉陶风帽俑（M9：17） 4. 釉陶风帽俑（M9：31）
5. 釉陶幞头俑（M9：5） 6. 釉陶幞头俑（M9：9） 7. 釉陶幞头俑（M9：10） 8. 釉陶幞头俑（M9：18）

A型　3件，形制、尺寸基本一致，二残一完整。皆呈站立状，头戴风帽，顶部束帽带，帽带挽结于脑后并垂流苏，宽额阔鼻，细眼平视，抿嘴，拱手于胸前，拱手中间为圆形穿孔。内穿团领中长袍，腰间束带，外披翻领大衣，下穿阔腿长裤，垂至靴面，足部仅露靴尖，体内中空。体表施浅黄色釉，足部未施釉，大衣施黄褐色彩绘，眉、眼、胡须和靴尖施黑彩，唇部施红彩，团领中长袍和帽带施青色彩绘。标本M9：12，稍残，右手处有裂缝，脱釉，脱彩，通高19.8厘米。（图三，10；图六，2）标本M9：17，稍残，脱釉，脱彩，通高19.4厘米。（图三，11；图六：3）标本M9，32，完整，背部脱釉、脱彩，通高19.6厘米。（图三，12；图版一，2）

B型　1件，标本M9：31，残，左腿和右脚缺失，外衣右下角缺失一块。皆呈站立状，头戴风帽，弯眉小眼，八字须。右臂弯曲，右手虚握于胸前，左手虚握于腹间，右手在左手之上，左右手中间为圆形穿孔。内穿圆领衣，外穿窄袖翻领长衣，腰间束带，下穿长裤，双腿并立，足部仅露靴尖，站于底板之上，体内中空。体表施浅黄色釉，泛白，足部以下未施釉，露白色胎，体表釉部分脱落，风帽、胡须和翻领施以黑彩，口部施红彩。通高 20.5 厘米。（图四，1；图六，4）

幞头俑：9 件，依大小分两型。

A 型　7 件，形制、尺寸基本一致。皆呈站立状，头戴幞头帽，弯眉小眼，八字须。右臂弯曲，右手虚握于胸前，左手握拳垂于腰间。内穿团领衣，外穿窄袖翻领长衣，腰间束带，下

图七　M9 出土釉陶俑图片

1. 釉陶幞头俑（M9：20）2. 釉陶幞头俑（M9：26）3. 釉陶幞头俑（M9：13）4. 釉陶幞头俑（M9：23）5. 釉陶幞头俑（M9：25）6. 釉陶侏儒俑（M9：6）7. 釉陶镇墓兽（M9：29）8. 釉陶镇墓兽背面（M9：29）

穿阔腿长裤，双腿并立，足部仅露靴尖，体内中空。体表施浅黄色釉，小腿下部未施釉，露白色胎，幞头帽、胡须、腰带和靴尖施以黑彩，团领内衣和口部施红彩。标本 M9：5，残，左脚缺失，局部脱釉，通高 22.4 厘米。（图四，2；图六，5）标本 M9：9，残，左脚缺失，体表脱釉脱彩，通高 22.2 厘米。（图四，3；图六，6）标本 M9：10，完整，体表严重脱釉脱彩，通高 22.2 厘米。（图四，4；图六，7）标本 M9：18，残，脖断，体表严重脱釉脱彩，通高 22.2 厘米。（图四，5；图六，8）标本 M9：20，残，脖断，体表严重脱釉脱彩，通高 22.3 厘米。（图四，6；图七，1）标本 M9：23，残，脖断，体表严重脱釉脱彩，通高 22.2 厘米。（图四，7；图七，4）标本 M9：26，完整，足部脱彩，通高 22.2 厘米。（图四，8；图七，2）

B 型　2 件，形制、尺寸基本一致，皆完整，与 A 型形制、穿着一致，仅比 A 型略小。标本 M9：13，完整，体表脱釉脱彩，通高 17.7 厘米。（图四，9；图七，3）标本 M9：25，完整，体表脱釉脱彩，通高 17.9 厘米。（图四，10；图七，5）

侏儒俑：1 件，标本 M9：6，残，右脸部分缺失。呈站立状，头戴幞头，身穿窄袖翻领长衣，腰间束带，双臂弯曲，拱手于胸前，双腿并立，体内中空。施浅黄色釉，足部未施釉，幞头、腰带施黑彩。通高 13.5 厘米。（图四，11；图七，6）

镇墓兽：1 件，标本 M9：29，独角残。呈昂首蹲坐状，人面兽身，头顶有一扁状独角，向前弯，凸睛挑眉，阔鼻大嘴，嘴角下陷，鼻下“八字”胡须向两侧上翘，半圆形大耳。两前腿蹬直，两后腿弯曲蹲坐，蹄足，踏于底板之上。底板呈半椭圆形，内为半椭圆中空，前腿上部以凹槽和阴线刻画出双翼，背部塑三半圆形脊突，短尾贴身上翘，体内中空。体表施以浅黄色釉，蹄部及以下未施釉，露出白色胎，眉、须以黑彩画出，口部施红彩。底板长 14.7 厘米，宽 12 厘米，通高 31.2 厘米。（图八，1；图七，7、8）

马：1 件，标本 M9：15，残破。呈站立状，马头略下倾，戴辔头，双耳竖立，闭口睁眼，

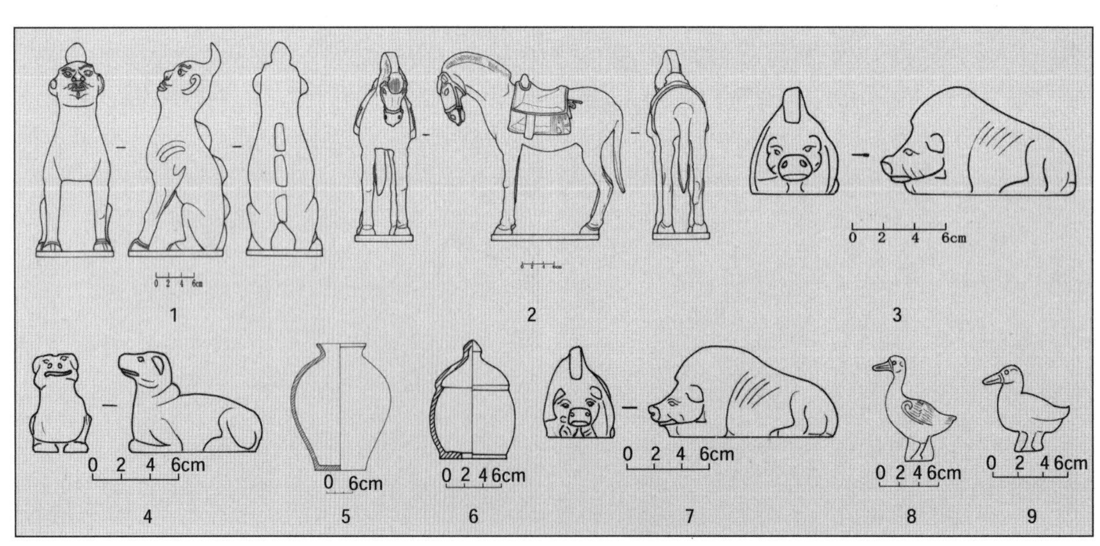

图八　M9 出土陶俑和陶器线图

1. 釉陶镇墓兽（M9：29）2. 釉陶马（M9：15）3. 釉陶猪（M9：22）4. 釉陶狗（M9：4）5. 釉陶罐（M9：27）6. 釉陶仓（M9：19）7. 陶猪（M9：8）8. 陶鹅（M9：1）9. 陶鸭（M9：2）

马鬃整齐，马背配鞍，马尾自然下垂，四肢立于底板上，体内中空。体表施浅黄色釉，蹄部以下无釉，露出白色胎，辔头、马鞍上施黑彩。底板长 19.4 厘米，宽 10.2 厘米，通高 31.5 厘米。（图八，2；图一〇）

猪：1 件，标本 M9：22，平卧于地，吻部前突，圆眼，两耳下垂，鬃毛高耸，短尾偏向右侧，体内中空。施浅黄色釉，釉不及底，吻部施红彩。通高 6 厘米，长 13.4 厘米。（图八，3；

图九　M9 出土陶俑和陶器图片

1. 釉陶猪（M9：22）2. 釉陶狗（M9：4）3. 釉陶罐（M9：27）4. 釉陶仓（M9：19）
5. 陶猪（M9：8）6. 陶鹅（M9：1）7. 陶鸭（M9：2）

图九，1）

狗：1件，标本M9：4，左耳残，俯卧于地，抬头，抿嘴，仰视，双耳贴首下垂，尾下垂弯向右侧，体内中空。施浅黄色釉，下部近底未施釉，口部残留有红彩。通高6.5厘米，长10厘米。（图八，4；图九，2）

2. 釉陶器

2件，为罐和仓。

罐：1件，标本M9：27，侈口，圆唇，短束颈，圆肩，腹部略鼓，平底。通体施黄褐色釉，釉不及底，露红色陶胎。口径10.9厘米，肩径22.6厘米，底径11.5厘米，高26厘米。（图八，5；图九，3）

仓：1件，标本M9：19，盖、仓连体，盖呈斗笠状，宝盖形钮，仓为圆柱体，敛口，鼓腹，平底，仓内中空。器表施浅青色釉，釉不及底。腹径9.1厘米，底径7.5厘米，通高11.5厘米。（图八，6；图九，4）

3. 陶俑

3件，均为动物俑，高岭土素烧，头部及身体上施红、黑色彩绘，部分彩绘已脱落。

陶猪：1件，标本M9：8，与釉陶猪（M9：22）形制、大小一致，区别在于陶猪未施釉。通高6厘米，长13.4厘米。（图八，7；图九，5）

陶鹅：1件，标本M9：1，呈站立状，尖喙，圆眼，曲颈，鼓腹，翘尾，圆支座两侧刻画出鹅足。以阴线刻画出翅膀和羽毛，喙部满施红彩。通高9.9厘米。（图八，8；图九，6）

陶鸭：1件，标本M9：2，呈站立状，扁嘴，圆眼，鼓腹，翘尾，圆支座两侧刻画出鸭足。头顶和颈部施黑彩，嘴部和足部施红彩。通高6.5厘米。（图八，9；图九，7）

三、结语

三门峡市商务区中学M9未出土明确纪年遗物，但墓葬形制和出土釉陶俑都很有时代特征，可以推断出墓葬大致年代。

墓葬形制上，该墓是由墓道、甬道和墓室构成的土洞单室墓，墓道为较长的竖井斜坡式，墓道开口在墓室南壁偏东处，墓室为南北长的单室墓，葬具置于墓室西侧，这些特点都是初唐时期的典型特征，与唐代张文俱墓的墓葬形制一致[1]，张文俱墓下葬年代为咸亨元年（670年）。

随葬的釉陶俑，施稀薄的浅青色釉或浅黄色釉，头、足及身体上施有红、黑色彩绘，部分女俑额前头发上有贴金装饰，男俑神色凝重、女俑身体颀长，陶俑的造型有隋至初唐的风格。

风帽俑A型（标本M9：12）、文官俑（标本M9：7）分别与唐代洛阳刺史贾敦颐墓出土的B型、D型文官俑相同[2]，贾敦颐墓的下葬年代为显庆元年（656年）。武士俑（M9：24）与河南偃师柳凯墓出土的109、116号武士俑相同[3]，柳凯墓的下葬年代为麟德元年（664年）。该墓与1965年发掘的三门峡印染厂130号唐墓[4]出土的釉陶俑类，如武士俑、马俑、风帽俑、幞头俑、镇墓兽、陶狗等相同或近似，且两墓相距约4公里，年代应很接近。印染厂130号唐墓推测为650—670年间。

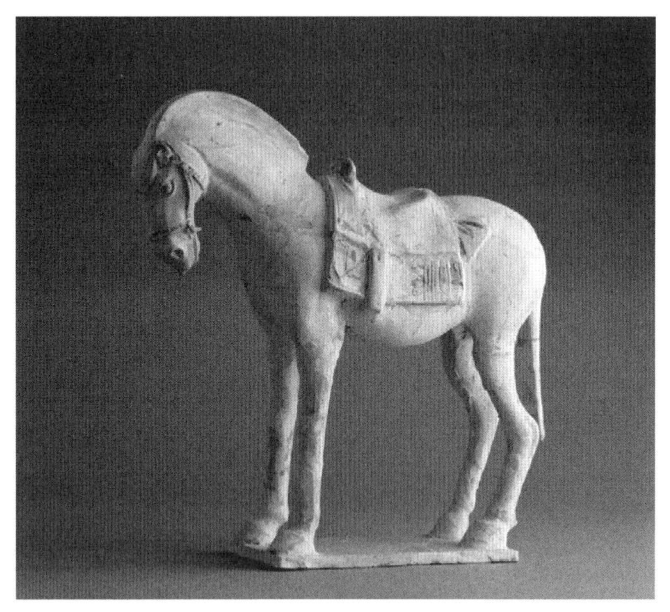

图一〇　釉陶马（M9：15）

综上，三门峡市商务区中学M9的年代推测在初唐偏晚时期。该墓虽然被盗扰，但仍出土32件器物，尤其是27件釉陶俑，釉层均匀，制作精细，而且均施彩绘，部分女俑的发式还用贴金装饰。由此可见，墓主人的社会地位以及经济实力非同寻常。该墓的发掘，为研究初唐时期的墓葬形制、丧葬习俗和人物风貌、服饰等提供了宝贵的实物资料。

发掘：宁文阁　上官荣光

执笔：刘　洁　宁文阁　上官荣光

绘图：张雪娇　上官荣光

摄影：刘　洁　上官荣光

注释：

[1] 洛阳市文物考古研究院：《唐代张文俱墓发掘报告》，《中原文物》2013年第5期。

[2] 洛阳市文物考古研究院：《唐代洛州刺史贾敦颐墓的发掘》，《国家博物馆馆刊》2013年第8期。

[3] 安阳第二文物工作队、偃师县文物管理委员会：《河南偃师唐柳凯墓》，《文物》1992年第12期。

[4] 河南省文物考古研究院：《河南三门峡市印染厂130号唐墓清理简报》，《华夏考古》2016年第2期。

图版一

1. 釉陶武士俑（M9：24）

2. 釉陶风帽俑 A 型（M9：32）

唐代绣岭宫遗址考古调查记

◎燕　飞　◎郑立超　◎杨海青

隋唐时期实行两京制，不仅在长安建立都城，还在洛阳设置了陪都，尤其唐太宗、唐高宗、武后、唐玄宗时期，更是经常通过崤函古道往返于长安和洛阳。崤函古道西起潼关，过秦函谷关，经陕州，过硖石关到今新安县东，出汉函谷关到洛阳，全长超过 200 公里，往返途中耗时较长，故在中间设立许多行宫。

陕州八景之绣岭横云

关于崤函古道行宫的具体名称、数量和位置，文献记载不详，在学术界也颇有争议。据严耕望先生《唐代交通图考》统计唐代设置在洛阳与长安两京道上行宫有 15 所；介永强先生《唐代行宫考逸》统计唐代行宫也是 15 所，但名称等与严先生有所不同；吴宏岐先生《隋唐帝王行宫的地域分布》统计隋时两京道上有行宫 11 所，唐时增至 18 所；严辉先生在《洛阳地区隋唐离宫遗址调查与考证》一文中认为隋唐在两京大道上设立的行宫大约共有 17 处；李久昌先生研究后则认为，隋、唐在该道沿线设置的行宫应为16所（《崤函古道交通线路的形成变迁》）。虽然以上著录中的行宫数量多少不一，但唐代绣岭行宫均在其中。

绣岭宫是唐代设置于崤函古道中崤山南路上的著名行宫之一。《唐书·地理志》云："陕州硖石县有绣岭宫，显庆三年置。"绣岭宫因其风景秀丽，植被茂盛，从而成为"陕州八聚"之一的"绣岭横云"。绣岭宫虽然在历史上多有记载，但行宫遗址的确切位置在学界仍是众说纷纭，莫衷一是。

文献中的记载

古代文献中有关唐代绣岭宫遗址的记载很多。除了《唐书·地理志》，还有唐代郑处诲《明皇杂录》载："上幸东都，至绣岭宫。时炎酷，上以行宫狭隘，谓左右曰：'此有佛乎寺？吾将避暑于广厦。'或云：'六军填委其中，不可速行。'"《新唐书·地理志》载："有绣岭宫，显庆三年置；东有神雀台，天宝二年以赤雀见置。"《太平寰宇记》载："绣岭宫，在县东三里。"北宋钱易《南部新书》："绣岭宫，显庆二年置，在硖石县西三里，亦有御汤。"《太平广记》卷六九《女仙十四》，云容说："我本是开元年间杨贵妃的侍儿。贵妃很爱惜我，常让我在绣岭宫独自跳《霓裳舞》"。《大清一统志》载："绣岭宫在州城东南，唐显庆三年置。唐志陕州硖石有绣岭宫，寰宇记在硖石县东三里。"民国《陕州县志》记载："绣岭宫在陕州城东南六十五里安阳东南之高阜，为唐帝如洛道间之行宫，其地广平，旁无峰嶂，前临山涧，与莘原南北对峙。莘原之南半岭有广平处，冈岭环互，与行宫正对为唐大通寺，内有三生公主祠，其阶下有金大定间碑且载有公主为唐玄宗幼女，其生也口瘖，左手拳而不能开，洎帝驻跸绣岭宫谒大通寺，公主遂能言左手亦能开，内有三生字，旋即夭殂，遂葬于东樊社宫地，今名绣岭坡。"

由于绣岭宫风景怡人，安史之乱后更添伤感之情，文人墨客多有感触，衍生出许多诗词与传说。如唐代陆龟蒙《开元杂题七首·绣岭宫》："绣岭花残翠倚空，碧窗瑶砌旧行宫。闲乘小驷浓阴下，时举金鞭半袖风。"崔涂《过绣岭宫》："古殿春残绿野阴，上皇曾此驻泥金。三城帐属升平梦，一曲铃关怅望心。苑路暗迷香辇绝，缭垣秋断草烟深。前朝旧物东流在，犹为年年下翠岑。"李洞《绣岭宫词》："春日迟迟春草绿，野棠开尽飘香玉。绣岭宫前鹤发翁，犹唱开元太平曲。"北宋李新《飞练歌呈宋幽州宏文》也有"穷源直上翠微峰，小段参差绣岭宫"的诗句。元代耶律铸《绣岭宫》："曰射天门绮雾开，蕊珠宫阙照蓬莱。霓裳动入青冥去，羯鼓声含白雨来。六警玉虬笼剑佩，九重花界映楼台。惜无测术天公意，忍竭恩华养祸胎。"明代蒋主孝《无题》："凤辇朝游绣岭宫，村花野柳笑春风。自怀白璧无田种，莫信蓬山有路通。孤馆暮云迷旧梦，闲庭小雨落残红。贞元朝士知谁在，一曲琵琶月正中。"陈子龙《二郎神·清明感书》亦有关于绣岭的诗词："玉雁金鱼谁借问，空令我伤今吊古。叹绣岭宫前，野老吞声，漫天风雨。"清代黄叔璥《台海使槎录》卷八："鑪贝雕螺各尽攻，陆离斑驳碧兼红；番儿项下重重绕，客至疑过绣岭宫。"陈维崧《贺新郎·伯成先生席上赋赠韩修龄》："绣岭宫前花似雪，正秦川公子迷归路。重酌酒，尽君语。”

考古调查

2014年6月22日，“丝绸之路”入选《世界遗产名录》，崤函古道是其唯一的道路遗产。为向“一带一路”倡议提供历史文化支撑，三门峡市文物考古研究所对唐代绣岭宫遗址进行了考古调查。调查自2016年10月6日始，至11月26日结束。调查队员通过走访、踏查、考对古钻探等形式，对陕州区菜园乡的绣岭坡村、马匹胡同村、羊皮沟村、卫家庄村，西边的交林村、西沟沿村、韩家沟村、南阳村、南县村、高家庄村和宫前乡的武则天行宫遗址进行了实地考察，基本弄清了绣岭宫、武则天行宫、大通寺等唐代遗址的具体位置和现存状况。

对开阔平地进行钻探

调查队员走访绣岭坡村老人

绣岭坡村

我们开始调查时就把工作重点放在了绣岭坡村，采用走访、拉网式踏查与钻探相结合的方式进行。调查队员首先对村里大部分老人进行了走访。由于绣岭宫历史久远，地面遗迹早已荡然无存，老乡们对于绣岭宫所在均不知晓，走访并没有达到预期效果。

根据《明皇杂录》所载“行宫狭隘”可知绣岭宫面积并不很大，而此时秋收已过，地表大部分地区无植被覆盖，我们根据文献资料所载的“绣岭宫……为唐帝如洛道间之行宫，其地广平，旁无峰嶂，前临山涧，与莘原南北对峙”，对全村较平坦之处进行了拉网式踏查，重点查看断崖上的地层剖面、遗迹和采集地面上的遗物。同时，我们又召集探工对重点地区布孔进行钻探。据调查和钻探所示，绣岭坡村是黄土地貌，沟壑纵横、丘陵众多，广平之处并不多。绣岭坡村地层较简单，耕土层下即为生土，生土为红褐色，较硬较致密，杂有大量料礓石块。在绣岭坡村调查面积约 126 万平方米，钻探面积约 3 万平方米。调查中仅发现有少晚期瓦片，钻探亦未发现唐代遗迹。

周边村落

由于在绣岭坡村未发现唐代遗迹和遗物，我们便扩大调查范围，分别向绣岭坡村东西两侧地势较高地区进行实地考察。范围包括东部的马匹胡同村、羊皮沟村、卫家庄村，西边的交林村、西沟沿村、韩家沟村等，调查采用走访和踏查两种方式进行，调查面积约 250 万平方米。这些地区的地形地貌与绣岭坡村相似，多为丘陵，大部分土地经过平整形成层层台地，地层也是耕土层下即为生土。走访的村内老人对绣岭宫闻所未闻，调查中亦未发现唐代遗物及遗迹，致使我们不得不重新审视史料。

武则天行宫遗址现状

武则天行宫遗址板瓦残块

武则天行宫遗址兰砖残块

武则天行宫遗址

为了解唐代行宫形制和准确掌握行宫所用建筑材料的形状及特征，调查队员在绣岭坡村调查期间，对宫前乡的武则天行宫也进行了考古调查。遗址位于陕州区宫前乡中心学校以北山坡上，地势较为平坦，呈北高南低的缓坡，北依万寿山，东西两侧为沟壑，总面积约3万平方米，地表仍有大量砖瓦残块，瓦为布纹板瓦，厚约2厘米。

武则天行宫当地又称避暑宫，《新唐书·地理志二》记载：河南府永宁县“西五里有崎岫宫，西三十三里有兰峰宫，皆显庆三年置”。李久昌先生认为此处即是唐代兰峰宫，据他调查：“遗址内曾出土圆形、方形石柱础，铺地素面方砖等，这些柱础石及方砖分散存放在宫前村群众家里，是他们在遗址上耕作时采集的。每年初夏小麦将要成熟时，站在万寿山上，俯瞰宫坪小麦长势和颜色不一，长在宫殿室宇地基上的小麦因地下基础土质坚硬，水分少，小麦长势浅而瘦；宫殿屋室之外的地方，土层深厚，含水量充足，小麦长势好，颜色浓绿。由此大体能辨识出当年的宫室的建筑轮廓，宛如一幅城市平面图，规模宏大，结构复杂，错落有致。宫前村也因此而得名。”从武则天行宫遗址上采集的遗物看，皆为兰砖残块和瓦片，均严重残碎，大小不一，其中兰砖宽16厘米，厚6厘米，一面饰绳纹；瓦为板瓦，较厚，一面有布纹，厚约2厘米。

武则天行宫西距绣岭坡村约15公里，为显庆三年（658年）置，与绣岭宫设置时间相同，建筑选址用料也应与绣岭宫相同。

大 通 寺

大通寺东墙残垣

由于在绣岭坡及其周围村落均未发现唐代的建筑遗迹和遗物，而史料记载绣岭宫与大通寺南北隔河对峙，所以我们希望对大通寺进行考古调查后，能够通过确定大通寺的具体位置来推断出绣岭宫的方位。

《陕州县志》载："大（音 dài）通寺与行宫正对，在莘原之南安阳县溪水之北之冈阜上，原名萧寺，始建于后周圣历，唐玄宗东巡驻跸于此，因幼女三生公主瘖而能言遂加扩充，敕赐大通寺额。金泰和七年，随使押衙充镇遏使关照素所撰碑云：西安昌而东绣岭。安昌即古安阳，后魏所置。崤县绣岭唐显庆中所置绣岭宫处也。历明清代有修筑，今寺院尚完好，前殿有坐佛一金刚四，后殿丈六金身站佛一罗汉十八，塑像术极精，古雅无比似非近代物。有唐刻石卧狮一，闻为古董商买去价值八十元云。"

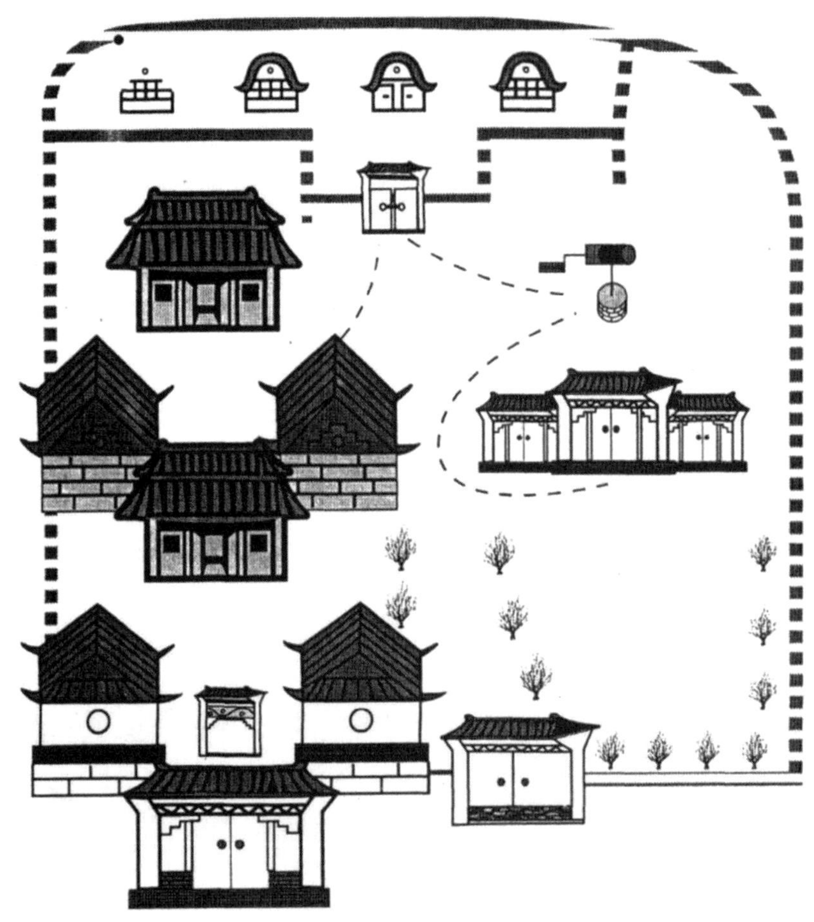

大通寺布局示意（《水氏家谱》）

经调查，大通寺遗址位于陕州区菜园乡寺坡村北部山顶平地，寺院已毁无存，但仍残存部分墙垣和地基，现存面积约 2000 平方米，地表残有大量建筑构件、瓦砾和瓷片。村民曾在寺院发现一通唐碑，碑阳刻般若波罗蜜多心经，为唐朝散大夫行陕州县令上柱国敬仁玄及其要樊氏造立，时间是"大周长寿元年（692 年）九月廿三日"。碑阴则为"新修破府君真形之接碣"，是后人为纪念敬仁玄而镌刻的"新修大通寺阁下故硖石县令敬公真形之碣并叙"，碑文 16 行，行约 40 字，"长城陈用海字明道撰"，立碑时间为"大唐开元元年（713 年）七月廿三日"。据村民所述，寺坡村的命名即是源于大通寺，因在大通寺坡下而得名寺坡村，进一步证明了大通寺即在寺坡村。

周边村的许多老人都对大通寺有着深刻的记忆。据南阳村原村支书81岁的水功忍老人讲述，大通寺在1949年前仍有僧人在此耕种看管，土地国有化之后寺院慢慢废弃，20世纪七八十年代经村委开会讨论后彻底拆除。前院为宫殿，后院有4孔僧人居住的窑洞。大殿原来完好，西边是鼓楼东边是钟楼。村里另一位75岁的水手让老人说，寺内原有大量碑刻，寺庙被毁后部分石碑建筑被用于建设学校、戏台等，部分损毁埋入深井之中。整个寺院原占地约4亩，内有关帝庙、财神庙、钟鼓楼等，殿内有四大天王、十八罗汉、释迦牟尼等佛教造像。

大通寺地面的瓦砾堆积

调查队员访问南阳村老人

高家庄村

大通寺调查结束后，调查队员依据大通寺的位置方位和文献记载，对隔河相望的南县村进行了走访。据走访的村民讲述，原崤函古道即从南县村中穿过，朝东南沿山坡而上，翻过山涧至高家庄村，沿现道路向南上山至绣岭坡下，再向东往宫前乡方向。

断面上的唐代灰坑

调查队员在铲刮断崖剖面

民国《陕州县志》云："绣岭宫与大通寺正对……其地广平。"《太平寰宇记》载曰："绣岭宫，在县东三里。" 此县即为安阳县，古安阳县即位于现在的陕州区菜园乡南县村。根据文献资料记载，结合原崤函古道的走向，我们认为绣岭宫遗址有可能就在绣岭坡山下南县村东南部的高家庄村。

高家庄村位于绣岭坡村北部山下，与南县村直线距离约1公里。该村南部农田地势较平缓，为绣岭坡丘陵；北部200米为原橐水河道；西部紧邻自然沟壑，沟底仍有少量山涧。调查时发现，该村不仅所处的地理环境与宫前乡武则天行宫相一致，而且也与史料记载的“其地广平，旁无峰嶂，前临山涧，与莘原南北对峙”相吻合。断崖上发现大灰坑1处，灰坑开口扰土层上，距地表1.3~1.4米，东部被树坑打破，口残长6.5米，深1.45米，可分两层，下层土色为浅灰色，较软较疏松，杂有大量灰烬、少量石子等；上层土色为红褐色，较硬较致密，杂有大量的红烧土块、料礓石及少量板瓦残片。板瓦残片厚约2厘米，正面绳纹，背面布纹，与武则天行宫地表残存板瓦一致，应为唐代遗物。根据灰坑规模和出土物，我们推断此处应有大量唐代人类活动痕迹。

随后我们以灰坑为线索，在周边进行仔细地调查及钻探。采取拉网式踏查与钻探相结合的方法，8人间距2米进行踏查，平坦地区进行钻探，钻探采用1.5米×1.5米布孔法，调查面积约30万平方米，钻探面积约7万平方米。由于遗址破坏较严重，遗迹极少，地层单纯，地表几乎无遗物，仅钻探发现少量灰坑，深度均未超过1米，部分灰坑深度仅在0.2米左右，并未发现大型宫殿基址。

绣岭宫遗址存在范围的卫星地图

此次调查范围包括绣岭坡村、高家庄村、马匹胡同村、寺坡村、南阳村、南县村、交林村、宫前乡等多个自然村落，面积超过600万平方米，仅在高家庄村南部田地发现唐代灰坑，附近也发现较为集中的灰坑分布，位置与县志等史料记载一致。此处地理环境及出土物与宫前乡唐代武则天行宫一致，进一步验证了绣岭宫的位置应在高家庄村南部，这是此次调查的最大收获。由于绣岭宫规模较小，废弃后砖瓦等建筑材料易被后人利用，加上地表破坏严重，不像武则天行宫地基可以完整保留，而灰坑多位于地表之下埋藏较深得以幸存，绣岭宫的建筑基址或已损毁无存。

附记：陕州区唐代绣岭宫遗址的考古调查过程中，三门峡市文物考古研究所的兰花巧、王军震、何冰、宁文阁、段海波以及市钻探队的薛勤安、郭拾先生等都全程参与了调查工作，在此深表感谢！

一尊馆藏唐代石佛造像

◎杜　瑶

河南省渑池县文物保护管理委员会办公室藏有一尊纪年确切、保存完整的唐代石弥勒佛造像，现为馆藏国家二级珍贵文物。其是当地文物部门于1984年全国文物普查时，在渑池县洪阳镇政府院内发现并征集的。

石弥勒佛造像通高67厘米，宽29厘米，厚26.5厘米。造像无背光，呈垂足坐姿，赤脚坐于长方仰莲莲花座上，造像脚下还有一近方形底座，与莲花座构成须弥座形。或出于稳定立放和减轻重量的目的，底座中部向内正方部分掏空。

石佛造像底座正面刻有佛弟子张元琛并儿孙敬造供养弥勒佛造像的记述文字，右侧刻有“天宝八载（公元749年）正月八日造”的准确纪年信息。底座左右两侧辅以刻画的祥云图案，背面刻画缠枝牡丹花卉图案。唐玄宗天宝年间自天宝的第三年（公元744年）正月初一开始，

石佛造像正面

石佛造像背面

至唐肃宗至德的第三年（公元758年）二月初五之间，共十四年又一个月的时间，其间人们的纪年表述均称“载”而不是“年”。这种特殊的纪年称谓方式在历史上较为罕见，因此，该石佛造像的“天宝八载”的纪年表述也甚为特殊，弥足珍贵。

石佛造像侧面（一）

石佛造像侧面（二）

佛像镌凿供养记述文字

佛像准确纪年信息

石佛造像头型硕大，浑圆饱满，脸颊轮廓富于弹性，眉目清晰，面部表情威严，头顶肉髻高耸硕大，肉髻发式呈中心螺旋状纵向水波纹，发髻发式则为横向水波纹，眉毛与上眼睑上挑，眼呈柳叶状，微睁，鼻宽而扁，人中修长，嘴巴小巧，线条紧致，浅抿富于弹性，紧闭之感明显，两耳厚重垂肩。具有典型唐代造像风格，面部整体形象已完全本土化，难觅印式之特征。

佛像头型细部

石佛造像垂足坐于莲花座上，整体形象端庄、松弛、稳重，佛像左手平扶于左膝上，右手立放右膝上，手指微损，胸部凸起，身着集衣襞于左肩的“袒右肩式”通身袈裟，直至脚踝，衣纹褶皱立体、流畅，从右肩臂服饰可见，内着贴身薄衣，“V”领袒胸。造像两脚间雕饰有并蒂莲花一朵，其余三面均雕饰有云气纹。石佛的垂足坐姿为唐代盛行之坐姿，宋以后便少见。唐代社会先进，文化繁荣，是名副其实的“盛世”。该石造像造型古朴，线条简洁，整体缺少了大唐盛世的大气磅礴和丰腴之态，但从细节上却可以看出，处处皆能够体现唐石佛造像的特征，特别是头型和面部表情细节。

佛教造像大都是寺院和石窟寺内供奉的偶像或还原的纪念物，反映着不同历史时期的社会意识形态。隋唐时期，弥勒信仰甚为流行，特别是中国历史上唯一的女皇帝武则天，更是自比弥勒，利用佛教中弥勒未来佛的故事，制造舆论，从而登基称帝。例如洛阳龙门石窟中的双窑，该组石窟甚为奇妙，是南北并列，共用一个窟檐的两座石窟，北洞主佛为释迦牟尼佛，南洞则是弥勒佛，此“二佛”并立的含义，正是唐高宗与武则天“二圣”同御朝政的历史影射，双窑的开凿年代也正是“二圣”同朝的显庆年间。唐高宗也许并没有以释迦牟尼佛自诩，而武则天则早就宣扬自己就是弥勒佛了。

唐人王玄策曾先后三次出使印度。其中第三次出使印度是唐高宗显庆二年（公元 657 年）。在显庆五年（公元 660 年），他们曾在印度参加摩诃菩提寺大法会。回国后，王玄策把从印度奉回的弥勒菩萨新样供奉在洛阳敬爱寺中。麟德二年（公元 665 年），王玄策于龙门石窟宾阳三洞之南洞敬造弥勒像，并留下造像题记。

洛阳龙门与渑池地理位置很近，渑池县文物保护管理委员会办公室所藏的石弥勒造像，镌凿年代又比洛阳龙门石窟弥勒像凿刻年代晚不足百年，其应是以洛阳龙门石窟唐弥勒造像为蓝本的临摹之作。两者特征上除右手可能限于雕刻难度略显不同之外，其余特征均较类似，尤其是佛像坐姿，均是垂足坐于须弥莲花座上。

该石弥勒佛造像的作者虽力争体现时代特征与风貌，我们也能够感受到应为用心之作，但可能限于自身的镌凿水平，造像缺乏应有的神韵和气势。但不论如何，该造像保存完整，纪年准确，为研究盛唐民间供养石佛造像提供了珍贵的实物例证，具有较高的历史、科学、艺术价值。

河南三门峡唐代清河夫人吴傅氏墓发掘简报

◎河南省文物考古研究院　◎三门峡市文物考古研究所

2016 年 3—4 月，河南省文物考古研究院联合三门峡市文物考古研究所，对上村佳苑工地进行了配合性发掘，该工地位于三门峡市大岭路东、北环路南，北距黄河森林公园 50 米，在工地西部发掘 M65，为唐代清河夫人吴傅氏墓（图一），保存基本完好，现将发掘情况简报如下。

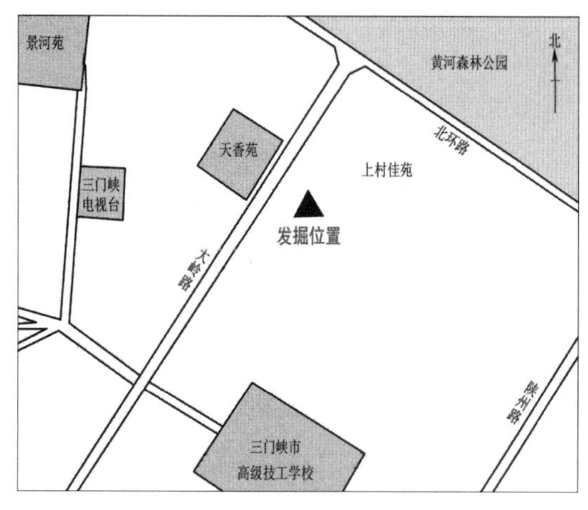

图一　M65 位置示意图

一、墓葬形制

M65 为带有天井的斜坡墓道土洞室墓，坐北朝南，方向 180°，由墓道、过洞、天井和墓室四部分组成。（图二）由于上村佳苑项目施工方拆迁平整土地，揭掉距现地表深约 1 米的土层，M65 被打破，墓道和天井开口已不是原始开口。

墓道　位于过洞南端，平面呈梯形，南宽北窄，现道口长 3.48 米、宽 0.66~1.08 米，距现地表 1.2 米。墓道南半部分由两级台阶构成，一级台阶距墓口 0.21 米，阶面较平；二级台阶高 0.25 米，阶面微微倾斜。二级台阶下为长斜坡，向下进入过洞。墓道壁加工规整。

过洞　位于墓道北，底部为长斜坡，顶部由南向北倾斜，长 2.54 米，南口高 1.38 米，北口高 2.2 米。

天井　位于过洞北，与墓道开口在一个层面上，平面呈梯形，南宽北窄，现口长 1.48 米、宽 0.6~0.66 米，距地表 4.88 米。天井底部南端设有二级台阶与过洞相连。一级台阶高 0.45 米、宽 0.14 米，二级台阶高 0.30 米、宽 0.20 米。天井底部平坦。

墓道、过洞和天井内均填红褐色五花土，土质较硬。

墓室　位于天井北端，为土洞单室，墓底平面略呈长方形，长 3.14 米，宽 1.0~1.88 米；室顶为拱顶，东西起拱，北低南高，高 1.45~1.76 米；室底较为平坦，并且高出天井底部 0.26 米；

四壁加工规整，西壁因雨水渗漏而稍有坍塌。墓室内填土为灰黄色淤土，质地松软。墓门未经封堵。（图三）

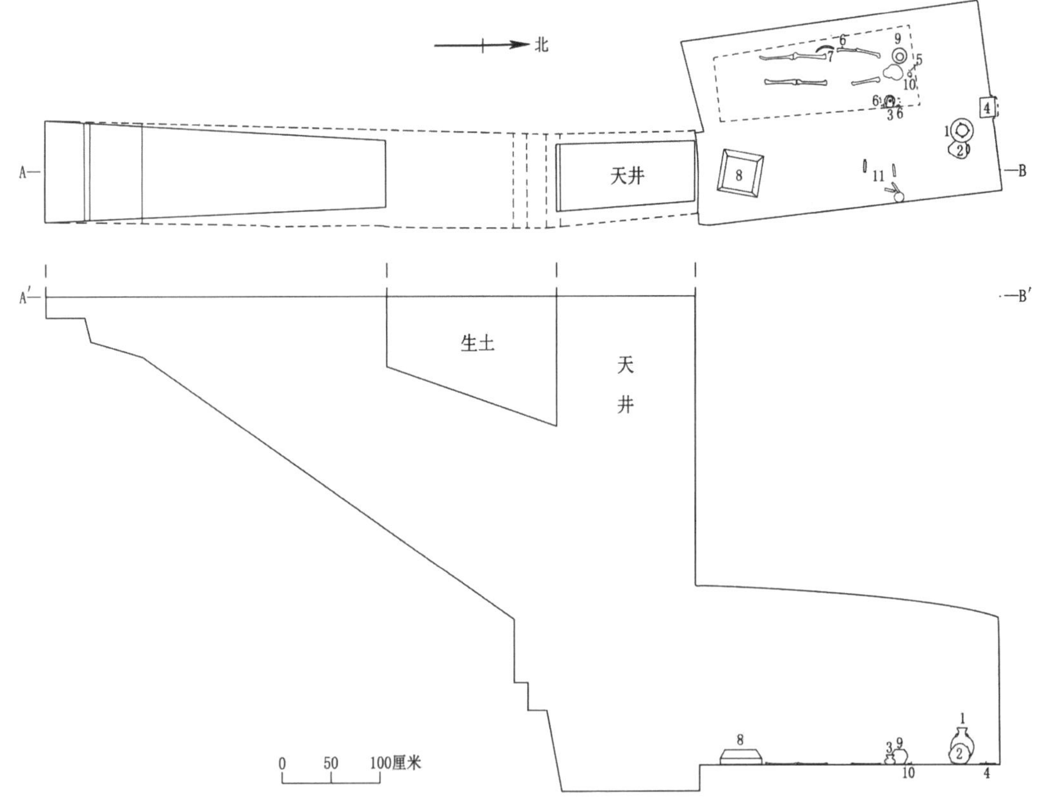

图二　M65平、剖面图

1. 四系瓷壶　2. 双系瓷罐　3. 瓷盂　4. 铁镜　5. 铜泡钉　6. 铜钱　7. 铁刀　8. 墓志　9. 陶罐　10. 铜铺首　11. 泥俑

图三　M65墓室

二、葬具及葬式

葬具为木质单棺，已腐朽，现仅见朽痕，呈梯形，南窄北宽，长 2.06 米，宽 0.64~0.78 米。

棺内葬人骨架一具，腐朽严重，头部破碎，肋骨、脊椎骨基本粉末化。从残存的痕迹看，葬式应为仰身直肢，头北脚南，面向难以判断。

三、随葬器物

该墓共出土随葬器物 10 件（套），墓室东壁下还发现泥俑 4 件，由于和淤土黏合一起，无法提取。器物分别放置在墓门口、棺内、墓室东壁下以及墓室西北角处，分为陶、瓷、铜、铁、石五类，现介绍如下：

陶罐　1件。标本M65：9，泥质灰陶，侈口，圆唇，短束颈，鼓腹，平底；通体施黑彩莲花纹，大部分彩绘脱落；口径 10.8 厘米，腹径 16.4 厘米，底径 10 厘米，高 14.3 厘米。（图四，2；图五，1）

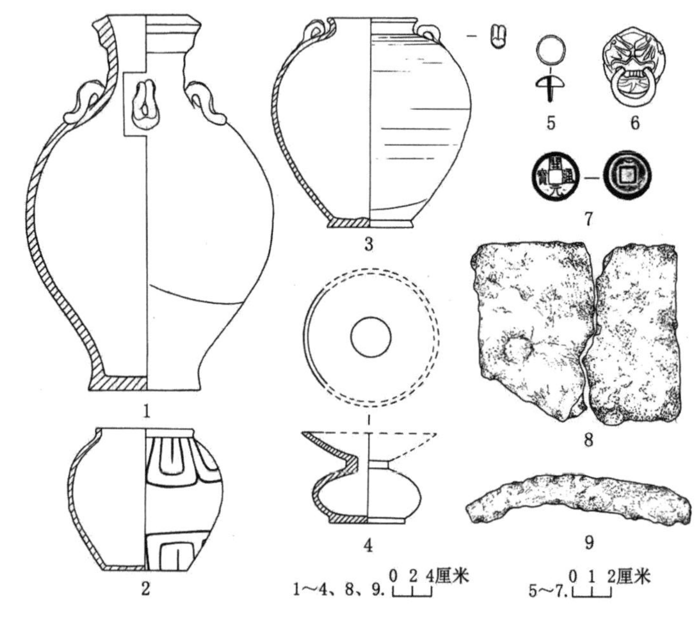

图四　M65 出土器物

1. 四系瓷壶（M65：1）　2. 陶罐（M65：9）　3. 双系瓷罐（M65：2）　4. 瓷盂（M65：3）　5. 铜泡钉（M65：5）　6. 铜铺首 (M65：10)　7. 铜钱（M65：6）　8. 铁镜（M65：4）　9. 铁刀（M65：7）

图五　M65 出土器物

四系瓷壶　1件。标本M65：1，侈口，束颈，溜肩，鼓腹，假圈足微外撇，肩部对称饰四系，四系为制作后粘于器身肩部，通体施青釉，釉不及底。口径8.8厘米，底径11.8厘米，腹径26.4厘米，高37.8厘米。（图四，1；图五，2）

双系瓷罐　1件。标本M65：2，侈口，短束颈，鼓肩，圆腹，假圈足微外撇，肩部对称饰双系，双系为制作后粘于器身肩部，通体施黄褐色釉，釉不及底。口径9.4厘米，底径7.8厘米，腹径20.8厘米，高21.2厘米。（图四，3；图五，3）

瓷盂　1件。标本M65：3，白瓷，圆形敞口，口部大部分残缺，短束颈，盘鼓形腹，假圈足。口径14厘米，底径11.2厘米，高9.1厘米。（图四，4；图五，4）

铜泡钉　1套。标本M65：5，共11枚，形状均相同，上部呈半球形面，球面鎏金，下部为尖钉；通长1.3厘米。（图四，5；图五，5）

铜钱　1套。标本M65：6，共6枚，保存较差，锈蚀严重，圆形方孔，正面“开元通宝”四字直读，背面饰新月纹（或称指甲纹、掐纹）；直径2.5厘米，穿径0.7厘米。（图四，7；图五，6）

铜铺首　1件。标本M65：10，呈圆形片状，通体鎏金，主纹为兽面纹，兽首睁目挑眉，龇牙咧嘴，口内衔铜环，面目凶恶；兽面直径3.2厘米，带环通长4厘米。（图四，6；图五，7）

铁镜　1面。标本M65：4，方形，残断，锈蚀严重，残长18.2厘米。（图四，8）

铁刀　1把。标本M65：7，弧形刀体，锈蚀严重，残长23.6厘米。（图四，9；图五，8）

墓志　1合。标本M65：8，青石质，方形，分为盖和志身，放置于墓室内近墓门处。志盖呈盝形，中心画出方框，框内阴刻篆书“唐故吴君夫人墓志铭”9字，字间阴刻纵横线相隔；四刹阴刻四神造像；由于风化严重，志盖上文字和四神图案大多不清晰；底边长43厘米，顶边长41.5厘米，厚8.5厘米。志身略呈方形，四边阴刻十二生肖形象，每边3个，生肖着衣装，呈站立状，由于风化严重，生肖形象大多不清晰；长43厘米，宽42厘米，厚6.5厘米。志文阴刻楷书，共20列389字。（图版一）

志文附录如下：

唐故怀州宣扬府□果毅吴君故室清河夫人/傅氏墓志铭并序弘农扬环撰/夫人姓傅氏其先清河人也在昔殷王高宗梦帝/赖于良弼得之傅严则夫人之远祖也故我外族高/曾祖孝体虚集素慕道遗荣孝讳延寿夫人即第/四女也巧于剪制妙于丝竹女仪温恭惟礼是则年甫/廿归于吴氏早起夜寐奉承舅姑进退优游和柔/叔妹是以闺门肃肃中馈亭亭九族信以为准绳一家/降以为龟镜也则贤父之教可知也训子之方可知也/天以其仁又与其寿春秋九十有三祀于贞十七年闰正/月七日终于陕县长乐乡铁牛坊之私第也以贞元十八/年正月廿五日葬于硖石县门信乡北原礼也府君先□/身亡今葬于怀州获嘉县矣呜呼覃怀之上表不孝/之心同郃之间知罪逆之苦奉神升就龟筮未从幽/冥有灵伏惟昭察嗣子金紫光禄大夫试殿中监陕/虢都防随军晏子然独无兄弟洎李氏女号天靡/救触地无荣随军与环曾未拒识泣涕来高

臣忠子孝／孰敢不敬强为此文陵谷虽变金石可刻其铭曰／周卲之间号甘棠之侧群峰叠远号长河不息／孤坟魏巍号中间孝子哀哀号凄恻

（／表示转列，□表示无法辨认）

四、结语

根据墓志记载，墓主为清河夫人吴傅氏，死于唐贞元十七年（公元801年），葬于唐贞元十八年（公元802年），享年93岁，据此推算，她出生于公元709年，先后经历了中宗、睿宗、玄宗、肃宗、代宗、德宗等几个朝代，是唐代由盛而衰的见证者。

M65墓葬形制为带有天井的台阶斜坡墓道土洞单室墓，墓道东壁和墓室东壁基本在一条直线上，单棺放置靠近墓室西壁，天井为连通式，属"刀形墓"，与洛阳地区唐墓第三期基本相同，为中唐时期[1]。出土器物有四系瓷壶、双系瓷罐、瓷盂等生活器具，出土的铜铺首和铜泡钉有鎏金装饰，可见其生前社会地位较高。

本次发掘的墓葬纪年明确，其墓葬形制及出土的器物为考古断代提供了依据，并且该墓的发掘为研究唐代墓葬形制、碑刻书法艺术、丧葬习俗等提供了宝贵材料。

附记：本次田野考古发掘领队为史智民，执行领队和摄影为上官荣光，发掘为祝晓东，绘图和拓片为张雪娇、上官荣光，执笔为祝晓东。

注释：

［1］中国社会科学院考古研究所：《洛阳地区隋唐墓的分期》，《考古学报》1989年第3期，第275—304页。

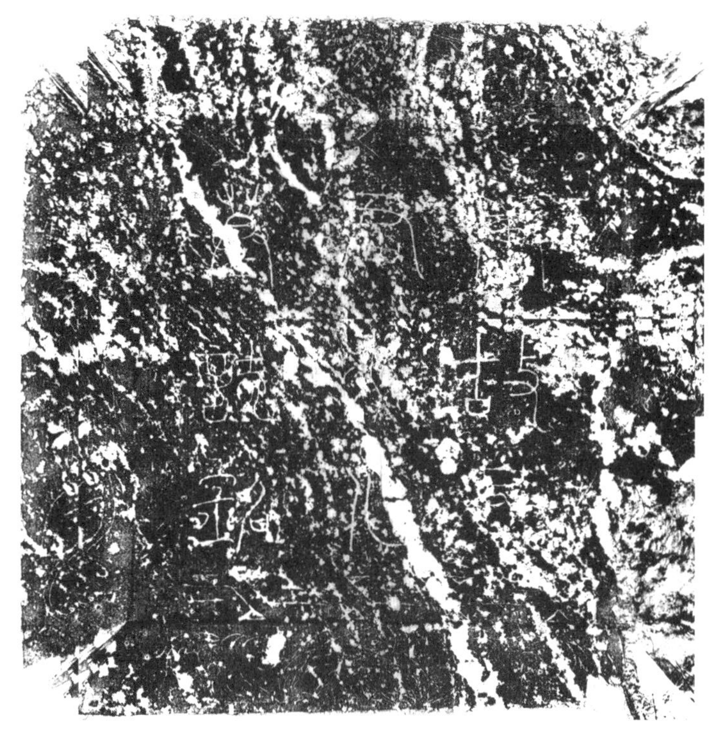

墓志盖

唐故懷州宣陽府左果毅吳君故室清河夫人
傅氏墓誌銘并序　弘農楊璟撰
夫人姓傅氏其先清河人也在昔殷王高宗夢帝
賚于良弼得之傅巖則夫人之遠祖也故我外族高
曾祖考幹盧集素慕道遺榮孝詩延壽夫人即第
四女也巧於剪製妙於絲竹女儀溫恭惟礼是則年甫
廿歸于吳氏早起夜寐奉承　舅姑進退優遊和柔
姊妹是以閨門肅肅中饋亭亭九族信以為準繩一家
臨以為龜鏡也則賢父之教命可知也訓子之方可知也
天与其仁又与其壽春秋九十有三祀于貞十七年閏正
月七日終于陝縣長樂鄉鐵牛坊之私第也以貞元十八
年正月廿五日葬于硤石縣門信鄉北原礼也府君先已
身亡今葬于懷州獲嘉縣矣嗚呼覃懷之上表不孝
之心周邵之間知罪逆之苦奉神昇兆竊兹未從幽
冥有靈伏惟昭察嗣子金紫光祿大夫試殿中監陝
蒲都防禦隨軍晏才然歿無兄弟娶李氏女號天罔
極竊地無容隨軍与環曾未損識泣涕來告臣忠于老
氏敢不敬從為此文陵谷變遷金石可刻其銘曰
周邵之間兮甘棠之側　羣峯疊遶兮長河不息
孤墳巍巍兮中間　孝子哀哀兮悽惻

墓志石

河南三门峡唐代清河夫人吴傅氏墓志

古代知识分子的贤良
——评三门峡博物馆藏《九贤图》

◎常　军

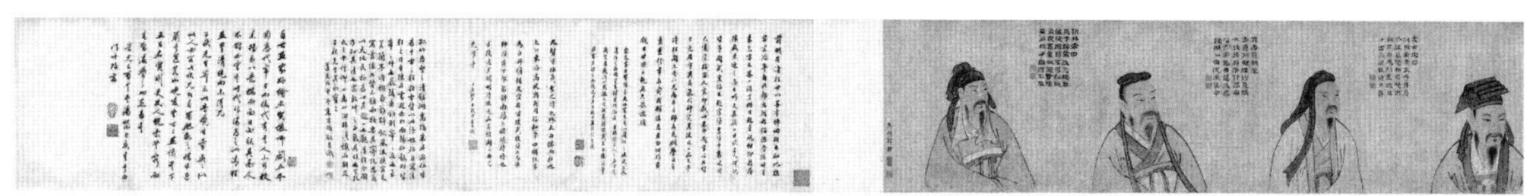

从古至今，中国知识分子都有以天下为己任的使命感，有社会良知和良心的道德感，也有自由思想和独立精神的尊严感。知识分子受传统文化影响，带有鲜明的文化印记。中国传统文化精华包含儒家、道家、佛家的思想。樊和平指出，总体而言，中国文化和中国人的人生意向，都牢牢指向入世，即所谓价值目标、人伦关系都奠定于现世的基础之上。儒家讲"知其不可而为之"，讲"修身、齐家、治国、平天下"。道家主张隐世与避世，其精神是"无为而无不为"，以避世的方法入世。佛家主张出世，但其宣扬的不是要走出这个世界，而是要摆脱尘世以及自身情欲困扰，达到人生的永恒。所以中国佛家根本上是入世的。

中国历史上有一个连续、长期存在的知识分子群体，他们给历史面貌以重大影响，也留下了许多宝贵的精神遗产。自从先秦时期以来，中国知识分子对于自己所承担的使命和所要走的道路，有一个自觉的、普遍的认识，就是"殊途同归"。最早提出"殊途同归"的是孔子，孔子在解释《周易》的时候说："天下同归而殊途，一致而百虑。夫阴阳、儒、墨、名、法、道德，此务为治者也，直所从言之异路，有省不省耳。""治"就是政治，"为治"是中国古代知识分子对自身使命的一个普遍认识，可以说，殊途同归，积极参与政治实践，这是古代知识分子的本性所在，同时也是中国古代知识分子的优秀传统所在。从最初开始，中国的知识分子就具有关心社会、忧国忧民的优良本色。然而由于古代选举人才制度的制约，古代知识分子的性格有的"狂"，狂者命运多舛；有的"逸"，逸者逍遥，逸者陶然，逸者静穆。它们与温柔、敦厚、谨重而无过又无不及的中庸人格是格格不入的，是从来不为封建正统势力所认可的，但是在知识分子阶层却有着特殊的地位。像《九贤图》里的狂者李白、逸者陶渊明等等。

《九贤图》（图一）为三门峡博物馆藏，画心纵长 262.5 厘米，宽 28.5 厘米，为一手卷，纸

图一 《九贤图》

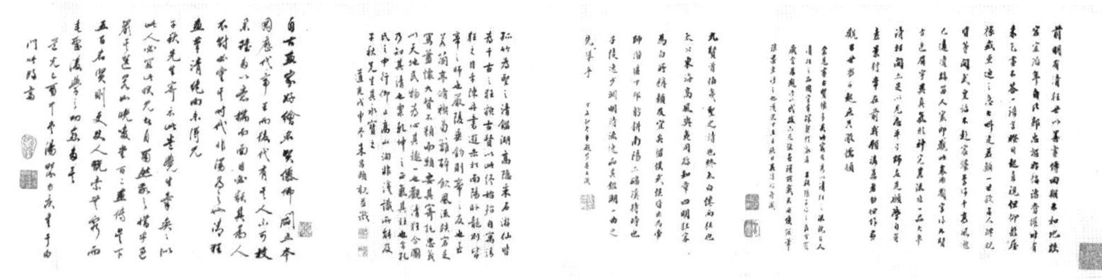

图一 细节图

图一 细节图

本，有二次揭裱痕迹。卷首、卷尾裱洒金宣，画轴系用新疆白玉制成。画卷用白描淡彩的画法绘伯夷、太公望、张良、严陵、诸葛亮、王羲之、陶渊明、贺知章、李白九位贤人隐士的半身肖像。每幅肖像前，由文徵明用变体隶书题记，题记后加篆书朱文“徵”“明”两方印章。画尾篆书落款“泰和郭诩”。款下压白文篆书“清狂”印章一枚，篆书朱文“郭诩”印章一枚。画卷所画人物依次是：

伯夷（图二），头发后梳挽髻，扎淡墨色软巾，国字脸，大耳，清眉，双眼前视，嘴巴紧抿，两腮留髯。身穿右衽白色长服，领口染以淡青绿色，双手合于胸前，显得十分温良。伯夷是商末周初的著名隐士。史书载：伯夷、叔齐，是孤竹君的两个儿子，父亲想立叔齐为君。其父死后，叔齐让伯夷。伯夷说：这是父亲的愿望和遗命，遂逃去。叔齐也不肯为君而逃走了，国人就立了其他人为君。他们听说西伯昌善养老，便往西周去。可到周时，西伯昌已死，姬发即位，正要兴兵伐殷商，伯夷叩马而谏，说：“父死不葬，爰及干戈，可谓孝乎？以臣弑君，可谓仁乎？”后来，武王消灭了殷商，天下宗周。而伯夷、叔齐耻之，义不食周粟，隐于首阳山，采薇而食之。遂饿死于首阳山。后来孔子称：“伯夷、叔齐，不念旧恶，怨是用希。”“求仁得仁，又何怨乎？”说明君子不会因为善恶后果颠倒而改其节操。所以，文徵明题记：伯夷：求仁得仁，去国如履；叩马一谏，君臣大义；乾坤清气，萃李一身；独立万古，邈焉无论。

太公望（图三），头裹淡绿色长巾，披于肩部。长方脸，大垂耳，寿星额，大圆鼻，眼角稍向上吊，双目凝视前方，嘴巴微张，长颌稍向前伸，须眉稀疏，下颌无胡。身穿右衽绛红色长服，绛墨色领口。一副若有所思之状。太公望是商末时期著名的隐士和军师。原姓姜，名尚，字子牙，东海人。他一生饱学，深明兵法战策，曾去殷商都城朝歌求仕不成，归隐陕西渭水一带。当他古稀之时，遇见西伯侯姬昌，姬昌认为他是难得的贤才，便礼聘为“师”。后来，姜尚辅佐周武王姬发消灭了殷纣王，建立了周王朝，武王尊称他为“尚父”“太公”，封齐侯，又称齐太公。文徵明题记曰：尚父鹰扬，实维王佐；行义达衍，拯民水火；辅德训告，廞有丹书；义利之言，万世莫渝。

图二　伯夷

图三　太公望

张良（图四），梳后髻，扎淡墨色小软巾。高额，大耳，弯眉细长，双眼微泡，直鼻微勾，嘴巴轻抿，上唇留短须，窄颌内敛。身穿右衽宽袖淡墨中泛绿色长袍，领、袖饰黑色边口；腹部系裙，裙带下飘。双手腹前捧书。给人以十分谦恭的印象。张良，字子房，韩国贵族之后。是西汉的开国元勋，也是我国古代军事家。在刘邦破秦亡楚的过程中，他运筹帷幄，为刘邦建立西汉王朝立下了汗马功劳而名扬天下。当刘邦建国后大封群臣时，张良却谦让，远离富贵，愿归山林。文徵明题曰：留侯张良：报韩徇义，辅汉乘时；诛秦蹙项，从容指挥；功成身退，愿追赤松；大雅卓识，令名无穷。

严陵（图五），头发后梳挽髻，扎淡墨色软巾。大额，垂耳，双目前视，挺鼻稍垂，小口紧闭，留短须。额头、眼角、双腮布满皱纹。身着右衽宽袖青灰色长服，白色领口，肩披绛色毛边披肩。让人看上去略显矜持。严陵，是东汉初期的大隐士，实名严光，字子陵，会稽余姚人。年轻时就有很高的名望，与汉光武帝刘秀一同游学。光武帝即位后，常想念他的名贤。严陵为不见刘秀，不入朝廷，就变其姓名，隐而不见。光武帝让大臣司徒侯霸找到严陵，严陵不答话。光武帝亲自找到他，严陵卧床不起，光武帝抚摸着他的肚子说："咄咄子陵，我竟不能下汝邪？"于是升辇叹息而去。后来又请子陵，让其担任谏议大夫，态度依然，躬耕于富春山，年八十终于家。文徵明题记：严陵：名节立山，车冕尘壒；怀仁负义，蕴畜亦大；汉室九鼎，桐江一丝；凛然清风，悠悠我思。

图四　张良　　　　图五　严陵

诸葛亮（图六），头戴卷沿平顶幞头，两侧飘带及胸。宽额丰面，大垂耳，浓眉微弯，双眼前望。身着双层右衽长服，胸部系裙，黄绿色裙带作结下垂，外穿对襟长衫，给人以仁和的印象。诸葛亮，是三国时蜀汉政治家、军事家。字孔明，琅邪阳都人。东汉末年，北方大乱，诸葛亮在隆中隐居，后刘备三顾茅庐，诸葛亮出仕，任其军师，并辅佐刘备、刘禅建立蜀国，封武侯。文徵明题记曰：武侯诸葛亮：文武长才，出处大义；俊伟光明，掀揭天地；伊吕作配，管婴匪伦；三代之后，惟公一人。

图六　诸葛亮　　　　图七　王羲之

王羲之（图七），头戴瓦楞软角幞头。圆长脸，直挺鼻，清眉秀目，小口微合，两腮留髯，短胡须。身穿双层右衽泛绿色长服，下着黄绿色裙，绛色裙带胸前作结，结前饰佩玉。头微低，显得神情内敛。王羲之是我国历史上著名的书法家，东晋时期人，字逸少，祖籍琅邪临沂，后迁无锡。初任秘书郎，继任征西将军、江州刺史、右军将军等，后因与上司王述不和辞官，定居会稽山阴。工书法，其书能博采众长，精研体势，推陈出新，一变汉魏以来质朴的书风，成为妍美流便的新体，为历代学书者所宗尚。有《十七帖》《丧乱》《孔侍中帖》等流世。文徵明题记曰：右将军王羲之：风节高雅，清真自如；超世风气，□功浮虚；忧国忠诚，识治通达；翰墨风流，只儿其未。

图八　陶渊明　　　　图九　贺知章　　　　图一〇　李白

陶渊明（图八），头顶挽短髻，扎淡墨色长巾，巾带前后飘于胸前及背后。圆脸，高额，平眉，泡眼双眼皮，双目直视，挺鼻，小口紧闭，留短须。身穿右衽交领绛口长服，下着淡绿色长裙，紫色裙带腹前作结，外穿对襟白色长服。

陶渊明是魏晋时期的大隐士、大诗人，字元亮，别号五柳先生。由于其身处朝代更迭的年代，加上出身庶族，受人轻视，一生只有断断续续13年小吏的经历，后辞官归隐，过着贫困的田园生活，坚守固穷守节的志向，愈老而益坚，善饮酒诗、咏怀诗和田园诗。存世有《归去来兮辞》等125首，是魏晋南北朝时期最杰出的诗人。文徵明题记：处士陶潜：渊明气豪，五斗弗屑；三径艺菊，相看晚节；朝市非故，门庭依然；千古高风，我怀其贤。

贺知章（图九），头顶梳短髻，扎淡墨色小巾，巾带下飘。高额，大耳，弯眉，双目平视，垂鼻方口，嘴巴微合，短须髯。上穿淡绿色交领黑边长服，下着白裙，绛色裙带腹前作结。一副持重而谦和的形象。贺知章是我国唐代著名诗人之一。字季真，一字维摩，自号四明狂客，越州永兴人。圣元年举进士第，初授国子四门博士，又迁太常博士、礼部侍郎加集贤院学士，后改太子宾客，银光禄大夫兼正授秘书监。工文辞，性放旷，善草隶，为唐代“酒中八仙”之一。文徵明题记曰：宾客贺知章：季真何如，性行夷旷；士钦风韵，帝许高尚；黄孝寄迹，曲蘖逃真；镜湖一曲，流风至今。

李白（图一〇），头戴软角淡墨色幞头。长丰脸，大垂耳，剑眉上扬，双眼上挑，目光平视，挺直鼻，小口紧抿，留须髯。穿淡绛红色长服，黄绿色长裙，绿色裙带腹前作结。一副逸仙之态。李白，字太白，号青莲居士，祖籍陇西成纪，有“诗仙”之称，是伟大的浪漫主义诗人。创造了古代积极浪漫主义文学高峰，为唐诗的繁荣与发展打开了新局面，继承前人传统并形成独特风格，达到了后人难及的高度，开创了中国古典诗歌的黄金时代。有《李太白文集》三十卷行世。文徵明题记曰：翰林李白：天才卓发，逸气横出；龙骧鹏博，不可□执；友视万乘，奴使贵珰；采石捉月，神游不忘。

该画卷首（图一一）由赵子琛题写：九贤图，子秋大兄藏郭清狂九贤图真迹，自刊寄观，谨为书额。次闲赵子琛。卷首之后由翁方纲题观鉴一篇，题写内容：乾隆六十年，岁在乙卯夏四月八日，北平翁方纲观。人物图卷后共有叁人题写了四篇跋文。第一篇跋文由吴清鹏题写。跋文原文：前明有清狂，世以善画传；回翔太和地，跌宕弘治年；自比郭忠恕，好侮诸贵权；时有来乞画，不答一语言；瞪目起直视，但仰数屋檐；或更迫之急，大叫走若癫；一世欲无人，睥睨皆等闲；武皇诏不赴，宸濠焉得干；高风邈已远，遗迹留人寰；即观此图卷，图写得九贤；古色眉宇异，真气形神完；其流非一品，大半清狂间；亦足以见志，平生师友先；原学自有素，景行常在前；我愿后来者，勿但作画观；百世当可起，庶共激懦顽。

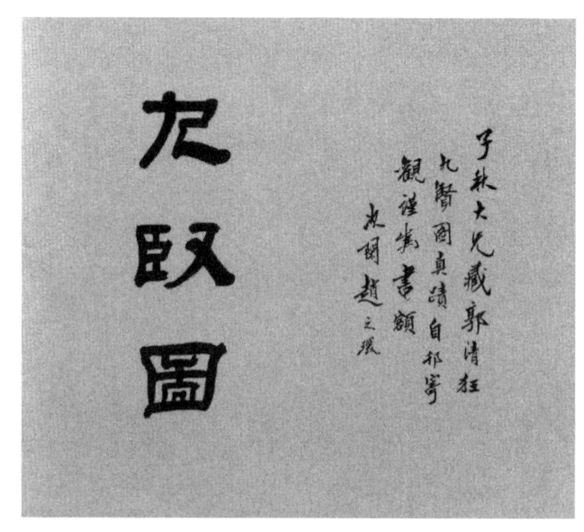
图一一　卷首题文

余见画古贤像多矣，此最古秀。以清狂之流，貌古人清狂之品，固宜有深契于微者。子秋张子得之，良可宝藏。余为题此以代跋，亦足该画谱所载矣，毋使俗笔浪墨更污之也。道光丁未立秋日吴清鹏并识。

第二篇跋文亦由吴清鹏题写。内容是：九贤首伯夷，圣之清也；终太白，仙之狂也；太公东海高风，与夷同迹；知章四明狂客，为白所称；类及宜也。留侯、武侯皆出为帝师；潜匿下邳，躬耕南阳，亦磻溪待时也；子陵、逸少、渊明，清流逸品，其鉴湖一曲之先导乎。丁未初冬重观，笏庵又识。

第三篇跋文由朱昌颐题写。所题跋文：孤竹为圣之清，鉴湖高隐，采石游仙，皆千古之狂貌。古贤以此始终，殆自寓清狂之目乎。陈丹书游，赤松、南阳卧龙，则皆帝之师也；严陵垂钓，则帝之友也；至若兰亭修契，菊篱醉饮，风流跌宕，足写尽怀；九贤不类而类，要其寄托忠义，以天地民物为心，其趣一也；观清狂合图，乃知其清也；禀乾坤之正，气其狂也；合孔氏之中行，仰止高山，洵非浅识所能及，子秋先生其永宝也。道光戊申冬朱昌颐并识。

第四篇跋文由汤贻汾题写。所题跋文：自古画家好绘名贤仙佛。阎立本图历代帝王，而后代有其人不可枚举，虽多以意揣，而面目必类其为人。不对，必审其时代，非漫为之也。清狂画笔精绝，向未得见。子秋先生寄示此卷，览生气奕奕，似此人必宜此状，见比自尔。然我之惜乎，过严其选。若如晚唤堂百二画传，吴下五百名贤则更使人玩索无穷，而垂圣后学之功愈多矣。道光中冬汤贻汾力疾书于白门吟改斋。

该画为明代著名画家郭诩和文徵明的合作之作，由郭诩画像，文徵明题记。

郭诩（1456—1532），明代画家，字仁弘，号清狂道人、清狂逸叟，泰和（今江西）人。少年时为博士弟子，应试不第后，专志于书画，擅山水、人物画。弘治年间，被召至京城皇家画院从事绘画职业，与吴伟、沈周、杜堇等齐名。有《漂母饭韩信图》《镜鉴图》《谢安游东山图》《郭诩杂画集》等传世。文徵明（1470—1559），明代书画家，初名壁，字徵明，更字徵仲，号衡山居士，长洲（今江苏苏州）人。工书善画，师法宋元，亦专法晋唐。行草笔法智永，大小楷学黄庭坚，隶书法钟繇，山水师沈周，为“明四家”之一，吴门画派的创始人。

《九贤图》所绘的九位贤人仅仅是中国古代知识分子中贤达的一部分，其实还有孔子、孟子、庄子和屈原等等。从这些人物中可以看出古代具有良知的知识分子所具有的特征：其一，保持人格独立。没有智者虚张声势、打躬作揖之陈腐，没有文人衣冠楚楚、道貌岸然之虚伪，生就一副傲骨，秉承先哲才气，鹤立鸡群，独往独行。其二，真实的自我。之所以独一无二，关键是真实，敢于直言。其三，强烈的使命感。不惜以其生命高扬理性，以其坚毅警示众生，因而使人望其项背终生敬仰。

中华文明史中知识分子修身以致良知的人文精神主要体现在重义轻利、群体至上、舍生取义、正道直行、自强不息等五个方面。今天西方人常常称知识分子为“社会的良心”，认为他们是人类的基本价值（如理性、自由、公平等）的维护者。知识分子一方面根据这些基本价值来批判社会上一切不合理的现象，另一方面则努力推动这些价值的充分实现。在知识分子身上，始终有两个“我”，即“小我”和“大我”。知识分子时刻在突破“小我”，走向“大我”，走向他们为之关心的世界。他们除了醉心于专业学术领域之外，同时还以一种类于宗教教徒的担当精神，心怀仁爱悲悯之心，关怀国计民生、黎民百姓。中国古代知识分子所形成的这种精神，也使古代文学领域形成了根深蒂固的“文以载道”的思想传统。

浅析河南三门峡出土的四枚唐宋厌胜钱

◎上官荣光

厌胜钱也称“压胜钱”（古代厌、压两字相通），因钱币多有图案花纹，民间俗称“花钱”。“厌胜”一词语出《汉书·王莽传下》：“是岁八月，莽亲之南郊，铸作威斗。威斗者，以五石铜为之，若北斗，长二尺五寸，欲以厌胜众兵。”[1]厌胜的原义应为“厌伏其人，咒诅取胜”[2]。厌胜钱最早出现于汉代，以后各时期都有铸造，深受人们喜爱，长盛不衰。它是古人精神文化的浓缩，记载了古人的民俗生活，其背后的宗教、文化、艺术价值远远大于钱币价值。

一、“开元通宝”狗生肖厌胜钱（图一）

钱币形制为圆形方孔，直径25毫米，厚1毫米，方孔宽7毫米，重3.5克，出土于2018三门峡黄河嘉园工地M250（唐墓）内。钱面隶书“开元通宝”四字，直读。钱背方孔上是一只睁目探首、竖耳翘尾、四肢有力的生肖狗形象，刻画得栩栩如生，狗的上方是以小圆圈刻画的北斗七星纹饰；方孔下饰三朵卷云纹；方孔右是一位手持笏板、头戴高冠、宽衣博带的神仙似的人物，在其右下是一个抬头拱手的童子；方孔左刻画了一个四足方桌，上置一伞状盖灯具。此钱是用流通的“开元通宝”钱加工制作，钱背外廓被磨平，人物、动物、纹饰均用极细的阴线刻出，做工较为细致，刻画的狗生动形象、机灵可爱，方孔右人物挺胸抬头、庄严肃穆，方桌和灯具仅用数笔就勾勒出来，展示了高超的刻画技巧。钱背有生肖狗，这是厌胜钱中的十二生肖钱题材，全套应有从鼠到猪十二枚[3]，此墓主应是狗年所生。钱背北斗星、神仙人物、生肖狗图案综合起来形象反映出当时社会朴素的北斗信仰和本命信仰。

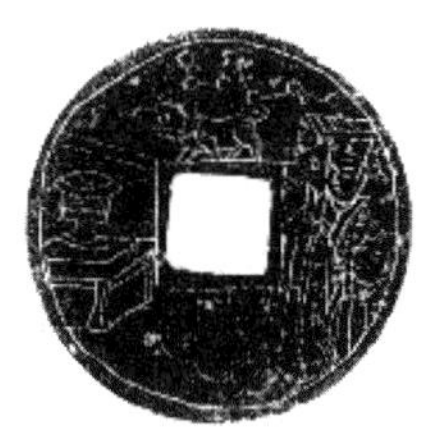

图一　唐“开元通宝”狗生肖厌胜钱

图二　唐“乾元重宝”狗生肖厌胜钱

二、唐“乾元重宝”狗生肖厌胜钱（图二）

钱币形制为圆形方孔，直径25毫米，厚1毫米，方孔宽7毫米，重3.5克，出土于2018三门峡黄河嘉园工地M250（唐墓）内。钱面隶书“乾元重宝”四字，直读。钱背外廓被磨平，由于滋生有害锈，纹饰大多不清晰，仅能隐约辨认出方孔上有一竖耳翘尾的狗形象；方孔下隐约看出有卷云纹；方孔右应是一位和“开元通宝”狗生肖厌胜钱近似的人物；方孔左已无法辨识。该钱与“开元通宝”狗生肖厌胜钱同出一墓，是用流通的“乾元重宝”钱加工制作，制作手法也和“开元通宝”狗生肖厌胜钱相同，均是将钱背外廓磨平，并用阴线刻画人物、动物和纹饰，应系一人之手创作。此钱钱背亦有生肖狗形象，故应该也是生肖题材压胜钱。

上述的两枚唐代压胜钱为同一墓主所有，其均为手工刻画图案，同为十二生肖题材，唐“乾元重宝”狗生肖厌胜钱虽锈蚀严重，图案模糊，但能推测出和“开元通宝”狗生肖厌胜钱背部所描述图案近似。北斗七星、神仙人物、生肖狗图案组成了古人北斗信仰和本命信仰的朴素愿景，在汉代古人就相信北斗星宿有压胜功能，能够压而胜之。《搜神记》有“南斗注生，北斗注死，凡人受胎，皆从南斗过北斗。所有祈求，皆向北斗”的记载，古人相信北斗星是人的本命所在，人死后要魂归北斗，而且人的福祸命运、生死吉凶都与北斗相关。道教和佛教都将十二地支生人与北斗星相配，进而产生与之相对的木命星，每个本命星均有星官掌管，土导人们一生的命运祸福。这两枚铜钱集中反映了唐代北斗和本命信仰，是研究唐朝宗教文化、社会民俗的宝贵实物例证。

图三　宋“本命星官”龙生肖厌胜钱拓片

图四　宋“斩鬼大将”厌胜钱拓片

三、宋“本命星官”龙生肖厌胜钱（图三）

钱币形制为圆形方孔，直径49毫米，方孔宽9毫米，厚3毫米，重35克，出土于2013三门峡紫薇天枢工地M44（宋墓）内。钱面方孔上是一个四周有卷云纹和丝带装饰的牌位，牌位书写“本命星官”四字；方孔下应是一尊玄武；方孔右是一位手持笏板、宽衣博带端坐在椅子上的星官；方孔左是一个身姿矫健、头朝香炉的生肖龙。钱背方孔上、下、左、右均为装饰有虎头纹的道家符录，神秘而肃穆，不可辨识。此钱上的人物、动物、文字均是铸造，形象细致精巧，钱面方孔左有生肖龙的图案，为十二生肖钱题材厌胜钱，和前面两枚钱币相同。宋代社会本命信仰极其流行，上至皇室下到百姓都笃信本命[4]。该钱上的本命星官被认为能够支配人的命运，道教和佛教认为人在本命年里会有灾厄，只有祈求神灵庇护禳解才能逢凶化吉[5]。

人们把十二生肖称为“十二元辰”或“本命元神”“本命星官”[6]，看作天上神仙，以期在本命年里能为人禳解灾祸、祛邪赐福。该钱钱面方孔右的人物就是星官。随葬这枚铜钱的墓主人应是龙年所生，每逢龙年即为其本命年，佩戴一枚“本命星官”厌胜钱，以求星官在本命年为其禳灾避祸。

四、宋“斩鬼大将”厌胜钱（图四）

钱币形制为圆形方孔，直径25毫米，方孔宽6毫米，厚1毫米，重4克，出土于1985三门峡刚玉厂M1–129（宋墓）内。钱面钱文楷书“斩鬼大将”四字旋读。“斩鬼大将”一词出自道教《驱鬼咒》:“上请五方五帝斩鬼大将军官十万人降下。”[7]钱背正中是一位头戴兜盔、身着铠甲、手执骨朵[8]、脚蹬战靴、威风凛凛的武将，此武将应是钱面所书的斩鬼大将了。此钱和北宋时期小平钱大小一致，“斩鬼大将”四字舒展大气，背部人物铸造精细。钱文中的“鬼”字少了第一撇，在古代很多碑刻和书法中“鬼”字都没有第一撇，古代道教符文中“鬼”字也没有第一撇，这么写一是因为书写章法的需要，另外也隐含了鬼不露头或少一撇不为鬼的寓意。而这枚铜钱的“鬼”字少一撇，应该是寓意斩鬼之头，和钱文“斩鬼大将”相呼应，同时也迎合人们灭鬼消灾的思想。钱背的武将甲胄齐全、威风凛凛，是震慑鬼怪的斩鬼大将，其装束和宋金时期武将相似[9]。古代鬼神迷信盛行，人们遇上不祥或不顺之事时往往会认为是鬼怪作祟，铸造“斩鬼大将”厌胜钱，寄托人们灭鬼消灾、祛除不祥的愿望。

宋代经济发达、人民富裕，压胜钱官方和民间都大量铸造，种类也增多，图案、文字内容日益丰富，种类、形式多种多样，整个发展进入兴盛期。宋“本命星官”厌胜钱反映出当时社会本命信仰，宋代皇帝至百姓大都笃信本命，根据史书记载，国家为帝后设本命斋醮或建本命殿。宋“斩鬼大将”是本命信仰的实物例证，满含人们祈求神灵禳灾祛邪、以保生活吉祥平安的美好愿望。

通过对四枚唐宋时期压胜钱的研究，可以看出它们的传承和发展。唐代的两枚厌胜钱均用流通中的钱币来制作，在其背部手工阴线刻画花纹图案。而到了宋代，厌胜钱已经是专门铸造，可见在宋代压胜钱已经是专业化、标准化、批量化生产，而且制作工艺上有所提升。唐代和宋代十二生肖题材压胜钱都反映出北斗信仰和本命信仰，明显是一种民俗文化的传承。在钱背图案刻画上，两者有异曲同工之妙，唐代的两枚钱币的神仙人物和宋“本命星官”龙生肖厌胜钱上的星官应是一类神仙，是凡人在本命年的守护神。本命信仰源于北斗信仰，本质实际是一种星命信仰[10]。本命信仰中，本命年被认为是一个人的再生之年，凡人在这一年里会充满各种凶险，有各种忌讳，需要利用神仙和物品来化解，才能消除灾厄，像宋“斩鬼大将”厌胜钱上的斩鬼大将就是寄托人们斩掉鬼怪、压制邪祟、消除灾厄的愿望。

以小见大，上述四枚小小的压胜钱折射出中国古代的民俗文化，涵盖了当时的社会背景、经济状况、宗教文化等方面内容。本文仅仅是对其浅析，而压胜钱中凝聚的中国传统文化更是博大精神，它们所蕴含的中国古代文辞艺术、绘画艺术、铸造工艺、民俗文化、宗教哲学思想等内容，还需要我们不断的理解和探索。

注释：

[1] 班固:《汉书》，团结出版社，1996年，第1001页。

[2] 余榴梁、徐渊、顾锦芳等:《中国花钱》，上海古籍出版社，1992年，第1页。

[3] 罗思:《本命星官厌胜钱》，《中国商报》2002年4月18日第2版。

[4] 刘长东:《本命信仰考》，《四川大学学报（哲学社会科学版）》2004年第1期。

[5] 赵梓凯:《由一枚金代本命星官花钱说开去》，《收藏》2015年第10期，第70页。

[6] 刘长东:《本命信仰考》，《四川大学学报（哲学社会科学版）》2004年第1期。

[7] 李维:《宋金时期的小平吉语花钱》，《收藏》2014年第1期，第64—65页。

[8] 陈永志:《骨朵形制及相关诸问题》，《内蒙古文物考古》1992年第Z1期，第55—62页。

[9] 邹西丹:《泸州宋代武士石刻》，《四川文物》2008年第2期。

[10] 刘长东:《本命信仰考》，《四川大学学报（哲学社会科学版）》2004年第1期。

河南三门峡上村佳苑唐墓 M53 发掘简报

◎三门峡市文物考古研究所

2016 年 3 月至 6 月，为配合河南省三门峡市湖滨区上村佳苑城中村改造项目，三门峡市文物考古研究所在项目施工区抢救性清理了一批唐宋至明清时期墓葬。发掘区的地理位置坐标为北纬 34°47′28"，东经 111°10′25"，海拔高度 385 米。其中编号为 M53 的墓葬，出土有彩绘陶俑等随葬器物 92 件。（图一）现将发掘情况简报如下。

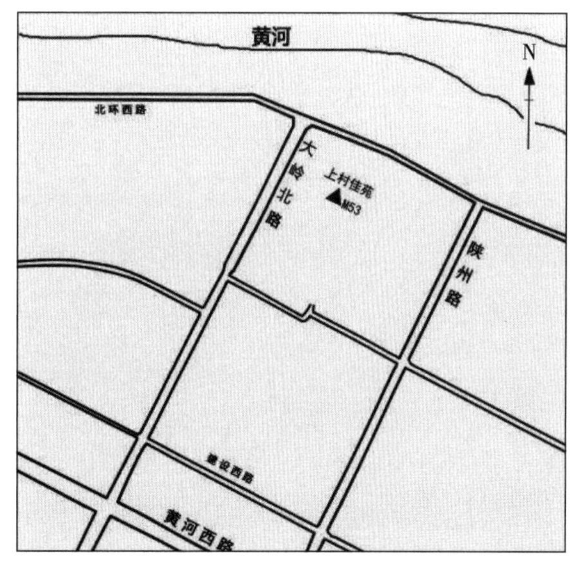

图一　M53 地理位置示意图

一、墓葬形制

M53 处于民房下，地表在清理建筑垃圾时已遭破坏，开口层位不详，为台阶式墓道横向土洞室墓，由台阶式墓道、甬道和横向墓室组成，坐北朝南，方向 193°，墓底距离现地表 5.4 米。（图二）

墓道　位于墓室南侧，平面呈南北向长方形。口部长 5.42 米，南宽 0.6 米，北宽 0.46 米，后端向下斜收。墓道内保留有 8 级台阶，宽 0.2~0.35 米，高 0.08~0.44 米，近墓门处呈斜坡状，距墓口深 5.04 米。填土为黄褐色五花土，土质稍软。

甬道　位于墓道和墓室之间，南北长 1.2 米，东西宽 0.7 米，高 1.76 米。墓门处以土坯封堵，底部三层平铺，三层以上顺放。土坯以破碎居多，完整者规格为 37 厘米 ×24 厘米 ×8 厘米。

墓室　东西向横室，拱顶土洞式，东西长 3 米，南北宽 2.1 米，顶高 2.34 米，室内淤土层厚 0.8 米。墓室后部发现木棺痕迹，长 2.1 米，宽 0.8~1.3 米，厚 0.06 米。棺内有人骨两具，骨架散乱，葬式及性别年龄无法判定，墓主头部有铁镜。随葬器物放置于墓室前端靠近墓门处向两侧排列，有陶俑、陶器、动物俑、镇墓兽、铁镜等。

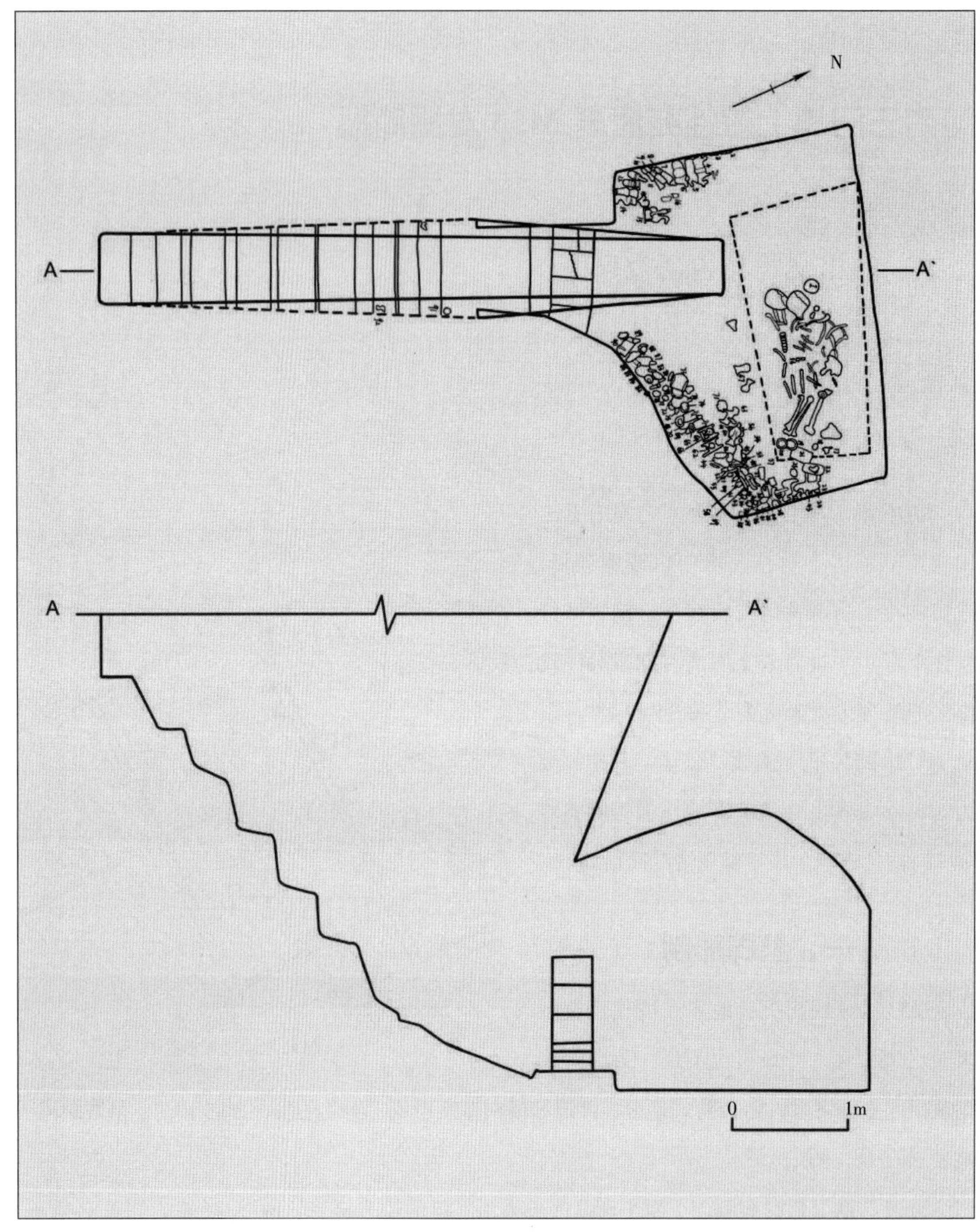

图二 M53平面、剖视图

1. 铁镜 2、3、79、92. 陶鸡 4、11、14、26、27、29、35、44、50、51、52、63、69、74、83. 骑马男俑 5、6、46、85、87. 陶卧马 7、25、36、82. 盔帽俑 8. 侏儒俑 9、10、13、24、31、49、65. 幞头俑 12、22、53. 陶立马 15、28、30、37、38、70、77. 骑马女俑 16、56、59、61、78、80、81、90. 陶马驹 17、39、47、48、54、55、58、66、67. 锥帽胡人俑 18. 陶纺轮 19、20. 陶盆 21. 陶方板 23、43. 陶骆驼 32、60. 进贤冠俑 33. 陶钵 34. 陶狮 40、75. 陶狗 41. 陶人面兽 42、86. 陶牛 45、57、84. 舞蹈女俑 62、64. 陶镇墓兽 68. 陶井 71. 陶罐 72. 陶碗 73. 陶车 76. 笼冠俑 88. 箕帽俑 89. 小冠俑 91. 陶磨盘

二、随葬器物

M53共出土随葬器物92件，包括陶俑、动物俑、陶器、铁镜等。陶俑、动物俑、陶器均为泥质红陶，多数陶俑及动物饰彩，并多为空心合模制作，个别为实心。

1. 陶俑　51件，包括盔帽俑、笼冠俑、进贤冠俑、小冠俑、箕帽俑、骑马男俑、骑马女俑、幞头俑、锥帽胡人俑、侏儒俑、舞蹈女俑。

盔帽俑　4件。可分3式。

Ⅰ式　1件。标本M53：7，模制，实心。面部、胡须及足部饰白彩，余饰红彩。头戴尖顶折沿盔帽，圆目高鼻，长髯呈倒三角形垂于胸前，双手合于胸前，背部有脊，足蹬尖头靴。高29.8厘米，宽10.3厘米。（图三，1；图六，1）

Ⅱ式　1件。标本M53：25，通体饰白彩，模制中空。头戴红色尖顶折沿盔帽，仰面朝天，鼻梁高耸，虬髯胡须，身穿宽袖长袍，双手合抱于胸前，似持仗而立，背部有脊，足穿尖头靴。高28.4厘米，宽15.4厘米。（图三，2；图六，2）

Ⅲ式　2件。形态基本相似，模制中空。头戴红色尖顶折沿盔帽，双眉高耸，鼻目外凸，目视前方，络腮胡须呈倒三角形。身着宽袖长袍，胸部肌肉发达饱满，左臂弯曲，握于上腹部，右手朝下，手心向后，作提物状，腰部饰有宽带，足穿尖头靴。标本M53：36，高34.4厘米，宽12.4厘米。（图三，3；图六，3）

笼冠俑　1件。标本M53：76，颈部以上饰白彩，以下饰红彩。头戴笼冠，身着宽袖长袍，面微上扬，眼睛圆睁，鼻目刻画线条僵硬，不甚协调，颌下长髯呈倒三角形下垂于近腹部，双手合抱于胸前，背部有脊，脚蹬尖头靴。高29.8厘米，宽9.7厘米。（图三，4；图版一，1）

进贤冠俑　2件。形制基本相同，通体饰白彩。头戴扇形进贤冠，目视前方，面部饱满圆润，阔耳短须，颈部修长，身着宽袖及地长袍，双手合抱于胸前，足踏圆头靴。标本M53：60，高34.6厘米，宽10.2厘米。（图三，5；图六，4）

小冠俑　1件。标本M53：89，通体饰白彩。头戴小冠，眉目低垂，神态祥和，身着窄袖长衣，左手置于胸前，右手低垂。高34.6厘米，宽12.4厘米。（图三，6；图六，5）

箕帽俑　1件。标本M53：88，通体饰白彩，模制中空。头戴箕形风帽，眉目高耸，鼻孔上扬，络腮胡须呈扇形，身穿宽袖长袍，双手合抱于胸前，足穿尖头靴。高31厘米，宽10.2厘米。（图三，7；图版一，2）

骑马男俑　15件。形制基本相同，彩饰颜色略有差异。头戴露脸风帽，帽护耳护颈，右侧面部烧制时压坏，左手放于胸前作持缰状，右手半举作扬鞭状。马长鬃短尾，背有鞍鞯，颔首直立于长方形底板上。标本M53：52，通高24.2厘米，长19.6厘米，宽7.9厘米。（图三，8；图六，6）

骑马女俑　7件。形态基本相同，服饰颜色稍有不同。头梳圆形高髻，脸型圆润，唇部涂有粉彩。身着圆口窄袖短坎肩，内着束腰长裙，足着尖头高底靴，双手并于腹部，端坐于马上。马昂首张嘴，头戴辔头，背有鞍鞯，尻部有孔，前肢直立，后肢稍屈立于长方形底板上。标本 M53：15，长 15 厘米，宽 9.6 厘米，通高 27 厘米。（图三，9；图六，7）

幞头俑　7 件。形制基本相同，男性，身施白彩，剥落严重。头戴幞头，目视前方，面部圆润，身着高领及地长袍，双手合抱于胸前，中间有小孔，应插有物品，腰间有束带。标本 M53：24，高 25.4 厘米，宽 9 厘米。（图三，10）

锥帽胡人俑　9 件。形制基本相同，头部饰白彩，下饰红彩。头戴圆形尖顶锥帽，梳高髻，

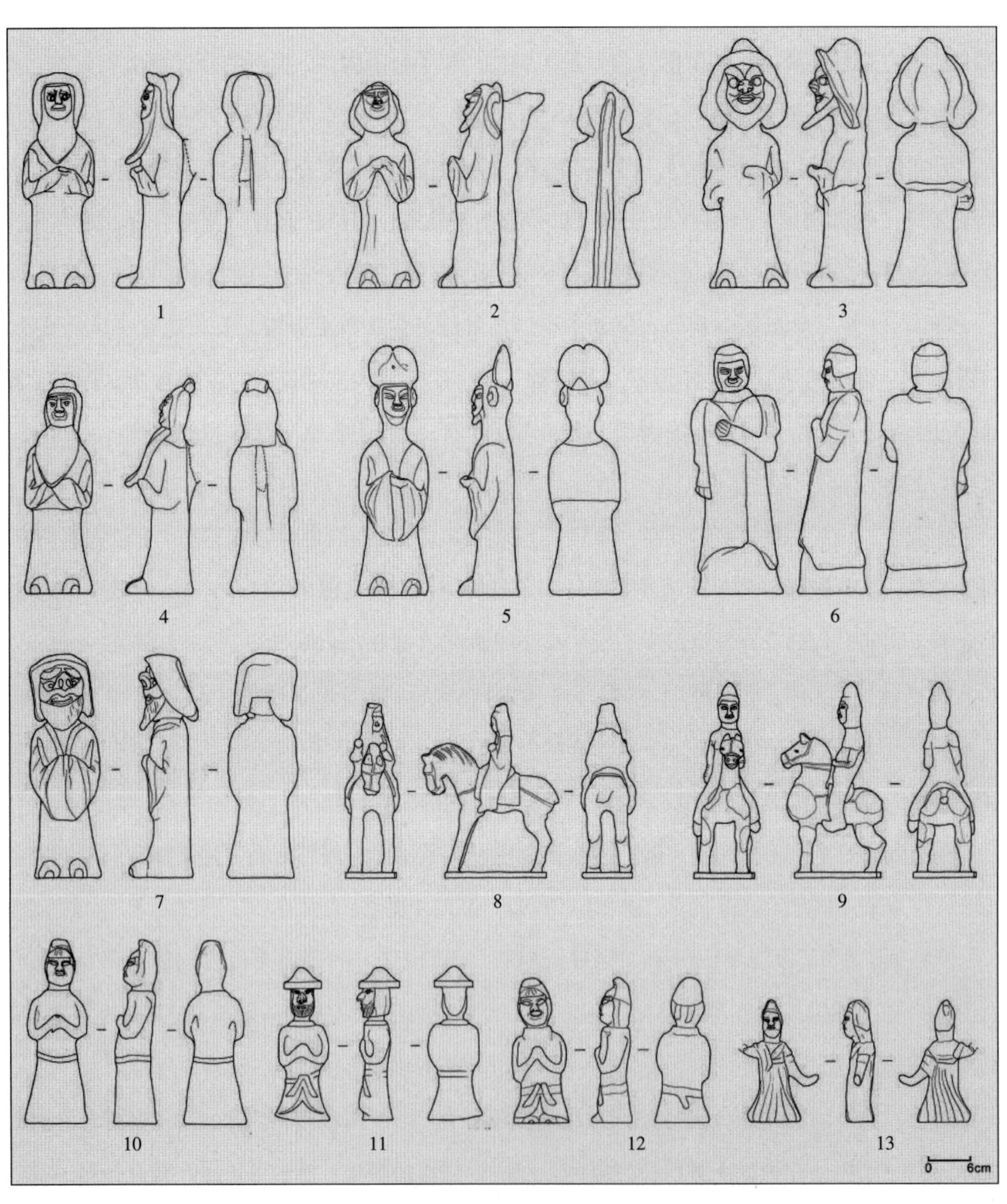

图三　M53 出土陶俑线图

1. Ⅰ式盔帽俑（M53：7）2. Ⅱ式盔帽俑（M53：25）3. Ⅲ式盔帽俑（M53：36）4. 笼冠俑（M53：76）5. 进贤冠俑（M53：60）6. 小冠俑（M53：89）7. 箕帽俑（M53：88）8. 骑马男俑（M53：52）9. 骑马女俑（M53：15）10. 幞头俑（M53：24）11. 锥帽胡人俑（M53：55）12. 侏儒俑（M53：8）13. 舞蹈女俑（M53：45）

圆目高鼻，络腮胡须。身着宽袖及地长袍，足部开叉，腰部束带呈八字形下垂，双手交叉握于胸前。标本 M53：55，高 21.2 厘米，宽 8.1 厘米。（图三，11；图版一，3）

侏儒俑　1 件。标本 M53：8，通身饰白彩，幞帽及腰带饰黑色。头戴黑色幞帽，帽后长带

图四　M53 出土动物俑线图

1. 镇墓兽（M53：64）　2. 骆驼（M53：23）　3. Ⅰ式立马（M53：12）　4. Ⅱ式立马（M53：22）　5. Ⅲ式立马（M53：53）　6. 人面兽（M53：41）　7. 狮（M53：34）　8. 狗（M53：75）　9. 鸡（M53：3）　10. 马驹（M53：61）　11. Ⅰ式卧马（M53：5）　12. Ⅱ式卧马（M53：6）　13. 牛（M53：86）

飘飘，头微右倾。身着高领长衫，下摆开叉，腰间黑色束带下垂，双手合拳揖于胸前，下肢短小，着尖头靴。高 20 厘米，宽 8 厘米。（图三，12；图六，8）

舞蹈女俑　3 件。形制基本相同，神态和发髻稍有差异。头戴黑色围巾，梳高髻，上着白色披肩，内着红色及地长裙，双臂挥舞作舞蹈状。标本 M53：45，高 16.8 厘米，宽 10.8 厘米。（图三，13；图六，9）

2. 动物俑　30 件，包括镇墓兽、人面兽、狮、马、骆驼、狗、鸡、牛等。

镇墓兽　2 件。形制基本相同，头部有尖独角，角顶后勾，面目狰狞，怒目圆睁，阔鼻大耳，八字须，颈下长舌外伸，肩竖两翼，背部有脊，前肢直立，后肢蹲踞于方板上。标本 M53：64，长 23.6 厘米，宽 13 厘米，高 31.4 厘米。（图四，1；图七，1）

骆驼　2 件。模制中空，形制基本相同，下肢以上饰红彩，下饰白彩。昂首曲颈，张嘴上扬，背有双峰，尻部有孔，立于长方形底板上。标本 M53：23，长 19.4 厘米，宽 10.4 厘米，高 26.2 厘米。（图四，2；图七，2）

马　16 件。以形态大小、站立姿态可分为马驹、立马、卧马。

马驹　8 件。形制基本相同，均呈卧状，模制中空，通体饰白彩。伸颈低首作觅食状，刻划四肢曲卧于地。标本 M53：61，长 14.4 厘米，高 6.3 厘米。（图四，10）

立马　3 件，可分Ⅲ式。

Ⅰ式　1 件。标本 M53：12，模制中空，通体饰红彩，鞍鞯饰白彩。直颈昂首，作嘶鸣状，两耳直立，颈下部分缺失，尻部有孔，背有鞍鞯，四肢粗壮立于底板上。长 15.6 厘米，宽 8.7 厘米，高 20.2 厘米。（图四，3；图七，3）

Ⅱ式　1 件。标本 M53：22，模制中空，马身饰红彩，鞍鞯饰白彩。抬颈昂首，双耳直立，健硕肥壮，与四肢比例不甚协调。背有鞍鞯，尻部有孔，四肢直立于底板上。长 24.8 厘米，宽 14 厘米，高 23.8 厘米。（图四，4；图七，4）

Ⅲ式　1 件。标本 M53：53，模制中空，通体饰白彩，马身及鞍鞯有黑色装饰。伸颈昂首，马鬃后仰，马体健壮肥硕，背有鞍鞯，尻部有孔，前肢微屈，立于底板上。长 24 厘米，宽 14.4 厘米，高 22.6 厘米。（图四，5；图七，5）

卧马　5 件，可分Ⅱ式。

Ⅰ式　4 件。形制基本相同，模制实心，通体饰白彩。剥落严重，马颈或背部有黑色圆点，昂首伸颈，耳上竖，四肢处内凹，马颈后部有一窄缝。标本 M53：5，长 24.6 厘米，宽 8.4 厘米，高 14.4 厘米。（图四，11；图七，6）

Ⅱ式　1 件。标本 M53：6，呈卧状，体内中空，通体饰白彩，马背及马鞍处饰有黑彩，马鬃及鼻眼处饰粉彩。伸颈昂首，背有鞍鞯，平卧于地。长 24 厘米，宽 9.6 厘米，高 15.4 厘米。（图四，12；图七，7）

人面兽　1 件。标本 M53：41，人面兽身，头戴幞帽，浓眉大眼，倒三角形长髯上扬，腰身瘦长，前肢直立，后肢蹲踞于长方形底板上。长 19 厘米，宽 11.5 厘米，高 20.3 厘米。（图四，6；图七，8）

狮　1 件。标本 M53：34，模制中空，通体饰白彩。火候较低，残损严重。面部残缺，背部有脊，四肢肌肉线条突出，前肢直立，后肢弯曲蹲踞于底板上。长 17.2 厘米，宽 13 厘米，高 18.2 厘米。（图四，7）

狗　2 件。形制基本相同，通体饰白彩。伸颈昂首，目视前方，口鼻微张，耳部下垂，前肢直立，后肢屈卧。标本 M53：75，长 12.4 厘米，宽 5.2 厘米，高 11.4 厘米。（图四，8；图七，9）

鸡　4 件。形制基本相同，通体饰白彩，呈站立状。以黑彩勾画出眼睛和尾羽，腹部刻画凹弦纹表示羽毛，高冠昂首，尾部下卷。标本 M53：3，长 12.9 厘米，高 9.3 厘米。（图四，9）

牛　2 件。形制基本相同，模制中空，通体饰白彩。抬头昂首，目视前方，头上有角，背部有凸状隆起，呈屈卧状，造型简约流畅。标本 M53：86，长 20 厘米，高 8.6 厘米。（图四，13）

3. 陶器物　10 件。包括碗、盆、罐、纺轮、钵、方板、井、磨盘、车等。

碗　1 件。标本 M53：72，敞口圆唇，斜腹内收，饼状底。口径 10.5 厘米，底径 5.7 厘米，高 4 厘米。（图五，1；图八，1）

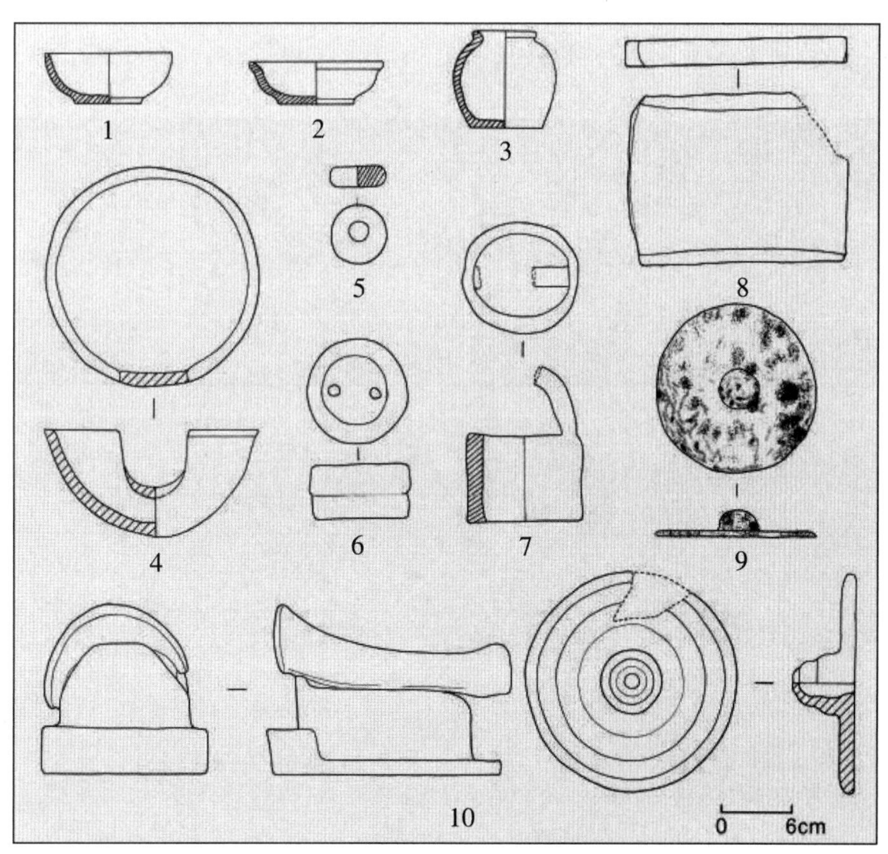

图五　M53 出土陶器和铁镜线图

1. 碗（M53：72）2. 盆（M53：20）3. 罐（M53：71）4. 钵（M53：33）5. 纺轮（M53：18）
6. 磨盘（M53：91）7. 井（M53：68）8. 方板（M53：21）9. 铁镜（M53：1）10. 车（M53：73）

图六　M53 出土人物俑

1. 盔帽俑（M53：7）2. 盔帽俑（M53：25）3. 盔帽俑（M53：36）4. 进贤冠俑（M53：60）5. 小冠俑（M53：89）6. 骑马男俑（M53：52）7. 骑马女俑（M53：15）8. 侏儒俑（M53：8）9. 舞蹈女俑（M53：45）

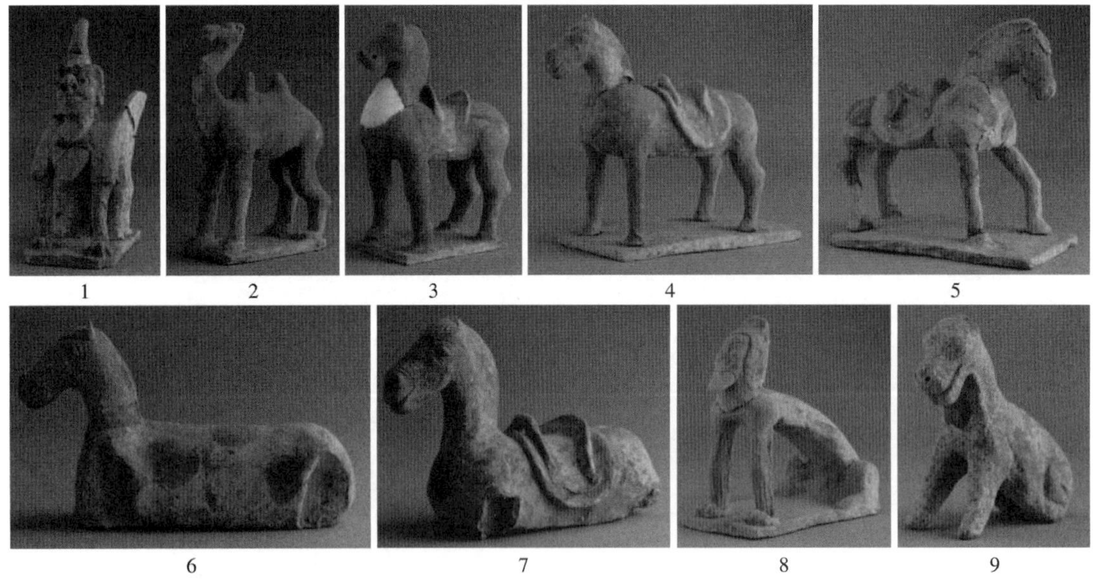

图七　M53 出土动物俑

1. 镇墓兽（M53：64）2. 骆驼（M53：23）3. 立马（M53：12）4. 立马（M53：22）5. 立马（M53：53）6. 卧马（M53：5）7. 卧马（M53：6）8. 人面兽（M53：41）9. 陶狗（M53：75）

盆　2 件。形制基本相同。侈口圆唇，颈微收，斜鼓腹，底部微收，平底。标本 M53：20，口径 11.2 厘米，底径 6.4 厘米，高 1.7 厘米。（图五，2；图八，2）

罐　1 件。标本 M53：71，侈口圆唇，圆肩，腹微鼓，平底。口径 5 厘米，腹径 8.4 厘米，

底径6.1厘米，高7.8厘米。（图五，3；图八，3）

钵　1件。标本M53∶33，外饰红彩。敞口方唇，弧腹，尖圆底，壁上部有一宽6厘米的缺口。口径17.7厘米，高8.6厘米。（图五，4；图八，4）

纺轮　1件。标本M53∶18，圆饼状，手制，中间有凹坑，平底。直径4.6厘米，厚1.6厘米。（图五，5）

磨盘　1套。标本M53∶91，圆形，上下两件叠套在一起，上盘中有两个对称圆孔。直径8.4厘米，高4.3厘米。（图五，6；图八，5）

井　1件。标本M53∶68，圆形井口，上附有半圆形井架。口径9.8厘米，残高12.4厘米。（图五，7；图八，6）

方板　1件。标本M53∶21，长方形，模制，残缺一角，不甚平整，断面略呈梯形。长18.2厘米，上宽11.2厘米，下宽13.1厘米，高1.8厘米。（图五，8；图八，7）

车　1件。标本M53∶73，车厢为篷式前后翘顶，前方有长方形驭手坐厢，车厢后部有门，附有双轮，轮毂外凸，轮面有凹槽。车厢长21.2厘米，宽13.8厘米，高13.6厘米，轮直径17.6厘米。（图五，10；图八，8）

4. 铁镜　1件。标本M53∶1，圆形，圆钮，锈蚀严重，无法辨别背部有无纹饰。直径13.6厘米，缘厚0.5厘米，重322克。（图五，9）

图八　M53出土陶器物

1. 碗（M53∶72）2. 盆（M53∶20）3. 罐（M53∶71）4. 钵（M53∶33）5. 磨盘（M53∶91）6. 井（M53∶68）7. 方板（M53∶21）8. 车（M53∶73）

三、结语

M53未出有明确墓志、铜钱等纪年遗物，但其墓葬形制、随葬器物都具有时代特征，可以为我们判断该墓葬的年代提供佐证。

该墓是由墓道和墓室组成的横室墓，墓道呈阶梯状，后端内收，墓室为横长方形土洞，且墓室偏向一侧，这些都是初唐时期墓葬形制的特征[1]。陶钵在口至下腹有一规则缺口，与1965年在三门峡市印染厂M130出土的陶钵相似[2]，镇墓兽为爪足，肩部有翼，下部为底板尚未形成台座，符合初唐时期镇墓兽的特征[3]。因此，我们推断该墓的下葬年代应该在初唐时期，具体不晚于670年。

该墓的随葬器物组合有陶罐、陶钵、人物俑、家禽家畜俑及镇墓兽等，不仅包含了生产生活用具，也有守护墓主的神兽，表明该墓主人具有一定的身份地位和相当的财富。特别是有些人物俑的造型、装饰、面部特征等比较独特，在以往的考古发掘中较少发现，这些也为我们进一步研究初唐时期的社会风貌、埋葬习俗、审美情趣等提供了实物资料。

发掘：郑立超

绘图：张雪娇

拍摄：王　羿　梁立俊

执笔：郑立超

注释：

[1] 徐殿魁:《洛阳地区隋唐墓的分期》,《考古学报》1989年第3期。

[2] 河南省文物考古研究院:《河南三门峡市印染厂130号唐墓清理简报》,《华夏考古》2016年第2期。

[3] 郝红星、刘小梅:《巩洛地区唐墓镇墓兽排序征例》,《华夏文明》2019年第8期。

1. 冠笼俑（M53：76）

2. 箕帽俑（M53：88）

3. 锥帽胡人俑（M53：55）

河南三门峡市上村佳苑唐墓 M53 发掘文物

河南灵宝唐李沟墓葬

◎高　鸣

M16

唐李沟墓葬区位于灵宝市涧口村南部高岗上，为配合灵宝市绕城高速的建设，2020 年 8 月起，三门峡市文物考古研究所对墓葬进行了抢救性考古发掘，发现战国晚期到西汉早期的秦人墓 21 座、东汉墓 4 座、明清近代墓 2 座。

M16、M3、M5 为战国晚期墓。M16 椁室底部整齐均匀地铺有一层鹅卵石，鹅卵石体积较大，推测有防潮防虫的作用，可能来源于该墓东部约 100 米处的古河沟。该墓未被盗扰，出土有陶器、铜器、铁器共 17 件。其中有一件刻有“王腾”二字的铜印章，一件精美的铜带钩，钩首似回望螭首，造型简洁、流畅。M3 出土有煤精发簪、铜器、陶器共 8 件。发簪质地坚硬，通体亮黑。M5 的椁室位于墓室最东侧，这种墓葬形制在三门峡地区秦人墓中比较少见。

M01为东汉墓葬，共出土器物24件。其中一面铜镜和一件铜镦保存较好，铜镜主区饰博局纹、四神纹、栉齿纹。铜镦銎内部还残留有木头，应为矛、戟、戈等兵器木柲腐朽后残留下的。

M16出土“王腾”铜印章

M16出土带钩　　M16出土带钩

M01出土铜镜

M01出土铜镦

M01

M16 椁室底部铺有鹅卵石的墓葬形制、M3 中出土的煤精发簪、M5 椁室位置在墓室最东侧的墓葬形制，这些在三门峡地区的秦人墓中都十分少见，为豫西地区秦人墓的研究提供了新资料。M01 出土的铜镦在三门峡地区的东汉墓中也比较少见，丰富了对三门峡地区东汉文化的认识。

河南三门峡市陕州区大营镇金代砖墓发掘简报

◎三门峡市文物考古研究所

2019 年 1 月至 3 月，为配合三门峡市陕州区大营镇棚户区改造安置点一期项目工程的建设施工，三门峡市文物考古研究所的考古发掘人员对该项目的占地范围进行考古勘探，对发现的 25 座墓葬进行抢救性发掘。墓葬位于河南省三门峡市陕州区大营镇吕家崖村，北部和西部紧邻 209 国道，M2 位于工地的西南侧（图一）。墓葬的形制极其特殊，并且墓葬保存的情况比较好，因此，笔者将 M2 的发掘情况整理为简报，其具体墓葬情况如下。

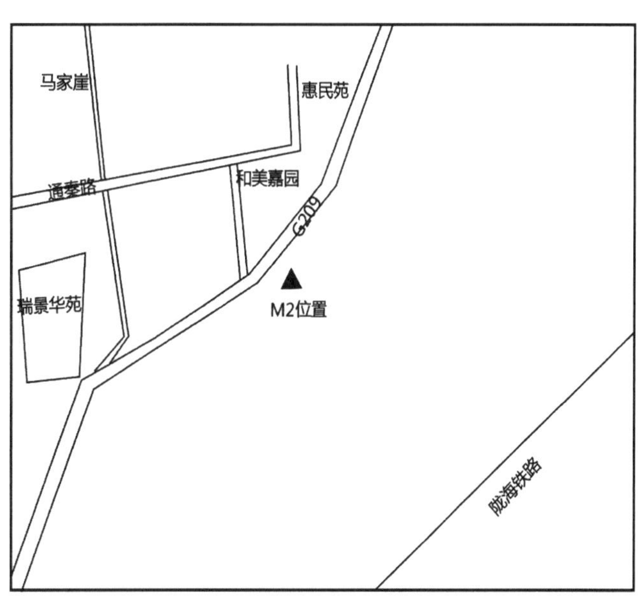

图一　M2 位置示意图

一、墓葬形制

M2 为竖井带阶梯墓道，单室砖室墓。由于地面经过机械平整，M2 的墓口现距地表 0.7 米。墓道位于墓室的南侧偏东，且墓道极其狭窄，因此整个墓的形状呈刀形。M2 从南至北由墓道、甬道、墓门、墓室四部分构成，墓的方向是 165 度。

墓道十分狭窄，初发掘时，笔者及其同事怀疑它为近现代沟渠，随着发掘的深入始判断可能为宋金时期的墓道。墓道位于墓室的南侧偏东方向，与墓室最东侧相接。墓道为长条形竖穴土坑，墓道内南侧带一台阶。墓道北部口小底大，两侧墓道壁斜直向下。墓道南部口底等宽，南部距墓底 1.6 米有长 1.13 米的缓坡台阶，坡度 30 度。墓道口长 3.36 米，宽 0.39~0.52 米，墓道底长 2.76 米，宽 0.56~0.68 米，底部平整。墓道内的填土较硬，土色为黄褐色的五花土。

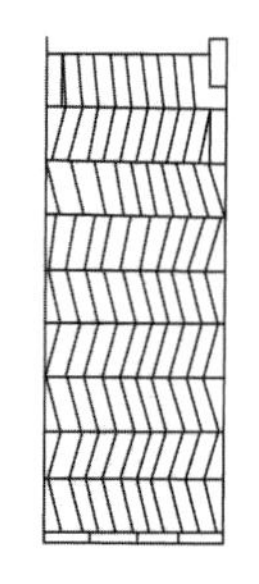
图二　封门砖图

图三　墓门图

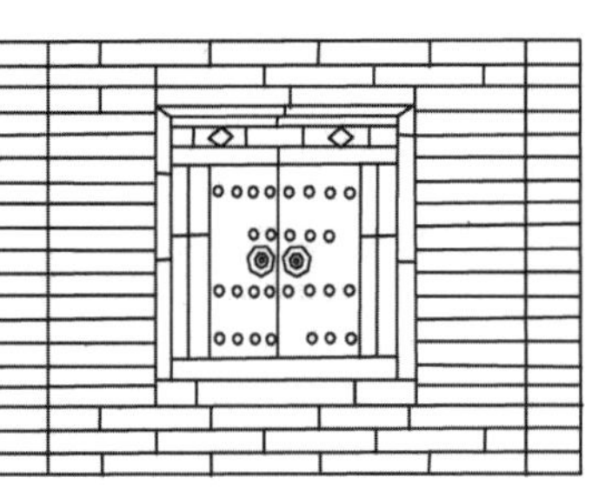
图四　墓室北壁线图

图五　墓室北壁

封门砖摆放较为齐整，宽 0.68 米，高 1.7 米，由 10 层砖垒砌而成，除第一层为平砖横铺垒砌而成外，其上 9 层皆为侧立砖斜向垒砌而成，每层有 9~10 块砖（图二）。

墓门开于东侧，墓门顶部呈拱形。墓门宽 0.42 米，进深 0.32 米，高 1.02 米。在墓门底部铺有 3 块砖，其中东西向横铺 2 块，南北向竖铺 1 块，墓门底部与墓室底部齐平（图三）。

墓室平面近方形，墓室顶部有大面积活土且不是盗洞，应为在大开挖的袋状方形竖穴土圹中以砖砌筑而成，顶部为四边形穹隆顶，北、东、西三边有两排砖角上下相连露出，构成锯齿状。在墓室四壁高于砖床 1.12 米处，内伸 0.03 米砌两层青砖形成腰线。墓室内部东西长 1.98 米，南北宽 1.4 米，夹道底至墓顶高 2.44 米，砖床高于夹道底部 0.36 米。夹道位于墓室的东南侧，与南部相连处为墓门，墓室底部的其余部分为砖床。夹道底部北窄南宽，北部宽 0.32 米，南部宽 0.52 米，长 1.46 米。夹道底东部横向平铺一列砖，西部顺向平铺一列砖，与墓门砖平齐相连。砖床以生土为基础，床面平铺一层砖。砖床除了夹道西部靠近墓室南壁和墓室北壁的砖为横向平铺以外，其余均为南北顺向通缝平铺。

墓室四壁共有 21 层砖，为第 7 层至第 27 层，为顺砖错缝平铺垒砌而成，高 1.6 米。墓室北壁的中部砌有一假门，由榑柱、门槛、上额、门扇等组成。假门高 0.78 米，宽 0.76 米。在假门的门额上雕刻两枚菱形门簪，门扇呈闭合状。门扇上下 4 排乳钉，门扇中部左右各有 1 件假铺首（图四；图五）。墓室东壁中部砌有一破子棂窗，宽 1.35 米，高 0.63 米。由直棂条、榑柱、上串、下串等组成，棂条为 13 根，断面呈三角形。三角形断面的尖端朝外，平的一面朝内（图六；图七）。西壁砖砌假窗，宽 0.88 米，高 0.53 米，假窗下部砖砌两把椅子，一张桌子，假窗顶部砌成房顶状（图八）。

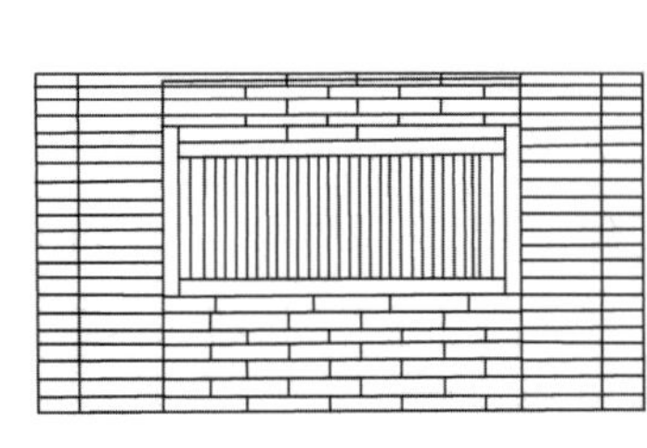
图六　墓室东壁线图

图七　墓室东壁

图八　墓室西壁

墓顶四壁第 1~5 层为横砖错缝平铺垒砌而成，6~11 层为斜侧立砖错缝垒砌而成，墓顶上部为侧立砖垒砌而成。砖券顶高 0.74 米，墓顶底部南北长 2.08 米，东西宽 1.48 米。顶部南北长 1.16 米，东西宽 0.6 米，整体构成四边形的穹隆顶（图九、图一〇）。

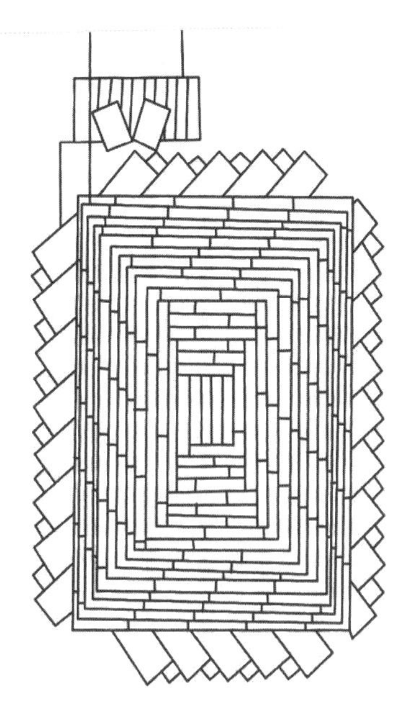

图九　墓室顶线图

图一〇　墓室顶

此墓墓室中有两个人头骨，因此可判定为双人合葬墓，人骨散乱地分置于砖床上，保存状况糟糕，性别、年龄均不详，未发现葬具。

二、出土器物

此墓出土器物共计 6 件，分别为灰陶罐 5 件、白瓷盏 1 件。

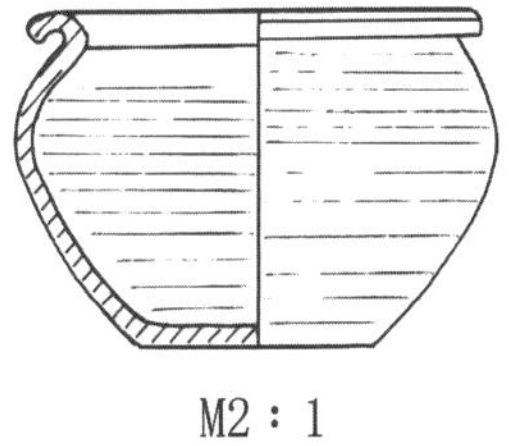

图一一　陶罐 M2：1 线图

图一二　陶罐 M2：1

陶罐 5 件，出土于夹道西部的棺床上。泥质灰陶，个体均较小。M2：1 敛口，卷沿外翻，圆唇，鼓腹，平底，轮制，外壁有横向的旋抹痕。口径 15.2 厘米，腹径 16 厘米，底径 8 厘米，高 10 厘米（图一一；图一二）。M2：2 敛口，卷沿外翻，尖唇，鼓腹，平底，轮制，外壁有横向的旋抹痕。口径 16 厘米，腹径 18.6 厘米，底径 10 厘米，高 12.6 厘米（图一三；图一四）。M2：3 敛口，出沿，圆唇，鼓腹，平底，轮制，外壁有横向的旋抹痕。口径 16 厘米，腹径 18 厘米，底径 8.8 厘米，高 11.3 厘米（图一五；图一六）。M2：4 敛口，卷沿外翻，圆唇，鼓腹，平底，轮制，外壁有横向的旋抹痕。口径 14.8 厘米，腹径 18 厘米，底径 9.2 厘米，高 11.4 厘米（图一七；图一八）。M2：5 敛口，卷沿外翻，圆唇，鼓腹，平底，轮制，内底有同心圆纹痕，外壁有横向的旋抹痕。口径 18.4 厘米，腹径 17.8 厘米，底径 11 厘米，高 10.2 厘米（图一九；图二〇）。

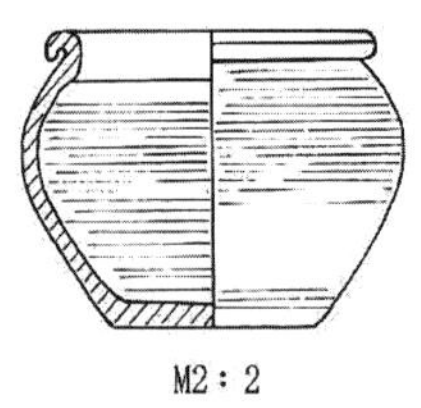

图一三　陶罐 M2：2 线图

图一四　陶罐 M2：2

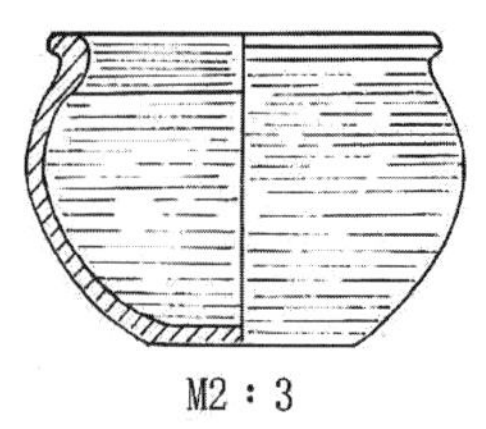

图一五　陶罐 M2：3 线图

图一六　陶罐 M2：3

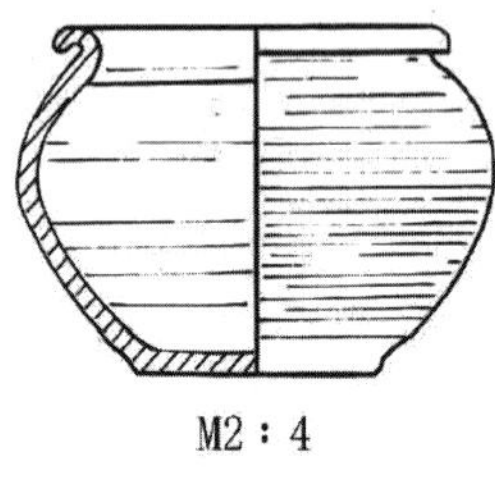

图一七　陶罐 M2：4 线图

图一八　陶罐 M2：4

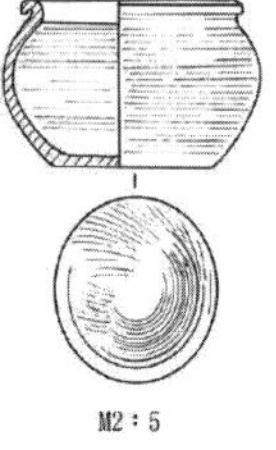

图一九　陶罐 M2：5 线图

图二〇　陶罐 M2：5

瓷盏 1 件（M2：6），出土于墓室北壁下。敞口，尖圆唇，斜腹，底部平整，圈足，底部式样为挖足过肩。腹下部及圈足露出的胎泛红。器表施白色釉，腹内底部有涩圈，外壁施釉不及圈足。口径 10.6 厘米，足径 4.8 厘米，高 4 厘米（图二一；图二二）。

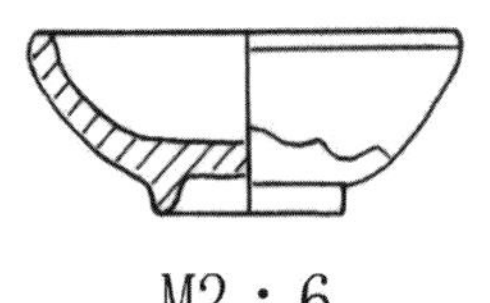

图二一　瓷盏 M2：6 线图

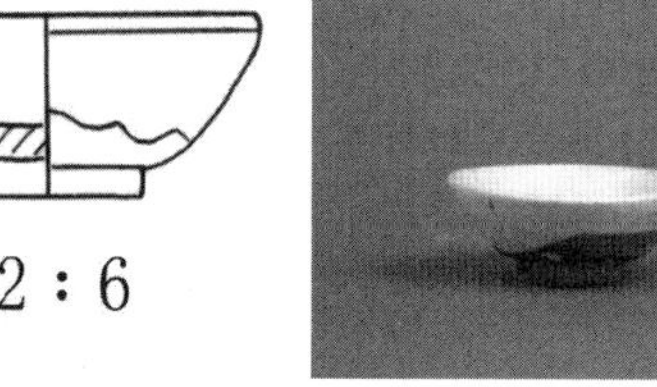

图二二　瓷盏 M2：6

三、结语

本次发掘的 M2 虽然没有明确的纪年资料出土，但墓室为平面呈方形的仿木结构单室砖室墓，加上狭窄的墓道形制，这些常见于宋金时期的墓葬。墓葬中随葬的白瓷盏内底有涩圈，并且其外壁施釉不及圈足的做法，属于典型的金代特征。随葬陶罐和瓷盏的组合形式见于河南三门峡市化工厂金代墓葬[1]、天马—曲村遗址金代墓葬[2]、长治金大定二十九年纪念墓[3]等金代中叶以后的墓葬中；以上墓葬中也出土有陶罐与瓷盏的组合，与 M2 所出陶罐、瓷盏器形基本相同的器物也见于以上墓葬。由此推断，M2 的年代大体为金代晚期。对陕州区大营镇金墓的发掘，丰富了豫西地区金代砖室墓的发掘资料，为本地区金墓的研究提供了新材料。

发掘：高　鸣

执笔：高　鸣

绘图：高　鸣

摄影：高　鸣

注释：

[1] 三门峡市文物考古研究所:《河南三门峡市化工厂两座金代砖雕墓发掘简报》,《中原文物》2015 年第 4 期，第 10—14、2 页。

[2] 北京大学考古系商周组、山西省考古研究所:《天马-曲村（1980—1989）》，科学出版社，2000 年。

[3] 王进先:《山西长治市故漳金代纪年墓》,《考古》1984 年第 8 期，第 737—743、775—776 页。

河南义马锦铺佳园金代砖雕墓发掘简报

◎河南省文物考古研究院　◎三门峡市文物考古研究所
◎义马市文物保护管理所

锦铺佳园金代砖雕墓，位于义马市银杏路与嵩山路交叉口西100米处（图一），系2015年12月，锦铺佳园小区（二十里铺社区）施工机械在挖掘化粪池时，挖到了墓室券顶砖，发现了该墓，由于机械施工和碾压，致墓室西部坍塌，墓葬被破坏。三门峡市文物考古研究所接到义马市文物保护管理所通知后，立即对该墓（编号为M1）进行了抢救性考古发掘，现将发掘情况简报如下。

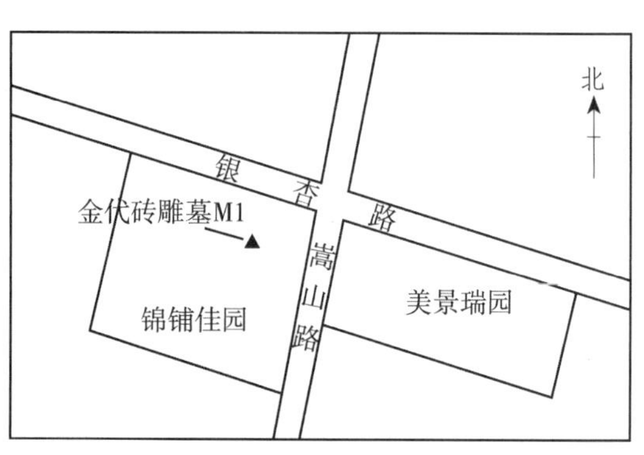

图一　M1位置示意图

一、墓葬形制

砖雕墓M1坐南朝北，方向0°，由墓道、甬道和墓室三部分组成（图二；图三；图四）。

墓道　位于甬道北端，为带台阶的竖井式，道北端被压楼基下，由于施工机械取土，向现地表下挖掘2.5米，故道口距现地表深2.5米，其具体开口层位已不可知；道口现长2.97、宽0.40~0.70米；道底与道口基本同宽，距现墓口深3.11米。道内现残留4个台阶，加工粗糙，长宽高低不一。道壁加工较为规整，道内填红褐色花土，颗粒较大，质地松散。

甬道　位于墓道和墓室之间，进深0.92、宽0.62、高1.25米。在距北端0.5米处，甬道两侧以条砖错缝叠砌起直壁，共23排，直壁以上，以3排切角条砖斜收至顶部。

墓门　在甬道中部，高1.25、宽0.62米，由侧立条砖呈人字形叠置封堵，共9排，侧立条砖与门顶间空隙以条砖封填（图五；图六）。

墓室　位于甬道南端，由于机械施工碾压，室顶西部和西壁上半部坍塌。室为简化仿木建筑的砖砌单室，室底平面呈近长方形，东西长2.28米，南北宽1.65米。底部贴四壁朝墓门方

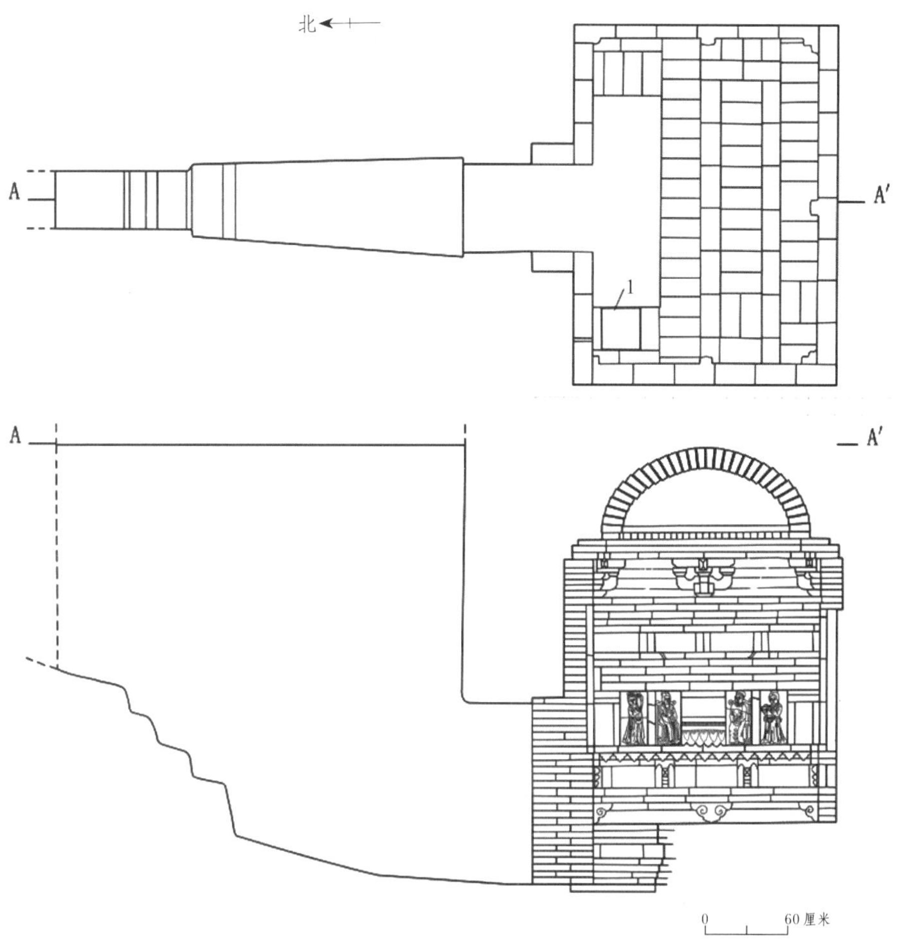

图二　M1平、剖面图
1. 买地券

向砌出“凹”形棺床，床砌为须弥座，高0.42米，床面以纵横相间的条砖平铺。四壁自棺床向上约1.58米处砖砌出一排仿木普柏枋，枋略向外凸；枋上砖砌仿木斗拱，墓室四角各一组斗拱（图七），南、北壁中部各两组，东壁中部一组（图八）；斗拱上平砌两排条砖和一层锯齿砖，以上渐收成穹窿顶，顶距室底高2.92米。

墓室南壁　为墓室正壁，壁中部装饰主题砖雕，可分为三部分，中间是竹鹤图案，左右两侧对称装饰砖雕仿木格子窗和荷花、牡丹花卉图案，在格子窗和花卉之间装饰砖雕花草图案；主题砖雕之下砌一排砖雕滴水，滴水之下装饰三幅砖雕花卉，砖雕花卉之下平砌三排砖后饰祥云纹砖雕，祥云以下为棺床；主题砖雕之上错缝叠砌3排条砖，条砖

图三　M1全景图

图四　M1 墓室俯视图

图五　M1 墓门正视图

图六　M1 墓门

图七　M1 室角斗拱

图八　M1 斗拱

图九 M1 南壁正视图

图一〇 M1 南壁

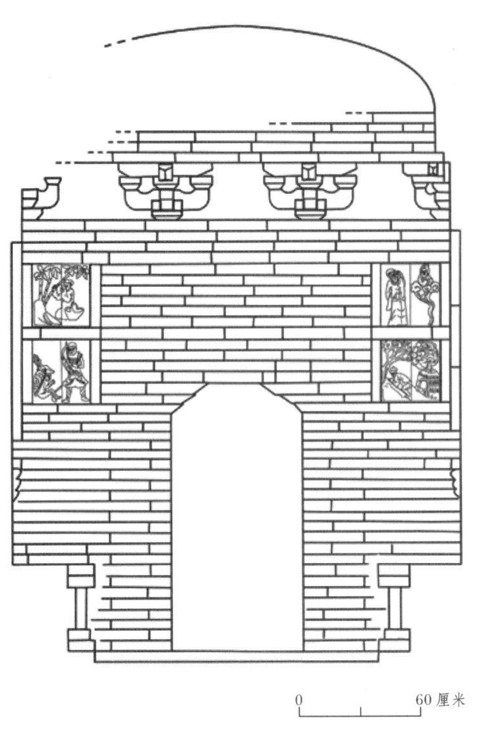

图一一　M1 北壁正视图

图一三　M1 东壁正视图

图一二　M1 北壁全景图

图一四　M1 东壁

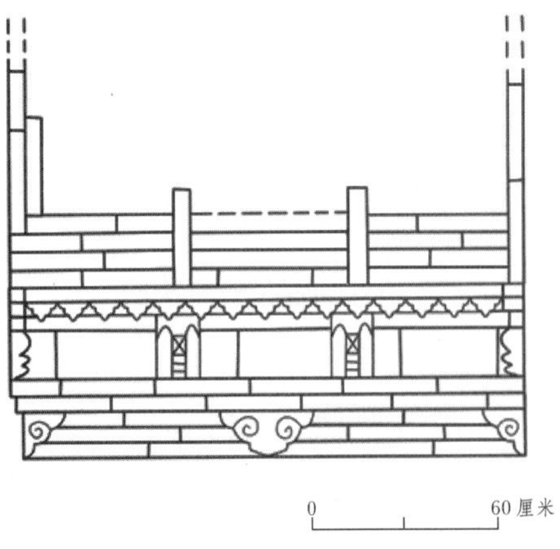

图一五　M1 西壁正视图

图一六　M1 西壁

之上为仿木斗拱，斗拱之上错缝叠砌条砖渐收至墓顶（图九；图一〇）。

北壁　中间为墓门，自室底以条砖错缝叠砌，至 1.18 米处两侧贴壁各装饰两幅孝子故事砖雕，砖雕以上错缝叠砌四排条砖后装饰斗拱，斗拱之上错缝叠砌条砖渐收至墓顶（图一一；图一二）。

东壁　主题为“夫妻对坐”砖雕，夫妻两侧各饰一侍女砖雕，夫妻中间饰桌子砖雕，桌子上阴线刻出桌布纹饰，主题砖雕下砌一排砖雕滴水，滴水之下与南壁砌法相同；主题砖雕之上错缝叠砌 11 排条砖，条砖之上与南壁砌法相同（图一三；图一四）。

西壁　被机械破坏，仅残留下部，在整理坍塌的乱砖后，没发现砖雕，较为遗憾。推测西壁结构应该和东壁一致（图一五；图一六）。

葬式及葬具　人骨已腐朽成灰，葬具亦腐朽，在棺床上发现大量铁钉，应是钉葬具所用。

二、随葬器物

该墓共出土器物 2 件，为买地券和白釉瓷碗。

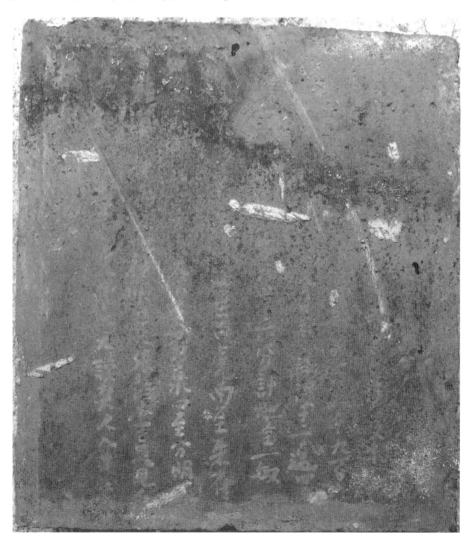

图一七　M1：1 买地券砖

买地券，1件，标本M1：1，砖质，呈方形，正面磨光，朱砂书写，边长34厘米（图一七）。券文大多模糊不清，可辨别共10列，现将可识读部分附录如下：

二十三日，今有大金国□南/……池县中初□□利□/……钱九万九千九百九/……父后土社礼十二边，买/……二十六岁六分计地全一亩/……西至白虎南至朱雀/……下至黄泉，四至分明/……天地神明。保人张隆、李□，见人/……天，读契人入□□/……急如律令（/表示转列）

白釉瓷碗，1件，残破，在整理西壁乱砖时发现；标本M1：2，敞口，圆唇，腹部略弧，矮圈足，碗内外均施白釉，口径12.2、底径5.4、高4.7厘米（图一八；图一九）。

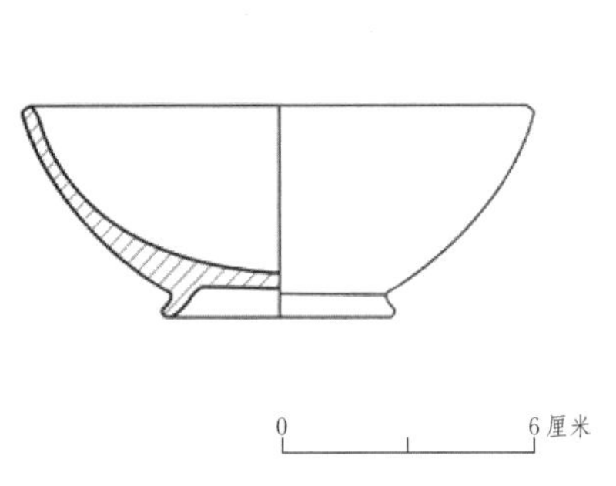

图一八　M1：2 白釉瓷碗线图

图一九　M1：2 白釉瓷碗

三、砖雕

共发现砖雕27幅（块），制作方法相同，均是在砖坯胎上模印图案后烧制成形。根据砖雕内容，可分为五类：竹鹤图类、仿木格子窗类、花卉类、孝子故事类、夫妻对坐类。现分述于后。

1. 竹鹤图类

共1幅，位于南壁中央，M1：砖1，由2块砖雕上下拼合而成，下部砖雕中间刻一假山石，假山两侧各有一瑞鹤，左侧瑞鹤曲颈仰喙，右爪撑地，左爪抬起，生动传神；右侧瑞鹤亦曲颈仰喙，双爪并立，栩栩如生。上部砖雕刻三棵枝叶繁茂的竹子，一只瑞鹤右爪触一竹，左爪站于假山上，惟妙惟肖。三只瑞鹤均以阴线刻画出丰满的羽毛。

图二〇　M1：砖1 竹鹤图线图

图二一　M1：砖1 竹鹤图

通高 64、宽 31.5 厘米（图二〇；图二一）。这幅砖雕里竹子挺拔中空，寓意谦虚正直，瑞鹤是吉祥长寿的象征，这一组合意在表达墓主超凡脱俗、淡泊高洁的情操。

2. 仿木格子窗类

共 4 块，位于南壁竹鹤图的两侧，对称装饰，尺寸一致，长 31、宽 26.5 厘米。

靠近竹鹤图的 2 块，砖上刻满仿木正六边形木棂，木棂内刻六角花纹。标本 M1：砖 2（图二二；图二三）；标本 M1：砖 3（图二四；图二五）。外侧的 2 块，砖上刻满交叉的仿木正八边形木棂，八边形内刻出小正方形木棂。标本 M1：砖 4（图二六；图二七）；标本 M1：砖 5（图二八；图二九）。

图二二　M1：砖 2　仿木格子窗线图

图二三　M1：砖 2　仿木格子窗

图二四　M1：砖 3　仿木格子窗线图

图二五　M1：砖 3　仿木格子窗

3. 花卉类

共 13 幅（块），均位于南壁，包括牡丹、荷花及花草。这些砖雕花姿各异、争艳盛开，线条流畅，雕刻精细，分为 31 厘米 ×26.5 厘米、45 厘米 ×14.5 厘米、26.5 厘米 ×5 厘米三种尺寸。

图二六　M1：砖 4 仿木格子窗线图

图二七　M1：砖 4 仿木格子窗

图二八　M1：砖 5 仿木格子窗线图

图二九　M1：砖 5 仿木格子窗

图三〇　M1：砖 6 牡丹花卉线图

图三一　M1：砖 6 牡丹花卉

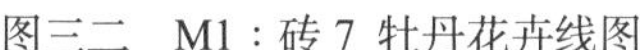

图三二　M1：砖 7 牡丹花卉线图

图三三　M1：砖 7 牡丹花卉

图三四　M1：砖 8 牡丹花卉线图

图三五　M1：砖 8 牡丹花卉

其中牡丹花卉 4 幅（块）。标本 M1：砖 6（图三〇；图三一）；标本 M1：砖 7（图三二；图三三）；标本 M1：砖 8（图三四；图三五）；标本 M1：砖 9（图三六；图三七）。

荷花砖雕 3 幅（块），标本 M1：砖 10（图三八；图三九）；标本 M1：砖 11（图四〇；图四一）；标本 M1：砖 12，砖上铺满荷叶和荷花（图四二；图四三）。

图三六　M1：砖 9 牡丹花卉线图

图三七　M1：砖 9 牡丹花卉

图三八　M1：砖 10 荷花花卉线图

图三九　M1：砖 10 荷花花卉

花草砖雕 6 块，内容、大小均相同，砖上刻一花草形象。仅展示一块，标本 M1：砖 13（图四四；图四五）。

4. 孝子故事类

共 4 幅，每幅均由 2 块长 30、宽 14.5 厘米的砖雕左右拼合而成，均位于北壁。

图四〇　M1：砖 11 荷花花卉线图

图四一　M1：砖 11 荷花花卉

图四二　M1：砖 12 荷花花卉线图

图四三　M1：砖 12 荷花花卉

图四四　M1：砖 13 绕枝花草线图

图四五　M1：砖 13 绕枝花草

图四六　M1：砖 14 孟宗哭竹生笋线图

图四七　M1：砖 14 孟宗哭竹生笋

图四八　M1：砖 15 郯子鹿乳奉亲线图

图四九　M1：砖 15 郯子鹿乳奉亲

孟宗哭竹生笋　共 1 幅，M1：砖 14，左侧砖雕刻三棵枝叶繁盛的竹子长于石上；右侧砖雕刻一男子头戴软帽，身着长衫，跪在地上，右手扳竹，左手掩面痛哭，男子身旁地上置一篮子（图四六；图四七）。

郯子鹿乳奉亲　共 1 幅,M1：砖 15，左侧砖雕刻一男子身披鹿皮，坐于地上，右腿似中箭；

右侧砖雕刻一男子头戴圆帽，上着铠甲，腰间束带，下着短裙，右手执弓，左手拿箭（图四八；图四九）。

董永卖身葬父　共1幅，M1：砖16，左侧砖雕刻一男子头戴软帽，身着圆领长衫，腰间束带，左手挡在额头前，抬头向上张望；右侧砖雕刻一女子头梳束髻，双手抄于袖内，其身下刻一祥云图案（图五〇；图五一）。

王裒闻雷泣墓　共1幅，M1：砖17，左侧砖雕刻一男子戴软帽，着短衣，跪趴在一棵枯树前的坡地上哭泣；右侧砖雕刻一刹顶圆形建筑，似坟墓，墓门敞开，墓上刻一团云，云内似包裹一人（图五二；图五三）。

图五〇　M1：砖16 董永卖身葬父线图

图五一　M1：砖16 董永卖身

图五二　M1：砖17 王裒闻雷泣墓线图

图五三　M1：砖17 王裒闻雷泣墓

5.“夫妻对坐”类

由4块人物砖雕和1块桌子砖雕构成，位于东壁。人物砖雕尺寸一致，均长40、宽19.5厘米。桌子砖雕长32、高20厘米。

老翁　共1块，M1：砖18，残断，东壁左起第3块砖雕；刻一老翁端坐于太师椅上，头戴圆顶软帽，留有山羊胡，面目和善，身着圆领长袖袍，双手抄于衣袖内，以阴线刻画出衣褶（图五四；图五五）

图五四　M1：砖18 老翁线图　图五五　M1：砖18 老翁

老妪　共1块，M1：砖19，残断，东壁左起第2块砖雕；刻一老妪端坐于太师椅上，头梳束髻，慈眉善目，神色端庄，身着V领长袖袍，双手抄于衣袖内，以阴线刻画出衣褶（图五六；图五七）。

桌子砖雕下端呈波浪线，中部阴刻五朵花纹图案。老翁和老妪隔桌子相对端坐，构成了“夫妻对坐”图案。

持瓶侍女　共1块，M1：砖20，残断，东壁左起第一块砖雕；刻一侍女呈站立状，头梳束髻，头微右倾，面部圆润，着V领长裙，腰间束带，带下垂菱形配饰，右手拖瓶底左手捉瓶颈，以阴线刻画出衣褶（图五八；图五九）。

图五六　M1：砖19 老妪线图　图五七　M1：砖19 老妪

捧盘侍女　共1块，M1：砖21，基本完整，东壁左起第四块砖雕；刻一侍女呈站立状，头梳束髻，神情谦逊，着V领长裙，腰间束带，带间挽花，带下垂菱形配饰，双手捧盘，以阴线刻画出衣褶（图六〇；图六一）。

图五八　M1：砖20 持瓶侍女线图

图五九　M1：砖20 持瓶侍女

图六〇　M1：砖21 捧盘侍女线图

图六一　M1：砖21 捧盘侍女

四、结语

这座仿木砖雕墓出土的买地券，根据其可识读券文“今有大金国”，可知时代为金代。墓葬形制与义马狂口村金代砖雕壁画墓[1]、义马金代砖雕墓[2]一致，均为带有“凹”字形棺床的方形墓室，斗拱、滴水造型也与两墓基本一致，义马狂口村金代砖雕壁画墓，根据墓志为公元1209年。出土的白釉瓷碗（M1：2）与义马金代砖雕墓的瓷碗（M156：2）基本相同。出土人物类砖雕、仿木格子窗与义马狂口村金代砖雕壁画墓内彩绘夫妻对坐、侍女、格子门砖雕造型基本相同。综合以上，该砖雕墓当在金代晚期。

仿木砖雕墓在宋金时期较为流行，其结构较复杂，展现了当时高超的建筑水平，墓主一般是家庭较为富裕的地主阶层。该墓南壁主题砖雕竹鹤图，在三门峡地区属首次发现，其蕴含了谦虚高洁、吉祥长寿、超凡脱俗等美好寓意，也为研究竹鹤图的发展提供了实物材料。东壁“夫妻对坐”砖雕是宋金时期较为常见的图像题材，由“一桌二椅”演化而来，也是“开芳宴”的一种简化形式，砖雕的“夫妻”表情安详，神态自若，一片祥和安乐气氛，也表示这是一座夫妻合葬墓。北壁的四幅孝子故事砖雕表示墓主人儿女恪尽孝道，这是中国古代孝行文化的见证，孝子故事砖雕在同时期的河南、山西、山东、河北等地也大量发现，“孝”是当时国家和社会的道德核心。砖雕花卉形态各异，争奇斗艳，体现了匠人精湛的手法。该墓的发掘为研究金代建筑技法、砖雕艺术、孝子文化等提供了宝贵材料。

附记：执行领队：赵小灿。工地负责：高鹏。参与发掘：三门峡市文物考古研究所赵小灿、上官荣光，义马市文物保护管理所高鹏、张欲晓、王战东等。修复、绘图、摄影：上官荣光、赵小灿。

执笔：上官荣光

注释：

［1］三门峡市文物考古研究所:《河南义马狂口村金代壁画墓发掘简报》,《文物》2017年第6期。

［2］三门峡市文物工作队、义马市文物管理委员会:《义马市金代砖雕墓发掘简报》,《华夏考古》1993年第4期。

三门峡唐代张归香墓发掘简报

◎河南省文物考古研究院　◎三门峡市文物考古研究所

2021年4月至5月，为配合三门峡市黄河新城项目工程建设，受河南省文物考古研究院委派，三门峡市文物考古研究所对位于三门峡市大岭路北段东侧的一批唐代墓葬进行了发掘清理。其中M61是这次发掘面积较大、保存完整且随葬品较多的一座墓葬，并出土石墓志1合。（图一）现将墓葬发掘情况简报如下。

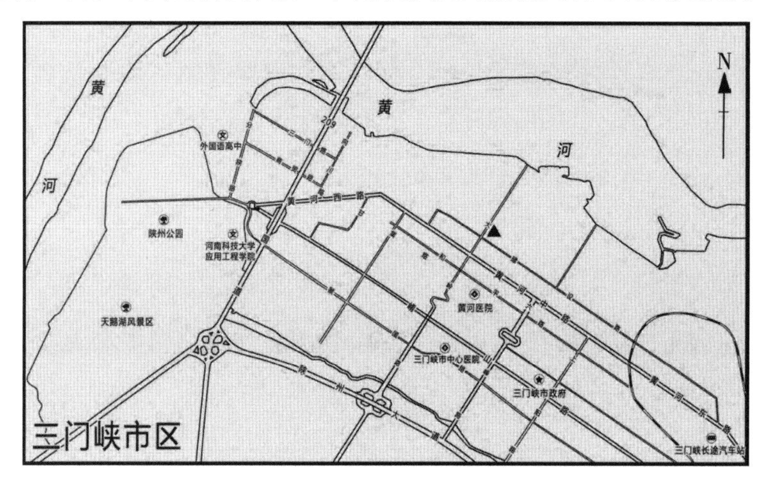

图一　M61位置示意图

一、墓葬形制

该墓是一座坐北朝南的土洞室墓，由墓道、天井、甬道和墓室等四部分组成，方向190°。墓葬总长9.52米，总深4.5米。（图二）

因基建施工将地表挖掉约2.0米，故原墓口已被破坏，现存墓道口部平面呈倒梯形，长2.5米，宽0.84~0.88米。墓道南壁陡直，东、西两壁斜直略外张，底部呈斜坡状，且稍大于口部。底坡长2.74米，宽0.89~0.9米，南端深3.0米，北端最深处4.3米。距墓道南端1.36米处出现两个台阶。第一个台级宽0.28米，高0.44米；第二个台级宽0.26米，高0.26米。

天井介于墓道和墓室之间，平面近长方形，长1.38米，宽0.5~0.6米。墓道与天井之间有过洞相连接，过洞为拱形顶，长0.52米，宽0.94米，高1.46米，直壁高1.18米。

甬道位于天井和墓室之间，平面呈长方形，顶部呈拱形。长0.9米，宽0.94米，高1.5米。

墓室平面大体呈长方形，南端略宽于北端，室壁较直，弧形顶近平，平底。墓室南北长3.92~4.32米，东西宽3.0~3.12米，高1.5~1.62米。墓室内有南北向并列木棺2具，因腐朽严重，结构不明。其中墓室西侧的木棺长 2.44 米，宽 1.00 米，板厚约 0.06~0.08 米，残高约 0.04 米；中部的木棺长 2.20 米，宽 0.74~0.90 米，板厚约 0.04 米，高度不详。棺内人骨架基本无存，仅在墓室西侧的木棺内发现几根散乱的人骨，但根据木棺的数量推断应为夫妇合葬。

随葬品主要放置于墓室西侧木棺的东北部和棺内，墓志则放置于墓室东南角。

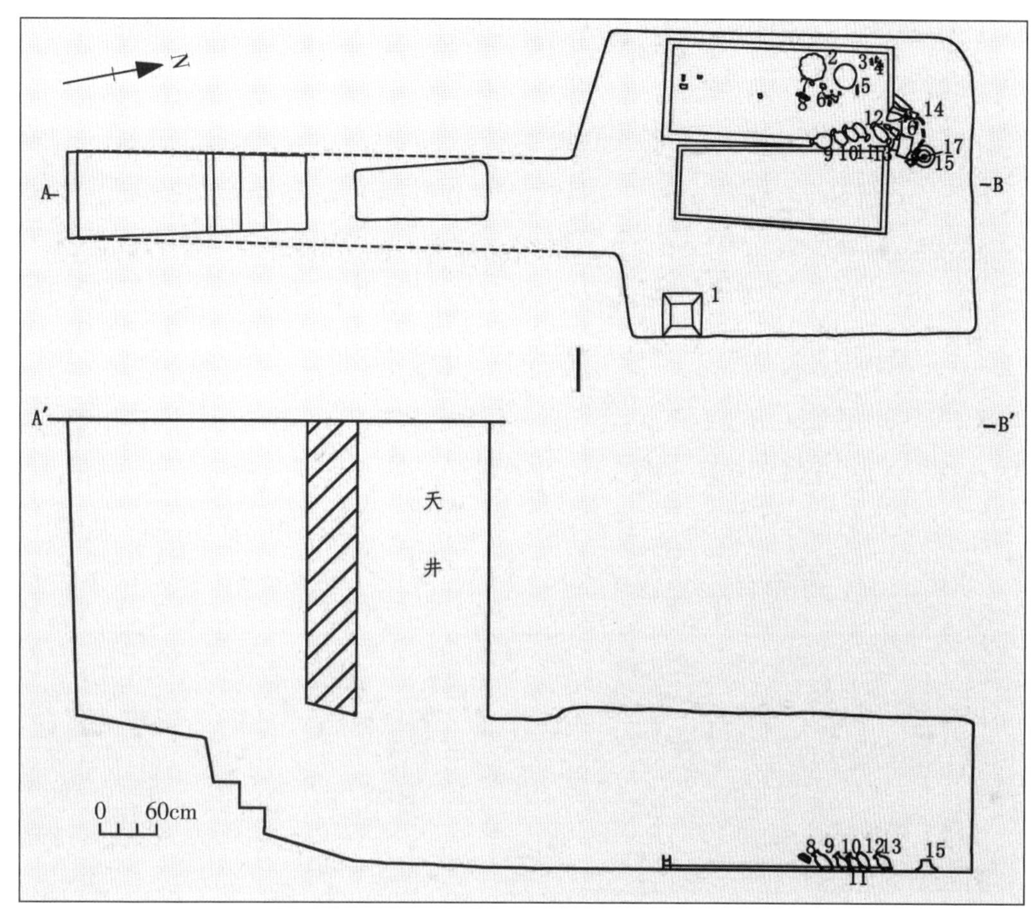

图二 M61 平面、剖视图

1. 石墓志 2. 铜镜 3. 漆盒 4. 铜泡钉 5. 金钗 6. 铜合页
7. 蚌壳 8. 铁刀 9~13. 陶罐 15. 陶器座 16. 陶器盖 17. 铜钱

二、随葬器物

该墓共出土随葬品 16 件，按质地可分为陶、铜、铁、金及蚌等种类。

1. 陶器 8 件。有罐、器盖、瓶和器座等，皆为泥质灰陶。

罐 1 件。标本 M61：14，圆唇，口微侈，短颈，圆肩，弧腹，平底。器身的肩部和腹部饰白衣红色的彩绘图案，大部分已脱落而模糊不清。口径 14.6 厘米，腹径 30 厘米，底径 15.6 厘米，高 32 厘米。（图三，1）

器盖 1 件。标本 M61：16，作覆盆状，盖面平齐，弧腹，盖口为敞口，圆唇。器身装饰的彩绘图案因大部分已脱落而模糊不清，器底饰一朵莲花纹样。口径 19 厘米，底径 8.3 厘米，高 6.4 厘米。（图三，2）

瓶　5件。形制大体相同，皆细束颈，平底。标本M61：9，圆唇，侈口，圆肩，斜弧腹。肩至腹上部饰一周白衣黑红彩覆莲花状花朵，局部已脱落。口径2.2厘米，底径5.8厘米，高22厘米。（图三，3；图四，1）标本M61：10，盘口，宽平沿，溜肩，鼓腹。口沿内有一周凹弦纹。口径7.5厘米，底径9.9厘米，高23.7厘米。（图三，4）标本M61：11，圆唇，侈口，溜肩，斜弧腹。口沿下方饰一周凹弦纹，肩至腹上部饰一周白衣黑红彩覆莲花状花朵，大部已脱落。口径7厘米，底径5.5厘米，高19.8厘米。（图三，5）标本M61：12，圆唇，侈口，折肩，斜弧腹。肩至腹上部饰一周白衣黑红彩覆莲花状花朵。口径7厘米，底径5.8厘米，高19.8厘米。（图三，6；图四，2）标本M61：13，方圆唇，侈口，溜肩，斜弧腹。肩至腹上部饰一周白衣黑红彩覆莲花状花朵。口径7.6厘米，底径5.8厘米，高20.8厘米。（图三，7）

器座　1件。标本M61：13，整体呈喇叭形，座面平齐，座身中空，底部口沿微上卷，圆唇，敞口，器物内壁见轮制痕迹。通体施白衣红彩，大部分已脱落。口径24.5厘米，底径12.8厘米，高10.2厘米。（图三，8）

2. 铜器　13件（枚）。有镜、泡钉、合页和钱等。

镜　1件。标本M61：2，为八出葵花形镜，外缘高起，圆钮。镜背面以一周凸弦纹将装饰纹样分为内外二区。内区以钮为中心饰三组六只鸾鸟，钮左右两侧双鸾体态雄壮，尾羽丰满，

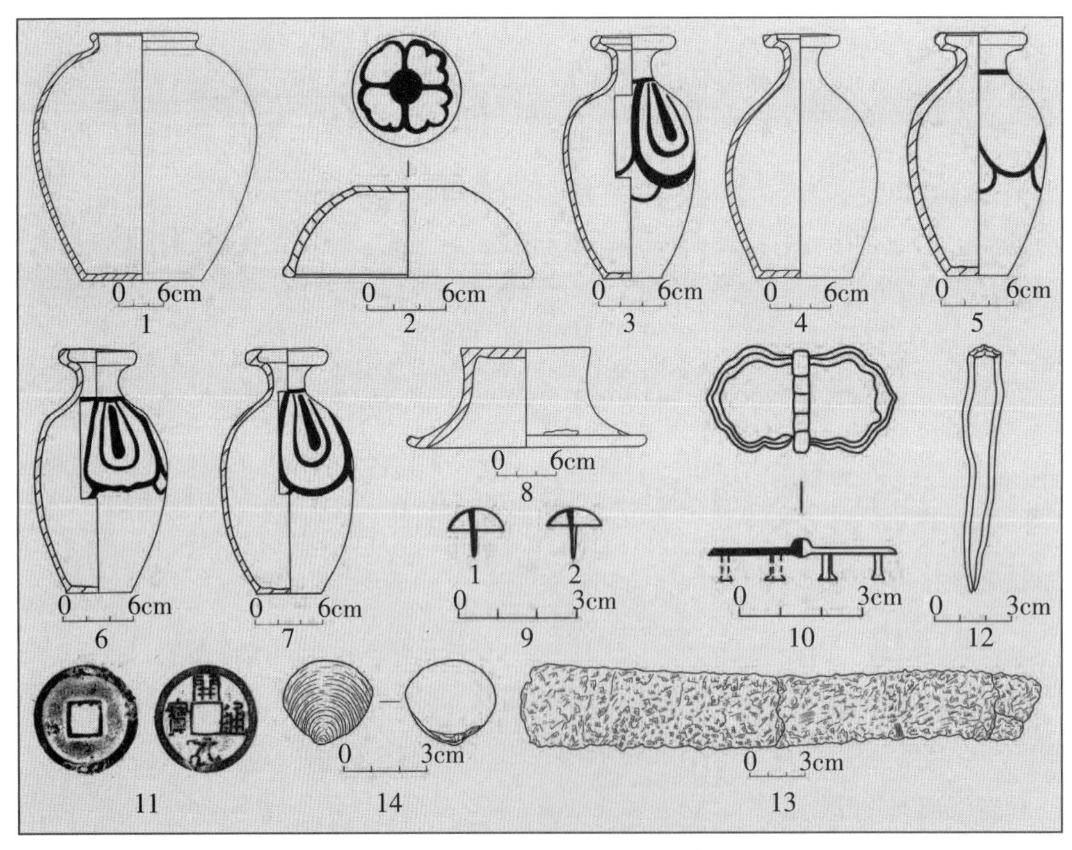

图三　M61出土器物线图及拓本

1. 陶罐（M61：14）2. 陶器盖（M61：16）3. 陶瓶（M61：9）4. 陶瓶（M61：10）5. 陶瓶（M61：11）6. 陶瓶（M61：12）7. 陶瓶（M61：13）8. 陶器座（M61：13）9. 铜泡钉（M61：4–1、M61：4–2）10. 铜合页（M61：6）11. 铜钱（M61：17）12. 金钗（M61：5）13. 铁刀（M61：8）14. 蚌壳（M61：7）

挟钮相对，振翅扬尾；钮上方一对鹊鸟口衔一朵莲花，凌空飞翔，莲花下面系一条绶带；钮下方两只鹦鹉口衔花枝且立于折枝花上。外区环绕一周两组相互对称且展翅飞翔的鹊鸟与蜂蝶，并以四株两叶一花的折枝莲花界隔。镜面光滑，保存较好。直径 26 厘米，厚 0.9 厘米。（图五，1、2）

泡钉　10 枚。形状、大小基本相同。整体呈蘑菇状，上端作圆饼状且向外鼓起，下部为圆锥状，横断面呈圆形。标本 M61：4-1，通长 1.45 厘米，盖径 1.5 厘米。标本 M61：4-2，通长 1.5 厘米，盖径 1.5 厘米。（图三，9）

图四　M61 出土陶瓶
1. 陶瓶（M61：9）　2. 陶瓶（M61：12）

合页　1 件。标本 M61：6，整体似蝶形，中轴可以开合，翅膀下有六个钉柱状，是一种装饰别致的合页，应为箱体加固构件。最宽处 5.2 厘米，中轴长 2.5 厘米。（图三，10）

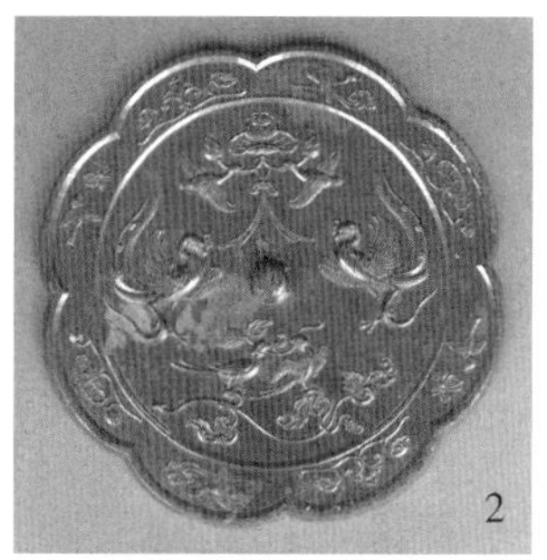

图五　M61 出土铜镜
1. 铜镜（M61：2）拓片　2. 铜镜（M61：2）

铜钱　1 枚。标本 M61：17，圆廓方孔，正面粘有铁锈。正面钱文清晰，钱文为楷书“开元通宝”四字，素背。直径 2.4 厘米，穿孔边长 0.7 厘米，廓宽 0.15 厘米。（图三，11）

3. 金钗　1 件。标本 M61：5，回形，中部略粗。钗身呈波浪状起伏，顶部弯折处呈峰峦状。长 9 厘米，直径 0.4 厘米。（图三，12）

4. 铁刀　1 件。标本 M61：8，残甚。残长 28.5 厘米，宽 3.8 厘米，厚 0.4 厘米。（图三，13）

5. 蚌壳　1 枚。标本 M61：7，局部略残。白色泛黄，似扇形，正面隆起。长 3.2 厘米，宽 3 厘米。（图三，14）

6. 漆器　1 件。标本 M61：3，残甚。器形不明，仅存一些漆皮与墓土混为一体。

三、墓志

墓志放置于墓室的东南角，志身和盖合为一体，系青石镌刻，保存完好。标本 M61：1，整体呈正方形，通高 21 厘米，边长 38~40 厘米。墓志盖作盝形顶，边长 40 厘米，高 12 厘米，盖顶边长 23 厘米。志盖上阴刻篆书 9 字“大唐故张君墓志之铭”，字径 7 厘米。字迹清晰规整，具有较高的书法价值。四刹阴浅刻芙蓉花纹及卷云纹。（图六）志石作正方形，边长 38 厘米，高9厘米。志石四周依次用阴线浅刻十二生肖图像，十二生肖图像均作兽首人身，着广袖长袍，双手执笏合抱于胸前。志文楷书，志文首题“大唐张君墓志铭并序”，全文从左至右共17行，满行25字，全文共计383字，字径1.5厘米。（图七）墓志录文如下。

图六 张归香墓志盖拓片

大唐张君墓志铭并序/

君归香/南阳人也/盖帝轩之后也/族系繁祉英郁代兴茅社/丝纶蔼备青史/因官于陕/斗宅在兹/故为陕人焉/曾祖仕林上□国/祖道茂陪/戎副尉/佥德业纯懿允恭温良礼洽敬与行成□/则有含弘光大之量也/夫其式明军志术愬韬钤/横行塞垣/贯勇沙漠/功立身退/辞袂养和/常晏如也/君神情邈然/謦迈孤逸/

图七 石墓志（M61：1）拓片

脱落簪组汩流俗尘 / 缉忠直以理家 / 袭仁慈以保性 / 推兮遣欲逍遥自娱 / 悲夫 / 生也有涯 / 晷运不住 / 阅水兴叹 / 其谁免欤粤 / 以景云二载（711 年）七月十三日卆于邵南宜君里也 / 享载四九 / 夫人杨氏粤以天宝二载（743 年）十二月四日卆于旧业 / 即以天宝四载（745 年）十月二十五日合葬于陕郡东原礼也 / 秉穆清之行 / 蕴柔嘉之德 / 言克著训道有论 / 虽古之孟姜 / 无以加也 / 嗟乎 / 岁我与年将暮兮 / 寝瘵不痊 / □顺而往粤 / 以天宝二载（743 年）十二月四日卆于旧业也 / 即以天宝四载（745 年）合葬于陕郡东原礼也 / 嗣子俊丘孚痛毁骨立哀 / 迷苑浆憩风树而不追 / 仰昊天而罔极 / 刻石旌德而题颂云 / 否泰理革浮休运推生也 / 如寄光阴几时 / 昔异窆窦 / 今期茔开 / 马鬣卜应蓍龟 / 何以赞美文题色丝

四、结语

近年来，三门峡市文物考古研究所在配合基本建设的过程中，发现并清理了不少唐代墓葬，但有确切文字纪年的材料较少。M61 出土了有确切纪年的墓志铭，故此墓葬具有较高的历史及考古研究价值。

根据墓志志文中的纪年记载，可知该墓为唐代中期墓葬，墓主为张归香夫妇。据志文中所记，墓主张归香，原为南阳人，因官于陕郡并斗宅于此，故为陕人，以景云二载七月十三日卒于邵南宜君里。夫人杨氏粤以天宝二载十二月四日卒于旧业，即以天宝四载十月二十五日合葬于陕郡东原礼也。张归香生于唐高宗龙朔二年（662 年），卒于唐睿宗景云二年（711 年）七月十三日，享年 49 岁，与夫人于唐玄宗天宝四载（745 年）十月二十五日合葬于陕郡[1]。张归香其人墓志仅记载其籍贯陕郡及官职为副尉，辞官后卒于唐睿宗景云二年，而其夫人杨氏于唐玄宗天宝二年十二月四日在故宅中去世后直至天宝四载十月二十五日才与张归香合葬，从死亡到下葬，其间停丧近两年，反映了唐宋时期“停丧”习俗的盛行[2]。该墓所出的墓志铭非常完整，墓志四刹上的十二生肖图亦非常精美，在三门峡地区较为少见。总之，张归香墓的发现与发掘，为研究三门峡地区唐代墓葬的分期、丧葬习俗等方面提供了较为珍贵的实物资料。

附记：此次发掘领队为杨海青；参加发掘人员为崔婉莹、孙宁等，图片摄影为颜炳涛；绘图为张雪娇、赵微；执笔为河南博物院刘芳、三门峡市文物考古研究所杨海青。

注释：

[1] 陈垣：《二十史朔润表》，中华书局，1962 年。

[2] 雷玉华：《唐宋丧期考——兼论风水术对唐宋时期丧葬习俗的影响》，《四川文物》1999 年第 3 期。

灵宝竹林寺壁画受损数据集及其在修复中应用研究

◎苏东黎

一、背景

竹林寺位于河南省灵宝市故县镇，建于唐永昌元年（公元689年），距今有1332年的历史。时名菩萨庙，明朝时期改名为竹林寺。由于其四周群峰耸立，松柏苍翠，不易被人发现，故而免于战火，躲过浩劫，历经千年风雨保留至今。该寺于20世纪80年代被调查发现，1989年灵宝县人民政府公布为县级文物保护单位，2006年1月三门峡市人民政府公布为第二批市级文物保护单位，2008年6月，河南省人民政府公布为第五批省级文物保护单位。

寺内主体建筑为佛殿三间，两侧有两排客堂，在其后面，有一座殿宇为救苦殿，殿堂内有一座佛龛，呈三层阶梯布局，东西两壁和北壁都绘有壁画，为竹林寺镇寺之宝。山墙上也画有壁画，画中讲的是《封神演义》的故事。一座大殿里同时出现道教的画，佛教的神龛，很值得研究。救苦殿建于康熙四十七年，宣统三年进行最后一次修缮。神龛为300多年前用当地木材精雕而成，镂刻之精美，难得一见。这座神龛经手工彩绘，图案繁复而细腻，每一个图案都有不同的寓意。神龛宽3 m多，高近4 m，分4层，每层斗拱都做得非常精致。这座神龛虽然小，它把佛教所有题材都融在里面。神龛两边画有四大天王像，具有宋代风格。

由于年久失修，壁画受损严重（图一），为抢救壁画，实现原样修复，需要对壁画受损情况、原因、成分、修复方案做一调查。本数据集就是在这样背景下完成的。

图一　灵宝竹林寺救苦殿壁画——水渍、颜料层脱落、点状脱落（No.3）

二、数据集元数据简介

《三门峡灵宝竹林寺壁画调查数据集》[1]的元数据信息见表一。

表一 《三门峡灵宝竹林寺壁画调查数据集》元数据简表

条目	描述
数据集名称	三门峡灵宝竹林寺壁画调查数据集
数据集短名	Mural Painting Zhulin Temple
作者信息	苏东黎，洛阳古代艺术博物馆，1229670959@qq.com
地理区域	河南灵宝
数据年代	清（1636—1912）
数据格式	jpg、.dwg、.pdf、.xls
数据量	由 39 个数据文件组成，数据量为 232MB（压缩为 1 个文件 231MB）
出版与共享服务平台	全球变化科学研究数据出版系统 http://www.geodoi.ac.cn
地址	北京市朝阳区大屯路甲 11 号 100101，中国科学院地理科学与资源研究所
数据共享政策	全球变化科学研究数据出版系统的“数据”包括元数据（中英文）、通过《全球变化数据仓储电子杂志（中英文）》发表的实体数据集和通过《全球变化数据学报（中英文）》发表的数据论文。其共享政策如下：(1)“数据”以最便利的方式通过互联网系统免费向全社会开放，用户免费浏览、免费下载；(2)最终用户使用“数据”需要按照引用格式在参考文献或适当的位置标注数据来源；(3)增值服务用户或以任何形式散发和传播（包括通过计算机服务器）“数据”的用户需要与《全球变化数据学报（中英文）》编辑部签署书面协议，获得许可；(4)摘取“数据”中的部分记录创作新数据的作者需要遵循 10% 引用原则，即从本数据集中摘取的数据记录少于新数据集总记录量的 10%，同时需要对摘取的数据记录标注数据来源[2]
数据和论文检索系统	DOI，CSTR，Crossref，DCI，CSCD，CNKI，SciEngine，WDS/ISC，GEOSS

三、数据采集前的准备工作

工作中国寺庙遍布全国，寺庙壁画历史悠久。由于年代久远，壁画受损是一个普遍性问题。武瑛于 2010 年对固原地区墓葬壁画的调查[3]，王策于 2011 年对大同地区古村落寺庙壁画的修复研究[4]，马丽于 2018 年对榆林地区寺庙壁画遗留现状调查研究[5]，以及王永乐于 2020 年对内蒙古西部地区寺庙壁画修复的研究[6]，为修复河南灵宝竹林寺壁画提供了案例经验。

本数据集是为修复河南灵宝竹林寺壁画进行的调查整理完成的。本文对壁画基本情况的调查，对壁画的历史、艺术和科学价值做出了评估，对壁画存在的病害进行了分类，同时也做了环境调查，二者结合后分析了其产生机理，对壁画颜料成分进行了分析，对各种不同的病害做了相应的实验，并详细地采集了实验数据。本数据集大致内容为：壁画所处地理环境、寺庙大殿的形制结构、壁画的基本情况、价值评估，病害种类、环境调查、病害机理分析、壁画成分取样检测、各种消除病害实验等。

（一）壁画的基本情况

东壁山墙上部绘有牡丹、菊花和两个人物，牡丹图北侧地仗脱落严重，壁画上还有很大裂痕（图二）。东壁下部图中（图一）共有 15 个人物，其中 6 个骑马、1 个骑麒麟，2 人骑四不像神兽，每人手中持握不同的兵器或法物，内容应是封神演义中的战争场面。在壁画正中有较长的自上而下的裂隙，还存在大量的水渍、颜料层脱落、点状脱落，壁画表面粘贴于报纸，壁画下部有大量地仗层脱落现象，颜料层基本已经粉化，表面降尘严重。

图二　东壁山墙上部壁画裂痕（No.9）

西壁上部山墙绘有梅花、荷花和两个人物，荷花上部有大面积地仗脱落，梅花图存在大量水渍和泥渍。西壁下部壁画共有 14 个人物，其中 12 人骑马或骑神兽，1 人长有翅膀，1 人手拿乾坤圈。每人手中都持有兵器或法物，内容也是封神演义中的战斗场面。壁画下部存在裂隙，自上而下存在大量水渍和泥渍，且有许多地仗脱落处，颜料层粉化，还存在颜料层脱落（图三）、点状脱落和划痕，壁画表面降尘严重。

图三　北壁西侧壁画节选——颜料层脱落（No.37）

北壁西侧壁画图中共有 5 个人物，3 人骑神兽，1 人脚踩风火轮，1 个长翅膀，飞于空中，每人手中持有兵器或法物，为封神演义战争场面。壁画较为完整，但有点状脱落和颜料层粉化现象（图四），表面存在大量降尘。北壁东侧壁画图中共有 5 个人物，4 个骑马或骑神兽，1 个长翅膀飞于空中，每人手中持兵器或法物，为封神演义战争场面。壁画边界处有大量颜料层脱落，从上至下有水渍存在，颜料层粉化严重，表面存在大量降尘。

图四　北壁西侧壁画节选——点状脱落和颜料层粉化（No.22）

（二）壁画的地理环境

灵宝地处暖温带半湿润地区大陆性季风气候区，光照充足，昼夜温差大。且常年风力较大，地处山区，立体小气候的影响也很明显。这样的气候条件对外建筑的剥蚀力较强，同时也对庙内壁画产生剥蚀作用。本次灵宝竹林寺壁画考察，使用 T625 精密型温湿度仪进行现场温湿度监测，对壁画从 5 月 5—9 日先后测量了殿内、外的温度、湿度变化。使用 E7640 紫外线和照度计测量照度和紫外线。2020 年 5 月 5—9 日这几天的天气观察，室内最高温度达到 22℃、最低温度达到零下 12.5℃，温差达 19.5℃；空气相对湿度最高 65.3%，最低 19.4%，湿度差为 46%，同一时段室内外温湿度差异不大；且灵宝常年风力不是特别大。因地理环境处在北风口地带，早晚温差大，湿度差较高，不利于壁画的保存。在天气好时，救苦殿内东西壁亮度最高 97.4 lux，最低 34.8 lux，光照对壁画的损伤有一定影响，但不是主要原因。

（三）壁画的价值评估

自唐代以来，竹林寺因地处豫、陕、晋三省交界处，香火旺盛，信徒们不断舍财增修。其中清代大规模维修，在大殿中增设彩绘木雕佛龛，佛龛仿照故宫建筑形式，集明清时期的经典建筑于一体，是这一时期古建筑艺术的缩影。竹林寺救苦殿保存了相当可观的清代壁画，这些壁画客观真实地再现了中国古代不断丰富和发展的壁画艺术，对我们了解地方宗教信仰、民间生活、审美喜好、壁画艺术等发展历程提供了重要的图像资料。

竹林寺救苦殿壁画可能出于民间画工之手，更加接近平民，表现出强烈的民间艺术风格，它摆脱了宗教仪轨的束缚，包容着较为宽泛的信仰意识，它减弱了阐释宗教教义的严肃性和神秘性，注入更多儒家伦理道德观念和世俗生活气息，更为适应下层民众的信仰心理和审美需求，它所包含的时代特色与时代影响是不容忽视的。在色彩上，竹林寺壁画主要用色有白、黑、灰。绘制技法以写意为主，兼具工笔。人物形象生动有趣，表情丰富，衣褶线条行笔转折流畅。线条刚劲中不失飘柔，粗犷中又有丰富多样的不同对比，起笔、行笔、收笔也都很讲究，虚实变化明显。清代在寺院墙壁上出现了清新雅致的花鸟画，救苦殿山墙上部便绘制了梅花、荷花等常见花卉，下部则绘制有众多人物、山石、流水，体现了绘画的形式多样性。竹林寺庙壁画与其建筑、建筑内佛龛等艺术形态共同构成了独特的文化生态。

（四）壁画的受损情况

壁画受损类型及影响因素：

由于壁画完全被灰尘覆盖，严重妨碍其艺术展现。救苦殿东壁、西壁墙体的裂缝及残缺脱落，直接影响了壁画的完整性及安全性。空鼓、起甲、粉化和酥碱等对壁画的安全性有较大影响，其中最为严重的是粉化，面积较大。颜料层脱落、地仗脱落和点状脱落等破坏了壁画的完整性和安全性。三门峡灵宝竹林寺救苦殿残存壁画病害主要有：起甲、粉化、颜料层脱落、降尘、点状脱落、裂隙、划痕、覆盖、人为损坏、空鼓、地仗脱落、酥碱、泥渍、水渍和动物损害等15种病害，且按照病害对文物安全及艺术价值的影响程度由高到低分为：表面完整性变化、表面形态变化、表面颜色变化、生物病害、人为干预五大类。

探讨其受损的原因，包括下面几种情况。竹林寺壁画长期处于半光照环境上午西壁受光照强烈，下午东壁受光照强烈，这一过程对壁画表面颜料层的影响不可忽视。有机胶结材料会发生光老化，蛋白质被分解为小分子量的低聚物从而失去交联作用，导致颜料脱落和粉化。真武庙北极殿前、殿侧门后期封堵后又重新绘画，另一方面，北极殿建筑曾有沉降、变形和立柱歪闪现象，这是壁画裂隙及空鼓、脱落产生的一个最主要的原因。且早晚温差较大，壁画处于相对温湿度变化较大的环境。湿度较大时，壁画吸收水分且含水量较大，湿度较小时，壁画中的水分迅速向外蒸发，引起壁画表面的收缩从而导致干裂，这也是壁画裂隙产生的一个原因。空鼓主要是由于地仗失去粘接能力，部分脱离支撑体而鼓起而形成。各种尘土污物以及凝结水的影响导致壁画颜料层和地仗层产生粉化现象。另外由于毛细水的影响，导致壁画内部含盐的水由内向外运动，伴随蒸汽化的过程使盐分析出，导致壁画颜料层起甲和酥碱。屋顶及屋顶侧壁漏雨导致雨水流淌，泥渍污染画面，有些地方出现了彩绘层脱落现象。

四、数据集的组成

数据集主要包括四部分内容，它们为壁画的修复提供了依据：

（1）壁画在寺庙中的分布图；

（2）壁画受损部分的照片；

（3）壁画受损面积统计；

（4）壁画组成材料成分数据。

（一）壁画在寺庙中的分布图

总计有四幅CAD工具制出的壁画在寺庙中的位置分布图，它们包括：救苦殿壁画位置图（参见图五，No.2）；救苦殿东壁壁画位置平面图（No.10）；救苦殿西壁壁画位置平面图（No.18）和救苦殿北壁壁画位置平面图（No.25）。在平面图上精确地标注了壁画及其墙壁的长、宽尺度。

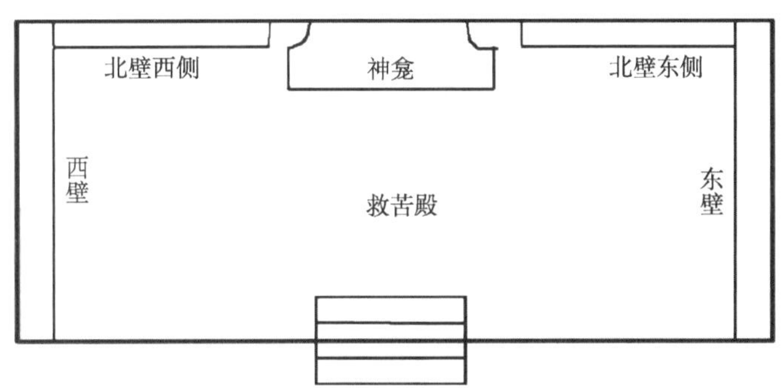

图五　救苦殿四壁（东壁、北壁东侧、北壁西侧、西壁）在寺庙中的位置分布图

（二）壁画受损部分的照片

总计有32张壁画病害（受损）照片（图六；图七）。这些照片记载的病害类型包括：颜料

图六　壁画受损类型——地仗脱落（No.26节选）

图七　壁画受损类型——裂隙（No.31）

层脱落、降尘、粉化、裂隙、地仗脱落、点状脱落、空鼓、起甲、酥碱、泥渍、水渍、烟熏、动物损坏、覆盖、划痕、涂写、修补痕迹等类型。

（三）病害面积统计

壁画病害面积统计，对于壁画病害类型与程度判断起到至关重要的作用，并对方案预算制定提供可靠的依据。本次病害统计对所有壁画进行拍照，依据国家行业标准，为了精确统计壁画病害面积，按照 Auto CAD 软件面积统计标准，统计出病害面积。竹林寺救苦殿现存壁画面积是 47.14 m^2，各种病害的面积和所占总面积的比例统计列于表二。

表二　灵宝林寺壁画病害面积统计表

病害名称	总面积（m^2）	所占比例（%）	病害名称	总面积（m^2）	所占比例（%）
颜料层脱落	21.2	45.0	降尘	47.14	100
粉化	47.14	100	裂隙	12.21	
地仗脱落	8.74	18.5	点状脱落	37.79	80.17
空鼓	12.6	26.73	起甲	10.26	21.76
酥碱	6.2	13.15	泥渍	12.36	26.22
水渍	10.71	22.72	烟熏	0.01	0.02
动物损害	0.24	0.51	覆盖	10.89	23.10
划痕	13.68	29.02	涂写	0.53	1.12
修补痕迹	5.13	10.88			

（四）壁画组成成分

壁画的组成成分是通过测试仪器获取，之后得到分析数据。测试仪器使用的是 X 射线衍射仪（XRD）、显微共聚焦拉曼光谱仪（Raman）和扫描电镜－能谱仪（SEM–EDS）。

取样的对象为三门峡灵宝竹林寺救苦殿清代壁画。现壁画结构从外至内依次为：支撑体为建筑墙体，由青砖加土坯砖垒砌而成；地仗层较厚，由两层构成，其下为较为粗糙的草拌泥层，厚约 1~2 cm，使墙壁基本成为一个平面；其上为较为细腻的草泥地仗层，厚约 0.8~1 cm。地仗层之上是一层薄薄的白灰层，壁画绘制于白灰层之上。由于白灰层厚度相对泥层较薄，壁画表面尤其画面空白处随处可见麦草的痕迹。

救苦殿东西北三壁壁画墙体为土砖砌成，砖壁均先用较粗草泥涂抹，之上再涂抹较细草泥层，上面为一层较薄的白灰地仗层，壁画绘制于白灰层之上。整个墙面因位置不同下面地仗层厚度、结合度有所不同，特别是山墙处壁画白灰地仗层较厚，且与草泥地仗层间结合不太紧密。

测试结果汇总工作是从微观形貌、元素组成两个角度获取了壁画制作工艺特点、材料组成、病害特征等信息。救苦殿壁画地仗样品X射线衍射分析结果表明细泥地仗层主要物相为石英、方解石、球方解石、钠长石、钾长石、斜顽辉石、黑云母、绿泥石。由SEM图像看出该地仗层中夹杂着植物种子的壳和植物纤维，地仗土的分布很均匀，主要是由硅、铝、钙、铁等元素组成，与XRD测试解谱结果中石英、方解石和长石占绝大比重一致。采用XRD和显微激光拉曼光谱仪对部分样品进行了分析，分析结果表明样品中黑色颜料的主要显色成分是碳，白色颜料的主要显色成分是碳酸钙，灰色颜料的主要显色成分为炭黑+碳酸钙调制而成（表三）。

表三　灵宝林寺壁画组成成分统计表

编号	取样位置	颜色	测试目的	测试手段	测试结果
1	东壁中部裂缝下部	白色	成分	Raman	碳酸钙
2	东壁中部裂缝下部	黑色	成分	XRD	氯化镁，石膏，碳酸钙，碳
3	东壁中部裂缝下部	灰色	成分	XRD	碳酸钙，石膏，白云母，氢氧化铝，碳
4	东壁中部裂缝下部	地仗	结构+成分	XRD SEM-EDS	石英，方解石，球方解石，钠长石，钾长石，斜顽辉石，黑云母，绿泥石
5	北壁东侧下部	白色	成分	Raman	碳酸钙
6	北壁东侧下部	黑色	成分	XRD	碳酸钙，石膏，石英，钙铝石，钠长石，碳
7	北壁东侧下部	灰色	成分	XRD	碳酸钙，石膏，石英，钙铝石，碳
8	北壁东侧下部墙角	碎块地仗	结构+成分	XRD SEM-EDS	石英，方解石，高岭石，钠长石，钾长石，钙长石，绿泥石
9	西壁下部界栏	白色	成分	Raman	碳酸钙
10	西壁下部界栏	黑色	成分	XRD	碳
11	西壁中部大山中部	灰色	成分	XRD	方解石，石膏，石英，铝碳酸镁，钙铝石，碳
12	菩萨堂东侧外墙	外墙壁白色	成分+结构 成分组成	XRD SEM-EDS	石英，方解石，钾长石，云母，长石，绿泥石

五、数据的应用——壁画修复

根据灵宝林寺壁画调查数据集的数据和信息，对灵宝林寺壁画进行修复。修复的主要工作包括：修复前的清理、填补修复、空鼓回贴修复和裂隙修复。

（一）修复前的清理

修复前的修理重点工作是降尘清洗、白灰清洗、报纸覆盖清洗。

（1）降尘清洗

首先进行降尘清洗试验，实验区壁画位于东壁北侧下部，面积为 30 cm × 30 cm。修复区表面降尘较多，有少量颜料层脱落，且表面有泥渍，尤其是降尘修复面积较大。使用材料为：吐温 20、去离子水、乙醇。修复工艺：绵纸贴敷→揭取绵纸→去除吐温残留。

使用吐温 20 进行清理效率较高，操作方便且清理效果显著；采用 2A 对壁画泥渍棉签滚动清洗效果较好。

（2）白灰清洗

实验区壁画位于北壁东侧第一人物马匹肚子部位，壁画绘制颜色主要有白色、灰色和黑色，修复面积约 2.5 cm^2。本区域病害种类有：石灰污染、脱落、颜料层脱落、点状脱落、划痕和大量积尘等；尤其石灰污染的去除技术难度较大，技术人员的修复经验要求较高。使用材料：去离子水、EDTA、乙醇。修复工艺：棉纸贴敷→去除棉纸→机械去除石灰→去除 EDTA 残留。

采用 EDTA 软化石灰的方法，不会产生壁画的再次碎裂；这种操作较难，必须专业人员实施。

（3）报纸覆盖清洗

实验区壁画位于东壁中部，修复面积约 20 cm × 20 cm。本修复区的壁画病害较为典型，病害种类有：报纸覆盖、脱落、颜料层脱落、点状脱落、划痕和大量积尘等；尤其报纸覆盖的去除技术难度较大，技术人员的修复经验要求较高。使用材料：去离子水、乙醇。修复工艺：蒸汽软化→去除报纸→去除胶水残留。

采用蒸汽软化报纸的方法，不会产生壁画的机械伤害；这种操作较难，必须专业人员实施。

（二）填补修复

实验区壁画位于北壁东侧第一人物，修复面积约 20 cm × 20 cm。本修复区病害种类有：地仗层脱落、彩绘层起甲，空鼓和大量积尘等；尤其地仗层脱落处的填补技术繁琐，使用材料众多，技术人员的修复经验要求较高。使用材料：去离子水、乙醇、SF-016、水硬石灰、矿物颜料。修复工艺：加固空鼓部位→空鼓灌浆→回贴起甲→填补地仗层脱落→全色。

采用泥浆填补的方法，遵循了修复的兼容性原则；填补后也保证了壁画的安全性；全色（略淡于原壁画）后，体现了壁画完整性，提高了壁画的艺术价值，且保证了可辨识性。

（三）空鼓回贴修复

实验区壁画位于北壁东侧下部界栏部位，修复面积约 20 cm × 20 cm。本修复区病害种类有：空鼓、地仗层粉化、颜料层粉化和大量积尘等；尤其空鼓的填补技术繁琐，使用材料众多，技术人员的修复经验要求较高。使用材料：去离子水、乙醇、SF-016、水硬石灰、矿物颜料。修复工艺：加固空鼓部位→开灌浆口→空鼓灌浆→支顶→全色。

采用水硬石灰灌浆的方法，很好地利用了其流动性；灌浆后保证了壁画的稳定性和安全性。

（四）裂隙修复

实验区壁画位于东壁中部裂缝下方，界栏部位，裂隙长度约 20 cm。本修复区的壁画病害较为典型，存在有裂缝、地仗层脱落、裂缝中塞有棉花、颜料层粉化等病害，尤其裂隙修复技术繁琐，使用材料众多，技术人员的修复经验要求较高。使用材料：土粉、去离子水、乙醇、SF-016、水硬石灰、矿物颜料。修复工艺：加固裂隙部位→填补裂隙→制作粉底层→全色。

采用泥浆填补裂缝的方法，遵循了兼容性原则；填补后保证了壁画的稳定性和安全。

六、结语

作者通过建立科学数据库的方法对竹林寺壁画的空间分布、病害类型调查、病害修复制作工艺、颜料成分、所处环境等给以定量、准确的记录，为修复竹林寺壁画、预防和消除病害、保护历史文物提供了可靠的依据。这是一次较为全面、有针对性、具有操作意义科学数据集研发和应用为一体的实践活动。此项工作对保护寺庙壁画意义重大，为更好地延续文物寿命提供了数字化为支撑的方法。

注释：

[1] 苏东黎:《灵宝竹林寺壁画调查数据集》,《全球变化数据仓储电子杂志》, https：//doi.org/10.3974/geodb.2021.08.05.V1，https：//cstr.escience.org.cn/CSTR：20146.11.2021.08.05.V1。

[2] 全球变化科学研究数据出版系统:《全球变化科学研究数据共享政策》, https：//doi.org/10.3974/dp.policy.2014.05（2017 年更新）。

[3] 武瑛:《固原地区墓葬壁画现状调查》,《宁夏师范学院学报》2010 年第 4 期，第 71—76 页。

[4] 王策:《大同地区古村落寺庙壁画的调研与分析》,《美与时代》2011 年第 10 期，第 66—67 页。

[5] 马丽:《榆林地区寺庙壁画遗留现状调查研究概述》,《榆林学院学报》2018 年第 5 期，第 15—18 页。

[6] 王永乐:《内蒙古西部地区寺庙壁画保存现状调查》,《文物世界》2020 年第 9 期，第 45—47 页。

中国国家博物馆藏唐大中六年韩干儿墓出土器物

◎赵玉亮

三门峡地区位于河南、陕西、山西三省交界处，历史上是连接东西两京的枢纽，在经济、政治和军事上都有关键性作用，在中国古代文明发展史上具有重要地位。1955年，为配合“根治黄河水害和开发黄河水力的综合规划”，由中华人民共和国文化部和中国科学院联合派人组成的黄河水库考古工作队，在三门峡水库区进行考古调查工作，前后取得了丰硕的考古成果[1]。1957年，黄河水库考古工作队在河南陕县附近开展发掘工作，在配合三门峡市内基建过程中，清理了以唐墓为主的20余座墓葬[2]。其中一座唐墓（墓葬编号57HSHM1907，系“1957年河南陕县湖滨区1907号墓”简写），据朱书砖志墓志载，“有唐昌黎韩氏女，小字干儿，以大中六年（852年）闰七月七日抱疾，歿于陕州官舍，享甲子十有五年。五代祖休，玄宗朝为宰相，谥文忠公”。据《简报》介绍，韩干儿墓形制较小，出土随葬品颇多，尤以瓷器为大宗[3]。20世纪50年代所发表《简报》公布了庙底沟、三里桥、上村岭、后川、三门峡栈道等成果，对韩干儿墓等唐代墓葬也做了简要介绍。1959年，中国科学院考古研究所将韩干儿墓所出随葬品中大部分拨交给当时的中国历史博物馆，包括陶器、瓷器、铜器、银器、铁器、钱币等种类，现将此墓出土器物报告如下。

一、出土器物

1. 陶器

灰陶罐　2件（57HSHM1907：48）。泥质灰陶。形制相同。尖口，肩部双系，鼓腹，至足部渐收。一件通高29.2、口径14.3、底径17.2厘米（图一）；另一件通高28.8，口径14.9，底径14厘米（图二）。

彩绘带座塔式陶罐　1件（57HSHM1907：49）[4]。由盖、器身、底座三部分组合组成，盖上有宝塔式钮，残留朱褐色，器身为小口，卷唇，圆鼓腹，喇叭状圈足座。器盖墨线绘覆莲，器身颈部绘覆莲、下腹部绘仰莲，肩部绘云雷纹，与下腹部一道弦纹间间隔绘出朝下和朝上盛开的花卉，喇叭状足座上部为墨线云雷纹，下部为覆莲一周。通高38.4、口径10，底径8.8、

图一　灰陶罐（57HSHM1907：48）

图二　灰陶罐（57HSHM1907：48）

图三　彩绘带座塔式陶罐（57HSHM1907：49）

图四　彩绘陶罐（57HSHM1907：50）

图五　绿釉提梁陶罐（57HSHM1907：23）

图六　赫釉陶碗（57HSHM1907：？）

座径 17.5 厘米（图三）。

彩绘陶罐　1 件（57HSHM1907：50）。卷口，鼓腹，至足部渐收。陶缸肩部有墨线云雷纹，下绘朝下盛开的花卉，足部绘一圈仰莲。高 14.8、口径 9.7、底径 18.5 厘米（图四）。

绿釉提梁陶罐　1 件（57HSHM1907：23）。施绿釉至腹部，口部有一提梁，敞口，圆腹，假圈足。高 4.8、口径 3.5、底径 3 厘米（图五）。

赫釉陶碗　1 件（57HSHM1907：？）。内外壁均施釉至肩部。敛口，卷唇，鼓肩，假圈足。高 1.2、口径 2.8、足径 1.5 厘米（图六）。

2. 日用瓷器

白瓷碗　1 件（58HSHM1907：25）。白瓷，釉质较好。尖唇，边沿竖折，斜腹，宽平圈足。高 4、口径 15、足径 6.5 厘米（图七）。

青釉划花瓷盒　1 件（58HSHM1907：26）。青釉，釉质均匀，盖顶有划花装饰。子母口，浅腹，身、盖均圆形，盒身平底，盖浅弧形。高 3.2、口径 5.1、底径 6 厘米（图八）。

白瓷水丞　1 件　（57HSHM1907：27）。施釉较薄，白釉内有黑褐色杂质。圆唇，短颈，四瓜棱丞身，平底，三只蹄形矮足。高 5、口径 3.8 厘米（图九）。

青釉瓷缸　1 件（57HSHM1907：28）。釉质均匀，有细碎开片。圆唇卷口，肩部有双系，鼓肩，至腹部渐收，假圈足。高 10.5、口径 5.7、底径 6.3 厘米（图一〇）。

图七　白瓷碗（58HSHM1907：25）

图八　青釉划花瓷盒（58HSHM1907：26）

图九　白瓷水丞（57HSHM1907：27）

图一〇　青釉瓷缸（57HSHM1907：28）

3. 微型瓷器

白瓷执壶　1 件（57HSHM1907：18）。喇叭形口，短颈，丰肩，短直流，双泥条形执柄，腹部略弧，假圈足，施釉均匀。高 4.8、口径 1.7、底径 1.6 厘米（图一一）。

图一一　白瓷执壶（57HSHM1907：18）

白瓷瓶　2 件（57HSHM1907：19）。形制相同。卷唇，短颈，鼓腹，至底部渐收，假圈足，下腹部露出未施釉质的瓷胎。一件高 4.1、口径 1.8、底径 1.9 厘米（图一二）；另一件高 3.9、口径 1.7、底径 1.8 厘米（图一三）。

白瓷钵　2 件（57HSHM1907：20）。瓷土细腻，施釉至下腹部。形制相同。圆唇，敛口、鼓腹，假

图一二　白瓷瓶（57HSHM1907：19）

图一三　白瓷瓶（57HSHM1907：19）

图一四　白瓷钵（57HSHM1907：20）

图一五　白瓷钵（57HSHM1907：20）

圈足。一件高 2.7、口径 3.7、底径 2.2 厘米（图一四）；另一件高 2.5、口径 3.3、底径 1.8 厘米（图一五）。

白瓷罐　1 件（57HSHM1907：21）。卷唇，鼓腹，下接喇叭形高足，平底，釉色略泛黄。高 3.7、口径 2.6、底径 2.2 厘米（图一六）。

葫芦形白瓷　瓶 1 件（57HSHM1907：22）。外形似葫芦，上下两节，上小下大，假圈足，施白釉，釉质均匀，下腹部露出瓷胎。高 4.9、口径 0.5、底径 1.6 厘米（图一七）。

图一六　白瓷罐（57HSHM1907：21）

图一八　青釉褐斑提梁小罐（57HSHM1907：24）

图一七　葫芦形白瓷瓶（57HSHM1907：22）

图一九　白釉褐彩牛车（57HSHM1907：9）

青釉褐斑提梁小罐　1 件（57HSHM1907：24）。圆唇，敛口，假圈足。口部有绳纹提梁。口部和腹部有几处褐斑点缀，器身有细碎开片，施釉至下腹部。高 2.8、口径 1.3、底径 1.8 厘米（图一八）。

白釉褐彩牛车　1件（57HSHM1907：9）。釉质均匀，车篷施褐彩，牛、人物点褐彩。牛架二轮舆车，舆箱长方形，上有高篷弧顶，箱和篷由两道束带刹牢，篷后封闭，前方敞开。舆车两侧为高大的七辐车轮，舆箱后面有长方形箱门，门上方有一组成“品”字的涡纹挂饰。篷顶前后装饰两朵凸起的菱花。舆箱内端坐一高髻贵妇，体态丰腴。牛驾于辕内，额上贴有璎珞，驭牛者立于左辕外。高11.6、长8.9厘米（图一九）。

白釉褐彩跪地童子　4件（57HSHM1907：10）。通身白釉，童子发顶、眼睛及身上点褐彩，釉质细腻。形制接近。童子双膝弯曲，双手支于长方形台板之上，或扭头旁视，或昂首仰视，或目视前方，姿态各异，肩部、背部有短线印痕表现衣纹褶皱。高2.8~3.4、长2.5~3厘米（图二〇至图二三）。

白釉褐彩骑马童子　1件（57HSHM1907：11）。通身白釉，童子面部及马首等处点褐彩。马四肢站立，双目圆睁，一童子骑于马上，双手揽缰，头部转向右前方。高3.4、长2.7厘米

图二〇　白釉褐彩跪地童子四件之一
（57HSHM1907：10）

图二一　白釉褐彩跪地童子四件之二
（57HSHM1907：10）

图二二　白釉褐彩跪地童子四件之三
（57HSHM1907：10）

图二三　白釉褐彩跪地童子四件之四
（57HSHM1907：10）

（图二四）。

瓷狮　1 件（57HSHM1907：12）。白胎，白釉，体表釉层多有脱落。四肢站立，头朝向左侧，睁目方口，鼻孔翕张，鬃鬣浓密。高 3、长 3、宽 2 厘米（图二五）。

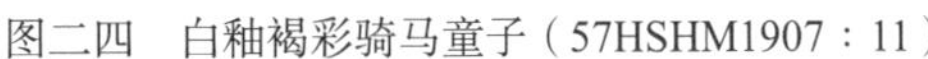

图二四　白釉褐彩骑马童子（57HSHM1907：11）

图二五　瓷狮（57HSHM1907：12）

瓷羊　1 件（57HSHM1907：13）。四肢站立，头朝向右前侧，耳朵硕大下垂，双目及前足点褐彩，施釉至羊身。高 3.3、长 2.5 厘米（图二六）。

瓷狗　1 件（57HSHM1907：14）。四肢站立，昂首朝向前方，双耳直立，嘴边触须伸向两侧，眼睛、胸前、四足及尾部点褐彩，施釉至四足上部。高 3、长 2.5 厘米（图二七）。

图二六　瓷羊（57HSHM1907：13）

图二七　瓷狗（57HSHM1907：14）

瓷猴　2 件（57HSHM1907：15）。一件跪坐于地上，眼睛硕大，平视前方，双手合十，似捧一物，高 3.4 厘米（图二八）；另一件盘坐于地上，一前肢扶腿，另一前肢托腮。瓷猴的眼睛、四肢等处点褐彩，高 3.2 厘米（图二九）。

瓷兔　1 件（57HSHM1907：16）。弓身伏于长方形台板之上，似在食草。双耳后伸，眼睛、

图二八　瓷猴（57HSHM1907：15）

图二九　瓷猴（57HSHM1907：15）

耳朵及背部点褐彩。高 1.9、长 3.5、宽 2.1 厘米（图三〇）。

4. 铜器

铜铃　1 件（57HSHM1907：30）。顶部有环，供穿系，铃内有舌，推测为随葬品上的饰物。高 1.8、直径 1.6 厘米（图三一）。

图三〇　瓷兔（57HSHM1907：16）

铜镜　2 件。尺寸较小。57HSHM1907：31，葵形铜镜。弓形钮，五葵瓣形，宽平缘，镜背可辨识出一个不规则“卍”字纹，略凹于镜背，均匀地排布于镜钮上下左右，因锈蚀漫漶不清，直径 2.4 厘米（图三二）。57HSHM1907：34，人物花卉铜镜。圆钮，四葵瓣形，宽平缘，钮左右两侧各有一侍从，钮上下生长一株花卉。直径 4.6 厘米（图三三）。

图三一　铜铃（57HSHM1907：30）

图三二　素面铜镜（57HSHM1907：31）

铜雁　1 件（57HSHM1907：32）。铜雁作展翅伸颈飞翔状，铜雁眼睛镂空，可以穿丝线。长 2.3、宽 2.7 厘米（图三四）。

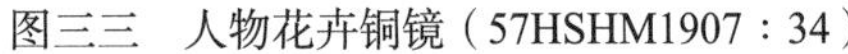

图三三　人物花卉铜镜（57HSHM1907：34）

图三四　铜雁（57HSHM1907：32）

铜立人　1 件（57HSHM1907：33）。身着过膝长袍，拱手于胸前，头带幞头，五官轮廓依稀可辨，铜立人幞头上部有一小孔，以便穿丝线。《简报》认为是“小佛”[5]。高 2.7 厘米（图三五）。

鎏金铜簪　1 件（57HSHM1907：35）。表面鎏金，柄部略宽平，錾刻连珠纹装饰，连珠纹间正面似錾刻龙纹，背面似錾刻花卉。尾部细长，整体扁平。长 20 厘米（图三六）。

5. 金银器

椭圆形银盒，1 件（57HSHM1907：7）。椭圆形，子母口扣合，已变形。长 5.1、高 3.3 厘米（图三七）。银盒表面最初有鸟、兽、银花的装饰，现已脱落。标本一，双兽银片，双兽花

图三五　拱手铜立人（57HSHM1907：33）

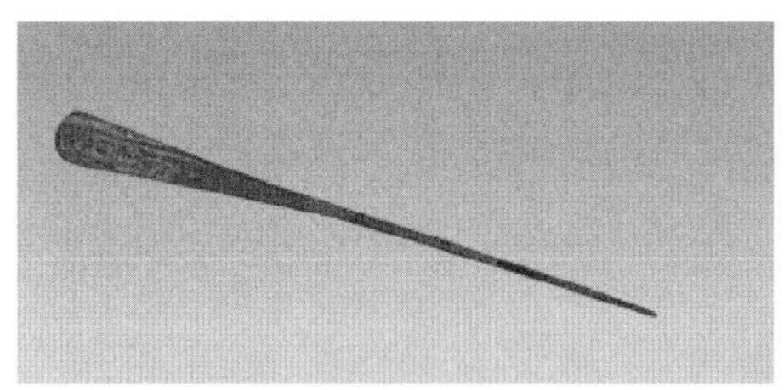

图三六　鎏金铜簪（57HSHM1907：35）

图三七　椭圆形银盒（57HSHM1907：7）

纹、胡须、眼睛等均錾刻而出，两兽一前一后，前兽前肢外撇，后肢蹬地，尾巴扬起，作伫足回首状，后兽昂首前行，尾、足皆残，颈部、前肢与前面老虎连接，形象生动，残长 3.9 厘米（图三八）。标本二，双鸟银片，双鸟羽翅錾刻而出，禽鸟首、尾均有残，前鸟展翅作回首状，后鸟低首飞行，两鸟前后呼应，长 4.5 厘米（图三九）。标本三，花卉银片，叶脉及花蕊细部錾刻而出，多已残断，长 1.8~3.1 厘米（图四〇）。

银钗　1 件（57HSHM1907：37）。素面，断为两股，长 3.8 厘米（图四一）。

图三八　双兽银片（57HSHM1907：7）

图三九　双鸟银片（57HSHM1907：7）

图四〇　花卉银片（57HSHM1907：7）

6. 其他

铁铧　4 件。一件完整，一件为两件铁铧套在一起，另有两件残碎严重。HSHM1907：47，呈三角形，前端尖平，尾部内凹，中脊隆起，便于翻整耕地，长 28.8 厘米（图四二）。

图四一　银钗（57HSHM1907：37）

铁镬　1 件（57HSHM1907：？）。前端扁平，中部渐厚，尾部较宽，有前方后圆形銎，以穿系木柄。长 23.7 厘米（图四三）。

铁熨斗　1 件（57HSHM1907：41）。已残碎不成形。

漆盒　1 件（57HSHM1907：1、3、4、8）。残碎不成形，内有红色漆皮，与银盒共同出土，可辨识出盒内有木质梳子数件，梳背为椭圆形，梳齿细密平直（图四四）。

图四二　铁铧（HSHM1907：47）

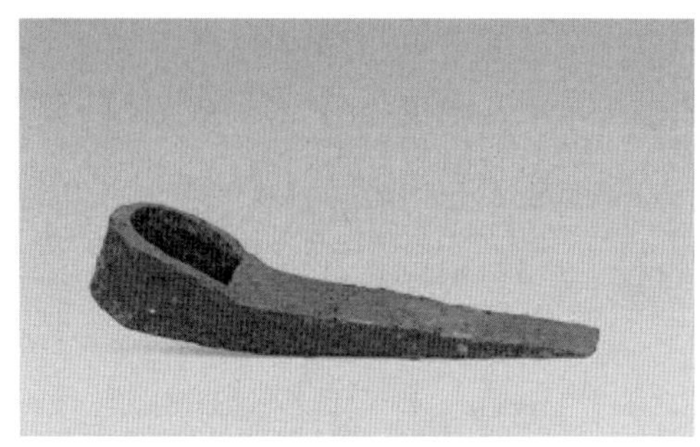

图四三　铁镬（57HSHM1907：？）

图四四　漆盒（57HSHM1907：1、3、4、8）

图四五　石人二件之一（57HSHM1907：17）

图四六　石人二件之二（57HSHM1907：18）

图四七　开元通宝铜钱（57HSHM1907：40，10 枚）

石人　2件（57HSHM1907：17、57HSHM1907：18）。形制相近。石人四肢矮短，头部硕大，似为童子，双腿站立，扭身张臂，头部转向一侧，造型生动。均高2.4厘米（图四五；图四六）。

铜钱　15件。标本一，57HSHM1907：40，开元通宝铜钱，10件。形制相同，外缘宽平，方孔，“元”字次笔有较明显的“蚕头燕尾”，钱径2.4~2.5厘米（图四七）。标本二，57HSHM1907：40，乾元重宝铜钱，2枚。形制相同，外形规整，宽缘方孔，钱文四字对读，钱径2.5~2.8厘米（图四八）。

螺狮　1件（57HSHM1907：？）。残为三段，未见加工痕迹。残长3.2、宽3.2厘米（图四九）。

图四八　乾元重宝铜钱（57HSHM1907：40）

图四九　螺狮（57HSHM1907：？）

二、相关问题

1. 三门峡地区唐墓的问题

陕州为隋唐时期衔接长安和洛阳的重要州郡。《旧唐书·地理志》：陕州大都督府为隋河南郡之陕县，隋义宁元年（617年），置弘农郡，领陕、殽、桃林、长水四县。……乾元元年，复为陕州[6]。

据韩干儿墓志可知，墓主五代先祖韩休（772—739年）为玄宗朝宰相，韩休本人曾于靠近陕州的虢州任刺史。韩休第三子韩洪曾任河南府洛阳县尉。2014年韩休夫妇墓在西安被抢救性清理发掘[7]。三门峡地区在唐代应该为昌黎韩氏家族重要的活动区域之一，除了韩干儿墓之外，还曾于1985年三门峡上村出土唐武则天长安三年（703年）韩晓墓（M7），墓中出土镇墓兽、武士俑、男女侍从和石墓志等器物[8]。1986年，唐代天宝元年（742年）三门峡市韩忠节墓（86陕工银M215）为三天井长斜坡长方形墓室墓，出土了银首饰、铜镜、蚌壳、开元通宝铜钱、石墓志等器物[9]。

1949年以后，三门峡地区的唐墓发掘成果丰硕[10]。有学者对河南地区唐墓的特点做了总结，随葬品方面，随葬器物多以陶器为主，其次是瓷器、铜器（含铜钱）、铁器，少数墓中还有金、银、骨、蚌、漆、石器等，一部分墓出有墓志[11]。在《洛阳地区隋唐墓的分期》中，将洛阳地区（包括陕县在内的洛阳以东、以西、以南及以北地区）隋唐墓分为四期，包括隋至初唐、盛唐、中唐和晚唐，依次从墓葬形制结构、随葬品器物组合及随葬器物特征方面总结归纳。其中晚唐随葬器物的组合及特征包括：盛唐、中唐时期兴盛的镇墓兽、武士俑、文官俑几乎全部消失，一些小型瓷质玩具俑与礼仪制度无关；大量实用瓷器进入墓内，构成了随葬品中的新内涵；铜匜、铜刀增多，铜镜数量和质量都下降；实用的铜质图书章被葬入墓内；包括罐、盘、盏、盒等滑石器葬入墓内；银筷、银勺、银钗等随葬更普遍；被视作镇邪厌胜之物的铁牛、铁猪、铁犁等在墓内频繁出现等一系列特点[12]。20世纪50年代，通过在三门峡地区的考古发掘，考古人员对这一地区晚唐时期的墓葬特点作了总结：所出陶俑绝少，惯出瓷器，墓主人头上会插各种装饰，发掘时会在头骨旁边看到鎏金步摇、银钗、骨梳等物，在墓主足部附近，在墓门左右放置铁犁一双以镇墓[13]。三门峡地区将庙底沟101座唐墓和印染厂80座唐墓分为七期，庙底沟唐墓第六期为中唐末期至晚唐初期，这时期庙底沟墓葬出土陶双耳罐、塔式罐、各类瓷器日用品和微型瓷器[14]；三门峡印染厂第七期为晚唐时期，出土彩绘塔式罐、彩绘双耳罐、瓷碗、铜钱、铜镜、小型陶俑等器物[15]。

通过考古发现可知，这种随葬器物的组合在三门峡地区晚唐中小型墓中较为固定。河南陕县唐文宗开成三年（838年）5号墓出土了“卍”字纹永寿铜镜，比韩干儿墓出土铜镜纹饰更为规整，此墓还出土了小陶俑、残墨、开元铜钱等器物。陕县唐大中四年（850年）64号墓与韩干儿墓年代更为接近，为“刀”形墓，墓室的西半还有砖砌棺床，出土了带座陶罐、白瓷水注、白瓷立狮等器物[16]。三门峡市9世纪前后的张弘庆墓（编号：85峡粮面M132）出土了青釉瓷壶和瓷碟、玉器、银盒、铜镜、铁犁铧等器物。三门峡市唐宣宗大中九年（855年）王迈墓出土了彩绘塔式罐、彩绘陶罐、瓷罐、铜筷、铜铲、铁牛、开元通宝铜钱等器物，其中彩绘塔式罐、彩绘陶罐与韩干儿墓所出土器型、彩绘装饰较为接近[17]。

2. 唐代微型瓷器的发现与性质

唐代微型瓷器在窑址中有发现，其中河南地区出土尤多。1961年，河南密县西关窑址发现了微型白瓷1件，头部残，似一小孩，双膝跪地，双足翘起，腹中缚腰带一条，下有方座，灰胎、白釉，残高4、长4.5厘米[18]。1993年，河南密县西关瓷窑遗址发现约晚唐时期的白釉卧俑1件，头残，为一孩童俯卧于长方形垫板上，双手及膝部着地，双足上翘，残高5.6、最宽6.6，最长13厘米[19]。2002—2004年，河南巩义市黄冶窑发掘清理出一批微型白瓷，儿童俑，仰头、侧面、双手着地，双腿合并，长4.5、高3.7厘米；抱童俑，盘坐在不规则圆形台面上，手抱孩童于胸前，通高5.7厘米；乘车俑，车体长8.2、宽5.3、高7.5厘米；骑马俑，马体长5.7、残高6厘米；动物俑有兔、马、羊、狗、狮、虎、象、骆驼、猴、牛等，高约5~8厘米；这批微型瓷器被归入第四期（简报中对这一时期界定为唐代晚期，约841—907年，这时的特点总结为精美的白釉瓷和三彩制品相对减少，实用的小型器类和玩具占主导地位[20]。）

1956年，河南陕县刘家渠64号唐墓出土白瓷立狮1件，与韩干儿墓所出微型瓷器属同类器物。此件立狮胎质细腻洁白，双目及胡须点褐彩，高10.5、长9.5、宽6.5厘米[21]。三门峡印染厂46号墓出土三彩童俑1件（M46：5），形体较小，红胎，为一童子作俯卧撑状，昂头，双目平视，双肩分开与肩部同宽支撑，脸部、颈部施白色釉，上臂、头部施绿色釉，背部、双下肢至脚施黄色釉，长 4.1 厘米，最宽 2.6、高 3.7 厘米[22]。1989 年，三门峡市唐墓（编号 M5）出土了与韩干儿墓姿态相近的白釉瓷兔，长 10.9、高 6 厘米[23]。2002—2003 年，三门峡市庙底沟 48 号唐墓出土白瓷小葫芦瓶一件，口径 0.7、腹径 3.7、底径 2.6，高 5.2 厘米，与韩干儿墓所出葫芦形白瓷瓶形制、尺寸均相似[24]。庙底沟 198 号唐墓出土器物 110 件，包括一批微型瓷器。其中白瓷小提篮，M198：15，敛口鼓腹，肩上有麻花状提梁，通体施白釉，口径 1.25、腹径 3、底径 2、高 2.4 厘米，与韩干儿墓出土青釉褐斑提梁小罐形制较为接近，该墓还出土了白釉酱瓷牛、三彩狮、绿釉小鸭、绿釉瓷俑等微型瓷器[25]。

河南地区三门峡之外的唐墓也有出土微型瓷器。1958 年，安阳梅园庄晚唐墓（编号 58A.M.M.6），墓中出土了瓷器、“开元通宝”铜钱和“乾元通宝”铜钱。其中出土一组微型瓷器：童子 2 件，跪坐于椅上，一腿前盘，一腿蜷跪，椅前有栏杆，双手扶栏杆，豆青色，通高 4.2 厘米；瓷羊 1 件，歪头，角向后背，豆青色，通高 5 厘米；瓷马 1 件，竖耳，短尾，颈部有鬃，豆青色，通高 4.5 厘米；瓷猫 1 件，直立仰头状，颈系铃铛，豆青色，通高 4.5 厘米；瓷犬 1 件，黑白花，短身大耳犬，通高 4 厘米；瓷瓶 2 件，黑、白各 1，高 4.5 厘米；瓷提梁水桶，扁腹、侈口，底平，口部有提梁，黑、白各 1，高 2.5 厘米[26]。安阳晚唐墓出土与韩干儿墓所出缩微瓷器相近的器物，推测和晚唐时期安阳北岸窑和北齐窑烧制各类碗、盘、罐及各种精巧玲珑小玩具有关。[27]

这类微型的白瓷器具、动物和人物不仅在河南发现，在河北、江苏、山西等地的窑址和墓葬中也有出土。1960—1961 年，河北省曲阳县定窑窑址中发现了 21 件微型白瓷，包括奏乐人物，一件双腿盘坐，左手抱鼓，右手作拍击状，通体施赫绿釉，深浅不一，残高 5.5 厘米；另一件双手作拱托状，腹前束围布，通体白釉，残高 4.5 厘米；骑马人物，两件基本相同，马足肥短，骑者头戴折帽，双手勒缰，高 5.6 厘米；瓷猴，高 4.4 厘米；瓷鸡，高 2.6 厘米；瓷狮，高 3.4 厘米；瓷狗，高 3.2 厘米；瓷龟，高 1.6 厘米；瓷兔，高 0.9 厘米；尺寸均较小，白瓷，施赫釉，与韩干儿墓出土微型瓷器玩具工艺、风格较为接近[28]。1984 年山西省长治市郊区北石槽村唐墓出土了白釉童子驱驾牛车，高 11.9、长 7.7、宽 6.2 厘米[29]。1992 年扬州市念四桥薛庄出土了白釉童子驱驾牛车，高 11.5、底座长 9.1，宽 8 厘米[30]。2014—2015 年，扬州市考古文物研究所对扬州城西门以东、扬州大学以南的贾庄唐五代手工业作坊遗址进行考古发掘，出土了一批晚唐五代微型白瓷。包括微型的动物瓷塑、器具和人物瓷塑，动物包括褐彩鸟，残长 3.3、高 3.7 厘米；褐彩犬，高 6、长 5.2 厘米；褐彩狮，长 5、高 3.2 厘米；器具包括黑釉葫芦瓶、黑釉提梁罐、青瓷水盂、白瓷水盂、褐彩水盂、白瓷瓶、白瓷壶等，尺寸均高约 3 厘米；白瓷女俑，残高 4.6 厘米；白瓷褐彩骑马俑，残长 3.3、残高 2.7 厘米；白釉褐彩人俑，高 3.3 厘米；童子驱驾牛车[31]。另外，在河北邢窑博物馆[32]、河南安阳地区[33]，都有收藏或发现微型白瓷人物和动物。各类微型的器物不仅在巩县窑、邢窑和定窑等中原地区窑口和墓葬中出现，在长沙窑等地也有发现，唐代湖南长沙铜官窑址中出土了不同釉质的鸟、狗、猪、羊、狮等微型动物瓷塑[34]。

微型器物的随葬有较为久远的历史。陕西韩城梁代村 M26 出土了六件微型青铜器，学者认为这类器物为“弄器”，并非供在祠庙，为墓主生前玩弄之器[35]。到了隋唐时期，又出现陶瓷材质微型器物，包括器物、动物、人物等种类，与作为明器生产的各类俑不同，这些微型器物具有造型生动、工艺复杂、体量微小等特征[36]。东汉王符《潜夫论》：“或作泥车、瓦狗、马骑、倡排，诸戏弄小儿之具以巧诈。”[37]早在汉代，这类微型器物一部分就成为儿童手中的玩弄之物。无论是作为“弄器”，还是作为“戏弄小儿之具”，都明显地证明这类器物并非专为墓葬所作，而是日用器具。据墓志介绍，韩干儿为女性，去世时年仅 15 岁，这座墓葬所出土成组的微型器具，应为其生前玩弄之物。通过三门峡庙底沟 198 号墓、韩干儿墓和安阳梅园庄晚唐墓的出土器物可知，这类生前所用微型瓷器在主人过世后，不乏成组随葬的情况。

注释：

[1] 华平:《黄河水库考古工作队出发工作》,《考古通讯》1956 年第 1 期。

[2] 黄河水库考古工作队:《1957 年河南陕县发掘简报》,《考古通讯》1958 年第 11 期。

[3]《简报》中所统计的小型瓷器包括：白瓷挂酱釉牛车 1、匍匐俑 4、骑马小俑 1、狮、狗、羊兔各 1，猴 2，白瓷水注 1、钵 2，瓶 3，罐 2、提梁桶；之外有白瓷碗 1、青瓷粉盒 1，黄釉双耳瓷罐 1、绿釉提梁桶 1，白釉酱斑水注 1。漆器有豆、盘、盒等，铜器也有小型的包括菱花镜、鎏金簪、飞鸟。小佛、铃、镇等。有朱书的砖志一方。黄河水库考古工作队:《1957 年河南陕县发掘简报》,《考古通讯》1958 年第 11 期。

[4] 关于塔式罐的研究，参见袁胜文:《塔式罐研究》,《中原文物》2002 年第 2 期。

[5] 黄河水库考古工作队:《1957 年河南陕县发掘简报》,《考古通讯》1958 年第 11 期。

[6]《旧唐书》，中华书局，1975 年，第 1427—1428 页。

[7] 陕西省考古研究院、陕西历史博物馆、长安区旅游民族宗教文物局:《西安郭庄唐代韩休墓发掘简报》,《文物》2019 年第 1 期。

[8] 任留政、任孝生:《三门峡上村唐墓发掘简报》，见许海星、李书谦:《三门峡文物与考古研究》，北京燕山出版社，2003 年，第 98—102 页。

[9] 三门峡市文物工作队:《三门峡市两座唐墓发掘简报》,《华夏考古》1989 年第 3 期。

[10] 主要发掘成果包括：1956 年 4 月至 10 月，黄河水库考古工作队在陕县会兴镇附近发掘了 223 座墓葬，主要为汉墓和唐墓。其中唐代墓葬发掘了 116 座，都是南北向的土圹单室墓，规模都很小。其中 14 座墓出土了墓志，除了少数几座可能是初唐之外，都是盛唐之后的。黄河水库考古工作队，俞伟超执笔:《一九五六年河南陕县刘家渠汉唐墓葬发掘简报》,《考古通讯》1957 年第 4 期。1965 年，河南省文化局文物工作队（现河南省文物考古研究所）在配合三门峡市的基建工作中，发掘了一批唐墓，其中印染厂

有一百多座，河南省文物考古研究所:《河南三门峡市印染厂唐墓清理简报》,《华夏考古》2002 年第 1 期；河南省文物考古研究院:《河南三门峡市印染厂 130 号唐墓清理简报》,《华夏考古》2016 年第 2 期；河南省文物考古研究院:《三门峡市印染厂墓地》，中州古籍出版社，2017 年。2000 年，三门峡市文物考古研究所在市区西南部三里桥村湖滨区法院家属楼工地清理了一批古墓，包括 11 号唐代早期墓，三门峡市文物考古研究所:《三门峡三里桥村 11 号唐墓》,《中原文物》2003 年第 3 期。2002 年，三门峡市文物考古研究所和陕县文物管理委员会对陕县七里堡唐墓进行考古发掘，共有唐代墓葬 37 座。任留政、赵小灿、任新生、曹铁钢:《陕县七里堡唐代墓葬群发掘简报》，三门峡文物考古研究所:《三门峡文物考古与研究》，北京燕山出版社，2003 年，第 104—110 页。2002 年 5 月至 2003 年 10 月，河南省文物考古研究所等单位对三门峡市庙底沟遗址进行了抢救性发掘，除了仰韶文化和庙底沟二期文化遗存之外，还有 226 座汉唐至明清时期的墓葬，其中唐墓有 101 座，出土了陶器、瓷器、三彩器等遗物，河南省文物考古研究所:《三门峡庙底沟唐宋墓葬》，大象出版社，2006 年。2016 年，三门峡市文物考古研究所在湖滨区上村佳苑城中村改造项目中抢救清理了一批唐宋至明清时期的墓葬，其中 53 号墓为初唐时期墓葬，三门峡市文物考古研究所:《河南三门峡上村佳苑唐墓 M53 发掘简报》,《中原文物》2020 年第 6 期。2017 年，三门峡市文物考古研究所在商务区中学项目工地抢救发掘了初唐时期的 9 号墓，三门峡虢国博物馆、三门峡市文物考古研究所:《河南三门峡商务区中学 9 号唐墓发掘简报》,《中原文物》2018 年第 4 期。

[11] 赵会军:《河南唐墓概说》,《中原文物》1984 年第 4 期。

[12] 徐殿魁:《洛阳地区隋唐墓的分期》,《考古学报》1989 年第 3 期。

[13][16][21] 黄河水库考古工作队:《一九五六年河南陕县刘家渠汉唐墓葬发掘简报》,《考古通讯》1957 年第 4 期。

[14] 河南省文物考古研究所:《三门峡庙底沟唐宋墓葬》，大象出版社，2006 年，第 171—179 页。

[15] 河南省文物考古研究院:《三门峡市印染厂墓地》，中州古籍出版社，2017 年，第 431—437 页。

[17] 胡焕英、祝晓东:《河南三门峡市清理一座纪年唐墓》,《考古》2007 年第 5 期。

[18] 河南省文化局文物工作队:《河南省密县、登封唐宋窑址调查简报》,《文物》1964 年第 2 期。

[19] 郑州市文物工作队、密县文管所:《河南密县西关瓷窑遗址发掘简报》,《考古》1995 年第 6 期。

[20] 河南省文物考古研究所、中国文物研究所:《河南巩义市黄冶窑址发掘简报》,《华夏考古》2007 年第 4 期。

[22] 河南省文物考古研究院:《三门峡市印染厂墓地》，中州古籍出版社，2017 年，第 226 页。

[23] 三门峡市文物工作队:《三门峡市水工厂唐墓的发掘》,《华夏考古》1993 年第 4 期。

[24] 河南省文物考古研究所:《三门峡庙底沟唐宋墓葬》，大象出版社，2006 年，第 25 页。

[25] 河南省文物考古研究所:《三门峡庙底沟唐宋墓葬》，大象出版社，2006 年，第 124—135 页。

[26] 考古所安阳工作队:《河南安阳西郊唐宋墓的发掘》,《考古》1959 年第 5 期。

[27] 赵青云:《河南陶瓷史》，紫禁城出版社，1993 年，第 159 页；卫本峰:《安阳县古瓷窑遗址考察》,《中原文物》1986 年第 3 期。

[28] 河北省文化局文物工作队:《河北曲阳县涧磁村定窑遗址调查与试掘》,《考古》1965 年第 8 期。

[29]《中国出土瓷器全集》编委会:《中国出土瓷器全集·山西》,科学出版社,2008 年,第 39 页。

[30]《中国出土瓷器全集》编委会:《中国出土瓷器全集·江苏、上海》,科学出版社,2008 年,第 92 页。

[31] 林海南:《扬州贾庄晚唐五代遗址出土的瓷塑玩具》,《东方博物》2019 年第 2 期。

[32] 方鸣:《中国邢窑》,中国华侨出版社,2012 年,第 105—106 页。

[33] 吴景泽:《中国古代陶瓷玩具》,上海人民出版社,2010 年。

[34] 长沙市文化局文物组:《唐代长沙铜官窑址调查》,《考古学报》1980 年第 1 期。

[35] 李零:《说匳——中国早期的妇女用品:首饰盒、化妆盒和香盒》,《故宫博物院院刊》2009 年第 3 期。

[36] 关于唐代微型瓷塑的研究,参见刘建洲:《巩县黄冶窑唐三彩玩具的艺术特点》,《中原文物》1984 年第 2 期;张全民:《西安西郊热电厂出土的唐三彩玩具》,《文博》2008 年第 1 期;神野惠:《唐三彩小型瓷偶》,陈枫译,《华夏考古》2016 年第 1 期。

[37] 王符著,汪继培笺,彭铎校正:《潜夫论笺校正》,中华书局,1985 年,第 123 页。

河南三门峡刚玉砂厂唐墓发掘简报

◎河南省文物考古研究院　◎三门峡市文物考古研究所

三门峡市刚玉砂厂位于河南省三门峡市市区的西北部，甘棠北路（规划道路）以东，建工路以南，上官北路（规划道路）以西，黄河路以北（图一）。为配合三门峡市刚玉砂厂周边棚户区改造项目（黄河花园）建设，河南省文物考古研究院联合三门峡市文物考古研究所于2020年10月至2021年3月对该墓地进行了考古发掘。共清理墓葬294座，时代跨战国、秦、西汉、唐、宋、元、明、清等时期。其中编号为M003的唐墓形制完整，出土物丰富，有彩绘陶俑、墓志等24件（套）随葬品，现简报如下。

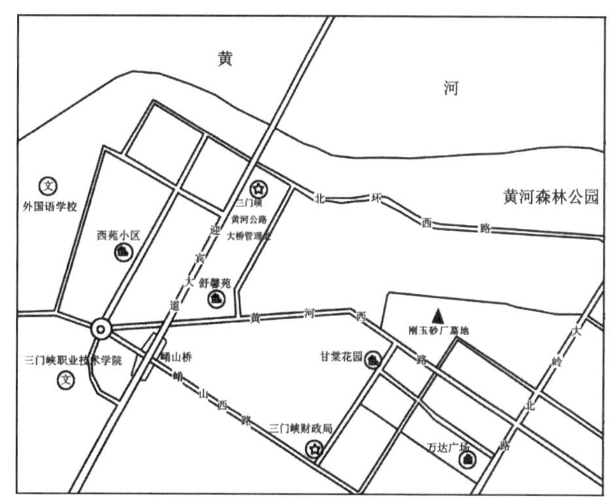

图一　三门峡市刚玉砂厂墓地位置示意图

一、墓葬形制

M003为竖穴斜坡墓道单天井单室土洞墓，方向186°。由墓道、过洞、天井、墓室组成（图二）。

墓道　位于整个墓葬的南侧，墓口距现地表0.8米。平面近长方形，南部未发掘。墓道口小底大，墓壁较直，底为斜坡状。已发掘部分长2.5、宽0.64~0.7、斜坡长2.8、深3.2~4.6米。墓道填土为红褐色花土，土质较硬。

过洞　位于墓道北侧，连接墓道与天井。宽0.2~0.3、高1.78~1.9米。

天井　位于过洞北侧，平面近梯形。口小底大，壁较直，底部为斜坡状。口长2.3、宽0.48~0.64米，坡长2.5、宽0.8~0.81米。天井深4.6~5.4米。天井填土亦为红褐色花土，土质较硬。

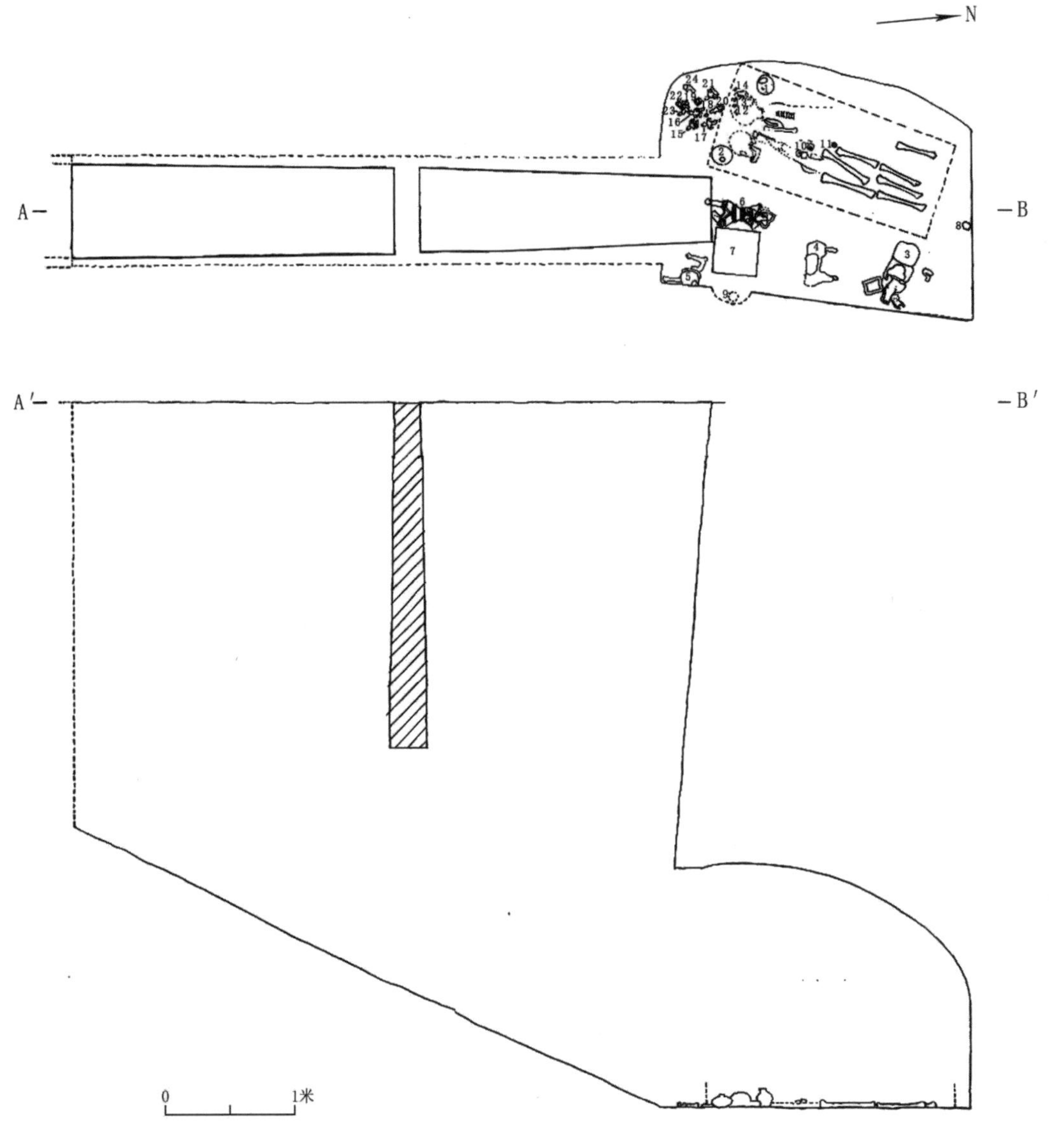

图二　M003 平、剖面图

1. 陶双耳罐　2. 陶瓶　3、4. 陶马　5、6. 武士俑　7. 墓志　8、9. 陶碗　10. 铜带具　11. 铜钱　12. 铜合页　13. 铜发饰　14. 铜钗　15~18、21. 幞头俑　19. 男俑头　20. 舞俑　22. 风帽俑　23. 端坐俑　24. 胡人俑

墓室　位于天井北侧，平面为不规则四边形。为单室土洞结构，拱顶，墓壁较直，近平底。长 2.4、宽 1.42~1.72、高 1.8 米。墓室东南角有一壁龛，平面呈半圆形，宽 0.3、高 0.2、进深 0.1 米。填土为红褐色淤土，土质较硬。墓门在墓室南壁，高 1.8、宽 0.8 米。

葬式葬具　在墓室偏西部发现有棺痕和棺钉，推测葬具为木棺，已腐朽。棺痕长 1.8、宽 0.8 米。棺痕范围内发现两具人骨，均头向南，面向上，为仰身直肢葬。人骨腐朽严重，保存状况差。根据人骨特征及随葬器物推测东侧人骨为男性，西侧人骨为女性，年龄不详。

M003 共出土 24 件（套）随葬品，均位于墓室及壁龛内。其中棺痕南部有陶双耳罐、陶瓶，墓室东部有 2 件彩绘陶马俑，墓室东南近墓门处有 2 件武士俑和 1 合墓志，墓室北部和壁龛内均出土 1 件陶碗，墓室西南角有幞头俑 5 件、风帽俑 1 件、端坐俑 1 件、胡人俑 1 件、男俑头 1 件，木棺内发现的随葬品有铜带具、铜钱、铜发饰、铜合页和铜钗。

二、出土器物

墓室内共发现24件（套）随葬品，有陶俑、陶器、铜器和石器，以陶俑占绝大多数。

（一）陶俑

14件。均为彩绘陶俑。可分为人物俑和动物俑两类。

1. 人物俑　12件。有武士俑、幞头俑、风帽俑等。

武士俑　2件（M003：5、6）。形制相似。标本M003：5，面部主要饰以白彩，双眉微蹙，

图三　M003出土武士俑
1. M003：5　2. M003：6

两眼凸鼓圆睁，高鼻梁，嘴微张，黑彩胡须；左臂弯曲前伸，左手微张，左手指已失；右臂亦弯曲前伸，右手握空拳，两手应持有物，手持物已失；左腿直立，右腿弯曲，右脚点立于蹄形台座之上。头戴黑彩尖顶盔，前部向上翻折，施橘黄色彩；颈部饰橘黄色领巾，颈以下纵束黑彩甲带，至胸甲下横束至腰后，胸甲中分为两部分，各有一圆护。内着橘黄色窄袖半长裙至膝，腰系黑带后挽。明光铠以橘黄色彩间黑彩为主。足着黑彩间橘黄色彩尖头靴。武士俑形体健壮、形象威武。通高 59 厘米（图三，1；图版二，1）。标本 M003：6，面部主要饰以白彩，双眉微蹙，两眼凸鼓圆睁，高鼻梁，撇嘴；左臂弯曲上扬，左手握空拳，手执物已失；右臂亦弯曲，右手叉于腰间；左腿弯曲，左脚点立于蹄形台座之上；右脚直立。头戴橘黄彩尖顶盔，前部向上翻折，施橘黄色彩；颈部饰橘黄色领巾，颈以下纵束黑彩甲带，至胸甲下横束至腰后，胸甲中分为两部分，各有一圆护。内着橘黄色窄袖半长裙至膝，腰系黑带后挽。明光铠以橘黄色彩为主。足着尖头靴，彩绘颜色不详。武士俑形体健壮、形象威武。通高 60 厘米（图三，2；图版二，2）。

幞头俑　5 件（M003：15~18、21）。标本 M003：15，圆脸，眼部为彩绘黑彩，细长眉，低鼻梁，黑彩八字胡，嘴微张，头部微左倾右视，两臂弯曲微上抬，两手张开垂直于地面，置于膝部上方，盘腿而坐，右腿在前。头戴宽扁顶幞头帽，无结节；身着橘黄色圆领中长袍；阴刻凹槽腰带。姿态肃穆。宽 11.6、高 14.2 厘米（图四，4；图版一，1）。标本 M003：16，圆脸，

图四　M003 出土人物俑

1~4、6. 幞头俑（M003：17、M003：16、M003：21、M003：15、M003：18）5. 舞俑（M003：20）

头部左倾，细眼平视，高长鼻，黑彩山羊胡，嘴部张开，左臂弯曲贴于膝上，左手微张，手指已失；右臂弯曲前伸，右手微握，两手中似执物，执物已失。坐姿，左腿弯曲垂直置于地，右腿弯曲盘于地。身着黑彩间橘黄彩圆领短袖短袍。姿态安逸。宽 10.2、高 13.4 厘米（图四，2；图版一，2）。标本 M003：17，圆脸，头部微上扬，微蹙眉，黑彩圆目仰视，宽鼻梁，嘴部张开微凸，黑彩山羊胡。两臂弯曲前伸，右手实握，左手虚握似执物，手执物已失。两腿并拢呈站立状，右脚缺失。腰部微弯。头戴宽扁顶幞头帽；身着圆领短袖短袍。姿态安逸。宽 11.6、高 19.2 厘米（图四，1；图版一，7）。标本 M003：18，圆脸，微蹙眉，圆目左视，宽鼻梁，嘴部张开微凸，黑彩山羊胡。左臂弯曲向下，左手张开；右臂弯曲上扬，右肘部以下缺失。右腿盘坐贴于地，左腿弯曲前伸，足跟触地，左足尖缺失。头戴宽扁顶幞头帽；内着橘黄彩圆领衣，外着左翻领中长袍，翻领为橘黄彩，右臂不覆外衣。姿态肃穆。宽 13、高 14 厘米（图四，6；图版一，3）。标本 M003：21，圆脸，黑彩两眼圆睁平视，宽鼻梁，黑彩浓胡，嘴微张略向右撇。面部以红彩为主。左半身微向前倾。左臂弯曲前伸，左手已失；右臂弯曲略前伸，右手微握。双腿跪坐于地，两膝分开，两脚交叉于身后。头戴宽扁顶幞头帽；身着橘黄色彩圆领及膝中长袍，领口饰黑彩。姿态平和。微残。宽 10.2、高 14.8 厘米（图四，3；图版一，4）。

舞俑　1 件（M003：20）。长方脸，浓眉，两眼凸鼓圆睁左视，高鼻梁，黑彩八字胡，嘴微张，嘴唇凸鼓似鸭嘴。左臂张开微弯曲，左手张开；右臂张开微弯曲稍前伸，右手手指已失。双腿下蹲成马步状，重心微向上，两足间向内。头戴黑彩尖顶毡帽，身着黑彩条纹圆领短袍；下着黑彩条纹分裆及足长裤，阴刻凹槽黑彩腰带。姿态滑稽。宽 16、高 18.2 厘米（图四，5；图版一，6）。

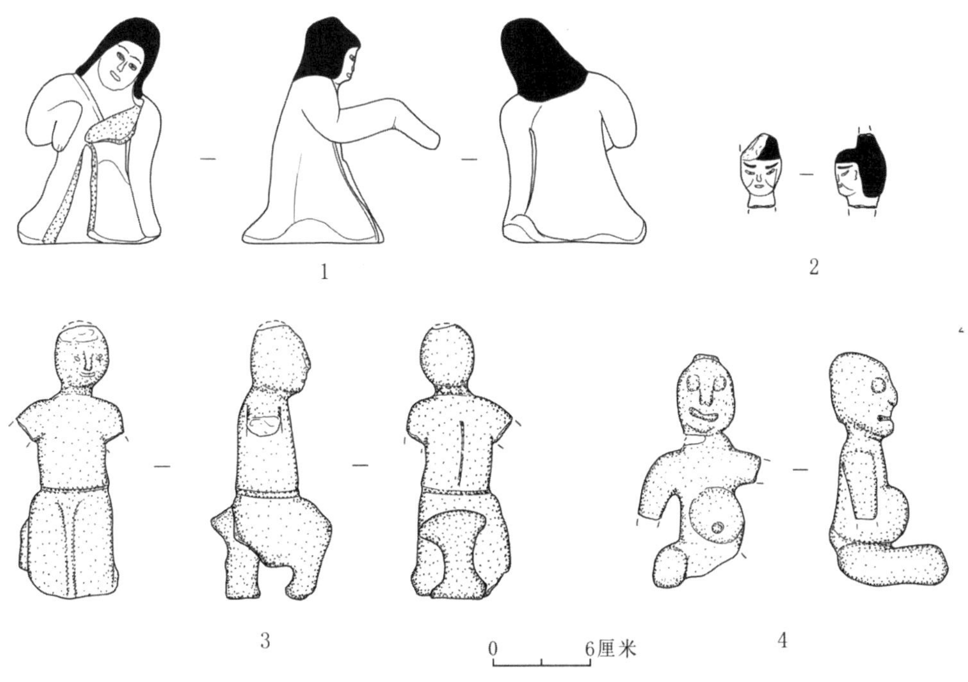

图五　M003 出土人物俑

1. 风帽俑（M003：22） 2. 男俑头（M003：19） 3. 端坐俑（M003：23） 4. 胡人俑（M003：24）

风帽俑　1件（M003：22）。长方脸，黑彩两眼圆睁俯视，头向左倾，抿嘴。左臂微曲下垂于地，右臂弯曲前伸，两手皆拢于袖中；呈坐姿，左腿弯曲垂于地，右腿似盘坐于地，两腿皆遮于衣下。头戴黑彩风帽，身着白彩左翻领及足长袍，翻领为橘黄色彩。姿态慵懒。宽9、高13.6厘米（图五，1；图版一，5）。

端坐俑　1件（M003：23）。泥塑。圆脸，黑彩两眼圆睁平视，高鼻梁，抿嘴。两臂已失。坐于圆形椅上，双腿自然下垂于地。姿态平和。宽6.6、高16.4厘米（图五，3）。

胡人俑　1件（M003：24）。泥塑。头戴胡帽，长方脸，黑彩两眼圆睁，高鼻梁，宽嘴巴，表情夸张。两臂已失，鼓腹，呈坐姿，足部形制不显。宽7.6、高14厘米（图五，4）。

男俑头　1件（M003：19）。泥塑。仅存俑头，头戴冠，冠残，细目扬眉，小口，八字胡，俑体残碎严重，形制不详。俑头宽2.6、高4.6厘米（图五，2）。

2. 动物俑

2件（M003：3、M003：4）。均为陶马。形制相近。标本M003：3，勾首，平背，四肢直立，无底座，马尾缺失，体中空，嘴衔黑彩马嚼，两眼凸鼓平视，鼻孔凹陷为长条状，两耳竖直，颈部及马背饰有长条黑彩辔头，背置橘黄色彩马鞍及黑彩夹杂圆形白彩马鞯，马鞯下方有黑彩夹杂圆形白彩马镫。马体态饱满健硕。体长38、通高44.4厘米（图六，1；图版二，3）。标本M003：4，勾首，平背，马尾残失，四肢直立，无底座，体中空，嘴衔黑彩夹杂圆形白彩马嚼，两眼凸鼓俯视，鼻孔凹陷为长条状，两耳竖直，颈部及马背饰长条黑彩夹杂圆形白彩辔头，背置白彩、边缘为黑彩马鞍及橘黄彩夹杂圆圈黑彩马鞯，马鞯下方有黑彩夹杂圆形白彩马镫。马体态饱满健硕。体长38、通高43厘米（图六，2；图版二，4）。

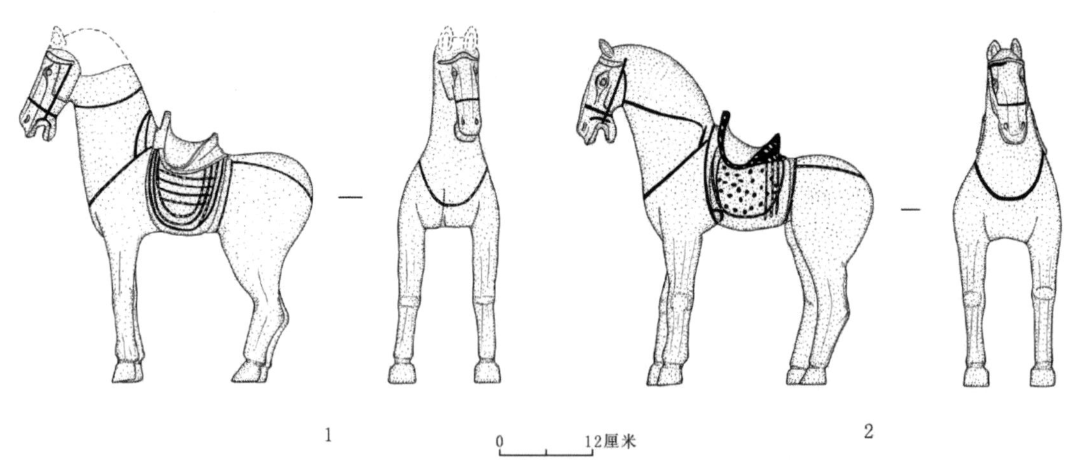

图六　M003出土陶马
1. M003：3　2. M003：4

（二）陶器

4件。分别为双耳罐、瓶和碗。

双耳罐　1件（M003：1）。泥质灰陶。侈口，卷沿，圆唇，束颈，圆肩，微鼓腹，肩部附对称双环耳，平底微内凹。素面。口径 6.6、底径 7、高 13.8 厘米（图七，1）。

瓶　1件（M003：2）。泥质灰陶。口残，细颈，圆肩，圆鼓腹，平底微内凹。素面。底径 8.2、残高 18.4 厘米（图七，2）。

碗　2件（M003：8、9）。标本 M003：8，泥制灰陶。敞口，圆唇，浅斜腹，平底微凹。素面。口径 10.3、底径 4.8、高 2.8 厘米（图七，4）。标本 M003：9，泥制灰陶。敞口，折沿，方唇，斜直腹，平底微凹。素面。口径 10.6、底径 5、高 3.6 厘米（图七，3）。

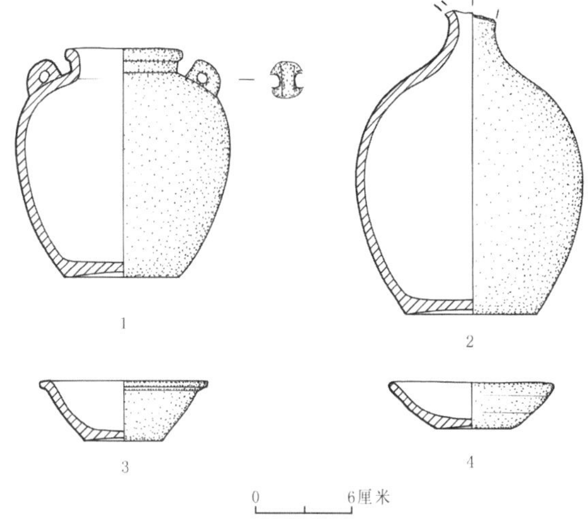

图七　M003 出土陶器
1. 双耳罐（M003：1）　2. 瓶（M003：2）
3、4. 碗（M003：9、M003：8）

（三）铜器

5件（套）。分别为带具、发饰、合页等。

带具　1套6件（M003：10-1~6）。标本 M003：10－1，铜带扣，一端为椭圆形扣孔及直扣鼻，另一端为两片半椭圆形铜片铆合而成。标本 M003：10－2，铜带銙四件，形制分两类。一类为长方形铜带銙，一端皆有长方形扣孔：一件有两块长方形铜片，四角有铆钉，长 3.2、宽 2.9、厚 0.8 厘米（图八，1）；一件已残，仅剩一块铜片，四角有铆钉。另一类为半圆形铜带銙，有两块半圆形的铜片，两端两边各有一铆钉，一整一残，近中部有一长方形扣孔。长 3.1、宽

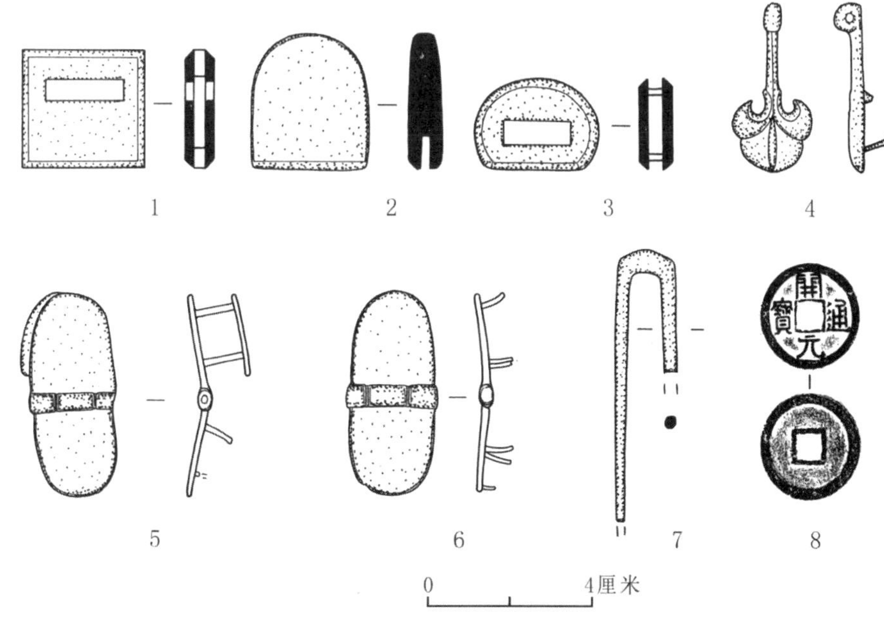

图八　M003 出土铜器
1~3. 带具（M003：10）　4. 发饰（M003：13）　5、6. 合页（M003：12）　7. 钗（M003：14）　8. 铜钱（M003：11）

2.1、厚 0.8 厘米（图八，3）。标本 M003：10－3，铜銙尾一件，由两片半椭圆形铜片铆合而成，长 3、宽 2.2、厚 0.6 厘米（图八，2）。

发饰　1 件（M003：13）。首端上卷为圆环，体呈长条形，尾端为花瓣形，两侧上卷，背面有两个圆形柱纽。长 3、宽 2 厘米（图八，4）。

合页　1 套 6 枚（M003：12–1~6）。形制相同，皆由两个半椭圆形铜片制成，中间有环轴，已锈；两面之间用细柱状钉相连；其余残缺严重，仅存铆钉痕迹。标本 M003：12－1，呈半合状。长 4.8、宽 2.3 厘米（图八，5）。标本 M003：12－2，呈展开状。长 4.8、宽 2.2 厘米（图八，6）。

钗　1 件（M003：14）。由圆形铜料弯曲制成，分两股，整体呈 U 型，钗股已残，自钗首至尾端渐收窄。残长 6.5、宽 1.5 厘米（图八，7）。

铜钱　1 枚（M003：11）。圆形方穿，内外郭规整，钱文直读“开元通宝”。钱径 2.5 厘米（图八，8）。

（四）石器

1 件。为墓志一合（M003：7）。方砖墓志。志、盖均为正方形，志盖盝顶，白色粉书篆体字，共九字“大唐故□□□墓志铭”。志盖背面饰绳纹，正面平滑无字。墓志正面文字不清，背面饰绳纹。志盖边长 34、厚 5 厘米。志边长 35、厚 6.5 厘米。

三、结语

三门峡刚玉砂厂 M003 出土的一合墓志，仅志盖上使用白彩书写了篆书九字“大唐故□□□墓志铭”，墓志使用白彩书写，多已脱落，字迹不清，无法判断该墓的准确年代以及墓主人情况。

该墓是由长斜坡墓道、过洞、天井、墓室组成的土洞墓，墓道与天井呈较长的竖井斜坡状，葬具靠近墓室西壁放置，墓葬形制具有明显的中原地区唐墓特征[1]。墓葬中出土的铜钱为“开元通宝”，“通”字边为不相连的三点，属于盛唐以前武德开元铜钱的典型特征[2]。该墓出土的陶双耳罐（M003：1）分别与三门峡印染厂唐墓 M149 出土的陶双耳罐[3]（M149：2）和三门峡庙底沟唐宋墓 M3 出土的陶双耳罐[4]（M3：2）形制相似，口沿外侈明显，后两者墓葬均属于盛唐时期。出土的陶瓶（M003：2）口部残缺，短细颈，腹部较圆，器形矮胖，这些特征与三门峡庙底沟唐宋墓中盛唐初期 M144 出土的陶瓶[5]（M144：1）形制一致。武士俑（M003：5、6）着明光铠，具有初唐风格，与三门峡三里桥 11 号唐代早墓葬出土的武士俑[6]（M11：4）形制近似，唯帽饰不同。出土的陶马（M003：3、4）与巩义芝田晋唐墓中初唐偏晚的 A Ⅰ式陶马[7]（M90：27、M35：24）形制接近。结合上述特征推断，M003 的年代应属盛唐时期偏早阶段。

M003随葬的俑类较为丰富，如幞头俑、风帽俑、端坐俑、胡人俑等，在以往三门峡地区唐墓中并不常见。从墓葬形制、规模和随葬器物来看，墓主应具有一定社会地位。该墓为进一步研究豫西地区唐墓特征以及丧葬习俗提供了翔实的实物资料。

附记：项目负责人许海星。发掘人员有河南省文物考古研究院胡赵建、张凤，三门峡市文物考古研究所郑立超、杨海青、李幸辉，安阳师范学院教师魏唯一、金海旺和2018级考古专业本科生。资料整理：张凤、胡赵建、郑立超、金海旺。绘图孙广贺。工地摄影王名飞、吴印。器物摄影赵昂，拓片张雪娇、李冰洁。

执笔：张　凤　胡赵建

注释：

[1] 徐殿魁：《洛阳地区隋唐墓的分期》，《考古学报》1989年第3期，第275—304页。

[2] 徐殿魁：《唐代开元通宝的主要品类和分期》，《中国钱币》1992年第3期，第6—17页。

[3] 河南省文物考古研究院：《三门峡市印染厂墓地》，中州古籍出版社，2017年，第368页。

[4] 河南省文物考古研究所：《三门峡庙底沟唐宋墓葬》，大象出版社，2006年，第13页。

[5] 河南省文物考古研究所：《三门峡庙底沟唐宋墓葬》，大象出版社，2006年，第69页。

[6] 三门峡市文物考古研究所：《三门峡三里桥村11号唐墓》，《中原文物》2003年第3期，第7—16页。

[7] 郑州市文物考古研究所：《巩义芝田晋唐墓葬》，科学出版社，2003年，第142页。

图版一

1. 幞头俑（M003：15）

2. 幞头俑（M003：16）

3. 幞头俑（M003：18）

4. 幞头俑（M003：21）

5. 风帽俑（M003：22）

6. 舞俑（M003：20）

7. 幞头俑（M003：17）

河南三门峡刚玉砂厂唐墓出土陶俑

1. 武士俑（M003：5）

2. 武士俑（M003：6）

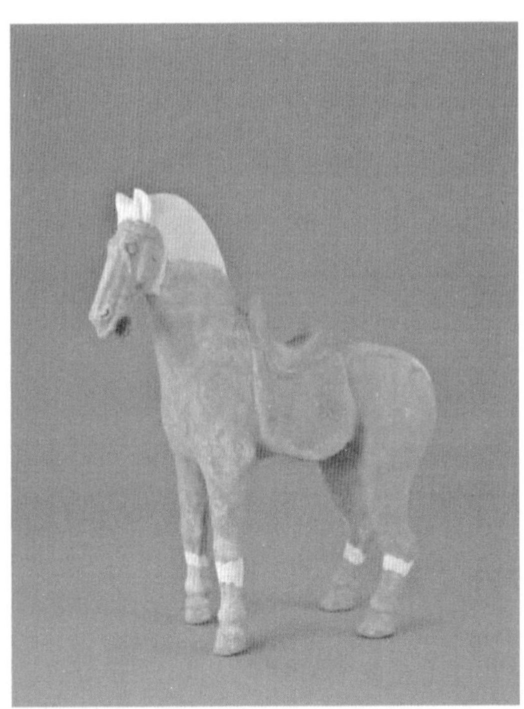

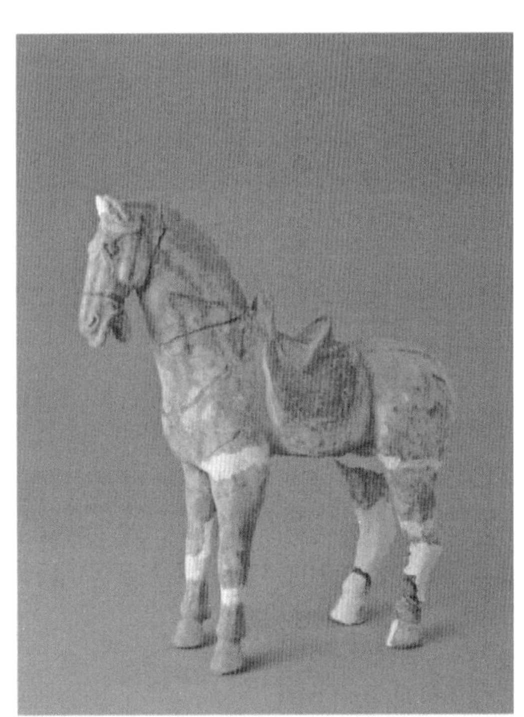

3. 陶马（M003：3）

4. 陶马（M003：4）

河南三门峡刚玉砂厂唐墓出土陶俑

三门峡市刚玉砂厂金代墓葬 M212 发掘简报

◎河南省文物考古研究院　◎三门峡市文物考古研究所

三门峡市刚玉砂厂位于三门峡市区西北部，甘棠北路（规划道路）以东，八一路以南，上官北路（规划道路）以西，黄河西路以北，北距黄河约 1 千米。（图一）2020 年 10 月至 2021 年 3 月，为配合三门峡市刚玉砂厂周边改造项目工程建设，河南省文物考古研究院联合三门峡市文物考古研究所对项目用地进行了考古勘探和发掘。共发掘墓葬 294 座，时代跨战国、秦代、西汉、唐、宋、金、元、明清等时期，其中金墓 M212 保存较好，随葬品较丰富。现将发掘情况报告如下。

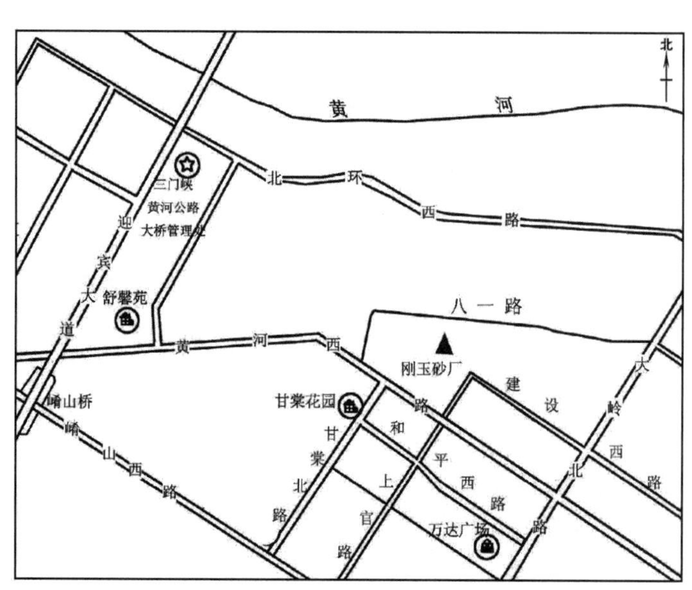

图一　三门峡市刚玉砂厂墓地位置示意图

一、墓葬形制

M212 位于发掘区的西南部，为一座南北向竖穴墓道土洞墓，由墓道和墓室组成，方向为 190°。（图二）

墓道开口于扰土层下，口部距地表深 1.05 米，平面呈梯形。壁近直，较规整，未见明显的工具加工痕迹。口部长 1.80 米，宽 0.60~0.72 米；底长 1.80 米，宽 0.60~0.72 米；深 1.96 米。填土为黄褐色五花土，土质较疏松。

墓室平面形状近长方形，拱形顶。墓壁近直，较规整，在 0.66 米高时起拱。墓底为平底，西侧较深。墓室底长 2 米，宽 1.51 米，高 1.26 米。墓室内未发现葬具痕迹。墓室内共葬有 3

具人骨，头均向北，自西向东编为1号、2号和3号。1号人骨面向南，人骨较杂乱，葬式不详，推测为女性；2号人骨面向东，仰身直肢葬，推测为中老年男性；3号人骨面向西，与2号人骨相对，仰身直肢葬，推测为中老年女性。

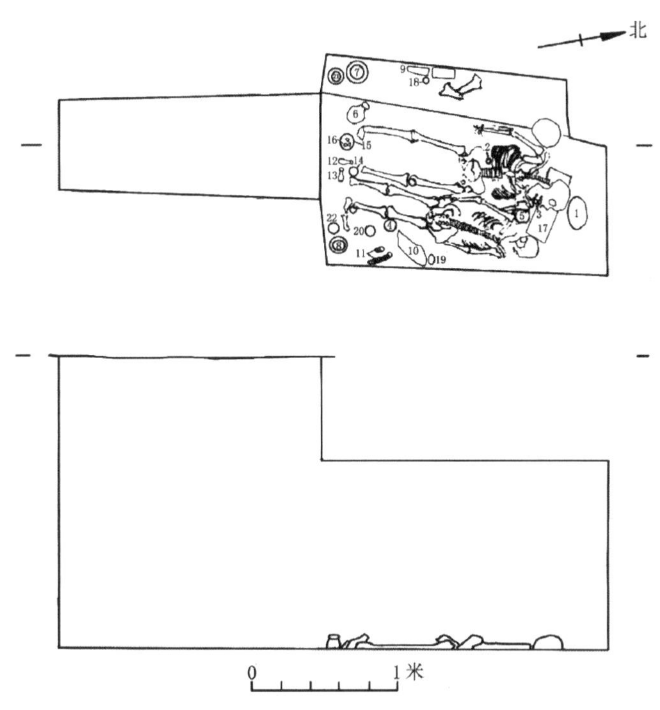

图二　M212平、剖图

1、16.瓷碗　2、3、11.铜钱　4.瓷钵　5、7、8、21.瓷罐　6.瓷执壶　9.铁盆
10.铁器　12、13.瓷瓶　14.瓷香炉　15.瓷盘　17.瓷枕　18、19.石器　20.瓷盏　22.陶钵

二、出土器物

墓葬内出土随葬品22件（套），有瓷器、陶器、铁器、石器和铜钱。瓷器占多数，共有14件。

（一）瓷器

碗　2件。标本M212：1，敞口，尖圆唇，斜直腹，近平底，圈足。灰白胎。黑釉，器内底有一圈无釉，外壁施釉不及底。口径20厘米，圈足底径5.8厘米，高6.8厘米。（图三，1；图版一，1）标本M212：16，敞口，尖唇，斜直腹，圈足，外底中部微凸。腹部有三周弦纹。器身施化妆土。灰白胎。白釉，器内施满釉，外施半釉。口径9.8厘米，圈足底径3.4厘米，高3.6厘米。（图三，8；图版一，3）

盘　1件。标本M212：15，敞口，尖圆唇，浅斜腹，近平底，圈足，圈足底上有六个支垫痕迹。器身施化妆土。灰白胎。白釉，内满釉，外半釉，外壁局部釉色偏青。器内底饰褐彩花卉图案。口径15.2厘米，圈足底径4.2厘米，高4.2厘米。（图三，2；图版一，2）

罐　4件，按腹部特征分为两型。

A型：弧腹，2件。标本M212：5，尖圆唇，矮领，溜肩，弧腹，平底，矮圈足。领、肩交接处有对称双耳。器内底中部内凹，内壁有数周因轮制而形成的弦纹。青灰胎。酱釉，器内外施半釉，局部有流釉现象。口径8.8厘米，圈足底径6厘米，高12.6厘米。（图三，3；图版一，6）标本M212：21，圆唇，矮领，溜肩，弧腹，近平底，矮圈足。领、肩交接处有对称双耳，环耳一宽一窄。灰白胎。酱釉，窄耳一侧的器内壁有一长方形区域未施釉，其余地方施满釉，器外施半釉。腹部饰4周凹弦纹。口径8.8厘米，圈足底径5.8厘米，高11.8厘米。（图三，4）

B型：鼓腹，2件。标本M212：7，口部稍倾斜，圆唇，矮领，溜肩，鼓腹，平底，矮圈足。领、肩交接处有对称环耳。器表饰数周凹弦纹。黑釉，口部无釉，局部无釉，器外施半釉，釉层较厚，有流釉现象。黄褐胎。口径9.4厘米，圈足底径6.6厘米，高10.4厘米。（图三，13；图版一，5）标本M212：8，方唇，矮领，溜肩，鼓腹，平底，矮圈足。领、肩交接处有对称双耳，器内近底处有3周凹槽。黄褐胎。黑釉，器内满釉，器外施釉不到底，局部有流釉现象。口径10.4厘米，圈足底径6.4厘米，高10.4厘米。（图三，9）

执壶　1件。标本M212：6，柄与流均残。小口，方唇内勾，细长颈，溜肩，弧腹，肩、腹交接处明显，近平底，矮圈足。颈部饰6周凹弦纹，肩部有一周凸起。灰白胎。青釉，器内

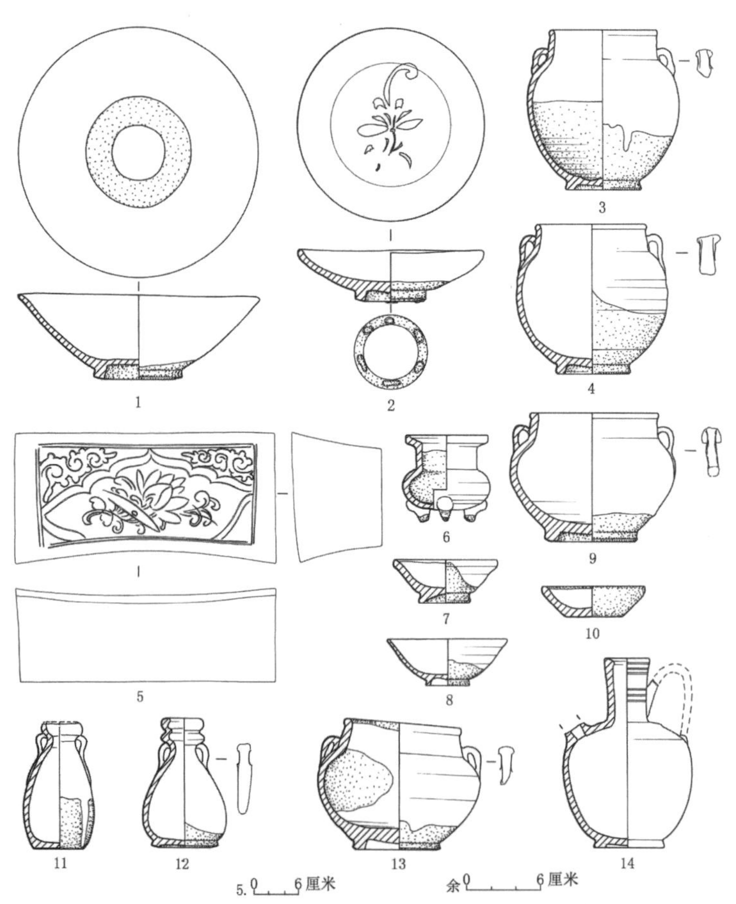

图三　瓷器

1.碗（M212：1）2.盘（M212：15）3.A型罐（M212：5）4.A型罐（M212：21）5.枕（M212：17）6.香炉（M212：14）7.盏（M212：20）8.碗（M212：16）9.B型罐（M212：8）10.钵（M212：4）11.瓶（M212：12）12.瓶（M212：13）13.B型罐（M212：7）14.执壶（M212：6）

外满釉，仅圈足底无釉。口径 3.8 厘米，圈足底径 5.8 厘米，高 15 厘米。(图三，14；图版一，7)

香炉　1 件。标本 M212：14，浅盘口，折沿，高束颈，扁鼓腹，微圜底，下接三足。底部饰凹弦纹。黄褐胎。口部及器表施白色化妆土。蓝釉，器内未施釉，器外施釉不到底，局部有流釉现象。口径 6.8 厘米，高 6.8 厘米。(图三，6；图版一，4)

盏　1 件。标本 M212：20，敞口，方唇，浅斜腹，圜底，饼状圈足内凹。灰白胎。黄褐釉，口部无釉，内满釉，外施半釉。口径 8.4 厘米，圈足径 4 厘米，高 3.4 厘米。(图三，7)

钵　1 件。标本 M212：4，敞口，方唇，斜直腹，平底。黄褐胎。黑釉，口沿及外壁无釉，器内施釉不均。底部有轮制痕迹。口径 8.4 厘米，底径 4.6 厘米，高 2.4 厘米。(图三，10)

瓶　2 件。标本 M212：12，盘口，方唇，束颈，弧腹，平底。颈部有对称双耳。灰黄胎。酱釉，唇部无釉，器内满釉，器外施半釉，局部有流釉现象。底径 4.3 厘米，残高 9.8 厘米。(图三，11) 标本 M212：13，葫芦形口，圆唇内勾，束颈，溜肩，垂腹，平底，矮圈足。颈部有对称双耳。青灰胎。酱釉，器内满釉，器外施釉不到底，口部釉层较薄。口径 2.6 厘米，圈足底径 4.1 厘米，高 10.2 厘米。(图三，12)

枕　1 件。标本 M212：17，整体呈长方形，腹部中空。枕面略大于底，一侧略内弧，另一侧上端有两个圆孔。顶面边沿用双直线绘近长方形外框，框内刻画花卉图案，两角刻卷云纹。青灰胎。上半部施化妆土。青釉，仅上部施釉。长 35 厘米，宽 16.8 厘米，高 12 厘米。(图三，5；图版一，8)

(二) 其他

石器　2 件。标本 M212：18，整体近椭圆形。灰色，砂岩质。长 10.3 厘米，宽 5.6 厘米，厚 2.8 厘米。(图四，1) 标本 M212：19，整体呈不规则形。灰白色，石英岩质。长 6 厘米，宽 4.6 厘米，厚 2.4~2.7 厘米。(图四，2)

陶钵　1 件。标本 M212：22，泥质灰陶。敞口，方唇，浅斜腹，平底。口径 8.4 厘米，底径 4.6 厘米，高 2.8 厘米。(图四，3)

铁器　2 件。标本 M212：9，铁盆，锈蚀严重，底部残。敞口，折沿，尖圆唇，斜直腹，平底。口径 47.2 厘米，底径 42 厘米，高 6.6 厘米。(图四，4) 标本 M212：10，锈蚀严重，推测应为 M212：9 的底和腹。

铜钱　127 枚。标本 M212：2，1 枚，锈蚀严重。磨郭。钱文不清。钱径 2.5 厘米。标本 M212：3，2 枚，锈蚀严重。内外均有

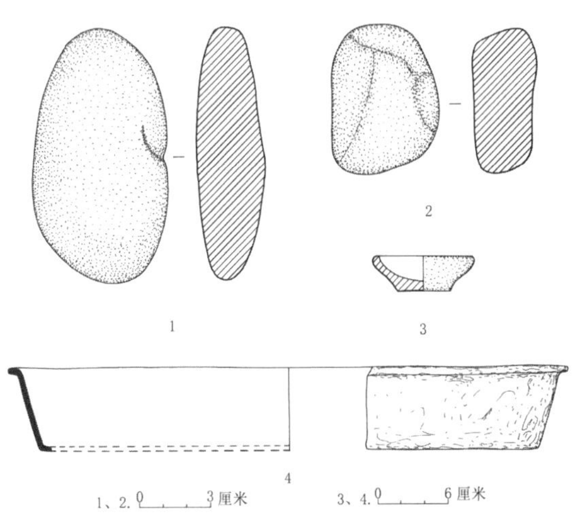

图四　遗物
1. 石器 (M212：18)　2. 石器 (M212：19)
3. 陶钵 (M212：22)　4. 铁盆 (M212：9)

郭。钱文不清。钱径 2.4~2.5 厘米。标本 M212：11，共 124 枚，除 14 枚钱文不可识外，其余钱文有开元通宝、太平通宝、淳化元宝、至道元宝、咸平元宝、景德元宝、祥符元宝、祥符通宝、天禧通宝、天圣元宝、明道元宝、景祐元宝、皇宋通宝、至和元宝、嘉祐元宝、治平元宝、熙宁元宝、元丰通宝、元祐通宝、绍圣元宝、圣宋元宝、大观通宝、政和通宝、宣和通宝、正隆元宝等 25 种。

开元通宝　8 枚。标本 M212：11–1，真书，直读。大小不一，大者内外均有郭，小者一面无郭。钱径 2.1~2.5 厘米。（图五，1）

太平通宝　1 枚。标本 M212：11–2，真书，直读。内外均有郭。钱径 2.4 厘米。（图五，2）

淳化元宝　1 枚。标本 M212：11–3，草书，旋读。内外有郭。钱径 2.4 厘米。（图五，3）

至道元宝　4 枚。标本 M212：11–4，真、行、草三体，旋读。内外有郭。钱径 2.5 厘米。（图五，4）

咸平元宝　5 枚。标本 M212：11–5，真书，旋读。内外有郭。钱径 2.5 厘米。（图五，5）

景德元宝　4 枚。标本 M212：11–6，真书，旋读。内外有郭。钱径 2.4~2.5 厘米。（图五，6）

祥符元宝　6 枚。标本 M212：11–7，真书，旋读。内外有郭。钱径 2.5 厘米。（图五，7）

祥符通宝　1 枚。标本 M212：11–8，真书，旋读。内外有郭。钱径 2.5 厘米。（图五，8）

天禧通宝　3 枚。标本 M212：11–9，真书，旋读。内外有郭。钱径 2.5 厘米。（图五，9）

天圣元宝　6 枚。标本 M212：11–10，对钱，真、篆二体，旋读。内外有郭。钱径 2.5 厘米。（图五，10）

明道元宝　2 枚。标本 M212：11–11，真书，旋读。内外有郭。钱径 2.5 厘米。（图五，11）

景祐元宝　2 枚。标本 M212：11–12，真书，旋读。内外有郭。钱径 2.5 厘米。（图五，12）

皇宋通宝　10 枚。标本 M212：11–13，真、篆二体，直读。内外有郭。钱径 2.5 厘米。（图五，13）

至和元宝　2 枚。标本 M212：11–14，真、篆二体，旋读。内外有郭。钱径 2.4 厘米。（图五，14）另有 1 枚至和通宝，篆书，直读。钱径 2.45 厘米。

嘉祐元宝　2 枚。标本 M212：11–15，真书，旋读。内外有郭。钱径 2.4 厘米。（图五，15）

治平元宝　6 枚。标本 M212：11–16，真、篆二体，旋读。内外有郭。钱径 2.4 厘米。（图五，16）

熙宁元宝　9 枚。标本 M212：11–17，真、篆二体，旋读。内外有郭。钱径 2.4~2.5 厘米。（图五，17）

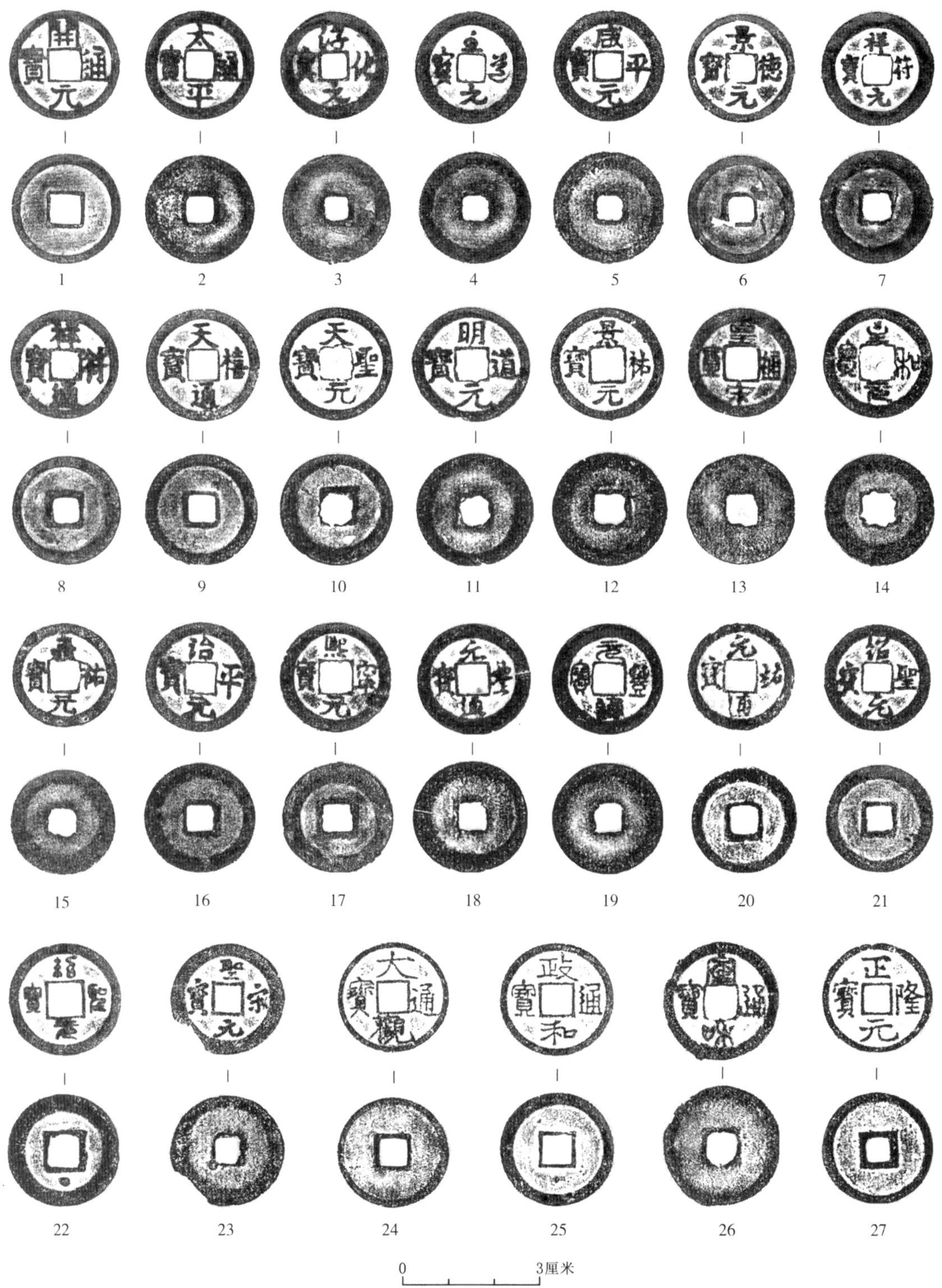

图五　铜钱拓片

1. 开元通宝（M212：11–1） 2. 太平通宝（M212：11–2） 3. 淳化元宝（M212：11–3）
4. 至道元宝（M212：11–4） 5. 咸平元宝（M212：11–5） 6. 景德元宝（M212：11–6） 7. 祥符元宝（M212：11–7）
8. 祥符通宝（M212：11–8） 9. 天禧通宝（M212：11–9） 10. 天圣元宝（M212：11–10） 11. 明道元宝（M212：11–11） 12. 景祐元宝（M212：11–12） 13. 皇宋通宝（M212：11–13） 14. 至和元宝（M212：11–14）
15. 嘉祐元宝（M212：11–15） 16. 治平元宝（M212：11–16） 17. 熙宁元宝（M212：11–17） 18. 元丰通宝（M212：11–18） 19. 元丰通宝（M212：11–18） 20. 元祐通宝（M212：11–19） 21. 绍圣元宝（M212：11–20）
22. 绍圣元宝（M212：11–20） 23. 圣宋元宝（M212：11–21） 24. 大观通宝（M212：11–22） 25. 政和通宝（M212：11–23） 26. 宣和通宝（M212：11–24） 27. 正隆元宝（M212：11–25）

元丰通宝　13 枚。标本 M212：11–18，行、篆二体，旋读。内外有郭。钱径 2.4~2.5 厘米。（图五，18、19）

元祐通宝　10 枚，标本 M212：11–19，行、篆二体，旋读。内外有郭。钱径 2.4~2.5 厘米。（图五，20）

绍圣元宝　4 枚。标本 M212：11–20，行、篆二体，旋读。内外有郭。其中行书钱径 2.4 厘米。（图五，21）篆书钱背穿下一星，钱径 2.5 厘米。（图五，22）

圣宋元宝　2 枚。标本 M212：11–21，行、篆二体，旋读。内外有郭。钱径 2.5 厘米。（图五，23）

大观通宝　2 枚。标本 M212：11–22，瘦金体，直读。内外有郭。钱径 2.5 厘米。（图五，24）

政和通宝　4 枚。标本 M212：11–23，真、篆二体，直读。内外有郭。钱径 2.5 厘米。（图五，25）

宣和通宝　1 枚。标本 M212：11–24，篆书，直读。内外有郭。钱径 2.6~2.7 厘米。（图五，26）

正隆元宝　1 枚。标本 M212：11–25，真书，旋读。内外有郭。钱径 2.5 厘米。（图五，27）

三、结语

三门峡地区已发现的金代墓葬，见诸报端的已达十余座，基本为砖室墓或砖雕墓[1]，土洞墓相关材料发表较少，因此对于该区无纪年的金代土洞墓的时代推断较为模糊。M212 出土铜钱的年代多数属于北宋时期，年代最早的为唐初始铸的开元通宝，年代最晚的是金代的正隆元宝，该钱铸于金代海陵王正隆二年（1157 年）。墓葬中出土的瓷器具有明显的宋金时期特征，如瓷碗的圈足挖足过肩属于北宋晚期以后的特征[2]。瓷罐（M212：7）与荥阳后真村金代中晚期 M26 出土的瓷罐（M26：1）[3]形制相似。瓷碗（M212：1）与三门峡上阳路金墓出土的瓷碗[4]形制相同。瓷碗（M212：16）和瓷香炉（M212：14）分别与陕县化纤厂宋墓 M2 出土的同类器（M2：2、M2：1）[5]形制接近，有学者认为陕县化纤厂 M2 年代应属于金代中晚期[6]。综合上述特征判断，M212 的年代可能属于金代中期。

M212 墓室西北有曲折，随葬的瓷罐分两个类型，这些现象应是合葬所致。墓主为一男两女，其中西侧墓室较深，推测西侧墓主埋葬时间稍早。从以上墓葬形制和随葬品来看，M212 应属于夫妻合葬墓。该墓主应属富裕的平民阶层，墓中出土的瓷瓶、瓷香炉、瓷执壶与石块等或与当时的宗教信仰有关。刚玉砂厂金代墓葬 M212 的发掘丰富了我们对三门峡地区金代中小型墓葬的认识，为进一步研究三门峡地区宋金墓葬的丧葬习俗提供了翔实的实物资料。

附记：本次发掘的领队为许海星。参加发掘的人员有河南省文物考古研究院胡赵建，三门峡市文物考古研究所郑立超、杨海青、李幸辉，安阳师范学院教师魏唯一、金海旺和2018级考古专业本科生。参与资料整理的有胡赵建、张凤、郑立超、金海旺；绘图由孙广贺完成；工地摄影由王名飞、吴印完成；器物摄影由赵昂完成；拓片由张雪娇、李冰洁完成。

执笔：胡赵建 张 凤

注释：

[1] a. 河南省文物考古研究院、三门峡市文物考古研究所、义马市文物保护管理所：《河南义马锦铺佳园金代砖雕墓发掘简报》，《中国国家博物馆馆刊》2021年第3期。

b. 三门峡市文物考古研究所：《河南三门峡市陕州区大营镇金代砖墓发掘简报》，《文物鉴定与鉴赏》2020年第11期。

c. 三门峡市文物考古研究所：《河南义马狂口村金代壁画墓发掘简报》，《文物》2017年第6期。

d. 三门峡市文物考古研究所：《河南三门峡市化工厂两座金代砖雕墓发掘简报》，《中原文物》2015年第4期。

e. 史智民、贾永寿、宁文阁：《三门峡市技工学校三座金墓发掘简报》，见《三门峡文物考古与研究》，燕山出版社，2003年，第115—122页。

f. 王光有、宁文阁：《三门峡上阳路金墓发掘简报》，见《三门峡文物考古与研究》，北京燕山出版社，2003年，第111—114页。

g. 三门峡市文物工作队、义马市文物管理委员会：《义马市金代砖雕墓发掘简报》，《华夏考古》1993年第4期。

h. 三门峡市文物工作队：《三门峡市峭山西路发现三座古墓》，《华夏考古》1993年第4期。

[2] 河南省文物考古研究所：《河南荥阳市关帝庙遗址唐、金墓葬发掘简报》，《华夏考古》2008年第4期。

[3] 郑州大学历史学院考古系、河南省文物局南水北调文物保护办公室：《荥阳后真村墓地唐、宋、金墓发掘简报》，《中原文物》2015年第1期。

[4] 王光有、宁文阁：《三门峡上阳路金墓发掘简报》，见《三门峡文物考古与研究》，北京燕山出版社，2003年，第111—114页。

[5] 三门峡市文物工作队、陕县文物管理委员会：《河南省陕县化纤厂宋墓发掘简报》，《华夏考古》1993年第4期。

[6] 郝军军：《金代墓葬的区域性及相关问题研究》，吉林大学博士学位论文，2016年，第205页。

图版一

1. 碗（M212：1）
2. 碗（M212：15）
3. 碗（M212：16）
4. 香炉（M212：14）
5. B型罐（M212：7）
6. A型罐（M212：5）
7. 执壶（M212：6）
8. 枕（M212：17）

三门峡刚玉砂厂金墓M212出土瓷器

中国国家博物馆藏唐代白瓷

◎张润平

白釉瓷经过北朝时期的初创，隋代发展，到唐代已经非常成熟，以邢窑白瓷为代表，制瓷工艺精湛。唐代制瓷业有了突飞猛进的发展，瓷器已成为生产的主流，形成了以北方邢窑白瓷和南方越窑青瓷为代表的两大瓷窑系统，生产出“类银类雪”的白瓷以及“千峰翠色”的青瓷，在中国陶瓷发展史上占有重要的地位。唐代北方邢窑生产白瓷品质优良，制作工艺精湛，产量大，唐代邢窑白瓷在当时畅销国内。在唐代北方遗址和墓葬中发现最多，如陕西、河南和河北等省。唐末至五代时期邢窑开始衰落，河北曲阳定窑取而代之，仍以烧造白瓷为主，成为北方白瓷重要窑口，为北宋定窑发展打下基础。

河南巩义窑也是唐代重要的白瓷产地，巩义窑又称“巩县窑”，是唐代烧造白瓷的重要窑场，1957年发现，也生产过贡瓷。唐代诗人李吉甫《元和郡县图志》记载：“开元贡，白瓷器，绫、赋、绢、帛。管县二十六……巩……密。”西安唐代大明宫遗址也出土有巩义窑白瓷，这说明唐代开元年间河南贡白瓷。巩义窑除烧造白瓷外，还生产白釉点褐彩、白釉点蓝、褐彩、三彩、绞胎和黄绿蓝单色釉陶器等产品。

中国国家博物馆藏唐代白釉瓷有出土和传世器，有邢窑生产白瓷，也有巩义窑生产白瓷，还有少量定窑白瓷产品，有些与黑石号沉船文物相同。下面本文就馆藏唐代白釉瓷种类、造型、纹饰和用途等方面举例述要。

一、中国国家博物馆藏唐代墓葬出土白瓷

馆藏唐代墓葬出土白瓷，出自河南省陕县后川唐墓、陕县湖滨区唐墓、陕县刘家渠唐墓、陕县铁路区唐墓和陕西省西安唐墓等。

邢窑白釉执壶（图一），1957年河南省陕县后川唐墓出土。唐代，高16.4、口径8、底径8厘米。造型饱满规整，胎质细密洁白，通体施白釉，釉层匀净光亮，釉色光亮滋润，应为唐代邢窑佳作。

图一　唐　邢窑白釉执壶

黑石号沉船出水有与之相同的器形。

图二　唐　邢窑白釉汤瓶

执壶是唐代出现的新品种，执壶又称为“注子”“注壶”，由魏晋南北朝以来的鸡头壶演变而来，短的多角形直流代替了鸡头和凤首流，小而弯曲的圆把，代替了龙柄，流与柄之间的系不见了，盘口也变成了喇叭口，这种改变具有划时代意义，为以后的壶形奠定了基础。唐代执壶除邢窑白釉外，还有越窑青釉、花釉和长沙窑青釉彩绘执壶等。馆藏1956年河南陕县刘家渠唐墓出土邢窑白釉汤瓶（图二），造型与陕西省西安市唐太和三年（829）王明哲墓出土瓷壶底部墨书“老得家茶社瓶”器相近，故此器应为唐代点茶时盛沸水之汤瓶或茶瓶，为重要的茶具。

图三　唐　邢窑白釉龙柄执壶

邢窑白釉龙柄执壶（图三），1958年河南省陕县湖滨区唐墓出土。唐代，高10.5、口径3.8、底径3.1厘米。执壶肩部置短流，流根部贴压绳纹，肩和口沿饰龙形柄，龙躬身站立，口衔壶口沿，双爪紧贴壶口壁。造型规整，胎质洁白细腻，通体施白釉，施釉不到底，釉层较薄，釉色莹白如雪。壶流和龙柄采用捏塑技法，使整体造型显得生动别致，体现出唐代邢窑白釉壶造型艺术之美。器形与陕西省西安市工地主厂区唐墓出土、英国史密森机构收藏邢窑白釉龙柄执壶相近。

图四　唐　邢窑白釉长颈瓶

邢窑白釉长颈瓶（图四），1956—1957年河南省陕县刘家渠唐墓出土。唐代，高22.2、口径6.9、底径7.2厘米。造型饱满圆润，轻盈秀美，胎质洁白致密，釉色白润，成型技术高。墓葬出土，保存完好，为邢窑白瓷艺术珍品。唐代是经济繁荣和文化发展的鼎盛帝国，瓷器生产朝实用性、装饰性和造型艺术方向发展。唐代中西文化交流非常频繁，海外贸易亦不断发展，西亚金银器大量传入，瓷器生产中也开始仿制金银器造型，此器与河北景县封氏墓出土的长颈铜瓶十分相似，与2000年河南省登封市法王寺地宫出土白釉长颈瓶相近。

图五　唐　邢窑白釉带盖唾壶

邢窑白釉带盖唾壶（图五），1956年河南省陕县后川唐墓出土。唐代，高16.1、口径9.8、底径10.8厘米。造型端正沉稳，胎质洁白，通体施白釉，釉色光润，有细碎开片。该唾壶带盖，使整体造型更显优美典雅。唾壶，用于盛装唾吐物，西汉时期已出现。安徽阜阳双古堆西汉汝阴侯墓出土有漆盂，因外底铭“汝阴侯唾器六年阴库䜣工延造”字样而得名。东汉时期南方烧造出青釉唾壶，三国两晋时期为日常用器。据晋人贺循《葬经》记载，晋人把唾壶作为随葬用器。唾壶作为唾器，在唐代为上层贵族或达官显贵日常用器，死后作为随葬器，因此在北方唐墓出土器中经常能见到。此器造型为唐代邢窑的典型器。

邢窑白釉渣斗（图六），1958年河南省陕县铁路区唐墓出土。唐代，高11.1、口径15.4、底径7.6厘米。上部为碗状形漏斗，四瓣花口，内壁出筋，短束颈，扁鼓腹，假圈足。造型规整，胎质白，通体施白釉，釉色光亮，釉面有茶水渍痕。造型与北京故宫博物院藏白釉渣斗相近。

图六　唐　邢窑白釉渣斗

中晚唐时期，饮茶之风盛行，唐代陆羽在《茶经》中多有论述。唐代瓷质渣斗作为盛放茶叶残渣的茶具功用逐渐显现。馆藏传河北唐县出土的一套晚唐至五代邢窑白釉

图七　晚唐至五代　邢窑白釉茶具模型

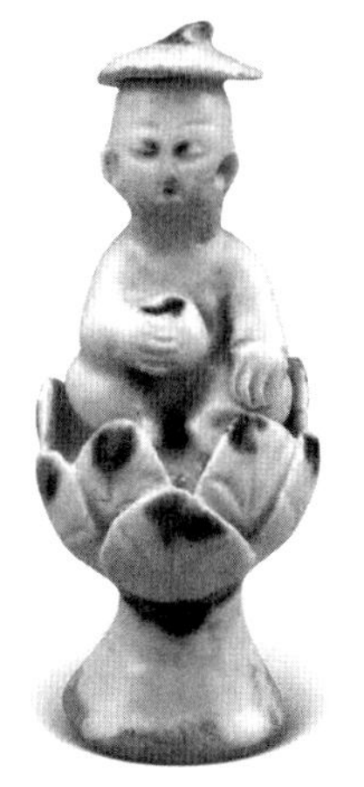
图八　晚唐至五代　白釉陆羽像

图九　晚唐至五代　白釉浇壶

茶具模型（图七），有白釉陆羽读《茶经》像、煎茶用的风炉和茶鍑、研碾茶末的茶臼、点茶用的汤瓶（执壶）、盛放茶渣的渣斗、白釉陆羽像和白釉浇壶共 8 件。白釉陆羽像（图八），高 9 厘米，陆羽端坐于莲花瓣台坐上，头顶荷叶帽，手端茶杯似正在饮茶歇息。陆羽像荷叶顶部、五官和莲瓣尖部等处点褐彩，是被供奉的茶神陆羽形象。白釉浇壶（图九），仿金银器，造型饱满，胎质洁白，通体施白釉，施釉不到底，釉色光亮。器形与馆藏 1956—1957 年河南省陕县刘家渠唐墓出土的唐代花釉浇壶相同。这套晚唐至五代时期邢窑白釉茶具模型罕见珍稀，为研究唐代茶文化和邢窑白釉茶具提供了宝贵的实物资料。

图一〇　唐　邢窑白釉莲瓣座烛台

邢窑白釉莲瓣座烛台（图一〇），1956 年河南省陕县后川唐墓出土。唐代，高 30.4、口径 6.5、底径 17.3 厘米。造型精美，胎质洁白细腻，通体施白釉，釉层匀净光润，玻璃质感强。烛台由灯盘、灯柄和底座组成。此器造型与北齐武平元年娄睿墓出土青釉高柄莲瓣贴塑花卉烛台相近。唐代诗人皮日休《夜会问答》中记载："莲花烛，亭亭嫩蕊生红玉。"此器造型独特，具有唐代工艺特征，座为莲瓣形，为唐代邢窑白瓷"莲花烛"艺术珍品。

图一一　唐　邢窑白釉盖罐

邢窑白釉盖罐（图一一），1956 年河南省陕县湖滨区唐墓出土。唐代，高 14.6、口径 7.1、底径 6.9 厘米。口唇外卷，罐腹滚圆，造型饱满，胎体厚重洁白，通体施白釉，罐腹釉色白中闪黄。此罐盖与罐颜色不一，盖釉色白润，罐釉色白中闪黄，可能是由于两者分别制坯和分开烧制所造成的，罐与盖配套出土。器形与黑石号沉船出水白釉盖罐相近。

白釉枕（图一二），1956 年河南省陕县铁路区唐墓出土。唐代，高 7.5、长 17.9、宽 12 厘米。器形简洁质朴，胎体白而厚重，枕底部有气孔一个，除底外，通体施白釉，釉层较薄，釉面较

图一二　唐　白釉枕

图一三　唐　邢窑白釉辟雍砚

为光洁，有土沁。瓷枕始见于隋开皇十五年（595）张盛夫妇合葬墓出土的瓷枕，唐代以后开始大量生产，品种有白釉、绞胎、黄釉等品种，晚唐五代较为流行。馆藏江苏省连云港玉带河五代吴太和五年（933）墓出土邢窑白釉枕，与此器造型相近，枕面刻划牡丹纹，枕侧为开光式，釉色洁白，为五代邢窑珍品。

邢窑白釉辟雍砚（图一三），1956 年河南省陕县后川唐墓出土。唐代，高 7.2、长 15、宽 17.4 厘米。共有 21 只砚足。造型精美规整，胎质细白，除砚面外通体施白釉，釉色洁白莹润。此器与邢窑白釉执壶、邢窑白釉带盖唾壶、邢窑白釉莲瓣座烛台为同一墓葬出土，为邢窑白瓷珍品。辟雍砚始见于东汉时期，魏晋时期见有青瓷圆砚，南北朝开始发展五至十足不等。隋唐时期的辟雍砚砚面高凸，砚足数量增加。唐杨师道《咏砚》记载："圆池类璧水，轻翰染烟华。"辟雍砚得名于汉班固《白虎通・辟雍》："辟者象璧，圆法天；雍之以水，象教化流行。"此器造型与 1986 年陕西礼泉县唐长乐公主墓出土的唐白釉辟雍砚和天津博物馆藏唐白釉辟雍砚相近。

图一四　唐　邢窑白釉侈口环柄杯

图一五　唐　定窑白釉玉璧底碗

邢窑白釉侈口环柄杯（图一四），1957 年陕西省西安唐墓出土。唐代，高 8.5、口径 8.2、底径 6 厘米。腹部饰三周凹弦纹，造型秀美少见，杯侧柄部环耳，由双股泥条手工成型，仿唐代金银杯部环柄。胎体洁白，通体施白釉，釉层较薄，釉质细腻。为唐代邢窑环柄杯精细制作。此器造型与 1963 年陕西省西安市沙坡村出土唐代环柄银杯、徐州奎山唐墓出土白釉环柄杯相近。"黑石号"沉船出水邢窑白瓷中有与之相近的器形。

定窑白釉玉璧底碗（图一五），1956 年河南省陕县湖滨区唐墓出土。唐代，高 4、口径 13.6、底径 7 厘米。玉璧形圈足，除底足外通体施白釉，内壁釉色匀净，外壁釉层薄而不匀，有滴釉现象。唐代中晚期，北方邢窑、定窑，南方越窑、长沙窑的碗或盏，流行使用玉璧形圈足。此碗外壁削抹痕明显，足墙较矮不如邢窑规整，釉色白中闪黄，烧制技术稍逊于邢窑，应是唐代晚期河北定窑产品，说明当时定窑的制瓷业尚未成熟。

图一六　唐　巩义窑白釉褐彩人物牛车

巩义窑白釉褐彩人物牛车（图一六），1956 年河南省陕县湖滨区唐墓出土。唐代，高 11.6、长 8.9 厘米。雕塑二轮带篷牛车，牛旁驭者是一位高鼻深目的胡人，车内坐一位头梳高髻、体态丰腴的贵妇。通体施白釉，车篷、人和牛双目、发髻等施点褐彩。晋代流行乘牛车出行，隋唐时期乘牛车出行更为普遍，此器反映出唐代人们乘牛车出行的情景。东晋时期部分青釉瓷器上开始出现褐色点彩。西晋晚期出现，也称褐斑青瓷，是用含铁较多的褐釉点在器物上，这类常在青釉瓷口部、器身出现褐色彩斑点，多数为高温釉上彩。为单调的青釉增加了色彩，改变了早期青瓷单一的色彩。北朝时期出现了白瓷及白釉点彩瓷器。

巩义窑白釉点褐彩狮（图一七），1956 年河南省陕县刘家渠唐墓出土。唐代，高 10.5、长 9.5、宽 6.5 厘米。有残修复。胎质洁白，通体施白釉，釉色白中闪青，狮双目和胡须点褐彩，狮身堆塑毛发卷曲，立体感强。此器造型生动写实，构思巧妙，颇具艺术魅力，体现出唐代动物雕塑造型艺术之美，或为巩义窑产品。

图一七　唐　巩义窑白釉点褐彩狮

二、中国国家博物馆藏唐代传世白瓷

馆藏唐代传世白瓷较为丰富，器形多样，造型精美，制作精良。结合考古新发现、国内外文博机构藏品，并以馆藏出土唐代白瓷为标准器，下面对馆藏传世唐代白瓷进行比对研究。

巩义窑白釉贴宝相花纹双龙耳瓶（图一八），唐代，高 42.5、口径 8.8、底径 9.4 厘米。双龙柄，龙嘴衔瓶口沿，颈部饰弦纹，盘口和肩部凸贴模印宝相花等纹饰。器形高大，造型精美，施白釉不到底，釉色白中闪黄。双龙耳瓶始见于隋代，唐代双龙耳瓶较为多见，以光素无纹者多，贴花装饰非常少见，除白釉外，还有青釉、三彩等品种。近年河南巩义窑出土有唐代白釉双龙耳瓶。河南博物院、北京故宫博物院和国外多家博物馆藏有唐代白釉双龙耳瓶，如新加坡博物馆、德国亚洲艺术博物馆等。

白釉堆塑龙柄烛台（图一九），唐代，高 28.4、口径 7.4、底径 20.3 厘米。烛台上部为盏形灯盘，中间为灯盏，灯盘外饰一圈莲瓣纹。中部堆塑双龙缠绕台柄，双龙各用一爪托举灯盘，柄底部浮雕莲瓣纹。底部为圆形承盘，下置足。造型新颖独特，胎质细腻洁白，通体施白釉，釉色白润，有细开片纹。工艺精湛，龙纹立体感强，是集陈设和实用为一体的唐代艺术精品。法国吉美博物馆和美国波士顿美术馆藏有与之形制相似的唐代白釉堆塑龙柄烛台。

白釉茶臼（图二〇），唐代，高 3.4、口径 15 厘米。浅钵形，外壁施白釉，玉璧形足。内壁素胎，阴刻多层同心圆纹，再阴刻十字线，将臼分为四区，每区阴刻呈细密菱格纹，形成粗涩的糙面，将茶饼裹纸捶碎，便于在臼中研磨茶末。河北内丘唐代邢窑遗址中出土过与此器相近的实物。唐代柳宗元诗中有“山童隔竹敲茶臼”。南宋朱翌《猗觉寮杂记》记载：“唐末有碾、

图一八　唐　巩义窑白釉贴宝相花纹双龙耳瓶

图一九　唐　白釉堆塑龙柄烛台

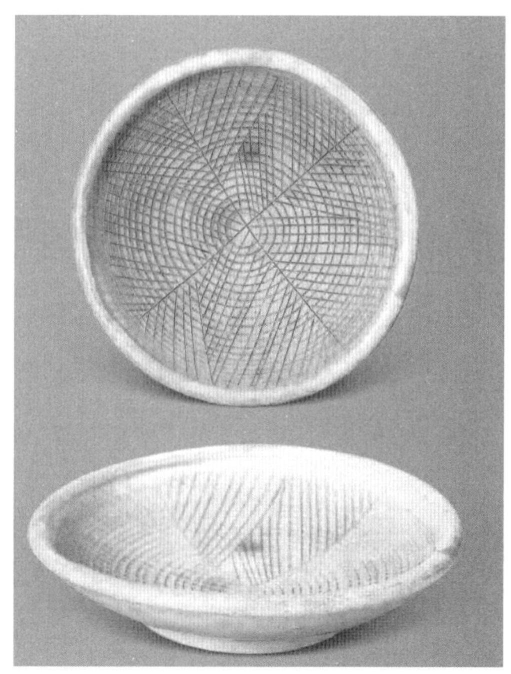

图二〇　唐　白釉茶臼

图二一　唐　白釉杯盘

图二二　唐　巩义窑白釉点蓝彩褐彩花卉纹碗

磨，止用臼，多是煎茶。”由此可知，唐代制茶末之具有茶碾、茶磨和茶臼三种。此器胎体厚重洁白，造型新颖，为唐代制茶末用具，造型与上述河北唐县出土的一套晚唐至五代邢窑白釉茶具模型中白釉茶臼相近。

白釉杯盘（图二一），唐代，高 7.3、盘口径 26、杯口径 4 厘米。杯盘一套 9 件，是由南朝时期青釉五盅盘发展而来。胎质较白，通体施白釉，釉色白中闪青。一套保存完好，非常难得。“黑石号”沉船出水唐代白瓷中有与之相似的器形。

巩义窑白釉点蓝彩褐彩花卉纹碗（图二二），唐代，高 6、口径 16.2、底径 8.5 厘米。撇口，弧腹，圈足。通体施白釉，碗内底用蓝彩和褐彩点绘花卉纹。河南巩义黄冶窑等窑址出土过唐代晚期白釉点蓝彩器物残片，此器可能为河南巩义窑产品。造型古朴，胎质较白，釉层薄，釉面瓷化程度底。以高岭土为瓷胎原料，蓝彩施于釉下，点绘花卉图案，开巩义窑唐青花之先河。“黑石号”沉船出水的 3 件唐青花花卉纹盘（图二三），应为河南巩义窑产品，胎质洁白，釉质纯净，青花浓艳，应为西亚进口钴料，反映出东西方文化交流和相互影响。

图二三　唐　青花花卉纹盘

河南三门峡黄河嘉园工地唐代墓葬 M73 发掘简报

◎河南省文物考古研究院　◎三门峡市文物考古研究所

2018 年 8—11 月，河南省文物考古研究院联合三门峡市文物考古研究所对三门峡市后川村棚改拆迁项目黄河嘉园工地进行了配合性考古发掘。该工地位于三门峡市湖滨区向川路东约 100 米，南邻舒馨苑小区，北距黄河约 600 米。（图一）在工地西南角发现唐墓一座，编号 M73，现简报于下。

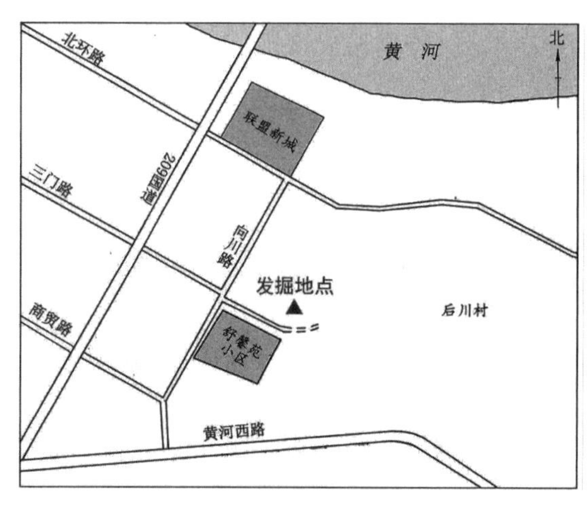

图一　M73 位置示意图

一、墓葬形制

M73 为带天井的斜坡台阶墓道土洞墓，方向 172°，由墓道、过洞、天井、甬道和墓室 5 部分组成。（图二）工地 2 米深的土层被取走，墓葬开口层位已失。

墓道　位于过洞南端，口长 3.6 米，宽 0.83~1.18 米。墓道中西部有一长方形现代扰坑，打破墓道西壁，长 1.02 米，宽 0.55~0.65 米，深 0.98 米。坑内填满现代垃圾。墓道底部建有 10 个坡度较大的台阶。台阶长 0.86~1.18 米，宽 0.04~0.42 米，高 0.13~0.52 米。

过洞　位于墓道和天井之间，拱顶，底部缓斜坡，大致为 3 个台阶。过洞长 1.2 米，宽 0.9~0.92 米，高 1.74~1.76 米。

天井　位于过洞和甬道之间，长方形，南部为 3 个台阶，北部平底。天井长 1.22 米，宽 0.42~0.45 米，深 4.26 米。

甬道　位于墓室南壁正中，呈倒梯形，拱顶，长 1.92 米，宽 0.84~1.0 米，高 1.42~1.51 米。甬道内充满淤土，南端有部分五花土，未见封门砖。

墓室　大致呈长方形，直壁，拱顶，西壁南部弯折三次，东壁弯折两次，北壁较直。墓室南北长 2.76 米，东西宽 1.2~1.48 米，高 1.52 米。墓室中东部发现两具叠压在一起的尸骨，上部人骨偏小，压在下部人骨的右侧，面均朝西，上女下男。经鉴定，均为中年人。尸骨周围未见棺木。墓室西壁和东壁附近放置有陶器和铁盆，尸骨周围及尸骨下有铁器及小铜马、铜印章、水晶等。（图三）

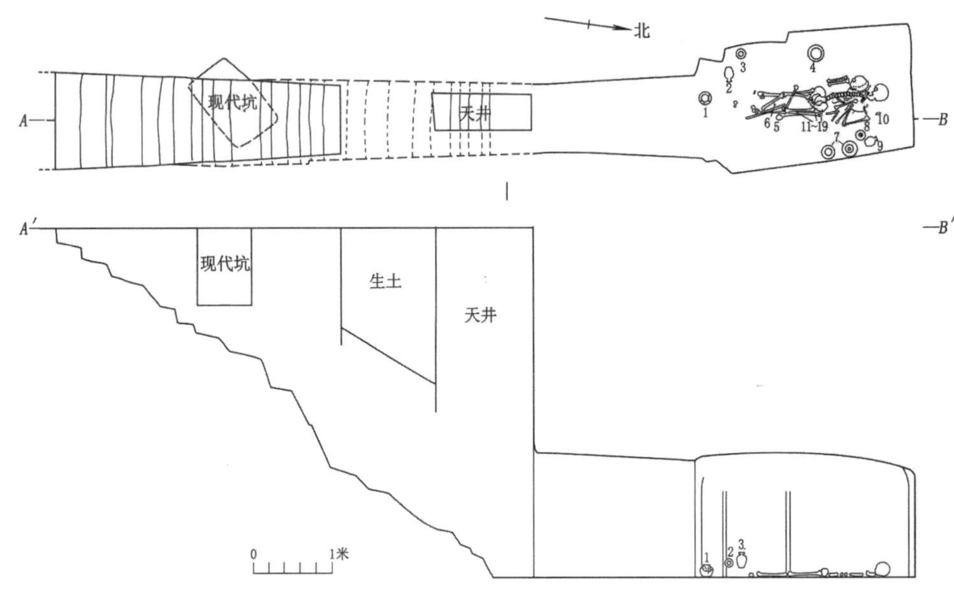

图二　M73平、剖面图

1. 三彩罐　2、3、8、9. 陶盘口壶　4. 铁盆　5. 铁剪　6. “开元通宝”铜钱　7. 陶塔式罐　10. 水晶　11. 铁镰　12. 铜镜　13. 铜马　14. “长命守富贵”花钱　15. 铜印章　16. 铜蚕　17. 铁犁铧　18、19. 铁铲（11~19出土于人骨架下）

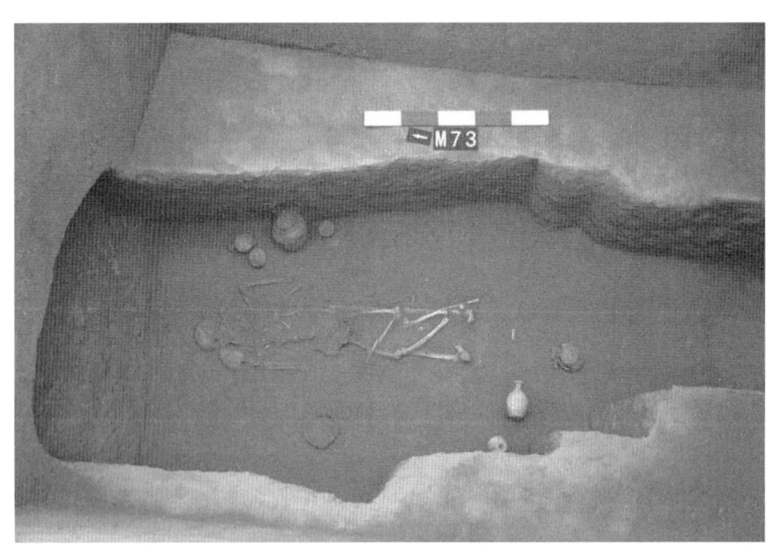

图三　M73墓室发掘现场

二、随葬器物

墓中出土器物19件，质地分陶、铜、铁、玉石4种，依次叙述。

1. 陶器　6件，器型有塔式罐、盘口壶、三彩罐。

塔式罐　1件。标本M73：7，泥质灰陶，由盖、罐和座三部分组成。盖由下部的空座和上部的塔刹组成，子口很短，平沿，圆唇，弧顶。塔刹仅有一层相轮，上为宝珠顶。罐侈口，圆唇，短束颈，宽弧肩，鼓腹，平底。座呈喇叭状，束腰较甚。自盖至座通体绘白地红、黑彩莲花瓣图案，局部彩绘脱落。盖径 11.4 厘米，罐口径 12 厘米、腹径 22.6 厘米、底径 12.2 厘米，底座顶径 10 厘米、足径 18.8 厘米。通体高 40.6 厘米。（图四，1；图版一，1）

盘口壶　4 件。形制基本相同，大小略有差异。均泥质陶。浅盘口，平折沿，方唇，束颈，溜肩，鼓腹，平底微内凹。标本 M73：2，口径 5.9 厘米，底径 6.2 厘米，高 18.8 厘米。（图四，3）标本 M73：3，口径 5.8 厘米，底径 5.5 厘米，高 18.2 厘米。（图版一，3）标本 M73：8，肩部略鼓，口径 5.9 厘米，底径 5.9 厘米，高 16.5 厘米。（图四，4）标本 M73：9，口沿缺失两片，肩部略鼓，口径 6.1 厘米，底径 5.8 厘米，高 17.5 厘米。（图四，5）

三彩罐　1 件。标本 M73：1，棕红胎。侈口，圆唇，短束颈，圆鼓腹，弧肩，假圈足底微内凹。自口部向中腹施白釉，间施黄、绿条状釉，有流釉现象。口径 11.8 厘米，底径 9.8 厘米，高 16.5 厘米。（图四，2；图版一，2）

2. 铜器　6 件，有镜、马、蚕、印章、钱币等。

镜　1 件。标本 M73：12，仅余中部，桥形纽，纽顶部略平，纽周饰牡丹花叶。残长 9.5 厘米，残宽 8.5 厘米，厚 0.4 厘米。（图五，1）

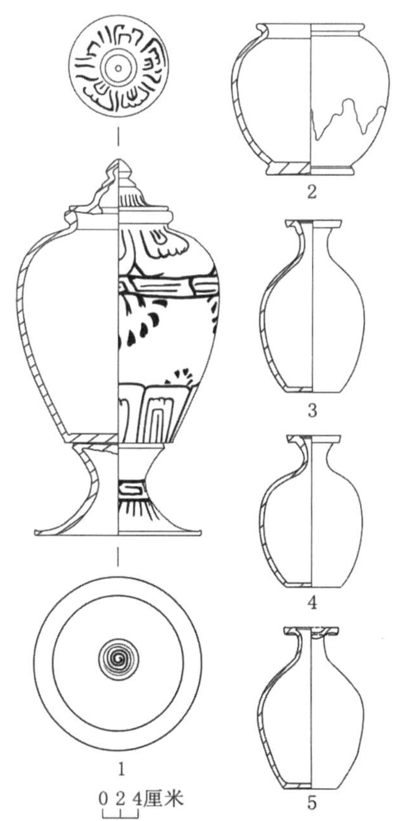

图四　M73 出土陶器

1. 塔式罐（M73：7）　2. 三彩罐（M73：1）

3~5. 盘口壶（M73：2、M73：8、M73：9）

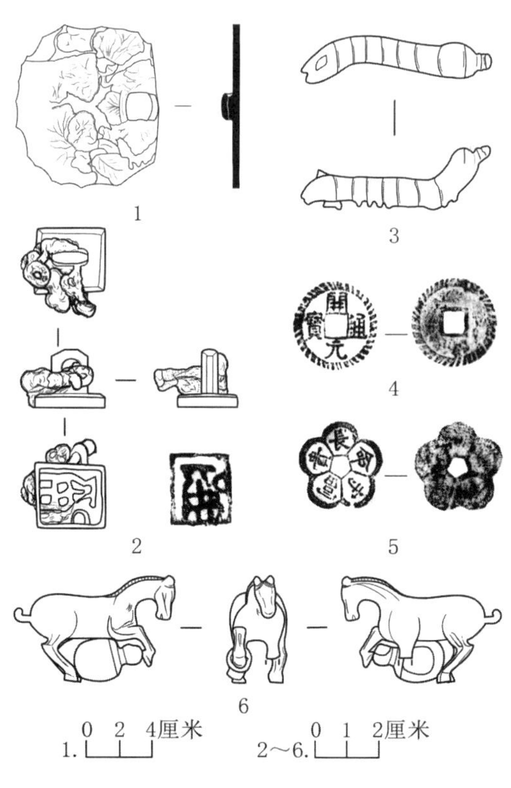

图五　M73 出土铜器

1. 铜镜（M73：12）　2. 铜印章（M73：15）

3. 铜蚕（M73：16）　4. “开元通宝”铜钱（M73：6）

5. “长命守富贵”铜钱（M73：14）　6. 铜马（M73：13）

马　1件。标本M73：13，马头前伸，马脖细长，立耳，微张嘴，剪鬃，平背，翘尾，左前腿残断，右前腿腾空，后腿半曲用力，作奔跑状。通体鎏金。马腹下有圆形铜饰件。长4.8厘米，宽1.8厘米，高3.2厘米。（图五，6；图版一，4）

蚕　1件。标本M73：16，首尾共有8个腹节，仰头摆尾作吐丝状，胸脚、腹脚、尾脚均完整。蚕体布满铜锈，头部右侧露出鎏金。体长5.8厘米，胸宽0.8厘米，通高1.8厘米。（图五，3；图版一，6）

印章　1件。标本M73：15，鼻纽，纽上有孔，穿有铁链，已锈。底呈长方形，印面残留墨迹，印文凸起，为阳文私名，不识。长2.1厘米，宽1.9厘米，通高1.7厘米。（图五，2；图版一，5）

钱币　2件。标本M73：6，1枚，"开元通宝"钱。"甬"字头开口较小，"辶"三点不连，末笔上挑。"元"字首横较短，次横长而左挑。"寳（宝）"字"貝"内两笔左右不连。钱缘正背面皆有篦纹。直径2.6厘米，穿径0.7厘米（图五，4；图版一，7）。标本M73：14，1枚，压胜钱。中孔为五边形，肉作五瓣梅花形，每瓣内铸一字，顺时针旋读，"长命守富贵"。长2.5厘米。（图五，5；图版一，8）

3. 铁器　6件。器型为盆、剪、镰、犁铧、铲。

盆　1件。标本M73：4，锈蚀严重。侈口，圆唇，弧腹，圜底。口径21.5厘米，高8.2厘米。（图六，1）

剪　1件。标本M73：5，压股剪。刃部扁宽，股部前直后弯，呈"8"字形。长35.4厘米。（图六，7）

镰　1件。标本M73：11，锈蚀严重，断为两截，呈弯月形。残长30厘米，宽4.5厘米。（图六，5）

犁铧　1件。标本M73：17，锈蚀严重，分为数块，拼合后呈等腰三角形，两翼开刃，底部残损，背部拱起，銎截面呈菱形。残长23.5厘米，两翼最宽处28厘米。（图六，6）

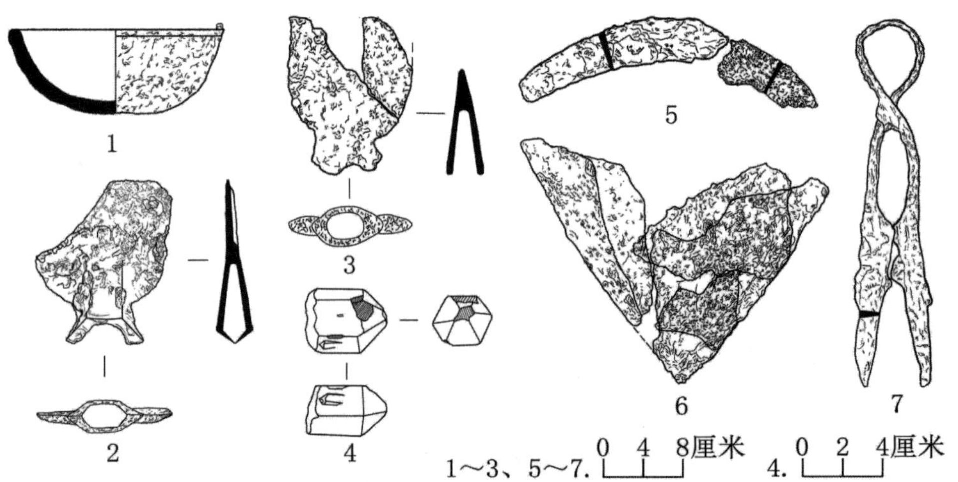

图六　M73出土器物

1. 铁盆（M73：4）　2、3. 铁铲（M73：18、M73：19）　4. 水晶（M73：10）　5. 铁镰（M73：11）　6. 铁犁铧（M73：17）　7. 铁剪（M73：5）

铲　2件。形制一致，大小略有差异，均锈蚀严重。铲首翘向两侧，内中空作“V”字形銎，圆肩，平足。标本M73：18，铲面一角残缺，残长15.8厘米，宽13厘米。（图六，2）标本M73：19，铲面一角断裂，中部缺失。残长15厘米，宽12.5厘米。（图六，3）

4. 玉石器。

水晶　1件。标本M73：10，残缺，紫粉色，呈六棱柱状，柱体一端尖，尖端有磨损，另一端断裂，磨损严重。晶莹剔透，光泽鲜亮。残长4厘米，宽3.1厘米。（图六，4；图版一，9）

三、结语

M73内未发现明确纪年器物，其年代可通过墓葬形制与出土器物来判断。

1. 墓葬形制

M73的墓葬形制和三门峡张弘庆墓[1]基本相同，均由墓道、过洞、天井、甬道和墓室构成。张弘庆墓墓道残，有无台阶简报未提，其天井、墓室与M73的天井、墓室相差无几。M73的甬道比张弘庆墓的甬道长得多，墓室东西两壁也比张弘庆墓室壁曲折，这种做法可能代表一定的用意。

张弘庆墓出土砖志一块，上书“享年四十有四□□□□□四年正月八日终于私弟”，根据墓出土的彩绘陶罐、玉璧底碗、陶砚特征，我们推测这缺失的5个字可能为“竟以元和十”，若如此，则张弘庆墓的葬年为公元819年，那么M73的年代大约也在这个时期。

2. 器物对比

M73的陶塔式罐与三门峡印染厂M36出土陶塔式罐（M36：13）基本相同[2]216，此墓有纪年，为公元809年的墓葬。M73出土的陶盘口壶与三门峡印染厂M38[2]222、M152[2]383出土的陶盘口壶特征相同，这两墓根据墓中其他器物来看，年代在公元830年左右。M73出土的铁犁铧、铁镰、铁剪等与陕县七里堡出土的唐代中晚期同类器近似[3]。综合以上，我们将M73的年代定在公元820年左右。

该墓随葬有紫水晶、“长命守富贵”铜钱、铜马、铜蚕、铜印章等较精美的文物，侧面反映了墓主生前的精致生活，可以想象墓主具有较雄厚的经济实力，应为当地的地主阶级。鎏金的铜马、铜蚕造型逼真、制作精巧，反映了唐代高超的制铜技术。该墓的发掘为研究唐代的墓葬形制、丧葬习俗等提供了宝贵的实物资料。

领队：史智民　杨海青

发掘、摄影：上官荣光

修复、绘图：上官荣光　李冰洁　赵　薇

执笔：上官荣光

注释：

[1] 三门峡市文物工作队:《三门峡市两座唐墓发掘简报》,《华夏考古》1989年第3期，第97—112页。

[2] 河南省文物考古研究院:《三门峡市印染厂墓地》，中州古籍出版社，2017年。

[3] 任留政、赵小灿、任新生等:《陕县七里堡唐代墓葬群发掘简报》，见三门峡市文物考古研究所:《三门峡文物考古与研究》，北京燕山出版社，2003年，第104—110页。

1. 陶塔式罐（M73：7）

2. 三彩罐（M73：1）

3. 陶盘口壶（M73：3）

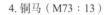

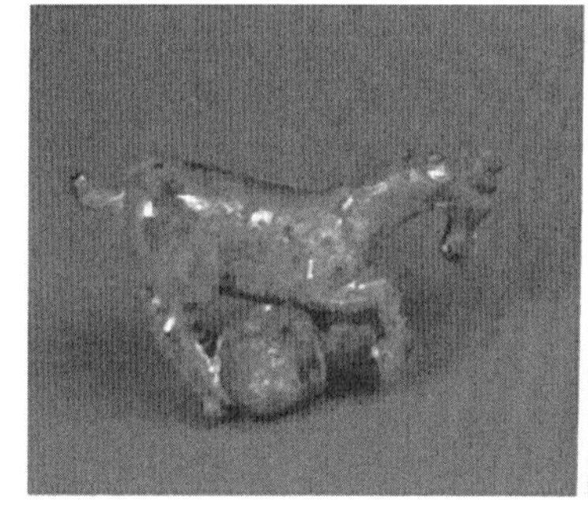

4. 铜马（M73：13）

5. 铜印章（M73：15）

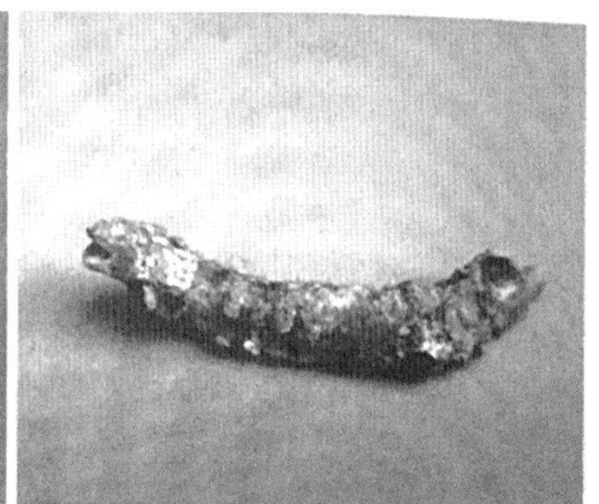
6. 铜蚕（M73：16）

7. "开元通宝"铜钱正面（M78：6）

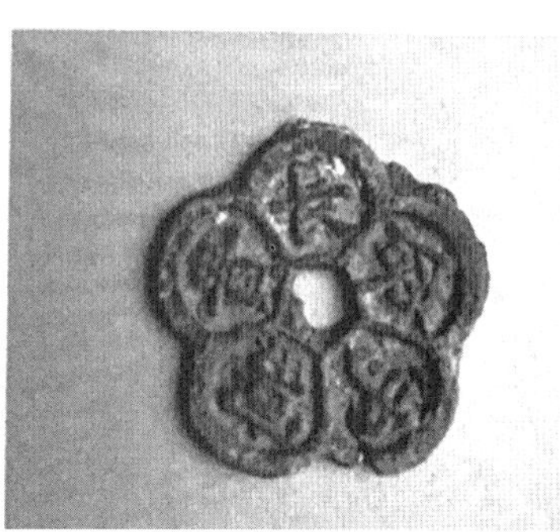
8. "长命守富贵"铜钱正面（M73：14）

9. 水晶（M73：10）

河南三门峡湖滨花园明代王氏家族墓发掘简报

◎河南省文物考古研究院　◎三门峡市文物考古研究所

湖滨花园项目位于三门峡市区南部涧河南岸约500米处，原为家王庄村所在地。2014年，为配合该项目建设，河南省文物考古研究院、三门峡市文物考古研究所，对施工范围内发现的墓葬进行抢救性发掘。（图一）其中五座明代墓葬M32、M37、M38、M39、M41出土明确纪年墓志，墓葬规格较高，为研究当时的职官制度、丧葬习俗、社会生活状况等提供了参考。（图二）现将五座墓葬简报如下。

图一　墓葬位置示意图

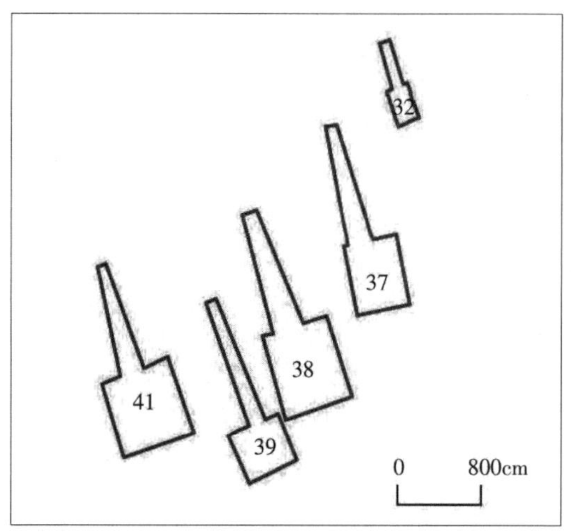

图二　明代王氏家族墓地位置分布图

一、M32

1. 墓葬形制

M32坐南朝北，方向5°，由墓道、砖券墓门和土洞墓室三部分组成。墓道呈阶梯状，口长7.06米，宽0.6~0.98米，深4.6米，残留有13级台阶，高度0.24~0.42米。墓门砖券呈拱形，宽0.86米，高1.52米，下半部以平铺砖封门，每排6块共5层。土洞墓室平面呈梯形，北窄南宽，长3.26米，宽1.68~1.84米，拱顶高1.8米。

墓室内有棺木三具和骨架三副，棺木俱朽，仅留木痕。东侧棺长1.58米，宽0.62米，棺内人骨头南脚北，俯身屈肢，推测为女性。中间棺长 1.4 米，宽 0.45 米，棺内仅见头骨及部分肢骨，西侧棺长 1.58 米，宽 0.2~0.45 米，人骨头南脚北，仰身直肢。随葬器物放置于室内靠近墓门处，有瓷碗、铅盘、铅碟、铜钱等，墓门内外各有墓志一块。（图三）

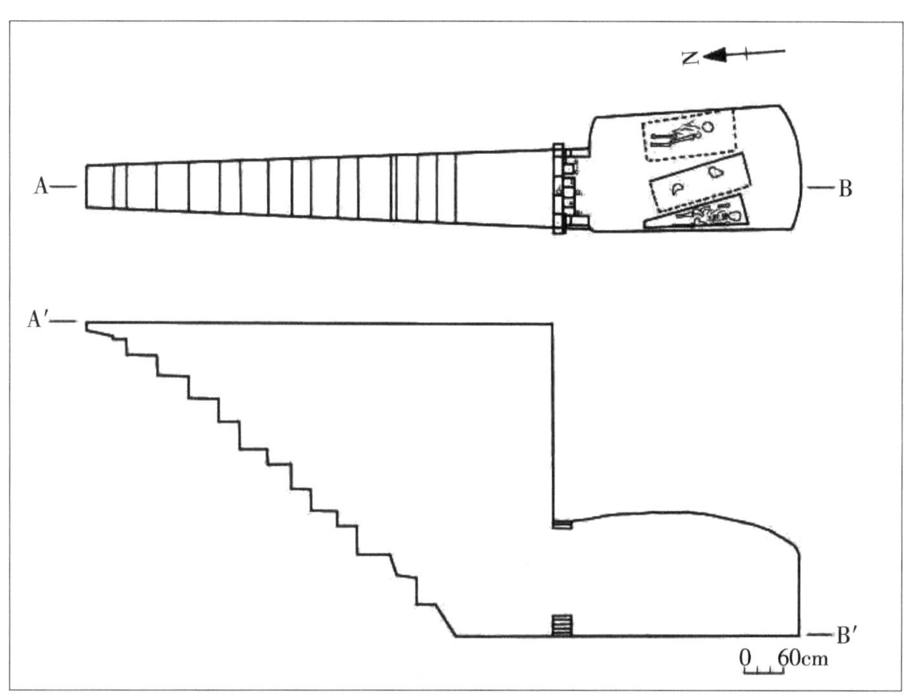

图三　M32 墓葬平面、剖视图

2. 随葬器物

M32 共出土器物 19 件，其中瓷碗 1 件、铅盘 3 件、铅杯 3 件、铅烛台 1 件、铜钱 10 枚、墓志 1 合，铅器保存状况较差，多已损坏。

瓷碗　1 件。标本 M32：1，敞口，斜直腹，圈足，内壁施黄釉，外壁施褐色釉不及底。口径 15.2 厘米，底径 6 厘米，高 6.4 厘米。（图四，1；图六，1）

铅盘　3 件，形制大小相同。标本 M32：2，敞口，宽平沿，斜直腹，平底。口径 11.4 厘米，腹径 8.6 厘米，底径 6.5 厘米，高 3 厘米。（图四，2；图六，2）

铅杯　3 件，形制大小相同。标本 M32：4，侈口，圆唇，弧腹，平底。口径 5.8 厘米，腹径 5.2 厘米，底径 3 厘米，高 2.6 厘米。（图四，3）

铜钱　10 枚，均为宋钱，崇宁通宝 8 枚，大观通宝 2 枚。标本 M32：3-1，边廓明显，大方穿，正背皆有廓，钱文旋读“崇宁通宝”。钱径 3.4 厘米，穿径 0.9 厘米，厚 0.2 厘米。（图四，15）标本 M32：3-9，边廓明显，大方穿，正背皆有廓，钱文顺读“大观通宝”。钱径 4 厘米，穿径 1.2 厘米，厚 0.2 厘米。（图四，16）

墓志　1 合，青石质。志盖志石皆呈长方形，长 56 厘米，宽 48 厘米，厚 9 厘米。志盖篆书 3 行 15 字“明文林郎灵台县知县先君王公墓志”。（图五，1）志文楷书，共 15 行 346 字，录文如下。（图五，2）

明文林郎灵台县知县先君王公墓志／先君讳承蕙字世秀别号云麓其先山西临县人洪武始祖二老／翁应募河南卫调弘农卫授总旗高祖讳顺高曾祖讳刚寿官曾祖／讳瑀生员赠承德郎刑部主事生子四伯祖讳缙处士次讳卿正德／甲戌进士浙江布政司右参政次讳畿廪膳生员儒官次桢祖讳言／正德戊辰进士山东按察司副使祖妣赵氏封安人子二伯父讳承／兰伊府典膳次先君嘉靖甲申四月一日生癸卯选充廪膳生员隆／庆戊辰岁贡万历癸酉授徽州判官丙子升灵台县知县戊寅致仕／丙戌五月十三日卒享年六十三妣张氏监察御史讳梅女嘉靖乙／酉二月三日生丙辰十一月四日卒享年三十二生女一适生员郭／数仍继配母朱氏生员讳国晟女生不肖桢暨弟杞女二一早卒一／字灵宝焦枢威县知县讳冕男桢娶梁氏棒女先卒生男一熠继娶／何氏灵宝生员一诚女卜十二月一日葬过水原东南祖茔／不肖男桢泣血稽颡谨誌／　甥生员张之坦填讳　石工王尚仁／

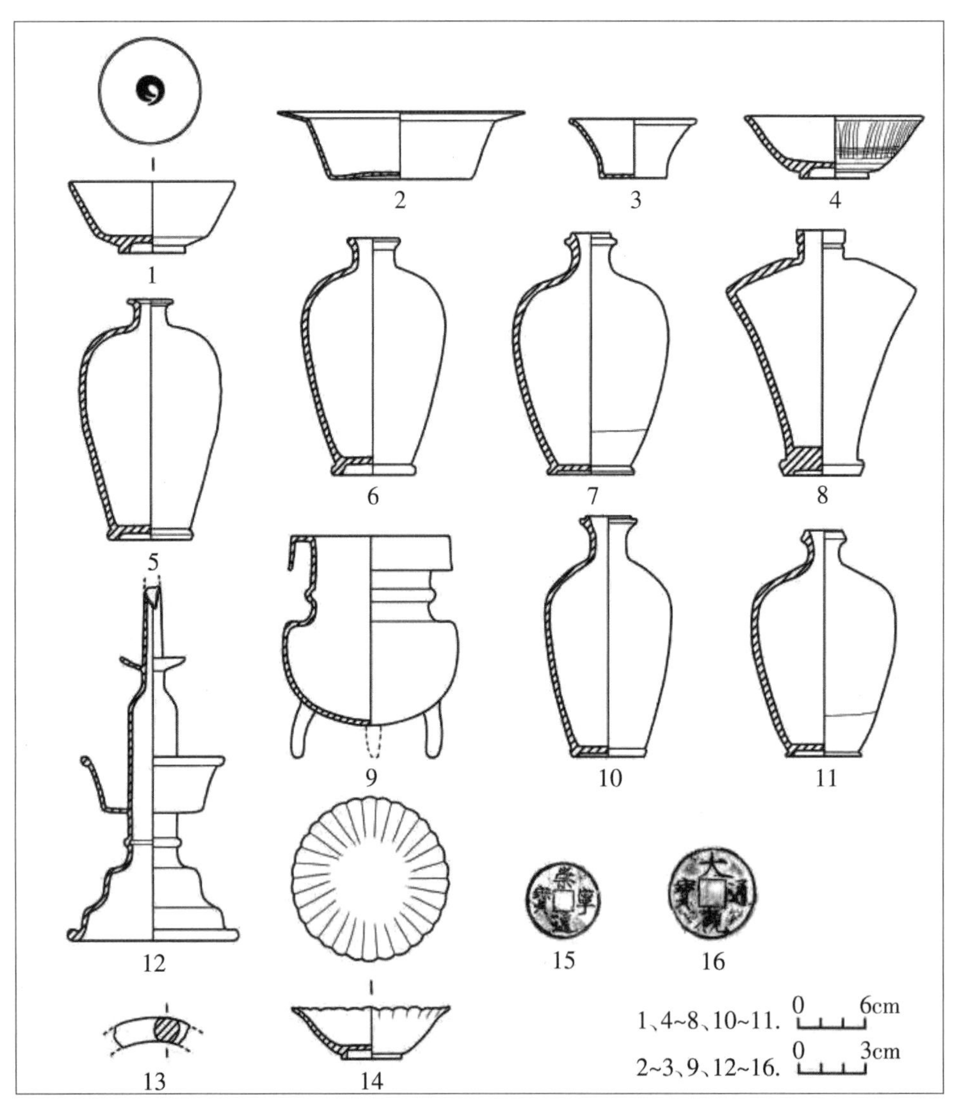

图四　三门峡明代王氏家族墓出土器物线图及拓片

1. 瓷碗（M32：1）　2. 铅盘（M32：2）　3. 铅杯（M32：4）　4. 褐釉瓷碗（M37：1）
5. 黑釉瓷瓶（M37：2）　6. 酱釉瓷瓶（M37：3）　7. 酱釉瓷瓶（M38：2）　8. 瓷瓶（M39：1）
9. 铅香炉（M39：4）　10. 瓷瓶（M39：3）　11. 瓷瓶（M39：5）　12. 铅制烛台（M39：2）
13. 玉环残块（M39：7）　14. 瓷碟（M39：6–1）　15~16. 铜钱（M32：3–1、M32：3–9）拓片

图五，1 王承蕙墓志志盖

明文林郎靈臺縣知縣先君王公墓誌
先君諱承蕙字世秀别號雲麓其先山西臨縣人洪武初始祖二老
翁應募河南衛調弘農衛授總旗高祖諱順高曾祖諱劉壽官曾祖
諱瑀生員贈承德郎刑部主事生子四伯祖諱縉處士次諱卿正德
甲戌進士浙江布政司右參政次諱畿廩膳生員儒官次禎祖諱言
正德戊辰進士山東按察司副使祖妣趙氏封安人子二伯父諱承
蘭伊府典膳次先君嘉靖甲申四月一日生癸卯選充廩膳生員隆
慶戊辰歲貢萬曆癸酉授徽州判官丙子陞靈臺縣知縣戊寅致仕
丙戌五月十三日卒享年六十三妣張氏監察御史諱梅女嘉靖乙
酉二月三日生丙辰十一月四日卒享年三十二生女一適生員郭
數伊繼配毋朱氏生員諱國晟女生不肖禎鹽弟杞女二一登李二
字靈寶焦樞威縣知縣諱冕男禎娶梁氏椿女先卒生男一熠繼娶
何氏靈寶生員一誠女卜十二月一日葬過水原東南祖塋
不肖男禎泣血稽顙謹誌
石工王尚仁
甥生員張之坦填諱

图五，2 王承蕙墓志志文

图六 墓葬内出土器物

1. 瓷碗（M32：1） 2. 铅盘（M32：2） 3. 褐釉瓷碗（M37：1） 4. 黑釉瓷瓶(M37：2） 5. 酱釉瓷瓶（M37：3） 6. 酱釉瓷瓶（M38：2） 7. 金耳垂（M38：3） 8. 瓷瓶（M39：1） 9. 瓷瓶（M39：3） 10. 瓷碟（M39：6-1） 11. 瓷瓶（M39：5） 12. 铅制烛台（M39：2） 13. 玉环残块（M39：7）

二、M37

1. 墓葬形制

M37坐南朝北，方向10°，由墓道、砖券墓门和土洞墓室三部分组成。墓道呈阶梯状，口长8.3米，宽0.52~1.44米，残深3.1米，前半部残留5级台阶，后半部为竖井，长3.1米，宽1.6米。砖券墓门呈拱形，宽0.98米，高1.4米，直壁由一顺一丁平铺而成，高0.86米，墓门券顶由一券一覆砌成，封门为向上平铺封堵墓室（砖的规格为28厘米 ×14厘米 ×6厘米）。墓室平面近梯形，拱顶土洞结构，南北长2.9~3.4米，东西宽2.3~3.3米，拱顶高1.7米，室底局部铺砖，墓室四角和中部有五色石。后壁中部距墓底0.8米高处有一半圆形壁龛，高0.27米，进深0.2米，内放一瓷碗。

墓室内有棺椁三具和骨架三副。两侧葬具均为单椁单棺，中间疑似为单棺，俱朽仅留木痕。东侧椁长1.98米，宽0.6~0.9米，板厚0.07米。内棺长1.75米，宽0.38~0.62米，棺内人骨头南脚北，仰身直肢。中间棺长2.26米，宽0.48~0.6米，棺内人骨头南脚北，仰身直肢。西侧椁长2.2米，宽0.68~0.94米，厚0.07米，内棺长1.84米，宽0.48~0.6米，棺内人骨头南脚北，仰身直肢。室内靠近墓门处有铅制酒器，碎成片状未编号，有酒壶、酒杯、盏托等，西侧椁室两端各有一件瓷瓶。墓门封门砖上部有墓志两合。（图七）

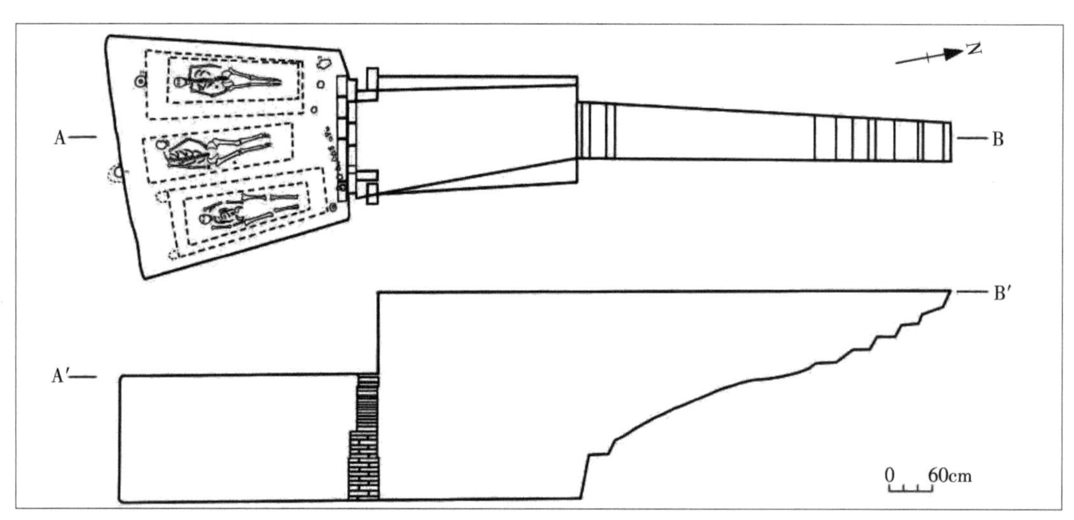

图七 M37墓葬平面、剖视图

2. 随葬器物

M37共出土器物5件，有褐釉瓷碗1件、黑釉瓷瓶1件、酱釉瓷瓶1件、墓志2合。

褐釉瓷碗 1件。标本M37∶1，敞口，略弧腹，圈足底，外壁有竖线刻槽纹，内壁施酱褐色釉，外壁施黄褐色釉。口径16.4厘米，底径6.4厘米，高5.6厘米。（图四，4；图六，3）

黑釉瓷瓶 1件。标本M37∶2，敞口，宽沿，圆唇，细颈，广肩，腹部斜收，圈足底，腹部饰瓦楞纹。口径4厘米，腹径13厘米，底径8厘米，高21.2厘米。（图四，5；图六，4）

酱釉瓷瓶 1件。标本M37∶3，敞口，圆唇外翻，颈略细，溜肩，腹部斜收，圈足底。口

径5厘米，腹径13.2厘米，底径8厘米，高21厘米。（图四，6；图六，5）

墓志　2合，大小各一。其一较大，志盖、志石皆长方形，长60厘米，宽52厘米，厚8厘米，志盖阴刻篆书“明乡进士崤谷王君合葬墓志铭”，（图八，1）志石阴刻楷书共30行1110字录文如下。（图八，2）

明乡进士崤谷王君合葬墓志铭/从弟文林郎灵台县令王承蕙撰文/

将仕郎莱阳王府教授张炳书丹/登仕郎介休县主簿孟九思篆盖/先兄卒于嘉靖丁未距今三十七年矣始铭者何有所族也今年秋嫡嫂陶氏卒侄辅泣血告曰先

图八，1　王承蔚及其夫人陶氏墓志志盖

图八，2　王承蔚及其夫人陶氏墓志志文

人奄弃／时辅方五龄其音容尚想象若梦寐然况识其遗行乎父之素履母之孀节劬劳惟叔能知之允且悉原叔／状之且扣诸达人以誌墓又惧欷辞眩真也恳叔遂铭之以传后何如愚为之泫然掩泣思吾髫年时早失／怙恃惟兄拊视教育者六七载兄既登丁酉乡试不肖亦为督学公取冠多士得续家声与兄鸣锵一时以／家学相切磋者十余年兄之懿行愚最稔识侄辅之请其忍拒诸兄讳承蔚字世文别号崤谷世系盖出太／原望族裔居临县始祖洪武初应戎幕遂家弘农曾祖以上皆隐德祖郡庠生生孟父处士公早卒仲父浙／江大参公叔父儒官公季父山东宪副公其名讳皆具先墓志中兄儒官公长子不肖宪副公仲子与兄盖／从兄弟云兄赋性磊落倜傥气宇昂然戊子岁入郡庠因阅乡试题有疑滞遂下帷发愤至忘寝食明年遂／洞贯经旨比较士辄擢优异以礼经亚丁酉魁再试礼部弗遇遂辟书屋于过水原摒弃世纷潜心大业暇／时作为诗歌乐府皆豪迈奇伟读之使人有奋发激昂意非公会未尝至守室亦不以片言相嘱深疾豪侠／势利之徒视之蔑如也故琐屑趋时者与兄恒忤云丙午丁父艰哀毁踰制殡葬斥佛屠法曲尽色养以安／母心丁未冬子月十四日感寒疾竟至不救呜呼痛哉距生于正德四年十月初九日享年三十九岁娶陶／氏侧室沈氏子二皆沈出辅郡庠廪生娶岳氏辂应万历丙子选贡复登已卯科乡试娶杨氏卒于壬午年／五月十七日吁亦异哉孙男四弘业弘器辅出弘化弘仁辂出业娶刘氏化娶焦氏余未聘孙女一适同郡／党自省方殁时二子尚寓襁褓二嫂茹苦坚孀抚育成立郡上其节当道巡按御史静海张公掖县赵公长／垣苏公俱有粟帛之赐提学四川李公檄奖云陶氏为夫而贞沈氏因子而守嫡庶同操门阀有庆知府雷／公奖云立身秉节克敦彝范之常教子成名无忝义方之训一门双美百岁孤贞陶氏以万历十一年八月／二十四日卒距生于正德七年十月十七日享年七十二岁子辅卜以十一月初六日将合葬于过水原之／先茔与伯叔大夫墓乔梓相望云弟惠茹哀诔曰呜呼人有言曰人生梦幻世事亦期观之吾门讵不信夫／思昔不肖年十二三时见吾伯叔父横金纡紫冠

图九，1　王承蔚夫人沈氏墓志志盖

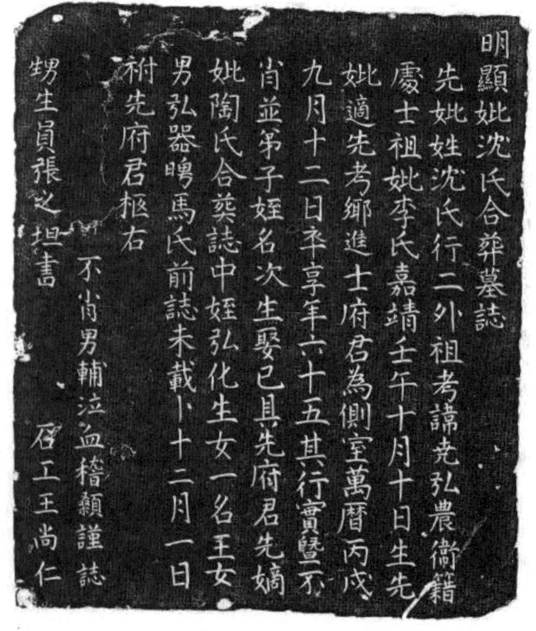
明顯妣沈氏合葬墓誌
先妣姓沈氏行二外祖考諱尭弘農衛籍
處士祖妣李氏嘉靖壬午十月十日生先
妣適先考鄉進士府君為側室萬曆丙戌
九月十二日卒享年六十五其行實暨不
肖並弟子姪名次生娶已具先府君先嫡
妣陶氏合葬誌中姪弘化生女一名王女
男弘器聘馬氏前誌未載卜十二月一日
祔先府君柩右
不肖男輔泣血稽顙謹誌
甥生員張之坦書
石工王尚仁

图九，2　王承蔚夫人沈氏墓志志文

裳粲然三父盖若鼎足吾兄复以俊髦承其后吾门可谓／盛矣无何而父伯继殁门户顿衰吾兄殚力经纪训蕙及从弟恩俾续书香兄既成名蕙恩遨游庠校头角／峥然自以复振家声矣未及而吾兄不禄吾辈又坎壈名场抑欝不振不肖经纪兄家训诲二子未尝不饮／泣饬勉幸而辅也廪员辂也乡荐愚辈叨禄郡县以为世业浸乎兴矣而辂复夭折天乎人耶愚生六十年／间盛衰相寻反复靡常感时抚事不胜怆然又未知盖棺之后吾门竟何如耶为之铭曰／王氏之业惟诗与书祖濬其源列父振光惟兄绳之克绍其芳愚辈驽骀天胄其足惟兄有子方振而逝祖／武之绳辅也是力成败利钝逆不可知自我何为惟德是植父子聮阡路人心折马鬃对头悲风萧瑟／

其二较小，志盖志石皆长方形，长 55 厘米，宽 48 厘米，厚 9 厘米，志盖阴刻篆书“明显妣沈氏合葬墓志”。（图九，1）志文楷书共 11 行 149 字，录文如下。（图九，2）

明显妣沈氏合葬墓志／先妣姓沈氏行二外祖考讳尧弘农卫籍／处士祖妣李氏嘉靖壬午十月十日生先／妣适先考乡进士府君为侧室万历丙戌／九月十二日卒享年六十五其行实暨不／肖并弟子任名次生娶已具先府君先嫡／妣陶氏合葬志中任弘化生女一名王女／男弘器聘马氏前志未载卜十二月一日／祔先府君柩右／不肖男辅泣血稽颡谨志／甥生员张之坦书　石工王尚仁／

三、M38

1. 墓葬形制

M38 为坐南朝北砖室墓，方向 10°，由斜坡墓道、砖墓门、甬道和砖砌墓室四部分组成。

墓道呈斜坡状，口残长 5.96 米，宽 1.2~1.4 米，残深 2.8 米，下部略宽，斜坡较陡，倾角近 35°，坡长 6 米，近墓门处平底，长 1.14 米。墓门上部有青石墓志一合，以铁带固定。墓门为仿木结构，弧形券顶上部砌成门楼状，屋脊上部有砖雕兽头，下有滴水、屋檐、椽等造型，门额上刻楷书“中宪大夫之墓”，右侧对联“花萼相辉垂不朽”，左侧“麒麟高卧见佳城”。（图一〇）甬道呈拱形，长 0.92 米，宽 1.04 米，高 1.43 米，直壁高 0.96 米，以立砖顺放封堵。砖砌墓室平面近长方形，东西两壁及券顶由两顺夹一平砌成，中间以石灰砌缝，后壁单砖顺放。室内长 2.95 米，宽 2.62 米，拱顶高 2.4 米，室底南北向平铺 8 排底砖，后壁中部距

图一〇　M38 墓门正视线图

墓底 1.64 米处有一长方形壁龛，高 0.3 米，宽 0.23 米，墓室四角及中部有鹅卵石。

因墓室封闭较好，仅进少量淤土，棺木及随葬器物摆放基本保持原状。靠近墓门处有一倒塌木案，上面及四周散落有铅制酒壶、酒杯、盏托等碎成残片，木案东西两侧各有一瓷瓶，西侧有少量彩绘泥俑残片。内有棺椁两副，均为单椁单棺。西侧棺椁腐朽成粉末状，椁长 2.14 米，宽 0.66~0.8 米，厚 0.06 米。内棺长 1.84 米，宽 0.5~0.65 米，厚 0.05 米，棺内有人骨一具，骨架基本完好，头南脚北，仰身直肢，头骨两侧有一对金耳垂。东侧棺椁基本完好，略有塌陷，椁板上部有一黑色织帛，上书金黄色楷书“山东按察使司副”，椁长 2.46 米，宽 0.76~1 米，厚 0.08 米，内棺长 2.04 米，宽 0.48~0.8 米，厚 0.05 米，棺内人骨头南脚北，仰身直肢，头戴黑色无翅官帽，身上衣物风化成片状。（图一一）

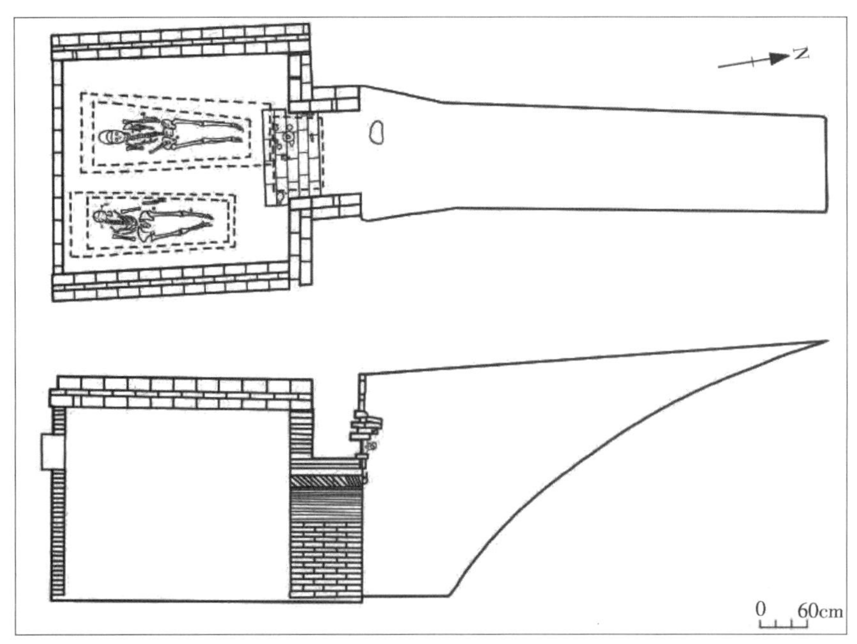

图一一 M38 墓葬平面、剖视图

2. 随葬器物

M38 出土的铅制酒器因碎成片状未编号，其余随葬器物有 4 件，其中瓷瓶 2 件，金耳垂 1 对，墓志 1 合。

酱釉瓷瓶 2件，形制大小相同。标本M38：2，敞口，双唇，溜肩鼓腹，小圈足底，酱褐色釉不及底。口径 3.6 厘米，腹径 14 厘米，底径 8 厘米，高 21.2 厘米。（图四，7；图六，6）

金耳垂 1 副 2 只。标本 M38：3，上部挂钩呈半圆形，下部呈葫芦形，共重 15 克。（图六，7）

图一二，1 王言及夫人赵氏墓志志盖

墓志　1合。盖志均为长方形，长58厘米，宽52厘米，厚12厘米，盖篆书“明中宪大夫山东副使王公配安人赵氏合葬之墓”。（图一二，1）志文楷书30行1145字，录文如下。（图一二，2）

明中宪大夫山东按察司副使王公配安人赵氏合葬墓志铭／赐进士承德郎兵部职方清吏司主事灵宝许伦撰文／生员郭元泰书丹　生员杜佐篆盖／嘉靖丙申二月十三日按察副使三峰王公卒于家其子承兰介乡进士董君文吉顾君诏诣予号泣请曰兰积恶钟／祸前月母赵安人奄弃睛血未干今又失所天天殛何酷恨不即殒顾窀穸伊尔勉图所以不朽者惟公怜而誌之余／记儿时三峰弱冠举进士尚未娶先襄毅公为家宰每见之必携引近坐深加器重归则与高太夫人言之叹赏余未／尝不为感动至今炯炯如昨而安人与余姊又夫党也皆稔闻其行故不敢辞按状公讳言字良谟别号三峰其先山／西临县人高祖二老翁洪武中从军为总旗隶河南陕州弘农卫遂家于陕曾祖顺祖刚皆隐德不仕考瑀郡学生赠／承德郎刑部浙江司主事妣时氏赠安人以成化丁未六月初十日生公颖异恂谨幼入郡学为弟子员治载礼强记／绝人每当小试援笔立就见者称赏郡学生赵遂爱其才以女妻之即安人也正德丁卯领乡荐明年戊辰登进士得／读归娶乡人荣之己巳丁父忧壬申起复授刑部浙江司主事奉／命虑囚畿辅稽疑释枉刑无冤滥乙亥秩满赠父如其官赠母与妻皆安人丁丑升本部广西司员外郎己卯升本部浙江／司郎中俱以平明见称

图一二，2　王言及夫人赵氏墓志志文

庚辰升直隶顺德府知府府当冲要多事公莅以安静清约省刑节用民用无扰复稍以法惩／舞文者一郡肃然嘉靖癸未铨司以其才堪治剧疏调大名府顺德民追而泣送者余千人至为木主生祀之大名小／滩为各省兑军粮所在部连归者府率科以纸价吏缘是为奸人苦之公素知其弊尽为蠲除又府吏候缺者多尝数／百人除供后之外旧皆征银为私费而纵之归公曰何污蔑至是也委以籍官由是声称赫然巡抚都御使刘公麟巡／按御史熊荣等前后论荐凡十余疏乙酉升山东按察司副使奉／敕兵备曹濮兼理河道所至风采凛然豪猾敛迹戊子黄河溃决渫定公综理过劳又素肥多痰遂构疾不能视事外任官／在事例鲜得谢病都御使盛公为之特／请许之盖异数也甲午曹祖狱事起被逮至京寻以无辜放还丙申正月二十六日赵安人偶疾卒公缘是病势增剧竟／以二月十三日卒于寝享年五十岁呜呼哀哉公性宽简有局度初举乡荐得报神色自如处僚友礼让备至或有侮／公者略不与较及其溺犹援手焉事继母二兄始终无间言宦游二十年所居如贫士淫巧玩好绝不经心至于式慎／官箴动恤民隐志趣清纯器识宏远青年盛业名位何涯而乃梁摧中道不克永终岂非命哉安人素慈惠／知妇道相夫游宦多所裨益生于弘治壬子五月二十日距卒之岁享年四十五子男二长曰承兰次曰承蕙女四长／聘千户丁继武余未行承兰等将以今年十二月初三启公及安人之攒合窆于过水原时公之兄参政公亦以今／岁五月卒于浙衬归得与公同日葬焉亦可哀也已铭曰维陕多才召伯所植王氏承之金昆玉季欷欤三峰人中之／龙弱冠明扬其笔如锋初试秋曹庶狱庶慎论囚三辅存亡于炉邢台懋功民有生祠大名之绩亦孔之／祁／帝曰休哉汝备曹濮有峨豸冠豺狼攸伏式是明德二婴何来虽则引归群望不回岁匪龙蛇其日何日公忽骑箕盖棺事／毕兴谣辍相惨尔缙绅岂维公嗟嗟陕无人过水之原其兆允吉安人是祔永昌永谧／

四、M39

1. 墓葬形制

M39和M38墓葬形制基本相同，但经过多次盗扰，墓门和墓室前端遭破坏，为坐南朝北砖室墓，方向5°，由斜坡墓道、砖墓门、甬道和砖砌墓室四部分组成。

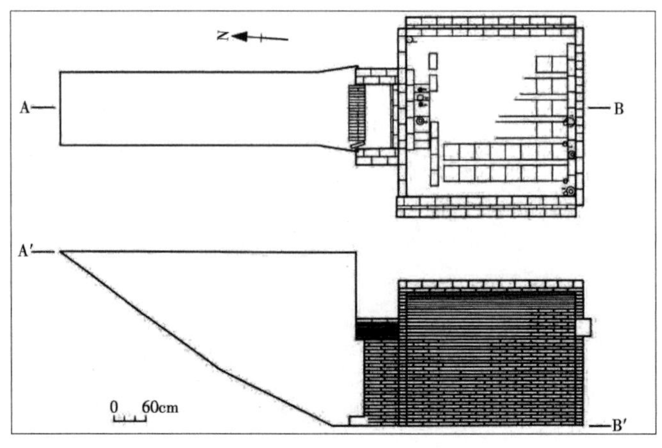

图一三　M39墓葬平面、剖视图

墓道呈斜坡状，口残长 5.44 米，宽 1.28~1.48 米，残深 3.04 米，下部略宽，斜坡较陡，近墓门处平底。墓门外有青石墓志一合，以铁带固定。墓门为仿木结构，门楼状，大部遭破坏，残留有部分兽头、滴水、屋檐、椽等造型，右侧对联“花萼相辉垂不朽”，左侧“麒麟高卧见佳城”。甬道长 0.66 米，宽 1.04 米，高 1.5 米。墓室平面近长方形，东西两壁及券顶由两顺夹一平砌成，以石灰砌缝，后壁单砖顺放。内长 3.04 米，宽 2.8 米，高 2.34 米；后壁壁龛高 0.3 米，宽 0.23 米，进深 0.28 米。（图一三）

墓室内葬具损毁严重，骨架比较散乱，在墓门处发现有瓷瓶、瓷碟、铅制烛台和香炉，在墓室中部发现有玉环残块。

2. 随葬器物

M39 共出土器物 15 件（组），有瓷瓶 3 件、瓷碟 8 件、铅制香炉 1 件、铅制烛台 1 件、玉环残块 1 件、青石墓志 1 合。

瓷瓶　3 件，形制颜色稍有不同。标本 M39：1，圆唇，直口，颈部有一圈凹槽，广肩，折腹急收，饼状小圈足底，外施褐釉。口径 4.4 厘米，腹径 17.2 厘米，底径 7.6 厘米，高 22 厘米。（图四，8；图六，8）标本 M39：3，敞口，双唇，细束颈略高，溜肩鼓腹，小圈足底，施黑釉。口径 4 厘米，腹径 11.6 厘米，底径 7 厘米，高 21.2 厘米。（图四，10；图六，9）标本 M39：5，敞口，双唇，细束颈，溜肩鼓腹，小圈足底，施黑釉。口径 3.2 厘米，腹径 13 厘米，底径 7 厘米，高 20 厘米。（图四，11；图六，11）

瓷碟　8 件，形制大小相同。标本 M39：6–1，瓜棱形，敞口，圆唇，斜腹，圈足底，通体施天蓝色釉。口径 7.2 厘米，底径 2.8 厘米，高 2.3 厘米。（图四，14；图六，10）

铅制香炉　1 件。标本 M39：4，圆口，圆唇，腹部内收有凸棱，圜形底，矮三支足。口径 6.6 厘米，腹径 8 厘米，底径 7 厘米，通高 10 厘米。（图四，9）

铅制烛台　1 件。标本 M39：2，呈双层塔状，上部尖细，以插蜡烛，下有圆形盛油盘，圆圈足底，底径 8 厘米，残高 14.8 厘米。（图四，12；图六，12）

玉环残块　1 件。标本 M39：7，半透明，弧状，残长 3.5 厘米，直径 1 厘米。（图四，13；图六，13）

墓志　1 合。志盖志石皆呈长方形，长 58 厘米，宽 52 厘米，厚 12 厘米。盖篆书“明亚中大夫浙江右参政虎岩王公之墓”。（图一四，1）志文楷书，共 31 行

图一四，1　王卿墓志志盖

1240字，录文如下。（图一四，2）

明亚中大夫浙江等处承宣布政使司右参政虎岩王君墓志铭／赐进士第资政大夫户部尚书侍／经筵官前翰林国史编修灵宝许讃撰文／生员郭元泰书丹／生员杜佐篆盖／嘉靖十五年七月十二日浙江布政司右参政王君卒于官卒何患疡也疡何致忧也何忧忧弟亡以及其亡亲欲弃官遄归情未／即遂隐痛愤懑是发于疡以至不起呜呼痛哉浙民素感君惠远近哀思僚友咸用悼惜朝之士夫则以君才德兼懋而伤其用之／未竟也君讳卿字良佐虎岩其号河南陕州弘农卫籍洪武间高祖二老翁自山西临县应募河南卫寻调弘农遂家陕州累以平／寇功授总旗多善行是生顺顺生刚刚生瑀　赠承德郎刑部主事娶时氏封安人以成化十五年己亥十一月初三日生君自幼痴／重稍长为州学生即负气节君资秉颖慧又自刻意问学弘治甲子遂以礼经魁乡荐正德己巳游太学甲戌登进士第授知山东／德平县勤厉不问昼夜诸务振举竟以治才调知上海其县素称繁华君一切治以简约公费有号柜钱者颇不赀君裁之民遂／欢呼曰上海无柜钱矣小民输税有阄头名色甚为民病君又革之民又欢呼曰上海无阄头矣／武皇南巡江南北有司乘隙科索入民骨髓君晏然不动人或为君危君曰咎责在我岂不关心竟保安静民益怀之持廉秉公无纤毫／私昧可指至于赈饥弭寇皆绰有预处声称蔚然庚辰升户部四川司主事既就道民哭而送

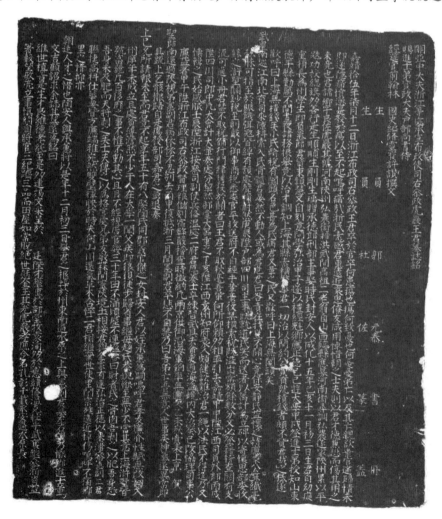

图一四，2　王卿墓志志文

者以万计为立碑以寄怀思部委收／苏之浒墅关钞税至则严以御事商税悉委官平收送府不自经手革豪役禁横索税既溢出常额余数分文必登籍稽查关有支／流可通小舟君禁不取税铺行门肆旧役于关者曰王君不取秋毫吾辈何所仰赖多相率引去嘉靖甲申升江西司员外郎丙戌升／四川司郎中凡大会计大章奏处分初然部堂大器重之丁亥升江西袁州知府袁人颇健讼难治君一绳以法民不得逞乃又／怀辑之民始感服壬辰升浙江按察司副使兵备温处二府君厚养士卒练习武具去贪吏逻海盗境内大治癸巳改协理司事公／廉益著甲午升浙江布政司右参政督理粮储划宿弊严稽查时征纳凡两京供御沿海军饷率无逋欠乙未秋赍表上京贺／圣节南还过陕视弟宪副君病依依不忍别去丙申复抵浙三月闻宪副君卒悲不自禁乃曰吾弟亡吾无意人世事矣神气遂异常即／具疏上乞骸恳归自是疡发部司嘉君之勇退奏／上已允所请报未至而君竟不起享年五十有八娶陶氏同郡义官杰之女封安人君以侄承蕙为嗣呜呼君孝友廉介性赋无改初入／州庠年未成立且处贫澹淡然不少干人在太学一闻父疾即狼狈徒步归省事继母赵氏恭婉恳至无少不当其意上海浒墅皆／号富丽凡百侈靡之事不惟不动其心且目不经视居官几三十年田不满顷屋不连楹尝曰财者民之骨肉吾剥之以肥吾身恐／吾身未及肥而天将剥之矣士夫传之以为格言处兄弟友敬无间灵陕境土相接君与余家有连弘治正德以来藩参宪副二君／联捷高科仕华要皆方廉端雅宛然双璧辉映于时夫何山川还气草木含悴二君相继弃世使里闬宗族远近悼伤呜呼不独乡／里之惜抑亦／朝廷人才之惜也陶安人与承蕙将以是年十二月初三日举君之柩葬于州东南过水原之上与宪副君墓左右望乃恳乡进士董／文吉顾诏求余誌其墓遂为铭曰／维世植善是生才良维德孝纯至是多建扬文采呈于廷陛才华重于部堂牧袁洵多于惠绩备温克壮乎武襄继参浙省益／著声望敏亮立事慎约自将官三纪跻三品而田屋如常脱绝世态金玉其光虎岩孝廉令名孔彰千载永安过水原长／

五、M41

1. 墓葬形制

M41坐南朝北，方向5°，由阶梯墓道、砖券墓门和砖券墓室组成。墓道呈阶梯状，口长6.7米，宽0.52~1.28米，深4.2米，前半部残留8级台阶，高度0.26~0.7米。墓门呈拱形，宽1.2米，高1.5米，封门残高0.9米。墓室为双层顺放券成，长3.94米，宽2.94米，高2.4米，近门处东西两侧各有一拱形壁龛，宽0.51米，高0.7米，进深0.28米，室底局部铺砖。墓室应被盗扰，仅发现棺木碎片和少量碎骨，墓室后部有墓志1合。（图一五）

2. 随葬器物

M41仅出土青石墓志1合。志盖、志石皆呈长方形，长80厘米，宽75厘米，厚14厘米，盖篆书“明故儒官南原王府君墓志铭”，边饰波浪卷云纹。（图一六，1）志文楷书，共27行716字，边饰波浪卷云纹，录文如下。（图一六，2）

明故冠带官南原王府君墓志铭／赐进士第嘉仪大夫都察院右副都御史奉／勅整饬蓟州

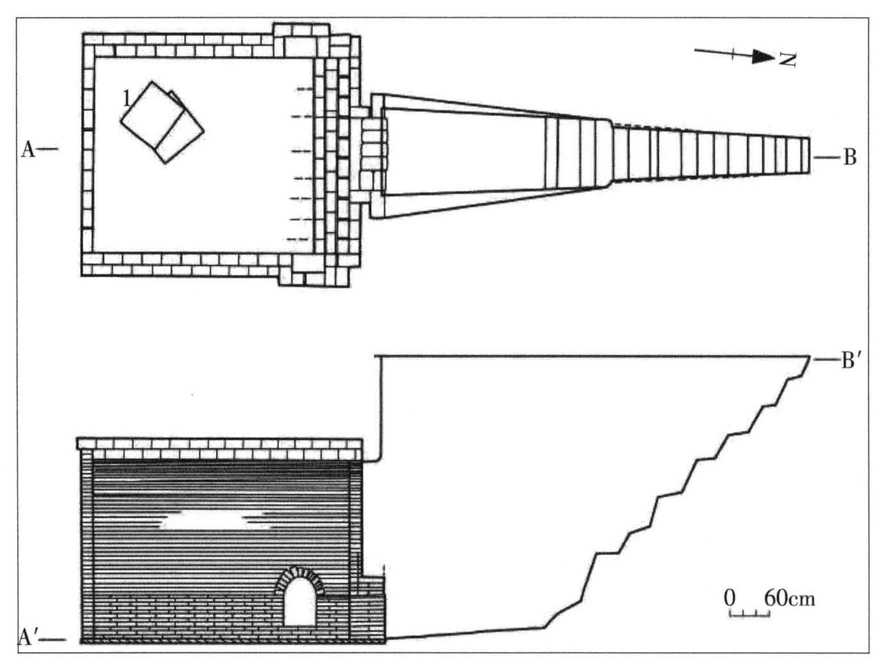

图一五 M41墓葬平面、剖视图
1.石墓志1合2块

边备兼巡抚顺天等府地方灵宝许伦撰/赐进士第奉政大夫四川按察司佥事灵宝李实篆盖/乡贡进士灵宝贺贲书丹/府君讳畿字良止别号南原其先山西临县人高祖二老者洪武中应募河南/卫后调弘农遂家陕州累功升总旗是生顺顺生刚刚生瑀郡群庠生赠承德郎/刑部主事府君之考也配时氏之女赠安人以成化乙巳岁正月十二日生/府君幼性颖异长入郡庠为弟子员累试优等补廪膳生时府君兄参政公卿/弟副使公言皆已举进士宦游四方而继母安人赵氏年老不克之任府君每/叹曰吾兄弟俱致仕籍门之幸矣吾岂可又事功名离膝下乎嘉靖甲午/诏廪膳生不愿求进者听给冠带遂欣然援例以毕前志事赵安人敬爱悃悫始终/无异暇则藜杖芒鞋寻幽访友颇得古人遗世之趣甲辰秋母卒葬祭一如礼/顾以毁甚构疾越岁丙午三月初七日卒于寝距生享年六十有二乡党咸惜/之呜呼府君赋性倜傥知大节与人坦夷洞彻见者敬附自守峻洁非分之物/确不动心兄参政公尹上海日曾辨释一无辜诸知县适府君省兄归诸乃怀/百金钱谢府君拒却之诸感叹而去翌日舟行值风余舟多溺府君独全闻者/叹异素善储蓄而乐施

图一六，1 王畿墓志志盖

好赈不少靳惜戊子岁歉负贷者不克偿府君乃聚券／悉焚之弟宪副公卒时购棺木无从得良材府君即以自备者与之及弟妇卒／复用其余材迨府君之卒则反无素具其友爱盖如此抚诸孤侄一如己出今／承蕙习举子业可科第望皆府君教之也配毛氏处士文举之女侧室孙氏子／男二长承蔚乡试举人毛出次承茂孙出女一适郡庠生张国化孙男二犹度／承蔚等卜以卒之年四月十一日葬于州城东过水原与参政宪副公之墓相／望先期持举人彭范伏请铭于余余既素重府君之行又善承蔚笃孝之能传／也为之铭曰鸰原之爱既老不遗萱背之养辞荣若饴此君之大节而其余可／知矧有令嗣器识环奇行将对／天子之庭以发舒君之所未施过水之藏可以无憾于斯矣／

图一六，2　王畿墓志志文

六、结语

M39的墓主人是布政司右参政王卿。王卿字良佐，号虎岩，生于明成化十五年乙亥（1479年）十一月初三，卒于嘉靖十五年（1536年）七月十二，同年十二月初三下葬于祖茔，享年58岁。王卿年少聪颖好学，先后为州学生、太学生，正德甲戌年（1514年）中进士任山东德平知县，后任上海知县，在任期间革除利弊、清正廉洁、秩序井然，庚辰年（1520年）就任户部四川司主事，送行民众痛哭流涕，在任期间严以律己，严禁官吏巧取豪夺，嘉靖甲申年（1524年）升任江西司员外郎，丙戌（1526年）升任四川司郎中，丁亥（1527年）升任江西袁州知府，壬辰（1532年）升任浙江按察司副使，癸巳（1533年）改任协理司事，甲午（1534年）升任浙江布政司右参政，后因弟王言病亡，忧思过度，病发身故。娶妻陶氏，封安人，无嗣，乃以侄子王承蕙为嗣。王卿官居三品，孝敬父母，兄友弟恭，洁身自好，声名远扬。

M41的墓主人是冠带官王畿。王畿字良止，号南原，生于成化乙巳（1485年）正月十二日，卒于嘉靖丙午（1546年）三月初七日，享年62岁，同年四月十一日下葬。王畿年少聪颖，成绩优异，补廪膳生，因兄王卿、弟王言皆在外做官，继母赵安人年老多病，故不再攻读，在家伺奉继母，在继母去世的第三年也因病去世。王畿做人识礼懂节，洁身自好，乐善好施，佃户曾因灾荒交不起租，他把地契一烧了之，弟弟王言和弟媳去世时没找到好木材做棺材，他把自己备用的棺木拿出来，自己反无好棺木可用。娶妻毛氏，生子承蔚，继娶侧室孙氏，生子承茂。

M38的墓主人是王言及其妻子赵氏。王言字良谟，号三峰，生于明成化丁未（1487年）六月初十日，卒于嘉靖丙申（1536年）二月十三日，享年50岁。王言年少聪颖，博闻强记，正德戊辰（1508年，时年22岁）考中进士，次年为父守孝，壬申年（1512年）任刑部浙江司主事，乙亥（1515年）任期满，朝廷亦封其父为刑部浙江司主事，封母与妻皆为安人，后任刑部广西司员外郎、浙江司员外郎。庚辰年（1520年）升任直隶顺德府知府，在任期间体恤民情，治下安居乐业，官声斐然。嘉靖癸未年（1523年）调任大名府，顺德百姓追而泣送，在大名府任上，王言整顿吏治，革除吏弊，严惩徇私舞弊贪赃枉法者，被上级多次向朝廷举荐。乙酉年（1525年）升任山东按察司副使，后因操劳过度，体弱多病，辞官回乡。甲午年（1534年）因曹祖狱事件被押解至京城，后无辜释放。后因妻卒，王言病势加剧，亦于一月后病逝。其妻赵氏安人生于弘治壬子（1492年）五月二十日，卒于嘉靖丙申（1536年）正月二十六日，享年四十五岁，二人于十二月初三合葬于祖茔。夫妻生子二，长王承兰，次王承蕙，生女四人。

M37的墓主人是王承蔚及其妻子陶氏、沈氏。王承蔚字世文，号峭谷，生于明正德四年（1509年）十月初九，卒于嘉靖丁未（1547年）十一月十四日，享年39岁。王承蔚年少时，性情磊落坦荡，为乡进士，后屡试不中，遂潜心吟诗作对，痛恨社会上强取豪夺、趋炎附势之行为，丙午年（1546年）父亡守孝，第二年因病去世。陶氏生于明正德七年（1512年），卒于万历十一年（1583年）八月二十四日，享年72岁，未生育，同年十一月初六与王承蔚合葬于祖茔。沈氏生于嘉靖壬午（1522年）年十月十日，卒于万历丙戌年（1586年）九月十二日，享年65岁，于十二月一日合葬于王承蔚与陶氏墓中，生子王辅、王辂。王承蔚早卒，孩子尚小，陶氏、沈氏二人含辛茹苦抚养两个孩子长大成人，在当地传为美谈，受到官府的褒奖。王辅为郡庠廪生，生子王弘业、王弘器，王辂为贡生，生子王弘化、王弘仁，王辂亦早卒。

M32 的墓主人是灵台知县王承蕙，字世秀，别号云麓，生于明嘉靖甲申（1524 年）四月一日，卒于丙戌（1586）五月十三日，同年十二月一日下葬，享年 63 岁。王承蕙 45 岁选为贡生，50 岁担任徽州判官，53 岁（1576 年）任灵台县知县，两年后辞官。其妻张梅生于嘉靖乙酉（1525 年）二月三日，卒于丙辰（1556 年）十一月四日，享年 32 岁，生女一人。继娶朱氏，生子王桢、王杞，王桢生子王熠。

依墓志记载，王卿、王畿、王言为弟兄三人，祖籍山西临县。明代洪武年间，高祖应募从军任总旗驻守河南陕州弘农卫，曾祖顺和祖父刚皆未考取功名，父亲瑀为郡学生，后被封为承德郎刑部浙江司主事，母亲赵氏被封为安人。王瑀生子四人，依次为王缙、王卿、王畿、王言。长子王缙早卒；次子王卿娶妻陶氏，无嗣，过继四弟儿子王承蕙为嗣；三子王畿娶妻毛氏，生子王承蔚，继娶孙氏，生子王承茂；四子王言，娶妻赵氏，生子王承兰、王承蕙。王承蔚娶妻陶氏，未出，继娶沈氏生子二；长子王辅娶妻岳氏，生子王弘业、王弘器；次子王辂娶妻杨氏，生子王弘化、王弘仁。王承蕙娶妻张氏生一女，继娶朱氏，生子王桢、王杞。王杞娶妻梁氏，生子王煜。（表一）

表一　三门峡王氏家族世系关系表

- 顺→刚→瑀
  - 缙
  - 卿
  - 畿
    - 承蔚
      - 辅
        - 弘业
        - 弘器
      - 辂
        - 弘化
        - 弘仁
    - 承茂
  - 言
    - 承兰
    - 承蕙
      - 桢
      - 杞→熠

《崤函古县志辑汇·陕县志》选举表进士科中提及“王卿正德甲戌浙江参政”“王言正德戊辰大名山东宪副”，举人科提及“王承蔚嘉靖丁酉”和“王辂万历乙卯”，生员科“王承蕙灵台知县”[1]。人物志载“王卿……初宰德平，平调上海，卿一介不取升户部主司，去任时民为立碑……历任浙藩，闻弟言讣上疏讫骸归里”，“王言弱冠登正德戊辰进士，……调大名山东宪副，时黄河溃决，言驰往巡视以劳致疾卒。”[2]墓志所记与此中记载基本一致，起到了补史证史的作用。

明代官宦家族墓在三门峡发掘不多，本次发掘墓葬从结构和形制来看，属于中型墓葬，该墓葬的排列顺序应为自北向南，长幼有序，墓葬方向相差无几。王言、王承蔚、王承蕙之墓均是与妻合葬，王卿、王畿墓因盗扰，无从知晓。五座墓出土器物不多，多放置于墓室北部靠近墓门处，但由于墓志具有明确纪年，为这一时期同类器物的研究提供了可靠的断代依据。

领队：杨海青

发掘：郑立超　祝晓东　赵小灿

绘图：张雪娇

拓片：张雪娇

照相：赵　昂

执笔：张青彦　郑立超

注释：

[1][2] 中共三门峡市委党校地方史志办公室：《崤函古县志辑汇》，中州古籍出版社，2010 年。

河南三门峡发现宋代砖雕墓

◎韩鹏翔

2022年8月，为配合渑池县新华大道新建项目k3段的工程建设，三门峡市文物考古研究所联合渑池县文物钻探队对该项目所占区域内的古墓葬进行抢救性考古发掘，该项目工地位于渑池县城南部的耿村以东，上八里寨以南。此次考古发掘共清理宋金墓葬3座，其中编号为M1的砖室墓葬虽被晚期扰乱，但整体形制保存较好，时代特征较为明显。

M1为一座坐北朝南阶梯墓道砖室墓，墓葬由墓道、过洞、天井、封门、墓室构成。方向为200°，总长5.94米。

M1墓葬航拍图

墓道位于墓室南侧，为带台阶的竖井式，由于后期扰动破坏，墓道开口直接暴露在地表，其原始开口层位已不可知。墓道开口平面近长方形，道底与道口基本等宽，道壁加工较为规整，底部平坦，距现墓道口深1.86米。墓道内现残留4个台阶，加工粗糙，长宽高低不一，道内填以黄褐色为主的花土，土质较软，含有少量料姜石。

过洞位于墓道北侧，为拱形顶，直壁，平底，连接墓道与天井。天井位于过洞北侧，平面近长方形，道壁加工较为规整，底部平坦。随后则是封门，封门由青砖封堵而成，自底部起竖砖平铺六层其上则为青砖拱形起券八层。

墓室位于天井北侧，平面近长方形，室顶东部已被破坏，顶砖坍塌进入墓室，墓室为简化仿木建筑的砖砌单室，墓室整体涂有灰白色涂料，雕砖涂有红、黑、蓝等涂料。室底平面呈近长方形，东西长 2.5 米，南北宽 1.9 米。底部贴四壁朝墓门方向砌出“凹”形棺床，棺床底部为须弥座式，高 0.56 米。棺床平面为青砖平铺而成，四壁自棺床向上约 1.3 米处砌出一排青砖做锯齿状，以上渐收成穹窿顶。

M1 墓室

M1 墓室北壁

墓室北壁自棺床开始以青砖错缝叠砌，至 0.2 处有一假门，由榑柱、门槛、上额、门扇等组成。假门高 0.76 米，宽 0.7 米，一侧门扇呈微开状态，在假门的门额上雕刻两枚方形门簪。假门两侧各砌有一破子棂窗砖雕。假门以上错缝叠砌四排条砖后为一排锯齿状砖其上条砖渐收至墓顶。墓室南壁自室底以条砖错缝叠砌，中间为封门，至 1.7 米处砖砌出一排锯齿状砖，以上渐收成穹窿顶。墓室东壁自棺床开始以条砖错缝叠砌，至 0.2 米处中间装饰砖雕仿木格子窗和花卉图案，花卉由红、蓝颜色构成，应为牡丹。墓室西壁自棺床开始以条砖错缝叠砌，至 0.46 米处装饰砖雕方桌，方脚，长腿。桌子两侧各有一把椅子，椅子形制相同，方脚，带有较高的靠背，桌子上放有花瓶，瓶内为牡丹花卉。

M1 墓室西壁

M1 墓室东壁

墓内葬具皆已严重腐朽，从灰白色及灰黑色木质朽痕判断，其葬具为单棺，在棺床上发现部分铁钉，应是钉葬具所用。棺痕内发现人骨一具，腐朽严重，大多数呈黄褐色粉末状，仅剩部分盆骨、腿骨保存较好，根据体质人类学判断墓主为 25~30 岁的成年男性。

墓室内未发现随葬品，仅在墓道填土发现残白釉瓷碗 1 件，陶柱础 1 件。白釉瓷碗为敞口，圆唇，腹部略弧，矮圈足，碗内外均施白釉。柱础则为一灰色长方形青砖改修而成。另外，在M1 墓室顶部券顶砖多为手印纹砖，青砖大小相近，手印纹大小差别较大。

M1 墓道所出瓷碗

M1 手印纹砖

由于该墓并未发现明确纪年，因此仅能从墓葬形制和墓道出土器物等方面判断墓葬年代。从墓葬形制来看，M1 为长方形仿木建筑的砖砌单室，其墓室四壁简单装饰有桌、椅、门窗，而没有发现人物形象，这符合北宋中期北方中原地区仿木构砖室墓的特点。而 M1 所出瓷碗与河南泌阳县宋墓 M2 所处瓷碗（M2：1）较为接近，因此综合判断 M1 年代可能为北宋中晚期，墓主当为稍有家资之平民。

此次考古发现的仿木建筑结构墓葬是古人视死如生的重要体现，同时手印纹砖在三门峡地区考古发现中也较为少见，这些对于我们研究三门峡地区北宋时期的丧葬习俗、社会文化等提供了重要资料。

碑铭济众：新见河南省三门峡市出土《经幢式医方碑》初考

◎马　捷

晋唐时期医药典籍留存至今，见效验者多以碑刻形式流传广布，如《龙门药方碑》《千金宝要碑》《海上方碑》等医药名碑，[1]这些药方碑作为一种特殊而古老的“中医药文告”传播形式，以供当地居民或过往的商旅、军队传拓，并为地区性与常见的突发公共卫生疾病提供和保留了完善的中医药防控措施。[2]目前，全国诸多省区（以陕西省、河南省为多）发现的医方、医药相关碑刻，均已著录，但仍有散在的出土医方碑有待整理发掘。本文将就新见河南省三门峡市郊新发现的一通《经幢式医方碑》（拓本藏于景和斋）进行初步文字释读与源流考证，以期发现此碑碑文流传之端倪。

一、《经幢式医方碑》释读

（一）《经幢式医方碑》拓片形制特征

历代涉医碑石多以独立碑体为主，以单面、双面或四面成文，多分为碑额（或无[3]）、碑身、碑座三部分。其中，碑额多题以“碑文名称”，[4]碑身多记录相关医方及医药内容。

此医方碑制作方式采用了罕见的经幢形式，碑体分为碑顶、碑身、底座（已失）三部分。其中，碑顶分为四面，碑身分为八面。通体刻有文字（部分文字释读不清），均由竖行界栏隔开。

1. 碑顶（A 碑）由四面单幅碑文组成，依据文字缀合顺序，排列序号：A 碑 –1、A 碑 –2、A 碑 –3、A 碑 –4。碑顶墨拓部分最大高度为 21.2 cm，最低高度为 18.5 cm，每面宽 44.9~52.3 cm（图一）。每面碑顶由 21~25 列文字组成，全碑顶共计 92 列文字（图二至图五）。经顺序拼合后，碑顶文字形成完整语义，镌刻有祷祝文、兽医药方、医药方（可释读文字部分）。

图一 《经幢式医方碑》碑顶拓本顺序展开示意

2. 碑身（B 碑）为八面单幅碑文（序号：B 碑 –1、B 碑 –2、B 碑 –3、B 碑 –4、B 碑 –5、B 碑 –6、

B 碑 –7、B 碑 –8）组成，完整碑身墨拓部分高 135 cm，每面宽 19.5 cm，展幅全长 156 cm。每面碑体由 10 列文字组成，全碑共计 80 列文字（图六，碑身拓本图版示例）。碑身镌刻有医药方及相关医学文字（可释读文字部分）。

图二 《经幢式医方碑》图版（碑顶拓本 A 碑 –1 面）
（原件：51.6 cm × 20.2 cm，藏于景和斋）

图三 《经幢式医方碑》图版（碑顶拓本 A 碑 –2 面）
（原件：44.9 cm × 21.0 cm，藏于景和斋）

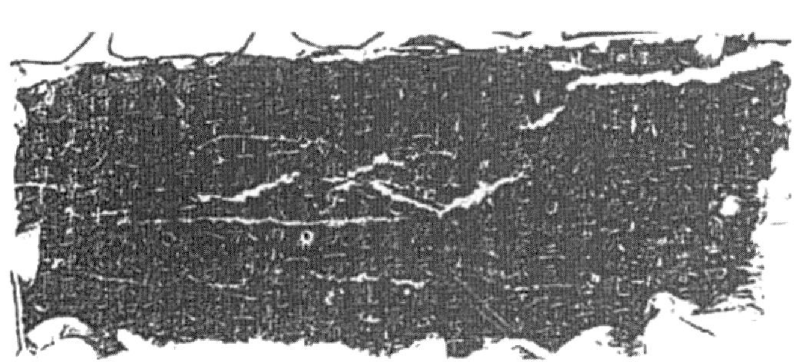

图四 《经幢式医方碑》图版（碑顶拓本 A 碑 –3 面）
（原件：52.3 cm × 21.1 cm，藏于景和斋）

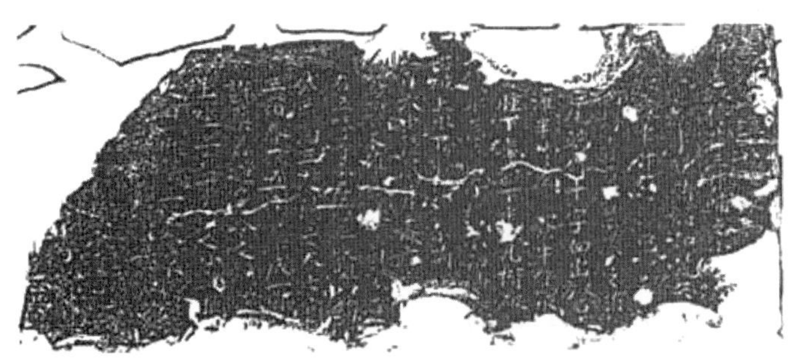

图五 《经幢式医方碑》图版（碑顶拓本 A 碑 –4 面）
（原件：46.5 cm × 21.2 cm，藏于景和斋）

图六 《经幢式医方碑》图版（碑身拓本局部）
（原件：135 cm × 156 cm，藏于景和斋）

（二）《经幢式医方碑》碑顶拓本释文

本碑因碑身部分长期浸在河流中，损蚀较为严重，文字磨灭。因此，本文将碑顶文字作为研究主体。录释文如下。

《经幢式医方碑》碑顶（A碑）录文

A碑 -1：

1 ⧄□□斋（下缺）/

2 ⧄非忽心而□及成□⧄ /

3 ⧄等旡边□睹顶难成细□⧄ /

4 ⧄仪须弥纳于芥粒是知大□⧄ /

5 □度非情能思者焉今有清⧄ /

6 邑人樊嘉珍一十一人及弘农刘□ /

7 明等并乃知身如幻泡影难□⧄ /

8 珍财奉为　皇帝法界 ⧄ /

9 代先亡及见存眷属敬造药 ⧄ /

10 台及佛顶陁罗尼咒幢一所其□⧄ /

11 乃有岐黄秘录华鹊奇方□□⧄ /

12 切济人救急并是人间异识遇□⧄ //

13 单行用验弥多未假珍求上味并 /

14 台所□流世世施行万载卓然⧄ /

15 朽者矣 /

16 邑人樊嘉福一心供养邑人尚思恭一心□⧄ /

17 邑人张游璀一心供养邑人李思诲一心供养 /

18 邑人李崇仙一心供养邑人罗安贵一心供⧄ /

19 邑人吕神岳一心供养邑人□景超一心供养 /

20 邑人樊仙疰一心供养品子吕成璋一心供⧄ /

21 ⧄子樊嘉 / 男岩子女六□⧄ /

22 ⧄弟⧄□忠女⧄ /

23 ⧄弟嘉⧄ /

24 ⧄□宊远□⧄ /

A碑 -2：

1 ⧄□思监□⧄ /

2 □□□海女□娘　罗□庆妻□□ /

3 ⧄女大娘⧄ /

4 ⍁王□男□福女十六娘女十八娘女十九 /

5 女廿一□樊守诲□王氏□陈氏⍁ /

6 □□女大娘□□□□郭氏女七娘□ /

7 李仙妻王氏男□□□弟崇辉妻尚□ /

8 □□妹三娘□□祖母阎伯母王氏母□ /

9 超□□□□□初宗□元亨母□ /

10 吕嵩妻□女五娘六娘□景姊二娘 /

11 妹七娘一心□养　尚恭母赵姊大娘 /

12 柱国郭全福妻张氏男景超妻□ /

13 男景情女大娘一心供养　郭全亮□ /

14 张氏男景□妻张氏　郭景芝母张 /

15 妻张氏女大娘妹贵娘郭景俊妻 /

16 氏一心供养　杨令则妻李氏孙仙王一心供养 /

17 郭茂先母樊氏郭承福妻张氏□ /

18 □□张明藏妻杨氏男□□□□ /

19 □云三昙女普□杨彦□□ /

20 樊景阳母岐姑二娘妻张妹十五□ /

21 ⍁氏男□方 /

A 碑 -3：

1 ⍁小儿⍁

2 ⍁又取黄连三两⍁ /

3 ⍁去滓内犀牛角末四分⍁ /

4 合□麝香一分且中暮三 /

5 □鸡方许大效　疗小⍁ /

6 肠出取甑带烧灰以乳汁和⍁ /

7 □□缩　疗小儿中风口噤⍁ /

8 声取鸡粪白如三豆许和⍁

9 灌口即差又儿舌疮取桑白□⍁ /

10 涂舌差　疗小儿夜啼昼□⍁ /

11 下作田字差□取树空中草⍁ /

12 着户上又方[5]取镜系床脚□⍁ /

13 疗马黑汗取人着鞍洗取活⍁ /

14 括汁一升灌之立差靴毡有汗⍁ /

15 者亦得又方取人□发一把青布⧄ /

16 裹发火烧熏鼻中　疗驴⧄ /

17 转胞欲死捣蒜内小便孔中□⧄ /

18 五寸已上即□又方骑走上坂⧄ /

19 木腹下来去推之以手内谷□⧄ /

20 探却矢即下又方用鼠矢和水□⧄ /

21 即差　疗马患□怜疮取鬼□⧄ /

22 热挼揩之即差鬼伞形如□⧄ /

23 日得湿多□生粪□见日□⧄ /

24 黑者是　疗牛马中恶欲⧄ /

25/ 舌出以丹书舌□□作□⧄ /

A 碑 -4：

1 ⧄差又方□□盐一升□水和⧄ /

2 ⧄即差又方捣蒜三升哺之小⧄ /

3 ⧄恶　疗牛胀□□和鼠矢⧄ /

4 ⧄又方□半升□□口⧄ /

5 ⧄□好青□裹啖之消⧄ /

6 ⧄□尾端作十字血出又方石⧄ /

7 ⧄灌半升差　疗牛惊水⧄ /

8 ⧄肿下垂□下□□凡揩破⧄ /

9 ⧄□取葶苈子捣末和油□⧄ /

10 ⧄□破上水下肿□　小荆□⧄ /

11 ⧄百六十种风并毒□⧄ /

12 ⧄乌头天雄□茴子石⧄ /

13 右五味等分□□并呋咀以 □⧄ /

14 袋盛酒三升□之人□□⧄ /

15 三宿春秋五□药成一服⧄ /

16 许药若过多令人头□⧄ /

17 上坐之无事□人日再服⧄ /

18 人日一服□三□食不得□□⧄ /

19（无文字）

20（无文字）

21 ⧄岁次辛巳正 /

22 ⧄邓、郭⧄ /

23 ⧄一心供养⧄ /

注：

1. 无法辨认缺字数量，标明“⧄”。

2. 可辨认缺字数量，标明“□”。

3. 字体模糊，上下文推测字，标明“疑字”。

4. 每列以“/”结尾。

二、《经幢式医方碑》形制初考

经幢，源于古代的“旌幡”。经幢一般由幢顶、幢身和基座三部分组成，主体是幢身，刻有佛教密宗的咒文或经文、佛像等，多呈六角或八角形。中国刻制经幢始见于唐代永淳年间。所以，在佛教盛行的唐代，造幢之举，遍于朝野。[6]此建造经幢之风尚，于宋、辽时代更见盛行，但其后即渐衰退。

经幢镌刻经文之前一般有序言，并刻有撰序人、书人姓名、镌刻人姓名及镌刻时间等“题记”。同时，经幢正文主体一般为《尊胜陀罗尼经》经文。

然而，本医方碑分为碑顶（四面）、碑身（八面）、底座（已失）三部分，与经幢形制相同。同时，留存的主体文字内容与经幢行文格式颇为相似（除佛教经文外），碑顶文字包含了碑文的序言、镌刻人姓名、镌刻时间以及碑文主体。

1. 碑文序言[7]

代先亡及见存眷属敬造药⧄ /

台及佛顶陁罗尼咒幢一所其□⧄ /[8]

乃有岐黄秘录华鹊奇方□□⧄ /

切济人救急并是人间异识遇□⧄ /

2. 碑文镌刻人姓名

邑人樊嘉福一心供养邑人尚思恭一心□⧄ /

邑人张游瓘一心供养邑人李思诲一心供养⧄ /

3. 碑文镌刻时间

⧄岁次辛巳正 /

4. 碑文主体，即医药方、兽医药方

疗马黑汗取人着鞋洗取活⧄ /

括汁升灌之立差靴毡有汗⧄ /

者亦得又方取人□发一把青布⧄ /

裹发火烧熏鼻中　疗驴⧄ /

同时，从碑身残存的可释读文字分析，应均为医药方，与目前已发掘的医方碑主体文字排布形式相同。因此，通过推断碑体镌刻的形制、文字内容可知，此“经幢式医方碑”应是“佛医交融”医疗人文现象的一种衍生形式。

三、《经幢式医方碑》出土地域初考

两千多年来丝绸之路兴盛，沿途地区与国家之间的医药交流与应用逐渐拓展，中医药也得到了发展和传播。[9]然而，丝绸之路上的中医药向西域传播除了广泛的中药材流通外，也有大量的关于中医方药文献的流传，其中之一即为“中医药文告”。由于中医药文告本身具有便于誊抄与携带的特点，所以其受众中除了具有普适性的社会民众外，还包含了特殊人群，如军民、商旅等。在丝绸之路分布地区出现的“中医药文告”，其版刻风格多为木板刻印，也有部分为石碑的拓本，[10]其内容方面多是针对时疫、痧症、金刃跌打损伤、骨断筋折等急性病防控设立的效验方剂。

《经幢式医方碑》出土于河南省三门峡市陕州区代村。三门峡为古丝绸之路之要冲，地处古丝绸之路东端，联通长安与洛阳两京，在汉、唐时期成为军事、文化的“京畿大道”。

“崤函称地险，襟带壮两京。”[11]三门峡地区一直是唐代东西漕运的枢纽，“崤函古道”穿越其间，自古以来就是“水陆”之途。[12]因此，此处成为古代军民、商旅的流动之地，丰富的人文活动衍生出的多元素文化形态也渗入各个文化载体，《经幢式医方碑》的产生反映了这一特殊的医疗人文社会现象，是古丝绸之路地域文化交融的实证。

《经幢式医方碑》(碑顶)

《龙门洞药方碑》

《干禄字书》

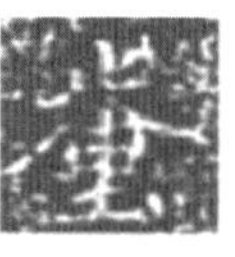

《经幢式医方碑》(碑顶)

《龙门洞药方碑》

《干禄字书》

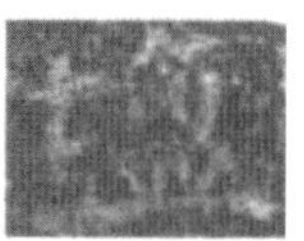

《经幢式医方碑》(碑身)

《龙门洞药方碑》

《干禄字书》

《经幢式医方碑》(碑身)

《龙门洞药方碑》

《干禄字书》

图七 《经幢式医方碑》拓本文字字体对比

四、《经幢式医方碑》文字字形初考

《经幢式医方碑》拓本文字，可见大量俗体字与避讳字，据此可以初步推测此碑镌刻时代。

（一）碑文“俗体字”考

碑身主体文字中存在着大量具有时代特征的俗体字，此现象也多在《龙门洞药方碑》等碑刻中出现。如本碑中所刻之“灰”（碑顶）、“粪”（碑顶）、“盐”（碑身）、“热”（碑身）等字，字形与《干禄字书》[13]相似，应为唐人惯用之俗字字体，但书写笔法非颜体字般方正茂密、雄强圆厚，而有魏碑“朴拙险峻，舒畅流丽”之风。同时，此碑碑文字体錾刻形式与《龙门洞药方碑》相近。因此，本碑的镌刻时间大约在唐代初期。

（二）碑文“避讳字”考

在研究碑文字形的过程中，笔者发现了本碑避讳文字的应用。同时，本碑还存在着碑身与碑顶文字镌刻字形的差异，如“叶”字的写法差异。在碑顶处，“叶”字书写为“”，而在碑身处则写为“”。从字形考察，碑顶处“叶”中的“世”疑焉“缺笔”避讳，陈垣先生考证唐碑与史料时发现唐太宗贞观时期未讳或讳而缺字者较多，并提出：

> 避讳缺笔之例始于唐。……仪凤二年李勣动碑，本名世勣，因避讳但名勣。而王世充世字特缺中一笔，未去世字。……避讳缺笔，当起于唐高宗之世。[14]

同时，《旧唐书·太宗纪》载虽有“世”“民”二字不连续可不避讳的诏令，但举世仍单字避讳，更佐证了贞观时期避讳的复杂现象。

> 己巳令曰：依礼，二名不偏讳。近代以来，两字兼避，废阙已多。率意而行，有违经典。其官号人名及公私文籍，有世民两字不连续者，并不须讳。[15]

碑顶文字记载“岁次辛巳”，“辛巳”年在唐高祖时期武德四年（621）、唐高宗时期永隆二年（681）。故笔者初步推断，此碑碑顶为唐高宗初期开雕至681年镌刻完成。

然而，碑身“叶”字中的“世”则避讳为“云”字，这种写法见于宋代张世南之说。“世”字因唐太宗讳“世民”，故近“牒”“葉”“弃”，皆去“世”而从“云”。[16]

另据王家葵先生研究所得[17]，《旧唐书·高宗纪》始载明确避讳：

> 十二月乙卯，还洛阳宫。庚午，改昏、叶宫。[18]

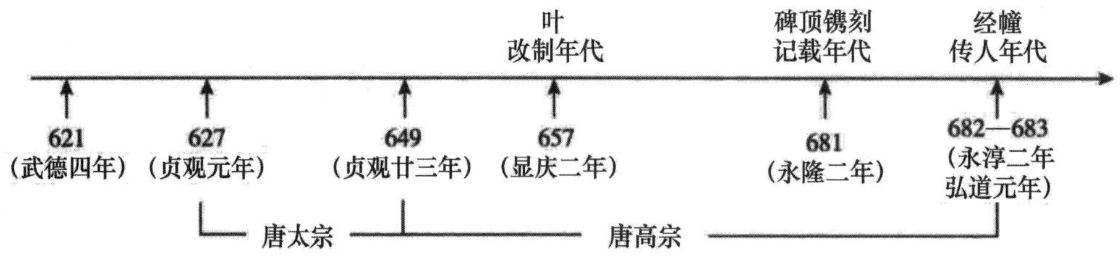

图八 《经幢式医方碑》镌刻年代推断

因此，碑身可能为唐高宗显庆二年（657）之后所刻。然而中国刻制经幢目前史料始见于唐代永淳年间（682—683），与碑顶镌刻完成时间基本吻合。所以，笔者推测碑身镌刻应始于初唐时期（681 年之后），但完成时间的下限需依据更加翔实的数据才可确定。

五、《经幢式医方碑》碑顶文字内容初考

（一）碑顶文字引著书目考

目前，经比对碑顶碑文与多部晋唐方书（《肘后方》《小品方》《集验方》《龙门方》《千金方》《千金翼方》《千金宝要》《外台秘要方》《医心方》《覆载万安方》）存在着一致或相似的条文。研究发现，其条文多出现在《肘后方》《外台秘要方》《医心方》所引用方书的药方中。其中，引用最多者为《备急方》[19]、《肘后方》、《龙门方》[20]三书；其次为《小品方》《集验方》《救急方》三书（表一）。

表一 《经幢式医方碑》与唐代时期医方著作文字内容对照

《经幢式医方碑》碑顶碑文	《肘后方》	《外台秘要方》	《医心方》
▨小儿▨ / ▨又取黄连三两▨ / ▨去滓内犀牛角末四分▨ / 合□麝香一分且中暮三▨□鸡方许大效（A 碑 -3，第 1、2、3、4、5 条）	现存版本无	现存版本无	现存版本无
疗小▨ / 肠出取甑带烧灰以乳汁和▨ / □□缩（A 碑 -3，第 5、6、7 条）	现存版本无	救急疗小儿大便讫，血出方。……又方：烧甑带灰，涂乳上与饮之瘥。（《千金》同）（《外台秘要方》小儿大便有血方三首）	现存版本无
疗小儿中风口噤▨ / 声取鸡粪白如三豆许和▨ /（A 碑 -3. 第 7、8 条）	口噤……肘后　鸡屎白如大豆三枚末水饮之（《幼幼新书》卷十三“胎风中风凡十门 · 中风口噤第五”）	现存版本无	现存版本无
又儿舌疮取桑白□▨ / 涂舌差（A 碑 -3，第 9、10 条）	现存版本无	《小品》疗小儿唇肿及口赤生白疮烂方。清旦研桑白皮取汁以涂儿唇口即差。（《外台秘要方》小儿舌上疮唇肿方五首）	《小品方》又方清旦起，斫桑木令白汁出，涂乳以饮儿。高文铸先生按：《龙门方》涂舌。（《医心方》治小儿舌上疮方第五十二）
疗小儿夜啼昼□▨ / 下作田字差（A 碑 -3，第 10、11 条）	现存版本无	现存版本无	《龙门方》又方书脐上作田字，瘥。（《医心方》治小儿夜啼方第九十二）

续表

《经幢式医方碑》碑顶碑文	《肘后方》	《外台秘要方》	《医心方》
□取树空中草▨/着户上（A碑-3，第11、12条）	现存版本无	现存版本无	《集验》治小儿夜啼方，取空井中草悬户上，勿令母知。（《医心方》治小儿夜啼方第九十二）
又方取镜系床脚□▨/（A碑-3，第12条）	现存版本无	现存版本无	《龙门方》取镜系床脚即止。（《图心方》治小儿夜啼方第九十二）
疗马黑汗取人着鞋洗取活▨/括汁一升灌之立差（A碑-3，第13、14条）	现存版本无	现存版本无	治马黑汗方，或卧起汗流如珠肉急者是黑汗，淡死咸生，以人脚下汗鞋袜以水二升煎灌之差。（《武备志》卷一百四十六军资乘马）
又方取人□发一把青布▨/裹发火烧熏鼻中（A碑-3，第15、16条）	现存版本无	现存版本无	现存版本无
疗驴▨/转胞欲死捣蒜内小便孔中□▨/五寸已上即□（A碑-3，第16、17、18条）	驴马胞转欲死，捣蒜，内小便孔中，深五寸，立瘥。（《治牛马六畜水谷疫疠诸病方第七十三》）	《备急》又疗马驴胞转欲死方，捣蒜，内小便孔中，深五寸，立瘥。（《外台秘要方》卷四十“虫兽伤触人及六畜疾三十二门”）	现存版本无
又方骑走上坂▨/木腹下来去推之以手内谷□▨/探却矢即下（A碑-3，第18、19、20条）	又方，骑马走上阪。用木腹下来去擦，以手纳大孔，探却粪，大效。（《治牛马六畜水谷疫疠诸病方第七十三》）	《备急》又方，骑走上坡，用木腹下来去捺，以手内大孔中，探却粪，大效。（《外台秘要方》卷四十“虫兽伤触人及六畜疾三十二门”）	现存版本无
又方用鼠矢和水□▨/即差（A碑-3，第20、21条）	现存版本无	现存版本无	现存版本无
疗马患□怜疮取鬼□▨/热挼揩之即差鬼伞形如□▨/日得湿多□生粪□见日□▨/黑者是（A碑-3，第21、22、23、24条）	现存版本无	《备急》又疗马患月怜方，取鬼微热挼揩之，立瘥，鬼微如地菌，夏月得湿，多聚生粪中，见日消黑者是。（《外台秘要方》卷四十“虫兽伤触人及六畜疾三十二门”）	现存版本无

续表

《经幢式医方碑》碑顶碑文	《肘后方》	《外台秘要方》	《医心方》
疗牛马中恶欲⧄//⧄舌出以丹书舌□□作□⧄/⧄差又方□□盐一升□水和⧄/⧄即差……/⧄恶（A 碑 –3，第 24、25 条；A 碑 –4，第 1、2、3 条）	现存版本无	现存版本无	现存版本无
又方捣蒜三升哺之小⧄/（A 碑 –4，第 2 条）	现存版本无	《备急》又方，捣蒜三升哺之，小马分半。（《外台秘要方》卷四十“虫兽伤触人及六畜疾三十二门”）	现存版本无
疗牛胀□□和鼠矢⧄/⧄又方□半升□□口⧄/⧄□好青□裹啖之消⧄/⧄□尾端作十字血出又方石⧄/⧄灌半升差（A 碑 –4，第 3、4、5、6、7 条）	现存版本无	现存版本无	现存版本无
疗牛惊水⧄/⧄肿下垂□下□□凡揩破⧄/⧄□取葶苈子捣末和油□⧄/⧄□破上水下肿□　小荆□⧄/（A 碑 –4，第 7、8、9、10 条）	现存版本无	现存版本无	现存版本无
⧄百六十种风并毒□⧄/⧄乌头天雄□茴子石⧄/右五味等分□□并㕮咀以□⧄/袋盛酒三升□之人□□⧄/三宿春秋五□药成一服⧄/许药若过多令人头□⧄/上坐之无事□人日再服⧄/人日一服□三□食不得□□⧄（A 碑 –4，第 11、12、13、14、15、16、17、18 条）[21]	现存版本无	现存版本无	现存版本无

注：《肘后备急方·治牛马六畜水谷疫疠诸病方第七十三》文字内容非“杨用道附方”。

纵观碑顶碑文引用之条文，多出自晋、唐方书，符合初唐时期集成效方的书写形式。但又有别于《外台秘要方》《医心方》等方书。初步推断，第一，碑顶文字非抄录于《医心方》。《日本访书志》著录《医心方》并转载安政本《医心方》序，[22] 此为中国目前所见关于《医心方》的最早记载。故而，此碑文非清代所抄录，因而《医心方》非本碑底本。第二，碑顶文字非抄录于《外台秘要方》。方目五:“疗小儿夜啼昼□☒/下作曰字差□取树空中草//着户上又方取镜系床脚□☒/”（A 碑 -3，第 10、11、12 条）所引三方分别出自不同方书，非与《医心方》中引用位置相同。从碑文顺序发现，碑文书写的意图是从第一方的“直接疗法”（人）逐渐进入第二、第三方的“间接疗法”（物）之规律，所以绝非集成抄录而为的书籍，与引文最多之《外台秘要方》书写形制有别。因此，可以推断此碑文刻版前必有一完整底本或为一本完整医药方书。

（二）碑顶文字内容考

《经幢式医方碑》碑顶碑文有 12 种病目药方组。按病类分为：小儿（5 条）与六畜（7 条）治疗方药（表二）。碑顶碑文引用书目依次为《龙门方》《备急方》《肘后备急方》《小品方》《集验方》《救急方》。同时,《小品方》《集验方》《肘后方》《备急方》关系密切，可能存在相互征引的关系。[23]

表二 《经幢式医方碑》碑顶 12 种疾病药方与唐代医方著作引用关系对照

方药门类	碑顶疾病方药方目	引用著作	辑录著作
小儿病科	疾病一	（现存方书无）	（现存方书无）
	疾病二	《救急方》	《千金要方》《外台秘要方》
	疾病三	《肘后备急方》	《幼幼新书》
	疾病四	《小品方》	《外台秘要方》《医心方》
		《龙门方》	《医心方》
	疾病五（方一）	《龙门方》	《医心方》
	疾病五（方二）	《集验方》	
	疾病五（方三）	《龙门方》	
六畜病科	疾病六	（现存方书无）	《武备志》
	疾病七（方一、二）	《肘后备急方》	《外台秘要方》
		《备急方》	
	疾病七（方三）	（现存方书无）	（现存方书无）
	疾病八	《备急方》	《外台秘要方》
	疾病九（方一、二）	（现存方书无）	（现存方书无）
	疾病九（方三）	《备急方》	《外台秘要方》
	疾病十	（现存方书无）	（现存方书无）
	疾病十一	（现存方书无）	（现存方书无）
	疾病十二	《千金要方》《千金翼方》（类似）	（现存方书无）

按病种分类：小儿病类多引用《肘后备急方》《龙门方》。六畜病类多引用《肘后备急方》《备急方》《千金要方》等。因此，碑顶文字内容与以上三书关系极为密切。同时，本碑抄录方药来源集中于公元600年至680年，与上文推断刻碑时间相吻合。

（三）碑顶文字与三部方书关系考

1. 碑顶文字与《肘后备急方》关系考

笔者释读《经幢式医方碑》A碑–3文字发现“甑带”二字。《说文》：“甑，甗也。从瓦曾声。”《释名》：“甑，一孔者，按甑之言蒸也，蒸饭之器也。”《方言》卷五言：“甑，自关而东谓之甗，或谓之鬵，或谓之酢馏。”[24]“甑”自商周时期开始，成为重要的礼器（如见“周妇甗”），同时也成为一种常用的生活工具。

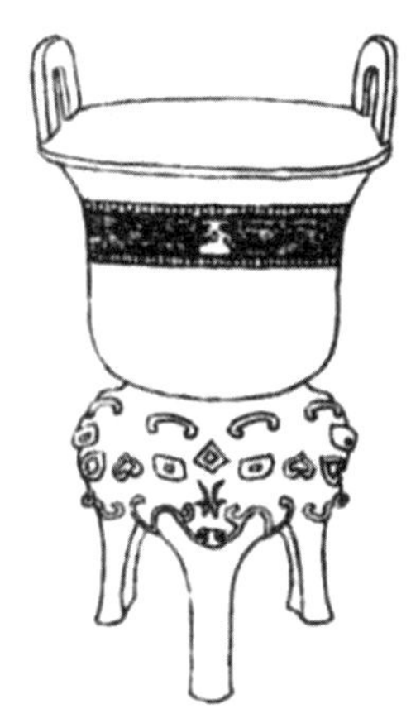

图九 “周妇甗”临摹图
（资料来源：王杰等奉敕编：《西清续鉴甲编》卷一三，上海涵芬楼，1912年影印宁寿宫写本，第30页a。）

最早使用“甑”作医疗用，始见于《肘后方》，其功用有四。（1）“瓦甑”（外用敷面，遮盖器）；（2）“甑”（药物加热，蒸煮器）；（3）“甑目”（药物熏蒸器）；（4）“甑带”（索缚固定器）。

本碑文中有“甑带”的记载。“甑带”，束甑的带。三国时期吴国陆玑在《毛诗草木鸟兽虫鱼疏》记载：“荻，今椰榆也。其叶如榆，其皮坚韧，剥之长数尺，可为短索，又可为甑带。”“甑带”在医籍中出现，如《肘后备急方·治卒魇寐不寤方第五》：“……又方：以甑带左索缚其肘后，男左女右，用余稍急绞之，又以麻缚脚，乃诘问其故，约敕解之。”《肘后备急方·治卒发癫狂病方第十七》：“……又方：以甑带急合缚两手，火灸左右胁，握肘头文俱起，七壮，须臾，鬼语自道姓名，乞去，徐徐诘问，乃解手耳。”尚有描述皮损形态的记载，如《诸病源候论·疮病诸候》：“甑带疮者，绕腰生。此亦风湿搏血气所生，状如甑带，因以为名。又云：此疮绕腰匝。”但在本碑文可释读文字中，出现为“甑带烧灰”，其作为药物使用。据考证，“甑带”作为药物出现，始见于《备急千金要方》，用于治疗脐疮、便血、女子带下等疾患（表三）。

表三 《千金要方》“甑带”药用一览

卷目	原文
妇人方·赤白带下崩中漏下第二十	治五色带下方，……又方：煮甑带汁服一杯良
小婴孺方·小儿杂病第九	治小儿脐中生疮方，烧甑带灰和膏敷之
小婴孺方·小儿杂病第九	治大便竟出血方，……又方：烧甑带末傅乳头上令儿饮之
脾脏方·秘涩第六	治大小便不通方：……又方：甑带煮取汁，和蒲黄方寸匕，日二服
消渴淋闭方·淋闭第二	治小便不通方：……又方：水四升洗甑带取汁，煮葵子，取二升半，分二服

但在《外台秘要》卷二十一“眯目方八首”：“广济疗眯目甑带灰方：取少许甑带烧作灰，水服方寸匕，立出。(《肘后》同)”[25]此文所提及“肘后”应为晋代葛洪所著《肘后方》，实为其遗文。[26]尚志钧先生也将此条目补辑入《肘后方·治耳卒为百虫及目为杂物所入方第七十一》中。[27]所以“甑带烧灰”入药的记载将始于《肘后方》。因此，《肘后备急方》中所载“甑”的医疗功用尚有第五种，即“甑带烧灰”(药用)。

同时，笔者将碑顶碑文与《肘后备急方》(明万历二年剑江李拭刻本)[28]、《外台秘要方》(日本静嘉堂文库藏宋本)原文进行比对，研究发现，三者均有治疗牛马方的记载，《经幢式医方碑》记载于A碑-3、A碑-4。《肘后备急方》记载于下卷“治牛马六畜水谷疫疠诸病方第七十三”，《外台秘要方》记载于卷四十“虫兽伤触人及六畜疾三十二门”。其中，“疗驴马转胞欲死方”两条碑文与两书文字相似；“疗马患月怜疮方”“又方捣蒜三升哺之”碑文与《外台秘要方》文字相似(表一)。然而，通过碑文中“甑带烧灰”用法，以及相关条文可初步推断，碑顶碑文内容源于《肘后备急方》的唐朝传写本。原因有五。

(1)从“疗驴马转胞欲死方”发现，碑文与《肘后备急方》均按“疗驴马”顺序行文，而《外台秘要方》的顺序倒置为“马驴”。虽然，三者在文字内容上几乎相似，但是仍有文字顺序差异，碑文与《肘后方》更为接近。

(2)“阪”：碑文与《肘后备急方》同，《外台秘要方》改为“坡”。阪，府远切，上阮非(《广韵》)。坡，阪也(《玉篇·土部》)。从土，皮声(《说文·土部》)。在唐释慧琳撰《一切经音义》中载“峻坡马阪”，“坡，阪也”，可见二者在唐代之前文字意义相近。因而出现了《外台秘要方》的改变。但从传抄解读分析，碑文传抄母本应为《肘后备急方》。

(3)碑文为“木腹下来去推之”，《外台秘要方》为“木腹下来去捺”。《肘后备急方》为“木腹下来去擦”，据碑文“推之”含义推敲，此动作确与“擦”类似，而《外台秘要方》中“捺”字意为“手按”(《广韵·曷部》)或“捏也”(《一切经音义》)。因而与碑文、《肘后方》有一定的差异，疑为传抄衍文。而“擦”字出现较晚，应为杨用道据《肘后方》传写本改之。沈澍农先生也提出了《肘后方》这两条“阪”“擦”与《外台秘要方》文字的差异。[29]

(4)《外台秘要方》载“又疗马患月怜方”，单以“月怜”难解语意，而碑文“疗马患□怜疮”则文意明确。

(5)《外台秘要方》载“又方，捣蒜三升哺之，小马分半”，为“马驴胞转欲死方”的附方，而碑文中“又方捣蒜三升哺之小”是为“疗牛马中恶欲”的附方，两条文字虽相似，但出处不同。因而，据上述论点推断，碑文非抄录于《外台秘要方》，表二中第3、4条文字碑文虽与《外台秘要方》相似，《肘后方》未见此文，但这两条从文字语意与文辞顺序分析，疑为《外台秘要方》引用《肘后方》的原文，而《外台秘要方》未明确出处所致。

2. 碑顶文字与《龙门方》《备急方》关系考

首先，碑顶碑文第一部分“小儿方”，多引自《医心方》转引的《龙门方》。经张瑞贤等人考证《医心方》中的《龙门方》应为英藏敦煌残卷 S.9987 所记载的《备急单验药方》[30]的传抄本,《备急单验药方》在流传的过程中目前发现分为敦煌写本、石刻本(龙门药方洞)以及传至日本的《龙门八百方》与《龙门方》。由此，尚可推断本碑碑顶文字可能为《备急单验药方》祖本的石刻传本之一，因 S.9987 残卷载该书的序文中提到“求刊之岩石，传以救病，庶往来君子录之备急用□/验，代劳致远，深可救之”[31]，本碑形制与序言相符。

图一〇 “备急单验方卷”(S.9987)图

其次，碑顶碑文第二部分“六畜方”，多引自《外台秘要方》转引的《备急方》，前文引述高文铸先生的论断《备急方》非张文仲之书，而为《随身左右百发百中备急方》。依据对《外台秘要方》《医心方》的文本研究发现,《外台秘要方》引用方书中未见《龙门方》，而《医心方》仅引《备急方》一处(卷六第三“《备急方》治心痛方”)。因此，二书均未同时引用《龙门方》与《备急方》，初可推论二者同为一书。同时，A 碑 -3，第 21、22、23、24 条碑文记录的“疗马患□怜疮取鬼□▨/热揬揩之即差鬼伞形如□▨/日得湿多□生粪□见日□▨/黑者是”，与《外台秘要方》卷四十“虫兽伤触人及六畜疾三十二门”的“《备急》：又疗马患月怜方，取鬼微热揬揩之，立瘥，鬼微如地菌，夏月得湿，多聚生粪中，见日消黑者是”相近，而且此方在《龙门药方》“C 造像记下方”中也有相似条文。《龙门药方》与《龙门方》均源自《备急单验药方》，故推断《外台秘要方》所引《备急方》可能为《龙门方》之祖本《备急单验药方》。[32]

疗疔疮方……又方鬼伞形如地菌，多/丛生粪堆，见日消黑者取出，大良/[33]

同时，碑顶文字首先提出了刻载药方的目的是将“效验”“简单”“实用”的救急验方普惠于世。

乃有岐黄秘录华鹊奇方□□▨/切济人救急并是人间异识遇□▨/单行用验弥多未假珍求上味并/台所□流世世施行万载卓然▨/朽者矣

此与《备急单验药方》刊行的初衷相类。S.9987 残卷载《备急单验药方》的序文中提到了刊行著名医家效验方剂的初衷。虽然二者文辞不同，但是在行文中却体现了统一的主旨。故而，二者可能源为同一传本。

▨时人遇病枉死者多，良叶目前，对之不识。葛氏之▨/▨鄙耻而不服说之深矣。且如猪零(苓)人粪能疗热病，急▨/▨止，取对目前，岂得轻其贱秽，弃而不服者哉？人之重▨/▨信古疑今，如幸黄帝、仓公、和、缓、扁鹊之能，依用自取▨/▨鸠集单验，始晤(悟)天地所生，还为天地所用，触目能疗而▨/▨救急易得、服之立效者一百八方。[34]

因此，根据上述文字引用状况以及刊行方药的目的，进而推断本碑碑顶部分文字，可能为《备急单验药方》石刻传本之一。

六、小结

碑刻医方是中医效验方剂的一种特殊流传形式，由于将医学文字镌刻于石碑之上，历经年代变迁，石碑风化后文字较难辨识。但探寻只字片语留存的时代印迹，也为后人判读其抄录年代与流传谱系提供了线索。

笔者依据碑刻形制、出土地域、文字特征与内容四个方面进行考察，初步得出以下论断。

（一）本碑为唐代医方碑。碑顶镌刻时间始于初唐时期（公元618年之后），碑身镌刻年代晚于碑顶，疑为永淳年间始雕。同时，碑顶、碑身非一人所刻。

（二）《经幢式医方碑》碑顶文字与《肘后方》内容有同源性，可推断其为《肘后方》唐朝传写本之一。然而碑文内容为《肘后方》葛洪原本内容，碑文是传承自《肘后方》葛洪原本还是传承自《肘后方》陶弘景整理本，需要进一步判断与分析。同时，《经幢式医方碑》碑文仍存“疗牛病药方”，因此，可以为补充《肘后方》药方内容提供参考。

（三）《经幢式医方碑》碑顶文字与《龙门方》《备急方》内容有同源性，并根据小儿方、六畜方的引用特点，以及《龙门方》与《备急单验药方》的流传关系，推断碑顶文字可能为《备急单验药方》石刻传本之一，进而为《备急单验药方》的传递关系与文字辑校提供线索。

（四）全碑形制特征与文字内容体现了唐代多元文化交汇与“佛医交融”的医疗人文现象。医释融合的现象多体现在医疗与佛教济世救人的思想，然而本碑文以体（外在“经幢”形制）用（佛教祷祝、济世功用）形式与中医药（效验方剂）相结合，从而体现了唐代丝绸之路文化交融汇通的社会文化现象。

附记：感谢三门峡传拓技艺非物质文化遗产传承人牛振强工程师在传拓《经幢式医方碑》碑文中的辛勤付出。在拙文写作过程中，依次承蒙成都中医药大学王家葵教授以及中国中医科学院医史文献研究所顾漫研究员、周琦副研究员的指导与帮助，谨致谢忱。

注释：

[1] 陈红彦：《金石碑拓善本掌故》，上海远东出版社，2017年，第64页。

[2] 马捷、李小林：《从一则“丝绸之路”中医药文告看中越医药文化交流》，《中医药文化》2018年第3期，第35—41页。

[3] 部分医方碑仅有碑身，以从右向左顺序依次行文，如《养气汤方》《换骨丹》《治小儿疲疾方》等。

[4] 如《中国石刻医方精要》所收录的“孙真人进上唐太宗风药论”“灵佑记”“药王庙孙真人碑记”等。

[5] 此处“又方”为双行小字，A 碑 -3 第 15 条、第 18 条、第 20 条，A 碑 -4 第 1 条、第 2 条、第 4 条、第 6 条“又方”同。

[6] 杜伟生:《北图所藏经幢拓本》,《文献》1988 年第 3 期，第 210—216 页。

[7]“序言”对此碑内容进行简介，文中并已明确写出《佛顶陀罗尼咒幢》一文。因此，可以佐证本碑形制为“经幢式”。

[8] 可推测设立本碑的目的原为同族人依照身亡亲属遗愿，遂将《陀罗尼经咒》与“急救效方”合刻成经幢形式，加以祭奠。

[9] 王棣:《宋代“海上丝绸之路”上的中药外传》,《中国中药杂志》1993 年第 10 期，第 634—637 页；常学辉、位磊:《丝绸之路与中医药学》,《中医药管理杂志》2015 年第 20 期，第 165—167 页。

[10] 王孝先:《丝绸之路医药学交流研究》，新疆人民出版社，1994 年，第 12 页。

[11] 出自唐太宗李世民的《入潼关》。崤函：崤山，又称崤谷，居函谷之东端。襟带：衣襟和腰带，比喻地形位置的环绕衔接。

[12] 李久昌:《崤函古道历史地理与文化内涵》,《三门峡职业技术学院学报》2008 年第 1 期，第 48—53 页。

[13] 颜真卿、颜元孙著，施安昌编:《颜真卿书干禄字书》，紫禁城出版社，1990 年，第 37 页。

[14] 陈垣:《史讳举例》，上海书店出版社，1997 年，第 107 页。

[15] 上海古籍出版社、上海书店:《二十五史·旧唐书·太宗纪》，上海古籍出版社，1986 年，第 3488 页。

[16] 张世南:《游宦纪闻》，中华书局，1982 年，第 77 页。

[17] 张世南:《游宦纪闻》，中华书局，1982 年，第 77 页。

[18] 上海古籍出版社、上海书店:《二十五史·旧唐书·高宗纪》，上海古籍出版社，1986 年，第 3493 页。

[19] 高文铸先生在《外台秘要方》校注中考辨《备急方》一书非《旧唐志》载陶弘景《补肘后救卒备急方》与《新唐志》载张文仲《随身备急方》，而为《太平御览》中所提到的王方庆所撰《随身左右百发百中备急方》。

[20] 高文铸先生在《医心方》校注一书中提出，《医心方》引用《龙门方》65 处，通过避讳字、方源等方向判断此《龙门方》并非“龙门洞石刻药方”。

[21] 碑文文字与《千金要方》卷第八“诸风第二”所载“常山太守马灌酒：除风气……悉主之方”相似，不记入表格。原文为：“天雄（二两，生用）、商陆根、踯躅、蜀椒（各一两），乌头（一枚大者），附子（五枚）、桂心、白蔹、茵芋、干姜（各一两），上十味㕮咀，以绢袋盛，酒三斗渍，春夏五日，秋冬七日，去滓。初服半合，稍加至两三合。捣滓为散，酒服方寸匕，日三，以知为度。夏日恐酒酸，以油单覆之下井中近水，令不酸也。”

[22] 谢承仁:《杨守敬集》，湖北人民出版社，1988 年，第 243 页。

[23] 李洪雷:《〈外台秘要方〉文献研究与数位化探讨》，山东中医药大学硕士学位论文，2004 年，第 16—20 页。

[24] 钱绎:《方言笺疏》，上海古籍出版社，2017 年，第 276 页。

[25]《东洋医学善本丛书·外台秘要方》，小曾户洋监修，オリエソト出版社，1981年，第407页。

[26] 据范行准先生《全汉三国六朝唐宋方书辑稿·广济方》(李隆基敕撰:《广济方》，范行准辑佚，梁俊整理，中国中医药出版社，2019年，第184页)载"广济疗眯目甑带灰方"中"广济"为《广济方》(唐玄宗李隆基敕撰，开元十一年成书)，此条为《广济方》遗文。但此条末端，注明"肘后同"，可推断"疗眯目甑带灰方"应为《广济方》摘录《肘后方》的条文，后被《外台秘要》引用，并注明"肘后同"。所以，"疗眯目甑带灰方"实为《肘后方》《广济方》两书遗文，最早出现于《肘后方》。

[27] 葛洪原著，陶弘景增补，尚志钧辑校:《补辑肘后方》，安徽科学技术出版社，1983年，第273页。

[28]《东洋医学善本丛书·肘后备急方》，小曾户洋监修，オリエソト出版社，1981年，第614页。

[29] 葛洪原著，陶弘景补阙，杨用道附广，沈澍农校注:《肘后备急方校注》，人民衛生出版社，2020年，第306页。

[30] 张瑞贤、王滨生、李国坤等:《关于〈医心方〉所引〈龙门方〉的考证》，《天津中医学院学报》1999年第2期，第43—44页。

[31] 马继兴、王淑民、陶广正等辑校:《敦煌医药文献辑校》，江苏古籍出版社，1998年，第258页。

[32] 马继兴:《中国出土古医书考释与研究》中卷，上海科学技术出版社，2015年，第109页。

[33] 张瑞贤:《龙门药方释疑》，河南医科大学出版社，1999年，第4页。

[34] 马维兴、王淑民、陶广正等辑校:《敦煌医药文献辑校》，江苏古籍出版社，1998年，第258页。

三门峡灵宝车峪唐代与明代造像遗迹

◎赵淑梅

车峪造像遗迹概况

车峪位于三门峡灵宝西部豫、陕两省交界的秦岭岭脊北麓，属于秦岭华山山脉东延部分。千佛洞、塔形窟和三官洞所在的车峪，位于灵宝故县镇进家村南侧。千佛洞是依山而凿的唐代佛教石窟寺遗迹，石质为石英片岩花岗岩。位于车峪深处秦岭岭脊西侧的山崖顶部，紧临小秦岭主峰老鸦岔，海拔1705米。2008年，在第三次全国文物普查中被列为市、县级文物保护单位。塔形窟位于千佛洞窟前平台下侧，与千佛洞相毗邻，海拔1666米，在普查资料中无显示。三官洞位于车峪底部西侧的崖壁上，为依山雕凿的一座明代石窟，海拔905米。石质为石英片岩花岗岩。第三次全国文物普查中登记为摩崖石刻，尚未核定为保护单位。由于车峪内的这三处造像遗迹地处偏僻，山高路险，罕有人至，其基础资料、学术考察和研究十分欠缺。龙门石窟研究院调查组对车峪峡谷中的上述三处造像遗迹进行了考古调查，笔者与范子龙、李心坚、张芳琳、马洁怡等参与了这次调查工作，现将调查情况简述如下。

造 像 内 容

（一）千佛洞

千佛洞由甬道和主室洞窟两部分组成。甬道为圆拱形门，纵券形顶。门高310厘米，宽410厘米。甬道高434厘米，宽324厘米，深713厘米。甬道上方有明窗，高106厘米，宽108厘米，深120厘米。甬道内左右两侧有大型条石垒砌的高台，高106厘米。甬道内散落有一圆形柱基和一些条石。

千佛洞外观

主室洞窟，高960厘米，宽847厘米，

深646厘米。圆拱形门，有两层石阶门槛。窟内平面为方形，平顶，前壁窟门上方有明窗。窟内四壁下部雕有双层高坛，呈阶梯状。下坛高64厘米，宽40厘米，上坛高59厘米，宽31厘米。双层坛上均凿有多个圆形凹槽。窟内四壁布满距离均等的方形槽孔，自上而下大致呈9层分布，每层7至9个不等。据灵宝文管所提供的内部资料显示，窟内四壁共有580余尊各式各样小佛像，在坛上也陈列有雕像。可知坛上槽孔和壁面上的方形槽孔均是固定雕像留下的遗迹。千佛洞之名也由此而来。

窟内正壁主尊像为一身残像，残高170厘米，现仅为一石坯。雕像头部和身体表面均被砸毁，破坏的大小碎块散落于窟内地面，其中还可看出主佛肩膀部位的残块。主佛坐于方形叠涩座上，座高178厘米，宽352厘米。为三层叠涩：自地面向上第一层，高99厘米，深44厘米；第二层，高22厘米，深35厘米；第三层，高57厘米。佛座正面下部雕刻有壸门及花卉图案纹饰。

千佛洞主室洞窟内的主尊佛像

窟内前壁窟门上方凿一方形明窗，明窗上缘与窟顶持平，为主室的主要采光来源。此明窗与甬道明窗上下对应分布，正对窟门。其选址十分隐蔽，在窟外难以观之，仅可见甬道明窗，但室外光线仍能透过明窗引射进窟内，设计十分巧妙。

叠涩座

窟顶用凸起的线条将顶部均等分为三个界格，中间界格内浮雕一朵长梗莲花，莲瓣为双层，其中外层为双圆莲瓣，长梗两侧雕刻两片舒展的叶片。左右两界格内，分别由两条突起的斜线将其划分为三个三角状界格，形成两个直角和一个等腰三角形，其表面为排列规整的阴刻直线线条充满其间。整个窟顶以莲花为中心，两侧的三角几何纹样彰显出别样的装饰效果。

洞窟外立面上，与甬道明窗相持平的窟门左侧崖壁上，雕凿有一高106厘米、宽540厘米的人工磨平面，表面微生物、坡面流水痕迹附着，字迹模糊不清，难以辨识。此处或是千佛洞开窟造像题记之遗迹。另在窟外窟门两侧的壁面上，分布有多个圆形和方形槽孔。其中窟门上方左右两侧各一方形孔相对称，宽12厘米，长与深均10厘米；窟门右侧一圆形孔槽，直径20

厘米，深16厘米。另在造像记位置的中下部，还分布有数个大小不等圆形孔槽，直径10厘米至20厘米不等。

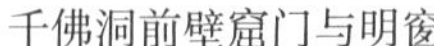

千佛洞前壁窟门与明窗

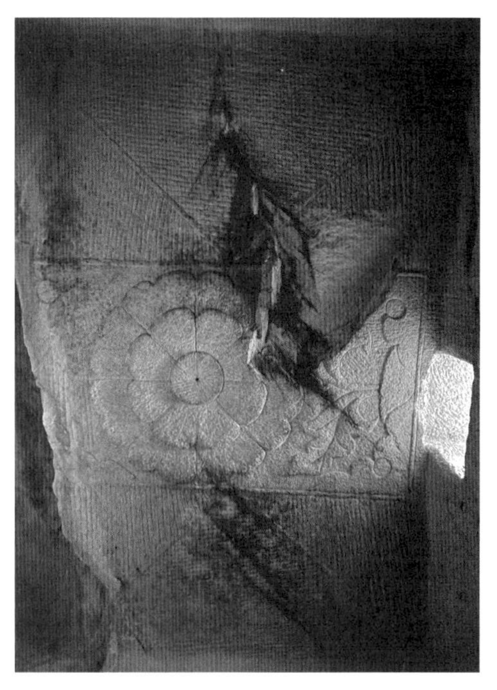

千佛洞主室洞窟窟顶

（二）塔形窟

塔形窟位于千佛洞平台下方北侧约30余米处。依山就势，因地制宜，依岩而凿，以山为塔。高450厘米，宽400厘米。从窟外立面看，其由塔身、覆钵、塔刹组成，呈三层收分，为三层塔。

塔身正面凿圆拱形窟门，窟门上方为双层塔檐，表面雕饰以覆莲花瓣，第二层塔檐与第三层塔檐间饰以缠枝忍冬纹。第三层为覆钵体，表面光滑饱满。覆钵正面中部凿有两个上下对应

塔形窟外观

塔形窟内正壁

的方槽，高和宽各20厘米，深10厘米。覆钵上方为两层相轮，顶部为一圆形宝珠为塔刹。

窟门，高125厘米，宽70厘米，厚70厘米。窟门有边槽，宽8厘米，深14厘米。窟门右壁下部至地面间部位缺失，缺失部位高95厘米，上部残壁高30厘米，厚52厘米。

窟内平面为长方形，平顶。洞窟高170厘米，宽206厘米，深372厘米。窟内三壁起坛，坛上无造像。正壁坛，高37厘米，深34厘米，两侧壁坛，均高25厘米，深39厘米。正壁坛高于侧壁坛，相接处呈阶梯状。窟内正壁中央凿刻有两个方形龛，上下对应，两龛相距25厘米。上龛，高34厘米，宽33厘米，深9厘米。下龛，高56厘米，宽44厘米，深25厘米。窟内三壁均为未打磨的糙面。

三官洞外观

（三）三官洞

三官洞为依崖凿就的石窟，方形窟门，窟门上方凿有明窗。窟门高195厘米，宽127厘米，底厚90厘米，顶厚70厘米。明窗，高95厘米，宽110厘米，底厚51厘米，顶厚20厘米。明窗上方有一横向浅槽，长100厘米有余，两侧各一方形凹槽，直径10厘米左右。

三官洞正壁

窟内为方形平面，人字坡顶。高358厘米，宽400厘米，深432厘米。三壁起坛，正壁坛与窟等宽，自下向上分三层，呈阶梯状。其中下坛立面呈“凸”字形，高96厘米，深76厘米；中层坛高48厘米，深42厘米；上层坛高15厘米，深39厘米。左壁坛，高25厘米，深69厘米；右壁坛，高30厘米，深74厘米。坛上均有方形槽孔。正壁上存有6个方槽，呈四组均等纵向分布，中间两组各两个，两侧各一个。

三官洞顶莲花

窟顶为人字坡顶，表面为糙面。顶部中央于后坡上雕刻一朵莲花，双层莲瓣，莲瓣略呈菱形，尖角，内层密集，外层稀疏，莲花中心刻有一环形钩钮。环绕莲花一周刻有八卦图纹饰。

窟门前壁两侧壁面上刻两则题刻。左侧壁题刻为“刘仲礼 / 张真”，右侧壁题刻为“西重里石桥村吴邦贵”。

窟门甬道两侧壁上端中间，各凿有一竖向长方形凹槽，高 25 厘米，宽 10 厘米。此应是用以安装窟门所留之遗迹。

窟外右壁下部存有一则题记，宽 175 厘米，高 165 厘米，呈 10 行分布，行满 11 字，字径 13 厘米。题刻内容为：

大明国直隶潼关卫中所 / 军余刘仲先同弟刘仲礼见 / 在石桥营居住 / 明万历十八年因为 / 祈保祈许车峪山□西关造 / 三官四圣神洞一□完工 / 万历三十年圆满□ / 本奄功作道人 / 门徒□□□刘俊昇 / 刘茂盛。

三官洞外题记

窟外门两侧存一副对联，风化严重无法辨识。窟外左侧壁面上凿一方形龛，龛高 50 厘米，宽 35 厘米，底深 37 厘米，顶深 26 厘米。龛上方有一略呈人字形浅槽。

相关问题探讨

（一）千佛洞是一座佛教寺院

千佛洞为斩山而凿，窟前一纵向长方形平台。平台右侧存有由平整的长方形条石垒砌而成的墙基，可看出为两间房屋遗迹。平台左侧为悬崖。平台的外端即院落大门入口。大门内两侧有左右对称依山而凿的石基，中间留有甬道。如此围墙与房屋相连，使之形成墙屋环绕、大门正开、三面围合的庭院空间。大门和千佛洞窟门正对，为庭院的中轴线，穿过中间通道直达千佛洞窟内。庭院中央依山岩凿有一方形下沉式的台阶，其与房屋之间形成“回”字形布局。地上散落数根石柱和柱础。从遗迹现状来看或许窟前院落中曾有回廊建筑的可能。庭院大门内利用自然山体岩石凿刻而成的方形房基，十分敦厚，从其所处位置与千佛洞形成品字形布局。这种轴线对称的布局，广泛运用于唐代时期的寺观和民居建筑的平面布局中，是一种普遍运用的模式。因此不难看出千佛洞

千佛洞外的方形石基及甬道

为车峪深处一座佛寺，是具有佛堂僧舍功能的佛教石窟寺遗迹。这里远离喧嚣尘世，环境清幽，是当时僧众修行和弘扬佛教的理想之地。

甬道与千佛洞

（二）塔形窟及其与千佛洞的关系

塔，称为窣堵坡（Stupa），是梵文的音译，原意为坟冢。盛于释迦牟尼涅槃之后，因埋有舍利或骨灰而受到崇拜。古代印度的窣堵坡是一个半球状的实心建筑物，下有基座，上有箱型的平头及塔刹相轮。窣堵坡的造型意匠在于它体现一种稳定安详、永恒不灭的涅槃精神，成为佛教崇拜的一种宗教标志。由此可知塔的意义所在。

此塔依山雕凿，以山为塔。覆钵体表面装饰纹样中饰以莲花花瓣和忍冬纹，这类纹饰主要为北朝时期装饰纹样的主旋律。考察覆钵式塔出现的时间，龙门石窟莲花洞的两例覆钵式塔均为北魏时期。敦煌石窟早期石窟中北周时期的第428窟中的舍利塔与其也十分相似。但从窟内布局看，三壁起坛，坛上置像或造像，是唐代时期较为常见的洞窟形制。因此对于此塔的时间界定，应该为唐代或唐以前，至少为唐代时期的佛教遗迹。此塔毗邻千佛洞，是千佛洞中修行僧或尼安葬灰身的舍利塔，即灰身塔。其祔寺而葬，寄魂山塔，与千佛洞有紧密的关联，属千佛洞的附属部分。如此千佛洞为唐代的一座佛寺，那么寺院中德行高深的僧或尼死后定会祔寺而葬。而起塔供养又反映出灰身塔的主人是位德高望重的僧或尼。此塔雕凿以山为塔，形制独特，对研究唐代佛塔的形制和发展演变具有重要价值。

（三）三官洞体现了儒释道融合

三官洞窟顶为人字坡顶，承袭了中国传统建筑中的房屋形制，彰显出了中国传统文化的因素。窟中坛上与壁面上分布的多个凹槽遗迹，表明窟内曾有安置雕像的客观史实。如今窟中雕像虽已不存，但从窟顶莲花来看仍透露出佛教造像因素。莲花是象征佛教的名物，其出淤泥而不染以示佛的圣洁，在佛教遗迹中习以为常。但此窟顶莲花周围雕刻八卦图纹饰，明显带有浓郁的道教装饰理念，显现出鲜明的道教因素成分。窟外造像题记中“三官四圣神洞”，其中的“三官”是道教所尊奉的神，为天官、地官、水官三帝的合称，分别是天官唐尧、地官虞舜、水官大禹。天官赐福，地官赦罪，水官解厄。而“四圣”有佛教四圣，分别是佛、菩萨、缘觉、声闻。古代帝王推崇四圣也指伏羲、文王、周公、孔子，另一说为孔子、孟子、曾子、颜子。不难看出三官洞开窟造像的意识形态中融合了儒、释、道各家理念。

窟内外现存的数则题记中题名有“军余刘仲先同弟刘仲礼”，刘仲先为潼关卫中所军余。“军余”即未正式取得军籍的军人。潼关是关中的东大门，东汉末设关，隋代南移数里，唐武则天时北迁塬下，唐置潼津县，明设潼关卫。而明代潼关卫为大明国直隶。潼关地处黄河渡口，位居秦、晋、豫三省交界处，扼长安至洛阳驿道之要冲，自汉末以来成为东入中原和西进关中、西域必经之关防要隘，历来为兵家必争之地。刘氏兄弟在车峪石桥营居住，并偕同族人刘俊昇、刘茂盛等发愿于明万历十八年（1590 年）开凿三官洞，并于明代万历三十年（1602 年）圆满完工。另由题记中“西重里石桥村”和“石桥营居住”，可知在车峪西重里石桥村设有石桥营的史实。

三官洞在研究明代万历年间的宗教信仰、人文历史、军户制度等方面具有重要价值。

河南灵宝“大开元寺之碑”考释

◎张　静

灵宝大开元寺之碑立于1261年，记述了蒙哥皇帝的圣旨，令全真教将侵占原佛教的37处地产归还少林长老的事情，并详细列举了37处地产所在地和灵宝开元寺的四至范围。该碑反映了蒙元帝国初期佛道之争的史实，对研究当时佛道关系以及蒙元帝国的宗教政策提供了实物资料。

河南灵宝大开元寺之碑，位于灵宝市涧西区西华村，立于蒙元帝国中统二年（1261年），灵宝在当时属虢州。碑文前半部分记述了戊午年（1258年），忽必烈大王颁布令旨，依照先前蒙哥皇帝的圣旨，令全真教将侵占原佛教分布在全国的37处寺产归还少林长老，指出这些地产是全真教李真人（李志常）诈传圣旨非法占据，并且已经认罪伏法。碑文后半部分列举了37处寺产所在地，界定了当时灵宝（虢州）开元寺的四至范围，以及立碑时间和相关僧人。根据碑文内容明确了当时西华村建有开元寺，根据《唐会要》卷四十八记载：“天授元年十月二十九日，两京及天下诸州，各置大云寺一所，至开元二十六年六月一日，并改为开元寺”。以及《佛祖统记》卷四十曰：“开元二十六年，敕天下州郡，立龙兴、开元二寺”。由此可知灵宝大开元寺始建于唐代，是当时众多寺院之一，具有极高的宗教地位。但如今的开元寺早已不存，据推测是在明代的一次大地震中遭到了毁灭性破坏。灵宝大开元寺之碑，反映了蒙元帝国初期佛教和道教（全真教）的冲突，对于研究当时的佛道之争以及蒙古的宗教政策有一定的历史价值，现结合有关资料将碑文作一考释。

一、大开元寺之碑基本情况

灵宝大开元寺之碑，青石质地，露出地面高3.23米，宽1.27米，厚0.4米，在土中掩埋部分约1.5米，整个碑体通高约4.73米。碑体正面：碑首呈半圆形，上雕刻龙形图案，中间为圭形框，框内阴刻篆体汉字“开元奉敕”四字；碑首下为碑文，题目“大开元寺之碑”六字横书，正文竖刻，共21列329字；碑文布局在碑体上方三分之一处，碑体下半部分无文字。碑体背面：以前刻有“圣旨”两个大字，据当地老者讲两字在“文化大革命”期间被破坏；碑背隐约可见有花纹图案，但因年代久远已模糊不清；碑首两侧各有垂首的三条龙，当地人俗称九龙圣旨碑。碑底座为霸下（又名赑屃），形似龟，被掩埋于耕地下。大开元寺之碑的碑文由于年代久远，少数文字已模糊不清，现将碑文抄录于后：

长生天底气力里，／蒙哥皇帝福荫里。／忽必烈大王令旨，道与汉儿州城达鲁花赤，管民／官、僧官僧众、道官道众人等处。／少林长老告称，／蒙哥皇帝圣旨里，委付布只儿为头断事官，断定随／路合退先生每占住寺院地面三十七处。／□有李真人诈传／蒙哥皇帝圣旨，一面夺要了，来这言语问得承伏了，是／李真人诈传的。上头如今只依先前／圣旨，委付布只儿为头断事官，元断定三十七处地／面交分付与／少林长老去也，准此。／戊午年七月十一日开平府行。／三十七处如后：／河南府二处、德兴府七处、顺天府一处、河中府一处、大名府三处、／真定府三处、宣德州一处、虢州一处、南京二处、平州二处、／北京二处、滦州二处、蔚州六处、霍州一处、洺州二处、／燕京一处。本寺四至：东至西官渠为界，南至城墙为界，／西至城墙为界，北至浇园小水渠为界。／时中统二年四月□日，告状僧仲仙，寺主僧善信立石。／本寺如六大师本贞书，长安云游沙门海定□。／（／表示转列）

二、大开元寺之碑碑文释读

碑文的前半部分是1258年忽必烈在开平府下发的令旨，考释于后。

碑文："长生天底气力里，蒙哥皇帝福荫里。"是蒙古汗国圣旨固定开头语之一。意思是：长生天授予的力量，蒙哥皇帝福气范围里。"长生天"是蒙哥·腾格里，他是蒙古各部落信奉的最高天神，据《蒙鞑备录·祭祀》蒙古人："其俗最敬天地，每事必称天"。"蒙哥皇帝"就是成吉思汗四子拖雷的嫡长子蒙哥，也是元世祖忽必烈的长兄，他在进攻四川合川钓鱼山时（1259年）去世，忽必烈继汗位后追尊蒙哥庙号为宪宗。

碑文："忽必烈大王令旨，道与汉儿州……等处。"我们所熟知的忽必烈为元世祖，是皇帝身份。但这里的忽必烈称呼为大王，而且颁布的是令旨。是因为此时的蒙古皇帝是蒙哥，忽必烈是一个王，只能在自己行政范围内发布令旨。在1252年蒙哥将河南、陕西封给了忽必烈，而当时的灵宝正在其封地之内。达鲁花赤是蒙元时期具有蒙古民族特色的官职，是各级地方的最高长官，掌握行政实权，一般由蒙古人或色目人担任，明朝建立以后，此官职被慢慢废除。

碑文："少林长老告称……占住寺院地面三十七处。"意思是：少林长老向忽必烈陈诉，依照蒙哥皇帝的圣旨，委任布只儿来断定地产归属，让全真教的随路合退先生们归还三十七处佛教地产。这里的少林长老，应该是福裕，字好问，号雪庭，晚年归隐嵩山少林寺，称"雪庭福裕"，尊称"少林长老"，在蒙元初期佛道辩论时，他积极参与其中。在1255年，蒙哥诏令他和全真教李志常在万安阁进行辩论，李志常落败，因而蒙哥令全真教归还佛教37处地产。布只儿为头断事官断定。布只儿为布智儿的演化名，成吉思汗时的大臣，断事官主要掌握行政狱讼，元初，中枢省与枢密院皆有断事官。随路合退先生为全真教的重量级人物。

碑文："有李真人诈传蒙哥皇帝圣旨……诈传的。"意思是：李真人居然诈传皇帝圣旨，拒不归还佛教地产，在忽必烈面前被问询后认罪伏法，证明是李真人假传圣旨。李真人即李志常，号真常真人，丘处机弟子，执掌全真教后，纵容道教侵占佛教地产。

碑文："上头如今只依先前圣旨……戊午年七月十一日开平府行。"意思是：现在还是按照原来蒙哥皇帝的圣旨，委托主管行政狱讼的布只儿，原来断定道教所占佛教的37处地面（寺院寺产），交给少林长老雪庭福裕，照此办理，戊午年（1258年）七月十一日，在开平府颁布。开平城是后来的元上都。

碑文后半部分列举了在忽必烈令旨中所提到的37处寺产的具体所在地，较为详细。并且界定了当时灵宝（虢州）开元寺的四至范围。大开元寺之碑立碑的时间为忽必烈中统二年（1261年）四月某日。

三、大开元寺之碑历史背景及意义

灵宝大开元寺之碑碑文直接反映了蒙元帝国初期的佛道之争，佛教在蒙哥皇帝和忽必烈大王的支持下，夺回被全真教侵占的37处地产，侧面看出当时全真教势力之大。在成吉思汗时期，实行扶植全真教的政策，导致其在中原地区一家独大。至蒙哥汗时期，全真教时常欺压佛教，侵占佛教地产，两者的矛盾也愈演愈烈。1255年，少林长老雪庭福裕向蒙哥皇帝状告全真教，此时全真教《八十一化图》刊行。据《辨伪录》记载，少林长老先将《八十一化图》上呈给阿里不哥大王，指出其中妄佞之处，而后蒙哥皇帝召集少林长老和李志常于万安阁进行辩论。这次辩论李志常完全处于下风，佛教获得胜利。蒙哥皇帝下圣旨，令全真教归还佛教37处地产，并且同意焚毁全真教的《化胡经》《八十一化图》等伪经。这和灵宝大开元寺之碑记述的蒙哥皇帝圣旨相吻合。但全真教李真人（李志常）并没有按照蒙哥汗的圣旨返还37处地产，并且假传圣旨，继续占据地产。1258年春，在开平城忽必烈召集佛道人士进行辩论，这就是"开平城之辩"。佛道双方为这次辩论均做了充分准备，这次辩论的焦点是《化胡经》和《八十一化图》的真伪。《辨伪录》对本次辩论有详细记载，其中佛教参与者甚重达300余人，像八思巴、那摩国师和雪庭福裕均在列。道教以张志敬为首的200多人，另外还有裁判和文人200多人。本次辩论最终以佛教的胜利而结尾。1258年7月，忽必烈在开平城下达了和大开元寺之碑碑文的前半部分一致的令旨，重申了蒙哥皇帝的圣旨，令全真教将侵占的原属佛教的三十七处地产，交给少林长老。碑文后半部分详细列举了37处地产所在地和虢州开元寺的四至范围，于1261年4月立大开元寺之碑，宣明圣旨，树碑昭示。灵宝大开元寺之碑的碑文侧面印证了这两次佛道辩论的史实，最终佛教取得胜利，不仅拿回地产，而且逐渐取代全真教成为帝国的第一宗教。

四、结束语

灵宝大开元寺之碑，为我们提供了宝贵的历史信息。

首先，印证了蒙元初期两次佛道辩论，为历史研究提供了更多依据。

其次，碑文后半部分详细记录交还给少林长老的37座寺院在全国分布的详细地址和数量，为佛教寺庙研究提供了指引。

再次，界定了虢州（灵宝）大开元寺的四至方位，并且还确定了古虢州城的地理位置，为以后的考古工作明确了方向。

最后，灵宝大开元寺之碑，对研究全国大开元寺宗教历史文化也有重要意义。

第一幅长城地图《九边图说》残卷
——兼论《九边图论》的图版改绘与版本源流

◎赵现海

长城自春秋、战国开始修筑时，军事地图上可能就已绘出了这一防御工事。不过由于先秦地图目前皆已无存，无法得出确切的结论。秦汉时期，勾连、增筑长城，史称李陵、赵充国戍北疆，皆绘边疆地图上呈朝廷。[1]然以佚失故，有关两幅地图的具体信息，今亦不得知悉。目前所见最早将长城绘出的地图，是辽人在石碑上缩绘的唐代贾耽《海内华夷图》。宋代地图上绘制长城的现象较为普遍，这与宋人关注北方旧地的时代背景有关。其中北宋边防设施以堡寨为主，部分边境图对此有所反映，如《泾原环庆两路州军山川城寨图》、《鄜府二州图》、《鄜延边图》等。元代以后在地图上绘出长城已是惯例，长城甚至成了“底图”。[2]然而这些地图尽管绘出了长城，却非专门描绘作为防御体系的长城地图，长城不过是其中一项内容罢了。专门以长城防御体系为旨趣的长城地图始于明代，其嚆矢为兵部职方司主事许论绘于嘉靖十三年（1534）的《九边图说》。这也是世界上第一幅全面反映长城防御体系的长城地图。

许论，字廷议，号默斋，河南灵宝梁村里沙坡村（今灵宝大王镇沙坡村）人，生于弘治元年（1488），卒于嘉靖三十八年（1559），谥恭襄。[3]嘉靖十三年四月六日，一向关心兵事的许论结合公文图册、父兄经历以及自身闻见，完成了对九边的文字性论述《边论》与地图《九边图说》，总称之为《九边图论》，[4]于嘉靖十六年上呈明世宗。世宗除将原图留于宫中不时省览外，又颁发给九边镇摹绘本。目前藏辽宁省博物馆、中国历史博物馆的两幅《九边图》，便是《九边图说》的改绘本。嘉靖十七年，谢少南将《九边图论》付梓，此后陆续出现多个版本。除谢本外，其他版本文字、地图内容都有增减、改绘情况。

关于《九边图论》的版本，上世纪三四十年代，王庸、邓衍林曾有过研究。王庸还对《九边图论》作者身份、内容体例有简略涉及，不过有些结论较为草率，存在错误。[5]九十年代，王绵厚亦对历博、辽博《九边图》年代、内容与绘法进行过较为全面的探讨。[6]然而，在这两幅地图形成年代的断限上，还可以更为精确。

《九边图说》原件虽留存于宫廷不在社会上流传，但是明朝官员在上疏之前，例有保留副本之习。尤其《九边图说》这样耗费大量心血绘制的地图，许论更应在呈交朝廷之前，绘有副本。然而这个副本是否还存于世，长期以来是一个谜。2010 年 3 月，笔者至三门峡市博物馆考察了该馆所藏的《九边图说》残卷[7]，通过与其他版本《九边图》以及许论笔迹相对照，可以确定该残卷为许论亲绘。而考虑到该图发现于许论故居的灵宝老城，此图亦可推断即为许论所绘《九边图说》副本。

本文旨在借助新发现的《九边图说》残卷与国家图书馆藏嘉靖十七年谢少南刻本《九边图论》，对历博、辽博《九边图》改绘情况与成图年代，展开进一步的分析，并就万历以后各版本《九边图论》的内容改动、版本源流及其时代背景等加以考察。

一、第一幅长城地图《九边图说》残卷——兼与其他版本《九边图》绘法的比较

《九边图说》颁发至九边后，出现了多个摹绘本。目前存世的历博、辽博《九边图》便是其中两幅改绘本。之所以称其为“改绘本”，而非“摹绘本”，在于这两幅《九边图》增补了嘉靖十三年至隆庆元年（1567）间的许多内容，且改原图长卷式为屏风式，图幅缩短、变宽，绘制体例也有所变化。

王绵厚认为历博《九边图》绘于嘉靖三十七年（1558）至隆庆三年（1569）之间。辽博《九边图》绘于隆庆元年以前。不过历博《九边图》“隆庆州”作“延庆州”，很明显改绘于隆庆元年以后。王绵厚判断历博《九边图》下限的根据是该图屏风后有郭全仁于隆庆三年书写的《后赤壁赋》。其实郭全仁书写此赋与《九边图》并无直接对应关系，完全可以在历博《九边图》成图多年后书写。以此作为历博《九边图》的下限有些宽松。事实上，历博《九边图》并未绘制隆庆年间新筑之堡，据此便可判断此图成于隆庆元年。辽博《九边图》隆庆府地方已被糊上，无法看到，不过历博、辽博《九边图》在绘制内容、形式体例十分一致，显然二者之间存在摹绘关系。或有一个非许论原绘本的共同渊源，该图也应绘于隆庆元年。

历博、辽博《九边图》同时出现，背景史实似可溯于穆宗的登基诏。该诏中一款云：“其各将官所任地方，兵部亦以边腹冲缓，分为三等，遇该升调，照此施行。钦此！”[8]此时距离《九边图论》的撰述已有二十余年，又逢新帝登基，兵部遂命各镇绘制地图，并送交中央。[9]而兵部则根据九边各镇绘制的地图，最终撰绘成一部新的九边图籍——《九边图说》。很显然，历博、辽博《九边图》是蓟州镇、辽东镇根据嘉靖年间，朝廷颁发各镇的许论《九边图说》的摹绘本，重新增补内容，以应付兵部的任务。因皆成图于隆庆元年，故所绘制内容仍为嘉靖时期的旧貌，而未涉及隆庆以后的情况。那么，许论原绘《九边图说》是怎样的一个面貌呢？

1943 年，在许论故居河南灵宝老城，李长亮从异姓结拜兄弟手中获赠一幅《九边图说》残卷，卷首有“九边图说”四字，长 420 厘米，宽 40 厘米，黄麻纸彩绘绢裱。1982 年，李长亮

之子李隋义将《九边图说》上交灵宝县文管会。2000年，灵宝文管会又将该图拨交三门峡市博物馆。《九边图说》残卷东起镇北关，西至偏头关西，描绘了辽东镇、蓟州镇、宣府镇、大同镇、山西镇五镇包括镇城、卫所、营堡、墩台、驿站在内的长城防御体系。

《九边图说》隆庆作"龙庆州"，这是隆庆以前"隆庆州"另一种常见写法。可见《九边图说》绘于隆庆以前。历博、辽博《九边图》绘制的建于嘉靖三十七年辽东镇宁东堡，在《九边图说》中未绘出，建于嘉靖二十五年的辽东镇孤山、险山、沿江台、散羊峪、镇西、一堵墙六堡在《九边图说》中也未绘出。嘉靖十八年，大同镇新筑镇边堡、镇川堡、弘赐堡，在《九边图说》中同样未绘出。可以说明《九边图说》绘于嘉靖十八年之前。宣府镇张家口堡建于嘉靖八年，《九边图说》绘有"张家堡"，显然该图成于嘉靖八年以后。据此可以判断，《九边图说》成图于嘉靖八年至十八年，在这一时期，明朝仅许论绘制了《九边图说》。通过将《九边图说》与谢少南本《九边图》比照，可以发现二者绘制内容、形式体例基本一致。许论在嘉靖十八年曾留下"明嘉靖己亥夏邑人员外郎许论游此"的摩崖石刻，《九边图说》、谢本《九边图》字迹与这一石刻完全一致，其他《九边图》笔迹与许论笔迹不同，可见《九边图说》为许论亲绘本，其他《九边图》皆为他人所绘。考虑到这幅地图在许论祖居地发现，很可能是《九边图说》副本，在许论致仕后被携带回乡，此后一直在当地流传。

通过将各种版本《九边图》与《九边图说》比较，可以发现谢本《九边图》基本继承了《九边图说》的原貌，只是个别地方进行了修正。比如将"龙庆州"、"张家堡"改为通常惯用的"隆庆州"、"张家口堡"。修本、兵本《九边图》在继承谢本《九边图》的基础上，对内容有所增减或改名。历博、辽博《九边图》在《九边图说》、谢本《九边图》的基础上，增补了不少嘉靖中后期的内容。将《九边图说》与各版本《九边图》相对照，可见其间具有如下因革与异同关系：

（一）《九边图说》用黄麻纸彩绘，历博、辽博《九边图》用绢本彩绘，显示出个人与官方绘制地图在用纸质量上的差别。

（二）《九边图说》残图长4.2米，宽0.4米。谢本《九边图》辽东镇至偏头关不足全图的二分之一。据估量，《九边图说》原图应有10余米。这比历博《九边图》横6.65米，纵1.84米的形制，辽博《九边图》横6米，纵2.08米的形制，要长约近一倍，窄约三分之一。可见，《九边图说》是典型的长卷式，谢本、修本、兵本《九边图》继承了这一样式，辽博、历博《九边图》却为适应屏风的形制，缩短加宽，成了屏风式。

（三）《九边图说》全图底色发黄，采取形象绘法，山川、水道皆用青墨重彩绘制。由于《九边图说》为长卷本，图幅较宽，山形施展如飞雁，渤海湾在地图上水平绘制，从辽东镇一直达到玉田县下方。辽东湾则从中部分出，形成两股分叉。下未绘地名。其他版本《九边图》在绘法上与《九边图说》一致，亦皆采用形象绘法。谢本、修本、兵本《九边图》收入书中，故《九边图》无色彩，因是刊刻的缘故，山形不如《九边图说》形象。谢本《九边图》山形不规则，修本《九边图》山形基本是正三角形或山峰的抽象绘法，兵本《九边图论》山形相比这两个版本更为形象一些。三种版本波纹形状，渤海湾、辽东湾形状与《九边图说》一致。修本、兵本《九边图》渤海湾下增注“岛国”。历博、辽博《九边图》山川、水道亦皆用青墨重彩绘制，历博、辽博《九边图》呈茶色，辽本《九边图》呈黄色。因这两幅地图图幅较窄，故辽本《九边图》山形基本是正三角形，图示简单；历博《九边图》山形耸立。历博、辽博《九边图》渤海湾、辽东湾组合在一起成为了倒立的心形。历本《九边图》渤海湾下尚绘登州府，辽本《九边图》所绘地方更多。历博山水颜色皆为墨绿色，辽博却呈绿色。

（四）《九边图说》道路用红色细线，水道用黑绿色粗线。谢本、修本、兵本《九边图》道路用黑色虚线。谢本、修本《九边图》水道用双曲线表示，中间无波纹。兵本水道用双曲线，中间涂黑表示。历博《九边图》道路、水道皆用黑线表示，辽博《九边图》用绿线表示。两种版本《九边图》黄河皆用茶色粗线表示。

（五）《九边图说》边墙较为形象，绘有关楼、墩台，关楼涂红，关楼、墩台遍插红旗，营房也涂红。谢本、修本、兵本《九边图》边墙关楼、墩台也皆插旗帜。历博、辽博《九边图》边墙只是简单的线形，中间墩台绘法较为抽象，不插红旗。

（六）《九边图说》镇卫所城以及大型堡皆以黑色较大双重方框圈注，营、堡、驿以较小的长方形红色条框圈注。谢本、修本《九边图》镇、卫城以黑色较大双重方框圈注，且绘有关楼，营、堡、驿以黑色较小的单方框圈注，且绘有关楼。兵本《九边图》镇、卫所城以黑色较大双重方框圈注，营、堡、驲以黑色较小的单方框圈注。历博、辽博《九边图》镇、卫城以较大双重方框圈注，底为粉红色，内框为浅蓝色，外框为白色，且绘有关楼、垛口，关楼涂红。营、堡、驿皆用较小双重方框圈注，底为粉红色，内框为褐色，外框为白色，且绘有关楼，关楼涂红。在营堡绘制较为形象这一点上，历博、辽博《九边图》体现了对谢本《九边图》的参照。

（七）《九边图说》在镇卫所城与大型堡旁注明职官。如辽东镇框内注：“即辽阳城。”下注：“副总、巡抚、分守、都司。”谢本、修本、兵本《九边图》未有文字注明。历博、辽博《九边图》在方框内注以四至。比如辽东镇框内注：“北至沈阳城一百一十里。”大型堡无文字注明。

（八）《九边图说》在北京的位置用最大的方框标注皇都，并绘制了 15 座城门，分别是“里九门”的宣武门、正阳门、崇文门、朝阳门、东直门、安定门、德胜门、阜成门，缺西直门。“外七门”中的西便门、广安门、右安门、永定门、左安门、广渠门、东便门。谢本、修本《九边图》绘制出了北京城“里九外七皇城四”的所有 20 个城门。兵本《九边图》未绘城门。历博、辽博《九边图》绘制了北京“里九”的 9 座城门。

（九）边墙之外因非明朝直接控制地带，《九边图说》绘制得较为简单，主要以图记的形式加以注明。谢本《九边图》图记内容与《九边图说》一致，只是有的图记挪移了位置。修本《九边图》基本继承了谢本的原貌，稍有增补。兵本《九边图》基本将图记完全删除，重新在图版外另注眉批，历博、辽博《九边图》在个别地区增绘若干地名，并增注不少图记。现即由东至西，依次介绍辽东镇、蓟州镇、宣府镇、大同镇、山西镇边墙外的图记。

（十）《九边图说》在辽东边墙东绘制鸭绿江，群山及上飘小旗的营房4处。谢本、修本《九边图》在鸭绿江一侧绘有群山，在镇北关旁增绘东辽河，并有一条大体连接鸭绿江与东辽河的道路。此外，在义州城旁注："自此入朝鲜界"。兵本《九边图》大体与修本《九边图》一致，只是东辽河注入山中。图右下角有"九边全图"四字，替代了"自此入朝鲜界"的图记。历博、辽博《九边图》增加内容较多。皆在边墙外东北部绘两处蒙古包，注："小王子部落驻牧"。又在义州城东纵向标注朝鲜国、西京、八道堡。

（十一）《九边图说》镇远关左上方，即北边墙外注："自此东北界皆女直等属夷住牧"。谢本、修本《九边图》右下方，即东边墙外注："自此东北皆女直等属夷住牧"。这可能是出于刊刻的需要，因为北边墙已临版沿。历博《九边图》镇北关左上方，即北边墙外旁注："自此东北皆女直等蛮夷驻牧巢穴"。辽博《九边图》镇北关左上方，即北边墙外亦旁注："自此东北皆女直等蛮夷驻牧巢穴"。可见两个版本对《九边图说》进行了改动，尤其增添了不少内容。由东至西，历博《九边图》图记又有如下几条。"小王子部落驻牧"。"辽东边外酋首小王子驻牧巢穴"。"小王子部落驻牧"。由东至西，辽博《九边图》图记又有如下几条。"小王子部落驻牧"。"小王子部落驻牧"。"辽东边外酋首小王子驻牧巢穴"。"小王子部落驻牧"。

（十二）《九边图说》辽河上方绘双重方框，上注："此辽阳旧城。今三岔河地也，亦朵颜三卫夷人住牧。"并绘制三岔河道，但未标出河名。谢本《九边图》在辽河上方绘方框，上注："此辽阳旧城。今亦三卫住牧。"并另绘一方框，内注"三岔河"。修本《九边图》辽河上方绘方框，内注"开平卫"，上注："此辽阳旧城。今亦三卫住牧。"也在方框内注"三岔河"。历博《九边图》辽河上方虽绘双重方框，但内注："住牧"。方框上方注："此辽阳旧城，今三岔河地也，亦朵颜三卫夷人驻牧巢穴。"左侧再注三条"小王子部落驻牧"。并在辽东、蓟州之间注："辽东镇边西界、蓟州镇边东界"。辽博《九边图》辽河上方绘双重方框，内无注文。其他与历博本《九边图》一致。

（十三）《九边图说》在蓟州镇建昌营右上方注："小王子打来孙登住牧蓟边外。"在小喜峰口的左上方，注："此大宁都司旧城。今朵甘、泰宁、福余三卫住牧。"在永宁城左上方注："自此北去有兀良罕部，原系小王子，比部因隙叛去，至今相攻。"谢本、修本《九边图》在建昌营的左上方绘双重方框，旁注"此大宁都司旧城，今朵颜三卫夷人住牧。"谢本《九边图》绘有永宁城，修本《九边图》未绘永宁城。在白崖谷上方注："自此北去有兀良罕一部，原系小王子，比部因隙叛去，至今相攻。"历博、辽博《九边图》东边注文两条："小王子部落驻牧"。边墙以北注文又有七条"都都影克部落驻牧"。明实录中未载此一部落。自东向西数条注文。"此大宁都司旧城，朵颜、泰宁、福余三卫驻牧。""自此北去有兀良罕一部，原系小王子，比去因隙叛去，至相杀。""蓟镇边外进贡，三卫酋首都都影克驻牧巢穴。"

（十四）《九边图说》宣府镇大白羊堡上方注称："此一带有北虏冈留、罕哈、尔填三部住牧，兵共约六万，与朵颜诸夷为邻。冈留部下为虏大营者三大酋，猛可不即领之，尔填部下为大营者一大酋，可都留领之，入寇无常。"旁又有红色方框注："把都儿住宣府东北边外。"谢本、修本《九边图》在大白羊堡右上方注称："此一带有北虏冈留、罕哈、尔填三部住牧，兵共约六万，与朵颜诸夷为邻。冈留部下为虏大营者三大酋，猛可不即领之，尔填部下为大营者一大酋，可都留领之，入寇无常。"历博、辽博《九边图》宣府镇边墙外东半部，修本《九边图》注三处"把都儿部落驻牧"。西半部注四处"黄台吉驻牧巢穴"，一处"宣府酋首黄台吉驻牧巢穴"。由东至西又有数处注文。"宣府独石接界蓟镇边外，酋首把都儿驻牧巢穴。""此一带有北虏岗晋、罕哈、尔填三部住牧，兵共约六万，与朵颜岗（阙文）。""大酋猛可不即领之，尔嗔部下为大营者一大酋可都留领之，入寇无常。""宣府镇便西界、大同镇边东界。"

（十五）《九边图说》大同镇由东向西，依次有注文数条。长胜堡西北注："此一带有北虏哈喇嗔、哈连二部住牧。哈喇嗔部下为营者大酋也把荅罕奈领之，兵约三万。哈连部下为营者一大酋把喇台吉领之，兵约二万余，俱在宣府边外，入寇无常。"柳沟堡右上侧红色方框圈注："共台吉摆胜等住宣两界边外"。大同左卫上方红色方框圈注："贼近宣大边"。谢本、修本《九边图》长胜堡左上方注称："此一带有北虏哈喇嗔、哈连二部住牧。哈喇嗔部下为营者大酋也把荅罕奈领之，兵约三万。哈连部下为营者一大酋把喇台吉领之，兵约二万余，俱在宣大边外，入寇无常。"修本《九边图》柳沟堡右上侧红色方框圈注："共台吉摆胜等住宣大边外，入寇无常。"大同左卫上方红色方框圈注："贼近宣大边"。在大边外，注："此大同大边，今废。"历博、辽博《九边图》大同镇图记由东至西依次为："黄台吉驻牧巢穴"、"俺荅驻牧巢穴"、"此一带有北虏哈喇嗔、哈连二部住牧。哈喇嗔部下为营者大酋把荅罕奈领之，兵约三万。哈连部下为营者一大酋把喇台吉领之，兵约二万余，俱在宣、大边外，入寇无常。""大同酋首奄荅驻牧巢穴"、"俺荅驻牧巢穴"、"大同镇边西界、偏头关边东界。"

（十六）《九边图说》山西镇偏头关以东边墙外注："俺荅部落住大同边、山西边外。"谢本、修本《九边图》无图记。历博、辽博《九边图》记两条"俺荅驻牧巢穴"。

总之，从绘制方法来看，各版本《九边图》皆继承《九边图说》形象绘法，山川、道路、水道、镇卫、关楼、营堡、墩台、驿站图例大同小异，皆体现了直观、实用的特点与目的。较大的不同是历博、辽博《九边图》改长卷式为屏风式，从而导致海湾、山形有所变化。

从图例来看，谢本《九边图》基本继承《九边图说》，有所改动。而修本、兵本《九边图》基本继承谢本《九边图》。历博、辽博《九边图》虽自成系统，不过可以看出在改绘《九边图说》的基础上，也参照了谢本《九边图》。

从图记内容上来看，谢本《九边图》基本继承《九边图说》，改动极少。修本《九边图》在谢本的基础上，有所增补。历博、辽博《九边图》结合时代情况，增补了不少图记。

但总体来看，《九边图说》与各版本《九边图》都只是一种军事示意图，便于从宏观上了解九边的大体情形，并非九边设施的完全精确化绘制，并非达到作战地图所要求的准确性。许论对《九边图说》的定位便在于："然披图可以略见边方之形胜。"[10]形象绘法也是明后期地图绘制的主流绘法。这与以往研究所揭示出的历史面相有所不同。

中外学者对中国古代地图的研究，基本立足于现代制图学科学、定量的标准，构建了一条从东汉张衡"准望"——西晋裴秀"制图六体"、唐代贾耽《华夷图》——宋代《禹迹图》——元代朱思本《舆地图》、明代罗洪先《广舆图》"计里画方"与图例绘法的线性发展脉络。在这种研究中，虽然法国汉学家沙畹（Edouard Chavannes）与日本学者小川琢治在上世纪初开创先河，王庸完整勾勒了这一脉络，构建了自己的解释体系，不过最具理论性的阐述仍属李约瑟的《中国科学技术史》。[11]但这一研究体系却由于单纯地建立在现代制图学科学、定量标准之上，并不符合中国古代地图绘制的传统。余定国指出中国古代地图绘制除科学传统外，还有美学、宗教、政治等功能。[12]其中宗教功能在中国古代地图中的作用远不如古代西方突出，而美学、政治等人文传统则一直占据主流地位。从地图绘制方法来讲，采用形象绘法；从绘制目的来讲，强调直观、实用，以便满足没有经过专业地图学知识训练的军事、行政官员使用。明代地图绘制的主流仍处于人文传统之中，《九边图说》所采取的形象绘法仍是明后期地方绘制，尤其官方地图绘制的主流绘法。大量图记的使用也印证了这一点。

二、《九边图说》与其他版本《九边图》绘制内容的比照——以辽东镇为例

作为《九边图说》的翻刻本，谢本《九边图》基本继承了《九边图说》的内容，稍有改动。修本、兵本《九边图》在继承谢本《九边图》的基础上，略有增减或改名。比如将"驿"改为"驲"。历博、辽博《九边图》作为《九边图说》的改绘本，除对原地名有所改变外，还增加了不少嘉靖中后期的新设机构。不过，《九边图说》、谢本《九边图》中部分内容也为其他四个版本所无。比如在辽东镇东边墙，《九边图说》、谢本《九边图》绘有广顺关、抚顺关。历博《九边图》仅绘抚顺关，辽博《九边图》未绘二关。这应与历博、辽博《九边图》为屏风本，为适应屏风的形状，甚至经过了裁剪。比如历博《九边图》宣府镇中一处未完注文不见于下幅图中。辽博《九边图》甚至辽东东边墙都并不完整。《九边图说》、谢本《九边图》蓟州镇北绘有永宁城，东侧且有三座寺塔，这在其他版本《九边图》中皆未见到。现以辽东镇为例，参照嘉靖十六年刊刻的《辽东志》所载机构，对六幅《九边图》内容加以比较，以见《九边图说》绘制内容情况及其他版本《九边图》的变化或增减，可以得出一些结论。

（一）《辽东志》所载卫所，皆载《九边图说》及各版本《九边图》中，只是《辽东志》，《九边图说》，谢本、修本、兵本《九边图》多习惯称"城"，历博、辽博《九边图》多习惯称"卫"或"所"。这反映出《九边图说》，谢本、修本、兵本《九边图》大体在一个绘制系统之中，历博、辽博《九边图》在另一系统。参见下表。

	《辽东志》	《九边图说》	谢本《九边图》	修本《九边图》	兵本《九边图》	历博《九边图》	辽博《九边图》
卫城	宁远城	宁远卫城	宁远卫城	宁远卫城	宁远卫城	宁远卫城	宁远卫城
	锦州城	锦州城	锦州城	锦州城	锦州城	锦州城	锦州城
	海州城	海州城	海州城	海州城	海州城	海州卫	海州卫
	沈阳城	沈阳城	沈阳城	沈阳城	沈阳城	沈阳城	沈阳城
	铁岭城	铁岭城	铁岭城	铁岭城	铁岭城	铁岭城	铁岭城
	盖州城	盖州城	盖州城	盖州城	盖州城	盖州卫	盖州卫
	复州城	复州城	复州城	复州城	复州城	复州卫	复州卫
	金州城	金州城	金州城	金州城	金州城	金州卫	金州卫
	右屯卫	石屯卫城	右屯卫城	右屯卫城	右屯卫城	右屯堡	右屯堡
所城	中前所	中前所城	中前所城	中前所城	中前所城	中前所城	中前所城
	中后所	中城所	中后城所	中后城所	中城所	中后城所	中后城所
	中左所	中左所城	中左所城	中左所城	中左所城	中左所	中左所
	中右所	中右所城	中右所城	中右所城	中右所城	中右所城	中右所城
	松山所	松山所城	松山所城	松山所城	松山所城	松山所	松山所
	大凌河所	大凌河所	大凌河所	大凌河所	大凌河所	大凌河所	大凌河所
	蒲河城	蒲河城	蒲河城	蒲河城	蒲河城	蒲河城	蒲河城
	懿路城	懿路城	懿路城	懿路城	懿路城	懿路城	懿路城
	汛河城	汛河城	汛河城	汛河城	汛河城	汛河城	汛河城
	抚顺城	抚顺城	抚顺城	抚顺城	抚顺城	抚顺所	抚顺所

（二）《辽东志》所载堡、驿，《九边图说》、谢本《九边图》有未绘的情况，这属于漏绘。但这种情况较少，《九边图说》、谢本《九边图》基本将当时绝大多数堡、驿皆绘制了出来，反映出《九边图说》绘制的内容还是较为全面的。

《辽东志》	《九边图说》	谢本《九边图》	修本《九边图》	兵本《九边图》	历博《九边图》	辽博《九边图》
铁场堡					铁场堡	铁场堡
永安堡					永安堡	永安堡
瑞昌堡					瑞昌堡	瑞昌堡
高台营堡					高台堡	高台堡
三道沟堡					三道沟	三道沟
沙河儿堡					沙河口堡	沙河口堡
大定堡		大定堡	大定堡	大定堡	大定堡	大定堡

续表

《辽东志》	《九边图说》	谢本《九边图》	修本《九边图》	兵本《九边图》	历博《九边图》	辽博《九边图》
大静堡					大静堡	大静堡
东昌堡					东昌堡	东昌堡
东胜堡					东胜堡	东胜堡
洒马吉堡					洒马吉堡	洒马吉堡
镇西堡					镇西堡	镇西堡

（三）《九边图说》有的地名与其他记载并不一致，比如《辽东志》与其他版本《九边图》皆绘“马根单堡”，只有《九边图说》绘“马粮单堡”，属于误载。《九边图说》沿用《辽东志》的一些地名，已不完全符合后世的情况，遂被修正过来。如“和尚岛堡”后世作“和尚堡”。无论是误载，还是不太规范的地名，在《九边图说》中出现的比例较小，说明《九边图说》准确度还是很高的。其他版本《九边图》皆将这种错误纠正过来。谢本的迅速纠错反映出刊刻者对《九边图说》并未完全照搬，而注意加以审核。

《辽东志》	《九边图说》	谢本《九边图》	修本《九边图》	兵本《九边图》	历博《九边图》	辽博《九边图》
沙河驿	沙河驿	沙河驿堡	沙河驲堡	沙河驲堡	池河驿	池河驿
小團山堡	小元山堡	小园山堡	小园山堡	小园山堡	小團山堡	小團山堡
白塔峪堡	白塔骨堡	白塔谷堡	白塔谷堡	白塔谷堡	白塔堡	白塔堡
椴木冲堡	椴木冲堡	椴木堡	椴木堡	椴木堡	椴木冲堡	椴木冲堡
东关驿	东关驿堡	东关堡	东关堡	东关堡	东关堡	东关堡
高岭驿	高岭驿	高岭驿堡	高岭驲堡	高岭驲堡	高岭驿	高岭驿
马根单堡	马粮单堡	马根单堡	马根单堡	马根单堡	马根单堡	马根单堡
鹻场堡	盐场堡	鹹场堡	鹹场堡	鹹场堡	鹹场堡	鹹场堡
黄骨岛堡	黄谷岛堡	黄骨岛堡	黄骨岛堡	黄骨岛堡		
红嘴堡	红嘴营	红嘴营堡	红嘴营堡	红嘴营堡		
栾古驿堡	来古驿	栾古驿	栾古驲	栾古驲		
熊岳驿堡	丘山驿	熊岳驿	熊岳驲	熊岳驲		
虎皮驿	虎皮堡	虎皮城驿	虎皮城驲	虎皮城驲	虎皮驿	虎皮驿
和尚岛	和尚岛堡	和尚堡	和尚堡	和尚堡		
	王家寨堡	三官堡	王官堡	王官堡		
爪牙山城	孤牙山城	孤牙山堡	孤牙山堡	孤牙山堡		

（四）谢本《九边图》对《九边图说》改名之处，修本、兵本《九边图》基本皆循谢本而改，反映出这两个版本基本继承谢本。后世《九边图论》系统基本祖述谢本。

（五）其他版本《九边图》对《九边图说》漏载之堡、驿皆有补绘、改名的情况，不过历博、辽博《九边图》补载、改名较多，谢本、修本、兵本《九边图》补载、改名较少，反映出谢本、修本、兵本《九边图》对《九边图说》注重继承，更注重"述"。历博、辽博《九边图》对《九边图说》注重结合时代的变化，加以增补或改正，更注重"作"。

《辽东志》	《九边图说》	谢本《九边图》	修本《九边图》	兵本《九边图》	历博《九边图》	辽博《九边图》
新兴营堡	新兴营堡	新兴营堡	新兴营堡	新兴营堡	新兴堡	新兴堡
沙河驿	沙河驿	沙河驿堡	沙河驲堡	沙河驲堡	池河驿	池河驿
黑庄窠堡	黑庄窠堡	黑庄窠堡	黑庄窠堡	黑庄窠堡	黑窠堡	黑窠堡
仙灵寺堡	仙灵寺堡	仙灵寺堡	仙灵寺堡	仙灵寺堡	仙灵堡	仙灵堡
兴水县堡	兴水县堡	兴水县堡	兴水县堡	兴水县堡	兴水堡	兴水堡
白塔峪堡	白塔骨堡	白塔谷堡	白塔谷堡	白塔谷堡	白塔堡	白塔堡
寨儿山堡	寨儿谷堡	寨儿谷堡	寨儿谷堡	寨儿谷堡	寨儿山堡	寨儿山堡
长岭山堡	长岭堡	长岭堡	长岭堡	长岭堡	常岭山堡	常岭山堡
七家堡	戚家庄堡	戚家庄堡	戚家庄堡	戚家庄堡	戚家庄	戚家庄
武静营堡	武静堡	武静堡	武静营	武静营	武靖堡	武靖堡
汤站堡	汤玷城	汤玷堡	汤玷堡	汤玷堡	汤站堡	汤站堡
望海埚堡	望海埚	望海埚	望海埚	望海埚	望海堡	望海堡
山涧堡	山涧堡	山涧堡	山涧堡	山涧堡	山间堡	山间堡

（六）《辽东志》,《九边图说》，谢本、修本、兵本《九边图》皆绘的堡、驿，历博、辽博《九边图》漏载的情况，反映出历博、辽博《九边图》也有漏载的情况。

（七）《辽东志》,《九边图说》，谢本、历博、辽博《九边图》驿站作"驿"，修本、兵本《九边图》作"驲"，反映出修本、兵本《九边图》在继承《九边图说》的同时，又另成一系统。

三、《九边图论》版本考

王庸指出《九边图论》有六个版本，即嘉靖间刊世德堂本、万历间刊修攘通考本、天启间兵垣四编本、兵法汇编本、长恩室丛书本、后知不足斋丛书本。邓衍林指出还有另外三个版本，即天一阁藏明嘉靖十三年刊本、明吴兴闵氏刊朱墨本、中国内乱外祸历史丛书本。此外，《皇明经世文编》收有《许恭襄公边镇论》，也收录了《九边图论》部分内容，并有增改。北京大学图书馆藏1932年燕京大学抄本《九边图论》，为照抄兵垣四编本而来。

谢少南嘉靖十七年刊刻《九边图论》是其在赞理畿内学政任上，于真定府刊刻，这在他所撰序文中已有明确说明。不过国家图书馆藏嘉靖十七年谢少南刻本《九边图论》中，书前与书后分别收有山西巡按御史苏祐、西安知府魏廷萱所作序文，分别称："既付太原张守懋德刻之，因为之序。""许公《九边图论》，图论九边也，晋尝刻之矣。"[13]这两篇序文皆指出山西官员张懋德曾刊刻《九边图论》。谢少南既明确称刊刻《九边图论》于真定，那么，这一版本便为真定本。但为何在这一版本中有两篇序文都是为太原本而作呢？而且魏廷萱作序文时已是嘉靖十八年二月。国家图书馆藏《九边图论》到底是真定本，还是太原本，还是二者为同一个版本呢？史料所限，目前无法给出具体的答案。不过值得注意的是除了许论作为作者身份特殊之外，其他为《九边图论》作序者分为两个官僚系统，一个是真定官僚系统，一个是西北官僚系统。那么，是否有可能这个版本将两个不同版本的序文合在一起了呢？尤其是薛廷萱序文竟作于真定本刊刻的次年。另外，这个版本与所谓的世德堂本是什么关系，也不清楚。

谢本《九边图论》大体分为四个部分：一、序文、奏稿、题稿。序文先后是赞理畿内学政谢少南《刻九边图论序》、山西巡按御史苏祐《九边图论序》、礼部祠祭清吏司主事许论《九边图论序》。前两篇序文撰于嘉靖十七年，许论序文撰于嘉靖十三年。奏稿为许论于嘉靖十六年七月二十三日向世宗上呈《九边图论》的奏疏。题稿是兵部尚书张瓒于嘉靖十六年八月十三日因《九边图论》向世宗上达的奏疏。二、《九边图》，凡十幅，依次为辽东镇一幅、蓟州镇一幅、宣府镇二幅、大同镇一幅、山西镇一幅、榆林镇一幅、宁夏镇一幅、甘肃镇二幅。可见刊刻为书后，《九边图论》仍然大体保留了原来的形式，分为两大部分，前半部为《九边图》，后半部为"九边论"，各自独立，而并未如后来舆地图籍一图配以一说、自成一体的形式。三、《九边论》、《总论》。注明："巡按直隶监察御史洛阳乔佑校"。顺序依次为辽东、蓟州、宣府、大同三关附内、榆林、宁夏、甘肃、固原。四、后序。依次为礼部主客司主事马从谦《序刻九边图论后》、真定府知府宋宜《跋九边图论后》、真定府通判刘希简《书刻九边图论后》、西安知府薛廷萱《九边图论序》。前三篇序文皆撰于嘉靖十七年，薛之序文撰于嘉靖十八年。

谢少南表达了刊刻此书的动机。"君子志世故，苟不得竖勋于身，必于其言，言可兴，不啻足矣。予于许子之论，重有感焉。"[14]马从谦、宋宜、刘希简也都从传统"华夷之辨"到九边形势的基础上，充分认可了《九边图论》的意义。

《四库全书总目提要》、王庸认为修攘通考本《九边图论》为照刊嘉靖年间谢少南初刊之本。[15]但通过上文的论述，已可知二者内容具有一定的差别。修本《九边图论》还改变了谢本《九边图论》的体例，且删去了若干序文。全书也可分为四个部分。一、谢少南之序文、《九边图论》目录。二、许论奏稿、张瓒题稿。三、《九边图》。四、许论《九边图论叙》，即谢本《九边图论序》。五、《九边论》、《总论》。无乔佑校的字样。六、马从谦、宋宜、刘希简后序。不过修本收录的文字内容基本照刻谢本而来，甚至字体也几乎完全与谢本一致，偶有改动之例。

《明经世文编》所收《许恭襄公边镇论》，除了最后一章《三边四镇图序》与《九边图论》

毫无关系，由《明经世文编》的作者所增之外，其他内容基本继承了《兵垣四编》本《九边图论》，只是变换了边镇次序，将注文从眉批改为夹批，并有所增删。该文首为《九边总论》，其次依次为宣府论、蓟州镇、宁夏镇、大同、辽东总论、榆林镇、甘肃镇、甘肃论、固原论。最后是三边四镇图序。各镇标题并未统一规范，可能源于《明经世文编》仓促编成，未暇细核。

兵垣四编本《九边图论》天启元年始才出现，并非照原本刊刻，而是以原本《九边图论》内容为主体，结合其他图籍，并增加《九边总图》与《九边总论》而成。[16]《九边图》前绘有一幅《九边总图》，描绘了包括九边在内的全国面貌。《九边图说》，历博、辽博《九边图》皆无《九边总图》，《九边图论》在目录中也称地图“计十帙”，但加上《九边总图》一幅，正好十一幅，多出一幅。《九边总图》实为整个当朝明朝全国总图，这也与《九边总图》的名称不相称。事实上，这幅所谓的总图系何镗后来将罗洪先《广舆图・九边总图》增入而成，两幅地图内容完全一致，甚至连描绘海湾的波浪纹也是一样的。

兵垣四编本《九边图论》无原版本各序、跋。篇首为《九边图论小引》与《九边图论引》。兵本《九边图论》目录与修本《九边图论》有所不同。修本《九边图论》目录为：奏稿一、题稿二、九边总图三计十帙、图论自叙四、辽东图论五、蓟州图论六、宣府图论七、大同图论八三关内附、榆林图论九、宁夏图论十、甘肃图论十一、固原图论十二、九边总论十四。不知为何十二与十四之间缺少十三。兵本《九边图论》目录为：九边图略、九边总论、九边全图、辽东论、蓟州论、宣府论、大同论三关附、榆林论、宁夏论、甘肃论、固原论。在榆林论下旁注“延绥二边在此”。不过在具体内容里无《九边图略》。

目录之后，兵本《九边图论》增一全国总图。该图基本与罗洪先《广舆图・九边总图》一致。但同时，《广舆图・九边总图》在海域中标有二处地方，崇明沙兵、昌国。[17]兵本《九边图论》在海域中却标出三处不同的地方，即日本、大琉球、小琉球。事实上，李默《舆地图》的《大明一统舆图》海域部分已标出日本、琉球二处地方，兵本《九边图论》实在此基础上发展而来。[18]

在文字内容上，兵本《九边图论》有《九边总论》，从总体上论述了九边防御形势。[19]此《九边总论》并非将原本《九边图论》书后的《总论》简单地移至书前的位置改动，而实为“偷梁换柱”。即此《九边总论》与原《总论》毫无关系，而直接从张天复《皇舆考・九边图叙》中改名换姓，挪移而来。查张天复《皇舆考・九边图叙》，实与这段文字基本相同，两种版本与之不同者，仅在于不载《皇舆考》中的注文，并改“蛮倭”为“蛮夷”，并用红笔增加了“据形势”的最后一句注文。[20]

可见，兵本实在原本《九边图论》的基础上，广泛吸取了其他较为著名的舆地图籍，如《舆地图》、《广舆图》、《皇舆考》等内容而成。故而，王庸以兵垣四编本为原书面貌，认为“本书内容，首为总图与《九边总论》，次为九边分图与九边分论。”[21]萧樾也延续了这一观点，[22]皆判断错误。

在吸收其他舆地图籍之外，兵本《九边图论》还在每边论之后，用红笔略增议论，较为简要。兵本所增议论另起一行，空一格，并且变换字体。兵本《九边图论》其余的内容与修本相同。兵本篇末有徐亮所作跋语。

另外，兵本《九边图》上有大量眉批，王庸认为这可能是许论自批。[23]通过本文以上的论证，这一结论显然不符合事实。邓衍林指出的明吴闵氏刊朱墨本中的闵氏应即为闵声，此版本应与兵垣四编本为同一版本。

咸丰年间长恩室丛书本《九边图论》据兵垣四编本刊刻。不同的是，兵本在《九边图论小引》后落款为"世德堂主人识"，长本却无。嘉靖年间曾出现世德堂本《九边图论》，故而，这两种版本与此版本应具有一定联系。兵本《九边图论》在《九边图论引》后落款为"故鄣臧懋循参阅"，而长本落款为"新昌庄肇麟木生氏校刊"。庄肇麟还刊刻了《甲集十种乙集十种》。此外，兵本全文附有红笔眉批，长本皆无。兵本篇末有徐亮所作跋语。长本却无。

清末后知不足斋丛书本除了将"新昌庄肇麟木生氏校刊"改为"常熟鲍廷爵叔衡甫校刊"[24]，在《九边图论·序》后加了一句话："而形势得如指掌矣。"其他皆完全照刊长恩室丛书本而来。

兵本中，《九边图论》只是《兵垣四编》的附编，前四篇依次为：第一编：《皇帝阴符经》、第二编：《黄石公素书》、第三编：《孙子十三篇》、第四编：《吴子六篇》，另一附编是胡宗宪《胡总宪海防图并论》。在目录之前，罗列有"批阅姓氏"，依次为"张商英、唐顺之、王世贞、殷都、汤显祖、王士骐、臧懋循。"

兵本《九边图论》的《跋语》由东海许亮所作，记载了该丛书为闵声鉴于明末边事日非而编辑。"闵襄子齐声气偶合，遂订交焉。晤对无他。及祗以时事倥偬，每不胜愤愤，因出四编相示。"所收四书为《阴符》、《素书》、《孙吴》，以及"九边海防诸论"。[25]但闵声自作跋语指出了自己所编《兵垣四编》其实是在臧懋循的基础上而成。据另一臧懋循本人所作跋语，亦可知臧懋循似乎做了最初的工作。

> 迩抽架上《孙》、《吴》，时一展之。而制度森精，法制具备。……吾乃知兵机之妙会矣。今之治兵者，于两家之书，人袖一编，……因手辑此编，而附以边海图于汇为六卷，存之箧中，以俟知兵者识兵机之有在？旹万历屠维协洽之岁正月朔故鄣臧懋循。[26]

陈继儒在《兵垣四编》书首所作之序，指出了二人对于此书的各自贡献。

兵本《九边图论》影响颇大，天启间程道生撰绘《舆地图考》凡六卷，第四卷为《九边图考》，其中之《九边图》便照刻兵本《九边图》，只是注明了兵本《九边图》未注出的边防旧址，尤其增加了辽东镇山川与建州位置的图记。至于文字部分，虽各镇皆增加议论，不过唯独辽东镇下增《建夷考》。总之，《九边图考》在兵本《九边图论》基础上，进一步结合当时形势，有所增补。[27]《九边图考》中的《九边图》又被明末《地图综要·九边》直接翻刻。[28]

四、结论

世界上第一幅长城地图《九边图说》是明代兵部职方司主事许论在嘉靖十三年绘制、嘉靖十六年上呈世宗的。《九边图说》全图长约10余米，是一幅长卷式地图，全面地反映了嘉靖前期包括镇城、关楼、卫所、营堡、驿站在内的多层次、立体性的长城防御体系。

《九边图说》残卷是许论原绘本的副本，由许论亲绘。该图东起镇北关，西至偏头关西，绘制了辽东镇、蓟州镇、宣府镇、大同镇、山西镇五镇包括镇城、卫所、营堡、墩台、驿站在内的长城防御设施。历博、辽博《九边图》是该图的改绘本，成于隆庆元年。谢少南嘉靖十七年《九边图》是改图的翻刻本，稍有改动。修攘通考本、兵垣四编本《九边图》又在谢少南本的基础上增补、改名。兵垣四编本、长恩室丛书本、后知不足斋丛书本皆将《广舆图·全国总图》改称《九边总图》，置于许论《九边图》之前。兵垣四编本《九边图论》在文字内容上，尚吸取了《舆地图》、《广舆图》与《皇舆图》的内容。总之，谢少南本《九边图》基本继承了《九边图说》的原貌，其他版本《九边图》都对许论原绘本进行了不同程度的改绘。

《九边图说》残卷采用中国古代地图绘制中的形象绘法，对当时流传的目前研究评价甚高的“计里画方”与图例绘法并未采用，而是以直观、实用为目的。《九边图说》的这种地图绘制观念对明后期地图绘制产生了重要影响，直到明末以前，明朝官方所绘九边地图基本延续了《九边图说》的样式。但《九边图说》也因此所绘地理位置并不完全精确，只是一幅军事示意图，并非实战地图。这体现了明代地图绘制仍受到中国古代地图绘制中人文传统的影响，以直观而非定量、实用而非科学为旨归的主流思想。

作为世界上第一幅长城地图，《九边图说》残卷直观地揭示了明代长城防御体系中边墙横遮边镇、营堡控扼要道、墩台传递消息、驿站负责传递的多层次、立体性的军事防御体系，有助于纠正长城是单纯的消极防御的错误观念，有利于促进长城史研究的深入开展与当前长城的测量保护，具有重要的学术与文物价值。

注释：

[1] 班固:《汉书》卷五四《李陵传》，卷六九《赵充国传》，中华书局，1973年。

[2] 该石碑现藏西安碑林博物馆。唐晓峰:《地图上的长城》,《中国国家地理》2002年第5期。

[3]《明史》卷一八六《许论传》，中华书局，1974年。

[4] 许论:《九边图论·序》(苏祐)，明嘉靖十七年刻本，藏中国国家图书馆。

[5] 王庸:《中国地理图籍丛考》，修订本，商务印书馆，1956年，第26页；邓衍林:《中国边疆图籍录·凡例》，商务印书馆，1958年，第42—43页。

[6] 王绵厚:《明彩绘九边图研究》，见曹婉如:《中国古代地图集》(明代)，文物出版社，1995年，第65—68页。

[7] 本次考察对象包括《九边图说》残卷，灵宝许氏族谱、碑刻。考察得到了北京师范大学向燕南教授、江苏科学技术出版社李纯主任、灵宝市文物管理研究所胡小平所长、许氏后裔许英华先生的支持和帮助，《九边图说》残卷捐献者李隋义先生介绍了《九边图说》的情况，在此一并致谢。

[8] 明兵部:《九边图说·兵部□□仰遵明鉴恭进九边图说以便圣览事》，玄览堂丛书初集影印明隆庆三年刊本，台北中正书局，1981 年，第 2 页。

[9]《九边图说·兵部□□仰遵明鉴恭进九边图说以便圣览事》第 2 页云：“咨行各镇督抚军门，将所管地方，开具冲缓，仍画图贴说，以便查照。去后随该各镇陆续开报前来，或繁简失宜，或该载未尽。又经咨驳，务求允当。往返多时，始获就绪。”

[10]《九边图论·奏稿》(许论)。

[11] 沙畹:《中国地图学中两幅最古老的地图》(“Les Deux Plus Anciens Specimens de la Car-tographie Chinoise”, *Bulletin de I’Ecole Francaise de I’Extreme Orient*，1903，Vol. 3)。小川琢治:《近世西洋交通以前の支那地図に就て》,《地学杂志》(日本) 1910 年第 22 年第 258 号。《中国地图史纲》，第 1—72 页。李约瑟:《中国科学技术史》第 5 卷第 1 分册，科学出版社，1976 年，第 1—248 页。

[12] 余定国:《中国地图学史》，姜道章译，北京大学出版社，2006 年，第 245 页。

[13]《九边图论·序》(苏祐),《九边图论·序》(魏廷萱)。

[14]《九边图论·刻九边图论序》(谢少南)，第 395 页。

[15] 永瑢等:《四库全书总目提要》卷一五《史部·地理类存目四·修攘通考四卷》，商务印书馆，1933 年。

[16] 本文所据以分析的此两个版本，分别见北京大学图书馆藏天启元年吴兴闵氏刻本；丛书集成续编影印新昌庄肇麟木生氏校刻长恩室丛书本，新文丰出版公司，1989 年。邓衍林指出《九边图论》尚有明吴闵氏刊朱墨本，应与兵垣四编本是同一版本。请参看《中国边防图籍录》第 42 页。

[17] 罗洪先:《广舆图·九边总图一》，中国史学丛书三编第三辑影印明何镗《修攘通考》明万历七年自刻本，台湾学生书局，1987 年，第 471、651 页。

[18] 李默:《舆地图·大明一统舆图》，中国史学丛书三编第三辑影印明何镗《修攘通考》明万历七年自刻本，台湾学生书局，1987 年，第 277—278 页。

[19]《九边图论·九边总论》，兵垣四编本，第 86—87 页；长恩室丛书本，第 5 页。

[20] 张天复:《皇舆考》卷九《九边图叙》，北京图书馆古籍珍本丛刊影印明嘉靖三十六年应明德刻本，书目文献出版社，1988 年，第 344—345 页。

[21]《中国地理图籍丛考》，第 28 页。

[22] 萧樾:《中国历代的地理学和要籍》，广西师范大学出版社，2002 年，第 232 页。

[23]《中国地理图籍丛考》，第 27 页。

[24]《九边图论·序》，后知不足斋丛书光绪十六年刻本，藏北京大学图书馆。

[25]《九边图论·跋语》，兵垣四编本。

[26]《兵垣四编·兵垣跋》。

[27] 程道生辑:《九边图考》，中国少数民族古籍集成(汉文卷)，四川民族出版社，2002年，第269—298页。

[28] 朱国达等辑:《地图综要》外卷《九边》，四库禁毁书丛刊影印北京师范大学图书馆藏明末朗润堂刻本，北京出版社，2000年，第722—740页。

附一　本书论文初刊信息

特稿

习近平致仰韶文化发现和中国现代考古学诞生100周年的贺信 / 新华网，2021年10月17日。

仰韶文化发现暨中国现代考古学诞生 100 周年纪念大会在三门峡举行 / 王征，《大众考古》2021 年第 10 期。

第三届中国考古学大会在三门峡举行 / 王征，《大众考古》2021 年第 10 期。

卷一　古人类与旧石器考古

河南三门峡发现距今约 100 万年石制品 / 游晓鹏，中国考古网，2017 年 4 月 20 日。

三门峡盆地阿舍利石器年代学研究取得新进展 / 中国科学院地球环境研究所，中国科学院地球环境研究所网站，2017 年 3 月 27 日。

河南三门峡水沟—会兴沟旧石器遗址的黄土地层研究 / 李兴文、林杉、敖红、黄慰文、侯亚梅、安芷生，《地层学杂志》2017 年第 2 期。

卢氏盆地旧石器考古调查 / 赵清坡，《中国考古学年鉴（2019）》，中国社会科学出版社，2021 年，第 305 页。

东秦岭卢氏盆地新发现的旧石器 / 林壹、牛雪纯、赵清坡、顾雪军、李璇、李永涛、贺存定、战世佳、张改课、朱之勇、郑立超、史家珍、鹿化煜、王社江，《人类学学报》2022 年第 3 期。

河南灵宝旧石器考古调查报告 / 赵清坡、马欢欢，《人类学学报》2024 年第 2 期。

卷二　新石器时代考古

河南灵宝市晓坞遗址仰韶文化遗存的试掘 / 河南省文物考古研究所、灵宝市文物保护管理所，《考古》2011 年第 12 期。

河南三门峡市庙底沟遗址仰韶文化 H9 发掘简报 / 河南省文物考古研究所，《考古》2011 年第 12 期。

河南灵宝市西坡遗址庙底沟类型两座大型房址的发掘 / 中国社会科学院考古研究所河南一队、河南省文物考古研究院、三门峡市文物考古研究所，《考古》2015 年第 5 期。

河南灵宝市西坡遗址南壕沟发掘简报 / 中国社会科学院考古研究所河南一队、河南省文物考古研究院、三门峡市文物考古研究所、灵宝市文物保护管理所、北阳平遗址群管理所，《考古》2016 年第 5 期。

灵宝铸鼎原新石器时代聚落变迁的地貌背景考察 / 魏兴涛、张小虎，《中原文物》2017 年第 6 期。

河南灵宝三件馆藏玉钺的年代及相关问题 / 马萧林、权鑫，《中原文物》2017 年第 6 期。

灵宝北阳平新石器时代遗址 / 李世伟、魏兴涛，《中国考古学年鉴（2019）》，中国社会科学出版社，2021 年，第 307 页。

灵宝市五帝新石器时代遗址 / 李金斗、魏兴涛，《中国考古学年鉴（2019）》，中国社会科学出版社，2021 年，第 308 页。

河南灵宝市北阳平遗址考古勘探报告 / 河南省文物考古研究院、三门峡市文物考古研究所、灵宝市铸鼎原文物保护管理所、灵宝市文物保护管理所，《华夏考古》2020 年第 2 期。

河南灵宝市五帝遗址考古勘探报告 / 河南省文物考古研究院、三门峡市文物考古研究所、灵宝市文物保护管理所，《华夏考古》2020 年第 2 期。

河南渑池县仰韶村遗址考古勘探报告 / 河南省文物考古研究院、三门峡市文物考古研究所、渑池县文化广电和旅游局，《华夏考古》2020 年第 2 期。

河南灵宝市墙底遗址考古勘探报告 / 河南省文物考古研究院、三门峡市文物考古研究所、灵宝市文物保护管理所，《华夏考古》2020 年第 2 期。

灵宝城烟遗址（2019 年度河南省五大考古新发现）/ 方燕明，《华夏考古》2020 年第 3 期。

河南灵宝城烟遗址发现仰韶文化早期聚落 / 魏兴涛、张小虎、李金斗，“文博中国”公众号，2020 年 1 月 5 日。

河南灵宝市北麻庄遗址发掘简报 / 河南省文物考古研究院、三门峡市文物考古研究所、灵宝市文物保护管理所，《华夏考古》2020 年第 4 期。

三门峡灵宝盆地史前遗址的调查收获及重要意义 / 魏兴涛、崔天兴、张小虎、李天鹤、李金斗，《中国文物报》2020 年 4 月 3 日第 5 版。

河南三门峡市仰韶文化遗址考古勘探取得重要成果 / 魏兴涛、李世伟、李金斗、郑立超、杨海清、燕飞，《中国文物报》2020 年 4 月 3 日第 5 版。

河南渑池丁村仰韶文化遗址发现平纹布印痕 / 杨栓朝、李新伟，中国考古网，2020 年 9 月 17 日。

灵宝城烟新石器时代及二里头文化遗址 / 张小虎、魏兴涛、李金斗，《中国考古学年鉴（2020）》，中国社会科学出版社，2021 年，第 343 页。

渑池仰韶村新石器时代遗址 / 魏兴涛、李世伟，《中国考古学年鉴（2020）》，中国社会科学出版社，2021 年，第 343 页。

灵宝市底董仰韶文化遗址 / 李世伟、魏兴涛，《中国考古学年鉴（2020）》，中国社会科学出版社，2021 年，第 345 页。

灵宝市墙底庙底沟二期文化遗址 / 李金斗、魏兴涛，《中国考古学年鉴（2020）》，中国社会科学出版社，2021 年，第 345 页。

河南三门峡庙底沟遗址庙底沟文化 H408 发掘简报 / 河南省文物考古研究院、三门峡市文物考古研究所、武汉大学历史学院，《华夏考古》2021 年第 4 期。

河南三门峡庙底沟遗址西王村文化遗存发掘简报 / 河南省文物考古研究院、三门峡市文物考古研究所、武汉大学历史学院，《华夏考古》2021 年第 4 期。

河南渑池仰韶村遗址第四次考古发掘 2020 年度简报 / 河南省文物考古研究院、三门峡市文物考古研究所、渑池县文化广电和旅游局，《华夏考古》2021 年第 4 期。

三门峡庙底沟遗址庙底沟文化 H770 发掘简报 / 河南省文物考古研究院、三门峡市文物考古研究所、武汉大学历史学院考古系，《中原文物》2021 年第 5 期。

灵宝城烟仰韶文化遗址 / 李晓燕、魏兴涛，《中国考古学年鉴（2021）》，中国社会科学出版社，2022 年，第 348 页。

渑池仰韶村新石器时代遗址 / 李世伟、魏兴涛、张凤、张小虎、郑立超、侯建星，《中国考古学年鉴（2021）》，中国社会科学出版社，2022 年，第 350 页。

河南渑池县关家遗址裴李岗文化遗存发掘简报 / 河南省文物考古研究院、首都师范大学历史学院，《考古》2022 年第 2 期。

河南渑池仰韶村遗址第四次考古发掘 HG2 简报 / 河南省文物考古研究院、三门峡市文物考古研究所、渑池县文化广电和旅游局，《华夏考古》2022 年第 5 期。

河南三门峡小交口遗址考古收获 / 崔天兴、王肖、姚宗禹、张小虎、郑立超，《中国文物报》2022 年 9 月 22 日第 7 版。

河南渑池仰韶村遗址第四次考古发掘 G9、G8 简报 / 河南省文物考古研究院、三门峡市文物考古研究所、渑池县文化广电和旅游局，《华夏考古》2023 年第 3 期。

［补遗］河南渑池县西湾遗址发掘简报 / 河南省文物考古研究所，《华夏考古》2008 年第 3 期。

卷三　夏商周考古

灵宝庄里商周战国汉代遗址与墓葬 / 王龙正，《中国考古学年鉴（2012）》，中国社会科学出版社，2013 年，第 293 页。

三门峡出土铜镜赏析 / 郑立超、张昌，《文物鉴定与鉴赏》2013 年第 6 期。

河南三门峡李家窑西周墓发掘简报 / 河南省文物考古研究所、三门峡市文物考古研究所，《文物》2014 年第 3 期。

三门峡李家窑遗址出土骨料研究 / 马萧林、魏兴涛、侯彦峰，《文物》2015 年第 6 期。

三门峡市李家窑遗址两周墓发掘简报 / 河南省文物考古研究院、三门峡市文物考古研究所，《华夏考古》2016年第4期。

三门峡市李家窑遗址花卉苑小区春秋墓发掘简报 / 河南省文物考古研究院、三门峡市文物考古研究所，《中原文物》2017年第5期。

河南三门峡虢国墓地M2009出土麻织品检测分析 / 李清丽、刘剑、贾丽珍、周旸，《中原文物》2018年第4期。

河南义马上石河村发现春秋墓葬群 / 杨海清、郑立超、高鸣、贺旭辉、高鹏，《中国文物报》2018年8月24日第8版。

义马上石河春秋墓地（2018年度河南省五大考古新发现）/ 方燕明，《华夏考古》2019年第2期。

灵宝市中河霸王城西周及汉代遗址 / 张小虎，《中国考古学年鉴（2018）》，中国社会科学出版社，2020年，第294页。

河南义马上石河春秋墓发掘简报 / 三门峡市文物考古研究所、义马市文物保护管理所，《中原文物》2019年第4期。

河南义马上石河春秋墓地M35出土铜鍑及相关问题 / 郑立超，《中原文物》2019年第4期。

虢都上阳城遗址发现记 / 崔松林，《大众考古》2020年第4期。

河南义马上石河墓地M93、M94发掘简报 / 河南省文物考古研究院、三门峡市文物考古研究所、义马市文物保护管理所，《华夏考古》2021年第2期。

河南义马上石河春秋墓地M43、M48、M66发掘简报 / 河南省文物考古研究院、三门峡市文物考古研究所、义马市文物保护管理所，《中国国家博物馆馆刊》2021年第3期。

河南渑池鹿寺西遗址 / 王亮，《大众考古》2021年第3期。

河南渑池发现42座春秋戎人墓葬 / 李贵刚，中国考古网，2021年3月23日。

三门峡市陕州区春秋空首布窖藏整理简报 / 三门峡市博物馆，《中原文物》2021年第4期。

河南义马上石河墓地M18及祔葬马坑MK4发掘简报 / 河南省文物考古研究院、三门峡市文物考古研究所、义马市文物保护管理所，《考古与文物》2021年第4期。

三门峡陕州区两座东周墓发掘简报 / 高鸣，《黄河　黄土　黄种人》2021年第10期。

河南三门峡三座小型西周墓的清理 / 河南省文物考古研究院、三门峡市文物考古研究所，《黄河　黄土　黄种人》2021年第16期。

河南三门峡市刚玉砂厂四座秦人墓发掘简报 / 河南省文物考古研究院、三门峡市文物考古研究所，《华夏考古》2022年第4期。

河南三门峡甘棠学校春秋墓M568发掘简报 / 河南省文物考古研究院、三门峡市文物考古研究所，《中国国家博物馆馆刊》2022年第9期。

河南三门峡开发区两座战国墓发掘简报 / 河南省文物考古研究院、三门峡市文物考古研究所，《洛阳考古》2023年第1期。

河南卢氏拐峪绿松石矿业遗址考古调查简报 / 西北大学文化遗产学院、河南省文物考古研究院、南阳市文物考古研究所、卢氏县木桐乡文化站,《中原文物》2023 年第 2 期。

河南义马上石河墓地 M23、M33 发掘简报 / 河南省文物考古研究院、三门峡市文物考古研究所、义马市文物管理所,《华夏考古》2023 年第 2 期。

河南三门峡刚玉砂厂战国秦汉墓发掘简报 / 河南省文物考古研究院、三门峡市文物考古研究所,《考古与文物》2023 年第 3 期。

河南义马上石河墓地 M82、M86 发掘简报 / 河南省文物考古研究院、三门峡市文物考古研究所、义马市文物管理所,《华夏考古》2023 年第 4 期。

三门峡市博物馆藏战国“高都令戈”考 / 崔松林,《中原文物》2023 年第 4 期。

虢仲墓出土玉器的科技分析与相关问题 / 鲍怡、叶晓红、辛军民、张菁华、袁靖、郑建明、朱勤文,《文物》2023 年第 4 期。

河南三门峡虢国上阳城 / 韩鹏翔,《大众考古》2023 年第 7 期。

河南三门峡经一路绿地广场项目发掘收获 / 韩鹏翔、燕飞,“文博中国”公众号,2023 年 9 月 13 日。

河南义马上石河墓地 M22、M67 和 M77 发掘简报 / 河南省文物考古研究院、三门峡市文物考古研究所、义马市文物保护管理所、三门峡市博物馆,《中原文物》2023 年第 6 期。

河南三门峡甘棠学校东周墓 M94、M99 发掘简报 / 河南省文物考古研究院、三门峡市仰韶文化研究中心,《华夏考古》2023 年第 6 期。

卷四　秦汉魏晋南北朝考古

河南义马市张马岭村九十号墓的发掘 / 河南省文物考古研究所、三门峡市文物考古研究所、义马市文物管理委员会,《华夏考古》2012 年第 3 期。

“偃师邢渠孝父画像石”研究 / 胡海帆,《故宫博物院院刊》2012 年第 2 期。

新见汉弘农郡封泥初论 / 许雄志、谷松章,《青少年书法》2012 年第 20 期。

渑池朱城村汉代墓地 / 赵文军、马晓建,《中国考古学年鉴(2012)》,中国社会科学出版社,2013 年,第 299 页。

浅谈河南卢氏县文管办藏三件汉代绿釉陶器 / 姚江波,《江汉考古》2013 年第 1 期。

舒馨园小区三座汉墓的发掘 / 崔松林,《三门峡考古研究与探索》,中国图书出版社,2014 年,第 23—33 页。

三门峡市电业局住宅小区 M53 发掘报告 / 崔松林,《三门峡考古研究与探索》,中国图书出版社,2014 年,第 34—48 页。

河南三门峡火电厂工地发现大规模秦人墓地 / 马俊才、史智民,《中国文物报》2015 年 4 月 24 日第 8 版。

河南三门峡大唐火电厂战国秦汉墓地／马俊才、李辉、杨树刚、曹艳朋，《2014中国重要考古发现》，文物出版社，2015年，第46—50页。

鸿庆寺石窟调查的新收获／李中翔，《文物建筑》第8辑，科学出版社，2015年，第108—113页。

一件珍贵的“五铢铜钱范”／崔松林，《中国钱币》2015年第3期。

从三门峡出土六博俑模型谈秦汉博具／张延红，《中原文物》2015年第5期。

王莽“大泉五十”铜钱范／周曼，《收藏》2015年第7期。

新见汉代漕仓郖庾考——兼《说文》段注辨误一则／熊长云，《文史》2016年第2期。

河南三门峡发掘一批北朝墓葬／史智民、上官荣光，《中国文物报》2016年12月30日第8版。

三门峡出土窖藏南北朝时期钱币／袁林、孙岩，《中国钱币》2017年第3期。

大英博物馆藏东汉六博釉陶俑考辨／李重蓉，《中国国家博物馆馆刊》2017年第4期。

渑池火车站冶铁遗址2016～2017年调查简报／河南省文物考古研究院，《华夏考古》2017年第4期。

三门峡市印染厂秦人墓葬出土陶器文字刍论／衡云花，《黄河　黄土　黄种人》2017年第4期。

河南三门峡市后川汉墓发掘简报／河南省文物考古研究院、三门峡市文物考古研究所，《考古与文物》2018年第2期。

三门峡地区出土的汉代铜镜／胡赵建、郑立超，《中国文物报》2018年8月21日第7版。

河南三门峡发现大量西汉时期墓葬／上官荣光，《中国文物报》2019年9月6日第7版。

河南灵宝发现大型汉墓群／房琳、颜钊、卢仙阁，中国考古网，2019年9月10日。

新莽时期“函谷关门”画像砖研究／李书谦，《三门峡职业技术学院学报》2020年第1期。

河南三门峡出土鹅首曲颈青铜壶／李丽静，新华网，2020年5月23日。

鹅首曲颈青铜壶内液体是西汉古酒／双瑞、李文哲，新华网，2020年9月18日。

西汉弘农郡封泥考略／焦新帅，《青少年书法》2020年第19期。

河南三门峡后川村西汉围沟墓发掘简报／河南省文物考古研究院、三门峡市文物考古研究所、安阳师范学院考古与文博系，《中国国家博物馆馆刊》2021年第3期。

秦“函关钱府”封泥小考／曹锦炎，《西泠艺丛》2021年第5期。

河南三门峡后川村东汉墓M54发掘简报／河南省文物考古研究院、三门峡市文物考古研究所，《黄河　黄土　黄种人》2021年第22期。

“琲禁丞印”补证／李超，《文博》2022年第1期。

河南灵宝北朝向氏家族墓发掘简报／河南省文物考古研究院、三峡市文物考古研究所、灵宝市文物保护管理所，《洛阳考古》2022年第2期。

河南渑池鱼池家园墓群 / 韩鹏翔，《大众考古》2022 年第 2 期。

渑池窖藏铁器铭文相关问题研究 / 张凤，《华夏考古》2022 年第 6 期。

河南三门峡后川村 M425 发掘简报 / 河南省文物考古研究院、三门峡市文物考古研究所、安阳师范学院考古与文博系，《黄河　黄土　黄种人》2022 年第 20 期。

河南三门峡灵宝豫灵镇发现北朝至明清墓群 / 李永涛、祝晓东、田道超、孙辉，《中国文物报》2022 年 12 月 23 日第 8 版。

灵宝张湾东汉三层绿釉陶百戏楼再认识 / 尚文彬、魏兴涛，《黄河　黄土　黄种人》2022 年第 22 期。

河南三门峡后川村 M351 发掘简报 / 河南省文物考古研究院、三门峡市文物考古研究所、安阳师范学院考古与文博系，《黄河　黄土　黄种人》2022 年第 24 期。

三门峡后川村四座西汉墓发掘简报 / 河南省文物考古研究院、三门峡市文物考古研究所、三门峡庙底沟博物馆，《中原文物》2023 年第 1 期。

河南三门峡后川墓地秦汉墓葬发掘简报 / 河南省文物考古研究院、三门峡市文物考古研究所，《文博》2023 年第 3 期。

三门峡新出土骨尺的时代问题 / 胡焕英，《中国文物报》2023 年 6 月 6 日第 6 版。

渑池窖藏铁农具的考古发现与研究 / 张凤，《华夏考古》2023 年第 4 期。

三门峡市陕州区北朝墓地发掘简报 / 河南省文物考古研究院、三门峡市文物考古研究所、三门峡市陕州区文物地质钻探管理站、渑池县文物钻探队，《文物春秋》2023 年第 5 期。

河南三门峡发现秦人墓 / 高鸣，“文博中国”公众号，2023 年 11 月 17 日。

河南灵宝金城大道三座汉墓发掘简报 / 河南省文物考古研究院、三门峡市仰韶文化研究中心，《中国国家博物馆馆刊》2024 年第 3 期。

三门峡向阳两座汉墓年代及墓葬形制探讨 / 贾立宝，《殷都学刊》2024 年第 2 期。

［补遗］灵宝市发现一面东汉规矩四神纹铜镜 / 陈建丽，《中原文物》2009 年第 5 期。

卷五　唐宋元明清考古

河南灵宝新出《张须陀墓志》考释 / 毛阳光，《中原文物》2011 年第 1 期。

同出一罐的 9 枚天福元宝 / 郑盈，《西部金融》2011 年第 2 期。

三门峡地区遗存铁人新考 / 李书谦，《三门峡职业技术学院学报》2013 年第 2 期。

崤函古道石壕段遗址考古调查述略 / 三门峡市文物考古研究所，《洛阳考古》2014 年第 2 期。

河南三门峡发现元代早期墓葬 / 史智民、李宝军、张青彦，《中国文物报》2014 年 6 月 6 日第 8 版。

北周僧渊造像碑研究 / 崔松林、王景荃，《中原文物》2014 年第 5 期。

河南三门峡市化工厂两座金代砖雕墓发掘简报 / 三门峡市文物考古研究所，《中原文物》

2015 年第 4 期。

陕县崤函古道遗址考古调查与试掘的初步收获 / 洛阳市文物考古研究院、陕县崤函古道文物保护管理所，《洛阳考古》2016 年第 1 期。

陕县崤函古道遗址考古调查与试掘 / 潘付生，《中国考古学年鉴（2016）》，中国社会科学出版社，2017 年，第 312 页。

河南三门峡市印染厂 130 号唐墓清理简报 / 河南省文物考古研究院，《华夏考古》2016 年第 2 期。

豫西地坑院土工营造尺的发现及其价值 / 杜卓，《中原文物》2016 年第 3 期。

灵宝函谷关周边遗迹调查分析 / 孙辉、郭九行，《三门峡职业技术学院学报》2017 年第 2 期。

河南三门峡市唐代张爽夫妇墓发掘简报 / 河南省文物考古研究院、三门峡市文物考古研究所，《华夏考古》2017 年第 4 期。

三门峡市印染厂墓地 M36 出土唐代铜环检测分析 / 唐静、衡云花、王鑫光、闫海涛，《文物春秋》2017 年第 4 期。

河南义马狂口村金代砖雕壁画墓发掘简报 / 三门峡市文物考古研究所，《文物》2017 年第 6 期。

陕县安国寺火墙艺术 / 黄洋，《大众考古》2017 年第 8 期。

隋《古宝轮禅院记》考释 / 马啸，《文物鉴定与鉴赏》2017 年第 12 期。

灵宝唐《轩辕黄帝铸鼎碑》再议 / 李书谦，《中原文物》2018 年第 2 期。

河南三门峡商务区中学 9 号唐墓发掘简报 / 三门峡虢国博物馆、三门峡市文物考古研究所，《中原文物》2018 年第 4 期。

唐代绣岭宫遗址考古调查记 / 燕飞、郑立超、杨海青，《大众考古》2019 年第 3 期。

一尊馆藏唐代石佛造像 / 杜瑶，《中国文物报》2019 年 7 月 9 日第 7 版。

河南三门峡唐代清河夫人吴傅氏墓发掘简报 / 河南省文物考古研究院、三门峡市文物考古研究所，《黄河　黄土　黄种人》2019 年第 12 期。

古代知识分子的贤良——评三门峡博物馆藏《九贤图》/ 常军，《理财（收藏）》2019 年第 12 期。

浅析河南三门峡出土的四枚唐宋厌胜钱 / 上官荣光，《文物鉴定与鉴赏》2019 年第 13 期。

河南三门峡上村佳苑唐墓 M53 发掘简报 / 三门峡市文物考古研究所，《中原文物》2020 年第 6 期。

河南灵宝唐李沟墓葬 / 高鸣，《大众考古》2020 年第 10 期。

河南三门峡市陕州区大营镇金代砖墓发掘简报 / 三门峡市文物考古研究所，《文物鉴定与鉴赏》2020 年第 11 期。

河南义马锦铺佳园金代砖雕墓发掘简报 / 河南省文物考古研究院、三门峡市文物考古研究所、义马市文物保护管理所，《中国国家博物馆馆刊》2021 年第 3 期。

三门峡唐代张归香墓发掘简报 / 河南省文物考古研究院、三门峡市文物考古研究所，《中原文物》2021 年第 4 期。

灵宝竹林寺壁画受损数据集及其在修复中应用研究 / 苏东黎，《全球变化数据学报》2021 年第 4 期。

中国国家博物馆藏唐大中六年韩干儿墓出土器物 / 赵玉亮，《中国国家博物馆馆刊》2021 年第 6 期。

河南三门峡刚玉砂厂唐墓发掘简报 / 河南省文物考古研究院、三门峡市文物考古研究所，《文博》2022 年第 1 期。

三门峡市刚玉砂厂金代墓葬 M212 发掘简报 / 河南省文物考古研究院、三门峡市文物考古研究所，《华夏考古》2022 年第 1 期。

中国国家博物馆藏唐代白瓷 / 张润平，《收藏家》2022 年第 5 期。

河南三门峡黄河嘉园工地唐代墓葬 M73 发掘简报 / 河南省文物考古研究院、三门峡市文物考古研究所，《黄河　黄土　黄种人》2022 年第 8 期。

河南三门峡湖滨花园明代王氏家族墓发掘简报 / 河南省文物考古研究院、三门峡市文物考古研究所，《中原文物》2023 年第 2 期。

河南三门峡发现宋代砖雕墓 / 韩鹏翔，中国考古网，2023 年 9 月 11 日。

碑铭济众：新见河南省三门峡市出土《经幢式医方碑》初考 / 马捷，《中医典籍与文化》第 1 辑，社会科学文献出版社，2022 年，第 325—352 页。

三门峡灵宝车峪唐代与明代造像遗迹 / 赵淑梅，《寻根》2024 年第 1 期。

河南灵宝“大开元寺之碑”考释 / 张静，《莲池周刊》2024 年第 3 期。

［补遗］第一幅长城地图《九边图说》残卷——兼论《九边图论》的图版改绘与版本源流 / 赵现海，《史学史研究》2010 年第 3 期。

附二　三门峡地区历史考古文化研究文献存目（2011—2024）

◎李久昌

一、书目

史前中国的艺术浪潮——庙底沟文化彩陶研究 / 王仁湘著，文物出版社，2011 年。

三门峡地区考古集成（上、下）/ 李久昌主编，大象出版社，2011 年。

三门峡仰韶文化研究 / 李久昌主编，河南科学技术出版社，2011 年。

庙底沟与三里桥（中英文双语版）/ 中国社会科学院考古研究所编著，文物出版社，2011 年。

民国十七年渑池县志（上、下）译注本 /〔民国〕陆绍治修，杜建成译注，郭书身、贺笑宜同校，中州古籍出版社，2011 年。

叩开虢国之门 / 李书谦主编，陕西人民出版社，2011 年。

《山海经》与仰韶文化 / 王克林著，山西人民出版社，2011 年。

中国文化知识读本：函谷关 / 常米乐著，吉林文史出版社，2011 年。

雄关要塞——函谷关 / 郑明武、李妮编著，吉林出版集团有限责任公司，2011 年。

甘肃考古记 /［瑞典］安特生著，乐森玛译，文物出版社，2011 年。

汉函谷关 / 刘德胜主编，白山出版社，2012 年。

虢史与虢文化研究 / 李久昌主编，河南科学技术出版社，2012 年。

豫晋陕史前聚落研究 / 许顺湛著，中州古籍出版社，2012 年。

姚崇研究文集 / 姚学谋主编，中州古籍出版社，2012 年。

甲骨金文与古史新探 / 蔡运章著，科学出版社，2012 年。

灵宝古树名木 / 灵宝市林业局编，彭军平主编，白山出版社，2012 年。

三门峡地域文化研究 / 王治国著，西北大学出版社，2013 年。

华夏之花——庙底沟彩陶选粹 / 河南省文物考古研究院编著，上海古籍出版社，2013 年。

千秋道韵——历代诗人颂老子 / 黄永锋编注，宗教文化出版社，2013 年。

魅力函谷关 / 张焕良著，河南人民出版社，2014 年。

新安函谷关 / 吕克勇主编，中州古籍出版社，2014 年。

仰韶和她的时代——纪念仰韶文化发现 90 周年国际学术研讨会论文集 / 陈星灿、方丰章主编，文物出版社，2014 年。

三门峡考古研究与探索 / 崔松林著，中国图书出版社，2014 年。

陕州澄泥古砚 / 李俊林著，河南人民出版社，2015 年。

三门峡文物考古勘探报告集 / 三门峡市文物考古勘探公司编，王宏民主编，中州古籍出版社，2015 年。

早期中国——中国文化圈的形成和发展 / 韩建业著，上海古籍出版社，2015 年。

多维视角下的古都名城研究（全二册）/ 李久昌主编，大象出版社，2015 年。

三门峡传统文化的价值 / 宋笑飞著，光明日报出版社，2015 年。

仰韶文化中的天文星象符号 / 和士华著，中国社会科学出版社，2016 年。

大河丝路 / 王卢生著，中州古籍出版社，2016 年。

古镇张茅 / 崔九龄编著，中央文献出版社，2016 年。

河南博物院镇馆之宝 / 武玮主编，中国青年出版社，2016 年。

姚崇研究文集（第 2 辑）/ 姚学谋主编，中州古籍出版社，2017 年。

中国四大回音古建筑声学技艺研究与传承 / 吕厚均、俞文光著，安徽科学技术出版社，2017 年。

文物考古勘探与文化思考 / 王宏民主编，团结出版社，2017 年。

仰韶时代彩陶的考古学研究 / 朱雪菲著，文物出版社，2017 年。

河南历代方志集成：三门峡卷（全 10 卷）/ 河南省地方史志办公室编纂，大象出版社，2017 年。

三门峡市印染厂墓地 / 河南省文物考古研究院编，中州古籍出版社，2017 年。

玉柄铁剑 / 王龙正著，大象出版社，2017 年。

虢文化论集 / 宝鸡市社会科学界联合会、郑州市社会科学界联合会、三门峡市社会科学界联合会编，2018 年。

镜鉴陕州——三门峡出土铜镜选 / 河南省文物考古研究院、三门峡市文物考古研究所编，河南美术出版社，2018 年。

虢国故都——三门峡　融媒体版 / 徐龙欣主编，河南科学技术出版社，2018 年。

虢国墓地出土青铜器（一）/ 虢国博物馆编著，科学出版社，2018 年。

窑洞民居 / 北京大学聚落研究小组、北京建筑大学 ADA 研究中心著，中国电力出版社，2018 年。

虢国青铜器铭文辑录（陈仓区文史资料第 21 辑）/ 中国人民政治协商会议陕西省宝鸡市陈仓区委员会编，2018 年。

仰韶文化 / 安志敏著，北京人民出版社，2019 年。

豫西古村落 / 杨东昱主编，中州古籍出版社，2019 年。

虢国历史文化陈列——周风虢韵 / 三门峡市虢国博物馆编，科学出版社，2019 年。

三门峡古树名木 / 三门峡市林业和园林局编，中国农业出版社，2019 年。

地下四合院——河南陕县窑洞民居 / 黄黎明著，河南大学出版社，2019 年。

地坑窑院民居 / 童丽萍、崔金晶著，科学出版社，2019 年。

虢文化论集 / 宝鸡市社会科学界联合会、郑州市社会科学界联合会、三门峡市社会科学界联合会编，2019 年。

虢文化论坛暨 2020 年度社科学术年会文集 / 宝鸡市社会科学界联合会、郑州市社会科学界联合会、三门峡市社会科学界联合会等编，2020 年。

窑院渊源（陕州地坑院文化丛书）/ 马迈方编著，中州古籍出版社，2020 年。

营造技艺（陕州地坑院文化丛书）/ 张琦编著，中州古籍出版社，2020 年。

民俗风情（陕州地坑院文化丛书）/ 姚千文编著，中州古籍出版社，2020 年。

平地炊烟（陕州地坑院文化丛书）/ 陈新峡编，中州古籍出版社，2020 年。

陕塬雅韵（陕州地坑院文化丛书）/ 吕江枫编，中州古籍出版社，2020 年。

影像记忆（陕州地坑院文化丛书）/ 乔璇编，中州古籍出版社，2020 年。

两京与两京之间历史地理研究 / 李久昌著，科学出版社，2020 年。

中国史前遗址博物馆：考古圣地　仰韶卷 / 侯建星主编，陕西科学技术出版社，2020 年。

仰韶文化（文化三门峡丛书）/ 毋慧芳、梅良川主编，河南人民出版社，2020 年。

老子文化（文化三门峡丛书）/ 毋慧芳、梅良川主编，河南人民出版社，2020 年。

禅宗文化（文化三门峡丛书）/ 段孝廷主编，河南人民出版社，2020 年。

虢国文化（文化三门峡丛书）/ 毋慧芳、梅良川主编，河南人民出版社，2020 年。

陕州文化（文化三门峡丛书）/ 李久昌等著，河南人民出版社，2020 年。

名人文化（文化三门峡丛书）/ 许胜高主编，河南人民出版社，2020 年。

红色文化（文化三门峡丛书）/ 乔继明、杨献珺主编，河南人民出版社，2020 年。

民间文化（文化三门峡丛书）/ 孟国栋主编，河南人民出版社，2020 年。

彩陶中国——纪念庙底沟遗址发现 60 周年暨首届中国史前彩陶学术研讨会论文集 / 赵春青、贾连敏主编，上海古籍出版社，2020 年。

河南新石器时代考古研究 / 袁广阔著，科学出版社，2020 年。

彩陶甘肃：美冠世界的彩陶之乡 / 陈云龙主编，贾建威、徐睿、张东编著，甘肃人民出版社，2021 年。

大仰韶——黄土高原的文化根脉 / 王仁湘著，巴蜀书社，2021 年。

名人与三门峡（上、下）/ 王福东主编，中州古籍出版社，2021 年。

诗话黄河三门峡 / 黄河三门峡水利枢纽文化丛书编写组编，黄河水利出版社，2021 年。

崤函古道与文化传播 / 刘书芳著，中州古籍出版社，2021 年。

河南灵宝川塬古枣林 / 范孟革、张贯伍、胡瑞法主编，中国农业出版社，2021 年。

仰韶文化尖底瓶研究 / 卫雪、钱耀鹏著，中国社会科学出版社，2021 年。

漫步陕州故城 / 三门峡市文物考古研究所编，王军震主编，中州古籍出版社，2021 年。

仰韶之美——仰韶文化彩陶研究 / 赵春青、樊温泉著，文物出版社，2021 年。

仰韶文化与酒（仰韶文化发现暨中国现代考古学诞生 100 周年纪念丛书）/ 刘莉著，文物出版社，2021 年。

圣地百年——仰韶村遗址发现百年纪事（仰韶文化发现暨中国现代考古学诞生 100 周年纪念丛书）/ 侯俊杰主编，文物出版社，2021 年。

河南史前遗址（仰韶文化发现暨中国现代考古学诞生 100 周年纪念丛书）/［瑞典］安特生著，王涛、秦存誉、徐小亚译，文物出版社，2021 年。

从极地到中国：瑞典考古学家安特生传（仰韶文化发现暨中国现代考古学诞生 100 周年纪念丛书）/［瑞典］扬·鲁姆嘉德著，万之译，文物出版社，2021 年。

巨龙与洋人（仰韶文化发现暨中国现代考古学诞生 100 周年纪念丛书）/［瑞典］安特生著，麻保全、杨柳青译，文物出版社，2021 年。

渑池县文物志（仰韶文化发现暨中国现代考古学诞生 100 周年纪念丛书）/ 渑池县文物局编著，文物出版社，2021 年。

中国出土彩陶全集（4）河南卷 / 陈星灿主编，刘海旺、马萧林、顾万发河南卷主编，科学出版社，2021 年。

陕州新出墓志选编 / 三门峡市文物考古研究所编，河南美术出版社，2021 年。

金玉・王侯——西周虢国贵族的生活 / 深圳市南山博物馆、三门峡虢国博物馆编，文物出版社，2021 年。

三门峡市博物馆馆藏文物精粹 / 三门峡市博物馆编，李书谦主编，大象出版社，2021 年。

崤函古韵——三门峡古代文明展 / 三门峡市博物馆编，李书谦、田双印主编，大象出版社，2021 年。

函谷关历史考古研究报告集（上、下）/ 洛阳市文物考古研究院、洛阳市新安县文物局编，史家珍、严辉主编，黄河水利出版社，2021 年。

三门峡通史（上、下）/ 刘书芳编著，中州古籍出版社，2021 年。

诗咏崤函 / 中共三门峡市委党史地方史志办公室编，中州古籍出版社，2021 年。

三门峡庙底沟（全三册）/ 河南省文物考古研究院、三门峡市文物考古研究所、武汉大学历史学院考古系编著，文物出版社，2021 年。

中国彩陶——庙底沟文化图谱 / 王仁湘著，巴蜀书社，2022 年。

三门峡历史文化研究 / 侯俊杰著，文物出版社，2022 年。

三门峡丰阳村春秋空首布窖藏 / 三门峡市博物馆编，李书谦、崔松林主编，大象出版社，2022 年。

崤函遗珍品鉴 / 三门峡市博物馆编，李书谦、崔松林主编，大象出版社，2022 年。

河南义马鸿庆寺石窟规划与保护研究 / 孙锦、李芳著，学苑出版社，2022 年。

姚崇研究文集（第 3 辑）/ 姚学谋主编，中州古籍出版社，2023 年。

三门峡虢国墓（第 2 卷）/ 河南省文物考古研究院、三门峡市文物考古研究所、三门峡市虢国博物馆编著，文物出版社，2023 年。

崤函唐诗之路 / 李久昌编著，三秦出版社，2023 年。

三门峡刚玉砂厂墓葬 / 河南省文物考古研究院、三门峡市文物考古研究所编著，科学出版社，2023 年。

第三届中国考古学大会（2021・三门峡）会志（全二册）/ 中国考古学会、中国社会科学院考古研究所、河南省文物局、河南省文物考古研究院、三门峡市人民政府编著，科学出版社，2023 年。

杂花生树　窑火辉煌——三门峡出土唐宋瓷 / 三门峡市文物考古研究所编著，祝晓东主编，河南美术出版社，2023 年。

义马上石河春秋墓 / 三门峡市考古研究所编著，郑立超主编，科学出版社，2023 年。

西周宗族燄衍与政治结构——以井、虢、晋、曾为例 / 段陶著，中西书局，2023 年。

中原彩陶文化西传哈密研究 /《中原彩陶文化西传哈密研究》编辑委员会编，中州古籍出版社，2023 年。

彩陶之路——考古所见早期东西文化交流和亚欧世界体系 / 韩建业著，中国社会科学出版社，2024 年。

三门峡地区考古集成・续编（上、下）（三门峡市仰韶文化研究中心考古・研究丛书）/ 李久昌、郑立超主编，樊莉娜、祝晓东、张静副主编，陕西师范大学出版总社，2024 年。

三门峡仰韶文化研究・续编（三门峡市仰韶文化研究中心考古・研究丛书）/ 李久昌、杨鸿星主编，马啸、樊莉娜、李敏副主编，陕西师范大学出版总社，2024 年。

虢国与虢文化研究・续编（三门峡市仰韶文化研究中心考古・研究丛书）/ 李久昌、杨鸿星主编，杨海青、樊莉娜、上官荣光副主编，西安地图出版社，2024 年。

花之蕊——豫晋陕仰韶文化核心区考古成就展（三门峡市仰韶文化研究中心考古・研究丛书）/ 马啸、李敏主编，西安地图出版社，2024 年。

秦风汉韵靓崤函——三门峡出土秦汉文物集珍（三门峡市仰韶文化研究中心考古・研究丛书）/ 上官荣光主编，种坤、张翼副主编，河南美术出版社，2024 年。

仰韶百年纪念文集（三门峡市仰韶文化研究中心考古・研究丛书）/ 刘云晓主编，中州古籍出版社，2024 年。

漫画仰韶（三门峡市仰韶文化研究中心考古・研究丛书）/ 王鹤伟、薛云岳、杨原野编著，中州古籍出版社，2024 年。

崤函古道史（上、下）/ 李久昌著，大象出版社，2024 年。

二、硕博学位论文

庙底沟二期文化研究 / 吕国豪，河南大学硕士学位论文，2023 年。

豫西晋南地区新石器时代铲类遗存研究 / 姚宗禹，郑州大学硕士学位论文，2023 年。

明代灵宝许氏科举家族研究 / 王荣彪，华中师范大学硕士学位论文，2023 年。

河南药王庙文献和遗迹遗址调查研究 / 张思思，中国中医科学院硕士学位论文，2023 年。

灵宝川塬古枣林农业文化遗产助力乡村振兴研究 / 魏大卫，西北农林科技大学硕士学位论文，2023 年。

河南地区出土汉代乐舞百戏俑形态研究 / 吉艳菊，福建师范大学硕士学位论文，2023 年。

中晚唐时期唐三彩研究 / 李春凤，山西大学硕士学位论文，2023 年。

大中原地区仰韶化研究 / 李双楠，河南大学硕士学位论文，2023 年。

河南灵宝市古代园林研究 / 张镕楠，河南农业大学硕士学位论文，2023 年。

河洛地区历史军事地理研究 / 费靖博，河南大学硕士学位论文，2023 年。

明中后期洛阳王门地方事务参与研究 / 孙锞镼，河南大学硕士学位论文，2023 年。

两周时期黄河流域多璜组玉佩初步研究 / 李梦靥，重庆师范大学硕士学位论文，2023 年。

西周时期绿松石制品研究 / 刘璠，中央民族大学硕士学位论文，2023 年。

两周之际政局与《诗经》相关篇章研究 / 吴昕怡，山东师范大学硕士学位论文，2023 年。

文化感知视角下虢国文化综合公园景观改造研究 / 茹莞晴，西安建筑科技大学硕士学位论文，2023 年。

新见两周媵器资料的整理与研究 / 张水馨，吉林大学硕士学位论文，2023 年。

史前彩陶文化生育信仰研究 / 李迎风飞，河南师范大学硕士学位论文，2023 年。

东迁：两周之际政局变革的考古学观察 / 王建峰，吉林大学博士学位论文，2022 年。

三门峡地区仰韶文化研究 / 李寒冰，河南大学硕士学位论文，2022 年。

三门峡上村岭虢国墓玉雕造型形式与材料研究 / 李鹏飞，西安美术学院硕士学位论文，2022 年。

三门峡地区汉墓出土陶器研究 / 史佳欣，郑州大学硕士学位论文，2022 年。

弘农郡汉代墓葬研究 / 张新凯，郑州大学硕士学位论文，2022 年。

豫西晋南地区史前镞类制品研究 / 贾永强，郑州大学硕士学位论文，2022 年。

庙底沟彩陶艺术及其纹饰的内涵与传播 / 王璐瑶，景德镇陶瓷大学硕士学位论文，2022 年。

庙底沟文化彩陶盆口沿图案研究 / 贾慧琼，山西大学硕士学位论文，2022 年。

庙底沟类型彩陶鸟纹的解读与研究 / 金秀妍，中国社会科学院大学硕士学位论文，2022 年。

中原地区唐代小型墓葬研究 / 邱钰茹，郑州大学硕士学位论文，2022 年。

西周青铜盘、盉、匜综合研究 / 贾楠楠，山东大学硕士学位论文，2022 年。

基于低影响开发的三门峡虢国公园景观改造 / 刘娜，河南科技大学硕士学位论文，2022 年。

中原地区出土西周至两汉葬玉研究 / 刘雪瑶，郑州大学硕士学位论文，2022 年。

“平王东迁”历史书写的生成及其演变——以两周之际的王位更迭为核心 / 张若琪，中山大学硕士学位论文，2022 年。

西周青铜器铭文书体研究 / 王肖丹，郑州大学硕士学位论文，2022 年。

周代装饰用玉研究 / 李京震，山东大学博士学位论文，2022 年。

先秦时期盾牌 / 鍚研究 / 刘振起，吉林大学硕士学位论文，2022 年。

清至民国时期豫西地区水利碑刻的整理与研究 / 阮丽斌，西北师范大学硕士学位论文，2021 年。

三门峡地区周秦墓葬研究 / 赵宾，郑州大学硕士学位论文，2021 年。

唐代河南道粮仓问题研究 / 秦一文，山东大学硕士学位论文，2021 年。

豫西传统村落空间形态研究 / 葛毅鹏，华南理工大学博士学位论文，2021 年。

晋南豫西地区仰韶早期考古学文化再研究 / 步蕃，吉林大学硕士学位论文，2021 年。

庙底沟文化“圆点和弧边三角”组合图案研究 / 陈艺方，辽宁大学硕士学位论文，2021 年。

中原地区仰韶文化中晚期的农业与社会 / 杨凡，山东大学博士学位论文，2021 年。

中原地区新石器时代中、晚期农业化进程的考古学研究 / 赵雅楠，中国社会科学院大学博士学位论文，2021 年。

西周时期玉器流通状况的初步研究 / 姜亚飞，山东大学博士学位论文，2021 年。

商周青铜罐整理与研究 / 赵张煜，西北师范大学硕士学位论文，2021 年。

出土先秦铜翣整理与研究 / 柯曾一，西北师范大学硕士学位论文，2021 年。

春秋时期青铜壶研究 / 彭钲博，山西大学硕士学位论文，2021 年。

商至春秋时期墓葬出土青铜水器组合研究 / 姬英杰，吉林大学硕士学位论文，2021 年。

中原地区商周墓葬随葬生产工具研究 / 方利霞，郑州大学硕士学位论文，2021 年。

商周时期玉玦研究 / 李文娟，郑州大学硕士学位论文，2021 年。

河南地区东周墓葬出土玉器研究 / 白明竺，郑州大学硕士学位论文，2021 年。

商周时期玉鸟研究 / 刘嵘，中国社会科学院大学硕士学位论文，2021 年。

西周金文所见西土北土邦国地理整理与研究 / 马立志，吉林大学博士学位论文，2021 年。

三门峡虢国墓地的分期与年代研究 / 阙惠华，河南大学硕士学位论文，2020 年。

西周墓葬出土晚商遗玉研究 / 赵静，山东大学硕士学位论文，2020 年。

商与西周的墓地形态及墓地与居址关系初探 / 韩睿洋，山西大学硕士学位论文，2020 年。

周代前期青铜礼器组合方式研究 / 吴星源，山西大学硕士学位论文，2020 年。

先秦虎形玉器研究 / 李欣，郑州大学硕士学位论文，2020 年。

黄淮间中原十国金文整理与研究 / 孙海燕，西南大学博士学位论文，2020 年。

春秋早期青铜乐器铭文集注与释译 / 陈吉梅，重庆师范大学硕士学位论文，2020 年。

新石器晚期至西周墓葬出土玉质仪仗器研究 / 张汝丽，郑州大学硕士学位论文，2020 年。

中国早期铜镜初探 / 李蕾，重庆师范大学硕士学位论文，2020 年。

两周青铜盉及相关问题研究 / 卫佳欣，中国社会科学院研究生院硕士学位论文，2020 年。

宾组卜辞所见国族材料分类整理与研究 / 杜佳浩，郑州大学硕士学位论文，2020 年。

金文所见厉宣史事研究 / 董喆，安徽大学博士学位论文，2020 年。

中原地区周代葬玉研究 / 罗祎纯，黑龙江大学硕士学位论文，2020 年。

铜器铭文中所见南淮夷及相关问题研究 / 陈梦婷，安徽大学硕士学位论文，2020 年。

唐代陕虢镇研究 / 朱其贵，陕西师范大学硕士学位论文，2020 年。

黄土高原地坑院文化遗产景观基因图谱研究——以陕晋豫地坑院聚落为例 / 易娜，西安外国语大学硕士学位论文，2020 年。

河南省卢氏县竹园沟绿松石采矿遗址的调查研究 / 王英，西北大学硕士学位论文，2020 年。

仰韶文化庙底沟类型艺术事象研究——以陶器为中心 / 张雅琼，淮北师范大学硕士学位论文，2020 年。

中晚唐河南道经济研究——基于区域人口和经济选择的考察 / 李硕，陕西师范大学硕士学位论文，2019 年。

隋唐两京地区动物俑研究 / 刘霄霞，江西师范大学硕士学位论文，2019 年。

两周青铜列鼎墓葬研究 / 张家麟，山西大学硕士学位论文，2019 年。

秦缶及相关问题初探 / 谢响，郑州大学硕士学位论文，2019 年。

仰韶文化尖底瓶研究 / 卫雪，西北大学博士学位论文，2019 年。

陕西梁山村旧石器遗址与河南仰韶村新石器遗址释光测年研究 / 曾琼萱，南京大学硕士学位论文，2019 年。

乡村生态学视角下河南省三门峡市陕州区地坑院聚落的生成与保护探析 / 程子栋，郑州大学硕士学位论文，2019 年。

两周时期费昂斯技术研究 / 王颖竹，北京科技大学博士学位论文，2019 年。

中国古代焊接技术的演进及社会影响因素分析 / 黄鹰航，哈尔滨工业大学博士学位论文，2019 年。

西周至春秋时期女性贵族墓葬研究 / 杨琳，吉林大学博士学位论文，2019 年。

两周青铜列鼎墓葬研究 / 张家麟，山西大学硕士学位论文，2019 年。

夏商西周时期铅锡器研究 / 聂振阁，河南大学硕士学位论文，2019 年。

两周铜翣研究 / 胡玙璠，南京大学硕士学位论文，2019 年。

西周诸侯国地位研究——以铜器墓葬为核心的分析 / 李雪婷，武汉大学博士学位论文，2019 年。

殉葬口唅的演变与发展 / 魏佳蓉，中国地质大学（北京）硕士学位论文，2019 年。

周原出土西周青铜器及铭文族属问题研究 / 姜春萌，陕西师范大学硕士学位论文，2019 年。

河南地区秦墓研究 / 赵丹，郑州大学硕士学位论文，2018 年。

三门峡盆地仰韶文化彩陶生产与聚落形态研究 / 杨红艳，郑州大学硕士学位论文，2018 年。

汉唐时期“河渭漕挽”运输系统研究 / 祝昊天，陕西师范大学硕士学位论文，2018 年。

西周时期青铜器一器多用现象研究 / 陈皓敏，陕西师范大学硕士学位论文，2018 年。

浅谈青铜器兽首耳、鋬的造型特征——以三门峡虢国墓出土为例 / 吴曦，西安美术学院硕士学位论文，2018 年。

东周王朝庶孽之乱研究 / 伍广庆，苏州大学硕士学位论文，2018 年。

三门峡虢国历史问题研究 / 程佳楠，天津师范大学硕士学位论文，2018 年。

两周师官研究 / 徐恩伟，辽宁师范大学硕士学位论文，2018 年。

《虢季子白盘》的书法形式与审美研究 / 项飞云，中国美术学院硕士学位论文，2018 年。

商代西周遗址中出土早期玉器研究 / 姚星，郑州大学硕士学位论文，2018 年。

1920—1937 年河南棉花产销研究 / 龚玉伟，安徽大学硕士学位论文，2018 年。

三门峡盆地仰韶文化彩陶生产与聚落形态研究 / 杨红艳，郑州大学硕士学位论文，2018 年。

仰韶遗址土壤的特征和功能及古环境演变 / 查理思，中国地质大学（北京）博士学位论文，2017 年。

虢国综合研究 / 马军霞，陕西师范大学博士学位论文，2017 年。

三门峡地区汉墓研究 / 贾立宝，南京大学博士学位论文，2017 年。

虢国青铜器分期断代研究 / 张潇，河南师范大学硕士学位论文，2017 年。

西周车马器埋葬的区域特点研究 / 陈园，东北师范大学硕士学位论文，2017 年。

建筑表皮的图像传达——以庙底沟博物馆设计为例 / 黎雪伦，清华大学硕士学位论文，2017 年。

中原腹地新石器时代中晚期房屋基址研究 / 荣焱，河南大学硕士学位论文，2017 年。

《诗经・雨无正》与两周之际的政治和社会 / 张巧巧，曲阜师范大学硕士学位论文，2017 年。

中央集权国家形成的考古学观察——以中原地区东周时期墓葬为中心 / 王震，吉林大学博士学位论文，2017 年。

河南地区宋金时期墓葬出土瓷器初步研究 / 牛舒婧，西北大学硕士学位论文，2017 年。

两周秦汉玉覆面研究 / 肖剑波，南京师范大学硕士学位论文，2017 年。

先秦玉器纹饰艺术研究 / 蒋莉，山西大学博士学位论文，2017 年。

中原地区两周手工业遗存研究 / 汤洁娟，郑州大学博士学位论文，2017 年。

商至西周玉人研究 / 张娇娇，郑州大学硕士学位论文，2017 年。

两周时期组玉佩初步研究 / 刘明辉，郑州大学硕士学位论文，2017 年。

西周墓葬出土青铜明器研究 / 田帅，郑州大学硕士学位论文，2017 年。

仰韶文化遗址区古土壤微形态特征研究 / 姜钰，中国地质大学（北京）硕士学位论文，2016 年。

虢国具铭铜器汇考 / 梁宇婷，天津师范大学硕士学位论文，2016 年。

三门峡中心城区旅游发展模式及空间规划策略研究 / 李夏阳，西安建筑科技大学硕士学位论文，2016 年。

商周时期的族群迁徙与地名变迁 / 赵庆森，南开大学博士学位论文，2016 年。

两周之际东迁封国转型研究——以虢、郑为例 / 高雪，华东师范大学硕士学位论文，2016 年。

虢国具铭铜器汇考 / 梁宇婷，天津师范大学硕士学位论文，2016 年。

先秦时期中国北方地区有銎青铜兵器初步研究 / 陆文婷，黑龙江大学硕士学位论文，2016 年。

宋代漏泽园相关问题研究 / 张振宇，重庆师范大学硕士学位论文，2015 年。

仰韶文化遗址区古植被重建及原始农业研究 / 王文静，中国地质大学（北京）硕士学位论文，2015 年。

仰韶文化遗址区古土地利用研究 / 冯力威，中国地质大学（北京）硕士学位论文，2015 年。

中原地区仰韶文化时期古代人类遗骸的遗传多态性研究 / 李佳伟，吉林大学硕士学位论文，2015 年。

论安特生在中国考古学史上的地位 / 王浩辉，兰州大学硕士学位论文，2015 年。

三里桥文化研究 / 李光辉，中山大学硕士学位论文，2015 年。

2014 年度枯河流域先秦时期田野调查简报 / 尚元昕，郑州大学硕士学位论文，2015 年。

商周青铜容器所见鸟纹研究 / 周剑威，黑龙江大学硕士学位论文，2015 年。

豫西周虢国墓与鄂博馆藏战国玉器材质及沁的研究 / 鲍怡，中国地质大学（北京）硕士学位论文，2015 年。

三门峡虢国墓出土乐器研究 / 申莹莹，中央音乐学院硕士学位论文，2015 年。

先秦时期盐业生产与贸易研究 / 李大鸣，吉林大学博士学位论文，2015 年。

试论豫西庙底沟二期文化陶器分期及相关问题 / 张若衡，中央民族大学硕士学位论文，2014 年。

仰韶村遗址古土壤的气候意义及文化遗产功能研究 / 查理思，中国地质大学（北京）硕士学位论文，2014 年。

战国晚期至秦代秦文化扩张的初步探究——以考古学为视角 / 高凤，西北大学硕士学位论文，2014 年。

论安特生在近代中瑞考古学交流中的作用 / 温丽骁，兰州大学硕士学位论文，2014 年。

东周社会结构演变的考古学观察——以三晋两周地区墓葬为视角 / 张亮，吉林大学博士学位论文，2014 年。

周代墓葬所见玉鱼复原统计与分析研究 / 徐姣，中国社会科学院研究生院硕士学位论文，2014 年。

虢国铜器铭文整理与研究 / 赵利鑫，河南大学硕士学位论文，2014 年。

三晋两周地区东周时期墓葬出土兵器研究 / 聂卓慧，吉林大学硕士学位论文，2014 年。

三晋两周地区东周车马器研究 / 曹军，吉林大学硕士学位论文，2014 年。

西周鸟饰玉器：以三门峡虢国出土玉器为中心 / 龚曼，西安美术学院硕士学位论文，2014 年。

清代豫西地区水纠纷解决机制研究 / 费先梅，郑州大学博士学位论文，2013 年。

出土西周銮铃研究 / 张冰冰，吉林大学硕士学位论文，2013 年。

秦汉墓葬围沟问题初探 / 李进，西北大学硕士学位论文，2013 年。

春秋时期晋国战争史研究 / 赵军，山西师范大学硕士学位论文，2013 年。

商周时期口含的初步研究 / 张琦，中央民族大学硕士学位论文，2013 年。

两周时期葬马遗存研究 / 李志鹏，郑州大学硕士学位论文，2013 年。

西周时期周、戎民族关系研究——以幽王之前的战争冲突为主 / 吴连庄，西北师范大学硕士学位论文，2013 年。

汉唐时期长安、洛阳之间地域空间研究 / 胡方，陕西师范大学硕士学位论文，2012 年。

商文化西渐研究 / 陶伟，郑州大学硕士学位论文，2012 年。

厉宣时期青铜礼器研究 / 杨麟，陕西师范大学硕士学位论文，2012 年。

西周时期中原地区随葬乐器研究 / 贾志斌，内蒙古师范大学硕士学位论文，2012 年。

基于德国功能理论的“虢国博物馆”旅游文本英译研究 / 邢蕾，河南师范大学硕士学位论文，2012 年。

博物馆资源的旅游开发研究——以虢国博物馆为例 / 代安乐，天津商业大学硕士学位论文，2012 年。

虢国墓地丧葬制度研究 / 程晓丹，河南大学硕士学位论文，2011 年。

两魏周齐河南之争 / 朱叶俊，南京大学硕士学位论文，2011 年。

河洛地区仰韶文化彩陶艺术初探 / 张秦，郑州大学硕士学位论文，2011 年。

清代豫西地区农田水利建设及其管理 / 常全旺，陕西师范大学硕士学位论文，2011 年。

东周时期葬用马车研究 / 李成，陕西师范大学硕士学位论文，2011 年。

中国古代组玉佩研究 / 多丽梅，中央民族大学硕士学位论文，2011 年。

后记

三门峡市历史源远流长，文化底蕴厚重，各类遗存众多，历史名人辈出，是中华文明的重要发祥地之一。

习近平总书记曾指出，1921 年，我国开始对仰韶文化遗迹进行考察，我国现代考古学由此诞生。仰韶村遗址位于三门峡市渑池县，因而它的发掘也意味着三门峡考古的开始。经过百年来，特别是新中国成立以来，几代考古人的艰辛探索、不懈努力，三门峡考古取得了一系列重大发现成果，实证了中华文明一脉相承，揭示了中华文明起源和发展的历史脉络，展示了中华文明的灿烂成就。

2011 年，三门峡职业技术学院李久昌教授与原三门峡市文物考古研究所等组织整理了 20 世纪 20 年代以来有关三门峡地区的主要考古资料和学者研究成果，编辑出版了《三门峡地区考古集成》(上、下)，较全面地展示了中国现代考古学诞生以来关于三门峡地区的考古资料及成果，得到了学术界的广泛关注和好评。

三门峡市仰韶文化研究中心是在整合原三门峡市文物考古研究所基础上成立的专业考古发掘和科研机构。中心成立一年多来，不忘初心，牢记使命，认真落实考古发掘、研究阐释、传承利用三大使命，进一步加强科学研究和文化传播，积极推动中华优秀传统文化创造性转化和创新性发展。中心主任杨鸿星主持策划、组织编撰的“三门峡市仰韶文化研究中心考古·研究丛书”，分为考古发掘报告和学术研究两大系列，兼顾学术价值和社会价值，由中心支持经费，资助优秀学术成果的出版，既是对考古资料的一种梳理，也是研究成果的及时公布和转化，以进一步推动中心学术研究的深入开展。《三门峡地区考古集成·续编》(上、下)是其中之一种，集中整理收录了 2011 年至今公开发表的三门峡地区考古文献，包括考古发掘报告、简报、简讯和其他报道材料等，期望通过系统整理三门峡近十多年最新考古发掘成果，介绍三门峡历史文化精粹，阐释三门峡文化魅力，弘扬中华优秀传统文化，并为学界和读者研究三门峡历史文化，进而为研究中国历史文化提供翔实的资料。

三门峡市仰韶文化研究中心主任杨鸿星对本书的编辑出版给予了特别的重视与关注，多次商讨本书的编辑出版事宜。本书的编辑出版，还得到了许多专家、学者及相关部门的关心和帮助，得到了论文作者的慷慨支持和鼎力帮助，中国历史研究院副院长、中国社会科学院考古研究所所长陈星灿先生欣然为本书作序，陕西师范大学出版总社社长刘东风先生给予了大力支持，编辑徐小亮也付出了辛勤劳动。在此一并表示诚挚的感谢。

需要说明的是，在本书编辑过程中，我们征求了论文作者的意见，得到大部分作者的同意确认。但由于本书所选作者较多、时间跨度较长，虽已尽力联络，仍有部分作者未能取得联系，在此一并说明并致歉。为了保证各项工作的顺利进行，本书按照既定计划出版。部分尚未联系到的作者，看到本书后请与本中心联系。

三门峡历史悠久，文化灿烂。因编者水平所限，加之时间较为紧迫，书中难免会出现疏漏和不足，敬请读者不吝赐教，并期待本书的出版能够为更多的相关学术研究提供绵薄助力，共同推动三门峡文化的发展与繁荣。

编者

2024 年 8 月